CREDO

CHRISTIANISIERUNG EUROPAS IM MITTELALTER

Band II: Katalog

Herausgegeben von Christoph Stiegemann,
Martin Kroker und Wolfgang Walter

MICHAEL IMHOF VERLAG

CREDO – Christianisierung Europas im Mittelalter
26. Juli bis 3. November 2013

Eine Ausstellung
im Erzbischöflichen Diözesanmuseum
im Museum in der Kaiserpfalz
und in der Städtischen Galerie Am Abdinghof
zu Paderborn

Veranstalter
Gemeinnützige Ausstellungsgesellschaft Paderborn mbH
Am Abdinghof 11, 33098 Paderborn

Gesellschafter

Katalog zur Ausstellung in zwei Teilbänden
Band I: Essays
Band II: Katalog

Erschienen im
Michael Imhof Verlag GmbH & Co. KG
Stettiner Straße 25
D-36100 Petersberg
Tel. 0661/2919166-0; Fax 0661/2919166-9
info@imhof-verlag.de
www.imhof-verlag.com

Verlagslektorat
Dorothée Baganz M. A., Michael Imhof Verlag, Petersberg
Kataloggestaltung, Satz und Produktion
Vicki Schirdewahn, Michael Imhof Verlag, Petersberg
Litographie
Michael Imhof Verlag, Petersberg
Druck und Bindung
Grafisches Centrum Cuno, Calbe

Ausführliches Katalog- und Ausstellungsimpressum
siehe Band I

© 2013 Gemeinnützige Ausstellungsgesellschaft Paderborn mbH;
Michael Imhof Verlag, Petersberg und die Autoren

Bibliographische Information der Deutschen Nationalbibliothek:
Die Deutsche Nationalbibliothek verzeichnet diese Publikation
in der Deutschen Nationalbibliographie; detaillierte bibliographische Daten sind im Internet über http://dnb.dnb.de abrufbar.

Printed in EU

ISBN 978-3-86568-827-9

Inhaltsverzeichnis

Band II: Katalog

LUX MUNDI
„… darum geht zu allen Völkern …" (Mt 28,19)
Ausstellungseinheit im Diözesanmuseum

- 9 **I Auftrag und Ausbreitung**
  Die Anfänge des Christentums in Rom

- 67 **II „Cunctos Populos"**
  Das Christentum im Römischen Reich
- 98 Byzanz – Das Licht aus dem Osten
- 103 „Was bleibt, wenn Rom untergeht?" – Umbruch und Erneuerung

- 139 **III Römisches Reich ohne Rom**
  Die Merowinger und das Christentum

- 177 **IV „… bis an die Grenzen der Erde" (Apg 1,8)**
  Ausbreitung des Christentums bei Iren und Angelsachsen
- 212 Das frühchristliche Irland
- 252 Insulare Klosterkultur

- 289 **V Mission auf dem Kontinent**
  Willibrord und Bonifatius

- 311 **VI Sterbende Götter**
  Christianisierung Skandinaviens

IN HOC SIGNO
Ausstellungseinheit im Museum in der Kaiserpfalz

- 395 **VII Taufe oder Tod**
  Karl der Große unterwirft die Sachsen

- 457 **VIII Zwei Konkurrenten – ein Ziel**
  Die Christianisierung Osteuropas
- 470 Kroatien
- 476 Bulgarien
- 484 Kiewer Rus

- 511 **IX Glauben wechseln – Herrschaft sichern**
  Mission auf Anfrage
- 513 Böhmen
- 527 Ungarn
- 552 Polen

- 575 **X 200 Jahre Krieg**
  Die Elbslawen – Ringen um Glauben, Macht und Freiheit

- 623 **XI Mit Engelszungen**
  Otto von Bamberg missioniert in Pommern

- 643 **XII Papst und Kaiser wollen es**
  Das Baltikum – Christianisierung mit allen Mitteln

QUO VADIS
Ausstellungseinheit in der Städtischen Galerie

- 689 **XIII Europas Blick auf seine christlichen Wurzeln**
- 690 Bilder gedeuteter Geschichte
- 698 Frühe Staatswerdung und christliches Bekenntnis – Rezeption der Christianisierung im konfessionellen Zeitalter
- 728 Christianisierung in nationalstaatlicher Perspektive des 19. Jahrhunderts
- 765 Kampf um den „arteigenen Glauben": Völkisch-nationalsozialistische Rezeption der Christianisierung
- 774 Europa und sein christliches Erbe

ANHANG
- 780 Abkürzungen
- 780 Quellen
- 783 Sekundärliteratur
- 822 Verzeichnis der Leihgaben nach Aufbewahrungsorten
- 829 Bildnachweis

Mit * gekennzeichnete Objekte konnten in der Ausstellung nicht gezeigt werden.

LUX MUNDI

„... DARUM GEHT ZU ALLEN VÖLKERN ..."
(Mt 28,19)

Diözesanmuseum

I Auftrag und Ausbreitung
Die Anfänge des Christentums in Rom

1 Brief des Paulus an die Römer

Oberägypten, um 200
Tinte (Wasser, Gummiarabikum, Kohle) auf Papyrus – H. 20,6 cm, B. 13,7 cm
Dublin, Chester Beatty Library, P. Bibl. II

Dies ist das elfte Blatt in einem Codex biblischer Briefe, die dem heiligen Paulus zugeschrieben werden. Die Handschrift deutet auf eine Entstehung unmittelbar zu Beginn des 3. Jahrhunderts hin, womit dieses Exemplar der älteste und am vollständigsten erhaltene Beleg für die paulinischen Briefe wäre. Ursprünglich muss der Codex aus 52 aufeinandergelegten Papyrusblättern bestanden haben, die in der Mitte gefalzt waren und auf diese Weise einen Band mit 104 Seiten in einer einzigen Lage bildeten.

Von den 104 Blättern haben 86 die Zeiten überdauert; davon finden sich 56 Blätter in der Sammlung der Chester Beatty Library in Dublin, weitere 30 gehören zur Papyrussammlung der Universität Michigan. Alfred Chester Beatty (*1875, †1968) erwarb 1930 zusammen mit verschiedenen anderen biblischen Handschriften zehn Blätter des Codex und weitere 46 im Jahr 1935. Die Universität Michigan erwarb im Jahr 1930 sechs Blätter und weitere 24 im Winter 1932/33. Offensichtlich hatten ägyptische Händler den Codex in einzelne Teile zerlegt und ihn stückweise auf dem Markt angeboten; ob die heute 18 fehlenden Blätter 1930 noch existierten oder bereits zu einem früheren Zeitpunkt verloren gegangen waren, ist nicht bekannt.

Das vorliegende Blatt umfasst den Brief an die Römer 8,15–26 (auf der hier nicht ausgestellten 11v) und 8,27–37 (auf 11r, die hier zu sehen ist). Mit Ausnahme des unteren Teils ist der linke Rand erhalten, der rechte hingegen, wo sich die Bindung befand, ist stark beschädigt. Unten fehlen drei Zeilen des griechischen Textes, die sich jedoch ergänzen lassen, denn sie müssen Vers 36 und die ersten viereinhalb Wörter von Vers 37 enthalten haben. Am oberen Rand ist die Seitenzahl deutlich sichtbar. Am linken Rand (beispielsweise in der ersten Zeile) und in den Zwischenräumen zwischen den Zeilen (beispielsweise oberhalb von Zeile 3) weist die Seite eine Reihe von Markierungen auf. Diese wurden von einem späteren Leser eingefügt und befinden sich meist dort, wo nach heutiger Notierung ein neuer Vers beginnt (das Zeichen über Zeile 3 markiert etwa den Anfang von Vers 28). Ebenfalls deutlich sichtbar sind die sogenannten *Nomina sacra*, Zusammenziehungen heiliger Worte wie „Gott", „Jesus" oder „Sohn". Diese bestehen aus dem ersten und letzten Buchstaben des Wortes (wobei die griechischen Kasusendungen miteinbezogen sind) und einem Überstrich über der Buchstabenfolge, der sie als *Nomen sacrum* ausweist. Ein Beispiel hierfür findet sich in der vorletzten Zeile auf dieser Seite, wo „ΘN" mit Überstrich für das griechische Wort „ΘEON" („Gott" im Akkusativ) steht.

Nach den unterschiedlichen Handschriften zu urteilen, waren vier verschiedene Schreiber an dem Werk beteiligt (Royse 2008). Der erste schrieb den Text und nahm währenddessen oder kurz danach eine Reihe von Korrekturen vor. Zusätzliche Korrekturen wurden anschließend von drei weiteren Personen durchgeführt, von denen die zweite am produktivsten war und um die gleiche Zeit wirkte wie die erste. Außerdem fügte der zweite Korrektor am Ende jedes Briefes die Gesamtzeilenzahl ein. Der dritte Korrektor betätigte sich erst bedeutend später, gegen Ende des 3. Jahrhunderts. Die von den ersten beiden Schreibern verwendeten Buchstaben sind gefällig abgerundet und mit ebenmäßigen Zeichenabständen wunderschön ausgeführt. Die handwerkliche Perfektion spiegelt sich jedoch nicht in der Qualität des Textes wider, der zahlreiche Schreibfehler enthält.

Die im Codex präsentierten Textfassungen legen den Schluss nahe, dass er von einer bedeutenden Handschrift kopiert wurde (Holmes 2006). Eine Reihe von abweichenden Lesarten, die in anderen Handschriften der paulinischen Briefe nicht vorkommen, könnten darauf hinweisen, dass die vorliegende Abschrift von einer Gruppe aktiver Leser angefertigt wurde, die sich eingehend mit dem Ursprungstext beschäftigten und ihn so klar wie möglich ausgestalteten.

Arthur Verhoogt

| Lit.: Kenyon 1937; Holmes 2006; Royse 2008, S. 199–358

Die – noch lesbare – Textstelle des Papyrus (Röm 8, Vers 27–35) lautet:

27 ὁ δὲ ἐραυνῶν τὰς καρδίας οἶδεν τί τὸ φρόνημα τοῦ πνεύματος, ὅτι κατὰ θεὸν ἐντυγχάνει ὑπὲρ ἁγίων.

27 Und Gott, der die Herzen erforscht, weiß, was die Absicht des Geistes ist: Er tritt so, wie Gott es will, für die Heiligen ein.

28 Οἴδαμεν δὲ ὅτι τοῖς ἀγαπῶσιν τὸν θεὸν πάντα συνεργεῖ εἰς ἀγαθόν, τοῖς κατὰ πρόθεσιν κλητοῖς οὖσιν.

28 Wir wissen, dass Gott bei denen, die ihn lieben, alles zum Guten führt, bei denen, die nach seinem ewigen Plan berufen sind.

29 ὅτι οὓς προέγνω, καὶ προώρισεν συμμόρφους τῆς εἰκόνος τοῦ υἱοῦ αὐτοῦ, εἰς τὸ εἶναι αὐτὸν πρωτότοκον ἐν πολλοῖς ἀδελφοῖς·

29 Denn alle, die er im Voraus erkannt hat, hat er auch im Voraus dazu bestimmt, an Wesen und Gestalt seines Sohnes teilzuhaben, damit dieser der Erstgeborene von vielen Brüdern sei.

30 οὓς δὲ προώρισεν, τούτους καὶ ἐκάλεσεν· καὶ οὓς ἐκάλεσεν, τούτους καὶ ἐδικαίωσεν· οὓς δὲ ἐδικαίωσεν, τούτους καὶ ἐδόξασεν.

30 Die aber, die er vorausbestimmt hat, hat er auch berufen, und die er berufen hat, hat er auch gerecht gemacht; die er aber gerecht gemacht hat, die hat er auch verherrlicht.

31 Τί οὖν ἐροῦμεν πρὸς ταῦτα; εἰ ὁ θεὸς ὑπὲρ ἡμῶν, τίς καθ᾿ ἡμῶν;

31 Was ergibt sich nun, wenn wir das alles bedenken? Ist Gott für uns, wer ist dann gegen uns?

32 ὅς γε τοῦ ἰδίου υἱοῦ οὐκ ἐφείσατο ἀλλ᾿ ὑπὲρ ἡμῶν

32 Er hat seinen eigenen Sohn nicht verschont, sondern ihn

I AUFTRAG UND AUSBREITUNG. DIE ANFÄNGE DES CHRISTENTUMS IN ROM

1
Bl. 11r

πάντων παρέδωκεν αὐτόν, πῶς οὐχὶ καὶ σὺν αὐτῷ τὰ πάντα ἡμῖν χαρίσεται;
33 τίς ἐγκαλέσει κατὰ ἐκλεκτῶν θεοῦ; θεὸς ὁ δικαιῶν·
34 τίς ὁ κατακρινῶν; Χριστὸς [Ἰησοῦς] ὁ ἀποθανών, μᾶλλον δὲ ἐγερθείς, ὃς καί ἐστιν ἐν δεξιᾷ τοῦ θεοῦ, ὃς καὶ ἐντυγχάνει ὑπὲρ ἡμῶν.
35 τίς ἡμᾶς χωρίσει ἀπὸ τῆς ἀγάπης τοῦ Χριστοῦ; θλῖψις ἢ στενοχωρία ἢ διωγμὸς ἢ λιμὸς ἢ γυμνότης ἢ κίνδυνος ἢ μάχαιρα.

für uns alle hingegeben – wie sollte er uns mit ihm nicht alles schenken?
33 Wer kann die Auserwählten Gottes anklagen? Gott ist es, der gerecht macht.
34 Wer kann sie verurteilen? Christus Jesus, der gestorben ist, mehr noch: der auferweckt worden ist, sitzt zur Rechten Gottes und tritt für uns ein.
35 Was kann uns scheiden von der Liebe Christi? Bedrängnis oder Not oder Verfolgung, Hunger oder Kälte, Gefahr oder Schwert?

Der Brief an die Christen in Rom (geschrieben vielleicht zu Beginn des Jahres 57 in Korinth) nimmt eine Sonderstellung innerhalb der paulinischen Briefe ein. Paulus hat die Gemeinde in Rom nicht gegründet, und dennoch schickt er ihr den grundlegendsten theologischen Rechenschaftsbericht, den wir von ihm kennen. Gerade im ersten Teil des Briefes (Kapitel 1–8) nimmt er sich der Frage an, wie der sündige Mensch „Gerechtigkeit", das heißt das rechte Verhältnis zu Gott, erlange. Paulus geht es um die gesamte Menschheit. Juden wie Heiden sind als Menschen der Sünde verhaftet. Da Gott sich in Jesus offenbarte, ist die Situation eine andere: Unabhängig vom Gesetz bietet Gott allen, die glauben, den Stand der Gerechtigkeit, das rechte Verhältnis zu ihm an. Die Getauften haben teil am neuen Menschsein und können frei vom Gesetz, von der Sünde und vom Tod in der Gemeinschaft Christi leben (nach der Einführung zum Römerbrief des Paulus, in: Die Bibel. Einheitsübersetzung 2001, S. 1407).

Paulus von Tarsus

Paulus ist zwar nicht, wie bisweilen behauptet, der Gründer oder Erfinder des Christentums; er war aber in der ersten christlichen Generation der wirkmächtigste Verkünder. Über keine andere Person aus dem Urchristentum, Jesus eingeschlossen, sind wir historisch so gut im Bild wie über Paulus. Er ist nämlich der Einzige, von dem authentische Selbstzeugnisse überliefert sind. In ihnen teilt Paulus allerdings nur wenige biographisch auswertbare Details mit. Auch die Apostelgeschichte als zweite Quelle füllt diese Lücken nur zum Teil. So kann etwa die Geburt des Paulus nicht genauer als „im ersten Jahrzehnt nach Christus" angesetzt werden.

Vom Verfolger zum Verkünder

Dagegen sind wir recht gut informiert über Brüche in der Biographie des Paulus. Am bedeutsamsten ist derjenige, der aus dem Verfolger den Verkünder des christlichen Bekenntnisses gemacht hat: Paulus kam erst nach einer Phase äußerster Gegnerschaft zum Glauben an Jesus Christus, wahrscheinlich zu Beginn der 30er-Jahre. Diese Wende ist sprichwörtlich geworden in der Redewendung „vom Saulus zum Paulus werden"; in den Quellen gibt es aber keinen Hinweis darauf, dass mit der Übernahme des Christusglaubens ein Namenswechsel verbunden gewesen wäre. Paulus selbst deutete im Rückblick die Wende als „Erscheinung" des Auferstandenen (1 Kor 15,8), als „Offenbarung" des Sohnes Gottes (Gal 1,15f.) oder als Eröffnung der „Erkenntnis" Christi (Phil 3,8). Wichtiger, als einen Bericht über das Erlebte zu geben, war ihm, dessen Bedeutung mitzuteilen: Er sah sich dazu berufen, das Evangelium unter den Heiden zu verkünden, und zwar dort, wo andere Apostel noch nicht gewirkt hatten (Rm 15,20).

Die Missionsreisen des Paulus

Dieses Programm führte Paulus in die größeren Städte des Mittelmeerraumes (Abb. 1). Durch seine Herkunft aus Tarsus (im mittleren Süden Kleinasiens, der heutigen Türkei) mit der hellenistischen Lebenswelt vertraut, war er für dieses Unternehmen besonders geeignet. Zunächst missionierte Paulus als Abgesandter der Gemeinde von Antiochia in Syrien. Überliefert ist eine gemeinsam mit Barnabas in Zypern und dem südlichen Kleinasien unternommene Missionsreise (siehe Act 13f.). Es ist umstritten, ob bereits auf dieser Reise die Gemeinden gegründet wurden, an die Paulus später den Galaterbrief geschrieben hat. Möglicherweise sind sie erst auf der selbständig betriebenen Mission ab etwa 49/50 entstanden und dann eher im Zentrum Kleinasiens zu verorten, das Paulus auf dem Weg nach Westen durchquert hat (Act 16,6).

In dieser Phase seiner Mission, die er nicht mehr im Auftrag der antiochenischen Gemeinde, wohl aber mit der Unterstützung von Mitarbeitern unternahm, drang Paulus nach Europa vor und gründete Gemeinden in Griechenland: im Norden in Philippi und Thessaloniki, im Süden in Korinth. Diese drei Gemeinden sind durch Briefe eindeutig als paulinische Gründungen bezeugt; der Fehlschlag in Athen, von dem die Apostelgeschichte berichtet (Act 17,16–34), lässt sich aus Angaben im 1. Thessalonicherbrief indirekt bestätigen: Paulus spricht zwar von seinem Aufenthalt in Athen, sagt aber gar nichts zu seinen missionarischen Bemühungen – wahrscheinlich, weil sie erfolglos geblieben sind (1 Th 3,1–5).

Nach einem längeren Aufenthalt in Korinth (Act 18,11: eineinhalb Jahre) wurde Ephesus an der Westküste Kleinasiens zum Zentrum des Wirkens für gut zwei Jahre (Act 19,8–10), also etwa zwischen 52 und 55. In dieser Zeit schrieb Paulus einen Großteil der erhaltenen Briefe: sicher den 1. Korinther-, wahrscheinlich einen Teil des 2. Korintherbriefs, den Philipper- und den Philemon-, möglicherweise auch den Galaterbrief. Folgt man dieser Lokalisierung, muss Paulus in Ephesus im Gefängnis gewesen und in Todesgefahr geraten sein (Phil 1,12–26; Phlm 1,9f.; siehe auch 2 Kor 1,8). Nachdem er wieder freigekommen war, zog er über den Landweg Richtung Nordgriechenland, schrieb in Makedonien einen Teil des 2. Korintherbriefs (2 Kor 1–9) oder, wenn man keine Briefteilung annimmt, das ganze Schreiben. Mit ihm bereitete Paulus seine erneute Ankunft in der Gemeinde von Korinth vor, bei der er den folgenden Winter (ca. 56/57) verbrachte. In dieser Zeit schrieb er den Römerbrief, der eine wichtige Quelle nicht nur für seine Theologie, sondern auch für seine Missions- und Reisepläne ist. Paulus hatte vor, weiter nach Westen vorzustoßen und in Spanien zu missionieren (Rm 15,24). Der Römerbrief sollte die Christen Roms zur Unterstützung dieses Projekts bewegen. Zuvor aber stand noch einmal der Gang nach Osten an, denn Paulus wollte das Geld überbringen, das er in seinen Gemeinden für die Jerusalemer Urgemeinde gesammelt hatte (Rm 15, 25–28). Diese Reise nahm aber ein anderes Ende als geplant.

Der letzte Lebensabschnitt

Einzige Quelle für diesen letzten Lebensabschnitt des Paulus ist die Apostelgeschichte, deren Darstellung man zwar nicht in den Details, wohl aber in den Grundzügen historisch folgen kann. Demzufolge

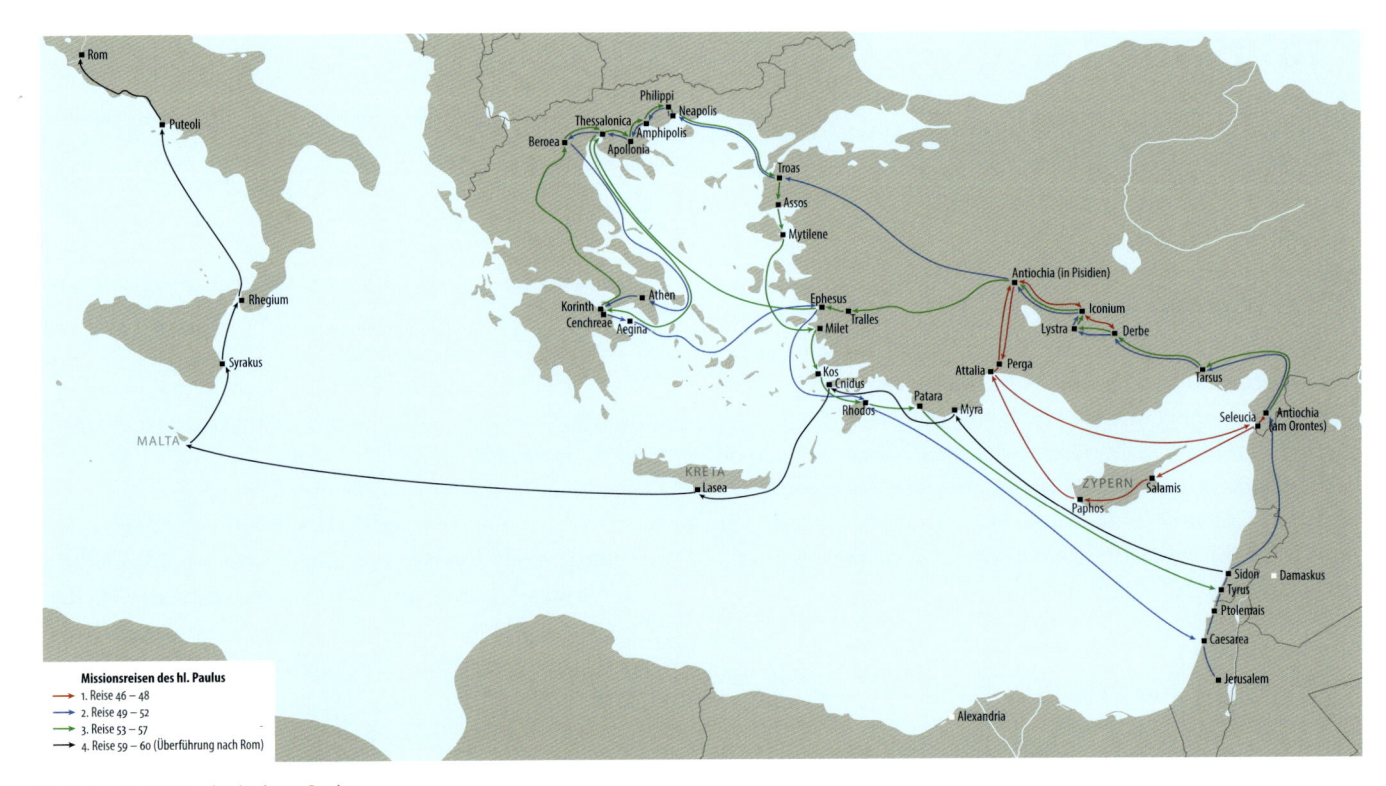

1 Karte: Die Reisen des heiligen Paulus

wurde Paulus in Jerusalem verhaftet (nach Apg 21,28f. unter der falschen Anschuldigung, einen Heiden in den inneren Tempelbezirk mitgenommen zu haben) und nach zweijähriger Haft nach Rom überstellt, weil er an den Kaiser appelliert hatte (Apg 25,12). Der Ausgang des Prozesses wird in der Apostelgeschichte nicht mehr erzählt, jedoch ergibt sich aus anderen Quellen, dass Paulus Anfang der sechziger Jahre in Rom hingerichtet wurde.

Zur Bedeutung der Briefe

Die Briefe des Paulus, die als Teil des Neuen Testaments zur „Heiligen Schrift" wurden, hatten ursprünglich eine höchst aktuelle Funktion: Sie waren das Mittel, mit dem Paulus mit seinen Gemeinden in Verbindung blieb. Ohne Zweifel zielte sein Wirken als Missionar ganz prinzipiell auf die Gründung von Gemeinden (siehe 1 Th 2,19f.; Phil 2,15f.), aber es erschöpfte sich darin nicht. Paulus sah sich auch dafür verantwortlich, dass die Gemeinden auf der Spur blieben, auf die er sie mit seiner Verkündigung gebracht hatte. Deshalb ging er in den Briefen auf Fragen und Schwierigkeiten ein, die sich vor Ort in seiner Abwesenheit ergeben hatten. Besonders deutlich wird diese Situationsgebundenheit seiner Schreiben im Fall des 1. Korintherbriefs. Dennoch hat Paulus auch über die ursprüngliche Situation hinaus gewirkt. Die Briefe wurden abgeschrieben und unter den Gemeinden ausgetauscht: Der 1. Klemensbrief, frühestens am Ende des 1. Jahrhunderts in Rom entstanden, kennt zum Beispiel den 1. Korintherbrief. Offensichtlich wurde das Wort des Paulus auch über seinen Entstehungskontext hinaus als bedeutsam erachtet.

Konflikte

Die Briefe des Paulus bezeugen aber nicht nur seine Autorität, sondern auch die Konflikte, in die Paulus während seines Wirkens verwickelt war. Vor allem eine Frage war im Urchristentum umstritten: ob man Heiden in die Gemeinde aufnehmen könne, ohne sie auf die Vorschriften zu verpflichten, die im Gesetz des Mose niedergelegt waren. Paulus bejahte diese Frage ohne Wenn und Aber. Auf dem „Apostelkonzil" (um 48) wurde sie in seinem Sinne entschieden (Gal 2,1–10). Dass er keine Begabung für Kompromisse hatte, wirkte sich in einer anderen Streitfrage noch deutlicher aus. Sie betraf das Miteinander von Judenchristen und Heidenchristen in einer Gemeinde. Wenn beide Gruppen Tischgemeinschaft hielten, konnten sich die Judenchristen nicht an die Speisevorschriften des mosaischen Gesetzes halten. War dies gerechtfertigt oder Verrat an der religiösen Tradition? Paulus votierte in dieser Frage, anders als der entschiedene Jakobus und der schwankende Petrus, eindeutig für die erste Position (Gal 2,11–14). Wahrscheinlich hat er sich damit in Antiochia nicht durchsetzen können und ist nach dem Bruch mit der dortigen Gemeinde zu seiner selbständigen Mission aufgebrochen, die ihn, wie oben beschrieben, nach Europa geführt hat.

Zur Wirkungsgeschichte

Die Kritik von judenchristlicher Seite, die Paulus als Zerstörer der auf Mose zurückgeführten Tradition sah, gehört ebenso zu seiner

Wirkungsgeschichte wie die Verehrung und Hochschätzung als Autorität aus der apostolischen Gründerzeit. So wurden nach seinem Tod unter seinem Namen Briefe geschrieben: Mehrere neutestamentliche Schreiben, die als Absender „Paulus" nennen, gelten der Forschung als Zeugnisse aus einer späteren Zeit (meist werden Col, Eph, 2 Th, 1/2 Tim und Tit in diesem Sinn als nichtauthentisch eingestuft). Auch in erzählender Form blieb Paulus in kreativer Erinnerung. In den Thekla-Akten aus der zweiten Hälfte des 2. Jahrhunderts wird Paulus (gegen das Zeugnis seiner Briefe) als Prediger der Enthaltsamkeit stilisiert. Dass in dieser Schrift das Aussehen des Paulus geschildert wird, gründet zwar nicht in belastbaren Informationen, hat aber insofern nachhaltig gewirkt, als die Ikonographie des Paulus mit Kahlköpfigkeit verbunden ist. Historischer Wert und frömmigkeitsgeschichtliche Wirkung gehen in den altkirchlichen Zeugnissen nicht selten auseinander.

Gerd Häfner

| **Quellen:** Die Bibel. Einheitsübersetzung 2001; Paulusakten; Clemens von Rom, Epistola ad Corinthios (FChr 15)
| **Lit.:** Schnelle 2003; Wischmeyer 2006; Horn [in Vorbereitung]

2 Frühchristliche Grabinschrift mit Darstellung einer Taufe

Aquileia, zweite Hälfte 4. bis frühes 5. Jahrhundert
Marmor – H. 39 cm, B. 49 cm, T. 4 cm
Aquileia, Museo Archeologico Nazionale – Museo Paleocristiano, Inv.Nr. 167

Auf diesem viel diskutierten Grabstein rahmt die Inschrift die figürliche Darstellung ein: INNOCENTI SP(IRIT)O QUEM/ ELEGIT DOM(INUS) PAUSAT/ IN PACE/ FIDELIS/ X KAL(ENDAS) SEPT(EMBRES) – „Dem unschuldigen Geist, den der Herr erwählte und der gläubig in Frieden ruht. Er (sie) starb am 23. August". Name und Alter werden nicht genannt; es wird sich jedoch um ein Kind handeln, da die Formulierung „unschuldiger Geist" in anderen Grabinschriften für Kinder verwendet wird. Die Erwählung der kindlichen Seele durch Gott darf als Hinweis darauf verstanden werden, dass sie sich in Gottes Nähe aufhält. Das Ruhen in Frieden ist ein weit verbreitetes Motiv in christlichen Grabinschriften, und *fidelis* bringt zum Ausdruck, dass das Kind getauft verstarb.

Die Taufszene wird von zwei Bäumen gerahmt, am unteren Rand sind Büsche und drei Schafe zu erkennen. Bäume, Schafe und Sträucher deuten ein paradiesisches Ambiente an. In der Mitte des Bildes ist eine nackte Gestalt zu erkennen, die aufgrund der Kette um ihren Hals als weiblich bezeichnet wird. Sie steht frontal in einem wohl metallenen Gefäß, wie die Riefelungen annehmen lassen, und es ergießt sich ein breiter Wasserstrahl über sie, der aus einer Himmelsscheibe mit Sternen und mit einer Taube strömt. Solche Gefäße sind für die Verwendung bei Taufen aus schriftlichen Quellen bekannt, und die sternenbesetzte Himmelsscheibe, vor der eine Taube schwebt, könnte auf den Schmuck von zeitgenössischen Baptisterien verweisen. Links des Mädchens steht ein in Tunika und Pallium gekleideter Mann, der seine Hand mit nach oben gerichteter Handfläche ausstreckt. Sein Kopf ist mit einem Nimbus versehen, der in der Regel Heiligen, Jesus Christus oder Gott zukommt; es wurde auch vorgeschlagen, dass hier ein Bischof dargestellt sei, der durch den Nimbus von der Gestalt rechts als höherrangig unterschieden sei. Eine solche Interpretation lässt sich allerdings nicht durch erhaltene Vergleiche stützen. Die Gestalt rechts trägt eine kurze Ärmeltunika und Stiefel, also eine antike Alltags- und Arbeitskleidung, die auch von Verstorbenen auf Grabsteinen Aquileias getragen wird. Sie wird auch als Hirte bezeichnet, trägt aber nicht die bei Hirten mit wenigen Ausnahmen anzutreffenden Wickelgamaschen, was eine Deutung als Hirte allerdings nicht ausschließt. Sie scheint den Kopf des Mädchens zu berühren, sodass dieser Gestus als „Handauflegung" bezeichnet wird. Die Handauflegung, die als geistvermittelnder Ritus bei der Taufe in Aquileia bekannt ist, dürfte allerdings eher vom Bischof und nicht von einem untergeordneten Kleriker durchgeführt worden sein. Deutungen dieser Gestalt als der Gute Hirte Christus oder als Johannes der Täufer (der allerdings nie eine Ärmeltunika trägt und daher wohl eher nicht gemeint ist) können vor diesem Hintergrund nicht ausgeschlossen werden. Bei einer Interpretation als Guter Hirte Christus ergibt sich für die Gestalt links eine Benennung als Gottvater, der Christus in Anwesenheit des Heiligen Geistes die Durchführung der Taufe überlässt. Als Merkwürdigkeit bleibt anzumerken, dass Christus hier ohne Nimbus erscheint.

Die Interpretation der Szene als „Erinnerungsbild" an die Taufe der Verstorbenen gilt nur in einem allgemeinen Sinn. Die Darstellung ist durch ein Nebeneinander von paradiesischer Landschaft, realistischen Elementen wie dem Taufbecken und dem Gestus der Handauflegung und überzeitlichen wie der Anwesenheit einer heiligen Gestalt gekennzeichnet. Für eine trinitarische Deutung spricht, dass in Anlehnung an Mt 28,19 die Taufformel von Anfang an trinitarisch war. Wie so oft in der frühchristlichen Kunst liegen auch in diesem Bild verschiedene Bedeutungsebenen übereinander, die sich nicht voneinander trennen lassen und sich gegenseitig ergänzen.

Jutta Dresken-Weiland

| Lit.: Bisconti 2001, S. 417–421; Martorelli 2001, S. 502–505; Kat. Fort Worth 2007, S. 206, Nr. 38; Vergone 2007, S. 89ff.; Bisconti 2009, S. 97, Abb. 4; Jensen 2011, S. 71–76; Blumberg 2012, S. 157, 169, 264

3 Epitaph des neu getauften Victor

4. bis 5. Jahrhundert
Fundort: Rom, Via Appia, Katakomben von San Sebastiano, 1720
Weißer Marmor – H. 16 cm, B. 53,6 cm, T. 2,3 cm; Buchstabenhöhe: 3,5–1,5 cm
Vatikanstadt, Musei Vaticani, Lapidario Cristiano, Inv.Nr. 32360

((Chrismon)) *Dul(ci), venemer(en)tt* (!) *Victori* ((Chrismon))
filfo (!) *parenfes* (!), *qut* (!) *amria* (!)
treiecit (!); *vi(xi)t d(iebus) LXXX; neofitus* (!)
qufvif (!) *in pace C(risti)*.

„Die Eltern (ließen) ihren Sohn Victor (beerdigen), der sanft (und) der Liebe würdig war; er überquerte die Meere, lebte 80 Tage und ruht neugetauft im Frieden Christi."
Zeile 1: VENEMER(EN)TT anstatt BENEMER(EN)TI; Zeile 2: FILFO PARENFES QVT AMRIA anstatt FILIO PARENTES QVI MARIA; Zeile 3: TREIECIT anstatt TRAIECIT; NEOFITVS anstatt NEOPHYTVS; Zeile 4: QVFVIF wahrscheinlich eher anstelle von QVIEVIT als von QV(I) FVIT.

In dem Epitaph weisen die nicht namentlich genannten Eltern (in orthographisch falschem Latein) auf ein Ereignis im Leben des Neugeborenen hin, das vielleicht den frühen Tod verursacht hat, der ihn nach nur 80 Tagen ereilte: eine Überfahrt auf das Meer. Weder der Zweck noch das endgültige Ziel der Reise, wahrscheinlich Rom, werden mitgeteilt. Auch die Mittelmeerregion, in der sie in See stachen, ist nicht genannt, sodass keine Rückschlüsse auf die Dauer der Reise gezogen werden können. Wir wissen nicht, ob sie im afrikanischen Kontinent ihren Anfang nahm, woher Iulius Credentius stammte, der durch eine andere Inschrift bekannt ist und der *navigavit ex Bagense regione* („mit dem Schiff aus der Region von Bagai kam", einer kleinen Stadt im antiken Numidien, dem heutigen Ksar Bághaï in Algerien).

Credentius und die Familie von Victor sind nur einige von vielen Bewohnern aus den Provinzen, die vorübergehend in Rom weilten oder sich dauerhaft in der Stadt niederließen und bis zu ihrem Tod dort lebten. Schon damals war die Hauptstadt des Römischen Reiches wie heute eine Vielvölkerstadt mit Bewohnern von nah und fern und jeder trug auf seine Art zur Verbreitung unterschiedlicher Ideen, religiöser Kulte, Handelswaren, Moden und Lebensweisen bei. Davon berichten die antiken Autoren und Inschriften aller Epochen, darunter auch die der Spätantike mit christlichem Hintergrund. Viele von diesen bezeugen die Ankunft von Menschen, die der Wunsch nach *Urbs* (lateinisch „Stadt" und oft als Name für Rom benutzt) geführt hat, die *loca sancta* („heiligen Stätten") und vor allem die Märtyrergräber zu besuchen.

Der bevorstehende Tod des kleinen Victor, der vielleicht einem Unfall oder unvorhergesehenem Zwischenfall in Verbindung mit der Überfahrt geschuldet war, hatte wohl die Spendung des Sakraments der Taufe in letzter Minute erfordert. Das geht aus dem Wort *neóphytus* hervor (wörtlich der zum Christentum „Neukonvertierte", vom griechischen neÒfutoj – „neugepflanzt"). Dieser Begriff bezieht sich auf einen gerade Getauften, der zum wahren Glauben – dem Geschenk Gottes – gefunden hat und damit wie eine neue Rebe im Weinberg des Herrn (vgl. 1 Tim 3,6) Teil der christlichen Gemeinschaft geworden ist. In den griechischen Inschriften wurde der Neugetaufte auch als neofètistoj (*neophótistos*), „der Neuerleuchtete", bezeichnet – also als der von nun an vom Licht des Glaubens Beschienene.

Die Schlussformel des Textes – *quievit in pace Ch(risti)* – deutet auf den Frieden hin, den Victor in seinem Grab gefunden hat, da er in Christus gestorben ist und von Gott im Jenseits erwartet wird. Der griechische Name CristÒj (*Christòs*), der in dieser Formel abgekürzt mit dem ersten Buchstaben (*compendium scripturae*) wiedergegeben wird, klingt auch in den symbolisch zu beiden Seiten der ersten Zeile platzierten Christusmonogrammen an, die jeweils eine Ligatur aus seinen ersten zwei Anfangsbuchstaben bilden. Rosanna Barbera

| **Quellen:** Inscriptiones Christianae Urbis Romae, V, 13226

| **Lit.:** Kat. Vatikanstadt 1997, S. 338f. (Ivan Di Stefano Manzella); Kat. Vatikanstadt 1997, S. 348f., Nr. 3.12.20 (Claudia Lega/Cecilia Ricci)

4 Relief mit alexandrinischen Gottheiten

Mitte 2. Jahrhundert
Entdeckt 1942 in Rom, Via della Conciliazione
Hymettischer Marmor – Die obere rechte Ecke des Reliefs mit dem Kopf des Togaträgers und der Modius von Serapis fehlen, ebenso einige Attribute der Gottheiten. Das Gesicht der weiblichen Gottheit auf der linken Seite ist beschädigt. – H. 79 cm, B. 126 cm, T. 30 cm
Rom, Musei Capitolini, Centrale Montemartini, Inv.Nr. MC 2425

Das an den Seiten mit zwei Schlangen verzierte Relief stellt auf synkretistische Weise eine Triade alexandrinischer Herkunft dar, die von einem Mann mit Toga flankiert wird.

Im Zentrum sitzt Serapis auf einem Thron. In der linken Hand hält er das Zepter, während er mit der rechten Zerberus berührt, um dessen Körper sich eine Schlange windet. Auf der anderen Seite des Throns steht eine kleine Harpokrates-Figur, die in der linken Hand ein Füllhorn trägt und mit typischer Geste einen Zeigefinger auf den Mund legt. Zur Rechten von Serapis steht Isis-Demeter. Sie ist mit einem leichten Chiton, einem über der Brust gebundenen Umschlagtuch und einem schweren Himation bekleidet, das ihren Kopf bedeckt; darauf sitzt der Kalathos. In der rechten Hand hält die Göttin eine Fackel, in ihrer linken eine Ährengarbe. Links von Serapis ist die stehende Isis-Persephone mit einem ärmellosen Chitoniskos sowie einem leichten Himation bekleidet dargestellt. Ihre rechte Hand hält ein Zepter, die linke das Sistrum. Über dem Kopf erhebt sich der zunehmende Mond sowie ein weiteres, heute verschollenes Attribut, möglicherweise eine Lotusblume oder eine Feder. Zur

Rechten der Göttergruppe steht eine in Toga und Calcei gekleidete Gestalt, deren Kopf weggebrochen ist. Es handelt sich dabei vermutlich um den Stifter oder einen Verstorbenen, der zu Lebzeiten ein Priester der Isis war.

Die Teilung der ägyptischen Göttin in Isis-Demeter und Isis-Persephone zu beiden Seiten des Serapis dokumentiert den Synkretismus jener Zeit, in diesem Fall mit Ursprung in Eleusis, der ausführlich im ptolemäischen Ägypten belegt ist.

Das Relief ist ein bedeutendes Zeugnis der weiten Verbreitung des Isis-Kults im Rom der Kaiserzeit. Nach anfänglichen Einschränkungen durch die konservative Haltung der Kaiser wurde diese Religion mit der Dynastie der Flavier offiziell angenommen.

Der Fundort des Reliefs im Bereich des *Ager Vaticanus* legt nahe, dass es ein Grabmal schmückte, da es dort keine Belege für Kultstätten zu Ehren alexandrinischer Götter gibt. Vito Mazzuca

| Lit.: Pietrangeli 1942; Kat. Madrid 2007, S. 140f. (Serena Guglielmi); Murgia 2010

5 Ara taurobolica (Altar für das Stieropfer)

Datierung: 19. Juli 374

Gefunden bei Ausgrabungen im Oktober 1949 auf dem Petersplatz in Rom, nicht weit nördlich der Petersstatue, in 2,50 m Tiefe

Weißer, grobkörniger Marmor – Der Altar ist komplett erhalten, mit kleinen Absplitterungen auf der linken Seite des oberen Abschlusses. – H. 110,5 cm, B. (maximal) 73 cm, T. (maximal) 53,5 cm

Vatikanstadt, Musei Vaticani, Museo Gregoriano Profano, Abt. Culti Orientali (zwischen 1996 und 2012 im Antiquarium Romanum des Museo Gregoriano Etrusco), Inv.Nr. 9937

Der Altar steht auf einer schmalen Plinthe. Seine vier Seiten sind durch schmale Pfeiler gerahmt, welche die vier Ecken bilden. Im unteren Bereich jedes der vier Eckpfeiler ist die Kannelierung mit Füllstäben ausgefüllt. Auf dem Pulvinus, dem kämpferartigen Rahmen

4

I AUFTRAG UND AUSBREITUNG. DIE ANFÄNGE DES CHRISTENTUMS IN ROM

5

5

oberhalb der Säulen, der auf der Inschriftenseite mit einer vegetabilen Ranke verziert ist, folgt ein weiterer Abschluss: Auf der Oberkante befinden sich zwei Paare von liegenden Tieren – womöglich zwei Widder oder zwei Stiere – die die Funktion von Akroterien übernehmen, während sich in der Mitte auf der Frontseite ein weiteres, nicht mehr erkennbares Element befindet.

Auf der rechten Schmalseite ist – in Flach- oder Halbrelief – im Vordergrund ein Stier abgebildet, der unter einem kleinen Pinienbaum – in Anspielung auf die Pinie (*arbor sancta*) von Attis – steht, an dessen Ästen drei Musikinstrumente hängen: links eine *syrinx* (eine Art Panflöte, die aus mehreren Röhren unterschiedlicher Länge besteht), rechts ein *tympanon* (kleine Trommel) und ein *diaulos* (ein aus zwei auseinanderlaufenden Pfeifen gebautes Instrument). Die linke Seite weist eine ähnliche Dekoration auf: Hier ist ein Widder, ebenfalls vor einem Pinienbaum, dargestellt, an dem sich rechts die phrygische Mütze des Attis und links die zwei runden Scheiben einer Zimbel befinden.

Die Rückseite zeigt zwei brennende Fackeln, die sich in X-Form überkreuzen; links bzw. oben sind wieder zwei kreisförmige Scheiben mit einem Griff (vielleicht wieder eine Zimbel oder zwei *patere*, niedrige Schüsseln für das Trankopfer), rechts hingegen ein *urceus* (ein kleiner Krug) und darunter ein *simpulum* (ein Schöpfgefäß) abgebildet.

Von großem Interesse ist die Inschrift auf der Altarfront: DIIS MAGNIS / M(ATRI) D(EUM) M(AGNAE) I(DAEAE) ET / ATTIDI SANCTO MENOTYRANNO / ALFENIUS CEIONIUS IULIANUS / KAMENIUS V(IR) C(LARISSIMUS) VIIVIR EPUL(ONUM) / PATER ET HIEROCERYX SACR(ORUM) S(UMMI) I(NVICTI) / MITHRAE HIEROFANTAE HAECATAE / ARCH(I)BUCOLUS DEI LIBERI / ARAM TAUROBOLIO CRIOBOLIO / QUE PERCEPTO DICABIT / DIE XIIII KAL(ENDIS) AUG(USTIS) D(OMINO) N(OSTRO) GRATIANO / AUG(USTO) III ET EQUITIO CONS(ULIBU)S. („Den hochwürdigen Göttern: der bedeutenden (glorreichen) Göttermutter, die auf dem Berg Ida verehrt wird, und Attis, dem heiligen Menotyrannus, Alfenus Ceionius Julianus Kamenius – verehrter Senator, Mitglied des Rates der sieben Priester, die die religiösen Festmahle führen, als Pater und heiliger Herold in dem Kult des höchsten und unbesiegten Mithras auserwählt, Meister Initiator der heiligen Mysterien der Göttin Ecate, Präsident des heiligen Rates des Gottes Liber – nachdem (er) das Stier- und das Widderopfer erhalten hatte, vierzehn Tage vor den Kalenden des Monats August [19. Juli], während des Konsulats unseres Herren Graziano Augusto, das dritte Mal Konsul, und des [Flavius] Equizius [374] (diesen) Altar widmete.").

Der Altar enthält eine große Anzahl ritueller Elemente, die im Kult der Großen Mutter (*magna mater*) Cibele und des Attis, denen er gewidmet wurde, im Zusammenhang mit der Opferzeremonie stehen. Die Inschrift erwähnt allerdings auch die Verbindung des Alfenus Ceionius Iulianus Kamenius, der einer wichtigen römischen Adelsfamilie des 4. Jahrhunderts angehörte, mit weiteren Kulten kleinasiatischen, indo-iranischen oder griechischen Ursprungs: Men, Mithras, Ecate, Liber. Die mit diesen Kulten verbundenen rituellen Opfer, wie unter anderem das Taurobolium und das Criobolium, eine Art Taufe mit dem Blut eines Stieres bzw. eines Widders, fanden alle im Phrygianum statt, dem großen Heiligtum an der rechten Seite des Tiber auf dem *mons Vaticanus* (Vatikanhügel), das synkretistisch für einige der wichtigsten orientalischen Kulte entstanden war, die sich in der Stadt Rom in der mittleren und späteren Kaiserzeit verbreitet hatten. Giandomenico Spinola

| **Lit.**: Castagnoli 1992, S. 75; Kat. Rimini 1996, S. 204, Nr. 47; Liverani 1999, S. 104, Nr. 30; Kat. Rom 2000a, S. 515f., Nr. 143 (Paolo Liverani); Kat. Barcelona 2002; Sinn 2006, S. 298ff., Nr. 177, Taf. 100,3–4, 101,3

6 Porträt eines Priesters

Römisch, Kleinasien (?), spätes 3. Jahrhundert
Marmor – Oberfläche verrieben, teils verwittert; Gesicht bestoßen, Nase und rechte Partie der Oberlippe weggebrochen, linkes Auge und Augenbraue bestoßen – H. 38 cm, B. 26 cm, T. 26 cm
Hamburg, Museum für Kunst und Gewerbe Hamburg, Inv.Nr. 1961.139 (ehemals Sammlung Prinz Alfred Antonin Juritzky)

Der aus Kleinasien stammende Kopf gehörte einst zu einer Gewandstatue, war jedoch gesondert gearbeitet und eingesetzt. Dargestellt ist ein bärtiger Mann mittleren Alters mit starr blickenden Augen und einem strengen Gesichtsausdruck. Der voluminöse Lorbeerkranz charakterisiert ihn als Priester.

Die Physiognomie des Kopfes wird von breiten Wangenknochen, einem mächtigen Kiefer und den in die Ferne blickenden Augen bestimmt. Diese sind nach oben gerichtet und weisen eine geritzte Iris und eine nur flach eingetiefte Pupille auf. Der Mund ist an den Seiten herabgezogen; mit den zusammengezogenen Brauen und den Nase-Mund-Falten entsteht eine grimmige Miene.

Die Haare sind über der Stirn in acht fülligen Sichellocken nach links gezeigt; an den Schläfen und über den Ohren sind sie zu brei-

7 Das Haus der Götter – Römische Tempeldarstellungen

a) Sesterz des Tiberius, Rom, 35–36

Bronze – Dm. 3,4 cm, 12 h; 26,85 g

Vorderseite: Concordia-Tempel mit Kultbild, sechssäulige Tempelfront mit quergelegter Cella, zu den Seiten Mercurius (links), Apollo (rechts), auf dem Dach die Kapitolinische Trias, flankiert von Ceres mit Füllhorn (rechts) und Mars (links) sowie zwei Victorien zu beiden Seiten

Rückseite: TI CAESAR DIVI A[VG F AV]GVST P M TR POT XXXVII. Großformatiges S C umgeben von der Umschrift

Berlin, Staatliche Museen zu Berlin – Preußischer Kulturbesitz, Münzkabinett, Inv.Nr. 18235541

b) Sesterz des Antoninus Pius, Rom, 140–144

Bronze – Dm. 3,2 cm, 12 h; 22,48 g

Vorderseite: ANTONINVS AVG - PIVS P P TR P COS III, Kopf des Antoninus Pius mit Lorbeerkranz nach rechts

Rückseite: ROMAE - AETERNAE // S C, die zehnsäulige Front des Tempels der Roma und der Venus in der Vorderansicht, in der Mitte eine Sitzfigur, oben Giebel- und Eckakrotere sowie einige Figuren im Giebelfeld

Berlin, Staatliche Museen zu Berlin – Preußischer Kulturbesitz, Münzkabinett, Inv.Nr. 18235538

c) Nummus des Maxentius, Rom, 308–310

Bronze – Dm. 2,6 cm, 11 h; 6,93 g

Vorderseite: IMP C MAXENTIVS P F AVG, Kopf des Maxentius mit Lorbeerkranz nach rechts

Rückseite: CONSERV - VRB SVAE // RBQ, sechssäuliger Tempel in der Frontalansicht, Kranz im Giebel, darin sitzt Roma in der Vorderansicht, den Kopf nach links gewandt, mit Speer in der linken und einem Globus in ihrer rechten Hand, zu ihren Füßen rechts ein Schild

Berlin, Staatliche Museen zu Berlin – Preußischer Kulturbesitz, Münzkabinett, Inv.Nr. 18235524

ten, zugespitzten Büscheln geordnet. Über und hinter den Ohren sind sie unvollendet ausgearbeitet, die Haarmasse auf der Kalotte ist nur summarisch angegeben. Der dünne Vollbart weist eine einfache Schraffierung auf, ebenso die Augenbrauen.

Auf dem Kopf liegt ein über der Stirnmitte zusammenlaufender, sich von den Seiten verbreiternder Lorbeerkranz, dessen Blätter regelmäßig versetzt angeordnet sind. Lorbeerkränze der vorliegenden Form sind für verschiedene Priestergruppen bezeugt. Solche Kränze tragen auch die berühmten Porphyrtetrarchen von San Marco in Venedig; wenig später wird das Juwelendiadem zur dominierenden Form.

Nicht mehr zu bestimmen ist, ob es sich um einen hochrangigen Militär oder Beamten – vielleicht einen Statthalter – gehandelt hat, der als Mitglied eines Priesterkollegiums dargestellt wurde. Die Gestaltung mit einem dünnen Vollbart, kräftigen Haarsträhnen, einer strengen, unbewegten Mimik weist in diokletianische Zeit – gelegentlich wird der Kopf auch mit Kaiser Diokletian selbst verbunden.

Frank Hildebrandt

| **Lit.:** Hoffmann/Hewicker 1961, Taf. 30; Hoffmann 1962, S. 227–230; Inan/Alföldi-Rosenbaum 1979, S. 310f., Nr. 307, Taf. 217; Kat. Frankfurt am Main 1983, S. 493, Nr. 97 (Dagmar Stutzinger); L'Orange 1984, S. 96; Kat. Mainz 2009, S. 53, Nr. 27 (Kathrin Weber)

Schon seit den Zeiten der Römischen Republik schmücken architektonische Darstellungen die Rückseiten von Münzbildern. Stolz auf das ehrwürdige Alter der Stadt und die Taten der Vorfahren stehen hier im Mittelpunkt. In der Kaiserzeit tritt der Herrscher nun stärker in den Vordergrund.

Architekturdarstellungen von bedeutenden Gebäuden, berühmten Altären und Brücken sollen wie die der Tempel in der Stadt Rom für den Betrachter als solche eindeutig identifizierbar sein. Zwar können einzelne Details der Darstellung vom realen Bau abweichen, doch werden die Hauptkennzeichen der Architektur trotz mancher Verkürzung meist getreu wiedergegeben. Zudem geben die Münzaufschrift und die häufig anzutreffende Abbildung der jeweiligen Gottheit in der Tempelfront eindeutige Hinweise auf den betreffenden Tempelbau.

Unser erstes Münzbeispiel zeigt den von Kaiser Tiberius im Jahr 10 errichteten, auf Vorgänger des 4. Jahrhunderts zurückgehenden Tempel der Concordia (Eintracht), der an der Westseite des Forum Romanum nahe am Kapitolshügel liegt. Der republikanische Tempel sollte an die Eintracht zwischen Plebejern und Patriziern nach dem Ende der Ständekämpfe erinnern und war mehrfach erneuert worden. Im Jahre 7 vor Christus gelobte der spätere Kaiser Tiberius (reg. 14–37) den Bau eines neuen Tempels, der nun der Concordia Augusta geweiht war. Wie der archäologische Befund (nur das Podium und einige Architekturfragmente sind erhalten) und vor allem das Münzbild zeigen, handelte es sich um die selten belegte Form eines Podiumstempels mit quer gelegter Cella (Hauptraum) und einer Vorhalle mit sechs Säulen korinthischer Ordnung in der Front. Zudem schmücken Götterstatuen den Treppenaufgang und das Tempeldach. Der antike Schriftsteller Plinius der Ältere (†79) überliefert in seiner Naturgeschichte eine Liste der Kunstwerke, die Tiberius in dem Tempel aufstellen ließ (Plinius, Naturalis Historia, XXXIII, 73, 77, 80, 89–90; XXXV, 66, 196; XXXVI, 196; XXXVII, 4).

Der Tempel der Venus und der Roma, der auf dem Sesterz des Kaisers Antoninus Pius (reg. 138–161) erscheint, war der größte Tempel in der Stadt Rom. Mit seinem Bau wurde unter dem Vorgänger des Antoninus, Hadrianus (reg. 117–138), begonnen. Mit rund 105 mal 48 Metern Grundfläche dominiert dieser Doppeltempel den östlich des Forums und westlich des sogenannten Kolosseums gelegenen Hügel. Die westliche Seite zum Forum hin war der Göttin Roma geweiht, die östliche der Venus vorbehalten. Unter Kaiser Maxentius (reg. 307–312), dem Gegenspieler Konstantins des Großen, wurde der durch Brand beschädigte Tempel erneuert und umgebaut. Dabei wurden zusätzliche Innenräume eingebaut und ein Tonnengewölbe eingezogen. Schon unter Antoninus Pius sollen das Münzbild und der Tempel auf die Ewigkeit Roms verweisen; Maxentius nutzt noch stärker einen nationalrömischen und persönlichen Bezug in seiner Münzprägung. Zwar ist das Münzbildnis stark vereinfacht (sechs bzw. vier Säulen), dafür erscheint die Göttin Roma selbst im Tempeljoch zusammen mit der auf Maxentius zu beziehenden Aufschrift „Conservator Urbis suae" (meist übersetzt als „Bewahrer seiner Stadt"), doch scheint „Retter" hier den panegyrischen Charakter der Losung besser zu treffen. Diese Aufschrift stellt die häufigste Münzlegende unter Maxentius dar und zeigt deutlich, dass hier eine den Kaiser überhöhende, von Götterbeinamen übernommene Akklamation im Münzbild verwendet wird.

Karsten Dahmen

| Lit.: Zu a): Amersdorffer 1976, S. 77, Nr. 199, Abb. (dieses Stück).; The Roman Imperial Coinage, Bd. 1, Nr. 61 (dieses Stück); zu b): The Roman Imperial Coinage, Bd. 3, Nr. 623; zu c): The Roman Imperial Coinage, Bd. 6, Nr. 210 (datiert 308–310); Ziemssen 2011

8 Porträt des Divus Augustus im Strahlendiadem

Bald nach dem Jahr 14; Fassung Mailand, 1550–1560
Kameo, zweischichtiger Sardonyx – Bildgrund links und oben leicht beschnitten –
H. 6,69 cm, B. 4,94 cm
Köln, Römisch-Germanisches Museum der Stadt Köln, Inv.Nr. 70,3

Das Profilporträt des Divus Augustus ist aus der weißen Schicht eines Sardonyx geschnitten, der Bildgrund ist braun. Seine Göttlichkeit ist durch das Strahlendiadem bezeichnet, zeigt sich jedoch auch in den Porträtzügen. Das alterslose Gesicht, das leicht angehobene Kinn und das nach oben gerichtete Auge sind Zeichen der Apotheose.

Augustus (*63 v. Chr., reg. 27 v. Chr.–14) wurde nach seinem Tode feierlich bestattet. Vom Scheiterhaufen ließ man einen Adler auffliegen, der nach eidlicher Aussage eines Zeugen das Abbild des Augustus zum Himmel trug. Der verstorbene Kaiser wurde durch Senatsbeschluss zum Gott erklärt, sein Kult von einem Priesterkollegium und einer Priesterin – die erste war seine Frau Livia – ausgeübt. Die Kultstatue trug das Strahlendiadem, welches hiermit als Kennzeichen des Divus eingeführt wurde. Die Strahlen sind die des Sol-Apollo. Zu Lebzeiten hatte Augustus diesen Gott besonders verehrt, weil er gemäß einer Prophezeiung der Herrscher der neuen goldenen Zeit sein sollte. Mit der Verehrung verband sich die Botschaft, dass die *aurea aetas* jetzt angebrochen sei. Der Divus ist nun dem Sol-Apollo gleich und garantiert die goldene Zeit für die Regierung seines Nachfolgers. Hier hat die Vorstellung von der periodischen Wiederkehr der *aurea aetas* beim Regierungsantritt eines Kaisers ihren Ursprung.

Das Profil des Divus ist auf subtile Weise an das des Tiberius (reg. 14–37) angeglichen. Die fingierte Ähnlichkeit mit dem nicht blutsverwandten Nachfolger soll die Kontinuität der Dynastie sichtbar machen.

Um 1550/60 erhielt der Kameo in Mailand seine prächtige Fassung. Im 18. Jahrhundert befand er sich in der Sammlung von George Forth Duke of Marlborough (Blenheim Palace), seit 1899 in jener der Familie Astor (Hever Castle). Über eine Auktion gelangte er nach Köln.

Erika Zwierlein-Diehl

| **Lit.**: Hackenbroch 1979, S. 41, Abb. 81A–B; Joppien 1980, Taf. 15; Zwierlein-Diehl 1980, Taf. 2–3, Abb. 1–7, Taf. 11, Abb. 63, Taf. 14,1–3 (Lit.); Bergmann 1998, S. 108–112, Taf. 22,2; Zwierlein-Diehl 2007, S. 155ff., 434f., Abb. 614a–b, 617 (Lit.); Boardman 2009, Nr. 543

9 Kameo mit der Apotheose des Kaisers Nero

Regierungszeit des Nero 54–68
Dreischichtiger Sardonyx – Rand und Kranz der Victoria leicht bestoßen – H. 7,1 cm, B. 6 cm
Nancy, Bibliothèque Municipale, ohne Inv.Nr.

Kaiser Nero (reg. 54–68) wird von einem Adler mit ausgebreiteten Schwingen getragen, den Kopf schmückt ein Lorbeerkranz, Bartflaum bedeckt die Wange. Er trägt die mit dem Gorgoneion versehene Ägis des Jupiter; von seiner Rechten fliegt Victoria mit einem Siegeskranz auf ihn zu. Das Füllhorn in der Linken symbolisiert das vom Kaiser garantierte Wohlergehen des Reiches. Der zu ihm aufblickende Adler steht auf dem Blitz des Jupiter. Das Bild ist aus einem dreilagigen Sardonyx mit einer hellen zwischen zwei rotbraunen Lagen geschnitten. Der lebhafte Farbwechsel im Adlergefieder erzeugt den Eindruck von wechselndem Licht und Schatten.

Das Bild evoziert zwei Vorstellungen, sowohl die von Jupiter wie die des vergöttlichten Kaisers, die beide vom Adler getragen werden; dennoch stellt es den lebenden Kaiser dar. Das Porträt entspricht dem ersten Bildnistypus des Kaisers, der auf Münzen zwischen 54 und 59 belegt ist. Es ist gut möglich, dass der Kameo ein Geschenk zum Regierungsantritt war, das sein Verweis auf Sieg im Krieg und Segen im Frieden prophetisch zu verstehen ist, wie häufig in dieser Gattung. Schon auf früheren Kameen wurde der Kaiser mit Jupiter verglichen, diese Kleinodien waren jedoch nur für einen engeren höfischen Kreis sichtbar. Nero aber beanspruchte gegen Ende seiner Regierungszeit die Gottgleichheit auch öffentlich. Er schaffte die Verehrung des Divus Claudius (reg. 41–54) ab und ließ sich als erster Kaiser mit Ägis und Strahlendiadem, das zuvor nur den Divi zukam, auf stadtrömischen Münzen abbilden.

Der Kameo war Teil eines Armreliquiars, das René I. d'Anjou 1471 der Kirche von Saint-Nicolas-de-Port gestiftet hatte. Damals wurde er vermutlich als Bild des Evangelisten Johannes gedeutet. Das Reliquiar wurde 1792 im Zuge der Französischen Revolution zerstört.

Erika Zwierlein-Diehl

| **Lit.**: Jucker 1959/1960, S. 276, Taf. 7.1; Megow 1987, Nr. A 99, Taf. 35,3 (Lit.); Bergmann 1998, S. 149f., Taf. 29,1.2; Zwierlein-Diehl 2003, S. 44, Nr. 14, 47, Abb. 1, 3, 6, Taf. I, III; Zwierlein-Diehl 2008, S. 172f., Abb. 130, 321; Kat. Magdeburg 2012, Nr. I.29 (Rita Amedick)

10a Constantinus I. und seine Familie (sog. Ada-Kameo)

318–320 oder 323
Kameo auf dem Einband von 1499 des karolingischen Ada-Evangeliars
Dreischichtiger Sardonyx – Bruch quer durch die Hälse der beiden rechten Figuren, Ausbruch im Haar der Fausta, kleine Bestoßungen – H. 8,5 cm, B. 10,7 cm
Trier, Stadtbibliothek Trier, Sign. Hs 22

Constantinus I., der Große (reg. 306–337), und seine Familie werden in einem Wagen von zwei Adlern emporgetragen. Das Bild ist aus der braunen und weißen Schicht eines Sardonyx geschnitten, der

Bildgrund ist braun. Am Original ergeben sich keinerlei Anhaltspunkte für die Vermutung, der Kameo sei aus einem früheren (claudischen?) umgearbeitet. Der Wagen wird in dieser bildlichen Fiktion nur durch seine Brüstung angedeutet. Darüber erscheinen in Vorderansicht die Büsten des Kaiserpaares Constantinus I. und Fausta in der vordersten Ebene, zwischen ihnen die eines kleinen Sohnes, links die der Kaisermutter Helena, rechts die eines weiteren etwas größeren Sohnes. Die Adler sind, soweit es die Dicke der Schicht zuließ, braun, ebenso der Kopfschmuck der Dargestellten; Büsten und Wagenbrüstung sind hell. Konstantin trägt einen Lorbeerkranz, Fausta über dem Mittelscheitel ein ursprünglich ovales Stirnjuwel, dessen rechte Hälfte mit der Bruchstelle im Haar weggebrochen ist. Helena hat den Saum ihres Mantels als Schleier über den Kopf gelegt, auf dem in der Mitte gescheitelten Haar sitzt ein Juwelendiadem. Der jüngere Knabe zwischen Konstantin und Fausta trägt einen auf einem Band sitzenden sechsstrahligen Stern im Haar. Auch der ältere Knabe trug einen Kopfschmuck, dessen Oberfläche jetzt abgerieben ist, die verbliebene Furche zeigt, dass er von ovaler Form war und von einem Band, dessen Enden zu Seiten des Halses herabfallen, gehalten wurde.

Die Forschung ist sich weitgehend einig in der Benennung der Erwachsenen. Sicher ist, dass der Kameo vor 326 entstand, dem Jahr, in dem Fausta wegen Ehebruchs hingerichtet wurde. Probleme bereitet die Tatsache, dass nur zwei der vier Söhne des Constantinus I. dargestellt sind. Es waren Crispus (*um 300, Caesar 317, hingerichtet 326), aus der nicht ehelichen Verbindung mit Minervina, und drei Söhne der Fausta: Constantinus II. (*316, Caesar 317, reg. 337–340), Constantius II. (*317, Caesar 324, reg. 337–361) und Constans I. (*320 oder 323, Caesar 333, reg. 337–350). Nach einer vielfach akzeptierten Meinung wären die mit Licinius Iunior zwischen 317 und 324 als Caesares amtierenden Söhne des Constantinus I., Constantinus II. und Crispus, dargestellt. Die noch nicht zu Caesares ernannten Söhne wären weggelassen. Einen Ausweg böte die Datierung des Kameos in das Jahr 317, nach dem 1. März, der Erhebung der Prinzen

I AUFTRAG UND AUSBREITUNG. DIE ANFÄNGE DES CHRISTENTUMS IN ROM zu Caesares, und vor dem 7. August, der Geburt des Constantius II. In beiden Fällen irritiert, dass der etwa 16 Jahre ältere Crispus sehr knabenhaft, nur wenig größer als der Halbbruder, dargestellt wäre. Es gilt jedoch zu bedenken, dass der Kameo kein öffentliches Denkmal ist. Vielmehr handelt es sich um ein hofinternes Familienbild. Daher ist wahrscheinlich, dass Fausta von ihren Söhnen, Constantius II. und dem ein Jahr älteren Constantinus II., flankiert wird, und dass der Kameo zwischen 318 und 320 oder 323, dem nicht sicher bekannten Jahr der Geburt des Constans, geschaffen wurde.

Das alte Motiv der Apotheose des Kaisers auf den Schwingen des Adlers lebt unangefochten weiter. Neu ist, dass einerseits die ganze Familie in diese Form der Verherrlichung einbezogen und über die Irdischen erhöht wird, andererseits Götterattribute fehlen. Der sternförmige Kopfschmuck des Constantius II., der in der Mitte der Gruppe besonders hervorsticht, könnte als Sonnenstern zu deuten und auf Sol Invictus oder Christus-Sol zu beziehen sein. Er wäre dann jedoch nicht göttliches Attribut, sondern Amulett.

Erika Zwierlein-Diehl

| Lit.: Alföldi 1963, S. 127f., Taf. 36, 303; Kaiser 1964; Wegner 1984, S. 127, 147, Taf. 74a; Kat. Trier 2007, Nr. I.9.5, III.19.1 (Barbara Weber-Dellacroce); Spier 2007, S. 130; Zwierlein-Diehl 2007, S. 202ff., 454, Abb. 755 (Lit.)

10b Einband des Ada-Evangeliars, Vorderseite

Trier, Abtei St. Maximin, 1499; Werkstatt des Trierer Goldschmiedes Heinrich Wolff (?)
Eichenholzträger, Silber gegossen, getrieben und punziert; teilvergoldet mit Steinbesatz; im Zentrum Kameo (dreischichtiger Sardonyx) aus spätrömischer Zeit (H. 8,5 cm, B 10,7 cm), einige Steine und plastische Details im Figurenprogramm sind verloren – H. 39,4 cm, B 26,6 cm
Trier, Stadtbibliothek Trier, zu Sign. Hs 22

Der Einband des Ada-Evangeliars wurde im Jahr 1499 durch den Maximiner Abt Otto von Elten (amt. 1483–1502) gestiftet. Er bildete den Ersatz für das offenbar verfallene karolingische Original, aus dessen Bestand vermutlich der spätrömische Kameo im Zentrum der Tafel stammt. Die Stifterfigur erscheint im oberen Bildfeld rechts kniend zu Füßen des Trierer Bischofs Maximin (amt. 330–347). Ein Inschriftenfeld in der Mitte unten teilt in feierlicher Kapitalschrift mit: HANC TABULAM FIERI FECIT ABBAS OTTO DE ELTEN ANNO DOMINI MCCCCIXC – „Diese Tafel ließ der Abt Otto von Elten im Jahre 1499 machen".

Die Einbandtafel besitzt eine kreuzförmige Struktur. In den vier Eckkompartimenten sind bedeutende Symbolfiguren der Geschichte St. Maximins zu sehen: oben links der Apostel Johannes als Patron der Abtei, unten links Bischof Agritius und unten rechts Bischof Nicetius (amt. etwa 525–566). Agritius unternahm um 326 zusammen mit Kaiserin Helena eine Reise ins Heilige Land, von der er bedeutende Reliquien mit nach Trier brachte, unter anderen den Heiligen Rock. Nicetius betrieb nach den Wirren der Völkerwanderung die Wiederherstellung des Trierer Domes. Alle drei Bischöfe wurden als Heilige verehrt und sind der Überlieferung zufolge in St. Maximin bestattet. Kaiserin Helena wiederum gilt als Stifterin der Abtei.

Die Felder im Inneren zeigen in anthropomorpher Darstellung die vier Evangelistensymbole. Sie sind mit Flügeln ausgestattet und tragen Banderolen mit ihren Namen, oben Johannes, links Lukas, unten Matthäus, rechts Markus.

Der Prachteinband verweist auf den Inhalt und die Gattung des Buches (Evangeliar), er liefert ein bedeutendes Zeugnis monastischer Repräsentationskultur und bildet ein wichtiges Beispiel für die Integration antiker Kunst in einen explizit christlichen Funktionszusammenhang.

Michael Embach

| Lit.: Schnütgen 1889; Embach 2010; Kat. Magdeburg 2010, Nr. II.7 (Michael Embach)

11 Fragment eines Sarkophagdeckels mit Anbetungsverweigerung der Jünglinge

Stadtrömisch, 1. Drittel des 4. Jahrhunderts
Marmor – nicht vollständig ausgearbeitet – H. 27 cm, B. 70 cm, T. 69 cm., St. der Wandung 9 cm
Vatikanstadt, Pontificia Commissione di Archeologia Sacra, Catacombe di San Sebastiano, Museo delle sculture, Inv.Nr. Seb. 990

Links sind von einer Darstellung des Sündenfalls ein Baumstamm und die nicht mehr vollständig erhaltene Gestalt Adams zu erkennen, der mit beiden Händen die Scham bedeckt. Vollständig ist die folgende Szene erhalten, die Anbetungsverweigerung des goldenen Bildes des Nebukadnezar aus dem alttestamentlichen Buch Daniel (Dan 3,1–18). Der Text beschreibt, dass drei Jünglinge der Aufforderung zur Verehrung des Bildes nicht nachkommen und diese Verweigerungshaltung auch vor dem König beibehalten. Dieses Bild, das im Buch Daniel nicht näher beschrieben ist, wird auf dem Sarkophagdeckel in Form eines Herrscherbildes, und zwar als eine auf einem Pfeiler stehende Büste des Nebukadnezar wiedergegeben. Hinter ihr thront der mit einem Diadem und einem Zepter ausgestattete König; ein solches Zepter mit knaufartigem Abschluss ist auch aus einem Fund des frühen 4. Jahrhunderts erhalten. Die Jünglinge sind wie üblich mit Hosen, einer gegürteten Ärmeltunika, einem Mantel und einer phrygischen Mütze bekleidet; sie diskutieren mit hinweisenden und ablehnenden Gesten über das Herrscherbild. Der in Tunika und Pallium gehüllte, bärtige Engel, der zwischen Sündenfall und Anbetungsverweigerung dargestellt ist, stammt aus Darstellungen des im Buch Daniel anschließend geschilderten Ereignisses: Den zur Strafe in den Feuerofen geworfenen Jünglingen wird der „Engel des Herrn" (Dan 3,49–50) beigesellt, der die Hitze aus dem Ofen treibt. Die Darstellung des Engels weist in abgekürzter Form auf dieses Bildthema hin.

Wegen der Wiedergabe des Herrscherbildes in der Szene der Anbetungsverweigerung wird sie als Anspielung auf den in der Zeit der Christenverfolgung geforderten Kaiserkult interpretiert; auf früh-

I AUFTRAG UND AUSBREITUNG. DIE ANFÄNGE DES CHRISTENTUMS IN ROM

christlichen Sarkophagen gibt es allerdings keine „Kampfbilder", die sich gegen den Kaiser richten, und Elemente der imperialen Ikonographie werden bereits im frühen 4. Jahrhundert in die frühchristliche Kunst aufgenommen. Theologische Texte scheinen dieses Thema nicht zu kommentieren. Es könnte sein, dass die Anbetungsverweigerung mit der Konsequenz des Aufenthaltes im Feuerofen einen gemeinsamen erzählerischen Zusammenhang bildete, wobei erstere als Vorgeschichte keine separate Deutung erfuhr und lediglich als Erklärung ausschmückend vorangestellt wurde: Die Jünglinge im Feuerofen gelten als Hinweis auf die Auferstehung und auf die Rettung vom Tode und sind daher ein beliebtes Bild an und auf frühchristlichen Gräbern.   Jutta Dresken-Weiland

| **Lit.:** Carletti 1975, S. 63–87; Engemann 1984, S. 121f.; RAC 19, S. 375–386 (Art. Jünglinge im Feuerofen: Friederike M. Kulczak-Rudiger); Engemann 2002, S. 89f.; Dresken-Weiland 2010, S. 302–311; Kat. Magdeburg 2012, S. 210–214 (Clementina Panella)

12 Skulptur mit Stier tötendem Mithras

3. Jahrhundert
Entdeckt 1874 in Rom, Piazza Dante auf dem Esquilin
Pavonazzetto-Marmor (marmor synnadicum) – es fehlen der Umhang und die rechte Hand von Mithras, Teile des Stierhalses, der Hörner und des Schwanzes – H. 91 cm, B. 80 cm, T. 24 cm
Rom, Musei Capitolini, Centrale Montemartini, Sign. MC 915

Die Skulpturengruppe zeigt die Tauroktonie genannte Darstellung des Gottes Mithras bei der Opferung des heiligen Stiers, aus dessen Blut der Lebensquell des Universums entspringt. Dieses zentrale Motiv des Mithraskults verfügt über eine charakteristische Ikonographie: Mithras wendet den Kopf ab und kniet mit dem linken Bein auf dem Rücken des Stiers. Der als Jüngling in orientalischer Kleidung mit Hose, Stiefeln und phrygischer Mütze wiedergegebene Gott packt den Stier kraftvoll bei den Hörnern, reißt dabei den Kopf des Tieres nach hinten und stößt ihm seinen Dolch in den Nacken. Die rechte Hand von Mithras, die die Waffe hielt, fehlt.

Vervollständigt wird die Szene durch die auf dem Sockel der Skulptur abgebildete Schlange, dem Symbol des Bösen, die im Mythos zu verhindern sucht, dass die Erde durch das Blut des Stieres fruchtbar wird.

Das hier dargestellte Geschehen bildet eine Variante der am weitesten verbreiteten Darstellungsweise, bei der Mithras den Stier an den Nasenlöchern festhält. Darüber hinaus fehlen einige Gestalten aus dem Mythos: der das Stierblut aufleckende Hund, der Skorpion, der in die Hoden des sterbenden Opfers kneift, und der Rabe als Götterbote.

Der dem Sonnengott persischen Ursprungs geweihte Mithraskult war ausschließlich dessen Anhängern vorbehalten und umfasste sieben Initiationsstufen. Die Verehrung fand an einem unterirdischen Ort statt, der einer natürlichen Höhle nachempfunden war, und gipfelte in einem rituellen Festmahl.

Die Gruppe stammt aus den kaiserlichen Gärten, den *Horti Lamiani*, wo sie in der Umgebung verschiedener Thermenanlagen entdeckt wurde. Ursprünglich als Teil der *Horti Lamiani* erbaut, wurden diese Bereiche später wahrscheinlich als Mithräum genutzt. Die Entdeckung der Skulpturengruppe liefert eines von zahlreichen materiellen Zeugnissen für die weite Verbreitung des Kultes im 3. Jahrhundert, als er von verschiedenen Kaisern gefördert wurde.

Vito Mazzuca

| Lit.: Visconti 1874; Vermaseren 1956, S. 160, Nr. 352; Kat. Madrid 2007, S. 142f. (Serena Guglielmi)

13 Fragment einer Terra-sigillata-Schale mit Reliefauflagen

4. Jahrhundert
Erworben 1900, laut Inventar aus Rom
Roter Ton – fragmentierte Schale, weniger als die Hälfte erhalten – B. 13,7 cm, H. 5,3 cm
Bonn, Akademisches Kunstmuseum der Universität Bonn, Inv.Nr. 671

Dieses Fragment einer Terra-sigillata-Schale besteht aus drei Einzelteilen und weist als Dekoration ein appliziertes Relief mit der Darstellung der Stiertötung durch den Gott Mithras auf. Die dynamische Bildkomposition ist von einer ungeheuren Dramatik geprägt: Der jugendhafte Gott kniet mit dem linken Bein auf dem mächtigen Stierkörper, greift mit seiner linken Hand dem Stier in die Nüstern und reißt dessen Kopf nach hinten, um dem Tier mit der Rechten den tödlichen Dolchstoß in den entblößten Hals zu versetzen. Aus der tiefen Wunde fließt bereits Blut. Mithras wird durch seine Kleidung mit reich geschmücktem Obergewand, langen Hosen, Mantel und phrygischer Mütze als Orientale aus dem fernen Persien ausgewiesen.

Die Stiertötung bildet im römischen Mithraskult die zentrale Heilstat des Gottes. Das göttliche Himmelsstier symbolisiert Fruchtbarkeit, weshalb sein Schwanz auch in einem Bündel Kornähren endet. Durch das blutige Opfer bringt Mithras den Menschen Leben und Vegetation.

Die 1900 in Rom erworbene Schale stammt wahrscheinlich aus nordafrikanischen Werkstätten, deren reliefverzierte Erzeugnisse sich im 4. und 5. Jahrhundert reichsweiter Beliebtheit erfreuten. Bislang sind nur zwei weitere vergleichbare Schalen aus Nordafrika und aus Lanuvium in der Nähe von Rom bekannt. Analog zu diesen Parallelstücken dürfte auf der fehlenden Hälfte der Bonner Schale ursprünglich eine weitere Szene aus dem Mithras-Mythos dargestellt gewesen sein, die der Stiertötung voranging: Nach langem, kräftezehrendem Ringen hat Mithras den widerspenstigen Stier bezwungen, packt ihn an den Hinterläufen und schleppt ihn auf dem Rücken zum Opfern in eine Grotte. Es ist unklar, ob die Schale nur als Weihegabe fungierte oder ob sie tatsächlich beim gemeinsamen Mahl, dem zentralen Ritual im Kult, Verwendung fand. Darius Frackowiak

| Lit.: Himmelmann 1972, S. 40, Nr. 30, Abb. 30; Kat. Frankfurt 1983, S. 551f., Nr. 148; Clauss 2012

14 Kultgefäß mit Reliefauflagen

2./3. Jahrhundert
Gefunden 1958 in der Zeughausstraße in Köln
Gelblicher Ton, Reliefs in Barbotine-Technik – fragmentiertes Gefäß, Ergänzungen (unter anderem): Henkel mit Schlange, Kopf des Cautes; Opferaltar nicht mehr erhalten – H. ca. 27 cm, Dm. 28,6 cm
Köln, Römisch-Germanisches Museum der Stadt Köln, Inv.Nr. 58.289

Dieses doppelkonische, bauchige Kultgefäß aus gelblichem Ton wurde 1958 bei Bauarbeiten in der Zeughausstraße in Köln zwischen antiken Mauerresten zusammen mit zahlreichen weiteren Gefäßscherben entdeckt. Vermutlich handelte es sich bei diesen Strukturen um die Überreste eines Mithras-Heiligtums (Mithräum). Das fragmentarisch erhaltene Gefäß ist an mehreren Stellen ergänzt und weist ein reichhaltiges, appliziertes Reliefdekor auf. Die Rückseite wird von einem gepunkteten Schlangenleib durchzogen, dessen Kopf auf einem der Henkel aufliegt. Auf dem gegenüberliegenden Henkel ruht hingegen ein Löwe. Beide Tiere kommen häufig in Verbindung mit der Stiertötung, der zentralen Heilstat des Gottes Mithras, vor. Auf beiden Seiten des Gefäßes sind sechs von ursprünglich wohl sieben Sternen erkennbar, die einen Bezug zu den sieben hierarchisch gegliederten Einweihungsstufen in den römischen Mithrasmysterien haben dürften.
Die Hauptszene auf der Vorderseite bietet einen Hinweis auf die Funktion dieses „Kultgefäßes" in der rituellen Praxis: Im Zentrum der Darstellung steht das Opfer durch Sol-Mithras, der von den beiden Fackelträgern Cautes und Cautopates, seinen Begleitern, flankiert wird. Der Gott ist durch heroische Nacktheit, wehenden Mantel und eine Strahlenkrone auf dem Haupt charakterisiert. In seiner linken Hand hält er ein rundes Objekt, wohl einen Weltglobus, während er mit der Rechten Räucherwerk in die Flammen eines (nicht mehr erhaltenen) Feueraltares streut. Ebenso verweist der dicke Rand des Gefäßes, der mit mehreren kleinen, als Rauchabzug dienenden Löchern versehen ist, auf die Funktion als Räuchergefäß.

Die Verwendung von Räucherwerk hatte im Kult große Bedeutung: In den höhlenartigen, von Dunkelheit ausgefüllten Heiligtümern des Mithras wurde durch Lichteffekte und Räucherwerk eine mystische Atmosphäre erzeugt, die es den Eingeweihten ermöglichte, in direkten Kontakt mit ihrer Gottheit zu treten. Darius Frackowiak

| Lit.: Binsfeld 1960/1961, Taf. 1–4, 16; Schwertheim 1974, S. 19f., Nr. 15a, Taf. 5; Bird 2004; Kat. Trier 2007, Nr. I.13.10; Clauss 2012

15 Relief mit siebenarmigem Leuchter

Kleinasien, 3./4. Jahrhundert
Marmor – die obere linke Ecke fehlt, rechts am Rand kleinere Ausbrüche – H. 61,5 cm, B. 61 cm, T. 10 cm
Berlin, Staatliche Museen zu Berlin – Preußischer Kulturbesitz, Skulpturensammlung und Museum für Byzantinische Kunst, Inv.Nr. 4691

15

Das flache Relief zeigt eine Vielzahl jüdischer Kultsymbole: Im Zentrum steht eine Menora, ein siebenarmiger Leuchter auf einem Dreifuß. Die Herstellung der ersten Menora wird in der Bibel (Ex 37,17–23) beschrieben: „Er (Bezalel, ein Kunsthandwerker, der von Mose beauftragt wurde, das Stiftszelt auszustatten) machte den Leuchter aus purem Gold. (…) Von seinen Seiten gingen sechs Arme aus, drei Leuchterarme auf der einen Seite und drei Leuchterarme auf der anderen Seite (…)." Dieser Leuchter stand im Tempel in Jerusalem und wurde bei dessen Einnahme durch die Römer im Jahre 70 geraubt (Kat.Nr. 16); er erscheint als zentrales Beutestück auf dem Triumphbogen des Titus in Rom (Abb. 2). Bis heute ist die Menora eines der wichtigsten religiösen Symbole des Judentums.

Beidseitig unterhalb der Leuchterarme sind zwei spiralförmige Rollen zu sehen, die als Thora-Rollen zu deuten sind. In der linken unteren Ecke könnte der Lulab, der beim Laubhüttenfest verwendete Feststrauß aus Früchten und einem Palmzweig dargestellt sein, oder aber der Ethrog, eine Zitrusfrucht mit hineingesteckten Zweigen.

Auf der rechten Seite ist – stark stilisiert – der beim Gottesdienst geblasene Schofar, ein aus Widder- oder Kuduhorn gefertigtes Blasinstrument, abgebildet, das als einziges Instrument des Altertums noch heute in der Synagoge in Gebrauch ist. Der Schofar kann auch in Zusammenhang mit der Opferung des Isaak gesehen werden (Kat.Nr. 21, 22), wo es heißt: „Als Abraham aufschaute, sah er: Ein Widder hatte sich hinter ihm mit seinen Hörnern im Gestrüpp verfangen. Abraham ging hin, nahm den Widder und brachte ihn statt seines Sohnes als Brandopfer dar." (Gen 22,13). Der oberhalb des Schofar abgebildete Zweig könnte ein zu einem Ethrog gehörender Bachweidenzweig sein.

Das Relief stammt ursprünglich aus einem in der Westtorstraße in Priene gelegenen Privathaus, das im 4. und 5. Jahrhundert als Synagoge genutzt wurde. Gefunden wurde es allerdings im Bodenbelag einer jüngeren Kirche beim dortigen Theater. 1904 kam es nach Berlin.
                    Petra Koch-Lütke Westhues

| **Lit.:** Effenberger/Severin 1992, S. 103, Nr. 28 (mit älterer Literatur); Kat. Fort Worth 2007, S. 204, Nr. 35; Kat. Mailand/Rom 2012, S. 223f., Nr. 101 (Matteo Cadario)

Rom – Christentum – Judentum

Ohne das einzigartige Verhältnis des entstehenden Christentums zum Judentum ist sein Verhältnis zur römischen Religion nicht zu verstehen. Allzu leicht wird die spätere Entwicklung des Christentums im 4./5. Jahrhundert nach der Tolerierung 313 und nach der Anerkennung als Staatsreligion 380 bzw. 391 in die frühe Zeit rückdatiert und undifferenziert das antike Rom als Kontext, in dem das Christentum entstand, gedeutet. Für die ersten Jahrhunderte ist dieses Modell aus römischer, aber auch aus jüdisch-christlicher Perspektive unzutreffend.

Für den römischen Staat war der christliche „Weg" aufgrund seiner Erlösungsvorstellungen und Riten bis Ende des 3. Jahrhunderts eine Mischform des Frühjudentums und der nahöstlichen Mysterienreligionen. Die Verfasser der neutestamentlichen Schriften hingegen verstanden sich in der Nachfolge Jesu als eine innerjüdische Reformbewegung; ihre Probleme wie die anderer jüdischer Gruppen lagen unterhalb staatspolitischer Fragen. Sie hatten keine staatspolitische Macht und strebten sie auch nicht an, wobei lokale Konflikte mit römischen Behörden wegen ihres Bekenntnisses zum einen, einzigen Gott (Monotheismus) nicht ausgeschlossen waren. Generell waren Christen staatsloyal (vgl.1 Tim 2,1f.; Röm 13,1–7; 2 Petr 2,13f.).

Kurzum: Das „Christentum" als Variante zu anderen jüdischen Richtungen und zu anderen Mysterienreligionen hatte, was Bekenntnis und Riten betrifft, in römischer Perspektive keine ausgeprägte eigene Identität. Christlicher Glaube ist in Lehre und Praxis nicht antithetisch zu römischer Religion, sondern durch und durch von der jüdischen Religion geprägt, da es nicht nur im 1. Jahrhundert auch sich selbst als Teil der jüdischen Religion verstand.

Entgegen der jahrhundertelangen Substitutionstheorie, der zufolge der christliche Glaube bereits im 1. Jahrhundert den jüdischen ersetzt und verdrängt habe, kommen Judaisten sowie jüdische und christliche Theologen in den letzten 50 Jahren immer mehr zu der Überzeugung, dass Jesus von Nazareth zeit seines Lebens ein Jude war; ebenso verstand sich die von ihm initiierte Glaubensbewegung als eine Form des damaligen vielfältigen Judentums. Auch kirchliche Erklärungen halten diese Überzeugung unmissverständlich fest: „Die Schriften des Neuen Testaments geben sich an keiner Stelle als etwas grundlegend Neues aus. Sie erweisen sich vielmehr als tief in der langen Glaubenserfahrung Israels verwurzelt, wie sie sich in unterschiedlicher Form in den Heiligen Büchern widerspiegelt, die die Schrift des jüdischen Volkes ausmachen." (So die Päpstliche Bibelkommission am 24. Mai 2001, Nr. 3). Die Bindung dieser Glaubensdeutungen an die Person Jesu unterscheidet natürlich Juden und Christen, aber sie gingen von Anfang an in der Wahrnehmung durch die Römer und im eigenen Selbstverständnis keineswegs getrennte Wege.

Die lange Glaubenserfahrung der Juden spiegelt sich in den aus ca. 1500 Jahren stammenden Schriften des ersten Teils der Bibel, dem christlichen Alten Testament. Diese Schriften lagen zur Zeit Jesu in Hebräisch/Aramäisch sowie in Griechisch (in Übersetzungen oder im Original) vor, da die meisten Juden seit dem 4./5. Jahrhundert entweder nur Griechisch sprachen oder zweisprachig waren, selbst in Palästina. Tatsache ist, dass alle Verfasser der im Neuen Testament gesammelten Schriften ihre heiligen Schriften (das später sogenannte Alte Testament) in Griechisch zitierten, damit aber auch die dort und im sonstigen Frühjudentum belegten Glaubensvorstellungen rezipierten; vor allem das Bild von Gott und seinen vielfältigen Wirkweisen (Hypostasen) ist hier zu nennen. Damit ist der seit einigen Jahrzehnten oft zitierte „doppelte Ausgang" und das Konzept der „getrennten Wege" im Frühjudentum benannt. Es wurde immer deutlicher, dass die beliebte Metapher „Mutter – Tochter" zur Umschreibung des Verhältnisses von Judentum und Christentum oder die der „Zwillingsgeburt" (vgl. Gen 25,23) unangemessen sind (letzteres gilt wegen des Erstgeburtsrechts auch juristisch), da immer noch die Verdrängung des Judentums durch das Christentum impliziert sein kann.

Dagegen gilt es zu betonen: Es gab im Frühjudentum, auch in dem im Neuen Testament dokumentierten, eine Vielfalt gleichberechtigter Glaubensüberzeugungen. Ein normatives Judentum oder Christentum gab es noch nicht. In ihrem Verhältnis zueinander gab es ein Auf und Ab des Miteinanders, Nebeneinanders und Gegeneinanders – verschieden nach Ort und Zeit. Die Grenzen sind durchlässig mit wechselseitigen Einwirkungen, etwa bei der Sammlung heiliger Schriften oder bei der Klärung theologischer Probleme. Aus heutiger Perspektive gab es nach der Zerstörung des Tempels in Jerusalem durch die Römer im Jahre 70 parallele Entwicklungen im aramäisch-sprachigen, pharisäisch-rabbinischen Judentum auf der einen sowie auf der anderen Seite im griechischsprachigen frühen „Christentum", das sich lange als Teil des vielfältigen Judentums verstand und auch von „Rom" so verstanden wurde. Eine eigene Identität mit einer lehrmäßigen Systematik entwickelte sich langsam und ganz unterschiedlich; greifbar wird sie am ehesten in den Konzilien von Nizäa (325) und Chalzedon (451). Noch Origenes (*185, †253), Johannes Chrysostomus (*349, †407) und andere Theologen warnen Christen davor, am Sabbat in die Synagoge zu gehen und neben den christlichen auch jüdische Festtage zu feiern. Auch nach dem 4. Jahrhundert blieb die jüdische Religion attraktiv und gesellschaftlich wirksam. Die Übereinstimmungen zwischen jüdischen und christlichen Glaubensüberzeugungen waren (und sind bis heute) größer als Christen gemeinhin vermuten. Nicht alles ist neu, sondern vielfach im griechischsprachigen Judentum vorgegeben. Dies ist bei einem Vergleich Rom – Christentum stets zu bedenken. Bevor die angebliche Neuheit des christlichen Glaubens im Vergleich zur römischen Staatsreligion betont wird, ist die Herkunft dieser „Neuheit" vor allem aus dem griechischsprachigen Judentum zu beachten.

Das Ende des Opferkults zum Beispiel entsteht nicht als Antithese zu römischen Opferpraktiken und ist nicht erst eine Folge der spätantiken Mutationen in Judentum, Christentum und Islam (so Guy Stroumsa) oder im Judentum eine Folge der Zerstörung des Tempels im Jahre 70 (Abb. 2). Diese traf lediglich die tempelorientierten Priestertheologen und die Tempelaristokratie (Herodianer) in ihrer Existenz und Identität. Für die Essener, die Gemeinschaft in Qumran, für die Pharisäer und die „Christen" war das Ende des Opferkultes gekommen, obwohl der Tempel noch stand. Ohne den Kontext des vielfältigen Judentums (vgl. die Kultkritik der Propheten und ihr Insistieren auf Gebet, Almosen, Fasten, Demut und die „Reinheit des Herzens") kann man Jesus von Nazareth mit seiner Distanz zum Tempel nicht verstehen. Für Paulus ist Abraham Vorbild aller Glaubenden, für Juden und Christen, „nicht als er beschnitten, sondern als er noch unbeschnitten war" (Röm 4,10). Paulus verkündet einen „Glauben, unabhängig von Werken der Tora/des Gesetzes" vom Sinai. Wie vor allem Philo von Alexandrien ist er ein Vertreter des „geistigen Opfers", des beschnittenen Herzens (mit Röm 2,28f. vgl. Lev 26,41; Dtn 10,16 und 30,6 aus den fünf Büchern Mose sowie Jer 4,4; 9,25f.; 31,31–34; Ez 11,19f.; 44,7.9 aus den Propheten). In der Erzählung von der „Bindung (= *akedah*) Isaaks" in Gen 22 wird der Glaube Abrahams erprobt, sie ist keine „Opferung" Isaaks oder Abrahams, wie christliche Bibelausgaben bis heute suggerieren. „Opfer" ist nicht die zentrale Kategorie bei der Deutung des Todes Jesu; im Neuen Testament gibt es viele Modelle, den Heil bringenden Tod Jesu zu deuten. Dieser Glaube hängt nicht am Begriff „Opfer".

Dass im angedeuteten Kontext Reformjuden wie Paulus unter anderem mit Berufung auf Abraham auf die Beschneidung verzichteten, ist nachvollziehbar, ebenso ihr Rückgriff auf eine andere Symbolhandlung bei der Initiation. Vorbild ist der einmalige Akt der Taufe Jesu durch Johannes (Mk 1,9–11; Mt 3,13–17; Joh 1,19–28) mit der Bereitschaft, das Leben zu ändern, wozu die Gabe des Heiligen Geistes (Mk 1,8 und weitere) die Kraft verlieh. Auch ist an die jüdische Praxis der Taufe von Proselyten (konvertierte Heiden ins Judentum) zu erinnern. Jesusnachfolger tauften natürlich „auf den Namen Jesu" (Apg 2,38; 10,48; Röm 6,3). Im Zuge der stärkeren Reflexion zum Handeln Gottes „durch" und „in" Jesus Christus, findet sich aus der Gemeinde im syrischen Antiochien (im Neuen Testament nur hier) in Mt 28,18–20 eine triadische Formel der Taufe „auf den Namen des Vaters, des Sohnes und des Heiligen Geistes". Verbunden wird sie mit dem Glauben an den einen, einzigen Gott des Himmels und der Erde, und zwar aller Menschen, das heißt Juden und Christen (wie im Noe- und Abraham-Bund in Gen 9 und 15). Jesusnachfolger

2 Triumphzug der Römer mit dem erbeuteten siebenarmigen Leuchter aus dem Tempel von Jerusalem (70 n. Chr.), Relief am Titusbogen auf dem Forum Romanum (Kopie), Rom, Museo della Civiltà Romana

haben demnach vor aller Welt Zeugnis ihres Glaubens abzulegen. Dass die antiochenische Gemeinde deswegen rastlos weltweit missioniert hat, ist nicht belegt. Paulus ist eine Ausnahme und fand erst später Nachfolger. In der Regel verbreitete sich jüdischer und christlicher Glaube durch die in der gesamten Welt verstreuten Synagogen und Hauskirchen (auch in Rom, Ostia, Capua, Neapel, Venusia, Barium und Mailand), deren Glaubenspraxis attraktiv war. Dazu bedurfte es keines Missionsauftrages. Mt 28,19f. reflektiert eine Praxis Jesu (vgl. Mt 8,5–13; 15,21–28), die durch den auferweckten Jesus legitimiert wird (vgl. auch den Nachtrag in Mk 16,9–20); eine von anderen vertretene Beschränkung auf Israel (Mt 10,5f., 24) war damit obsolet. Ein Vorteil der christlichen Richtung war es, dass man bei einer Konversion nicht ethnisch Jude werden musste, sondern kulturell Römer bleiben konnte (dies hatte bei der Abgabe von Sondersteuern Auswirkungen), auch wenn Christen in ihrer Ethik wie die Juden soziale Grenzen sprengten. Darin lag die Attraktivität der christlichen Bewegung im Römischen Reich begründet.

In der kirchlichen Rezeption entfaltete die in Mt 28,19f. belegte Tauf- und Missionstheologie jedoch enorme Wirkung – vor allem seit der staatlichen Tolerierung des christlichen Glaubens im Jahre 313 oder der Anerkennung als alleinige Staatsreligion 380 bzw. 391. Zu dieser Zeit entstehen auch die ersten Baptisterien; vorher tauften die Christen in ihren Hauskirchen oder in „lebendigem", das heißt fließendem Wasser, was bei der Taufe Jesu im Jordan oder bei der des äthiopischen Kämmerers in Apg 8,36–38 vorausgesetzt wird (vgl. die Anordnung aus dem Anfang des 2. Jahrhunderts aus Syrien in Didache 7,1).

Das Verhältnis von Judentum/Christentum zur römischen Religion ist von Anfang an wegen der synkretistischen Offenheit der römischen Religion für neue Bewegungen (wie Gnosis, Attis-, Dionysos-, Isis- und Mithraskult und ähnliches) nicht theologisch problematisch (vgl. Apg 18,12–17), sondern primär politisch. Territorial und religiös blieben neue Provinzen autonom. Rom führte nicht Kriege gegen die jüdische Religion, sondern gegen die Provinz Juda. Entsprechend sind die jüdischen Kriegstrophäen in Rom zu deuten, auch die durch die Kaiser Vespasian, Titus und Domitian geprägten Münzen mit der Aufschrift „Iudaea devicta" und „Iudaea capta". Kriterium war: Wer verhält sich bei Steuern loyal, erregt keinen „Tumult" oder wer nahm am Krieg gegen Rom 63–74 und 132–135 teil? Als Anhänger einer *religio licita* waren Juden und Christen vom Militärdienst befreit, ebenso von der Verehrung der römischen Staatsgötter und vom Kaiserkult. Attraktiv waren für römische Bürger ohne Zweifel die Ethik (etwa in der Witwen- und Waisenfürsorge) sowie die jüdisch-christliche „Philosophie" und die Erlösungsvorstellungen, in denen anders als in der römischen Religion das individuelle Heil betont wurde. Auch Rom als Hauptstadt war für christliche Theologen attraktiv; so sind in Rom im 2. und frühen 3. Jahrhundert sechsundzwanzig christliche Lehrer namentlich bekannt.

Ohne Zweifel ändert sich im Christentum seit Kaiser Konstantin viel, weniger in der Transformation theologischer Überzeugungen (höchstens als Ordnungsmacht in kirchlichen Auseinandersetzungen), sondern vor allem in kirchlichen Strukturen zum Nutzen der Staatsraison. Erinnert sei an die Verdrängung des Herrentages „am ersten Wochentag" (Apg 20,7), einem Arbeitstag (1 Kor 16,2), durch den arbeitsfreien „Sonntag" (dies solis), reichsweit angeordnet im Jahre 321 durch Konstantin, an die Einführung des Weihnachtsfestes zur Wintersonnenwende des Sol Invictus, 337 für Rom belegt, oder an die zunehmende Bedeutung der Bischöfe in den Provinzhauptstädten. Dass damit ein Zurückdrängen der jüdischen Religion einherging, liegt auf der Hand.

Dennoch bleibt die jüdische Religion (was heute immer mehr wissenschaftlich erkannt und kirchenoffiziell anerkannt wird) die unaufgebbare Basis und die alles Leben spendende Wurzel christlichen Glaubens. Sie bei einem Vergleich Rom – Christentum zu verdrängen, hieße, das für römische Bürger und den römischen Staat eigentlich Christliche zu verdrängen. Hubert Frankemölle

| Lit.: Lampe 1987; Klauck 1995/96; Päpstliche Bibelkommission 2001; Becker/Reed 2003; Frankemölle 2006 ; Boyarin 2009; Frankemölle 2009; Stroumsa 2011

16 Jüdischer Aufstand – Römischer Krieg. Eine Frage der Perspektive

a) Sesterz des Vespasianus, Rom, 71 n. Chr.
Bronze – Dm. 3,4 cm, 6 h; 25,37 g
Vorderseite: IMP CAES VESPAS AVG P M TR P P P COS III, Kopf des Vespasianus mit Lorbeerkranz nach rechts
Rückseite: IVDAEA - CAPTA // S C, trauernde Iudaea vor Palme sitzend auf Panzer nach rechts, umgeben von Waffen, hinter der Palme steht links ein Gefangener nach rechts mit auf dem Rücken gefesselten Händen
Berlin, Staatliche Museen zu Berlin – Preußischer Kulturbesitz, Münzkabinett, Inv.Nr. 18206704

b) Bronzemünze des Titus Caesar, Caesarea Maritima (Keisarija), 71–73/74 n. Chr.
Bronze – Dm. 2,1 cm, 12 h; 7,10 g
Vorderseite: ΑΥΤΟΚΡ [ΤΙΤΟΣ] ΚΑΙΣΑΡ [Imperator Titus Caesar], Kopf des Titus mit Lorbeerkranz nach rechts
Rückseite: ΙΟΥΔΑΙΑΣ ΕΑΛΩ-ΚΥΙΑΣ [Iudaea capta], Victoria steht nach rechts und beschreibt einen Schild, rechts eine Palme
Berlin, Staatliche Museen zu Berlin – Preußischer Kulturbesitz, Münzkabinett, Inv.Nr. 18206712

c) 1. Aufstand, Schekel aus dem Jahr 2, Jerusalem, 67–68 n. Chr.
Silber – Dm. 2,3 cm, 12 h; 13,71 g
Vorderseite: Schekel von Israel [auf Hebräisch], Gefäß auf hohem Fuß mit zwei waagerechten Henkeln, darüber Zahlzeichen (= Jahr 2)
Rückseite: Jerusalem das Heilige [auf Hebräisch], Zweig mit drei Granatäpfeln
Berlin, Staatliche Museen zu Berlin – Preußischer Kulturbesitz, Münzkabinett, Inv.Nr. 18235534

d) Simon bar Kochba (2. Aufstand), Tetradrachme, 134–135 n. Chr.
Silber – Dm. 2,6 cm, 12 h; 14,38 g
Vorderseite: Shimon [auf Hebräisch], Viersäulige Tempelfassade, im Innern des Tempels ist die Bundeslade sichtbar
Rückseite: Für die Freiheit von Jerusalem [auf Hebräisch], Lulab, darauf in der Mitte ein Palmzweig, rechts Myrthe, links Weide, Im l. Feld Ethrog
Berlin, Staatliche Museen zu Berlin – Preußischer Kulturbesitz, Münzkabinett, Inv.Nr. 18235536

Nach dem Tode des Herodes (reg. 40–4 v. Chr.) unterlag sein Reich zahlreichen Wechseln in der Herrschaft und Verwaltung. Im Jahr 6 wurde die Provinz Judaea von römischen Statthaltern verwaltet, nur einzelne Städte unterlagen der Kontrolle Agrippas II. (reg. 50–um 100), eines Urenkels des Herodes. Im Jahre 66 entwickelte sich aus einer Empörung gegen den damaligen Statthalter Gessius Florus ein bald die gesamte Region umfassender Aufstand. Als sowohl die Truppen des Statthalters als auch die Legion des Legaten von Syrien besiegt werden konnten, beauftragte der Kaiser Nero (reg. 54–68) den General Flavius Vespasianus mit der Niederschlagung des Aufstandes. Ab 67 rückte dieser in das Aufstandsgebiet vor und eroberte systematisch Region um Region. In der Folge des Selbstmordes Neros im Juni 68 und Thronkämpfen in Rom, wurde Vespasianus am 1. Juli 69 zum Kaiser ausgerufen und übertrug das Kommando vor Ort seinem Sohn Titus. Die im April 70 begonnene Belagerung Jerusalems konnte dieser im September mit der Eroberung der Stadt und der Zerstörung des herodianischen Tempels abschließen.

Während die offizielle Münzprägung des Vespasianus, welche in Rom erst mit dem Jahre 70 einsetzt, den siegreichen Abschluss des Feldzuges mit der Parole „Iudaea capta" (Jerusalem erobert) in Wort und Bild feiert, zeigen die von den Aufständischen ausgegebenen Gepräge die jüdische Perspektive der Ereignisse. Hier zeugen althebräische Aufschriften wie „Jerusalem das Heilige" und „Schekel von Israel" von der selbstbewusst verkündeten Unabhängigkeit von Rom. Die auf den Münzbildern erscheinenden Bilder verweisen auf den jüdischen Tempelkult und zeigen einen Kelch sowie das altjüdische Motiv der Granatäpfel. Die Verwendung von Silber (daneben wurden auch Bronzemünzen geprägt) rührt auch an dem gewohnheitsmäßigen Vorrecht Roms in der Edelmetallprägung. Viele der Münzen sind nach dem Jahr des Aufstandes datiert. Belegt sind die Jahre 1 bis 5, also 66 bis 70 unserer Zeitrechnung.

Ein zweiter, großer Aufstand gegen Rom fand in den Jahren 132–135 statt. Auslöser war hier neben anderen Gründen sehr wahrscheinlich die Hellenisierungspolitik des Kaisers Hadrianus und sein Plan zur Gründung der Colonia Aelia Capitolina anstelle des im ersten Krieg zerstörten Jerusalems. Auf Münzen der Aufständischen werden Anführer namens Eleazar, der Priester, und vor allem der berühmte Simon bar Kosiba, auch Bar Kochba (Sternensohn), genannt, welcher auch auf Papyrifunden vom Toten Meer Erwähnung findet. Die Münzen sind sämtlich auf römische bzw. provinzialrömische Untertypen überprägt; es wurden also ältere Münzen als Schrötlinge verwendet. Wieder erscheinen Aufschriften in althebräischer Schrift („Jerusalem", „Jahr 1 (bzw. 2) der Freiheit Israels", „für die Freiheit von Jerusalem"), Kultgeräte und die Fassade des zerstörten Tempels. Anders als im ersten Krieg hatten die Aufständischen allerdings nie die Kontrolle über Jerusalem. Auch hier unterlagen sie nach mehrjährigem Krieg im Jahre 135 der römischen Übermacht.   Karsten Dahmen

| Lit.: Zu a): The Roman Imperial Coinage, Bd. 2,1, Nr. 233 (dritte Emission); The Roman Imperial Coinage, Bd. 2, Nr. 424; Friedländer/von Sallet 1877, Nr. 999; Zu b): The Roman Provincial Coinage, Bd. 2, Nr. 2312; Zu c): Friedländer/von Sallet 1877, Nr. 818; Meshorer 1982, Bd. 2, S. 260 Nr. 8; Meshorer 2001, Nr. 193; Zu d): Mildenberg 1984, S. 166, Nr. 92,10 (dieses Stück)

17 Goldglasbodenfragment mit dem Tempel in Jerusalem

Spätes 3. bis frühes 4. Jahrhundert
Fundort: Rom, Katakombe der heiligen Petrus und Marcellinus an der Via Labicana (Bereich der Agape-Feiern), 1882
H. 6,4 cm, B. 5,7 cm, St. 0,45 cm; St. obere Glasscheibe 0,35 cm, St. untere Glasscheibe 0,1 cm – transparentes Glas in zwei Schichten (eine farblose obere und eine grünliche untere); Blattgold, Blattsilber, rotes Emaille
Vatikanstadt, Musei Vaticani, Museo Cristiano, Inv.Nr. 60608

Das auf beiden Seiten flache und ringsum beschädigte Goldglasbodenfragment besteht aus zwei transparenten Glasschichten – einer grünlichen unteren und einer farblosen oberen –, die die Blattgoldverzierung einschließen. Innerhalb einer kreisförmigen, schmalen Goldbandeinfassung ist ein viersäuliger Tempel abgebildet. Er steht auf einem Podium aus vier Stufen, hat rote Säulen, ein Satteldach und im Tympanon einen siebenarmigen Leuchter; die zwei Torflügel des Eingangs im zentralen Interkolumnium sind leicht nach innen geöffnet. Der Bau wird von zwei ebenfalls rot emaillierten Säulen flankiert und ist von einem Bogengang umgeben, dessen Säulen aus Blattsilber bestehen. Unmittelbar unterhalb des Gebäudes ist der siebenarmige Leuchter (Menora) mit Dreifuß und Flammen in rotem Emaille dargestellt. Zu seiner Rechten folgen einander nach außen hin ein Lulab (Palmzweig), Ethrog (Zitrusfrucht) und – anders als bisher bekannt – ein Schofar und die Thorarolle, während sich zu seiner Linken zwei Kantharoi (Trinkgefäße mit Schlaufenhenkeln) befinden. Außerhalb des Bogengangs sind zwei kreisförmige, von Palmen gesäumte Gebäude zu erkennen, die dicht beieinanderliegen und eng mit der äußeren Begrenzung des linken Flügels verbunden sind. Morey zufolge handelt es sich dabei um zwei halbrunde Exedren, die sich in die Außenmauer des Säulengangs

öffnen; heute werden sie jedoch eher als Hütten (Sukkot) gedeutet, die mit dem jüdischen Laubhüttenfest zusammenhängen.

Um das zentrale Bauwerk verläuft innerhalb der Einfriedungsmauer die griechische Inschrift: οἶκος (E)IPH/[NH]Σ λά/βε εὐλογία(ν). Außerhalb des linken Flügels der Einfriedung ist das Ende eines weiteren Textes erhalten, der sich ursprünglich über die gesamte Außenseite der drei Mauerabschnitte erstreckt haben muss: [Πίε ζήσαις / μετὰ τῶν σῶ[ν] πάντων.

Die Interpretation des Gebäudes wurde in der wissenschaftlichen Literatur vielfach erörtert: als Tempel Salomos, Tempel des Herodes, Thoraschrein, Grabstätte und Tempel von Jerusalem mit der Stirnseite in Gestalt des Thoraschreins. Letzteres scheint die Deutung zu sein, die sich in jüngerer Zeit in der Forschung durchsetzen konnte, sodass in den beiden Säulen seitlich des Tempels möglicherweise Jachin und Boas zu erkennen sind (siehe Noy). Die Definition οἶκος εἰρήνης („Haus des Friedens") ist als Bezeichnung für den jüdischen Tempel nicht geläufig, während sie bisweilen im Sinne einer Grabstätte verwendet wird. In diesem Fall müsste dem Glasboden eine Rolle im Bestattungskontext zugeschrieben werden, die allerdings ansonsten nicht ersichtlich scheint. Nach der einhelligen Meinung der epigraphischen Kritik ist der nächste Satz in sich abgeschlossen. Noy deutet ihn im Sinne von „Nimm das Geschenk an", während de Rossi den Begriff εὐλογία als „Segen" liest, Frey als „gesegnetes Objekt". In jedem Fall bleibt jedoch fraglich, ob in (E)ἰρή/[νη]ς nicht vielmehr der allgegenwärtige Personenname Εἰρήνη im Genitiv zu erkennen ist (zum Namen siehe Solin 2003, S. 458–463), sodass der Satz folglich als „Haus von Irene empfange den Segen" zu verstehen wäre.

Die Einladung, „Mit all den (‚deinen') Lieben zu trinken und zu leben", findet sich häufig auf Goldgläsern und nimmt dort Bezug auf das gesellige Beisammensein bei einer Feierlichkeit, die der Anlass für die Fertigung und Schenkung des kostbaren Glasobjektes war. Erst in späterer Zeit sollten goldverzierte Objekte in Katakomben als Schmuck an Grabnischen dienen (wie es sich für die meisten Goldgläser feststellen lässt).
Claudia Lega

| Lit.: Rossi 1882, S. 135, Taf. VII,1; Morey 1959, S. 27, Nr. 116; Frey 1936, S. 377f., Nr. 515; Noy 1995, S. 471ff., Nr. 588; Hachlili 1998, S. 297f., Nr. 8, Abb. VI.25; Hachlili 2001, S. 100–103, 429, Nr. D10.8, Taf. II.62, Abb. II.34b; Solin 2003

18 Goldglasbodenfragment mit jüdischen Motiven und Inschrift

Rom, 3./4. Jahrhundert
Katakombe der Villa Torlonia, Rom; übernommen aus der Sammlung Niessen
Blaugrünes Glas mit geritzter Goldfolieneinlage – mehrfach gebrochen und wieder zusammengefügt, am rechten Rand Fehlstelle, untere Hälfte verloren – Dm. ca. 5,5 cm
Köln, Römisch-Germanisches Museum der Stadt Köln, Inv.Nr. 6254

Die Goldverzierung des blaugrünen, nur zur Hälfte erhaltenen Glasbodens zeigt am Rand ein doppeltes Band, das eine Weinranke umschließt. Im Zentrum ist die Menora, der siebenarmige Leuchter, als Baum mit Knospen dargestellt. In der Bibel (Ex 37,19) heißt es: „Der erste Arm wies drei mandelblütenförmige Kelche auf mit je einer Knospe und einer Blüte und (…) so alle sechs Arme, die von dem Leuchter ausgehen." Rechts unterhalb des Leuchters ist ein Lulab erkennbar, ein Feststrauß aus Früchten und einem Palmzweig. Der Bildrest an der linken Seite ist nicht mehr zu deuten. In ihrer Ausrichtung angepasst an die umlaufende Weinranke ist folgende Inschrift in einer wohlgeformten Capitalis zu lesen: AVXANON ANIMA DVL (…) CIS / PIEZESES („Auxanon, liebe Seele, trinke, lebe").

Dem Auxanon wird mit der Formulierung *pie, zeses* ein traditioneller Glückwunsch bzw. Trinkspruch dargebracht.
Gläser respektive Glasböden der vorliegenden Form mit zwischenliegender Goldfolie wurden vorwiegend im 3. bis 5. Jahrhundert hergestellt; verziert waren sie mit Familienporträts, mythologischen bzw. biblischen Szenen oder Heiligenfiguren, oft kombiniert mit einer Inschrift. Ungewöhnlich beim vorliegenden Exemplar ist die Verbindung der Darstellung von Kultgerät mit einem Trinkspruch. Verwendung fanden die Gläser im profanen Bereich als Geschenke zu Hochzeiten und Geburtstagen sowie im kirchlichen Bereich bei den Refrigerien, den Mahlfeiern zum Gedenken der Märtyrer. Gefunden wurden die oftmals separat erhalten gebliebenen Böden häufig in den Katakomben, wo sie als Erkennungszeichen einzelner Gräber dienten.
Petra Koch-Lütke Westhues

| Lit.: Avery 1921; Morey 1959, Nr. 426, Taf. 34; Kat. Köln 1963, Nr. 46; Utro 2000; Utro 2001; Utro 2003; Cappalletti 2006, S. 162–173 (zur Katakombe der Villa Torlonia); Diefenbach 2007, S. 46–49 (zur Verwendung)

19 Doppelseitiges Epitaph für Sittia Fortuna sowie Fortounàtos und Eutròpis

Römische Werkstatt, 3. Jahrhundert (a) und 4. Jahrhundert (b)
Rom, jüdische Katakombe am Monteverde, Ausgrabungen Oktober 1906
Weißer Marmor – H. 29,2 cm, B. 42,7 cm, T. 3 cm; H. der Buchstaben 3,5–3,0 cm (a); 3,0–1,3 cm (b)
Vatikanstadt, Musei Vaticani, Lapidario Ebraico, Inv.Nr. 30872

(a)
D[is] M[anibus] S[acrum]. / Sittiae Fortun/i [!], quae vixit an/nis quinquag/inta qui[n]que. / Posuit ei Sittiu/s Ianuarius / benemerenti / matri.

„Den Totengöttern geweihte [Grabstätte]. Für *Sittia Fortuna*, die fünfundfünfzig Jahre lebte. *Sittius Ianuarius* hat ihr, der lobenswerten Mutter, [dieses Epitaph] erbracht."

(b)
Ἐνθάδε κεῖντε φορτου/νᾶτος καὶ Εὐτρόπις νήπιοι φιλοῦντες ἀλλήλους ὅς ἔζησεν / φορτουνᾶτος ἔτη τρεῖς καὶ μῆν/ας τεσσαρες καὶ Εὐτρόπις ὅς ἔ/ζησεν ἔτη τρία καὶ μῆνας ἐπ/τά. Ἐν εἰρήνη ἡ κοίμισις / αὐτῶν. / Εἰς μίαν & ἀπέθαναν ἡμέραν.

„Hier ruhen *Fortounatos* und *Eutropis*, Kinder, die einander liebten: *Fortounatos*, der drei Jahre und vier Monate lebte; und *Eutropis*, der drei Jahre und sieben Monate lebte. In Frieden [mögen] sie ruhen. Sie starben am selben Tag."

Diese Tafel war zunächst nur auf einer Seite beschrieben, wurde dann jedoch bei einer weiteren Grablegung wiederverwendet. An einem Ende ist ein Stück abgebrochen, sodass auf beiden Seiten jeweils ein Teil der Inschrift fehlt.
Der lateinische Text (a) kann wahrscheinlich noch dem 3. Jahrhundert zugeschrieben werden und ist somit der ältere der beiden. Er

19a

19b

verläuft senkrecht im Schriftbereich der Tafel. Darüber befindet sich eine Verzierung in Form eines Dreiecksgiebels, dessen Ecken mit Akroterien geschmückt sind, wobei das rechte Akroterion beschädigt ist. Im Giebeldreieck selbst ist ein stilisierter Kranz mit Bändern dargestellt. Da keines der Textelemente auf eine Bestattung innerhalb der jüdischen Gemeinde hinzuweisen scheint, dürfte die Tafel wohl von einer heidnischen Begräbnisstätte stammen. Wahrscheinlich wurde diese zu einem späteren Zeitpunkt aufgegeben und die Tafel dann in der Katakombe am Monteverde wiederverwendet.

Der jüngere Text verläuft in Bezug zum Schriftbereich der Tafel waagerecht. Er lässt sich ins 4. Jahrhundert datieren und gehört eindeutig zu einer Grabstätte der jüdischen Gemeinde. Das Grab wurde während der Ausgrabung der Katakombe im frühen 20. Jahrhundert entdeckt (Bevilacqua 1997).

Die gebräuchliche griechische Formulierung in den spätantiken Inschriften der jüdischen Diaspora („Hier ruht … Er/sie lebte … Jahre. Er/sie ruhe in Frieden!") wird hier für den seltenen Umstand eines Doppelbegräbnisses zweier fast gleichaltriger Kinder verwendet. Ob sie miteinander verwandt oder als Nachbarn befreundet waren, erfahren wir jedoch nicht.

Wie oben bereits erwähnt, wird auf Epitaphen immer wieder der Wunsch nach der friedlichen Ruhe (*koímesis*) der Verstorbenen zum Ausdruck gebracht. Diese Formulierung rückt sinngemäß und auch im Wortlaut selbst die jüdische Gemeinde Roms in die unmittelbare Nähe ihrer christlichen Zeitgenossen, denn *koimetéria* sind die „Schlafstätten" – Friedhöfe – der Christen.

Das außergewöhnliche Epitaph für die beiden Kinder berichtet von ihrer gegenseitigen Zuneigung („die einander liebten"), was, wie gesagt, die Verwandtschaft oder Nachbarschaft ihrer Familien nahelegt. Und wir erfahren, dass beide am selben Tag zu Tode kamen, wenngleich über die Ursache, die möglicherweise der Grund für die gemeinsame Grabstelle war, nichts mitgeteilt wird.

Den unteren Abschluss der Inschrift bildet eine Mischung aus Text und Bild, in der einige der bekanntesten Elemente der jüdischen Liturgie zu erkennen sind: die Amphore für Öl, die siebenarmige Menora, das Schofar genannte Widderhorn und schließlich der Lulab, ein Strauß aus Palmen-, Myrten- und Weidenzweigen (Goodenough 1953–1968). Diese liturgischen Geräte sind die einzigen Objekte, die laut der anikonischen jüdischen Lehre im Bild dargestellt werden dürfen. Sie stehen für das Bewusstsein der Gemeindemitglieder, im gemeinsamen Glauben eine unauflösbare Gemeinschaft zu bilden, die durch die Liturgie zum Ausdruck kommt.

Umberto Utro

| **Lit.:** Frey 1936, S. 320f., Nr. 418; S. 552f., Nr. 36*; Goodenough 1953–1968, passim; Kat. Jerusalem 1994, S. 124f., Nr. 50; Noy 1995, S. 100, Nr. 118; S. 489f., Nr. 605; Bevilacqua 1997; Kat. Rom 2000b, S. 194, Nr. 15 (Giorgio Filippi)

20 Epitaph eines jüdischen Kindes

Römische Werkstatt, 6. Jahrhundert
Rom, jüdische Katakombe am Monteverde, Ausgrabungen 1904
Weißer Marmor mit grauer Maserung – H. 23 cm, B. 75 cm, T. 3,5 cm; H. der Buchstaben 3,6–2,2 cm
Vatikanstadt, Musei Vaticani, Lapidario Ebraico, Inv.Nr. 17584

Ἰούδας / μηνῶν ζ / ἐνθάδε κεῖτε (!)
[Zeile 3. Z.: κειτε für κειται]
„Hier ruht Judas, sieben Monate"

Die Inschrift für das Begräbnis eines Säuglings stammt vom Deckstein einer Grabstätte aus der jüdischen Katakombe am Monteverde an der römischen Via Portuense. Das kurze Epitaph, das wie die Mehrzahl der Inschriften der jüdischen Gemeinde im alten Rom in griechischer Sprache verfasst ist, liefert nur wenige Daten über den kleinen Verstorbenen, im Grunde nur den Namen, Ioudas, und das Alter von sieben Monaten.

Während bei den Angehörigen der jüdischen Gemeinde im Rom des 3. und 4. Jahrhunderts häufig griechische und lateinische Namen vorkamen, die auch bei den Heiden sehr verbreitet waren, ist „Ioudas" dagegen ein typisch jüdischer Name, der sich vom hebräischen *Yehūdāh* ableitet, dem Namen eines der zwölf Söhne Jakobs. Judas ist Namensgeber des Stammes, nach dem sich später das ganz Volk Israel als „Judäer" bezeichnete und sein Heimatland „Judäa" nannte. Etymologisch wird der Name üblicherweise mit der Erzählung im Buch Genesis in Verbindung gebracht. Als seine Mutter Lea ihn gebar sagte sie: „Diesmal will ich dem Herrn danken. Darum nannte sie ihn Juda (Dank)" (Gen 29,35).

Ein weiteres charakteristisches Element der Inschrift ist zweifellos die reiche Verzierung, angefangen mit den feinen Rahmen in der Form von *Tabulae ansatae*. Im oberen Rahmen ist der Name des Verstorbenen eingemeißelt, im unteren der für jüdische Inschriften typische Ausdruck *entháde keítai* („hier ruht"). Links und rechts der beiden Rahmen (beim oberen zum Teil auch innerhalb des Rahmens) sind Symbole der jüdischen Liturgie mit kindlich wirkenden Zeichnungen eingeritzt, angefangen mit der Menora, dem siebenarmigen Leuchter, auf beiden Seiten. Er ist eines der ältesten Symbole der jüdischen Religion und versinnbildlicht der Überlieferung nach den brennenden Dornbusch, aus dem Mose auf dem Berg Horeb die Stimme Gottes vernahm (vgl. Ex 3,2); die Form des Kandelabers entspricht derjenigen, die Gott für den goldenen Leuchter der Bundeslade befohlen hatte (vgl. Ex 37,17–24). Auf der linken Seite sind neben der Menora ein stilisiertes Fläschchen für Öl und ein Palmzweig eingearbeitet (der Lulab, ein Wedel aus Palmen-, Weiden- und Myrtenzweigen, gehört zur Liturgie des Laubhüttenfestes). Zur weiteren Verzierung gehört eine Taube, die häufig jüdische, aber auch christliche Inschriften schmückt und eine allgemein positive Bedeutung biblischen Ursprungs hat. Auf der anderen Seite der Inschrift findet

I AUFTRAG UND AUSBREITUNG. DIE ANFÄNGE DES CHRISTENTUMS IN ROM   39

sich ein ähnliches Bildwerk. Hier fehlt allerdings der Palmzweig, und die bauchige Flasche hat eher die kanonische Form eines rituellen Ölgefäßes (auffällig ist der Punkt in der Mitte, der von einem Zirkel stammt, der auch bei allen runden Buchstaben und den Armen des Leuchters benutzt wurde). Auch innerhalb des Rahmens mit dem Namen des Verstorbenen sind bildliche Ornamente zu sehen: rechts ein Lulab und eine Taube, links vom Namen eine schwer zu identifizierende Verzierung, die vielleicht ein stilisierter Trinkbecher (Kantharos), vielleicht aber auch nur ein Versuch ist, einen irrtümlich vom Steinmetz eingemeißelten Buchstaben (ein Zeta) zu verbergen.   Umberto Utro

| Lit.: Frey 1936, Nr. I 348; Kat. New York/Chicago/San Francisco 1983, S. 224, Nr. 142 (Georg Daltrop); Kat. Jerusalem 1994, S. 124, Nr. 49; Noy 1995, S. 40f., Nr. 41; Kat. Rimini 1996, S. 206, Nr. 49 (Giorgio Filippi); Kat. Trier 2007 (Umberto Utro)

21 Fragment eines zweizonigen Friessarkophags mit der Opferung Isaaks

Stadtrömisch, spätes 3. Jahrhundert
Olbia, Sardinien, Fund von 1867
Marmor – H. 62 cm, B. 78 cm, T. 9 cm
Cagliari, Museo Archeologico Nazionale di Cagliari, Inv.Nr. 6139

Oben links sind der bärtige Kopf und der rechte Arm eines Engels zu erkennen. Er umfasst den rechten, erhobenen Arm Abrahams, der selbst ein Messer in der Hand hält. Unter dem Kopf des Engels befindet sich ein Schaf, das auf einer Anhöhe gestanden haben muss, rechts davon ein niedriger Baum. Abraham ist mit einer kurzen, gegürteten Ärmeltunika und mit knöchelhohen, geschlossenen Schuhen, also der üblichen „Arbeitstracht" der Antike bekleidet. Er blickt nach links, wendet sich in Schrittstellung nach rechts und berührt mit der Linken seinen knienden Sohn Isaak am Kopf. Isaaks lockiger Kopf überschneidet einen Rundaltar, auf dem bereits das Feuer lodert. Neben dem Altar erhebt sich eine nach links geneigte und rechts des Altars eine nach rechts geneigte Strohhütte. Vor letzterer befindet sich die Gestalt des geheilt nach links ausschreitenden Gelähmten, der mit beiden Armen sein Bett mit einer gitterartigen Auflage auf dem Rücken trägt. Von der rechts anschließenden Darstellung Daniels in der Löwengrube haben sich die Teile von zwei nach rechts gewandten, hockenden Löwen erhalten. Ungewöhnliche Bildelemente sind die Strohhütten, die von den im 3. Jahrhundert beliebten Darstellungen des Hirtenlebens übernommen sind, und die Darstellung eines Engels anstelle der sonst an jenem Ort erscheinenden Hand Gottes.

Das Abrahamsopfer gehört zu den ältesten und beliebtesten Bildern frühchristlicher Kunst. Es gilt bereits in jüdischen Texten als das vollkommene Opfer, was christliche Autoren ebenfalls hervorheben. Eine Interpretation als Hinweis auf das Kreuzesopfer Jesu spielt in theologischen Texten eine wichtige Rolle; dazu kommt eine Deutung als Zeichen für die Hoffnung auf Auferstehung, die sich bereits im Hebräerbrief des Neuen Testaments (Hebr 11,17–19) findet. Auch die Heilung des Gelähmten und Daniel in der Löwengrube können als Bilder verstanden werden, die auf die Auferstehung hindeuten. Diese drei häufig in und auf frühchristlichen Gräbern dargestellten Bildthemen zeigen eine bewusste, theologisch reflektierte Bildauswahl seitens der Auftraggeber, bei denen es sich um wohlhabende Laien aus der Oberschicht gehandelt haben dürfte.

Jutta Dresken-Weiland

| **Lit.:** Dresken-Weiland 1998, S. 1f., Nr. 4, Taf. 1,3; Dresken-Weiland 2010, S. 233–247, 294–302, 259–266; Dresken-Weiland 2012b

22 Goldglasboden mit Darstellung der Opferung des Isaak

Mitte oder letzte Jahrzehnte des 4. Jahrhunderts
Rom, nicht identifiziertes Friedhofsareal; Sammlung Carpegna
Transparentes grünliches Glas in zwei Schichten; Blattgold; Mörtelspuren – Dm. 8 cm
Vatikanstadt, Musei Vaticani, Museo Cristiano, Inv.Nr. 60755

Das Goldglas bildete einst den Boden eines Trinkbechers, dessen Wände sehr sorgfältig – dem kreisförmigen Rand des Fußes folgend – abgebrochen wurden, um es dann als Verzierung an einer Grabstätte wiederzuverwenden.
Am Rand fehlt an einer Stelle ein kleines Stück. Das Goldglas besteht aus zwei grünlich-transparenten Glasschichten: Die obere war mit den Wänden des Trinkglases verbunden und die untere mit der Bodenscheibe, die am äußeren Rand gebogen war und einen ringförmigen Fuß bildete, der nur noch teilweise erhalten ist. Die beiden Glasschichten schließen eine Goldfolie ein, in die ein geübter Kunsthandwerker die Abbildung eingeritzt hat.
Die Darstellung ist von einem quadratischen, aus einfachen Linien bestehenden Rahmen eingefasst und zeigt die Opferung Isaaks. In der Szene wurde der entscheidende Moment des Ereignisses festgehalten: Abraham ist mit dem zum tödlichen Stoß erhobenen Messer im Begriff, das Opfer an seinem Sohn zu vollziehen, der nackt und mit verbundenen Augen zu seinen Füßen kniet. Im letzten Moment wird Abraham aber vom Engel des Herrn davon abgehalten. Obwohl der Engel im Bild nicht zu sehen ist, lässt die Körperhaltung Abrahams seine Präsenz erahnen: Dieser ist nach vorn gebeugt, dreht jedoch seinen Kopf in die Richtung, aus der er die Stimme des göttlichen Gesandten vernimmt. Hinter Abraham steht der Widder, der an Isaaks statt auf dem Altar im Hintergrund geopfert werden wird. Auf der rechten Seite schließt ein Baum als einziges landschaftliches Element die Szene ab.
Außerhalb des umrandeten Bildes verläuft entlang der den Rahmen bildenden Linie die Glückwunschinschrift: *Hilaris // zeses // cum tuis, // Spes!* („Hoffnung, lebe glücklich mit den Deinen!").
Dank einiger Aspekte in der Ausführung der figurativen Darstellungen – wie die Gestaltung der Gesichtszüge oder das wie ein Helm wirkende Haar mit den Stirnfransen –, aber auch aufgrund anderer Details, wie beispielsweise der Form des Rahmens, konnte dieses Goldglas der Produktion einer römischen Werkstatt zugeschrieben werden, deren Wirkungszeitraum von Lucia Faedo in die letzten Jahrzehnte des 4. Jahrhunderts datiert wird (Faedo 1978, S. 1059–1063; zum paläographischen Erscheinungsbild der Goldgläser dieser Werkstatt siehe Lega 2012, S. 283, Tab. I, 285). Nüsse hält dagegen eine frühere Datierung auf die Mitte des 4. Jahrhunderts für wahrscheinlich (Nüsse 2008, S. 238).

Claudia Lega

| **Lit.:** Buonarroti 1716, S. 13–16, Taf. II,1; Morey 1959, S. 17, Nr. 71, Taf. XII; Faedo 1978, S. 1059–1063 (Bottega 7), 1060f., Taf. LI, Nr. 1; Kat. Bari/Caen 2000, S. 180f., Nr. 40 (Lucilla Lucchese); Nüsse 2008, S. 241, Nr. 71, Abb. 16; Lega 2012

23 Frühchristliche Grabstele der Licinia Amias

Rom, Ende 2. bis Mitte 3. Jahrhundert
1841 zusammen mit anderen Sarkophagen im Bereich des heutigen Bahnhofs im Vatikan gefunden
Marmor – H. 30,3 cm, B. 33,5 cm, T. 7 cm
Rom, Museo Nazionale Romano – Terme di Diocleziano (Museo Epigrafico), Inv.Nr. 67646

Diese Inschrift ist eines der ältesten christlichen Zeugnisse aus der Vatikan-Nekropole aus der Zeit vor der Errichtung von St. Peter und eines der wenigen Beispiele für eine christliche Grabinschrift in Stelenform im Westen des Römischen Reiches. Sie war wie ein heutiger Grabstein auf einem Grab aufgestellt und lautet:

D(is) M(anibus) / ΙΧΘΥΣ ΖΩΝΤΩΝ / LICINIAE AMIATI BE/NEMERENTI VIXIT – „Den Totengöttern gewidmet / Der Fisch der Lebenden / Für Licinia Amias, die wohlverdiente. Sie lebte."
Die einleitende Widmung an die D(is) M(anibus) ist aus der heidnischen Epigraphik übernommen. Sie überantwortet das Grab im Sinne des Grabrechts an die unterirdischen Götter mit dem Ziel, es gegen Schändung zu schützen und wird in diesem Sinn auch von Christen verwendet. Der mit zwei Bändern verzierte Kranz ist ein häufiges Motiv in der frühchristlichen Kunst.
ΙΧΘΥΣ in der folgenden Zeile greift das bereits seit der Mitte des 2. Jahrhunderts bekannte Akrostichon Ἰησοῦς Χριστὸς Θεοῦ Ὑιὸς Σωτὴρ (Jesus Christus, Sohn Gottes, Retter) auf, das ein kurz gefasstes Glaubensbekenntnis darstellt. Die „Lebenden" der Inschrift meinen wahrscheinlich die, die leben und an Jesus, den Gottessohn glauben, wie Jesus selbst gelehrt hat (Joh 11,26): „Jeder, der lebt und an mich glaubt, wird nicht sterben in Ewigkeit" und „Er ist nicht der Gott der Toten, sondern der Lebenden" (Mt 22,32; Mk 12,27).

Unter der Inschrift sind zwei Fische dargestellt, die sich einem Anker zuwenden, der den Glauben und die Hoffnung auf Gott zum Ausdruck bringen soll.
Wie deutliche Abarbeitungsspuren unterhalb der Fische und des Ankers erkennen lassen, wurde an dieser Stelle ein Name entfernt und dann der der Licinia Amias eingetragen. Da ΙΧΘΥΣ ΖΩΝΤΩΝ stehen gelassen wurde, muss auch Licinia Christin gewesen sein. Vermutlich verstrichen etwa zwei Generationen zwischen dem Ende des 2. Jahrhunderts, als die Stele für die erste Bestattung beschrieben, und der Mitte des 3. Jahrhunderts, als die Inschrift für Licinia wiederverwendet wurde. Darauf weist die Form der Buchstaben hin. Weitere Angaben über ihr Alter, den oder die Auftraggeber der Stele und das verwandtschaftliche Verhältnis zu ihr sind mit den fehlenden zwei Dritteln der Stele verloren gegangen. Jutta Dresken-Weiland

| **Quellen:** Inscriptiones Christianae Urbis Romae, II, 4246
| **Lit.:** Caldelli 1997; Kat. Vatikanstadt 1997, S. 218ff., Nr. 3.2.2 (Giorgio Filippi); Kat. Fort Worth 2007, S. 196f., Nr. 27; Dresken-Weiland 2010, S. 23–26, 28f., Abb. 3; Friggeri/Granino Cecere/Gregori 2012, S. 568f.

Frühchristliche Symbole und Bilder auf Fingerringen des 3. bis 5. Jahrhunderts

Die vorkonstantinische Zeit (2. Hälfte des 3. Jahrhunderts)

In den ersten drei Jahrhunderten der römischen Kaiserzeit waren Ringe mit eingesetzten Gemmen der Standard. Seit der 2. Hälfte des 3. Jahrhunderts nimmt die Produktion von geschnittenen Steinen rapide ab. Gleichzeitig finden sich auf ihnen die ersten christlichen Motive (Kat.Nr. 25, 36). Auch Ringe mit gravierten Metallplatten kommen bereits vor (Kat.Nr. 24).

Die wenigen Exemplare, die es aus vorkonstantinischer Zeit gibt, verraten oft nur indirekt, dass ihre Besitzer Christen waren. Es sind meist Monogramme (Kat.Nr. 25) oder Symbole (Kat.Nr. 24), die den Eingeweihten darauf hinweisen. Der Grund dafür war die Tatsache, dass bis zum Toleranzedikt von Mailand 313 ein allzu offenes Bekenntnis zum Christentum immer wieder mit schweren Sanktionen bedroht war. Andererseits war das Christentum zur Zeit Konstantins bereits 300 Jahre alt, und keine neue Religion oder Ideologie kann so lange Zeit ohne Symbole oder Bilder auskommen. Und so erstaunt es nicht, dass in Kleinasien, dem christlichen Land schlechthin in vorkonstantinischer Zeit (Harnack 1924, S. 732), wo sich das Christentum im 2. und 3. Jahrhundert rasant verbreitet hatte und in einzelnen Gebieten um 300 mehr als die Hälfte der Bevölkerung christianisiert war, das XP-Christogramm im privaten Bereich schon verwendet wurde, lange bevor Konstantin es 315 auf dem berühmten Silbermedaillon von Ticinum zu einem öffentlichen Symbol machte (Bd. I, Abb. 44).

Die frühchristliche Kunst zeigt neben der Neigung zu Symbolen auch die Tendenz, Ereignisse des Alten Testaments in exemplarische Beziehung zu vergleichbaren neutestamentlichen Begebenheiten zu setzen und an deren Stelle zu verbildlichen. Die Erzählung etwa von Daniel in der Löwengrube (Kat.Nr. 36) wird durch diese Adaption zu einem christlich gedeuteten Bild der Rettung vor Not und Tod. Durch einen ähnlichen Anpassungsprozess kann aus dem ursprünglich paganen bzw. neutral-genrehaften Motiv des Guten Hirten ein Bild der Errettung mit christlicher Symbolik werden (Kat.Nr. 36).

Die Zeit Konstantins und seiner Dynastie (1. bis 2. Drittel des 4. Jahrhunderts)

In konstantinischer Zeit wurden kaum noch Gemmen in Ringfassungen verwendet. Stattdessen hat man die Motive und Beischriften in die Ringplatten graviert. Auch separate Platten wurden nun hergestellt, überwiegend aus Silber, auf dieselbe Weise bearbeitet und schließlich in Fassungen aus Bronze oder Eisen eingesetzt. Die Mehrzahl dieser Silberplatten stammt aus den ersten beiden Dritteln des 4. Jahrhunderts (Kat.Nr. 34), einige entstanden später (Kat.Nr. 28). Datierungshilfe geben Motive und Beischriften, vor allem die VIVA(TI)S-Wunschformeln (Kat.Nr. 34).

Nach den Berichten von Lactantius und Eusebius bzw. nach der von ihnen begründeten und geförderten Legende hat Konstantin aufgrund eines Traums vor der Schlacht gegen Maxentius 312 auf die Schilde seiner Soldaten ein Christussymbol als Siegeszeichen malen lassen. Obwohl die beiden Schriftsteller das Aussehen dieses Zeichens unterschiedlich beschrieben haben, muss es das XP-Christogramm gewesen sein, denn kein anderes christliches Symbol haben Konstantin, seine Zeitgenossen und die unmittelbaren Nachfolger öfter verwendet als die Ligatur der ersten beiden griechischen Buchstaben des ursprünglichen Titels XPICTOC (Kat.Nr. 34, 54) – nicht das Monogrammkreuz und nicht das IX-Christogramm und schon gar nicht das Kreuz –, was nicht besagen will, dass sie es oft verwendet hätten. Es ist letztlich unerheblich, ob Konstantin tatsächlich einen derartigen Traum gehabt hat oder ob das Ganze auf einer Legende beruht. Legenden können die gleiche Wirkung haben wie reale Ereignisse.

Die nachkonstantinische Zeit (3. Drittel des 4. bis 1. Drittel des 5. Jahrhunderts)

Die Ringe und Ringplatten der nachkonstantinischen Zeit unterscheiden sich von ihren Vorläufern durch ein verändertes und vergrößertes Motivrepertoire. Das XP-Christogramm wird auf ihnen zwar auch noch verwendet (Kat.Nr. 26), jedoch mehr und mehr vom Kreuzzeichen verdrängt, gelegentlich auch mit diesem ligiert (Kat.Nr. 27, 28). Auch findet man jetzt des Öfteren zwei weitere Monogramme mit christlicher Bedeutung, das Monogrammkreuz (Kat.Nr. 29, 32) und das IX-Monogramm (Kat.Nr. 30).

Das Monogrammkreuz ist ein Symbol für das Kreuz Christi. 336–337 auf den letzten antiochenischen Münzprägungen Konstantins als Emissionszeichen zu finden, ist es auch in Sepulkralinschriften belegt. Im späten 5., im 6. und 7. Jahrhundert macht es neben dem XP-Christogramm noch einmal Karriere und erscheint auf zahllosen Tonlampen, Tonkacheln und Terra-sigillata-Gefäßen aus Nordafrika, Spanien und dem östlichen Mittelmeergebiet.

Das IX-Monogramm ist wie das XP-Christogramm ein Namensmonogramm. In den ersten zwei Dritteln des 4. Jahrhunderts noch seltener anzutreffen als das Monogrammkreuz, wird es seit dem späteren 4. Jahrhundert zu einem in der Sepulkralkunst beliebten Zeichen.

Was für das XP-Christogramm gesagt wurde, dass es nämlich im privaten Bereich wesentlich früher als christliches Symbol Verwendung fand als im öffentlichen, gilt auch für das Kreuzzeichen. Wie das IX-Monogramm, ja sogar früher als dieses, erscheint es in hervorgehobener Position zuerst auf Sarkophagen, so in Verbindung mit dem XP-Christogramm auf Passionssarkophagen aus der Mitte des 4. Jahrhunderts. Und von Gregor von Nyssa wissen wir, dass seine Schwester Makrina, als sie 379 starb, als Phylakteria ein Kreuzchen um den Hals trug sowie einen mit einem Kreuz gravierten Siegelring, der zusätzlich eine der vielen Kreuzpartikel enthielt, die nach Kyrill von Jerusalem schon in der Mitte des 4. Jahrhunderts verbreitet waren. In den achtziger Jahren des 4. Jahrhunderts erscheint es dann gelegentlich auf Münzen als Aufsatz des von der Victoria gehaltenen Globus, um schließlich seit den zwanziger Jahren des 5. Jahrhunderts auf Münzen von Theodosius II. in Form eines von der Victoria gehaltenen langen und perlengeschmückten lateinischen Stabkreuzes volle christliche Präsenz zu erlangen (Kat.Nr. 33). Christian Schmidt

| **Lit.**: Harnack 1924; Kat. Trier 2007, Nr. IV.1.33 (Christian Schmidt); Spier 2007

24 Fingerring mit Fisch und Anker

Spätrömisch/frühchristlich, Mitte 3. Jahrhundert
Vermutlich Kleinasien
Gold, gegossen und graviert – H. 1,6 cm, B. 2,1 cm; 14,7 g
München, Sammlung C.S., Inv.Nr. 2535

Fingerringe dieser Form sind nach Jeffrey Spier durch pagane Exemplare des 2. Jahrhunderts gut belegt und werden nach der Mitte des 3. Jahrhunderts ungebräuchlich. Der Ring ist eines der frühesten Objekte, bei denen sich anstelle eines Ringkopfes mit einer geschnittenen Gemme eine mitgegossene Ringplatte aus graviertem Metall findet, eine Technik, die sich nach und nach durchsetzt. Gemmen werden allmählich zum Auslaufmodell, ebenso wie die Großplastik aus Bronze und Stein, vielleicht weil beide Kunstgattungen im Bewusstsein der zunehmend christianisierten Bevölkerung des spätrömischen Reiches zu sehr mit der heidnischen Götterwelt verbunden waren.

Die leicht hochovale Ringplatte ist mit einem Anker graviert, der im linken Bildfeld von einem Fisch flankiert wird, dessen Kopf nach oben weist. Der gewöhnlich bei diesem Bildmotiv im rechten Feld vorhandene zweite Fisch ist hier durch die Beischrift IXΘY/C ersetzt. Sie ist einerseits das griechische Wort für Fisch, andererseits ein Akrostichon, das sich auf Jesus Christus bezieht und in schriftlichen Quellen seit dem späten 2. Jahrhundert belegt ist: I(HCOYC) X(PICTOC) Θ(EOY) Y(IOC) C(ωTHP) – Jesus Christus Gottes Sohn Erlöser. Der Fisch ist also in diesem Kontext ein Symbol für Christus. Der Anker als Sinnbild der Hoffnung (Hebr 6,18–19) weckt dank seines Querbalkens auch Assoziationen an das Kreuz, zu welchem er auf einer Reihe von gleichzeitigen Ringen mit ähnlichem Motiv mutiert ist. Christian Schmidt

| **Lit.**: Spier 2007, S. 46, 49, 184, Nr. R1

25 Siegelring mit Monogramm

Spätrömisch/frühchristlich, Ende 3. Jahrhundert
Vermutlich östliches Mittelmeergebiet
Gold; Jaspis, geschnitten – H. 1,9 cm, B. 2,1 cm; 7,9 g
München, Sammlung C.S., Inv.Nr. 2907

Der Ringkopf, der mit der Ringschiene aus einem Stück Gold geschmiedet ist, dient als Fassung einer achteckigen, ockerfarbenen Gemme. Sie trägt ein eingraviertes unverfängliches, weil auf den ersten Blick unverständliches Monogramm. Es besteht aus einzelnen Buchstaben, gruppiert um die zentrale Initiale X. In den Zwischenräumen von dessen Hasten erkennt man ein I, H, O und T, an den Enden ein deutliches spiegelbildliches C und P sowie – weniger klar – ein Y und ein I. Damit zeigt das Monogramm alle Buchstaben, die im Genitiv des griechischen Namens und Titels IHCOY XPICTOY ([Diener] Jesu Christi) enthalten sind. Das I kommt zweimal vor, vermutlich aus kompositorischen Gründen, während alle anderen Buchstaben, auch wenn sie im Namen mehrfach vertreten sind, nur einmal erscheinen. Christian Schmidt

| **Lit.**: Unpubliziert

26 Siegelring mit Christogramm

Frühbyzantinisch, spätes 4. Jahrhundert
Vermutlich Gallien
Gold – Dm. 2,1 cm; 6,3 g
München, Sammlung C.S., Inv.Nr. 2352

Dieser sehr sorgfältig geschmiedete Siegelring gehört zu einer Kategorie von Fingerringen, die gegen Ende des 4. und im ersten Drittel des 5. Jahrhunderts durch zahlreiche Beispiele belegt ist, viele mit christlichen Motiven (Kat.Nr. 29, 30, 33). Bei diesem Typus geht die Innenseite der bandförmigen Ringschiene nahtlos in den Ringkopf über, der etwas verbreitert und verstärkt ist.

Im vorliegenden Fall zeigt die Kopfplatte innerhalb eines punzierten und niellierten Perlrands ein graviertes und nielliertes, spiegelbildliches XP-Christogramm. Die Schultern der Schiene sind mit einem ebenfalls gravierten und niellierten Ornament verziert, das an ein Gebäude mit hohem, von einer Kugel bekröntem Giebel erinnert.

Christian Schmidt

| Lit.: Kat. Trier 2007, Nr. II.1.125

27 Fingerring mit Goldglas

Frühbyzantinisch, Ende 4./erstes Drittel 5. Jahrhundert
Vermutlich Südosteuropa
Silber, Glas, Goldfolie – Reif leicht verdrückt, Glas mit kleinem Ausbruch, Goldfolie stellenweise fragmentarisch – H. 2,2 cm, B. 2,4 cm; 5,7 g
München, Sammlung C.S., Inv.Nr. 2870

Die 0,4 cm breite, flache Schiene dieses geschmiedeten Silberrings ist längsgerippt und mit dem Ringkopf verlötet. Die mittlere der drei Rippen ist aus Perldraht. Aus Perldraht bestehen auch die Manschette, die um den 0,5 Zentimeter hohen Ringkopf gelegt ist, sowie die vier wellenförmigen Ornamente, die im Wechsel mit Granulationskügelchen dessen untere Hälfte schmücken. In der Fassung des Ringkopfes sitzt ein ovales Zwischengoldglas. Es enthält vor grünem Grund zwei miteinander verschmolzene Christussymbole aus Goldfolie: das XP-Christogramm und das Kreuz.

Der Fingerring ist eine Variante des bei Kat.Nr. 26 definierten Ringtypus. Seine besonderen morphologischen Merkmale verbinden ihn mit einigen vermutlich werkstattgleichen Exemplaren, von denen eines ebenfalls mit einem Goldglas gefasst ist, das ein Monogrammkreuz auf grünem Grund zeigt (Kat. Trier 2007, Nr. II.1.28).

Goldgläser, die man vor allem als Bodenstücke von zerbrochenen Gefäßen kennt und in Katakomben gefunden hat, hatten ihre große Zeit im 4. Jahrhundert (Kat.Nr. 17, 18, 22, 45, 58, 63). Ihre genauere Datierung, das Ende ihrer Herstellung und ihre Werkstätten werden kontrovers diskutiert. In Fingerringen sind sie äußerst selten zu finden. Zur Zeit scheint neben dem ausgestellten und dem erwähnten nur ein weiterer fragmentarischer Ring aus einst vergoldeter Bronze bekannt zu sein, in dessen Fassung ein Zwischengoldglas mit einem XP-Christogramm und den apokalyptischen Buchstaben Alpha und Omega in Gold mit schwarzer Umrandung vor grünem Grund sitzt (Chadour 1994, Nr. 456).

Die Symbolik des vorliegenden Rings und seines Parallelstückes gibt einen weiteren Hinweis auf ihre Entstehungszeit. Die Mischform zwischen Kreuz und XP-Christogramm (Kat.Nr. 28) sowie das Monogrammkreuz spielen vor dem Ende des 4. Jahrhunderts keine größere Rolle. Ihr gehäuftes Vorkommen danach ist vermutlich auf den Siegeszug des Kreuzes zurückzuführen, welches allmählich alle anderen christlichen Zeichen, auch das im 4. Jahrhundert dominierende XP-Christogramm, verdrängt hat.

Christian Schmidt

| Lit.: Unpubliziert; Kat. Trier 2007; Chadour 1994, Bd. 1

28 Kopfplatte eines Fingerrings

Frühbyzantinisch, um 400
Vermutlich Südosteuropa
Eisen; Silber, graviert – Dm. der Silberplatte 1,1 cm, H. des Ringkopfes noch 0,9 cm
München, Sammlung C.S., Inv.Nr. 2875

Das Ringfragment gehört zu jener für das 4. Jahrhundert charakteristischen Kategorie von Fingerringen aus Eisen, die bei Kat.Nr. 34 beschrieben worden ist. Es stellt eine Art Zwischenstufe zwischen dem XP-Christogramm und dem Kreuzzeichen dar (Kat.Nr. 27) und war zusammen mit dem IX-Christogramm und dem Monogramm-

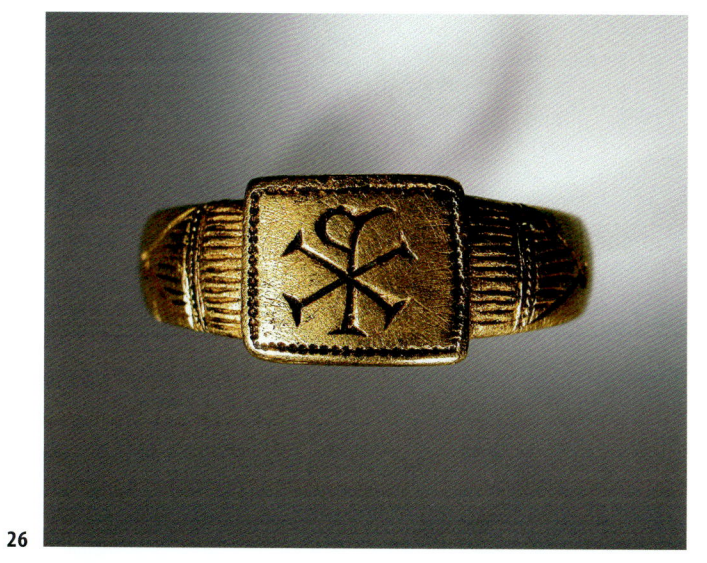

I AUFTRAG UND AUSBREITUNG. DIE ANFÄNGE DES CHRISTENTUMS IN ROM

26

27

28

29

30

31

kreuz eines jener christlichen Symbole, die im späten 4. und frühen 5. Jahrhundert eine Weile populär waren, bevor sie allmählich vom Kreuz abgelöst wurden. Christian Schmidt

| **Lit.:** Unpubliziert

29 Fingerring mit Monogrammkreuz

Frühbyzantinisch, um 400
Gold, graviert – H. 1,6 cm, B. 1,4 cm; 1,4 g
München, Sammlung C.S., Inv.Nr. 2709

Auch dieser Ring lässt sich dank seiner Form (Kat.Nr. 26) und des in den Ringkopf eingravierten Zeichens – des Monogrammkreuzes – in die Zeit des späten 4. bis frühen 5. Jahrhunderts datieren. Der Innendurchmesser seiner Schiene von ca. 1,2 Zentimetern spricht dafür, dass er einst einem kleinen Mädchen oder einer jungen, zartgliedrigen Frau gehört hat.

Das Monogrammkreuz, auch *crux monogrammatica* oder Staurogramm genannt, ist kein Symbol für den Namen Jesu Christi, sondern ein solches für das Kreuz. Entstanden aus der Ligatur der in dem griechischen Wort CTAYPOC (Kreuz) enthaltenen Buchstaben T und P, ist es schon um 200 in griechischen Texten auf Papyrusfragmenten belegt. Seit dem späten 4. Jahrhundert begegnet es auch in der Kleinkunst und in monumentalen Bildzusammenhängen. So verziert es die Griffe und Körper von Lampen, von denen eine vergleichsweise sicher datiert werden kann (Kat. Trier 2007, Nr. II.4.66), war Teil der Gehänge großer Kirchenleuchter (Christie's, Antiquities: Auktion 1244, New York 11.06.2003, Nr. 235) und erstrahlt in Gold, zusammen mit den apokalyptischen Buchstaben A und ω, vor dem gestirnten Himmel des Kuppelmosaiks im Baptisterium San Giovanni in Fonte, gestiftet um 400 in Neapel. Christian Schmidt

| **Lit.:** Unpubliziert; Kat. Trier 2007

30 Fingerring mit IX-Christogramm

Frühbyzantinisch, um 400
Vermutlich Südosteuropa
Silber, graviert – H. 2,3 cm, B. 2,1 cm; 2,6 g
München, Sammlung C.S., Inv.Nr. 2366

Der Ring – wie Kat.Nr. 26 morphologisch charakteristisch für die Zeit um 400 – ist mit einem weiteren christlichen Symbol graviert, dem IX-Christogramm. Es besteht aus den Initialen des griechischen Namens IHCOYC XPICTOC (Jesus Christus) und erfreute sich im späten 4./frühen 5. Jahrhundert ebenso wie das Monogrammkreuz einer gewissen Beliebtheit, bevor es allmählich vom Kreuzzeichen verdrängt wurde. So erscheint es an den beiden Längsseiten des um 380/90 in Konstantinopel hergestellten „Prinzen-Sarkophags" in einem Kranz, der von zwei fliegenden Engeln getragen wird (Koch 2000, Taf. 111). Auch in späterer Zeit kommt es gelegentlich noch vor, etwa im Gewölbemosaik der erzbischöflichen Kapelle in Ravenna, Anfang des 6. Jahrhunderts (Poeschke 2009, S. 31, Abb. 29). Christian Schmidt

| **Lit.:** Unpubliziert; Koch 2000; Poeschke 2009

31 Siegelring

Spätrömisch/frühchristlich, Mitte 4. Jahrhundert
Vermutlich Suffolk, England
Gold – innerer Dm. 2,1 cm, Dm. Ringkopf 1,2 cm; 27,6 g
London, The British Museum, P&E 1983, 10-3.1

Es handelt sich um einen massiven Goldring mit längsfacettiertem, bandartigem Reif und hohem, achteckigem Kopf, der innerhalb einer Randlinie mit einem spiegelbildlichen XP-Monogramm, einem Vogel und zwei Weinreben graviert ist. Das Christogramm nimmt die untere Hälfte der bearbeiteten Fläche ein und wird von den beiden Ranken und dem Vogel, der auf der rechten sitzt und an einer Beere der linken pickt, halbkreisförmig umschlossen.

Dieses Motiv ist wahrscheinlich die bildliche Umsetzung des Spruches Christi „Ich bin der Weinstock, ihr seid die Reben" (Joh 15,5) und macht den Ring damit zu einem bedeutenden Denkmal der frühen Christianisierung des spätrömischen Britannien. Es erscheint auch auf einer Reihe von zeitgleichen Bronzeringen (vgl. Spier 2007, S. 185, R39-R44), von denen jedoch keiner an das vorliegende Exemplar und dessen adäquate Bildhaftigkeit heranreicht. Am nächsten kommt ihm noch ein zurzeit in Carnuntum ausgestellter Fingerring, der einen ähnlich bandartigen Reif und hohen, runden Ringkopf hat und mit einer Taube im Zentrum graviert ist, die nach rechts auf einer Weinrebe sitzt und an einer Beere pickt, während ein positives Christogramm über ihrem Rücken schwebt (Kat. München 2004, Nr. 637). Die Taube hat den Verfasser bei der Erstpublikation des Bronzerings veranlasst, Assoziationen an das Ende der Sintflut zu vermuten, eine Deutung, die er hier zurücknimmt. Die beiden Vögel sitzen, wie der Goldring eindeutig zeigt, nicht auf einem „Zweig", sondern auf einer Weinrebe mit Trauben, und sie haben auch keinen Zweig im Schnabel, den sie zur Arche Noah zurückbringen, sondern picken an einer der Beeren. Christian Schmidt

| **Lit.:** Johns 1984; Johns 1996, S. 67; Kat. München 2004; Kat. York 2006, Nr. 223 (Catherine Johns); Spier 2007, S. 184, Nr. R4

32 Diadem (?)

Spätrömisch/frühchristlich, um 400 (?)
Ägypten
Papyrus (?), Leder (?), Glas, Kupferlegierung, Blattgold, Farbe – Fehlstellen – L. 38,5 cm, B. max. 3,8 cm
München, Sammlung C.S., Inv.Nr. 6017

I AUFTRAG UND AUSBREITUNG. DIE ANFÄNGE DES CHRISTENTUMS IN ROM 47

Der Zierstreifen wurde laut Erstpublikation zusammen mit Sandalen in einem Grab bei Scheich Fadl gefunden, einem Dorf in Mittelägypten im Gouvernement al-Minya. Er besteht aus 18 miteinander verbundenen Gliedern: einem länglichen Anfangs- und Endstück (1, 18), ersteres mit Schlaufe, einer großen, rechteckigen Platte (2) und fünfzehn ovalen Teilen von unterschiedlicher Breite (3–17). Die einzelnen Glieder scheinen mit Papyrus unterfüttert und mit Leder bezogen zu sein. Das Leder ist teilvergoldet und mit vier grünen (1, 9, 16) und sieben blauen (2, 6, 18) Glascabochons sowie mit einem größeren, ovalen, mugeligen, transparenten (12) und drei großen, rechteckigen, mugeligen, türkisfarbenen (4, 11, 14) Glassteinen besetzt. Ein grüner Cabochon fehlt (9), ebenso zwei größere Einlagen (8, 13). Einige der Glaseinlagen, so die drei großen, türkisfarbenen sitzen in Metallfassungen.

Außerdem sind die rechteckige Patte (2) und drei der ovalen Teile (3, 7 und 17) mit Einlagen dekoriert, bei denen es sich um Goldgläser in Sandwich-Technik handeln dürfte. Die Applikationen auf 5 und 15 sehen auf den ersten Blick ebenfalls wie Goldgläser aus; ihr Motiv, eine goldene Scheibe, scheint aber nicht durch ein rückseitiges Glas gesichert zu sein, sondern dem Leder aufzuliegen. Zu dieser Kategorie gehörte wohl auch der Besatz auf 10, bei der die flache Deckscheibe verloren gegangen ist.

Die vier Goldgläser zeigen auf dunkelorangefarbenem Grund drei Motive: die Büste einer Dame nach rechts mit Halskette, Zopfkranzfrisur und Diadem (2, 7), ein schachbrettartig gemustertes Quadrat mit fünfundzwanzig Feldern (3) und ein Quadrat mit eingeschriebenem Monogrammkreuz (17).

Die vermutete Zeitstellung des Zierstreifens beruht auf einigen seiner Details. Das Monogrammkreuz, wie es auf dem Goldglas 17 zu sehen ist, war als christliches Symbol vom späten 4. bis frühen 5. Jahrhundert populär. Es findet sich noch nicht auf den bislang fast nur aus der westlichen Hälfte des Reiches bekannten Zwischengoldgläsern – Gefäßböden aus Rom und Nuppengläsern aus dem Rheinland. Das bewog schon Garrucci (VIII-IX), die Entstehung dieser Goldgläser nach 400 auszuschließen. Ebenso wie die Zopfkranzfrisur mit und ohne Diadem, wie sie auf vielen römischen Exemplaren erscheint (vgl. Morey, Nr. 109), hatten sie ihre große Zeit im 4. Jahrhundert. Die wenigen Exemplare mit anderem Verwendungszweck (Kat.Nr. 27), alles Fingerringe, zwei mit dem XP-Christogramm, einer mit dem Kreuzmonogramm, wurden bislang kaum zur Kenntnis genommen. Die Situation in der römischen Provinz Ägypten liegt völlig im Dunkel.

Die Funktion des Zierstreifens ist ungewiss. Er wurde als Gürtel gedeutet, auch als Clavus einer Tunika – vermutlich, weil die vertikale

Achse der beiden Porträts (nicht aber das um 90 Grad gedrehte Monogrammkreuz) eine senkrechte Anbringung erwarten lässt. Gegen einen Gürtel spricht die Kürze des Streifens, und vergleichbare Clavi scheinen nicht belegt zu sein. Am ehesten kommt eine Verwendung als Diadem in Frage, das ja auch die Dame auf den beiden Goldgläsern 2 und 7 trägt.　　　　　　　　　　　　Christian Schmidt

| Lit.: Garrucci 1872–1881, Bd. 3; Morey 1959; Kat. Leuven 1983, Nr. 15.64, Taf. 286

33 Zwei Fingerringe

Frühbyzantinisch, 1. Drittel 5. Jahrhundert
Südosteuropa
Silber, graviert – Inv.Nr. 2405: H. 2,3 cm, B. 2,1cm (Ring), H. 0,8 cm, B. 0,9 cm (Platte); 4,5 g – Inv.Nr. 2433: Dm. 2,1 cm (Ring), Dm. 1,1 cm (Platte); 2,8 g
München, Sammlung C.S., Inv.Nr. 2405, 2433

Auch diese beiden Ringe lassen sich dem bei Kat.Nr. 26 beschriebenen Typus zuordnen. Der erste zeigt zwei gravierte Figuren im Profil, die sich anscheinend die Hände reichen und über denen ein kleines Kreuz schwebt. Man könnte an die *dextrarum iunctio* denken, wenn denn die beiden Gestalten – wie bei Hochzeitsdarstellungen üblich – durch Kleidung, Physiognomie oder Haartracht als Mann und Frau differenziert wären. Sie unterscheiden sich jedoch nur unwesentlich voneinander und sind männlich. Man könnte auch an eine Begrüßungsszene denken, etwa zwischen den Apostelfürsten Petrus und Paulus.

Die beiden ebenfalls männlichen Figuren des zweiten Rings stehen links und rechts neben einem Gebilde mit drei Vertiefungen und vier Löchern, über dem ein Kreuz aufragt. Bei einem sehr ähnlichen Bronzering mit demselben Motiv (Kat. Trier 2007, Nr. II.1.35) ist der Unterbau des Kreuzes gepunktet. Es spricht einiges dafür, dass mit diesem Unterbau der Golgothahügel gemeint ist und mit den angedeuteten Details die unterschiedlichen Erhebungen der steinigen Schädelstätte sowie die Quellen der vier Paradiesflüsse (vgl. Kat. Paderborn 2001, Nr. I.71–72). Der Weltchronik des Theophanes Confessor zufolge, hat Theodosius II. (reg. 408–450) zwanzig Jahre nach seinem Regierungsantritt ein prunkvolles Memorienkreuz auf dem Golgothafelsen errichten lassen. Das Motiv wird durch die Anwesenheit von Petrus und Paulus als Vertreter des Apostelkollegiums zur Kreuzwache erweitert.

Ähnliches gilt für die wohl aus Platzgründen etwas verunglückte Darstellung auf dem ersten Ring. Es ist weder eine Hochzeits- noch eine Begrüßungsszene, sondern eine Huldigung durch die Apostel Petrus und Paulus mittels Akklamation. Sie gilt nicht mehr dem XP-Christogramm wie noch bei Kat.Nr. 54, sondern wie auf dem „Prinzen-Sarkophag" (Koch 2000, Taf. 112–113) dem Kreuz, das ab dem späten 4. Jahrhundert seinen Siegeszug als christliches Symbol antritt.　　　　　　　　　　　　Christian Schmidt

| Lit.: Unpubliziert; Koch 2000; Kat. Paderborn 2001; Kat Trier 2007

34 Platte eines Siegelrings

Spätrömisch/frühchristlich, Mitte 4. Jahrhundert
Vermutlich Südosteuropa
Silber, graviert – Dm. 1,3 cm, T. 0,3 cm; 3,1 g
München, Sammlung C.S., Inv.Nr. 2887

Das kleine Medaillon gehört zu einer für das 4. Jahrhundert charakteristischen Kategorie von Fingerringen aus Eisen oder – seltener – Kupferlegierung, in deren Fassungen nicht mehr geschnittene Gemmen, sondern gravierte Plättchen aus Silber saßen. Im Lauf der Zeit aus ihren Ringköpfen herausgefallen, weil das Grundmaterial verrostet war oder einen anderen thermischen Ausdehnungskoeffizienten hatte, werden sie heute meist ohne die dazugehörigen Ringe gefun-

33a

33b

I AUFTRAG UND AUSBREITUNG. DIE ANFÄNGE DES CHRISTENTUMS IN ROM

34

den. Es gibt nur sehr wenige komplette (vgl. Kat. Trier 2007, Nr. II.1.64) oder fragmentarische Beispiele (Kat.Nr. 28).
Das vorliegende Exemplar zeigt die Büsten eines Ehepaares. Um den Rand verläuft die bei einem Siegelring gewöhnlich gegen den Uhrzeigersinn zu lesende spiegelbildliche lateinische Umschrift: IVLIE TMVLSA VIVATIS IN XP(ICTO) (Julius [und] Tmulsa, ihr möget [glücklich] in Christus leben). Für den Titel XPICTOC (der Gesalbte) steht – gebildet durch seine beiden Anfangsbuchstaben – ein spiegelbildliches Christogramm. Es befindet sich zwischen den beiden Köpfen von Mann und Frau und weist darauf hin, dass ihre Hochzeit bereits nach christlichem Ritus vollzogen wurde und die Ehe im Zeichen Christi stand. Im Siegelabdruck nimmt die mit Ohrringen und einer Perlenkette geschmückte Frau den Ehrenplatz rechts neben ihrem Ehemann ein.

Christian Schmidt

| **Lit.:** Unpubliziert; Kat. Trier 2007

35 Fingerring mit Schaftträger

3. Jahrhundert
Fundort: Köln-Bayenthal (vermutlich aus einem Grab)
Kameo, zweischichtiger Sardonyx – Kopf des Schaftträgers leicht berieben, Stab und Horn des Widders bestoßen: H. 1,25 cm, B. 0,9 cm; in Goldring mit Opus interrasile – Rand der Kästchenfassung stellenweise beschädigt: H. 1,85 cm, B. 1,97 cm, lichte Weite: H. 1,4 cm, B. 1,63 cm; 3,55 g
Köln, Römisch-Germanisches Museum der Stadt Köln, Inv.Nr. RGM Metall 1039

Ein Hirte trägt einen großen Schafbock mit gebogenem Horn auf seinen Schultern. Er steht breitbeinig in Vorderansicht, wendet seinen Kopf mit dem nackenlangen Haar ins Profil. Er trägt die typische Arbeitstracht, eine kurze gegürtete Tunika mit Ärmeln und niedrige Stiefel. Mit der Rechten stützt er sich auf einen Stab, mit der Linken hält er die Hinterbeine des Widders. Die Vorderbeine des Tieres biegen sich zu den Hinterbeinen hin, zu sehen ist nur jeweils das vorn liegende Bein.
Der Kameo sitzt in einer Kästchenfassung auf einem kleinen Goldring, dessen breite Schultern mit symmetrischen floralen Ornamenten in durchbrochener Arbeit geschmückt sind.
Es war lange Zeit ungewiss, ob einzelne Schaftträger auf Gemmen in christlichem oder heidnischem Sinne zu deuten sind. Jeffrey Spier hat gezeigt, dass fast alle Gemmen mit Schaftträgern in das 3. Jahrhundert gehören, während dieses Motiv trotz der Vielzahl bukolischer Bilder in den vorausgehenden Jahrhunderten nur selten vorkommt. 30 von über 90 Schaftträgern auf Intaglien des 3. bis 4. Jahrhunderts sind durch Inschriften oder Symbole eindeutig als christlich bezeichnet. Daher ist wahrscheinlich, dass Gemmenbilder des Schaftträgers aus der gleichen Zeit und im gleichen Typus ebenfalls den Guten Hirten darstellen, auch wenn christliche Beizeichen fehlen. Der Schaftträger steht in der Regel in Vorderansicht, eine der drei Varianten zeigt ihn mit Stab, wie auf dem vorliegenden Kameo. Vor dem Hintergrund der christlichen Deutung erweist sich als künstlerische Absicht, dass der Kopf des Hirten gelblich weiß ist, gleichsam leuchtet, weil die helle Schicht des zweilagigen Sardonyx hier am dicksten ist, während der Körper des Hirten und der Widder in der dünneren hellen Schicht bläulich weiß auf dem dunkelgrauen Grund erscheinen.

Erika Zwierlein-Diehl

| **Lit.:** Krug 1981, Nr. 93 Taf. 80 (Lit.); Kat. Athen 1999, S. 67f., Abb. 105, S. 254, Nr. 292 (Aimilia Yeroulanou); Kat. Rom 2000a, Nr. 341 (Fabrizio Bisconti); Kat. Mailand 2003, S. 335, 441f., Nr. 340 (Hansgerd Hellenkemper); Spier 2007, S. 61, 133, Nr. 726, Taf. 103 (Lit.)

35

36 Fingerring – „Guter Hirte" und Daniel

Spätrömisch/frühchristlich, 2. Hälfte 3. Jahrhundert
Vermutlich Syrien oder Libanon
Silber; Karneol, geschnitten – Schiene etwas beschädigt – H. 2,1 cm, B. 2,4 cm; 4,7 g
München, Sammlung C.S., Inv.Nr. 2571

Die Form des Rings spricht für eine Entstehungszeit um die Mitte des 3. Jahrhunderts oder bald danach. Seine hochovale Bildfläche ist durch eine horizontale Trennlinie geteilt. Die untere Hälfte zeigt das alttestamentliche Bild des „Daniel in der Löwengrube" (Dan 6), die obere das Motiv des Schaftträgers.
Daniel ist nackt und hat die Arme im Orantengestus erhoben. Die beiden Löwen kauern, ihm zugewandt, antithetisch zu seinen Füßen. Links im Feld befindet sich ein Stern in der Form eines „X", wohl als Symbol für die Nacht, die Daniel in der Grube verbringen musste; rechts ist ein krähender Hahn für die Morgendämmerung zu sehen, in der ihn der König unbeschadet vorfindet.
Der Schaftträger, ausgerüstet mit einem Hirtenstab, ist mit einer kurzen Tunika bekleidet und hat ein Schaf über seine Schultern gelegt. Zwei weitere Schafe stehen, ihm abgewandt, antithetisch zu seinen Füßen und blicken zurück.
Der „Schaftträger" ist in dieser Zeit der zunehmenden Christianisierung des spätrömischen Reichs und in diesem Kontext niemand anderes als der „Gute Hirte", von dem Christus spricht (Joh 10).

Christian Schmidt

| **Lit.:** Kat. Jerusalem 2000, S. 89, Nr. 57; Spier 2007, S. 70f., Nr. 436, vgl. auch Nr. 437

37 Bronzeplakette mit Gutem Hirten und biblischen Szenen

4. Jahrhundert
Fundort: Rom, Ponziano-Katakomben an der Via Portuense, kurz vor 1691 (Sammlung Carpegna)
Getriebene Bronze; Silber und vergoldetes Metall (Einfassung) – Dm. 4,7 cm; äußere Einfassung Dm. 8,1 cm; mit Tragöse H. 9,8 cm
Vatikanstadt, Musei Vaticani, Museo Cristiano, Inv.Nr. 60542

Das Bronzemedaillon wurde kurz vor dem Jahr 1691, für das seine Zugehörigkeit zur Sammlung des Kardinals Gasparo Carpegna belegt ist, in den Katakomben von San Ponziano an der Via Portuense in Rom entdeckt. Es wird von zwei neueren Einfassungen aus dem 18. Jahrhundert umschlossen: einem inneren Band aus Silber mit Rauten- und Rosettengravierung und einem äußeren aus vergoldetem Metall. Die Reliefdarstellungen auf der Vorderseite des kreisförmigen Medaillons wurden durch Treibarbeit von der Rückseite geschaffen. Im Zentrum hebt sich die Figur des Guten Hirten mit dem Lamm auf den Schultern ab. Zu seinen Füßen liegen zwei weitere Lämmer, das linke davon unter einem Baum. Diese zentrale Darstellung umgeben neun biblische Szenen: oben der Sündenfall (Gen 2,17) mit den beiden Stammeltern neben dem Baum mit der Schlange, der den Mittelpunkt der Szene bildet. Gleich im Anschluss links begrüßt Noah in der Arche die Taube mit dem Olivenzweig in ihrem Schnabel (Gen 8), während auf der rechten Seite Jona unter seinem Blätterdach ruht (Jona 4,6). Unterhalb von Noah ist auf der linken Seite Daniel in der Löwengrube zu sehen (Dan 6,17) und rechts folgt die Opferung Isaaks (Gen 22,9–13). Abraham steht mit erhobenem Gladius vor seinem Sohn, der neben dem Feueraltar kniet, während seitlich der Widder erscheint, der nach dem göttlichen Eingreifen, das der Hand Abrahams Einhalt gebietet, an Isaaks statt geopfert wird. Auf der linken Seite folgt unten das Wunder an einem Gelähmten, der beim Aufheben seines Bettes dargestellt ist, und rechts unten Mose, wie er an den Felsen am Horeb schlägt, um das Wasser fließen zu lassen (Ex 17,6). Im untersten Abschnitt befinden sich zwei Bilder in dichter Abfolge: Jona, der von den Seeleuten über Bord geworfen (Jona 1,15) und vom Meeresungeheuer verschlungen wird sowie Jona, der nach drei Tagen von dem großen Fisch wieder ausgespien wird (Jona 2,1–11). Von all diesen Szenen gehört nur die Heilung des Gelähmten nicht zum

Alten Testament, sondern zur Überlieferung der Evangelien. Sie findet sich jedoch in der frühchristlichen Kunst üblicherweise in Verbindung mit alttestamentlichen Ereignissen. Aus dem Leben Jesu sind zwei Heilungen von Gelähmten überliefert, die zu unterschiedlichen Zeiten und an verschiedenen Orten erfolgten: eine im Haus in Kafarnaum (Mt 9,1–8; Mk 2,1–12; Lk 5,17–25) und eine am Teich Betesda in Jerusalem (Joh 5,1–15). Die Einfachheit der Darstellung auf diesem Medaillon aus den Vatikanischen Museen erlaubt, wie bei allen übrigen frühchristlichen figurativen Zeugnissen, keine eindeutige Zuordnung zu einem der beiden in den Evangelien beschriebenen Ereignisse. Die abgebildeten Szenen zeigen, dass das figürliche Bibelrepertoire auch auf kleinen Gebrauchsgegenständen dargestellt wurde, die so zur Übermittlung der christlichen Botschaft beigetragen haben. Derartige, bereits in den Anfängen der frühchristlichen Kunst bezeugte Stücke spielen zumeist auf die Themen von Erlösung und Auferstehung an und verweisen auf die zentrale Figur, die diese Bedeutung verkörpert: Christus – der Gute Hirte, das Bild des christlichen Erlösungsgedankens, der die Menschwerdung Gottes, die Passion und die Auferstehung umfasst.

Claudia Lega

| Lit.: Ciampini 1691, S. 3f.; Buonarotti 1716, S. 1–3, Taf. I, 1; Dictionnaire d'Archéologie Chrétienne et de Liturgie 13.2, Sp. 2388, Nr. 330, Abb. 9961 (Art. Bon Pasteur: Henri Leclercq); Kat. Singapur 2005, S. 95 (Umberto Utro); Lega 2010, S. 106, 108, Abb. 8a–b

38 Model für die Reliefauflage einer Sigillataschale – Opferung Isaaks und „Guter Hirte"

4. Jahrhundert
Fundort unbekannt; das Stück wurde aus der Sammlung Karl Löffler erworben
Ockerfarbener Ton mit Magerungskörnern – am Rand stellenweise bestoßen –
H. 14,1 cm, B. 8,2 cm
Köln, Römisch-Germanisches Museum der Stadt Köln, Inv.Nr. KL 605 a,b

Entsprechend ihrer Verwendung zeigt die rechteckige Tonplatte auf beiden Seiten vertiefte Darstellungen: zum einen die Opferung Isaaks, zum anderen den „Guten Hirten".

Abraham, mit einer kurzen Tunika bekleidet, ist frontal in leichter Schrittstellung gezeigt und wendet den Kopf nach hinten. Links kniet sein Sohn Isaak, unbekleidet und mit auf dem Rücken gefesselten Händen, vor einem Altar mit Opfergaben. Festgehalten ist der dramatische Moment kurz vor der Opferung: Mit der rechten Hand drückt Abraham den Kopf Isaaks herunter, mit seiner Linken hebt er das Schwert. Da erscheint rechts die Hand Gottes, die Einhalt gebietet und zugleich Rettung verheißt. Gemäß der Bibelstelle (Gen 22,1–13) thematisiert diese Szene nicht zuerst das Opfer an sich, sondern belegt die Gottesfurcht und Glaubensstärke Abrahams. So spricht der Engel des Herrn zu ihm: „(…) jetzt weiß ich, dass du Gott fürchtest; du hast mir deinen einzigen Sohn nicht vorenthalten."

Der „Gute Hirte", ein bartloser Jüngling mit Buckellocken, ist ebenfalls frontal in leichter Schrittstellung dargestellt. Ein zottiges Raubtierfell hängt wie ein Mantel über der kurzen Tunika. Auf seinen Schultern, gepackt an den Vorder- und Hinterläufen, trägt der Jüngling einen großen Widder. Aufgrund der Beschädigung des Models ist der Kopf des Tieres nicht erhalten.

Auch für das Hirtenbild ist eine christliche Deutung anzunehmen. Dies wird zum einen durch das biblische Motiv auf der anderen Seite unterstrichen. Zum anderen kommen beide Motive auf mehreren afrikanischen Tonschalen des 4. Jahrhunderts, der sogenannten „sigillata chiara c", nebeneinander vor. Außer diesem Model wurden bisher nur noch zwei weitere bekannt, allerdings mit heidnisch-mythologischen Motiven. Eines der beiden besitzt eine eingeritzte Fabrikantenmarke.

Petra Koch-Lütke Westhues

| **Lit.:** La Baume/Salomonson 1976, S. 128, Nr. 609, Taf. 62,1–2 (mit weiterer Literatur); Kat. Paderborn 1996, S. 136f., Nr. 28 (Petra Koch); Dresken-Weiland 2010, S. 77–95 (Guter Hirte); S. 294–302 (Opferung des Isaak)

39 Lampe mit Schaftträger und alttestamentlichen Szenen

Rom, frühes 3. Jahrhundert, Werkstatt eines Florentius (Inschrift auf der Unterseite)
Ton – L. 15,2 cm, Dm. 10,2 cm
Berlin, Staatliche Museen zu Berlin – Preußischer Kulturbesitz, Skulpturensammlung und Museum für Byzantinische Kunst, Inv.Nr. 2354

39

Die Lampe zeigt in der Mitte einen Schaftträger mit sieben Schafen, über ihm die Büsten von Sol und Luna mit sieben Sternen, links die Arche des Noah, die in der frühchristlichen Zeit in der Regel als Kasten dargestellt wird, ohne Noah, aber mit einem Vogel darauf; darunter die Ausspeiung des Jona und rechts den unter einer Kürbislaube ruhenden Jona, neben ihm ein Baum. Während die sieben Sterne und die Gestirnsgottheiten auf die kosmische Ordnung und den Beginn eines glücklichen Zeitalters verweisen, steht der Schaftträger in der paganen Kunst als Wunschzeichen für einen Zustand ruhigen und ungestörten Glückes. Wird er zusammen mit Bildern aus dem Alten und Neuen Testament dargestellt, kann er bekanntlich als Guter Hirt Jesus gedeutet werden. Jonas-Darstellungen gelten als Ausdruck der christlichen Hoffnung auf Auferstehung und Erlösung vom Tode, während bei den Noah-Bildern eher eine allgemeinere Rettungsperspektive im Vordergrund steht. Diese beiden, wenig später im Grabbereich gern dargestellten Motive übermitteln bereits für das Diesseits relevante Botschaften, denn die Lampe muss zur Zeit ihrer Herstellung für eine Verwendung im täglichen Leben gedacht gewesen sein: Die Anlage von Katakomben setzt bekanntlich erst zu Beginn des 3. Jahrhunderts ein, sodass die Lampe erst, wenn überhaupt, in Zweitverwendung an einem Grab angebracht worden sein kann.

Weitere Ausformungen dieser Lampe sind meines Wissens nicht bekannt; christliche Themen erscheinen auf Lampen der dominierenden afrikanischen Produktion erst wesentlich später, nämlich im zweiten Drittel des 5. Jahrhunderts. Wichtig ist die Berliner Lampe als Beispiel dafür, dass es im frühen 3. Jahrhundert Einzelpersonen sind, die sich für christliche Bildthemen interessieren, und zwar wohl eher Laien als Kleriker. Das Interesse an Bildern aus dem Alten und Neuen Testament setzt langsam und auf unterschiedliche Weise ein; es hängt von der fortschreitenden Christianisierung und der Entscheidung Einzelner für einen christlichen Bildschmuck ab.

Jutta Dresken-Weiland

| **Lit.**: Effenberger/Severin 1992, S. 69, Nr. 1; Finney 1994, S. 116–132; Kat. Paderborn 1996, S. 132f., Nr. 26 (Arne Effenberger); Kat. Fort Worth 2007, S. 171f., Nr. 2; Dresken-Weiland 2010, S. 77ff., 96–100

40

I AUFTRAG UND AUSBREITUNG. DIE ANFÄNGE DES CHRISTENTUMS IN ROM   57

42

kommt, wird ausdrücklich als Lamm/Hirte seiner Gefährten, der anderen Lämmer/Hirten, hingewiesen. Unschwer ist hierin ein Verweis auf die immer klarer festgelegten hierarchischen Strukturen der Kirche in dieser Zeit zu sehen und ebenso auf ein Bewusstsein der Vorrangstellung des „Apostolischen Stuhls" in Rom, die zudem von den beiden Päpsten unterstützt wurde, deren Amtszeiten in die zweite Hälfte des 4. Jahrhunderts fielen: Damasus I. (amt. 366–384) und Siricius (amt. 384–399). Zu beachten ist schließlich die Anwesenheit von Paulus (links von Christus), der in der Ikonographie längst den Verräter-Apostel Judas Ischariot abgelöst und sich in der kirchlichen Vorstellung gegen Matthias aus der Apostelgeschichte durchgesetzt hatte (vgl. Apg 1,26). Er nahm nun – wie bereits in den Szenen der Maiestas und Traditio – in der bildlichen Anordnung endgültig den Platz ein, der seitengleich dem von Petrus entsprach. Auf diese Weise sollten offenbar die apostolischen Ursprünge der Kirche Roms, dem Ort des Martyriums der beiden Apostel, herausgestellt werden, aber auch die Einheit des westlichen und östlichen Christentums. Die Hirten, die an beiden Enden der Sarkophagfront die Lämmer liebkosen, schließen die Darstellung ab (auch als ikonographische Entsprechung zu Christus/zum Hirten in der Mitte) und liefern gleichzeitig den letzten Schlüssel für die Interpretation der zwei Apostelreihen: Diese sind tatsächlich „gesandt" (wie ihr Name schon sagt), damit sie sein Volk mit Liebe weiden, und sie hören die Aufforderung ihres „Oberhirten", die in den Schlussworten des Matthäusevangeliums festgehalten ist: „Die elf Jünger gingen nach Galiläa auf den Berg, den Jesus ihnen genannt hatte. Und als sie Jesus sahen, fielen sie vor ihm nieder. (…) Da trat Jesus auf sie zu und sagte zu ihnen: Mir ist alle Macht gegeben im Himmel und auf der Erde. Darum geht zu allen Völkern und macht alle Menschen zu meinen Jüngern; tauft sie auf den Namen des Vaters und des Sohnes und des Heiligen Geistes, und lehrt sie, alles zu befolgen, was ich euch geboten habe. Seid gewiss: Ich bin bei euch alle Tage bis zum Ende der Welt" (Mt 28,16–20). Umberto Utro

| Lit.: Bosio 1632, S. 410f.; Ficker 1890, S. 126f., Nr. 177; Wilpert 1929–1936, Bd. 1, S. 95f.; Bovini/Brandenburg 1967, S. 27f., Nr. 30, Taf. 10 (mit komplettem Verzeichnis aller bis dahin erschienenen Literatur zum Thema); Gennaccari 1996, S. 161, 165, Abb. 8; Gennaccari 1997, S. 39; Dresken-Weiland 1998; Koch 2000, S. 20, 302, 315, 362, Nr. IV.42, Taf. 67; Kat. Vatikanstadt 2009, S. 192ff., Nr. 64 (Umberto Utro)

42   Elfenbeintafel mit Darstellung des zwölfjährigen Jesus im Tempel und der Taufe Christi

Oberitalien (?), Anfang 5. Jahrhundert
Elfenbein, Reliefschnitzerei – Beschädigungen und Ausbrüche links und rechts an der unteren Kante, Verlust von Teilen des figürlichen Reliefs durch Beschneidung der Tafel oben und an den Seiten – H. 7,6 cm, B. 17,3 cm
London, The British Museum, Inv.Nr. 1856,0623.3

Die schmale, querrechteckige Tafel zeigt zwei Episoden aus der Jugend Christi, die sich vor seinen öffentlichen Auftritten mit den Wundertaten ereignen. Im rechten Drittel der fragmentarisch erhaltenen Relieftafel ist der zwölfjährige Jesus bei den Schriftgelehrten (Lk 2,46-47) zu sehen. Zwei Rundbögen im Ziegelmauerwerk, versehen mit verschlungenen Vorhängen, geben den Innenraum des Tempels an. Zentral in der Bildmitte steht Jesus als Knabe von noch auffallend kleinem Wuchs auf einem hohen Podest. Er hält ein aufgeschlagenes Buch in seiner linken Hand, während er die rechte disputierend auf die große bärtige Figur zu seiner Rechten richtet. Diese trägt eine Tunika und eine Planeta (Priestermantel). Sie steht im Dreiviertelprofil nach rechts und wendet sich dem Christusknaben zu. Die linke Hand führt sie an dessen Kopf vor die vertieft gesetzte Nimbusscheibe. Die offensichtlich geführte Rede unterstreicht sie mit einer Geste der rechten Hand. Im Hintergrund vor der rechten Arkade verfolgt ein kleiner dargestellter Mann, gekleidet in Tunika und Pallium, mit einem geöffneten Buch in der Hand das Gespräch. Er steht hinter einer im Profil ansichtigen Priesterbank, die die Darstellung nach rechts begrenzt. Auf einem solchen Mobiliar thront Christus über den Schriftgelehrten in der entsprechenden Episode auf dem Mailänder Diptychon, einem fünfteiligen Einbanddeckel ebendort im Domschatz. Dieser letzten Kindheitsepisode folgt links in einem breiter angelegten Reliefabschnitt die Taufe Christi. Sie ist in einen Innenraum versetzt, denn die Komposition wird von zwei Kandelabern mit brennenden Kerzen eingefasst und vor dem linken Leuchter erscheint oben ein weiteres Mauerstück mit gerafften Behängen. Der ebenfalls kleine, nimbierte und nun nackte Knabe steht in der Mitte auf dem unteren Reliefrahmen. Nur flüchtig sind hinter ihm die Fluten des Jordan angedeutet. Über ihm sendet die Taube Gottes, von der nur noch der Kopf erhalten ist, einen breiten Strahl herab und bezeugt den Sohn Gottes. Rechts vor einer schwach ausgebildeten Felswand steht der Täufer barfuß und in geschürzter Exomis. Er trägt einen kurzen Bart. Er führt seine rechte Hand auf das Haupt Christi und mit der linken weist er deutlich mit ausgestrecktem Zeigefinger auf den Messias. Ebenfalls einen Weisegestus vollzieht der ihm gegenüber stehende Engel. Er hat die Physiognomie eines bärtigen Mannes, eine Darstellungsweise, die noch älteren Bildtraditionen folgt. Dieses Detail, die Exomis, die Johannes anstelle des später üblichen häiren Fellgewandes trägt, und sein kurzer Bart belegen, dass diese Reliefbilder noch frühen Stadien der sich aus dem antiken Motivrepertoire entwickelnden christlichen Bildsprache verpflichtet sind. Die außergewöhnliche Darstellung des bärtigen geflügelten Engels hat verschiedene Interpretationen erfahren und findet am ehesten eine Erklärung in den Schriften der Kirchenväter, wie beispielsweise Ambrosius und Tertullian, zum Taufritus. Die bibelhistorischen Ereignisse sind also nicht allein narrativ dargestellt, sondern in ihrer Aussage um theologisches Gedankengut erweitert.

Die Disposition dieser nur fragmentarisch erhaltenen Szenenfolge lässt vermuten, dass links in symmetrischer Entsprechung zum rechten Relieffeld eine weitere Szene folgte. Dort dürfte sich der Innenraum weiter fortgesetzt haben, der die Episoden wie eine Kulisse begleitet, vergleichbar dem oberen Reliefstreifen des Mailänder Diptychons. Die ungewöhnliche Verlegung der Taufszene in einen Innenraum mag sich zum einen durch die Absicht einer einheitlichen Hintergrundgestaltung erklären. Zum anderen assoziieren die großen Kandelaber die Osterkerzen im liturgisch rituellen Taufakt der Osternacht. Der historischen Taufe Christi wäre somit ein Bezug zum sakramentalen Taufgeschehen gegeben. Ulrike Koenen

| Lit.: Volbach 1976, S. 82, Nr. 115; Kötzsche-Breitenbruch 1979 (Lit.)

43 Elfenbeintafel mit Darstellung des Kindermordes zu Bethlehem, der Taufe Christi und des Weinwunders zu Kanaa

Rom oder Oberitalien, 1. Drittel 5. Jahrhundert
Elfenbein, Reliefschnitzerei – Beschnitt und Ausbrüche an den Ecken und Kanten, mehrere Bohrlöcher – H. 20 cm, B. 8,1 cm
Berlin, Staatliche Museen zu Berlin – Preußischer Kulturbesitz, Skulpturensammlung und Museum für Byzantinische Kunst, Inv.Nr. 2719

Die drei Bildfelder der hochrechteckigen Tafel enthalten mit dem Kindermord zu Bethlehem, der Taufe und dem Weinwunder zu Kanaa Episoden zum Leben Christi aus verschiedenen Phasen seines Lebens. Auf den unmittelbar erfolgten Befehl des thronenden Herodes im oberen Bildfeld links schmettert ein Soldat in kurzer Tunika in drastischer Weise ein Kleinkind zu Boden; ein weiteres liegt bereits getötet zu seinen Füßen. Hinter dem Soldaten stehen die betroffenen Mütter mit aufgelöstem Haar und klagend erhobenen Armen. Darunter folgt die Darstellung der Taufe Christi. Als Jugendlicher ist Jesus relativ klein dargestellt, was aber ebenso durch die Komposition bedingt ist. Er steht in der Bildmitte vor den Fluten des Jordan, der rechts vom felsigen Ufer begrenzt wird. Die Figur ist nackt und nimbiert. Links steht auf einem Felsen Johannes der Täufer. Er erscheint als Hirte mit kurzer Exomis und dem Hirtenstab im Arm. Von oben schwebt die von Gott gesandte Taube herab und ergießt einen Geiststrahl, der die himmlische Stimme, die Christus als Gottes Sohn bezeugt, begleitet. Nach der Taufe beginnt die Phase des öffentlichen Wirkens Christi mit dem Weinwunder zu Kanaa. Hier erscheint Christus übergroß und nimbiert in der Bildmitte, hält eine Schriftrolle und weist mit Rede und Gestik den Diener links an, Wasser in die Krüge zu füllen, der sich beim Ausschenken in Wein verwandeln wird. Ein Begleiter, und damit Zeuge des Wunders, steht rechts und verfolgt das Geschehen.

Die Aufnahme des Kindermordes zu Bethlehem in die Illustration der Vita Christi bedeutet, dass diese Tafel zu einem recht umfangreichen Bilderzyklus gehörte, doch für mögliche Rekonstruktionen fehlen gesicherte Anhaltspunkte. Die hochrechteckige Tafel ist umlaufend mit einem schräg zum Reliefgrund abfallenden Eierstab gerahmt und ein Astragal begrenzt zusätzlich die rechte Kante nach außen. Zwei horizontale Leisten aus Astragal und Eierstab unterteilen die Tafel in die annähernd quadratischen Bildfelder. Die schmale Tafel bildete den rechten Teil eines zusammengefügten Ensembles, worauf die Feder – das ist der schmale glatte Streifen an der linken Kante – verweist. Diese Federn fügte man in Nuten (Schlitze) weiterer Tafeln und konnte mit diesem System des Spundens fünf Tafeln zu einer größeren zusammenfügen. Diese dienten meist als Einbanddeckel kostbarer Handschriften. Die Reliefbilder erzählen das Leben Christi nach den Evangelien, die von solchen Bucheinbänden umschlossen waren und in der Liturgie als materialisiertes Wort Gottes und als Stellvertreter Christi eine bedeutende Rolle spielten. Ensembles dieser Art zeigen an, wie vielfältig und zweckorientiert

I AUFTRAG UND AUSBREITUNG. DIE ANFÄNGE DES CHRISTENTUMS IN ROM

40 Schaftträger

Zweite Hälfte des 3. Jahrhunderts
Entdeckt 1886 in Rom in der Nähe der Porta Ostiensis
Feinkörniger weißer Marmor – Die Beine des Schaftträgers sowie der linke und ein Teil vom rechten Unterarm fehlen, ebenso ein Stück von der Nase des Schafs, die Oberfläche ist abgerieben – H. 69 cm, B. 34 cm, T. 26 cm
Rom, Musei Capitolini, Centrale Montemartini, Inv.Nr. MC 69

Die kleine Statue zeigt einen Hirten, der ein Schaf auf den Schultern trägt, dessen Beine er mit der rechten Hand in festem Griff hält. Der junge Mann hat ein rundliches Gesicht mit feinen Gesichtszügen, sein Blick ist nach links oben gerichtet; sein Haar ist füllig und leicht gewellt. Er trägt eine kurze Tunika mit starren, tiefen Falten, die in der Mitte ein „U" bilden, während sie seitlich im unteren Teil des Gewandes senkrecht herabfallen. Auf Taillenhöhe ist es mit einem weichen Ledergürtel gebunden, den linken Arm bedeckt ein leichtes Manteltuch. Der Hirte hat eine Doppeltasche geschultert, während er den – teilweise verlorenen – linken Arm offenbar auf einen Hirtenstab stützte. Das Schaf, das sich um den Hals des jungen Mannes schmiegt, hat ein dickes, sanft gewelltes Fell. Die gesamte Skulptur ist das Ergebnis einer intensiven Bearbeitung mit dem Bohrer.

Die in der Spätantike weit verbreitete Ikonographie des Guten Hirten greift das Bild des Hermes Kriophoros (Schaftträger) der griechischen Tradition auf, der das Symbol von *Humanitas* und *Philantropia* ist. In der frühchristlichen Kultur war dieses Motiv sehr beliebt und ist entsprechend häufig auf römischen Friedhöfen anzutreffen. Sowohl in der Wandmalerei als auch an Sarkophagen symbolisiert es Führung und Erlösung für die Gemeinschaft.

Die anfänglich für eine Darstellung des Guten Hirten gehaltene Skulptur ist nur schwer einzuordnen. Auch wenn ihr Fundort in der Nähe der Ecclesia San Salvatoris einen christlichen Ursprung nahelegen mag, lässt ihre Datierung ins ausgehende 3. Jahrhundert an dieser Interpretation Zweifel aufkommen. Vielmehr scheint das Werk noch mit der heidnischen Kultur verbunden zu sein und kann möglicherweise einem privaten Kontext zugeordnet werden, etwa als Teil eines Skulpturenprogramms. Vito Mazzuca

| Lit.: Rossi 1887b; Rossi 1889, Taf. V; Kat. Rom 2000a, S. 632, Nr. 339 (Carla Salvetti)

41 Sarkophagfront mit Gutem Hirten und Apostelkollegium

Römische Werkstatt, ca. 375–400
Rom, Cyriaka-Katakomben (?)
Weißer Marmor – Restaurierung 2013: Valentina Lini (in der Werkstatt für Lapidarienrestaurierung der Vatikanischen Museen; Leitung Guy Devreux) – H. 46 cm, B. 202 cm, T. 9 cm
Vatikanstadt, Musei Vaticani, Museo Cristiano, Inv.Nr. 31534

Der Sarkophag wurde ohne Deckel, aber ansonsten offenbar unversehrt zu Lebzeiten Antonio Bosios „in der Nähe der Kirche St. Laurentius vor den Mauern" entdeckt (Bosio 1632, S. 411). In den Jahren 1593, 1597 und 1616 erschloss und untersuchte der Gelehrte große Teile der Katakomben der heiligen Cyriaka. Genau in diese Zeit fällt möglicherweise der Fund dieses Marmorsarkophags, der anschließend in der Laurentiusbasilika aufgestellt wurde, wobei er den Deckel eines älteren, verloren gegangenen Sarkophags erhielt, der sich heute ebenfalls im Museo Cristiano befindet (Inv.Nr. 31533; vgl. Bovini/Brandenburg 1967, Nr. 145). Tatsächlich spricht Bosio von zwei „in der Nähe der Kirche des St. Laurentius selbst" gefundenen Sarkophagen mit religiösen Motiven. „Wir glauben, dass beide auf diesem Friedhof zum Vorschein gebracht wurden" (Bosio 1632, S. 410). Aus der Laurentiusbasilika wurde der Sarkophag jedoch bereits vor dem Tod Bosios (1629) in den „Giardino dei Padri di Santa Maria Nuova auf dem Campo Vaccino" verbracht (Bosio 1632, S. 411), einer Kirche, die auch unter dem Namen Santa Francesca Romana bekannt ist. Von dort gelangte er im Jahr 1757 in das Museo Sacro (bzw. Cristiano), einer neu angelegten Sammlung christlicher Altertümer, die von Papst Benedikt XIV. (amt. 1740–1758) in den Räumlichkeiten der Vatikanischen Apostolischen Bibliothek eingeweiht worden war. Für die Anbringung der bis dahin intakten Sarkophage an den Wänden oberhalb der Schränke wurden jedoch bedauerlicherweise die nicht mit Reliefs verzierten Teile dieser Grabmale zerstört. Auch die Stirnseite des hier beschriebenen Sarkophags muss dabei, den zahlreichen Ausbesserungen durch Bartolomeo Cavaceppi nach zu urteilen, vor allem im unteren Bereich erheblich beschädigt worden sein. Glücklicherweise war nur ein Teil der Läm-

41

mer davon betroffen, während die restliche Gestaltung unversehrt blieb – mit Ausnahme der linken Hand und des Pastoralstabs (*Pedum*) von Christus, der schon zu Lebzeiten Antonio Bosios komplett fehlte (vgl. Gennaccari 1997, S. 39).

Die heute also vom Rest des Sarkophags abgetrennte breite Front ist vollständig mit Reliefs bedeckt: In der Mitte ist Christus als „Guter Hirte" mit apollinischen Gesichtszügen und Heiligenschein zu sehen; er streichelt ein Lamm zur Rechten. Auf beiden Seiten stehen jeweils sechs mit Tunika und Pallium bekleidete Männer in unterschiedlicher Haltung – die Apostel. Unter ihnen sind Petrus und Paulus, die rechts und links von Christus stehen, an ihren charakteristischen Gesichtszügen zu erkennen. Zu Füßen eines jeden Apostels steht ein Lamm, mithin sechs auf jeder Seite, einschließlich des von Jesu berührten. An den Rändern der Bildfläche versorgen zwei andere Hirten (ohne charakteristische Gesichtszüge) in ländlicher Umgebung weitere Schafe.

Das Relief ist ein großartiges Beispiel der höfischen Kunst Roms unter Kaiser Theodosius I. (reg. 379–395). In dieser Zeit entstanden zahlreiche kunstvolle Werke der Bildhauerei, die in zunehmendem Maße darauf abzielten, das neue Bewusstsein der kirchlichen Gemeinschaft anschaulich wiederzugeben. Das Christentum war nach der Konstantinischen Wende bis zum Ende des Jahrhunderts zur einzigen vom Staat anerkannten Religion geworden (Edikt von Thessaloniki bzw. Dreikaiseredikt, 380). So waren auf den Vorderseiten von Sarkophagen immer häufiger Szenen zu finden, die die königliche Würde Christi zeigen, der von den Aposteln als seinen Dienern umgeben ist. Ebenso verbreiteten sich die ausdrucksstarken Bildwerke der Maiestas Domini und der Traditio legis; in die zu dekorierenden Partien wurden vor allem biblische Szenen des Triumphs eingearbeitet: der Einzug Jesu in Jerusalem, Jesus vor Pilatus (wo sich Christus als wahrer König zu erkennen gibt), die Heilung des Gelähmten am Teich Betesda (mit der zentralen Gestalt von Jesus als Thaumaturg) oder auch die Durchquerung des Roten Meeres (mit Mose als Vorläufer Christi, dem Führer und Retter des neuen Volkes). Jenseits dieser gesellschaftlichen Dimension kommt in den in dieser Epoche entstandenen religiösen Kunstwerken jedoch auch das immer tiefer gehende und systematischere theologische Gedankengut der Glaubensgemeinschaft selbst zum Ausdruck. So birgt die hier besprochene Sarkophagfront auch einen wundersamen, in Bildern erzählten Abschnitt in der Christologie und Ekklesiologie des ausgehenden 4. Jahrhunderts, der hier kurz umrissen werden soll. Betrachten wir zunächst die Abbildung des Hirten. Bereits in der Mitte des 3. und zu Beginn des 4. Jahrhunderts waren Hirtenszenen und auch heidnische symbolische Darstellungen des Hirten sehr häufig auf den Stirnseiten von Sarkophagen zu finden, die dann in einem erstaunlich natürlichen interkulturellen Übergang die Gestalt des Guten Hirten aus dem Evangelium annahmen (vgl. Joh 10,11). Die der Konstantinischen Wende folgende Ausdrucksfreiheit führte zum allmählichen Verschwinden dieses Bildes, das durch ausdrucksstärkere Szenen der Wunder Christi abgelöst wurde, mit denen die rettende Macht des Erlösers viel besser herausgestellt werden konnte.

An der hier gezeigten Sarkophagfront steht Christus jedoch noch als Guter Hirte im Mittelpunkt der Darstellung. Sein menschliches – von Apollon, dem trügerischen Gott der Schönheit und Eloquenz, entlehntes – Antlitz demonstriert seine göttliche Natur – ebenso wie der kreisförmige Nimbus, der in jener Zeit aus der kaiserlichen Ikonographie übernommen wurde. Dennoch ist der Gute Hirte hier in Verbindung mit dem Apostelkollegium zu sehen, das ihn in einer erstaunlichen ikonographischen Zusammenstellung umgibt. In der Tat scheinen alle zwölf Apostel in ihren traditionellen prächtigen Gewändern mit einer Geste der Akklamation bzw. *adlocutio* (feierlichen Ansprache) oder einfach einer Schriftrolle in der Hand als Jünger im Dialog mit ihrem Meister. Aber genau hier liegt das Erstaunliche: Der Meister, der in ähnlichen Sarkophagdarstellungen gleichermaßen prunkvoll gewandet ist, trägt hier stattdessen die bescheidene Hirtenkleidung, die aus einer kurzen Tunika und dem über der Schulter geknöpften Umhang besteht. Und er streichelt sogar eins der zwölf Lämmer zu Füßen der Apostel, die nichts anderes als eine symbolische Darstellung der Apostel selbst sind. Dies ist vermutlich die am häufigsten anzutreffende frühchristliche „zoomorphe Substitution", bei der biblische Gestalten symbolisch durch Tiere wiedergegeben wurden (wie zum Beispiel Jesus als Fisch oder eben als Lamm; die Apostel als Lämmer und an anderer Stelle auch als Tauben). Normalerweise wenden sich die Lämmer-/Apostel-Gruppen jedoch dem Lamm in der Mitte zu – Jesus Christus –, der in der Regel auf einem Berg dargestellt ist, wie es an einem weiteren herausragenden Bildhauerwerk zu sehen ist: dem ebenfalls theodosianischen Stilicho-Sarkophag, der sich heute in der Ambrosius-Basilika (Sant'Ambrogio) in Mailand befindet (vgl. Dresken-Weiland 1998, Nr. 150). Auf dem hier beschriebenen Sarkophag verschmelzen daher offenbar zwei verschiedene ikonographische Typologien miteinander: das Apostelkollegium unter der Führung des Meisters als „Philosoph" und die Lämmer/Apostel, die sich dem Lamm Gottes/Christus zuwenden. Das konzeptionelle Bindeglied dieser einzigartigen Doppelkomposition ist die zentrale Gestalt selbst. Die johanneische Theologie des Guten Hirten als Kern eines Großteils des christologischen Denkens im frühen Christentum verbindet sich hier mit einer ekklesiologischen Betrachtung zum Apostelkollegium und dem pastoralen Dienst in der christlichen Glaubensgemeinschaft des späten 4. Jahrhunderts. Wenn es also die Aufgabe der Apostel ist, die ihnen vom Herrn anvertraute Herde Gottes zu weiden (vgl. 1 Petr 5,2), indem sie die Gläubigen in der Wahrheit seines Evangeliums unterrichten, so ist es offensichtlich, dass diese pastorale Aufgabe im Dienst von Jesus Christus selbst, dem „obersten Hirten" (1 Petr 5,4), begründet ist: dem Guten Hirten, der daher im Zentrum (das heißt als Oberhaupt) dieses Kollegiums dargestellt ist. In diesem Sinne ist in der Geste der Zärtlichkeit, die Jesus dem Lamm erweist (das dem Apostel Petrus entspricht), das Echo der an ihn gerichteten Worte des Auferstandenen zu hören: „Weide meine Lämmer" (Joh 21,15–17). Auf Petrus, den Apostelführer, als den ihn das Evangelium mehrfach ausweist und was hier durch seine Position als erster zur Rechten des Herrn bildsprachlich zum Ausdruck narrative Bilderzyklen zum Bibeltext Verwendung fanden. Die biblischen Textinhalte wurden mit bekannten antiken Bildchiffren wie thronender Herrscher, klagende Frauen oder gelehrter Philosoph in Tunika und Pallium mit Schriftrolle für den nun die wahre Lehre verkündenden Christus ins Bild umgesetzt. Auch die Darstellung des Täufers als Hirte ist noch den frühen Bildfindungen der Taufdarstellung, eines der ältesten Bildthemen der christlichen Kunst, verpflichtet.

Ulrike Koenen

| Lit.: Schnitzler 1970, S. 30; Volbach 1976, S. 80f., 112, Nr. 112; Kat. New York 1979, Nr. 406 (Lieselotte Kötzsche); Effenberger/Severin 1992, S. 135f., Nr. 49 (Lit.); Kat. Paderborn 1999, S. 693f., Nr. X.4 (Gudrun Bühl)

44 Drei Elfenbeintafeln von einem Kästchen mit Szenen aus dem Leben des Petrus und Paulus

Rom oder Oberitalien, um 430
Elfenbein, Reliefschnitzerei – je zwei Bohrlöcher in jeder Tafel, kleinere Ausbrüche an den Kanten – H. 4,2 cm, B. 9,8 cm
London, The British Museum, Inv.Nr. MME 1856,0623.8-10

Die Reliefbilder schildern das Wirken der Apostel Petrus und Paulus nach der Apostelgeschichte und apokryphen Texten. Eine Tafel zeigt das Wunder der Auferweckung der durch Wohltaten bekannten Tabitha (Apg 9, 36–42) mit weiteren Phasen der Erzählung: Petrus war von seinen Anhängern nach Joppe gerufen worden, wo er auf wundersame Weise durch Handreichung und mit den Worten „steht auf" die bereits aufgebahrte Tote zum Leben erweckte. Sie öffnete die Augen, erblickte Petrus und erhob sich von ihrem Lager. Die zentrale Geste, die die Wirksamkeit des Wunders besiegelt, erscheint als wichtigster Moment in die Mitte. Obwohl die Apostelgeschichte berichtet, Petrus habe alle Anwesenden aus dem Zimmer verwiesen, sind hier mit drei zusätzlichen Figuren weitere Phasen der Erzählung einbezogen: Rechts weist ein Herantretender mit seiner ausgestreckten Hand auf das Geschehen und lenkt die Blickführung. Es könnte sich um Petrus bei seiner Ankunft in Joppe handeln oder um einen der beiden Männer, die Petrus dorthin führten. Zugleich bezeugt er das Wunder. Links wendet sich eine Frau scheinbar erschrocken ab, richtet jedoch ihren Blick zurück und vollzieht mit den Händen einen Gestus, der häufig bei göttlichen Erscheinungen auftritt. Mit dem aufgelösten Haar könnte sie eine der Witwen darstellen, die vor Petrus den Tod der Tabitha beklagten. Eine weitere Witwe kniet mit verhülltem Haupt ehrerbietig zu seinen Füßen. Sie hat offenbar die Tragweite des Geschehens erkannt und betet Petrus an. Ein anderes Relieffeld stellt eine Wunderszene Petri nach der apokryphen „Passio Processi et Martini" dar und auch hier ist die das Wunder auslösende Geste in der Mitte fokussiert. Mit der *virga taumatourga*, dem antiken Wunderstab, schlägt Petrus im Gefängnis eine Quelle aus dem Fels, um seine Wächter, die er bekehrt hatte, zu taufen. Die beiden römischen Soldaten Processus und Martianus mit der charakteristischen Soldatenkappe reagieren mit heftiger Geste und einer wirft sich zu Boden. Die Figur mit Schriftrolle rechts vor einem Torbogen ist vielleicht ein Zeuge des Geschehens oder es handelt sich in Anbetracht der kontinuierlichen Erzählweise des Reliefprogramms wiederum um Petrus. Nach dem „Martyrium beati Petri apostoli a Lino episcopo conscriptum" hatte Petrus bei seiner Flucht aus Rom am Stadttor eine Vision Christi. Auf die Frage des Petrus, wohin er ginge (*Quo vadis*), antwortete dieser, dass er wiederkomme, um nochmals gekreuzigt zu werden. Daraufhin erkennt Petrus, dass er umkehren müsse, um sich dem Tod durch Kreuzigung zu stellen. Da Petrus in den beiden sicher zu identifi-

zierenden Darstellungen sowohl gelocktes wie auch glattes Haar trägt, haben beide Deutungen Bestand. Das dritte Panel enthält zwei Episoden aus dem Leben des Paulus während seiner Missionsreise in Kleinasien. Ein etwas rechts der Mitte eingestellter Pfeiler mit Kapitell und Bogenansatz trennt die Szenen. Paulus, erkennbar an der hohen Stirn und dem längeren Kinnbart – eine Physiognomie, die sich in der zweiten Hälfte des 4. Jahrhunderts ausbildete –, sitzt links davon auf einem Felsen und liest in einer Schriftrolle. Über einem runden Mauerring mit geöffnetem Tor und anstehendem Turm lauscht eine Zuhörerin nachdenklich seinen Worten, wie die Geste ihrer ans Kinn geführten Hand anzeigt. Nach den apokryphen Paulusakten (Acta Pauli 3,7) saß die Jungfrau Thekla aus Iconium – dem heutigen Konya in der Türkei – Tag und Nacht im Haus ihrer Eltern an einem Fenster und hörte die Predigt des Apostels über das jungfräuliche Leben. Beeinflusst von seinen Worten verweigerte sie ihre geplante Verehelichung, verursachte damit einen Aufruhr in der Stadt und wurde zum Tode verurteilt. Doch weder Flammen noch wilde Tiere konnten ihr etwas anhaben. Sie führte fortan ein demütiges und Gott geweihtes Leben als Heilige. Paulus wurde gegeißelt (Acta Pauli 21) und aus der Stadt vertrieben. Jenseits der Mauer ist der Apostel in der rechten Bildecke zu Boden gesunken und wendet sich mit abwehrender Geste einem Peiniger zu. Dieser steht mit ausholendem Schritt und hebt einen Stein zum Wurf empor, während er zwei weitere in seiner Mantelschlaufe hält. Die Steinigung des Apostels wird in der Apostelgeschichte 14,19 erwähnt: Auf Drängen der Juden von Antiochia und Iconium wird Paulus in Lystra zu Tode gesteinigt.

Diese drei intakt erhaltenen Tafeln gleichen Formats mit einer abgeschrägten, stilisierten Blattleiste als Rahmen bildeten mit einer vierten die Seiten eines kleinen quadratischen Kastens. Das verlorene Panel stellte wahrscheinlich weitere Szenen zum Leben des Paulus dar, sodass auf den vier Seiten des Kastens die Apostelfürsten gleichwertig vertreten waren. Zwei fragmentarisch erhaltene Reliefs (Inv. Nr. 1856,0623.11-12) mit Rankenwerk sollen vom Deckel stammen. Eine das Bildprogramm sinnvoll ergänzende Darstellung, wie beispielsweise die Gesetzes- und/oder Schlüsselübergabe, ist somit nicht überliefert, doch wäre vielleicht die originäre Zugehörigkeit der Rankenfragmente zu hinterfragen. Die Entstehung um 430 in Rom oder Oberitalien ist aufgrund stilistischer Vergleiche mit anderen Elfenbeinarbeiten nur vage ermittelt. Die Wahl dieses Bildprogramms mit der auf verschiedenen Texten basierenden und mitunter vielschichtigen Schilderung der erfolgreichen und von Wundern begleiteten Missionstätigkeit der Apostel in unmittelbarer Nachfolge Christi erklärt sich in einer Zeit, in der heidnische Reaktionäre das Christentum erneut in Frage stellten.   Ulrike Koenen

| Lit.: Volbach 1976, S. 83, Nr. 117 (Lit.); Kat. New York 1979, Nr. 455 (Lieselotte Kötzsche); Kessler 1979; Nauerth/Warns 1981, S. 1–8; Kat. Frankfurt 1983, Nr. 269 (Dagmar Stutzinger); Kat. Fort Worth 2007, Nr. 60

45 Goldglasboden mit dem Quellwunder Petri

Rom, nicht identifizierter Friedhofsbereich (Sammlung Vettori), 4. Jahrhundert
Farbloses mundgeblasenes Glas, transparent, in zwei Schichten; Blattgold, rotes und türkises Emaille – H. 8,3 cm, B. 7,6 cm, St. 0,7 cm; Fuß Dm. 8,2–8,1 cm, H. 0,5–0,4 cm; Stärke der oberen Glasschicht 0,15 cm, Stärke der unteren Glasschicht 0,12 cm
Vatikanstadt, Musei Vaticani, Museo Cristiano, Inv.Nr. 60751

Dieser Boden einer Glasschale lässt sich typologisch und stilistisch ins 4. Jahrhundert datieren. Sein äußerer Rand ist beschädigt, während die Hälften des senkrecht in der Mitte zerbrochenen Objekts wieder zusammengefügt wurden. Die zwei farblosen, transparenten Glasschichten des Gefäßbodens schließen eine Goldfolie ein, in die eine von einem kreisförmigen Rahmen eingefasste Darstellung von *PETRVS* (so die Namensbeischrift) – kahlköpfig und mit kurzem, spitz zulaufendem Bart – eingeritzt ist. Mithilfe des Bischofsstabs (*virga*) lässt er das in türkisfarbenem Emaille dargestellte Wasser aus dem Gipfel eines Felsens entspringen.

Diese Szene dürfte sich auf die Überlieferung beziehen, die nur die spätesten apokryphen Petrusschriften und die Akten der heiligen Processus und Martinianus behandeln (Acta Petri, Kap. V; Acta Sanctorum, Julii I, S. 266–271). Sie war ein beliebtes Motiv auf spätantiken Sarkophagen und berichtet von der Taufe von Processus und Martinianus, den Gefängniswärtern von Petrus, mit dem Wasser, das der Apostel auf wundersame Weise aus einem Felsen hervorquellen lässt.

In der christlichen Ikonographie ist das Quellwunder auch in Verbindung mit Mose emblematisch, der gegen den Fels am Horeb schlug und das Wasser zum Fließen brachte, um den Durst des Volkes Israel auf der Flucht aus der ägyptischen Gefangenschaft zu stillen (Ex 17,5–6; Num 20,2–11). Die Darstellungsweise der beiden Wunder ist häufig identisch, was in Abwesenheit weiterer Elemente eine eindeutige Identifikation von Petrus oder Mose sehr erschwert. Bei den frühchristlichen Autoren tauchen verschiedentlich Parallelen für beide Protagonisten auf und in Verbindung mit dem Quellwunder auch in den Schriften des heiligen Augustinus (Augustinus, Sermo 351; Patrologia Latina Bd. 39, Sp. 1535f.). Obgleich die patristischen Texte übereinstimmen in dem Felsen Christus als geistlichen „Fels" erkennen, weist die frühchristliche Literatur aufgrund der unterschiedlichen theologischen Aspekte komplexe Interpretationen für das Wunder des Moses aus (darunter unter anderem die Anspielung auf das Sakrament der Taufe; dazu Nieddu 2000). Die Austauschbarkeit von Mose und Petrus erklärt sich durch die absolut sekundäre Bedeutung der Person, die das Wunder in der Szene ausführt und die bisweilen auch mit Christus selbst und in einem Fall womöglich mit dem Apostel Paulus zu identifizieren ist. Das zentrale Motiv bilden immer die beiden vorrangigen und wesentlichen Elemente: der Felsen und das daraus entspringende Wasser. Es ist zudem nicht auszuschließen, dass die bei Origenes zu findende Deutung von Petrus als dem geistlichen Felsen dazu geführt hat, Mose durch ihn zu ersetzen (Jutta Dresken-Weiland 2012a, S. 109–117). Das im Jahr 1720 von Boldetti publizierte Goldglas gehörte zur Altertumssammlung von Francesco Vettori und ging 1756/57 in die Sammlung des Museo Cristiano in den Vatikanischen Museen über. Der genaue Fundort ist nicht bekannt; die typischen Bruchstellen am äußeren Rand des Glasbodens scheinen jedoch die Hypothese der Herkunft aus den römischen Katakomben zu bekräftigen, wo er vermutlich als Verzierung an einem Grabmal wiederverwendet worden war. Claudia Lega

| **Lit.:** Boldetti 1720, S. 199f., Taf. 5, Nr. 14; Morey 1959, S. 20, Nr. 81, Taf. XIII; Kat. Perugia 1999, S. 50f., Nr. 20 (Umberto Utro); Kat. Rom 2000b, S. 206, Nr. 44 (Lucina Vattuone); Nieddu 2000; Kat. Saragossa 2008, S. 138f., 244, 263f., Nr. 6; Lega 2010, S. 119, Abb. 16a, S. 126f., 167f., 177, 183; Dresken-Weiland 2012a

46 Fragment eines Friessarkophags mit Petrusszenen und der Brotvermehrung

Aus der Calixtus-Katakombe, Stadtrömisch, 1. Drittel 4. Jahrhundert
Marmor – H. 26 cm, B. 37 cm
Rom, Comprensorio delle catacombe di San Calisto
Vatikanstadt, Pontificia Commissione di Archeologia Sacra, Catacombe di San Calisto, Inv.Nr. Cal. 179

Dieses Fragment erzählt eine Geschichte über Petrus, die in Rom so verbreitet war, dass sie von niemandem aufgezeichnet wurde. Sie ist am besten durch frühchristliche Bilder bekannt: Petrus wird in Rom von zwei Soldaten festgenommen, bekehrt sie und tauft sie im Gefängnis. Am linken Rand ist die Gestalt des bärtigen, mit Tunika und

Pallium bekleideten, nach rechts gewandten Petrus zu erkennen, dessen linker, einen Stab haltender Arm von einem Soldaten gefasst wird. Der Soldat ist mit einer kurzen Ärmeltunika, einem Mantel und einer charakteristischen Kappe bekleidet und wendet sich Petrus zu, der sich zu dem ehemals an dieser Stelle dargestellten zweiten Soldaten umdreht. Rechts schließt das Quellwunder an: Petrus schlägt mit dem erhobenen Stab Wasser aus dem Felsen in seinem Gefängnis und vollzieht damit die Taufe seiner beiden Bewacher.

Diese Petrus-Szenen gehen auf den Wunsch der Auftraggeber zurück, die das Bildprogramm bestimmten. Petrus wurde seitens der Oberschicht intensiv verehrt, wie die besonders häufige Darstellung des Apostelfürsten auf Sarkophagen in St. Peter zeigt, der vornehmsten Kirche Roms im 4. Jahrhundert. Die Verwendung von Petrus-Themen seitens der stadtrömischen Elite bringt zum Ausdruck, dass sie sich in besonderem Maße auf den Mann bezieht, der als Gründer der römischen Gemeinde und als Nachfolger Christi in einer führenden Rolle verehrt wurde, und formuliert gleichzeitig deren Anspruch, ebenfalls einen hervorgehobenen Platz einzunehmen. Möglicherweise spielt die Taufe der beiden Soldaten auf die Bekehrung dieser Oberschicht-Christen an, die diese vielleicht so in ein besonderes Licht tauchen wollten. Sicher erwarteten die in einem Sarg mit Petrus-Themen Bestatteten eine konkrete Hilfe von Petrus im Jenseits, und zwar seinen Schutz und seinen Beistand in Bezug auf das jenseitige Wohlergehen. Zwischen den beiden Petrus-Szenen ist die Vermehrung der Brote und der Fische dargestellt, bei der der links stehende Apostel ein Gefäß mit zwei Fischen hält, während Christus mit seinem Stab die Brotkörbe berührt und das Wunder wirkt. Die Brotvermehrung gehört zu den auf Sarkophagen am häufigsten dargestellten Szenen und konnte von den Zeitgenossen aufgrund ihrer Deutung in der frühchristlichen Literatur als Hinweis auf ein Weiterleben nach dem Tod verstanden werden.

Jutta Dresken-Weiland

| **Lit.:** Kat. Rom 2000b, S. 130, 210, Nr. 51 (Barbara Mazzei); Dresken-Weiland 2010, S. 119–140, 162–168

47 Bronzelampe mit dem Quellwunder Petri

Ende 4. Jahrhundert
Fund aus Rom (?)
Bronze – L. 17,5 cm, H. 15 cm
Florenz, Museo Archeologico Nazionale (Soprintendenza per i Beni Archeologici della Toscana), Inv.Nr. 1674

Die Öllampe aus Bronze besteht aus einem runden Behälter, von dem zwei Arme ausgehen. Unter dem Boden befindet sich ein Ring, der als Fuß zum Aufstellen dient. Allerdings lassen zwei Ösen zwischen den Löchern für die Dochte vermuten, dass die Lampe auch aufgehängt werden konnte. Am Ende der zentralen, muschelförmig gestalteten Platte ragt ein Lorbeerkranz empor, in den zwei Figuren eingefasst sind. Rechts steht eine Figur mit Tunika und Pallium sowie Bart und üppigem Haar, die ihren rechten Arm auf eine Felswand richtet und diese mit ihrem Thaumaturgenstab berührt. In der Mitte kniet eine Person in Militärkleidung, die die Hände zusammenlegt, um das aus dem Fels sprudelnde Wasser aufzufangen. Das dargestellte Ereignis entspricht dem Bildaufbau, mit dem in der frühchristlichen Kunst das Quellwunder in der Wüste illustriert wurde, durch das Moses den Durst der Israeliten löschen konnte. Dennoch kann die stehende Gestalt durch die Anwesenheit des knienden *Bibens* mit typischer pannonischer Kopfbedeckung als heiliger Petrus in der bekannten apokryphen Szene der Bekehrung und daraufolgenden Taufe seiner Gefängniswärter identifiziert werden, die häufig auf den Fronten von nachkonstantinischen Sarkophagen abgebildet wurde. Die Bestimmung des Gegenstands könnte ferner darauf hinweisen, dass dieser nicht als Grabbeigabe, sondern als Geschenk für einen Neugetauften gedacht war. Dies würde auch die Themenwahl des Quellwunders des Petrus plausibel machen, das mit dem Sakrament der Taufe zusammenhängt.

Barbara Mazzei

| **Lit.:** Bovini 1950, S. 13ff. (mit weiterführender Literatur); Testini 1969, S. 265, Nr. 48; Kat. Rom 2000b, S. 206, Nr. 45 (Barbara Mazzei)

48 Schiffsförmige Lampe mit Petrus und Paulus

Ende 4. Jahrhundert – Anfang 5. Jahrhundert
Fundort: Rom, Domus Valeriorum auf dem Caelius-Hügel
Bronze – L. 22,4 cm, H. 22,3 cm, B. 17 cm
Florenz, Museo Archeologico Nazionale (Soprintendenza per i Beni Archeologici della Toscana), Inv.Nr. 1671

Die Öllampe aus Bronze besitzt einen Behälter in Form eines Segelschiffs. Auf einer Seite ragen zwei Arme heraus, die jeweils in einem Schnabel für den Docht enden. Unter dem Schiffsrumpf befindet sich ein breiter, gerader Sockel, da die Öllampe offenbar anfänglich zum Aufstellen gedacht war. Erst zu einem späteren Zeitpunkt wurden zwei an einen großen Ring angeschlossene Kettchen hinzugefügt, die auf der einen Seite im hinteren Bereich des Hecks und auf der anderen Seite am Rücken einer am Bug stehenden Figur befestigt sind. Im Schiff befinden sich zwei Personen. Eine bedient am Heck das Steuer und ist in Tunika und Pallium gekleidet. Die Gesichtszüge entsprechen der traditionsgemäß dem Apostel Paulus zugeschriebenen Physiognomie mit spitz zulaufendem Bart, Adlernase und beginnender Glatze. Die zweite Person steht betend am Bug und ist ebenfalls in Tunika und Pallium gekleidet. Das üppige Haar und der dichte, fast quadratische Bart weisen darauf hin, dass es sich um den Apostel Petrus handelt. In der Mitte des Schiffs erhebt sich der Mast mit quadratischem Segel, über dem eine *Tabula ansata* mit der Inschrift DOMINVS LEGEM / DAT VALERIO SEVERO / EVTROPI VIVAS befestigt ist („Der Herr gibt das Gesetz dem Valerius Severus / Eutropios lebe").

Die Öllampe wurde in Rom während der zur Regierungszeit von Papst Clemens X. (amt. 1670–1676) durchgeführten Ausgrabungen der berühmten *Domus Valeriorum* auf dem Kamm des Caelius-Hügels in der Nähe der Überreste des Klosters und Oratoriums von Sant'Erasmo gefunden. Später wurde sie von Kardinal de' Medici erworben und nach Florenz gebracht. Die Zuordnung der *Domus* zur Familie der Valerier anhand von vor Ort gefundenen Inschriften lässt vermuten, dass es sich bei dem in dem Schriftzug genannten Valerius Severus um den Stadtpräfekten im Jahr 386 (Colini 1944) handelt. Diese zeitliche Zuordnung bestätigen auch die Stilmerkmale der Öllampe und die semantische Komplexität des dargestellten Motivs. In diesem Werk kommt ein ekklesiologischer Symbolismus zum Ausdruck, der in der auf der Tafel befindlichen Inschrift dekliniert wird und typisch für die Darstellungen der Traditio legis ist – ein Element, das unter anderem die Identifikation von Petrus und Paulus untermauert, die zusammen mit Christus die Protagonisten derartiger Szenen sind –, die die Öllampe als Symbol des Lebens mit dem Segelschiff als Gesetz des Herrn und Symbol der Kirche verbindet. Die semantische Bedeutung dieser Interpretation wird vor dem Hintergrund der These von Giovanni B. de Rossi umso prägnanter, der zufolge die Öllampe ein Geschenk für Valerius Severus anlässlich seiner Taufe darstellte, bei der der Neugetaufte den Name Eutropios annahm (Rossi 1867).

Barbara Mazzei

| Lit.: Rossi, 1867, S. 27f.; Colini 1944, S. 253–258, Abb. 114; Bovini 1950, S. 8–13 (mit weiterführender Literatur); Testini 1969, S. 265f., Nr. 47; Kat. Rom 2000b, S. 218, Nr. 76 (Barbara Mazzei)

49 Epitaph für Asellus, mit Bildnissen von Petrus und Paulus

Römische Werkstatt, Ende 4. Jahrhundert
Rom, Friedhof S. Ippolito, vor 1720
Feinkörniger weißer Marmor mit grauer Maserung – H. 18,5 cm, B. 86,2 cm, T. 3,2 cm; H. der Buchstaben 4,2–2,6 cm
Vatikanstadt, Musei Vaticani, Lapidario Cristiano, Inv.Nr. 28596

(C*hrismon*) / Petrus // Pau/lus // Asellu (!) benem{b}ere/nti qui vi{c}xit annu (!) / sex mesis (!) octo dies / XXÇII
[1. Zeile: *Asellu* für *Asello*; 2. Zeile: *annu* für *annos*; 3. Zeile: *mesis* für *menses*]

„Christus; Petrus; Paulus; dem verdienstvollen *Asellus*, der sechs Jahre, acht Monate und achtundzwanzig Tage lebte."

Die rechteckige Platte, die aus zwei aneinanderstoßenden Fragmenten besteht, diente als Abdeckung einer Grabstätte und wurde Anfang des 18. Jahrhunderts in situ auf dem römischen Friedhof Sant' Ippolito an der Via Tiburtina gefunden (Boldetti 1720, S. 193).

Der Text entspricht in seiner Ausführung dem gängigen Muster von Grabinschriften: der Name des Verstorbenen im Widmungsdativ, gefolgt vom üblichen Elogium in Form des Adjektivs *benemerens* (verdienstvoll) und den Lebensdaten. Letztere wurden hier auf uneinheitliche Art und Weise geschrieben, insbesondere hinsichtlich der Zahlenangaben, die sowohl in Buchstaben als auch in Ziffern ausgedrückt wurden. Auffällig ist auch die graphische Wiedergabe der Zahl 28, die mit Episemon (das der Ziffer VI entspricht) und nicht mit XXVIII dargestellt ist.

Der Name des Verstorbenen („Asinello/Eselchen") fällt in die Kategorie der häufig unter den Christen anzutreffenden erniedrigenden Namen und lässt an das Reittier von Jesus bei seinem Einzug in Jerusalem denken (vgl. besonders Joh 12,14–15).

Aus lexikalischer Sicht fällt nicht nur die falsche Schreibweise ins Auge, wie der Einschub des Labiallauts *b* nach dem Nasallaut *m* in *benemerenti*, sondern auch die auf die gesprochene Sprache zurückführbaren linguistischen Phänomene wie der Austausch dunkler Vokale in *Asellu* (*u* anstelle von *o*) oder in *annu*(*s*), wo zudem der Zischlaut am Ende des Wortes weggelassen wurde, die Verdoppelung der Kehllaute in *vicxit* (Hyperkorrektur) sowie schließlich der Wegfall des Nasallauts und das *i* statt *e* in *mesis* (eigentlich *menses*). Der Text der Grabinschrift für den kleinen Verstorbenen wird auf der linken Seite durch eine interessante Darstellung der Apostel Petrus und Paulus vervollständigt. Die Physiognomie der beiden ist gut und detailliert ausgearbeitet: Petrus hat einen rundlichen Kopf sowie dichtes und kurzes Kopf- und Barthaar, während Paulus mit schütterem Haar und Spitzbart dargestellt ist. Auf ihren Gesichtern sind tiefe Stirnfalten zu erkennen und sie haben aufgrund der weit geöffneten Augen einen festen und feierlichen Blick. Beide scheinen mit Tunika und Pallium bekleidet zu sein. Die charakteristische Ikonographie der beiden Apostelfürsten – deren Darstellung sich bis zu diesem Jahrhundert schon standardisiert hatte – wird durch die Beischriften ihrer Namen neben ihren Gesichtern und die Einkerbung des Christusmonogramms oberhalb in der Mitte noch deutlicher gemacht. Die Anwesenheit von Petrus und Paulus sowie ihrer beider Namen lässt an eine Form der Anrufung dieser beiden im späten 4. Jahrhundert in Rom so sehr verehrten Apostel um Fürbitte und Schutz für den kleinen Asellus denken.

Umberto Utro

| **Lit.**: Boldetti 1720, S. 193; Inscriptiones Christianae Urbis Romae, I, 1513; VII, 20018; Kat. Vatikanstadt 1997, S. 304, Nr. 3.8.5 (Claudia Lega/Danilo Mazzoleni); Kat. Rom 2000b, S. 233f., Nr. 112 (Giandomenico Spinola); Kat. Vatikanstadt 2009, S. 195, Nr. 66 (Laura Acampora); Kat. Cleveland/Baltimore/London 2011, S. 32f., Nr. 5 (Umberto Utro)

II „Cunctos Populos"
Das Christentum im Römischen Reich

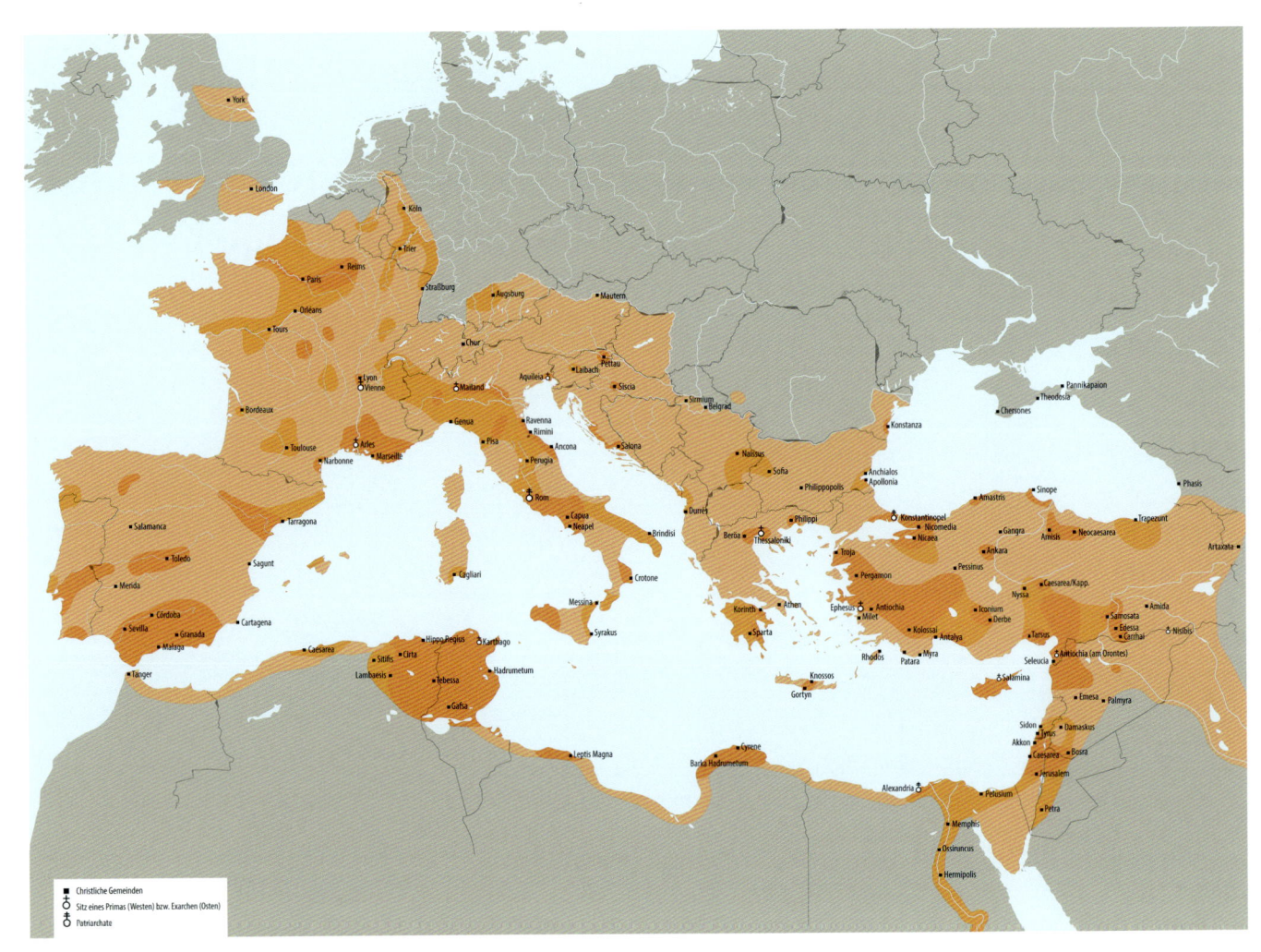

3 Karte: Die Ausbreitung des Christentums vom 3. bis 5. Jahrhundert

50 Porträt des Konstantin oder eines seiner Söhne (Crispus?)

Rom, Ausgrabungen am Esquilin (1877); konstantinische Ära
Marmor – H. 32 cm, mit Sockel (modern): 54 cm, B. 26 cm, T. 28 cm
Rom, Musei Capitolini, Palazzo dei Conservatori, Inv.Nr. 843

Die Büste weist Spuren einer Nachbearbeitung auf. Der ursprünglich dichte Haarschopf wurde im oberen Teil des Kopfes fast vollständig entfernt und auch die einst größeren Ohren wirken in der typischen Weise verstümmelt: Sie wurden oben und seitlich bearbeitet, um den sonst zu großen Abstand zum nunmehr verkleinerten Kopf zu verringern. Im Gegensatz zu diesen Elementen steht die äußerst kunstvolle Ausführung von Gesicht und Stirnhaar, deren Gestaltung dem Wesen und Stil des typischen Konstantinporträts entsprechen. Vertreter dieses Typs sind die marmorne Kolossalstatue im Hof des Konservatorenpalastes sowie die Köpfe am Konstantinsbogen in Rom.
Aufgrund der stilistischen Merkmale der Büste und vor allem des kurzen Nackenhaars, das Konstantin und seine Söhne in den Darstellungen auf Münzen nur bis ins Jahr 330 tragen, ist eine Datierung vor diesem Zeitpunkt wahrscheinlich. Das ohne die typischen Tränenkarunkeln gestaltete jugendliche Gesicht lässt allerdings Zweifel an der Identifizierung aufkommen: Handelt es sich um das Porträt Konstantins oder eines seiner Söhne? Die sichelförmig angelegten Haare über der Stirn und die unterschiedliche Form der Haarsträhnen an der rechten und linken Schläfe erinnern an die Darstellungen im Palazzo Mattei di Giove und in Grottaferrata. Es ist daher denkbar, dass die Porträts der älteren Söhne Konstantins bis auf einige physiognomische Details dem des Kaisers nachgestaltet wurden, wie es auch bei den Prinzen in augusteischer Zeit der Fall war. Andererseits kann es sich auch um eine besonders jugendlich wirkende Variante des Konstantinporträts handeln, die möglicherweise bis ins Jahr 330 zu Propagandazwecken eingesetzt wurde oder aber das Ergebnis einer idealisierten retrospektiven Darstellung nach seinem Tod ist. Für die Entstehung nach Konstantins Tod sprechen einige Unterschiede zwischen diesem Porträt und den anderen Vertretern des konstantinischen Typus, etwa die weichere Ausführung der Gesichtszüge an dem eher massigen Kopf mit sei-

II „CUNCTOS POPULOS". DAS CHRISTENTUM IM RÖMISCHEN REICH

50

nen kantig abgesetzten Flächen, das rundliche und wenig hervorspringende Kinn, die nur angedeuteten Falten unterhalb der Augen und seitlich der Nase sowie der geschwungene, geschlossene Mund.
Claudio Parisi Presicce

| **Lit.:** Delbrück 1933, S. 210f., Taf. 109 (frühes 5. Jahrhundert); L'Orange 1933, S. 131, Nr. 76, Abb. 148f. (Crispus?); Helbig/Andreae 1963–1972, Bd. 2, Nr. 1490 (Crispus?); Bergmann 1977, S. 177f.; Fittschen/Zanker 1985, S. 155f., Nr. 124, Taf. 155; Kat. Rom 2000a, S. 543f., Nr. 191 (Marianne Bergmann); Kat. Rimini 2005, S. 215, Nr. 12 (Serena Guglielmi); Kat. Trier 2007, Nr. I.8.9 (Claudio Parisi Presicce) (elektronischer Katalogeintrag auf CD)

51 Kopf des Constans

Byzantinisches Reich/Byzanz, ca. 337–340
Marmor mit Schäden an Diadem, Nase, Lippen, Ohren, Teilen des Haares und mit Absplitterungen am unteren Halsbereich; Spuren von Polychromie auf Gesicht, Haar und Diadem – H. 27 cm, B. 17,5 cm, T. 18,8 cm
New York, Metropolitan Museum of Art, Rogers Fund, Inv.Nr. 1967, 67.107

Die Porträts römischer Kaiser sollten dem Volk Achtung vor dem Kaiser und seiner Macht einflößen. Die glatten Wangen und das Diadem weisen diese Büste als die eines jugendlichen Herrschers aus. Seine Augen blicken zuversichtlich über die Köpfe seiner Untertanen hinweg; die Augenlöcher betonen den nach oben gerichteten Blick. Gleichmäßig geschwungene Locken rahmen seine Stirn, im Nacken kräuselt sich lose das Haar. Das am Hinterkopf zusammengehaltene Diadem weist ein großes Mitteljuwel über der Stirn auf und ist mit großen Perlen gesäumt.

Konstantin der Große (reg. 306–337), der erste christliche Kaiser des Römischen Reiches, führte diesen Porträttypus mit der hier beschriebenen Frisur und dem edelsteinverzierten Diadem um das Jahr 325 ein; zu diesem Zeitpunkt hatte er seinen letzten Rivalen Licinius besiegt und mit der Gründung von Konstantinopel, dem neuen Rom, begonnen, dessen wichtigstes religiöses Bauwerk der Hagia Sophia (Heilige Weisheit) geweiht wurde. Die Identifizierung Konstantins des Großen und späterer Herrscher des 4. Jahrhunderts in bildlichen Darstellungen gestaltet sich jedoch schwierig, da sich ihre Porträts häufig stark ähneln; Konstantins Nachfolger wollten so einen Abglanz seiner Größe, Macht und eventuell auch Glaubenstreue für sich beanspruchen. Delbrück identifizierte das Porträt 1933 als Kopf des Constans (*um 323, Caesar 333–337, Augustus 337–350), des jüngsten Sohns des Kaisers, der gläubiger Christ war und 350 ermordet wurde. Andere erkennen Konstantin II. (*317, Caesar 317–337, Augustus 337–340), einen weiteren Sohn von Konstantin dem Großen, oder auch die späteren Kaiser des 4. Jahrhunderts Arcadius (reg. 395–408) oder Honorius (reg. 393–423); wieder andere deuten die Büste als die eines unbekannten Herrschers aus dem 4. Jahrhundert. Obwohl keine dieser Theorien zweifelsfrei belegt werden kann, ähnelt der Kopf am ehesten Darstellungen von Constans, der 337 im Alter von etwa 17 Jahren zusammen mit seinen Brüdern zum Herrscher über das Römische Reich wurde.
Helen C. Evans

| **Lit.:** Delbrück 1933, S. 154f., Taf. 59; Kat. New York 1979, Nr. 15 (James D. Breckenridge); Meischner 2001, S. 98f. mit Zusammenfassung der Forschungsliteratur; Kat. Portland 2002, S. 28f. (Elizabeth Marlowe); Kat. New York 2006, Nr. 53 (Helen C. Evans); Kat. Trier 2007, Nr. I.9.48 (Helen C. Evans) (elektronischer Katalogeintrag auf CD)

52 Porträt des Theodosius II.

2. Viertel 5. Jahrhundert
Marmor – H. 29 cm, B. 22 cm, T. 24 cm
Paris, Musée du Louvre, Département des Antiquités grecques, étrusques et romaines, Inv.Nr. Ma 1036 (Ancienne collection royale)

Mit dem dichten, regelmäßigen Haar, das die Stirn rahmt, den sorgsam ausgearbeiteten Augen, der Stilisierung der Gesichtszüge sowie der feinen Zeichnung des langen, schmalen Gesichts bildet dieses Porträt ein bedeutendes Beispiel für Bildnisse der theodosianischen Dynastie. Der Kaiser ist hier mit hageren Zügen, einem dünnen Schnurrbart und einem spärlich gewachsenen Vollbart dargestellt. Er trägt ein Diadem, das aus einer Reihe rechteckiger Zellen, eingefasst von zwei bestoßenen Perlenschnüren, besteht und dessen Mitte durch ein quadratisches, in Felder unterteiltes Stirnjuwel betont wird. Wahrscheinlich haben farbige Steine die Gesamtwirkung noch gesteigert.

Die von Richard Delbrück vorgeschlagene Identifizierung mit Theodosius II., die sich auf den Vergleich mit Münzen und Elfenbeinarbeiten, das Alter des Dargestellten und stilistische Überlegungen gründet, wird nicht bestritten.

Theodosius II. (reg. 408–450), Sohn und Erbe von Arcadius (reg. 395–408), dem ersten Kaiser des Oströmischen Reiches infolge der von Theodosius I. (reg. 379–395) beschlossenen Teilung des Imperium Romanum, setzte den religiösen Streitigkeiten, die das Kaiserreich in Aufruhr versetzten, ein Ende, indem er 431 das Konzil von Ephesus einberief, um den Nestorianismus zu verurteilen und die doppelte Natur Christi wieder zu bestätigen. Seine Herrschaft wird des Weiteren geprägt durch die Abfassung des Codex Theodosianus zwischen 435 und 438, der die kaiserlichen Verordnungen seit 312 vereinigt. An den Rändern des Reiches musste Theodosius gegen die Perser, Vandalen und vor allem, bis zum Friedensschluss von 443, gegen die Hunnen Attilas kämpfen.
Cécile Giroire

| **Lit.:** Delbrück 1933, S. 217ff., Taf. 114–115; Kat. New York 1979, S. 28f., Nr. 22; Stichel 1982, S. 55f., Taf. 23a, 24a; Kat. Paris 1992, S. 37, Nr. 5; Kersauson 1996, S. 536f., Nr. 256; Kat. Bonn 2010, S. 131, Nr. 2

51

52

53 Marmortondo mit Christogramm

Rom, 4. Jahrhundert
Marmor – Dm. 15 cm
Vatikanstadt, Pontificia Commissione di Archeologia Sacra, Inv.Nr. PCAS 74

Der gerahmte Tondo zeigt die ineinander geschobenen griechischen Buchstaben X und P, die gemeinsam die Anfangsbuchstaben des Namens CRISTOS („Christos") bilden. Wie der unregelmäßige Umriss des Tondos zeigt, wurde er aus einer Marmorplatte, aus der Front eines Sarkophags, eines Deckels oder der Nebenseite eines Deckels herausgemeißelt und in der Katakombe der Heiligen Petrus und Marcellinus, in der er bei Grabungen gefunden wurde, wohl zum Schmuck eines Grabes benutzt.

Das Christogramm wurde als Hinweis auf Christus und als Abkürzung seines Namens schon im 3. Jahrhundert verwendet: Es erscheint auf Gemmen, die aufgrund von Form, Material und der Gestalt der zugehörige Ringe in das 3. Jahrhundert datiert werden können (Kat.Nr. 26, 27, 28, 31), sowie auf Grabinschriften dieser Zeit. Es fungierte somit bereits als christliches Symbol, bevor es Konstantin auf seine Feldzeichen setzten ließ.   Jutta Dresken-Weiland

| Lit.: Bovini/Brandenburg 1967, Taf. 99, Nr. 653; Taf. 138, Nr. 859; Fasola 1982/1984, S. 351f., Abb. 5; Kat. Rimini 1996, S. 281, Nr. 175 (Raffaella Giuliani); Kat. Vatikanstadt 1997, S. 216ff. (Giorgio Filippi) (Grabinschrift mit Christogramm); Dresken-Weiland 1998, Taf. 40,1–2, Nr. 115; Taf. 56,5, Nr. 148; Taf. 61,1, Nr. 150; Taf. 63,2, Nr. 151; Taf. 91,1–2, Nr. 279; Taf. 91,2–4, Nr. 281 (Sarkophage und Sarkophagdeckel mit Christogramm); Kat. Paderborn 2001, S. 326, Nr. IV.56 (Jeffrey Spier); Spier 2007, S. 30, Nr. 112; Spier 2011, S. 196 (Ringe mit Christogramm)

Von der Figur zur Rechten der Verstorbenen hat sich nur eine Hand erhalten, die ebenfalls einen Rotulus hält. Es ist die Linke des Apostels Paulus, die hinter seinem nicht mehr vorhandenen Körper hervorkommt. Seine huldigende rechte Hand befand sich an der Fehlstelle links darüber.

Die Akklamation des Christogramms war ein Bild des 4. Jahrhunderts. Sie findet sich auch in anderen Medien, so auf einem Kästchenbeschlag aus Bronze (Kat. Paderborn 2001, Nr. I.8). Gegen Ende des Jahrhunderts und danach wurde das Christogramm bei diesem Motiv mehr und mehr durch das Kreuz ersetzt (Kat.Nr. 33) (Koch 2000, Taf. 112–113).

54 Sarkophagfragment

Spätrömisch/frühchristlich
Rom (?), 2. Viertel 4. Jahrhundert
Vermutlich lunensischer oder prokonnesischer Marmor, hellgrau mit dunkleren Streifen, mittelgroße Kristalle – stellenweise bestoßen, braune Kalksinterschicht – H. 32,4 cm, B. 20,5 cm, T. 7,5 cm
München, Sammlung C. S., Inv.Nr. 2893

Das Relief war vermutlich das Zentrum einer Sarkophagfront. Es zeigt die frontale Figur eines Mädchens oder einer jungen Frau unterhalb eines Kranzes mit einem XP-Christogramm. Die Verstorbene trägt eine Kopfkranzfrisur, ist mit einem doppelten Perlenhalsband geschmückt und hat die Arme im Orantengestus erhoben. Ihre linke Hand ist neben der linken Schulter zu sehen, die rechte ist verloren gegangen.

Zu ihrer Linken steht die Figur eines Mannes mit kurzem Bart. Sein Kopf ist im Profil wiedergegeben und dem Christogramm zugewandt. Mit der erhobenen rechten Hand, dessen Fingerspitzen den Kranz berühren, huldigt er dem Christussymbol. Vor seiner Brust ist das obere Ende einer Schriftrolle zu sehen, die er offenbar in der Linken hält. Seine Physiognomie deutet darauf hin, dass mit ihm der Apostel Petrus gemeint ist.

Eine weibliche Orans zwischen Aposteln (vgl. Koch 2000, S. 21, 109, 195f.) bzw. der Kranz mit Christogramm über dem Kreuz mit schlafenden Wächtern (vgl. Koch 2000, Taf. 5, 7, 57–58) (Bd. I, Abb. S. 6) kommen in der Mitte eines Sarkophags öfter vor; allerdings scheint es kein weiteres Beispiel zu geben, bei dem die Orans so klein dargestellt ist, dass darüber ein Christogramm Platz findet.

Christian Schmidt

| Lit.: Unpubliziert; Kat. Paderborn 2001; Koch 2000

55 Wird jetzt alles anders? Der Kaiser nun ein Christ – Die kaiserliche Münzprägung

Kaiser Konstantin der Große (reg. 306–337) führte seinen Sieg über Maxentius 312 auf die Unterstützung des christlichen Gottes zurück („In diesem Zeichen siege") (Beitrag König Bd. I, S. 142–149). Zuvor hatte ein Toleranzedikt im Oktober 313 das Christentum erstmals zu einer seitens des römischen Staates erlaubten Religion erklärt, doch erst die Unterstützung des Constantinus ermöglichte den Aufstieg des neuen Glaubens zur Staatsreligion. Am Ende des Jahrhunderts verboten verschiedene Gesetze Theodosius' I. (reg. 379–395) die Ausübung des paganen Glaubens und schränkten die Rechte von Heiden ein; 435 ordnete ein Gesetz Theodosius' II. (reg. 402–450) das Verbot des alten Götterglaubens an. Den Wandel von geduldetem Glauben zur vorherrschenden Religion eines nunmehr offiziell christlichen Staates verdeutlichen auch die Münzbilder. Zunächst sind christliche Symbole nur sehr verhalten verwendet worden, insbesondere das Kreuz als vertrautes Zeichen der Schandstrafe der Kreuzigung tritt hier vor dem Monogramm aus Chi (X) und Rho (P) (griech. für Christos) zurück. Letzteres kann als Siegeszeichen der konstantinischen Dynastie verstanden werden und tritt ironischerweise prominent auf Münzen des Usurpators Magnentius (reg. 350–353) als alleiniges Rückseitenmotiv in Erscheinung. Erst nach einigen Generationen wird das Kreuz, nun „unbelastet", als christliches Heilszeichen in der Münzprägung verwendet.

Helena, die Mutter Konstantins des Großen, heiratete um 270 den späteren Kaiser Constantius I. Chlorus (es ist nicht sicher, ob sie offiziell verheiratet waren oder lediglich zusammen lebten). Um 272/73 wurde Constantinus geboren. Um die Theodora heiraten zu können, trennte sich Constantius I. im Jahr 289 von Helena. Seit 306 lebte sie am Hof ihres Sohnes. Um 325 wurde sie als Iulia Helena Augusta in den Rang einer Augusta erhoben. Seit diesem Zeitpunkt erscheint ihr Porträt, ganz im Stile zeitgenössischer Damenbildnisse, auf Münzen. Sie galt als tatkräftige Förderin des Christentums. Im Jahre 326 trat Helena eine Pilgerreise nach Jerusalem an; seitdem wird ihr die Auffindung des Kreuzes Christi zugeschrieben. Helena starb Ende 329 und wurde in einem heute noch im Vatikan erhaltenen Porphyrsarkophag beigesetzt, später möglicherweise nach Constantinopolis überführt. Sie wird von der byzantinischen Kirche und seit dem 9. Jahrhundert auch im Westen als Heilige verehrt (Gedenktag 21. Mai bzw. 18. August).

a) Constantinus I., Nummus
Constantinopolis, 327
Bronze – Dm. 19 mm, 11 h; 3,21 g
Vorderseite: CONSTANTI-NVS MAX AVG [Constantinus Maximus Augustus], Kopf des Constantinus I. mit Lorbeerkranz nach rechts
Rückseite: SPES – PVBLIC // CONS [Spes Publica], ein Feldzeichen (labarum) auf eine Schlange am Boden gesteckt, auf dem rechteckigen Feldzeichentuch drei Punkte. Die Stange ist oben gekrönt von einem Christogramm. Im linken Feld A
Berlin, Staatliche Museen zu Berlin – Preußischer Kulturbesitz, Münzkabinett, Inv.Nr. 18217778

Die Rückseite zeigt hier mit dem ein christliches Symbol (Christusmonogramm) tragenden Feldzeichen über der Schlange einen deutlichen Hinweis auf die religiösen Präferenzen des Kaisers. Die Schlange, welche für die chtonischen, unterirdischen Mächte steht und in der Antike durchaus positiv verstanden wurde (vgl. etwa den Heilgott Aeskulapios), erscheint hier als Symbol für Unterlegenes und Überholtes.

| Lit.: RIC, Bd. 7, Nr. 19

b) Constantinus I., Solidus
Thessaloniki, 335
Gold – Dm. 21 mm, 6 h; 4,62 g
Vorderseite: CONSTANTI-NVS MAX AVG, drapierte Panzerbüste des Constantinus I. mit Diadem in der Brustansicht nach rechts
Rückseite: VICTORIA CO-NSTANTINI // TSE [E kursiv], Victoria steht mit einem Siegesmal (tropaeum) in der rechten Hand und einem Palmzweig in der linken Hand nach links
Berlin, Staatliche Museen zu Berlin – Preußischer Kulturbesitz, Münzkabinett, Inv.Nr. 18230072

| Lit.: RIC, Bd. 7, Nr. 208 (datiert 335); Alföldi 1963, S. 204, Nr. 566 (datiert 326–337)

II „CUNCTOS POPULOS". DAS CHRISTENTUM IM RÖMISCHEN REICH 75

55d

55e

55f

c) Helena, Nummus

Arles, 327

Bronze – Dm. 19 mm, 6 h; 2,62 g

Vorderseite: FL HELENA – AVGVSTA, drapierte Büste der Helena mit Diadem und Halskette in der Brustansicht nach rechts

Rückseite: SECVRITAS – REIPVBLICE // ARLT, Securitas steht in der Vorderansicht, den Kopf nach links gewandt. Sie hält in ihrer rechten Hand einen Zweig. Im rechten Feld S, im linken Feld F

Berlin, Staatliche Museen zu Berlin – Preußischer Kulturbesitz, Münzkabinett, Inv.Nr. 18235523

| Lit.: RIC, Bd. 7, Nr. 317 (datiert 327)

d) Magnentius, Aes 1

Trier, 352–353

Bronze – Dm. 28 mm, 6 h; 9,93 g

Vorderseite: D N MAGNEN-TIVS P F AVG, drapierte Panzerbüste des Magnentius in der Brustansicht nach rechts

Rückseite: SALVS D D N N AVG ET CAES // TR S, Christogramm, beiderseits im Winkel des Chi links ein Alpha und rechts ein Omega

Berlin, Staatliche Museen zu Berlin – Preußischer Kulturbesitz, Münzkabinett, Inv.Nr. 18201475

| Lit.: RIC, Bd. 8, Nr. 318 (Aes 1, datiert 352–353); Bastien 1983, S. 169, Nr. 84 (Anfang des Jahres bis 10. August 353)

e) Theodosius, Solidus

Thessaloniki, 384–388

Gold – Dm. 21 mm, 6 h; 4,49 g

Vorderseite: D N THEODO-SIVS P F AVG, drapierte Panzerbüste des Theodosius I. mit Diadem in der Brustansicht nach rechts

Rückseite: VICTOR-IA AVGG // COM, zwei Kaiser, der rechts kleiner, sitzen nebeneinander in Frontalansicht, gemeinsam einen Globus haltend, über ihnen der Oberkörper einer Victoria in Frontalansicht, unten zwischen ihnen ein Palmzweig. Beide Kaiser sind nimbiert, je ein Bein ist sichtbar.

Berlin, Staatliche Museen zu Berlin – Preußischer Kulturbesitz, Münzkabinett, Inv.Nr. 18235530

| Lit.: RIC, Bd. 9, Nr. 55d (dieses Stück, datiert ca. 384–388)

f) Theodosius II., Solidus

Aquileia, 425

Fundort: Polen, Klein Tromp (Trabki Małe)

Gold – Dm. 21 mm, 6 h; 4,35 g

Vorderseite: D N THEODO-SIVS P F AVG, Panzerbüste des Theodosius II. mit Helm, Speer und Schild, darauf der Kaiser als Reitersieger, in der Vorderansicht

Rückseite: SALVS REI - PVB-LICAE // COMOB, Theodosius II., links, und Valentinianus III., rechts, jeweils mit Tuch (mappa) und Kreuzzepter in den Händen, oben ein Stern, im linken Feld A, im rechten Feld Q

Berlin, Staatliche Museen zu Berlin – Preußischer Kulturbesitz, Münzkabinett, Inv.Nr. 18206385

| Lit.: RIC, Bd. 10, Nr. 1805 (datiert 425)

Karsten Dahmen

56 Thronender Kaiser Constantius aus dem Kalender von 354

Paris, 1620

Federzeichnung auf Papier, Einzelblatt – H. 34,5 cm, B. 25,7 cm

Vatikanstadt, Biblioteca Apostolica Vaticana, Barb. Lat. 2154

Constantius II., Kaiser von 337 bis 361 und zugleich Konsul von Rom im Jahr 354, thront frontal unter einem Giebelportikus. Bekleidet mit einer edelsteinbesetzten Toga hält er in der Linken ein Zepter. Aus seiner Rechten rieseln Münzen herab, Zeichen kaiserlicher Großzügigkeit. Diese Herrscherikonographie diente christlichen Künstlern als Vorbild für die Darstellung des thronenden Christus (Bd. I, Abb. S. 96).

Das Bild stammt aus dem Kalender von 354, einer Sammlung heidnischer Daten und Texte bzw. christlicher Memorialüberlieferung. Er wurde in Teilen von dem bedeutenden Kalligraphen Furius Dionysius Filocalus geschrieben und illustriert (Kat.Nr. 59). Gewidmet war der Kalender dem reichen Römer Valentinus. Zu dem heute verlorenen Codex gehörten unter anderem Personifikationen der Städte Rom, Alexandria, Konstantinopel und Trier, eine Kaiserliste, Bilder der Planeten, der Sternzeichen und der Monate. Es folgten Listen der Konsuln, der Osterdaten von 312 bis 411, der Präfekten der Stadt Rom sowie der römischen Bischöfe (*depositio episcoporum*) und Märtyrer (*depositio martyrum*). Hier sind die Einträge „VIII kal. Ian. natus Christus in Betleem Iudeae" bzw. „III kal. Iul. Petri in Catacumbas et Pauli Ostense, Tusco et Basso con. [258]" hervorzuheben, handelt es sich doch um die frühesten schriftlichen Belege für die Datierung der Geburt Christi am 25. Dezember bzw. für die gemeinsame Verehrung der Apostel Petrus und Paulus am 29. Juni.

56
fol. 13

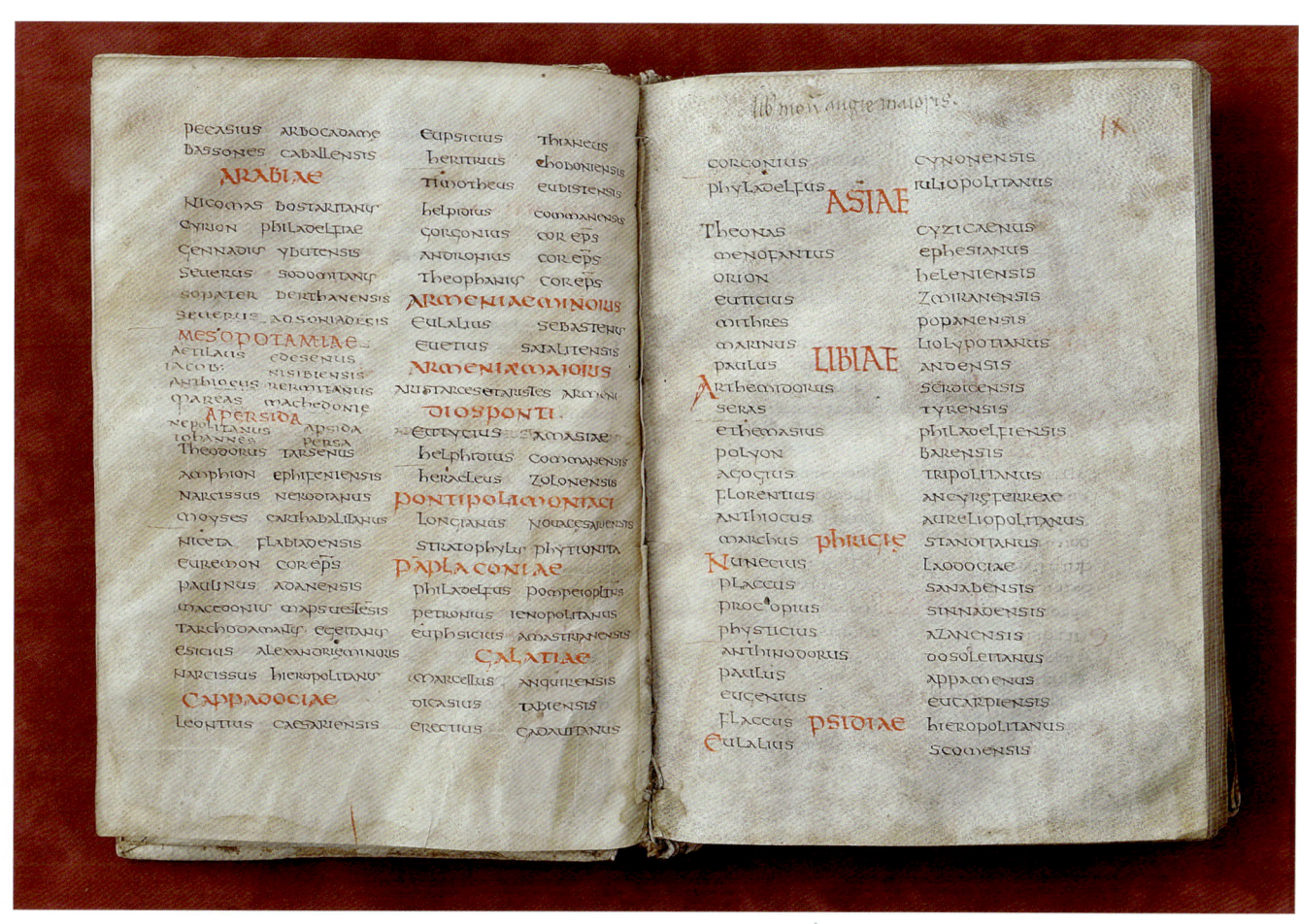

Insgesamt gilt der Kalender als Paradebeispiel dafür, wie sehr das christliche Oberschichtenmilieu Roms um die Mitte des 4. Jahrhunderts an traditionellen kulturellen Vorgaben orientiert blieb (Diefenbach 2007).
Bevor das Original verloren ging, wurde im 9. Jahrhundert eine Kopie angefertigt, der Codex Luxemburgensis. Er diente als Vorlage für die Illustrationen in mehreren Abschriften des 16. und 17. Jahrhunderts, ging selbst aber auch verloren. Aus einer dieser Kopien, die 1620 in Paris entstand, stammt das ausgestellte Blatt.

Petra Koch-Lütke Westhues

| Quellen: Chronographus Anni CCCLIII (MGH Auct. Ant. 9)
| Lit.: Stern 1953; Salzman 1990; Kat. Trier 2007, Nr. I.15.22 (Giovanni Maria Vian); Diefenbach 2007 (zum Zeithorizont)

57 „Statuta conciliorum et summorum pontificum"

Teil I (Bl. 1–153) Oberitalien, Teil II (Bl. 154–195) Alpenbereich, 8./9. Jahrhundert
Pergament – H. 26 cm, B. 18,5 cm; 195 Bll. – ursprüngliche Bibliotheksheimat Reichenau
Provenienzgruppe St. Blasien
St. Paul im Lavanttal, Museum im Benediktinerstift St. Paul, Cod. 7/1

Die Handschrift, deren ursprüngliche Bibliotheksheimat auf der Reichenau war, inkludiert eine Vielzahl von Texten, die sich vor allem mit den verschiedenen Konzilien der ersten nachchristlichen Jahrhunderte auseinandersetzen. Insgesamt besteht das Manuskript aus acht Teilen, wovon sich der erste mit den Konzilien von Antiochia (324), Nicäa (325) und Konstantinopel (381) beschäftigt. In der Handschrift sind Listen von Bischöfen angeführt, die an diesen Konzilien teilgenommen haben. Kaiser Konstatin hatte etwa 1800 Bischöfe aus dem griechischen und lateinischen Raum zur Teilnahme am Konzil von Nicäa eingeladen – 300 waren schließlich anwesend. Die Liste nennt unter anderen den berühmten Bischof Nikolaus von Myra. Dieses erste große ökumenische Konzil sollte den Streit um den Arianismus schlichten. Schließlich gingen die Gegner des Arianismus als Sieger hervor und das Ergebnis war die Formulierung des ersten großen einheitlichen Glaubensbekenntnisses.
Der zweite Teil besteht aus Briefen der Päpste Bonifatius, Innozenz und Leo.
Im dritten Teil sind wieder Konzilstexte zu finden, die sich auf die Konzilien von Nicäa und Calzedon (351) beziehen.
Teil vier enthält einen Brief des Papstes Damasus an Paulus von Antiochien.

Der fünfte Abschnitt widmet sich dem Schreiben der Sardinischen Synode an Papst Julius.

Der sechste Teil ist den Statuten des Papstes Gelasius gewidmet, während der siebte Teil sich mit den Canones des Konzils von Laodicea (381) auseinandersetzt. Der letzte Abschnitt beschäftigt sich schließlich mit den Konzilien des afrikanischen Raumes.

Diese kirchenrechtliche Textsammlung ist die Haupthandschrift des Typus der Sanblasiana, der im 6. Jahrhundert in Italien entstand und das gesamte alte kirchliche Recht – bestehend aus diversen Konzilsbeschlüssen und Dekretalen der Päpste – enthält. Unsere Handschrift ist im 8. Jahrhundert in Italien entstanden, kam in die Bibliothek des Klosters Reichenau (Besitzvermerk auf Bl. 9v) und wurde schließlich von Abt Gerbert für St. Blasien erworben. Sie verkörpert somit einen italischen, vorkarolingischen Typus.   Gerfried Sitar

| Lit.: Unveröffentlichte Aufzeichnungen im Stiftsarchiv St. Paul; Holter 1969, S. 360; Kat. St. Paul 1991, Nr. 9.1; Kat. Köln 1998, Nr. 18 (Anton von Euw)

58 Goldglasboden mit Petrus, Paulus, Pastor und Damasus

Rom, nicht identifizierter Friedhofsbereich; ca. 366–399
Transparentes Glas in zwei Schichten (obere Schicht grünlich, untere farblos), Blattgold, Mörtelspuren – H. 0,5–0,7 cm, Dm. 9,6–9,9 cm; Dm. Fuß 9,8 cm
Vatikanstadt, Musei Vaticani, Museo Cristiano, Inv.Nr. 60780

Auf dem kreisförmigen Innenfeld sind, durch eine horizontale Linie in zwei Register unterteilt, paarweise vier Büsten von in Tunika und *pallium omophorion* gekleideten Männern dargestellt, deren Gesichter von einem schütteren Bart umschattet sind. Die Beschriftungen weisen sie als PASTOR und DAMAS sowie PETRVS und PAVLVS aus; zwischen den Bildpaaren befindet sich jeweils ein Christusmonogramm. Ein Band aus entgegengesetzten Dreiecken bildet die Einfassung des zentralen Motivs. In „Petrus" und „Paulus" können die beiden Apostelfürsten erkannt werden, während es sich bei „Damas" um Papst Damasus I. (amt. 366–384) handelt, der für einen starken Aufschwung des Märtyrerkults sorgte, indem er sich der Herrichtung und Monumentalisierung ihrer Grabstätten widmete. Dabei erhielten diese häufig Inschriften mit von Damasus selbst verfassten Versen, die in den kunstvollen, eigens für diesen Zweck von Furius Dionysius Filocalus geschaffenen Schriftzeichen ausgeführt wurden (Kat.Nr. 56, 59).

„Pastor" erscheint auch auf dem Goldglas bei Morey 1959, Nr. 117 und könnte möglicherweise den bei Prudentius (Grig 2004, S. 210, 216, Anm. 62) erwähnten spanischen Märtyrer verkörpern. Das Glas, dessen Herstellung sich auf eine bestimmte Glaswerkstatt zurückführen lässt, die in der zweiten Hälfte des 4. Jahrhunderts in Rom tätig war (der sogenannten „Bottega 1"; vgl. Faedo 1978, S. 1032–1039), findet jedoch in einem anderen Goldglasboden derselben Werkstatt (Morey 1959, S. 25, Nr. 107, Taf. XVIII) ein überzeugenderes Gegenstück. Wiederum ist Damasus abgebildet, hier zusammen mit dem Apostel Petrus und zwei weiteren Persönlichkeiten – Simon und Florus –, deren Einordnung unbestimmt ist: Vielleicht handelt es sich um zwei im 4. Jahrhundert verehrte Märtyrer, über die heute nichts mehr bekannt ist. Basierend auf einer älteren (von Faedo 1978 bereits verworfenen) Hypothese wurde kürzlich vorgeschlagen, in ihnen Freunde oder Vertraute (Priester, Diakone usw.) von Papst Damasus I. zu sehen, die sich zusammen mit dem geliebten Papst hatten abbilden lassen (Utro 2003, S. 393; Grig 2004, 210f.). Florus taucht allerdings mit einem Heiligenschein ausgezeichnet in einem in Glas gravierten Zug der heiligen Märtyrer auf (Lega 2012, S. 272 mit Anm. 46). Beide gläsernen Fundstücke passen gut in die Propaganda für den durch Damasus und später auch durch seinen Nachfolger Siricius (amt. 384–399) geförderten Märtyrerkult. Als wichtige Mittel zur Verbreitung politisch-religiöser Botschaften sind diese Glasobjekte Ausdruck einer bewussten Entscheidung der kirchlichen Hierarchie in einer Zeit, in der eben diese Kirche und die Orthodoxie des Glaubens durch das Aufkommen schismatischer, nicht-orthodoxer Positionen innerhalb der christlichen Gemeinschaft gefährdet waren (siehe auch Zanone 2011, S. 67). In diesem Sinne wurde sogar eine Verbindung zwischen Damasus oder jemandem aus seinem Umfeld und der Herstellung und Verbreitung „damasianischer" Goldgläser in Erwägung gezogen (Grig 2004, S. 209–212, 229f.).

Claudia Lega

| Lit.: Morey 1959, S. 25, Nr. 106, Taf. XVIII; Faedo 1978, S. 1032f., S. 1037–1039, Taf. XXXVI, Nr. 1; Kat. Rom 2000b, S. 225, Nr. 94 (Lucina Vattuone); Kat. Mailand 2003, S. 392f., Nr. 174 (Umberto Utro); Grig 2004, S. 209–215; Nüsse 2008, S. 227ff., Abb. 5; S. 247, Abb. 26; Zanone 2011; Lega 2012

59 Zwei Inschriftenfragmente eines Epitaphs

Ende 4. Jahrhundert
Herkunft unbekannt, Wiederverwendung im Boden der Kirche San Martino ai Monti in Rom
Weißer Marmor – Fragment a: H. 50 cm, B. 40,3 cm, T. 3,3–4,2 cm; Fragment b: H. 54,5 cm, B. 24,7 cm, T. 3,5–3,6 cm; Buchstabenhöhe 2–10,2 cm, Zeilenabstand 0,3–6,5 cm
Vatikanstadt, Musei Vaticani, Lapidario Cristiano, Inv.Nr. 32199

Am[*antius*? —- *D*]*ei*, / *dia*[*conus* —-]*us*; / *de*/*po*/*si*/*ti*/*o* / *XI* / *Kal*(*endas*) *Iun*(*ias*). // *Ze*[—- *D*]*ei* / *o*[—-*us*]; / *de*/*po*/*s*[*i*]/[*ti*]/[*o*] / [- c.2 -] / [- c.3 -]. // *S*/*c*/*r*/*i*/*b*/*s*/*i*/*t* (!) / *F*/*u*/*r*/*i*/*u*/*s* *D*/*i*/*o*/*n*/[*y*/*s*/*i*/*u*/*s* *F*/*i*/*l*/*o*/*c*/*a*/*l*/*u*/*s*] (!). // *Io*/*h*/*a*/[*n*]/[*n*]/[*es*] / ——— / **IA**/———
„Am[antius? —- von G]ott, Dia[kon —-]; die Bestattung (*erfolgte*) am elften *Tag vor den* Kalenden des Juni (*22. Mai*). Ze[—- von G]ott, O[stiarius? —-]; die Bestattung (*erfolgte*) [—-]. Den Text ließ Furius Dion[ysius Filocalus] schreiben. Ioha[nnes —-] IA[—-]."

Auf der linken Seite: SCRIBSIT anstatt SCRIPSIT; FILOCALVS ist eine Variante der in dieser Zeit eher gebräuchlichen Schreibweise PHILOCALVS.

Die Namen und Ämter der Verstorbenen, die möglicherweise beide (in unterschiedlicher hierarchischer Stellung) dem Klerus angehörten, sind mittig und in Großbuchstaben in den Stein gearbeitet. Es wurden mehrere (heute stark beschädigte) Ergänzungen vorgenommen, in Zeile 1: *Am*[*on*] oder *Am*[*antius*], [*servus* oder *famulus D*]*ei*; in Zeile 2: *dia*[*conus roman*]*us*; in Zeile 3: *Ze*[*non servus* oder *famulus D*]*ei*; in Zeile 4: *c*[—-], *g*[—-], *q*[—-] oder vielleicht *o*[*stiarius*] („Türsteher"), ein Kleriker niederer Weihe in der Alten Kirche.
In dem erstgenannten Verstorbenen vermuten einige Wissenschaftler den Diakon Amantius. Dieser war in den Konflikt verwickelt, der nach dem Tod von Papst Liberius (am 24. September 366) um die Wahl zum Pontifikat von Damasus I. entbrannte. Als Mitglied einer der beiden großen gegnerischen Fraktionen, die sich im römischen Klerus herausgebildet hatten, unterstützte er die Wahl von Ursinus,

der sich erfolglos gegen Damasus zu behaupten suchte. Ursinus wurde zusammen mit seinen Anhängern Amantius und Lupus in die Verbannung geschickt, aus der sie jedoch bald darauf nach Rom zurückkehren durften. Am 21. August 370 folgte aufgrund weiterer Unruhen ein neuerliches Exil, von dem Amantius aber verschont blieb, der sich möglicherweise mit Damasus versöhnt hatte. Dafür scheint auch der Umstand zu sprechen, dass sich die Auftraggeber der Inschrift eines Schreibers bedienten, der von Damasus sehr geschätzt wurde: Philocalus, der häufig mit der graphischen und monumentalen Gestaltung der poetischen Texte betraut wurde, die der Papst für Märtyrer und auch einfache Gläubige verfasste. Der Kalligraph schuf eine elegante, auch als „philokalianisch" bezeichnete Schrift, die einige Berühmtheit erlangte und häufig nachgeahmt wurde. Sie zeichnete sich durch flache Buchstaben aus, mit einem starken Kontrast zwischen den feinen horizontalen und den stärkeren schrägen und vertikalen Linien, die spitz zulaufen und mit fadenförmigen, lockenähnlichen Schnörkeln abschließen.

Bisweilen hinterließ Philocalus senkrecht und in kleineren Buchstaben seine „Signatur", wie es auch am linken Rand der hier beschriebenen Platte der Fall ist: *scribsit* (!) *Furius Dionysius Filocalus* (!), „Furius Dionysius Philocalus ließ den Text schreiben [oder ,schrieb' den Text]". Eine ähnliche „Signatur" befindet sich auf dem Titelblatt des Chronographen von 354 (auch als „Kalender des Philocalus" bekannt), wo er sich ebenfalls der Schreibweise *Filocalus* bedient (Kat.Nr. 56). Dort wird das Verb *titulavit* benutzt, also „er schrieb die Inschrift" (die für das Titelblatt gedacht ist). Außerdem erscheint die Signatur neben der von Damasus für Papst Eusebius verfassten Lobschrift sowie auf einem anderen Fragment, das vom Friedhof des Praetextatus stammt. Allerdings befindet sie sich hier am rechten Rand, da Philocalus auf der linken Seite seine Verehrung (*cultor*) und seine Zuneigung (*amator*) für Damasus bekundet: *Damasi papae cultor adque amator* und [*Damasi epis*]*copi cu*[*ltor*].

Die Tatsache, dass diese Formel auf der hier besprochenen Inschrift fehlt und es sich bei den Verstorbenen nicht um Märtyrer handelt (zumindest tauchen in den überlieferten Chroniken keine Märtyrernamen auf, die mit den hier bruchstückhaft erhaltenen Namen vereinbar wären), könnte auf eine private Natur dieser Inschrift verweisen und eine damasianische Urheberschaft ausschließen. Denkbar wäre aber auch, dass die Ausführung der Inschrift erst nach dem Tod des Papstes, also in den Jahren nach 384 erfolgte.

Der Signatur auf der linken Seite stehen auf der rechten die Bestattungsdaten der Verstorbenen gegenüber, die gleichermaßen in kleinen Buchstaben, hier jedoch in zwei Spalten, gearbeitet sind und ein Gleichgewicht in der Gliederung (*ordinatio*) herstellen. Diese erhält dadurch insgesamt ein kohärentes und auf ihre Art elegantes Erscheinungsbild mit schönen Zeichenabständen und freien Außenrändern (der rechte ist beschädigt, wodurch jedoch kein Text verloren ging, wie oft vermutet wird). Bei den beiden inneren Textspalten ist in Zeile 4 links von O[—-] *Io/h/a/*[*n*]*/*[*es*] zu lesen – eine bislang unbekannte Person, die möglicherweise zusammen mit dem auf der rechten Seite genannten *Ia/—-* den Verstorbenen diese Inschrift gewidmet hat. So würde ich hier auf jeden Fall ausschließen, dass es sich um weitere Verstorbene handelt und ebenso die Interpretationen verwerfen, dass *Ia/—-* für *Ia/n(uarias)/*Januar steht und Teil des angegebenen Sterbedatums oder eine Fortsetzung eines auf den Namen *Iohannes* begonnenen Wortlautes ist.   Rosanna Barbera

| **Quellen:** CVR I, 1486

| **Lit.:** Ferrua 1942, S. 134ff., Nr. 182; Ferrua 1979, S. 40; Kat. Vatikanstadt 1997, S. 260f., Nr. 3.4c.1 (Claudia Lega/Giuliano De Felice)

60 Putzfragment

Triclia von San Sebastiano an der Via Appia (Rom), 2. Hälfte 3. Jahrhundert–Anfang 4. Jahrhundert
Putz, rote Wandfarbe, Kratzinschrift – H. 9,8 cm, B. 8,3 cm, T. 3,0 cm
Vatikanstadt, Arciconfraternita di Santa Maria della Pietà in Campo Santo dei Teutonici e Fiamminghi, Inv.Nr. Schaffer-Inventar H 0006

Das Fragment weist eine dreizeilige lateinische, von einer *Tabula ansata* eingefasste Inschrift auf: PETRE ET PAUL(E IN) / MENTE ABET(E) / VRBIUM ET Z(ITUM) („Petrus und Paulus – habt Urbius und Zitus im Sinn!")

Am 16. März 1915 machte der Schweizer Paul Styger unmittelbar unter dem Fußboden der frühchristlichen Basilika San Sebastiano einen Fund, der zu den spektakulärsten der Christlichen Archäologie zählt: ein gemeinsamer Verehrungsort der Apostel Petrus und Paulus. Es war ein Hof, der am Rand eine Laube (*triclia*) besaß, deren roter Wandverputz mit etwa 640 lateinischen und griechischen Ritzinschriften übersät war. Es handelte sich um einen offiziellen Gedächtnisort der Kirche Roms, der im Märtyrerkalender des Jahres 336 erwähnt wird. Dort feierte man Festbankette (Refrigerien) zu Ehren der Apostel, möglicherweise, weil man dort den zeitweiligen Aufenthalt der Apostel annahm oder weil es dort (Berührungs-)Reliquien der Apostel gab. Weitere Beispiele von eingeritzten Fürbittrufen sind: „Paulus und Petrus, bittet für Viktor!" – „Paulus, Petrus, bittet für Rogatus!" – „Petrus und Paulus, schützt eure Diener! Heilige Seelen, schützt den Lektor!". Daneben liest man die Einlösung von Gelübden (*vota*): „Ich, Tomius Celius, habe ein Refrigerium für Petrus und Paulus veranstaltet" – „Ich, Parthenius, habe am 18. April das Refrigerium gehalten in Gott und wir alle in Gott" – „Ich habe ein Refrigerium gehalten bei Petrus und Paulus" – „Eulogius hat ein Gelübde abgelegt". Solche Inschriften sind keine flüchtigen Kritzeleien, sondern verbindliche Dokumente religiöser Akte, vor allem von Gelübden, die offenbar von schreibkundigen Klerikern auf der eigens geröteten Wand festgehalten wurden. Die Märtyrerverehrung auf den an den weitläufigen Konsularstraßen gelegenen Katakomben Roms strahlte durch die Reisenden nach ganz Italien und darüber hinaus aus und wurde zu einem der wichtigsten Impulsgeber der Christianisierung Urbis et Orbis.   Stefan Heid

| **Lit.:** Binsfeld 2006, S. 54–67; Heid/Gnilka/Riesner 2010, S. 168–171; Kat. Vatikanstadt 2006b, S. 193f.

II „CUNCTOS POPULOS". DAS CHRISTENTUM IM RÖMISCHEN REICH

61 Goldnadel mit Christusmonogramm

4. Jahrhundert
Gold und Filigranarbeit – L. 6,7 cm
Vatikanstadt, Fabbrica di San Pietro in Vaticano, Inv.Nr. FSP 0003

Dies ist eines der kostbarsten Fundstücke, die aus den berühmten archäologischen Untersuchungen im Bereich der Confessio von Sankt Peter im Vatikan hervorgingen. Entdeckt wurde die Goldnadel 1942 in einem Massengrab (*Polyandrion* oder *Polyandrium*), das 1545 angelegt worden war, um die enorme Menge menschlicher Knochen aufzunehmen, auf die man bei den Abbrucharbeiten der konstantinischen und mittelalterlichen Basilika gestoßen war (Apollonj Ghetti/Ferrua/Josi/Kirschbaum 1951, S. 87f.). Papst Paul III. (Farnese, amt. 1534–1549) wollte durch eine lateinische Inschrift, die sich heute im Boden vor dem Sarkophag von Papst Nikolaus V. in den Vatikanischen Grotten befindet, an deren Herkunft erinnern: „Die Knochen aller Verstorbenen, die für Heilige gehalten werden und die für den Bau des neuen Gotteshauses aus ihren Gräbern gehoben wurden, damit sie in einem gemeinsamen Grab ruhen mögen." Die Grabstätte lag am Anfang des südlichen Korridors, der zur hochmittelalterlichen Krypta des Petersdoms führte, in der Nähe der kleinen Kapelle, die später nach dem Bildnis des Erlösers oberhalb des Altars – in der italienischen Diminutivform *Salvatorino* oder *Salvatorello* – benannt wurde (Alfarano 1914, S. 37, S. 157; Grimaldi 1972, S. 249; Lanzani 2010, S. 46f.).

Das Stück besteht aus einer glatten, zum oberen Ende hin stärker werdenden Nadel. An ihrem kugelförmigen Kopf ist eine Öse befestigt, an der ein Ring von etwa einem Zentimeter Durchmesser hängt, der ein Christusmonogramm einfasst. Dieses Symbol für Christus wird aus einer Ligatur der beiden ersten Buchstaben (Chi und Rho) des griechischen Wortes *Christós* gebildet. Durch ihre Verflechtung ergibt sich ein Kreuz mit Armen von gleicher Länge, das sich zusammen mit den griechischen Buchstaben A (→ α; *Alpha*) und Ω (→ ω; *Omega*) in den Ring einfügt. Letztere sind die Symbole der Ewigkeit Gottes, dem Anfang und Ende aller Dinge: „Ich bin das Alpha und Omega, (…), der ist und der war und der kommt, der Herrscher über die ganze Schöpfung" (Apk 1,8); „(…) Seht, ich mache alles neu. (…) Ich bin das Alpha und Omega, der Anfang und das Ende" (Apk 21, 5–6); „Ich bin das Alpha und das Omega, der Erste und der Letzte, der Anfang und das Ende" (Apk 22,13). Für die Darstellung von Christus und des Glaubes an ihn verwendeten die Christen dieses als Christusmonogramm (auch Christogramm oder Chrismon) bezeichnete Symbol, das sich nach der Schlacht an der Milvischen Brücke am 28. Oktober 312 rasch im ganzen Kaiserreich ausbreitete (Eusebius von Caesarea, De Vita Constantini, I, 31,1–3).

Der Ring mit dem Christusmonogramm und den symbolhaften griechischen Buchstaben zeigt eine besonders sorgfältige Filigranarbeit. Die Nadel war gemäß einer Mode, die durch archäologische Funde und in der bildenden Kunst belegt ist, wahrscheinlich als Gewandschließe in Gebrauch und wird aufgrund von Vergleichen mit ähnlichen Objekten für gewöhnlich in die zweite Hälfte des 4. Jahrhunderts datiert. Aller Wahrscheinlichkeit nach gehörte dieses kunstvolle Objekt einem Verstorbenen, der in der konstantinischen Basilika in der Nähe des Petrusgrabes beigesetzt war.

Einer der wichtigsten Belege für das Christusmonogramm aus der Zeit vor der Zuschüttung der vorkonstantinischen Begräbnisstätte zur Vorbereitung auf den Bau der ersten Basilika (um 320) findet sich in der Vatikanischen Nekropole vor dem Mausoleum H (auch *dei Valeri*). Hier steht das Symbol der Erlösung, das Eusebius von Konstantin gezeigt wurde (Eusebius von Caesarea, De Vita Constantini, I, 31,1–3), in einer Grabinschrift neben dem Namen des Flavius Istatilius Olimpius, in der sein Bruder den Toten als einen Christen würdigt, der „mit allen scherzte und sich niemals stritt". Vermutlich ist dies das älteste datierte Beispiel eines konstantinischen Christusmonogramms, denn obwohl es keine detaillierten Angaben zu seiner Entdeckung gibt, ist es unwahrscheinlich, dass diese Inschrift zu einem Grab aus der Zeit nach der Vollendung der konstantinischen Basilika gehört (Kat. Mailand/Rom 2012; Zander 2012, S. 2f.).

Ein Christusmonogramm aus dem frühen 4. Jahrhundert findet sich auch zusammen mit der Abkürzung des Namens Petri auf der sogenannten „Graffiti-Wand". Dabei handelt es sich um die Innenwand eines auf der Nordseite vom Grab des Apostelfürsten gelegenen Raumes, der der Petrusverehrung gewidmet war. Weitere drei

Male erscheint das Christusmonogramm auf einem Sarkophag, der aus Alt-Sankt Peter vor dem „Mausoleum N" herabgelassen worden war. Dieser mit zwölf Szenen aus dem Alten und Neuen Testament geschmückte Sarkophag befindet sich heute in Saal VI der Vatikanischen Grotten. Das Christusmonogramm erscheint dort auf der halb geöffneten Schriftrolle (Volumen oder Rotulus), die Jesus in der Hand hält, als er Petrus voraussagt, dass dieser ihn bis zum Hahnenschrei dreimal verleugnen werde. Dann befindet es sich auf der Schriftrolle von Petrus, dem Fels der Kirche, im Augenblick seiner Festnahme. Schließlich sind die Initialen des Namens Christi in großen Buchstaben in den Deckel des Marmorsarges gemeißelt.

Pietro Zander

| Lit.: Alfarano 1914, S. XIII, S. 37, S. 157; Apollonj Ghetti/Ferrua/Josi/Kirschbaum 1951, S. 87f.; Grimaldi 1972, S. 279; Kat. Rimini 1996, S. 220 (C. Gennaccheri); Kat. Rom 2000b, S. 227 (G. Silvan); Kat. Vatikanstadt 2006b, S. 161, Nr. III.9 (Fabrizio Paolucci); Baudry 2009, S. 29ff., 57f.; Lanzani 2010, S. 38f., S. 46f., S. 126–130, S. 161; Zander 2010, S. 103, S. 124–127, S. 131ff.; Kat. Mailand/Rom 2012, S. 241f., Nr. 140 (Pietro Zander); Zander 2012

62 Votivplatte mit Augenpaar

Ca. 6. Jahrhundert
Goldblech; getrieben, punziert, ziseliert – H. 3,6 cm, B. 6,1 cm
Vatikanstadt, Fabbrica di San Pietro in Vaticano, Inv.Nr. FSP 0002

Das Goldblechrelief mit einem Gewicht von etwa 6,5 Gramm gehört sicherlich zu den wertvollsten Objekten, die im vergangenen Jahrhundert im Zuge der archäologischen Grabungen unter der vatikanischen Confessio in der Nähe des Petrusgrabes entdeckt wurden. Die Tafel befand sich in einem Spalt zwischen der Wand („G1") und der kleinen nördlichen Säule des Tropaion des Gaius, der Ädikula, die etwa 100 Jahre nach dem Tod des Apostels über dessen bescheidenem Grab errichtet worden war (Apollonj Ghetti/Ferrua/Josi/Kirschbaum 1951, S. 198f.). Möglicherweise war sie absichtlich dort versteckt worden.

Dargestellt ist ein großes Augenpaar, dazwischen ein lateinisches Kreuz, auf dem Punktpunzierungen Edelsteine andeuten. Die Pupillen in den mandelförmigen Augen sind unter erhaben gearbeiteten Augenlidern nach oben gerichtet; kleine schräge Riefen geben Wimpern und Augenbrauen wieder. Den Hintergrund bilden zahlreiche kleine Punktpunzierungen, die im rechten Teil des Goldblechs dichter werden. Die nach oben gewandten Pupillen könnten auf die Versenkung im Gebet, wahrscheinlicher jedoch auf eine Augenkrankheit hindeuten. Die Darstellungsart und der Fundort beleuchten möglicherweise die Funktion des Objekts: Aller Wahrscheinlichkeit nach handelt es sich um ein Exvoto (lat. *ex voto*) für den heiligen Petrus von einem Gläubigen, der durch die Fürsprache des Apostels geheilt worden war. Zum Zeitpunkt ihrer Entdeckung wurde die Platte aufgrund von Übereinstimmungen mit ähnlichen Goldblecharbeiten dem 6. bis 7. Jahrhundert zugeschrieben. Der Fundkontext erlaubt auch eine genauere Datierung ins 6. Jahrhundert, obwohl es für die darauffolgenden Zeiträume nicht an Vergleichsstücken fehlt.

Bekanntermaßen führten die anspruchsvollen Ausgrabungen zwischen 1939 und 1949 während des Pontifikats von Pius XII. zur Entdeckung der mutmaßlichen Grabstätte des heiligen Petrus. Er soll im Jahr 64 in der bloßen Erde begraben worden sein, nachdem er nach dem großen Brand von Rom auf Anordnung Kaiser Neros den Märtyrertod erlitten hatte. Sein Grab am südlichen Hang des Vatikanischen Hügels wurde in kürzester Zeit zum Ziel einer stetig wachsenden Zahl Gläubiger, was um die Mitte des 2. Jahrhunderts den Bau der kleinen Ädikula erforderlich machte, des bereits erwähnten Tropaions, das den frühen Christen den Ort der Verehrung anzeigen sollte (Eusebius von Caesarea, Kirchengeschichte, II, 25,5–7). Die an dieser ersten Ädikula gemachten baulichen, epigraphischen und materiellen Funde bezeugen auf anschauliche Weise die Verehrung, die dem Ort über nahezu 2000 Jahre seitens der Kirche und einer Vielzahl namentlich nicht bekannter Pilger entgegengebracht wurde, die aus allen Teilen der Welt *ad limina Petri* nach Rom kamen. Man denke beispielsweise an die drei übereinanderliegenden Altäre am Apostoldenkmal, das im 4. Jahrhundert um den „Tropaion des Gaius" errichtet wurde, oder an die zahlreichen christlichen Graffiti, die zwischen dem späten 3. und dem frühen 4. Jahrhundert in den Putz der entsprechend benannten „Graffiti-Wand" (auch „G-Wand") geritzt wurden, die nördlich an die Ädikula grenzt (Zander 2010, S. 124–133). Die Bedeutung dieses Ortes für die Petrusverehrung bezeugen zudem die vielen Münzen, die von den Gläubigen aus der sogenannten Palliennische auf das Grab des Apostels geworfen wurden. Die Palliennische ist heute unterhalb des Papstaltars sichtbar, über dem sich die prächtige Kuppel Michelangelos erhebt. Zwischen den Fugen der verzierten Verkleidung des Grabmals wurden bescheidene Gaben aus allen Zeiträumen und Regionen entdeckt, die der Aufmerksamkeit der für das Einsammeln des Peterspfennigs Verantwortlichen entgangen waren.

Die Votivtafel mit dem Augenpaar gehört folglich zu den Gaben, die nicht im Grab des Apostels verblieben und die daher ein beredtes Zeugnis der jahrhundertelangen Verehrung des heiligen Petrus in der konstantinischen Basilika darstellen.

Pietro Zander

| Lit.: Apollonj Ghetti/Ferrua/Josi/Kirschbaum 1951, S. 198f., Abb. 150 f.; Lanzani 1999; Kat. Rom 2000b, S. 227 (G. Silvan); Kat. Vatikanstadt 2006b, S. 182, Nr. IV.1 (Fabrizio Paolucci); Zander 2010, S. 124–133; Kat. Mailand/Rom 2012, S. 242f., Nr. 141 (Pietro Zander)

63 Goldglas mit Petrus und Paulus (Concordia Apostolorum)

Rom, nicht identifizierter Friedhof; 2. Hälfte 4. Jahrhundert
Transparentes, grünliches Glas in zwei Schichten, Blattgold, Mörtelreste – H. 0,5 cm, Dm. 9,1 cm; nur Fuß H. 0,2 cm
Vatikanstadt, Musei Vaticani, Museo Cristiano, Inv.Nr. 60768

Der kostbare Schalenboden oder Teller aus mundgeblasenem Glas stammt aus einer Katakombe, wo er – wie unschwer an den charakteristischen Bruchstellen und den Mörtelresten zu erkennen ist – eine Wiederverwendung gefunden hatte. Die zwei Glasschichten umschließen eine feine Blattgoldverzierung, auf der innerhalb einer Einfassung mit Zahnradmotiv und gegenüberliegenden Halbkreisen die Büsten der einander zugewandten Apostel Petrus und Paulus abgebildet sind, die durch ihre Beischriften identifiziert werden. Ihre Darstellung folgt der typischen Physiognomie, die für beide kanonisch festgelegt und kennzeichnend ist. In der Mitte über ihnen schwebt ein mit Eichenlaub geschmückter Reif mit herabfallenden Bändern, die in Efeublättern auslaufen. Er ist das Symbol der Herrlichkeit, die beide durch ihr Martyrium als Zeugnis des Glaubens in Christus erlangt haben (Paulus selbst spielt auf diesen Kranz an: 1 Kor 9,25–27; 2 Tim 4,7–8). Die bis ins kleinste Detail sehr kunstfertige Verzierung ist offensichtlich das Werk eines geschickten Handwerkers. Die Darstellungsweise der beiden Apostel wurde mit den Münztypen von Kaiser Julian (Iulianus Apostata; reg. 361–363) in Verbindung gebracht. Signifikante und klare Übereinstimmungen finden sich auf einem Glas bei Morey 1959, Nr. 54, und möglicherweise bei einem anderen Stück (Morey, Nr. 401), die aus einer im ausgehenden 4. Jahrhundert tätigen Werkstatt stammen (der sogenannten „Bottega 8", vgl. Faedo 1978, S. 1063–1066). Die bei diesen Stücken etwas steifere und schematischere Gestaltung der Details und der Wegfall einiger Elemente scheinen auf einen anderen Urheber und sicher auf einen zeitlichen Abstand zum hier gezeigten Goldglas hinzudeuten, wenngleich vermutlich nach der gleichen Mustervorlage gearbeitet wurde (siehe auch Vattuone 2000). Eine ähnliche, jedoch nicht identische Ausführung der Falten des Palliums findet sich vielleicht in einer weiteren Darstellung (Morey 1959, Nr. 307).

Das ikonographische Schema der *concordia apostolorum*, dem die Darstellungen der beiden Apostel folgen, findet in diesem Goldglas, das zu den berühmtesten der vatikanischen Sammlung zählt, eine seiner schönsten Umsetzungen. Es symbolisiert die Vereinigung und Versöhnung der Apostel in Christus durch die Gemeinschaft im Glauben und das zu dessen Zeugnis erlittene gemeinsame Martyrium von Petrus als Leiter der Jerusalemer Urgemeinde und Paulus, dem Apostel der Völker (das heißt der Heiden), nach deren ideologischen Konflikten hinsichtlich der Beschneidung nichtjüdischer Christen, die in Antiochia entbrannt waren und in Jerusalem beigelegt wurden (Apg 15,1–11; siehe auch Gal 2,11). Diese Versöhnung, die in den apokryphen Quellen auf eine wahre Begebenheit zurückgeführt wird (Epistola de morte apostolorum Petri et Pauli ad Thymoteum; Passio sanctorum apostolorum Petri et Pauli), wurde zum Symbol der Vereinigung der Kirche in Christus. Die Herstellung von Gegenständen mit Darstellungen dieser gängigen Ikonographie (Medaillons, Plaketten, Goldgläser) wurde mit dem Fest am 29. Juni in Verbindung gebracht (Pietri 1961, S. 306–309), das im Rahmen des Projekts der *renovatio urbis* am *dies natalis* der zwei Kirchenfürsten eben jene *concordia apostolorum* feierte. Dadurch bildeten diese kleinen Objekte wichtige Mittel zur Verbreitung politisch-religiöser Botschaften.

Claudia Lega

| Lit.: Morey 1959, S. 16f., Nr. 67, Taf. XI; Pietri 1961; Faedo 1978; Kat. Rimini 1996, S. 248, Nr. 115 (Umberto Utro); Kat. Rom 2000b, S. 222, Nr. 87 (Lucina Vattuone); Kat. Vatikanstadt 2009, S. 195ff., Nr. 67 (Claudia Lega)

64 Ampulle mit Petrus und Paulus im Kreuznimbus

Erstes Viertel 5. Jahrhundert (?)
Rom, Caelius, vor September 1757
Getriebenes und graviertes Silber, teilweise vergoldet – H. 18,2 cm, B. 8 cm, T. 4,4 cm
Vatikanstadt, Musei Vaticani, Museo Cristiano, Inv.Nr. 60862

Der Fuß der Ampulle ist neueren Datums (wahrscheinlich 18. Jahrhundert). Ihre Seiten verzieren aus Akanthusbüschen emporwachsende Akanthusranken mit zentraler vierblättriger Blüte. In die beiden mit einem plastischen Kordelband eingefassten Hauptflächen sind – wie bei einem Medaillon – die Büsten der zwei Apostelfürsten getrieben. So versinnbildlicht die Ampulle die Vereinigung der beiden Nuklei der Kirche in einem einzigen Körper: jene *ex circumcisione*, die von Petrus repräsentierte Kirche der Judenchristen, und die *ex gentibus*, die von Paulus verkörperte Kirche der Heidenchristen. Die beiden Porträts folgen der üblichen Ikonographie. Ein neues Element bildet jedoch der Kreuznimbus. Offensichtlich sollte durch diese Symbolik die Identifizierung der Apostel in Christus betont werden. Das Verständnis dieses Zusammenhangs erfordert allerdings ein umfassendes theologisches Wissen, sodass die Gestaltung möglicherweise durch eine Person von hoher christlicher Bildung angeregt wurde, vermutlich ein hochrangiges Mitglied des römischen Klerus.

Das kostbare Artefakt gehörte ebenso wie eine nahezu identische Ampulle (Musei Vaticani, Inv.Nr. 60858) zu einem auf dem Caeliushügel in Rom gefundenen Silberschatz, den der Markgraf Angelo Gabrielli im Jahr 1757 zur Gründung der Vatikanischen Museen an Papst Benedikt XIV. übergab (eine falsche Zuordnung der Silberobjekte zu der *Domus dei Valeri* ist in Lega 2003 widerlegt).

Obwohl die beiden Ampullen einander sehr ähneln, sind einige Unterschiede in der Bearbeitung erkennbar, die ihre Ausführung durch verschiedene Hände und sogar zu verschiedenen Zeiten offenbaren. Der Einsatz zum Teil identischer Ornamente bei den beiden Stücken belegt außerdem, dass die hier gezeigte Ampulle der anderen nachempfunden ist; möglicherweise ist dies auf eine gemeinsame Verwendung im gleichen Zusammenhang zurückzuführen. Das ausgestellte Exemplar kann also als Arbeit eines Handwerkers betrachtet werden, der bei den Büsten eine eindrucksvolle visuelle Wirkung erzielte, insgesamt jedoch weniger geschickt war als sein Vorgänger. Das Kreuz im Nimbus der Apostel könnte eine etwas spätere Datierung nahelegen. Claudia Lega

| **Lit.:** Lega 2003; Kat. Vicenza 2004, S. 87 (Claudia Lega/Umberto Utro); Brenk 2005, S. 103; Kat. Vatikanstadt 2006a, S. 30f., Nr. 14 (Claudia Lega); Kat. Vatikanstadt 2009, S. 201f., Nr. 72 (Claudia Lega); Kat. San Marino 2011, S. 105, Nr. 32 (Claudia Lega)

65 Kleine Petrusfigur

Rom, Ende 4./Anfang 5. Jahrhundert
Bronze – intakt – H. 9,3 cm
Berlin, Staatliche Museen zu Berlin – Preußischer Kulturbesitz, Skulpturensammlung und Museum für Byzantinische Kunst, Inv.Nr. 1

Die kleine Statuette zeigt einen stehenden, mit Tunika und Pallium bekleideten Mann, der seine rechte Hand nach vorn streckt und in der Redegeste öffnet. Diese erlaubt die eindeutige Identifizierung als Apostel Petrus, und auch sonst entspricht die Ikonographie der ab Mitte des 4. Jahrhunderts üblichen Darstellungsweise: Zu den Gesichtszügen eines alten Mannes gesellen sich ein dichter Bart und üppiges, in Form einer Rundkappe geschnittenes Haar. Zudem trägt die Figur in der linken Hand ein großes Staurogramm, das als Ligatur die ersten beiden Buchstaben des Namens Christi (griech. XPICTOC) verbindet. Dieses Detail bildet eine Variante gegenüber der weiter verbreiteten Petrus-Darstellung mit einem langen, oft mit Edelsteinen verzierten Kreuz auf der Schulter. Diese vorrangig in der malerischen und musivischen Kunst und speziell in den Szenen der Traditio legis übliche Ikonographie legt nahe, dass sich die kleine Bronze an einer Darstellung in einem monumentalen Kontext orientierte. Hinsichtlich der Funktion hält man es aufgrund der geringen Größe der Figur für möglich, dass sie, ähnlich wie die Statuette des heiligen Paulus (Kat.Nr. 66), ursprünglich zu einer Bronzelampe gehörte. Gestützt wird diese Vermutung durch Vergleiche mit unbeschädigten Lampen wie der berühmten Darstellung eines Schiffes, die in der *Domus dei Valeri* in Rom entdeckt wurde und heute im Museo Archeologico Nazionale in Florenz aufbewahrt wird (Kat.Nr. 48).
Der Fundkontext dieses Stückes ist nicht bekannt, da es jedoch aus einer römischen Privatsammlung stammt, liegt die Vermutung nahe, dass es einst in Rom selbst gefunden wurde. Anna Maria Nieddu

| **Lit.:** Cecchelli 1937, S. 48, Taf. V; Testini 1969, S. 262f., S. 297, Nr. 40; Kat. New York 1979, S. 571f., Nr. 509 (James Nelson Carder)

66 Kleine Paulusfigur

Cornus (Cuglieri-Oristano, Sardinien), spätes 4./frühes 5. Jahrhundert
Bronze – Füße verschollen – H. 9,4 cm
Cagliari, Museo Archeologico Nazionale di Cagliari, Inv.Nr. 178215

Die kleine Statuette zeigt einen stehenden, in Tunika und Pallium gekleideten Mann mit leicht gebeugtem rechtem Bein und seitlich vom Körper abgewinkelten Armen. Die Hände sind im Vergleich zum restlichen Körper unverhältnismäßig groß: Die rechte ist mit nach vorn gerichteter Handfläche in typischer Orantenhaltung geöffnet, während die linke Hand eine in einem röhrenförmigen Behältnis befindliche Schriftrolle umfasst. Die Gesichtsmerkmale weisen die Figur als Apostel Paulus aus, der entsprechend einer seit der Mitte des 4. Jahrhunderts zunehmend typischen Ikonographie an der breiten Stirn, dem länglichen Gesicht sowie dem kurzen, gepflegten Bart zu erkennen ist, der unter dem Kinn spitz zuläuft. Von besonderer Bedeutung ist die überaus sorgfältige Ausarbeitung des Gesichts: die großen mandelförmigen Augen, deren Pupillen durch Vertiefungen angedeutet sind, die dem Blick Lebendigkeit verleihen, die feine Nase, der kleine, halb geöffnete Mund, die leicht vorspringenden Wangenknochen und die Falten, die Stirn und Wangen durchziehen.

Aufgrund der Spuren eines Eisenstifts an der Rückseite der Statuette wird angenommen, dass sie einst Teil einer heute verschollenen Bronzelampe war. Möglich wäre dabei eine Ähnlichkeit mit der bekannten schiffsförmigen Lampe mit Petrus und Paulus, die in der

66

Das Fragment des fein gearbeiteten Reliefs aus weißem Marmor mit der Darstellung des Apostels Paulus ist bereits seit Gründung des „Musæum Vaticanum" durch Papst Benedikt XIV. im Jahr 1756 Teil der Sammlung und so auch im ersten, 1762 erstellten Inventar von Francesco Vettori beschrieben. Allerdings finden sich dort keine Angaben zum Fundort oder zu einer möglichen Weitergabe aus einer der privaten Sammlungen, aus denen das Museum der Apostolischen Bibliothek hervorging (und die heute die Vatikanischen Museen bilden). In einem der für die Einrichtung des Museums typischen hölzernen Schaukästen war zwischen verschiedenen anderen Objekten eine „kleine Marmorfigur des Hl. Paulus mit zum Gebet erhobenen Händen und fehlenden Füßen" zu finden (Francesco M. Vettori, Inventario del Museo Cristiano, 1762; Biblioteca Apostolica Vaticana, Sign. Cod. Ms. Arch.Bibl. 70, fol. 60r).

Obwohl es sich nur um ein Fragment handelt, bei dem sogar irgendwann der Kopf abgebrochen war (und wieder befestigt wurde) und der rechte Zeigefinger fehlt, wirkt das Relief auch heute noch bemerkenswert unversehrt. Den Körper des Apostels umhüllt ein weites Pallium aus feinem Stoff mit elegantem Faltenwurf, unter dem sich der linke Arm verbirgt (was von Vettori übersehen wurde, der stattdessen, wie zu lesen war, beide Hände zum Gebet erhoben sah). Am unteren Rand des Palliums ist ein Stück der Tunika zu erkennen, und wie schon im 18. Jahrhundert beschrieben, fehlen beide Füße. Die Rückseite des schmalen Reliefs erscheint dagegen – wie an der leicht geschwungenen Partie zu sehen ist – sorgfältig geschliffen und weist in der Mitte oben, etwa in Brusthöhe, eine kleine Bohrung mit den Oxidationsspuren eines Metallzapfens auf.

An der kleinen Paulusfigur lässt sich unschwer erkennen, dass es sich um den verbliebenen Teil einer umfangreicheren ikonografischen Komposition handelt: der Darstellung der *Traditio legis* („Gesetzesübergabe"). In dieser Ikonographie steht Christus in der Regel auf dem Paradiesberg, wird von den Apostelfürsten flankiert und überreicht die Schriftrolle (*Rotolus*) mit seinem „Gesetz" an Petrus (manchmal auch an Paulus), während der jeweils andere Apostel den Arm in einer Geste der Akklamation erhebt (vgl. Spera 2000). Diese Szene gehört seit etwa Mitte des 4. Jahrhunderts zum Repertoire der christlichen Ikonographie und könnte sich entweder (als Synthese) aus einer älteren Christusdarstellung mit Aposteln entwickelt haben oder aber eine Neubearbeitung und Verschmelzung mit dem Motiv der Übergabe der göttlichen Gebote an Mose sein (vgl. Ex 24,12; 31,18). Tatsächlich erweist sich die letztgenannte Episode als Vorankündigung des neuen, den Menschen kundgegebenen Gesetzes, mit dem das vorhergehende vollendet und abgelöst wird. Der Herr legt es in die Hände seiner Apostel, den herausragenden Führern, die zusammen die Gesamtheit der kirchlichen Gemeinschaft verkörpern, der das endgültige Gebot Gottes übergeben wird: „Ein neues Gebot gebe ich euch: Liebt einander! Wie ich euch geliebt habe, so sollt auch ihr einander lieben" (Joh 13,34).

Nachdem die Darstellung der christlichen *Traditio legis* verschiedentlich in der Malerei und Mosaikkunst in Erscheinung trat, fand sie an den figural gestalteten Stirnseiten von Sarkophagen einen für

„Domus dei Valeri" auf dem Caelius in Rom entdeckt wurde und heute im Museo Archeologico Nazionale in Florenz aufbewahrt wird. Bei der Lampe der Valeri befindet sich Petrus auf dem Schiffsheck, das symbolisch für die Kirche steht, doch aus der Haltung des kleinen Paulus lässt sich schließen, dass bei der verschollenen Lampe aus Cornus er an dieser Stelle gestanden haben muss.

Die Paulusfigur stammt vom Gelände des frühchristlichen Friedhofs in Cornus im Westen Sardiniens, wo sie unter Geschirrscherben in der Nähe eines Grabmals entdeckt wurde. Der archäologische Fundkontext, der frühestens ins 6. Jahrhundert zu datieren ist, deutet darauf hin, dass die Statuette nach ihrem ersten Gebrauch (als Bestandteil der Lampe) sorgsam aufbewahrt wurde, um schließlich als Grabbeigabe zum Schutz der Grabstätte ihres letzten Besitzers zum Einsatz zu kommen.   Anna Maria Nieddu

| **Lit.:** Pani Ermini 1988/1989; Giuntella 1990, S. 225f.; Kat. Rom 2000b, S. 212f., Nr. 58 (Vincenzo Santoni); Fourlas 2005/2006, S. 158, Taf. 46–47; Kat. Fort Worth 2007, Nr. 62

67 Marmorfragment mit Paulus

Römische Werkstatt, ca. 375–400
Fundort unbekannt
Weißer Marmor – H. 12,7 cm, B. 5,4 cm, T. 1,5 cm
Vatikanstadt, Musei Vaticani, Museo Cristiano, Inv.Nr. 64244

II „CUNCTOS POPULOS". DAS CHRISTENTUM IM RÖMISCHEN REICH

Experimente und ihre Bewährung weit kongenialeren Platz. Auf ihnen lässt sich die ikonographische Entwicklung der Szene bis über die Schwelle des 5. Jahrhunderts hinweg verfolgen. Abgesehen von einigen Beispielen an Sarkophagen mit fortlaufenden Friesen finden sich die ältesten bekannten Darstellungen der Traditio vor allem an den sogenannten Säulensarkophagen. Hier nimmt jeweils einer der drei Protagonisten einen der zentralen Säulenzwischenräume ein, während sich die Schriftrolle mit dem göttlichen Gesetz um die Säule zwischen Christus und Petrus legt (vgl. Bovini/Brandenburg 1967, Nr. 677). Einen größeren räumlichen Zusammenhalt erlangt die Szene hingegen an den Stirnseiten der Stadttorsarkophage, deren architektonischer Hintergrund in der Regel als reine Kulisse für die drei im Vordergrund dargestellten Figuren dient. Hier erfährt die *Traditio legis* eine noch hierarchischere Gestaltung, die ihren Höhepunkt in den bekannteren Beispielen des Sarkophags von Flavius Gorgonius in Ancona (vgl. Dresken-Weiland 1998, Nr. 149) und des noch bedeutenderen Mailänder Stilicho-Sarkophags findet (auf dem Petrus und Paulus als Führungsgestalten im Kreis aller Apostel dargestellt sind; vgl. Dresken-Weiland 1998, Nr. 150). Beide wurden in der Regierungszeit von Kaiser Theodosius I. (379–395) in Rom hergestellt.

Auch das hier beschriebene Relief kann offenbar der Hand eines meisterhaften *Marmorarius* zugeschrieben werden, dessen Werkstatt im Rom der spättheodosianischen Zeit tätig und möglicherweise auf die Herstellung von Reliefsarkophagen für Auftraggeber aus der Oberschicht spezialisiert war. Der sonst eher in gerader, aufrechter Positur dargestellte Paulus weist in diesem Relief eine geschwungene Haltung auf, die enge Parallelen in der Grabplastik des ausgehenden 4. Jahrhunderts hat, wie in den genannten Beispielen von Ancona und Mailand, aber auch an einem Sarkophag in der Krypta von S. Giovanni in Valle in Verona. Vor allem in Bezug auf die für das vorliegende Stück so charakteristische gerundete Darstellung von Gesicht und Haar ist eine noch deutlichere Ähnlichkeit mit der Figur des Paulus in der Traditio-Szene eines Säulensarkophag-Fragments festzustellen, das heute in New York aufbewahrt wird (vgl. Dresken-Weiland 1998, Nr. 131) und verschiedentlich zwischen 360 und 400 datiert wird.

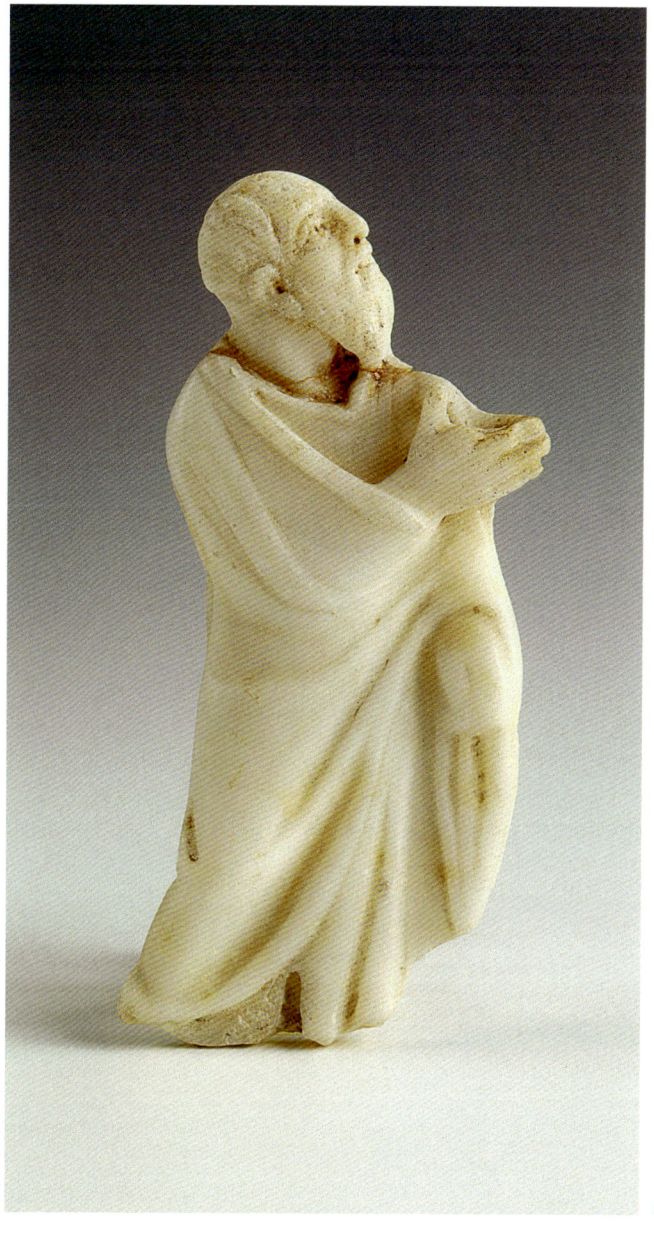

Von diesen bildhauerischen Beispielen unterscheidet sich das Fragment aus dem Museum von Benedikt XIV. einzig durch seine geringere Größe. Das spricht dafür, dass es vermutlich nicht von der Stirnseite, sondern eher vom Deckel eines Sarkophags stammt, wahrscheinlicher aber noch vom Relief eines Reliquienkästchens (siehe Rekonstruktion), ähnlich dem etwas späteren der heiligen Quiricus und Giulitta in Ravenna (Kat.Nr. 93), das den typologisch engsten Bezug zum hier beschriebenen Relieffragment liefert (vgl. Gardini/Novara 2011, S. 88–92). Vermutlich wurde die Paulusfigur sorgfältig von einem solchen möglicherweise beschädigten Reliquiar abgelöst, wobei man dem leicht gewölbten Profilabschnitt folgte und die Füße ausnahm, die vielleicht zu wenig erhaben waren. Die Rückseite des auf diese Weise gewonnenen feinen Reliefs wurde anschließend sauber geschliffen und im oberen Teil mit einer Bohrung für einen Metallzapfen zum Anbringen und Ausstellen des kleinen Kunstwerks versehen. Es ist nicht mehr feststellbar, wann genau dies geschah, möglicherweise aber kurz bevor die kleine Marmorfigur in das Museo Cristiano von Benedikt XIV. gelangte – also vor 1762 und wahrscheinlich sogar vor 1756 –, wo sie mithilfe des kleinen Metallstifts in einer der Holzvitrinen dieser außergewöhnlichen frühchristlichen Wunderkammer aufgestellt wurde. Umberto Utro

| Lit.: Bovini/Brandenburg 1967; Dresken-Weiland 1998; Spera 2000; Kat. Rom 2000/01, Bd. 2, S. 236f. (Umberto Utro); Utro 2004, S. 156–167; Kat. Vatikanstadt 2009, S. 202f., Nr. 73 (Umberto Utro); Gardini/Novara 2011

68 Marmorfragment mit lehrendem Christus zwischen Petrus und Paulus

Römische Werkstatt, Ende des 4. Jahrhunderts
Fundort unbekannt; Restaurierung 2012: Valentina Lini (in der Werkstatt für Lapidarienrestaurierung der Vatikanischen Museen; Leitung Guy Devreux)
Weißer Marmor – H. 23 cm, B. 40 cm, T. 15 cm
Vatikanstadt, Musei Vaticani, Museo Cristiano, Inv.Nr. 31456

Die kleine rechteckige Marmorplatte ist wahrscheinlich das Fragment eines architektonischen Elements, das 1757 für seine Aufnahme in die Sammlungen des Museo Cristiano Benedikts XIV. von Bartolomeo Cavaceppi verkleinert und in ein Reliefbild verwandelt wurde. Von dort gelangte das Stück in das neue von Papst Pius IX. im Jahr 1854 gegründete Lateranmuseum für christliche Altertümer (Museo Pio Cristiano). Bei der jüngst erfolgten Restaurierung kam am unteren, ungewöhnlich dicken Rand des Fragments eine Bohrung zum Vorschein, in der einst vermutlich der Bolzen eines Türklopfers steckte – wofür es (Alessandro Vella zufolge) in der Antike ähnliche Beispiele gibt. Diese Entdeckung wirft neue Fragen auf – sowohl hinsichtlich der Herkunft des Fragments selbst als auch zur Zeit seiner architektonischen Verwendung.

Das Relief stammt aus dem späten 4. Jahrhundert und zeigt in der Bildmitte Jesus auf einem Thron sitzend. Er ist mit einem Heiligenschein ausgezeichnet, mit Pallium und Tunika bekleidet und hält in seiner Hand einen geöffneten Codex. Neben ihm sind die beiden Apostel Petrus und Paulus im Akklamationsgestus zu erkennen. Der für die chronologische Zuordnung ins ausgehende Jahrhundert der Konstantinischen Wende entscheidende Faktor ist der Nimbus um den Kopf Jesu Christi. Die dreiteilige Bildkomposition erinnert hingegen an die Szene der *Traditio legis*, die dem Künstler bestens bekannt gewesen sein dürfte, der hier jedoch mit dem aufgeschlagenen Codex das Konzept von Christus als Lehrer unterstreicht, der von seinen Jüngern umgeben ist. Dieses Motiv findet sich in den antiken Darstellungen der Bergpredigt (man denke beispielsweise an das Fragment im Museo Nazionale Romano; vgl. Bovini/Brandenburg

1967, S. 321f., Nr. 773b, Taf. 123; Bd. I, Abb. 13). Die Szene entspricht jedoch in keiner Weise mehr der früher typischen Darstellung vom bescheiden bekleideten Jesus inmitten seiner Schüler. Dies ist vielmehr der majestätische Auftritt des Kaisers auf dem Thron, dem seine ihn flankierenden Würdenträger huldigen. Die Darstellung erinnert sehr an die Hauptszene an der Vorderseite des Sarkophags des Präfekten Iunius Bassus aus dem Jahr 359 (vgl. Bovini/Brandenburg 1967, S. 279–283, Nr. 680, Taf. 104–105). Damit wird das kleine Fragment zu einem kostbaren ikonographischen Zeugnis, das das Wissen über den Triumph des Glaubens in der römischen Christengemeinschaft unter Theodosius I. (reg. 379–395) zum Ausdruck bringt. Der Kaiser hatte im sogenannten Dreikaiseredikt (*Cunctos populos*), das im Februar 380 in Thessaloniki unterzeichnet wurde, alle Reichsvölker verpflichtet, sich „zu der Religion [zu] bekehren, die der göttliche Apostel Petrus den Römern überliefert hat, (…) und zu dem sich der Pontifex Damasus klar bekennt wie auch der Bischof Petrus von Alexandrien, […] das bedeutet, dass wir […] (an) eine Gottheit des Vaters, Sohnes und Heiligen Geistes in gleicher Majestät und heiliger Dreifaltigkeit glauben". In den Jahren 391–392 setzte Theodosius mithilfe weiterer Erlässe das Verbot heidnischer Religionen schließlich endgültig durch. Umberto Utro

| **Lit.:** Marucchi 1910, S. 16, Taf. XVIII, Nr. 7; Wilpert 1929–1936, Bd. 1, S. 52f., Taf. XLII,3; Bovini/Brandenburg 1967; Gennaccari 1996, S. 261f.; Dresken-Weiland 1998, S. 28, Nr. 89; Kat. Vatikanstadt 2009, S. 186f., Nr. 59 (Umberto Utro)

69 Mosaikfragment mit dem Kopf des heiligen Petrus

Rom, Basilika San Paolo fuori le mura, 440–450
Mosaik – H. 74,5 cm, B. 54 cm (mit Travertinrahmen: H. 83 cm, B. 62,5 cm, T. 10 cm)
Vatikanstadt, Fabbrica di San Pietro in Vaticano, ohne Inv.Nr.

Dieses bedeutsame Mosaikfragment gilt als „eines der kostbarsten Relikte des frühchristlichen Roms" (Mather 1923, S. 18). Seine Identifizierung als Teil einer Petrusdarstellung, die sich einst am Pendentif des Triumphbogens der Basilika Sankt Paul vor den Mauern befand, ist das Ergebnis einer sorgfältigen Studie, die Maria Andaloro im Jahr 1989 anlässlich der Ausstellung „Fragmenta Picta" im Castel Sant'Angelo in Rom vorstellte (Andaloro 1989). Ihren Untersuchungen waren bereits verschiedene Vorschläge zu Datierung und Kontext des prächtigen Mosaiks vorausgegangen, das bezeichnenderweise weder unter den Schätzen der konstantinischen Basilika noch von dem gewissenhaften Giacomo Grimaldi (*1568, †1650) oder dem bestens informierten Francesco Maria Torrigio (*1580, †1650) genannt wird und auch in der zweiten Hälfte des 18. Jahrhunderts bei Filippo Lorenzo Dionysio (*1712, †1789) keine Erwähnung findet.

Tatsächlich geht die erste Notiz zu diesem Mosaikfragment im Petersdom auf das Jahr 1840 zurück, als das *viri barbati caput musivi opere* im Hauptschiff der Vatikanischen Grotten am vierten Pfeiler der linken Seite angebracht wurde, der sich etwa auf der Höhe der Grabstätte von Papst Paul VI. befindet (Sarti/Settele 1840, S. 83, Nr. 126). Im Jahr 1924 wurde das Mosaik im Saal H des heute nicht mehr existierenden Museo Petriano (Cascioli 1924, S. 35) ausgestellt und im Zuge der partiellen Schließung des Museums im Jahr 1949 in den Saal IV der Vatikanischen Grotten verbracht (Tòth 1955, S. 64, Taf. 18). Im Sommer 1985 wurde das wertvolle Objekt in einen als „Deposito Lambertini" bezeichneten Raum hinter dem Grabmal von Papst Benedikt XIV. (Zander 1985, S. 13, 28) überführt und befindet sich seit 1992 am Eingang der sogenannten „Galleria di Clemente VIII" (einer nach Papst Clemens VIII. benannten Galerie) vor der ungarischen Kapelle in den Vatikanischen Grotten (Kat. Vicenza 2007; Lanzani 2010, S. 258). Das bereits früher im Rahmen verschiedener internationaler Ausstellungen gezeigte Mosaik wurde im April 2011 sorgfältig durch Experten spezialisierter Werkstätten des Studio del Mosaico della Fabbrica di San Pietro gereinigt.

In den Vatikan gelangte das Petrusmosaik offenbar nach dem verheerenden Brand, durch den San Paolo fuori le mura im Sommer 1823 stark beschädigt worden war. Auch damals waren es die Spezialisten des Studio del Mosaico della Fabbrica di San Pietro (genannt wird der Name Giacomo Raffaeli), die das Mosaikfragment vom Triumphbogen entfernten, der stark unter dem Feuer gelitten hatte (Bordi 2006b, S. 405). Vermutlich sollte es später wieder dort angebracht werden, dieses Vorhaben wurde jedoch aufgegeben. In jedem Falle erneuerten die Fachleute der Werkstätten die Mosaikarbeiten des Triumphbogens 1851/52 komplett nach dem Vorbild der ursprünglichen Dekoration (Giornale di Roma 1852, Nr. 150). Durch die Herkunftsbestimmung des Mosaikfragments wurde die bereits von Mather im Jahr 1923 vorgeschlagene Datierung bestätigt, denn am Triumphbogen der Paulusbasilika an der Via Ostiense befand sich die folgende Inschrift, die auch in die Kopie aus dem 19. Jahrhundert übertragen wurde: *Placidiae pia mens operis decus homne paterni / gaudet pontificis studio splendere Leoni* („Placidias frommer Geist freut sich, dass diese durch ihren Vater erbaute Kirche durch die Bemühungen des Papstes Leo in vollem Glanze strahlt."). Das Mosaik ist daher in einem ziemlich begrenzten zeitlichen Rahmen zwischen der Wahl von Papst Leo I. („Leo der Große"; 29. September 440) und dem Tod von Galla Placidia (27. November 450) anzusiedeln – einer Zeit von grundlegender Bedeutung für die Entwicklung der Kunst Roms in den folgenden Jahrhunderten (Monciatti 2000, S. 891).

Wie von Maria Andaloro aufgezeigt, muss bei der Interpretation des Mosaiks der Erhaltungszustand ebenso mit einbezogen werden wie die Tatsache, dass das Fragment ursprünglich als Teil eines größeren Bildes aus der Entfernung betrachtet wurde.

Tatsächlich wurde das Mosaik mindestens viermal restauriert, wobei der Kopf des Apostels zwar weitgehend unberührt blieb, die Umrisse jedoch durch teilweise unpassende Erneuerungen und Ergänzungen verändert wurden. Man denke nur an den „wenig geglückten Eingriff, durch den sich der blaue Hintergrund dorthin ausbreitete, wo er nie zuvor war, unter das Kinn, anstelle des Hals- und Schulteransatzes" (Andaloro 1989, S. 112). Vermutlich im Jahr 1924 wurde das

Gesicht aus dem Zusammenhang isoliert und als eigenständiges Porträt präsentiert, das sich dem Betrachter nicht mehr unmittelbar als ein ursprünglich mit einem Körper verbundener Kopf erschloss (Bordi 2006b, S. 405).

Der am Triumphbogen der Paulusbasilika dargestellte heilige Petrus muss eine Höhe von etwa dreieinhalb Metern gehabt haben und war dabei von stattlicher und gleichzeitig keineswegs starrer Erscheinung. Übereinstimmend mit dem Gesamtbild des Apostels, das durch Unterlagen aus der Zeit vor dem Brand und durch die in Sankt Paul vor den Mauern hergestellte Kopie aus dem 19. Jahrhundert überliefert ist, ist der Kopf von Petrus leicht nach rechts gewandt und verstärkt damit die vom Körper angedeutete Bewegung, die durch die in die entgegengesetzte Richtung schauenden Augen ausgeglichen wird. Die Pupillen scheinen den Betrachter mit einem intensiven und durchdringenden Blick zum Dialog aufzufordern. Die Gesichtszüge sind geschickt durch mehrfarbige, aus Glaspaste hergestellte Mosaiksteine verschiedener Nuancierung hervorgehoben. Linien hellblauer Steinchen unterstreichen die Konturen einiger Details des gleichfarbigen Haupt- und Barthaars und formen um die Stirn gleichsam einen Kranz aus Haarsträhnen, der unten von einer Reihe roter Mosaiksteine begrenzt wird. Ein überzeugendes und vielsagendes Gegenstück liefert ein Gemälde der Petrusbüste, das zu den *imagines clipeatae* der Päpste gehörte, die während des Pontifikats von Papst Leo I. für das Mittelschiff der Paulusbasilika gemalt wurden. Heute wird es in der Abtei von Sankt Paul vor den Mauern aufbewahrt (Bordi 2006, S. 403f.).

Bei einer genauen Betrachtung des Kunstwerks offenbart sich schließlich der ursprüngliche Bettungsmörtel in den Zwischenräumen des Mosaiks mit Spuren der Vorzeichnungen und Farbhintergründe, die dem Künstler als Anleitung für die Anordnung der mehrfarbigen Mosaiksteine dienten (Andaloro 1989, S. 112; Bordi 2006b, S. 403).

Pietro Zander

| Lit.: Sarti/Settele 1840; Mather 1923; Cascioli 1924; Töth 1955; Zander 1985, S. 85; Andaloro 1989; Brenk 2000, S. 139; Monciatti 2000; Bordi 2006b (mit umfangreicher Bibliographie); Kat. Vicenza 2007, S. 226f. (Pietro Zander); Lanzani 2010, S. 258

70 Medaillon mit Bildnis von Papst Siricius

Rom, Basilika San Paolo fuori le mura, 442–460
Fresko auf Peperino-Platte – H. 136,8 cm, B. 136,5 cm, T. 5 cm
Vatikanstadt, Basilica Papale di San Paolo fuori le mura, Galleria dei Papi, Inv.Nr. SP 1858

Das Freskenfragment war Teil der Dekoration des Mittelschiffs der Basilika Sankt Paul vor den Mauern. Es gehört zu einer Reihe von 42 Medaillons mit päpstlichen „Porträts", die aneinandergereiht ein an der Hochschiffwand verlaufendes Schmuckband bildeten. Vor den umfangreichen Renovierungsarbeiten an der Basilika nach dem verheerenden Brand vom Juli 1823 (Bild 70-2) wurde das Fresko zwischen 1825 und 1826 von dem Maler Pellegrino Succi entfernt und auf einer Peperino-Platte befestigt.

Der aus einer römischen Familie stammende Papst Siricius (amt. 384–399) war Nachfolger von Damasus I. (amt. 366–384), dessen politisches und spirituelles Erbe er nicht nur in Bezug auf den beginnenden Kampf gegen seinen Gegenpapst Ursinus und dessen Anhänger antrat, sondern auch und vor allem hinsichtlich seines entschiedenen Eintretens für die Kircheneinheit mit dem apostolischen Stuhl in Rom als Mittelpunkt und nicht zuletzt seiner Weiterverfolgung der ehrgeizigen Bauvorhaben seines Vorgängers. Letztere waren vor allem auf die Sanierung und Aufwertung der außerhalb der Stadt für Märtyrer errichteten heiligen Stätten ausgerichtet. In diesem Zusammenhang ist auch die urkundlich belegte Bedeutung von Siricius für die Basilika San Paolo fuori le mura zu erwähnen.

Das Brustbild des Papstes hebt sich gegen einen graublauen Hintergrund ab; das Medaillon ist von einem dreistufigen Rahmen begrenzt; der grüne Innenstreifen ist genau unterhalb des Porträts unterbrochen, was den Eindruck erzeugt, als befinde er sich im Verhältnis zur Figur auf einer zweiten Ebene. Der Papst trägt eine Tunika mit Purpursaum und darüber ein Pallium, das die linke Schulter bedeckt und fast nicht wahrnehmbar auf der rechten Schulter wieder auftaucht. Das bartlose Gesicht ist nach vorn gerichtet und wird von einem sehr intensiven Blick dominiert; die Gesichtszüge sind nicht sehr ausgeprägt und werden hauptsächlich durch verschiedene Schattierungen wiedergegeben; durch das ergraute Kopfhaar ist die Tonsur deutlich zu erkennen.

Die älteste Reihe von Medaillons mit Porträts von Päpsten, zu der auch dieses Bildnis von Siricius gehört, entstand im Zuge des zur Zeit Papst Leos des Großen (amt. 440–461) unter der Schirmherrschaft der Kaiserin Galla Placidia (*ca. 392, †450) durchgeführten Wiederaufbaus der Basilika nach dem gewaltigen Erdbeben von 442. Die Medaillons waren auf einem roten Band aneinandergereiht, das direkt über dem Bogengang des Mittelschiffs verlief. Der weitere Wandschmuck über diesem Band bestand aus zwei Reihen mit Bildern biblischer Szenen und ganz oben war in den Zwischenräumen zwischen den Fenstern jeweils ein Prophet dargestellt. Die Porträts waren paarweise und gleichmäßig dem Ab-

70-2

II „CUNCTOS POPULOS". DAS CHRISTENTUM IM RÖMISCHEN REICH

69

stand zwischen den Säulen entsprechend angeordnet. Der Name des Papstes und die Dauer seines Pontifikats wurden mit Inschriften zwischen den Medaillons angegeben. Die älteste Reihe begann wahrscheinlich auf der Südwand mit dem Porträt des heiligen Petrus und endete mit dem von Leo dem Großen auf der Gegenfassade der Basilika. Bis zur Amtszeit von Gregor III. (amt. 731–741) wurde sie immer wieder auf Veranlassung verschiedener Päpste erweitert. Mit einer neuen Reihe unter der vorhergehenden hat man zur Zeit von Papst Nikolaus III. begonnen, und zu ihrem Erhalt wurden diverse Restaurierungsarbeiten zum einen von Kardinal Condulmer (1425) und zum anderen von Papst Benedikt XIV. (amt. 1740–1758) in Auftrag gegeben. Letzterer brachte die Reihe auf den neuesten Stand bis hin zu seinem eigenen Porträt, wobei er nun auch die Wand des Querschiffs nutzte. Bis zum Pontifikat von Papst Pius VII. (amt. 1800–1823) wurde die Abfolge mehrmals aktualisiert.

In einer Zeit, in der im Kaiserreich politisch-institutionelle Unruhen und militärischer Druck herrschten, diente die Galerie der Papstporträts offensichtlich dem Zweck, die apostolische Herkunft des Bischofsstuhls von Rom deutlich zu machen. Es ist belegt, dass es

70-1

II „CUNCTOS POPULOS". DAS CHRISTENTUM IM RÖMISCHEN REICH   93

71

analoge Reihen dieser Art in den Basiliken San Pietro und San Giovanni in Laterano gab, die in der Amtszeit von Papst Leo dem Großen bzw. Papst Nikolaus III. ihren Ursprung hatten. Beide Porträtserien sind heute vollständig verschollen. Alessandro Vella

| **Lit.**: Rossi 1870; Bruyne 1934; Ladner 1941, S. 38–59; Andaloro 1992; Kat. Rom 2000b, S. 230f., Nr. 104–105 (Maria Andaloro); Bordi 2006a, S. 379–395

71 Fragment einer Schrankenplatte mit Peltenverzierungen

Rom, Basilika San Paolo fuori le mura, Area archeologica dell'Orto dei Monaci; Rom, 4.–6. Jahrhundert
Weißer Marmor – H. 39,2 cm, B. 51,5 cm, T. 6,7 cm; Breite der Pelten (Schuppen) 3 cm
Vatikanstadt, Basilica Papale di San Paolo fuori le mura, Area archeologica dell'Orto dei Monaci, Galleria espositiva, Inv.Nr. SP 694

Das Fragment zeigt eine schuppenartige Verzierung, die sich aufgrund besonders ausgeprägter Einkerbungen deutlich vom Hintergrund abhebt. Die Schuppen sind von nahezu einheitlicher Größe. Vermutlich bildete dieses Fragment einst einen Eckteil einer antiken Chorschranke. Am oberen Rand befindet sich eine Bohrung mit den Resten einer Metallkrampe; das Muster ist nur auf einer Seite eingemeißelt, während die andere unbearbeitet ist.

Das Schuppen- oder Peltenornament (Pelta: antiker Schild griechischen Ursprungs) wurde seit der Spätantike für die Gestaltung von marmornen Brüstungen in Kirchen in Anlehnung an jene aus Holz oder Metall verwendet, wie sie in der Reproduktion der „Rostra Vetera" auf einem Relief des Konstantinsbogens in Rom zu sehen ist. Das Motiv ist sowohl für die liturgische Ausstattung von Titelkirchen als auch Friedhofsbereichen in Form von geschlossenen Chorschranken oder offenen Brüstungen sowie auf Sarkophagen reichlich belegt.

Zu den repräsentativsten Verzierungen dieser Art gehören die frühchristlichen Beispiele auf der Bronzetür des Oratoriums von San Giovanni im Baptisterium des Lateran (aus dem 5. Jahrhundert) und an einer Bronzeschranke in der Kirche Sant'Apollinare in Classe in Ravenna. Erweitert man den geographischen Horizont, finden sich im gesamten Mittelmeerraum Zeugnisse für dieses Motiv (eine Einführung zu diesem Ornamentmotiv findet sich bei Coroneo 2005, S. 23–26).

Es lassen sich zahlreiche Ähnlichkeiten zwischen dem hier besprochenen Fragment und Objekten feststellen, die aus römischen Kirchen des 4. bis 6. Jahrhunderts stammen, wie San Lorenzo in Damaso (Mitchell 2009, S. 122, Nr. 19–20, Abb. 13–14) und Sant'Agata dei Goti (Pani Ermini 1974, S. 56f., Nr. 2–3, Taf. II). Die außerstädtischen Friedhöfe Roms betreffend, kann eine Verbindung zu einem Fragment hergestellt werden, das aus den Katakomben von Santa Felicita stammt (Broccoli 1981, S. 106, Nr. 48, Taf. XI).

Der Gebrauch des Peltenornaments für die Ausschmückung von Sarkophagseiten wird durch zahlreiche Beispiele belegt, darunter ein Exemplar, das in Arles entdeckt wurde, jedoch aus einer römischen Werkstatt des ausgehenden 4. Jahrhunderts stammt (Beispiel: Christern-Briesnik 2003, S. 42, Nr. 56, Taf. 20,4). Luca Mazzocco

| Lit.: Unveröffentlicht; Pani Ermini 1974; Broccoli 1981; Christern-Briesnik 2003; Coroneo 2005; Mitchell 2009

72 Kleines Kapitell mit Chrismon zwischen Alpha und Omega

Rom, Basilika San Paolo fuori le mura, 4. Jahrhundert
Vom Abriss eines Mauerabschnitts der sogenannten Passeggiata archeologica (Arbeiten 2008)
Weißer Marmor – H. 14,5 cm, B. 24,9 cm, T. 27,2 cm
Vatikanstadt, Basilica Papale di San Paolo fuori le mura, Area archeologica dell'Orto dei Monaci, Galleria espositiva, Inv.Nr. SP 529

Während der kürzlich durchgeführten Abrissarbeiten an der Mauer der sogenannten *Passeggiata archeologica* bei der Basilika Sankt Paul vor den Mauern wurden die Bruchstücke eines kleinen Kapitells aus weißem Marmor entdeckt, das zusammen mit zahlreichen anderen bildhauerischen Artefakten bei der Errichtung der heutigen Basilika verbaut worden war. Dem Fragment nach gehört das Kapitell zu den Kompositkapitellen mit glatten Blättern. Die seitlichen Blätter, auf denen die Voluten aufliegen, sind teilweise noch sichtbar, während der Echinus über den Rand des Kapitellkörpers (Kalathos) und sogar über die Voluten auskragt. In der Mitte des Abakus ist deutlich ein Blattlappen zu erkennen. Das mittlere, am Kalathos anliegende Blatt ist im gesamten Profil erhalten, seine Spitze ist vergrößert und nach außen gebogen. Auf seiner Oberfläche ist zwischen den apokalyptischen Buchstaben Alpha und Omega, die seitlich auf den glatten Flächen der Eckvoluten platziert sind, ein großes Christusmonogramm (Chrismon) ausgearbeitet. Die Zeichen sind in tiefen dreikantigen Rillen in den Stein gekerbt und weisen Serifen auf; der Querstrich des Alpha ist zerbrochen, das Omega ist kursiv gestaltet.

Mit dem Christusmonogramm gehört dieses Kapitell zu einer zahlenmäßig eher kleinen Gruppe spätantiker Bauelemente, die durch religiöse Symbole gekennzeichnet sind. Einen Vergleich mit dem hier gezeigten Kapitell bieten einige ganz ähnliche kleine Kompositkapitelle mit glatten Blättern, die aus dem Bereich des sogenannten *Xenodochio di Porto* (ein Pilgerhospiz) stammen und eine Menora aufweisen (Pensabene 1973, S. 130, Nr. 513, Taf. XLIX; Kat. Rom 2000b). Eine Neubearbeitung und -auswertung des gesamten Spektrums architektonischer Elemente mit religiösen Bezügen steht leider nach wie vor aus, denn es enthält einige Fundstücke mit mehr oder weniger deutlichem Bezug zum Christentum: so beispielsweise der aus Tebessa stammende Pfeiler mit der Darstellung eines Palmenhains und einem darüber befindlichen Christogramm mit den Buchstaben Alpha und Omega (Kat. Mailand 2003) sowie die Konsole mit dem schaftragenden Hirten, der im Museum der Abtei von Grottaferrata aufbewahrt wird (Spera 2008, Nr. 189). All diese Beispiele lassen auf individuelle Versuche im öffentlichen und privaten Rahmen schließen, schmückenden Objekten eine deutlich religiöse Prägung zu geben.

Die Art des Kapitells, die Präsenz des Chrismons und die Schriftzeichen legen eine Datierung ins 4. Jahrhundert (wahrscheinlich in dessen zweite Hälfte) nahe. Laura Acampora

| Lit.: Pensabene 1973; Kat. Rom 2000b, S. 193, Nr. 10 (Giandomenico Spinola); Kat. Mailand 2003, S. 345, S. 446, Nr. 360 (Sabah Ferdi); Spera 2008; Kat. Vatikanstadt 2009, S. 160, Nr. 50 (Laura Acampora)

73 Zwei Altarpfeiler

Mansio ad Baccanas, Campagnano di Roma (Rom), zweite Hälfte des 4. Jahrhunderts
Carrara-Marmor – H. 75 cm, B. 11 cm, T. 11,5 cm
Vatikanstadt, Musei Vaticani, Museo Cristiano, Inv.Nr. 31587/31588

Die beiden kleinen vierkantigen Pfeiler aus weißem Marmor enden unten in einer schlichten Plinthe, die sich mit einer Hohlkehle an den Schaft anschließt, und oben in einem bekrönenden Karnies und einer glatten Zierleiste. Einer der beiden (Inv.Nr. 31588) weist keinerlei Verzierungen auf; der andere, aus zwei Fragmenten bestehende Pfeiler (Inv.Nr. 31587) zeichnet sich auf seiner Vorderseite durch eingeritzte Darstellungen aus: eine Weinranke mit drei Weinblättern und vier Trauben. Oben und unten endet die Ranke jeweils in einem Christusmonogramm (Chrismon) in der allgemein als konstantinisch bezeichneten Ligatur aus den ersten beiden Buchstaben des Namens Christus auf Griechisch (Χριστός): X (Chi) und P (Rho).

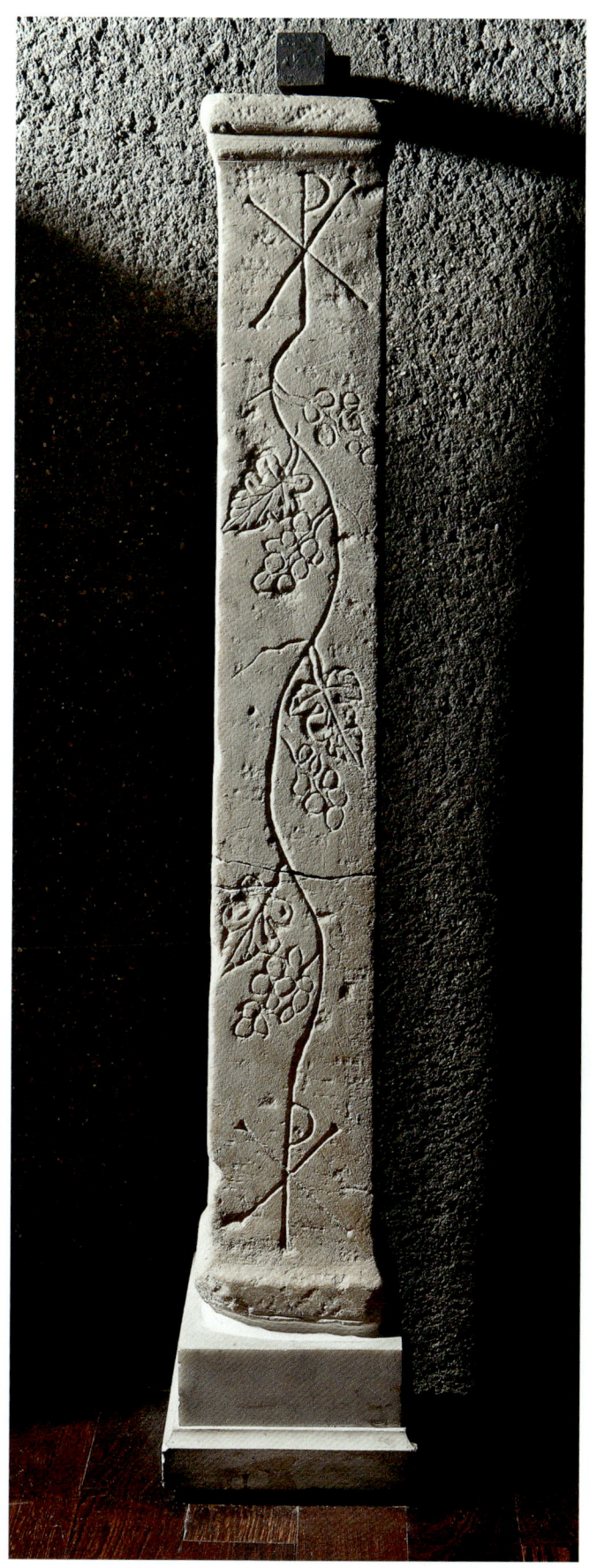

II „CUNCTOS POPULOS". DAS CHRISTENTUM IM RÖMISCHEN REICH

73

73

Mehrere Merkmale der Verzierung legen eine frühe Datierung auf die letzten Jahrzehnte des 4. Jahrhunderts nahe: zum einen die gleichmäßige und schlichte Form des Monogramms, das hier in seiner ursprünglichen Gestalt noch ohne die apokalyptischen Buchstaben Alpha und Omega (Ā Ω) zu sehen ist, und zum anderen die feine und naturalistisch fließende Gravierung, die in der Ausarbeitung der Details auf den Blättern kalligraphisch und fast schon wie Sgraffito wirkt und damit weit entfernt ist von der harten und schematischen Darstellungsweise, die in der Übergangszeit zu den mittelalterlichen Jahrhunderten üblich war.

Das Motiv der Weinranke in Verbindung mit dem Namen Christus ist eindeutig eine Anspielung auf den Begriff der *vitis vera*, des wahren Weinstocks (Joh 15,1–8), und legt es nahe, die kleinen Pfeiler in einen liturgischen Zusammenhang zu stellen, wie etwa als Stützen einer vermutlich rechteckigen Altarplatte (Rekonstruktion). Die Weinrebe als symbolische Darstellung von Christus war tatsächlich bei Verzierungen frühchristlicher Altäre recht weit verbreitet, sowohl auf den Altarsäulen als auch auf Altarplatten und Ziborien, auch wenn eine Anspielung auf die Eucharistie für das sehr frühe Christentum noch nicht eindeutig nachweisbar ist. Im Fall der kleinen Pfeiler aus Baccano könnte sich die patristische Vorstellung vom Opfertod der Heiligen, die im Herbst des Martyriums (*autumnus martyrii*) zur Hinrichtung geführt werden wie die Traube zur Kelter (Zeno Veronensis, Tractatus, I, 33,25–27), als besonders aufschlussreich erweisen, denn alles spricht dafür, dass der Altar zu einer Basilika gehörte, die über dem Grab eines bischöflichen Märtyrers errichtet wurde.

Die kleinen Pfeiler wurden 1857 zufällig bei einer antiken Grabstätte etwa in Höhe von Kilometer 30 der Via Cassia, unweit des 21. antiken Meilensteins entdeckt. Aus alten Quellen geht hervor, dass es hier im Altertum eine Poststation gab, die unter dem Namen Mansio ad Baccanas (*Tabula Peutingeriana*) bekannt war. Die Pfeiler lagen bei ihrem Fund umgestürzt in einer Grabstätte und wurden von dem berühmten Archäologen Giovanni B. de Rossi für seine Privatsammlung erworben. Seine Tochter übergab sie dann im März 1931 dem Museo Pio Cristiano. An besonderer Bedeutung gewinnt die Entdeckung im Licht einer als „Passio S. Alexandri" (Acta Sanctorum, Sept. VI, S. 227–236; 5. bis 6. Jahrhundert) bekannten hagiographischen Quelle mit vielen topographischen Hinweisen, die durch Ausgrabungsarbeiten häufig bestätigt werden konnten. Darin wird die Geschichte des gleichnamigen Märtyrers geschildert, der wahrscheinlich ein vor Ort tätiger Bischof war und von dem Befehlshaber Antonino in der Nähe von dessen Landgut zum Tode verurteilt und ein Stück außerhalb des Vicus Baccanensi, auf Höhe des 20. Meilensteins, hingerichtet wurde. Im Jahr 321 sei in Verbindung mit dem Begräbnis des Märtyrers ein erstes Gotteshaus mit angrenzendem Friedhof errichtet worden. Später schenkte Kaiser Konstantin der von Papst Marcus 336 in Rom gegründeten Titelkirche San Marco den *Fundus Baccanus*, zusammen mit einem *Fundus Antonianus*, Grundbesitz, der dem aus der Schilderung bekannten Landgut des Befehlshabers entsprach (Le Liber Pontificalis, I, 202). Einer im „Martyrologium Adonis" (Patrologia Latina, Bd. 123, Sp. 405) enthaltenen Quelle zufolge wurde die Wallfahrtskirche von Alessandro unter Papst Damasus I. (amt. 366–384) umgebaut. Auf diese Zeit sind auch die beiden kleinen Altarpfeiler zu datieren. Eine letztmalige Erwähnung vor ihrem endgültigen Verschwinden fand die Kirche im Jahr 1053, als um sie herum eine kleine Siedlung mit dem Namen „Burgus Sancti Alexandri" entstanden war. Alessandro Vella

| **Quelle:** Acta Sanctorum, Le Liber Pontificalis, Patrologia Latina

| **Lit.:** Rossi 1875; Leonardi 1947, S. 126–130; Fiocchi Nicolai 1986, S. 305–322; Chalkia 1991, S. 57ff., Abb. 51, 53, 54, 56; De Francesco 2004, S. 67–70; Guj 2007

74 Sakramentar von Autun

Autun, um 800
Pergament; Minuskel mit üblichen Rubrizierungen, nur wenige aufwendiger gestaltete Initialen, keine Miniaturen, Titelblatt fol. 1v in roter und gelber Kapitale – Einband (letzte Restaurierung in den 1970er-Jahren) aus naturfarbenem Kalbspergament – H. 28,3 cm, B. 18,4 cm; 220 Bll.
Berlin, Staatsbibliothek zu Berlin – Preußischer Kulturbesitz, Sign. Ms. Phill. 1667

Die Handschrift gehört zur Gruppe der fränkisch-gelasianischen Sakramentare des 8. Jahrhunderts (Junggelasiana), deren Urtyp im Zuge der karolingischen Liturgiereform um 760/70 in einem benediktinischen Umfeld entstanden ist. Primär bietet das Sakramentar dem Vorsteher der Messe (Bischof, Priester) die ihm zukommenden Gebetstexte in der Ordnung des Kirchenjahrs, darüber hinaus Materialien für andere liturgische Feiern (zum Beispiel Ordinationen, Kirchweihe, bischöfliche und sonstige Segnungen, monastische Liturgie, Martyrologium, Bußbuch). Die Handschrift verarbeitet in größerem Umfang römische Gebete, ergänzt diese aber bei den Heiligenfesten, im Commune Sanctorum und bei den übrigen Texten durch Elemente gallisch-fränkischer Herkunft. Die Lokalisierung in Autun (Burgund) ergibt sich vor allem aus der Tauflitanei.

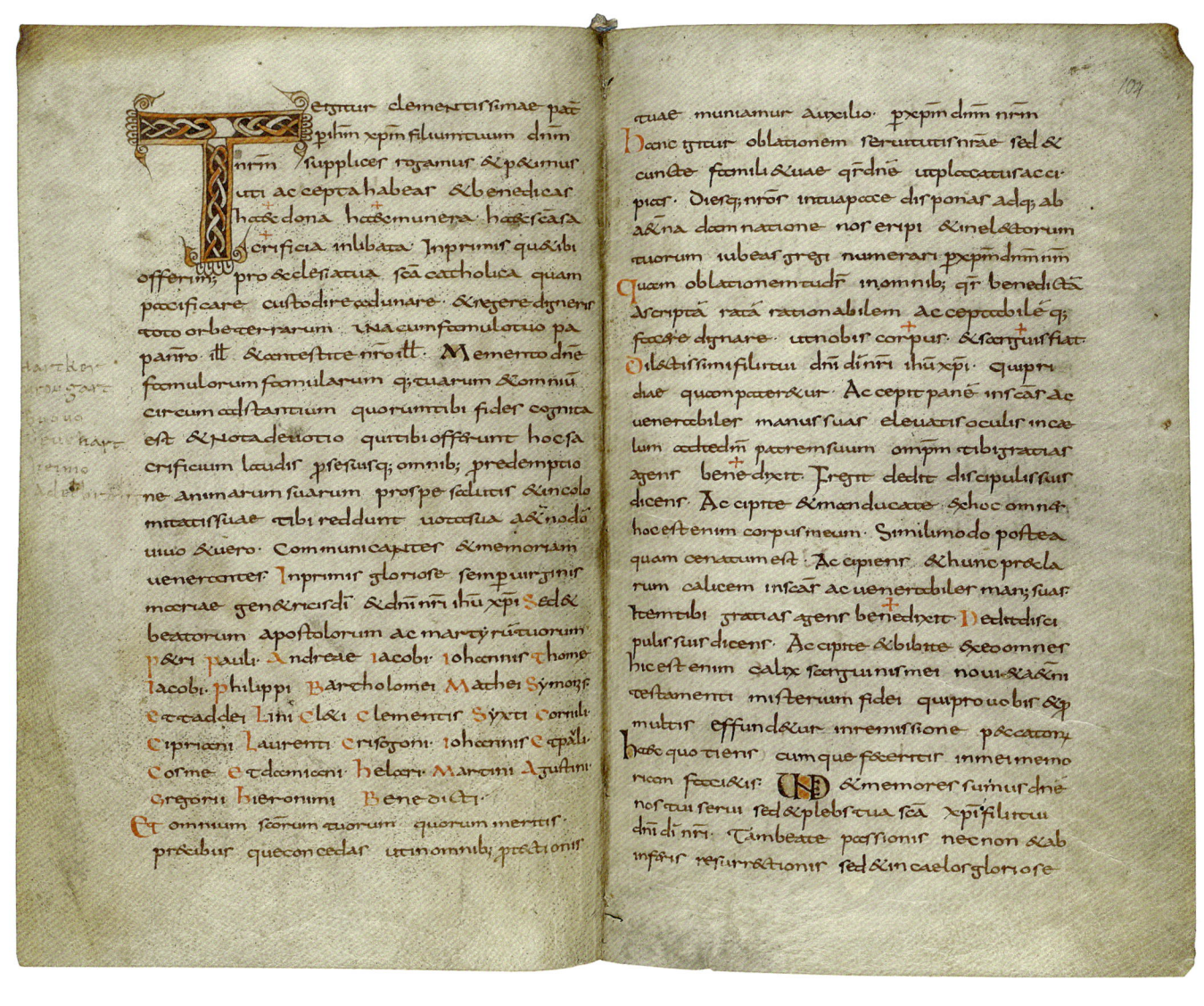

Die aufgeschlagenen Seiten fol. 103v–104r zeigen den Beginn des Canon Romanus, des Eucharistischen Hochgebetes (Te igitur), das, abgesehen von geringfügigen Varianten (zum Beispiel in den Heiligenlisten), unverändert seit der Spätantike als Kerntext der römischen Messe in Handschriften und Drucken von Sakramentaren und Messbüchern überliefert wurde. Auf fol. 103v hat auf Höhe der Namensnennung des Papstes und des eigenen Bischofs („antestite nostro ill."), oberhalb der ersten Namensliste des Canon Romanus, eine spätere Hand am linken Rand die deutschen Namen nachgetragen: „Hartker. urougart. Buovo. Geuehart. heimo. Adelbreht", die bisher nicht identifiziert sind.

Martin Klöckener

| **Quellen:** Liber Sacramentorum Augustodunensis (CCSL 159 B) (Edition); Sacramentarium Veronense, S. 181–199 (Teiledition: Sondergut des Sakramentars in den Heiligenmessen und im Commune Sanctorum)

| **Lit.:** Rose 1893, S. 220–223 (Beschreibung der Handschrift); Heiming 1980; Chavasse 1984; Klöckener 1990; Metzger 1994, S. 107–113 (Lit.)

Byzanz – Das Licht aus dem Osten

75 Ziborium der Anastasia

Konstantinopel, 6. Jahrhundert (?)
Prokonnesischer Marmor – H. 63 cm, B. 43 cm, T. 44,5 cm
Venedig, Procuratoria di San Marco – Tesoro della Basilica di San Marco, Inv.Nr. 12

Das aus einem einzigen Marmorblock gefertigte kleine Ziborium mit quadratischer Basis zeigt an seiner Rückseite einen nach außen kragenden Sockel. Die Kuppel wird von vier Säulen mit leichter Entasis am Schaft sowie Akanthusblatt-Kapitellen getragen. Die beiden hinteren Säulen sind notwendigerweise kürzer. Die Kuppel, die über Rundbögen auf den Säulen liegt und an den Ecken mit Palmetten verziert ist, bewahrt auf ihrem Scheitel Spuren eines Eisenzapfens, der ursprünglich sicher ein dekoratives Element, möglicherweise ein Kreuz, getragen hat. Im Inneren ist ein Marmorring verblieben, der einst der Aufhängung eines Gegenstandes diente. Die Arbeit wird der protobyzantinischen Zeit zugerechnet und gehört vermutlich zu einer Serienproduktion, worauf ihre wenig sorgfältige Ausführungstechnik mit den an den Innenseiten nicht überarbeiteten Kapitellen und die oberflächlich auf nur zwei Bögen eingravierten Inschriften schließen lassen.
Das kleine Ziborium gehört seit 1885 zum Domschatz, wohin es aus den Lagerräumen der Basilika verbracht worden war.
Über dieses Ziborium haben Wissenschaftler bereits zahlreiche Diskussionen sowohl hinsichtlich seiner Verwendung als auch der Inschrift geführt, die in griechischen Großbuchstaben auf den zwei Bögen mit der Anrufung verläuft: ΥΠΕΡΕΥΧΗΣ Κ[ΑΙ] ΣΩΤΗΡΙΑΣ ΤΗΣ ΕΝΔΟΞΟΤΑΤΗΣ ΑΝΑΣΤΑΣΙΑΣ („Nach dem Gelübde und für das Heil der glorreichsten Anastasia").
Der in der Inschrift genannte Name Anastasia zeitigte verschiedene Deutungsrichtungen. Einerseits versuchte man zu ergründen, wer jene „glorreichste" byzantinische Adelige gewesen sein mochte, die dieses Ziborium gestiftet hatte. Andererseits wurde vermutet, dass das in der Inschrift genannte Wort Anastasia ein Schreibfehler für *Anastasis* – die Auferstehung – sei.
In einem erschienenen Aufsatz stellt Italo Furlan nun eine neue, sehr überzeugende Hypothese vor. Bezug nehmend auf eine Reihe historisch-literarischer Hinweise schlägt er vor, den Namen des Ziboriums mit der von Gregor von Nazianz in seiner kurzen Zeit als Bischof (amt. 379–381) einer Hauskapelle in Konstantinopel verliehenen Bezeichnung (Anastasia) in Verbindung zu bringen. Hier versammelte sich eine Gemeinde streng nicänischen Glaubens, die in einem Umfeld, in dem der Arianismus weit verbreitet war, an der Orthodoxie festhielt.
Aufgrund seiner Form erinnert das kleine Ziborium an den Baldachin, der dem Schutz des Altars dient, auf dem die Eucharistie gefeiert wird. Der auskragende Teil und die verkürzten Säulen bestimmen im Aufbau deutlich eine vordere sowie eine rückwärtige Seite, die vermutlich auf einem weiteren Element eines Altars angebracht war. Im Markusdom war das Ziborium vielleicht für eine gewisse Zeit auf dem Altar hinter der Pala d'Oro platziert. Der Ring im Inneren diente offenbar der Aufhängung des in Form einer Taube gestalteten Silbergehäuses, in dem die geweihten Hostien aufbewahrt wurden.
Eine bei einer kürzlichen Restaurierung entnommene Probe belegte den besonderen Charakter des Steins, aus dem dieses kleine Artefakt gefertigt wurde. Es handelt sich um orientalischen Marmor von Prokonnesos, der heutigen Insel Marmara im gleichnamigen Meer. Aus dem gleichen Material besteht auch die Verkleidung der inneren und äußeren Wände des Doms selbst mit Platten, die herrliche Maserungen in verschiedenen Grautönen aufweisen.

Maria Da Villa Urbani

| Lit.: Veludo 1884; Marangoni 1927; Volbach 1971, S. 8, Nr. 9; Kat. Venedig 1986, S. 104, Nr. 6 (Danielle Gaborit-Chopin); Furlan 2002; Kat. Vicenza/Mailand/Venedig 2006, S. 122–125, Nr. 17 (Maurizia De Min); Lazzarini 2006

76 Vortragekreuz

Syrien, 2. Hälfte 6. bis frühes 7. Jahrhundert
Silber; gegossen, ziseliert; Inschrift mit Nielloeinlagen – Haltedorn abgebrochen und antik repariert – H. 49 cm, B. 27,7 cm, T. max. 0,3 cm; 590 g
Karlsruhe, Badisches Landesmuseum Karlsruhe, Inv.Nr. 94/700

Das Kreuz verfügt über stark geschweifte Arme, die in tropfenförmigen „Perlen" enden. An der Unterkante der Querhaste befinden sich zu jeder Seite drei Ösen für die Anbringung von Silberketten. Daran dürften ursprünglich Glas- oder Edelsteinperlen und/oder die apokalyptischen Buchstaben Alpha und Omega angebracht gewesen sein. Der am unteren Ende der Längshaste angenietete Dorn ersetzt den ursprünglichen, der abgebrochen ist. Er diente zum Aufsetzen des Kreuzes auf eine Tragestange.
Die Schauseite des Kreuzes ist durch eine griechische Inschrift definiert, die mit Nielloeinlagen gestaltet wurde: ΑΓΙΟΣ Ο ΘΕΟΣ ΑΓΙΟΣ ΙΣΧΥΡΟΣ / ΑΓΙΟΣ ΑΘΑΝΑΤΟΣ ΕΛΕΗΣΟΝ ΗΜΑΣ („Heilig ist Gott, heilig [und mächtig] / heilig [und] unsterblich, erbarme dich unser"). Dabei handelt es sich um den Trishagion-Hymnus, einen Lobhymnus auf die Trinität. Er wurde offenbar zur Zeit des Patriarchen von Konstantinopel Proklos (amt. 434–447) eingeführt und wird bis heute zu Beginn der östlichen Liturgie gesungen.
Auf der Rückseite des Kreuzes befinden sich an den Enden der Arme

II „CUNCTOS POPULOS". DAS CHRISTENTUM IM RÖMISCHEN REICH   99

75

vier griechische Kreuzmonogramme, die sehr wahrscheinlich die Stifter des Objektes benennen. Am Kreuzungspunkt der Arme erscheint zudem ein Buchstabenkreuz aus den Wörtern ΦΩC (Licht) und ZΩH (Leben). Dabei handelt es sich um eine verbreitete Referenz an Joh 1,4 und Joh 8,12.

Umzüge mit silbernen Kreuzen vor den Gottesdiensten sind für Konstantinopel bereits für die Zeit um 400 überliefert. Seit Justinian I. (reg. 527–565) war das Mitführen von Kreuzen bei Prozessionen gesetzlich vorgeschrieben und reglementiert (Novellae Iustiniani 123,32). Sie wurden zum Beispiel beim Einzug in die Kirche zu Beginn der Liturgie mitgeführt.

Das Exponat gehört zu einer Gruppe vergleichbarer Silberkreuze des 6./7. Jahrhunderts, die aus dem östlichen Mittelmeerraum stammen. Formtypolgisch eng verwandt sind beispielsweise die Exemplare aus dem Phela-Schatz aus Syrien (Dumbarton Oaks Collection, Washington) und ein Exemplar in der Sammlung Christian Schmidt, München. Es ist zu vermuten, dass das Objekt zu einem Kircheninventar gehörte, das im Kontext der Perser- und Arabereinfälle in der ersten Hälfte des 7. Jahrhunderts verborgen wurde. Benjamin Fourlas

| **Quelle:** Novellae Iustiniani

| **Lit.:** Mundell Mango 1986, S. 235, Nr. 65 (zum Kreuz des Phela-Schatzes in Dumbarton Oaks, Washington D.C., Inv.Nr. 55.17); Maaß 1995a, S. 134f., Abb. 2–3; Maaß 1995b, S. 157f., Abb. 145; Kat. München 2004, S. 124, Nr. 161 (Christian Schmidt) (zum Kreuz der Sammlung Christian Schmidt, München, Inv.Nr. 740); Oepen 2004; Fourlas [in Vorbereitung] (Lit.)

77 Patene

Östlicher Mittelmeerraum, 5.–6. Jahrhundert
Silber; gegossen, drehend überarbeitet/geglättet, ziseliert, punziert – mehrfach gebrochen und restauriert – H. 6,5 cm, Dm. ca. 36 cm; 1260 g
Karlsruhe, Badisches Landesmuseum Karlsruhe, Inv.Nr. 93/1062

Dieser flache Teller weist einen leicht schräg abstehenden Rand und einen konischen Standring auf. Die Innenseite ist mit einem Mittelmedaillon dekoriert, das von einem Fries aus aufgestellten Akanthusblättern umgeben ist. Eine Bordüre mit geometrischem Muster und stilisierten Akanthusblattkelchen markiert den Rand der Innenfläche des Tellers. Im Inneren des Medaillons erscheint ein mit Gemmen verziertes Kreuz, das typologisch weitgehend dem Typus der Kat.Nr. 76 entspricht. Das Kreuz fußt auf einem Felsen, der nur in den Konturen angedeutet ist. Die vier durch einige kurze gewundene Linien angedeuteten „Ströme", die unterhalb des Kreuzes entspringen, charakterisieren den Felsen als Paradiesberg nach Gen 2,10.

Das Kreuz auf dem Vierstromberg ist ein Symbol des messianischen Heils, das alt- und neutestamentliches Gedankengut miteinander verknüpft. Das Kreuz Christi auf dem Golgothafels entspricht in der Exegese der Kirchenväter dem Lebensbaum (Gen 2,9), von dem der Paradiesstrom bzw. die Quelle des Taufwassers entspringt. Die Doppeldeutigkeit von Lebensbaum und Kreuz ist auf einigen frühbyzantinischen Pilgerampullen aus Palästina ikonographisch klar zum Ausdruck gebracht, indem in der Kreuzigungsszene der Golgothafels durch Wasserströme als Paradiesberg charakterisiert ist und das Kreuz aus Palmschuppen gebildet wird. Als konkretes Vorbild für das edelsteingeschmückte Kreuz auf einem Berg diente möglicherweise das Prunkexemplar, das Kaiser Theodosius II. (reg. 408–450) in Jerusalem auf dem Golgothafelsen aufstellen ließ.

Für das Bildthema des Kreuzes auf dem Paradiesberg lassen sich mehrere Parallelen auf Silbertellern und -schalen des 5.–7. Jahrhunderts benennen, die zum Teil ikonographisch variiert sind. Einige dieser Vergleichsobjekte gehörten zu Kircheninventaren und sind sicher als Patenen verwendet worden, weshalb eine derartige Funktion auch für das hier ausgestellte Exponat anzunehmen ist. Benjamin Fourlas

| Lit.: Maaß 1994, S. 196ff., Abb. 4; Maaß 1995b, S. 157, Abb. 144; Fourlas [in Vorbereitung] (Lit.)

78 Weihrauchgefäß oder Lampe

Syrien oder Libanon, spätes 6.–erstes Drittel 7. Jahrhundert
Silber; getrieben – H. 6 cm, Dm. 10,5–11 cm; 183 g
Karlsruhe, Badisches Landesmuseum Karlsruhe, Inv.Nr. 93/1055

Das Objekt besteht aus einer annähernd halbkugeligen Schale mit leicht eingezogenem Rand, wulstartigem Standring und einer Aufhängevorrichtung aus drei Ketten. Am Rand der Schale ist eine Inschrift aus getriebenen Buchstaben angebracht: † ΜΕΓΑΛΟΥΣ ΥΠΕΡ ΑΝΑΠΑΥΣ(εως) ΚΑΡΙΛΟΥ ΠΡΟΣΕΝΕΓΚ(εν) ΤΟ ΑΓ(ιω) ΚΟΣΤΑΝΤΙΝΩ („Megalous hat es für den Seelenfrieden des Karilos dem heiligen Konstantin dargebracht").

Der Dekor der Gefäßwandung besteht aus vier Medaillons, die jeweils durch zwei kleine übereinander angeordnete Rosetten voneinander getrennt sind. Sie weisen je eine Büste einer nimbierten Person auf. Es handelt sich um Christus, die Gottesmutter, einen Engel sowie einen Heiligen, der mit Helm, Mantel, Panzer und Stabkreuz ausstaffiert ist.

Das Stück ist typisches Bestandteil eines frühbyzantinischen Kircheninventars. Für vergleichbare Objekte wird meist eine Funktion als Weihrauchgefäß angenommen. Jedoch ist auch eine Nutzung als Lampe nicht auszuschließen. Typologisch und vom Dekor her eng verwandt sind die drei „Weihrauchgefäße" des Attarouthi-Schatzes (The Metropolitan Museum of Art, New York) aus dem nördlichen Syrien. Das Exponat war angeblich Bestandteil eines Hortes von fünf Silberobjekten, zu dem drei Kelche, ein Kreuz und ein Löffel gehörten (alle im Badischen Landesmuseum in Karlsruhe).

Außergewöhnlich an der für die Zeit typischen Inschrift ist die Nennung des heiligen Konstantin. Im Hinblick auf die Büste des militärisch gerüsteten Mannes kann es sich nur um Kaiser Konstantin I. (reg. 306–337) handeln. Für gewöhnlich wird davon ausgegangen, dass der Kult Konstantins sich von der Hauptstadt aus verbreitete. Außerdem überwiegt die Meinung, dass Konstantin erst seit dem 8. Jahrhundert als Heiliger galt. Das Exponat liefert einen exzeptionellen materiellen Beleg für einen etablierten Konstantinskult in den Provinzen bereits in frühbyzantinischer Zeit. Ansonsten weist bisher nur ein weiteres „materielles" Zeugnis auf eine verbreitete Verehrung des ersten christlichen Kaisers als Heiliger in der Frühzeit hin, und zwar der fragmentarisch erhaltene Malereizyklus der Kirche am Karm Al-Ahbariya in Ägypten (wohl 2. Hälfte 6. Jahrhundert).

Benjamin Fourlas

| Lit.: Mundell Mango 1992, S. 135f., Abb. 15–16; Maaß 1994, S. 194, Abb. 1–2; Piguet-Panayotova 1998, S. 646–653, Abb. 11–23 (zu den „Weihrauchgefäßen" des Attarouthi-Schatzes); Witte-Orr 2010, S. 78–84, S. 147–151, Abb.11, Taf. 2.7.26–27 (zum Konstantinszyklus der Kirche am Karm Al-Ahbariya); Kat. Schallaburg 2012, S. 250, Nr. V.20 (Klaus Gereon Beuckers); Fourlas [in Vorbereitung] (Lit.)

79 Kelch

Djeme, Medinet Habu, 6. Jahrhundert (?)
Bronze; aus Matrize gegossen, Verzierung mit Graviernadel – H. 11,7 cm (Kuppa: H. 5,5 cm, Fuß: H. 6 cm, abgebrochenes Stück: H. 0,2 cm), Dm. an der Basis 4,2 cm, Dm. der Kuppa 6,9–7 cm
Vatikanstadt, Musei Vaticani, Museo Cristiano, Inv.Nr. 60810

Der Kelch hat eine ovale Kuppa, die an Boden und Rand beschädigt ist. Der obere Teil ist entlang der Kerbung abgebrochen, die einst das Zierband auf dem Rand hervorhob. Der heute abgetrennte Fuß ist kegelstumpfförmig mit leicht konkavem Profil und wurde von einem Ring am Boden des Gefäßes aufgenommen. Den Schaft verzieren drei parallel zur Basis verlaufende Rillenpaare in der unteren Hälfte.

Laut Inventarregister wurde dieses liturgische Gerät am 9.II.1898 (vermutlich eher im Februar als im November) in Luxor durch den Florentiner Pater Athanasius erworben und im Jahr 1898 im Rahmen der Missionsausstellung in Turin gezeigt. Es stammt aus Ägypten, genauer gesagt aus der koptischen Siedlung, die in Medinet Habu (koptisch: Djeme) auf dem großen befestigten Areal des Totentempels von Ramses III. errichtet wurde. In dieser bis ins 8./9. Jahrhundert bewohnten Stadt wurden durch Ausgrabungen mindestens vier christliche Kirchen identifiziert (Hölscher 1954, S. 51–57). Besonders erwähnenswert ist darunter die fünfschiffige Basilika, die grob ins 5. bis 7. Jahrhundert (Monneret de Villard in Hölscher 1954, S. 54) oder vielleicht präziser in die Mitte oder zweite Hälfte des 6. Jahrhunderts (Grossmann in CCDL, CE:1496a-1497b) datiert werden kann. Sie nahm den zweiten Hof des Tempelkomplexes von Ramses III. ein. Allerdings fielen die Ruinen dieser antiken Kultstätte im Jahr 1891 dem Wiederaufbau der Tempelanlage durch den Ägyptischen Altertumsdienst zum Opfer, der die Bebauungen der koptischen Zeit entfernte. Im Rahmen dieser Arbeiten wurden keine Aufzeichnungen über archäologische Funde angelegt und es gibt keinerlei Zeugnisse (so Bock 1901, S. 85, Anm. 29). Die Annahme, dass der Kelch bei dieser Gelegenheit entdeckt wurde, erscheint zwar plausibel, doch ein Zufallsfund zu einem anderen Zeitpunkt ist ebenfalls möglich.

Die Form des Fundstücks legt den Vergleich mit den Kelchen aus dem Schatz von Galognano nahe, für den eine Datierung ins 6. Jahrhundert und ein westlicher Ursprung vorgeschlagen wurden (siehe zuletzt Valenti 2007; Gaggetti 2012, S. 132). Claudia Lega

| **Lit.**: Bock 1901; Hölscher 1954; Kat. Novalesa/Turin 2007, S. 114–117, Nr. 1.3.27 (Marco Valenti); Gaggetti 2012; CCDL, CE:1496a–1497b (Art. Madinat Habu: Peter Grossmann), URL: http://ccdl.libraries.claremont.edu/cdm/singleitem/collection/cce/id/1227/rec/13 (22.01.13)

79

II "CUNCTOS POPULOS". DAS CHRISTENTUM IM RÖMISCHEN REICH

"Was bleibt, wenn Rom untergeht?" – Umbruch und Erneuerung

80 Römische Steindenkmäler aus Rommerskirchen Evinghoven

Aus zwei Brunnen eines römischen Gutshofes (villa rustica), Ausgrabung 2003

Von den bislang mehr als 1 200 für die germanischen und gallischen Provinzen nachgewiesenen Jupitersäulen hat nur ein Votiv, die "Colonne de Cussy" in Burgund (Département Côte-d'Or), halbwegs intakt die Zeiten überdauert. Ein erheblicher Teil der Weihungen ist schon in der späteren römischen Kaiserzeit umgestürzt, zerschlagen und dann wiederverwendet worden, zum Beispiel in der konstantinischen Festung Divitia-Köln-Deutz. Nicht selten wurden sie in Gruben bzw. in unbrauchbar gewordenen Brunnen bei Entschuttungsmaßnahmen, so in Evinghoven, entsorgt. Dass die Reste mindestens dreier Jupitersäulen, ferner der Statue einer Göttin, einer Säule tuskanischer Ordnung und anderes zusammen mit Bauschutt in zwei Brunnen der Evinghovener Villa verkippt worden sind, reiht sie einem Zerstörungshorizont in unserer Provinz ein, der durch mitverschütteten Keramikbruch und verlorengegangene Münzen in die zweite Hälfte des 4. Jahrhunderts datiert wird. Ein vorausgehender niedergermanischer Zerstörungshorizont gehört dem dritten Viertel des 3. Jahrhunderts an.

Für diesen ersten Zerstörungshorizont ist schon angesichts der religionspolitischen Situation auszuschließen, dass die Zerschlagung der Weihedenkmäler wie der Architekturen christlichen Bilderstürmern geschuldet ist. Die *sacrilegia* gehen vielmehr auf die literarisch und archäologisch bezeugten Alamannen- und Frankeneinfälle dieser Jahrzehnte zurück. So dankten die Bewohner eines Vicus in Gallien (Dalheim, Großherzogtum Luxemburg) in diesen Jahren nach der Jahrhundertmitte der Fortuna für die Rettung des Reiches (*ob salutem imperii*) und bauten die Porticus der Thermen wieder auf, die durch die Gewalt der Barbaren (*vi barbarorum*) zerstört worden war. Neben der Zerstörung profaner Gebäude wurden auch Heiligtümer beschädigt und geplündert, etwa durch die Alamannenschar

80a

80b

eines gewissen Chrocus, die so Furcht und Schrecken (*terror*) unter der Provinzialbevölkerung verbreitete. Die Befunde des zweiten Zerstörungshorizontes, nach der Mitte des 4. Jahrhunderts, zu dem auch die Villa von Evinghoven gehörte, für die unter anderem das Niederbrennen von Gehöften bezeichnend ist, erweisen ebenfalls die Täterschaft von Germanen.

Seit den Verboten der heidnischen Kulte durch das theodosianische Herrscherhaus (ab 392) ist im römischen Germanien und Gallien in größerem Ausmaß mit christlichem Ikonoklasmus in paganen Heiligtümern zu rechnen, und dieser ist nun auch archäologisch nachweisbar. Einer der Vorkämpfer war, wie ein Zeitgenosse berichtet, Bischof Martin von Tours, der Heiligtümer zerstörte (*fana destruxerat*), Altäre, Statuen und eine Säule von immensem Gewicht mit Götterstatue durch sein Gebet „pulverisierte" (*columnam immensae mollis cui idolum superstabat ... solvit in pulverem*: Vita sancti Martini 11–15; Dialogus tertius 9).

a) Fragmentiertes Bauglied einer Säule tuskanischer Ordnung
2./3. Jahrhundert
Sandstein – oberer Abschluss des Kapitells abgeschlagen, kleinere Beschädigungen am Schaft – H. noch 37,5 cm, Dm. unten 35 cm
Bonn, LVR-LandesMuseum Bonn, Inv.Nr. 2004.20

Der sich leicht verjüngende obere Abschluss des lediglich geglätteten (unkannelierten) Säulenschaftes ist, wie häufig, in einem Stück mit dem Kapitell gearbeitet. Wie am Wulstring und dem glatten Hals abzulesen, gehört dieses zur tuskanischen Ordnung.

Diese Säulenordnung wurde ob der einfachen Herstellungstechnik sehr häufig in der Architektur der Nordwestprovinzen des Imperium Romanum verwendet. Die Säule, deren Basis und deren Schaft im Hauptteil verloren sind, dürfte zur Architektur des Hauptgebäudes der Villa, etwa zu einer Porticus, gehört haben. Die Schäfte von Jupitersäulen waren hingegen fast stets mit Blattwerk als sakralem Zeichen geschmückt (sogenannte Schuppensäulen).

b) Statue des thronenden Jupiter
1. Viertel 3. Jahrhundert
Sandstein – Kopf, Schulter, Partien des Thorax, beide Arme, Teile der Rückenlehne des Thrones und der Plinthe verloren, wohl abgeschlagen; Oberfläche verwittert – H. 54,5 cm, B. an der Plinthe 29 cm, T. 28 cm
Bonn, LVR-LandesMuseum Bonn, Inv.Nr. 2004.13

Der auf einem Thron sitzende, kräftig gebaute Mann, das rechte Bein angezogen, das linke vorgesetzt, ist mit einem Mantel angetan, der den Unterkörper verhüllt, im Rücken hochgeführt ist und einst als Bausch über der linken Schulter lag. Zwischen den Beinen des Thrones ist jeweils als sakrales Zeichen ein Tuch gespannt. Die Rückseite der Figur ist geglättet, die Unterseite nur roh gepickt. Zur Linken des Mannes steht vor dem Thronbein kleinfigurig ein entblößter Jüngling.

Nach Typus und Fundkontext (siehe unten) ist der Thronende als Jupiter zu identifizieren, der in der auf dem Oberschenkel ruhenden Rechten als Wettergott das Blitzbündel, in der erhobenen Linken das Zepter des obersten der Götter gehalten haben wird. Als Haupt ist

80c

80c

ein Kopf mit väterlichem Antlitz, vollem Bart und gelocktem, Stirn und Schläfen rahmendem Haar zu ergänzen. Der Jüngling an seiner Seite wird als Ganymed, Liebling des Jupiter und Mundschenk der Götter, zu deuten sein. Die Statue dürfte eine dem Jupiter geweihte Säule bekrönt haben.

c) Sockel eines Weihedenkmals für Jupiter
2. Viertel 3. Jahrhundert
Kalkstein; aus mehreren anpassenden Bruchstücken zusammengesetzt – die Reliefs zweier Seiten weitgehend abgeschlagen, ebenso der untere Abschluss – H. noch 55,5 cm, B. ca. 39 cm, T. 42 cm
Bonn, LVR-LandesMuseum Bonn, Inv.Nr. 2004.18

Die Frontseite des rechteckigen, oblongen Blockes trägt lediglich die einzeilige abgekürzte, gleichwohl dem antiken Betrachter vertraute Weihinschrift: I(ovi) O(ptimo) M(aximo) = dem besten und größten Jupiter.

Die rechts anschließende Seite zeigt in ornamentierter Rahmung (Blattmuster, Rosetten und Archivolte) eine frontal auf linkem Stand- und rechtem Spielbein stehende Frau, die in Gewand (Chiton) und Mantel gekleidet ist und mit diesem ihr Haupt verhüllt hat. Die gesenkte Linke hält ein Zepter, die angewinkelte Rechte eine diagonal geführte lodernde Fackel. Die mit Diadem, Ohrringen und Halsband geschmückte Frau ist durch ihr heiliges Tier, den auf einem kannelierten Pfeiler wiedergegebenen Pfau, als Juno, die Gemahlin Jupiters, ausgewiesen, wozu auch die genannten Attribute passen. Von der linken Nebenseite hat sich ein Rest der Rahmung erhalten, die entsprechend der der Gegenseite zu ergänzen ist. In Umrissen zeichnet sich eine Figur in Schrittstellung ab, die vielleicht als Minerva mit Helm (Helmbusch) zu deuten ist.

Der Block hat ohne Zweifel zu einem Weihgeschenk für Jupiter gehört, dessen Statue eine auf dem Sockel postierte Säule bekrönt hat. Diese dürfte mit der in einem benachbarten Brunnen entdeckten, aus demselben Material gearbeiteten und der nämlichen Zeit entstammenden Figur des thronenden Gottes identisch sein (LVR-LandesMuseum Bonn).

Jupiter-Sockel mit Weihinschrift und Götterreliefs sind – anders als in den angrenzenden Provinzen Germania superior und Gallia Belgica – in der Germania inferior nur selten überliefert. Juno und Minerva, die zusammen mit dem Göttervater als Dreiheit in den Kapitolsheiligtümern (Trias Capitolina) verehrt wurden, bildeten das bevorzugte Bildprogramm der Sockel von Jupitersäulen, aber auch von Jupitersäulen und -pfeilern selbst, deren Schäfte Götterreliefs trugen. Zwar hat der Stifter der Weihung in Evinghoven, wie öfters, seinen Namen auf dem Sockel nicht einmeißeln lassen, doch ist er sicher mit einem der Betreiber des Gutshofes zu identifizieren. Eine vor dem Hauptgebäude seiner Villa beobachtete Fundamentierung mit Kalksteinsplittern gehört vermutlich zum einstigen Standort der Jupitersäule. Peter Noelke

| **Quellen:** Sulpicius Severus, Libri qui supersunt (CSEL 1), Vita sauchi Martini
| **Lit.:** Schaub 2006; Noelke 2006; Noelke 2010/2011, S. 294–298, Nr. 229, Abb. 6, 55, 58, 74, 101, 105, 106

81 Weiblicher Kopf (Fragment)

Ephesos, 2. Viertel 3. Jahrhundert
Marmor – H. 21.5 cm
London, The British Museum, Inv.Nr. 1874,0205.65

Der stark fragmentierte Kopf gehörte zu einer weiblichen Figur. Die linke Gesichtshälfte, Teile von Kinnpartie, Mund und Nase sind verloren. Auf dem in der Mitte gescheitelten Haar trägt die Frau einen Siegeskranz. In die Stirn wurde nachträglich ein Kreuz eingemeißelt. Der Frauenkopf wurde bereits in den 70er-Jahren des 19. Jahrhunderts bei Ausgrabungen des britischen Archäologen John Turtle Wood (*1821, †1890) in Ephesos gefunden und gelangte 1874 ins Britische Museum nach London. Sein Pendant, eine zweite, ebenfalls mit einem Kreuz bezeichnete Skulptur, wurde 1926 von österreichischen Archäologen entdeckt und befindet sich heute im Archäologischen Museum in Izmir.

Die Ruinen von Ephesos wurden seit 1895 von österreichischen Archäologen freigelegt. Ephesos in der heutigen Türkei war eine der bedeutendsten und mit über 200 000 Bewohnern größten Städte und Handelsplätze der Antike. Hier stand der zu den sieben Weltwundern zählende Artemis-Tempel aus dem 6. vorchristlichen Jahrhundert. Ephesos war Ziel der Missionsreisen des Paulus. Während seiner 3. Missionsreise (nach 50) erregte er dort den Unwillen des Silberschmieds Demetrius, der einen Aufstand der Devotionalienhändler anzettelte, die um ihr gutes Geschäft mit verkleinerten Kopien der Artemis fürchteten. Trotz solcher Bedrängnisse und Rückschläge konnte sich in dieser griechischen Metropole eine der größten und bedeutendsten christlichen Gemeinden entwickeln.

Zum überreichen Skulpturenbestand aus römischer Zeit gehörte auch die heute im Britischen Museum bewahrte fragmentierte weibliche Figur, die mit ihrem Pendant einen Straßenbrunnen schmückte, der an einer der Hauptverkehrsachsen der Stadt auf halbem Weg zwischen der oberen Agora und dem Magnesia-Tor im süd-östlichen Teil von Ephesos lag.

Neben den genannten Figuren von der Brunnenanlage wurde bei anderen Grabungskampagnen ein zweiter großer Komplex teils kolossaler Bildwerke aus augusteischer Zeit gefunden, die ursprünglich zum reichen Skulpturenschmuck der gigantischen Markt-Basilika zu Ephesos gehörten. Auch diese Figuren weisen nachträglich eingemeißelte Kreuze auf, sodass hier sicher davon ausgegangen werden kann, dass diese gut sichtbaren christlichen Eingriffe programmatisch gemeint waren.

Offensichtlich hatte man die heidnischen Skulpturen am Ort in ihrem ursprünglichen Kultzusammenhang belassen. Sie wurden lediglich mit Kreuzen bezeichnet. Das geschah nach 391, als das Christentum zur Staatsreligion erhoben wurde. Das Christentum hatte damit offenbar eine Stellung erreicht, die es gestattete, heidnische Kultanlagen zu belassen, und die Niederlage der alten Götter „im Zeichen des Kreuzes" nun öffentlich zur Schau zu stellen. Damit wurden die Skulpturen Teil einer orchestrierten Anstrengung, die christliche Bot-

81

schaft einer breiten Öffentlichkeit anschaulich zu vermitteln. An ihrem alten Standort und in ihrer Funktion zur städtischen Selbstdarstellung verblieben die Skulpturen bis ins 6. Jahrhundert. Dann wurden sie in Stücke zerschlagen und zur Fundamentierung eines byzantinischen Hauses benutzt. Christoph Stiegemann

| **Lit.:** Inan/Rosenbaum 1966, S. 136, Nr. 165; Marinescu 1996, S. 288, Nr. 7; Kristensen 2012, S. 44–49, Abb. 8; S. 55, Nr. 6

82 Hermenkopf

Wohl Athen, 2. Viertel 2. Jahrhundert
Pentelischer Marmor – H. 23 cm
Karlsruhe, Badisches Landesmuseum Karlsruhe, Inv.Nr. B 2173

Der von gleichmäßig gelegten Locken und vollem Bart gerahmte Kopf gehörte ursprünglich zu einer antiken Herme. Sie wurde in der Nähe von Athen aufgefunden. Auch wenn die Nase und vorstehende Partien des Bartes verloren bzw. stark beschädigt sind, so zeugen doch die stilisierten, schönlinigen Gesichtszüge mit den großen, kantig geschnittenen Augen und der fein differenzierten symmetrisch gebildeten Haartracht von der hohen Qualität der Skulptur. Die Datierung schwankt: Während sie Maaß (1995) in die Zeit der späten griechischen Klassik um 420 bis 400 vor Christus datierte, wurde sie von Breuer (1996) als römische Kopie aus hadrianischer oder frühantoninischer Zeit angesprochen und ins 2. Viertel des 2. Jahrhunderts nach Christi gesetzt. In die Stirn der Herme ist später ein kleines griechisches Kreuz eingearbeitet worden. Die Beschädigungen des Kopfes und der Bruch am Hals, der ihn vom Schaft trennte, sind jüngeren Datums und gehen nicht auf christliche Eingriffe zurück.

Seit dem späten 6. Jahrhundert vor Christus waren Hermen mit Kopf, Schaft und Armstümpfen in der Antike weit verbreitet. Sie standen als Kultmale an Eingängen von Heiligtümern oder frei in der Landschaft. Seit dem 1. Jahrhundert nach Christus wurden sie in eher dekorativer Weise zu Zäunen zusammengebunden. Diese Verwendung findet sich auch in christlicher Zeit, wobei allerdings die im christlichen Sinne nicht mehr verständlichen Armstümpfe und Phalloi weggelassen wurden.

II „CUNCTOS POPULOS". DAS CHRISTENTUM IM RÖMISCHEN REICH

82

Ausgehend vom mosaischen Bilderverbot war die Einstellung der Christen zur Skulptur grundsätzlich problembeladen; man sah in den Götterbildern mit dämonischen Kräften begabte Idole, die Aufstellung dreidimensionaler Bildwerke wurde als Götzendienst verdächtigt. Vor allem wegen ihrer Verweigerung der Verehrung der Kaiserstatuen wurden die Christen verfolgt. In den ersten zwei Jahrhunderten enthielten sie sich in einer bildgewaltigen Umwelt jeglicher bildlichen religiösen Darstellung. So behielt für sie die dreidimensionale plastische Götterdarstellung über lange Zeit eine negative Ausstrahlung. Im späten 4. und 5. Jahrhundert kam es immer wieder zu spektakulären Zerstörungen heidnischer Kultbilder durch christliche Bilderstürmer. Allerdings ging man dabei nicht systematisch vor, sodass diese Zerstörungen keine ausufernden Dimensionen annahmen. Vielmehr standen auf vielen Plätzen nach Ausweis von Sockeln und Basen noch zahlreiche Götterfiguren. Wie Äußerungen christlicher Schriftsteller belegen, wusste man ihren ästhetischen Wert durchaus zu schätzen. Häufig wurden sie aus den Tempelanlagen entfernt und an anderen Stellen aufgestellt, wo sie aus ihrem kultischen Kontext herausgelöst mehr dem Schmuck der Städte dienten und damit identitätsstiftend wirken konnten.

Bei der Überfülle an antiken Bildwerken kam es zudem häufig vor, dass man wie hier auf den reichen Bestand an vorhandenen Skulpturen zurückgriff und sie im Sinne christlicher Vorstellungen umarbeitete. Ob mit dem Eingravieren des Kreuzes in die Stirn der Herme eine Art „Exorzismus" vollzogen wurde, um den Dämon zu bannen, ob es sich um eine Reinigung im Sinne von „Taufe" und Umwidmung oder lediglich um ein dekoratives christliches Graffito handelte, lässt sich in diesem Fall nicht eindeutig beantworten, weil wir den ursprünglichen Kontext der Herme nicht kennen. Wo sich hingegen wie in Ephesos (Kat.Nr. 81) derartige Kennzeichnungen mittels Kreuz oder Christogramm an Skulpturenensembles finden, wird durchaus die programmatische Absicht erkennbar, heidnische Bildwerke in die neue christliche Vorstellungs- und Bildwelt zu integrieren.

Christoph Stiegemann

| Lit.: Delivorrias 1991, S. 110ff., Taf. 53; Maaß/Fabricius 1995, S. 156f., Abb. 143; Kat. Paderborn 1996, S. 130, Nr. 25 (Christine Breuer) (mit älterer Literatur); Breuer 2001, S. 92, Nr. 67; Kristensen 2012, S. 55, Nr. 13

Kirchenväter und Konzilien des 4. und 5. Jahrhunderts

Brennpunkte spätantiker Theologie- und Kirchengeschichte

Im Verhältnis zwischen Kirche und Staat ließ die „Konstantinische Wende" ab 313 eine neue Situation entstehen. Die Kirche besaß jetzt den nötigen Freiraum, um die biblisch bezeugte Offenbarung auch theologisch aufarbeiten zu können. Eine erste theologische Begriffsbildung hatte sich bereits zu Beginn der christlichen Verkündigung entfaltet. Die Apologeten und Antihäretiker des 2. Jahrhunderts hatten das Christentum literarisch verteidigt, während die Kirchenväter seit dem 3. Jahrhundert das Glaubensgut theologisch tiefer zu durchdringen suchten. Ihren Höhepunkt erreichte die patristische Theologie im 4. und 5. Jahrhundert. Zur Diskussion standen ungelöste Fragen über die Gottheit Christi und das Mysterium der Trinität. Diese Probleme verlangten nach einer Antwort. Die Kirchenväter und Konzilien leisteten hierzu wesentliche Beiträge, um den Glauben vertiefen und gegen entstellende Irrtümer verteidigen zu können.

Der im 4. Jahrhundert einsetzende Prozess einer lehrmäßigen Festlegung in Glaubensfragen verlief nicht isoliert als eine bloß innerkirchliche Reflexion. Er entwickelte sich zudem aus der Konfrontation mit geistig-philosophischen Strömungen und kirchenpolitischen und staatlichen Interessen. Die sieben Ökumenischen Konzilien des Altertums verdeutlichen das Geschehen wie historische Brennpunkte. Hauptsächlich die vier ersten Ökumenischen Konzilien präzisierten die theologischen Termini und formulierten die Grunddogmen der Kirche, die bis heute den christlichen Glauben prägen, untermauert durch die theologische Arbeit der Kirchenväter, die bereits in ihrer Zeit als herausragende Zeugen der lebendigen Glaubenstradition galten. 1295 verlieh Papst Bonifatius VIII. den Kirchenvätern Ambrosius, Hieronymus, Augustinus und Gregor dem Großen den Ehrentitel „Kirchenlehrer". Das Wirken der drei Erstgenannten fällt in den hier betreffenden Zeitraum.

Die Kirchenväter Augustinus, Hieronymus und Ambrosius

Als der bedeutendste und einflussreichste Kirchenvater des Westens gilt Augustinus (*354, †430). Seine um 400 verfassten „Confessiones", die zur Weltliteratur zählen, gewähren Einblick in seine persönliche Entwicklung und erweisen seine Bekehrung 386 in Mailand als eine überzeugte, innere Hinwendung zum Christentum. Aus der Hand des Bischofs Ambrosius, dessen Predigten ihn dem Glauben nähergebracht hatten, empfing Augustinus in der Osternacht 387 das Taufsakrament.

In Hippo (Nordafrika) wurde Augustinus 391 zum Priester und 396 zum Bischof geweiht. Als die Westgoten 410 unter Führung ihres Königs Alarich die Stadt Rom eroberten und plünderten, erschütterte die Kunde davon das gesamte Römische Imperium. In Reaktion auf Vorwürfe einzelner Heiden, der Abfall des Christentums von der altrömischen Religion habe den Niedergang der „Roma aeterna" verursacht, verfasste Augustinus von 413 bis 426 „De civitate Dei", eine geschichtstheologisch angelegte Apologie des christlichen Glaubens. Der heidnische Götterkult garantiere das irdische Glück nicht, für das ewige Leben sei er auch nicht notwendig oder nützlich, betonte Augustinus. Christus sei vielmehr der einzige Heilsmittler. Die Katastrophe von 410 sei Teil eines welt- und heilsgeschichtlichen Geschehens, wobei der Gegensatz zweier Bürgerschaften (*civitates*) das Hauptthema der Geschichte bilde: „eine irdische Bürgerschaft der Selbstliebe (*amor sui*), die bis zur Verachtung Gottes geht, und eine himmlische Bürgerschaft der Gottesliebe (*amor Dei*) bis zur Verachtung des eigenen Selbst". Die Kirchenpolitik des Mittelalters war von diesen geschichtstheologischen Gedanken weithin bestimmt.

Ein wesentlicher Ausgangspunkt für die Theologie der Folgezeit war der von Augustinus vertretene Einklang zwischen Glauben und Vernunft. Sein christlicher Neuplatonismus verband Wissen und Glauben zu einer großen Synthese der Philosophie und Theologie auf Grundlage des biblischen Denkens (*Intellige, ut credas; crede ut intelligas*, „Erkenne, um zu glauben; glaube, um zu erkennen"). Die Gnadenlehre, die theologische Erkenntnistheorie, der Amts- und Kirchenbegriff und die Mystik Augustinus' wurden bis zum 20. Jahrhundert immer wieder in Teilaspekten rezipiert und weiterentwickelt.

Exemplarische Bedeutung hatte auch Hieronymus (*347/48, †419/20), der in Trier dem Mönchtum begegnete und sich für das monastische Leben entschied. 379 ließ er sich in Antiochien zum Priester weihen und nahm 382 an der von Papst Damasus I. einberufenen Synode in Rom teil. Damasus I., der Hieronmyus zu seinem theologischen Berater und Sekretär berief, beauftragte ihn 382 mit der Revision der lateinischen Bibelübersetzung nach dem Urtext. 385 begab sich Hieronmyus zu verschiedenen Mönchskolonien in Palästina und Ägypten, bevor er sich 386 dauerhaft in Betlehem niederließ und vier Klöster gründete. Die Revision seiner lateinischen Bibelübersetzung setzte er dort fort.

Altlateinische Übersetzungen des Alten und Neuen Testamentes waren bereits im 2. Jahrhundert in kirchlichem Gebrauch („Vetus Latina", „Itala") und wurden anhand hebräischer und griechischer Vor-

4 Ambrosius, Glaubensbekenntnis, St. Gallen, Stiftsbibliothek, Sign. Cod. Sang. 188, pag. 342

lagen ständig überarbeitet. Die Übersetzung des Hieronymus, die später als „Vulgata" („Allgemeinverbreitete") bezeichnet wurde, war für die praktischen Bedürfnisse des lateinischsprachigen Christentums von großer Bedeutung. Die karolingische Textrevision Alkuins begründete ihren Rang als „Reichstext". Die Fülle erhaltener Vulgata-Handschriften bezeugt ihre kanonische Gültigkeit für Liturgie und Katechese im Mittelalter. Erst 1592 wurde sie zur „Vulgata Sixto-Clementina" und 1979 im Auftrag des Zweiten Vatikanischen Konzils zur „Nova Vulgata" revidiert. Bis heute ist die Überarbeitung Hieronymus' die gültige lateinische Bibelübersetzung der Kirche.
Ambrosius von Mailand (*um 339, †397) gilt als einer der bedeutendsten Theologen und Kirchenpolitiker des 4. Jahrhunderts (Abb. 4). Durch seine Predigten bekehrte sich Augustinus zum christlichen Glauben. Als Sohn des höchsten kaiserlichen Beamten Galliens wurde Ambrosius 339 wahrscheinlich in Trier geboren. In Rom empfing er die seiner Herkunft entsprechende Bildung und begann um 370 seine staatsmännische Laufbahn als Konsular der Provinz Aemilia-Liguria mit Residenz in Mailand, wo er als Katechumene 374 überraschend zum Bischof gewählt wurde.

386 kam es in Mailand zur Auffindung der Gebeine der Märtyrer Gervasius und Protasius. In der spätantiken Frömmigkeitsgeschichte war es ein wichtiges Ereignis. Ambrosius übertrug die Reliquien in die Basilica Martyrum (heute Sant'Ambrogio) und setzte sie am Altar bei. Es war die erste kirchlich offizielle Reliquientranslation im Westen. Ambrosius löste die Märtyrerverehrung dadurch aus ihrem bisherigen Zusammenhang mit dem paganen Totenkult („anniversarium", „refrigerium"), dessen Praxis er in Mailand im Übrigen verbot. Die enge Verbindung von Märtyrergrab und Altar im Kirchenraum „integrierte die Märtyrerverehrung in die sakramentale Frömmigkeit" (Dassmann 1999). Ähnliches gilt für das Silber-Reliquiar, das Ambrosius zu jener Zeit unter dem Hauptaltar der Basilica Apostolorum in Mailand niederlegte.
Als Kirchenpolitiker bereitete Ambrosius der Kirchenfreiheit im Westen den Weg. Die Religionspolitik Kaiser Gratians erhielt unter seinem Einfluss ein schärferes Profil. Gratian legte den Titel „Pontifex Maximus" ab und strich die staatlichen Subventionen und Privilegien für den altrömischen Tempelkult. Im langjährigen Streit um den Altar der Victoria blieb Ambrosius gegenüber dem heidnischen Stadtpräfekten Symmachus siegreich: Gratian ließ den Altar 382 aus der römischen Senatskurie entfernen. 385/86 verteidigte Ambrosius die Unabhängigkeit kirchlicher Lehren und Gotteshäuser von der kaiserlichen Entscheidungsgewalt, als Kaiser Valentinian II. die Konfiskation christlicher Basiliken zugunsten der am Mailänder Hof lebenden Arianer befahl. Nach einem Blutvergießen 390 infolge der unbedachten Anordnung des Kaisers Theodosius I. unterwarf dieser sich der bischöflichen Forderung des Ambrosius, ihn zum Sakramentenempfang erst nach öffentlicher Kirchenbuße wieder zuzulassen.
Seelsorglich konzentrierte sich Ambrosius auf die Initiation in den Glauben. Er verfasste Predigtreihen sowie mystagogische Katechesen für Taufbewerber und Neophyten. Sein umfangreiches exegetisch-katechetisches Werk, das rhetorisch und allegorisch geprägt ist, entstand aus seinen Predigten, die er für die Publikation selbst überarbeitete, und den stenographischen Mitschriften seiner Katechesen. Die exegetischen Schriften Ambrosius', meist über das Alte Testament, favorisieren Exempla mit paradigmatischem Charakter. Durch seine Kenntnis der griechischen Kirchenväter vemittelte Ambrosius die ostkirchliche Theologie an den Westen. In den christologischen Kontroversen des 4. Jahrhunderts bekämpfte er den Arianismus und verhalf der nicänischen Richtung zum Durchbruch. Die Zeit der großen Ökumenischen Konzilien hatte begonnen.

Die vier ersten Ökumenischen Konzilien (Nicäa, Ephesus, Konstantinopel, Chalkedon)

Um 318 brach ein öffentlicher Streit über die theologische Lehre des alexandrinischen Seelsorgepriesters Arius aus. Die extrem subordinatianische Christologie des Arius leugnete die ewige Gottessohnschaft des Logos und die Wesensgleichheit des Sohnes mit dem Vater. Zur Wahrung der inneren Reichseinheit berief Kaiser Konstantin das Erste Konzil von Nicäa (325) ein (Abb. 5). An der Kirchenversammlung, die in der Aula des kaiserlichen Sommerpalastes tagte, nahmen 250 bis 300 Bischöfe teil, darunter vermutlich fünf westliche Bischöfe und zwei Priester als Stellvertreter Papst Silvesters I. Die Akten und Protokolle des Konzils sind nicht erhalten, allerdings lässt sich sein Hauptinhalt aus Zeugnissen einzelner Teilnehmer rekonstruieren. Die nicänische, später als erstes Ökumenisches Konzil gezählte Synode wies die Lehre des Arius und jegliche Form des Subordinatianismus zurück, indem sie die Wesenseinheit von Vater und Sohn definierte (*homoousios to patri*). Gleich nach Konzilseröffnung wurde von der Mehrheit der Konzilsväter ein arianischer Text zerrissen und nach heftigen Diskussionen eine Glaubensdefinition (*regula fidei*) verabschiedet, vermutlich auf Grundlage eines kirchlichen Taufsymbolums, außerdem 20 kirchenrechtlich bedeutsame Kanones. Konstantin verkündete die Konzilsbeschlüsse als Reichsgesetz.

Das Erste Konzil von Nicäa verdeutlichte gleich zu Beginn des Konstantinischen Zeitalters die enge Symbiose zwischen Kirche und Staat. Erstmals in der Dogmengeschichte wurden christologische Glaubensaussagen auf einem Konzil nicht nur mit biblischen, sondern auch mit philosophischen Begriffen formuliert. Die nicänische Glaubensdefinition formulierte allerdings zu unklar, wie die Wesensgleichheit (*homoousios*) genau zu verstehen sei. Eng mit kirchenpolitischen Ereignissen verknüpft, wurde die Glaubensformel von Nicäa Ausgangspunkt für einen heftigen, über 50 Jahre währenden Lehrstreit, der durch theologische Kontroversen über den Heiligen Geist zusätzlich belastet wurde.

Als Abschluss der trinitarischen Bekenntnisbildung im 4. Jahrhundert darf das Erste Konzil von Konstantinopel (381) gelten, das pneumatologische Aussagen zur wahren göttlichen Natur und zum Person-Sein des Heiligen Geistes formulierte (Abb. 6). Kaiser Theodosius I. verlangte nach einer Durchsetzung des nicänischen Glaubens. Er berief das Konzil ein und bestätigte dessen Beschlüsse durch seine Unterschrift. Bekannt sind 146 Teilnehmer, nur nicänisch gesonnene Bischöfe des Ostens. Papst Damasus I. war weder anwesend noch vertreten. Im eigenen Selbstverständnis war das konstantinopolitanische Konzil eine östliche Partikularsynode, die erst durch ihre Rezeption auf dem Konzil von Chalkedon 451 gesamtkirchliche Geltung erhielt. Die Akten der konstantinopolitanischen Synode sind nicht erhalten, nur ihre Kanones, die später in verschiedene Kirchenrechtssammlungen eingingen. Aufgrund der politischen Stellung Konstantinopels gelang es dem Bischof jener Stadt, sich den zweiten Rang nach dem Bischof von Rom zusprechen zu lassen (can. 3), den altehrwürdigen Sitzen Alexandrien und Antiochien übergeordnet.

Das Glaubensbekenntnis, das die kirchliche Tradition dem Ersten Konzil von Konstantinopel – wohl zu Recht – zuschreibt, wurde ihr erst durch das Konzil von Chalkedon (451) als Ergänzung und authentische Interpretation des Nicänums zugeordnet („Symbolum Nicäno-Konstantinopolitanum"). Das „Große Credo" ist von der Nähe zum biblischen Zeugnis und vom liturgischen Wortcharakter geprägt. Sein Text wird noch heute in der römisch-katholischen und griechisch-orthodoxen Liturgie sowie im lutherischen Gottesdienst verwendet. Es stellt somit eine verbindende Glaubensgrundlage dar.

Zwischen den Patriarchen Nestorius von Konstantinopel und Kyrill von Alexandrien kam es 428 zum theologischen Konflikt über die Subjekteinheit Christi („hypostatische Union"). Im Mittelpunkt stand der Kampf um die Bezeichnung Marias als „Gottesgebärerin". Nestorius bestand auf der strengen Trennung zwischen der göttlichen und menschlichen Natur Christi, folglich wollte er nur den Titel „Christotokos" („Christusgebärerin") genannt wissen. Hier verdichtete sich ein längst vorhandener Schulgegensatz zwischen der alexandrinischen und antiochenischen Theologie (Jedin 1969).

Zur Klärung der Sachfrage berief der oströmische Kaiser Theodosius II. das Konzil von Ephesus (431) ein. Tagungsort war die ephesinische Marienkirche. Die Konzilsakten und zahlreiche Briefe der Teilnehmer sind erhalten. In der Eröffnungssitzung ließ Kyrill von Alexandrien seinen zweiten Brief an Nestorius über die hypostatische Union der zwei Naturen in Christus verlesen. Die anwesenden 198 Bischöfe anerkannten das Lehrschreiben als rechtgläubige Aus-

5 Erstes Konzil von Nicäa (325), Handzeichnung auf Pergament in einem kirchenrechtlichen Kompendium, norditalienisch, um 825, Vercelli, Biblioteca Capitolare, Sign. MS CLXV, fol. 2v legung des Nicänums: Das menschliche Erleiden, die Geburt und der Tod seien vom Sohne Gottes selbst auszusagen, weil er sich das Menschliche zu eigen gemacht habe. Deshalb sei Maria Gottesgebärerin („Theotokos"). Zum Kontrast verlas das Konzil 20 Stellen aus Schriften des Nestorius, der in Abwesenheit der Häresie angeklagt und von seinem Bischofsamt als abgesetzt erklärt wurde. Die an der zweiten und dritten Sitzung teilnehmenden Legaten Papst Coelestins I. bestätigten diese Entscheidungen.

Das Konzil von Ephesus erbrachte kein neues Glaubensbekenntnis. Sein bescheidenes Hauptergebnis war die Absetzung des Nestorius. Die christologischen Auseinandersetzungen wurden erst 433 durch die Einigungsformel zwischen Kyrill von Alexandrien und den Bischöfen der Kirche von Antiochien beigelegt. Dieses Symbol enthielt die Theotokos-Formel und Aussagen zur „Vereinigung beider Naturen Christi ohne Vermischung". Für die Glaubensformel des anschließenden Konzils von Chalkedon wurde das antiochenische Unionssymbol wegweisend.

Zur Wiederherstellung des inneren Friedens der Kirche und zur Lösung der christologischen Streitfragen um den Monophysitismus des Eutyches berief Kaiser Markian das Konzil von Chalkedon (451) ein, das in der dortigen Kirche der heiligen Euphemia tagte. Mit über 350 bzw. 600 Teilnehmern war es die bislang größte Synode, zahlenmäßig erst vom Ersten Vatikanischen Konzil übertroffen. Die amtlichen Protokolle, Listen und etliche Briefe sind erhalten. Den Vorsitz führten fünf Legaten Papst Leos I., die Geschäftsleitung des Konzils hatten sechs kaiserliche Konzilskommissare inne. Die zweite Sitzung verlas die Glaubensbekenntnisse des nicänischen und konstantinopolitanischen Konzils sowie einen „dogmatischen" Brief Papst Leos I. („Tomus Leonis") über die zwei Naturen in Christus. Die konziliare Wertschätzung des päpstlichen Briefs stellte „einen Höhepunkt der Anerkennung römischer Lehrautorität auf den alten Konzilien dar" (Schatz 1997).

In Gegenwart des Kaiserpaares Marcian und Pulcheria, die den Ehrenvorsitz übernahmen, proklamierte die sechste Sitzung unter engem Anschluss an das Lehrschreiben Leos eine christologische Glaubensformel (*horos*), die 452 Konzilsväter unterzeichneten: Christus „ist vollkommen in der Gottheit und (…) vollkommen in der Menschheit; (…) wahrhaft Gott und wahrhaft Mensch (…); in zwei Naturen unvermischt, unveränderlich, ungetrennt und unteilbar (…), wobei nirgends wegen der Einung der Unterschied der Naturen aufgehoben ist, vielmehr die Eigentümlichkeit jeder der beiden Naturen gewahrt bleibt und sich in einer Person und einer Hypostase vereinigt". Diese christologische Formel von Chalkedon band die gegenläufigen Sichtweisen von Einheit und Unterscheidung in Christus brillant zusammen. Ihr Text war keine Neuschöpfung, sondern fügte einzelne Elemente aus vorhandenen Dokumenten so geschickt zusammen, „dass eine vorher nicht gegebene Vollständigkeit erreicht und bisherige Einseitigkeiten vermieden wurden" (Dassmann

6 Erstes Konzil von Konstantinopel (381), Homilien Gregors von Nazianz, 879–882, Bibliothèque nationale de France, Sign. MS grec 510, fol. 355

1999). Die chalkedonensische Formel war viele Jahrhunderte lang ein Ausgangspunkt für weitere christologische Überlegungen.

In der 16. Sitzung wurde Kanon 28 beschlossen, der Kanon 3 des Konzils von Konstantinopel erneuerte. Gegen ihn legten die päpstlichen Legaten formellen Protest ein, weil Leo I. mit der möglichen Ausweitung des politischen Prinzips der Patriarchalrechte auf das apostolisch-petrinische Prinzip der Primatialrechte nicht einverstanden war. Allerdings bestätigte Leo I. 453 die übrigen Konzilsbeschlüsse. Mit can. 28 begründete Chalkedon die Pentarchie der fünf Patriarchate (Rom, Konstantinopel, Alexandrien, Antiochien, Jerusalem), die seit dem 6. Jahrhundert die Ökumenischen Konzilien trugen. Seit Chalkedon nahm der Westen unter der Führung des Papstes von den im Osten stattfindenden Konzilien nur noch die Glaubensdefinitionen an, kaum noch die Rechtsbestimmungen. Ralf van Bühren

| Lit.: Jedin 1969; Baus/Ewig 1973; Baus/Beck/Ewig/Vogt 1975; Altaner/Stuiber 1980; Dassmann 1996; Schatz 1997; Dassmann 1999; Frank 2002; Drobner 2011

83 Aurelius Augustinus, „Confessiones"

Westfrankreich/Tours (?), 2. Viertel 9. Jahrhundert
Pergament mit roten Initialen – Einband braunes Leder, Weingarten 1465–1488 – H. 24–24,5 cm, B. 19,5 cm; 137 Bll.
Stuttgart, Württembergische Landesbibliothek, Sign. HB VII 15

Diese erste echte Autobiographie der Literaturgeschichte beschreibt nicht einfach den Lebenslauf ihres Autors und schon gar nicht handelt es sich um Memoiren. Das Kernthema der Bekenntnisse ist der geistige Weg des Augustinus (*354, †430) von seiner Kindheit bis zu seiner Taufe. Sohn eines heidnischen Vaters und der christlichen Mutter Monnica, durchläuft er die Ausbildung eines römischen Bürgers und ist schließlich selbst Rhetoriklehrer in Karthago. Dabei genießt er alle weltlichen Freuden seiner Jugend, wilde Ausschweifungen eingeschlossen, und wird mit 17 Jahren Vater eines Sohnes (Adeodatus – „Gottesgeschenk"). In der politischen und religiösen Umbruchzeit des 4. Jahrhunderts schließt sich Augustinus auf der Suche nach einem geistigen Halt zunächst der dualistischen Sekte der Manichäer an, die ihn aber enttäuscht. In Mailand hört er Ambrosius (*339, †397) predigen, bekehrt sich zum katholischen (römischen?) Glauben und lässt sich im Jahr 387 zusammen mit seinem Sohn taufen. Mit dem Tod seiner Mutter im gleichen Jahr enden die biographischen Angaben. Augustinus schont sich selbst nicht, sondern geht hart mit seinen Verfehlungen ins Gericht, ganz im Sinne einer Beichte, was ja „Confessio" auch bedeutet. Zugleich ist er ein Beteiligter an den geistigen und religiösen Auseinandersetzungen der Zeit und gehört zu ihren Schlüsselfiguren. In der Geschichte seiner Bekehrung spiegelt sich der Beginn einer neuen Epoche. Heute noch gibt es über 400 mittelalterliche Handschriften dieses Werks. Der hier gezeigte, nur bescheiden geschmückte Codex ist in Westfrankreich im Einflussgebiet von Tours im zweiten Viertel des 9. Jahrhunderts entstanden und befand sich bereits im 13. Jahrhundert im Benediktinerkloster Weingarten, Oberschwaben. Dort wurde er auch in der zweiten Hälfte des 15. Jahrhunderts neu gebunden.

Peter Burkhart

| **Quellen:** Augustinus, Confessiones (CCSL 27) (S. LXVIIIf. zur Handschrift, dort Datierung in das 10. Jahrhundert)
| **Lit.:** Autenrieth 1963, S. 158; Burkhart 2013, Nr. 60

84 Aurelius Augustinus, „De civitate Dei" (Buch I–X)

Saint-Amand-les-Eaux oder Salzburg, 1. Viertel 9. Jahrhundert
Pergament; Initialen in Federzeichnung mit Flechtbandfüllung oder vegetabilen Ornamenten – Einband Pergament mit Streicheisenlinien über Pappe (Mitte 18. Jahrhundert) – H. 30,5 cm, B. 21 cm; 206 Bll.
Köln, Erzbischöfliche Diözesan- und Dombibliothek Köln, Sign. Cod. 75

Das Werk „Vom Gottesstaat" des heiligen Kirchenvaters Augustinus (*354, †430) umfasst 22 Bücher in zwei Teilen. Es beginnt als Verteidigungsrede des Christentums, da viele nichtchristliche Zeitgenossen die Eroberung Roms durch die Westgoten im Jahre 410 als Strafe für den Abfall der Römer von den alten Göttern ansahen. Augustinus legt demgegenüber dar, dass sich das Reich Gottes nicht in einem irdischen Staat und dessen Wohlergehen zeige. Vielmehr entstehe es in jedem Menschen, der nach den christlichen Geboten lebe und nicht irdische, sondern jenseitige Seligkeit erwarte. Aus der Gegenüberstellung von irdischer und „himmlischer" Bürgerschaft leitet der Bischof von Hippo daher ethische und politische Konsequenzen ab: Menschen wie Staaten müssten nach Gott als höchstem Gut streben, wenn sie dem äußerlich nicht sichtbaren Gottesstaat angehören wollten. Bewusst setzt Augustinus sich damit von der Glücksethik antiker Philosophen ab und gesteht lediglich Platon eine Nähe zu christlichen Lehren zu. Mit dieser Auffassung gab Augustinus dem gesamten Mittelalter die Richtung vor für eine Rezeption antiker philosophischer Lehren. Seine Rückbezüge auf ältere Werke bewahrten außerdem die Gedankengänge von Schriften, die bereits verloren gegangen waren. Die gezeigte Handschrift enthält den ersten Teil des Werkes mit den Büchern 1 bis 10. Ihre Schrift weist zunächst auf das Benediktinerkloster Saint-Amand-les-Eaux in Nordfrankreich hin. Dessen Abt Arn war gleichzeitig (Erz-)Bischof von Salzburg (amt. 785/98–821), der den gleichen Schreibstil in seiner Diözese einführte, weshalb die Handschrift auch dort entstanden sein könnte. Erzbischof Hildebald von Köln (†818), wie Arn im engsten Kreis um Kaiser Karl den Großen (†814), könnte sie von jenem als Geschenk erhalten oder bei ihm bestellt haben.

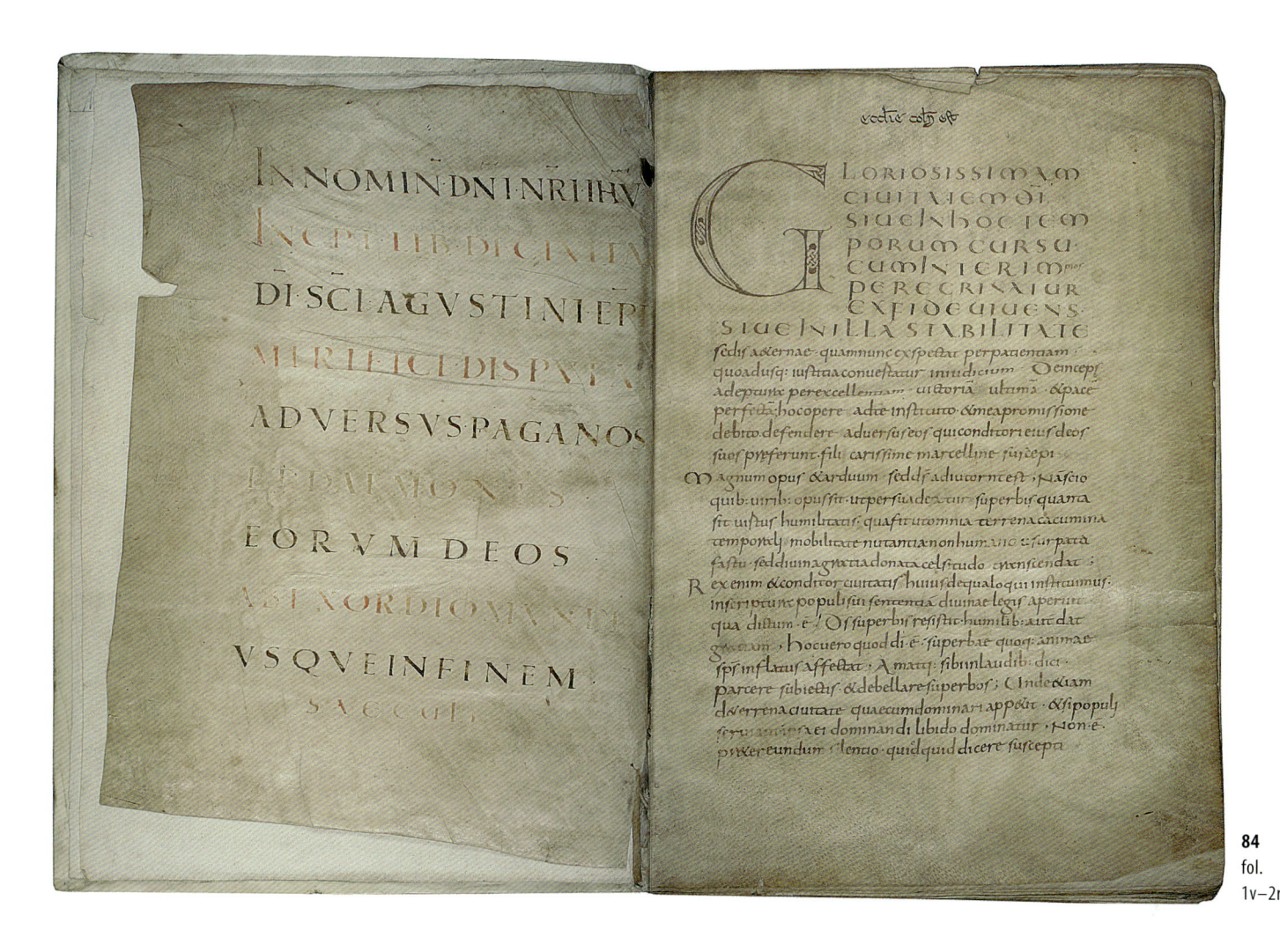

Harald Horst

| Quellen: Augustinus, De civitate Dei (CCSL 47/48); Augustinus, Vom Gottesstaat
| Lit.: Bischoff 1980, S. 61–73, S. 99, S. 106f.; Stoclet 1984, S. 187, S. 191f., S. 203f.; Kat. Köln 1998, Nr. 4 (Anton von Euw) (Lit.)

85 Hieronymus und Gennadius, „De viris illustribus", sowie Traktate des Augustinus

Wohl aus dem Skriptorium des Klosters St. Petri in Castellum Lucullanum bei Neapel, nach 540
Ziegenpergament – üblicher Einband der Bamberger Dombibliothek: Schweinsleder über Holz mit ornamentaler Blindprägung, in Goldprägung auf dem Vorderdeckel das Wappen des Bamberger Domkapitels mit dem thronenden Kaiser Heinrich II., auf dem Rückdeckel die Wappen des Dompropstes Johann Christoph Neustetter genannt Stürmer (1570–1638) und des Domdekans Hektor von Kotzau (1578–1619), dazu das Bindejahr „1611" – H. 29 cm, B. 21 cm; 138 Bll.
Bamberg, Staatsbibliothek, Sign. Msc.Patr. 87

85
fol. 5v–6r

Die Sammelhandschrift vereint Werke der beiden bedeutendsten lateinischen Kirchenväter. Sie wird eröffnet durch die Schrift „De viris illustribus" („Über berühmte Männer") des Hieronymus (*um 347, †um 419) mit deren Fortsetzung durch den Presbyter Gennadius von Marseille. Drei Traktate des Augustinus (*354, †430), entstanden zwischen 421 und 429, schließen sich an: „De haeresibus" („Über die Irrlehren"), „De cura pro mortuis gerenda" („Über die Fürsorge für die Toten") und „Enchiridion de fide, spe et caritate" („Handbuch über Glaube, Hoffnung und Liebe").

Die Handschrift ist ein rares, herausragendes Denkmal spätantiker Schriftkultur. Die fortlaufenden Texte sind in einer mustergültigen Halbunzialschrift geschrieben, einige Incipit- und Explicit-Vermerke in monumentaler, Steininschriften nachgeformter Capitalis quadrata, zeitgleiche Randnotizen in sorgfältiger Kursive.

In der Forschung gilt die Datierung auf die Zeit nach 540 und ihre Entstehung in einem Skriptorium in Castellum Lucullanum bei Neapel als gesichert. Abweichend von der früher vertretenen Lokalisierung in das Skriptorium des Eugippius im Kloster St. Severinus wurde neuerdings das Monasterium Sancti Petri wahrscheinlich gemacht (so Gorman 1983 sowie Di Majo/Federici/Palma 1985).

Denkwürdig sind zwei spätere Einträge: Eine Notiz unter dem Explicit des Augustinus-Traktats „De haeresibus" (fol. 79v) bescheinigt, dass dieser frei sei von den als häretisch verurteilten Schriften des Nestorius (428–431 Patriarch von Konstantinopel) und des Eutyches (*um 378, †nach 454, Archimandrit eines Klosters bei Konstantinopel): *nestoriana et eutychiana hic scriptas* [statt: *scripta*] *non s(unt)*. Die Unbedenklichkeitsbestätigung wurde in der 2. Hälfte des 8. Jahrhunderts in der Kursive der päpstlichen Kurie geschrieben. Demnach befand sich der Band seinerzeit in Rom. Auch eine Marginalie in angelsächsischer Schrift gleichfalls aus der zweiten Hälfte bzw. vom Ende des 8. Jahrhunderts kann in Rom notiert worden sein (fol. 105v). Zu erinnern ist in diesem Zusammenhang an das Hospiz „Schola Saxonum", das dort im Jahr 727 für Pilger aus England gestiftet worden war.

Die Handschrift ist das früheste vollständig erhaltene Buch der Staatsbibliothek Bamberg. Aus dem 5. Jahrhundert stammte eine Handschrift des römischen Historikers Livius, die im 15. Jahrhundert makuliert wurde; von ihr überdauerten Fragmente (Msc.Class. 35a). Diese beiden spätantiken Überlieferungsträger waren Teil des reichen und ausgezeichneten Bestandes an Büchern, den Heinrich II. (1002 König, 1014 Kaiser, †1024) dem von ihm 1007 gegründeten Bamberger Bistum bis zu seinem Tod 1024 sukzessive zuwandte. Die Staatsbibliothek Bamberg bewahrt 165 Handschriften aus der Zeit bis zum 1. Viertel des 11. Jahrhunderts; diese sind zum größten Teil dem herrscherlichen Stiftungswerk zu verdanken.

Die Abhandlung „De viris illustribus" des Hieronymus (fol. 1r–33v) ist der älteste in lateinischer Sprache verfasste Katalog griechischer und lateinischer Kirchenschriftsteller. Das Verzeichnis, das auch nichtorthodoxe und häretische Autoren einschließt, wird vom Verfasser selbst als Pionierarbeit ausgewiesen. Es stellt einen ersten Ansatz zu einer chronikalisch strukturierten christlichen Literaturgeschichte dar. Bedeutsam bleibt sein großer Quellenwert.

Der tradierte Titel verrät nicht den spezifischen Inhalt der Kompilation. Hieronymus suchte programmatisch den Anschluss an den Biographen C. Suetonius Tranquillus (*um 70, †nach 122), auf den er sich im Prolog als ein Vorbild beruft: Zu dessen gleichbenannter berühmter Sammlung von Kurzbiographien römischer Literaten wollte er ein kirchliches Gegenstück liefern. In einem Brief an Augustinus aus dem Jahr 404 räumt er ein, dass der Titel „De scriptoribus ecclesiasticis" („Über die Kirchenschriftsteller") am angemessensten den Inhalt träfe (epist. 112,3).

Das Werk entstand wahrscheinlich im Frühjahr 393 in Bethlehem, angeregt durch seinen Freund Dexter. Hieronymus hat für seine flüchtig erarbeitete Zusammenstellung offenbar keine weitläufigen Recherchen angestellt. Eine wesentliche Quelle dürfte seine eigene Büchersammlung gewesen sein. Für viele Informationen, insbesondere über griechische Autoren, stützte er sich auf die Chronik und – extensiv – auf die Kirchengeschichte des Eusebius von Caesarea (*260/264 in Palaestina, †339/40 in Caesarea), den er in seinem Prolog explizit benennt. Inhaltliche und stilistische Indizien belegen, dass Hieronymus den Text diktiert und nicht mehr gründlich gegengelesen und verbessert hat.

In dem Katalog sind 135 Kurzbiographien von Schriftstellern aller literarischen Gattungen chronologisch aufgereiht, jeweils ergänzt um die bibliographische Auflistung ihrer wichtigsten Werke. Zugelassen werden auch drei Juden, mit Rückgriff auf die Kirchengeschichte des Eusebius. Die Aufnahme des Römers Seneca legitimiert Hieronymus durch dessen (tatsächlich untergeschobenen) Briefwechsel mit Paulus.

Angestrebt ist möglichste Vollständigkeit. Das Verzeichnis spannt den Bogen von den Aposteln, einsetzend mit Simon Petrus als dem *princeps apostolorum* (fol. 5v), bis hin zur eigenen Person des Verfassers, der sich selbstbewusst am Schluss präsentiert (fol. 32v–34v). Das bemerkenswerte Fehlen des Augustinus, dessen bedeutendere Werke erst in der Folgezeit entstehen sollten, wird sich daraus erklären, dass Hieronymus von dem bereits arrivierten Zeitgenossen noch keine hinreichende Kenntnis erlangt hatte.

Die außerordentliche Nachwirkung des Werks „De viris illustribus" ist schon an der reichen handschriftlichen Überlieferung ablesbar. Die Bamberger Handschrift ist der älteste und zugleich vorzüglichste Textzeuge.

Beigegeben ist die Fortführung des Katalogs durch den Presbyter Gennadius von Marseille (fol. 33v–51r). Diese Ergänzung wird – in unterschiedlichen Fassungen – auch sonst zusammen mit dem Text des Hieronymus tradiert, eine eigenständige Überlieferung ist nicht nachgewiesen. Gennadius, in der zweiten Hälfte des 5. Jahrhunderts tätig, liefert Nachrichten zu christlichen Autoren bis in die eigene Zeit, dabei auch Nachträge aus dem von Hieronymus erfassten Zeitraum. Beide Katalogteile erscheinen als Einheit: Die von Gennadius vorgestellten Personen sind dem Namensindex angefügt, der dem Verzeichnis des Hieronymus vorausgeht; die Kapitel sind durchgezählt.

Wernert Taegert

| **Quellen:** Eusebius Hieronymus, De viris illustribus

| **Lit.:** Leitschuh/Fischer 1895–1906, S. 463–465; Feder 1927 (zur Bamberger Handschrift S. 2–9); Lowe 1931, S. 236, S. 238, S. 247–251; Lowe 1934–1971, Bd. 8, S. 4, Nr. 1031; S. 60; Blum 1983, Sp. 98–123; Gorman 1983, S. 10f., S. 29f.; Riedinger 1984, S. 150f.; Di Majo/Federici/Palma 1985, S. 7f.; Berschin 1986, S. 146–149; Kat. Bamberg 1990, S. 26f., Nr. 4; Condello 1994, S. 6f., S. 11, S. 70, S. 118

86 Bibelfragment

Italien, 1. Hälfte 5. Jahrhundert
Pergament – H. 21,2 cm, B. 14,8 cm; Schriftraum H. 15,1 cm, B. 13,5 cm; 2 Spalten zu 24 Zeilen; Halbunziale; 2 Bll.
St. Paul im Lavanttal, Museum im Benediktinerstift St. Paul, Cod. 4/8

Das vorliegende Fragment enthält die Verse 22,66–23,17 des Lukas- sowie die Verse 22,34–23,5 des Matthäusevangeliums. Es gilt als eines der wichtigsten biblischen Dokumente der Postantike.

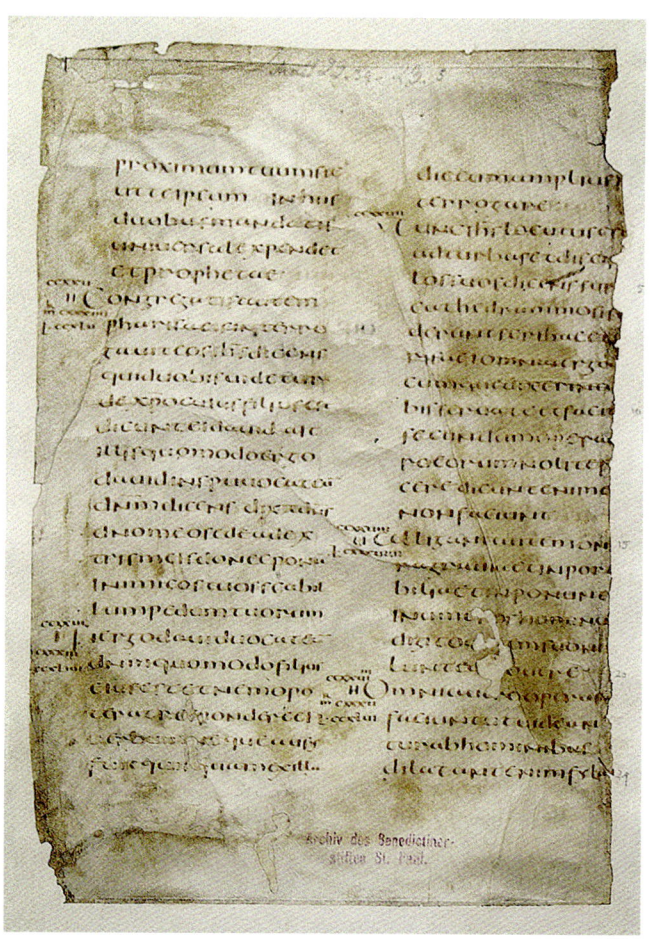

an diesem Fragment stellen allerdings die um 800 auf der Reichenau eingefügten althochdeutschen Glossen dar, die zu den ältesten deutschen Schriftdenkmälern zu zählen sind. Der Vetus Latina sind die lateinischen Korrekturen zwischenzeilig überschrieben. Interlinear als Unterschreibung erfolgte die althochdeutsche Auslegung – eine Ausnahme stellt eine Übersetzung der ersten Zeile einer Spalte dar. Das Blatt teilt das Schicksal mit vielen frühen Handschriften – es wurde als Vorsatzblatt verwendet und wurde dem berühmten Ambrosiuskodex (Cod. 1/1 der Stiftsbibliothek St. Paul) beigebunden. In der zweiten Hälfte des 18. Jahrhunderts gelangte das Manuskript unter Fürstabt Martin II. Gerbert nach St. Blasien und von dort schließlich 1809 nach Kärnten, wo es seitdem als eine besondere Kostbarkeit in der Klosterbibliothek von St. Paul verwahrt wird. Erst in den 70er-Jahren des 20. Jahrhunderts wurde das Blatt aus der besagten Handschrift gelöst und in die Fragmentensammlung des Stiftes integriert.

Heute gilt das Dokument als eines der interessantesten Forschungsobjekte für Germanisten und Sprachhistoriker. Gerfried Sitar

| **Lit.**: Kat. St. Paul 1977, S. 25ff.; Voetz 1985, S. 174ff.

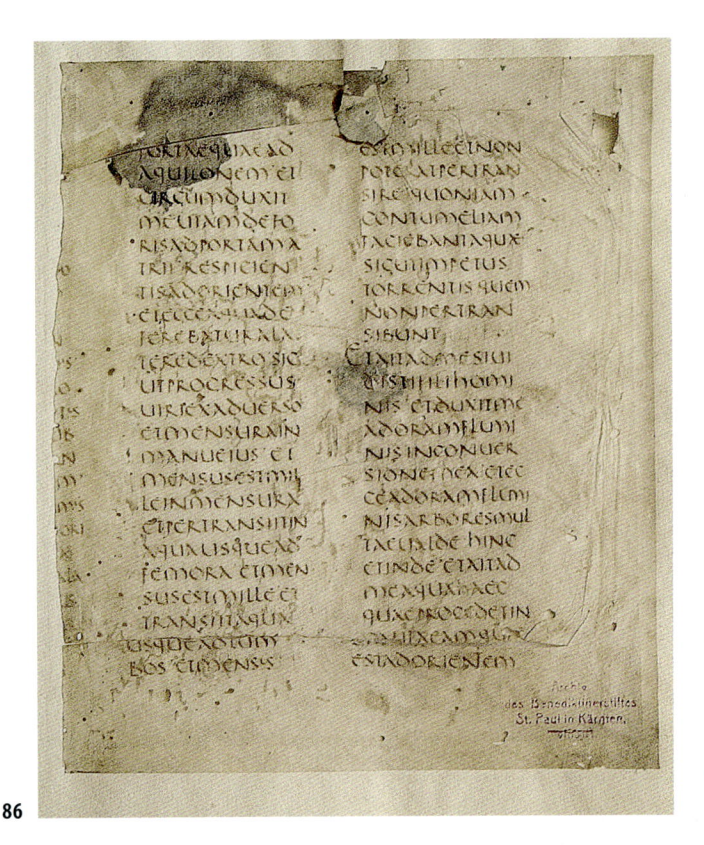

Teile dieser Handschrift werden in den Bibliotheken St. Gallen, Stiftsbibliothek und Stadtbibliothek, und in Zürich, Staatsarchiv und Zentralbibliothek, verwahrt. Im Zuge der Neuorganisation der Klosterbibliothek St. Gallen wurde der gesamte Codex 1461 zerlegt und Teile davon als Falzeinlagen zum Binden neuer Bücher verwendet. Fürstabt Martin II. Gerbert erwarb in der zweiten Hälfte des 18. Jahrhunderts die Blätter für die Abtei St. Blasien im Schwarzwald, von wo sie schließlich 1809 nach St. Paul gelangten. Das Manuskript stammt aus der Lebenszeit des heiligen Hieronymus (*um 347, †um 420) und bietet als erstes die Vulgataversion. Für die Neuausgabe der lateinischen Bibel wurde das Fragment herangezogen. Gerfried Sitar

| **Lit.**: Kat. St. Paul 1977, S. 19ff.; Kat. St. Paul/Dalheim 2009, S. 27, Nr. 2.11 (Rudolf Freisitzer)

87 St. Pauler Lukasglossen

St. Blasier Provenienzgruppe, 6./7. Jahrhundert; Fragment mit althochdeutschen Glossen aus der Zeit um 800
Pergament – H. 25,5 cm, B. 20,8 cm; ein Doppelblatt
St. Paul im Lavanttal, Museum im Benediktinerstift St. Paul, Archiv, Cod. 1/8

Das vorliegende Fragment besitzt einen sehr bedeutenden sprachgeschichtlichen Hintergrund. Der Text aus dem Lukasevangelium, der im 6. Jahrhundert niedergeschrieben wurde, wird in einer „Vetus Latina" gezeigt und umfasst die Verse 1,64–2,51. Das Besondere

88 Ambrosius, „Explanatio symboli" und „De sacramentis"

Ende 7./Anfang 8. Jahrhundert, vermutlich Burgund (Luxeuil)
Pergament – lateinischer Text in römischer Unzialschrift, geschrieben in einer Spalte zu 29 bis 30 (selten bis zu 34) Zeilen auf der Seite; ausgelassene Stellen wurden zwischen den Zeilen ergänzt, teils in Unziale, teils in merowingischer Schrift – H. 29 cm, B. 19,5 cm; 122 Bll.
St. Gallen, Stiftsbibliothek, Cod. Sang. 188

Der Codex Sangallensis 188 umfasst die Predigten des Maximus von Turin (pag. 10–339), die katechetische Predigt „Explanatio symboli" (pag. 339–345) und die Taufkatechesen „De sacramentis" von Ambrosius (pag. 345–393) sowie drei Predigten unbekannter Herkunft (pag. 393–421). Die lateinische Sammelhandschrift gelangte vermutlich im 9. Jahrhundert in die St. Gallener Stiftsbibliothek, wie korrigierende Nachträge aus jener Zeit vermuten lassen. Im dortigen Bestand zählt sie zu den ältesten Codices, die im originalen Einband erhalten sind.

Die Katechese „Explanatio symboli" wird heute allgemein Ambrosius zugeschrieben, dessen seelsorglicher Schwerpunkt die Unterweisung in der Glaubens- und Sittenlehre war. Hierzu zählte die Vorbereitung auf die Initiationsfeier der Taufe. Nach der Konstantinischen Wende gliederte sich die Taufvorbereitung in das Katechumenat (Erstunterweisung) und in die Kompetentenzeit (unmittelbare Taufvorbereitung). Letztere war der liturgische Zeitpunkt für die „Explanatio symboli" während der „traditio symboli" nach den Skrutinien und Exorzismen (Symb. 1). In Mailand erfolgte diese Übergabe des Glaubensbekenntnisses an die „Kompetenten" am Palmsonntag nach der Entlassung der Katechumenen aus der Gemeindemesse in der zum Baptisterium gehörenden Basilika. Die

„traditio symboli" war eine liturgische Feier. Sie bestand aus einer katechetischen Ansprache, in deren Verlauf Ambrosius das Symbolum mehrmals vortrug, damit sich die anwesenden „competentes" den Text einprägen konnten (Symb. 5–8). Die St. Gallener Handschrift überliefert eine anonyme Mitschrift, die nur die Anfangs- und Schlusswörter der einzelnen Credo-Artikel angibt. Aufgrund der Arkandisziplin durfte das Credo nicht vollständig niedergeschrieben werden, vielmehr musste es auswendig gelernt werden.

„De sacramentis" sind sechs mystagogische, das heißt in die Bedeutung der liturgischen Handlungen einführende Katechesen. Sie wurden in Afrika und Antiochien vor dem Taufempfang gehalten, dagegen erfolgten sie in Mailand und Jerusalem in der Woche nach der Taufe. Die mystagogischen Ansprachen vollendeten die christliche Initiation, so Ambrosius, der den nachösterlichen Zeitpunkt in Mailand folgendermaßen begründete: Erst der sakramental vervollkommnete Glaube sei fähig, die göttlichen Mysterien zu erfassen (Sacr. 1,1). Die Verfasserschaft des Ambrosius stand ab dem 16. Jahrhundert zur Diskussion. Die Forschung akzeptiert sie jedoch seit 1940 allgemein. „De sacramentis" ist die stenographische Mitschrift besagter Taufkatechesen, die Ambrosius während einer nicht genau datierbaren Osterwoche, vermutlich in den Jahren 387/91, für Neugetaufte gehalten hatte. Der Text von „De sacramentis" ist unbearbeitet. Vom Sprechstil geprägt, enthält er viele überleitende Kurzfragen. Er war nicht zur Veröffentlichung bestimmt. Sein Gedankengang ist unsystematisch geordnet, anders als im katechetischen Werk „De mysteriis", das Ambrosius für die Veröffentlichung als „Handbuch" für Neugetaufte nachträglich redigiert hatte.

Liturgie- und dogmenhistorisch ist „De sacramentis" eine bedeutsame Quelle. Ambrosius bietet hier teils detaillierte Einblicke in die liturgische und katechetische Praxis Mailands sowie in die Grundzüge seiner Theologie. Die erste bis vierte Katechese behandeln die sakramentalen Riten (Taufe, Eucharistiefeier), die fünfte und sechste Katechese das christliche Beten (Vaterunser, Ordnung des täglichen Gebets). Als erster im Westen lehrte Ambrosius eindeutig die Wesensverwandlung von Brot und Wein, die sich durch das Zitat des Einsetzungsberichtes vollzieht (Sacr. 4,21 und 23). Im Mittelpunkt der ambrosianischen Ausführungen über die Eucharistiefeier steht die Kommunion.

Im Rahmen des Kommunionempfangs zitiert die vierte Katechese Psalm 43,4 („Ich will zum Altar meines Gottes hintreten, zu Gott, der meine Jugend erfreut"), der in der Mailänder Liturgie während des Kommuniongesangs als Responsorium gedient haben könnte. In „De sacramentis" (4,7) ermahnt dieser Psalm zur Ehrfurcht vor der sakramentalen Gnade. Am Ende des 4. Jahrhunderts äußert sich diese Ehrfurchtshaltung ähnlich formuliert in der Inschrift „*Sanctum altare tuum Domine subnixus honoro*" an einem Silberbecher aus dem Water-Newton-Schatz (London, The British Museum; Kat.Nr. 89a), der aus der römischen Stadt Durobrivae in Britannien stammt und dort wahrscheinlich liturgisch verwendet wurde.

...tarunt ... angeli uiderunt uos aduenientes. Et humanam condicionem illam quante peccatorum tenebros squalore sordebat as pexerunt subito refulgere ideoq dixerunt. Quae est haec quae ascendit a deserto dealbata miraw tur. Ergo angeli uis scire quam mirentur. Audi apostolum petrum dicentem. Ea nobis esse conlata quae concupiscunt et angeli uidere. Audi iterum quod oculus in quid non uidit nec aures audiuit quae praeparauit ds dil gentib, se, deinde q in dacceperis. recognosces scs propheta dauid hanc gratiam in figura tradit et concupiuit. Uis scire quam concupiuerit iterum audi dicentem. Asparges me hysopo et mundabor la uabis me et super niuem dealbabor. Quare quia nix quamuis sit candida cito aliqua sorde nigrescit atq corrumpitur. Istam gratiam quam accepisti, teneas. Quod accepisti. Erit diuturna atq perpetua. Ueniebas ergo desiderans ad altare quod ac ceperis sacramentum dicit anima tua. Et introibo ad altare dm ad dm qui laetificat iuuentutem mea. hoc praestiterunt tibi sacramenta caelestia. Denique iterum audi dicentem dauid. Renouabitur sicut aquilae iuuentus tua. Bona aquila esse coepisti. quae caelum petis terrena fastidis. Bona aquila circa altare. Ubi enim corpus ibi et a quila. forma corporis altare est. et corpus xpi est in altare. Aquilae uos estis renouati de ablutione caelesti. uenisti ad altare ad tendis ti sacramenta positas uper al tare et ipsam quidem miratus es

Der St. Gallener Codex wurde möglicherweise im burgundischen Kloster Luxeuil geschrieben. Er überliefert die älteste erhaltene Handschrift von „Explanatio symboli" und „De sacramentis". Kulturhistorisch bezeugt er die Rezeption frühchristlicher Liturgietraditionen im Fränkischen Reich. Die karolingische Bildungsreform des 8. und 9. Jahrhunderts intensivierte diese Rezeption der Kirchenväter im Dienste der Glaubensbildung des Klerus.

Ralf van Bühren

| **Quellen:** Ambrosius, De sacramentis (SC 25); Ambrosius, De sacramentis (FChr 3); Ambrosius, Explanatio symboli (CSEL 73); Ambrosius, Opere dogmatiche; Maximus von Turin, Predigten (CCSL 23)

| **Lit.:** Gebert 1773, S. 94–102; Scherrer 1875, S. 66ff.; Lowe 1934–1971, Bd. 7, Nr. 913; RAC 20, Sp. 497–574 (Art. Katechumenat: Marcel Metzger/Wolfram Drews/Heinzgerd Brakmann)

89 Der Water-Newton-Schatz

Spätes 4. Jahrhundert
Teile des Water-Newton-Schatzes, Cambridgeshire, England

Dieser Hortfund umfasst mit einem Gegenstand aus Gold und 27 Silberobjekten wohl das älteste erhaltene Kirchensilber des gesamten Römischen Reichs. Er wurde im Februar 1975 von einem Sondengänger im Südosten der römischen Stadt Durobrivae (Water Newton nahe Chesterton in Cambridgeshire) entdeckt, die etwa auf halbem Weg an der wichtigen Römerstraße zwischen London und York liegt. Unter den Fundgegenständen befinden sich neun Gefäße – eine große Schale (in der die anderen Gegenstände lagen), zwei Krüge, drei weitere Schalen, ein Henkelbecher, eine Hängelampe und ein Sieb – sowie 18 Tafeln, von denen eine aus Gold, zwei aus vergoldetem Silber und 15 aus Silber bestehen. Drei der Gefäße und ein Beschlag weisen umfangreiche christliche Inschriften auf. Die große Schale, das Sieb und zehn der Bleche tragen das christliche Chi-Rho-Symbol, das mit nur einer Ausnahme stets von den Buchstaben Alpha und Omega flankiert wird. Interessanterweise zeigt ein Großteil der Gefäße des Hortfundes keinerlei Verzierungen. Im Gegensatz zu den meisten spätrömischen Silbergegenständen sind sie sehr schlicht gestaltet, mit einfachen, klaren Formen und einer nur schwach polierten Oberfläche. Obwohl mehrere der Gefäße und Bleche in beschädigtem oder zerbrochenem Zustand aufgefunden wurden, dürften alle Gegenstände noch benutzbar gewesen sein, als sie wohl gegen Ende des 4. Jahrhunderts vergraben wurden. Painter (1999; Kat. York 2006) vermutet, dass der Schatz einer Gemeindekirche gehörte und in unsicheren Zeiten zum Schutz vor Dieben versteckt, dann aber nie wieder hervorgeholt wurde. Der Fund ist von überragender Bedeutung und beleuchtet die Übergangszeit zwischen Heidentum und Christentum während der hundert Jahre nach der Bekehrung Konstantins.

a) Schale mit Inschrift

Silber – H. 11,5 cm, Dm. 17 cm; 662,9 g
London, The British Museum, Inv.Nr. P&E1975,1002.5

Die hochwandige Schale wurde gegossen, gedrückt und auf der Drehbank nachgearbeitet. Sie besitzt einen konvexen Boden und einen einfachen, leicht ausgestelltem Rand, die Wandung ist unverziert. Zum Zeitpunkt des Fundes wies die Schale am Boden und im unteren Bereich der Seiten Schäden auf. Der Boden ist außen mit dem Namen PVBLIANVS in kreisförmig angeordneten, weit gesperrten Buchstaben versehen. Die gleichen sauber punzierten oder getriebenen Buchstaben wurden auch für die Inschrift eines daktylischen Hexameterverses auf dem schmalen, leicht konkaven Bereich unter dem Rand der Schale verwendet: [Chi-Rho mit Alpha und Omega] SANCTVM ALTARE TVVM D [Chi-Rho mit Alpha und Omega] OMINE SVBNIXVS HONORO – *Sanctum altare tuum, Domine, subnixus honoro*.

Der genaue Sinn der Inschrift im Zusammenhang mit der frühchristlichen Kultpraxis ist ungewiss. Eine mögliche Übersetzung wäre: „Kniend, Herr, huldige ich deinem heiligen Altar (oder Altarraum)" oder, bei Verbindung beider Inschriften: „Herr, ich, Publianus, huldige deinem heiligen Altar (deiner heiligen Kirche) im Vertrauen auf dich". Painter zufolge lässt die Formulierung des Textes den Wortlaut der Messe nach der im Katechismus des Ambrosius zitierten Mailänder Liturgie des späten 4. Jahrhunderts anklingen. Die Schale könnte nach Painters Auffassung daher bei der Feier der Messe benutzt worden sein. Handelte es sich dabei um den Ambrosianischen Ritus, könnte das Gefäß eine Schenkung von Publianus anlässlich seiner Taufe gewesen sein (Kat. York 2006, S. 210f.). Angesichts der großen Seltenheit vergleichbarer Zeugnisse aus dieser Zeit, die Aufschluss über die Gestaltung christlicher Rituale im damaligen Britannien geben könnten, sind solche Vermutungen jedoch kaum zu belegen. Nichtsdestoweniger ist Painters Hypothese durchaus

89a

89b

schlüssig und er legt überzeugend dar, dass die Gefäße von Water Newton zumindest zu liturgischen Zwecken eingesetzt, wenn nicht sogar eigens dafür hergestellt wurden.

b) Henkelbecher
Silber – H. 12,5 cm, Dm. 11 cm; 315,7 g
London, The British Museum, Inv.Nr. P&E1975,1002.6

Zweihenkeliges Trinkgefäß (Kantharos) mit niedrigem konischem, durch Drucken, Schaben und Polieren geformtem Fuß. Die verdickten Ränder des Bechers und des Fußes sind sauber gearbeitet. Die Außenseite des Gefäßes weist Anzeichen einer Glanzpolitur auf, während auf der Innenseite noch die Hammerspuren des Herstellungsprozesses sichtbar sind. Die beiden Henkel waren bei der Auffindung abgebrochen. Sie bestehen aus einfachen flachen Metallstreifen mit tropfenförmigem Ansatz und waren ursprünglich an der Becherwand angelötet. Der hohle Fuß ist durch einen im Inneren verborgenen Zapfen mit quadratischem Kopf mit dem Gefäßkörper vernietet.

Von der Form her weist das Stück eine auffällige, jedoch nur oberflächliche Ähnlichkeit mit mittelalterlichen und jüngeren Messkelchen auf. Allerdings gibt Painter (Kat. York 2006, S. 216) zu bedenken, dass der Becher zwar vermutlich zusammen mit den anderen Gefäßen des Schatzes in einer in oder nahe Water Newton befindlichen Kirche zum Einsatz kam, jedoch nicht ausdrücklich für liturgische Zwecke hergestellt wurde. Zu diesem Zeitpunkt gab es nach allgemeiner Auffassung noch keine ausschließlich liturgischen Gefäße; für den kirchlichen Gebrauch wurden Gegenstände aus dem häuslichen Bereich verwendet. Tatsächlich waren Kantharosbecher aus Silber zwar im ersten vorchristlichen und im ersten nachchristlichen Jahrhundert als Trinkgefäße beliebt; vom 2. bis zum frühen 4. Jahrhundert wurden sie aber überwiegend aus anderen Materialien, besonders Keramik und Glas, hergestellt. Nach seinem Wiederauftreten mit dem Henkelbecher aus Water Newton ist der Kantharostypus vom 5. bis in das 7. Jahrhundert belegt.

c) Tafel mit Chi-Rho-Symbol und Inschrift
Silber – H. 8,7 cm, B. 10 cm, Dm. des Medaillons 5,5 cm
London, The British Museum, Inv.Nr. P&E1975,1002.12

Dieses Fragment stellt den oberen Teil eines großen Silberbleches in Form eines auf der Spitze stehenden Dreiecks dar. Erhalten ist eine zweizeilige Inschrift sowie ein Teil eines großen, mittig platzierten Medaillons mit deutlich hervortretendem Chi-Rho, invertiertem Omega und dem linken Abstrich des Alpha. Die Inschrift in erhabener Capitalis Rustica ist fast vollständig erhalten: IAMCILLA VOTVM QVO(D)/ PROMISIT CONPLEVIT.

Durch die Schadstellen und die Möglichkeit von Ligaturen ist die genaue Form des Eigennamens am Beginn der ersten Zeile jedoch nicht gesichert. Er wurde als Amcilla und Anicilla wiedergegeben, die zu bevorzugende Lesart ist jedoch Iamcilla. Das auf dem Kopf stehende Omega, die Transposition von Omega und Alpha, die spiegelbildliche Wiedergabe von Q und N und das fehlende D sind ohne weiteres dadurch zu erklären, dass die Schrift getrieben wurde, also von der Rückseite der Platte her gearbeitet ist. Fehler dieser Art finden sich auch auf heidnischen Votivtafeln mit getriebener Inschrift. Die Inschrift lautet übersetzt: „Iamcilla erfüllte das Gelübde, das sie versprach". Das Chi-Rho-Symbol darunter legt nahe, dass das Gelübde dem Gott der Christen galt. Bemerkenswert ist nicht nur das Fortbestehen des heidnischen Votivbrauchs in der christlichen Glaubenspraxis, sondern auch die direkte Übernahme der heidnischen Formelsprache: Der Ausdruck *votum quod promisit* erscheint in identischer Form auf einer dem Gott Nodens gewidmeten bronzenen Votivplatte, die auf dem Tempelareal in Lydney in Gloucestershire gefunden wurde (Thomas 1981, S. 116f.).

89c

d) Chi-Rho-Platte

Silber, vergoldet – H. 15,7 cm, B. 11,3 cm, Dm. des Medaillons 7 cm
London, The British Museum, Inv.Nr. P&E1975,1002.18

Das Blech in Form eines invertierten Dreiecks ist die größte im Water-Newton-Schatz. Die Oberfläche ist blattrippenartig gemustert, mit einer erhöhten Mittelrippe und einem großen, erhabenen Kreis, der die in erhöhtem Relief gearbeiteten und vergoldeten Symbole Alpha, Chi-Rho und Omega umschließt. Das Chi-Rho-Motiv bestätigt zusammen mit der Votivinschrift der Iamcilla-Plakette, dass auch dieses Blech – wie alle anderen im Water-Newton-Schatz – als christliche Votivgabe zu verstehen ist. Die Platten an sich sind zwar einzigartig, stehen aber in der Tradition heidnischer Votivgaben. Diese wurden mitunter aus Gold oder Bronze, meist aber aus Silber gefertigt und viele weisen ebenfalls blattartige oder dreieckige Formen auf, wobei einige davon auch Inschriften tragen. Solche Tafeln wurden in großer Zahl in den nördlichen Provinzen des Römischen Reichs gefunden. Diejenigen von Water Newton könnten zwar, wie auch Painter (Kat. York 2006, S. 218) feststellt, von einer einzigen Gruppe von Christen in bewusster Nachahmung einer regionalen heidnischen Sitte dargebracht worden sein, es ist jedoch nicht auszuschließen, dass es sich um Zeugnisse einer weiter verbreiteten frühchristlich-britischen Assimilation oder Abwandlung eines traditionellen religiösen Brauches handelt. In der Zeit des Übergangs folgten die Relieftafeln möglicherweise dem gleichen Prinzip wie die frühchristliche Verwendung („Konversion") bacchischer Motive oder der Bau von Kirchen an Stätten, an denen zuvor heidnische Tempel standen.   Ralph Jackson

| Lit.: Painter 1975; Painter 1977; Painter 1999; Kat. York 2006, S. 210–222 (Kenneth S. Painter); zu a): Painter 1975, S. 336, Nr. 9; Painter 1977, S. 15f., Nr. 9; Thomas 1981, S. 116; Kat. York 2006, S. 215, Nr. 200 (Kenneth S. Painter); zu b): Painter 1975, S. 335, Nr. 6; Painter 1977, S. 13, Nr. 6, Taf. 6; Kat. York 2006, S. 215f., Nr. 201 (Kenneth S. Painter); zu c): Painter 1977, S. 17f., Nr. 12, Taf. 6; Kat. York 2006, S. 220, Nr. 207 (Kenneth S. Painter); zu d): Painter 1977, S. 18, Nr. 18, Taf. 18; Kat. York 2006, S. 220, Nr. 213 (Kenneth S. Painter)

89d

mehr als 80 Votivbleche aus Silber, Bäume oder Blätter darstellend, von denen zwei eine Widmung an Jupiter Sabazios tragen, außerdem die kleine Figur eines Säuglings aus Silberblech (Bacchus als Kind?) sowie eine eventuell unter Gordian III. (reg. 238–244) entstandene Münze.

Die Blätter lagen in einer aus Steinen gesetzten Kiste und waren sorgfältig wie Spielkarten angeordnet. In der Nähe befand sich ein antiker Brunnen, in dem Darstellungen von Minerva und mögli-

90 Blattförmige Votivgabe

2.–3. Jahrhundert
Vichy, Département Allier (Frankreich)
Silberblech – vollständig erhalten; kleinere Risse am Rand, modernes Befestigungsloch – H. 13,4 cm, B. 6,2 cm; 4,01 g
Saint-Germain-en-Laye, Musée d'Archéologie nationale et Domaine national de Saint-Germain-en-Laye, Inv.Nr. 3137.57

Das aus einer dünnen Silberfolie ausgeschnittene Objekt hat die Form eines lanzettförmigen Pflanzenblatts mit dreieckiger Basis. Die Haupt- und Nebenadern sind deutlich angegeben. Das Blatt gehört zu einem Votivensemble, das bei Bauarbeiten während des Winters 1864/65 in Vichy, in der Mitte Frankreichs, zutage kam. Es umfasst cherweise von Epona gefunden worden waren, ebenso wie verschiedene Figürchen aus Terrakotta.

Während der Kaiserzeit übernahm die Bevölkerung des römischen Galliens in größerem Umfang einige griechisch-römische Kultpraktiken, darunter die der Votivgaben: Es kann sich um Gegenstände des täglichen Lebens handeln oder um eigens gefertigte Stücke wie Wiedergaben der Gottheit. Die zur zweiten Kategorie gehörenden Votive in Blatt- oder Baumform sind eher selten. Fast 450, größtenteils aus Silberblech und seltener aus Bronze oder Gold, wurden in den nordwestlichen Provinzen des Römischen Reiches verzeichnet, hauptsächlich in Gallien oder Germanien (129 in Hagenbach, Deutschland), aber auch in der Bretagne und im Noricum (28 in Mauer an der Url, Österreich). Die auf ihnen mitunter angebrachten Widmungen verweisen darauf, dass diese Blätter griechisch-lateinischen Gottheiten geweiht wurden, sowie „orientalischen" Göttern wie Jupiter Dolichenus und Jupiter Sabazios. Einige Widmungen sind christlich. In den Heiligtümern konnten die Votivblätter mit Wachs auf den Götterbildern befestigt, auf Holzbrettchen genagelt, aufgestellt oder aufgehängt werden.   Hélène Chew

| Lit.: Rossignol/Bertrand 1889, Taf. 2–3

91 Votivgabe für Jupiter Sabazios

2.–3. Jahrhundert
Vichy, Département Allier (Frankreich)
Silberblech – unvollständig, der linke obere Ast ist gebrochen und wieder geklebt; moderne Befestigungslöcher – H. 21,5 cm, B. 10,3 cm; 10,72 g
Saint-Germain-en-Laye, Musée d'Archéologie nationale et Domaine national de Saint-Germain-en-Laye, Inv.Nr. 3137.1

Das große Blech in Form eines stilisierten Blatts trägt einen geprägten figürlichen Dekor und eine Inschrift, die in ein Tabula-ansata-Feld eingetieft ist. Jupiter Sabazios steht, von einem Adler zu seiner Rechten begleitet, unter einer Ädikula. Sein Oberkörper ist nackt, er trägt einen Mantel über der linken Schulter und hält ein Zepter in der linken Hand, den Blitz in der rechten. Die Inschrift bestätigt seine Identität: NVMIN(i) AVG(usto) [oder NVMIN(ibus) AVG(ustorum)] DEO IOVI SA/BASIO G(aius) IVL(ius) CARAS/SONVS V(otum) S(olvit) L(ibens) M(erito) – „Mit der göttlichen Kraft des Kaisers hat Gaius Julius Carassonus dem Gott Jupiter sein Gelübde gern und nach Gebühr eingelöst."

Sabazios ist ursprünglich ein thrakisch-phrygischer Gott, dessen Kult in Gestalt des Jupiter oder Bacchus sehr vereinzelt während der Kaiserzeit im römischen Westen und besonders in Gallien verbreitet war. Das zufällig im 19. Jahrhundert in Vichy entdeckte eindrucksvolle Ensemble steht daher sehr isoliert. Es umfasste die Figur eines Säuglings aus Silberblech (Bacchus als Kind?), mehr als 80 Votivgaben in Form von Blättern und Bäumen aus demselben Metall, und eine Münze, vielleicht von Gordian III. (reg. 238–244). Acht Blätter sind mit Sicherheit dem Jupiter Sabazios geweiht; zwei – darunter dieses – tragen eine Widmung, fünf andere stellen ihn ohne Inschrift dar und ein letztes ist mit dem Blitz Jupiters versehen. Der Fundzusammenhang konnte bisher nicht durch archäologische Ausgrabungen festgestellt werden. Der Weihgeber ist ein römischer Bürger, der höchstwahrscheinlich aus Gallien stammte, da sein Name Carassonus keltisch ist. Sabazios ist ein Heilgott, der für Gesundheit sorgte und die Fruchtbarkeit der Erde sicherte. Seine Präsenz in Vichy steht also vielleicht mit der Nutzung der als heilend geltenden Thermalquellen seit römischer Zeit in einem Zusammenhang.   Hélène Chew

| Quellen: Corpus Inscriptionum Latinarum XIII, Nr. 1496
| Lit.: Rossignol/Bertrand 1889, S. 198, S. 213f., Taf. V; Picard 1962, S. 14ff., Abb. 1

92 Frühchristliche Grabinschrift für Marianus

1. Hälfte 5. Jahrhundert
Nördingen, Luxemburg (in Wiederverwendung; ursprünglich Trier, nördliches Gräberfeld)
Weißer Marmor – H. 27,8 cm, B. 26,1 cm, T. 2,3 cm
Luxemburg, Musée National d'Histoire et d'Art Luxemburg, Inv.Nr. lap. 1261

HICI IACET MARI/ANVS Q(u)I VIXSET AN(nos) / [p]L(us) M(inus) XXXVIII QVEM / [c]O(n)IVX SVA DALMATIA / [i]N SINV SANCTORVM / [c]ONMENDAT.

„Hier liegt Marianus, der ungefähr 38 Jahre lebte, (und) den seine Gattin Dalmatia dem Schoß der Heiligen anvertraut."

Die weit verbreitete Eingangsformel „*hic iacet*", die Altersangabe mit vorangestelltem „*plus minus*" sowie das unter der sehr sorgfältig redigierten Inschrift dargestellte Bildmotiv sind im Fundus der zahlreichen frühchristlichen Grabsteine aus Trier nicht ungewöhnlich. Die Namen des Verstorbenen und seiner Gattin überraschen ebenfalls nicht im spätantiken Trier. Völlig aus dem Rahmen fällt jedoch die knappe, sprachlich durchaus anspruchsvolle Formulierung „*in sinu sanctorum conmendat*", für die es bisher keine direkte Parallele gibt, die aber beispielsweise in dem „*sanctorum gremiis commendat*" einer Inschrift aus Vercelli in der Transpadana (Corpus Inscriptionum Latinarum, V, 6734) eine Entsprechung findet. In unserem Fall werden der Aussage zwei verschiedene religiöse Vorstellungen zu Grunde liegen. Einerseits dürfte der verstorbene Marianus in der Nähe von Heiligengräbern bestattet worden sein, so wie dies die Inschrift für den Trierer Subdiakon Ursinianus ausdrücklich bezeugt: „*qui meruit sanctorum sociari sepulcra*" (Corpus Inscriptionum Latinarum, XIII 3787). Auf dem nördlichen Gräberfeld von Trier kommen die Grabstätten der Bischöfe Agricius und Maximinus in St. Maximin bzw. diejenigen von Paulinus und Felix in St. Paulin in Frage. Dann klingt in der Formulierung aber auch die theologische Vorstellung an, dass die Gerechten „im Schoße Abrahams" oder „im Schoße der Heiligen" auf das Jüngste Gericht warten.

Jean Krier

| **Lit.:** Gauthier 1975, S. 555f., Nr. 238; Kier/Muller 1981; Kat. Trier 2007, Nr. II.4.36 (Hiltrud Merten) (elektronischer Katalogeintrag auf CD)

Frühchristliche Reliquiare

Der Ursprung der Gefäßgattung „Reliquiare" liegt im Märtyrerkult, der in der zweiten Hälfte des 3. Jahrhunderts einsetzte. Die Anziehung und Bedeutung dieses Kultes rührte von der Vorstellung her, dass die Märtyrer direkt nach dem Tode in das Reich Gottes aufstiegen, während die normalen Sünder das Weltgericht abwarten mussten.

Durch ihre privilegierte Position im Himmel wurden Märtyrer als Mittlerfiguren zwischen Gott und Mensch angesehen, die für sündige Menschen zum Fürsprecher bei der höchsten Instanz werden konnten. Seit dem 4. Jahrhundert ließen sich daher viele Gläubige bei Märtyrergräbern bestatten, da sie sich durch die physische Nähe zum Heiligen Fürsprache bei Gott erhofften.

Gleichzeitig gab es seit dem Ende der Verfolgungszeit (ab 313) auch eine Abtrennung des Märtyrerkultes vom Grabe durch Translation der Gebeine an andere Orte, um beispielsweise die Heiligen in Altargräbern niederzulegen und damit Kirchen zu weihen. Solche Heiligentranslationen waren aber umstritten; noch im 6. Jahrhundert betonte Papst Gregor der Große in Rom, man wolle die Gräber der Märtyrer nicht anrühren.

Einer der ersten, der Heiligenleiber in einen neuen Kultkontext versetzte, war im 4. Jahrhundert Ambrosius von Mailand, der nach der Auffindung der Gräber der heiligen Protasius und Gervasius eine Umbettung vornahm. Als Niederlegungsort für die Reliquien wurde die gerade errichtete Basilica Ambrosiana ausgewählt, die durch die Heiligengebeine die Weihe erhalten sollte. Wie später allgemein üblich, wurden die Leiber am Altar beigesetzt. Ambrosius selbst gibt uns für die Beisetzung an diesem Ort eine theologische Erklärung: „Die siegreichen Opfer [der Märtyrer] sollen an den Platz rücken, wo Christus das Opfer ist: dieser, der für alle gelitten hat, auf dem Altar, jene unter dem Altar, weil sie durch sein Leiden erlöst sind." (Ep. 77,13)

Eine Konsequenz aus der Umbettung der Heiligenleiber war, eine Umhüllung für sie schaffen zu müssen, um den Körperteilen einen Ersatz für ihr Grab zu geben, und wenn auch nur während der Translation selbst.

Auf der berühmten Elfenbeintafel im Trierer Domschatz (Bd. I, Abb. 25), einer oströmischen Arbeit des 6. Jahrhunderts, wird eine solche Translation von Heiligenreliquien zu einer Kirche gezeigt. In der linken Bildhälfte halten zwei auf einem Wagen sitzende Bischöfe auf dem Weg zu einer Kirche gemeinsam ein hausförmiges Reliquiar. Dem Wagen voran geht eine Gruppe von Würdenträgern mit Kerzen, die vom Kaiser angeführt wird. Anhand der Dacharbeiten, die bei der Kirche am rechten Bildrand ausgeführt werden, wird deutlich, dass die Reliquien zur Einweihung einer neu errichteten Kirche dienen sollen. Empfangen wird die Prozession an der Kirchenpforte durch die Kaiserin, die somit als Stifterin der Kirche in Erscheinung tritt. Begleitet wird der festliche Zug durch zahlreiche Zuschauer, die im Hintergrund aus Fensteröffnungen eines Arkadenbaus dem Geschehen beiwohnen.

Neben den körperlichen Überresten der Heiligen wurden auch Gegenstände, die zu Lebzeiten in ihrem Besitz waren (zum Beispiel Kleider), als Reliquien verehrt. Diese beiden Reliquientypen werden als Primär- und Sekundärreliquien unterschieden. Eine dritte Kategorie von Reliquien sind die Berührungsreliquien; mit ihnen reagierte man auf die steigende Nachfrage nach Reliquien sowohl im klerikalen Bereich als auch durch Privatpersonen, die beispielsweise als Pilger den Wunsch nach eigenem Reliquienbesitz hegten. So waren an Pilgerorten Syriens die Leiber der Heiligen in sogenannten Libationsreliquiaren untergebracht. Dabei handelt es sich meist um sarkophagförmige Steinkisten, in die Flüssigkeiten wie Wasser oder Öl durch eine Öffnung im Deckel eingeleitet wurden, an den Reliquien im Innern vorbeiflossen und schließlich an einem Ausguss in kleinen Ampullen aufgefangen wurden.

Im Westen waren dagegen Tücher, die für kurze Zeit auf Märtyrergräber gelegt wurden, üblich. Durch die Berührung des Tuches mit dem Grab bzw. der Reliquienhülle füllte es sich mit heiliger Wirkkraft (*virtus*) an. Diese Art der Reliquienherstellung ist vor allem für die Apostelgräber in Rom überliefert, da von dort keine Körperreliquien abgegeben wurden. Aber auch an anderen Orten konnte man Berührungsreliquien erhalten, wie in Tours am Grabe des heiligen Martin, wo man ebenfalls der Auffassung war, dass der Leib des Heiligen unversehrt im Grabe bleiben solle.

Seit Beginn der Verbreitung von Reliquien stellte sich somit die Frage nach der angemessenen Form der Umhüllung. Die Partikel vom Leibe des Heiligen und die Gegenstände, die mit ihnen in Berührung kamen, wurden nicht unverhüllt in das Altargrab gesetzt, sondern in ein möglichst anspruchsvolles Gefäß, eine Dose oder wenigstens in ein Stück Stoff eingewickelt, wie auch der Leichnam im Grabe selbst in Tücher gewickelt war. Das Gefäß vertrat dabei die Funktion eines Sarkophages. Und die Sarkophagform ist es, die uns bei den Reliquiaren der Kirchen am häufigsten begegnet, so wie es die Elfenbeintafel von Trier beispielhaft vorführt (Bd. I, Abb. 25). In der Ausstellung ist die Sarkophagform mit einem Beispiel aus Sanzeno (Kat.Nr. 96) vertreten.

Solche Steinkisten bzw. Miniatursarkophage konnten auch dazu dienen, verschiedene Reliquien einer Kirche, die jeweils in separate Reliquiare gefasst waren, gemeinsam aufzunehmen. Die Reliquiare aus Pola, Chur und Grado (Kat.Nr. 95, 99, 101) stammen aus eben sol-

7 Silberkästchen von San Nazaro, nach 388, Mailand, Museo Diocesano, Inv.Nr. 2004.115.001

8 Urteil des Daniel oder Joseph und seine Brüder, Silberkästchen von San Nazaro, nach 388, Mailand, Museo Diocesano, Inv.Nr. 2004.115.001

chen Reliquiensammlungen. So bargen die größeren Steinreliquiare im Inneren meist weitere Gefäße unterschiedlicher Materialien, Formen und Größen. Zum Teil sind regelrechte Verschachtelungssysteme zu erkennen, indem die verschiedenen Reliquiare ineinander gestapelt wurden und ausgehend von der äußeren Steinhülle nach innen hin immer kostbarere Materialien bis hin zu Gold aufweisen konnten. Durch die Materialstaffelung – Marmor, Silber und Gold – fand eine Erhöhung des Inhalts statt.

Unterschiedlichste Materialien kamen bei der Herstellung von Reliquiaren zum Einsatz, je nach finanziellen Möglichkeiten und persönlichen Vorstellungen des jeweiligen Auftraggebers. Neben Stein fanden Silber (Kat.Nr. 100, 101), Holz, Elfenbein (Kat.Nr. 97–99) und in einigen Fällen auch Gold (Kat.Nr. 95) Verwendung. Während die kleinen Goldreliquiare vor allem durch Ornamentdekor hervortreten, findet sich auf einigen Gefäßen, vor allem den Silberreliquiaren, zusätzlich figürlicher Bildschmuck.

Unter den frühen Reliquiaren des 4. Jahrhunderts lassen sich sehr unterschiedliche Bildthemen finden, die teilweise ohne Parallelen sind. In dieser frühen Zeit ist der individuelle Einfluss des Auftraggebers, der seine Wünsche und Vorstellungen durch den Bildschmuck auf dem Gefäß vermittelt wissen mochte, zu beobachten. Ein festgelegtes Bildrepertoire, auf das die Auftraggeber zurückgreifen konnten, gab es zu jener Zeit noch nicht.

Durch die Kenntnis des Auftraggebers wird das Silberreliquiar aus der Kirche San Nazaro in Mailand (Abb. 7, 8; Bd. I, Abb. 17, 18) zum bedeutendsten Objekt jener Zeit. Auftraggeber des Gefäßes ist kein geringerer als Bischof Ambrosius von Mailand. Anlässlich der Weihe der ursprünglich Basilica Apostolorum genannten Kirche im Jahre 386 ließ Ambrosius ein Silberkästchen anfertigen. Im Innern sollen sich der Überlieferung zufolge Reliquien mehrerer Apostel befunden haben.

Der Figurenschmuck, der sich an allen Seiten in getriebenem Hochrelief zeigt, ist von außergewöhnlich hoher Qualität. Die Bildthemen geben an vier der fünf Schauseiten je eine zentral thronende, biblische Person wieder (Christus zwischen Aposteln, Anbetung der Magier, Urteil des Salomon und Urteil des Daniel oder Joseph und seine Brüder – die Deutung der Szene ist umstritten). Auf der fünften Seite befindet sich eine Darstellung der drei Jünglinge im Feuerofen, eines der bekanntesten Rettungsparadigmen des Alten Testaments. Der hohe Anspruch, den Ambrosius mit diesem Objekt verband, kommt in den höfisch wirkenden Thronszenen zum Ausdruck. Ikonographische Vorbilder für die Darstellungen lassen sich kaum finden, was wahrscheinlich in direktem Zusammenhang mit der Auftraggeberpersönlichkeit Ambrosius steht, der in seiner Apostelkirche ein außergewöhnliches Reliquiar niederlegen wollte.

Im ausgehenden 4. und beginnenden 5. Jahrhundert entstehen Reliquiare, bei denen die Auswahl der Bilder ebenfalls das hohe Anspruchsdenken der Auftraggeber zum Ausdruck bringt. Bei der Bildauswahl bilden sich jetzt gattungstypische Tendenzen aus. Vorzugsweise wurden Bildthemen gewählt, die in der frühchristlichen Kunst einen hohen Verbreitungsgrad besaßen. Rettungsparadigmen des Alten und Neuen Testaments wie Daniel in der Löwengrube, die Drei Jünglinge im Feuerofen oder die Auferweckung des Lazarus schienen geeignet, Reliquiare würdig zu schmücken. Neben diesen narrativen Szenen nimmt im 6. Jahrhundert die Anzahl jener Reliquiare zu, die rein repräsentative und nicht auf bestimmte biblische Geschehnisse zurückgehende Bilder zur Anschauung bringen. Hier sind vor allem Darstellungen von Christus zu nennen, der von einer mehr oder weniger großen Anzahl von Aposteln begleitet wird, aber auch in Kombination mit anderen Heiligen auftritt.

Nur wenige Reliquiare schaffen allerdings in ihrem Bildschmuck einen direkten Bezug zu den im Innern verwahrten Reliquien. Selbst wenn Heilige dargestellt wurden, deren Reliquien sich möglicherweise im Innern der Gefäße befanden, lässt sich ohne entsprechende Beischrift die Identität der Dargestellten nicht ermitteln; offenbar war ein solcher direkter Bezug meist gar nicht intendiert.

Dagegen verbindet das im 6. Jahrhundert entstandene ovale Silberreliquiar aus dem Domschatz von Grado die auf dem Gefäßkorpus in Medaillons dargestellten Heiligen durch eine Inschrift, in der sowohl die Heiligen als auch die Stifter benannt werden, mit dem mutmaßlichen Inhalt. Die auf der gegenüberliegenden Seite dargestellten Christus, Petrus und Paulus werden in der Inschrift nicht erwähnt, womit deutlich wird, dass sich ihre Reliquien nicht im Innern befunden haben; sie dienen nur der Nobilitierung des Gefäßes.

Das zylinderförmige Reliquiar aus demselben Fund in Grado (Kat.Nr. 101; Bd. I, Abb. 28) gibt gleichfalls durch seine Inschrift Auskunft über die Reliquiensammlung im Innern. Demnach befanden sich Reliquien von Maria, Vitus, Cassianus, Pancratius, Ypolitus, Appolinaris und Martinus darin. Nur der Deckel besitzt figürlichen Bildschmuck: Auf einem prächtigen Thron sitzend und mit Nimbus und Stabkreuz ausgezeichnet, erscheint Maria mit dem Jesuskind auf ihrem Schoß. Der Marienreliquie im Innern maß man eine so große Bedeutung bei, dass nur ihre Darstellung auf dem Gefäß angebracht wurde. Maria thront somit bildlich, schriftlich (sie wird zu Beginn der Inschrift erwähnt) und formal (als Deckel) über den anderen Heiligen.

Solche instruktiven Verbindungen zwischen Bildern und Inschriften finden sich allerdings nur auf wenigen Reliquiaren.

Auf dem Elfenbeinreliquiar von Samagher (5. Jahrhundert) werden auf drei der fünf Gefäßseiten im Gegensatz zu den bisher genannten Reliquienbildern weder biblische Erzählungen noch Heilige wiedergegeben, sondern Gläubige in Kirchenräumen; diese treten in einen heiligen Bezirk ein oder nähern sich diesem (Abb. 9). Besonders interessant erscheint in diesem Zusammenhang die Rückseite mit der Darstellung der konstantinischen Petrusmemoria von St. Peter in Rom – erkennbar durch die charakteristische Baldachinkonstruktion mit den gedrehten Säulen. Im Bildzentrum sind gerade zwei Figuren – ein Mann links und eine Frau rechts – dabei, am Kultzentrum bei der Kreuznische ihre Verehrung zu bekunden. Sie sind bereits einige Stufen im Kultbereich emporgestiegen, um näher an den Schrein in der Bildmitte zu gelangen. Während die Frau ihre Hände zum Gebet nach vorne hebt, lenkt der Mann unseren Blick mit der einen Hand auf die Kreuznische und mit der anderen Hand auf die Schreintüren darunter. Die unsichtbar verwahrten Gebeine des Märtyrers sind hier buchstäblich zum Greifen nah. Anders als alle anderen uns bekannten Reliquiarbilder bringt das Elfenbeinkästchen anschaulich das Thema der privaten Andacht und Verehrung eines Kirchenreliquiars zum Ausdruck. Und dadurch dass auch dieses Reliquiar unter einem Altar niedergelegt wurde, spiegelt seine Darstellung gleichsam seinen eigenen Gebrauch. Der Auftraggeber erhofft für die Reliquien im Innern des Kästchens eine würdevolle, angemessene Verehrung, so wie es die Personen auf dem Reliquiar beispielhaft vormachen.

Reliquien konnten auch im privaten Bereich besessen und verehrt werden. Dort kamen zum einen ebenfalls dauerhaft verborgene Verwahrungsmöglichkeiten in Frage, beispielsweise indem Reliquiare in einem Grabbau eingemauert wurden. Es gab im Privatbereich aber auch Reliquiare, die in regelmäßiger Benutzung standen. So erfahren wir aus der Vita von Petrus dem Iberer (frühes 6. Jahrhundert), wie er seine Reliquien verwahrte und benutzte:

„Diesen [Teil des heiligen Kreuzes] überzog er mit ein wenig Wachs, wickelte ihn in ein reines Tuch und verwahrte ihn sorgfältig und in grosser Ehre. Und er legte ihn in ein goldenes Behältnis, und an jedem Sonntag, besonders aber an den hohen Festen, brachte er ihn, und wenn er sich mit ihm gesegnet und ihn geküßt hatte, legte er ihn wieder an seinen Ort."

Nicht herausnehmbar, aber sicherlich auch zur privaten Nutzung bestimmt waren die Reliquien in einem bemalten Holzkästchen, das 1903 bei Altaröffnung der Sancta-Sanctorums-Kapelle im Lateranspalast in Rom zum Vorschein kam (Abb. 10). Trotz der Niederlegung am Altar weist die Form und Bemalung des Kastens eindeutig auf seinen privaten Vorbesitzer, einen Pilger aus dem Heiligen Land, hin. Mit viel Aufwand sammelte er Steine und Holzpartikel

9 Elfenbeinreliquiar aus Samagher, Rückseite mit Adorationsszene in Alt-Sankt Peter, Venedig, Museo Archeologico Nazionale, Inv.Nr. 1952-279

II „CUNCTOS POPULOS". DAS CHRISTENTUM IM RÖMISCHEN REICH

10 Reliquienkästchen mit Steinen aus dem Heiligen Land, Syrien oder Palästina, 6. Jahrhundert, Vatikanstadt, Musei Vaticani, Museo Sacro, Schatz der Kapelle Sancta Sanctorum, Inv.Nr. 61883.2.1 (Deckel), 61883.2.2 (Kästchen)

von den besuchten Stätten, setze sie in Kreuzform und zwei diagonale Linien in ein Mörtelbett und beschriftete sie mit den jeweiligen Fundorten (zum Beispiel vom Ölberg, aus Bethlehem etc.). Der Schiebedeckel des Kästchens besitzt beidseitig gemalten Bildschmuck. Im geschlossenen Zustand zeigt der Deckel eine Mandorla, die das Kreuz auf dem Golgathahügel umschließt. Dreht man den Deckel herum, so zeigt die Malerei fünf Stationen aus dem Leben Jesu (Geburt, Taufe, Kreuzigung, Frauen und Engel am leeren Grab Christi und die Himmelfahrt). Die Herkunft der Reliquien im Kasten entspricht den Handlungsorten der dargestellten Bilder. Im geschlossenen Zustand des Kastens nähern sich gemalter und realer Ort an und erlangen eine sinnfällige Einheit. Während der Verehrung der Reliquien schob der Besitzer den Deckel vom Kasten, drehte ihn um und betrachtete die gemalten Lebensstationen Jesu, die er im Gebet mit den gesammelten Partikeln zu einer Einheit verbinden konnte. Kaum ein anderes Reliquiar vermag durch die Gestaltung und Dekoration seine Funktion so eindrücklich zu bezeugen.

Die Bedeutung des Heiligen- und Reliquienkultes ist in Bezug auf die erfolgreiche Christianisierung der spätantiken Welt gar nicht hoch genug einzuschätzen. Mit den Reliquiengefäßen besitzen wir materielle Zeugnisse dieses Kultes, die uns anhand der Formen und Materialien, des Bildschmucks und der Inschriften die Wünsche und Vorstellungen ihrer Auftraggeber und Besitzer bis heute vermitteln.

Anja Kalinowski

| **Quellen:** Ambrosius, Briefe (CSEL 82,3), S. 133f. (Ep. 77,13); Petrus der Iberer, Vita, S. 41f.

| **Lit.:** Braun 1940; Buschhausen 1971; Alborino 1981; Reudenbach 2000 (Lit.); Kalinowski 2011 (Lit.); Kat. Cleveland/Baltimore/London 2011 (Lit.)

93 Capsella dei Santi Quirico e Giulitta

Frühchristlich, 5. Jahrhundert
Ravenna, S. Giovanni Battista, bis 1930 in einer Mauer eingelassen
Marmor; Deckel nicht erhalten – H. 25 cm, L. 51,5 cm, T. 38,5 cm
Ravenna, Museo Arcivescovile

Das Reliquiar war spätestens seit dem 16. Jahrhundert in eine Mauer der ravennatischen Kirche San Giovanni Evangelista eingelassen. Sichtbar war allerdings nur eine Reliefplatte mit der Anbetung der Magier. Erst als 1930 das Relief aus der Mauer herausgelöst wurde, erwies es sich als allseitig dekorierter Kasten, der als Reliquiar der heiligen Quirico und Giulitta gedeutet wurde. Doch nach kritischer Untersuchung der schriftlichen Quellen, auf die sich diese Deutung stützt, muss die Frage, welche Reliquien im Innern ursprünglich verehrt wurden, offen bleiben.

Das hier ausgestellte Stück nimmt eine zweifache Sonderstellung ein. Zum einen gehört es zu den größten frühchristlichen Reliquiaren im Westen, zum anderen ist es das bis heute einzige Marmorreliquiar mit figürlichem Bildschmuck auf allen vier Seiten, was sonst kleinen, meist silbernen Gefäßen im Innern größerer Steinkisten vorbehalten blieb.

Mit der Anbetung der Magier wurde ein im Frühchristentum sehr beliebtes Bildschema gewählt: Von links nach rechts schreiten die drei Magier auf das Jesuskind zu, das auf dem Schoß der Mutter die gebrachten Gaben empfängt. Die Magier sind durch Beinkleider, gegürtete Tuniken und phrygische Mützen als Orientalen gekennzeichnet. Sie tragen in ihren verhüllten Händen je einen Teller mit ihren Gaben. Die thronende Maria hält den Herannahenden den Gottessohn entgegen, so als wolle sie mit der Geste deutlich zum Ausdruck bringen, dass nicht ihr, sondern ihrem Sohn die Verehrung gilt.

Die folgende Schmalseite präsentiert mittig Jesus, flankiert von den beiden Apostelfürsten Petrus und Paulus. Jesus hält in seiner Linken eine abgerollte Schriftrolle, die Rechte ist in einem Redegestus erhoben. Das in Rom geprägte und als *Traditio Legis* („Gesetzesübergabe") bezeichnete Bildthema begegnet auch auf anderen frühchristlichen Reliquiaren.

Auf der gegenüberliegenden Seite wird das alttestamentliche Rettungsparadigma von Daniel in der Löwengrube dargestellt. Zwischen zwei Löwen steht der betende Daniel, am rechten Bildrand reicht ihm Habakuk Brot in die Löwengrube. Die Löwen heben unter dem Einfluss des Gebetes zahm eine Tatze.

Die verbleibende Langseite zeigt eine ungewöhnliche Darstellung der Himmelfahrt Christi. Von links nähern sich zwei Frauen Jesus in der Bildmitte. Dieser wendet sich zu den Frauen um, während er bereits mit einem Fuß auf einer „himmlischen" Stufe steht und durch die Hand Gottes gen Himmel gezogen wird. Am rechten Bildrand schließt die Szene mit dem Stadttor Jerusalems ab. Die Kombination der Himmelfahrt Christi mit den Frauen am Grabe, biblische Ereig-

II „CUNCTOS POPULOS". DAS CHRISTENTUM IM RÖMISCHEN REICH   129

nisse, die im Abstand von rund 40 Tagen stattfanden, findet sich in der frühchristlichen Kunst nur hier. Anja Kalinowski

| **Lit.**: Barroccini 1930; Deichmann 1969–1974, Bd. 1, S. 75; Buschhausen 1971, S. 297f. (Lit.); Diemer 1977; Kat. Rimini 1996, S. 215, Nr. 61 (Monica Casadei); Kalinowski 2011, S. 131f., S. 134ff., S. 139 (Lit.)

94 Zwei Elfenbeintafeln mit Heiligen

Italien und/oder Gallien, 1. Drittel 5. Jahrhundert?
Elfenbein, Reliefschnitzerei – eine der beiden Tafel ist an der rechten Seite stark fragmentiert – a) H. 15,3 cm, B. 9,8 cm; b) H. 15,3 cm, B. 9,1 cm
Paris, Musée du Louvre, a) Inv.Nr. OA 3223 und b) Inv.Nr. OA 3850

Einfache, leicht wulstige Rahmenleisten zwischen dünnen Profilen fassen die beiden hochrechteckigen Tafeln ein. In jeder Tafel stehen zwei in antike Philosophentracht mit Sandalen gekleidete Figuren teils frontal und teils im Dreiviertelprofil einander zugewandt. Heftig gestikulierend disputieren sie miteinander. Auf der intakten Tafel ist die Christusbüste, die in der Mitte über den beiden in einem Rundbild erscheint, in die Diskussion einbezogen, auf der anderen Tafel fungiert sie als stiller Beobachter. Die Büste Christi erscheint in der Hoheitsform der *imago clipeata*, einem Rundschild, das in der Ausarbeitung hier den Nimbenscheiben gleicht. Die Präsenz der Christusbüste im oberen Relieffeld steht kompositionell noch in der Tradition spätantiker Konsulardiptychen, auf denen in der oberen Zone zuerst die Kaiserbüsten, dann auch Christusbüsten erscheinen. Thema des Disputs sind wahrscheinlich die Inhalte der großen Bücher, die die Dargestellten im linken Arm halten. Die Bücher könnten die Figuren als Evangelisten ausweisen. Die Physiognomie der jeweils rechten älteren Figuren legt hingegen eine Identifizierung mit Aposteln nahe. Die Figur mit dem länglichen Kopf, dem langen, spitz zulaufenden Bart und der hohen Stirn auf der fragmentierten Tafel entspricht Paulus, die andere mit kürzerer Haar- und Barttracht Petrus. Eine etwas unbeholfen ausgeführte Inschrift auf der fragmentierten Tafel benennt die linke Figur SCS PETR[VS], doch scheinen diese eingravierten Inschriften nachträglich, zumal die jugendliche Physiognomie dieser Figur mit dem wirren Haar, das auf der Kappe wohl nachgearbeitet wurde, keineswegs der des Petrus entspricht. Die jüngere links könnte Johannes den Evangelisten darstellen. Die Identifizierung der Figuren wird durch den Umstand erschwert, dass die ursprüngliche Zusammengehörigkeit der Tafeln nicht gesichert ist. Formal und kompositorisch stimmen sie zwar überein, doch nicht in der Ausarbeitung. Bei der intakten Tafel könnte es sich um eine Nachbildung der fragmentierten oder einer verlorenen Tafel handeln. Eine Zweckbestimmung des Tafelpaares als Diptychon lässt sich nicht nachweisen, da entsprechende Montierungsspuren fehlen. Die Rahmenleisten sprechen nicht gerade für eine Verbindung über einen Metallrahmen. Eine originäre Bestimmung als Buchdeckelschmuck ist ebenso wenig gesichert. Andererseits legt das Bildprogramm – erkennt man in den Figuren die vier Evangelisten und/oder die Apostel – eine Funktion als Einbandzier einer Handschrift nahe, ob nun der Evangelien oder der Apostelgeschichte.

Ein stilistischer Vergleich macht eine Entstehung der Reliefs in Gallien im ersten Drittel des 5. Jahrhunderts erwägenswert, doch sichere Anhaltspunkte für den Entstehungsort und die Datierung sind nicht gegeben, zumal nicht davon auszugehen ist, dass beide Tafeln zeitgleich und am selben Ort entstanden. Auf den Rückseiten der Tafeln sind um ein mittiges Feld mit Flechtbandmuster die Linien eines Trictrac-Spieles eingeritzt. Die Zweitverwendung der Rückseiten als Spielbrett erfolgte gegen Ende des 11. oder zu Beginn des 12. Jahrhunderts und bedeutet, dass zu diesem Zeitpunkt die Tafeln zusammengehörten.

Ulrike Koenen

| **Lit.:** Volbach 1976, S. 86f., Nr. 124; Gaborit-Chopin 2003, S. 41f., Nr. 5 (Lit.)

95 Goldkästchen aus Pola

Frühchristlich, 5./6. Jahrhundert
Domplatz von Pola (Pula, Kroatien)
Goldblech, Goldgranalien, Goldfiligran; Emaille – H. 1,6 cm, B. 1,9 cm, L. 2,3 cm
Wien, Kunsthistorisches Museum, Antikensammlung, Inv.Nr. VII 761

Das Goldkästchen wurde 1860 zufällig bei Erdarbeiten auf dem Domplatz von Pola zusammen mit weiteren Reliquiaren entdeckt. Lange Zeit blieb der Fund unpubliziert, bis 1890 Heinrich Swoboda einen Fundbericht, gestützt auf Erzählungen, verfasste. Demnach wurde der Fund etwa einen Meter unter der Erdoberfläche gemacht, wo man zunächst eine grob behauene Steinkiste fand, in der ein sarkophagförmiges Reliquiar aus Marmor zum Vorschein kam. Bei Öffnung des Deckels zeigten sich 16 Fächer, in die verschiedene Gefäße eingestellt waren. Allerdings hatten sich zum Zeitpunkt der Publikation davon nur noch das Goldkästchen und ein Silberreliquiar erhalten; beide gelangten 1888 als Geschenk in das Kunsthistorische Museum in Wien.

Weitere Grabungen in den 40er-Jahren des 20. Jahrhunderts konnten den Fundkontext weiter erhellen. Demnach handelte es sich bei dem Fund um das Altarsepulcrum einer frühchristlichen Kirche, die dem heiligen Thomas geweiht war. Im Fundbericht werden als Inhalt des Goldreliquiars zwei Knochen (eventuell Fingerknochen) erwähnt. Vermutlich handelt es sich dabei um Reliquien des Kirchenpatrons Thomas oder des lokalen Märtyrers San Germano.

Das kleine Kästchen wurde aus reliefierten Goldblechen zusammengesetzt und ist durch einen Schiebedeckel zu verschließen. An den Langseiten zieren es gegeneinander gesetzte Akanthusblätter, während an den Schmalseiten ein Kreuz von zwei Flechtbändern eingerahmt wird. Der kunstvolle Deckel besitzt ein mit blauer Emaille ausgefülltes und von einem Filigrankranz umgebenes Kreuz, die verbleibenden Seiten- und Eckfelder werden durch Goldgranalien eingenommen. Diese materiell wie technisch hochwertige Ausstattung findet sich auf nur wenigen Reliquiaren dieser Zeit. Das ebenfalls aus dem Fund stammende hexagonale Silbergefäß (4. Jahrhundert) weist figürliche Reliefs mit Christus und den Aposteln auf (Bd. I, Abb. 27).

Anja Kalinowski

| **Lit.:** Swoboda 1890; Buschhausen 1971, S. 249–252; Cuscito 1972/1973; Mirabel Roberti 1979/1980; Baraka 2009; Damjanović 2009; Kalinowski 2011, S. 86–89

96 Zwei Reliquiare aus Sanzeno

Frühchristlich, 5./6. Jahrhundert
Sanzeno (Nonsberg), Santa Maria Maddalena (Provinz Trient)
Kalkstein; Silber – Kalksteinreliquiar: H. 15 cm, B. 22,5 cm, T. 22,5 cm; Silberreliquiar: H. 2,2 cm, B. 4,9 cm, T. 2,5 cm
Innsbruck, Tiroler Landesmuseum Ferdinandeum Innsbruck, Vor- und Frühgeschichtliche und Provinzialrömische Sammlungen, Inv.Nr. U 7.799 und 7.800

Der Reliquiarfund aus einer nicht weiter untersuchten frühchristlichen Kirche in Sanzeno bezeugt eine häufig anzutreffende Form der Altarniederlegung: Ein kleines präzioses Metallgefäß zur Aufnahme von Reliquien wurde in einer größeren Steinkiste beigesetzt. Typisch für die Niederlegung in einer Kirche ist die Sarkophagform mit Giebeldach und ausgearbeiteten Eckakroteren der Kalksteinkiste. Das ovale Silberkästchen, das im Innern gefunden wurde, trägt als ein-

II „CUNCTOS POPULOS". DAS CHRISTENTUM IM RÖMISCHEN REICH   **131**

(Kat.Nr. 98) und als solcher zu unbestimmter Zeit nach Rom in den Schatz der Sancta Sanctorum gelangte. Diese Kapelle des ursprünglichen Papstpalastes in der Lateransbasilika (San Giovanni in Laterano) verdankt ihren Namen Sancta Sanctorum (Allerheiligste) dem Umstand, dass in ihr die kostbarsten Reliquien des Christentums aufbewahrt wurden.   Claudia Lega

| Lit.: Morey 1936, S. 57f., Nr. A58, Tafel VI; Prandi 1969; Volbach 1976, S. 92, Nr. 138, Taf. 70; Kat. Fort Worth 2007, S. 224, Nr. 51

98   Arznei- oder Kosmetikkästchen mit Fächern

Ägypten, 5. Jahrhundert
Rom, aus dem Schatz der Kapelle Sancta Sanctorum
Elfenbein – L. 9,5 cm, B. 4,6 cm, H. 2,2 cm
Vatikanstadt, Musei Vaticani, Cappella di S. Pietro Martire, Inv.Nr. 61896

Die kleine Schatulle (*capsella*) war als tragbares Arznei- oder Kosmetikkästchen konzipiert, das ursprünglich mit einem Schiebedeckel verschlossen werden konnte, der offenbar verloren gegangen ist. Das Kästchen zeichnet sich durch einen nach innen gewölbten Boden aus; außerdem sorgt ein mittig verlaufendes flaches Band für Stabilität. Seine Seitenwände umgrenzen eine Innenfläche von 7,9 mal 3,1 Zentimetern. Durch das Herausarbeiten des Elfenbeins entstanden ursprünglich acht rechteckige Fächer mit Ausmaßen von je etwa 1,6–1,7 mal 1,4 Zentimetern, wobei Trennstege stehen blieben (ein mittlerer, der parallel zu den langen Seiten verlief, und drei dazu rechtwinklige, die parallel zu den kurzen Seiten verliefen). Diese Unterteilung war rein praktischer Natur und sollte verhindern, dass sich die verschiedenen medizinischen oder kosmetischen Substanzen miteinander vermischten. Zu einem späteren Zeitpunkt wandelte sich die Funktion des Objekts, das nunmehr als Reliquiar diente. Für diese Wiederverwendung wurden einige der inneren Trennstege entfernt (Spuren von ihnen sind noch am Boden zu sehen), um Platz für zwei größere Reliquien zu schaffen. Nun verfügte das Kästchen nur noch über vier Fächer: Für die erste Reliquie wurde ein Bereich neben einer der kurzen Seiten genutzt, der aus vier der ursprünglich aneinandergrenzenden Fächer bestand; die andere passte in einen aus zwei der vormaligen Fächer gewonnenen Bereich an der gegenüberliegenden kurzen Seite.

Dass diese Arznei- oder Kosmetikschatullen gleichzeitig mehrere Substanzen beinhalten konnten, ohne deren gegenseitige Kontamination zuzulassen, war ausschlaggebend für ihre Wiederverwendung als Reliquiarien: Die unterschiedlichen Reliquien konnten getrennt voneinander in den verschiedenen Fächern aufbewahrt werden, ohne dass die Gefahr einer Vermischung bestand, und so übernahm jedes einzelne Fach für sich die Aufgabe eines Reliquiars.

Zu einem bislang unbestimmten Zeitpunkt gelangte das kleine Elfenbeinobjekt in seiner neuen Funktion als Reliquienbehälter in den kostbaren Schatz der Sancta Sanctorum, der Kapelle des antiken Papstpalastes in der Lateransbasilika (San Giovanni in Laterano), in

96

zigen Schmuck ein punziertes lateinisches Kreuz mit geteilten Balkenenden auf seinem Deckel.   Anja Kalinowski

| Lit.: Buschhausen 1971, S. 276f.; Noll 1972; Kat. Rosenheim/Mattsee 1988, S. 440, Nr. 97 (Volker Bierbrauer); Kalinowski 2011, S. 77, S. 96, Abb. 81a

97   Schiebedeckel eines Arzneikästchens mit Szene der Blindenheilung

Ägypten, 5. Jahrhundert
Rom, aus dem Schatz der Kapelle Sancta Sanctorum
Elfenbein – H. 12,4 cm, B. 5,7–6 cm, St. 1,2–1,6 cm
Vatikanstadt, Musei Vaticani, Cappella di S. Pietro Martire, Inv.Nr. 61895

Auf dem Deckel ist unterhalb eines bogenförmigen Bauwerks zwischen zwei Palmettenakroterien – eine Komposition, die stark an diejenige an architektonischen Sarkophagen erinnert – der jugendliche und bartlose Christus bei der Heilung des Blinden dargestellt. Hinter diesen beiden Figuren ist ein dritter Mann mit dichtem Bart und schütterem Haupthaar zu sehen. Mit erhobener rechter Hand setzt er scheinbar zur Rede an, während er in der linken Hand ein Buch hält. Möglicherweise kann in ihm der Prophet Jesaja erkannt werden, der nach christlicher Überlieferung das Wunder der Blindenheilung vorhergesagt hatte (Jes 35,5).

Auf einem dem hier beschriebenen sehr ähnlichen Deckel, der ebenfalls aus Elfenbein gefertigt wurde und wahrscheinlich aus derselben ägyptischen Werkstatt stammt, sind die heidnischen Götter der Heilkunst und des Wohlergehens – Asklepios und Salus – abgebildet. Vermutlich hat auch dieser einem Arzneikästchen als Schiebedeckel gedient.

Es ist denkbar, dass die Schatulle zu späterer Zeit als Reliquienbehälter wiederverwendet wurde, wie es in anderen Fällen bezeugt ist der die heiligsten Reliquien des Christentums zusammengetragen wurden. Zu Beginn des 20. Jahrhunderts wurde das Kästchen zusammen mit den anderen Reliquiaren aus der Sammlung der Kapelle Sancta Sanctorum in den Vatikan gebracht und im dortigen Museum ausgestellt. Claudia Lega

| Lit.: Morey 1936, S. 58, Nr. A59, Taf. VI; Volbach 1976, S. 92, Nr. 139, Taf. 70; Kalinowski 2011, S. 93

*99 Arzneikästchen mit Darstellung des Asklepios

Spätantike, frühes 5. Jahrhundert
Chur, Altarsepulcrum der Kathedrale
Elfenbein, geschnitzt – H. 2 cm, B. 6 cm, L. 8,7 cm
Chur, Domschatz, ohne Inv.Nr. (Abbildung s. Bd. I, Abb. 29)

Elfenbeinkästchen mit der Darstellung des antiken Heilgottes Asklepios dienten in der Antike zur Aufbewahrung von Medizin. Öffnete man ihre Schiebedeckel, so offenbarten die Gefäße im Innern eine Unterteilung in verschiedene Fächer, um darin Arzneien unterzubringen (Kat.Nr. 98). Einige dieser Kästchen wurden zu Reliquiaren umfunktioniert, wie auch in diesem Falle: Das kleine Kästchen, das im Innern in sechs Fächer unterteilt ist, wurde zusammen mit weiteren frühchristlichen Reliquiaren im Altarsepulcrum der Kathedrale von Chur niedergelegt, wo es während Ausgrabungen 1943 wiederentdeckt wurde. Im Innern der sechs Fächer fanden sich tatsächlich in Seide eingewickelte Reliquien. Die Unterteilung solcher Arzneikästchen in mehrere Innenfächer wird die Weiterverwendung als Reliquiare begünstigt haben, da sich so unterschiedliche kleine Reliquienpartikel getrennt voneinander unterbringen ließen.

Die Darstellung auf dem Deckel des Churer Kästchens zeigt den heidnischen Heilgott unter einer architektonischen Rahmung stehend. In der rechten Hand hält er seinen typischen von einer Schlange umwundenen Stab, während seine Linke ein Buch mit einem (eventuell später bei Umnutzung zum Reliquiar eingekerbten) Andreaskreuz präsentiert.

Die Darstellung des heidnischen Äskulap hat die Besitzer der Reliquien nicht davon abgehalten, das Kästchen als Reliquiar weiter zu benutzen, denn der pagane Heilgott wurde im Frühchristentum allegorisch umgedeutet und durch die Gestalt Jesu ersetzt, der wie er Heilwunder vollbrachte. Das beweisen zahlreiche Kunstwerke und Heiligtümer des Asklepioskultes, die im Frühchristentum umgedeutet und in den neuen Glauben integriert wurden.

Zusätzlich scheint der Aspekt, dass Reliquien wie Medizin Heilung bewirken konnten, für die Wiederverwendung bedeutsam. So wissen wir, dass Berührungsreliquien, die Pilger in Form von Wasser und Ölen im Heiligen Land erworben hatten, als Heilmittel gegen Krankheiten eingesetzt wurden. Die heilende Kraft von Reliquien bestätigt auch Bischof Paulinus von Nola, der seinem Freund Sulpicius Severus in einem Brief erläutert, dass Reliquien als täglicher Schutz (*tutela*), aber auch als Heilmittel (*medicina*) dienen können (Ep. 32,8). Anja Kalinowski

| **Quellen:** Paulinus von Nola, Briefe (CSEL 29), S. 283 (Ep. 32,8)
| **Lit.:** Caminada 1945; Buschhausen 1971, S. 278–282; Volbach 1976, S. 64f., Nr. 84; Dinkler 1980, S. 30, Taf. XX; Kat. Frankfurt 1983, S. 565ff., Nr. 168 (Dagmar Stutzinger); Dosch 1988, S. 4

100 Capsella Vaticana

Konstantinopel, 610–641
Rom, aus dem Schatz der Kapelle Sancta Sanctorum
Silber – H. 5,5 cm, L. 19,5 cm, T. 6,5 cm
Vatikan, Musei Vaticani, Museo Christiano, Inv.Nr. 1039

Die ovale Silberpyxis wurde 1903 bei Öffnung des Altarschreins Papst Leos III. (amt. 795–816) in der Capella Sancta Sanctorum im Lateranspalast entdeckt (ebenso wie Kat.Nr. 97 und 98). Während die Schreinanlage aus dem Ende des 8. bzw. aus dem frühen 9. Jahrhundert datiert, verweisen die Silberpunzen auf dem Boden des Gefäßes in die Regierungszeit des oströmischen Kaisers Herakleios (reg. 610–641).

Das Reliquiengefäß ist sowohl am Gefäßkorpus als auch auf dem gewölbten Deckel mit einem figürlichen Reliefschmuck verziert; der Deckelrand und die Gefäßränder werden durch plastische Kordelbänder eingefasst. Den Deckel überspannt auf voller Länge und Breite ein großes Gemmenkreuz, unter dessen Kreuzarmen nimbierte Engel mit zum Gebet erhobenen Armen stehen. Von rechts oben fliegt eine Taube (Heiliger Geist) mit einem Kranz im Schnabel ins Bildfeld; das letzte Segmentfeld links oben zeigt die segnende Hand Gottes. Das Kreuz als Sinnbild des Gottessohnes bringt zusammen mit der segnenden Hand Gottes und der Taube die göttliche Dreifaltigkeit zur Anschauung. Dadurch erscheint das Deckelbild gleichsam als Wiedergabe einer Apsisdekoration en miniature.

134 LUX MUNDI

Umlaufend besitzt der Gefäßkörper, von stilisierten Palmwedeln untergliedert, sieben Medaillons mit Bildnissen Christi und der Apostel. An der einen Langseite befindet sich mittig die Darstellung des segnenden Christus, der durch einen Kreuznimbus gekennzeichnet ist. Als einzige weitere Personen sind auf der gegenüberliegenden Seite Petrus (rechts) und Paulus (links) anhand ihrer charakteristischen Kopfform (Petrus mit breitem Rundschädel und gewelltem Haar; Paulus kahlköpfig und mit hoher Stirn) zu identifizieren.

Die Capsella Vaticana zeigt in ihrem Bildprogramm typische Tendenzen der Reliquiare des 6. und 7. Jahrhunderts, als vornehmlich repräsentative Bildthemen wie die Adoration des Kreuzes und Medaillonbüsten der Apostel anstelle von Gewandfiguren oder narrativen Erzählmomenten gewählt wurden.

Über den Inhalt des Reliquiars wurde aufgrund der Kreuzdarstellung auf dem Deckel spekuliert, ob sich nicht eine Kreuzreliquie darin befunden haben könnte. Bei Auffindung des Kästchens wurden im Innern einige Knochenreste, eine Glasampulle und verschiedene Steinstücke entdeckt, eine Kreuzreliquie erwähnt der Fundbericht allerdings nicht.

Sowohl die beiden rückseitig angebrachten Scharniere als auch die auf dem Deckel und Gefäß angebrachten Verschlussvorrichtungen sind sehr grob gearbeitet und zum Teil über die Reliefs gesetzt worden, sodass hier eine spätere Zugabe vermutet werden darf.

Anja Kalinowski

| **Lit.:** Lauer 1906; Grisar 1908; Buschhausen 1971, S. 244f. (Lit.); Kat. Paderborn 1999, S. 647f., Nr. IX.30 (Arne Effenberger) (Lit.); Kalinowski 2011, S. 152f. (Lit.)

101 Reliquiar aus Grado mit Mariendarstellung

Frühchristlich, 6. Jahrhundert
Grado, unter dem Hauptaltar des Domes gefunden
Silber – H. 10,5 cm, Dm. 8,2 cm
Grado, Tesoro della Basilica Patriarcale di S. Eufemia in Grado, Arciodiocesi di Gorizia, Inv.Nr. 0241

Die zylinderförmige Pyxis besitzt an der Gefäßwandung eine zweizeilige Inschrift, in der die sieben Heiligen genannt werden, deren Reliquien sich im Innern befunden haben: Maria, Vitus, Cassianus, Pancratius, Ypolitus, Apolinaris und Martinus. Maria ist außerdem auf dem Deckel des Reliquiars abgebildet (Bd. I, Abb. 28). Mit dem Jesuskind auf ihrem Schoß sitzt sie auf einem prächtigen Thron; das Stabkreuz in ihrer Rechten und ein Kreuznimbus um ihren Kopf sichern ihre Deutung als himmlische Herrscherin. Das Jesuskind erhielt interessanterweise keinen Nimbus, was die Bedeutung der Mutter nochmals betont.

Die Anzahl der genannten Heiligen stimmt im Innern mit einer Unterteilung in sieben Fächer überein; um ein zylindrisches Mittelfach gliedern sich sechs gleich große Kompartimente. Die exakte Übereinstimmung zwischen den sieben Heiligen der Inschrift und den sieben Fächern im Innern bezeugt, dass das Gefäß eigens für diese Reliquiensammlung angefertigt wurde.

Im Innern der Fächer fanden sich neben einem kleinen Goldreliquiar jedoch elf Goldplättchen mit Heiligennamen. Alle außen betitelten

II „CUNCTOS POPULOS". DAS CHRISTENTUM IM RÖMISCHEN REICH   135

102

102

Heiligen finden sich auch auf den Namenstäfelchen wieder, vier Heilige werden dagegen erstmals erwähnt. Die Erklärung dafür dürfte in einer nachträglichen Erweiterung der Reliquiensammlung zu suchen sein. Zwischen Herstellung des Gefäßes und Niederlegung unter dem Altar des Domes von Grado sind weitere Reliquien hinzugekommen, die durch die Namenstäfelchen im Innern ebenfalls dokumentiert wurden. Von den Reliquien selbst hatte sich bei Auffindung im Jahre 1871 nur noch eine dunkle Masse am Boden erhalten.

Neben dem Marienreliquiar wurde bei den Ausgrabungen ein elliptisches Silberreliquiar gefunden. Beide waren in einer großen Steinkiste unter dem Hauptaltar des Domes deponiert.   Anja Kalinowski

| Lit.: Rossi 1872; Zovatto 1953/54; Buschhausen 1971, S. 246–249; Marocco 2001, S. 11–17 (Lit.); Kalinowski 2011, S. 29f., S. 112ff., S. 184f. (Lit.)

102 Zwei Silberphaleren aus Hüfingen

Kurz nach 600
Hüfingen, Kammergrab 1
Silberblech, mit geprägtem Bildschmuck – Dm. 10,9–11,4 cm
Karlsruhe, Badisches Landesmuseum Karlsruhe, Inv.Nr. 73/171 a–b

Die Phaleren gehören zur reichen Grabausstattung eines jungen Adeligen, dessen Grab 1966 in Hüfingen (im Südschwarzwald) entdeckt wurde. Phaleren waren Bestandteil des Zaumzeugs und zierten die Brust des Pferdes.

Besonderes Aufsehen erregte der Fund, da es sich bei dem geprägten Bildschmuck auf den Zierscheiben um sehr frühe christliche Bilder auf alamannischem Gebiet handelt. Auf der einen Silberscheibe (Inv.Nr. 73/171 b) erscheint ein Reiter mit Heiligenschein, der gegen eine menschenköpfige Schlange kämpft. Er wird sehr kontrovers als Christus, Kaiser oder Reiterheiliger gedeutet.

Die Darstellung der zweiten Phalere, die die Muttergottes mit Jesuskind wiedergibt, bildet eine interessante Parallele zum Deckelrelief des Reliquiars von Grado (Kat.Nr. 101; Bd. I, Abb. 28). Die Frontalität der Darstellung und vor allem die geschwungene Rücklehne des Thrones bezeugen die gemeinsame Herkunft von einer Bildvorlage, die der byzantinischen Formensprache entnommen ist. Als Entstehungsort der Hüfinger Phaleren wird Italien vermutet, wo sie der letzte Besitzer als Mitglied des fränkisch-alamannischen Heeres bei einem Kriegszug erbeutet haben könnte. Auf jeden Fall stammen die Silberarbeiten aus dem Mittelmeerraum, während andere Teile des aufgefundenen Zaumzeuges eindeutig mit einheimischer Kunstproduktion in Verbindung gebracht werden können.

2008 tauchte eine zu dem Fund gehörende dritte Phalere wieder auf, die während der Ausgrabungen illegal entwendet worden war. Sie zeigt erneut den Reiter der ersten Zierscheibe, diesmal nicht als Kämpfenden, sondern als Sieger. Durch die Wiederentdeckung der dritten Phalere – heute verwahrt im Regierungspräsidium Freiburg – Referat 26 (Denkmalpflege) – ergibt sich ein stimmiges Bildprogramm, das den Sieg Christi über das Böse zum Thema hat. Die Bilder dienten seinem Besitzer als persönlicher Schutz und sollten zugleich seinen Glauben sichtbar werden lassen.

Anja Kalinowski

| Lit.: Fingerlin 1993; Kat. Karlsruhe 2005, S. 281, Nr. 143 (Michaela Geiberger); Fingerlin 2010 (Lit.)

103

103 Warnebertus-Reliquiar

Vermutlich Oberitalien, 2. Hälfte 7. Jahrhundert
Buntmetallguss; vergoldet, plane Granateinlagen, hellblaue Cabochons in den Ecken und Zentren der Medaillons – mehrere Einlagen herausgefallen – H. 10,2 cm, B. 12,2 cm, T. 4,8 cm
Beromünster, Chorherrenstift St. Michael Beromünster, Kanton Luzern, Schweiz, ohne Inv.Nr.

Das kleine hausförmige Kästchen besteht aus einem rechteckigen Korpus mit einem über ein Scharnier befestigten Klappdeckel in der Form eines abgewalmten Satteldachs. Die Wand- und Dachteile sind verlötet; die seitlichen Aufhängungen für Trageriemen sind (fragmentarisch?) erhalten; ein Überfallverschluss mit Vorhängeschloss auf der Vorderseite wurde später hinzugefügt. Die Verzierung ist in qualitätvollem gegossenem Tiefrelief ausgeführt; auf Wand und Dach der Vorderseite waren zudem in den Rahmen, den zentralen Medaillons sowie in den Kreuzarmen runde und tropfenförmige plane Granate sowie in den Ecken und im zentralen Dachfeld hellblaue mugelige Edelsteine (Saphir?) eingelegt, die heute zum Teil herausgefallen sind.
Auf der Rückseite und den Seitenfeldern sind sorgfältig komponierte Ranken im byzantinischen Stil sowie ein Kelch im Clipeus, aus dem

103

Palmetten wachsen, wiedergegeben – das ist ein Bild des *fons vitae* (Lebensbrunnen), in Verbindung mit paradiesischer Vegetation auf die Eucharistie verweisend, also auf Jesu Opfertod, Abendmahl und die damit verbundene Verheißung paradiesischer Erlösung. Die Vorderseite schmücken zentrale Medaillons mit zentralem Edelstein im Perlkranz, die von gleicharmigen Kreuzen eingefasst sind, welche wiederum von jeweils vier verflochtenen Tierprotomenpaaren im fortgeschrittenen „Germanischen Tierstil II" umgeben sind. Dies ist ein Symbol für die vom Kreuz (Christi Opfertod) ausgehende *recapitulatio creationis*, die Erneuerung der Schöpfung. Auf den Seitenfeldern und der rückseitigen Dachfläche gibt es virtuose Vermischungen von byzantinischen Ranken mit animalen Elementen. Auf der Unterseite ist in vier Zeilen folgende Stifterinschrift in leicht verderbtem Latein eingraviert: + UUARNEBERTUS P⁻P FIERE IUSSIT AD CONSERUANDO RELIQUIAS SCE MARIE PETRI OPE TRIBUANT IPSIUS PONTIFICE, AMEN +. Danach ließ also ein Pontifex Praepositus (Propst) namens Warnebertus dieses Kästchen zur Aufbewahrung von Reliquien der Heiligen Maria und Petrus anfertigen. Dabei kann es sich nur um den in der „Vita sancti Medardi" genannten Warinbert handeln, der in der zweiten Hälfte des 7. Jahrhunderts Abt des Klosters St. Medard und später in Personalunion auch Bischof von Soissons (Département Aisne, nordwestlich von Paris) war, wozu passt, dass die Kathedrale von Soissons ursprünglich Maria und Petrus geweiht war. Warinbert ist unter den westfränkischen und auch langobardischen Personennamen überliefert; aus sprachhistorischen Gründen ist eine Identität mit Warnebertus möglich (freundliche Auskunft Robert Nedoma, Wien). Nach Beromünster könnte das Reliquiar im Gefolge kriegerischer Auseinandersetzungen im 14. Jahrhundert gekommen sein (Braun 1940, Anm. 428).
Es gibt vier nahe Parallelen zum Reliquiar von Beromünster: ein ganz gleichartiges, allerdings kleineres Kästchen, angeblich aus der Waal bei Tiel unweit von Utrecht (Kat.Nr. 104), eine silberne Riemenzunge vom Domplatz in Utrecht sowie das Fragment eines hausförmigen Reliquiars mit Tonnendach unbekannten Fundorts in einer Baseler Privatsammlung. Vor allem Günther Haseloff und Volker Bierbrauer haben die enge stilistisch-kunsthistorische Zugehörigkeit dieser Ornamentik aus spätem „kontinentalem Tierstil II" und byzantinischer Rankenornamentik zum oberitalisch-langobardischen Kunstkreis der zweiten Hälfte des 7. Jahrhunderts deutlich gemacht. Eine Zuweisung zu einem „burgundischen" Kunstkreis wegen der Zugehörigkeit zum Stiftsschatz Beromünster und wegen der Baseler Privatsammlung hat kaum eine Grundlage. Vorausgesetzt, die Zuschreibung zum historischen Warinbert, Abt und Bischof von Soisson, träfe zu, wäre eine von Soisson ausgehende Beauftragung des Kästchens bei oberitalischen Künstlern wenig wahrscheinlich. Die niederländischen Fundorte in und bei Utrecht in Verbindung mit dem nordostgallischen Soissons lassen andererseits an die irofränkische Friesenmission in der zweiten Hälfte des 7. Jahrhunderts denken, die – neben den von Bischof Kunibert von Köln (*um 600, Bischof von 623–†ca. 664) geleiteten Aktivitäten und vor dem Einsetzen der angelsächsischen Mission durch Willibrord (ab 690) – vor allem von Klöstern dieses nordostgallischen Raumes ausging. Die schwierige Frage nach der Werkstattlokalisierung könnte eventuell mit der Anwesenheit oberitalischer Künstler/Handwerker im Norden beantwortet werden – angesichts des weitgespannten Netzwerkes der irofränkischen Klosterbewegung wäre das nicht überraschend.

Egon Wamers

| Lit.: Braun 1940, S. 198f.; Werner 1954; Haseloff 1984; RGA 33, S. 271–274 (Art. Warnebertus-Reliquiar: Volker Bierbrauer)

104 Sog. Utrechter Reliquiar

Vermutlich Oberitalien, 2. Hälfte 7. Jahrhundert
Angeblich aus dem Fluss Waal bei Tiel, Prov. Gelderland, Niederlande
Buntmetallguss; vergoldet; Granat- und Glaseinlagen, Cloisonné-Emaille (?) auf der Unterseite; sekundäre Bohrungen an den Seiten – H. 4,7 cm, B. 6,3 cm, T. 3,0 cm
Utrecht, Museum Catharijneconvent, Inv.Nr. ABM m. 904

Das kleine hausförmige Kästchen mit abgewalmtem Satteldach entspricht dem Warnebertus-Reliquiar (Kat.Nr. 103) weitestgehend, ist aber nur gut halb so groß. Einen Verschluss auf der Vorderseite hat das Kästchen anscheinend nicht gehabt; die ursprüngliche seitliche Aufhänge-/Tragekonstruktion ist sekundär verändert. Die planen Granat- und mugeligen Steineinlagen auf der Vorderseite sind weitgehend erhalten; die Einlagen in der Unterseite scheinen Grubenschmelz zu sein.
Die Frontseite zeigt innerhalb eines Rahmens aus rechteckigen Granateinlagen eine große zentrale Rosette mit tropfenförmiger mugeliger Steineinlage in Wannenfassung, umgeben von einem mit planen Granaten gefüllten Perlkranz. Die Rosette wird von zwei

gleicharmigen almandingefüllten Kreuzen flankiert, aus denen je zwei Doppelpalmetten (= Kreuz als *arbor vitae*) sprießen. Dieses Motiv wiederholt sich in verkürzter Form auf dem Deckel der Frontseite. Die Bodenplatte trägt ein zentrales Medaillon mit Kelch, aus dem eine Doppelpalmette sprießt (Kelch als *fons vitae*), flankiert von zwei Rauten mit eingeschriebenem Kreuz, aus dem oben und unten Palmetten wachsen (arbor-vitae-Kreuz im *orbus quadratus mundi*). Die Rückseite des Korpus ist mit einer prächtigen komplexen Wellenranke verziert, während auf seiner Dachfläche in leicht verkürzter Form das Motiv der Bodenplatte wiederholt wird. Auf den Kastenseitenfeldern sitzt wiederum je ein Kelch mit entsprießender Palmette und auf den dreieckigen Giebelflächen ist je eine symmetrische Palmette wiedergegeben.

Das winzige Kästchen hat im knapp doppelt so großen Warnebertus-Reliquiar aus dem Stiftschatz von Beromünster (Kanton Luzern) und in der Riemenzunge vom Domplatz in Utrecht stilistisch und motivisch sehr enge Parallelen, jedoch sind hier neben den byzantinischen Ranken keine Elemente des „germanischen Tierstils II" vertreten. Die Gesamtkomposition und ikonographische Aussage stimmen aber überein.

Vom Typus her gehört das Utrechter Kästchen wie das aus Beromünster zu den hausförmigen Reliquiaren des Kontinents und des insularen Bereichs, die als Privatreliquiare – wohl von Klerikern – um den Hals getragen wurden; auch eine Verwendung als eucharistisches Chrismale ist in Erwägung gezogen worden. Vermutlich können die „Utrechter" Funde mit der vorwillibrordischen irofränkischen Missionsarbeit in Friesland in Zusammenhang gebracht werden. Egon Wamers

| **Lit.:** Åberg 1945, S. 84f.; Werner 1954; Steingräber 1956; Haseloff 1984; Kat. Paderborn 1999, S. 526ff., Nr. VIII.15 (Viktor H. Elbern); RGA 31, S. 581f. (Art. Utrechter Reliquiar: Egon Wamers); Quast 2012, S. 123, Nr. 14

III Römisches Reich ohne Rom
Die Merowinger und das Christentum

105 Goldscheibe von Limons

Fränkisch-alamannisch, mittleres Drittel 7. Jahrhundert
1850 gefunden in „Port de Ris", nördlich von Limons, Dép. Puy-de-Dômes, Frankreich, „in alten Ruinen neben Bronze-, Glas- und Tongefäßen"
Goldguss, durchbrochen; Nielloeinlagen, plane und mugelige Granateinlagen in solitären goldenen Kastenfassungen mit langen Nietstiften, die durch die Vorderseite gesteckt und auf der Rückseite festgeschlagen sind; drei Nietlöcher im Scheibenrand zur Fixierung auf einer Unterlage – Dm. 6,5 cm; 39 g
Paris, Bibliothèque nationale de France, Cabinet des Médailles, Inv.Nr. 56.323

Die durchbrochene Zierscheibe ist als sechsstrahliges Radkreuz gestaltet. Das große Zentrum zeigt die Imago Christi im Kreuznimbus und gleichzeitig in einem mit zwölf „Gemmen" geschmückten Siegeskranz. Der sechsfache radförmige Strahlenkranz wird von sechs Tierprotomen-Paaren im „germanischen Tierstil II" gebildet. Sechs der Tierprotome sind als Eberköpfe mit jeweils einem Fuß identifizierbar, sechs weisen einen gemeinsamen bandförmigen Schlangenkörper mit einem Fuß je Paar auf. Die im Profil dargestellten Tierprotomen-Paare können gleichzeitig als En-face-Masken gelesen werden – ein bewusstes Vexierbild. Insgesamt sind 24 Kastenfassungen in sechs Formvarianten mit Granaten zur Markierung von Augen, Nimbus und Körperachsen eingesetzt worden, einem festen Schema folgend. Die Strahlen sind – im Wechselspiel mit den Zwischenräumen – so angeordnet, dass sie sowohl als Kreuz wie auch als Christogramm gelesen werden können. Das Kreuz signieren die apokalyptischen Buchstaben A und Ω. Beim Christogramm ist das „Rho" als lateinisches R ausgeführt, was zusätzlich als Kürzel für „Rex" aufgefasst werden kann (Arrhenius 1986), vergleichbar den Christushäuptern auf dem Kästchen von Essen-Werden und dem Buchdeckel von Genoels-Elderen im Kreuznimbus aus dem späten 8. Jahrhundert. Die Konturen und Binnenmarkierungen der Einzelmotive sind durch feine, aber etwas ungelenke strich- und punktförmige Nielloeinlagen ausgeführt.

Das kunstvoll komponierte Motiv (Christus-)Haupt mit Eber- und anderen Tierköpfen ist in der Kleinkunst des 7. Jahrhunderts bei Langobarden, Awaren, Alamannen, Franken Angelsachsen und Skandinaviern von Goldblattkreuzen und Gürtelzubehör vielfach bekannt. Meist tritt zu den Eber- und unbestimmbaren, oft aber wolfsartigen Raubtierköpfen jeweils noch ein Paar Raubvogelköpfe. Eber, Wolf und Raubvogel werden in der frühmittelalterlichen Kunst und Vorstellung zu den *bestiae silvae* gerechnet, die Chaos und Zerstörung repräsentieren. In Verbindung mit dem kreuznimbierten Haupt Christi, der als Rex ausgewiesen und von den apokalyptischen Buchstaben Alpha und Omega („Ich bin das A und O, der Erste und der Letzte, der Anfang und das Ende") begleitet wird, dürfte folgende Vorstellung imaginiert werden: Die wilden *bestiae silvae* werden durch das Erlösungswerk Christi überwunden und unter diesem Bann zu sympathetischen Trabanten – eine Variante zum Motiv des paradiesischen Tierfriedens. Dazu passt die mehrfache Verwendung der Zahl Sechs oder ihrer Vielfachen. In der Zahlensymbolik der christlichen Spätantike und des frühen Mittelalters ist die Sechs der *numerus perfectus* und Zahl von Schöpfung und Erlösung. Eine Beziehung zu irgendwelchen paganen germanischen Vorstellungen ist nicht ersichtlich.

Die Scheibe wurde von Patrick Périn aufgrund von Parallelen als Beschlag für eine „Handtasche" angesehen, wie sie aus zahlreichen Frauengräbern des 7. Jahrhunderts zwischen Rhein und Seine bekannt geworden sind. Diese (Leder-?)Taschen waren mit – zumeist einfachen Bronzebeschlägen verziert, oft in einer Kombination von Kreuzen, Kreuzscheiben und Vogelkopfbeschlägen. Die Funktion dieser Taschen ist noch nicht geklärt; ihre christliche Signatur könnte auf Behältnisse für Heilmittel, Sekundärreliquien oder gar Codices verweisen, wie man sie aus der irischen Kunst kennt. Das kostbare Material Gold mit Almandinen und die ausgesprochen komplexe theologische Motivik der Zierscheibe aus Limons könnte aber auch gut auf einen Beschlag für ein hölzernes Reliquiar oder für einen Buchdeckel hinweisen, die beide oft mit runden Appliken versehen waren.

Egon Wamers

| Lit.: Arrhenius 1986, S. 129ff.; Périn 2001; Wamers 2008, S. 40ff., Abb. 9

105

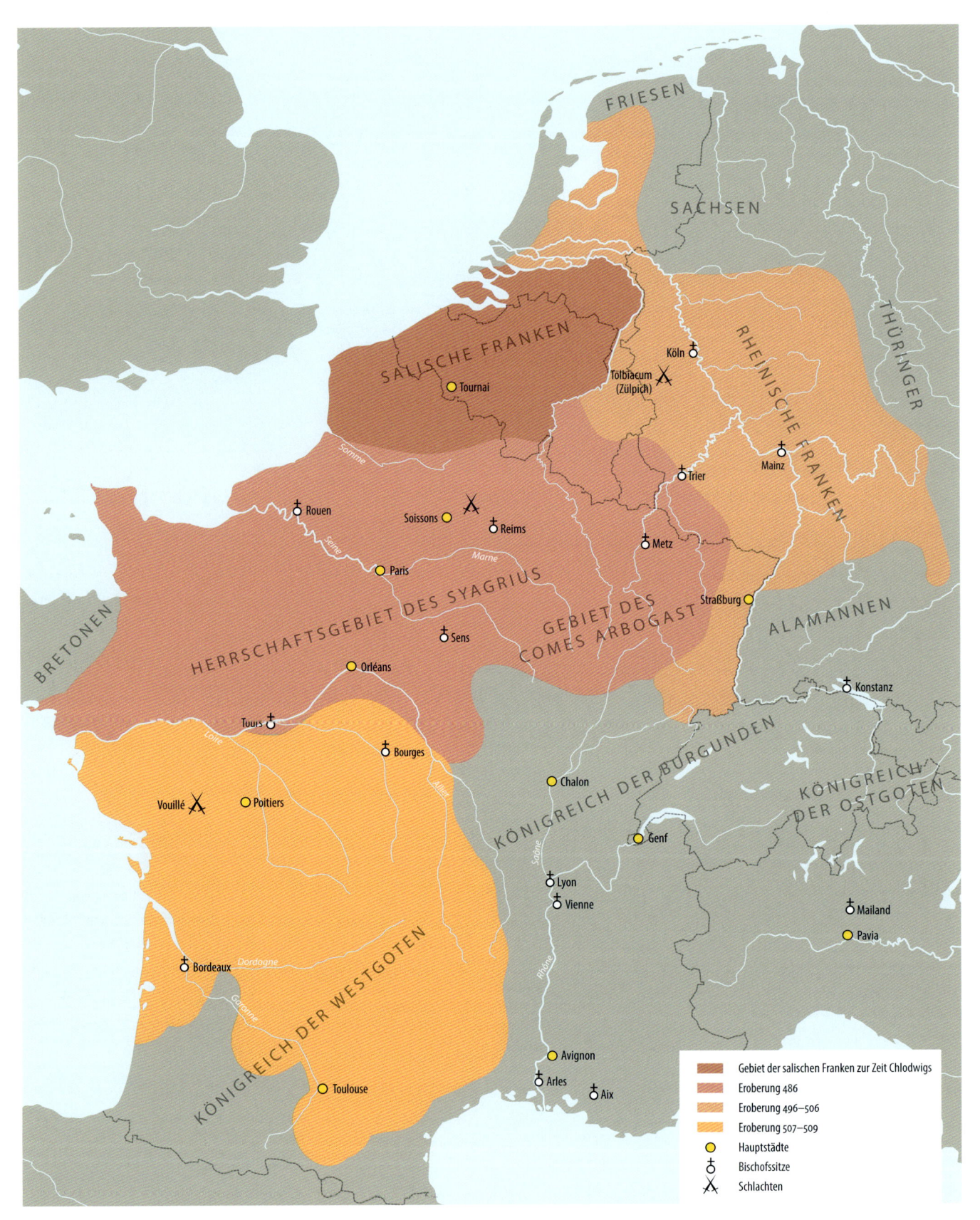

11 Karte: Die Eroberungen Chlodwigs

106 Das „Grab des Herrn von Lavoye"

Merowingerzeit, um 500
Gräberfeld Lavoye, Dép. Meuse, Frankreich (Grab 319)
Saint-Germain-en-Laye, Musée d'Archéologie Nationale, ohne Inv.Nr.

a) Schwert und Scheide
Eisen, Gold (Griff), Silber (Ortband); Almandineinlagen, Glas (Schwertperle) – Schwert: L. 82 cm; Schwertperle: Dm. 3,4 cm

b) Schildbuckel
Eisen – Dm. 18,5 cm

c) Pfeilspitzen
Eisen – L. 6,4–10 cm

d) Zwei Beschläge mit Almandinen
Silber, vergoldet; Almandineinlagen

e) Zwei Gläser
Glas – Dm. 11,9 cm

f) Münze (gefälschter Triens des Zeno, 474–491)
Bronze, vergoldet – Dm. 8 cm

g) Kanne mit Darstellungen aus dem Leben Jesu
Holz, Bronze (Blechummantelung) – H. 18 cm

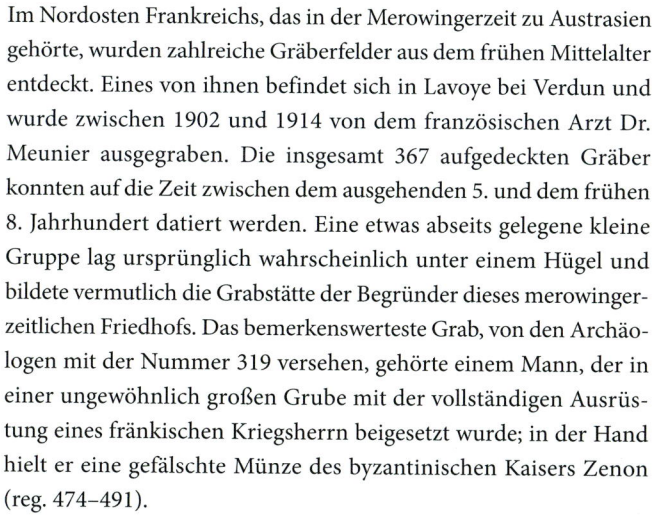

106g

Im Nordosten Frankreichs, das in der Merowingerzeit zu Austrasien gehörte, wurden zahlreiche Gräberfelder aus dem frühen Mittelalter entdeckt. Eines von ihnen befindet sich in Lavoye bei Verdun und wurde zwischen 1902 und 1914 von dem französischen Arzt Dr. Meunier ausgegraben. Die insgesamt 367 aufgedeckten Gräber konnten auf die Zeit zwischen dem ausgehenden 5. und dem frühen 8. Jahrhundert datiert werden. Eine etwas abseits gelegene kleine Gruppe lag ursprünglich wahrscheinlich unter einem Hügel und bildete vermutlich die Grabstätte der Begründer dieses merowingerzeitlichen Friedhofs. Das bemerkenswerteste Grab, von den Archäologen mit der Nummer 319 versehen, gehörte einem Mann, der in einer ungewöhnlich großen Grube mit der vollständigen Ausrüstung eines fränkischen Kriegsherrn beigesetzt wurde; in der Hand hielt er eine gefälschte Münze des byzantinischen Kaisers Zenon (reg. 474–491).

Der Verstorbene, ein großgewachsener Mann, wurde in seiner schönsten Garderobe mit einer umfangreichen, prunkvollen Waffenbeigabe und kostbarem Geschirr in einem Holzsarg bestattet. Weitere Holzüberreste lassen vermuten, dass ursprünglich noch eine kleine Truhe zu seiner Ausstattung gehörte. Von der Kleidung sind heute nur noch die Gürtelschnalle und der Bügel einer Gürteltasche erhalten. Gürtelschnallen waren bis zur Mitte des 6. Jahrhunderts wohl ausschließlich den privilegierten Kreisen vorbehalten und der Taschenbügel ist durch seine Verzierung aus stilisierten Pferdeköpfen nicht mehr nur funktionaler, sondern auch dekorativer Gegenstand. Beide Accessoires präsentieren sich als wirkliche Schmuckstücke aus Gold und Silber mit Buntglas- und Almandincloisonné, eine Technik, die sich vom zweiten Drittel des 5. bis zum Ende des 6. Jahrhunderts bei der Oberschicht der „Barbaren" besonderer Beliebtheit erfreute.

Als Waffenbeigabe fand man eine Goldgriffspatha, deren Form auf das Langschwert aus spätrömischer Zeit zurückgeht, die jedoch eine besonders reiche Verzierung aufweist: Almandineinlagen im Stichblatt, goldene Griffhülse, silberplattierter Knauf. Bei dieser äußerst luxuriösen Waffe lagen eine Glasperle und eine Scheide, die wiederum mit einem cloisonnierten Scheidenmundblech sowie einem silbernen Ortband verziert war (ursprünglich hing sie an einem ledernen Schwertgurt, von dem sich nur zwei ebenfalls cloisonnierte, sternförmige Besätze erhalten haben). Hinzu kamen ein sogenannter Sax mit schmaler langer Klinge und einer Scheide mit silbernem Ortband sowie ein kleines Messer mit goldblechverkleidetem Griff, die beide am Gürtel getragen wurden. Die übrige Ausrüstung bestand ursprünglich aus drei Pfeilen, von denen die Spitzen erhalten sind, einem Wurfspieß, auf den lediglich noch seine Tülle verweist, und einem Holzschild, von dem nur der kegelstumpfförmige Schildbuckel aus Eisen mit silberplattierten Nieten die Zeiten überdauert hat.

Zu den Geschirrbeigaben gehörten eine Schale (vermutlich aus Holz), von der nur die silbernen Randbeschläge erhalten sind, eine Glasschale und eine aus Holzdauben gefertigte Kanne mit Bronzeverkleidung. Letztere ist der außergewöhnlichste Gegenstand unter den Grabbeigaben. Die Kanne ist mit einem Schnabel versehen und mit Pressblech ummantelt. Auf fünf mittig applizierten Blechen sind Wunder Jesu Christi dargestellt: die Hochzeit zu Kana, die Auferweckung des Lazarus, Zachäus im Baum, die Blindenheilung und die Heilung der Blutflüssigen. Die Figuren in hieratischer Haltung folgen einem antinaturalistischen Stilkanon und sind typisch für die paläochristliche Kunst des 5. Jahrhunderts.

Leider gibt es keine Anhaltspunkte dafür, ob die Bronzearbeit vor oder nach der Machtübernahme der merowingischen Dynastie durch die Franken in Gallien gefertigt wurde, da sich diese Kunstform auch noch lange nach dem Fall Roms großer Beliebtheit erfreute. Zu jener Zeit verzierten solche christlichen Motive sakrale wie profane Gegenstände gleichermaßen, sodass unmöglich zu sagen ist, ob die Daubenkanne von Lavoye eine liturgische Bedeutung hatte oder nicht. Mit Sicherheit wissen wir nur, dass es sich um einen Luxusgegenstand handelte, den sein Besitzer so sehr schätzte, dass er sich mit ihm bestatten ließ.

Zudem liefert die Anwesenheit der Kanne im Grab allein noch keine Hinweise auf die Religionszugehörigkeit des Toten. War dieser Zeitgenosse Chlodwigs dem Beispiel seines Königs gefolgt und zum Christentum konvertiert? Oder gehörte er vielleicht doch zu den letzten Franken, die zu Beginn des 6. Jahrhunderts ihrem alten Glauben treu blieben? Auch die Münze, die man in seinem Grab fand, kann man auf zweierlei Weise deuten: als Reminiszenz an den heidnischen „Charonspfennig" oder im Gegenteil als Bekenntnis zum Christentum, wie das christliche Motiv auf einer Seite der Münze nahelegt.

Eines ist jedenfalls unzweifelhaft: Dieser „Herr von Lavoye" ist ein schönes Beispiel für einen fränkischen Edelmann, der sich in einer Zeit, als Chlodwig die Errichtung eines fränkischen Großreiches vorantrieb, mit luxuriösen Grabbeigaben bestatten ließ, um an den Status zu erinnern, dessen er sich zu seinen Lebzeiten erfreute. Es könnte sich um einen Feldherrn handeln. Es ist aber auch möglich, dass er – bescheidener – ein säkulares Amt im Namen des Merowingerkönigs ausübte. Womöglich gehörte er aber auch zu den Gefolgsleuten Chlodwigs, die dieser in den Territorien einsetzte, die er im Verlauf seiner Feldzüge eroberte. Leider gibt es keinen Grabstein und auch keine Inschrift auf den Grabbeigaben, die Aufschluss über seine Identität geben könnten.

Daniel Perrier

| **Lit.:** Joffroy 1974, S. 130f., Taf. 32; Kat. Mannheim 1996, S. 885f., Nr. V.2.4 (Françoise Vallet)

107 Amulettkreuz „Abraka"

Lausanne (?), 6./frühes 7. Jahrhundert oder 7./8. Jahrhundert
Silber, graviert und nielliert – mehrfache Ausbesserungen – H. 9 cm einschließlich Öse, B. 8,3 cm
Lausanne, Prêt du Musée cantonal d'archéologie et d'histoire, Inv.Nr. 30969

Das aus einer Silberplatte ausgeschnittene griechische Kreuz mit der angedeuteten Tatzenform wurde bei Ausgrabungen im Untergeschoss der Kathedrale von Lausanne zutage gefördert. Die Vorder- und Rückseite weisen gravierte und niellierte Verzierungen auf: unterschiedlich große Kreuze und wiederholte Inschriften, die entziffert werden können als ABRA, ABRAC, ABRACA oder ABRACASO.

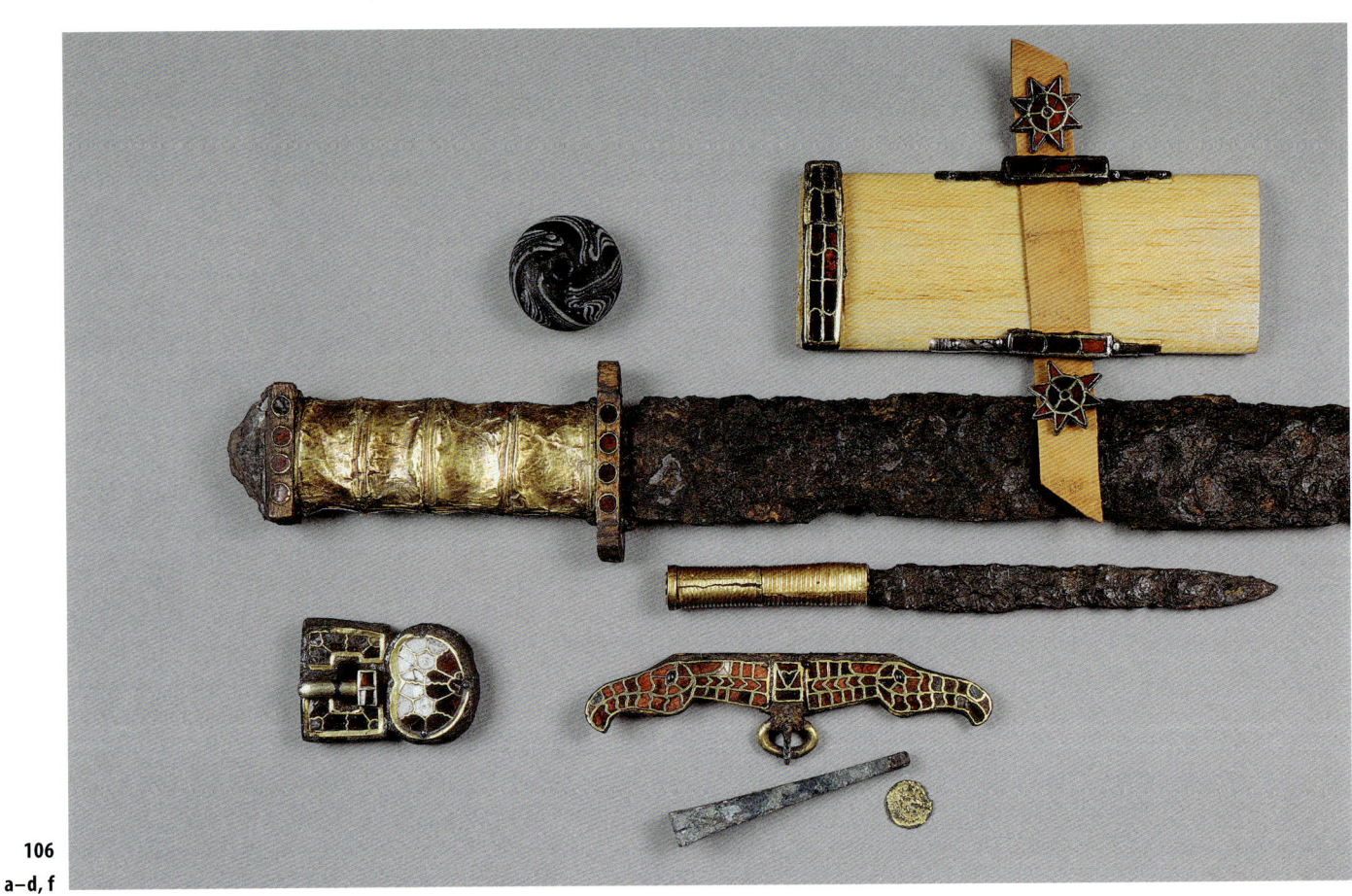

106
a–d, f

III RÖMISCHES REICH OHNE ROM. DIE MEROWINGER UND DAS CHRISTENTUM   145

107

107

Diese magischen, Unheil abwehrenden Formeln leiten sich vermutlich von ABRAKADABRA ab, einem seit dem 3. Jahrhundert bekannten Begriff, mit dem sich eine lange Wirkungsgeschichte verbindet, dessen Herkunft allerdings bis heute ungeklärt geblieben ist. Waldemar Deonna zufolge gehört das Objekt „in die Kategorie der religiösen Schutzkreuze, von denen viele in den Gräbern des frühen Christentums gefunden wurden". Allerdings sind die meisten vergleichbaren Formeln in griechischen Buchstaben verfasst. Das vorliegende Kreuz mit seinen Inschriften in lateinischen Buchstaben nimmt eine Sonderstellung in dieser Kategorie ein. Durch eine paläographische Untersuchung im Jahr 1984 konnte das Kreuz auf das 6. oder frühe 7. Jahrhundert datiert werden; bis dahin galt es als Fabrikat aus späterer Zeit (7./8. Jahrhundert).

Das Amulettkreuz wurde im November 1911 auf der Brust eines Skeletts in einem Grab an der Nordseite des Chors der Kathedrale entdeckt. Diese Struktur – ein Kasten aus Sandsteinplatten – steht vermutlich in Verbindung zu den ersten kleinen Kirchenbauten, die auf dem Gelände errichtet wurden. Über die Datierung des Grabes ist sich die Forschung uneinig, der Zeitraum reicht vom 6. bzw. frühen 7. Jahrhundert bis zum 12. Jahrhundert, was für die Datierung des Kreuzes nicht ohne Folgen bleibt. Das fragile Objekt trägt die Spuren zahlreicher Ausbesserungen in Form von Löt- und Klebearbeiten, außerdem sind die Enden der Querarme beschädigt.

Claire Huguenin

| Lit.: Deonna 1944; Kat. Lausanne 1975, S. 127; Jörg 1984, S. 68f., Abb. 34; Huguenin/Cassina 2006, S. 57

108 Gürtelschnalle mit christlicher Darstellung

7. Jahrhundert
Gemeinde von Einville-au-Jard, nördlich von Lunéville, Dép. Meurthe-et-Moselle
Kupferlegierung – H. 6,3 cm, B. 14,5 cm, T. 1,5 cm
Nancy, Musée Lorrain, Inv.Nr. D.ML.183.07

Diese Gürtelschnalle aus Bronze wurde 1863 auf dem Gebiet der Gemeinde von Einville-au-Jard, nördlich von Lunéville (Département Meurthe-et-Moselle), in einem Grab gefunden. Darin befanden sich außerdem eine hakenbewehrte Lanze, ein Sax, ein Dolch, ein Messer mit bogenförmig eingeschwungener Klinge, die abgestumpfte Eisenspitze eines Speeres, zwei Pfeilspitzen und ein Schlüssel. Diese Gegenstände schließen die bisweilen geäußerte Annahme von der Bestattung eines Geistlichen aus. Ursprünglich war die durchbrochene Partie der Gürtelschnalle auf einer Eisenplatte befestigt und diese ihrerseits an einen Ledergürtel genietet. Als das Ensemble Mitte des 20. Jahrhunderts zerlegt wurde, entdeckte man zwischen den beiden Platten ein von Stoffen umgebenes Haarbüschel. Dieser Inhalt ließ vermuten, dass das Objekt als Reliquiar diente.

Die in das 7. Jahrhundert datierbare Platte von Einville-au-Jard gehört zu einer bemerkenswerten Fundgattung rechteckiger Gürtelschnallen mit christlicher Darstellung, von denen die überwiegende Anzahl aus einem Gebiet stammt, das Burgund, die Franche-Comté, die Westschweiz und den Norden der Region Rhône-Alpes umfasst (und in etwa dem Nordteil des ehemaligen Königreichs der Burgun-

108

der entspricht). Der am häufigsten vertretene Typ stellt ein als Hippogryph bezeichnetes Mischwesen dar, das aus dem Kelch des Lebens trinkt, aber es kommen auch Gürtelschnallen mit Szenen aus der Bibel vor, angefangen bei Daniel in der Löwengrube. Hier jedoch bleibt die Deutung der Szene unsicher: Während sie in der Komposition einem Beschlag mit Darstellung der Weisen vor Herodes nahesteht, scheint die Platte von Einville-au-Jard eher die Szene einer Segnung zu zeigen. Die sitzende Figur, ein Abt, dessen Krummstab von dem dahinterstehenden Mann gehalten wird, würde folglich die beiden Äbte segnen, die mit tief geneigtem Kopf vor ihm stehen.
Die Verzierung der Schließe zeigt die symmetrische Gegenüberstellung zweier Drachen.
Richard Dagorne

109 Schlussblatt des Codex Argenteus

Um 500
Pergament, beidseitig beschrieben; auf der Rectoseite purpurgefärbt mit Flechtenfarbstoff, Schrift und Kanonbögen reines Silber, fast vollständig korrodiert, Evangelisten-Monogramme zwischen den Kanonbögen in Goldschrift – Pergament weist Löcher und Risse auf – H. max. 26,5 cm, B. max. 21,7 cm
Speyer, Domschatzkammer im Historischen Museum der Pfalz, ohne Inv.Nr.

In der Universitätsbibliothek Carolina Rediviva in Uppsala wird seit dem 17. Jahrhundert der Codex Argenteus, ein Prachtevangeliar in gotischer Sprache, aufbewahrt. Diese weltberühmte Handschrift ist – wie alle gotischen Codices – nur als Fragment überliefert: Von ursprünglich 336 Blättern sind heute noch 187 Blätter erhalten. Von den fehlenden 149 Blättern ist in einem spektakulären Fund bislang ein einziges Blatt wieder aufgetaucht: Im Oktober 1970 entdeckte Stiftsarchivar Franz Haffner anlässlich der Renovierung der Afrakapelle im Speyerer Dom nahe des Altars eine Holzkiste. Sie enthielt zahlreiche Reliquien unterschiedlicher Provenienz, die Bischof Nikolaus von Weis (*1796, †1869, amt. 1842–1869) am 25. November 1859 hatte vergraben lassen. In einem Sack mit Gebeinen, die als „Reliquiae S. Erasmi" bezeichnet waren, fand man das von zwei Büttenpapierblättern umhüllte und wie ein Rotulus um einen Holzstab gewickelte Pergamentblatt. Auf einem der beiden Büttenpapierblätter, das sich anhand des Wasserzeichens auf die Jahre 1514–1516 datieren lässt, steht *Rotula grecis l(itt)eris exarata* („Rolle mit griechischen Buchstaben geschrieben"), auf dem anderen Ende des Blattes „Philippo Melanchthoni" (an Philipp Melanchthon). Offenbar wollte jemand, der das Blatt für eine griechische Handschrift hielt, eine Autorität befragen und das Blatt an Melanchthon (*1497, †1560) schicken. Ob der gelehrte Humanist das Blatt allerdings je erhalten hat, ist nicht bekannt.
Der Text des Pergaments wurde von Aßfalg als Schluss des Markusevangeliums und zugleich als letztes Blatt des Evangeliars in Uppsala identifiziert. Der Codex Argenteus bricht mitten im Vers 16,12 des Markus-Evangeliums ab; das Speyerer Blatt fährt an der gleichen Stelle fort und bringt den Schluss des Evangeliums sowie eine abschließende Formel. Weitere Beobachtungen untermauern die Zugehörigkeit

III RÖMISCHES REICH OHNE ROM. DIE MEROWINGER UND DAS CHRISTENTUM 147

109

des Blattes zur Handschrift in Uppsala: Die Einrichtung der Schriftfläche stimmt vollständig überein und selbst die Wurmlöcher im Speyerer Fragment und der Handschrift in Uppsala sind exakt deckungsgleich, wie Tjäder nachgewiesen hat. Das Speyerer Blatt ist jedoch um etwa 2 Zentimeter größer als der Codex Argenteus, vermutlich weil die Handschrift nach Abtrennung des Blattes (möglicherweise mehrfach) neu gebunden und dabei beschnitten wurde. Die Vorderseite des Blattes weist eine viel kräftigere, leuchtend rote Färbung als die Rückseite auf, da das Blatt einseitig eingefärbt wurde und sich der Farbstoff auf die Rückseite durchgeschlagen hat. Als Tinte wurde reines Silber, das an der Oberfläche fast vollständig korrodiert ist, verwendet, lediglich die Evangelistenmonogramme zwischen den Kanonbögen sind mit Gold geschrieben. Die verwendete Schrift ist die gotische Unziale im jüngeren Typ II, eine aufrecht stehende Buchschrift aus streng proportionierten Buchstaben.

Die Schriftfläche umfasst 20 Zeilen. Wie in gotischen Codices üblich, weist der Codex Argenteus keine Worttrennung auf; hier sind einzelne Sinneinheiten (Kola) durch einen kleinen Zwischenraum mit mittlerem Punkt voneinander getrennt. Am unteren Rand befinden sich die Kanontafeln, in der die gleichlautenden Textstellen der einzelnen Evangelien verzeichnet sind. Die Rückseite ist graubraun gefärbt. Wie auf der Vorderseite sind 20 Zeilen erkennbar, jedoch sind nur 12 beschrieben. Das Schriftbild wird allerdings durch Buchstaben, die von der Vorderseite her durchschlagen, verunklärt.

Der Codex Argenteus entstand vermutlich um 500 unter der Herrschaft des Ostgotenkönigs Theoderich des Großen (*451/56, †526, König seit 474). Meist wird als Entstehungsort Ravenna angenommen. Der Codex, eine der ganz wenigen erhaltenen Handschriften in gotischer Sprache, geht zurück auf die Bibelübersetzung von Bischof Wulfila (*um 311, †382, Bischof seit 341), der eine neue Schrift für das Gotische entwickelte und die Bibel in diese Schrift übertrug. Diese sogenannte westgotische Schrift ist abgeleitet von der griechischen Unzialschrift des 4. Jahrhunderts, ergänzt durch einige lateinische Buchstaben sowie Runenzeichen.

Die ersten gesicherten Nachrichten über den Aufenthaltsort des Codex Argenteus stammen aus dem 16. Jahrhundert, als die flandrischen Gelehrten Georg Cassander (*1513, †1566) und Cornelius Wouters (†1582) die Handschrift im Kloster Werden an der Ruhr entdeckten. Von dort kam die Handschrift nach Prag, später nach Kopenhagen, dann nach Holland, wo sie 1665 erstmals ediert wurde und schließlich zurück nach Kopenhagen. Seither haben die zahlreichen ungelösten Fragen rund um die „Silberbibel" und das Speyerer Blatt zu immer neuen wissenschaftlichen Diskussionen geführt. Die am häufigsten geäußerte Theorie, wann und auf welchem Weg die Handschrift nach Werden kam, besagt, dass der heilige Liudger (*um 742, †809), Gründer des Klosters Werden, die Handschrift von seiner Italienreise 784–787 mitgebracht habe und der Codex folglich bereits seit dem 8. Jahrhundert in Werden aufbewahrt wurde.

Ebenso offen ist die Frage, wann und aus welchem Grund das Speyerer Blatt von der Handschrift getrennt wurde und wie es gemeinsam mit den Reliquien des heiligen Erasmus nach Speyer kam. Ob das Blatt nun bereits im Frühmittelalter (Tjäder, Scardigli) oder erst im 16. Jahrhundert (Haffner, Andersson-Schmidt) vom Codex getrennt wurde, ist mangels genauerer Nachrichten letztlich nicht zu beweisen. Auch darüber, wie das Fragment zu den Reliquien des heiligen Erasmus kam, kann nur spekuliert werden. Unwahrscheinlich erscheint die frühe Vergesellschaftung des Speyerer Blattes mit den Reliquien bereits im 7. oder 8. Jahrhundert in Formia, die Tjäder für möglich hält. Einiges spricht für die von Haffner aufgestellte These, dass das Blatt im 16. Jahrhundert in den Besitz Albrechts von Brandenburg (*1490, †1545, seit 1513 Erzbischof von Magdeburg und seit 1514 Erzbischof von Mainz) kam. Da Albrecht von Brandenburg auch im Besitz der in Speyer aufgefundenen Erasmus-Reliquien war, könnte das Blatt von da an den gleichen Weg wie die Reliquien genommen haben. Albrecht vermachte in seinem Testament 1540 seine umfangreiche Reliquiensammlung dem Mainzer Dom, darunter einen *sarck mit kostlichen perlin und vilen edeln steinen gesticht, dar in leit der gantz corper mit sambt dem heupbt sancti Erasmi martiris* – das Pergamentblatt wird allerdings nicht erwähnt. Als zwischen 1822 und 1825 ein Teil des Mainzer Kirchenschatzes an die neu errichtete Diözese Speyer kam, könnten dann die Erasmus-Reliquien – und mit ihnen das Blatt – nach Speyer gekommen sein. Ein Verzeichnis der ehemaligen Mainzer Kirchenschätze listet sowohl den *corpus Erasmi in rothem Seidentuche* als auch einen *Sack mit Reliquien* auf, wobei auch hier ein Hinweis auf das Pergamentblatt fehlt.

1858 untersuchten der Speyerer Bischof Nikolaus von Weis und das Domkapitel die im Bischofspalais aufbewahrten Reliquien und entschlossen sich, die Reliquien zweifelhafter Authentik, zu denen man offenbar die des Erasmus rechnete, in einem Kästchen in der Afrakapelle zu begraben. Offenbar übersah man dabei erneut das einzigartige Blatt, das erst 1970 wieder ans Tageslicht kam und seither die Forschung vor zahlreiche, schwer lösbare Rätsel gestellt hat.

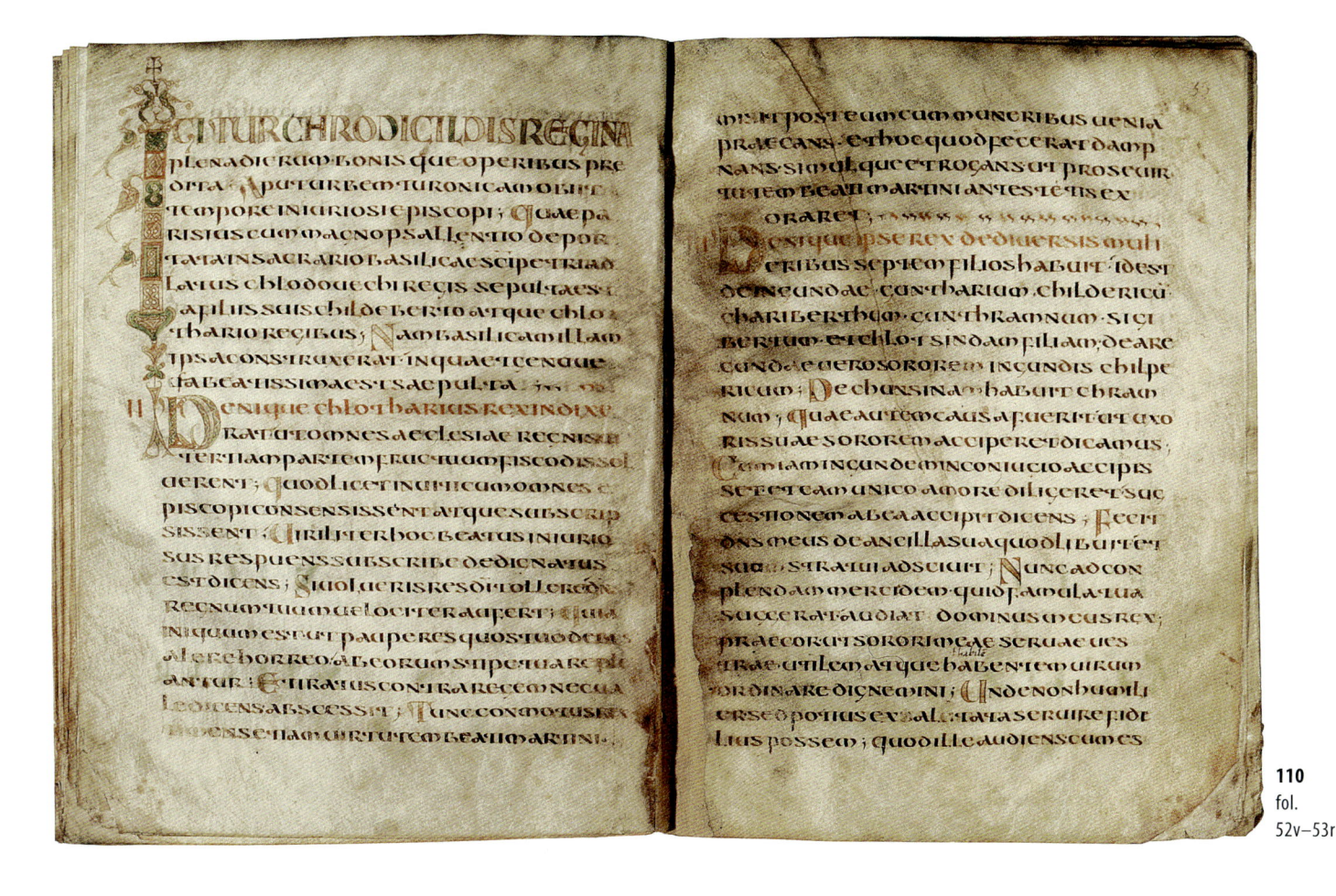

Sabine Kaufmann

| Lit.: Haffner/Scardigli 1973; Tjäder 1974; Uhl/Schömann 1975; Andersson-Schmitt 1975/1976; Kleberg 1976; Hermodsson 1987; Munkhammar 1989; Stutz 1991; Diemer 2010; Staats 2010

110 Gregor von Tours, „Fränkische Geschichte"

Frankreich (Osten), frühes 8. Jahrhundert
Pergament; weicher Einband aus naturbelassenem Pergament mit Fadenbindung, 17./18. Jahrhundert – H. 29,5 cm, B. 22,0 cm; 109 Bll.
Provenienz: Saint-Pierre von Beauvais; Antoine Loisel; Claude Joly; Kapitel von Notre-Dame in Paris; Erwerb durch die Bibliothèque du roi im Jahr 1756
Paris, Bibliothèque nationale de France, Sign. Ms. lat. 17654

Die „Fränkische Geschichte" von Gregor von Tours (*538, †594) erfuhr im Frühmittelalter eine vielfältige Verbreitung, wie die zahlreichen noch heute erhaltenen Manuskripte belegen. Das vorliegende Exemplar ist eine unvollständige Edition, die um die vier letzten, das burgundisch-austrasische Bündnis während der Regentschaft des Burgunderkönigs Guntram rühmenden Bücher gekürzt wurde. Die zu Beginn des 8. Jahrhunderts in Unzialen kopierte Handschrift wurde, wie die Charakteristika von Schriftbild und Ornamentik nahelegen, in einem Skriptorium im Osten Frankreichs angefertigt. Die merowingische Unzialschrift, die über 26 lange Zeilen über das Blatt hinwegläuft, weist einige Besonderheiten auf, die dieses Exemplar in eine Gruppe von angelsächsisch beeinflussten Handschriften verweisen, die eben dort, im Osten Frankreichs entstanden, so die Handschriften BnF lat. 152, 2110, 2706 und 12207 sowie Membr. I. 75 aus der Herzoglichen Bibliothek in Gotha. Üppiges Schmuckwerk im merowingischen Stil begleitet den Text von Gregor von Tours, dessen Hauptgliederungspunkte betont werden durch verzierte Initialen, Überschriften sowie Incipits und Explicits aus dekorativen Majuskeln, die durch kräftige Farben hervorstechen. Die mit der Feder gezeichneten und gelb, rot, orange und grün hervorgehobenen Initialen zeigen ein Schmuckrepertoire, das geometrische, pflanzliche und/oder zoomorphe Motive umfasst. Fische, Vögel, seltener auch Schlangen bilden den Korpus der Initialen und kleine dekorative Kreise umgeben die Lettern Q, die den Signaturen der Hefte am unteren Rand vorangestellt sind. Viele Schmuckelemente – sei es die Farbwahl, das Formenrepertoire oder auch die Gestaltung der Initiale I auf Bl. 52v und die Verzierungen der Heftsignaturen – knüpfen an den Stil spätantiker Prägung an, der im Skriptorium von Luxeuil gepflegt wurde und einen starken Einfluss auf andere Zentren des Frankenreiches zur Merowingerzeit ausübte. Außerdem finden sich in der Handschrift auf Bl. 33 sechs Minuskeln, die eine formale Ähnlichkeit zur Kursivschrift aus Luxeuil aufweisen. All das gibt Anlass zu der Vermutung, dass die Handschrift in einem der Zentren innerhalb der Einflusssphäre von Luxeuil entstanden sein muss.

In der Folgezeit gelangte die Handschrift in die Bibliothek der Kathedrale Saint-Pierre von Beauvais, wie die zwei Exlibris „Sancti Petri Belvacensis" aus dem späten 12. Jahrhundert belegen (Bll. 53v und 84). Im 16. Jahrhundert wechselte sie in den Besitz des Pariser Advokaten und Gelehrten Antoine Loisel (*1536, †1617), der aus Beauvais stammte und seine Signatur „Ant. Oiselius" auf Bl. 1 anbringen ließ. Loisels Enkel Claude Joly erbte das Manuskript mitsamt einem Teil seiner Bibliothek und vermachte sie 1680 dem Kapitel von Notre-Dame in Paris, wo er Vorsänger war. 1756 ging die Handschrift zusammen mit den Sammlungen von Notre-Dame an die Bibliothèque royale.
Charlotte Denoël

| **Quellen:** Gregor von Tours, Historia Francorum (Faksimile-Edition)

| **Lit.:** Délisle 1868–1881, Bd. 1, S. 431, Bd. 2, S. 339, Bd. 3, S. 217; Zimmermann 1916, S. 8, 78ff., 212, Taf. 89–92; Lowe 1934–1971, Bd. 5, Nr. 670; Kat. Paris 1954, Nr. 2; McKitterick 1992, S. 5; Bourgain/Heizelmann 1997, Abb. B4; Denoël 2004, S. 153 (Anm. 118), 162, 164, 171

111 Collectio canonum Remensis

8. Jahrhundert
Pergament mit farbigen Initialen – H. 31,5 cm, B. 21,5 cm, 301 Bll.
Berlin, Staatsbibliothek zu Berlin – Preußischer Kulturbesitz, Sign. Ms. Phillipps 1743

Die Handschrift enthält im Wesentlichen eine Sammlung früher Konzils- und Synodaltexte. Von besonderer Bedeutung ist dabei ein in diesem Kontext überliefertes Schreiben des Frankenkönigs Chlodwig (reg. 481/82–511) an die Bischöfe in den von den Franken eroberten Gebieten des Westgotenreichs. Es ist irgendwann in der Zeit nach dem fränkischen Sieg über die Westgoten bei Vouillé 507 und vor dem Tod Chlodwigs am 27. November 511 entstanden und wird seitens der Forschung als Brief oder auch als Edikt klassifiziert. In den Monumenta Germaniae Historicae ist es unter den Kapitularien aufgeführt.

„König Chlodwig an die heiligen Herren und die durch den apostolischen Stuhl würdigsten Bischöfe. (…) Als Erstes haben wir in Bezug auf das geistliche Amt aller Kirchen befohlen, dass keiner in irgendeiner Weise versuchen möge zu rauben, weder die Nonnen noch die Witwen, von denen erwiesen ist, dass sie dem Dienst des Herrn geweiht sind; das gleiche soll gelten für die Kleriker und die Söhne der oben Genannten, sowohl der Kleriker wie der Witwen, die bekanntermaßen mit ihnen in ihrem Hause wohnen; ebenso für die Sklaven der Kirchen, von denen durch Eide der Bischöfe zu erweisen ist, dass sie den Kirchen entzogen sind. Der Befehl ist zu beachten, dass keiner von ihnen irgendeine Gewalt oder irgendeinen Schaden erleide. (…)"

Die hier in einem Ausschnitt wiedergegebenen Bestimmungen des Frankenkönigs sind vor dem Hintergrund der religiösen Verhältnisse in den auf dem Boden des ehemals Römischen Reichs entstandenen *regna* zu sehen. Während die eingesessene romanisierte Provinzbevölkerung überwiegend dem katholischen Christentum anhing, das im 4. Jahrhundert römische Staatsreligion geworden war, folgten die neuen gentilen Machteliten, zum Beispiel bei den Vandalen sowie den Ost- und Westgoten, zumeist der arianischen Glaubensrichtung. Chlodwig stellte hier eine Ausnahme dar, denn er hatte sich, nach Auskunft Gregors von Tours, um 500 (das genaue Jahr ist umstritten) katholisch taufen lassen.

Die Taufe Chlodwigs war nun keineswegs eine Privatangelegenheit. Sie hatte neben der religiösen auch eine politische Dimension, wie bereits daran deutlich wird, dass gleichzeitig mit ihm etwa 3 000 fränkische Gefolgsleute den katholischen Glauben annahmen. Damit war das Frankenreich das einzige nachrömische *regnum*, in dem die Konfession der neuen gentilen Machthaber mit dem religiösen Bekenntnis der Masse der Bevölkerung und der alten Oberschicht übereinstimmte, weshalb sich – anders etwa als bei den benachbarten Westgoten – in diesem Bereich keine nennenswerten Konfliktpotentiale ergaben. Die Taufe Chlodwigs hat so zu einer Stabilisierung der fränkischen Herrschaft beigetragen. Im Übrigen hatte Bischof Remigius von Reims dem Frankenkönig bereits zum Amtsantritt den Rat gegeben, dass er seine Bischöfe ehren und auf sie hören müsse, denn solange er mit ihnen übereinstimme, würde sein Reich gedeihen. An dieser Stelle zeigt sich die fundamentale Bedeutung eines guten Verhältnisses von König und Episkopat: Zum einen, weil die Bischöfe vielfach über großen Einfluss verfügten und damit politische Machtfaktoren darstellten. Zum andern, weil sie als Glaubensrepräsentanten in gewisser Weise als Garanten göttlicher Gunst und Gnade fungierten.

Angesichts dieser Zusammenhänge war der Sieg bei Vouillé 507 nicht nur ein Sieg der Franken über die Westgoten, sondern zugleich auch ein Sieg der Katholiken über die Arianer. In der hier behandelten Quelle wird das insofern deutlich, als König Chlodwig seine Bestimmungen ausschließlich an die katholischen (durch den apostolischen Stuhl würdigsten) Bischöfe des ehemals westgotischen Reiches richtet. Nur die katholische Kirchenorganisation, die offenbar im frühen 6. Jahrhundert auch im arianisch geprägten Westgotenreich bereits gut entwickelt war, sollte besonders geschützt und gefördert werden. Damit erwies sich Chlodwig in den Augen der Zeitgenossen als wahrhaft christlicher Herrscher, der nicht allein den Glauben verteidigte, sondern die „Glaubenssaat" – ganz im Sinne der Aufforderung des Bischofs Avitus von Vienne in seinem Glückwunschschreiben anlässlich der Taufe des Frankenkönigs – auch unter anderen Stämmen ausstreute.
Stefanie Dick

| **Quellen:** Capitularia regum Francorum 1 (MGH Capit. 1), S. 1f.; Gregor von Tours, Fränkische Geschichte (MGH SSrM 1,1); Gregor von Tours, Fränkische Geschichte 1 (AQ 2) (Übersetzung)

| **Lit.:** Geary 1988; Becher 2011 (Lit.); Hartmann 2012; Kaiser/Scholz 2012 (Lit.)

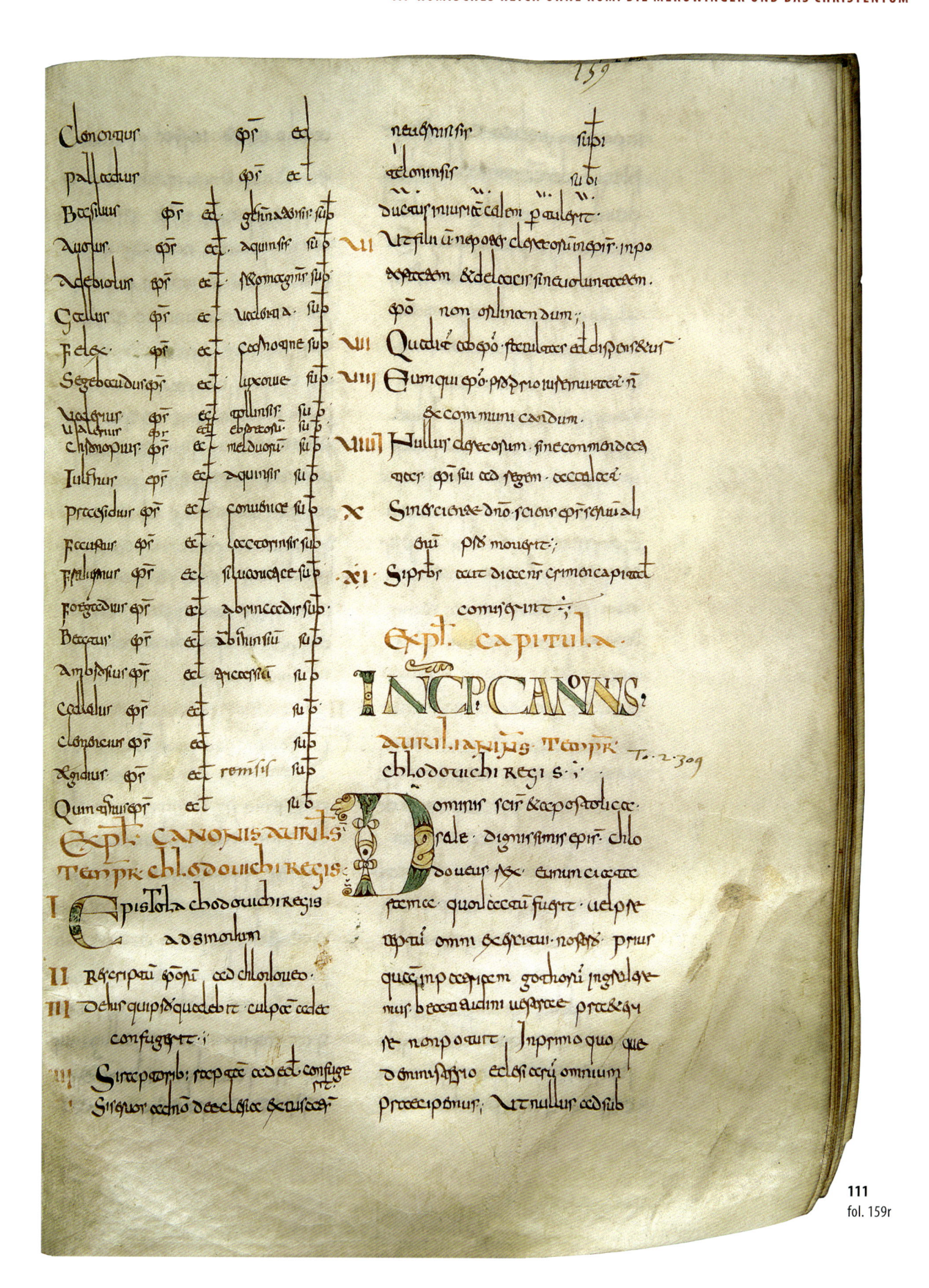

Clonoruir   epr   et   neuchinlsir   sup̄
pallactur   epr   et   celoninsir   sub
Bresilius   epr   et   gehinadonsir sub   ducatur iniuria decalem paulerit·
Avicur   epr   et   aquinsir   sup VI Ut filii ū nepoter clericorum inepr̄ inpo
Adedioluir   epr   et   Romaegnir   sup   deptecam & delcoeir sine uoluntate em·
Getelur   epr   et   uectoria   sup   epō non optinendum;
Felex   epr   et   cechogne   sup VII Quid ē abepō steculacer et dispensetur
Segebaudur   epr   et   lucoure   sup VIII Eum qui epō proprio iusenuinatea n̄
Victemur   epr   et   collinsir   sub   & communi candum·
Valetur   epr   et   ebsretosir   sub
Chsonophur   epr   et   melduosir   sub VIIII Nullus declericosum sine conmendaca
Iulsthur   epr   et   aquinsir   sub   acer epi sui ced regem decalcea
Praecesidur   epr   et   conuduce   sub X   Sin ericiena dnō sciensr epr senualis
Fecusur   epr   et   lacetorinsir sub   dui prsd mougur;
Falignur   epr   et   silucouieace sub XI   Si prbr cacr diacens epm oicapiar
Fongedur   epr   et   abrinecedirsub   comissernt;;
Beccur   epr   et   abhinsir   sub   Expt̄. capitula
Ambosur   epr   et   triceisia   sub
Cedeluir   epr   et   sub   INCP CANNS
Clonoieur   epr   et   sub   AURILIANIS TEMPR̄
Egidiur   epr   et   remsir   sub   CHLODOUICHI REGIS·;
Qunatusur   epr   et   sub   **D**ominus scīt & ēe apostolicae
Expt̄. CANONIS AURLS   sedale dignissimis epir chlo
TEMPR̄ CHLODOUICHI REGIS   doueus rex cum creare
I Epistola chodouichi regis   frm̄ ce quod decreui fugit· uel prae
     ad sinodum   sptui omni desretui nostros pnur
II Rescriptū sōpi ced chlodoueo·   que imprecepimi gothoni ingulaue
III Debitur quipsquedebit culpae cēdae   mus becum audini uestrae praesaẏ
     confugerit;   se non potuit· Inprimo quo que
IIII Si reperoribs tōep etc ced ect confuge   d ōmnis asfrio eclesicerū omnium
     Si sequor cedno de eclesiae seauscea   praecepimur· Ut nullus cedsub

Kirchengrab und Grabkirche
Herausgehobene christliche Bestattungen zwischen Antike und Mittelalter

Voraussetzungen für Kirchengräber

Bestattungen innerhalb von Kirchen anzulegen, war zu jeder Periode der christlichen Geschichte Europas etwas Besonderes. Die Möglichkeit stand nur einem eng begrenzten Personenkreis zur Verfügung. Bischof Irenaeus von Lyon soll Ende des 2. Jahrhunderts in der Krypta unter dem Altar der Kirche St. Johannis vor den Mauern Lyons beigesetzt worden sein. Dies berichtet – neben anderen ähnlich gelagerten Beispielen – vier Jahrhunderte später Gregor von Tours. Ob dieser Befund im 2. Jahrhundert, also noch weit vor der Tolerierung der christlichen Religion im 4. Jahrhundert, denkbar ist und wie eventuell ein solcher Kirchenbau ausgesehen haben könnte, sei dahingestellt. Die erste für die Zeitgenossen gut sichtbare und sicher überlieferte Kirchenbestattung im Kontext von Altar, Reliquien und Kenotaphen für die Apostel ließ sich Kaiser Konstantin der Große im Jahr 337 in der von ihm selbst im Stadtgebiet von Konstantinopel errichteten Apostelkirche ausrichten. Üblich wurden Herrscherbegräbnisse in Kirchen damit aber noch nicht.

Am Ende des 4. Jahrhunderts erkannte Bischof Ambrosius von Mailand die hohe Bedeutung der kirchlichen Bestattung *ad sanctos*, also bei den Heiligen. Er wählte die durch den Bischof selbst aufgefundenen Reliquien von Gervasius und Protasius. Er ließ sich 397 in der von ihm in Mailand errichteten Kirche, die heute auch seinen Namen S. Ambrogio trägt, im Altarbereich und neben den Heiligen beisetzen. Ambrosius ließ sein Grab also nicht vor der Stadt auf den Friedhöfen und in den dort gelegenen Martyrerbasiliken anlegen, sondern erhob Reliquien eigens zu diesem Zweck in seine Kirche. Wie die historische Überlieferung zeigt, wurde in der Folgezeit über die Bestattung innerhalb der geweihten Kirche viel diskutiert. Konstantins Platz in seiner Grabkirche wurde schon 359 wieder geräumt.

12 Rekonstruktion der Grabeskirche in Saint-Denis nach dem archäologischen Befund (© Sebastian Ristow/Márton Zoltán Thódt/Zsolt Vasáros 2013)

13 Zeichnerische Rekonstruktion des Innenraums des überdachten spätantiken Friedhofs in der Architektur der späteren Kirche St. Maximin in Trier und Befund eines Grabes mit oberirdisch kennzeichnendem Podest (Zeichnung: Lambert Dahm, Rheinisches Landesmuseum Trier)

Das Grab in der Kirche schien zum Privileg für Kleriker zu werden. Zahlreich sind die Berichte zu bischöflichen Grablegen in Kirchen des Frankenreiches in den Schriften des Gregor von Tours, wobei Gräber der spätantiken Zeit auffällig häufig verfallen und überwachsen gewesen sein sollen, um im 6. Jahrhundert als Heiligenbestattungen wiederentdeckt zu werden. Wieweit hier aus dem Glauben gespeiste Überlieferung reicht und wo der nachvollziehbare Befund beginnt, ist im Einzelfall oft nicht zu klären, man denke an die entsprechende Überlieferung zu St. Viktor in Xanten oder die zu Gereon in Köln.

Ausschlaggebend für die Entwicklung zu Oberschichtgrablegen in Kirchen wurde schließlich die Bestattung des Frankenkönigs Chlodwig, der sich 511 in der von ihm in Paris errichteten Apostelkirche, heute St-Geneviève, zur letzten Ruhe betten ließ. In der Folge nahm die fränkische Oberschicht, erst kurz zuvor geschlossen und als Akt einer politischen Entscheidung ihres Königs Chlodwig durch die Taufe zum katholischen Christentum übergetreten, dieses Vorbild an zahlreichen Orten des Frankenreichs auf. Und auch in anderen frühmittelalterlichen Herrschaftsgebieten im ehemaligen Römischen Reich wurden Beisetzungen in Kirchen auch unter Laien begehrtes Zeichen eines hohen sozialen Status. Teils gründete man die Kirchen selbst, teils übernahm man ältere Architektur und stattete sie neu aus. Besonders anschaulich demonstriert diese Entwicklung die Grabkirche von St-Denis bei Paris, die seit der späteren Merowingerzeit den Ursprung der Königsgrablege Frankreichs bildete (Abb. 12).

Grabkirchen in der Überlieferung

Zum einen muss die Frage gestellt werden, wie eine Grabkirche überhaupt definiert ist, zum anderen, wie sie in der historischen und in der archäologischen Überlieferung erkennbar wird. Eine Kirche setzt voraus, dass ein Raum für den christlichen Kult vorhanden ist, kenntlich an Einbauten, die der Liturgie oder bestimmten Zwecken im Rahmen des Gottesdienstes dienen. Dazu gehören etwa ein Altar,

14 Grabarchitektur von Sous-le-Scex im Wallis/Schweiz

archäologisch meist nur dann nachweisbar, wenn er ortsfest installiert und kein Tischaltar war, Schranken in charakteristischer Position, ein Taufbecken und christlich verzierte Bestandteile des Baus und des Baudekors. Kommen Gräber dazu, liegt eine Kirchengrablege vor bzw. eine Grabkirche, je nachdem welcher Funktion man die vorrangige Bedeutung beimisst. Diese Differenzierung entspringt allerdings in der Regel der heutigen Sicht auf die meist nur in Ausschnitten überlieferten Befunde. Ob es in Spätantike und Frühmittelalter derart normierte Funktionszuweisungen gab, die auch an der Architektur oder deren Resten erkennbar wären und die im religiösen Leben der damaligen Zeit unterschiedliche Aufgaben erfüllt hätten, erscheint nur unsicher bestimmbar.

Gregor von Tours, als bedeutendste Quelle in dieser Hinsicht, spricht meist von Basiliken oder auch von Oratorien, in denen Gräber angelegt worden seien. Eine genauere Differenzierung nach der Sprachlichkeit gelingt aber nicht. Das fränkische Recht der in der *Lex Salica* aus mittelmerowingischer Zeit überlieferten Fassung erwähnt aber neben Gräbern mit einfachen Kennzeichnungen und solchen mit Überhügelung auch eine *basilica super hominem mortuum*, also eine Basilika über einem Toten. Darüber hinaus werden dann auch geweihte Kirchen bzw. Kirchen mit Reliquien aufgeführt.

Fazit

Seit der Spätantike gibt es Architektur, die ausschließlich Gräbern vorbehalten war, wie beim Bau des 4. Jahrhunderts der späteren Kirche St. Maximin in Trier (Abb. 13). Reine Friedhofsbauten dieser Art gab es auch während der merowingerzeitlichen Institutionalisierung des Christentums, etwa in Vienne oder dem schweizerischen Sous-le-Scex (Abb. 14). Viele von ihnen wurden später durch Einbauten von Altären sakralisiert. Bei den kleineren merowingerzeitlichen Grabsälen, wie beim im 6. Jahrhundert neu errichteten Saal unter dem Chor des Bonner Münsters oder beim aus der Spätantike übernommenen Apsidenbau von St. Severin in Köln, kann aufgrund fehlender Befunde kirchlicher Nutzung nicht entschieden werden, ob es sich um reine Grabbauten oder kleine Grabkirchen handelt. Nur dort, wo Grablegen der Königsfamilie die kirchliche Funktion der Architektur indirekt erweisen, kann gesichert von einer Grabkirche gesprochen werden, auch wenn die signifikanten Befunde fehlen, wie beim Bau 2 des Kölner Domes mit den königlichen Gräbern oder in St.-Denis.

Ab dem späten 6. Jahrhundert beginnt dann kirchlicherseits wiederum eine Gegenbewegung, die dazu führte, dass in der Karolingerzeit Laienbestattungen in Kirchen, selbst in eigenen Stiftungen, nicht mehr möglich waren. 809 legte das Konzil von Aachen fest, dass niemand innerhalb der Kirche einen Toten begraben darf. Die Friedhöfe verlagerten sich nun endgültig in die Umgebung der Kirchen. Nur Bischöfe und Herrscher konnten weiterhin im geweihten Innenbereich beigesetzt werden. Für die karolingischen Missionsgebiete östlich des Rheins war dies bereits seit Beginn der christlichen Institutionalisierung gültig.

Sebastian Ristow

| **Quellen:** Concilium Aquisgrani (MGH CC 2, Suppl. 2); Gregor von Tours, Fränkische Geschichte (MGH SSrM 1,1); Pactus legis salicae; Pactus legis salicae (MGH LL nat. Germ. 4,1)
| **Lit.:** RGA 18, S. 326–332 (Ruth Schmidt: Art. Lex Salica); RGA 35, S. 6–19 (Niklot Krohn: Art. Stiftergrab); Kötting 1965; Stein 1967; Krüger 1971; Schäferdiek 1982/1996; Steuer 1982a; Weidemann 1982, S. 11–22; Borgolte 1985; Dierkens 1986; Angenendt 1994; Stein 1996; Hassenpflug 1999; Neyses 2001; Antonini 2002; Hartmann 2003; Scholkmann 2003; Steuer 2004; Carnap-Bornheim/Krausse/Wesse 2006; Ristow 2006a; Ristow 2007; Künzl 2009; Ristow 2012; Sapin 2012

III RÖMISCHES REICH OHNE ROM. DIE MEROWINGER UND DAS CHRISTENTUM   155

112 Chorschranken aus Saint-Pierre-aux-Nonnains in Metz

7.–8. Jahrhundert
Metz, Kirche Saint-Pierre-aux-Nonnains
a) Pfeiler mit Lebensbaumdekor
Kalkstein – 2011 restauriert – H. 100,5 cm, B. 35 cm
Metz, Musée de La Cour d'Or, Inv.Nr. 3274
b) Pfeiler mit Dekor einer gewundenen „Schlange"
Kalkstein – 2011 restauriert – H. 97 cm, B. 25 cm
Metz, Musée de La Cour d'Or, Inv.Nr. 3293
c) Platte mit Dekor aus Arkaden und Tatzenkreuzen
Kalkstein – 2011 restauriert – H. 101 cm, B. 61 cm
Metz, Musée de La Cour d'Or, Inv.Nr. 3287

Die mit einem Lebensbaum und einer „Schlange" geschmückten Pfeiler sowie die Platte mit Arkaden- und Tatzenkreuzmotiven gehörten zu der im Chor der Benediktinerinnenklosterkirche Saint-Pierre-aux-Nonnains in Metz eingebauten Abschrankung. Diese Kirche wurde in den Mauern eines großen basilikaartigen Profanbaus aus der 2. Hälfte des 4. Jahrhunderts errichtet, den man sodann für eine christliche Nutzung umgestaltete. Die erste, im 7. Jahrhundert aufgestellte Chorschrankenanlage wurde in karolingischer Zeit umgearbeitet. Bei der Längsteilung der Kirche in die Schiffe am Ende des 10. Jahrhunderts hat man die Steine der Chorschranken in Zweitverwendung in den Pfeilern des Langhauses verbaut. Sie wurden bei Arbeiten in der Kirche 1897 sowie 1975 und 1980 wiederentdeckt. Das erhaltene Ensemble zeichnet sich durch die Anzahl und Vielfalt der Reliefmuster aus: Zwölf Platten und 19 Pfeiler sind im Museum

112a

112b

La Cour d'Or in einem Ende der 1970er-Jahre eingerichteten Raum ausgestellt, während etwa zehn weitere Fragmente als Reserve aufbewahrt werden. Die anlässlich der Renovierung des Museums getroffene Auswahl beruhte auf dem Wunsch, die Chorschranken in einem Raum zu inszenieren, der den Eindruck eines liturgischen Chors vermittelt. Diese Präsentation schuf jedoch willkürliche Verbindungen zwischen Pfeilern und Platten, deren Rekonstruktion sich nicht auf einen archäologischen Befund stützen konnte, da die ursprüngliche Anordnung der Elemente aufgrund ihrer nachträglichen Wiederverwendung unbekannt blieb. Die an den meisten Schrankenelementen noch erkennbaren Spuren von Nuten und Federn bezeugen jedoch die Stimmigkeit in der Aufstellung der Pfeiler und Platten, die ursprünglich auf einem geraden, später veränderten Mäuerchen standen.

Aus Gründen der musealen Inszenierung wurde der teilweise beschädigte Fundkomplex 1970 durch moderne Steinblöcke vervollständigt. Dies lässt die irreführende Vorstellung eines vollständigen Ensembles entstehen und wirft ein ästhetisches Problem auf. Eine technische Voruntersuchung zur Restaurierung hat kürzlich die Spuren von Werkzeugen und der ursprünglichen Steinbearbeitung erfasst. Letztendlich soll eine neue, sicherlich stärker unter archäologischen Gesichtspunkten stehende Präsentation die Schönheit der reliefierten Verzierungen herausstellen.

Die Platten und Pfeiler weisen überwiegend einen flächenfüllenden Dekor auf, mit einem mal mehr, mal weniger ausgearbeiteten Rahmen, der aus einem schmalen flachen Streifen oder meistens aus einer von Rillen eingefassten Hohlkehle besteht. Die abwechslungsreiche Ornamentik benutzt zwei unterschiedliche ikonographische Quellen. Während die eine sich mit einer zum Teil recht komplexen Flechtbandornamentik mit schlangenartigen Köpfen an einem „germanischen" Formenschatz orientiert, setzt die andere antike und frühchristliche Traditionen fort. Neben einer stehenden Christusfigur unter einem Giebelbogen wären hier Imitationen antiker Türen, Schachbrettmuster, Blattranken oder aneinandergereihte, mit stilisierten Blüten geschmückte Kreismedaillons zu nennen.

Der Lebensbaum, eine mit glatten, lanzettförmigen Blättern besetzte Ranke, die aus einer kelchförmigen Vase aufsteigt, sowie die Platte mit Kreuzen und Arkaden erscheinen als die am besten ausgearbeiteten Beispiele aus diesem Repertoire. Seit der christlichen Antike hat der Baum des Lebens die Vitalität des Christentums symbolisiert,

III RÖMISCHES REICH OHNE ROM. DIE MEROWINGER UND DAS CHRISTENTUM 157

113 „Martinellus" (Vita sancti Martini, Epistolae, Dialogi)

Tours um 834

Pergament – Schrift: karolingische Minuskel und Halbunziale, Überschriften und Incipit in Capitalis quadrata und Unziale in Rot und Gold. Alternierend rot und gold auf violetten Feldern Bl. 1r, 8v, 46r, 51r, 67r, 109v, 139r. Größerer Schriftgrad der Anfangsbuchstaben in Rot und Gold. Auf Bl. 8v und 185r mit Purpurstreifen grundierte Initialen mit Flechtornamentik in Gold und Silber – gotischer Zweiteinband (restauriert); dunkelbrauner Ledereinband mit kleinen Einzelstempeln (Lilie, Stern, Rosette) im gerauteten Mittelfeld und in den Randfeldern, Messingriemenlochschließen, 3 erhabene Doppelbünde, Grobleinenspiegel – H. 23 cm, B. 16,5 cm; 188 Bll.

Halle, Martin-Luther-Universität Halle-Wittenberg, Universitäts- und Landesbibliothek Sachsen-Anhalt in Halle (Saale), Sign. Qu. Cod. 79

Der aquitanische Aristokrat und Jurist Sulpicius Severus (*um 363, †zwischen 420 und 425) schrieb die erste Vita des heiligen Martin von Tours (*um 316/17, †397), des dritten Bischofs von Tours. Er kannte Martin persönlich und begann schon zu dessen Lebzeiten mit dem „Leben des heiligen Martin", ergänzte es später mit Berichten über seine Beerdigung und seinen Nachruhm. Perpetuus, Bischof von Tours (amt. 460–490 oder 461–491), erstellte ebenfalls eine, inzwischen verlorene, Sammlung von Geschichten über die Wunder in St. Martin-Heiligtümern. Gregor von Tours (*538/39, †594, ab 573 Bischof in Tours) und der Hagiograph Fortunatus (*um 540, †zwischen 600 und 610) leisteten mit ihren Werken einen weiteren Beitrag zur Ausprägung der St. Martin-Verehrung.

Das wirkungsmächtige Werk des Sulpicius Severus hatte großen Einfluss auf die Hagiographen des Mittelalters. Als Lebensbeschreibung und wertvolle Quelle für den Beginn des Mönchtums in Europa bieten diese Texte darüber hinaus interessante Details zur Alltagsgeschichte. Der „Martinellus", eine seit Ende des 10. Jahrhunderts gebräuchliche Textbezeichnung nach dem ehemaligen römischen Soldaten und Mönch, beschreibt einen bis zu diesem Zeitpunkt entstanden Kanon von mittelalterlichen Texten zu St. Martin und seiner Verehrung.

Die Vitatexte des Codex Qu. Cod. 79 wurden wahrscheinlich von Abt Alkuin (Abt von 796–804) gesammelt. Sein Nachfolger, Abt Fridugisius (819–832 Erzkanzler des Kaisers Ludwig der Fromme, Abt von 807–834, †834), beauftragte Adalbaldus (fol. 183v), Presbyter des Klosters St. Martin von Tours, mit dem Abfassen der Handschrift im Scriptorium von Tours: EGO INDIGNUS PRESBYTER ADALBALDUS HUNC LIBELLUM EX IUSSIONE DOMINO MEO FREDEGISO MANU PROPRIA SCRIPSI.

Wie andere, vom 8. bis 10. Jahrhundert in Frankreich entstandene Handschriften, war der Codex dem Kanonissenstift in Quedlinburg geschenkt worden und gelangte 1938 mit weiteren Handschriften der ehemaligen Stifts- und Gymnasialbibliothek in die Universitätsbibliothek Halle.

Marita von Cieminski

| Lit.: Fliege 1982, S. 53–56; Vielberg 2006

112c

zusammen mit der Paradiesquelle, dem allegorischen Bild für die Lehre der Evangelien; und auch die Schrankenplatte kann als Bild für die vier Evangelisten unter Arkaden angesehen werden. Die Zweibandflechte des zweiten Pfeilers ist von einer weniger sorgfältigen Machart, vielleicht das Zeichen eines höheren Alters.

Es stellt sich noch die Frage nach der Datierung. Die Christusfigur, deren stilistische Behandlung der langobardischen Kunst nahesteht, scheint aus dem 8. Jahrhundert zu stammen, während der mit Metallarbeiten verwandte „germanische" Formenschatz stärker an das 7. Jahrhundert erinnert. Insgesamt ist es schwierig, die frühchristliche Ikonographie zu datieren.

Anne Adrian/François Héber-Suffrin

| Lit.: Knitterscheid 1898, Taf. 1–12; Heitz 1975; Héber-Suffrin 1977; Collot 1980; Delestre 1988, S. 48–52; Héber-Suffrin 1995; Will 2001 (Lit.); Wagner 2005, S. 150f., S. 232f.; Héber-Suffrin/Trimbur 2009

INCP LIB· I·
DE VITA
SCI MARTI
NI EPISCOPI

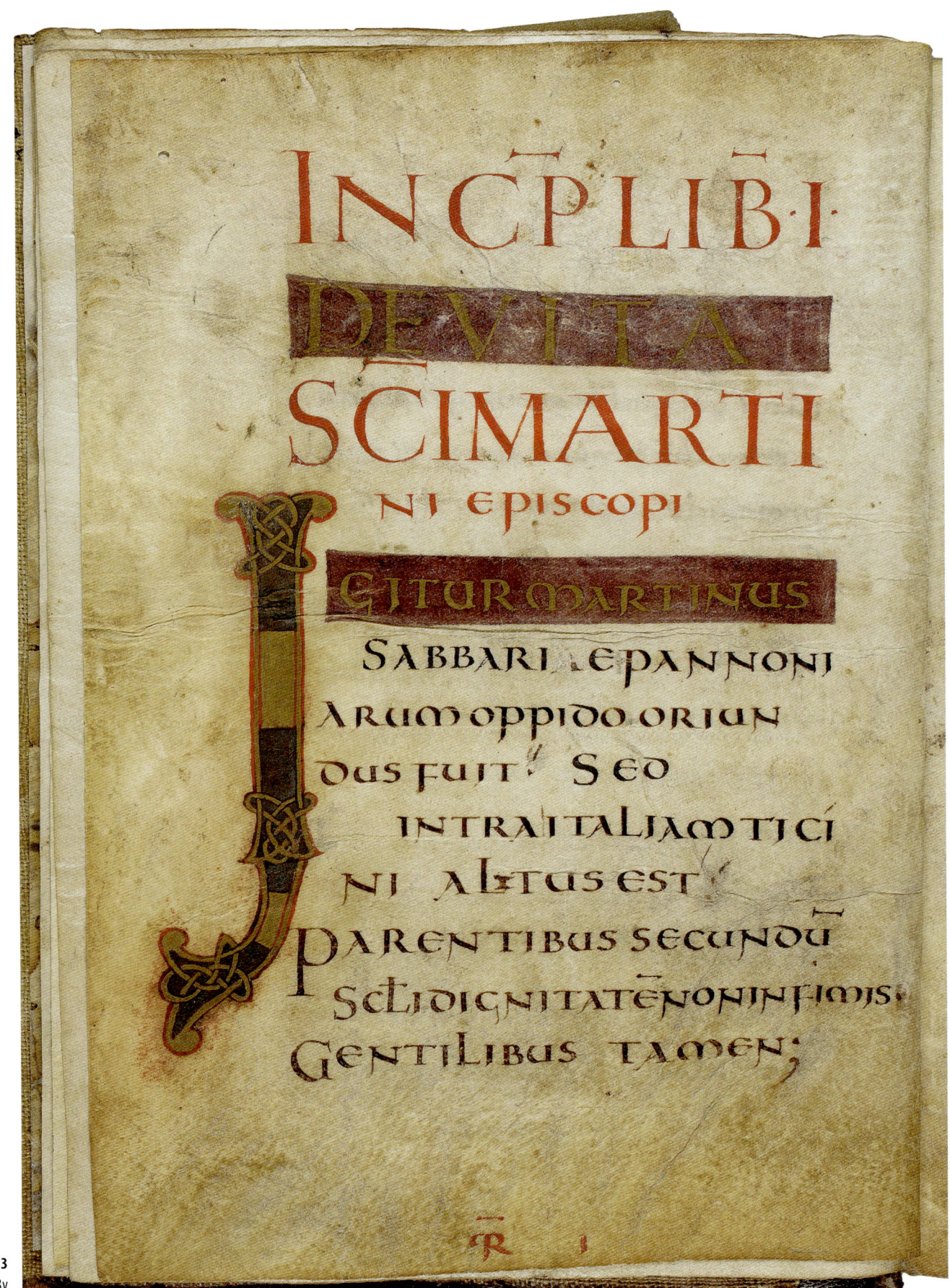

IGITUR MARTINUS

SABBARIAE PANNONI
ARUM OPPIDO ORIUN
DUS FUIT· SED
INTRA ITALIAM TICI
NI ALITUS EST
PARENTIBUS SECUNDŪ
SCLI DIGNITATE NON INFIMIS·
GENTILIBUS TAMEN;

114 Buchhaltungsdokumente der Abtei Saint-Martin de Tours

Saint-Martin de Tours, 2. Hälfte 7. Jahrhundert/Anfang 8. Jahrhundert
Pergament; 31 Bll. unterschiedlichen Formats, gerahmt, im Schuber
Provenienz: Abtei Saint-Martin de Tours; Sammlung Thomas Philipps Nr. 28967; Schenkung von Hans Peter Kraus an die Bibliothèque nationale de France im Jahr 1968
Paris, Bibliothèque nationale de France, Sign. NAL 2654

Die vorliegenden Fragmente gehören zu einer Reihe von Buchhaltungsdokumenten der Abtei Saint-Martin de Tours aus merowingischer Zeit, die heute verstreut sind. Entdeckt wurden sie 1703 von dem Geistlichen Bernard de Montfaucon im Einband der früheren Handschrift Ms. 88 aus dieser Abtei, die heute mit der Signatur 10 A 1 im Museum Meermanno-Westreenianum in Den Haag aufbewahrt wird. Damals waren sie zusammen mit Papyrusblättern, auf denen griechisch verfasste Homilien von Ephrem dem Syrer notiert waren, im Einband eingeklebt. Zur Zeit der Französischen Revolution wurde die Handschrift in drei Teile zerlegt, von dem jedes seinen eigenen Weg nahm. Der Einband, jetzt nur noch mit den Fragmenten, gelangte in die Sammlung von Sir Thomas Philipps, bevor er 1967 auf einer Auktion von dem amerikanischen Buchhändler Hans Peter Kraus erworben wurde und ein Jahr darauf als Schenkung an die Bibliothèque nationale Française ging. Die 31 Blätter aus der Buchhaltung von Saint-Martin de Tours gelangten in den Bestand der „Nouvelles acquisitions latines", die Ephrem-Homilien in ihren Bestand „Supplément grec".

Trotz ihres schlechten Erhaltungszustands liefern diese Dokumente wertvolle Informationen über die Buchhaltung der Abtei in Tours und darüber hinaus auch über das Wirtschaftsleben der damaligen Zeit. Sie wurden von verschiedenen Kopisten in einer merowingischen Kursivschrift niedergeschrieben, die sich auf die zweite Hälfte des 7. Jahrhunderts bis ins frühe 8. Jahrhundert datieren lässt. Sie enthalten Listen mit Namen der Kolonen (mehr als 900) und Angaben zu den von ihnen in Naturalien zu entrichtenden Abgaben, genannt *agrarium* und *lignaticum,* zwei Grundsteuern, die in Kolonaten erhoben wurden. Die Abgaben bestanden im Wesentlichen aus Getreide (Weizen, Roggen, Gerste, Hafer) und Holz, die Mengen waren in Scheffeln (frz. „muid") und ihren Untereinheiten angegeben. Wie Pierre Gasnault nachweisen konnte, lassen sich diese Abgabenberechnungen zweifelsfrei der Abtei Saint-Martin de Tours zuordnen. Sie strich die Erträge der in ihrem Besitz befindlichen *villae* monatlich ein, in der zweiten Hälfte des 7. Jahrhunderts unterstand sie zudem dem Abt Agiricus, dessen Name mehrfach als *abbas* in den Dokumenten erscheint.

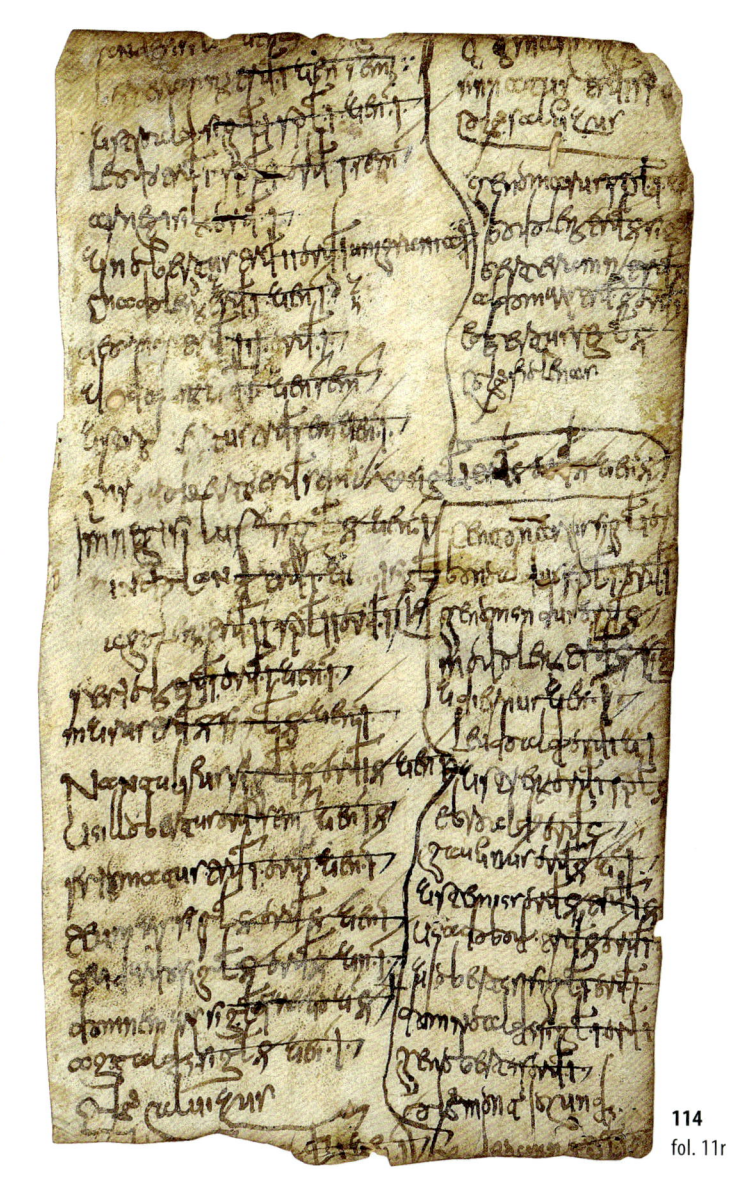

114
fol. 11r

Zwei Auktionen in den Jahren 1989 und 2012 brachten weitere Blätter aus der Buchhaltung der Abtei in Tours an den Tag. Vermutlich wurden sie in den Jahren nach den Wirren der Französischen Revolution aus dem Einband der Handschrift Ms. 88 herausgetrennt.

Charlotte Denoël

| **Quelle:** Chartae latinae antiquiores 18, Nr. 659, S. 3–61
| **Lit.:** Gasnault 1970; Gasnault 1995

Die Anfänge des Christentums im Poitou

Die Anwesenheit von Christen im Poitou ist seit Beginn des 4. Jahrhunderts bezeugt, wie es ein 1999 in Anché bei Poitiers entdeckter rechteckiger Steinsarkophag bestätigt. Er enthielt einen Bleisarg mit eingraviertem Christogramm, der durch die C14-Methode datiert wurde (Farago-Szekeres/Hiernand 2012). Im Gegensatz zu den Angaben der Bischofsliste von Poitiers gibt es jedoch erst mit Hilarius (reg. ca. 350–368) ein sicheres Zeugnis für das offizielle Auftreten der Kirche im Poitou. „Gallier und in Poitiers geboren", so schreibt der heilige Hieronymus, habe Hilarius nicht „die Milch des Christentums eingesogen". Er hatte sich jedoch bei der Lektüre der Heiligen Schrift bekehrt und wurde um 350 von Volk und Klerus der Stadt Poitiers zum Bischof ausgerufen. Das Bistum, das die Grenzen der antiken *civitas* aufnimmt, sollte – trotz der Abtrennungen im frühen Mittelalter (Verlust des Gebiets von Rezé und der Mauges) – das flächenmäßig größte in Frankreich bleiben; dies hat die Christianisierung der westlichen Regionen des Poitou sicherlich nicht erleichtert.

Hilarius hat sich vor allem der Verteidigung der Rechtgläubigkeit gegen den Arianismus gewidmet, die ihm ein vierjähriges Exil in Kleinasien eintrug. Außer seinem Hauptwerk über die Dreifaltigkeit ist er der Verfasser weiterer Schriften, die sich offenbar an die Geistlichen des Priesterkollegiums und an Laien richteten. In Poitiers schloss sich ihm Martin an, angezogen durch seine Bekanntheit und sein hohes Ansehen. Nachdem Hilarius Martin zum Exorzisten ernannt hatte, siedelte er ihn nahe der Stadt in Ligugé in einer alten römischen *villa* an. Auch wenn die Archäologen die frühesten bisher entdeckten Gebäude an dieser Stätte nicht mehr in die Zeit von Martins Aufenthalt in Ligugé um 360/70 setzen (Boissavit-Camus 2010, S. 215–220), so ist doch sicher, dass Ligugé das älteste Kloster Galliens ist und dass Martin im Poitou die Missionierungsarbeit begonnen hat, die er nach seiner Wahl zum Bischof von Tours in den ländlichen Gebieten an der Loire weiterführte.

Im 4. bis 5. Jahrhundert setzt sich die Christianisierung fort. In Poitiers wird das erste Baptisterium, das wohl unter den Nachfolgern des Hilarius in einem Privathaus nahe der ersten Bischofskirche eingerichtet worden ist, durch ein für diese Nutzung eigens erbautes Baptisterium ersetzt (5. Jahrhundert). Bis zum 11. Jahrhundert hat dieses heute noch existierende Gebäude zahlreiche Umgestaltungen erfahren. In der Zeit nach Martin wird das Poitou durch weitere Gründungen geprägt, deren Anfänge, die in späteren hagiographischen Erzählungen überliefert sind, manchmal unklar bleiben. Dies ist der Fall bei Ension (heute Saint-Jouin-de-Marnes), das vor dem 6. Jahrhundert gegründet wurde. Hier wurden im 9. Jahrhundert die Reliquien des heiligen Martin von Vertou beigesetzt, der im 5. Jahrhundert vergeblich versucht haben soll, die heidnische Bevölkerung in der Herbauge, einer Gegend im Süden von Nantes, zum Christentum zu bekehren. Das Kloster von Saint-Maixent existierte schon 507 zur Zeit von Chlodwigs Sieg über die Westgoten. Es verdankt sein Patrozinium dem aus Agde stammenden Mönch Adjutor, der den Namen Maixent (Maxentius) annahm, als er sich an den Ufern der Sèvre ansiedelte. Die älteste Vita des Maxentius, die Gregor von Tours bekannt war, ist verloren. Die zwei noch erhaltenen Viten und die nach seinem Tod aufgezeichneten Miracula enthalten jedoch alte Bestandteile, die das Bemühen der Mönche zeigen, die christlichen Glaubensinhalte und Bräuche – insbesondere die Sonntagsruhe – in der ländlichen Bevölkerung zu verbreiten. Weiterhin gab es mit dem heiligen Junien von Mairé in der 2. Hälfte des 6. Jahrhunderts einen Einsiedler, der mit großem Einsatz im Südwesten des Poitou wirkte, wie eine 830 verfasste Vita überliefert.

Über die Anfangszeit des Nonnenklosters, das vor 561 durch die heilige Radegunde in Poitiers gegründet wurde, ist man durch Bischof Gregor von Tours, den Italiener Venantius Fortunatus, der erst Priester, dann gegen 597 Bischof von Poitiers wurde, und die Nonne Baudonivia gut informiert (Abb. 15). Nach der Ankunft einer vom byzantinischen Kaiser Justin II. und der Kaiserin Sophia geschenkten Reliquie des Wahren Kreuzes 569 erhielt das Kloster den Namen Sainte-Croix. Obwohl diese Abtei innerhalb der Mauern von Poitiers unweit des Baptisteriums lag, wurde Radegunde in Sainte-Marie-hors-les-Murs (heute Kirche Sainte-Radegonde) begraben (Labande-Mailfert 1996, S. 284–288). Diese beiden Kirchenbauten bilden zusammen mit der Kathedrale, dem Baptisterium und dem Bischofspalast bereits ein christliches Viertel in der südlich gelegenen Unterstadt von Poitiers, dessen Parzellensystem schon stark verändert war (Boissavit-Camus 2001).

Vor der Stadtmauer hat sich eine erste christliche Ansiedlung im Süden der Stadt bei der Grabstätte des Hilarius gebildet. Nach seinem Tod 368 ereignen sich Wunder an seinem Grab in der Basilika, die durch eine Gemeinschaft von Klerikern betreut wird, die seinen Namen annimmt. Diese Basilika in der Vorstadt wird von Gregor von Tours Ende des 6. Jahrhunderts erwähnt (Pon 1983). Ausgrabungen haben kürzlich die Existenz einer ausgedehnten Nekropole bestätigt, die aus reich ausgestatteten Gräbern und Mausoleen besteht, von denen eines aus dem 5. Jahrhundert stammt (Jeguzo/Kacki 2010, S. 45–50).

Ein letzter frühchristlicher Ort entsteht später in einer anderen antiken Nekropole nahe der römischen Straße von Poitiers nach Bourges. Es ist das „Hypogäum in den Dünen" oder „Hypogäum des Mel-

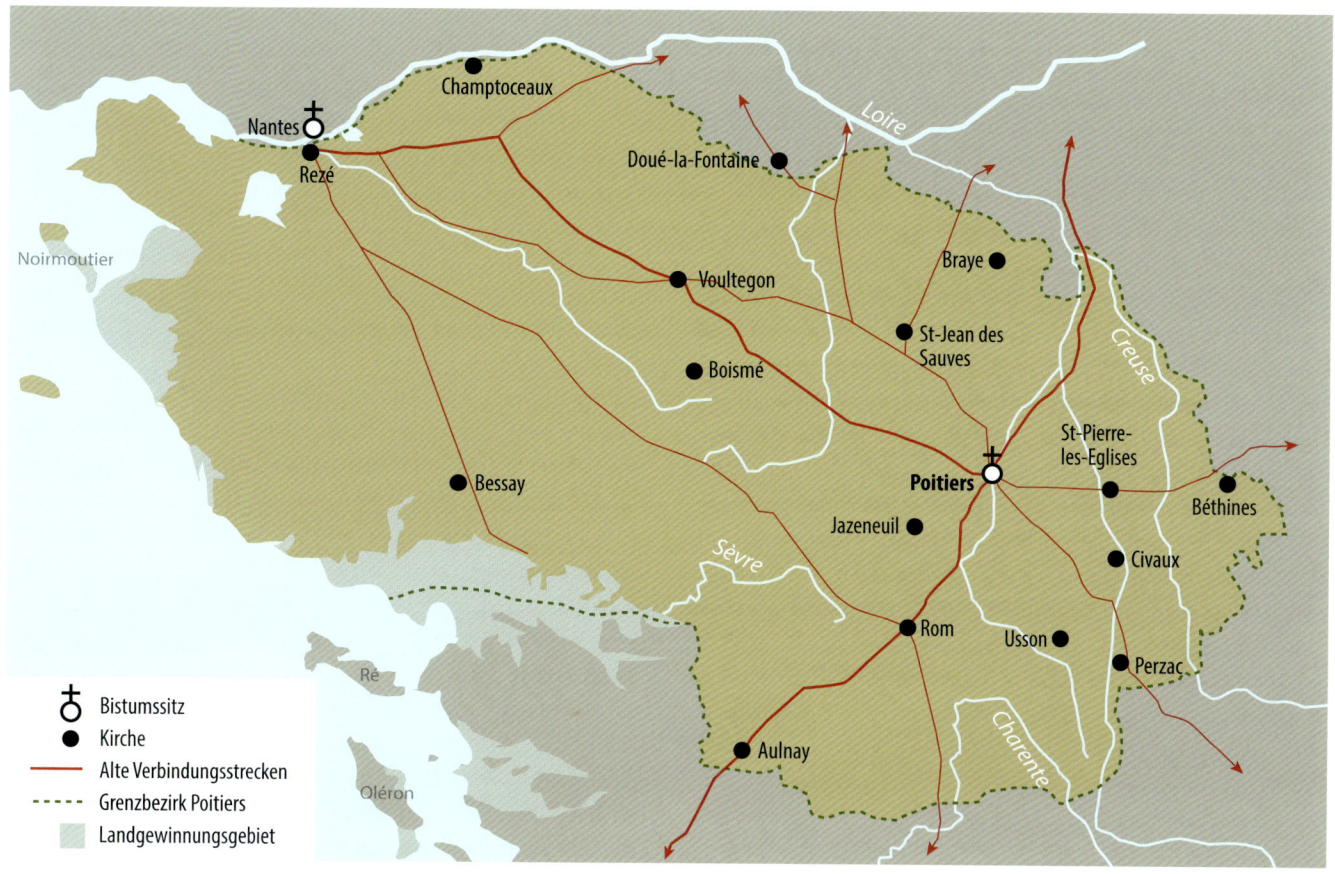

15 Karte: Die frühen Klöster in der Diözese Poitiers

lebaudus", benannt nach dem Abt, der diese *Cella memoriae* neu gestalten ließ. Obwohl die letzte Belegung des Gebäudes in das 7. oder an den Anfang des 8. Jahrhunderts datiert wurde, gehen einige Skulpturen möglicherweise auf das 6. Jahrhundert zurück. Wie das „Heilige Rom" (*Roma sacra*) war Poitiers von „einer frommen Krone umgeben", einem Kranz von Kirchen.

Noch schwieriger ist es, den Beginn der Christianisierung im ländlichen Raum zu erfassen. Es existiert keine Liste der frühesten bischöflichen Gründungen. Das einzige gut dokumentierte Beispiel ist das von Civaux, ungefähr dreißig Kilometer südöstlich von Poitiers. In einem alten *vicus* aus der Antike legte man an der Stelle eines heidnischen Heiligtums (Boissavit-Camus/Palazzo 2011) ein Taufbecken an und errichtete die erste Apsis einer Kirche, deren frühe Entstehung durch das Patrozinium der heiligen Gervasius und Protasius und eine der ältesten christlichen Inschriften Galliens bezeugt wird (AETERNALIS ET SERVILLA VIVATIS IN DEO = Aeternalis und Servilla, sie leben in Gott). Vielleicht war es dieses kirchliche Zentrum, das nach dem 5. Jahrhundert die Entwicklung eines riesigen merowingischen Friedhofs begünstigt hat, der 1738 auf 16 000 Begräbnisse geschätzt wurde. Des Weiteren konnte in Vouneuil-sous-Biard, fünf Kilometer von Poitiers entfernt, die Existenz eines privaten Oratoriums vom Ende des 5. oder Anfang des 6. Jahrhunderts, das in Verbindung mit einer *villa* stand, durch eine Stuckverzierung nachgewiesen werden. Man fand deren Fragmente unter dem Fußboden einer Apsis, die in die Zeit vom Ende des 8. bis zum Ende des 10. Jahrhunderts datiert wird (Palazzo-Bertholon 2009). Ein kürzlich erschienener Artikel hat nur eine kleine Zahl kirchlicher Stätten im Poitou ermitteln können, die im Allgemeinen, wie in Civaux, in ländlichen Siedlungen der Antike gelegen sind und das Patrozinium des heiligen Petrus, des Patrons der Bischofskirche, tragen. Erst in karolingischer Zeit lassen sich Hinweise auf die Unterteilung dieser ausgedehnten „Urpfarreien" finden (Bourgeois/Boissavit-Camus 2005, S. 159–172). Es wären noch weiterreichende Untersuchungen nötig, um alle Grabbauten des frühen Mittelalters zu ermitteln, die zur Christianisierung beigetragen haben, ohne im Rang einer Pfarrgemeinde zu stehen. Robert Favreau/Georges Pon

| **Lit.:** Pon 1984; Pon 1988a; Pon 1988b; Labande-Mailfert 1996; Boissavit-Camus 2001; Bourgeois/Boissavit-Camus 2005; Palazzo-Bertholon 2009, S. 56–61; Boissavit-Camus 2010; Jégouzo/Kacki 2010; Farago-Szekeres/Hiernard 2012; Boissavit-Camus/Palazzo [im Druck]

115 Wandmosaik mit Phönix

Frühmittelalterlich
Poitiers, Basilika Saint-Hilaire-le-Grand, Ausgrabungen von Alphouse de Longuemar und Louis Dupré, 1856
H. 56 cm, B. 27 cm
Poitiers, Musées de la Ville de Poitiers, Inv.Nr. 2012.0.4

Bei Restaurierungsarbeiten in der Stiftskirche Saint-Hilaire-le-Grand, die der Architekt Joly-Leterme 1856 durchführte, traten diese wertvollen Überreste zutage. Alphonse Le Touzé de Longuemar schenkte sie dem Musée de la Ville. Er hatte vermutlich mit Louis Dupré an der Ausgrabung im Langhaus teilgenommen, die er in seiner Geschichte von Saint-Hilaire-le-Grand erwähnt. Dieses Mosaik ist nicht an seinem Ursprungsort gefunden worden, sondern scheint zusammen mit einem anderen, älteren Mosaik zu beiden Seiten eines viereckigen, dreifach gegliederten Sarkophags versetzt worden zu sein. Er stand in einer Gruft, die ihrerseits im 16. Jahrhundert neu genutzt wurde. Es handelt sich also um zwei Mosaiken aus verschiedenen Epochen, die zu einem schwer bestimmbaren Zeitpunkt wiederverwendet wurden, um damit die Umgebung des Grabes zu schmücken. „Es sei denn", so präzisiert de Longuemar, „sie hätten einen oberhalb des Sarkophags aufgestellten Altar gerahmt".

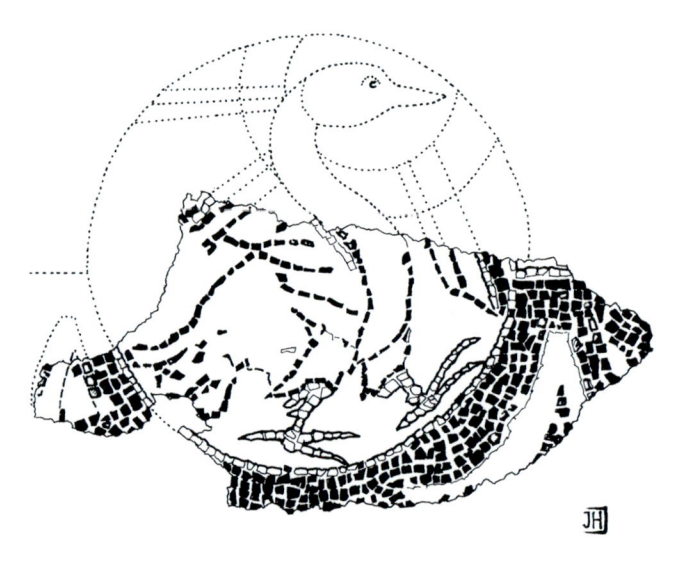

Die Mosaiken hatten ursprünglich nicht dieselbe Funktion. Das ältere, aus mineralischen Rohstoffen in den Farben Weiß, Grau, Schwarz und Ziegelrot hergestellt und von sehr regelmäßiger Zeichnung, stellte mit Vögeln belebte Weinranken dar. Es könnte mit dem Bodenbelag der ältesten über dem Grab des Hilarius erbauten Basilika übereinstimmen. Das hier gezeigte Mosaik hingegen ist sehr viel farbiger. Es zeichnet sich einerseits durch die Verarbeitung von goldenen und silbernen Mosaiksteinen aus, andererseits durch zahlreiche Wiederverwendung römischer Materialien: verschiedenartige blaue und grüne Gläser und aus Terra-sigillata-Keramik geschnittene Tesserae. Die von hauchdünnen Glasschichten überzogenen Gold- und Silberblättchen erlauben, in diesem Mosaik einen Wandschmuck zu erkennen. Die leichten Veränderungen, die einige Mosaiksteine offenbar erfahren haben, erschweren die Lesbarkeit des dargestellten Motivs. Man erkennt gleichwohl inmitten eines runden Goldmedaillons einen großen Vogel mit einem roten goldglänzenden Körper und mit goldenen Füßen, den wir als Phönix deuten wollen.

Der Glanz der schillernden Farben, die den mythischen Vogel umgeben, ist der Widerhall eines langen Gedichtes von Laktanz aus dem 3. Jahrhundert, „De ave phoenice". Außer der Wahl dieses Motivs in der Basilika des Hilarius ist bemerkenswert, dass hier nicht der statische, sondern der schreitende Phönix erscheint.

Das Mosaik aus Poitiers scheint hier getreu den Typ zu übernehmen, der auf einem Tondo in der Apsis von Alt-Sankt Peter in Rom zu sehen war. Das römische Mosaik, das den triumphierenden auferstandenen Christus symbolisiert, wurde im 13. Jahrhundert offenbar nach dem konstantinischen Vorbild restauriert. Im nach rechts gewendeten Profil schreitet ein Phönix mit roten Füßen siegesgewiss vorwärts, das Haupt von einem Strahlennimbus umfangen (derzeit im Palazzo Braschi aufbewahrt). Nun aber erahnt man auch auf dem Phönix aus Poitiers schräge Strahlen, die zu einem derartigen Nimbus gehört haben könnten. Der Vergleich mit dem römischen Vorbild erscheint nicht abwegig, wenn man die Beziehungen bedenkt, die das Kapitel von Saint-Hilaire zum Heiligen Stuhl unterhielt.

Die etwa 15 bis heute erfassten christlichen Mosaiken mit der Darstellung des Phönix sind im Wesentlichen italienische Arbeiten, die sich in Aquileja und Rom befinden und ins 4. bis 9. Jahrhundert datiert sind. Außerdem sind auch einige schöne Beispiele aus Syrien und Palästina zu nennen. Das Mosaik aus Poitiers könnte in die Spätantike datieren, doch kann man nicht genauer bestimmen, ob es die Kirche selbst oder ein Grab zierte. Hier sei jedoch an eine Sammlung von Wundern des heiligen Hilarius aus dem 11. Jahrhundert erinnert; sie erwähnt „das mit Gold bemalte Mausoleum, das drei Marmorgräber enthält", darunter wahrscheinlich das von Hilarius. Dieses Schriftzeugnis passt zu jenem des Petrus Damiani (*um 1007, †1072) über die Basilika, die dem 1049 geweihten Gebäude vorangig: Sie war „überzogen von Mosaiken im Innern wie im Äußeren".

III RÖMISCHES REICH OHNE ROM. DIE MEROWINGER UND DAS CHRISTENTUM   163

Es ist sehr wahrscheinlich, dass dieser Phönix in einer größeren Dekoration aus Medaillons seinen Platz hatte, vergleichbar derjenigen, die einstmals in der Kirche Saint-Genès in Thiers existierte, wie die in Poitiers sichtbaren Ansätze von Kreisbögen anzudeuten scheinen.
Dominique Simon-Hiernard

| Quelle: Miracula S. Hilarii (Edition)
| Lit.: Le Touzé de Longuemar 1857; Brouillet 1885, S. 291, Nr. 4018–4019; Kat. Poitiers 1989, S. 104, Nr. 100 Taf. h–t (Michel Rérolle); Barral i Altet 1991; Boissavit-Camus 1998; Kat. Poitiers 2004, S. 57, Abb. 21 (Christian Sapin/Dominique Simon-Hiernard); Palazzo-Bertholon 2010; Zum Phönix: Broek 1972; Deproost 2004; Lecocq 2009; Zur Apsis von Alt-Sankt Peter: Bovini 1968, S. 356–362; Trovabene 2008, S. 85, Abb. 9

116 Mosaikfußboden mit Inschrift

8. oder 9. Jahrhundert
Poitiers, ehemalige Abteikirche Sainte-Croix, Ausgrabungen von François Eygun, 1959
a) H. 21,3 cm, B. 50 cm; b) H. 52 cm, B. 128 cm
Poitiers, Abbaye de Sainte-Croix

Die beiden polychromen Mosaikfragmente wurden bei Ausgrabungen in der romanischen Kirche der Abtei gefunden, die Radegunde, Gattin von Chlothar I., vor 557 in Poitiers gegründet hatte. Zu ihrer Herstellung wurden Marmor, Ziegel, schwarzer Gneis und grauer Kalkstein verwendet. Die Königin der Franken hatte für ihr Kloster von Kaiser Justin II. einen Splitter vom Wahren Kreuz erlangt. Ein an der Rückseite der Apsis wiederentdeckter Anbau könnte mit dem Standort eines Altars oder eines Behältnisses zum Schutz dieser wertvollen Reliquie übereinstimmen. Unter dem Plattenbelag des Chors aus dem 11. Jahrhundert wurden diese Fragmente eines Bodenbelags freigelegt, die wahrscheinlich dem 8. oder 9. Jahrhundert zuzuweisen sind. Aus mineralischen Tesserae (Mosaiksteinen) gefertigt, bedeckten sie den Boden einer halbrunden Apsis. Eines der Felder mit einer Ranke aus verschlungenem Blattwerk scheint zu einer breiten Bordüre gehört zu haben. Das andere zeigt noch die ersten sechs Buchstaben O CRUX A [VE] von einer Strophe, die in karolingischer Zeit dem Kreuzeshymnus hinzugefügt wurde. Der Hymnus („Vexilla regis prodeunt") selbst ist 569 zum Empfang der Reliquie vom ravennatischen Dichter Venantius Fortunatus komponiert worden, der 597 Bischof von Poitiers wurde. Die berühmtesten Hymnen des Venantius Fortunatus, wie beispielsweise „Pange lingua gloriosi proelium certaminis, das Vexilla regis prodeunt" oder das „Salve festa dies", sind noch heute in der kirchlichen Liturgie in Gebrauch. Die Verlegung des Mosaiks könnte im Zuge der Restaurierungsarbeiten unter Ludwig dem Frommen zwischen 810 und 840 vorgenommen worden sein.

Die zahlreichen in der Apsis aufgefunden Mosaikfragmente waren nicht mehr in situ, da die Apsis vermutlich 877 durch die Normannen und später durch die Errichtung des Gebäudes des 11. Jahrhunderts zerstört worden ist. Aus den Texten wissen wir, dass die Reliquie des Wahren Kreuzes hinter dem Altar in einem besonderen Oratorium ruhte. Dies stimmt mit den aufgefundenen merowingerzeitlichen Resten überein. So verwundert es nicht, vor diesem geheiligten Ort eine Anrufung des Kreuzes zu finden.   Dominique Simon-Hiernard

| **Quelle:** Venantius Fortunatus, Hymnen, S. 57f.
| **Lit.:** Stern 1962, S. 16f., Abb. 6; Eygun 1963a, Abb. 2–4; Eygun 1963b, S. 469–473, Abb. 50; Labande-Mailfert 1996, Nr. 694 (Abb.); Boissavit-Camus 1998, S. 83ff.; Favreau 2000; Kat. Poitiers 2004, S. 54f., Abb. 16–17 (Christian Sapin/Dominique Simon-Hiernard)

117 Fragment einer monumentalen Kreuzigung

Frühmittelalterlich
Poitiers, Hypogäum des Mellebaudus, Ausgrabungen von Camille de la Croix, 1878
Kalkstein, skulptiert – H.75 cm, B. 54 cm, T. 22 cm
Poitiers, Musées de la Ville de Poitiers, Inv.Nr. 2008.0.6.0184

Dieser Stein gehört zu einem außergewöhnlichen Ensemble von Inschriften und Skulpturen, das 1878 von Pater de la Croix im „Hypogäum in den Dünen" in Poitiers gefunden wurde. Ein langer gravierter Text gibt genau an, dass ein „Abt" Mellebaudus diesen Ort, der zunächst wohl nur ein einfaches Grabgewölbe war, zu seiner eigenen Begräbnisstätte umgestaltet hat. Es ist sicher, dass nicht der gesamte Dekor in dem sehr kleinen Hypogäum angebracht sein konnte. Daher steht zu vermuten, dass dieses Stück und ebenso die in der Treppe wiederverwendeten Chorschrankenfragmente, die Kämpferplatten, verzierten Kragsteine und Steinplatten mit Engeln aus den frühen christlichen Gebäuden der Stadt Poitiers stammen.
Die beiden gekreuzigten Personen sind als guter und böser Schächer zu identifizieren. Eine Buchmalerei in der Bodleian Library in Oxford unterstützt die Vermutung, dass sie ursprünglich von einer Kreuzigung überragt waren, die wie zahlreiche andere Skulpturen des Hypogäums der Zerstörung zum Opfer fiel.
Betrachtet man diesen Steinblock als eine der ältesten Darstellungen der Marter am Kreuz, muss man wahrscheinlich den Empfang der Reliquie des Wahren Kreuzes durch Königin Radegunde und Venantius Fortunatus in Poitiers im Blick haben. Wie die inschriftliche Glaubensbezeugung des Mellebaudus, so drückt der am Kreuz erhöhte Christus die göttliche und menschliche Doppelnatur Christi aus, die 692 eine Lehrentscheidung des Konzils von Konstantinopel bekräftigte.

Es wurde vorgeschlagen, in dem Hypogäum, das direkt in den Fels gehöhlt (die *speluncula* des Mellebaudus) und mit einem *arcosolium* sowie der Darstellung Christi am Kreuz versehen wurde, eine Vergegenwärtigung der Höhle des Heiligen Grabes von Jerusalem zu sehen.
Das monumentale Werk, das eine Höhe von 1,50 Meter erreicht haben muss, bleibt in der Geschichte der Entstehung der christlichen Kunst einzigartig. Dominique Simon-Hiernard

| Lit.: La Croix 1883; Elbern 1961; Eygun/Levillain 1964; Elbern 1986; Kat. Poitiers 2004, S. 64 (Dominique Simon-Hiernard); Kat. Poitiers 2004, S. 50, Abb. 11 (Anne Flamin)

118 Steinplatte mit Engeln

6. oder 7. Jahrhundert
Poitiers, Hypogäum des Mellebaudus, Ausgrabungen von Camille de la Croix, 1878
Kalkstein, graviert – H. 73 cm, B. 45,2 cm, T. 15 cm
Poitiers, Musées de la Ville de Poitiers, Inv.Nr. 2008.0.6.0187

Diese Steinplatte zeigt eingravierte Engel mit ausgebreiteten Flügeln, umrahmt von einer Efeuranke und einem Schriftfeld, das mit den Worten beginnt: HIC IN NOMINE D[OMI]NI CES[QVIVNT]. In Analogie zu einer großen Platte in demselben Stil, die mit den Evangelisten Matthäus und Johannes sowie den Erzengeln Raphael und

Raguel geschmückt ist, müssen die Engel von der Darstellung der Evangelisten Lukas und Markus begleitet gewesen sein. Es ist sehr wahrscheinlich, dass Evangelisten und Erzengel mit einer zentralen Figur verbunden waren, doch sind leider die Reliefs nach Zufügung eines Glasdekors neu zugeschnitten und im Laufe des 7. Jahrhunderts zu Sarkophagdeckeln verarbeitet worden. Ihre anfängliche Bestimmung bleibt unbekannt. Möglicherweise gehörten sie zu einem Reliquiar, wie die Nennung von Heiligenreliquien in der Inschrift nahelegt. Ebenso wie bei der Kreuzigung gibt es keinen Beweis dafür, dass die Skulpturen ursprünglich für das Hypogäum bestimmt gewesen waren.

Dominique Simon-Hiernard

| **Lit.**: La Croix 1883; Heitz 1986; Barral i Altet/Duval/Papinot 1996; Rérolle 2000; Kat. Poitiers 2004, S. 51, Abb. 12 a–b (Anne Flamin); Palazzo-Bertholon/Treffort 2010

119 Brunnenfigur in Gestalt eines Hirschen

Vorromanisch oder romanisch
Poitiers, Bischöfliches Viertel
Kalkstein, vollrund gearbeitete Skulptur – H. 80 cm, B. 65 cm, T. 23 cm
Poitiers, Musées de la Ville de Poitiers, Inv.Nr. 966.19.1

Diese sehr stilisierte Skulptur wurde, ungefähr 100 Meter vom Baptisterium Saint-Jean entfernt, bei den Ausgrabungen der romanischen Kirche Sainte-Croix gefunden, die zu der von Radegunde gegründeten Abtei gehörte. Ohne archäologischen Kontext lag die Skulptur inmitten von verschiedenartigem Schutt. Drei Öffnungen auf Höhe von Maul und Nasenlöchern, die mit einer in den Körper eingefügten Röhre verbunden sind, belegen ihre Funktion als Brunnenfigur. Jean Coquet erwog einen Zusammenhang mit der späteren Taufanlage des nahegelegenen Baptisteriums, die auf dem Vorbild des Lateranbaptisteriums beruht. Ebenso verwies er darauf, dass der Hirsch in der christlichen Ikonographie denjenigen symbolisiert, der nach der Taufe „dürstet" (vgl. Ps 42,2).

Dominique Simon-Hiernard

| Lit.: Eygun 1967, S. 262ff.; Coquet 1980/1981, S. 104–106, 108; Kat. Poitiers 2004, S. 55f., Abb. 19 (Dominique Simon-Hiernard); Kat. Paris 2005, Nr. 137 (Jean-René Gaborit); Kat. Poitiers 2011, S. 315, Abb. 71 (Céline Peris)

120 Gürtelschnalle

7. Jahrhundert
Poitiers, Umgebung der Abtei Sainte-Croix, Ausgrabungen von Gérard Nicolini, 1973
Bein – H. 8,97 cm, B. 3,79 cm, T. 1,15 cm
Poitiers, Musées de la Ville de Poitiers, Inv.Nr. 973.18.1

In der Nähe der ursprünglichen Abtei Sainte-Croix wurde zusammen mit einer vierpassigen Goldfibel mit Glasflussdekor, jedoch leider ohne stratigraphische Einbindung, eine reich geschnitzte christliche Gürtelschnalle aus Bein gefunden. Sie trägt noch den Rest eines kleinen Scharniers aus Bronze. In feiner Skulptierung ist sie mit Reliefs geschmückt, die die Legende von Jonas illustrieren: Der Prophet wird aus einem Boot ins Meer geworfen und von einem Ungeheuer verschlungen (links); eine nackte Frau als Personifikation der Stadt Ninive (Mitte); ein Strauch, der an denjenigen erinnert, unter dem Jonas strandete (rechts). Die Rückseite trägt ein Graffito mit dem Namen des männlichen Besitzers: *bavdoaldvs*.

Die beinerne Gürtelschnalle aus Poitiers gehört mit drei weiteren in Köln, Augsburg (Deutschland) und Vevey (Schweiz) gefundenen Exemplaren zu der von Max Martin definierten Gruppe C des 7. Jahrhunderts, welche die Gürtelschnallen aus organischem Material vereint, die mit der Jonaslegende verziert sind.

Die Geschichte von Jonas, der drei Tage und drei Nächte im Bauch des Meeresungeheuers blieb, ist eine Präfiguration der Auferstehung Christi. Bevor die Thematik Schmuckgegenstände zierte, entfaltete sie sich im Lauf der Jahrhunderte auf zahlreichen Katakombenmalereien und christlichen Sarkophagen und hat daneben auch viele Mosaikdekore bereichert.

Der Objekttyp bleibt bis heute von größter Seltenheit. Die Vergesellschaftung der Gürtelschnalle von Poitiers mit einer Goldfibel belegt, dass es sich nicht um ein gewöhnliches Stück handelt, sondern wirft die Frage nach dem gehobenen sozialen Status seines Besitzers auf, ebenso die nach seinen religiösen Überzeugungen.

Dominique Simon-Hiernard

| Lit.: Kat. Poitiers 1989, S. 91, Abb. 96 (Brigitte Boissavit-Camus); DECA 2, S. 1340–1345 (Danilo Mazzoleni: Art. Jonas); Martin 1991, Abb. 9; Rérolle 1997 (mit Abb.); Treffort 2002

Saint-Denis von der Spätantike bis in die merowingische Zeit

Die laufenden Auswertungsarbeiten der archäologischen Ausgrabung, welche sich von 1973 bis 1992 im Norden der Basilika von Saint-Denis abspielten, ergänzt durch die Ergebnisse neuester Untersuchungen an den Befunden der Altgrabung unter der heutigen Kathedrale, verschaffen uns neue Kenntnisse über die Anfänge einer der wohl bedeutendsten Kultstätten des christlichen Mittelalters (Abb. 16).

Bekanntlich markiert die gotische Abteikirche die Stelle, wo um 250 der heilige Dionysius, Begründer der ältesten Christengemeinde in Paris, nach erlittenem Martertod die letzte Ruhe fand. Übereinstimmend mit dieser Überlieferung lässt sich in Saint-Denis eine fortlaufende Siedlungstätigkeit ab dem 3. Jahrhundert feststellen. Die bis heute nur lückenhaft erfassten Spuren entsprechen am ehesten den Nebenbauten eines spätantiken Gutshofs. Fragmente von Wandmalereien in Freskotechnik zeugen von der reichen Ausgestaltung eines Herrenhauses. Halbfabrikate und Abfallstücke von Haarnadeln aus Knochen belegen den Betrieb einer Beinschnitzerwerkstatt. Die Siedlung schloss einen Friedhof ein. Dessen Gräber konnten bis jetzt hauptsächlich in der Krypta der Basilika archäologisch erfasst werden. Meistens sind die Toten Ost-West orientiert (mit dem Kopf im Westen) in Holzsärgen beerdigt worden. Gefäße als Beigaben und Kleidungsbestandteile datieren den Anfang dieses Gräberfeldes in das 3. Jahrhundert. Unter dem Hochaltar ist noch heute eine Gruppe von drei rechteckigen Sarkophagen erhalten. Die tief in den Boden eingelassenen Steinkisten müssen einer sozialen Oberschicht zugedacht gewesen sein. Neben einem dieser Sarkophage ist eine ausgeräumte Grube aufgedeckt worden, welche die Ausgräber sogleich mit dem Grab des heiligen Dionysius in Verbindung brachten (Abb. 17).

Auch wenn es dafür bis heute von der Archäologie noch keinen schlüssigen Beweis gibt, ist anzunehmen, dass das Heiligengrab bereits im 4. Jahrhundert mit einem Mausoleum überdacht war. Einzig die im Umkreise der Nekropole gefundenen Antefixe von Ziegeldächern (Kat.Nr. 121) lassen sich indirekt als Indiz für die Existenz christlicher Grabbauten werten. Im dritten Viertel des 5. Jahrhunderts ließ dann die adlige Genovefa von Paris (†502) über dem Grab des Dionysius eine Steinkirche errichten, von der in der heutigen Krypta noch eindrucksvolle Bauteile erhalten sind. Die einschiffige Saalkirche von mindestens 22 Metern lichter Länge und 9 Metern Breite ist, mit ihrer von der antiken Bebauung abweichenden Ausrichtung, genau auf die leere Grabgrube zentriert. Also scheint die Lage des Baus durch das Heiligengrab und den älteren Memorialbau bestimmt zu sein.

Zum frühesten Kirchenmobiliar gehört wohl eine Chorschranke, von welcher bei der Basilikagrabung mindestens zwei Pfosten und ein Plattenfragment zutage kamen (Kat.Nr. 122). Die mehrteilige Anlage mag das im Sanktuarium aufgestellte Grabmal geschützt haben.

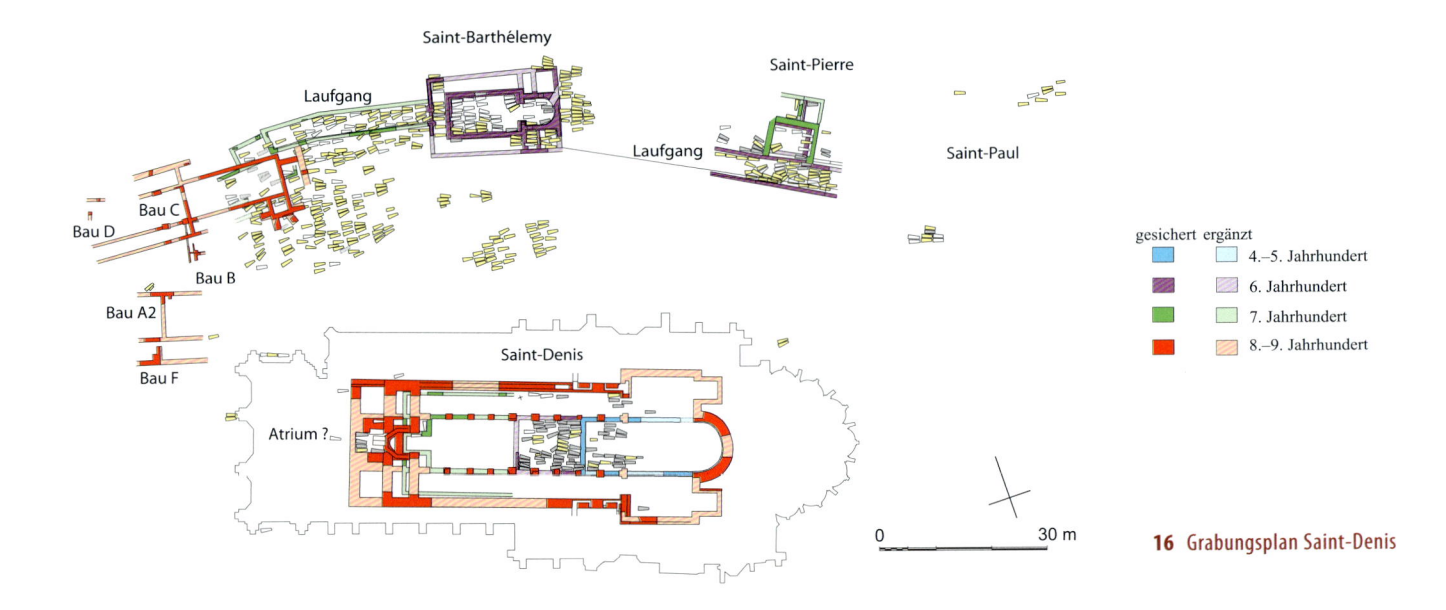

16 Grabungsplan Saint-Denis

III RÖMISCHES REICH OHNE ROM. DIE MEROWINGER UND DAS CHRISTENTUM

17 Fundort der Steinsarkophage

Bereits in der Zeit Chlodwigs I. (reg. 482–511) wird die Kirche mit einem Vorraum nach Westen verlängert. Fortan dient der Bau als Grablege der fränkischen Aristokratie, hauptsächlich für Frauen wie die Königin Arnegunde (†zwischen 570 und 580). Die mit prunkvollen Gewändern, Schmuck und Beigaben ausgestatteten Toten wurden meist in trapezförmigen Sarkophagen beigesetzt. Die aus den zum Teil weit entfernten Steinbrüchen des Oisetals, Burgunds und der Touraine eingeführten Behälter sind häufig skulptiert und zeigen an den Kopfseiten und auf den Deckplatten christliche Symbole wie Kreuze, Christogramme und Tauben. Dagobert I. (reg. 629–639) ließ den vom königlichen Goldschmied und späteren Bischof von Tours, dem heiligen Eligius (*ca. 590, †660), mit liturgischem Gerät kostbar ausgeschmückten Bau ein zweites Mal nach Westen verlängern und bestimmte die Kirche zu seiner eigenen Grabstätte. Seit den Anfängen des 6. Jahrhunderts entwickelte sich im Norden der Basilika eine Hofanlage, die aus mindestens drei Nebenkirchen bestand. Die kleinen Saalbauten mit eingezogenen Altarhäusern waren von Nebenräumen und Umgängen umgeben. Laufgänge, die man sich mit mehr oder weniger weit geöffneten Arkaden vorstellen kann, verbanden die Kirchen untereinander. Sowohl in den Kirchen als auch in den Gängen fanden sich Gipssarkophage mit meist beigabenlosen Männerbestattungen. Im Westabschluss der vollständig ergrabenen Kirche Saint-Barthélemy war einer der Sarkophage zudem mit einer Inschrift versehen. Sie gibt den Beigesetzten als einen im Alter von 16 Jahren verstorbenen Mönch mit Namen Hunus zu erkennen. Somit ist anzunehmen, dass die Innengrablegen dieser Nebenkirchen wenigstens zum Teil dazu dienten, die Mitglieder der religiösen Gemeinschaft zu bestatten, die mit dem Unterhalt der Basilika beauftragt war. Die Kirchen waren mit Stuck und Wandmalereien wie Imitationen von Marmortafelverkleidung geschmückt. Auch in den Laufgängen fanden sich eindeutige Spuren einer farbigen Fassung (Kat.Nr. 124).

Mit dem Ausbau dieses Atriums entstand im Norden der Basilika ein monumental geschlossener Hof, in welchem sich ein Außenfriedhof mit mindestens dreitausend Gräbern *ad sanctos* entfalten konnte. Die in ihrer Tracht beigesetzten Männer und Frauen spiegeln eine gut bemittelte, wohl in der Region beheimatete Bevölkerung wider. Gegenüber den in der Basilika vorherrschenden Steinsarkophagen überwiegen jetzt eindeutig die Gipssarkophage (Kat.Nr. 125). Die serienmäßig mit Hilfe von Holzformen gegossenen Behälter sind wohl nahe der Nekropole und auf Vorrat hergestellt worden. An den Kopf- und Fußenden sind sie zudem meist mit kreuzförmigen Dekorelementen verziert, welche sich nur entfernt als Ausdruck des Bekenntnisses zum Christentum deuten lassen.   Michaël Wyss

| **Lit.:** Wyss 1996; Fleury/France-Lanord 1998; Ossel 2004; Périn/Wyss 2004; Vallet/Périn 2004; Périn u. a. 2012

121   Antefixe aus Saint-Denis

5./6. Jahrhundert
Saint-Denis, städtische Ausgrabungen

a) Platte
Tonziegel – H. 14,4 cm, B. 11,5 cm, T. 3,8 cm
Paris – Saint-Denis, Unité d'archéologie de la Ville de Saint-Denis, Inv.Nr. 78.1.17

b) Plattenfragment
Tonziegel – H. 9,8 cm, B. 11,8 cm, T. 3,8 cm
Paris – Saint-Denis, Unité d'archéologie de la Ville de Saint-Denis, Inv.Nr. 11.612.1

c) Platte mit Reststück vom Giebel
Tonziegel – H. 12,3 cm, B. 12 cm, T. 4,8 cm
Paris – Saint-Denis, Unité d'archéologie de la Ville de Saint-Denis, Inv.Nr. 13.920.1

d) Plattenfragment
Tonziegel – H. 11 cm, B. 11,2 cm, T. 3,8 cm
Paris – Saint-Denis, Unité d'archéologie de la Ville de Saint-Denis, Inv.Nr. 16.5366.3

e) Giebelfragment
Tonziegel – H. 7,4 cm, B. 10 cm, T. 3,1 cm
Paris – Saint-Denis, Unité d'archéologie de la Ville de Saint-Denis, Inv.Nr. 14.1017.1

f) Giebelfragment
Tonziegel – H. 5,3 cm, B. 8,5 cm, T. 2,6 cm
Paris – Saint-Denis, Unité d'archéologie de la Ville de Saint-Denis, Inv.Nr. 17.2824.2

g) Giebelfragment
Tonziegel – H. 6,6 cm, B. 8,6 cm, T. 2,5 cm
Paris – Saint-Denis, Unité d'archéologie de la Ville de Saint-Denis, Inv.Nr. 17.2758.1

121a–g

III RÖMISCHES REICH OHNE ROM. DIE MEROWINGER UND DAS CHRISTENTUM

122a

122b

122c

Antefixe sind Hohlziegel mit verzierter Abschlussplatte, die, aufgereiht an der untersten Dachziegellage der Traufe, die Reihen der Ziegel nach unten abschlossen. Aufgrund ihrer stratigraphischen Fundlage gehören die zwanzig bislang in Saint-Denis gefundenen Antefixe bereits in das 5. und 6. Jahrhundert. Die Platten wurden mit nur drei Modeln geformt. In der Antike hat das verzierte Antefix oft apotropäische Funktion, wie die häufige Darstellung der Medusa mit ihrem fratzenhaften Gesicht und dem geöffneten Mund erkennen lässt. Auch die merowingischen Antefixe zeigen einen frontalen Kopf mit meist verzerrter Mimik und offenem Mund. Lediglich das im Giebel freistehende Kreuzzeichen verrät einen spezifisch christlichen Symbolgehalt. Die im Umkreis der Nekropole geborgenen Stücke waren womöglich an prominenten Grabbauten des spätantiken Gräberfeldes angebracht und lassen sich somit als Zeichen für das Bekenntnis zum neuen Glauben verstehen.   Michaël Wyss

| Lit.: Wyss 2005

122 Pfosten und Plattenfragment von einer Schrankenanlage aus Saint-Denis

5./6. Jahrhundert
Saint-Denis, Grabungen in der Basilika
a) Pfosten
Kalkstein – H. 93 cm, B. 18 cm, T. 19 cm
Paris – Saint-Denis, Direction régionale des affaires culturelles d'Ile de France, Inv.Nr. D6/D7
b) Oberteil eines Pfostens
Kalkstein – H. 17,5 cm, B. 19 cm, T. 19 cm
Paris – Saint-Denis, Direction régionale des affaires culturelles d'Ile de France, Inv.Nr. D9
c) Eckstück einer Platte
Kalkstein – H. 22,5 cm, B. 33 cm, T. 7,5 cm
Paris – Saint-Denis, Direction régionale des affaires culturelles d'Ile de France, Inv.Nr. D1/D2

Sumner McKnight Crosby entdeckte den vollständigen Pfosten 1947 bei den Grabungen im westlichen Langhaus der Basilika. Das entzweigebrochene Stück lag vermauert im Fundament einer Dagobert I. (reg. 629–639) zugewiesenen Kirchenerweiterung. 1953 barg der

Architekt Jules Formigé die beiden heute wieder zusammengefügten Fragmente und fand gleichzeitig die zwei Schrankenbruchstücke. Die beiden Pfosten und das Plattenfragment gehören wohl ein und derselben Schrankenanlage an. In der Anordnung und im Querschnitt sind die auf drei Seiten genuteten Pfosten identisch. Bohrlöcher auf der oberen Schmalseite lassen Aufsätze in Form von Zapfen oder Säulen vermuten. Beide Pfosten besitzen eine Nut, in die sich die Platte einfügen lässt. Die Frontseiten der Schranke sind mit flach reliefierten Feldern verziert. Auf dem Pfostenfragment ist ein Reststück von zwei spiegelsymmetrisch angelegten Volutenbändern zu erkennen. Der vollständig erhaltene Pfosten zeigt vier Mal das Motiv zweier verschlungener Flechtbänder, deren mittlere Schlaufen von einem querrechteckigen Steg gerahmt sind. Die mit zwei Kordelborten geschmückte Nutseite ist offenbar auch auf Sicht gearbeitet. Auf der Platte wiederholt sich das Motiv zweier Voluten, die gegenständig ausgerichtet und mit schematischem Blattwerk ergänzt sind. Zur Hervorhebung dieser symmetrisch aufgebauten Kompositionen waren alle Reliefs mit roter und gelber Farbe bemalt. Michaël Wyss

| Lit.: Formigé 1960; Crosby 1987; Guild 2004

123 Kompositkapitell aus Saint-Denis

7. Jahrhundert
Saint-Denis, städtische Ausgrabungen
Kalkstein – H. 22 cm; Abakus: B. 28 cm, T. 30 cm
Paris – Saint-Denis, Unité d'archéologie de la Ville de Saint-Denis, Inv.Nr. 16.5102 (lap. 1442)

Das Kapitell kam sekundär vermauert in einem karolingischen Fundament zum Vorschein. Auf Grund der Fundlage muss das eher kleine Stück zu einer Ziersäule der merowingischen Grabbauten gehört haben. Sein Schmuck besteht aus einem Kranz von vier großen Akanthusblättern, welche sich eng an den Kapitellkorb schmiegen. Im oberen Teil nimmt die Abakusblüte die Mitte ein. Beidseitig wachsen die flachen Stängel der Eckvoluten heraus. Der kurvig eingezogene Abakus ist mit schräger Schraffur verziert. Dem Stil nach erinnert das Stück an mehrere marmorne Akanthuskapitelle, welche im Laufe des 5. und 6. Jahrhunderts als fertig skulptierte Werkstücke von Südwestfrankreich nach Saint-Denis gebracht worden waren. Ihnen gegenüber ist aber das aus Kalkstein geschlagene Kapitell eindeutig eine einheimische Arbeit. Wohl in Analogie zu seinen marmornen Vorbildern ist es dann auch wiederholt mit einer weißen Kalktünche gestrichen worden. Michaël Wyss

| Lit.: Wyss 2010

124 Wandmalereifragmente aus Saint-Denis

7. Jahrhundert
Saint-Denis, städtische Ausgrabungen
Malerei auf Putz und Kalktünche – fragmentiert – Maße des größten Fragments: L. 12 cm, B. 9 cm, T. 2,5 cm
Paris – Saint-Denis, Unité d'archéologie de la Ville de Saint-Denis, Inv.Nr. 17.2282; 17.2283; 17.2318; 17.2556

Nahezu hundert Fragmente einer Wandmalerei konnten im Laufgang der merowingischen Kirche Saint-Pierre geborgen werden. Das äußerst zerstückelte Material ist kaum mehr in der Lage, uns eine Vorstellung von der reichen Ausstattung der Räumlichkeiten zu geben. Die Bruchstücke stammen von einer kaum geglätteten Putzfläche, die mit einer dick aufgebrachte Kalktünche überzogen war. Die mit breitem Pinsel zügig aufgetragene Farbe beginnt meist mit einer gelben Grundierung. Die weitere Farbgebung zeigt neben Rot, Schwarz und Weiß auch die Mischfarben Grau und Rosa. Mehrere Putzstücke lassen einen eingeritzten Halbkreisraster erkennen. Die farbig hervorgehobenen Segmente ergeben ein Schuppenmuster, das man sich als Sockelzone vorstellen kann. Das Muster grenzt an eine mit rot-gelben Streifen abwechselnde Fläche. Eine dritte Gruppe von Bruchstücken deutet auf eine aufwendigere Bemalung, die vielleicht auch figürliche Darstellungen beinhaltete. Michaël Wyss

| Lit.: Wyss 1994

III RÖMISCHES REICH OHNE ROM. DIE MEROWINGER UND DAS CHRISTENTUM

125a
125b
125c
125d
125e
125f

125 Reliefierte Sarkophagplatten aus Saint-Denis

7. Jahrhundert
Saint-Denis, städtische Ausgrabungen

a) Kopfplatte
Gipsguss – Platte mit punktiertem Doppelkreis, Zickzackband und eingezeichnetem Blattkreuz flankiert von zwei vertikalen Flechtbändern – H. 43 cm, B. 75 cm, T. 12 cm
Paris – Saint-Denis, Unité d'archéologie de la Ville de Saint-Denis, Inv.Nr. 15.4090.1

b) Fußplatte
Gipsguss – Platte mit punktiertem Kreis und eingeschriebenem Kreuz – H. 39 cm, B. 45 cm, T. 13 cm
Paris – Saint-Denis, Unité d'archéologie de la Ville de Saint-Denis, Inv.Nr. 15.2351

c) Kopfplatte
Gipsguss – Platte mit in Medaillon eingezeichnetem monogrammatischem Gemmenkreuz und geflochtenem Zickzackband – H. 53 cm, B. 78 cm, T. 11 cm
Paris – Saint-Denis, Unité d'archéologie de la Ville de Saint-Denis, Inv.Nr. 15.4101

d) Kopfplatte
Gipsguss – Platte mit radial unterteiltem Doppelkreis, mittlerem Fadenkreuz und vier angelegten Lappen – H. 54 cm, B. 68 cm, T. 12 cm
Paris – Saint-Denis, Unité d'archéologie de la Ville de Saint-Denis, Inv.Nr. 11.3222.1

e) Kopfplatte
Gipsguss – Platte mit leiterartigem Kreis und eingezeichnetem Fadenkreuz flankiert von zwei vertikalen Schnörkeln mit Radkreuz – H. 46 cm, B. 69 cm, T. 11 cm
Paris – Saint-Denis, Unité d'archéologie de la Ville de Saint-Denis, Inv.Nr. 11.3929.2

f) Kopfplatte

Gipsguss – Platte mit Doppelkreis, eingezeichneter Blütenrosette und vier angelegten Doppelkreisen – H. 47 cm, B. 66 cm, T. 10 cm
Paris – Saint-Denis, Unité d'archéologie de la Ville de Saint-Denis, Inv.Nr. 15.2446.2

Gips ist in Saint-Denis seit der Spätantike als Baustoff bekannt. Der Stein konnte vor Ort und im Tagebau gebrochen werden. Mit der Entwicklung der spätantiken Sarkophagbestattung spezialisierten sich die merowingischen Handwerker seit Beginn des 6. Jahrhunderts auf die Serienanfertigung von Gipssarkophagen. Dabei gossen sie die flüssige Gipsmasse in eine zweiteilige Holzform, welche sich nach dem Abbinden des Gipses wieder demontieren ließ und so eine beliebige Wiederverwendung der Form ermöglichte. Häufig wurde an den Kopf- und Fußenden ein in die Bretter eingekerbtes Ornament mitgegossen. Die Auswertung der 65 in der Nekropole Saint-Denis durch Abzüge nachgewiesenen Motive zeugt von einer qualitativ recht unterschiedlichen Produktion. Bildhauerisch raffiniert sind Platten, bei denen sich das Muster – vielleicht in Analogie zum Stil reliefierter Chorschranken – über verschieden tief abgearbeitete Flächen abhebt. Einfacher angelegt sind häufig wiederkehrende Kreis- und Blütenornamente. Die mit dem Zirkel aufgebauten Kompositionen sprechen für Schöpfungen der mehr der Volkskunst verhafteten Schreinerhandwerker. Bei der fast ausschließlich geometrischen Dekorgliederung entstanden vielfältige Kreuzmuster, die aber nicht zwingend als christlich gemeinte Zeichen zu deuten sind.

Michaël Wyss

| **Lit.:** Wyss 2004

126 Die Kirchenglocke „von Canino"

8. bis 9. oder 12. Jahrhundert
Aus der Umgebung von Canino (Viterbo)
Bronzeguss – H. 45,5 cm, Dm. 39,5 cm (unten)
Vatikanstadt, Musei Vaticani, Museo Pio Cristiano, Inv.Nr. 31412

Besondere Merkmale dieser kleinen Bronzeglocke sind ihre gewölbte Körperform, ihr geweiteter unterer Rand und die Krone mit dem Griff aus drei Henkeln, die nur noch zum Teil erhalten sind. Zwei dreieckige Löcher (*foramen*) unterhalb der Aufhängungsvorrichtung sollten den Angaben aus mittelalterlichen Quellen zufolge den Klang der Glocke verbessern.

Die metallene Oberfläche weist an vielen Stellen Korrosionsspuren auf, und es sind Unregelmäßigkeiten zu erkennen, die darauf hindeuten, dass die Glocke längere Zeit Hitze ausgesetzt war. Im oberen

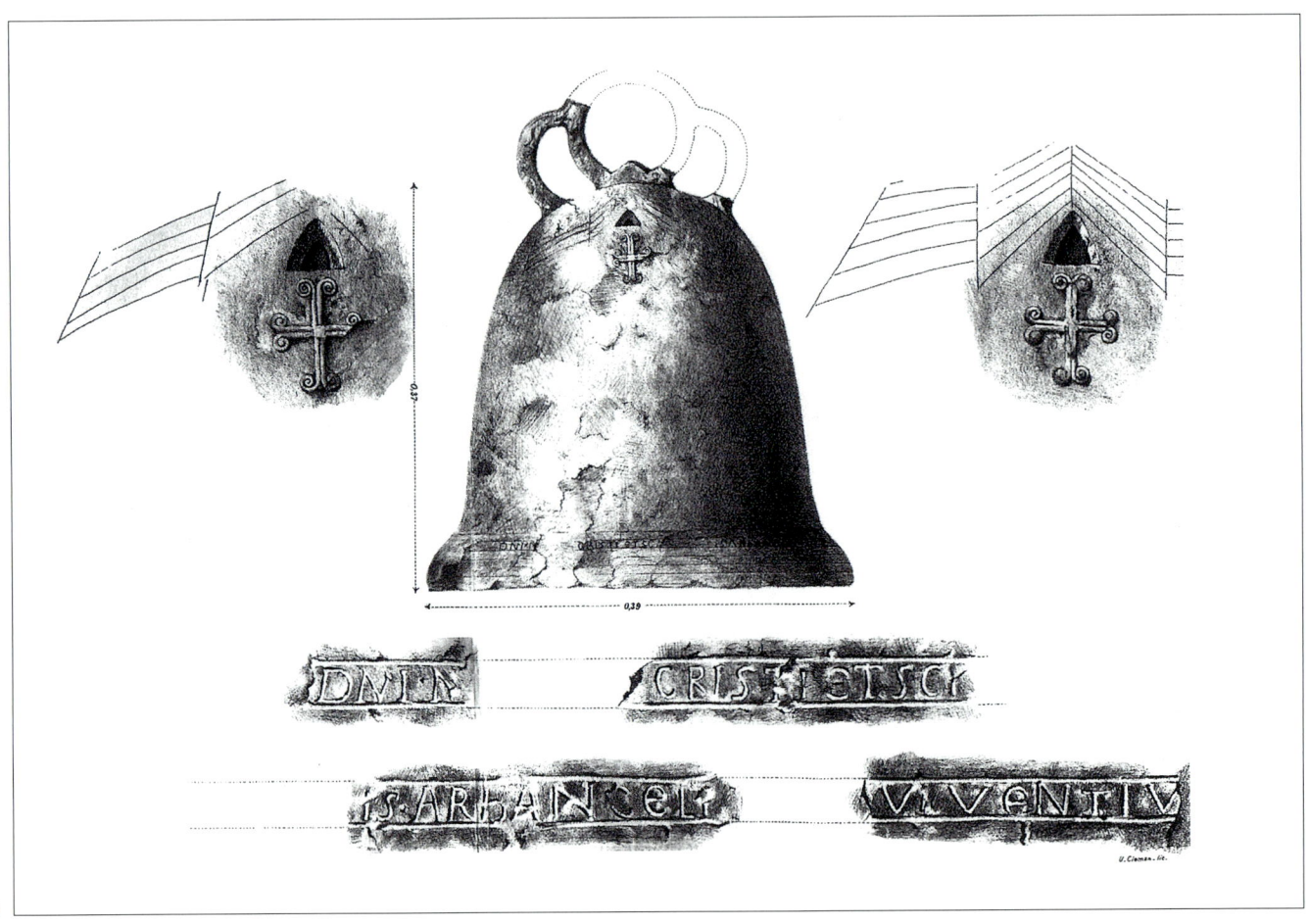

126

Bereich des Mantels sind parallel verlaufende Linien eingeritzt, mit denen die dreieckige Form der Löcher betont wird; direkt unter den Löchern heben sich zwei Kreuze im Relief ab, deren Arme in Voluten enden. Der untere Rand ist rundum mit Rillen in sechs Streifen gegliedert. In einem davon wurde folgende teilweise noch erhaltene Inschrift eingeritzt:
[IN HONOREM] D(OMI)NI N[OSTRI] [IESU] CRISTI ET S(AN)C(T)I [MIHAEL]IS ARHANGELI [OFFERT?] V[I]VENTIU[S - - -]
„Vivenzio spendet (die Glocke) zu Ehren unseres Herrn Jesus Christus und des Erzengels Michael [- - -]"
(Auslegung und Ergänzung von de Rossi 1887; im jetzigen Zustand sind alle Buchstaben zwischen dem „t" von „*Christi*" und dem „s" von „[*Mihael*]*is*" fast vollständig abgerieben oder ganz verloren).
Den von de Rossi vorgeschlagenen Ergänzungen, der die Inschrift als Widmung deutet, stehen heute mit den kürzlich von Piazza dargelegten Vermutungen plausible Deutungsalternativen gegenüber: [EGO] V[I]VENTIU[S FECI] („ich, Vivenzio, habe gefertigt").
Viventius, dessen Name auf eine lokale Herkunft deutet, wäre demnach der Glockengießer (*magister campanarum*), also der Schöpfer, der sein Werk signiert.
Die traditionelle Datierung der Glocke ins frühe Mittelalter (8. bis 9. Jahrhundert), die auf de Rossis paläographische, ikonographische und morphologische Untersuchungen zurückgeht, wurde kürzlich von Zagari und Piazza mit durchaus schlüssigen Argumenten angezweifelt. Ihnen zufolge würden erstaunliche Ähnlichkeiten mit anderen Glocken insbesondere aus dem nördlichen Mittelitalien auch eine zeitliche Einordnung um das 12. Jahrhundert zulassen. Da jedoch die einzelnen von ihnen identifizierten Ähnlichkeiten auf den Glocken jüngeren Datums den Anschein erwecken, als seien bei ihrer Herstellung bewusst altertümliche Merkmale nachgeahmt worden, und da bei keinem dieser Vergleichsexemplare gleichzeitig die morphologischen, dekorativen und epigraphischen Charakteristiken frühmittelalterlicher Herkunft nachzuweisen sind, scheint es vernünftig, die Frage der zeitlichen Zuordnung offenzulassen. Für die frühere Datierung sprechen allerdings auch einige Aspekte der noch wenig entwickelten Gießtechnik.

Der liturgische Einsatz der Glocken im Christentum und ihre Funktion, die Gläubigen zum Gottesdienst zu rufen, ist schon in Quellen ab dem 6. Jahrhundert bezeugt (*signum, campana*), insbesondere im Zusammenhang mit westlichen Klöstern. Innerhalb kurzer Zeit verbreitete sich diese Nutzung der Glocken, die dadurch zu einem der Symbole des westlichen Christentums wurden: Ihr religiöser Charakter festigte sich weiter durch ihren Einsatz bei spezifischen Segnungs- und Weiheritualen, bei denen die Heiligen um Schutz gebeten wurden. Dafür ist auch die auf der Glocke von Canino eingetiefte Inschrift ein gutes Beispiel. Bis zur Zeit der Karolinger scheint es noch keine eigens für die Glocken errichteten architektonischen Strukturen wie Glockentürme gegeben zu haben: Die wenigen aus den frühmittelalterlichen Jahrhunderten bekannten sind schlichte Bauten ohne monumentale Charakteristiken.

Im Fall der Glocke von Canino lassen sich keine genauen Angaben zu ihrem Hintergrund und Ursprung machen: Bekannt ist, dass sie bei Canino (Viterbo) gefunden wurde, möglicherweise in den Ruinen des Festungsorts Castellardo, von dort zunächst in die Sammlung des Antiquitätenhändlers Falcioni gelangte und 1897 schließlich vom Museo Pio Cristiano erworben wurde. Dass die Glocke Brandspuren, weitere Beschädigungen und Korrosionen aufweist, die auf ein langes Liegen in saurem Boden hinweisen, bestätigt einen Ausgrabungskontext. Das ist insofern ungewöhnlich, als Metall normalerweise wieder eingeschmolzen wurde. Deshalb erscheint hier eine Verbindung zur Geschichte der Zerstörung Castellardos durch die Bewohner Caninos (im 15./16. Jahrhundert) naheliegend: Bei diesem Ereignis wurde auch die Kirche von S. Valeriano erstürmt und zerstört sowie die Glocken entwendet. Alessandro Vella

| **Lit.:** DESE 102, S. 81 (Gaetano Moroni: Abschn. Canino); Rossi 1887a; Zagari 1994; Caliò 2000, S. 309f., Nr. 538; Piazza 2004; Neri 2006, S. 3–26

IV „… bis an die Grenzen der Erde" (Apg 1,8)
Ausbreitung des Christentums bei Iren und Angelsachsen

127 Die älteste Vita Papst Gregors des Großen

Anonymus von Whitby, 9. Jahrhundert
Pergament – H. 35 cm, B. ca. 17 cm; 199 Bll.
St. Gallen, Stiftsbibliothek, Sign. Ms. 567

Die älteste Lebensbeschreibung Papst Gregors des Großen (*540, †604) hat bezeichnenderweise ein anonymer Mönch aus dem northumbrischen Kloster Whitby (Streanæshealh) verfasst. Entweder 670/80 (Jones) oder 704/14 (Colgrave) entstanden, steht die nur in der St. Gallener Handschrift 567 überlieferte Vita am Anfang der englischen Biographie. Ihr eigentlicher Titel lautet „Liber B. Gregorii".

In dem römisch orientierten Kloster sollte die Vita vor allem der Förderung der Gregorverehrung dienen, weshalb sie den Papst als Heiligen zu präsentieren versucht. Die dafür nach Meinung mancher erforderlichen Wundertaten vermag der Autor allerdings kaum zu erzählen. Um dieses Manko auszugleichen, knüpft er – relativ selten und daher beachtlich für einen hagiographischen Text – an Betrachtungen von Gregor selbst an (c. 4). Heiligkeit sei nicht von Wundern abhängig, denn sie seien auch den Aposteln nicht als Verdienst angerechnet worden und könnten zum Hochmut verleiten. Wunder würden gewährt zur Zerstörung von heidnischen Götzenbildern und bisweilen zur Stärkung des schwachen Glaubens der Frommen, vor allem aber zur Unterstützung der Predigt der Missionare. Damit lenkt der Anonymus über zur Bedeutung Gregors für die Christianisierung der Angelsachsen, zu deren Nationalheiligen und Apostel er den Papst stilisieren möchte (c. 6). Entgegen der historischen Wirklichkeit sei diese allein Gregor zu verdanken. Dazu erzählt er die hübsch ausgedachte Geschichte, Gregor sei noch vor seinem Pontifikat auf dem römischen Sklavenmarkt anglischen Jünglingen begegnet. Ihren Volksnamen *anguli* habe er als *angeli* verstanden und den Namen ihres Königs *Aelli* von Deira (*559/60, †588/90) als *Allelluia* und daraufhin beschlossen, selbst die Angelsachsen zu missionieren (c. 9, hier abgebildet). Das aber sei ihm nicht gewährt worden. Deshalb habe Gregor später als Papst für die Angelsachsenmission gesorgt (c. 10–19).

Die Vita ist ein bedeutender Beleg für die römische Orientierung der entstehenden angelsächsischen Kirche und für den dortigen Nachruhm Gregors.

Lutz E. von Padberg

| Lit.: Jones 1947; Colgrave 1968; Limone 1978; Berschin 1988, S. 258–266; von Padberg 2003b, S. 268f.; Dailey 2010, S. 195–207

127
pag. 85

128 „Historia ecclesiastica" (sog. Petersburger Beda)

Beda Venerabilis (†735), Northumbrien, Wearmouth-Jarrow, zwischen 731 und 750 (746?)
Tinte und Pigmente auf Pergament – H. 27 cm, B. 19 cm; 162 Bll.
St. Petersburg, National Library of Russia, Sign. Cod. O.v.I.18

Diese Handschrift gilt als das älteste erhaltene Exemplar des Meisterwerks von Beda Venerabilis, dem Mönchspriester, der als Kind in das Doppelkloster Wearmouth-Jarrow eintrat und zum größten Gelehrten seiner Zeit heranwuchs. Bedas „Historia ecclesiastica gentis Anglorum" („Kirchengeschichte des englischen Volkes"), die im Jahre 731 vollendet wurde, war die erste Siedlungsgeschichte der später zum Christentum übergetretenen Germanen im nachrömischen Britannien. Das Werk war König Ceolwulf von Northumbrien gewidmet, der nach seiner Abdankung im Kloster Lindisfarne lebte. Beda fasste es in der Tradition der Kirchengeschichte des Eusebius ab, in der die Anfänge des Christentums und die Geschichte der frühen Kirche erzählt werden. Er erläutert auch erstmals die Begriffe der nationalen Identität und des christlichen Staates für eine Leserschaft in vielen verschiedenen Völkern und Königreichen.

In der älteren Forschung gab es Ansätze, die Handschrift Schreibern zuzuordnen, die von den Britischen Inseln stammten und in Kontinentaleuropa wirkten. Heute gilt jedoch nach allgemeiner Auffassung das Skriptorium von Bedas Heimatkloster als Entstehungsort der Petersburger Handschrift (die früher als „Leningrader Beda" bezeichnet wurde). In den 740er-Jahren entwickelte Wearmouth-Jarrow eine elegante, gut lesbare Variante der kursiven insularen Minuskelschrift. In

128
fol. 26v

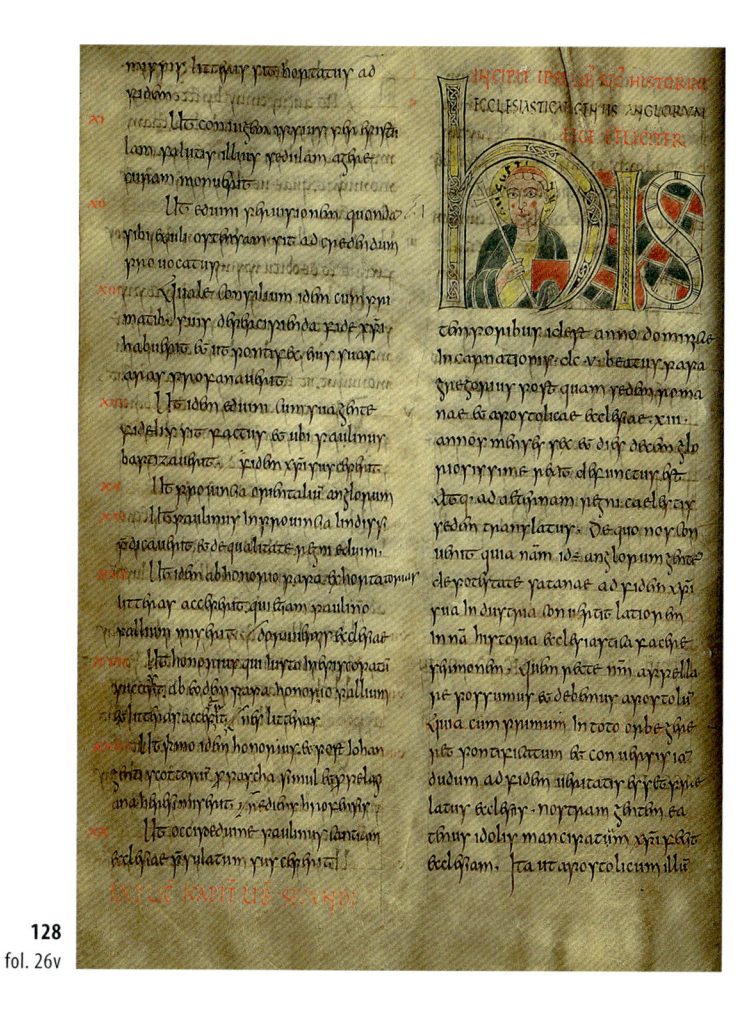

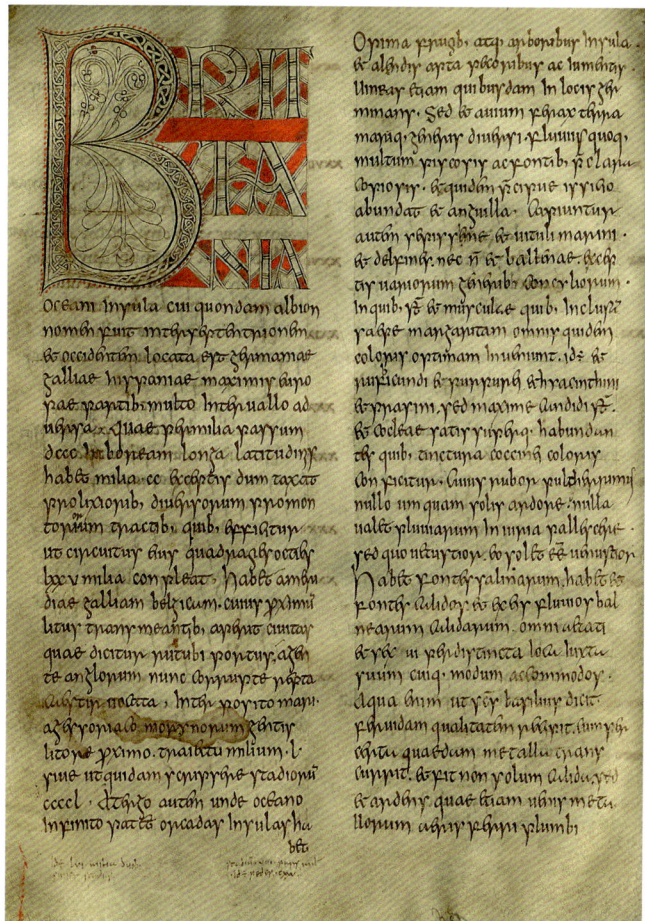

128
fol. 107r

dieser Schrift wurden Bedas Werke – in denen er sich zum besseren Verständnis der Ratschlüsse Gottes mit Bibelexegese, Wissenschaft und Geschichte befasste – abgeschrieben, um der Nachfrage aus dem In- und Ausland nachzukommen. Erhalten sind drei in Wearmouth-Jarrow entstandene Abschriften der „Historia ecclesiastica": der Codex Moore (Cambridge University Library, MS Kk.5.16), die Petersburger Beda und die Handschrift Tiberius A.xiv in der Sammlung Cotton der British Library. Der Codex Moore wurde eher zügig mit einer einzigen Textspalte pro Seite geschrieben, die anderen beiden hingegen in einer eleganten spitzen Minuskelschrift. Zäsuren im Text werden durch Initiale und Schauschrift gegliedert, deren cloisonné-artige Farbfelder an die bunten Glasfenster von Wearmouth-Jarrow erinnern, die Beda zufolge von aus Gallien eingewanderten Glasern hergestellt worden waren. Eine der größeren Initialen (2. Buch, fol. 26v) zählt zu den ältesten historisierten Initialen in der mittelalterlichen Kunst und zeigt eine tonsurierte Figur, die entweder Papst Gregor den Großen oder (einer von späterer Hand hinzugefügten Zuordnung zufolge) den von Gregor als Missionar zu den Angeln entsandten heiligen Augustinus darstellt. Eine weitere Initiale, nämlich das „B" am Anfang des ersten Buchs (fol. 3v), enthält ein Rebenornament als Symbol der Eucharistie. Textdetails des Codex Moore sowie die schlichte einspaltige Gestaltung deuten darauf hin, dass dies die älteste (in den 730er-Jahren entstandene) erhaltene Handschrift ist. Die aufwendigere, zweispaltige Gestaltung und die ornamentierten Initialen der Petersburger Beda und der Handschrift aus der Sammlung Cotton deuten eher auf später entstandene Prunkausgaben hin. Chronologische Glossen und Anmerkungen, die im 9. Jahrhundert an den Rändern von Bll. 160–160v (in Bedas „Recapitulatio" im Kapitel 10 des 5. Buches) der Petersburger Handschrift eingefügt wurden, lassen auf eine Entstehung der Handschrift im Jahre 746 schließen. Sowohl diese Glossen als auch ähnliche Anmerkungen im Codex Moore wurden angezweifelt, jedoch legt eine stilistische Analyse für beide Handschriften ein Entstehungsdatum bis spätestens 20 Jahre nach Fertigstellung von Bedas „Historia ecclesiastica" (731) nahe. Die Petersburger Handschrift enthält eines der beiden ältesten erhaltenen Beispiele der „m"-Texte der lateinischen „Historia ecclesiastica" (Colgrave/Mynors 1969, xliv). Lowes Versuch, Beda als einen der Schreiber (Schreiber D) zu identifizieren, wurde unter Hinweis auf textliche Fehler, die mit der Mitwirkung des Autors unvereinbar sind, entkräftet. Das Kolophon (fol. 161) *Beda famulus Xri indignus* wurde wahrscheinlich aus der für die Petersburger Handschrift und den Codex Moore verwendeten Vorlage (die „m"-Version) übernommen, die zwar als fehlerhaft gilt, jedoch nicht allzu weit von Bedas Autograph entfernt gewesen sein dürfte. Die Handschrift der Sammlung Cotton wurde Michael Lapidge zufolge von einer früheren Fassung der „Historia" abgeschrieben. Beda habe zunächst diese Version an Albinus geschickt und danach die Änderungen vorgenommen, aus denen der „m"-Text hervorging.

Der braune Ledereinband der Handschrift stammt aus dem 17. Jahrhundert und zeigt punziert Wappen und Monogramm des Achille de Harlay, Comte de Beaumont. Das Buch könnte 1716 in den Besitz des Klosters St. Germain des Prés gekommen sein, wo auch die Petersburger Evangelienhandschrift aufbewahrt wurde. Ende des 18. Jahrhunderts waren beide Handschriften im Besitz des russischen Diplomaten Pierre Dubrovsky, der ab 1780 in der russischen Botschaft in Frankreich tätig war und seine wichtige Büchersammlung 1805 der Kaiserlich-Russischen Bibliothek übergab (Bll. 1 und 161: „Ex Musaeo Petri Dubrowsky"). Michelle P. Brown

| Quelle: Beda, Storia degli Inglesi (Michael Lapidge)

| Lit.: Arngart 1952; Colgrave/Mynors 1969, S. XLIV; Lowe 1934–1971, Ergänzungsband Nr. 1621; Alexander 1978, Nr. 19; Parkes 1982, S. 5–12; Bakhtine/Dobiaš-Roždestvenskaja 1991, Nr. 20; Kilpiö/Kahlas-Tarkka 2001; Brown 2009, S. 120–129; DeGregorio 2010

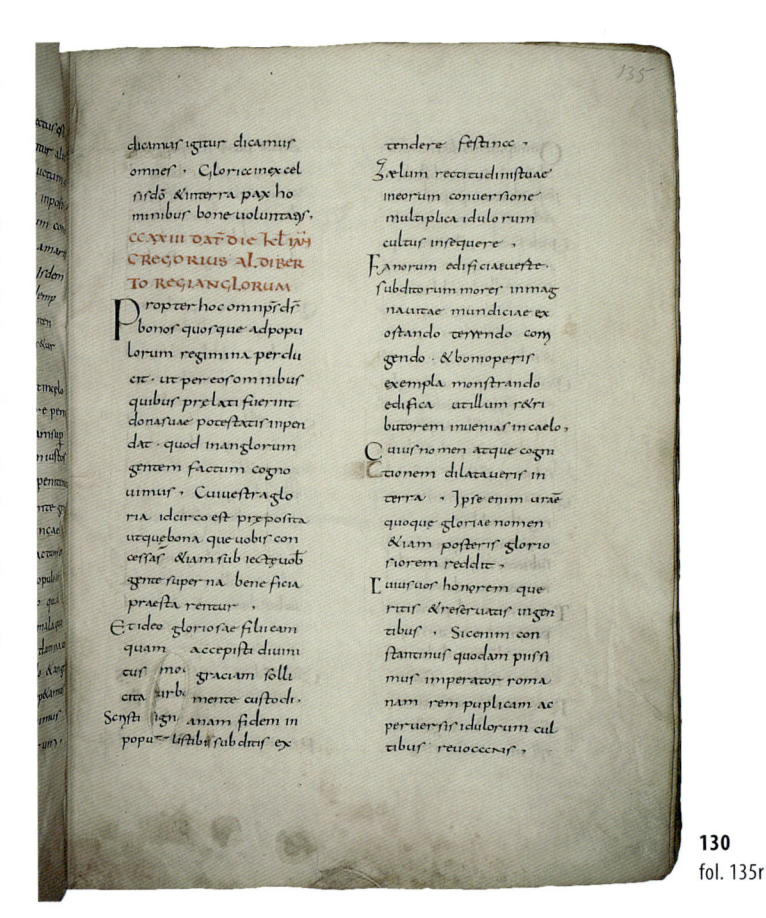

129 Liudhard-Medaille

Angelsächsisch, um 600
Friedhof der St.-Martins-Kirche, Canterbury, England
Gold – H. 2,2 cm, B. 1,65 cm; 1,57 g
Liverpool, The Board of Trustees of National Museums Liverpool, World Museum, Inv.Nr. M7018

Goldener Anhänger oder Gedenkmünze. Der Avers zeigt die Büste einer männlichen Figur im Profil von rechts. Die von rechts nach links verlaufende Inschrift lautet: LEVARDVS EPS. Auf dem Revers ist ein Erzbischofskreuz abgebildet, von dessen oberem Querbalken zwei Anhänger herabhängen. Über dem Kreuz erscheinen die Buchstaben AA, rechts und links davon NINΛ und darunter VΛV.

Die gängige Interpretation der Inschrift auf dem Avers ist „Leudardus Episcopus", womit der Dargestellte als Bischof Liudhard identifiziert wird. Dieser kam im Gefolge der fränkischen Prinzessin Bertha nach England, als sie dort Æthelbert, den Herrscher des Königreichs Kent im Südosten Englands, ehelichte, und spielte als erster Bischof des angelsächsischen Englands bei der Rückkehr des Christentums nach England eine entscheidende Rolle. Das Kreuz auf der Rückseite der Medaille könnte Werner zufolge eine Anspielung auf das Heilige Kreuz sein, an dem Jesus den Opfertod starb. Das Medaillon war vermutlich ein Geschenk an einen englischen Konvertiten.

Es gehört zu dem sogenannten Sankt-Martins-Schatz mit mehreren Münzanhängern und Schmuckstücken, die zwischen 580 und 590 als Grabbeigaben im Bereich des heutigen Friedhofs der Martinskirche in Canterbury niedergelegt wurden. Nach ihrer Entdeckung Mitte des 19. Jahrhunderts erwarb der Antiquar William Henry Rolfe die Fundobjekte. 1857 verkaufte er seine gesamte Antikensammlung an Joseph Mayer, einen Goldschmied und Juwelier aus Liverpool, der seine umfassenden Sammlungen 1867 der Stadt Liverpool stiftete. Georgina Muskett

| Lit.: Smith 1845, S. 187–191, Taf. VIII; Grierson 1953; Hawkes/Merrick/Metcalf 1966, S. 98–138; Grierson 1979, S. 5; Werner 1991

130 Gregor der Große, Briefe (Collectio C und P)

Köln, frühes 9. Jahrhundert
Pergament – Initialen in Tinte und Minium – Einband Pergament mit Streicheisenlinien über Pappe (Mitte 18. Jahrhundert) – H. 35 cm, B. 25 cm; 180 Bll.
Köln, Erzbischöfliche Diözesan- und Dombibliothek Köln, Sign. Cod. 92

130 fol. 135r

IV „... BIS AN DIE GRENZEN DER ERDE". AUSBREITUNG DES CHRISTENTUMS BEI IREN UND ANGELSACHSEN

Papst Gregor der Große (*540, †604) wird gerne als „der letzte Römer" bezeichnet: An der Wende von der Spätantike zum Frühmittelalter förderte er die endgültige Abkehr des Westens von Byzanz und eine Neuausrichtung Roms auf das erstarkte Frankenreich hin. Theologisch orientierte er sich an der noch jungen christlich-lateinischen Kultur, übernahm aber vom antiken Gedankengut all das, was dem Glauben nützte. Neben einer Neuorganisation der Kirchenverwaltung lag ihm besonders die Missionierung am Herzen. So schickte er im Jahre 596 den römischen Mönch Augustinus – später Erzbischof von Canterbury – mit etwa vierzig Gefährten zu den Angelsachsen. Diese germanischen Stämme waren im 5. Jahrhundert in England eingefallen und hatten die christliche britische Bevölkerung weitgehend verdrängt. Gregors Mönche missionierten zunächst im Herrschaftsbereich des Æthelbert von Kent (†616), also im Süden Englands. In zahlreichen Briefen an Augustinus legte Gregor die Organisationsstruktur der angelsächsischen Kirche fest. König Æthelbert ermahnte er, gegen den Götzendienst vorzugehen und seinen Untertanen ein Vorbild christlichen Lebens zu sein. Dies werde ihm ewigen Lohn bringen und auch schon auf Erden seinen Ruhm mehren.

Von einigen tausend Briefen Gregors sind noch 847 erhalten. Ein im Lateranpalast angelegtes Register mit Kopien ist seit dem 9. Jahrhundert verschollen, doch wurden schon früh verschiedene Teilsammlungen angelegt. Die in der gezeigten Handschrift enthaltene Collectio P umfasst hauptsächlich Briefe, die die angelsächsische Mission betreffen. Collectio C ist in Köln entstanden und mit 200 Briefen die umfangreichste Sammlung. Beide Sammlungen liegen hier in ihrer ältesten erhaltenen Abschrift vor, deren Zusammenstellung wohl Erzbischof Hildebald von Köln (†818) veranlasst hat.

Harald Horst

| **Quelle:** Gregorius Magnus, Registrum Epistularum
| **Lit.:** Kat. Köln 1998, Nr. 11 (Anton von Euw); Mayr-Harting 2007, S. 90–96; Hartmann 2008, S. 39f.; Mayr-Harting 2012, S. 26–28.

131 Kirchenrechtliche Sammelhandschrift

Burgund (?), Ende 8. Jahrhundert
Pergament – Initialen in Federzeichnung, Buchstabenkörper gefüllt mit Minium, Gelb, Grün und Schwarz – Einband Pergament mit Streicheisenlinien über Pappe (Mitte 18. Jahrhundert) – H. 25 cm, B. 15,5 cm; 112 Bll.
Köln, Erzbischöfliche Diözesan- und Dombibliothek Köln, Sign. Cod. 91

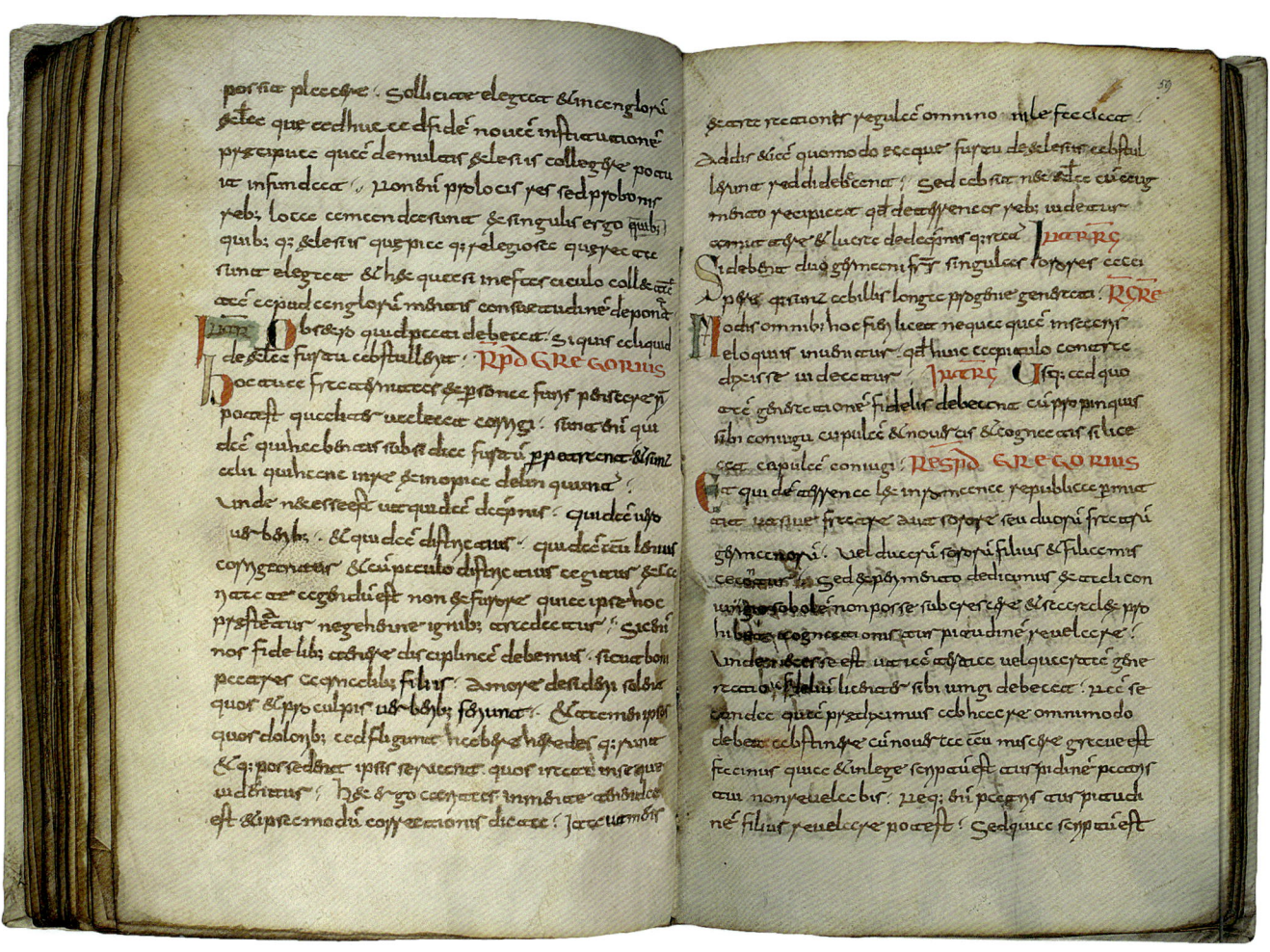

Für die Missionierung der Angelsachsen im Süden Englands gab Papst Gregor der Große (†604) seinen Missionaren unter der Leitung des Augustinus von Canterbury genaue Anweisungen zur Organisation der Kirche (Kat.Nr. 132). Der sogenannte „Libellus responsionum" stellt ein Antwortschreiben Gregors aus der Zeit um 601 auf Briefe des Augustinus dar, die dieser bereits 598 nach Rom geschickt hatte. Das Büchlein gibt Antworten auf neun Fragenkomplexe organisatorischer wie auch moralischer Art. Gegenüber den oft kleinlichen Bedenken Augustins empfiehlt Gregor eine geschmeidige Anpassung an die Denkweisen der Heiden. Im Vordergrund steht die seelsorgerliche Rücksichtnahme auf die frisch Bekehrten, denen man nicht sofort alle Gewohnheiten wegnehmen solle. So empfiehlt Gregor, die Tempel in Kirchen umzuwandeln und heidnische Feiern durch Heiligenfeste zu ersetzen. Selbst die Messordnung solle nach dem, was jeweils fromm und nützlich sei, angepasst werden. In moralischen Fragen ist der Libellus weltoffen und weit entfernt von einer wörtlichen Befolgung meist alttestamentlicher Vorschriften, wie sie in der fränkischen Kirche bestimmend wurden. Ob Papst Gregor wirklich der Verfasser des Buches ist, wird immer wieder diskutiert, doch entspricht der Inhalt seiner aus anderen Schriften bekannten Denkstruktur.

Die in der vorliegenden Handschrift enthaltenen Bußbücher widersprechen zum Teil einer solchen Geisteshaltung. Entstanden sind sie aus dem Bedürfnis, in frisch missionierten Gebieten kirchenrechtliche Vorschriften in die pastorale Praxis umzusetzen. Sie sind daher oft zusammen mit Rechtssammlungen überliefert, hier mit einem der ältesten Zeugen der wohl in Lyon entstandenen „Collectio Vetus Gallica" aus dem 7. Jahrhundert. Bußbücher tragen häufig den Namen einer bedeutenden kirchlichen Autorität, wie hier des Theodor von Canterbury (†690) oder des irischen Abtes Cummean (†661), sind diesen jedoch nicht unbedingt zuzurechnen. Als kirchliche Normen wurden sie nie autorisiert, anonym überlieferte Sammlungen wegen ihrer Fehler sogar verboten. Doch das kirchliche Bußverfahren hatte sich gewandelt: Anstelle einer öffentlichen, nur einmal möglichen Buße von schweren Verfehlungen war das geheime, beliebig häufige Schuldbekenntnis üblich geworden. Die Bußbücher boten den Priestern Orientierung bei der Zumessung der individuellen Bußleistung und setzten sich daher seit dem 9. Jahrhundert endgültig durch.

Harald Horst

| Lit.: Meyvaert 1959; Mordek 1975, bes. S. 279f.; Vogel 1978; Mayr-Harting 1991, bes. S. 51–68; Kat. Köln 1998, Nr. 20 (Anton von Euw); Meens 2007

132 Gregorius Magnus, „Regula pastoralis"

Rom, um 600

Pergament – H. 28,8 cm, B. 23 cm (Textbereich: H. 20,8 cm, B. 15,5 cm); i+156+ii BII.

Troyes, Médiathèque du Grand Troyes (Troyes-France), Sign. 504

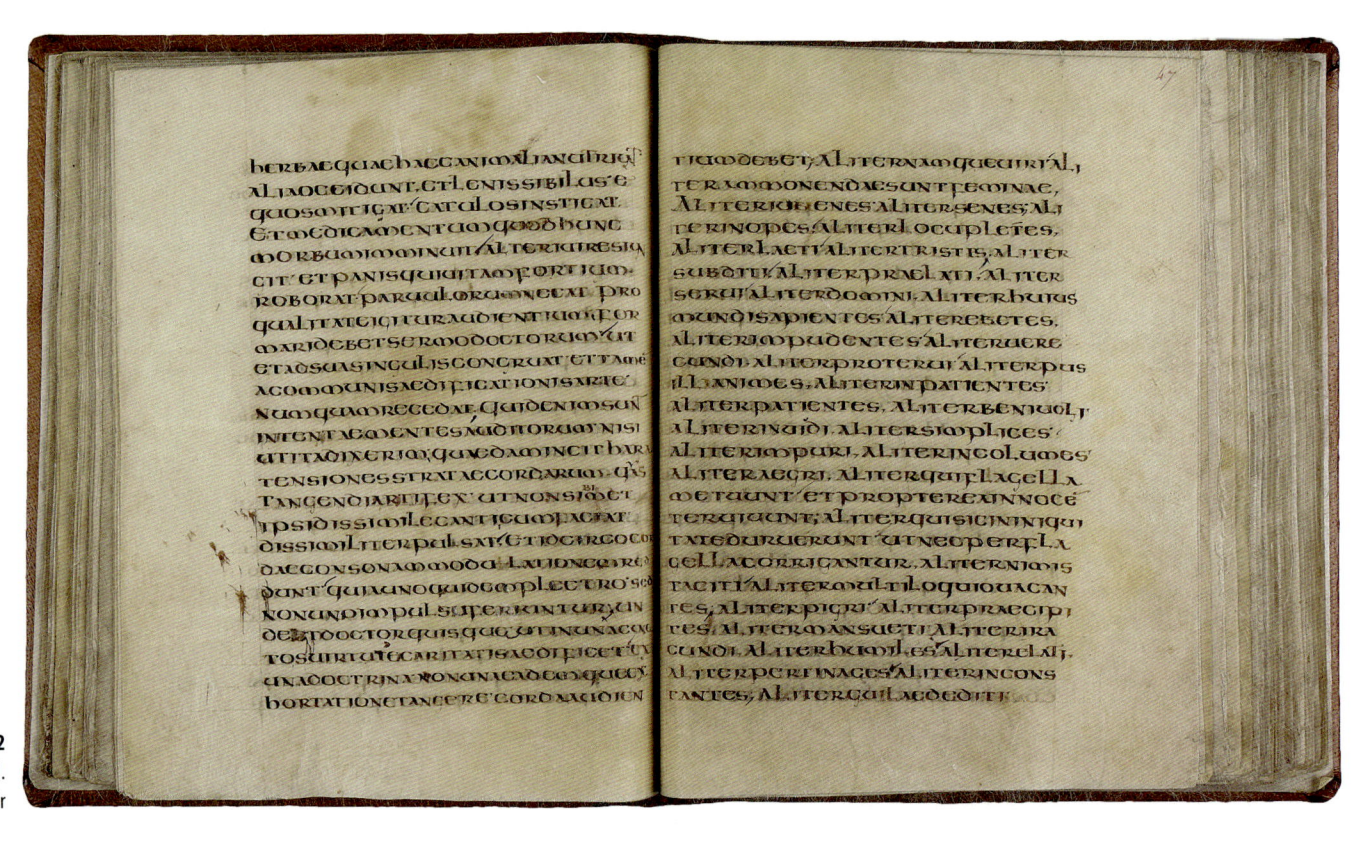

Bei der gleich zu Beginn seines Pontifikats (3. September 590) konzipierten „Regula pastoralis" Gregors des Großen handelt es sich um praxisorientierte Richtlinien für Bischöfe, bestehend aus vier Bänden unterschiedlichen Umfangs. Das erste Buch behandelt die Aufgaben und Anforderungen des geistlichen Amtes, das zweite befasst sich mit den Charaktereigenschaften des Geistlichen, das dritte (bei Weitem längste) gibt Ratschläge, wie die Lehrweise an unterschiedliche Kategorien von Gläubigen (etwa 40 werden genannt) anzupassen ist, während das vierte den Bischof daran erinnert, sich seiner eigenen Schwäche und der Notwendigkeit persönlicher Erneuerung bewusst zu sein.

Bei der vorliegenden Handschrift ist der Text in von breiten Rändern umfasster, eleganter Unzialschrift herrlich dargeboten, wobei die erste Zeile eines jeden Kapitels in Rot geschrieben wurde. Diese Handschrift ist von ganz besonderer Bedeutung, denn zahlreiche sehr frühe Ergänzungen und Korrekturen – von Änderungen der Schreibweise über die Erweiterung von Zitaten und die Ersetzung altlateinischer Bibeltexte durch deren Vulgata-Fassung bis hin zu stilistischen und sogar inhaltlichen Verfeinerungen – legen den Schluss nahe, dass sie im engsten Kreis Papst Gregors angefertigt und revidiert wurde.

Gregor beklagte, dass er gezwungen war, das besinnliche Klosterleben aufzugeben, um die Bürde des päpstlichen Amtes auf sich zu nehmen, und seine „Regula pastoralis" ist in mancherlei Beziehung ein episkopales Gegenstück zu der „Regula" für Mönche des Benedikt von Nursia, dessen Leben und Werk der große Papst in Band II seiner „Dialogi" würdigt. Offensichtlich fand die „Regula pastoralis" in kürzester Zeit weite Verbreitung: Noch zu Lebzeiten Gregors erreichte der Text Gallien, Spanien und England und nicht weniger als 17 Abschriften aus der Zeit vor 800 sind bis heute erhalten (insgesamt sind es über 500 Handschriften). Vor 602 war er bereits ins Griechische übersetzt worden, eine englische Fassung entstand unter König Alfred dem Großen (†899).

Die gereimte Schlussstrophe zur Alfred'schen Übersetzung gibt an, der Text sei durch Augustinus von Canterbury nach England gebracht worden, den Prior des von Gregor errichteten Andreasklosters in Rom, den der Papst im Jahr 596 aussandte, um die Angelsachsen zu bekehren. Es ist durchaus plausibel, dass der zukünftige Bischof der Engländer mit den vom Papst selbst verfassten Verhaltensregeln zum geistlichen Amt ausgestattet war; und die Tatsache, dass es sich bei einer der in England verfügbaren Fassungen des Textes um eine frühe Überarbeitung handelt (die den Änderungen in Troyes 504 vorausgegangen war), lässt sich durchaus damit vereinbaren, dass Augustinus bei seiner Abreise aus Rom im Jahr 596 ein Exemplar im Gepäck hatte. Die Angelsachsen wiederum spielten eine Rolle beim Bekanntmachen und Verbreiten des Werkes. Bedas „Historia ecclesiastica" (731), ebenfalls ein „Lehrbuch" zur Bekehrung, enthielt eine genaue Inhaltsangabe, der angelsächsische Missionar Bonifatius (†754) nutzte Gregors „Regula" als Richtschnur für seine Aufgabe als Prediger (siehe seine Epistel 78) und im Jahr 796 empfahl sie Alkuin von York, der sich zu dieser Zeit in Tours aufhielt, Bischof Arno von Salzburg als Anregung für die Belehrung der Awaren (Alkuin'sche Epistel 113). Richard Gameson

| **Quelle:** Codex Trecensis
| **Lit.:** Petrucci 1972; Clement 1985; Judic/Rommel/Morel 1992

133 Codex Aureus von Canterbury

Ostkent, Mitte 8. Jahrhundert
Pergament – H. 38–39,5 cm, B. 31–32 cm (Textbereich: H. 23,5 cm, B. 24 cm); 193 Bll.
Stockholm, National Library of Sweden, Sign. A.135

Der Codex Aureus von Canterbury ist eines der größten und opulentesten Evangeliare aller Zeiten; kodikologische Struktur und Seitengestaltung sind einzigartig. In allen vier Evangelien wechseln sich purpurne und weiße Blätter ab, was Lagen von sieben anstelle der üblichen acht Blatt voraussetzt; Blatt 4 steht dabei als Einzelseite in der Mitte. Der Text wurde in *scriptura continua* (ohne Zwischenräume zwischen den Wörtern) in schwarzer und hellroter Tinte auf die weißen, in Gold und Silber auf die purpurnen Blätter geschrieben; die kontrastierenden Farben wurden eingesetzt, um innerhalb des massiven Textblocks Muster zu erzeugen. Die Evangelienanfänge sind vergleichsweise dezent gestaltet, wird doch der gesamte Text durch Mehrfarbigkeit, Muster und Materialwahl von einem einfachen Schriftstück in den Rang einer prachtvoll-symbolischen Darstellung erhoben. Die am kunstvollsten ausgearbeitete Bibelstelle ist Matthäus 1,18 (*Christi autem generatio sic erat* […]: „Mit der Geburt Jesu Christi war es so: […]", fol. 11r), der eigentliche Beginn der Erzählung bei Matthäus und die erste Erwähnung Christi. Dieser Vers wird in größeren, reich verzierten goldenen Lettern präsentiert, wobei der heilige Name noch prunkvoller, größer und mit Spiralen, Flechtwerk und Tierornamenten geschmückt daherkommt.

Schrift, Dekoration und bekannte Inspirationsquellen bringen das Werk mit Ostkent in Verbindung, allerdings ist ungewiss, ob es in der Kathedrale von Canterbury, in der Abtei Sankt Augustinus oder (unwahrscheinlicher) im nahe gelegenen Minster-in-Thanet entstand.

Als Vorlage für die Evangelistenporträts, von denen nur Matthäus und Johannes erhalten sind, dienten mit an Sicherheit grenzender Wahrscheinlichkeit die sogenannten Evangelien des heiligen Augustinus von Canterbury, ein italienisches Evangeliar aus dem 6. Jahrhundert, das bereits früh nach England gelangte, möglicherweise durch Augustinus selbst. Als Inspirationsquelle für die gemusterten Textseiten – und eventuell auch für die Verwendung purpurnen Pergaments und goldener und silberner Tinte – dienten die „Carmina figurata" (Figurengedichte) des Publilius Optatianus Porfyrius, dessen Schaffensperiode zwischen 300 und 330 lag; es ist erwiesen, dass sich eine Abschrift davon im Besitz Cuthberts befand, der von 740 bis 760 Erzbischof von Canterbury war. Die Verwendung von Bildvorlagen aus einem Evangeliar, das wahrscheinlich mit der gregorianischen Missionierung Kents in Verbindung stand, und der Widerhall der Werke des Hofdichters Kaiser Konstantins des Großen (†337) – der als Förderer des Christentums gerühmt wurde – in der Konzeption des Textes verliehen dieser prächtigen Handschrift zusätzlich symbolische Resonanz. Daher kann es durchaus sein, dass die Vorlage für den Text (der ausgeprägt altlateinische Züge

et persequti uos fue
rint et dixerint o(mn)e ma
lum aduersum uos men
tientes propter me
gaudete et exultate
q(uonia)m merces uestra
copiosa est in celis
sic enim persequti
sunt et prophetas qui
fuerunt ante uos
Uos estis sal terrae
q(uo)d si sal euanuerit
in quo salietur ad ni
hilum ualet ultra nisi
ut mittatur foras et
conculcetur ab homi
nib(us) Uos estis lux huius
mundi non potest ciui
tas abscondi supra mon
te posita neq(ue) accendu(n)t
lucernam et ponunt ea(m)
sub modio sed supra
candelabrum ut luceat
omnib(us) qui in domo su(n)t
sic luceat lux uestra
cora(m) hominib(us)

ut uideant opera
uestra bona et glo
rificent p(at)rem ue(st)r(u)m
qui in celis est
Nolite putare q(uonia)m
ueni soluere lege(m)
aut prophetas no(n)
ueni soluere sed
adimplere Amen
quippe dico uobis
donec transeat ce
lu(m) et terra iota unu(m)
aut unus apex non
praeteribit a lege
donec omnia fiant
Qui ergo soluerit
unu(m) ex mandatis is
tis minimis et docu
erit sic homines mi
nimus uocabitur
in regno celoru(m) qui
aute(m) fecerit et doc
uerit hic magnus
uocabitur in regno
celoru(m) dico e(nim) ute
uobis q(uia) nisi

MT

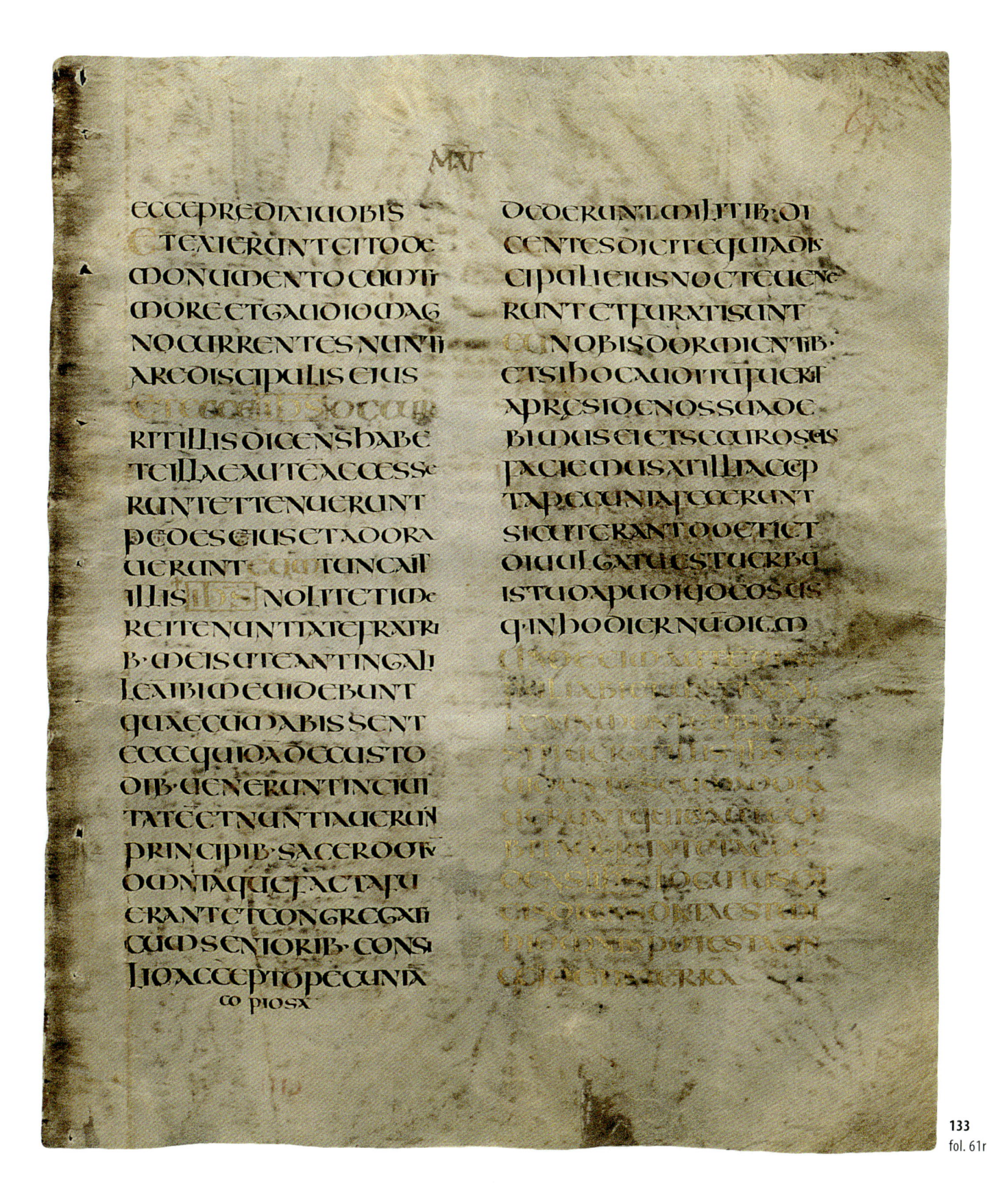

ECCEPREDIXIUOBIS
ETEXIERUNTCITODE
MONUMENTOCUMTI
MORE ETGAUDIOMAG
NOCURRENTES NUNTI
ARE DISCIPULIS EIUS
ET ECCE IHS OCCU
RIT ILLIS DICENS HABE
TE ILLAE AUTEM ACCESSE
RUNT ET TENUERUNT
PEDES EIUS ET ADORA
UERUNT EUM TUNC AIT
ILLIS IHS NOLITE TIME
RE ITE NUNTIATE FRATRI
B· MEIS UT EANT IN GALI
LEAM IBI ME UIDEBUNT
QUAE CUM ABISSENT
ECCE QUIDAM DE CUSTO
DIB· UENERUNT IN CIUI
TATEM ET NUNTIAUERUN
PRINCIPIB· SACERDOTU
OMNIA QUAE FACTA FU
ERANT ET CONGREGATI
CUM SENIORIB· CONSI
LIO ACCEPTO PECUNIA
COPIOSA

DEDERUNT MILITIB· DI
CENTES DICITE QUIA DIS
CIPULI EIUS NOCTE UENE
RUNT ET FURATI SUNT
EUM NOBIS DORMIENTIB·
ET SI HOC AUDITUM FUERI
A PRESIDE NOS SUADE
BIMUS EI ET SECUROS
FACIEMUS XI ILLI ACCEP
TA PECUNIA FECERUNT
SICUT ERANT DOCTI ET
DIUULGATUM EST UERBU
ISTUD APUD IUDAEOS US
Q IN HODIERNUM DIEM

trägt) ebenfalls wegen der ihr beigemessenen Ehrwürdigkeit ausgewählt wurde.

Im dritten Viertel des 9. Jahrhunderts wurde das Buch von den Wikingern erbeutet und durch Ælfred, Ealdorman von Surrey, „mit purem Gold" zurückgekauft, wie eine auf dem reich verzierten fol. 11r eingefügte Inschrift bezeugt. Der Vorfall wirft ein deutliches Licht auf die gegensätzlichen Wertvorstellungen der Christen und der nordischen Heiden: Für die plündernden Wikinger war dieses Buch (das damals sicherlich von einem kostbaren Einband umschlossen war) ein Stück Beute; für die christlichen Angelsachsen war der symbolische Schatz der heiligen Evangelien mehr als reines Gold wert. Ælfred und seine Frau Werburg brachten das wiedergewonnene Buch (zurück) zur Kathedrale von Canterbury und erbaten, dass es einmal monatlich im Gedenken an sie und ihre Tochter verwendet werden solle, „solange es Gott gefällt, das Christentum an diesem Ort bestehen zu lassen". Diese Form der Vorsorge für das Leben nach dem Tode unterscheidet sich grundlegend von den Kämpfen und Gelagen in Walhall, mit denen sich ein Wikinger idealerweise die Zeit bis zum Weltende und zu den Ragnarök vertrieb.　　　　　　　　　　　　　　　　　　Richard Gameson

| Quelle: Codex Aureus

| Lit.: Lowe 1972, Bd. 2, Bd. XI, Nr. 1642; Gameson 1999, bes. S. 336–346; Gameson 2001/02

134 fol. 41r

134 „Acta Apostolorum" („Apostelgeschichte")

Kent, Minster-in-Thanet, 2. Hälfte 8. Jahrhundert

Pergament – H. 22,8 cm, B. 17,4 cm (Textbereich: H. 17,4 cm, B. 12,4 cm); iv+54+iv Bll.

Oxford, Bodleian Libraries, University of Oxford, Sign. Selden Supra 30

Diese Abschrift der „Apostelgeschichte" spiegelt wider, wie viel die Frühkirche in Kent der Mission aus Rom und den Beziehungen nach Italien zu verdanken hatte. Sie ist mit dem Codex Amiatinus vergleichbar und ihr in Unzialschrift verfasster Text stammt zweifellos von einem italienischen Vorbild. Die Handschrift wurde von zwei Schreibern oder Schreiberinnen angefertigt, die – wie die Kodikologie vermuten lässt – nicht allein für das Schreiben, sondern außerdem für das Stechen und Linieren zuständig waren; darüber hinaus arbeiteten sie simultan. Die Handschrift der ersten Person (eleganter als die der zweiten) entspricht unverkennbar dem Kent'schen Typus. Auf der ursprünglich leeren Seite 70 wurden Gebete mit weiblichen Flexionsformen (indignam famulam tuam – „deine unwürdige Dienerin") zwar in Unzialen, jedoch in deutlich grobschlächtigerer Handschrift hinzugefügt und auf Seite 47 findet sich der mit dem Griffel eingetiefte Name „Eadb."; dies lässt vermuten, dass das Buch in Minster-in-Thanet entstand, einem etwa 25 Kilometer von Canterbury entfernten Doppelkloster (einer gemischten Gemeinschaft von Frauen und Männern), dessen Äbtissin im zweiten Viertel des 8. Jahrhunderts Edburga war.

Als wohlhabende königliche Stiftung dürfte Minster-in-Thanet zu dieser Zeit ein bedeutendes Zentrum der Buchproduktion gewesen sein: Die Korrespondenz des heiligen Bonifatius (†754) offenbart, dass Edburga Bücher verschickte, um die angelsächsische Mission in Germanien zu unterstützen. In Briefen aus den Jahren 735 und 736 dankt Bonifatius ihr für Bücherspenden und bittet sie außerdem, ihm eine goldene Abschrift der Petrusbriefe anzufertigen – ein deutliches Indiz für die hohe Qualität der Arbeit ihrer Schreibstube. Eine so prächtig illuminierte Handschrift würde seiner Meinung nach die von ihm missionierten Heiden ermutigen, den Wert der Heiligen Schrift zu achten; im Himmel werde Edburga für ihre Hilfe belohnt werden. Die Bücher, die von Minster-in-Thanet an Bonifatius geliefert wurden, sowie die vorliegende Handschrift bezeugen lebhaft den Beitrag von Frauen in den Frühkirchen Englands und Germaniens.　　Richard Gameson

| Quellen: Nouum Testamentum Latine, die vorliegende Handschrift trägt das Sigel „O"; Bonifatius und Lullus, Briefe (MHG Epp. 3.1)

| Lit.: Lowe 1972, Nr. 257; Gameson 1999

135 Anglische Genealogiensammlung (sog. Anglian Collection)

England (Mercia oder Kent), frühes 9. Jahrhundert (810?)

Pergament – H. 26,5 cm, B. 22,5 cm

London, British Library, Sign. Cotton Vespasian B VI, Bll. 104–109, Bl. 109rv.

135
fol. 108v–109r

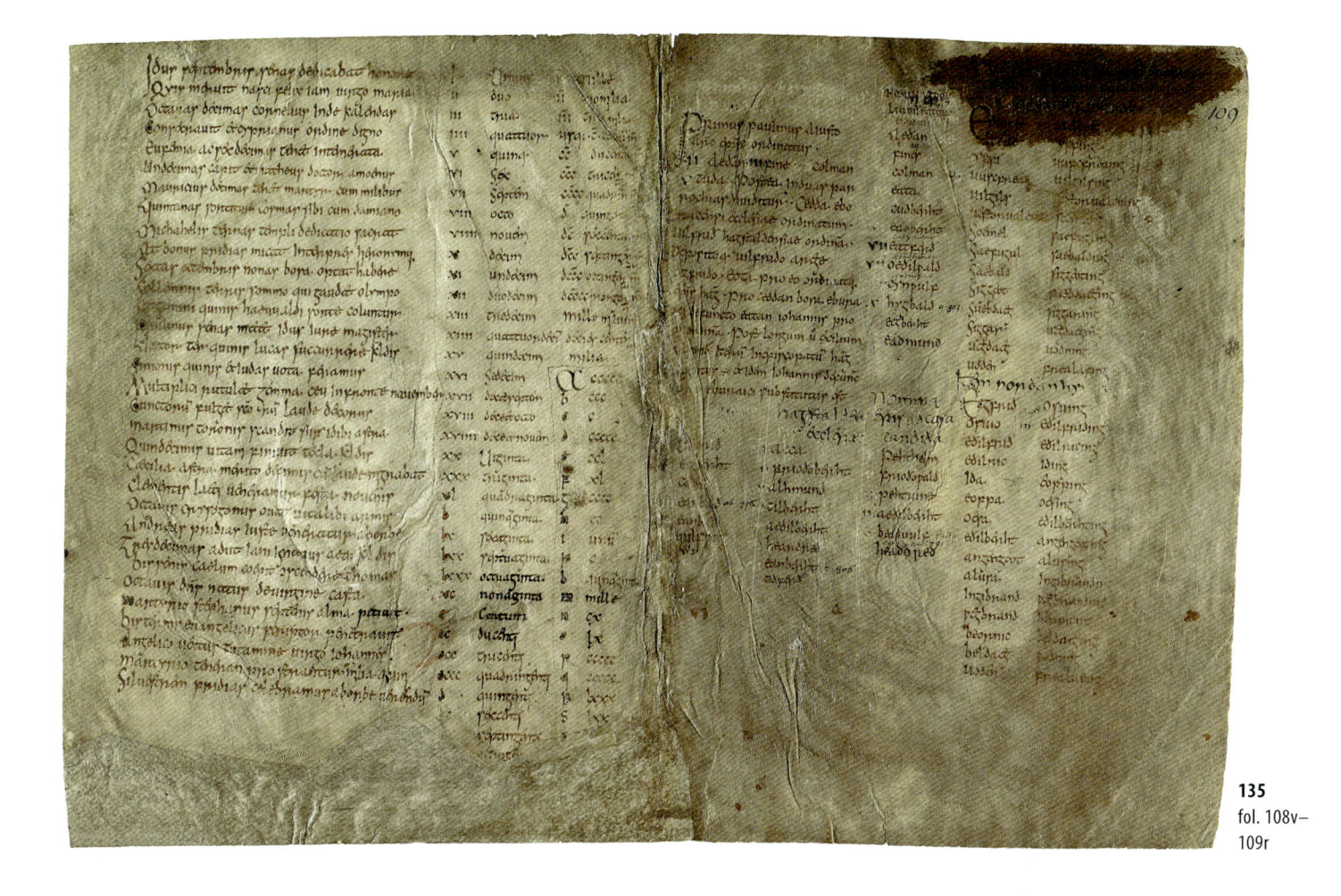

Die sogenannte „Anglian Collection" ist eine Zusammenstellung königlicher Stammbäume. Die dort versammelten Genealogien gehören zu den ältesten altenglischen Genealogien überhaupt. Anhand der zuletzt zugefügten Namen kann man die Handschrift recht präzise auf den Zeitraum zwischen 805 und 814 datieren.

Sie umfassen hier die Herrscherstammbäume von Deira, Bernicia, Mercia, Lindsey, Kent und Ostanglien, englischen Königreichen des Frühmittelalters. Die Genealogien sind integriert in eine Sammlung von genealogisch-enzyklopädischem Material.

Bemerkenswert ist, dass sich die jeweiligen Herrscher von Woden, dem germanischen Gott Odin, ableiten. Odin dient in den Genealogien als Kristallisationspunkt, an dem die Linien der verschiedenen Herrscherhäuser zusammenlaufen. Seine Position bleibt hier jedoch ein wenig ambig. Nicht immer ist klar, ob er in der Handschrift noch als Gott oder schon als Mensch gesehen wurde. Denn schließlich ist der vormalige Gott nun in ein geschichtliches Raster eingegliedert und teilweise sogar mit einem eigenen Vorfahr versehen. Insbesondere der Handschriftenzusammenhang, in dem sich die Genealogien in Cotton Vespasian B VI befinden, deutet aber wohl auf einen christlichen Kontext hin. Damit wird nun Mythos zu Geschichte gemacht. So, wie sich im englischen Wort für „Mittwoch" („Wednesday") auch über die Christianisierung hinaus der vorchristliche Gott Woden/Odin erhalten hat, so konnte er auch über die Christianisierung hinaus als Vorfahr der anglischen Herrscher gelten.

Dagmar Schlüter

| Lit.: Dumville 1976; Sauer 1998; Charles-Edwards 2003; Keynes 2005

136 Angelsächsisches Glossar

England, 1. Hälfte des 8. Jahrhunderts
Pergament – H. 33 cm, B. 24,5 cm bzw. H. 33 cm, B. 23,5 cm (Schriftspiegel H. 30,2 cm, B. 21 cm); 8+6 Bll.
Epinal, Bibliothèque multimédia intercommunale d'Epinal, Sign. MS 72 P/R

Das „Glossarium" wurde wahrscheinlich durch einen englischen Kopisten verfasst. Die 14 Pergamentblätter sind in zwei Heften überliefert. Der Anordnung des Glossars liegen sechs Spalten zu 38 Zeilen (bzw. 37 Zeilen auf fol. 97r–v) im ersten Heft sowie 39 Zeilen im zweiten Heft zugrunde.

Das Glossar wird im 1727 erstellten Katalog der Bibliothek der Abtei von Moyenmoutier (Departement Vosges, Frankreich) unter dem Titel *lexicon quoddam anglosaxon* verzeichnet. Der Codex mit der Nummer 72 enthält zwei unterschiedliche Manuskripte: die „Ser-

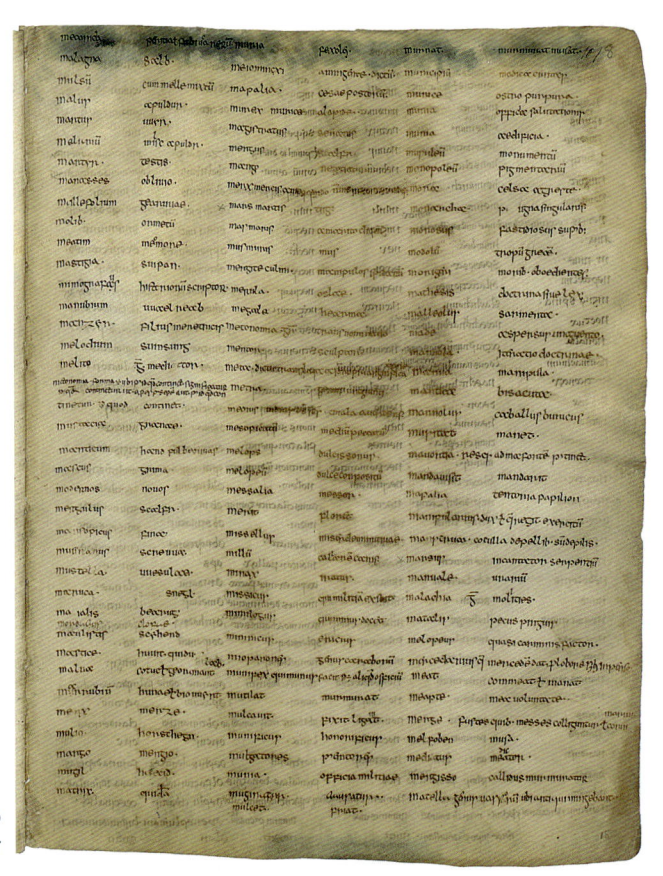

136
fol. 101r

mones" des heiligen Augustinus (fol. 1–93v) und im Anschluss daran ein „Angelsächsisches Glossar" (fol. 94r–107v), dessen Blätter von größerem Format sind. Der Einband aus Schafleder stammt vom Ende des 17. Jahrhunderts.

Keine Signatur. Zeichensetzung: Verwendung des Punktes. Infolge der Enteignungen zur Zeit der Französischen Revolution gelangte das der Abteibibliothek von Moyenmoutier gehörende Manuskript in die Sammlungen der Bibliothek von Epinal.

Die blauen Flecken am Ende des Glossars stammen von einem Experiment, das Mitte des 19. Jahrhunderts zur „Auffrischung" verblasster Tinte durchgeführt wurde. Es handelt sich tatsächlich um die Verwendung von Ferrozyankali, das sich zu Preußischblau verändert hat.

Dieses alphabetische Glossar zeigt eine Aufteilung der Wörter auf sechs Spalten, davon drei Spalten mit Quellwörtern und drei Spalten mit Auslegungen. Es führt heute 3200 Wörter auf und muss ursprünglich ungefähr 4000 gehabt haben. Die beiden Hefte sind unvollständig; es fehlen die Buchstaben D und E sowie das Ende des Glossars.

Die erste Spalte zeigt ein Wort in lateinischer Form, dem ein lateinisches Synonym, eine lateinische Umschreibung oder auch ein englischer Begriff gegenübersteht. Es ist genau diese letzte Spalte, die dem Manuskript seine große Bedeutung verleiht. Die Handschrift enthält insgesamt 950 angelsächsische Wörter, die ein herausragendes Zeugnis der englischen Sprache in ihren ältesten Formen darstellen.

Das Glossar ist nach Meinung einiger Forscher höchstwahrscheinlich von einem englischen Kopisten am Ende des 7. Jahrhunderts oder in der ersten Hälfte des 8. Jahrhunderts abgeschrieben worden. Es weist in der Tat die Charakteristika der ersten insularen Handschriften auf und ist wahrscheinlich von einem einzelnen Kopisten geschrieben worden, dessen Schrift an die northumbrische Kalligraphie erinnert.

Man nimmt an, dass das Manuskript sich bereits im Mittelalter in der Abtei von Moyenmoutier befand, zu einer Zeit, als die Christianisierung des Vogesengebiets durch die Anwesenheit irischer Mönche wie Columban und seiner Schüler erfolgt ist.

Bei seiner Entdeckung im Laufe des 19. Jahrhunderts hielt man das Glossar zuallererst für nützlich, um mit seiner Hilfe Wörter aus der Bibel zu erklären. Seitdem haben die Studien seinen breiter gefächerten Wortschatz herausgestellt, der aus der Natur stammende Wörter enthält – Fauna und Flora sind oft vertreten – oder auch Begriffe, die das Alltagsleben veranschaulichen.   Anne-Bénédicte Levollant

| Digitalisat der Handschrift: http://www.bmi-epinalgolbey.fr (Rubrik: „Collections numérisées").

| Lit.: Schlutter 1912; Brown 1969; Pheifer 1974; Bischoff 1988

137 Frauenfigürchen aus Higham

Higham, Kent, England, 7. Jahrhundert
Bronze; gegossen, geritzt – Oberflächenabsplitterungen – H. 4,5 cm
London, The British Museum, Inv.Nr. 2001,0711.1

Das Figürchen mit der Darstellung einer nackten Frau mit großem ovalem Kopf und schmalem Körper gehört zu einer kleinen Gruppe vollplastischer anthropomorpher Darstellungen aus dem angelsächsischen England, die in das späte 6. und in das 7. Jahrhundert datiert werden können. Ihr Gesicht ist mit Einritzungen von Augen, Nase und Mund angedeutet. Ihre Arme sind in markanter Haltung gezeigt, wobei der linke Arm ihre Brust kreuzt und die rechte Hand ihre Scham zu bedecken scheint. Ihre Beine sind getrennt, während ihre Füße miteinander verbunden sind.

Derartige Figürchen sind entweder aus Silber mit Vergoldungen oder aus Bronze hergestellt worden und stellen sowohl weibliche als auch männliche Gestalten dar. Obgleich sie sich im Detail unterscheiden, zeigen sie doch alle den menschlichen Körper in naturalistischer Weise, was selten in der frühen angelsächsischen Kunst vorkam. Zwei Figürchen wurden in Gräbern in Breach Down und in Bradstow School, Broadstairs, beide in Kent, entdeckt, die anderen sind, wie der Fund aus Higham, Metalldetektorfunde ohne Informationen über die näheren Fundumstände. Webster betonte die „machtvolle Präsenz" der Figürchen und schloss daraus, dass es sich wohl eher um Darstellungen von Göttern als von Menschen handel-

137

te und Hauck identifizierte die „Hand auf der Brust (…) als einen alten Götterbild-Topos". Sollte es sich tatsächlich um Götterbilder handeln, so sind sie möglicherweise ein Hinweis auf die „Götzenbilder (*idola*), denen das englische Volk verfallen war", wie sie Beda der Ehrwürdige in seiner „Kirchengeschichte" anprangerte (HE II, 1) (Kat.Nr. 128).

Die Betonung der Geschlechtsorgane, wie bei den männlichen Figürchen aus Carlton Colville and Friston, beide aus Suffolk, und bei den weiblichen Figürchens aus Higham, Bradstow School und demjenigen, das wohl im Fluss Deben, Suffolk, gefunden worden ist, mit ihrer mit dem Higham-Figürchen vergleichbaren Geste, die zur Scham hinweist, deuten möglicherweise auf einen Fruchtbarkeitskult hin. Es könnte sich also hier um Amulette handeln, die bei Ritualen oder magischen Handlungen eine Rolle spielten. Goldblechfigürchen aus Skandinavien mit ähnlichen anthropomorphen Darstellungen zeigen vergleichbare Gesten und stammten aus Fundkontexten, die von rituellen Handlungen gekennzeichnet sind. Charlotte Behr

| **Quelle:** Beda, Kirchengeschichte, S. 189
| **Lit.:** Hauck 1992, S. 543; Webster 2002; Helmbrecht 2011, S. 165–166; Pestell 2012a, S. 84–87; Webster 2012a, S. 38

138 Eberfigur aus Guilden Morden

Guilden Morden, Cambridgeshire, 6./7. Jahrhundert
Bronze; gegossen, punziert – Schwanz halb abgebrochen – L. 6,4 cm
London, The British Museum, Inv.Nr. 1904,1010.1

Das Eberfigürchen wurde 1864/65 zusammen mit einer Tonperle und weiteren Objekten gefunden, die darauf hinweisen, dass es sich wohl um einen angelsächsischen Grabfund handelte. Es ist eine recht undifferenzierte Eberdarstellung mit einer langen Schnauze, angedeuteten Augen, Augenbrauen und Nüstern und einem schwach erkennbaren Hauer auf der rechten Seite. Allein der Kamm des Tieres ist deutlich betont. Vorder- und Hinterbeine sind zusammen gegos-

sen worden, an den Hinterbeinen wurde ein Stift angebracht und in die Vorderbeine ein Sockel eingetieft. Der Schwanz war ursprünglich ringförmig.

Wahrscheinlich handelte es sich um die Kammzier eines längst verlorenen Helms. Angelsächsische Helme symbolisierten den hohen Status ihrer Träger. Die Helme aus Benty Grange, Derbyshire und aus Wollaston, Northamptonshire, die ins 7. Jahrhundert datiert werden können, waren mit Eberfigürchen als Helmzier bekrönt. Am Helm aus dem Schiffsgrab in Hügel 1 in Sutton Hoo endeten die Augenbrauen der Gesichtsmaske in vergoldeten Eberköpfen (Bd. I, Abb. 118, 119). Die Verbindung von Helmen mit Eberdarstellungen wurde auch in dem altenglischen Epos „Beowulf" besungen, wenn Krieger „mit gehämmertem Stahl des Helmes Eber, mit scharfen Schwerte zerschmettern können" (V. 1286f.). Abbildungen von bewaffneten Kriegern, die Eberhelme trugen, sind von einem Model aus dem schwedischen Fundort Torslunda, Öland und von den Pressblechen des Helms aus Valsgärde, Uppland, Grab 7 bekannt. Der Eber wurde als Symbol des germanischen Gottes Freyr interpretiert, der im Kampf dem Helmträger Schutz gewähren sollte. Dagegen wies Wamers darauf hin, dass der Eber als Begleittier Freyrs erst seit der Wikingerzeit belegt ist und die zahlreichen germanischen Eberdarstellungen vermutlich auf spätrömische Vorbilder zurückgehen, wo der Eber „Sinnbild der rauen, zerstörerischen, ungezähmten Wildheit" war. Charlotte Behr

| **Quelle:** Beowulf, Heldenepos, S. 176.
| **Lit.:** Cramp 1957, S. 59, 62; Foster 1977; Marzinzik 2007, S. 29, 38–42; Frank 2008, S. 79; Wamers 2008, S. 46–50.

139 Pressblechmodel

Unbekannter Fundort/UK, 7. Jahrhundert
Bronze; gegossen, Relief – Dm. 5,45 cm
London, The British Museum, Inv.Nr. 1981,0102.1

Auf dem Prägestempel ist eine männliche, wohl unbekleidete Figur mit drei Schlangen abgebildet. Sein Kopf und Oberkörper sind en

138

face gezeigt, Unterleib und Beine dagegen nach rechts gewendet. Die Knie sind angewinkelt, wie bei einem Tanz. Der Kopf ist birnenförmig und mit Augen, breiter Nase, Schnurr- und Kinnbart gekennzeichnet. Die Oberarme parallel zum Oberkörper, die Ellbogen abgewinkelt, hält er eine Schlange vor seinem Körper. Seine großen Hände umfassen den Schlangenkörper, der sich auf beiden Seiten in symmetrischer Anordnung windet und sich dann an beiden Enden mit weit geöffneten Mäulern dem Haupt der männlichen Figur nähert. Zwei weitere Schlangen hängen an der ersten Schlange, wiederum in symmetrischer Anordnung links und rechts von der Figur, auf deren Füße ihre Köpfe mit den geöffneten Mäulern weisen. Die zentrale bildliche Szene ist umgeben von einem gerahmten Flechtband. Das Motiv hat enge Parallelen auf den Bronzeblechverzierungen eines hölzernen Eimers aus einem reich ausgestatteten Männergrab von Loveden Hill, Lincolnshire sowie auf zwei modelidentischen Goldbrakteaten aus zwei Frauengräbern in Risely, Kent, Grab 56 und in Shrewton, Wiltshire.

Das Bildthema wurde in verschiedener Weise gedeutet. Zum einen gab es bereits auf den skandinavischen Goldbrakteaten des 5. und 6. Jahrhunderts das Motiv einer zentralen Figur, die mit schlangenartigen Tieren verflochten war. Entsprechend der Interpretation dieser älteren Goldbrakteaten als Amulette im Kult des Gottes Odin/Wodan, wurde auch dieses Motiv als Odin im Schlangengeleit interpretiert. Doch kann die Szene einer zentralen Figur zwischen zwei Tieren mit offenen Mäulern auch auf den antiken Bildtopos des Herrn der Tiere zurückgeführt werden, der sich in zahlreichen Variationen auf römischen und frühmittelalterlichen Objekten wiederfindet. Wenn auch Herleitung und Bedeutung des Motivs auf dem Model offen bleiben muss, so erscheint doch bemerkenswert, dass der Anhänger aus Risely mit dem gleichen Motiv Teil einer Halskette war, zu der auch zwei mit Kreuzformen verzierte Goldanhänger gehörten.

Charlotte Behr

| Lit.: Hawkes/Davidson/Hawkes 1965, S. 21–22, 30; Fennell 1969; Gaimster 1992, S. 19; Polizotti/Greis/Geselowitz 1992, S. 36–41; Pesch 2007, S. 109; Welch 2011, S. 872

140   Anhänger und Beschlag mit Maskendarstellung

Angelsächsisch, vermutlich 1. Hälfte 7. Jahrhundert
a) Fundort: Attleborough, Norfolk
Kupferlegierung; gegossen, punziert, gebohrt – H. 4,1 cm, B. 2,5 cm
Vertikal angesetzte Anhängeröse auf der Rückseite. Männliches Gesicht mit Vollbart, die Nase ist durch eine senkrechte Linie markiert, die Augenhöhlen sind gebohrt. Das Kopfhaar wird durch vertikale Linien angedeutet; aus dem Haar wachsen seitlich zwei Hörner mit Punzverzierungen, die in heute stark verriebene Vogelköpfe münden.
Norwich, Norfolk Museums and Archaeology Service, Inv.Nr. 1994.133
b) Fundort: Reepham, Norfolk
Kupferlegierung; gegossen, vergoldet – H. 3,2 cm, B. 1,7 cm
Beschlag mit Spuren von Vergoldung. Männliches Gesicht mit Vollbart in ovalem Rand; der Bart wird durch vertikale Linien markiert, der Mund geht übergangslos in den Schnurrbart über. Die senkrechte Nase mündet in einen waagerechten Stirnbalken, über dem weitere Linien sich zunehmend einer V-Form annähern. Auf dem Kopfoval befindet sich ein mit zwei Linien geschmückter U-förmiger Bogen, der in zwei Vogelköpfe mündet. Der Fuß des Objekts ist kurz unter dem Kopf abgebrochen. Die Rückseite ist unverziert.
Norwich, Norfolk Museums and Archaeology Service, Inv.Nr. 2011.186

Das Christentum unterschied sich von heidnischen Glaubensvorstellungen vor allem durch den Gebrauch einer symbolträchtigen und beständigen Ikonographie, wobei das Kreuz eine besondere Rolle spielte. Obwohl es uns sehr schwer fällt, die Gestaltung und Ornamentik germanischer Kunst der Völkerwanderungszeit zu verstehen, kehren einige Darstellungen jedoch regelmäßig wieder und dürften auf eindeutige symbolische Bedeutungen hinweisen. Eine der bekanntesten Darstellungen zeigt männliche, häufig bärtige Figuren, die einen Helm oder Kopfschmuck mit zwei Hörnern tragen, welche an den Enden in Vogelköpfe münden. Entsprechende Figuren erscheinen auf berühmten Objekten frühmittelalterlicher Schmiedekunst wie den Helmen aus dem Grabhügel 1 von Sutton Hoo, dem Grab 8 von Valsgärde, der Reiterscheibe von Pliezhausen und der Gürtelschnalle aus Grab 95 in Finglesham (Helmbrecht 2008). In jüngster Zeit hat man mithilfe von Metalldetektoren insbesondere in Großbritannien neue Beispiele entdeckt (Pestell 2012a), die belegen, dass diese Figur in der frühgermanischen Schmiedekunst relativ weit verbreitet war und regelmäßig verwendet wurde. Auch wenn geringfügige Unterschiede zwischen den einzelnen Exemplaren bestehen, sind vor allem ihre Gemeinsamkeiten von Bedeutung.

Schwierig ist hingegen die Bestimmung der Identität der Figur und ihres Symbolgehalts. Einem häufigen Erklärungsmuster nach handelt es sich um Odin und seine beiden Raben Hugin und Munin („Gedanke" und „Erinnerung"). Diese Interpretation geht teilweise auf den Fund einer Patrize mit männlicher Figur im schwedischen Torslunda zurück: Die ganzfigurige Gestalt trägt einen Hörnerhelm mit Vogelköpfen und hält ein Schwert und zwei Speere; da das rechte Auge des Mannes fehlt, ist sie als Odin interpretiert worden, da dieser

139

140a
140b

141 Goldbrakteat von Binham

Ostanglien oder Südskandinavien, spätes 5. bis 6. Jahrhundert
Metalldetektorfund, Binham
Goldblech; geprägt punziert; Golddraht – Dm. 4,4 cm, St. 0,1 cm
Norwich, Norfolk Museums and Archaeology Service, Inv.Nr. 2005.756

In der Mitte befindet sich eine männliche Figur mit Helm, die in der rechten Hand ein Schwert hält, während ihre Linke im Schnabel eines Ungeheuers steckt. Hinter der Figur befindet sich ein weiteres Ungeheuer, über dem linken Arm ist eine aus vier Runen bestehende Inschrift zu lesen, die „weiß" oder „wissend" bedeutet. Die Zierleisten rund um das Bild in der Mitte wurden mit drei Punzen geprägt, den Rand bildet eine Kordel aus Golddraht. Die Öse wurde abgerissen. Brakteate sind in Skandinavien ein häufiger Fund. Diese Goldanhänger orientieren sich an römischen Münzen, die im Norden auch als Schmuck Verwendung fanden, da Münzgeld dort nicht üblich war. Der Brakteat von Binham veranschaulicht, wie im 5. und 6. Jahrhundert nicht nur Menschen, sondern auch Gedankengut und Glaubensvorstellungen die Nordsee überquerten. In Skandinavien sind Brakteate oft Bestandteil von Hortfunden und wurden wahrscheinlich als Votivgaben für die Götter vergraben. Dies könnte auch die Entwicklung der ihnen eigenen, machtvollen Symbolsprache erklären. Im angelsächsischen England hingegen wurden sie meistens als Beigaben in Frauengräbern gefunden.

Die Darstellung auf dem Brakteat von Binham ist von zahlreichen ähnlichen Beispielen vom europäischen Festland bekannt, so etwa aus einem schleswig-holsteinischen Hortfund des 19. Jahrhunderts oder von einem Brakteat, der jüngst in Derenberg in Sachsen-Anhalt ausgegraben wurde (Axboe/Düwel/Hauck/von Padberg/Wypior 1986, S. 71; Hauck 1986, Taf. 43–44, Taf. 299). Die Figuren auf den Brakteaten wurden verschiedentlich als Darstellungen germanischer Götter, zum Beispiel Odin oder Tiw, oder eines gegen Ungeheuer kämpfenden Helden interpretiert. Angesichts der kontinentaleuropäischen Beispiele erscheint es möglich, dass auch der Brakteat von

in der späteren nordischen Mythologie als Odin ein Auge opferte, um Weisheit zu erlangen.

Diese Interpretation ist jedoch problematisch. Zunächst handelt es sich bei vielen der Vögel in diesen Darstellungen eindeutig um Raubvögel und nicht um Raben, die einen geraden Schnabel haben. Dass Wotan/Odin mit einem Adler in Verbindung gebracht wird und den eddischen Liedern zufolge in einen solchen verwandelt wurde, passt zwar zur Schnabelform, aber nicht zur Anzahl der Vögel. Zudem ist die menschliche Figur in der Regel mit zwei Augen dargestellt und nicht mit einem Auge wie Odin. Wie sich bei einer Untersuchung der Platte von Torslunda herausgestellt hat, war das fehlende rechte Auge ursprünglich vorhanden, wurde dann jedoch mit einem scharfen Gegenstand entfernt (Arrhenius/Freij 1992); auch auf anderen Darstellungen etwa aus Björnhovda und Uppåkra wurde das Auge nachträglich entfernt.

Offensichtlich war die Figur ursprünglich also nicht unbedingt einäugig, sondern verlor das Auge im Zuge ihrer späteren Verwendung vermutlich aus rituellen Gründen. Beim Versuch der Identifikation bestimmter Gottheiten ist angesichts der Bandbreite des germanischen, insbesondere nordischen Pantheons Vorsicht geboten (Price 2006). Zwar mag die regelmäßige Wiederkehr einer Figur auf eine der wichtigeren Gottheiten hindeuten, doch ihre Darstellung ist überwiegend ikonographisch und hebt die rituelle, ja kultische Bedeutung der Figur hervor. Es ist außerdem gut möglich, dass die Figuren keine Götter darstellen, sondern Anhänger oder Gefolgsleute wie etwa die *einherjar* oder die aus den eddischen Liedern bekannten Krieger Odins (Davidson 1972). Ungeachtet dessen liefern sie wichtige Hinweise auf die Glaubensvorstellungen der frühen Germanen, auf die Verbreitung ähnlicher Vorstellungen in der gesamten nordischen Welt und auf die wahrscheinliche Funktion dieser Schmiedearbeiten als Amulette und Apotropaia.

Tim Pestell

| Lit.: Davidson 1972; Arrhenius/Freij 1992; Price 2006; Helmbrecht 2008; Pestell 2012a

141

Binham auf dem Kontinent hergestellt wurde und erst später nach Norfolk gelangte.

Ebenfalls mithilfe von Metalldetektoren wurde an demselben Ort ein faszinierender Fund gemacht: drei weitere Goldbrakteate, von denen einer offensichtlich mit demselben Prägestempel hergestellt wurde wie der hier abgebildete. Die vier Brakteate wiegen zusammen 51 Gramm, womit sie den größten angelsächsischen Goldfund aus der Zeit zwischen dem späten 5. und dem 7. Jahrhundert darstellen. Da der Fundort nicht auf angelsächsische Bestattungen schließen lässt, müssen die vier Brakteate gemeinsam vergraben worden sein, womit dies der früheste in Großbritannien nachgewiesene Hortfund wäre (Behr/Pestell, in Vorbereitung). Daher dürfte es sich auch bei anderen Einzelfunden von Brakteaten eher um angelsächsische Votivablagen handeln als um unbeabsichtigte Verluste; anscheinend folgten manche der frühen Bewohner Ostangliens den religiösen Bräuchen ihrer Verwandten vom europäischen Festland.

Tim Pestell

| Lit.: Axboe/Düwel/Hauck/von Padberg/Wypior 1986, S. 71; Hauck 1986, Taf. 43–44, Taf. 299; Behr/Pestell (in Vorbereitung)

142 Anthropomorpher Urnendeckel (sog. Spong Man)

Angelsächsisch, spätes 5. oder 6. Jahrhundert
Fundort: angelsächsisches Gräberfeld von Spong Hill, Norfolk
Keramik; geritzt, gekerbt – H. 14,5 cm, Dm. des Sockels 10,5 cm
Norwich, Norfolk Museums and Archaeology Service, Inv.Nr. 1994.192.1

Das Keramikobjekt zeigt eine auf einem Stuhl sitzende menschliche Gestalt. Sie stützt die Ellenbogen auf die Knie, die Hände liegen an den Wangen. An den Handgelenken und Knöcheln zart eingeritzte Querlinien scheinen Kleidung anzudeuten, wobei die Ausbildung der Zehen den Eindruck erweckt, dass die Figur barfuß sei. Die Form des Hinterkopfes ist wohl eher als Mütze denn als Haarknoten zu interpretieren. Bei den in den Stuhl geritzten Linien könnte es sich um die Umrisse oder Fugen eines Holzstuhls oder um Ornamente auf einem Steinsitz handeln. Der Rand des runden Sockels ist mit diagonalen Einkerbungen versehen.

Diese Plastik ist in der angelsächsischen Urnenkeramik einmalig und hat auch auf dem Kontinent nur wenige Parallelen. Sie diente als Deckel für eine Bestattungsurne. Ihre Bruchstücke fand man in einem Hasenbau, die zugehörige Urne kann daher nicht genau bestimmt werden (Hills 1980, S. 52). Keramikdeckel sind sehr selten. Die meisten Urnen wurden vor der Bestattung wahrscheinlich mit einem Verschluss aus organischem Material wie Holz, Leder oder Stoff versehen. Wie weit verbreitet einfache oder mit Schnitzereien verzierte Holzdeckel gewesen sein könnten, lässt sich heute nicht mehr feststellen. Obwohl die hier gezeigte Figur allgemein als „Spong Man" bezeichnet wird, verfügt sie über keinerlei geschlechtsspezifische Merkmale: Sie hat weder Bart noch Brüste und der Lendenbereich ist nicht gestaltet. Falls die Linien an den Knöcheln der Figur tatsächlich Bekleidung – also Hosen – andeuten, könnte es sich um einen Mann handeln. Diese Annahme wird auch durch die Form des Hinterkopfs gestützt, die wahrscheinlich eine Mütze darstellt.

In der Kunst der Völkerwanderungszeit sind plastische Darstellungen des Menschen äußerst selten; einige wenige Parallelen finden sich in einer Gruppe von Kleinplastiken vermutlich aus dem 7. Jahrhundert (Pestell 2012a), die erst in jüngerer Zeit erforscht wurde: Die nackten oder halbnackten männlichen und weiblichen Figuren sind stehend dargestellt, sodass ihre Geschlechtsmerkmale klar zu erkennen sind. Ihre Gestik ist mit keinem anderen Objekttyp vergleichbar. Sie lassen sich am ehesten als Votivgaben interpretieren, möglicherweise im Zusammenhang mit einem Fruchtbarkeitskult. Für einiges Aufsehen sorgte die Entdeckung des sogenannten „Odin von Lejre" – wobei strittig ist, ob es sich bei der Figur nicht um Freya handelt. Das Silberobjekt aus dem 9. Jahrhundert zeigt eine menschliche Figur zwischen zwei Vögeln auf einem Thron. Die Entdeckung mehrerer skandinavischer Kleinplastiken, die zum Teil anscheinend absichtlich in Hallen niedergelegt wurden, lässt auf eine apotropäische Funktion schließen (Andersson/Beronius Jörpeland/Dunér 2003; Andersson 2006).

Obwohl bei diesen Figuren, die zum Großteil aus dem 7. Jahrhundert stammen, keine direkten Parallelen zum „Spong Man" zu erkennen sind, könnte der Urnendeckel von Spong Hill auf eine Entwicklung hin zu einer stärker figürlichen Darstellung des Menschen in der Kunst der Völkerwanderungszeit deuten. Möglicherweise wurden ähnliche Objekte aus Holz oder anderem organischen Material angefertigt, die heute jedoch verloren sind. Eine religiöse oder kultische Interpretation liegt nahe, zumal sich unter den wenigen anderen bekannten Urnendeckeln Beispiele finden – etwa aus Newark in England und Issendorf in Niedersachsen –, die mit zwei kleinen Vögeln und einem Tier geschmückt sind, bei dem es sich um ein Wildschwein handeln könnte (Myres 1977, Abb. 286; Müller-Brauel 1926, Abb. 3). Diesen Tieren, die in der germanischen Kunst häufig vertreten sind, wird eine kosmologische Bedeutung zugeschrieben. Die unbewegte Miene, mit der der „Spong Man" unserem Rätseln um seine Figur begegnet, verstärkt den Eindruck einer kultischen Dimension und damit einer Schutzfunktion in Bezug auf die Asche in der Urne, die er einst bewachte.   Tim Pestell

| Lit.: Müller-Brauel 1926, Abb. 3; Myres 1977, Abb. 286; Andersson/Beronius Jörpeland/Dunér 2003; Andersson 2006; Pestell 2012a

143 Fragment einer Urne mit den eingeritzten Darstellungen eines Hundes bzw. Wolfs und eines Schiffs

Angelsächsisch, 6. Jahrhundert
Gebrannter Ton mit kleineren Einschlüssen; geprägt, geritzt – H. 24 cm, Dm. des Originalgefäßes ca. 36 cm
Norwich, Norfolk Museums and Archaeology Service, Inv.Nr. 1939.77.R9/10

Das Fragment umfasst einen Teil des Rands und der Schulter einer Urne. Den oberen Teil der Schulter schmücken drei Zierleisten mit geprägtem Muster, darunter befindet sich eine Freistelle, in die die stilisierte Darstellung eines Schiffs eingeritzt ist. Dreizehn vertikale Striche geben die Riemen und das Heckruder des Schiffs wieder; rechts daneben ist ein hundeähnliches Tier zu sehen. Darunter sind die oberen Ränder mehrerer geschwungener Zierleisten zu erkennen, deren Muster ebenfalls geprägt ist.

Dieses Fragment einer Urne wurde in der ersten Hälfte des 20. Jahrhunderts auf einem angelsächsischen Friedhof in Caistor Saint Edmund in Norfolk ausgegraben (Myres/Green 1973). Seine Besonderheit liegt in den beiden bildlichen Darstellungen – einem Schiff und einem wolfähnlichen Tier –, die in den noch feuchten Ton eingeritzt wurden. In dieser Kombination könnte es sich dabei um eine der frühesten Darstellungen eines Motivs aus der germanischen Mythologie handeln, zum Beispiel die Götterdämmerung. Das Bild könnte den Wolf Fenrir (einen der Nachkommen Lokis) und das Schiff Naglfar (das aus den Nägeln von Toten besteht) darstellen, die am Zeitenende zu den Ragnarök erscheinen.

Diese Interpretation setzt allerdings eine Rückprojektion späterer skandinavischer Quellen voraus, insbesondere des eddischen Gedichts „Völuspá", 58 („Die Weissagung der Seherin"), dessen früheste erhaltene Handschrift auf den Zeitraum zwischen 1270 und 1280 datiert wird (Orchard 1997, S. 83f. und S. 391–393; Simek 1993, S. 366f.). Sie beruht daher auf der Annahme, dass sich die germanischen mythischen Erzählungen in den dazwischenliegenden 500 Jahren zumindest in ihren zentralen Bestandteilen nicht wesentlich verändert haben und dass unser Verständnis der beiden Darstellungen grundsätzlich korrekt ist. Eine andere Möglichkeit wäre zum Beispiel, das Bild auf die Gottheit Nehalennia zu beziehen, die in der Römerzeit auf der friesischen Insel Walcheren verehrt wurde. Reisende baten sie um Schutz bei der Überfahrt und auf den vielen Schreinen, die ihr gewidmet sind, erscheint sie meist in Begleitung eines Hundes, eines Schiffes oder beider (Pollington 2011, S. 329–332).

Letztere Lesart ist zwar an sich weniger überzeugend, verweist jedoch auf die bei derartig beschränkter Materiallage große Vielzahl möglicher Interpretationen. Wahrscheinlich existierten während der Völkerwanderungszeit ganz unterschiedliche Überlieferungen und Glaubensformen nebeneinander, sodass sich die nordischen Götterzyklen mit anderen Mythen vermischten, die unter nicht-christlichen, nachrömischen Volksteilen fortlebten. Allerdings wird in der archäologischen Forschung der Symbolgehalt solcher Urnenbilder zunehmend anerkannt; die dargestellten Mythen und Gottheiten waren den Menschen der damaligen Zeit natürlich vertraut, auch wenn wir sie heute kaum identifizieren können. Geht man davon aus, dass bildliche Darstellungen auf Urnen eine primär apotropäische und mnemonische Funktion haben, wäre die mythische Erzählung vom Ende der Zeit ein naheliegendes Motiv für eine Totenurne.

Tim Pestell

| Lit.: Myres/Green 1973; Simek 1993, S. 366f.; Orchard 1997, S. 83–84, S. 391–393, S. 367; Pollington 2011, S. 329–332

144 Vergoldeter Beschlag im Stil II mit gegenständigen Vögeln

Angelsächsisch, spätes 6. bis Mitte 7. Jahrhundert
Metalldetektorfund, Stoke Holy Cross, Norfolk, 1988
Kupferlegierung; gegossen, stark vergoldet – H. 3,5 cm, B. 4 cm
Norwich, Norfolk Museums and Archaeology Service, Inv.Nr. 2000.84.2

Zwei Vögel stehen sich in einer symmetrischen Komposition gegenüber. Die beiden Vögelkörper folgen der Kreisform des Objektes, jedoch ist der untere Bereich abgebrochen. Ihre stark gekrümmten Schnäbel stützen sie jeweils mit einem erhobenen Fuß, der drei Klauen hat. Der Rumpf der Vögel ist dreieckig und mit einem dreibändigen Geflecht ausgefüllt, das typisch für Verzierungen im Stil II ist. Der Mittelpunkt des Beschlags und Hauptberührungspunkt der beiden Vögel weist eine leere, kreisrunde Fassung auf, in der sich vermutlich einmal ein mugelig geschliffener Granat oder vielleicht eine weiße Muschel befand.

Einzelne Raubvögel oder Raubvogelpaare waren ein beliebtes Motiv in der germanischen Kunst des späten 6. und 7. Jahrhunderts. Obwohl im Zusammenhang mit behelmten Figuren dargestellte Vögel häufig als Verkörperung von Odins Raben Hugin und Munin gedeutet werden, lässt die weit verbreitete Abbildung von Vögeln mit raubvogelartigem Schnabel diese Analogie eigentlich nicht zu. Neuere Ansätze verweisen vor allem auf die große Bedeutung von Tierornamenten als Ausdruck kosmologischer Vorstellungen. Innerhalb des verwendeten Repertoires ist der Raubvogel neben anderen mächtigen Tieren und besonders Raubtieren ein häufiges Motiv (Hedeager 2011, S. 67–69). Ebenso wichtig sind Mischformen aus Tier und Mensch; eine gewisse Unbeständigkeit der Gestalt äußert sich zum Beispiel auch im häufigen Auftreten von Odin in Tiergestalt und in dem Brauch der Germanen, sich nach Tieren zu benennen oder ihrem Namen einen Tiernamen voranzustellen (Speake 1980, S. 78).

Die adlerähnlichen Vögel auf diesem hochwertigen Beschlag schließen an ähnliche Darstellungen auf anderen Schmiedearbeiten der damaligen Zeit an, deren hervorragendste Beispiele auf Waffen und besonders auch Schilden zu finden sind (Pluskowski 2010, S. 108–112). Jenseits ihrer Funktion als Ausdruck der Ideologie und Identität der Kriegerschicht könnten diesen Objekten durchaus übernatürliche Kräfte zugeschrieben worden sein, die das Wesen des Tieres auf den Träger der Waffe übertrugen.

Tim Pestell

| Lit.: Speake 1980, S. 78; Pluskowski 2010, S. 108–112; Hedeager 2011, S. 67–69

145 Silbernadel aus Wingham

Wingham, Kent, 7. Jahrhundert
Silber, Gold; Almandin, Cloisonné; Granulierung, gerieffelter Golddraht – L. 8,55 cm, B. 1,8 cm
London, The British Museum, Inv.Nr. 1879,0524.35

Die Nadel besteht aus einem silbernen Schaft und einem peltenförmigen Kopf, der mit Goldblech belegt ist und von einem geriffelten Golddraht gerahmt wird. Die almandincloisonnierte, polychrome Verzierung besteht aus zwei antithetischen Vogelköpfen mit langen, geschwungenen Schnäbeln und großen runden Augen, die auf einer zentralen runden Scheibe sitzen und von zwölf Goldkügelchen in Filigranfassungen umgeben sind. Stilistisch sind die Vogelköpfe am besten mit fränkischen cloisonnierten Vogelfibeln vergleichbar und spiegeln so fränkischen Einfluss auf kentische Schmuckformen im 7. Jahrhundert wider. Auch die Trageweise der Nadeln, die wie Fibeln dazu dienten, die Kleidung zu verschließen, war ein Beispiel für die fränkisch beeinflusste Mode in England, wo luxuriöse Exemplare aus Silber, verziert mit Goldblech und Almandineinlagen eine Zeit lang aktuell waren.

Die Interpretation der Vogelköpfe ist schwierig, da Vögel, Vögelpaare und Vogelköpfe zu den am häufigsten dargestellten Tieren in der angelsächsischen Kunst gehörten, die auf ganz unterschiedlichen Gegenständen sowohl der vorchristlichen wie der christlichen Periode vorkamen (Kat.Nr. 147, 227). Auf Schutzwaffen wie Schilden und Helmen, aber auch auf Schmuckgegenständen hatten Vögel wohl eine allgemein schutzbringende, unheilabwehrende Funktion. Doch könnte ihre symbolische Bedeutung spezifischer gewesen sein. Vögel hatten in den germanischen mythischen Erzählungen die Gabe der Weissagung, sie galten als Siegesboten, sie waren fähig mit Göttern und Wesen einer anderen Welt zu kommunizieren. Die Nähe des Fundortes Wingham zu Finglesham, Eastry, Ham und Woodnesborough, Orte, an denen mögliche Hinweise auf einem Kult des Gottes Odin diskutiert werden, lassen auch an eine Interpretation als die beiden Raben denken, die Odin begleiteten. Charlotte Behr

| **Lit.:** Bruce-Mitford 1974, S. 127–128; Speake 1980, S. 81–85; Hawkes 1997, S. 319–323; Owen-Crocker 2004, S. 141; Dickinson/Fern/Richardson 2011, S. 48, S. 67, S. 72

146 Silbernadel aus Wigber Low

Wigber Low, Derbyshire, 7. Jahrhundert
Silber, Gold; Almandin, Cloissoné, Cabochon; Filigran, Golddraht – Schaft in drei Teile gebrochen – L. 6,1 cm, B. 1,48 cm
London, The British Museum, Inv.Nr. 1873,0602.97

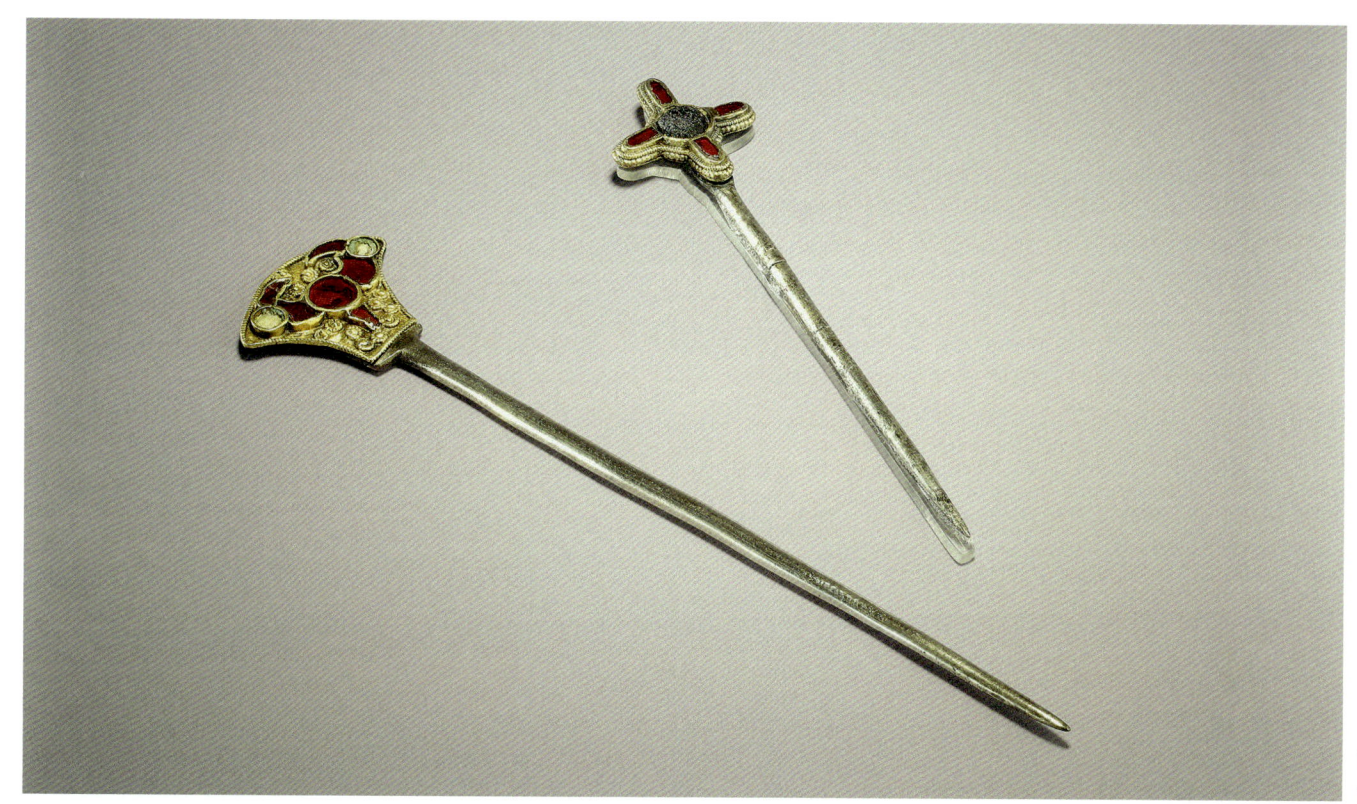

Der Schaft ist rund und unverziert und der Kopf flachgehämmert, um als Basis für die kreuzförmige Verzierung zu dienen. Ein dünnes Goldblech wurde mit Nieten für das Zellwerk befestigt, das aus dünnen Goldstreifen bestand. Längliche Almandine wurden auf schraffiertem Goldblech in die abgerundeten Kreuzarme und ein runder geschliffener dunkler Almandin ins Zentrum eingelegt. Die Zellen sind umschlossen mit zwei Lagen geriffelter Golddrähte. Die Schmucknadel gehörte zu einem Paar nahezu identischer Nadeln, die bereits im 19. Jahrhundert in einem Grab gefunden worden waren. Nadelpaare kamen vereinzelt in angelsächsischen Gräbern vor, wo sie wohl am Hals getragen wurden, möglicherweise um einen Schleier zu befestigen, der auf den Einfluss christlicher Moralvorstellungen hinweisen könnte.

Die Schmucknadel aus Wigber Low kann in die Mitte des 7. Jahrhunderts datiert werden und ist damit etwa zeitgleich mit der Annahme des Christentums im Königreich Mercia. Form und Verzierung gingen auf fränkische Vorbilder zurück und waren, wie die Trageweise, Ausdruck einer neuen Mode. Die Bedeutung der kreuzförmigen Verzierung als christliches Symbol oder als Zierelement wird kontrovers diskutiert, denn es finden sich kreuzförmige Ornamente auf etlichen Objekten, die aus vorchristlichen Zusammenhängen stammten und deswegen nicht auf ein christliches Bekenntnis ihrer Träger schließen lassen. Geht man jedoch davon aus, dass die Grabausstattung nicht das Ergebnis einer Bestattung im üblichen Totengewand war, sondern dass die einzelnen Objekte sorgfältig ausgewählt wurden um sie der Toten mit ins Grab zu geben, so ist es doch wahrscheinlich, dass sie ihre religiöse Zugehörigkeit ausdrücklich bekundeten.

Charlotte Behr

| Lit.: Ozanne 1962–1963, S. 29; Collis 1983, S. 76, S. 101–102 (Barry Ager); Crawford 2004, S. 94, S. 98; Owen-Crocker 2004, S. 141–142, S. 157

147 Scheibenfibel und Halskette aus Sarre

Sarre, Kent, 1. Hälfte 7. Jahrhundert
Fibel Vorderseite: Gold, Bronze, Silber vergoldet; Almandine, weiße Muschelschale, Cloisonné, Steinsetzungen, Cabochon; Goldblech, Filigran, geriffelter Draht – Vergoldung fehlt teilweise; einige Almandine in der Außenzone und einer der vier kleinen Cabochon-Almandine fehlen
Fibel-Rückseite: Silber; Steinsetzung; Kerbschnitt – Dm. 6,8 cm
Kette: Gold; Glas, Amethyst; Millefiori – Münzdm. 2,1–2,5 cm; Millefiorianhänger Dm. 2,9 cm
London, The British Museum, Inv.Nr. 1860, 1024.1 (Fibel) und 1860, 1024.2.a–f (Halskette)

Fibel und Kette gehörten zur reichen Ausstattung eines Frauengrabes aus dem angelsächsischen Friedhof in Sarre, der vom 5. bis ins 7. Jahrhundert genutzt wurde. Die Scheibenfibel besteht aus drei aufeinanderliegenden Platten, die von einem gerippten Goldrand mit einem geriffelten Golddraht zusammengehalten werden. Sie ist verziert mit Zellwerk aus eingelegten Almandinen, die auf dünnen gewaffelten Goldfolien liegen um den schimmernden Eindruck der Halbedelsteine zu betonen, mit Muschelschaleneinlagen und mit Feldern aus Goldblech. Strukturiert ist die Fibel in drei konzentrische Zonen, die einen zentralen Buckel umgeben, der aus einem runden, flach geschliffenem Almandin, umgeben von vier Feldern mit Muschelschaleneinlagen, besteht, die jeweils in silberne, gezackte Fassungen gesetzt worden waren. Vier kleinere Buckel sind kreuzförmig zwischen innerer Zone und dem Fibelrand angebracht, jeweils mit einem zentralen Almandin, umgeben von Muschelschalen und einem cloisonnierten Ring. Die äußere und innere Zone bestehen aus zwei Reihen gestufter Almandine. Dazwischen befinden sich Felder aus Goldblech, die mit runden und S-förmigen Goldfiligrandrähten verziert sind. Auf der Rückseite, sozusagen unsichtbar, war der Nadelhalter mit zwei einander zugewandten Vogelköpfen verziert.

Die Kette setzt sich aus 16 farbigen Glas- und zwei Amethystperlen, vier geösten Goldmünzen und einem Millefiorianhänger zusammen. Die drei pseudo-byzantinischen Münzen und der Solidus Chlotars II. waren in Marseille und Arles geprägt worden.

Einzeln getragene runde Scheibenfibeln lösten im frühen 7. Jahrhundert die vorher üblichen Fibelpaare ab. Trageweise und Dekor mit eingelegten Almandinen waren beeinflusst von der Mode am byzantinischen Hof. Kreuzförmig verzierte Fibeln und Anhänger finden sich in etlichen angelsächsischen Frauengräbern, die ins 7. Jahrhundert datiert werden. Ihre Interpretation als christliche Kreuze ist weitgehend unstrittig, doch wird die Interpretation der Trägerinnen als Christinnen kontrovers diskutiert, da die Beigabensitte und die andauernde Nutzung des vorchristlichen Friedhofs den christlichen Begräbnisritualen zu widersprechen scheinen. Aus diesem Grund wurden sie, wie auch die Kette mit den imitierten byzantinischen Münzen, als Modeerscheinung gedeutet, wonach wohlhabende Angelsächsinnen im 7. Jahrhundert der christlich-mediterranen Tracht byzantinischer und fränkischer Herrscherinnen folgten, wenn sie ihre gesellschaftliche Stellung demonstrieren, nicht aber unbedingt ihre religiöse Zugehörigkeit zum Ausdruck bringen wollten. Doch könnte die Beigabe mit christlich verzierten Objekten gerade auch der Versuch gewesen sein, den angestammten Friedhof mit den Gräbern der Vorfahren für die neue Religion zurückzugewinnen.

Charlotte Behr

| Lit.: Avent 1975, Nr. 177; Kat. London 1991, S. 26f. (Cathy Haith); Hawkes 1997, S. 321; Geake 1999, S. 212; Crawford 2004, S. 92–95; Karkov 2011, S. 26–29, S. 32

148 Emailleattasche

5./6. Jahrhundert
Fundort: Faversham, King's Field Friedhof, Kent
Bronze; gegossen, punziert, graviert; Emaille; Durchbrucharbeit mit abgeschrägten Rändern – Emaillierung nur teilweise erhalten – L. 6,2 cm, B. 4,8 cm
London, The British Museum, Inv.Nr. MLA 1248.'70

Die runde durchbrochene Emailleattasche ist eine von drei Attaschen, die zu einem inzwischen verlorenen Hängebecken gehörten. Sie stammten vom angelsächsischen Friedhof von Faversham, der beim Eisenbahnbau im 19. Jahrhundert zerstört wurde und dessen reiche Funde aus dem 5. bis 7. Jahrhundert nicht mehr einzelnen Gräbern zugeordnet werden können.

Das zentrale Motiv ist ein lateinisches Kreuz mit sich verbreiternden Armen. Zwei Fische, vielleicht Delphine, sind dem Kreuz antithetisch zugeordnet. Ihre Köpfe haben ein kleines rundes Auge, ihr Maul ist weit offen, kleine Kerben am Kopf sind möglicherweise Ohren. Ihre geschwungenen Körper sind mit zwei zentralen aufeinander zulaufenden Rillen und Punkten auf beiden Seiten verziert. Die Körper verjüngen sich und gehen in Schwänze über, die erst eingerollt, dann unter dem Körper sind, schließlich neben den Kreuzarmen enden. Ihre Köpfe waren von dem Aufhänger getrennt, der tief an die Attasche angesetzt und als ein weiterer Fisch oder ein Seepferdchen geformt war. Dessen Maul war weit geöffnet, der geschwungene Körper den Kamm entlang mit zwei Rillen hervorgehoben und der Schwanz eingerollt.

Obgleich die mit rotem Emaille eingelegten Fische wie auch der plastische Fisch, der als Halterung diente, stilistisch eng mit spätrömischen Vorbildern verwandt waren, so spricht doch die Durchbrucharbeit erst für eine Datierung ins 7. Jahrhundert.

Auch das Thema der Fische am Kreuz ist abgeleitet von einem spätantiken Motiv, das die Christen als *pisciculi* (Fische), die in der Taufe ihre Zugehörigkeit zu Christus bezeugten, symbolisierte. Über den Auftraggeber und die Funktion des Beckens aus Faversham kann nur spekuliert werden. Es könnte sich um einen christlichen Angehörigen der kentischen Oberschicht gehandelt haben. Doch neben der Möglichkeit, dass das Becken bei weltlichen Festlichkeiten verwendet wurde, könnte es auch ursprünglich eine

198 LUX MUNDI

Funktion während christlicher Rituale in einer Kirche gehabt haben.   Charlotte Behr

| **Lit.:** Vierck 1970, S. 38–42; Kat. Dublin/Edinburgh/London 1989, S. 51 (Susan Youngs); Blair 2005, S. 24–25; Bruce-Mitford 2005, S. 163–165; Webster 2012a, S. 101–102;

149 Goldanhänger aus Ash

Ash, Kent, 7. Jahrhundert
Gold; Pressblech, geriffelter Golddraht, Goldgranulat – Dm. 3,4 cm
London, The British Museum, Inv.Nr. 1862,0701.16

Der runde Pressblechanhänger ist mit einem geriffelten Golddraht gerahmt. Feinerer geriffelter Draht ist unter der gerippten Öse angebracht und rahmt drei darunter liegende Goldperlen, die ein Dreieck bilden. Das zentrale Motiv wird von zwei einfachen und zwei gepunkteten Stäben umgeben. In der Mitte befindet sich ein gleicharmiges Kreuz, in dessen Armen jeweils ein nach innen schauendes maskenartiges männliches Gesicht mit großen runden Augen, einer geraden Nase, Schnurr- und Kinnbart dargestellt ist. Im Zentrum des Kreuzes sieht man einen Vierpassknoten und zwischen den Kreuzarmen Triskelen in Flechtornamentik.

Goldene Pressblechanhänger, die im Stil II verziert sind, wurden in England, besonders in der Grafschaft Kent, in mehreren Frauengräbern des 7. Jahrhunderts gefunden. Die Motive der Goldblechanhänger sind wahrscheinlich lokale kentische Weiterentwicklungen der skandinavischen Goldbrakteaten des 5. und 6. Jahrhunderts. Während die vier maskenartigen Männergesichter in den Kreuzarmen Parallelen im 6. Jahrhundert haben, wie etwa auf der Fibel aus Grab 22 in Chessell Down, Isle of Wight, die in vorchristliche Zusammenhänge gehörte, so weist die Kreuzform auf christliche Bedeutung hin. Vergleichbare bärtige Gesichter in Frontalansicht kommen auch auf zeitgleichen alamannischen und langobardischen Goldblattkreuzen vor. Auf dem Goldblattkreuz aus dem Männergrab 26 von Giengen an der Brenz, Baden-Württemberg, sind auf einem Kreuzarm ein männliches Gesicht in Frontalansicht mit großen runden Augen, Schnurr- und Kinnbart, auf den anderen drei Armen Flechtwerk und im Zentrum ein Vierpassknoten gestempelt. Vier menschliche Masken in Tierornamentik finden sich auf den Kreuzarmen des Goldblattkreuzes aus Mailand. Das im angelsächsischen Kontext seltene Motiv eines Vierpassknotens findet sich auf dem im Tierstil II verzierten goldenen Schwertknauf aus Ardleigh, Essex, datiert in das späte 6. oder frühe 7. Jahrhundert.

Die Verknüpfung von Bildelementen, die auf vorchristlichen Objekten vorkamen, mit christlichen Bildelementen, wie dem Kreuz, spiegelt die Übernahme und Neuinterpretation traditioneller Motive in der neuentstehenden christlichen Ikonographie der Missionsperiode wider.   Charlotte Behr

| **Lit.:** Speake 1980, S. 70; Menghin 1985, S. 175; Kat. London 1991, S. 26f. (Cathy Haith); Gaimster 1992, S. 19–21; Riemer 1997, S. 449; Angela Evans, Sword, in: PAS database, http://finds.org.uk/database/artefacts/record/id/144896

150 Kreuzanhänger aus Breach Down

Breach Down, Kent, 7. Jahrhundert
Bronze; gegossen, punziert – L. 2,3 cm
London, The British Museum, Inv.Nr. 1879,0524.62

Der Kreuzanhänger besteht aus einer kleinen Scheibe in der Mitte, von der die vier Arme ausgehen, die vor den abgerundeten Enden etwas breiter werden. Am Ende des einen Armes befindet sich eine Öse, in der ein Niet steckt. Am Ende der anderen drei Arme ist auf der Vorderseite jeweils eine Kreispunzierung zu erkennen.

Zahlreiche Funde, die aus Bestattungen stammten, die unter Grabhügeln angelegt worden waren, wurden im 19. Jahrhundert vom Britischen Museum angekauft, allerdings fehlen nähere Informationen zu den Fundumständen der einzelnen Objekte. Darunter waren dieser Kreuzanhänger, zwei sehr ähnliche, nur unwesentlich kleinere Kreuzanhänger, ebenfalls aus Bronze, eine vergoldete Scheibenfibel

IV „... BIS AN DIE GRENZEN DER ERDE". AUSBREITUNG DES CHRISTENTUMS BEI IREN UND ANGELSACHSEN

aus Silber mit kreuzförmigem Muster, ein runder Goldanhänger mit kreuzförmiger Filigranauflage und eine Bronzeschmucknadel mit kreuzförmigem Kopf. Obwohl in dieser Gemeinschaft im 7. Jahrhundert die traditionelle Begräbnisform unter Grabhügeln weiterverwendet wurde, veranschaulichen diese Funde das Bekenntnis zu dem neuen Glauben. Gerade die kleinen einfachen Bronzekreuze zeigen, dass die Christianisierung Englands nicht nur ein Elitenprojekt war, sondern auch ärmere Teile der Bevölkerung sich bereits früh zum Christentum bekannten.

Charlotte Behr

| Lit.: Smith 1923, S. 58–59; Avent 1975, Nr. 135

151 Schreibtafel aus Blythburgh

Blythburgh, Suffolk, 8. Jahrhundert
Walknochen; Bronze; geritzt – eine abgebrochene Ecke, löchrige Oberfläche –
H. 9, 4 cm, B. 6,3 cm
London, The British Museum, Inv.Nr. 1902,0315.1

Die rechteckige Tafel wurde bereits vor 1902 gefunden, angeblich zusammen mit drei inzwischen verlorenen *styli*; die nur schwach erkennbaren Runen auf der Rückseite wurden jedoch erst in den achtziger Jahren entdeckt. Die zwei Löcher am Rand, die vermutlich für Verbindungsriemen waren, lassen vermuten, dass es sich um ein Diptychon aus zwei Schreibtafeln handelte. Die Vorderseite ist mit einem gerahmten vierteiligen Flechtmuster verziert, das enge Parallelen mit Ornamenten in Manuskripten des 8. Jahrhunderts hat

(zum Beispiel Cassiodorus, Commentarius in Psalmos, fol. 172v). Die Rückseite hat eine eingetiefte, ursprünglich mit Wachs ausgefüllte Fläche, die mit *styli* beschriftet wurde. Zwei Gruppen von Runen sind zu erkennen, die jedoch keine erkennbaren Wörter oder Wortfolgen formen. Sie stehen zum einen auf dem erhöhten Rand und zum anderen in der Fläche entlang der Längsachse in unregelmäßigen Reihen. Die zwei Buchstabenfolgen „s u n t" und „u a t" könnten darauf hinweisen, dass der Schreiber lateinische Verbformen ausprobierte.

Nahe Blythburgh wurde im Jahr 654 in einer Schlacht gegen den heidnischen König Penda aus Mercia der ostanglische König Anna getötet. Seine Reliquien und die seines Sohnes wurden seitdem in Blythburgh verehrt. Der Fund der Schreibtafel weist daraufhin, dass bereits im 8. Jahrhundert eine schriftkundige Gemeinschaft dort lebte, wo im Mittelalter ein Priorat errichtet wurde.

Die Angelsachsen verwendeten Runen in der frühen Siedlungsphase für kurze Inschriften (Kat.Nr. 141). Mit der christlichen Mission übernahmen sie das lateinische Alphabet, doch zeigt die Schreibtafel, dass auch nach ihrer Christianisierung Runen neben der lateinischen Schrift in kirchlichen Skriptorien und Schulen weiter benutzt wurden.

Charlotte Behr

| Lit.: Brown 1991, S. 60; Kat. London 1991, S. 81 (Leslie Webster); Page 1994, S. 111–112; Parsons 1994, S. 208–210; Plunkett 2005, S. 117

152 Silberlöffel aus Sutton Hoo

Sutton Hoo, Suffolk, 6./7. Jahrhundert
Silber; gegossen, graviert – Löffelstiel unvollständig erhalten; Korrosionsspuren –
L. 25,4 cm, B. 3,8 cm (Löffelschale); 67 g
London, The British Museum, Inv.Nr. 1939,1010.88

Der byzantinische Löffel besteht aus einer unverzierten birnenförmigen Laffe, einem zunächst hexagonalen, dann runden Stiel und einer vertikalen Scheibe, die Schale und Griff so miteinander verbindet, dass der Stiel höher als die Laffe liegt. Der Griff ist dünn und weist am Ende Rillen und einen Baluster auf. Auf dem abgeflachten sechseckigen Abschnitt ist ein kleines Tatzenkreuz und der Name „Paulos" in griechischen Buchstaben sorgfältig eingraviert worden, sicherlich bereits im Griechisch sprechenden Ostmittelmeerraum. Das Kreuz vor dem Namen macht es wahrscheinlich, dass es sich nicht um eine Besitzerinschrift, sondern um den Apostelnamen handelte.

Der Löffel gehörte zu den 16 Silberfunden, die in Sutton Hoo im Schiffsgrab des Hügels 1 gefunden worden waren und aus Byzanz oder dessen Umgebung stammten. Darunter befand sich ein weiterer sehr ähnlicher Löffel, ebenfalls mit einem Hastenkreuz und mit einer allerdings sehr viel schlechter geschriebenen griechischen Inschrift, deren Lesung als „Saulos" oder als unbeholfene Kopie von „Paulos" strittig ist. Zehn Silberschalen, die mit kreuzförmigen Mustern verziert waren, lagen direkt neben den Löffeln.

152

Doch was bedeutete der Pauloslöffel in dem überaus reich ausgestatteten Grab in East Anglia? Auch wenn die Antwort auf diese Frage nicht unumstritten ist, so werden die beiden Löffel doch meist als Taufgeschenke an den ostanglischen König Rædwald interpretiert, der wahrscheinlich am Hof des kentischen Königs Æthelbert im frühen 7. Jahrhundert getauft worden war, um 625 starb und in Sutton Hoo beerdigt wurde. Dass Rædwald als getaufter Christ in einem aufwendigen Grab beigesetzt wurde, das vielschichtige pagane Riten widerspiegelt, mag dem modernen Betrachter als widersprüchlich erscheinen, doch waren traditionelle Begräbnissitten im Weltbild eines Christen des frühen 7. Jahrhunderts gut mit dem neuen Glauben zu vereinbaren.

Charlotte Behr

| **Lit.:** Bruce-Mitford 1983, Bd. 3, S. 125–129; Carver 1998, S. 19–20; Dunn 2009, S. 163–164; Evans 1991; Hauser 1992, S. 75, S. 81–83; Plunkett 2005, S. 73–75

Prittlewell
Materialismus und Spiritualität in einem sächsischen Prunkgrab in Prittlewell, Southend-on-Sea (Essex)

Einführung

Der angelsächsische Friedhof in Prittlewell (Essex) wurde 1923 bei Straßenbauarbeiten entdeckt. Nach weiteren Funden 1930/31 ergab sich eine Gesamtzahl von etwa 38 möglichen Grabstätten, hauptsächlich von Kriegern; ein großer Teil der Anlage war jedoch bereits in den 80er-Jahren des 19. Jahrhunderts beim Bau einer Eisenbahntrasse zerstört worden. Im Jahr 2003 brachte eine von der Stadt Southend-on-Sea beim Museum of London Archaeology in Auftrag gegebene archäologische Begutachtung im Vorfeld einer geplanten Straßenverbreiterung zwei oder drei weitere Gräber sowie eine vollkommen intakte Grabkammer aus der Zeit um 700 zutage. Die Auswertung der Funde ist noch nicht abgeschlossen.

Die Grabkammer

Die von Osten nach Westen ausgerichtete Kammer, deren Boden und Wände mit Holz verkleidet waren, war vier Quadratmeter groß und 1,40 Meter tief; ursprünglich war sie von einem Dach aus Holzbrettern und einem Hügel mit einem Durchmesser von etwa zehn Metern bedeckt. Im Laufe der Zeit rieselte Sand in die Kammer, während das Dach langsam zusammenbrach, wodurch die folgenden Objekte *in situ* bewahrt blieben (Abb. 18). An der Nordseite stand ein mit Tuch bedeckter Brettersarg mit 14 eisernen Winkelklammern, an dessen östlichem Ende sich eine Lampe befand. Aufgrund ungünstiger Bodenverhältnisse konnte organische Materie nur durch Mineralisierung die Jahrhunderte überdauern, aber Fragmente von menschlichem Zahnschmelz, Goldborte (Kat.Nr. 154), eine goldene Gürtelschnalle (Kat.Nr. 156) und zwei Schuhschließen aus Kupferlegierung (Kat.Nr. 157) belegen, dass der Verstorbene bekleidet und nach Osten ausgerichtet war. Im Bereich des Kopfes befanden sich zwei lateinische Kreuze aus Goldblech (Kat.Nr. 153) und auf der Brust zwei goldene Tremisses aus dem merowingischen Frankreich (Kat.Nr. 155).

Eine byzantinische Deckelkanne (Kat.Nr. 160), eine Schüssel, Speere und andere Gegenstände waren entlang der Wände an Stiften aufgehängt, weitere Objekte auf dem Boden angeordnet. Besonders hervorzuheben sind hier ein eiserner Ständer, ein Klapphocker, Waffen, Eimer sowie Gegenstände, die bei Festmahlen Verwendung fanden (Kat.Nr. 158, 159) oder der Unterhaltung dienten. Ein Schwert und eine Leier befanden sich möglicherweise nicht mehr an ihrem ursprünglichen Platz. Ein Kasten in der südwestlichen Ecke enthielt persönliche Gegenstände, unter anderem einen byzantinischen Silberlöffel aus dem 6. Jahrhundert, in dessen Laffe ein Kreuz und eine zweizeilige lateinische Inschrift eingeritzt sind, einen Kamm und ein mögliches Reliquiar. Während einige Gegenstände deutliche Abnutzungsspuren aufweisen, wurden andere möglicherweise speziell für die Begräbniszeremonie angefertigt.

Erörterung

Prunkgräber und deren Beigaben sind Ausdruck der persönlichen und dynastischen Bedeutung des Bestatteten. Sie symbolisieren Autorität, Territorialansprüche, Loyalitäten, kulturelle Affinitäten und religiösen Glauben. Auf dem europäischen Festland sind sie bereits seit vorrömischer Zeit bekannt. In England gibt es Prunkgräber seit Ende des 6. oder Anfang des 7. Jahrhunderts; sie spiegeln die europaweite Herausbildung von sozialen Schichten und Königreichen wider, die damals stattfand. Zwar variierten Bauweise und Bildsprache je nach Ort und Zeit, in allen Grabstätten vermitteln jedoch Qualität und Menge der beigegebenen Artefakte den Status des Verstorbenen. In ganz Europa verfügen die Artefakte der Prunkgräber aus dem späten 6. und dem frühen 7. Jahrhundert über eine gemeinsame Ikonographie; in vielen Fällen verdeutlichten die gleichen Gegenstände als Gruppe den vermeintlichen oder angestrebten Status, insbesondere im Sinne der *Germanitas* (Gold und Waffen, wie sie für germanische Kriegsherren typisch waren), *Romanitas* (Helme, Rüstungen, Zepter und andere Insignien kaiserlich-römischer Autorität) und *largitio* (Geldbeutel, Münzen und festliche Ausstattungsgegenstände, die Macht und Reichtum symbolisierten).

In England befinden sich die wenigen bekannten Prunkgräber hauptsächlich in den östlichen Landesteilen und im Themsetal; ähnlich wie in Kontinentaleuropa bekräftigten abgesondert gelegene Grabstätten die gehobene Stellung der Bestatteten (obwohl es bisher keine entsprechenden Funde in Kirchen gibt). Die meisten Prunkgräber befinden sich an Flüssen oder Mündungen und/oder in höheren Lagen. Alle weisen ähnliche Merkmale und Artefaktgruppen auf, unterscheiden sich jedoch in den Details. Allerdings waren

18 Die Rekonstruktion der Prittlewell-Grabkammer von Faith Vardy zeigt das vorgefundene Arrangement der Grabbeigaben (© MOLA)

zum Zeitpunkt der Freilegung nur Prittlewell (Essex), die Grabhügel 1 (im Folgenden als SHM1 bezeichnet) und 17 von Sutton Hoo (Suffolk) sowie Taplow (Buckinghamshire) intakt. Die übrigen Gräber, darunter das einzige in Essex, das vergleichbar wäre (in Broomfield), wurden schon frühzeitig geplündert oder bereits im 19. Jahrhundert teilweise geborgen und nur äußerst lückenhaft dokumentiert.

Unter den drei bedeutendsten Grabstätten liegt Taplow abgesondert über der Themse, während SHM1, dem sich eine Reihe weiterer Hügelgräber der Oberschicht anschließt, auf das Meer blickt. Prittlewell hingegen befindet sich auf einem verhältnismäßig niedrig gelegenen, bereits zuvor bestehenden Friedhof. Dieser ist statt auf die Themse und Kent, wohin Süd-Essex damals enge Beziehungen hatte, nach Norden ausgerichtet. Taplow ist möglicherweise die älteste der drei Stätten, Sutton Hoo die jüngste. Sie alle belegen die Verfügbarkeit von Luxusgütern, die entweder über Kent importiert oder dort hergestellt worden waren, aber Taplow enthält die größte Zahl an persönlichen Gegenständen; SHM1 lässt den größten Reichtum und darüber hinaus Verbindungen nach Schweden erkennen. In Prittlewell finden sich zwar keine Rüstungsgegenstände, jedoch andere Ausdrucksformen von *Romanitas* wie Klapphocker und Ständer. Taplow und SHM1 mit ihrem großen Reichtum sind „germanischer", aber Prittlewell und SHM1 haben mehr miteinander gemeinsam als mit Taplow, wo „symbolische" Gegenstände fehlen (wie Ständer, Zepter, Löffel, Kreuze oder Münzen) und der Bestattete nicht mit dem Kopf nach Osten, sondern nach Westen ausgerichtet war.

Obwohl weite Teile Britanniens nach dem Abzug der Römer christlich blieben, gab es im Süden und Osten Bereiche, die zur Völkerwanderungszeit heidnisch geworden waren. Im 5. und 6. Jahrhundert drängte Rom die heidnischen Frankenherrscher auf dem Kontinent, zum Christentum zu konvertieren, und gegen Ende des 6. Jahrhunderts erreichten diese Einflüsse auch England. Der erste Konvertit war im Jahr 597 König Æthelbert von Kent, dessen fränkische Ehefrau bereits Christin war (Bd. I, Beitrag Scull, S. 192–201). Die Missionierung breitete sich aus und 604 errichtete Æthelbert für Bischof Mellitus in London eine dem heiligen Paulus geweihte Kirche; dort sollte den Ostsachsen, deren König Sabert der Neffe Æthelberts war, das Christentum verkündigt werden.

Hinweise auf einen christlichen Hintergrund fehlen in Taplow (obwohl es kurioserweise die einzige derartige Grabstätte ist, die an eine spätere Kirche grenzt), in SHM1 sind sie vorhanden und in Prittlewell ganz deutlich: Hier steht die Schlichtheit des Sarges in krassem Gegensatz zur Pracht des ihn umgebenden Ensembles. In ihrer Gesamtheit verweisen die Funde auf internationale Kontakte des Verstorbenen und seine Rolle als Anführer, Ernährer, Stratege und Mann von Geschmack. Die Datierung auf das späte 6. oder frühe 7. Jahrhundert und der Charakter der Grabbeigaben legen nahe, dass es sich bei ihm um einen frühen Konvertiten handelte, der jedoch auf traditionelle Weise seinem Rang entsprechend bestattet wurde. So verlockend es ist, ihn für König Sabert, den im Jahr 616 verstorbenen christlichen Herrscher der Ostsachsen zu halten, liegt seine wahre Identität vorerst noch im Dunkeln.

Lyn Blackmore

| **Lit.**: Pollitt 1923, S. 93–141; Bruce-Mitford 1973–1983; Tyler 1988, S. 91–116; Webster 1992; Kat. London 2004; Blackmore 2008; Webster 2011

153 Goldkreuze

Angelsächsisch, spätes 6. bis frühes 7. Jahrhundert
Prunkgrab von Prittlewell, Southend-on-Sea (Essex)
Goldblech; geschnitten, geritzt – auf der Unterseite schwach eingeritzte Führungslinien innerhalb der unbearbeiteten, ungleichmäßig geschnittenen Kanten – unversehrt – eines der Kreuze liegt relativ flach – L. 2,8 cm, max. B. 1,7 cm, T. 0,02 cm; 0,38 g; das andere ist verbogen und lag auf der Seite; ursprünglich war es von gleicher Größe; 0,32 g
Southend-on-Sea, Southend Museums Service, Inv.Nr. EX-PRO03 [168] <11>, <12>

Die Goldblechkreuze aus diesem Fürsten- oder Prunkgrab lagen vermutlich auf den Augen des Verstorbenen. Die Prittlewell-Kreuze unterscheiden sich deutlich von jenen, die Ende des 6. und Anfang des 7. Jahrhunderts in Süddeutschland und im langobardischen Italien entstanden. Sie sind viel kleiner, haben die seltene lateinische Kreuzform und noch ungewöhnlichere Details; das Fehlen von Lochungen zeigt, dass sie nicht auf Stoff aufgenäht waren.

Das Vorkommen eines bewusst identisch gestalteten Paars Goldblechkreuze ist einzigartig. Die Prittlewell-Kreuze hatten vermutlich die gleiche Funktion wie die doppelten Goldbleche ähnlicher Größe, die zusammen mit einem Goldblech- oder Stoffkreuz in Grabstätten in Giengen an der Brenz, im alemannischen Donzdorf, in Ainring-Feldkirchen in Bayern und in Castel Trosino in Italien gefunden wurden. Diese kommen in verschiedenen Formen vor, in keinem Fall jedoch mit so eindeutig christlicher Symbolik wie bei den Prittlewell-Kreuzen, die ursprünglich mit einem größeren Seidenkreuz kombiniert gewesen sein könnten, das über das Gesicht des Toten drapiert war.

Die Prittlewell-Kreuze könnten die Salbung der Augen durch Jesus Christus symbolisieren, wie sie im Bericht von der Heilung des blind geborenen Mannes im Johannesevangelium beschrieben wird; sie wird als Allegorie auf die christliche Bekehrung verstanden. Die gelehrte Symbolsprache macht es sehr wahrscheinlich, dass römische Missionsgeistliche an den Bestattungsriten beteiligt waren.

Simon Burnell

| Lit.: Hessen 1968; Knaut 1987, Nr. 4, Nr. 14; Paxton 1990; Riemer 1999; Paroli/Ricci 2005, Taf. 231

154 Goldborte

Angelsächsisch, spätes 6. bis frühes 7. Jahrhundert
Prunkgrab von Prittlewell, Southend-on-Sea (Essex)
Goldborte – Die Röntgenaufnahme des geborgenen Erdblocks zeigt zwei überlappende Teilstücke, bestehend aus 44 Fragmenten. – L. gesamt ca. 24,5 cm, B. ca. 1 cm
Southend-on-Sea, Southend Museums Service, Inv.Nr. EX-PRO03 [166], [167], [168] <10>

Die Position der Goldborte im Sarg zeigt, dass sie sich am Hals des Verstorbenen befand; ihre Krümmung ist auf dem Röntgenbild sichtbar. Somit säumte sie wohl oberhalb des Schlüsselbeins ein Hemd oder einen Rock mit einer Öffnung zur rechten Seite. Die Borte war an keiner Stelle mehr als einen Zentimeter breit und die Goldfäden des Brokatstreifens umrahmten ein fortlaufendes Rautenmuster aus geflochtenem Garn, wovon allerdings keinerlei Überreste erhalten sind. Weitere 84 Fragmente wurden in einer unter dem Sargdeckel entnommenen Bodenprobe entdeckt. Viele von ihnen ließen auf Muster mit Karos von 5 bis 6 Millimetern Breite schließen, die aus fünf bis sechs Fäden bestanden, wobei der längste Faden in der Mitte eines Karos 2,5 bis 3 Millimeter maß und die kürzesten an den Ecken lediglich 0,5 bis 1 Millimeter lang waren.

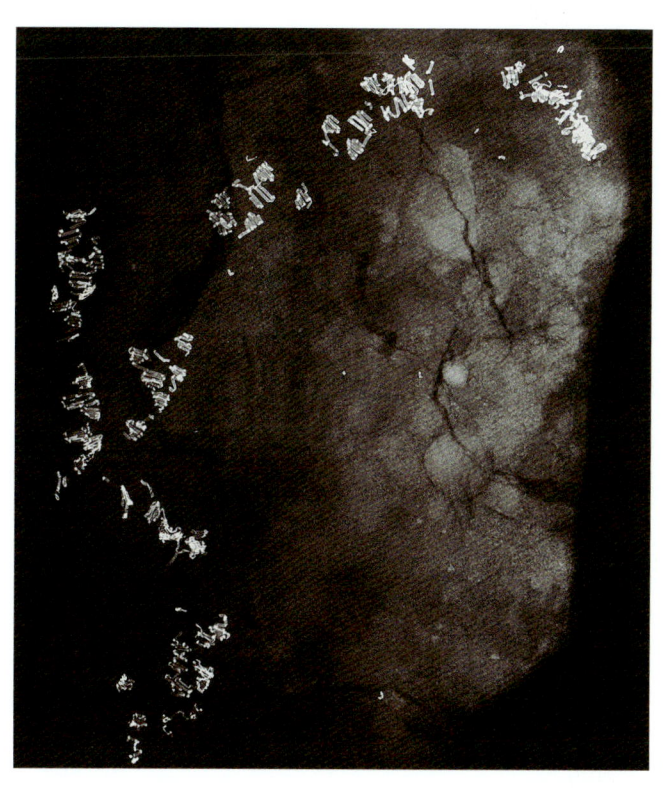

Die Goldborte aus Prittlewell ist erst der dritte derartige Fund in einem Männergrab aus dem frühangelsächsischen England. Die beiden anderen stammen von dem Bandelier des „Taplow-Fürsten" und von einem nicht näher zuzuordnenden Schwert aus King's Field, Faversham in Kent, wobei es sich bei letzterem nur um ein winziges Fragment handelt. Beide Funde lassen sich grob auf die Zeit von der Mitte des 6. bis Anfang des 7. Jahrhunderts datieren. Dieses kostbare und komplexe Schmuckelement war auf dem europäischen Festland bei Männern von hohem Rang häufiger; Beispiele hierfür finden sich in der Pfarrkirche Sankt Severin in Köln, in Cividale im langobardischen Italien und in der Kathedrale von Saint-Denis in Paris. Allerdings sind jene Borten kunstvoller gefertigt und besser erhalten.

Die meisten Goldborten aus dem angelsächsischen England stammen aus Frauengräbern in Kent und in Gebieten, die unter dem Einfluss von Kent standen. Man geht davon aus, dass es sich bei den bestatteten Frauen um exogame Bräute aus dem Fränkischen Reich handelte. Es ist ungewiss, ob Goldborte in England hergestellt oder auf direktem Wege vom europäischen Festland importiert wurde.

Sue Harrington/Marei Hacke

| Lit.: Crowfoot/Hawkes 1967; France-Lanord 1998; Barham 2007; Hacke 2013

155 Goldmünzen

Merowingisch, spätes 6. bis frühes 7. Jahrhundert
Prunkgrab von Prittlewell, Southend-on-Sea (Essex)

a) Tremissis aus fast reinem Gold; geprägt – sehr guter Zustand – Dm. 1,1–1,2 cm, T. 0,1 cm; 1,23 g
Southend-on-Sea, Southend Museums Service, Inv.Nr. EX-PR003 [168] <13>

Dieser Tremissis wurde von dem Münzmeister Ioannes (Johannes) von Cadolidi wahrscheinlich Anfang des 7. Jahrhunderts geprägt. Die Vorderseite zeigt eine sehr grob skizzierte, wahrscheinlich nach links gewandte Diadembüste. Auf der Rückseite findet sich ein ungewöhnliches Kreuz, das wahrscheinlich dem byzantinischen Stufenkreuz nachempfunden ist. Obwohl die Inschrift kaum lesbar ist, lässt sich die Münze aufgrund ihrer Ähnlichkeit zu einem anderen, heute in Paris befindlichen Stück identifizieren; welcher Ort mit Cadolidi bezeichnet ist, ist ungewiss, möglicherweise handelt es sich um Le Gué du Loir (Vadum Ledi) bei Vendôme (nördlich von Tours) im Loiretal. Die Münze wurde mit der Kreuzseite nach oben in einer Reihe mit zwei Goldkreuzen (Kat.Nr. 153) im Bereich des Körpers im Sarg gefunden, unmittelbar links neben der Goldborte (Kat.Nr. 154); im Sarg sind zwar keine Gebeine erhalten, es wäre jedoch möglich, dass die Münze bei angewinkeltem Arm in der linken Hand gehalten wurde.

Gareth Williams/Lyn Blackmore

| Lit.: Abdy/Williams 2006, Nr. 7

b) Tremissis aus fast reinem Gold; geprägt – sehr guter Zustand – Dm. 1–1,05 cm, T. 0,15 cm; 1,26 g
Southend-on-Sea, Southend Museums Service, Inv.Nr. EX-PR003 [168] <15>

Diesen Tremissis aus dem späten 6. oder frühen 7. Jahrhundert prägte der Münzmeister Vitalis von Paris, allerdings ragen Teile der Inschrift über den Rand der Münzplatte hinaus. Die Vorderseite zeigt eine nach rechts gewandte Büste, die Rückseite ein Ankerkreuz. Die Münze gehört zur sogenannten „nationalen" Serie aus der Zeit von etwa 570/80 bis um 670. Obwohl man bislang noch keine weiteren Exemplare aus derselben Presse aufspüren konnte, finden sich Münzen des Vitalis von Paris bei Prou (Nr. 727–730), Belfort (Nr. 3392–3405) sowie Grierson/Blackburn (Nr. 467); das Prittlewell-Exemplar weist gewisse stilistische Ähnlichkeiten zu Nr. 393–395 im Katalog Prous auf. Die Chronologie dieser Prägungen ist nicht sehr exakt, man ist sich jedoch einig, dass sich im Verlauf dieser Periode die Goldqualität allmählich verringerte. Ein weiterer Tremissis des Münzmeisters Vitalis der gleichen Machart, der sich heute im Fitzwilliam Museum in Cambridge befindet, hat einen Goldgehalt von 90 Prozent; somit müssten beide Exemplare ziemlich zu Anfang der Serie entstanden sein. Die Prittlewell-Münze befand sich im Bereich des Körpers im Sarg, etwa 20 cm unter der goldenen Schnalle (Kat.Nr. 156) und wahrscheinlich am rechten Oberschenkel; zwar sind keine organischen Materialien erhalten, sie könnte sich jedoch in einem Geldbeutel oder einer Tasche befunden haben oder in der rechten Hand gehalten worden sein.

Gareth Williams/Lyn Blackmore

| Lit.: Belfort 1893; Prou 1982; Grierson/Blackburn 1986, S. 97–102, S. 107–110; Abdy/Williams 2006, Nr. 7; Williams 2010, Nr. 7

156 Goldene Gürtelschnalle

Angelsächsisch, spätes 6. bis frühes 7. Jahrhundert
Prunkgrab von Prittlewell, Southend-on-Sea (Essex)
Gold; beschlagen, genietet; Draht – gerippt – vollständig erhaltene Dornschildschnalle aus fast reinem Gold mit ovaler Schlaufe, Laschenbeschlag und mehrteiliger dreieckiger Platte, die an der breiten Seite und am Fuß bogenförmig erweitert ist; dort befinden sich Halbrundnieten auf Unterlegscheiben in gerippten Drahtmanschetten – L. gesamt 7,3 cm/ 4,68 cm, max. B. 3 cm, T. 0,43 cm); 47,83 g
Southend-on-Sea, Southend Museums Service, Inv.Nr. EX-PR003 [168] <14>

Diese Schnalle (Marzinzik-Typus II:23b-i) wurde wahrscheinlich in Kent gefertigt und ist ihrer Form nach von den dreieckigen Plattenschnallen Kontinentaleuropas abgeleitet, die ihrerseits auf zwei frü-

155a

155b

here Formen zurückgehen: die starre Schnalle in dreieckigem Rahmen und die plattenlose Dornschildschnalle, die mit in Dreiecksform angeordneten Gürtelnieten kombiniert wurde. Die unverwechselbare Pilzdornschildschnalle kam um das Jahr 550 auf, wahrscheinlich fast zur gleichen Zeit wie die ersten Dornschildschnallen mit dreieckigen Platten. Diese fanden in großen Teilen Europas sehr bald weite Verbreitung, vom langobardischen Italien bis nach Nordfrankreich und darüber hinaus. Unterschiedliche Varianten dieser Formen hielten sich bis weit in das 7. Jahrhundert hinein. Dreieckige Schnallen kommen in angelsächsischen Begräbnisstätten recht häufig vor, aber dieses ist erst das vierte goldene Exemplar und viel kleiner und einfacher gearbeitet als die große Gürtelschnalle mit Flechtdekor aus Sutton Hoo/Suffolk (Bd. I, Abb. 53) oder die Cloisonné-Schwertschnalle aus Taplow (Buckinghamshire) und die Cloisonné-Gürtel-/Schwertschnalle aus Broomfield (Essex); sie beide sind Teil der prunkvoll verzierten Serie aus Kent mit Filigrandekor des Marzinzik-Typus II. Die Gürtelschnalle aus dem Prunkgrab von Prittlewell ist auch in Bezug auf ihre Konstruktion einzigartig: Die Schnalle scheint zwar gegossen zu sein, die Einfassung der Gürtelplatte besteht jedoch in Wirklichkeit aus mehreren sorgfältig zusammengelöteten Teilstücken. Über dem Dornschild auf der Frontplatte ist ein separater Laschenbeschlag angebracht, der von dem rückwärtigen Blech mit abgedeckt wird. Sowohl die verwendeten Techniken als auch der Kontext deuten auf eine Entstehung Ende des 6. oder Anfang des 7. Jahrhunderts hin. Schlaufe und Schild weisen leichte Beschädigungen auf, aber diese könnten auch erst nach der Grablegung entstanden sein. Somit ist es wahrscheinlich, dass die Prittlewell-Schnalle – ebenso wie die ungetragene Schnalle von Finglesham – speziell für das Begräbnis angefertigt wurde; ihre Einfachheit könnte entweder den Charakter des Verstorbenen widerspiegeln oder aber bedeuten, dass sie in großer Eile angefertigt wurde.

Lyn Blackmore

| Lit.: Hawkes/Davidson/Hawkes 1965; Bruce-Mitford 1978, Bd. 2, S. 536–564; Speake 1980, S. 52–59; Hawkes/Grainger 2006, S. 80; Marzinzik 2003, S. 21f., S. 50

157 Ein Paar Schuh-/Strumpfbandschnallen

Angelsächsisch, spätes 6. bis frühes 7. Jahrhundert
Prunkgrab von Prittlewell, Southend-on-Sea (Essex)
Kupferlegierung; handgefertigt mit länglicher D-förmiger Schlaufe, mit verziertem Dorn (fehlt am linken Exemplar); quadratische Schnallenplatten aus gefaltetem Blech, entlang der Innenkante dreifach vernietet (sichtbar auf der Röntgenaufnahme)
– Außenmaß L. 0,9 cm, B. 1,8 cm
Southend-on-Sea, Southend Museums Service, Inv.Nr. EX-PR003 [168] <16>, <17>

Die beiden kleinen Schnallen wurden 6,8 Zentimeter voneinander und etwa 20 Zentimeter vom Fußende des Sargs entfernt gefunden; sie entsprechen dem Marzinzik-Typus II.24a. Zwischen ihnen befanden sich zwei rechteckige Gegenbleche mit jeweils drei Nieten am Ende (sichtbar auf der Röntgenaufnahme). Belege für Schuhwerk aus dieser Zeit sind sehr selten, da die Verschlüsse normalerweise aus Leder oder Stoff gefertigt waren. Ab dem 6. Jahrhundert zeigen archäologische Funde jedoch unter den Adeligen eine Vorliebe für reich verzierte Beinkleider und Schuhe, die von Bändern mit Schnallen und Riemenzungen gehalten wurden. Repräsentanten dieser Mode sind beispielsweise Königin Wisigarde (†um 540), deren Grab sich unter dem Kölner Dom befindet, Königin Arnegunde (†um 574–580), die in der Kathedrale von Saint-Denis beigesetzt wurde, und der „fränkische Sänger" in der Pfarrkirche Sankt Severin in Köln (†Ende des 7. Jahrhunderts). In England kommen kleine Schnallen wie Kat.Nr. 156 ab dem späten 6. Jahrhundert und das ganze 7. Jahrhundert hindurch recht häufig vor, jedoch zumeist als Schließen für Strumpfbänder, schmale Gürtel, Taschen oder Beutel. Ähnliche, aber größere Exemplare entdeckte man zwar im Schiffsgrab von Sutton Hoo, echte Schuhschnallen sind gleichwohl erst ab 1350 bekannt. Die wenigen Grabstätten mit möglichen Strumpfband- oder Schuhverschlüssen liegen hauptsächlich im Süden und Osten des Landes, wobei die Fundstücke viel einfacher gearbeitet sind als jene aus Kontinentaleuropa. Eindeutige Gegenbleche fand man nur im Männergrab 95 in Finglesham (Kent). Größe und Anordnung der Prittlewell-Schnallen legen nahe, dass der Verstorbene Beinlinge und Hausschuhe mit Haltebändern von bis zu 14 Millimetern Breite trug, die sich zu den Enden hin verjüngten, über dem Unterschenkel gekreuzt und am Spann entweder um Fuß oder Schuh gebunden waren. Das durch Prittlewell belegte Schuhwerk aus dem späten 6. oder frühen 7. Jahrhundert zählt zu den ältesten derartigen Funden in Männergräbern Nordwesteuropas und ist für seine Zeit äußerst aufwendig gefertigt, obwohl es viel schlichter als die Funde vom Kontinent ist und keine Riemenzungen aufweist.

Lyn Blackmore

| Lit.: Doppelfeld 1980, S. 284–289; Bruce-Mitford 1983, Bd. 3, S. 758–787, S. 789–810 (East); Marzinzik 2003, S. 51f.; Hawkes/Grainger 2006; Périn 2009, S. 178–181; Cameron/Mould 2011, S. 108–114

158 Blauer Glasbecher

Angelsächsisch, spätes 6. bis frühes 7. Jahrhundert
Prunkgrab von Prittlewell, Southend-on-Sea (Essex)
Gedrungenes bauchiges Trinkgefäß aus blauem Glas – aufgesetztes Dekor aus vier dicken gleichfarbigen Strängen, die um die Standfläche sieben Ausbuchtungen und über dem Korpus ein Gitternetz bilden (elf Zellen pro Reihe) – zerbrochen, aber vollständig; unten leicht abgenutzt – H. ca. 8,1–8,3 cm, Dm. ca. 12,2 cm (ohne Stränge); gut 326 g
Southend-on-Sea, Southend Museums Service, Inv.Nr. EX-PR003 [246] <34>

Bei diesem Objekt handelt es sich um einen von zwei seltenen blauen Glasbechern aus Evisons Gruppe 66, die zusammen mit weiteren Trinkgefäßen an der Ostwand der Grabkammer aufgestellt waren (Abb. 18). Nur 13 Becher in dieser Form sind bekannt, davon stammen zehn aus dem Südosten Englands, einer aus Wales und zwei aus Norwegen; die einzigen beiden anderen Paare stammen aus Broomfield (Essex) und Aylesford (Kent). Alle Fundstätten lassen sich auf das späte 6. oder frühe 7. Jahrhundert datieren und bei mindestens drei von ihnen handelt es sich um Prunkgräber: Broomfield, Grabhügel Nr. 1 in Sutton Hoo (Suffolk) und Cuddesdon (Oxfordshire). Die Prittlewell-Funde sind unter den bekannten Stücken die größten und schwersten; chemische Analysen belegen, dass sie aus Natronglas bestehen, das bis etwa 536–550 die vorherrschende Glassorte war, und dass es sich bei ihnen um ein echtes Paar handelt, das aus derselben Rohmasse gefertigt wurde. Die Becher aus Broomfield und Aylesford sind zwar auch aus Natronglas, jedoch in einem anderen Mischungsverhältnis; ein Fundstück aus Deal (Kent) ist hingegen nach einer späteren Glasrezeptur angefertigt, obwohl es aus der gleichen Periode stammt.

Die Seltenheit derartiger Formen in Nordeuropa stützt die These von einer englischen Produktion. In der Tat scheint es sehr wahrscheinlich, dass alle Gefäße in Kent angefertigt wurden, und zwar eher mit Kobalt vom östlichen Mittelmeer als aus wieder eingeschmolzenem römischen Glas; auch das Gitterdekor könnte diesen Ursprung haben. Möglicherweise gelangte die Vorliebe für blaues Glas und Gitterdekors durch Kontakte der Oberschicht von Italien aus nach England (ähnliche Verzierungen finden sich auf Trinkhörnern aus Castel Trosino und Nocera Umbra); die aufkommenden Handelsbeziehungen gegen Ende des 6. Jahrhunderts dürften dieser Entwicklung noch Vorschub geleistet haben. Gefäße aus Natronglas kommen nur in Grabstätten von höchstem Rang vor. Die geringe Anzahl blauer Trinkbecher mit Gittermuster lässt vermuten, dass sie nur über einen kurzen Zeitraum für eine kleine Elite hergestellt wurden und möglicherweise innerhalb der Familie und/oder als Hochzeitsgeschenke weitergegeben wurden. Abnutzungserscheinungen am unteren Teil zeigen, dass die Becher tatsächlich benutzt wurden und nicht nur als Zierde dienten; vielleicht wurden sie von Generation zu Generation weitergereicht. Bisher fand sich noch kein Bezug zum christlichen Glauben und ihr – besonders paarweises – Auftreten in Grabkammern lässt auf eine zeremonielle Verwendung bei Festmahlen schließen. Lyn Blackmore

| Lit.: Rademacher 1942; Fremersdorf 1955/56; Stephens 2006; Evison 2008a; Evison 2008b; Freestone/Hughes/Stapleton 2008

159

159 Grüner Glasbecher

Angelsächsisch, spätes 6. bis frühes 7. Jahrhundert
Prunkgrab von Prittlewell, Southend-on-Sea (Essex)
Gedrungenes doppelkonisch-bauchiges Trinkgefäß mit kürzerem Oberteil, naturgrünes Glas – ein gleichfarbiger Strang windet sich spiralförmig achtmal im Uhrzeigersinn um Hals und Schulter; um die Standfläche bildet ein zweiter Strang fünf unterschiedlich große Ausbuchtungen – zerbrochen, aber fast vollständig, geringe Abnutzungsspuren – H. 7,1–7,3 cm, max. Dm. ca. 7,9 cm, Glasdicke 1 mm; gut 85 g
Southend-on-Sea, Southend Museums Service, Inv.Nr. EX-PR003 [246] <36>

Hierbei handelt es sich um einen von zwei Bechern aus Evisons Gruppe 63 aus naturgrünem Glas, die zusammen mit anderen Trinkgefäßen an der Ostwand der Grabkammer aufgestellt waren (Abb. 18). Diese Glasbecher sind in sehr viel geringerem Maße als die größeren blauen ein echtes Paar; der vorliegende Fund ist der kleinere und besser verarbeitete von beiden. Es handelt sich hier um die vorherrschende Glasgefäßform des späten 6. bis frühen 7. Jahrhunderts, wahrscheinlich wurden derartige Stücke über einen Zeitraum von bis zu 100 Jahren in Faversham (Kent) angefertigt und fanden von dort aus weite Verbreitung. Zu den Prittlewell-Funden gibt es zahlreiche deutliche Parallelen. Obwohl sie in der Zeit von 550 bis 700 auch in Gräbern mit weniger prunkvoller Ausstattung vorkommen, lässt ihre Beigabe als Paar, vermutlich im Zusammenhang mit einem rituellen Festbankett, auf einen höheren Status schließen. Die chemische Analyse des grünen Glasbechers stützt diese Theorie, denn sie belegt, dass das Material viel Magnesium und Kalium enthält; diese Rezeptur kam auf, als Natron nach 536 immer knapper wurde. Unter den edelsten Produkten dieser Zeit befinden sich auch Gefäße aus diesem Glas; hier ist besonders das einzigartige Paar Trinkhörner aus Rainham (Essex) zu erwähnen. Viele andere Becher aus Evisons Gruppe 63 sind aus minderwertigem Glas, was vermuten lässt, dass derjenige, der die Prittlewell-Becher ursprünglich erwarb, ihre hohe Qualität zu schätzen wusste. Darüber hinaus befindet sich nur sehr selten mehr als ein Paar Glasgefäße in einer Grabkammer und obwohl im Prunkgrab in Taplow (Buckinghamshire) vier gläserne Rüsselbecher gefunden wurden, ist Prittlewell insofern einzigartig, als es zwei unterschiedliche Einzelpaare aufweist; auch diese Tatsache spricht für den außergewöhnlichen Status dieser Grabstätte. Lyn Blackmore

| Lit.: Webster 2007; Evison 2008a; Evison 2008b; Freestone/Hughes/Stapleton 2008; Webster 2011, S. 269

160 Deckelkanne

Östlicher Mittelmeerraum, spätes 6. bis frühes 7. Jahrhundert
Prunkgrab von Prittlewell, Southend-on-Sea (Essex)
Kupfer; gehämmert – Gefäß mit runder Öffnung, Deckel mit Kette und geschmiedetem Henkel mit Daumenstütze. Der mit Hammerabdrücken bedeckte ausladende Korpus hat einen runden Boden und eine kielförmig abgesetzte Schulter mit eingeritztem Fischgrätenmuster; unten am Hals ein plastisch abgesetzter Rand, oben drei Plättchen mit Abbildungen eines berittenen Heiligen an einem schmalen Band, dessen Enden um den Henkel gewickelt sind. – H. 21,9 cm; 1,25 kg
Southend-on-Sea, Southend Museums Service, Inv.Nr. EX-PR003 [248] <2>

Dieses Stück gehört zu einer Reihe byzantinischer Flaschen, Krüge und Kannen aus gehämmertem Kupfer, die hauptsächlich in Kleinasien und im östlichen Mittelmeerraum entdeckt wurden. Die Flaschen und Krüge wurden überwiegend in Sardes und anderswo ausgegraben und sind vorwiegend zylindrisch, während die Kannen – wie das vorliegende Gefäß – eher bauchige Formen aufweisen. Die für beide Typen charakteristischen Reihen von Hammerabdrücken legen einen Vergleich mit Keramikkochgeschirr derselben Epoche nahe, dessen Oberfläche mit eingeritzten parallelen Linien bedeckt ist.

Eine besondere Eigenart der Kannen aus Prittlewell und ähnlichen Fundstätten sind die dekorativen Plättchen mit figürlichen Abbildungen etwa der Göttin Tyche, einer Büste oder eines wehrhaften Heiligen zu Pferde, die auf einem Band um den Hals des Gefäßes angeordnet sind. Der berittene Heilige findet sich auf mindestens sechs Kannen und wurde in jüngster Zeit als Sankt Sergius identifiziert, der als christlicher Soldat um 305 in Rusafa (später Sergiopolis) in Nordsyrien den Märtyrertod starb. Der Ort wurde zu einem bedeutenden religiösen Zentrum und zog Pilger aus dem gesamten Reich und darüber hinaus an. Armbänder mit eingearbeiteten Bildnissen eines Heiligen zu Pferde sind mit dem Namen des Märtyrers graviert; der Plättchendurchmesser auf einem dieser Armbänder beträgt 3,7 Zentimeter und entspricht damit in etwa denen der Kannen (in Prittlewell 3,35 Zentimeter). Auch andere Armbänder aus dieser Zeit weisen Plättchen mit einem heiligen Reiter oder anderen Darstellungen auf, die mit heiligen Stätten in Zusammenhang stehen. Somit lässt sich vermuten, dass zumindest einige der Deckelkannen für die Trinkwasservorräte von Pilgern nach der Wüstenstadt Rusafa angefertigt wurden.

Gehämmerte Kupfergefäße waren nicht unter den Metallwaren, die wie beispielsweise gegossene Gefäße aus Kupferlegierung (Schüsseln, Krüge, Lampen) oder gehämmertem Silber (Teller, Schüsseln, Kannen) zu kommerziellen oder diplomatischen Zwecken von Byzanz nach West- und Mitteleuropa, Mittelasien oder Nubien exportiert wurden. Gelegentliche Funde in Schiffswracks gehörten zur Ausstattung der Besatzung. Die Prittlewell-Kanne könnte (von einem Pilger?) aus dem Byzantinischen Reich mitgebracht worden sein, was auch von gehämmerten Messingeimern angenommen wird, die in England gefunden wurden.   Marlia Mundell Mango

| Lit.: Walbaum 1983, S. 93–97, Taf. 34–36; Vikan 1991/92; Fowden 1999, S. 35–42; Mundell Mango 2001; Pitarakis 2005; Kat. New York 2012, Nr. 57

161 Henkelkanne

Frühbyzantinisch
Vermutlich Kleinasien oder Syrien, um 600
Kupfer; geschmiedet, getrieben – H. 17 cm
München, Sammlung C.S., Inv.Nr. 1415

Der Körper der Kupferkanne besteht aus zwei miteinander verzahnten Teilen. Ihre Schulter ist mit einem Blattkranz verziert, ihr Hals durch einen Deckel verschlossen, der sich bis zu einem Wulstring stülpen lässt. Im Deckel sitzt ein Splint mit einer Sicherungskette, die mit dem Kannengriff verbunden ist. Der Griff ist mit dem Kannenkörper verlötet und an einer um den Kannenhals gelegten Manschette mit einem Splint befestigt. Zusätzlich wird er durch einen dicken, mehrfach gewickelten und um sich selbst gewundenen Draht gesichert, der gleichfalls um den Hals geführt ist und hier zu einer zweiten Manschette breit gehämmert wurde, die aus drei großen Medaillons besteht. Sie zeigen jeweils dasselbe, durch Treibarbeit über einem Model gewonnene Motiv – einen heiligen Reiter nach links mit Kreuzstab und Banner.

Es gibt eine Reihe von typologisch gleichartigen oder ähnlichen Henkelkannen mit unterschiedlichen, meist christlichen Motiven, die im gesamten Mittelmeerraum und in den umliegenden Ländern gefunden und auf Grund der Fundumstände und der Darstellungen auf ihren Medaillons ins 6. bis 9. Jahrhundert datiert wurden (vgl. Kat. München 2004, Nr. 366–367). Der jüngste Fund mit demselben Motiv eines heiligen Reiters stammt aus dem Grab eines Königs (?), das 2003 auf dem angelsächsischen Gräberfeld bei Prittlewell in England entdeckt wurde und wohl in die erste Hälfte des 7. Jahrhunderts datiert werden kann (Kat.Nr. 160).   Christian Schmidt

| Lit.: Kat. Paderborn 2001, Nr. IV.102; Kat. München 2004, Nr. 366–367, mit Lit.; Blackmore 2008, S. 332

162 Klappstuhl

Früh- bis mittelbyzantinisch, vermutlich Kleinasien, 7.–12. Jahrhundert
Eisen; gegossen – korrodiert, Leder und Stifte an den Drehpunkten neu (die alten haben sich erhalten) – B. ca. 40 cm, L. der Stuhlbeine ca. 62 cm
München, Sammlung C.S., Inv.Nr. 2648

Zweiteiliger Klappstuhl, dessen Beinpaare sich nicht mehr wie bei früheren Exemplaren seitlich zum Sitzenden, sondern vorn und hinten x-förmig kreuzen. Auf der Oberseite der verbreiterten Querstreben jeweils drei Aussparungen zur Befestigung des Sitzleders sowie vier hoch- und drei querrechteckige Felder. Erstere sind mit je einem unterschiedlich gestalteten Perlhuhn dekoriert, letztere links und rechts mit Wellenbändern, in der Mitte mit der griechischen Inschrift +ΛEONTIOY+ bzw. – gegenüber – +ΔHAKONOY+ („[Stiftung] des Diakons Leontios"). Auch die Stuhlbeine sind außen mit Wellenbändern ornamentiert.

Klappstühle dieser Art, oft reich verziert, wurden in der Römischen Republik und im Kaiserreich als *sellae curules* bezeichnet. Sie waren Herrschaftszeichen hoher Würdenträger und Amtspersonen wie der kurulischen Magistrate, Konsuln, Praetoren, Zensoren etc. Der *flamen dialis* als Staatspriester des obersten Gottes Jupiter Optimus Maximus hatte ebenfalls Anspruch auf eine *sella curulis*. Auch wurden diese Stühle vom Senat als Ehrenbezeugung ausländischen befreundeten Königen überreicht. Ihr Ursprung wird von Livius mit den Etruskern in Verbindung gebracht, doch schon im Neuen Reich Ägyptens waren sie bekannt.

Wie die römischen Klapptische (vgl. Kat. München 2004, Nr. 355) haben sie die Antike überlebt und dienten im Mittelalter weiterhin als Hoheitsinsignien weltlicher und kirchlicher Autorität. Der Fund eines solchen Stuhls – des ersten nachrömischen Exemplars in England (Blackmore 2008, S. 333) – in einer wohl aus der ersten Hälfte des 7. Jahrhunderts stammenden Grabkammer in Prittlewell unterstreicht die Vermutung, dass der Grabherr ein König war, während das hier besprochene, von einem Diakon gestiftete Exemplar einem

210   LUX MUNDI

aus Wilton in der Grafschaft Norfolk, und man kann davon ausgehen, dass beide von Handwerkern aus East Anglia gefertigt wurden, deren Arbeiten ebenfalls im Schiffsgrab von Sutton Hoo (SHM1) vertreten sind. Andere vergleichbare Kreuze sind der Kreuzanhänger aus Holderness in East Yorkshire und das Pektoralkreuz des heiligen Cuthbert. Für diese aufwendigen Kreuze aus Gold mit Granateinlagen wurden Materialien und Techniken verwendet, die sichtbares Zeichen des gesellschaftlichen Status ihrer weltlichen Träger waren, denn sie wurden für Auftraggeber hergestellt, die an der Spitze der Gesellschaft standen. Aus Frauengräbern des 7. Jahrhunderts sind jedoch auch einfachere Kreuzanhänger aus Silber oder Silberblech um ein Herzstück aus organischem Material bekannt. Das Tragen von Anhängern und ihre Verwendung als Grabbeigaben gehörten zu den herkömmlichen angelsächsischen Kleidungs- und Begräbnisbräuchen: Kreuzanhänger zeigen, wie neue Glaubensvorstellungen in die überlieferte Kultur Eingang fanden. Ein anderer Fall liegt bei der erst kürzlich freigelegten Bettbestattung von Trumpington in Cambridgeshire vor, wo man am Hals einer jungen Frau ein Kreuz aus Gold mit Granateinlagen fand. Dieses Begräbnis fand zur gleichen Zeit wie das in Stanton statt und die beiden Kreuze weisen im Hinblick auf ihre Form und Größe zahlreiche Ähnlichkeiten auf. Das in Trumpington gefundene Kreuz war jedoch dafür gedacht, an die Kleidung genäht zu werden und wurde nicht als Anhänger getragen.

Christopher Scull

| **Lit.**: Bruce-Mitford 1974, S. 288–290; Kat. London 1991, S. 26f.; MacGregor/Bolick 1993, Nr. 24.9; MacGregor 2000

162

Bischof gehört haben dürfte. Der eiserne Klappstuhl von Prittlewell scheint, nach einem in situ gemachten Foto zu urteilen, seinen Drehmechanismus ebenfalls auf der Vorderseite zu haben (http://www.museumoflondon.org.uk/archive/exhibits/prittlewell/pages/objects.htm).

Christian Schmidt

| **Lit.**: Unpubliziert; Kat. München 2004; Blackmore 2008; Spier 2010, Nr. 128 (mit Lit.)

163   Kreuzanhänger

Angelsächsisch, 2. Viertel des 7. Jahrhunderts
Gold; Granateinlagen – der obere Arm fischschwanzförmig gestaltet; auf der Rückseite mit einer Goldscheibe und vier Nieten ausgebessert, die den oberen Arm mit dem runden Medaillon in der Mitte verbinden – H. 4,5 cm, B. 3,9 cm
Oxford, Ashmolean Museum, Inv.Nr. 1909.453

Das Kreuz wurde um 1856 von Arbeitern in Stanton bei Ixworth in der Grafschaft Suffolk freigelegt. In diesem Zusammenhang entdeckte man auch die Goldauflage einer Scheibenfibel sowie die Eisenbeschläge eines Sargs oder Betts. Das Kreuz stammt mit hoher Wahrscheinlichkeit aus dem Grab einer Frau aus der Oberschicht, die es als Ausdruck ihres Glaubens sogar mit ins Grab nahm. Machart und Stil stellen dieses Kreuz in eine Linie mit dem Kreuzanhänger

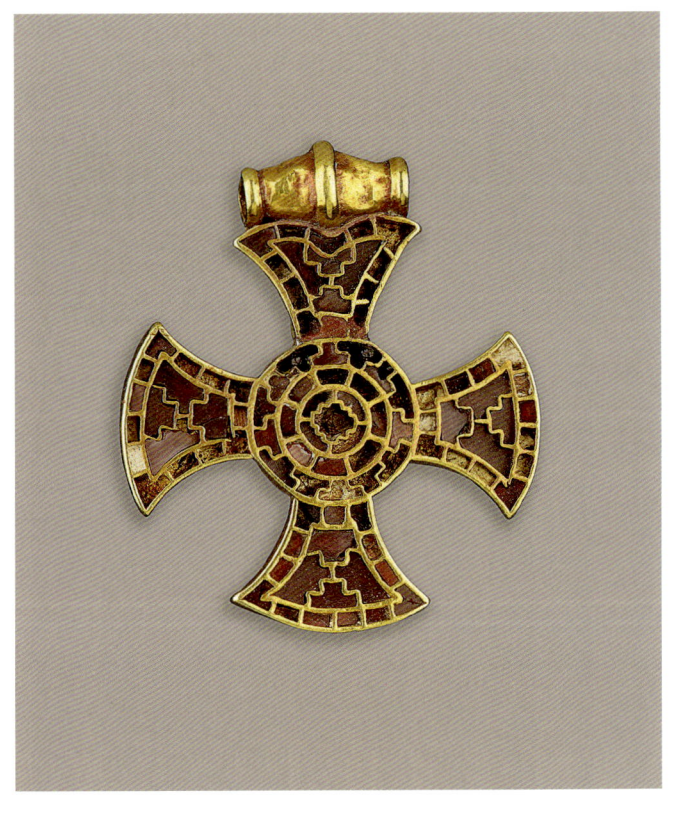

163

164 Fragment eines freistehenden angelsächsischen Steinkreuzes aus Morham (East Lothian), Schottland

Insular, 8. Jahrhundert
Sandstein – H. 103 cm, B. 30 cm, T. 21 cm
Edinburgh, On loan courtesy of the Trustees of the National Museums Scotland, Inv.Nr. X.IB 364

Dieses Fragment aus kunstvoll behauenem Stein aus der Kirche von Morham in East Lothian gehörte zum Kreuzstamm eines freistehenden angelsächsischen Steinkreuzes. Nur das obere und untere Ende sind abgebrochen. Das Ranken- und Flechtbanddekor ist für die christliche Bildhauerei Northumbriens im 9. Jahrhundert typisch.

Martin Goldberg

Das frühchristliche Irland

165 Hortfund mit römischem Goldschmuck

4.–5. Jahrhundert
Fundort: Newgrange, Grafschaft Meath
Hortfund mit Goldschmuck, bestehend aus zwei Fingerringen, zwei Armreifen und einer Halskette.

a) Armreif aus zwei umeinander gewundenen, sich zum Verschluss hin verjüngenden Goldsträngen. Der Verschluss besteht aus zwei Haken mit je einem Goldkügelchen am Ansatz. – Dm. 5,6 cm; 25,7 g
London, The British Museum, Inv.Nr. 1884.5–6.1.

b) Armreif aus zwei schmalen umeinander gewundenen Strängen und einer aus Haken und Öse bestehenden Schließe. Unterhalb der Öse befindet sich ein Kügelchen. – Dm. 8 cm; 20,66 g
London, The British Museum, Inv.Nr. 1884.5–6.2.

c) Halskette mit 50 doppelt gelegten achtförmigen Gliedern aus Golddraht. Die Schließe besteht aus Haken und Öse. – L. 35,9 cm; 11,46 g
London, The British Museum, Inv.Nr. 1884.5–20.4.

d) Fingerring mit Schiene aus drei übereinandergelegten Perldrähten. Die breiten Schultern zeigen Spiralenpaare, die mit kleinen Goldkügelchen durchsetzt sind. Den Ringkopf bildet eine ovale Kastenfassung, deren Rand durch mehrere schräg angesetzte Kerbungen wie Perldraht wirkt; in der Fassung sitzt ein schlichter blauer Stein, der sich als Niccolo (blauer Onyx) identifizieren lässt. – Dm. 2,5 cm; 11,98 g
London, The British Museum, Inv.Nr. 1884.5–20.5.

e) Fingerring mit schmaler, flacher, geriffelter Schiene mit Perldraht an beiden Rändern. Die breiten Schultern zeigen Spiralenpaare (eines fehlt), die mit kleinen Goldkügelchen durchsetzt sind. Der Ringkopf besteht aus einer Kastenfassung, der Rand ist zum Teil abgebrochen und wirkt durch schräg angesetzte Kerbungen wie Perldraht. In der Fassung sitzt ein gesprungener, schlichter blauer Stein, der sich als Niccolo (blauer Onyx) identifizieren lässt. – Dm. 2,5 cm; 8,48 g
London, The British Museum, Inv.Nr. 1884.5–20.6.

Das prähistorische Hügelgrab in Newgrange ist der Fundort von Irlands größter und kostbarster Sammlung römischer Objekte, darunter um die 25 Münzen. Die vorherrschenden Materialien sind Gold und Silber und die Objekte werden als Votivgaben im Zusammenhang mit einem Kult um den Eingang des Hügelgrabs und die Megalithe davor interpretiert.

Ein Vergleich der einzelnen Schmuckstücke dieses Hortes mit Objekten aus anderen Horten des späten 4. und frühen 5. Jahrhunderts in Großbritannien (Thetford, Norfolk) und auf dem Kontinent (Beurains, Arras) liegt nahe. Der Hortfund von Newgrange besteht

165 a–e

aus zwei Fingerringen, zwei Armreifen und einer Halskette, könnte also aus dem Besitz einer Einzelperson stammen, die – der Größe der Ringe und Armreifen nach zu schließen – weiblich gewesen sein dürfte. Während einige der anderen Votivgaben von Newgrange, wie etwa Goldmedaillons (Kat.Nr. 167), beinerne Spielwürfel, eine offene Ringfibel oder Teile einer Pferdetrense (Kat.Nr. 171), als Gaben eines Mannes betrachtet werden können, stammen die anderen in Newgrange gefundenen Fingerringe wahrscheinlich auch von Frauen. Diese bemerkenswerte Tatsache lässt sich mit der „Confessio" des heiligen Patrick in Zusammenhang bringen, denn dort schreibt er über „die Jungfrauen Christi und die religiösen Frauen, die mir von sich aus Geschenke brachten und ihre Schmuckstücke auf dem Altar ausbreiteten. Ich gab sie ihnen wieder zurück (...)". Möglicherweise dachte Muirchú, der im 7. Jahrhundert eine Vita des heiligen Patrick verfasste, bei seiner Beschreibung der Gegend um Newgrange und des Königreichs Brega als Zentrum des Heidentums und der Götzenverehrung an Kultstätten wie das Hügelgrab von Newgrange. Anders als die Stücke aus Gold und Silber vom Fuß des Hügels (Kat.Nr. 166), die offenbar einzeln vor dem Eingang zu dem Hügelgrab deponiert wurden, handelt es sich bei dem Hortfund um ein Ensemble persönlichen Schmucks, das als Ganzes abgelegt wurde. Antiquarischen Quellen zufolge lag der Fundort der 1842 entdeckten Objekte am Fuß eines der Megalithe oberhalb des Eingangs (Herity 1967, Taf. II, a). Dieser Zusammenhang ist insofern bedeutsam, als in Newgrange auch viele andere römische Objekte nahe bei der Megalithenreihe um den Fuß des Hügels entdeckt wurden. Die Konzile von Arles (452), Tours (567), Nantes (658) und Toledo (681, 682) verurteilten die Verehrung von Bäumen, Quellen und Steinen. In der keltischen Mythologie galt Newgrange als Eingang zur Unterwelt; bei allen Funden – dem Hort sowie den Einzelfunden von Münzen, Schmuck und anderen Objekten – handelt es sich um Votivgaben, die an dieser heidnischen Kultstätte niedergelegt wurden.

Raghnall Ó Floinn

| **Lit.:** Conyngham 1842; Topp 1956; Herity 1967; Bateson 1973, S. 70f.; Kat. London 1977, S. 128f.; Carson/O'Kelly 1977, S. 53f.

166 Römische Münzen

Newgrange, Grafschaft Meath, 1.–4. Jahrhundert

a) Denarius des Kaisers Domitian

Rom, 92/93
Silber
Av. IMP CAES DOMIT AVG GERM P M T R P XII
    Kopf mit Lorbeerkranz r.
Rev. IMP XXII COS XVI CENS P P P
    Minerva auf Prora r., einen Speer schwingend und ein Schild haltend; auf Prora eine Eule
Dublin, The National Museum of Ireland, Inv.Nr. E56:561

b) Antonianus des Kaisers Probus

Rom, 276–282
Kupfer
Av. IMP PROBVS P F AVG
    Büste mit Strahlenkrone l. und kaiserlichem Umhang, in der rechten Hand ein Zepter mit Adler an der Spitze haltend
Rev. ROMAE AETER R) – (A
    Roma l., Victoria und ein Zepter haltend, in einem Tempel mit sechs Säulen sitzend
Dublin, The National Museum of Ireland, Inv.Nr. E56:560

c) Aureus des Kaisers Maximian
Trier, 295–305
Gold
Av. MAXIMIANVS AVG
   Kopf mit Lorbeerkranz r.
Rev. VIRTVS AVGG TR
   Herkules l. stehend, schwingt eine Keule und ringt mit einer Hydra
Dublin, The National Museum of Ireland, Inv.Nr. E56:577

d) Aureus des Kaisers Maximian
Trier, 295–305
Gold
Av. MAXIMIANVS AVG
   Kopf mit Lorbeerkranz r.
Rev. IOVI CONSERVATORI PTR
   Sitzender Jupiter l., einen Donnerkeil und ein Zepter haltend, zu seinen Füßen ein Adler
Dublin, The National Museum of Ireland, Inv.Nr. E56:1736

e) Solidus des Kaisers Constantinus I.
Trier, 335/336
Gold
Av. CONSTANTINVS P F AVG
   Kopf mit Lorbeerkranz und Rosette r.
Rev. VITRVS EXERCITVS GALL TR
   Behelmter Mars mit Trophäe und Speer nähert sich von rechts. Zwei Gefangene sitzen links und rechts zu seinen Füßen.
Dublin, The National Museum of Ireland, Inv.Nr. E56:649

f) Solidus des Kaisers Gratian
Trier, 367–375
Av. D N GRATIANVS P F AVG
   Drapierte Büste mit Brustpanzer und Perlendiadem r.
Rev. VICTORIA AVGG TROBT
   Zwei frontal thronende Kaiser halten gemeinsam einen Globus, hinter ihnen die geflügelte Victoria, unter und zwischen ihnen ein Palmzweig
Dublin, The National Museum of Ireland, Inv.Nr. E56:647

g) Solidus des Kaisers Arcadius
Mailand, 383–408
Gold
Av. D N ARCADIVS P F AVG
   Drapierte Büste mit Brustpanzer und Perlendiadem r.
Rev. CONCORDIA AVGGG MDOB
   Constantinopolis sitzend r. Er hält ein Zepter und einen Schild mit der Inschrift VOT/V/MVLT/X auf eine Säule gestützt; rechter Fuß auf Prora.
Dublin, The National Museum of Ireland, Inv.Nr. E56:963

Die hier gezeigten Münzen sind eine Auswahl derer, die in der Nähe des Eingangs zum wichtigsten neolithischen Ganggrab in Newgrange in der Grafschaft Meath gefunden wurden. Hier entdeckte man Kupfer-, Silber- und Goldmünzen von mindestens 13 römischen Kaisern, die zusammen mit persönlichen Schmuckobjekten als Votivgaben vor allem in der Nähe der drei Megalithe vor dem Eingang deponiert waren. Die Megalithe sind Teil eines großen Steinkreises, der offenkundig zu dem Ganggrab gehörte, das in der Späteisenzeit vom 1. bis 5. Jahrhundert als heilig galt. Die als „Brú na Bóinne" (der jenseitige Wohnsitz am Fluss Boyne) bekannte Kultstätte stand mit dem Gott Dagda und seinem unehelichen Sohn Aongus in Verbindung, den er mit der Göttin des Flusses Boyne – der Flussfrau Boann – zeugte. Wenn die heidnischen Iren tatsächlich, wie der heilige Patrick schreibt, dem Sonnenkult anhingen, muss Newgrange eine besondere Bedeutung gehabt haben. Das Monument ist so angelegt, dass die Strahlen der aufgehenden Sonne zur Wintersonnenwende durch den Gang fallen und die Grabkammer erleuchten. Symbolisch stellt dieser Akt die geschlechtliche Vereinigung des Sonnengottes mit der Erdgöttin dar. Die Bittsteller, die die hochwertigen, aus dem Römischen Reich importierten Waren als Opfergaben am Grabeingang hinterließen, standen aller Wahrscheinlichkeit nach mit dem nahegelegenen königlichen Zentrum Tara in Verbindung, wo man ebenfalls importierte Objekte aus dem Römischen Reich entdeckte. Die römischen Funde aus Newgrange stammen aus einer Zeit, in der die Iren Elemente der römischen Kultur und Technik übernahmen.

Eamonn P. Kelly

| **Lit.:** Carson/O'Kelly 1977

167 Einseitig geprägtes Goldmedaillon

Trier, ca. 318–320
Fundort: Newgrange, Grafschaft Meath
Gold; geprägt, gelocht – Dm. 2,1 cm; Öse L. 0,5 cm, B. 0,3 cm
Dublin, The National Museum of Ireland, Inv.Nr. E56:476

Einseitig geprägtes Goldmedaillon aus der Münzstätte Trier mit der Büste von Constantin II. r. mit Helm und Brustpanzer; die Inschrift lautet: FL CL CONSTANTINVS IVN NOB C. Unter der inzwischen abgeflachten Anhängeröse des Medaillons befinden sich am Ende der Scheibe zwei runde Lochungen.

Das Medaillon wurde zusammen mit anderen Votivgaben in der Nähe des Eingangs zum wichtigsten Ganggrab in Newgrange in der Grafschaft Meath gefunden. Diese einseitig geprägten Medaillons, die von offiziellen Münzstätten geschlagen wurden, sind die ersten Vertreter dieses Typs und wurden offenkundig zu besonderen Anlässen hergestellt; die großen Gewichtsschwankungen deuten darauf hin, dass sie nicht als Währung, sondern als Schmuckstücke dienten. Dass die Medaillons auf dem Revers ohne Prägung waren und alle entweder mit einer Lochung oder einer Anhängeröse versehen sind, stützt diese Vermutung. Die meisten Exemplare wurden jenseits der Grenzen des Römischen Reichs gefunden, was darauf hindeutet, dass sie möglicherweise der finanziellen Unterstützung der „Barbaren" dienten. Auch wenn sie von der Form her Münzen ähneln, waren sie als Schmuckobjekte konzipiert und entsprachen dem Geschmack der „Barbaren", die kein Münzsystem besaßen und römische Münzen als Körperschmuck trugen. Möglicherweise wurden die Medaillons aber auch als Zahlungsmittel für die *Laeti* benutzt, die Truppen „barbarischer" Herkunft, die im Römischen Reich lebten und mit ihren Verwandten jenseits der Grenze Kontakt pflegten.

Eamonn P. Kelly

| Lit.: Carson/O'Kelly 1977; Bland 2012

168 Goldener Fingerring

Römisch (?), 1.–4. Jahrhundert
Fundort: Newgrange, Grafschaft Meath
Gold; gekerbt – äußerer Dm. 2,4 cm; innerer Dm. 2,0 cm
Dublin, The National Museum of Ireland, Inv.Nr. E56:530

Goldener Fingerring, die Schiene durch Einkerbungen gegliedert. Die Schultern des rautenförmigen Ringkopfes weisen Längsrillen auf. Die Fassung ist leer.
Der Ring wurde zusammen mit anderen Votivgaben in der Nähe des Eingangs zum wichtigsten Ganggrab in Newgrange in der Grafschaft Meath gefunden. Ähnlichkeiten mit anderen Fingerringen sind kaum zu erkennen. Der Ring stammt nicht aus einer irischen Werkstatt, und obwohl der rautenförmige Ringkopf keine übliche römische Form ist, nimmt man an, dass der Ring aus dem Römischen Reich importiert wurde.

Eamonn P. Kelly

| Lit.: Carson/O'Kelly 1977

169 Spiralreif

2. Jahrhundert
Fundort: Newgrange, Grafschaft Meath
Kupferlegierung; gekerbt – innerer Dm. 5,1 cm; äußerer Dm. 6,2 cm
Dublin, The National Museum of Ireland, Inv.Nr. E56:983

Kleiner spiralförmiger Reif aus zwei übereinander liegenden Strängen aus Kupferlegierung mit schmal zulaufenden Enden; im Querschnitt oval. Die quer verlaufenden Einkerbungen am oberen und unteren Rand haben eine gliedernde Wirkung.
Der Reif wurde zusammen mit anderen Votivgaben am Eingang des wichtigsten Ganggrabes in Newgrange in der Grafschaft Meath gefunden. Das kleine Format des spiralförmigen Schmuckstücks deutet an, dass es eher am Handgelenk als am Oberarm getragen wurde. Allerdings ist es zweifellos mit dem Armreif von der heiligen Quelle von Phoenixtown (Kat.Nr. 173) verwandt und stammt wahrscheinlich aus etwa der gleichen Zeit.

Eamonn P. Kelly

| Lit.: Carson/O'Kelly 1977, S. 52, Taf. IX

170 Goldstreifen, Teil eines Schlaucharmbands

Römisches Reich (?), 1.–4. Jahrhundert
Fundort: Newgrange, Grafschaft Meath
Gold; geritzt, punziert – L. 4,4 cm; B. 1,08 cm
Dublin, The National Museum of Ireland, Inv.Nr. R1546

Entdeckt 1863 in der Nähe des Eingangs zum Ganggrab. Der abgeflachte Goldstreifen war Teil eines Schlaucharmbands. Er besteht aus zwei Bändern, die an den Rändern gefalzt und zusammengelötet sind. Die Reihe kurzer Querrillen wirkt wie eine Rändelung an der Verbindungsnaht. Die eine Seite ist schmucklos, während die andere zwei Felder mit Verzierungen aufweist. In dem einen Feld ist ein Gitter aus eingeritzten Rauten zu sehen, wobei jede Raute ein Kreuzmotiv mit gleichmäßig verteilten Punktpunzen zwischen den Kreuzbalken zeigt. In dem anderen Feld sind Pflanzen- und Blattornamente zu sehen, wobei sich das Kreuz- und Punktmotiv mindestens einmal wiederholt. Die beiden verzierten Bereiche sind durch eine Reihe bogenförmiger Wulste mit kurzen, diagonalen Querrillen voneinander getrennt.

Das Armband wurde aus dem spätrömischen Reich importiert; aus Rom sind schlichte, schmucklose Schlaucharmbänder bekannt.

Eamonn P. Kelly

| **Lit.:** Armstrong 1933, S. 46, 99; Carson/O'Kelly 1977, S. 54, Taf. VIIIb; Janiszweski 2001

171 Teil des Gebissstücks einer Trense

1.–4. Jahrhundert
Fundort: Newgrange, Grafschaft Meath
Bronze; gegossen – L. 5,3 cm
Dublin, The National Museum of Ireland, Inv.Nr. E56:956

Das Teil des Gebissstücks einer Trense aus Gussbronze besteht aus dem Stück eines Seitengliedes mit abgerundetem, löffelförmigem Ende. Auf der einen Seite ist eine Öse angebracht, durch die ursprünglich ein Ring gesteckt wurde. Die Öse ist durch den Kontakt mit dem Ring allerdings stark abgerieben. Die gegenüberliegende Seite weist eine Längsrippung auf.

Der Fund wurde mit anderen Votivgaben in der Nähe des Eingangs zum wichtigsten Ganggrab in Newgrange in der Grafschaft Meath geborgen. Das Objekt wurde nicht eindeutig stratifiziert und kann daher nicht genau datiert werden. Es entspricht Haworths Typ F, der typologisch gut entwickelt ist, und stellt möglicherweise ein spätes Beispiel der Reihe irischer Trensen-Gebissstücke aus der Eisenzeit dar. Das Objekt wurde absichtlich durchtrennt, möglicherweise um es vor dem Ablegen unbrauchbar zu machen. Es wurde zusammen mit dem Fragment eines zweiten Trensen-Gebissstücks aus Gussbronze gefunden (NMI E56:957), das ähnlich zerschnitten war. Rafterys Ansicht nach handelt es sich bei den Objekten um Ausschuss von Metallarbeitern; wahrscheinlicher ist jedoch, dass sie Votivgaben darstellten. Pferdegeschirr stellt unter den Eisenzeitobjekten aus Irland die größte Einzelkategorie dar. Sie umfasst vor allem Gebissstücke, aber auch Y-förmige Stücke, die möglicherweise beim Lenken eine Rolle spielten. Auch wenn viele dieser Objekte unbekannter Herkunft sind, scheinen sie aus Horten mit Votivgaben zu stammen. Pferdekult und Reiterparaden waren im eisenzeitlichen Irland ein wichtiger Teil der Amtseinführung neuer Könige, und die Hortfunde stehen möglicherweise mit königlichen Ritualen in Zusammenhang. Diese könnten auch den Hintergrund für die Teile der Gebissstücke von Trensen und für andere eisenzeitliche Votivgaben aus Newgrange bilden.

Eamonn P. Kelly

| **Lit.:** Haworth 1971, S. 46; Carson/O'Kelly 1977, S. 52, Taf. IX; Raftery 1983, Bd. 1, Nr. 197, S. 41f. (Text); Bd. 2, Abbildungen, Karten: Abb. 39.107

172 Fibel

1. Jahrhundert
Fundort: St.-Anna-Kapelle und heilige Quelle, Randalstown, Grafschaft Meath
Kupferlegierung – L. 4,38 cm
Dublin, The National Museum of Ireland, Inv.Nr. E149:458

Kleine, schlichte römische Fibel aus Kupferlegierung mit T-förmigem Kopf, flachem und sich verjüngendem Bügel und einem spitzen, dreieckigen Fuß, der heute beschädigt ist. Die Nadel fehlt.

Die Fibel wurde bei einer mittelalterlichen Kapelle in der Nähe einer heiligen Quelle entdeckt. Direkt bei der Quelle fand man eine Randscherbe einer kleinen Terra-sigillata-Schale, die aus einer südgallischen Manufaktur aus dem 1. oder 2. Jahrhundert stammt.

Man vermutet, dass die Quelle ursprünglich der keltischen Göttin Anu geweiht war, mit dem Aufkommen des Christentums jedoch zu Ehren der heiligen Anna umgewidmet wurde. Sie befindet sich in der Nähe der keltischen Versammlungsstätte von Tailtiu (dem heu-

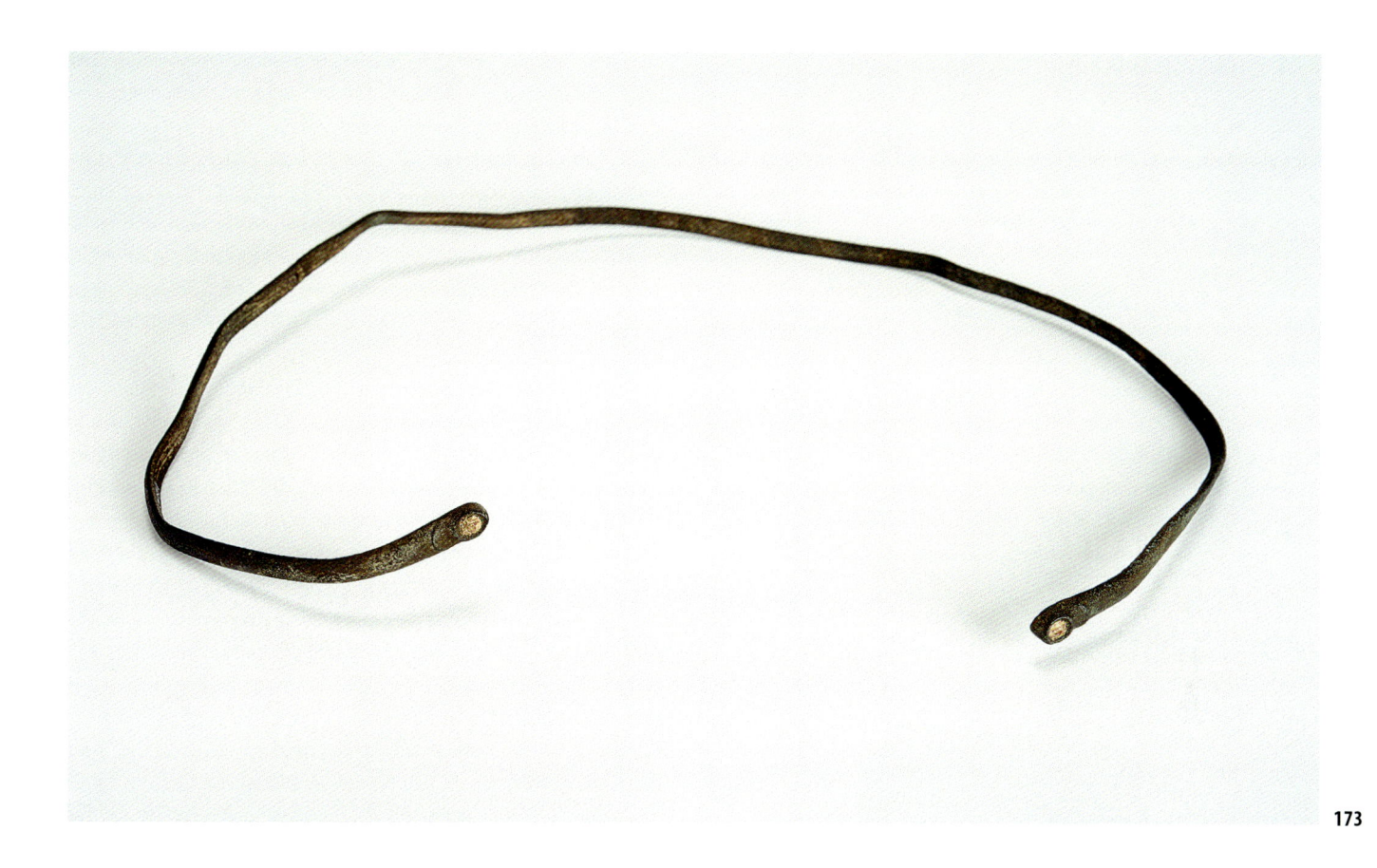

tigen Teltown) und gehört möglicherweise zu einer zusammenhängenden Gruppe heidnischer Stätten in dieser Gegend. Anzunehmen ist außerdem ein Bezug der Quelle zu dem keltischen Gott Lugh und dem Erntefest Lughnasa, da der 26. Juli – das Fest der heiligen Anna – dicht am Tag des Lughnasa-Festes liegt (heute wird es an dem Sonntag gefeiert, der dem 1. August am nächsten liegt). In der heidnischen Tradition Irlands galten Quellen als Tor zur Unterwelt und waren daher Kultstätten. Denkbar ist auch, dass die Römer in den ersten Jahrhunderten nach der Zeitenwende heidnische Quellenkulte nach Irland brachten. Saint Anne's Holy Well, die heilige Quelle von Sankt Anna, blieb bis in die 1980er-Jahre eine christliche Kultstätte.
Eamonn P. Kelly

| **Lit.:** Hawkes 1982, S. 65, Abb. 11.2; Kelly 1976; Kelly 2002

173 Armreif

2. Jahrhundert
Fundort: neben einer heiligen Quelle, Phoenixtown, Grafschaft Meath
Kupferlegierung; Emaille; geritzt – max. Dm. 23 cm, Querschnitt 0,55 cm x 0,25 cm
Dublin, The National Museum of Ireland, Inv.Nr. 1980:29

Dieser Armreif wurde verbogen, möglicherweise um als Halsschmuck zu dienen; ursprünglich war er offensichtlich spiralförmig gewunden. Der Reif besteht aus einem durchgängigen Strang aus Kupferlegierung mit D-förmigem Querschnitt, der zu den abgerundeten Enden hin etwas breiter wird. Beide Enden sind mit einer runden Einlage aus roter Emaille geschmückt; der heute abgeblätterte Zellenschmelz fügt sich in den plastisch gestalteten Umriss eines Vogelkopfes. Entlang der Längsachse jeder der beiden Hauptseiten verlaufen zwei Ritzlinien, die heute stark verrieben sind.

Der Armreif wurde in nächster Nähe einer heiligen Quelle gefunden, die dem Bericht nach an einem „Steinbogen" entsprang. Phoenixtown liegt weniger als zwei Kilometer südwestlich von Teltown und etwa fünf Kilometer westlich von Saint Anne's Holy Well, der heiligen Quelle von Sankt Anna, in Randalstown. Unmittelbar im Süden der heiligen Quelle von Phoenixtown erhebt sich der Faughan-Hügel, das angebliche Grab des legendären Königs von Tara, Niall mit den Neun Geiseln.

Der Armreif von Phoenixtown steht in Zusammenhang mit einem weiteren Spiralarmreif, der bei Drainagearbeiten am Zusammenfluss von Deel und Boyne in Ballymahon in der Grafschaft Meath gefunden wurde. Dieser zweite Armreif, der möglicherweise auch eine Votivgabe war, weist im Hinblick auf seine Form und Ornamente Einflüsse des nördlichen Britanniens auf. Das Tragen von Armreifen könnte bei Männern ein wichtiges Statussymbol gewesen sein; die Darstellung von Vögeln auf den Enden dürfte mit dem Sonnenkult zusammenhängen.
Eamonn P. Kelly

| **Lit.:** Kelly 2002

174 Stele mit Ogham-Inschrift und Kreuz

Aglish, Grafschaft Kerry, 5.–7. Jahrhundert
Stein (Grauwacke), auf zwei Kanten und einer Seite behauen – durch Schäden auf der Oberfläche des Steins ist die Ogham-Inschrift unvollständig – H. 93 cm, B. 26 cm
Dublin, The National Museum of Ireland, Inv.Nr. W1

Der Stein trägt eine unvollständige Ogham-Inschrift und ein Kreuz, wobei die Inschrift älteren Datums ist. Eine mögliche Transkription lautet: …MAQI MAQ [I…] GGODI K[OI] („… der Nachkomme des … Got … [liegt] hier"). Wohl zu einem späteren Zeitpunkt wurde die Stele auf den Kopf gestellt und mit einem eingemeißelten Malteserkreuz versehen, das von einem erhaben gestalteten Kreis umschlossen ist. Vermutlich im Zuge dieser Ergänzung ging ein Teil der ursprünglichen Inschrift verloren, sodass der Vorname nicht mehr erkennbar ist. Direkt unterhalb des senkrechten Kreuzbalkens findet sich die Abbildung eines Speeres, der links und rechts von je einer (heute verwitterten) Swastika flankiert wird. Diese können als Symbole der Auferstehung gedeutet werden.

Die Ogham-Schrift ist die älteste bekannte Schrift Irlands. Ihre „Buchstaben" bestehen aus Gruppen von längs der Kanten eines Steins eingeschnittenen Kerben. Manchmal wurde auch eine senkrechte Grundlinie in den Stein gemeißelt, an der sich die Inschrift orientiert. Der Schlüssel zur Entzifferung der Ogham-Schrift ist in der als Buch von Ballymote bekannten späteren mittelalterlichen Handschrift überliefert.

Über 400 erhaltene Steininschriften sind bekannt. Ogham-Steine aus Teilen Englands, Schottlands und Wales' bezeugen den Einfluss Irlands auf diese Gebiete. Die Mehrzahl der Inschriften nennt Personennamen. Viele dieser Steine waren wohl einfache Grabmäler, jedoch dürften einige zur Kennzeichnung von Grundstücksgrenzen oder Landschenkungen gedient haben. Ogham-Inschriften auf Stein wurden vermutlich in Anlehnung an die spätrömischen Grabinschriften entwickelt. Die Schrift wurde letztendlich vom lateinischen Alphabet verdrängt, das sich durch die Ausbreitung des Christentums und die wachsende Verfügbarkeit von Buchhandschriften zunehmend durchsetzte.

Die meisten Ogham-Steine finden sich im Südwesten Irlands und sind in die Zeit zwischen dem 5. und dem 7. Jahrhundert zu datieren. Dieser Stein wurde bei der Kirchenanlage von Aglish auf der Dingle-Halbinsel in der Grafschaft Kerry gefunden.   Maeve Sikora

| **Quelle:** Corpus Inscriptionum Insularum Celticarum, S. 137f.
| **Lit.:** Kat. Dublin 1983, S. 115f. (Nessa O'Connor); Cuppage 1986; Kat. Dublin 2002, S. 180; Kat. Kerry 2010, hier S. 6, S. 10 (Fionnbarr Moore)

175 Fragmente von Steinplatten mit Kreuzen

Caherlehillan, Grafschaft Kerry, 6. Jahrhundert
Steinfragmente – H. 21,5 cm, B. 30,5 cm, T. 3,2 cm; H. 26 cm, B. 14 cm, T. 4,3 cm
Dublin, The National Museum of Ireland, Inv.Nr. 93E73:685-6

Fragmente vom oberen Teil zweier Sandsteinplatten mit eingeritzten Kreuzen. Beide lassen ein Malteserkreuz in einem Rad erkennen, wobei über dem einen Radkreuz ein Vogel mit aufgefächertem Schwanz und übergroßem, nach unten weisendem Schnabel zu sehen ist, unter dem zweiten eine Kurvenlinie. Die Fragmente wurden in der Nähe einer frühen christlichen Stätte geborgen, die in das 5. bis 8. Jahrhundert datiert; vom gleichen Ort ist eine vollständige Platte mit ähnlicher Ornamentierung bekannt.

Auf der vollständigen Platte ist ein von einem Rad umgebenes Malteserkreuz auf einem dekorativen Stamm zu sehen; in ihrer Gesamtheit erinnert die Form an ein Flabellum, den liturgischen Fächer der frühen Kirche im Mittelmeerraum. Über dem Kreuz befindet sich ein stilisierter Vogel in Seitenansicht mit langen Beinen und einem breiten Schwanz, der als vereinfachte Darstellung eines Pfaus interpretiert werden kann, einem im Mittelmeerraum weit verbreiteten christlichen Symbol. Schon weil seine Schwanzfedern gelegentlich bei der Herstellung liturgischer Fächer verwendet wurden, besteht ein enger Bezug zwischen Pfau und Flabellum. Die auf der Seite liegenden S-förmigen Motive unterhalb des Radkreuzes stehen für die Anhänger oder Quasten, die von manchen Flabella herabhingen. Insgesamt umfasst die Darstellung ein mediterranes Flabellum unter einem Pfau und es ist sehr wahrscheinlich, dass es sich bei den Fragmenten von dem gleichen Fundort um Teile ähnlicher Steinplatten handelt.

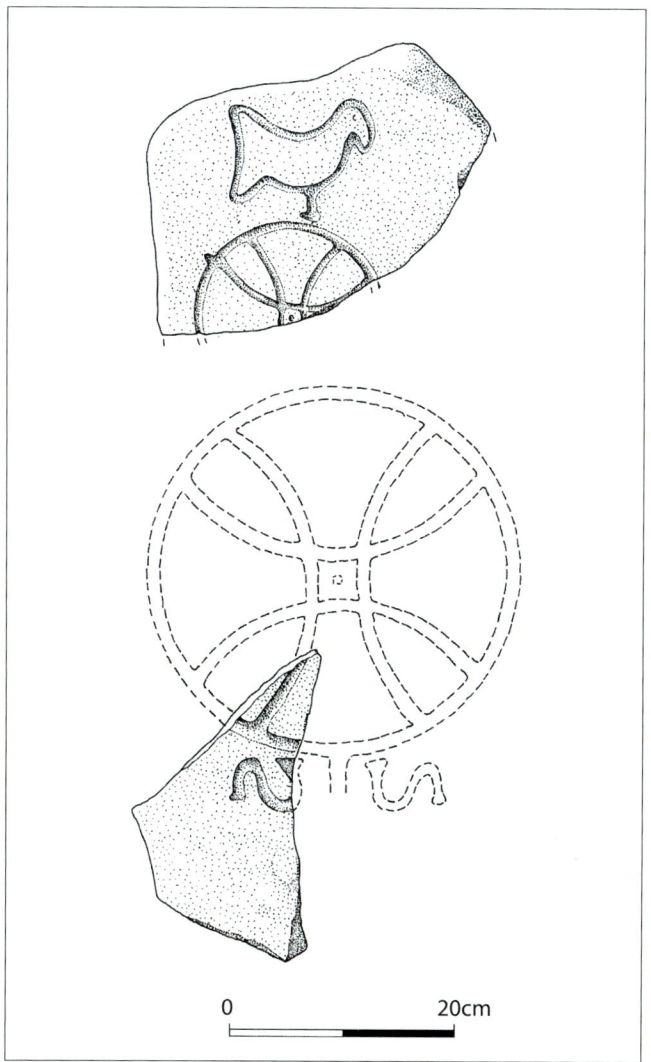

Pfauen sind auf den Steinplatten des frühmittelalterlichen Irlands sehr selten; gesicherte Belege stammen ausschließlich aus dem Südwesten der Insel. Das Auftreten von Flabella im Zusammenhang mit Pfauen auf den Steinplatten von Caherlehillan ist insofern von Bedeutung, als diese Ikonographie fest im Mittelmeerraum verwurzelt ist. An diesem Fundort wurde auch Keramik aus dem östlichen Mittelmeerraum entdeckt, die in das späte 5. oder frühe 6. Jahrhundert datiert.

John Sheehan

| Lit.: Richardson 1993; Sheehan 2009, S. 200–202

176 Keramikscherben, spätrömische Amphore I

Caherlehillan, Grafschaft Kerry, Mitte 5. – Ende 6. Jahrhundert
Dublin, The National Museum of Ireland, ohne Inv.Nr.

Keramikscherben von einer B-ii-Amphore. Das hohe, schmale Gefäß hatte eine einfach nach außen gebogene Lippe, einen kurzen Hals und einen gerundeten Fuß und war mit horizontalen Rillen dekoriert. Das Material ist an der Oberfläche beige, die Scherben aus dem Fußbereich im Inneren hellrot. Amphoren vom Typ B – auch spätrömische Typ-1-Amphoren genannt – wurden im 5. und 6. Jahrhundert in kleinen Mengen nach Irland importiert. Die Untersuchung einer Gefäßscherbe mittels Dünnschliff ergab keine genauen Informationen zur Herkunft. Allerdings wurden B-ii-Amphoren bekanntermaßen im Südosten der Türkei, im nördlichen Syrien sowie auf Zypern und Rhodos hergestellt. B-ii-Amphoren dienten hauptsächlich der Aufbewahrung von Olivenöl und Wein. Die Anwesenheit von Amphoren aus dem östlichen Mittelmeerraum in Caherlehillan ist insofern bedeutend, als sie auf ausländische Kontakte schließen lässt und die Außenhandelsbeziehungen dieser frühen südwestirischen christlichen Stätte veranschaulicht. John Sheehan

| Lit.: Doyle 2009, S. 40f., Abb. 13; Sheehan 2009, S. 200–202

177 Zoomorphe offene Ringfibel

Unbekannter Fundort
6.–7. Jahrhundert
Kupferlegierung; gerippt; Emaille – max. Dm. 4,7 cm; L. der Nadel 8,03 cm
Dublin, The National Museum of Ireland, Inv.Nr. 5505:W358

Ovaler offener Ring aus Kupferlegierung mit dreieckigen Endknäufen, an die nach innen zum Ring gerichtete stilisierte Tierköpfe anschließen. Die Augen und Schnauzen sind plastisch gestaltet und mit Fischgratmotiven verziert. Die Ohren zeigen schraffierte Linien und befinden sich an den beiden Ringenden, die die Öffnung bilden, wo sie die breiten Seiten der dreieckigen Endknäufe flankieren. Auf den Endknäufen sind Malteserkreuze zu sehen, die in Zellen roter Emaille eingelassen sind (der Zellenschmelz ist heute abgeblättert). Eine zart gravierte Rippung auf dem Ring ist heute stark verrieben. Die Nadel hat einen zylinderförmigen Kopf, dessen Vorderseite mit sechs Ritzlinien verziert ist, die wiederum von einem rechteckigen Rahmen eingefasst werden. Die Nadel ist in der Mitte leicht gebogen.

Anders als die schlichteren Ringfibeln, die im frühen Mittelalter als praktische Gewandschließen anscheinend überall in Irland verbreitet waren, scheinen Schmuckfibeln als wichtige sichtbare Zeichen des sozialen Rangs und gesellschaftlichen Status gedient zu haben. Dass auf den Enden dieser Fibel mit dem Malteserkreuz ein offensichtlich christliches Motiv zu sehen ist, deutet darauf hin, dass der adelige Besitzer so seine Zugehörigkeit zum neuen Glauben bekunden wollte. Die Kreuzform findet sich auch im „Cathach", einer Handschrift von um 600. Eamonn P. Kelly

| Lit.: Coffey 1909, S. 23, Abb. 28; Kat. Dublin/Edinburgh/London 1989, S. 31f. (Raghnall Ó Floinn)

178 Zoomorphe offene Ringfibel

6.–7. Jahrhundert
Fundort: Moor bei Bloomfield, Grafschaft Roscommon
Kupferlegierung; geritzt – max. Dm. 5,9 cm; L. der Nadel 10,4 cm
Dublin, The National Museum of Ireland, Inv.Nr. 1957:114

Gut erhaltene offene Ringfibel aus Kupferlegierung mit zoomorphen Endknäufen. Der Ring mit kreisförmigem Querschnitt ist rundum mit geritzten Linien verziert. Die Endknäufe sind im Umriss dreieckig und werden von den Ohren stilisierter Tierköpfe flankiert. Die Tierköpfe befinden sich an der schmalen Seite der dreieckigen Endknäufe, wo auch ihre Augen und nach oben gebogenen Schnauzen mit Nasenlöchern zu erkennen sind, die nach innen zum Ring hin zeigen. Der rote Zellenschmelz auf den Endknäufen ist heute abgeblättert, umfasste ursprünglich jedoch die in Vogelköpfe mündenden Palmetten. Aus dem Fuß jeder Pelte ragt ein lang gestrecktes

Dreieck mit konkaven Seiten. Auf der Rückseite der Endknäufe sind parallele Ritzlinien im Zickzackmuster zu erkennen. Der zylinderförmige Nadelkopf ist um den Ring geschlungen und nicht gegossen; seine Vorderseite weist ein Fischgrätenmuster auf. An der Nadelspitze ist bei der Mitte eine flache, spitzovale Vertiefung zu erkennen, in der sich möglicherweise Einlagen aus Emaille befanden.
Graham-Campbell lehnt Ó Floinns These ab, derzufolge das ausgesparte Motiv auf dieser und anderen Fibeln ein Flabellum – also einen liturgischen Fächer und damit ein christliches Symbol – darstellt. Dass das Motiv, wie hier angedeutet, einen stilisierten Kelch darstellen könnte, ist bislang noch nicht in Betracht gezogen worden.

Eamonn P. Kelly

| Lit.: Lucas 1958, S. 129f., Abb. 6.1; Kilbride-Jones 1980, S. 126, Abb. 42.101; Kat. Dublin/Edinburgh/London 1989, S. 32 (Raghnall Ó Floinn); Graham-Campbell 1991, S. 229

179 Endknauf einer Armspange

6.–7. Jahrhundert
Fundort: Erdwerk bei Killeeshal, Grafschaft Carlow
Kupferlegierung; Emaille – L. 4,1 cm, Dm. des Endknaufs 2,5 cm
Dublin, The National Museum of Ireland, Inv.Nr. 1980:96

Emaillierter Endknauf aus Kupferlegierung, der von einer Armspange abgebrochen wurde. Er besteht aus einer Scheibe mit einem konkaven bogenförmigen Bereich auf einer Seite, der wie eine verkürzte Schnauze nach innen zum Armreif hin zeigt. In eine Zelle mit roter Emaille eingelassen ist ein Motiv aus sechs kreisförmig angeordneten, an den Seiten nach innen gewölbten Dreiecken, die in der Mitte der Scheibe zusammenlaufen. In der Mitte jedes Dreiecks befindet sich eine dreilappige Vertiefung mit roter Emaille. Die Emaillezellen zwischen den Dreiecken bilden ein Ringelblumenmotiv mit sechs Blütenblättern. Die „Schnauze" weist ebenfalls eine Reihe von konkaven Dreiecken auf, die sich mit blütenblattförmigen Zellen roter Emaille abwechseln. Die Rückseite des Knaufs ist hohl.

Ringelblumenmotive treten sowohl auf zoomorphen offenen Ringfibeln als auch auf Grabplatten der Zeit auf. Sie dienen nicht nur der Verzierung, sondern scheinen ein äußerst stilisiertes bzw. verformtes Christusmonogramm in Form eines bekränzten Kreuzes darzustellen; dass die Endknäufe offener Armspangen und Fibeln entsprechende Verzierungen aufweisen, könnte darauf hindeuten, dass ihre Träger sich so öffentlich zum christlichen Glauben bekennen wollten.

Eamonn P. Kelly

| Lit.: Kat. Dublin/Edinburgh/London 1989, S. 45, Abb. 26 (Raghnall Ó Floinn)

180 Reliquiar

Irland?, 6.–7. Jahrhundert?
Fundort: Dromiskin, Grafschaft Louth
Sandstein – Steinreliquiar: L. 11,3 cm, B. 10,2 cm, H. 6,7 cm (Innenmaße L. 6,2 cm, B. 4,6 cm, H. 2,9 cm); Eibenholz; legiertes Kupferblech – Holzreliquiar: L. 5,8 cm, B. 3,8 cm, H. 2,5 cm (Innenmaße L. 4,2 cm, B. 2,5 cm); Stift, L. 4,7 cm
Dublin, The National Museum of Ireland, Inv.Nr. 1901:54

Dieses Reliquiar besteht aus einem hohlen, rechteckigen Kästchen aus Sandstein mit einem Schiebedeckel, ebenfalls aus Sandstein. Darin befand sich ein kleineres Kästchen derselben Form, von dem nur Fragmente erhalten sind. Es bestand aus Eibenholz und hatte ebenfalls einen Schiebedeckel, der ursprünglich mit Leder bezogen war. Der Deckel hat an einem Ende zwei erhabene Leisten, sodass er sich leicht öffnen und schließen lässt. Außerdem ist er mit einem schmalen ovalen Schlitz versehen. Er wurde durch zwei dünne Streifen aus legiertem Kupferblech gehalten, deren Reste noch an den Seiten des Kästchens befestigt sind. Der Deckel wurde unter die Streifen geschoben und mit einem Stift fixiert, der durch ein Loch in einem der Streifen und den Schlitz im Deckel geführt wurde. In dem Holzkästchen fand sich ein unvollständiges Objekt, das einer Nadel mit einem einfachen Öhr an einem Ende ähnelt; der dazugehörige schlichte Bronzering fehlt heute jedoch.

Das Reliquiar wurde neben dem Kopf eines Leichnams unbekannten Geschlechts in einem Grab auf dem Friedhof von Dromiskin entdeckt. Ursprünglich war es möglicherweise als Behälter für eine Reliquie gedacht, die in einen Hohlraum im Altar (das sogenannte „Reliquiengrab") gelegt werden sollte. Der Fund ist in Irland einzigartig und die rechteckige Form, die Schiebedeckel – wie bei einem Griffelkasten – und die schachtelbare Kombination der beiden Kästchen kann mit byzantinischen Reliquienbehältern aus dem 4. und 5. Jahrhundert verglichen werden, wie sie etwa in der Kirche von Zanavartepe bei Varna in Bulgarien entdeckt wurden. Der Bestattete, bei dem das Reliquiar gefunden wurde, könnte einer der ersten Missionare gewesen sein, die in diesen Teil Irlands entsandt wurden, oder einer seiner Nachfolger. Unklar ist, ob das nadelartige Objekt die eigentliche Reliquie darstellt oder erst später in das Kästchen gelegt wurde. Ursprünglich könnte das Reliquiar durchaus Reliquien aus Rom enthalten haben.   Raghnall Ó Floinn

| **Lit.:** Reade 1862; Crawford 1923, S. 174f; Raftery/Tempest 1942; Kelly 1986, S. 189, S. 194, S. 196; Kat. Würzburg 1989, Nr. 124 (Niall Brady); Bourke 1993, S. 14; Ó Floinn 1994, S. 6f.

181 Irisches Reliquiar (sog. Schrein von Bobbio)

Insular, 7. Jahrhundert
Bronze; verzinnt; geschliffener Bergkristall – gefunden in Einzelteilen in einer Reliquiendeponierung in einem Sarkophag in der Krypta der Klosterkirche von Bobbio – Längsseiten: L. 8,2 cm, H. 3,68 cm, D. 0,6 cm; Dachseiten: L. max. 8,3 cm, H. 3,28 cm, D. 0,6 cm; Schmalseiten: 3,7 cm x 2,7 cm bzw. 3,75 cm x 2,67 cm; Boden: 8,75 cm x 2,9 cm
Bobbio, Museo dell'Abbazia di San Colombano, ohne Inv.Nr.

Die Einzelteile dieses Reliquiars wurden im Februar 1910 gemeinsam mit anderen Objekten – vor allem Kreuzen und hölzernen Reliquiaren – in einem Sarkophag in der Krypta der Kirche desjenigen Klosters aufgefunden, welches der hl. Columban im Jahre 614 im norditalienischen Bobbio gegründet hatte. Die sterblichen Überreste des Heiligen und seiner unmittelbaren Nachfolger waren während einer groß angelegten Ausbauphase des Klosters durch Abt Agilulf (amt. 883–896) in die Krypta einer benachbart der ursprünglichen Kirche erbauten Basilika umgebettet worden.

Das Reliquiar, von dem sich die Vorder- und die Rückseiten des gewalmten Daches und der Längsseiten, die Schmalseiten mit Resten der Aufhängevorrichtung und die Bodenplatte zunächst separiert fanden (Ryan erwähnt zusätzlich innere Halterungen für Reliquien), gehört zur Gruppe der frühmittelalterlichen hausförmigen Schreine (Gruppe 1 nach Ó Floinn), von denen sich Exemplare auf dem Kontinent, in Irland und auch Skandinavien erhalten haben.
Die Längsseiten und die Dachflächen des Schreins zeigen seitlich einen konkaven Abschluss; je eine Längsseite und eine Dachfläche weisen Verzierungen auf, die durch die Zinnauflage graviert wurden. Die verzierten Seiten besitzen zudem je eine mittig angeordnete,

rechteckige Öffnung zur Reliquienschau; in der Längsseite ist hier noch der originale, geschliffene Bergkristalleinsatz erhalten. Das Oberteil des Schreins ist an der Rückseite mittels eines Scharniers mit dem Unterteil verbunden. Die übrigen Teile wurden vermutlich zusammengelötet. Wie die Spuren seitlicher Aufhängevorrichtungen und die Tatsache, dass je nur eine Längs- und Dachseite des Stückes eine Verzierung aufweisen, belegen, konnte das Reliquiar um den Hals getragen – konnten also die dort geborgenen Reliquien etwa auf Missionsreisen mit sich geführt – werden. Mit seinen charakteristischen Spiralmustern, die zu Pelta-Formen angeordnet sind, steht das Reliquiar in keltischer Motivtradition. Der Schrein von Bobbio hat sein direktes Gegenstück in dem im Blackawater-Fluss in der Nähe von Armagh aufgefundenen Reliquiar von Clonmore (Kat.Nr. 182), besitzt aber im Vergleich zu diesem eine etwas gedrungenere Form. Eine ganz ähnliche Verzierung zeigt zudem das Fragment des Endstückes einer Krümme aus Kilpatrick in der Grafschaft Westmeath (Kat.Nr. 183). Auch hier finden wir im Übrigen eine Öffnung zur Reliquienschau.

Während Bourke vermutet (Kat.Nr. 182), dass der Schrein von Bobbio in einer irischen Werkstatt gefertigt wurde, zieht Ryan dies in Zweifel und weist auf klassisch-mediterrane Einflüsse eines in insularer Tradition gefertigten Stückes hin. In jedem Fall ist der Schrein von Bobbio damit ein eindrücklicher Hinweis auf die irisch-insularen Kontakte zum Kontinent und ihren Einfluss auf die dortige monastische Kultur. Christiane Ruhmann

| Lit.: Ó Floinn 1989/90; Ryan 1990a; Ryan 1991, S. 16f.; Bourke 1994/95; Bourke 2001/02; Quast 2012, S. 60–63, Nr. 3.1, Taf. 23

182 Der Schrein von Clonmore

Spätes 7. Jahrhundert
Blackwater-Fluss bei Clonmore in der Grafschaft Armagh
Kupferlegierung; verzinnt, graviert, Perlpunzierung – größtenteils vollständig, in Einzelteile zerlegt und auf Karton montiert – H. 8,0 cm, L. 8,2 cm, B. 2,7 cm
Belfast, Courtesy of Board of Trustees of National Museums Northern Ireland, Inv.Nr. A3.1991

Der Schrein von Clonmore ist ein Reliquiar in Form eines Sarkophags und bestand ursprünglich aus neun verzinnten Platten aus Kupferlegierung. Die einzelnen Teile wurden zwischen 1990 und 2001 bei Baggerarbeiten im Blackwater-Fluss freigelegt, allein die kurzen Seiten des walmdachförmigen Deckels fehlen. Der Schrein hat die Form eines klassischen Sarkophags in Miniatur, die eingravierten Verzierungen aus Spiralen und Schnörkeln sind jedoch im einheimischen vorchristlichen Stil gehalten. Die blauen Glaseinlagen in den vorderen Platten gewährten theoretisch einen Blick auf die Reliquien im Inneren. Die Platten waren am Rand miteinander verlötet; der Deckel war mit Scharnieren versehen und somit aufklappbar; mit an den beiden Enden befestigten Riemen konnte der Schrein am Körper oder in der Hand getragen werden.

Die wesentlichen Merkmale des Schreins von Clonmore finden sich auch bei dem mit ihm verwandten Schrein von Bobbio, einem Kloster in Norditalien, das von dem irischen Missionar Columban gegründet wurde, der hier 615 verstarb. Der Schrein von Bobbio ist im Vergleich zu dem von Clonmore etwas gedrungener, besitzt jedoch ebenfalls hohle Enden und einen walmdachförmigen Deckel, denselben Klappmechanismus und eine ähnliche Aufhänge- oder Tragevorrichtung. Die Ornamentierung beschränkt sich allerdings auf die Vorderseite und ist weniger ambitioniert als beim Schrein von Clonmore, sie entspricht eher der einer Riemenzunge aus der dortigen Fundsammlung. Beide Schreine greifen jedoch auf ein gemeinsames Repertoire zurück; daher muss der Schrein aus Bobbio trotz seines italienischen Standorts in einer irischen Werkstatt angefertigt worden sein.

Beide Reliquiare stehen darüber hinaus in Zusammenhang mit kontinentaleuropäischen Schreinen aus der zweiten Hälfte des 7. Jahrhunderts, insbesondere den Reliquienkästchen aus Beromünster (Schweiz), Tiel (Niederlande) und Ennabeuren (Deutschland). Die beiden Ersteren könnten auch in der italienischen Lombardei (also in der Region um Bobbio) gefertigt worden sein. Auf den ersten Blick sind sie ihren irischen Pendants nicht ähnlich, allerdings haben sie ebenfalls einen walmdachförmigen Deckel sowie durchgehende (Stangen-)Scharniere, und ihre Ornamentierung mit von Blattranken umgebenen Medaillons wiederholt sich auf dem hinteren Gehäusedeckel des Schreins von Clonmore; dieser ist ebenfalls mit einem von Trompeten und Spiralen gefüllten Medaillon verziert, das von symmetrischen Trompetenkurven umgeben ist. Das Reliquienkästchen aus Ennabeuren hebt sich in seinem Aufbau von den anderen Schreinen ab, denn es hat einen hölzernen Kern, ein festes Dach und einen festen Unterbau; allerdings ist auch dieses Reliquiar mit Medaillons verziert. Die Schmalseiten von Dach und Unterbau sind hohl; Größe und Gestalt erinnern an den Schrein von Clonmore. Alle drei kontinentaleuropäischen Schreine weisen zudem einen oder mehrere blaue Stein- oder Glaseinlagen auf.

Die irischen Schreine sind am ehesten als Antwort auf kontinentaleuropäische Schreine von der Art der Reliquiare in Beromünster, Tiel und Ennabeuren zu verstehen. Dass frühere Reliquiare aus Stein oder Metall als Vorbild dienten, ist unwahrscheinlich, denn die Steinsarkophage in Miniaturform aus dem 5. und 6. Jahrhundert waren nicht tragbar und ihre separaten Deckel sind üblicherweise giebel- und nicht walmdachförmig. Unter den Metallreliquiaren aus dieser Zeit finden sich zwar sowohl Miniatursarkophage als auch ovale bzw. streng kastenförmige Behältnisse, sie unterscheiden sich jedoch in ihrer Form und haben doppelte Scharniere anstelle eines durchgehenden Scharniers.

Obgleich sich die Meister der Schreine von Clonmore und Bobbio der kontinentaleuropäischen Modelle bewusst waren, interpretierten sie die Blattranken als abstrakte Schnörkel. Nur die Sarkophagform des Behältnisses, die letztlich klassischen Ursprungs ist, wurde beibehalten. Die irischen Schreine sind darüber hinaus mit Gravuren verziert (auf dem Schrein von Clonmore mit Passformen), während die Exemplare aus Beromünster und Tiel Kerbschnittverzierungen aufweisen und das Reliquiar aus Ennabeuren geprägt ist. Was die Ornamentik angeht, hat der Schrein von Bobbio weniger mit seinen vermeintlichen Vorbildern gemein als der Schrein von Clonmore; dass er in Bobbio aufbewahrt wurde, deutet jedoch auf die große Bedeutung dieses Klosters bei der Vermittlung künstlerischer Impulse nach Irland hin.

Als einige Iren um 630 in Zusammenhang mit dem Osterstreit nach Rom reisten, kehrten sie mit Reliquien zurück, die Wunder vollbracht haben sollen. Der „Liber Angeli" aus dem späten 7. Jahrhundert verweist indirekt auf Reliquien der römischen Märtyrer Petrus, Paulus, Lorenz und Stefan, die in Armagh – nur 15 Kilometer von Clonmore entfernt – existiert haben müssen. Dieselben Reliquien werden explizit im Buch von Armagh in einer zeitgenössischen Notiz erwähnt, die Tírecháns Patricklegende vorangestellt ist. Da Armagh im 7. Jahrhundert die Vormachtstellung in Irland anstrebte, dürfte der Rahmen für die Aufbewahrung der dortigen Reliquien entsprechend prunkvoll gewesen sein. Es ist davon auszugehen, dass spezielle Behältnisse in Auftrag gegeben wurden und der Schrein von Clonmore eines davon war.

Cormac Bourke

| Lit.: Bourke 1991; Bourke 1994/95; Bourke 2001/02; Bourke 2009; Quast 2012, S. 74, S. 125, Taf. 22.

183 Beschlag vom Endstück einer Krümme (Fragment)

Irland, frühes 7. Jahrhundert
Fundort: Kilpatrick, Grafschaft Westmeath
Kupferblech; verzinnt, geritzt – L. 3,9 cm, B. 3,1 cm, T. 0,5 cm
Dublin, The National Museum of Ireland, Inv.Nr. E124:364

Das längliche Stück Kupferblech ist auf einer Seite verzinnt. Die beiden parallel verlaufenden Ränder sind leicht konkav; das eine Ende ist gerundet, das andere mitten durch eine runde Lochung quer abgebrochen. Das Blech ist entlang der Längsachse leicht nach vorne gebogen, drei Nagellöcher dienten der Befestigung des Beschlags. Die verzinnte Seite ist mit einem geritzten symmetrischen Muster aus ineinandergreifenden Pelten, Trompeten, Spiralen, Linsen- und anderen Formen verziert, die durch Punktreihen umrissen sind. Einige vertiefte Bereiche zeigen dekorative Schraffuren.

Die Ornamentik ist am ehesten mit jener der sarkophagförmigen Schreine von Clonmore in der Grafschaft Armagh (Kat. 182) und von Bobbio in Norditalien (Kat. 181) vergleichbar. Alle drei Objekte zeigen ineinandergreifende lineare Ornamente (S-Voluten, Spiralen, Pelten), die in symmetrischer Anordnung in verzinntes Kupferblech eingeritzt, mit Punktreihen umrissen und von Schraffuren umgeben sind. Aussagekräftige Parallelen finden sich auch in insularen Handschriften aus dem frühen 7. Jahrhundert.

Der Beschlag kann dem senkrechten Endstück der Krümme eines irischen Krummstabs zugeordnet werden, wobei die Rundung die obere Kante des Endstücks bildete. Die kreisförmige Lochung umfasste ursprünglich wohl eine verzierte Einlage, vermutlich aus Glas. Das Fehlen von Verzinnung am Außenrand des Beschlags legt nahe, dass dieser von einem Befestigungsstreifen oder Rahmen verdeckt war. Die Nagellöcher lassen darauf schließen, dass der Beschlag zu einer Reihe ähnlicher Platten gehörte, die einen Holzkern umschlossen.

Dieser Beschlag ist das früheste bekannte Zeugnis eines insularen Krummstabs. Größe und Form sind typisch für die meisten irischen Krummstäbe aus dem frühen Mittelalter und seine besondere Bedeutung liegt darin, dass er das Vorkommen eines der wesentlichen Elemente insularer Krummstäbe, nämlich die Krümme mit senkrechtem Endstück, bereits im frühen 7. Jahrhundert belegt.

Die Ornamentik dieses Fragments und der verwandten Sarkophagschreine lässt sich einem im Einflussbereich des Klosters von Armagh entwickelten Stil zuordnen. Das Entstehungsdatum im frühen 7. Jahrhundert – also zu einer Zeit, als Armagh die Reliquienverehrung besonders förderte – und der Fund am Ort einer dem heiligen Patrick geweihten Kirche deuten darauf hin, dass der Beschlag durch eine Schenkung im Zuge der Bemühungen Armaghs um die Vormacht in Irland an seinen Fundort gelangte. Möglicherweise handelt es sich sogar um ein Fragment von einem der wichtigsten Herrschaftszeichen Armaghs, dem *Bachall Ísu* oder „Stab Jesu", den Patrick angeblich direkt aus der Hand des Herrn erhielt. Raghnall Ó Floinn

| Lit.: Swan 1995, S. 78f.

184 Querbalken des Kreuzes von Shanmullagh

7.–9. Jahrhundert
Blackwater-Fluss in Shanmullagh in der Grafschaft Armagh
Kupferlegierung; gegossen, graviert – H. 5,2 cm, B. 2,6 cm, T. 0,5 cm
Belfast, On Courtesy of Trustees of National Museums Northern Ireland, Inv.Nr. A5324

Ein Balken mit rechteckigem Querschnitt, der sich an einem Ende zu einer Schnitt- oder Bruchkante verjüngt, am anderen Ende ist die ursprüngliche hohle Kante erhalten. Auf der einen Seite ist die Legende SCS PAULUS (*Sanctus Paulus*; heiliger Paulus) in Großbuchstaben in Serifen neben einem Brustbild des Heiligen eingeritzt, das eine impressionistische Skizze in Dreiviertelperspektive darstellt. Die Augen sind gestanzte Kreise; das spitz zulaufende Kinn deutet einen Bart an und der Bogen um den Kopf könnte ein Heiligenschein sein.

184

Die Figur trägt ein offenes Gewand mit quadratischem Halsausschnitt, die paarigen Linien auf den Schultern sollen vermutlich Träger oder Bänder darstellen; weitere Linien über der linken Schulter deuten langes Haar an.

Es handelt sich bei dem Exponat vermutlich um den Querbalken eines Kreuzes, da die Figur vom Betrachter aus gesehen nach links in Richtung des konisch zulaufenden Endes zu der ursprünglichen Mitte des Kreuzes blickt; auf dem gegenüberliegenden Querbalken waren ohne Zweifel Name und Bild des heiligen Petrus eingeritzt.

Dieses Fragment ist Teil einer Gruppe von Objekten – es handelt sich dabei weniger um einen Depotfund als um eine Fundansammlung –, die ein irisch-skandinavischer Metallarbeiter um 900 im Blackwater-Fluss bei Shanmullagh verlor. Viele der Objekte waren zwecks Wiederverwendung abgeschnitten oder abgebrochen worden und der Querbalken mag in diesem Zusammenhang als Barren gedient haben. Shanmullagh liegt nur 9 Kilometer von der Kirche von Armagh entfernt, die Sitz des Primas von Irland ist und im 7. Jahrhundert Reliquien von Petrus und Paulus erwarb. Das ursprüngliche Kreuz könnte daher mit dem Schrein von Petrus und Paulus in Zusammenhang stehen. Cormac Bourke

| Lit.: Bourke 2010, S. 28, S. 44, Abb. 12

185 Die Glocke von Cashel

Handglocke, vermutlich 9. Jahrhundert
Fundort: Cashel, Grafschaft Tipperary; entdeckt 1849, Fundzusammenhang nicht dokumentiert
Bronze; gegossen – Griff nicht original – auf beiden Hauptseiten ein eingeritztes Radkreuz; um die Öffnung der Glocke auf allen Seiten Mäanderbänder – H. 30,2 cm, B. der Hauptseiten 22,4 cm, B. der Schmalseiten 21,2 cm
Limerick, The Hunt Museum, Inv.Nr. HCA 61

Bei den irischen Handglocken des Mittelalters herrschen zwei Typen vor: Glocken aus gefaltetem und genietetem Eisenblech, die nachträglich mit Bronze überzogen wurden, und gegossene Bronzeglocken wie diese. Insgesamt sind über 70 Glocken bekannt, wobei der erste Typus häufiger vorkommt als der zweite. Die Glocke von Cashel gehört zu einer Gruppe von drei Glocken, deren Ornamentierung mit eingeritzten Kreuzen und Flechtwerk oder Mäandermustern an illuminierte Handschriften des 9. Jahrhunderts erinnert. Bourke (1980) sieht die gefalteten Glocken als Vorform des gegossenen Typus, doch ist gut möglich, dass beide eine Zeitlang nebeneinander bestanden. Darstellungen von Glocken finden sich auf mehreren Skulpturen dieser Zeit. Für zahlreiche Eisenglocken wurden Glockenschreine angefertigt: Die berühmte Glocke des heiligen Patrick wird zum Beispiel seit ungefähr 1100 in einem prächtigen Schrein bewahrt. Glocken spielten im liturgischen Tagesablauf eine wichtige Rolle, da sie die Gebetszeiten einläuteten. Man geht jedoch allgemein davon aus, dass die irischen Glockentürme (Rundtürme) keinen Glockenstuhl mit aufgehängten großen Glocken hatten, sondern von ihrem obersten Stockwerk Handglocken geläutet wurden. Es ist allerdings nicht auszuschließen, dass bereits vor der anglonormannischen Eroberung Irlands im 12. Jahrhundert aufgehängte Glocken verwendet wurden. Die alten Handglocken wurden als Berührungsreliquien mit bestimmten Heiligen in Zusammenhang gebracht und daher hoch verehrt. Das Amt des Hüters einer Glocke blieb oft über Generationen hinweg in der gleichen Familie. Grabungen in Clonfad in der Grafschaft Westmeath haben ergeben, dass zur dortigen Klosteranlage eine auf die Herstellung bronzeüberzogener Handglocken spezialisierte Werkstatt gehörte.

Michael Ryan

| **Lit.:** Bourke 1980, S. 54–58; Anon 2002, S. 104; Stevens 2010

186 Handglocke aus Bronze

Castle Island, Lough Lene, Grafschaft Westmeath, 9. Jahrhundert
Bronze; gegossen – Die Außenseite weist sowohl freihändig als auch mit Zirkel gezeichnete Ornamente auf. – Klöppel verschollen, ansonsten vollständig – H. 33,9 cm, max. B. der Öffnung 14,5 cm; 5981 g
Dublin, The National Museum of Ireland, Inv.Nr. 1881:535

Diese schwere Bronzeglocke mit glatter Außenseite wurde in einem Stück gegossen und besitzt gewölbte Haupt- und gerade Schmalseiten. Der halbkreisförmige Griff ist mit einem eingeritzten Vierpassmotiv verziert. Im Inneren der Glocke befindet sich eine kleine Öse, die zur Befestigung des (verschollenen) Klöppels diente. Die Seiten werden von einer schwach eingeritzten Linie umrahmt. Entlang der Öffnung der Glocke verläuft ein waagerechter Mäander. Vorder- und Rückseite

IV „... BIS AN DIE GRENZEN DER ERDE". AUSBREITUNG DES CHRISTENTUMS BEI IREN UND ANGELSACHSEN

187

187

der Glocke sind mit einem mittig platzierten, eingeritzten Radkreuz geschmückt. Die Übergänge zwischen den Kreuzarmen und dem Kreuzstamm sind kreisbogenförmig gestaltet. Der Kreuzstamm erhebt sich aus dem Mäanderband entlang der Glockenöffnung. Zur Entstehungszeit dieser Glocke waren zwei Glockentypen in Irland vorherrschend: gegossene Bronzeglocken wie diese und Glocken aus bronzeüberzogenem Eisenblech wie jene aus Foulkscourt, Grafschaft Kilkenny (Kat.Nr. 196). Diese Bronzeglocke gehört zu den größten ihrer Art und ist eine von nur drei bekannten Handglocken aus Irland mit geritzten Ornamenten. Die Verzierungen wurden mit Buchilluminationen verglichen und erinnern insbesondere an Blätter aus dem Buch von Dimma und dem Buch von Mac Durnan, sodass eine Datierung auf die Mitte des 9. Jahrhunderts naheliegt.   Maeve Sikora

| Lit.: Bourke 1980, S. 55f., S. 66; Kat. Dublin 1983, S. 183 (Michael Ryan); Kat. Dublin 2002, S. 183

187 Krone eines Glockenschreins

Provenienz unbekannt, 9. Jahrhundert
Kupferlegierung; gegossen, vergoldet, verzinnt; Bernsteineinlagen – unvollständig –
Es handelt sich wahrscheinlich um den oberen Teil eines frühmittelalterlichen Glockenschreins. Das erhaltene Fragment hätte dabei den Glockengriff umschlossen.
– H. 6,38 cm, L. 13,2 cm
Dublin, The National Museum of Ireland, Inv.Nr. 1920:37

Das Objekt besteht aus legiertem Gusskupfer und ist auf einer Seite großflächig vergoldet, auf der anderen verzinnt. Die beiden runden Ösen an der Oberkante dienten möglicherweise zur Befestigung eines Tragriemens. Die vergoldete Vorderseite zeigt eine menschliche Figur mit ausgebreiteten Armen, deren Kopf beidseitig von einem Tierkopf mit offenem Maul flankiert wird. Möglicherweise handelt es sich um Daniel in der Löwengrube oder Christus unter den Tieren. Links und rechts des Rumpfes befinden sich zwei runde Medaillons, die durch erhabene Kreuze in Quadranten unterteilt sind und in ihrer Mitte eine runde Fassung mit einer Bernsteineinlage aufweisen. Die Rückseite des Glockenschreins ist schlichter und trägt eingeritzte und gegossene Ornamente. Ein Flechtbandornament auf schraffiertem Hintergrund bildet den Rahmen, innerhalb dessen ein gegossenes Reliefkreuz sichtbar ist. Der erhaltene Teil des Kreuzes besteht aus drei (von ursprünglich vier) ausgestreckten menschlichen Armen und unterteilt den inneren Bereich der Rückseite in vier Felder. In der Mitte des Kreuzes befindet sich eine runde Bernsteineinlage. Alle vier Felder enthalten eingeritzte Verzierungen, wobei in den beiden oberen Feldern Tiere vor einem schraffierten Hintergrund zu sehen sind. Die unteren Felder sind zwar unvollständig, lassen aber Spiralen, Triskelen sowie trompeten- und linsenförmige Motive erkennen.

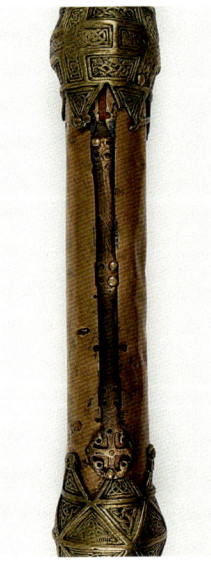

Die Figur auf der Vorderseite des Schreinfragments ist in mancher Hinsicht mit den Figuren auf dem Kreuz von Tully Lough vergleichbar (Kat.Nr. 209). Der Einsatz von Bernstein und der Verzicht auf Einlagen aus Glas oder Glasfluss sprechen für ein Entstehungsdatum im 9. Jahrhundert.

Maeve Sikora

| **Lit.:** Crawford 1923, S. 163; Kat. Dublin 1983, S. 139–142 (Michael Ryan); Kat. Dublin/Edinburgh/London 1989, S. 143f. (Michael Ryan)

188 Holzstab (Krummstab?)

Castlearmstrong, Killaghintober Bog, Lemanaghan, Grafschaft Offaly, 6./7. Jahrhundert
Holz (*Ilex aquifolium* sp.); poliert, geschnitzt. Das gekrümmte Ende weist geschnitzte Ornamente auf. – Der Schaft ist an mehreren Stellen gebrochen. – H. 125 cm, Dm. 2,5 cm
Dublin, The National Museum of Ireland, Inv.Nr. 99E445:26

Der Stab ist in mehrere Teile zerbrochen, wäre aber in unversehrtem Zustand 1,25 Meter lang, mit einem Durchmesser von 25 Millimetern. Er ist aus einem einzigen Stück Stechpalmenholz geschnitzt. Das obere Ende des Krummstabs weist eine Verzierung in Form eines griechischen Kreuzes mit ausladenden Schlussstücken auf, das von einem geschnitzten Kreis umschlossen wird. Die Dübelverbindung am unteren Ende des Schaftes legt nahe, dass dessen Fuß ursprünglich in einer Metallhülse steckte. Darstellungen vergleichbarer Objekte finden sich in frühen irischen Handschriften wie dem Mac Durnan-Evangeliar (fol. 115v), wo sie im Zusammenhang mit den Evangelisten Lukas und Matthäus stehen. Dieser Krummstab wurde in senkrechter Lage neben einem Bohlenweg in einem Moor nahe Lemanaghan in der Grafschaft Offaly entdeckt. Das Holz des Bohlenwegs wurde auf das 6. und 7. Jahrhundert datiert. Dies ist der einzige bekannte Krummstab aus Irland, der nur aus Holz besteht; alle anderen frühen Krummstäbe weisen aufwendige Metallhülsen und -verzierungen auf. Einer davon wurde ebenfalls im Lemanaghan Bog entdeckt; er wird auf das 11. Jahrhundert datiert. Beide Stäbe wurden nahe der frühmittelalterlichen Kirche von Lemanaghan gefunden, der Wirkungsstätte des heiligen Manchan, dessen Tod im Jahre 664 belegt ist. Archäologische Untersuchungen in den Moorgebieten um Lemanaghan haben eine Reihe von Bohlenwegen zutage gebracht, die den Stellenwert des Ortes in den mittelalterlichen Wegenetzen deutlich machen. Maeve Sikora

| Lit.: Bourke 1987; FitzPatrick/O'Brien 1998, S. 6, S. 27f.; O'Carroll/Condit 2000; Murray 2004, S. 26; Whitaker/O'Carroll 2009, S. 7–9, S. 61, S. 121

189 Krummstab der heiligen Dympna

Irland, spätes 10. Jahrhundert, Ergänzung aus dem frühen 16. Jahrhundert
Fundort: Tedavnet, Grafschaft Monaghan
Kupferblech, Gusskupfer, beide legiert; Holz, Silber – teilweise rekonstruiert – L. 74 cm (rekonstruiert), B. 13,5 cm (Krümme, rekonstruiert), Dm. 4,7 cm
Dublin, The National Museum of Ireland, Inv.Nr. P1017, aus der Sammlung Petrie

In seinem heutigen Zustand besteht der Krummstab aus einem Holzkern in einer dreiteiligen Ummantelung aus legiertem Kupferblech. Die drei Teile sind durch zwei Verbindungsstreifen aus legiertem Kupferblech und drei gegossene Knäufe miteinander verbunden. Am oberen Ende sitzt die Krümme, von der mit einem Stück des gebogenen Teils und dem senkrechten Schlussstück etwa die Hälfte erhalten ist. Der untere Teil des Krummstabs, bestehend aus einem zusätzlichen Schaftstück, einem weiteren Knauf und einer Metallhülse für den Fuß, fehlt vollständig. Die Krümme wurde rekonstruiert, um einen Eindruck ihrer ursprünglichen Form zu geben. Krummstäbe dieser Art waren im frühmittelalterlichen Irland und Schottland weit verbreitet; erhalten sind über 60 Exemplare. Den Stab und die Knäufe schmücken Felder mit Tierfiguren und abstrakten Flechtbandornamenten. Diese waren ursprünglich mit Blattsilber überzogen, das heute nicht erhalten ist. Wahrscheinlich waren zudem die Ränder zwischen den Feldern vergoldet. Der obere Verbindungsstreifen weist Teile einer Inschrift auf, deren Bedeutung sich heute kaum noch erschließt. Stilistisch ist der Krummstab auf das späte 10. Jahrhundert zu datieren. Er stammt vermutlich aus derselben Werkstatt, in der auch der Krummstab von Kells hergestellt wurde, der sich heute im British Museum befindet. Das senkrechte Schlussstück aus legiertem Kupfer und Silber zeigt eine Figur in Orantenhaltung. Es ersetzt das ursprüngliche Schlussstück und stammt aus dem frühen 16. Jahrhundert. Der Krummstab wurde 1835 durch den irischen Antiquar und Sammler George Petrie von einem Mr. Lamb (Ó Luan) erworben. Dieser hatte das Familienerbstück noch bis 1827 gelegentlich als Schwurstab verliehen. Ebenso wie dieser Krummstab wird mit der heiligen Dympna ein als Ballach Damhnadan bekanntes Buchreliquiar in Verbindung gebracht, das sich im frühen 19. Jahrhundert nachweislich in Tedavnet befand, heute jedoch verschollen ist. Maeve Sikora

| Quelle: Corpus Inscriptionum Insularum Celticarum, Bd. 2, S. 127

| Lit.: Petrie 1878, S. 116; MacDermott 1957, S. 191; Johnson 2000; Bourke 2004; Murray 2007

190
fol. 37v

190 Adomnán von Iona, „Vita Sancti Columbae"

9. Jahrhundert
Pergament, Tinte – H. 22 cm, B. 17 cm
Metz, Bibliothèque diocésaine de Metz, Sign. MS I

Columba von Iona war der Gründer und erste Abt des Klosters Iona auf der gleichnamigen kleinen Insel vor der Südwestspitze von Mull. Beide Inseln gehören zu den vor der Westküste Schottlands gelagerten südlichen Hebriden. Columba wurde um 525 geboren und entstammte dem Adelsgeschlecht Cenél Conaill (Abkömmlinge des Conall), das im äußersten Nordwesten Irlands herrschte. Dem northumbrischen Historiker Beda Venerabilis zufolge, der als zuverlässiger Chronist gilt, gründete Columba das Kloster Iona im Jahr 565 und verstarb dort 597. Der Verfasser von Columbas Vita, Adomnán von Iona, gehörte demselben Herrschergeschlecht an; er wurde 679 zum Abt ernannt und behielt seine Amtswürde bis zu seinem Tod um 705. Wie aus Adomnáns „Vita Sancti Columbae" hervorgeht, war sich der Verfasser durchaus bewusst, dass Iona am Rande der bekannten Welt lag, fernab des Mittelmeers und fernab von Rom und Palästina, deren heilige Stätten Adomnán in seinem vorhergehenden Werk „Über die heiligen Orte" („De Locis Sanctis") beschrieben hatte. Doch obwohl Iona unstrittig am Rand lag, spielte es für die Geschichte des frühmittelalterlichen lateinischen Christentums alles andere als eine marginale Rolle. Zwischen 655 und 664 erstreckte sich sein Einfluss über große Gebiete des heutigen Schottlands, über Irland, die Heimat Columbas, sowie über Nord- und Mittelengland bis hin zur Themse im Süden. Die Bischöfe von Northumbrien wurden zwischen 635 und 664 ausnahmslos vom Abt und ranghohen Mönchen aus Iona ernannt. Durch Klosterneugründungen verbreiteten sich die Ordensregeln von Iona in der gesamten Nordhälfte von Irland sowie weiten Gebieten Britanniens. Selbst nachdem Iona 664 die Vormacht über Northumbrien verlor, behielt es seine führende Rolle im nördlichen Britannien und in Irland bei. Dies zeigt sich am auffälligsten am „Gesetz über die Unschuldigen", das Adomnán 697 in Birr an der Grenze zwischen der Nord- und Südhälfte Irlands verkündete, um Zivilisten – Frauen, Kinder und Kleriker – im Kriegsfall vor Übergriffen zu schützen. Für die Verbindlichkeit dieses Gesetzes bürgten eine Reihe von führenden Kirchenmännern, die namentlich genannt wurden, und eine entsprechende Reihe von Königen und rechtmäßigen Thronfolgern, die ebenfalls benannt wurden. Die Liste der weltlichen Herrscher wurde angeführt von Loingsech mac Óenguso, dem Hochkönig von Irland und Verwandten Adomnáns; sie enthielt ebenso den Namen Bruide mac Derilei, den König der Pikten im Osten und Nordosten Schottlands. Das Jahr, in dem das Gesetz über die Unschuldigen verkündet wurde, war zugleich das Jahr des hundertjährigen Todestags von Columba, und es ist gut möglich, dass Adomnán zur Zeit der Verkündung des Gesetzes bereits an der Lebensgeschichte des Heiligen arbeitete. Die „Vita Sancti Columbae" wurde nach 688 und vor Adomnáns Tod verfasst; ein Indiz deutet darauf hin, dass sie nach 696 geschrieben wurde.

Die „Vita Sancti Columbae" entstand also zu einer Zeit, als die ersten Heiligenviten in Irland und Britannien bereits geschrieben worden waren, kurz nach der ersten Vita der bedeutendsten irischen Heiligen, Brigid. Ein oder zwei Jahre zuvor hatten Muirchú seine Vita des heiligen Patrick und ein anonymer Mönch des Klosters Lindisfarne, das von Iona aus gegründet worden war, die des heiligen Cuthbert verfasst; etwa ein Jahrzehnt früher war die Vita des Wilfrid von York entstanden, dem großen Wortführer gegen den Einfluss von Iona in Northumbrien. Auch wenn manche der Autoren von den Hagiographien anderer Kenntnis hatten, ähneln sich ihre Viten keineswegs; zu unterschiedlich war ihre literarische Absicht und ihr jeweiliger historischer Kontext. In einem Punkt stimmen sie jedoch überein: in ihrer Uneinigkeit über die Berechnung des Osterfestes. Seit dem frühen 7. Jahrhundert konnte man sich kaum noch als orthodoxer Christ bezeichnen, wenn man das größte Fest des Kirchenjahres an einem anderen Tag feierte als die Mehrheit der Christen. In diesem Punkt musste Iona auf der Synode von Whitby 664 gegenüber Northumbrien eine Niederlage hinnehmen. Zwischen 626 und 628 waren die größten Klöster eines anderen irischen Mönchs, Columban von Luxeuil, im Burgund und im lombardischen Bobbio in Norditalien gezwungen worden, den von Columba von Iona und Columban von Luxeuil favorisierten Ostertermin aufzugeben. Die Kirchen in Irland und Westschottland waren daher in zwei Lager gespalten: die *Romani*, die der römischen Berechnung folgten, und die „Hibernier", die an der Praxis festhielten, die vor allem den Iren und Britanniern zugeschrieben wurde. Kurz bevor Adomnán das Leben des Columba niederschrieb, schloss sich die führende irische Kirche des Nordens, die Bischofskirche von Armagh, dem römischen Osterfest an. Iona war nun isoliert, seine Autorität ernsthaft bedroht. Ungefähr zur gleichen Zeit fielen 684 Truppen des northumbrischen Königs Ecgfrith in Irland ein und verschleppten Einwohner des Königreiches, dem der damalige Hochkönig Irlands entstammte. Dieses Ereignis scheint der damaligen politischen Elite Irlands einen derartigen Schrecken versetzt zu haben, dass sich die Haltung Armaghs zum Osterfest möglicherweise deswegen änderte. Im Jahr darauf, also 685, fiel Ecgfrith jedoch in einer Schlacht gegen die Pikten; sein Leichnam wurde wahrscheinlich nach Iona überführt, wo sich, wie es scheint, sein Halbbruder und Nachfolger Aldfrith aufhielt und wo Adomnán inzwischen Abt war.

686 besuchte Adomnán als Gesandter Irlands Northumbrien, um von seinem Freund Aldfrith, der inzwischen König war, die Freilassung der irischen Geiseln zu erwirken, die 684 verschleppt worden waren. 688 unternahm er eine zweite Reise nach Northumbrien. Bei einem dieser Besuche überzeugten ihn seine northumbrischen Gastgeber davon, die römischen Regeln zur Feier des Osterfests zu übernehmen; es gelang Adomnán jedoch nicht, die Mönche im Kloster Iona von der Richtigkeit dieser Regeln zu überzeugen und die Berechnung des Osterfestes nach den Regeln ihres Gründers Columba aufzugeben. Ihre Haltung sollte sich erst 716 ändern, über zehn Jahre nach Adomnáns Tod. Vor dem Hintergrund dieser Streitigkeiten zwischen Mönchen und Abt schrieb Adomnán sein „Leben des heiligen Columba". Die Niederschrift war umso heikler, als Columba allem Anschein nach für seine Kenntnisse in Astronomie und Theologie bekannt war, von denen die Datierung des Osterfestes abhing. Wie wir wissen, war die Kompetenz Columbas als Gelehrter und als Heiliger über die Terminierung des Osterfests einer der Streitpunkte auf der Synode von Whitby. Die „Vita Sancti Columbae" nimmt nur an einer Stelle auf die Osterfrage Bezug, als nämlich Columba angeblich Auseinandersetzungen in diesem Punkt voraussagt. Der Heilige gibt allerdings kein Urteil dazu ab, welche Partei die besseren Argumente hat. Bereits im ersten Vorwort klingt jedoch ein Brief von Dionysius Exiguus an, der dem eingeweihten Leser zeigte, auf welcher Seite Adomnán stand: Dionysius war inzwischen nämlich die maßgebliche Autorität und ein Verfechter der römischen Methode.

Die „Vita Sancti Columbae" richtete sich an verschiedene Adressatenkreise. Zu allererst wandte sie sich an die Gemeinschaft der Mönche, die den Heiligen als ihren *patronus* betrachtete. Diese Gemeinschaft konzentrierte sich auf Iona, schloss jedoch auch andere von Columba und seinen Nachfolgern gegründete Klostergemeinschaften ein. Einige dieser Gründungen in Irland hatten wahrscheinlich bereits den römischen Osterfesttermin übernommen. Unabhängig von ihrem Standort brauchten jedoch alle Mönche Columbas einen *patronus*, der nicht hauptsächlich mit der Minderheit im Osterstreit in Verbindung gebracht wurde und dessen Autorität ausschließlich auf seiner Heiligkeit und seinen Qualitäten als Ratgeber in religiösen Fragen beruhte. Diesen Zweck erfüllte Adomnáns „Vita Sancti Columbae". Nach der Lektüre konnten die Mönche sicher sein, dass Iona und seinem Gründer die Verehrung der gesamten Christenheit gebührte.

Die „Vita" richtete sich darüber hinaus auch an ein breiteres Publikum – an andere irische Klöster, deren Gründer als Columbas Freunde und Verbündete beschrieben wurden, und sogar an die Menschen in Northumbrien. Denn Columba – so wurde es dargestellt – hatte den ehemaligen northumbrischen König Oswald in der Stunde der Not gerettet. Darüber hinaus wandte sie sich an alle Christen, die sich mit dem Klosterleben befassten. Das wichtigste Vorbild für die inhaltliche Struktur der „Vita Sancti Columbae" war das Leben des heiligen Benedikt, das Gregor der Große in Buch II der „Dialoge" dargelegt hatte. Aus dieser Quelle übernahm Adomnán die Einteilung der Vita in drei Bücher: die Weissagungen, die Wunder der Macht und die Heimsuchung durch die Engel. Der heilige Benedikt war zu diesem Zeitpunkt natürlich der große Ordenslehrer der westlichen Christenheit, insbesondere im Fränkischen Reich. Er stand ebenfalls in Verbindung mit Rom und dem Pontifikat, da Gregor der Große ihn als herausragenden italienischen monastischen Heiligen gerühmt hatte. Das „Leben des heiligen Columba" lehnte sich ferner an Evagrius' lateinische Übersetzung des „Vita Antonii" und an Sulpicius Severus' „Vita des heiligen Martin" (Kat.Nr. 113) an: Für jeden, der mit Klosterliteratur vertraut war, war also offensichtlich, dass Adomnán den heiligen Columba von Iona unter die größten Namen in der Geschichte des Mönchtums einreihte.

Der „Vita Sancti Columbae" mangelt es überraschenderweise an biographischen Angaben, mit einer Ausnahme: Der Tod des Heiligen nimmt im äußerst langen letzten Kapitel großen Raum ein. Seine Geburt hingegen wird im zweiten Vorwort nur kurz gestreift, dann geht Adomnán direkt zu Columbas asketischem Exil über, der *peregrinatio* aus Irland in seinem 42. Lebensjahr. Auf Columbas Geburt und Kindheit kommt er nur zu Beginn von Buch III noch einmal zu sprechen. Adomnán verfolgte mit seiner Schilderung des Lebens von Columba drei Hauptziele: Erstens wollte er Columbas Nähe zu Gott deutlich machen. Zweitens wollte er zeigen, wie diese Nähe Columba befähigte, „zahllose Seelen in ihre himmlische Heimat zu führen"; und drittens wollte er verschiedene besondere Lehren vermitteln. Viele davon richteten sich an Mönche, manche jedoch auch an Laien, wie etwa die Lehren zur Ehe und zur Fürsorge für die Alten. Alles in allem sind die in der „Vita Sancti Columbae" enthaltenen geistigen Lehren ebenso vielfältig wie tiefgründig.

Wie die „Vita Sancti Columbae" später überliefert wurde, geht aus den vorhandenen Belegen nur teilweise hervor. Eine sehr frühe Abschrift, die spätestens 713 angefertigt wurde, gelangte wahrscheinlich im 8. oder 9. Jahrhundert in das Kloster Reichenau am Bodensee. Sie befindet sich heute in Schaffhausen (Schweiz). Ein weiterer Überlieferungszweig wird mit der Kirche von Durham in Nordengland in Verbindung gebracht, die sich an dem von Iona aus gegründeten Kloster Lindisfarne orientierte. Eine Kurzfassung kursierte in Süddeutschland und Österreich, eine weitere in der Gegend um Metz. Eine Verbreitung in Irland ist nur indirekt insofern belegt, als Adomnáns Text für die „Vita des heiligen Cainnech" herangezogen wurde, die wahrscheinlich im späten 8. oder frühen 9. Jahrhundert entstand; das „Leben des Columba" hat man außerdem für eine irische Lebensgeschichte verwendet, die im 12. Jahrhundert in Derry niedergeschrieben wurde.

Thomas Charles-Edwards

191 Wachstafel

6./7. Jahrhundert
Springmount Bog, Ballyhutherland, Grafschaft Antrim
Eibenholz, Wachs; mit zwei Lochungen für die Riemen – Die Tafel gehörte zu einem Wachstafelbuch mit insgesamt sechs Tafeln, für das ihre Vorderseite den Buchdeckel bildete; daher weist nur die Rückseite eine Vertiefung mit Wachsschicht auf. – L. 21,2 cm, B. 7,55 cm
Dublin, The National Museum of Ireland, Inv.Nr. SA1914:2.6 fol. 1v

Bei dieser Wachstafel handelt sich um eine von sechs Tafeln, die im Jahr 1913 in einer Tiefe von etwa 1,2 Metern im Springmount Bog gefunden wurden. Die Tafeln enthalten das älteste Beispiel irischer Handschrift in der insularen Minuskelschrift. Bei ihrer Auffindung waren sie mit einem durch die Löcher an den Rändern geführten Lederriemen wie die Seiten eines Buchs gebunden und zudem mit einem Außenriemen und einem Tragegriff ausgestattet. Vier der Tafeln weisen beidseitige Vertiefungen auf, während die beiden äußeren nur auf der Innenseite mit Vertiefungen für die Wachsschicht versehen sind. Die Wachsschicht in den Vertiefungen wurde mit Hilfe eines spitzen Stilus beschrieben. Die Tafeln enthalten den Text dreier Psalmen (Ps 30, 31 und 32) aus der lateinischen Vulgata. Die Schrift wurde in das späte 6. oder frühe 7. Jahrhundert datiert.

Die hier abgebildete Tafel (fol. 1v) weist nur auf einer Seite eine Vertiefung auf, während die andere Seite als Deckel für den Tafelsatz diente. Wo das Wachs nicht erhalten ist, sind diagonale Rillen zu erkennen, die das Wachs besser in der Vertiefung haften ließen. In jeder Ecke der Vertiefung findet sich ein grob eingeritztes linsenartiges Symbol. Es sind acht Zeilen Text erkennbar, die allerdings durch anhaftendes Wachs aus der gegenüberliegenden Tafel schwer lesbar sind. Trotzdem lässt sich ein Teil des 30. Psalms identifizieren. Laut einer neueren Untersuchung dürfte die Schrift auf den Tafeln von zwei verschiedenen Schreibern stammen.

Zu den zahlreichen Zwecken, denen Tafeln dieser Art dienten, zählte auch der Schreibunterricht. Das Wachs konnte erwärmt werden, um die Oberfläche immer wieder für neue Schreibübungen zu glätten. In der Kirche und besonders bei den Mönchen diente der Psalter als Quelle für Gebetstexte sowie zur Kontemplation und für den Unterricht; er war der wichtigste zur Vorbereitung auf ein gottgeweihtes Leben herangezogene Text und die Schüler mussten die Psalmen sowohl lesen als auch rezitieren lernen. Die Tafeln aus dem Springmount Bog könnten diesem Zweck gedient haben.   Maeve Sikora

| Lit.: Armstrong/Macalister 1920; McNamara/Sheehy 1973, S. 213f., S. 277–279; Kat. London 1991, S. 80 (Paul Mullarkey), S. 80f. (Michelle P. Brown); Charles-Edwards 2002; Kat. Dublin 2002, S. 181

192 Gravierter Kieselstein

Insular, 7./8. Jahrhundert
Fundort: Dunadd (Argyll), Schottland
Schiefer – T. 4,5 cm
Edinburgh, On loan courtesy of the Trustees of the National Museums Scotland, Inv.Nr. X.GP 219

Der runde Schieferkiesel trägt die Inschrift I[n]NOMINE, was übersetzt „im Namen von" bedeutet und eine Kurzform der Anrufung „im Namen des Herrn" ist. Der Stein wurde 1905 in der eisenzeitlichen Befestigungsanlage von Dunadd gefunden, die später vermutlich als Krönungsort Bedeutung gewann. Zu den dort freigelegten Funden mit christlichem Bezug zählen auch ein mit einem Kreuz versehener Mahlstein sowie Auripigment, das bei der Illumination frühmittelalterlicher Handschriften verwendet wurde. Diese Funde könnten auf eine Verbindung zwischen Dunadd als Zentrum weltlicher Macht und Iona als Zentrum geistlicher Macht hindeuten.   Martin Goldberg

193 Tafel mit Inschrift (sog. Adeptus-Tafel)

Insular, 8. Jahrhundert
Fundort: Inchmarnock (Argyll), Schottland
Schiefer – H. 7 cm, B. 12 cm
Edinburgh, On loan courtesy of the Trustees of the National Museums Scotland, Inv.Nr. X.HRE 265

Die kleine Schiefertafel trägt zweimal die gleiche Inschrift, ADEPTUS S[an]C[tu]M PREMIUM, was übersetzt „nach Erreichen des heiligen Lohns" bedeutet. Offensichtlich waren hier zwei verschiedene Hände am Werk, denn der erste Schriftzug wirkt klar und sicher, der andere hingegen etwas ungelenk. Beide sind in insularer Minuskelschrift ausgeführt und werden als Zeugnis des Schreibunterrichts in einer Klosterschule auf der Insel interpretiert. Die Inschrift zitiert das Lied „Audite pantes ta erga" aus dem Antiphonar von Bangor, einem liturgischen Buch des späten 7. Jahrhunderts, das in Bangor in der irischen Grafschaft Down verfasst wurde und später nach Bobbio in Italien gelangte. Dem Stil der insularen Minuskelschrift nach kann die Tafel mit der Inschrift in die Mitte des 8. Jahrhunderts datiert werden. Auf der Rückseite befindet sich eine weitere Inschrift, die aus den ersten zehn Buchstaben des Ogham-Alphabets besteht.   Martin Goldberg

| Lit.: Forsyth/Tedeschi 2008, S. 137–141, Nr. IS.36, SF717

194 Tafel mit Ritzzeichnungen von Pferden

Insular, vermutlich 8. Jahrhundert
Fundort: Inchmarnock (Argyll), Schottland
Schiefer – H. 9,4 cm, B. 7,5 cm
Edinburgh, On loan courtesy of the Trustees of the National Museums Scotland, Inv.Nr. X.HRE 266

193

193

194

Die Ritzzeichnungen auf dieser Tafel zeigen fünf Pferde mit langem Schweif und langen Mähnen, von denen eins eine menschliche Gestalt auf dem Rücken trägt. Die Ohren sind nach vorne gerichtet, die Köpfe wie zum Grasen gesenkt. Die Darstellung erinnert an eine Kinderzeichnung und stammt möglicherweise tatsächlich von einem Kind oder Jugendlichen. Ob sie einen tieferen Sinn hat, ist unklar; es könnte sich auch einfach nur um eine Kritzelei oder die spontane Wiedergabe einer beobachteten Situation handeln. Andererseits ähneln die Konturen der Pferde dem Buchstaben „M" und ihre Wiederholung könnte darauf hindeuten, dass ein Schüler auf fantasievolle Weise diesen Buchstaben einübte. Die auf Inchmarnock entdeckten Tafeln mit Ritzzeichnungen und Inschriften stellen die größte Gruppe dieser Art in Schottland dar und deuten auf die Existenz einer Klosterschule an diesem Ort hin.   Martin Goldberg

| Lit.: Lowe 2008, S. 159, Nr. IS.48, SF718

195 Funde aus dem Kloster Iona

a) Keramikscherben
550–625
Fundort: Iona (Argyll), Schottland
Edinburgh, On loan courtesy of the Trustees of the National Museums Scotland, Inv.Nr. X.1997.762

Neu gefügte Rand- und Wandungsscherben mit eingeprägtem Blumenmotiv von einer nordafrikanischen Rotschlickerkeramikschale. Afrikanische Rotschlickerkeramik wurde vom 2. bis 7. Jahrhundert in der Gegend um Karthago hergestellt und im gesamten westlichen Mittelmeerraum gehandelt. Die Schale kann als Beleg dafür gelten, dass Iona in die Fernhandelsnetze der damaligen Zeit eingebunden war.   Martin Goldberg

b) Teil einer Lederbörse
550–750
Fundort: Iona (Argyll), Schottland
L. 11 cm, B. 9,5 cm
Edinburgh, On loan courtesy of the Trustees of the National Museums Scotland, Inv.Nr. X.1997.200

Hälfte einer Börse, vermutlich aus Rindsleder. Leder überdauert nur selten mehrere Jahrhunderte, und die andere Hälfte der Börse, die mit diesem Stück zusammengenäht war, ist heute nicht mehr erhal-

195a

195b

195c

195d

ten. Der obere Rand ist mit zehn gleichmäßig angeordneten Löchern versehen, durch die ein (nicht mehr vorhandenes) Lederband geführt wurde, mit dem die Börse verschlossen werden konnte. An den Seiten der unteren Partie befindet sich eine verdeckt genähte Heftnaht, für die eine Nadel mit 2 Millimeter Durchmesser verwendet wurde. Martin Goldberg

| **Lit.**: Barber 1981, Kat.Nr. 13 (Ausgrabungen auf Iona)

c) Fragmente eines Lederschuhs
585–618
Fundort: Iona (Argyll), Schottland
L. 27 cm, B. 18 cm
Edinburgh, On loan courtesy of the Trustees of the National Museums Scotland, Inv.Nr. X.1997.221

Beinahe vollständiger Schaft eines zweiteiligen Lederschuhs, der über einem Leisten geformt wurde. Die Risse und Sprünge im Leder weisen auf minderwertige Gerbung hin. Da Leder selten lange erhalten bleibt, können diese Fragmente als bedeutender Fund gelten, der das handwerkliche Geschick frühmittelalterlicher Kleider- und Modemacher veranschaulicht. Dies war vermutlich der linke Schuh. Ursprünglich verband eine geschlossene Naht den Schaft mit einer Ledersohle, die mit einer schmalen Nadel von ungefähr 0,1 Zentimeter Durchmesser genäht wurde. Eine Ziernaht verläuft von der Schuhspitze zu der gelappten Fußöffnung. An der Ferse befindet sich eine hervortretende Lasche, die mit geprägten Kreisen und kurzen diagonalen Linien verziert ist. Die Vorderseite des Schuhs ist ebenfalls mit runden Zierprägungen versehen. Am oberen Rand befindet sich eine Flachnaht, die den Schaft vermutlich mit einem schmalen Materialstreifen verband. Die Ferse wurde mit einem Stück Leder verstärkt, das verdeckt angenäht ist. Martin Goldberg

| **Lit.**: Barber 1981, Kat.Nr. 20 (Ausgrabungen auf Iona)

IV „... BIS AN DIE GRENZEN DER ERDE". AUSBREITUNG DES CHRISTENTUMS BEI IREN UND ANGELSACHSEN

d) Fragmente einer Schale

550–750
Fundort: Iona (Argyll), Schottland
Erlenholz; geritzt – D. 0,5–1 cm, H. 9 cm, Dm. 16 cm
Edinburgh, On loan courtesy of the Trustees of the National Museums Scotland, Inv.Nr. X.1997.167

Neu gefügte Rand- und Wandungsfragmente einer Holzschale. Die nach außen gebogene Lippe, gekielte Form und Ornamentierung legen nahe, dass es sich hier um die Kopie eines Typs von importierter Keramik handelt, der als E-Ware bezeichnet wird. Diese wurde auf Töpferscheiben hergestellt und gelangte aus dem merowingischen Frankreich nach Britannien. In die Außenseite der Schale sind waagerechte konzentrische Rillen eingeritzt, wie sie uns auch auf E-Ware begegnen. Diese Schale wurde aus einem einzigen Stück Erlenholz an einer Wippdrehbank gefertigt. Da Erlenholz im frühen Mittelalter auf Iona erhältlich war, ist es gut möglich, dass diese Schale dort auch hergestellt wurde. Martin Goldberg

| Lit.: Barber 1981, Kat.Nr. 301 (Ausgrabungen auf Iona)

196 Eiserne Handglocke mit Bronzeüberzug

Foulkscourt, Grafschaft Kilkenny, 7.–9. Jahrhundert
Eisenblech; gebogen, genietet; Bronze – Der eiserne Griff ist zur Befestigung durch Löcher an der Oberseite der Glocke geführt. Der Bronzeüberzug wurde mit dem Eisen hartverlötet – bis auf den verschollenen Klöppel ist die Glocke vollständig erhalten. – H. 31,3 cm, B. 19,6 cm; 5017 g
Dublin, The National Museum of Ireland, Inv.Nr. RSAI183

Diese Glocke wurde aus zugeschnittenem, gebogenem und genietetem Eisenblech gefertigt. Die Nietköpfe sind an den Seiten noch sichtbar. Der Griff besteht aus einem Stück Eisen mit U-förmigem Querschnitt, das gleichzeitig die Aufhängung für den Klöppel im Inneren der Glocke bildet. Der Klöppel ist verschollen. Die Glocke hat eine rechteckige Form und verjüngt sich zum Scheitel hin. Neuere Grabungen in Clonfad in der Grafschaft Westmeath haben ergeben, dass der Bronzeüberzug auf solchen Glocken im Hartlötverfahren angebracht wurde (Kat.Nr. 197).
Die Glocke wurde bei Erweiterungsarbeiten an einem Fischteich in der Nähe einer Kirche in Foulkscourt gefunden.
Handglocken wie diese waren im frühmittelalterlichen Irland weit verbreitet und wurden entsprechend auch auf Steinreliefs und Metallarbeiten aus dieser Zeit abgebildet. Später wurden solche Glocken in Glockenschreinen verwahrt. Das berühmteste Beispiel hierfür ist eine bronzebeschichtete Eisenglocke, die mit dem heiligen Patrick in Verbindung gebracht wird (Bd. I., Abb. 125a/b). Maeve Sikora

| Lit.: Anon 1869, S. 346; Crawford 1923, S. 157f.; Bourke 1980, S. 65; Kat. Würzburg 1989, S. 154f. (Niall Brady)

197 Verziegelte Fragmente einer Glockenummantelung

7./8. Jahrhundert
Clonfad, Grafschaft Westmeath
Keramikfragmente; außen verziegelt – Die horizontalen Linien an der Innenseite sind auf den Aufbau der Glockenummantelung aus ringförmig übereinander geschichteten Tonsträngen zurückzuführen. Ebenfalls an der Innenseite sind die Abdrücke runder Nieten und Spuren der Falte an der Schulter der Glocke zu erkennen.
Dublin, The National Museum of Ireland, Inv.Nr. E2723:359/549/550/582

Fragmente einer verziegelten Keramikummantelung vom Hartlöten einer eisernen Handglocke. Beim Hartlöten werden Metalle beschichtet oder verbunden. Das Verfahren erfordert höhere Temperaturen als Weichlöten und ergibt eine stoffschlüssige Verbindung sowie eine korrosionsbeständige Oberfläche. Die an der Innenseite der Ummantelung sichtbaren Nietabdrücke deuten darauf hin, dass sie vom Hartlöten einer Handglocke des Typs 1 stammt. Ein Beispiel für eine solche Glocke ist jene aus Foulkscourt, Grafschaft Kilkenny (Kat.Nr. 196), die aus einem Stück gebogenen und genieteten Eisenblechs besteht. Beim Hartlöten wurde zunächst das Be-

197

schichtungsmaterial auf die Eisenglocke aufgebracht. Danach wurde die Ummantelung aus Tonsträngen, deren Ränder auf diesen Fragmenten erkennbar sind, um die Glocke gelegt. Anschließend wurde das Tonpaket gebrannt, sodass die Metalle – das Eisen der Glocke und das legierte Kupfer der Beschichtung – anschmolzen und sich miteinander verbanden.

Diese Fragmente wurden in einem frühmittelalterlichen Kloster entdeckt, das vermutlich um das 6. Jahrhundert gegründet wurde. Der Fundzusammenhang der Fragmente lässt eine Datierung auf einen Zeitraum zwischen der Mitte des 7. und dem Ende des 8. Jahrhunderts zu. Die Fragmente sind das älteste bekannte Zeugnis für den Einsatz des Hartlötverfahrens in der Herstellung dieses bekannten Typs der im kirchlichen Bereich gebräuchlichen Handglocken. Ausgrabungen haben ergeben, dass die Klosteranlage von Clonfad die Herstellung solcher Handglocken im großen Stil betrieb. Insgesamt wurden bei den Grabungen 1,5 Tonnen Rückstände aus der Metallverarbeitung gefunden. Nach den Ergebnissen der Radiokarbondatierung war die Klosteranlage zwischen dem 6. und dem 9. Jahrhundert bewohnt.

Maeve Sikora

| **Lit.:** Bourke 1980, S. 54; Stevens 2009, S. 26; Young 2009; Stevens 2010; Stevens/Channing 2012, S. 129; Young 2012

198 Steinfigur eines Geistlichen

Derrynameel, Grafschaft Mayo, 8. Jahrhundert
Schiefer; vorne bearbeitet, beschädigt – Die Rückseite wurde als Wetzstein benutzt. – vollständig – H. 22,7 cm, B. 10,1 cm, T. 2,9 cm
Dublin, The National Museum of Ireland, Inv.Nr. 1940:312

In Stein gemeißelte Figur eines Geistlichen. Das Schieferstück ist recht flach und wurde kaum behauen, sodass die natürliche Form des Steins die Form der Figur vorzugeben scheint. Die Figur ist in Frontalansicht dargestellt. Sie trägt ein langes Gewand und hält die Arme angewinkelt. In der linken Hand ist ein Buch zu sehen. Die rechte Gesichtshälfte ist entlang einer mittig verlaufenden, senkrechten Kante abgebrochen. Im Vergleich zum Körper ist der Kopf überproportional groß. Die reliefierten Ohren sind im Verhältnis zum Gesicht eher klein, das verbleibende Auge hingegen ist unverhältnismäßig groß, mandelförmig und von der Gesichtsmitte schräg nach unten verlaufend. Es ist sehr klar gearbeitet, wobei eine gemeißelte Linie einen zentralen Punkt umschließt, der die Iris darstellt. Eine darüberliegende weitere Linie ist die Augenbraue. Von der Nase ist nur ein Teil des Flügels erhalten, jedoch scheint sie breit und flach gewesen zu sein. Der erhaltene Teil des Mundes besteht aus drei Linien, von denen die mittlere die tiefste ist. Die Mundwinkel weisen nach unten. Eine Reihe von parallelen Strichen stellt den Bart dar. Die Figur besitzt keinen sichtbaren Hals; den Übergang vom Kinn zu den sehr schmal gestalteten Schultern bildet eine tiefe Einkerbung. Anders als die seitlichen Kanten des Körpers scheinen die Seiten des Kopfes sorgfältig geschliffen worden zu sein. Die Figur trägt ein Gewand mit langen Ärmeln, das in Falten zu den Füßen fällt. Beide Arme sind angewinkelt und deutlich herausgearbeitet, die

198

Finger sind erkennbar. Das Buch in der linken Hand legt nahe, dass es sich bei der Figur um einen Geistlichen handelt. Oberhalb der linken Augenbraue befinden sich die Buchstaben DM oder DNI, was eine Abkürzung des Wortes DOMINI sein könnte. Auf der Rückseite der Figur verläuft ein tiefer, waagerechter Einschnitt zwischen den beiden Ohren, der jedoch nicht bis an die Ränder des Steins reicht. Die Rückseite könnte somit als Wetzstein gedient haben. Auf der linken Seite der Figur findet sich ein ähnlicher Einschnitt. Fundort der Figur ist eine Abfallgrube auf der Insel Inis Doirnín na Maol in Broadhaven Bay vor der Küste der Grafschaft Mayo. Derartige Skulpturen von Menschen sind sehr selten. Das einzige vergleichbare Stück ist eine Metallfigur aus Aghaboe, Grafschaft Laois, die einen Geistlichen mit Buch darstellt und in das 8. Jahrhundert zu datieren ist. Die Steinfigur aus Derrynameel lässt sich nicht präzise datieren, muss aber in etwa aus der gleichen Zeit wie die Figur von Aghaboe stammen.

Maeve Sikora

| Lit.: Raftery 1944; Kat. Würzburg 1989, S. 151 (Niall Brady)

199 Fragment eines Kreuzsteins

Piktisch, 8./9. Jahrhundert
Fundort: Rosemarkie (Ross and Cromarty), Schottland
Sandstein – H. 23 cm, B. 28 cm, T. 8 cm
Edinburgh, On loan courtesy of the Trustees of the National Museums Scotland, Inv.Nr. X.IB 127

Fragment eines zerbrochenen Monuments mit Kreuz aus Sandstein. Das erhaltene Relief zeigt einen menschlichen Kopf, der von drei Tierköpfen umgeben ist. Die drei Tiere scheinen die menschliche Figur beißen zu wollen: Zwei haben die Zähne gefletscht und zeigen die Zunge. Die Szene bezieht sich möglicherweise auf die Geschichte von Daniel in der Löwengrube. Allerdings sind menschliche Gestalten, die von Tieren beleckt, beschnüffelt oder gebissen werden, ein wiederkehrendes Motiv auf piktischen Skulpturen; sie könnten somit auch eine einheimische Ausdrucksform für Verdammnis oder Erlösung darstellen.

Martin Goldberg

Was verrät uns die piktische Bildhauerei des frühen Mittelalters über Christianisierungsprozesse?

Im Gegensatz zu ihren englisch- und gälischsprachigen Nachbarn haben die Pikten keine eigenen Aufzeichnungen hinterlassen. Wir müssen uns also an ihre Nachbarn wenden, um geschichtliche Details über die Christianisierung der Pikten zu erfahren. Der northumbrische Mönch Beda Venerabilis und Abt Adomnán von Iona berichten von missionierenden Heiligen – Columba von Iona aus dem Westen und Ninian aus dem Süden –, doch Ortsnamen und Patrozinien deuten auch auf andere lokale oder regionale Heiligenkulte hin (Clancy 2008). Eine Reihe alternativer Christianisierungsformen muss daher in Betracht gezogen werden. Entgegen den Berichten von Beda und Adomnán verbreitete sich das Christentum nicht einfach von Süden und Westen in die piktischen Gebiete. Die Schriftquellen sprechen von wichtigen Zentren der Konversion, die besonders durch die Gründung von Klöstern wie jenem auf Iona entstanden. Für die piktischen Gebiete selbst müssen Hinweise auf ein prähistorisches Christentum jedoch aus archäologischen Quellen abgeleitet werden (Carver 2009). Auf dem Gelände der kürzlich freigelegten Klosteranlage von Portmahomack fanden sich Hinweise auf die Herstellung christlicher Objekte, die selbst nicht erhalten sind: So entdeckte man eine Pergamentwerkstatt für die Buchherstellung und eine Werkstatt zur Herstellung von Glaseinlagen für die Verzierung kirchlicher Metallarbeiten, wie sie zum Beispiel in Irland im Hort von Ardagh und in Derrynaflan gefunden wurden (Carver 2008). Ein eindeutiger früher Hinweis auf eine christliche Gemeinde ist natürlich die Existenz eines Klosters, denn anders als in den ehemaligen Provinzen des Römischen Reichs gab es in den piktischen Gebieten keine Städte oder Verwaltungsstrukturen, die die Christen hätten übernehmen können. Stattdessen mussten sie sich an die bestehenden soziopolitischen Strukturen anpassen.

Bildliche Darstellungen biblischer Ereignisse oder Figuren sind in den piktischen Gebieten vergleichsweise selten und nur eingeschränkt vorhanden (zum Beispiel Daniel auf x.IB 127) (Kat.Nr. 199), allerdings machen es die Eigenarten der lokalen Ikonographie oft schwer, biblische Themen überhaupt zu erkennen. Dennoch stellt die piktische Bildhauerkunst eine unvergleichliche Quelle für die Erforschung der Christianisierung in den piktischen Gebieten dar (Henderson/Henderson 2004). Aus der Deutung kunstreicher Beispiele wie des Kreuzsteins von Hilton of Cadboll (Abb. 19) lässt sich schließen, dass der Prozess der Christianisierung im 8. Jahrhundert noch nicht abgeschlossen war. Die Interpretation dreier quadratischer Tafeln und dem mit bewohnten Ranken verzierten Rand auf der Rückseite dieses Kreuzsteins verschafft zugleich einen groben Überblick über die vielfältigen Zusammenhänge, in denen die piktische Bildhauerkunst betrachtet werden muss: von lokalen bis hin zu fremden Einflüssen, von der prähistorischen Vergangenheit bis hin zu damals aktuellen Anliegen der Christen in den piktischen Gebieten (Goldberg 2012).

Am unteren Rand des Steins wächst aus der Mitte ein Pflanzenmotiv – eine bewohnte Weinranke –, das den Rahmen für drei quadratische Tafeln bildet. Die exotische Weinranke war auch in Northumbrien beliebt, geht ursprünglich aber auf die Kunst der klassischen Antike zurück. Generell bezieht sich die Rebe in der christlichen Kunst auf den eucharistischen Wein und das Gleichnis vom Weinstock (Joh 15,1–17). Die Weinranke auf dem Hiltoner Stein ist im piktischen Stil ausgeführt und wird von den in der piktischen Kunst weit verbreiteten geflügelten Phantasiewesen bevölkert.

In der Mitte der unteren Tafel befindet sich ein Kreis mit einem gleicharmigen Kreuz. Obwohl der Stein an dieser Stelle abgebrochen ist, lässt sich das Bild in seiner Gesamtheit rekonstruieren. Um das Kreuz in der Mitte sind vier Trompetenspiralen angeordnet – ein Motiv, das bis in die Urgeschichte Nord- und Westeuropas zurückreicht und heute als eines der keltischen Motive schlechthin gilt. Die fließende Gestaltung der Trompetenspiralen auf dem Hiltoner Kreuzstein verweist auf die vier Paradiesflüsse, die auch auf römischen Apsismosaiken häufig am Fuß des Kreuzes entspringen. Jede der vier zentralen Trompetenspiralen greift in zwei weitere, sodass aus den insgesamt zwölf Trompetenspiralen vier Triskelen entstehen, die auch nach außen greifen und sich mit weiteren Trompetenspiralen zu einer großen geometrischen Komposition aus 32 Triskelen verbinden. Acht kleinere Doppelspiralen vervollständigen das komplexe Muster so, dass es in den quadratischen Rahmen passt. Auf den christlichen Kreuzsteinen wird die Trompetenspirale auf die gleiche Weise verwendet wie auf den Teppichseiten illuminierter insularer Evangeliare, die mit neuen, komplexen Ausformulierungen den Triumph der aufstrebenden Religion feiern, die Europa nun vereint. Hier wirkt die keltische Kunst weder rückständig noch introvertiert; ganz im Gegenteil, die piktischen Bildhauer hauchen den auf den nordwestlichen Inseln Europas überkommenen Kunstformen neues Leben ein, um ihren Gott, ihren Glauben und ihre Auffassung des Christentums zu glorifizieren.

Die mittlere Tafel zeigt eine Jagdszene und nimmt damit wohl Bezug auf eine der Beschäftigungen der damaligen adligen Gesellschaft.

Ein weiteres Detail mit direktem Zeitbezug ist die überproportional große offene Ringfibel, die fast die ganze Brust der Hauptfigur bedeckt, wahrscheinlich um ihren hohen Rang zu unterstreichen. Als zentrale Tafel auf einem christlichen Bildwerk kann diese Jagdszene allerdings religiös gedeutet werden: Damit wäre der hoheitsvolle Reiter mit wallendem Haar und aufwendig drapierten Gewändern, der seitlich auf seinem Ross sitzt, wie auch sonst in der christlichen Kunst als Christusfigur zu verstehen und die Szene als Darstellung des Einzugs in Jerusalem (Goldberg 2012). In diesem Sinne könnte die untere Hälfte der zentralen Tafel als Verweis auf Psalm 42,2 interpretiert werden: „Wie der Hirsch lechzt nach frischem Wasser, / so lechzt meine Seele, Gott, nach dir." Wenn auf einem piktischen Kreuzstein eine Jagd dargestellt wird, so handelt es sich zumeist um die Hetzjagd, bei der das Wild mit Hunden bis zur Ermüdung gehetzt wird. Sobald die Hunde weggerufen werden, sucht das erschöpfte Wild die nächstgelegene Wasserstelle auf, wo die Jäger bereits auf ihre Beute warten. Auf den piktischen Darstellungen ist der dürstende Hirsch vollendet getroffen, der in Augustinus' Auslegung von Psalm 42 für den Katechumenen steht, der nach den Wassern der Erlösung lechzt. Psalm 42 wurde bei der Ostervigil in Vorbereitung auf die Taufe gesungen, hängt also mit dem bedeutendsten Ereignis der christlichen Bekehrung und dem wichtigsten Feiertag im christlichen Kalender zusammen, an dem sich die Gemeinde versammelt, um in Erwartung der Auferstehung Christi neue Mitglieder willkommen zu heißen.

Der Hirsch als Symbol der Taufe erscheint auch auf den römischen Apsismosaiken, wo er aus den vier Paradiesflüssen trinkt, die am Fuß des Kreuzes entspringen. Oft gehören zu der Darstellung auch Pflanzenmotive. Der gehetzte Hirsch, die vier aus einem Kreuz entspringenden fließenden Formen und die Weinranke legen nahe, dass der Hiltoner Kreuzstein eben diese Taufsymbole aufgreift. Zudem verbinden diese drei Motive die beiden unteren Tafeln über den zwischen ihnen liegenden Rahmen hinweg. Auf ähnliche Weise ist auch die obere Tafel in das Gesamtbild integriert, denn die piktischen Symbole überschreiten die Rahmen der Tafeln und erscheinen auf dem gesamten Stein: Auf der mittleren Tafel sieht man vor dem hoheitsvollen Reiter Spiegel und Kamm, auf der oberen Tafel den Halbmond mit V-Stab und gleich darüber im Rahmen anstelle der Weinranke eine Doppelscheibe mit Z-Stab. Die Anordnung der vielfältig ineinandergreifenden Motive spricht für eine sorgfältig überlegte Komposition. Die Verwendung piktischer Symbole lässt die piktischen Kreuzsteine aus der christlichen Kunst herausragen; die anderen ikonographischen Elemente mögen zwar eigenwillig erscheinen, gehören aber in den weiteren Zusammenhang religiöser christlicher Kunst in Europa.

Die piktischen Symbole stellen ein regionales, bislang nicht entschlüsseltes Kommunikationssystem dar. Die frühesten Formen erscheinen oft paarweise auf grob behauenen Platten, Steinen und gelegentlich auch auf tragbaren Gegenständen. Auf späteren, christlichen Kreuzsteinen sind die Symbole oft im Relief geschnitzt. Das Vorkommen von Steinmonumenten mit piktischen Symbolen dient

19 Rückseite des Kreuzsteines von Hilton of Cadboll, Edinburgh, National Museums Scotland, Inv.Nr. X.IB 189

bei der Bestimmung der Größe des piktischen Königreiches als wichtiger, wenn auch ungenauer Hinweis. Wahrscheinlich wurden diese Symbole im piktischen Gebiet als Schriftform entwickelt, lassen sich also mit der germanischen Runenschrift und der gälischen Ogham-Schrift vergleichen (Forsyth 1998), zumal ihr Verwendungszusammenhang ähnlich ist. Anders als die Ogham-Schrift und die Runen basiert die piktische Symbolschrift jedoch nicht auf einem Alphabet und konnte bisher nicht übersetzt werden. Trotzdem können alle drei Schriftformen als regionale Reaktion auf den Kontakt mit der hoch entwickelten Schriftkultur des Römischen Reichs betrachtet werden; sie entstanden wahrscheinlich schon vor dem Aufkommen des Christentums.

Sinn und Inhalt der mithilfe dieser Symbolschrift übermittelten Botschaften bleiben uns zwar verschlossen, der hohe Nutzwert ist jedoch an der extensiven Verwendung auf den christlichen Kreuzsteinen der Pikten klar ablesbar. Für die großen Kreuzsteine mit Symbolen von der Fearn-Halbinsel und den Stein von Hilton of Cadboll war wahrscheinlich die gleiche Bildhauerschule verantwortlich, die im 8. Jahrhundert auch die monumentalen steinernen Bildwerke des Klosters von Portmahomack schuf. In dem klösterlichen Zusammenhang von Portmahomack kommen piktische Symbole nur selten vor: Auf einem einzigen Kreuzstein erscheinen einige kleine Symbole auf dem unteren Seitenrand (x.IB 190 – nicht ausgestellt). Auf den mächtigen Kreuzsteinen von Hilton of Cadboll, Shandwick und Nigg dagegen stehen die Symbole groß oben auf der Rückseite dieser eindrucksvollen Monumente. Die Art der Skulptur war ebenfalls entscheidend, denn piktische Symbole erscheinen ausschließlich auf Kreuzsteinen und nicht auf anderen Bildwerken wie frei stehenden Kreuzen, liegenden Platten und Tafeln oder als Fries an Bauwerken. Die Größe der Kreuzsteine ist unterschiedlich, wie das kleinere Exemplar aus Monifieth (x.IB 27) veranschaulicht (Kat.Nr. 200). Möglicherweise erfüllten die kleineren Kreuzsteine einen anderen Zweck als große Monumente wie das von Hilton of Cadboll; vielleicht dienten sie als Grabsteine für Einzelpersonen. Damit schließt sich der Kreis: Die piktischen Kreuzsteine geben Aufschluss über den Einfluss des Christentums auf das Leben der Pikten von der Taufe bis zum Begräbnis – vom Anfang bis zum Ende des Lebens eines Christen.

Martin Goldberg

| **Lit.**: Forsyth 1998; Henderson/Henderson 2004; Carver 2008; Clancy 2008; Carver 2009; Goldberg 2012

200 Kreuzstein von Monifieth (Angus), Schottland

Piktisch, 8./9. Jahrhundert
Sandstein – H. 45 cm, B. 31 cm, T. 10 cm
Edinburgh, On loan courtesy of the Trustees of the National Museums Scotland, Inv.Nr. X.IB 27

Das kleine Monument aus grauem Sandstein zeigt ein im Relief geschnitztes Kreuz auf der einen Seite und Figuren und Symbole auf der anderen. Solche Kreuzsteine sind typisch für das piktische Schottland der frühchristlichen Zeit. Im Gegensatz zu den freistehenden angelsächsischen Kreuzen bieten die Steine genügend Raum für eine kunstvolle Mischung von christlichen, geometrischen und zoomorphen Motiven und verschiedenen piktischen Symbolen. Deren Bedeutung ist zwar unbekannt, doch scheinen sie ein wichtiges Kommunikationsmittel gewesen zu sein, mit dem Information dauerhaft festgehalten werden konnte. Piktische Symbole finden sich auf nicht-christlichen Skulpturen und tragbaren Gegenständen, aber auch auf kunstvoll gestalteten christlichen Monumenten. Das klar gearbeitete Kreuzrelief auf dem Stein von Monifieth ist mit Flechtband und Spiralmotiven verziert. Die Rückseite weist zwei piktische Symbole auf: einen Halbmond mit V-Stab unten rechts und genau darüber einen Tierkopf. Diese werden links von einer geheimnisvoll verhüllten menschlichen Gestalt und einem rückwärts blickenden Tier flankiert. Den Rahmen bilden zwei sich gegenüber stehende Vogelköpfe. Die piktischen Symbole geben der Forschung nach wie vor viele Rätsel auf, doch es besteht kein Zweifel, dass die Kreuzsteine eine eigene Ausdrucksform darstellten, die einheimische Motive und Botschaften mit einer universellen christlichen Bildsprache verknüpfte.   Martin Goldberg

201 Zwei Fragmente einer Steinplatte mit Kreuz und Inschrift

Athlone, Grafschaft Westmeath, auf dem Kirchhof des Franziskanerklosters, 9./10. Jahrhundert
Sandsteinplatte – zwei Fragmente, untere Hälfte des Steins verschollen und von der Inschrift nur Teile erhalten – größeres Fragment H. 40 cm, B. 74 cm; kleineres Fragment H. 46 cm, B. 28 cm, T. 9 cm
Dublin, The National Museum of Ireland, Inv.Nr. W16, Athlone, Old Athlone Society, Inv.Nr. 278

Von dieser reich ornamentierten Steinplatte mit Kreuzsymbol sind zwei Fragmente erhalten. Bei dem größeren Fragment handelt es sich um den Kopf der Platte, der obere Rand ist jedoch auch beschädigt, sodass nur die untere Hälfte der Buchstaben OR DO erhalten ist und das obere Ende des Kreuzstamms fehlt. Erhalten ist der obere Teil eines in Flachrelief gearbeiteten keltischen Kreuzes, dessen Rad aus einem darunterliegenden Rechteck hervortritt. Direkt unterhalb der Verbindung von Kreuzstamm und Querbalken befindet sich die Bruchkante des Steins. Von den Kreuzarmen ist nur einer unversehrt; die untere Hälfte des rechten Armes fehlt. Die Form des Kreuzes ist insofern ungewöhnlich, als die Arme rautenförmig sind und in rechteckige Schlussstücke münden, die ein Gegenstück in der Quadratform an der Verbindung von Kreuzstamm und Querbalken finden. Das Kreuz ist reich verziert. Das Rad schmücken ineinandergreifende Doppelvoluten; auf den breiten Schlussstücken finden sich Flechtbandornamente. Die rautenförmigen Kreuzarme zeigen Flechtwerkmuster, Spiralen und doppelte Flechtbandornamente. Links und rechts auf dem Kreuzrad, in den Zwickeln zwischen dem Rad und dem Rand des Rechtecks sitzen die Symbole der Evangelisten Markus (Löwe) und Lukas (Stier). Die geflügelten Tiere halten jeweils einen quadratischen Gegenstand, der eine Tafel oder ein Buch darstellt, und haben an der Schulter eine spiralförmige Verzierung. Dieses Fragment wurde 1979 auf dem Friedhof eines Franziskanerklosters gefunden.

Ein weiterer Teil dieser Platte wurde später in der Sammlung des irischen Nationalmuseums identifiziert. Das zweite Bruchstück zeigt die untere linke Seite des Kreuzes; dort befindet sich eine geflügelte menschliche Figur, die ein Buch oder eine Tafel hält. Die gerundete

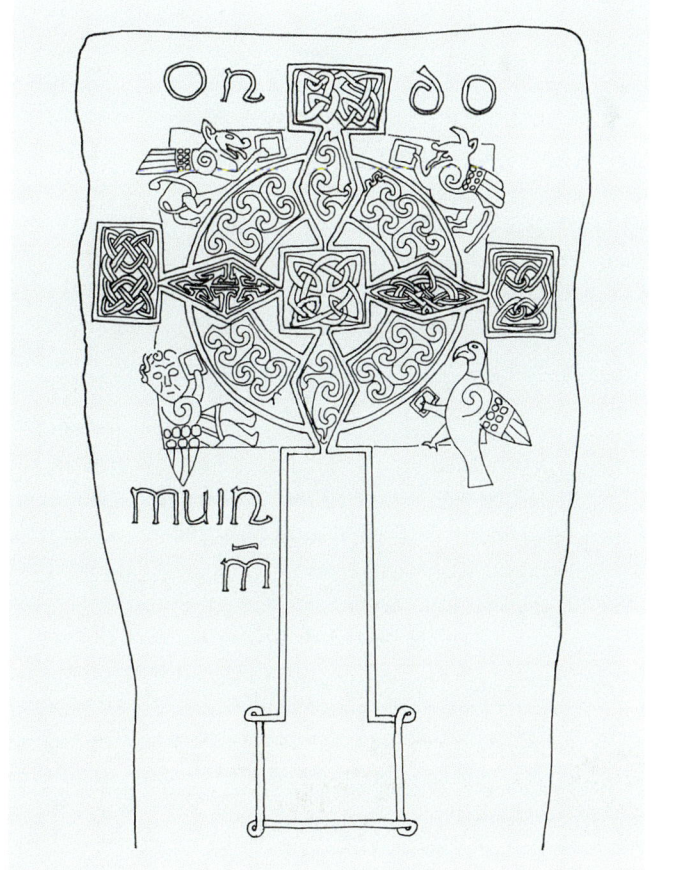

202a
pag. 418

202b
pag. 419

Leiste lässt sich dem Kreuzrad zuordnen, die gerade, senkrechte Leiste dem Kreuzstamm. Links davon ist eine Inschrift zu sehen. Bei der Figur handelt es sich um das Symbol des Evangelisten Matthäus. Wie auch bei den Evangelistensymbolen auf der oberen Hälfte des Kreuzrades ist ihre Schulter mit einer Spirale verziert und die Flügelspitze ragt über den Rand des Rechtecks hinaus. Unterhalb dieser Figur steht die Inschrift MUIR(…) M, die einen Teil eines Personennamens darstellt. Da der Rest der Platte verschollen ist, lässt sich der vollständige Name nicht rekonstruieren. Die Buchstaben auf beiden Fragmenten ergeben jedoch zusammen die Inschrift OR DO MUIR(…) M(…) („Ein Gebet für Muir[…] M[…]").

Diese Platte gehört zu den wenigen bekannten Grabmalen zumeist aus der Grafschaft Offaly, die mit aufwendigen Radkreuzen geschmückt sind. Da ihre Ornamentik jener der Buchmalerei sehr nahesteht, wird vermutet, dass der Steinmetz eine Bilderhandschrift als Vorlage benutzte. Die Rautenform der Kreuzarme ist sogar noch seltener; neben dieser Platte ist die heute verschollene Kreuzplatte aus Clonmacnoise (ebenfalls Grafschaft Offaly) das einzige bekannte Beispiel dafür. Auch das Motiv der vier Evangelisten ist recht ungewöhnlich; es sind nur wenige Darstellungen dieser Art auf Stein bekannt. Ausnahmen bilden Hochkreuze wie das Westkreuz von Monasterboice in der Grafschaft Louth sowie eines der Kreuze von Duleek in der Grafschaft Meath.　　　　　　　　　　　　Maeve Sikora

| Lit.: Wilde 1857, S. 141; Fanning/Ó hÉailidhe 1980, S. 9, S. 17f.; Ó Floinn/Fanning 1985

202a Evangelist Matthäus

Irland, um 800
Fragmenten-Sammelband II: „Veterum Fragmentorum Manuscriptis Codicibus detractorum collectio Tom. II."
Pergament – H. 24 cm, B. 18,5; 473 Bll.
St. Gallen, Stiftsbibliothek, Cod. Sang. 1395

Das Einzelblatt aus einem irischen Evangeliar zeigt in einem gerahmten Bildfeld den Evangelisten Matthäus mit seinem Symbol, einem Engel. Das Evangeliar gelangte vermutlich über irische Wandermönche nach St. Gallen. Auf der Rückseite des Blatts sind altgälische Beschwörungsformeln bei Verletzungen und Krankheiten eingetragen (Kat. 202b). Das Blatt wurde 1822 aus einem Bucheinband herausgelöst und der Fragmentensammlung zugeordnet.

Der Evangelist Matthäus, dessen Unterkörper und beschuhte Füße in Seitenansicht, dessen Oberkörper und Kopf jedoch in Frontansicht dargestellt sind, sitzt auf einem Stuhl. Mit der rechten Hand tunkt er seine Feder in ein Tintenfass, in der linken hält er ein Schabmesser. Dem Betrachter mit großen Augen zugewandt, mit wallendem gelben Bart und Haupthaar sowie mit einem Kreuznimbus ausgezeichnet, scheint der Evangelist für einen Augenblick im Schreiben innezuhalten. Er trägt über einem gelben Unter- und einem blauen Obergewand einen purpurfarbenen Umhang, dessen gelber Saum mit dem Haar und dieses wiederum mit dem Kreuznimbus verbunden sind. Über seinen Knien schwebt das Buch; Pergamentrollen und ein Bündel Ersatzfedern liegen unter seinem Stuhl, auf dessen Lehne das Tintenfass zu erkennen ist. Zwischen dem Evangelisten und der rechten Rahmenleiste ist als Büste in Seitenansicht eine kleine Engelsgestalt mit stilisierten Flügeln eingefügt, die ein Buch in der Hand hält. Die lasurhafte Ausmalung in Gelb, Purpurrot, Blau und Orange der mit schwarzen Konturlinien umrissenen Figuren vor hellem Pergamentgrund betont den flächigen Malstil. Anzeichen eines Raumes sind nicht erkennbar; es handelt sich vielmehr um einen imaginären Raum, in dem der Evangelist, inspiriert von dem Engel, seine Christus-Biographie auf Pergament bringt. Der schematische Gesichtsausdruck, die stark vereinfachte, zweidimensionale Wiedergabe von Stuhl, Umhang und Flügeln stehen stilistisch insularen Evangelistenbildern wie dem des Lichfield Evangeliars (Cathedral Library Lichfield) und denen des Cadmug-Evangeliars (Kat.Nr. 247) nahe. Das Motiv des sitzenden, schreibenden Evangelisten geht auf spätantike Autorenbilder zurück, die in dem Lukas-Bild im Evangeliar des heiligen Augustinus (Corpus Christi College Cambridge 286, fol. 129v), im Esra-Bild des um 700 in Wearmouth-Jarrow entstandenen Codex Amiatinus (Florenz, Bibiloteca Medicea Laurenziana, Ms. Amiatinus I, fol. V) und im Evangelistenbild des Evangeliars von Maaseik (Katharinenkirche) nachwirken. Bemerkenswert sind die kompositionellen Parallelen zwischen dem Matthäus-Bild des St. Gallener Fragments und dem des Evangeliars von Lindisfarne (British Library London, Cotton Nero D. IV, fol. 25v), auf die bereits Duft/Meyer hingewiesen haben. Die Rahmung besteht aus einem hochrechteckigen Leistenrahmen, der sich aus einfachen schmalen, purpurfarbenen Innen- und Außenleisten und aus einer dreimal so breiten Zierleiste zusammensetzt. Diese wiederum zeigt als Eckmotive blaugerahmte schwarze Felder mit eingefügten, achtblättrigen Rosetten, als Vertikal- und Horizontalleisten hellrot gerahmte, aus dem Pergament ausgesparte Schlüsselbartmuster mit purpurroter Grundausmalung.

Götz Denzinger

| Lit.: Scherrer 1875, S. 461–464; Zimmermann 1916, S. 106, S. 242, Taf. 191b, 197; Duft/Meyer 1953, S. 102–103; Alexander 1978, S. 79, Nr. 57; Eggenberger 1990, S. 96; Kat. St. Gallen 1990, S. 21–22.

202b Die St. Gallener Beschwörungen

8./9. Jahrhundert
Fragmenten-Sammelband II: „Veterum Fragmentorum Manuscriptis Codicibus detractorum collectio Tom. II."
Pergament – H. 24 cm, B. 18,5; 473 BII.
St. Gallen, Stiftsbibliothek, MS. 1395

Diese Beschwörungen gegen Kopfschmerzen, Harnwegserkrankungen, Dornenstiche und diverse andere Leiden sind im Wesentlichen aus zwei Gründen bemerkenswert: erstens, weil sie auf Altirisch verfasst sind und zweitens, weil sie neben dem Gott der Christen auch einige der vorchristlichen Götter Irlands anrufen. Die zweite Formel auf dieser Seite lautet: „Gewaltig ist Goibnius Können, Goibnius Stachel gehe Goibnius Stachel voran". Goibniu war der vorchristliche Gott der (Grob-)Schmiede. In der letzten Beschwörung wird Dian Cécht, der vorchristliche Gott der Medizin, angerufen. Diese Sprüche finden sich zusammen mit ähnlichen Formeln in lateinischer Sprache auch in anderen irischen Handschriften. Bei manchen Beschwörungen, wie etwa der dritten hier erwähnten, handelt es sich um Aufzählungen (*Caput Christi, oculus Isaiae, frons nassium Noe*, und so weiter). Die St. Gallener Beschwörungen bieten somit ein bemerkenswertes Beispiel für die Verbindung einheimischer Traditionen mit christlichem Glaubensgut.

Daíbhí Ó Cróinín

| Lit.: Stokes/Strachan 1903, S. xxvii, S. 248f.; Best 1915, S. 100; Best 1952; Carney/Carney 1961

203 Messkelch

Ende 6. bis Anfang 7. Jahrhundert
Fundort: Insel (Crannóg), Lough Kinale, Ballywillin, Grafschaft Longford
Silber; gehämmert, vergoldet; Kupferlegierung – H. 7,6 cm; Dm. der Kuppa 6,5 cm; Dm. des Fußes 4,89 cm
Dublin, The National Museum of Ireland, Inv.Nr. 2004C1:1546

Kelch aus gehämmertem Silber mit tiefer Kuppa, die etwas größer als halbkugelförmig ist. Der einteilige hohle Schaft mit zentraler Verdickung und der kuppelförmige Fuß mit klar artikuliertem abgeschrägtem Basisring sind durch einen großen Bolzen verbunden, dessen gewölbtes oberes Ende auf dem Boden der Kuppa zu sehen ist. An der Fußunterseite wird der Bolzen von einer Scheibenfassung aus eher grob geschmiedetem Silber aufgenommen. Der senkrechte Schalenrand war mit einem gerundeten Profil aus Kupferlegierung versehen, von dem allerdings nur ein kleines Stück erhalten ist. Es wurde durch drei ebenfalls aus Kupferlegierung bestehenden Krampen fixiert, die über den Rand gelegt und durch die Kuppawand vernietet sind. Direkt unter dem Rand verläuft ein Band mit Vergoldung. Der Schaft passt genau in den Fuß.

Kelch und Patene (2004C1:1546–7) wurden „in Leder gewickelt" gefunden, wobei der Finder das Leder nicht aufbewahrte. Der Fund umfasste außerdem fünf Bleifragmente und eine Riemenzunge. Die Patene befand sich auf dem Kelch, wobei ihr Fuß in die Kuppa hineinragte. Sie bestand aus einem kleinen runden Teller mit aufgerolltem Rand, der auf einem kuppelförmig erhobenen Fuß angebracht war. Das Objekt war zur Fundzeit intakt und der Fuß ist noch immer größtenteils unbeschädigt, doch der Teller ist heute unvollständig. Das zusammen mit den Objekten gefundene Leder stammte aller Wahrscheinlichkeit nach von einer Tasche, wie sie auf einer Reihe irischer Kreuze zu erkennen ist. In der irischen Literatur gibt es bereits im 7. Jahrhundert Verweise auf Büchertaschen; zudem zeigt das Behältnis für den Corp-Naomh-Glockenschrein aus Templecross in der Grafschaft Westmeath, dass Ledertaschen nicht nur für Bücher, sondern auch für andere kirchliche Gegenstände verwendet wurden. Zu der Aufhängevorrichtung des frühen hausförmigen Schreins aus Clonmore aus der Grafschaft Armagh gehörte eine verzierte Riemenzunge, die in ihrer Form der schlichten Riemenzunge ähnelt, die zusammen mit dem Messkelch von Lough Kinale gefunden wurde. Sie weist außerdem Parallelen zu der Riemenzunge auf, die man auf der künstlichen Insel (Crannóg) Ervey in der Grafschaft Meath entdeckte, da deren Ornamentik der der Riemenzunge von Clonmore ähnelt.

Ryan hat den Kelch und die Patene von Lough Kinale dokumentiert, ohne jedoch Lederhülle (Tasche?), Riemenzunge und Bleifragmente zu erwähnen (Ryan 1990, Abb. 1, S. 286; S. 292). Ähnlichkeiten im Hinblick auf Stil, Form und Machart zeigen, dass der Kelch und die Patene von Lough Kinale als Paar hergestellt wurden. Der Kelch weist erstaunliche Ähnlichkeit mit dem aus Trewhiddle in Cornwall auf und muss offenkundig zur selben Zeit gefertigt worden sein. Der Kelch von Trewhiddle stammt aus einem Hort, der um 875 angelegt wurde, was darauf hindeutet, dass der Kelch und die Hostienschale von Lough Kinale spätestens aus dem 9. Jahrhundert datieren. Allerdings könnten Funde von vergleichbaren Riemenzungen wie der von Lough Kinale auf eine deutlich frühere Herstellungszeit im späten 6. oder frühen 7. Jahrhundert hindeuten.   Eamonn P. Kelly

| **Lit.:** Ryan 1990b, Abb. 1, S. 286, S. 292

205

204 Kelch

Irland, 8./9. Jahrhundert
Fundzusammenhang unbekannt
Kuppa und Fuß: Bronze; verzinnt; Schaft: Bronze; gegossen – H. 6,05 cm, Dm. Kuppa 11 cm, Dm. Fuß 6,2 cm
Belfast, Courtesy of Board of Trustees of National Museums of Northern Ireland, Inv.Nr. UM A87.1954, aus der Sammlung Gracey, Kilrea, Grafschaft Derry

Die Außenseite dieses kleinen Kelchs aus gehämmerter Bronze ist verzinnt. Die beinahe halbkugelförmige Kuppa hat einen leicht nach außen gebogenen Rand und weist zwei Löcher mit unbekannter Funktion auf. Der doppelkonische Schaft wurde in einem Stück aus Bronze gegossen. Der Fuß besteht aus einer flachen Scheibe, deren Rand durch ein angenietetes Band verstärkt wird, und ist heute nicht mehr mit dem Schaft verbunden. Die ebenfalls verzinnte Oberseite des Fußes ist mit einem eleganten Muster aus Triskelen und Trompeten sowie Perlpunzierungen geschmückt. Zwei der fünf aus Irland bekannten Kelche – dieser Kelch aus der Sammlung Gracey und das kleinere Exemplar aus dem Hort von Ardagh – bestehen aus legiertem Kupfer. Der schlichten Form entspricht bei dem Gracey-Kelch eine zurückhaltende Ornamentierung, während der Kelch von Ardagh vollkommen schmucklos ist. Trotz der Schäden, die dieser schon bei seiner Entdeckung aufwies, ist er in der Ausführung dem vorliegenden Objekt deutlich überlegen. Bei beiden scheint es sich eher um Messkelche für die Gabenbereitung zu handeln als um Gefäße für die Kelchkommunion. Das Muster auf dem Fuß des Gracey-Kelches kann mit verschiedenen anderen, einfacheren Kurvenlinienmotiven sowie mit dem Fuß der quadratischen Zierscheibe aus dem Hort von Donore verglichen werden, die ebenfalls Stichreihen aufweist. Der Kelch lässt sich nur ungenau in das 8./9. Jahrhundert datieren und entspricht weitgehend der von Elbern beschriebenen Gruppe der insularen Kelche, denn auch der Kelch von Trewhiddle in Cornwall und der Kelch von Lough Kinale weisen einen doppelkonischen Schaft auf.

Michael Ryan

| Lit.: Elbern 1965; Kat. Dublin/Edinburgh/London 1989, S. 64f., Nr. 61 (Cormac Bourke); Ryan 1990b, S. 285–288.

205 Hängebecken aus Silber aus dem Hort von St. Ninian's Isle (Shetland), Schottland

Insular, 8. Jahrhundert
Silber; vergoldetes Silber – Dm. 14 cm
Edinburgh, On loan courtesy of the Trustees of the National Museums Scotland, Inv.Nr. X.FC 275

Dieses aufwendig gearbeitete Hängebecken hing ursprünglich an einer Kette, die durch die drei an seinem Rand angebrachten Ringe geführt wurde. Als Halterung für die Ringe dienen an den Rand der

246 LUX MUNDI

206a

Schale genietete Beschläge aus vergoldetem Silber, die vermutlich Wildschweine darstellen. In der Schale befindet sich am Boden ein runder Beschlag aus gegossenem Silber, der mit scheinbar im Kerbschnitt ausgeführten Tieren verziert ist. Außen ist am Boden der Schale ein Beschlag aus dünnem Silberblech angebracht, in den drei miteinander verbundene Spiralen eingeprägt sind. Die meisten Hängebecken bestehen aus Kupferlegierung; das Becken von Saint Ninian's Isle gehört zu einer Gruppe von nur drei erhaltenen Hängebecken aus Silber. Die Funktion dieser Gefäße ist umstritten: Die Annahme eines liturgischen Zwecks liegt zwar nahe, aber es ist ebenso gut möglich, dass Hängebecken bei weltlichen Festen etwa zum zeremoniellen Händewaschen verwendet wurden. Diese Schale wurde auf einer der Shetlandinseln als Teil eines Hortfundes mit wertvollen Silberschmiedearbeiten entdeckt. Der Hort von Saint Ninian's Isle umfasste weltliche Gegenstände wie Fibeln und Waffenbeschläge (Kat.Nr. 225) und sieben weitere Schalen (Kat.Nr. 206a/b).

Martin Goldberg

| **Lit.:** Small/Thomas/Wilson 1973

206 Zwei Silberschalen aus dem Hort von St. Ninian's Isle (Shetland), Schottland

a) Silberschale

Insular, 8. Jahrhundert
Silberblech; vergoldetes Silber; rote Emaille – Dm. 14,3 cm
Edinburgh, On loan courtesy of the Trustees of the National Museums Scotland, Inv.Nr.X.FC 273

Auf dieser Schale aus dünnem Silberblech bilden Punzreihen zierliches Flechtwerk und geometrische Formen. Innen ist am Boden ein dreieckiger Beschlag aus vergoldetem Silber mit einer Zelle roter Emaille in der Mitte angebracht, die von scheinbar im Kerbschnitt ausgeführtem Flechtwerk umgeben ist. Der Beschlag sitzt in einem silbernen Rahmen, an dessen drei Ecken sich ein maskenhaftes Gesicht befindet. Die drei Masken gelten als Darstellung der Heiligen Dreifaltigkeit mit Vater, Sohn und Heiligem Geist. Von dem Bodenbeschlag ausgehende Punzreihen bilden ein einfaches Kreuz. Die Schale gehört zu einem Hortfund wertvoller Silberschmiedearbeiten, der 1958 auf einer der Shetlandinseln entdeckt wurde. Der Hort von Saint Ninian's Isle umfasst weltliche Gegenstände wie Fibeln und

206b

Waffenbeschläge (Kat.Nr. 225) und sieben weitere Schalen (Kat.Nr. 205, 206b). Diese sind zum Teil mit Kreuzformen verziert und könnten für liturgische Zwecke bestimmt gewesen sein.

b) Silberschale
Insular, 8. Jahrhundert
Silberblech – Dm. 15,1 cm
Edinburgh, On loan courtesy of the Trustees of the National Museums Scotland, Inv.Nr. X.FC 268

Diese Schale aus dünnem Silberblech ist mit getriebenen Linien zwischen Punzreihen verziert. Die fünf großen Kreise auf der Schale überlappen sich am Boden und bilden dort ein gleicharmiges Kreuz. Am Ende jedes Kreuzarmes befindet sich ein Motiv aus drei punzierten Punkten, das für die Heilige Dreifaltigkeit steht, während die Gruppen von vier Punktpunzen zwischen den Kreuzarmen die Kreuzform selbst aufgreifen. Die Schale gehört zu einem Hortfund mit wertvollen Silberschmiedearbeiten, der 1958 auf einer der Shetlandinseln entdeckt wurde. Der Hort von Saint Ninian's Isle umfasst acht zusammengehörende Schalen (Kat.Nr. 205, 206), zum Teil mit christlichen Motiven, sowie verschiedene weltliche Gegenstände, darunter zwölf offene Ringfibeln und zwei Ortbänder von Schwertscheiden (Kat.Nr. 225). Außerdem fand sich in dem Hort der Kiefer eines Schweinswals. Die Schalen waren möglicherweise für liturgische Zwecke bestimmt.

Martin Goldberg

| Lit.: Small/Thomas/Wilson 1973; Kat. Dublin/Edinburgh/London 1989, S. 108, Nr. 97

207 Verzierter Bronzeeimer

Clooneenbaun, Grafschaft Roscommon, 9./10. Jahrhundert
Bronzeblech; genietet und mit Silberblech und Zinn verziert – vollständig erhalten bis auf den Henkel, von dem zwei Stücke vorhanden sind, der breitere Griff in der Mitte jedoch fehlt. Das Silberblech fehlt teilweise – H. 10,5 cm, Dm. (Rand) 10,2 cm, Dm. (Boden) 7 cm
Dublin, The National Museum of Ireland, Inv.Nr. L1986:1

Dieser kleine Eimer mit gegossenen und geritzten Verzierungen besteht aus zwei überlappenden Stücken Bronzeblech mit Längsvernietung. Die Wand des leicht konisch geformten Eimers ist an Rand und Boden mit einfachen Fassreifen aus Kupferlegierung verstärkt. Die Nähte sind außen durch senkrechte Bronzestreifen verdeckt, die

248 LUX MUNDI

207

mit Fischgrätenmuster und schräg verlaufenden geritzten Rillen versehen sind. Diese Bronzestreifen wurden mit verzinnten Nieten befestigt und die abstrakten Motive mit Silberblech verziert. Sie durchbrechen die Fassreifen oben und unten und münden an der oberen Kante des Eimers in zwei Attaschen. Diese sind zwar nicht identisch, jedoch sind beide rund und weisen ein Radkreuzmotiv auf. Das Kreuz auf der einen Attasche hat ausladende Schlussstücke und ein Rad ohne Ornamente, während auf der anderen Seite die Schlussstücke eher gerade verlaufen und das Rad sowohl größer als auch mit Perldraht verziert ist. Die Kreuzarme dürften ursprünglich mit Silberblech überzogen gewesen sein. Der halbkreisförmige Henkel, der heute in der Mitte auseinandergebrochen ist, hat einen rechteckigen Querschnitt und ist auf der breiteren Seite mit eingeritzten Linien ornamentiert. Die Enden des Henkels sind abgeflacht und verbreitert; an jedem Ende befindet sich ein Loch für einen Drehzapfen. Von den Beschlägen an der Innen- und Außenseite des Gefäßes springen Ösen hervor, zwischen denen die abgeflachten Enden des Henkels frei schwenkbar befestigt sind. Ein Teil des breiten Griffs in der Mitte des Henkels ist erhalten und lässt mit Silberblech überzogene Flechtbandornamente sowie eine kreisförmige Fassung erkennen. Der Boden des Gefäßes besteht aus einer Bronzeblechscheibe, die auf beiden Seiten mit Passformen und konzentrischen Linien verziert ist, die ein sechsblättriges Ringelblumenmotiv ergeben. Ansonsten ist die Ornamentierung des Gefäßes auf paarweise angeordnete, konzentrische Linien beschränkt, die außen dicht an dem oberen und unteren Rand, innen nur am oberen Rand eingeritzt sind.

Das Gefäß ähnelt in gewisser Hinsicht einer Reihe von bronzeüberzogenen Holzeimern aus dem 8. und 9. Jahrhundert, besitzt jedoch keinen Holzkern. Gefäße dieser Art wurden möglicherweise im Haushalt eingesetzt, könnten jedoch – obwohl bisher keines in einer Kirchenanlage gefunden wurde – auch liturgischen Zwecken gedient haben. Dieser Objekttypus ist insularen Ursprungs und begegnet sowohl in Irland als auch in Northumbrien. Die Kreuzmotive auf den Attaschen deuten möglicherweise auf einen kirchlichen Kontext hin. Der Eimer könnte als Gefäß für kleinere Mengen an Flüssigkeit wie etwa Wein oder Weihwasser eingesetzt worden sein. Maeve Sikora

| **Lit.**: Kat. Dublin 2011, S. 38

208 Weihrauchgefäß aus North Elmham

North Elmham, Norfolk, Mitte 9. Jahrhundert
Bronze; gegossen, graviert, Durchbrucharbeit; Niello – H. 6,2 cm, Dm. 8,7 cm
London, The British Museum, Inv.Nr. 1897,0323.18

Das Becken ist eiförmig, hat einen flachen Boden und sein Rand ist mit dreimal vier offenen Bögen, die auf rechteckigen Basen stehen, verziert. Darunter sind drei horizontale Linien eingraviert. Mit jeweils drei vertikalen Linien ist das Becken in sechs Abschnitte eingeteilt. Drei nach oben blickende Tierköpfe waren zwischen den Bögen am Rand befestigt und Röhren an ihren Mäulern dienten als Halterungen für die nun verlorenen Ketten, an denen das Becken aufgehängt war. Die Tiere haben wulstige Schnauzen, hervorstehende linsenförmige Augen, aufgestellte runde Ohren und lockige Mähnen, die Stirnen sind mit Niello verziert.

Das Weihrauchgefäß kann in die Mitte des 9. Jahrhunderts datiert werden, denn Tierköpfe mit den gleichen stilistischen Merkmalen finden sich auf Riemenenden aus dem 9. Jahrhundert. Auch ist die Verzierung mit offenen Bögen und Tierköpfen vergleichbar mit dem Griff des Siegels Bischof Æthelwalds aus Dunwich, Suffolk, der sein

208

IV „... BIS AN DIE GRENZEN DER ERDE". AUSBREITUNG DES CHRISTENTUMS BEI IREN UND ANGELSACHSEN   249

Amt von etwa 845 bis 870 innehatte. Die Zwölfzahl der Bögen und ihr architektonischer Charakter waren sicherlich bedeutungsvoll und könnten auf die zwölf Tore des neuen Jerusalems hingewiesen haben (Apk 21,12). Die Verwendung von Weihrauch in der christlichen Liturgie in Westeuropa seit dem Frühmittelalter ging auf byzantinische Einflüsse zurück.

Das Becken wurde 1786 an einer Stelle gefunden, die mittlerweile archäologisch als der Ort einer angelsächsischen Kirche identifiziert werden konnte. Ausgrabungen haben verschiedene Phasen von Wohnhäusern und Werkstätten des 9. und 10. Jahrhunderts aufgedeckt. Um 850 allerdings werden die Funde merklich weniger. Da seit den 840-er Jahren immer wieder von Wikingereinfällen in East Anglia berichtet wurde, standen der Niedergang und möglicherweise auch der Verlust des Weihrauchbeckens in diesem Zusammenhang.

Charlotte Behr

| Lit.: Cramp 1989, S. 23; Kat. London 1991, S. 238–239 (Leslie Webster); Thomas 2000, S. 191; Blair 2005, S. 288, S. 320; Plunkett 2005, S. 206

209 Kreuz von Tully Lough

Frühes 9. Jahrhundert
Fundort: auf dem Seegrund neben einer kleinen künstlichen ehemals bewohnten Insel (Crannóg), Tully Lough, Tully, Grafschaft Roscommon
Holz; Metallblech, verzinnt; Bronze, gegossen, vergoldet – geschätzte H. 126 cm; B. des Querbalkens 44 cm
Dublin, The National Museum of Ireland, Inv.Nr. 1998:9

Das Kreuz von Tully Lough ist eins der wenigen erhaltenen frühmittelalterlichen Kreuze aus einem Holzkern mit Metallblechummantelung und das einzige (fast) intakte Kreuz dieses Typs in Irland. Wahrscheinlich wurde es schon vor der Deponierung im See durch einen starken Aufprall beschädigt; ob das Kreuz zufällig verloren oder absichtlich versenkt wurde, lässt sich nicht eindeutig sagen. Der hölzerne Stamm und der Querbalken sind in der Mitte durch eine einfache Überblattung verbunden, die mit einem Eisennagel fixiert wurde; die Winkel sind kreisbogenförmig gestaltet. Vorder- und Rückseite des Kreuzes sind mit einer Reihe von Beschlägen und Buckeln aus vergoldeter Gussbronze verziert, die sich dekorativ von dem schlichten verzinnten Bronzeblech der Ummantelung abheben, wobei die Ornamente der Vorderseite aufwendiger sind als die der Rückseite. Auf drei Beschlägen sind einfache Flechtbandornamente zu sehen, während zwei weitere eine menschliche Gestalt zwischen zwei Tieren mit weit geöffnetem Maul zeigen, die Arme wie zum Gebet erhoben. Die beiden männlichen Orantenfiguren tragen eine Art Kilt, der über die Knie reicht. Die Augen der oberen Gestalt sind geöffnet, während die der unteren geschlossen sind; ansonsten sind sie weitgehend identisch. Die metallenen Bestandteile des Kreuzes sind durch Nägel, ein schlauchartiges Profil und gegossene Elemente mit Tierköpfen fixiert. Bernsteineinlagen schmücken die Buckel. Die Ornamentik ist überwiegend im Stil der Spät-La-Tène-Zeit gehalten.

209

Die runden und pyramidenförmigen Buckel sind im Kerbschnitt mit einer Vielzahl von Motiven versehen, darunter Eierstabmotive, frontal stehende adlerähnliche Vögel, Spiralen, die in Vogelköpfe bzw. keulenförmige Enden münden, einfaches Flechtwerk sowie punzierte Linsenformen, Punkte und Kreisaugen. Die an den Seiten kreisbogenförmig gerundeten Beschläge der Vorderseite weisen erhabene gegossene Triskelen auf, die in ein komplexes Muster aus eingravierten und miteinander verzahnten S-Schnörkeln, Trompetenmustern und Pelten eingewoben sind.

Das Kreuz von Tully Lough steht möglicherweise mit der nahegelegenen Kirche von Kilmore in Verbindung, die vom heiligen Patrick gegründet wurde. Wie Funde von Teilen ähnlicher Kreuze in Irland, England und in Wikingergräbern in Norwegen zeigen, war dieser Typ nicht ungewöhnlich. In Evangeliaren der Zeit wie etwa im Codex Aureus von Canterbury begegnen uns Zeichnungen von ähnlichen Kreuzen und auch die Ornamentik des Kreuzes von Tully Lough gleicht der dieser Handschriften. Das einzige unbeschädigte Kreuz vergleichbarer Art ist ein angelsächsisches Kreuz aus dem 8. Jahrhundert, das im österreichischen Bischofshofen aufbewahrt wird (Bd. I, Abb. 140); außerdem sind in den National Museums of Scotland die Fundreste eines Holzkreuzes mit Metallbuckeln und -beschlägen zu sehen, das aus Dumfriesshire stammt und ebenfalls auf das 8. Jahrhundert datiert wird. Anders als das spätere Kreuz von Cong aus dem 12. Jahrhundert war das Kreuz von Tully Lough anscheinend nicht als Reliquienkreuz gedacht. Seine enorme Größe und üppige Ornamentierung deuten darauf hin, dass es bei wichtigen religiösen und feierlichen Anlässen als Prozessionskreuz verwendet wurde. Die menschlichen Figuren, die sich zwischen den Tieren mit den geöffneten Mäulern befinden, ähneln der Figur auf einem Glockenschrein aus vergoldetem Silber unbekannter Herkunft aus dem 9. Jahrhundert, der sich in der Sammlung des National Museum of Ireland befindet (Inv.Nr. 1920:37) (Kat.Nr. 187). Das Motiv taucht zudem auf steinernen Hochkreuzen wie etwa dem Südkreuz von Ahenny in der Grafschaft Tipperary auf. Das Kreuz von Tully Lough ist also auch insofern von Bedeutung, als es die seit langem bestehende Vermutung bestätigt, dass solche Holzkreuze mit Metallummantelung das Vorbild für zahlreiche irische steinerne Hochkreuze abgaben.

Eamonn P. Kelly

| **Lit.**: Kelly 2003a; Kelly 2003b; Kelly 2008

210 Beschlag

Irland (?), 10. Jahrhundert (?)
Fundort: Rise, Oppdal, Sør-Trøndelag, Norwegen
Kupferlegierung; vergoldet – H. 6,5 cm, B. 2,8 cm
Oslo, Kulturhistorisk museum, Universitetet i Oslo, Inv.Nr. C646

Dieser anthropomorphe Beschlag aus vergoldeter Kupferlegierung stellt einen bartlosen Mann dar. Um seine Mitte hat er ein Schwert geschnallt, an den Schultern kringeln sich Voluten. Von seinem Kopf stehen rechts und links rechteckige Flächen ab, die mit Flechtbandornamenten im Kerbschnitt geschmückt sind. Der quadratische Bereich auf Brusthöhe könnte ein Buch darstellen, das von der Figur gehalten wird. Der gesamte restliche Körper ist mit breiten Flechtbandornamenten ausgefüllt. Die leeren Höhlen der runden Augen waren ursprünglich wohl mit kleinen Stücken Glasfluss gefüllt.
Der Beschlag wurde 1834 zusammen mit einer ovalen Fibel im Boden entdeckt. Über den genauen Fundzusammenhang ist nur wenig bekannt, doch wenn der Beschlag und die Fibel aus dem gleichen Grab stammen, wurde dieses vermutlich im frühen 10. Jahrhundert angelegt.

Der Beschlag hat Ähnlichkeit mit insularen Reliquiaren und wurde vermutlich in Irland angefertigt. Er gehört zu einer Gruppe sakraler und säkularer Metallarbeiten von den Britischen Inseln, die in norwegischen Gräbern aus der Wikingerzeit zu finden sind. Bei diesen Gegenständen handelt es sich vermutlich um die Beute von Raubzügen an der britischen Küste. Mehrere solcher Beschläge wurden zu Gewandspangen umgearbeitet, wie sie zur Kleidung der Wikingerfrauen gehörten. Hanne Lovise Aannestad

| **Lit.:** Kat. Oslo 1834; Petersen 1940, Nr. 86; Wamers 1985, Nr. 32

211 Das Kreuz von Antrim

Irland, vermutlich 9. Jahrhundert
Fundort: vermutlich Grafschaft Antrim, keine weiteren Details bekannt
Platten: Bronze; gegossen; Emaille, Millefioriglas – H. 16,8 cm, B. 16,4 cm
Limerick, The Hunt Museum, Inv.Nr. HCA 627

Das Kreuz von Antrim besteht aus gegossenen Bronzeplatten mit Buckeln in der Form gekappter Pyramiden. Die Buckel sind mit Emaille verziert, an einer Stelle ist eine Einlage aus Millefioriglas erhalten. Die schmucklose, flache Rückseite des Kreuzes deutet darauf hin, dass es Teil eines größeren Objektes wie eines Reliquiars oder Altars war. Die Kreuzarme waren ursprünglich mit weiteren Beschlägen versehen, die heute jedoch verschollen sind. Die Buckel sind oben und seitlich verziert. Die vier kleinen Millefiorieinlagen auf der Oberseite sind weitgehend verloren, nur auf einem Buckel am Ende eines Kreuzarms ist ein kleines Stück erhalten. Die Seiten der Buckel sind mit geometrischen Mustern geschmückt, die durch freigelassene Bronzeflächen vor einem Hintergrund von gelbem Grubenschmelz gebildet werden. Auf dem leicht erhabenen Buckel in der Mitte des Kreuzes sind allerdings auf zwei Seiten im Profil rückwärts blickende Vierbeiner dargestellt, deren Körper ebenfalls mit gelbem Grubenschmelz ausgefüllt sind. Die heute leicht verwitterte Emaille könnte ursprünglich rot gewesen sein.

Bis in jüngere Zeit galt das Kreuz von Antrim als das einzige erhaltene größere Metallkreuz aus dem frühmittelalterlichen Irland, was den Vergleich mit dem erst später entdeckten Kreuz von Tully Lough (Kat.Nr. 209) umso interessanter macht: Beide sind mit Buckeln in Form gekappter Pyramiden geschmückt, bei dem Kreuz von Tully Lough sind jedoch zusätzlich die an den Seiten kreisbogenförmig gerundeten Beschläge erhalten, die um die Mitte des Kreuzes auf den Kreuzarmen angeordnet waren. Pyramidenförmige Buckel finden sich auch auf mehreren piktischen Kreuzsteinen, zudem sind aus dem Norwegen der Wikingerzeit einige kleinere Metallbuckel erhalten, die vermutlich von Tragekreuzen stammen. Aufgrund von stilistischen Merkmalen lässt sich das Kreuz von Antrim in das 9. Jahrhundert datieren. Michael Ryan

| **Lit.:** Anon 2002, S. 119; Harbison 1978

Insulare Klosterkultur

212 Jonas von Bobbio, „Vita Columbani" (in Übersetzung)

Bobbio, um 638–641
Pergament – H. ca. 19,5 cm, B. 14,5 cm
St. Gallen, Stiftsbibliothek, Sign. 553

In den Jahren um 640 verfasste der Mönch Jonas die Vita des irischen Missionars Columban von Luxeuil. Sie richtete sich in erster Linie an die Äbte und Klostergemeinschaften in Luxeuil und Bobbio, der Hauptgründung des Heiligen im Fränkischen Reich bzw. seinem großen Kloster im Apennin. Um 638 bat ihn Bertulf, der dritte Abt von Bobbio, das Leben des Columban von Luxeuil aufzuschreiben; etwa drei Jahre später beendete Jonas seine Niederschrift. Jonas war nur ein oder zwei Jahre nach Columbans Tod im Jahr 615 in das Kloster Bobbio eingetreten. Er arbeitete als Assistent von Athala, Columbans Nachfolger in Bobbio, und war gut mit Eustasius, dem Abt von Luxeuil und einem führenden Anhänger des Heiligen, sowie mit vielen anderen bekannt, die Columban noch selbst erlebt hatten. Wie Jonas in seinem Prolog schreibt, erhielt er seine Informationen von Menschen, die Columban gesehen und gekannt und nicht einfach nur von ihm gehört hatten. Die Vita bestand aus zwei Büchern: Das erste widmete sich dem Heiligen, während das zweite das Leben seiner Anhänger beschrieb. Zwar versichert Jonas, er sei gebeten worden, eine Vita des Columban von Luxeuil zu schreiben; tatsächlich beinhaltet sein Werk jedoch eine Darstellung der frühen Jahre einer ganzen Klosterbewegung und nicht nur ihres Gründers. Auch wenn sich die Lebensgeschichte primär an die Äbte und Gemeinden in Bobbio und Luxeuil richtete, breitete sich der Einfluss der Columban'schen Mönchsregel um 640 weit über die von Columban gegründeten Klöster hinaus aus.

Obwohl Jonas über ideale Voraussetzungen verfügte, um die Geschichte des Columban von Luxeuil und seiner Anhänger zu erzählen, stimmt seine Darstellung an verschiedenen entscheidenden Stellen nicht mit den Schriften des Heiligen überein. Dass Jonas der Columbansvita diese besondere Form gab, liegt vor allem daran, dass er um 640 aus politischen Gründen unmöglich offenlegen konnte, unter wessen Schutz der Heilige stand, wer ihn vor dem Zorn der Bischöfe aus Burgund bewahrte und warum jene Bischöfe den irischen Abt maßregeln wollten. Vergleicht man Jonas' „Vita" mit Columbans eigenen Briefen und anderen Aussagen, so wird deutlich, dass gerade das bei Jonas Unausgesprochene häufig von größter Bedeutung ist. Columban von Luxeuil gelangte um 591 über die Bretagne von Irland nach Gallien und gründete zunächst das Kloster Annegray in „der weiten Wüste der Vogesen". Annegray befand sich im Königreich Burgund, das bis 593 von Guntram regiert wurde. Da Guntram keine Söhne hatte, fiel Burgund 593 an seinen Neffen Childebert II., den Sohn von Guntrams Bruder Sigibert I. und seiner westgotischen Frau Brunhilde (Brunichildis). Jonas zufolge wurde Columban von Sigibert empfangen; der Autor ging offensichtlich davon aus, dass Childebert seinem Vater nicht nur in Austrasien, sondern auch in Burgund auf den Thron gefolgt war. Tatsächlich war jedoch Sigibert, der nur über das ostfränkische Königreich (Austrasien) regierte, 575 ermordet worden, woraufhin Childebert Austrasien als Teilkönigreich erhielt. Burgund fiel allerdings erst im Jahr 593, also 18 Jahre später, an ihn. Nach Childeberts Tod 596 ging Burgund an seinen Sohn Theoderich über, während Childeberts zweiter Sohn Teudebert Austrasien erbte. Nach 591 – der genaue Zeitpunkt ist nicht bekannt – erhielt Columban Grund und Boden in der Nähe von Annegray, wo er als zweites und größeres Kloster Luxeuil gründete. Später kam es zu einer dritten Klostergründung in Fontaine, ebenfalls in der Nähe von Annegray und Luxeuil. Jonas macht keine Aussagen darüber, welche Schutzherren des Heiligen den Erwerb dieser zwei weiteren Grundstücke ermöglichten. Wahrscheinlich wurde Columban schon früh von Waldelenus, einem Herzog aus der Umgebung, unterstützt, den Jonas als *dux* der Siedler im Nordwesten des Jura und der Alpen beschreibt. Waldelenus soll kinderlos gewesen sein, bis Columban für ihn und seine Frau betete. Ihr ältester Sohn Donatus war 626/27 als Bischof von Besançon tätig, der Diözese also, der Luxeuil, Annegray und Fontaine unterstanden. Die Verbindung zwischen Waldelenus und Columban muss daher auf das Jahr 596 oder früher zurückgehen, da Donatus aufgrund des kanonischen Rechts 627 mindestens 30 Jahre alt gewesen sein muss. In den Kapiteln über die frühen Jahre des Columban von Luxeuil in Burgund gewinnt man jedoch den Eindruck, dass der Heilige isoliert war und große Not litt.

Welche Beziehung zwischen Columbans Klostergründungen und den Herrschern von Burgund bestand, bleibt bei Jonas unklar. Wenn sich Guntram als König hinter dem Namen Sigibert verbirgt, dann stellte der König von Burgund Columban kurz nach seiner Ankunft im Fränkischen Reich unter seinen Schutz. Der König, der als nächstes erwähnt wird, ist Theoderich; er regierte Burgund von 596 bis 613, taucht jedoch im Text erst nach der Hälfte von Buch I auf. Auch wenn im Weiteren geschildert wird, dass er die allgemeine Verehrung des Heiligen teilte und Luxeuil oft besuchte, schlugen die Beziehungen zwischen dem König und dem Abt bald in Feindschaft um. Ausschlaggebend hierfür war laut Jonas die Weigerung Columbans, Theoderichs illegitime Söhne zu segnen und dem König Zutritt zu seinem Kloster zu gewähren. An keiner Stelle ist bei Jonas davon die Rede, dass Columban sich weigerte, die von der Kirche

Galliens 541 vorgeschriebene Osterfestrechnung des Victorius von Aquitanien zu akzeptieren, oder dass er trotz Aufforderung nicht vor dem Konzil von Chalon-sur-Saône 603 erschien.

Laut Jonas trug Brunhilde, die Witwe von Sigibert I. und Großmutter von Theoderich, die Hauptschuld an Columbans Differenzen mit dem König. (Bei den Familienfehden der Merowinger wurde gerne den Königinnen die Schuld zugeschoben.) Nach einem Bericht von Gregor von Tours, der 573 auf Geheiß von Sigibert und Brunhilde zum Bischof ernannt worden war, gaben die von Childebert zu Guntram Gesandten jedoch Fredegunde, der Frau von Sigiberts Bruder Chilperich, die Schuld an Columbans Zerwürfnis mit König Theoderich. „Dein Neffe wünscht, dass du diese Hexe Fredegunde, durch die so viele Könige ihr Leben verloren haben, auslieferst, damit er den Tod seines Vaters, seines Onkels und seiner Vettern räche" („Historien", vii. 13). Die Anhänger von Chilperich, Fredegunde und ihrem Sohn Chlothar II., der nach Theoderichs Tod im Jahr 613 durch einen Staatsstreich die Kontrolle über Burgund und Austrasien erlangte, machten jedoch Brunhilde für die Ränke verantwortlich. Chlothar rechnete Brunhilde „vor, wie zehn Frankenkönige durch ihre Schuld ermordet worden seien (…) Dann liess er sie (…) mit dem Haupthaar, einem Arm und einem Fuß an den Schwanz des wildesten Pferdes binden, und so ward sie von den Hufen des davon sprengenden Tieres zerschlagen" (Fredegar, „Chronica", iv. 42). Als Columban sich weigerte, Theoderichs illegitimen Nachkommen den Segen zu erteilen, prophezeite er Jonas zufolge, dass keinem der beiden Söhne Erfolg beschert sein werde. Columban wurde angeblich auch von Chlothar II. empfangen, der als „beflissen in der Liebe zur Weisheit" beschrieben wird (i. 24). Jonas' „Vita" des Columban war offensichtlich Teil der Rechtfertigungsstrategie für den Staatsstreich von 613 und die Tötung von Brunhilde; sie wurde Wort für Wort in der Chronik von Fredegar verwendet, um Brunhilde zu diffamieren.

Auf der Grundlage von Columbans Briefen kann man jedoch ein anderes Bild des Heiligen und der Merowingerkönige gewinnen. Zunächst wurde er wahrscheinlich, wie oben geschildert, von Guntram empfangen. Dass sich seine mönchische Gefolgschaft nach Luxeuil und später nach Fontaine ausbreitete, geschah wohl nicht nur durch Unterstützung vor Ort, sondern auch durch den Schutz von Childebert II. und seinem Sohn Theoderich. Es gibt keinerlei Grund, Fredegars Bericht Glauben zu schenken, dem zufolge Theoderich erst um 609 mit Columban in Kontakt gekommen sein soll. Columban war bereits vor 600 den Angriffen von Bischöfen ausgesetzt; dass er imstande war, sich der bischöflichen Kontrolle zu entziehen, ist nur dann plausibel, wenn die Bischöfe untereinander zerstritten waren und Columban den Rückhalt von Theoderich hatte – und wahrscheinlich den von Brunhilde, die Gregor den Großen maßgeblich bei der Christianisierung der Engländer unterstützte. Columban machte schließlich weder aus seiner Verehrung für Gregor den Großen noch aus seiner Unterstützung missionarischer Tätigkeiten einen Hehl. Dass Chlothar 613 in Burgund die Herrschaft übernehmen konnte, verdankte er einzig dem Verrat führender Adeliger aus Burgund; und es gibt kaum einen größeren Anreiz zur Geschichtsklitterung als einen erfolgreichen Verrat. Als Jonas sein Werk verfasste, befanden sich am Hof von Dagobert, dem Sohn von Chlothar II., verschiedene herausragende Unterstützer der Columban'schen Mönchsregel, darunter Audoen, der spätere Bischof von Rouen, Eligius, der spätere Bischof von Noyon, und Burgundofaro, der spätere Bischof von Meaux. Außerdem waren sowohl in Luxeuil als auch in Bobbio die Osterpraktiken abgeschafft worden, die Columban so vehement verteidigt hatte.

Buch II der Vita Columbans, das sich den Anhängern des Heiligen widmet, unterscheidet sich radikal von Buch I. Es umfasst unter anderem ein kurzes Leben des Athala, der Columban als Abt in Bobbio folgte und zu dessen Zeit Jonas ins Kloster eintrat. Enthalten sind außerdem eine kurze Darstellung des Eustasius, Abt in Luxeuil, sowie ein längerer Bericht über die Abtei Faremoutiers, das Doppelkloster in der Region Brie östlich von Paris, und ein Kapitel über Bertulf, der nach Athala Abt von Bobbio wurde. Von der Dichte und Einheit von Buch I ist hier nichts zu spüren. Im Gegensatz zu Buch I offenbart Buch II auch ganz unverhohlen die Differenzen zwischen den verschiedenen Mönchsgemeinschaften von Columban. Der Unterschied zwischen den beiden Büchern springt umso mehr ins Auge, als aus Columbans Brief IV hervorgeht, dass Luxeuil zu seiner Zeit nicht frei von Zwietracht war. Der schwerwiegendste Konflikt bestand nach Jonas' Buch II zwischen Eustasius und Agrestius und spitzte sich auf der Synode von Mâcon 626/27 zu. Agrestius war in Luxeuil Mönch gewesen und beschuldigte nun Eustasius, eine falsche Tonsur zu tragen und höchstwahrscheinlich auch, sich der in Gallien herrschenden Berechnung des Osterfests zu widersetzen. Aufgrund von Agrestius' mächtigen Anhängern war der Konflikt höchst gefährlich, und Eustasius wurde wahrscheinlich dazu gezwungen, dem von Columban verfochtenen „keltischen" Ostern abzuschwören und die irische Tonsur aufzugeben. Ungefähr zur gleichen Zeit reiste Bertulf mit Jonas als persönlichem Assistenten nach Rom, um die Unterstützung des Papstes vor Eingriffen eines lokalen Bischofs in Bobbio zu erwirken. Zwar waren seine Bemühungen erfolgreich, doch zugleich musste er das keltische Ostern und die Tonsur aufgeben. Seine Reise veranlasste Papst Honorius außerdem dazu, ein Ermahnungsschreiben zur Osterfeier an die Kirche Irlands zu richten. Die Botschaft von Buch II lautete daher, dass Columbans Anhänger weiterhin an den Lehren des Heiligen festhielten. Und diese Botschaft wurde umso mehr Nachdruck verliehen, als Eustasius und Bertulf Kompromisse eingegangen waren.

Thomas Charles-Edwards

213 Siegelmatrize der Bathilde

Fränkisch, 7. Jahrhundert
Fundort: Postwick bei Norwich
Gold, Feingehalt 98 Prozent; auf beiden Seiten graviert – ursprünglich der Ringkopf eines Fingerrings, die Matrize sitzt drehbar auf einem Goldstab – Dm. 1,2 cm, H. 0,4 cm
Norwich, Norfolk Museums and Archaeology Service, Inv.Nr. 2000.42

Die Vorderseite der zylindrischen Siegelmatrize zeigt frontal einen Kopf mit eingetieftem Gesicht und wallendem Haar. Unmittelbar über dem Kopf befindet sich ein Kreuz, unter dem Kinn zwischen zwei V-Formen eine senkrechte Linie mit dreizackartiger Spitze. Am Rand verläuft eine spiegelverkehrt eingravierte Legende, deren Anfangsbuchstabe rechts von dem Kreuz steht: BALdEhILDIS. Auf der Rückseite sind zwei seitlich dargestellte nackte Figuren beim Geschlechtsverkehr zu sehen. Die linke Figur mit den leicht gebeugten Knien ist männlich, die rechte Figur mit dem wallenden Haar und geraden Beinen weiblich. Über ihnen schwebt ein Kreuz.

Diese ungewöhnliche Siegelmatrize mit faszinierenden Bildmotiven wurde im März 1998 von einem Sondengänger auf einem Feld sechs Kilometer außerhalb von Norwich entdeckt. Als Metalldetektorfund wurde das Objekt stratigraphisch nicht genau analysiert, es existieren auch keine vergleichbaren Funde von demselben Ort. Anhand stilistischer Elemente kann die Matrize jedoch grob datiert werden und der in der Inschrift genannte Name erlaubt eine nähere Bestimmung. Deutliche Parallelen finden sich unter den kontinentaleuropäischen Siegelringen aus dem 5., 6. und 7. Jahrhundert, etwa dem berühmten Siegelring des Childerich (†481/82), der 1831 aus dem Pariser Cabinet des Médailles entwendet wurde. Er zeigte den König ebenfalls in Frontalansicht mit in der Mitte gescheiteltem Haar, umrahmt von einer spiegelverkehrten Inschrift. Zu den Inschriftenringen dieser Zeit gehört auch der goldene Ring der Arnegunde aus Grab 49 in Saint-Denis (Périn 1991, S. 27f.; 2012, S. 101–121), doch für unseren Zusammenhang ist wohl der goldene Siegelring am interessantesten, den Bischof Avitus von Vienne in einem Brief an Bischof Apollinaris von Valence erwähnt (Avitus von Vienne, Briefe und Prosa, Ep. 87, S. 251–257). Seine Beschreibung einer beidseitig gravierten, drehbaren Matrize belegt, dass Siegelringe dieser Art damals gebräuchlich waren.

Die Annahme einer Zeitgenossenschaft der Matrize mit den Siegelringen wird auch durch die Namensinschrift gestützt. Die Form des

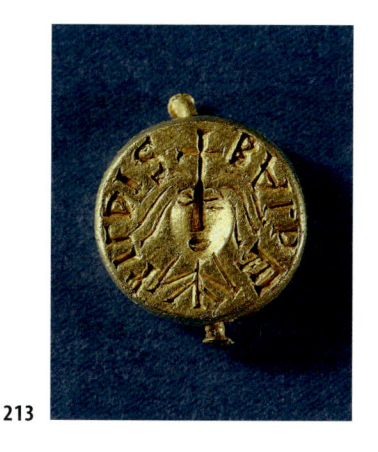

Namens entspricht germanischen Quellen vom Kontinent, in denen ebenfalls die Endung -*is* für weibliche Eigennamen im Nominativ verwendet wird. Zudem gibt es nur eine Frau namens Bathilde, die historisch zuverlässig belegt ist. Bei dieser handelt es sich um eine später heiliggesprochene merowingische Königin, die uns aus ihrer um 691 entstandenen „Vita" bekannt ist (Vita Sanctae Bathildis; Fouracre/Gerberding 1996): Die im angelsächsischen England geborene Bathilde vermählte sich um 648 mit Chlodwig II. und war nach seinem Tod um 657 eine zeitlang Regentin des Merowingerreichs, bevor sie sich in das Kloster Chelles bei Paris zurückzog. Sie starb um 680/81. Ob dieses Kleinod wirklich aus dem Besitz der historischen Bathilde stammt, lässt sich nicht eindeutig nachweisen. Die Zahl der Menschen, die zur damaligen Zeit lesen und schreiben konnten und daher Bedarf für ein Siegel hatten, war jedoch verschwindend gering und dürfte ausschließlich ranghohe Personen umfasst haben. Die Herstellung aus nahezu reinem Gold (mit 9,05 g entspricht das Gewicht der Matrize zwei Solidi) unterstreicht zusätzlich das Prestige des Objekts, das gut zu einer Frau aus dem Hochadel gepasst hätte. Zudem ist uns keine andere Bathilde bekannt, der diese Matrize gehört haben könnte. Ihre angelsächsische Herkunft – möglicherweise aus der ostanglischen Königsfamilie – würde auch erklären, warum dieses Objekt im ländlichen Norfolk gefunden wurde.

Das dargestellte Bildmotiv ist überaus bemerkenswert. Während der Avers mit Kopf und Namen eindeutig die für jedermann sichtbare „öffentliche" Seite darstellt, ist die Szene auf dem Revers ebenso faszinierend wie rätselhaft. Die Darstellung zweier anscheinend nackter Figuren mitsamt Phallus und Vulva beim Geschlechtsverkehr ist auf dem Siegelabdruck besonders klar zu erkennen. Der Ringkopf konnte jedoch so gedreht werden, dass die ungewöhnliche Szene auf der rückwärtigen, „privaten" Seite der Matrize versteckt war. Im British Museum befindet sich ein fränkischer Verlobungsring aus dem 7. Jahrhundert, auf dem ebenfalls zwei Figuren dargestellt sind, aber insgesamt sind Szenen mit nackten oder halbnackten Figuren in der germanischen Kunst selten; Ausnahmen bilden einige wenige vor der Christianisierung entstandene Figuren und die sogenannten *guldgubbar*. Das Kreuz über dem hier dargestellten Paar heiligt offensichtlich ihr Tun und kennzeichnet möglicherweise die Besitzerin als „Braut Christi"; Bathilde trat 664/65 in das Kloster von Chelles ein (Pestell 2012b). Obgleich sich Eigentümerin und Bedeutung dieser Siegelmatrize unserer Kenntnis weitgehend entziehen, ist nicht zu leugnen, dass dieses Kleinod eine besondere Macht ausstrahlt.

Tim Pestell

| Quellen: Avitus von Vienne, Briefe und Prosa, S. 251–257, Ep. 87; Vita Sanctae Balthildis
| Lit.: Périn 1991, S. 27f.; Fouracre/Gerberding 1996; Périn u. a. 2012, S. 101–121; Pestell 2012b

214 Klosterregeln und Bußbuch des Columbanus

Columban von Luxeuil zugeschrieben
9. Jahrhundert
Pergament – H. 28 cm, B. 19,5 cm
Lambach, Benediktinerstift Lambach, Handschriftensammlung, Sign. 31

Zwei Klosterregeln, die „Regula Monachorum" (Mönchsregel) und die „Regula Coenobialis" (Regel der zönobitischen Gemeinschaft), werden Columban von Luxeuil zugeschrieben. Mit der „Regula Coenobialis" überschneidet sich zudem ein Bußbuch, das ebenfalls Columban zugeschrieben wird; tatsächlich hat es mehr mit der „Regula Coenobialis" gemein als die beiden Klosterregeln miteinander.

Die Mönchsregel ist eine Abhandlung über die Tugenden und religiösen Übungen, die von einem Asketen verlangt werden. Sie richtet sich individuell an den einzelnen Mönch und befasst sich daher nicht mit der Organisation der Gemeinschaft; Ausnahmen bilden Kapitel 7 über das Choramt und, in geringerem Maße, Kapitel 3 über Essen und Trinken. Die Regel beginnt mit einem Kapitel über den Gehorsam, darauf folgt eines über das Schweigen. Kapitel 3, über Essen und Trinken, behandelt auch die Tugend des Maßhaltens, wie es beim Fasten zum Tragen kommt. Die nächsten Kapitel befassen sich mit der Armut, der Überwindung von Gier und Eitelkeit sowie der Keuschheit. Dem Kapitel 7 über das Choramt folgen Kapitel über das Maßhalten und die Kasteiung. Allerdings ist Maßhalten ein Thema, das sich wie ein roter Faden durch den Großteil der gesamten Regel zieht. Columban befürwortete den Mittelweg: „In der Mitte zwischen dem Zuwenig und dem Zuviel findet sich das vernünftige Maß" (Kap. 8). Somit sollte der Mönch gerade genug essen, um seine Fähigkeit zu beten, zu arbeiten und zu lernen aufrechtzuerhalten. Kapitel 9 über Kasteiung handelt eher von der Kasteiung des Willens als der des Fleisches: Der Mönch soll sich grundsätzlich angewöhnen, einen Älteren um Rat zu bitten, anstatt „eine hochmütige Unabhängigkeit" für sich zu beanspruchen. Bei den für die Erstellung dieser Regel herangezogenen Quellen handelt es sich um klassische Texte der klösterlichen Tradition: die Regel des heiligen Basilius, die Grundsätze des Johannes Cassianus, die Briefe des Hieronymus an Eustochium und darüber hinaus um ein offenbar verschollenes Werk des Faustus, eines Briten, der zuerst Abt von Lérins und später Bischof von Riez war. Für diese Quellen ist belegt, dass man sie Ende des 6. Jahrhunderts in Irland kannte und dass sie insbesondere

Columban bekannt waren, bevor er das Kloster Bangor (an der Bucht von Belfast) verließ und sich ins asketische Exil nach Gallien zurückzog. Außerdem nutzte er entweder die Magisterregel oder deren (gekürzte) Adaption, die Benediktsregel. Beide Regeln stammten aus dem südöstlich von Rom gelegenen Gebiet Italiens, aber die Benediktsregel wurde im 7. Jahrhundert von columbanisch geprägten Mönchsklöstern mit besonderer Begeisterung aufgenommen. Dies schuf die Voraussetzung dafür, dass die Regel Benedikts unter den Karolingern zur wichtigsten Mönchsregel werden konnte.

Die drei Hauptversionen der „Regula Coenobialis" – Ursprungsform (Absatz 1 bis 9 der Kurzfassung), erweiterte Form der Kurzfassung (zuzüglich der Absätze 10 bis 15) und Langfassung – unterscheiden sich davon erheblich. Sie befassen sich hauptsächlich mit Disziplin durch Bestrafung. Gewöhnlich handelt es sich dabei um körperliche Züchtigung: Ein Mönch, der beispielsweise vergisst, vor und nach der Arbeit das festgelegte Gebet zu sprechen, soll zwölf Hiebe erhalten (offenbar mit einem Lederriemen auf die Hand). Die Strafe kann allerdings auch in der Auferlegung einer Zeit des Schweigens bestehen. Der letzte Teil der Kurzfassung, der aus einer Reihe von Ergänzungen zu bestehen scheint, nennt Fastenzeiten und das Singen von zusätzlichen Psalmen als weitere Bestrafungen. Die Hervorhebung körperlicher Züchtigung, sogar für kleinere Verstöße, wird im Vergleich mit der Benediktsregel besonders deutlich, in der der Ausschluss vom Oratorium und von den gemeinsamen Mahlzeiten eine häufige Strafe ist. Soziale Isolation ist somit die übliche Form der Bestrafung, körperliche Züchtigung hingegen gilt nur bei Knaben als normale Maßnahme. In den Grundsätzen des Cassianus – einem Text, der Columban wohlbekannt war – fand körperliche Bestrafung nur bei schweren Fehltritten Anwendung.

Wie bereits ausgeführt, war die „Regula Coenobialis" ein Text, der ständig erweitert wurde. Das Gleiche gilt für das Bußbuch. Den Anfang macht eine kurze Bußordnung für Mönche (A Absatz 1 bis 8), die sich mit ernsten Vergehen befasst; es folgt ein noch kürzerer Abschnitt über lässliche Sünden bei Mönchen (A Absatz 9 bis 12). Der zweite Teil enthält eine weitere Bußordnung in besserem Latein, zuerst für die Geistlichkeit, dann für den Laienstand; darauf folgen jedoch wiederum einige Regeln, die sich mit geringeren Vergehen von Mönchen befassen. Beide Bußordnungen, aus denen sich das Columban zugeschriebene Gesamtwerk zusammensetzt, haben Anhänge zu lässlichen Sünden bei Mönchen und die verordneten Strafen ähneln jenen der „Regula Coenobialis". Die hohe Qualität des Lateins lässt vermuten, dass die Bußordnung für Geistliche und Laien (Teil B) vom heiligen Columban selbst verfasst wurde; weiterhin spricht manches dafür, dass die Bußordnung für Mönche (Teil A) nicht von ihm stammt, sondern er sie aus Irland nach Gallien mitbrachte.

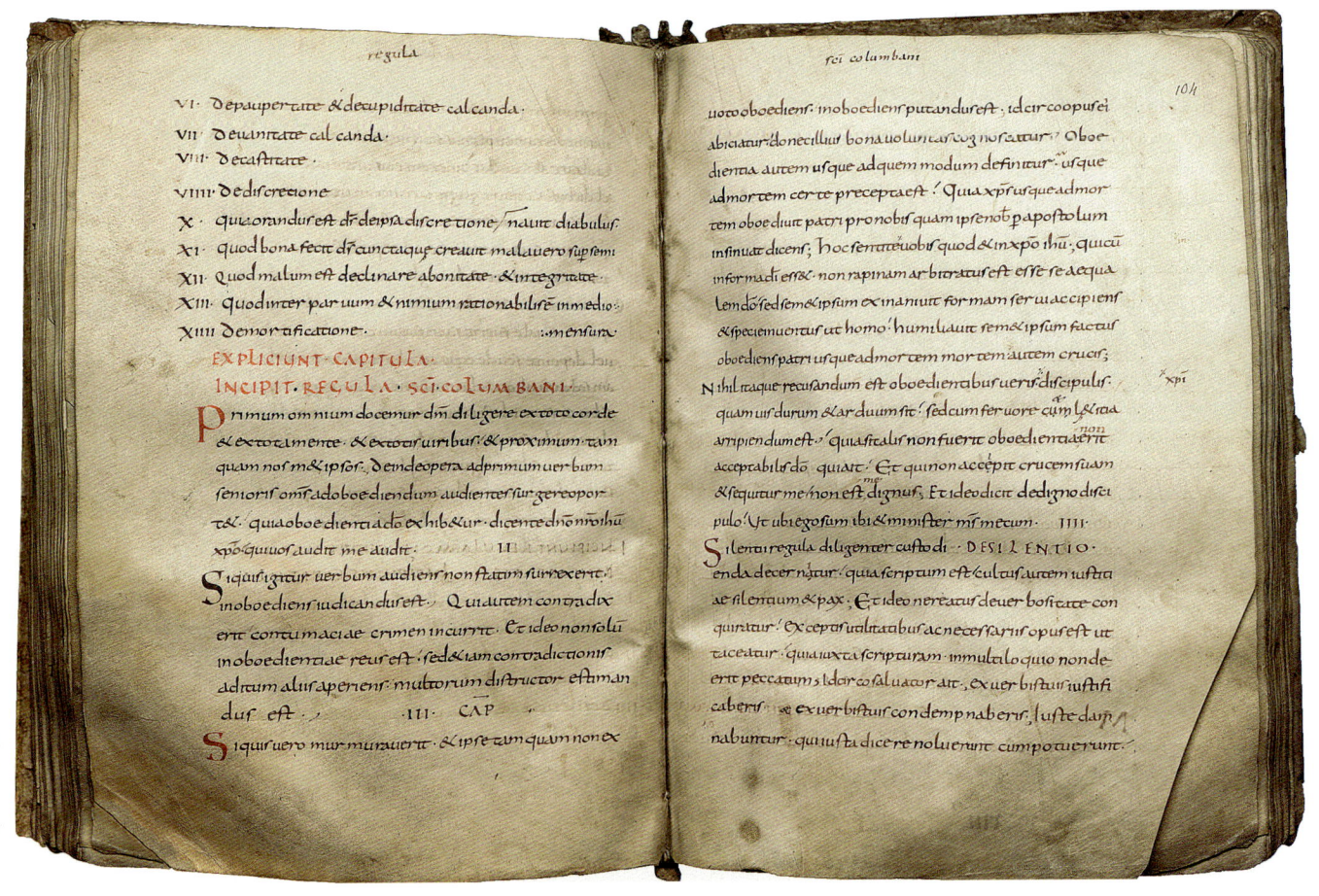

214
fol. 103v–104r

Dass die Bußordnung für die Weltgeistlichen und den Laienstand in Teil B wahrscheinlich nicht von Columban nach Gallien gebracht, sondern von ihm selbst geschrieben wurde, ist von besonderer Bedeutung. Die ursprüngliche Bußbuchtradition in Britannien und Irland war britisch und vornehmlich monastisch geprägt. Columban trug nun unter den nicht zu einem Kloster gehörenden Geistlichen und den Laien Galliens zur Verbreitung dessen bei, was Jonas „die Medizin der Buße" nannte. Aus einem Brief Columbans an Gregor den Großen wissen wir, dass Bischöfe ihn um geistliche Führung ersuchten. Das columbanische Mönchtum hatte einen großen Kreis von Unterstützern unter Geistlichen und Laien, die sein Bewusstsein für den Ernst der Sünde und für die Notwendigkeit der Buße teilten. Nachdem die Konflikte über die Osterberechnung und die Form der Tonsur gelöst waren, gewannen diese Unterstützer sogar am merowingischen Hof an Einfluss.

Der Anhang von Teil A des Bußbuchs über lässliche Sünden bei Mönchen lässt darauf schließen, dass Columban die Bestrafungsmethoden der „Regula Coenobialis" von Comgall übernahm, dem Gründer und ersten Abt von Bangor. Dies verlagert jedoch nur die Frage, warum bei der Klosterdisziplin körperliche Züchtigung eine so große Rolle spielte, obwohl die ganz und gar andere Herangehensweise des Cassianus auch in Bangor bekannt gewesen sein muss. Während die historischen Quellen dazu keinen Aufschluss geben, lohnt sich der Vergleich mit einem anderen Aspekt des asketischen Mönchtums im Britannien und Irland des 6. Jahrhunderts. In einem Brieffragment kritisiert Gildas, der zwar Brite war, jedoch in Irland und besonders auf Columban großen Einfluss ausübte, jene Klostergemeinschaften, die in der Landwirtschaft den Einsatz des Pflugs ablehnten. Der Grund für diese Verweigerung liegt wahrscheinlich in einer entscheidenden Kluft in der damaligen Gesellschaft zwischen Bauern, die allein oder gemeinsam mit anderen ein Pfluggespann besaßen, und jenen, bei denen dies nicht der Fall war und die deshalb den Pflug selbst ziehen oder ihr Land von Hand umgraben mussten. Für einige Mönche in Britannien und Irland bedeutete Askese, sich mit den Ärmsten zu identifizieren, und das hieß, auf die Benutzung des Pflugs zu verzichten. Eine weitere bedeutende gesellschaftliche Kluft bestand zwischen den Freien und den Unfreien; ein Hauptaspekt der Freiheit bestand jedoch darin, nicht der körperlichen Bestrafung durch einen Herrn oder Meister unterworfen zu sein. Daher komme ich zu dem Schluss, dass die klösterlichen Strafkataloge, die ausgiebig von körperlicher Züchtigung Gebrauch machten, aus der Identifikation der Mönche mit Sklaven entstanden: Mönche waren Sklaven Gottes und als solche körperlicher Bestrafung unterworfen. Ein altirischer Ausdruck für einen Asketen lautet in der Tat *mug Dé*, „Sklave Gottes". Es mag auch von Interesse sein, dass der heilige Patrick, der im 5. Jahrhundert als Missionar in West- und Nordirland wirkte, ursprünglich als Sklave nach Irland gekommen war.

„Regula Monachorum" und „Regula Coenobialis" vermitteln unterschiedliche Eindrücke vom frühirischen Mönchtum. Die „Regula Monachorum" ist eine Abhandlung, die sich hauptsächlich mit klösterlicher Spiritualität befasst: Sie verwendet Texte aus dem Osten (Basiliusregel), aus Italien (Benediktsregel oder Magisterregel) und aus der Provence (Grundsätze des Cassianus) und bezieht sich damit auf ein Mönchtum, das ganz der aus Ägypten, Palästina und Syrien ererbten asketischen Haupttradition entsprach. Darüber hinaus gibt es gute Gründe für die Annahme, dass sich diese vorherrschende Haltung ebenso in Comgalls Bangor und Columbans Luxeuil oder Bobbio fand. Es ist immer verlockend, das frühirische Christentum als exzentrisch und abgeschnitten von den Entwicklungen innerhalb der übrigen westlichen Christenheit zu beschreiben. Die Betrachtung der Mönchsregel nötigt uns, dieser Verlockung zu widerstehen. Wenden wir uns allerdings der „Regula Coenobialis" zu, dann begegnen wir in der Tat einer Klosterdisziplin, die sich durch ihre Strenge deutlich von der des Mönchtums im Westeuropa des 4. und 5. Jahrhunderts unterscheidet. Zwar belegt der Brief Gildas', dass die meisten asketischen Ausprägungen des Klosterlebens nicht auf ungeteilte Zustimmung in Britannien und Irland stießen. Trotzdem war es das asketische Mönchtum, das mit Columban nach Gallien und Italien gelangte.

Thomas Charles-Edwards

| Lit.: http://www.earlymedievalmonasticism.org/texts/Columbanus-Regula-monachorum.html

215 „Regula S. Benedicti" (Die Regel des heiligen Benedikt)

Westengland (Worcester?), Mitte des 8. Jahrhunderts.
Pergament – H. 30 cm, B. 21,7 cm (Textbereich: H. 21,2 cm, B. 15,3 cm); i+76+i Bll.
Oxford, Bodleian Libraries, University of Oxford, Sign. Hatton 48

Das durch Benedikt von Nursia um 540 für seine Mönche im Kloster Montecassino niedergeschriebene Regelwerk zeichnet sich durch Kürze und Einfachheit aus. Es betont Gehorsam und Selbstverleugnung als Kern der Spiritualität und Schlüssel zu einem harmonischen Leben in Gemeinschaft; Liturgie und Gebet sollen zu körperlicher Arbeit und dem Studium geistlicher Schriften in einem ausgewogenen Verhältnis stehen. Schon früh schuf ein Bearbeiter, möglicherweise in Rom, eine Textfassung in konventionellerer Sprache, den sogenannten *textus interpolatus*. Im 9. Jahrhundert wurde die ursprüngliche Fassung (*textus purus*) verbreitet, aber ebenso auch unterschiedliche Rezensionen (gemeinsam bekannt als *textus receptus*). Davor war der *textus interpolatus* die allgemein verwendete Fassung. Dieser liegt hier als älteste erhaltene Handschrift des Werks vor.

Hatton 48 ist ein schön ausgestaltetes Buch. Die Verwendung von Unzialen und *scriptura continua* orientiert sich zwar an kontinentalen Vorbildern und die Schauschrift am Anfang erinnert an fränkische Werke aus dem 8. Jahrhundert, aber vereinzelte Wörter in insularer Minuskelschrift und die roten Punktlinien, von denen die Initialen eingefasst sind, verraten seine angelsächsische Herkunft. Ohne vergleichbare Handschriften ist das Buch nur schwer zu datieren oder seine Entstehung räumlich einzugrenzen; allerdings deuten Ähnlichkeiten mit der Handschrift einer merzischen Urkunde aus dem Jahr 736 sowie die Tatsache, dass es sich im 11. Jahrhundert in Worcester befand, auf einen Ursprung im westlichen Mittelengland – möglicherweise in Worcester selbst – und auf eine Datierung Mitte des 8. Jahrhunderts. Wo auch immer das Buch gefertigt worden sein mag: An seinem Entstehungsort hatte man Zugang zu mindestens einer weiteren Abschrift des Textes (wie die Einfügung verschiedener Lesarten offenbart) und brachte dem Werk hohe Wertschätzung entgegen (wie die elegante Ausführung der Handschrift selbst zeigt).

Obwohl die „Regula S. Benedicti" in der Schule des Erzbischofs Theodor von Tarsus (†690) und des Abts Hadrian (†709) in Canterbury vorhanden war und der heilige Wilfried von Ripon und Hexham (†709) sie bevorzugte, war sie nur eines von mehreren Regelwerken, die von den Mönchsklöstern im frühangelsächsischen England übernommen und adaptiert wurden. Nichtsdestoweniger war der angelsächsische Missionar Bonifatius (†754) eine treibende Kraft hinter den Konzilen der fränkischen Kirche, die die Verbreitung der „Regula" nach 740 förderten.

Richard Gameson

| Quellen: Benedikt von Nursia, Regula; Benedikt von Nursia, Rule
| Lit.: Meyvaert 1963; Engelbert 1969; Sims-Williams 1990

216 „Paenitentiale Vindobonense" (Bußbuch)

Salzburg, Ende des 8. Jahrhunderts
Pergament – Einband weißes Leder mit Goldprägung, aus dem Jahr 1755 im Auftrag von Gerhard van Swieten (1700–1772), Hofbibliothekar in Wien – Blattgröße H. 19 cm, B. 10,5; 1+93+1 Bll.
Wien, Österreichische Nationalbibliothek, Sign. Cod. lat. 2233

Diese Handschrift wurde Ende des 8. Jahrhunderts in Salzburg geschrieben. Sie enthält ein ausführliches Bußbuch, das zu dieser Zeit in Salzburg zusammengestellt worden war und das nach seinem Aufbewahrungsort als „Paenitentiale Vindobonense B" bekannt ist (fol. 1r–82r). Am Ende der Handschrift befindet sich ohne deutliche Trennung vom Bußbuch der sogenannte „Libellus Responsionum" (fol. 82r–93v), ein ausführliches Antwortschreiben von Papst Gregor dem Großen (*ca. 540, †604) an Augustinus von Canterbury (†604?) mit Antworten auf Fragen, die in der ersten Phase der Christianisierung Englands aufkamen. Bußbücher, „Libri Paenitentiales", waren als Handbücher für Priester gedacht, die bei einer Beichte zu Hilfe herangezogen werden konnten. Ein solches Buch enthält eine Auflistung von Sünden und eine dazu passende Form der Wiedergut-

215
fol. 6v–7r

216
fol. 38v

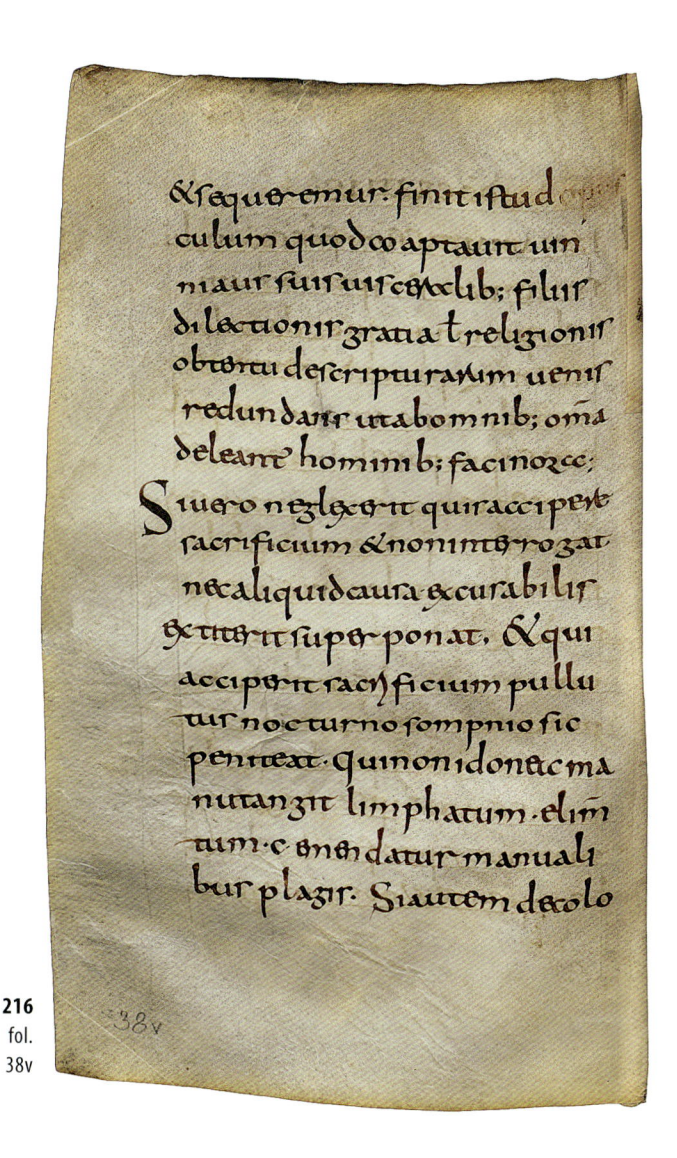

machung, meistens eine bestimmte Fastenfrist, die von einigen Tagen bis zu über zehn Jahren andauern kann. Es behandelt ein breites Spektrum von menschlichen Verfehlungen, zum Beispiel auf dem Gebiet von Gewalttaten, Völlerei, Sexualität und religiösen Bräuchen, die von den Autoren als heidnisch oder abergläubisch abgelehnt wurden.

Das in Salzburg unter Erzbischof Arn (*ca 740, †821) angefertigte Bußbuch ist sehr reichhaltig und auf Basis einer breiten Quellengrundlage komponiert worden. Sehr auffällig ist in diesem Werk der Gebrauch von einem sehr seltenen Bußbuch, dem „Paenitentiale Vinniani" als Vorlage. Es gilt als das Werk des irischen Klostervorstehers Finnian und ist nur noch in einer anderen Handschrift (aus St. Gallen) überliefert. Über Finnians Identität und Herkunft sind viele Vermutungen angestellt worden, aber es ist unbestritten, dass das Buch schon im 6. Jahrhundert in Irland bekannt war und benutzt wurde. Es gehört damit zu den frühesten Texten aus diesem Genre. Da Virgil von Salzburg (*ca 700, †784), der Vorgänger von Erzbischof Arn, unter dessen Aufsicht das „Vindobonense" wohl angefertigt wurde, Ire war, ist dieser irische Text wahrscheinlich über eine Verbindung zu ihm in Salzburg bekannt geworden. Da das „Vindobonense" fast das komplette Bußbuch von Finnian verarbeitet hat, bildet es eine wichtige Textgrundlage für die Rekonstruktion des nur noch in einer weiteren Handschrift überlieferten Werkes. Bußbücher sind in Irland, Cornwall und Wales entstanden, meist in monastischen Zentren. Sie zeugen davon, dass in diesen Klöstern den Laien der Zugang zur monastischen Bußpraxis ermöglicht wurde. Anfangs war dies wohl eher auf eine kleine Gruppe von Laien beschränkt, aber die karolingische Gesetzgebung und die in dieser Zeit kursierenden Handschriften weisen darauf hin, dass ab dem Ende des 8. Jahrhunderts diese Form der Buße ziemlich weit verbreitet gewesen sein muss. Die Bußbücher weisen sich durch ihre einfache Ausstattung sowie ihr kleines Format als Bücher für die Praxis aus.

Rob Meens

| Lit.: Kottje 1982; Meens 1993; Meens 1996

217 C. Plinius Secundus, „Naturalis historia fragmenta"

England (Northumbrien?), 1. Hälfte 8. Jahrhundert
Pergament – H. 41 cm, B. 29 cm; zweispaltig, 37–39 Zeilen; angelsächsische Majuskel
Leiden, Leiden University Library, Sign. VLF 4, BII. 4–33

Die wahrscheinlich in Northumbrien entstandene, aber in einer kontinentalen Bibliothek aufbewahrte Handschrift enthält Teile der Bücher II–VI von Caius Plinius Secundus' (23–79) enzyklopädischem Werk „Naturalis Historia". Damit gilt sie als früheste noch erhaltene Kopie des Werkes nördlich der Alpen. Die „Naturalis Historia" ist eine Zusammenstellung der gesamten zu Plinius' Zeit bekannten Naturkunde. Die Bücher II–Vi, die dieses Fragment in Teilen überliefert, berichten unter anderem über Astronomie, Geographie und Ethnologie.

Die meisten Bücher, für die eine Verbindung mit der angelsächsischen Mission nachweisbar ist, haben einen geistlichen Inhalt. Dazu zählen Evangeliare und liturgische Werke, wie man es für das Handwerkszeug eines Missionars erwarten könnte. Es gibt aber auch Ausnahmen – so wie den Leiden-Plinius. Dieser und andere Werke mit ähnlichen Entstehungsumständen werden häufig als Indiz dafür gewertet, dass die angelsächsischen Gelehrten und ihre Bibliotheken eine wichtige Brückenfunktion für die Überlieferung klassischer Texte nach Kontinentaleuropa hatten, wie wohl die Überlieferungslage auch unter Umständen in die gegenteilige Richtung gedeutet werden könnte. Die Handschrift zeigt, dass die angelsächsischen Missionare nicht nur als Vermittler eines neuen Glaubens, sondern auch als Vermittler von Wissen auftraten. Wissen beschränkte sich hier nicht nur auf das, was der Mission unmittelbar nützlich sein konnte, sondern beinhaltete auch Werke nichtchristlicher Autoren.

Dagmar Schlüter

| Quelle: Medieval Manuscripts in Dutch Collections: http://www.mmdc.nl/static/site/index.html, sv VLF 4.

| Lit.: Lowe 1963, S. 41, Nr. 1578; Crick 1987, S. 191–194; Lapidge 2005, S. 129–132

Tertius Euro- pe sinus

tertius europe sinus

Acroceraunis incipit montibus, finitur hellysponto complectitur praeter p[ro] minores sinus XIX XXII passuum me epyros a cognatas ae- tolia phocis locris attica messenia laconica argolis megaris attice boetia rursum que abalio tractu eadem phocis & locris doris phtiotis thessalia mag- nesia macedonia thracia omnisque pabulosissima. Sicut & litteranorum clari- tas exhoc primum sinu effulsit qua propter paulum meo commorabimun. Ephesos universum appellata acarna- nus incipit montibus in ea primi cha- ones aquibus chonia dentes prot i centi- tonenses locos haemon & pestiferam cum- bus exalatio cestrum per aebi quonum mons pindus cassopaei chnopes sello epilopes molosi agit qnos dodonaei iomis templum oracula. Illustrare tacaenus mons centum portibus emea- nea dices theopompo celebratus epinos ipsa admagnesiam macedoniam exten- dens atergo suo dassaretas supra dictos liberam gentem mox feram dar- danos habet dardanis laeuo trinaelli praetenduntur latere & mosicae gentes a posito iunguntur medi aca denselatae quibus treces adpontum usq[ue] pertinentes ita succincta rhodo- pes mox & haemi uocatum excestras macaepini ona castellum macno cena unus chimerea subeo acq[ue] negue fons oppida meandria cestrud flumen thes pontiae thesmos colonia.

butrotum maxime q[uae] nobilita- tus ambraccius sinus passuum faucibus spatiosum aequo acci- piens longitudini sunt XXXVIII lati- tudinis XVIII cum defertur amnis achenone locus thesprotica ache- rusia profluens XXV passuum inde amille pedum ponte mirabilis omnia sua minoribus insinu oppi- dum ambraccia moleso[rum] flumina apha saenatus ciuitas anactonica lacus paen dosica.

Acarna[nia] mare qui antea cur[etis] uoca- batur oppida heraclea echinus & mone ipso colonia augusta acetium cum templo appollinis nobili acci- uitate libera. Nicopolitana ethes sos sinu ambraccio inionum excipit leu cocelium litus p[ro]montinium leu cates clemsinus & leucadia ipsa paen insula quondam nenetis appellata opene accolanum ab scis & continen ti apedicta uentorum flactu con tegnem hanarenae a[d]tumulatum qui locus uocatum diocritos stadi orum longitudine trium oppidum me aleucas quondam nenitum de- ctum deinde acarnanum urbes aleze astratos argos amphiloc hi cum cognominatum amnis ache lous epindo pluens atque acar- naniam aba toholia diuimens a[d]contemtam insulam a[d]siduo terrae inuectu continenti adnectens

Aetulonum populi athamanes thempher ephemimenses pen- phebi dolopes maenaces altraces aquibus astrax amnis omo maru infunditur aetoliae oppidum

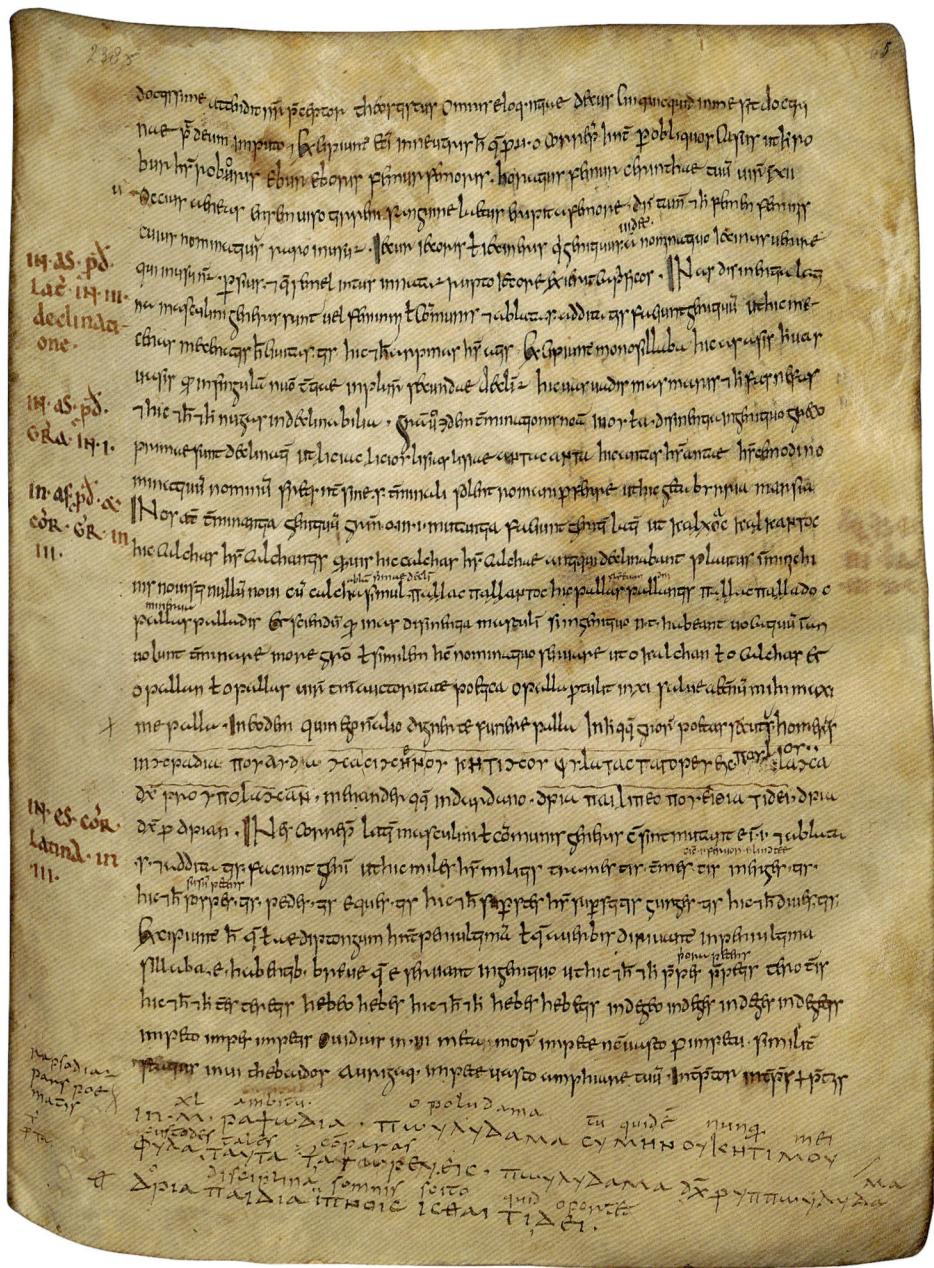

218 fol. 65r

218 Der Leidener Priscian-Codex

Irland, 9. Jahrhundert
Pergament – H. ca. 27 cm, B. ca. 21,2; 218 Bll.
Leiden, Leiden University Library, Sign. MS. Lat. 67; Bl. 219ff.

Dieser Codex ist einer von drei irischen Codices aus dem 9. Jahrhundert, in denen die „Institutiones grammaticae" des Priscian überliefert sind (fol. 9r–207v). Der Text enthält Glossen in lateinischer und altirischer Sprache und ist mit jenem zweier weiterer irischer Handschriften des 9. Jahrhunderts eng verwandt, die in St. Gallen beziehungsweise Karlsruhe aufbewahrt werden. Durch den berühmten komputistischen Kolophon (fol. 7r) des Dubthach mac Maíle Tuile (*doctissimus Latinorum totius Europae*) wird die Handschrift auf drei Uhr am Nachmittag des 11. April 838 datiert. Dubthach selbst dürfte einen Teil der Handschrift geschrieben haben, die vermutlich im Besitz von Johannes Scotus Eriugena war. Sowohl die enge Verwandtschaft zwischen den Texten dieser irischen Handschriften als auch die in ihnen enthaltenen altirischen Glossen belegen die Verwendung von Priscians „Institutiones" bereits im 7. Jahrhundert in Irland. Anderswo in Europa ist die Benutzung dieses Werks im Schulunterricht erst in der Karolingerzeit nachweisbar.

Dáibhí Ó Cróinín

| **Lit.:** Mac Carthy 1892, S. 351; Stokes/Strachan 1903, S. xviiif, S. xxiv, S. 231; Lindsay 1910, S. 36–40; Kenney 1929, S. 556f.; Dutton 1992

Die Mission und der Osterstreit im Frühmittelalter

Mit dem Untergang des Weströmischen Reiches gegen Ende des 5. Jahrhunderts verloren die säkularen Bildungsinstitutionen ihre Grundlage. Wissen wurde nun in den sich rapide ausbreitenden Klöstern gesammelt und vermittelt. Bildung diente in diesen Einrichtungen primär einer einzigen Aufgabe: der Erklärung von Gottes Schöpfungswerk. Um die Heilige Schrift lesen und interpretieren zu können, musste jedoch zunächst die Sprache erlernt werden, in der diese verfasst war. Im Frühmittelalter zirkulierten die biblischen Texte in lateinischer Übersetzung aus dem Hebräischen, sodass lateinische Grammatik der erste und wichtigste Bestandteil des Curriculums war. Auf dieser Grundlage konnte dann die Bibel gelesen und interpretiert werden. Aber Gottes Schöpfungswerk manifestierte sich nicht nur in der Heiligen Schrift, sondern auch im Kosmos. Ein Verständnis gerade des Sonnen- und des Mondlaufes war besonders wichtig, weil sich der liturgische Kalender am höchsten Fest der Christenheit, der Auferstehung Christi, also Ostern, orientierte, welches sowohl vom julianischen Kalender als auch von den Mondphasen abhing. Die Wissenschaft, die sich im Speziellen mit der Berechnung des Osterfestes, im Allgemeinen mit der Erklärung von Naturphänomenen beschäftigte, wurde „Computus" genannt. Für die Mission wurden somit nicht nur biblische und liturgische Texte benötigt, sondern vor allem auch grammatische und komputistische.

Allerdings variierten die Methoden zur Berechnung des Osterfestes im lateinischen Westen. Drei Systeme konkurrierten miteinander: Das erste (der sogenannte *latercus*) wurde von Sulpicius Severus um 410 entwickelt und fand fast ausschließlich in den keltischen Regionen Irlands und Britanniens Anwendung, bis ins 8. Jahrhundert. Das zweite erstellte Victorius von Aquitanien 457 auf päpstliche Anordnung und es wurde an der Kurie bis zur Mitte des 7., im Frankenreich bis zur Mitte des 8. Jahrhunderts befolgt. Beim dritten handelt es sich um die Übersetzung der im griechischen Osten verwendeten alexandrinischen Berechnungsmethode, welche Dionysius Exiguus im Jahre 525 bewerkstelligte und welche ab dem 9. Jahrhundert in der gesamten Christenheit verbindlich wurde. Der wesentlichste Unterschied zwischen diesen Methoden war ein theologischer, die Festsetzung der Mondaltergrenzen des Ostersonntags: Sulpicius sprach sich auf Grundlage der Kreuzigungschronologie des Johannesevangeliums für *luna* 14–20 aus, Victorius hingegen legte nach demselben Evangelium den Schwerpunkt auf die Auferstehung mit *luna* 16–22; Dionysius folgte den Synoptikern mit der Kreuzigung an *luna* 15–21.

In der Mission führten diese Unterschiede zu tiefgreifenden Konflikten, zum einen, weil zugereiste Missionare auf einen in einer anderen Tradition verhafteten einheimischen Klerus trafen, zum anderen, weil bestimmte Regionen von zwei unterschiedlichen Seiten missioniert wurden. Als Columbanus der Jüngere 590 ins Frankenreich und später nach Norditalien kam, brachte er den *latercus* mit und stieß damit auf breiten Widerstand des fränkischen Klerus und vor allem auch Papst Gregors des Großen, da diese dem Victorius folgten. Das angelsächsische England wurde im 7. Jahrhundert sowohl von Rom als auch vom irischen Kloster Iona missioniert, wobei die Gegensätze, zu Lasten der Iren, auf der berühmten Synode von Whitby im Jahre 664 scheinbar beigelegt wurden. In Irland wurde in einem fast hundertjährigen, höchst konfliktträchtigen Prozess zwischen den 620er- und den 720er-Jahren der *latercus* zunächst von der victorinischen, dann von der dionysischen Methode abgelöst. Im Frankenreich kam es mit der angelsächsischen Mission des Willibrord ab 690 und später durch Bonifatius zu erheblichen Spannungen, da Willibrord und Bonifatius die dionysische Methode (und damit auch die Inkarnationsära) proklamierten, der fränkische Klerus jedoch noch im victorinischen System verhaftet war. Erst im Zuge des 8. Jahrhunderts, vor allem durch die Reformbemühungen Karls des Großen, wurde ein System, das dionysische, allgemein verbindlich, für die gesamte Christenheit bis zur Gregorianischen Kalenderreform des Jahres 1582, für die Ostkirche bis zum heutigen Tag. Die folgenden Exponate sind die wesentlichen Zeugen für die durch die Mission stark geförderte Einführung der dionysischen Berechnungsmethode im lateinischen Westen.　　　　　　Immo Warntjes

| **Lit.:** Krusch 1884; Schmid 1904; Schmid 1907; Jones 1934; Corning 2006; Warntjes 2010, S. XXX–LI

219a

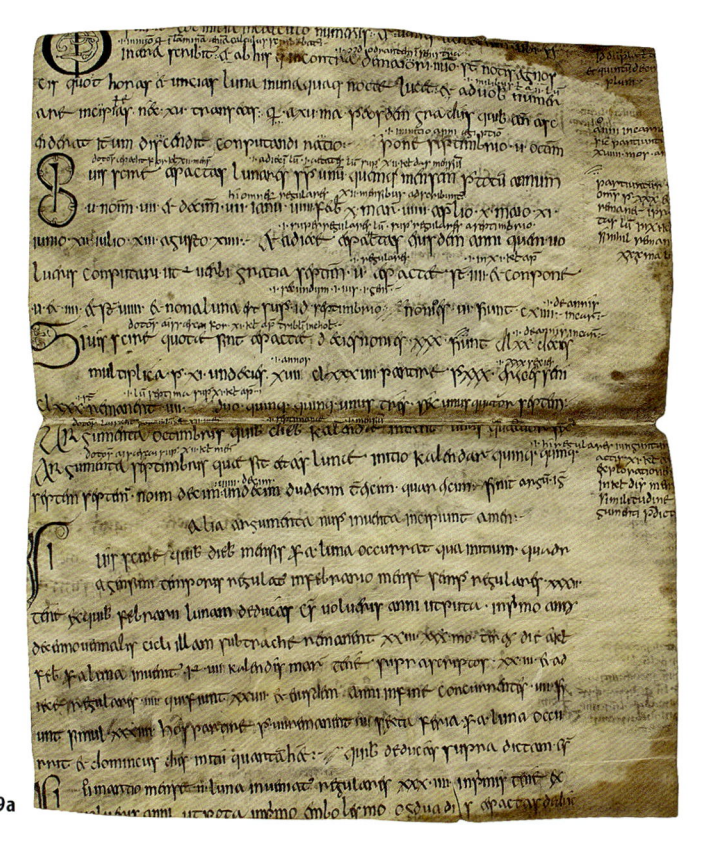

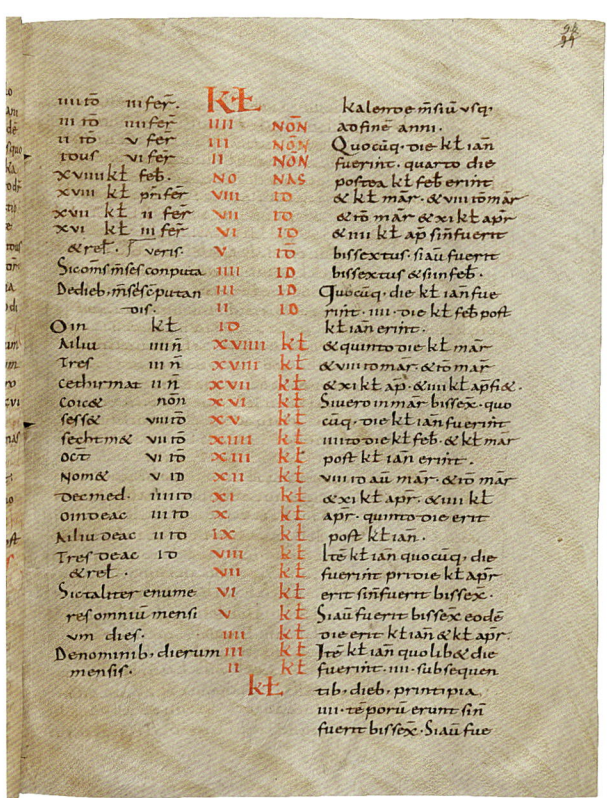

219b
fol. 97r

219a „Fragmentum Nanciacense"

Pseudo Dionysius Exiguus, Argumenta XI–XIII von 625; hier Kopie, Irland, spätes 8. oder 9. Jahrhundert
Pergament – H. 18,2 cm, B. 11,2 cm, T. 4,5 cm; Maße des Vorsatzblattes: H. 22,4 cm, B. 18,2 cm
Nancy, Bibliothèque Municipale, Sign. 317 (356), Vorsatzblatt

Die wichtigsten komputistischen Texte waren zunächst Ostertafeln, die neben dem julianischen Kalenderdatum des Ostersonntags auch alle anderen wichtigen Daten des jeweiligen Jahres vermittelten. Wie diese Daten jedoch berechnet wurden, erklärte nur Dionysius Exiguus, der seiner Ostertafel im Jahre 525 neun kalendarische Algorithmen, die sogenannten „Argumenta", beifügte. Dieser Corpus wurde innerhalb der folgenden 150 Jahre durch weitere Rechenregeln ergänzt, zunächst in Italien, dann in Spanien und Irland, bevor sie ins angelsächsische England und zurück auf den Kontinent, ins Frankenreich, gelangten. Das „Fragmentum Nanciacense" ist eines der wichtigsten Zeugnisse in dieser Entwicklung und als solches von der Forschung erst in den letzten Jahren erkannt worden. Inhaltlich belegt es, dass die Argumenta XI bis XIII im Jahre 625 oder früher verfasst wurden. Es handelt sich hier um eine Abschrift in irischer Minuskel mit Altirischen Glossen, wodurch die irische Phase der Überlieferung dokumentiert wird. Der angelsächsische Missionar Willibrord brachte diese Formelsammlung zur dionysischen Osterfestberechnung im Jahre 690 als erster ins Frankenreich und löste damit nicht nur heftige Kontroversen aus, sondern er begründete somit auch die fränkische Komputistik.
Immo Warntjes

| Lit.: d'Arbois de Jubainville 1866/67; Gaidoz 1867; Zimmer 1881, S. xxx–xxxi, S. 262; Stokes/Strachan 1903, Bd. 2, S. xii, S. 41; Warntjes 2010, S. 69–72, S. 89–92, S. 96–105; Warntjes 2011, S. 8–10; Warntjes 2012, S. 56–58

*219b „Computus Einsidlensis"

Irland, um 700; hier Kopie, wohl Straßburg, letztes Viertel des 9. Jahrhunderts
Pergament
Einsiedeln, Stiftsbibliothek, Sign. 321 (647), pag. 82–125

Die dionysischen „Argumenta" vermittelten zwar Algorithmen zur Berechnung der Ostertafeldaten, sie erklärten aber keineswegs das der dionysischen Osterfestberechnung unterliegende mathematische System. Generell fehlten weitreichende Erklärungen in dieser Hinsicht; weder Dionysius noch irgendein anderer Autor hatte eine Gesamtschau entworfen. Irische Gelehrte der zweiten Hälfte des 7. Jahrhunderts waren die ersten, die sich diesem Problem annahmen. Sie rekonstruierten alle wesentlichen Details, korrigierten überlieferte Fehler und legten damit die Grundlage für die frühmittelalterliche Zeitrechnung. Das älteste bekannte umfassende Lehrbuch zur Zeitrechnung ist der sogenannte „Computus Einsidlensis", benannt nach seinem heutigen Verwahrungsort im Benediktinerkloster Einsiedeln in den Schweizer Alpen. Es wurde um 700 von einem irischen Autor verfasst, eindrucksvoll belegt durch die zahlreichen altirischen Wörter im sonst durchgängig lateinischen Text, hier zu sehen die frühesten irischen Ordinalzahlen von eins bis dreizehn. Die Überlieferung dieses Textes ist repräsentativ für andere irische Texte desselben Genres: Irische *peregrini* (asketische Wandermönche) brachten diese im 8. Jahrhundert über die Bretagne und die Loire zu den irischen Gründungen in den Vogesen und der heutigen Schweiz. Dort wurden sie, wie der „Computus Einsidlensis", noch im 9. Jahrhundert kopiert und wertgeschätzt. Trotz der karolingischen Minuskel, in der diese Texte geschrieben sind, verraten noch viele irische Abkürzungen ihren wahren Ursprung.

Immo Warntjes

| **Lit.:** Warntjes 2005; Bisagni/Warntjes 2008; Warntjes 2010, S. LII–LVI, S. CXXXIII–CLII; Warntjes 2011 S. 10–21

219c Beda Venerabilis, „De temporum ratione"

Northumbria, 725; hier Fragment einer Kopie, Northumbria, vor 735
Pergament – H. 27,4 cm, B. 17,8 cm
Darmstadt, Universitäts- und Landesbibliothek Darmstadt, Sign. 4262

Bis in die 760er-Jahre dominierte irische Gelehrsamkeit die fränkische Auseinandersetzung mit der Zeitrechnung im Speziellen, mit den Naturwissenschaften im Allgemeinen. Gegen Ende des 8. Jahrhunderts gewann aber ein anderer Text zunehmend an Bedeutung, „De temporum ratione", vom Angelsachsen Beda Venerabilis im Jahre 725 verfasst. Beda wuchs in der zweiten Hälfte des 7. Jahrhunderts in Northumbrien auf, einem Gebiet, welches sowohl durch die irische als auch die römische Mission geprägt war und somit ideale Voraussetzungen zur Wissensaneignung bot. Beda wusste dies in vorbildlicher Weise zu nutzen. Schon vor Beda übten ursprünglich aus Northumbrien stammende Angelsachsen erheblichen Einfluss auf die fränkischen Wissenschaften aus, vor allem ausgehend von Willibrords Kloster Echternach; er war es, der beispielsweise mit der dionysischen Osterberechnung auch die Inkarnationsära im Frankenreich einführte. Bedas Schriften, besonders sein „De temporum ratione", fanden dann zuerst durch einen weiteren Missionar Verbreitung, den heiligen Bonifatius, der sich bis zu seinem Märtyrertod in Friesland im Jahre 754 immer wieder um die aktuellsten Schriften aus seiner angelsächsischen Heimat kümmerte. Ein anderer Angelsachse, Alkuin, ein Schüler Bedas der zweiten Generation und Vorsteher der Palastschule Karls des Großen in Aachen, war es dann, der Bedas Werke zum Standard erklärte. Ab dem 9. Jahrhundert war „De temporum ratione" das einflussreichste komputistische Werk des Frühmittelalters, bezeugt durch die weit über hundert Handschriften, die es überliefern. Ein Original dieses Textes ist, wie fast immer im Frühmittelalter, nicht erhalten. Die frühesten handschriftlichen Zeugnisse sind Fragmente von kurz vor der Mitte des 8. Jahrhunderts entstandenen Abschriften, die sich ausschließlich auf dem Kontinent erhalten haben und somit wohl der bonifatianischen

219c

Mission zuzuordnen sind. Hier zu sehen ist das älteste Fragment dieses Textes, vor 735 in northumbrischer Unciale geschrieben.

Immo Warntjes

| **Lit.:** Staub 1983; Petersohn 1966a; Petersohn 1966b; Bischoff 1979, S. 250; Stevens 1985, S. 39–40; Wallis 1999, S. LXXXV–XCII

220 Beda Venerabilis, „Historia ecclesiastica gentis Anglorum" (sog. Tiberius-Beda)

Südostengland (Christ Church, Canterbury?), frühes 9. Jahrhundert
Pergament; Tinte und Pigmente – H. 27,2 cm, B. 21,6 cm; 157 Bll.
London, British Library, Sign. Cotton MS Tiberius C.ii

Der Tiberius-Beda ist die viertälteste erhaltene Abschrift von Bedas „Historia ecclesiastica gentis Anglorum" („Kirchengeschichte des englischen Volkes"). Die Handschrift belegt die anhaltende Beliebtheit des Werkes bei der einheimischen Leserschaft, in diesem Fall bei der Bevölkerung südlich des Humber und nicht in Bedas Heimat Northumbrien. Sie entstand im frühen 9. Jahrhundert in Canterbury und ist stärker ornamentiert als die Handschriften aus Wearmouth-

IV „… BIS AN DIE GRENZEN DER ERDE". AUSBREITUNG DES CHRISTENTUMS BEI IREN UND ANGELSACHSEN

```
                     lunamq̄ terrae obiecta
...uxemanior          acutes reddi
apparebit             eosdem solis radios lun
accesseris tanto      interpositu suo auferente
...uxe submersior     terra quę lunae  hs sui
debetur esse sus      eunte repentinas ob
or donec perspecta    duc tenebras rursumq̄
us ueritate cuncta    illius umbra sidus
i posita cognoscas    hebetari Neque aliud
...e inos infra duo   esse noctem quam
...x exul luminaria sm terrae umbram
...uaq̄ue habemus     Si autem atque ō en
...idem quo hoc       si tali sunt utrique
inferius est in sep   defectus propter ob
...onem se subrigendo liquitatem signiferi
...aas q̄ nobis ad    lunae de multum cos
...ex eo nobis oculos ut dictum est plexus
...e per illa di cen  Non semper inscribitur
...x dum indenuit     partium congruentie
...le uia ius q̄ō    siderum ata ia
...cedere             haec tanto mortales ani
...pes rationes       mos subduxit in caelum
...                   a cael ut inde contea
de rotunditate        plantibus trium maxi
defectus solis er lus marum rerum natura
...endine uel         partium magnitudinem
...ectu solis siue    detegi Non posset
...plantius secundus  quippe totus sol adim
...e pulcherrimo      terris intercedente
...alis historiae     luna si terra maior
escribit manife       esset quam luna
...est solem inter    terra ex utroq̄ uis his
...lunae occultari
```

219c

Jarrow. Die großen Initialen und Schauschrifttafeln weisen ein verspieltes Repertoire an schnappenden Tieren und freien, „heraldischen" Phantasiegestalten auf; dies ist typisch für die angelsächsische Kunst im damaligen Mercia, die mit ihrer Vorliebe für die Exotik des östlichen Mittelmeerraums auch die internationalen Handelsbeziehungen Mercias widerspiegelt. Zum Teil ist die Ornamentik auch den Metallarbeiten der damaligen Zeit entlehnt: So erinnert bei der großen Initiale „b" am Anfang des ersten Buches (fol. 5v) die Füllung des Bogens an die seinerzeit beliebten Scheibenfibeln. Dieses Buch ist der Namensgeber für eine wichtige, in Südhumbrien entstandene Tiberius-Handschriftengruppe aus dem 8. und 9. Jahrhundert, zu der so wichtige Werke wie der Vespasian-Psalter, der Stockholmer Codex Aureus, das Barberini-Evangeliar, das Buch von Cerne und die Royal Bible zählen. Der Signatur zufolge befand sich die Handschrift in der Bibliothek des berühmten englischen Büchersammlers und Parlamentariers Sir Robert Cotton (†1631) an zweiter Stelle im dritten Regal jenes Bücherschranks, der von einer Büste des römischen Kaisers Tiberius gekrönt wurde.

Die elegante, spitze Minuskelschrift weist Ähnlichkeiten mit der Schrift der Urkunden auf, die in den 820er- und 830er-Jahren im Skriptorium von Christ Church in Canterbury entstanden. Möglicherweise war ein Schreiber dieses Skriptoriums an der Entstehung der letzten großen Handschrift der Tiberius-Gruppe, der Royal Bible (British Library, Royal MS 1.E.vi), beteiligt, die zu einem späteren Zeitpunkt im mittelalterlichen Canterbury geschrieben wurde. Aufgrund einer fast zeitgenössischen Ergänzung zu Bedas einleitendem Brief wurde vermutet, dass diese Abschrift der „Historia ecclesiastica" einst der Klostergemeinschaft des heiligen Cuthbert (ursprünglich in Lindisfarne) gehörte. Die stilistischen Ähnlichkeiten dieses Buchs zu südenglischen Handschriften jedoch legen nahe, dass die Korrektur zusammen mit dem eigentlichen Text von einer northumbrischen Vorlage abgeschrieben wurde.

Michelle P. Brown

| **Lit.:** Lowe 1935, Nr. 191; Ker 1957, Nr. 198; Alexander 1978, Nr. 33; Kat. London 1991, Nr. 170; Brown 2002; Brown (im Druck)

221 Runenkästchen von Auzon, genannt „Franks Casket" (Tafel von der rechten Schmalseite)

Angelsächsisch, Northumbrien, England, frühes 8. Jahrhundert
Walbein; in Relief geschnitzt – sehr frühe Beschädigung – H. 10,5 cm, B. 18,5 cm
Florenz, Polo Museale della Città di Firenze – Museo Nazionale del Bargello, Inv.Nr. 25C (Inv. Solenne 868: Legato Carrand 1099)

Diese Tafel von einem rechteckigen Kästchen mit Deckel zeigt drei Szenen aus einer unbekannten germanischen Legende. Sie wird von einer Runeninschrift umrahmt. Ort der Handlung ist ein wilder Wald: In der Mitte steht ein Pferd mit Dreifachknoten zwischen den Vorder- und Hinterbeinen, das sich über ein Hügelgrab mit menschlichen Gebeinen beugt. Vor dem Pferd steht eine Figur, die einen Stab und einen Kelch hält, unter ihm fliegt ein Vogel. Drei Runenwörter, WUDU („Wald"), RISCI („Schilf") und BITA

incipit   Liber primus
ecclesi-   dicæ historicæ
asticæ   anglorum

BRITTAN

INSVLA OC

EANI QVON

quadragintæ octo milibus pm̄ ñ e. quæ milia sterig stadii milia pc
ḧ iſ gallị bpɪſo iuxta uu iſtlanɖ mıla

Ꞃ̄ttā ſeptem triōlm ꝉ occidētā lı
locꝰ dc ſt. ꝼm̄ armoricæ gallıæ
hiſpæniæ. maximip euro pcæ
pær̃tıbuſ.
Multo ſðrunello ecclm̄ ſcꝯ quæ
pēr mıliæ pæſſuū dcccc Inbońı
cem longe lætʒtudımp hæbēt mılıæ
cc. ħectſ ʒ dum tærætı ꝓlıxıo
rubuſ dıuſcprum ꝓ mońtʒıo
rum tnæcētıbuſ.
Quıbuſ ſppettur ut emcıtur hı
quæednæcẜ octıeſ ḻxxv mılıæ con
plect hæbēt æntıcħıe ʒellıæm
belʒıæm. cuiuſ ꝓxımum lıtuſ
trāſnſ mæærtb ꝯ æpſtur ciuıtæſ quæ
dicitur rutubı portuſ.
ææſtræ cntſonum ꞓunc connupte
nſꝓtæ cæch̄ıтı no cæcæu.
Inrɪtɪæ pº tomæcıı ætʒ ponıceo
monūonum ʒnrıtıp lıtonæ ꝓnxımo
rıælæe tumılıum quın quæ ʒnrtæ
ſnæ ut quıdæm ſcrıpſıe færdı
onum ccccl.
Attıβȷp n unde oceæno ınꝼınito
pæret. ontæræcẓ ınſulæ hæbet
Optıæm pūrʒıbuſ ætque æn bonıbuſ
ınſulæ ʒecælnſdıɪ æptæ pæconb.

("bitter"; in Bezug auf Pferd oder Stab?), sind in das Bild eingearbeitet. In der linken Szene sitzt auf einem Hügel eine geflügelte Gestalt, halb Mensch, halb Pferd, deren Maul von einer Schlange zugehalten wird. Diesem seltsamen Wesen gegenüber steht ein Krieger mit Helm, Schild und Speer. In der rechten Szene packen zwei in Umhänge gehüllte Figuren eine dritte Figur. Die Hauptinschrift ist ein Stabreim, bei dem die Schriftzeichen für die Vokale geschickt mithilfe älterer Runenzeichen wiedergegeben sind. Die Inschrift lautet:

    HER HOS SITIÞ ON HARMBERGA
    AGL[.] DRIGIÞ SWA HIRÆ ERTAE GISGRAF
    SARDEN SORGA AND SEFA TORNA
    „Hier sitzt Hos auf dem Harmhügel,
    Sie muss das Leid ertragen, das Erta ihr aufgebürdet hat,
    Eine Höhle voller Gram und Herzensqual."

Die Tafel bildete einst die rechte Schmalseite des Kästchens, das ursprünglich mit einem Schloss, Scharnieren und anderen Beschlägen ausgestattet war. Die vier Seiten und der Deckel sind mit einem komplexen Bildprogramm verziert, das sich aus klassischen, germanischen, christlichen und jüdischen Quellen speist. Die Darstellungen sind paarweise zu lesen, beginnend mit den beiden gegenüberliegenden Szenen auf der Vorderseite, auf der die Rache Wielands des Schmieds und die Anbetung der Könige dargestellt sind. Beide Szenen handeln von Exil und Erlösung. Der Deckel zeigt eine eroberte Festung, in der bewaffnete Krieger den germanischen Helden Egil angreifen. Auf der Rückseite ist die Zerstörung Jerusalems und des Tempels unter dem römischen Feldherrn Titus zu sehen. Die Darstellung auf der linken Schmalseite mit der Auffindung von Romulus und Remus, die von der Wölfin gesäugt werden, kann als Sinnbild für die römische Mutterkirche interpretiert werden. Die Szenen auf der rechten Schmalseite finden ebenfalls in einem wilden Wald statt; die Geschichte lässt sich nicht eindeutig zuordnen, Inschrift und Bilder legen jedoch nahe, dass sie von Tod und Unterdrückung handeln. Im Gegensatz zur erlösenden Botschaft der Romulus-und-Remus-Tafel repräsentiert sie die harsche heidnische Welt, in der der Mensch von Gottes Gnade ausgeschlossen ist.

Die Ikonographie des Kästchens illustriert christliche Themen wie Erlösung und gute und schlechte Herrschaft, indem sie Erzählungen aus den germanischen, klassischen und christlichen Traditionen einander gegenüberstellt; sie alle wurden als Teil einer umfassenden Universalgeschichte verstanden, die in der durch Christus verkörperten christlichen Botschaft kulminiert. Das Kästchen wurde wahrscheinlich für ein Mitglied des angelsächsischen Königshauses angefertigt, wobei die Bilder die Mächtigen an ihre Verpflichtungen erinnern sollten. Möglicherweise enthielt es eine erbauliche Handschrift wie zum Beispiel einen Psalter.

Das Kästchen wurde in Northumbrien zur Zeit von Beda Venerabilis angefertigt, also etwa 100 Jahre nach Ankunft der ersten christlichen Missionare im angelsächsischen England. Es ist stark an dem Typus italienischer Reliquienbehälter aus dem 4. Jahrhundert orientiert, den auch das Kästchen von Brescia verkörpert. Die erfindungsreiche Gegenüberstellung heidnischer und christlicher Themen geht auf die Anweisung Papst Gregors an die neue Kirche zurück, das Vertraute heranzuziehen, um der Bevölkerung die christliche Botschaft zugänglich zu machen. Die auf der Tafel dargestellte germanische Legende ist uns heute nicht mehr bekannt, war aber eindeutig dazu ausersehen, die Dunkelheit der heidnischen Welt mit dem Licht der christlichen Erlösung zu kontrastieren.

Das Kästchen ist nach Augustus Franks benannt, der das schöne Stück dem British Museum vermachte. Es wurde im frühen 19. Jahrhundert in einem Privatbesitz in Auzon (Haute-Loire, Frankreich) entdeckt. Es gilt jedoch als nahezu gesichert, dass es bis 1793 als Reliquienbehälter in der berühmten Kirche von Saint Julien im nahegelegenen Brioude bewahrt wurde.

Leslie Webster

| Lit.: Napier 1901, S. 362–381; Neumann de Vegvar 2008; Page 1999, S. 172–179; Webster 1999; Webster 2012b

222 Beschlag aus Crieff (Perthshire), Schottland

Insular, 8. Jahrhundert
Kupferlegierung; vergoldet; Bergkristall; bernsteinfarbenes Glas – H. 5,8 cm, B. 5,5 cm
Edinburgh, On loan courtesy of the Trustees of the National Museums Scotland, Inv.Nr. X.FC 3

Vergoldeter Beschlag aus gegossener Kupferlegierung mit im Kerbschnitt ausgeführten Flechtbandornamenten, Adlerköpfen und einem maskenhaften Gesicht. Bergkristall wird in der insularen Metallarbeit vergleichsweise selten verwendet und erscheint – wenn überhaupt – vornehmlich auf aufwendig gestaltetem liturgischem Gerät, wie etwa dem Kelch von Ardagh. Das menschliche Antlitz in Verbindung mit zwei Vogelköpfen wird als Darstellung Christi interpretiert. Dieses Stück gehört zu einem Paar von Beschlägen, die anscheinend beide ihrem eigentlichen Zweck entfremdet und wie-

IV „... BIS AN DIE GRENZEN DER ERDE". AUSBREITUNG DES CHRISTENTUMS BEI IREN UND ANGELSACHSEN

derverwendet wurden. Ihre ursprüngliche Funktion lässt sich heute nicht mehr bestimmen, doch gehörten sie wahrscheinlich zu einem reich verzierten kirchlichen Objekt, vielleicht einem Kästchen oder einem Bucheinband.　　　　　　　　　　　　　　Martin Goldberg
| Lit.: Kat. Dublin/Edinburgh/London 1989, S. 119f., Nr. 117; Spearman 1993

223 Fibel aus Rogart (Sutherland), Schottland

Insular, 8. Jahrhundert
Silber; vergoldet; bernsteinfarbenes und blaues Glas – Dm. 12 cm, L. der Nadel 19,3 cm
Edinburgh, On loan courtesy of the Trustees of the National Museums Scotland, Inv.Nr. X.FC 2

Offene Ringfibel aus gegossenem Silber mit im Kerbschnitt ausgeführten Flechtbandornamenten, Einlagen aus bernsteinfarbenem Glas und getrennt gegossenen zoomorphen Köpfen mit blauen Glasaugen. Die vogelartigen Wesen tauchen den Schnabel in eine runde Schale, als wollten sie daraus trinken. Am Boden jeder Schale befindet sich eine einfache Kreuzform. Die Endknäufe der Fibel sind als Vierpass aus- gebildet und veranschaulichen ebenso wie die plastisch gearbeiteten Tierköpfe, wie christliche Bilder und Symbole in die einheimische Silberschmiedekunst Eingang fanden. Diese Fibel gehörte zu einem umfangreichen Hortfund, der 1868 bei Bauarbeiten entdeckt wurde. Ein Großteil der Objekte war stark beschädigt.　　　　　　Martin Goldberg
| Lit.: Kat. Dublin/Edinburgh/London 1989, S. 116, Nr. 111

224

224 Zoomorpher Firstbalken eines hausförmigen Reliquiars unbekannter Herkunft

Insular, 8. Jahrhundert
Kupferlegierung; vergoldet – L. 10,4 cm
Edinburgh, On loan courtesy of the Trustees of the National Museums Scotland, Inv.Nr. IL.2010.13 (Leihgabe von Laird Landmann und Kathleen Kinney)

Dieser Firstbalken eines hausförmigen Reliquienschreins besteht aus legiertem Kupferguss. Seine Herkunft ist zwar unbekannt, doch lässt er sich der Gruppe der im insularen Stil gestalteten Reliquiare aus Irland oder von den Britischen Inseln zuordnen. Obwohl jedes der erhaltenen Reliquiare einzigartig ist, weisen die Dachfirste als Endstücke durchgängig nach innen gekehrte Tierköpfe auf. Die Tiere an diesem First sehen besonders grimmig aus und fletschen die Zähne, als wollten sie den Schrein verteidigen, den sie einst zierten. Ihre Vergoldung ist besonders an der Stirn stark abgerieben, sodass sie möglicherweise aus religiösen Gründen häufig berührt wurden. Die Köpfe sind an der Seite mit im Kerbschnitt gearbeiteten Flechtbandornamenten verziert. Zwischen den beiden Tieren befindet sich in der Mitte des Firsts ein weiterer Bereich mit Flechtbandornament, der das hausförmige Reliquiar in Miniaturform darstellt. Der ursprüngliche Inhalt der meisten hausförmigen Reliquiare ist unbekannt, wahrscheinlich enthielten sie jedoch eine Auswahl kleiner Reliquien. Möglicherweise dienten manche Schreine auch als Chrismalien, als Gefäße zur Aufbewahrung des geweihten Salböls.

Martin Goldberg

| Lit.: Blackwell 2012

225 Vergoldetes Ortband aus dem Hort von St. Ninian's Isle (Shetland), Schottland

Insular, 8. Jahrhundert
Silber; vergoldet – B. 8 cm
Edinburgh, On loan courtesy of the Trustees of the National Museums Scotland, Inv.Nr. X.FC 282

Das gegossene Ortband aus vergoldetem Silber gehörte ursprünglich zu einer Schwertscheide. Der U-förmige Beschlag schützte die Spitze des in der Scheide steckenden Schwerts. Das Ortband von Saint Ninian's Isle schließt an beiden Enden mit einer Tierfigur ab, der ein kleineres Tier – vielleicht ein Fisch – in das bewehrte Maul zu springen scheint. Auf beiden Seiten des Ortbands verläuft eine Inschrift in lateinischer Schrift mit christlichem Inhalt. Auf der Vorderseite steht INNOMINEDS, was als zusammengezogene Form von IN NOMINE D[ei] S[ummi] gelesen werden kann, also „Im Namen Gottes des Höchsten". Die Inschrift auf der Rückseite, RESADFILISPUSSCIO, kann als zusammengezogene Form von RES AD FILI SP[irit]US S[an]C[t]IO interpretiert werden, also „Besitz des Sohnes des Heili-

IV „... BIS AN DIE GRENZEN DER ERDE". AUSBREITUNG DES CHRISTENTUMS BEI IREN UND ANGELSACHSEN

226
227

gen Geistes". Die Inschrift entspricht dem Blickwinkel des Schwertträgers, der sie von oben herabblickend lesen kann; für alle anderen steht sie auf dem Kopf. Auf der Vorderseite des Ortbandes befinden sich drei Beschläge mit um einen Buckel angeordnetem Vierpass, die wohl Gebrauchsspuren und Abrieb verhindern sollten. Dennoch ist das Ortband an dieser Stelle stark abgerieben; offensichtlich wurden der Inschrift besondere Kräfte zugeschrieben, die den Berührenden vor Unheil schützten, daher wurde sie so häufig berührt. Dieses Ortband gehört zu einem Paar, das auf einer der Shetlandinseln entdeckt wurde. Der Hort von Saint Ninian's Isle umfasst außerdem Fibeln und Silberschalen (Kat.Nr. 205, 206). Martin Goldberg

| **Lit.:** Small/Thomas/Wilson 1973; Kat. Dublin/Edinburgh/London 1989, S. 110, Nr. 102

226 Beschlag aus Asby Winderwath

Asby Winderwath Common, Cumbria, 8. Jahrhundert
Bronze; gegossen, vergoldet; durchbrochen gearbeitet – etwas beschnitten am oberen Ende – H. 8,4 cm, B. 6,3 cm, T. 0,3 cm
London, The British Museum, Inv.Nr. 1995,0901.1

Die markante Form des durchbrochenen und vergoldeten Bronzebeschlags wird von jeweils drei miteinander verbundenen Spiralen an den beiden Längsseiten definiert. Die Fläche ist ausgefüllt von einer stilisierten Pflanze mit dicht ineinander verschlungenen Ästen und gefiederten Blättern, in der sich zwei Vögel und zwei Vierbeiner verbergen. Die Vögel in der unteren Bildhälfte sind einander zugewandt und mit langen Beinen, von denen eines gegen den Stamm erhoben ist, geschwungenen Körpern, die sich zum Schwanz hin verjüngen und mit angedeuteten Federn schraffiert sind, und weit nach hinten gebogenen langen Hälsen gezeichnet. Sie scheinen an den Blättern zu picken. Die Vierbeiner befinden sich oberhalb des von einem Doppelring gerahmten Kreuzes. Sie blicken nach außen; ihre vier Beine und die ineinander verflochtenen Schwänze sind deutlich hervorgehoben.

Obgleich keine Früchte an den Ästen sind, handelt es sich doch um das aus der antiken Ikonographie übernommene Motiv des Weinstocks, das in der frühchristlichen Kunst christologische Bedeutung erlangt hatte mit den Worten Jesu aus dem Johannesevangelium (15, 1) – „Ich bin der Weinstock und ihr seid die Reben." Die Tiere im Weinstock versinnbildlichen die Schöpfung, die sich von den wahren Früchten ernährt. Von dem Motiv gibt es zahlreiche Beispiele in angelsächsischen Manuskripten, Skulpturen und Metallarbeiten in unterschiedlichen stilistischen Traditionen, wie etwa auf dem Kreuzschaft aus Croft-on-Tees, Yorkshire oder dem Gürtelbeschlag aus unbekanntem Fundort (Kat.Nr. 227). Ungewöhnlich ist auf dem Asby-Winderwath-Beschlag jedoch die Verknüpfung des Weinstocks mit dem Kreuz, das hier den Buckel in der Bildmitte ziert. Er wurde als mit einem Kreuz bezeichneter Brotlaib oder Hostie interpretiert, wie sie in mehreren irischen und angelsächsischen Manuskripten und Skulpturen abgebildet wurde. Diese Deutung erklärt die zunächst verwirrend erscheinende Darstellung als eine subtile Verbildlichung theologischer Konzepte von Christus, dem Weinstock, verbunden mit der Eucharistie in beiderlei Gestalt, Wein und Brot. Charlotte Behr

| **Lit.:** Kat. London 1991, S. 153 (Dominic Tweddle); Meehan 1994, S. 44–46; Youngs 1999; Edwards 2002; Webster 2003, S. 18

227 Gürtelbeschlag

Unbekannter Fundort, 2. Hälfte 8. Jahrhundert
Bronze; gegossen, verzinnt; Durchbrucharbeit; graviert – L. 4,4 cm, B. 3,5 cm
London, The British Museum, Inv.Nr. 1989.0303.3

Der Bronzebeschlag war das Riemenende eines Gürtels. Die gerade Seite ist verdickt und gespalten, um das Gürtelende einzulegen und mit einem Niet zu befestigen. Die halbkreisförmige Durchbrucharbeit zeigt in symmetrischer Anordnung zwei sich gegenüberstehende Vögel, die in einer rankenartigen Pflanze verflochten sind. Details der Vögel wie ihre Schnäbel, Augen, spiralförmigen Flügel und Federn sind eingraviert, wie auch die Rippen der Blätter am Ende der Ranken. Am ausgebuchteten Ende des Beschlags ist eine Tiermaske mit Strichen und Punkten eingeritzt.

Das Bildthema der rankenden Weinrebe, in der Vögel sitzen, war ein beliebtes Motiv bereits in der vorchristlichen römischen Sepulkralkunst, das in die spätantike frühchristliche Ikonographie übernommen wurde, da seine Bedeutung symbolhaft mit Christus, dem Weinstock (Joh 15,1) und dem Wein der Eucharistie verbunden wurde. Das Motiv findet sich in zahlreichen Varianten in der angelsächsischen Kunst, mit Vögeln aber auch mit anderen Tieren und menschlichen Gestalten, in Manuskripten wie etwa dem Book of Kells, in Steinskulpturen wie dem Heiligenschrein aus Jedburgh (Kat.Nr. 232), auf Metallbeschlägen wie dem Beschlag aus Asby (Kat.Nr. 226).

Doch ist der Gürtelbeschlag auch ein Beispiel dafür, wie vertraute Sehgewohnheiten und Motive aus der vorchristlichen Kunst Englands aufgenommen wurden und das Lesen und Entziffern der neuen christlichen Bildthemen erleichterten. Paarweise angeordnete antithetisch sich gegenüberstehende Tiere waren bereits auf Metallobjekten des 5. und 6. Jahrhunderts ein häufiges Motiv. Und noch ein weiteres Merkmal der frühen angelsächsischen Ikonographie wird deutlich, die Mehrdeutigkeit der Bilder. So wird aus den beiden Vögeln in der Pflanzenranke eine Tiermaske, dreht man den Beschlag um 180 Grad.

Charlotte Behr

| Lit.: Wilson 1984, S. 64–77; Kat. London 1991, S. 136–137 (Leslie Webster); Mac Lean 1999, S. 184–186; Jensen 2000, S. 59–61; Webster 2003, S. 18

228 Teile der Bekrönung eines Reliquienschreins

Irland, 8. Jahrhundert
Holzkern; Bronze, Kupfer – Reste von Vergoldung – jeweils H. 10 cm, B. max. 20,4 cm, T. max. 2,6 cm
Saint-Germain-en-Laye, Musée d'Archéologie nationale, Inv.Nr. 52748.a/b, ehemalige Sammlung Victor Gay

Die zwei gleichartigen Stücke in unregelmäßiger D-Form bestehen aus Bronzeplatten, die schon von Victor Gay auf einem Holzkern befestigt wurden. Möglicherweise waren beide Stücke ursprünglich einander gegenüber angeordnet und bildeten die X-förmige Giebelbekrönung eines mittlerweile verlorenen großen Goldschmiedeschreins.

Eine Seite dieser Objekte trägt jeweils einen stark plastischen Dekor aus sechs Buckeln, die mit einem wirbelförmig angeordneten Blattmotiv geschmückt sind. Die Buckel selbst werden aus den eingerollten Körpern schlangenartiger Tiere oder Ungeheuer mit Menschen- oder Vogelkopf gebildet. Spiral- und Flechtwerkmuster füllen die Räume zwischen den Buckeln und Tierkörpern aus. Im oberen Drittel dieser Platte befindet sich eine kleine glatte Kreisfläche mit einem Loch in der Mitte, vielleicht zur Befestigung eines Cabochons oder Anhängers. Die durchbrochen gearbeitete andere Seite des Objektes ist mit Einrollungen aus Spiralen oder in Form von Blattwirbeln überzogen. Den breiten Rand zieren Flechtbandfelder, Flechtbandknoten und Streifen mit Fischgrätmustern. Eine rechteckige Platte auf der geraden Seite des Objektes zeigt gegenständige Fabelwesen. Ihr als Schlangenkopf ohne Unterkiefer gebildeter Kopf ragt an einem der Beschlagenden vor.

Die stilistische Behandlung der Spiralmotive erlaubt den Vergleich dieser beiden Stücke mit Goldschmiedewerken und Buchmalereien des 8. Jahrhunderts in Dublin. Es ist hingegen nicht möglich, ihre Provenienz und Geschichte vor dem Zugang in die Sammlung von Victor Gay 1909 genauer zu bestimmen. Christine Lorre

| Lit.: Migeon 1909, S. 418–419; Henry 1954, S. 44–45, Taf. 34-35; Beck 1982, S. 326–327, m. Abb.; Kat. Paris 1982, S. 249, Nr. 93–94; Kat. Paris 2008, S. 28–29, m. Abb. (Isabelle Bardiès-Fronty)

229 Beschlag

Romfohjellen, Sunndal, Møre og Romsdal, Norwegen, 9. Jahrhundert
Kupferlegierung; vergoldet; Bernstein, Glas – B. 8,8 cm, L. 4,8 cm
Oslo, Kulturhistorisk museum, Universitetet i Oslo, Inv.Nr. C6185

Der rechteckige Beschlag aus vergoldeter Kupferlegierung ist mit drei schlangenhaften Figuren im Hochrelief verziert. Die Köpfe sind zum Teil in Vollplastik gearbeitet. Die Bereiche zwischen den Schlangen sind mit flach gravierten Tierornamenten geschmückt. In den Augenhöhlen der Schlangen finden sich Spuren einer roten Glasfüllung und ungefähr in der Mitte des Beschlags sitzt ein nach oben gewölbtes Stück Bernstein in einer runden Fassung. Der Beschlag ist an einer Seite beschnitten, die anderen drei Seiten sind mit einem schmalen Rand versehen. Rechts und links befinden sich jeweils zwei Löcher, die auf eine Wiederverwendung des Beschlags – vermutlich als Fibel – hindeuten. Auf der Rückseite sind keine Hinweise auf einen Nadelapparat zu erkennen.

Der Fundzusammenhang des Beschlags ist ungeklärt, vermutlich handelt es sich jedoch um eine Beigabe zu einem Männer- oder Frauengrab aus dem 9. Jahrhundert.

Die Ornamentierung ähnelt dem irischen Tierstil des frühen Mittelalters. Offensichtlich gehört der Beschlag zu der Gruppe sakraler und säkularer Metallarbeiten von den Britischen Inseln, die in norwegischen Gräbern aus der Wikingerzeit zu finden sind. Bei diesen Gegenständen handelt es sich vermutlich um Beute von Raubzügen an der britischen Küste. Mehrere solcher Beschläge wurden zu Gewandspangen umgearbeitet, wie sie zur Kleidung der Wikingerfrauen gehörten. Hanne Lovise Aannestad

| Lit.: Petersen 1940, S. 61; Wamers 1985, Nr. 37

230 Fragment eines Kreuzbeschlags

Provenienz unbekannt, 8./9. Jahrhundert
Legiertes Gusskupfer – ehemals vergoldet; ein Nagel erhalten; alle Fassungen heute leer – L. 11,17 cm, max. B. 6,04 cm, max. H. 3,57 cm
Dublin, The National Museum of Ireland, Inv.Nr. 1920:56

Hohl gegossener Buckel mit flachem Seitenarm. Die ursprüngliche Vergoldung ist stark verrieben. Der Buckel hat die Form einer gekappten Pyramide und ist oben in der Mitte mit einer heute leeren, runden Fassung versehen. Die im Flachrelief gearbeitete Ornamentierung auf dem Buckel gliedert sich in mehrere Felder, die durch gerade Rippen, die zum Teil Spuren von Schraffur aufweisen, voneinander getrennt sind. Die Pyramide ist von einem Sockel umgeben, der mit schmalen, versenkten Flechtbandfeldern verziert ist. Der Sockel ist rechteckig, wobei die jeweils gegenüberliegenden Seiten gleich breit sind. An jeder Ecke des Sockels findet sich eine heute leere, mandelförmige Fassung; darunter verbargen sich ursprünglich die Nägel, mit denen der Beschlag am Holzkern befestigt war. Lediglich ein Nagel, bestehend aus Kupferlegierung, ist heute erhalten. Die trapezförmigen Felder an den Seiten der Pyramide zeigen zwei verschiedene Schmuckmotive. Zwei einander gegenüberliegende Felder enthalten Tierfiguren, die sich mit offenen Mäulern und gekreuzten Köpfen gegenüberstehen. Ihre Gelenke werden durch Spiralen dargestellt, während ihre Körper bandartig ausgebildet und mit Schraffur versehen sind. Die beiden anderen Seiten sind mit Voluten aus Trompeten- und Spiralmotiven verziert. Der Seitenarm weist ebenfalls abgesetzte Felder mit Verzierung auf. Der Rand ist ähnlich wie der Pyramidensockel gestaltet und enthält ebenfalls ein schmales

Flechtbandornament. Die Ecken schwingen leicht nach außen und sind jeweils mit einem erhabenen, linsenförmigen Element versehen. Zwischen diesen beiden Elementen findet sich in der Mitte des äußeren Randes eine halbkreisförmige Fassung, unter der ein weiterer, heute ebenfalls verschollener Nagel verborgen war. Der von den Rändern eingefasste Bereich in der Mitte des Seitenarms ist in drei Felder unterteilt. Das mittlere Feld ist ein Rechteck mit konkaven Schmalseiten, in dem eine Reihe von eng gewundenen Spiralmotiven zu sehen ist, die in Tierelemente münden; diese sind wiederum durch Trompetenmotive verbunden. An dieses Feld grenzen beidseitig halbkreisförmige Felder, die je eine Doppelvolute enthalten.

Es handelt sich bei diesem Gegenstand vermutlich um einen Beschlag für ein Holzkreuz wie das Kreuz von Tully Lough (Kat.Nr. 209). Fragmente ähnlicher, in Irland und in norwegischen Wikingergräbern gefundener Beschläge bezeugen die Existenz zahlreicher Altarkreuze dieses Typs. Der Beschlag könnte zur Verlängerung eines Kreuzarms oder als Ornament in der Mitte des Kreuzes gedient haben. Stil und Aufbau weisen Ähnlichkeiten mit den pyramidenförmigen Buckeln auf dem Kreuz von Tully Lough auf, allerdings wurden diese getrennt von den flacheren, bikonkaven Feldern auf den Kreuzarmen gegossen. Die hier abgebildeten Tiere sind stilistisch mit den Tieren auf der Rückseite der Tarafibel verwandt. Vergleichbare Elemente finden sich auch in der Durchbrucharbeit auf dem Kreuz von Tully Lough. Gekreuzte Tierköpfe kommen sehr häufig vor, so in der Filigranarbeit der Patene von Derrynaflan (8. Jahrhundert) und auf dem Ring der Tarafibel.

Maeve Sikora

| **Lit.:** Crawford 1923, S. 87f.; Mahr 1932, Taf. 18.6; Raftery 1941, S. 98

231 Kalotte aus Steeple Bumpstead

Steeple Bumpstead, Essex, 8. Jahrhundert
Bronze; gegossen, vergoldet; Silbertauschierung; Kerbschnitt; Steinsetzungen – eine Hälfte des Kragens fehlt; die Steinsetzungen sind leer; die Tauschierung ist beschädigt – H. 3,6 cm, Dm. 12,8 cm
London, The British Museum, Inv.Nr. 1916.0705.1

Die Kalotte, vermutlich eines Reliquiars oder Buchreliquiars, wurde in Südostengland gefunden, stammte aber aus Irland oder Nordengland und könnte in den Zusammenhang der irischen Mission bei den Angelsachsen gehören. Sie ist in sechs horizontale Zonen eingeteilt und mit vier vertikalen kauernden Vierbeinern zusätzlich in vier Quadranten strukturiert. Die erste Zone, von außen kommend gesehen, fängt mit dem Kragen an, der in Felder eingeteilt ist, die wiederum mit jeweils vier Spiralen verziert sind, die in stilisierten Tierköpfen enden. Dann folgt eine Zone mit Feldern, die mit jeweils vier nahezu identischen ineinander verflochtenen Tieren gefüllt sind. Die Felder im drit-

IV „... BIS AN DIE GRENZEN DER ERDE". AUSBREITUNG DES CHRISTENTUMS BEI IREN UND ANGELSACHSEN

231

ten Ring entsprechen den Spiralen mit Tierköpfen im äußersten Ring. Dann folgt eine eingetiefte Zone, die in 26 Zellen, die mit Niello gefüllt waren, eingeteilt ist. Der nächste Abschnitt besteht aus vier versenkten vergoldeten Feldern, die wohl ursprünglich mit Goldfiligrandraht geschmückt waren. Und schließlich ist die gerippte Fassung im Zentrum in die ein großer nun verlorener Schmuckstein eingesetzt war, möglicherweise aus Bernstein oder Bergkristall. Bernstein wurde vermutlich auch verwendet in den 24 Schmucksteinfassungen, die die einzelnen Felder begrenzen und die Pracht der Kalotte zusätzlich erhöhten. Ikonographische, stilistische und technische Vergleiche finden sich auf mehreren herausragenden irischen Objekten, wie zum Beispiel der Tarafibel oder dem Beschlag aus Romfohjellen, Norwegen. Die vier plastisch gestalteten Vierbeiner hat Young auf Grund ihrer charakteristischen Haltung, der mähnenartig stilisierten Locken auf dem Rücken und der Klauen an den Füßen als Löwen identifiziert. Sie waren von spätantiken Beispielen abgeleitet und wenn sie hier die Reliquien zu bewachen scheinen, hatten sie ihre traditionelle Unheil abwehrende Rolle behalten.

Keines der Bildelemente ist eindeutig christlich. Die Kalotte ist ein gutes Beispiel dafür, wie eine traditionelle Bildersprache, ihre Themen, Motive und Strukturen verwendet wurden, um einen Gegenstand zu schaffen, der in der christlichen Liturgie bedeutsam war. Die ineinander verflochtenen Tiere, die Spiralen, die klar abgegrenzten Bildfelder, die gefassten Steine, die Symmetrien waren das Vokabular, das in einem christlichen Kontext neue Bedeutung gewann.   Charlotte Behr

| **Lit.**: Kat. Dublin/Edinburgh/London 1989, S. 146–147 (Susan Youngs); Youngs 1993; Harbison 1998, S. 72; Webster 2003, S. 16–18

232 Tafel vom Jedburgh-Schrein

9. Jahrhundert
Fundort: Abtei von Jedburgh, Schottland
Sandstein – H. 79 cm, B. 60 cm, T. 26 cm
Jedburgh, Jedburgh Abbey – On loan from Historic Scotland, Inv.Nr. JED 076

Größe und Qualität der Tafel legen nahe, dass sie für ein wichtiges religiöses Monument bestimmt war. Da an der Rückseite der Tafel ein senkrechter Schlitz eingesenkt ist, könnte die Tafel zu einem Schrein gehört haben, in dem die Gebeine eines Heiligen aufbewahrt wurden.

Die Tafel ist mit einer plastisch geschnitzten Weinranke geschmückt, die durch Vögel und Tiere belebt wird. Die Ornamentierung greift damit ein frühchristliches Motiv auf, das ursprünglich aus dem Nahen Osten stammt. Als Symbol für die Eucharistie fanden Weinranken im 8. und 9. Jahrhundert in Northumbrien und in der piktischen Kunst weite Verbreitung. Ähnliche Beispiele sind auf Kreuzen und an Kirchenbauten in Nordengland und Schottland zu sehen, zum Beispiel in Easby in North Yorkshire, Ruthwell in Dumfries and Galloway und Jarrow in Tyne and Wear.

Die 1890 entdeckte Tafel war als Sturz im Südschiff der Abtei von Jedburgh wiederverwendet worden. Zwei vermutlich mit ihr zusammenhängende Fragmente wurden erst später gefunden, eines in der Abtei selbst, das andere in Ancrum, einer bedeutenden altkirchlichen Stätte bei Jedburgh nahe der englisch-schottischen Grenze.

Hugh Morrison

276 LUX MUNDI

232

233 Gandersheimer Kästchen, sog. Runenkästchen

Angelsächsisch, spätes 8. Jahrhundert
Walrosszahn(?)-Platten; geschnitzt, genutet, vernietet, gekittet; Bronze; gegossen, verlötet, punziert, graviert – H. 12,6 cm, B. 12,6 cm, T. 6,8 cm; Dicke der Platten 1 cm
Braunschweig, Herzog Anton Ulrich-Museum Braunschweig, Kunstmuseum des Landes Niedersachsen, Inv.Nr. MA 58

Das Gandersheimer Kästchen gehört zu den bedeutendsten und anspruchsvollsten Werken angelsächsischen Kunstschaffens des frühen Mittelalters.
Das mit walmdachförmigem Deckel, Überwurfschloss und zwei Scharnieren versehene Behältnis ist aus genuteten Knochenplatten zusammengefügt und weist an den Kanten gegossene Bronzebeschläge auf. Auf der ebenfalls bronzenen, separaten Bodenrahmung, in die das Kästchen nur eingestellt ist, befindet sich eine Runenschrift, nach der das Stück als Gandersheimer Runenkästchen benannt ist. Bei der Bodenrahmung handelt es sich vermutlich nicht mehr um das Original; die Inschrift selbst könnte jedoch durchaus einen mittelalterlichen Vorgänger besessen haben. Insgesamt scheint der heute sichtbare Zustand des Kästchens nicht mehr der ursprüngliche zu sein, worauf Reste älterer Montagen bzw. Spuren von Beschneidungen an den Platten hinweisen.
Der Überlieferung zufolge soll sich das Kästchen einst in Gandersheim befunden haben, in den erhaltenen Schatzverzeichnissen des dortigen Stiftes kann es jedoch nicht zweifelsfrei identifiziert werden.

Eine erste sichere Erwähnung findet das Runenkästchen in einer Aktennotiz des Direktors des Herzoglichen Museums Braunschweig, Johann Ferdinand Friedrich Emperius. Er zählt das Kästchen, das auch zwei vermeintliche Gewandreliquien enthalte und ehemals in Gandersheim gewesen sei, unter die „Bereicherungen des Museums im Jahr 1815". Das Runenkästchen ist heute leer. Allerdings weist Regine Marth zu den erwähnten Stoffreliquien auf ein Fragment byzantinischer Seide des 10. Jahrhunderts aus den Beständen des Herzog Anton Ulrich-Museums hin, das aus dem Gandersheimer Kästchen stammen könnte und zu einem größeren Fragment eines noch heute in der Stiftskirche von Gandersheim bewahrten byzantinischen Seidensamits gehört – Marth zufolge auch ein starkes Indiz für die Herkunft des Kästchens selbst.

Das Gandersheimer Kästchen gehört zur Familie der hausförmigen Schreine, denen eine Funktion als Reliquiar oder eine Nutzung als Behältnis zur Aufbewahrung von Hostien oder heiligen Salbölen zugeschrieben wird. Zeitlich insgesamt dem frühen 7. bis frühen 10. Jahrhundert zuzuordnen, kommen die meisten dieser Kästchen in den Herrschaftsgebieten der merowingischen und karolingischen Könige sowie bei Angelsachsen und Iren vor.

Von der Mehrzahl der hausförmigen Schreine unterscheidet sich das Gandersheimer Kästchen dadurch, dass es nie seitliche Ösen zur Aufnahme von Trageketten besessen hat. Darüber hinaus ist auch seine Fertigung aus Knochen ein eher selteneres Merkmal dieser Objektgruppe, besitzt doch die Mehrzahl der hausförmigen Schreine einen Metall- oder Holzkorpus.

Die Verzierung des Kästchens ist als überaus regelmäßig und durchdacht zu bezeichnen. Die Vorderseite ist in zwölf, die Rückseite in sechs Kompartimente unterteilt, der Deckel der Vorderseite weist deren zwei, derjenige der Rückseite deren drei auf. Die Kompartimente, deren Rahmungen geschnitzte Kordeln bilden, werden von Tieren echsen-, drachen- oder vogelartiger Ausprägung bevölkert, die auf dem Korpus des Kästchens symmetrische, gegenständige Muster bilden. Auf der Vorderseite wird jedes Kompartiment von einem einzelnen Tier eingenommen, auf der Rückseite von je zweien. Bei den Deckeln dagegen zeigen die Rückseite Einfachbelegung und die Vorderseite Zweifachbelegung ihrer Kompartimente. Alle Tiere enden in fein ausgearbeitetem Flechtwerk, bei den Zweiergruppen gar in vervielfachten Flechtbandmustern. Alle genannten Merkmale zeigen die Ausgewogenheit und die planvolle Anlage der Zier des Gandersheimer Kästchens. Es ist allerdings anzumerken, dass das Stück – darauf weisen die beobachteten Spuren der Veränderung der Montage hin – in seiner heutigen Form möglicherweise nicht der ursprünglichen Konzeption entspricht.

Neben den symmetrisch angeordneten Echsen-, Drachen- oder Vogelwesen lässt das Bildprogramm des Kästchens vier weitere Motive erkennen: das Motiv des von den genannten Tierformen gerahmten Baums (am Deckel der Rückseite sowie an beiden Schmalseiten), das Motiv des durch die Ornamentik ausgesparten Kreuzes (am Deckel der Vorderseite), das Motiv des durch das Flechtwerk der Tiere gebildeten Chi (im mittleren oberen Kompartiment der Rückseite) sowie das in der Fläche darunter anzutreffende Spiralmotiv, aus dem sich vier Echsenwesen entwinden.

Parallelen – wenn schon nicht zur Komposition selbst, so doch zu deren einzelnen Elementen – finden sich zahlreich im insularen Kunstkreis und zwar sowohl in Werken der Buchmalerei, der Steinskulptur wie auch der Elfenbeinschnitzkunst. Zu nennen sind hier das Petersburger Evangeliar (Kat.Nr. 237) oder auch das Evangeliar im Vatikan (Barb.lat. 570) für die Buchmalerei, die Steinskulptur der Kathedrale von Peterborough oder auch Elfenbeine insularen Stils, wie ein Stück aus dem Victoria and Albert Museum mit kontinentaler Provenienz (Kat.Nr. 234).

Die anspruchsvolle Zier des Kästchens hat die im Mittelalter bedeutungsvollen mathematischen Formen von Kreis, Quadrat und Dreieck zur Grundlage und verweist damit auf die kosmologische Bedeutungsebene der geordneten Harmonie der göttlichen Schöpfung der Welt und ihrer Lebewesen. Die Motive von Baum – als Lebensbaum/ *Arbor Vitae* –, Kreuz und Spirale stehen im Sinne einer christologischen Deutung für das Erlösungsopfer Christi, das Gottes Plan durch die Auferstehung und das ewige Leben erfüllt. Victor Elbern vermutet, dass der Spiralwirbel – das in keltischer Tradition stehende Triskele-Motiv – Zeichen für die Wunden Christi sei – eindrücklich belegt am Bischofshofener Kreuz sowie ebenfalls erkennbar am irischen Kreuz von Tully Lough (Kat.Nr. 209) – und damit gleichzeitig die von Paulus im Römerbrief (Kat.Nr. 1) bezeichnete Taufe als „Begrabenwerden" und „Neuwerdung" des Lebens aufruft (Röm 6, 33).

Die Lesart der in ihrer heutigen Erscheinungsform mit dem Stichel in den Bronzebeschlag des Bodens eingebrachten Runeninschrift ist bis heute diskutiert. Mit der Verwendung des Kästchens in liturgischem Umfeld lassen sich jedoch alle vorgelegten Deutungen der Inschrift – Nennung von Reliquien, Hinweis auf Salbung durch heilige Öle oder fromme Herstellerinschrift – in Einklang bringen.

Der Enstehungsort des Gandersheimer Kästchens wird gemeinhin in der Mitte/im Norden Englands vermutet. Hier befinden wir uns in eben jenem gelehrten, Rom zugewandten und künstlerisch anspruchsvollen Umfeld, das sich mit Namen wie Beda Venerabilis, Benedikt Biscop oder auch Alkuin von York verbindet und das seit dem 8. Jahrhundert weit reichende missionarische Anstrengungen auf dem Kontinent initiierte. Dessen berühmteste Exponenten – Willibrord von Echternach sowie der heilige Bonifatius – prägen einen neuen Missionarstypus, der in enger Zusammenarbeit mit Herrschern und Päpsten danach strebt, die Verbreitung des neuen Glaubens in den friesischen Gebieten sowie im sich nach Osten erweiternden Frankenreich voranzutreiben.

Christiane Ruhmann

| Lit.: Kat. Paderborn 1999, S. 458–460, Nr. VII.20 (Regine Marth); Marth 2000; Waxenberger 2003; Kat. Bonn/Essen 2005, S. 279–280, Nr. 161 (Regine Marth); Quast 2012, Nr. 6.2, Taf. 39; Marth 2013

234 Elfenbein mit Ranken, Flechtband und Tieren

Süddeutschland oder Norditalien unter insularem Einfluss, wohl um 800
Elfenbein; Reliefschnitzerei – Abrieb der Oberfläche; nachträglicher Beschnitt an oberer Kante; Spuren der Montierung von Scharnieren und Schloss – H .13 cm, B. 8,1 cm; ursprünglich wohl H. 13,8 cm
London, Victoria and Albert Museum Inv.Nr. 254-1867

Eine Ranke mit aus Pflanzentüllen wachsenden und wellenartig fortlaufenden Stilen strukturiert das Relieffeld in der Weise, dass oben und unten je ein quadratisches Feld ausgespart wird, das sich mit doppelt profilierten Rahmen von der Ranke abgrenzt. Eine jede Schlaufe der Ranke ist von einem Tier belebt. Vögel, Hasen und weitere Vierbeiner sind trotz des Abriebs noch erkennbar. In den Binnenfeldern verschlingen sich in symmetrischer Anordnung Flechtwerkbänder, denen im oberen Feld zwei Vögel entwachsen und von diesem umschlungen und durchbohrt werden. Im unteren Feld entspringen den Bändern die Hinterläufe zweier adossiert stehender Hörnertiere (Ziegen, Gemsen oder Steinböcke). Das Nebeneinander einer naturalistisch empfundenen, belebten Ranke mit dem rein ornamental angelegten und mit Tieren verwobenen Flechtwerk ist charakteristisch für zahlreiche Werke des Frühmittelalters. Dieser auf dem Kontinent vertretene sogenannte insulare Tierstil erklärt sich aus der Wirkung entsprechenden Buchschmucks in insularen Handschriften, die mit der von den Britischen Inseln ausgehenden Missionierung in die zahlreichen neugegründeten Klöster auf den Kontinent gelangten.

Wenige Generationen nach der Ausarbeitung dieses Reliefs erhielt die noch glatte Rückseite eine Darstellung der Himmelfahrt Christi. Um das Format der Neubestimmung anzupassen, beschnitt man die Tafel an der oberen Kante um den schmalen, glatten Rahmen. Bei einer weiteren Verwendung als Tür oder Deckel eines Kastens wurden Schloss und Scharniere montiert, von denen noch die Spuren zu sehen sind.
Ulrike Koenen

| Lit.: Wilson 1984, S. 67; Kat. London 1991, Nr. 140 (Leslie Webster); Michelli 2003; Williamson 2010, Nr. 37 (Lit.)

235 Hausförmiges Reliquiar, sog. Bologna-Schrein

Vermutlich 9. Jahrhundert
Fundort: Italien, Provenienz unbekannt
Bronze; vergoldet, möglicherweise verzinnt; Emaille, Eisen – L. 11,7 cm, B. 4,2 cm, H. 12 cm
Bologna, Musei Civici d'Arte Antica di Bologna, Sammlung der Universität Bologna, Inv.Nr. 1998

Dieser aufwendig verzierte hausförmige Schrein besteht aus vergoldeten und verzinnten Metallplatten. Die Vorderseite ist mit Einlagen aus Glas und Emaille geschmückt und zeigt – ebenso wie der First – ein Flechtbanddekor, das im Kerbschnitt angebracht zu sein scheint, tatsächlich aber gegossen wurde. An den Enden des Firsts befinden sich schmale kauernde Tiere. Die Vorderseite des Schreins weist drei runde und drei rechteckige Fassungen für Glaseinlagen auf; in den beiden unteren rechteckigen Fassungen sind Spuren von blauem Glas erhalten. In die Schmalseiten und die Rückseite sind Flechtbandornamente eingraviert. Auf der Rückseite befinden sich drei Fassungen mit runden, emaillierten Rahmen für Pressblechornamente mit Trompeten und spiraligen Voluten. Zwei reich emaillierte Riemenhalter dienten der Befestigung einer ledernen Tragschlaufe. Das Leder wurde schon früh durch eine Kette ersetzt, die an gelöteten Ösen an der Rückseite der mit Scharnieren versehenen Aufhänger befestigt ist. Durch ein Scharnier kann das Dach zur Betrachtung der Reliquie geöffnet werden. Es wird verriegelt, indem man einen Stift durch ein Loch in der Oberseite und durch ein Paar Ösen am Dach und am Kästchen schiebt.

Reliquien wurden im frühmittelalterlichen Irland und Schottland häufig auf Visitationsreisen, zu wichtigen politischen Versammlungen oder dem feierlichen Abschluss von Verhandlungen mitgenommen; daher waren die meisten Reliquienschreine tragbar. Die Verzierung war auf der Seite, die beim Tragen am Körper anlag, weniger aufwendig. Der Begriff „hausförmig" ist eigentlich eine Fehlbezeichnung, denn die Form dieser Schreine ist an die eines Sarkophags angelehnt, wie es sich für einen Behälter sterblicher Überreste gehört. Die Sarkophagform legt zudem wie so viele andere Darstellungen und Motive der frühmittelalterlichen Kunst einen Bezug auf das Grab Christi in Jerusalem nahe. Bei manchen irischen Hochkreuzen schließt der Kreuzstamm oben mit einer kirchenartigen Bekrönung ab, die einem hausförmigen Schrein gleicht. Der symbolische Kreis von Grab, Kirche und letzter Ruhestätte des Heiligen, dessen sterbliche Reste im Reliquienschrein bewahrt werden, wird somit bei Betrachtung des Sarkophagreliquiars augenfällig. Allerdings enthielten wohl nicht alle hausförmigen Schreine tatsächlich Körperreliquien. In der jüngeren Forschung nimmt man an, dass hausförmige Kästchen möglicherweise als Hostienbehälter verwendet wurden. Die irischen Reliquiare lehnen sich an eine weit verbreitete merowingische Form des tragbaren Schreins an.

Aus kunstgeschichtlicher Perspektive kann dieses bemerkenswerte Reliquiar in das 8./9. Jahrhundert datiert werden. Wie es in die Sammlung der Universität Bologna gelangte, ist ungewiss, doch sein guter Erhaltungszustand legt nahe, dass es niemals vergraben war, sondern über Jahrhunderte sorgsam aufbewahrt wurde, möglicherweise in einem großen Kloster in Norditalien. Sein Ursprung jedoch liegt im äußersten Westen Europas. Michael Ryan

| **Lit.:** Blindheim 1984; Kat. Dublin/Edinburgh/London 1989, S. 139f., Nr. 132 (Susan Youngs); O'Donoghue 2011

236 Salaberga-Psalter

Northumbrien, 1. Hälfte 8. Jahrhundert
Pergament – Einband schwarzes Maroquin, 18. Jahrhundert – H. 35 cm, B. 24,5 cm; 66 Bll.
Berlin, Staatsbibliothek zu Berlin, Sign. Ms. Hamilton 553

Zur Herkunft des Salaberga-Psalters gibt das im 12. Jahrhundert eingetragene Schatzverzeichnis auf fol. 26v einen Hinweis, wonach dieser im Nonnenkloster Saint-Jean in Laon aufbewahrt wurde. Wo der Psalter gefertigt wurde und wie er nach Laon gelangte, ist nicht überliefert. Jean Mabillon (17. Jahrhundert) benannte den Psalter nach der hl. Salaberga (†665/70), der Gründerin des Klosters Notre Dame-la-Profonde, des späteren Klosters Saint-Jean. Ein Bezug der hl. Salaberga zur Entstehungszeit des Psalters ist jedoch auszuschließen.

Das Folio-Format des Psalters, der vor allem in irischen Handschriften verbreitete Text des Psalterium Romanum (Weber: Sigle H), die insularen Schriftarten sowie die Ausstattung mit vierzehn unterschiedlich großen, sorgfältig ausgeführten Initialen mit ihrer typisch insularen Ornamentierung zeugen von einem bedeutenden Skriptorium, das in Northumbrien zu lokalisieren sein dürfte. Zimmermann sieht den Salaberga-Psalter stilgeschichtlich in der Nachfolge der Lindisfarne-Handschriften, in denen die Initialtypen und Ornamentformen vorgebildet sind.

Beatus vir qui non abiit in consilio impiorum et in via peccatorum non stetit et in cathedra pestilentiae non sedit
Sed in lege dni fuit uoluntas eius et in lege eius meditabitur die ac nocte

Et erit tamquam lignum quod plantatum est secus decursus aquarum:
Quod fructum suum dabit in tempore suo & folium eius non deflu&t & omnia quaecumque faciet prosperabuntur :.
Non sic impii non sic sed tamquam puluis quem proicit uentus a facie terrae
Ideo non resurgunt impii in iudicio neque peccatores in consilio iustorum :.
Quoniam nouit dns uiam iustorum & iter impiorum peribit :.

Quare fremuerunt gentes & populi meditati sunt inania :.
Adsteterunt reges terrae & principes conuenerunt in unum aduersus dnm & aduersus xpm eius:
Disrumpamus uincula eorum & proiciamus a nobis iugum ipsorum.

Dem Psalterium Romanum geht auf fol. 1r das Glaubensbekenntnis („Symbolum Nicaeno-Constantinopolitanum") voraus, und auf fol. 62v bis fol. 64v folgt ihm der unvollständig erhaltene Cantica-Text. Die Psalmen sind formal dreigeteilt und zugleich nach dem liturgischen Teilungssystem gegliedert (Kahsnitz). Die Handschrift weist als einzigen Schmuck Initialen auf, von denen das b auf fol. 2r zu Beginn von Ps 1 in seiner über zwölf Textzeilen reichenden Größe, in seiner Ornamentierung und mehrfarbigen Kolorierung hervorsticht. Das Blatt ist oben beschnitten, sodass die der Initialkrone seitlich angefügten Flechtwerkausläufer mit Spiralwirbeln und Trompetenschnörkeln nur zum Teil erhalten sind. Der Initialkörper ist schwarz umrandet und in sechs farbig gerahmte Felder unterteilt, die abwechselnd mit gegenständigen Vögeln, Spiralranken und Flechtwerk auf schwarzem Grund gefüllt sind. Blaue Flechtwerkbänder mit gelben Punkten füllen das Binnenfeld der Initiale aus, das von einem greifvogelartigen Kopf unterteilt wird, der den dekorativen Abschluss des sich nach innen krümmenden b-Bogens bildet. Aus den um den Initialkörper geführten schwarzen, gelb eingefassten Bändern entwickeln sich die unteren und seitlichen gegenständigen Flechtbandformen mit gelber und blauer Ausmalung. Flechtwerk füllt auch das obere und untere Binnenfeld der nachfolgenden Ziermajuskel E aus, in die das kleinere A eingefügt ist. Schwarz, Blau und Gelb mit ein wenig Grün sowie die für insulare Handschriften übliche hellrote Punktierung kennzeichnen die farbliche Gestaltung. Die der Initialkomposition folgenden acht in vergrößerter insularer Majuskel geschriebenen Zeilen füllen zwei weitere Fünftel der linken Kolumne aus. Ihre Binnenfelder sind mit Gelb, Grün und Blau ausgemalt. Anschließend ist der Psalmentext in schwarzer insularer Halbunziale fortgeführt. Den Anfang der einzelnen Psalmverse heben größere, aus dem Textblock vorgezogene und mit Gelb ausgemalte Majuskeln hervor. Die über vier Textzeilen verlaufende Initiale q mit ihrer roten Punktierung sowie ihren grün und blau ausgemalten Binnenfeldern markiert zusammen mit der roten Überschrift den Beginn des zweiten Psalms. Götz Denzinger

| Lit.: Zimmermann 1916, S. 119–120, S. 272–273, Taf. 249–250; Weber 1953, Sigle H; Lowe 1959, S. 1048; Alexander 1978, S. 45, Nr. 14; Kahsnitz 1979, S. 97–98, S. 120–121, 126; Cróinín 1994; Cróinín 1995, S. 127–135; Fingernagel 1999, S. 123–124, Nr. 118; Denzinger 2012, S. 75, Nr. 150

237 Das Petersburger Evangeliar

England (Mercia oder von Künstlern aus Mercia gefertigt, die in Kontinentaleuropa wirkten?), zweite Hälfte des 8. Jahrhunderts
Pergament; Tinte und Pigmente – H. 34,5 cm, B. 24,5 cm; 215 Bll.
St. Petersburg, National Library of Russia, Sign. Cod. F.V.1.8

Der Prachtband mit einer Abschrift der vier Evangelien, der Prologe des heiligen Hieronymus und der Eusebischen Konkordanztabellen ist ein schönes Beispiel für die illuminierten Evangeliare, die zwischen dem späten 7. und dem 9. Jahrhundert in England, Irland und britischen Skriptorien in Kontinentaleuropa gefertigt wurden. Derartige Bücher dienten als wichtige Schaustücke an öffentlichen Versammlungsorten, sowohl bei der Feier der Messe, wo aus ihnen das Evangelium gelesen wurde, als auch als Ausstellungsstücke an den Verehrungsstätten der bedeutendsten Heiligen. Vor solchen Evangeliaren wurden Rechtsgeschäfte getätigt und in sie wurden Urkunden eingetragen; sie veranschaulichen den Einfluss der christlichen Philosophie und Kultur des Mittelmeerraums auf die hochentwickelten vorchristlichen Kulturen Nordeuropas.

Dieses Exemplar weist zwar keine Evangelistenminiaturen oder Teppichseiten auf, jedoch sind die Konkordanztabellen von Säulenmotiven umrahmt, deren Form an westgotische oder nordafrikanische Architektur erinnert und die mit Flechtbandornamenten in Tiergestalt verziert sind. Die Anfänge der einzelnen Evangelien sind durch große Initialen und Schauschrift gekennzeichnet. Die Ornamentik erinnert an den „hibernosächsischen" Evangeliarstil, der etwa aus dem Buch von Lindisfarne (British Library, Cotton HS Nero D.iv) und dem auch als Lichfield-Evangeliar bekannten Buch von Chad (Lichfield Cathedral Library, HS 1) bekannt ist, weist aber zudem Schauschrift und einzelne (nicht in Flechtbänder integrierte) Tiere auf, die aus der südenglischen Tiberius-Handschriftengruppe abgeleitet sind. Die eher undiszipliniert gehaltene Schauschrift lässt eine provinzielle Nachahmung der im 8. Jahrhundert in Northumbrien und dem nördlichen Mercia üblichen Kunst vermuten. Diese Mixtur aus verschiedenen Einflüssen, die auch an den Handschriften mindestens dreier Schreiber und Künstler erkennbar ist, deutet auf ein Skriptorium in Mercia oder ein britisches Skriptorium in Kontinentaleuropa als Entstehungsort des Werks hin. Die Incipitseite des Matthäusevangeliums (fol. 18r) zeigt ein großes, rehähnliches Tier in anmutig tänzelnder Pose. Es ist im merzischen Stil gehalten und erinnert an eine Tierdarstellung im Buch von Cerne (Cambridge University Library, HS Ll.1.10). Auch die Farbgebung in Erdtönen und Schiefergrau oder -blau entspricht jener des Buchs von Cerne. Der Text ist in insularer Halbunziale mit merzischem Charakter geschrieben. Einige eigentümliche Aspekte der Ornamentik deuten darauf hin, dass vielleicht auch hier merzische Künstler beteiligt waren, die in Kontinentaleuropa wirkten. Nach heutigem Erkenntnisstand dürften Buchkünstler aus England bis ins 9. Jahrhundert (und nicht nur, wie Wilhelm Levison glaubte, im späten 7. und im 8. Jahrhundert) von kontinentaleuropäischen Werkstätten rekrutiert worden sein. Andererseits jedoch sind keine klaren Anzeichen für einen kontinentaleuropäischen Ursprung der Handschrift zu erkennen und so bleibt Mercia die wahrscheinlichste Ursprungsregion.

Dieses Buch ist eines von zwei Evangeliaren, die von derselben neapolitanischen Vorlage wie das Buch von Lindisfarne (British Library, Cotton MS Nero D.iv) abgeschrieben wurden. Das andere befindet sich in der British Library als Royal MS 1.B.vii. Diese Vorlage wurde vermutlich in Wearmouth-Jarrow zur weiteren Verbreitung abgeschrieben und enthält eine besonders gute Version der Vulgata des heiligen Hieronymus. Die These einer Überlieferung der Vorlage über Wearmouth-Jarrow erhärtet sich durch die Chi-Rho-Symbole,

237
fol. 18r

Canon secundus in quo tres

Matth · Mar · Luc

Matth	Mar	Luc
cxlIII	lxII	xc
cxlIIII	lxvIIII	xcII
cxlvIIII	lxxI	xcIIII
cxlvIII	lxxv	xcvI
clII	lxxvIIII	xcvII
clxIII	lxxxIIII	cxlIII
clxvIII	lxxxvII	xcv
clxvIIII	lxxxvIIII	ccvI
clxx	lxxxv	xcvII
clxxII	lxxxvII	xcvIII
clxxIIII	xcI	xcvIIII
clxxvI	xcIII	cI
clxxvII	xcIIII	cII
clxxvIII	xcv	ccxIII
clxxvIIII	xcvIIII	ccxIII
cxc	cv	cxcv
cxcII	cvI	ccxI
cxcIII	cvII	ccxIII
cxcIIII	cvIIII	clv
cxcvIII	cIIII	cxcvIII
cxcv	cvIIII	ccxc
cxcvIIII	xc	cxcI
cxcvIIII	xcI	cxcIII
ccI	xcII	ccxcII
ccIII	xcIIII	ccLx
ccv	xcvI	ccxcIII
ccvI	xcvII	ccxxxI
ccvIII	xcvIII	ccxxxII
ccxvII	xcvIIII	ccxL
ccxvIIII	ccxxvIII	ccxLI
ccxxIII	cxx	ccxLIII
ccxxv	cxxxIII	ccxLv
ccxxvII	cxxxIIII	ccxLvII
ccxxvIIII	cxxxv	ccxLvIIII
ccxxvIII	cxxv	ccxLvI
ccxLI	cxxvI	ccxLvII
ccxLII	cxxxvII	ccxLvIII
ccxLIII	cxxxvIII	ccvIIII
ccxLvIII	cxLII	

237
fol. 13v/16r

238
fol. 81v

die an den oberen Rändern der Blätter stehen; Michelle P. Brown zufolge wurden diese in Verbindung mit Kreuzsymbolen von den Schreibern Wearmouth-Jarrows dazu eingesetzt, ihre Arbeit an jeder einzelnen Seite Gott zu widmen. Hingegen gehören die Konkordanztabellen des Petersburger Evangeliars zu einer anderen Textfamilie als jene des Buchs von Lindisfarne.

Nach Ansicht Montfaucons befand sich die Handschrift im Jahre 1716 in St. Maur des Fosses, als sie vom Kloster St. Germain des Prés erworben wurde, das auch die Petersburger Evangelien besaß. Am Ende des 18. Jahrhunderts befanden sich beide Bücher im Besitz des russischen Diplomaten Pierre Dubrovsky, der ab 1780 an der russischen Botschaft in Frankreich tätig war und seine bedeutende Büchersammlung 1805 der Kaiserlich-Russischen Bibliothek übergab. In der älteren Sekundärliteratur wird die Handschrift als „Leningrader Beda" bezeichnet. 1997 wurde das Buch konserviert und ausgebunden.

Michelle P. Brown

| Lit.: Montfaucon 1739, Col. 1142; Lowe 1934–1971, Ergänzungsband Nr. 1605; Alexander 1978, Nr. 39; Bakhtine/Dobiaš-Roždestvenskaja 1991, Nr. 26; Kockelkorn 2000; Kilpiö/Kahlas-Tarkka 2001; Elagina 2001; Brown 2002; Brown 2003; Bleskina 2007; Sparks (im Druck)

238 Cassiodorus, „Expositio psalmorum" (gekürzt)

Northumbrien (möglicherweise York), Mitte des 8. Jahrhunderts
Pergament – H. 42,2 cm, B. 29,5 cm (Textbereich: H. 36 cm, B. 23,8 cm); 268 Bll.
Durham, Chapter of Durham Cathedral, Sign. B.II.30

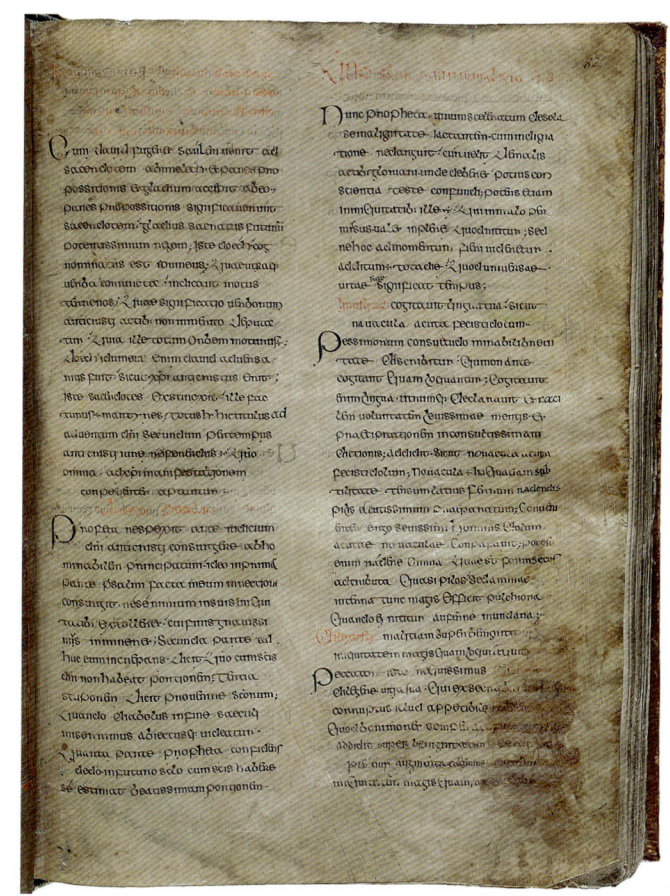

238
fol. 82r

In seiner „Erläuterung der Psalmen" bespricht der italienische Staatsmann und Klostergründer Cassiodorus († nach 580) jeden Psalm auf systematische Weise: Zuerst betrachtet er die Überschrift, anschließend die Struktur und als Nächstes deutet er jeden einzelnen Vers (manchmal etwas bemüht) in christlichem Sinne; zu guter Letzt fasst er zusammen, was an dem jeweiligen Psalm für den Christenmenschen von allgemeiner Relevanz ist.

Das Ergebnis war ein sehr umfangreiches Werk und Cassiodorus schwebte vor, es zur besseren Handhabung in drei Teile aufzugliedern. Die angestrebte Dreiteilung zeigt sich in der vorliegenden Handschrift, der ältesten Textkopie, in einer vorangestellten ganzseitigen Miniatur vor je einer Gruppe von 50 Psalmen: Die Miniatur, die zweifellos dem ersten Psalm voranging, ist seit Langem verschollen, aber jene vor den Psalmen 51 und 101 sind erhalten. Das erste der beiden Bilder zeigt den Harfe spielenden König David auf dem Thron (beim Komponieren der Psalmen); auf dem zweiten steht er, hält einen Speer in der Hand und zertritt eine Schlange. Die Beschriftungen bestätigen, dass es sich tatsächlich um David handelt, allerdings weisen der Kreuznimbus der ersten Gestalt und im zweiten Bild die Anspielung auf den die Viper und (wie in Psalm 90 und später erwähnt) den Basilisken zertretenden Christus auf seine Rolle als Vorfahr des Messias hin – was mit der christologischen Sichtweise des Cassiodorus'schen Kommentars als Ganzem korrespondiert.

Die Gewänder beider Figuren lassen an Vorbilder aus der Spätantike denken; im Gegensatz dazu sind die Ornamentierung der Einrahmungen und des Throns sowie die Konzeption der Schlange typisch angelsächsisch.

Diese eindrucksvolle Handschrift wurde zwar offenkundig in einem bedeutenden Zentrum Northumbriens von mehreren Schreibern in gemeinsamer Arbeit gefertigt, lässt sich jedoch nur schwer räumlich eingrenzen. Sehr viel spricht für eine Entstehung in York, auch wenn diese Vermutung allein auf Indizien fußt. Alkuin von York (*um 735, †804) scheint den Text in einer gekürzten Form gekannt zu haben, wie sie auch hier vorliegt; außerdem kommentierte er die sieben Bußpsalmen als eine Einheit – in der vorliegenden Handschrift sind genau sie in einer ungewöhnlichen Ergänzung zum Vorwort hervorgehoben. Eher spekulativ ist hingegen die gemutmaßte sehr frühe Datierung einer Neumenzeile (einer Musiknotation ohne Liniensystem), die sich auf fol. 24r befindet und für die ein Zusammenhang mit den musikalischen Interessen Alkuins vorgeschlagen wurde. Die Existenz eines Schwesterexemplars im Kloster Werden ist allerdings sehr aufschlussreich – das einzige erhaltene Blatt befindet sich heute in Düsseldorf –, denn es lässt sich ebenfalls durch den Yorker Ursprung erklären: Liudger (*ca. 742, †809), der erste Bischof von Münster und Gründer des Werdener Klosters, studierte zweimal an Alkuins Domschule in York und verließ diesen Ort (wie sein Biograph Altfried darlegt) „gut ausgebildet und mit vielen Büchern im Gepäck".

Die Kirche von York war als Unterabteilung der gregorianischen Mission in Kent gegründet worden: Als die christliche Prinzessin Æthelburga von Kent König Edwin von Northumbrien (reg. 616–633) heiratete, wurde ihr die freie Religionsausübung garantiert; in ihrer Begleitung befand sich der römische Kleriker Paulinus. Nach der Bekehrung Edwins im Jahr 627 wurde Paulinus Bischof von York, allerdings kam der Vormarsch der Kirche nach dem Tod des Königs 633 zunächst ins Stocken. Der Erhebung Yorks zum Erzbistum gut 100 Jahre später (735) folgte eine Blütezeit seiner Schule, anfangs unter Ælberht (Schulmeister und von 767 bis 778 Erzbischof) und danach unter Alkuin, der jedoch gleich zu Beginn des Folgejahrzehnts von Karl dem Großen abgeworben wurde. Sollte der Durham-Cassiodorus in York angefertigt worden sein, würde seine Entstehung somit in das Goldene Zeitalter des jungen Erzbistums als kirchliches und intellektuelles Zentrum fallen.   Richard Gameson

| **Quelle:** Cassiodorus, Expositio psalmorum

| **Lit.:** Bailey 1978; Bailey/Handley 1983; Zechiel-Eckes 2003, bes. S. 50f.; Haines 2008; Gameson 2010, Nr. 5

V Mission auf dem Kontinent
Willibrord und Bonifatius

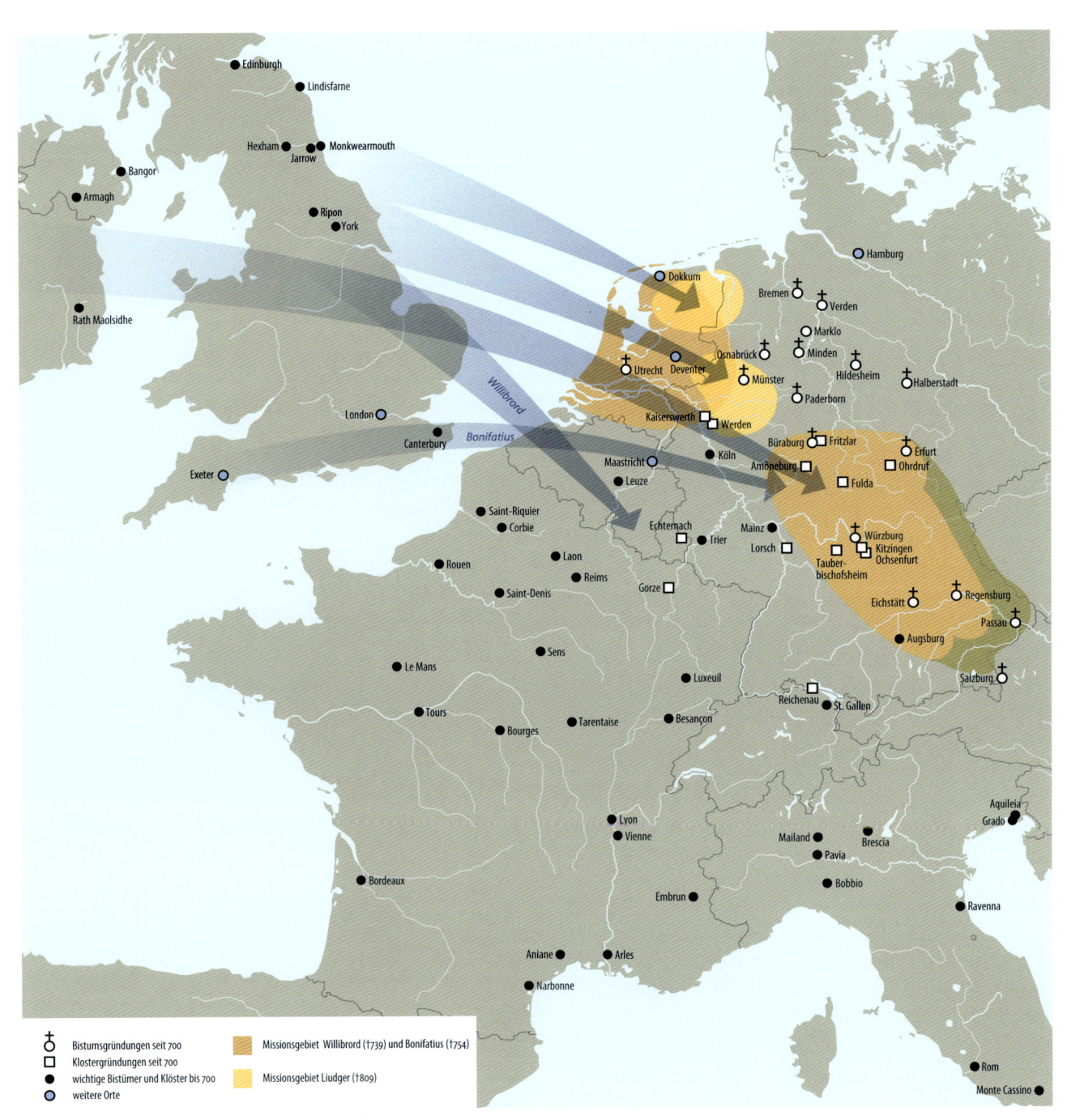

20 Karte: Das Karolingerreich zur Zeit Karls des Großen 768–814

Legende:
- † Bistumsgründungen seit 700
- □ Klostergründungen seit 700
- ● wichtige Bistümer und Klöster bis 700
- ○ weitere Orte
- Missionsgebiet Willibrord (†739) und Bonifatius (†754)
- Missionsgebiet Liudger (†809)

239 Alkuin, „Vita sancti Willibrordi"

Echternach, 2. Viertel 9. Jahrhundert
Pergament mit Deckfarbeninitialen – Einband weißes Leder, Konstanz 15. Jahrhundert – H. 23,5 cm, B. 17 cm; 41 Bll.
Stuttgart, Württembergische Landesbibliothek, Sign. HB XIV 1

Willibrord (*um 658, †739) war einer der vielen angelsächsischen und iro-schottischen Mönche, die sich auf die als *peregrinatio* (Pilgerschaft) verstandene Reise machten, um auf dem Kontinent als Missionare zu wirken. Geboren in Northumbria, einem Zentrum des insularen Mönchtums, wirkte er vor allem bei den Friesen, die noch nicht von den Hausmeiern der merowingischen Könige unterworfen waren, weshalb er auch Apostel der Friesen genannt wird. Er unternahm dies jedoch nicht auf eigene Faust, sondern mit Einverständnis des Hausmeiers Pippin II. (*ca. 640, †714) und im Auftrag des Papstes Sergius I. (amt. 687–701), den er bei einer eigens dafür unternommenen Romreise erhielt. 695 gründete Willibrord in Friesland das

Bistum Utrecht und war bis zu seinem Tod dessen erster Bischof. Weitere Missionsversuche, unter anderem bei den Dänen, blieben ohne Erfolg. Willibrord starb 739 in dem 698 von ihm selbst nahe dem friesischen Gebiet, aber auf fränkischem Boden gegründeten Kloster Echternach und wurde in der dortigen Kirche begraben. Schon bald wurde er als Heiliger verehrt und ein anderer Angelsachse, Alkuin von York (*735, †804), einflussreicher Berater Karls des Großen, verfasste wahrscheinlich 796 die Lebensbeschreibung. Deren ältestes erhaltenes Exemplar ist die Stuttgarter Handschrift, die aber sicher nicht zu Lebzeiten Alkuins entstanden ist, wie gelegentlich vermutet wurde, sondern erst im 2. Jahrzehnt des 9. Jahrhunderts, und zwar in Echternach. Die Schrift ist eine karolingische Minuskel mit einzelnen insularen Einsprengseln, die noch an die Herkunft des Klostergründers und seiner mit ihm gekommenen 12 Gefährten erinnern. Noch mehr gilt dies für die farbig lavierten Initialen, in denen Fadengeflecht und Tierköpfe als Motive dominieren.

Peter Burkhart

| **Quellen:** Alkuin, Vita S. Willibrordi (MGH SSrM 7), S. 113–141 (Libri I); Alkuin, Vita S. Willibrordi metrica (MGH Poetae 1) (Libri II)

| **Lit.:** Verfasserlexikon 1, Sp. 248 (Art. Alkuin: Dieter Schaller); Buhl/Kurras 1969, S. 95; Berschin 1991, S. 118, Anm. 55, S. 133, 175; Berschin 2010, S. 169, Anm. 2, S. 177; Burkhart 2013, Nr. 46

240 Martyrologium und Kalendarium des heiligen Willibrord

Echternach, frühes 8. Jahrhundert
Pergament – Kalbsledereinband mit eingeprägtem Monogramm von Louis-Philippe – H. 26 cm, B. 20,5 cm; 45 Bll.
Provenienz: heiliger Willibrord von Echternach (Erwähnung im 15. Jahrhundert auf Bl. 2: „Continet"; Versand nach Paris durch Jean-Baptiste Maugérard im Oktober 1802; Stempel der Bibliothèque nationale aus der Zeit des Nationalkonvents (in Benutzung 1792/93–1804) sowie der Bibliothèque royale aus der Zeit der Julimonarchie
Paris, Bibliothèque nationale de France, Sign. Ms. lat. 10837

Um das Wort Gottes auf dem europäischen Festland zu verbreiten, baute der northumbrische Missionar und Heilige Willibrord (*um 658, †739) in der um 697/98 von ihm gegründeten Abtei Echternach nach Kräften eine Bibliothek auf, indem er Bücher von den iro-angelsächsischen Inseln importierte. Dieser kleine Kernbestand wurde dank der regen Tätigkeit des Abteiskriptoriums, in dem zahlreiche iro-angelsächsische Kopisten beschäftigt waren, sehr rasch erheblich erweitert. Seit Beginn des 8. Jahrhunderts belieferte dieses das Kloster mit Bibelhandschriften sowie patristischer und liturgischer Literatur. Die vorliegende Sammelhandschrift ist das älteste Zeugnis der Liturgie, die in der Abtei Echternach praktiziert wurde. Sie setzt sich zunächst zusammen aus einem „Martyrologium des Hieronymus" (Bll. 2–32v), das versehen ist mit der Signatur des Schreibers Laurentius, dessen Name auf mehreren Echternacher Urkunden aus den Jahren 704 bis 722 erscheint, einem Kalendarium (Bll. 34–41), das möglicherweise ebenfalls aus Laurentius' Feder stammt, sowie Ostertafeln für die Jahre 684 bis 759 (Bl. 44), die ihrerseits der heilige Willibrord aus Irland mitgebracht haben könnte. Das Kalendarium in sächsischen Halbunzialen dürfte allem Anschein nach vor 728 kopiert worden sein, wie eine auf Bl. 39v hinzugefügte Marginalie nahelegt, die auf den Klostergründer Bezug nimmt. Zu diesem originären Teil kamen dann ein Zeitberechnungsschema, eine Messe für die Vigil am Himmelfahrtstag und Ostertafeln für die Jahre 760 bis 797 hinzu (Bll. 42–43). Diese drei Teile wurden um 760 kopiert und sind ebenfalls in sächsischer Schrift verfasst. Die Hauptgliederungspunkte des Martyrologiums und des Kalendariums sind durch spärliche Verzierungen im typisch insularen Stil hervorgehoben, die große Ähnlichkeiten zu den Handschriften aufweisen, welche zur selben Zeit in Echternach entstanden, etwa dem Echternacher Evangeliar (Augsburg, Universitätsbibliothek, Cod. 1.2.4° 2). Die kleinen, mit dunkelbrauner Tinte gezeichneten und mit orangefarbenen Punktierungen akzentuierten Initialen sind mit filigranen graphischen Flecht- und Spiralornamenten versehen, die an den Enden und Kreuzungspunkten hier und da mit Tier- oder Pflanzenmotiven geschmückt sind.

Das Kalendarium, das über hundert Heilige verzeichnet, liefert wertvolle Informationen über die liturgischen Vorlieben des heiligen Willibrord. Er war seinen angelsächsischen Wurzeln treu geblieben und folgte dem altgelasianischen Ritus, den irische, italienische und orientalische Einflüsse prägten. Er vernachlässigte die fränkischen zugunsten der iro-angelsächsischen und der italienischen Heiligen, deren Ritus über die Kirchenmänner Augustinus von Canterbury, Benedict Biscop und Wilfrid von York Eingang in die angelsächsische Liturgie fand.

Charlotte Denoël

| **Quelle:** Willibrord, Kalender
| **Lit.:** Lowe 1934–1971, Bd. 5, Nr. 605, 606a–b; Samaran/Marichal 1974, S. 639f.; Dubois 1978, S. 30; Muller 1981, S. 202–206; Avril/Danz Stirnemann 1987, S. 4f., Taf. I; Netzer 1989; Netzer 1994; Borst 1998; Ebersperger 1999, S. 177ff., 185f.; Ferrari/Schroeder/ Trauffler 1999, S. 57–60, 86, 124–127, 305; Jullien/Perelman 1999, S. 146; McKitterick 2000, S. 499–522

241 Tragaltar des heiligen Willibrord

Byzanz, 8. Jahrhundert, Trier, 11. Jahrhundert, Mitte 12. Jahrhundert und um 1320
Holzkern; grüner Porphyr, Elfenbein; Silber getrieben, Kupfer vergoldet und Braunfirnis – H. 18 cm, B. 21 cm, L. 49 cm
Trier, Kath. Kirchengemeinde Liebfrauen Trier

Der kastenförmige Tragaltar über rechteckigem Grundriss auf Löwenfüßen erhielt seine heutige Gestalt in der Mitte des 12. Jahrhunderts. Teile aus unterschiedlicher Zeit und Provenienz sind um den Altarstein aus grünem Porphyr gefügt, der das Zentrum der Oberseite bildet. Dieser geht offenbar noch auf den heiligen Willibrord (*um 658, †739) zurück. Darauf weist die umlaufende Inschrift: + HOC ALTARE BEATVS WILLIBRORDVS IN HONORE D(OMI)N(I) + SALVATORIS CONSECRAVIT. SVPRA QUOD IN ITINERE MISSARV(M) + OBLATIONES D(OMIN)O OFFERTE CONSVEVIT, IN QUO CONTINETVR DE LIGNO CRVCIS XPICTI ET DE SVDARIO CAPITIS IPSIVS + („Diesen Altar konsekrierte der heilige Willibrord zu Ehren des Herrn, des Heilands; auf ihm war er gewohnt auf der Reise das Messopfer Gott darzubringen; in ihm befindet sich vom Holz des Kreuzes Christi und vom Schweißtuch seines eigenen Hauptes."). Zur Entstehungszeit des Tragaltares in der Mitte des 12. Jahrhunderts war der Altarstein des angelsächsischen Missionars und Begründers der nahen Abtei Echternach also bereits eine hoch verehrte Reliquie.

Die Längsseiten des Kastens weisen je drei eingetiefte Felder auf, die von Bändern mit Rosettendekor in Braunfirnis eingefasst sind. In diese sind die jeweils zusammengehörigen Tafeln zweier mittelbyzantinischer Elfenbeintriptychen aus dem frühen 11. Jahrhundert eingelassen. Die Mitteltafel auf der einen Längsseite zeigt eine stehende Muttergottes mit dem Kind auf dem linken Arm im Typus der „Hodegetria", der „Wegführerin", benannt nach einer berühmten Ikone im Hodegon-Kloster in Konstantinopel. Die seitlichen Flügel zeigen je drei halbfigurige, durch Beischriften bezeichnete Heilige mit Buch: links die Heiligen Paulus, Lukas und Charalambos; rechts die Heiligen

240
fol. 39v

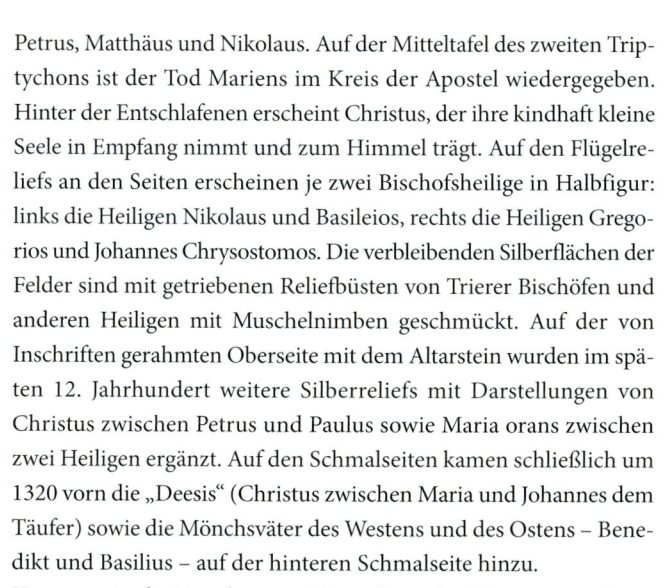

Petrus, Matthäus und Nikolaus. Auf der Mitteltafel des zweiten Triptychons ist der Tod Mariens im Kreis der Apostel wiedergegeben. Hinter der Entschlafenen erscheint Christus, der ihre kindhaft kleine Seele in Empfang nimmt und zum Himmel trägt. Auf den Flügelreliefs an den Seiten erscheinen je zwei Bischofsheilige in Halbfigur: links die Heiligen Nikolaus und Basileios, rechts die Heiligen Gregorios und Johannes Chrysostomos. Die verbleibenden Silberflächen der Felder sind mit getriebenen Reliefbüsten von Trierer Bischöfen und anderen Heiligen mit Muschelnimben geschmückt. Auf der von Inschriften gerahmten Oberseite mit dem Altarstein wurden im späten 12. Jahrhundert weitere Silberreliefs mit Darstellungen von Christus zwischen Petrus und Paulus sowie Maria orans zwischen zwei Heiligen ergänzt. Auf den Schmalseiten kamen schließlich um 1320 vorn die „Deesis" (Christus zwischen Maria und Johannes dem Täufer) sowie die Mönchsväter des Westens und des Ostens – Benedikt und Basilius – auf der hinteren Schmalseite hinzu.

Von unten ist der Tragaltar zum Hineinlegen der Reliquien zu öffnen. Sie werden in einer längeren Umschrift auf den Längsseiten genannt: Teile des Gewandes der Muttergottes, Reliquien von Haupt, Arm und Rippe des heiligen Pontianus, Reliquien von Stephanus, dem Erzmärtyrer, von Ciriacus, Papst Stephan I., Mauritius, Papst Felix, Bischof Nemesius von Emesa in Syrien. Von dort brachten syrische Kaufleute nach der lokalen Tradition den Christusglauben als erste nach Trier. Weiterhin sind Reliquien des Diakons und Märtyrers Abundus, von Chromatius, Bischof von Aquilea und Märtyrer sowie des heiligen Florian genannt. Es folgen die Bekenner: Medardus, Fronimus, Simeon der Eremit, Flodolf und Celsus.

Der Tragaltar des heiligen Willibrord stammt ursprünglich aus der berühmten, bereits im 7. Jahrhundert gegründeten Benediktinerabtei St. Maria ad martyres, die vor den nördlichen Stadtmauern von Trier lag. Während des Trierer Reichstags von 1512 gelangte er seiner Reliquien wegen zu besonderer Berühmtheit. Diese von Kaiser Maximilian einberufene Zusammenkunft gilt als eine der bedeutendsten Reichsversammlungen der Frühen Neuzeit. Zugleich kam es im Umfeld des Trierer Reichstags zur ersten öffentlichen Ausstellung des Heiligen Rockes, der im Trierer Dom bewahrten zentralen Herrenreliquie. In Analogie wie Konkurrenz zum Heiligen Rock steht die ebenfalls 1512 erfolgte Auffindung der „Tunica Mariens" unter den Reliquien im Tragaltar des heiligen Willibrord in St. Maria ad martyres. Der Erzbischof von Mainz und der Bischof von Straßburg, die beide am Reichstag teilnahmen, hätten anlässlich eines Klosterbesuchs auf dem Tragaltar des heiligen Willibrord eine Inschrift „ziemlich dunklen Inhalts" entdeckt, daraufhin den Altar öffnen lassen und darin die Tunika Mariens gefunden, die der Tunika Christi „bis auf die Farbe ähnlich war" (Schmid 2004, S. 95–124). Noch 1512, zeitgleich mit den Heiltumsschriften zur Tunica Christi, wurde ein entsprechendes Reliquienbuch („De Tunica beatae Mariae virginis ...") der Abtei St. Maria ad martyres gedruckt. Das Gewand Marias sei – so die Legende – ursprünglich von Papst Sergius dem heiligen Willibrord geschenkt worden, dann aber in Vergessenheit geraten. Die Beliebtheit der Christus- und Marienheiltümer fügt sich gut in das Konzept einer auf unmittelbare Christuserfahrung und Jesusnachfolge angelegten Frömmigkeit am Aufgang des 16. Jahrhunderts. Sie war Ausdruck jener „neuen" Spiritualität, wie sie etwa in ähnlicher Weise die *devotio moderna* in den Niederlanden und Westfalen propagierte und wie sie vor allem in den reformorientierten Klöstern gelebt wurde. Letztlich zielten auch die Forderungen der Reformatoren in diese Richtung.

Christoph Stiegemann

| Lit.: Goldschmidt/Weitzmann 1934, Nr. 116, Taf. XLIII; Kat. Trier 1984, S. 110f., Nr. 40 (Franz Ronig) (mit älterer Lit.); Kat. Utrecht 1995, S. 84f., Nr. 55 (Marieke van Vlierden); Seibrich 1995, S. 89; Kat. Mannheim 2000, S. 442, Nr. 21.02.04 (Irmgard Siede); Kat. Amsterdam/Utrecht 2001, S. 162, Abb. 193; Schmid 2004; Kat. St. Paul/Dalheim 2009, S. 66f., Nr. 4.24 (Holger Kempkens)

Klosterkirche und Grab des heiligen Willibrord in Echternach im 8. Jahrhundert

Die nach den Kriegszerstörungen vom 26. Dezember 1944 zwischen 1949 und 1953 aus den Trümmern wiedererstandene, frühromanische Abteikirche von Echternach (Luxemburg) mit ihren vier mächtigen Türmen birgt in ihrem Untergeschoss nach wie vor den merowingischen Kalksteinsarkophag mit den sterblichen Überresten des am 7. November 739 verstorbenen Friesenmissionars und Klostergründers Willibrord (*um 658, †739). Die kultische Verehrung Willibrords, die unmittelbar nach seinem Tod einsetzte, hat trotz vieler Höhen und Tiefen die Jahrhunderte überdauert und findet auch heute noch ihren markanten Ausdruck in der alljährlich am Pfingstdienstag abgehaltenen Echternacher Springprozession, welche am 16. November 2010 in die UNESCO-Liste des „immateriellen Kulturerbes der Menschheit" aufgenommen wurde.

Während die recht zahlreich überlieferten Urkunden aus der Frühphase der 698 gegründeten Echternacher Abtei sowie einige wenige andere erhaltene Schriftquellen kein klares Bild vom Aussehen und der Ausstattung der frühen Klostergebäude ermöglichen, haben diverse archäologische Untersuchungen in den letzten 80 Jahren wesentliche neue Erkenntnisse beigetragen (Abb. 21). Am aufschlussreichsten waren dabei die Ausgrabungen, welche bei den Wiederaufbauarbeiten nach dem Zweiten Weltkrieg im Innern des zwischen 1016 und 1031 errichteten frühromanischen Kirchenbaus durchgeführt wurden. Eines der überraschenden Ergebnisse dieser Untersuchungen bestand in der Entdeckung einer gleich breiten, dreischiffigen Kirche mit Westapsis von über 60 Metern Länge aus dem späten 8. Jahrhundert, deren östlicher Abschluss mit dem Chorbereich nicht mehr sicher nachgewiesen werden konnte.

Dann wurde vor allem aber unter dem Mittelschiff der Kirche des 11. Jahrhunderts und unmittelbar vor deren Chorraum das noch bis zu 1,80 Meter hoch erhaltene Mauerwerk eines älteren und anders orientieren, einschiffigen Kirchengebäudes mit Rechteckchor (Außenmaße: 22,55 mal 8,96 Meter) gefunden (Abb. 22). Dass es sich dabei um die merowingische Klosterkirche, die spätere Grabeskirche Willibrords handelte, die nach 698 für die liturgischen Bedürfnisse des Konventes eingerichtet und insbesondere am 1. Juli 699 von der Äbtissin Irmina aus Trier-Oeren mit Geschenken reich bedacht worden war, kann als archäologische Sensation angesehen werden.

21 Lage des Klosters Echternach

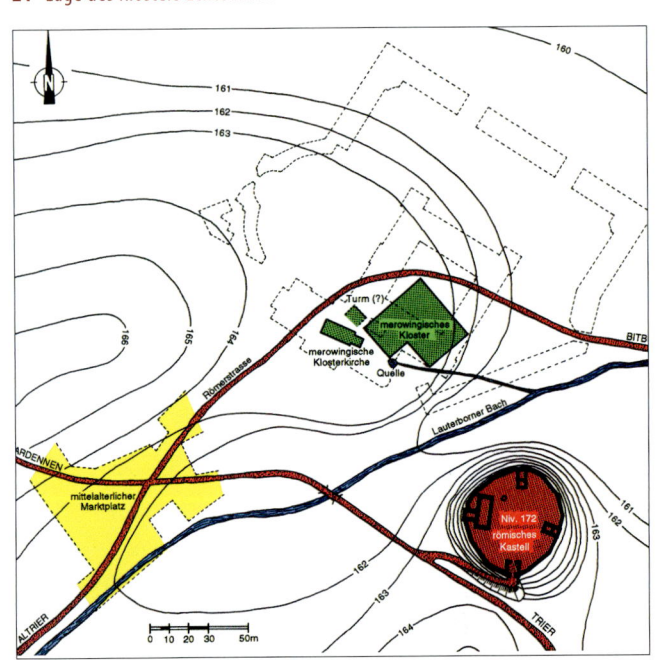

22 Grundriss der merowingischen Klosterkirche mit eingezogenem Rechteckchor

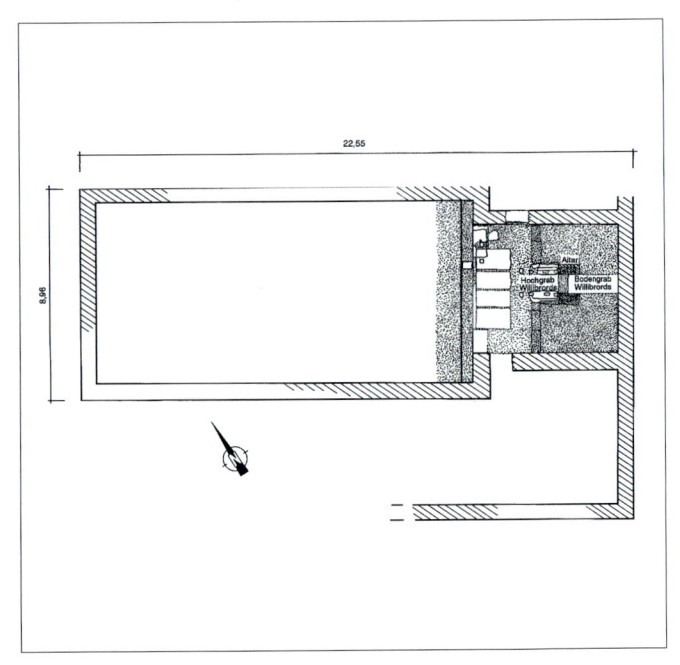

Wenn auch, über die baulichen Befunde hinaus, von der ursprünglichen Ausstattung der merowingischen Klosterkirche keine Elemente *in situ* erhalten waren, so wurden doch bei den Ausgrabungen im Zerstörungsschutt rund 120 Fragmente von ornamental verzierten Chorschrankenelementen (Pfeiler und Platten) gefunden, von denen die meisten mit Sicherheit aus der ältesten Kirche stammen und die zum Teil um 750 für eine Umschrankung des zu diesem Zeitpunkt sichtbar vor dem Altar der Kirche aufgestellten Willibrordsarkophags wiederverwendet wurden. Die unterschiedliche Form der verschiedenen Elemente, die bis auf wenige Ausnahmen mit dreisträhnigen dynamischen Flechtbändern verziert sind, gibt uns die Vorstellung von einer recht komplexen Schrankenanlage, deren präzise Aufstellung am Eingang zum Chorraum und im Langhaus aber nicht mehr zu ermitteln ist. Zu dieser Anlage gehörten mit Sicherheit auch die zwei vorzüglich erhaltenen Ambo-Brüstungen (Kat.Nr. 242), welche in nur fünf Meter Entfernung nördlich des Kirchenchors in Zweitverwendung als Abdeckung eines Mönchsgrabes aus der zweiten Hälfte des 8. Jahrhunderts zutage kamen (Abb. 23)

Der Schmuck dieser ausschließlich in Korallenkalkstein ausgeführten Skulpturen, die ursprünglich offenbar farbig gefasst waren, zeigt, dass im Kloster Echternach im frühen 8. Jahrhundert und parallel zu den Werken des noch eindeutig in der insularen Tradition verankerten ältesten Skriptoriums durchaus vergleichbare und künstlerisch nicht weniger wertvolle Bildhauerarbeiten entstanden sind. Als überzeugende Parallelen für alle in der ältesten Echternacher Klosterkirche verwendeten Dekorationselemente – wenn man von den gewölbten Schauseiten des Ambo einmal absieht – lassen sich sowohl insulare als auch in Echternach selbst entstandene Manuskripte, wie etwa das „Book of Durrow", das „Book of Lindisfarne", das Evangeliar Willibrords oder aber das Augsburger (Maihinger) und das Trierer Evangeliar anführen.

Im Chor der merowingischen Kirche konnten bei der Grabung anhand der auf unterschiedlichen Niveaus erhaltenen Estrichböden und diverser Baubefunde fünf verschiedene Nutzungsphasen festgestellt werden, von denen die vier letzten in unmittelbarem Zusammenhang mit der Grabstätte Willibrords und deren sukzessiver Umgestaltung in der zweiten Hälfte des 8. Jahrhunderts stehen. Dieser einzigartige Befund erlaubt es, die Entstehung eines Heiligenkultes in spätmerowingischer/frühkarolingischer Zeit exemplarisch zu verfolgen. Der Zustrom der Pilger zum Grab des heiligen Willibrord

23 Fundsituation der Ambo-Brüstung. In Zweitverwendung deckten diese ein Mönchsgrab ab

muss in den Jahrzehnten nach 739 so groß gewesen sein, dass unter dem dritten Echternacher Abt, Beornrad, in den neunziger Jahren des 8. Jahrhunderts die Errichtung der anders orientierten, dreischiffigen Klosterkirche erfolgte. In dieser Zeit verfasste auch Alkuin, auf ausdrücklichen Wunsch Beornrads, seine beiden „Vitae Willibrordi" (in Prosa bzw. in Versform), die auf ihre Weise zu einer weiteren Ausbreitung des Willibrordkultes beitrugen (Kat.Nr. 239).   Jean Krier

| Lit.: Cüppers 1975; Schroeder/Trauffler 1996; Krier 1996; Kat. Mannheim 1996, S. 926f., Nr. VI.1.2–3 (Jean Krier); Krier 1999; Polfer 2000

242 Ambo aus der Klosterkirche des heiligen Willibrord in Echternach

Echternach, um 700
Korallenkalkstein – H. 121 cm, B. 84 cm, T. 13 cm bzw. H. 114 cm, B. 82 cm, T. 13 cm
Luxemburg, Musée National d'Histoire et d'Art Luxemburg, Inv.Nr. lap. 1034 bzw. 1035

Bei den Ausgrabungen im Innern der Echternacher Basilika wurden im März 1951 als Abdeckung eines Mönchsgrabes aus der zweiten Hälfte des 8. Jahrhunderts zwei gleichartige, gewölbte Kalksteinplatten gefunden, die an den Außenseiten reich verziert waren. Die frühe Wiederverwendung – in einem nur fünf Meter vom Chor der merowingischen Klosterkirche entfernten Raum, der durch den dreischiffigen Kirchenneubau in den neunziger Jahren des 8. Jahrhunderts komplett überdeckt wurde – bezeugt, dass diese frühzeitig wiederverwendeten, imposanten Kunstwerke zur Grundausstattung der ersten Kirche gehörten. Da die Platten an den Schmalseiten jeweils 38 bzw. 40 Zentimeter hohe Nuten aufweisen, standen sie ursprünglich sicher im Verbund mit einer aus kleineren Platten und Pfeilern gebildeten Schrankenanlage.

Die Außenseiten der Brüstungen sind mit einem kontinuierlichen, dreisträhnigen Flechtbandnetz verziert, welches die Fläche in drei Reihen von jeweils drei hochrechteckigen, glatten Feldern aufteilt. Während auf der (vom Betrachter aus gesehen) rechten Brüstung

242

diese metopenartigen Felder in einer zweifach abgetreppten Vertiefung liegen, weisen die Felder der linken nur eine einfache Abtreppung auf. Auf der rechten Brüstung sind in einzelnen der neun Kassetten rote Farbreste erhalten, was belegt, dass die skulptierten Elemente der Platten einst bemalt waren. Die vorderen Schmalseiten zeigen im oberen Bereich (oberhalb der bereits erwähnten Nuten) zwei unterschiedlich ausgeführte, geschlossene dreisträhnige Flechtbandmotive, auf den rückwärtigen Schmalseiten fehlt diese Verzierung. Durch diese Ornamente, die sowohl von den Ausmaßen als auch von der künstlerischen Ausführung her genau mit den (ebenfalls wiederverwendeten) Pfeilerchen der Schrankenanlage des Willibrord-Grabes übereinstimmen, ergibt sich die sichere Zugehörigkeit der Platten zur Ausstattung der merowingischen Klosterkirche des frühen 8. Jahrhunderts.

Aufgrund diverser Vergleichsbeispiele aus dem Mittelmeerraum, speziell aus Italien, aber auch aus dem Alpenraum und dem Gebiet nördlich der Alpen, können die zwei sich symmetrisch entsprechenden Fundstücke aus Echternach unschwer als Ambo-Wangen, das heißt als steinerne Brüstungen einer Lesetribüne gedeutet werden. Als Standort dieser ohne Zweifel mit einem Stufenpodest versehenen Anlage, der im liturgischen Kontext innerhalb der Klostergemeinschaft eine große repräsentative, geradezu symbolhafte Bedeutung zukam, kommt nur das Langhaus der merowingischen Saalkirche in Frage. Die Deutung der Platten als Elemente einer Lesetribüne wird noch dadurch untermauert, dass die linke Brüstung auf der Oberseite eine nach innen geneigte Abschrägung von 34,6 Zentimetern Breite aufweist, auf die ein Lesepult gelegt werden konnte.

Jean Krier

| Lit.: Doberer 1965, S. 217–220, 227, Abb. 20; Kat. Mannheim 1996, S. 926f., Nr. VI.1.2 (Jean Krier); Krier 1999, S. 41f., Abb. 15–16; Nürnberger 2004, S. 167–171; Ristow 2006b, Taf. 35–37

243 Evangeliarfragment

Echternach, frühes 8. Jahrhundert
Pergament; fol. 1r und fol. 2v eines Evangeliars – H. 30,4 cm, B. 26,2 cm; 2 Bll.
Freiburg, Universitätsbibliothek Freiburg, Sign. Hs. 702

Das Doppelblatt eines ansonsten nicht mehr erhaltenen Evangeliars beinhaltet den Prolog (fol. 1r–fol. 2r) und einen Teil des Kapitelverzeichnisses zu Lukas (fol. 2v). Auffallend ist die Textgestaltung der drei Prologseiten in einem kreuzförmig gerahmten Schriftspiegel, der seinerseits gerahmt ist, sodass vier weitere hochrechteckige Felder entstehen. Diese enthalten auf fol. 1r jeweils ein Wort der Überschrift *Incipit Argumen[tum] Secundu[m] Lucam* in insularer Ziermajuskel sowie gepunktete geometrische Treppenmuster. Die beiden anderen Seiten zeigen in ihren Kreuzwinkelfeldern Gittermuster und einfache Zickzacklinien. Das Argumentum wird durch eine L-Initiale eingeleitet, gefüllt von einem Flechtbandmuster mit fünf eingeflochtenen Vogelmotiven und einer hellbraunen doppelten Punktreihe umrandet. An den beiden Enden des Initialkörpers sind die für die irisch-keltische Kunst typischen Spiralscheiben mit zentrierten Spiralwirbeln angefügt. Es folgt eine Gruppe insularer Zierbuchstaben, ehe der Text in schwarzer angelsächsischer Unziale fortgeführt wird.

Auf fol. 2v ist die Initiale „Z" zu Beginn des Kapitelverzeichnisses lediglich schwarz konturiert und gelb umpunktet. Sie zeigt an ihren Enden spiralförmige Ausläufer mit Fadengeflecht. Der Text ist in zwei Spalten zu jeweils 23 Zeilen in einer angelsächsischen Majuskel geschrieben. Bemerkenswert ist die sehr klare Gliederung dieser Blätter, die vermutlich auf spätantik-frühchristliche Vorbilder zurückzuführen ist. Hierfür sprechen die kreuzförmigen Schriftspiegel für das Argumentum, deren Ursprünge in der Nachahmung entsprechender Schriftspiegel auf fol. VIr und VIIr des Codex Amiatinus (Florenz, Biblioteca Medicea Laurenziana, Cod. Amiat. I; vgl. Sörries 1993) vermutet werden dürfen. Darüber hinaus tragen zur klaren Erscheinung der in einer englischen Unziale sorgfältig geschriebene Text sowie die auf einfache Punkt- und Linienmuster reduzierte Ornamentierung der Kreuzwinkelfelder bei.

Das Fragment wird wegen seines Argumentums, das mit dem Thomas-Evangeliar (Trierer Domschatz, Cod. 61) nahezu überein-

Incipiunt Capituli
Sec Luc

ZACCHARIAE
SACERDOTI

dicit angelus quod nascetur
ei filius · & mariae ad
nuntiauit ihm ·

II Natiuit xpi adnuntiat
angelus pastorib:

III Simeon dicit munc dimittis
dne seruum tuum & anna
profetissa dnm confitetur ·

IIII Annorum · xii · ihs in templo
docebat

V & Iohannes baptizabat po
pulum in aqua in paenitentia

VI Baptizato ihu annorum · xxx ·
in deserto agebatur a diabulo
ieiunans · xl · dieb:

VII In Nazareth legit Isaiam ·

profetam · & dixit honest
prof acceptus in patria sua
& de hemansseri mundatione

VIII Ihs e sinagoga hominem haben
tem daemonium mundauit
& socrum petri a febris
liberauit

VIIII Ubi apostolus d fauiam uos
homines capere ·

X Quod leprosus rogauit
dnm & mundauit eum

XI Paralyticum mundauit
dns & abiit cum lecto
in domum suam

XII & sequutus est dnm leui
& suscepit eum · & quod
peccatores uocit dns in pe
nitentiam · & d nemo mit
tit uinum nouum in utres
ueteres

XIII Discapuli sabbatis uellentes
spicas manducar

XIIII Ingressus dns synagoga

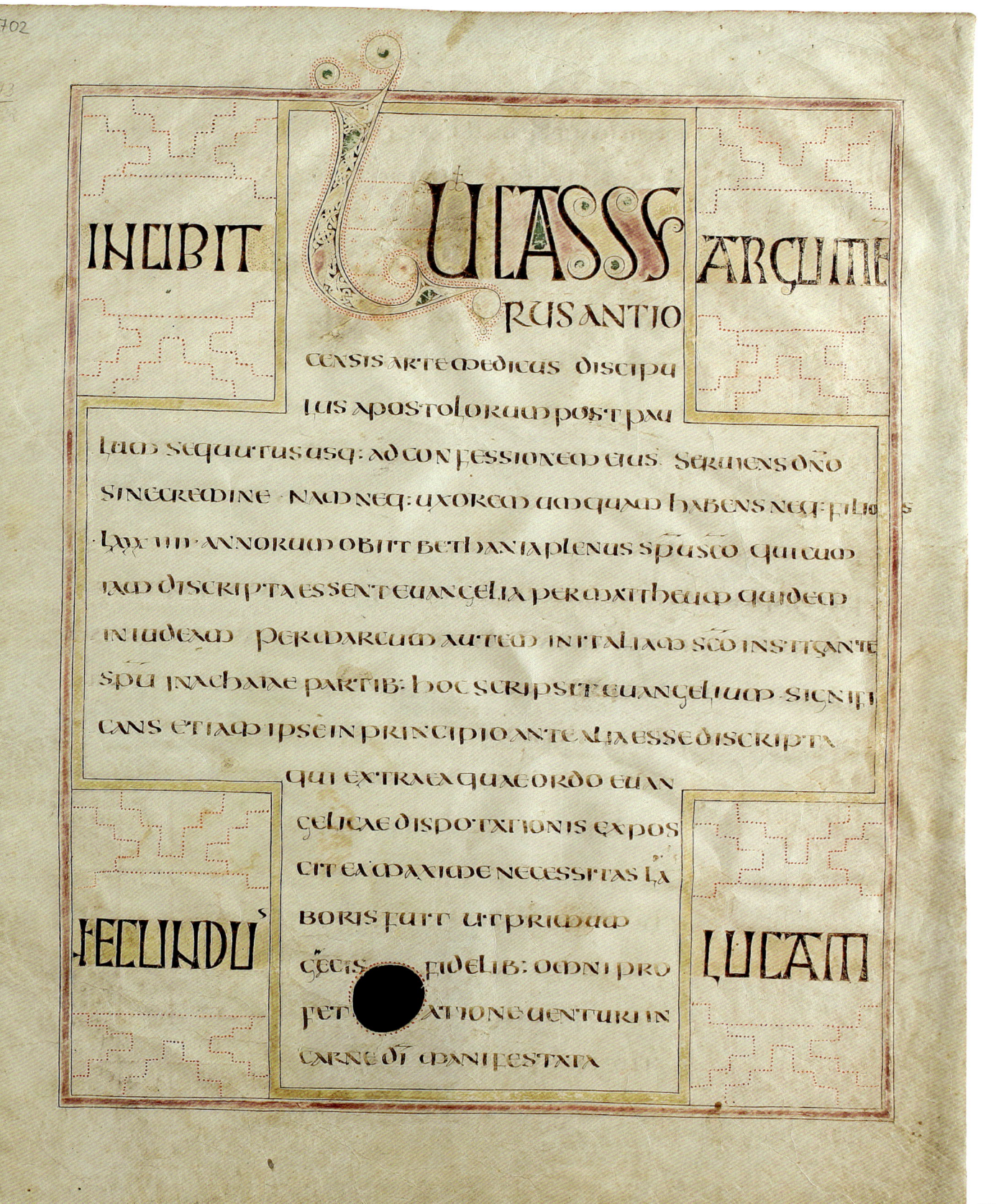

INCIPIT LUCASS ARGUME
RUS ANTIO
CENSIS ARTE MEDICUS DISCIPU
LUS XPOSTOLORUM POST PAU
LUM SEQUUTUS USQ: AD CONFESSIONEM EIUS SERUIENS DNO
SINECRIMINE NAM NEQ: UXOREM UMQUAM HABENS NEQ: FILIOS
LXXIIII ANNORUM OBIIT BETHANIA PLENUS SPU SCO QUI CUM
IAM DISCRIPTA ESSENT EUANGELIA PER MATHEUM QUIDEM
IN IUDEAM PER MARCUM AUTEM IN ITALIAM SCO INSTIGANTE
SPU INACHAIAE PARTIB: HOC SCRIPSIT EUANGELIUM SIGNIFI
CANS ETIAM IPSE IN PRINCIPIO ANTE ALIA ESSE DISCRIPTA
QUI EXTRA EA QUAE ORDO EUAN
GELICAE DISPOTATIONIS EXPOS
CIT EA MAXIME NECESSITAS LA
BORIS FUIT UT PRIMUM
GECIS FIDELIB: OMNI PRO
FET...ATIONE UENTURI IN
CARNE DI MANIFESTATA

SECUNDUM LUCAM

stimmt (Netzer 1994), seiner englischen Unziale, die ebenfalls mit dem Thomas-Evangeliar und vier weiteren Handschriften in enger Beziehung steht (Netzer 1994), und wegen seiner für die Initiale verwendeten Tierornamentik, deren Stil zeitlich vor dem „Book of Lindisfarne" angesetzt wird, und mit der des Evangeliars aus der Sammlung Öttingen-Wallerstein (Augsburg, Universitätsbibliothek, Cod. I.2.4° 2: vgl. insbesondere die Initiale L auf fol. 16r) eng verwandt ist, einer Gruppe von Handschriften zugeordnet, die nach Echternach lokalisiert wird. Echternach, 697/98 von dem aus Northumbrien stammenden heiligen Willibrord gegründet, war ein bedeutendes Missionszentrum mit einem Skriptorium, in dem insulare und spätantik-frühchristliche Traditionen in der ersten Hälfte des 8. Jahrhunderts nachwirkten, wofür dieses Evangeliarfragment aus Freiburg und das Thomas-Evangeliar Zeugnis ablegen. Nachdem die Blätter in einem Zinsbuch der Benediktinerabtei Tholey bei Trier gefunden worden waren, wurden sie 1913 an die Universitätsbibliothek in Freiburg verkauft. Götz Denzinger

| **Quellen:** Psalterium Romanum (CBLa 10); Psalterium Salabergae

| **Lit.:** Scherrer 1875; Lindsay 1910; Zimmermann 1916; Lowe 1934–1971, Bd. 8, Nr. 1195; Duft/Meyer 1953; Köllner 1976; Alexander 1978, S. 52, Nr. 25; Kahsnitz 1979; Hagenmaier 1980, S. 200f.; Schramm/ Mütherich 1981; Spilling 1982; Eggenberger 1990; Kat. St. Gallen 1990; Hausmann 1992; Jakobi-Mirwald 1993; Sörries 1993, S. 37–40, Taf. 16; Kat. Frankfurt 1994, S. 75f., Nr. IV/7; Netzer 1994, S. 21f., 38f., 115f.; Ó Cróinín 1995; Bierbrauer 1999, S. 468; Fingernagel 1999; Kat. Paderborn 1999, S. 450, Nr. VII.14; Denzinger/Hünermann 2010

244 Echternacher Psalter

Echternach, um 730

Pergament mit Deckfarbenmalerei – Einband rotes Ziegenleder mit Goldprägung, um 1785–1787 – H. 30 cm, B. 21 cm; 93 Bll.

Stuttgart, Württembergische Landesbibliothek, Sign. Cod. bibl. 2° 12c

Neben den vier Evangelien nimmt unter allen Büchern der Bibel das Buch der Psalmen einen zentralen Platz im kirchlichen und besonders im mönchischen Leben ein. Der Psalter ist eine Hauptquelle für die Gebete der Messliturgie und der Haupttext des Stundengebets. Entsprechend häufig sind durch Größe und Buchschmuck repräsentative Handschriften. Die Teilung des hier ausgestellten Psalters in

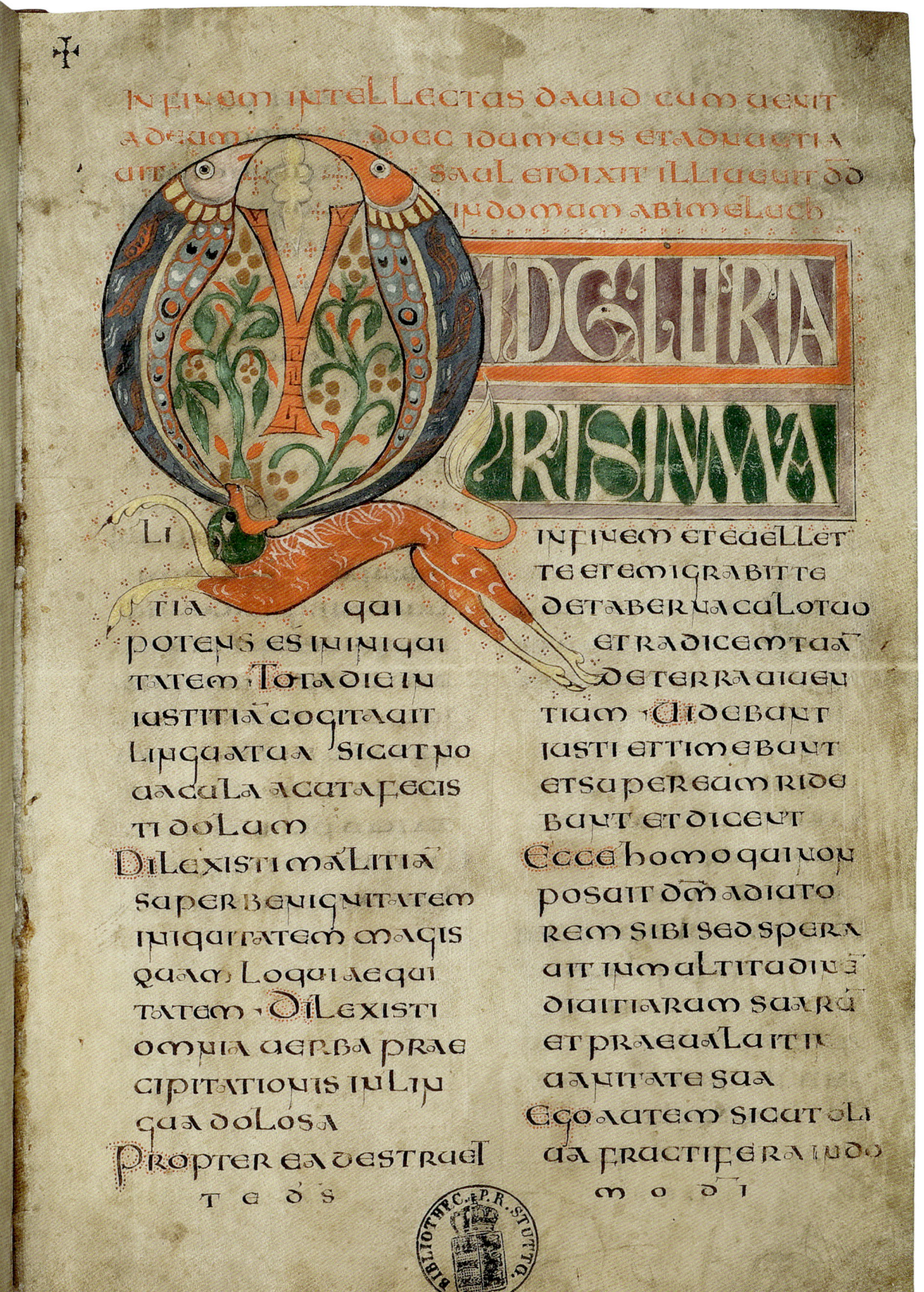

IN FINEM INTELLECTAS DAVID CUM VENIT
DOEC IDUMEUS ET ADNUNTIA
SAUL ET DIXIT ILLI VENIT DD
IN DOMUM ABIMELECH

QUID GLORIA
RIS IN MA

LI-
TIA qui
POTENS ES INIQUI
TATEM TOTA DIE IN
IUSTITIA COGITAUIT
LINGUA TUA SICUT NO
UACULA ACUTA FECIS
TI DOLUM
DILEXISTI MALITIA
SUPER BENIGNITATEM
INIQUITATEM MAGIS
QUAM LOQUI AEQUI
TATEM DILEXISTI
OMNIA UERBA PRAE
CIPITATIONIS IN LIN
GUA DOLOSA
PROPTEREA DESTRUET
TE DS

IN FINEM ET EUELLET
TE ET EMIGRABIT TE
DE TABERNACULO TUO
ET RADICEM TUAM
DE TERRA UIUEN
TIUM UIDEBUNT
IUSTI ET TIMEBUNT
ET SUPER EUM RIDE
BUNT ET DICENT
ECCE HOMO QUI NON
POSUIT DM ADIUTO
REM SIBI SED SPERA
UIT IN MULTITUDINE
DIUITIARUM SUARU
ET PRAEUALUIT IN
UANITATE SUA
EGO AUTEM SICUT OLI
UA FRUCTIFERA IN DO
MO DI

drei Bände erfolgte allerdings erst im 18. Jahrhundert durch den Verkäufer Baron Hüpsch aus verkaufstaktischen Gründen. Dabei orientierte er sich an den durch die Handschrift selbst vorgegebenen Teilungsstellen bei Psalm 51 und Psalm 101, sodass sich drei gleich große Gruppen von je 50 Psalmen ergeben, die sogenannte gallikanische Teilung.

Jede dieser Gruppen beginnt mit einem Initialblock, bestehend aus einer 10,5 bis 12 Zentimeter hohen Zierinitiale vor einem 6,5 bis 8 Zentimeter hohen Block aus 2 farbigen Zeilen mit Ziermajuskeln im Pergamentton. Die Initialkörper bestehen im Wesentlichen aus Fischen, auch die kleineren zu den einzelnen Psalmen. Fische sind ein charakteristisches Element der merowingischen Initialornamentik. Dagegen entstammen Motive wie der springende Hund als Cauda der Initiale Q zu Psalm 51 (fol. 32r) der insularen Buchmalerei, hier direkt vergleichbar mit dem Markuslöwen in dem Evangeliar Paris, BN lat. 9389 (fol. 75v), dem Willibrord-Evangeliar. Dieses um 690 geschriebene und von Willibrord (*um 658, †739) aus England mitgebrachte Buch gehörte zur Erstausstattung des von ihm 698 gegründeten Klosters Echternach. Neben weiteren Elementen verweist die Schrift, eine englische Unziale, deutlich auf die insularen Wurzeln der Abtei. Wie der Schreiber stammte der Illuminator sehr wahrscheinlich aus England und war dort auch ausgebildet worden. Einzelne Motive wie die Fischinitialen übernahm er aus dem merowingischen künstlerischen Umfeld, zu dem er in Echternach Kontakt hatte. Die Handschrift befand sich im 9. Jahrhundert sicher in Echternach und wurde 1787/88 durch Herzog Carl Eugen (1728–1793) von Hüpsch gekauft.

Peter Burkhart

| **Lit.:** Alexander 1978, Nr. 28; Netzer 1990, S. 133; Kat. London 1991, S. 162–166, Nr. 128 (Janet Backhouse) (Abb. von fol. 1r, 32r, 63r); Bierbrauer 1999, S. 468ff.; Burkhart 2013, Nr. 45; Hausmann 2013

245 Seidengewebe des heiligen Lebuinus

Wohl Zentralasien, 8.–10. Jahrhundert
Gemustertes Seidengewebe – Samit in Köper 1/2 Z-Grat mit 4 Schusssystemen; Kette: Seide, ohne erkennbare Drehung, beige, 1 Haupt- zu 1 Bindekettfaden; Schuss: Seide, ohne erkennbare Drehung, weiß-beige, braunschwarz, grün, rot – H. 34,5 cm, B. 18 cm
Utrecht, Museum Catharijneconvent, Inv.Nr. OKM st00083

Lebuinus (Liafwine) († um 775) gehörte zu den angelsächsischen Mönchen, die in der Nachfolge von Willibrord und Bonifatius auf den Kontinent kamen. Mit der Mission im Gebiet der Oberijssel betraut, gründete er eine Kirche in Deventer, wo er auch begraben wurde. Seine frühe Verehrung bezeugt unter anderem eine bereits im 9. Jahrhundert verfasste Lebensbeschreibung.

Das Seidengewebe gelangte zusammen mit weiteren textilen Lebuinus-Reliquien – einem Leinenfragment, angeblich von einer Albe, und zwei roten Gewebestreifen, die als Cingulum angesprochen werden – sowie drei Authentiken aus der altkatholischen Utrechter Pfarrkirche St. Gertrudis in das Museum. Der 1695 datierte Papierzettel bezeichnet das Seidengewebe als Fragment der Kasel des Heiligen, die Papierauthentik des 15. Jahrhunderts spricht allgemein von DE VESTIMENTIS (...), und die große Pergamentcedula des 9./10. Jahrhunderts, in die das gefaltete Seidengewebe eingerollt war, vom CORPUS SCI LEBUINI CONFESSORIS XRI.

Das Seidengewebe selbst ist von relativ schütterer Textur, die dünnen Schussfäden bedecken die Oberfläche nicht so vollständig, wie es die Webtechnik erwarten lassen würde. Es zeigt in einer Reihe übereinander stehende, streng frontal wiedergegebene Figuren, die mit beiden Händen in Blütenranken greifen, die links und rechts neben ihnen in vertikalen Streifen emporlaufen. Die Darstellung ist bisher weder inhaltlich zweifelsfrei gedeutet worden – um eine Gebetshaltung dürfte es sich kaum handeln – noch ist die Herkunft des Seidengewebes wirklich geklärt. Am ehesten vergleichbar ist es aber, nicht zuletzt auf-

246
fol. 436v–437r

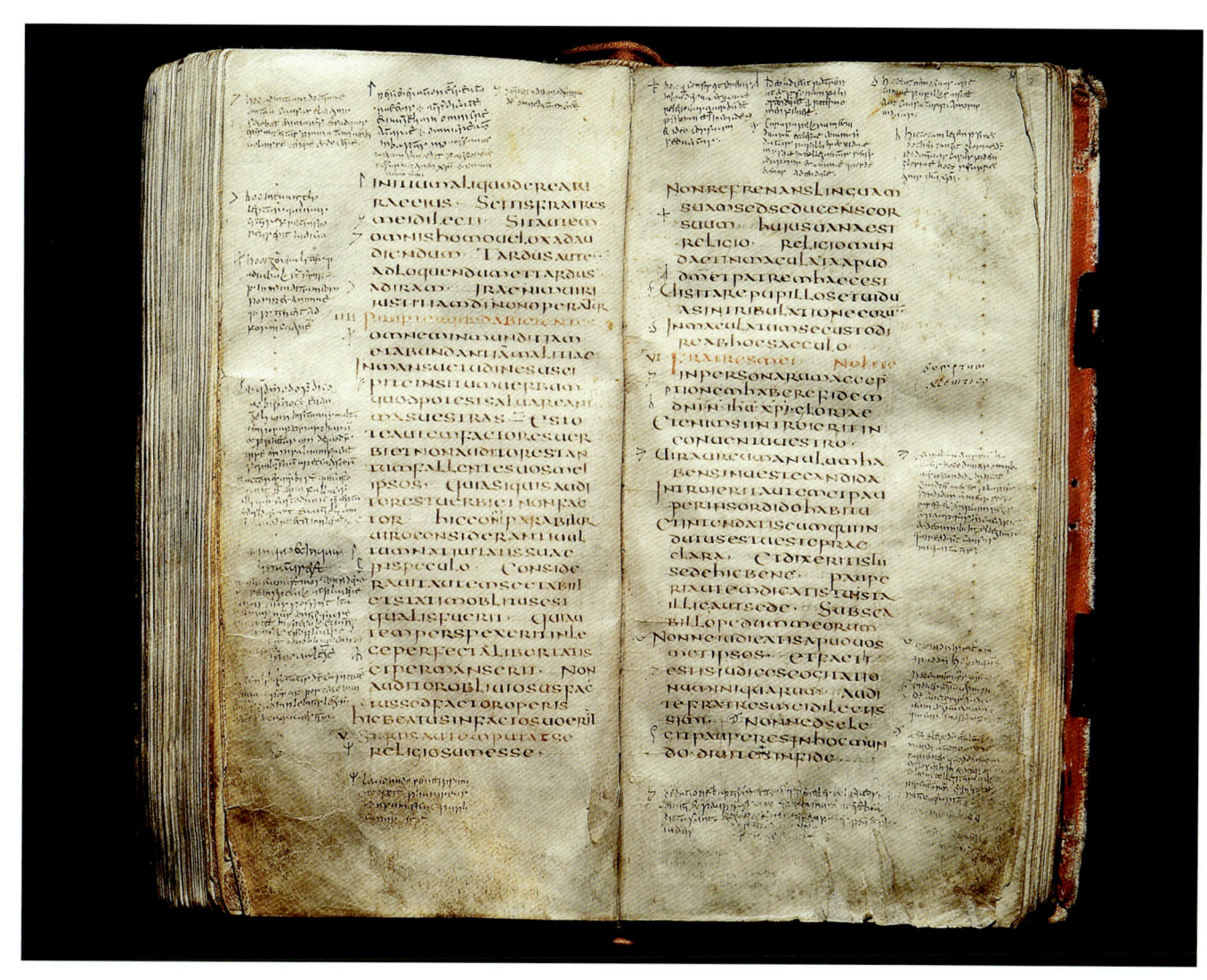

grund webtechnischer Details, mit Seiden aus Zentralasien. Bereits im Frühmittelalter fanden Stoffe von dort über die Seidenstraßen den Weg nach Nordeuropa, wo sie, als kostbare Luxusprodukte, auch im Reliquienkult Verwendung fanden.   Regula Schorta

| **Lit.:** Visser 1935; Kat. Utrecht 1972, Nr. 2, S. 6, 44; Stam 1991, S. 14ff.; Crowfoot/Pritchard/Staniland 1992, S. 83ff.; Kat. Paderborn 1999, S. 534f., Nr. VIII.20 (Regula Schorta) (Lit.); Owen-Crocker/Coatsworth/Hayward 2012, S. 323ff., Taf. 16

246 Victor-Codex

Italien, 546/47
Pergament – H. 28,5 cm, B. 14 cm; 503 Bll.
Fulda, Hochschul- und Landesbibliothek Fulda, Sign. Cod. Bonifat. I

Anders als das kleinformatige Cadmug-Evangeliar (Kat.Nr. 247) dürfte der Victor-Codex eher den Ansprüchen des Bonifatius entsprochen haben. Denn erstens ist er von einem Schreiber in gleichmäßiger italienischer Unziale geschrieben worden und durch seine außergewöhnlich gute Lesbarkeit geeignet für den täglichen Gebrauch. Den Namen trägt der Codex nach seinem Auftraggeber, Bischof Victor von Capua (amt. 541–554). Wohl 545 hat er ihn in Auftrag gegeben und persönlich zwischen dem 19. April 546 und dem 12. April 547 durchgesehen und korrigiert. Zweitens entsprach der Inhalt den Interessen des Bonifatius. Der erste Teil enthält eine Evangelienharmonie, deren Vorlage auf das Diatessaron des Tatian (*um 120) aus dem 2. Jahrhundert zurückgeht, von dem verschiedene Übersetzungen ins Althochdeutsche für die Bibelüberlieferung im Mittelalter bedeutsam waren. Der zweite Teil besteht aus einigen neutestamentlichen Schriften aus der Vulgata (Apostelgeschichte, Paulusbriefe, Katholische Briefe, Apokalypse), aus der Bonifatius in seinen Briefen häufig zitiert hat. Das Besondere an dem Codex sind die von zwei insularen Händen angefügten 94 Randbemerkungen (Glossen). Sie beweisen, dass die Handschrift ein Arbeitsinstrument gewesen ist, und zwar das eines gelehrten Missionars, der über theologische, philologische und historische Kenntnisse verfügte. Dieser eine Glossator dürfte Bonifatius selbst gewesen sein, und deshalb stammt der Codex auch aus seinem Besitz. Einer seiner theologischen Kommentare bezieht sich auf Jakobus 1,18 (fol. 436v, hier abgebildet) und das für die Missionspraxis zentrale Taufverständnis. Taufe sei eine Neuschöpfung des Menschen und vor allem diesem gelte die Verkündigung. Dahinter dürfte der in der frühmittelalterlichen Mission zentrale Gedanke der stufenweisen Einführung in den christlichen Glauben stehen. Genau das entspricht der seelsorgerlichen Aufgabe des Bonifatius, die vor der Taufe nur notdürftig unterrichteten Gläubigen nachhaltig zu christianisieren.

So ist der Victor-Codex in doppelter Hinsicht ein bemerkenswertes Zeugnis. Er zeigt die Wanderung von missionstheologisch bedeutenden Handschriften in Europa, in diesem Fall wohl von Rom über England ins Frankenreich, und er erlaubt einen Blick in die Arbeitsweise des Missionars und Reformers Bonifatius.

Lutz E. von Padberg

| Lit.: Köllner 1976, Abb. 1–3, 921f.; Hausmann 1992, S. 3–7; Jakobi-Mirwald 1993, S. 15–18; Aris/Broszinski 1996; Aris 2004, S. 101–104

247 Cadmug-Evangeliar

Irland, 8. Jahrhundert
Pergament – H. 12,5 cm, B. 10 cm; 65 Bll.
Fulda, Hochschul- und Landesbibliothek Fulda, Sign. Cod. Bonifat. III

Der angelsächsische Mönch Wynfreth-Bonifatius (*672/75, †754) gehört als Gelehrter, Missionar und Kirchenreformer zu den herausragenden Gestalten des Frühmittelalters. 718 verließ er als 40-Jähriger seine Heimat und wurde in Rom von Papst Gregor II. (amt. 715–731) mit der Mission in Germanien beauftragt. Fortan führte er ein rastloses Leben als Verkündiger des Evangeliums, Reformer der fränkischen Landeskirche, Gründer von Klöstern und Bistümern, Kämpfer gegen Häretiker und unbequemer Partner der Herrschenden. Die für diese Aufgabenvielfalt erforderlichen Kenntnisse erwarb Bonifatius sich nicht zuletzt durch einschlägige Bücher. Seine Reisebibliothek enthielt 20 bis 25 Werke vor allem exegetischer, theologischer und kirchenrechtlicher Inhalte. Dieser aus seinem Briefwechsel rekonstruierbare Bestand wurde bei dem Raubüberfall auf Bonifatius in Dokkum am 7. Juni 754, bei dem er mit seinen Gefährten den Tod fand, zerstört. Einige heute in Fulda aufbewahrte Handschriften sollen jedoch aus dem Besitz des Angelsachsen stammen und dazu gehört das Cadmug-Evangeliar. Vermutete man früher, der Heilige habe es selbst geschrieben, so trägt es heute den Namen Cadmug, der sich (fol. 65r) selbst nennt. Er und seine Mitarbeiter haben das Evangeliar in irischer Minuskel geschrieben, vermutlich in der 2. Hälfte des 8. Jahrhunderts. In diesem Zeitraum sind wohl in größerer Zahl solche Taschenevangeliare hergestellt worden. Damit könnte es nicht Bonifatius gehört haben, der die kleine Schrift in hohem Alter ohnehin nicht hätte lesen können (vgl. Ep. 63, S. 131, Z. 14f. aus dem Jahre 742). Gleichwohl war die kleine Form wegen ihrer leichten Benutzbarkeit bei Missionaren beliebt. Auf unbekannten Wegen ist die Handschrift in den Besitz von Kaiser Arnulf (reg. 887–899) gelangt, der sie vermutlich 897 anlässlich einer Wallfahrt nach Fulda Abt Huoggi (amt. 891–915) übergeben hat. Wie dem auch sei, hergestellt in Irland und benutzt auf dem Kontinent, ist das Cadmug-Evangeliar ein wertvolles Zeugnis europaweiter Missionsreisen. Lutz E. von Padberg

| Lit.: Köllner 1976, Abb. 17–22, 923; Alexander 1978, S. 70, Nr. 49; Spilling 1982, S. 883–887; Jakobi-Mirwald 1993, S. 18–21 (Lit.); Kat. Paderborn 1999, S. 473ff., Nr. VII.31 (Katharina Bierbrauer/Anne Schmid); von Padberg 2003a; Aris 2004, S. 98ff.

248 Die „Douce-Apokalypse", Primasius, Kommentar zur Offenbarung des Johannes

Südengland, spätes 7. oder frühes 8. Jahrhundert (vor 718)
Tinte und Pigmente auf Pergament – H. 33,5 cm, B. 18 cm; viii + 153 Bll.
Oxford, Bodleian Libraries, University of Oxford, Sign. MS. Douce 140

Dieses Buch wurde von einem Heiligen benutzt: Bonifatius (oder Wynfreth, †754), der „Apostel der Deutschen", brachte das Evangelium von Wessex in Südengland, wo er im Kloster Nursling gelehrt hatte, in die germanischen Lande, wo er das Werk der heiligen Wilfrid und Willibrord fortsetzte. Sein Beitrag zur Bekehrung der heidnischen Germanen wurde nicht nur von der Kirche Britanniens unterstützt, sondern auch von Papst Gregor II. und den Franken, an deren Kirchenreform er mitwirkte und deren Gebietsansprüche durch seine Tätigkeit in Germanien gestärkt wurden. Er war der erste Bischof von Mainz und eines seiner Klöster, Fulda (gegründet von seinem Anhänger Sturmi), wurde zum wichtigsten Skriptorium der bonifatischen Mission. Die aus diesem Kloster hervorgegangenen Handschriften belegen, dass Fulda noch im 9. Jahrhundert Schreiber aus England anwarb. Gewisse paläographische Merkmale wurden dort bewahrt, die erstmals von Bonifatius eingeführt worden waren. Dessen eigene Handschrift ist in diesem Exemplar in Anmerkungen erhalten, die an den Rändern in markante dreieckige Felder, die an die *notae* der klassischen Antike erinnern, eingefügt wurden. Sie wurden in einer insularen Minuskelschrift geschrieben, die als auffälliges Merkmal ein kursives „g" mit großem Bogen unter der Zeile aufweist, das einem langen „z" ähnelt. Dieses Merkmal ist der jüngeren römischen Kursive entlehnt und deutet möglicherweise auf ein Fortdauern der Schriftkultur im christlichen Südwesten Britanniens in nachrömischer Zeit hin. Es wird angenommen, dass Bonifatius die Anmerkungen vor seinem Aufbruch aus Wessex 718 schrieb. Das Buch kam mit dem Nachlass von Francis Douce (†1834) in die Bodleian Library.

In seinen Briefen an Eadburh, die Äbtissin von Minster-in-Thanet im südostenglischen Kent, bat Bonifatius sie und ihre Nonnen, ihn mit Büchern zu versorgen. Ein Brief enthält die Bitte um Verwendung einer größeren Schrift angesichts seiner nachlassenden Sehkraft; in einem anderen gibt er die Anweisung, die Episteln mit gol-

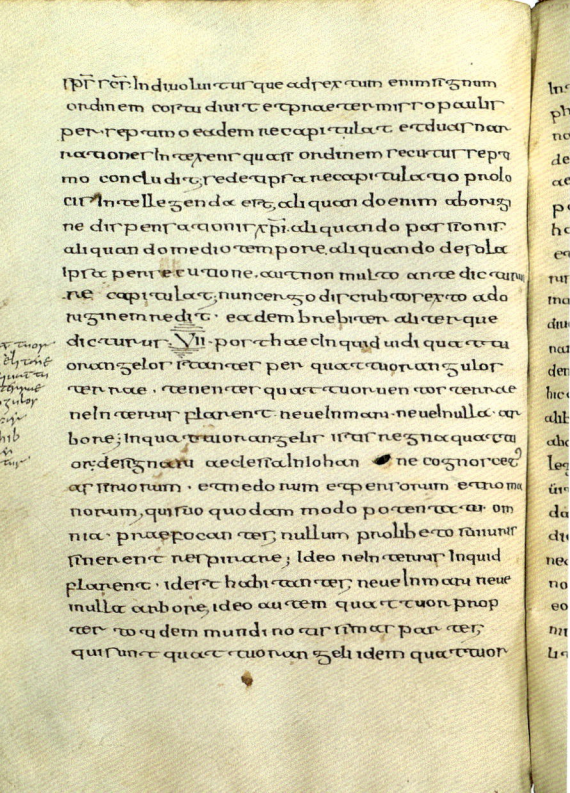

248 fol. 59v

dener Tinte zu schreiben, um bei den zu missionierenden Einheimischen Ehrfurcht zu erwecken. Ein weiteres Buch aus dem Besitz des Bonifatius, das heute in Fulda aufbewahrt wird (Codex Bonifatianus II), weist noch den ursprünglichen Einband auf. Die brachialen Schnitte in den Buchdeckeln lassen darauf schließen, dass es sich um das Buch handeln könnte, mit dem Bonifatius an einem Flussufer nahe Dokkum in Friesland die Schwerthiebe seiner Mörder abzuwehren suchte. Wenngleich es ihn nicht vor dem Märtyrertod retten konnte, trug seine symbolische Kraft zweifellos dazu bei, ihn und seine Begleiter beim ersten Betreten der feindlichen heidnischen Gebiete zu schützen.

Das Werk, dessen Schrift die ältere römische Halbunziale nachahmt, enthält den lateinischen Kommentar zur Apokalypse (Offenbarung des Johannes) von Primasius, dem Bischof von Hadrumetum im heutigen Tunesien (†um 560), der auch Kaiser Justinian in Konstantinopel diente. Der gelehrte Bischof trug dazu bei, den Bildungsstand von Byzanz und der frühen Kirche Nordafrikas in das angelsächsische England und die europäischen Missionsgebiete zu vermitteln. Der Einfluss dieses Kommentars war nachhaltig; Inschriften auf den Vorsatzblättern belegen seine Verwendung in späterer Zeit durch einen weiteren Heiligen, nämlich Dunstan, den Erzbischof von Canterbury (†988). Dieser war einer der Architekten der Reformierung der englischen Kirche nach kontinentaleuropäischen benediktinischen Vorbildern. So wird das Vermächtnis der frühchristlichen Kirchen des Mittelmeerraums an die Kirche der briti-

Sir John Blaxton liber

En libro apocalypsis beati Iohannis adiu
uante dño tractaturi debemus necer
sario interpretam titulum. designa
re locum. narrare causam. Insinuare per
sonam. ut eius continentia. Nomine nuntietur.
Loco dinoscatur et tempus. per causam dig
nitas clareat meritorum. persona unum sig
nificet in collegio ceterorum. cui ad signari
specialiter oporteat munus indultum; Cu eni
singulos quosque libros diuersus constet uoca
bulis titulari. epigraphe huius. id est. super
inscriptionem apocalypsis decus appellari.
Inter graecos enim ponitur et hebreos teno
rem libri proprietate graeci sermonis ex
pressi. Apocalypsis enim interpraetatur
reuelatio. Ut autem dñs xpс talia reuelaret
ac tanta. nisi illi quem prae ceteris discipulis
sic praecipuo amore dilexit. ut hic adhuc posi
tus praesentia corporali super suum pectus
faceret felici sorte discumbere. et de ipso ui
tae fonte spiritalia ueritatis arcana aflu
enter haurire. ut prae eunte huius dilectio
nis indicio nulli putaretur dubium tali Iohanne
reuelatione condignum; Magnitudinem quip
pe reuelationis commendari primum decu
it magnitudine caritatis; Hec autem eo
tempore uidere promeruit. quo in pathmos
insula pro xpо a domitiano caesare exilio mit
titur. et metallo damnatur. ter nimis arcebatur

schen Inseln, der vorkarolingischen Kirche an die britischen Missionare und der späteren angelsächsischen Kirche an die Kirchen Kontinentaleuropas auf den Seiten dieses schlichten Buches sichtbar, das von den Geheimnissen der zukünftigen Welt erzählt.

Michelle P. Brown

| Lit.: Lowe 1934–1972, Bd. 2, Nr. 237; Parkes 1976; Gneuss 2001, Nr. 616; Kat. Washington 2006, Nr. 56; Yorke 2007

249 Briefe des Bonifatius

Mainz, Ende 8. Jahrhundert
Pergament – H. 27,5 cm, B. 20 cm; 128 Bll.
München, Bayerische Staatsbibliothek München, Sign. Clm 8112

Als Missionar und Reformer verfügte Bonifatius (*672/75–†754) durch seinen regen Briefverkehr über ein geradezu europäisches Netzwerk von Kontakten. Sie reichten von England über das Frankenreich bis nach Rom und Monte Cassino. Diese Briefe sind eine überaus wertvolle Quelle für die frühmittelalterliche Missionsgeschichte. Da sie nicht zur späteren Veröffentlichung verfasst worden sind, gewähren sie einen authentischen Einblick in die alltäglichen Herausforderungen des Bonifatius. Theologische, kirchenrechtliche und missionstaktische Fragen werden in den Briefen erörtert, Gebetsbitten ausgetauscht und mitunter scharfe Beschwerden oder Klagen vorgebracht, das alles stets in treuer Ergebenheit den Päpsten gegenüber. So bekommt man einen unmittelbaren Eindruck von der Persönlichkeit des Bonifatius, der nicht nur unbeugsam und unbequem, sondern auch zweifelnd und einsam gewesen ist. Vor allem zeigt sich, dass er ernsthaft darum bemüht war, den Geboten Gottes zu folgen. Deshalb war die Bibel, die er in den Briefen extensiv zitiert, für ihn das Fundament. Überhaupt erscheint Bonifatius so als tief geistlich geprägter Mensch, was in der Forschungsliteratur mitunter aus dem Blick gerät. Freilich beleuchten die Briefe auch seine Einbindung in die politische Lage und seine Abhängigkeit von den Herrschern des Frankenreiches. Das zeigt der hier abgebildete Brief 22 (fol. 67v/68r), demzufolge der Hausmeier Karl Martell (reg. 714–741) 723 Bonifatius seinem Schutz unterstellte und damit seine Position stützte. Aktionen wie die berühmte Fällung der sogenannten Donareiche wurden dadurch erst gefahrlos möglich. Entstanden ist die Briefsammlung (rund 100 Briefe aus der Zeit des Bonifatius, davon 37 von ihm selbst verfasst), die ihren besonderen

Wert auch durch erhaltene Antwortschreiben erhält, bald nach dem Tod des Angelsachsen, veranlasst durch seinen Schüler und Nachfolger als Bischof von Mainz Lul (amt. 754–786). Um das Gedächtnis an Bonifatius wachzuhalten, ließ Lul nicht nur die Briefe sammeln, sondern auch die Vita Bonifatii verfassen. Freilich lag ihm besonders daran, Bonifatius im Frankenreich als Heiligen aufzubauen und er legte deshalb „gereinigte" Versionen vor, in denen alles das getilgt war, was dieses Bild hätte stören können.

Der Münchener Codex gilt als älteste Abschrift der von Lul initiierten Sammlung. Er vermittelt ein eindrucksvolles Bild eines frühmittelalterlichen „Europäers" im Dienste der christlichen Kirche.

Lutz E. von Padberg

| **Quellen:** Bonifatius, Briefe (AQ 4b); Bonifatius, Epistolae (MGH Epp. sel. 1)
| **Lit.:** Tangl 1916/17–1919; Schieffer 1954; Schipperges 1996; Felten/Jarnut/von Padberg 2007

250 Giebelaufsatz eines Reliquiars (sog. Kamm des heiligen Bonifatius)

Angelsächsisch, 8. Jahrhundert

Bronze, gegossen, feuervergoldet; Augen der Tierköpfe mit Einlagen aus blauem Glas Montiert auf einem Scheibenreliquiar, Holzkern mit gestanzten Kupferblechstreifen (vergoldet) und Emailles; Vorderseite: Silberblech getrieben und vergoldet, im Tympanon die Halbfigur Christi in der Glorie mit Segensgestus und Heiliger Schrift, flankiert von zwei Engeln, darunter zwölfteilige Arkatur aus Knochenschnitzerei, darin in paratakischer Ordnung die Standbilder der zwölf Apostel; Rückseite: spiegelsymmetrisches Rankenornament mit gegenständigen Tieren vor Braunfirnis-Grund; Füße gegossen, Rheinland, letztes Viertel 12. Jahrhundert – H. 8 cm, B. 14,15 cm, T. 0,39 cm

Fritzlar, Dommuseum Fritzlar, Kath. Kirchengemeinde St. Petri

Bei dem sogenannten Kamm des heiligen Bonifatius handelt es sich – wie die jüngere Forschung, zuletzt Helmut Roth, mit guten Gründen dargelegt hat – um den Giebelaufsatz eines verlorenen Reliquiars insularer Provenienz aus dem 8. Jahrhundert. Damit ist die ältere, von Stephan Beissel erstmals 1895 aufgebrachte These, darin die Handhabe eines liturgischen Kammes zu sehen, obsolet geworden. Allerdings nimmt das Fritzlarer Stück nach Aufbau und Gestaltung unter den bekannten Firstabschlüssen frühmittelalterlicher Reliquiare eine Sonderstellung ein. Die gekurvten Schmalseiten des Bronzegusses etwa enden in extrem schlank ausgezogenen Tierköpfen, was bei Firstaufsätzen insularer Reliquiare nicht allzu häufig vorkommt. Ungewöhnlich ist auch die beträchtliche Höhe des Aufsatzes. In der Regel sind sie flacher und gestreckter ausgebildet, wobei die Kopfenden meist gedrungener und kompakter ausgebildet sind. Beim Fritzlarer Stück wenden sich die Tierköpfe einem griechischen Kreuz zu, das in der Mitte den Aufsatz bekrönt.

Im Binnenfeld der Vorderseite findet sich eine komplex gestaltete Flechtbandverzierung. Das Schema zeigt zwei asymmetrische Stränge, die von einem dritten symmetrischen Band zusammengehalten werden. In der Mitte ist das Flechtband auseinandergezogen, damit gleicht es sich der äußeren Form an und lässt den Ornamentgrund durchscheinen. Ursprünglich aus dem mediterranen Raum in den Norden transponiert und in der insularen Buchmalerei umgeformt, kam das aufwendig ausgestaltete Flechtband als Ornamentgut mit der angelsächsischen Mission und deren Schreibschulen in die zentralen und südöstlichen Gebiete des Kontinents, aber auch nach Westfalen, Hessen und Mainfranken. Es prägte die Ornamentik der frühkarolingischen Buchmalerei auf dem Kontinent ebenso wie Goldschmiede- und Elfenbeinschnitzkunst. Hier finden sich die nächsten Parallelen (vgl. Roth 1981, S. 5–7). Geschmückt ist lediglich die Vorderseite des Fritzlarer Aufsatzes, die Rückseite ist schlicht gehalten. Zum Vergleich eignet sich der Firstaufsatz des merowingerzeitlichen Reliquienkästchens aus Ennabeuren, der ebenfalls eine schlichte Rückseite besitzt, aber viel simpler gestaltet ist. Häufig wurden die Reliquiare an einer Kette um den Hals getragen, worauf oft an den Stücken angetroffene, seitliche Aufhängevorrichtungen hindeuten. Die Schriftquellen berichten mehrfach davon, dass Kleriker auf Reisen Reliquiare mit sich führten. Gregor von Tours liefert dafür Beispiele, so trugen etwa Germanus, Gallus und Bonifatius ihre *capsula* am Hals. Zur Frage, ob der verlorene Reliquienschrein hausförmig oder bursaförmig ausgebildet war, hat Helmut Roth Rekonstruktionszeichnungen publiziert. Bei der ausgeprägten Form des Aufsatzes dürfte es sich wohl nicht um einen hausförmigen Schrein, sondern wohl eher um ein bursenförmiges Behältnis gehandelt haben. Dessen Außenkontur nimmt jenen der geschwungenen Schmalseiten des Aufsatzes selbstverständlicher auf. Das würde nach Roth, der sich in dieser Frage nicht festlegt, dann auf eine insular beeinflusste, aber auf dem Kontinent entstandene Arbeit schließen lassen.

Bei den erhaltenen frühmittelalterlichen Bursen ist die Vorderseite in der Regel aufwendiger ausgeziert als die Rückseite. Dies wäre dann auch für das verlorene Reliquiar des Bonifatiuskamms anzunehmen.

Auch wenn wir keine Schriftquellen besitzen, die auf eine Reliquie des heiligen Bonifatius hindeuten, so lässt doch die prominente Zweitverwendung als Bekrönung des Scheibenreliquiars darauf schließen, dass man den Aufsatz als ehrwürdiges Stück wertschätzte, das sich in lokaler Verehrungstradition mit den Gründergenerationen der Christianisierung im 8. Jahrhundert verband.

Christoph Stiegemann

| Lit.: Beissel 1895, S. 389; Kat. Stuttgart 1977, S. 440f., Nr. 571, Abb. 376; Roth 1981 (mit älterer Lit.); Kat. Darmstadt/Köln 1997; Quast 2012, S. 124, Taf. 21

VI Sterbende Götter
Christianisierung Skandinaviens

251 Rimbert, „Vita sancti Anskarii"

Corvey, 4. Viertel 9. Jahrhundert
Pergament mit Deckfarbeninitiale – Einband weißes Leder, Konstanz, 15. Jahrhundert – H. 24 cm, B. 13,5–14 cm; 58 Bll.
Stuttgart, Württembergische Landesbibliothek, Sign. HB XIV 7

823 kam Ansgar (*801, †865) aus Corbie nach Corvey, der im Grenzgebiet des Reiches gelegenen Tochtergründung des nordostfranzösischen Klosters. Von dort aus brach er 826 in Begleitung des kurz zuvor getauften Dänenkönigs Harald Klak (*ca. 785, †846) zum ersten Mal zur Missionierung Dänemarks auf, woran schon etwa ein Jahrhundert zuvor Willibrord (Kat.Nr. 239) gescheitert war. Haralds wegen eines Thronstreits unternommener Feldzug und damit auch Ansgars Missionsversuch hatte keinen Erfolg. 829 konnte er aber auf Einladung des schwedischen Königs in Birka die erste Kirche Skandinaviens errichten. Das 831 gegründete Erzbistum Hamburg, dessen erster Bischof Ansgar wurde, sollte der Skandinavienmission

24 Karte: Skandinavien im Zeitalter der Christianisierung

fol. 3v–4r

eine institutionelle Basis verschaffen. Nach der Zerstörung Hamburgs 845 durch die Wikinger wurde der Bischofssitz nach Bremen verlegt, von wo aus Ansgar die Mission mit wechselndem Erfolg bis zu seinem Tod 865 leitete und zum Teil auch persönlich fortsetzte. Er wird daher Apostel des Nordens genannt.
Sein Schüler, Nachfolger als Bischof und Biograph war Rimbert (*830, †888), der auch den Abtsstuhl von Corvey innehatte. In der Vita legt er das Gewicht weniger auf die Missionstätigkeit seines Lehrers als vielmehr auf dessen heiligmäßiges Leben. Die vorliegende Handschrift ist der älteste Textzeuge und möglicherweise noch zu Lebzeiten des Autors entstanden. Die Initiale D zum Textbeginn zeigt sich deutlich geprägt von der Ornamentik der Buchmalerei aus den Skriptorien in Nordostfrankreich, Corbie und der sogenannten franko-sächsischen Schule von Saint-Amand. Charakteristisch sind die Komposition des Buchstabenkörpers aus deutlich voneinander abgegrenzten Elementen sowie die lockeren Randbandverflechtungen an den Enden. Die Initiale verweist somit auf die Ursprünge Corveys und die Herkunft seiner ersten Mönche.   Peter Burkhart

| **Quelle:** Rimbert, Vita Ansgarii (MGH SSrG 55), S. 7
| **Lit.:** Buhl/Kurras 1969, S. 101; Verfasserlexikon 8, Sp. 78 (Reinhard Düchting: Art. Rimbert); Kat. Paderborn 1999, S. 526, Nr. VIII.14 (Hans-Walter Stork); Burkhardt 2013, Nr. 49

252 Stab einer Seherin oder Spieß

Wikingerzeit, spätes 9.–10. Jahrhundert
Villa Farm, Vestnes sogn, Møre og Romsdal, Norwegen; Hügelgrab einer hochrangigen Frau, entdeckt am 30. März 1894
Eisen; der Ring am Griff aus Kupferlegierung – von den gewundenen Stäben eines Handschutzes sind nur die Stümpfe erhalten; die Spitze wurde bereits im Altertum verbogen – L. gesamt 90 cm, 66 cm bis zur Biegung
London, The British Museum, Inv.Nr. 1894,1105.5

Der Schaft des Stabs hat einen quadratischen Querschnitt und läuft am Ende spitz zu. Der Griff war ursprünglich mit einem zwischen zwei großen polyedrischen Knäufen angebrachten korbartigen Handschutz aus gewundenen Bügeln versehen. Diese ungewöhnlichen und eher unpraktisch wirkenden Stäbe aus Eisen und Kupferlegierung finden sich für gewöhnlich in reich ausgestatteten skandinavischen Frauengräbern aus der Wikingerzeit vor der Christianisierung und wurden einst als Bratspieße interpretiert. Ebenfalls möglich ist jedoch die Deutung als Knaufstab einer Seherin, wie er Beschreibungen in der altnordischen Literatur zufolge beim *seiðr* zum Einsatz kam, einer frühen skandinavischen Form der Magie mit schamanoiden Zügen. Die genaue Funktion der Stäbe ist ungewiss. Möglicherweise gehörten sie zur Ausstattung der in den Quellen als *völur* bezeichneten Seherinnen, deren Name anscheinend von dem altnordischen Wort *völr* (Stab) abgeleitet ist, und dienten vielleicht als „Werkzeug" beim Wahrsagen und anderen magischen Ritualen (Price 2000 und 2003; Hultgård 2005). An der Öse am unteren Ende könnten Amulettanhänger befestigt worden sein. Die Spitze wurde absichtlich umgebogen, wahrscheinlich im Zuge des Begräbnisrituals. Möglicherweise sollte dadurch die dem Stab zugeschriebene Kraft gebrochen werden. Jedenfalls lässt sich diese Handlung mit dem rituellen Verbiegen bzw. der Opferung von Schwertern und anderen Waffen vergleichen, die in Männergräbern und Votivdepots zu finden sind.

Zu den zeitgenössischen Beigaben aus dieser Begräbnisstätte gehörten außerdem ein Paar Ovalspangen aus dem 10. Jahrhundert, Silber- und Glasperlen, eine eiserne Schere und eine Sichel, ein einseitiger Kamm aus Geweih, ein Brettchen und ein Webschwert aus Walbein, ein Schleif- und ein Prüfstein, eine Schale aus Kupferlegierung, die Eisenbeschläge einer hölzernen Truhe, acht (Schiffs-?)Nieten, das Gebiss eines Zaumzeugs, eingeäscherte Gebeine sowie möglicherweise eine Urne aus Ton, die jedoch nicht vom British Museum erworben wurde.

Barry Ager

| **Lit.:** Price 2000; Price 2003; RGA 28, S. 113–121 (Anders Hultgård: Art. Seherinnen); Lexikon der germanischen Mythologie 2006, S. 367ff. (Rudolf Simek: Art. Seherinnen)

253 Beschlag mit Walküre und Reiter

Wikingerzeit, spätes 9.–10. Jahrhundert
Angeblich aus der Gegend um Peterborough, England
Beschlag aus Kupferlegierung, ursprünglich möglicherweise vergoldet; Durchbrucharbeit – von zwei rückwärtigen Ösen zur Befestigung ist eine zerbrochen, der Kopf des Reiters ist oben beschädigt – H. 2,35 cm, B. 3,35 cm
London, The British Museum, Inv.Nr. 1988,0407.1

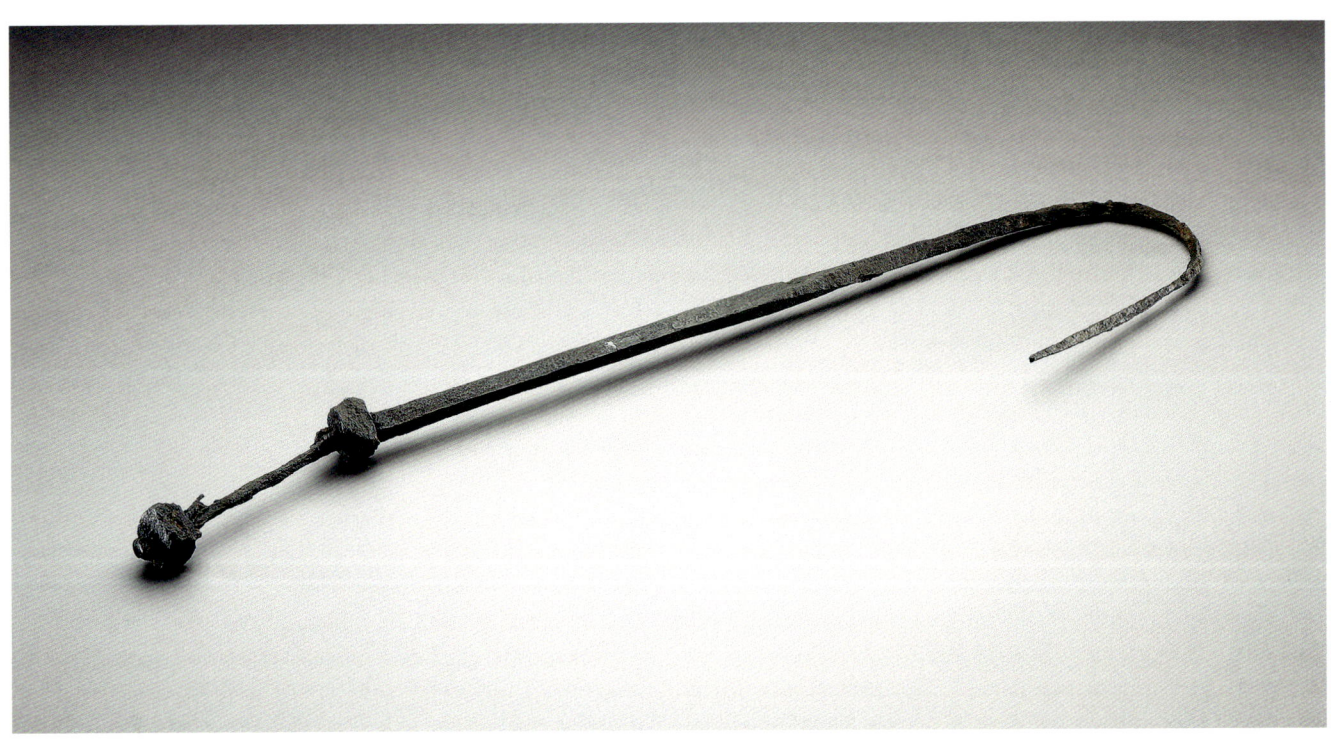

Dieser Beschlag für einen Gürtel, eine Truhe oder ein Kleid zeigt einen Krieger zu Pferde, der sein Schwert senkrecht hält. Unmittelbar vor dem Pferd steht eine Frauengestalt in einem langen Kleid. Der runde Schild an ihrer Seite ist mit einem Wirbelmuster um den mittig platzierten Buckel geschmückt. Vermutlich zeigt die Darstellung eine Walküre oder andere überirdische Frauengestalt, die einen toten Krieger in Walhall willkommen heißt, der „Halle der Gefallenen" in der nordischen Mythologie; „Walküre" bedeutet so viel wie „die die Gefallenen Auswählende". In Walhall versammelt der Hauptgott Odin die in der Schlacht Gefallenen, die von den Walküren in Vorbereitung auf die Ragnarök als Helden auserwählt wurden, um in der letzten Schlacht am Weltende zu kämpfen (Simek 2006; Price 2003; Zimmermann 2007). Abgesehen von seinem dekorativen Zweck könnte dem Beschlag auch eine apotropäische Wirkung zugeschrieben worden sein, die den Träger vor bösen Mächten schützen sollte. Er gehört zu einer Gruppe ähnlicher Beschläge, die in England in von heidnischen Wikingern besiedelten Gebieten entdeckt wurden, so etwa bei Bylaugh in Norfolk und Bourne in Lincolnshire, aber auch in den wikingischen Kerngebieten Skandinaviens und Norddeutschlands, so zum Beispiel an der Ausgrabungsstätte Haithabu bei Schleswig oder in Stentinget und Ribe in Dänemark (Vierck 2002; Vang Petersen 1992). Ähnliche Darstellungen finden sich auf gotländischen Bildsteinen aus der frühen Wikingerzeit, beispielsweise auf jenen von Stenkyrka, Lillbjärs und Tjängvide, Alskog, wobei letzterer möglicherweise Odin selbst auf seinem achtbeinigen Pferd Sleipnir zeigt (Nylén 1978).

Barry Ager

| Lit.: Nylén 1978, S. 65, Nr. 279; S. 69, Nr. 4; Vang Petersen 1992, S. 48f., Abb. 3a–b, 4a–b; Vierck 2002, Abb. 3, 6.6; Price 2003; Lexikon der germanischen Mythologie 2006; S. 340f. (Rudolf Simek: Art.Ragnarök); Lexikon der germanischen Mythologie 2006; S. 483f. (Rudolf Simek: Art. Walküre); RGA 35, S. 595–602 (Ute Zimmermann: Art. Walküren)

254 Fibel oder Beschlag mit Walküre und Reiter

Skandinavien, möglicherweise Dänemark, 9. oder 10. Jahrhundert
Bylaugh, Norfolk, England, Metalldetektorfund 1990
Kupferlegierung, gegossen, mit Spuren von Vergoldung – H. 2,9 cm, B. 4 cm
Norwich, Norfolk Museums and Archaeology Service, Inv.Nr. 1990.199

Die Figur ganz rechts hält das Pferd mit der rechten Hand am Zaumzeug, in der linken hat sie einen Schild; der ausladende Faltenwurf des Gewandes lässt darauf schließen, dass es sich um eine Frau handelt. Auf dem Pferd sitzt eine zweite Figur, deren Kopf und Oberkörper jedoch fehlen. Unter dem Pferd ist ein trapezförmiger schachbrettähnlicher Bereich zu sehen, auf der Hinterhand des Pferdes befindet sich ein stilisierter Schild. Da die Rückseite des Objekts unverziert ist, lässt sich nicht eindeutig feststellen, ob es als Beschlag oder als Fibel (mit fehlender Nadel und Nadelhalterung) verwendet wurde.

Die hier dargestellte Szene ist von einer kleinen Anzahl ähnlicher Objekte aus England und Skandinavien bekannt und findet sich auch bei anderen skandinavischen Artefakten, insbesondere auf Bildsteinen. Aufgrund der gemeinsamen Ikonographie kann man davon ausgehen, dass es sich bei der stehenden Figur um eine Walküre handelt. Häufig reicht sie dem Reiterkrieger ein Trinkhorn oder einen Trinkbecher als Willkommensgruß.

Als Dienerinnen Odins entschieden die Walküren auf dem Schlachtfeld über Sieg und Niederlage und wählten die gefallenen Krieger aus, denen Einlass in Walhall gewährt wurde. Der Fund solcher Darstellungen in England ist insofern interessant, als ihre skandinavischen Pendants eindeutig in die Wikingerzeit, also das 9. und 10. Jahrhundert, datiert werden können und das angelsächsische England zu dieser Zeit längst vollständig christianisiert war. Auf anderen Beschlägen oder Appliken sind einzelne Figuren in wallenden Gewändern und mit einem Schild in der Hand zu sehen; auf zwei Objekten hält die Figur einen Speer, auf einem weiteren ein Schwert. Auch bei ihnen dürfte es sich um Walküren handeln. Schließlich wurde in England in jüngster Zeit eine Reihe von Thorshämmern entdeckt, darunter allein elf in Norfolk (Pestell 2013). In ihrer Gesamtheit bestätigen diese Funde, dass zweifelsfrei nicht-christliche Amulette getragen und damit unterschiedliche religiöse Glaubensvorstellungen öffentlich gezeigt und praktiziert wurden. Ihre Entdeckung belegt nicht nur die weit verbreitete Präsenz von Wikingern im England des 9. und 10. Jahrhunderts, sondern auch die sehr rasche Bekehrung dieser Einwanderer und den Siegeszug des Christentums.

Tim Pestell

| Lit.: Pestell 2013

255

255 Waffentänzer

9./10. Jahrhundert
Birka, Schweden, Grab 571
Silber – H. 2,9 cm
Stockholm, National Historical Museum (Statens historiska museum), Inv.Nr. 34000:Bj 571

In Birka, dem von Ansgar als Missionar aufgesuchten überregionalen wikingerzeitlichen Handelsplatz der Svear nahe dem heutigen Stockholm, blieben alte heidnische Bräuche und Glaubensvorstellungen noch bis in das 10. Jahrhundert lebendig. Ein Zeugnis dafür wird der kleine Silbermann sein, der dort in einem skandinavisch geprägten Frauengrab gefunden wurde. Die Lage im Grab ist nicht dokumentiert, aber eine Öse auf der planen Rückseite belegt eine Trageweise als Anhänger.

Die Figur zeigt einen Mann in knöchellangem Gewand in Frontalansicht mit seitwärts gestellten Füßen. Er scheint sich in einer sanften Bewegung zu befinden. Er trägt einen hoch aufragenden, für einen Kampf untauglichen Helm mit hörnerartigem Aufsatz. Die großen Augen könnten auf eine zugehörige Maske deuten. Mit seiner linken Hand umfasst er ein Schwert in der Scheide, in der rechten hält er einen Stab (Lanze oder Speer?). Gewand, Schwertscheide und Hörner sind mit eingepunzten Kreisen verziert.

Das seit der Vendelzeit belegte Motiv ist mit Odin als dem Herrn über das Schlachtfeld in Verbindung gebracht worden, doch ist ein solcher Zusammenhang nicht nachzuweisen. Aber ohne Zweifel zeigt die Figur einen Ausschnitt aus einer vorchristlichen Zeremonie mit martialischem Charakter. Vielleicht sollte sie für ihre Trägerin eine apotropäische Wirkung haben.

Torsten Capelle

| **Lit.:** Arbman 1940/43; Helmbrecht 2011, S. 140ff.

256 Thorshammerring

9. Jahrhundert
Birka, Schweden, Siedlungsfund
Eisen – Ring: Dm. 6–9 cm
Stockholm, National Historical Museum (Statens historiska museum), Inv.Nr. 5208:508:1

Birka, auf der Insel Björkö im Mälarsee westlich von Stockholm gelegen, war in der Wikingerzeit ein international geprägter Handelsplatz. Der Ort war auch der wichtigste Ausgangspunkt für die nach Osten gerichteten Aktivitäten der Nordleute. Dort trafen sich Menschen verschiedener Herkunftsgebiete und unterschiedlichen Glaubens.

Wikingische Frauen trugen zuweilen als Amulette und als Zeichen ihres angestammten Glaubens demonstrativ einzelne oder mehrere Thorshämmer. Im 9. Jahrhundert bestanden diese oft aus Eisen, das offensichtlich dafür als Schmuckmaterial für angemessen erachtet wurde. Im 10. Jahrhundert wurde dafür Silber bevorzugt. Die Miniaturhämmer waren Symbole für das herausragende Attribut des Gottes Thor. Mit seinem zermalmenden Hammer („Mjöllnir") konnte er Blitz und Donner bewirken, aber auch als Sakralgerät Weihungen vornehmen.

Die vorliegende mit Äxten kombinierte Hammerkollektion ist als Armring getragen worden. Er wird seiner Trägerin unbemerkt über die Hand geglitten und als Verluststück in den Siedlungsboden gelangt sein. Denn er wurde ohne Kontext in der „schwarzen Erde", das heißt in dem phosphathaltigen umwallten Siedlungsbereich, gefunden. Vergleichbare ebenfalls gut erhaltene eiserne Thorshammerringe wurden in den außerhalb des Walles gelegenen Frauengräbern 769, 985 und 1046 von Birka entdeckt.

Torsten Capelle

| **Lit.:** Arbman 1939, S. 35; Wamers 1997; Capelle 2005, S. 42ff.

257 Kreuzanhänger

10. Jahrhundert
Birka, Schweden, Grab 480
Silber – H. 3,1 cm, B. 2,4 cm
Stockholm, National Historical Museum (Statens historiska museum), Inv.Nr. 34000:Bj 480

Der auf der Mälarinsel Björkö liegende wikingerzeitliche Handelsplatz Birka zog Händler aus sehr verschiedenen Ländern an. Als frühstädtisches Ballungszentrum unter königlicher Kontrolle war er zumindest während der jährlichen Handelssaison international geprägt. An einem solchen Ort sahen die Missionare gute Voraussetzungen für ein erfolgreiches Wirken. Ansgar selbst, der Apostel des Nordens, hat Birka zweimal aufgesucht und es wurde ihm dort sogar ein Grundstück für den Kirchenbau zugewiesen.

Vor allem dort bekehrte Frauen zeigten in ihrer sonst weitgehend noch heidnisch verbliebenen Umwelt ihre Zugehörigkeit zu dem neuen Glauben mit dem Kreuzsymbol. Das Kreuz aus Grab 480 gehörte einer Frau mit typisch skandinavischer Tracht.

Das Kreuz mit vier gleich langen, an den Enden weit ausladenden Armen ist aus einem 0,5 Millimeter starken Silberblech ausgeschnitten. Auf der Vorderseite ist es mit eingepunzten Kreisen verziert, deren Anordnung die Kreuzform mit den Armverbreiterungen betont. Eine Trageöse aus längsgerippten Silberblech ist grob angenietet.

Die Fundlage im Grab zeigt, dass das Kreuz an einer Schnur oder ähnlichem um den Hals demonstrativ als Bekenntniszeichen auf Brusthöhe zur Schau gestellt wurde.

Torsten Capelle

| Lit.: Arbman 1940/43; Staecker 1999b; Capelle 2005, S. 42ff.

258 Kreuzanhänger

Slemmedal, Aust-Agder, Südnorwegen; deponiert nach 915–920
Gold – H. 2,68 cm, B. 2,62 cm; Kreuzarme: H. 1,35 cm
Oslo, Kulturhistorisk museum, Universitetet i Oslo, Inv.Nr. C36000 f

In der Mitte dieses kleinen Ankerkreuzes befindet sich ein erhabener runder Buckel mit einem Durchmesser von 4 Millimetern. Das Dekor der Oberfläche besteht aus punzierten Punkten und Kreisen. Ein Loch im oberen Teil eines der Arme deutet darauf hin, dass das Kreuz als Schmuckanhänger konzipiert war. Außer in Norwegen wurden ähnliche Anhänger in Schweden, Russland und der Ukraine (Staecker Typ 1.2.2) gefunden. Der Anhänger weist zudem große Ähnlichkeit mit einer Gruppe von kreuzförmigen Bronzefibeln mit ankerähnlichen Armen auf. Diese Fibelform findet sich außer in Skandinavien auch in Frankreich und Deutschland, wo sehr enge Parallelen zu Funden an der Porta Nigra in Trier bestehen. Wie die Fibeln dort, ist der Anhänger wahrscheinlich kontinentaleuropäischen Ursprungs, denn diese Kreuzform war im Reich der Karolinger weit verbreitet. Im skandinavischen Kontext ist er ein frühes Beispiel für ein christliches Symbol.

Der Kreuzanhänger wurde zusammen mit zahlreichen Gold- und Silberobjekten deponiert, unter anderem vier goldenen Armreifen und acht großen Silberketten. Im Schatzfund von Slemmedal waren auch arabische Dirhems und ein in York geprägter Peterspfennig (= Beitrag für den Heiligen Stuhl) enthalten.

Marianne Vedeler

| Lit.: Blindheim 1982a; Staecker 1999b; Wamers 2004; Wamers 2011

259 Kugelförmiger Nadelkopf und Endknäufe einer offenen Ringfibel

Spätes 9.–frühes 10. Jahrhundert
Slemmedal, Aust-Agder, Südnorwegen; deponiert nach 915–920
Silber – Nadelkopf: H. 6,7 cm, B. 4,4 cm; Endknäufe: 6,2 cm, B. 3,5 cm und H. 6,7 cm, B. 3,5 cm; Dm. aller Kugeln 3,5 cm
Oslo, Kulturhistorisk museum, Universitetet i Oslo, Inv.Nr. C36000/n

Es handelt sich um zwei kugelförmige Endknäufe und einen Nadelkopf, die von einer außergewöhnlich großen westlichen Ringfibel mit Öffnung abgetrennt wurden. Bei allen dreien ist die Rückseite abgeflacht und mit einem Blumenmuster verziert. Der obere Teil des Nadelkopfes ist sehr präzise als Krone gestaltet, während die Spitze, die Halterung und die seitlichen Öffnungen von kleineren Zylindern eingefasst werden. Die Endknäufe wurden am inneren Bund so scharf abgeschnitten, dass nur ein winziger Teil des Rings am äußeren Bund des runden Endknaufes herausragt. Dies könnte darauf hindeuten, dass die Ringfibel in kleine Teile zerlegt wurde, die als Zahlungsmittel dienten. Zur Herstellung der Fibel wurde eine erhebliche Menge an Silber verwandt, denn allein ein runder Endknauf wiegt 91 Gramm.

Ringfibeln mit Öffnung wurden von ranghohen Männern und Frauen dazu benutzt, die Kleidung zusammenzuhalten; sie fungierten zudem wohl als Symbol der Macht und der politischen Zugehörigkeit. Die Nadel wurde durch die Falten des Gewandes gesteckt. Dann wurde ein Ende des Rings unter die Nadel geschoben und der Ring gedreht, sodass die Fibel fest auf dem Stoff saß.

259

Zu den westlichen offenen Ringfibeln gehören sowohl Exemplare, die auf den Britischen Inseln gefertigt, als auch Varianten und Kopien, die in Skandinavien hergestellt wurden. Diese besondere Art (Typ IIIb) ist vor allem in Norwegen anzutreffen, auch wenn verschiedene große Silberfibeln der gleichen Art in Depotfunden in Schottland entdeckt wurden. Die drei abgetrennten Teile der Ringfibel hat man – wie Kat.Nr. 258 – ebenfalls im Schatzfund von Slemmedal aufgefunden. Marianne Vedeler

| Lit.: Blindheim 1982a; Graham-Campbell 1983; Glørstad 2010

260 Zwei zu Schmuckanhängern umgearbeitete Beschläge

9.–10. Jahrhundert
Slemmedal, Grimstad, Ostnorwegen; deponiert nach 915–920
Silber, vergoldet – B. 2,5 cm und 2,6 cm, L. 5,2 cm
Oslo, Kulturhistorisk museum, Universitetet i Oslo, Inv.Nr. C36000/k

Die Beschläge sind gegossen, die Öse wurde allerdings nachträglich angelötet und die Beschläge so zu Schmuckanhängern umgearbeitet. Eine der Ösen weist Ausbesserungsspuren auf und die Metallteile der Anhänger sind von unterschiedlicher Stärke.

260

260

Die Anhänger sind reich mit vegetabilen Ornamenten verziert. Vier horizontal angeordnete Nägel teilen die Schauseite in zwei unterschiedlich große Bereiche auf. In der Mitte des oberen und größeren Bereichs ist ein kreuzförmiges Motiv mit gewundenen Armen zu sehen, die sich an den Enden zu Spiralen aufrollen. Im unteren und kleineren Teil ist ein sechsblättriges Rosettenmotiv zu erkennen.

Die Rückseite eines der Anhänger ist mit einer Runeninschrift versehen, die aus nur einem umrahmten Wort besteht: *sluþi* – eine Umschreibung für den norwegischen Männernamen *slóði*.

Bei den Exponaten handelt es sich um zwei von insgesamt vier ovalen Anhängern, die zu dem gleichen Schatzfund gehören wie der Kreuzanhänger und die Fibelknäufe aus Slemmedal, wo sie zusammen mit zahlreichen Gold- und Silberobjekten deponiert waren (Kat.Nr. 258, 259).   Marianne Vedeler

| Lit.: Blindheim 1982a; Liestøl 1982; Skaare 1982

261 Gussform aus Speckstein für Kreuze, Gewichte und Barren

9./10. Jahrhundert
Kaupang, Vestfold, Norwegen; unbekannter Fundzusammenhang, vermutlich Kaupanger Handwerkszentrum
Speckstein – H. 7,9 cm, B. 4,8 cm, T. 3,6 cm
Oslo, Kulturhistorisk museum, Universitetet i Oslo, Inv.Nr. M01960b

Die quaderförmige Gussform mit Hohlräumen auf jeder Seite besteht aus Speckstein. Sie diente zur Herstellung mehrerer verschiedener Gegenstände. Als Formen sind ein Kreuz, ein Gewicht und drei Barren vorgesehen. Die Kreuzform ist 2,6 mal 1,9 Zentimer groß und weist Spuren grüner Farbe auf, vermutlich korrodierte Reste einer Kupferlegierung. Die Form für das Gewicht ist rund, ihr Durchmesser beträgt 1,7 Zentimeter, die Tiefe 0,3 Zentimeter. In Kaupang wurden auch entsprechende Bleigewichte gefunden. Die Barrenformen sind aufgrund von Schäden an einem Ende der Gussform unvollständig.   Hanne Lovise Aannestad

| Lit.: Blindheim 1969, S. 18; Pedersen 2010

262 Arabische Silbermünze mit Thorshammer-Graffito

Andaraba (Afghanistan), 951–955
Kaupang, Vestfold, Norwegen
Silber – H. 2,2 cm, B. 1,5 cm; 0,58 g
Oslo, Kulturhistorisk museum, Universitetet i Oslo, Inv.Nr. C52517/369

Das Münzfragment mit geometrischen Graffiti ist Teil eines samanidischen Silberdirhems, der zwischen 951 und 955 durch Nuh bin Nasr geschlagen wurde.

Das Graffito auf der Münze hat die Form eines hohlen T, das im Allgemeinen als Thorshammer interpretiert wird. Dieser ist als Graffito auf Münzen zwar selten, für russische und skandinavische Depotfunde aus dem 10. Jahrhundert aber durchaus belegt. Nach dem Einritzen des Hammers wurde die Münze verbogen und in Stücke gebrochen, von denen jedes etwa einem Viertel der Münze entspricht. Bei dem vorliegenden Fragment wurde im Anschluss ein Teil der Bruchkante umgebogen, sodass die Ritzzeichnung nicht mehr vollständig sichtbar ist. Unterhalb der T-Form ist eine lange Grundlinie erkennbar, die auf die gleiche Weise eingeritzt wurde wie das T und anscheinend zu dem Graffito gehört. Unterhalb und jenseits des umgebogenen Stücks der Münze zeigen sich zwei Linien, die im rechten Winkel zueinander stehen und sich auf der Platte mit der Grundlinie zu schneiden scheinen. Das Graffito könnte also aus zwei einzelnen Elementen bestehen, dem Thorshammer und einem anderen, unbekannten Muster. Es ist aber auch möglich, dass alle Elemente zusammen ein umfassendes geometrisches Muster bilden, von dem der Thorshammer ein Teil ist.

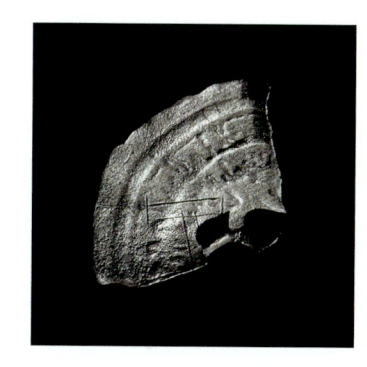

Das Münzfragment wurde mit Hilfe eines Metalldetektors bei der Sondierung der heutigen Pflugschicht in Kaupang im norwegischen Vestfold entdeckt. Die Siedlung Kaupang war als Fernhandelsplatz und Handwerkszentrum zwischen 800 und 970 bewohnt.
                                                Hanne Lovise Aannestad

| Lit.: Blackburn 2008; Rispling/Blackburn/Jonsson 2008, Nr. 85

263 Schatzfund aus Ribe

Schatzfund aus karolingischer silberner Hostienpyxis, in der sechs weitere kleine skandinavische Silberblechbecher lagen, davon fünf erhalten
Gefunden auf einem Feld nördlich des Flüsschens Ribe Å, nördlich der wikingerzeitlichen Handelsstadt Ribe
Kopenhagen, Nationalmuseum Dänemark, Inv.Nr. 15/08

a) Pyxis
Hofschule Karls des Großen, 780–800
Silber, vergoldet, Nielloeinlagen – H. 8 cm

b) Becher
Wikingerzeitlich, 10. Jahrhundert
Silberblech, zum Teil mit Strich-und Kreisgravierung – B. 6,5–7,0 cm, H. 2,2–3,6 cm

Der größere der Becher besteht aus getriebenem Silber mit Vergoldung und Nielloeinlagen. Seine Verzierung ist stilistisch eng mit dem Godescalc-Evangelistar verbunden, das 781 von Karl dem Großen selbst in Rom in Auftrag gegeben und vom Mönch Godescalc 783 vollendet wurde, sowie mit dem Hildesheimer Marienreliquiar. Deshalb wurde er höchstwahrscheinlich in Karls Hofwerkstatt in den Jahren 780–800 geschaffen. Die Wandung ist durch vier Arkaden gegliedert, die von symmetrisch gezeichneten Akanthusranken mit Blütenständen gebildet werden, die sich zum Beispiel im Evangelistar auf Lebensbrunnendarstellungen wiederfinden; der Hintergrund ist mit einem Fiedermuster bedeckt. Dieses Ornament kann als charakteristische Paradiesesvegetation in himmlischen Gefilden gelesen werden, unterstrichen durch eine den Mundsaum umziehende Efeuranke. Wie mehrere Vergleichsfunde belegen, besaß der „Becher" ursprünglich einen Deckel und fungierte als liturgisches Hostienbehältnis. In den wikingischen Norden gelangte es wie drei weitere Silberpyxiden als Beute oder Tribut dänischer Wikinger; für den um 704/10 angelegten dänischen Handelsplatz Ribe, wo 860 der Missionsbischof Ansgar die erste Kirche in Skandinavien errichtete, wäre auch vorstellbar, dass die Pyxis zu einer frühen Ausstattung mit liturgischem Gerät für eine frühe Missionsphase verwendet worden war.

Nach bisheriger Fundlage gibt es im skandinavischen Norden einschließlich Englands insgesamt vier solcher Hostienpyxiden des späten 8. und des ersten Drittels des 9. Jahrhunderts, und zwar stammen alle aus Schatzfunden des 10. bis frühen 11. Jahrhunderts. Im heidnischen Norden war ihre ursprünglich sakrale Bedeutung im christlichen Kultus – in ihnen war nach christlichem Verständnis der fremde Gott präsent – sicher bekannt. Diese Gefäße waren auch in Material, Verarbeitung und Dekor prachtvoller als alles, was man sonst als Becher kannte; seine verschlüsselten Bilder versprachen zauberische Macht. Zudem waren sie handlich und griffig. Jetzt verwendete man sie als kostbare Trinkbecher, was dieses sowie zwei weitere Trinkbecher-Ensembles aus dem altdänischen Machtbereich nahelegen. Jeweils einen großen sowie fünf bis sieben kleine, in Skandinavien gefertigte dünnwandige Silberbecher stellte man zu einem Trinkservice zusammen; auch persische oder einheimische Hauptgefäße wurden verwendet. Diesen Servicen aus einem Haupt- und mehreren Nebenbechern entsprachen bestimmte Trinksitten, die wegen der kleinformatigen und feinen Ausfertigung vermutlich nicht der profanen Flüssigkeitsaufnahme dienten, sondern einer geselligen oder kultischen Trinkgemeinschaft. Da die symbolische Verkostung besonderer Tränke (Wein, Honigwein?) keine skandinavische Tradition besitzt, könnte es sich um neuartige Trinkgemeinschaften handeln, die in der späten Wikingerzeit nach kontinentalem oder angelsächsischem Vorbild übernommen wurden – vielleicht nach dem Modell der Handelsgilden, bei denen im Rahmen von kultisch-geselligen Zusammenkünften ein Vorsitzender (*decanus*) seinen Mittrinkern aus einem größeren Gefäß einschenkte.

Egon Wamers

| Lit.: Wilson 1960; Wamers 1991a, S. 128ff., Abb. 23–24; Wamers 1991b; Wamers 2005a, S. 89f., Nr. 28; Wamers 2005b, S. 178ff.

264 Zwei Silberanhänger

Um 960–1000
Terslev, Seeland, Dänemark
Silber – a) Dm. 4,4 cm und b) Dm. 3,4 cm
Kopenhagen, Nationalmuseum Dänemark, a) Inv.Nr. Dnf 35/11 und b) Inv.Nr. Dnf 46/11

a) Runder Silberanhänger mit Filigranarbeit und Granulation. Der am Rand der Scheibe angelötete Silberstreifen bildet eine Öse. Diese ist mit Silberkügelchen und Kordeldraht verziert, der sich über den Rand und auf die Rückseite erstreckt.
Bei dem dargestellten Muster handelt es sich um den sogenannten Terslev-Grundtyp 1 mit vier durch einen quadratischen Rahmen verbundenen volutenartigen Elementen, der im gesamten Siedlungsgebiet der Wikinger gebräuchlich war. Die Kreuzform in der Mitte könnte auf karolingische Einflüsse hinweisen.
b) Runder Silberanhänger mit Filigranarbeit und Granulation. Am Rand der Scheibe ist eine Öse befestigt. Das Motiv zeigt ein Rad beziehungsweise einen Schild. Der Rundschild mit Spiralmuster ist ein klassisches skandinavisches Motiv, das auch von den gotländischen Bildsteinen bekannt ist. Auf Amuletten aus der Wikingerzeit sind Walküren gelegentlich mit solchen Schilden ausgerüstet.

Peter Pentz

| Lit.: Johansen 1912; RGA 30, S. 355f. (Torsten Capelle: Art. Terslev); Kleingärtner 2007

264

265 Fragment eines liturgischen Gefäßes

Um 800–900
Terslev, Seeland, Dänemark
Silber – L. 2,6 cm, B. 1,8 cm
Kopenhagen, Nationalmuseum Dänemark, Inv.Nr. Dnf. 86/11

Bei dem Fragment handelt es sich um einen Teil eines runden Silbertellers oder einer Schale, höchstwahrscheinlich einer Patene. Entlang des Tellerrandes sind zwischen tief eingravierten konzentrischen Kreisen fünf Großbuchstaben einer Inschrift erhalten: „(...)BATIS". In den Gravuren sind Spuren von Vergoldung zu erkennen. Bei der Inschrift handelt es sich aller Wahrscheinlichkeit nach um den Namen des Spenders, eines Abtes. Ein Teil des nachfolgenden Buchstabens ist ebenfalls auszumachen; er lässt sich als „A" identifizieren.
Das vorliegende Hacksilberstück stammt möglicherweise aus Plünderungen vom Kontinent. Es ist Teil des Fundes von Terslev, eines Silberschatzes, der im Dorf Terslev auf Sjælland entdeckt wurde (Kat.Nr. 264). Als einer der bedeutendsten Silberfunde aller Zeiten

265

266 Axtkopf mit Durchbrucharbeit

Um 975–1050
Ludvigshave, Lolland, Dänemark
Eisen, korrodiert – L. 21 cm, B. 18 cm
Kopenhagen, Nationalmuseum Dänemark, Inv.Nr. C 9115

Es handelt sich um den Kopf einer Axt. Das Blatt hat die Form einer breiten Streitaxt, ist aber auf einen schmalen Umriss reduziert. Vom Rand ragt eine Kreuzform 6,5 Zentimeter in das fast dreieckige Blatt hinein.
Die Axt wurde 1987 in einem Hügelgrab aus der Bronzezeit entdeckt. Zu dem Fund gehört außerdem eine bronzene Hufeisenfibel, deren Ring und Endknäufe facettiert sind. Die Nadel der Fibel hat einen schmalen eingerollten Kopf. Zwei ebenfalls dort entdeckte Eisennägel lassen vermuten, dass der Verstorbene in einem Sarg beigesetzt wurde.
Kreuzformen finden sich auch auf tauschierten Äxten und anderen Äxten mit Durchbrucharbeit. Gemeinsam mit neuen Bestattungsweisen und einer geringeren Anzahl Grabbeigaben weist dieser Dekor auf den Wandel religiöser Vorstellungen hin.
Rekonstruktionen derartiger Äxte haben gezeigt, dass sie trotz des durchbrochenen Blattes durchaus für den praktischen Gebrauch als Waffe geeignet waren. Im vorliegenden Fall legt die Kreuzform jedoch nahe, dass das Stück eine symbolische oder zeremonielle Funktion in einem christlichen Zusammenhang hatte. Die besondere symbolische Bedeutung der Axt blieb auch nach der Wikingerzeit über Jahrhunderte erhalten, so ist die Axt zum Beispiel ein Attribut des heiligen norwegischen Königs Olaf.   Peter Pentz/Anne Pedersen

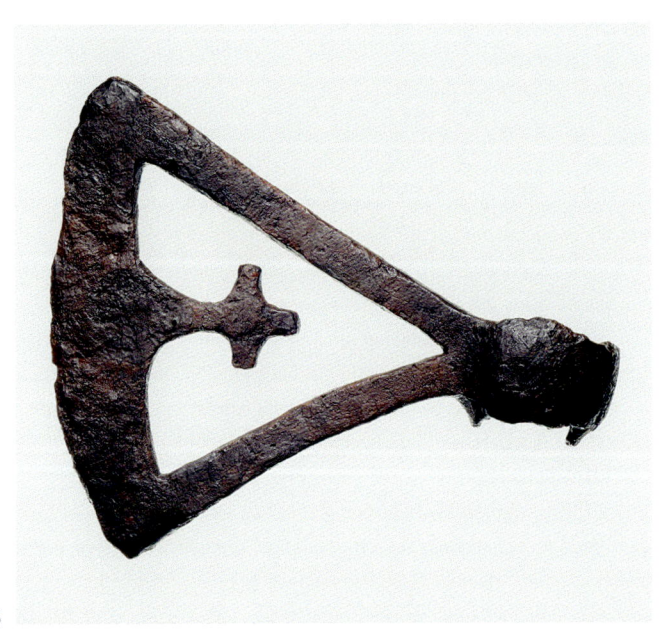

| Lit.: Brøndsted 1936; Paulsen 1956; Iversen 1991

267 Beschlag

Nordischer Stil E/F, erste Hälfte 8. Jahrhundert
Herkunft unbekannt, vermutlich Dänemark
Bronze, vergoldet – H. 7,5 cm, B. 8,5 cm
Kopenhagen, Nationalmuseum Dänemark, Inv.Nr. C 7748

Ein mittig platziertes Kreuzmotiv teilt die Fläche dieses Beschlags in vier Bereiche, die im vermutlich vom Tassilokelchstil abgeleiteten nordischen Stil E/F verziert sind. In der kreisförmigen Mitte des Kreuzes befindet sich ein zentrales rundes Loch sowie daneben ein weiteres Loch. Auch am Rand des Beschlags sind kreisförmige Bereiche sichtbar, in denen sich jeweils ein rundes Loch öffnet, sodass der Beschlag an einer festen Oberfläche angebracht werden konnte. Möglicherweise war er an einem Schrein montiert oder gehörte zu einem Bucheinband.
Der Beschlag ist mit einem Kreuzmotiv und Tierornamenten geschmückt, die erkennbar von kontinentalen und insularen Stilen beeinflusst sind. Er kann als frühes Beispiel christlicher Strömungen in Dänemark gelten, denn seine Entstehungszeit liegt vor der üblicherweise auf 965 datierten offiziellen Bekehrung der Dänen zum Christentum. Archäologische Funde wie dieser veranschaulichen, wie sich das Christentum bereits seit dem 8. Jahrhundert allmählich nach Dänemark ausbreitete.   Maria Panum Baastrup

| Lit.: Bakka 1983; Wamers 2004, S. 53ff.

268 Das Bonderup-Kreuz

Skandinavien, um 1050
Silber, Niello – Kreuz: H. 4,7 cm, B. 4,1 cm, T. 0,2 cm; Kette: L. 76 cm; Ring: Dm. 2,4 cm
Kopenhagen, Nationalmuseum Dänemark, Inv.Nr. 14190

Flacher Kreuzanhänger aus Silber mit Palmettenmotiven in Durchbrucharbeit und beidseitigen niellierten Gravuren im skandinavischen Ringerike-Stil. Die Silberkette besteht aus einem Geflechtschlauch aus feinem Silberdraht und mündet an beiden Enden in Tierköpfen im Urnes-Stil, die in einen silbernen Ring beißen; an diesem hängt das Kreuz. Es gehörte zu einem Schatzversteck, das Bauern 1854 in Bonderup, Pfarre Tårnborg, im südwestlichen Seeland in Dänemark entdeckten. Der Schatz lag in einem zerbrochenen irdenen Gefäß und enthielt neben dem Kreuz zwei Halsreifen aus gekordelten Silberdrähten und 240 vorwiegend dänische und angelsächsische Münzen. Die Münzen belegen, dass der Hort zwischen 1065 und 1070 vergraben wurde. Das Kreuz und die Kette wurden zweifelsfrei in Skandinavien gefertigt, der Stil könnte jedoch teilweise von der irischen Kunst beeinflusst sein. Ketten mit Tierköpfen nordischen Stils an den Enden waren in Skandinavien im 10. und 11. Jahrhundert weit verbreitet und wurden sowohl für Kreuzanhänger als auch für Thorshämmer verwendet.

Poul Grinder-Hansen

| Lit.: Holmqvist 1963, S. 5–49; Kat. Kopenhagen 1992, Nr. 19 (Fritze Lindahl); Kat. Paris/Berlin/Kopenhagen 1992, S. 237, Nr. 37 (Fritze Lindahl); Staecker 1999b, Nr. 39, Typus 1.4.4

269 Deckel eines Weihrauchfasses (?)

1. oder 2. Drittel 10. Jahrhundert
Jütland
Kupfer, getrieben und gegossen; Reste von Vergoldung – H. 10,3 cm, Dm. 10,7 cm
Berlin, Staatliche Museen zu Berlin – Preußischer Kulturbesitz, Kunstgewerbemuseum, Inv.Nr. 1884,1662

Die Schale ist in vier bogenförmige Felder gegliedert, die mit gravierten und durchbrochenen Darstellungen von Vogel- und Drachenpaaren gefüllt sind. Die Komposition der ineinander verflochtenen Tiere, die Art der Augenbildung und die charakteristische Schraffur der bandförmigen Leiber weisen das Werk dem Jelling-Stil zu. Dessen Hauptwerk, ein kleiner Silberkelch im Kopenhagener Nationalmuseum, stammt aus dem 958/59 errichteten nördlichen Grabhügel in Jelling nahe der Ostküste Jütlands. Die ursprüngliche Herkunft des Berliner Werkes ist dagegen unbekannt.
In die Stege zwischen den Ornamentfeldern wurden Nietlöcher sowie rundbogige und vierpassförmige Öffnungen eingebracht, die – anders als die schräg gemeißelten Durchbrüche an den Tierfiguren – senkrechte Kanten aufweisen. Durch diese Veränderungen wurde die bislang ungedeutete Inschrift E[.]SVM[.]NE verstümmelt, zu der

wohl auch das gravierte gleicharmige Kreuz im Scheitelpunkt gehört. Direkt darüber steht ein löwenartiges Tier mit zurückgewendetem Kopf, das vermutlich eine Ringöse im Maul hielt. Das an der Brust ebenfalls mit einem Kreuz bezeichnete gegossene Figürchen besteht aus anderem Kupfermaterial als die getriebene Schale.
Dieser Befund lässt sich so deuten, dass ein Artefakt unbekannter Zweckbestimmung durch das Hinzufügen von Rauchöffnungen, das Annieten von vier jetzt wieder fehlenden Ösen für Zugketten und die Ergänzung der Tierfigur mit einer Öse für die Führungskette zum Deckel eines Schwenkrauchfasses umfunktioniert wurde. Die nachträglichen Perforierungen erinnern an eine Gruppe von Weihrauchfässern aus dem 11. und 12. Jahrhundert mit ähnlichen geometrischen Durchbrüchen. Allerdings können weder die Funktion als Deckel eines Turibulums noch der Zeitraum der Umarbeitung als gesichert angesehen werden.
Die wohl zum originalen Dekor zählende Kreuzdarstellung im Scheitel erhebt das Werk jedoch auch unabhängig von seiner – möglicherweise erst späteren – Funktion als Altargerät zu einem wichtigen Zeugnis für den christlichen Einfluss in Dänemark in der Zeit vor der Taufe König Haralds I. (*um 910, †987) um 960.

Lothar Lambacher

| **Lit.:** Paulsen 1932; Werner 1977, S. 181; Klæsøe 1999; Klæsøe 2002; Kat. Jelling 2002, S. 13, Abb. 7; S. 57f., Nr. 11 (Iben Skibsted Klæsøe)

270 Adamus Bremensis, „Gesta Hammaburgensis ecclesiae pontificum"

Ca. 1100
Pergament – H. 22,8 cm, B. 155–150 cm; 10 Bll.
Leiden, Leiden University Library, Sign. VLQ 123

Adam von Bremen (†vor 1085) gehört zu den bedeutenden Geschichtsschreibern des hohen Mittelalters. Ausgebildet in Bamberg, wurde er 1066/67 unter Erzbischof Adalbert (amt. 1043–1072) zum Leiter der Bremer Domschule berufen. Nach dessen Tod verfasste Adam die „Historia Hammaburgensis ecclesiae", wie er sie selbst nannte. Dieses sein einziges Werk beschreibt ausführlich Leben, Politik und kirchliches Wirken der Bischöfe und ihrer beiden Kirchen Hamburg und Bremen von den Anfängen bis zum Tod Adalberts. 1075/76 waren die vier Bücher fertiggestellt, bis 1080/81 hat Adam in den Büchern 1–3 seines Handexemplars Nachträge („Scholien") hinzugefügt. Seinen herausragenden Wert gewinnt die „Historia" durch Adams Benutzung verschiedener Quellen. Neben erzählenden Quellen (vor allem Rimberts [um 830–888] „Vita Anskarii", aber auch den Viten Rimberts, Willibrords und Willehads) standen ihm historiographische Werke ebenso zur Verfügung wie Hamburg-Bremer Urkunden. Neben dem Quellenstudium hat Adam eingehend Zeitgenossen wie Missionare, Händler, Fürsten und Schiffsleute befragt. Sie und König Sven Estridsen (reg. 1047–1076), den er auf einer Reise nach Dänemark kennengelernt hatte, gaben ihm Informationen über die Verhältnisse in den nordischen Ländern, nach denen Buch 4 der „Historia" entstanden ist (*Descriptio insularum Aquilonis*). Erstmals in der Historiographie zeigt hier ein Autor geographisches, ethnologisches und geradezu wissenschaftliches Interesse an fremden Welten.
Besonders aufschlussreich sind Adams Beschreibungen paganer Heiligtümer und Opferhandlungen, in ihrem Quellenwert von der Forschung allerdings auch umstritten. Kontrovers diskutiert wird seit Langem vor allem sein Bericht über den Tempel in Altuppsala (*templum nobilissimum*, IV, 26f.), in dem sich Statuen der Götter Thor, Wodan und Freyr befunden haben sollen, denen alle neun Jahre bei einem großen Opferfest Tiere und Menschen dargebracht wurden. Für die Vorstellungen der Christen über pagane Opfer sind Adams Angaben allemal von großem Wert.
Trotz aller Lücken und Irrtümer ist sein Werk bis 1080 die grundlegende historische Landeskunde für Skandinavien gewesen. Adam verband damit Bremens Metropolitananspräche für den Norden. Deren Missionsauftrag für Skandinavien wollte er herausstellen und übersah deshalb großzügig den Anteil Englands. So ist Adam ein einzigartiges Werk über Mission und Christianisierung im Norden gelungen.

Lutz E. von Padberg

| **Quellen:** Adam von Bremen (AQ 11); Adam von Bremen (MGH SSrG 2)

| **Lit.:** Johanek 1991; Wavra 1991; Gräslund 2000; Ljungkvist 2000; Janson 2004; Fraesdorff 2005; Tveito 2005; von Padberg 2006

Der Tempel von Uppåkra

Die archäologische Stätte Uppåkra, fünf Kilometer südlich von Lund im Südwesten von Schonen, der südlichsten Provinz Schwedens, gelegen, wurde 1934 erstmals erfasst. Die Grabungen begannen 1996 und dauern bis heute fort (Abb. 25). Wie sich im Laufe der Zeit herausstellte, war die hier vermutete eisenzeitliche Siedlung wesentlich größer und vielschichtiger als ursprünglich angenommen. Sie zeichnet sich durch eine komplexe Stratigraphie und einen vielfältigen Fundbestand aus, der zudem sehr umfangreich ist. Bei einer Sondierung des Geländes mithilfe von Metalldetektoren konnten fast 20 000 Objekte festgestellt werden.

Das Areal erwies sich mit einer Fläche von 40 Hektar als außerordentlich groß, und die zahlreichen Metalldetektorfunde deuten auf eine Siedlungsfolge von der späten vorrömischen Eisenzeit (circa 100 vor Christus) bis zum Ende der Wikingerzeit (circa 1000 nach Christus) hin.

Ab 2001 wurden bei umfangreicheren Grabungen nach dem Abtragen des Oberbodens eindeutige Statusindikatoren entdeckt, so zum Beispiel Artefakte aus Edelmetall, die hohes handwerkliches Können bezeugen. Obwohl das freigelegte Terrain Spuren verschiedener Gebäudestrukturen aufwies, hoben sich die Überreste eines kleinen Gebäudes deutlich von der umgebenden Kulturschicht ab (Abb. 25). Dieses Haus mit geraden Giebeln und leicht nach außen gewölbten Wänden war 13,5 Meter lang und sechs Meter breit. Im Inneren stützten vier paarweise angeordnete große Pfosten das Dach. Die Pfostenlöcher sind circa zwei Meter tief und zeichnen sich ebenso wie die Wandgräben deutlich vom gelben Lehm der Bodenfläche ab. In jeder der vier Ecken des in Stabbauweise errichteten Gebäudes stand jeweils ein weiterer Pfosten. Die Steinkonstruktionen in den Pfostenlöchern lassen darauf schließen, dass die Pfosten einen Durchmesser von mindestens 70 Zentimetern hatten.

Von den drei Eingängen war einer nach Norden ausgerichtet und zwei nach Süden. Am Südwesteingang sind zwei Auskragungen sichtbar, die auf einen kleinen Eingangsbereich an dieser Stelle hinweisen. Deutliche Vertiefungen in der Sohle der Wandgräben lassen auf eine Stabbauweise schließen. In der Mitte des Hauses fand man die Überreste einer Feuerstätte.

Spätere Grabungen ergaben eine hochkomplexe Abfolge von Schichten, die darauf hindeutet, dass hier ein hohes Holzgebäude in Stabwandkonstruktion errichtet und in sieben großen Etappen umgebaut wurde. Form und Struktur des Stabhausbaus wurden dabei über Generationen hinweg beibehalten. Radiokarbonmessungen zufolge wurde das erste der sieben Gebäude im 3. Jahrhundert gebaut und das

25 Grundriss der Tempelanlage von Uppåkra mit den eingezeichneten Fundorten

letzte erst Mitte des 10. Jahrhunderts verlassen; insgesamt wurde der Bau also über 700 Jahre durchgängig genutzt. Zwar fügt sich der Gebäudetyp mit leicht gewölbten Seitenwänden und großen Eckpfosten nahtlos in die typische Bautradition an der Südspitze Schwedens in spätrömischer Zeit und zur Zeit der Völkerwanderung ein; die Häuserfolge und die überdimensionalen Träger für Pfosten und Wände machen dieses Gebäude jedoch zu einem Sonderfall.

In den Fußbodenschichten fand man zahlreiche Objekte wie Fibeln, Glasperlen, Reste von Gusstiegeln und Topfscherben, die aus unterschiedlichen Epochen von der vorrömischen Eisenzeit bis hin zur Wikingerzeit stammen. Bei der ersten Freilegung der Gebäudeschichten kam ein Versteckfund mit einem Metallbecher und einer Glasschale zum Vorschein (Kat.Nr. 272, 273). Der Lehmboden war aufgegraben worden, um Becher und Schale hier abzulegen. Die Gegenstände müssen also vergraben worden sein, als das Gebäude noch genutzt wurde.

Der Becher aus Bronze und Silber ist mit geprägten Goldbändern verziert, die Darstellungen von Menschen, Schlangen und Pferden zeigen. Der Gefäßkörper der doppelwandigen Glasschale besteht aus farblosem, durchsichtigem Glas und wird von einer kobaltblauen Hülle umfasst, deren eingeschliffene Bänder die Schale als Rosette mit Blütenblättern umranken. Schale und Becher werden auf circa 500 vor Christus datiert und stammen vermutlich aus der Schwarzmeerregion. Außer der Schale fand man auch Scherben von Glasgefäßen und -bechern.

Die Funde in der Verfüllung der Wandgräben und Pfostenlöcher waren besonders ergiebig. Hier fand man über einhundert Goldblechfiguren (Goldgubbar) mit über fünfzig verschiedenen Prägungen (Kat.Nr. 274). Auf den meisten sind Männer mit unterschiedlichen Eigenschaften zu sehen, einige zeigen Frauen, und auf einigen wenigen sind Paare aus Mann und Frau zu erkennen. Manche der Goldblechfiguren beruhen auf denselben Prägestempeln wie die aus Sorte Muld auf Bornholm. Zwei Fundschwerpunkte ließen sich feststellen, da ein Großteil der Figuren unter dem nordwestlichen Innenpfosten und in den Ecken der östlichen Giebelwand gefunden wurde.

Zu den Goldfunden gehören außerdem Fragmente von unterschiedlich starken Goldblechobjekten und Gegenstände aus unverarbeitetem Gold, so etwa geflochtene Drähte und Bruchstücke kleiner Barren. Unter den Fundstücken befindet sich auch ein Fragment eines Goldbrakteaten.

Neben Gegenständen aus Gold wurden andere Objekte in der Verfüllung des nordwestlichen Pfostens gefunden, darunter ein ringförmiger Türgriff aus Eisen (Kat.Nr. 271). Einen größeren Griffring fand man in der Pflugschicht in der Nähe des Gebäudes.

Die außergewöhnlichen Funde und Bauelemente sowie die Baufolge stellen die Überreste eines höchst ungewöhnlichen Gebäudes aus der Eisenzeit dar. Die stabilen Eckpfosten legen den Schluss nahe, dass der Baukörper zusätzlicher Stützelemente bedurfte, möglicherweise also besonders hoch war bzw. ein großes, schweres Dach hatte. Die großen Eck- und Innenpfosten wären dann die entscheidenden tragenden Elemente gewesen.

Besonders wichtig für das Verständnis der kultischen Funktion des Gebäudes sind die Waffendepots nördlich und südlich des Hauses. Im nördlichen Depot fanden sich über 300 Objekte, insbesondere Lanzenköpfe und Speerspitzen (Kat.Nr. 276). Darüber hinaus wurden Schildbuckel und -griffe entdeckt. In den Depots fand sich ebenfalls eine große Zahl an Knochen, darunter auch Menschenknochen. Radiokarbonmessungen ergaben, dass diese auf das 6. und 7. Jahrhundert zurückgehen.

Südlich des Gebäudes fand man darüber hinaus Objekte, die zur Ausrüstung der Krieger gehörten. Der bemerkenswerteste Fund ist ein augenbrauenförmiger Beschlag, der einen prunkvollen Helm zierte (Kat.Nr. 275).

Der Bau befand sich im Zentrum des Siedlungsareals. Die Reihe großer Hallen, die man gleich westlich nachweisen kann, stammt aus der Zeit zwischen circa 400 und 800. Die Bauart des Hauses und die Art der Fundstücke, also Becher, Glasgefäße und die zahlreichen Goldblechfiguren, weisen auch auf eine besondere Funktion des Gebäudes als Kulthaus hin. Bei dieser Deutung sind zudem die nördlich und südlich hiervon deponierten Waffen zu berücksichtigen.

Lars Larsson

| Lit.: Hårdh 2004; Helgesson 2004; Larsson/Lenntorp 2004; Stjernquist 2004; Watt 2004

271 Eisenring

Völkerwanderungszeit
Uppåkra, Schonen, Schweden
Eisen – Dm. 14,7 cm, St. 1,4 cm
Lund, Lund University Historical Museum, Inv.Nr. U2001

Der Ring mit vier gleichmäßig angeordneten abgeflachten Verdickungen hängt an einer Krampe. Die Krümmung des Eisenbeschlags deutet darauf hin, dass er auf einen Holzaufsatz von einer Stärke von 6,5 Zentimetern genagelt war. Es handelt sich vermutlich um einen Ring für eine dickwandige Tür. Gefunden wurde er in der Verfüllung einer der Innenpfosten, die das Dach des Kulthauses stützten. Ein zweites Exemplar mit etwas größerem Durchmesser fand man in der Pflugschicht in der Nähe des Gebäudes.

Lars Larsson

| Lit.: Ödman 2003; Larsson/Lenntorp 2004

VI STERBENDE GÖTTER. CHRISTIANISIERUNG SKANDINAVIENS

272
273

272 Metallbecher

Völkerwanderungszeit
Uppåkra, Schonen, Schweden; Grabungsfund
Kupferlegierung mit aufgelegten figurverzierten Pressblechbändern aus Gold und Silber
– annähernd komplett erhalten; restauriert – H. 16,5 cm, Mündung: Dm. 7,1–10,9 cm
Lund, Lund University Historical Museum, Inv.Nr. U31000

Bei der Ausgrabung des sogenannten Zeremonienhauses kam 2001 eine Deponierung in der Mitte des Hauses dicht an der Herdstelle zum Vorschein. Die Deponierung bestand aus einem Metallbecher und einer Glasschale. Beide sind Unikate. Der Metallbecher wurde mit Hilfe von Vergleichen klassifiziert. Er besteht aus einer Kupferlegierung, während Fuß und Mündung aus Silber gefertigt sind. Der Körper des Bechers ist mit figurenverzierten Goldbändern bedeckt. Zwischen ihnen sind profilierte Silberbänder angebracht. Die Goldstreifen tragen Verzierungen im Tierstil I. Sie sind in Pressblech hergestellt und zeigen zwei Motive, die alternieren. Die erste Bildfläche weist zwei Männerfiguren auf, die von zwei schlangenähnlichen Figuren umschlungen werden. Die zweite Bildfläche trägt ein Vexierbild aus zwei Tierköpfen, die einen gemeinsamen Körper besitzen. Durch das Einflechten der Enden der Schlangenleiber in das Vexierbildfeld sind beide Felder miteinander verknüpft.

Die Schlange ist ein zweideutiges Wesen der nordischen Mythologie. Sie kann entweder drohend oder behütend sein. Auch gilt sie als Symbol der Wiedergeburt. Das Vexierbild mit Tieren soll möglicherweise ein Pferd zeigen. Vielleicht ist hier Odins Pferd gemeint, das die toten Helden nach Walhall führt. Da die Darstellungen zu einem endlosen Band verbunden sind und dieses Band um den Becher herum läuft, wäre eine mögliche Deutung, dass die Motive zusammen die Transformation von Geburt, Tod und Auferstehung zum Ausdruck bringen. Die Ikonographie hat deutliche Bezüge zu den Goldbrakteaten und bildreichen südskandinavischen Relieffibeln. Der Becher selbst erinnert an wohlbekannte Abbildungen von Trinkzeremonien, zum Beispiel den Willkommensgruß in Walhall durch eine Walküre, der häufig ebenso etwa auf gotländischen Bildsteinen dargestellt worden ist.

Stil und Technik sprechen dafür, dass der Becher vor Ort hergestellt wurde. An zentralen Stätten wie Uppåkra fanden sich exklusive Rohstoffe, geschickte Handwerker sowie Sachverständige für die Konzeption. Es waren auch Plätze, wo Mythen vermittelt und weiterentwickelt wurden. Die großen südskandinavischen Zentralplätze waren auch die Umgebung für die Entwicklung des spektakulären Stils I.

Birgitta Hårdh

| Lit.: Hårdh 2004

273 Glasschale

Völkerwanderungszeit
Uppåkra, Schonen, Schweden; Grabungsfund
Zweifarbiges Glas – komplett erhalten; restauriert – H. 9,7 cm, Mündung: etwa ca. 16,5 cm
Lund, Lund University Historical Museum, Inv.Nr. U31000

Die Schale besteht aus zwei Lagen. Bei der unteren wurde klares, leicht gelbgrünes Glas genutzt, bei der oberen kobaltblaues Material, das ausgeschnitten wurde, um ein farbiges Muster zu erzeugen. Eine Borte von Rechtecken mit eingeschnitten Ovalen läuft unter der Mündung herum. Der Körper der Schale hat eine Verzierung von zwölf Bögen, die eine Rosette mit Blütenblättern bilden. Die Schale ist vermutlich im 5. Jahrhundert im Schwarzmeergebiet hergestellt worden, da es sich um ein Unikat handelt ist sie jedoch schwer einzuordnen. Die Technik hat Parallelen im Glas der römischen Kaiser- und Völkerwanderungszeit. Die Gefäßproduktion aus Überfangglas war in dieser Zeit im südöstlichen Europa am weitesten entwickelt. Die lotusähnliche Blumenverzierung hat ihren Ursprung im ägyptischen Kunsthandwerk und wurde schon in hellenistischer Zeit in das Schwarzmeergebiet verbreitet. Wahrscheinlich hatte sie eine symbolische Bedeutung.

Es gibt gute Vergleichsbeispiele von Metallgefäßen mit derselben Verzierung, unter anderem aus dem wohlbekannten Grab in Sutton Hoo im südöstlichen England. Die dort gefundene Silberschale wurde angeblich aus dem östlichen Mittelmeergebiet eingeführt.

Die Glasschale aus Uppåkra ist ein beredtes Zeugnis der weitgespannten Kontakte und Verbindungen, die es im 5. Jahrhundert gab, dem Jahrhundert, in dem die Schale höchstwahrscheinlich nach Skandinavien gelangte.

Die Schale wurde während der Ausgrabung des sogenannten Zeremonienhauses gefunden. Sie war, zusammen mit einem verzierten Metallbecher, in der Mitte des Hauses dicht an der Herdstelle deponiert worden. Hiernach wurde ein Lehmboden darübergelegt. Schale und Becher waren bei der Deponierung bereits alt, wahrscheinlich ein paar hundert Jahre oder mehr. Das Glasgefäß wurde anscheinend zusammen mit dem Becher für Trinkzeremonien im Kulthaus verwendet. Birgitta Hårdh

| Lit.: Stjernquist 2004

274 Goldblechfiguren („Goldgubbar")

Frühe Merowingerzeit
Uppåkra, Schonen, Schweden
Gold – H. 1,6 cm, B. 0,7 cm, St. 0,15 mm
Lund, Lund University Historical Museum, Inv.Nr. U206546

In der Verfüllung eines der Innenpfosten, die das Dach des Kulthauses stützten, fand man über hundert Goldblechfiguren, von denen die meisten nackte oder bekleidete männliche Figuren zeigen; auf nur wenigen sind bekleidete Frauen zu sehen. Sowohl Männer als auch Frauen tragen kunstvolle Haartrachten. Nur eine Figur trägt ein Goldband, das wohl eine Goldkette darstellt. Lars Larsson

| Lit.: Watt 2004

275 Augenbrauenförmiger Helmbeschlag

Spätes 7./frühes 8. Jahrhundert
Uppåkra, Schonen, Schweden
Bronze, vergoldet; Silber, nielliert – L. 6,8 cm, B. 2,9 cm
Lund, Lund University Historical Museum, Inv.Nr. U3804

Dieser Bogen aus vergoldeter Bronze und nielliertem Silber schmückte ursprünglich einen prunkvollen Helm und schützte zugleich die Partie oberhalb des Auges. Der Helm wurde in Einzelteile zerlegt in einem Depot von Waffenbeuteopfern gefunden. Lars Larsson

| Lit.: Larsson 2004

VI STERBENDE GÖTTER. CHRISTIANISIERUNG SKANDINAVIENS   329

276

276 Triúmphus: Waffenbeuteopfer in Uppåkra

Um 400–800
Uppåkra, Schonen, Schweden
Speerspitzen und Lanzenköpfe aus Eisen, Schleudergeschoss aus Kalkstein und menschliche Überreste – L. 45 cm, B. 3,7 cm, T. 2,2 cm; L. 37,5 cm, B. 2,6 cm, T. 2,2 cm; L. 33 cm, B. 4,2 cm, T. 2,5 cm; L. 47 cm, B. 6,1 cm, T. 2,6 cm; L. 23,5 cm, B. 1,4 cm, T. 1,8 cm; L. 17,5 cm, B. 2,2 cm, T. 1,7 cm; L. 15,5 cm, B. 3,3 cm, T. 2 cm
Lund, Lund University Historical Museum, Inv.Nr. U30834; U204608; U204417; U204357; U205950

Opfergaben aus der Eisenzeit sind nicht nur in den gut erforschten Mooren Skandinaviens zu finden. Ungefähr seit dem 5. Jahrhundert fanden Zeremonien nachweislich auch in der Nähe von Tempeln und Kulthallen statt. Von den Römern übernahm man die örtlichen Siegesfeiern, bei denen erbeutete Waffen ausgestellt und geopfert wurden. Verschiedene solcher Opfergaben wurden in Uppåkra gefunden. Das Kriegswerkzeug der besiegten Feinde wurde unmittelbar nördlich und südlich des Tempels von Uppåkra abgelegt und in manchen Fällen feierlich zerstört. Unter diesen Beuteopfern sind auch menschliche Überreste zu finden. Der Opferhain spielte nach heutigem Kenntnisstand in der altnordischen Religion eine bedeutende Rolle und es ist durchaus möglich, dass die Siegesfeiern in Uppåkra im Opferhain stattfanden.   Jerry Rosengren

| Lit.: Helgesson 2004; Hårdh/Larsson 2007, S. 46–52; Kat. Lund 2007, S. 64–67 (Jerry Rosengren)

277 Bronzefigur

Wikingerzeit
Uppåkra, Schonen, Schweden
Bronzeguss – L. 4,7 cm, B. 1,5 cm
Lund, Lund University Historical Museum, Inv.Nr. U1309

Das Gewand der aufrecht stehenden Figur reicht bis zu den Füßen; bei den zwei abgestoßenen hörnerähnlichen Fortsätzen an ihrem Kopf könnte es sich auch um Vogelköpfe handeln. Das rechte Auge ist leicht beschädigt, was darauf hindeuten könnte, dass die Figur den einäugigen Gott Odin darstellt.   Lars Larsson

| Lit.: Helmbrecht 2011

277

278

278

278 Münze des Valens

Valens, 9 Solidi?, Trier, 364–378
Gold, 9 Solidi? – Dm. 62 mm, St. 0,6 cm; 77,24 g
Vorderseite: D N VALEN-S P F AVG. Drapierte Panzerbüste des Valens mit Diadem in der Brustansicht nach rechts
Rückseite: RESTITVTOR REI – PVBLICAE // TROBS. Valens in Rüstung mit Diadem in der Vorderansicht, in der linken Hand ein Feldzeichen mit Christogramm (labarum), richtet mit der rechten Hand eine Frau auf, die aufgrund von Mauerkrone und Füllhorn wohl als Personifikation des Staates zu deuten ist
Berlin, Staatliche Museen zu Berlin – Preußischer Kulturbesitz, Münzkabinett, Objektnr. 18200869

Flavius Valens (*um 328, †378) war der Bruder des Valentinianus I. und wie dieser ein Sohn des älteren Gratianus, eines angesehenen Kommandeurs. Am 28. März 364 wurde er von seinem Bruder zum Mitherrscher ernannt und war nun für den Osten des Reiches zuständig. Seit dem Tode des Valentinianus am 17. November 375 war Valens nun „Maximus Augustus", neben dem Sohn des Valentinianus I., Gratianus, der seit 367 ebenfalls den Rang eines Augustus bekleidete. Valens fiel am 9. August 378 in der Schlacht bei Hadrianopolis (Edirne) gegen die Goten.

Die Rückseite dieses Multiplums versinnbildlicht den Anspruch der valentinianischen Dynastie auf die Wiederherstellung der alten Staatsordnung und Größe Roms. Der Kaiser wird mit dem Labarum, dem von Konstantin eingeführten Feldzeichen mit dem Christusmonogramm Chi-Rho in der Hand dargestellt, wie er die Personifikation des Staates links wieder aufrichtet.

Diese nachträglich als Medaillon gefasste Münze ist ein sogenanntes Multiplum, das heißt ein zu besonderen Auszeichnungszwecken gefertigtes Mehrfaches der regulären Goldprägung. Es ist später gehenkelt und mit einem Goldrahmen versehen worden. Gewicht und Durchmesser mitsamt der Fassung sind 62 Millimeter bzw. 77,24 Gramm. Dressel vermutet ein Reingewicht der Münze von 40,95 Gramm, also ein Multiplum im Gewicht von 9 Solidi. Diese besonders prächtige Münze stammt aus der Sammlung der Markgrafen von Ansbach-Bayreuth und ist mit dieser 1791 durch den preußischen König erworben worden. Solche Multipla wurden unter anderem an verdiente Militärs vergeben und gelangten auch in die Hände germanischer Anführer außerhalb des Römischen Reiches. Neben originalen römischen Arbeiten wie dieser wurden dort auch Imitationen angefertigt. Eine besondere und für den skandinavischen Raum charakteristische Reaktion auf derartige römischen Vorbilder sind die dort produzierten nordischen Schmuckbrakteaten, wie sie das Exemplar aus dem Kulthaus von Uppåkra bei Lund darstellt.   Karsten Dahmen
| **Lit.:** Dressel 1973, S. 402f., Nr. 266; The Roman Imperial Coinage 9, Nr. 48a (dieses Stück, postum datiert in 378–383)

279 Brakteat

Spätes 5. Jahrhundert
Uppåkra, Schonen, Schweden
Gold – Dm. 2,4 cm; 2,93 g
Lund, Lund University Historical Museum, Inv.Nr. U209465

Ein Brakteat ist eine Medaille mit einseitiger Prägung. Dieser Goldbrakteat mit Runeninschriften (Typ C) zeigt einen Menschenkopf

279

auf dem Rücken eines vierbeinigen Tiers. Das Motiv wird gewöhnlich als Darstellung des Gottes Odin auf seinem Pferd Sleipnir interpretiert. Die Runeninschrift auf beiden Seiten des Kopfes lautet *alu*, was „Bier" bedeutet, und *sima?ina*, was als „Wein" verstanden werden kann. Lars Larsson

| **Lit.**: Axboe/Stoklund 2003

280 Beschlag in Form eines geflügelten Mannes

10. Jahrhundert
Uppåkra, Schonen, Schweden
Kupferlegierung, vergoldet – L. 7,3 cm, B. 5,0 cm
Lund, Lund University Historical Museum, Inv.Nr. U213944

Der komplett vergoldete Beschlag besteht aus einer Kupferlegierung und wurde als Durchbrucharbeit in Hochrelief gefertigt. Er zeigt ein menschliches Wesen, das allem Anschein nach eine Art Rüstung trägt und die Flügel und den Schwanz eines Vogels besitzt. Mit der Darstellung könnte Wieland der Schmied (Völund) gemeint sein, der der Legende nach von König Nidud entführt wurde. Um ihn an der Flucht zu hindern, ließ Nidud die Sehnen von Wielands Beinen durchtrennen. Wieland sollte nun Schmuck für die Familie des Königs herstellen, doch aus Rache tötete er die beiden Söhne des Königs und vergewaltigte seine Tochter, bevor er mithilfe einer Flugvorrichtung aus Vogelfedern floh. Der Beschlag könnte zur Verzierung einer Schwertscheide gedient haben. Lars Larsson

| **Lit.**: Helmbrecht 2012

281 Fantasietier aus Silber

Merowinger- bis Wikingerzeit
Uppåkra, Schonen, Schweden; Detektorfund
Silber mit Golddrähten – ein Bein und ein Auge beschädigt – H. 3,8 cm, B. 3,1 cm, L. 4,4 cm
Lund, Lund University Historical Museum, Inv.Nr. U31000:4012

Bei diesem Fantasietier aus kupferhaltigem Silber mit aufgelegten Golddrähten um den Hals und entlang der Rückenlinie handelt es sich um einen Vierfüßler mit kurzem, kräftigem Körper sowie kleinem rundem Kopf, den ein Nackenbüschel akzentuiert. Die Ohren sind klein und beinahe wie Knöpfe geformt. Die Augen sind rund; im rechten hat sich eine rote Einlage, wahrscheinlich aus Glas, erhalten, aus dem linken Auge ist die Einlage herausgefallen. Die Beine sind lang und enden in Pfoten mit langen, schlanken „Fingern". Ein Hinterbein ist abgebrochen. Der ganze Körper ist mit flacher Reliefverzierung bedeckt. Den Rücken entlang verläuft ein zapfenartiges Ornament, möglicherweise eine Mähne abbildend. Die übrigen Teile des Körpers schmücken geometrische Muster, abgesehen von zwei vogelähnlichen Dekoren auf den Schenkeln des Tieres. Zwei Schlangen winden sich über dessen Seiten, wobei die Köpfe jeweils unter seinen Vorderpfoten liegen, als ob das Tier die beiden Schlangen hiermit niederhalten würde.

Die Symbolik, ein Vierfüßler im Kampf mit Schlangen, ist ein zentrales Motiv in der christlichen Ikonographie als Darstellung des Kampfes des Guten gegen das Böse.

Seine Form – die kleinen Ohren und die mähnenähnliche Verzierung entlang des Rückens – macht es möglich, das Tier als Löwe zu interpretieren. Das Nackenbüschel erlaubt die Anknüpfung an die wikingerzeitliche Ikonographie, wie sie sich zum Beispiel im Jellingestil findet. Die Vogelfiguren weisen Beziehungen zur germanischen Tierornamentik im sogenannten Stil F auf und haben Parallelen auf dem dänischen Fejøbecher. Andere Analogien ergeben sich zu Darstellungen auf dem Tassilokelch, dem Lindauer Evangeliar sowie dem Book of Kells. Die unterschiedlichen Zierelemente legen nahe, dass das Tier westeuropäischen Ursprungs ist, auch wenn sich das

Herstellungsgebiet nicht näher lokalisieren lässt. Das Fantasietier von Uppåkra besitzt also Beziehungen zu eine Reihe von Kunstwerken aus christlichen Kontexten, die wahre Meisterstücke darstellen und zum Teil in Zusammenhang mit Königs- oder Fürstenhöfen Europas stehen. Durch diese Vergleiche gelangen wir zu einer wahrscheinlichen Datierung der Figur ins späte 8. Jahrhundert oder die Zeit um 800.

Sie kann auf verschiedenen Wegen nach Uppåkra gelangt sein. Eine Möglichkeit besteht darin, dass sie als Raubgut aus einem Kloster oder einer Kirche in Westeuropa stammte. Vielleicht war sie eine kostbare Gabe eines Machthabers, der Kontakte nach Skandinavien pflegte. Eine dritte Möglichkeit ist, dass die Silberfigur in Zusammenhang mit der Missionierung des Nordens nach Uppåkra kam, die im frühen 9. Jahrhundert begann. Birgitta Hårdh

| **Lit.**: Helgesson 1999

282 Planke einer Stabkirche

Späteres 11. Jahrhundert
Kirche in Brågarp, Schonen, Schweden
Eiche – an beiden Enden beschädigt – H. 42 cm, B. 98 cm, T. 6 cm
Lund, Lund University Historical Museum, Inv.Nr. 28733:a

Das Brett aus Eichenholz ist auf einer Seite im Flachrelief mit zwei teils beschädigten verschlungenen Drachenleibern sowie einem Flechtband verziert, weshalb es am ehesten dem spätwikingerzeitlichen Stil zugeschrieben werden kann. Es wurde 1944 wenige Kilometer südlich von Lund in der kleinen romanischen Steinkirche von Brågarp, der Nachbargemeinde von Uppåkra, gefunden.

Das Brett war bei seiner Entdeckung auf dem Dachboden des Chores als Auflage in einer Giebelöffnung vermauert. Details an der oberen Längs- und an den beiden Seitenkanten verraten, dass es einmal in eine größere Holzkonstruktion integriert gewesen ist. Höchstwahrscheinlich war es ursprünglich im Vorgängerbau der heutigen Steinkirche, einer sogenannten Stabkirche aus Holz, als Zierpaneel oberhalb eines Portals angebracht. Adam von Bremen (Kat.Nr. 270) hält in seiner in den 70er-Jahren des 11. Jahrhunderts verfassten Chronik fest, dass es seinerzeit 300 Kirchen in Schonen gegeben habe. Heute wissen wir, dass damals wohl nur einige wenige Steinkirchen existiert haben, weshalb davon ausgegangen werden kann, dass die meisten romanischen Kirchen dieser Art Vorgänger aus Holz besessen haben. Jedoch sind von ihnen nur archäologische Spuren und eine kleine Zahl von Fragmenten erhalten.

Auch wenn keinerlei Farbreste auf dem Brett festzustellen sind, so können wir doch annehmen, dass das Relief wie bei anderen dekorativen Bauelementen aus der Wikingerzeit und wie die Ritzungen auf Runensteinen in klaren Farben gefasst war. Hampus Cinthio

| **Lit.**: Rydbeck 1944, S. 64–67; Karlsson 1976, Nr. 122; Kat. Hamburg 1981, S. 594

283 Anhänger mit Pfauendarstellung

Spätes 11./frühes 12. Jahrhundert
Uppåkra, Schonen, Schweden; Detektorfund
Kupferlegierung, vergoldet – Dm. 2,5 cm
Lund, Lund University Historical Museum, Inv.Nr. U1025

Der Anhänger hat eine runde Form und eine breite Öse zum Einhängen. Den Rand entlang verläuft ein Perlmuster. Auf der runden

282

Mittelfläche erkennt man einen Pfau im Profil vor einer Traube. Aus Skandinavien sind Pfauendarstellungen nicht vor der Wikingerzeit bekannt. Dieses Motiv spielt auch keine Rolle in der nordischen vorchristlichen Mythologie. Dagegen war der Pfau ein häufiges Motiv der frühchristlichen Ikonographie und wurde im Norden in der späten Wikingerzeit und im skandinavischen Frühmittelalter sehr populär.

In der frühchristlichen Kunst erhält der Pfau eine zentrale Bedeutung als Auferstehungssymbol, aber auch als Symbol des Hochmuts. Diese Gedanken wirkten in der Ikonographie fort, was sich in allerlei Abbildungen manifestierte. Das Pfauenmotiv ist jedoch auch der sassanidischen und islamischen Kunst vertraut und dort gewöhnlich mit der Unsterblichkeit verknüpft. Ein schönes Beispiel ist ein Stück Seidenwirkerei mit einem prachtvollen Exemplar aus Cordoba, das ins 10. bis 11. Jahrhundert datiert. Das Pfauenmotiv existierte also gleichzeitig in der christlichen und islamischen Kunst und wurde in beiden Bereichen als Symbol der Unsterblichkeit angesehen.

In Skandinavien erlangte der Pfau in der späten Wikingerzeit und in der frühchristlichen Zeit des Nordens große Beliebtheit. Der Vogel begegnet auf Spangen und Anhängern. Zwei Anhänger aus Birka, die im 10. Jahrhundert hergestellt wurden, zeigen gewisse Ähnlichkeiten mit demjenigen aus Uppåkra. Eine Silberspange mit einem Pfau im Profil aus Hjulborg, Nyborg, Dänemark ist als ein christlicher Gegenstand des 12. Jahrhunderts einzuordnen. Der Anhänger aus Uppåkra datiert wahrscheinlich ins späte 11. oder frühe 12. Jahrhundert und gehört sicherlich zum christlichen Inventar dieser Periode, in der sich das Christentum im Norden verbreitete.

Birgitta Hårdh

| Lit.: Petersen 2005; Hårdh 2010b

284 Reliquienkreuz

11. Jahrhundert
Uppåkra, Schonen, Schweden; Detektorfund
Kupferlegierung, gegossen – abgenutzt, verschiedene Beschädigungen vor allem auf der Rückseite – H. 10,2 cm, B. 82 cm, T. 18 cm
Lund, Lund University Historical Museum, Inv.Nr. U31000:1600

Die Kreuzform dieses Enkolpions ist vom lateinischen Typus. Die Längs- und Querbalken verbreitern sich leicht nach außen und schließen gerade ab. Um das Reliquiar öffnen zu können, wurde es mit einem Scharnier am oberen Längsbalken versehen. Die Vorderseite nimmt die Figur Christi im Relief ein. Christus ist lebend, mit offenen Augen und aufrecht gehaltenem Kopf, dargestellt. Diese Darstellungsform ist für das Früh- und Hochmittelalter typisch. Um den Kopf Christi ist ein Kreuznimbus erkennbar, er trägt einen Vollbart. Die Kleidung ist auf einen Lendenschutz mit langen, vertikalen Falten beschränkt. Der Halbkreis über dem Haupt ist möglicherweise als ein Lorbeerkranz zu verstehen. Die Krönung mit dem Lorbeerkranz ist das älteste christliche Krönungsbild, das schon aus dem 4. Jahrhundert bekannt ist.

Vergleichbare Motive zum Enkolpion von Uppåkra sind aus dem Bereich der insularen und karolingisch-ottonischen Kunst bekannt. Die Krönungsikonographie und die Ausformung des Kreuznimbus lassen vermuten, dass das Reliquiar im 11. Jahrhundert im ottonisch-salischen Raum hergestellt wurde.

Zeitlich fällt die Datierung des Reliquiars mit der Etablierung der Kirche in Schonen zusammen. Das Enkolpion steht damit klar im Zusammenhang mit der Missionierung Altdänemarks. Das Reliquiar wurde einmal repariert, was zeigt, dass ihm ein hoher Stellenwert beigemessen wurde. Dies wiederum spricht auch dafür, dass der Träger dem Christentum sehr nahe stand.

Das Enkolpion wurde in der Nähe der heutigen Kirche gefunden. Diese Kirche von Uppåkra hatte einen Vorgängerbau aus dem 12. Jahrhundert. Es ist möglich, dass das Reliquiar von einer noch älteren Vorgängerkirche aus der Spätwikingerzeit stammt.

Birgitta Hårdh

| Lit.: Staecker 1999a

285 Kreuz-Scheibenfibel

Frühmittelalterlich
Uppåkra, Schonen, Schweden; Siedlungsfund
Bronze – Dm. 39 mm, St. 2,1–2,5 mm
Lund, Lund University Historical Museum, Inv.Nr. U1069

Die durchbrochen gearbeitete kreisrunde Fibel zeigt ein Kreuz mit gleich langen trapezoiden Armen, das von einem 8 Millimeter breiten Randsteg umringt wird. Auf dem etwas stärkeren 12 Millimeter weiten runden Mittelfeld sind in gleicher Größe vier einfache Kreisaugen angebracht, auf den Kreuzarmen jeweils zwei und auf dem umlaufenden Steg 16. Auf der planen Rückseite sind die mitgegossene Nadelhalterung und der -schuh noch erhalten. Die Fibel kann in funktionsfähigem Zustand nach Uppåkra gelangt sein.

Ein weiteres identisches Stück ist nicht bekannt, aber durchaus vergleichbare Exemplare wurden in merowingischen Frauengräbern vor allem im Rhein-Main-Gebiet und in Nordgallien gefunden. Dort sind sie im letzten Drittel des 7. Jahrhunderts getragen worden. Die formale Nähe der Kreuzgestaltung zu zahlreichen Goldblattkreuzen berechtigt zu der Annahme, dass die Kreuzscheibenfibeln ebenso wie ähnliche Anhänger auf dem Kontinent als Bekenntniszeichen gedient haben.

Im Norden Europas, wo vierspeichige Radkreuze als Ornamente schon in der Bronzezeit gut belegt sind, wird das Motiv eines kreisförmig gefassten gleicharmigen Kreuzes um 700 sicher nicht als christliches Symbol verstanden worden sein. Falls die Fibel dort überhaupt getragen wurde, dann gewiss nur als originelles Zierstück.   Torsten Capelle

| **Lit.:** Koch 2003

286 Zwei Terslevmodel

Wikingerzeitlich
Bronze
a) Model von Lund
Lund, Schonen, Schweden; Siedlungsfund
Dm. 28 mm, H. 6 mm
Lund, The Museum of Cultural History, Kulturen, Inv.Nr. KM 3126

b) Model von Uppåkra
Uppåkra, Schonen, Schweden; Siedlungsfund
Dm. 34–35 mm, H. 4 mm
Lund, Lund University Historical Museum, Inv.Nr. U524

Vom Stortorget in Lund stammt ein runder Model (a), der von einem hoch spezialisierten Goldschmied benutzt worden sein muss. Der stark gewölbte Model zeigt in der Mitte ein gedrungenes gleicharmiges Kreuz, das von einem Quadrat mit eingezogenen Seiten eingefasst wird. Die von erhabenen Dreiecken betonten Spitzen des Quadrats sind jeweils mit einer brezelförmigen Schlaufe unterlegt. Das somit entstandene Muster ist das klassische Terslevmotiv, benannt nach einem dänischen Schatzfund.

Eine davon etwas abweichende Variante bietet der Model von Uppåkra (b). Das aus starken abgeflachten Leisten um ein rhombisches Zentrum bestehende Muster dieses Models setzt sich aus zwei Elementen zusammen. Zum einen handelt es sich um ein großes Quadrat mit leicht eingezogenen Seiten, dessen spitze Ecken bis auf den umlaufenden Rand reichen. Zum anderen ist damit ein zweiteiliges, an das Zentrum angebundenes, über je zwei Viertel der Zierfläche führendes Knoten- oder Schlaufenornament verwoben, das in gleicher Anordnung jeweils um die vier Seiten des Quadrats geschlungen ist. Der massiv gegossene Model weist geringe Beschädigungen in Form schmaler Durchbrüche an der Innenseite des umlaufenden Wulstes auf.

Mit Hilfe solcher Model konnten Anhänger oder Fibeln aus Edelmetall gefertigt werden, deren verschiedene Varianten als Terslevtyp bezeichnet werden. Bei den vor allem im westlichen Ostseegebiet verbreiteten Fertigprodukten ist das erhaben herausgepresste Ornament mit Filigran und Granulation geschmückt. Diese Schmuckstücke sind aus vielen chronologisch gut fixierten Funden der zweiten Hälfte des 10. Jahrhunderts und um die Jahrtausendwende belegt. Die beiden Model bezeugen, dass etwa zeitgleich an beiden Orten Pretiosen in ähnlicher Manier geschaffen worden sind. Leider ist in beiden Fällen unbekannt, ob die Model von umherreisenden Feinschmieden als leicht transportable Utensilien benutzt wurden oder ob sie zu standortgebundenen Werkstätten gehört haben.

Torsten Capelle

| **Lit.:** Capelle/Vierck/Winkelmann 1975, S. 110–137; Capelle 1999; Eilbracht 1999

Von Uppåkra nach Lund

Am Ende des 10. Jahrhunderts war Westschonen ein Schauplatz für politische Ereignisse, bei denen der dänische König zusammen mit der Kirche eine entscheidende Rolle spielte. Die Ebene um die jetzige Stadt Lund war damals – wie heute – eine Gegend geprägt von fruchtbaren Böden, vorteilhaften Kommunikationsmöglichkeiten und großer Bevölkerungsdichte.

Inmitten des Flachlandes, ungefähr fünf Kilometer südlich von Lund, erhebt sich eine mächtige Höhe. Hier liegt die größte eisenzeitliche Siedlung Skandinaviens mit einer Ausdehnung von etwa 40 Hektar. Aufgrund des reichen und variierenden Fundmaterials ist offensichtlich, dass die Siedlung während des ganzen ersten nachchristlichen Millenniums als ein Zentrum der Region fungierte (Abb. 26). Nicht zuletzt ist Uppåkras Funktion als religiöses Zentrum eindeutig. So wurden an diesem Ort unter anderem eine Reihe völkerwanderungszeitlicher Goldbrakteaten gefunden (Kat.Nr. 279). Diese bildreichen kleinen Anhänger werden häufig mit der vorchristlichen Religion verknüpft, jedoch geht man davon aus, dass sie ebenfalls Einflüsse des Christentums zeigen. Zentral auf der Siedlungsfläche sind eine Menge Waffen, meist Speere und Lanzen, zum Vorschein gekommen, die ins 4. bis 8. Jahrhundert datiert werden. Diese Waffen werden oft in Verbindung mit Odin gebracht. Als direktes Zeichen christlichen Einflusses ist ein kleines Buchamulett zu erwähnen. Es ist wahrscheinlich im 5. Jahrhundert in Südskandinavien hergestellt worden.

Viel Aufmerksamkeit ist dem sogenannten Kult- oder Zeremonienhaus gewidmet worden. Der kleine Bau wurde um das Jahr 200 errichtet und stand, mit unverändertem Grundriss, noch am Anfang des 10. Jahrhunderts. Das Gebäude zeichnet sich durch die vielen spektakulären Funde aus, von denen besonders die Goldblechfiguren (Goldgubbar) (Kat.Nr. 274), eine Glasschale aus dem Schwarzmeergebiet (Kat.Nr. 273) und ein mit Goldbändern verzierter Metallbecher mit Figurdarstellungen (Kat.Nr. 272) hervorzuheben sind. Zu Beginn der Wikingerzeit hatte Uppåkra also schon seit Jahrhunderten eine Stellung als zentraler Ort, was den Platz deutlich von den wikingerzeitlichen vorurbanen Zentren wie Birka oder Hedeby unterscheidet, die erst am Anfang der Wikingerzeit gegründet wurden. Die lang zurückreichende Kontinuität ist offensichtlich mit dem Kulthaus als Manifestation verbunden.

Eine kleine Untersuchung unter dem Chor der heutigen Kirche bot weitere interessante Ergebnisse. Diese Kirche hatte einen romanischen Vorgänger und im Grabungsschacht kamen zunächst Teile vom Fundament der älteren Kirche zum Vorschein. Unter diesen fanden sich Überreste eines Grabes. Der Tote war in gestreckter Rückenlage und mit ost-westlicher Orientierung bestattet worden, sodass es sich möglicherweise um ein christliches Begräbnis handelt. Eine C14-Analyse der Knochen sowie der Keramik im Umfeld des Skelettes datieren das Grab in die Wikingerzeit. Die Lage unter den Fundamenten zeigt, dass das Grab älter als die mittelalterliche Steinkirche ist. Gab es möglicherweise eine noch ältere, wikingerzeitliche Kirche mit einem dazugehörenden Friedhof an diesem Platz?

Für religiöse Tätigkeiten an diesem Ort gibt es allerlei Belege, sowohl aus der Wikingerzeit wie auch davor und danach. Laut einem Passus bei Saxo Grammaticus, der sich möglicherweise auf Uppåkra im 9. Jahrhundert bezieht, waren die Einwohner Odinsanbeter. Das Kult- oder Zeremonienhaus mit seinen umfassenden Deponierungen von Gold und Waffen hängt offensichtlich mit vorchristlichen Aktivitäten zusammen. Das Gebäude stand sicher noch am Anfang der Wikingerzeit; wie lange darüber hinaus, wissen wir nicht, da die oberen Erdschichten weggepflügt wurden, sodass keine jüngeren archäologischen Spuren erhalten sind.

Unter den Gegenständen, deren religiöse Zusammenhänge diskutiert werden, ist eine kleine Statuette, die einen Mann mit einer hörnerähnlichen Kopfverzierung zeigt (Kat.Nr. 277). Die Augen sind unterschiedlich dargestellt, sodass die Figur möglicherweise als einäugig zu verstehen ist. Daher wird die Statuette – in Analogie zu ähnlichen andernorts gefundenen Figuren – als eine Abbildung Odins gedeutet. Aus der frühen Wikingerzeit stammen einige Gegenstände, die mit dem christlichen Westeuropa verknüpft wurden. Es handelt sich hier-

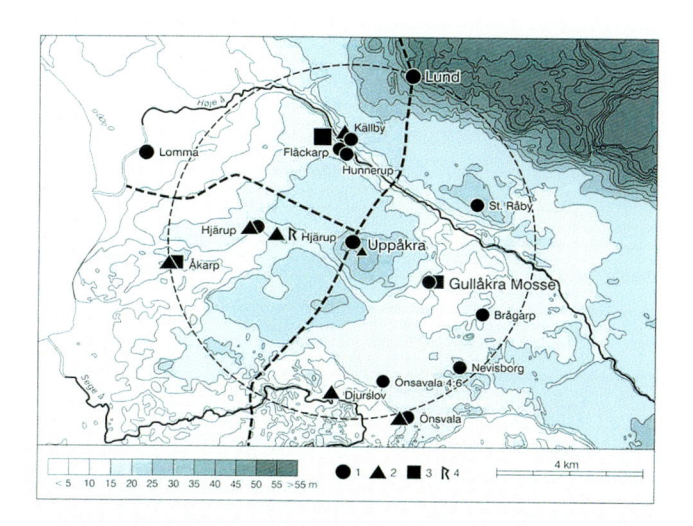

26 Lageplan Uppåkra

bei um einige emaillierte Beschläge aus Irland, möglicherweise von Reliquiaren stammend, und ein kleines, massives Silbertier (Kat.Nr. 280, 281). Das Tier stellt einen zoologisch schwer zu bestimmenden Vierfüßler im Kampf mit zwei Schlangen dar. Es wurde wahrscheinlich um 800 irgendwo im westlichen Teil Europas hergestellt. Seine Symbolik ist im Zusammenhang mit der christlichen Ikonographie zu suchen. Es ist natürlich möglich, dass die Gegenstände als Raubgut eingeführt wurden. Denkbar ist aber auch, dass die Tierfigur sowie die irischen Beschläge Spuren einer frühen Missionierung darstellen, die auf Südskandinavien zielte. Für eine solche Unternehmung wäre ein Platz wie Uppåkra ein geeignetes Ziel gewesen.

Einige kleine Emaillespangen mit Kreuzmotiv, im heutigen Deutschland im 9. und 10. Jahrhundert hergestellt, sind ebenfalls als christliche Symbolträger gedeutet worden (Kat.Nr. 285). Diese kleinformatigen, einfachen Spangen sind kaum als Handels- oder Raubgut anzusehen. Am wahrscheinlichsten zeigen sie, dass Menschen christlichen Bekenntnisses aus dem nordwestlichen Europa in der frühen Wikingerzeit in Uppåkra anwesend waren. Spangen von demselben Typ sind auch in und um Roskilde gefunden worden und dort auf ähnliche Weise erklärbar.

In der Nähe der Kirche wurde ein Reliquienkreuz (Enkolpion) entdeckt (Kat.Nr. 284). Es ist wahrscheinlich in Deutschland im 11. Jahrhundert hergestellt worden. Möglicherweise steht es mit der hypothetischen, wikingerzeitlichen Kirche, dem Vorgänger der abgetragenen romanischen Kirche, in Zusammenhang. Es ist verlockend, sich eine Situation vorzustellen, bei der die Kultgebäude während der Wikingerzeit von einer christlichen Kirche ersetzt wurden. Diese Kirche wurde dann ein paar hundert Meter nördlich des Kultgebäudes errichtet.

Zusammenfassend manifestiert sich Uppåkra also als ein herausragendes Zentrum der vorchristlichen Religion, wobei man jedoch die Einflüsse des Christentums schon verspürt – spärlich ab dem 5. Jahrhundert und danach immer deutlicher werdend. Während der Dezennien um den Millenniumswechsel gab es also in Westschonen zwei sehr markante Plätze in nur fünf Kilometer Entfernung voneinander. Wie können wir uns das Verhältnis zwischen dem älteren Zentrum und dem neuen vorstellen? Wenn Lund im späten 10. Jahrhundert auf Initiative des Dänenkönigs Sven Gabelbart (*um 965, †1014) zusammen mit der Kirche etabliert wurde, wer war dann in Uppåkra zuständig?

Uppåkra hatte, wie gezeigt, in vielerlei Hinsicht eine optimale Lage. Nicht zuletzt kommunikationsstrategisch war der Ort sehr günstig. Zwei Flüsse nördlich und südlich der Siedlung boten gute Naturhäfen an den Mündungen und ein uralter Weg verband die Süd- und Westküste Schonens. Diese Straße verlief direkt durch Uppåkra. Am Ende des Weges lagen zwei Ringburgen, eine an der Südküste, eine an der Westküste, die beide in die Wikingerzeit datieren und anscheinend in der späten Wikingerzeit genutzt wurden.

Die schonischen Ringburgen sind ab und an mit eine Gruppe ähnlicher Burgen in Dänemark in Verbindung gebracht worden, die als ein wichtiges Element in der dänischen Reichsbildung angesehen werden. Die beiden Burgen in Westschonen fungierten sicherlich als Kontroll- und Stützpunkte. Ein Machthaber in Westschonen musste am Ende der Wikingerzeit Interesse daran haben, diese Plätze zu kontrollieren.

Für die Verhältnisse einige Dezennien später spielt der sogenannte Donationsbrief Knuts des Heiligen (*um 1043, †1086) eine entscheidende Rolle. Er ist auf den 21. Mai 1085 datiert und damit der älteste Beleg für den Namen „Uppåkra". Der Text beschreibt die umfassende Schenkung des Königs an den Dom in Lund. Er überschreibt der Kirche Grundbesitz in 24 Dörfern in Schonen und Seeland. Unter diesen Zuwendungen sind auch viereinhalb *Bol* in *Upacri australi* und in *Uppåcra alteri*. Ein „Bol" entsprach wohl einem Hof normaler Größe. Interessanterweise ist dem Text zu entnehmen, dass der König wahrscheinlich mehrfach Grundbesitz vergab, den er zur Strafe den ursprünglichen Besitzern genommen hatte. Dies ist möglicherweise der Beleg für die endgültige Vernichtung der Machtposition Uppåkras. In der Folgezeit erscheint Lund allmählich als neue Metropole mit Königshof, Münzstätte und Bischofssitz, letztlich als Erzbischofssitz und geistliches Zentrum für ganz Skandinavien.

Birgitta Hårdh

| Lit.: Hårdh 2010b; Larsson 2011a; Larsson 2011b

VI STERBENDE GÖTTER. CHRISTIANISIERUNG SKANDINAVIENS

besagt, dass der Bischofsstab in Zusammenhang mit einem Raubzug der Wikinger nach Irland durch Tausch erworben worden sei. Nachdem Lund erst Ende des 10. Jahrhunderts gegründet worden ist, wäre es unter dieser Annahme plausibel, dass er zunächst in eine eisenzeitliche Siedlung in der Nähe der zukünftigen Stadt Lund gelangte, wie etwa Uppåkra, um erst später nach Lund verbracht zu werden. Dem anderen Erklärungsansatz zufolge wäre der Stab Ende des 10. Jahrhunderts mit einem der ersten Missionsbischöfe direkt nach Lund gelangt. Es wäre durchaus denkbar, dass ein Missionsbischof einen bereits im 9. Jahrhundert gefertigten Bischofsstab mit sich geführt hat.

Gunilla Gardelin

| Lit.: Capelle 1970; Staecker 1997; Staecker 1998; Wahlöö 2001, S. 29

287 Beschlag eines Bischofsstabes

9. Jahrhundert
Kvarteret Glädjen 7, Lund, Schweden; archäologischer Fund; ehemals Sammlung Julius Berg, 1936 Ankauf für Kulturen
Bronze mit Bandornament, Spuren einer Vergoldung – H. 3,5 cm, Dm. 4,1 cm
Lund, The Museum of Cultural History, Kulturen, Inv.Nr. KM 38326:1

Selbst aus Bronze hergestellt, dürfte dieser ringförmige Beschlag an einem Bischofsstab befestigt gewesen sein, der seinerseits aus Holz bestand. Er ist mit einem Bandornament im irischen Stil verziert, das in rechteckige Felder unterteilt ist und Spuren einer Vergoldung aufweist. Der Dekor belegt nicht nur die Herkunft des Bischofsstabes aus Irland, sondern auch seine Entstehungszeit im 9. Jahrhundert. Alles in allem sind bisher fünf Bischofsstäbe aus dem 8. oder 9. Jahrhundert auf skandinavischem Boden gefunden worden. Zwei stammen aus dem alten dänischen Reich, nämlich aus den Orten Hedeby und Lund, einer aus Schweden und zwei aus Norwegen. Da zum einen das skandinavische Material insgesamt sehr begrenzt und zum anderen bei dem hier vorliegenden Beschlag eines Lunder Bischofsstabes recht wenig über die Umstände seines Fundes überliefert ist, müssen alle Erklärungen, wie der Stab nach Lund gekommen ist, hypothetisch bleiben. Es gibt dazu mindestens zwei Ansätze. Der eine

288 Deckel zu einem Federkästchen des Münzers Leofwine von Lincoln

1. Hälfte 11. Jahrhundert
Kvarteret Färgaren 22, Lund, Schonen, Schweden
Ahornholz mit eingeschnittener Verzierung, vorderes Ende in Gestalt eines Löwenkopfes – Löwenschnauze vorne und Kopf an der rechten Seite beschädigt, der übrige Kopf mit Abnutzungsspuren – L. 33,4 cm, B. 4–6,8 cm
Lund, The Museum of Cultural History, Kulturen, Inv.Nr. KM 53436:1125

Der Oberteil zu dem aus Ahornholz hergestellten Federkästchen ist abgerundet und mit einem geschnitzten Akanthusornament verziert. Eine breitere Partie ist in Gestalt eines Löwenkopfes ausgebildet mit einem kleineren Tier oder etwas Ähnlichem im Maul. Das andere Ende ist so geformt, dass das Element über dem Kästchen hin- und hergeschoben werden kann. Mit einem Zapfen ließ sich dieser Deckel verschließen. Seine Unterseite ist flach bis auf eine leichte Vertiefung, die mit einer dünnen Wachsschicht ausgefüllt gewesen sein könnte, um als Schreibtafel zu dienen, und in deren Boden, möglicherweise zur besseren Haftung des Wachses, ein Rautennetz geschnitten ist.

Die Verzierung ist nicht vollkommen symmetrisch. Der Löwenkopf besitzt eine streng gelockte Mähne im englischen Winchesterstil, der

288

auf die im 9. Jahrhundert aufgenommene Buchproduktion an der Kathedrale von Winchester zurückgeht. Der Stil hatte sich im 10. Jahrhundert weiterentwickelt, als er auch von den anderen Werkstätten in Südengland aufgegriffen wurde.

Das Kästchen ist unterhalb des Löwenkopfes in Latein mit dem Namen seines Eigentümers bzw. Verfertigers beschriftet: Eingeritzt ist dort *LEOfwine me fecit* („Leofwine hat mich gemacht") zu lesen. Die Großbuchstaben zu Beginn treiben ein Wortspiel zwischen dem Eigentümernamen und der lateinischen Bezeichnung „Leo" für Löwe.

Knut der Große war seit 1014 König von England und seit etwa 1018 auch von Dänemark, er herrschte in beiden Ländern bis zu seinem Tod im Jahre 1035. Während seiner Regierungszeit konnte man problemlos zwischen England und Dänemark hin- und herreisen. Im frühen 11. Jahrhundert waren zahlreiche Münzer in Lund tätig, deren Namen auf eine Herkunft aus angelsächsischem Gebiet schließen lassen. Einer von ihnen war Leofwine. Als Münzer war er von 1018 bis Mitte des Jahrhunderts in Lund aktiv. Bekannt ist dies, da er einen alten englischen Münzstempel verwendete, um in Lund Münzen zu prägen. Dieselbe Quelle verrät ebenfalls seine Herkunft aus Lincoln. Gunilla Gardelin

| Lit.: Blomqvist/Mårtensson 1963, S. 216; Mårtensson/Wahlöö 1970, S. 78; Andrén/Carelli 1998

289 Teil eines romanischen Leuchterfußes

Anfang 13. Jahrhundert
Lilla Fiskaregatan, Lund, Schonen, Schweden; archäologischer Fund
Gegossene Bronze – H. 6,5 cm, B. 11,9 cm
Lund, The Museum of Cultural History, Kulturen, Inv.Nr. KM 6185

Der Kirchenleuchter aus Bronze hat drei zu Tatzen ausgebildete Füße und ist mit der gleichen Zahl beflügelter Drachen verziert, die die bösen Mächte symbolisieren könnten, die das Flammenlicht vertreiben sollte. Der Halter ist in dieser Form nicht vollständig, zu dem Fuß fehlt ein Schaft mit Lichtteller und Dorn zur Befestigung einer Wachskerze.

Leuchterfüße aus Bronze und mit derselben Motivik und Formgebung wurden vor allem im westfälischen Minden hergestellt. Der hier gezeigte Leuchter aus Lund wirkt dagegen ein wenig zusammengesunken, nachlässig ausgeführt oder wie eine unvollkommene Kopie der eleganteren Vorbilder aus Deutschland. Er stammt wohl aus einer der mittelalterlichen Werkstätten in Lund und wurde vielleicht sogar wegen des missglückten Gusses niemals benutzt. Maria Cinthio

| Lit.: Cinthio 1983

290 Romanisches Prozessionskreuz

Mitte oder 2. Hälfte 12. Jahrhundert
Kvarteret Paradis 36, Lund, Schonen, Schweden; archäologischer Fund in einem mittelalterlichen Brunnen
Bronze, vermutlich gegossen, mit eingravierten Ornamenten und Figuren, Spuren einer Vergoldung, Löcher von Nieten – H. 33,6 cm (ohne Befestigungszapfen: H. 24,8 cm), B. 19,3 cm, T. 0,2–0,4 cm
Lund, The Museum of Cultural History, Kulturen, Inv.Nr. KM 25511

Eine gegossene Christus-Figur war ursprünglich an der Vorderseite des einst vergoldeten Kreuzes befestigt. Innerhalb des gravierten Dekors senkt sich die Hand Gottes von oben in Richtung der Stelle, wo sie angebracht war. Auf den Scheiben, in welche die vier Enden der Kreuzbalken auslaufen, sind in Medaillons außerdem die Symbole der Evangelisten in Gravur wiedergegeben: Adler, Stier, Löwe und Mensch. Die entsprechenden Medaillons auf der Rückseite zeigen Engelsdarstellungen, die auf dem Längsbalken eine weibliche Heiligenfigur mit Weihrauchfass, vermutlich Ecclesia oder Maria, umgeben. Der keilförmige Zapfen am unteren Ende des Kreuzes dient dazu, es zwischen einem Fuß zur Aufstellung auf dem Altar und der Halterung an einem Prozessionsstab hin- und herbewegen zu können.

289

VI STERBENDE GÖTTER. CHRISTIANISIERUNG SKANDINAVIENS

Das vorliegende Exemplar gehört zu einer Gruppe von 22 in ähnlicher Weise gefertigten Prozessionskreuzen, die wohl alle auf ein gemeinsames Vorbild zurückgehen und alle auch die vier runden Abschlüsse aufweisen. Von diesen stehen jeweils vier winzige Blätter ab. In den Winkeln sind die Kreuzbalken mit unterschiedlichen Bögen in Form von Akanthusranken oder Blattornamenten verbunden, die dem Ganzen zuweilen das Aussehen eines Ringkreuzes verleihen, aber wohl eher der Vorstellung vom Kreuz Christi als Lebensbaum entsprechen sollen. Die Rundscheiben und die Art, wie die Blattornamente oder Akanthusranken angebracht sind, finden sich nur bei dieser Gruppe von Bronzekreuzen, von denen die meisten in ländlichen Kirchen Schonens oder Südschwedens gefunden worden sind. Die sonstige Ausführung dagegen, was Material, Verzierung, ikonographisches Programm und Stil anbelangt, hat Ähnlichkeiten mit englischen und vor allem auch mit deutschen Bronzekreuzen aus dem späten 11. oder dem 12. Jahrhundert.

Das hier betrachtete Prozessionskreuz ist ebenso wie die übrigen aus Schonen stammenden Stücke sehr wahrscheinlich in einer Lunder Werkstatt hergestellt worden. Sowohl der Dom von Lund als auch das Allerheiligenkloster pflegten bruderschaftliche Beziehungen und einen lebendigen Austausch mit Klöstern und Skriptorien in Helmarshausen und Köln, und dies betraf sicherlich Personen und Vorbilder gleichermaßen. Jedenfalls sind archäologische Funde, die auf eine frühmittelalterliche Aktivität im Bronzeguss hindeuten, sowohl im Zentrum von Lund als auch am Ort des Allerheiligenklosters gleich jenseits des Stadtwalls gemacht worden.

Maria Cinthio

| Lit.: Marth 1988; Mörking 2003; Andersen 2008

291 Arena-Kreuz

Bamberg oder Fulda (?), 1. Hälfte 11. Jahrhundert
Löddeköpinge, Schonen, Schweden; entdeckt 1885 über dem Gewölbe der romanischen Kirche, der zwei aufeinanderfolgende Stabkirchen vorausgingen
Kupferlegierung, graviert und vergoldet – am unteren Ende des Kreuzstamms fehlen ca. 4 cm; Vergoldung stark berieben, nachträgliche Verbreiterung der Balkenenden – H. 35,8 cm, B. 27,1 cm, T. 0,12–0,34 cm
Lund, Lund University Historical Museum, Inv.Nr. 12388

Auf der Vorderseite dieses Prozessions- oder Altarkreuzes mit Gravuren im „Tremolierstich" sieht man den gekreuzigten Christus mit blutenden Wunden. Das Haupt ist von einem Kreuznimbus umgeben, die Augen sind geöffnet und unter dem deutlich gerundeten Bauch schlingt sich ein langes, symmetrisches Lendentuch um die Hüften; die Füße stehen auf einem Suppedaneum. Über dem Gekreuzigten sieht man den Kreuztitulus mit der griechischen Inschrift + IHC und eine Wolke, aus der die segnende Hand Gottes vor einem

Kreuz erscheint. Die Medaillons auf den Enden der Querbalken zeigen Personifizierungen der Sonne und des Mondes mit Fackeln. Die beiden Köpfe unter den Händen Christi versinnbildlichen die Erlösung Adams und Evas durch das Blut Christi. Die Einkerbung am Kreuzstamm folgt den Konturen eines Kelchs, in welchen das Blut von den Füßen des Gekreuzigten strömt.

Auf der Rückseite zeigt ein zentrales Medaillon das Agnus Dei mit Buch und Kreuzstab. In den Medaillons an den Enden der Kreuzbalken sind die Evangelistensymbole in Halbfigur mit Schriftrollen wiedergegeben (wobei Lukas fehlt). Im oberen Teil des Längsbalkens ist ein Altarkreuz abgebildet, das wahrscheinlich das Arena-Kreuz selbst darstellt, während der untere Teil von einer stehenden Frauenfigur im Gewand einer Nonne eingenommen wird, die jedoch keinen Heiligenschein aufweist. Da auf dem Querbalken in einer Mischung aus Capitalis und Unziale der germanische Name ARENA zu lesen ist, handelt es sich bei der Figur vermutlich um die gleichnamige Spenderin des Kreuzes.

Stilistisch ergeben sich Parallelen zu Goldschmiedearbeiten mit Bezug zu Kaiser Heinrich II. (reg. 1002–1024), wie zum Beispiel dem Wattersbacher Tragaltar und dem Heinrichs-Portatile in München, dem Einband des Fuldaer Sakramentars in Bamberg (Staatsbibliothek, Msc. Lit. 1) und dem gravierten Kreuz der Reichskrone (Wien, Schatzkammer). Zudem ist eine enge Verwandtschaft mit den illuminierten Handschriften aus Fulda zu erkennen; neben dem bereits genannten Fuldaer Sakramentar in Bamberg wäre hier auch die im Archivio Capitolare in Udine verwahrte Handschrift (MS 1) zu erwähnen.

Wie das Kreuz nach Löddeköpinge kam ist unbekannt. Die nachträglichen Veränderungen deuten auf eine Anpassung an die Form der südskandinavischen Brustkreuze des 11. und 12. Jahrhunderts hin. Löddeköpinge und das nahegelegene Borgeby waren im 11. Jahrhundert bedeutende Siedlungen; möglicherweise wurde das Arena-Kreuz sogar bereits zur Regierungszeit Sven Estridsens erworben. Andere mögliche Erwerbszusammenhänge ergeben sich jedoch auch aus dem Austausch von Geschenken zwischen Ascer von Lund und Otto von Bamberg, dessen Abgesandter 1127 in Lund weilte (siehe Kunigunden-Reliquiar in Bamberg), und aus den engen freundschaftlichen Beziehungen zwischen dem dänischen Hof und dem Heiligen Römischen Reich in der ersten Hälfte des 12. Jahrhunderts.

Thomas Rydén

| Lit.: Liepe/Edehem 1972, S. 169ff.; Kat. Malmö 1989, S. 130 (Anders Ödmann/Hampus Cinthio); Rydén 1993

292 Architekturfragment von einem angelsächsischen Vorgänger des Lunder Domes

Mitte 11. Jahrhundert
Lund, Schonen, Schweden; Fund im Lunder Dom
Sandstein – H. 17 cm, B. 35 cm, T. 30 cm
Lund, Lund University Historical Museum, Inv.Nr. DM115

292

Lund wurde gegen Ende des 10. Jahrhunderts durch königliche Initiative gegründet und avancierte zum Zentrum der christlichen Mission in Ostdänemark. Englische Bischöfe wirkten in der Stadt bis in die zweite Hälfte des 11. Jahrhunderts hinein. Als Lund 1104 Erzbischofssitz wurde, war die Errichtung der heutigen, dem heiligen Laurentius geweihten Kathedrale bereits im Gange. Dieser romanische Bau ist von archäologischen Kulturschichten und menschlichen Grabungen aus der ersten Hälfte des 11. Jahrhunderts umgeben, die wohl in einem zeitlichen Zusammenhang stehen mit einer früheren Kirche am Ort.

Gezeigt wird hier das Bruchstück eines Mauerquaders, der beim Bau des Doms als Füllstein wiederverwendet wurde. Das Reliefbild auf der Vorderseite stellt den unteren Teil einer Arkade dar mit Basis und Pilaster, die zusammen vermutlich ein Bogenfeld getragen haben. Zur Ausschmückung wurden solche Steine in diesem späteren der beiden Kirchengebäude gar nicht und in der skandinavischen Sakralarchitektur des 12. Jahrhunderts überhaupt nur sehr selten eingesetzt. Dagegen waren in der angelsächsischen Kirchenbaukunst des 11. Jahrhunderts derartige Zierreliefs nichts Ungewöhnliches. Bei Untersuchungen um die Mitte des vergangenen Jahrhunderts fand man im nördlichen Seitenschiff unter dem Boden des Domes die Grundmauern zu einer bedeutend kleineren, einschiffigen Kirche. Die Mauern des quadratischen Chores waren dicker als die des Langhauses, was darauf hindeutet, dass sie in der Lage sein sollten, Türme zu tragen. Kirchen mit vergleichbarem Grund- und Aufriss und ähnlichen Proportionen waren auf englischem Gebiet üblich. Sollte dies also die Kirche gewesen sein, in dessen Mauerwerk auch der reliefierte Sandsteinquader eingebaut war?

Englische Bischöfe, Münzer und Handwerker spielten während der ersten Hälfte des 11. Jahrhunderts eine wichtige Rolle in Lund. In Anbetracht der damals engen Verbindungen Dänemarks mit England liegt es durchaus nahe, dort auch die Vorbilder für den Vorgängerbau des Lunder Domes zu suchen.

Sofia Cinthio

| Lit.: Thun 1961; Cinthio 1957

Die Kirchen von Dalby und Lund

Im Mittelalter, als Schonen noch zu Dänemark gehörte, war Lund Bischofssitz des Erzbistums Nord und besaß eine große Anzahl von Kirchen und Klöstern. Die meisten wurden während der Reformationszeit Mitte des 16. Jahrhunderts dem Erdboden gleichgemacht, nur der berühmte Dom und eine kleine ehemalige Klosterkirche sind von der einstigen Pracht erhalten geblieben. Lunder Archäologen haben die Bebauung und Straßenführung am Ende des 10. Jahrhunderts dokumentiert und datiert, auch haben sie Reste von Kloster- und Kirchenmauern sowie bis dahin unbekannte Holzkirchen und Friedhöfe mit Tausenden von Gräbern entdeckt.

Auf einem großen Runenstein in Jelling auf Jütland hat König Harald Blauzahn (reg. um 958–986) verkündet, dass er ganz Dänemark und Norwegen unter seine Herrschaft gebracht und die Dänen christianisiert habe. Nur wenig ist darüber bekannt, wie Letzteres vonstattengegangen ist. Es soll jedoch ein gewisser Odinkar der Ältere, von Geburt Däne und geweiht von Erzbischof Adaldag von Hamburg-Bremen, sowohl in Schweden als auch in Dänemark missionarisch tätig gewesen sein. Zahlreiche Dänen waren sicherlich schon zuvor zum Christentum übergetreten, wie auch viele von ihnen lange Zeit noch ihren Glauben an das Göttergeschlecht der Asen behalten haben dürften. Aber Haralds Absichten waren mehr als deutlich: Er wollte mit Hilfe von Religion und Kirche ein Königreich nach kontinentalem Vorbild schaffen.

Wie bei anderen kurz vor der Jahrtausendwende durch königliche Initiative gegründeten Städten Nordeuropas war die Existenz und Funktion Lunds als politisches und religiöses Zentrum eine der Voraussetzungen für ein souveränes Reich. Die Stadt wurde im damaligen Ostteil Dänemarks, dem reichen und fruchtbaren Schonen, an einem Hang errichtet, der für Reisende leicht zu erreichen und zugleich weit genug vom Meer und dessen Seeräuberflotten entfernt war. Die Nähe zu Uppåkra, das zugleich Häuptlingssitz, Marktplatz und zentrale Kultstätte für den alten Glauben war, mag strategisch motiviert gewesen sein. Der Handel in Lund wurde alsbald durch königliche Abgesandte in einem Königshof geregelt, und in einem Münzwerk von rasch steigender Produktivität wurden Geldstücke mit dem Konterfei des Königs oder kirchlichen Symbolen geprägt. Mission und königliche Machtausübung hatten ihre ostdänische Basis gefunden.

Harald Blauzahns Sohn und Thronerbe Sven Gabelbart (reg. 986–1014) setzte durch Seefahrten und dabei unternommene Überfälle, durch *viking*, die Errichtung eines Imperiums fort und schlug Teile Englands seinem Reich zu. Von dort holte er Bischof Gotebald als christlichen Lehrer nach Schonen. Dieser und seine Helfer dürften die Trinitatiskirche (auch Salvator- oder Herrscherkirche genannt) zum Ausgangspunkt ihrer Tätigkeit genommen haben. Das Gebäude war aus Holz errichtet worden, wurde aber bereits ein paar Jahrzehnte später durch einen gewaltigen einschiffigen Nachfolgebau ersetzt. Sven Gabelbarts Sohn Knut der Große (reg. 1014–1035), König von England, Norwegen und Dänemark, soll einen gewissen Bernhard als Bischof von Schonen und Lund eingesetzt haben. Dieser hat vermutlich seine letzte Ruhestätte im Lunder Hypogäum gefunden. Bei Ausgrabungen unter der Steinkirche konnten zwei sich unter dem gesamten Chor und einem Teil des Langhauses erstreckende Grabkammern entdeckt werden. Es sieht danach aus, als sei der Bau aus Stein bereits in der ersten Hälfte des 11. Jahrhunderts in Angriff genommen worden, möglicherweise diente dabei der Old Minster in Winchester als Vorbild. Es folgte eine lange und komplizierte Baugeschichte (Abb. 27). Die Fertigstellung dürfte Mitte des Jahrhunderts unter Henrik, dem dritten aus England stammenden Lunder Bischof, erfolgt sein, der um 1050 bis 1066 im Amt war.

Während Henrik seinen Sitz in der Trinitatiskirche hatte, gab es darüber hinaus wohl noch zwei weitere Steinkirchen in der Stadt. Unter dem Boden des heutigen, Sankt Laurentius geweihten Domes verbergen sich die Reste von Grundmauern einer einschiffigen Kirche, die auf ein angelsächsisches Vorbild zurückzugehen scheint, und westlich hiervon soll der Königshof mit der kleinen Kirche Sankt Clemens gelegen haben. Auch dort haben Archäologen Mauerreste gefunden, die für den angelsächsischen Stil typisch sind.

Bis zur Mitte des 11. Jahrhunderts bestand ein reger Austausch mit Fachleuten aus England, um Mission, den Bau von Kirchen, deren Innenausstattung, Goldschmiedearbeiten und Münzproduktion zu bewältigen. Haushaltsgeschirr, Kämme, Schuhe und andere Alltagsutensilien, die in Lund entstanden sind, gleichen dagegen in ihrer Machart Produkten aus den slawischen Gebieten jenseits der Ostsee. Die Stadtbewohner selbst, deren Überreste man auf dem Lunder Friedhof gefunden hat und insoweit sie vom 10. Jahrhundert bis in die sechziger Jahre des 11. Jahrhunderts beigesetzt worden sind, bildeten eine bunte Schar. Engländer wurden auf dicken Schichten Holzkohle gebettet, eine vornehme Beerdigungsform, die sie aus ihrem Heimatland mitgebracht hatten, während die einheimische Elite in schlicht eingerichteten Gräbern bestattet wurde und das einfache Volk, Arbeiter und Sklaven von großer Zahl, in Gräbern am Rande des Friedhofs, die deutsche und slawische Einflüsse erkennen lassen.

König Sven Estridsen (reg. 1047–1074/76) strebte danach, Dänemark von ausländischer Kirchenoberhoheit zu befreien und ein

27 Blick auf die Apsis der Kathedrale von Lund

dänisches Erzbistum zu gründen. Das sollte ihm zwar nicht gelingen, aber durch seine anregende Wirkung auf die kirchliche Bautätigkeit hat er immerhin den Grundstein für eine Neuordnung in Verwaltungshinsicht gelegt. So stieß er etwa die Einteilung in Gemeinden an. Sowohl in Städten als auch in Dörfern wurden auf seine Initiative hin Holzkirchen errichtet, wobei sicherlich auch besonders treue Untertanen in gehobener Position entscheidende Impulse gegeben haben. Allein in Lund wurden mindestens sieben Stabkirchen zu Beginn seiner Regierungszeit geweiht (die meisten von ihnen mussten während der ersten Jahrzehnte des 12. Jahrhunderts romanischen Gemeindekirchen aus Stein weichen). Sven Estridsen soll Kaiser Heinrich III. mehrmals in Deutschland besucht haben, dessen erste Ehefrau Svens Cousine war. Ihre Unterredungen betrafen jedoch eher kirchenpolitische Fragen als familiäre Angelegenheiten. Der sehr starke englische Einfluss speziell in Lund war den Erzbischöfen von Hamburg-Bremen schon seit Längerem ein Dorn im Auge, da sie der Ansicht waren, dass Dänemark ihrer Amtsgewalt unterstehe. Svens Verhandlungen in Deutschland gestalteten sich sehr erfolgreich und führten 1052 zu einer Aussöhnung mit Adalbert von Bremen (amt. 1043–1072). In allen dänischen Diözesen sollten nun vom deutschen Erzbischof geweihte Bischöfe eingesetzt werden – außer in Lund. Dort dürfe Bischof Henrik, der in England geweiht worden war, sein Amt behalten. Dem von Adalbert zum Bischof ausersehenen Egino (Dalby 1060–1066, Lund 1066–1072) wurde deswegen 1060 der Stuhl von Dalby zugewiesen, das nur zehn Kilometer von Lund entfernt lag. Von Dalby aus wirkte er als Missionar und tat dort möglicherweise auch Dienst als Hofkaplan, bis der Bischofsstuhl in Lund frei wurde. Das Dalbyer Gotteshaus ist meist als Heiligkreuzkirche bezeichnet worden, aber es finden sich auch Anzeichen für eine ursprüngliche Weihe an den heiligen Mauritius. Dieser als Schutzheiliger der Mission, was er auch in Magdeburg gewesen ist, würde zu Egino und dessen Bekehrungswerk in den östlichen Teilen Dänemarks passen.

Obwohl nur knapp die Hälfte der ursprünglichen dreischiffigen Basilika erhalten ist, ist die Heiligkreuzkirche nach wie vor ein imposantes Bauwerk. Sie ist mit Aussicht über die schonische Ebene bis aufs entfernte Meer besonders schön gelegen. Dank schriftlicher Quellen haben wir Kenntnis von ihrer Bedeutung. So ist erwiesen, dass sie Sven Estridsen Mitte des 11. Jahrhunderts errichten ließ, dass Bischof Egino hier gewirkt und vor seinem Umzug nach Lund ein Kloster gegründet hat, das zu einem der reichsten Dänemarks werden sollte, sowie dass Svens Sohn und Thronerbe Harald Hen (reg. 1074–1080) an diesem berühmten Ort – *locus celebris*, wie ihn die Quellen bezeichnen – seine letzte Ruhestätte gefunden hat. Archäologische Ausgrabungen haben auf verblüffende Weise dieses Bild mit der Entdeckung von Mauern für eine palastähnliche Anlage westlich der Kirche ergänzen können.

Nach verschiedenen architektonischen Details zu urteilen, wurde die Dalbyer Kirche teilweise von deutschen Steinmetzen errichtet, was vermutlich auf Veranlassung von Egino und mit Hilfe seiner Kontakte nach Hildesheim geschah. Dieses Bauwerk sowie die gleichzeitig in Angriff genommene Bischofskirche in Roskilde, die Vorgängerin der heutigen Kathedrale, waren die ersten Basiliken im französisch-deutschen Stil hier im Norden. Sven Estridsen wünschte in Roskilde beigesetzt zu werden, und in Dalby errichtete er seinen Königshof mit zugehöriger Kirche. Denn an die Vorhalle der ursprünglichen Basilika, den Narthex, schloss sich ein rechteckiger offener Platz an, der von Gebäudereihen mit kräftigen Mauern gesäumt war.

Bischof Henrik verstarb wahrscheinlich im Jahre 1066, woraufhin Egino alsbald seinen Sitz nach Lund verlegte. Gewiss wählte er nicht die Trinitatiskirche zum künftigen Dom, wo immer noch englische Geistliche stationiert waren. Naheliegender war es, dass Sankt Laurentius diese Funktion erhalten sollte. Archäologische Entdeckungen zeigen, dass das Terrain nördlich des heutigen Domes während der sechziger Jahre von älterer Bebauung befreit wurde, um Platz für ein größeres Bauvorhaben zu schaffen. Hier sollte später der Erzbischof seine Residenz haben und Egino könnte der erste Bischof gewesen sein, der dieses Gelände für sich beansprucht hat.

Bischof Egino war ein Vertreter der bedeutenden kirchlichen Reformbewegung jener Zeit, trug tatkräftig dazu bei, sie mitsamt ihrer symbolträchtigen Architektur zu verbreiten, und setzte sich auch in seiner Lunder Diözese für eine kulturelle Wende ein. Während er ebenso ein Auge auf die Entwicklungen in Dalby hatte, hat er möglicherweise auch den Baubeginn eines benediktinischen Klosters unweit nördlich von Lund überwacht. Die allen Heiligen und der Jungfrau Maria geweihte Konventskirche sollte drei Schiffe, eine Chorkrypta und wenigstens eine Kapitellsäule im Stile von Dalby und Hildesheim erhalten.

Eginos Nachfolger Ricvald aus Paderborn hatte als Bischof in der Zeit von 1072 bis 1086 entscheidende Bedeutung für die weitere Entwicklung Lunds als kirchlich-religiöses Zentrum. Unter seinem Episkopat wurde das Allerheiligenkloster geweiht und bahnten Sven Estridsen sowie seine zwei Söhne, die ihm nacheinander auf den Thron folgten, Harald Hen und vor allem Knut IV. – der spätere Knut der Heilige (reg. 1080–1086) – den Weg für die Erhebung zum Erzbistum, indem sie umfassende Schenkungen vornahmen und den Grundstein für einen großen Dom legten.   Maria Cinthio

| **Lit.:** Blomqvist 1951; Mårtensson 1980; Cinthio 1997; Gardelin/Goksör/Hervén/Larsson 1997; Cinthio 2002; Cinthio 2006

293 Korinthisches Kapitell

11. Jahrhundert
Sandgatan, Lund, Schonen, Schweden
Sandstein, mit einem spitzen und einem schmalen flachen Meißel bearbeitet – etwa zur Hälfte in gutem Erhaltungszustand, ansonsten beschädigt – H. 36,7 cm, B. max. 56 cm
Lund, The Museum of Cultural History, Kulturen, Inv.Nr. KM 35079

Das Kapitell ist mit einer Doppelreihe von Akanthusblättern verziert. Abgesehen von andeutungsweise erkennbaren Blattadern ist die Ausarbeitung eher grob. Nach gängiger Auffassung entstammt das Kapitell dem Allerheiligenkloster in Lund, da es etwa 200 Meter entfernt von dessen Südseite gefunden worden ist und es stilistisch mit der frühesten Bauphase der Klosterkirche übereinstimmt. Das Kloster war 1089 gegründet worden und erhielt zunächst eine in Stein gebaute Kirche, die jedoch 1192 von einem Brand heimgesucht und in der Folge mit verziegelten Wänden neu errichtet wurde. Im Jahre 1206 wurde die Abtei zum obersten benediktinischen Kloster Dänemarks erhoben. Nach der Reformation verlor das Kloster seine Funktion, sodass 1538 die Kirchenglocken abgenommen wurden. Das Kapitell dürfte der ersten Steinkirche des Lunder Allerheiligenklosters zuzuweisen sein. Der Griechischprofessor, Architekt und Restaurator Carl Georg Brunius hat in der ersten Hälfte des 19. Jahrhunderts Teile der Überreste der Klosterkirche untersucht. Er bezeichnet den Stil als romanisch und führt an, dass das Gebäude dreischiffig gewesen sei, zudem erwähnt er eine um die Apsis herum gebaute runde Konstruktion. Das Gewölbe sei von Ecksäulen mit blattverzierten Basen getragen worden.

In der Forschung wurde häufig eine Ähnlichkeit des vorliegenden Stückes mit Kapitellen im umgebauten Hildesheimer Dom des 11. Jahrhunderts hervorgehoben. Ein ähnliches, wenngleich etwas kleineres Kapitell ist außerdem in der um 1060 errichteten Kirche von Dalby erhalten, das ungefähr zehn Kilometer östlich von Lund gelegen ist. Dieses Kapitell gehört zu einer Säule, die sich in einer Nische im Westteil des Gebäudes befindet; eine korrespondierende Säule stand ihr direkt gegenüber (Kat.Nr. 294). Es schließt nach oben hin mit einer Steinplatte ab, die T-förmig profiliert ist. Da der obere Teil des Lunder Kapitells beschädigt ist, ist nicht bekannt, wie er einmal genau ausgesehen hat; es kann jedoch vermutet werden, dass er dem des Dalbyer oder des Hildesheimer Kapitells vergleichbar war.

Gunilla Gardelin

| Lit.: Brunius 1840, S. 116f.; Seesselberg 1897, S. 95f.; Rydbeck 1936, S. 76f.; Blomqvist 1951, S. 64; Cinthio 1989; Krüger 2012b, S. 209–212

294 Korinthisches Kapitell

Um 1060
Heiligkreuzkirche, Dalby, Schonen, Schweden
Sandstein – stark verwittert – H. 33 cm, B. 37 cm, T. 37 cm
Lund, Lund University Historical Museum, Inv.Nr. 28341

Das Kapitell schmücken zwei Kränze von Akanthusblättern, darüber sind an den vier Seiten des Abakus jeweils Reste einer T-förmigen Profilierung zu erkennen. Durch einen Zufall wurde das Kapitell 1932 auf einem Hof in der Nähe von Trelleborg an der Südküste Schonens gefunden, doch es kann aufgrund der Aussagen des damaligen Hofeigentümers mit Sicherheit der um 1060 durch Initiative von König Sven Estridsen errichteten Heiligkreuzkirche in Dalby, zehn Kilometer östlich von Lund, zugewiesen werden.

Zweifelsohne gehörte das Kapitell ursprünglich zu einer Säule, die im Nordwestteil des Mittelschiffs in eine in einen Arkadenpfeiler eingetiefte Nische gestellt war, bevor dieser in den dreißiger Jahren des 19. Jahrhunderts entfernt wurde. Aus dem im späteren 11. Jahrhundert außerhalb von Lund gegründeten und allen Heiligen geweihten Benediktinerkloster existiert ein ähnliches Kapitell (Kat.Nr. 293). Um weitere Entsprechungen zu finden, muss man jedoch über Dänemark hinaus in den Süden blicken. Friedrich Seesselberg hat bereits in der letzten Dekade des 19. Jahrhunderts das Dalbyer Kapitell herangezogen, um eine Verbindung zwischen dänischer und sächsischer Baukunst für das 11. Jahrhundert zu belegen. Unterstützung fand die These, als geraume Zeit später nachgewiesen werden konnte, dass im Hildesheimer Dom nach Umbauten während der von 1054 bis 1079 während Amtszeit Bischof Hezilos ein ähnliches Kapitell auf entsprechende Weise platziert war. Die Verbindung bestätigt sich außerdem durch das Fragment eines Kronleuchters, das direkt bei der Dalbyer Heiligkreuzkirche gefunden wurde (Kat.Nr. 296).

Hampus Cinthio

| Lit.: Seesselberg 1897, S. 96; Rydbeck 1933; Cinthio 1989, S. 35f.; Krüger 2012b, S. 209–212

295 Fragment eines Altarsteins

Mitte oder 2. Hälfte 11. Jahrhundert
Heiligkreuzkirche, Dalby, Schonen, Schweden; archäologischer Fund
Aquäduktenmarmor, sog. Travertin (Kalksinter) – fragmentiert, seitlich rundherum Bruchflächen, Ober- und Unterseite glatt geschliffen – H. 1,5 cm, B. etwa 7,5 cm, T. etwa 3,5 cm
Lund, Lund University Historical Museum, Inv.Nr. 32344:2

Von der Frühgeschichte der Dalbyer Kirche sind eine kleine Säule und ein kleines Steinfragment erhalten geblieben, die ihren Ursprung erwiesenermaßen in Deutschland haben. Das sorgfältig geschliffene und eindrucksvoll marmorierte Fragment ist wahrscheinlich der Überrest eines Steins, der als Abschluss eines Sepulcrums, einer in einen Altar eingelassenen Reliquienvertiefung, gedient hat.

Die Herkunft dieser Steinplatte wie auch der Säule, die heute die Kirchenvorhalle ziert, ist unverkennbar. Beide Stücke bestehen aus sogenanntem Aquäduktenmarmor, einem Kalksinter (Travertin), der sich als Ablagerung in der langen, von der Eifel bis nach Köln führenden Wasserleitung gebildet hatte, die von römischen Bauleuten errichtet worden war und die Bewohner der antiken Stadt beinahe 200 Jahre lang versorgte. Als man im Mittelalter begann, die Mauersteine aus der verfallenen Leitung herauszubrechen, entdeckte man auch den „Marmor" und fand Gefallen daran, ihn zur Ausschmückung von Kirchen- und Palastbauten zu verwenden. Aquäduktenmarmor kommt sehr selten außerhalb seines Herkunftsgebietes in Deutschland vor. Zwei weitere Altarsteine sind in Kirchen in Canterbury und in dem dänischen Dorf Seem belegt. Ansonsten findet sich diese Gesteinsart außer in Dalby nur noch im heutigen Dom von Roskilde. Dort verschließen Platten aus Aquäduktenmarmor die Gräber mit den Gebeinen von Bischof Wilhelm (amt. 1060–1073/74), König Sven Estridsen (reg. 1047–1074/76) und dessen Mutter. Die Steinplatten sollen von einer älteren Kirche am Ort, wo sie zu einem kostbaren Sarkophag Wilhelms gehört hatten, hierher verbracht worden sein. Wilhelm war vom Erzbischof von Hamburg-Bremen geweiht worden und hatte um 1060 den Grundstein zu der älteren Bischofskirche, einer Basilika, gelegt. Sein Nachfolger in Roskilde soll mit Unterstützung von Sven Estridsen den Bau der Basilika weiterverfolgt und sie laut einer Chronik aus den vierziger Jahren des 12. Jahrhunderts „mit einer herrlichen Krone, Marmorsäulen und allerlei Zierat ausgeschmückt" haben. Die Rede von einer „herrlichen Krone" hat die Forschung auf einen aus Deutschland importierten Radleuchter beziehen können und die von „Marmorsäulen" auf die Säulen eines Ziboriums aus Aquäduktenmarmor. Auch die Dalbyer Säule könnte ursprünglich Teil eines solchen Altarüberbaus gewesen sein, und in ebendiesem Hochaltar mag auch der Travertinstein seinen Platz gehabt haben.

Maria Cinthio

| Lit.: Schultz 1953; Andersen 1992; Grewe 2004; Cinthio 2012

296 Vergoldeter Bronzebeschlag mit Inschrift

Mitte oder 2. Hälfte 11. Jahrhundert
Heiligkreuzkirche, Dalby, Schonen, Schweden; archäologischer Fund
Bronzeblech, vorderseitig vergoldet, mit Buchstaben und Linien in Braunfirnis, 6 Nietlöcher von 1 mm Dm. – H. 2,8 cm, B. 17,2 cm, St. 0,65 mm
Lund, Lund University Historical Museum, Inv.Nr. 32344:1

Das Stück aus Bronzeblech und einige weitere Funde wurden 1919 bei Grabungen neben der Heiligkreuzkirche im schonischen Dalby geborgen. Vor ein paar Jahren trat bei einer Reinigung des Blechstreifens dessen Goldglanz zutage und damit auch seine mutmaßliche frühere Funktion. Das die Inschrift „SCS·IOHANNES" (sanctus Johannes) aufweisende Fragment scheint wohl an einem der ältesten und wichtigsten Einrichtungsgegenstände der Kirche, einem

296

prächtigen Radleuchter, angebracht gewesen zu sein. König Sven Estridsen (reg. 1047–1074/76) war der Bauherr dieses Gotteshauses, an welchem der vom Hamburg-Bremer Erzbischof ausgesandte Bischof Egino seinen Sitz hatte (in Dalby amt. 1060–1066).
In einem zu Beginn des 16. Jahrhunderts angelegten Verzeichnis über die Wertgegenstände der Dalbyer Kirche wird ein Kronleuchter aufgeführt, dessen Durchmesser beinahe vier Meter betrage und der mit sechzehn „Laternen oder Türmen" ausgestattet sei. Außerdem wird in einer Chronik aus den vierziger Jahren des 12. Jahrhunderts davon berichtet, dass eine „außerordentliche Krone" ein anderes Bauprojekt von Sven Estridsen, die Bischofskirche in Roskilde, die Vorgängerin der heutigen Kathedrale, geschmückt habe. Diese Basilika glich in ihrer Größe der Dalbyer Kirche.
Sven Estridsen soll den Grundstein zur Kirche in Dalby um die Zeit gelegt haben, als im Jahre 1060 die Ankunft Bischof Eginos bevorstand. Anlage, Materialbeschaffenheit und Ausführung des Schriftzugs sowie die Typographie der einzelnen Buchstaben stimmen weitgehend mit der Beschriftung des großen Radleuchters Bischof Hezilos in Hildesheim aus der Mitte des 11. Jahrhunderts überein. Es ist von daher anzunehmen, dass das vorliegende Fragment mit dem Namenszug des Johannes einstmals an einem ähnlichen Leuchter befestigt war, der dann ebenfalls in der berühmten Klosterwerkstatt von Hildesheim hergestellt worden wäre. Ebenso ist gut vorstellbar, dass gleichzeitig zwei Hildesheimer Radleuchter für die beiden neuerbauten Bischofskirchen in Dalby und Roskilde bestellt worden sind.
Wie in Hildesheim mag ein großer vergoldeter Deckenleuchter auch in Dalby eine wichtige religiöse und liturgische Funktion besessen haben. Da ein solcher das himmlische Jerusalem symbolisierte, so wie es auch in der Offenbarung des Johannes beschrieben wird, könnte er hier in der Nähe eines das irdische Jerusalem oder Golgotha symbolisierenden Kreuzaltars gehangen haben. Jedenfalls soll eine wertvolle Kreuzreliquie im 14. Jahrhundert bei einem Brand der Kirche aus den Flammen gerettet worden sein und das am häufigsten belegte Patrozinium des Dalbyer Gotteshauses war zweifelsohne das Heilige Kreuz.

Maria Cinthio

| Lit.: Anjou 1928; Gallistl 2009; Cinthio 2012

297 Evangeliar aus Lund

Dänemark oder Deutschland, 1125–1150 (?)
Pergament, illuminiert – H. 18,5 cm, B. 13,2 cm; 215 Bll.
Kopenhagen, The Royal Library, Sign. Thott 22 4°

Thott 22 4° ist vermutlich das älteste der drei erhaltenen Evangeliare aus Lund. Es wurde, möglicherweise in Lund, von einem unbekannten Schreiber sorgfältig kopiert. Das Buch enthält einen Prolog des heiligen Hieronymus und dessen Widmung an Papst Damasus, gefolgt von Kanontafeln (fol. 8v–16v). Den Evangelien sind Argumenta und Breviaria vorangestellt. Ihnen folgt auf fol. 199v–213v eine Liste von Perikopen, die *capitula euangeliorum de circulo anni*, das heißt Texte aus den Evangelien, die an bestimmten Tagen des Kirchenjahres gelesen werden sollten. Die Tage des Kapitulars sind rubriziert, die Namen der Heiligen jedoch nicht graphisch hervorgehoben. Sankt Laurentius, der Schutzheilige des Doms zu Lund, ist mit Texten zu Vigil und Gedenktag auf fol. 210v aufgeführt. Weder diese noch andere Details des Kapitulars bringen die Identität des Schreibers ans Licht, lassen jedoch eine Verbindung zu Lund erkennen.
Die Präsenz von Thott 22 4° im mittelalterlichen Lund wird durch eine Besitznotiz auf fol. 1v bestätigt: *plenarius capituli lundensis*. Diese stammt von derselben Hand wie der Besitzereintrag in einem „Liber daticus" des Kapitels in Lund (KB GKS 845 2°). Benutzungsspuren sind auf fol. 112v–113r zu erkennen, dort wurden den Versen 21 bis 38 im dritten Kapitel des Lukas-Evangeliums Neumen hinzugefügt und am unteren Rand sind weitere Neumen sowie die Worte *Dominus uobiscum Et cum spiritu tuo* und *sequentia sancti euangelii secundum lucam Gloria tibi domine* zu lesen.

Die große Ähnlichkeit des Kapitulars in Thott 22 4° mit dem in Thott 21 4° dürfte kaum ein Zufall sein. Ellen Jørgensen vermutet daher, Thott 22 4° habe für Thott 21 4° als Textvorlage gedient.
Die Handschrift scheint selbst nach der Reformation in Dänemark verblieben zu sein. Laut einer Anmerkung auf fol. 3r wurde sie im Jahr 1682 von dem dänischen Adeligen Holger Parsberg (*1636, †1692) erworben und gelangte später in die umfangreiche Handschriftensammlung des Grafen Otto Thott (*1703, †1785). Erik Petersen

| **Lit.:** Jørgensen 1926, S. 11; Ekström 1985, S. 50f.; Kat. Kopenhagen/Århus 1999, S. 13, Nr. 7 (Erik Petersen); http://www.kb.dk/ en/nb/materialer/haandskrifter/HA/e-mss/clh.html [13.12.12] (Erik Petersen (Hg.), Fragmenta Latina Haunienses [Digitalisat])

298 Evangeliar aus Lund

Helmarshausen oder Lund, um 1150
Pergament, illuminiert – H. 25 cm, B. 17 cm; 177 Bll.
Uppsala, Uppsala University Library, Sign. C 83

Von den drei Evangeliaren aus Lund spiegelt C 83 sowohl künstlerisch als auch paläographisch den Einfluss Helmarshausens vermutlich am deutlichsten wider. Gleichzeitig ist es das am sichtbarsten mit dem Dom Sankt Laurentius zu Lund in Verbindung stehende der drei Bücher.

Auf fol. 1v in C 83 erscheint der selige Laurentius in seiner Himmelsstadt. Unter ihm überreicht der heilige Hieronymus seinem Auftraggeber Papst Damasus sein *novum opus*, die revidierte Fassung der Evangelien in lateinischer Sprache. Zu ihren Füßen erhebt ein Kanoniker Kopf und Hand im Gebet zum Schutzpatron. Auf die Kanontafeln (fol. 8r–16v) folgt ein Bild der Jungfrau Maria, der anderen Schutzheiligen von Lund. Zu ihrer Rechten sieht man das segnende Jesuskind in der Krippe, der heilige Josef sitzt zu ihrer Linken, während Engel am oberen Bildrand ein Schriftband mit den Worten *Gloria in excelsis Deo* halten und am unteren Rand Hirten und Tiere der Szenerie beiwohnen. Wie in Thott 21 4° befindet sich vor jedem Evangelium ein Blatt mit einem ganzseitigen Bild des Evangelisten auf dem Verso sowie einer illuminierten Initiale und den ersten Worten in goldenen Majuskeln auf dem folgenden Recto: Matthäus auf fol. 17v–18r, Markus auf fol. 57v–58r, Lukas auf fol. 85v–86r und Johannes auf fol. 127v–128r.

Die Verweise auf die zwei Schutzheiligen belegen eindeutig, dass dieses Evangeliar für den Dom zu Lund angefertigt wurde. Im *capitulare lectionum* auf fol. 159v–176v wird dies durch die Hervorhebung der Namen beider Schutzpatrone noch einmal unterstrichen. Für

297 fol. 105v–106r

den Laurentiustag im August enthält das Kapitular von C 83 drei Texte, zwei für Vigil und Natalis, die auch in Thott 21 4° und Thott 22 4° vorhanden sind, sowie einen zusätzlichen, der *ad primam missam* zu lesen ist. Weitere Unterschiede zu den beiden Thott-Evangeliaren in dem Kapitular von C 83 könnten auf liturgische Veränderungen in Lund zurückzuführen sein, was die Bestimmung der relativen Chronologie zwischen Thott 21 4° und C 83 ermöglicht. Es wurde vermutet, dass es sich bei Thott 21 4° um eine Abschrift von Thott 22 4° handelt, deren Bilder sich aber an C 83 orientieren. Tatsächlich scheint aber C 83 das jüngste der drei Bücher zu sein.

Erik Petersen

| **Lit.:** Krüger 1972, S. 878–883, passim; Ekström 1985, S. 62f.; Andersson-Schmitt/Hedlund 1989, S. 102f.; Hoffmann 1992, S. 41f.; Kat. Braunschweig 1995, S. 574, Nr. G 76 (Barbara Klössel); Wolter-von dem Knesebeck 2003, S. 98ff.; Kat. Paderborn 2006, S. 415f., Nr. 503 (Elisabeth Klemm)

299 Evangeliar aus Lund

Helmarshausen oder Lund, um 1150
Pergament, illuminiert – H. 23,3 cm, B. 16,2 cm; 158 Bll.
Kopenhagen, The Royal Library, Sign. Thott 21 4°

Textlich hängt Thott 21 4° eng mit Thott 22 4° zusammen. Vereinzelte Ergänzungen an den Rändern lassen möglicherweise darauf schließen, dass der Schreiber der vorliegenden Seiten seiner Arbeit weniger Aufmerksamkeit widmete als jener, der an Thott 22 4° arbeitete; ebenso gut könnten sie aber auch belegen, dass in dem betreffenden Skriptorium besonders sorgfältig auf Korrekturen geachtet wurde. Thott 21 4° ist ein handwerklich hervorragendes, von erfahrenen Kräften gefertigtes Buch.
Schon die meisterhafte Illumination der ersten Seite jedes Evangeliums zeigt dies deutlich. Beim Matthäus-Evangelium fehlt das Blatt mit dem Evangelisten, während die zugehörige Incipit-Seite mit den ersten acht Worten des Textes in Majuskelschrift noch vorhanden ist (fol. 5r). Ebenfalls erhalten sind die Bilder von Markus auf fol. 44v, Lukas auf fol. 72v sowie Johannes auf fol. 116v gegenüber den Evangelienanfängen auf dem folgenden Recto. Während die Handschrift paläographisch in keine erkennbare Richtung zu weisen scheint, spiegeln die Bilder deutlich die Helmarshausener Kunst wider, mit der der Buchmaler offensichtlich vertrauter war als der Schreiber. Dies könnte darauf hindeuten, dass der Ursprung des Codexes in Lund zu suchen ist. Die Beziehungen zwischen Lund und Helmarshausen sind ausführlich belegt. Es bestand ein Abkommen zwischen den beiden Bruderschaften, und Mönche aus Helmarshausen hielten sich in Lund auf. Darüber hinaus könnte die große Ähnlichkeit zwischen den Kapitularen in Thott 22 4° und Thott 21 4° darauf hindeuten, dass beide Handschriften im gleichen Skriptorium in Lund entstanden sind. Die Kapitulare sind nahezu identisch und es findet sich sogar in beiden die gleiche falsche Zahlenangabe beim Verweis auf den Text zur Vigil des heiligen Laurentius. In beiden Quellen lautet der Verweis: *Secundum matheum cap. lxx. Siquis uult post me venire*, korrekterweise müsste es jedoch *cap. clxx* sein. In Thott 21 4° wurde der Name des Schutzheiligen Laurentius durch einen Doppelgedenktag und die Schriftgröße hervorgehoben und so seine Wichtigkeit betont (fol. 156r). Das Manuskript könnte in Lund abgeschrieben und dort von einem erfahrenen Künstler illuminiert worden sein, der aus Helmarshausen stammte oder dort ausgebildet wurde.

Erik Petersen

| **Lit.:** Jørgensen 1926, S. 11; Krüger 1972, S. 878–883, passim; Ekström 1985, S. 64–69; Hoffmann 1992, S. 26f.; Kat. Braunschweig 1995, S. 573, Nr. G 75 (Barbara Klössel); Wolter-von dem Knesebeck 2003, S. 98ff.; Kat. Paderborn 2006, S. 416f., Nr. 504 (Elisabeth Klemm)

298 fol. 1v

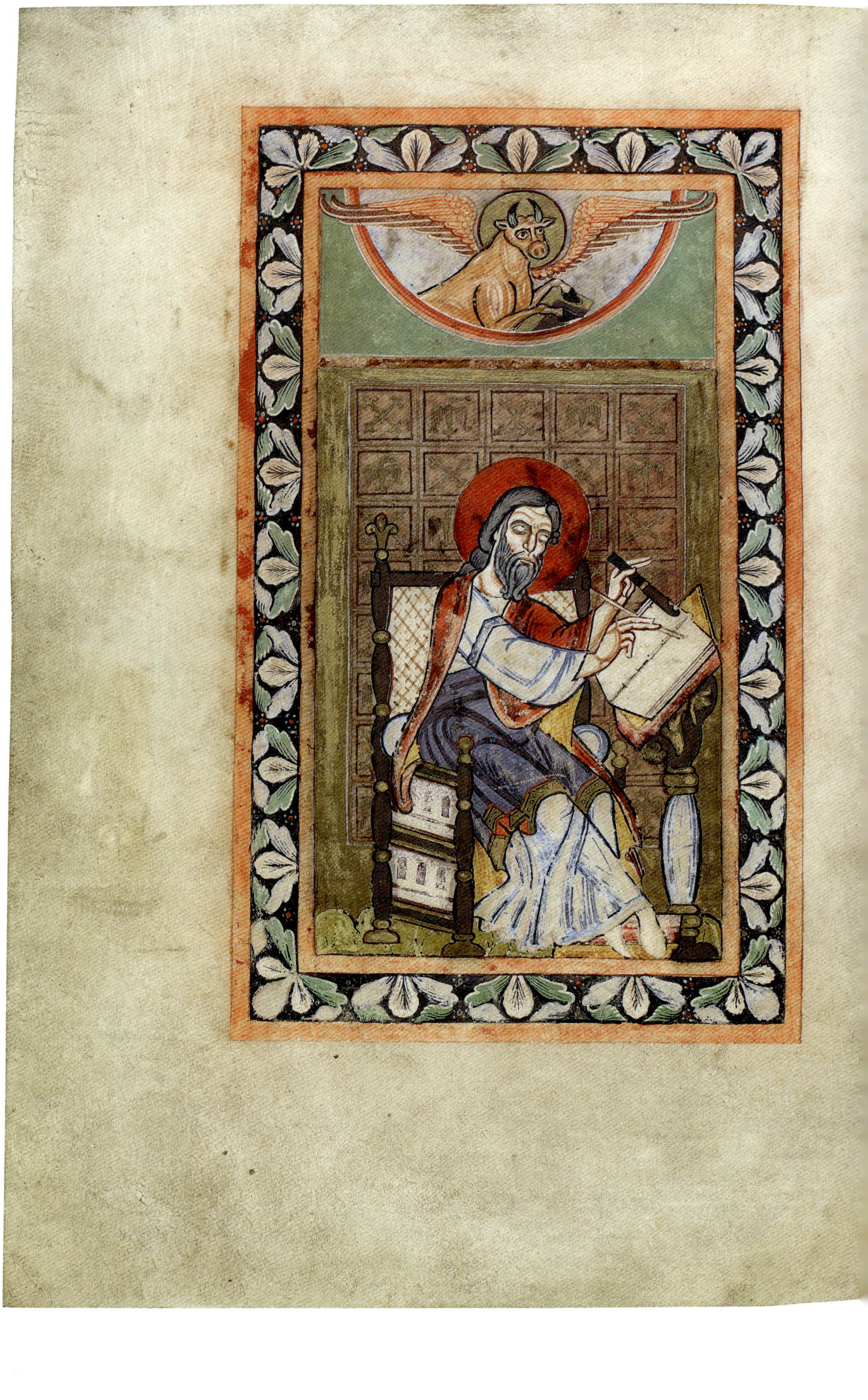

VI STERBENDE GÖTTER. CHRISTIANISIERUNG SKANDINAVIENS

Initium sci evangelii
secundum Lucam,
Quoniam
quidem
multi
conati
sunt ordi
nare nar
rationem

300 Fragment einer in Helmarshausen gefertigten Abschrift des Hieronymus-Codex

Helmarshausen, um 1100–1135
Pergament, ein Blatt – H. 37 cm, B. 26 cm
Kopenhagen, The Royal Library, Sign. Fragm. 3179

Dieses Blatt ist ein Fragment eines Codex mit Erläuterungen des Eusebius Hieronymus zum Propheten Jeremia (In Hieremiam prophetam, III, 65.2–72.2). Auch Fragm. 3177 und Fragm. 3178 in der Königlichen Bibliothek Kopenhagen entstammen diesem Codex (jedoch unterschiedlichen Lagen).
Die Helmarshausener Herkunft der Blätter bestimmte erstmals Hartmut Hoffmann anhand paläographischer Kriterien. Hoffmann bezeichnete die Schrift als „vorzügliche Kalligraphie" und datierte die Fragmente auf das erste Drittel des 12. Jahrhunderts. Er identifizierte auch das Kopenhagener Fragm. 1703, ein Doppelblatt mit einem Text aus Beda Venerabilis' „In proverbia Salomonis", Buch II, als Teil einer in Helmarshausen kopierten Handschrift.
Bekanntlich standen Helmarshausen und Lund in engem Kontakt; es scheint daher naheliegend, dass die Blätter aus Büchern stammen, die im Mittelalter von Helmarshausen nach Lund kamen. Allerdings lässt der rücksichtslose Umgang mit vielen mittelalterlichen Werken im nachreformatorischen Dänemark eine solche Hypothese nicht zu. Eine Archivnotiz zu Fragm. 3179 besagt, dass das Pergament 1611 in Eiderstedt als Einband für ein Kontoverzeichnis wiederverwendet wurde. Eine ähnliche Notiz zu Fragm. 1703 weist auf seine Zweckentfremdung als Einband für das Register der Jahre 1591 und 1592 der Sankt-Olai-Kirche in Elsinore hin. Erik Petersen

| **Quelle:** Eusebius Hieronymus, In Hieremiam prophetam (CSEL 59), S. 201,21–207,13
| **Lit.:** Hoffmann 1992, S. 25f.; Wolter-von dem Knesebeck 2003, S. 119; http://www.kb.dk/en/nb/materialer/haandskrifter/HA/e-mss/flh.html [13.12.12] (Erik Petersen (Hg.), Fragmenta Latina Haunienses [Digitalisat])

301 Das Angers-Fragment aus Saxos „Gesta Danorum"

Dänemark, um 1200
Pergament, zwei Blätter (von vier) – H. ca. 20,5 cm, B. ca. 15 cm
Kopenhagen, The Royal Library, Sign. NKS 869 g 4

Über Saxo weiß man außer wenigen Fakten, die sich aus seinem Monumentalwerk „Gesta Danorum" („Die Geschichte der Dänen") erschließen lassen, so gut wie nichts. Möglicherweise wurde er um 1132 geboren und war im Jahr 1208 wahrscheinlich noch am Leben. Seine ungewöhnlich guten Lateinkenntnisse – er beherrschte Prosa und Versform gleichermaßen – sprechen für eine umfassende höhere Bildung, aber es ist nicht bekannt, wo sie ihm vermittelt wurde. Saxo war ein großer Bewunderer Absalons, des Bischofs von Roskilde und späteren Erzbischofs von Lund, auf dessen Betreiben er die „Gesta Danorum" schrieb. Noch vor ihrer Vollendung starb Absalon im Jahre 1201. Saxo widmete sie daraufhin Andreas Sunonis, dem Nachfolger Absalons in Lund.
Glücklicherweise ist eines der Bücher, die Saxo bei seiner Arbeit an der Gesta nutzte, noch erhalten, und zwar ein Justinus, den er sich von Absalon geliehen hatte. Noch bemerkenswerter ist, dass sogar einige Seiten, bei denen es sich wohl um Teile von Saxos Arbeitskopie der Gesta handelt, die Zeiten überdauert haben.
Das Angers-Fragment aus der „Gesta Danorum" des Saxo Grammaticus besteht aus den beiden ausgestellten Einzelblättern und einem Doppelblatt. Die zwei Einzelblätter gehörten ursprünglich ebenfalls zu einem Doppelblatt. Die vier Blätter zusammen bildeten die innere Hälfte einer Lage mit einer fortlaufenden Textsequenz aus dem ersten Band von Saxo Grammaticus „Geschichte der Dänen": I.iii.1–iv.8. Das Fragment stammt entweder von Saxos eigener Hand oder wurde von ihm einem Schreiber diktiert.
Der Gesamttext der „Gesta Danorum" ist nur in Form der Druckausgabe bekannt, deren Veröffentlichung 1514 in Paris von Christiern Pedersen in die Wege geleitet wurde.
Die hier vorliegenden Blätter wurden 1863 als Teil der Bindung einer spätmittelalterlichen Handschrift in der Bibliothèque Municipale in Angers entdeckt. Im Jahr 1878 wurden sie von der Königlichen Bibliothek erworben; im Austausch erhielt die Pariser Bibliothèque nationale acht Blätter eines Kopialbuches. Erik Petersen

| **Quellen:** Codices scriptorium rerum Danicorum 1, S. XIV f., 35–38; Saxo, Gesta Danorum, Bd. 1, S. 10f., passim; Saxo, Taten der Dänen, S. XIII, XXXI, passim
| **Lit.:** Jørgensen 1926, S. 403f.; http://www.kb.dk/en/nb/materialer/haandskrifter/HA/e-mss/clh.html (13.12.12) (Erik Petersen (Hg.), Fragmenta Latina Haunienses [Digitalisat])

300 pag. 3179

specimen pferebat tanta q; indohl eius
⁺ regia
expimenta fuere ut ab ipo ceti danoꝶ reges communi qdā uocabulo scoldungi nu-
 ⁺ qcū uiu stabilmētū a m p̄eret b ꝓ etatis sta- clarissimis indolis
cuparentur. Precurrebat igitur sciold expimtis ⁺ animi uigore
 etia fulgore suo finitimos
 occupauit.
uiriu complementū animi maturitate
 odia ⁺ q intr spectator ob tenitudine ēē poterit
conflictus q; gessit quoꝶ eum uix specta-
 (b spectantē obtenētate ēē poterat
 regē
torem etas ēē paciebatur. In quo annoꝶ uir-
 ⁺ puemio ꝑ hic nar mi aīm
 etia pate cari
tutis q; pcursu ob aluildā saxonum regis fi- te q spicimꝰ fuit ex-
 tit. Si qd impias
 ges abrogauit sa-
liam quā summe pulc̄tudinis intuitu postu- tatis mūt z qeꝗd
 emīdand̄ pate stat
 illa duce ⁺ earūdem nupciaꝶ. attine
labat cum scato allemannie satrapa ei- diligēcia p̄stitit. S;
 ⁺ itaq; regnū patriꝰ
dem puelle compeitore teutonū danoꝶ pbicate amissm iu-
 ture recupauit. Pri-
 recidendū manu
q; exercitu inspectante expugnacione di- lionū lege edit. ed
 s ut qcē sorte libeūt
 donauat clandestī
micauit interfecto q; eo omnem allemā- insidiis petit. Proceꝭ
 n̄ sibi domesti s; diū
 diis colebat S; etia
mannoꝶ gentem puide ac ducis sui in- tellet iīs ex hoste q horsꝰ a-
 mare sollicius ⁺ dicit
 pecunia ad mū
 ⁺ tributo adegit
tertiū debellatam tributi lege choer-
 ⁺ tributaria pensioe p domīū
dundare deb̄ testat. Omniū alienti ex fisco suo soluebat
 sic a alioꝶ regū fortitudine munificētia ac liberalitate certabat
 torentis fomentis usqu remedia d; criante albeꝭ dm

302 Goldreliefs aus der Kirche von Tamdrup

Dänemark, um 1200
Kupfer, vergoldet – H. max. 20,9 cm, B. max. 17,4 cm
Kopenhagen, Nationalmuseum Dänemark, Inv.Nr. D801

Im Jahr 1872 wurden an der Renaissancekanzel der Kirche von Tamdrup 29 Kupfertafeln mit Reliefs entdeckt, zwischen denen sich dünne, ebenfalls kupferne Zierstreifen befanden. Die Tafeln waren mit Nägeln an der Kanzel befestigt. In Gänze sind nur das vierpassförmige Relief mit der Majestas Domini und vier kleineren mit den Evangelistensymbolen erhalten. Diese bildeten zweifellos das Zentrum eines goldenen Altarvorsatzes. Bei einem Rekonstruktionsversuch wurden die 17 Tafeln mit biblischen Motiven in drei waagerechten Reihen rechts und links der zentralen Tafeln angeordnet. Übrig blieben dabei sieben Treibarbeiten mit einmaligen historischen Darstellungen, auf denen die Geschichte der Bekehrung des dänischen Königs Harald Blauzahn durch den deutschen Bischof Poppo sowie damit zusammenhängende liturgische Szenen zu sehen sind: 1) Ein bärtiger Bischof (oder Erzbischof?) versucht den skep-

VI STERBENDE GÖTTER. CHRISTIANISIERUNG SKANDINAVIENS

tischen König von der christlichen Wahrheit zu überzeugen. Bei dem bartlosen Priester hinter dem Bischof könnte es sich um Poppo handeln. 2) Poppo unterzieht sich der Feuerprobe, indem er seine in einem Eisenhandschuh steckende Hand in die Flammen hält. 3) Poppo zeigt dem sitzenden König den rotglühenden Handschuh und seine unverletzte Hand. 4) Poppo, als Bischof gekleidet und mit Heiligenschein, tauft Harald in einem Fass. Ursprünglich zeigte die Tafel Poppo als Erzbischof, was der Künstler korrigierte, indem er den fehlerhaften linken Teil der Darstellung vor der Vergoldung mit einem kleineren Blech abdeckte. 5) Ein Erzbischof liest die Messe. 6) Der König kniet vor einer überdachten Kombination aus Altar und Kanzel. Auf der Kanzel steht ein Erzbischof. 7) König und Königin stiften einen goldenen Altarvorsatz. Christiansen nimmt an, dass diese sieben Tafeln ursprünglich einen Schrein mit Reliquien des heiligen Poppo schmückten, Nyborg hingegen sieht sie an einem Altaraufsatz.

Poul Grinder-Hansen

| **Lit.:** Nørlund 1926, S. 155–176; Christiansen 1968b; Kat.Paris/Berlin/Kopenhagen 1992, S. 350, Nr. 468 (Poul Grinder-Hansen); Nyborg/Poulsen 2002, S. 5113–5135

303 Das Kruzifix von Tirstrup

Dänemark, 1140–1150
Kupferblech auf Eiche, Braunfirnis, Vergoldung – Kreuz: H. 123 cm, B. 94 cm; Kruzifixus: H. 70 cm, B. 62 cm
Kopenhagen, Nationalmuseum Dänemark, Inv.Nr. D5100

Das Kreuz und die Figur des Gekreuzigten wurden einzeln aus Eichenholz geschnitzt und mit Kupferblech und Vergoldung bzw. Firnisbrand versehen. Die Krone Christi wurde separat aus Bronze gegossen, vergoldet und mit Bergkristallen besetzt. Die Medaillons an den Enden der reich verzierten Kreuzbalken tragen die in Treibarbeit gefertigten Symbole der vier Evangelisten. Ebenfalls in Treibarbeit erscheinen auf dem Kreuz über dem Haupt Christi die Hand Gottes, Sonne und Mond. Die drei anderen Arme des Kreuzes weisen lediglich in Braunfirnistechnik aufgetragene Ornamente auf. Der Kreuzstamm wurde zu einem unbekannten Zeitpunkt verkürzt, sodass der Kelch am unteren Medaillon nun von den Füßen der Christusfigur verdeckt wird. Als das Dänische Nationalmuseum im Jahre 1902 das Kruzifix von der Dorfkirche von Tirstrup in Ostjütland erwarb, war das Metall unter weißer Farbe verborgen. Die Farbe wurde entfernt, jedoch sind auf dem Holz unterhalb der Füße des Kruzifixus, über seinem Kopf und auf dem Lendentuch, wo das Kupferblech teilweise fehlt, Spuren anderer Farben erhalten. Die auf diesem Befund beruhende Annahme, dass das Kreuz ursprünglich aus bemaltem Holz bestand und erst nachträglich mit Kupfer verkleidet wurde, erscheint allerdings wenig überzeugend. Das Holz wurde dendrochronologisch in den Zeitraum zwischen 1140 und 1150 datiert. Die Metallarbeit und die Ornamentik weisen Ähnlichkeiten mit dem vergoldeten Altar aus der Kirche von Lisbjerg auf, der ebenfalls durch Dendrochronologie auf etwa 1140 datiert worden ist. Die Farbe wurde wahrscheinlich im Rahmen nachträglicher Reparaturversuche aufgetragen. Christus wird als sterbender König gezeigt, die Augen vor Schmerzen geschlossen, den Kopf leicht geneigt – das genaue Gegenteil der Darstellung Christi als lebendiger Bezwinger des Todes auf den etwa 50 Jahre älteren jütländischen Goldkruzifixen von Åby und Lisbjerg, die sich heute im Nationalmuseum befinden. Mit dem Kruzifix von Tirstrup kündigt sich ein neues Christusbild in der skandinavischen Kunst an.

Poul Grinder-Hansen

| Lit.: Nørlund 1926, S. 99–120; Langberg 1992, S. 38, 44, 78, Anm. 151; Nyborg 1992; Jorn 2000, S. 36–41

304 Bronzemadonna von Randers

Dänemark, um 1125
Bronze mit Spuren von Vergoldung – H. 27,5 cm, B. 10 cm
Kopenhagen, Nationalmuseum Dänemark, Inv.Nr. 9092

Die thronende Madonna war ursprünglich zur Gänze vergoldet. Der elliptische Umriss bezeugt, dass die Figur ursprünglich von einer Mandorla umgeben war und wohl als zentrale Figur einer goldenen Altarfront diente. Ihre linke Hand umgreift und stützt das (nicht erhaltene) Jesuskind. In ihrer Rechten hielt sie einen Apfel als Symbol ihrer universellen Herrscherschaft. Durch das starke Vorspringen des Kopfes und der Schultern wäre die Figur im Kontext eines goldenen Altars sehr deutlich hervorgetreten. Ähnliche Haltungen sind aus anderen Darstellungen und Holzskulpturen Mariens aus der Zeit um 1100 bekannt. Ebenso wie der stark stilisierte Faltenwurf ihres Gewandes lässt sie ihr unergründlicher Gesichtsausdruck mit den fest geschlossenen Lippen, dem spitzen Kinn und den schmalen Augen unnahbar erscheinen. Strittig ist, ob die Figur – wie von Ugglas behauptet – in Dänemark oder Skandinavien gegossen wurde oder ob sie aus Frankreich bzw. Burgund stammt, wie Nørlund und Christiansen meinen. Für Letzteres spricht die hohe Gussqualität. Da jedoch dendrochronologisch gesichert ist, dass das Eichenholz in den ebenfalls hochwertigen goldenen Altären dänischer Dorfkirchen aus Dänemark selbst stammt, muss nicht unbedingt von einem ausländischen Ursprung der Madonna von Randers ausgegangen werden. Die Figur wurde 1828 entdeckt, als eine kleine Insel im Randersfjord in Ostjütland abgetragen wurde. Wie

VI STERBENDE GÖTTER. CHRISTIANISIERUNG SKANDINAVIENS

304

und warum die Figur jedoch dorthin gelangte ist völlig unbekannt. Sie könnte sowohl im 12. Jahrhundert als auch erst nach der Reformation nach dort gekommen sein. Poul Grinder-Hansen

| **Lit.:** Nørlund 1926, S. 68–72; Ugglas 1944; Ugglas 1945; Christiansen 1968a; Marstrand 1988; Jørgensen 2009

305 Thronende Madonna aus Heda/Östergotland

Nordwestdeutschland oder niederrheinisch/kölnische Werkstatt in Ost-Mittelschweden (Linköping?), um 1180/90
Laubholz – geringe Substanzverluste, alle Finger der Hände Mariens und rechte Hand Christi verloren, Marienkrone teilweise beschädigt, stark farbige Fassung aus der Barockzeit – H. 80 cm
Ödeshög, The Parish of Ödeshög – Ödeshög församling

Aufrecht und von erhabener Würde – dem Betrachter unabhängig von der vorhandenen Distanz als ein unmittelbares Gegenüber erscheinend – thront die Muttergottes auf einem schmalen Pfostenthron mit hoher Rückenlehne. Mittig auf ihrem Schoß sitzt der Christusknabe mit überkreuzten Beinen. Das geschlossene Buch der Weisheit liegt von seiner linken Hand bedeckt auf dem linken Knie. Die heute fehlende rechte war ursprünglich zum Segensgestus erhoben (Kat.Nr. 306).
Der streng über die Mittelachse definierte formale Aufbau der Figur wird bestimmt von den rahmenden, unterschiedlich hohen, gedrechselten Thronpfosten und der nahezu symmetrischen Faltenbildung der Tunika Marias, die lediglich im Beinbereich ein lebendigeres Eigenleben spüren lässt. Auch der Christusknabe trägt wie Maria eine Tunika mit breitem Kragenband und zierendem Brustschild, zudem einen Mantelumhang, der die linke Schulter teilweise bedeckt und in fließendem Bogen über dem Handgelenk seitlich herabfällt.
Pfostenthronmadonnen sind in Frankreich seit dem 2. Viertel des 12. Jahrhunderts nachweisbar und folgen in der Regel dem byzantinischen Madonnentypus der *Nikopoia* (griech. die Siegbringende), der durch strenge Frontalität im Aufbau gekennzeichnet ist und der keine Interaktion zwischen Mutter und Kind kennt wie sie bereits um 980 so eindrucksvoll lebendig in der Goldenen Madonna aus dem Essener Münsterschatz formuliert worden ist.
In der Madonna aus Heda vereinigen sich ältere und neuere Vorstellungen vom Bild der Gottesmutter in vielfältiger Ausprägung. Die im Gebetsgestus erhobenen Hände spielen auf ältere Vorbilder des Typus der *Maria orans* an, worin Maria als Fürsprecherin und Mittlerin zwischen Gott und den Menschen verstanden wurde. Das Bildwerk in Heda unterscheidet sich damit entschieden von der zur gleichen Zeit möglichen Formulierung, bei der Maria das Kind auf ihrem Schoß mit ihren Händen bergend umfängt (vgl. die Madonnen aus Viklau auf Gotland und Oelinghausen bei Soest). Zudem wird in dem Bildwerk der Typus der Maria als *sedes sapientiae* (Thron der Weisheit) aufgerufen, bei dem Maria selbst ihrem Sohn als Thron dient: als Thron für Christus, der als segnender und richtender Weltenherrscher dargestellt ist.

Seit der Mitte des 12. Jahrhunderts wird eine große Zahl der erhaltenen Madonnen nicht mehr mit dem traditionellen *maphorion*, einem tuchförmigen Schleier, dargestellt, sondern ohne Kopfbedeckung und mit Krone. Mit den zu zwei dicken Zöpfen geflochtenen Haaren, die nach vorne oder nach hinten gelegt sein können, ist Maria als Jungfrau ausgewiesen. Die lilienförmigen Zacken der Krone symbolisieren ihre Reinheit, die Krone selbst ihre Stellung als Himmelskönigin, die durch Christus gekrönt wurde.

Die mit einer neuzeitlichen Fassung versehene, in ihrem plastischen Kern gut erhaltene Madonna befindet sich noch heute in der kleinen Landkirche Heda im Bistum Linköping. Sie steht in einer langen Reihe von Pfostenthronmadonnen des späteren 12. Jahrhunderts, die neueren Forschungen zufolge als Importware aus dem Rheinland bzw. Köln nach Schweden gelangten oder dort durch einheimische Künstler rezipiert wurden.

In welchem Zusammenhang die Pfostenthronmadonnen ursprünglich in den Kirchen gestanden haben – als freistehende Figuren auf Altären bzw. in Altaretabeln, in kleinen aufklappbaren Schreinen oder Nischen – ist in Heda wie in den meisten Fällen heute nicht mehr nachzuweisen.   Ursula Pütz

| **Lit.:** Andersson 1966, S. 38–42, Abb. 17; Kunz 2007, Nr. 26, Abb. 228; Kunz 2011, S. 188f., Abb. 18

306 Thronende Madonna aus Fölsen oder Helmern

Westfalen/Niedersachsen, um 1200
Eichenholz – Hände der Maria und Verschlussbrett auf der Rückseite verloren, Krone der Maria wie auch die hinteren Thronpfosten abgeschnitzt, im unteren Bereich Beschädigungen durch Feuchtigkeit und Anobienbefall, ältere Fassung fragmentarisch erhalten – H. 69,5 cm, B. 27 cm, T. 26 cm
Paderborn, Erzbischöfliches Diözesanmuseum und Domschatzkammer, Inv.Nr. SK 50

Von der Forschung wird die Thronende Madonna aus Helmern bzw. Fölsen bei Paderborn (beide Herkunftsorte werden in der Literatur genannt) zeitlich etwas später angesetzt als die Madonna aus dem schwedischen Heda (Kat.Nr. 305). Sie vertritt den westdeutschen Typus der Pfostenthronmadonnen des späten 12. Jahrhunderts.

Der formale Aufbau der Figur wie auch die kostümgeschichtlichen Details entsprechen im Wesentlichen denen der Heda-Madonna. Auch hier kommen die vielschichtigen Aspekte der Marien- und Christusikonographie zum tragen. Die fehlenden Hände Marias dürften ursprünglich ebenfalls im Orantengestus (vgl. auch Madonna aus Werl bei Soest) gebildet gewesen sein.

An dem Bildwerk ist die Herangehensweise des Bildhauers deutlich ablesbar: Der von hinten bis in den Schulterbereich Mariens ausgehöhlte Korpus ist mit den Thronseiten aus einem Stück geschnitzt, während die vier Pfosten mit hölzernen Dübeln am Holzblock befestigt sind. Die sicherlich als mittelalterlich anzusehende farbige Fassung des Thrones gibt ein präzises Bild von der Struktur romanischer, an antiken Traditionen orientierter Sitzmöbel mit den typischen Knäufen, Querstreben und Gitterfüllungen wieder wie sie in Schweden (Stuhl in Aspö) oder auch am Oberrhein (Bank in Alpirsbach) erhalten sind.

Bemerkenswert ist die Tatsache, dass der Christusknabe separat geschnitzt und gefasst und mittels Dübel lose auf dem Schoß der Muttergottes aufgesteckt ist. Diese Besonderheit lässt sich bei fast allen Pfostenthronmadonnen im nordwestdeutschen und skandinavischen Raum beobachten. In der Regel vermieden es die Bildhauer, einzelne Skulpturenteile separat zu schnitzen. Es darf angenommen werden, dass dieser ungewöhnlichen Tatsache, die sich weitgehend auf den Typus der Pfostenthronmadonna beschränkt, ein Brauch zugrunde liegt, der mit kultischen Handlungen des Abnehmens und Aufsetzens der Christusfigur zusammenhängen könnte. Diese „Zweiteiligkeit" der Bildwerke wird sicherlich auch Ursache für den Verlust etlicher Christusknaben gewesen sein.

Zahlreiche Bildwerke aus dem typologischen Umkreis der Sitzmadonna sind in den über 800 Jahren ihrer Existenz in ihrem Erscheinungsbild teilweise einschneidenden Veränderungen unterworfen worden, wie zum Beispiel die Madonna aus Milte bei Warendorf, die heute durch Verlust des Christusknaben, durch gravierende Abschnitzungen am Korpus der Maria und durch eine barockzeitliche Ergänzung des Kopfes nur noch als stark verstümmelter Torso erhalten ist. Auch die Fölsener Figur ist durch Abschnitzung der Krone Marias und Reduzierung der hinteren Lehnenpfosten bis auf die Kontur der Figur in Höhe der Schultern gekennzeichnet. Es kann vermutet werden, dass derartige „Renovierungsmaßnahmen" durch Veränderungen in der Verehrungspraxis veranlasst und verursacht worden sein könnten. Die Tradition, verehrte Marien- und Heiligenfiguren durch textile Bekleidung zu schmücken und zu „adeln", ist für das hohe Mittelalter belegt. Für diese Praxis dürfte ein abnehmbares Kind eine besonders willkommene Gelegenheit geboten haben.

Die Fölsener Madonna steht stilistisch in engem Zusammenhang mit der Madonna aus dem Kloster Nikolausberg bei Göttingen (Landesmuseum Hannover), allerdings sind hier die Proportionen weniger schlank und der Faltenstil ist einfacher gestaltet. Enge Verwandtschaft besteht zu den Marienbildern in Hameln, Milte, Werl und Oelinghausen.   Ursula Pütz

| Lit.: Kat. Corvey 1966, S. 348f., Nr. 30; Endemann 1975, S. 73, 78f., Abb. 35; Klack-Eitzen 2000, S. 128f., Abb. 4; Kunz 2007, S. 300f., Nr. 59, Abb. 91; Kunz 2011, S. 188f., Abb. 14; Klack-Eitzen/Haase/Weißgraf 2013 (zur Bekleidung von Figuren)

307 Thronende Madonna aus Dyste

1 Hälfte 13. Jahrhundert
Dyste, Provinz Oppland, Norwegen
Holz – mit Spuren der Originalpolychromie: Vergoldung und ölbasierte Farbe auf Kreidegrund, plastische Ornamente; die ursprüngliche Fassung war in Gold gehalten und mit Edelsteinimitationen in rotem und grünem Lack verziert; das Jesuskind ist verschollen – H. 90 cm, B. 31,5 cm, T. 24 cm
Oslo, Kulturhistorisk museum, Universitetet i Oslo, C. Nr. 1525.

307

Die bekrönte Jungfrau ist symmetrisch en face auf einem Thron mit vier Pfosten sitzend dargestellt. Das heute verschollene Jesuskind saß mittig auf ihrem Schoß. In dem blassen, ovalen Gesicht mit zartrosa Wangen sind die Augenbrauen stark gewölbt, die Augen schwarz umrandet, die Nase gerade und der Mund klein und rot bemalt. Das goldene Haar fällt von einem Mittelscheitel in zwei locker geflochtenen Zöpfen auf die Schultern herab. Die Zöpfe sind nicht gebunden, sondern enden in je drei Schneckenlocken.

Die Krone, der offene Gewandüberwurf und die darunter sichtbare knöchellange Tunika waren komplett glanzvergoldet. Die Gewänder waren rot eingefasst, der Saum und die Borten ebenso wie die Krone mit plastisch hervortretenden, abwechselnd grünen und roten Edelsteinimitationen geschmückt.

Die mittig oberhalb des Brustbeins platzierte runde Schmuckscheibe ist ebenfalls mit Edelsteinimitationen besetzt. Die gedrechselten Pfosten des Throns waren mit Waschgold gefasst, die schwarze Umrandung der Kanten betonte die Schnitzarbeit. Die sichtbaren Seiten des Stuhlunterbaus waren rot und goldfarben gestreift. Auch hier wurde Waschgold verwendet. Die spitzen Schuhe der Jungfrau stehen auf einem halbrunden Sockel, der entlang der abgeschrägten Vorderseite möglicherweise ebenfalls mit Edelsteinimitationen geschmückt war.

Die Dyster Madonna gehört zu einer größeren Gruppe von Skulpturen, die hinsichtlich Aufbau, Plastizität und Polychromie vielerlei Ähnlichkeiten aufweisen. In Norwegen ist die Dyster Madonna das einzige erhaltene Beispiel aus dieser Gruppe, in Schweden sind noch zahlreiche andere Exemplare dieses Typus erhalten geblieben. Auch in anderen Teilen Europas und Skandinaviens sind ähnliche Madonnenfiguren bekannt, so zum Beispiel in Island und Deutschland (Kunz 2007).

Der Korpus der Skulptur besteht aus Lindenholz (Nat. tilia), für die vier gedrechselten Säulen wurde Buchenholz (Fagus sp.) verwendet. Stifte aus Eichenholz (Quercus sp.) verbinden die Säulen mit der Figur. Ursprünglich umfasste die Skulptur mehr als zehn Teile, darunter die Pfosten, Stifte, die verschollenen Hände der Figur und das ebenfalls verschollene Jesuskind. Einige Teile wurden hinzugefügt, um Fehler in der Schnitzarbeit auszugleichen oder große Risse aufzufüllen, die durch die Trocknung des Holzes entstanden waren.

Der Kern des verwendeten Holzstücks befindet sich sozusagen hinter der Skulptur, deren Rücken ausgehöhlt ist. Die Aushöhlung ähnelt von der Form her zwei Quadern, wobei der kleinere Quader im Oberkörper liegt, der größere im unteren Teil der Figur. Der Sockel der Skulptur ist als ihr tiefster Teil noch weiter ausgeschnitten. Die Pfosten sind mit dem Korpus durch eckige Eichenstifte verbunden, die in sich verjüngenden runden Bohrlöchern stecken, von denen die meisten in die Aushöhlung im Rücken der Figur hineinreichen. Die Schnitzarbeit auf der Vorderseite wurde durch die plastische Ausarbeitung des Kreide-Leim-Grunds ergänzt. Die Holzoberfläche weist an vielen Stellen Spuren der Bearbeitung mit scharfem Werkzeug auf. Im unteren Bereich deuten mehrere Reihen paralleler Kerben auf die Verwendung eines Abziehmessers oder eines ähnlichen Werkzeugs zum Glätten der Oberfläche. Beim Schnitzen der Gewandfalten kamen verschieden große Beitel oder Stecheisen zum Einsatz.

Für die Farbfassung gilt die Verwendung folgender Pigmente als gesichert: grüner, gelber und roter Lack, Zinnoberrot, Kohlenstoffschwarz und Bleiweiß. Außerdem wurden Blattgold und Blattsilber verwendet. Bei dem gelben Lack auf dem Blattgold und -silber handelt es sich wahrscheinlich um eine erhitzte Öl-Harz-Mischung (bei norwegischen Skulpturen aus diesem Jahrhundert wurden auch reine Harzlacke festgestellt). Das Inkarnat ist ein blasses Weiß. Die zartrosa Wangen wurden nass-in-nass auf den helleren Hautton aufgetragen. Drei verschiedene Vergoldungstechniken erzielten gemeinsam mit Lasuren und Lacken in Gelb unterschiedliche Glanzeffekte: Waschgold wurde an den Seiten und Säulen des Throns, auf dem Gewandüberwurf und dem Ärmelfutter festgestellt. Dabei wurde das direkt auf den Kreidegrund aufgebrachte hochpolierte Blattsilber mit einem gelben Lack überzogen. Auf diese Weise entstand ein gedämpfter Goldton. Optisch wirkt die so behandelte Fläche sehr weich, da das Licht durch die verschiedenen Lackschichten sowohl gebrochen als auch reflektiert wird, was die sonst oft sehr harte, spiegelnde Wirkung polierter Metallflächen reduziert. Diese Milderung des kalten Glanzes könnte auch der Grund für die Behandlung von Blattgold mit Lacken oder Lasuren gewesen sein.

Gelber Lack wurde auch auf der Glanzvergoldung mit Blattgold festgestellt, und zwar außen auf der Krone, dem Gewandüberwurf und der Tunika. Das Blattgold wurde direkt auf den Kreidegrund aufgebracht, wobei die Technik der Glanzvergoldung eine starke Politur ermöglicht. Über dem Lack wurde eine Lasur, wahrscheinlich Eiklar, aufgetragen. Auf dem Gewandüberwurf wurde nur diese transparente Lasur ohne darunterliegenden gelben Lack festgestellt.

Ölvergoldung kam beim Haar der Madonna zum Einsatz. Das Blattgold wurde kurz vor der vollständigen Trocknung der rötlich-gelben

Ölbeize aufgetragen, was zu einem matten Glanz führte. Diese Art der Vergoldung kann nicht so stark poliert werden wie die Glanzvergoldung. Auf dem Blattgold konnte weder Lack noch Lasur festgestellt werden.   Kaja Kollandsrud

| **Lit.:** Plahter 1984 (zur Behandlung von Blattgold mit gelbem Lack); Selsjord 1993; Kunz 2007, S. 152f.

308 Bronzefahne

Um 1200
Stabkirche von Tingelstad, Oppland, Norwegen
Kupferlegierung, vergoldet – Wimpel: L. 31,4 cm, H. 22,6 cm, B. 0,9 cm; Drache: L. 22 cm, H. 7,9 cm, B. 2,8 cm
Oslo, Kulturhistorisk museum, Universitetet i Oslo, Inv.Nr. C36648

Der Wimpel (altnord. *veðrviti* oder *flaug*) aus vergoldetem Kupfer ist durchbrochen gearbeitet und hat einen abgesetzten, aufgenieteten Rand. Das von Ranken umgebene Motiv zeigt David, der das Lamm aus dem Rachen des Löwen rettet. Am senkrechten Teil des Randes sind Reparaturspuren sichtbar und eine Befestigung wurde nachträglich wiederhergestellt. Ein keilförmiges Stück fehlt. Auf dem Wimpel sind eine Reihe späterer Inschriften zu sehen. Der aufgesetzte Drache aus Messing besteht aus fünf einzeln gegossenen Teilen und ist mit Nieten auf dem Rahmen befestigt. Im Bogen des Randes befindet sich ein Loch mit Abnutzungsspuren, ebenso am Maul des Drachens. Die Zierlinien wurden ungleichmäßig mit Punzen und Ziseliereisen aufgebracht.

Die Datierung der Fahne von Tingelstad ist umstritten, höchstwahrscheinlich entstand sie jedoch in der ersten Hälfte des 13. Jahrhunderts. Bisher sind vier Wimpel dieser Art bekannt, zwei aus Norwegen und zwei aus Schweden. Vergoldete Windfahnen werden in den Sagas mehrfach erwähnt und bildliche Darstellungen von Schiffen zeigen, dass sie ursprünglich am Vordersteven angebracht waren, aber auch an der Mastspitze befestigt sein konnten. Die vier erhaltenen Exemplare aus dieser Zeit dienten in zweiter Verwendung als Wetterfahnen auf mittelalterlichen Kirchen.   Hanne Lovise Aannestad

| **Lit.:** Blindheim 1982b

309

309 Altarkreuz

12. Jahrhundert (Kreuz), 9. Jahrhundert (Kruzifixus)
Bru, Rennesøy, Rogaland, Norwegen
Silber, vergoldet – H. 21 cm, B. 7,8 cm
Oslo, Kulturhistorisk museum, Universitetet i Oslo, Inv.Nr. C1968

Das flach gegossene Altarkreuz aus vergoldetem Silber ist mit eingravierten Ornamenten verziert. Kreisförmige Schlussstücke wie oben und unten am Längsarm befanden sich ursprünglich auch an den Enden des Querbalkens, diese sind heute jedoch verschollen. Darüber hinaus sind mehrere Schäden an dem Kruzifix wohl darauf zurückzuführen, dass es sehr lange im Boden lag.
Das Kreuz wurde vermutlich im 12. Jahrhundert in Nordeuropa gefertigt; allerdings deuten die Rankenornamente mit byzantinischen Palmetten auf ein byzantinisches Vorbild hin. Der untere Schlusskreis zeigt einen Heiligen mit Schwert. Die ebenfalls gegossene Christusfigur ist auf der Rückseite flach und wurde mit Nieten auf der Unterlage befestigt. Sie stammt wahrscheinlich aus dem 9. Jahrhundert und wurde erst später an dem Kreuz angebracht. Das Lendentuch und der schwere Rumpf der Figur entsprechen dem karolingischen Typus.
Der silberne Fuß hat die Form von sechs Drachen und ruht auf drei Löwentatzen. Er ist durchbrochen gearbeitet und wurde in einem Stück gegossen. Zahlreiche kleine Risse wurden mit Blei repariert. Der Ständer mit den herabstürzenden Drachen ist an Leuchter- und Kreuzfüßen vom Kontinent orientiert. Kreuz und Ständer wurden vermutlich zu einem späteren Zeitpunkt zusammengefügt.
Das Kreuz wurde gemeinsam mit Teilen eines goldenen Armbands entdeckt, die heute verschollen sind. Beide Fundstücke waren zwischen zwei Felsen vergraben und kamen ans Licht, als der Boden dort in den 1850er-Jahren zum ersten Mal umgepflügt wurde. In der Nähe befindet sich die Ruine einer kleinen, schlichten Steinkirche.

Hanne Lovise Aannestad

| Lit.: Blindheim 1956/1957

310 Reliquienkreuz

15. Jahrhundert
Tønsberg, Vestfold
Silber; Amethyste, einfache Filigranarbeit, vergoldet – L. 7,1 cm, B. 2,2 cm (oberer Querbalken), B. 4,1 cm (unterer Querbalken), T. 0,9 cm (des Kreuzes)
Oslo, Kulturhistorisk museum, Universitetet i Oslo, Inv.Nr. C23299

Die Vorderseite des Kreuzes ist in einfachem Filigran gearbeitet und in der Mitte durchbrochen, um den Blick auf die Reliquie freizugeben. Am Ende des Horizontal- und der Vertikalbalkens befinden sich sechs Kastenfassungen für Amethyste. Das Kreuz besteht aus einer Rückenplatte mit Stegen, die ein kleines Gehäuse um die Reliquie bilden. Bei dieser handelt es sich um einen Holzsplitter, dessen Ursprung und Geschichte leider nicht mehr bekannt sind. Das Kreuz ist als Anhänger gedacht und wurde vermutlich als persönliches Reliquiar getragen. Durch die silberne Öse am oberen Ende konnte eine Kette gefädelt werden.
Behältnisse für Reliquien, sogenannte Reliquiare, gab es in vielen verschiedenen Formen und Größen. In der katholischen Kirche gelten Reliquien und Reliquiare als Sinnbilder der Bundeslade im Alten Testament, denn als Mose die Gesetzestafeln entgegennahm, gab der Herr ihm Anweisungen, wie sie aufzubewahren seien und wie die kostbar verzierte Lade auszusehen habe.
Im Spätmittelalter wurden kleinere persönliche Reliquiare als Körperschmuck populär. Sie wurden von wohlhabenden Privatpersonen erworben oder von Geistlichen auf den *vestimenta* oder liturgischen Gewändern getragen.

Marianne Vedeler

| Lit.: Chydenius 1965; Brown 1981; Vedeler 2009

311 Holzkruzifix

Provenienz unbekannt, um 1170/80
Kiefernholz, polychromiert – Fassung original: Tempera auf Kreidegrund; die Farben sind verblasst, besonders das gelbe Auripigment – H. 147 cm (inklusive unbemalten Zapfens, H. 10 cm), B. 88 cm (Kreuzstamm 13,5 cm, Querbalken 13 cm), T. 3–5 cm; der Abstand zwischen den Nagellöchern des verschollenen Kruzifixus beträgt 53,5 cm
Oslo, Kulturhistorisk museum, Universitetet i Oslo, Inv.Nr. C 33267

Das Kreuz besteht aus zwei ähnlich dimensionierten Balken, die an ihrem Schnittpunkt vernutet und mit fünf Holzstiften fixiert sind. Einer der Holzstifte ist original, die anderen vier wurden im Zuge von Konservierungsmaßnahmen 1968 eingefügt.

Die gut erhaltene Farbfassung ist ebenfalls original; der dünne Kreidegrund bedeckt Vorder- und Rückseite des Kreuzes. Die Kreide ist mit einem wässrigen Leim, zum Beispiel Tierleim, gebunden, dem möglicherweise ein Tempera-Bindemittel hinzugefügt wurde. Durch das Verblassen insbesondere des gelben Auripigments ist die Polychromie heute weniger klar und kräftig, als es ursprünglich wohl der Fall war. Die Rekonstruktion eines Balkenendes veranschaulicht dies (s. Bild).

Die Verwendung folgender Pigmente gilt als gesichert: Lapislazuli bzw. Ultramarin, Auripigment, gelber Ocker, Zinnober, Kohlenstoffschwarz und Bleiweiß (Unn Plahter: Unveröffentlichter Untersuchungsbericht, KHM, UiO, Mai 1978). Grün wurde durch die Mischung von Auripigment und Schwarz hergestellt. Die Verwendung von Blattmetall konnte nicht festgestellt werden.

Die Bemalung zeigt einen breiten Palmetten- und Lilienfries, das sich entlang der Balkenränder um eine schlicht grün gehaltene Mitte rankt. Durch das Verblassen des gelben Auripigments in der Mischung aus Auripigment und Schwarz erscheint die ursprünglich grüne Fläche heute schwarz. Die Umrisse und Blattadern der Pflanzenmotive sind schwarz gezeichnet. Insgesamt ist der Fries farblich in zwei parallel verlaufende Bänder gegliedert, wobei das äußere Band gelb ist, das innere rot. Das Blattornament wiederholt sich farblich spiegelverkehrt an allen vier Balkenenden, sodass das Gelb auf das Grün der Mitte trifft, während das Rot den Außenrand markiert. Am oberen Ende wurde eine schmale weiße Umrisslinie um die Blätter herum ergänzt. Drei in einem Dreieck angeordnete weiße Punkte markieren die Blattwurzeln, während am Fuß der Blüten ein einzelner weißer Punkt erscheint. Die Abaki der Balkenenden zeigen die gleiche Bemalung wie die Balken selbst, allerdings sind das gelbe und das rote Band hier vertauscht. Die Einkehlung ist mit abwechselnd gelben und roten Dreiecken gestaltet, in die jeweils ein Chi-Kreuz-Stern um eine schwarze Mitte eingeschrieben ist. Die Sterne auf gelbem Grund sind rot, die Sterne auf rotem Grund sind

VI STERBENDE GÖTTER. CHRISTIANISIERUNG SKANDINAVIENS

weiß. Der dreieckige Wulst ist durch zwei schmale blaue Leisten eingefasst und mit Vierpässen bzw. gleicharmigen Kreuzen geschmückt, an den Seiten befinden sich weiße Chi-Kreuz-Sterne. Die Pässe waren ursprünglich leuchtend gelb, wobei das Auripigment direkt auf die rote Farbe aufgetragen wurde. Der Fuß des Kreuzstamms ist durch einen weiteren dreieckigen Wulst stärker profiliert. Die Balkenseiten waren rotbraun gefasst.

Blindheim und Kunz beschreiben das Kreuz als monumentales Kreuz im ottonischen Stil. Kunz weist auf die Ähnlichkeit der Silhouette mit der des älteren und jüngeren Mathildenkreuzes im Essener Domschatz hin. Blindheim erkennt Parallelen in ottonischen Buchilluminationen und in der Fortführung der ottonischen Tradition im 11. und 12. Jahrhundert. Als jüngstes und wohl aussagekräftigstes Beispiel nennt er den mit Metall und Elfenbein gestalteten maasländischen Buchdeckel, der vermutlich in der zweiten Hälfte des 12. Jahrhunderts entstand und sich in der Bibliothèque de l'Arsenal in Paris befindet.

Kaja Kollandsrud

| Lit.: Plahter 1981, Abb. 3; Wiik 1981; Blindheim 1998, Nr. 23; Kunz 2007, S. 152f.

312 Löwenkapitell

12./13. Jahrhundert
Stabkirche von Vinje, Telemark, Norwegen
Holz – H. 56 cm, B. 18 cm
Oslo, Kulturhistorisk museum, Universitetet i Oslo, Inv.Nr. C1735

Das Löwenkapitell entstammt dem Portal einer Stabkirche. Die ursprünglich einen Pilaster abschließende Figur wurde angesägt und abgebrochen. Die genaue Herkunft ist unbekannt. Der Löwe ist im Flachrelief geschnitzt, wobei sich der Kopf nach vorne schiebt. Auf der Rückseite sind Spuren von Axthieben und die Überreste von Holznägeln zu erkennen.

Löwenkapitelle sind von mehreren Stabkirchen des mittelalterlichen Norwegens bekannt. Das Löwenmotiv gehört zur Gruppe der Tierfiguren. Normalerweise wurde die Kapitellfigur aus einem Stück mit der Säule geschnitzt. Außer dem Löwenkapitell aus Vinje sind noch drei weitere Löwenkapitelle ohne genau bestimmbare Herkunft bekannt. Die Kirche kann durch die Nennung historisch belegter Personen in einer Runeninschrift auf die Zeit vor 1202 datiert werden. Sie wurde 1796 abgerissen. Der Pilaster mit dem Löwen war vermutlich lose und wurde daher auf dem Hintergrund festgenagelt. Vermutlich stammt er von einem Kirchenportal oder einer Chorschranke.

Hanne Lovise Aannestad

| Lit.: Bergendahl Hohler 1999, Nr. 254

313 Deckel eines Taufbeckens

1. Viertel 13. Jahrhundert
Stabkirche von Lomen, Valdres, Oppland, Norwegen
Holz – H. 66 cm, Dm. 55 cm
Oslo, Kulturhistorisk museum, Universitetet i Oslo, Inv.Nr. C17803

Die konische Abdeckung wurde aus einem einzigen Stück Holz geschnitzt, die Griffe und das Schloss sind verschollen. Auch der obere Teil fehlt, nur die mittlere Partie ist erhalten und verjüngt sich zu einer Art Griff. An der Spitze sind die ursprünglichen Schnitzereien zu sehen. Ein großer Riss wurde mit zwei Eisenklammern fixiert, am Rand befindet sich ein großes Loch.

313

Bei den Ornamenten handelt es sich um eine vereinfachte Form der Verzierungen an den Kapitellen in der Kirche. Eine große Volute mit kleineren Verzweigungen windet sich um den Deckel und mündet in einen Kreis. Hanne Lovise Aannestad

| Lit.: Bergendal Hohler 1999,Bd. 2, Nr. 144

314 Portalwangen der Stabkirche von Vegusdal

Um 1200
Kirche von Vegusdal, Aust-Agder, Norwegen
Holz – H. 200 cm, B. 60 cm bzw. 65 cm
Oslo, Kulturhistorisk museum, Universitetet i Oslo, Inv.Nr. C4389

Von welcher Stabkirche diese beiden Portalwangen ursprünglich stammen, ist nicht bekannt. Man hat sie später bei einer Holzkirche wiederverwendet, die 1867 abgerissen wurde. Deutlich erkennbar ist der Türfalz, zudem befinden sich im rechten Türpfosten Scharnierlöcher, rechts die Überreste einer Riegelrast. Die Portalwangen sind nicht vollständig. Die Pfosten weisen Schäden auf, die oberen Teile fehlen und die Verzierungen sind mit Teer verschmiert.
Ein asymmetrisches Muster bedeckt beide Wangen, wobei links vier Medaillons mit Szenen und Figuren aus der Völsungasaga zu sehen sind. Das erste Medaillon von unten zeigt Sigurd, der das Herz des Drachen Fafnir brät: Ein sitzender Mann mit Helm hält einen Spieß mit drei Fleischstücken, dessen Enden in zwei gegabelten Ästen ruhen; darüber sitzt ein Vogel in einem Baum. Im zweiten Medaillon schmiedet Regin ein Schwert für Sigurd: Es sind zwei Männer mit Schmiedewerkzeugen, Amboss, Zange, zwei Hämmern, Blasebalg und Flammen zu sehen. Im dritten Medaillon zerbricht Sigurd die tückische Waffe: Man sieht einen Mann mit Helm, einen Amboss und ein zerbrochenes Schwert. Über dem Amboss ist das Pferd Grane mit dem Schatz zu erkennen. Auf dem vierten, obersten Medaillon erschlägt Sigurd Regin: Ein stehender Mann mit Helm durchbohrt seinen Gegner mit dem Schwert, den er an den Haaren gepackt hat und der Blut speit.
Die rechte Portalwange ist mit einem Muster aus Ranken und Löwen verziert. Die Ranke wächst aus dem Maul eines Tieres in der äußeren Ecke. Sie hat drei Bögen mit gewundenen Seitenzweigen und großen Seitenästen, die zum Teil miteinander verschlungen sind. Der untere der beiden Löwen läuft am Stamm der Ranke hinauf, der obere befindet sich zwischen zwei Rankenwindungen.
Eine enge Parallele zu den Motiven auf der linken Portalwange findet sich auf dem Tor der Stabkirche von Hylestad in Stavanger, Rogaland. Bei dem Vegusdal-Tor könnte es sich also um eine spätere Kopie des Tors von Hylestad handeln. Möglich ist auch, dass beide in der gleichen Werkstatt geschaffen wurden. Hanne Lovise Aannestad

| Lit.: Bergendal Hohler 1999, Nr. 252

315

315 Modell der Stabkirche von Berglund

Herkunft unbekannt
Holz – B. 10 cm, L. 20 cm, H. 22 cm
Oslo, Kulturhistorisk museum, Universitetet i Oslo, Inv.Nr. C34286

Das Modell zeigt die Stabkirche von Borgund in der Kommune Lærdal in der norwegischen Provinz Sogn og Fjordane (Bd. I, Abb. 153). Dendrochonologische Untersuchungen und schriftliche Quellen legen nahe, dass die Stabkirche von Borgund zwischen 1180 und 1250 errichtet wurde. Eine zusätzliche Kirche wurde 1868 gebaut, doch die alte Stabkirche wird nach wie vor genutzt.
Als bestes erhaltenes Beispiel einer norwegischen Stabkirche diente die Kirche von Borgund als Vorbild bei der Restaurierung mehrerer anderer Stabkirchen in Norwegen.
An den Hauptraum der mehrschiffigen Kirche sind der Chorraum und die Apsis angeschlossen. Die Seitenschiffe werden von einem Pultdach überdeckt. Das Gebäude ist öst-westlich ausgerichtet. Das rechteckige Hauptschiff ist höher als die Seitenschiffe, auch der Chorraum hat niedrigere Seitenschiffe. Auf der Ostseite des Chorraums befindet sich die Apsis. Um das gesamte Gebäude verläuft ein Laubengang. Das Dach des Hauptschiffs wird von einem Türmchen auf dem First bekrönt, über der Apsis erhebt sich ein kurzer runder Turm. Sämtliche Dächer und Wände sind mit Holzschindeln bedeckt. Die Außenwände bestehen aus breiten Brettern mit Nut und

VI STERBENDE GÖTTER. CHRISTIANISIERUNG SKANDINAVIENS 371

314

Feder, die senkrecht in dem von Fundamentplatte, den senkrechten Masten oder „Stäben" und den Querbalken vorgegebenen rechteckigen Rahmen stehen.

Das hohe Hauptschiff dieses Stabkirchentyps erinnert an die Obergaden von Basiliken aus Stein. Einigen Wissenschaftlern zufolge ist diese Bauweise jedoch vorchristlichen Ursprungs.

Als Fenster dienten früher anscheinend runde Öffnungen in den oberen Wänden des Hauptraums. Das Türmchen über dem Hauptschiff war ursprünglich wohl ein Glockenturm, heute hängen die Glocken jedoch in einem frei stehenden Turm etwas südlich der Kirche. Bei dem Laubengang und der Apsis handelt es sich wahrscheinlich um spätere, „gotische" Anbauten an das „romanische" Gebäude.

Hanne Lovise Aannestad

| Lit.: Bugge/Bernardino 1994; Storsletten 1995; Bergendal Hohler 1999

316 Statue des heiligen Olaf

Ende 13. Jahrhundert
Aus der Pfarrkirche zu Väte, Gotland, Schweden
Eiche, geschnitzt und ehemals farbig gefasst; rückseitig bis in Schulterhöhe ausgehöhlt – Thronrückwand und Attribut (vermutlich eine Axt) in der Rechten verloren, einige Zacken in Olafs Krone ausgebrochen; die Fassung bis auf Spuren des Kreidegrunds verloren – H. 139 cm, B. 37 cm
Stockholm, National Historical Museum (Statens historiska museum), Inv.Nr. 3094:I

Die frontal thronende Figur aus Väte auf der Osteesinsel Gotland, die auf dem Haupt eine Krone mit Dreiblatt über der Stirn trägt, stellt den heiligen Olaf dar, den ersten christlichen König der Norweger. Olaf hatte in der Auseinandersetzung mit dem heidnischen Adel sein Leben verloren und wurde deshalb als Märtyrer verehrt und im Jahr 1031 heiliggesprochen. Nach Maria war Olaf im skandinavischen Raum der wichtigste Heilige und Fürbitter überhaupt. Man verglich ihn mit den alttestamentlichen Königen David und Salomo und sah in ihm das Idealbild des weisen und gerechten Herrschers. Olafs kämpferisches Eintreten für das Christentum dürfte ihn für Kaufleute und Kreuzfahrer als Fürbitter attraktiv gemacht haben, richtete sich deren Interesse seit dem 12. Jahrhundert doch immer stärker auf die noch zu christianisierenden Gebiete im östlichen Baltikum.

Der heilige Olaf, der in der gotländischen Pfarrkirche den nördlichen Nebenaltar geschmückt haben dürfte, ist herrscherlich gewandet: Er trägt einen gegürteten Rock und darüber einen pelzbesetzten Mantel. Den spitzen Halsausschnitt rahmen fünf kreisrunde Vertiefungen, in die Glasflüsse eingelassen waren. Sie imitierten einen Besatz aus kostbaren Edelsteinen, wie man ihn an der Kleidung weltlicher Fürsten sehen konnte. In der Linken trägt Olaf das Ziborium als ihn kennzeichnendes Attribut; jenes Gefäß, in dem die Hostie aufbewahrt wird und das hier wohl Olafs Wirken als christlicher Missionar und ritterlicher Kreuzfahrer symbolisiert. Die vorgestreckte Rechte des Heiligen könnte eine Axt oder ein kurzes Zepter gehalten haben. Die behelmte, keulenschwingende Gestalt unter Olafs Füßen meint einen besiegten heidnischen Krieger.

Die qualitätsvolle Figur, für die sich auf Gotland kein unmittelbares Vergleichsstück findet, wirkt ungewöhnlich monumental. Dieser Eindruck resultiert aus der ebenso klaren wie plastischen Formsprache, die an Steinskulpturen erinnert. In der auf große Formen reduzierten Faltenbildung finden sich Reminiszenzen an die nordfranzösische Kathedralskulptur vor der Mitte des 13. Jahrhunderts. Französischen Vorbildern folgt auch der Zuschnitt des Gesichts und des weiten Mantels, der den taillierten Körper gleich einer Schale umgibt. Der hieratisch wirkende, frontale Thronbildtypus war im Ostseeraum weit verbreitet. Er schließt die Olafsfigur mit der Anna Selbdritt in der Stralsunder Nikolaikirche zusammen. Die an der älteren französischen Skulptur der Hochgotik ausgerichteten Werke sind wertvolle Belege dafür, dass man in dem durch Fernhandel aufblühenden Ostseeraum des späten 13. Jahrhunderts nicht nur wirtschaftlich, sondern auch kulturell den Anschluss an die großen Metropolen des westlichen Europas suchte, unter denen Paris sicherlich die bedeutendste war. Juliane von Fircks

| Lit.: Ugglas 1915, S. 373–403; Andersson 1966, S. 95, 98, 101; Jacobsson 1995, S. 64f.; Fircks 2012, S. 82–85

317 Pilgerabzeichen

Nidaros, heute Trondheim, Mittelnorwegen, spätes 15. Jahrhundert
Entdeckt in der Stabkirche von Uvdal, Ostnorwegen
Blei, Metallguss – H. 5,8 cm, B. 3 cm
Oslo, Kulturhistorisk museum, Universitetet i Oslo, Inv.Nr. C34866/ 2346

Das Motiv zeigt den heiligen Olaf mit Krone und seinem Attribut, der Axt, in der rechten Hand. Der heilige norwegische König Olaf starb im Jahr 1030 und sein Schrein in Nidaros, dem heutigen Trondheim, war während des gesamten Mittelalters ein bedeutsamer Wallfahrtsort.

Pilgerabzeichen wurden als Andenken an Pilger verkauft, die christliche Stätten besuchten. Normalerweise handelte es sich dabei um günstige kleine Gegenstände, mit denen die Käufer zeigen konnten, dass sie wirklich an der jeweiligen Pilgerstätte gewesen waren; andererseits dienten sie auch als Amulette. Die Pilgerabzeichen des Hoch- und Spätmittelalters wurden von außen gut sichtbar an der Pilgerkleidung befestigt. In manchen Fällen wurden Pilgerabzeichen auch in Teichen und Seen gefunden, wo man sie vermutlich bewusst deponierte. In dieser Phase wandelte sich die Funktion der Abzeichen, denn sie sind von nun an nicht mehr automatisch an den Pilger als Person gebunden, sondern werden auch als Votivgaben verwendet.

Das Motiv der Pilgerabzeichen soll die besuchte Pilgerstätte darstellen, in diesem Fall den Schrein des heiligen Olaf in Nidaros. Bei fehlendem Kontext kann es daher Aufschluss über den Herstellungsort des Abzeichens geben. Dieses Abzeichen wurde bei einer archäologischen Grabung unter dem Boden einer Stabkirche gefunden.

Marianne Vedeler

| Lit.: Andersson 1989; Sande 2009

318 Durchbrochene Agnus-Dei-Fibeln

11./12. Jahrhundert
Vor Frue, Roskilde, Seeland; Postgården, Jütland, Dänemark
Kupferlegierung – Dm. 2,4 cm; Silber – Dm. 2,5 cm
Kopenhagen, Nationalmuseum Dänemark, Inv.Nr. D5894b und D27/2008

Eine dieser gegossenen, durchbrochen gearbeiteten Fibeln wurde 1886 in der südwestlichen Ecke des Vor-Frue-Platzes an der Kirchenmauer in Roskilde entdeckt, die andere, nahezu identische 2008 mit Hilfe eines Metalldetektors in Postgården bei Aalborg in Nordjütland. Beide Fibeln lassen ein Agnus-Dei-Motiv erkennen, das durch den Kreuzstab und das angewinkelte Vorderbein des Lamms gekennzeichnet ist.

Mangels stratigraphischen Zusammenhangs lässt sich die genaue Entstehungszeit der Fibeln nicht bestimmen, doch war das Bildmotiv im frühen Mittelalter weithin bekannt. Münzen mit Darstellungen des Gotteslamms oder des Heiligen Geistes als Taube wurden in Lund von König Knut dem Großen (reg. 1018/19–35) in Umlauf gebracht und unter Hardiknut (reg. 1035–1042) weiter verwendet. Die Wiedergabe orientiert sich an den englischen Agnus-Dei-Münzen, die König Æthelred II. (reg. 978–1016) um 1009 schlagen ließ. Die Prägung dieser Münzen war eine von mehreren Maßnahmen, mit denen die Engländer sich angesichts der Bedrohung durch die Wikinger des göttlichen Schutzes versichern wollten. Das englische Münzgeld war nicht lange im Umlauf, doch die dargestellten Motive erlangten im Dänemark des 11. Jahrhunderts große Beliebtheit, vermutlich wegen ihrer Eignung zur Verbreitung christlicher Inhalte. Die Agnus-Dei-

Fibeln kamen wahrscheinlich im 11. Jahrhundert zur gleichen Zeit wie die Münzmotive auf, entstanden wenigstens zum Teil also zur gleichen Zeit wie die Tierfibeln im Urnes-Stil. Anne Pedersen

| **Lit.:** Gjedssø Bertelsen 1991, S. 246–250; Steen Jensen 1995, S. 58f.

319 Fibel mit stilisiertem Agnus-Dei-Motiv

11./12. Jahrhundert
Kirche von Aunslev, Fünen, Dänemark
Kupferlegierung – Dm. 2,6 cm
Kopenhagen, Nationalmuseum Dänemark, Inv.Nr. D960/2004

Bei dieser ebenfalls durchbrochen gearbeiteten Fibel mit einem Vierfüßler in breitem, gekerbtem Rand ist das Motiv im Vergleich zu den echten Agnus-Dei-Fibeln stark stilisiert, obgleich die Kreuzform über dem Rücken des Tieres deutlich erkennbar ist. Es fehlt die Nadel, die vermutlich aus Eisen bestand. Beinahe identische Fibeln dieses Typs wurden an verschiedenen anderen Orten im Nordosten Fünens entdeckt, was vermuten lässt, dass die Stücke in dieser Gegend hergestellt wurden.

Das stilisierte Tier verdeutlicht die Beliebtheit des Agnus-Dei-Motivs. Es wurde neben dem Kreuz und der Darstellung des Heiligen Geistes als Taube, welche in mehr oder weniger vereinfachter Form auf gegossenen Fibeln aus Silber oder Kupferlegierung erscheint, als eines der ersten christlichen Motive in das Repertoire skandinavischen Kunsthandwerks aufgenommen. Von König Sven Estridsen (reg. 1047–1074) in Lund geschlagene dänische Münzen zeigen auf der Rückseite das Gotteslamm und die Taube ebenfalls in stark stilisierter Weise. Anne Pedersen

| **Lit.:** Steen Jensen 1995, S. 58f.; Pedersen 1999

320 Durchbrochene Tiermotivfibeln

11./12. Jahrhundert
Sebbersund, Jütland, Dänemark
Kupferlegierung – Dm. 2,1 cm und 2,2 cm
Kopenhagen, Nationalmuseum Dänemark, Inv.Nr. D112/1990 und D113/1990

Diese beiden gegossenen Fibeln wurden am Handelsplatz Sebbersund an der Südseite des Limfjords in Nordjütland entdeckt. Sie sind nahezu identisch und zeigen vierbeinige Tiere, die an die Blütezeit des gemäßigten Urnes-Stils in Skandinavien erinnern. Auf der Rückseite befindet sich eine ebenfalls gegossene Nadelhalterung. Bei der einen Fibel ist der kurze Stift unterhalb der Tierdarstellung abgebrochen, der der Befestigung einer Öse diente. Fibeln dieses Typs findet man in Dänemark sehr häufig. Bei manchen ist die Befestigung nur angedeutet oder es fehlt das Loch für den Hängering. Die dichte Gestaltung der Fibeln hat Anlass zu der Annahme gegeben, dass die Komposition an einer Kreuzform orientiert sei, wobei der Kopf und ein Vorderbein des Tieres sich am senkrechten Kreuzstamm ausrichten, der Rumpf und ein Hinterbein an den waagerechten Kreuzbalken. Bei einer Fibel aus Krammark im Süden Jütlands wird diese Interpretation durch vier gegossene Palmetten auf der Außenseite des Fibelrands bekräftigt, der die Tierdarstellung umfasst. Obwohl die Attribute eines echten Agnus Dei fehlen, könnte die Komposition sich auf das Lamm-Gottes-Motiv beziehen. Anne Pedersen

| **Lit.:** Gjedssø Bertelsen 1991, S. 237–264

321 Durchbrochene Fibeln mit geflügelten Tieren

11./12. Jahrhundert
Halskov, Seeland; Roskilde, Seeland, Dänemark
Kupferlegierung, vergoldet – Dm. 2,8 cm und 2,4 cm
Kopenhagen, Nationalmuseum Dänemark, Inv.Nr. D249/1989 und D1589/1983

Eine dieser beiden Fibeln wurde zufällig in Halskov im Westen von Seeland entdeckt, die andere auf einem Feld nordwestlich des Sankt-Hans-Krankenhauses in Roskilde. Die Fibeln zeigen innerhalb einer kreisförmigen Einfassung Varianten des immer gleichen Motivs: ein stilisiertes geflügeltes Tier, das den Kopf nach hinten über seinen Rücken wendet. Bei beiden Fibeln befindet sich auf der Rückseite eine gegossene Nadelhalterung. Die Fibel aus Roskilde hat außerdem eine unterhalb des Tieres platzierte Öse zur Befestigung eines Drahtrings und steht damit in der Tradition der Fibeln aus der Wikingerzeit.

Ähnliche Fibeln wurden an verschiedenen Orten im südlichen Skandinavien gefunden, besonders auf Seeland und in der schwedischen Provinz Schonen. Eine von ihnen, eine stärker stilisierte Version des Roskildener Exemplars, stammt aus Uppåkra in Schonen. Sie entspricht weitgehend einer bleiernen Gussform von ungefähr 1100, die in einer Werkstatt in Kvarteret Svartbröder in Lund entdeckt wurde. Auch aus Uppåkra stammen drei etwas aufwendiger gestaltete Fibeln, bei denen die Tierfigur stärker ausgearbeitet ist. Ein verwandtes, aber nicht identisches Stück kam in einem Pfostenloch der Stabkirche von Hammarlunda in Schonen zutage, die 1075 durch einen Nachfolgebau ersetzt wurde. Diese Funde deuten darauf hin, dass die Fibeln in der zweiten Hälfte des 11. Jahrhunderts oder im frühen 12. Jahrhundert entstanden.

Lindahl interpretiert das Motiv als christliches Symbol und nimmt an, dass es sich bei den Objekten um Amulette handelt, die das Böse abwehren sollten. Verwandte Tierdarstellungen finden sich auf den Randstreifen um den Altarvorsatz aus dem frühen 12. Jahrhundert aus der Lisbjerger Kirche auf Jütland, Dänemark, aber auch auf profanen Gegenständen. So zeigt ein kunstvoller Messergriff, der vermutlich aus importiertem Buchsbaumholz geschnitzt ist und in Fuglslev auf Jütland gefunden wurde, Tier- und Menschenfiguren, die auf der einen Seite von einer Reihe von Ringen, auf der anderen Seite von einer Reihe von Bögen flankiert werden. Anne Pedersen

| **Lit.:** Gustafsson/Weidhagen 1968; Lindahl 1985; Salminen 2001; Hårdh 2010b; Boas 2012, Nr. 4

VI STERBENDE GÖTTER. CHRISTIANISIERUNG SKANDINAVIENS 375

318–326

322   Durchbrochene Fibeln mit Engelsmotiv

11./12. Jahrhundert
Kællingebygård Øst, Bornholm; Store Kannikegård, Bornholm, Dänemark
Kupferlegierung – Dm. 2,3 cm und 2,4 cm
Kopenhagen, Nationalmuseum Dänemark, Inv.Nr. D278/2004 und D448/1998

Diese gegossenen durchbrochenen Fibeln zeigen jeweils eine menschenähnliche Gestalt innerhalb eines kreisförmigen Rahmens. Bei der Fibel von Store Kannikegård ist unterhalb des Motivs eine kurze Öse zu erkennen; anscheinend war sie zusätzlich zu dem Nadelapparat mit einem Drahtring versehen. Damit zeigt sie die gleichen technischen Eigenschaften wie andere durchbrochene Fibeln aus der späten Wikingerzeit und dem frühen Mittelalter.
Bei der Fibel von Store Kannikegård ist das Motiv am deutlichsten erkennbar. Da das dargestellte menschenartige Wesen mehrere Flügelpaare zu haben scheint, kann es als Seraph identifiziert werden. In der mittelalterlichen Hierarchie der Engel stehen die Seraphim mit ihren sechs Schwingen an oberster Stelle, gefolgt von den Cherubim. Beide Gruppen werden im Te Deum genannt. Von diesem Fibeltyp sind bisher nur drei Exemplare bekannt, die alle als Streufunde durch Sondengänger auf Bornholm entdeckt wurden. Das Motiv erscheint jedoch auch auf anderen Objekten aus der gleichen Zeit, so zum Beispiel auf den goldenen Antependien aus den Kirchen von Lisbjerg und Ølst auf Jütland und auf einem herrlichen Fresko aus dem frühen 12. Jahrhundert in der Kirche von Vä in Schonen. Die größte Ähnlichkeit zu dem Motiv auf den Fibeln haben zwei Seraphim, die zu beiden Seiten eine Jungfrau mit dem Kind im Zentrum des Lisbjerger Altars begleiten, der dendrochronologisch auf etwa 1135 datiert werden konnte. Der Seraph am Altar von Ølst (um 1200) zeigt einen anderen, späteren Stil.   Anne Pedersen

| Lit.: Langberg 1979; Kaspersen 1986, S. 98f.; Bonde 1993, S. 312

323   Runde Fibel mit Christusbild

2. Hälfte 11. Jahrhundert
Kirchhof von Revninge, Fünen, Dänemark
Kupferlegierung, vergoldet – Dm. 2,3 cm, L. mit Ring 3,7 cm
Kopenhagen, Nationalmuseum Dänemark, Inv.Nr. D1444/1977

Diese Fibel mit Christusbildnis wurde 1946 nördlich des Turms bzw. des Langhauses der Kirche von Revninge entdeckt und entstammt wahrscheinlich einem Grab. Lötspuren auf der Rückseite deuten auf eine verschollene Nadelhalterung hin, zusätzlich war unterhalb des Motivs eine Öse mit Drahtring angebracht. Die Mitte der gewölbten Vorderseite zeigt Spuren der Abnutzung, sodass die ursprüngliche Vergoldung nur am Rand zu erkennen ist.
Die über den Nimbus der Christusfigur hinausragenden Kreuzbalken, die lange, gerade Nase, die Ringe um die Augen und die nach unten weisenden Mundwinkel des Dargestellten lassen byzantinische Einflüsse erkennen. Wahrscheinlich entstand die Fibel in der zweiten Hälfte des 11. Jahrhunderts oder Anfang des 12. Jahrhunderts. Ein sehr ähnliches Motiv findet sich auf einer Wandmalerei von ungefähr 1125, einer Majestas Domini im Scheitel des Chorbogens der Kirche von Tamdrup auf Jütland. Diese ungewöhnlich große, dreischiffige Hallenkirche war vermutlich ein bedeutender Wallfahrtsort. Eine Reihe vergoldeter Reliefs aus Kupferlegierung, die bei der Ausstattung des Altares wiederverwendet wurden, schildern die Bekehrung eines Königs – möglicherweise der dänische König Harald Blauzahn – nach der Feuerprobe des deutschen Missionars Poppo.   Anne Pedersen

| Lit.: Lindahl 1980, Nr. 7; Nyborg/Poulsen 2002

324   Runde Fibel mit Kreuzmotiv

11./12. Jahrhundert
Birkely, Seeland, Dänemark
Kupferlegierung – Dm. 3,2 cm, L. mit Ring 3,7 cm
Kopenhagen, Nationalmuseum Dänemark, Inv.Nr. D220/2002

Bei der gewölbten Blechfibel handelt es sich um einen Metalldetektorfund von einem Siedlungsort. Auf der Vorderseite ist ein gleicharmiges Kreuz eingeritzt. Zwei Lötstellen auf der Rückseite weisen auf einen verlorenen Nadelapparat hin. Eine Öse aus einem schmalen Streifen Metallblech hält einen geschlossenen, aber nicht gelöteten Ring. Diese Fibel lässt sich einer der beiden Hauptgruppen frühmittelalterlicher Blechfibeln zuordnen, auf denen verschiedene Motive eingeritzt oder eingraviert sind, darunter Kreuzformen, florale Ornamente, Vögel oder menschliche Gestalten. Zu der anderen Gruppe gehören Fibeln mit geprägtem Dekor wie etwa die Fibel von Store Gadegård auf Bornholm (Kat.Nr. 325). Die Motive zeigen klare Bezüge zur christlichen Bildsprache, sodass die Fibeln als Zeugnisse der Ausbreitung des Christentums in der Bevölkerung gelten können.   Anne Pedersen

325   Runde Fibel mit Halbfigur

12. Jahrhundert
Store Gadegård, Bornholm, Dänemark
Kupferlegierung, vergoldet – Dm. 2,4 cm
Kopenhagen, Nationalmuseum Dänemark, Inv.Nr. D445/1998

Die runde Blechfibel zeigt ein geprägtes Brustbild. Die Figur trägt eine Krone und eine aufwendig verzierte Tunika. In der linken Hand hält sie einen Palmwedel, der Gegenstand in der rechten Hand könnte ein (Vortrage-)Kreuz sein. Zusätzlich zu dem heute verschollenen Nadelapparat auf der Rückseite war unterhalb des Motivs eine inzwischen zerbrochene Öse angebracht.
Eine nahezu identische Fibel wurde ebenfalls auf Bornholm in Klintefryd gefunden. Höchstwahrscheinlich stammen beide Fibeln von

VI STERBENDE GÖTTER. CHRISTIANISIERUNG SKANDINAVIENS

327

dem gleichen Meister. Die Krone deutet auf einen weltlichen Herrscher hin, wobei das Kreuz und der Palmwedel Zeugnisse einer Pilgerfahrt sein könnten. Ähnliche Dreieckskronen mit Kugeln an der Spitze und den Seiten sind auf Sven Grates (reg. 1146–1154, 1157) in Roskilde geschlagenen Münzen zu sehen. Wie bei anderen Fibeln nahm sich der ausführende Meister vermutlich dänische oder ausländische Münzen seiner Zeit zum Vorbild. Weitere mögliche Parallelen finden sich in den Wandmalereien jütländischer Kirchen, so zum Beispiel einer Darstellung des Königs Herodes mit Schwert und Krone in Vellev oder der Ecclesia und Synagoga (letztere mit herabgleitender Krone) in Spentrup. Anne Pedersen

| Lit.: Galster 1950; Egevang/Haastrup 1987

326 Münz- und Kreuzanhänger

Frühestens 1106
Bjerre Banke, Lindelse, Langeland, Dänemark; Depotfund
Silber – L. 17,6 cm; 11,70 g (Gesamtgewicht)
Kopenhagen, Nationalmuseum Dänemark, Inv.Nr. D885

Der Anhänger besteht aus einem gleicharmigen Kreuz (ein Arm ist abgebrochen) und vier Münzen, die durch genietete Ösen und Ringe verbunden sind. Einer der Ringe ist plastisch gestaltet, die anderen drei sind bis auf die abschließenden Spiralknoten schmucklos. Die Vorder- und Rückseite des Kreuzes sind durch Konturlinien und ein mittig platziertes Kreuz im Tremolierstich verziert. Die Münzen wurden für Knut den Großen (reg. 1016–1035) in Winchester, Wilhelm I. (reg. 1066–1087) in London, Abt Gerold (amt. 1031–1058) oder Abt Gero (amt. 1058–1063) in Helmstedt und Bischof Reinhard (amt. 1106–1123) in Halberstadt geschlagen.

Der Anhänger wurde im Juni 1874 auf Bjerre Banke in Illebølle von der Tochter des örtlichen Gemeindebeamten entdeckt. Es ist anzunehmen, dass die Münzkette ursprünglich länger war. Ähnliche Ketten fanden sich in den Silberschätzen von Johannishus in Blekinge und Hurva Äspinge im schwedischen Schonen. Die Äspinger Kette besteht aus zehn angelsächsischen Münzen aus der Zeit Æthelreds II. (reg. 979–1016), an der Kette aus Johannishus finden sich arabische, byzantinische, angelsächsische, skandinavische und 14 deutsche Münzen (985–1073). Zu beiden Depots gehörten auch Kreuzanhänger, eine Verbindung zu den Ketten kann jedoch nicht belegt werden. Anne Pedersen

| Lit.: Skovmand 1942; Hårdh 1976, Nr. 2:57–58 (Johannishus), 71:20 (Äspinge); Jensen/Bendixen/Liebgott/Lindahl 1992, Nr. 38

327 Kelch aus der Kirche von Spitzbergen, Island

Anglo-skandinavisch, um 1200
Silber – H. 9 cm, Dm. 7 cm (Kuppa)
Kopenhagen, Nationalmuseum Dänemark, Inv.Nr. 9747

Der romanische Kelch hat eine halbkugelige Kuppa und einen zylindrischen Schaft mit durchbrochen gearbeitetem Nodus mit Palmettendekor, der die Form einer abgeflachten Kugel hat. Der trompetenförmige Fuß ist glatt poliert. Um den Rand der Kuppa verläuft eine gravierte Inschrift in Form eines leoninischen Hexameters: SVMMITVR: HINC: MVNDA: DIVINI: SANGVINIS VNDA („Hieraus wird der reine Trunk des göttlichen Blutes genommen"). Über dem Nodus findet sich eine weitere, kürzere Inschrift: DEVS: MEVS („mein Gott"). Der Kelch weist eine starke Ähnlichkeit mit einem aus der Kirche von Grund in Island stammenden teilvergoldeten Silberkelch und dazugehöriger Patene auf, die heute im Victoria und Albert Museum in London aufbewahrt werden (Inv.Nr. 639-1902). Der dortige Kelch trägt die gleiche lateinische Inschrift wie der Spitzbergen-Kelch und auch die sehr ähnliche Ausführung der beiden Stücke legt nahe, dass sie in der gleichen Werkstatt gefertigt wurden, wahrscheinlich in Norwegen oder Island. Das Vorbild für diese Art von Kelch geht offenkundig auf Goldschmiede aus dem Normannenreich zurück, das sich im 12. Jahrhundert auf beiden Seiten des Ärmelkanals erstreckte. Im gesamten Mittelalter unterhielt Island enge kulturelle Beziehungen zu den Britischen Inseln. Der Spitzbergen-Kelch gelangte 1847 aus Island in das dänische Nationalmuseum in Kopenhagen. Poul Grinder-Hansen

| **Lit.**: Mitchell 1903; Blindheim 1972, S. 49ff.; Kat. Paris/Berlin/Kopenhagen 1992, S. 353, Nr. 478 (Fritze Lindahl); Campbell 1997

328 Silberring

Um 1000
Þórarinsstaðir, Seyðisfjörður, Ostisland; Fundort Grab Nr. 22 auf dem Gräberfeld nahe der Kirche
Silber – guter Erhaltungszustand – Dm. 1,7 cm
Reykjavík, National Museum of Iceland, Inv.N. MA 99/75

Der Ring wurde 1999 bei der Bergung des Grabes Nr. 22 auf dem Friedhof der frühmittelalterlichen Kirche von Þórarinsstaðir in Ostisland gefunden. Er besteht aus einem runden Silberdraht, der am Kopf zu einem dekorativen Knoten gebogen ist. Diese Form der Ornamentierung wurde in der Wikingerzeit häufig bei Schmuck verwendet und tritt erstmals um 1000 auf. Nur sehr wenige silberne Fingerringe aus der Wikingerzeit sind in Nordeuropa bekannt. Insgesamt stammen lediglich vier Exemplare mit Sicherheit aus Island.

Dieser wurde möglicherweise in Island aus importiertem Silber gefertigt. Steinunn Kristjánsdóttir

| **Lit.**: Kristjánsdóttir 2004, S. 68ff.

329 Steinkreuz

11. Jahrhundert
Þórarinsstaðir, Seyðisfjörður, Ostisland; Fundort an der Nordseite der Kirche
Tuffstein – leicht verwittert – H. 45 cm, B. 26 cm
Reykjavík, National Museum of Iceland, Inv.Nr. MA 98/223

Es handelt sich um eines von drei Steinkreuzen aus der frühmittelalterlichen Kirchenanlage von Þórarinsstaðir im ostisländischen Seyðisfjörður. Es misst 45 Zentimeter in der Höhe und besteht aus Tuffstein, einem Vulkangestein, das in Island unter anderem in den Gebirgsregionen von Seyðisfjörður vorkommt. Obwohl das Kreuz aus einheimischem Material besteht, entspricht seine Form einem bekannten nordwesteuropäischen Kreuzstil der frühen Christianisierungszeit mit verschiedenen Elementen aus Kontinentaleuropa und Norwegen. Es ist dem Kreuztypus 1.2 zuzuordnen – ein kleines Kreuz ohne Ornamentierung, mit einfacher Form und gerundeten Armen – und geht auf die Missionstätigkeit des Erzbistums Hamburg-Bremen zurück. Der flache Fuß deutet darauf hin, dass das Kreuz aufrecht zur

VI STERBENDE GÖTTER. CHRISTIANISIERUNG SKANDINAVIENS   379

330

Kennzeichnung einer christlichen Stätte oder eines Grabes aufgestellt wurde. Man fand es auf der Seite liegend bei der Nordwand der Kirche. Dies ist bisher das einzige mittelalterliche Steinkreuz aus Island, das intakt geborgen wurde. Steinunn Kristjánsdóttir

| **Lit.:** Kristjánsdóttir 2004, S. 61–68; Nordeide 2011

330 Altarstein

11. Jahrhundert
Þórarinsstaðir, Seyðisfjörður, Ostisland; Fundort nahe bei dem südlichen Pfostenloch im Altarraum der Kirche
Porphyr; Farbe grün mit weißen Einsprengungen – im Gegensatz zu den Enden des Steins sind seine Flächen geschliffen, möglicherweise wurden die Enden abgebrochen; Erhaltungszustand gut – L. 6,3 cm, B. 5,5 cm, H. 2,5 cm
Reykjavík, National Museum of Iceland, Inv.Nr. MA 99/202

Der Altarstein wurde bei dem südlichen Pfostenloch im Altarraum der frühmittelalterlichen Kirche von Þórarinsstaðir im ostisländischen Seyðisfjörður gefunden. Seine Flächen sind geschliffen, die Enden wurden jedoch möglicherweise abgebrochen. Kleine Altarsteine wurden in Kirchen mit Holzaltären an Stelle der größeren Steine verwendet und mussten vor dem Gebrauch von einem Abt oder Bischof geweiht werden. Sie konnten entweder lose auf dem Altar liegen oder fest eingebracht sein. Lose Altarsteine wie jener aus Þórarinsstaðir wurden gewöhnlich für die Dauer des Gottesdienstes auf hölzerne Altäre gelegt. Der Priester konnte auch einen kleinen Altarstein mit sich führen, um außerhalb der Kirche Gottesdienste zu halten. Befestigte Altarsteine lagen in Holzrahmen auf dem Altar oder waren in diesen eingelassen. Das Gestein, aus dem der Altarstein von Þórarinsstaðir gefertigt wurde, stammt aus Griechenland, was eher auf einen Zusammenhang der Kirche von Þórarinsstaðir mit offiziellen Bemühungen um die Missionierung Islands hindeutet als auf den Einfluss eines unorganisiert „einsickernden" Christentums. Steinunn Kristjánsdóttir

| **Lit.:** Kristjánsdóttir 2004, S. 66ff.

331 Kugelzonengewicht

Um 1000
Þórarinsstaðir, Seyðisfjörður, Ostisland; Fundort innerhalb der Kirche
Eisen und Blei – leicht korrodiert – Dm. 2 cm; ursprüngliches Gewicht unbekannt
Reykjavík, National Museum of Iceland, Inv.Nr. MA 98/189

Das Gewicht wurde 1999 im Kirchengebäude von Þórarinsstaðir im ostisländischen Seyðisfjörður gefunden. Es besteht aus mit Blei ummanteltem Eisen und ist kugelförmig mit abgeflachten Polen. In die Flachseiten ist ein Symbol in Form eines doppelten Kreises mit mindestens neun Verbindungslinien eingeritzt, das eine uns nicht bekannte Maßeinheit bezeichnet. Das Symbol findet sich auf keinem anderen erhaltenen skandinavischen Gewicht und muss daher als einzigartig gelten, stammt aber unzweifelhaft aus dem wikingerzeitlichen Island (870–1000). Das Gewicht wurde zur Bestimmung des Wertes von Münzen und Hacksilber verwendet. Angesichts der geringfügigen Korrosionsschäden, die es aufweist, wiegt das Gewicht heute wohl etwas weniger als im Neuzustand. Die meisten wikingerzeitlichen und frühmittelalterlichen Gewichte aus Nord- und Osteuropa sind kugelförmig. In Island wurden bisher 76 Gewichte aus der Zeit vom 9. bis zum 11. Jahrhundert gefunden, 62 davon in insgesamt 20 heidnischen Gräbern und 12 an Hofstätten. Bisher wurden erst zwei Gewichte – das hier ausgestellte und ein weiteres aus Þórarinsstaðir – in einer isländischen Kirchenanlage gefunden. Steinunn Kristjánsdóttir

| **Lit.:** Kristjánsdóttir 2004, S. 72ff.

332 Dänische Münze

11. Jahrhundert (1035–1042)
Þórarinsstaðir in Seyðisfjörður, Ostisland; Fundort außerhalb der Kirche auf der Nordseite des Gebäudes
Silber, Nachahmung einer angelsächsischen Münze aus der Zeit Hardiknuts (reg. 1035–1042) – L. 1,3 cm, B. 1 cm
Reykjavík, National Museum of Iceland, Inv.Nr. MA 99/155

Die Silbermünze, von der dieses Teilstück stammt, ist eine in Nachahmung angelsächsischer Münzen geprägte dänische Silbermünze aus der Regierungszeit König Hardiknuts (reg. 1035–1042). Das Teil-

331
332

380 LUX MUNDI

333

334

stück wurde 1999 bei den Ausgrabungen in Þórarinsstaðir im ostisländischen Seyðisfjörður gefunden und lag in der Ascheschicht der verbrannten Holzwand des älteren Kirchenbaus (Phase I). Die Münze selbst wies keine Brandspuren auf und könnte somit bei der Abwicklung eines Geldgeschäfts auf dem Areal verloren worden sein. Einzelne Münzfunde aus der Wikingerzeit und dem frühen Mittelalter sind in Island und anderswo im Wikingergebiet relativ selten, größere Münzschätze kommen jedoch häufiger vor. Dennoch wurden mindestens 17 Münzen oder Münzfragmente aus der späten Wikingerzeit (870–1000) in Island gefunden. Die Münze von Þórarinsstaðir ist bisher das einzige in Island gefundene dänische Exemplar. Andere in Island zutage gekommene Einzelmünzen sind norwegischen, englischen, deutschen oder arabischen Ursprungs.

Steinunn Kristjánsdóttir

| **Lit.:** Holt 2000; Kristjánsdóttir 2004, S. 71f.

333 Memorialkreuze aus Herjolfsnes, Grönland

Ikigaat, Grönland, um 1250
Herjolfnes, Ostsiedlung Ø111
Holz, Treibholz
a) H. 24,5 cm, B. 13,6 cm
Kopenhagen, Nationalmuseum Dänemark, Inv.Nr. D10648
b) H. 69 cm, B. 28,7 cm
Kopenhagen, Nationalmuseum Dänemark, Inv.Nr. D10638

c) H. 37,8 cm, B. 15,4 cm
Kopenhagen, Nationalmuseum Dänemark, Inv.Nr. D10631

Die hölzernen Grabkreuze wurden auf dem Friedhof der Kirche des norwegisch besiedelten Gehöfts Herjolfsnes auf Grönland entdeckt. Die Kreuzarme sind durch Holznägel verbunden. Bei einem der Kreuze wurden die Kanten der Arme durch deutliche Auskehlung umrissen; an ihren Enden befinden sich drei ähnlich eingeschnittene Querriefen. Ein anderes Kreuz ist mit zwei Querriefen am oberen Ende des Längsbalkens und an den Enden des Querbalkens versehen. Auf der Vorderseite des dritten Kreuzes sind vier Runen eingeschnitzt, die sich als „MAIA" lesen lassen. Vermutlich handelt es sich um eine Kurzform für Maria.

Jette Arneborg

| **Lit.:** Nørlund 1924; Jónsson 1924; Stoklund 1984; Immer 2012

334 Webgewicht mit Thorshammer

Qassiarsuk, norw. Brattahlið, Grönland
Ruinengruppe Ø29
Speckstein, L. 8 cm
Kopenhagen, Nationalmuseum Dänemark, Inv.Nr. D12213.606

Auf einer Seite dieses Webgewichts ist ein Thorshammer eingeritzt, außerdem sind in dem erhaltenen Fragment vier Löcher zu erkennen. Das Gewicht wurde im Kuhstall (Ruine 19) des sogenannten „Flusshofs" gefunden. Das Gebäude ist nicht datiert, könnte aber bis zur endgültigen Aufgabe der nordmännischen Siedlungen auf Grönland genutzt worden sein, das heißt bis kurz nach 1400. Ob hier zuvor bereits ein älteres Gebäude stand, ist ungewiss.

Der Süden Grönlands wurde um 985 von Island aus besiedelt; möglicherweise brachten diese Siedler den christlichen Glauben bereits mit. Auf den ersten Siedlerhöfen wurden häufig kleine Kirchen errichtet, die kreisförmig von Friedhöfen umgeben waren. Sie befanden sich in nächster Nähe der Wohngebäude, Stallungen und Scheunen, die den Kern der Hofanlage bildeten. Menschliche Überreste aus diesen frühen Kirchen konnten mithilfe der Radiokarbonmethode auf die Zeit vor 1000 datiert werden. Bis heute sind uns keine nichtchristlichen Nordmanngräber auf Grönland bekannt.

Jette Arneborg

| Lit.: Nørlund/Stenberger 1934; Arneborg 2012; Arneborg/Heinemeier/Lynnerup 2012

335 Taufbecken

Um 1100
Norum, Bohuslän, Schweden
Steatit – H. 33 cm, B. 50 cm, T. 50 cm
Stockholm, National Historical Museum (Statens historiska museum), Inv.Nr. SHM 1700

Das Taufbecken ist aus schneidbarem und feuerfestem sogenannten Speckstein gefertigt, der im Mittelalter häufig für Gussformen und Kochtöpfe Verwendung fand. Ergiebige Vorkommen wurden vor allem im benachbarten südlichen Norwegen abgebaut. Entweder wurde das Becken dort hergestellt oder aber der Rohblock von dort bezogen. Speckstein ist offensichtlich als guter Rohstoff für christliche Werke angesehen worden, denn der Dom von Trondheim ist aus diesem Material erbaut.

Das rechteckige Becken hat trapezoide Seiten. Die Schauseite zeigt im starken Flachrelief eine gegürtete, an den Händen wohl gefesselte männliche Figur in Profilansicht mit Kinnbart und mit fast knöchellanger Pluderhose. Sie ist von bedrohlichen, mehrfach gewundenen Schlangen umgeben. Oberhalb davon ist in Runen eingeschnitten: „Sven hat mich gemacht".

Das Motiv einer menschlichen Figur in Schlangengewimmel ist aus der Wikingerzeit von verschiedenen Bildträgern bekannt. Es ist schon in ähnlicher Anordnung wie in Norum im frühen 9. Jahrhundert auf dem in einem überaus reich ausgestatteten Frauengrab gefundenen Wagen von Oseberg am Oslofjord belegt. In der Regel werden diese Darstellungen als Gunnar in der Schlangengrube aus dem Völsungenzyklus gedeutet. Aber auch andere Mythen oder Sagen können ihnen zugrunde liegen.

In Norum ist eine Deutung als Gunnar wirklich gesichert, da außer Mann und Schlangen hier auch eine querliegende Leier wiedergegeben wird, die der Dargestellte mit seinen Füßen bespielt. Hier konnte also mit „heidnischem" Beiwerk christlich getauft werden.

Torsten Capelle

| Lit.: Jansson 1962, S. 163f.; Helmbrecht 2011, S. 107f.

382 LUX MUNDI

335

335

Die Runensteine und die Christianisierung Skandinaviens

Obgleich Steine mit Runeninschriften bereits ab dem 6. Jahrhundert aufgestellt wurden, begegnen sie bis in das 10. Jahrhundert nur selten. Die spätwikingerzeitliche Sitte, Verstorbene mit einem Runenstein zu ehren, beginnt mit dem Runenstein von Jelling, der etwa auf das Jahr 970 datiert wird. Ihre Blüte erlebte diese Sitte im 11. Jahrhundert; ab dem frühen 12. Jahrhundert wurde sie nicht mehr gepflegt. Die Runensteine bilden eine unschätzbare Sammlung zeitgenössischer schriftlicher Quellen aus der Region. Die Inschriften nennen zuerst den Namen des Stifters und des Verstorbenen sowie das Verwandtschaftsverhältnis zwischen den beiden. Die spätwikingerzeitlichen Tierornamente lassen sich stilistisch in sechs Gruppen unterteilen, die sowohl archäologisch als auch genealogisch eine chronologische Reihenfolge darstellen. Insgesamt sind in Schweden etwa 2400 Runensteine (davon 1300 aus Uppland) bekannt, in Dänemark etwa 400 und in Norwegen etwa 140.

Der Runenstein von Jelling hat die Form einer dreiseitigen Pyramide, auf der ein von einer Schlange umschlungenes Tier sowie die Figur des Gekreuzigten abgebildet sind. Die Inschrift lautet: „König Harald ließ dieses Denkmal zum Andenken an seinen Vater Gorm und seine Mutter Thyra errichten. Jener Harald, der ganz Dänemark und Norwegen eroberte und die Dänen zu Christen machte." Der Stein wird manchmal als „Taufschein Dänemarks" bezeichnet. Die Runensteine von Kuli in Norwegen und Frösön in Schweden berichten ebenfalls von der Christianisierung. Der Stein von Kuli, auf dem der Text „zwölf Winter war das Christentum in Norwegen gewesen" zu lesen ist, wurde durch die dendrochronologische Datierung des Holzes aus einem Brückenfundament nahe des Steins auf das Jahr 1034 datiert, also zwölf Jahre nach 1022, dem wahrscheinlichen Datum des Things von Moster, auf dem das Christentum offiziell angenommen wurde. Der Stein von Frösön entstand zwar erst um 1050 und ist somit jünger als der Runenstein von Jelling, entspricht diesem aber in verschiedener Hinsicht. Die Inschrift lautet: „Östman, Sohn des Gudfast, ließ diesen Stein aufstellen und diese Brücke bauen, auch hieß er Jämtland christlich werden." Möglicherweise war Östman der Gesetzgeber der Provinz Jämtland und somit, wenn auch mit weniger hohem Rang, Inhaber eines ähnlichen Amtes wie Harald Blauzahn.

Gebete und/oder ein mittig platziertes Kreuz als Hinweise auf die Christianisierung und das Christentum waren neue Elemente bei der Gestaltung von skandinavischen Runensteinen. Fast 60 Prozent der schwedischen Runensteine weisen christliche Bezüge auf, jedoch sind diese auf Steinen aus Dänemark und Norwegen deutlich seltener. Das Aufstellen von Runensteinen war anfangs auf die Oberschicht beschränkt, wurde aber nach und nach häufiger und breitete sich auch auf die Mittelschicht aus.

Viele Inschriften enden mit dem einfachen Gebet: „Gott stehe seiner/ihrer Seele bei." Auch längere Gebete kommen vor, wie etwa „Mögen Gott und die Muttergottes seinem Geist und seiner Seele beistehen und ihm das Licht und das Paradies gewähren" oder auch „Christus lasse Tummes Seele in das Licht und das Paradies gelangen, in die Welt, die für Christen die Beste ist." Andere Gebete lauten: „Dies wird nun für seine Seele gesprochen. Möge Gott helfen"

28 Der Runenstein von Dynna mit Darstellung der Heiligen Drei Könige (Stein und Umzeichnung), Oslo, Uio Kulturhistorisk museum, Inv.Nr. C9909

oder auch „Gott segne uns, der Herrscher der Menschen, der heilige Herr." Sollten diese Gebete die Sprache der Liturgie widerspiegeln, könnten die Missionsgottesdienste wenigstens zum Teil in der Landessprache gefeiert worden sein.

Manche Inschriften erwähnen Kirchen und Friedhöfe. Der Stein von Sigtuna (U 395) wurde zum Andenken an eine Frau errichtet; der männliche Stifter (wohl ihr Ehemann?) „brachte sie nach Sigtuna" (vermutlich um sie dort zu bestatten). Sigtuna war damals die Hochburg der missionierenden Kirche in Uppland. Weitere Beispiele für Bestattungen in Kirchen und auf Friedhöfen liefern ein Runenstein aus Öland, der von einer Frau und ihren Kindern errichtet wurde („Er liegt in der Kirche begraben") und ein Stein aus Uppland, den Eltern ihrem Sohn aufstellten („Er starb in Ekerö. Er liegt auf dem Friedhof begraben.").

Der Bau von Brücken war in den Augen der Kirche ein lobenswertes Unterfangen. Üblicherweise wurde eine solche Brücke „für die Seele des Verstorbenen" gebaut, manchmal auch „um Gott zu gefallen". Der Stein von Läby (U 901) wurde von zwei Brüdern errichtet, die zum Andenken an ihren Vater auch eine Brücke bauten (Abb. 28). Der Stein stellt unter anderem eine Szene dar, die früher als Kampf interpretiert wurde, nach einer neuen, überzeugenden Deutung allerdings für eine Begräbnisszene gehalten wird: Was vormals als Hammer galt, wird nun als Prozessionskreuz verstanden. Andere bildliche Darstellungen mit christlichem Inhalt sind Schiffe, die manchmal als Segel ein Kreuz aufweisen, sowie ein Kirchturm und eine Kirche. Die faszinierenden Darstellungen auf einem Runenstein von Dynna in Norwegen zeigen den Stern, das Christkind, die Heiligen Drei Könige und die Krippe (Abb. 29). Offenbar war das Weihnachtsevangelium in der ersten Hälfte des 11. Jahrhunderts bereits vielen Norwegern vertraut.

Pilgerreisen werden zweimal erwähnt, einmal auf einem Stein aus der Mitte des 11. Jahrhunderts mit der Inschrift: „Ingerun, Tochter des Hård, ließ diese Runen zu ihrem eigenen Andenken schneiden. Sie wollte nach Osten und hinaus nach Jerusalem reisen." Einige Inschriften dienen dem Andenken an Personen, die in „weißen Gewändern" starben. Diese werden gemeinhin als Taufkleider gedeutet, allerdings wurde vor Kurzem die Vermutung geäußert, dass es sich auch um Firmkleidung handeln könnte.

Runensteine wurden oft in der Nähe von Straßen, Brücken und Furten aufgestellt, wobei mit „Brücke" üblicherweise ein Dammweg über sumpfiges Gebiet oder eine befestigte Furt durch einen Fluss gemeint ist. Auch auf Friedhöfen kamen Runensteine häufig vor, was durch schwedische Aufzeichnungen aus dem 16., 17. und 18. Jahrhundert bezeugt wird. In vielen Fällen sind die dazugehörigen Gräber inzwischen dem Ackerbau zum Opfer gefallen, sodass nur die Runensteine noch erhalten sind. Runensteine auf Friedhöfen weisen ungewöhnlich häufig (zu 75 Prozent) Kreuzornamente auf, was ein interessantes Licht auf das Verhältnis zwischen heidnischen Friedhöfen und dem Christentum wirft. Solche Steine könnten ein Zeichen für die Weihe des Friedhofs oder eines Teils des Friedhofs darstellen, wodurch Christen dort bestattet werden konnten, bevor ein christlicher Kirchhof verfügbar wurde.

Viele Runensteine wurden zwischen dem 12. und dem 15. Jahrhundert in die Mauern mittelalterlicher Kirchen eingelassen. Dies geschah entweder aus ideellen Gründen – um die Vorfahren in die Kirche überzusiedeln – oder schlicht, weil die flachen Runensteine ausgezeichnetes Baumaterial darstellten. Für die ideelle Interpretation spricht, dass mehrere Säulen des Presbyteriums der Kathedrale von Uppsala auf Runensteinen stehen.

Die Runensteine aus der späten Wikingerzeit stehen zweifelsfrei im Zusammenhang mit der Christianisierung. Ihr Aussehen und ihre Aussage waren vertraut und neuartig zugleich, sodass die kulturelle Kontinuität gewährleistet war und das Christentum durch die Verbindung einiger ausländischer Gestaltungselemente mit traditionellen einheimischen Elementen und Motiven „skandinavisiert" wurde. Erst als die neuen Einflüsse vollständig in die skandinavische Kultur integriert waren, konnte der christliche Glaube auf orthodoxere Weise dargestellt werden. Zu diesem Zeitpunkt fand der Gebrauch von Runensteinen ein Ende. Die Runen selbst jedoch blieben auch im kirchlichen Kontext in Gebrauch und sind in der Ausstellung etwa auf dem Taufstein von Norum, den byzantinischen und russischen Elfenbeinarbeiten aus dem 12. und 13. Jahrhundert sowie auf dem Kruzifix von Lunder aus dem Jahr 1247 zu sehen.   Anne-Sofie Gräslund

29 Stein von Läby (U901), Stockholm, Statens historika museum, Inv.Nr. 090902MPN

| Quelle: Sveriges runinskrifter

| Lit.: Jansson 1987; RGA 25, S. 585–591 (Anne-Sofie Gräslund: Art. Runensteine); Gräslund/Lager 2008, S. 629–638

VI STERBENDE GÖTTER. CHRISTIANISIERUNG SKANDINAVIENS   385

336

337

336 Runenstein

11. Jahrhundert
Sigtuna, Schweden, beim Hochaltar der Peterskirche gefunden, 1. Hälfte 17. Jahrhundert; ursprüngliche Provenienz unbekannt
Roter Sandstein – der Stein weist Beschädigungen auf; durch die abgeschnittenen Ränder fehlen Teile der Inschrift – H. 88 cm, B. 75 cm
Sigtuna, Museum, Inv.Nr. U395

Es handelt sich um den mittleren Teil eines eindrucksvollen Runensteins mit Tierornamentik und einem großen zentralen Kreuz.
Die Runeninschrift lautet: „Sven (…) meißelte den Stein (…) der sie nach Sigtuna brachte". Wahrscheinlich handelt es sich bei der Verstorbenen um Svens Gattin, die er in Sigtuna, das damals die Hochburg der missionierenden Kirche in Uppland war, in geweihter Erde bestatten ließ.
Anhand von stilistischen Merkmalen lässt sich der Stein auf das letzte Viertel des 11. Jahrhunderts datieren.   Anne-Sofie Gräslund

| Quelle: Upplands runinskrifter, S. 173f., Taf. 54

337 Bildstein aus der Wikingerzeit

Bösarp, Schonen, Schweden, um 1000–1050
Granit – Fragment – H. 100 cm, B. 90 cm, T. 55 cm
Lund, Lund University Historical Museum, Inv.Nr. DR 258

Der Stein von Bösarp ist ein Bildstein aus der Wikingerzeit und stammt ursprünglich aus Södra Virestad in der Gemeinde Bösarp in der Provinz Schonen, etwa 35 Kilometer südlich von Lund; heute wird er im Historischen Museum der Universität Lund aufbewahrt. Die heutige Fragmentform des Granitsteins resultiert aus einer späteren Zweckentfremdung. Die Runen- und Bildsteine Schonens sind in erster Linie Gedenksteine für Mitglieder der lokalen Elite. Der Bildstein von Bösarp zeigt ein anthropomorphes Motiv, das in einer langen Tradition von Gesichts- und Maskendarstellungen in der skandinavischen Kunst steht. Ihre eisenzeitliche Gestaltung gilt als gesellschaftlich bedeutsames Motiv in einer aristokratisch geprägten Welt und weist Parallelen zu anderen bildlichen Darstellungen im christlichen Europa auf. Zur Zeit der Wikinger fand ein tiefgreifender gesellschaftlicher Wandel statt, im Zuge dessen sich religiöse und politische Bedingungen dauerhaft änderten. So vollzog sich nun endgültig der Übergang vom Heiden- zum Christentum. Im Rahmen dieser Veränderungen wurden die alten skandinavischen Gesichts- und Maskenbilder vermutlich genutzt, um mit vertrauten Mitteln neue Inhalte zu transportieren. Das romanische Motiv der Majestas Domini wurde in dieser Weise eingeführt, um einer neuen Lebens- und Denkungsart den Weg zu ebnen. Aller Wahrscheinlichkeit nach gibt der Bildstein von Bösarp aus der Wikingerzeit die westliche Vorstellung von Christus in seiner Herrlichkeit als Herrscher der Welt wieder.
                                                                        Jerry Rosengren

| Lit.: Rosengren 2010

338 Byzantinische Elfenbeintafel mit Darstellung einer Kreuzigung

Byzanz, 2. Hälfte 10. Jahrhundert; skandinavische Runeninschrift sowie Zeichnung auf der Rückseite um 1100
Elfenbein – H. 23,2 cm, B. 12,3 cm, T. 1,2 cm
Kopenhagen, Nationalmuseum Dänemark, Inv.Nr. D12123

Das Elfenbeinrelief zeigt den gekreuzigten Christus zwischen Maria und dem Evangelisten Johannes. Alle drei Figuren befinden sich unter einem durchbrochenen Baldachin, der auf zwei ebenfalls durchbrochenen Säulen ruht. Eine der beiden Säulen fehlt beinahe vollständig, die andere ist beschädigt. Über und unter dem Baldachin erscheinen jeweils zwei Engel, die Christus huldigen. Insbesondere bei dem Baldachin und den Armen Christi, die teilweise nicht mit dem Hintergrund verbunden sind, ist die Schnitzarbeit sehr detailreich. Einige in das Elfenbein gebohrte Löcher deuten darauf hin, dass das Relief einst die mittlere Tafel eines Triptychons darstellte. Das Suppedaneum Christi trägt die Runeninschrift „JESUS", die offensichtlich von einem Skandinavier eingefügt wurde. Sie könnte entweder nach der Ankunft des Reliefs in Skandinavien oder bereits in Byzanz durch ein Mitglied der kaiserlichen Garde geschnitzt worden sein, die ausschließlich aus weit entfernt von den byzantinischen Hofintrigen rekrutierten Skandinaviern bestand. Die glatte Rückseite der Tafel trägt eine sehr elegante, eingeritzte Skizze der Jungfrau Maria im westlichen Stil, die aus der Zeit um 1100 stammt und bezeugt, dass sich das Relief zu diesem Zeitpunkt bereits in Skandinavien befand. Leider ist seine Provenienz vor seiner Auffindung in Dänemark unbekannt. Es lag in Textilien eingewickelt in einem Schrank aus dem frühen 19. Jahrhundert. 1931 wurde es mit Hilfe einer Schenkung der Ny-Carlsberg-Stiftung durch das Nationalmuseum erworben.   Poul Grinder-Hansen

| Lit.: Kat. Kopenhagen 1996, Nr. 92 (Øystein Hjort); Kat. New York 1997, S. 489, Nr. 323 (Charles T. Little); Nørlund 1934; Goldschmidt/Weitzmann 1934, Bd. 2, Nr. 28

339 Elfenbeintafel mit Darstellung der Maria Hodegetria und nachträglich angebrachter Runeninschrift

Südrussland (?), 11./12. Jahrhundert
Elfenbein – H. 11,3 cm, B. 9 cm
Berlin, Staatliche Museen zu Berlin – Preußischer Kulturbesitz, Skulpturensammlung und Museum für Byzantinische Kunst, Inv.Nr. 577

Die Elfenbeinplatte, einst vermutlich der mittlere Teil eines Reisealtars, zeigt ein wohl um das Jahr 1000 entstandenes byzantinisches Relief. Auf der Rückseite findet sich im linken Bereich eine Inschrift mit jüngeren skandinavischen Runen, die zwei unterschiedlichen kryptographischen Systemen folgen. Eine von der ursprünglichen Seitenkante her nachträglich eingezogene Vertiefung bildet dort die drei bis sieben Millimeter breite Randfläche, in die die Beschriftung geritzt ist. Eine entsprechende Abschabung findet sich auch entlang der gegenüberliegenden Kante. Diese Formkorrekturen wurden möglicherweise vorgenommen, um das Stück, etwa für den Einband eines Buches, in ein Rahmenwerk einzupassen (vgl. Nørlund 1934, S. 192).

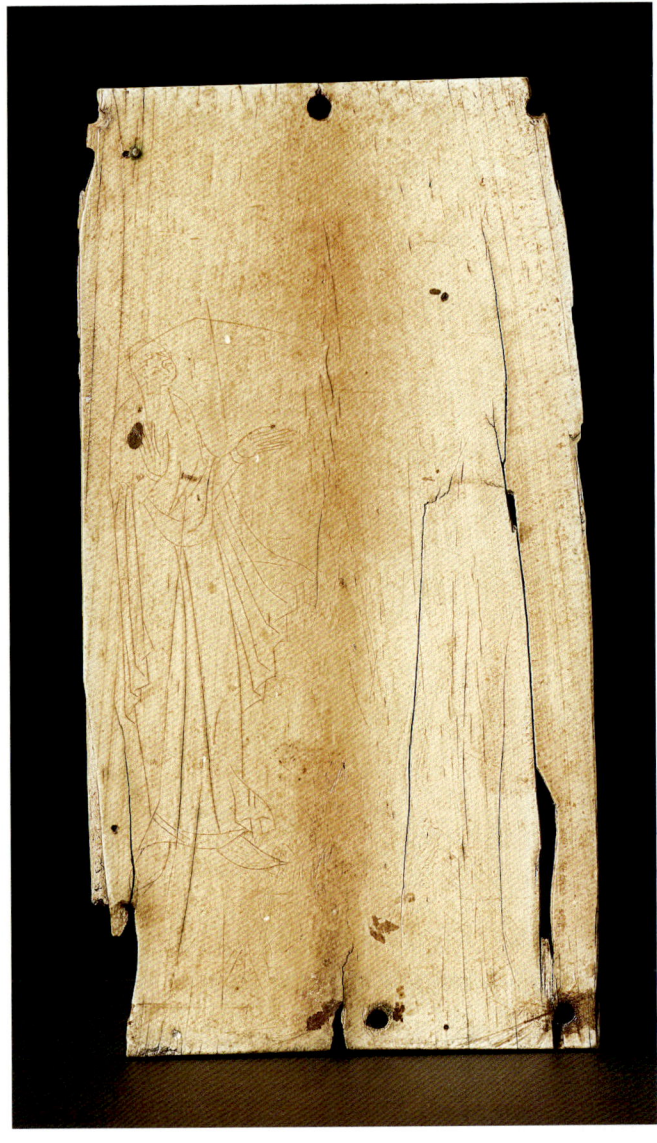

Der Runentext ist als Inschrift Nummer 415 im Korpus der dänischen Runeninschriften (Danmarks runeindskrifter) publiziert. Er ist leicht leserlich und besteht aus achtzehn Zeichen, die alle offensichtlich mit einem Messer geschnitten sind. Den fünfzehn Runen des ersten Teils folgt jeweils ein durch einen Kreis dargestellter Punkt; bei den drei Runen des zweiten Teiles ist dies nicht der Fall (Bild 339-1).

Obwohl die Lesbarkeit keine größeren Probleme bereitet, ergibt die Inschrift dennoch keinen unmittelbar verständlichen Sinn. Angesichts dessen hat Frederik Orluf 1936 mit Bezug auf den ersten Teil

VI STERBENDE GÖTTER. CHRISTIANISIERUNG SKANDINAVIENS

338

339-1 ᛁ᛫�ood᛫ᚦ᛫ᚼ᛫᛭ᚭᛏᚮᛒ ᛏᚮᛚᚮᚴᚭ ᛅᚮᛒᚮᚴ᛫ᛦᛏᚨ

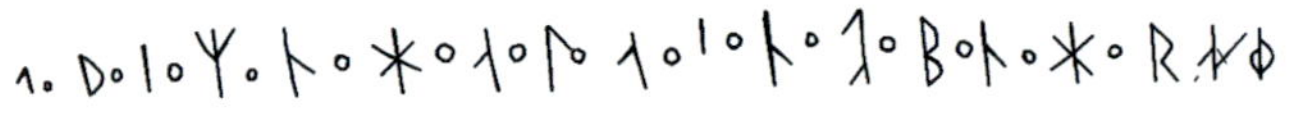

339-2 t·þ·i·m·n·h·a·l·a·s·n·o·b·n·h·r͡[t]a͡a͡þ
       'b o a l i n s y s t i r m i n ra þ þa [t]'

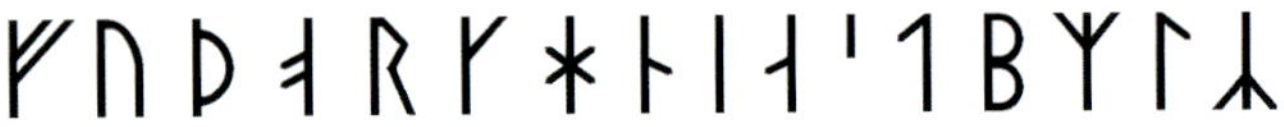

339-3 ᚠᚢᚦᚮᚱᚴᚼᚾᛁᛆᛌᛐᛒᛘᛚᛦ
      f u þ o r k h n i a s t b m l y

vorgeschlagen, ihn als Kryptogramm aufzufassen, bei dem der Schreiber die Runen des eigentlichen Textes jeweils durch das vorhergehende Zeichen innerhalb des jüngeren Runenalphabets (Bild 339-2) ersetzt hat; die drei letzten Runen hingegen konnte der Autor (Nordby 2013) einem kryptographischen Typus zuordnen, bei dem die Zeichen vorwärts und rückwärts zu lesen sind (Bild 339-3). In standardisiertes Altnordisch übertragen, lautet die Inschrift dann: *Pálín, systir mín, ráð þat!*, zu Deutsch: „Pálín, meine Schwester, deute dies!".

In der Runenschrift kennt man verschiedene Formen einfacher Kryptographie (dazu Düwel 2008, S. 182–188). Was das erste hier betrachtete System anbelangt, so nennt man es Caesar-Chiffre (dazu Kahn 1996, S. 84), eine Verschlüsselungsmethode, die ebenso auf dem berühmten Runenstein von Rök in der Provinz Östergötland in Schweden wie auf einem Taufbecken in der Kirche von Kareby im schwedischen Bohuslän zur Anwendung gekommen ist (dazu Düwel 2008, S. 114–118 bzw. Bæksted 1949, S. 50). Orlufs Entzifferung für den ersten Teil der hier gezeigten Inschrift hatte *boalinsystirmin* ergeben. Er deutete dies als einen bislang nicht belegten Frauennamen „Bóalinn", gefolgt von der Anrede „meine Schwester" (*systir mín*). Die Sprache des Textes wurde als Altdänisch mit norwegischem oder schwedischem Einschlag bestimmt (Danmarks runeindskrifter, Sp. 1033 und 486). Später hat Carl J. S. Marstrander (Marstrander 1945, S. 307ff.) nachgewiesen, dass es sich wahrscheinlich um Altisländisch handelt und bei dem Namen um eine Form von „Pálín". Letzteres konnte er mit dem Hinweis auf die Schreibung *boal* des Männernamens Páll in einer Runeninschrift von Indriðastaðir auf Island belegen (vgl. Snædal 2000/2001, S. 40).

In den drei letzten Zeichen der Inschrift ist bislang ein Personenname vermutet worden (Orluf 1936, S. 237). Nun zeigt sich aber, dass sie als Binderunen aufzufassen sind – als Ligaturen, bei denen mehrere Runen zu einem Zeichen kombiniert sind –, dergestalt dass der ganze Schriftzug zuerst in normaler Ausrichtung und dann auf dem Kopf auf die in der jeweiligen Perspektive aufrechten Komponenten hin durchzulesen sei. Das System ist unlängst bei fünf anderen, von der späten Wikingerzeit bis ins hohe Mittelalter datierbaren Runeninschriften aus verschiedenen Orten Skandinaviens ermittelt worden (vgl. Nordby 2013). Demnach wären die drei Binderunen in der einen Richtung als *raþ* und rückwärts auf dem Kopf als *þat* zu entziffern, wobei das *t* fragwürdig bleiben muss. Zusammen ergibt das die Aufforderung „deute dies!" (standardisiert *ráð þat!*). Die ganze Inschrift ist also die Aufgabenstellung von jemandem an seine Schwester – wie auch an andere Leser –, die kryptischen Runen zu deuten. Das stimmt mit den sonst bekannten kryptographischen Runeninschriften überein, bei denen die Verschlüsselung meist einem Spiel und der Demonstration von Runenkenntnissen dient und eher selten dem Verbergen einer heimlichen Botschaft.

Die vorliegende Runeninschrift lässt sich nicht exakt datieren. Die wenigen Anhaltspunkte, die zur Verfügung stehen, deuten auf eine Entstehung im 12. bis 14. Jahrhundert. Nichts ist darüber bekannt, wie die Elfenbeinplatte überhaupt nach Island gelangt war. Vielleicht ist sie als Ausstattungselement eines Buches dorthin gekommen, um dann aus dem Einband herausgelöst zu werden, bevor die Aufforderung an Pálín eingeritzt wurde.

K. Jonas Nordby

| **Quelle:** Danmarks runeindskrifter

| **Lit.:** Nørlund 1934; Orluf 1936; Marstrander 1945; Bæksted 1949; Kahn 1996; Snædal 2000/2001; Düwel 2008; Nordby 2013

VI STERBENDE GÖTTER. CHRISTIANISIERUNG SKANDINAVIENS

339

340 Kruzifix aus Lunder

2. Viertel 13. Jahrhundert
Lunder, Ringerike, Buskerud, Norwegen
Lindenholz mit Spuren der Originalpolychromie: auf Trockenöl basierte Farbe auf Kreidegrund – kleine Löcher in der Mitte beider Augen, wahrscheinlich durch Vandalismus mit spitzem Gegenstand, die Nase ist unversehrt; das Kreuz ist verschollen –
H. 92 cm (ohne verlorene Kronenzacken), B. 100 cm, T. 18 cm
Oslo, Kulturhistorisk museum, Universitetet i Oslo, Inv.Nr. C11703

Das bloßliegende Holz dominiert das heutige Erscheinungsbild der ursprünglich farbig gefassten Skulptur. Die Oberfläche zeigt deutliche Bearbeitungsspuren, die ursprünglich wohl von Kreidegrund und Farbe überdeckt waren. Die offenen Augen des gekrönten Christus sind das Ergebnis sorgfältiger Schnitzarbeit. Der Körper wölbt sich leicht nach vorne, sodass nur Hände und Füße das heute verschollene Kreuz berührten. Das mit feinen Stichen gearbeitete goldene Haar bedeckt das rechte Ohr, das frei bleibende linke Ohr wirkt sehr realistisch. Der kurze, mattgoldene Bart und ein goldener Schnurrbart bilden geschneckte Locken. Brustkorb und Bauch sind bildhauerisch deutlich herausgearbeitet, die Seitenwunde ist jedoch nur aufgemalt. Das ursprünglich mit Waschgold gefasste und rot umrandete Lendentuch ist linksdiagonal gewickelt und bedeckt das linke Knie, um die Hüfte bildet sich ein Stoffwulst, der auf der rechten Seite zu einem lockeren Knoten geschlungen ist. Vorne hängt eine faltenreiche Patte herab, eine weitere auf der linken Seite reicht bis auf die Rückseite. Die übereinander gekreuzten Beine sind wie tänzerisch angewinkelt; rechtes Bein und Fuß liegen über dem linken Bein.

Im Jahr 1946 entdeckte man altnordische Runeninschriften, die auf der breiten mittleren Falte über dem rechten Schenkel und Bein in das Holz geritzt sind: *Ek heiti Jesus Nazarenus – Ek þolda harðan dauð*. Auf dem rechten Unterarm befindet sich die Inschrift: *Thómas*. Übersetzt bedeuten die Inschriften: „Ich bin Jesus von Nazareth – Ich erlitt einen qualvollen Tod" und „Thomas". Sie waren ursprünglich von der Farbfassung verdeckt.

Stilistisch betrachtet und in Bezug auf Größe, Haltung und Anatomie der Christusfigur sowie hinsichtlich der Darstellung des Lendentuchs ist das Kruzifix aus Lunder mit den Kruzifixen aus Haug, Buskerud C3604 und aus Hillestad, Vestfold C11699, verwandt. Die drei Christusfiguren unterscheiden sich jedoch bezüglich des verwendeten Materials. Die Hauger Christusfigur ist aus Erlenholz geschnitzt und die Hillestader aus Eiche – im Gegensatz zum Christus aus Lunder, der aus Lindenholz besteht. Weitere Unterschiede betreffen die Konstruktion: Bei der Figur aus Lunder sind die Arme im Ganzen geschnitzt, während sie bei Hillestad und Haug stückweise angefügt wurden. Auch hinsichtlich der Qualität und Ausführung der Schnitzarbeit, insbesondere der Ausarbeitung der Haare,

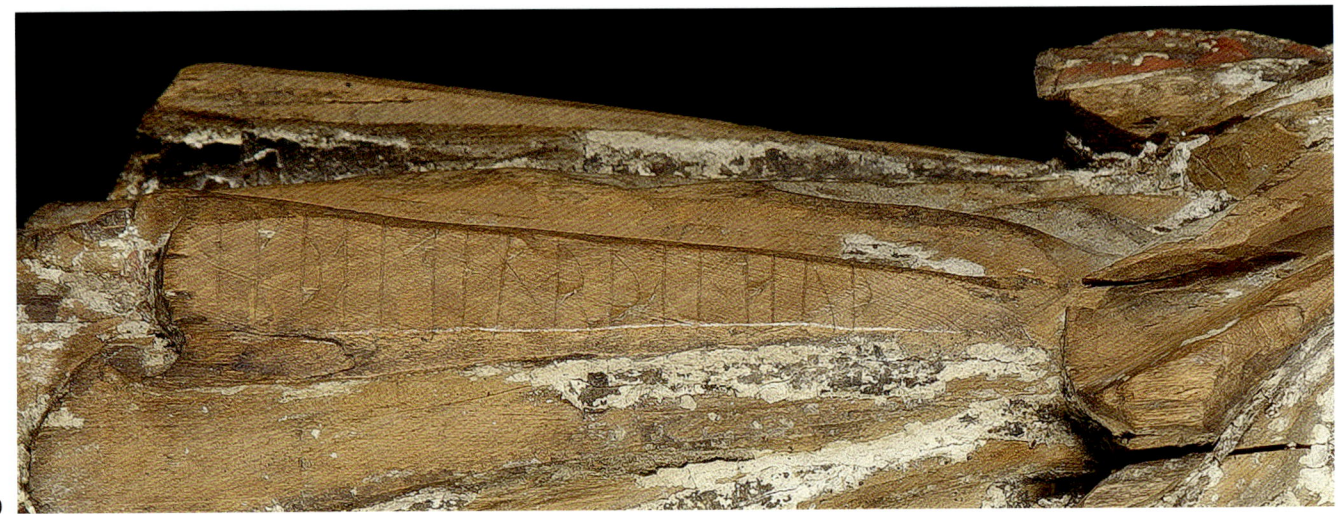

340

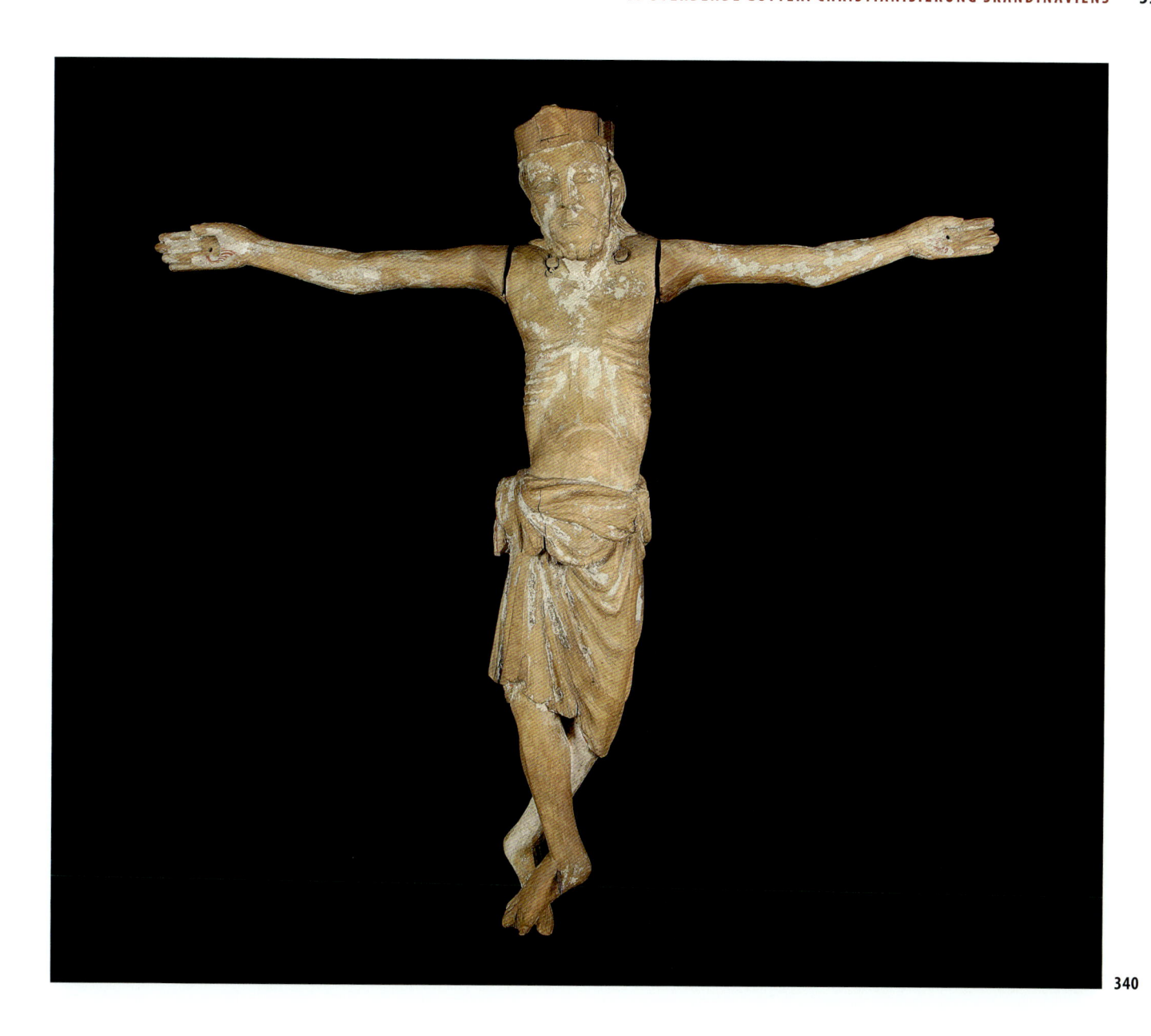

des Bartes und des Lendentuchs unterscheiden sich die drei Figuren voneinander, weshalb es unwahrscheinlich ist, dass sie aus derselben Werkstatt stammen. Möglicherweise basieren sie jedoch auf einer gemeinsamen Vorlage.

Die ursprüngliche Farbfassung ist nur ansatzweise erhalten, Analysen zeigen jedoch, dass sie der farblichen Gestaltung des stilistisch vergleichbaren Kruzifix aus Haug, Buskerud C3604, das aus derselben Zeit stammt, ähnlich gewesen sein muss.

Die Verwendung folgender Pigmente gilt als gesichert: Bleirot, Zinnoberrot, pflanzliches Rot, Eisenoxid, Bleiweiß, Kohlenstoffschwarz, Blattsilber, teilweise Gold; Grundierung auf Kreidebasis (analysiert durch SEM-EDX von M. Mustad im Jahr 2010, Eisenoxid und Kohlenstoffschwarz wurden nur visuell analysiert).

Das rosige Inkarnat (Bleiweiß und Zinnoberrot) wurde mit Zinnoberrot abgetönt und nass-in-nass in den Hautton eingearbeitet. Aus den Händen und der aufgemalten Seitenwunde strömte das Blut in roten Wellenlinien. Krone, Bart und Außenseite des Lendentuchs waren ursprünglich goldfarben gefasst und rot umrandet. Der Goldeffekt der Krone und des Lendentuchs wurde durch Waschgold erreicht. Dabei wurde zunächst Blattsilber durch die gleiche Technik wie bei der Glanzvergoldung direkt auf den Kreidegrund aufgetragen und dann mit einem gelben Lack überzogen. Die goldene Krone war mit Edelsteinimitationen besetzt. Das Haar und der Bart waren ursprünglich ölvergoldet. Der typische Matteffekt der Ölvergoldung hängt damit zusammen, dass die Oberfläche danach nicht mehr poliert werden kann. Die Ölvergoldung erfolgte mit Blattmetall, zum Teil aus Gold, auf einer rötlich-gelben Ölbeize über der bleiweißen Untermalung auf dem Kreidegrund.

Kaja Kollandsrud

| Lit.: Blindheim 1998, Nr. 62; Kollandsrud 1994

IN HOC SIGNO

Museum in der Kaiserpfalz

VII Taufe oder Tod
Karl der Große unterwirft die Sachsen

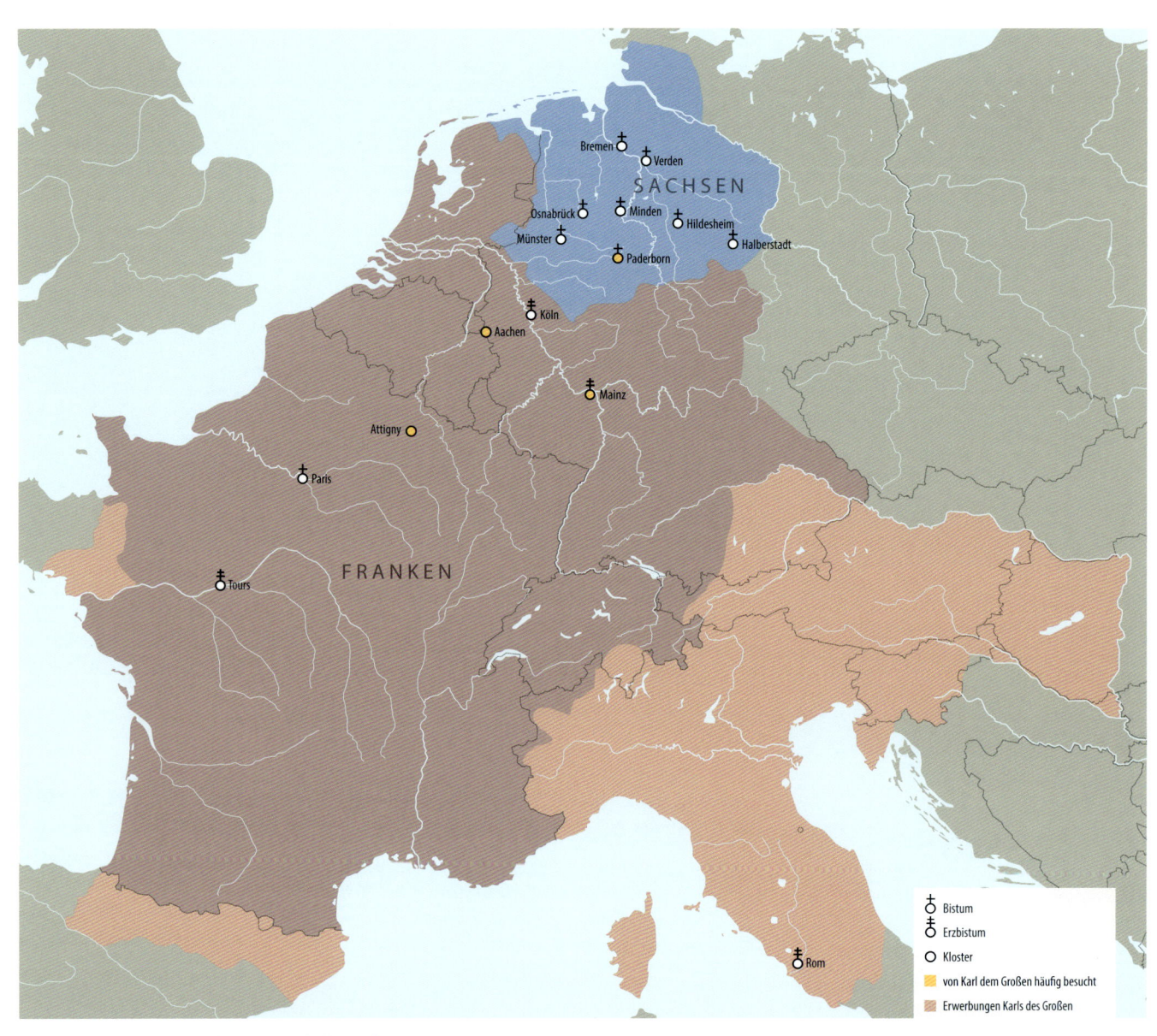

30 Karte: Das Karolingerreich zur Zeit Karls des Großen 768–814

341 Reliefstein mit Reiterbild

Ende 6.–7. Jahrhundert
Hornhausen, Kr. Börde
Sandstein, skulptiert – H. 78 cm, B. 66 cm, T. 15 cm
Halle (Saale), Landesamt für Denkmalpflege und Archäologie – Landesmuseum für Vorgeschichte – Sachsen-Anhalt, Inv.Nr. HK 13:2712

Der an oberer und unterer Schmalseite zerstörte Bildstein hat eine dreizonige Schauseite, in deren Mitte ein mit Lanze, Schwert und Schild bewaffneter bärtiger Reiter dominiert. Sein riesiger Hengst läuft – vom Betrachter aus gesehen – nach links über eine mäanderartig gefaltete Schlange, deren Kopf wie leblos auf der rechten Seite herabhängt. Darunter befindet sich ein zoomorphes Flechtband mit vier antithetischen Tierköpfen, deren lange Kiefer miteinander verwachsen sind. Oberhalb des Zopfbandes über dem Reiter sind nur noch die Füße von mindestens vier Personen zu erkennen, offenbar die Reste einer Prozessionsszene. Ikonographie und Ornamentik des Werkes entsprechen dem germanischen Tierstil II. Die Rückseite ist unverziert. Auf die Funktion hinweisende Details sind nicht erhalten.

Der „Reiterstein" zählt zu den wichtigsten frühmittelalterlichen Steinmetzarbeiten. Seine exakte Zeitstellung und Funktion werden aber wegen der unklaren Fundzusammenhänge unterschiedlich beurteilt. Vom ursprünglichen Fundort stammen Fragmente von mindestens fünf weiteren Reliefsteinen gleicher Machart und Bilderwelt. Dort registrierte man Jahre später Reste eines verpflügten Doppelgrabes. So lässt sich eine Nutzung als Grabarchitektur belegen. Strittig ist, ob dies in Erst- oder in Zweitverwendung erfolgte.

VII TAUFE ODER TOD. KARL DER GROSSE UNTERWIRFT DIE SACHSEN   397

Entscheidend ist dabei die kontroverse Bilddeutung, die sich entweder auf spätantike mediterran-christliche oder frühmittelalterliche germanisch-pagane Parallelen stützt. Gilt der von einer Apostelreihe beschirmte Reiter als christlicher Heiliger, der über Teufel und Unglaube symbolisierende Bestien triumphiert, wird das Relief meist auch als Teil einer Chorschranke interpretiert; diese könnte einer zerstörten merowingisch-frühchristlichen Kirche im ostfränkisch beherrschten „Sachsen"-Gebiet entnommen und sekundär als Grabstein genutzt worden sein. Allerdings fehlt in der Fundregion jeglicher Hinweis auf diesen postulierten Sakralbau.

Basiert die Bilddeutung dagegen auf Elementen der germanischen Mythologie und erkennt im Reiter Gott Odin/Wotan selbst oder aber einen vorbildlichen Herrscher auf dem Weg westwärts (= links) nach Walhall, begleitet von seinem Gefolge, so wird der Stein gerne als Teil einer Grabkammer oder eines Grabmonuments für einen sächsischen oder gar südskandinavischen „Edeling" rekonstruiert.

Arnold Muhl

| Lit.: Böhner 1982; Kat. Halle 2001a, S. 58f., Nr. 9 (Ralf Schwarz); Theune-Großkopf 2005; Schiavone 2011

342 Das frühmittelalterliche Gräberfeld von Wünnenberg-Fürstenberg: Grab 61 – Letzte Ruhestätte eines ranghohen Kriegers

Spätes 6. Jahrhundert
Wünnenberg-Fürstenberg, Kr. Paderborn, Grab 61

Bei Arbeiten für eine Gasleitung bei Wünnenberg-Fürstenberg, etwa 23 Kilometer südlich von Paderborn, entdeckten Bauarbeiter 1982 ein frühmittelalterliches Gräberfeld. Bis 1984 untersuchten Archäologen einen Teilbereich des Friedhofes und legten 54 Körper- und neun Pferdebestattungen aus zwei unterschiedlichen Belegungsphasen frei. Die Mehrzahl der Gräber ist karolingisch und gehört der jüngeren Gruppe an, die um 800 einsetzte und bis zur Mitte des 9. Jahrhunderts andauerte. Die beigabenlosen, West-Ost orientierten Gräber sowie christliche Motive auf insgesamt vier Gewandschließen (Kat.Nr. 377) zeigen, dass die Verstorbenen bereits Christen waren.

Die ältere Belegungsphase, zu der fünf Körper- und mindestens fünf Pferdegräber zählen, datiert in die Zeit um 600. Unter den merowingerzeitlichen Bestattungen ist besonders Grab 61 auf Grund seiner Bauweise und seiner Beigaben hervorzuheben. Es handelt sich hierbei um ein etwa 2,7–3,2 mal 1,3 Meter großes und 1,2 Meter tiefes Kammergrab, von dem sich noch Reste der holzverschalten Wände erhalten haben. Vermutlich war ehemals ein obertägiger Grabhügel vorhanden. Es ist West-Ost ausgerichtet und unterscheidet sich darin von den anderen Gräbern der Zeit um 600 in Wünnenberg-Fürstenberg, die Nord-Süd orientiert sind. Die Bestattung des 23 bis 39 Jahre alten Mannes, der in einem Holzsarg lag, sticht durch die reichen Beigaben hervor. Ein umfangreiches Waffenensemble, zu dem Schild, Franziska, Lanze, Pfeile und eine Ringknaufspatha (Kat.Nr. 343) gehören, zeichnen den Verstorbenen als ranghohen Krieger aus. Es ist zu vermuten, dass mindestens ein Pferdegrab in direktem Kontext zu Grab 61 steht. Eine aus dem Rheinland importierte Schale und ein kleiner Holzeimer mit Bronzebeschlägen, ähnlich dem des sogenannten Fürsten von Beckum, weisen auf einen gewissen Wohlstand hin. Bei den anderen Funden handelt es sich um Gebrauchsgegenstände des Alltags und um Bestandteile der Kleidung. Das Grab und seine Ausstattung belegen einen deutlich fränkischen Einfluss. Ob der Mann Franke oder Sachse war, lässt sich nicht eindeutig beantworten.

a) Sax

Eisen, Holz, Bast – L. 43,3 cm; Klinge: L. 30,8 cm, B. 3,6 cm
Paderborn, Museum in der Kaiserpfalz – LWL-Archäologie für Westfalen, Inv.Nr. Wün. 61.2

Der Schmalsax mit spitzovaler Knaufplatte hing ehemals links am Gürtel des Verstorbenen. Er war so gedreht, dass er mit der Spitze zum Kopf wies. Der hölzerne Griff und Reste einer Bastumwicklung der Scheide haben sich erhalten.

b) Lanzenspitze

Eisen – L. 52 cm, B. 3,8 cm, Dm. 2,3 cm (Tülle)
Paderborn, Museum in der Kaiserpfalz – LWL-Archäologie für Westfalen, Inv.Nr. Wün. 61.3

Die Lanzenspitze hat einen langen, vierkantigen Hals. In der Tülle fanden sich noch geringe Holzreste des Schaftes. Sie war maximal 3,0 Meter lang und lag rechts des Verstorbenen außerhalb des Holzsarges.

c) Franziska

Eisen mit geringen Holzresten – H. 9,6 cm (Schneide), L. 18,5 cm, B. 4,3 cm
Paderborn, Museum in der Kaiserpfalz – LWL-Archäologie für Westfalen, Inv.Nr. Wün 61.4

Die Franziska bezeichnet eine Axt mit auffällig geschwungener Form, die im 6. Jahrhundert weit verbreitet war und nach Schriftquellen als Wurf- und Hiebwaffe Verwendung fand. Der Name taucht erstmals in der „Etymologiarum sive originum libri XX" des Isidor von Sevilla (um 560–636) auf. Die Franziska in Grab 61 lag im linken Kniebereich des Verstorbenen.

d) Drei Pfeilspitzen

Eisen – a) L. 15,4 cm, B. 2,8 cm, Dm. 1,3 cm; b) L. 9,6 cm, B. 2,3 cm, Dm. 1,1 cm; c) L. 10,1 cm, B. 2,3 cm, Dm. 1,1 cm
Paderborn, Museum in der Kaiserpfalz – LWL-Archäologie für Westfalen, Inv.Nr. Wün. 61.5 a–c

Die Pfeilspitzen lagen eng zusammen am linken Oberschenkel des Verstorbenen. Ihre Spitzen wiesen in Richtung des Kopfes. Geringe Holzreste haben sich jeweils in den Tüllen erhalten. Ob der zugehörige Bogen auch als Beigabe in das Grab gelangte, bleibt nur zu vermuten. Da er aus organischem Material bestand, wäre er vollständig vergangen.

342a–d, k

e) Holzeimer
Holz und Buntmetall – H. 12 cm (ohne Henkel), Dm. 12 cm
Paderborn, Museum in der Kaiserpfalz – LWL-Archäologie für Westfalen, Inv.Nr. Wün. 61.7

Der Eimer befand sich auf der rechten Brustseite des Verstorbenen. Er besteht aus einem Holzboden (Pappel?) und zwölf Holzdauben (Kiefer?). Vier horizontale und drei senkrechte Streifen aus Buntmetall halten die Dauben zusammen. Der punzverzierte Henkel ist in Attaschen eingehängt, die unten nach links und rechts halbmondförmig auslaufen. Dieses Zierelement greifen vier weitere halbmondförmige Bleche auf, an denen jeweils ein kleiner Buntmetallring befestigt ist. Damit besitzt der Eimer aus Wünnenberg-Fürstenberg eine Verzierung, die bereits aus der späten Kaiserzeit bekannt ist. Er fasst 0,78 Liter und gehörte zum Trinkgeschirr des Toten.

f) Schüssel
Ton – H. 8,2 cm, Dm. 20 cm
Paderborn, Museum in der Kaiserpfalz – LWL-Archäologie für Westfalen, Inv.Nr. Wün 61.8

Die auf der Drehscheibe gefertigte und oxydierend gebrannte Schüssel stammt vermutlich aus dem Rheinland. Sie lag außerhalb des Holzsarges zu Füßen des Verstorbenen.

g) Rechteckschnalle
Weißmetall, Buntmetall – L. 1,3 cm, B. 1,6 cm
Paderborn, Museum in der Kaiserpfalz – LWL-Archäologie für Westfalen, Inv.Nr. Wün. 61.12

Die kleine Rechteckschnalle verschloss eine Ledertasche, die am Gürtel des Verstorbenen befestigt war. Zum Inhalt gehörten zwei Eisenmesser sowie Feuerstahl und Feuerstein. Alle Objekte lagen dicht zusammen im Bauchbereich.

h) Zwei Messer
Eisen – L. 17,1 cm, B. 2 cm, St. 0,35 cm und L. 17,1 cm, B. 2 cm, St. 0,25 cm
Paderborn, Museum in der Kaiserpfalz – LWL-Archäologie für Westfalen, Inv.Nr. Wün. 61.10 und 61.11

i) Feuerstahl und Feuerstein
Feuerstahl: Eisen – L. 6 cm, D. 1,5 mm
Feuerstein: nordeuropäischer Flint – L. 3,5 cm, B. 3,5 cm, H. 1 cm
Paderborn, Museum in der Kaiserpfalz – LWL-Archäologie für Westfalen, Inv.Nr. Wün. 61.13 und 61.14

j) Schilddornschnalle und drei Gürtelhaften
Schilddornschnalle: Weißmetall und Eisen – L. 3,1 cm, B. 3,4 cm, H. 1,9 cm
Gürtelhaften: Eisen – L. 2,1 cm, B. 1,1 cm, H. 0,8 cm
Paderborn, Museum in der Kaiserpfalz – LWL-Archäologie für Westfalen, Inv.Nr. Wün. 61.9 a und b

Die Schilddornschnalle mit profiliertem Bügel lag zusammen mit den drei Gürtelhaften im Beckenbereich des Verstorbenen. Die schildförmigen Gürtelhaften besitzen einen Ösensteg auf der Rückseite. Sie befestigten die Schnalle am Gürtelende. Als Verzierungselement besaßen alle Stücke einen zweifachen Tremolierstich in zuvor eingravierten Riefen. Schilddornschnallen dieser Art sind im 6. Jahrhundert weit verbreitet und finden sich häufig auf fränkischem Reichsgebiet.

k) Schildbuckel und Schildfessel
Schildbuckel: Eisen und Buntmetall – H. 7 cm, Dm. 16,7 cm
Schildfessel: Eisen, Buntmetall, Holzreste – L. 46,6 cm, B. 3,4 cm
Paderborn, Museum in der Kaiserpfalz – LWL-Archäologie für Westfalen, Inv.Nr. Wün. 61.6 a und b

Der Schildbuckel hat eine gewölbte Haube mit pilzförmigem Spitzenknopf. Fünf Eisennieten mit aufgelöteten Buntmetallauflagen befestigten ihn am Schild, der fast vollständig vergangen ist. Die Eisenfessel besitzt gleich ober- und unterhalb des Griffes sowie an den Enden jeweils einen Eisenniet. Die äußeren waren so angebracht, dass ihre Köpfe nach vorne zeigten und ein Zierelement auf der Vorderseite des Schildes bildeten. Die Länge der Eisenfessel sowie zwei vollständig erhaltene Eisenniete erlauben eine Rekonstruktion des Holzschildes: Er war rund, hatten einen Durchmesser von mindestens 50 Zentimetern und eine Stärke von etwa 1,2 Zentimetern. Im Grab lag er außerhalb des Sarges an der linken Seite des Verstorbenen.

l) Römischer Denar als Anhänger
90 vor Christus geprägt
Silber – Dm. 1,6–1,9 cm
Paderborn, Museum in der Kaiserpfalz – LWL-Archäologie für Westfalen, Inv.Nr. Wün. 61.15

Der römische Denar aus Silber, 90 vor Christus von C. Vibius C.f. Pansa in Umlauf gebracht, diente für eine unbestimmte Zeit als Anhänger. Im Grab lag er im Mund des Verstorbenen, was auf eine Funktion als Charons-Pfennig hinweist.

Ralf Mahytka

342e–j, l

| **Lit.:** RGA 6, S. 584–601 (Heiko Steuer: Art. Eimer); RGA 9, S. 470–476 (Wolfgang Hübener: Art. Franziska); Hübener 1980; Bérenger 1986; Bérenger 1990; Melzer 1991; Kat. Paderborn 1999, S. 220ff., Nr. IV.43 (Stefan Fassbinder); Siegmund 1999

343 Spatha mit Schwertscheide aus dem Grab von Wünnenberg-Fürstenberg

Spätes 6. Jahrhundert
Wünnenberg-Fürstenberg, Kr. Paderborn, Grab 61
Eisen; Silber, teilweise vergoldet; Buntmetall, teilweise vergoldet; Pappelholz; Fell; Leder; Schnur; Birkenbast – Parier- und Knaufplatte modern ergänzt, hölzerne Handhabe größtenteils vergangen, Schwertscheide fast vollständig erhalten – L. 91,5 cm, B. 6,3 cm
Paderborn, Museum in der Kaiserpfalz – LWL-Archäologie für Westfalen, Inv.Nr. Wün 61/1

Der Griff besitzt einen Knauf aus vergoldetem Silber und ein silbernes Ringpaar. Auf der stark vergangenen hölzernen Handhabe ist ein silberner Griffbeschlag befestigt, der in einem stilisierten Vogelkopf endet. Die aufwendige Klinge besteht aus zehn Elementen: acht aus verschweißten Metalllagen aufgebaute Stäbe im Kern und den beiden Schneiden. Ihre Oberfläche zeigte ursprünglich beidseitig ein Muster aus sich abwechselnden Halbkreisornamenten und senkrechten Streifen. Die Klinge ist durch Korrosion untrennbar mit der Scheide verbunden. Diese besteht aus zwei Pappelholzschalen, die mit Fell gefüttert und von einem Lederbezug umgeben sind. Zwischen Holz und Leder bilden Schnüre eine plastische Verzierung in Form von drei Strahlen. Abgesehen von einem kleinen Bereich um den Riemendurchzug ist die gesamte Scheide mit Streifen aus Birkenbast umwickelt.
Aufgrund der Knaufbestandteile gehört die Spatha zur kleinen Gruppe der frühmittelalterlichen Ringschwerter, die mit ranghohen Gefolgschaftskriegern in Verbindung gebracht werden. Sie war zugleich Waffe und Statussymbol. Wetzspuren an den Ringen belegen eine lange Nutzungszeit.
Die kostbaren Griffelemente aus vergoldetem Silber, die aufwendige Klinge und die lange Nutzungszeit belegen, dass es sich nicht nur um eine qualitativ hochwertige, sondern auch um eine symbolisch bedeutsame Waffe handelt. Die Spatha wies ihren Träger im Leben wie im Grab als Angehörigen der gesellschaftlichen Elite im merowingerzeitlichen Westfalen aus. Ulrich Lehmann
| **Lit.:** Steuer 1987; Melzer 1991; Lehmann 2010a; Lehmann 2010b; Lehmann 2012; Lehmann [im Druck]

344–349 Das Gräberfeld Soest – Lübecker Ring

Spätes 6. bis frühes 9. Jahrhundert
Soest, Lübecker Ring

Das Soester Gräberfeld am Lübecker Ring wurde 1930 bei Bauarbeiten entdeckt und teilweise zerstört. Von den ursprünglich etwa 300 Gräbern konnten im gleichen Jahr noch 215 ausgegraben werden. Die Nekropole liegt im Süden der Stadt, 500 Meter von der mittelalterlichen Stadtmauer, 650 Meter von der Kirche Alt-St. Thomä, etwa 1,2 Kilometer von der St.-Petri-Kirche und etwa 1,3 Kilometer vom „Großen Teich" und Teilen der merowingerzeitlichen Saline entfernt. Aufgrund der Salzproduktion, den guten Böden und der Lage am Hellweg kommt Soest bereits in der Merowinger- und Karolingerzeit eine zentralörtliche Bedeutung zu, die sich in der historischen Diskussion um die angebliche „Dagobertische Schenkung" an den Kölner Bischof Kunibert und eine mögliche frühe Kirche bereits im 7. Jahrhundert ebenso wie in außergewöhnlich reichen archäologischen Funden niederschlägt. Vom ausgehenden 6. bis zum Ende des 7. Jahrhunderts sind auf dem Gräberfeld jede Generation nur ein bis zwei, durchweg außergewöhnlich reiche Bestattungen in großen, aufwendig konstruierten Gräbern angelegt worden. Diese zehn Kammergräber zeigen dabei kontinuierlich weitreichende Kontakte zu den Eliten im fränkisch-merowingischen Rheinland, dem alemannischen Südwestdeutschland und bis nach Italien, in jene Regionen also, in denen sich just zu dieser Zeit das Christentum unter den germanischen Stämmen ausbreitete. Erst ab der Zeit um 700 haben größere Bevölkerungsteile den Friedhof genutzt, bis in der Folge der Sachsenkriege die Toten nur noch bei den nunmehr sicher in Soest belegten Kirchen beigesetzt wurden.   Daniel Peters

| Lit.: Melzer 2010; Peters 2011

344 Cloisonné-Scheibenfibel aus dem Soester Grab 106

Südwestdeutsch/Italisch, spätes 6. Jahrhundert
Soest, Lübecker Ring, Grab 106
Gold; gegitterte Goldfolie unter Cloisonnéeinlagen; Granate und Glasfluss; geritzte Runeninschriften; aufgelötete goldene Nadelhalterung und Öse – Abnutzung, Nadel fehlt – H. 1,1 cm, Dm. 5 cm
Soest, Burghofmuseum, Inv.Nr. 106.1

Grab 106 ist nicht nur das größte und reichste der zehn Soester Kammergräber, sondern auch eine der herausragenden Grablegen der Merowingerzeit insgesamt, vielleicht das reichste Grab aus der Zeit um 600. Dass es 1930 ausgegraben werden konnte, ist ein Glücksfall, da es bei Bauarbeiten entdeckt und der Oberboden bereits weitgehend abgetragen worden war. Wie die meisten Soester Kammergräber war die fast 4 Meter lange Grabgrube mit Holzwänden und einer Bodendielung versehen. Die eigentliche Bestattung erfolgte in einem zentral in der Kammer deponierten Sarg. Neben umfangreichen Kleidungs- und Schmuckbestandteilen, wie Fibeln, Goldanhängern, Schnallen, einem Gehänge mit Geräten, Schlüsseln und einer Zierscheibe sowie einer silbernen Wadenbindengarnitur, wurden der Verstorbenen auch ein umfangreiches Geschirrensemble, bestehend aus Glasbecher, wertvollem bronzenen Handwaschbecken und exklusivem Daubeneimer, mitgegeben. Die Cloisonné-Scheibenfibel lag auf der linken Schulter, von einer Öse, die auf der ebenfalls aus Gold gefertigten Rückseite angebracht war, nahm hier ein mehrreihiger Perlenschmuck seinen Ausgang, der über die gesamte Brust verlief und auch mehrere Goldanhänger umfasste. Die Schauseite besteht aus 202 Zellen aufgelöteter Goldstege. Diese Anzahl ist singulär und dass alle Zelleinlagen noch erhalten sind, ist ebenfalls außergewöhnlich. Das engzellige Cloisonné ist in fünf konzentrische Bereiche gegliedert. Der äußerste Ring besteht aus 80 Granateinlagen, angeordnet in sanduhrförmig gegenüberliegenden Dreiecken und Treppenstegmuster, wobei unterschiedliche Rottöne einander abwechseln. Der zweite Ring enthält 52 Granate in gestuften Zellen. Der dritte Ring weist ein komplexeres Muster auf und besteht aus 36 Granaten und 12 Glaseinlagen. Die Außenkante besteht aus mit der Spitze nach innen weisenden Dreiecken, mit 12 roten und vier grünen Einlagen. Daran schließt ein Strahlenkranz aus fünfeckigen Feldern an, die abwechselnd durch Zickzacklinien oder kleinere Fünfecke unterteilt sind, wobei die kleinen Fünfecke wiederum abwechselnd mit opakem blauem und orangefarbenem Glasfluss gefüllt sind. Der vierte Ring besteht aus geraden Stegen mit 16 konisch geformten roten Steineinlagen. Den zentralen Kreis bildet ein Dreifachwirbel aus roten Einlagen und drei Randzellen mit gelbdurchsichtigem Glas. Von den 202 Zellen sind acht mit opakem Glas versehen, alle übrigen Zellen enthielten durchsichtige Füllungen (sieben aus Glas, 187 aus Granat), die mit reflektierenden, gewaffelten Goldfolien hinterlegt sind. Auch die Rückseite ist beachtenswert, so sind die aufgelöteten Nadelbestandteile nicht nur auch aus Gold gefertigt, sondern darüber hinaus verziert. Insbesondere aber die eingeritzten Runeninschriften wecken das Interesse. Neben Einzelzeichen begegnet klar lesbar die Inschrift „rada : daþa", die als Frauennamen in Kurzform interpretiert werden, zumindest Rada kann wohl als fränkischer Name gelten. Als Monogramm wird ein Runenkreuz interpretiert, dessen Kreuzarme werden durch angefügte Runenzweige zu „Atano", einem Männernamen in Genitivform. Die zugrunde liegende X-Form

VII TAUFE ODER TOD. KARL DER GROSSE UNTERWIRFT DIE SACHSEN 403

wird als Begriffsrune „g" für Gabe verstanden. Die in vielerlei Hinsicht einzigartige Fibel ist wahrscheinlich in Italien mit Steinen aus Indien hergestellt und wohl in Süddeutschland mit Runeninschriften versehen worden. Isotopenanalysen zufolge ist die Frau aus Grab 106 nicht gleichermaßen mobil gewesen: Sie weist lokal übliche Signaturen auf. Angesichts der Inschriften erscheint eine Interpretation als Geschenk wahrscheinlich und zeigt eindrücklich das weiträumige Kontaktnetz der merowingerzeitlichen Elite auf. Die Fibel findet enge Parallelen etwa in einem Grab von Dunningen, das gesamte Grabensemble in einer langobardischen Bestattung von Nocera Umbra, Grab 17. Während in Dunningen durch die Lage in einer Kirche der christliche Glaube demonstriert wird, geschieht dies in Nocera Umbra durch die Mitgabe eines Goldblattkreuzes. Eine deutliche christliche Positionierung fehlt für die Frau aus Soest, nur die silbernen Wadenbinden weisen ein Kreuz auf, allerdings fehlt ebenso eine heidnische Kennzeichnung. Sicher ist aber, dass sie enge Kontakte zu den christlichen Eliten des Merowingerreiches hatte.

Daniel Peters

| Lit.: Stieren 1930; Hermann 1989; Vielitz 2003; Peters 2011

345 Bügelfibelpaar aus dem Soester Grab 106

Rheinland, spätes 6. Jahrhundert
Soest, Lübecker Ring, Grab 106
Silber; vergoldeter Kerbschnitt; Nielloeinlagen; eingezapfte vergoldete Buntmetallknöpfe; rückseitige Nielloverzierungen – leichte Abnutzung – L. 12,8 cm, B. 7,3 cm
Soest, Burghofmuseum, Inv.Nr. 106.2

Zwei Bügelfibeln lagen zwischen den Beinen der in Grab 106 bestatteten Frau. Es handelt sich primär um statusbetonende Schmuckgegenstände, kaum mehr um einen profanen Kleidungsverschluss. Die mit nahezu 13 Zentimetern Länge ungewöhnlich großen Fibeln sind aus Silber gefertigt. Mittels bronzener Niete sind an der Kopfplatte vergoldete, runde Kupferknöpfe angebracht worden. An den Rändern finden sich schwärzliche Nielloziereinlagen, die eigentlichen Zierflächen sind mit Kerbschnittornament versehen und vergoldet. Beide Fibeln sind als zusammengehöriges Paar gefertigt worden, jedoch zeigen sich in Details Unterschiede der Bearbeitung. Rechteckige Kopfplatte, Bügel und ovale Fußplatte sind flächendeckend mit sehr fein ausgeführten ornamentalen Darstellungen im Tierstil II verziert. Kennzeichen des Stils II sind verschlungene und einander überlagernde, zumeist symmetrische Flechtbänder, in die strengen Regeln und Formenschätzen entnommene Darstellungen von abstrahierten Tieren oder losgelösten Tierteilen eingeordnet sind, wobei diese sich dem Verlauf des Flechtbandes unterordnen. Die Herstellung ist aufwendig und bedarf ebenso wie die Lesbarkeit einer gewissen Übung und Kenntnis. So finden sich auf engstem Raum in den Kerbschnittverzierungen von Kopfplatte und Bügel je vier vollständige, verschlungene und sich selbst beißende Tiere. Auf der Fußplatte hingegen begegnen sich vier Tierköpfe, acht Schenkel, sieben Tierfüße sowie ein gleichsam versteckter Menschenfuß, die zwar durch Bänder verbunden sind, aber keine vollständigen Tiere darstellen. Der Reiz des Verborgenen wird durch ein rückseitiges Blech noch deutlicher, auf welchem zwei eng umschlungene, wohl einander küssende Menschen – diesmal mit Tierfüßen – abgebildet wurden. Ob darin Magie, Segen, ein Wunsch oder doch nur ein Bild zum Ausdruck kommt, bleibt uns unbekannt. Tierstil II findet sich beispielsweise auch auf den Wadenbinden der fränkischen Königin Arnegunde, die in der Pariser Kirche St.-Denis bestattet wurde oder auf den langobardischen und südwestdeutschen Goldblattkreuzen: Aus heidnischer Zeit stammend, schmückt der Tierstil durchaus auch sakrale Objekte. In dem komplexen, spielerischen Stil zeigen sich jedenfalls eindrucksvoll die Kreativität und die Freude am „Bilderrätsel" der Menschen des frühen Mittelalters. Daniel Peters

| Lit.: Winkelmann 1975; Haseloff 1981; Peters 2011

346 Goldanhänger aus dem Soester Grab 106

Südwestdeutsch/Italisch, spätes 6. Jahrhundert
Soest, Lübecker Ring, Grab 106
Gold; geprägte Münzen; Fassung: Goldfiligranauflagen; getriebene Hohlbuckelscheiben mit Goldfiligranauflagen; Zellwerktechnik – zwei Münzanhänger, drei Filigrananhänger, zwei Cloisonnéanhänger ohne Zellfüllung – Münzen: Dm. 2,75 cm; 2,1 cm; Filigranscheiben: Dm. 1,2 cm; 1,15 cm; 1,1 cm; Cloisonnéanhänger: L. 2,14 cm, B. 1,3 cm
Soest, Burghofmuseum, Inv.Nr. 106.3-5

Ausgehend von der Scheibenfibel auf der linken Schulter zog sich das Band eines Perlenkolliers über den Oberkörper der in Grab 106 bestatteten Frau. Neben Glas, Bernstein und Amethyst waren sieben Goldanhänger daran befestigt: Zwei Goldmünzen, zwei Cloisonnéanhänger und drei Filigranscheibenanhänger. Bei den Münzen handelt es sich um eine barbarische Nachprägung eines Solidus des Justinian I. (reg. 527–565), der erst nach 555 in Italien geprägt wurde und einen abgenutzten Solidus des Valentinian I. (reg. 364–375). Der Anbringung der filigranverzierten Goldösen nach zu urteilen, wurden die Herrscherbildnisse nach vorn gewandt getragen. Die kleineren drei Scheibenanhänger weisen mittige Hohlbuckel auf, wohingegen der Rand mit Filigranauflagen aus geperltem Golddraht in Form von Kreisen bzw. Doppelspiralen versehen ist. Vergleichbare Stücke sind aus Italien und aus Süddeutschland bekannt. Ursprünglich enthielten die 13 Zellen der Cloisonnéanhänger Einlagen vergleichbar der Scheibenfibel des gleichen Grabes. Dabei handelte es sich aber sicherlich nicht um Granate, deren Import um 600 zum Erliegen kommt, sondern um heute vergangene Füllmaterialien unbekannter Art. Die Zellen sind dabei so gestaltet, dass sie zwei randliche Raubvogelköpfe mit spitzen Schnäbeln darstellen. Der Goldreichtum unterstreicht den Aufwand der Bestattung und den Reichtum von Bestattenden und Verstorbener gleichermaßen. Die italischen Importe zeigen erneut die weitreichenden Beziehungen der Soester Elite des Frühmittelalters in den christlich mediterranen Raum.

Daniel Peters

| Lit.: Werner 1935; Peters 2011

347 Das Soester Grab 105

Frühes 7. Jahrhundert
Soest, Lübecker Ring, Grab 105

a) Cloisonné-Scheibenfibel
Merowingerzeitlich
Bronze, vergoldet; gegitterte Goldfolie unter Cloisonnéeinlagen; Glasfluss – Nadel und einige Einlagen fehlen – L. 4,6 cm, B. 4,1 cm
Herne, LWL-Museum für Archäologie, Westfälisches Landesmuseum, Inv.Nr. 1930:40,105

Die große Kammer des Grabes 105 von Soest war mit Holzdielen und -wänden aufwendig gestaltet. Innerhalb dieser wurden umfangreiche Beigaben, unter anderem ein Webrahmen und eine große Holzschüssel niedergelegt. Die Deponierung eines Reitpferdes außerhalb des Grabes kann als Beigabe gelten, wohingegen ein weiteres Pferd erst später, wohl im Rahmen eines Ahnenkultes, über dem Grab begraben wurde. Der große Sarg wurde an der Nordwand der Kammer niedergelegt, und enthielt mehrere Gefäße, Geräte und ein Holzkästchen sowie die mit ihren Kleidungsbestandteilen aufgebahrte und bestattete Frau. Unter dem Schmuck sticht die einzeln ein Gewand am Hals verschließende, leicht ovale Scheibenfibel hervor. Aus Bronze gefertigt und vergoldet enthielt sie 68 kleine Zellen. In ihnen sind noch vier einzelne grüne und zwei orangefarbene undurchsichtige Glaseinlagen sowie 56 flächig angeordnete Halbedelsteine erhalten. Die übrigen Zellen enthalten heute keine Füllungen mehr. Diese engzellige Anordnung ist bei der Herstellung gleichermaßen aufwendig: Die Stege oder Zellen werden einzeln aufgelötet, die Halbedelsteine müssen entsprechend passend gebrochen und bearbeitet werden, die Vergoldung erfolgt als abschließender Schritt. Unter die durchsichtigen Einlagen sind dünne, mit einem Waffel- und Karomuster versehene Goldfolien gelegt worden, die ein Spiel mit den Lichtreflektionen bewirken. Geometrische Muster begegnen ebenso wie scheinbar wahllose Anordnungen unregelmäßiger Einlagen, jedoch bleibt das Bestreben der horizontalen wie vertikalen achsymmetrischen Darstellung erkennbar. Die vier runden Eckzellen stellen Augen dar, an denen sich spitze Formen finden, die zusammen das in der Kunst der Merowingerzeit äußerst beliebte Motiv des Raubvogelkopfes bilden. Zwischen diesen Tierköpfen befinden sich in etwa dreieckige Formen. Hierbei handelt es sich, nur anhand von eindeutigen Analogien erkennbar, um abstrahierte menschliche Masken. Bewusst sind die Vogelköpfe einander zugewandt, üblicherweise sind sie auf Fibeln radial angeordnet: Der Mensch zwischen Bestien ist ein gängiges Motiv heidnischer Wurzeln, die Darstellung bleibt aber durch „Daniel in der Löwengrube" in christlicher Zeit erhalten und beliebt. Der Raubvogel kann ebenso mit den heidnischen nordischen Göttern (Odin bzw. Wodan) einerseits, und mit einem christlichen Symbolgehalt andererseits – etwa durch den Evangelisten Johannes – in Verbindung gebracht werden. Auch die engsten technischen und gestalterischen Parallelen aus Reinstrup, Dänemark, sowie aus einem Kirchengrab in Trier, St.-Maximin, zeigen die Mehrdeutigkeit innerhalb der heidnisch-christlichen Übergangszeit – auch die Provenienz des Stückes kann entsprechend nicht eindeutig geklärt werden. Da die in Grab 105 bestattete Frau Isotopenanalysen zufolge jedoch nicht aus Soest, sondern eventuell der Eifel entstammt, ist der südwestliche Bezug zu betonen. Wahrscheinlich heiratete sie in die Soester Elite am nordöstlichen Rand des Merowingerreiches ein. Heiratsverbindungen der Oberschicht sind in den zeitgenössischen Schriftquellen vor allem für die königlichen Dynastien vielfach bezeugt und auch für den aufkommenden Adel anzunehmen, sie zeigen ein europaweites Kontakt- und Kommunikationsnetzwerk. Die christliche Welt war der hier bestatteten Frau keineswegs fremd, wohl auch der Bevölkerungsschicht, in die sie integriert wurde und die letztendlich auch die Beisetzung vornahm, nicht. Die Lage in der Peripherie des Fränkischen Reiches lässt jedoch ein längeres Festhalten an tradierten Bestattungsformen annehmen.

b) Filigranscheibenanhänger
Südwestdeutsch/Rheinland
Gold; Filigrandrahtauflagen; Ösen – restauriert – Dm. 1,57 cm; Dm. 1,55 cm; Dm. 1,6 cm
Münster, LWL-Archäologie für Westfalen, Inv.Nr. 1930:40,105

Neben der Bestickung der Kleidung fanden sich eng am Hals in Grab 105 weit über 100 Perlen einer Halskette, in die auch drei scheibenförmige, in etwa gleich große goldene Anhänger integriert waren. Die mit einer geriffelten Goldöse gefassten Scheiben weisen einen äußeren Ring mit 8- oder S-förmig aufgelegtem goldenen Perldraht auf. Ein innerer Kreis ist mit geometrischen Golddrahtauflagen verziert worden, ein mittiges Kreuz ist eher als Zierde und weniger als Glaubensbekenntnis zu verstehen. Neben Glas- sind auch Bernstein- und Amethystperlen verwendet worden. Die Kombination von Gold und Amethyst ist aus dem byzantinischen Raum übernommen worden, während die wertvollen Halbedelsteine mediterraner Import sind, können die Filigrananhänger auch nördlich der Alpen hergestellt worden sein.

c) Gefasste Augenperle
Merowingerzeitlich
Glas, Bronzefassung – Bronzeband teilweise beschädigt – H. 1,9 cm, L. 1,05 cm
Münster, LWL-Archäologie für Westfalen, Inv.Nr. 1930:40,105

Am Hals der Frau aus Grab 105 fand sich ein bislang vollkommen singulärer Anhänger. Es handelt sich um eine polyedrische blaue Perle, die an den Seiten rot-weiß-blaue Kreisaugen aufweist. Unüblich ist die Fassung mit einem Bronzeband, durch welches gerade die besondere Augenverzierung der Perle gar nicht mehr sichtbar war. Ähnliches findet sich bei Amulettkapseln – christlich-mediterranen Privatreliquiaren ebenso wie heidnischen Amuletten – des 6. und 7. Jahrhunderts. Diese konnten Pflanzen, Bergkristalle oder Metalle enthalten, und wurden mit vergleichbaren Bändern umschlossen. Heidnische wie christliche Amulette können dabei gleichermaßen als magisch-apotropäisch interpretiert werden.

d) Schilddornschnalle
Italisch/Südwestdeutsch
Eisen; bichrome Gold- und Silbertauschierung – restauriert; Beschlag zu etwa zwei Dritteln erhalten – erhaltene L. 5,4 cm, H. 1 cm, B. 3,5 cm
Herne, LWL-Museum für Archäologie, Westfälisches Landesmuseum, Inv.Nr. 1930:40,105

Eine eiserne Gürtelschnalle lag mittig im Grab. Bügel, Beschlag und Dornplatte sind mit bichromen Tauschierungen, also eingehämmerten Gold- und Silberfäden verziert. Dabei wird die Schnallenform nachgezeichnet und durch Überschneidungen entsteht ein buntes

347b–c, f–m

Bild. Auf dem Bügel ist eine Reihung punktgefüllter Paragraphenformen angebracht worden, wobei Silber und Gold einander ablösen. Die einzeilige kurvolineare Tauschierung ist charakteristisch für Gürtelgarnituren vom Typ Civezzano, deren Vorkommen eigentlich auf Männergräber im langobardischen Italien und in Südwestdeutschland beschränkt ist, wo sie auch hergestellt wurden. Das Vorkommen in einem soweit nördlich gelegenen Frauengrab ist außergewöhnlich und zeigt die weitreichenden Kontakte der Soester Elite in die bereits christianisierten Regionen Europas.

e) Zierscheibe
Rhein-Main-Gebiet
Buntmetall, gegossen; beidseitige Punzverzierungen; ursprünglich elfenbeinerner Umfassungsring – restauriert, randliche Schäden – Dm. 10,3 cm, St. 0,22 cm
Herne, LWL-Museum für Archäologie, Westfälisches Landesmuseum, Inv.Nr. 1930:40,105

Am linken Unterschenkel der in Grab 105 bestatteten Frau fand sich eine durchbrochen gearbeitete, gegossene Bronzezierscheibe. Ursprünglich gehörte ein nicht erhaltener Umfassungsring aus Elfenbein dazu. Die Scheibe bildet den Abschluss eines Gehänges, an dem auch weitere Objekte, wie Schlüssel und Messer, vom Gürtel herabhingen. Ring und Zierscheibe können als Beutelverschluss angesehen werden, wobei den Zierscheiben aber auch ein religiöser Symbolgehalt zugewiesen wird. Das Soester Exemplar ist außerordentlich qualitätvoll gearbeitet und gehört zu einer kleineren Gruppe figürlich verzierter Funde. Dargestellt sind zwei breitbeinig hockende, voneinander abgewandte Menschen, deren Extremitäten sich je zweimal überschneiden. Details der Figuren sind mit Ritzlinien nachgezeichnet, an den Schultern, dem Becken und an den Oberschenkeln befinden sich außerdem gegenständige Reihen punktgefüllter Dreieckspunzen, die wohl die Kleidung kenntlich machen sollen. Die Zeichnungen sind weder bei beiden Figuren noch auf Front- oder Rückseite identisch und durchbrechen die vertikale Symmetrieachse. In der Merowingerzeit sind menschliche Abbilder selten – die zwischen den Beinen angebrachten Vogeldarstellungen sind geläufiger. Die Interpretationen reichen von reiner Zierde über kultische Ringer, mythologische oder symbolische Zwillingspaare bis hin zu Odins Raben oder christlichem Vogelbild: Das Bildprogramm kann mangels zeitgenössischer Schriftquellen aber nicht sicher entschlüsselt werden. Die Zierscheiben selbst stehen jedoch in der Tradition älterer scheibenförmiger Fruchtbarkeitsamulette. Das Vorkommen durchbrochener Zierscheiben mit Kreuzdarstellungen einerseits, sowie in Gräbern bei Kirchen andererseits zeigen Fortleben und Umdeutung des Volksglaubens.

f) Messer
Merowingerzeitlich
Eisen, festkorrodierte Holzreste – restauriert und ergänzt – L. 17,7 cm, B. 1,2 cm
Münster, LWL-Archäologie für Westfalen, Inv.Nr. 1930:40,105

Messer als Werkzeug und Essbesteck sind gleichermaßen Männern und Frauen, aus naheliegenden Gründen aber selten Kindern mit in die Gräber gegeben worden. Die Befestigung am Gürtelgehänge in Grab 105 ist üblich für Frauenbestattungen. Reste der ledernen Scheide und hölzernen Griffangel sind selten erhalten.

g) Stäbchen
Merowingerzeitlich
Eisen – Enden fehlen – L. 10,2 cm, Dm. 0,5 cm
Münster, LWL-Archäologie für Westfalen, Inv.Nr. 1930:40,105

Ein rundliches Eisenstäbchen unbekannter Funktion befand sich mit anderen Geräten am Gürtelgehänge am linken Bein der in Grab 105 bestatteten Frau. Möglicherweise handelt es sich um den Griff eines weiteren Schlüssels, aber ein profaner Pfriem ist ebenso vorstellbar wie Orakelstäbchen.

h) Ankerschlüssel
Merowingerzeitlich
Eisen – restauriert – L. 12,6 cm, B. 1,05 cm, Dm. 0,55 cm
Münster, LWL-Archäologie für Westfalen, Inv.Nr. 1930:40,105

Ein eiserner Schlüssel ist am Gehänge der Frau aus Grab 105 getragen worden, nach der Form des Bartes wird er als Ankerschlüssel bezeichnet. Die Fertigung aus Eisen und die leichte Verdickung des Schaftes kennzeichnen das Exemplar als funktionstüchtiges Gebrauchsgerät – im Gegensatz zu Zierformen aus Bunt- oder Edelmetall. Das Soester Exemplar funktioniert als Schiebeschlüssel eines Riegels von Türen, auf die gleiche Weise ließen sich aber auch aus Gräbern besser bekannte Kästchen verschließen. Über die profane Funktion hinaus wird für Schlüssel in Gräbern eine symbolische Funktion als Besitzanzeiger angenommen und kennzeichnet die Schlüsselgewalt der Frau im Haushalt. Vor allem ab der späten Merowingerzeit sind auch mit Kreuzen versehene Zierschlüssel als Petrussymbol bekannt.

i) Ringe
Merowingerzeitlich
Bronze – Dm. 6,5 cm, St. 0,7 cm
Münster, LWL-Archäologie für Westfalen, Inv.Nr. 1930:40,105

Grab 105 enthielt mehrere Buntmetall- und Eisenringe, die unterschiedliche Funktionen einnehmen konnten: Sie sind am Gehänge bzw. am Gürtel als Riemenverteiler getragen worden, aber auch als Verschlussring eines Beutels aus organischem Stoff. Der offene Ring des Grabes mit verdickten Enden stellt eine typische, als Kolbenarmring bezeichnete Schmuckform dar. Dieser ist jedoch nicht am Arm getragen worden, sondern gelangte zu Füßen der Toten, wohl in einem Kästchen, das unter anderem weiteren Schmuck enthielt, in das Grab.

j) Bügelschere
Merowingerzeitlich
Eisen – restauriert – L. 12,4 cm, B. 1,4 cm
Münster, LWL-Archäologie für Westfalen, Inv.Nr. 1930:40,105

Unüblicherweise sind der Frau aus Grab 105 zwei eiserne Bügelscheren in das Grab mitgegeben worden. Eine lag auf der Körpermitte und eine weitere ist zu Füßen auf einem Holzbrett gefunden worden, bei dem es sich wohl um die Reste eines Kästchens handelt, in dem weitere Schmuckgegenstände, Perlen und Ringe deponiert wurden. Scheren können in zweierlei Funktion in die Gräber gelangt sein, möglicherweise dient die Doppelausstattung entsprechend zwei Bereichen: Einmal gehören Scheren, häufig bei Kämmen niedergelegt, zur Haarpflege, andererseits dienten sie, am Gehänge getragen, beispielsweise in der Nähe von Spinnwirteln, der Textilbearbeitung.

k) Spinnwirtel
Merowingerzeitlich
Keramik – leichte Abnutzung – H. 1,72 cm, Dm. 3,22 cm
Münster, LWL-Archäologie für Westfalen, Inv.Nr. 1930:40,105

Die Lage eines Spinnwirtels im Grab wurde nicht dokumentiert. Wie Webrahmen, Webschwert und Schere des gleichen Grabes, gehören Wirtel in den Bereich der Textilproduktion. Sie sind profan-funktionale Gebrauchsgeräte, werden jedoch, da sie zumeist wie in den vorliegenden Fällen aus sehr reichen Gräbern stammen, auch als Pars-pro-Toto-Kennzeichen einer weiblichen Hoheit über Textilarbeiten oder -vorräte, über die Spinnstube oder allgemein über den Haushalt interpretiert.

l) Röhrchen
Merowingerzeitlich
Blei – Fragment – L. 2,1 cm, B. 1,5 cm
Münster, LWL-Archäologie für Westfalen, Inv.Nr. 1930:40,105

Die Funktion eines kleinen Bleiröhrchens ist unbekannt. Wahrscheinlich lag es in einem Holzkästchen auf einem Bronzebecken zu Füßen der Toten, wo noch ein Beutelchen mit Perlen, Ringe, eine Schere und mehrere Holzstäbchen unbekannter Funktion lagen.

m) Wadenbindengarnitur (Riemenzungen mit Beschlag)
Merowingerzeitlich
Je ein Paar Bronzeschnallen, Riemenzungen und Beschläge – restauriert – Schilddornschnalle L. 3,7 cm, B. 2 cm; Riemenzunge L. 6,75 cm, B. 1,7 cm; Beschlag L. 1,9 cm, B. 1,7 cm
Münster, LWL-Archäologie für Westfalen, Inv.Nr. 1930:40,105

Mangels elastischer Sockenbünde wurde die Fuß- und Beinkleidung in der Merowingerzeit mittels Riemen, ähnlich Strumpfbändern, befestigt. In reicher ausgestatteten Gräbern finden sich noch die metallenen Bestandteile dieser sogenannten Wadenbinden. In Soest begegneten sie in den Frauengräbern 105 und 106. Die Garnituren bestanden je Bein aus einer Schnalle, die den Riemen um die Waden befestigte und einen rechteckigen Beschlag, von dem ein weiteres

347n

Band herabhing, an dessen Ende eine Riemenzunge befestigt war. Während die Funde aus Grab 105 aus Bronze gefertigt und mit geometrischen Punzmustern versehen sind, waren die heute verschollenen Objekte aus dem exzeptionell ausgestatteten Grab 106 aus Silber gefertigt und mit Tierstil- und Menschenmasken sowie Kreuzen verziert. Nicht sichtbar getragen, ist es aber fraglich, ob es sich dabei um ein Bekenntnis zum christlichen Glauben handeln sollte oder das Kreuz als reine Schmuckform Verwendung fand.

n) Gläserner Trinkbecher (Tummler)
Rheinland
Glas – restauriert – H. 7,5 cm, Dm. 6,13 cm
Herne, LWL-Museum für Archäologie, Westfälisches Landesmuseum, Inv.Nr. 1930:40,105

Neben Keramik und Bronzebecken enthielt das Kammergrab 105 auch einen gläsernen Trinkbecher. Hohlgläser sind relativ selten und finden sich zumeist in reich ausgestatteten Gräbern. Hergestellt wurden sie vor allem westlich des Rheines, in gallo-fränkischem Gebiet. Das grüne, steilwandige Trinkgefäß ist mit außergewöhnlich feinen, schräg umlaufenden, flachen Rippen verziert. Es handelt sich um einen sogenannten Tummler, kleine schalenartige Glasgefäße ohne Standfläche, die eine übliche Form der merowingerzeitlichen Trinkgläser darstellen. Das leicht glockenförmige Glasgefäß ist, wie in allen Soester Kammergräbern, auf Armhöhe, rechts der Toten deponiert worden. Die einheitliche Lage kann auf die symbolische Teilnahme an einem die Bestattungsfeierlichkeiten begleitenden Umtrunk hinweisen, aber ebenso eine Jenseitsausstattung oder die Erfüllung weiblicher Rollen der sozialen Elite, wie der Bewirtung von Gästen, repräsentieren.

o) Knickwandgefäß
Geseke, Kr. Soest bzw. Rheinland
Keramik – restauriert – H. 17,6 cm, Dm. 19,7 cm
Paderborn, Museum in der Kaiserpfalz – LWL-Archäologie für Westfalen, Inv.Nr. 1930:40,105

Über eine hölzerne Schale, ein bronzenes Handwaschbecken und einen gläsernen Trinkbecher hinaus, ist der Frau im Grab 105 bei ihrer Bestattung auch ein Keramikgefäß mit in das Grab gegeben worden. Es wird aufgrund seiner charakteristischen doppelkonischen Form als Knickwandtopf bezeichnet und stellt eine typisch fränkische Form dar. Nur die Oberwand ist mit dreiecksförmigen Rollstempelmustern verziert. Das Gefäß des frühen 7. Jahrhunderts gilt als Produkt des 30 Kilometer weiter östlich, ebenfalls am Hellweg gelegenen Geseker Töpferofens. Damit zeigt sich einerseits eine einheimische Keramikproduktion fränkischer Prägung im Lippe-Hellwegraum des 7. Jahrhunderts. Anderseits belegt dies regionale Handelsbeziehungen von Verbrauchsgütern in durchaus beträchtlicher Entfernung. Ähnliche und sogar weitreichendere Entfernungen können im südlichen Westfalen anhand mit identischen Stempeln verzierter Gefäße aufgezeigt werden und zeigen einen regen Wirtschafts- und Verkehrskorridor von der Lippemündung bis über Paderborn hinaus. Die Mitgabe erfolgte nicht aufgrund des Gefäßes, sondern dieses diente als Aufbewahrungsmittel für unbekannte Speisen oder Getränke. Stärker als die Ausstattung mit Kleidung oder Schmuck spiegelt die Versorgung der Toten mit Nahrung althergebrachte, letztlich heidnische Vorstellungen in einer religiösen Übergangszeit wider, und zeigt den – Heiden wie Christen gemeinsamen – Fürsorgewunsch der Hinterbliebenen.
Daniel Peters

| Lit.: Renner 1970; Arends 1978; Clauß 1982; Steuer 1982b; Böhner 1989; Röber 1991; Warnke 1993; Maul 2002; Peters 2011

348 Filigranscheibenfibel aus Soester Grab 18

Rheinland, Mitte 7. Jahrhundert
Soest, Lübecker Ring, Grab 18
Gold; Silber; Cloisonnéeinlagen auf gewaffelter Goldfolie; Glasfluss; zentraler Cabochon; flächige Goldfiligranauflagen; silberne Rückseite mit Stempelverzierung; silberne Nietstifte – Nadel fehlt – H. 1,8 cm, Dm. 5,9 cm
Paderborn, Museum in der Kaiserpfalz – LWL-Archäologie für Westfalen, Inv.Nr. F. Pl.1, F.18

Die herausragend gearbeitete Filigranscheibenfibel wurde 1930 in einem über 3,6 Meter langen aufwendig errichteten Kammergrab von Soest entdeckt. Die Fibel befand sich am Hals der dort bestatteten Frau und verschloss das Gewand oder einen Mantel. Um sie herum lagen Glas-, Bernstein und Amethystperlen einer Kette. Weitere Funde des Grabes stammen aus dem Becken- und Beinbereich: Dort fand sich eine Gürtelschnalle und daran befestigte Ringe und Geräte, sowie Schuhschnallen. Am Fußende lagen 16 Riemenzungen, die zu Lebzeiten klirrend an Bändern hingen und eine Mode aus dem Südwestdeutschen Raum repräsentieren. Bereits die Rückseite der Fibel ist außergewöhnlich, so ist unüblicherweise mit Silber auch hier ein Edelmetall verwendet worden. Außerdem ist die verdeckt getragene Seite in Form eines Kreises gegenläufiger dreipunktgefüllter Dreieckspunzen verziert worden. Mittels 24 silberner Niete und einem tordierten Golddraht ist daran die aufgewölbte Schauplatte aus purem Gold befestigt worden. Heute hohl, enthielt die Fibel ursprünglich eine organische Füllung zur Stabilisierung der fragilen Edelmetallbleche. Um die zentrale ovale Cabochonfassung eines großen roten Halbedelsteins aus der Gruppe der Granate gruppieren sich punkt- und achssymmetrisch angeordnet acht Arme, die aus jeweils sechs cloisonnierten Goldzellen bestehen und stilisierte Insekten darstellen. Diese enthielten farblich alternierende Füllmaterialien und bilden dadurch zwei versetzte Kreuze. Der Freiraum ist flächig mit einer Vielzahl paragraphenförmiger Auflagen aus fein verdrehtem Goldfiligrandraht verziert. Am Fibelrand befinden sich zwischen den goldgefassten Silbernieten acht einzelne Goldstege. Dabei wechseln einander rechteckige, mit Glas gefüllte Zellen und runde, mit rotem Granat versehene Fassungen ab. Unter den durchsichtigen Einlagen sind dünne, präzise zurechtgeschnittene und mit einem feinen Waffelmuster versehene Goldfolien gelegt worden, die das Licht, ähnlich einem heutigen Fahrradreflektor, einfangen und zurückwerfen. Es wurden ausschließlich Edelmetalle und wertvolle Einlagen verwendet, selbst kleinste Details sind sorgfältigst ausgearbeitet. Vergleichbare Preziosen frühmittelalterlicher Goldschmiedearbeiten begegnen vor allem in reichen Frauengräbern des Rheinlandes, wo auch die Herkunft des Soester Prunkstückes vermutet werden kann. Da die komplizierte symmetrische Gestaltung der gesamten Konzeption zugrunde liegt, muss die zweifache Kreuzform nicht zwangsläufig mit einem christlichen Symbolgehalt erklärt werden, jedoch war dieser der Trägerin sicherlich bekannt: Eng verwandte Exemplare betonen bewusst eines der beiden versetzten Kreuze und dass Vergleichsstücke in den Grablegen von Kirchen begegnen, verdeutlicht den Übergang zwischen Zierde und religiösem Symbol, heidnischem Brauchtum und bewusster christlicher Ausstattung.

Daniel Peters

| **Lit.:** Thieme 1978; Peters 2011

merfreiraum abgestellt worden. Als Trinkgefäße besaß sie zwei Holzbecher, die mit vergoldeten Silberblechen beschlagen waren und im Tierstil II mit äußerst komplizierter Schlaufenornamentik verziert sind. Zum Zeitpunkt der Grablege waren diese bereits ein bis zwei Generationen alt, weshalb sie als Erbstücke gelten können. Die relativ kleine, jedoch außerordentlich qualitätvolle Filigranscheibenfibel lag auf der rechten Schulter der Verstorbenen, unterhalb einer silbernen Haar- oder Schleiernadel. Quer über den Oberkörper verlief eine Perlenkette mit Amethysten, Goldanhängern und Münzen, die den Reichtum der Frau ebenso unterstreicht wie das in der Nähe bestattete Reitpferd – im Gegensatz zu einem später über der Kammer angelegtem Pferdegrab, das vielleicht im Rahmen eines Ahnenkultes entstand. Geräte wie Messer, Flachsbreche und ein Stab komplementieren die umfangreiche Ausstattung. Die Fibel besteht aus einer bronzenen Grundplatte oder Rückseite, auf der die goldene Zierseite aufgebaut wurde, die in mehreren Zonen streng symmetrisch gegliedert ist. Um eine zentrale blaue Fassung liegt ein Kreis aus engen Zellen mit 14 roten Halbedelsteineinlagen in Cloisonnéfassung. Daran schließen acht mit der Spitze nach außen weisende dreieckige Zellen mit abwechselnd durchsichtig roter und grüner Füllung an. An deren Spitzen liegen kleine, runde, ebenfalls goldgefasste blauschwärzliche Glasfüllungen. Zwischen diesen sind wiederum acht größere tropfenförmige Goldstege angebracht, die jeweils aus einer zentralen bräunlichen Füllung und neun umliegenden Zellen mit roten Einlagen bestehen und die die Rosettenform der Fibel begründen. Auf kleinstem Raum begegnen insgesamt 111 aus Gold aufgebaute Zellen mit Glas- und Halbedelsteinfüllungen. Der minimale verbliebene Raum zwischen den Zellstegen ist zusätzlich mit geperlten und tordierten Golddrahtauflagen sowie kleinen Goldgranulatkügelchen aufgefüllt; jeder Goldsteg und auch die gesamte Fibel ist extra mit weiterem goldenem Perldraht eingefasst worden. Zu diesem kleinen Meisterwerk der merowingerzeitlichen Goldschmiedekunst sind bislang keine engen Parallelen bekannt.

Daniel Peters

| **Lit.:** Melzer 1999; Peters 2011

349 Filigranscheibenfibel aus Soester Grab 165

Rheinland?, erste Hälfte 7. Jahrhundert
Soest, Lübecker Ring, Grab 165
Gold; Bronze, vergoldet; Granateinlagen; Glaseinlagen; Goldfiligran- und Goldgranulationsauflagen; Cloisonnéfassungen und zentraler Cabochon – Nadel unvollständig, rückseitige Korrosion – H. 1 cm, Dm. 3,5 cm
Herne, LWL-Museum für Archäologie, Westfälisches Landesmuseum, Inv.Nr. 1930:40,165.2

Bei dem Soester Grab 165 handelt es sich um eine große, holzverschalte Grabkammer mit Eckpfosten, Holzwänden und Dielenboden. Die Tote ist in ihrer Kleidung an der Nordwand der Kammer aufgebahrt, eine große Amphore aus dem Rheinland ist im Kam-

VII TAUFE ODER TOD. KARL DER GROSSE UNTERWIRFT DIE SACHSEN

350a, c, d

350 Frauengrab Ense-Bremen

530–565
Ense-Bremen, Kr. Soest, Grab 104

Bei Grab 104 des Gräberfeldes von Ense-Bremen handelt es sich um ein gut ausgestattetes Grab des 6. Jahrhunderts. Obwohl keine Knochen erhalten blieben, die eine genaue Bestimmung zuließen, lassen die Grabfunde darauf schließen, dass hier ein Mädchen im Jugendalter oder eher noch eine erwachsene Frau bestattet wurde.
Das Grab war Süd-Nord ausgerichtet; der Grabschacht hatte holzverschalte Wände, was an sich schon ein gewisses Privileg darstellt. Das Grab enthielt neben den hier ausgestellten Funden noch eine ganze Reihe weiterer wie einen Glasbecher, ein Keramikgefäß und Gerätschaften mit eher praktischem Nutzen, die im Grabritus wohl auch eine symbolische Bedeutung hatten. Aufgrund seiner Fundzusammensetzung lässt sich das Grab relativ genau datieren.

a) Granatscheibenfibeln
„Fränkisch", 480/500 bis 600/10
Korpus aus Silber mit feuervergoldeter Schauseite; Einlagen aus Almandin/Granat, unterlegt mit gewaffelter Goldfolie; in der Mitte eine filigrane Pressblecheinlage aus Silber – Dm. 2,5 cm
Münster, LWL-Archäologie für Westfalen, Inv.Nr. 104.1-2

Die beiden fast identischen Granatscheibenfibeln sind rosettenförmig. Die halbdurchsichtigen Almandineinlagen sind mit gewaffelter Goldfolie unterlegt, um besondere Lichteffekte zu erzielen.

Eine der beiden Fibeln lag im Grab etwa mittig auf Brusthöhe der Verstorbenen. Sie diente wohl zum Schließen eines Kleidungsstücks. Die andere fand sich abseits der Toten und diente vielleicht zum Verschluss eines Mantels, der im Grab abseits der Toten deponiert wurde.

Die Fibeln gehören zu einem relativ häufigen Typ (D3.11 nach Vielitz 2003). Die Fundorte liegen fast alle im fränkischen Merowingerreich bzw. in politisch davon abhängigen Gebieten.

Bei den verwendeten Halbedelsteineinlagen handelt es sich wahrscheinlich um Almandin, einem Silikat-Mineral aus der Familie der Granate. Im frühen Mittelalter wurde dieses Mineral aus Indien importiert. In der Zeit, als die Fibeln hergestellt wurden, war dieses Mineral in Mitteleuropa noch relativ weit verbreitet und offenbar nicht sehr kostbar. Seit jedoch die Sassaniden die Handelsroute über die Arabische Halbinsel und das Rote Meer kontrollierten und den Almandinhandel einschränkten, wurde dieses Material in Mitteleuropa sehr knapp und verteuerte sich stark. Deshalb verarbeiteten im 7. Jahrhundert nur noch solche Werkstätten Almandin, die im höfischen oder kirchlichen Umfeld tätig waren, denn nur diese Klientel war wohlhabend genug, um sich Almandin noch leisten zu können.

b) Bügelfibeln
„Fränkisch", 530–570
Korpus aus Silber, gegossen und feuervergoldet, Nielloeinlagen; mechanische Teile (auf Unterseite) aus Eisen – L. 8 cm
Münster, LWL–Archäologie für Westfalen, Inv.Nr. 104.3-4

Die beiden fast identischen Bügelfibeln lagen im Grab wohl im Beckenbereich der Verstorbenen. Sie könnten auf einem breiten Leibgurt befestigt gewesen sein. Möglicherweise hatten sie im Gegensatz zu anderen Fibeln gar keine praktische, sondern rein zierende Funktion.

Die Fibeln gehören zum Typ Nordendorf-Maastricht (nach Kühn 1974), von dem insgesamt nur neun Fundorte bekannt sind, die alle im fränkischen Merowingerreich bzw. in politisch davon abhängigen Gebieten liegen.

c) Bergkristallkugel mit Messer
Kugel: „Byzantinisch", Bergkristall, geschliffen; eingefasst mit Silberbändern; Dm. Kugel 2,3 cm. Messer: Eisen, geschmiedet; Zierteile aus Silber; L. noch 13 cm (ursprünglich etwa 14–15 cm)
Münster, LWL-Archäologie für Westfalen, Inv.Nr. 104.10-11

Die beiden Stücke sind zusammenkorrodiert und gehörten zu einem Gehänge, das die Verstorbene am Gürtel trug. Die Bergkristallkugel wurde wahrscheinlich aus dem östlichen Mittelmeerraum importiert. Sie wurde sicherlich nicht nur als Schmuck getragen, sondern diente auch als eine Art Amulett. Bergkristall wurde schon in der Antike allerlei Wirkungen zugeschrieben. Plinius der Ältere berichtet in seiner Naturgeschichte, Bergkristall sei versteinertes Eis und heilsam gegen mancherlei Beschwerden und Krankheiten (Augenleiden, Drüsenkrankheiten, Herz- und Magenleiden etc.), während Propertius ihm eine allgemein kühlende Wirkung bei Fieber oder in heißen Sommern zuschreibt.

Mit Silberbändern eingefasste Bergkristallkugeln stellen eine seltene Grabbeigabe der Merowingerzeit dar und sind in Mitteleuropa weitgehend auf Gräber von Frauen bzw. Mädchen mit gehobener bis reicher Ausstattung beschränkt.

Auch das Messer ist außergewöhnlich. An sich stellen Messer eine sehr häufige Grabbeigabe dieser Zeit dar, aber die meisten Stücke sind rein funktional gestaltet. Auch auf ein zweites Messer, das im selben Grab gefunden wurde, trifft dies zu. Bei dem hier ausgestellten Messer sind es verschiedene zierende Elemente aus Silber, die die Besonderheit ausmachen. Es dürfte sich also nicht um ein Messer für den alltäglichen Gebrauch gehandelt haben. Die Verstorbene benutzte es vielleicht nur zu besonderen Anlässen bei Tisch.

d) Perlenkette
Glas und Bernstein
Münster, LWL-Archäologie für Westfalen, Inv.Nr. 104.P1-77

Die Perlen wurden alle im Bereich des Oberkörpers der Verstorbenen aufgefunden. Viele der Perlen gehörten anscheinend zu einer einzigen Halskette, andere waren aber wohl Besatz der Enden eines sogenannten Brustgürtels. Die hier ausgestellte Aufreihung zu einer einzigen Kette ist daher willkürlich.

Bei den Glasperlen handelt es sich teilweise um technisch aufwendig herzustellende „Millefioriperlen", die wohl aus dem Mittelmeerraum importiert wurden. Die meisten Perlen dürften aber wohl nördlich der Alpen hergestellt worden sein. Der Bernstein stammt sehr wahrscheinlich von der Nord- oder Ostseeküste.

Stephan Deiters

| **Lit.:** Hinz 1968; Kühn 1974; Schulze 1976; Göldner 1987; Freeden/Wieczorek 1997; Koch 1998; Freeden 2000; Vielitz 2003; Kat. Ense-Bremen 2007

351

351 Thorshammer-Anhänger

Warendorf, 2. Hälfte 8. Jahrhundert
Eisen – L. über alles 6,0 cm, Dm. des Rings 2,0 cm; L. der Thorshämmer 3,7 cm
Münster, LWL-Archäologie für Westfalen, Inv.Nr. Mkz. 4013,124 - F 167

Der Anhänger besteht aus einem eisernen Ring, in den zwei Thorshämmer beweglich eingehängt sind. Die Thorshämmer selbst haben einen stabförmigen Schaft mit einer Öse an einem Ende, das andere Ende ist T-förmig. Gefunden wurden sie in einem Grubenhaus in einer Siedlung des frühen bis hohen Mittelalters bei Warendorf.
Hammerförmige Anhänger aus Silber, Bronze, Bernstein oder Eisen treten vom späten 8. bis zum 11. Jahrhundert vor allem in Dänemark, Skandinavien, England und Russland auf. Der Fundort Warendorf liegt weit südlich dieses Verbreitungsgebiets, sodass die Anhänger als Importe zu werten sind. Thorshämmer werden mit dem Hammer Mjölnir des Gottes Thor in Verbindung gebracht, mit der er die Midgardschlange tötete.
Thorshämmer finden sich vor allem als Halsschmuck und Gürtelanhänger in wikingerzeitlichen Frauengräbern, aber auch als Anhänger an Wagenkästen. Ähnliches darf auch für die Warendorfer Stücke angenommen werden. Unbestritten ist ihr Amulettcharakter. Als demonstrative Zurschaustellung des Heidentums können allerdings – wenn überhaupt – nur die frühesten Thorshämmer gesehen werden. Zu diesen gehören auch die Warendorfer Anhänger; sie sind damit einer der wenigen Belege der Verehrung germanischer Götter in Westfalen vor der Christianisierung. In der Folge tritt der allgemeine Amulettcharakter mehr in den Vordergrund, was zum Beispiel durch Thorshämmer mit Kreuzverzierung oder Gussformen, mit denen sowohl Kreuze als auch Thorshämmer hergestellt wurden, belegt wird. Die Abbildung von Thorshämmern auf einem Taufstein in Gjettrup, Jütland zeigt, dass Kreuz und Thorshammer quasi synonym verwendet werden konnten. Ob dies ein Zeichen für Synkretismus oder auch nur für religiöse Ambivalenz ist, kann im Einzelfall nicht entschieden werden. Christoph Grünewald

| Lit.: Gräslund 1983; Wamers 1997; Grünewald 2001; Bulka 2008, S. 121–123

352 Orakelstäbchen

3.–9. Jahrhundert
Westfälische Fundorte
Bronze, Silber, Knochen – L. bis 5,5 cm, Dm. bis 0,7 cm
Münster, LWL-Archäologie für Westfalen

Antike und mittelalterliche Quellen von Tacitus bis Adam von Bremen beschreiben immer wieder markierte Stäbchen, die bei Entscheidungen, Vorhersagen oder bei Gerichtsverfahren zur Urteilsfindung eingesetzt wurden. Mit Hilfe der Orakelstäbchen lag das Schicksal in der Verantwortung übernatürlicher Kräfte. Diese aus vorchristlicher Tradition stammende Praxis war als neutrale Instanz oder auch Gottesentscheid über viele Jahrhunderte in Gebrauch. Noch im 19. Jahrhundert wurden Stäbchen mit individuellen Hausmarken gekennzeichnet, um bei der Verlosung von Wiesen eingesetzt zu werden. Als einzelne Fundobjekte kennen wir die Orakelstäbchen von Siedlungs-, Handels-, Kult- und Opferplätzen. In geschlossenen Befunden wie Gräbern oder Hortfunden treten sie hingegen immer paarweise auf. Dabei ist auffällig, dass in der Regel nur eines von beiden Stäbchen markiert ist. Die Fundstellen datieren von der jüngeren römischen Kaiserzeit bis in das Mittelalter. Das Verbreitungsgebiet der rund 170 bisher bekannten Orakelstäbchen reicht von Frankreich über Großbritannien bis Dänemark, wobei der Schwerpunkt in Nordwestdeutschland und den Niederlanden liegt. Viele der Stäbchen bestehen aus Bronze, Blei oder Silber. Erhaltungsbedingt seltener kommen solche aus Knochen oder Horn vor. Nur einmal hat sich ein Paar hölzerner Exemplare des Typs A1a/A1b erhalten.
Die äußere Form aller bekannten Orakelstäbchen und ihre Markierungen variieren zwischen unterschiedlichen Typen, wobei die

352

353a–b

Muster in der Regel auf den Stirn- und nur selten auf den Längsseiten angebracht wurden. Sie bestehen aus Kerben, Kreuzen, Dellen, Kreisaugen, Riefen und einmal sogar aus einer Goldauflage (Typ A15a). Diese individuellen Zeichen ermöglichten eine persönliche Zuordnung von Orakelstäbchen, die an der Durchführung eines Losverfahrens beteiligt waren. Elisabeth Dickmann

| **Lit.:** Lisch 1855; RGA 22, S. 139–141, Taf. 5 (Elisabeth Dickmann: Art. Orakelstäbchen)

353 Waffen der Sachsenkriege

Für das Jahr 772 berichten die Annales regni Francorum, dass Karl der Große die Irminsul, ein bedeutendes sächsisches Heiligtum, in der Eresburg (heute Obermarsberg) zerstörte. Dieser Angriff gegen die Sachsen steht zu Beginn der über 30 Jahre andauernden Sachsenkriege, die der Frankenherrscher letztlich zu seinen Gunsten entscheiden und im Verlauf derer er das Christentum in der Region etablieren konnte. Zeugnisse dieser langwierigen Kämpfe sind Waffen, die Archäologen in Gräbern, Siedlungen und Burgen fanden.

a) Pfeilspitze
8./9. Jahrhundert
Paderborn, Pfalzgelände
Eisen – L. 11,2 cm, B. 1,7 cm
Paderborn, Museum in der Kaiserpfalz, Inv.Nr. Fundnr. 431

Die Blattpfeilspitze mit Schlitztülle stammt vom Gelände der Pfalz Paderborn.

b) Drei Pfeilspitzen
Um 800
Paderborn, Pfalzgelände
Eisen – L. 7,5-8,5 cm
Paderborn, Museum in der Kaiserpfalz, Inv.Nr. 70/126a; 71/62c; 77/174

Die drei Blattpfeilspitzen mit Schlitztülle stammen vom Gelände der Pfalz Paderborn. Sie haben einen asymmetrischen Querschnitt, der bei Lanzen- und Pfeilspitzen seit dem 7. Jahrhundert auftaucht.

c) Fünf Pfeilspitzen
Um 700
Paderborn, Benhauser Straße, Grab 8
Eisen – L. 13,0-13,2 cm, B. 1,7–2,2 cm
Paderborn, Museum in der Kaiserpfalz, Inv.Nr. Pad 78 Benh-Straße, Gr 8 (FNr. 8)

Das Gräberfeld an der Benhauser Straße in Paderborn ist seit 1977 bekannt. Die Pfeilspitzen stammen aus einem Männergrab, in dem als zusätzliche Waffenbeigabe ein Langsax lag. Außerdem fanden sich Alltagsgegenstände wie ein Messer, ein Rasiermesser und die Reste eines Dreilagenkammes. Sie waren ursprünglich in einem Beutel verstaut, von dem sich nur noch eine eiserne Schnalle erhalten hat.

VII TAUFE ODER TOD. KARL DER GROSSE UNTERWIRFT DIE SACHSEN

353c

353d

d) Lanzenspitze
7./8. Jahrhundert
Ense-Bremen, Kr. Soest, Grab 4, Fund von 1961
Eisen – L. 29,9 cm, B. 4,6 cm
Paderborn, Museum in der Kaiserpfalz – LWL-Archäologie für Westfalen

Ralf Mahytka

| **Lit.:** Kat. Paderborn 1999, S. 216, Nr. IV.36 (Frank Siegmund); Kat. Paderborn 1999, S. 298, Nr. V.57 (Herbert Westphal); Lampen 1999; von Padberg 2006

354 Zwei Spathen

a) Spatha aus Leer-Ostendorf
8. Jahrhundert
Leer-Ostendorf
Eisen – Parierplatte einseitig ergänzt, Griffangel fehlt größtenteils – L. 80,8 cm, B. 4,8 cm
Paderborn, Museum in der Kaiserpfalz – LWL-Archäologie für Westfalen

b) Spatha aus Soest
Spätes 8. Jahrhundert
Soest
Eisen, Holz – metallene Griffbestandteile stark ergänzt – L. 95,8 cm, B. 7,9 cm
Paderborn, Museum in der Kaiserpfalz – LWL-Archäologie für Westfalen, Inv.Nr. 1930:40,129a

Von der Spatha aus Leer-Ostendorf wurde nur der Eisenkern bewahrt, sodass heute die organischen Griffbestandteile und die Schwertscheide fehlen. Die Schneiden und die Parierplatte sind großflächig ergänzt, ihre ursprüngliche Form ist nicht mehr sicher zu ermitteln. Die Klinge besteht aus sechs Elementen: vier aus verschweißten Metalllagen aufgebauten Stäben im Kern und den beiden Schneiden. Auf der Vorderseite trägt sie vier Marken aus unterschiedlichen Eisenlagen. Etwas unterhalb der Klingenschulter befindet sich eine Gruppe aus zwei gegenübergestellten Omegas, die durch ein X getrennt sind. Weiter zur Mitte ist eine einzelne brezelartige Marke erkennbar.

Die Spatha aus Soest besitzt einen zweiteiligen dreieckigen Knauf und eine Parierplatte aus Eisen. Alle Griffbestandteile und die Schneiden wurden im Zuge der Restaurierung stark überformt. Von der Handhabe und der Schwertscheide sind nur vereinzelte Holzreste erhalten. Die Klinge besitzt denselben Aufbau wie die Spatha aus Leer-Ostendorf, allerdings ohne Marken.

Beide Funde besitzen die für Schwerter des 8. Jahrhunderts typische Form und den einheitlichen Klingenaufbau, der weniger komplex ist als in früheren Zeiten. Die Bedeutung der vier eisernen Marken ist nicht bekannt. Ihre Form und Machart sind jedoch für das frühe Mittelalter nicht ungewöhnlich. Diese Schwerter gehören zu den letzten Waffen, die in Gräber gelangten. Mit Beginn des 9. Jahrhunderts endet diese Bestattungssitte in fast allen Teilen Deutschlands.

Ulrich Lehmann

| **Lit.:** Meyer 1915; Geibig 1991; Westphal 2002; Peters 2011; Lehmann [im Druck]

355 Zwei Langsaxe

8. Jahrhundert
a) Langsax aus Leer-Ostendorf
Leer-Ostendorf
Eisen – Griffangel fehlt größtenteils – L. 49 cm, B. 3,7 cm, St. 0,6 cm
Paderborn, Museum in der Kaiserpfalz – LWL-Archäologie für Westfalen, Inv.Nr. MüKz 3809.8
b) Langsax aus Balhorn
Paderborn-Balhorn
Eisen – Griffangel fehlt größtenteils – L. 59 cm, B. 4,4 cm, St. 0,5 cm
Paderborn, Museum in der Kaiserpfalz, Verein für Geschichte und Altertumskunde Westfalens, Abt. Paderborn, Inv.Nr. IVa-42

Der Langsax aus Leer-Ostendorf besitzt eine relativ geringe Breite und eine zum Rücken aufbiegende Spitze (Ort). Beides dürften Hinweise auf eine lange Nutzung sein. Der erhaltene Griffangelstumpf ist etwas zum Rücken verschoben. Ursprünglich war vermutlich auf beiden Seiten eine Verzierung aus zwei Riefen vorhanden. Schmiedetechnisch handelt es sich um ein aufwendigeres Stück, denn beidseitig war in der Mitte des Klingenblattes eine dekorative gezahnte Schweißnaht zu sehen.

Der Ort des Langsaxes aus Paderborn biegt nur geringfügig zum Rücken auf. Der Griffangelstumpf liegt mittig zwischen den scharf abgegrenzten Klingenschultern. Schmiedetechnisch weist die Klinge keine Besonderheiten auf, sie besitzt allerdings eine Verzierung aus zwei Riefen, zwischen denen sich auf einer Seite eine breite Hohlkehle befindet.

Die einschneidigen Langsaxe entwickelten sich aus kleineren Vorformen. Ab dem Ende des 7. Jahrhunderts stellen sie neben der zweischneidigen Spatha eine weitere frühmittelalterliche Schwertform dar. Der Fundkontext beider Stücke ist nicht bekannt. In der Regel stammen Langsaxe jedoch aus Gräbern, in denen sie nur in Ausnahmefällen zusammen mit der zweischneidigen Spatha vorkommen. Dass die einschneidigen Schwerter qualitativ hochwertige Waffen sind, belegt der komplexe Klingenaufbau des Fundes aus Leer-Ostendorf. Die gezahnte Schweißnaht ist als Hinweis auf eine regionale Herstellung zu werten, da dieses Merkmal bisher fast ausschließlich an Fundstücken aus Westfalen beobachtet wurde.   Ulrich Lehmann

| Lit.: Meyer 1915; Westphal 1991; Kat. Paderborn/Würzburg 2008, S. 172, Nr. 21.1 (Georg Eggenstein)

356 Schädel mit Hiebverletzung

2. Hälfte 8.–9. Jahrhundert
Eschwege-Niederhove (Werra-Meißner-Kreis), Grab 2
Paderborn, Museum in der Kaiserpfalz, Justus-Liebig-Universität Gießen, Anthropologisches Institut, Inv.Nr. NH 2

Schädel eines jungen Mannes mit zwei unverheilten Hiebverletzungen durch scharfe Gewalt, vermutlich Schwerthiebe. Ein Schlag wurde von oben durch einen dem Opfer gegenüberstehenden Gegner geführt und durchschlug das Schädeldach im Bereich des Scheitels. Ein weiterer traf auf das linke Stirn- und Scheitelbein, vermutlich, als das Opfer bereits am Boden lag. Der Tod trat sofort ein.   Babette Wiedmann

| Lit.: Kunter/Wittwer-Backofen 1996, S. 659f.; Kat. Paderborn 1999, S. 281, Nr. V.21 (Manfred Kunter)

357 Schädel mit Hiebverletzung

Merowingerzeitlich
Viernheim, Kr. Bergstraße, Grab 8
Paderborn, Museum in der Kaiserpfalz, Justus-Liebig-Universität Gießen, Anthropologisches Institut, Inv.Nr. VIERN.8

Schädel eines etwa 30 bis 40 Jahre alten Mannes mit zwei unverheilten Hiebverletzungen durch scharfe Gewalt, vermutlich Schwert- oder Beilhiebe. Ein von schräg oben kommender Schlag trennte eine große Knochenscheibe vom Stirnbein ab. Ein weiterer Hieb traf ihn fast senkrecht von oben am linken Scheitelbein, möglicherweise als der Mann bereits zu Boden sank. Der Tod trat sofort ein.   Babette Wiedmann

| **Lit.**: Kunter/Wittwer-Backofen 1996, S. 659f.; Kat. Paderborn 1999, S. 282, Nr. V.22
(Manfred Kunter)

358 Sog. Taufschale Widukinds

Montierung 12. Jahrhundert; Steinschliff wohl spätantik
Aus dem Schatz des Stiftes St. Dionysius zu Enger/Herford
Grüner Serpentin, geschnitten und geschliffen; Montierung Bronze, gegossen, teilweise getrieben, vergoldet, Inschrift nielliert, Deckblech der Daumenplatte Silber, ehemals nielliert – H. 3,5 cm, B. 13,5 cm, L. 17,5 cm
Berlin, Staatliche Museen zu Berlin – Preußischer Kulturbesitz, Kunstgewerbemuseum, Inv.Nr. K 3672

Bei der flachen Schale aus Serpentin handelt es sich wahrscheinlich um ein Werk spätantiker Steinschneidekunst. Die Montierung aus vergoldeter Bronze, die den Rand der Steinschale elegant umfasst und zugleich durch eine Fingeröse mit Daumenplatte eine Handhabe bildet, stammt dagegen erst aus dem hohen Mittelalter. Das vegetabile Ornament auf dem stark abgenutzten Deckblech der Daumenplatte sowie der epigraphische Befund und die Reimart der außen umlaufenden Inschrift + MUNERE TAM CLARO DITAT NOS AFFRICA RARO („Mit einer so prächtigen und seltenen Gabe beschenkt uns Afrika"), ein zweisilbig reiner leoninischer Hexameter, sprechen für eine Datierung in das 12. Jahrhundert (freundliche Mitteilung von Clemens M. M. Bayer, Bonn). Die exotische Herkunft des Werkes betont auch die heute in Teilen kaum noch lesbare sekundäre Aufschrift + VISD[AI] DE AFRICA R[E]X auf dem hölzernen Futteral der Schale.

Das schlichte Gerät unbestimmter liturgischer Funktion stammt aus dem Schatz des Stiftes St. Dionysius zu Enger, das 1414 an die Johanniskirche in der Herforder Neustadt übergesiedelt war. Durch die 1810 erfolgte Säkularisation gelangte der Kirchenschatz in den Besitz

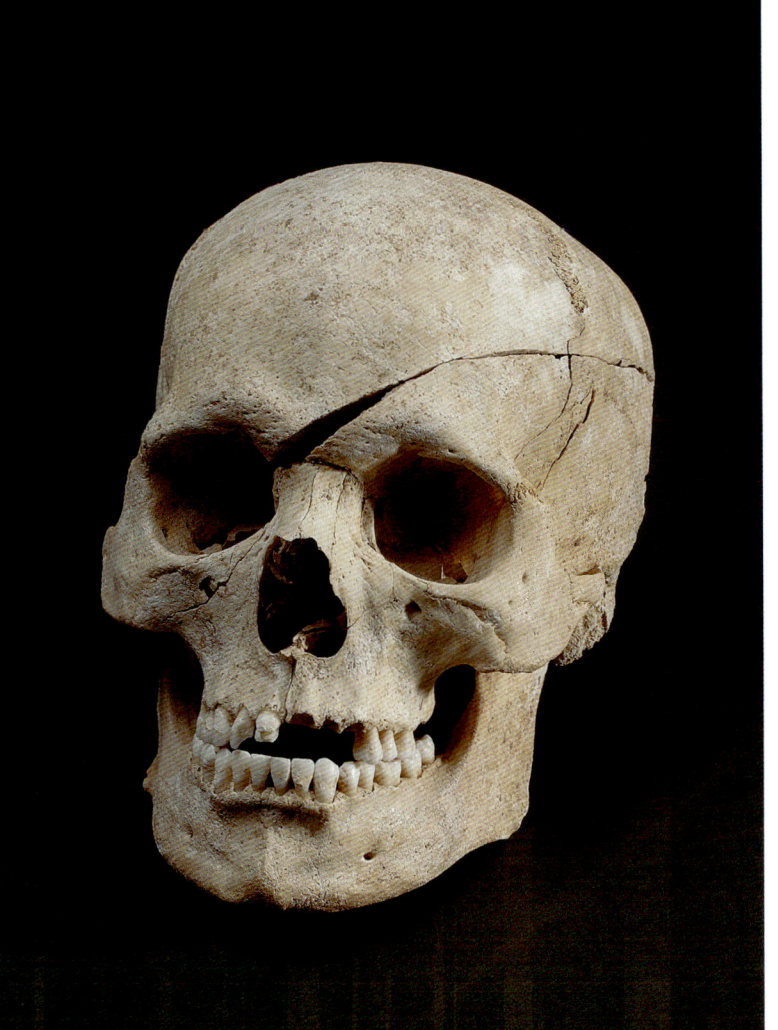

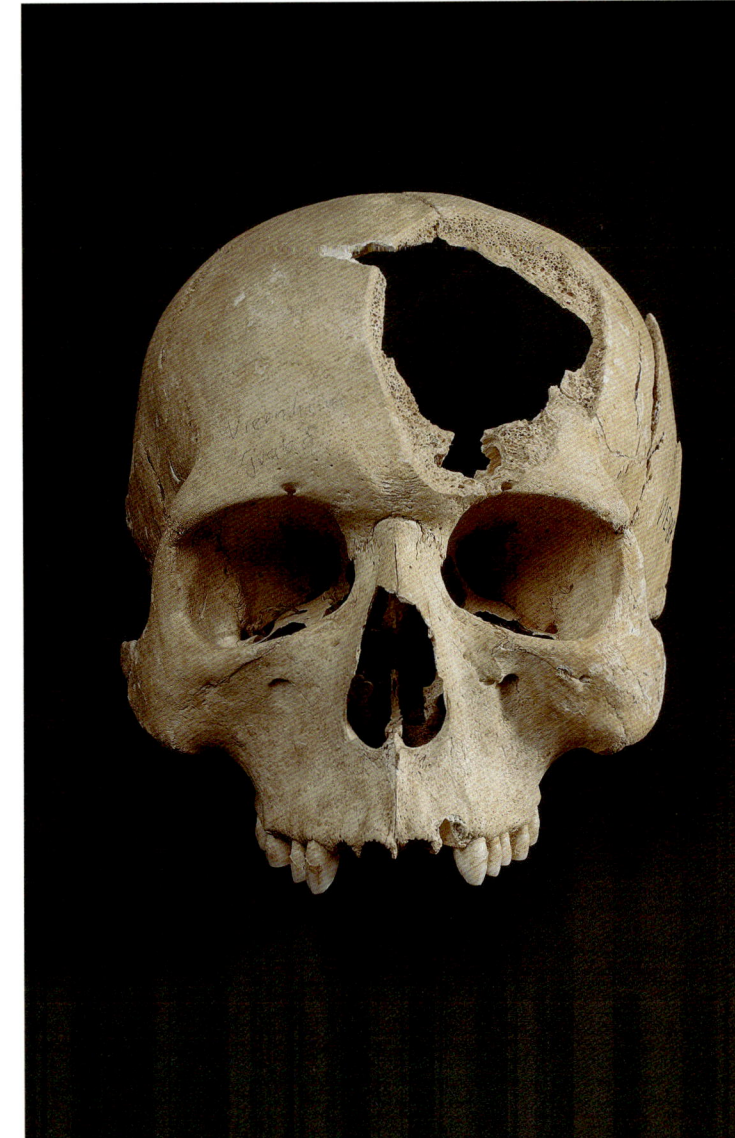

VII TAUFE ODER TOD. KARL DER GROSSE UNTERWIRFT DIE SACHSEN

358

des Königreichs Westfalen und nach dessen Untergang 1813 in das Eigentum des preußischen Staates. Aufbewahrt wurde er zunächst weiterhin in der Herforder Johanniskirche. Während die meisten Teile des Dionysius-Schatzes 1885 in das Berliner Kunstgewerbemuseum überführt wurden, hatte die Stadt Herford in eigentümlicher Auslegung der Besitzverhältnisse die Serpentinschale bereits im Oktober 1840 dem preußischen König Friedrich Wilhelm IV. (*1795, reg. 1840–1861) als Huldigungsgeschenk überreicht. Über die Königliche Kunstkammer gelangte sie schließlich 1876 gleichfalls in das Berliner Kunstgewerbemuseum.

Die um 973/74 entstandene Vita Mathildis reginae antiquior überliefert, dass Königin Mathilde (*um 895, †968) die einst angeblich von ihrem Vorfahren Widukind nach der Niederlage gegen Karl den Großen (*748, reg. 768–814) und seiner anschließenden Taufe gegründete Zelle in Enger als Kloster neu errichtet habe (Vita Mathildis antiquior [MGH SSrG 66], S. 113 f., 123). Die hier erstmals besonders hervorgehobene Rolle des Sachsenherzogs als Christ und Kirchengründer wurde seit dem letzten Viertel des 14. Jahrhunderts vor allem durch die Engeraner Kanoniker und die Paderborner Bischöfe wohl in der Absicht einer Verehrung Widukinds als Lokalheiligen erneut betont, aber erst 1478 wurde er in Werner Rolevinks *De laude veteris Saxoniae nunc Westfaliae dictae* ausdrücklich als Heiliger bezeichnet. 1515 erschien Widukind dann im Nachtrag der Kölner Kartäuser zum Martyrologium des Usuardus und noch 1715 zählte ihn Michael Strunck in den *Westphalia Sancta, Beata et Pia* zu den Seligen.

Eine erstmals 1743 in Carl Ludwig Storchs Verzeichnis der in Herford befindlichen *Reliquiæ Widekindi Magni* fassbare, vermutlich aber bereits deutlich früher entstandene legendenhafte Lokaltradition deutete die Serpentinschale im Sinne einer Berührungsreliquie als „Das Geschirr, woraus Widekindus soll getruncken haben". Erst im dritten Viertel des 19. Jahrhunderts verbreitete sich die Annahme, es handele sich um die Taufschale des Widukind. Diese Interpretation nahm indirekt Bezug auf die Mitteilung in den *Annales Mosellani*, wonach Karl der Große nach der 785 in Attigny erfolgten Taufe des Sachsenführers seinen früheren Gegner „mit großartigen Geschenken ehrte" (*et domus rex suscepit eum a fonte ac donis magnificis honoravit*, Annales Mosellani [MGH SS 16], S. 497). Die ‚historische' Deutung der Steinschale als eine jener Gaben Karls des Großen und damit als materielles Zeugnis der Christianisierung der Sachsen wurde auch auf das karolingische Reliquiar in Bursenform aus dem Schatz des Dionysius-Stifts übertragen, das sich ebenfalls im Berliner Kunstgewerbemuseum befindet.

Lothar Lambacher

| Quellen: Annales Mosellani (MGH SS 16); Reliquiæ Widekindi Magni, S. 201; Vita Mathildis antiquior (MGH SSrG 66)

| Lit.: Rundnagel 1937 (ausführlich zur Heiligenverehrung Widukinds); Kat. Aachen 1965, S. 502f. Nr. 684 (Dietrich Kötzsche); Kötzsche 1983, S. 46ff.; Kat. Münster 2005a, S. 30 (Lothar Lambacher); Kat. Münster 2012, S. 138, Nr. 20 (Bernadette Burchard)

359 Luna-Fibel

8. Jahrhundert (evtl. jünger)
Enger, Kreis Herford, ehemalige Stiftskirche
Goldblech, Zellenschmelz, grünes, weißes, blaues Emaille, Almandin, drei Durchbohrungen am Rand von einer sekundären Befestigung, Gold der Einfassung teilweise verdrückt, Almandineinlagen zum großen Teil ausgebrochen, Emaille teilweise korrodiert; Nadel fehlt – Dm. 3,8 cm, Emaillescheibe Dm. 2,4 cm
Enger, Widukind Museum

420 IN HOC SIGNO

360
359

Der Bezug zwischen Widukind, dem Widersacher Karls des Großen (reg. 768–814) und Enger wird erstmals in der „Vita Mathildis antiquior" hergestellt: Neben anderen Kirchen soll Widukind eine Kirche in Enger gestiftet und ausgestattet haben. In der evangelischen Pfarrkirche (ehemalige Stiftskirche St. Dionysius zu Enger) wurden aufgrund einer Restaurierung sowie des Neubaus einer Fußbodenheizung in den Jahren 1971 bis 1973 innerhalb und außerhalb der Kirche archäologische Untersuchungen durchgeführt. Der heute noch stehenden Pfarrkirche konnten vier Vorgängerbauten nachgewiesen werden. Der Älteste (Bau I) lässt sich unter anderem durch Keramikscherben in das späte 8. bzw. in das frühe 9. Jahrhundert datieren. Die Luna-Fibel und der Zierknopf (Kat.Nr. 360) wurden bei diesen Untersuchungen „in einer in den Kryptaboden eingetieften Grube" gefunden. Das Emaille der qualitativ sehr hochwertigen, aus Gold gearbeiteten Fibel zeigt ein Brustbild, über dessen Kopf sich eine Mondsichel befindet. Dieses Bild wird durch sich einander abwechselnde angefügte Herzen und Halbkreise, die Halbedelsteine umfassen, ergänzt. Angesichts der christlichen Symbolik der Fibel, der hochwertigen Arbeit und des Fundortes wurden, wie bei dem Enger Bursenreliquiar, Vermutungen angestellt, dass diese Fibel zu den Taufgeschenken Karls des Großen an Widukind gehört haben könnte.

Da es sich aber nicht um eine Grabbeigabe handelt, wird heute vermutet, dass die Fibel in Zweitverwendung zu dem Stiftsschatz des von Mathilde, der Witwe Heinrichs I., vor dem Jahr 947 gegründeten Kanonikerstifts gehörte. Zu diesem gehört auch das berühmte Enger Bursenreliquiar, welches sich heute im Kunstgewerbemuseum in Berlin befindet.

Während sie in ihrer ursprünglichen Verwendung zum Verschluss eines Mantels diente, könnte sie in ihrer Zweitverwendung einen Buchdeckel, ein Reliquiar oder ein anderes Schatzobjekt geziert haben. Während sie zunächst in das 8. bis 9. Jahrhundert datiert wurde, wird inzwischen auch eine Datierung bis in die erste Hälfte des 10. Jahrhunderts für möglich gehalten.   Nina Marschler

| **Lit.:** Lobbedey 1979; Viereck 1980; Wamers 1994, S. 74–77; Rüthing 1997; Kat. Paderborn 1999, S. 341f., Nr. VI.21 (Uwe Lobbedey); Beer u.a. 2009, S. 80

360 Zierknopf

7. Jahrhundert
Enger, Kreis Herford, ehemalige Stiftskirche
Gold, Almandin in plombiertem Stegcloisonné – Dm. 2,5 cm
Enger, Widukind Museum

Zusammen mit der Luna-Fibel (Kat.Nr. 359) wurde der Zierknopf während der Ausgrabungen in der Stiftskirche in Enger entdeckt. In seiner ursprünglichen Form wird der hochwertige mit der Hofkunst in Verbindung gebrachte Knopf vermutlich eine Schwertgarnitur geziert haben, worauf verschiedene Vergleichsfunde aus Sutton Hoo oder Wibtoft deuten. Von dieser wurde er abmontiert, um einen neuen Platz im Stiftsschatz zu finden.   Nina Marschler

| **Lit.:** Lobbedey 1979; Viereck 1980; Kat. Paderborn 1999, 342, Nr. VI.22 (Uwe Lobbedey)

361 Tafel mit Darstellung der Taufe Christi vom sog. Werden-Casket

Um 800 oder Rom/Oberitalien, 5. bis Anfang 6. Jahrhundert
Niederrhein (Werden)?
Elfenbein, Reliefschnitzerei – leichter Abrieb der Reliefoberfläche, Bohrlöcher, Ausbrüche und Beschnitt an den Kanten – H. 4,4 cm, B. 15,4 cm oben, 15,2 cm unten
London, Victoria and Albert Museum, Inv.Nr. 149b-1866

Die kleine querrechteckige Tafel bildete die Schmalseite eines Kastens, von dem auch die beiden Längsseiten mit Szenen zum Marienleben und die Geburt und Anbetung Christi erhalten sind. Hier nimmt die Taufe als entscheidendes Ereignis in der Vita Christi die rechte Hälfte des Reliefstreifens ein, erweitert um die Predigt Johannes des Täufers. Die Darstellungen basieren auf dem Matthäusevangelium (Mt 3,7-10; 3,16). In der schmalen querrechteckigen Relieftafel treten vom linken Rand aus dem Stadttor Jerusalems drei Figuren – die im Text erwähnten Pharisäer und Sadduzäer – heraus und gehen auf Johannes den Täufer zu. Zum Zeichen seines asketischen Lebens in der Wüste trägt dieser die einfache Exomis. Er weist auf einen Baum, an dessen Fuß sich Schlangen winden. Es ist damit die wörtliche Anrede der Ankommenden illustriert, die Johannes als

Schlangenbrut begrüßt. Rechts des Baums sind weitere Worte verbildlicht: Die in Tunika und Pallium gehüllte Gestalt hat bereits die Axt erhoben, denn nach Johannes gleichnishafter Predigt soll man mit der Axt diejenigen Bäume, die keine guten Früchte tragen, an der Wurzel fällen und ins Feuer werfen. Die an einem Felsen breit auf einer Amphore gelagerte Flussgottheit mit Schilfzweigen, die den Jordan symbolisiert, grenzt die Taufepisode ab. Die Wahl der Personifikation des Flussgottes als Ortsangabe geht noch auf antike Darstellungstraditionen zurück. In dem schmalen Flusslauf, der sich aus der Öffnung des Gefäßes ergießt, steht Jesus nackt und von kindlicher Statur. Johannes der Täufer wendet sich dem kleinen Knaben zu. In der Tradition der Initiationsriten legt er seine Hand auf das Haupt des Täuflings. Vom oberen Bildrand senkt sich die Taube des Heiligen Geistes herab.

In der nun um 800 vermuteten Entstehungszeit dieses Bildprogramms hat die Taufe eine besondere Bedeutung. Im Zuge der mitunter kriegerischen Missionierung der Sachsen „mit dem Schwert" erfolgten Massentaufen, um die Christianisierung der eroberten Ostgebiete voranzutreiben. Diese Maßnahmen waren im Gelehrtenkreis um Karl den Großen heftig umstritten. Neben Alkuin vertrat vor allem Liudger, der erste Bischof von Münster und Gründer des Klosters Werden, eine friedliche Form der Missionierung mittels Überzeugung, mit einer selbstbestimmten Annahme des christlichen Glaubens. Auch die Darstellung des Gleichnisses erhält im Hinblick auf den rechten Glauben eine besondere Bedeutung.

Die schmalen Reliefstreifen waren zu einem flachen, rechteckigen Kasten mit Schiebedeckel zusammengefügt. Die Datierung der Reliefs wurde lange zwischen spätantik und frühmittelalterlich diskutiert und auch für den Entstehungsort kam ein breites geographisches Spektrum in Betracht, das fast alle Zentren der Elfenbeinbearbeitung der Spätantike anführte. Bezüglich der Provenienz der Tafeln ist lediglich gesichert, dass sie sich 1862 im Besitz von John Webb in London befanden und dort 1866 vom South-Kensington Museum, dem heutigen Victoria and Albert Museum, angekauft wurden. Ob allein eine frühe Benennung als „Werden-Casket" ausreicht, den Kasten in das Niederrheingebiet oder sogar nach Werden zu lokalisieren, sollte offen bleiben. Eine gründliche Befundanalyse und die Rekonstruktion einer Geschichte der Verwendung anhand der Montierungsspuren wirft nun neue Argumente für eine frühmittelalterliche Entstehung in die Waagschale, doch einen eindeutigen Ausschlag gegen eine spätantike Datierung zeigt die Waage meines Erachtens damit noch nicht an, es ergibt sich allenfalls eine Tarierung.

Ulrike Koenen

| Lit.: Volbach 1976, S. 83f., 118, Taf. 62; Kat. Essen 1999, S. 357ff., Nr. 53 (Thomas Weigel); Kat. Paderborn 1999, S. 482f., Nr. VII.37 (Paul Williamson); Williamson 2010, S. 156–159, Nr. 38

362 Capitulatio de partibus Saxoniae

782 oder 785
Pergament – H. 27,3 cm, B. 17,8 cm, D. 3,2 cm
Vatikanstadt, Biblioteca Apostolica Vaticana, Cod. Pal. Lat. 289, fol. 59v–62v

In die intensivste Phase der Unterwerfung der Sachsen durch Karl den Großen (reg. 768–814) wird ein Kapitular Karls datiert, das die Eingliederung der Sachsen ins Frankenreich und den Übertritt der Sachsen zum Christentum mit drastischen Geboten sichern soll. Es hat sich nur in einer einzigen Handschrift erhalten, die um 825 in Mainz entstanden ist (Mordek 1995). Als Absicht der strengen Bestimmungen des Kapitulars wird eingangs betont, „dass die christlichen Kirchen, die nun in Sachsen gebaut und Gott geweiht werden, keine geringeren, sondern größere und ausgezeichnetere Ehren haben sollen als die eitlen (Kultstätten) der Götzen." Insbesondere die maiores capitula (2–14) drohen für Vergehen gegen die christliche Religion und die fränkische Herrschaft unerbittlich die Todesstrafe an. Die minores capituli (15–34) setzen dagegen Bann- und Bußstrafen für geringfügigere Vergehen fest und sind vielleicht erst später mit den ersten Kapiteln vereinigt worden (skeptisch Theuerkauff 1968, S. 46f.). Die große Strenge der ersten Kapitel soll offensichtlich heidnische Gewohnheiten ausrotten und christliche an ihre Stelle setzen. So wird selbst das Fleischessen in der Fastenzeit (cap. 4) mit der Todesstrafe geahndet. Ob die in cap. 6 berichteten sächsischen Praktiken von Hexenwesen und Kannibalismus mehr sind als fränkische Propaganda, muss ungewiss bleiben. Von besonderem Interesse ist insbesondere cap. 14, das alle angedrohten Strafen außer Kraft setzt, wenn sich der Beklagte freiwillig einem christlichen Priester in der Beichte anvertraut hat und dieser seine Bereitschaft zur Buße bestätigt. Damit wird die Stellung der Priester stark aufgewertet, deren Votum über Leben und Tod entscheiden kann. Die capitulatio ist also als ausschließlich drakonisches Besatzerrecht missverstanden, denn sie verweist die Sachsen auf geschickte Weise an die christlichen Priester und deren Befugnis zur Vergebung aller Sünden nach Reue und Buße. Mit dem Capitulare Saxonum 797 und der Lex Saxonicum 802 markieren weitere Rechtsaufzeichnungen den Fortgang der Unterwerfung und Integration Sachsens in das Fränkische Reich.

Gerd Althoff

| **Quellen:** Capitulatio de partibus Saxoniae (MGH Capit. 1) (Edition); Capitulatio de partibus Saxoniae (MGH Fontes iuris 4) (Edition)

| **Lit.:** HRG 1, Sp. 813–815 (Lutz von Padberg: Art. Capitulatio de partibus Saxoniae); Theuerkauf 1968; Freise 1983, S. 299f.; Schubert 1993a; Mordek 1995, S. 769ff. (Beschreibung der Handschrift); Weikmann 2002

363 Capitulare Saxonicum

797, 28. Oktober, Aachen
Corvey, geschrieben 2. Viertel 10. Jahrhundert (wohl 945 oder kurz danach)
Pergament – H. 20 cm, B. 25 cm, 164 Bll.
Münster, Landesarchiv Nordrhein-Westfalen Abteilung Westfalen, Sign. Msc VII. 5201, fol. 28–33

Das Capitulare Saxonicum gibt Zeugnis davon, dass die Integration der Sachsen in das Frankenreich Fortschritte gemacht hatte. In Aachen kamen nach dem Kapitular 797 nämlich Sachsen aus verschiedenen Gauen, sowohl Westfalen und Engern als auch Ostfalen, mit Bischöfen, Äbten und Grafen des Frankenreiches zu einem Hoftag Karls des Großen zusammen und man beschloss einmütig, dass Strafbestimmungen für Sachsen den fränkischen angeglichen werden sollten. Zweimal nimmt das Capitulare ausdrücklich Bezug auf die sächsische Sozialstruktur, indem es Edlen, Freien und Unfreien (Liten) unterschiedliche Bußsummen auferlegt. Vor allem der Vergleich mit der Capitulatio de partibus Saxoniae, die rund 15 Jahr zuvor den Sachsen rigoros die Todesstrafe für den Bruch christlicher Gebote und die Beibehaltung heidnischer Praktiken angedroht hatte, macht deutlich, wie sehr sich die Lage entspannt hatte: Auf den Bruch des Kirchenfriedens oder die Tötung eines Priesters standen nun nicht mehr die Todesstrafe, die Sachsen büßten vielmehr mit der gleichen Bußzahlung wie die Franken. Die sich so abzeichnende Normalisierung der Situation ist erstaunlich, denn Karl der Große war ab 795 wieder jährlich zu Feldzügen in den Norden Sachsens gezwungen, in deren Zusammenhang er den hartnäckigen Widerstand durch groß angelegte Umsiedlungsaktionen dieser Sachsen in das Innere des Reiches zu brechen versuchte. Die südlichen und westlichen Teile Sachsens scheinen die Integration dagegen bereits vollzogen zu haben. Im Jahre 802 wurde diese Integration mit der Aufzeichnung der Lex Saxonum auf dem Hoftag in Aachen dann sozusagen vollendet.

Gerd Althoff

| **Quellen:** Capitulare Saxonicum (MGH Cap. 1) (Edition); Capitulare Saxonicum (MGH Fontes iuris 4) (Edition); HRG 1, Sp. 812f. (Lutz von Padberg: Art. Capitulare Saxonicum)

| **Lit.:** Theuerkauf 1968, S. 38–54; Mordek 1995, S. 378–386 (Beschreibung der Handschrift)

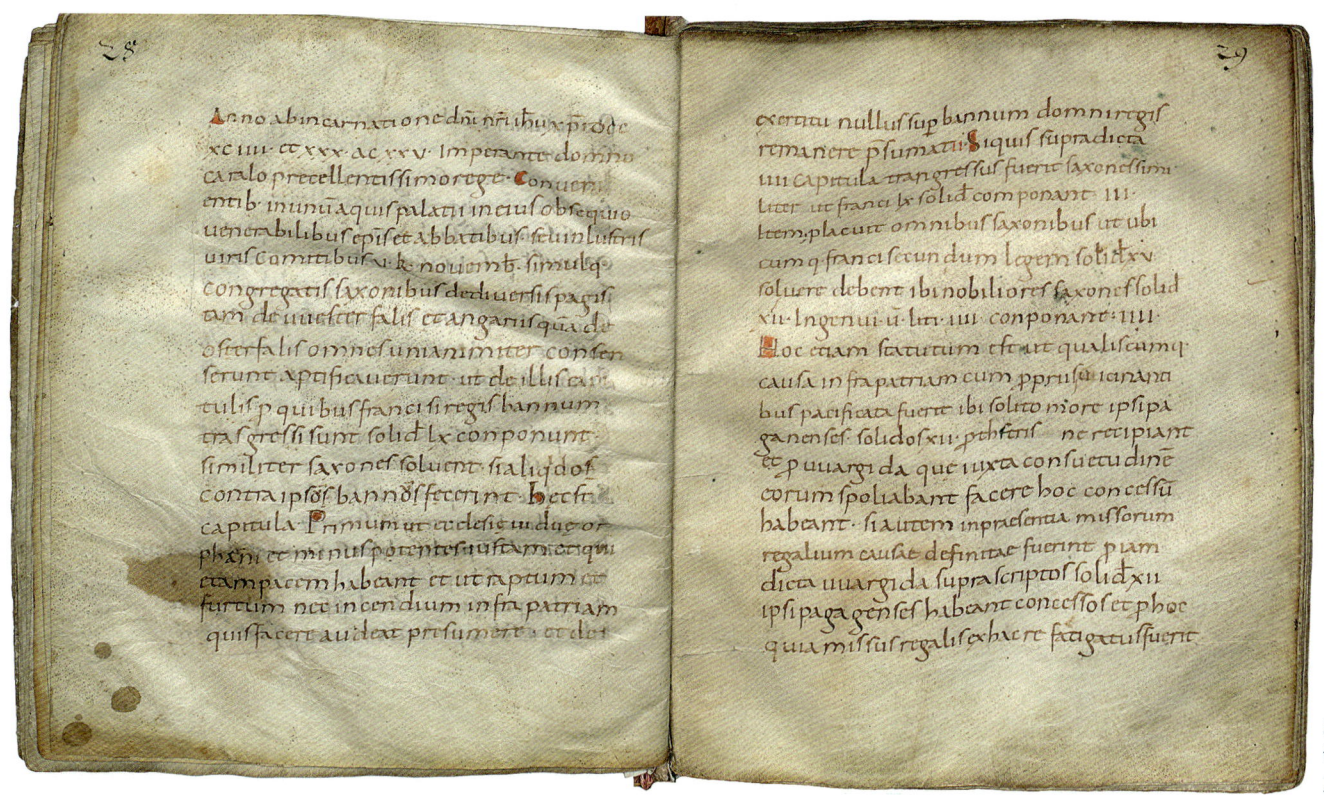

363
fol. 28v–29r

364 Mainzer Geiselverzeichnis

Reichenau, um 805/06, Handschrift selbst 8. Jahrhundert
Pergament – H. 30,1 cm, B. 20,5 cm; 190Bll.
St. Paul im Lavanttal, Museum im Benediktinerstift St. Paul, Sign. Cod. 6/1

Die „Canones apostolorum et duodecim conciliorum", wie der offizielle Bibliothekstitel der Handschrift lautet, beinhalten Verordnungen und Beschlüsse von Synoden und Konzilien der frühen Kirche. Die darin berührten Themen sind vielfältig, sie umspannen die Bereiche Recht und Verfassung, Doktrin, Kirchenordnung, aber auch Bestimmungen zum Alltagsleben der Menschen und ebenso der Gottsuche. Die Bedeutung und Macht, die derartigen kirchenrechtlichen Textsammlungen zugestanden wurden, kann man daraus ersehen, dass sie vor Verfälschungen nicht gefeit blieben. Von der im zweiten Viertel des 9. Jahrhunderts im Zusammenhang mit den Turbulenzen um Kaiser Ludwig den Frommen (*778, †840) entstandenen umfangreichsten kirchenrechtlichen Fälschung des Mittelalters („Pseudoisidor") waren auch die *Canones apostolorum* betroffen. Unscheinbar, aber umso bemerkenswerter sind zwei beigeschlossene Blätter, die das berühmte „Mainzer Geiselverzeichnis" zum Inhalt haben. Dieses Geiselverzeichnis ist ein wichtiger Beleg, welch bedeutende Rolle die Benediktiner am Hofe Karls des Großen spielten und wie sie damit auch die politischen Wurzeln Europas mitgestalteten. Nach der Unterwerfung der Sachsen 795 war es durchaus üblich, dass politische Führer oder Mitglieder bedeutender Familien als Geiseln in ein Kloster gegeben wurden. 37 sächsische Geiseln werden, nach Westfalen, Ostfalen und Engern geordnet, genannt. Diese übergab Karl schließlich an Waldo (*740, †814), den Benediktinerabt von Reichenau und Bischof von Basel. Obwohl im Geiselverzeichnis nicht genannt, hielt sich die Geschichte, dass der sächsische Herzog Widukind nach seiner Unterwefung ebenfalls in Klosterhaft kam und auf der Insel Reichenau angeblich im Jahre 825 verstarb.
Der Nachfolger von Abt-Bischof Waldo, Haito, ebenfalls Benediktiner aus Reichenau, genoss das Vertrauen des Kaisers und übernahm heikle politische Aufgaben.
Gerfried Sitar

| **Lit.:** Althoff 1983; Kat. Paderborn 1999, S. 327f., Nr. VI.4 (Hans-Walter Stork/Sascha Käuper); Steinmann 2000; Kat. St. Paul/Dalheim 2009, S. 73, Nr. 4.31 (Gerfried Sitar)

365 Seidengewebe mit Quadrigadarstellung

Byzanz, um 800
Gemustertes Seidengewebe – Samit in Köper 1/2 S-Grat mit 2 Schusssystemen; Kette: Seide, Z-Drehung, hellrot, 1 Haupt- zu 1 Bindekettfaden; Stufung 2 Hauptkettfäden; 15 Haupt- und 15 Bindekettfäden/cm; Schuss: Seide, ohne erkennbare Drehung, blau, gelbbraun (ehemals wohl rot); Stufung 2 Passées; 30 Passées/cm – H. 76 cm, B. 75 cm
Aachen, Domschatzkammer, G 9 (Inv.Nr. T01601)

Das Seidengewebe zeigte ursprünglich ein rotes Muster auf dunkelblauem Grund, wie ehemals in den Nahtzugaben verborgene Abschnitte heute noch erkennen lassen. Heute zu Gelbbraun verblasst,

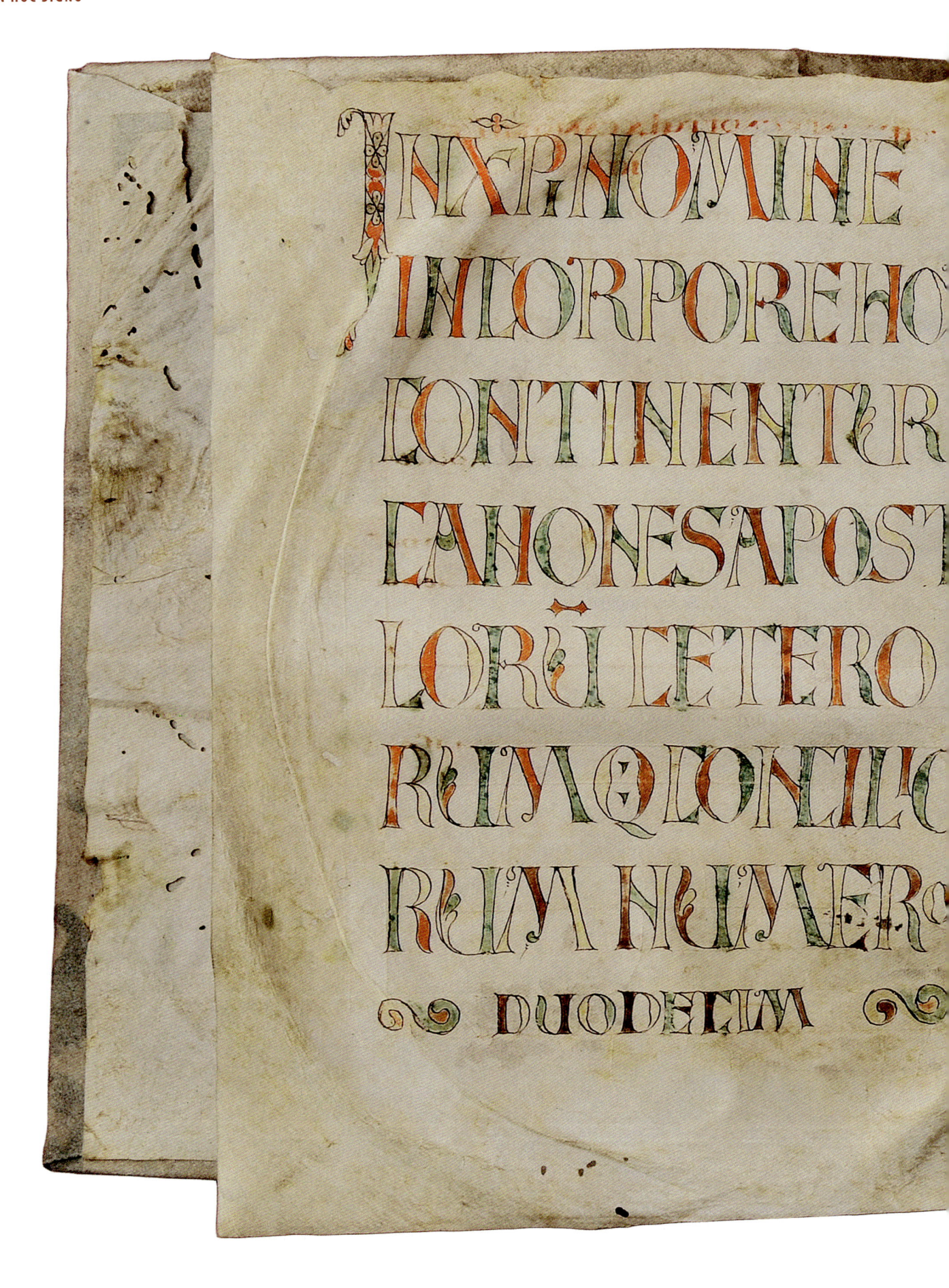

IN XPI NOMINE
INCORPORE HO
CONTINENTUR
CANONES APOST
LORŪ CETERO
RUMQ CONCILIO
RUM NUMERO
⁌ DUODECIM ⁌

INCIPIUNT CAPITULA CANONICO
　　APOSTOLORUM·

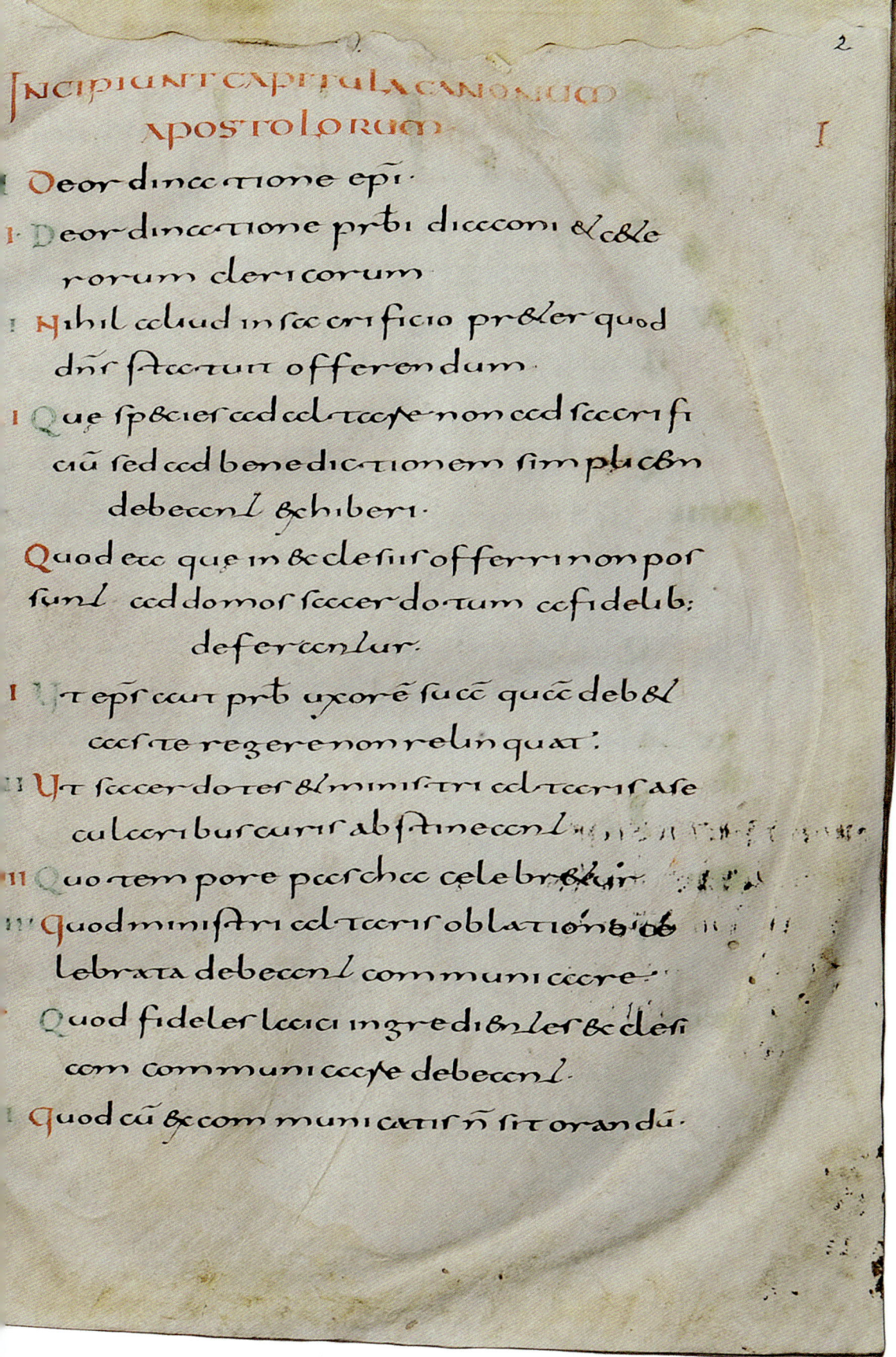

I

I De ordinatione epi·
I De ordinatione prbti diaconi & cęte
　rorum clericorum·
I Nihil aliud in sacrificio præter quod
　dnr statuit offerendum·
I Quę specier ad altare non ad sacrifi
　cium sed ad benedictionem simplicem
　debeant exhiberi·
Quod ęc quę in ęcclesiis offerri non pos
sunt ad domos sacerdotum a fidelib;
deferantur·
I Ut eps aut prbt uxorę suā quę deb&
　ęcclesię regere non relinquat·
II Ut sacerdotes & ministri altaris a se
　cularib; curis abstineant·
II Quo tempore pascha celebretur·
III Quod ministri altaris oblatione ce
　lebrata debeant communicare·
Quod fideles laici ingredientes &clesi
con communicare debeant·
I Quod cū excommunicatis n sit orandū·

365

gliedert sich der Dekor in neben- und übereinander angeordnete großformatige Medaillons (63–67 Zentimeter Durchmesser). Ihre Rahmen und die verbindenden Scheiben in den Scheitelpunkten sind mit kurzen Rankenstücken mit großen Herzblüten belegt; in den Zwickeln halten Paare von Steinböcken oder Widdern gemeinsam ein Zweigstück im Maul. Der Ruhm des Seidengewebes gründet aber vor allem in der großzügigen Darstellung eines siegreichen Wagenlenkers im Zirkus, der mit seiner frontal wiedergegebenen Quadriga das Bild beherrscht. Zwei Knaben überreichen ihm Siegeskranz und Peitsche, zwei weitere schütten im Vordergrund Säcke voller Münzen aus. Auch wenn unmittelbar herrscherliche Attribute fehlen, ist vor allem die Szene der Freigiebigkeit sehr wohl auch als Allegorie auf kaiserliche Tugenden zu verstehen. Zusammen mit der textilhistorisch begründeten Datierung der Seide in das ausgehende 8. oder 9. Jahrhundert, hat dies wohl dazu geführt, dass das Gewebe mit Karl dem Großen selbst in Verbindung gebracht worden ist. Wie der Seidenstoff nach Aachen kam, wie er die Jahrhunderte überdauert hat und wo er gefunden wurde, ist allerdings nach wie vor unbekannt. Bereits vor der Mitte des 19. Jahrhunderts gelangte ein Abschnitt des Gewebes aus Aachen nach Paris (heute Musée de Cluny – Musée national du Moyen Âge, Inv.Nr. 13289).

Auch wenn aufgrund seines Erhaltungszustandes ausgeschlossen werden kann, dass das Seidengewebe Karl dem Großen 814 ins Grab mitgegeben wurde, darf es für die Art von Luxusstoffen stehen, die ihm – zum Beispiel als Geschenk aus Byzanz – zugänglich gewesen sein könnten, und die ihm – inhaltlich und qualitativ – angemessen gewesen wären.

Regula Schorta

| **Lit.:** Cahier/Martin 1847–1856, Bd. 4, S. 257–260, Taf. 20–21; Falke 1913, Bd. 1, S. 68–70; Grimme 1973, S. 16, Nr. 9 (Lit.); Kat. Paderborn 1999, S. 62–64, Nr. II.17 (Regula Schorta) (Lit.); Desrosiers 2004, S. 212f., Nr. 106 (Lit.); Kat. Magdeburg 2012, S. 350, Nr. III.8 (Georg Minkenberg) (Lit.)

366 Rechtshandschrift

Oberitalien, 813–825
Pergament – H. 30,5 cm, B. 19,7 cm; 184 Bll.
St. Paul im Lavanttal, Museum im Benediktinerstift St. Paul, Sign. Cod. 4/1

Diese Handschrift des weltlichen Rechts wurde zwischen 813 und 817 angelegt und erfuhr bis 825 noch vereinzelte Erweiterungen. Ihre Schrift ist eine Frühform der karolingischen Minuskel mit in-

& consiliarii Saxonum & legatarii ipsius in praesentia adfuer & cora eo ipsum consiliabant & illenulla tenus potuit hoc denegare tunc iudicauer cu morte dignu. Rex au motus super eum noluit eum occidere sed eum ipsius petitione clericu fecit & iterum monasterio & prae domini regis in pargana ad regenesburg & ibi uener ad eum

XXII   & datis obsides & ordinate ipsa patria rex reuersus est in francia. DCCLXXXVIIII ex
       it in saxoniam pauit usq. ad scalduor quidicetur uuisera & uenerunt regenes rice
       cum rege eorum Uuitzin ei obuiam & pro & ita pace tradiderunt uniuersas eas
       sub dominatione Caroli regis francorum & datis obsidibus & seipsis tradit rex reuer
       in francia. DCCXC eo anno conuentum rex habuit in uuormacia itera magira

XXIII & ipse annum transiit sine hoste. DCCXCI sic fuit rex carl in uuormacia & ibi cel
XXIIII pascha & uertente anno eodem post quo solent reges ad bella procedere mouit exerc
       innumerabilem multitudinem contra super biss imam gentem auarar diuisit q
       eum suum inter partes & sic introiurt ipse per paioanam in fines hunorum & misit de
       exercitus danouium sed & de alia parte danouium alius exercitus hunorum & frisonum &
       exercitus naualis hostiur per danouium uenit exercitus. Iuba rex potestatem ha
       iuisse cum exercitu suo & sic introiurt intra illam stihinc & ille inde medio
       exercitus naualis & triuit eorum inconspectu eius ita ut nullus ei resistere ausus
       ubi cumq aut fossa aut aliquam firmitate siue in montibus seu ad flumina aut ins
       habuerunt fecerunt ut ipse ait & exercitus eius ibi aduenit continuo aut se tradiderunt
       sunt aut perfugere dilapsi sed & ille tercius exercitus que pippinus filius eius de talia eos
       est ipse introiurt in hylliricum & inde in panonia & fecit ibi similiter uastan
       incendentes terram illam sicut rex fecit cum exercitu suo ubi ipse erat. cum audi
       cart quod nullus ei de parte auarorum resistere ausus esset aut suit tunc circuiuit per
       illa per dies I duobus incendendo & uastando terram illam sed & per ea sine ura. nu
       captiuos uirorum & mulieres & paruulos innumerabilem multitudinem & inde
       & in ipso ponente obiit bone memoriae Sigil thram nur medio marzo ecclesia ar
       sed & Sindbertus episcopus ibi defunctus est & rex carl rediit in paioana ibiq. genauit iph

XXV   DCCXCII eodem anno residit rex in paioana & apud regenesburg celebrauit pa
       sed & pippin quarte aestiuo tempore post saxones aestimantes quod auarorum gens
       cate super xpianos deburit & hoc quod in corde eorum dudum iam ab ea latebat ma
       sine osten dere quasi canis qui reuertit ad uomitum suum. sic reuersi sunt ad paga
       reliquerant. iterum relinquentes xpianitatem mentientes erga dominum regem quibus
       beneficia precesserat coniungentes secum paganas gentes qui in circuitu eorum erant
       & missos suos ad auaros transmittentes conati sunt in primis rebellare con
       deinde contra regem & xpianos omnes ecclesias que in finibus eorum erant cum distra
       ne & incendio uastabant rex ricberctus episcopus & prebro qui super eos erant & aliquos cor
       derunt ndenon & alios decidere & plenissime se ad culturam idolorum conuerte
       & in ipso anno manifestum est consilium pessimum quod pippinus filius regis & re
       na himiltrude nomine gentur contra regis uitam seu filiorum eius qui ex legitimo
       tronagentis sunt qui uoluerunt regem & ipsos occidere & ipse pro quasi abimelech
       regnare qui occidit fratres suos LXX uiros super petra una & regnauit per gedeone patris sui
       licia tamen & non diu sed Carolus rex cum cognouisset consilium pippini & eorum
       ipso erant coadunauit conuentum francorum & aliorum fidelium suorum ad regem ea
       ibiq. uniuersus xpianus populus qui cum rege aderat iudicauer & ipsum pippinum
       & eos qui consentanei eius erant in ipso consilio nefando ut simul hereditate & uitam

tra d eal' qui ad im placum. est nam de pippino filio suo qui ano· luit rex ut occideretur in
icaus. aut franci ita seruituum ei inclinare debuiss& qd ita factum est & misit iam cleru cu
in monasterio & ita ibi demorauit. DCCXCIII· ipso heime iteru· fecit rex carta aput reganes
urug· & cum cogn&is & fidelis suos epor abbates & comites qui cu ipso ibi aderant. & reliquu po
tulum fidelem qui cum pippino in ipso· consilio pessimo non erant. eor multipliciter hono
auit. mauro & argento & siwco & donis plurimis & in ipso heime transmisit rex duos fi
los suos pippinum & hluduuicum cum hoste in terra br&uadram. & facta e ibi famis
ualidissima & suppptm illum quem ibi m auit ut est & sup& ercitum qui aduenerat
te ital' quam n& ipsam quadragensimam se abesu carnium abstinere poterant sed
& famis ualide in burgandia & pali qualoca in francia incumbebat. ita ut multi & ipsa
fame mortui fuiss& & domn rex cum apud regenesburg· iterum celebrass& pascha
& in estiuo tem pore uoluit & cum nauibus abire in franciam & aliqquem fossatum iussit
& facere inter duo flumina. id est inter alemona & ratan&ce & ibi mul cum demo
ra& sar racini qui in spanis erant & estimantes quod aua contra regem fortiter
dimicaren. & ob hanc causam in francia eum abire non licuisset & egressi sunt de fini
bus suis in aliquam partem gotię & con iun gentes sibi adn ros & ceciderunt ibi multi
ex eorum. sed & de parte nra ibi multi inter fec ti sunt. rex tam xpo adiuuante de eodem
loco naui gio pa siit ad fran conofurt. & ibi ipsum heimen resedit. DCCXCIIII· in ip
so anno domn rex apud· uillam franconofurt· celebrauit pascha sed in estiuo tem po
re congregauit uniuersalem sinodum cum missis domni apostolici adriani seu ip
sum p&riarcham aquilei&se· domnum paulinum cum archi epo p&ro medio lan& re
b& epis eorum & cum archi epos in regno suo cum epis & abbatib; eorum seu & iam quam
plurimis pbtys & diec tonis· cum reliquo deuoto populo. quibus resedentibus apud xpi
anissimum principem ca rolum· p&iit adaures eorum heresis illa quae per
dol teneuet eps cum alio epo felix nomine sed infelix indict· cum sociis eorum ad
serebant. agebant nam q. dns nr· ihr xps in quantum & patre e ineffabili
ter ante s&cula genetur uere sit filius di· & in quantum ex maria semp uirgine car
nem adsumere dignus e· non uerus sed adoptiuus filius ei· sed sca & uniuersalis
sinodus hoc nefandum dictum non consen sit sed ita illo quin q; dicit· die ergo
filius hominis fctus est filius natus sed ueritate nature & deo di filius & sed
ueritate nature & homine hominis filius ut ueritas gent· non adoptionem
appellatione sed in utraq; nat iuitate· filii nomen par cendo habere & ece ue
rus dr & uerus homo unus filius. & in ipso sinodo aduenit tassilo & pacificatus
est ibi cum domno rege abnegans omnem potestatem· quam in patio aña habuit
tradens eam domno regi n ro & fastrada regina ibi defunctae. & rex inde iterum
p&iit in saxoniam & saxones uenerunt ei obuiam ad heresburg iterum pmitten
tes xpi anitatem & iuran tes qd sepe fecerant· & iterum credidit eis & dedit eis
pbros & rex rediit in francia & resedit apud aquis palacium·
DCCXCV· sedens & iam· nunc apud aquis palatio donus rex celebrauit pascha & in si
delitas andecon sueuerat a parte saxonorum exortae· qui acum domn rex sup alias
gentes adire uoluiss& · & n& ipsi ad eum plen&er ueniebant· unde solacium ut ipse
user at· tran s miserunt· tunc iterum cognita infideli ta eorum rex cu exercitu suo
sup eos ueniens· ali ei pacifice obuia ueniebant· ex parte saxanorum & cum eo in solatio
ipsam iter & plac&· & ipse cum exercitu suo ad albia p&iit sed alia circa palacia
& albis & in uuih muodingas ad eum plen&r uenerunt· domn rex iam resedens

sularen Einflüssen. Die Initialen sind besonders reich mit vielfarbigen Flechtwerkmotiven, Tierköpfen und menschlichen Motiven geschmückt. Die Handschrift entstand im selben oberitalienischen Skriptorium wie die Kirchenrechtshandschrift Vatikan, Barb. lat. 679.

Der Codex stammt wohl aus dem Besitz eines Grafen in Oberitalien, der sich eine Sammlung des gesamten im Frankenreich gültigen Rechts (mit Ausnahme der Leges Langobardorum) zusammenstellen ließ. Am Beginn stehen die Herrschererlasse, die der Enkel Karls des Großen, Bernhard von Italien (*ca. 797, †818), im Jahr 813 in Mantua verkündet hat. Darauf folgen die Volksrechte der Franken, der Bayern, der Alemannen und der Burgunder sowie ein Auszug aus dem römischen Recht. Der nächste Teil der Handschrift umfasst eine in 92 Kapitel gegliederte Sammlung von Herrschererlassen Karls des Großen und Pippins von Italien (*777, †810), die um 805 in Italien entstand und dem Kompilator der Handschrift bereits vorlag. Auf den Kompilator der Handschrift selbst geht die Ergänzung durch einen Erlass Ludwigs des Frommen (*778, †840) aus dem Jahr 816 zurück. Diese Inhalte erstrecken sich von fol. 3–169 und wurden unter der Herrschaft König Bernhards in den Codex eingetragen. Die Figur des Gesetzgebers in der Miniatur auf fol. 1v ist daher aller Wahrscheinlichkeit nach eine Darstellung dieses Königs, wie er die Erlasse kirchlichen und weltlichen Inhalts an die personifizierte Ecclesia weitergibt, welche in einer Geste der Ehrfurcht entgegengenommen werden. Die Miniatur auf der folgenden Seite (fol. 2r) stellt ein Kreuz in verziertem Rundbogen dar und ist vielleicht unvollständig. Möglicherweise hätte darin die Überschrift des Mantuaner Erlasses Bernhards von Italien Platz finden sollen.

Der Eigentümer der Handschrift uberdauerte anscheinend die Rebellion, Verurteilung und den Tod Bernhards von Italien ohne Schaden. Er ließ die Gesetze Ludwigs des Frommen, die während des Jahreswechsels 818/19 erlassen wurden, eintragen sowie eine Anweisung des Kaisersohnes Lothars I. (*795, †855) an die Grafen Italiens aus dem Jahr 822/23. Die letzten Blätter wurden dann von einem anderen Schreiber für den Eintrag eines Erlasses Lothars I. verwendet, welcher auf einer Reichsversammlung im Königshof Corteolonna (bei Pavia) im Mai 825 verkündet wurde. Damit hängt eine Liste von 173 Personen zusammen, die auf einer freien Seite in fünf Spalten eingetragen wurde. Die darin genannten Personen haben vor dem Grafen und einem kaiserlichen Gesandten die Treue gegenüber Lothar I. geschworen und waren dem Herrscher somit eidlich verpflichtet. Die Liste ist eine einzigartige Quelle für die administrative Praxis der Vereidigung der Bevölkerung im Frankenreich, da solche zeitgebundenen Dokumente in der Regel nicht aufbewahrt wurden. Die Mischung von römischen und langobardischen Personennamen sowie die Erwähnung von *Ladini* (Ladiner) weisen nach Oberitalien. Eine genaue Lokalisierung der Liste und damit auch der gesamten Handschrift (Vorschläge: Lucca, Aquileia, Aosta) ist bislang noch nicht gelungen.

Karl Ubl

| **Lit.:** Eisler 1907, S. 100ff., Nr. 56; Mordek 1994; Mütherich 1994, S. 84ff.; Bourgard 1995; Mordek 1995, S. 685–695; Esders 2013; Glatthaar 2013

367 Lorscher Annalen

Reichenau, 835
Pergament – H. 31,3 cm, B. 23,2 cm; 8 Bll.
Provenienzgruppe St. Blasien
St. Paul im Lavanttal, Museum im Benediktinerstift St. Paul, Sign. Cod. 8/1

Die Lorscher Annalen bringen Eintragungen zur Reichsgeschichte von 703–803, so wird unter anderem über die Vorgeschichte zu Karls Kaiserkrönung und über diese selbst berichtet. Die Handschrift stammt aus dem Kloster Reichenau aus der Schule Reginberts. Zum Jahresende werden jeweils Einträge von verschiedenen Schreibern vorgenommen. Besonders bemerkenswert ist der Eintrag zum Jahr 799, wo von der Begegnung Karls mit Papst Leo III. berichtet wird. Die besondere Bedeutung der Lorscher Annalen liegt vor allem dort, wo der Text von anderen Quellen abweicht und teils ausschließlich Nachrichten übermittelt, die in anderen Schriften fehlen – so die Gesandtschaft der Sachsen 794 an Karl den Großen auf der Eresburg, die Einnahme von sächsischen Befestigungen an der unteren Elbe 797 und zuletzt die selbständige Schilderung der Kaiserkrönung.

Der einzige Schmuck ist die mehrzeilige Federzeichnungsinitiale *P* mit Flecht- und Stufenband, sowie Blattformen auf Blatt 1r. Der erste Teil

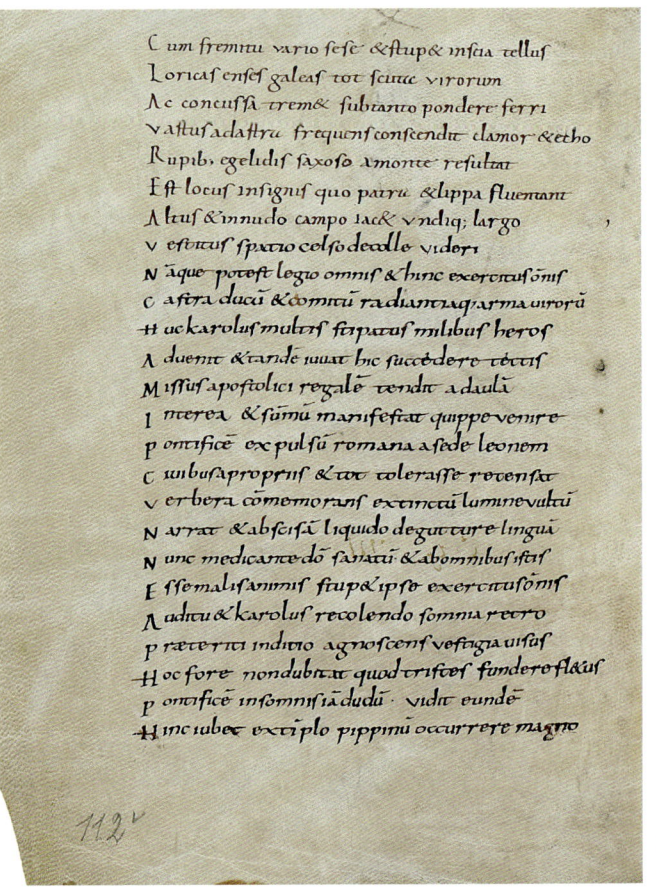

368 fol. 112v

369

des Textes, eine allgemeine Zeitrechnung nach Orosius, ist deutlich vom zweiten Teil abgehoben, der – eingeleitet mit der Majuskelfolge *ANNO AB INCARNATIO DOMINI* – mit dem Jahr 703 (*DCCIII Translatio corporis sancti Benedicti abbatis de mont Cassino*) einsetzt. Gerfried Sitar

| **Lit.**: Holter 1969, S. 360; Kat. St. Paul 1977, Nr. 18; Kat. St. Paul 1991, S. 156, Nr. 9.7 (Peter Pascher); Kat. Paderborn 1999, S. 38ff., Nr. II.3 (Sascha Käuper); Kat. Susa/Novalesa 2006; Kat. St. Paul/Dalheim 2009, S. 72f., Nr. 4.31 (Hans Gröchenig/Gerfried Sitar)

368 Paderborner Epos – Aachener Karlsepos (Sammelhandschrift: Alkuin; Theologische Abhandlungen; Sermones; Anthologie)

St. Gallen, 9. und 14./15. Jahrhundert
Pergament – moderner Pappband – H. max. 22,5 cm, B. max. 16,5 cm; 162 Bll.
Zürich, Zentralbibliothek Zürich, Sign. Ms. C 78 (als Dauerleihgabe in der Stiftsbibliothek St. Gallen)

Die Handschrift Ms. C 78 der Zentralbibliothek Zürich ist eine sekundär aus Fragmenten von drei (bzw. vier) Handschriften zusammengesetzte Sammelhandschrift mit Bestandteilen des 9. und des 14./15. Jahrhunderts, vermutlich alle St. Galler Ursprungs, und insgesamt über 40 verschiedenen, kurzen aber auch längeren Texten, Exzerpten und Textfragmenten. Der letzte Teil (fol. 47r–162v) ist wohl im Schulzusammenhang entstanden, wie die bunte Mischung von Texten mit wenigstens teilweise lehrhaftem Charakter, aber auch die mitunter etwas ungelenke, von mehreren Händen stammende karolingische Minuskel vermuten lässt. Es handelt sich dabei in Teilen um die Abschrift einer eigenständigen, von Bernhard Bischoff „St. Galler Anthologie" genannten Textsammlung.

Die besondere Bedeutung der Handschrift ergibt sich daraus, dass einige der darin enthaltenen Texte allein hier überliefert werden, so die Verse „De mundi transitu" (fol. 159r–160r) des Columban von Luxeuil (*540, †615) sowie vor allem (auf fol. 104r–114v) das als „Aachener Karlsepos" oder auch „Paderborner Epos" bekannte Werk „De Carolo rege et Leone papa" eines anonymen Verfassers. Der nach überwiegender Meinung nur fragmentarisch überlieferte Text schildert das Treffen Karls des Großen mit dem zuvor in Rom in wunderbarer Weise einem Attentat lebend entronnenen Papst Leo III. in der Pfalz Paderborn im Jahre 799. Abseits aller Fragen zu Intention und ursprünglichen Gestalt des Textes, die in der Forschung immer noch intensiv diskutiert werden, ist das Epos ein eindrücklicher Beleg für die frühe weltliche und auch christliche Bedeutsamkeit des Ortes, „wo Pader und Lippe fliessen" (*quo patra et lippa fluentant*, fol. 112v). Rainer Walter

| **Lit.**: Mohlberg 1952, S. 42–44; Bischoff 1981a, S. 210; Stork 1999; http://www.e-codices.unifr.ch/de/list/one/zbz/C0078 (15.04.13) (Lit.)

369 Kämpferplatte

8. Jahrhundert
Paderborn, Domgrabung
Sandstein, hellgelb; quadratischer Kämpferblock (Spolie) – H. 24–25 cm, L. 84 cm (oben), 70 cm (unten)
Paderborn, Museum in der Kaiserpfalz, Inv.Nr. 345

Gestaltet ist dieses Objekt mit zwei Reihen eingetiefter Dreiecke mit abgeflachten, nach unten weisenden Spitzen. Eine Reihe Bohrlöcher in ungleichmäßigem Abstand befindet sich zwischen den Reihen.

Gedeutet wird das Objekt als Kämpfer einer Mittelschiffstütze in der *ecclessia mirae magnitudinis*, einer querhauslosen Basilika, in welcher Papst Leo III. 799 den Stephanusaltar weihte.　　　　Nina Marschler

| Lit.: Lobbedey 1986, S. 143ff., 235ff. (Befund – Kat.Nr. 345); Meyer 1997, Pad 2, S. 309f.; Kat. Paderborn 1999, S. 128f., Nr. III.6 (Birgitt Mecke); Gai/Mecke 2004, S. 180f.

370 Stuckierter Kämpfer

Wohl 1. Hälfte 9. Jahrhundert
Paderborn, Bartholomäuskapelle
Kern aus zwei Sandsteinteilen, an drei Seiten getragener Stuck – An einer Seite ist der Stuck nur etwa zur Hälfte erhalten, auf der vierten Seite fehlt er ganz. An dieser Seite zeigen die beiden Steine Abplatzungen.
H. 26 cm, B. oben max. 54 cm, Setzfläche unten B. 38 cm, T. 39 cm
Paderborn, Museum in der Kaiserpfalz

Der Kämpfer wurde 1955 zwischen Mauerzügen unter dem Fußboden der Bartholomäuskapelle entdeckt. Er besteht im Kern aus einem grob behauenen Stein in Form eines umgekehrten Pyramidenstumpfs und einer darunterliegenden flachen Platte. Das in einzelnen Stücken gefundene Stuckdekor wurde wieder auf diesen Kern aufgebracht. Gestaltet ist der Stuck mit Pflanzenornamentik. Er zeigt ein flaches Relief mit akanthusartigem Blattdekor. An drei Seiten erhebt sich mittig zwischen zwei Rahmenleisten ein Stiel, aus dem zwei Blätter wachsen. Diese sind von Dreiblättern flankiert.

Zwischen diesen Motiven befindet sich jeweils ein Blatt mit eingerollter Spitze. Die Ecken des Kämpfers sind oben durch Eckzapfen und unten durch ein Zungenblatt gestaltet. Durch fehlende Stratigraphie kann leider nicht eindeutig belegt werden, ob der Kämpfer aus dem Schutt einer der Dombauperioden oder aus einem Bauteil der Pfalz stammt. Da nur drei Seiten des Kämpfers mit Stuck dekoriert waren, ist es möglich, dass die vierte Seite in das Mauerwerk eingebunden war. Es ist aber auch vorstellbar, dass er zu einem Pfeiler gehörte, welcher möglicherweise die Aufgabe einer raumteilenden Bogenstellung erfüllte. Auch wäre eine Funktion in einem möglichen Vorgängerbau der Bartholomäuskapelle vorstellbar.
　　　　Nina Marschler

| Lit.: Meyer 1963; Kat. Aachen 1965, S. 445, Kat.Nr. 622 (Karl Hauck); Kat. Corvey 1966, S. 743, Kat.Nr. 581 (Albrecht Mann); Meyer 1997, Pad 1, S. 306–308; Kat. Paderborn 1999, S. 543, Nr. VIII.26 (Uwe Lobbedey); Gai/Mecke 2004, S. 108f.

371 Das „Draco-Fragment"

Um 800
Paderborn, Pfalz
Wandputz mit roter Bemalung auf Kalktünche – H. ca. 15 cm, B. ca. 34 cm
Paderborn, Museum in der Kaiserpfalz

Bei den Ausgrabungen im Bereich der karolingischen Pfalz und auch im Bereich der ersten Bischofskirche in Paderborn wurden zwischen

VII TAUFE ODER TOD. KARL DER GROSSE UNTERWIRFT DIE SACHSEN

371

1964 und 1980 zahlreiche bemalte Wandputzfragmente entdeckt. Sie verweisen auf ein eindrucksvolles farbiges Raumbild des Profan- und des Sakralbaus. Unter den unterschiedlichen Motiven finden sich einige Inschriften. Das sogenannte Draco-Fragment wurde am Ostrand der Pfalz südlich der späteren Ikenbergkapelle des frühen 11. Jahrhunderts gefunden. Es ist gut zu lesen und zeigt eine interpretierbare Zeichenfolge. Ob es sich um einen mittelalterlichen Verweis auf den Drachen als Sinnbild des Bösen oder schlichter um den nicht selten auftretenden Eigennamen Draco handelt ist jedoch weiter unklar.

Martin Kroker

| **Lit.:** Kat. Paderborn 1999, S. 135, Nr. III.18 (Matthias Preißler); Preißler 2003, S. 77f.

Paderborn, die 777 errichtet wurde. Die Kreuzfibel kam vor dem Bau des Domes um 794 in den Boden. Dieser erste Friedhof hatte bereits eine sehr große Ausdehnung. Obwohl sich die Siedlung der ersten Christengeneration in Paderborn auch westlich außerhalb der Domburg erstreckte, erklärt sich die Größe des Friedhofes insbesondere dadurch, dass er bei der ersten Kirche in der Region lag. Somit werden auch Christen aus umliegenden Siedlungen dort bestattet worden sein.

Sven Spiong

| **Lit.:** Lobbedey 1986, Bd. 1, S. 21f., 143f., 223ff.; Kat. Paderborn 1999, S. 324, Nr. VI.1 (Uwe Lobbedey); Spiong 2008, S. 64f.

372 Kreuzfibel

Zwischen 777 und 794
Paderborn, Dom
Kupferlegierung, gegossen – Ansatz der eisernen Nadel, mögliche Glaseinlage verloren – H. 2,6 cm, B. 2,6 cm
Paderborn, Museum in der Kaiserpfalz – Metropolitankapitel Paderborn

Die Fibel besaß wahrscheinlich ursprünglich im Zentrum eine Glasflusseinlage. Sie stammt vom Friedhof südlich der ersten Kirche in

373 Kreuzfibel

8./9. Jahrhundert
Warburg-Ossendorf, Kr. Höxter, Wallburg Gaulskopf
Gold, auf der Schauseite mit Filigrandraht flechtbandartig verziert; die äußere Kontur der abgerundeten Arme wird von geflochtenem Draht begleitet; in der Mitte symmetrisch gefalteter Zierbuckel, dessen Fuß mit Filigrandraht umgeben ist; auf der Rückseite Nadelhalter und Nadelrast – bis auf die Nadel vollständig erhalten; deutliche Gebrauchsspuren – B. 2,4 cm, St. 0,1 cm
Paderborn, Museum in der Kaiserpfalz – LWL-Archäologie für Westfalen, Inv.Nr. Gau 91 Fl 1 Pl 1

434 IN HOC SIGNO

372
373

Die Form der Kreuzfibel ist hinlänglich bekannt, ihr Ursprung wird im byzantinischen Raum vermutet. Ab dem 7. Jahrhundert ist sie als Imitation im fränkischen Kulturgut enthalten. Im westfälischen Raum ist die Gruppe der karolingischen Kreuzfibeln sehr variantenreich. Die überwiegende Zahl dieser Fibeln ist aus Buntmetall, seltener aus Blei hergestellt. Ein Vergleichsstück aus Gold ist aus Westfalen und darüber hinaus bisher nicht bekannt. Die Form der Fibel weist auf die christliche Gesinnung der Trägerin hin, das Material auf ihre hervorgehobene soziale Stellung. Werner Best

| **Lit.**: Neuffer-Müller 1972; Wamers 1994; Best 1997; Bergmann 1999

374 Riemenbeschlag mit Kreuzdarstellung

Mitte 9. Jahrhundert
Warburg-Ossendorf, Kr. Höxter, Wallburg Gaulskopf
Buntmetall, gegossen mit Blattgoldbelag; auf der Schauseite Kreuzdarstellung in Kerbschnitttechnik umgeben von floralen Motiven (Akanthus?); auf der Rückseite vier angegossene Halteösen mit Eisenresten – vollständig erhalten, starke Benutzungsspuren – L. 5,1 cm, B. 2,5 cm
Paderborn, Museum in der Kaiserpfalz – LWL-Archäologie für Westfalen, Inv.Nr. Gau 92/109

Die mehrphasige Wallburg Gaulskopf bestand ab der Mitte des 7. Jahrhunderts bis in das 10. Jahrhundert. Umfangreiche Ausgrabungen in den Jahren 1990 bis 1995 legten etwa 4000 Quadratmeter der Innenfläche frei, wobei drei ebenerdige Pfostenbauten und drei Ost-West gerichtete Körpergräber entdeckt wurden. Die Überschneidung der Häuser zeigt eine Zweiphasigkeit der Bebauung an. Ein bemerkenswerter Grundriss der älteren Bauphase mit hallenartigem Hauptteil im Osten und abgetrennter Vorhalle im Westen sowie die auf das Gebäude bezogenen Gräber lassen an eine frühe christliche Kapelle denken.

Der im Innenraum gefundene, außergewöhnlich prächtige und aufwendig hergestellte Beschlag zierte das Wehrgehänge eines vornehmen Kriegers. Die Kreuzdarstellung weist mit hoher Wahrscheinlichkeit auf die christliche Gesinnung des Trägers hin. Fast identische Beschläge wurden in der Wüstung Balhorn bei Paderborn, Everswinkel-Alverskirchen, Kreis Warendorf und in Erwitte, Kreis Soest gefunden. Die große Ähnlichkeit der Beschläge lässt an die Entstehung in einer Werkstatt denken. Werner Best

| **Lit.**: Best 1997; Eggenstein/Westphal 2003; Grünewald 2012

375 Fibel aus einem Spornende

Um 800
Wüstung Wietheim bei Bad Lippspringe, Kr. Paderborn
Bronze, gegossen, vergoldet mit Silbertauschierung – H. 1,65 cm, B. 1,65 cm, T. 1,38 cm
Bad Lippspringe, Sammlung Jens Lütkemeyer, Inv.Nr. Wi 203

Das Spornende mit einer kugeligen Oberseite, Silbertauschierung und mit in Kerbschnitt ausgeführten plastischen Linien stammt ursprünglich von einer prunkvollen Reiterausstattung. In den Kerbschnittlinien am Hals ist teilweise ebenfalls noch Silbertauschierung erhalten. Das Spornende wurde bei der Umarbeitung zur Fibel so abgetrennt, dass sich aus der Silbertauschierung ein zentrales Kreuzsymbol ergibt. Auf der Rückseite sind noch Spuren der abgearbeiteten Schlaufe und die zwei nachträglich über die Vergoldung ziehenden Weichlötstellen für eine Nadelkonstruktion zu erkennen. Das Spornende gelangte mit weiteren Militaria von ranghohen berittenen Kriegern im Gefolge Karls des Großen im Zuge der Königsbesuche seit 776 nach Paderborn bzw. an die Lippequellen. Die Umar-

374

375

beitung zur Fibel erfolgte mit einfachen Mitteln durch die einheimische ländliche Bevölkerung. Der dafür betriebene Aufwand zeugt von der hohen Wertschätzung der aus solchen Materialien und in dieser Qualität vor Ort nicht verfügbaren Objekte. Sven Spiong

| Lit.: Spiong 2009; Spiong 2012

376 Die Pfalz Karls des Großen in Paderborn im Jahre 799

Digitale Rekonstruktion
Archimedix GbR (dipl.ing. Architektur, Reinhard Munzel), Ober-Ramstadt, Juni 2013
Paderborn, Museum in der Kaiserpfalz – Ausstellungsgesellschaft Paderborn mbH

Im Jahre 776 gründete Karl der Große in dem bis zu den Paderquellen abfallenden Gelände nördlich des heutigen Domes innerhalb eines umfriedeten Areals die Paderborner Pfalz. Die Anlage bildete einen wichtigen militärischen und strategischen Stützpunkt in den neu eroberten Gebieten während der Sachsenkriege (772–804), erfüllte aber auch von Beginn an als königlicher Standort die Funktion eines Eckpfeilers der königlichen und später imperialen Herrschaft.

Die beiden Gebäude der Pfalz wurden aus Steinen errichtet: Zu der königlichen Aula, deren Grundriss ein Rechteck von 10 mal 30 Metern Größe bildete, gesellte sich die in etwa gleich große Salvatorkirche, ein Saalbau mit dreigeteiltem Chor und vermutlich quadratischer Zentralapsis. Schon im Jahre 778, nach der verheerenden Zerstörung der Anlage infolge eines Sachsenaufstandes, wurde eine Befestigungsmauer aus Steinen errichtet, die die frühere Holz-Erde-Konstruktion ersetzte und dem Ort sicheren Widerstand gegen zukünftige Angriffe bieten sollte. Obwohl die steinernen Gebäude kein besonderes architektonisches Konzept verraten, weisen sie in ihren beträchtlichen Ausmaßen auf repräsentative und politische Funktionen hin.

Schon im Jahre 799 belegen die Schriftquellen den Bau einer neuen Kirche von „wunderbarer Größe" (*ecclesia mirae magnitudinis*), eines dreischiffigen Baus mit dreiapsidialem Chor, die infolge ausgedehnter Ausgrabungen als ältester Vorgängerbau unter dem heutigen Dom entdeckt wurde. Der große, rechteckige Anbau, der an der Nordseite der Aula hinzugefügt wurde, bildete den Wohntrakt, in dem sich auch die Küche und die Dienstgebäude befanden.

Spärliche Mauerreste nördlich der Kirche lassen die Hypothese zu, dass sich hier der Klosterbereich befand. Obwohl Form und Ausmaße dieser Strukturen nicht erschlossen werden konnten, ist es anzunehmen, dass sich hier die Klausur mit den dazugehörenden Gebäuden für die Mönche befand. Schon die schriftlichen Quellen („Translatio Sancti Liborii") erwähnen im Jahr 799 das Vorhandensein einer Klosteranlage in Paderborn (*monasterium paderburnensis*). Das Jahr 806 wird als Gründung des Bistums angesehen, sodass zu vermuten ist, dass sich hier schon einige Jahre zuvor eine Gruppe Mönche angesiedelt hatte, die ein gemeinsames klösterliches Leben führte.

Die digitale Rekonstruktion zeigt die Pfalzsituation im Jahre 799, als nach der Weihe der neu errichteten Kirche das berühmte Treffen zwischen Karl dem Großen und Papst Leo III. in Paderborn stattfand: Der als Opfer eines Attentats aus Rom geflohene Papst suchte nördlich der Alpen den Schutz des Königs und schloss mit ihm ein Bündnis, das als Vorbereitung zu der Kaiserkrönung im darauf folgenden Jahr in der Petrikirche in Rom gilt.

Mit der Gründung der Diözese übernimmt Paderborn eine wichtige Rolle in der Christianisierung des Sachsengebiets als eines der tragenden Bistümer. Die Funktion und die politische Bedeutung des Ortes als Bischofssitz überlagert – insbesondere unter den Nachfolgern Karls des Großen und unter den Bischöfen Badurad in der ersten Hälfte des 9. Jahrhunderts und Rethars am Ende des 10. Jahrhunderts – die politische und militärische Funktion der Pfalz: Paderborn wird Bischofsstadt. Die architektonische Entwicklung der Pfalzanlage bis zum Jahre 1000 spiegelt diesen Prozess wider, in dem die bauliche Verbindung zwischen profanen und kirchlichen Bereichen der Anlage in den Vordergrund tritt. Sveva Gai

| Lit.: Balzer 1979; Lobbedey 1986; Balzer 1999; Gai 2001a; Gai 2001b; Gai 2003; Gai/Mecke 2004; Gai 2008

377 Fibeln vom Gräberfeld Wünnenberg-Fürstenberg

a) Kreuzfibel
Um 800
Wünnenberg-Fürstenberg, Kr. Paderborn, Grab 37
Buntmetall, Eisennadel – H. 2,3 cm, B. 2,3 cm, T. 0,8 cm
Paderborn, Museum in der Kaiserpfalz – LWL-Archäologie für Westfalen, Inv.Nr. Wün 37

b) Kreuzfibel
Um 800
Wünnenberg-Fürstenberg, Kr. Paderborn, Grab 47
Buntmetall – H. 2,3 cm, B. 2,3 cm, T. 0,6 cm
Paderborn, Museum in der Kaiserpfalz – LWL-Archäologie für Westfalen, Inv.Nr. Wün 47.1

c) Taubenfibel
Um 800
Wünnenberg-Fürstenberg, Kr. Paderborn, Grab 16
Buntmetall – H. 1,8 cm, B. 3,1 cm, T. 0,6 cm
Paderborn, Museum in der Kaiserpfalz – LWL-Archäologie für Westfalen, Inv.Nr. Wün 16,1

d) Münzfibel
2. Drittel 9. Jahrhundert
Silber – Dm. 2,1 cm; 1,09 g
Wünnenberg-Fürstenberg, Kr. Paderborn, Grab 52
Buntmetall – H. 1,8 cm, B. 3,1 cm, T. 0,6 cm
Paderborn, Museum in der Kaiserpfalz – LWL-Archäologie für Westfalen, Inv.Nr. Wün 52/1

Trotz des strengen Verbots Karls des Großen bestatteten die frühen Christen in Wünnenberg-Fürstenberg noch bis zur Mitte des 9. Jahrhunderts auf den Gräberfeldern ihrer heidnischen Vorfahren, allerdings nun durchgehend in West-Ost ausgerichteten Gräbern und ohne Beigaben, also nach christlichem Ritus. Zwar wird in den Kapitularen von 782 befohlen, auf den Kirchhöfen zu bestatten, doch ließ sich dies zunächst noch nicht durchsetzen. Erst im Laufe des fortgeschrittenen 9. Jahrhunderts entwickelte sich die Pfarrorganisation so weit, dass die alten Gräberfelder nicht mehr belegt und die Menschen auf den Friedhöfen um die neu errichteten Kirchen bestattet wurden.

Dass die Menschen trotzdem schon um 800 den christlichen Glauben angenommen hatten, zeigen die ersten christlichen Fibeln in Sachsen: Taubenfibeln und Kreuzfibeln. Eine Belegung des Gräberfeldes bis ins 2. Drittel des 9. Jahrhunderts verdeutlicht ein silberner Denar Ludwigs des Frommen (Typ Christiana-Religio), bei dem zwei Lötstellen für eine nicht mehr vorhandene Nadelkonstruktion auf eine Umarbeitung zur Fibel hinweisen. Diese Fibel wurde so getragen, dass auf der Schauseite das zentrale Kreuzsymbol zu sehen war. Sven Spiong

| Lit.: Melzer 1991; Kat. Paderborn 1999, S. 222f., Nr. IV.44–48 (Stefan Fassbinder); Spiong 2000

378 Taubenfibel

Frühes 9. Jahrhundert
Borken, Kr. Borken
Bronze mit Spuren einer Vergoldung; Reste der eisernen Nadelkonstruktion erhalten – H. 3,0 cm, B. 3,65 cm
Herne, LWL-Museum für Archäologie, Westfälisches Landesmuseum, Inv.Nr. MKZ 4106,9 (F4201)

Von den zahlreichen Kleinfunden einer frühmittelalterlichen Siedlung im Südwesten der Kreisstadt Borken hebt sich eine markante Fibel besonders ab. Das plastisch modellierte Stück zeigt eine nach rechts gewandte, aufrecht stehende Taube, die sich durch einen ungewöhnlich eindrucksvollen Schnabel auszeichnet. Die durch Rauten dargestellten Körperfedern gehen in einen nach oben abgespreizten Flügel und in breit gefächerte Schwanzfedern über. Bei dem aufwendig hergestellten Stück handelt es sich nicht nur um einen wertvollen Gewandverschluss mit Schmuckcharakter, sondern primär um ein markantes und sichtbares Bekenntnis zum christlichen Glauben. Die Darstellung des Heiligen Geistes in Form der Taube ist seit dem frühen Mittelalter bis heute ein fester Bestandteil

377a–d

der christlichen Symbolik. Das seltene Stück lässt sich in eine überschaubar kleine Gruppe von Taubenfibeln einreihen, die in das frühe 9. Jahrhundert datieren. Elisabeth Dickmann

| Lit.: Dickmann 2005

379 Kreuzbeschlag

9. Jahrhundert
Borken, Kr. Borken
Bronze, Reste eines silberfarbenen Überzuges – Rückseite mit Bearbeitungsspuren, deutliche Grate an den Bohrlöchern; ein Nietrest aus Eisen erhalten – H. 4,60 cm, B. 4,51 cm, T. 0,15–0,2 cm
Münster, LWL-Archäologie für Westfalen, Inv.Nr. MKZ 4106,9 (F12066)

Der massive Beschlag aus geschnittenem Blech hat die Form eines gleicharmigen Kreuzes mit nach außen leicht verbreiterten Enden. Zur Befestigung auf einem unbekannten Trägermaterial wurden alle vier Enden durchbohrt. Auf der Schauseite zeigt sich eine ungewöhnliche Kombination aus traditioneller und christlicher Symbolik. Das zentrale Motiv besteht aus einem vierpassförmigen Schlaufenknoten, der von einer randbegleitenden Kontur teilweise überschnitten wird. Vier anthropomorphe Köpfe, die bis an die Enden der Kreuzbalken reichen, sind durch bandartige Linien mit den Seiten des Knotens verbunden. Trotz ihrer stark stilisierten Schlichtheit lassen sich individuelle Unterschiede der Dargestellten erkennen.

Seit dem 5. Jahrhundert zieht sich der bekannte Vierpassknoten ⌘ durch die von Flechtbandornamenten dominierte mittelalterliche Kunst. In der vorliegenden Zusammenstellung wird das antike Zeichen für Unendlichkeit auf dem Kreuz zum Sinnbild für den Gekreuzigten. Die vier ihn umgebenden Evangelisten Matthäus, Markus, Lukas und Johannes bestätigen diese Symbolik zusätzlich durch ihre Anwesenheit. Damit erweitert der Vierpassknoten auf dem Borkener Kreuz das Spektrum der bisher bekannten Christussymbole wie „Agnus Dei"/Lamm Gottes, „Ichthys"/Jesusfisch, „Alpha und Omega", „IHS" oder „XP"/Chi-Rho. Das Wissen um die Bedeutung und den Symbolgehalt der Zeichen darf bei den mittelalterlichen Betrachtern zumindest teilweise vorausgesetzt werden. Die archaisch wirkende Ausführung des Kreuzes spricht dafür, dass der Beschlag während der frühen Phase der Christianisierung im 9. Jahrhundert in das westliche Münsterland gelangte.

Elisabeth Dickmann

| Lit.: Kat. Köln/Herne 2010, S. 539 (Elisabeth Dickmann)

380 Kreuz in Sekundärverwendung

Spätes 8. Jahrhundert
Wüstung Aspen bei Bad Westernkotten, Kr. Soest
Buntmetallblech – H. 2,52 cm, B. 2,8 cm, T. 0,8 mm
Sammlung Andreas Ernst, Bergkamen (Dauerleihgabe LWL-Museum für Archäologie, Westfälisches Landesmuseum, Herne)

Das Fundstück war ursprünglich eine Rechteckfibel mit einer umlaufenden Rollstempelverzierung und zwei horizontalen Rollstempeln, die das Mittelfeld in drei gleiche Felder gliederten. An der erhaltenen Kurzseite befindet sich noch die Weichlotstelle auf der Rückseite für die ursprüngliche Anbringung des Nadelhalters oder der Nadelrast. Als bald nach 776 die Christianisierung im Hellwegbereich fortschritt, arbeitete ein zum Christentum bekehrter Einheimischer die Rechteckfibel – ein in Sachsen weit verbreiteter Typ – zu einem Kreuz um. Dabei entfernte er die Nadelkonstruktion auf der Rückseite, schnitt an einer Kurzseite einen Blechstreifen ab und schnitt an den Seiten des nun etwa quadratischen Blechs jeweils ein Rechteck aus und rundete die Ecken ab. Zentrum und Arme des nun entstandenen Kreuzes zierten nun Kreisaugen mit zentralen Löchern. Aus der Fibel wurde somit ein auf die Kleidung aufgenähtes Kreuz, mit dem der Träger sich offensichtlich zum neuen Glauben bekannte. Sven Spiong

| Lit.: Unpubliziert

381 Anhänger mit Kreuzigungsgruppe

Spätes 9. oder 10. Jahrhundert
Wüstung Balhorn bei Paderborn
Walrosselfenbein – H. 3,9 cm, B. 2,4 cm
Paderborn, Museum in der Kaiserpfalz, Inv.Nr. F 137/1998

Der Anhänger zeigt in halbplastischer Darstellung eine Kreuzigungsgruppe mit Christus in langer Tunika am Kreuz im Zentrum. Er ist deutlich größer als die beiden flankierenden Personen. Links steht Maria mit einem über den Kopf gezogenen Gewand, rechts wahrscheinlich der Apostel Johannes. An der Öse sind gebrauchsbedingte Abriebstellen erkennbar.

Die stark stilisierte Darstellung und der ländliche Fundzusammenhang umreißen das Milieu, in dem solche Objekte getragen wurden. Dies bestätigen auch zwei Vergleichsfunde vom Fürstenberg bei Neheim beziehungsweise von der Wüstung Mergerzen bei Brakel. Für die Anhänger aus Balhorn und Mergerzen ist der verwendete Rohstoff Walrosselfenbein mit Hilfe einer Laser-Raman-Spektroskopie und einer FTIR-Spektroskopie sicher bestimmt. Dies könnte ein Hinweis darauf sein, die Herkunft der Objektgruppe im anglo-irischen Bereich zu lokalisieren. Die Funde stellen somit eventuell einen späten realienkundlichen Beleg für die anglo-irische Missionstätigkeit in Westfalen dar. Sven Spiong

| Lit.: Pesch/Spiong 2000; Kat. Paderborn/Würzburg 2008, S. 222f., Nr. 61.1 (Georg Eggenstein)

382 Fibelauswahl der Sammlung Ahlers

Slg. Gustav-Lübcke-Museum, Privatbesitz Hamm, diverse Inv.Nr.

Der ehrenamtliche Sondengänger Boris Ahlers beging zwischen 1999 und 2001, teilweise auch noch bis 2004, vorwiegend mittelalterliche Wüstungen im Hellwegraum zwischen Hamm und Salzkotten. Dabei fand er mehr als 100 Fibeln des 9. und 10. Jahrhunderts mit christlichen Symbolen, von denen in der Ausstellung eine Auswahl von 63 Stücken gezeigt wird. Diese offen an der Kleidung zur Schau getragenen Gewandschließen spiegeln das Bekenntnis der ländlichen Bevölkerung zum sich in dieser Zeit zunehmend durchsetzenden christlichen Glauben wider. Noch in der Zeit um 800 sind Fibeln mit christlichem Bildinhalt sehr selten. Eine gegossene Kreuzfibel aus der Wüstung Diderikeshusen ist das einzige Exemplar in dieser Sammlung. Erst mit den Heiligentranslationen 836 nach Paderborn (Liborius) und Corvey (Vitus) kam der neue Glaube auch bei den Bauern am Hellweg allmählich an. Dies zeigen acht Exemplare der Heiligenfibel aus der Sammlung. Den mit Abstand größten Anteil an den Fibeln machen die insgesamt 50 gezeigten einfachen Kreuzemaillescheibenfibeln aus. Sie sind fast alle in einfacher Serienherstellung mit Grubenemaille gefertigt. Nur sieben aufwendiger gestaltete Exemplare weisen Zellenemaille in aufgelöteten Stegen auf. Kreuzemaillescheibenfibeln kommen um die Mitte des 9. Jahrhunderts auf und waren in den einfachen Varianten ohne abgesetzten Rand noch in der ersten Hälfte des 10. Jahrhunderts weit verbreitet. Zu dieser Zeit weisen auch drei Rechteckfibeln der Sammlung jeweils ein Kreuz mit Grubenemaille auf. Im Laufe des 10. Jahrhunderts haben die Kreuzemaillescheibenfibeln dann meist einen abgesetzten flachen Rand.

Die sehr zahlreichen Kreuzemaillefibeln in den ländlichen Siedlungen belegen sehr gut, dass die Pfarrorganisation seit der Mitte des 9. Jahrhunderts auch das Hinterland so weit erschloss, dass sich der christliche Glaube auch dort als alleinige Religion ohne Alternative durchsetzte. Sven Spiong

| Lit.: Bergmann 2011; Spiong [im Druck]

383 Alkuinbriefe

Ende 9. Jahrhundert
Pergament – H. 25 cm, B. 14,5 cm
London, British Library, Sign. Harley 208

Alkuin (*um 740, †804) stammte aus einer vornehmen angelsächsischen Familie und ist in der Yorker Kathedralschule, dem bedeutendsten Bildungszentrum der Zeit, ausgebildet worden. Berufen an den Hof Karls des Großen (reg. 768–814), stieg der Gelehrte und Dichter als Berater zur führenden Persönlichkeit der karolingischen Bildungserneuerung auf. Sein Ziel war es, das Böse zu berichtigen und das Gute zu bestärken (*prava corrigere, recta corroborare*). Dazu dienten auch die Verbesserung des Bibeltextes, die Vereinheitlichung der

383
fol. 73v–74r

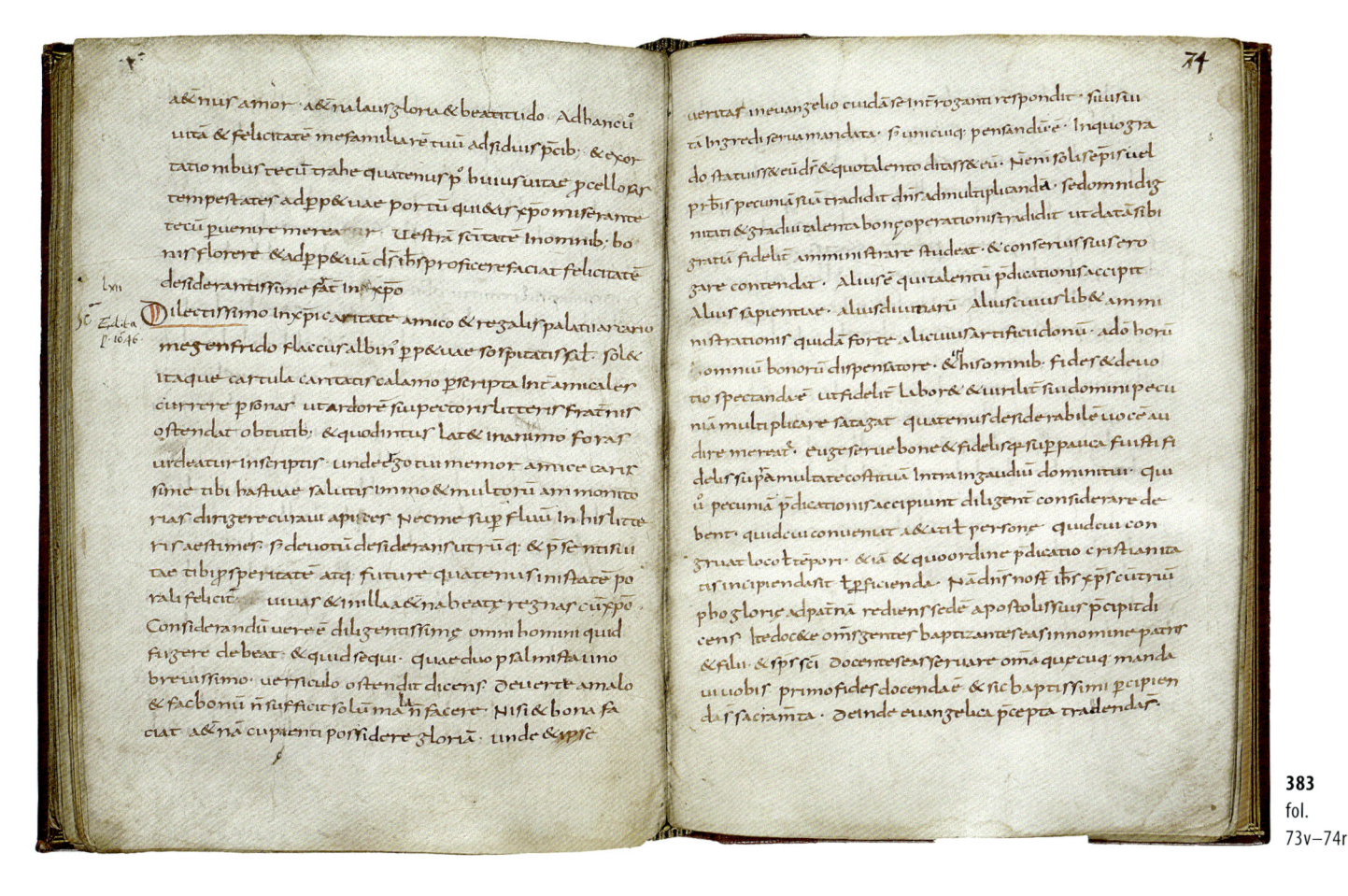

Liturgie, die Klärung theologischer Streitfragen sowie die Ausbreitung des Glaubens. Dazu pflegte Alkuin rege Briefkontakte mit Herrschern, Kirchenfürsten und Freunden im In- und Ausland. Die rund 300 Briefe vermitteln einen unmittelbaren und authentischen Eindruck von den großen und kleinen Herausforderungen der Karolingerzeit. Sein Rat muss für Karl den Großen so wertvoll gewesen sein, dass er den Diakon 796 zum Abt von St. Martin in Tours erhob. Alkuins besonderes Anliegen war die friedliche Ausbreitung des Christentums durch eine dem Evangelium verpflichtete Predigt. Als Vertreter der angelsächsischen Missionsschule kritisierte er scharf das imperialmissionarische Vorgehen bei den Sachsen. Deshalb schrieb Alkuin eigens eine Vita seines Verwandten Willibrord (*658, †739), um dessen Friesenmission als leuchtendes Beispiel zu präsentieren. In Briefen an Karl den Großen (ep. 110f.) empfahl er, aus den Fehlern bei der Sachsenmission zu lernen und verlangte eindringlich ein friedliches Vorgehen. Die Annahme des Christentums müsse freiwillig geschehen, denn man könne niemanden zum Glauben zwingen: „Daher müssen die Prediger der Heidenvölker mit friedlichen und klugen Worten den Glauben lehren [...] Aber auch nach Annahme des Glaubens und der Taufe muss man den schwachen Seelen mildere Gebote geben." (ep. 111; Alkuin, Briefe [MGH Epp. 4], S. 160). Alkuin fordert also einen Dreischritt: Missionspredigt mit den Grundlagen der Glaubenslehre – Taufe – Lehre der christlichen Tugenden (*fides – baptismi sacramenta – evangelica praecepta*, ep. 110; Alkuin, Briefe [MGH Epp. 4], S. 158f.). Damit ist Alkuin der wohl bedeutendste Missionstheologe des Frühmittelalters, allerdings ist man zum eigenen Schaden nicht immer seinen Vorgaben gefolgt.

Lutz E. von Padberg

| **Quellen:** Alkuin, Briefe (MGH Epp. 4) (Edition); Alcuin of York (englische Übersetzung in Auswahl)

| **Lit.:** Alberi 1998; Houwen/MacDonald 1998; Garrison 2002; von Padberg 2002; von Padberg 2003, S. 349–358; Bullough 2004

384 Isidor Hispanus: „De ecclesiasticis officiis", „De differentiis rerum (II)", Karl der Große, Texte über die Taufe

Reichenau, nach 812–819, vor 835–842
Pergament – moderner brauner Ledereinband – H. 22 cm, H. 11,5 cm (Blatt), H. 17,7 cm, B. 7,7 cm (Schriftspiegel), 168 Bl.
St. Paul im Lavanttal, Museum im Benediktinerstift St. Paul, Sign. Cod. 5/1

Das kleinformatige Büchlein setzt sich aus verschiedenen Manuskripten zusammen, deren Intention es vermutlich war, Klerikern Anweisungen für das rechte Verhalten zu geben. Diese einheitlichen

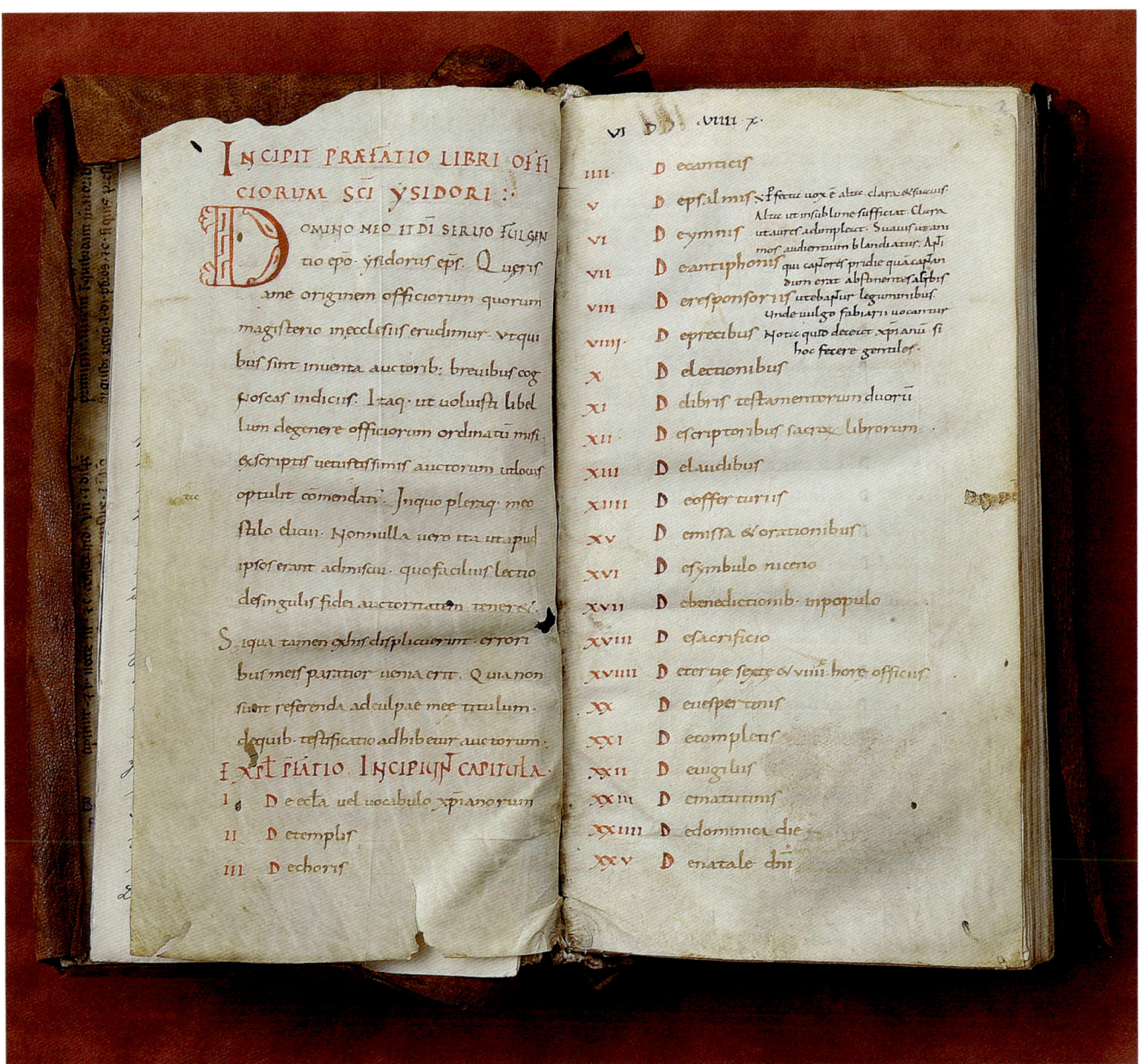

384
fol. 2v–3r

Instruktionen waren deswegen wichtig geworden, da der Bildungsgrad der Geistlichen sehr unterschiedlich gewesen ist und eine Vereinheitlichung der Riten für die Spendung von Sakramenten und Sakramentalien unabdingbar geworden ist. Neben den Texten „De ecclesiasticis officiis" und „De differentiis rerum" Isidors, des Bischofs von Sevilla (*560, †636), enthält die Handschrift das Rundschreiben Kaiser Karls des Großen an die Erzbischöfe (gesendet 812), das die Taufe betrifft sowie die Antwort des Erzbischofs Odilbert von Mailand und ein kurze Version von „De institutione celericorum", dem 819 entstandenen Werk des Mainzer Erzbischof Rabanus Maurus.

Im alten Inventarverzeichnis des Klosters Reichenau wird der Codex eindeutig angeführt, sodass heute eine Entstehung klar zwischen den ersten zwanzig Jahren des 9. Jahrhunderts und 842 lokalisiert. Im Bibliotheksverzeichnis wird die Schrift folgend erwähnt: *In XXXII. libello libri duo Isidori de officiis divinis et diversis clericorum ordinibus et de ratione baptismi diverso modo cum epistola Karoli imperatoris ad Odilbertum archiepiscopum.*

Drei Hauptschreiber können festgestellt werden, von denen der erste als der Erfahrenste zu gelten hat. Er dürfte sogar am Entstehen des berühmten „Liber fraternitatis" mitgearbeitet haben, denn seine elegante und klare karolingische Minuskel ist beispielhaft und in dieser Präzision kaum vergleichbar. Diese Schrift lässt eine Ausbildung beim berühmten Schreiber und Bibliothekar Reginbert vermuten, der in der ersten Hälfte des 9. Jahrhunderts in Reichenau tätig war. Die beiden anderen Hände ähneln einander. Die Präsenz der Handschift bis zum 18. Jahrhundert kann in der Bibliothek zu Reichenau

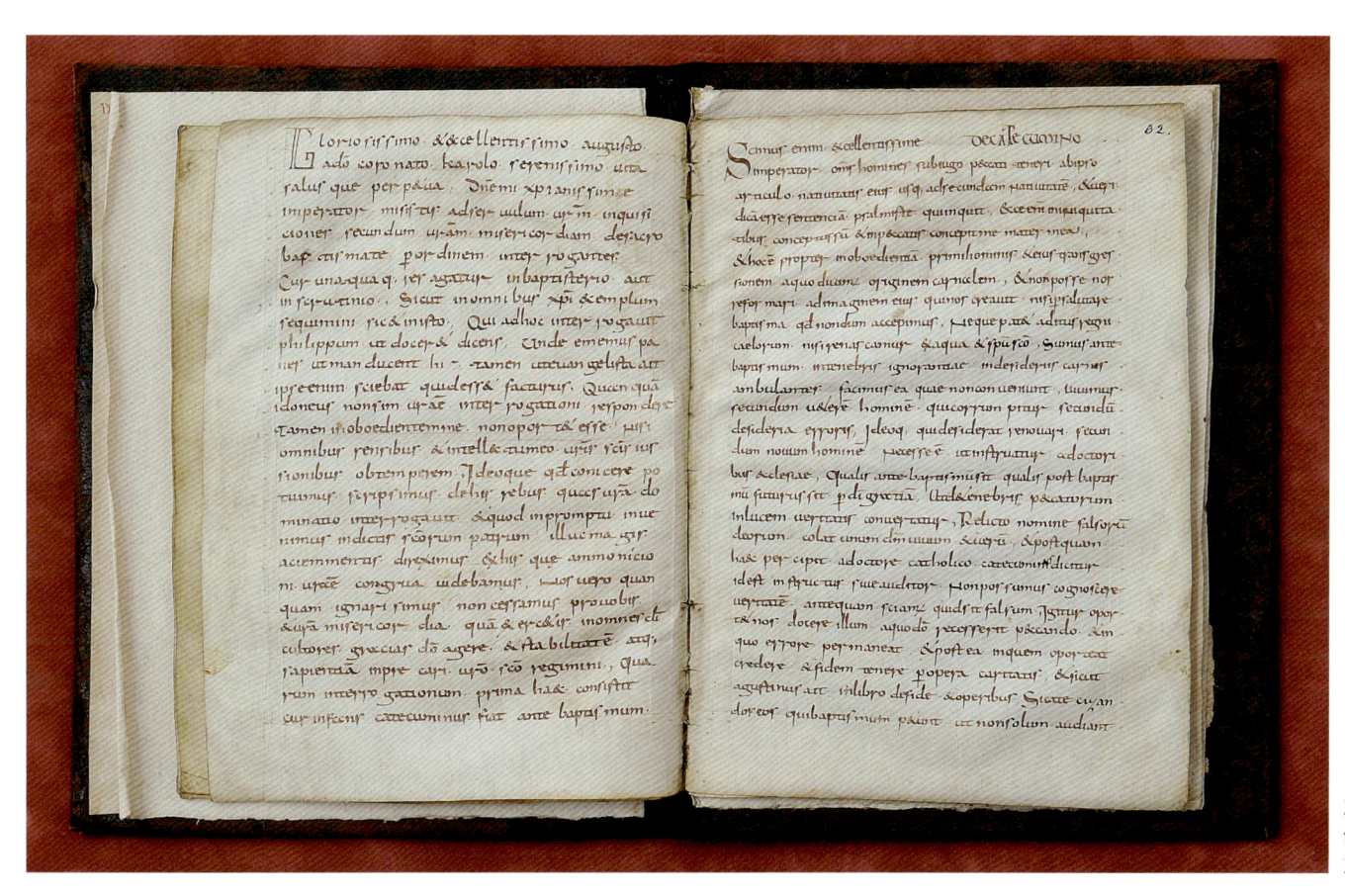

385
fol.
31v–32r

nachgewiesen werden. Abt Gerbert dürfte das Buch für St. Blasien erworben haben, von wo es zu Beginn des 19. Jahrhunderts nach St. Paul in Kärnten gelangte, wo es sich seitdem als besonderer Schatz der Bibliothek befindet. Gerfried Sitar

| **Lit.:** Holder/Preisendanz 1917, S. 112; Lehmann 1918, S. 257, 261; Preisendanz 1953, S. 14, 44; Bischoff 1981b, S. 34; Mordek 1995, S. 695–698; Pani 2005 (Lit.); Kat. St. Paul/Dalheim 2009, S. 73f., Nr. 4.33 (Laura Pani)

385 Expositio missae – Ratio canonum paenitentiae. De consueto tempore missae

9. Jahrhundert
Amalarius Metensis (um 775–um 850): Epistola ad Carolum Magnum de caeremoniis baptismi (Brief an Karl den Großen über die Zeremonien der Taufe)
Pergament, heute 24 Bll. (Bl. 1–14 [Breviarium ordinis ecclesiastici secundum regulam S. Benedicti] wurden 1923 an die Biblioteca Apostolica Vaticana abgetreten)
– H. 26,5 cm, B. 19,5 cm
Provenienzgruppe St. Blasien
St. Paul im Lavanttal, Museum im Benediktinerstift St. Paul, Sign. Cod. 10/1

Amalarius von Metz gehört zu den herausragenden Kirchengestalten der karolingischen Geschichte. Als Erzbischof von Metz (amt. 809–813) zählte er zu den engsten Vertrauten Karls des Großen und diente dem Herrscher als Ratgeber in der Umsetzung seiner weitreichenden Reformen. Auch Ludwig der Fromme, der Sohn Karls, berief Amalarius von 814 an in seine Dienste und vertraute dem Geistlichen. Die vorliegende Handschrift enthält einen Brief des Erzbischofs an Karl den Großen (Bl. 21v–38v), die sogenannte „Epistola ad Carolum Magnum de ceremoniis baptismi", der sich mit dem Ritus der Taufe auseinandersetzt. Amalarius gilt als einer der maßgeblichen kirchlichen Reformer und unterstützte Kaiser Karl in der Vereinheitlichung der Institutionen und des Kults. Der Kaiser ersuchte den Bischof um eine Darlegung des Taufritus (812/13), der schließlich für das gesamte Reich Gültigkeit haben sollte. Gerfried Sitar

| **Lit.:** Krimm 1983, S. 358; Kat. St. Paul/Dalheim 2009, S. 73, Nr. 4.32 (Hans Gröchenig)

386 Werdener Reliquienkasten

Süditalien (?), 8. Jahrhundert; 1243 (Eichenholzkasten)
Eichenholz, Walrosszahn, Papier, bemalte Seidenfragmente, Eisenscharniere –
H. 21,2 cm, B. 40 cm, T. 22 cm
Essen-Werden, Schatzkammer der Propsteikirche St. Ludgerus, Inv.Nr. 5

Geschnitzte, gravierte und durchbrochene Beinplättchen aus der Zeit des 8. Jahrhunderts sind auf einen jüngeren Deckelkasten montiert. Nicht nur Herkunft und Entstehungszeit, sondern auch ursprüngliches Aussehen und Funktion des Reliquienkastens sind strittig.

Als mutmaßlicher Tragaltar wurde er von Victor H. Elbern dem heiligen Liudger (*um 742, †809), einem der bedeutendsten Missionare des frühen Christentums, dem ersten Bischof von Münster und Gründer des Werdener Klosters, zugeordnet. Es lassen sich jedoch weder Quellen noch Belege finden, die den Kasten zu einer Sekundärreliquie des Heiligen machen. Das Werdener Reliquienverzeichnis aus dem Jahre 1512 benennt zwar „(¼) eyn portatel, dar vp s. Ludger misse t'doene plach (¼)". Ob es sich aber dabei tatsächlich um den in der Schatzkammer erhaltenen Beinkasten handelt, bleibt fraglich.

Das ursprüngliche Aussehen und die Funktion des möglicherweise beschädigten ursprünglichen Trägers der Beinplättchen sind nicht überliefert. Die Durchbruchsarbeiten aus Bein wurden auf dem spätmittelalterlichen Eichenholzkasten mit bunt gefärbten Seiten eines veralteten Werdener Bücherverzeichnisses aus dem Jahre 1511 hinterlegt. Diese Jahreszahl dient als terminus post quem für die Zusammenfügung von alten Beinplättchen und neuerem Kasten. Auf der Rückseite sind Fragmente einer bemalten Seide zu finden.

Zum Bildprogramm gehören zwei Christusdarstellungen, eine Engelsgestalt sowie verschiedene Tierdarstellungen, gerahmt von Leisten und Bändern mit ornamentalem Dekor und Durchbruchsarbeiten. Der Entstehungsort der Schnitzereien ist umstritten. Jüngst wurde Süditalien angenommen, worauf die reiche Lochkreisornamentik, die naturalistischen Tierfiguren und sowie die byzantinische Tunika des Gekreuzigten verweisen.   Andrea Wegener

| Lit.: Elbern 1962; Schulze-Dörrlamm 2003; Kat. Münster 2005a, S. 114f. (Mechthild Schulze-Dörrlamm); Elbern 2006; Elbern 2011; Hermann 2011, Nr. 1

387 Bemalter Wandputz

9.–11. Jahrhundert
Münster, Grabung Domherrenfriedhof 1988/89
4 Fragmente – Mörtel mit Putzauftrag und Bemalung in Dunkelgrau, hellem bzw. dunklem Ockergelb, Rotbraun und Dunkelbraun – erhaltene Maße H. 5,0 cm, B. 6,5 cm; H. 5,3 cm, B. 7,5 cm; H. 5,5 cm, B. 7,0 cm; H. 3,0 cm, B. 4,0 cm
Münster, Stadtmuseum – LWL-Archäologie für Westfalen

386

Bei den Ausgrabungen auf dem Domherrenfriedhof nördlich des münsterischen Doms traten die Fundamente der karolingischen Stiftskirche *vetus ecclesia sancti Pauli* zutage, der Nebenkirche des Domstiftes am neu gegründeten Bischofssitz *Mimigernaford*. Aus den Abbruchschichten dieser 1377 für den Bau des gotischen Kreuzgangs niedergelegten Saalkirche des frühen 9. Jahrhunderts traten zahlreiche kleinteilige Wandputzfragmente mit Bemalungsresten zutage. Sie erlauben die Feststellung einer ornamentalen, möglicherweise auch figürlichen Ausmalung dieser frühen Klosterkirche mit feiner und sorgfältiger Pinselführung. Die genauen Motive konnten nicht rekonstruiert werden, die zerstörten Darstellungen gingen vermutlich auf Vorlagen aus der Buchmalerei oder speziellen Musterbüchern zurück.

Die Farben wurden meist in Freskomalerei, bei der die Pigmente direkt in den noch feuchten Verputz gemalt wurden, aufgebracht. Es konnte aber auch Kalkmalerei nachgewiesen werden, bei der als Malgrund zunächst eine kräftige, weiße Tünche auf den bereits ausgehärteten Putz aufgetragen wurde. Erst darauf wurden die Dekore gemalt. Schriftliche Quellen belegen, dass Kirchen seit dem 8. Jahrhundert mit Wandmalereien ausgestattet wurden, aber nur wenige Belege für das 8. bis 10. Jahrhundert haben sich erhalten. Aus Westfalen sind karolingische Wandmalereien zum Beispiel im Westbau der Klosterkirche von Corvey bekannt. Bei Grabungen in dieser Kirche traten weitere bemalte karolingische Putz- und Stuckreste zutage, ebenso wie bei den Ausgrabungen im Dom und in der Pfalz in Paderborn.

Die karolingische Stiftskirche des von dem Missionar und späteren Bischof Liudger (*um 742, †809) um 793 in *Mimigernaford* gegründeten Missionsklosters war daher im 9. Jahrhundert mit Wandmalereien sowie mit kostbaren Bodenfliesen aus Stein und Wandfliesen aus Glas ausgestattet, wie weitere Funde belegen. Bernd Thier

| **Lit.:** Preißler 1999; Preißler 2003; Claussen/Skriver 2007 (Lit.); Schneider 2011, S. 133

388 Dreieckige Steinfliese

9./10. Jahrhundert
Münster, Grabung Horsteberg 1978/79
Grüner Porphyr, gesägt und geschliffen – in zwei Fragmente zerbrochen – L. 9,8 cm, B. 5,3 cm, T. 1,15–1,25 cm
Münster, Stadtmuseum – LWL-Archäologie für Westfalen

Bei verschiedenen Grabungen im Bereich des um 793 gegründeten Missionsklosters am Horsteberg in *Mimigernaford* (Münster) fanden sich einzelne, vollständig oder in Fragmenten erhaltene Steinfliesen. Die kleine Fliese aus grünem Porphyr trat zwar im Klosterbereich zutage, dürfte jedoch ursprünglich von einem Fußboden aus dem Bischofsdom oder der nördlich davon gelegenen Stiftskirche des Domklosters stammen. Dort wurden ähnliche Fliesen aus weißem Marmor und schwarzem Schiefer gefunden, die sich ebenfalls nicht mehr am ursprünglichen Verwendungsort befunden haben.

Rechteckige und dreieckige Fliesen lassen sich, zusammen mit quadratischen Stücken, in zahlreichen Variationen verlegen. Schöne Beispiele für noch original erhaltene derartige frühe Musterböden im sogenannten *opus sectile* des 8. Jahrhunderts bzw. der Zeit um 800 fanden sich in der Pfalzkapelle in Aachen sowie in Salerno (Italien). Aus anderen münsterischen Grabungen sind weitere Steinfliesen bekannt, die aus schwarzem Schiefer, grauem Muschelkalk bzw. Serpentin oder ebenfalls aus dem kostbaren grünen griechischen Porphyr und sogar aus dem roten ägyptischen Porphyr gefertigt wurden.

Natursteinböden wurden im nordeuropäischen Raum bis in das 12. Jahrhundert verlegt. Zur Herstellung der Marmor-, Serpentin- und Porphyrfliesen wurde vermutlich auf alte römische Fliesenböden, eventuell aus dem Rheinland, zurückgegriffen. Für die Fliesen aus Münster ist zu vermuten, dass sie bereits im 9. oder frühen

10. Jahrhunderts verlegt wurden um den neuen, steinernen Kirchenbauten im gerade missionierten Teil Sachsens einen besonders kostbaren Rahmen für die Liturgie zu geben. Ob jeweils das gesamte Kirchenschiff oder nur Teile, zum Beispiel der Chor, mit diesen wertvollen Materialien ausgelegt waren, ist unbekannt. Bernd Thier

| **Lit.:** Kier 1970; Bracker-Wester 1989; Kat. Paderborn 1999, S. 566f., Nr. VIII.50 (Uwe Lobbedey); Kat. Münster 2005a, S. 209 (Bernd Thier); Thier 2011b, S. 611f.; Thier 2012a, S. 412–414

389 Altarsteinfragment eines mittelalterlichen Tragaltars

9.–12. Jahrhundert
Münster, Grabung Domgasse 1953
Grüner Porphyr, gesägt und geschliffen – erhaltene L. 3,1 cm, erhaltene B. 2,2 cm, T. 0,6 cm
Münster, Stadtmuseum – LWL-Archäologie für Westfalen

Bereits bei der ersten großen Grabung innerhalb der Domburg von *Mimigernaford* (Münster) wurde ein unscheinbares kleines Steinfragment aus grünem krokeatischen Porphyr gefunden, benannt nach dem einzigen Abbauort dieses Gesteins in Krokeae in Griechenland. Es dürfte ursprünglich zu einer rechteckigen oder quadratischen Steinplatte gehört haben, die den Altarstein eines Reise- oder Tragaltars gebildet hat. Derartige Platten waren nicht sehr groß und wiesen Maße von zum Beispiel 12 Zentimeter x 13 Zentimeter oder 5 Zentimeter x 16 Zentimeter auf.

Der Tragaltar oder *altare portatile* stellt eine Sonderform des christlichen Altars dar, der mobil eine handliche transportable Größe aufweisen musste. Entsprechend dem Kirchenrecht konnte die Eucharistie nur auf einem konsekrierten Altar zelebriert werden, der von einem Bischof geweiht und gesalbt worden war und einen echten Altarstein, vergleichbar der steinernen Mensa, aufweisen musste. Er repräsentiert Christus. Daher wurden im frühen Mittelalter für Tragaltäre sehr kostbare Gesteine verwendet, oft roter oder grüner Porphyr. Nachweisen lassen sich beide Steinarten bei *Portatilen* des 9. bis späten 12. Jahrhunderts, die besonders im Umfeld der neuen Bischofssitze, an Missionsstützpunkten sowie vor allem bei Missionsreisen verwendet wurden.

Die Zuweisung des Fundstückes zu einer bestimmten Altarform ist nicht möglich. Warum das Fragment unter Siedlungsabfällen abseits der Kirchen und des Klosters gefunden wurde, ist unbekannt. Ob ein Zusammenhang mit der Plünderung *Mimigernafords* zur Zeit Bischof Nithards (*vor 899, †922) um 910/20 oder den beiden großen Stadtbränden von 1121 und 1197 und der Verwüstung der Kirchen besteht, kann nur vermutet werden. Möglich ist aber auch, dass dieses Stück bei einem Handwerker im Umfeld der Bischofskirche, der liturgische Objekte herstellte oder reparierte, verloren ging. Bernd Thier

| **Lit.:** Braun 1924, S. 428–438; Bracker-Wester 1975; Bracker-Wester 1989, S. 14ff.; Budde 1997; Kat. Münster 2005a, S. 194 (Bernd Thier)

390 Tierbestattung am Domkloster in Münster, ein Sakrileg?

9./10. Jahrhundert
Münster Horsteberg
Knochen – konservierte Bodenstratigraphie – L. des Pferdes 207 cm
Münster, Stadtmuseum – LWL-Archäologie für Westfalen

Dem Archäologen Wilhelm Winkelmann gelang im Jahr 1960 mit der Entdeckung eines Pferdegrabes am Nordrand der Münsteraner Domburg ein spektakulärer Fund. Gemeinsam mit dem Pferd ist ein kleiner Hund bestattet worden. Bestattungen dieser Art sind aus vielen frühmittelalterlichen Fundplätzen in Westfalen und Niedersachsen bekannt und werden in aller Regel mit paganen Glaubensvorstellungen der sächsischen oder auch fränkischen Bevölkerung in Verbindung gebracht. Winkelmann interpretierte die Bestattung als heidnisches Bauopfer unter der Domburgbefestigung aus der Zeit des heiligen Liudger Anfang des 9. Jahrhunderts. Dafür gibt es in Europa einige wenige Parallelen. Außerdem sprach die Lage der Grube unter dem aufgeschütteten Wall für seine Interpretation. Das starke Nachrutschen der oberen Bodenschichten ließ darauf schließen, dass der Kadaver erst nach dem Auftrag der Wallschichten verweste und nachgab.

Die Auswertung der Grabungen nach 2000 zeigte jedoch, dass ein deutlicher Laufhorizont zwischen der Grabgrube und den Wallschichten lag. Eine klare zeitliche Trennung war damit aber nicht bewiesen. Die Annahme, hier den Rest eines früheren „sächsischen" Friedhofes gefunden zu haben, war damit aber immerhin möglich. Andererseits hat die Auswertung gezeigt, dass die Befestigung nicht unbedingt aus der Zeit Liudgers stammen muss. An der Ostseite der Domburg konnte sie sicher nach 888 datiert werden, möglicherweise in die Zeit der Ungarneinfälle. Für die Ausstellung in Paderborn sind Knochen und ein Zahn des Pferdes durch das Curt-Engelhorn-Zentrum für Archäometrie (Universität Tübingen/REM/B. Krome) in Mannheim analysiert worden. Als wichtigstes Ergebnis kann bestätigt werden, dass die Bestattung in die Zeit in oder nach der Christianisierung fällt. Das Gesamtspektrum der Proben liegt zwischen 779 und 967. Die höchste Wahrscheinlichkeit liegt im letzten Drittel des 9. Jahrhunderts. Das bedeutet in weniger als 100 Meter Entfernung vom Domkloster des heiligen Liudger hat hier jemand mit großem Aufwand einen heidnischen Bestattungsritus vollzogen. Die Motive des „Täters" bleiben unklar. Ein Zusammenhang mit dem Bau der Befestigung ist ebenso möglich, wie eine heidnische Bestattung oder ein synkretistisches Vorgehen, das heißt sicherheitshalber hat eine Familie neben der Bestattung eines Angehörigen auf dem christlichen Friedhof eine Tierbestattung durchgeführt.

Die Bedeutung des Fundes veranlasste den Ausgräber bereits 1960, ein Bodenprofil der Bestattung für eine dauerhafte Präsentation im Museum herzustellen. Martin Kroker

| Lit.: Winkelmann 1966; Kat. Münster 2005a, S. 241f. (Martin Kroker); Kroker 2007; Kat. Hamburg/Frankfurt 2000, S. 207–209 (Torsten Capelle)

391 Gründungsprivileg Karls des Großen für das Kloster Werden (Fälschung)

Angeblich 26. April 802, Werden
Pergament, Einzelblatt – H. 41 cm, B. 61 cm
Düsseldorf, Landesarchiv Nordrhein-Westfalen Abteilung Rheinland, Inv.Nr. Werden, Abtei, Urkunden Nr. 1

Einst angeblich ausgestellt von Karl dem Großen 802 in Worms, wird dem Kloster Werden in dieser Urkunde das Privileg zu seiner Gründung erteilt. Es existiert kein anderes zeitgenössisches Dokument dieser Art. Laut der Urkunde sei es Liudger erlaubt, auf seinem Erbgut im Ruhrgau im Wenaswald eine Kirche zu errichten. Diese solle unter dem Schutz des Königs stehen. Darüber hinaus habe der Frankenherrscher ein königliches Gut, Lothusa bei Tournai, mit dem gesamten Zubehör geschenkt, um die Errichtung der Kirche zu ermöglichen. Das gefälschte Privileg wird unterschiedlich auf 880–900 bzw. 1100 oder 1155 datiert. Das Siegel gibt unter anderem einen Hinweis auf die Fälschung. Es ist kein Siegel Karls des Großen, da die En-face-Darstellung mit Krone, Zepter und Globus als Attribute des Königs erst unter den Ottonen auftaucht.

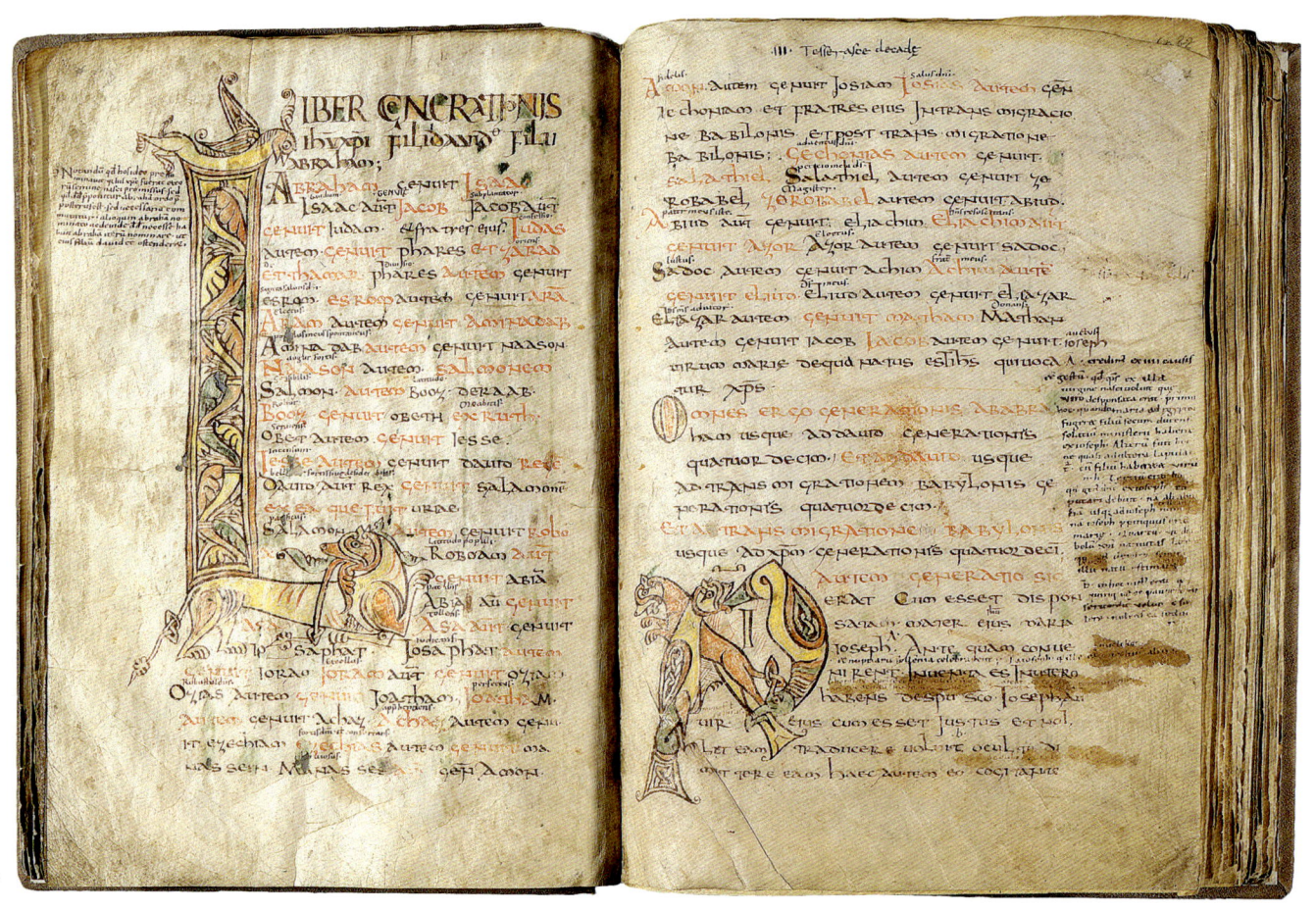

Liudger (*um 742, †809) stammte aus einem friesischen Adelsgeschlecht. Er war direkt an König Karls Bestrebungen, das Christentum bei den Friesen und Sachsen zu etablieren und sie ins Frankenreich einzugliedern, beteiligt. Ausgebildet wurde er in Utrecht und war ein Schüler Alkuins in York. 805 wird er Bischof von Münster. Liudger predigte die friedliche Mission und setzte sich dafür ein, zu Bekehrende gründlich im Glauben zu unterweisen und erst dann zu taufen. Dafür suchte er nach einem geeigneten Platz in *eremus*. So gründete er in Werden 796/99 an der Ruhr auf seinem Eigengut ein Kloster. Es galt als Vorposten des Christentums in Westfalen mit später reich ausgestatteter Bibliothek und blühendem Skriptorium. Die Gemeinschaft sollte „Gebetsunterstützung" für die Sachsenmission leisten und als Memorialkloster sowie Grablege der Liudgeriden dienen. Möglicherweise fungierte Werden auch als Ausbildungsstätte für den Nachwuchs des Missionsbistums Münster.

Christine Beyer

| **Lit.:** Stüwer 1980; Kat. Essen 1999, Nr. 165 (Rolf Kuithan); Gerchow 2002; Finger 2003; Angenendt 2005; Freise 2005; Buhlmann 2009

392 Karolingisches Evangeliar

Rhein-Maas-Raum, um 800
Pergamenthandschrift mit farbigen Zierseiten und Initialen; Holzdeckel, mit Leder bezogen – H. 34,5, B. 23,5 cm; 188 Bll.
Essen, Domschatz, Sign. Hs 1

Das kostbar illuminierte Evangeliar stammt aus dem Essener Frauenstift, das Mitte des 9. Jahrhunderts gegründet wurde. Es ist das älteste erhaltene Buch aus der Bibliothek des Essener Stifts. Wann und unter welchen Umständen es in den Buchbestand der Frauengemeinschaft gelangte, ist nicht bekannt. Sicherlich ist der Zeitpunkt sehr früh, vielleicht in der Gründungszeit der Gemeinschaft, anzusetzen. Die Werkstatt, in der das qualitätvolle Evangeliar entstand, konnte bislang nicht lokalisiert, aber auf den Rhein-Maas-Raum eingegrenzt werden.

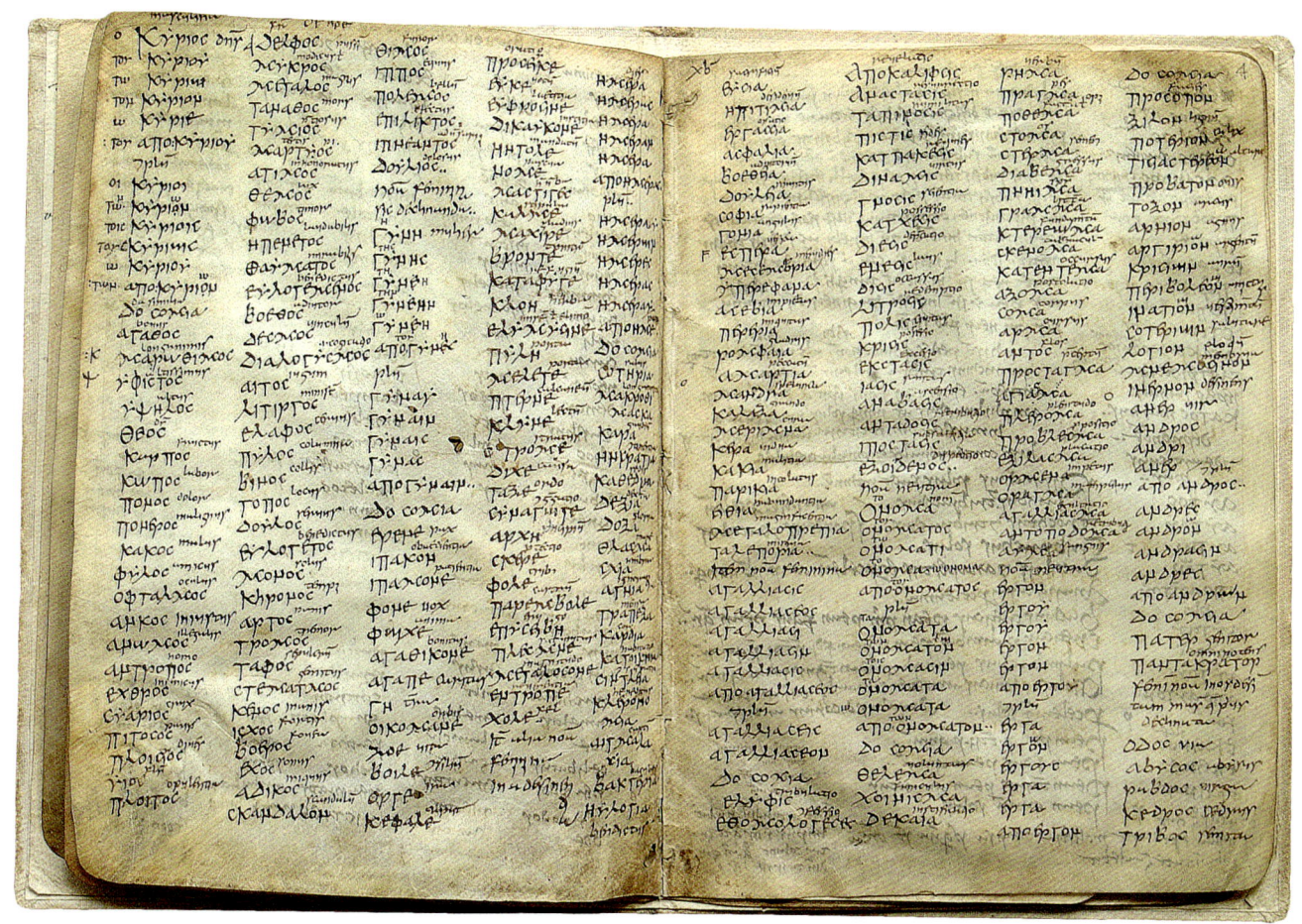

Die Handschrift enthält die vier Evangelien des Neuen Testaments, ergänzt um Konkordanztabellen, Vorreden des Hieronymus, und kurze Lebensbeschreibungen der Evangelisten. Die Texte sind mit brauner Tinte in frühkarolingischer Minuskel (Kleinbuchstaben-Schrift) mutmaßlich von mehreren Händen geschrieben.

Das Evangeliar ist vielseitig mit polychromer Buchmalerei ausgestattet, dabei beherrschen vor allem die Farben Rot, Grün und Gelb den Buchschmuck. Auf 188 Pergamentseiten finden sich zwei Kreuzzierseiten, vierzehn Kanontafeln, Incipitseiten zu Beginn der Evangelienprologe und zahlreiche verzierte Initialen sowie Zierschriften. Irisch-angelsächsisches Flechtornament und Zierbuchstaben aus ineinander verschlungenen Tierleibern, wie sie in der merowingischen Buchmalerei vorkommen, lassen auf eine Entstehung um 800 schließen.

Im 10. Jahrhundert wurde der Codex zu Bibelstudien im Frauenstift herangezogen. Belege dafür – altsächsische und lateinische Glossen – finden sich zahlreich im Evangeliar. So ist es nicht nur Zeugnis des Zusammentreffens kontinentaler und insularer Buchkunst um 800, sondern auch eine der wichtigsten Quellen für die altsächsische Sprache des Frühmittelalters. Andrea Wegener

| Lit.: Tiefenbach 1984; Wächter 1987; Kat. Paderborn 1999, S. 451–453, Nr. VII.15 (Katharina Bierbrauer/Anette Schmid); Tiefenbach 2003; Bodarwé 2004; Kat. Essen 2009, S. 172, Nr. 81 (Katrinette Bodarwé)

393 Reichenauer Schulheft

Sammelhandschrift, frühes 9. Jahrhundert
Pergament – H. 22, B. 15,5 cm
St. Paul im Lavanttal, Museum im Benediktinerstift St. Paul, Sign. Cod. 86b/1

Eines der wichtigsten Dokumente des Schulwesens der postantiken Zeit stellt das Schulheft aus Reichenau dar. Es gibt die Handschrift eines Schülers wieder, der sich intensiv mit der lateinischen und griechischen Sprache auseinandersetzt. Merksätze aus den Disziplinen Musik und Astronomie sowie das Fehlen von Geometrie und Arithmetik lassen darauf schließen, dass es sich bei dem Studenten bereits um ein höheres Semester handelt und die Mathematik bereits abgeschlossen worden war. Die Reichenau gehörte zu Beginn des 9. Jahrhunderts zu den wichtigsten Zentren der Bildung in Europa. Das Verstehen der griechischen Sprache stellte somit die Grundvoraussetzung für den kulturellen Austausch zwischen Ost und West dar und ermöglichte es, die Literatur etwa der Kapadokier aus dem 3. und 4. Jahrhundert zu lesen, die zu den fundamentalen literarischen Schöpfungen der Christenheit zu zählen waren. Nach der Teilung des Römischen Reiches 395 bleibt die „bereinigte" Form des attischen Griechisch weiterhin die Literatursprache des Oströmischen Reiches.

Damit verbunden stand die Verbreitung des monastischen Gedankens in Europa, der im 9. Jahrhundert einen fundamentalen Höhepunkt erlebte.

Als Besonderheit des Büchleins gilt aber ein irisches Gedicht aus dem 8. Jahrhundert, das der Student überliefert. Es handelt von einem irischen Mönch und seinem Kater, den er Pangur nennt. Dieser Text kann als einer der wichtigsten Belege der gälischen Sprache bezeichnet werden und ist daher von unschätzbarem Wert.

Gerfried Sitar

| **Lit.:** Stokes/Strachan 1903; Hannemann 1974; Autenrieth 1982; Tristram 1999; Knapp 2005/06; Kat. St. Paul/Dalheim 2009, S. 54f., Nr. 4.12 (Herbert Knapp)

394 Inschriften aus dem Kloster Corvey an der Weser

Auf die Sachsenkriege Karls des Großen, die etwa 30 Jahre (772–804) andauerten, folgte der zügige Aufbau einer kirchlichen wie weltlichen Verwaltungsorganisation im neu eroberten Sachsen. Mittels einer strengen Verordnungspolitik gelang es, in diesem nordöstlichen Grenzgebiet des karolingischen Reichs in kurzer Zeit sowohl die Christianisierung als auch einen allgemeinen Strukturwandel durchzusetzen. Dem 822 als Filiation der Abtei Corbie an der Somme (Frankreich) gegründeten Kloster Corvey, der ältesten benediktinischen Gründung in Sachsen, fiel dabei als erstem und über lange Zeit einzigem Mönchskloster im Grenzgebiet eine besondere Rolle zu. Kaiser Ludwig der Fromme stiftete die notwendigen Ländereien und schenkte dem Kloster die Reliquien des heiligen Stephanus, des ersten Kirchenpatrons. Mit der Übertragung der Reliquien des heiligen Vitus von Saint-Denis nach Corvey im Jahre 836 wurde das Kloster ein wichtiger Pilgerort. Auch wirtschaftlich erhielt die Reichsabtei zunehmende Bedeutung: Zahlreiche Angehörige sächsischer Adelsfamilien traten in das Kloster ein und mehrere Schenkungen vermehrten seinen Besitz. Corvey bildete den Anlaufpunkt diverser Missionsstränge in die nördlich und östlich gelegenen Regionen des Reiches bis nach Böhmen. Der Leiter der Corveyer Klosterschule war der Missionar Ansgar, der 831 Bischof von Hamburg wurde; aus Corvey stammte auch Thietmar, 972/73 erster Bischof von Prag. Im 9. und 10. Jahrhundert erlebte die Abtei ihre Blütezeit. Das Kloster war beliebter Aufenthaltsort zahlreicher Könige und Kaiser: mehr als 100 Kaiser- und Königsaufenthalte sind bekannt, für die das Kloster mit seinen Gütern und seiner Ausstattung für die Gastung des Herrschers und seines Gefolges zu sorgen hatte.

873 erfolgte die Grundsteinlegung des imposanten Westwerks, welches zwölf Jahre später geweiht wurde. Dieser mehrgeschossige Baukörper von annähernd quadratischem Grundriss findet in den Corveyer Annalen als *tres turres* Erwähnung, was auf die Treppentürme in den Eckjochen und auf den ursprünglich turmartig überhöhten, quadratischen Hauptraum im Obergeschoss zurückzuführen ist.

An der Westfassade des Westwerks, auf dem mittleren Risalit, befindet sich – heute als Kopie – eine Inschrift in Capitalis quadrata. Sie gehörte ursprünglich wohl zu einem älteren Klostergebäude, eventuell zu der ersten Kirche.

Reste ähnlich gestalteter Inschriften fanden sich jedenfalls bei den Ausgrabungen in der Klosterkirche. Sie gehörten zu weiteren Monumentalinschriften im Kirchen- oder Klosterbereich oder zu Grabsteinen. Die noch erhaltene Inschriftenplatte, die Inschriftenfragmente sowie die Reste von vergoldeten Buchstaben aus den Auffüllschichten der ältesten Kirchenphase bezeugen die sehr hochwertige Ausstattung des Klosters im 9. Jahrhundert. Insbesondere die Schriftkultur hatte ein sehr hohes kulturelles und künstlerisches Niveau erreicht, was die Stellung des Klosters Corvey im karolingischen Reich illustriert. Beispiele dieser vergangenen Schriftkultur, die im Sinne der karolingischen *Renovatio* ihre Verbindung mit der römischen Antike suchte, stammen bisher vorwiegend aus dem Mittelmeerraum, etwa aus der Kirche der Abtei San Vincenzo al Volturno (Molise, Italien) und aus der Palastkapelle von San Pietro a Corte bei Salerno (Campania, Italien). Ein weiteres Vergleichsbeispiel karolingischer Steininschriften wurde aus dem Grab der Adalberga (†787) in Tours (Indre-et-Loire, Touraine) geborgen.

a) Fragmente einer Inschriftenplatte
1. Hälfte 9. Jahrhundert
Corvey, Abteikirche
Rötlicher Solling-Sandstein – Buchstaben scharfkantig und sorgfältig eingeritzt –
St. der Platte 3–3,1 cm; H. 13 cm, B. 12,5 cm; H. 17 cm, B. 10,5 cm; H. 14 cm, B. 9,5 cm
Münster, LWL-Archäologie für Westfalen, Inv.Nr. Ki.139

Beim ersten Stück sind die Buchstaben „FA" zu erkennen, beim zweiten ein „X", der kurze Strich beim dritten könnte auf ein „X", ein „A" oder auf ein „V" hindeuten. Die drei Fragmente lassen sich nicht zusammensetzen. Auf dem ersten Fragment befinden sich Mörtelspuren, die eine ähnliche Zusammensetzung wie der Mörtel der ersten Bauphase der Kirche (822–844) zeigen. Die sorgfältige Bearbeitung und die mit hoher Kunstfertigkeit eingemeißelten Buchstaben, die Parallelen zu den Buchstaben der Inschrift an der Fassade des Westwerks zeigen, weisen diese Fragmente einer weiteren Inschrift der ältesten Phase zu.

b) Reste zweier vergoldeter Buchstaben
1. Hälfte 9. Jahrhundert
Corvey, Abteikirche
Kupfer oder Kupferlegierung, auf der Vorderseite vergoldet, mit V-förmigem Querschnitt. Schräg in das Metall eingesetzte Buntmetallstifte – Buchstabe „O" verbogen und abgebrochen; „I" (oder „T") abgebrochen – Buchstabe „O" Dm. 5 cm, B. der Kante 3,4–5 cm, St. 2,5 mm; Buchstabe „I" (oder „T") L. 4,2 cm, B. 3 mm, St. 0,8–1,5 mm
Münster, LWL-Archäologie für Westfalen, Inv.Nr. Ki.17 und Ki.18

Beide Funde stammen aus karolingischen Kontexten der ersten Hälfte des 9. Jahrhunderts, die in Zusammenhang mit der Kirche der ersten Phase bzw. mit der Auffüllung der Krypta stehen. Funde dieser Art sind sehr selten. Diese beiden Buchstaben, ein „O" und eine Vertikalstange zu einem „I" oder einem T", sind kleineren Formats als die Buchstaben auf der Sollingplatte (Kat.Nr. 394a) und gehörten zu einer weiteren Inschrift im klösterlichen Zusammenhang. Buntmetallstifte ermöglichten es, die vergoldeten Buchstaben in den Einritzungen der Inschrifttafel zu verankern und somit ihren Halt auf dem steinernen Untergrund zu sichern. Sveva Gai

| **Lit.**: Lobbedey/Westphal 1998; Kat. Paderborn 1999, S. 558–560, Nr. VIII.43 (Uwe Lobbedey); Kat. Paderborn 1999, S. 571f., Nr. VIII.53 (Uwe Lobbedey; Stephan 2000; Lobbedey 2002a; Lobbedey 2002b; Lobbedey 2009; Gai/Krüger/Thier 2012; Krüger 2012a, S. 437f., Abb. 353; Thier 2012b

395 Beschlagbleche mittelalterlicher liturgischer Objekte

9.–13. Jahrhundert
Corvey, Grabung Klosterkirche 1974, 1975 und 1977
Verschiedene Kupferlegierungen, getrieben, gepunzt, gestanzt oder graviert, auf der Vorderseite vergoldet

a) Trapezförmiges Beschlagblech mit eingedrücktem Perlstabdekor
B. 4,3 cm, L. 12,3 cm, St. 0,04 cm

450 IN HOC SIGNO

b) Zwei quadratische Beschlagbleche mit graviertem Pflanzendekor
5,9 cm x 6,1 cm bzw. 6,0 x 6,0 cm, St. 0,09–0,14 cm
c) Sechs Beschlagbleche mit eingedrückten ornamentalen Dekoren
B. des großen Blechs ca. 3,7 cm, St. 0,03–0,05 cm
d) 28 Beschlagbleche mit gestanzten Perlstabverzierungen
L. 1,1–11,5 cm, B. 0,9–1,6 cm, St. 0,04–0,05 cm
Münster, LWL-Archäologie für Westfalen

Bei den Ausgrabungen in der ehemaligen Klosterkirche von Corvey an der Weser konnten zahlreiche Fragmente vergoldeter Beschlagbleche geborgen werden. Aus schriftlichen Quellen ist bekannt, dass in diesem Kloster im Mittelalter ein umfangreicher Bestand von Reliquien bzw. deren kostbaren Behältnissen vorhanden war, der sich durch Raub, Plünderung und Verkäufe verkleinerte, sodass heute keine liturgischen Objekte aus diesem bedeutenden karolingischen Missionskloster erhalten sind.

Bei den Beschlägen handelt sich um die Überreste verschiedener zerstörter hölzerner Reliquienbehältnisse, die erst die liturgische Grundlage einer erfolgreichen Mission im Sachsenland ermöglicht hatten.

Ein vollständig erhaltenes Beschlagblech (a) dürfte von einem Bursenreliquar des 9. oder 10. Jahrhunderts, möglicherweise auch schon des späten 8. Jahrhunderts stammen. Es wäre demnach eventuell älter als das Kloster und gelangte vielleicht schon im Zusammenhang mit der Gründung 822 dorthin.

Bei den beiden quadratischen Beschlagblechen mit Rankenornamentik (b) dürfte es sich um die Eckbeschläge der Rückseite vermutlich eines kostbaren Gemmenkreuzes handeln, dessen Schauseite mit Goldblech und Edelsteinen verziert war. In den vier Enden des

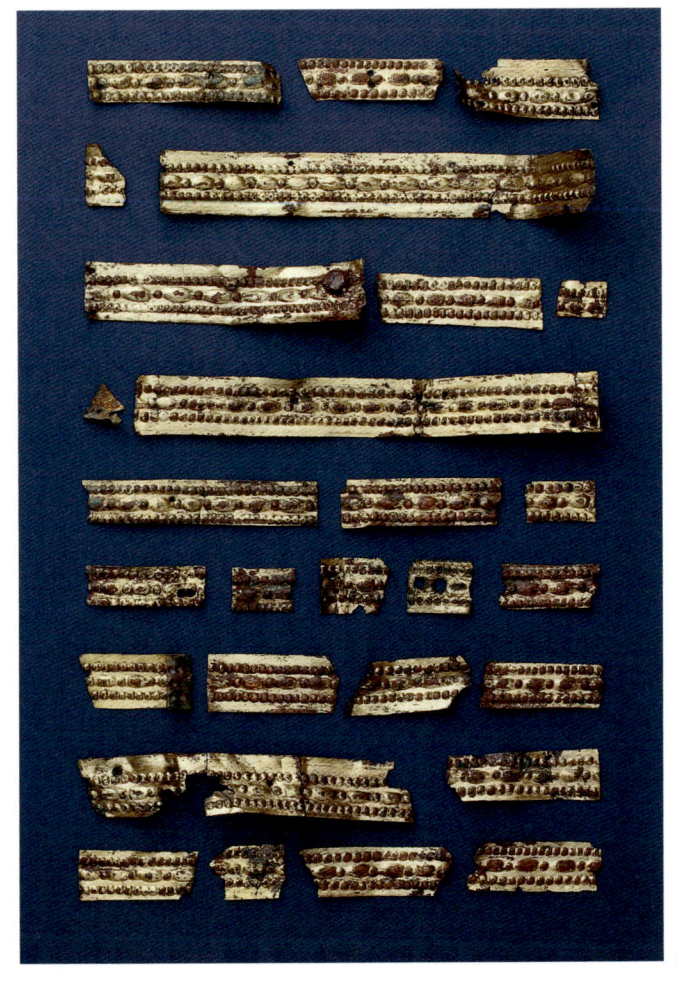

395b

395c

395d

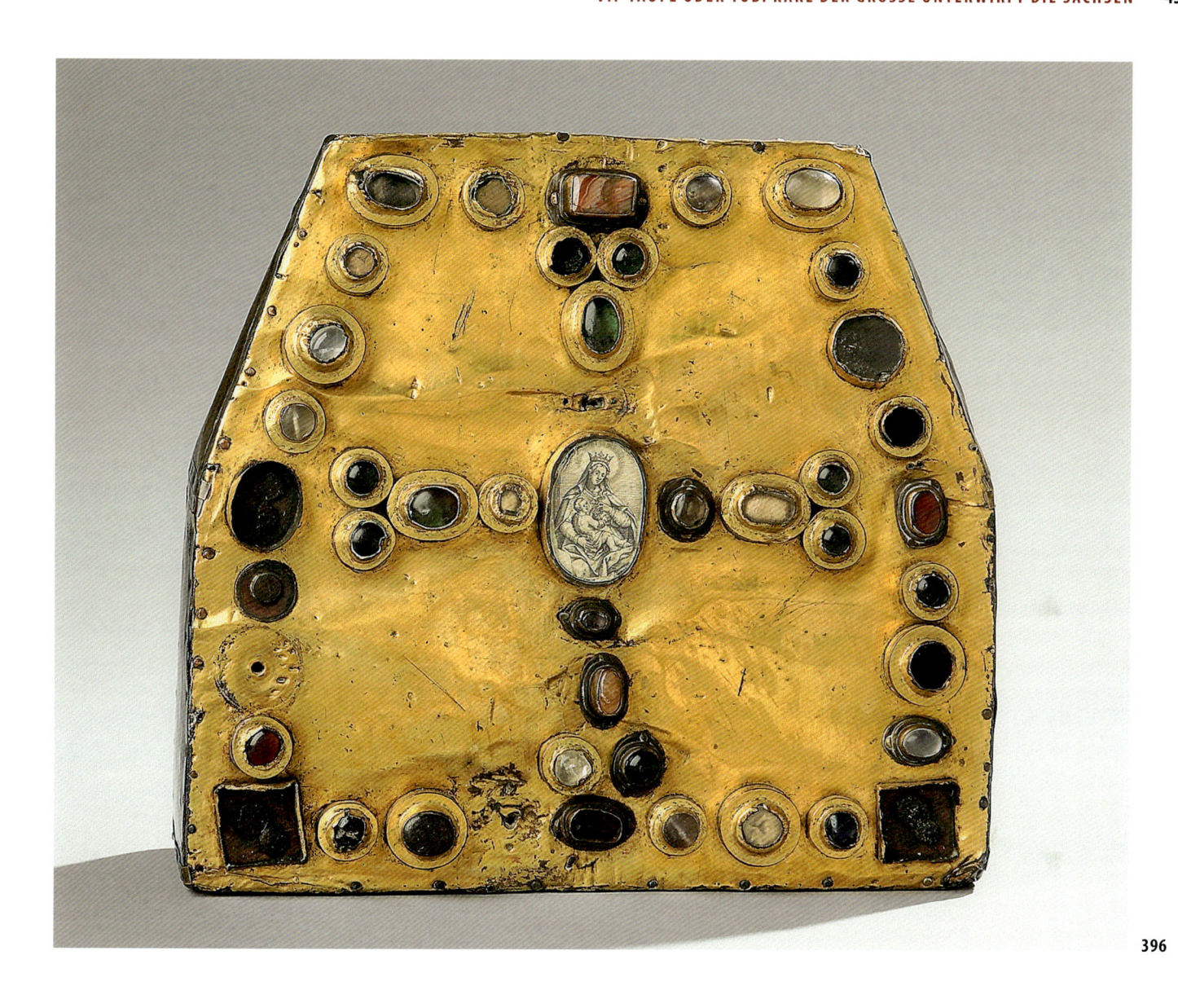

Kreuzes, das im späten 11. oder im ersten Drittel des 12. Jahrhunderts in Westfalen oder in Niedersachsen entstanden ist, waren Reliquien eingelassen.

Eine Gruppe von Beschlagblechfragmenten (c) trägt von der Rückseite getriebene bzw. eingedrückte Motive. Sie können von Bursen, anderen Reliquienbehältnissen oder Buchdeckeln stammen und lassen sich dem 9. bis 13. Jahrhundert zuweisen.

Die größte Fundgruppe bilden schmale Blechstreifen (d), deren Verzierung durch das Eintreiben in einen Stempel erfolgte. Die fortlaufenden Ornamente zierten ehemals Friese, Sockel, Simse oder Leisten an Reliquienschreinen, Tragaltären, Kreuzen oder Buchdeckeln. Die große Anzahl der Beschläge lässt vermuten, dass alle Exemplare von einem Objekt stammen, dass möglicherweise in Corvey Ende des 10. Jahrhunderts gefertigt wurde. Bernd Thier

| **Lit.:** Krabath 2001, S. 263–265, 269–271, 540–545, 563–565; Thier 2011a; Thier 2012a, S. 542–569 (Lit.)

396 Bursenreliquiar aus Metelen

Westfalen, 10. Jahrhundert
Kupfer, Silber, getrieben, vergoldet; Edelsteine, Bergkristall; Holzkern; frühneuzeitlicher Kupferstich – H. 21 cm, B. 22,5 cm, T. 8,5 cm
Metelen, Kath. Kirchengemeinde SS. Cornelius und Cyprianus

Am 16. August 889 unterzeichnete der ostfränkische König Arnulf von Kärnten in Corvey die Stiftungsurkunde des Frauenklosters Metelen, sicherte ihm volle Immunität zu und stellte es unter königlichen Schutz. Stifterin war eine Frau Friduwi, die dem sächsischen Adelsgeschlecht der Billunger entstammte. In die ersten Jahre nach der Klostergründung – eine der frühesten in Westfalen – datiert auch dieses bursenförmige, aus dem 10. Jahrhundert stammende Reliquiar.
Es hat die nach oben hin trapezförmig zulaufende Form jener seit dem Frühmittelalter gebräuchlichen, kleinen Stofftaschen (*bursae*), in denen Pilger im Heiligen Land oder in Rom erworbene Reliquien

in ihre Heimat überführten. Während die Rückseite und die Schmalseiten des Reliquiars heute nur noch mit glattem schmucklosem Kupferblech verkleidet sind, hat sich der reiche Edelsteinbesatz der Vorderseite überwiegend erhalten: In dichter Reihung gesetzte unterschiedlich große und verschiedenfarbige Edelsteine zeichnen die äußere Kontur des Reliquiars nach und bilden damit den Rahmen für ein die gesamte innenliegende Fläche überspannendes gleicharmiges Kreuz, dessen Enden durch jeweils zwei unmittelbar nebeneinander gesetzte kleine, runde Steine markiert werden. Im Zentrum des Kreuzes saß einst vermutlich ein besonders großer und kostbarer Stein, der nach 1 Petr 2,6 Christus selbst symbolisierte. Vor Goldgrund schwebend und aus leuchtenden Edelsteinen geformt, kann das Kreuz auf der Vorderseite des Reliquiars im Anschluss an Mt 24,30 als das Lichtkreuz der Parusie gedeutet werden, gleichzeitig ist es in seiner Materialität Zeichen der jenseitigen Himmelsstadt Jerusalem, jener zukünftigen, vom Himmel herabkommenden golden und wie Edelsteine leuchtenden Stadt des Lichts und des Heils, die in den endzeitlichen Prophetien des Alten Testamentes und vor allem in der apokalyptischen Vision des Johannes beschrieben ist (Apk 21,1–22,5).

Reliquiare in Bursen- oder Taschenform waren besonders zwischen dem 7. und dem 12. Jahrhundert im gesamten mitteleuropäischen Raum sehr verbreitet. Ihre äußere Gestalt hält anschaulich die Erinnerung daran wach, dass die in ihrem Innern geborgenen Reliquien von Pilgern aus dem Heiligen Land in den Westen gebracht worden waren, das heißt mit der Entscheidung für die Bursenform verband sich die Absicht, die wesentlich in ihrer Provenienz begründete Authentizität der Reliquien nach außen sichtbar zu bezeugen.

Klara Katharina Petzel

| Lit.: Elbern 1971, S. 58; Kat. Münster 1993, Bd. 2, S. 349, Nr. A 5.1 (Géza Jászai); Kat. Münster 2005b, Bd. 2, S. 12, Nr. I.2 (Hans-Jürgen Lechtreck); Kat. Münster 2012, S. 116–117, Nr. 2 (Klara Katharina Petzel)

397 Kreuzdarstellung

9. Jahrhundert
Vreden, Kirche St. Georg
Feiner Wandputz mit brauner Bemalung – H. 5,5 cm, B. 3,5 cm
Herne, LWL-Museum für Archäologie, Westfälisches Landesmuseum

Verschiedene Befunde zu den frühen Steinbauten und größeren Kirchen des 9. Jahrhunderts in Westfalen, wie in Corvey, Paderborn oder Münster, lassen auf einen Verputz der Gebäude mit farbiger Bemalung schließen. Die Kirche St. Georg in Vreden im westlichen Münsterland war zunächst die Klosterkirche des bedeutenden Frauenstiftes in Vreden. Im Bereich der Stiftskirche und der Krypta wurden mehrere Wandputzfragmente gefunden. Das Kreuzmotiv auf dem im Jahr 1950 gefundenen Putzfragment erscheint auf allen Vergleichsstücken in der Region sonst eher selten, ist aber auch aus Paderborn bekannt.

Martin Kroker

| Lit.: Winkelmann 1984; Lobbedey 2003; Preißler 2003; Weiß 2010

398 Vogelfibel

Erste Hälfte des 10. Jahrhunderts
Herford, Damenstift (Wolderuskapelle)
Buntmetall, gegossen – Nadelrast abgebrochen – H. 1,83 cm, B. 2,1 cm, St. 0,2 cm
(mit Nadelhalter 0,4 cm)
Paderborn, Museum in der Kaiserpfalz – LWL-Archäologie für Westfalen

Die Herforder Vogelfibel ist eine schlichte Gewandschließe. Trotz der vereinfachten Darstellung des fliegenden Vogels mit ausgebreiteten Flügeln ist davon auszugehen, dass es sich um eine Taubendarstellung handelt. Im christlichen Kontext symbolisiert die Taube den Heiligen Geist. Frühe Taubenfibeln werden in Sachsen bereits am Ende des 8. Jahrhunderts getragen und gehören dort neben den Kreuzfibeln zu den ältesten Fibeln mit christlicher Symbolik.

Die Fibel lag in einem Brandhorizont der ersten Hälfte des 10. Jahrhunderts, den der Ausgräber mit dem schriftlich für das Jahr 926 überlieferten Ungarnüberfall in Verbindung bringt. Dies zeigt, dass die frühen Klöster in Sachsen noch bis zur Konsolidierung unter Otto I. Überfälle der heidnischen Nachbarn zu erdulden hatten.

Sven Spiong

| Lit.: Wemhoff 1993, Bd. 1, S. 135, Bd. 2, S. 153, Taf. 68.1

399 Der „Heliand"

a) „Heliand"-Fragment P
Norddeutschland, um 850
Pergament – H. ca. 24 cm, B. ca. 17 cm
Berlin, Stiftung Deutsches Historisches Museum, Sign. R 56/2537

b) „Heliand"-Fragment L
Norddeutschland, um 850
Pergament – H. ca. 24 cm, B. ca. 16,5 cm
Leipzig, Universitätsbibliothek, Sign. Ms Thomas 4073

Der „Heliand" ist ein wohl noch vor der Mitte des 9. Jahrhunderts verfasstes altsächsisches Epos, das in ungefähr 6000 stabreimenden Versen das Leben Jesu erzählt. Er stellt das zentrale Literaturzeugnis aus dieser Frühzeit für die volkssprachige Schriftepik im nördlichen Deutschland dar und ist zugleich die Hauptquelle für unsere Kenntnis des Altniederdeutschen. In Verstechnik (Stabreim), Wortwahl und Erzählstil schließt das Werk eng an die germanische Dichtungstradition an, von der sich im Gebiet des karolingischen Reichs sonst nur wenige Schriftzeugnisse erhalten haben. Als Ausläufer dieser alten mündlichen Tradition ist das Werk von besonderem Wert. Adressaten des „Heliand" waren wohl vor allem adelige Klosterangehörige des frisch christianisierten sächsischen Stammesgebiets.

VII TAUFE ODER TOD. KARL DER GROSSE UNTERWIRFT DIE SACHSEN

strang. Tesulklo tesehanna, thuo sprakun
angegin. uualdandias bodon endi thea uuif fra
godun. Tehui sia crista tharod. quican mid do
dun. suno drohtinas suokian quamin. ferahas
fullan nu gi ina nefidat hier. an thesun stengra
ua ac hie is astandan giu. an is lichamon ther
gi gilobean sculun. endi gehuggiat thero uuor
do the hie iu teuuaran oft. selbo sagda thann hie
an iuuuon gesidea uuas. an galileo landa hu hie
scoldi gigeben uuerdan. gisald selbo ansundigaro
manno netteandero hand helag drohtin. that
sea ina queledin endi ancrucea sluogin. dodan
gidadin endi that hie scoldi thuruh drohtnas
craft. an thriddion daga thiodareuuillean.
Libbeandi astandan. nu habat hie all getestid so.
gefrumid mid firihon. ileat gi nu ford hinan.
gangat gahlico. endi giduat te them isgiungarom kud.
Hie habat sia giu farfarana endi is im ford
hinan. an galileoland thar ina eft is giunga
ron sculun. gisehan is gesidos thuo uuard san af
tar thiu. them uuibon an uuilleon. that sia gihor
dun sulic uuord sprekan. kudean thia craft godas
uuarun im so akumana thuo noh. Ia forohta

Der Verfasser ist anonym und auch über den Ort, an dem er sein Werk geschaffen hat, weiß man nichts Gesichertes. Vieles spricht für das Reichskloster Fulda, wo auch der sogenannte „Althochdeutsche Tatian" entstanden ist, ein umfangreicher zweispaltig angelegter lateinisch-althochdeutscher Paralleltext, der auf der Grundlage der vier Evangelien eine fortlaufende einheitliche Jesus-Biographie bietet. Der „Heliand"-Dichter muss dieses Werk gekannt und sogar als Quelle genutzt haben. Für Fulda spricht auch, dass der Matthäus-Kommentar des gelehrten Fuldaer Abtes Hrabanus Maurus verwendet worden ist. Sprachliche Indizien deuten dagegen auf ein weiter westlich gelegenes altsächsisches Zentrum hin, etwa Werden bei Essen. Eine gesicherte Entscheidung ist in dieser Frage nicht möglich. Das Werk ist überliefert in zwei umfangreichen, doch nicht vollständigen Codices (M: München, Bayerische Staatsbibliothek, Cgm 25; C: London, British Library, MS Cotton Calig. A. VII). Hinzu kommen drei bruchstückhafte Textzeugen, von denen einer durch die beiden hier ausgestellten Blätter repräsentiert wird, die in der Forschung die Siglen L (= Leipzig) und P (= früher Prag, heute Berlin) tragen. Bis auf die Handschrift C, die in der 2. Hälfte des 10. Jahrhunderts in einem englischen Skriptorium entstanden ist, stammen alle Textzeugen aus der Mitte oder dem 3. Viertel des 9. Jahrhunderts. Aufgrund der Blattverluste in M und C ist der Schlussteil des Epos nicht erhalten: C endet mit Vers 5968 (Gang nach Emmaus), M enthält darüber hinaus ein Blatt mit einem Ausschnitt aus der Himmelfahrt-Szene (V. 5968-5982).

Der Titel ‚Heliand' geht auf den Münchener Bibliothekar und Professor Johann Andreas Schmeller zurück, der kurz vor 1830 den Codex M im Säkularisationsgut, das aus Bamberg nach München verbracht worden war, entdeckte und die Editio princeps besorgte. Das Wort *heliand*, das im Epos häufig als Bezeichnung für Jesus verwendet wird, ist die altsächsische Entsprechung zum hochdeutschen Wort „Heiland".

Die Fragmente L und P stammen ursprünglich aus derselben Handschrift, wie die Gemeinsamkeiten bei den Maßen des Schriftraums, bei der Zeilenzahl und bei der schriftlichen Umsetzung der Versstruktur zeigen. Fallen beispielsweise Vers- und Zeilenbeginn zusammen, wird der Anfangsbuchstabe jeweils vergrößert ausgerückt. Auch im Sprachstand stimmen die beiden Bruchstücke signifikant überein. Ob die Blätter von einer Schreibhand ausgeführt wurden oder ob zwei unterschiedliche Kopisten anzusetzen sind, ist umstritten. Paläographische Schwankungen zwischen L und P könnten durchaus darauf zurückgehen, dass die Seiten in verschiedenen Phasen beschrieben worden sein müssen. Denn während das Berliner Blatt aus dem Anfangsteil des Ursprungscodex stammt und die Schilderung von Jesu Taufe im Jordan enthält, gehörte das Leipziger Fragment zu den hinteren Blättern im Buchblock und überliefert die Oster-Szene von den drei Marien am leeren Grab: Eine Berechnung auf der Basis der Verszahlen des „Heliand" ergibt, das P ursprünglich etwa das 21. Blatt der Handschrift bildete, L hingegen etwa Bl. 124. Sowohl P als auch L dienten bei ihrer Auffindung als Einbandbezug von kleinformatigen Büchern mit alten Drucken aus der Zeit um 1600. P wurde 1880 in der Universitätsbibliothek Prag von einem Rostocker Druck aus dem Jahr 1598 abgenommen (das Fragment gelangte 1952 als Geschenk der CSSR an das Ost-Berliner Museum für Deutsche Geschichte), L wurde erst 2006 in der Universitätsbibliothek Leipzig auf einem Sammelband entdeckt, der zum Depositalbestand der Leipziger Thomaskirche gehört und zwei Wittenberger Drucke aus den Jahren 1608 und 1609 enthält. Das Format wie auch der Inhalt (und ebenso die billige Art der Bindung) weisen die Trägerbände als studentische Gebrauchsliteratur im neuzeitlichen Universitätsbetrieb aus.

Für die Frage, an welchem Universitätsort die „Heliand"-Handschrift, deren Reste L und P darstellen, im frühen 17. Jahrhundert makuliert und als Buchbindermaterial benutzt wurde, ist vor allem der neuentdeckte Leipziger Band aufschlussreich. Die in ihm enthaltenen Texte sind für den Gebrauch an der Universität Wittenberg bestimmt gewesen und ausschließlich in Wittenberg verlegt worden. Zu einer Lokalisierung nach Wittenberg passt auch, dass für den Kern der Einbanddeckel Reste eines älteren Lederstempeleinbands wiederverwendet wurden, dessen ornamentaler Schmuck dem Wittenberger Einbandstil der 2. Hälfte des 16. Jahrhunderts entspricht. Die Hinweise auf Wittenberg als den letzten Aufbewahrungsort der „Heliand"-Handschrift vor deren Zerstörung sind deshalb von besonderer Bedeutung, weil sich aus dem mittleren 16. Jahrhundert mehrere Nachrichten erhalten haben, die auf einen heute verlorenen Codex des altsächsischen Epos im Umkreis der Wittenberger Reformatoren schließen lassen. Die Schlüsselperson ist dabei der Direktor der Meißner Fürstenschule Georg Fabricius (*1516, †1571). Über ihn gelangte die Abschrift einer lateinischen Praefatio an den protestantischen Theologen Matthias Flacius Illyricus (*1520, †1575), die nach einhelliger Ansicht der Forschung als Vorrede zum „Heliand" zu verstehen ist und die von Flacius 1562 in der 2. Auflage seines ‚Catalogus testium veritatis' als Beleg für frühe Bibelverdeutschungen abgedruckt wurde. Nur über diesen Abdruck ist die „Heliand"-Praefatio, die über die Entstehungsbedingungen der altsächsischen Bibeldichtung berichtet und in der unter anderem *Ludouicus piissimus Augustus* (wohl eher Ludwig der Deutsche als Ludwig der Fromme) als Auftraggeber genannt wird, auf uns gekommen, die Handschriften M und C tradieren die Vorrede nicht.

Aus einem Fabricius-Brief von 1545 geht hervor, dass sich „jene lateinische Praefatio (…) eines wahrlich deutschen Werkes" in einer Handschrift fand, die der Leipziger Professor und mehrfache Rektor Caspar Borner (*1492, †1547) aus der „Naumburger Bibliothek" bekommen hatte. Hierzu stimmt ein Zeugnis Philipp Melanchthons aus dem Jahr 1555, dass Luther eine im Auftrag von *Ludouicus pius* verfasste volkssprachige Evangelienharmonie lange benutzt habe, die „nun in der Leipziger Bibliothek" sei. Die Handschrift wird wohl nicht zum Bestand der unter Borner neu gegründeten Leipziger Universitätsbibliothek gehört haben, da aus Naumburg hierfür keine Bücher nach Leipzig gelangten. Vielmehr dürfte sie Teil von Borners umfangreicher Privatbibliothek gewesen sein, die unter anderem auch Handschriften aus dem Besitz des Naumburger Klerikers

Johannes Reyneck umfasste. Borner könnte das Manuskript an Luther ausgeliehen haben, das dann eventuell in Wittenberg verblieb. Die Wahrscheinlichkeit ist in jedem Fall hoch, dass die beiden Blätter Reste der kostbaren Praefatio-Handschrift sind. Da die Sprache der Fragmente möglicherweise dem Archetyp besonders nahesteht und da sich im Leipziger Blatt zeitgenössische Interlineareinträge finden, von denen einer im Textbestand der Handschrift C wiederkehrt, könnte der zerstörte Leipziger Codex an einen frühen Punkt der „Heliand"-Überlieferung heranführen.

Christoph Mackert/Hans Ulrich Schmid

| **Lit.:** Hannemann 1973; Döring 2006; Schmid 2006; Schmid 2007; Taeger 2007 (Faksimile); Kat. Berlin 2008a, S. 54f. (Matthias Miller); Mackert 2010, S. 23

VIII Zwei Konkurrenten – ein Ziel
Die Christianisierung Osteuropas

458 IN HOC SIGNO

Missionen
→ kyrillo-methodianisch
→ byzantinisch-orthodox
→ römisch-katholisch

31 Karte: Rom und Byzanz um 900

400 Kelch aus Sardonyx mit eucharistischer Inschrift

Konstantinopel, 10./11. Jahrhundert
Sardonyx, vergoldetes Silber, Zellenschmelz mit Gold, Glas – H. 19 cm, Dm. 12 cm
Venedig, Procuratoria di San Marco – Tesoro della Basilica di San Marco, Inv.Nr. 44

Bei den kostbaren antiken Artefakten im Schatz von San Marco, dessen Grundstock einst die Beute der Eroberung Konstantinopels im Jahr 1204 bildete, gilt den Kelchen aufgrund der Schönheit ihrer Fertigung und der Anzahl ihrer Exemplare ein ganz besonderes Interesse. Die meisten von ihnen bestehen aus einer Kuppa aus farbigem Stein sowie Schaft und Fuß aus kostbar mit Perlen, Edelsteinen oder Glas-Cabochons, mit Niello-Motiven und Emaille cloisonné (Zellenschmelz) verziertem vergoldetem Silber. Es sind diese Verzierungen, die uns einen Eindruck von dem Reichtum und Luxus vermitteln, die die byzantinische Kunst liturgischen Gefäßen vorbehielt.

Dieser eiförmige Kelch mittlerer Größe, der wahrscheinlich aus dem 10. Jahrhundert stammt, wurde André Grabar zufolge aus einem hervorragend geschliffenen Sardonyx-Block gewonnen. Auch die Farben, die verschiedenen Bänderungen und die ausgeprägte helle Stelle dieses wunderschönen Minerals verdienen eine besondere Beachtung.

Der Fuß und die Kuppa-Fassung aus vergoldetem Silber, deren oberer Rand über drei vertikale Stege mit der Basis verbunden ist, weisen durch Reihen teilweise verloren gegangener Perlen, die von aneinandergereihten Metallkügelchen eingefasst sind, kunstvoll hervorgehobene dekorative Elemente auf. Um den Fuß verteilen sich abwechselnd sechs ovale rosafarbene und sechs rechteckige blaue Glas-Cabochons. Am oberen Kelchrand trennen weitere sechs rechteckige rosa Cabochons die Goldplättchen. Auf diesen stehen die in blauer Emaille cloisonné geschriebenen Worte der Weinkonsekration, die vom Zelebranten während der eucharistischen Liturgie nach dem Brauch der griechischen Kirche gesprochen werden: ΠΙΕΤΕ ΕΞ ΑΥΤΟΥ ΠΑΝΤΕC ΤΟΥΤΟ ΕCΤΙ ΤΟ ΑΙΜΑ Μ[ΟΥ] („Trinkt alle daraus; das ist mein Blut").

Unterhalb dieses Randes befinden sich auf den abgerundeten Festons einige kleine Ringe, an denen ursprünglich möglicherweise gefärbte Glasanhänger oder Perlen befestigt waren.

Maria Da Villa Urbani

| **Lit.**: Pasini 1887, S. 56f., Nr. 8; Molinier 1888, S. 90f., Nr. 8; Gallo 1967, S. 363, Nr. 6; Grabar 1971a, S. 61f., Nr. 44; Galuppo 1994

401 Patene aus Alabaster mit Emaille-Christus und eucharistischer Inschrift

Konstantinopel, 10./11. Jahrhundert
Kalkalabaster, vergoldetes Silber, Zellenschmelz mit Gold, Perlen, Bergkristall – H. 3,2 cm, Dm. 34 cm
Venedig, Procuratoria di San Marco – Tesoro della Basilica di San Marco, Inv.Nr. 67

Der Domschatz von San Marco bewahrt einige prächtige byzantinische liturgische Geräte, wie zum Beispiel die eucharistischen Gefäße (*vasa sacra*) Kelch und Patene, wobei eine höhere Zahl Kelche der etwas geringeren Anzahl nicht minder wertvoller Patenen gegenübersteht. Eine Patene ist der zumeist aus Edelmetall gefertigte, während der heiligen Messe vom Zelebranten eingesetzte Teller, auf den die Hostie vor und nach der Konsekration gelegt wird. Die für diese Ausstellung ausgewählte Patene findet sich schon im Schatzinventar aus dem Jahr 1325: *Platinam unam de alabastro cum Christo ad smaldum in medio varnitam argento*. Sie ist sicher die größte und in ihrer Bearbeitung von Stein und Fassung wohl zugleich schönste Patene. Der heute leider von einem Riss durchzogene Teller aus Kalkalabaster ist kunstfertig in der Form einer sechsblättrigen Blüte gearbeitet, die im Zentrum eine Cloisonné-Scheibe mit Darstellung der Halbbüste des segnenden Christus mit edelsteinbesetztem Evangeliar trägt. Umgeben wird das Christusbild von vier emaillierten Goldplättchen, die die Worte der Konsekration des Brotes nach griechischer Liturgie wiedergeben: ΛΑΒΕΤΕ ΦΑΓΕΤΕ ΤΟΥΤΟ Μ[ΟΥ] ΕCΤΙ ΤΟ C[ΩΜΑ] („Nehmt und esst; das ist mein Leib").

Der Gefäßaufbau aus vergoldetem Silber besteht aus einem kreisförmigen, ausgestellten Fuß, der sich über drei Bänder mit dem reich verzierten Rand verbindet. Zwischen zwei durch Metallkügelchen hervorgehobenen Reihen aus heute weitgehend verlorenen Perlen sind abwechselnd runde und eckige, rote und blaue Bergkristall-Cabochons angeordnet. Margaret E. Frazer vermerkt die satten Farben der Emaille und die besondere Hervorhebung des Christus-Monogramms (IC XC), dessen beiden Elemente nicht direkt auf den goldenen Hintergrund gezeichnet sind, sondern von einem grün bzw. rot umrandeten weißen Medaillon betont werden (Kat. Venedig 1986, Nr. 18). Darüber hinaus unterstreicht die Wissenschaftlerin das außergewöhnlich gelungene Wechselspiel zwischen den Proportionen der Platte mit Christusgestalt und der sie umgebenden Inschrift, zwischen dem gesamten zentralen Medaillon und dem Alabasterteller in seiner kunstvollen sechsblättrigen Blütenform, und zwischen letzterem und dem Rand mit seinem eleganten Cabochon-Dekor von gediegener Schönheit.

Maria Da Villa Urbani

| **Lit.**: Pasini 1887, S. 63, Nr. 106; Molinier 1888, S. 95, Nr. 94; Gallo 1967, VI, S. 280, Nr. 14; Grabar 1971b, S. 72, Nr. 67; Kat. Venedig 1986, S. 176–179, Nr. 18 (Margaret E. Frazer); Montevecchi/Vasco Rocca 1988, S. 101, 124

400

401

402 Ikone der Barmherzigen Gottesmutter (Παναγία ἡ Ἐλεοῦσα – Panagia i Eleousa)

12. Jahrhundert
Thessaloniki, Griechenland, Fund von 1917
Eitempera auf Holz – Konservierungszustand ziemlich gut – H. 115 cm, B. 71,5 cm
Athen, The Hellenic Ministry of Education and Religious Affairs, Culture and Sports/ Byzantine and Christian Museum, Inv.Nr. BXM 984

Die Darstellung der Gottesmutter mit Kind wurde im Jahre 1976 bei Restaurierungsarbeiten in den Werkstätten des Byzantinischen und Christlichen Museums nach Abnahme einer Übermalung aus dem 18. Jahrhundert entdeckt. Die neuzeitliche Malschicht wurde abgelöst und auf ein anderes altes und speziell dafür vorbereitetes Holz übertragen (Inv.Nr. BXM 1419). Sehr wahrscheinlich wurde die mittelalterliche Ikone wegen der umfangreichen Schäden, die auf der Maloberfläche aufgetreten waren, im 18. Jahrhundert aus konservatorischen Gründen übermalt. Der Hintergrund, der großteils erhalten werden konnte, scheint versilbert gewesen zu sein, wie dies bei nordgriechischen Ikonen oft der Fall ist. Ikonographisch vereint die Ikone Elemente der *Kyriotissa* (Stehende Maria mit Kind) und der *Eleousa* (die Barmherzige). Dieser Typus ist bereits aus der frühbyzantinischen Zeit bekannt (Nordhagen 1990, S. 312f.), nach dem Bildersturm wurde er in Buchmalereien, Fresken und Ikonen verbreitet (Acheimastou-Potamianou 1998, S. 20). Maria trägt das Kind vor ihrer Brust, seinen Körper mit beiden Armen umfangend, und schmiegt ihre Wange zärtlich an die seine. Das Christuskind hält in seiner rechten Hand eine rote geschlossene Schriftrolle, während seine Linke das Gesicht der Mutter berührt. Der wesentliche Unterschied zur Muttergottes von Kykkos ist, dass das Kind hier seiner Mutter und nicht dem Pilger zugewandt ist. (Mouriki 1985/86, S. 27; Baltogianni 1994, S. 82). Bemerkenswert ist auch die bis zur paläologischen Zeit (Palaoiologen: letzte byzantinische Kaiserdynastie) seltene Handbewegung Christi, mit der er die Wange seiner Mutter berührt. Diese Geste taucht auf einer Reihe von paläologischen Werken auf, so zum Beispiel auf der Ikone im Kloster Filotheou (Tsigaridas 1992, S. 654), auf Fresken in den Kirchen St. Alypios und Panagia Rasiotissa in Kastoria (Tsigaridas 1992, S. 65; Gounaris 1978, S. 157) sowie in Treskavac (Subotić 1980, Abb. 28). Auf kretischen Ikonen der Panagia Eleousa findet sich das Motiv sogar bis ins 15. und 16. Jahrhundert hinein (Baltogianni 1991/92). Diese eigenartige Darstellung des Jesuskindes wurde typologisch und konzeptionell mit *Christus Anapeson* (Christus, der sanft Schlummernde) identifiziert. Zusammenfassend stellt diese Ikone aus der Sammlung des Byzantinischen und Christlichen Museums Athen einen besonders frühen Versuch dar, die Darstellung der Eleusa – der Barmherzigen Gottesmutter – ikonographisch mit dem Motiv des *Christus Anapeson* und seiner allegorisch-sinnbildlichen Deutung hinsichtlich Tod und Auferstehung Christi zu verbinden. Die ikonographischen und stilistischen Merkmale ordnen die Ikone einer makedonischen Werkstatt des 12. Jahrhunderts zu.

Kalliopi-Phaidra Kalafati

| Lit.: Subotić 1980; Gounaris 1978; Mouriki 1985/86; Nordhagen 1990; Baltogianni 1991/92; Tsigaridas 1992; Baltogianni 1994; Acheimastou-Potamianou 1998; Kat. Athen 2000, Nr. 75 (Lit.)

403 Reliefikone „Maria Orans"

Konstantinopel, 3. Viertel 13. Jahrhundert
Marmor – Schräge Bruchspur im Bereich der Knie – H. 96 cm, B. 33 cm, T. max. 12,5 cm
Berlin, Staatliche Museen zu Berlin – Preußischer Kulturbesitz, Skulpturensammlung und Museum für Byzantinische Kunst, Inv.Nr. 2429 a

Diese Reliefikone wurde im ehemaligen Kloster der Theotokos Peribleptos (Sulu Manastır) in İstanbul gefunden und 1899 nach Berlin gebracht. Die Maria vom Typus der Blachernitissa (die Hände zum Gebet erhebend, benannt nach der in der Blachernenkirche im Nordwesten Konstantinopels aufbewahrten Ikone der Mutter Gottes) ist in üblicher Kleidung, einem Ärmelchiton und einem Maphorion (Manteltuch) dargestellt. Die Gewandfalten übertreten teilweise den Rahmen, was die räumliche Wirkung der großflächigen Gestaltung verstärkt. Maria steht auf einem sechsseitigen Suppedaneum. Links und rechts ihres Hauptes können die ligierten, erhabenen Buchstaben $\overline{\text{MHP}}$ $\overline{\Theta Y}$ (M[ήτ]ηρ Θ[εο]ῦ = „Muttergottes") gelesen werden. Diese und die folgende Steinikone wurden wahrscheinlich als Anten der Bemapfeiler in der Peribleptoskirche verwendet. Datiert wurde das fein gearbeitete Stück zuletzt in das dritte Viertel des 13. Jahrhunderts, also in die Regierungszeit Michael VIII. Palaiologos (reg. 1259–1282), der möglicherweise Restaurierungsarbeiten an der Kirche vornehmen ließ.

Michael Grünbart

| Lit.: Lange 1964; Müller-Wiener 1977, S. 200f.; Kat. New York 1997, S. 45f., Nr. 12 (dort noch Datierung ins späte 12. Jahrhundert); Kat. Hildesheim 1998, S. 112 (Abb. 98a), Nr. 56; Kat. Paderborn 2001, S. 103–106, Nr. I 21; Angelidi/Papamastorakis 2005; Effenberger 2006

404 Reliefikone „Michael"

Konstantinopel, 3. Viertel 13. Jahrhundert
Marmor – H. 96 cm, B. 34 cm, T. max. 13 cm
Berlin, Staatliche Museen zu Berlin – Preußischer Kulturbesitz, Skulpturensammlung und Museum für Byzantinische Kunst, Inv.Nr. 2429 b

Die Marmorikone war ursprünglich wahrscheinlich vom Betrachter aus links der Theotokosikone (Kat.Nr. 403) aufgestellt. Der stehende Erzengel trägt kaisergleiche Kleidung: Über dem *skaramangion*, einem Untergewand, erkennt man den *sakkos* (Mantel) mit weiten Ärmeln; diesen bedeckt der kostbar verzierte *loros* (ein langes Schaltuch, das sich aus der römischen *trabea triumphalis* entwickelt hat), der um Schultern und Hüften gelegt ist. In der rechten Hand hält der Anführer der himmlischen Heerscharen ein Zepter mit floralem Abschluss und in der linken eine *sphaira* (Kugel, Globus mit Kreuz). Die Inschrift ist am oberen Rand vertieft angebracht: ΟΑΡΧΙΣΤΡΑ

402

403
404

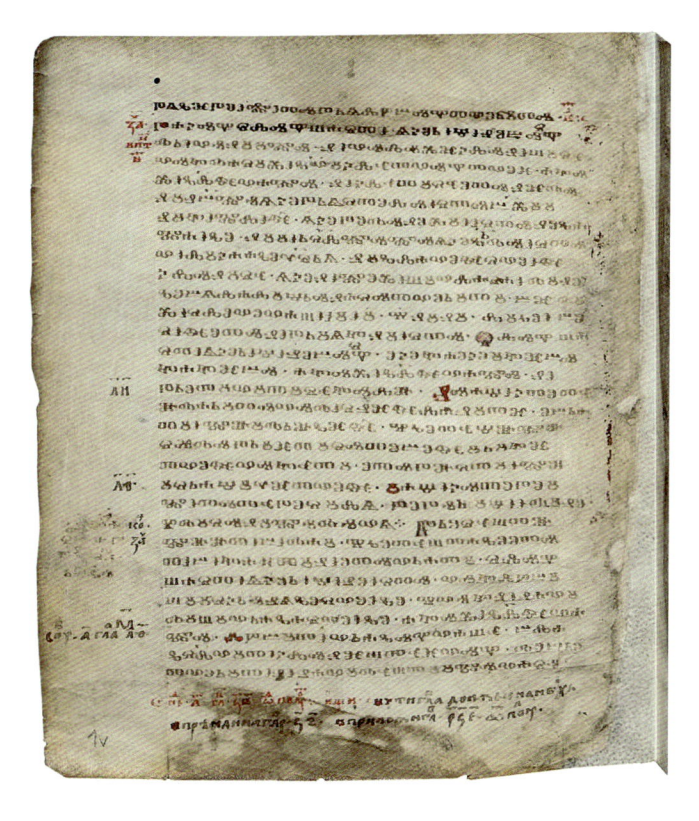

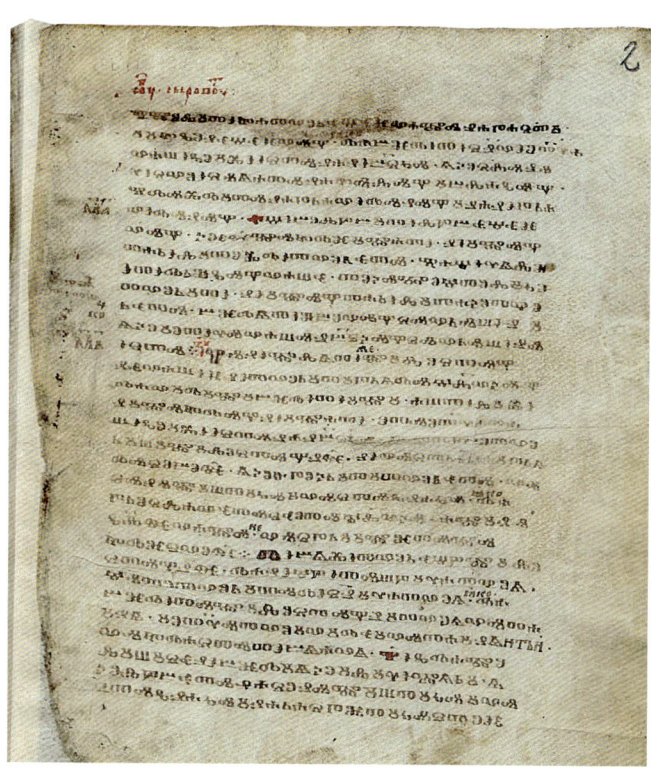

MIXAHΛ (ὁ ἀρχιστρά[τηγος] Μιχαήλ = „der Oberheerführer Michael"). Seit dem 8. Jahrhundert ist eine verstärkte Militarisierung des Michaelskultes festzustellen; der Heilige wurde insbesondere als Anführer gegen Feinde bzw. das Böse (fußend auf Apk 12,7) verehrt; auffällig ist auch, dass der Erzengel achtmal für den byzantinischen Kaiser als Namenspatron fungierte. Michael Grünbart

| Lit.: Rohland 1977, S. 138–144; Kat. New York 1997, S. 45f., Nr. 12 (dort noch Datierung ins späte 12. Jahrhundert); Kat. Hildesheim 1998, S. 112 (Abb. 98b), Nr. 56; Kat. Paderborn 2001, S. 103–106, Nr. I 21b; Effenberger 2006

405 Zwei Blätter eines Tetraevangeliums

Athos, Griechenland, Ende 10./Anfang 11. Jahrhundert
Pergament – guter Zustand mit geringen Verschmutzungen – H. ca. 17 cm, B. ca. 21 cm (aufgefaltet)
Wien, Österreichische Nationalbibliothek, Sign. Cod. Slav. 146

Die beiden Doppelblätter aus Pergament, die aus der Skete (Mönchgemeinschaft, einem Großkloster unterstehend) der Theotokos (Muttergottes) am Berg Athos stammen – so die verblassten handschriftlichen Vermerke –, enthalten den Teil eines Tetraevangeliums, einer Sammlung der vier Evangelien. Die Abschnitte für die Lesung in der Liturgie wurden später durch sogenannte Perikopen gekennzeichnet, hier an den Rändern zu sehen. Die Seiten gehören zu dem sogenannten Codex Marianus (Ende 10./Anfang 11. Jahrhundert),

welcher 1844/45 von Viktor Grigorovič entdeckt wurde. Neben dem Codex Zographensis zählt er zu den ältesten Zeugnissen des Altkirchenslawischen.

Geschrieben wurde der Text (Mt 5,23-24 bis Mt 6,16) in glagolitischer Schrift. Die hier verwendete runde Ausprägung war am Südbalkan im Hochmittelalter am weitesten verbreitet. Sie fußt auf der von Konstantinos/Kyrillos entwickelten Schriftform (862/63), mit der er griechische biblische und liturgische Texte ins Slawische übertrug. In der Vita Constantini heißt es: „Und da offenbarte Gott dem Philosophen [dem Mönch] die slawische Schrift. Und nachdem er die Buchstaben sogleich geordnet und eine Predigt zusammengestellt hatte, begab er sich auf den Weg nach Mähren und nahm Method mit" (Vita Constantini [Kyrili], Schütz 1985, 5, S. 92).

Bei der Entwicklung der Glagolica (von glagolъ = „Sprechen") folgte man zwar der Abfolge des griechischen Alphabets, schuf aber eigene, den griechischen Lettern unähnliche Buchstaben (insgesamt 41), insbesondere zur Unterscheidung von stimmhaften und stimmlosen Konsonanten. Deutlich wird, dass die neuen Zeichen Großbuchstaben darstellen sollen, das heißt man wollte nicht die zu dieser Zeit schon gebräuchliche Minuskelschrift (Kleinbuchstaben) imitieren, sondern die gängige sakrale Buchschrift für den liturgischen Bereich einsetzen.

Frühe Zeugnisse ihres Einsatzes sind die eigenhändigen Einträge Methods im Reichenauer Verbrüderungsbuch (vor 885) und zahlreiche epigraphische Denkmäler wie zum Beispiel die Tafel von Baška, um 1100 (Bd. I, Abb. 207).

Vorbesitzer des Wiener Handschriftfragments war der österreichische Diplomat Antun von Mihanović (1796–1861), welcher sich als Erforscher der slawischen Sprache und als Handschriftensammler hervortat. Die beiden Blätter schickte er an Franz Xaver Ritter von Miklosich (1813–1891), dessen Nachlass an die Österreichische Nationalbibliothek kam.
Michael Grünbart

| **Quellen:** Codex Marianus (Edition); Vita Constantini [Kyrili]; Schütz 1985; Birkfellner 1975, S. 67f., Nr. I/15

| **Lit.:** Miklas 2000; Tkadlčík 2000

406 Giebel einer Altarschranke

Letztes Viertel 11. Jahrhundert
Knin, Kapitul, Kroatien, Bartholomäuskirche
Kalkstein – H. 14,5 cm, B. 14,5 cm, T. 9 cm
Split, Muzej Hrvatskih Arkeoloških Spomenika, Inv.Nr. 1092

Das kleine Fragment eines bogenförmigen Giebels der frühromanischen Altarschranke aus der Bartholomäuskirche in Knin ist in zwei horizontal verlaufende Zonen unterteilt. Vermutlich wurde es einst nach oben hin durch ein drittes – heute verlorenes – Zierband mit einem regelmäßigen Hakenornament abgeschlossen, das sich bis zur Giebelspitze hochzog. Auf dem oberen der beiden noch vorhandenen Bänder hat sich ein kleiner Teil der glagolitisch-kyrillischen Inschrift erhalten, (...) OCJuIPREMI (....) (?). Das untere Schmuckband zeigt das charakteristische Motiv der frühromanischen intermittierenden Ranke. Der Altarschrankengiebel, von dem dieses Fragment und weitere zugehörige erhaltene Gebälkfragmente stammen, ist Teil der letzten und dritten Umgestaltungsphase der Ausstattung, die in der vorromanischen Kirche des heiligen Bartholomäus vorgenommen wurde. Die Batholomäuskirche gehört zum Komplex der gleichnamigen Abtei, die in die Herrschaftszeit von König Dmitar Zvonimir (reg. 1075–1089) datiert werden kann und in der die Äbte dieses Königsklosters auch das Amt der Hofnotare bekleideten.
Vedrana Delonga

| **Lit.:** Fučić 1980, S. 282, Notiz 19; Burić 1990, S. 93, 102 (Nr. 62), 107f., 114–116, Taf. XII/62

407 Ikone „Das Nikänische Glaubensbekenntnis"

Russisch (Mstera?), um 1800
Eitempera auf Holz – H. 40 cm, B. 33,5 cm
Recklinghausen, Ikonen-Museum Recklinghausen, Inv.Nr. 81

In der orthodoxen Kirche wird nicht das apostolische, sondern das nikäno-konstantinopolitanische Glaubensbekenntnis verwendet. Obwohl es täglich im Gottesdienst rezitiert und bei jeder Feier der Göttlichen Liturgie gesprochen oder gesungen wird, sind erst seit dem 16. Jahrhundert Darstellungen des Glaubensbekenntnisses als selbständiges, jedoch sehr selten dargestelltes Thema der russischen

Ikonenmalerei bekannt. Offenbar entstand nie ein fester Bildkanon, denn die Credo-Ikonen entwickelten sich in der Folgezeit zu sehr unterschiedlichen, komplizierten didaktischen Kompositionen, in denen die verschiedenen Artikel des Credo in mehreren horizontalen Streifen illustriert wurden.

Auf die ockerfarbenen Ränder der Recklinghäuser Ikone ist der kirchenslawische Text des Glaubensbekenntnisses mit goldenen Buchstaben geschrieben und erschließt so den Inhalt der vielen einzelnen Szenen. Diese sind in zahlreichen Bildstreifen von links nach rechts und von oben nach unten zu lesen. Gegliedert werden die einander ohne Trennung folgenden Szenen durch eine mittels zarter Linien abgegrenzte Mittelachse, die von kreisförmigen Aureolen dominiert wird, in denen die Dreifaltigkeit oder der thronende Christus Pan-

tokrator eingeschrieben sind. Drei weitere Aureolen sind im Bildfeld oben zu sehen; sie zeigen Gott-Vater entsprechend der Vision Daniels (Dan 7,9) als „Alter der Tage", die Heilige Dreifaltigkeit in der Form des als „Vaterschaft" benannten Typus und Christus Pantokrator auf dem Thron, jeweils umgeben von neun Kreissegmenten mit verschiedenen Engelskategorien.

Die unglaublich feine Malerei mit ihrer ästhetisch ansprechenden und ausgewogenen Farbgebung, bei der Weiß, Blau und Rot in Kombination mit Pastellfarben sowie Gold und Brauntönen harmonieren, machen aus der Ikone ein äußerst reizvolles Kunstwerk.

Eva Haustein-Bartsch

| **Lit.:** Bornheim 1998, S. 227–230; Felmy 2004, S. 178, 181 (Abb. 40); Haustein-Bartsch 2008, S. 86, 87 (Abb.); Kat. Recklinghausen 2010, Nr. 102

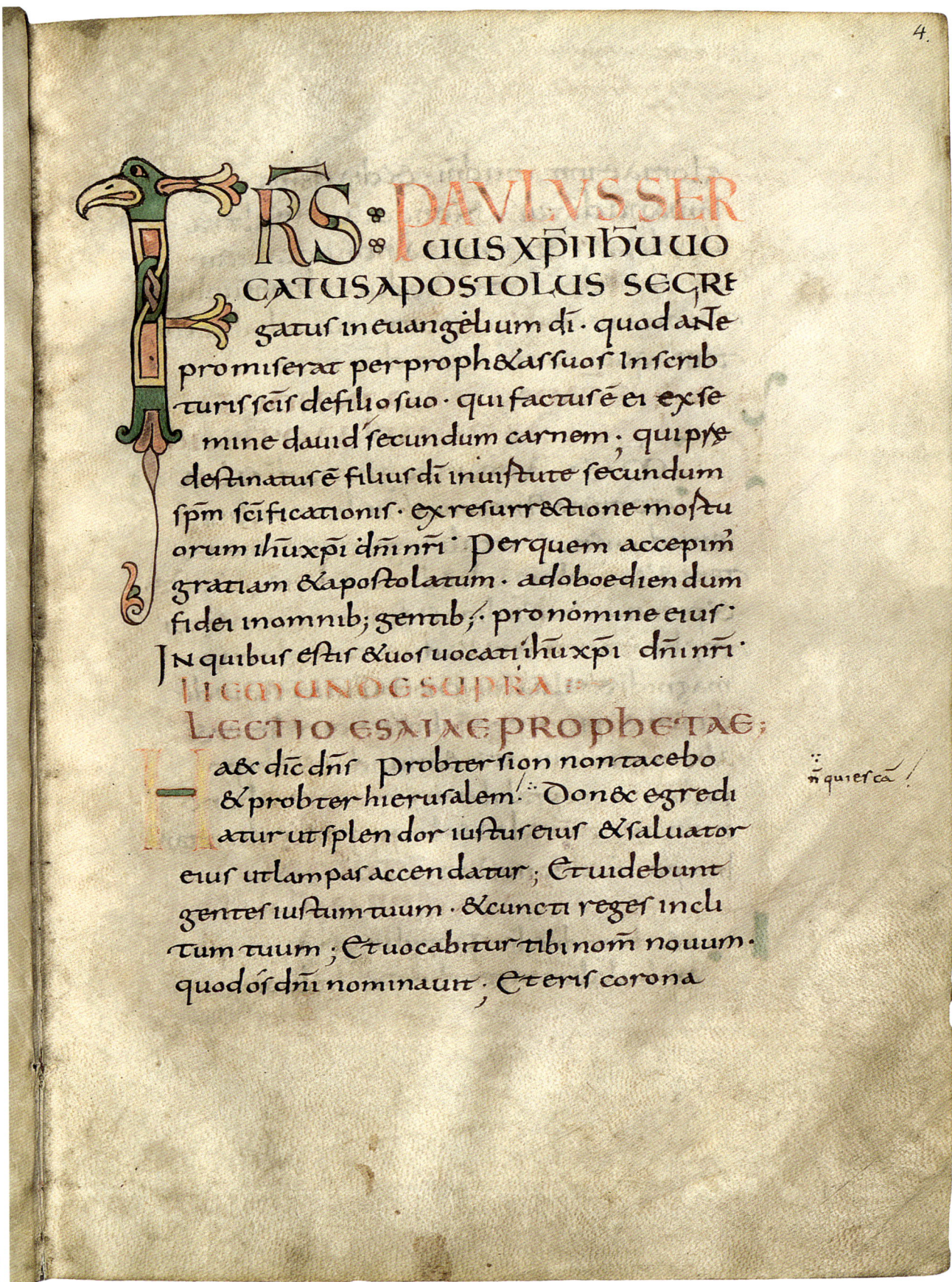

FRS **PAVLVS SER**
uus xpi̅ uuo
catus apostolus segre
gatus ineuangelium di̅ · quod ante
promiserat per proph̅ & as suos Inscrib
turis scis̅ defilio suo · qui factus e̅ ei exse
mine dauid secundum carnem ; qui prae
destinatus e̅ filius di̅ inuirtute secundum
spm̅ scificationis · exresurr&tione mortu
orum ihu̅ xpi̅ dn̅i nr̅i · Perquem accepim̅
gratiam & apostolatum · adoboediendum
fidei inomnib; gentib; pronomine eius
In quibus estis & uos uocati ihu̅ xpi̅ dn̅i nr̅i ·

ITEM UNDE SUPRA
LECTIO ESAIAE PROPHETAE

Haec dic d̅n̅s̅ · Propter sion non tacebo
& propter hierusalem · Donec egredi
atur ut splendor iustus eius & saluator
eius ut lampas accendatur ; Et uidebunt
gentes iustum tuum · & cuncti reges incli
tum tuum ; Et uocabitur tibi nom̅ nouum ·
quod o̅s d̅n̅i nominauit ; Et eris corona

n̅ quiesca̅

408 Epistelbuch

Freising, bald nach 810
Illuminierte Pergamenthandschrift – H. 27 cm, B. 19–20 cm; 145 Bll.
München, Bayerische Staatsbibliothek München, Sign. Clm 6424

Die kalligraphisch hochwertige, in karolingischer Minuskel geschriebene und mit Buchschmuck versehene Handschrift ist für die Lesung in der Messe unter Bischof Hitto (amt. 811–835) in Freising entstanden. Als Epistolar enthält sie keine Teile aus den Evangelien, sondern nur Episteln (also die Briefe, erweitert um Teile aus dem Alten Testament, der Apostelgeschichte und der Apokalypse des Johannes) in der Reihenfolge, wie sie im Kirchenjahr zu lesen sind und wie das in Epistelverzeichnissen (*comes*) festgelegt ist. Dabei folgt die Handschrift dem Epistelverzeichnis des Alkuin (†804), dem „Comes Alcuini" (in der Forschung auch „Comes ab Albino ordinatus"), der sich an älteren Epistelordnungen orientiert. Die Sammlung steht in Zusammenhang mit der Liturgiereform durch Karl den Großen, der sich um eine einheitliche Messordnung in seinem Reich bemühte und so natürlich auch die liturgische Praxis im Kontext der Mission festlegte. Freising war ein Zentrum der Mission der ostalpenländischen Slawen und unterhielt Missionsstationen in Innichen, Kärnten, Krain und Slowenien. Als bedeutendes Dokument dieser Mission sind in der Handschrift clm 6426 die sogenannten „Freisinger Denkmäler" erhalten, Beichttexte, die als älteste Zeugnisse der slowenischen Sprache gelten.
Auf fol. 3r steht die um ein Kreuz angeordnete Werkbezeichnung (*Incipiunt lectiones* – „Es beginnen die Lesungen") und die Einleitung der ersten Epistel (Röm 1,3). Auf fol. 4v steht dann der Text dieser ersten Epistel und der Beginn der zweiten (Jes 62), der am Rand durch einen Nachtrag korrigiert ist (*non quiescam* mit drei Punkten als Verweiszeichen). Eingeleitet wird die Lesung aus Jesaia mit *Haec dicit dominus* („So spricht der Herr"). Der Bibeltext selbst setzt dann ein mit *Probter*, statt des zu erwartenden *Propter*, was im Mittellateinischen zwar vorkommt, aber das -*b*- könnte hier auch für den süddeutschen Dialekt des Schreibers sprechen.   Stephan Müller

| Quelle: http://www.manuscripta-mediaevalia.de/dokumente/html/obj31724362 [04.04.2013] (Beschreibung und Digitalisat der Handschrift)
| Lit.: Wilmart 1937, S. 151–168; Bierbrauer 1990; Martimort 1992, S. 35; Glauch 2011

409 Modell der Burganlage Mikulčice (Medienstation)

Mikulice, Slawischer Burgwall in Mikuliče, Zweigstelle des Masaryk Museum in Hodonin, Tschechische Republik, Münster, LWL-Medienzentrum
Bearbeitet durch das LWL-Medienzentrum, Münster

Die Burganlage in Mikulčice war das wichtigste Zentrum des Großmährischen Reiches. Die filmische Rekonstruktion zeigt die enorm große Anlage von bis zu 50 Hektar mit Vor-und Hauptburg, die sich über mehrere befestigte Inseln in der March erstreckte. Dichte Besiedlung mit zahlreichen Wohn- und Werkgebäuden, mit einem Palast und mindestens zehn Kirchen, die von einer durchaus tiefgreifenden Christianisierung im Mähren des späten 9. und frühen 10. Jahrhunderts zeugen. Das Großmährische Reich war Zentrum der von Byzanz ausgehenden und zeitweise von Rom unterstützten Mission des heiligen Methodius, die in ständiger Konkurrenz zu den Bemühungen der bayrischen Kirche stand.   Martin Kroker

| Lit.: Polácek 2000; Polácek 2003

Kroatien

Die Christianisierung der Kroaten

Die Frage der Christianisierung der Kroaten ist eine äußerst komplexe, die bis heute nicht vollständig beantwortet ist. Es lässt sich aber mit großer Sicherheit sagen, dass es sich hierbei um einen jahrhundertelangen Prozess handelte.

Heidnische Kroaten haben den ersten Kontakt zum Christentum nach ihrer Zuwanderung im 7. Jahrhundert hergestellt. Zu jener Zeit lebte die einheimische christliche Bevölkerung nicht nur in Küstenstädten und auf den Inseln, sondern auch in Enklaven im Hinterland. Eine größere Anzahl frühchristlicher Kirchen blieb erhalten. Dies alles deutet klar auf die Intensität des Kontakts von Kroaten zum Christentum hin. Solche Beziehungen sind entlang der Küste und in Istrien besonders ausgeprägt, sie sind aber auch im ganzen kroatischen Raum vorzufinden. Den Anreiz zur Verbreitung des Christentums unter den Kroaten gab das organisierte Bestreben der römischen Kirche und des Byzantinischen Reiches im 7. und 8. Jahrhundert. Der byzantinische Kaiser Konstantin Porphyrogennetos schrieb in Kapitel 29, 30 und 31 seines Werkes „De Administrando Imperio" über die Bekehrung der Kroaten. Hierbei sei besonders Kapitel 31 hervorzuheben, in dem steht, dass Kaiser Herakleios während der Regierungszeit des kroatischen Herrschers Porga mit Hilfe von Gesandten Priester aus Rom berief, und Erzbischöfe, Bischöfe, Priester und Diakone ernannte sowie das kroatische Volk bekehrte. Im Liber Pontificalis wird jedoch angeführt, dass im Jahre 640/41 der ursprünglich aus Dalmatien stammende Papst Johannes IV. einen Abt namens Martin nach Dalmatien und Istrien sandte, um die Gebeine von Märtyrern zu holen und Gefangene der Heiden freizukaufen. Im Jahre 680 sandte Papst Agatho ein Sendschreiben an den byzantinischen Kaiser Konstantin IV., in dem er über die Abreise von Bischöfen zu den neu bekehrten Völkern berichtete, zu denen auch die Slawen gehörten. Die Letzteren beziehen sich wiederum zweifellos auf die Kroaten. Die Kroaten haben mit Papst Agatho zudem einen Vertrag gegen einen Seekrieg abgeschlossen, worüber Porphyrogennetos berichtet. Porphyrogennetos' Bericht wird auch von der „Historia salonitana" des Spliter Archidiakon Thomas aus dem 13. Jahrhundert bestätigt. Er berichtet, dass Papst Johannes IV. (amt. 640–642) den Priester Johannes aus Ravenna nach Dalmatien sandte und ihn zum Erzbischof von Split ernannte, als die Stadt noch von Einwohnern besiedelt war, die aus dem zerstörten Salona geflüchtet waren. Der neu ernannte Erzbischof begab sich auf eine Reise durch Dalmatien und Kroatien und lehrte das einfache Volk die christliche Lebensweise. So wurde in Dalmatien nach der Völkerwanderung eine geordnete kirchliche Hierarchie errichtet und mit der Bekehrung begonnen, in einer Zeit, als wahrscheinlich nur die Mitglieder der herrschenden Gesellschaftsschicht und Teile des Volkes, die nahe dalmatinischer Städte lebten, bereits bekehrt waren. Nach der fränkischen Eroberung von Liburnien und Dalmatien und besonders nach dem Aachener Frieden 812 beginnt eine Periode der intensiven Bekehrung der Kroaten. In dieser Zeit übernimmt zweifellos nicht nur die herrschende Gesellschaftsschicht den neuen Glauben, sondern auch das gesamte Volk. Zu den bedeutendsten Denkmälern, die Zeugnis dieser Bekehrungsphase der Kroaten sind, gehört sicherlich auch das Weihrauchfass aus Stara Vrlika (Kat.Nr. 411) sowie das Taufbecken des Fürsten Višeslav (Abb. 32). Einen besonderen Fund stellen auch die vergoldeten Sporen mit dem christlichen Kreuzmotiv aus dem Sarkophag aus Crkvina in Biskupija bei Knin dar, wo der bekehrte kroatische Fürst aus dem ersten Viertel des 9. Jahrhunderts beigesetzt ist. In dieser Periode kommt es zur Verbreitung fränkischer Kulte in Kroatien, was zahlreiche Inschriften bestätigen, die am häufigsten rund um religiöse und politische Zentren auftreten und Namen westlicher Heilige tragen. So werden beispielsweise Anselm, Ambrosius, Hermagoras, Chrysogonus, Marta, Marcel und Martin angeführt. Die Namen der Priester, die den Bau in Auftrag gaben, sowie auch die Werke der Steinmetze deuten ebenso auf die Franken hin. Als Beispiel sind Priester Gumpert aus Bijaći, aber auch Abt Teudebert aus Nin hervorzuheben. Die architektonischen Formen und Verzierungen der Kirchen mit Flechtornamentik deuten auf Meister hin, die zweifellos aus dem Gebiet der nördlichen Adria und Aquileia kamen.

Eine bedeutende Person dieser Zeit war Bischof Donatus aus Zadar, der 805 mit einer Gesandtschaft aus dalmatinischen Städten unter byzantinischer Herrschaft an den Hof Karls des Großen reiste. Es ist möglich, dass gerade er derjenige ist, der als Vertreter der fränkischen Politik die Ankunft fränkischer Missionare in Kroatien unterstützte. Der Beginn des Baus der Kirche zur Heiligen Dreifaltigkeit (später zum Heiligen Donatus) in Zadar zeigt die Anwendung des westlichen Ambrosianischen Ritus. Dies stärkt die These über das Eindringen des fränkischen kirchlichen Einflusses nach Norddalmatien zusätzlich.

Die Erfolge fränkischer Missionare reflektieren sich am deutlichsten im intensiven Bau und der Ausstattung der Kirchen aus der Mitte des 9. Jahrhunderts. Neben der Stiftung von Trpimir in Rižinice (Kat.Nr. 413), wo das älteste Benediktinerkloster im Gebiet Kroatiens gegründet wurde, zählen zu dieser Gruppe auch zahlreiche Kirchen, die in der Nähe wichtiger politischer Zentren erbaut wurden. Dies wiederum belegt, dass das Christentum schließlich auch von der kroatischen Herrschaftsschicht akzeptiert war. Dabei ist die Rolle des

32 Taufbecken des Fürsten Višeslav aus dem Baptisterium des Doms zu Nin, nach 864/67, Split, Museum für Archäologische Denkmäler Kroatiens

Klerus aus dalmatinischen Städten unter byzantinischer Herrschaft nicht außer Acht zu lassen, besonders wenn man sieht, dass Einflüsse der westlichen Liturgie im Grunde genommen keine Spuren in der Kirchenarchitektur Kroatiens vor der Zeit von Fürst Trpimir hinterließen. Dies wäre ein weiterer Beweis für die Annahme, dass dalmatinische Bischöfe die Jurisdiktion über Kroaten auch nach dem Jahre 812 ausübten.

Die Gründung des Bistums von Nin in der Mitte oder der zweiten Hälfte des 9. Jahrhunderts ist ein wichtiger Moment in der kroatischen Kirchengeschichte, da damals das erste Mal eine kirchliche Hierarchie auf kroatischem Gebiet organisiert wurde. Die Stadt Nin war offensichtlich ein wichtiger Anlaufpunkt für fränkische Missionare, die die Stadt bei dem Transport der heiligen Reliquiare durchquerten. Davon zeugen sowohl die Kulte fränkischer Heiliger als auch die Namen der Heiligen und Überreste der materiellen Kultur.

Bauliche Aktivitäten und Bildhauerei wurden auch in der zweiten Hälfte des 9. Jahrhunderts mit ungebrochener Intensität weitergeführt, besonders in der Herrschaftszeit von Fürst Branimir (Kat.Nr. 410). Die Übernahme des Westwerkes und der liturgischen Formen des Ambrosianischen Ritus zeugt von der Übermacht der fränkischen Missionare gegenüber konkurrierenden Einflüssen. Der westliche Ritus und die lateinische Schrift sind in dieser Zeit als staatliche Form des Glaubensbekenntnisses angenommen. Mit Branimir bestimmt Kroatien schließlich seine Zukunft im Kreis westlicher Staaten. Bekannt ist sein Briefwechsel mit Papst Johannes VIII., mit dessen Entscheidung Kroatien als selbständiger Staat des christlichen Westens anerkannt wird.

Der Prozess der Bekehrung der Kroaten endet im Großen und Ganzen mit der Einrichtung einer einheitlichen Kirchenprovinz mit Sitz in Split im Jahre 928. In der Zeit vor dem großen Schisma 1054 war die Teilung in West- und Ostkirche nicht so stark ausgeprägt, doch waren trotz allem Unterschiede im kroatischen Raum wahrnehmbar, die als Folge der Christianisierung aus unterschiedlichen Zentren Roms, Aquileia und Konstantinopel entstanden. Die östlichen Einflüsse waren in Dalmatien und den Sklavinien südlich des Neretva-Flusses am stärksten ausgeprägt, während der westliche Ritus in Kroatien selbst überwog, das unter dem Einfluss starker Bindungen zwischen Kroaten und Rom stand. Spuren byzantinischen Einflusses sind jedoch niemals vollständig verschwunden. Sie lebten unter den glagolitischen Priestern weiter fort, die nicht nur die Tradition der Liturgie in der Volkssprache pflegten, sondern auch einen großen Beitrag im Bereich des Glaubens, der Kultur und Bildung im kroatischen Volk leisteten. Sie werden zu Recht als Schöpfer und Bewahrer des besonderen kroatischen Kulturerbes des Mittelalters bezeichnet.

Tomislav Šeparović

| **Lit.**: Šišić 1925; Karaman 1942; Klaić 1990; Budak 1994; Goldstein 1995; Budak 1996

410 Architrav und Giebel einer Altarschranke

879–892
Šopot bei Benkovac, Crkvina, Serbien
Kalkstein – linker Architrav: H. 21 cm, B. 85 cm, T. 9,5 cm; H. der Buchstaben 2–6 cm; Giebel: H. 62–65 cm, B. 74–81 cm, T. 9,5 cm; H. der Buchstaben 2,5–5 cm
Split, Muzej Hrvatskih Arkeoloških Spomenika, Inv.Nr. 1081; 1082

Es handelt sich hierbei um den größten Teil des Architravs und des (teilweise rekonsturierten) Giebels der Altarschranke. Der dreizonige Architravaufbau gliedert sich in ein oberes Ornamentband aus regelmäßigen Haken mit kurzen, gerillten Griffen und kugelförmig endenden Spiralen, in einen mittleren schematisierten Kymation (Zierleiste) sowie in einen Streifen mit Inschrift, der den unteren Abschluss bildet. Diese Struktur setzt sich in identischer Weise entlang der Giebelkante fort und rahmt die zentrale Komposition im Giebelfeld – ein Kreuz, das von zwei Vögeln unterhalb sowie von zwei Rosetten oberhalb des Querbalkens flankiert wird. Mit diesen beiden Fragmenten wird ein weiteres kleineres Architravteil unmittelbar in Verbindung gebracht. Es zeigt die Reste einer Inschrift – (...) MES (...) – und wurde zwischen 1970 und 1980 im Kastell von Benkovac gefunden. Anhand dieses dritten Fragments konnte der Anfangsteil der Inschrift + BRANIMIRO COMMES DUX CRUATORU(m) COGIT(avit ...) vollständig rekontruiert werden. Diese Inschrift ist von außergewöhnlich hoher historischer Bedeutung, da neben dem Namen des Prinzen und Fürsten Branimir auch der ethnische Name des Volkes (Kroaten) angeführt ist, das dieser Fürst regierte. Darüber hinaus deutet der Kontext der Inschrift auf die direkte Beteiligung des Fürsten Branimir am Bau der vorromanischen Kirche im heutigen Šopot hin. Vedrana Delonga

| **Lit.:** Klarić 1929; Šišić 1962, S. 113; Rapanić 1981, S. 185f.; Zekan 1993, S. 413; Delonga 1996, S. 166–169, Taf. LV; Matijević-Sokol 1997, S. 243f.; Jakšić 2000, S. 212f.; Kat. Split 2000, S. 347f., Nr. IV.248

411 Weihrauchfass

Ende 8. Jahrhundert
Cetina bei Vrlika, Runjavica, Kroatien
Silber, gegossen, vergoldet, nielliert – H. der Schale mit Fuß 6,2 cm, Dm. der Schalenöffnung 6,2 cm; Dm. des Bodens 3,8 cm
Split, Muzej Hrvatskih Arkeoloških Spomenika, Inv.Nr. 1760

Das Weihrauchfass (*thuribulum*) ist ein Zufallsfund aus dem Jahre 1925. Der Fundort Runjavica befindet sich nahe der vorromanischen Erlöser-Kirche (Sveti Spas) und der frühmittelalterlichen Siedlung

Cetina-Gegend diese insulare Ornamentik in seinem Dekor nicht aufweist, wird es in der Literatur als Gegenstand behandelt, der zeitlich dem Tassilo-Kelch gleichgestellt oder etwas jünger ist, das heißt er wird als spätere Anfertigung angesehen, höchstwahrscheinlich aus norditalischen Werkstätten, die in der Herstellungstechnik noch jene Technik anwandten, die den „Tassilo-Kelch-Stil" kennzeichnet, aber ohne die traditionelle Tierornamentik. Im Hinblick auf die Tatsache, dass der Tassilo-Kelch ziemlich genau um das Jahr 777 datiert werden kann, lässt sich das Weihrauchfass einer Periode von etwa 770 bis 790 zuordnen. Die Zeit seines Auftretens im kroatischen Fürstentum ist etwas später anzusiedeln, genauer nach dem Jahr 800, als fränkische Missionare eine umfassendere Christianisierung der Kroaten begannen und die römische Liturgie einführten.

Tonči Burić

| Lit.: Vinski-Gasparini 1958; Gunjača/Jelovina 1976, S. 112, Nr. 70, S. 80 (Abb.); Vinski 1977/78, S. 162f., Taf. IX; Kat. Split 2000, S. 251–253, Nr. IV.119 (Ante Milošević)

412 Giebelfragment einer Altarschranke

2. Hälfte 9. Jahrhundert
Biskupija, Stupovi, Kroatien, Kirche zur heiligen Cäcilia
Kalkstein – H. 43 cm, B. 42 cm, T. 8,5–9 cm
Split, Muzej Hrvatskih Arkeoloških Spomenika, Inv.Nr. 983

Dieses Fragment von einem der drei vorromanischen Giebel aus der Kirche der heiligen Cäcilia in Biskupija bei Knin ist aus zwei Teilen zusammengesetzt. Ein Hakenornament mit ungekehltem Fuß und Spiralen füllt die obere Randfläche. Zwischen dem zentralen Feld und dem flankierenden Rahmen befindet sich ein profilierter Balken, der mit einer Reihe von dreistreifigen Brezelmotiven verziert ist. Das zentrale Giebelfeld zeigte das übliche Motiv eines Kreuzes in der Hauptachse, flankiert von zwei einander gegenüberstehenden Vögeln, die je eine Traube im Schnabel halten. Diese Darstellung wird gewöhnlich als Sinnbild der Eucharistie gedeutet. Das lateinische Kreuz mit den gespreizten Balkenenden ist mit einem dreistreifigen Flechtband ausgefüllt. Die erhaltenen Teile der Vögel zeigen eine graphisch-lineare Bearbeitung und Ausführung, die in der Kunst der Vorromanik üblich ist. Der untere bogenförmige Teil des Giebels ist mit einem dreistreifigen Flechtband ausgefüllt.

Tonči Burić

| Lit.: Gunjača 1956; Petricioli 1984, S. 224f.; Jakšić 2000, S. 208–212; Kat. Split 2000, S. 242, 243 (Abb.), Nr. IV.108b (Tonči Burić)

413 Giebelfragment eines Altarretabels

Um 845–864
Solin, Rižinice, Rupotina, Kroatien, Zufallsfund im April 1891, Kaufpreis 2 Fl.
Kalkstein – H. 37 cm, B. 54 cm, T. 13–18 cm
Split, Archaeological Museum, Inv.Nr. S 54 (A 1647)

411

Vrh Rika. Unter den erhaltenen Denkmälern karolingischer Kunst stellt dieses Objekt einen bemerkenswerten Fund dar. Die Vorgänger unseres Weihrauchfasses sind – in Bezug auf Funktion und Typologie – spätantike Weihrauchfässer meist frühbyzantinischen Ursprungs und Bestandteil des byzantinischen liturgischen Gerätes. Parallelen werden überwiegend in Form und Gestalt zeitgleicher Kelche gesucht, wie beispielsweise im Tassilo-Kelch, der mit seinen dekorativen Ornamenten und Verzierungstechniken unserem Exemplar am nächsten kommt.

Die Außenseite des Gefäßes ist mit geometrischen Kerbschnittmotiven verziert und vergoldet (Bogenarkaden und waagrechte Streifen, die mit Dreiecken und Rauten ausgefüllt sind). Die Zwischenräume sind mit stilisierten Pflanzenmotiven in Niello-Technik verziert. Entlang der Kante des Rezipienten befinden sich drei Ringe mit durchgezogenen Ketten. Die Ketten laufen am anderen Ende an einem dreiarmigen Griff zusammen, der oberhalb einen S-förmigen Haken hat. Die Krakenenden des Halters sind als stilisierte Vogelköpfe gestaltet.

Die Datierung des Weihrauchfasses basiert auf dem Vergleich mit einer Reihe von gleichen oder ähnlichen Gegenständen, die in der Kunst als „Tassilo-Kelch-Stil" bezeichnet werden. Diese Gruppe umfasst in ihrem dekorativen Repertoire – neben geometrischen Motiven – auch Tierornamentik, deren Ursprung in angelsächsischen Werkstätten zu suchen ist. Auch wenn das Weihrauchfass aus der

Dieses Giebelfragment eines Altarretabels wurde in Rižinice auf dem Grenzstreifen zwischen den Weinbergen von Mate und Antica Crmarić auf Parzelle 6000/3 und Marko Boban auf Parzelle 6102 des Katasteramtsbezirks Solin entdeckt. Das Altarretabel, von dem das Giebelfragment stammt, befand sich in der Kirche des dortigen Benediktinerklosters, das von Fürst Trpimir als erstes Kloster dieses Ordens in Kroatien gegründet wurde. Die einschiffige frühchristliche Kirche mit breiter halbrunder Apsis wurde später umgebaut. Die namentliche Erwähnung des Fürsten in der Giebelinschrift ermöglicht die Datierung weiterer sakraler Gebäude mit vorromanischen Reliefs aus der Mitte des 9. Jahrhunderts. Erhalten ist der linke Teil des Giebelunterbaus mit einer tiefen Einkerbung an der linken Seite, in die der Architrav eingelassen war. Den zurückspringenden Seitenbereich schmücken Wellenornamente mit ausgeprägter Längskehlung, die oben spiralförmig eingerollt sind und sich sowohl am Fuß als auch am geschneckten Ende berühren. Das angrenzende, parallel verlaufende und plastisch ausgearbeitete Kyma (Zierleiste) schmückt ein Fries aus doppelt gekehlten Spitzbögen, deren dreieckige Bogenfelder nur leicht vertieft sind. In die Zwickel zwischen den niedrigen Bögen sind scharfkantige Blattornamente eingefügt. Von dem eigentlichen Giebelfeld hat sich nur der untere keilförmige Ansatz erhalten, auf dem ein Pfauenschwanz zu sehen ist. Der deutlich hervortretende Mittelgrat und die diagonalen Einkerbungen gleichen einem Fischgrätmuster. Außerdem ist der Anfang der Inschrift auf dem flach hervortretenden Giebelbogen lesbar: PRO DUCE TREPIME[ro] („Für Fürst Trpimir "). Die Enden der Buchstabenlinien sind dreieckig erweitert.

Ein wichtiges Vergleichsstück ist ein heute verschollenes Architravfragment eines anderen Altarretabels, das ebenfalls eine Inschrift und ein Wellenmuster mit den gleichen paläographischen Eigenschaften wie der hier vorgestellte Giebel aufwies. Es wurde in Rupotina in der Fensterlaibung eines Hauses aufgefunden. Die unvollständige Inschrift lautete: (…) ES XPO SV(b)MIT. Ein Zufallsfund im Jahre 1891 förderte ein weiteres Fragment dieses Architravs zutage, auf dem folgende Inschrift zu lesen ist: (…) ETE COLLA TREME (…). Jelić fügte die beiden Fragmente zusammen und ergänzte die Inschrift: PRO DVCE TREPIME[ro] (…) [prec]ES XPO[Christo] SVBMITA[tis] (…) [et inclinata hab]ETE COLLA TREM[entes] – „Für Fürst Trpimir (…) lasset Gebete zu Christus aufsteigen (…) und beuget zitternd das Haupt" (Jelić 1895/96, S. 24f.). Ante Piteša

| **Lit.**: Bulić 1891; Bulić 1892; Jelić 1895/96; Šišić 1925; Katić 1932; Katić 1939; Katić 1960; Petricioli 1980; Steindorff/Mihaljčić 1982; Gunjača/Jelovina 1976; Piteša 1992; Flèche Mourgues/Chevalier/Piteša 1993, S. 207–305; Goldstein 1995; Jakšić 1997; Matijević-Sokol 1997; Pejaković 1997; Katičić 1998; Rapanić 2000; Marasović 2011

VIII ZWEI KONKURRENTEN – EIN ZIEL. DIE CHRISTIANISIERUNG OSTEUROPAS

412

413

Bulgarien

Die Taufe des Bulgarenherrschers Khan Boris

In der 2. Hälfte des 7. Jahrhunderts, teils schon früher, zogen von der nordpontischen Steppe her turkstämmige pagane Bulgaren (sogenannte „Protobulgaren") bis an die untere Donau. Nach deren Überquerung errichteten sie hier einen eigenen Herrschaftsbereich auf einst römisch-byzantinischem Gebiet. Vom christlich-orthodoxen Byzantinischen Reich 680/81 erstmals vertraglich anerkannt, konnten sich die Bulgaren in mehreren Kriegen mit Byzanz auf Dauer behaupten und ihre Herrschaft gen Süden und Südwesten auf andere, weithin von Slawen besiedelte Gebiete ausdehnen. Der Versuch, nach Nordwesten vorzudringen, brachte Bulgarien unter Khan Boris (reg. 852–889, 893, †907) unter anderem mit dem (Ost-)Frankenreich in Konflikt. Als er zu eskalieren drohte, schloss Boris 862 mit den Ostfranken ein gegen Mähren gerichtetes Bündnis. Hierbei wurde Boris, in dessen Land vermutlich schon fränkische Missionare wirkten, mit der Aufforderung Ludwigs des Deutschen (reg. 840–876) konfrontiert, sich taufen zu lassen. Daraus, doch auch aus bedrohlichen Truppenbewegungen der Byzantiner erschloss sich Boris die komplexe Dimension der Taufe: Durch sie und die Schaffung kirchlicher Strukturen würde er sich mit den christlichen Nachbarherrschern auf einer gemeinsamen Ebene besser verständigen und die eigene Stellung festigen können. Doch stellte sich für Bulgarien auch die Frage der kirchenpolitischen Orientierung: Sollte er die Taufe von den Ostfranken oder aus Konstantinopel empfangen? Wohl nach einem Frieden mit Byzanz (863/64) fiel die Wahl auf letzteres, und Boris ließ sich als erster bulgarischer Herrscher taufen (Abb. 33). Dadurch ein „geistlicher Sohn" Kaiser Michaels III. (reg. 842–867) geworden, übernahm er dessen Namen, was auch die 1918 entdeckte, später verschollene griechische Inschrift aus Ballsh (Albanien) bezeugt: „Boris, Bulgariens Herrscher von Gott, wurde getauft (und in) Michael umbenannt, mit dem ihm von Gott gegebenen Volk, im Jahr 6374", also 865/66. („Herrscher von Gott" ist kein Resultat der Taufe: Aus Byzanz unter dem [gegenüber Christen] toleranten Khan Omurtag [†831] entlehnt, gehört die Formel seitdem zum bulgarischen Herrschertitel). Die Quellen berichten über die näheren Umstände der Taufe widersprüchlich. Wahrscheinlich aber vollzog sie im Hauptort Pliska ein vom byzantinischen Patriarchen Photios (amt. 858–867 und 878–886) entsandter Geistlicher. Anschließend erhielt Fürst Boris/Michael (weiterhin: Boris) von Photios ein Lehrschreiben mit dem Glaubensbekenntnis sowie theologisch-moralischen Instruktionen, kombiniert mit einem Fürstenspiegel. Besonders dieser Brief unterstreicht indirekt das auch bei der Herrschertaufe erkennbare vitale Interesse von Byzanz an der kirchlichen Bindung Bulgariens an das Patriarchat Konstantinopel. Als unmittelbare Konsequenzen der Taufe sind jedoch noch zwei einander konträre Folgen auszumachen: 1. der Umstand, dass der Inschrift zufolge mit der Herrschertaufe auch die seines Volkes einherging. Das erklärt sich aus der zumindest von einigen adeligen Bulgaren vollzogenen Nachahmung der Taufe des Khans. 2. kam es, wohl weniger aus religiösen als vor allem politischen Gründen, zu einem Adelsaufstand, den Boris mit Hilfe von 48 Adeligen niederschlug: 52 Adelige samt ihren Angehörigen wurden hingerichtet.

Bulgarien zwischen Rom und Byzanz

Wieder fest im Sattel, packte Boris die Christianisierung des Landes an. Ihm und seiner Umgebung stellten sich viele konkrete Fragen zur christlichen Lebensweise, zum Aufbau kirchlicher Strukturen und zu rituellen Differenzen zwischen Rom und Byzanz. Darum schickte er Mitte 866 Gesandte zu Papst Nikolaus I. (†13. Nov. 867), die ihm 115 Fragen übermittelten (Kat.Nr. 414): ein Zeichen dafür, dass sich Boris mit seiner Umgebung die Option einer Romorientierung offenhielt, zumal der Papst den von ihm 963 für abgesetzt erklärten Photios nicht anerkannte. Im November 866 entsandte Nikolaus I. zwei Bischöfe (und drei weitere Kleriker) nach Bulgarien. Erstere sollten dort seine ausführliche Antwort Boris überbringen und missionarisch wirken. Die drei Kleriker aber sollten weiter nach Byzanz reisen, doch die Byzantiner wiesen sie ab. Über die bulgarisch-römische Kooperation verärgert, warnte Michael III. Anfang 867 Boris brieflich vor diversen, letztlich von Photios (bald darauf per Enzyklika an die östlichen Patriarchen) benannten religiösen Differenzen zwischen Rom und Byzanz: Die Orthodoxen lehnten u. a. die lateinische Praxis des Samstag-Fastens, das *Filioque*, im Glaubensbekenntnis und den priesterlichen Zölibat ab. Boris leitete das Schreiben an Rom weiter. So geriet Bulgarien in den Sog des kirchenpolitischen Streits zwischen Byzanz und Rom, das versuchte, das längst Byzanz zugewiesene Ost-Illyricum zurückzugewinnen. Mit der Enzyklika berief Photios Mitte 867 eine Synode nach Konstantinopel ein, die Nikolaus I., der unterdessen verstarb, absetzte. Doch die Usurpation Basileios' I. (reg. 867–886) führte in Byzanz zur Absetzung des Photios, Wiedereinsetzung seines Vorgängers Ignatios (reg. 867–877) und Einberufung des VIII. Ökumenischen Konzils (869/70), zu dem Boris eine Delegation entsandte. Als dann die Bulgaren in einer Zusatzsitzung

τος προστακυμγέσα. καὶ μουλόμενος τοῦτο ἐν τρυφᾷ, μὴ μόνον δὲ πρὸς τηρα βίου. ἀλλὰ
καὶ ὅπερ ὁλαβοιζιαζῶν ραφείαν τριφη τε τούτοις· οἰκοδόμημουργήσαι νέον. μετὸ
δίοντραμον χρώμαιον το μέρος. ζωγράφον τῆ τέχνη. ἐκέλεσεν ἱστορίας πληρῶσαι το
οἴκημα. ὥσπερ δὴ ὑπὸ σπουδαῖος ὁ ἡγούμενος τείας. οὐκ ἔτι ἐκύνει ἐν τῷ ὁπωσδὴ
καὶ πραγμάτων ζωγραφίζειν. ἀλλ' ἐκέλευσε γράφαι ατακαὶ μοῦλοιτο. φοβερὰ μὲν τὸ εἶναι
τὰ γραφόμενα. καὶ πρόσ ἔκπληξιν καὶ δέος τῶν πεσωμένων. οὐδὲ μηδὲν ἕτερον εἰδὼ
φρικωδέστερον τῆς δευτέρας τοῦ χῦ παρουσίας. ταύτην ἐκεῖ καταγράψαι. παρὰ δὲ λαβοῦ
ο τοῖς τῆς γραφῆς. ἰδοὺ ὁ ἄρχων. ἐν τέρμεν τῶν δικαιῶν χοροῖς τεθαύμουμενον. ἐκεῖ τένδε. τὸν
τοῦ ραμαρτυλῶν κολαζόμενον. καὶ παρὰ τοῦ ζωγράφου συγχεῖτον νόμ τῆς θεωρίας.
ἄξιοι τε πυρὸς κείαν εἰς ἔξω μυσταὶ τῆς κείας. καὶ κατηχηθεὶς ὡς εἴπομεν παρὰ τοῦ ἐπισκόπου
τὰ τεία μυστήρια. ἀξιωροῖ τῶν νυκτῶν. τοῦ τε ἰοῦ μεταλαμβάνει βαπτίσματος.

ὁ ἅγ μεθό τὰ τζιζον τὸν ἀρχ
τουλγή

Τοῦτο δὲ γνωκοπές οἱ τοῦ ἔθνους ἄρχοντες καὶ τὸ κοινόν. τὴν τῆς θρησκείας μεταβολὴν. καπέ
ζαρίσαντοῦ ἄρχοντος. καὶ ἀφελεῖν ἐσπούδαζον. τὸν τοῦ ἐκείνου μεταβῦ περὶ
αὐτὸν ὁλίγων ὄντων πρε ἀμενος. τὸν ταυρικὸν τύπον πρὸ τοῦ μερίον. τὸ παράδοξον σῶσα
τὰ πολεμίστες. χρησάμενος ποίηκε. μεταβαλὼν τὸ δὲ πᾶντος τοῦ ἔθνους πρ
οσέβει. γράφει πρὸς τὴν δέσποιναν αὐτοῦ δοθῆναι ἐπίσκοπον. δεμοχρωμενων τῶν
ὑφ' αὐτοῦ. ὑποσχόμενος ποιῆσαι τὰ ἔθνη. καὶ εἰρήνην ἔχεσθαι δὶς λοιπὸν καὶ
ἀμετάβλητον. ἡ δὲ ασπὶς. ἱλαρωσολίαν τὴν ἱκετείαν προσήκατο. καὶ δέ δὼ
κενέρμον ὅλην τὴν καντα. τῆς ἀπὸ τῆς καλουμένης σίδηρα. ὅρου πε τυγχάνουσα
ρω και ὑπ' εκ και βουλγάρων. ἀρχὴ τῆς δὲ τοῦ. προϊοῦ λγαρ οἱ ζαγυρὰν καπνόνοια

des Konzils vom 4. März 870 eine Entscheidung über ihre kirchliche Zugehörigkeit forderten, beschloss man mehrheitlich die Zuordnung Bulgariens zum Patriarchat Konstantinopel. Noch im selben Jahr traf ein von Ignatios entsandter Erzbischof in Dristra oder Pliska ein, dem man erste Bistumsgründungen in Bulgarien zuschreibt. (Doch ob und inwieweit diese Kirche die von den Bulgaren angestrebte Autonomie besaß, ist unklar). Damit war nun jedem lateinischen Missionsversuch ein Riegel vorgeschoben und Bulgarien langfristig auf die Orthodoxie byzantinischer Prägung festgelegt. Boris aber nahm 886 die aus Mähren vertriebenen sieben Schüler der Brüder Kyrill und Method, darunter Klemes/Kliment (später Klemens von Ochrid genannt; †916) und Nahum/Naum, in Bulgarien auf, wo sie neue Wirkungsfelder für die Mission in slawischer Sprache und Schrift erhielten. 889 zog sich Boris zugunsten seines Sohnes Vladimir-Rasate in ein Kloster zurück. Da Vladimir bald darauf politisch und religiös wohl reaktionär agierte, übernahm Boris 893 erneut die Macht: Vladimir wurde gestürzt und von seinem byzantinisch geprägten Bruder Simeon abgelöst (reg. 894–927, ab 914 Zar). Trotz längeren Kriegs mit Byzanz, erfuhr Bulgarien unter ihm eine kulturelle Blüte durch die Förderung altkirchenslawischer Literatur und Liturgie. Mit dem Friedensschluss von 927 erhob der byzantinische Kaiser Romanos I. Lakapenos Bulgariens Erzbischof Damian zum ersten Patriarchen seiner Kirche.

Günter Prinzing

| **Lit.:** LexMA 2, Sp. 914–928 (Ivan Dujčev: Art. Bulgarien); Heiser 1979; Hannick 1994; Shepard 1995; Podskalsky 2000; Ziemann 2007; Ivanov 2008, S. 314–320; Nikolov 2012

414 „Responsae Nicolai papae ad consulta bulgarorum"

16. Jahrhundert
Pergament – H. 34,5 cm, B. 29,5 cm, T. 9,5 cm
Vatikanstadt, Biblioteca Apostolica Vaticana, Sign. Vat. Lat. 3827

Die verschiedenen Völkerschaften Südosteuropas lagen wie ein Puffer zwischen dem Frankenreich im Westen und dem Byzantinischen Reich im Osten. Beide Machtblöcke hatten ein Interesse an befriedenden Maßnahmen. Zur Sicherung von Einflusssphären gehörten politische Allianzen, militärische Aktionen und missionarische Aktivitäten. In der Konkurrenz von römisch-katholischer und

415

griechisch-orthodoxer Kirche versuchte jede Seite, ihre Grenzen auszudehnen. Den umworbenen Ethnien verschaffte das die komfortable Möglichkeit zur Wahl und zur Erlangung von Vergünstigungen wie eigenständigen Kirchenprovinzen.

Das Bulgarische Reich mit seinem Khan Boris I. (reg. 852–889) war nach manchem Hin und Her zum byzantinischen Christentum übergetreten. Als sich dann 866 Probleme zwischen Rom und Byzanz ergaben, nutzte Boris die günstige Gelegenheit in der Hoffnung, die bulgarische Kirche aus byzantinischer Jurisdiktion herauslösen und vielleicht eine eigenständige Kirchenprovinz erreichen zu können. So bat er Papst Nikolaus I. (amt. 858–867) um die Entsendung von Priestern und Bischöfen. Außerdem schickte Boris einen Katalog von Fragen mit, die zwar verloren sind, sich aber durch die 106 Antworten des Papstes rekonstruieren lassen. Dieses einzigartige Dokument vermittelt anhand der erörterten dogmatischen, ethisch-kultischen und kirchenrechtlichen Probleme ein lebendiges Bild von dem Christianisierungsprozess eines Landes, das sich unter dem Einfluss unterschiedlicher Missionsvorstellungen von seinem paganen Religionsverständnis lösen sollte. Der Papst macht deutlich, dass politische Interessenlagen bei der Mission keine Rolle spielen dürften und vor allem Gewalt zu vermeiden sei. Nur durch „Ermahnungen, Aufmunterungen und vernünftige Beweisführung" könne zum rechten Glauben geführt werden (Responsa Nicolai [MGH Epp. 6], 41, S. 582). Boris kannte keinen Unterschied zwischen Heiligem und Profanem und wollte deshalb von Nikolaus genaue Instruktionen auch über alltägliche Dinge haben (welche Tiere man essen dürfe, wie die Mitgift bei einer Eheschließung aussehen müsse, ob man Kranken zur Heilung ein magisches Halsband umhängen könne, ob

РОБ · НЕМ
ꙊДО · РЫ ·
ѢБЫБ ОЖ
И О · Т · КАМ
ІЕ · СЕГО ·
ДЬѤ ·
ТЪ · NИ

Frauen Hosen tragen dürften), was diesen leicht irritierte. Insgesamt gesehen sind die Responsa ein herausragendes Dokument über die praktische Umsetzung der Christianisierung. Ein Erzbistum hat Boris übrigens nicht bekommen, und 1018 wurde Bulgarien eine byzantinische Provinz. Lutz E. von Padberg

| **Quellen:** Responsa Nicolai (MGH Epp. 6) (Edition); Responsa Nicolai (übers. Heiser)

| **Lit.:** Dujčev 1968; Heiser 1979; Holmes 1990; Döpmann 1991, S. 86–91; von Padberg 2003b, S. 410–412; von Padberg 2006, S. 118–136

415 Altbulgarische kyrillische Inschrift ОСТРО БОГОІN

Festung Shumen, Bulgarien, Ende 9. Jahrhundert
Kalksteinblock mit zweizeiliger Inschrift; die Buchstabenvertiefungen sind mit einer roten Paste gefüllt – Spuren der Wiederverwendung – H. 41 cm, B. 40 cm, T. 23,5 cm
Shumen, Regional Historical Museum, Inv.Nr. 46

Zu den ersten Exponaten des Museums Shumen, die Anfang des 20. Jahrhunderts in die Sammlung gelangten, zählt ein Kalksteinblock mit der zweizeiligen Inschrift ОСТРО БОГОІN. Karel Skorpil zufolge wurde er in der Nähe der Kirche Nr. 11 südöstlich der Festung Shumen entdeckt.
Der Block aus Kalkstein der Region weist Schäden und Spuren weißer und meergrüner Farbe auf, die mit einem Kamm ausgekratzt wurden; offensichtlich wurde er also wiederverwendet.
Wie die Inschriften bei dem Felsrelief des Reiters von Madara, für das eine Entstehungszeit vom 8. Jahrhundert bis ungefähr 940 angenommen wird, wurden die Buchstaben mit einem Meißel eingraviert und die Ritzen mit einer roten Paste gefüllt.
Die Zeichen sind in Kapitalen mit glatten Linien im Stil der griechischen Unzialschrift markiert, die für die Inschriften bulgarischer Herrscher in der ersten Hälfte des 9. Jahrhunderts typisch ist.
Das wichtigste Graphem dieser Inschrift ist das „В", bei dem es sich zweifellos um den kyrillischen Buchstaben handelt, der phonetisch dem „β" im Titel βαγαίνος entspricht.
Aufgrund paläographischer Merkmale wird die Inschrift im Allgemeinen auf das 9. Jahrhundert datiert, genauer gesagt nach 886, als sich die Schulen in Pliska, Preslav und Ohrid entwickelten und das kyrillische Alphabet offiziell im Bulgarischen Reich eingeführt wurde.
Der Name ОСТРО ist den meisten Forschern zufolge slawischen Ursprungs – *Остро-мир*. Jedoch endet auch ein altpersischer Stamm auf -МИР, der sich von MÎRZA ableitet und soviel wie „edel" bedeutet. Entsprechend gibt es auch Versuche, ОСТРО mit dem persischen Ὀστρύς gleichzusetzen.
Das Wort BOGOIN in der zweiten Zeile ist eine Abwandlung des protobulgarischen Titels βαγαίνος. Da es in vielen Inschriften militärischen Inventars vorkommt und da der bulgarische Staat besonders kriegerisch war, nimmt man an, dass βαγαίνος ähnlich wie der Titel βοίλα eine Kriegerkaste bezeichnet.
Die Inschrift ОСТРО БОГОІN hängt schließlich eng mit der Festung Shumen zusammen und ist, wie Vera Antonova ausführt, „eine wichtige Quelle zur Datierung der frühbulgarischen Epoche der Festung Shumen" (Antonova 1995, S. 28); die paläographische Analyse offenbart den Block als Träger einer der ersten uns bekannten kyrillischen Inschriften. Georgi Maystorski

| **Lit.:** Altbulgarische Inschriften 1, S. 242; Skorpil 1905, S. 440, Taf. XCVII,8; Vernadsky 1941, S. 62; Beševliev 1955, S. 292; Beševliev 1992, S. 240; Antonova 1995, S. 28

416 Altbulgarische Grabinschrift der Tudora

10. Jahrhundert
Preslav, Bulgarien, Runde Kirche, Fund von 1930
Kalksteinplatte mit eingemeißelter Inschrift – H. 35 cm, B. max. 17 cm, T. 9,5 cm; 9 kg
Veliki Preslav, Archaeological Museum Veliki Preslav, Inv.Nr. 1363

Fragment einer Kalksteinplatte mit siebenzeiliger Inschrift auf der Vorderseite: [Г]роб єсм [Т]оудоры [р]абы Бож[и]я от кам[е]не серо[.] лакте [до] стены – „Ich bin das Grab von Tudora, der Dienerin Gottes. Von diesem Stein sind es (…) Ellen bis zur Wand."
Dies ist ein altbulgarisches Epitaph vom Typ der sogenannten „sprechenden Steine" aus dem 10. Jahrhundert. Die Schriftelemente beruhen auf der damals neu eingeführten Unzialschrift.
Es handelt sich um eine der frühesten Inschriften in kyrillischen Buchstaben, die die Entwicklung des Schriftsystems und der Steinmetzkunst im mittelalterlichen Bulgarien widerspiegelt, insbesondere im Preslav des 10. Jahrhunderts. Plamen Slavov

| **Quellen:** Altbulgarische Inschriften 1, S. 173; Bulgarische Inschriften, Nr. VII, S. 43f.
| **Lit.:** Ivanova 1955, S. 79f.; Medynzeva/Popkonstantinov 1984, S. 74

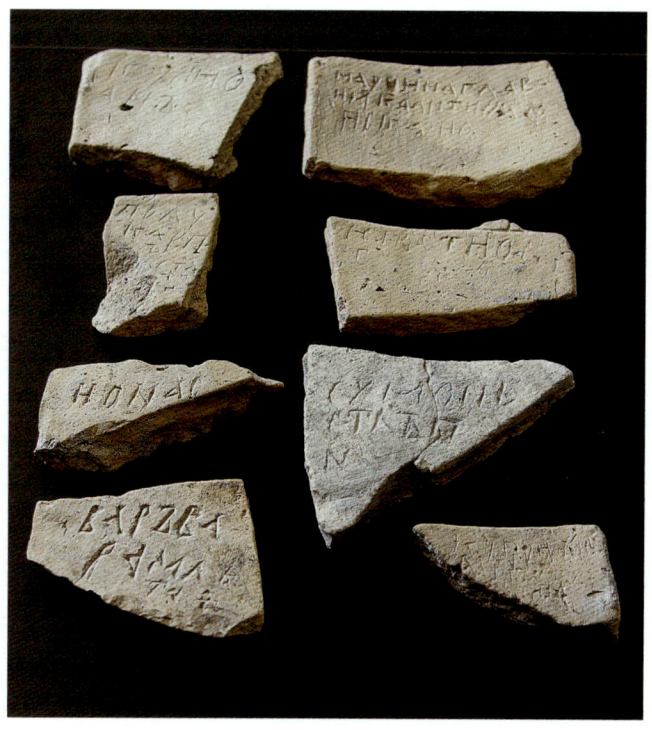

417

417 Altbulgarische Epitaphien des 10. Jahrhunderts aus Preslav

10. Jahrhundert
Kirche von Mostitsch, Preslav, Selishte, Bulgarien, Fund im Oktober 1953 in der nördlichen Grabkammer nahe dem Altarraum
Acht Scherben von vier verschiedenen Platten – hellbrauner oder cremefarbener Ton; die Inschriften wurden mit Schneiden unterschiedlicher Größe eingemeißelt – H. der Fragmente 7,5–13,5 cm, B. 4,5–10,5 cm, T. 1,8–3 cm; Zeilenhöhe 0,5–1,5 cm; 71,3–346 g
Veliki Preslav, Archaeological Museum Veliki Preslav, Inv.Nr. 1364 A–1370

Auf diesen Tonscherben sind die Namen von acht orthodoxen Heiligen in kyrillischer Schrift zu erkennen: Cyriacus und Johannes, Polykarp, Barbara, Margareta von Antiochien, Cyprian, Simon der Abtrünnige, Estratnos, Jonas. Sie wurden zusammen mit Knochen und Metallgehäusen in der nördlichen Grabkammer nahe des Altarraums der Kirche von Mostitsch in der Gegend von Selishte am Rand von Preslav gefunden. Bei den Inschriften handelt es sich um eine Art „Beschriftung" der Truhen, in denen Skelettteile der genannten Heiligen aufbewahrt wurden. Die Inschriften sind insofern für die altbulgarische Kultur von Bedeutung, als sie über den Wandel der Steinmetzkunst im mittelalterlichen Bulgarien Aufschluss geben; darüber hinaus tragen sie zu einem besseren Verständnis der Sprachentwicklung und des Schriftsystems im 10. Jahrhundert sowie der Entwicklung eines eigenen orthodoxen Pantheons bei.   Plamen Slavov

| Quelle: Altbulgarische Inschriften 1, S. 190
| Lit.: Ivanova 1955, S. 90–92

418 Friesplatten

10. Jahrhundert
Kirche St. Pantaleon, Preslav, Patleina, Bulgarien
Kaolin, gebrannt, bemalt und glasiert – restauriert – L. 15,5–15,9 cm, B. 15,9–16,3 cm, T. 5 cm, Randbreite 1,3–2 cm; 202,4–271,8 g
Veliki Preslav, Archaeological Museum Veliki Preslav, Inv.Nr. 1159

Halbzylindrische Tonplatten aus Kaolin, deren bemaltes Muster sich wiederholt und die so einen langen Fries bilden. Über und unter den aufgemalten fünfblättrigen Palmetten befindet sich eine Leiste halbkreisförmiger Verzierungen; die Oberfläche ist teilweise glasiert; die Bemalung wurde zum Teil restauriert.   Plamen Slavov

| Lit.: Mijatev 1936, S. 34f.

419 Doppelreihige Kette aus dem „Schatz von Preslav"

10. Jahrhundert
Kastana, Preslav, Bulgarien, Fund am 11. April 1978
Gold, Zellenschmelz, Perlen, Bergkristall, Amethyste, Pseudo-Granulation, Filigranarbeit – L. max. 30 cm, B. 22 cm, T. 0,4–0,7 cm; 227,75 g
Veliki Preslav, Archaeological Museum Veliki Preslav, Inv.Nr. 3381.1

Der 1978 im gemauerten Ofen einer Hütte in einer altbulgarischen Siedlung bei Kastana gefundene sogenannte Schatz von Preslav umfasst über 170 Objekte. Diese doppelreihige Kette aus dem Fundkomplex besteht aus einem Halsband aus trapezförmigen Plättchen

VIII ZWEI KONKURRENTEN – EIN ZIEL. DIE CHRISTIANISIERUNG OSTEUROPAS 483

419

(2,5 mal 2 mal 1,4 Zentimeter), die durch runde Kettenglieder und siebenreihige Goldgeflechtstücke miteinander verbunden sind. An die Plättchen und Geflechtstücke sind Ösen gelötet, an denen sieben blattförmige, von Perlenbändern gesäumte Medaillons hängen. Elf Einzelketten aus Perlen mit filigran gearbeiteten Anhängern aus Gold oder Anhängern aus bikonischen Perlen aus Bergkristall oder Amethyst ergänzen die Kette. In die Plättchen und Medaillons sind mit Zellenschmelz Bilder eingelassen: Das mittige Plättchen und das Medaillon zeigen die Jungfrau Maria in Orantenhaltung; auf den seitlichen Plättchen und Medaillons wechseln sich Vögel und Palmetten ab. Die Plättchen an den beiden Enden schließen bogenförmig ab und sind mit einer Öse bzw. einem Haken als Verschluss versehen.

Der Struktur, der Machart und den verwendeten Mustern nach handelt es sich bei der doppelreihigen Kette um ein Meisterwerk der Schmuckkunst und -kultur des mittelalterlichen Bulgarien gegen Ende des 9. Jahrhunderts bzw. im 10. Jahrhundert.   Plamen Slavov

| **Lit.:** Bosselmann-Ruickbie 2011, S. 18, 210–216; Totev 1993, S. 38–52; Totev 2000, S. 150–154; Atanasov 2001, S. 231–235

Kiewer Rus

Die Christianisierung der Kiewer Rus

Die Kiewer Rus bezeichnet die staatliche Vereinigung einer Reihe ostslawischer Territorien in der Zeit vom 9. bis zum 13. Jahrhundert. Auf ihrem Höhepunkt umfasste sie ein Staatsgebiet, das sich von den Karpaten bis zur Wolga, und vom Schwarzen Meer bis zur Ostsee erstreckte. Die frühesten Zeugnisse von Ackerbausiedlungen auf diesen Territorien stammen aus dem 5. und frühen 6. Jahrhundert. Der größte und am weitesten entwickelte der dortigen Stämme waren die Poljanen, deren Fürst Kyi im 6. Jahrhundert die Stadt Kiew (ukr. Kyiv) gründete. Im 9. Jahrhundert eroberten die skandinavischen Waräger die Stammesgebiete, und legten den Grund für das Staatsgebilde der Kiewer Rus. Nach Angaben der Chronisten übernahmen bereits die warägischen Fürsten Askold und Dir nach einem erfolglosen Feldzug auf Konstantinopel im Jahr 860 dort das Christentum. Der byzantinische Patriarch Photios teilt in einem Brief aus dem Jahr 864 über die russischen Waräger mit, „auch diese haben nun den reinen und unverfälschten Gottesdienst der Christen eingetauscht für ihre heidnischen und gottlosen Lehren", und dass er infolgedessen einen Bischof mit missionarischen Aufgaben in die Rus entsandt habe. Askold und Dir wurden allerdings nach ihrer Heimkehr von Fürst Oleg aus der Nowgoroder Dynastie der Rjurikiden umgebracht. Dieser blieb beim heidnischen Glauben, vereinte aber die noch immer verstreuten Stämme und richtete die Hauptstadt des neuerstarkten Staatswesens in Kiew ein. Nach Auskunft der Chroniken konnten die Christen Kiews bereits Mitte des 9. Jahrhunderts, ungeachtet der noch immer bestehenden Dominanz des Heidentums, Gottesdienste in der Kirche des heiligen Elias besuchen. Ferner ist bekannt, dass anlässlich eines Friedensabkommens zwischen Byzanz und der Rus im Jahr 944 ein Teil der Kiewer Gesandten den Eid vor der Statue des heidnischen Gottes Perun ablegte, während ein anderer bereits den Schwur auf die Bibel leistete.

Die folgende Etappe der Christianisierung markiert die Regentschaft der Fürstin Olga (reg. 945–962). Deren Ehemann, Fürst Igor (*912, †945), war noch heidnisch und kam bei einem Stammeskrieg um. Nach seinem Tod entschied sich Olga für die Annahme des Christentums nach ostchristlichem Ritus. Es ist bis heute umstritten, wann genau Olga getauft wurde, und ob sie bei ihrem Aufenthalt in Konstantinopel (946 oder/und 957?) schon den besonders ehrenvollen Empfang einer orthodoxen Fürstin erhielt, oder erst dort Christin wurde. Olgas Taufname war Helena, genannt nach der Mutter Kaiser Konstantins des Großen (reg. 306–337). Nach der Rückkehr nach Kiew sandte Olga freilich auch eine Botschaft mit der Bitte um Missionare an Kaiser Otto I. (reg. 962–973). Der daraufhin in Kiew eintreffende Bischof Adalbert erzielte keine besonderen Erfolge, und war bald gezwungen, die Stadt wieder zu verlassen; er wurde 968 der erste Erzbischof von Magdeburg. Olgas Sohn Swjatoslaw (reg. 962–972) nahm das Christentum nicht an und wurde berüchtigt durch seine zahlreichen Einfälle in Byzanz.

Die massenhafte Taufe der Einwohner der Kiewer Rus wird gewöhnlich in Verbindung gebracht mit Swjatoslaws Sohn Fürst Wladimir

34 Radziwiłł Chronik (15. Jahrhundert), Taufe Wladimirs, St. Petersburg Academy of Sciences, fol. 62v

35 Viktor Mikhaylovich (*1848, †1926),
Die Taufe Russlands, Öl auf Leinwand,
1885–1896, Moskau, The Tretyakov Gallery

(reg. 980–1015), genannt „der Große"; die russisch-orthodoxe Kirche verehrt ihn bis heute als Heiligen (Abb. 34, 35). Nach seiner Machtübernahme hatte Wladimir zunächst beschlossen, ein Pantheon der heidnischen Götter mit Perun an der Spitze zu errichten. Dieser Plan scheiterte aber – er hatte wohl nicht das Potential zu einer Machtzentralisierung, wie sie Wladimir vorschwebte. Wladimir entschloss sich stattdessen, sich an die Vorsteher monotheistischer Religionen zu wenden, um „einen Glauben auszuwählen". Nach der von der „Nestorchronik" (Anfang 12. Jahrhundert) überlieferten Legende erreichten im Jahr 986 Gesandte der dem Kiewer Reich benachbarten Staaten die Hauptstadt: der Wolgabulgaren (Muslime), der Chasaren (Juden), der „Deutschen" (lateinische Christen) und der Byzantiner (orthodoxe Christen). Wladimir beschloss, nachdem er alle Gesandten angehört hatte, seine eigenen Boten in die Hauptstädte der jeweiligen Staaten zu entsenden. Den größten Eindruck auf diese hinterließ schließlich die Göttliche Liturgie in der Sophienkathedrale in Konstantinopel: „(…) und wir wussten nicht: Waren wir im Himmel oder auf der Erde; denn auf Erden gibt es einen so schönen Anblick nicht oder eine solche Schönheit."

Die Annahme des Christentums in seiner östlichen Form durch Wladimir war freilich nicht nur von ästhetischen, sondern auch von geopolitischen Erwägungen geleitet, denn sie erhob die Rus in den Rang der christlichen Staaten. Diesem Ziel diente ferner eine dynastische Heirat. Im Jahr 988 nahm Wladimir an der Niederschlagung des Aufstands des Usurpators Bardas Phocas gegen den byzantinischen Kaiser Basileos II. (reg. 976–1025) teil. Als Belohnung erbat sich Wladimir die Hand der Schwester des Imperators, Anna, wozu dieser zunächst sein Einverständnis gab. Als sich Basileos dann freilich weigerte, sein Versprechen einzulösen, besetzte Wladimir die byzantinische Kolonie Chersones (Korsuń) auf der Krim und nötigte den Kaiser zur Unterzeichnung eines Friedensvertrages. Eine der ausgehandelten Bedingungen der Übereinkunft war die Heirat mit der byzantinischen Prinzessin und die Taufe Wladimirs. Der Fürst ordnete zugleich die Taufe aller seiner Untergebenen an, und führte hierzu Priester, die der slawischen Sprache mächtig waren, aus Chersones nach Kiew. Nach der Nestorchronik war die Massentaufe der Kiewer in den Wellen des Dnjepr begleitet vom Umsturz der heidnischen Idole: Wladimir „befahl die Götzenbilder zu stürzen: die einen zu zerhauen, die anderen dem Feuer zu übergeben; den Perun aber (…) mit dem Stock zu schlagen, (…) zur Schmähung des Teufels." Die Taufe ging in Kiew, so wie wohl auch in anderen Städten, ohne besonderen Protest von Seiten der lokalen Bevölkerung vonstatten. Ausnahmen bildeten Nowgorod, Suzdal und Belozersk, wo man „mit Feuer und Schwert" taufte. In eben diesen Regionen flammten dann auch Aufstände unter Führung heidnischer Magier auf, die von den fürstlichen Truppen niedergeschlagen wurden. Für die Randgebiete blieb ferner noch lange ein gewisser religiöser Synkretismus charakteristisch: Christen behielten heidnische Feiertage bei, und bedienten sich alter magischer Praktiken (Bd. I, Beitrag Thyret, S. 441–445).

Mit der Annahme des Christentums wurde Kiew zum Zentrum einer Metropole des Patriarchats von Konstantinopel, was im Bau der Zehntkirche zum Ausdruck kam. Später, im 10. und 11. Jahrhundert, schmückte die Hauptstadt der Kiewer Rus ein christlicher architektonischer Komplex: Die Goldenen Pforten (nach byzantinischem Modell errichtet), die Sophienkathedrale (ebenfalls in Analogie zur Hagia Sophia in Konstantinopel), das Michaelskloster und das berühmte Höhlenkloster – im 11. Jahrhundert gegründet durch den heiligen Antonij (*983, †1073). Mit der Wiederholung architektonischer Modelle aus Byzanz orientierten sich die Kiewer Bauherren an der Tradition der Gleichsetzung Konstantinopels mit dem göttlichen Jerusalem. Seit der Zeit des Fürsten Jaroslaws des Weisen (reg. 1016–1018, reg. 1019–1054) begannen auch die Kiewer Schreiber, ihre Stadt als „Neues Jerusalem" zu bezeichnen. Dieser Topos fand sich dann etwa in der „Rede vom Gesetz und von der Gnade" des Metropoliten Hilarion von Kiew (1040er-Jahre): So wie Kaiser Konstantin „(…) mit seiner Mutter Helena das Kreuz aus Jerusalem geholt, es über sein ganzes Friedensreich hin gesandt und so den Glauben gefestigt" habe, so habe auch der Kiewer Fürst Wladimir „mit [seiner] Großmutter Olga das Kreuz aus dem neuen Jerusalem, aus der Stadt Konstantins, gebracht." Schon der Apostel Andreas soll, der Nestorchronik zufolge, auf einer seiner Reisen den Ort der späteren Stadt besonders gesegnet haben. Die Andreaslegende diente dann auch dazu, den apostolischen Ursprung des altrussischen Christentums zu bezeugen.

Die Christianisierung der Kiewer Rus fand schließlich auch Ausdruck in der Verehrung lokaler Heiliger. Die ersten unter ihnen waren die Fürsten Boris und Gleb, die in einer lokalen Fehde den Tod fanden. Solche Fehden um den Kiewer Thron schwächten schließlich die Rus auf der internationalen Bühne. In der Mitte des 13. Jahrhunderts wurden erst die nördlichen, dann die südlichen Landesteile und 1240 Kiew selbst von den Mongolen eingenommen und verwüstet. Der Staat der Kiewer Rus hörte damit auf zu existieren.

Liliya Berezhnaya

| **Lit.:** Poppe 1982; Pritsak 1986; Müller 1987a; Pritsak/Ševchenko 1988/89; Ryčka 2005; Raffensperger 2012

VIII ZWEI KONKURRENTEN – EIN ZIEL. DIE CHRISTIANISIERUNG OSTEUROPAS   487

lette waren im Kreis der Krieger verbreitet und waren Bestandteil spezifischer Glaubensvorstellungen und Riten, die im 11. Jahrhundert weit verbreitet waren, was sich in der Entwicklung neuer Typen von Kriegeramuletten zeigte. Die Axtamulette bekamen junge Anwärter während der Initiationsriten und sie fungierten als Schutztalismane. Wurde der Anwärter ein vollwertiges Mitglied einer Druschina, so war das Amulett ein ehrenvolles Symbol der Zugehörigkeit zum Stamm der Krieger.

Der Kriegshammer des Gottes Thor als Amulett hatte bei Wikingern die gleiche Funktion wie Axtamulette.   M. O. Strel'nik

| Lit.: Hanenko 1902, Bd. 5, S. 249, Taf. XVIL, Nr. 363; Darkewitsch 1961; Rybakow 1987, S. 196–252; Makarow 1992; Wasil'jew 1999, S. 311

420 Axtamulett

11./12. Jahrhundert
Siedlungsstätte Knjasha Gora, Pekari, Kanewskij, Tscherkassy, Ukraine, Ausgrabungen 1890 unter der Leitung von M. F. Beljaschewskij, aus der Sammlung von B. I. und W. N. Hanenko
Bronze, gegossen, graviert – patiniert – H. 5,2 cm, L. 4,2 cm
Kiew, National Museum of the History of Ukraine, Inv.Nr. B 25/1988.

Das Axtamulett hat einen verlängerten, geschnitzten Nacken mit kurzen Wangen, spitze Vorsprünge auf der abgewandten Seite sowie einen schmalen Hals. Die Oberfläche ist mit einem Ornament aus zwei Bögen mit dazwischen eingearbeiteten kurzen Einkerbungen und Zickzacklinien verziert. Die einfach gehaltene Verzierung ist vermutlich an den komplexen ornamentalen Aufbau der breiten Schneiden von Streitäxten angelehnt. Es handelt sich um ein Axtamulett des zweiten Typs (nach der Typologie von N. A. Makarow).

Die Entstehungszeit von Amuletten der zweiten Gruppe liegt im 11. Jahrhundert, ihrer Form nach sind sie den Streitäxten mit breiten Schneiden nachempfunden, die in Skandinavien und dem Baltikum weit verbreitet waren. Auf dem Territorium der Alten Rus sind Funde von Amuletten dieser Gruppe recht selten. Sie werden überwiegend in Männergräbern oder Kulturschichten von Siedlungen und Städten entdeckt. Die Miniaturäxte trugen Krieger einer „Druschina" (Heergefolge eines Fürsten) als Amulette bei sich, in den Gräbern waren sie an den Beinen, am Knie oder am rechten Teil des Beckens, wo echte Streitäxte befestigt waren, platziert. In der Regel waren die Äxte an den Holzschäften befestigt und beim Tragen mit einer Axtscheide geschützt. W. P. Darkewitsch verbindet diese Amulette mit dem slawischen, heidnischen Kult von Perun, dem Gott des Gewitters, des Donners und der Blitze. N. A. Makarow gibt an, dass es zur heidnischen Zeit diese Amulette noch nicht gab und sie erst im 11. Jahrhundert entstanden und dabei der Form der Blankwaffen eben aus dem 11. Jahrhundert nachempfunden sind. Die Axtamu-

421 Zwei sog. Kiewer Eier

a) „Kiewer Ei" (Pysanka), Typ 1
11./12. Jahrhundert
Siedlung Konontscha, Tscherkassy, Ukraine, Ausgrabungen unter der Leitung von W. W. Hwojko Anfang 20. Jahrhundert, aus der Sammlung von S. S. Mogilewzew
Ton, Plattentechnik, glasiert, bemalt – teilweise verwischt – H. 4,2 cm, Dm. 2,8 cm
Kiew, National Museum of the History of Ukraine, Inv.Nr. B 4156.

b) „Kiewer Ei" (Pysanka), Typ 2
11./12. Jahrhundert
Rownenskij, Rowno, Ukraine, Zufallsfund 1. Hälfte 20. Jahrhundert
Ton, Plattentechnik, glasiert, bemalt – teilweise verwischt – H. 3,7 cm, Dm. 2,7 cm
Kiew, National Museum of the History of Ukraine, Inv.Nr. B 2487.

Sogenannte Kiewer Eier (Pysanky) sind aus Ton gefertigte hohle Eier mit einem Kügelchen im Inneren, deren Oberfläche mit polychromer Glasur überzogen ist. Oft werden sie auch als „Rasseln" bezeichnet. Sie wurden aus gewöhnlichem Ton in Plattentechnik hergestellt. Es wird zwischen zwei Typen unterschieden (Typologie nach T. I. Makarova).

Bei Pisanky des ersten Typs (a) handelt es sich um Toneier mit einer grünen oder braun-graubraunen Oberfläche, die mit einem Dekor mit Bügeln verziert sind. Sie wurden in Kiew gefertigt, wo Tiegel und Schmelztrichter entdeckt wurden. Die Herstellung von glasierten Platten stellte ein selbständiges Handwerk dar. Sowohl Pysanky als auch Platten weisen eine ähnliche Ornamentverzierung auf. Die „Kiewer Eier" dieser Art waren im Mitteldneprgebiet sehr weit verbreitet, bekannt sind auch Funde der Kiewer Erzeugnisse in Lettland, in der Niederdonau sowie in Schleswig.

Die Pysanky des zweiten Typs (b) zeichnen sich durch eine schwarze Oberfläche und ein deutliches Ornament aus. Sie wurden im Norden der Rus, hauptsächlich in Nowgorod, hergestellt.

Die Forscher verbinden die Pysanky mit dem heidnischen Glauben der Slawen. Das Ei hatte eine große Bedeutung in den slawischen Riten, der Kult des Eies geht auf heidnische Frühlingsfeste der Slawen zurück. Die Kiewer Eier verschwinden in der Mitte des 12. Jahrhunderts; die Ostereier der christlichen Ostertradition bilden keine direkte Fortsetzung der heidnischen Kulthandlungen. Die Geräuscheffekte (Rasseln), die mit den heidnischen Pysanky erzeugt wurden, spielten in der christlichen Zeit keine Rolle.   M. O. Strel'nik

| **Lit.:** Bolsunowskij 1909; Makarova 1967; Sedow 1998, S. 81–85; NMIU 1999, S. 6, Abb. 5; NMIU 2001, S. 42, Abb. 85

422 Zwei Griffel

a) Stilus
11. Jahrhundert
Ukraine, Zufallsfund 1. Hälfte 20. Jahrhundert
Eisen, Silber, geschmiedet, gezogen, geflochten, mit Inkrustation, vergoldet – L. 12 cm
Kiew, National Museum of the History of Ukraine, Inv.Nr. Вдд 1270

b) Stilus
Ende 11./12. Jahrhundert
Siedlung Belgorodka, Kiewo-Swjatoschinskij, Kiew, Zufallsfund 1. Hälfte 20. Jahrhundert
Eisen, geschmiedet – L. 13,3 cm
Kiew, National Museum of the History of Ukraine, Inv.Nr. B 696

Neben direkten Hinweisen auf die Schreib- und Lesefähigkeit (etwa in Form von Inschriften) gibt es auch indirekte, nicht weniger überzeugende Zeugnisse der Schreibkunst. Es handelt sich vor allem um sogenannte *Pisala* (russ. für „Stili"). Diese Bezeichnung wurde beginnend mit dem 11. Jahrhundert in den Quellen, die mit Nowgorod zusammenhängen, festgestellt. Ähnliche Gegenstände wurden nicht nur zum Schreiben auf Wachstafeln, sondern auch auf Birkenrinde verwendet. Die Stili weisen eine vollkommene Ähnlichkeit mit den Stili der Antike und des Mittelalters auf.

Bei den Stili handelt es sich um Stifte mit einer Länge von 8 bis 16 Zentimetern, die ein angespitztes und ein zweites, meist spatelförmig ausgebildetes Ende besitzen. Überwiegend findet man Stili aus Eisen, seltener aus Bronze oder Knochen. Die Stili waren fast immer mit Schmuckelementen verziert: Im unteren Bereich des Spatels hatte der Stift eine Verdickung, die durch einen sogenannten „Apfel" oder einen Wulst gebildet war; die Spatel selbst waren mit einer feinen Schnitzerei oder Inkrustation versehen. Die Stili aus Eisen waren manchmal mit einer Schicht aus Bronze oder Silber bezogen.

a) Stilus aus Eisen mit einem mit silbernen Ornamenten verzierten Spatel in Form eines abgeflachten Dreiecks und einem Stift mit aufgewickeltem Silberdraht. In Nowgorod wurden bei Ausgrabungen in archäologischen Schichten, die auf das Ende des 10. bzw. den Anfang des 11. Jahrhunderts datiert werden, prächtig gestaltete Exemplare mit einem geflochtenen Stift und Bronzeüberzug entdeckt.

423

Früher bestand die Annahme, dass Stili dieser Art in die Mitte des 11. bis in die Mitte des 12. Jahrhunderts zurückgehen, was auch mit den vergleichbaren Funden bei Ausgrabungen in den altrussischen Städten Galitsch, Staraja Rjasan, Minsk und an anderen Orten belegt wurde; nun kann man davon ausgehen, dass sie aus dem Zeitraum des 10. bis Mitte des 12. Jahrhunderts stammen.

b) Stilus aus Eisen, gefunden bei Belgorodka, mit einem Spatel in Form eines „breiten Kelches". In Nowgorod wurden ähnliche Gegenstände in archäologischen Schichten entdeckt, die dem Ende des 11./Anfang des 12. Jahrhunderts zuzuordnen sind. Stili vergleichbarer Form, jedoch ohne Anschlag zwischen Spatel und Stift, waren bei den Franken bekannt (8./9. Jahrhundert). Vermutlich blieb diese Form beliebt: Stili dieser Art verbreiteten sich in der Rus vermehrt ab dem Ende des 11. Jahrhunderts.   J. G. Beskorowajna

| Lit.: Unpubliziert; Medynzewa 1997, S. 150f., Taf. 90,5; Owtschinnikowa 2000, S. 48, Abb. 2, 8, S. 49, Abb. 3, 1, 2

423 Byzantinisches Reliquiarkreuz (Enkolpion)

10.–12. Jahrhundert
Oster, Tschernihiw, Ukraine, Zufallsfund Ende 19. Jahrhundert, aus der Sammlung von B. I. und W. N. Hanenko
Bronze, gegossen, Relief – H. 7,1 cm, B. 5,6 cm, T. 0,5 cm
Kiew, National Museum of the History of Ukraine, Inv.Nr. B 4573/11

Vorderer Teil eines Enkolpions mit rechteckigen, nach außen leicht verbreiterten Kreuzarmenden und einer Öffnung am oberen Balkenende. Das stark abgegriffene, reliefartige Reliquiarkreuz zeigt Christus an einem Kreuz mit Titulus und Suppedaneum hängend, flankiert von den kleineren Ganzfiguren der Muttergottes und des heiligen Johannes. Unterhalb der Arme des mit einem ärmellosen Gewand (*colobium*) bekleideten Christus befindet sich eine halb abgeriebene, punzierte Inschrift in griechischer Sprache, die Joh 19,26-27 („Siehe, dies ist dein Sohn! (…) Siehe, dies ist deine Mutter!") zitiert.

Das Enkolpion gehört zu der Gruppe mit gegossenen, reliefartigen Darstellungen, die in der christlichen Welt des Ostens besonders verbreitet war. Es handelt sich um Reliquiarkreuze, die den gekreuzigten Christus im ärmellosen Gewand (*colobium*) auf der Vorderseite und die Muttergottes in Orantenhaltung sowie die vier Evangelisten auf der Rückseite zeigen. Sie waren in allen Provinzen des Byzantinischen Reiches einschließlich Konstantinopel verbreitet. Grundlage für die Anfertigung der zahlreichen Repliken dieses Kreuz-Typus' war vermutlich ein Tonabdruck des Urbildes, der dann als Model für die Gussform diente. So sind viele Varianten desselben Aufbauschemas entstanden, wobei die Abweichungen auf das mehrmalige Gießen zurückzuführen sind. Viele solcher Stücke sind aus den byzantinischen Provinzen an der Donau sowie aus Balkangebieten bekannt. Altrussische Enkolpien dieser Art sind hauptsächlich mit klassischen Formen vertreten, wobei die Qualität des Gusses nicht immer hochwertig ist.   J. G. Beskorowajna

| Lit.: Hanenko 1900, Taf. XXIV, Nr. 275; Kuniz'kij 1990, Abb. 6, 9; Korzuchina/Peskowa 2003, S. 46, Taf. 2, 8, Nr. I.1/8

424 Byzantinisches Reliquiarkreuz (Enkolpion)

11./12. Jahrhundert
Siedlung Siwki, Tschernihiw, Ukraine, Zufallsfund Ende 19. Jahrhundert, aus der Sammlung von B. I. und W. N. Hanenko
Bronze, gegossen, graviert – H. 8,6 cm, B. 6,8 cm, T. 0,7 cm
Kiew, National Museum of the History of Ukraine, Inv.Nr. B 883

Rückseitiger Teil eines Enkolpions mit geraden, nach außen etwas verbreiterten Kreuzarmen und einer in der Mitte des Kreuzes positionierten, als Ganzfigur wiedergegebenen Darstellung des heiligen Konstantin mit erhobenen Händen. Der Heilige trägt lange, reich geschmückte Gewänder und ein königliches Diadem mit Kreuz. An den Enden des Querbalkens des Reliquiarkreuzes sind zwei in Relieftechnik gearbeitete und in Medaillons eingefasste Bildnisse der Apostel Petrus und Paulus in Frontalansicht dargestellt. Das Kreuz hat eingravierte Inschriften. Am oberen Kreuzarm ist eine zweizeilige Inschrift sichtbar:

OA KONCTANTNHOC

In den Medaillons ist eine weitere, vertikal ausgerichtete Inschrift zu sehen:

OA П[Е]TPOC IOANH

Das Enkolpion gehört zur Gruppe der sogenannten „syrischen" Enkolpien. Hierbei handelt es sich um flache Kreuze mit linearen, punzierten Darstellungen, die durch eine gemeinsame Stilistik miteinander verbunden sind. In Bezug auf die bildliche Darstellung und die Komposition gibt es bis jetzt keine anderen Stücke, die mit diesem Enkolpion und der Darstellung des heiligen Konstantin vergleichbar wären. Anhand seiner Form sowie der Punzierung lässt sich dieses Reliquiarkreuz als typisches „syrisches" Enkolpion der ersten Gruppe (nach W. N. Zaleskaja) einstufen. Zu den charakteristischen „syrischen" Merkmalen, wie der Darstellung des heiligen Konstantin in Gebetshaltung, der detaillierten, ornamentalen Ausarbeitung der Gewänder und der traditionellen Platzierung der Inschrift am oberen Ende, kommen noch die Heiligen-Medaillons an den Enden des Querbalkens hinzu, die vermutlich in Anlehnung an Enkolpien in Relief- oder Niellotechnik entstanden sind. Durch die Darstellung des heiligen Konstantins wird die Funktion des Reliquiarkreuzes als Staurothek besonders betont.   J. G. Beskorowajna

| **Lit.**: Hanenko 1899, Taf. X, Nr. 118; Korzuchina/Peskowa 2003, S. 52, 55, Taf. 12,16, Nr. I. 2/16

425 Byzantinisches Reliquiarkreuz (Enkolpion)

11./12. Jahrhundert.
Kiew, Ukraine, Zufallsfund Ende 19./Anfang 20. Jahrhundert, aus der Sammlung von B. I. und W. N. Hanenko
Bronze, gegossen, Relief – H. 3,4 cm, B. 2,5 cm, T. 0,2 cm
Kiew, National Museum of the History of Ukraine, Inv.Nr. B 4554/234

Rückseitiger Teil eines geprägten Enkolpions mit gerade zulaufenden Kreuzbalken und Darstellung eines heiligen Märtyrers (Theodor?), der ein lateinisches Kreuz in den Händen hält. Der Kopf weist grobe Gesichtszüge auf, ist in Hochrelief gearbeitet und macht etwa ein Drittel der gesamten Figurgröße aus, die sich nach unten verkürzt und abflacht. An den Enden der Querbalken finden sich vertiefte Inschriften. Links ist ein **O** und rechts zweizeilig **O/PO|C|** abgebildet. Eine leicht erhabene Umrisslinie fasst das Kreuz ein. Dieses Reliquiarkreuz gehört einer Gruppe von Enkolpien mit gegossenen, reliefartigen Darstellungen an. Solche Enkolpien sind nur vereinzelt auf dem Gebiet der Alten Rus anzutreffen, auch im Byzantinischen Reich haben sie Seltenheitswert.

J. G. Beskorowajna

| **Lit.**: Korzuchina/Peskowa 2003, S. 43, 45, Taf. 5,5, Nr. I. 1/5

426 Byzantinisches Reliquiarkreuz (Enkolpion)

12./13. Jahrhundert
Siedlung Nabutow, Korsun'-Schewtschenkowskij, Tscherkassy, Ukraine, Zufallsfund 1. Hälfte 20. Jahrhundert
Bronze, gegossen, Relief – H. 6 cm, B. 5,3 cm, T. 0,5 cm
Kiew, National Museum of the History of Ukraine, Inv.Nr. B 1009

Vorderer Teil eines Enkolpions mit nach außen leicht verbreiterten Enden und sich daran anschließenden runden Medaillons mit Darstellungen, die in einem feinen Flachrelief gearbeitet sind. Zentral ist Christus am Kreuz abgebildet; der Kreuztitulus ist von dem oberen Medaillon eingefasst, die Figuren der am Kreuz stehenden Heiligen befinden sich in den seitlich angeordneten Medaillons. Christus ist mit einem ärmellosen Gewand (*colobium*) bekleidet. Die Antlitze und die Ornamente der Gewänder sind stark abgegriffen. Auf den spitz zulaufenden Ausbuchtungen im unteren Bereich des Reliquiarkreuzes bilden je vier Punkte ein Kreuz. Die Inschriften sind mit tiefen und klaren Linien gefertigt: **IC** steht auf dem Kreuztitulus, unterhalb der Arme Christi **IC XC NHKA**.
Das Enkolpion gehört zu der Gruppe von Reliquiarkreuzen mit gegossenen, reliefartigen Darstellungen, die in der christlichen Welt des Ostens besonders verbreitetet war (Kat.Nr. 423). Die gestalterische Lösung ist im Grunde eine Nachbildung des klassischen Aufbaus von „syrischen" Enkolpien mit Reliefabbildungen, die an eine neue Form angepasst wurde. Auf dem Gebiet der Alten Rus ist noch ein weiteres Exemplar aus der ersten Hälfte des 13. Jahrhunderts bekannt, welches aus der Siedlungsstätte Tschernowskoje in Bukowina stammt.

J. G. Beskorowajna

| **Lit.**: Korzuchina/Peskowa 2003, S. 45f., Taf. 6, 7, Nr. I. 1/7

427 Byzantinisches Reliquiarkreuz (Enkolpion)

11./12. Jahrhundert
Siedlungsstätte Knjasha Gora, Siedlung Pekari, Kanewskij, Tscherkassy, Ukraine, Ausgrabungen unter der Leitung von M. F. Beljaschewskij, 90er-Jahre des 19. Jahrhunderts, aus der Sammlung von B. I. und W. N. Hanenko
Bronze, gegossen – H. 7,8 cm, B. 6,8 cm, T. 1 cm
Kiew, National Museum of the History of Ukraine, Inv.Nr. B 952

Geprägtes Enkolpion mit einem zusammengesetzten Kopfteil und abgerundeten Enden mit jeweils zwei Noppen. Auf der Vorderseite sind der Kruzifixus und die Halbfiguren der Muttergottes und des heiligen Johannes des Täufers, eingefasst in seitlichen Medaillons, dargestellt. Auf dem oberen Ende des senkrechten Kreuzbalkens befindet sich das Bildnis des heiligen Nikolaus, das ebenfalls in einem Medaillon gerahmt ist. Die tief gearbeiteten Inschriften wurden in einem Guss mit dem Kreuz hergestellt. Auf der Vierung des Kreuzes ist eine Inschrift platziert, die sich auf den gekreuzigten Christus bezieht: ΝΗ ΚΑ sowie eine weitere, die auf die Darstellungen in den seitlichen Medaillons verweist ΜΡ ΘΥ ΙΑ. Entlang des linken Beines des Gekreuzigten ist die folgende, senkrecht nach unten verlaufende Inschrift lesbar: Ο ΑΓΗΟϹ. Die weitere Inschrift befindet sich über Christis Haupt: ΙΟ ΧϹ Im oberen Medaillon ist die Inschrift ΝΗ[Κ]Α[Α] zu sehen. Die Rückseite zeigt eine ganzfigurige Darstellung der Gottesmutter Hodegetria. In den drei Medaillons befinden sich Bildnisse von Heiligen. In der Vierung ist eine zweizeilige Inschrift aufgebracht: ΙΟΧ[Ϲ]/ΜΡ[Ϋ]. Die Medaillons zeigen darüber hinaus folgende Inschriften: ΙΟ (linkes Medaillon), ΠΑΥΛΟ (rechtes Medaillon), [Ρ]ΙΟΧΡΙ (oberes Medaillon). Dieses Reliquiarkreuz gehört zu der Gruppe der Enkolpien mit Hochrelief und einem freieren Bildaufbau. Nach der Art der Komposition stellt dieses Exemplar einen zweiten Darstellungstyp des Kruzifixus' mit drei Heiligen in Medaillons dar, und zwar die Variante mit der ganzfigurigen Darstellung der Gottesmutter Hodegetria und drei in Medaillons eingefassten Heiligen. Der kompositorische und ikonographische Vergleich der beiden Enkolpien-Typen lässt darauf schließen, dass der zweite Typ vom ersten abgeleitet wurde. Während der erste Typ deutliche Zusammenhänge mit der byzantinischen sakralen Plastik erkennen lässt, weisen die Enkolpien des zweiten Typs eigenständige ikonographische Besonderheiten auf.

J. G. Beskorowajna

| Lit.: Korzuchina/Peskowa 2003, S. 60–62, 70, Taf 20, 73, Nr. II.1 1/73

428 Byzantinisches Reliquiarkreuz (Enkolpion)

12. Jahrhundert
Siedlungsstätte Dewitsch Gora, Sahnowka, Korsun'-Schewtschenkowskij, Tscherkassy, Ukraine, Fund Ende 19. Jahrhundert, aus der Sammlung von B. I. und W. N. Hanenko
Bronze, gegossen, Relief – H. 6,1 cm, B. 5,3 cm, T. 0,9 cm
Kiew, National Museum of the History of Ukraine, Inv.Nr. B 920

Geprägtes Enkolpion mit einem bikonischen Kopfteil und abgerundeten Enden mit jeweils zwei Noppen. Auf der Vierung der Vorderseite ist Jesus Christus als Ganzfigur im Apostelgewand abgebildet, in der linken Hand das Evangelium haltend und mit der rechten Hand segnend. An den Enden des Querbalkens befinden sich in Medaillons eingefasste Bildnisse der Heiligen in betender Haltung (vermutlich die Gottesmutter Maria und Johannes der Täufer), die eine Deësis-Kerngruppe darstellen. Der im oberen Medaillon dargestellte Heilige ist nicht zu benennen. Auf der Rückseite ist eine Ganzfigur der Muttergottes, in das Maphorion (Schleier) gekleidet und mit geöffneten Händen vor der Brust, abgebildet. Auf dem oberen Ende sowie an den Enden des Querbalkens befinden sich in Medaillons eingefasste Heiligenbildnisse.

Das Enkolpion gehört zu der im Hochrelief gearbeiteten Reliquiarkreuzgruppe mit einem freien Bildaufbau. Die Kombination dieser ikonographischen Typen von Christus und der Muttergottes ist auf weiteren Werken der byzantinischen Kunst aus der Zeit Ende des 10./Anfang des 11. Jahrhunderts anzutreffen, so zum Beispiel auf den edelmetallenen Enkolpien aus den Ausgrabungen am Großen Palast in Konstantinopel und auf dem niellierten Silberkreuz aus dem 11./12. Jahrhundert aus Gotland, das byzantinischen und altrussischen Stücken nachempfunden ist. Eine in ikonographischer Hinsicht ähnliche Darstellung des segnenden Christus findet sich auch auf einem aus einem dänischen Schatzfund stammenden, silbernen Enkolpion, das auf 1050–1100 datiert wird. Bereits zum Anfang des 11. Jahrhunderts haben sich diese Motive als fester Bestandteil der Ikonographie der byzantinischen Reliquienkreuze etabliert.

J. G. Beskorowajna

| **Lit.:** Hanenko 1900, Taf. XXII, Nr. 262, 263; Korzuchina/Peskowa 2003, S. 95, Taf. 44,3, Nr. II.3 2/3

429 Byzantinisches Reliquiarkreuz (Enkolpion)

1. Hälfte 13. Jahrhunderts
Siedlungsstätte Knjasha Gora, Siedlung Pekari, Kanewskij, Tscherkassy, Ukraine, Ausgrabungen unter der Leitung von N. F. Beljaschewskij, 90er-Jahre des 19. Jahrhunderts
Bronze, gegossen – H. 6,6 cm, B. 4,7 cm, T. 1,2 cm
Kiew, National Museum of the History of Ukraine, Inv.Nr. B 906

Vollständiges, geprägtes Enkolpion mit einem zusammengesetzten Kopfteil und nach außen leicht verbreiterten Enden. Der untere Kreuzarm ist länger als der obere. Auf der Vorderseite wird das Kruzifix durch die Hervorhebung des Kreuzquerbalkens mit der Kreuztafel und dem Suppedaneum gestaltet. Christus ist mit aufrechtem Torso, geraden Armen und Beinen mit Wundmalen sowie zur rechten Schulter gebeugtem Kopf abgebildet. Der Kreuztitulus enthält die Inschrift **IC XC**. Auf dem rückseitigen Teil des Reliquienkreuzes ist die Muttergottes im Halbprofil, nach links gedreht, mit erhobenen Händen (Maria Hagiosoritissa) abgebildet; links befindet sich die Inschrift **HP**, rechts, in der Vierung auf der Höhe des Hauptes, **Ȣ**. Auf den Flächen der Kreuzquerarme sind halbfigurige, zur Muttergottes hingewandte Heilige dargestellt und auf dem oberen Ende ist ein Heiliger in Halbfigur und Frontalansicht abgebildet. Aufgrund der fehlenden Inschriften sowie der abgegriffenen Oberfläche lässt sich heute anhand von Vergleichsobjekten nur vermuten, dass auf diesen Flächen möglicherweise Engel (seitlich) und Christus (?, oben) abgebildet sein könnten. Die Ränder des Reliquienkreuzes sind mit einem Rahmen in pseudofiligraner Technik gearbeitet (ähnlich einer Randeinfassung).

Das Enkolpion gehört zu der Gruppe der kleineren, geprägten Kreuze mit gerade zulaufenden Kreuzbalken und Darstellungen des Kruzifixes, der Ganzfigur von Maria Hagiosoritissa sowie diverser Heiliger. Die Herausbildung dieser Art der Mariendarstellung in der Kunst der Alten Rus wird auf die zweite Hälfte des 12. Jahrhunderts datiert. Sie sind eng mit der Verbreitung dieses Motivs im Byzantinischen Reich verbunden und direkt darauf zurückzuführen. Nach Auffassung von W. G. Puzko sind die Enkolpien dieses Typs an der Wende des 12. zum 13. Jahrhundert entstanden. J. G. Beskorowajna

| Lit.: Puzko 1988, Abb. 1; Korzuchina/Peskowa 2003, S. 97–99, Taf. 46, Nr. II.4.3/3

430 Gussformen

a) Zweiteilige Gussform zur Herstellung byzantinischer Reliquiarkreuze (Enkolpien)
1. Hälfte 13. Jahrhundert
Kiew, Ukraine, Ul. Wladimirskaja 2, Hof der Kirche Desjatinnaja, Ausgrabungen unter der Leitung von W. W. Hwojko, 1907–1908.
Hellgraues Pyrophyllit – Steinschnitzerei, poliert – ein Teil der Form ist verloren gegangen; restauriert und aus zwei Fragmenten geklebt – H. 12,5 cm, B. 10 cm, T. 15 cm
Kiew, National Museum of the History of Ukraine, Inv.Nr. B 2153

b) Zweiteilige Gussform zur Herstellung byzantinischer Reliquiarkreuze (Enkolpien)
1. Hälfte 13. Jahrhundert
Kiew, Ukraine, Ul. Wladimirskaja 2, Hof der Kirche Desjatinnaja, Ausgrabungen unter der Leitung von W. W. Hwojko, 1907–1908
Hellgraues Pyrophyllit – Steinschnitzerei, poliert – Fragment, restauriert, geklebt aus zwei Fragmenten – H. 16 cm, B. 10 cm, T. 2,5 cm
Kiew, National Museum of the History of Ukraine, Inv.Nr. B 1904.

c) Zweiseitige Gussform zur Herstellung von runden Ikonenanhängern
2. Hälfte 12./Anfang 13. Jahrhundert
Kiew, Ukraine, Ul. Wladimirskaja 2, Hof der Kirche Desjatinnaja, Ausgrabungen unter der Leitung von W. W. Hwojko, 1907–1908
Hellgraues Pyrophyllit – Steinschnitzerei, poliert – Fragment, Oberfläche abgegriffen – H. 7,0 cm, B. 5,0 cm, T. 1,5 cm
Kiew, National Museum of the History of Ukraine, Inv.Nr. B 2154.

a) Zweiseitige Form mit einem nach außen gewölbten Relief eines glatten Kreuzes, das für die Herstellung der Innenfläche von Enkolpien verwendet wurde. Die Umrisse entsprechen den Kreuzen mit Darstellung des Kruzifixus und der Muttergottes mit Heiligen.
b) Fragment einer Gussform mit eingearbeiteten Reliefs für die Herstellung der Enkolpien-Vorderseite. Auf der einen Seite zeigt die Form die Darstellung eines Kruzifixes mit hervorgehobenem Heiligem Kreuz und Suppedaneum sowie in die seitlichen Medaillons eingepasste halbfigurige Darstellungen der Muttergottes und Johannes des Täufers. Im unteren Medaillon befindet sich das Bildnis des Erzengels Gabriel, der einen Spiegel und einen Botenstab in den Händen hält. Auf dem fehlenden oberen Ende des Kreuzes befand sich eine Abbildung des Erzengels Michael. Die andere Seite der Form für die Enkolpion-Rückseite zeigt die Muttergottes im Zentrum; in den drei Medaillons befinden sich Darstellungen der Heiligen Johannes, Basilius und Gregor.

c) Zweiseitige Gießform für die Herstellung von runden Ikonenanhängern. Auf der einen Seite sind ein unbekannter Heiliger mit einem Kreuz in der rechten Hand sowie seitlich die griechische Inschrift ΑΓΙΟC dargestellt. Die andere Seite zeigt die Muttergottes mit Kind.

Das Gussverfahren, bei dem Formen aus Stein verwendet wurden, entstand bereits im 11. Jahrhundert, wurde aber nur selten angewendet. Im 12. und 13. Jahrhundert hat sich diese Technik zu dem wichtigsten Fertigungsverfahren entwickelt. Für die Herstellung der Gussform wurden kleinere Steinplatten genommen, die beidseitig sorgfältig geschliffen wurden, bevor man die später abzubildenden Motive einschnitzte. Die in Kiew entdeckten Gussformen sind eindrucksvolle Belege für die künstlerische Meisterschaft der Handwerker, die sich auf die Steinbearbeitung spezialisierten. Gerade die Herstellung von Enkolpien mittels Gussformen aus Stein war ein Monopol der Kiewer Gießereimeister. M. O. Strel'nik

430b

430c

| Lit.: Khvoyka 1913, S. 71; Rybakow 1948, S. 260f., 301–320; Korzuchina 1950, S. 229f.; Karger 1958, S. 380, Taf. XLVII; Bilousowa 1996, S. 82, 83, 176, Nr. 21, 22; Kat. New York 1997, S. 304f., Nr. 207; Korzuchina/Peskowa 2003, S. 194, 221, Taf. 149, Nr. VII 5ju 1/2a, 2b, 2ab

431 Kreuz

2. Hälfte 11. Jahrhundert
Siedlung Woinskaja Greblja, Tschernobajewskij, Tscherkassy, Ukraine (chronikal überlieferte Stadt Woin'), Zufallsfund außerhalb der Stadtmauern, vor 1957
Silber, gegossen, graviert, nielliert, vergoldet – H. 6,6 cm, B. 4,8 cm, T. 0,3 cm
Kiew, National Museum of the History of Ukraine, Inv.Nr. ДРА 1492

Einseitiges Kreuz mit abgerundeten Balkenenden, hervorstehenden kugelförmigen Noppen (sogenannten „Tränen") und griechischen Inschriften. Die Vorderseite des Kreuzes zeigt vier in Relieftechnik gearbeitete Bildnisse von Heiligen in Frontalansicht, gefasst in Medaillons, sowie eine mittig angeordnete Abbildung des heiligen Georgs. Der heilige Georg ist als Ganzfigur mit einem Märtyrerkreuz und ohne Attribute, die ihn als Krieger kennzeichnen, dargestellt.

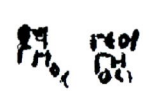

Rechts und links vom Heiligen befindet sich eine Inschrift:
„Heiliger Georg".

Die Inschrift auf der Rückseite des Kreuzes lautet:
„Herr, hilf deinem Knecht Leo. Amen."

Nach der paläographischen Analyse der Inschriften lässt sich das Kreuz der zweiten Hälfte des 11. Jahrhunderts zuordnen.

In Bezug auf die Herstellungstechnik gehört das Kreuz aus Woin' zur Gruppe der niellierten Kreuze mit Reliefabbildungen. Bekannt ist ein weiteres Exemplar (rückseitiger Teil) eines in Sarkel-Belaja Vezha entdeckten Enkolpions aus Bronze aus dem 12. Jahrhundert mit einem heiligen Krieger als Ganzfigur mit einem Schwert (?) in der rechten Hand und drei Heiligen in Medaillons. Anhand der Herstellungstechnik, der Form und der Maße, die für Enkolpien von Boris und Gleb charakteristisch sind, lässt es sich dem Kreis der altrussischen Enkolpien zuordnen. Die vereinzelten Enkolpien unter den altrussischen zusammengesetzten Kreuzen mit Darstellung eines heiligen Kriegers zeugen vermutlich von den Versuchen der altrus-

431

sischen Meister, sich ein für die Rus untypisches ikonographisches Modell anzueignen, das keine weitere Verbreitung gefunden hatte. Bis jetzt wurden keine weiteren Enkolpien entdeckt, die in ikonographischer oder technischer Hinsicht dem hier dargestellten Kreuz ähnlich wären. Die griechische Inschrift des Enkolpions sowie das Material, das zu seiner Herstellung diente, erlauben die Annahme, dass ihm ein byzantinisches Enkolpion als Prototyp zugrunde gelegen haben dürfte.

J. G. Beskorowajna

| Lit.: Dowzhenok/Gontscharov/Jura 1966, S. 93f., Taf. XVI,17; Korzuchina/Peskowa 2003, S. 132

432 Medaillon-Amulette

a) Rundes Amulett mit der Darstellung von Kosmas und Damian
13. Jahrhundert
Siedlung Swarom'je, Tschernihiw, Ukraine, Zufallsfund Ende 19./Anfang 20. Jahrhundert, aus der Sammlung von F. F. Kunderewitsch
Bronze, gegossen – Patina – Dm. 5,3 cm
Kiew, National Museum of the History of Ukraine, Inv.Nr. B 4573/241

b) Amulett in Tabernakelform mit der Abbildung der Maria Eleousa
(Mittelteil eines Triptychons)
13. Jahrhundert
Siedlung Sachnowka, Tscherkassy, Ukraine, aus der Sammlung von B. I. und W. N. Hanenko
Bronze, gegossen – Patina – H. 6,8 cm, B. 5,1 cm
Kiew, National Museum of the History of Ukraine, Inv.Nr. B 3488/600.

a) Rundes Amulett mit Aufhängeöse, gegossen in einer zweiteiligen Gussform, mit Reliefbildern. Mittig auf der Vorderseite des Amuletts sind zwei Ganzfiguren der Heiligen Kosmas und Damian abgebildet. Zwischen den beiden Figuren ist ein Schwert mit der Schneide nach unten dargestellt, unten ist das Kreuz von Golgatha eingearbeitet. Um den Außenrand herum ist eine griechische Inschrift zu sehen: ΑΓΙΟΣ ΑΓΙΟΣ ΑΓΙΟΣ ΚΣ ΣΑΒΑΟΘ ΠΛΙΡΙΣ ΧΡΑΝΟΣ ΚΑ Γ. Die Rückseite zeigt einen weiblichen Kopf mit Mittelscheitel mit zehn davon abgehenden Schlangenkörpern, deren Köpfe große Ohren und weit aufgerissene Mäuler aufweisen.

Die Amulette mit der Darstellung von Cosmas und Damian waren im Süden der Rus und insbesondere im Mitteldneprgebiet im 13. und 14. Jahrhundert sehr beliebt.

Die Oberfläche des Ikonen-Amuletts ist mit einer Reihe größerer Kügelchen verziert. Auf der Rückseite, eingefasst in einem Kreis, ist ein menschliches Antlitz mit davon abgehenden, sich kreuzenden Schlangen dargestellt. Im unteren Bereich ist eine zweizeilige griechische Schutzformel angebracht.

Die Amulette mit Schlangenmotiven sind ein markantes Beispiel einer Symbiose christlicher und heidnischer Traditionen in einem Gegenstand. Dieses Amulett schützte vor Unglück, Leiden und Krankheiten, die mit der Darstellung von Schlangen assoziiert wurden.

b) Mittelteil eines Amuletts aus Bronze, welches als tabernakelförmiges Triptychon gearbeitet wurde (im unteren Bereich mit geraden Winkeln und Bügeln, oben mit einem Rundbogenabschluss und einer Aufhängeöse ausgebildet). In den Ecken des unteren Mittelteils befinden sich Vorsprünge mit Öffnungen zur Befestigung der beiden Flügel des Triptychons. Die Vorderseite zeigt ein Reliefbild der Maria Eleousa (die Barmherzige), das Kind im rechten Arm haltend. Der rechte Arm des Christusknaben ist zur linken Schulter der Gottesmutter ausgestreckt, die Beine sind bis zu den Knien nicht bedeckt.

M. O. Strel'nik

| Lit.: a) Nikolajewa/Tschernezow 1991, S. 77–79, Taf. XVI; NMIU 2001, S. 38, Abb. 73; Didukh 2012, S. 4–6, Abb. 2,1; b) Hanenko 1900, S. 21, Nr. 333, Taf. XXX; Nikolajewa/Tschernezow 1991, S. 63–67, Taf. IX

432a

432a

432b

433 Prozessionskreuz

Byzanz, 11. Jahrhundert
Dneprgebiet, Ukraine, Zufallsfund Anfang 20. Jahrhundert, aus der Sammlung von B. I. und W. N. Hanenko
Eisen, Bronze, geprägt, geschmiedet – H. 56 cm, B. 34 cm
Kiew, National Museum of the History of Ukraine, Inv.Nr. B 298

Das einseitige Prozessionskreuz ist aus einem Metallband gefertigt. Das Kreuz besitzt nach außen breiter werdende Kreuzarme, die in dreieckige, schwalbenschwanzförmige Enden auslaufen. Deren scharfe Spitzen sind mit tropfenförmigen Noppen ausgebildet, die durch aufgesetzte Hütchen ergänzt sind. Die Vorderseite hat ein dem traditionellen Aufbau entsprechendes Muster: Auf den Armen und in der Mitte des Kreuzes sind fünf ebenmäßige Medaillons verankert, die mit einem Doppeldraht umrandet sind. An das mittig platzierte Medaillon schließen sich kreuzweise angeordnete hohle und mit angelegtem Draht umrandete, mandelförmige Plättchen an, die mit Verzierungen aus Hütchen ergänzt werden. Der Raum zwischen den Medaillons ist mit geometrischen Figuren aus Draht sowie feinen aufgesetzten Hütchen geschmückt. Das Kreuz verfügt über einen nicht geschlossenen Schaft.

Es sind nur wenige Kreuze bekannt, die solche Gestaltungseigenschaften aufweisen; es lässt sich hier von einer besonderen Gruppe von Prozessionskreuzen sprechen, die überwiegend aus Eisen und seltener aus Bronze gefertigt wurden. Diese Kreuze besitzen keine Darstellung auf der Ansichtseite. Größtenteils werden sie in das 11. und 12. Jahrhundert datiert. Die Verzierung der Kreuze mit gewölbten, hohlen oder gegossenen Zierplatten nimmt ihren Ursprung vermutlich in der Goldschmiedekunst, wie zum Beispiel bei den Gemmenkreuzen (etwa das silberne Kreuz aus der Mitte des 11. Jahrhunderts in der Eremitage in Sankt Petersburg). Die Meister entwickelten diese Technik, indem sie Steine unterschiedlicher Form in verschiedenen Verfahren mit weniger kostbaren und wertvollen Materialien imitierten oder ersetzten. Die Entstehungszeit für diese Kreuze liegt an der Wende des 9. zum 10. Jahrhundert, bis ins 12. Jahrhundert hinein waren sie weit verbreitet.

Einen unmittelbaren Impuls für die Herstellung von verhältnismäßig preisgünstigen Prozessionskreuzen gab vermutlich die Gründung von zahlreichen Kirchen und Klöstern, die im 9. und 10. Jahrhundert mit der Christianisierung des ersten Bulgarischen Reiches einherging, das zu seiner Blütezeit von der Adria bis zum Schwarzen Meer reichte.

J. G. Beskorowajna

| Lit.: Hanenko 1902, Bd. 5, S. 4, Nr. 157; Peskowa/Strokowa 2010, S. 166–169, Abb. 2

434 Altarkreuz

12./13. Jahrhundert
Siedlungsstätte Knjasha Gora, Siedlung Pekari, Kanewskij, Tscherkassy, Ukraine, Zufallsfund vom Ende des 19. Jahrhunderts, aus der Sammlung von B. I. und W. N. Hanenko.
Bronze, gegossen – H. 15 cm, B. 8,3 cm
Kiew, National Museum of the History of Ukraine, Inv.Nr. Mт 279

Einseitig gestaltetes Altarkreuz mit der Kreuzigung Christi sowie Maria und Johannes, die zuseiten des Kreuzes stehen. Die Hauptachse der Komposition wird von einem Patriarchalkreuz gebildet, der obere Querbalken erfüllt zugleich die Funktion eines Kreuztitulus' mit Inschrift, wie er auf späteren Kreuzdarstellungen zu finden ist. Der untere Teil des Kreuzes wird von einer Konsole in Form des um 90 Grad gedrehten Buchstabens „B" gebildet. Die umstehenden Figuren sind seitlich des Kruzifixes angeordnet: Links ist die Muttergottes dargestellt, die ihre Arme zu Christus ausstreckt, rechts ist der heilige Johannes zu sehen, der ein Buch an seine Brust drückt. Die gestreckte Figur des gekreuzigten Christus ist mit einem langen Hüfttuch bekleidet. Die Füße stützen sich auf einen Untersatz in Form eines Parallelepipeds, der für die byzantinische Ikonographie charakteristisch ist.

VIII ZWEI KONKURRENTEN – EIN ZIEL. DIE CHRISTIANISIERUNG OSTEUROPAS 497

433

435

Es sind einige archäologische Funde bekannt, die dem Kreuz aus Knjasha Gora ähneln. Auf den mit der Konsole des Kreuzes aus Knjasha Gora vergleichbaren Konsolen der westeuropäischen Altarkreuze aus dem 12. bis 13. Jahrhundert, die als Reliquienbehälter dienten, sind die am Kreuz stehenden Heiligen entsprechend der byzantinischen Tradition dargestellt, allerdings in den Stilformen der romanischen Kunst. Ein Kreuz mit einem ähnlichen Aufbau, das sogenannte St.-Trudpert-Kreuz aus dem Kloster in Münstertal (Schwarzwald), befindet sich ebenfalls in der Sammlung der Eremitage in Sankt Petersburg. Dieses Kreuz gilt als Prozessionskreuz, konnte aber ebenso als Altarkreuz verwendet werden.

Es ist anzunehmen, dass dieses Stück entweder aus dem Ausland in die Rus eingeführt oder von einem ausländischen Meister, der in der Rus arbeitete, gefertigt bzw. vor Ort nach einem Muster hergestellt wurde.

J. G. Beskorowajna

| Lit.: Hanenko 1899, Taf. IV, Nr. 46; Popel'niz'ka 2010

435 Liturgischer Fächer (Flabellum)

Westliches Europa, Ende 12./1. Drittel 13. Jahrhundert
Mitteldneprgebiet, Ukraine, Zufallsfund, bis 1902 in der Sammlung von A. A. Bobrinskij
Bronze, gegossen – H. 31 cm, Dm. 20 cm, L. des Griffes 10,8 cm, St. der Scheibe 0,2–0,25 cm
Kiew, National Museum of the History of Ukraine, Inv.Nr. Б 50/350

Das Flabellum (griech. *ripidion*) ist ein Gegenstand, der für feierliche Gottesdienste unter bischöflicher Leitung verwendet wurde. Das Flabellum besteht aus einer Scheibe mit 16 durchgehenden Öffnungen und einem an der Scheibe befestigten, stabförmigen Griff mit einem zoomorphen Element als Abschluss. Die fünf Öffnungen in der Scheibenmitte bilden eine Kreuzform; die vier weiteren Öffnungen sind strahlenförmig zwischen die Kreuzarme gesetzt. Der zoomorphe Teil des Stiftes ist mit einem plastischen Löwenkopf mit reliefartigen Ohren, mandelförmigen Augen, vorstehenden Augenbrauenbogen und länglicher Schnauze ausgebildet.

Die Bauweise und gestalterischen Merkmale lassen eine große Ähnlichkeit dieses Flabellums mit zwei goldenen Flabella des 12. Jahrhunderts aus der Sammlung der Eremitage (Sankt Petersburg) sowie mit zwei weiteren Flabella aus dem 12. bis 13. Jahrhundert feststellen. Bei den letzteren handelt es sich um ein Flabellum aus der Sammlung der Eremitage (Sankt Petersburg) und um ein weiteres aus dem Metropolitan Museum of Art (New York). Die Komposition der Scheibe mit den lichtdurchlässigen Öffnungen erinnert an den Aufbau der Kirchenfenster vieler Kathedralen des westlichen Europas aus dem 12. bis 14. Jahrhundert. Besonders große Ähnlichkeit gibt es mit der Rosette über dem Portal der Abteikirche Saint-Vincent in Senlis (1060) und derjenigen des Limburger Doms (1212–1242). Die Löwendarstellung auf dem Flabellum weist stilistische Gemeinsamkeiten mit den reliefierten Löwenmasken an der Magdeburger Bronzetür der Sophienkathedrale im Nowgoroder Kreml auf, das für die sächsische Plastik der Mitte des 12. Jahrhunderts charakteristisch ist.

Das Flabellum gehört zu dem Kreis der Denkmäler aus der Übergangszeit vom romanischen zum gotischen Stil und ist ein Beispiel des importierten Kulturguts aus dem westlichen ins östliche Europa.

J. G. Beskorowajna

| Lit.: Pawlowa 2004

436 Schale

Byzanz, 2. Hälfte 11. Jahrhundert
Kiew, Kortschewatoje, Ukraine, Zufallsfund von 1984
Silber, geschmiedet, gegossen, gelötet, getrieben, graviert, vergoldet – H. 8,5 cm, L. der Kette 13,5 cm, Dm. der Mündung 10–10,3 cm
Kiew, National Museum of the History of Ukraine, Inv.Nr. ДРА 1331

Schale in Kugelform mit einer dreireihigen Verzierung aus floralen Reliefornamenten an der Wandung, einem Bogenhenkel an einer Kette und einer griechischen Inschrift an der Mündung:

† Κ Ε ΒΟΗΘΕΙ ΤΗ CΗ ΔΥΛ ΘΕΩ
ΔΟΡΑ CΗ Κ ΡΗΤΗ CΑ ϹΠΑΘ

†Θ[εοτό]κε βοήθει τῇ σῇ δούλ[η], Θεοδόρ[ᾳ], ἀσηκρῆτησ[σ]ᾳ (καί) [πρωτο] σπαθ[αρίσσᾳ].

„†Muttergottes hilf deiner Dienerin Theodora, der Asekretissa und Protospatharissa".

Die Inschrift zeichnet sich durch fast quadratische Buchstaben der Unzialschrift aus, die für das 11. Jahrhundert charakteristisch ist. Die etwas gedrungenen Proportionen der Buchstaben und einige kalligraphischen Besonderheiten geben Anlass, die Inschrift in die Mitte oder die zweite Hälfte des 11. Jahrhunderts zu datieren.

Ein wichtiges Merkmal, das die zeitliche Zuordnung der Schale ermöglicht, ist das eingravierte Muster der Schale. Das Ornament aus rankenden Reben mit drei- und fünfblättrigen Blüten ist in der byzantinischen Toreutik und Miniatur des 10. bis 12. Jahrhunderts gut bekannt. Die Weiterentwicklung dieses Ornamentes erfolgte im Zuge einer allmählichen – zum Ende des 11. bzw. am Anfang des 12. Jahrhunderts stattfindenden – Verwandlung der rankenden Reben mit fünfblättrigen Blüten in voneinander isolierte Medaillons mit einer stilisierten, fünfblättrigen Blüten. Diese ornamentalen Besonderheiten auf der Schale weisen demzufolge auf ihren byzantinischen, konstantinopolitanischen Ursprung hin.

Aus der Inschrift ist abzuleiten, dass die Schale einer hoch angesehenen Dame aus Byzanz gehörte, nämlich der Frau eines Asekretis und Protospatharios, also eines kaiserlichen Sekretärs und Kommandeurs der kaiserlichen Wachtruppen. Obwohl der Inhalt der Inschrift die Schale nicht als liturgisches Gerät klassifiziert, ist dennoch anzunehmen, dass sie für gottesdienstliche Zwecke an eine Kirche gestiftet wurde. Sie könnte zum Beispiel bei der Zeremonie der kleinen Taufe, das heißt bei Nottaufen, verwendet worden sein: Beinahe alle in dieser Zeremonie abgehaltenen Andachten richteten sich an die Muttergottes.   J. G. Beskorowajna

| Lit.: Archipowa/Pawlowa 2004, S. 4–11, Abb. 1

437 Glocke

Deutschland, 10.–12. Jahrhundert
Ul. Khorewaja, Kiew, Ukraine, Fund Anfang 20. Jahrhundert, aus der Sammlung von B. I. und W. N. Hanenko
Bronze, gegossen – restauriert – H. 36,5 cm, Dm. 29,7 cm; 14 kg
Kiew, National Museum of the History of Ukraine, Inv.Nr. B 5292

Die Glocke zeichnet sich durch ihre gelängten Proportionen aus. An dem rundlichen Körper ist eine massive Krone befestigt, die zur Aufhängung der Glocke dient. Die Wandung verbreitert sich etwas im Verlauf und ist am massiven Schlagring am dicksten. Der Klöppel ist verloren. Es ist bekannt, dass Glocken nicht von den Slawen erfunden wurden. Mitte des 9. Jahrhunderts kamen sie aus Westeuropa nach Byzanz und erst nach der Christianisierung der Rus fanden sie auch hier Verbreitung. Zunächst handelte es sich dabei ausschließlich um importierte Glocken. Vermutlich wurden erst später in den großen Städten der Rus eigene Glockengießereien eröffnet. Die Glocken aus dem 10. bis 13. Jahrhundert waren nicht groß, für ihre Herstellung wurden keine speziellen Schmelzöfen benötigt. Im alltäglichen Leben der Rus hatten die Glocken eine große Bedeutung. Das Glockengeläut rief die Menschen zum Gebet. Der Volksglaube besagte, das Läuten der Glocken vertreibe böse Geister und heile Krankheiten. Darüber hinaus werden Glocken in den altrussischen Chroniken als Kriegstrophäen erwähnt.   M. O. Strel'nik

| Lit.: Karger 1958, Bd. 1, S. 378f.; Darkewitsch 1966, S. 147; Tolotschko 1980, S. 157; Schaschkina 1993; Kostjuk 1996

438 Leuchterkrone

12. Jahrhundert
Ul. Horewaja, Kiew, Ukraine, Zufallsfund Ende 19. Jahrhundert, aus der Sammlung von B. I. und W. N. Hanenko
Bronze, gegossen, geschmiedet, gelötet – H. 76 cm, Dm. 45 cm
Kiew, National Museum of the History of Ukraine, Inv.Nr. B 2424

VIII ZWEI KONKURRENTEN – EIN ZIEL. DIE CHRISTIANISIERUNG OSTEUROPAS 501

438

Diese Leuchterkrone ist eine komplexe Konstruktion aus zusammengesetzen Einzelteilen, die als durchbrochener Guss hergestellt wurden. Das Grundelement bildet eine Scheibe mit einer halbkugeligen Schale in der Mitte; vermutlich diente sie zur Aufnahme einer Öllampe. An der Scheibe war ein durchbrochener Reif befestigt, an dem wiederum sechs, mit flachen Greiffiguren geschmückte Kerzenteller mit Dorn angeordnet sind. Die Leuchterkrone wird von drei durchbrochenen, flachen Ketten gehalten, die in gleichmäßigem Abstand voneinander am Reif befestigt und oben durch eine zweite Schale, die gleichzeitig als Aufhängung diente, wieder verbunden sind.

Die Vorbilder für kirchliche Leuchter kamen – wie das gesamte System der Kirchenbeleuchtung überhaupt – im Zuge der Christianisierung aus dem Byzantinischen Reich in die Rus. Dass diese Form der Leuchterkrone vom 11. bis 13. Jahrhundert sowohl in Byzanz als auch in der Alten Rus gebräuchlich war, bestätigen Bodenaltertümer aus diesem Zeitraum. In vielen altrussischen Städten wurden Fragmente ähnlicher Leuchter gefunden. Die Ornamentik dieser Leuchterkronen besteht überwiegend aus geometrischen, pflanzlichen oder floralen Motiven, außerdem finden sich Kreuzdarstellungen oder stilisierte zoomorphe Zierelemente. Eine in Bezug auf Form und Größe vergleichbare Leuchterkrone stammt aus der Siedlungsstätte Dewitsch Gora bei der Siedlung Sachnowka, Tscherkassy. Die Bezeichnung *panikadilo* (russ. für „Kronleuchter") kommt häufig in den altrussischen Chroniken vor, die sowohl Ereignisse der vormongolischen als auch der nachmongolischen Periode behandeln.

J. G. Beskorowajna

| Lit.: Hanenko 1902, Bd. 6, S. 598, Taf. LXI; Karger 1958, Bd. 1, S. 379f., Abb. 84; Archipowa 2008, S. 247f., Kat. Bonn 2010, S. 326f., Nr. 441

439 Andachtsbild „Christus im Grabe"

Byzanz, 2. Hälfte 12. Jahrhundert
Siedlungsstätte Knjasha Gora, Siedlung Pekari, Kanewskij, Tscherkassy, Ukraine,
Zufallsfund 1894
Speckstein, Relief, poliert – H. 6,6 cm, B. 6,5 cm, T. 0,3–0,6 cm
Kiew, National Museum of the History of Ukraine, Inv.Nr. B 25/1823

Dieses Brustbild des toten Christus mit dem Kreuz im Hintergrund, ruhend im Grab, mit geneigtem Haupt, geschlossenen Augen und gesenkten Armen, geht auf die Darstellung des wahren Antlitzes Christi (*vera icon*) zurück, das sich als Abdruck im Grabtuch Christi überliefert haben soll.

Die Entstehung dieser Ikonographie im 12. Jahrhundert hängt mit der Entwicklung der Karfreitagsliturgie zusammen. Die eucharistische Deutung und die liturgische Verwendung solcher Bilder von „Christus im Grabe" (*Akra Tapeinosis*) haben ihre Verbreitung bis ins 17. Jahrhundert hinein begünstigt. Man findet sie häufig in der Ikonen- und Monumentalmalerei, aber auch in der angewandten Kunst.

Das verwendete Material, die ikonographischen Besonderheiten sowie der Gestaltungsstil des Andachtsbildes deuten auf eine Herkunft aus Konstantinopel hin. Die graphische Gestaltung der Haare erinnert an die Elfenbeinreliefs sowie an die besten Werke der Malerei des 12. Jahrhunderts. Die Perlenimitation um den Heiligenschein herum sowie das Motiv der herzförmigen Palmette sind für Werke der angewandten Kunst des 11. und 12. Jahrhunderts kennzeichnend. Man findet sie häufig auf den aus Speckstein gefertigten Kunstwerken dieser Zeit: zum Beispiel auf der Ikone mit drei Kriegern, die von Christus gesegnet werden (Chersones), auf den Fragmenten der Ikonen des heiligen Georgs und des heiligen Theodors (Weliko Tarnowo), der Muttergottes mit Christuskind (Stuttgart) und des heiligen Paulus (London, The British Museum). Das Andachtsbild aus Kiew ist als ein besonders frühes Beispiel für dieses Motiv in der bildenden Kunst anzusehen.

J. G. Beskorowajna

| Lit.: Archipowa 2004, S. 7–20, Abb. 3, Kalavrezou-Maxeiner 1985

440 Ikone „Muttergottes vom Kiewer Höhlenkloster mit ausgewählten Heiligen"

Russisch (Palech?), Mitte 19. Jahrhundert
Eitempera auf Holz – H. 27 cm, B. 22 cm
Recklinghausen, Ikonen-Museum Recklinghausen, Inv.Nr. 32

Die Darstellung der „Muttergottes vom Kiewer Höhlenkloster" (russ.: Pečerskaja) folgt dem im Zweiten Weltkrieg zerstörten Apsismosaik der Mariä Himmelfahrt-Kathedrale dieses Klosters, das einer Legende zufolge im Jahre 1085 durch ein Wunder dort erschienen sein soll. Die erste Ikone der Pečerskaja, die in die Zeit um 1288 datiert werden kann und sich heute in der Tretjakow-Galerie in

440

Moskau befindet, zeigt neben dem Thron die Gründer des Kiewer Höhlenklosters Antonij und Feodosij. Abweichend davon sind auf der Recklinghäuser Ikone neben der thronenden Muttergottes mit dem Christuskind auf dem Schoß Großfürst Wladimir von Kiew (*962, †1015) und seine Großmutter Olga (*um 890, †969) dargestellt, die das Christentum in Russland einführten. Zu ihren Füßen knien die heiligen Mönche Aleksandr Oševenskij (†1479), der ein Kloster im Gebiet von Kargopol gründete, und der nicht näher bezeichnete Ioann. Die Auswahl der Heiligen wird verständlich durch die Stifterinschrift auf der Rückseite der Ikone: Sie sind Patrone der beiden Kinder Vladimir und Aleksandr Nifontov und ihres Vaters Ioann, denen ein Vasilij Michajlov Glotov die Ikone schenkte.

Die beiden schwebenden Engel mit dem Christusmonogramm in ihren Händen werden erst auf späteren Ikonen dieses Typus hinzugefügt.

Die sehr feine Malerei und das ornamentierte Band entlang der Kante zwischen dem leicht eingetieften Malfeld und dem Rand der Ikone legen eine Entstehung in dem 300 Kilometer nordöstlich von Moskau gelegenen Malerdorf Palech nahe. Die Verwendung von Gold für den Hintergrund und die Lichthöhungen der Gewänder sprechen für eine Datierung in die Mitte des 19. Jahrhunderts. Eva Haustein-Bartsch

| **Lit.:** Kat. Recklinghausen 1988, Nr. 33 (Eva Haustein-Bartsch); Bentchev 1999, S. 197; Kat. Recklinghausen 2000, Nr. 8; Haustein-Bartsch/Bentchev 2008, S. 176 (Abb.); Kat. Recklinghausen 2010, Nr. 32

441 Schale

12. Jahrhundert
Tschernihiw, Ukraine
Silber, geschmiedet, graviert, nielliert, vergoldet, getrieben – Die Oberfläche der Schale ist abgegriffen und weist Beulen und Kratzer auf; Metall teilweise ausgebrochen; die Vergoldung ist teilweise abgegriffen; auf der Oberfläche der Schale sind Lötspuren aus einer früheren Restaurierung sichtbar – H. 14 cm, Dm. 26 cm; Dm. des Fußes 14,2 cm; Dm. der getriebenen Medaillons 3,8–4,2 cm
Kiew, National Museum of the History of Ukraine, Museum of Historical Treasures of Ukraine, Inv.Nr. АЗС-1832

Die Schale aus der Zeit der Kiewer Rus wurde 1957 in einer Waldsteppenzone am linken Dneprufer gefunden. Die Schale besteht aus einer Mündung, einem Körper (mit zwölf mandelförmigen Buckeln) und einem niedrigen Fuß. Die Buckel zeigen eingravierte Darstellungen von Kriegern zu Pferde, die sich mit getriebenen Pflanzen- und Tierornamenten abwechseln. Auf dem vergoldeten Medaillon im Boden der Schale sind die reliefierten Darstellungen eines Harfe spielenden Jünglings und eines Mädchens zu sehen, das – umgeben von Tieren und Vögeln – neben ihm sitzt. Diese Komposition ist durch Miniaturen aus byzantinischen Psalterien des 10. und 11. Jahrhunderts bekannt: Es handelt sich um die Darstellung König Davids beim Lyraspiel im Beisein der Allegorie der Melodie. Es ist anzunehmen, dass diese Miniaturen als Vorbild für die Abbildung im Boden der Schale dienten. Nach Auffassung von W. P. Darkewitsch handelt es sich bei den dargestellten Figuren um den Held des byzantinischen Epos Digenis Akritas und seine Frau Eudokia. Die Rüstung der einzelnen Reiter an der Wandung der Schale ist charakteristisch für die Trapeziten, die Reiter der leichten byzantinischen Kavallerie. Das Erscheinungsbild der Nomaden zeugt von ihrer Zugehörigkeit zu den Turkvölkern. Die Beschreibungen von Einzelkämpfen der byzantinischen und asiatischen Reiter sind ebenfalls im Heldenepos Digenis Akritas zu finden.

Eine vergleichbare Silberschale, die in Wilgort (Voruralgebiet) entdeckt wurde, sowie einige ähnliche, aus der gleichen Zeit stammende Stücke, die in der Nähe von Berjosow (hinter dem Ural) und in Tartu (Estland) entdeckt worden sind, befinden sich in der Sammlung der Eremitage in Sankt Petersburg. Aufgrund ihrer Funktion und Form, der Goldschmiedetechnik, der dargestellten Motive, des Stils und der Symbolik lassen sich diese Schalen einer Gruppe zuordnen. Die Grundlage des gestalterischen Konzeptes bildet eine Synthese aus byzantinischen und östlichen Elementen. Die Schalen stammen aus einer Kunstschule oder einer Werkstatt, die sich im Großen Palast in Konstantinopel befand. Denkbar ist, dass diese Gegenstände unter den Geschenken waren, die die kaiserliche Gesandtschaft 1164 dem Kiewer Fürst mitbrachte. Natalia Rudyka

| **Lit.:** Holostenko 1958, S. 62–65, Nr. 9; Darkewitsch 1975, S. 40–59; Vasilenko 1977, S. 343; Bocharov 1984, S. 98–100; Kat. Wien 1993, S. 312–314, Nr. 128; Musej historychnych koshtovnostej Ukrainy 2004, S. 410f., Nr. 129

442 Brustschmuck („Barmen")

12.–1. Hälfte 13. Jahrhundert
Kiew, Muttergottes-Desjatinnaja-Kirche, Ukraine, Fund von 1939
Silber, geschmiedet, geprägt, graviert, nielliert – restauriert; die Oberfläche von allen Medaillons ist abgegriffen und weist Beulen und Kratzer auf; erhebliche Metallausbrüche an den Rändern der Medaillons mit Darstellungen von Christus, der Muttergottes und eines Erzengels – H. 3,05 cm, B. 3,25 cm; H. 3,15 cm, B. 3,15 cm; H. 3,8 cm, B. 3,8 cm; H. 3,4 cm, B. 3,7 cm
Kiew, National Museum of the History of Ukraine, Museum of Historical Treasures of Ukraine, Inv.Nr. ДМ-8670; ДМ-8669; ДМ-8668; ДМ-8667

Unter Barmen versteht man einen zeremoniellen Brustschmuck. Er besteht aus vier Medaillons mit Darstellungen von Christus, der Muttergottes, Johannes des Täufers und eines Erzengels. Dieser Aufbau stellt eines der wichtigsten Motive der christlichen Literatur dar – die Deësis (aus dem Griechischen „Gebet").

Die Medaillons stammen aus einem Schatzfund, der im Jahre 1939 während der archäologischen Ausgrabungen unter der Leitung von M. K. Karger in einem Versteck in der Zehntkirche – einer der ersten Steinkirchen der Rus – entdeckt wurde. Sie bestehen aus einer Platte in Form eines vierblättrigen Kleeblattes mit einer Öse, haben eine leicht ausgebauchte Oberfläche mit eingravierten und niellierten Abbildungen. Das zentrale Medaillon zeigt einen mit Himation und

441

442

Chiton bekleideten Christus. Seine rechte Hand ist mit segnender Geste erhoben, in der linken Hand hält er das Evangelium. Rechts von Christus ist ein Medaillon mit der Darstellung der Muttergottes angeordnet. Ihr ganzer Körper und die leicht erhobenen Hände zeigen nach links, in Richtung des Erlösers. Links von der Christusdarstellung befindet sich ein Medaillon mit der Darstellung Johannes' des Täufers. Sein Blick ist nach vorn und nicht, wie der der Muttergottes, auf Christus gerichtet. Nur seine Hände, die leicht erhoben sind und auf Christus zeigen, deuten darauf hin, dass er ins Gebet vertieft ist. Johannes der Täufer ist in das Gewand eines Propheten gekleidet. Das vierte Medaillon, das sich neben der Darstellung der Muttergottes befindet, zeigt den Erzengel Michael mit ausgebreiteten Flügeln. In der linken Hand hält er als Symbol der Macht einen Stab mit einem Kreuz in der Mitte. Alle Darstellungen heben sich vom Hintergrund plastisch ab und sind mit Elementen eines Pflanzenornaments verziert; linksseitig auf dem Medaillon mit der Darstellung Johannes' des Täufers ist neben einer Pflanze auch ein Kreuz abgebildet.

Die von dem Goldschmied als Einheit konzipierten Medaillons wurden ursprünglich noch durch ein weiteres Medaillon mit der Darstellung des Erzengels Gabriel ergänzt, der in einem symmetrischen Gleichgewicht zur Darstellung des Erzengels Michael stand. Somit bestand diese Ausführung ursprünglich aus mindestens fünf Medaillons.

Obwohl die Niello-Technik in der Rus bereits im 11. Jahrhundert entwickelt wurde, ist die Zahl der niellierten Silbermedaillons mit Darstellungen der Heiligen in Kiewer Schatzfunden gering. Es sind nur noch zwei weitere Medaillons mit Christus und der Muttergottes bekannt, die Teile eines im Kiewer Gebiet gefundenen Brustschmucks mit der Deësis-Darstellung waren 1941 verloren gegangen. Somit stellen diese im Versteck der Desjatinnaja-Kirche entdeckten Medaillons mit der Deësis-Darstellung einen einzigartigen Fund dar, sowohl in Bezug auf die Vollständigkeit des Motivs als auch auf die Form der Medaillons.

Als Vorbilder für Darstellungen, die den Aufbau der Deësis mit fünf Heiligen bildeten, dienten sehr wahrscheinlich die Bilder aus einer illuminierten Handschrift. Darauf deutet auch die graphische Gestaltung der Falten der Gewänder hin.

Natalia Rudyka

| **Lit.:** Protokoll Karger 1939; Vasilenko 1977, S. 233; Makarova 1986, S.147, Nr. 264–269; Pekarska 1996, S. 48–53

443 Brustschmuck („Barmen")

12. Jahrhundert
Siedlung Sachnowka, Tscherkassy, Ukraine
Gold, Perlen, Karneol, Chalcedon, Glas, Emaille; gestanzt, Filigranarbeit, Zellenschmelz, mit Inkrustation – restauriert; die Oberfläche aller Medaillons ist abgegriffen, die Medaillons weisen Beulen und Dellen auf, Metall und Emaille teilweise ausgebrochen; der Perlenbesatz einiger Goldperlen ist teilweise verlorengegangen; auf allen Medaillons sind Glaseinlagen ausgebrochen, Emaille glanzlos – Medaillons: H. 7,8 cm, B. 5,6 cm; H. 8,3 cm, B. 6,4 cm; H. 6,6 cm, B. 8,8 cm; H. 5,8 cm, B. 8,0 cm;

443

Collier: H. 2,8 cm, B. 1,55 cm; H. 2,85 cm, B. 1,4 cm; H. 2,9 cm, B. 1,5 cm; H. 2,8 cm, B. 1,4 cm; H. 2,9 cm, B. 1,55 cm; H. 2,9 cm, B. 1,45 cm; Karneol, Chalcedon: Dm. 0,8–1,0 cm
Kiew, National Museum of the History of Ukraine, Museum of Historical Treasures of Ukraine, Inv.Nr. ДМ-1776-1778; ДМ-1795; ДМ-1840-1845; НДФ-79-а

Unter Barmen versteht man einen zeremoniellen Brustschmuck, der aus vier Medaillons besteht, die an einem Collier befestigt sind, und als Gesamtkomposition die Deësis (aus dem Griechischen „Gebet") darstellt. Im Mittelalter zeichnete sich diese Komposition durch folgenden Aufbau aus: In der Mitte wird Jesus Christus dargestellt, ihm zur Seite sind die Muttergottes rechts und Johannes der Täufer links abgebildet. Am Tag des Jüngsten Gerichts werden sie vor dem himmlischen Richter Fürbitter für die Menschheit sein. Darstellungen der Deësis können ebenfalls weitere Figuren enthalten, so zum Beispiel auf Ikonostasen. Auf solchen Darstellungen werden dann neben den drei oben erwähnten Personen auch die Erzengel Michael und Gabriel, die Apostel Petrus und Paulus sowie weitere Heilige abgebildet.

Dieser Schmuck stammt aus einem Schatzfund aus dem Jahr 1900 auf dem Gebiet der altrussischen Siedlung Dewitsch Gora. Die sechs goldenen kantigen Glasperlen des Colliers sind tonnenförmig und länglich gearbeitet und außerdem mit Perlen dekoriert, die in speziellen, in Filigranarbeit gestalteten Vertiefungen gefasst sind. Die goldenen Perlen wechseln sich mit zehn Karneolperlen und einer runden Chalcedonperle ab. Die Platten zeigen von Perlenschnüren umrandete, in Zellenschmelz-Technik gefertigte Emaillebilder; eine ähnliche Perlenschnur ist auch um die Platten herum eingearbeitet. Im Raum zwischen den Perlenschnüren sind geprägte goldene Halbkugeln aufgelötet. Oberhalb der am Rand eingearbeiteten Perlenschnur und der Halbkugeln sind in hohen facettierten Kastenfassungen Glaseinlagen angebracht.

Das zentrale Medaillon zeigt eine Halbfigur Christi, bekleidet mit einem smaragdgrünen Chiton und einem dunkelblauen Himation. Christus ist mit segnender rechter Hand abgebildet, in der linken, teilweise mit dem Himation bedeckten Hand hält er das Evangelium. Dieser ikonographische Typ der Darstellung des Erlösers erweckt den Anschein, dass es sich um eine Nachbildung eines guten Originals handelt. Seitlich der Christusfigur sind zwei griechische Monogramme zu sehen: IC und XC. Rechts der Christusdarstellung findet sich ein Medaillon mit abgebildeter Muttergottes, gekleidet in ein blaues Maphorion und einen roten Chiton. Die linke Hand der Maria ist leicht nach oben erhoben und zeigt nach links, die rechte Hand ruht an der Brust und zeigt ebenfalls zur linken Seite. Auf beiden Seiten der Figur sind zwei griechische Monogramme zu sehen: μρ und θΥ. Johannes der Täufer ist mit einer im Gebet erhobenen rechten Hand, auf Christus zeigend, abgebildet. Die an der Brust ruhende linke Hand zeigt ebenfalls in Richtung Erlöser. Linksseitig der Figur sind die zwei ersten Buchstaben des Monogramms abgebildet: Ιω. Das vierte Medaillon zeigt eine Abbildung des Erzengels entsprechend dem ikonographischen Kanon. In der rechten Hand hält er einen Globus, in der linken eine Lanze. Die Flügel sind reichlich ornamentiert.

Die Grundfarben der Emaillen auf allen Medaillons sind Blau, Rot, Weiß, Hellgrün und Hellblau. Viele Forscher sind sich einig, dass alle Medaillons von ein und demselben Meister geschaffen wurden. In diesem Fall bilden die Einlegeplatte und die Fassung eine stilistische Einheit: Die Einlagen der Fassung (blau, grün, rot) sowie die Umrahmung mit Perlen harmonieren ausgezeichnet mit der Farbskala der Emaille; die emaillierte Platte ist sorgfältig eingefasst und der Schmuck scheint ein in einer Werkstatt gefertigtes Kunstwerk zu sein, dem ein einheitliches künstlerisches Konzept zugrunde gelegt wurde. Offenbar folgte der Meister bei seiner Arbeit den Stilmitteln der byzantinischen Ikonographie; Abweichungen davon sind auf eine unzureichende Beherrschung des Bildes (Details der Hände, nicht überzeugende Drapierungen) oder auf die spezifische Auswahl der verwendeten Emaillen zurückzuführen.

Zum gegenwärtigen Zeitpunkt verfügen wir über unterschiedlich vollständige Angaben über sechs Ausführungen des Barmens mit Deësis-Darstellungen. Die bis in unsere Zeit erhaltenen altrussischen Schmuckstücke demonstrieren eine breit gefächerte Palette von technischen Verfahren für die Auflage von Stegen aus Drähten, die als Konturen für die Darstellung menschlicher Antlize, Gewanddetails sowie von Ornamentmotiven dienten. Der Prozess des Verfüllens der Zellen zwischen den auf diese Weise hergestellten Stegen mit der Emaille, die sich in der Alten Rus durch eine seltene Vielfalt an Farben auszeichnete, wurde bereits im 12. Jahrhundert in einer der ältesten Schriften zu künstlerischen Techniken, der „Schedula Diversarum Artium", beschrieben, die von Theophilus Presbyter, einem Benediktinermönch aus dem Kloster Helmarshausen in der Nähe von Paderborn, verfasst wurde.

Natalia Rudyka

| Lit.: Korzychina 1954, S. 131, Nr. 127; Hanenko 1902, Bd. 5, S. 21f., Taf. 21, 29–33; Makarova 1976, S. 54–56, Nr. 74–77; Bocharov 1984, S. 67–69; Musej historychnych koshtovnostej Ukrainy 2004, S. 408, Nr. 123

444 Patene

Byzanz, 10./11. Jahrhundert
Kiew, Ukraine, Kreuzung der Straßen Wladimirskaja und Rejtarskaja, Fund Anfang 20. Jahrhundert, aus der Sammlung von B. I. und W. N. Hanenko
Kupfer, getrieben, graviert – restauriert, Brüche und Metallverluste – H. 3,9 cm, Dm. 30 cm
Kiew, National Museum of the History of Ukraine, Inv.Nr. B 2020

Die Schale ist aus einem dünnen, ornamental verziertem Metallblech gefertigt und wurde als sakrales Gefäß bei der Kommunion verwendet. In der Mitte des Gefäßes ist eine gravierte Darstellung des Erlösers – in der linken Hand das Evangelium haltend und mit der rechten Hand segnend – zu sehen. Zuseiten der Christusdarstellung sind zwei stilisierte Bäume sowie eine Inschrift abgebildet: IC XC. Der Tellerrand zeigt eine griechische Inschrift: „Nehmet, esset: dies ist mein Leib, der für euch zur Vergebung gebrochen wird".
Die Patene gehört zu den heiligen Gefäßen (*vasa sacra*), die bei der Feier der Eucharistie Verwendung finden. Patenen galten als Heiltümer, da sie mit dem Leib Christi in Berührung gekommen waren, und durften nur von Priestern in die Hand genommen werden.

M. O. Strel'nik

| Lit.: Hanenko 1902, Bd. 5, Taf. XI, Nr. 249; Sevrugian 1992, Abb. 4

VIII ZWEI KONKURRENTEN – EIN ZIEL. DIE CHRISTIANISIERUNG OSTEUROPAS 509

444

IX Glauben wechseln – Herrschaft sichern
Mission auf Anfrage

- - - Reichsgrenze unter Otto d. Gr. († 973)
— Polnisches Reich unter Boleslaw Chobry († 1025)

36 Karte: Polen, Böhmen und Ungarn um 1000

Böhmen

445 Historiographische Sammelhandschrift, Haupttext: Annales Fuldenses / Fuldaer Annalen

Bayern (?), frühes 10. Jahrhundert (Haupttext), 10./11. und 2. Hälfte 15. Jahrhundert (weitere Texte)
Handschrift auf Pergament, weitere Texte z. T. auf Papier – Einband des 18. Jahrhunderts, ein Doppelbl. nach fol. 41 bereits im 15. Jahrhundert verloren – H. 23 cm, B. 16,5 cm; III + 50 + III Bll.
Leipzig, Universitätsbibliothek, Rep. II 129a (Leihgabe Leipziger Stadtbibliothek)

Die sogenannten Annales Fuldenses gelten als das bedeutendste historiographische Produkt zur Geschichte des Ostfränkischen Reiches im 9. Jahrhundert. Der annalistisch nach Jahren strukturierte Text setzt mit dem Tod Pippins des Mittleren im Jahr 714 ein und endet mit Berichten zum Jahr 901.

Das Annalenwerk liegt in zwei Redaktionen vor, deren gemeinsamer Textbestand bis zum Jahr 882 reicht. Entstehungs- und quellengeschichtlich lassen sich zugleich mehrere Teile unterscheiden: Bis zum Jahr 830 kompiliert der Text ältere chronikalisch-annalistische Werke, spätestens ab dem Jahr 838 handelt es sich um eine selbständige Darstellung, die zeitnah und wohl am Hof des Mainzer Erzbischofs entstanden ist. Dieser zweite Teil erstreckt sich bis zum Jahr 863 und wurde ab 870 ebenfalls in Mainz bis 887 fortgesetzt. Hier endet die ältere Redaktion, die in zwei Handschriften erhalten ist. Der Titel „Annales Fuldenses" beruht auf einer früheren Annahme der Forschung, der anonyme Verfasser habe im Kloster Fulda gewirkt, und ist daher irreführend.

In der jüngeren Redaktion sind die Einträge ab dem Jahr 882 ersetzt und die Annalen bis 901 fortgeführt. Der Darstellung liegt dabei eine deutlich hofnahe Perspektive zugrunde. Für die Frage, wo diese Redaktion entstanden ist, kommt der Leipziger Handschrift eine zentrale Bedeutung zu. Sie überliefert die zweite Redaktion und weist in ihrem Schlussteil ab den Einträgen für die Jahre 896 bis 901 einen häufigen Wechsel bei Tinte und Schriftcharakter auf, der sich wohl nur erklärt, wenn man davon ausgeht, dass die Annalen hier jahresweise fortgesetzt wurden. Das hieße, dass der Codex als originales Verfassermanuskript der jüngeren Version zu werten ist.

445 fol. 21r

Wie ein Besitzeintrag auf Bl. 1r der Handschrift zeigt, gehörte die Handschrift im 13. Jahrhundert dem 741 gegründeten Benediktinerkloster Niederaltaich, 80 Kilometer donauabwärts von Regensburg. Die Entstehung der jüngeren Annales-Redaktion wird daher im Niederaltaicher Konvent oder in Regensburg bei der dortigen Hofkapelle angenommen. Christoph Mackert

| **Lit.:** Annales Fuldenses (AQ 7); Annales Fuldenses (MGH SSrG 7); Annals of Fulda; Wattenbach/Levison/Löwe 1990, S. 671–687

Die Christianisierung Böhmens

Wie in vielen anderen Teilen Europas auch, war die Annahme des Christentums in Böhmen eng, ja unauflöslich, verbunden mit der religiösen und damit zugleich politischen Ausrichtung der herrschenden Eliten. Als besonderes Charakteristikum sind aber die lange Dauer (9.–13. Jahrhundert) sowie die unterschiedlichen Ausgangspunkte der Missionsbestrebungen hervorzuheben. Im Mährerreich, der *magna Moravia*, die Fürst Mojmír I. (†vermutlich 846) 833 begründet hatte, wurde seit der Wende zum 9. Jahrhundert christianisiert. In Regensburg wurden im Jahr 845 vierzehn Herzöge aus Böhmen getauft, die sich jedoch bald wieder vom Christentum abwandten. Verursacht durch die aggressive Politik des ostfränkischen Königs Ludwig II. des Deutschen (reg. 843–876) wurden die ersten Missionare, die aus Bayern gekommen waren, 863 durch Kyrill (*um 826/27, †869) und Method (*um 815, †885) abgelöst. Kaiser Michael III. (reg. 842–867) hatte die beiden Missionare auf Bitten des mährischen Fürsten Rastislav (reg. 846–870) gesandt, was einer Hinwendung zu Byzanz gleichkam. Für Böhmen war dies im hohen Mittelalter kirchenpolitisch bedeutend. Denn Bořivoj I. (reg. 875–889), der erste přemyslidische Herzog von (Mittel-)Böhmen, wurde zwischen 880 und 894, vielleicht gemeinsam mit seiner Gemahlin, der (heiligen) Ludmilla, von Method getauft. Dieser Traditionsstrang der Ostkirche spielte fortan eine bedeutende Rolle in Darstellung und Fortgang der Christianisierung Böhmens. Denn in der sogenannten Christianslegende („Vita et passio sancti Wenceslai et sancte Ludmile ave eius"), welche zwar erst in einer Abschrift des 14. Jahrhunderts überliefert ist, aber wohl um 992/993 verfasst wurde, wird dieser noch als derart wichtig empfunden, dass die Bemühungen Kyrills und Methods die Erzählung über die politische und religiöse Entwicklung Böhmens einleiten. Seit 895 dominierte in Mittelböhmen zwar de facto wieder der Einfluss der bayerischen Kirche. Christian, der ein Sohn Herzog Boleslavs I. (reg. 935–972) gewesen sein dürfte, sowie seinem přemyslidischen Umfeld war nun offenbar daran gelegen, den Einfluss Böhmens in Mähren zu legitimieren. Denn seit 935 beherrschten die Přemysliden weite Teile Mährens. Böhmen seinerseits hatte in Prag seit 895 ein von Regensburg dominiertes Archipresbyteriat, aber keinen Bischofssitz, dessen Errichtung mit Regensburg zu akkordieren gewesen wäre. Die erzählerische Verbindung der beiden Missionsbewegungen war sicherlich (kirchen-)politisch motiviert. Denn der böhmische Herzog konnte so einen nominell immer noch bestehenden Metropolitansitz, nämlich den des Methodius, für sich beanspruchen. Man rechnet zwar allgemein damit, dass es dort kaum mehr Christen oder Priester, die nach dem Untergang des Mährerreiches 906 vielfach nach Böhmen geflohen sein dürften, gab. Für die Verhandlungen mit Papst Johannes XIII. (amt. 965–972) bezüglich eines Bistums für Böhmen und Mähren, die seit den 960er-Jahren stattfanden, konnte diese Vorgehensweise aber nur von Nutzen sein. Tatsächlich einigten sich Christians Bruder, Herzog Boleslav II. (reg. 972–999), Kaiser Otto I. (reg. 936/62–973) und der Regensburger Bischof Wolfgang (amt. 972–994): Das Bistum Prag wurde 973 gegründet, dem Mainzer Metropoliten untergeordnet und die Rotunde des heiligen Veit am Hradschin zur Bischofskirche bestimmt. Die anzunehmende Intention, ein mährisches Bistum, das zeitgleich womöglich schon in Olmütz errichtet worden war und 1063 erneuert wurde, Prag unterzuordnen, führte jedoch zunächst nicht zum Erfolg. Erst unter Karl IV. (reg. 1347–1378) wurde Prag Erzbistum (Abb. 37). Neben der Bistumsorganisation ist auch an die Klöster zu erinnern. Denn die monastischen, vorwiegend benediktinischen Gründungen im Umkreis der Reformbewegung von Gorze nahmen mit tatkräftiger 10. Jahrhunderts eine bedeutende Stellung ein. Zu nennen sind vor allem St. Georg in Prag, Ostrov, Břevnov und Sazau. Diese kirchenorganisatorische Skizze macht schon deutlich, dass die weltliche Macht in Böhmen schon früh eine Art Landeskirche zu errichten versuchte. Alle Bestrebungen gingen von herzoglicher Seite aus, die Rolle des Kaisers sollte nicht überschätzt werden. Die Idee einer dem Herzog untergeordneten Kirche wird schon bei Boleslav I. vermutet, sicher kann man dies für das 12. Jahrhundert annehmen. Damit ist die oben erwähnte lange Dauer angesprochen, womit nicht nur die Bistumsorganisation und der Ausbau des Niederkirchenwesen, also des Pfarrnetzes, gemeint sind, sondern der eigentliche Kern der Mission, der *conversio* der heidnischen Slawen. Deren Kult kann durch archäologische Befunde, etwa aus dem nahen mährischen Pohansko nur umrissen werden. Die dort praktizierten Formen der vorrationalen Welterklärung waren scheinbar auf den Sonnenzyklus ausgerichtet, was bei einer agrarisch geprägten Gesellschaft nicht verwundert. Winter- und Sommersonnenwende mussten demgemäß wichtige Feste darstellen. Der Sonnenkult war allgemein häufig verbunden mit einem Pferdekult. Auch hier können parallel mährische Beispiele, genauer die Pferdeskelettfunde der Kultorte in Kláštorisko und Mikulčice als Referenz dienen. Schon Thietmar von Merseburg (975–1018) erwähnt zudem die Bedeutung der Pferde – wohl auch im Rahmen von Sekundärbestattungen – im slawischen Kult. Es wird bei der langsamen Abkehr von dieser heidnischen Vorstellungswelt von einer Zeit der „Doppelgläubigkeit" gesprochen, die uns aber einen Blick auf die Welt des vorchristlichen Mähren und Böhmen gestattet. Christian berichtet von Trinksprüchen auf Heilige

37 Blick auf den unter Karl IV. (*1316, †1378) erbauten Veitsdom in Prag, im Vordergrund die 1357 errichtete Karlsbrücke

und Engel. Es wurden zudem eine Reihe von Amuletten und Ligaturen gefunden. Das Opatowitzer Homiliar von der Wende des 11. zum 12. Jahrhundert führt Ähnliches an. Im 12. Jahrhundert sollen sich die Herzöge Břetislav I. (reg. 1034–1055) und Břetislav II. (reg. 1092–1100) laut Cosmas von Prag (*um 1045, †1125) noch gegen heidnische Praktiken gewandt haben. Kultstätten wurden zerstört, gegen Polygamie und heidnische Opfer vorgegangen. Es war ein langsam wirkender Prozess des Zurückdrängens des Heidentums, teilweise, wie in der Christianslegende erwähnt, auch unter Aufnahme heidnischer Vorstellungen in die christlichen Lebenswelten. Erst im 14. Jahrhundert war, wie auch in anderen Regionen Mitteleuropas, das Pfarrnetz weitgehend ausgebaut. Trotz vieler unterschiedlicher Einschätzungen der Forschung in verschiedenen Detailfragen gilt als Konsens, dass Böhmen seit dem 13. Jahrhundert als weitgehend christianisiert gelten kann. Wolfram Ziegler

| **Quellen:** Thietmar, Chronik (MGH SSrG NS 9); Cosmas von Prag (MGH SSrG NS 2); Conversio Bagoariorum et Carantanorum; Život Sv. Ludmily

| **Lit.:** Elbel 2010; Hoensch 1997; Kadlec 1991; Kalhous 2012; Macháček 2000; Sommer 2000a; Sommer 2000b; Sommer 2000c; Sommer 2000d; Třeštík 2000a; Třeštík 2000b; Wihoda 2010, S. 247–272

446 Das Fürstengrab in Kolín

Kolín, Tschechische Republik, 9. Jahrhundert

Das Grab, welches im Jahre 1864 in einer Ziegelei in Kolín entdeckt wurde, kann als der bedeutendste Grabfund des Frühmittelalters in Böhmen bezeichnet werden. Eine Reihe von Gegenständen wurde sicherlich bei der unsachgemäßen Entnahme übersehen. Der Zustand des Fundortes und die Umstände der Entdeckung bleiben für immer unklar. Mit Sicherheit wissen wir nur, dass auf dem Grund der umfangreichen Grabgrube, welche mit einer Holzschalung versehen wurde, zwei Bestattete mit Köpfen in Richtung Westen gefunden wurden. Geht man von den Grabbeigaben aus, handelt es sich um einen Mann und eine Frau. Der südlich gelegene Bestattete wurde mit einer Axt, Sporen und einem Amulett aus Elfenbein ausgestattet. Unter den nördlich gelegenen Überresten befanden sich kleine Glasperlen und Schmuck, mit Filigranarbeiten und Granulation verziert – vergoldete Silbohrringe mit granulierten Blechperlen, Perlen aus Metall und offensichtlich auch eine vergoldete Kaptorge. Fünf Kugelknöpfe (zwei filigrangearbeitet, zwei mit Glaseinlagen und einer mit einem gehämmerten Pflanzenschmuck) könnten unter den beiden Bestatteten verteilt gewesen sein. Zwischen den Skeletten lagen ein Schwert mit einem Satz Pferdegeschirr und ein vergoldeter Silberkelch. Weitere Gegenstände (zum Beispiel eine Glasschale und einen Becher, eine Bronzeschale, einen beschlagenen Eimer oder einen Beschlag für Wadenriemen oder Schuhe) konnte man nicht genauer lokalisieren. Die Ausstattung des Grabes in Kolín vereint Gegenstände westeuropäischer Herkunft und Erzeugnisse, welche mit dem großmährischen Kulturkreis zusammenhängen, welche jedoch mindestens zum Teil aus der Gegend Böhmens stammen könnten. Der extreme Reichtum des Grabes und das Vorkommen einer Reihe von Objekten mit hohem symbolischem Status erlauben es, die Bestatteten als Vertreter der höchsten gesellschaftlichen Elite Böhmens zu bezeichnen. Einige besondere Grabbeigaben des Mannes erhielt er offensichtlich als Geschenk eines ostfränkischen Herrschers. Zumindest im Falle des Messkelches könnte dies bei der Taufe der 14 böhmischen Fürsten in Regensburg im Jahre 845 vorgekommen sein. Die Geschenke eines Schwertes und eines prunkvollen Satz Pferdegeschirrs könnten Bestandteil der Investitur-Zeremonie gewesen sein, durch die formal das Lehensverhältnis eines böhmischen Edelmannes zu einem fränkischen Herrscher vollzogen wurde. Bereits in der Zeit vor ihrer Beilegung in das Grab hat sich der symbolische Inhalt dieser Gegenstände verändert.

a) Schwert

2.–3. Drittel 9. Jahrhundert

Eisen, Stahl – erhalten geblieben ist ein Torso des Schwertes ohne Knauf und Spitzenpartie der Klinge, durch Korrosion beschädigt – Torso L. 53,3 cm, Klinge B. 4,65 cm; Parierstange L. 11 cm, B. 2,3 cm, H. 1,1 cm

Prag, Národní muzeum, Inv.Nr. H1-55091

Das zweischneidige Schwert mit einer direkten Parierstange zerfiel nach seiner Entdeckung in drei Teile, erhalten blieb nur der mittlere Teil. Der nicht erhaltene Knauf soll nach ältesten Zeugnissen eine „pilzförmige" Gestalt gehabt haben. Auf der Klinge, welche mittig mit einer maximal 1,7 bis 2 Zentimeter breiten Einkerbung versehen wurde, finden sich Reste der hölzernen Scheide, die mit einem Textil in Köperbindung überzogen war. Die Ergebnisse der neu durchgeführten metallographischen Analysen zeigen, dass die Klinge eine Schneide aus hartem Stahl hat, aufgetragen auf einen zähharten und biegsamen Stahlkern (nicht Schweißdamast), der aus einem weicheren Mittelteil und härteren Seitenteilen besteht. Die Klinge wurde vermutlich nur entlang der Schneide gehärtet. Die Parierstange wurde aus Eisen gefertigt, doch nur die in Richtung Klinge weisende Unterseite und die Seitenteile wurden zusätzlich aufgekohlt und gehärtet. Von der technologischen Seite her, stellt das Schwert aus Kolín eine Spitzenwaffe der damaligen Zeit dar, seine Herkunft könnte man am ehesten auf dem Gebiet des Frankenreiches suchen.

b) Schwertriemengarnitur: Kleeblattbeschlag des Schwertriemens, Schwertriemenschnalle, kurzer ovaler Riemenbeschlag und langer ovaler Riemenbeschlag

2.–3. Viertel 9. Jahrhundert

Gegossenes Silber, zum Teil vergoldet, Niello – nur wenige Nieten erhalten – Kleeblattbeschlag: L. max. 10 cm, B. der Zunge 3,7 cm, Dm. 5,6 cm; Schwertriemenschnalle: L. 5,8 cm, B. 3,7 cm, H. 1,7 cm; kurzer ovaler Riemenbeschlag: L. 6,2 cm, B. 3,5 cm; langer ovaler Riemenbeschlag: L. 7,6 cm, B. 3,6 cm

Prag, Národní muzeum, Inv.Nr. H1-55087; H1-55090; H1-55089; H1-55088

446a

Im Grab von Kolín fand sich der prunkvolle Satz einer Schertriemengarnitur, bestehend aus einem Kleeblattbeschlag, einer Schnalle und zwei ovalen asymmetrischen Beschlägen (einem kurzen und einem langen Beschlag, welche auf der Rückseite mit einer Öse versehen sind). Vergleicht man diese mit entsprechenden Garnituren – zum Beispiel aus Duesminde –, dann stellt man fest, dass in diesem Satz ein paariger, kurzer asymmetrischer Beschlag und die Riemenzunge fehlen. Die Vorderseite aller Teile dieser Schwertriemengarnitur ist sehr reich mit plastischen Pflanzenmotiven verziert. Das Hauptmotiv – geometrisch geordnete Stängel mit komplex profilierten Blättern, die durch kurze Querbänder gegliedert sind – ist durch Niello und durch den bewussten Verzicht auf Vergoldung hervorgehoben. Die gesamte Fläche des vergoldeten Hintergrundes wurde akribisch mit einer stilisierten Pflanzenornamentik ausgefüllt, die das Hauptmotiv variiert und weiterführt. Zu den funktionellen Teilen des Beschlages gehörten Riemen, welche mit sechs silbernen Nieten versehen waren, eingefasst mit einem kupfernen Perlendrähtchen. Auf der Unterseite befanden sich silberne Ösen. Zwischen diesen Ösen und dem Korpus des Beschlages wurde ein Riemen durchgezogen. Die Riemenbeschläge des Schwertes wurden in einer Werkstatt hergestellt, die im zentralen Gebiet des Frankenreiches wirkte.

Der Kleeblattbeschlag diente als Verteiler für den Hauptriemen und für den Riemen, der zum unteren Teil der Scheide führte. Zur Befestigung der Riemen dienten drei Leisten mit je sechs Nieten und drei Paar Ösen, die den Riemenbeschlag in ein plastisch gewölbtes, dreieckiges Mittelfeld und in drei gleiche zungenförmige Felder gliedern.

Die Schnalle mit einem einfachen Dorn und ovalem Bügel, dessen plastisch ornamentierte Vorderseite mit sechs Palmettenbündeln verziert ist, verband die Enden des Hauptriemens.

Der kurze ovale Beschlag diente zum Fixieren des Hauptriemens am oberen Teil der Schwertscheide. In der vollständigen Zusammenstellung wäre ein paariger Beschlag dabei gewesen. Eine nicht mittig angeordnete Nietenleiste gliedert ihn in zwei ungleiche Teile. Der kürzere Teil ist stärker gewölbt, der längere Teil auf der Unterseite mit einer Öse versehen.

Auch der lange Beschlag ist durch eine asymmetrisch angeordnete Nietenleiste gegliedert. Der längere und weniger gewölbte Teil entspricht den zungenförmigen Feldern des Kleeblattbeschlages, auf der Rückseite ist er mit zwei Ösen versehen. Der kürzere, stärker gewölbte Teil ist auf der Rückseite mit einer bogenförmig gestalteten Öse versehen, die dem Halt und der Längenregulierung des Riemens am unteren Teil der Scheide diente.

518 IN HOC SIGNO

446c

c) Axt aus dem Fürstengrab in Kolín
9. Jahrhundert
Eisen, Stahl – durch Korrosion beschädigt – L. 15,3 cm, Schneide H. 11,5 cm
Prag, Národní muzeum, Inv.Nr. H1-55103

Die Bartaxt hat einen schmalen quadratischen Hals mit rechteckigem Schaftloch, eine leicht geschwungene Schneide sowie einen deutlich verlängerten, gerade abschließenden Bart. Auf der Innenseite des Schaftloches sind Holzreste des Axtstieles erhalten geblieben. Eine metallographische Analyse wies nach, dass die Schneide aus einem eisernen und einem stählernen Zwischenprodukt flach zusammengeschmiedet wurde. Der niedrigkohlenstoffhaltige Stahl wurde gehärtet, allerdings bei nicht ausreichender Temperatur. Die Axt ist von einer durchschnittlichen Qualität und stammt mit höchster Wahrscheinlichkeit aus Böhmen.

d) Sporn mit einem Riemensatz
1.–2. Drittel des 9. Jahrhunderts
Vergoldetes Kupfer, Filigranarbeit und Granulation, silberne Plattierung – Verzierung teilweise abgefallen – beim Sporn fehlen der Stachel und die silberne Plattierung des Seitenteils – Sporn: L. 15,3 cm, B. 8,1 cm; Riemenzunge: L. 4,1 cm, B. 2 cm; Riemenschlaufe: L. 2,5 cm, B. 2,2 cm
Prag, Národní muzeum, Inv.Nr. H1-55093; H1-55095; H1-55097

Der kupferne Sporn ist mit Riemenbeschlägen ausgestattet, die zur Befestigung am Schuh dienten. Er ist mit einer prunkvollen, filigran gearbeiteten vergoldeten Ornamentik aus tordierten Drähtchen und Granulation versehen. Die rechteckigen Abschlussplätchen sind mit je sechs silbernen Nieten in zwei Dreierreihen besetzt, deren Köpfe mit Silberblech unterlegt sind, das als eine filigran gearbeitete Fassung getrieben ist. Die Mittelteile des Sporenschenkels wurden mit einem Silberblech plattiert und mit geflochtenen, kleinen Drähten umkränzt. Am Scheitel des Sporns befindet sich eine ringförmige Fassung für einen eisernen Stachel, der nicht erhalten geblieben ist. Der Prunksporn dürfte Teil eines Festgewandes mit repräsentativ-symbolischer Bedeutung gewesen sein.
Auch bei der schildförmigen Riemenzunge aus Kupferblech ist die vergoldete Sichtseite mit einer prunkvollen Filigranarbeit verziert. Die Riemenzunge wird von einem engen, fast spitz zulaufenden Bogen abgeschlossen.

446d

446d

446d

Die Riemenschlaufe aus Kupferblech besteht aus einem quadratischen kleinen Rahmen und einem länglichen vergoldeten Plättchen und ist mit einer prunkvollen Filigranarbeit verziert.

e) Riemenzunge aus dem Fürstengrab in Kolín
Wende 8./9. Jahrhundert – 1. Hälfte 9. Jahrhundert
Gegossenes Silber, zum Teil vergoldet – Spitze abgebrochen, es fehlen die Nieten, die Vergoldung ist sehr stark abgegriffen – L. 3,8 cm, B. 1,5 cm
Prag, Národní muzeum, Inv.Nr. H1-55100

Die schildförmige Riemenzunge hat am oberen Ende drei Öffnungen für Nieten und endet in einem deutlich spitz zulaufenden Bogen, dessen Spitze abgebrochen ist. Auf der leicht vergoldeten Sichtseite befindet sich eine stilisierte Tierfigur, die von zwei Flechtbändern gerahmt ist. Es handelt sich um ein relativ seltenes Tiermotiv in der karolingischen Schmuckkunst, das durchaus mit dem insularen Tierstils in Zusammenhang gebracht werden kann. Die Riemenzunge könnte Teil eines Wadenriemens oder eines Schuhs gewesen sein.

f) Riemenschlaufenpaar
1.–2. Drittel 9. Jahrhundert
Gegossenes Silber, zum Teil vergoldet – der Erhaltungszustand ist gut – H. gesamt 1,9 cm, Dm. der Plättchen 2 cm
Prag, Národní muzeum, Inv.Nr. H1-55101, H1-55102

Das Riemenschlaufenpaar mit einer viereckigen Zierfläche auf einer kleinen gewölbten Platte ist mit einer plastischen Verzierung versehen. Die verzierte Fläche hat die Form eines Vierecks mit angerundeten Ecken; sie wird von einem Flechtband, das einen tordierten Draht imitiert, gerahmt. Das schmückende Motiv bilden vier Palmetten, welche vom Rand aus zum kleinen Buckel in der Mitte wachsen. Die Plastizität der Ornamente wird durch den vergoldeten Hintergrund hervorgehoben. Diese qualitativ hochwertigen Erzeugnisse aus karolingischen Schmuckwerkstätten waren wahrscheinlich Bestandteil eines Schuhpaares oder von Wadenriemen.

g) Amulett-Anhänger aus dem Fürstengrab in Kolín
9. Jahrhundert
Elfenbein, Gold – Zustand der goldenen Teile ist gut, das Elfenbein ist sehr brüchig – L. 4 cm, H. der mittleren Manschette 1,7 cm
Prag, Národní muzeum, Inv.Nr. H1-55104

Den Anhänger bildet ein Elfenbeinstäbchen, verziert mit drei goldenen Manschetten, die mit tordierten Drähten eingefasst sind. Die mittlere Manschette dient gleichzeitig als Öse zum Aufhängen des Amuletts. Zwei weitere Manschetten sind zum Schutz des Amuletts an den Enden angebracht. Das Artefakt kann man mit einer kleinen Gruppe von Anhängern vergleichen, die wir beispielsweise aus Stará Kouřim (Böhmen) oder Staré Město (Mähren) kennen. Die Verwendung von Elfenbein ist sehr ungewöhnlich.

h) Ein Paar große Kugelknöpfe
2.–3. Drittel 9. Jahrhundert
Vergoldetes Kupfer, Filigranarbeit und Granulation – die Verzierung teilweise beschädigt, die Vergoldung stellenweise abgefallen, die Aufhängeöse ist abgebrochen – H. 3,2–3,5 cm, Dm. 3,3–3,5 cm
Prag, Národní muzeum, Inv.Nr. H1-55107, H1-55108

Die zwei großen, aus Halbkugeln zusammengesetzten Kugelknöpfe sind aus vergoldetem, filigranverziertem Kupferblech gefertigt. Sechs senkrechte und ein waagrechtes Flechtband an der Verbindung der Halbkugeln gliedern die Knöpfe in zwölf gleich konzipierte Felder. Ein Ornament aus sich wiederholenden Kreisen mit innenliegenden Kreuzen umläuft die Halbkugeln. Die Flechtbänder bilden eine sechsblättrige Rosette, welche auf der unteren Seite des Kugelknopfes mit sechs großen Granula ergänzt ist. Die Unterseite wird zusätzlich durch eine mittig platzierte halbkugelförmige Blechverzierung geschmückt. Die Kugelknöpfe gehören zu dem typischen Schmuck des großmährischen Kulturkreises, welcher als Schmuck der Frauen- und seltener der Herrenbekleidung diente.

520 IN HOC SIGNO

446i

446j–k

Die vergoldete Oberfläche der zwei kleinen bikonischen Bronzekugelknöpfe ist durch senkrechte Reihen kleiner Granula in sieben Felder gegliedert, welche mit Motiven von gehämmerten Rauten verziert sind. In die Unterseite wurde ein kleines dunkelblaues Glas eingesetzt und mit einer Bronzefassung fixiert, aus der sieben Blütenblätter entwachsen. Ähnliche, jedoch in der Regel weniger aufwendig verzierte Kugelknöpfe sind relativ üblich in böhmischen und auch mährischen Fundkontexten.

j) Silberne Perle aus dem Fürstengrab in Kolín
9. Jahrhundert
Silber, Granulation – teilweise beschädigte Verzierung – L. 2,5 cm, Dm. 1,7 cm
Prag, Národní muzeum, Inv.Nr. H1-55129

Die Oberfläche der ovalen Perle aus Silberblech ist durch ein granuliertes, geometrisch angeordnetes Muster in Form mehrerer Zickzacklinien verziert. Perlen aus Metall, die eine ähnliche Form hatten, waren in Böhmen eine relativ häufige Beigabe in reichen Gräbern des 9. und 10. Jahrhunderts. Ihre Herkunft kann in Böhmen vermutet werden, fallweise auch in weiteren Regionen, die durch die großmährische Kultur beeinflusst wurden.

i) Ein Paar kleine Kugelknöpfe
2.–3. Drittel 9. Jahrhundert
Vergoldete Bronze, Glas, Granulation – es fehlt ein Teil des Kugelknopfkorpus H1-55109 und ein kleines Stück Glas im Kugelknopf H1-55110, die Vergoldung ist teilweise abgefallen – H. ohne Öse 1,4 cm, Dm. 1,9 cm
Prag, Národní muzeum, Inv.Nr. H1-55109, H1-55110

k) Glasperlen aus dem Fürstengrab in Kolín
2.–3. Drittel des 9. Jahrhunderts
Glas, Kupfer – eine Perle nur als Fragment erhalten geblieben – L. ungefähr 2,4 cm
Prag, Národní muzeum, Inv.Nr. H1-55130–H1-55132

Die ellipsenförmigen, längsgerippten Perlen sind aus dunkelblauem Natronglas (Natriumkarbonat-Kalk-Quarz) gefertigt und auf ein Kup-

446l

ferröhrchen aufgeschmolzen. Die Oberfläche ist durch vier bis fünf längliche Rippen gegliedert. Bei einer Perle sind diese Rippen tordiert. Die Perlen gehören zu jenem Perlentyp, den man auf Grund der topographischen Funde als mitteleuropäisch spezifizieren kann. Die größte Anzahl der Funde ist auf dem Gebiet Böhmens dokumentiert.

l) Glasschälchen aus dem Fürstengrab in Kolín

9. Jahrhundert
Glas – zusammengesetzt aus Fragmenten, teilweise ergänzt – H. 2,6 cm, Dm. 16,3 cm
Prag, Národní muzeum, Inv.Nr. H1-55105

Dieses flache Schälchen mit leicht konischen Wänden und einem fast flachen, eingedrückten Boden ist aus reinem, leicht grünlich gefärbtem Natronglas gefertigt. Der Rand ist nach außen gebogen, sodass ein hohler Ring entsteht. In dem Grab befand sich neben dem Schälchen auch ein gläserner Trinkbecher, der mit einem Netzornament verziert ist. Glasgefäßfunde aus frühmittelalterlichen Gräbern sind in Mittelosteuropa extrem selten. Es handelte sich um wertvolle Importerzeugnisse aus dem Frankenreich, möglicherweise wurden sie über das mährische Gebiet transportiert. Der Ursprungsort lässt sich wegen mangelnder Analogien nicht genau bestimmen, mit großer Wahrscheinlichkeit kann eine Herkunft aus rheinländischen Glaswerkstätten angenommen werden.   Jiří Košta

| Lit.: Lutovský 1994; Kat. Berlin/Mannheim 2000, S. 107f., Nr. 04.03.04, S. 219–226, Nr. 09.01.01a–p (Nada Profantová/Jiří Militký); Kat. Frankfurt/Hildesheim 2005, S. 86f., 169–172 (Egon Wamers); Košta/Hošek 2008; Lutovský/Pejša 2008; Košta/Sedláčková/ Hulínský 2011; Ungerman 2011

447 Halskette mit einem kleinen Bernsteinkreuz

2. Viertel–Anfang 3. Viertel 9. Jahrhundert
Libice nad Cidlinou, Tschechische Republik
Glas, Bernstein – einige kleine Korallen sind mit Patina bedeckt oder stark durch Korrosion zersetzt – H. 3,35 cm, B. 2,5 cm
Prag, Národní muzeum, Inv.Nr. H1-310060–H1-310061

Die Halskette besteht aus zwei zylinderförmigen gelblichen Glasperlen, zwei prismenförmigen blauen Glasperlen sowie 403 kleineren Perlen aus grünem Glas und einem flachen, kleinen Bernsteinkreuz mit leicht verbreiterten Armen. Auf der einen Seite sind vier feinlinige Andreaskreuze in die Kreuzarme eingeritzt. Das Kollier wurde in einem reich ausgestatteten Kindergrab (Grab 159) gefunden. Es gehört vermutlich zum älteren Teilabschnitt der Grabstätte an der Akropolis der Libice-Burg, die vor der Erbauung der Kirche entstand.   Jiří Košta

| Lit.: Turek 1976, S. 277, Abb. 3; Turek 1978, S. 62f., Tab. 11.1

448 Kleines Kreuz

10.–11. Jahrhundert
Libice nad Cidlinou, Tschechische Republik
Gegossenes Buntmetall – überzogen mit Patina, die Öse ist beschädigt – H. 2,7 cm, B. 2,1 cm
Prag, Národní muzeum, Inv.Nr. H1-231369

Das kleine Kreuz mit sich leicht verbreiternden Armen und einer Öse wurde aus Kupfer oder aus einer Buntmetalllegierung gefertigt. Auf der vorderen Seite befindet sich eine stilisierte Figur des gekreuzigten Christus. Dieses Objekt diente als Anhänger und wurde bei einer Oberflächenerfassung am westlichen Rand der Akropolis der Libice-Burg gefunden. Jiří Košta

| Lit.: Lutovský 1987

449 Stilus

2. Hälfte 10. Jahrhundert
Libice nad Cidlinou, Tschechische Republik
Eisen – der Erhaltungszustand ist gut, Korrosion – Länge 11,3 cm
Prag, Národní muzeum, Inv.Nr. H1-309762

Der eiserne Stilus mit einer langen Spitze wird durch zwei Ringe von dem leicht trapezförmigen Rücken getrennt. Die Seiten der Spitze sind schräg eingeritzt. Das Schreibwerkzeug stammt aus der Ausstattung eines Hauses, das sich an der südöstlichen Seite der Kirche nahe der Akropolis der Burg in Libice nad Cidlinou befand. Jiří Košta

| Lit.: Turek 1981, S. 48

450 Bestickter Leinenstoff aus dem Schrein der heiligen Ludmilla

Böhmen, letztes Drittel 10. Jahrhundert
Leinentuch, Leinenstickerei – H. 71,5 cm, B. 208 cm (Panel)
Prag, Sbírky Pražského hradu, Inv.Nr. PHA 35, HS 13802

Das Gewebe befindet sich in einem fragmentarischen Zustand. Der Trägerstoff und die Stickerei bestehen aus weißem Leinen. Die Stickerei bildet ein geometrisches Muster, dessen Grundlage die Swastika ist. Mit einem ähnlichen Muster wurde zum Beispiel auch der Seidenschleier aus dem Grab Heinrichs III. im Dom zu Speyer bestickt, ein ägyptisches Fabrikat aus der ersten Hälfte des 11. Jahrhunderts (Diözesanmuseum, Speyer). Kunsthistorisch kann man den Prager Stoff auf das letzte Drittel des 10. Jahrhunderts datieren, eventuell auf das erste Drittel des 11. Jahrhunderts. Dies bestätigte auch das Ergebnis der Radiokarbondatierung: 1024 +/- 40 Jahre. Die Stickerei entstand vermutlich in Böhmen; möglicherweise direkt im Kloster St. Georg auf der Prager Burg, wo es eine lange Stickereitradition gab, wie wir aus Schriftquellen wissen. Es handelt sich um den ältesten Nachweis dieser Technik auf böhmischem Gebiet. Falls der Stoff importiert wurde, kam er entweder aus den deutschen Ländern oder aus Ägypten.

450

Die heilige Ludmilla (Ludmila) wurde um das Jahr 860 geboren, einige Legenden sprechen von ihr als einer Tochter des Fürsten Slavibor aus Pšov. In ihrer frühen Jugend wurde sie als Heidin erzogen. Um das Jahr 875 ging sie die Ehe mit dem Fürsten Bořivoj aus dem Geschlecht der Přemysliden (Přemyslovci) ein, das damals im Raum von Mittelböhmen herrschte. Das Fürstenpaar bekam mindestens sechs Kinder. Offensichtlich wurde sie zusammen mit ihrem Mann im Jahre 882 in Mähren direkt aus den Händen des slawischen Missionars und Erzbischofs Method getauft. Nach dem Tod von Bořivoj zog sich Ludmilla nicht zurück, sondern nahm am öffentlichen Geschehen selbst teil. Es war ihr zu verdanken, dass die Herrschaft an ihre Söhne überging, denn diese waren, als ihr Vater verstarb, noch minderjährig. Später eskalierte der Konflikt zwischen Ludmilla und ihrer Schwiegertochter Drahomíra, unter anderem wegen der Außenpolitik. Daraufhin zog sich Ludmilla auf ihren Witwensitz in Tetín zurück. Hier wurde sie am 15. September 921, auf Geheiß von Drahomíra, von gedungenen Mördern umgebracht.
Im Jahre 925 überführte ihr Enkel, der heilige Wenzel, ihre Gebeine auf die Prager Burg in die Basilika St. Georg. Diesen Akt der Überführung auf die Prager Burg kann man als die Kanonisierung der Ludmilla bezeichnen. Ihre Bedeutung stieg insbesondere nach dem Jahr 973, als bei der Basilika das erste Frauenkloster gegründet wurde. Damals entstand auch die heute nicht mehr erhaltene, älteste Legende der heiligen Ludmilla. Trotz alledem war der Ludmilla-Kult lange Zeit nur auf das herrschende Geschlecht der Přemysliden und auf die Basilika und das Kloster St. Georg beschränkt. Offiziell wurde Ludmilla erst ab der Mitte des 12. Jahrhunderts als Heilige anerkannt.
In der Basilika wurde der Schrein mit den Gebeinen der Ludmilla einige Male versetzt – zunächst verwahrte man ihn in einem kreuzförmigen Grab unter dem Hauptaltar des heiligen Georg, nach dem Jahr 973 wurde er direkt auf dem Altar (später in „Altar des Heiligen Kreuzes" umbenannt) platziert und seit dem Anfang des 14. Jahrhunderts bewahrte man ihn hinter dem erneut aufgebauten und östlich neu platzierten Hauptaltar des heiligen Georg (dieser entstand erst nach dem Brand der Basilika im Jahr 1142) auf. Erst in der zweiten Hälfte des 14. Jahrhunderts wurde der Schrein endgültig in eine gotische Tumba in der Südkapelle überführt, die der Heiligen geweiht war.
Die Tumba wurde im Jahre 1980 geöffnet. In ihr fand sich ein Sarg mit den Gebeinen der Heiligen, die in mehrere Stoffschichten gehüllt

waren. Die ältesten Gewebestücke sind Fragmente eines sehr feinen Leinentuches mit Resten von Bordüren aus der Zeit um 920. In dieses Tuch sind möglicherweise die Gebeine der Ludmilla bei der Überführung von Tetín nach Prag gehüllt gewesen. Im Sarg bildete dieses Tuch die unterste Schicht. Der ausgestellte Stoff befand sich als zweite Schicht über diesem feinen Leinenstoff. Als dritte Schicht bedeckte die Rückseite einer seidenen Dalmatik Ludmillas Gebeine, die in der seltenen Protolampas-Bindung gewoben ist und bei der es sich wohl um einen Import aus Byzanz oder dem Vorderen Orient aus dem ersten Drittel des 11. Jahrhunderts handelt. In den monochromen Stoff ist ein Medaillonmuster mit Vogelpaaren eingewoben, im unteren Streifen variiert es bei gleicher Bindung leicht. Die Dalmatik hatte die Form eines „T" und wurde durch zwei parallel verlaufende, in senkrechter Richtung aufgenähte rote Streifen geschmückt, den sogenannten *clavi*. Bei den weiteren Stoffschichten – ein Seidenstoff und ein musterloser seidener Stoff, das sogenannte Samitum – handelte es sich ebenfalls um mittelalterliche Textilien, deren Provenienz ungeklärt ist. Die äußerste Stoffschicht über den Gebeinen bildete der vordere Teil eines Leinenrochetts aus dem 12. Jahrhundert mit einem gestickten Kreuz und einer kleinen, gestickten Altardecke aus Leinen aus dem 13. Jahrhundert; beide Gegenstände stammen offenbar aus böhmischer Herstellung.

Die Reliquienstoffe der heiligen Ludmilla sind die wertvollsten Textilien, die in der Tschechischen Republik bewahrt werden. Es handelt sich um sogenannte Sekundärreliquien.

Milena Bravermanová

| **Lit.:** Kat. Berlin/Mannheim 2000, S. 253–255, Nr. 10.03.01, 10.03.01 a–e (Milena Bravermanová); Bravermanová/Otavská 2001; Bravermanová 2004

451 Beschreibung der alten Grenzen der Diözese Prag

Regensburg, 1086 April 29
Pergament; verunechtete Nachzeichnung vom Ende des 11. Jahrhunderts – H. 47 cm, B. 41,5 cm
Würzburg, Staatsarchiv Würzburg, Sign. Domkapitel Mainz Urkunden 1086 April 29

IX GLAUBEN WECHSELN – HERRSCHAFT SICHERN. MISSION AUF ANFRAGE

Die nahezu zeitgleiche Nachzeichnung der Urkunde Kaiser Heinrichs IV., mit welcher dieser die alten Grenzen der Diözese Prag feststellen ließ und bestätigte, stammt aus dem Archiv des Mainzer Domkapitels. Abschriften finden sich in den beiden ältesten Mainzer Kopialbüchern des ausgehenden 13. und frühen 14. Jahrhunderts. Inwieweit der Wortlaut der Nachzeichnung auf Vorurkunden aus der zweiten Hälfte des 10. Jahrhunderts zurückgeht, ist umstritten. Allerdings dürfte die Grenzbeschreibung selbst die Situation zur Zeit der Bistumsgründung weitgehend korrekt wiedergeben.

Die Überlieferungsgeschichte der Urkunde erklärt sich aus dem Umstand, dass die infolge des Quedlinburger Hoftags von 973 begründete Diözese Prag dem Mainzer Erzbischof Willigis unterstellt worden war. Damit sollten offenbar die Verluste ausgeglichen werden, welche der Mainzer Kirche durch die Errichtung des Erzbistums Magdeburg entstanden waren. Dies gilt im Übrigen auch für das kurzlebige mährische Bistum, dessen Verwaltung bereits nach 983 vom zweiten Prager Bischof, dem heiligen Adalbert, übernommen wurde. Damit gebot Letzterer über ein riesiges Gebiet, welches vom Fichtelgebirge bis zum Bug reichte. Die kirchenrechtliche Unterstellung unter Mainz wurde erst mit der Erhebung Prags zum Erzbistum im Jahre 1344 beseitigt. Werner Wagenhöfer

| **Quelle:** Urkunden Heinrichs IV. (MGH DD 6.2)

| **Lit.:** Kat. Berlin/Mannheim 2000, S. 283, Nr. 11.01.15 (Kerstin Schulmeyer); Třeštík 2000

452   Sog. Wolfgangsstab

Süddeutsch, Krümme 10. Jahrhundert (?), Stab 13. Jahrhundert, Fassung um 1430, Medaillon 1965
Schwarzes Büffelhorn; Elfenbein; Bein; Silber und Messing, vergoldet, getrieben und gegossen, ziseliert und punziert; farbige Steine; Glas – H. Staboberteil 44,7 cm; Krümme 19,6 cm x 13 cm
Regensburg, Katholische Pfarrkirchenstiftung St. Emmeram, Inv.Nr. L 1982/0001

Der seit Jahrhunderten in der Schatzkammer des ehemaligen Reichsstifts von St. Emmeram aufbewahrte Stab soll der Überlieferung nach bereits von Bischof Wolfgang im 10. Jahrhundert verwendet worden sein.

Der aus gedrehten Elfenbein- und Beinteilen zusammengesetzte Schaft wird von Ringen aus vergoldetem Silber bzw. Messing zusammengehalten. Ein Knauf aus Elfenbein leitet zur Krümme über, die auf einem profilierten runden Beinstück aufsitzt. Die Krümme ist aus einem schwarzen Büffelhorn gestaltet und wird unten durch ein gitterartiges Metallband umschlossen. Vier Bänder aus vergoldetem Silberblech mit aufgesetzten Edelsteinen umschließen das Büffelhorn, das in einem gebogenen Arm aus vergoldetem Silber endet. Der Arm trägt eine vergoldete Silberkapsel, deren Vorderseite ein Rundmedaillon mit der getriebenen Figur des thronenden heiligen Bischofs Wolfgang zeigt. Das äußere Metallband der Krümme wird durch Kriechblumen verziert.

Durch die Verwendung des Horns in der Krümme hat sich in der Abtei St. Emmeram die Verbindung zum heiligen Wolfgang überliefert. Möglicherweise hat St. Wolfgang diese Krümme als Bekrönung seines Stabes benützt. Der von 972 bis 994 in Regensburg amtierende Bischof hat sich durch seine kluge Bistumsleitung und Förderung seines Regensburger Besitzes im heutigen Österreich (Wolfgangsee und an den Flüssen Erlauf und Perschling) große Verdienste erworben. Durch sein heiligmäßiges Wirken erhob ihn Papst Leo IX. im Jahre 1052 zur Ehre der Altäre. Die Gebeine des Heiligen ruhen seit dieser Zeit in der Westkrypta der Emmeramsbasilika zu Regensburg. Der historisch bedeutsame Stab wurde 1810 während der Säkularisation nicht nach München gebracht, sondern als zu verehrender Kultgegenstand in der Pfarrkirche von St. Emmeram belassen. 1945 haben amerikanische Soldaten ihn leider schwer beschädigt. Alle Steine wurden aus den Fassungen gebrochen, darunter auch zwei antike Gemmen. Das Rundmedaillon aus der Zeit um 1430 hat man entwendet. Erst 1965 wurden die fehlenden Teile bis auf die Gemmen durch die Familie Johann Brandner, Regensburg, wieder ersetzt. Hermann Reidel

| **Lit.:** Kat. Regensburg 1979, S. 67, Nr. 107; Mader 1981, S. 320f., Abb. 218; Kat. Augsburg 2007, Nr. 2.15 (Hermann Reidel); Kat. Burghausen/Braunau/Mattinghofen 2012, Nr. 66 (Hermann Reidel)

Ungarn

Die Erforschung des frühen Christentums im mittleren Donauraum (4.–9. Jahrhundert)

Die Grenze des Römischen Reiches verlief in den ersten nachchristlichen Jahrhunderten entlang der Donau und im mittleren Flussabschnitt erstreckten sich am rechten Ufer die Provinzen Norikum, Pannonien und Mösien. Die Adaption, Verbreitung und das Weiterleben frühchristlicher Traditionen beschränkten sich im mittleren Donauraum überwiegend auf diese Provinzen, auch über die Römerzeit hinaus.

Den Ausbau der Kirchenorganisation im Verlauf des 3. und 4. Jahrhunderts dokumentieren Bischofssitze. Pannonien – als Teil der *diocensis Pannoniarum* bzw. der Diözese *Illyricum* – wies im 4. Jahrhundert wenig entwickelte Strukturen auf. Bis zum 6. Jahrhundert sind lediglich *Sirmium*/Sremska Mitrovica (SR), *Cibiliae*/Vinkovci, *Siscia*/Sisak und *Mursa*/Osijek (HR) als Bischofssitze erwähnt, allesamt im südlichen Teil der Provinz. Bei den weiteren Nennungen gibt es Unstimmigkeiten: bei *Iovia* wegen der Lokalisierung, ob sie mit dem heutigen Ludberg (HR) oder mit Alsóheténypuszta (H) zu verbinden sei, bei der Erwähnung des Bischofs Gaius (um 355–366) ob er seinen Sitz in *Savaria*/Szombathely hatte und bei Paulus (um 356–366) ob er der Bischof von *Sopianae*/Pécs gewesen sein könnte. Die Bedeutung von *Sopianae* als christliches Zentrum belegen die archäologischen Quellen allerdings eindrucksvoll. Nördlich der Stadt liegt eine ausgedehnte spätrömische Nekropole mit über dreißig Grabbauten, darunter *cellae memoriae*, *mausolea* und *hypogaea*. Einige wurden mit Fresken, die biblische Szenen und christliche Symbole zeigen, ausgemalt (Abb. 38), für die die Malereien in den römischen Katakomben und in Grabdenkmälern des Balkanraumes vorbildhaft waren.

Im Verlauf des 5. Jahrhunderts erlagen Norikum und Pannonien dem Vorstoß barbarischer Gruppen und die schnelllebigen neuen Herrschaftsgebilde der folgenden zwei Jahrhunderte wirkten sich hemmend auf die weitere Entwicklung des Christentums aus. 567/68 eroberten die reiternomadischen Awaren die mittlere Donauregion und unter der Herrschaft ihrer Khaganen wurden zum ersten Mal die Gebiete westlich und östlich der Donau vereint.

Die Spuren des Christentums zwischen dem 5. und 8. Jahrhundert zu erforschen, bedeutet, sich mit der Frage der Kontinuität spätrömischer Traditionen auseinanderzusetzen. Dies wurde in der älteren Literatur häufig mit dem Weiterleben einer romanisierten Bevölkerung über die Mitte des 5. Jahrhunderts hinaus gleichgesetzt, aber es rückten auch die spätantiken Zentren und deren Nutzungskontinuität in den Blick der Forschung. Einer gegensätzlichen Ansicht zufolge wurde das Christentum im späten 6. Jahrhundert durch eingewanderte bzw. unter Zwang umgesiedelte Gruppen neu eingeführt, eine These, die einen Bruch im Fortleben des Christentums nach der Mitte des 5. Jahrhunderts postuliert.

Diese Problematik wird in Pannonien in Verbindung mit der sogenannten Keszthely-Kultur diskutiert. Namensgebend ist eine Stadt am Nordwestzipfel des Plattensees. Die Datierung und ethnische Zuordnung der dort in der näheren Umgebung bisher entdeckten Gräberfelder sorgen für einen bis heute andauernden Diskurs. In dieser Hinsicht rückt ein weiterer Fundort, etwa sieben Kilometer südlich von Keszthely in die Betrachtung, Keszthely-Fenékpuszta, wo seit über einhundert Jahren eine 15 Hektar große römische Befestigung des 4. Jahrhunderts erforscht wird. Hier ließen sich Hinweise für eine kontinuierliche Nutzung über die spätrömische Zeit hinaus finden: So fand man Gräber des 6./7. und 9. Jahrhunderts und auch einen als frühchristliche Basilika gedeuteten Steinbau *intra muros* aus der Zeit um 600. Mit diesem und weiteren Siedlungsbefunden gilt Keszthely-Fenékpuszta als einziger bisher nachgewiesener Sied-

38 Daniel in der Löwengrube, Fresko in einem Mausoleum der frühchristlichen Necropole in *Sopianae*/Pécs, 4. Jahrhundert lungsplatz der Keszthely-Kultur, ansonsten sind nämlich nur Nekropolen überliefert (Kat.Nr. 463–465). Ein weiterer Verbreitungsschwerpunkt der Keszthely-Kultur liegt in der Umgebung der bereits erwähnten *Sopianae*/Pécs (Abb. 39, 40).

Wie lässt sich diese Gruppe jedoch definieren und chronologisch differenzieren? Die Leitfunde der Keszthely-Kultur, Scheibenfibel, Schlangenkopfarmringe, Stylusnadel und Körbchenohrringe stammen ausschließlich aus Frauengräbern. Aus chronologischer Sicht werden eine frühe Phase – datiert von 568 bis zum mittleren Drittel des 7. Jahrhunderts – und eine späte Phase, die daran anschließend bis zum Beginn des 9. Jahrhunderts reicht, unterschieden. Zudem stellt sich immer wieder die Frage, inwiefern die Keszthely-Kultur als eine „Inselkultur" innerhalb der Awarenzeit angesehen werden kann, da doch eine gegenseitige Beeinflussung zwischen ihr und dem awarischen Fundgut, vor allem in der Frühphase, festzustellen ist.

Die spätantik-christlichen Einflüsse sollten dennoch als Hauptmerkmal der Keszthely-Kultur festgehalten werden. Mit der Betonung der germanischen Elemente als ein weiteres Charakteristikum dieser Fundgruppe werden hingegen immer wieder Argumente für Migrationen angeführt. Die einzelnen Deutungsmodelle lassen verschiedene germanische Gruppen in Frage kommen, die teils christianisiert oder mit einer romanisierten Bevölkerung vermischt hinter dem archäologischen Fundgut der Keszthely-Kultur angenommen wurden.

Die Keszthely-Kultur ist jedoch nicht das einzige Feld, in welchem über den Einfluss des Christentums in der Awarenzeit diskutiert wird. Byzantinische Kreuze, Amulettkapseln und Bullen oder auch die awarenzeitliche Tierornamentik lassen den Einfluss christlicher Traditionen vermuten. Dabei sind die Kontakte der awarischen Eliten mit Byzanz zu betonen, eine Beziehung, deren archäologische Belege seit den letzten drei Jahrzehnten intensiv erforscht werden.

791 und 796 führten Karl der Große und Pippin Feldzüge gegen die Awaren, um sie zu unterwerfen und zu christianisieren. Das zweite Unternehmen war ein voller Erfolg, der Schatz der Awarenkhagane

39 Karte: Der Mitteldonauraum mit den spätrömischen Strukturen (4. Jahrhundert) und das awarische Khaganat (7./8. Jahrhundert)

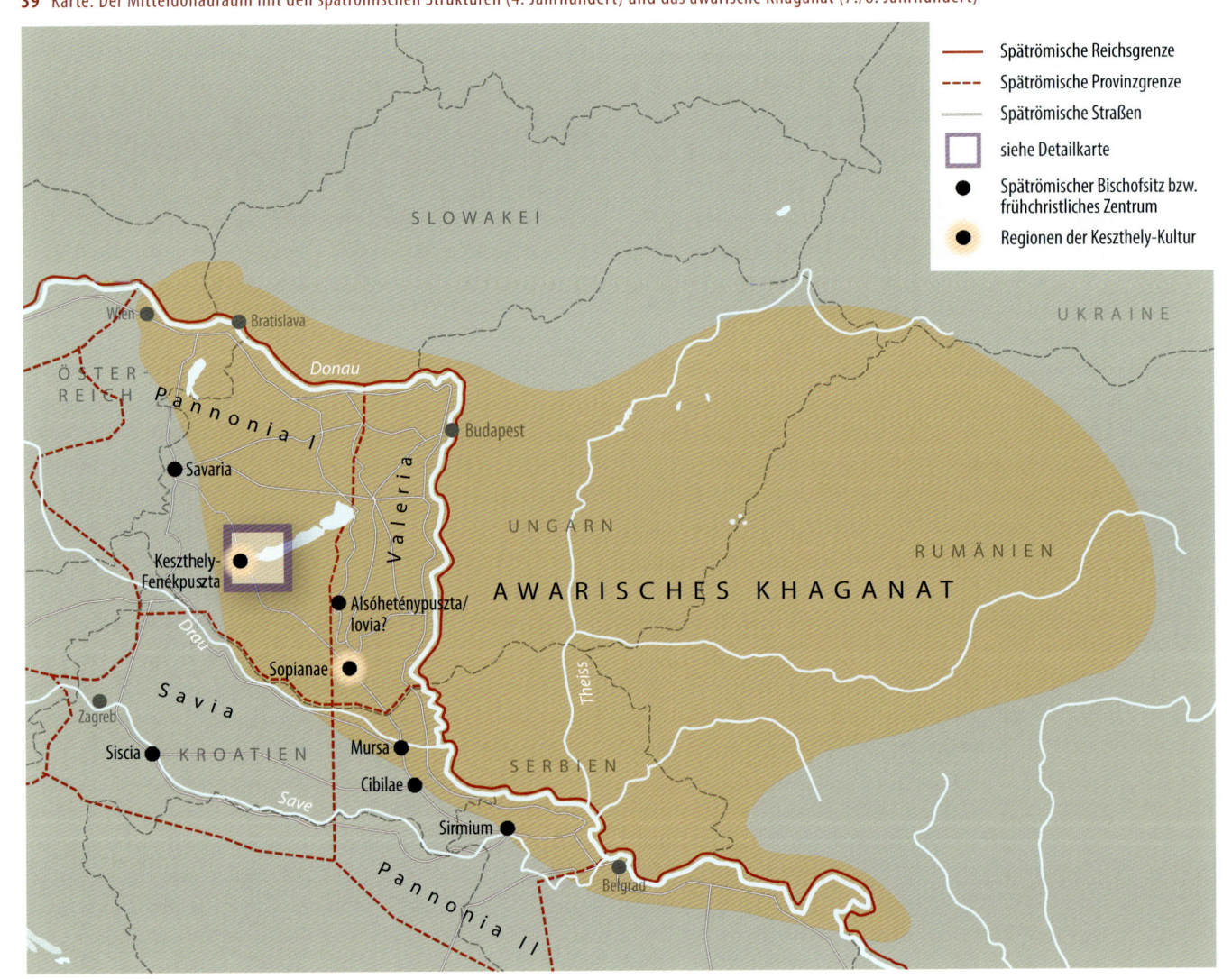

wurde erbeutet. Noch im selben Jahr fand ein „*conventus episcoporum ad ripas Danubii*" statt, um sich über den Verlauf der Missionierung der Awaren zu beraten. Es ging dabei um die verschiedenen Formen der Taufe, da es im neuen Missionsland auch Christen gegeben haben soll, deren Priester mit der Liturgie ihrer Zeit nicht mehr vertraut waren. Über diese Quellenangabe wird in der Forschung viel spekuliert. Einige schlagen verschiedene Gruppen vor, die als die erwähnten Christen gelten sollten, darunter beisspielsweise die Träger der Keszthely-Kultur. Andere hingegen gehen davon aus, dass diese Angabe auf keine konkrete Erfahrung im Awarenkhaganat beruht, da es hier keine Anzeichen für das Fortleben einer pannonischen Kirchenorganisation bis zum 8. Jahrhundert gäbe.

Die neu eroberten Gebiete des Frankenreiches standen aus kirchenpolitischer Sicht in einem Interessenkonflikt zwischen Aquileia, Salzburg und Passau, es ging dabei um deren Missionssprengel und damit um deren Einflussgebiete. Der erste von Salzburg geweihte Bischof Theoderich sollte die Slawen in Karantanen und ihre Nachbarn nördlich der Drau bis zur Donaumündung bekehren. Er besaß aber keinen festen Sitz und für diese ersten Jahrzehnte des 9. Jahrhunderts gibt es in Pannonien nur wenige archäologische Zeugnisse für die Christianisierung (Kat.Nr. 466). Erst mit der Gründung der Grafschaften Rihheris und Priwinas in der zweiten Hälfte der 830er-Jahre wurden neue Zentren für die Mission geschaffen. Über das erstere mit *Savaria civitas*, im Missionssprengel Passaus ist archäologisch bisher nichts überliefert. An Priwinas Sitz, in Mosaburg/Zalavár im Salzburger Einflussbereich hingegen haben die langjährigen Ausgrabungen zahlreiche Strukturen eines zivilen und sakralen Zentrums zutage gefördert. Mosaburg liegt in den Sümpfen des unteren Zala-Tals auf einer ehemals L-förmigen Insel (Abb. 40). Im südlichen Teil befand sich ein mit Graben und Erdwall befestigter Machtbereich Priwinas. Im Norden teilte eine Nord-Süd verlaufende Palisade die Insel in zwei Teile, der westliche Teil gehörte der Hofhaltung des Salzburger Erzbischofs, der östliche Teil – wo eine Art Vorburg vermutet wird – konnte bislang nicht erforscht werden.

Die „Conversio Bagoariorum et Carantanorum" (Kat.Nr. 473) berichtet insgesamt über 30 Kirchen, die bis 870 unter der Herrschaft Priwinas und seines Sohnes Chezil errichtet worden sein sollen. Davon sind drei aus Mosaburg/Zalavár und je eine – als Eigenkirche interpretierter Bau – aus den benachbarten Inseln Zalavár-Récéskút (eine dreischiffige Steinbasilika) und Zalaszabar-Borjúállás (eine Holzbalkenkirche in einem Palisadenhof) auch mit ihren Grundrissen und mit Bestattungen in und um die Kirchen bekannt (Abb. 40). In Mosaburg identifizierte Béla M. Szőke die größte, dreischiffige Basilika mit halbkreisförmiger Aspis und einer Umgangskrypta als

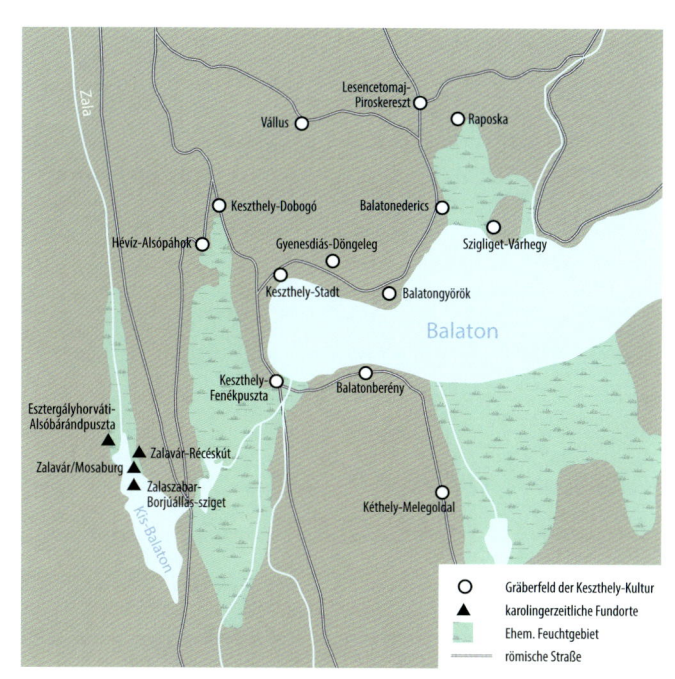

40 Karte: Die westliche Balaton/Plattensee-Region mit ausgewählten Fundorten des 6.–7. Jahrhunderts

Wallfahrtskirche, die für die Verehrung des heiligen Hadrians errichtet wurde (Kat.Nr. 468). Den westlich davon liegenden Holzpfostengrundriss deutete er als ein Johannes-Baptisterium mit einem vermutlich zugehörigen Brunnenhaus. Im Süden der Insel stand schließlich die Marienkirche (Kat.Nr. 467), deren Patrozinium in der Árpádenzeit verändert und die am Anfang des 18. Jahrhunderts gesprengt wurde.

870 wurde der Grieche Methodius durch Papst Hadrian II. zum Erzbischof von Pannonien und Mähren ernannt und symbolisch mit dem Sitz in *Sirmium* belehnt. Unterstützt wurde er in diesen Plänen von Chezil, der damit eine Unabhängigkeit von der baierischen Kirchenprovinz anstrebte. Die baierische Mission sah aber damit ihre Erfolge in Pannonien bedroht und nahm Methodius auf seinem Weg von Rom zurück gefangen. Der Slawenapostel kehrte nach seiner Freilassung dennoch nach Mosaburg zurück, wo er noch bis Chezels Tod (876) wirkte (Bd. I, Beitrag Grünbart, S. 350–357).

Orsolya Heinrich-Tamáska

| **Lit.:** Sós 1973, S. 200–208; Fülep 1984; Tóth 1987; Müller 1994; Tóth 1994; Müller 1996; Szőke 1998; Daim 2000; Garam 2001; Vida 2002; Heinrich-Tamáska 2008; Kiss 2008; Szőke 2009; Heinrich-Tamáska 2010; Szőke 2010a; Szőke 2010b; Bratož 2011; Heinrich-Tamáska 2011; Vida 2011; Heinrich-Tamáska 2012

453 Zwei Schalen aus dem Goldschatz von Nagyszentmiklós

Frühes Mittelalter, 7.–9. Jahrhundert (2. Hälfte 8. Jahrhundert?)
Gold, 22 Karat – Ein Schnallendorn fehlt (Schale Inv.Nr. VIIb 30) – Dm. 14,7 und 14,6 cm; 287 bzw. 305 g
Wien, Kunsthistorisches Museum, Antikensammlung, Inv.Nr. VIIb 29 und 30

Die beiden Goldschalen stammen aus dem größten bisher bekannten Goldschatz des frühen Mittelalters, der durch Zufall im Jahr 1799 im damals ungarischen Ort Nagyszentmiklós (heute Sânnicolau Mare in Rumänien) entdeckt wurde. Der Fund umfasst insgesamt 23 Goldgefäße mit einem Gesamtgewicht von beinahe zehn Kilogramm. Die Gefäße sind zu unterschiedlichen Zeiten entstanden, manche bilden ein Paar, einige tragen (bis heute nicht zufriedenstellend deutbare) Inschriften. Der Dekor zeigt verschiedenartigste stilistische Einflüsse – diese Uneinheitlichkeit sowie die Einzigartigkeit des Schatzfundes erschweren bis heute dessen kunsthistorische Einordnung. In der jüngeren Forschung zeigt sich jedoch die Tendenz, einen Zusammenhang mit der Kultur der Awaren anzunehmen.

Beide Schalen sind aus einem Stück getrieben. Das Zentrum des Schalenbodens zeigt jeweils ein Kreisfeld mit einem griechischen Kreuz, das von einem Inschriftband und einem Rankenornament umgeben wird. Obwohl die Inschrift in griechischer Sprache und

453

Schrift verfasst ist, ist eine Lesung bislang nicht gelungen. Weitere Inschriften befinden sich auf den Schalenaußenseiten: Sie sind in einer bislang ungedeuteten Kerbschrift verfasst, zu der bis heute nur eine einzige Parallele auf einem spätawarenzeitlichen Nadelhalter aus Szarvas (Ungarn) bekannt ist. Die Schalenwände zieren radial verlaufende Strahlen. Der Rankenfries außen am Rand jeder Schale wird jeweils von einer nachträglich angesetzten ovalen Schnalle durchbrochen.

Auch wenn beide Schalen auf den ersten Blick identisch scheinen, so zeigen sie doch Unterschiede, beispielsweise in der Materialstärke, der Anzahl der Strahlen und Kerbinschriften oder in der Modellierung der Reliefs. Bemerkenswert ist die Verwendung von christlichen Symbolen: Neben dem griechischen Kreuz findet sich auch, jeweils am Beginn der griechischen Inschrift, ein Christogramm. Eine weitere Schale aus dem Hortfund weist ebenfalls christliche Bezüge auf: Hier wurde eine Scheibe mit Kreuzmotiv in Durchbruchsarbeit nachträglich eingesetzt und eine umlaufende Inschrift wird mit einem griechischen Kreuz eingeleitet. Wie die Verwendung der Symbole zu interpretieren ist, ob die Schalen mit einem möglichen Taufritus in Zusammenhang stehen und ob die Verbergung des Schatzfundes mit dem Untergang des Awarenreiches in Zusammenhang steht, wird in der Forschung diskutiert. Karoline Zhuber-Okrog

| **Lit.:** RGA 26, S. 439–445 (Falko Daim: Art. Sânnicolau Mare); Kat. Budapest 2002, S. 28–31, Nr. 9, 10 (Kurt Gschwantler); Bálint 2010, S. 490–498

454 „Ordo de Catechizandis Rudibus"

Alkuin (?), Anfang 9. Jahrhundert
Pergament – H. 20 cm, B. 12,5 cm
München, Bayerische Staatsbibliothek München, Sign. Clm 6325

Augustinus (*356, †430) hat in seinem homiletischen Werk „De catechizandi rudibus" beschrieben, wie eine missionarisch ausgerichtete Einführungskatechese anzulegen sei. Die große Nachwirkung dieses Buches belegt die Wichtigkeit solcher Anweisungen für die Zeit der Christianisierung. So nimmt es nicht wunder, dass Ende des 8. Jahrhunderts nach der Niederwerfung der Awaren durch Karl den Großen (reg. 768–814) und Sohn Pippin (†811) eine Neufassung entstanden ist. Mit der Mission in den eroberten Gebieten Pannoniens wurden die bayerischen Bischöfe und das Patriarchat Aquileia betraut. Das Handbuch sollte ihnen dabei helfen. Inhaltlich stützt es sich auf die Schrift von Augustinus, die es für die Besonderheiten der zu christianisierenden Regionen aktualisiert. Besonders hervorgehoben wird die aus dem Missionsbefehl Christi abgeleitete Notwendigkeit einer Unterweisung im Glauben vor dem Vollzug der Taufe. Genau das war der Schwerpunkt der Kritik Alkuins (*um 730, †804) an der Missionspraxis in Sachsen, wo es den fränkischen Eroberern wohl mehr auf die Eintreibung des Zehnten als auf nachhaltige Mission ankam. Die dort gemachten Fehler müssten unbedingt vermieden werden, schrieb der Berater Karls des Großen seinem Freund Erzbischof Arn von Salzburg (amt. 785–821), und betonte, dass es allein auf den Glauben ankäme. Wegen dieser Übereinstimmung hat man Alkuin als Verfasser des „Ordo" vermutet (Heil). Auch Bischof Hitto von Freising (amt. 811/12–835) hat man erwogen (McKitterick). Die neuere Forschung geht von einem anonymen Verfasser aus dem Umkreis von Arn aus (Bouhot), der von 800 bis 825/30 drei Versionen des „Ordo" erstellt habe. In diese Gruppe gehört auch der Missionskatechismus „Ratio de cathecizandis rudibus" (München, Bayerische Staatsbibliothek, Sign. Clm 14410). Solche Handbücher geben einen unmittelbaren Einblick in die Missionspraxis der Zeit.

Lutz E. von Padberg

| Lit.: TRE 2, S. 266–276, hier S. 273 (Wilhelm Heil: Art. Alkuin); Heer 1911; McKitterick 1977; Bouhot 1980, S. 205–230; von Padberg 2003b, S. 203–207

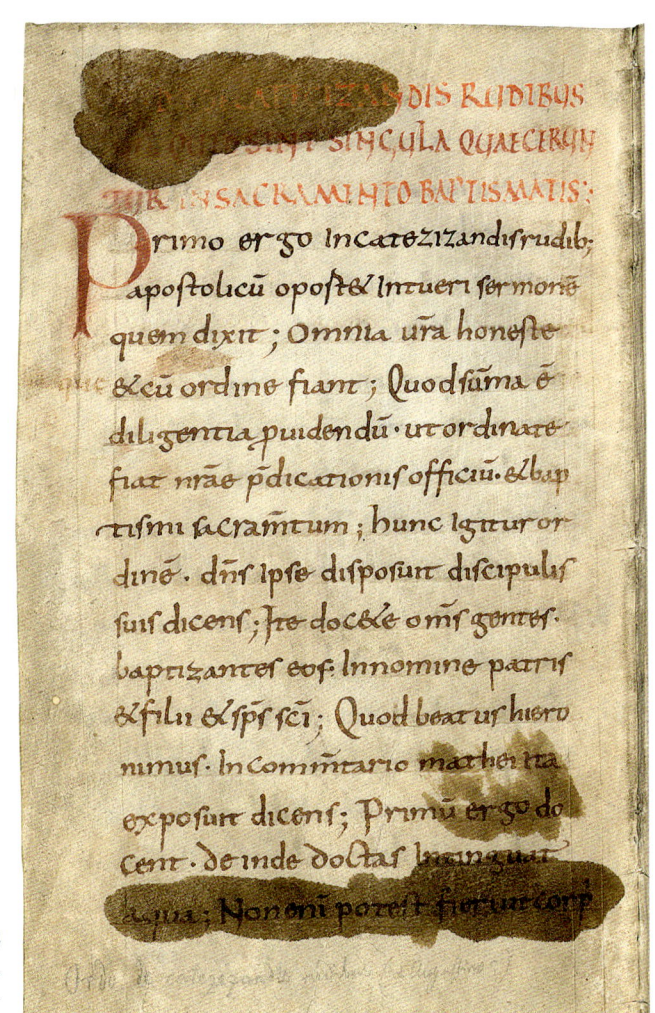

IX GLAUBEN WECHSELN – HERRSCHAFT SICHERN. MISSION AUF ANFRAGE   533

455

456

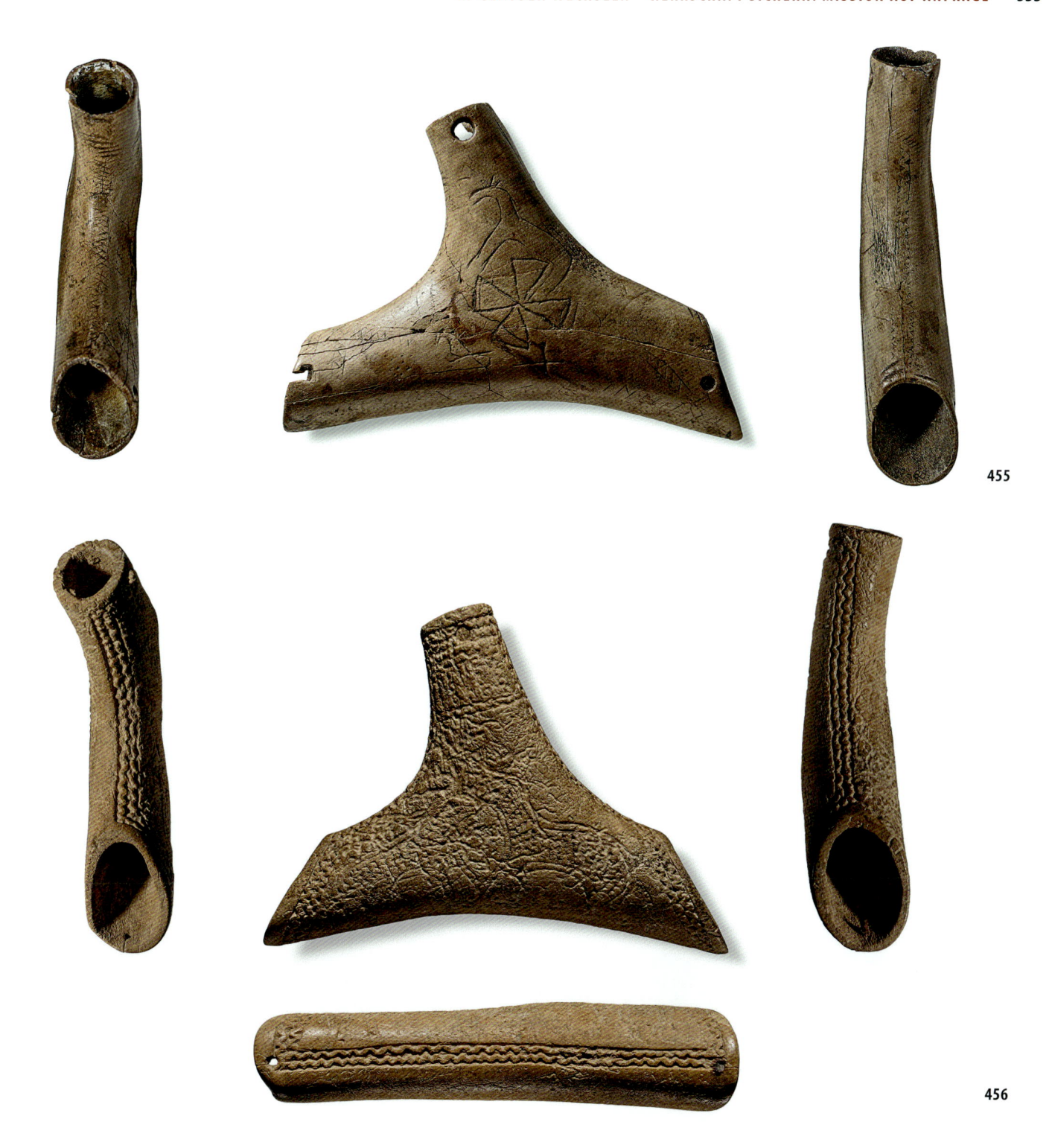

455 Behälter aus Geweih

2. Hälfte 10. Jahrhundert
Zalaszabar-Dezsősziget, Grab 68
Hirschgeweih, abgerindet, geschliffen, mit Einritzung verziert, abgenutzt, gespalten, geklebt – L. 10,6 cm, H. 7,8 cm, B. 2,1 cm
Keszthely, Balatoni Múzeum, Inv.Nr. GyN. 2000.1.42

Die zwei unteren Glieder des stark abgenutzten Geweihbehälters in Y-Form enden oval, das obere, etwas engere endet rund. An allen drei Gliedenden befindet sich je ein Lochpaar zum Befestigen eines Holzpfropfens, das obere Glied hat größere Löcher. Nur die Außenseite wurde verziert, vermutlich entstanden die Ornamente nicht alle zur selben Zeit. Der Verzierungsprozess dürfte an den Rändern begonnen worden sein. Zwischen dem mittleren und dem rechten Glied wollte man ein Zickzackmotiv anbringen, wie es auch an anderen Behältnissen aus Geweih vorkommt. Auf die beiden anderen Schmalseiten wurden dicht nebeneinander gesetzte X-Zeichen eingeritzt, die von zwei Linien gerahmt werden. Die Vorderseite wurde mit Tieren und geometrischen Ornamenten verziert. Gut erkennbar sind ein Pferd (oben) und ein Vogel (links mittig) sowie drei mit Punkten ausgefüllte Dreiecke. Von der ursprünglichen Darstellung in der Mitte und auf dem rechten Glied blieben nur einige Linien und punktierte Flächen erhalten. Durch den häufigen Gebrauch wurden die Ritzzeichnungen stark abgerieben. Zu einem späteren Zeitpunkt wurden in der Mitte ein griechisches Kreuz und, darunterliegend, ein lateinisches Kreuz mit tieferen Linien eingeritzt. Man nimmt an, dass in diesen Behältern Heilpflanzen oder Arzneimittel aufbewahrt wurden. Róbert Müller

| Lit.: Dostál 1981; Müller 1992, S. 307, Taf. 74f.; Kavánová 1995, S. 187–191; Schulze-Dörrlamm 2001, S. 551

456 Behälter aus Geweih

2. Hälfte 10. Jahrhundert
Esztergályhorváti-Alsóbárándpuszta, Grab 96
Hirschgeweih, abgerindet, mit Einritzung verziert, abgenutzt – L. 11 cm, H. 8,2 cm, B. 2,4 cm
Keszthely, Balatoni Múzeum, Inv.Nr. GyN. 2000.1.43

Wie bei Kat.Nr. 455 handelt es sich um einen dreigliederigen Geweihbehälter der Variante Y mit starken Gebrauchsspuren. An den zwei seitlichen Gliedern befinden sich sehr kleine Löcher, in einem befindet sich noch ein Teil des eisernen Nietes. Oben sind die Löcher größer. Nur die Außenseite wurde verziert. An den Kanten und an den Enden der Glieder wurde ein zweireihiges Zickzackmotiv eingeritzt. Das Geweih wurde nicht gut abgerindet, deshalb ist die Oberfläche stellenweise rau. Die zwei vierfüßigen Phantasietiere mit offenen Mäulern sind kaum zu erkennen. Man nimmt an, dass in derartigen Behältern Heilpflanzen oder Arzneimittel gelagert wurden. Róbert Müller

| Lit.: Dostál 1981; Kavánová 1995, S. 187–191; Schulze-Dörrlamm 2001, S. 551; Müller 2004, S. 15, Taf. 8

457 Anhänger

1. Hälfte 10. Jahrhundert
Esztergályhorváti-Alsóbárándpuszta, Ungarn, Grab 116
Bronze, gegossen – abgenutzt –
L. 3,5 cm, H. 2,9 cm
Keszthely, Balatoni Múzeum, Inv.Nr. 2009.1.1

Aus Bronze gegossener, durchbrochener sogenannter lunula- bzw. herzförmiger Anhänger. Der Rand ist in Längsrichtung gerippt, aus dem gebogenen rankenförmigen Mittelstück wachsen je zwei verzweigte Fortsätze heraus. Oben in der Mitte befindet sich eine schmale bandförmige Öse. Diese Anhänger werden häufig als Amulette gedeutet. Róbert Müller

| Lit.: Rejholcová 1995, S. 72; Hanuliak 2004, S. 195, Taf. XXI, LXX; Müller 2004, S. 16, Taf. 9

458 Bommelohrring

2. Hälfte 9. Jahrhundert
Zalaszabar-Borjúállás sziget, Ungarn, Grab 579
Gold, die Bommel gepresst, mit Granulation und Perldraht verziert – H. 3,75 und 3,9 cm; B. 2,8 und 2,65 cm; 5,4 g und 5,5 g
Keszthely, Balatoni Múzeum, Inv.Nr. GyN.82.4.1

Die vier etwas länglichen Bommeln wurden aus zwei gepressten Halbkugeln zusammengesetzt. Oben, unten und in der Mitte läuft ein Perldraht um. Die beiden Seiten der mittleren Perldrähte wurden mit Granulation verziert. An den äußeren Bommeln sind je drei, am inneren zwei und am unteren vier dreieckförmige Verzierungen angebracht. Granulation sieht man auch am Übergang von Bommel zu Ring. Der untere Bommel schließt auf der Unterseite mit einem größeren Kügelchen ab. Der obere Ringbogen ist aus einem Draht mit rundem Querschnitt gebildet, der untere aus einem schmalen Blechstreifen, der mit Perldraht verziert ist.

Róbert Müller

| Lit.: Dostál 1965, S. 388–390; Müller 1994, Taf. VI.1; Müller 1995; Kat. Ljubljana 2001, S. 185, Nr. 345; Chorvátová 2007

IX GLAUBEN WECHSELN – HERRSCHAFT SICHERN. MISSION AUF ANFRAGE 535

459

459 Sporenpaar

Ende 8.–Anfang 9. Jahrhundert
Zalaszabar-Borjúállás sziget, Ungarn, Grab 594
Eisen geschmiedet mit bronzegegossener Verzierung – stark korrodiert, restauriert, ergänzt – linkes Stück L.18,5 cm, B. 8,0 cm, Dorn L. 3,6 cm, rechtes Stück L. 18,6 cm, B. 7,3 cm, Dorn L. 4,3 cm
Keszthely, Balatoni Múzeum, Inv.Nr. Gy.N. 82.6.1-2

Es handelt sich um sogenannte Schnallensporen. Am Ende der halbkreisförmigen Schenkel befinden sich Doppelösen mit profiliertem Rand. Im rechten Exemplar blieb der Schnallendorn erhalten. Der obere Riemen wurde mit einer ovalen Schnalle festgemacht; die Schnalle ist mit der Riemenschlaufe verrostet, deren viereckige, obere Platte quer gerippt ist. Auch die ebenfalls viereckige Riemenzunge ist quer- bzw. am wulstigen Ende längsgerichtet gerippt. Die Wurzel des langen, zugespitzten Dornes mit rundem Querschnitt wurde mit einer Bronzeverzierung ausgeschmückt. Die gerippten Enden sind dicht eingeschnitten, der Körper wurde schräg kanneliert. Vom linken Exemplar blieben nur der Schnallenrahmen, die obere Platte der Riemenschlaufe und die Riemenzunge erhalten. Das Fundstück kam in der zweiten Hälfte des 9. Jahrhunderts in die Erde.

Róbert Müller

| Lit.: Wachowski 1986/1987; Müller 1995; Szőke 2008b

460 Scheibenfibel

Pannonien, spätes 6.–frühes 7. Jahrhundert
Keszthely-Fenékpuszta, Ungarn, Horreum-Gräberfeld, Grab 12
Silberblech gepresst und getrieben; bronzene Rückplatte; gefüllt mit organischem Material – Dm. 5 cm, H. 1 cm
Keszthely, Balatoni Múzeum, Inv.Nr. 60.12.1

Die runde Fibel besteht aus mehreren Teilen: aus einer bronzenen Rückplatte mit dem Nadelhalter und aus einem glatten etwa einen Zentimeter hohen Seitenstreifen, der den gesamten Aufbau der Vorderseite einfasst. Diese wiederum setzt sich aus einer plastisch ausgebildeten, sich zu seiner Mitte hin einsenkenden Randleiste und aus einer in dieser Mulde sitzenden gepressten Silberplatte zusammen. Durch diesen Aufbau befindet sich ein Hohlraum zwischen der Randleiste und der Rückplatte, der mit einem wachshaltigen Material gefüllt ist. Entlang des Randes der Fibel wurde ein Silberperldraht angelötet. Im Mittelfeld der Fibel sind ein nach links springendes Pferd mit Reiter und Lanze dargestellt: Deren Spitze richtet sich auf das aufgerissene Maul einer Schlange, die ein auf dem Boden liegendes Wesen (Chimäre?) umschlingt. Das Bild wird in diesem

460

Kontext als „Reiterheiliger" angesprochen, dessen Vorlagen in den antiken Bellerophon-Darstellungen gesehen werden. Die frühchristlichen Adaptionen stellen nach einem einheitlichen Programm einen Mann auf dem Pferd (Heiliger oder siegreicher Christus?) dar, der eine Schlange, bzw. einen Drachen mit der Lanze bekämpft. Eingefasst wird das Bild durch eine achtfache Passrahmung mit ionischem Kymation, das ebenfalls aus antiken Vorlagen abzuleiten ist. Die Scheibenfibel der frühen Keszthely-Kultur (S. 527–529) zeigen auch weitere Darstellungen, deren Vorläufer im antiken Bildrepertoire zu finden sind und einen Eingang in die frühchristliche Kunst fanden. Aufgrund ihres konzentrierten Vorkommens im heutigen Westungarn (um Keszthely und Pécs) wird eine lokale Produktion angenommen, weitere Exemplare sind auch aus Italien und dem Westbalkanraum überliefert. Orsolya Heinrich-Tamáska

| Lit.: Garam 1993; Bühler 2002; Daim 2002; Glaser 2002; Tóth 2005; Vida 2011

461 Kreuzanhänger mit Inschrift

1. Hälfte 7. Jahrhundert
Závod, Komitat Tolna, Südwestungarn, Grab 104
Gussbronze – intakt – H. 4,7, B. 2,5 cm
Budapest, Magyar Nemzeti Múzeum, Inv.Nr. 4/1894.4451

Einfaches Ösenkreuz mit der Inschrift ΑΓΙΟС ΑΓΙΟС ΑΓΙΟС ΚССΑΒΑΟθ („Heilig, heilig, heilig (ist) der Gott Ksabaoth"). Ähnliche Kreuze finden sich im byzantinischen Kulturgebiet im 6. und 7. Jahrhundert. Nach dem Grabinventar lässt sich die awarische Bestattung wahrscheinlich in die erste Hälfte des 7. Jahrhunderts datieren. Das Kreuz gelangte durch die vielfältigen mediterranischen Kontakte in den awarischen Kontext: wegen der Einfachheit und der nicht besonders qualitätvollen Ausführung wohl nicht als Beutegut oder Zeugnis diplomatischer Beziehungen, sondern eher durch Direktkontakt. Nach dem üblichen awarenzeitlichen Fundgut zu urteilen, verfügte das westliche und vor allem das südwestliche Karpatenbecken über gute Beziehungen zum angrenzenden Mittelmeerraum, jedoch nicht auf der Ebene der Elitenkommunikation.

Gergely Szenthe

| Lit.: Garam 2001, S. 60–65

Lesencetomaj – Piroskereszt, Keszthely-Kultur Gräberfeld

Die Denkmäler des Volkes, das zur sogenannten Keszthely-Kultur gehört, sind im Karpatenbecken – genauer in dem südwestlich des Plattensees liegenden Gebiet – in der frühen Awarenzeit entstanden, wobei ein Bevölkerungsteil vermutlich auch die ungarische Landnahme erlebt hat.

Das Fundgut dieses Volkes weicht von den Sachdenkmälern der Awaren völlig ab. Die Gräberfelder dieser Bevölkerung kamen in erster Linie in der Stadt Keszthely und in ihrem dreißig Kilometer breiten Umkreis zum Vorschein. Die Grabbeigaben stammen aus Frauengräbern (Ohrringe mit korbförmigem Gehänge, Armbänder mit schlangenkopfförmigen Enden, Gewandnadeln, Scheibenfibeln) und weisen eindeutig auf die Anwesenheit eines fremden Ethnikums in der Umgebung der Awaren, hin. Es wird auch heutzutage noch darüber gestritten, wann genau, aus welchem Grunde und aus welchem Gebiet dieses Volk in die Gegend des Plattensees gekommen war. Alle Zeichen deuten darauf hin, dass es sich um ein Volk handelt, dessen ursprüngliche Heimat im Gebiet des Byzantinischen Reiches lag. Auch ihre Tracht folgt dem Vermächtnis der Antike. Diese Fragen können heute immer noch nicht beantwortet werden, obwohl die Gräberfelder, die solch ein charakteristisches Formengut beinhalten, seit mehr als einhundert Jahren der Fachliteratur bekannt sind.

Ágota S. Perémi

| Lit.: Perémi 1991; Perémi 2000; Perémi 2001; Perémi 2002; Perémi 2008; Fóth/Heinrich-Tamáska/Müller/Perémi 2009; Perémi 2009; Perémi 2012

462 Kreuz

Ende 6.–Anfang 7. Jahrhundert
Balatonfűzfő, Szalmássy telep, Ungarn
Unreines Silber – H. 2 cm, B. 1,5 cm
Veszprém, Laczkó Dezső Museum, Inv.Nr. 62.11.2

Kreuz griechischen Typs mit gleich langen, sich an den Enden etwas verbreiternden, leicht gewölbten Kreuzarmen; einer der Arme wurde fragmentiert aufgefunden. Auf der Vorderseite wird der Rand der Kreuzarme von einer tiefen Rille umrahmt, ihre Oberfläche ist mit punzierten Punkten verziert. Auf den waagerechten Kreuzarmen sind griechische Buchstaben lesbar: Auf dem einen Arm steht ein „Z", auf dem gegenüberliegenden ein „H". In der Mitte ist das Bruchstück eines „ω" zu sehen. Die Inschrift bedeutet: „Leben". Auf einem

462

der senkrechten Kreuzarme ist der Teil eines kaum sichtbaren „C" zu erkennen. Der andere Kreuzarm war fragmentiert, dennoch kann aufgrund ähnlicher, mit Inschriften versehener Kreuze vermutet werden, dass darauf ursprünglich der Buchstabe „φ" stand. Die Buchstabenfolge φωc ist zusammen lesbar als „Licht".
Die gemeinsame Bedeutung der beiden Inschriften (Zoe/Phos) ist: „Licht des Lebens" oder „Leben ist Licht".
Die andere Kreuzseite zeigt auf den Armen ein aus kurzen Linien gemustertes „Tannen"-Motiv, die Mitte wird durch zwei Steine ausgezeichnet. Das Kreuz ist byzantinischen Ursprungs.
Das kleine Kreuz kam in der Gemarkung von Balatonfűzfő in einer Sandgrube zum Vorschein, die an einem Bergabhang am Plattensse geöffnet wurde (ungarischer Fundortsname: Szalmássy telep). Dort stieß man 1960 auf die ersten Gräber. Wahrend der 1961 begonnenen Ausgrabungen ist es bis zum Jahr 1964 gelungen, insgesamt 79 Gräber freizulegen, dann wurde in den Jahren 1976/77 ein neuer Teil des Friedhofes ergraben, wobei weitere 36 Gräber zutage kamen. Etwa ein Drittel des Gräberfeldes ist noch ungeborgen. Ein bedeutender Teil der verbürgt geborgenen Gräber war gestört, dennoch gelangte besonders reiches Fundgut in die Sammlung des Museums. Die Bearbeitung der Funde ist im Gange.
Das in der Ausstellung sichtbare Fundstück gehört zum Fundmaterial eines Grabes (ein Frauengrab, mit „K" markiert), das vor Beginn der systematischen Freilegung zerstört und nachträglich gesammelt wurde. Folgende Grabbeigaben gelangten in die Sammlung des Museums: ein Futteral an einer Bronzekette hängend, darin ein großes, kugelförmiges Silbergehänge mit Steineinlage, ein goldenes Gehängepaar mit Granulation und mit Steinen besetzt, 28 verschiedenförmige und verschiedenartig verzierte Perlen sowie eine, im ungarischen Denkmälergut einzigartige silberne Bulle, die mit der griechischen Inschrift ΠΕΤΡΟΣ versehen und mit dem Brustbild eines Heiligen verziert war. Eine große mit roten und grünen Steineinlagen verzierte Goldperle mit Zelleneinteilung, die in das 5./6. Jahrhundert datiert werden kann, dürfte ebenfalls zu dem Grab gehören.

Àgota S. Perémi

463

Halskette mit 163 Perlen aufgereiht war, gab es auch noch tropfenförmige, an den breiteren Enden gelöcherte Bleianhänger, die als ursprünglich heidnische Symbole gedeutet werden können.
In dem Grab fanden sich noch ein goldener Ohrring mit kleinem, korbförmigem Gehänge, eine Gewandnadel, Armbänder und eine tönerne Spinnwirtel.

Àgota S. Perémi

463 Kreuz

Mitte–3. Viertel 7. Jahrhundert
Lesencetomaj, Piroskereszt, Ungarn, Grab 39, Frauengrab
Blei – H. 2,4 cm, B. 1,9 cm
Veszprém, Laczkó Dezső Museum, Inv.Nr. L.85.1.39

Das Bleikreuz hat vier gleich lange Arme, deren Enden etwas breiter werden und leicht bogenförmig eingezogen sind (ähnlich wie bei Ankerkreuzen). Der vierte Arm ist henkelförmig ausgearbeitet, mit einer Öse zum Aufhängen. Neben dem kleinen Kreuz, das an einer

464 Kreuz

2. Hälfte 8./Anfang 9. Jahrhundert
Lesencetomaj, Piroskereszt, Ungarn, Grab 782, Frauengrab
Unreines Silber - H. 7,2 cm, B. 7,2 cm, T. 0,4 cm
Veszprém, Laczkó Dezső Museum, Inv.Nr. L.2006.483.3

Das mit Steinen besetzte Blechkreuz ist der Form nach ein griechisches Kreuz mit gleich langen Armen. Die Vorderseite ziert ein zentrales rundes Ornament mit Zelleinteilung, mit einem rund gefassten weißen Stein in der Mitte, umgeben von sechs Dreiecken, die sich fächerförmig um die Kreuzmitte herumlegen und mit einem gelblich-braunen, pastenähnlichen Material gefüllt sind. Die Dreiecke und der runde Fassungsrand bilden sechs weitere, halbmondförmige Fächer, die mit einem bräunlichen, pastenähnlichen Material gefüllt sind. Die Kreuzarme werden zu den Enden hin etwas breiter und enden in drei bogenförmigen Schnitten (ähnlich wie bei kleeblattförmigen Kreuzen). Die Bogen sind mit je zwei runden und mit je einem tropfenförmigen Stein verziert, auf den jeweils ein weiterer rund gefasster Stein folgt. Drei der gelblich-weißen und grünlich-weißen Steine fehlen. Innen ist das Kreuz hohl. Die Rückseite ist mit einem unverzierten Blech verschlossen. Eine Öse zum Aufhängen ragte ursprünglich zwischen den Perlen hervor.

Im Grab fanden sich noch silberne Ohrringe mit korbförmigem Gehänge, ovale Perlen, eine gesplittete, bronzene Gewandnadel, ein Spangen-Armband aus Bronze mit Schnallen- und Nagelverschluss sowie fünf verzierte Armbänder aus verdrehtem Bronzedraht.

Àgota S. Perémi

eine kleine Öse angebracht. Die Mitte des Kreuzes trägt eine kleine Buckelverzierung, die von einem granulierten Rahmen eingefasst ist. Der Rand der Kreuzarme ist mit einer Linie aus etwas kleineren granulierten Perlen verziert.

Die Oberfläche ist mit einer tropfenförmigen Buckelverzierung in einer schnallenförmig gestalteten Einfassung gestaltet, weiterhin ist an den Armenden jeweils eine dreiteilige, bogenförmige Verzierung sichtbar. Die Rückseite ist schmucklos und weist Gewebespuren auf. In dem Grab lagen ein Eimer mit Eisenbändern, Ohrringe mit Perlenanhängsel, eine gesplittete, bronzene Gewandnadel, 153 Melonenperlen und drei verzierte Armbänder aus verdrehtem Bronzedraht.

Àgota S. Perémi

465 Kreuz

Ende 8. bzw. Wende 8./9. Jahrhundert
Lesencetomaj, Piroskereszt, Ungarn, Grab 1629, Mädchengrab
Bronze – H. 5,3 cm, B. 4,7 cm
Veszprém, Laczkó Dezső Museum, Inv.Nr. L.2012.1.6

Das gegossene Bronzekreuz mit gleich langen Armen gehörte zu einer Halskette. Drei der Kreuzarme verbreitern sich zu den dreiecksförmigen Enden hin leicht. Am oberen Ende des vierten Arms ist

466 Der Cundpaldkelch

8.–9. Jahrhundert
Gefunden nahe Petőháza, Ungarn
Aus Rotkupfer getrieben und feuervergoldet, eingravierte Flechtbänder, mit Inschrift am Nodus: + CUNDPALD FECIT – restauriert – H. 11,8 cm, Dm. der Kuppa 8,85–9,1 cm
Sopron, Soproni Múzeum, Inv.Nr. 57.17.1

Als Messkelch besteht der Cunpaldkelch formal aus drei Teilen. Fuß und Nodus sind aus einem Stück Kupferblech getrieben. Ein einen

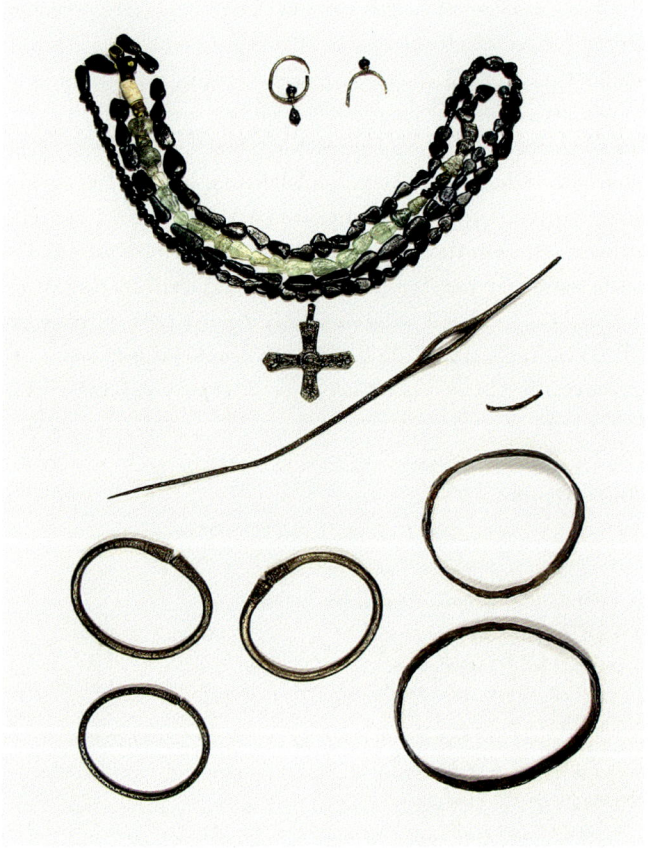

Perlenkranz imitierender Ring leitet über zu der außergewöhnlich großen Kuppa. Fußrand und Kuppa sind durch sich unterscheidende Flechtbänder verziert, die vermutlich nicht zeitgleich datieren. Die grob eingravierte Inschrift überliefert uns den Namen des Goldschmiedes „Cundpald", der offensichtlich bayrischer Herkunft war. Zu einem späteren Zeitpunkt verzierte man den Rand der Kuppa mit eingefassten Edelsteinen, die aber wieder verloren gingen.

Der Kelch kam 1879 bei Kanalisationsarbeiten zum Vorschein und gelangte 1885 in die Sammlung des Soproner Museums. Er ist in kirchlichem Auftrag hergestellt und später vermutlich dem Grab eines Geistlichen, der unter den Awaren gelebt und missioniert hatte, beigegeben worden. Als stilistische Parallele wird häufig der Kremsmünsterer Tassilo-Kelch angeführt.

Péter Polgár

| **Lit.:** Bóna 1966; Werner 1966; Szőke 2008a

467 Fragmente einer Türrahmung

9.–11. Jahrhundert
Zalaapáti (Zalavár-Várziget), Ungarn
Weißer Marmor aus Salzburg, mit Inschrift – abgenutzt, in drei Teile gebrochen –
L. 191 cm, H. 35 cm, B. 18 cm, H. der Buchstaben 6,5–7 cm
Keszthely, Balatoni Múzeum, Inv.Nr. 2011.4.2.16

Die Marmorsteine gehörten ursprünglich zu einer Türrahmung aus dem 9. Jahrhundert, die sekundär als Schwellensteine verwendet wurden. Das Flechtband auf der Vorderseite bildet einen karolingerzeitlichen Geflechtfries, der von einer Reihe konzentrischer Kreispaare durchbrochen wird. Die großen Kreise sind miteinander und mit dem Rahmen verbunden. Die kleinen Kreise entstehen aus den Schleifen der diagonalen Bänder und sind deshalb an beiden Seiten offen. Dieselben Bänder kreuzen sich im nächsten Kreismittelpunkt. Es sind 10 Kreispaare (4+3+3). An der rechten Seite befindet sich ein leeres Kreissegment. Die Gestaltung zeigt hohe Qualität. An der oberen, fein abgeschliffenen Schmalseite befindet sich eine Inschrift in Antiquabuchstaben, die um 1070/80 entstand: QVERENS INVENTO PVLSANS H[I]C GAVDET APerTO. Es handelt sich um ein in Hexameter umgeschriebenes Bibelzitat: *qui quaerit, invenit; et pulsanti aperietur* (Mt 7,8; Lk 11,10: „Wer da sucht, der findet; und wer da anklopft, dem wird aufgetan"). Die Buchstaben sind in Keilform gearbeitet, beide Flächen sind in der Mitte stark abgenutzt.

Róbert Müller

| **Lit.:** Entz 1964; Tóth 1990, S. 165, Nr. 24 (Lit.); Bogyay 1992; Szőke 2002, S. 115

466

468 Mit Silbergelb bemalte Glasfensterbruchstücke mit Heiligenfiguren und Inschriften

Mitte 9. Jahrhundert
Zalavár-Várziget, Ungarn, Umgangskrypta der Hadrianskirche
a) Dm. 3,6 cm; b) H. 3,4 cm, B. 1,9 cm; c) H. 3,8 cm, B. 3 cm; d) H. 4 cm, B. 2,1 cm
Budapest, Magyar Nemzeti Múzeum, Inv.Nr. 88.40.28.Z

Das Glas wurde in einer leicht in die Erde eingetieften Glashütte hinter der Umgangskrypta hergestellt. Da die Zusammensetzung des Glases von Zalavár den Glasfragmenten aus Paderborn, Lorsch, Corvey und San Vincenzo al Volturno ähnelt, ist anzunehmen, dass das Rohmaterial aus einer der wenigen größeren Werkstätten stammte, die unter der Einhaltung einer sorgfältig angewendeten Rezeptur Glasmasse in kontinuierlich guter Qualität für mehrere kleinere, mobile Glasbetriebe produzierten. Das Rohglas wurde in Form von kinderfaustgroßen Fritte-Klumpen mitgebracht und vor Ort in einem halbzylinderförmigen Hafen geschmolzen und schließ-

467

lich gefärbt oder bemalt. Die Glaser von Zalavár benutzten eine eigenartige Hafenform, um Glas zu schmelzen: Es handelte sich um einen Halbzylinder, der unten, wo das Glas geschmolzen wurde, mit einer halbkreisförmigen Tonplatte abgeschlossen und oben offen gelassen wurde.

Die chemische Zusammensetzung der Farbe war auf dem Gebiet des Karolingischen Reiches bisher unbekannt, kann aber durch mit stilisierten Pflanzen und Figuren bemalte Glasgefäße aus Ägypten (Fustat) und aus dem östlichen Mediterraneum noch im 8. Jahrhundert nachgewiesen werden. Ein ähnlich bemaltes, zeitgleich mit den Fragmenten von Zalavár datiertes Fensterglasbruchstück aus Venetien lässt sich eng mit Byzanz verknüpfen. Die Frage der Verbindung zum Karolingischen Reich ist jedoch schwer zu klären, da aus der byzantinischen Welt bislang keine eindeutig ins 9. Jahrhundert zu datierenden Funde bekannt sind.

Auf den Bruchstücken sind Teile von menschlichen Figuren und Inschriften erhalten. Die erhaltenen Fragmente sind verhältnismäßig klein, die Köpfe messen vier Zentimeter, die linke Hand ist zwei Zentimeter groß, wonach eine ganze Figur höchstens eine Höhe von etwa 30 Zentimetern gehabt haben dürfte. Eine Rekonstruktion der sehr fragmentarisch erhaltenen Szene(n) ist problematisch, da bisher nicht geklärt werden konnte, ob die Fragmente zu einem oder zu mehreren Fenstern gehörten. Die Figuren stammen eindeutig aus Szenen mit christlichem Inhalt. Es sind Fragmente von mehreren en face dargestellten Köpfen erhalten, bei denen rund um das Haar herum die Kanten des Glasstückes mit Kröseleisen zugeschnitten wurden. Die mit Bleiruten gefassten Köpfe sollten also mit Nimben umgeben werden. Vom Körper der Figuren ist bloß das Fragment einer linken Hand mit Stab erhalten. Die Hand hält den Stab eigenartig; eine ähnlich ungewöhnliche Handhaltung findet sich in der Wandmalerei der Kirche St. Prokulus zu Naturns (Südtirol).

Die wenigen Majuskel-Buchstaben sind der Größe nach verschieden, etwa ein und zwei Zentimeter hoch, und in nicht ausreichender Zahl erhalten, um einen vernünftigen Text zu rekonstruieren. Die Buchstaben gruppieren sich in „MA" und „EFSO" oder „FESO", von einer kleineren Buchstabenform blieb bloß ein „C".

Béla Miklós Szőke

| Lit.: Szőke/Wedepohl/Kronz 2004; Szőke 2010, Abb. 11.1–3

469 Fußbodenplatte mit Löwendarstellung

11. Jahrhundert
Zalavár-Burginsel, Ungarn, Streufund
Marmor – H. 38 cm, B. 37 cm, T. 6,5 cm
Budapest, Magyar Nemzeti Múzeum, Inv.Nr. 56.28.1.A

Auf der quadratischen, stark belaufenen Platte ist ein stehender, nach links blickender Löwe dargestellt. Der Schwanz endet in einer dreigliedrigen Quaste. Der Rahmen ist breit, die Umschrift darin nur teilweise lesbar: [S]VMLEO(…)/(…)TISD/.MEFER.V./(…)OMNIS. Die vier bekannten Fußbodenplatten aus Zalavár können in zwei Gruppen eingeteilt werden. Zur ersten Gruppe gehören zwei größere Platten, die Tierdarstellungen (Löwe bzw. Vogel) mit Umschriften zeigen. Die Platten der zweiten Gruppe sind kleiner und mit Palmettenmotiven verziert. Ihre Lage in dem Baukomplex ist unbekannt, vermutlich wurden sie in der Mittelachse des Langhauses oder am Altar der Kirche verlegt.

Im Jahre 1881 wurden im Areal der ehemaligen Kirche ein Fliesenboden und ein darunterliegender Steinfußboden freigelegt. Zwischen den Platten des letzteren lag auch eine Marmorplatte, aber verzierte Plattenstücke konnten damals nicht gefunden werden.

Die Fußbodenplatte kann anhand der Schriftart mit hoher Wahrscheinlichkeit ins 11. Jahrhundert datiert werden. Ágnes Ritoók

| Lit.: Entz 1964, S. 29f., 31–34; Tóth 1990, S. 165; Kat. Berlin/Mannheim 2000, S. 357, Nr. 16.02.06 (Ernő Marosi)

470 Fragment einer Steinplatte

Zalaapáti (Zalavár-Vársziget), Ungarn, 1070–1080
Weißer Marmor aus Salzburg – L. 75 cm, B. 50 cm, St. 11 cm
Keszthely, Balatoni Múzeum, Inv.Nr. 2011.4.10.2

Es handelt sich um eine ehemals quadratische, durch seitliche Ansätze kreuzförmig erweiterte Steinplatte, deren linke Hälfte fehlt. Die quadratische Mitte ist eingetieft und ornamental-figurativ gestaltet. In den quadratischen Rahmen ist ein dreibändiger Geflechtkreis eingestellt; nach außen wachsende Halbpalmettenpaare befinden sich in den Zwickeln. Von dem innenliegenden Motiv blieben die Hinterteile zweier Tiere erhalten: ein Vogel mit gehobenen Flügeln und der Fuß eines Hasen. Das Gefieder des Vogels ist fein gefalzt angedeutet, der

469

Körper des Hasen ist glatt. In den Vertiefungen sind die Spuren einer Pastenfüllung (karminrote Farbe?) zu erkennen. Die Platte wurde im 18. Jahrhundert aus den Ruinen des Benediktinerklosters auf der Burginsel von Zalavár nach Zalaapáti verbracht.   Róbert Müller

| **Lit.:** Entz 1964; Tóth 1990, S. 165, Nr. 25/C (Lit.); Szőke 2002, S. 115

471 Schmuckstücke aus dem Grab 71 in der Marienkirche von Zalavár-Vársziget

Zweites Drittel des 9. Jahrhunderts
Zalavár-Vársziget, Ungarn, Marienkirche, Grab 71

a) Zwei silbervergoldete Ohrgehänge mit zweiseitigem Traubenanhänger
L. gesamt 4,1–4,2 cm, Dm. Ring 2,7 x 2,1 cm, L. Anhänger 2,6 cm, Dm. Draht 0,2 cm; Gewicht 10,4 g
Budapest, Magyar Nemzeti Múzeum, Inv.Nr. 53. 18.7

b) Silbervergoldeter Fingerring mit halbkugelförmigem Kopf
Dm. Fingerring (rekonstruiert) 1,9 cm, Dm. Unterlegplatte 1,4 x 1,5 cm, Dm. Halbkugel 0,9 cm, H. 0,7 cm; Gewicht 2,7 g
Budapest, Magyar Nemzeti Múzeum,, Inv.Nr. 53.18.6

c) Silbervergoldeter Fingerring mit kreuzförmigem Kopf
Dm. Fingerring 2,1 x 2,15 cm, B. Band 0,45 cm, St. Band 0,1 cm, Dm. Kopf 2,1 x 1,9 cm; Gewicht 4,1 g
Budapest, Magyar Nemzeti Múzeum,, Inv.Nr. 53.18.5

In einem Holzsarg wurde das Skelett einer 23- bis 27-jährigen Frau gefunden. Zu beiden Seiten des Schädels lag je ein vergoldetes Ohrgehänge aus Silber mit einem Anhänger. An der rechten Hand befand sich ein silberner Fingerring mit einem Halbkugelkopf, an der linken Hand befand sich ein Fingerring mit einm kreuzförmigem Kopf. Der Körper der Ohrringe ist aus links- und rechtsgedrehten Drähten zusammengefügt. Die geflechtartig zusammengewundenen Drähte bilden den Ringkörper. Dazwischen sind alternierend noch

542 IN HOC SIGNO

470

Kugeldrähte eingefügt. Sie wurden mit Eisendraht um einen Draht von etwa 1,5 Milimetern Durchmesser gebunden und dann im Holzkohlenfeuer mit Silberlot gelötet. An den danach oval gebogenen Körper wurden in dem selben Verfahren an drei Stellen kugeldrahtumfasste Perlbänder angebracht. Die unten je sechs und oben je fünf gleichen, massiven, 0,2 bis 0,3 Millimeter großen Kugeln des beidseitig gestalteten Anhängers lötete man kreisförmig gestellt zusammen, legte die so gewonnenen Kreise übereinander und lötete sie anschließend zu einer Traube. Die angefertigten Stücke hat man dann im Feuer vergoldet.

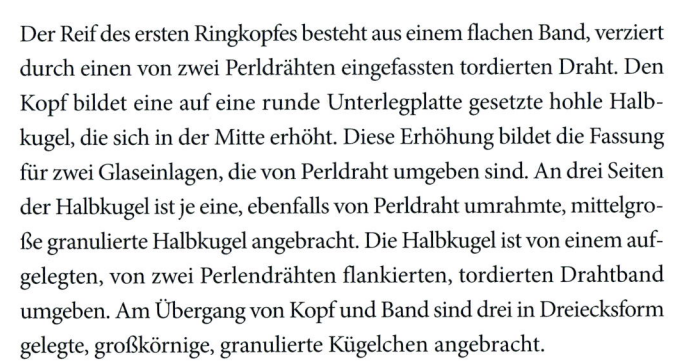

Der Reif des ersten Ringkopfes besteht aus einem flachen Band, verziert durch einen von zwei Perldrähten eingefassten tordierten Draht. Den Kopf bildet eine auf eine runde Unterlegplatte gesetzte hohle Halbkugel, die sich in der Mitte erhöht. Diese Erhöhung bildet die Fassung für zwei Glaseinlagen, die von Perldraht umgeben sind. An drei Seiten der Halbkugel ist je eine, ebenfalls von Perldraht umrahmte, mittelgroße granulierte Halbkugel angebracht. Die Halbkugel ist von einem aufgelegten, von zwei Perlendrähten flankierten, tordierten Drahtband umgeben. Am Übergang von Kopf und Band sind drei in Dreiecksform gelegte, großkörnige, granulierte Kügelchen angebracht.

Der Reif des zweiten Rings wurde aus einem sich zum Kopf hin leicht verbreiternden flachen Band gefertigt, auf dem eine aus eingehämmerten kleinen Kreisbogen bestehende Motivreihe angebracht ist. Den Kopf bilden fünf hohle Dreiviertelkugeln, die vier größeren sind gleich groß und in Kreuzform angeordnet, in deren Mitte die etwas kleinere fünfte sitzt. Zwischen die hohlen Kugeln wurde je eine großkörnige, granulierte Kugel gelötet. Die hohlen Kugeln sind mit einer kleinteiligen Granulierung geschmückt, an der mittleren Kugel ist sie kreuzförmig, an den vier äußeren bildet sie jeweils eine Dreiecksform, wobei sich die Spitzen der Dreiecke an der oberen Fläche der Kugeln fast berühren. Béla Miklós Szőke

| Lit.: Sós/Bökönyi 1963, Abb. 12, Taf. XLVII.1–4; Szőke 2008, Abb. 1; Szőke 2010, Abb. 15.1

472 Schnallenösensporengarnitur aus dem Grab 269 in der Marienkirche von Zalavár-Vársziget

1. Hälfte–Mitte 9. Jahrhundert
Zalavár-Vársziget, Ungarn, Marienkirche, Grab 269
Grab eines 15–16-jährigen Mannes, am Ende des Fußes befanden sich die stark verrosteten Sporen
Sporn: L. 19,0–19,5 cm, B. Schenkel 8,3–9,5 cm; L. Schenkel 14,0–14,8 cm; L. Dorn 5,2–5,3 cm; Bügel-Dm. 0,8–0,9 x 0,7 cm; Schnallenende L. 3,2 – 3,3 cm, B. 1,6 cm; Laschenbeschlag: L. 2,2 cm, B. 2,2 cm; Dm. Nietkopf 0,26 cm; Gewicht 78,8 g bzw. 62,8 g
Riemenzunge: L. 7,1–7,2 cm, B. 2,5 cm, Dm. Nietkopf 1,3 cm; Gewicht 11,6 g bzw. 9,5 g
Riemenschieber: dachförmiger Kopf L. 2,5 cm, H. 1,4 cm; Riemendurchlass 2,3 x 1,0 cm, 4,9 g
Budapest, Magyar Nemzeti Múzeum, Inv.Nr. 54.26.107

471a

471b, c

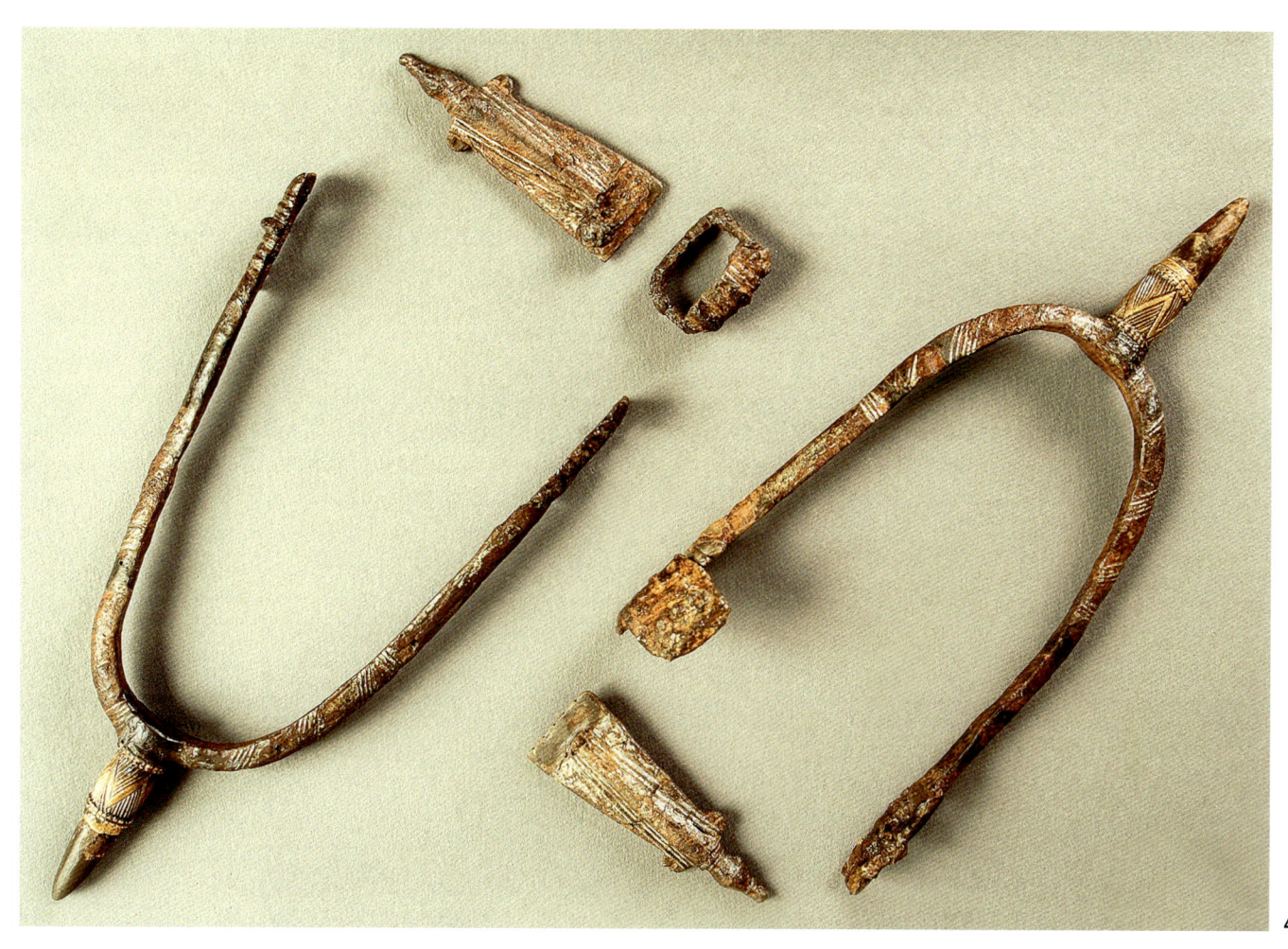

Die kreisbogenförmigen Schenkel von dreieckigem Querschnitt des Spornes sind elliptisch gebogen und enden in rechteckigen Schnallen. Die Bügelarme sind dem Gebrauch entsprechend leicht asymmetrisch, wobei der eine Arm etwas länger ist. Die Bügelaufsicht ist U-förmig, die Seitenansicht gerade und der Bügelquerschnitt dreikantig. Der lange, kegelförmige Sporendorn hat einen runden Querschnitt und ein spitzes Ende; an der Wurzel ist er durch einen tonnenförmigen Kupferring verziert, der von einem perlenschnurartigen, erhabenen Saum eingefasst ist. Das innere Feld des Ringes ist mit einem Zickzackmotiv verziert, das beidseitig mit Reihen von innen gestrichelten Dreiecken flankiert ist. Auch die Schenkel sind verziert, beim Anschluss des Dorns sind beidseitig schräge Rippenbündel angebracht, durch ähnliche Rippenbündel sind die Schenkel auch weiter unten geschmückt. Auch die Verzierung des Schnallenringes ist aus Silber und gerippt. Die Öse an den Bügelenden ist viereckig gehämmert und wird als Schnallenrahmen verwendet; der rechteckige Laschenbeschlag ist aus einem dünnen Eisenblech ausgeschnitten, durch die Öse durchgezogen und zurückgebogen, von drei Nieten mit halbkugelförmigem Kopf auf dünnen Unterlegblechen zusammengehalten. Die Technik der Verzierung: Falze, kalt geschmiedet; Material des Dornringes: durch Arsen verunreinigtes Kupfer westlichen Ursprungs, vor allem der Harz kommt in Betracht, an den Schenkeln und den Fibeln reines Silber.

Die „vogelförmigen" trapezförmigen Riemenzungen sind flügelartig ausgebildet, an den schmaleren Seiten ist der Hals durch Rippen gezeichnet, die Köpfe sind rautenförmig gestaltet und ebenfalls mit Silbereinlagen verziert. Die längliche eiserne Riemenschleife mit dachförmigem Kopf ist durch eine Kannelierung mit Silbereinlage verziert, der Riemendurchlass ist rechteckig.

Béla Miklós Szőke

| Lit.: Sós/Bökönyi 1963, Taf. XXIV.2, Taf. L; Szőke 2008, Abb. 2; Szőke 2010, Abb. 15.2

473 „Conversio Bagoariorum et Carantanorum"

10. Jahrhundert
Pergament – H. 19,3cm, B. 13,5cm; 56 Bll.
Wien, Österreichische Nationalbibliothek, Sign. Cod. 596

Nachdem Karl der Große (reg. 768–814) 796 das Reich der Awaren niedergeworfen hatte, mussten kirchliche Strukturen in den eroberten Gebiete aufgebaut werden, um den christlichen Glauben friedlich auszubreiten. Für Pannonien wurde damit die Erzdiözese Salzburg betraut. Um die Fehler bei der Sachsenmission zu vermeiden, hat etwa Alkuin (*um 740, †804) seinem Freund Erzbischof Arn von Salzburg (amt. 785–821) eingeschärft, wie die Glaubensboten vorzugehen hätten. Sie standen allerdings in Konkurrenz mit der von Byzanz ausgehenden griechisch-orthodoxen Mission. Die wohl wichtigste Quelle für die kirchengeschichtliche Entwicklung der Region ist die „Conversio", 870 von einem Salzburger Anonymus verfasst. Es handelt sich um eine Streitschrift zur Verteidigung der Salzburger Ansprüche im südöstlichen Alpen- und Donauraum. In raffinierter Einseitigkeit wählt der Autor Material aus oder lässt es großzügig weg, um den Salzburger Rechtsstandpunkt zu begründen. Hervorgehoben wird deshalb allein der Anteil der Salzburger Erzdiözese an der missionarischen und kirchenorganisatorischen Erschließung in Karantanien und Unterpannonien. Nötig erschien das wegen der Unterstützung der mährischen Mission der als Slawenapostel gerühmten griechischen Brüder Konstantinos (*826/27, †869) und Methodios (*um 815, †885) durch das Papsttum. Unmittelbarer Schreibanlass waren die Aktivitäten von Methodios, über die der Autor König Ludwig den Deutschen (reg. 843–876) informieren wollte, um eine Schwächung Salzburgs zu verhindern.

In c. 12 der „Conversio" wird das angesprochen, was auf lange Sicht zur Entfremdung mit dem Westen beitrug. Denn die Slawenapostel hatten die östliche Liturgie mit Hilfe eines eigens dafür geschaffenen Alphabets (glagolithische Schrift) in die altslawische Sprache übersetzt und so dem Volk, das natürlich kein Latein verstand, den Zugang zum Christentum erleichtert und außerdem die Voraussetzungen für die Entstehung eigenständiger Kirchen geschaffen. Sie folgten damit dem alten Grundsatz der Mission, das Evangelium in der Landessprache zu verkünden.   Lutz E. von Padberg

| **Quelle:** Conversio Bagoariorum et Carantanorum, 2. Aufl.
| **Lit.:** Kahl 1993; Wolfram 1995; Lošek 1997; von Padberg 2006, S. 118–127

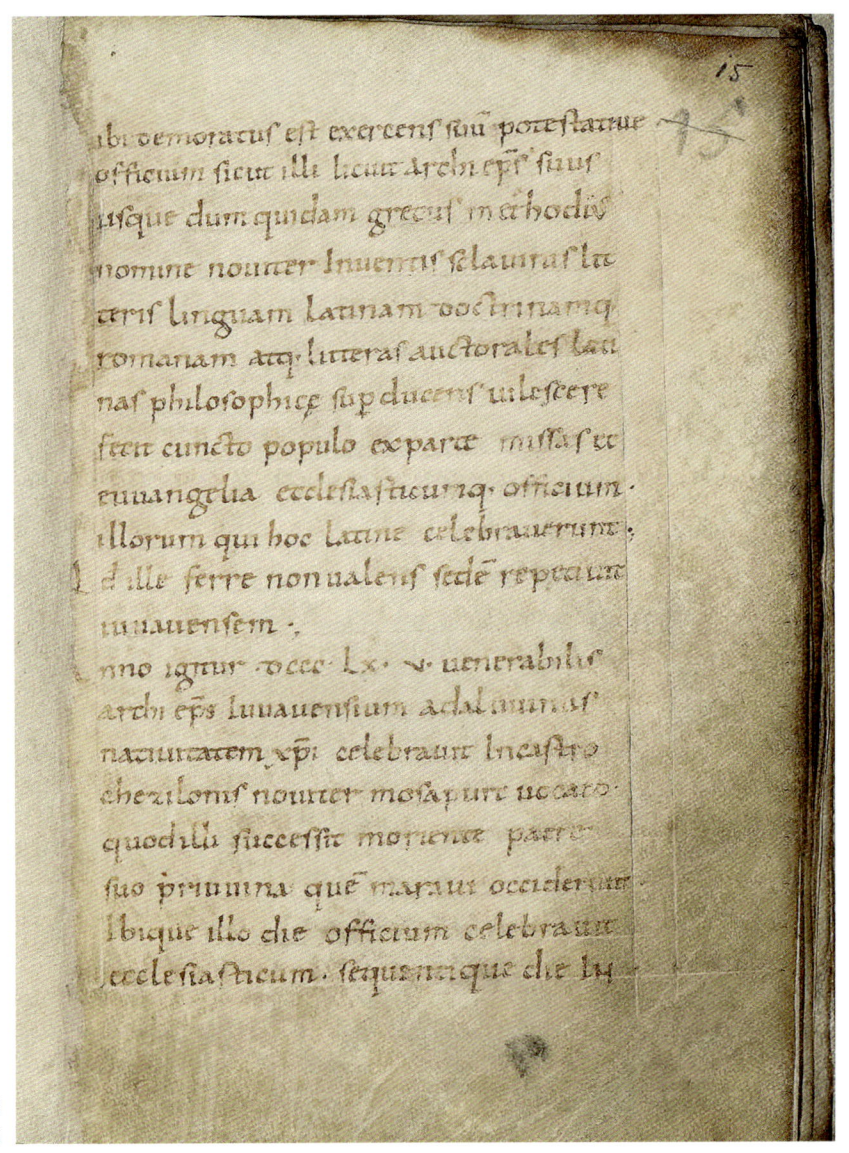

473
fol. 15

474 Zierbeschläge für einen Bogenköcher

Karos-Eperjesszög, Ungarn, Gräberfeld III, Grab 11
Silber mit Vergoldung; Glas – Quastenbeschläge H. 3,2 cm, B. 2,5 cm; Dm. Rosenkopfnieten 0,8 cm; Dreieckige Beschläge H. 2 cm, B. 2,2 cm; Vierpassbeschläge H. 1,4 cm, B. 4,1 cm; Rautenförmige Beschläge H. 4,1 cm, B. 4,1 cm; Palmettenbeschläge H. 1,6 cm, B. 1,7 cm; Öse 5 cm x 2,6 cm; Kleine Riemenzunge H. 2,8 cm, B. 1 cm; Kleine tropfenförmige Beschläge H. 1 cm, B. 1,3 cm
Miskolc, Herman Ottó Múzeum, Inv.Nr. 94.82.6

Das obere Drittel dieses Köchers für einen bespannten Bogen zieren drei Reihen von Quastenbeschlägen, wobei die beiden oberen Reihen aus sechs, die untere aus drei Beschlägen bestehen, die von Rosettenkopfnieten flankiert sind. Darunter befindet sich eine Reihe durchbrochen gearbeiteter dreiblättriger Palmettenornamente, die aus dem Fuß des Dreiecks wachsen. Drei Rosettenkopfnieten trennen die Dreiecke von einer Reihe Vierpässe mit einer runden Öffnung in der Mitte, die ursprünglich vermutlich als Fassung für eine farbige Einlage diente. Die nächste Reihe besteht aus drei rautenförmigen Beschlägen mit Einlagen aus dunkelblauem Glas. Die Ornamente im mittleren Drittel des Bogenköchers sind um einen rautenförmigen Beschlag herum angeordnet: An den Ecken der Raute befinden sich vier Palmettenbeschläge, deren Fuß jeweils in Richtung der Raute weist. Diese Komposition, die an das Sonnensymbol erinnert, ist von einem Ring weiterer Palmettenbeschläge umgeben. Den unteren Bereich des Bogenköchers schmücken Rosettenkopfnieten, von denen eine Reihe entlang der Seitennaht verläuft, eine weitere senkrecht in der Mitte. Drei auf gleicher Höhe angeordnete tropfenförmige Beschläge unterbrechen die Rosettenreihen. Der Bogenköcher wurde ursprünglich durch zwei palmettenförmige Ösen befestigt, von denen sich eine oben und eine weiter unten am Köcher befand, was sich an einer kurzen Riemenzunge und an zwei Vierpassbeschlägen erkennen lässt. László Révész

| Lit.: Révész 1992; Révész 1996, S. 157–169; Kat. Berlin/Mannheim 2000, S. 317, Nr. 15.01.03 a–i (László Révész)

475 Sattel

Karos-Eperjesszög, Ungarn, Gräberfeld III, Grab 52
Silber, Bronze, Holz – Vorderzwieselbogen B. 24,8 cm, H. 23 cm, Winkel 75°; Hinterzwieselbogen B. 32,5 cm, H. 13,5 cm, Winkel 33,5°; Abstand zwischen den Sattelbögen 22,7 cm (Fuß), 45,4 cm (Scheitel)
Miskolc, Herman Ottó Múzeum, Inv.Nr. 94.46.29

Die Sattelbögen sind mit fünfeckigen aufgenieteten Silberbeschlägen verziert. Fünf dieser Beschläge – drei am Scheitel und zwei am Fuß – zeigen einen Palmettendekor. Die Unterseite der Sattelbögen ist mit Silbernieten versehen, deren halbkugelige Köpfe heute leider zum Großteil verloren sind. Neben den Sattelbögen ist an der Außenseite der Trachten ein Lochschutz angebracht. Der rekonstruierte Sattel ähnelt dem Satteltyp, der bis in die jüngste Zeit von ungarischen Hirten verwendet wurde. László Révész

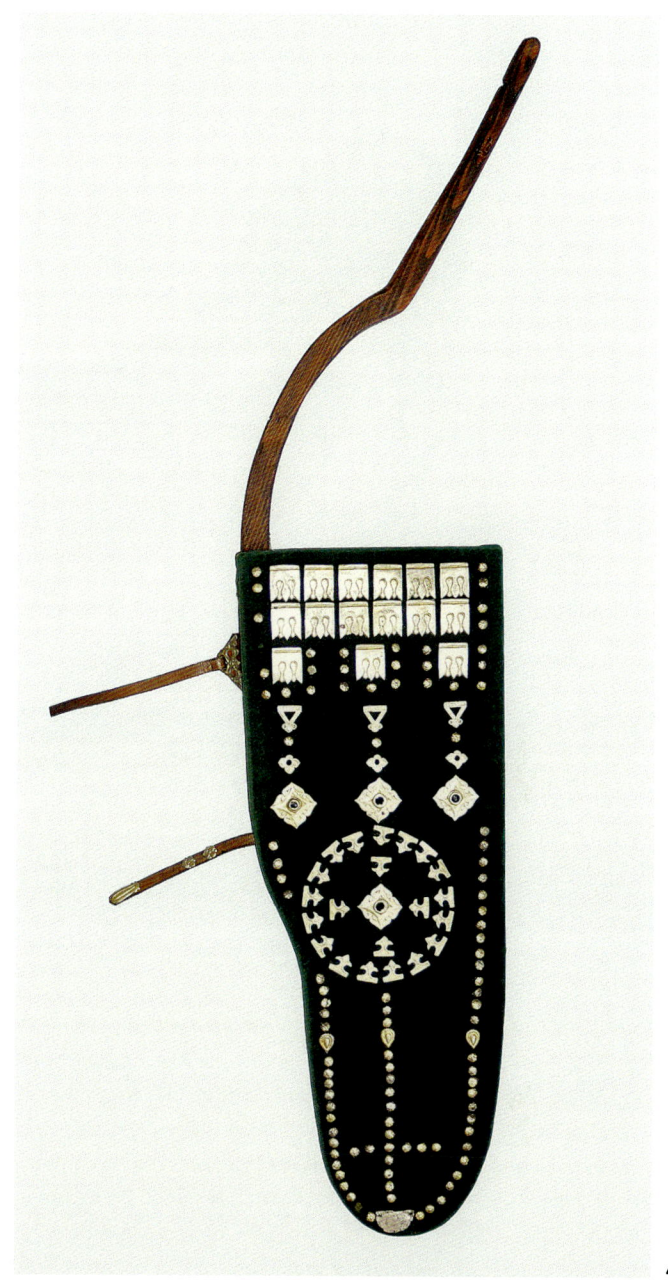

| Lit.: Révész 1993

476 Hutspitze

1. Hälfte des 10. Jahrhunderts
Ungarisch oder russisch-warägisch, hergestellt auf ungarische Bestellung
Beregszász-Kishegy, Ukraine, Grabfund von 1900
Silber, vergoldet – Ergänzt im oberen Drittel – H. 11,4 cm, Dm. 6,7 cm
Budapest, Magyar Nemzeti Múzeum, Inv.Nr. 51/1900. 20-21

474

475

Das obere Ende der Hutverzierung besteht aus zwei zusammengelöteten hohlen Kugeln, die auf den abgestutzten Kegel gelötet wurden. An der Lötstelle sowie auf dem unteren Rand des Stumpfkegels befinden sich gedrehte Silberdrähte, die eine Ähre darstellen. Das Muster auf dem Kegelmantel besteht aus Palmetten, die in ein Rankennetz eingeschlossenen sind. Die Palmetten bilden dreiblättrige Sträuße, die auf dicken Stängeln sitzen. Die Aderung der Blätter ist mit Punkten abgeschlossen, die Ränder sind mit Strichen verziert. Oben schließt ein Bandgeflecht die Komposition ab, unten sind runde Bohrungen zur Befestigung zu sehen. Die Aderung des Musters wurde nur am Rand der Blätter und der Ranken tiefer eingraviert und mit Feuervergoldung verziert.

Dies ist der einzige Fund aus der Zeit der ungarischen Landnahme, der über die Form der männlichen Kopfbedeckung Auskunft gibt. Die Hüte wurden meist aus Leder oder Filz mit spitzem Ende gefertigt. Auf den Abbildungen von Männern aus der Steppe sind von der Zeit der Skythen bis zur Neuzeit solche Kopfbedeckungen zu beobachten. Eine der Ziertechniken, die auf der Hutspitze von Beregszász (wie auch auf dem Griff des Säbels aus dem gleichen Grab) zu sehen ist, besteht aus zwei tordierten Drähten, die eine Ähre bilden. Diese Technik ist sowohl in der byzantinischen Kunst, als auch in der Kunst der Wikinger bekannt. Die ungarischen Schmiede des 10. Jahrhunderts verwendeten dieses Verfahren jedoch nicht. Parallelen zu dieser Hutverzierung findet man in einem Männergrab des Wikingerfriedhofs im schwedischen Birka. Es wird die Frage aufgeworfen, ob sie auf dem Gebiet der Kiewer Rus hergestellt wurden. Dieser Gedanke stützt sich auf die Tatsache, dass im 9. und 10. Jahrhundert auf dem Gebiet der Kiewer Rus Helme mit kegelförmigen Spitzen verbreitet waren. Diese Helmspitzen kamen dann als Verzierung auf die Hüte. Bei der Hutspitze von Beregszász wurde die rus-/wikingische Form sowohl mit dem typischen Ährenmuster aus Silberdrähten als auch mit den in Ungarn typischen in ein Rankennetz eingefügten Palmetten verziert. Der Gegenstand selbst wurde möglicherweise von Kiewer Meistern auf ungarische Bestellung gefertigt.   László Révész

| Lit.: Hampel 1905, S. 624f.; Fettich 1973, Bd. 1, S. 85; Fodor 1996; Kovács 2003

477 Taschenplatte

Ungarisch, 2. Hälfte 9.–1. Hälfte 10. Jahrhundert
Flur Tiszabezdéd-Harangláb Komitat Szabolcs-Szatmár-Bereg, Ungarn, Grab 8, bei archäologischen Ausgrabungen 1895 gefunden
Kupfer, vergoldet – abgenutzt, beschädigt – H. 13,6, B. 15,6 cm
Budapest, Magyar Nemzeti Múzeum, Inv.Nr. 86/1896. 236a

IX GLAUBEN WECHSELN – HERRSCHAFT SICHERN. MISSION AUF ANFRAGE

476

1896 wurden an diesem Fundort achtzehn halbkreisförmig angelegte Gräber freigelegt. In dem mittleren Grab ruhte der Anführer der Gemeinschaft, der zusammen mit seiner Taschenplatte beigesetzt wurde. Der Friedhof von Bezdéd ist vermutlich auf organisierte, überwiegend aus Männern bestehende Siedlungen in der Region der Oberen Theiss zurückzuführen. In solchen Siedlungen versteckten die Anführer der militärischen Eskorte der Großfürsten in der ersten Hälfte des 10. Jahrhunderts sich und ihre Familienmitglieder sowie unverheiratete Kämpfer.

Die Taschenplatte aus Tiszabezdéd ist ein Beleg dafür, dass die landnehmenden Magyaren die Elemente der damaligen großen Weltreligionen kannten und diese nicht ablehnten. Im Zentrum des Musters ist ein rautenförmig verzweigter Palmettenstrauß zu sehen, sicherlich die Darstellung des Lebensbaumes, der im ungarischen schamanistischen Glauben eine Schlüsselrolle spielte. In die Raute (einzelnen Auslegungen zufolge in die Höhle des Lebensbaumes) wurde das byzantinische Kreuz als das Symbol des Christentums platziert. Diese Komposition wird beidseitig von einem mythischen Tierpaar flankiert. In einem der Tiere erkannten die Forscher den Pfauendrachen (Simurgh) des iranischen Zarathustrismus. Möglicherweise entdeckten die landnehmenden Ungarn die Motive auf der Taschenplatte auch auf iranischen und byzantinischen Textilien und Goldschmiedearbeiten, die sie als Kriegsbeute oder durch Handel erwarben. Vermutlich war ihnen die Bedeutung der Abbildungen bekannt, sodass sie nicht nur als Zier- oder Ausfüllelemente dienten. Manche Forscher sind der Ansicht, dass es sich bei der Taschenplatte von Tiszabezdén um einen archaischen Gegenstand handelt, der nicht im Karpatenbecken hergestellt wurde, sondern noch im 9. Jahrhundert in Etelköz (einem Gebiet zwischen zwei Flüssen in der heutigen Südukraine), dem damaligen osteuropäischen Aufenthaltsort der Magyaren.

László Révész

| Lit.: Hampel 1905, S. 513–523; László 1944, S. 128–134; Révész 2003

478 Brustkreuz

11. Jahrhundert
Aus der Umgebung von Pécs
Bronze, gegossen, vergoldet, mit Grubenschmelz – H. 6,7 cm, B. 5,3 cm
Budapest, Magyar Nemzeti Múzeum, Inv.Nr. 1867.51.IV.1

Die Christusfigur hebt sich von einem blauen Hintergrund aus Grubenschmelz ab. Den Körper bedecken abstrakte Querstreifen, die dem gröber gestalteten Lendenschurz ähneln. Kopf, Hände, Querstreifen und der Rahmen sind vergoldet. Bezüglich der Grubenschmelztechnik und der Vergoldung sind drei Kreuze aus Opočnice vergleichbar, die aber wegen der Ikonographie der Christusfigur mit Tunika zu einer späteren Phase gehören könnten. Die quergestreifte Körperbedeckung mit Lendenschurz ist eine freie Umgestaltung eines vor allem in Skandinavien und Nordrussland bekannten Typs. Die Technik des Grubenschmelzes könnte aus dem Reich der Ottonen stammen. Die Stücke aus Opočnice und Pécs können Erzeugnisse einer bedeutenden zentraleuropäischen Werkstatt sein, die ihre Produkte für Geistliche oder für die Militäraristokratie, die teilweise aus den Warägern aus Russland rekrutiert wurde, fertigte.   Etele Kiss

| Lit.: Lovag 1999, Nr. 37; Kat. Berlin/Mannheim 2000, S. 362, Nr. 16.04.05 (Etele Kiss)

479 Fragmente eines Enkolpions

Provinzial-byzantinisch (Balkan oder Ungarn?), 10.–11. Jahrhundert
Orosháza und Bicske-Nagyegyháza, Ungarn
Bronze, gegossen, graviert – H. 7,9 und 8,5 cm, B. 4,5 cm
Budapest, Magyar Nemzeti Múzeum, Inv.Nr. 1893.75.1348 und Ö/1.90.2

Mehr als siebzig byzantinische Reliquiar-Brustkreuzfragmente und ebenso viele einfache Brustkreuze sind aus ungarischen Fundstellen bekannt. Sie sind mit reliefierten oder gravierten Figuren von Christus und Heiligen verziert, die strengen Steroptypen folgen. Das Zentrum der Manufaktur dieser Kreuze lag in Konstantinopel, doch wurden sie auch in kirchlichen (Pilger-)Zentren in Kleinasien, in Syrien, in den balkanischen Provinzen, vielleicht auch in Ungarn hergestellt. Das Kreuz aus Nagyegyháza ist wegen der seltenen Darstellung des Brustbildes des heiligen Demetrius im Zentrum (flankiert von den Erzengeln und den Bischöfen Gregorius und Nikolaus) bedeutend, dessen wichtiger Kultort nach 1016 im antiken *Sirmium* (Sremka Mitrovica) lag, einer Grenzstadt zwischen Ungarn und Byzanz. Seit dem 12. Jahrhundert wurde er als Mitpatron Ungarns verehrt und sein lateinisches Offizium folgte griechischen Vorbildern. Das Kreuz von Orosháza zeigt eine inschriftlich nicht bezeichnete Heiligenfigur in Orantenhaltung mit Kreuznimbus, der dem von Christus ähnelt. Ein derartiges Missverstehen christlicher Ikonographie deutet auf eine provinziale Herstellung hin. Diese Kreuze zeugen von der inoffiziellen Christianisierung Ungarns durch die Byzantiner, die hier auch auf das lateinische Christentum bedeutenden Einfluss geübt hat. Etele Kiss

| **Lit.:** Nr. 13, 16; Kat. Berlin/Mannheim 2000, S. 362, Nr. 16.04.04., S. 365, Nr. 16.04.09 (Etele Kiss); Pitarakis 2006, Kat.Nr. 562 (Bibliothèque des Cahiers archéologiques 16)

480 Denare König Stephans I. von Ungarn

a) Denar Stephans I (1000–1038)

Vorderseite: + LANCEA REGIS im Linienkreis; eine Fahnenlanze haltende Hand im inneren Linienkreis

Rückseite: + REGIA CIVITAS im Linienkreis; karolingische Kirche mit Legende RECI statt Säulenreihe

Silber – Dm. 22,8 mm; 1,46 g

Budapest, Magyar Nemzeti Múzeum, Münzkabinett, Inv.Nr.: 68/1972-1

b) Denar Stephans I (1000–1038)

Voderseite: + STEPHANVS REX im Perlenkreis; gleicharmiges Kreuz mit Keilen in den Kreuzwinkeln im inneren Perlenkreis

Rückseite: + REGIA CIVITAS im Perlenkreis; gleicharmiges Kreuz mit Keilen in den Kreuzwinkeln im inneren Linienkreis

Silber – Dm. 18,1 mm; 0,83 g

Budapest, Magyar Nemzeti Múzeum, Münzkabinett, Inv.Nr.: 81/872-II-1

König Stephan I. (reg. 1000–1038) ließ die erste ungarische Geldmünze anlässlich seiner Krönung dem westeuropäischen Denarsystem ensprechend anfertigen. Zwei Denartypen von Stephan I. sind bekannt, der erste ist aufgrund seines besonderen Münzbildes einmalig in der frühmittelalterlichen Münzprägung Europas. Die eigenartige Gestaltung der Vorder- und Rückseite bzw. die Umschrift der Münze entstanden aufgrund einer besonders zusammengesetzen Konzeption. Analogien für die einzelnen Motive findet man einerseits in der Toreutik der ungarischen Landnahmezeit und in der Zeit der Staatsgründung, andererseits in der Gestaltung der bayerischen Denare der Zeit.

Auf der Vorderseite steht das Symbol der Landessouveränität im Mittelpunkt: die königliche Lanze in der Hand des Herrschers, die auch durch die Umschrift – *Lancea regis* – eindeutig angegeben wurde. Mit einer ähnlichen Lanze in der Hand wurde Stephan I. auf dem ungarischen Krönungsmantel dargestellt. Diese Abbildung gilt als einzige zeitgenössische bildliche Darstellung des ersten ungarischen Herrschers.

Die rückseitige Umschrift – *Regia civitas* – weist im übertragenen Sinne auf das durch Stephan I. gegründete christliche Königreich Ungarn hin. Auf dem rückseitigen Münzbild ist eine Kirche abgebildet, dessen Vorbild in der westeuropäischen Münzprägung zu finden ist. Dort war der sogenannte karolingische Kirchentyp, genauer, die bayerische Variante weit verbreitet. Bei dieser ist auf der Rückseite die Säulenreihe der Kirche durch die Legende der Münze ersetzt. In diesem Fall ist es die Abkürzung der rückseitigen Umschrift. Der Münzstecher gestaltete die ursprünglich lineare, statische Kirchendarstellung durch Anwendung von Palmettenmuster aus dem Motivschatz der landnahmezeitlichen Toreutik um, wodurch er ein solches Meisterwerk schuf, in dem sich die Kunst der heidnischen Vergangenheit mit der im gleichen Maße vertetenen christlichen Gegenwart harmonisch zusammentraf.

Nur etwa fünfzig Exemplare dieses Münztyps von Stephan I. sind auf der ganzen Welt bekannt und die meisten stammen aus einem einzigen Schatzfund, welcher 1968 in Nagyharsány im Komitat Baranya entdeckt wurde.

Der andere Münztyp von Stephan I. weist ein viel einfacheres Münzbild auf und es sind zahlreiche Exemplare davon erhalten geblieben. Er wurde wahrscheinlich lange Zeit hindurch und in großen Mengen geprägt. In diesem Fall erscheint auf der Vorderseite auch der Name des Herrschers in der Form *Stephanus rex*. Csaba Tóth

| **Lit.:** Corpus Nummorum Hungariae 1, Münzkatalog Ungarn 1979

481 Privilegienbrief Stephans I. für Pannonhalma

1001

Pergament – H. 48 cm, B. 45,5 cm – auf der Rückseite ein eingehängtes rundes Siegel, Dm. 8,5 cm, auf dem Siegel eine auf dem Thron sitzende Königsfigur, Umschrift: [+ COLOMANNVS DEI GRATIA] VNGARORVM REX

Pannonhalma, Pannonhalmi Főapátság, Főapátsági Levéltár, Capsarium n. 2. (Capsa 13. A)

Die Urkunde ist eine der wichtigsten Quellen für die Geschichte des Klosters Pannonhalma und auch für die frühe Geschichte Ungarns. Sie ist die einzige, in ihrer äußeren Form erhalten gebliebene Urkunde König Stephans und zugleich das älteste lateinische Diplom in Ungarn. Dem Text zufolge begann Fürst Géza (†997) auf dem Berg oberhalb Pannoniens die Stiftung des Klosters des heiligen Martin, was von seinem Sohn, König Stephan (reg. 997–1038) vollendet wurde. Stephan verfügte, dass die Mönche des Klosters für sein Seelenheil und für die Stabilisierung seines Königreichs beten sollten.

IX GLAUBEN WECHSELN – HERRSCHAFT SICHERN. MISSION AUF ANFRAGE 551

| **Quellen:** Chartae antiquissimae Hungariae, S. 15f.; Diplomata Hungariae Antiquissima, S. 25–41, Nr. 5/I, 5/II

| **Lit.:** Érszegi 1996; Thoroczkay 1997; Huschner 2003, S. 182–198, 406–417; Thoroczkay 2009

482 Corpus eines Kruzifixes

Zentraleuropa (Ungarn?), 1. Hälfte des 11. Jahrhunderts
Újszász, Ungarn
Gold, gegossen, graviert, ziseliert – H. 7,1 cm
Budapest, Magyar Nemzeti Múzeum, Inv.Nr. 29.1864

Der rückseitig ausgehöhlte goldene Corpus mit seinem bärtigen, seitwärts geneigten Haupt zeigt den toten Christus. Die Krone ist Zeichen seiner Verherrlichung in der Erniedrigung des Todes gemäß der apostolischen Lehre (Phil 2,8–9). Die dreigeteilte Brust, und die parallelen Mittelfalten des Lendenschurzes sind charakteristisch für den Regensburger Kunstkreis, sie sind jedoch auch auf ungarischen Prozessionskreuzen bis zum 12. Jahrhundert zu finden. Die gedrungenen Proportionen, das Lendentuch, das die kurzen Oberschenkel völlig bedeckt, und die betonte Binnenzeichnung sind Merkmale der spät-ottonischen Epoche, aber wegen des provinziellen Charakters der Figur ist ein etwas späteres Entstehungsdatum nicht auszuschließen.   Etele Kiss

| **Lit.:** Kovács 1974, S. 14; Kat. Brüssel 1999, S. 154, Nr. 98; Kat. Berlin/Mannheim 2000, S. 361, Nr. 16.04.01 (Etele Kiss)

481

Nach dem Tod seines Vaters Géza sah sich Stephan gezwungen, gegen seinen Vetter Koppány, welcher ebenfalls Thronansprüche stellte, zu kämpfen. Der zukünftige König bat vor dem Kampf im Kloster um die Unterstützung des heiligen Martins und gelobte, dass – sollte er siegen – der Zehnt aus dem Siedlungsgebiet der Aufständischen, dem Komitat Somogy, der Abtei Pannonhalma zukommen sollte. Nach dem Sieg löste er sein Versprechen ein. Der Privilegienbrief billigte der ersten ungarischen Abtei die Freiheiten von Montecassino zu, entzog sie der Jurisdiktion des zuständigen Diözesanbischofs und sicherte den Konventualen die freie Wahl des Abtes zu, den der von ihnen gewählte Bischof weihte. Die Urkunde gewährte dem Abt das Recht, wie ein Bischof in Sandalen die Messe zu lesen, außerdem durfte ihm eine *capella* vorausgehen. Der König stattete die Abtei mit den Privilegien auf Fürsprache des Abtes Anastasius aus.

Da die Formulierung des Textes der Urkunde nicht einheitlich ist und an der Rückseite das Siegel König Kolomans (reg. 1095–1116) angebracht ist, wurde die Authentizität des Privilegienbriefes bezweifelt. Der Originaltext wurde zu Beginn des 12. Jahrhunderts, nach anderer Meinung um die Wende des 12. zum 13. Jahrhundert erweitert. Er wurde aber solcherart kopiert, dass die Handschrift des Kanzlerschreibers der Originalurkunde, Heribert C, erkennbar blieb, welcher nach dem Tod Kaiser Ottos III. von der kaiserlichen Kanzlei an den Hof des ungarischen Königs wechselte. Auch daraus ergibt sich, dass der Privilegienbrief in diplomatischer, stilistischer und auch in inhaltlicher Hinsicht Verwandschaft mit der deutschen Urkundenpraxis bezeugt.   Tamás Dénesi

482

Polen

483 Zwei Warzenklappern

a) Das Fragment einer Warzenklapper
10. Jahrhundert
Kalisz, Woiwodschaft Großpolen, Polen
Ton – Dm. 3,6 cm, Wandstärke 0,6–0,7 cm
Aus den Sammlungen des Stadtmuseums in Kalisz – Posen, Archeological Museum in Poznań, Muzeum Archeologiczne, Inv.Nr. MAP TPP 2008: I.74

b) Warzenklapper mit Klapperkugel
10. Jahrhundert
Czacz, Gemeinde Śmigiel, Kreis Kościan, Woiwodschaft Großpolen, Polen
Ton, Glasurspuren auf der Oberfläche sichtbar – Dm. 4,5 cm, Dm. einer Warze 1 cm; unten Öffnung, in die eine Klapperkugel hineingelegt wurde, Dm. 0,5 cm
Posen, Archeological Museum in Poznań, Muzeum Archeologiczne, Inv.Nr. MAP TPP 2008: I.70

Tonklappern werden in frühmittelalterlichen Burgen und Siedlungen gefunden sowie auf Friedhöfen aus dem 10. bis 13. Jahrhundert, wo sie sowohl in Kindergräbern als auch in den Gräbern Erwachsener anzutreffen sind. Sie sind für archäologische Fundplätze im polnischen Raum charakteristisch, wegen ihrer Ähnlichkeit mit den Kiewer (Oster-)Eiern wird ihnen jedoch häufig eine Herkunft aus der Kiewer Rus zugeschrieben. Für eine solche Hypothese spricht auch die Tatsache, dass Klappern vermehrt an den Handelswegen oder in der Nähe von Handelswegen, die in die Rus führen, auftreten. Lediglich einen Teil der hier beschriebenen Objekte, insbesondere die Exemplare ohne glasierte Oberfläche, hält man für Erzeugnisse, die auf polnischem Boden entstanden sind.

Es werden verschiedene Arten von Klappern unterschieden: kugel-, eier-, fass- und birnenförmig, in Form von Gefäßen oder einer bauchigen Flasche sowie doppelkonisch oder auch zoomorph. Die am meisten verbreiteten sind die kugelförmigen oder ovalen Exemplare, mit warzenähnlichen Knoten, die in die Oberfläche hineingelassen und an Bolzen befestigt werden. In der Regel ist die Oberfläche der Klappern gelb oder grün glasiert; verziert werden sie mit Ornamenten in Form von Punkten und Linien.

Die Frage nach der Funktion von frühmittelalterlichen Klappern ist nicht endgültig geklärt. Möglicherweise erfüllten sie apotropäische Funktionen – durch Hervorbringung von Geräuschen sollten sie Gefahren abweisen. Auch wenn sie oft für Spielzeuge gehalten werden, lässt sich leicht feststellen, dass sie für ein kleines Kind ziemlich schwer sind (das durchschnittliche Gewicht der Klappern schwankt zwischen 40 und 60 Gramm). Darüber hinaus sind die hervorgebrachten Geräusche eher gedämpft. Vielleicht wurden sie über der Wiege aufgehängt, um die schreienden Säuglinge zu beruhigen, oder – gemäß ihrer magischen Bestimmung – um böse Geister zu vertreiben.

Magdalena Sprenger

| **Lit.:** Wörterbuch der slawischen Altertümer 7, S. 19 (Wiesława Szenic: Art. Zabawki [Spielzeuge]); Kostrzewski 1968; Żołądź-Strzelczyk 2002, S. 177, 179; Delimata 2004, S. 95f.; Ślusarski 2004; Wrzesiński 2010, S. 37

484 Jagdamulett mit der Darstellung eines Wiesels (?)

11.–12. Jahrhundert
Ląd, Gemeinde Lądek, Kreis Słupca, Woiwodschaft Großpolen, Polen
Hirschgeweih, ornamentiert und poliert – L. 8 cm, B. 1,6 cm, Dm. der Seitenöffnung 0,5 cm, Entfernung der Öffnung vom Rand 0,8 cm
Posen, Archeological Museum in Poznań, Muzeum Archeologiczne, Inv.Nr. MAP TPP 2008: I.80

Das Amulett mit der Darstellung eines Wiesels oder eines auf einem Ast sitzenden Marders wurde während der Ausgrabungsarbeiten in einer frühmittelalterlichen Burg entdeckt. Trotz einer gewissen Sti-

483b

484

486 Amulett

Frühmittelalterliche Siedlung
Mierzanowice, Kreis Opatów, Woiwodschaft Świętokrzyskie, Polen
Reißzahn eines Hundes – Oberfläche mit Rissen – L. 5 cm, B. 1,3 cm, Dm. der Durchbohrung 0,4 cm
Warschau, Państwowe Muzeum Archeologiczne w Warszawie, Inv.Nr. PMA/V/5660: 22

Anhänger aus einem Reißzahn mit Durchbohrung in der Mitte. Die Oberflächensprünge sind wahrscheinlich eine Folge des Bohrens.

Magdalena Ruszkowska

487 Holzmaske aus Kiefer

Ende 12. Jahrhundert
Opole-Ostrówek, Polen
Kiefernholz – H. 23cm, B. 16,7cm (oben), B. 7,8cm (unten)
Breslau, Instytut Archeologii i Etnologii Polskiej Akademii Nauk, Inv.Nr. 475a/58 (Schnitt II, ar 342, Schicht A6)

Nach Meinung von Archäologen und Ethnologen diente die Maske den slawischen magischen Ritualen, die eine gute Ernte sichern sollten.
Die Burg Opole-Ostrówek auf einer Oderinsel wurde von den Piasten am Ende des 10. Jahrhunderts erbaut. Die innerhalb von fast 300 Jahrhunderten entwickelte Bebauung der Burg (der Häuser und der Straßen) hat eine etwa vier Meter dicke Schicht gebildet. Die älteste Burg wurde nach der Zerstörung der gemauerten Piastenburg beim Bau des neuen Gebäudes der oberschlesischen Regierung entdeckt. Auf Basis der erhaltenen Überreste wurde ein typischer Innenraum der frühpolnischen, von Burgherren samt ihren Familien bewohnten Burg rekonstruiert, wovon zum Beispiel Funde von Spinnutensilien und Spielzeug zeugen. Zahlreiche Funde aus Holz, die nach fast einem Jahrtausend dank günstiger Umweltverhältnisse erhalten geblieben sind, geben Auskunft über die materielle Kultur der slawischen Bewohner des Piastenstaates.
Die Maske wurde an der südwestlichen Wand des Gebäudes Nummer 20 zusammen mit einem hölzernen Gegenstand aufgefunden, der einen Ziegenbockkopf darstellt.
Die Entdeckung dieser mit der Volksmagie verbundenen Funde bestätigt die Existenz solcher Praktiken auch im Kreis des Burgrittertums, das dem fürstlichen Hof und dem Klerus verhältnismäßig nahestand. Dies zeugt von der weitgehenden Toleranz gegenüber solcher Praktiken im Piastenstaat, sowohl im 11. (Maske Nr. 100d/62) als auch im 12. Jahrhundert (Maske Nr. 475a/58). In der Oppelner Burg wurden viele weitere Gegenstände gefunden, die man mit magischen Ritualen verbinden kann.
Zahlreiche ethnologische Analogien zu den Oppelner Masken, die jedoch viel sorgfältiger angefertigt sind, finden wir in verschiedenen Kulturen und zu verschienenen Zeiten. Die Expertin für dieses Thema,

486
485

lisierung präsentiert sich die Gestalt des Tieres auf eine realistische Art und Weise. Es sind ein eiförmiger, kleiner Kopf sowie ein Mäulchen mit deutlich hervorgehobenen, kleinen Zähnen sichtbar. Die breit geöffneten, mit Krallen abgeschlossenen kleinen Pfoten umfassen den mittleren Teil des Amuletts.
Falls das dargestellte Tier ein Wiesel zeigt, müsste die Funktion des Amuletts mit einem alten Glauben in Bezug auf diese Tiere in Verbindung gebracht werden. Es ist jedoch nicht ausgeschlossen, dass der beschriebene Gegenstand einen Marder darstellt, der in der Gegend von Ląd sicherlich ein Jagdobjekt war. Eine solche These wird durch die Bulle aus dem Jahr 1138 glaubhaft gemacht, die über die Pflicht zur Entrichtung eines Tributs in Form von Fellen dieser Tiere durch die Einwohner von Ląd zu Gunsten des Gnesener Erzbischofs informiert.
Die Entdeckung dieses Objektes in Befundschichten der auf die zweite Hälfte des 10. oder den Beginn des 11. Jahrhunderts datierten Verteidigungsanlage lässt auch vermuten, dass es zielgerichtet als Bauopfer hinterlegt wurde.

Magdalena Sprenger

| Quelle: Codex diplomaticus maioris Poloniae 1, Nr. 7
| Lit.: Zeylandowa 1979; Jaguś 2003, S. 8f.; Kat. Posen 2009, S. 35, 42

485 Amulett

Körpergräberfeld, Ende 11.–12. Jahrhundert
Czekanów, Kreis Sokołów, Woiwodschaft Mazowieckie, Polen
Kauri-Muschel – Oberfläche außen vollständig schuppig/abgeplatzt – L. 2 cm, B. 1,4 cm
Warschau, Państwowe Muzeum Archeologiczne w Warszawie, Inv.Nr. PMA/V/7372: 112

Muschelanhänger mit Durchbohrung am schmalen Ende.

Magdalena Ruszkowska

| Lit.: Kat. Padua 1985, S.143

Helena Cechak-Hołubowiczowa, wies auf das Auftreten von ähnlichen Masken auf dem Gebiet der Rus hin. Sie wurden dort jedoch vorwiegend aus Baumrinde gemacht. Sławomir &Moździoch

| Lit.: Cehak-Hołubowiczowa 1965

488 Holzmaske aus Kiefer

2. Hälfte 11. Jahrhundert
Opole-Ostrówek, Polen
Kiefernholz – H. 32, 6 cm, B. 18,4 cm (oben), B. 4,8 cm (unten)
Breslau, Instytut Archeologii i Etnologii Polskiej Akademii Nauk, Inv.Nr. 100d/62
(Schnitt II, ar 342, Schicht D2)

Auch diese Maske diente slawischen magischen Ritualen für eine gute Ernte. Sie wurde in der von den Piasten am Ende des 10. Jahrhunderts auf einer Oderinsel gebauten Burg Opole-Ostrówek gefunden. Die Maske wurde in der Kulturschicht D2 an der südwestlichen Wand des Gebäudes Nummer 19 gefunden, zusammen mit einem hölzernen Objekt, das einen Ziegenbockkopf darstellt.
In der Nähe der Maske wurden weitere Gegenstände aus Holz gefunden, die sich ebenfalls mit den damaligen magischen Praktiken in Verbindung bringen lassen. In den 30er-Jahren des 11. Jahrhunderts kam es auf polnischen Gebieten zu einem Aufstand der Bevölkerung, der sich nicht nur gegen die fürstlichen Herrscher, sondern auch gegen die Kirche richtete. Die Folge war eine wesentliche Schwächung der Kirche in Polen. In dieser Atmosphäre des Widerstands gegen die Christianisierung kehrten verschiedene heidnische Rituale zurück. Wir wissen nicht, ob die in Oppeln gefundene Maske nur als Requisit bei verschiedenen Spielen und Volksritualen diente oder ob sie auch bei den durch Kirche verbotenen magischen Praktiken verwendet wurde. Die Entdeckung weiterer ebenfalls heidnischer Gegenstände in ihrer Nähe, (zum Beispiel eine Ziegenbockfigur aus Holz) bestätigt die Vermutung einer besonderen Funktion der Maske. Sławomir Moździoch

| Lit.: Cehak-Hołubowiczowa 1965

489 Kopfplanke

Wroclaw-Ostrow Tumski (Breslau-Dominsel), Polen
Eiche – L.163 cm, B. 6,4–13,2 cm
Breslau, Instytut Archeologii i Etnologii Polskiej Akademii Nauk, Inv.Nr. 176/61

Die Planke wurde im Gebäude eines slawischen Heiligtums entdeckt, das auf dem Holzbalkenboden des zerstörten Walls der Breslauer Burg gebaut wurde. Das Holz, aus dem das Brett gemacht wurde, ist im Winter 1032/33 gefällt worden, also in dem Jahr, als sich auf dem Gebiet der Piasten die sogenannte heidnische Reaktion ereignete. Damals ist höchstwahrscheinlich auch die Domkirche zerstört worden. Die Restitution des Bistums erfolgte erst zwischen

1049 und 1051. Vom Ausmaß des Niedergangs der Breslauer Kirche zeugt die Tatsache, dass die Erinnerung an den Breslauer Bischof Jan, den Thietmar von Merseburg unter dem Jahr 1000 erwähnt, aus den erhaltenen Listen der Breslauer Bischöfe für lange Zeit verschwunden ist. Als erster wird Bischof Hieronymus genannt, der den bischöflichen Stuhl in den Jahren 1049 bis 1051 innehatte.

Die Form der Holzplanke ist vergleichbar mit Funden aus slawischen Kultorten der Elbslawen (Polaben); ähnlich geschnitzte Bretter wurden in Groß-Raden, Parchim, Ralswiek und Raddusch entdeckt. Das Tempelgebäude knüpft an elbslawische Bauten an, möglicherweise weil an den Unruhen auf dem Gebiet der Piastenherrschaft heidnische Liutizen teilgenommen haben. Es könnte sich, was man Funden aus den typischen elbslawischen Fundgegenständen in den Schichten des Heiligtums schließen kann, um die Erbauer des Breslauer Sanktuars handeln.

Der Bau des heidnischen Heiligtums auf der Aufschüttung des Burgwalls in den 30er-Jahren des 11. Jahrhunderts (1032–1033), also über 60 Jahre nach dem Übertritt der Piasten zum Christentum, weist auf den geringen Grad der Christianisierung der polnischen Gesellschaft hin.

Sławomir Moździoch

490 Statue des Swantvit aus dem Fluss Zbrucz (Kopie)

Original: Wende 9./10. Jahrhundert oder 10. Jahrhundert
Das Original wurde 1848 im Fluss Zbrucz entdeckt und ist im Besitz des Muzeum Archeologicznego w Krakowie.
Gips (Original: Kalkstein) – H. 257 cm
Warschau, Państwowe Muzeum Archeologiczne w Warszawie, Inv.Nr. MR/289

Der Bildstein hat die Form einer länglichen Stele, an deren oberem Ende sich unter einer gemeinsamen hutartigen Kopfbedeckung vier Figuren befinden. Jede der vier Seiten wird durch horizontal umlaufende Profile in insgesamt drei Bildfelder mit figürlichen Darstellungen geteilt.

Die vier zuoberst angeordneten Figuren sind in einfache, gegürtete Gewänder gekleidet und weisen alle dieselbe Haltung auf: Ihre rechte Hand ist jeweils auf Brusthöhe erhoben, ihre linke nach unten gerichtet. Die erste Figur hält in ihrer Rechten ein Horn, die zweite einen Ring. Die dritte Figur ist ohne Attribute dargestellt, die vierte trägt einen am Gürtel hängenden Säbel in der Scheide; unter ihr befindet sich die Darstellung eines Pferdes. Diese letzte Gestalt ist als einzige halbfigurig dargestellt, die übrigen drei haben schematisch herausgearbeitete dünne Beine. Die mittlere Zone weist Darstellungen von zwei männlichen und zwei weiblichen Figuren mit übergroßen Köpfen und schematisierten Beinen auf, die in lockere Gewänder gekleidet sind. Sie strecken ihre Arme vom Körper nach außen weg. Neben dem Kopf einer dieser Figuren ist eine weitere, kleine menschliche Gestalt dargestellt. In der unteren Zone sind nur drei der vier Seiten gestaltet. Hier sind drei kniende Figuren mit erhobenen Armen dargestellt, von denen eine en face und die anderen beiden im Profil gezeigt.

Die trizonale Einteilung der Statue spiegelt wahrscheinlich die Vorstellungen ihrer Schöpfer von der Weltordnung wider: Die obere Zone stellt die Welt der Götter dar, die mittlere die Erde und die dritte die Unterwelt.

Magdalena Ruszkowska

| **Lit.**: Szymański 1996 (Lit.)

491 Sog. Kiewer Eier

a) Glasiertes Tonei
10. Jahrhundert
Czacz, Gemeinde Śmigiel, Kreis Kościan, Woiwodschaft Großpolen, Polen
Ton, mit dunkler (grüner?) Glasur bedeckt und mit einem gelben Ornament aus eingeschmolzenen Glasfäden verziert – Tonei mit einer Öffnung im Boden; ohne Klapperkugel im Inneren – das Tonei ist gebrochen und aus zwei Fragmenten zusammengeklebt – H. 3,9 cm, Dm. 3,2 cm, Dm. der Öffnung 0,4 cm
Posen, Archeological Museum in Poznań, Muzeum Archeologiczne, Inv.Nr. MAP TPP 2008: I.69

b) Glasiertes Tonei – Rassel
10. Jahrhundert
Lutomiersk, Kreis Pabianice, Woiwodschaft Łódź, Polen
Ton – Tonei mit einer Öffnung im Boden, in der eine Klapperkugel steckt – auf der Oberfläche Reste einer dunklen (grünen?) Glasur sowie eines Ornamentes in Form dunkler Klammern sichtbar – H. 4 cm, Dm. 3,5 cm; Dm. der Öffnung 0,4 cm
Posen, Archeological Museum in Poznań, Muzeum Archeologiczne, Inv.Nr. MAP TPP 2008: I.68

Der Brauch, künstliche Eier anzufertigen, stammt aus dem Altertum und wurde in Assyrien, Griechenland, Rom sowie in Asien und Nordafrika kultiviert.

Dem Ei wurde magische Bedeutung zugeschrieben, ferner galt es als Sinnbild für den Beginn des Lebens. Symbolisch war es mit Wiedergeburt und Fruchtbarkeit, aber auch mit der Ahnenverehrung verbunden: Eier sowie ihre Stein- oder Tonnachahmungen wurden deshalb Gräbern – insbesondere von Frauen und Kindern – beigegeben und an bestimmten Tagen des Jahres auf die Friedhöfe gebracht. Die in den frühmittelalterlichen Siedlungen und Burgen gefundenen Eier dienten im Gegensatz dazu sicherlich magischen Zwecken, die mit der Zeremonie der Eheschließung oder der Taufe verbunden waren, und hatten apotropäische und heilende Funktion.

Nachahmungen von Eiern traten besonders oft im 10. bis 13. Jahrhundert auf. Sie wurden aus weißem Ton oder Kalkstein hergestellt. Die Oberflächen wurden in der Regel mit mehrfarbiger Glasur bemalt, die wiederum mit Bögen, Rillen, umlaufenden Wellenlinien, Reihen von s-förmigen Linien verziert wurden. Sehr verbreitet war auch ein Ornament in Form von waagerechten Streifen mit kleinen Bögen oder Klammern, das als Lebensbaummotiv interpretiert wird. Manche dieser Eier sind massiv, andere dagegen sind innen hohl und besitzen eine Öffnung, durch die man Kügelchen in das Ei ein-

IX GLAUBEN WECHSELN – HERRSCHAFT SICHERN. MISSION AUF ANFRAGE   557

491

füllen konnte. Sie erzeugten Rasselgeräusche, die als Symbol des im Inneren verborgenen Lebens gedeutet wurden. Man glaubte auch, dass ein rasselndes Ei böse Geister vertrieb.

Obwohl die Entstehung einiger frühmittelalterlicher Toneier auf polnischem Boden nicht ausgeschlossen wird, überwiegt dennoch die Ansicht, dass die Mehrheit von ihnen „Importerzeugnisse" aus dem Gebiet der Kiewer Rus sind. Darüber hinaus findet man sie in den Siedlungsgebieten der Westslawen und vereinzelt auch im Raum Litauens, Lettlands, des Kaukasus, Skandinaviens und Rumäniens.

Magdalena Sprenger

| **Lit.**: Wörterbuch der slawischen Altertümer 4, S. 115f. (Zofia Hilczerówna: Art. Prapisanki [Ostereier]); Bukowska 1958; Nadolski/Abramowicz/Poklewski 1959, S. 88, 145f., Abb. 68; Luczak 1978; Kaczmarek 1998, S. 549, 553, 555; Wawrzeniuk 2004b, S. 146, 149

492   Zwei Kaptorgen

11. Jahrhundert
Wielonek, Gemeinde Ostroróg, Kreis Szamotuły, Woiwodschaft Großpolen, Polen
Silber; Anhänger aus Blech, in der Hälfte gebogen; ein Ende in einen rohrartigen Henkel aufgerollt, das zweite unter ihm angelötet; Seiten mit einem tränenförmigen Streifen verdeckt – Verzierung in Form einer Reihe von Pferdeköpfchen (vier bzw. sechs erhalten geblieben) und eines Filigrans in einer geometrischen Anordnung – Exemplar mit vier Pferdeköpfchen: H. 2,2 cm, B. 4,7 cm; Exemplar mit sechs Pferdeköpfchen: H. 2,2 cm, B. 5 cm
Posen, Archeological Museum in Poznań, Muzeum Archeologiczne, Inv.Nr. MAP TPP 2008: II.142, 143

Die Kaptorgen aus Wielonek sind kleine viereckige Anhänger, die geschlossene Kapseln mit einer verzierten Frontseite darstellen. Ornamentiert sind sie durch filigranverzierte Bänder mit Dreiecksmotiven und durch plastisch herausgetriebene stilisierte Pferdeköpfe mit modellierten Mähnen und kleinen Ohren. Neben ihrem unbestrittenen Schmuckcharakter erfüllten die Kaptorgen – die eine der bedeutendsten Errungenschaften der Goldschmiedekunst jener Zeit waren – auch die Funktion von Behältern, die der Aufbewahrung von Amuletten dienten. In ihrem Inneren wurden Gegenstände aufbewahrt, die ihren Besitzer schützen und ihm Glück bringen sollten (Samenkörner, Pflanzenfasern und andere pflanzliche Substanzen, Leinenstücke). Die magische Kraft der silbernen Kaptorgen aus Wielonek verstärkten die darauf dargestellten Tiere – Pferde, die für die Slawen eine besondere Bedeutung besaßen (man glaubte an ihre besondere Nähe zu den Gottheiten und befragte sie als Orakel) – sowie die Dreiecke, die die dreiteilige Natur der Welt, aber auch das männliche und das weibliche Element symbolisierten. Die Kaptorgen sind aus den westslawischen Gebieten, der Rus und aus Skandinavien bekannt. Auf polnischem Boden wurden sie auf Friedhöfen, in Burgen, Siedlungen und in Schatzfunden zwischen dem Ende des 9. und der Mitte des 13. Jahrhunderts aufgefunden. Die Kaptorgen aus Wielonek sind ein Teil eines Zufallsfundes (vor 1914), in dessen Bestand sich Silberschmuck (Ohrschmuck, Perlenschmuck, Lunula) sowie arabische Münzen befanden.

Magdalena Poklewska-Koziełł

| **Lit.**: Rajewski 1975; Kóčka-Krenz 1993; Kowańska 1999; Sztyber 1999; Andrałojć/Andrałojć/Silska/Szyngiera 2011

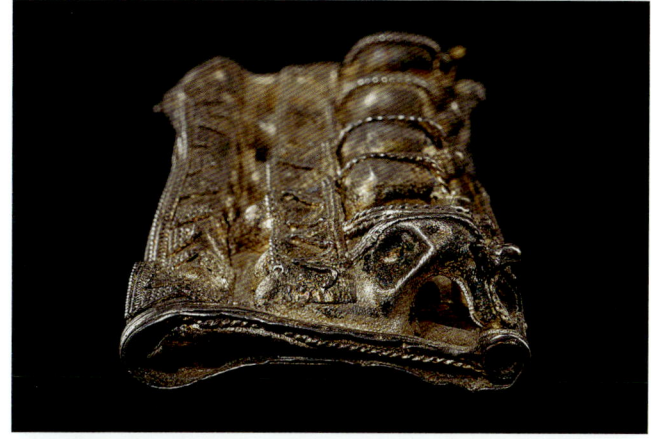

492

492

493 Kreuz aus Knochen

12.–13. Jahrhundert

Ujście, Kreis Piła, Woiwodschaft Großpolen, Polen

Knochen – Anhänger in Form eines lateinischen Kreuzes mit leicht an den Enden verbreiterten Kreuzarmen – H. 2,7 cm, B. 1,4 cm, T. 0,3 cm, Dm. der Öffnung zum Aufhängen 0,1 cm

Posen, Archeological Museum in Poznań, Muzeum Archeologiczne, Inv.Nr. MAP TPP 2008: III.22

Kleine, als Anhänger um den Hals getragene Kreuze waren Schmuckstücke mit symbolischer Bedeutung. Sie treten erst mit der Christianisierung auf und bekundeten die Religiosität ihrer Träger. Die sehr einfache Form dieses Kreuzanhängers deutet darauf hin, dass er zu einem Zeitpunkt hergestellt wurde, als die Symbolik des Kreuzes bereits so weit gefestigt war, dass allein die Form zum Verständnis der christlichen Inhalte – insbesondere als Zeichen der Erlösung – ausreichte. Höchstwahrscheinlich handelt es sich um ein Erzeugnis einer lokalen Werkstatt, die leicht zugängliche Materialien verwendete. Das kleine Kreuz aus Ujście wurde während der vom Archäologischen Museum in Posen im Gebiet der hiesigen Burg durchgeführten Ausgrabungsarbeiten gefunden. Die Burg liegt an der Mündung des Flusses Gwda (dt. Küddow) in den Fluss Noteć (dt. Netze) an der Grenze Großpolens zu Pommern. Im Frühmittelalter war Ujście eine Burg von großer militärischer Bedeutung. Im 12. Jahrhundert hielt sich hier der heilige Otto von Bamberg auf, der mit seinem Missionszug Richtung Pommern aufbrach.

Magdalena Poklewska-Koziełł

| Lit.: Leciejewicz 1961; Naumowiczówna 1963; Kóčka-Krenz 2002; Rębkowski 2007

494 Kruzifix aus Blei

10. Jahrhundert

Dąbrówka, Gemeinde Dopiewo, Kreis Posen, Woiwodschaft Großpolen, Polen

Blei, gegossen, gekerbt – H. 5,8 cm, B. 4,4 cm, T. 0,5 cm

Posen, Archeological Museum in Poznań, Muzeum Archeologiczne, Inv.Nr. MAP TPP 2008: III.2

Das Kruzifix aus Blei wurde in der frühmittelalterlichen Burg in Dąbrówka nahe Posen, archäologischer Fundplatz 1, gefunden. Man hat es in einfachem Gussverfahren und in Kerbschnitttechnik hergestellt. Der untere Teil des Kreuzes wurde angeschliffen, damit es auf einem tragbaren kleinen Altar (?) befestigt werden konnte. Stellenweise wird die Lesbarkeit der Darstellung durch die Patinierung erschwert. Die Figur Christi wurde teils sorgfältig (Hände) und teils schematisch ausgeführt. Wie es scheint, handelt es sich hier um eine Darstellung des lebendigen Christ-König am Kreuz, der zugleich mit den Insignien eines Hohepriesters (Diadem und Omophorion) ausgezeichnet ist. Die Füße ragten ursprünglich teilweise in die Öffnung hinein, in der das Kruzifix befestigt wurde.

Jarmila Kaczmarek

| Lit.: Naumowicz-Śmigielska 1974; Kat. Posen 2009, S. 85, 94

495 Bleibulle des Fürsten Bolesław Krzywousty (dt. Bolesław III. Schiefmund)

1121–1138

Głębokie, Gemeinde Kiszkowo, Kreis Gniezno, Woiwodschaft Großpolen, Polen

Blei – eine Hälfte der Siegelscheibe, die entlang der durch die Scheibenmitte geführten Rille für die Siegelschnur gebrochen ist, ist erhalten – Dm. 36 mm, T. 2,5 mm, B. der Rille für die Siegelschnur 2 mm

Posen, Archeological Museum in Poznań, Muzeum Archeologiczne, Inv.Nr. MAP TPP 2008: III.6

Auf der Vorderseite ist eine mittig stehende Gestalt zu sehen, die von einer umlaufenden Inschrift gerahmt wird: + […](L)AVI DV[.]IS

POL. Diese Umschrift lässt sich nach der Rekonstruierung wie folgt lesen: + [BOLEZ](L)AVI oder [WLADIZ](L)AVI DVCIS POLONIE (Bolesławs oder Władysławs des Fürsten Polens). Der Vorname des Fürsten tritt demnach im Genitiv auf, was im Vergleich mit anderen frühmittelalterlichen europäischen Siegeln nicht ungewöhnlich ist. Der Fürst hält in der rechten Hand eine Lanze. Die Waffe weist eine durch einen horizontalen Strich deutlich hervorgehobene Übergangszone zwischen Lanzenblatt und Tülle auf, was als unpräzise Darstellung einer Lanzenspitze fränkischen Typs interpretiert wird. Es ist schwer zu sagen, ob die Person des Herrschers mit oder ohne Kopfbedeckung dargestellt ist.

Auf der Rückseite befindet sich die Gestalt eines Heiligen. Die Umschrift ermöglicht ihre Identifizierung: +S ADALBE(R)[TVS …] (heiliger Adalbert). Er hält ein Buch vor der Brust. Links vom Kopf des heiligen Adalberts befindet sich eine Wölbung, die möglicherweise das Fragment einer Bischofsstabskrümme oder eine im Segensgestus ausgestreckte Hand darstellt. Auf der Brust des Heiligen ist das Humerale (Schultertuch) sichtbar.

Die Analyse der ikonographischen Inhalte auf Siegeln und Münzen der frühmittelalterlichen Herrscher aus dem Piastengeschlecht lässt schlussfolgern, dass die Bulle Bolesław Krzywousty (dt. Bolesław Schiefmund, reg. 1102–1138) gehörte. Der heilige Adalbert als Schutzpatron Polens erscheint unter anderem auf Brakteaten dieses Herrschers. Der Zeugniswert des Objekts wird dadurch betont, dass nur ein einziges Siegel der Piasten-Dynastie aus der Zeit vor Bolesław Krzywousty bekannt ist – dies ist das Wachssiegel seines Vaters Władysław Herman (reg. 1079–1102). Die Bulle konnte der Beglaubigung von Urkunden und auch der Sicherung von Truhen und Reliquiaren dienen.

Seitdem die Bulle im Jahre 2002 im Ort Głębokie gefunden worden war, wurden noch vier weitere Bullen entdeckt, und zwar in Posen, Gnesen, in der Gegend von Płock sowie unweit von Brześć Kujawski. Die gesamte Gruppe der fünf oben erwähnten Objekte, die in zwei Arten unterschieden werden kann, wird Bolesław Krzywousty zugeschrieben.

Mateusz Sikora

| Lit.: Andrałojć/Andrałojć 2006; Jurek 2006, S. 165; Dębska/Dębski/Sikora 2008, S. 106–108; Andrałojć/Andrałojć 2009

496 Friesplatte mit Vogeldarstellung

12. Jahrhundert

Ląd, Gemeinde Lądek, Kreis Słupca, Woiwodschaft Großpolen, Polen

Ton mit Beigabe von Sand – rechteckige Platte mit einem Reliefornament; Darstellung eines Vogels mit geöffnetem Schnabel, der Kopf nach hinten gerichtet, beide Flügel nach oben erhoben; das Gefieder des Vogels durch ein plastisches Relief auf den Flügeln, dem Schwanz und dem Rumpf dezent betont – Auf der Außenfläche sichtbare Spuren der Wirkung von hohen Temperaturen (Brand?) – H. 19,3 cm, B. (rekonstruiert) 16,3 cm, T. 3,5 cm

Posen, Archeological Museum in Poznań, Muzeum Archeologiczne, Inv.Nr. MAP TPP 2008: III.23

496

Die Platte wurde in der frühmittelalterlichen Burg in Ląd an der Warthe entdeckt, innerhalb des Friedhofs, der – wie es scheint – mit einer der zwei Burgkirchen verbunden war, die in den schriftlichen Quellen aus dem 13. Jahrhundert erwähnt werden. Gefunden wurden Baumaterialien (unter anderem einzelne Sandsteinblöcke), Glasbruchstücke, Fragmente von bleiernen Fensterrahmen sowie Keramikplatten mit Tier- und Pflanzendarstellungen. Diese Platten, die wohl einen Teil des Wandfrieses bildeten, sind technisch zwar sehr einfach hergestellt worden (Keramikmasse, Brennverfahren), zeichnen sich jedoch durch die hohe Qualität ihrer Darstellungen aus (Komposition, Details der Zeichnung), die voraussetzt, dass die ausführenden Künstler mit der romanischen Kunst vertraut waren. Der auf der Platte dargestellte Vogel wird als Falke interpretiert, worauf der aggressiv geöffnete Hakenschnabel, die scharfen Krallen und der spitz abgeschlossene, erhobene Flügel deuten. Im Mittelalter galt der Falke als Sinnbild des Ritterstandes, da er Kampflust, Strenge, Leistungsfähigkeit, aber auch Edelmut und Treue symbolisierte. Die Falkenjagd wurde für die höchste Form der Jagdkunst gehalten, auch war das Falkenmotiv in der Heraldik sehr verbreitet.

Magdalena Poklewska-Koziełł

| Quelle: Codex diplomaticus maioris Poloniae 1, Nr. 192, 222
| Lit.: Zeylandowa 1978; Zeylandowa 1983; Brzostowicz 2005

497 Helm

10./11. Jahrhundert
Giecz, Gemeinde Dominowo, Kreis Środa Wielkopolska, Woiwodschaft Großpolen, Polen
Der Kern der Helmglocke wurde aus Eisen hergestellt und mit vergoldetem Kupfer plattiert sowie mit aufgesetzten Kupfer- und Eisenverzierungen bedeckt – Ein Teil der Verzierungselemente des Helmes ist nicht oder nicht vollständig erhalten geblieben – H. 21 cm, Dm. der Krempe 20 cm
Posen, Archeological Museum in Poznań, Muzeum Archeologiczne, Inv.Nr. MAP TPP 2008: II.99

Der Helm hat eine konische, glockenartige Form. Er besteht aus vier kegelförmigen Blechen, die mit vergoldeten Kupferplatten besetzt sind. Die Ränder der Kupferplatten sind wellenförmig geschnitten. Zwei Platten – die vordere und die hintere – überlappen die Seitenplatten. Im unteren Teil wurde der Helm ursprünglich durch ein angenietetes Eisenband verstärkt. Hier finden sich kleine ringförmige Löcher, an denen die Kettenhaube aufgehängt war (nicht erhalten). Vierblättrige, aufgenietete Rosetten schmücken die Kupferplatten. Eine punzierte doppelte Perlenreihe säumt die Ränder der Rosettenblätter; dieselbe Punze wurde auch zur Ausschmückung der wellenförmigen Zwischenräume zwischen den Kupferplatten verwendet. Die Regelmäßigkeit der Perlen kann darauf hindeuten, dass eine Punze mit einem zweiteiligen Ende verwendet wurde. Auf die Helmspitze wurde eine nicht erhalten gebliebene, aber auf einem Archivfoto aus dem Jahr 1913 noch sichtbare Muffe aufgesetzt, die ursprünglich mit vier Nieten befestigt war. In der Muffe konnte ein Federbusch oder eine Pferdemähne befestigt werden.

Der Helm aus Giecz steht für die Gruppe der gleichartigen Spangenhelme aus dem Gebiet Großpolens. Die übrigen Exemplare wurden in Gnesen, Gorzuchy im Kreis Kalisz und in Olszówka (ehemals Dimitrowo) im Kreis Turek entdeckt. Ihr östlicher Charakter, auf den die Waffenkundeexperten hinweisen, wurde durch weitere, auf das 10. bis 13. Jahrhundert datierte Funde im Gebiet der Rus bestätigt. Dabei wird betont, dass die Form der Helme aus dem Persien der Sassanidenzeit stammt. Die Kiewer Rus gilt demnach als das frühmittelalterliche Hauptherstellungszentrum dieser Helmart. Von dort aus hätten sie in den Westen ausgeführt werden können.

Nach Polen gelangten sie höchstwahrscheinlich als Kriegsbeute. Einer Hypothese nach soll diese Art von Spangenhelmen eine kurze Zeit lang in Großpolen hergestellt worden sein (von Ansiedlern oder Gefangenen). Diese These wird jedoch nur selten vertreten, denn bereits damals galten diese Helme als veraltet, denn ihre Verwendung erforderte zusätzliche Modifizierung, um sie der aus dem Westen erworbenen Ausrüstung anzupassen. In Polen – wahrscheinlich wie in der Rus – wurden sie von höheren Adligen und Befehlshabern verwendet, darauf deuten der Reichtum und der Aufwand der Verzierungen hin. Es ist jedoch schwer zu sagen, ob sie ausschließlich zu repräsentativen Zwecken oder – wie in der Rus – auch im Kampf verwendet wurden.

Mateusz Sikora

| Lit.: Bocheński 1930; Nadolski 1960, S. 115–118; Żygulski 1975, S. 78–80; Nadolski 1994, S. 64–66

498 Medienstation zur Burganlage in Posen (Rekonstruktion)

Posen, Archeological Museum in Poznań, Muzeum Archeologiczne
bearbeitet durch das LWL-Medienzentrum, Münster

Die filmische Rekonstruktion zeigt die Burganlage in Posen um das Jahr 1000. Die Stadt gilt als Sitz des ersten Bischofs in Polen. Bischof Jordan kam 968 mit der christlichen Ehefrau Mieszkos I. als Missionsbischof in das Piastenreich. Die Burganlage auf einer Insel in der Warthe erfährt in dieser Zeit einen großen Ausbau. Eine zweite befestigte Anlage entsteht als Vorburg für die profane Besiedlung. Gewaltige über zehn Meter breite Holzerdewälle sichern die Pfalz des Herrschers mit einem kleinen Sakralbau und einem weiteren Sakralbezirk mit einer Taufkirche und einer dreischiffigen Basilika, die Ende des 10. Jahrhunderts errichtet wurde. Als Vorbild dürfte die ottonische Klosterkirche in Memleben gedient haben. Zwei exponierte Gräber im Kirchenrau gelten als Begräbnisplätze der ersten christlichen Piastenherrscher Mieszko I. und Bolesław I. Chrobry.

Martin Kroker

| Lit.: Kara 2000; Kóčka-Krenz 2012; Rodzińska-Chorąży (siehe Bd. I, S. 389–394)

499 Staurothek (Pektorale)

2. Hälfte 10. bis 1. Hälfte 11. Jahrhundert
Ostrów Lednicki, Gemeinde Łubowo, Woiwodschaft Großpolen, Polen
Silber; Vorderplatte: Silber, vergoldet, mit einer ausgeschnittenen Öffnung in Form eines Kreuzes; zwischen den Kreuzarmen vier kleine Rosetten; auf dem rechten Kreuzarm das Christusmonogramm XC; – Futteral (verloren): schwarzer Bernstein und Leder mit Prägung des gekreuzigten Christus; drei Stofffragmente – H. 5 cm, B. 5,6 cm
Lednogóra, Museum of the First Piasts at Lednica, Inv.Nr. MPP 301/62

Das Objekt stammt von der im See Lednica gelegenen Insel, also aus dem ursprünglichen Zentrum des polnischen Staates. Es wurde in der Zerstörungsschicht einer einschiffigen Kirche gefunden. Seine Form und die ausgeschnittene kreuzförmige Öffnung deuten darauf hin, dass es sich um ein Reliquiar – eine sogenannte Staurothek (griechisch *stauros* – Kreuz, *thekē* – Behältnis) – handelt. Staurotheken dienten der Aufbewahrung von Partikeln des Heiligen Kreuzes. Sie haben sich in vielen unterschiedlichen Formen erhalten, am bekanntesten ist die Kreuzform, es gibt aber zum Beispiel auch Triptychon-Staurotheken, oder solche in Form von Tafeln oder Ikonen, die Kreuzpartikel enthalten. Kreuzförmige Staurotheken treten in der Periode vom 4. bis zum 11. Jahrhundert auf, während der Ikonen- und der Triptychontyp erst zwischen dem Ende des 10. Jahrhunderts (bzw. der Mitte des 11. Jahrhunderts) und dem Ende des 12. Jahrhunderts entstanden ist. Hauptdepositäre von Kreuzreliquien waren die byzantinischen Kaiser, Staurotheken findet man jedoch in allen Hauptstädten der christlichen Welt (Jerusalem, Rom) sowie an den Höfen vieler Herrscher. Kreuzreliquien gelangten auch in das Gebiet des polnischen Staates, sowohl an die Höfe der Herrschergeschlechter als auch in Kirchen verschiedenen Ranges. Sie befanden sich unter anderem in: 1. Gnesen (Kathedralschatzkammer), 2. Krakau (Wawel), Kathedral- und Königsschatzkammer (mehrere Kreuzreliquien), 3. in anderen Kirchen Krakaus, 4. in Lublin, 5. in der Stiftskirche von Łęczyca (Tafelförmige Staurothek aus Konstantinopel; drittes Viertel des 11. Jahrhunderts; nach Polen gelangte sie gegen 1161), 6. in Święty Krzyż, 7. in Miechów, 8. in Nowa Oleśnica, 9. in Ostrów Lednicki, 10. in Posen, 11. in Breslau (in einigen Kirchen). Bis auf wenige Ausnahmen gelangten Kreuzreliquien erst relativ spät nach Polen – überwiegend in der Zeit vom 13. bis zum 15. Jahrhundert. Für die erste Hälfte des 12. Jahrhunderts existiert eine Quelle, die Hinweis darauf gibt, dass sich auch im Besitz der polnischen Dynastie, am Hof von Bolesławs Krzywousty, Kreuzreliquien befunden haben, eine Schenkung des Klosters Zwiefalten. Das früheste nachgewiesene Kreuzreliquiar in Polen ist die Staurothek aus Łęczyca (aus dem dritten Viertel des 11. Jahrhunderts, seit der zweiten Hälfte des 12. Jahrhunderts in Polen); das in die zweite Hälfte des 12. Jahrhunderts datierte Wawel-Reliquiar gelangte mit großer Wahrscheinlichkeit erst im Jahre 1420 auf polnisches Gebiet.

Die Staurothek von Lednica ist hingegen das einzige bisher bekannte Reliquiar, das mit einem konkreten Ort in Verbindung gebracht werden kann und *in situ* aufgefunden wurde. Es ist auch das älteste erhaltene Reliquiar im Staat der Piasten. Die sich aus der formal-stilistischen Einordnung des Objektes ergebende Datierung stimmt mit der Datierung der Kulturschicht (III 5-7), aus der es stammt, überein. Ein wesentliches Merkmal, das Rückschlüsse auf die Herkunft des Kunstwerkes zulässt, ist das ausgeschnittene Kreuz in der Oberseite, das charakteristisch für Staurotheken ist, die in byzantinischen Goldschmiedewerkstätten entstanden sind. Die kreuzförmige Öffnung ermöglicht den Gläubigen den direkten Kontakt mit der Reliquie – ein wichtiges Element innerhalb der byzantinischen Liturgie. Auch die die äußere Kontur des Reliquiars umlaufende punzierte Punktreihe ist ein ornamentales Motiv, das häufig auf Goldschmiedearbeiten der mittelbyzantinischen Periode auftaucht– hier allerdings meist in Form granulierter Perlen. Ein weiterer Punkt, der eine östliche Herkunft der Staurothek wahrscheinlich macht, ist die Christus-Darstellung auf dem (heute verlorenen) Futteral: Mit geöffneten Augen und gekleidet in ein langes Gewand, das lediglich die Füße und die Hände unbedeckt lässt, hängt Christus am Kreuz. Jegliche Spuren von Leid und Tod fehlen. Die überlieferte Ikonographie des Staurothek-Futterals von der Insel Ostrów Lednicki betonte also die göttliche Natur des über Leid und Tod triumphierenden Christus. Vergleichbare Darstellungen des Gekreuzigten finden sich zum Beispiel in einer Miniatur im Psalter Pantokratoros 61, entstanden nach 950 auf dem Berg Athos, oder auch auf einem Reliquiar aus dem 10. Jahrhundert in der Sammlung des Georgischen Nationalmuseums in Tiflis. Sowohl das erhaltene Christusmonogramm XP auf der Vorderseite als auch die besondere Christusdarstellung auf dem Futteral sind deutliche Hinweise auf eine byzantinische Herkunft des Reliquiars bzw. auf eine Herkunft aus einer nach byzantinischen Vorbildern arbeitenden Werkstatt aus der Zeit Ottos II. und seines Nachfolgers. In der Forschung wurde die Möglichkeit erwogen, dass die Staurothek möglicherweise eine Gabe des westlichen Kaisers an die Piasten gewesen war (ein Geschenk Ottos I. für Mieszko I. zur Erinnerung an die Taufe des polnischen Herrschers oder eine Gabe Ottos III. an Bolesław Chrobry). Dieses älteste Kreuzreliquiar auf polnischem Boden ist eine deutlich schlichtere Variante der reichen byzantinischen Staurotheken. Das Gold wurde hier durch Silber ersetzt, die Technik der Granulation durch ein Pseudo-Perlen-Ornament imitiert und die ausgefeilte Ikonographie auf eine schematische Christus-Darstellung auf dem Staurothek-Futteral reduziert.

Janusz Górecki

| **Lit.**: Górecki 2000; Kat. Berlin/Mannheim 2000, S. 405, Nr. 18.05.01 (Janusz Górecki); Górecki 2009

500 Brun von Querfurt, Passio des heiligen Adalbert von Prag

Süddeutschland, Ende 12. Jahrhundert
Pergament mit einigen schlichten Federzeichnungen (Initialen) – Einband: Kalbsleder über Holz – H. 23 cm, B. 17,5 cm (fol. 219A: H. 14 cm); 277 Bll. (Passio Sancti Adalberti: fol. 204v-219Av)
Admont, Benediktinerstift, Sign. Cod. 393

Der Cod. Admont. 393, ein Passionale aus einem süddeutschen Skriptorium, enthält 47 Lebens- und Leidensgeschichten von heiligen Männern und Frauen. In der Hauptsache handelt es sich dabei um Märtyrer der alten Christenheit, doch sind auch mehrere Perso-

Incipit Passio S̄cī Adalberti ep̄i & martyris.

NASCITVR
NASCITVR PVRPVREVS
FLOS. boemicis terris. maior filius
ex parentibus magnis. aureum pomum exiuit
e nobilibus ramis. pgreditur pulc̄ facie s; pul
crior fide. WOITIECH puerulus. q̄d nom̄ inter
pretatum sonat. consolacio exercitus. Pat̄ suus
magnus & prepotens erat. substancia eius integra
possessio diffusa est. cui mortalium felicitatū copia
sub se positorum. hominum vnda. familia multa pstrepens. argen
to & auro plena domus. Cum esset dn̄s terre. fuit vir mediocris.
homo. oracio rara s; habitauerat secum m̄ia bona neglecta castitas.
& paupum cura larga. Mater ex claro genere sclauo̧. erat nobi
lissima. digna iugalis. iuncta digno marito. marito uidticc̄. qui re
ges tangit linea sanguinis. que longe lateq̧; iura dante hodie t̄mitt.
Heinrico regi accessit primus nepos. femina eius ut aiunt casta
moribus. plena elemosinis. fidem loquens opibus. nobilitati sue
pulcrum responsum dedit. §. discipula uirtutis. bn̄ sit rea custos
fris. nam dum zelat helo castitatis. dum sit familiarius famula
oracionis. dat uiro occasionē peccandi. n̄ cū una. s; feminarū
turba. bonus pat̄ s; melior māt. optimus qui nascitur ex ipsis.
Lacte plenus interea paruulus homo febricitat. morte in ōma
parentibus minatur. fletū mouet oculis uidencium suos
sydereos uultus. Pater fecit spissum gressum ad puerū. quē amat
pre filiis filium. testatur crebris lacrimarum stillis. quantus
uiuat amor pueri in uisceribus patris. Mors amara in foribꝰ
ecce salus occurrit bn̄ cogitantibus. Dixerunt enim terre pa

nen darunter, die im Früh- und Hochmittelalter (auch) in Deutschland gelebt und gewirkt haben: Emmeram, Gamelbert, Gangolf, Liudger, Adalbert von Prag und Kilian.

Bischof Adalbert von Prag wurde am 23. April 997 während einer Missionsreise bei den baltischen Prußen ermordet. Mit der Todesnachricht setzte alsbald seine Verehrung als Märtyrer ein (die Heiligsprechung erfolgte schon 999), und wenige Jahre später entstanden zwei Lebensbeschreibungen. Die ältere „Vita", ehemals wegen ihres vermeintlichen Entstehungsortes als „römische Vita" bezeichnet, wurde dem Mönch Johannes Canaparius zugeschrieben; der aus Querfurt bei Meersburg gebürtige Brun (*ca. 974, †1009), der seine Ausbildung ebenso wie Adalbert an der Domschule von Magdeburg erhalten hatte, schuf die jüngere „Passio", die ehemals als „sächsische Vita" bezeichnet wurde.

Diese in verhältnismäßig wenigen Textzeugen überlieferte „Passio Sancti Adalberti" liegt in einer längeren, wohl 1004 entstandenen, und in einer kürzeren Fassung vor, die um 1008 entstand. Innerhalb dieser zweiten Fassung lässt sich eine ältere von einer jüngeren Redaktion unterscheiden; die erstgenannte ist außer in Cod. Admont 393 nur in einer (gleichfalls aus dem 12. Jahrhundert stammenden) Münchner Handschrift enthalten.

Bruns „Passio Sancti Adalberti", offenbar als Gegenstück zur „Vita" konzipiert, schildert das Martyrium des Heiligen besonders ausführlich, doch hebt sie auch Adalberts vorbildliche Lebensführung stark hervor und macht seinen Weg zur Heiligkeit als lebenslangen Prozess ersichtlich. Darüber hinaus verdeutlicht sie die Vorstellungen des Verfassers, der selbst als Missionar gewirkt hat, von Wesen und Bedeutung der Heidenmission. Unter Berücksichtigung der Reichsgeschichte zeigt Brun die Verbindung von Ostpolitik und Missionserfolgen auf und erläutert die Notwendigkeit einer aktiven kaiserlichen Missionspolitik.

Johann Tomaschek

| Quellen: Brun von Querfurt, Passio Adalberti (AQ 23); Brun von Querfurt, Vita s. Adalberti

| Lit.: Die deutsche Literatur des Mittelalters. Verfasserlexikon 1, Sp. 1053–1056, zur „Vita Adalberti" Sp. 1054 (Dieter Berg: Art. Brun von Querfurt); Lotter 1997; Kat. Berlin/Mannheim 2000, S. 284, Nr. 11.01.19 (Kerstin Schulmeyer); Strzelczyk 2005, S. 15f. (zur „Passio Sancti Adalberti")

501 Schwertknauf

10./11. Jahrhundert (in der Kulturschicht aus der zweiten Hälfte des 11. Jahrhunderts)
Gnesen, Woiwodschaft Großpolen, Polen, archäologischer Fundplatz 15d (Lech-Berg, Gartenensemble – nördlicher Teil, sog. Burg des Fürsten)
Elfenbein (?) – H. 3,5 cm, B. 7,5 cm, T. 2,2 cm
Gnesen, Muzeum Początków Państwa Polskiego, Inv.Nr. 1982: 7/29; AW/208

Der Schwertknauf wurde in einer Kulturschicht gefunden, die den Damm der Verteidigungsanlage bedeckte und die unter anderem durch Münzfunde auf die zweite Hälfte des 11. Jahrhunderts datiert wird. Er hat eine fünfteilige fächerähnliche Form und eine vertikale Bohrung in der Mitte, die zur Befestigung an der Griffangel diente. Der mittlere Teil der einen Seite ist mit einer Flechtbandverzierung irisch-schottischer Art geschmückt, die an die frühen skandinavischen Borre- und Jellingestile anknüpft. Der Knauf stammt möglicherweise von einem Schwert des Typs R oder S gemäß der Klassifikation nach J. Petersen und des Typs IV gemäß derjenigen nach R. E. M. Wheeler. Folglich kann er also Teil eines an der Wende des 10. zum 11. Jahrhunderts entstandenen Schwertgriffs sein. Seine Entstehung fällt damit in die Zeit der Gnesener Übereinkunft im Jahr 1000 und der Konsolidierung des polnischen Staates unter der Herrschaft von Bolesław Chrobry im ersten Viertel des 11. Jahrhunderts. Wahrscheinlich wurde der Knauf im südwestlichen Skandinavien oder im Kulturkreis des ottonischen Reiches hergestellt. Es lässt sich lediglich vermuten, dass er einem Mitglied der fürstlichen Truppen gehörte.

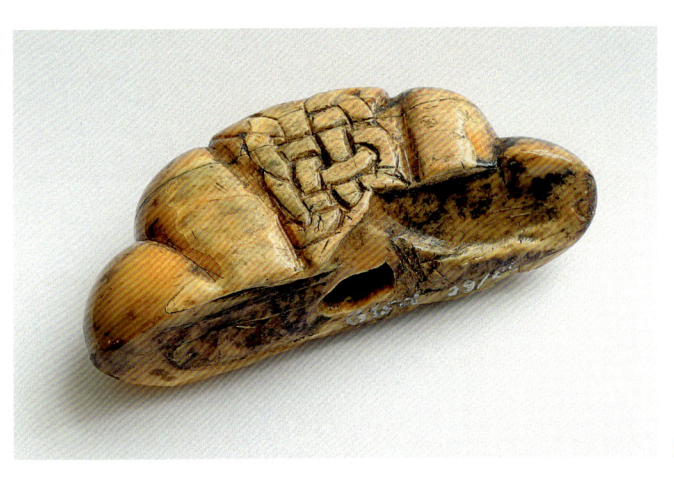

Tomasz Sawicki

| Lit.: Petersen 1919; Wheeler 1927; Sawicki 1990

502 Ring

12.–13./14. Jahrhundert
Insel Ostrów Lednicki, Kreis Gnesen, archäologischer Fundplatz 1 (mittelalterliche Stadt auf der Insel des Lednica-Sees), Bronze – Dm. 2,1 cm, B. des Ringreifens 0,2–0,3 cm; B. des Ringkopfes 0,9 cm
Gnesen, Muzeum Początków Państwa Polskiego, Inv.Nr. 1998:5/586; AW/321

Der Ring aus Bronzedraht hat einen flach gewölbten Querschnitt und eine große, ovale Ringplatte. Diese ist durch ein Kreuz mit vier gleich langen und an den Enden verbreiterten Armen verziert, das durch einen doppelten Rahmen in Rhombenform eingefasst wird. Die an die Ringplatte angrenzenden Teile des Ringreifs sind mit Querrillen verziert. Der Ring wurde in einem Grab auf einem großen Reihenfriedhof innerhalb der mittelalterlichen Stadt auf der Insel des Lednica-Sees gefunden. Der Raum, in dem Ringe mit einer Ringplatte aufgetreten sind, ist auf die polnischen Gebiete eingegrenzt; westlich der Oder wurden sie nicht getragen. Der Ring mit einem Kreuz zeugt von einer fundierten Rezeption des Christentums bei der Bevölkerung in den wichtigen Siedlungszentren im Polen der frühen Phasen des Frühmittelalters. Tomasz Janiak

| Lit.: Wrzosek 1961; Kóčka-Krenz 1993

503 Medienstation zur Burganlage in Gnesen (Rekonstruktion)

Gnesen, Muzeum Początków Państwa Polskiego, Münster, LWL-Medienzentrum
Bearbeitet durch das LWL-Medienzentrum, Münster

Die filmische Rekonstruktion zeigt die Burganlage in Gnesen Anfang des 11. Jahrhunderts, nach dem Ausbau der Siedlung zum Hauptsitz der polnischen Herrscher. Die Burg wurde auf einem gut geschützten Hügel errichtet, der von allen Seiten mit Wasser umgeben war. Die mächtigen Holzerdewälle der Befestigung umfassen vier Burgteile: um die Hauptkirche, den Sitz des Herrschers und um die profanen Siedlungen. Der Bischofskirche des 11. Jahrhunderts ist eine kleine Rotundenkirche mit Apsis vorausgegangen, in der Dobrawa, die christliche Ehefrau Mieszkos I., und der heilige Adalbert bestattet worden sind. Im Verlauf des 11. Jahrhunderts wurde dieser Bau durch eine dreischiffige Basilika mit einem Ziborium für den Heiligen ersetzt. Der Einfall des böhmischen Herzogs Bretislav führte zu größeren Zerstörungen auf der Burg und an den Sakralbauten, die bis zum Ende des 11. Jahrhunderts wieder behoben werden konnten. Gnesen blieb auch nach dem „Umzug" der polnischen Könige Sitz des polnischen Erzbischofs. Martin Kroker

| Lit.: Sawicki 2000; Rodzińska-Chorąży (Bd. I, S. 389–394)

504 Grabbeigaben des Bischofs Maurus von Krakau

Krakau(?), vor 1118

a) Kelch aus dem Grab des Bischofs Maurus
Silber – H. 8 cm, Dm. (Kuppa) 5,6–5,8 cm, Dm. (Fuß) 6–6,2 cm
b) Patene aus dem Grab des Bischofs Maurus
Silber – Dm. 8,4 cm
c) Ring aus dem Grab des Bischofs Maurus
Gold, graviert; Smaragd – H. 3,3 cm, B. 1,3 cm
d) Teil eines Bischofsstabs
Elfenbein – Dm. 3,8 cm, B. 1,8 cm
Krakau, Skarbiec Katedry na Wawelu w Krakowie, ohne Inv.Nr.

Kelch, Patene, Ring und das Fragment eines Bischofsstabs stammen aus dem Grab des Bischofs Maurus von Krakau (amt. um 1110–1118). Das Grab wurde 1938 in der Krypta St. Leonard am Wawel aufgefunden und geöffnet. Maurus stammte wahrscheinlich aus Italien, Frankreich oder Nordafrika und war an einigen Stiftungen von Adelskirchen beteiligt. Er weihte in seiner Amtszeit auch eine Kirche auf dem Wawel-Hügel.
Kelch und Patene finden sich als liturgische Objekte (*vasa sacra*) und Ausrüstung eines Bischofs häufig unter den Beigaben in Bischofsgrablegen. Die Darstellung auf der Patene zeigt die segnende Hand Gottes aus dem Himmel kommend vor dem Hintergrund eines Kreuzes. Die Hand steht stellvertretend für Stimme und Handeln Gottes. Das auf der Patene abgebildete Kreuz symbolisiert das Opfer Jesu und verweist auf die Funktion der Patene als Hostienteller, auf

dem Christus während der Eucharistiefeier am Altar wesenhaft gegenwärtig ist. Die segnende Hand Gottes ist ein häufig anzutreffendes Motiv auf Patenen in Polen und Europa. Der Ring sowie Teile des Bischofsstabes deuten auf die priesterliche Würde des Bischofs Maurus hin. Er wird bei Pontifikalhandlungen und im Alltag getragen. Die Inschrift auf der Innenseite lautet: Mavrs.EPC.

Krakau, gelegen im südlichen Polen an der Oberweichsel, wurde im 6. und 7. Jahrhundert slawisch besiedelt. Bald ab den 980er-Jahren nahm der Polenfürst Mieszko I. Krakau in Besitz und auf dem Hügel wurden sakrale und profane Bauten errichtet. Unter der Familie der Piasten wird der Ort nicht nur zu einem der wichtigsten Herrschaftssitze, sondern auch zum Bistum. Seit dem Akt von Gnesen im Jahr 1000 gehört Krakau nicht nur zum Erzbistum Gnesen als Suffragan, sondern beherbergt auch den Bischof und einen Dom. Nach 1040 wird es zur Hauptresidenz der polnischen Fürsten.

Christine Beyer/Nina Marschler

| **Lit.:** LexMA 6, Sp. 416f. (Jerzy Strzelczyk: Art. Maurus); RGA 17, S. 295–299 (Jerzy Strzelczyk: Art. Krakau); Pianowski 2000; Lübke 2004; Petzel 2009

505 Tafel mit Credo-Inschrift aus dem Grab Bischof Maurus'

Blei, graviert – H. 29 cm, B. 45 cm
Krakau, Skarbiec Katedry na Wawelu w Krakowie, ohne Inv.Nr.

Diese Grabplatte gehörte wie Kelch, Patene, Ring und Bischofsstabfragment (Kat.Nr. 504) ebenfalls zum Grab des Bischofs Maurus von Krakau (amt. um 1110–1118). Die aus Blei bestehende Platte zeigt außer dem Namen und dem Todesdatum des Würdenträgers auch ein eingraviertes Credo (Glaubensbekenntnis). Das Credo („Ich glaube") ist bis heute wichtiger Bestandteil des christlich-katholischen Gottesdienstes. Das in die Platte eingravierte „Credo" ist wahrscheinlich einer der ältesten archäologischen Hinweise auf das Glaubensbekenntnis und verweist auf das etablierte Christentum in Polen.

Christine Beyer/Nina Marschler

| Lit.: LMA 3, Sp. 337–339 (Georg Langgärtner/Dietmar von Hübner: Art. Credo); Walanus 2011

506 Pontifikale

Polen (?), Frankreich (?), 11./12. Jahrhundert
Pergament – Handschriften mehrerer Personen zu erkennen, mit zahlreichen zoomorphen und ornamentalen Initialen verziert – Einband restauriert im Jahre 1978; am Rücken wurden die erhalten gebliebenen Lederfragmente des Einbandes aus dem 15. Jahrhundert aufgeklebt – H. 23 cm, B. 16 cm; 152 + VI Bll.
Krakau, Biblioteka Jagiellońska, Sign. Ms. BJ 2057

Dieser Codex, seit dem 18. Jahrhundert in der Bibliothek der Jagiellonen-Universität aufbewahrt, enthält das fast vollständig erhalten gebliebene Pontifikale (mit geringen Verluststellen). Traditionell wird angenommen, dass dieses Buch das erste von den Bischöfen

ante quā dicaſ ꝑque hec omīa dn̄e ſep
bona creaſ. leuantū de ampullıſ q̄ſ offer
ppti ⁊ benedicat tā papa domn̄ quaomīſ
pr̄br̄ı. Moſē romanę ęcclę ut ınıſectu
corporıſ ⁊ ſanguınıſ dn̄ı aſſınt pr̄br̄ı
et ſımul cū pontıfıce oleū pr̄br̄ı c̄ſıcıaꞃ

Oportet ut ſımılı m̄ ſımul cū pontıfıce
oleū pr̄br̄ı c̄ſıcıant. Exorcıſmī oleı
pınfırmıſ ⁊ ppt̄o. Ante quā dıcaſ ꝑque
hec omīa dn̄e ſep bona creaſ

Exorcızet oleū ut tantū poſſıt acırcun
ſtantıbuſ audırı. Ita:

EXORCIZO TE
ınmundıſſıme ſpırıtuſ omīſq;

incursio satane & om̄e fantasma · in no
mine patris · & filii · et sp̄s sc̄i · ut recedā
ab hoc oleo ut possit effici unctio spi
ritualis ad corroborandū templum
d̄i uiui · ut in eo possit sp̄s sc̄s habitare ·
p̄ nom̄ d̄i patris om̄ptis · & p̄ nom̄ d̄i
lectissimi filii ei° dn̄i n̄ri ih̄u xp̄i ·
Qui uenī. Item benedictio eiusdem ·

MITTE D̄NE SP̄M
tuū paraclitū de cęlis in hanc pin
guedinē oliuę · quā de uiridi ligno
p̄ducere dignatus es ad refectionem
mentis & corporis · ut tua sc̄a benedic
tione sit omni ungenti tangenti

verwendete Pontifikale nach der Gründung des Bistums in Krakau war. Es ist jedoch auch wahrscheinlich, dass das Buch anfangs dem Gnesener Erzbischof gedient hatte und erst von Gnesen nach Krakau gebracht wurde. Es ist leider nur schwierig zu bestimmen, in welchem Gebiet der Codex entstanden ist. In karolingischer Minuskel niedergeschrieben, enthält er zahlreiche Initialen, die an die Verzierungskunst französischer Handschriften der Romanik erinnern. Die auf einigen Blättern sichtbare Neumen-Musiknotation lässt Ähnlichkeiten mit den Neumen aus den Manuskripten maasländischer Werkstätten (im Gebiet der Städte Liège, Gembloux, Malonne) erkennen. Durch die Erwähnung der Heiligen in der Allerheiligenlitanei während der Kirchweihe (Gereon, Wenzel/Wacław, Adalbert) könnte man vermuten, dass der Codex in Polen entstanden ist. Jedoch unabhängig von unterschiedlichen Meinungen in Bezug darauf, ob das Manuskript ein einheimisches, ein auf französisch-belgischen Vorbildern basierendes Werk oder ob es im französisch-belgischen Grenzgebiet mit der Bestimmung entstanden ist, nach Polen gebracht zu werden, ist es gewiss Zeugnis einer hohen geistigen und musikalischen Kultur der polnischen Geistlichen im 12. Jahrhundert.

Anna Sobańska

| **Quelle:** Krakauer Pontifikale
| **Lit.:** Wislocki 1881, S. 499; Ameisenowa 1958, S. 107f.; Kat. Krakau 1976, S. 17; Witkowska-Zaremba 1999, S. 166f.

507 Kreuz

12. Jahrhundert
Kamionka Nadbużna, Kreis Ostrów, Woiwodschaft Mazowieckie, Polen
Bernstein – Oberfläche mit zahlreichen Beschädigungen und Absplitterungen – H. 1,9 cm, B. 2,2 cm
Warschau, Państwowe Muzeum Archeologiczne w Warszawie, Inv.Nr. PMA/V/ 1401: 18

Der flüchtig gefertigte Kreuzanhänger hat auf der Oberfläche Feil- und Schleiffspuren. Der oberere und ein seitlicher Arm sind teilweise weggebrochen. Am oberen Arm ist die Spur einer Bohrung zu erkennen. Der untere Balken ist massiv und an der Basis leicht verbreitert. Die Arme haben einen rechteckigen Querschnitt.

Magdalena Ruszkowska

| **Lit.:** Rauhut 1957, S. 327, Taf. L,2

508 Kreuz

11.–12 Jahrhundert
Zabuże Kolonia, Kreis Łosice, Woiwodschaft Mazowieckie, Polen
Siedlung, Schiefer – sehr gut erhalten; ein kleines Stück des unteren Armes weggebrochen – H. 3,3 cm, B. 2,3 cm, T. 0,65 cm
Warschau, Państwowe Muzeum Archeologiczne w Warszawie, Inv.Nr. PMA/V/ 6834: 1

Der Anhänger in Form eines lateinischen Kreuzes ist im oberen Teil durchbohrt. Auf den Seitenflächen der Armabschlüsse sind flache Dellen eingebohrt. Die Arme sind umlaufend mit teilweise abgeriebenen Rillen verziert. Auf beiden Seiten sitzt im Zentrum ein eingeritztes Andreaskreuz. Der Armquerschnitt ist oval.

Magdalena Ruszkowska

| **Lit.:** Miśkiewiczowa 1973, Abb. 1

509 Zwei Kreuzanhänger

12. Jahrhundert
Czekanów, Kreis Sokołów, Woiwodschaft mazowieckie, Polen, Körpergräberfeld
Bronze, gegossen – guter Erhaltungszustand – L. 2,6 cm, H. mit Öse 3,1 cm, T. 0,15 cm; L. 2,8 cm, H. mit Öse 3,4 cm, T. 0,1 cm
Warschau, Państwowe Muzeum Archeologiczne w Warszawie, Inv.Nr. PMA/V/ 7372: 789; PMA/V/7372: 136

Die beiden Kreuzanhänger gehören dem sogenannten Jerusalemtyp an. In einem runden Rahmen befindet sich ein gleicharmiges Kreuz mit Quersprossen. Der Rand der Anhänger ist kerbverziert, oben befindet sich eine Hängeöse. Die Vorderseiten sind ausgewölbt, die Rückseiten sind plan.

Magdalena Ruszkowska

| **Lit.:** Zawadzka-Antosik 1982, S. 47, Taf. I,11; Kat. Padua 1985, S.143, 158f.

510 Byzantinisches Reliquiarkreuz (Enkolpion)

12.–13. Jahrhundert
Olpień, Breszkaja Woblasz, Weißrussland, Einzelfund
Bronze, gegossen – Oberfläche beidseitig stark abgerieben – H. 8,4 cm, B. 4,5 cm
Warschau, Państwowe Muzeum Archeologiczne w Warszawie, Inv.Nr. PMA/V/1061: 1

Zweiteiliges Kreuz, die Arme halbrund abschließend mit beidseitig abgesetzten Fortsätzen und gebogen verlaufender Leiste, obere und untere Scharniere sowie Hängeöse erhalten. Auf der Vorderseite ist die Darstellung des Gekreuzigten mit Heiligenschein zu sehen, bekleidet mit bis unter die Knie reichendem Lendentuch. Hände und Füße Jesu reichen bis in die medaillonartigen Abschlüsse des Querbalkens. Im oberen Medaillon sind unlesbare Zeichen oder eine Inschrift zu erkennen, auf der Rückseite ein eingeritztes Kreuz und in den Medaillons kaum noch zu entschlüsselnde, unleserliche Zeichen.

Magdalena Ruszkowska

| Lit.: Pobol 1979, S. 111, Abb. 75.3; Piotrowski/Andrzejowski 2005, S. 152, Taf. 20 a'–a"

511 Byzantinisches Reliquiarkreuz (Enkolpion)

11.–12. Jahrhundert
Kniaża Hora, Oblast Tscherkassy, UkraineBurgwall
Bronze, gegossen – guter Erhaltungszustand – H. 6,55 cm, B. 4,1 cm, St. 0,4 cm
Warschau, Państwowe Muzeum Archeologiczne w Warszawie, Inv.Nr. PMA/V/892: 5

Vorderteil eines zweiteiligen Enkolpions in Form eines lateinischen Kreuzes. An den Armabschlüssen befinden sich runde Medaillons, abgesetzt mit beidseitigen Fortsätzen und halbrunder Leiste, mit je einem Scharnier oben und unten. Im Zentrum steht die Darstellung des Gekreuzigten mit Heiligenschein, bekleidet mit bis unter die Knie reichendem Lendentuch. Im oberen und unteren Medaillon befindet sich ein Andreaskreuz, im rechten die schwach lesbaren Buchstaben IC, im linken XC. Oberhalb des Kopfes sind unlesbare Zeichen zu erkennen.

Magdalena Ruszkowska

| Lit.: Rauhut 1960, S. 241, Taf. VI.21

512 Evangeliar der Königin Richeza

Rhein-Maas-Gebiet, um 1040
Pergament mit Federzeichnungen; Einband: mit Leinen bezogene Holzdeckel, darüber ein Seidenbezug, Rücken aus Wildleder – H. 19,5, B. 15,2 cm
Darmstadt, Universitäts- und Landesbibliothek Darmstadt, Sign. Hs. 544

Die Handschrift enthält einen Evangelisten-Zyklus, von dem der heilige Markus (fol. 42v) und der heilige Lukas (fol. 68v) als Federzeichnungen fertiggestellt wurden. Während die Figur des heiligen Johannes nur als Vorzeichnung (fol. 117v) besteht, fehlt die Person des heiligen Matthäus zur Gänze. Die sich nach rechts wendenden, auf einem Thron sitzenden Evangelisten Markus und Lukas sind ohne Erkennung räumlicher Architektur und ohne Rahmung in brauner Tusche gezeichnet. Die Evangelistensymbole, Löwe und Stier, schweben über den Köpfen der Heiligen.

Ein im Schlussteil des Johannes-Evangeliums befindliches Gebet enthält die Worte „famula tua". Darüber hinaus führt ein am Ende des Evangeliars befindliches Verzeichnis der jährlichen Gedenktage (fol. 152v/153r) am 21. März den Namen „Rigeze Rigina" auf. Sowohl das Gebet als auch das Anniversarienverzeichnis deuten auf die polnische Prinzessin Richeza als Vorbesitzerin der Handschrift hin. Als Tochter des Pfalzgrafen Ezzo war Richeza die Nichte Kaiser Ottos III. Während des Treffens in Gnesen im Jahre 1000 vereinbarten Otto III. und der polnische Herzog Bolesław Chrobry die Verlobung zwischen dessen Sohn Mieszko II. und Richeza. Auf diese Weise sollten die erst seit kurzem bestehenden Beziehungen zwischen dem polnischen Herzogtum und dem ottonischen Reich durch nahe verwandtschaftliche Bindungen gefestigt werden. Obwohl nach dem Tod Ottos III. sein Nachfolger Heinrich II. einen neuen Weg in der „Politik" gegenüber Polen einschlug, wurden Mieszko und Richeza im Beisein Heinrichs II. sowie Bolesławs und seiner Frau in Merseburg vermählt. Nach dem Tode Heinrichs II. und den daraus resultierenden Thronwirren um seine Nachfolge eignete sich Bolesław Chrobry den polnischen Königstitel an. Dieser ging nach seinem Tod auf Mieszko und Richeza über. Nach dem Tod ihres Mannes übernahm Richeza kurzzeitig gemeinsam mit ihrem Sohn die Regentschaft über Polen. Als es in den 1030er-Jahren zu einer heidnischen Reaktion in Polen kam, kehrte Richeza ins Rheinland zurück. Als Nachfolger Heinrichs II. gestand ihr Konrad II. auch weiterhin zu, den Titel „Königin von Polen" führen zu dürfen. 1063 starb Richeza und wurde, wohl auf Veranlassung des Kölner Erzbischofs Anno, im Kölner Mariengradenstift beigesetzt. Es steht zu vermuten, dass der Kölner Erzbischof auch dafür Sorge trug, dass diese Handschrift aus dem persönlichen Besitz der polnischen Prinzessin in den Schatz dieser Kirche überführt wurde. Nach dem Abriss der Kirche St. Maria ad gradus wurden Richezas Gebeine in den Dom überführt. Noch heute befinden sie sich in der dortigen Johannis-Kapelle.

Annika Pröbe

| **Lit.:** Rhode 1965; Kat. Köln 1985, S. 283, Nr. E 68 (Roswitha Neu-Kock); Beuckers 1993; Kat. Berlin/Mannheim 2000, S. 422, Nr. 19.02.16 (Kerstin Schulmeyer)

IX GLAUBEN WECHSELN – HERRSCHAFT SICHERN. MISSION AUF ANFRAGE

X 200 Jahre Krieg
Die Elbslawen – Ringen um Glauben, Macht und Freiheit

513 Kopfplanke (Brettidol)

10./11. Jahrhundert
Ralswiek, Ldkr. Vorpommern-Rügen
Holz – H. 93 cm, B. 16,4 cm, T. max. 2,5 cm
Schwerin, Archäologisches Landesmuseum und Landesamt für Bodendenkmalpflege Mecklenburg-Vorpommern, ohne Inv.Nr.

Ralswiek befindet sich in einer Bucht des Großen Jasmunder Boddens auf Rügen. Die geschützte Lage zwischen zwei Endmoränenzügen und der flache Sandstrand bilden einen optimalen Naturhafen, der seit dem 9. Jahrhundert ohne größere Unterbrechungen genutzt wird. Auf einem Strandwall am Westrand der Bucht hatte sich eine ausgedehnte Siedlung mit Fernhandelskontakten und einem skandinavischen Bevölkerungsanteil herausgebildet. Süd-

41 Karte: Slawische Völker und Marken zwischen Elbe/Saale und Oder im 10. Jahrhundert

X 200 JAHRE KRIEG. DIE ELBSLAWEN – RINGEN UM GLAUBEN, MACHT UND FREIHEIT   577

513

514

östlich des Ortes, in den „Schwarzen Bergen" befindet sich das zugehörige Gräberfeld. In den Auffüllungsschichten am Ufer eines verlandeten Strandsees westlich der Siedlung fand sich eine aus einer Spaltbohle gearbeitete Stele, die ein mit wenigen einfachen Zügen gestaltetes menschliches Antlitz zeigt. Ein spitzes Ende zeigt, dass die Stele an einem unbekannten Ort aufgestellt werden sollte, doch finden sich keine Verwitterungsspuren an der Basis, sodass davon ausgegangen werden muss, dass sie nach der Herstellung verworfen worden ist.

Fred Ruchhöft

| Lit.: Herrmann 1997, S. 43

514 Figuralsäule (Kultbild)

10.–12. Jahrhundert
Behren-Lübchin, Ldkr. Rostock
Holz – H. 145 cm, Dm. etwa 15 cm
Schwerin, Archäologisches Landesmuseum und Landesamt für Bodendenkmalpflege Mecklenburg-Vorpommern, Inv.Nr. E 634

Die slawische Burg liegt in einem verlandeten See westlich des Ortes Behren-Lübchin. Sie wurde in der zweiten Hälfte des 10. Jahrhunderts im Stammesgebiet der Circipanen, vermutlich aber unter der Herrschaft der Abodriten gegründet und später mehrfach erneuert.

578 IN HOC SIGNO

515

Nachdem die Nachfolger der Abodritenfürsten, die Herren von Mecklenburg, im Jahr 1236 das Land Circipanien erneut erobert hatten, stellten sie im Jahr 1238 in Lübchin eine Urkunde aus, in den Jahren darauf entstand dort die erste Landkirche der Region. Später wurde Lübchin zugunsten der Stadtgründung Gnoien aufgegeben. Umfangreiche Ausgrabungen in den 1950er-Jahren brachten zahlreiche Einzelheiten zur Bautechnik slawischer Holzburgen zutage. Die Kultfigur wurde am Ende des 19. Jahrhunderts im Bereich der Burg geborgen, wobei Details zu den Fundumständen nicht überliefert sind. Das in der jüngeren Forschung kaum beachtete, aus einem Eichenholz bestehende Objekt zeigt auf der Vorderseite lediglich Hals und Gesicht, die auf naive Art herausgearbeitet wurden. Nase und Mund sind verloren, die Ohren blieben erhalten. Am Hals befindet sich ein Wulst, der wohl einen Halsring darstellt. Die Plastik ist von Brandspuren gezeichnet.

Fred Ruchhöft

| Lit.: Albrecht 1928; Schuldt 1965

515 Weibliches Götteridol

11./12. Jahrhundert
Fischerinsel, Neubrandenburg, Ldkr. Mecklenburgische Seenplatte
Eichenholz – H. 157 cm, B. 20 cm
Schwerin, Landesamt für Kultur und Denkmalpflege Mecklenburg-Vorpommern, Inv.Nr. 69/77

Am Südende des Tollensesees, der Ortslage Wustrow gegenüber, befindet sich die „Fischerinsel", die sich durch eine intensive slawische Besiedlung auszeichnet. Von der im 13. Jahrhundert noch rund 1,4 Hektar großen Insel ragen heute noch rund 4000 Quadratkilometer aus dem Wasser. Eine Brückenverbindung zum Festland ist bereits seit dem 19. Jahrhundert bekannt. Die forschungsgeschichtliche Bedeutung der Insel verbindet sich mit der Rethra-Diskussion, die den im 11. Jahrhundert erwähnten und bis heute nicht lokalisierten Tempelort neben vielen anderen Orten auf dieser Insel vermutet. 1904–1908, 1968/69 und 1976/77 erfolgten hier Ausgrabungen, bei denen mehrere Schnitte auf der Insel und im Uferbereich angelegt wurden. Die vermutete intensive Besiedlung der Insel bestätigte sich durch den Nachweis von Hausgrundrissen und massiven Kulturschichten. Die Funde und wenige dendrochronologische Daten legen nahe, dass die Insel erst im 12. Jahrhundert intensiver genutzt wurde, um 1170 eine Befestigung erhielt und bis in die ersten Jahrzehnte des 13. Jahrhunderts hinein bewohnt war.
Auf der „Fischerinsel" wurde ein doppelköpfiges Idol (Bd. I, Abb. 236) sowie eine zweite hölzerne Statue geborgen. Diese nur grob gearbeitete weibliche Figur wurde unter Nutzung des natürlichen Holzwuchses aus einem Ast geformt. Der Kopf erhielt durch nur wenige Asthiebe oberflächliche Gesichtszüge; Brust, Becken und Scham sind deutlicher hervorgehoben. Der Oberschenkel ist glatt abgeschnitten. Ob die Figur jemals ein zweites Bein oder einen Unterschenkel besaß, ist unklar. Die Form erschließt sich nur über einen Blick schräg von vorn, sodass anzunehmen ist, dass die Plastik in einer Gebäudeecke aufgestellt war.

Fred Ruchhöft

| Lit.: Gringmuth-Dallmer/Hollnagel 1971; Schmidt 1984, S. 17f.

516 Holzfigur

11./12. Jahrhundert
Fischerinsel, Neubrandenburg, Ldkr. Mecklenburgische Seenplatte
Holz, bearbeitet – große Schwindungsrisse und -spalten durch fortgeschrittenes Austrocknen; instabile Struktur; dunkles und etwas glänzendes Erscheinungsbild durch einen Überschuss von PEG (Polyethylenglykol/Konservierungsmittel) auf der Oberfläche – H. 8 cm, B. 19,5 cm, L. 63 cm
Schwerin, Landesamt für Kultur und Denkmalpflege Mecklenburg-Vorpommern, ohne Inv.Nr.

Eine weitere – stark abstrahierte – Holzfigur wurde auf der Fischerinsel gefunden. Lediglich der Kopf als rundliches Ende des Holzstückes und der Hals als deutliche Taillierung unter dem Kopf, treten als deutliche Minderung der ursprünglichen Holzbreite hervor. Die Reduzierung der Breite wurde nur von der linken Seite her vorgenommen. Die unbearbeitete rechte Längsseite lief gerade bis zum „Hinterkopf". Lediglich auf Grund von Trocknungsspannungen ist der Kopf im heutigen Zustand leicht nach hinten geneigt. Am Halsansatz sind zwei V-förmige Trocknungsfugen zu sehen, an denen die sonst gerade verlaufende Holzstruktur abknickt. Vom Halsansatz führt eine schräg abfallende gerade Linie zur ursprünglichen Holzbreite. Am unteren Ende der Holzfigur ist möglicherweise das weibliche Schamdreieck dargestellt in Form zweier V-förmig gestellter und etwas gebogener Linien. Sie sind als geringe Vertiefung in die Holzoberfläche angelegt. Auffällig ist die etwa 2 Zentimeter tiefe und leicht konische 5 bis 6 Zentimeter breite Nut, die quer zur Längsachse durch das Holz geschnitten ist. Sie wird begleitet von einer um 90 Grad gedrehten Nut, die auf der linken Seite mit einer Breite von 9,4 Zentimetern und einer Tiefe von 2,8 bis 3,2 Zentimetern die Holzbreite durchmisst. Ob dies Spuren einer Erst- oder Zweitverwendung sind oder ob die Holzfigur verbaut war, bleibt unklar. Werkzeugspuren konnten nicht identifiziert werden. Die schräg abfallende Gerade unter dem Halsansatz und die Nuten lassen aber auf den Gebrauch einer Säge schließen.

Sebastian Pechthold

| Lit.: Unpubliziert

517 „Pokal"

10. Jahrhundert
Groß Raden, Ldkr. Ludwigslust-Parchim
Ton – H. 13,5 cm, Dm. ca. 17,5 cm
Schwerin, Landesamt für Kultur und Denkmalpflege Mecklenburg-Vorpommern, Inv.Nr. G. R. VII. 1908

Der aufgrund jahrelanger Ausgrabungen bekannte Burg-Siedlungs-Komplex von Groß Raden wurde im ausgehenden 9. Jahrhundert begründet und in der zweiten Hälfte des 10. Jahrhunderts aufgelassen. Am südöstlichen Rand der Siedlung, dicht neben der Brücke zur Burg, befand sich ein Holzbau aus Spaltbohlen mit kopfartigen Enden. Er besaß Zugänge an beiden Schmalseiten. Der Ausgräber bezeichnete den Bau als „Tempel", doch ist nicht abschließend geklärt, ob dieser vermutlich in den 960er-Jahren errichtete Bau überdacht war oder nicht. Daher ist derzeit umstritten, ob die Deutung als „Tempel" gerechtfertigt ist. Eine religiöse Nutzung steht jedoch außer Frage. Offenbar wurde der Bau nach kurzer Nutzungszeit niedergelegt und mit Siedlungsschutt überdeckt bzw. an anderer Stelle sekundär verbaut, sodass die Bohlen außerordentlich gut erhalten geblieben sind. Am Eingang des Kultbaues wurde ein zerscherbter Pokal geborgen. Das qualitativ gut gebrannte Gefäß zeichnet sich durch eine schalenartige Form mit einem leicht bauchigen Unterteil aus, es besitzt einen gekehlten Rand und eine stark ausgezogene äußere Lippe. Die auf den beiden oberen Gefäßdritteln befindliche Verzierung besteht aus drei horizontalen Rillen, einem Wellenband und zwei Kammstichbändern. Ähnliche Verzierungen sind auf der Keramik aus Groß Raden häufig vertreten, sodass von einem lokalen Produkt auszugehen ist. Ein zweiter, unverzierter Pokal wurde unweit des Kultbaues im Moor geborgen. Die Fundstellen der beiden Pokale, die im Übrigen im slawischen Siedlungsgebiet nur vereinzelt vorkommen, lassen vermuten, dass sie im Rahmen von Kulthandlungen eine Rolle spielten. Schuldt ordnete sie in die „ältere Siedlungsphase" von Groß Raden ein; nach heutigem Wissen sind sie in die Mitte des 10. Jahrhunderts zu datieren. Fred Ruchhöft

| Lit.: Schuldt 1981, S. 42, Taf. 66a; Schuldt 1987

518 Götteridol

11./12. Jahrhundert
Gatschow, Ldkr. Mecklenburgische Seenplatte
Bronze, gegossen – H. insgesamt 6,5 cm; Figur: H. 5,05 cm
Schwerin, Landesamt für Kultur und Denkmalpflege Mecklenburg-Vorpommern,
Inv.Nr. KD IV/575,1

Die Plastik zeigt eine sitzende Person mit langem Hals und vorgeneigtem Kopf. Die Knie sind stark angezogen; die linke Hand ruht auf dem linken Knie, die rechte greift an den spitzen Bart, wodurch dieser betont wird. Die Haartracht des unbekleideten bärtigen Mannes ist im Nacken hoch ausrasiert, vorn reicht sie, die Augen bogenförmig auslassend bis an die Nasenwurzel, während die Ohren bedeckt sind. Die mandelförmigen Augen besitzen kräftig ausgestaltete Augenbrauen, der Knebelbart ist plastisch hervorgehoben. Die Figur sitzt auf einer Tülle, mit der sie offenbar auf einem Stab befestigt worden war. Die kleine Statue wurde 1988 bei einem Suchschnitt in einer Siedlungsgrube geborgen. Der Fund ist in Mecklenburg-Vorpommern bisher einzigartig. Ähnliche Figuren sind aus dem skandinavischen, westslawischen und russischen Raum bekannt.

Fred Ruchhöft

| Lit.: Schoknecht 1994

519 Zierscheibe mit Tierdarstellung

11./12. Jahrhundert
Carwitz, Ldkr. Mecklenburgische Seenplatte
Bronze – Dm. 4,8 cm
Schwerin, Landesamt für Kultur und Denkmalpflege Mecklenburg-Vorpommern,
Inv.Nr. E 2437

Zahlreiche Inseln in der Mecklenburgischen Kleinseenplatte waren in spätslawischer Zeit besiedelt. Viele von ihnen besaßen Brückenanbindungen zum Festland. Einige der Fundstellen, die durch den hochmittelalterlichen, zum Teil durch Mühlenstaue verursachten Wasserspiegelanstieg teilweise oder sogar gänzlich überflutet sind, zeichnen sich durch reiches Fundmaterial aus. Die Fundumstände der bereits 1837 geborgenen Zierscheibe sind nicht genau geklärt. Entweder fand sie sich auf der im 11./12. Jahrhundert besiedelten Insel „Kohlwerder" im Südteil des Carwitzer Sees, oder sie wurde beim Fischen zwischen Insel und Festland geborgen. Die Schmuckscheibe skandinavischer Provenienz zeigt ein gesatteltes Fabeltier im degenerierten Jellingestil.

Fred Ruchhöft

| Lit.: Hollnagel 1958, S. 33, Nr. 9

520 Zierscheibe mit Vogeldarstellung

12. Jahrhundert
Sanzkow, Ldkr. Mecklenburgische Seenplatte
Blei-Zinn-Legierung – Dm. 5,7 cm
Schwerin, Landesamt für Kultur und Denkmalpflege Mecklenburg-Vorpommern,
Inv.Nr. 88/487, 82

Das slawische Körpergräberfeld von Sanzkow wurde 1968 archäologisch untersucht. Auf etwa 1300 Quadratmetern entdeckte man 119 Bestattungen mit 139 Individuen. Der in das 12. Jahrhundert daaus. Technische Ausführung und Motiv fußen weniger auf slawischem Handwerk als vielmehr auf westeuropäischen Werkstätten. Im benachbarten Dänemark werden Vogelfibeln als Zeichenträger und Manifestierung des Christentums angesehen.

Michael Schirren

| Lit.: RGA 31, S. 567–572 (Felix Biermann: Art. Usedom, Archäologisch); Ullrich 1969; Schoknecht 1987; Malinowski/Schirren 2004; Schirren 2013

521 Spornfragment mit Zelebrantenfigürchen

10.–12. Jahrhundert
Seehausen, Ldkr. Börde
Bronze, Eisen; gegossen, ziseliert – Gesamtmaße: H. 3,6 cm, B. 1,9 cm, T. 4 cm; Figur: H. 2,3 cm
Halle (Saale), Landesamt für Denkmalpflege und Archäologie Sachsen-Anhalt – Landesmuseum für Vorgeschichte – Inv.Nr. HK 2007:8550

Das bärtige Männchen mit dem markanten Gesicht und der spitzen Kopfbedeckung fällt durch seine pathetische Gestik auf: Mit ausgebreiteten Armen präsentiert es ein Trinkhorn. Der Unterkörper der winzigen Vollplastik transformiert zu einem Zylinder, der einen beidseitig abgebrochenen Eisenstift umschließt. Stilistische und herstellungstechnische Entsprechungen finden wir in der slawischen Figuralkunst des 10. bis 12. Jahrhunderts.

Das demonstrativ erhobene Horn verweist auf den vierköpfigen Swantevit – oberster Gott mehrerer Slawenstämme im Elbe- und Ostseeraum. Ikonographisch ist er mit diesem Attribut gekennzeichnet. Swantevit-Trinkhörner galten als Medium der Prophezeiung. Saxo Grammaticus berichtet am Ende des 12. Jahrhunderts von einer allherbstlichen Ernteprognose anhand des gefüllten Trinkhorns in den Händen der Swantevit-Statue auf der Insel Rügen. Hierbei ehrte der Zelebrant seinen Gott auch mit einem zeremoniellen Zutrunk aus dem Horn. Da unserer Figur die gottestypische Mehrköpfigkeit fehlt, personifiziert sie wohl nicht Swantevit selbst, sondern einen seiner sakralen Repräsentanten.

Das Männchen zierte vermutlich einen Sporenstachel, der mit dem Eisenstift im Fußbügel eingezapft war. Ähnlich plastisch verzierte Prunksporen stammen aus der slawischen Ökumene, sind aber sehr selten. Schriftquellen erwähnen solch prachtvolles Reitzeug als Ausstattung sowohl für den Orakelritt mit geheiligten Pferden wie auch für auserwählte Tempelkrieger.

Dieser Lesefund stammt aus einer verschliffenen Wallanlage etwa 20 Kilometer westlich von Magdeburg. Er ist

---

tierte Bestattungsplatz zeigt christliche Merkmale, die Bestatteten tragen das typisch westslawische Trachtspektrum (Messer, Wetzsteine, Finger- und Schläfenringe aus Silber). Im Grab eines fünfjährigen Kindes lag die Schmuckscheibe mit Vogeldarstellung auf der linken Körperhälfte in Beckenhöhe. Die Scheibe zeigt in durchbrochener Reliefdarstellung einen fliegenden Vogel in einem Mittelkreis, der von einem arkadenartigen Fries umrahmt ist.

Die bisher bekannten sechs Scheiben sehr ähnlicher Ausführung stammen, mit einer Ausnahme (Breslau), alle aus dem westpommerschen Raum. Einige lassen sich in das 12. Jahrhundert datieren und haben geographisch einen Bezug zu zentralen Orten der frühen pommerschen Herzöge. Wegen der Sprödigkeit des Metalls halten sie keiner hohen Beanspruchung stand, was eine Funktion als Fibel ausschließt. In der Forschung wurden sie lange als Imitate von (allerdings wesentlich älteren) Adlerfibeln der Salierzeit gesehen. Ihre Ähnlichkeit mit frühen Pilgerzeichen und der ikonographische Bezug zur Darstellung des Heiligen Geistes als Taube in der romanischen Kunst weist sie wohl eher als religiöse Zeichenträger ein außergewöhnliches Sachzeugnis der spirituellen Welt der Westslawen und erweckt den Eindruck eines offenbar eher mäßigen Bekehrungserfolgs in den Missionsbistümern an Elbe und Saale zur Zeit der Ottonen und Salier. Arnold Muhl

| Lit.: Arnold Muhl, Der Trinkhornmann von Seehausen. http://www.lda-lsa.de/landesmuseum_fuer_vorgeschichte/fund_des_monats/2009/Dezember [29.03.2013]; Muhl 2010; Muhl 2011; Gabriel/Muhl (im Druck)

522 Warzenklapper

Polen, 10./11. Jahrhundert
Drense, Ldkr. Uckermark, Brandenburg
Ton, glasiert – Dm. etwa 5 cm
Schwerin, Landesamt für Kultur und Denkmalpflege Mecklenburg-Vorpommern, Inv.Nr. IV/86/111

Auf der Tonkugel befinden sich zahlreiche aufgesetzte tönerne Buckelchen, die in die Hohlkugel eingezapft wurden. Das Objekt ist flächig mit einer Bleiglasur versehen worden. In der hohlen Kugel befindet sich ein frei beweglicher Stein. Die Funktion der Warzenklappern ist nicht sicher geklärt. Analog zu den Toneiern vermutet man eine Verwendung im kultischen Bereich, möglicherweise im Fruchtbarkeitskult oder als Gebärstein. Gelegentlich werden sie auch mit der Musikkultur in Verbindung gebracht. Warzenklappern wurden vermutlich im polnischen Raum produziert und gelangten nur vereinzelt in den Raum zwischen Elbe und Oder und dort vornehmlich in die frühstädtischen Zentren. Fred Ruchhöft

| Lit.: Schoknecht 1970, S. 280f.; Schmidt 1989, S. 48f.; Kobjela 2008, S. 70

523 Knaufkopf eines Kultgerätes

10./11. Jahrhundert
Merseburg, Ldkr. Merseburg-Querfurt
Hirschgeweih, geschnitzt – H. 6,3 cm, B. 3,5 cm, T. 4,2 cm
Halle (Saale), Landesamt für Denkmalpflege und Archäologie Sachsen-Anhalt – Landesmuseum für Vorgeschichte – Inv.Nr. HK 65

Der als Kopf gestaltete Knauf ist ausgerechnet an der Gesichtspartie erheblich verwittert. Dennoch sind die Spitzen des eingekerbten Oberlippenbartes und der plastisch ausgeformte Kinnbart noch zu erkennen. Die auf Stirnhöhe umlaufende Kerbe markiert eine kalottenförmige Frisur oder Kopfbedeckung. Diese Merkmale wie auch die spitzovalen Augen und das „dreieckige" Antlitz sind stilistisch im slawischen Kulturkreis zu verorten. Der Hals ist hohl und diente einst als Tülle für einen Schaft.

Menschengestaltige Bildnisse hatten in der mittelalterlichen Kunst der Slawen keinen dekorativen Selbstzweck, sondern zumeist einen mythologischen oder emblematischen Hintergrund. Auch dieses Köpfchen stellt entweder einen Gott oder einen (mythischen oder symbolischen) Herrscher dar. Eine nähere Charakterisierung ist aufgrund fehlender Attribute nicht möglich.

Vielleicht bekrönte der Knauf einen Kultstab, wie er ähnlich bei Thietmar von Merseburg (*975, †1018) erwähnt wird. So berichtet der Bischof in seiner Chronik zum Jahre 1017, dass die Slawen in seinem Bistum – aus dem der vorliegende Knauf ja stammt – einen figürlich verzierten Amtsstab von Haus zu Haus getragen hätten, offenbar im Rahmen einer Gemeinschaftszeremonie. Der sakrale Stab galt dabei als Kraft- und Machtsymbol.

Zur Diskussion steht auch der Vergleich mit hölzernen Tanzkeulen des 10. bis 12. Jahrhunderts aus dem altrussischen Nowgorod, deren Knauf zu einem ähnlichen Bartgesicht ausgeformt ist. Diese Ritualgeräte wurden in der süd- und ostslawischen Ökumene beim Frühlingsfest Rusalija von den Akteuren des Rusal'cy-Tanzes mit weit ausholenden Armbewegungen geschwungen, um den Himmelsflug

524

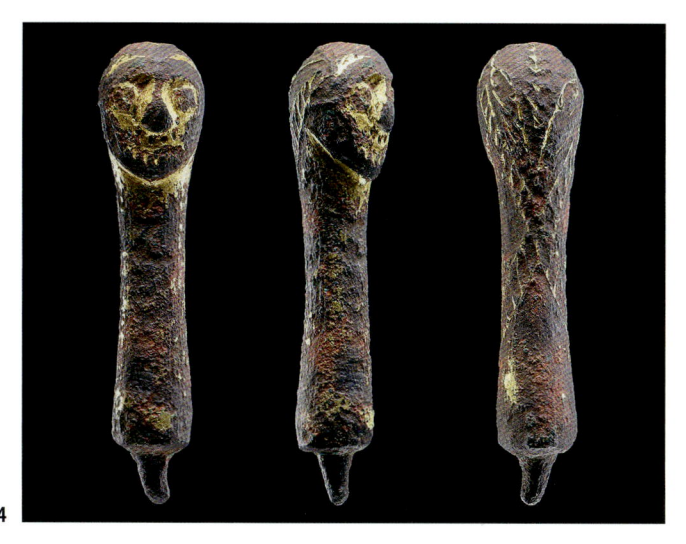

darzustellen. Hier dürften die Keulenköpfe den Himmelsgott selbst repräsentiert haben. Möglicherweise gehörte der ekstatische Springtanz auch zum Brauchtum der Westslawen. Arnold Muhl

| Lit.: Albrecht 1928, S. 46; Kat. Halle 2001a, S. 88f. (Arnold Muhl); Kat. Magdeburg 2001, S. 96f., Nr. II.68 (Ingo Gabriel)

524 Steckaufsatz eines slawischen Stabidols

Spätes 10. – frühes 12. Jahrhundert
Siegersleben, Gem. Ovelgünne, Ldkr. Börde
Kupferlegierung, Reste von Vergoldung; gegossen, überschmiedet, nachziseliert – H. 3 cm, St. 0,3 cm; 6,5 g
Halle (Saale), Landesamt für Denkmalpflege und Archäologie Sachsen-Anhalt – Landesmuseum für Vorgeschichte – Inv.Nr. HK 2905:1:1

Die Kleinskulptur zeigt einen vollbärtigen Männerkopf mit stabartig verlängertem Hals. Ein verziertes Gewebe umschlingt Hinterhaupt und Nacken. Stilistische Merkmale, wie etwa die Ausführung des Gesichtes, sind mit hochmittelalterlichen Stabidolen und „Taschengöttern" westslawischer Provenienz vergleichbar. Der nur noch rudimentär erhaltene Halsdorn diente der Schäftung. Das gesamte Bildwerk hatte ursprünglich also eine zepterartige Gestalt und fungierte als kleinformatiges Stabidol – ein Sakralgerät für den privaten Gebrauch.
Der Einzelfund ist qualitätvoll gearbeitet. Befundzusammenhänge sind nicht bekannt. Die Fundstelle liegt etwa 45 Kilometer westlich der Elbe, an deren Ostufer die seinerzeit noch unmissionierte slawische Welt begann. In der Region des Fundortes selbst lebten zwar ebenfalls Slawen, allerdings im Zeichen des Kreuzes unter sächsischen und fränkischen Landesherren. Doch Bischof Thietmar (*975, †1018), der dem unweit südlicher benachbarten Missionsbistum Merseburg vorstand, klagte Anfang des 11. Jahrhunderts in seiner Chronik genau über derartige Objekte. Er ärgerte sich darüber, dass die slawischen Bewohner seiner Diözese unvermindert kleine Figu-

525

rinen beopferten und in dieser Weise ihre Ahnen und eigenen Hausgötter verehrten (Thietmar, Chronik [AQ 9], VII,69, S. 430: *Domesticos colunt deos*). Das seltene Fundstück ist ein Beleg dafür. Letztlich führte jedoch die rigorose Durchsetzung des Christentums in den Grenzmarken an Elbe und Saale zur weitgehenden Beseitigung paganer Sachzeugnisse, sodass aus diesem Raum nur sehr wenige slawische Bildwerke erhalten blieben. Arnold Muhl

| Quelle: Thietmar, Chronik (AQ 9)
| Lit.: Muhl 2009, S. 78f.; Muhl (im Druck)

525 Schädelbestattung

10./11. Jahrhundert
Landsberg, Ldkr. Saalekreis
Keramik; Knochen – Gefäß: H. 26,5 cm, Dm. max. 26 cm
Halle (Saale), Landesamt für Denkmalpflege und Archäologie Sachsen-Anhalt – Landesmuseum für Vorgeschichte – Inv.Nr. HK 31:1379

Der Schädel einer etwa 25- bis 30-jährigen Frau lag zusammen mit einigen ihrer Wirbelknochen in dem schlanken Keramiktopf verstaut. Die schweren Hiebmarken am fünften Wirbel lassen erkennen, dass die Frau enthauptet wurde. Das Ensemble fand man eingeschart vor dem Wehrgraben einer slawischen Höhenbefestigung im einstigen Gau der Siusler, einem Teilstamm der Sorben. Form und Verzierung des Gefäßes – ein gewöhnlicher Geschirrtopf – sind slawischer Machart und datieren den gesamten Befund in das 10./11. Jahrhundert.

Die separate Deponierung des abgetrennten Kopfes und die Wahl seiner Bestattungsstelle erfolgten zweifelsohne aus spirituellen Gründen, die allerdings im Dunkeln bleiben. Bischof Thietmar von Merseburg (amt. 1009–1018), zu dessen Bistum der „Tatort" gehörte, berichtet zwar von einer slawischen Sitte, wonach Witwen enthauptet wurden, um dem Gatten in den Tod zu folgen. Doch bezog sich dies auf Stämme im polnischen Gebiet. Die äußerst geringe Anzahl solcher Schädelbestattungen im mitteldeutschen Raum impliziert, dass dies kein allgemeiner Brauch bei den Elbslawen war. Brun von Querfurt († 1009), der als Missionsbischof die slawische Glaubenswelt ebenfalls aus eigener Anschauung kannte, berichtet von einem anderen Enthauptungsgrund. Er zürnte dem nordwestslawischen Stammesverband der Liutizen, die auch Christen enthaupten würden, um deren Köpfe zu opfern. Doch wie immer man das Landsberger Schädelopfer interpretieren möchte, es zeigt jedenfalls ein Weiterleben slawischer Kultpraktiken in den christlichen Grenzmarken an Elbe und Saale.

Arnold Muhl

| **Lit.:** Hülle 1931; Genz 1963; Kat. Halle 2001a, S. 148f. (Renate Schafberg/Michael Stock); Kat. Halle 2001b, S. 30 (Arnold Muhl)

526 Schädel mit Charonspfennig

Um 1100
Fahrland, Ldkr. Potsdam-Mittelmark
Knochen; Silber, geprägt
Brandenburg, Brandenburgisches Landesamt für Denkmalpflege und Archäologisches Landesmuseum, Inv.Nr. 1001:5095

Auf einem größeren spätslawischen Friedhof mit Körpergräbern wurde bei Fahrland 1939 dieser Schädel mit einer Münze gefunden, die am Oberkiefer festkorrodiert ist (Grab 40 oder 72). Sie war dem Toten offenbar in den Mund gelegt worden – als einzige Beigabe. Die Münze zeigt das Profil Kaiser Heinrichs V. und wurde in der ersten Hälfte des 12. Jahrhunderts in Magdeburg geprägt.

Im Vergleich zu anderen Perioden spielen slawische Gräber als archäologische Quellengattung eine untergeordnete Rolle. Vor allem die unauffälligen Brandgräber der Frühzeit entziehen sich der Auffindung. Zudem lässt die slawische Bestattungssitte kaum Einblicke in die Ausstattung der Menschen zu, da Beigaben meist fehlen. Die Bestattungen enthalten – wenn überhaupt Beigaben ins Grab gelegt wurden – wenig Ringschmuck, Perlen, Messer und einzelne Gefäße. Unter christlichem Einfluss hielt im 10. und 11. Jahrhundert in West und Ost die Körpergrabsitte Einzug. Dass bei diesem Prozess wohl eher eine Imitation der Oberschicht zu erkennen ist und nicht unbedingt eine bewusste Christianisierung des Individuums, zeigen unter anderem eigentlich heidnische „Charonspfennige", die trotz christlicher Ost-West-Orientierung und gefalteten Händen den Toten beigegeben wurden, eine aus der Antike tradierte Sitte. Es ist fraglich, ob ihr Hintergrund – nämlich die Münze als Bezahlung für den Fährmann in die Unterwelt – hier noch verstanden wurde.

Thomas Kersting

| **Lit.:** Grebe/Hoffmann 1964, S. 126; Kilger 2000, S. 203; Brather 2001, S. 343ff.

527 Medaillon aus dem slawischen Münzschatz von Plänitz

Um 1000
Plänitz, Ldkr. Ostprignitz-Ruppin
Silber – Dm. 3,2 cm, St. 1,13 mm; 9,09 g
Brandenburg, Brandenburgisches Landesamt für Denkmalpflege und Archäologisches Landesmuseum, Inv.Nr. 2004:401/57

Auf einem Acker bei Plänitz wurde 2004 ein Schatz von 601 Münzen entdeckt. Er besteht fast ausschließlich aus „Sachsenpfennigen" der Mitte des 11. Jahrhunderts. Eine Besonderheit des Schatzfundes stellt ein silbernes Medaillon dar. Auf der einen Seite erkennt man ein verzweigtes Kreuz mit zwei Figuren; eine nicht entzifferbare Schrift umgibt die Szene. Die andere Seite zeigt einen Reiter zu Pferde, der eine dreizipflige Fahnenlanze hält.

Die Darstellungen sind nicht geprägt, sondern mit einem stichelähnlichen Werkzeug tief eingeschnitten. Dem Bild der Kreuz-Seite liegt ein geläufiges byzantinisches Motiv zugrunde, das zum Beispiel auf Münzen des 10. und 11. Jahrhunderts vorkommt. Diese zeigen Büsten des damaligen Kaiserpaares Basileus II. Bulgaroktonos und Konstantin VIII. (reg. 976–1025) unter einem Kreuz. Als Umdeutung der Kaiserbüsten treten aber auf dem Plänitzer Fundstück Figürchen auf, die mit einer Art Kittel bekleidet sind und einem „typisch slawischen" Habitus entsprechen, der in zahlreichen Beispielen belegbar ist. Das Reiterbildnis ist deutlich angelehnt an zeitgenössische Siegel wie zum Beispiel diejenigen Heinrichs des Löwen aus der Mitte des 12. Jahrhunderts sowie diverse Münzbilder der gleichen Zeit.

Das Stück von Plänitz trägt in einzigartiger Kombination byzantinische und slawische, nordische und deutsche Motive. Es muss aus einem Überschneidungsbereich dieser Kulturen stammen, wo alle diese Bildtraditionen bekannt waren: dem Kiew-Nowgoroder Raum bzw. der Kiewer Rus. Vor dem Hintergrund seiner Verbindungen und Traditionen könnte das Stück als „einheimische Produktion" zu sehen sein – wo auch immer diese genau zu lokalisieren sein mag. Die Herstellung erfolgte aber offensichtlich im Sinne einer *Imitatio Imperii*: einer Nachahmung dessen, was im (Kaiser-)Reich und unter christlicher Herrschaft üblich war. Dem Verfertiger, vielleicht einem (Münz-)Stempelschneider, waren jedenfalls Vorbilder – Siegel, Münzen, Medaillons, Schrift, Ritz- oder andere Zeichnungen – aus den verschiedenen kulturellen Zusammenhängen geläufig und zugänglich und sicher auch inhaltlich verständlich. Er schuf daraus einen wirklich und im wahrsten Wortsinne „interkulturellen" Gegenstand, wobei sich symbolische Bildinhalte unterschiedlicher Herkunft und Bedeutung auf einem einzigen Bildträger vereinen – in offenbar bewusster synkretistischer Vermischung als Zeugnis einer heidnisch-christlichen Kultursynthese, schwebend zwischen den Welten von Nord und Süd, West und Ost.

Im in der Prignitz gelegenen Plänitzer Schatzfund deutet sich, zusammen mit direkt benachbarten Burgwällen, weiteren umfangreichen (aber verlorenen) Münzschätzen und herausragenden Schwertgräbern der gleichen Zeit in Nordwest-Brandenburg, eine Art „Reichtumszentrum" an, das sich schon etabliert hatte, bevor etwa ein Jahrhundert später das Deutsche Reich im Zuge des „Wendenkreuzzugs" 1147 in die Nordmark jenseits der Elbe ausgriff.

Thomas Kersting

| Lit.: Kersting 2011

528 Pferdefigur aus Bronze

11./12. Jahrhundert
Brandenburg an der Havel, Dominsel
Bronze, gegossen – H. 2,3 cm, B. 1,8 cm, L. 2,6 cm; 29 g
Brandenburg, Brandenburgisches Landesamt für Denkmalpflege und Archäologisches Landesmuseum, Inv.Nr. 1964:21/1/427

Archäologische Zeugnisse zu Weltbild und Jenseitsvorstellungen der Slawen sind eine Seltenheit. Funde, die sicher kultisch interpretiert werden könnten – egal ob heidnisch oder christlich –, sind kaum vorhanden; eine Zuordnung der wenigen bekannten figürlichen Darstellungen zu dieser Lebenssphäre ist nicht mit Sicherheit möglich.

Schriftquellen überliefern Namen und Aussehen von Götterfiguren oder Beschreibungen von Kulthandlungen wie beim Tempel von Arkona auf Rügen, wo Pferde eine entscheidende Rolle spielen. Das Pferd diente bei den Slawen als Arbeits-, Reit- und Zugtier, doch genoss es eine hohe Wertschätzung im Alltag. Pferdeknochen aus slawischem Zusammenhang zeigen zum Beispiel keine Spuren von Schlachtung und Zerlegung, und es gab regelrechte Gestüte für die Zucht der Tiere.

Das Pferdefigürchen von der Dominsel Brandenburg stammt aus dem 11./12. Jahrhundert. Eine solche Figur ist auch in der benachbarten Burg von Berlin-Spandau gefunden worden; im ostslawischen, baltischen und finnischen Ostseeraum sind sie nicht selten. Sie werden als Amulette gedeutet, könnten aber auch (zusätzlich?) als Gewichte verwendet worden sein.

Thomas Kersting

| Lit.: Brather 2001, S. 328; Grebe 1991, S. 35f.

529 Beigaben einer Mädchenbestattung in Potsdam

Um 1000
Potsdam, an der Nikolaikirche
Brandenburg, Brandenburgisches Landesamt für Denkmalpflege und Archäologisches Landesmuseum, Inv.Nr. 1996:985/1/1/2

a) Schläfenring:
Bronze, gegossen – Dm. 3,6 cm
b) Ringfragment:
Silberblech – fragmentarisch – L. 2,3 cm, B. 1,1 cm
c) Bergkristall-Amulett:
Bergkristall, geschliffen – L. 2,7 cm, B. 1,6 cm, H. 0,8 cm
d) 70 Perlen:
Glas, Ton, Knochen

Ein ungewöhnlich reiches Schmuck-Ensemble kam im Grab eines Mädchens an der Potsdamer Nikolaikirche zutage: Man hatte dem Kind zur Bestattung Perlen und Schläfenringe angelegt, dazu blechförmige Ohrringe. Die einfachen Perlen könnten vor Ort gefertigt worden sein, das Rohmaterial der einfarbigen Glasperlen kam aber wohl aus dem Rhein- oder Donauraum.

Der geschliffene Bergkristall aus dem Grab ist kein Anhänger, denn es fehlt die Durchbohrung; er kann als ein Amulett gedeutet werden, aber auch – oder gleichzeitig – als eine Art „Vergrößerungsglas" benutzt worden sein. Sein Rohmaterial stammt wahrscheinlich aus Skandinavien. Mit seiner ovalen Form und planen Unterseite dürfte er am ehesten ursprünglich als Schmuckstein gefasst gewesen sein, um zum Beispiel den Einband eines Evangeliars zu schmücken.

Die Qualität der Funde und die Nähe zum Potsdamer Burgwall lassen vermuten, dass das Mädchen einer gehobenen Gesellschaftsschicht angehörte und – wie so oft – als zu früh verstorbenes Familienmitglied mit einer Sonderausstattung versehen wurde.

Thomas Kersting

| Lit.: Brather 2001, S. 286f.

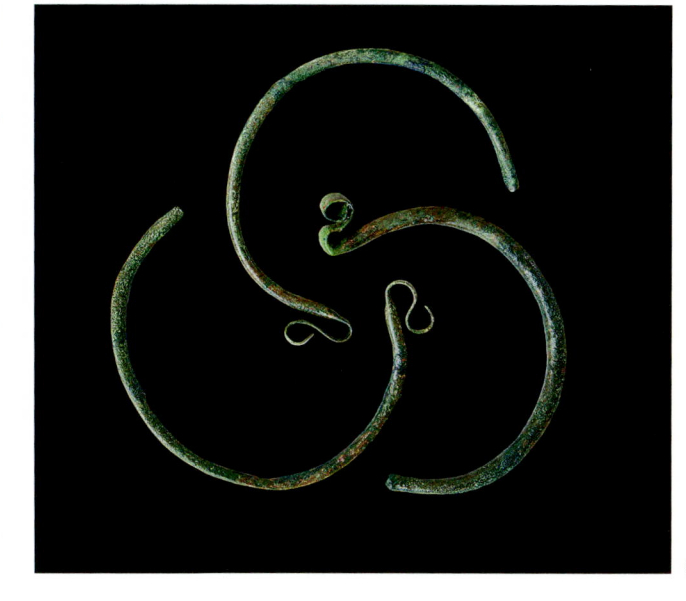

530 Schläfenringe aus Gräbern von Wusterhausen (Dosse)

9.–11. Jahrhundert
Wusterhausen (Dosse), Ldkr. Ostprignitz-Ruppin
Bronze und Silber, drahtförmig bzw. gegossen – Dm. 8–8,5 cm, St. 0,5–0,6 cm
Brandenburg, Brandenburgisches Landesamt für Denkmalpflege und Archäologisches Landesmuseum, Inv.Nr. 2006:410/78/1/1/2; 2006:410/78/1/1/3; 2006:410/78/1/2/1

Das spätslawische Körpergräberfeld von Wusterhausen (Dosse) liegt heute unter der mittelalterlichen Innenstadt neben der zugehörigen Burganlage; dort wurden bei Straßenbauarbeiten mehrfach Bestattungen dokumentiert.

Persönliche Gegenstände und Gerät sind aus slawischen Gräbern nur spärlich überliefert. Die Kleidung scheint bei Mann und Frau weitgehend ohne Metallteile ausgekommen zu sein. Nur Frauen trugen Schmuck wie Perlenketten und Schläfenringe, seltener auch Fingerringe und Ohrringe. Schläfenringe mit s-förmig gebogenem Ende zählen zu den typischsten slawischen Hinterlassenschaften. Sie wurden – im Gegensatz zu den dünneren Ohrringen – wohl an einer Art Stirnband getragen. Neben kleinen, massiven und relativ dicken gegossenen Stücken gibt es auch dünnere drahtförmige, die nicht immer von Ohrringen zu unterscheiden sind und die mehr als fünf Zentimeter Durchmesser haben können. Die Tendenz zu größeren Exemplaren ist auch mit der zeitlichen Entwicklung verbunden. Schließlich wurden sie auch aus mit Punzeindrücken verziertem, gerolltem Blech (Hohlschläfenringe) hergestellt. In der Regel bestehen die Ringe aus Bronze, seltener aus Silber, in Ausnahmefällen auch aus Gold.

Diese Schmuckform geht letztlich auf spätantike Vorbilder zurück; im westlichen Mitteleuropa wurden sie in ähnlicher Form als Ohrringe verwendet.

Thomas Kersting

| Lit.: Brather 2001, S. 280ff.; Pollex 2010, S. 50ff.; Biermann 2013

531 Die Ausrüstung slawischer Krieger

a) Schwert
10. Jahrhundert
Dreetz, Ldkr. Ostprignitz-Ruppin
Eisen, geschmiedet – L. 85,0 cm, B. 14,0 cm
Brandenburg, Brandenburgisches Landesamt für Denkmalpflege und Archäologisches Landesmuseum, Inv.Nr. 1980:5/29

b) Steigbügel
11./12. Jahrhundert
Retzow, Ldkr. Havelland
Eisen, geschmiedet – H. 12,5cm, B. 14,8 cm
Brandenburg, Brandenburgisches Landesamt für Denkmalpflege und Archäologisches Landesmuseum, Inv.Nr. 1983:2/1-2

c) Trense
11./12. Jahrhundert
Falkenwalde, Ldkr. Uckermark
Eisen, geschmiedet – L. 14,5 cm, B. 6,5 cm, H. 3,0 cm
Brandenburg, Brandenburgisches Landesamt für Denkmalpflege und Archäologisches Landesmuseum, Inv.Nr. 1998:258/332/4

d) Sporn
11./12. Jahrhundert
Lenzen, Ldkr. Prignitz
Eisen, geschmiedet – L. 11,5 cm, B. 7,5 cm
Brandenburg, Brandenburgisches Landesamt für Denkmalpflege und Archäologisches Landesmuseum, Inv.Nr. 2001:703/272/1

e) Ring
11./12. Jahrhundert
Falkenwalde, Ldkr. Uckermark
Eisen, geschmiedet – Dm. 5,8 cm, H. 5 cm
Brandenburg, Brandenburgisches Landesamt für Denkmalpflege und Archäologisches Landesmuseum, Inv.Nr. 1998:258/97/4

f) Schnalle
11./12. Jahrhundert
Falkenwalde, Ldkr. Uckermark
Eisen, geschmiedet – L. 8,0 cm, B. 4,0 cm
Brandenburg, Brandenburgisches Landesamt für Denkmalpflege und Archäologisches Landesmuseum, Inv.Nr. 1998:258/153/4

Waffen und Reitzubehör wie Trensen, Sporen oder Steigbügel gehören zur kriegerischen Lebenswelt, sind aber aus Gräbern nur spärlich überliefert. Auffallend häufig begegnen sie als Gewässerfunde (Dreetzer See), wo sie vielleicht als Opfer niedergelegt wurden, seltener auch in Siedlungen (Falkenwalde) oder Burgwällen (Lenzen) als Spuren gewaltsamer Auseinandersetzungen. Wertvolle Schwerter kamen aus dem Frankenreich ins Land, auch über Vermittlung des Ostseeraums. Der Handel damit war jedoch von Karl dem Großen streng verboten worden – offensichtlich gab es Anlass dafür. Ein gutes Beispiel ist das karolingerzeitliche Schwert aus dem Dreetzer See (Landkreis Ostprignitz-Ruppin), das zusammen mit anderen Waffen – auch anderer Zeitstellungen – aus dem Seegrund ausgebaggert wurde und dessen genauere Fundumstände daher leider nicht bekannt sind.
Eisengegenstände wie Trensen, Steigbügel und Sporen in einfacher Ausführung konnte man selbst herstellen, angelehnt an bekannte Formen, die ursprünglich aus dem reiternomadischen Bereich im Osten, später aus dem karolingischen Kulturkreis stammten. Solche Gegenstände sind auch in Prunkausführung bekannt, die dann aber Importgüter waren. Thomas Kersting

| **Lit.**: Donat/Govedarica 1998; Brather 2001, S. 300ff.

532 Modell der slawischen Burg Schönfeld

Modell: Burg Schönfeld, Niederlausitz, um 1000
Holz, Kunststoff – H. 104 cm, Dm. 131 cm
Brandenburg, Brandenburgisches Landesamt für Denkmalpflege und Archäologisches Landesmuseum, ohne Inv.Nr.

Gesellschaftliche Differenzierungen werden im Bau von Macht- und Wirtschaftszentren sichtbar.
Frühe Befestigungen wurden in geringer Zahl erst einige Zeit nach der Landnahme errichtet und nutzten bei meist großem Umfang natürliche Geländebedingungen oder gar urgeschichtliche Befestigungen. Sie dürften als Fluchtpunkte für Volk und Vieh einer Siedlungskammer gedient haben.
Später wurden Rundwälle von etwa 40 bis 80 Metern Durchmesser typisch für das gesamte nordwestslawische Gebiet zwischen Elbe und Oder und darüber hinaus. Sie liegen, meist von Niederungen umgeben, auf Geländespornen oder flachen inselartigen Erhebungen. Seltener gehört zur Kernburg noch eine befestigte Vorburg, häufig aber finden sich unbefestigte Siedlungen im Vorfeld der Burgen.
In der Masse wurden solche Burgwälle von der zweiten Hälfte des 9. bis ins 10. Jahrhundert innerhalb eines relativ kurzen Zeitraums errichtet. Sie lassen auf eine neue Organisation der Besiedlungs- und Gesellschaftsstruktur schließen. Als Repräsentations- und Verteidigungsbauten für regionale und lokale Eliten, die sich abgrenzen wollten, dienten sie auch Speicher- und Wohnzwecken. In ihrem

531a

531b–f

Schutz siedelten sich Handwerker und Kaufleute mit überregionalen Verbindungen an.

Die Burg von Schönfeld in der Niederlausitz musste dem Braunkohlebagger weichen und komplett ergraben werden. So kann sie als Vorbild für das Modell einer Burg „im Bau" dienen, deren Detailreichtum in allen Einzelheiten archäologisch belegt ist. Im Kern bestanden die Wälle aus dicht gepackten Holzrost- oder Kastenkonstruktionen, die mit Erde gefüllt wurden. Die Konstruktion dieser Anlagen aus Holz und Erde beschreibt der arabisch-jüdische Handlungsreisende Ibrahim Ibn Yakub aus Spanien schon im 10. Jahrhundert aus eigener Anschauung. Thomas Kersting

| Lit.: Kersting 2009

533 Eichenpfosten unbekannter Funktion

Datierung unbekannt
Gnevsdorf an der Havel
Eiche, Rundholz, polygonale Spitze – L. 515 cm, Dm. 15 cm
Havelberg, Prignitz-Museum am Dom Havelberg, ohne Inv.Nr.

In der gewässerreichen norddeutschen Tiefebene befanden sich viele slawische Burgen und Siedlungen des 8. bis 12. Jahrhunderts in sumpfigen Niederungen, feuchten Ufergebieten, auf Halbinseln oder auf Inseln. Einige Inselburgen gelten als Rückzugsorte bei militärischen Angriffen oder als Kultplätze, andere entwickelten sich zu Zentren slawischer Siedlungsgefilde und fanden in historischen Quellen Erwähnung. Für solche Inselorte mit zentraler Funktion war die ständige Erreichbarkeit unentbehrlich. Da aber bereits eine dünne Eisdecke die Schifffahrt behinderte und starker Wellenschlag den Fährverkehr mit Einbäumen einschränkte, war dies nur durch eine feste Brücke zu gewährleisten. Vor allem ab dem 10. Jahrhundert entwickelte sich deshalb im nordwestslawischen Siedlungsgebiet die Brückenbaukunst zu einem typischen Markenzeichen, wovon hunderte Meter lange und mehr als zehn Meter Wassertiefe überspannende Anlagen ebenso Zeugnis geben wie chronikalische Nachrichten beispielsweise von Adam von Bremen, Helmold von Bosau oder Ibrahim Ibn Yakub.

Slawische Brücken waren aus Jochen aufgebaut. Mindestens ein senkrecht eingeschlagener Stand- und ein schräg eingerammter Stützpfahl wurden in den Ösen an beiden Enden der Jochbalken zusammengeführt und hielten sie in waagerechter Position. Lange Stangen verbanden die Joche untereinander. Auf ihnen lag quer zur Laufrichtung der Bohlenbelag der Fahrbahn, lediglich die mit Holzdübeln fixierten Rödelleisten verhinderten sein Verrutschen. Diese reversible Konstruktion war wahrscheinlich Bestandteil des Verteidigungskonzeptes. So berichtet uns der dänische Chronist

533

Saxo Grammaticus von dem Angriff des Dänenkönigs Waldemar auf eine slawische Inselburg, deren Besatzung die Brücke bis auf die Pfähle abgetragen hatte.

Die Brückenpfähle waren zumeist aus 10 bis 15 Zentimetern starken Eichenstämmen hergestellt worden. Oftmals wurden nur Äste und Rinde entfernt und das weiche Splintholz verblieb am Stamm. Die Spitze ist polygonal und wurde nie durch eiserne Pfahlschuhe geschützt. Da häufig junge Bäume verwendet wurden (aus Stämmen größeren Durchmessers ließen sich dagegen die Belagbohlen oder Bauteile für die Burgen herstellen), ist die Altersbestimmung mittels Dendrochronologie nur selten erfolgreich.

Dies gilt auch für den Eichenpfahl von Gnevsdorf, der 1951 bei Baggerarbeiten am Gnevsdorfer Wehr aus einer Pfahlkonstruktion gezogen worden war. Weder Funktion noch Alter ließen sich bestimmen. Seine Bedeutung als Exponat resultiert vielmehr aus seiner Bewahrung und der Ähnlichkeit mit dokumentierten slawischen Brückenpfählen. Zwar kennen wir zahlreiche Brückentrassen mit hunderten Pfählen, aber bisher ist noch keiner von ihnen konserviert worden.

Ralf Bleile

| **Lit.**: Bleile 2005; Wilke 2008; Bleile 2011

534 Holztür von Burg Lenzen

Burg Lenzen, um 1000
Tür: Eiche, zwei Bretter – noch H. 135 cm, B. 74 cm, Türrahmen: Eiche, Spaltbohle – noch H. 187 cm, B. 32 cm
Brandenburg, Brandenburgisches Landesamt für Denkmalpflege und Archäologisches Landesmuseum, Inv.Nr. 2001:703/775

Ein spektakulärer Fund wie die verzierte Holztür aus der Burg von Lenzen zeigt den Stand der Tischlerei und den Standard der Inneneinrichtung auf einer slawischen Burg.

Unter den Bodendielen eines Gebäudes der Burg fand sich eine flächendeckend verzierte Tür aus zwei Brettern, die mit Nut und Feder zusammengefügt worden sind, ein weiteres ist zu ergänzen, denn am Rand befindet sich eine weitere Feder und die Verzierung ist nicht abgeschlossen. Sie besaß zwei Riegel mit Holznägeln, von denen sich einer erhalten hat. Die Verzierung besteht aus eingebohrten, in versetzten Reihen angeordneten Punktkreisen. Von jedem Kreis gehen vier Bögen ab, die ihn mit vier anderen verbinden. Auch eine Bohle vom Türrahmen ist mit solchen Kreisen verziert, wobei jeder Kreis noch einen inneren einschließt; die äußeren Kreise sind zudem eingefasst. In den Vertiefungen befindet sich Kalk – unklar ist, ob nur die Muster inkrustiert waren, oder ob die gesamte Tür einen weißen Kalkanstrich besaß.

Für verzierte Bauhölzer aus slawischer Zeit lassen sich nur wenige Vergleichsfunde anführen. Zwei stammen vom Burgwall Raddusch, Landkreis Oberspreewald-Lausitz (Ullrich 2003, S. 59, Abb. 60.1), wo sie sekundär in einem Brunnen verbaut waren. Beide sind mit eingebohrten Punkten verziert, eines trägt ebenfalls Punktkreise. Eine weitere Parallele stammt aus Groß Raden, Landkreis Parchim, wo sich ein ebenso verziertes Holz fand (Schuldt 1985, S. 158, Abb. 140.84).

In slawischem Zusammenhang sind oft exzellente Bedingungen für die Erhaltung organischer Materialien gegeben. Die Palette hölzerner Gegenstände betrifft praktisch alle Lebensbereiche, man muss davon ausgehen, dass sie so oder ähnlich auch in älteren Perioden vorhanden waren.

Insbesondere umfangreiche Bauhölzer mit genügend Jahrringen können zu Zwecken der Dendrochronologie genutzt werden. Sie liefern jahrgenaue Datierungen, die eine Verbindung archäologischer Befunde zu historisch überlieferten Daten ermöglichen. Im Falle der Burg von Lenzen, die nicht zufällig unmittelbar vor dem Slawenaufstand 983 fertig gestellt wurde, wird dies besonders deutlich.

Thomas Kersting

| **Lit.:** Schuldt 1985; Ullrich 2003; Kennecke 2013

535 Dreilagenkamm, Bernsteinschmuck, Knochenflöte von der Burg Lenzen

Um 1000
Burg Lenzen

a) Dreilagenkamm
Geweih, Eisenniete – H. 2,7 cm, B. 8 cm, T. 1,2 cm
Brandenburg, Brandenburgisches Landesamt für Denkmalpflege und Archäologisches Landesmuseum, Inv.Nr. 2001:703/V23

b) Anhänger/Perle
Bernstein – Dm. 5,1 cm, T. 2,1 cm
Brandenburg, Brandenburgisches Landesamt für Denkmalpflege und Archäologisches Landesmuseum, Inv.Nr. 2001:703/217/1

c) Flöte
Knochen – L. 17 cm, Dm. 2 cm
Brandenburg, Brandenburgisches Landesamt für Denkmalpflege und Archäologisches Landesmuseum, Inv.Nr. 2001:703/651

Die Burg von Lenzen an der Elbe im äußersten Nordwesten Brandenburgs – eine „frühgeschichtliche Befestigung am westlichen Rand der slawischen Welt" – war schon zu Zeiten Karls des Großen umstritten, bis sie im Winter 929 unter Heinrich I. erobert wurde. Umfangreiche Grabungen erbrachten zahlreiche hochwertige Funde, die das Leben auf einer slawischen Burg illustrieren.

Eine wirtelförmige Bernsteinperle stammt aus der Burg Lenzen, die Außenseiten sind facettiert. Das Stück ist in dieser Größe in Brandenburg einzigartig; näher zur Ostsee – dem Rohstofflieferanten – hin häufen sich ähnliche Bernsteinperlen. Bernsteinschmuck wurde zum Beispiel aus Ostvorpommern bekannt, wo Halbfabrikate auch

534

534

eine Bernsteinbearbeitung bezeugen. Durchlochte Exemplare werden als Schmuckperlen interpretiert, als Spinnwirtel dürften sie – auch wegen ihres geringen Gewichtes – kaum in Betracht kommen. Bei dem Objekt aus Lenzen ist die Durchbohrung so groß, dass sie nicht zu den ebenfalls dort gefundenen Spindelstäben passt. Es steht für die Kontakte zum Baltikum, dessen Erzeugnisse den Burgherren zugänglich waren.

Auch fein gearbeitete Kämme, meist aus Geweih, bisweilen aus Knochen, die aus zahlreichen einzeln hergestellten Stücken zusammengesetzt und mit Metallnieten fixiert sind, stammen nicht aus dem Binnenland, sondern wurden in der Regel im Ostseeraum produziert, von vereinzelten Nachahmungen abgesehen.

Flöten konnte man offenbar in einfacher Weise aus Schienbeinknochen von Schafen herstellen. Sie sind gar nicht so selten und belegen eine zeitgenössische Musikausübung, über die man sonst nichts wüsste. Thomas Kersting

| Lit.: Brather 2001, S. 207ff.; Kennecke 2013

536–539 und 543–547 Starigard/Oldenburg – slawische Fürstenburg zwischen Christianisierung, Bistumssitz und heidnischer Aufstandsbewegung

Der eindrucksvolle Burgwall Starigard im Norden der Stadt Oldenburg in Holstein war vom Ende des 8. bis zur Mitte des 12. Jahrhunderts fürstlicher Zentralort des slawischen Stammes der Wagrier und zumindest zeitweilig auch des gesamten Stammesverbandes der Abodriten, zu denen die Wagrier gehörten. Im Inneren dieser *civitas maritima*, wie sie der Chronist Adam von Bremen im 11. Jahrhundert nannte, befand sich der Fürstenhof, ein durch Bohlenwände begrenztes Areal mit Wirtschaftsgebäuden und einer zweischiffigen Halle. Dieses architektonische Ensemble, insbesondere die funktionale Gliederung der Halle im Sinne einer *Aula Regia*, erinnert an karolingische Pfalzen und ist Ausdruck des westwärts gerichteten Blicks der Fürstenfamilie.

Mit dem vierten Neubau der Halle, datiert in die erste Hälfte des 10. Jahrhunderts, war ein Funktionswandel verknüpft, der sich in zahlreichen, weitgehend beigabenlosen Bestattungen an der südlichen Traufenseite zu erkennen gab. Einzige Erklärung ist die Nutzung als Kirche bereits Jahrzehnte vor der Gründung des Bistums Oldenburg im Jahr 972. Vielleicht kam der namentlich nicht genannte König der Abodriten aus Starigard, der 934 zusammen mit dem Dänenkönig Gnupa in Haithabu getauft worden war.

Der fünfte Hallenneubau, auch als zweite Kirche Oldenburgs bezeichnet, ist schließlich der Zeit des Oldenburger Bistums (972–983) zuzuweisen. Jetzt lagen die meisten Gräber im Kircheninneren. Unmittelbar vor dem Altar befanden sich zwei durch Größe und Ausstattung hervorstechende Bestattungen, die als Grablegen der Fürsten selbst gedeutet werden (Grab 74 und 75).

In dem durch die Liutizen getragenen heidnischen Aufstand des Jahres 983 fand diese erste christliche Phase Starigards ein explosions-

535

536 Messerscheidenbeschlag mit kosmologischem Bildprogramm (Götterbildbeschlag)

Oldenburg, Kr. Ostholstein, Burgwall Starigard, Siedlungsschicht Ende 10. Jahrhundert
Bronzeguss mit Gravur, drei Nietlöcher – zentrale anthropomorphe (göttliche) Figur am oberen Ende, zwei menschliche (männliche) Figuren gegenüberstehend, drei Pferde (paarig gegenüberstehend, wobei eine Pferdefigur fehlt), eine (göttliche) Maske zwischen zwei Pferdeköpfen am unteren Ende – H. 11,5 cm
Schleswig, Stiftung Schleswig-Holsteinische Landesmuseen Schloss Gottorf, Archäologisches Landesmuseum, Inv.Nr. Fund-Nr. Old. 12.13.337

Der Messerscheidenbeschlag von Oldenburg ist einzigartig und besitzt einen herausragenden Quellenwert zur Erschließung slawischer Glaubensvorstellungen. Ihm vergleichbar sind lediglich zwei einfacher gestaltete Messerscheidenbeschläge von Brześć Kujawski (Polen) und Schwedt (Brandenburg).
Die folgende Interpretation der figürlichen Darstellung gelang dem Ausgräber Ingo Gabriel: „Das Bildprogramm des Oldenburger Beschlags zitiert eine bildreiche Variante der Vorstellung vom geordneten Kosmos: Sonnengott Svarog in überragender ‚Herrscherpose' über den Welten der Lebenden und der Toten, zugleich im Himmelswagen vom Morgen zum Abend segenspendend den Kosmos durcheilend." (Kat. Bremen/Oldenburg/Lübeck 2002, S. 135)   Ralf Bleile
| Lit.: Gabriel 1988a, S. 189–194; Kat. Berlin/Mannheim 2000, S. 139, Nr. 05.01.13 (Ingo Gabriel); Kat. Bremen/Oldenburg/Lübeck 2002, S. 134f., Nr. 21 (Ingo Gabriel); Kat. Paderborn 2009, S. 323f., Nr. 49 (Ingo Gabriel)

artiges Ende. Eine gewaltige Feuersbrunst zerstörte die Kirche. In ihrem Brandschutt fanden sich Knochenfragmente vom Zierbeschlag eines Reliquienkästchens (Kat.Nr. 546), geschmolzene Bronzereste zweier Glocken, ein bronzenes Brustkreuz und Fragmente von Buchdeckelbeschlägen.
An der Stelle des Kirchenaltars errichteten die Slawen ein hölzernes Idol. Es war in ein quadratisches Steinfundament eingelassen, in dem sich mehr als tausend Jahre später nur noch das Pfostenloch erhalten hatte. Wie das Idol ausgesehen haben mag, entzieht sich deshalb unserer Kenntnis. Es war rituelles Zentrum eines paganen Sakralbezirks, in dem sich auch Depots mit Pferdeschädeln und -extremitäten fanden.
In der ersten Hälfte des 11. Jahrhunderts scheint das Christentum in Starigard erneut Fuß gefasst zu haben, was vier beigabenlose und dem Befund nach fürstliche Bestattungen belegen. Um 1060 war Oldenburg schließlich erneut Bistumssitz und blieb es bis zu seiner Zerstörung durch die Dänen 1148/49. Im Jahr 1160 wurde das Bistum schließlich nach Lübeck verlegt.
Im wiedererrichteten Oldenburg siedelten ab dieser Zeit vor allem Sachsen, die als Kolonisten ins Land geholt worden waren. Nur ein Straßenname weist darauf hin, dass einige „Wenden" (Slawen) geblieben waren.   Ralf Bleile
| Lit.: Gabriel 1988b; Müller-Wille 1991; Gabriel 2002; Gabriel/Kempke 2011

537 Miniatur-Brettidol

Oldenburg, Kr. Ostholstein, Burgwall Starigard, Siedlungsschicht Ende 10. Jahrhundert
Nadelholz, gespalten und geschnitten – H. 5,1 cm
Schleswig, Stiftung Schleswig-Holsteinische Landesmuseen Schloss Gottorf, Archäologisches Landesmuseum, Inv.Nr. Old. 08.16.058

Das obere Ende des in einem Holzhaus gefundenen Kienspans ist durch seitliches Auskerben zu einem rautenförmigen Kopf auf abgeschrägten Schultern geformt worden. Bohlen mit solchen rautenförmigen Köpfen sind von dem Tempelgebäude aus der Siedlung des 10. Jahrhunderts von Groß Raden bekannt. Ein singuläres Brettidol von Ralswiek (Kat.Nr. 513) liefert die ikonographische Interpretation der Form: Es zeigt ein männliches Gesicht mit Schnauz- und Kinnbart. Hier ist die Kopfoberseite allerdings rund. In der spitzen Ausführung des Brettidols von Oldenburg könnte im Vergleich zu einem Götterbild von Schwedt die Darstellung einer fürstlichen Kopfbedeckung gesehen werden.   Ralf Bleile
| Lit.: Gabriel 1988a, S. 184f.; Kat. Paderborn 2009, S. 322f., Nr. 47 (Ingo Gabriel)

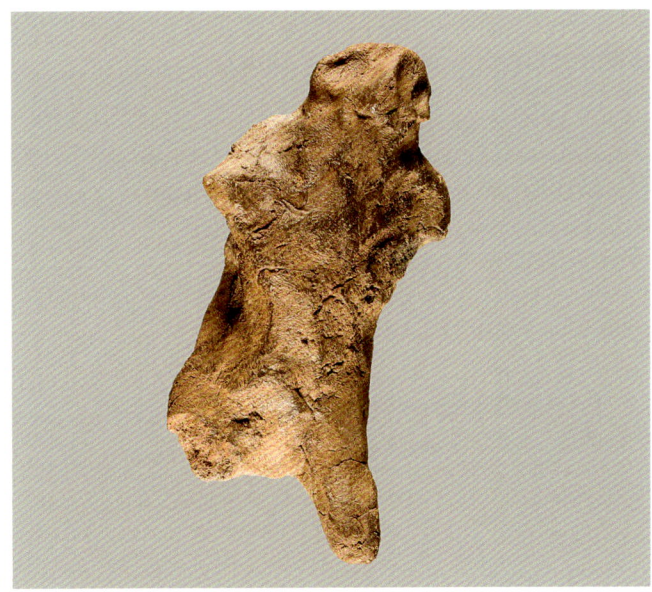

Im Inneren des Hauses, in dem diese tönerne Plastik gefunden wurde, lagen an einer Außenwand zwei Bestattungen Neugeborener, bei denen es sich um Zwillinge gehandelt haben kann, sowie die Bestattung einer Frühgeburt unter Flechtmatten. Form und Ausführung der Tonfigur sprechen für eine liegende Position und die Darstellung eines Wickelkindes. Ihre Vergesellschaftung mit den Kinderbestattungen könnte die Verwendung in einem Analogiezauber andeuten, bei dem die Gestalt des Wickelkindes Schaden abwenden sollte. Solche Zauberpraktiken sind nicht auf pagane Lebensumstände beschränkt, sondern ebenso in christlicher Umgebung gegenwärtig.

Ralf Bleile

| Lit.: Kat. Magdeburg 2001, S. 98f., Nr. II.69 (Ingo Gabriel); Kat. Bremen/Oldenburg/Lübeck 2002, S. 135f., Nr. 22 (Ingo Gabriel); Kat. Paderborn 2009, S. 321f., Nr. 46 (Ingo Gabriel)

539 Pferdeschädel und Pferdeextremitäten

Oldenburg, Kr. Ostholstein, Burgwall Starigard, Deponierungen 2. Hälfte 10./1. Hälfte 11. Jahrhundert
Pferdeschädel, rechtes Vorderbein (Humerus, Radius, Ulna, Metacarpus, Phalangen I–III), Vorderfuß (Metacarpus mit zwei Griffelbeinen, Phalangen I–III)
Schleswig, Stiftung Schleswig-Holsteinische Landesmuseen Schloss Gottorf, Archäologisches Landesmuseum, Inv.Nr. Old. PRW; Old. 07.14.189; Old. 07.17.76

Nach der Zerstörung der zweiten Oldenburger Kirche sind nordwestlich des neu errichteten Götterstandbildes in einem Gebäude und in

538 Zauberpuppe

Oldenburg, Kr. Ostholstein, Burgwall Starigard, Fußboden eines hölzernen Standardhauses, das vermutlich im Liutizenaufstand um 983 abgebrannt ist
Massive Plastik aus fein gemagertem Töpferton – linker Arm und rechtes Bein abgebrochen – H. 11,7 cm
Schleswig, Stiftung Schleswig-Holsteinische Landesmuseen Schloss Gottorf, Archäologisches Landesmuseum, Inv.Nr. Old. 21.05.031

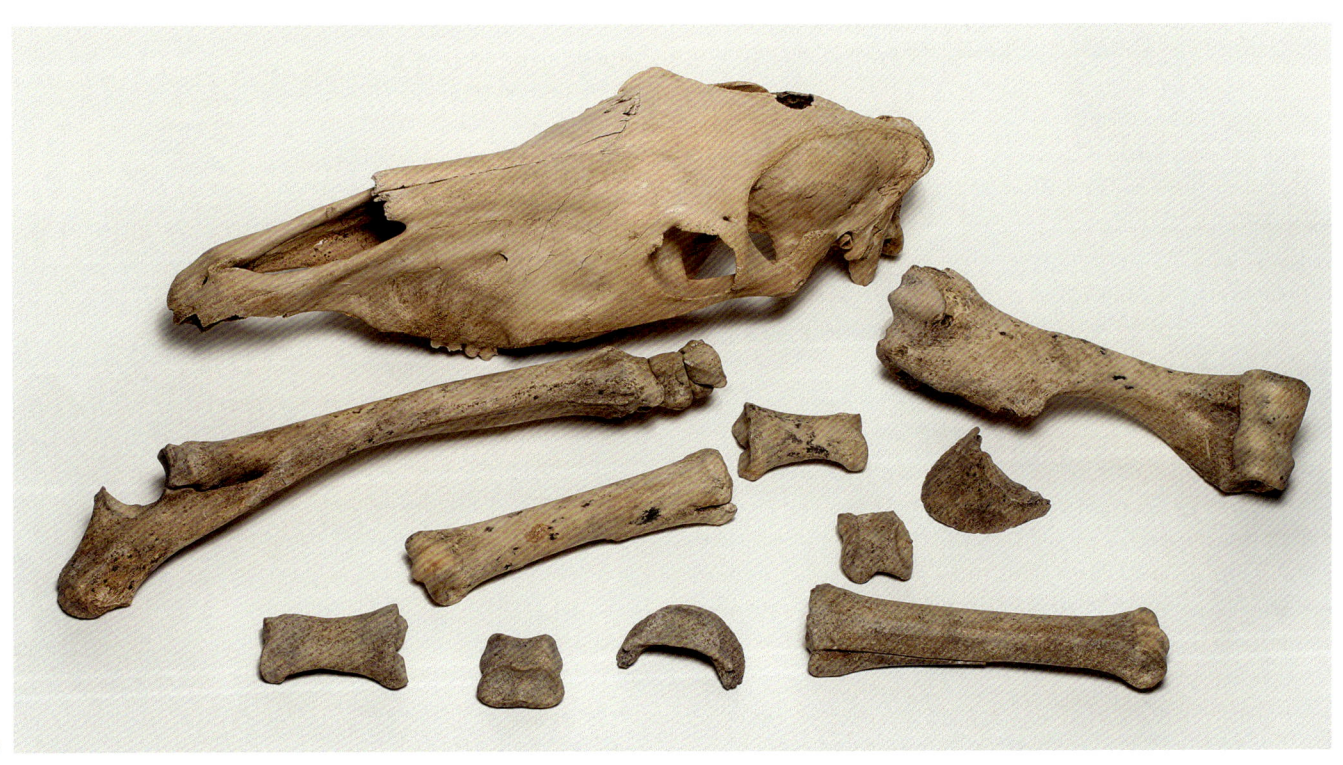

seiner unmittelbaren Umgebung etwa dreißig Depots mit Pferdeknochen angelegt worden. Einige besaßen Steinkreise von 0,6 Metern Durchmesser.

In den Deponierungen fanden sich zumeist Schädel, Beine oder Füße von Pferden, wobei die Knochen der Beine und Füße oft im anatomischen Verband lagen. Diese Depots entstanden über einen längeren Zeitraum hinweg, vermutlich zwischen 983 und 1018.

Gedeutet werden die Depotinhalte als ausgewählte Teile von Schlachtopfern: Nach dem gemeinsamen Verzehr des Opfertieres wurde das Fell mit dem Schädel und den Füßen als „Götterteil" aufbewahrt, präsentiert und schließlich vergraben. Ralf Bleile

| **Lit.:** Gabriel 1988b, S. 71ff.; Kat. Bremen/Oldenburg/Lübeck 2002, S. 133f., Nr. 20 (Ingo Gabriel)

540 Tonei

Kiewer Rus, 10./11. Jahrhundert
Görke, Ldkr. Vorpommern-Greifswald
Ton, unglasiert – H. 5,3 cm, B. 3,7 cm
Schwerin, Landesamt für Kultur und Denkmalpflege Mecklenburg-Vorpommern, Inv.Nr. IV/63/344

Das Ei von Görke besteht aus einem braungrau bis schwarz gescheckten Ton. Es enthält einen Klapperstein. Neben den unverzierten Toneiern gibt es glasierte und gelegentlich sogar mit farbigen Wellenmustern gestaltete Exemplare. Gewöhnlich werden die Toneier mit dem Fruchtbarkeitskult in Verbindung gebracht, der heute noch als Osterbrauch bekannt ist. Aus Polen und Pommern kennt man Exemplare, die zusammen mit echten Hühnereiern niedergelegt worden sind.

Die zwischen Elbe und Oder nach wie vor seltenen Funde stammen überwiegend aus Orten, die mit dem Fernhandelsnetz in Verbindung standen. Die durch seine herausragenden früh- und hochmittelalterlichen Funde bekannte Siedlung von Görke liegt am Südufer der Peene, dem wikingerzeitlichen Handelsplatz von Menzlin gegenüber. Ein mit schwarzgrün gebänderter Glasur versehenes Tonei wurde auf dem Gelände der Burg Usedom gefunden. Zum Einzugsgebiet der Odermündung gehörend, bestanden von beiden Orten aus direkte Verbindungen ins frühpiastische Polen und in den Ostseeraum. Fred Ruchhöft

| **Lit.:** Schoknecht 1963, S. 266; Schoknecht 1970, S. 280f.; Lampe 1995, S. 354; Brather 2008, S. 349f.

541 Zierscheibe mit Christusdarstellung

11. Jahrhundert
Parchim, Ldkr. Ludwigslust-Parchim
Bronze – Dm. 6,0 cm
Schwerin, Landesamt für Kultur und Denkmalpflege Mecklenburg-Vorpommern, Inv.Nr. 1997/1654, 2323, 35

Wenige Kilometer südlich der Stadt Parchim liegt an einem alten Eldeübergang im Schutz eines heute verlandeten Sees eine befestigte Handelssiedlung, deren Existenz zwischen etwa 1030 bis 1060 gesichert ist. Münzen, Waagenteile und zahlreiche Importgegenstände belegen intensiven Handel mit weitreichenden Kontakten nach West- und Osteuropa. Der Platz bestand in der Zeit der Herrschaft des Abodritenfürsten Gottschalk (reg. 1043–1066), der im sächsischen Bardowick christlich erzogen worden war. Er führte sein Land wirtschaftlich zu neuer Blüte und versuchte, eine christlich orientierte Herrschaft zu etablieren. Gottschalk hatte in seinem Gebiet das um 1011 zerstörte Bistum in Oldenburg wiederaufgerichtet, die Bistümer in Ratzeburg und in Mecklenburg sowie ein Nonnenkloster in der Mecklenburg gegründet. Der Fürst wurde 1066 bei einem Aufstand in Lenzen an der Elbe erschlagen, die Herrschaft übernehmen antichristliche Magnaten, deren familiäre Herkunft unbekannt ist. Erst 1093 konnte mit Hilfe des sächsischen Herzogs Magnus der Abodritenfürst Heinrich an die Macht kommen. Als Christ hatte er in Alt-Lübeck eine Hofkirche errichtet, konnte aber das Christentum in seiner Herrschaft nicht durchsetzen. Zu den wenigen Zeugnissen christlichen Glaubens aus der Zeit Fürst Gottschalks gehören zwei Schmuckstücke mit christlicher Symbolik. Eines zeigt auf einer runden Scheibe einen erhaben dargestellten gekreuzigten Christus. Die Arbeit entstand vermutlich in Westeuropa.

Fred Ruchhöft

| Lit.: Paddenberg 2012

542 Anhänger mit Kreuzdarstellung

12. Jahrhundert
Relzow, Ldkr. Vorpommern-Greifswald
Silber – Dm. 3,0 cm
Schwerin, Landesamt für Kultur und Denkmalpflege Mecklenburg-Vorpommern, Inv.Nr. 1995/279, 297

Der annähernd runde Anhänger aus dünnem Silberblech mit einer randlichen Durchlochung wurde auf einem ausgedehnten Siedlungsplatz des 11./12. Jahrhunderts zusammen mit anderen Bronze- und Silberobjekten, darunter Waagenteile und Gewichte, geborgen. Der Platz liegt nördlich der Peene bei Anklam unweit der 1140 genannten Marktsiedlung von Ziethen. Der Anhänger zeigt ein mit doppelreihigem Tremolierstich herausgearbeitetes Kreuz mit sich nach außen verbreiternden Armen. Die vermutlich einheimische Arbeit dokumentiert die wachsende Akzeptanz des christlichen Glaubens in den westslawischen Gebieten, während davon auszugehen ist, dass die erfolgreiche Missionierung der Pommern durch Otto von Bamberg im Jahr 1128 zuerst ein formaler Akt war, der die private Glaubenswelt der Pommern wenig beeinflusste. Der Besitzer jedoch dürfte sich zum Christentum bekannt haben. Funde mit christlicher Symbolik werden in Mecklenburg-Vorpommern nur selten geborgen. Neben verschiedenen Kreuzen und den Adlerscheiben gibt es ein Silberkreuz mit einer in Tremolierstich ausgeführten Christusdarstellung aus Klebe, Landkreis Ludwigslust-Parchim sowie einen Anhänger mit eingeprägtem Kreuz aus Schwennenz, Landkreis Vorpommern-Greifswald.

Fred Ruchhöft

| Lit.: Schoknecht 2007, S. 24

543 Kaptorgen oder Amulettkapseln

Oldenburg, Kr. Ostholstein, Burgwall Starigard, Siedlungsschicht frühes 10.– frühes 11. Jahrhundert

a) Amulettkapsel
Rechteckiges Bronzeblech zu einer dünnen und einer dicken Röhre gebogen, dicke Röhre durch Bronzeblech einseitig verschlossen – H. 1,9 cm, B. 2,4 cm
Schleswig, Stiftung Schleswig-Holsteinische Landesmuseen Schloss Gottorf, Archäologisches Landesmuseum, Inv.Nr. Old. 07.11.68

b) Amulettkapsel
Rechteckiges Bronzeblech zu einer dünnen und einer dicken Röhre gebogen, dicke Röhre mit Tremolierstich verziert und durch Bronzeblech einseitig verschlossen – H. 2,1 cm, B. 2,5 cm
Schleswig, Stiftung Schleswig-Holsteinische Landesmuseen Schloss Gottorf, Archäologisches Landesmuseum, Inv.Nr. Old. 12.16.112

Die Kaptorgen aus Starigard/Oldenburg sind in mehrfacher Hinsicht außergewöhnlich: Erstens bestehen Amulettbehälter dieses Typs (dünne Röhre für die Trageweise an einer Schnur, dicke für die Aufnahme der Substanz mit Amulettcharakter) mit Ausnahme der Oldenburger Exemplare aus Silber, zweitens kennen wir sie anderenorts nur aus Gräbern und Silberhorten und drittens sind in drei Oldenburger Kaptorgen Reste des Inhalts erhalten.

Durch die Bergung aus Siedlungsschichten ist ihr tatsächlicher Gebrauch in Starigard nachgewiesen. Allerdings kann aus diesen Fundumständen keine Aussage über die soziale Stellung ihrer Nutzer gewonnen werden, wie sie bei einer Deponierung in Gräbern mit besonders reichen Beigaben, einer außergewöhnlichen Grabausstattung oder -position möglich wäre.

Röhrenförmige Kaptorgen sind nur an einer Seite durch ein Bronzeblech verschlossen worden. Daraus könnte man folgern, dass der Inhalt nicht flüssig gewesen sein kann und außerdem eine gewisse Wirkung nach außen gehabt haben muss, beispielsweise durch Duft abgebende Substanzen. Allerdings kann die zweite Öffnung der dickeren Röhre auch durch einen Stöpsel aus organischem Material verschlossen worden sein, der sich nicht erhalten hat. Dadurch wäre ein Austausch des Inhalts ebenso möglich wie eine zeitliche Beschränkung des postulierten Duftes. In Oldenburger Kaptorgen sind Spuren von Wachs mit Flachsfasern nachgewiesen worden. Eventuell handelte es sich um geweihte Kerzenreste, beispielsweise von Taufkerzen, Osterkerzen oder aus Pilgerstätten. Ralf Bleile

| Lit.: Gabriel 1988a, S. 181–184; Kat. Bremen/Oldenburg/Lübeck 2002, S. 116f., Nr. 4 (Ingo Gabriel)

gen Kindes. Die glänzend-glatte Oberfläche bezeugt eine intensive Nutzung als Schutzamulett. Knöcherne Pektoralkreuze aus Hamburg und der Kansteinburg bei Langelsheim sind dem Oldenburger Exemplar in vielen Details so ähnlich, dass von einer zentralen Werkstatt auszugehen ist, die sich wahrscheinlich im Nordharzvorland befand. Vielleicht handelte es sich bei diesen Kreuzen um diplomatische Geschenke. Ralf Bleile

| Lit.: Gabriel 1988a, S. 146–150; Kat. Berlin/Mannheim 2000, S. 188, Nr. 07.06.16–17 (Ingo Gabriel); Kat. Bremen/Oldenburg/Lübeck 2002, S. 119, Nr. 7 (Ingo Gabriel); Kat. Bremen/Oldenburg/Lübeck 2002, S. 126, Nr. 13 (Ingo Gabriel)

544 Brust- oder Pektoralkreuze

a) Gleicharmiges Kreuz mit Kreisaugenzier
Oldenburg, Kr. Ostholstein, Burgwall Starigard, 10. Jahrhundert
Messingblech – Hängeöse abgebrochen – B. 2,7 cm, H. 2,3 cm, St. 0,2 cm
Schleswig, Stiftung Schleswig-Holsteinische Landesmuseen Schloss Gottorf, Archäologisches Landesmuseum, Inv.Nr. Old. 12.12.079

b) Knöchernes Kreuz mit Darstellung des Gekreuzigten in der Ärmeltunika
Oldenburg, Kr. Ostholstein, Burgwall Starigard, Kinderbestattung (Grab 84) in der zweiten Kirche um 980
Knochen, Schnitzarbeit minderer Qualität – Gebrauchsglätte – B. 2,3 cm, H. 1,8 cm
Schleswig, Stiftung Schleswig-Holsteinische Landesmuseen Schloss Gottorf, Archäologisches Landesmuseum, Inv.Nr. Old. 09.12.42

Vergleichsstücke zu dem gleicharmigen Kreuz aus Messingblech mit randlich umlaufend eingefräster Kreisaugenzier sind fast immer aus Silber. Sie imitieren vermutlich ottonische Scheibenfibeln und sind nach Befunden hochrangiger Frauenbestattungen in Skandinavien gemeinsam mit weiteren Schmuckstücken und Amuletten im Brustbereich getragen worden.
Das knöcherne Kreuz mit der einfachen Schnitzarbeit des Christus in der Ärmeltunika befand sich im Halsbereich eines etwa einjähri-

545 Scheiben- und Kreuzfibeln

a) Bronzene Scheibenfibel mit zuckerhutförmigem Mittelknopf und gewelltem Rosettenrand
2. Viertel 10. Jahrhundert
Oldenburg, Kr. Ostholstein, Burgwall Starigard
Bronze, Reste einer Vergoldung – Dm. 2,4 cm
Schleswig, Stiftung Schleswig-Holsteinische Landesmuseen Schloss Gottorf, Archäologisches Landesmuseum, Inv.Nr. Old. 12.19.202

b) Silberne Scheibenfibel mit dreiteiligem geometrischem Ornament
3. Viertel 10. Jahrhundert
Oldenburg, Kr. Ostholstein, Burgwall Starigard
Silber – Dm. 2,7 cm
Schleswig, Stiftung Schleswig-Holsteinische Landesmuseen Schloss Gottorf, Archäologisches Landesmuseum, Inv.Nr. Old. 12.20.018

c) Bronzene Kreuzfibel
10./11. Jahrhundert
Oldenburg, Kr. Ostholstein, Burgwall Starigard
Bronze, mit grünen Glaseinlagen an den Kreuzenden und gelber Glaseinlage im Zentrum, Bodenplatte angelötet – H. 3,4 cm, B. 3,2 cm, T. 0,9 cm
Schleswig, Stiftung Schleswig-Holsteinische Landesmuseen Schloss Gottorf, Archäologisches Landesmuseum, Inv.Nr. Old. 12.13.128

Die christliche Symbolkraft der Scheibenfibeln liegt weniger in Form und Ornament, als vielmehr in ihrer Trageweise in der christlichen Kleiderordnung des kaiserlichen Hofes. Große Scheibenfibeln sind als einziger Verschluss des Übergewandes in der Buchmalerei der Zeit nach 1000 in den Bildnissen Kaiser Heinrichs II. (reg. 1014–1024) zu finden.

Archäologisch war noch in karolingischer Zeit ihre nördliche Verbreitung auf Nordwestdeutschland – dem sächsisch-friesischen Christianisierungsgebiet – beschränkt. Aus dem benachbarten slawischen Raum ist nur von der Insel Olsborg im Großen Plöner See (*castrum Plune*) eine Emaillescheibenfibel mit Kreuzornament bekannt. Die Taufe des Dänenkönigs Gnupa (Lebensdaten unbekannt) und die Gründung der Bistümer in Haithabu und Oldenburg führten vermutlich zur Übernahme der christlichen Kleiderordnung durch die Elite. Nun, nach der Mitte des 10. Jahrhunderts, tauchen sie jedenfalls auch im slawischen Umfeld auf, beispielsweise in Starigard/Oldenburg.

Ralf Bleile

| **Lit.:** Gabriel 1988a, S. 137–144; Kat. Berlin/Mannheim 2000, S. 169f., Nr. 07.04.01–04 (Ingo Gabriel); Kat. Bremen/Oldenburg/Lübeck 2002, S. 126f., Nr. 14 (Ingo Gabriel)

546 Reliquienkästchen

Schleswig, Stiftung Schleswig-Holsteinische Landesmuseen Schloss Gottorf, Archäologisches Landesmuseum, Inv.Nr. Old. 09.09.10

a) Beschlagfragmente eines Reliquienkästchens, auch „Reliquienkästchen 1"
Oldenburg, Kr. Ostholstein, Burgwall Starigard, Brandschicht der zweiten Kirche
2. Hälfte 10. Jahrhundert, vermutlich 983
Mehr als 2800 kalzinierte, mit geschnitzten figürlichen Motiven, Schraffuren oder Kreisaugenmäanderdekor versehene Knochenfragmente des Zierbelages eines Reliquiars – Auswahl auf einer graphischen Rekonstruktion der Schmalseite eines Reliquiars mit Walmdach

b) Beschlagfragmente
Oldenburg, Kr. Ostholstein, Burgwall Starigard, Siedlungsschichten, Mitte 11. Jahrhundert/Mitte 12. Jahrhundert
Sechs mit geschnitzten geometrischen Mustern versehene Knochenfragmente ohne Brandspuren gehören zu Leisten und Platten des Zierbelags eines oder mehrerer Reliquiare – Auswahl von vier Stücken auf einer graphischen Rekonstruktion der Schmalseite eines Reliquiars mit Walmdach

Wenn von dem Reliquienkästchen aus Starigard/Oldenburg die Rede ist, so sind jene mehr als 2800 oftmals nur wenige Millimeter großen, weiß kalzinierte Knochensplitter gemeint, die in der Brandschicht der zweiten Oldenburger Kirche in einem Umkreis von etwa 30 Metern um dieses zerstörte Gebäude herum gefunden wurden. Die meisten Fragmente gehören zu Zierleisten mit Schrägkerben, Zopf- und Wellenbändern, durchbrochenen Kreuzen oder Kreisen und einem als „Reißverschlussmuster" bezeichneten Dekor sowie zu dreieckigen und trapezförmigen Giebelplatten mit kreuzförmigen Durchbrüchen. Nur sehr wenige Knochensplitter zeigen Teile figürlicher Darstellungen: Außer einigen isolierten und nicht interpretierbaren Gesichtern, Händen und einem Fuß sind es vor allem ein mandelförmiges Gesicht mit Nimbus und Flügeln – wohl ein Engel – und eine Gestalt mit faltenreichem Gewand, einem Buch in der rechten Hand und Flügeln an der linken Schulter – vermutlich der Evangelist Matthäus. Die Engelsfigur zeigt stilistische Merkmale, wie hängende Mundwinkel und eine hochgeschobene Unterlippe, welche Ähnlichkeiten zu den Elfenbeintafeln eines zweibändigen Sakramentars von Cambrigde und Frankfurt suggerieren. Ihre Entstehung wird in die Mitte des 9. Jahrhunderts datiert.

Es gibt aus Starigard/Oldenburg allerdings noch weitere sechs verzierte Knochenfragmente, die ebenfalls als Zierplatten interpretiert werden. Sie wurden aus Siedlungsschichten des 11. und 12. Jahrhunderts geborgen, sind nicht verbrannt und zeigen geometrische Muster. Diese Zierteile gehörten vermutlich ebenfalls zu einem hölzernen Reliquiar, das der zweiten Bistumsphase Oldenburgs zuzuweisen wäre (vor 1066). Das wichtigste Stück dieses Komplexes ist die Hälfte einer großen Rechteckplatte mit zentralem Kreuz in medaillonförmiger Einrahmung. Die Ausführung des Kreuzdekors als Durchbrucharbeit könnte im Vergleich zum Reliquienkasten von Essen-Werden (Kat.Nr. 385) der „konspirativen Kommunikation mit den heiligen Reliquien" gedient haben, wie Ingo Gabriel es ausdrückte.

546a

Ein trapezförmiges Giebelteil unterscheidet sich von den anderen Fragmenten durch einen höheren Abnutzungsgrad und mehr als zwei konzentrische Verzierungsringe. Im Vergleich zu dem häufigen Auftreten dieser Verzierungsart auf Beschlagplatten des letzten Drittels des 11. und des 12. Jahrhunderts in Schleswig könnte dieses Stück jüngeren Datums sein und zu einem dritten Reliquiar gehört haben, für dessen Existenz es jedoch keine weiteren Anhaltspunkte gibt.
Ralf Bleile

| **Lit.**: Gabriel 1988a, S. 151–157; Gabriel 2002, S. 38, Abb. 11–12; S. 41, Abb. 17; Kat. Bremen/Oldenburg/Lübeck 2002, S. 122f., Nr. 10 (Ingo Gabriel); Kat. Bremen/Oldenburg/Lübeck 2002, S. 123f., Nr. 11 (Frank Wilschewski); Kat. Magdeburg 2012, S. 608f., Nr. V.33a–b (Torsten Kempke)

547 Applikations- oder Sargkreuze

a) Lateinisches Kreuz
Oldenburg, Kr. Ostholstein, Burgwall Starigard, Kinderbestattung (Grab 83) in der zweiten Kirche um 980
Lateinisches Kreuz aus zwei übereinander genagelten Eisenblechstreifen, Kreuzenden leicht verbreitert, Silberfolienreste mit modelgepresstem Rautengittermuster auf der Oberfläche – H. 10 cm, B. 8 cm
Schleswig, Stiftung Schleswig-Holsteinische Landesmuseen Schloss Gottorf, Archäologisches Landesmuseum, Inv.Nr. Old. 09.11.19

b) Gleicharmiges Kreuz
Oldenburg, Kr. Ostholstein, Burgwall Starigard, Kinderbestattung (Grab 40) in der zweiten Kirche um 980
Gleicharmiges Kreuz aus einem Eisenblech geschnitten, Kreuzenden leicht verbreitert, Holzreste auf der Unterseite – H. 6 cm, B. 6 cm
Schleswig, Stiftung Schleswig-Holsteinische Landesmuseen Schloss Gottorf, Archäologisches Landesmuseum, Inv.Nr. Old. 07.15.66

Mit der fünften Errichtung des Hallengebäudes im Fürstenhof, das funktional als zweite Kirche mit der ersten Oldenburger Bistumsphase gleichzusetzen ist, sind zahlreiche Bestattungen im Innenraum verbunden. Die Kindergräber zeigen am deutlichsten christliche Attribute. Hierzu gehören das Pektoralkreuz aus Grab 84 (Kat.Nr. 544b) und die zwei eisernen Applikationskreuze, die auf die Särge der Kindergräber 40 und 83 genagelt worden waren. Solche Sargkreuze sind anderenorts nur in Haithabu/Schleswig beobachtet worden. Vermutlich imitieren sie Reliefs auf steinernen Sarkophagdeckeln.
Ralf Bleile

| **Lit.**: Gabriel 1988a, S. 147; Kat. Bremen/Oldenburg/Lübeck 2002, S. 117, Nr. 5 (Ingo Gabriel)

548 Gussform für Amulettanhänger

Slawisch, 2. Hälfte 10. Jahrhundert
Burgwall Berlin-Spandau
a) Gussform aus Keramik – H. 5,3 cm, B. 6,3 cm, T. 2,2–2,3 cm
b) Moderner Guss des Anhängers – Dm. 2,6 cm
Berlin, Staatliche Museen zu Berlin – Preußischer Kulturbesitz, Museum für Vor- und Frühgeschichte, a) Inv.Nr. If 17621 und b) Inv.Nr. VIIa 1611/1

Die größtenteils erhaltene Hälfte einer zweiteiligen Gussform wurde unmittelbar neben der Saalkirche in deren Fundamentierungsschicht gefunden (Grundstück Burgwall 17, Phase 5 b 2). Der trompetenförmige Gusstrichter, die Gießrinne und die Form des radförmigen Anhängers sind deutlich erkennbar. Die Materialanalyse anhaftender Metallreste lässt auf die Verarbeitung von Bronze schließen. Derartige Gussformen sind für den slawischen Siedlungsraum zwischen Oder und Elbe nur selten belegt. Für den Spandauer Burgwall verweist das vorliegende Exemplar auf die stationäre oder zeitweilige Anwesenheit eines Feinschmiedes.

Die Innendarstellung zeigt einen stark stilisierten Menschen in Kreuzform. Beide Hände und die wohl übereinander gelegten Füße sind mit dem Außenring verbunden und jeweils durch einen überdimensionierten, dreiteilig gekerbten Wulst angedeutet. Der frei schwebende Kopf zeigt zwei halbkugelige Augen. Die Deutung als Christus ist naheliegend. Im Unterschied zu zeitgleichen Christusfiguren fehlt die Wiedergabe des Kreuzes. Die Radform des Anhängers kann auf südöstliche Einflüsse, insbesondere aus dem Karpatengebiet, verweisen, aber auch nordische Parallelen bieten sich an.

Marion Bertram

| **Lit.:** Müller/Müller-Muči 1987, S. 59, 96, Taf. 31,3

549 Romanischer Kruzifixus

12. Jahrhundert
Quitzöbel, Ldkr. Prignitz
Bronze, Hohlguss – H. 12,5 cm, B. 12,5 cm
Havelberg, Prignitz-Museum am Dom Havelberg, Inv.Nr. V 1363, K68

Die Bronzefigur des gekreuzigten Christus mit den drei großen Löchern an den Arm- und Beinenden war vermutlich auf ein Holz- oder Bronzekreuz genietet und wurde so als Altar- oder Vortragekreuz genutzt. Im 11. und 12. Jahrhundert entstanden im Umfeld des Harzes eine Reihe bronzener Kleinkruzifixe, die in den Kirchen mit zu den ersten Ausstattungen zählten. Die Gruppe der niedersächsischen Bronzekruzifixe, zu der dieses Stück gehört, ist im Vergleich zu den im Rheingebiet gefertigten recht einfach gestaltet und wirkt sehr archaisch. Lendentuch, Körperformen und besonders das Gesicht wurden nur grob in die Gussform eingearbeitet und lassen eine Massenproduktion vermuten.

Der Quitzöbler Kruzifixus ist eines der Zeugnisse für die Christianisierung im slawisch besiedelten Gebiet des ostelbischen Bistums Havelberg. Er wurde 1930 an der Mündung der Havel in die Elbe aus einem Acker gepflügt und ist damit der nördlichste und zugleich einer der wenigen Funde östlich der Elbe. Ob er zu einer Kirche im slawischen Missionsgebiet gehörte, lässt sich leider nicht mit Sicherheit sagen, da es keine Nachgrabungen an der Fundstelle gab und auch keine Wüstung am Fundort nachweisbar ist.   Antje Reichel

| **Lit.:** Bloch 1992, S. 192, Taf. 81 (hier fälschlich als Beeskower Kruzifix angegeben); Bönisch 2007

550 Kaiser Otto I. gibt die Erhebung Magdeburgs zum Erzbistum und die Ernennung des Missionspredigers Adalbert zum dortigen Erzbischof bekannt

Ohne Ort, vermutlich Ravenna oder in der Nähe, ohne Datum, vermutlich 968 etwa Ende September/Anfang Oktober
Pergament/Wachs – plangelegt, kleinere Fehlstellen – H. max. 47 cm, B. max. 57 cm; Siegel: Dm. 10,2 cm, H. max. 1,3 cm
Magdeburg, Landeshauptarchiv Sachsen-Anhalt, Abteilung Magdeburg, Sign. U 1 Erzstift Magdeburg, I Nr. 31

Dieses kaiserliche Schreiben, Ergebnis einer Versammlung in Ravenna September/Oktober 968, richtet sich an die Bischöfe, Grafen und übrigen Getreuen in Sachsen. Otto I. (König 936, Kaiser 962, †973) erklärt, dass er seinen Wunsch, in Magdeburg ein Erzbistum zu errichten, nun verwirkliche und den vormals (961) als Missionsprediger zu den Russen gesandten Bischof Adalbert (*um 910, †981) zum Metropoliten über alle Slawen jenseits von Elbe und Saale bestimmt habe. Adalbert selbst hat er zur Erlangung des Palliums bereits nach Rom geschickt, woraufhin er dann bald – höchst wahrscheinlich mit diesem kaiserlichen Schreiben – in Magdeburg zu erwarten ist. Die Adressaten sollen ihr Einverständnis mit Adalberts Erhebung bekunden und seiner Ordination der Suffragane von Merseburg, Zeitz und Meißen als Zeugen beiwohnen. Auch die Bischöfe der schon bestehenden Bistümer Havelberg und Brandenburg sollen Adalbert Gehorsam geloben, werden also Magdeburg anstelle ihrer bisherigen Metropole Mainz unterstellt. Insbesondere den Markgrafen der sorbischen Marken befiehlt Otto, dem Erzbischof zu gehorchen wie ihm selbst. Über den Unterhalt der Suffraganbistümer soll um das nächste Weihnachtsfest in Magdeburg beraten werden.
Diese hier zur Schau gestellte Urkunde ist das am meisten ausgeliehene Archivale des Landeshauptarchivs Sachsen-Anhalt. Die Stiftung des Erzbistums Magdeburg als Missionsbistum ist das Hauptmotiv für die aktuelle Ausleihe, die Qualität der Kaiserurkunde war es für die Ausstellung „Otto der Große und das Römische Reich. Kaisertum von der Antike bis zum Mittelalter" in Magdeburg August bis Dezember 2012, und die Ersterwähnung der Suffragane

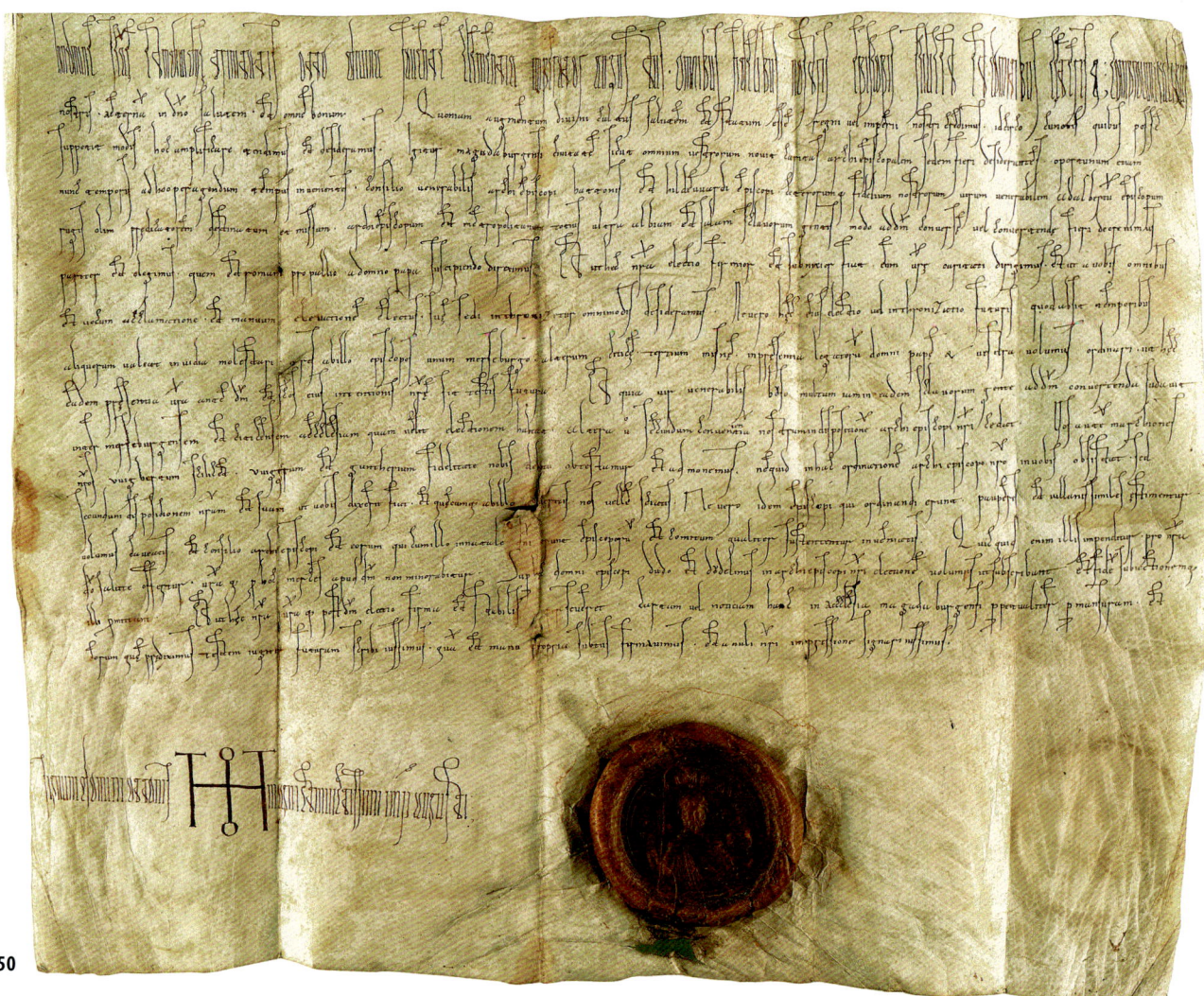

Merseburg und Zeitz war es für die entsprechenden dortigen Ausstellungen „Otto der Große und das Bistum Merseburg" im Sommer 2012 bzw. „Im Zentrum der Macht" in Zeitz im Sommer 2011. Der Urkundentext ist auf das Harmonieren aller Beteiligten ausgerichtet und spricht vorangegangene Schwierigkeiten nicht direkt an. Allerdings weisen energische Redewendungen und die ständige Betonung der Unumstößlichkeit darauf hin, dass die neue Regelung alles andere als selbstverständlich war. Dass Magdeburg unter Überspringung der Bistumsstufe sofort zum Erzbistum erhoben und entsprechend mit einer eigenen Kirchenprovinz ausgestattet wurde, ging auf Kosten des Bistums Halberstadt und der Kirchenprovinz Mainz, zu denen Magdeburg bisher gehört hatte. Ausgerechnet aber deren Oberhäupter sollen nach dem Wortlaut der Urkunde die Erhebung Adalberts befürwortet haben. Was paradox klingt, findet seine Auflösung darin, dass Wilhelm von Mainz, obwohl nichtehelicher Sohn Ottos, und Bernhard von Halberstadt die Gründung eines Bistums Magdeburg bis zuletzt verhindert hatten, nach ihrem zufällig fast gleichzeitigen Tod (Bernhard 3. Februar, Wilhelm 2. März 968) aber beide Stühle mit Geistlichen besetzt worden waren, die in Ravenna ihr Einverständnis mit der Neugründung hatten erklären müssen.

Trotz der feierlichen Gestaltung mit Monogramm und Kaisersiegel und der epochalen inhaltlichen Bedeutung trägt der Text weder Ort noch Datum. Wolfgang Huschner, der auch auf die Möglichkeit einer Abfassung durch Adalbert selbst hinweist, betont, dass die Urkunde die Komponente des Mandats besitzt, einer Gattung, bei der die Fortlassung des Datums sogar eher die Regel ist. Das Überlieferungsumfeld erlaubt kaum eine nähere zeitliche Eingrenzung als vielleicht Frühherbst 968: In Ravenna ausgestellte Urkunden Ottos II. (Mitkönig seit 961, Mitkaiser seit 967, †983) bezeichnen Adalbert bereits am 3. oder 4. Oktober 968 als Erzbischof; die päpstliche Bestätigung datiert vom 18. Oktober. Zwingende Schlüsse hinsichtlich des Abfassungszeitpunkts sind aus beiden Umständen nicht zu ziehen.

Was die Ausdehnung der neuen Kirchenprovinz angeht, so stellt sich die Frage, wie wörtlich die Definition der Metropolitangewalt über alle Slawen jenseits der Elbe und Saale zu nehmen ist, zudem noch ohne eine ausdrückliche östliche Begrenzung. Was verstand Adalbert, der bis Kiew gereist war, unter „allen Slawen"? Bereits getaufte Slawen sind grundsätzlich in den Magdeburger Sprengel einbezogen, aber sollte es hier gar keine Obergrenze geben? In Ravenna musste bekannt sein, dass zwei Jahre zuvor die erste Taufe eines polnischen Fürsten erfolgt war. Hätten magdeburgische Missionierungsversuche und entsprechende Machtansprüche vor nicht-slawischen Völkern Halt gemacht? Galten bereits der Ostkirche zugeneigte Slawen ebenfalls als von Magdeburg aus zu missionieren? Physisch hatte Adalbert sich 962 rasch aus der Kiewer Rus zurückgezogen, aber ideell konnte er sie nach dem Wortlaut der Urkunde mehr denn je zuvor als seinen Sprengel betrachten.

Die nach Osten ungeklärte Grenze blieb über Jahrhunderte ein Strukturmerkmal der Magdeburger Kirchenprovinz. Zwei spektakuläre Vorgänge, die in den letzten Jahren ebenfalls durch große Ausstellungen ins Allgemeinbewusstsein rückten, versuchten in besonderem Maße, Nutzen aus den vagen geographischen Angaben zu ziehen: Erzbischof Norbert (amt. 1126–1134) erwirkte 1133, dass Magdeburg sämtliche polnischen Bistümer unterstellt wurden, was zwei Jahre nach seinem Tod revidiert wurde. 1217/19 holte Magdeburg sich zuerst die päpstliche, dann die königliche Zusage ein, dass ihm alle Gebiete ab bzw. östlich von Livland unterstellt werden sollten, die unter Magdeburger Mitwirkung missioniert würden. Ihr Ende fanden diese schrankenlosen Ansprüche erst mit der Errichtung einer selbständigen eurasischen Diözesanstruktur im Rahmen der Mongolenreiche: Mit Stiftung des Patriarchats Peking/Cambalec 1307 und 1338 des Bistums (1362 Erzbistums) Sarai wurden, statt die Magdeburger Interessensphäre weiter ins Utopische zu verlängern, endlich konkrete kirchliche Einheiten im Osten der christlichen Kernländer etabliert.

Wilhelm Klare

| Quellen: DD Konrad I./Heinrich I./Otto I., S. 502f., Nr. 366 (Edition der Urkunde); Geschichte in Quellen 2, S. 186f., Nr. 197 (Übersetzung der Urkunde); Reg. Imp. II,1, S. 216, Nr. 484; Reg. Magdeburg 2, S. 244f., Nr. 534 (zu 1218 [!] März 23); Reg. Magdeburg 3, S. 590, Nr. 342 (zu 1217 April 25 [!])

| Lit.: Quiter 1969, S. 165ff., 172; Dietrich Claude 1972, S. 85–95; Laudage 2001 S. 217ff.; Kat. Berlin 2011, S. 64, Nr. 1.15 (Gerhard Weiduschat); Kat. Magdeburg 2009, S. 402f., Nr. VI.28 (Markus Schütz); Schmieder 2009, S. 436f.; Lübke 2011, S. 26; Kat. Magdeburg 2012, S. 575ff., Nr. V.15 (Wolfgang Huschner); Großer Historischer Weltatlas: Mittelalter, S. 18/19, Karte a, S. 52, Karte k, S. 53, Karte c

551 *opus sectile* aus dem Antikentransport im 10. Jahrhundert

Antik, Transport nach Magdeburg im 10. Jahrhundert
Magdeburg, Nordkirche, Forschungsgrabung 2001–2003
Fußbodenfliesen in Opus sectile-Technik, Kalkstein – H. 4,1 cm, B. 1,7 cm, St. 2,2 cm; H. 4,5 cm, B. 2 cm, St. 2,3 cm; H. 4,1 cm, B. 1,6 cm, St. 2,5 cm
Halle (Saale), Landesamt für Denkmalpflege und Archäologie Sachsen-Anhalt – Landesmuseum für Vorgeschichte – Inv.Nr. HK 2005:32806 c; HK 2005:32822 d; HK 2005:32757 f

Magdeburg weist nördlich der Alpen neben Aachen die größte Anzahl an mediterranen Antiken in mittelalterlichen Kirchen auf. Es handelt sich dabei um Stücke aus Marmor, Porphyr, Granit und Kalkstein. Diese haben ihre Erstverwendung in der mediterranen Welt der Antike, vermutlich in Rom oder Ravenna. Ihren Weg fanden sie nach Magdeburg in den 960er-Jahren durch eine entsprechende Anordnung Ottos des Großen. Von diesem Antikentransport berichtet uns Bischof Thietmar von Merseburg: „Auch kostbaren Marmor, Gold und Edelsteine ließ der Caesar nach Magdeburg schaffen. In alle Säulenkapitelle befahl er sorgsam Heiligenreliquien einzuschließen" (Thietmar, Chronik [AQ 9], II,17, S. 52).

In Magdeburg, einer Stadt ohne römische Wurzeln, ist durch die archäologischen Ausgrabungen der letzten Jahre der Bestand an Antiken stark angestiegen. Dies gilt für beide ottonisch-romanischen Kirchen auf dem Domhügel, also die Nordkirche unter dem Domplatz sowie die Südkirche unter dem heutigen Dom. Es handelt sich um Fliesen von Fußböden, Plattenfragmente und Säulenfragmente, wobei diejenigen Stücke überwiegen, die Fußböden in Opus sectile-Technik zuzuordnen sind. Die Bodenfliesen aus Marmor und Kalkstein sind exakt geschliffen. Die Dreiecke, Quadrate und Rechtecke verjüngen sich nach unten, um eine Fixierung mit Mörtel zu ermöglichen, ohne dass an der Oberfläche des jeweiligen Fußbodens breite Fugen zu sehen waren. Aufgrund der aufgefundenen Formate müssen in beiden Kirchen jeweils mehrere verschiedene Fußböden vorhanden gewesen sein. Die Stücke aus Marmor und Kalkstein wurden vor Ort um Elemente aus Schiefer ergänzt, wie einige Halbfabrikate vom Domplatz zeigen. Als Intention Ottos für den Antikentransport ist unter anderem die erhebliche politische Symbolkraft des Romzitats sowie der imperiale Anspruch im Zusammenhang mit seiner Kaiserkrönung 962 zu nennen.

Rainer Kuhn

| **Quelle:** Thietmar, Chronik (AQ 9), S. 10–55

| **Lit.:** Kuhn 2005, S. 30–35; Meckseper 2001; Bosman 2012; Kuhn 2012; Kat. Magdeburg 2012, S. 581ff., Nr. V.16 (Rainer Kuhn)

552 Zwei Bauteile aus Muschelkalk

10./11. Jahrhundert
Magdeburg, Dom, Forschungsgrabung 2006–2010, Kreuzganginnenhof, Schnitt G; Magdeburg/Domplatz, J51/52

a) Säule
Muschelkalk – H. 49 cm, B. 26 cm, T. 26 cm
Halle (Saale), Landesamt für Denkmalpflege und Archäologie Sachsen-Anhalt – Landesmuseum für Vorgeschichte – Inv.Nr. HK 51951259-1

b) Eckteilfragment/Kämpfer
Muschelkalk – H. 12,0 cm, B. 21,7 cm, T. 20,7 cm
Halle (Saale), Landesamt für Denkmalpflege und Archäologie Sachsen-Anhalt – Landesmuseum für Vorgeschichte – Inv.Nr. HK 2005:34055 a

Als Einzelstück kam 2006 eine Muschelkalksäule bei den archäologischen Forschungsgrabungen im Bereich des Magdeburger Doms zum Vorschein. Sie fand sich im Kreuzganginnenhof in einer Schicht, die ihrerseits von einem Fundament der dicht östlich anschließenden gotischen Tonsurkapelle (um 1320 errichtet) geschnitten wurde. Es ist jedoch nicht klar, zu welchem der frühen Steinbauten an dieser Stelle sie gehörte. 1320 hatte die Muschelkalksäule ihre bauliche Funktion vermutlich schon längere Zeit verloren. Das Stück ist in mehrerlei Hinsicht interessant. Zum einen sind Schaft, Basisring und Basis aus einem monolithischen Stück gefertigt. Zum zweiten ist das Material Muschelkalk im Bereich der Vorgängerkirche

553

unter dem Magdeburger Dom nur in vergleichsweise geringer Anzahl nachzuweisen. Dies gilt auch für die archäologischen Forschungsgrabungen 2006–2010. Zum dritten ist der Schaft der Säule in der Aufsicht nicht rund, sondern eher quadratisch mit stark abgerundeten Ecken. Die Säule könnte von einem älteren Kreuzgang stammen, doch ist auch eine andere bauliche Verwendung nicht auszuschließen. Sie unterscheidet sich deutlich von den im Kreuzgangsüdflügel (um 1170) verbauten kleinen Säulchen. Das Stück hat enge Parallelen zu den entsprechenden Säulen aus Kalkstein im Kreuzgang von St. Pantaleon in Köln, der Grabeskirche von Kaiserin Theophanu, der Schwiegertochter von Otto dem Großen. Die dortigen Säulen mit Pilzkapitellen wurden spätestens 965 verbaut. Vergleichbare Stücke kommen an anderen Orten auch noch um die Jahrtausendwende vor, beispielsweise in Thale bei Quedlinburg. Damit handelt es sich bei dieser Magdeburger Säule um einen der bisher auffällig seltenen Hinweise auf mögliche Bautätigkeit des 10. Jahrhunderts im Bereich der Südkirche, das heißt in der Kirche unter dem heutigen gotischen Dom.

In die Reihe der aus Muschelkalk gefertigten Teile gehört auch das Eckteilfragment/der Kämpfer aus der Nordkirche. Muschelkalk ist am Magdeburger Domhügel häufig ein Indiz für eine relativ frühe Datierung, das heißt für eine Datierung in ottonische Zeit. Prominente Beispiele dafür sind auch die Basen der Wandvorlagen neben den gerundeten Apsisnischen in der 1926 ausgegrabenen Ostkrypta der Magdeburger Südkirche. Christian Forster datiert diese Ostkrypta mit guten Gründen in das frühe 11. Jahrhundert, in die Zeit von Erzbischof Tagino. Auch das Grab von Otto dem Großen (reg. 936–973) besteht in seinem Kasten mit Kassettenzier aus Muschelkalk und nicht – wie früher angenommen – aus Stuck.

Möglicherweise wurden von den ottonenzeitlichen Baumeistern auch außerhalb des Marmorbestandes Spolien nach Magdeburg verbracht, um sie an besonderen Orten zu platzieren. Anderseits ist auch eine lokale Herkunft der Stücke denkbar. Im nördlichen Harzvorland zwischen Harz und dem Magdeburger Raum gibt es mehrere abbaufähige Vorkommen von Muschelkalk, zum Beispiel in Walbeck, Förderstedt und Bernburg.   Rainer Kuhn

| Lit.: Forster 2006, S. 111–118, 123; Kat. Magdeburg 2009, S. 15f., Nr. I.9 (Rainer Kuhn); Kuhn 2009, S. 35–38; Kuhn/Ristow 2009; Kat. Magdeburg 2012, S. 588f., Nr. V.21 (Rainer Kuhn)

553 Ottonische Dachziegel vom Magdeburger Domhügel

10./11. Jahrhundert
Magdeburg, Domplatz 1b, Grabung 2005
Dachziegel mit grüner Glasur (Typ 1 und Typ 2) – H. 38,5/39,0 cm, B. 31,5/32,0 cm, St. 2,0/4,0 cm und H. 49,5/50,0 cm, B. 24,0 cm, St. 2,0 cm
Halle (Saale), Landesamt für Denkmalpflege und Archäologie Sachsen-Anhalt – Landesmuseum für Vorgeschichte – Inv.Nr. HK 51951259-30; Inv.Nr. HK 51951259-29

Die vorgestellten Ziegel bildeten ursprünglich die Dachhaut der beiden im 10. und frühen 11. Jahrhundert errichteten Großkirchen auf dem Magdeburger Domhügel. Das Dach beider Kirchen bestand aus den frühesten glasierten Dachziegeln im mitteldeutschen Raum. Für ihre Ziegelform gibt es kaum bzw. nichts Vergleichbares. Die Produktion dieser Dachziegel erfolgte unweit des Domhügels. Zwei von drei bisher bekannten Ziegelformen sollen hier vorgestellt werden.

Typ 1: Flachziegel im Rechteckschnitt mit längs laufender Mittelrippe. Die äußeren Längsseiten besitzen Falze, welche dazu dienten, den jeweils seitlich folgenden Ziegel überlappend aufzunehmen. Der obere Bereich der Mittelrippe öffnet sich taschenartig, am Ansatz zur Mittelrippe sind Abflusslöcher für sich stauendes Regenwasser gestochen. Die Tasche diente dem nächsthöher liegenden Ziegel als Auflage. Auf der Rückseite befindet sich eine bogenförmig ausgearbeitete Aufhängung. Die meisten Exemplare besitzen eine Glasur von olivgrüner bis honigbrauner Farbe. Der Ziegelton hat eine orangerote bis ockerbraune Farbe, im Bruch zeigt sich meist ein grauschwarzer Kern.

Typ 2: Flachziegel im Spitzschnitt mit gekehlter Aufhängung auf dessen Rückseite. Die Form lässt sich auch an anderen Orten beobachten, nur ihre Aufhängung ist wieder eine Magdeburger Eigenart. Diese Ziegel sind vom Ton mit seinen Beimengungen und der Glasur her mit Typ 1 identisch. Beide Ziegeltypen dürften jedoch nicht auf einem Dachabschnitt zusammen Verwendung gefunden haben, da sich für Typ 2 ein kürzerer Dachlattenabstand (22 Zentimeter) nachweisen lässt als für Typ 1 (29 Zentimeter). Beide Typen kommen in Nord- und Südkirche vor. Sie sind bisher zeitlich nicht zu differenzieren. Überlappende Ziegelabschnitte sind wie auch bei Typ 1 nicht glasiert. Bei zahlreichen Fragmenten vom Typ 2 sind geringe, teilweise verwischte Textilabdrücke vorhanden. Claudia Hartung

| Lit.: Kat. Magdeburg 2001, S. 342f., Nr. V.16 (Gerhard Gosch); Kuhn 2005; Hartung 2009; Kuhn 2009; Möller 2009; Autze 2012

554 Bemalter Wandputz

10.–12. Jahrhundert
Magdeburg/Dom, Forschungsgrabung 2006–2010
Kalkputz – H. 1,6 cm, B. 3 cm, T. 2,9 cm; H. 2,5 cm, B. 5,7 cm, T. 4,4 cm; H. 1,4 cm, B. 7,5 cm, T. 5,7 cm; H. bis 6 cm, B. bis 13 cm, T. bis 10,5 cm
Halle (Saale), Landesamt für Denkmalpflege und Archäologie Sachsen-Anhalt – Landesmuseum für Vorgeschichte – Inv.Nr. HK 51951259-32; HK 51951259-33; HK 51951259-34; HK 2146:5861:1001

Die Funde stammen aus dem Zeitraum zwischen dem 10./11. und dem 12. Jahrhundert. Sie gehören zu der im Jahr 1207 abgebrannten Domkirche (Südkirche) und bilden nur einen Bruchteil des mehrere hundert Fragmente zählenden Bestandes. Der polychrome Wandputz stammt aus den Abbruchhorizonten der Vorgängerkirche, die unmittelbar unter den heutigen Fußbodenplatten liegen und eine Stärke von bis zu 75 Zentimetern aufweisen können. Die zahlreich geborgenen Bruchstücke besitzen ein breites Farbenspektrum. Es umfasst schwarze, rote, weiße, grüne, ockerfarbene bis gelbe und einige blaue Farbtöne. Auch konnten Striche, Punkte und andere geometrische Muster beobachtet werden. Aufgrund der Kleinteiligkeit der Fragmente war es bisher nicht möglich, irgendein bestimmbares Motiv oder gar eine Schrift zu erkennen. Allerdings sind die Untersuchungen an den Fundstücken noch nicht abgeschlossen und insofern ist der derzeitige Kenntnisstand nicht überzubewerten. Das große ausgestellte Fundstück bildet mit bis zu 13 Zentimetern erhaltener Substanz unter allen Fragmenten das größte. Während der Forschungsgrabung konnte festgestellt werden, dass die Fundmenge an polychromen Putzfragmenten innerhalb der Grabungen in der Vorgängerkirche nach Osten hin stark ansteigt, wohingegen in den westlich liegenden Grabungsschnitten der eher weißliche Wandputz dominiert. Claudia Hartung/Rainer Kuhn

| Lit.: Kat. Magdeburg 2009, S. 17f., Nr. I.11 (Rainer Kuhn); Kuhn 2009, S. 47f; Kat. Magdeburg 2012, S. 590–592, Nr. V.23 a–d (Claudia Hartung/Rainer Kuhn)

555 Glasfragmente

10.–12. Jahrhundert
Magdeburg/Dom, Forschungsgrabung 2006–2010
Glas – H. 0,8–2,5 cm, B. 1–4 cm, T. 1–4 cm
Halle (Saale), Landesamt für Denkmalpflege und Archäologie Sachsen-Anhalt – Landesmuseum für Vorgeschichte – Inv.Nr. HK 51951259-56

Das Glas der Kirchenfenster hat sich im Vergleich zum Wandputz nur in deutlich geringeren Mengen erhalten. Die Fragmente wurden auf und zwischen den romanischen Fußbodenresten entdeckt. An einigen der zerbrochenen flachen Glasscherben lassen sich noch Spuren vom Dombrand im Jahr 1207 feststellen. Die Glasscherben sind teilweise braun bis schwarz verfärbt und zeigen deutliche Spuren von Hitzeeinwirkung. Einige sind an ihren Rändern geschmolzen. Das Glas ist einer der Hinweise darauf, dass der Dombrand in der Südkirche von Magdeburg zu lokalisieren ist. Die recht unscheinbar wirkenden Stücke verraten kaum noch etwas von ihrer einstigen Farbigkeit. Beim näheren Betrachten sind noch Reste von Bemalung zu erkennen. Es ist derzeit nicht möglich, etwas über die detaillierte Gestaltung der ehemaligen Fensterflächen auszusagen.

Claudia Hartung/Rainer Kuhn

| Lit.: Kat. Magdeburg 2009, S. 16f., Nr. I.10 (Claudia Hartung); Kat. Magdeburg 2012, S. 590–592, Nr. V.23 a–d (Claudia Hartung/Rainer Kuhn)

556 Schlüssel

10.–12. Jahrhundert
Magdeburg/Dom, Forschungsgrabung 2006–2010
Buntmetall – H. 0,4 cm, B. bis 1,6 cm, T. 3,2 cm
Halle (Saale), Landesamt für Denkmalpflege und Archäologie Sachsen-Anhalt – Landesmuseum für Vorgeschichte – Inv.Nr. HK 51951259-46

Das nur 3,2 Zentimeter lange Schlüsselchen mit seiner aufwendigen Gestaltungsform fand sich – wie die Glasfragmente mit Brandspuren (Kat. Nr. 555) – im Bereich des romanischen Fußbodenhorizontes. Gefunden wurde es in Schnitt Q westlich vor dem gotischen Lettner – also im östlichen Abschnitt der Vorgängerkirche. Das Stück besteht aus Buntmetall und ist ganz offensichtlich in einer Form gegossen und im Anschluss nachgefeilt worden. Eine kleine Ausbruchstelle an seinem Schaftende bezeugt, dass der Schlüssel auch benutzt wurde. Vielleicht gehörte er zu einem Reliquienkästchen, von dem sich allerdings nichts mehr erhalten hat.

Claudia Hartung/Rainer Kuhn

| Lit.: Kat. Magdeburg 2012, S. 590–592, Nr. V.23 a–d (Claudia Hartung/Rainer Kuhn)

557 Schreibgriffel

10.–12. Jahrhundert
Magdeburg/Dom, Forschungsgrabung 2006–2010
Buntmetall – H. 9,5 cm, B. 0,5–0,7 cm
Halle (Saale), Landesamt für Denkmalpflege und Archäologie Sachsen-Anhalt – Landesmuseum für Vorgeschichte – Inv.Nr. HK 51951259-47

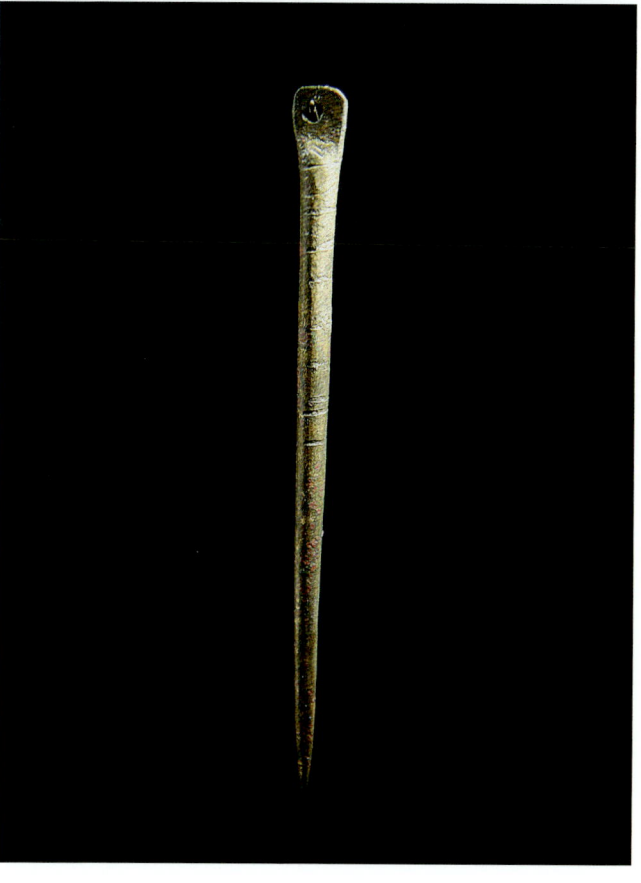

Ein aus dem Bereich des ottonischen Westabschlusses stammender Schreibgriffel (Stilus) aus Bronze ist ein Beleg für den gebildeten Klerus. Das Stück ist 9,5 Zentimeter lang, der Kopf endet spatenförmig und besitzt eine Durchlochung. Eine Ritzlinie ist spiralartig mit kleinen Unterbrechungen um den Stilus geführt und bildet eine recht unauffällige Verzierung. Sie wirkt fast wie nachträglich vom Schreiber ausgeführt und könnte auch als einfache Gebrauchsspur gedeutet werden. Das ansonsten gut erhaltene Fundstück stammt ebenfalls aus den Bauschuttschichten der 1207 abgebrannten Domkirche.

Claudia Hartung/Rainer Kuhn

| **Lit.:** Kat. Magdeburg 2012, S. 590–592, Nr. V.23 a–d (Claudia Hartung/Rainer Kuhn)

558 Kaiser Otto II. schenkt dem Bistum Merseburg die civitas Zwenkau mit dem Hörigen Nezan

Frose, 974 August 30
Pergament, Siegelwachs – H. 49 cm, B. 60 cm
Merseburg, Vereinigte Domstifter zu Merseburg und Naumburg und des Kollegiatstifts Zeitz; Domstiftsarchiv und -bibliothek Merseburg, Sign. Urkunde Nr. 2

Das Bistum Merseburg war 968 durch Otto I. mit der Absicht gegründet worden, die Gebiete östlich der Saale durch die Christianisierung enger an das Reich zu binden. Seit der Völkerwanderung war das östliche Vorfeld Merseburgs von slawischen Stämmen besiedelt. Vereinzelte schriftliche Nachrichten und archäologische Funde belegen, dass diese Stämme einer Naturreligion anhingen und beispielsweise heilige Haine (Schkeitbar) oder Seen (Lommatzsch) verehrten. In ottonischer Zeit gelang eine zunehmende herrschaftliche Durchdringung der Gebiete östlich der Saale, die unter anderem dazu führte, dass in der Schlacht auf dem Lechfeld 955 slawische Kontingente, darunter solche aus Zwenkau, auf der Seite des Königs gegen die Ungarn kämpften. In der hier gezeigten Urkunde von 974 erscheint der Ort Zwenkau als Schenkungsobjekt an die neu gegründete Merseburger Bischofskirche. Zwenkau wird als *civitas* bezeichnet, was wohl am ehesten mit Burgort bzw. Mittelpunkt eines Burgbezirks zu umschreiben ist. Dazu konnten durchaus mehrere Orte gehören und tatsächlich erscheinen nur wenige Jahrzehnte später weitere Orte mit slawischen Namen (Budigast, Deuben) im Besitz der Merseburger Domkirche. Da sie im unmittelbaren Umfeld Zwenkaus lagen, steht zu vermuten, dass sie Bestandteil der Schenkung von 974 waren. Die Lokalisierung Zwenkaus *in regione Chutizi et in comitatu Gundherii comitis* greift sowohl die slawische Gaubezeichnung als auch die Zugehörigkeit zu einem Grafen auf. Als Zubehör der *civitas*, und damit der dort vorhandenen Burg, wird ein Höriger (*servus*) Nezan hervorgehoben. Diese Nennung reiht sich in eine ganze Zahl von Nennungen von Slawen, die an die Merseburger Kirche sowie andere geistliche Einrichtungen als Hörige geschenkt wurden. Man bediente sich bei der Bewirtschaftung und Beherrschung der neu hinzugewonnenen Gebiete also offensichtlich der dort ansässigen Bevölkerung. Die slawischen Ansiedlungen bestanden zumeist aus wenigen Gehöften, die von einer Großfamilie bewohnt wurden. In Zwenkau bestand bereits im 10. Jahrhundert eine Kirche, die dem heiligen Wenzel geweiht war. Offenbar wählte man bewusst einen „slawischen" Heiligen, um der slawischen Bevölkerung den neuen Glauben näherzubringen. Das Bestehen einer Burg in Zwenkau wird ferner durch die Nennung freier Leute (*liberi homines*) bezeugt, die zum Burgwerk herangezogen worden waren. Zwenkau, inmitten einer slawischen Altsiedellandschaft gelegen, zählte auch später zu den wichtigsten Besitzungen der Merseburger Kathedrale.

Die Urkunde Ottos II. folgt der üblichen äußeren und inneren Gestaltung, wobei insbesondere auf die Bitte der Kaiserin Theophanu für diese Schenkung hinzuweisen ist. Eingangsprotokoll und Kontext der Urkunde sind von einem anderen Hofgeistlichen verfasst worden als das Eschatokoll. Dem ersten Schreiber ist die Sigle Willigis B beigelegt worden. Dieser wurde von Wolfgang Huschner mit dem späteren Mainzer Erzbischof Willigis identifiziert. In der Urkunde hob Willigis B den Namen der Kaiserin Theophanu durch die Schreibung des Namens in Majuskel hervor. Im Eschatokoll sind die beiden T des Herrschermonogramms auffällig. Das kaiserliche Siegel ist nur noch zu einem kleinen Teil vorhanden.

Das Merseburger Domstiftsarchiv verwahrt eine weitere, zu diesem Datum ausgestellte Urkunde. Diese wurde offenbar im frühen 11. Jahrhundert gefälscht, um Ansprüche an einem Wald bei Zwenkau belegen zu können.

Markus Cottin

| **Quellen:** DD Otto II./Otto III., S. 103f., Nr. 89 (Edition der Urkunde); Reg. Slaven 2, Nr. 176; UB Merseburg 1, Nr. 11 (Edition der Urkunde)
| **Lit.:** Schlesinger 1962, S. 50; Bischoff 1967, S. 80f.; Billig 1989, S. 53; Cottin 2001, S. 93f.; Kat. Magdeburg 2001, S. 384f., Nr. V.38 (Wolfgang Huschner); Huschner 2003, Bd. 1, S. 164ff.; Graf 2008, S. 143.

559 Urkunde Kaiser Ottos II. für die Zeitzer Bischofskirche

Grone, 976/77 (?) August 1
Pergament, Siegelfragment Wachs – H. 49 cm, B. 52 cm
Naumburg, Vereinigte Domstifter zu Merseburg und Naumburg und des Kollegiatstifts Zeitz; Domstiftarchiv Naumburg, Sign. Urkunde Nr. 1

Der letzte Italienzug Kaiser Ottos des Großen, der durch die Gefangennahme des Papstes Johannes XIII. im Jahr 966 provoziert worden war, legte zugleich den Grundstein zur Schaffung einer neuen Kirchenprovinz mit Sitz in Magdeburg für die dem Reich gerade erst angegliederten Marken östlich von Saale und Elbe, deren slawische Bevölkerung es zu christianisieren galt. Der Plan sah vor, an den Hauptorten der jeweiligen Marken in Merseburg, Meißen und Zeitz neue Bischofssitze zu etablieren, die als Suffragane der Magdeburger Kirche unterstellt werden sollten. Nach der erfolgreichen Wiedereinsetzung von Papst Johannes XIII. konnte das bereits längere Zeit gehegte Ziel der Gründung eines Magdeburger Erzbistums neu verhandelt werden. Auf der Ravennater Synode des Jahres 967 gab der Papst schließlich seine Zustimmung zur Gründung der neuen Kirchenprovinz, der neben den bereits genannten neu zu gründenden Bistümern auch die bereits seit 948 bestehenden Bischofskirchen von Brandenburg und Havelberg zugewiesen wurden.
Für keines der neuen Bistümer lässt sich eine regelrechte Stiftungsurkunde mit einer entsprechenden Grundausstattung nachweisen.

558

Somit stellt das vorliegende, wahrscheinlich im Jahr 976 oder 977 ausgestellte Diplom Kaiser Ottos II. (reg. 973–983) die älteste Schenkungsurkunde für das junge Zeitzer Bistum dar. Der genaue Zeitpunkt der Ausstellung bleibt indes unsicher, da die Urkunde einige bemerkenswerte Besonderheiten aufweist.

Aus formaler Sicht handelt es sich nämlich um ein Blankett, also ein bereits von der königlichen Kanzlei vorgefertigtes Urkundenformular, das später vom Aussteller ausgefüllt worden ist, bei dem es sich hier wohl zugleich um den Empfänger der Urkunde handeln dürfte – der Zeitzer Kirche. Bei dem Formular, das vielleicht nur aus der Signums- und Rekognitionszeile bestand, wurde in diesem Fall noch auf ein Muster aus der Kanzlei Ottos I. (reg. 936–973) zurückgegriffen, wie vor allem an der Hand des nur unter Otto I. nachweisbaren Notars zu vermuten ist. Die Unterschiede im Schriftbild der Urkunde lassen zudem erkennen, dass der spätere ausführende Schreiber nur wenig geübt war und kaum aus der königlichen Kanzlei stammen dürfte. Erschwerend kommt hinzu, dass sich bemerkenswerte Fehler in die Datumsangabe eingeschlichen haben. So wird als Jahr nach der Fleischwerdung Christi 986 angegeben, in dem Otto II. jedoch bereits seit drei Jahren tot war, wohingegen die Zählung der Regierungsjahre als König (Krönung zum Mitkönig 961) bzw. die Angabe der Indiktion auf die Jahre 974 bzw. 978 verweisen würden. Die in der Forschung bisher favorisierte Datierung von 976 beruht auf der Nennung des Kanzlers Egbert in der Rekognitionszeile (*Egpertus cancellarius ad vicem Uuiligisi archiepiscopi recognovi*). Dieser ist bislang lediglich für die Jahre 976/77 nachweisbar. Die Möglichkeit einer Falsifizierung, die nicht zuletzt aufgrund der formalen Defizite von der älteren Forschung erwogen worden war, gilt inzwischen als obsolet. Vor allem die in der Urkunde genannten Akteure scheinen die Authentizität des Diploms zu belegen. Als Intervenienten bzw. Petenten der kaiserlichen Schenkungen an die Zeitzer Bischofskirche erscheinen die Kaiserin Theophanu, Erzbischof Adalbert von Magdeburg, Graf bzw. Markgraf Wigger (als Vogt des Zeitzer Bistums) sowie Bischof Hugo von Zeitz (amt. 968–979).

Die Schenkungen umfassten die als *civitates* charakterisierten Orte Altenburg und Zeitz sowie weitere 36 Dörfer im Bereich der Flüsse Wethau, Rippach, Elster und Pleiße mit allem Zubehör. Daneben

559

werden bereits 9 Kirchen erwähnt, unter anderem in Dornburg, Kirchberg und vielleicht Görschen, die als sogenannte Altpfarren die frühesten christlichen Inseln in den Slawengauen östlich der Saale bildeten. Mit dem Ort Zeitz fällt auch die dortige, direkt an der Elster gelegene, königliche Burg in den Besitz der Bischöfe, die sie zu ihrer Residenz machen und die Burgkapelle St. Petri zur ersten Kathedralkirche des Bistums erheben.

Die in den Schenkungen von 976/77 anzunehmende Grundausstattung der Zeitzer Diözese erscheint insgesamt sehr moderat. Diese eher ungünstigen ökonomischen Voraussetzungen sowie die großzügigen Stiftungen der späteren Markgrafenfamilie der Ekkehardiner im Saalegebiet führten neben anderen Gründen im Jahr 1028 – nach gerade einmal 60 Jahren des Bestehens – zur Aufgabe des Zeitzer Bischofssitzes und zur Errichtung einer neuen Kathedrale in der ekkehardinischen Gründung Naumburg. An diesen in der Reichsgeschichte bis dahin beispiellosen Vorgang erinnert der im 13. Jahrhundert geschaffene Zyklus von 12 Stifterfiguren im Naumburger Westchor, der herausragende Mitglieder und Verwandte der Markgrafenfamilie der Ekkehardiner als *primi fundatores* der neuen Naumburger Bischofskirche würdigt.

Matthias Ludwig

| **Quellen:** DD Otto II./Otto III., S. 156f., Nr. 139 (Edition der Urkunde); UB Naumburg 1, Nr. 7 (Edition der Urkunde)
| **Lit.:** Posse 1909–1913, Bd. 1, Taf. 8,5; Uhlirz 1887, S. 159f.; Sickel 1888, 140ff.; Wiessner 1997/1998, S. 734f.; Kat. Merseburg 2004, Nr. V.37 (Wolfgang Huschner)

In nomine sancte et individue trinitatis. Ego Wigmannus dei gratia Brandenburgensis ecclesie episcopus. Eterne mercedis intuitu divino dans operam ministerio in urbe cathedrali scilicet BRANDEBURG, consilio Wigmanni honorabilis magdeburgensis archiepiscopi et sue maioris ecclesie capituli, generalis quoque sue sinodi, necnon et consilio totius Brandeburgensis ecclesie honorem dei innovare atque exaltare decrevi. Urbs enim prenominata fere usque ad nostra tempora a paganis possessa et idolorum cultura mesta fuit. At deo adiuvante et magno christianorum labore cooperante, cum multa sanguinis effusione nobilium, necnon et aliorum, ad possessionem christianorum rediit. Quo circa ampliore illic innovande religioni operam dedi, iuxta ergo prefatum consilium in urbe illa scilicet Brandeburg, canonicos secundum regulam beati Augustini sub norma premonstratensis ordinis degentes, preposito eiusdem ordinis eis preficiens institui, et eis prebendas de bonis ecclesie iuxta predictum consilium concessi. Dedi enim eis et in publica sinodo magdeburgensi et coram ecclesia Brandeburgensi confirmavi villas. Quarum nomina sunt hec. Bukowe cum decimis et omnibus appendiciis. Garzeuze, Bultiz cum decimis et omnibus appendiciis. Guceliz, Goane cum decimis et omnibus appendiciis. Preterea duos lacus qui sunt iuxta latus burgwardi Paitzerem, versus castrum Brandeburg, in usus firma perpetua stabilitate dedi. Preterea archidiaconatum episcopatus predicto consilio divisum. Siquidem Wigger episcopus noster predecessor archipresbitris in toto episcopatu, sede cathedrali Brandeburgensi nondum suos habente canonicos, ob paganorum importunitate, illum magnum prepositum Lamberto de Liezke commiserat. At nos dispensatione et consilio Wigmanni magdeburgensis archiepiscopi et multorum religiosorum, necnon et principum et nobilium multorum illic presentium, archidiaconatu episcopatus dividentes. Wigberto Brandeburgensis ecclesie preposito suisque successoribus illum de havela usque oderam, rursus de havela versus occidentem usque ad eam que hyla dicitur, confirmamus. Preterea de burgwardis Schurowe, Mukesne, Louburg, excepta ecclesia Dalechowe. Preterea de Bucowe, Gorcede, Aedizke, Vrisenburg, Beltz, Mordiz, Hiemeke, Luerbuk, perpetua stabilitate concedimus. Hec omnia sapientum consilio dispensata et a nobis facta villas quoque et mansos Brandeburgensis ecclesie a principibus datos et dandos. Villas magnum Ture, Tremege, Mukrowe. Preterea omnes iuris canonici quod ecclesia cathedralis Brandeburg iuste debet habere, et ut predictus ordo premonstratensis in ea semper perseveret, auctoritate beati Petri et nostra confirmamus. Quod si quis hoc factum violare presumpserit, anathematis vinculo donec resipiscat semper adstrictus maneat. Actum magdeburg Anno incarnationis dominice M. C. LXI. Indictione IX. Huius rei testes sunt. Arnold abbas de Sienburg. Hazeko decanus maioris ecclesie magdeburg et tota magdeburgensis ecclesia. Balderamm ipse beate marie magdeburg. Reiner ipse de Liezke cum filiis suis qui illic presentes aderant. Conrad ipse de hallo. Ekehard ipse de monte sereno. Albertus marchio. Otto, Albertus filii eius. Otto et Thedic marchiones. Heinricus et Dedo comites filii marchionis Conradi. Burchard castellanus de magdeburg. Burchard comes de Valkenstein. Badericus comes. Ministeriales magno ecclesie. Richardus, bernoldus, Conradus, et alii quam plures.

560 Diplom Bischof Wilmars über die Einrichtung eines Prämonstratenserdomkapitels auf der Burg Brandenburg

Magdeburg 1161 (Mitte März–Mitte Mai)
Pergamenturkunde; erste Hälfte oberste Zeile in feierlicher sog. Gitterschrift (Elongata); unten durchgedrücktes Brustsiegel des Ausstellers, in seiner linken Hand das geöffnete Evangelienbuch, in seiner Rechten der Krummstab; Umschrift: WILMAR' BRANDBVRGENSIS EPS. – H. 45 cm, B. 31,5 cm
Brandenburg, Domstift Brandenburg, Sign. BDK1/U.3

Das 948 von Otto dem Großen ins Leben gerufene Missionsbistum Brandenburg, das 968 zusammen mit den Bistümern Havelberg, Merseburg, Zeitz und Meißen dem neu eingerichteten Erzbistum Magdeburg unterstellt worden war, konnte ab dem slawisch-heidnischen Aufstand von 983 seine Aufgaben nicht mehr erfüllen, obwohl die Reihe der nominellen Bischöfe fortgesetzt wurde. Erst die Übertragung des Kreuzzugsgedankens auf das ostelbische Gebiet und die deutsche Ostexpansion in der ersten Hälfte des 12. Jahrhunderts sowie speziell die 1157 endgültig mit Hilfe des Magdeburger Erzbischofs Wichmann gesicherte Inbesitznahme der Brandenburg durch den Askanier Albrecht den Bären erlaubten, wie es in der Urkunde Bischof Wilmars heißt, in der „durch Götzenkult beschmutzten" Burg „das Glaubensleben zu erneuern". Zu diesem Zweck setzt Wilmar ein aus Mitgliedern des Reformordens der Prämonstratenser bestehendes Domkapitel mit einem Propst an der Spitze ein, stattet es mit den notwendigen Versorgungsgütern aus und weist ihm ein eigenes Archidiakonat zu. An der Spitze der weltlichen Zeugen steht Markgraf Albrecht mit seinen Söhnen. Erzbischof Wichmann bestätigte zeitgleich die mit seinem Rat erfolgten Regelungen, und am 20. Juni 1161 bestätigte auch Kaiser Friedrich I. die Besitzungen und Rechte der bischöflichen Kirche zu Brandenburg. Der Umzug der Kanoniker auf die Burg und die Grundsteinlegung der neuen Kathedrale durch Wilmar erfolgten freilich erst im Herbst 1165.

Dietrich Kurze

| Quelle: Reg. Brandenburg 1, S. 1–3, Nr. 1–2

| Lit.: Kurze 2011 (mit Edition und Übersetzung der Urkunde S. 36–39)

561 Brandenburger Evangelistar

Magdeburg, Anfang 13. Jahrhundert
Pergament; Miniaturen und Initialen in Deckfarbenmalerei auf Goldgrund – ehemaliger Goldschmiede-Einband des Vorderdeckels seit dem Zweiten Weltkrieg verloren; moderner Ledereinband – H. 33,6 cm, B. 24 cm; 109 Bll.
Brandenburg, Domstift Brandenburg, Sign. Ms. 1

Mit seiner im Frühjahr 1161 ausgestellten Urkunde hatte Bischof Wilmar von Brandenburg (amt. 1161–1173) den institutionell-rechtlichen Rahmen und die wirtschaftliche Fundierung für das wieder eingerichtete Domkapitel auf der Brandenburg gesichert (Kat.Nr. 560). Nicht leicht scheint es allerdings gewesen zu sein, die von Wilmar definierten Ziele zu erreichen. Um „die Ehre Gottes zu erneuern und zu erhöhen" (*honorem dei innovare atque exaltare*) und die *religio*, das „Glaubensleben", in den seit 983 für die Kirche verlorenen Gebieten wieder zu erwecken, suchte das Prämonstratenser-Domkapitel spätestens ab den 1190er-Jahren nach innovativen Impulsen. Durch ihren Ordensgründer Norbert von Xanten (†1134) auf die Seelsorge verpflichtet, setzten die nach der Regel des heiligen Augustinus lebenden Chorherren bei der Missionierung der slawischen Bevölkerung nicht nur auf die Kraft des Wortes, sondern ebenso auf die Wirkung feierlich inszenierter Gottesdienste in der neu erbauten Kathedrale. Papst Coelestin III. (amt. seit 30. März 1191; *etwa 1106, †8. Januar 1198) erfüllte daher eine Bitte des Propstes und gewährte ihm im März 1197 das Privileg, bei der Predigt während des Hochamtes an Festtagen – wie ein Bischof – Mitra, Ring, Handschuhe und Sandalen zu tragen. Nur folgerichtig war es darum, den der Homilie vorangehenden Vortrag des Evangeliums mit besonderer Ehrerbietung zu gestalten. Deshalb gab man für den Diakon, dem bei der Messfeier die Aufgabe zukommt, die Evangelienlesung in einer Art Sprechgesang zu kantillieren, ein neues, kostbar mit Miniaturen ausgestattetes Buch in Auftrag: das noch heute an seinem ursprünglichen Bestimmungsort verwahrte Brandenburger Evangelistar. Der in alten Aufnahmen dokumentierte Goldschmiedeeinband war ein unübersehbares Zeichen für die Bedeutung des Codex, wenn ihn der Diakon, begleitet von Messdienern mit Kerzen und Weihrauch, in feierlicher Prozession zum Ambo trug.

Vermutlich hatte das Domkapitel die Beziehungen nach Magdeburg und zum dortigen Mutterstift der sächsischen Prämonstratenser, dem Kloster Unser Lieben Frauen, genutzt, um den Auftrag für das Brandenburger Evangelistar an ein leistungsfähiges Skriptorium in der Elbestadt zu geben. Als ein typisches liturgisches „Rollenbuch" enthält die Handschrift die Evangelienperikopen für die Messfeier, das mit Noten versehene Exsultet zum Lob der Osterkerze sowie ausgewählte Perikopen außerhalb der Messe, deren Vortrag gleichfalls dem Diakon oblag. Der „De tempore"-Zyklus reicht von der Weihnachts-Vigil bis zu den vier Adventssonntagen. Evangelienlesungen zu Heiligenfesten sowie für Votiv- und Totenmessen schließen sich an. 18 ganzseitige, teils zweizonige Miniaturen auf Goldgrund, eine Initialzierseite und zehn historisierte Initialen zeichnen die Hauptfeste im Jahreslauf sowie wichtige Gedenktage der Heiligen aus. Das Bild der Taufe Jesu durch Johannes den Täufer in Anwesenheit zweier flügelloser Engel gehört in den Themenkreis der Epiphanie-Oktav und erinnert an die Bedeutung des Taufsakraments. Wurde diese Miniatur von einem in der Tradition niedersächsischer Werkstätten stehenden Buchmaler geschaffen, verweisen andere Darstellungen auf die Kenntnis mittelbyzantinischer Vorlagen sowie auf Anregungen durch damals aktuelle französisch-englische Kunst. Dem stilistisch fortschrittlichsten Künstler wird die Miniatur der „Traditio legis" zum Fest der Apostelfürsten (29. Juni) verdankt: Christus übergibt zwei Schlüssel als Symbol der Löse-und

X 200 JAHRE KRIEG. DIE ELBSLAWEN – RINGEN UM GLAUBEN, MACHT UND FREIHEIT 613

561
fol. 9r

Bindegewalt an den Dompatron Petrus, ein großes Evangelienbuch an den heiligen Paulus. Der Heidenapostel erscheint seit etwa 1194 als Brandenburger Konpatron und unterstreicht die Bemühungen des Domkapitels um die Christianisierung im Bistum.

Beate Braun-Niehr

| **Lit.:** Gülden/Rothe/Opfermann 1961; Braun-Niehr 2005 (Lit.); Braun-Niehr 2008; Kat. Magdeburg 2009, Nr. V.1 (Beate Braun-Niehr); Braun-Niehr 2011, S. 170, 176ff.; Kurze 2011, S. 36–39 (Edition der Urkunde von 1161 und Übersetzung)

562 Grabstele

2. Hälfte 12. Jahrhundert
Bernburger Sandstein, Flachrelief – rechte Seite abgetreten, schüsselartige Auskratzungen – H. 125 cm, B. 38 cm, T. 29 cm
Brandenburg, Domstift Brandenburg, Inv.Nr.V 855

Etwas südlich des Doms zu Brandenburg an der Havel steht die kleine Petrikapelle, ein Backsteinbau aus dem 14. und 15. Jahrhundert. Ursprünglich diente sie dem Markgrafen als Burgkapelle und markiert den Bereich der Dominsel, der nach der Wiedererrichtung des Bistums in markgräflicher Hand war. Im Jahre 1237 ging sie aber schon in den Besitz des Bischofs über und wurde 1320 dem Domkapitel inkorporiert.

Von dieser frühen Kirche des 12. und 13. Jahrhunderts war nichts bekannt, bis vor wenigen Jahren bei archäologischen Untersuchungen Fundamentreste gefunden wurden. Sie gehörten zu einer Saalkirche mit eingezogener Rundapsis. Außerdem kam eine Stele zutage, die als Schwelle im Südportal verbaut war. Das Flachrelief zeigt ein Vortragekreuz, das auf einem Doppelkreis mit einer Rosette endet. Dieses Motiv geht auf das Kreuz von Golgatha zurück, das wegen des erlösenden Todes Christi als der Lebensbaum des Paradieses verstanden wurde. Während der lange Stab den Lebensbaum symbolisiert, steht der Doppelkreis für den Paradieshügel. Daraus spricht die Hoffnung auf das ewige Leben nach dem Tode.

Stilistisch lässt sich die Stele in die zweite Hälfte des 12. Jahrhunderts datieren und zählt zu den frühesten christlichen Kunstwerken der Mark Brandenburg. Dem Bericht des Brandenburger Domherrn Heinrich von Antwerpen zufolge, ist der zum Christentum übergetretene Hevellerfürst Pribislaw „in seiner Kapelle" bestattet worden, womit nur ein Vorgängerbau der heutigen Petrikapelle gemeint sein kann. Es reizt der Gedanke, dass es sich bei den Fundamenten um die Reste der Kirche des letzten Hevellerfürsten und bei der Stele um dessen Grabmal handeln könnte. Beweisen lässt sich das aber freilich nicht.

Rüdiger Frhr. von Schnurbein

| **Quelle:** Henricus de Antwerpe, Tractatus (MGH SS 25)

| **Lit.:** Müller/Rathert 2011

563

564

563 Grabstein von Sobrigau

1. Hälfte 12. Jahrhundert
Sobrigau bei Dresden, Ldkr. Sächsische Schweiz-Osterzgebirge
Am Fundort gebrochener Plänersandstein, grob bearbeitet mit plastisch herausgearbeitetem lateinischem Kreuz – H. 176 cm, B. 65 cm, T. 30 cm; 400 kg
Dresden, Landesamt für Archäologie, Inv.Nr. D 3119/93

Bei Feldarbeiten etwa hundert Meter südwestlich des kleinen, um das Jahr 1100 angelegten Dorfes Sobrigau wurden 1889 von dem Bauern Moritz Wagner zwei Grabsteine freigelegt. Einer – das vorliegende Stück – trägt ein Kreuz in erhabener Ausführung, beim anderen ist das Zeichen nur laienhaft eingeritzt. Die damaligen Nachgrabungen erbrachten 1,50 Meter tief unter der ersten Platte ein weibliches und 1,60 Meter unter der zweiten ein männliches Skelett mit den Beigaben eines Gefäßes der Zeit um 1100 und eines eisernen Rebmessers (?). Bei den noch 1889 eingeleiteten und 1890/92 fortgesetzten fachmännischen Sondierungen durch Dr. Johannes Deichmüller (Dresden) wurden vier weitere Grabplatten über ihren Bestattungen, zum Teil mit Sargresten, geborgen (drei mit erhabenem, eine mit geritztem Kreuz). An Beigaben fand sich nur noch ein bronzener Fingerring, sodass eine zeitliche Einordnung der Gräber nur anhand des einen Topfes möglich ist. Doch eine Reihe historischer Indizien spricht dafür, dass dieser frühchristliche Bestattungsplatz nicht über das 12. Jahrhundert hinaus und nur von den maximal 16 Bauernfamilien des Dorfes belegt wurde (Blockflur

564 Kreuzgrabstein von Crostwitz

11./12. Jahrhundert (?)
Crostwitz/Chróścic, Ldkr. Bautzen, Oberlausitz, Sachsen
Granitblock, grob behauen, Oberfläche verwittert mit eingepickten Symbolen –
H. 160 cm, B. 70 cm, T. 25 cm; 543 kg
Dresden, Landesamt für Archäologie, Inv.Nr. CO-03/1/1

Crostwitz, Pfarrort seit 1225, liegt im Herzen des sorbisch-katholischen Siedlungsgebietes der sächsischen Oberlausitz. Auf dem Kirchberg steht inmitten des Friedhofes die 1769–1772 errichtete Pfarrkirche St. Simeon und Judas. Ihr Vorgängerbau, 1346 erstmals urkundlich erwähnt, dürfte in das 13. Jahrhundert zurückreichen. An der nördlichen Friedhofsmauer wurden 2004 beim Abriss der alten Schule vier verzierte Granitblöcke im Fundament entdeckt. Am auffälligsten ist eine längliche Granitplatte mit grob behauenen Seiten und einer unregelmäßig gewölbten, verwitterten Oberseite. Auf ihr sind vier symbolische Zeichen eingeschlagen. Im oberen Zentrum verweist ein gleicharmiges Kreuz, dessen Schäftung einen langen Strich andeutet, eindeutig auf den christlichen Symbolgehalt des Steines. Wohl ebenfalls in diesem Zusammenhang ist ein Kreis am Fuß des Steines zu sehen. Rechts vom Kreuz ist ein Beil eingeschlagen, darunter eine gewinkelte Linie, deren Bedeutung unklar bleibt. Das Beil dagegen könnte als Handwerkerzeichen den Bestatteten näher kennzeichnen. Denn die Crostwitzer Kreuzsteine fanden ursprünglich als Grabsteine Verwendung und wurden nur sekundär in das Hausfundament verbaut. Die Steine, von denen auch die anderen drei geschäftete Vortragekreuze tragen, wurden in unmittelbarer Nähe des Friedhofes entdeckt. Ganz ähnliche Platten mit Kreuzdarstellungen wurden in Sobrigau und Briesnitz bei Dresden gefunden, wo sie Gräber des 11./12. bzw. des 12./13. Jahrhunderts bedeckten.

Die Kreuzgrabsteine stammen wahrscheinlich aus der frühesten Aufsiedlungsphase des Gebietes um Crostwitz, das nicht zum Altsiedelland der slawischen Milzener gehörte. Dennoch spielte es schon im 11./12. Jahrhundert eine wichtige Rolle bei der Verbreitung des frühen Christentums östlich der Elbe. Wolfgang Ender

| Lit.: Jacob 1988; Spehr 1994; Wagner 2007; Kat. Görlitz 2011, S. 49 (Thomas Westphalen)

565 Die „Fünf-Brüder-Vita"

Brun von Querfurt, „Vita Quinque Fratrum"
Huysburg (?), 2. Hälfte 12. Jahrhundert
Pergament mit Deckfarbenmalerei – H. 18 cm, B. 12,5 cm; 166 Bll.
Berlin, Staatsbibliothek zu Berlin – Preußischer Kulturbesitz, Sign. Ms. theol.lat. oct. 162

Die Handschrift besteht aus einem Hauptteil, der in das 12. Jahrhundert datiert und Nachträgen die in den Zeitraum vom 13. bis zum 15. Jahrhundert einzuordnen sind. Die im Passionale aufgeführten Heiligen – unter anderem Columban, Kilian und Wenzeslaus – erfahren in den Bistümern Magdeburg und Havelberg Verehrung, sodass die Handschrift für ein in dieser Region verortetes Kloster, vermutlich Huysburg, angefertigt worden sein könnte. Zahlreiche Ranken-, Tier- und historisierte Initialen stehen zu Anfang der einzelnen Texte und ihrer Prologe. Eine Initiale in zoomorpher Motivik steht zu Beginn der sogenannten Fünf-Brüder-Vita, in der Brun von Querfurt (*974, †1009) die „Lebens- und Leidensgeschichte" der Heiligen Benedikt und Johannes und ihrer Mitstreiter verfasste. Geboren wurde der aus einem Grafengeschlecht stammende Brun um 974. Nach seiner Ausbildung in der Magdeburger Domschule nahm Otto III. ihn in die Hofkapelle auf. Tief bewegt vom Märtyrertod des kaiserlichen Freundes Bischof Adalbert von Prag, folgte Brun Otto nach Rom. Dort trat er in das Benediktinerkloster St. Bonifatius und Alexis auf dem Aventin ein und nahm den Namen des Märtyrers Bonifatius an. Weiterhin vom Missionsgedanken geleitet, wurde Brun 1004 in Magdeburg zum Missionserzbischof erhoben. Seine Bemühungen um das Pallium hielten Brun längere Zeit auf, sodass dieser nicht gemeinsam mit seinen Brüdern Benedikt und Johannes sowie seinen polnischen Konfratres Matheus, Issac und Kristin nach Polen reisen konnte, um dort die Christianisierung der Elbslawen zu leiten. Nachdem die fünf Brüder ihr Unternehmen nun ohne Brun begannen und ihren Missionsort erreicht hatten, wurden sie von Bolesław Chrobry freundlich aufgenommen und errichteten, vermutlich in der Nähe von Posen, eine Einsiedelei. Dort wurden sie in der Nacht vom 10. auf den 11. November 1003 von Räubern, die im Kloster nach Silber suchten, getötet. Brun beschreibt die fünf Brüder in ihrer Vita als Schutzheilige Polens, die das Land vor den Angriffen Heinrichs II. schützen sollen. Am 9. März 1009 erlitt Brun von Querfurt schließlich selbst den Märtyrertod, als er mit achtzehn Gefährten auf einer Missionsreise im Grenzgebiet zwischen Prußen und Russen von den Jagwingern erschlagen wurde. Mission verstand Brun als universellen Auftrag in der Nachfolge des Apostels Petrus.
Annika Pröbe

| Quelle: Brun von Querfurt, Vita quinque fratrum

| Lit.: Fingernagel 1991, S. 21f., Nr. 21; Kat. Berlin/Mannheim 2000, S. 416, Nr. 19.02.08 (Kerstin Schulmeyer); Kürbis 2000; von Padberg 2009, S. 148; Trosse/Lehmann 2009

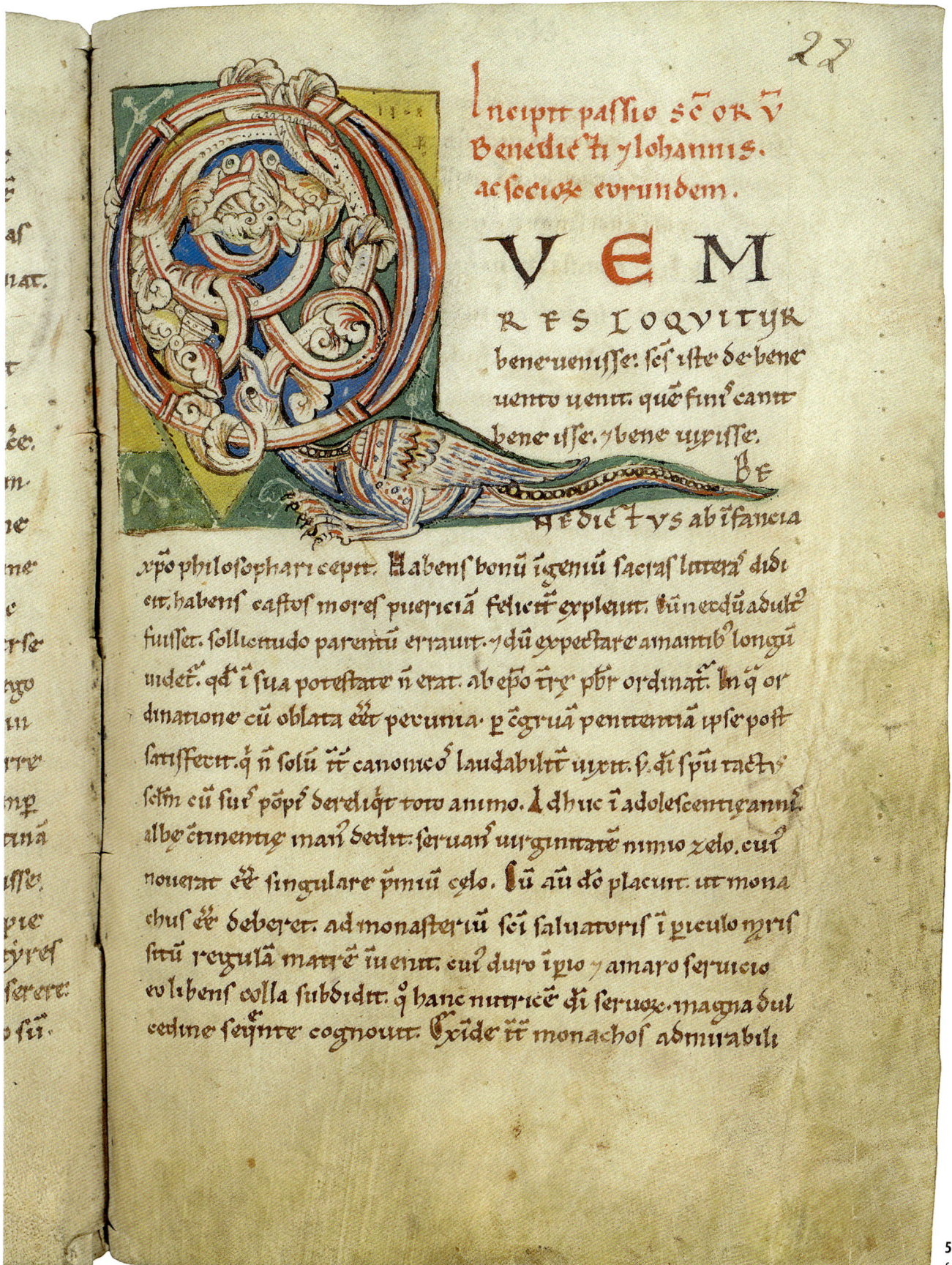

Incipit passio scorū
Benedicti ȝ Iohannis.
ac sociosȝ eorundem.

VEM
RES LOQVITUR
beneuenisse. scs iste de bene
uento uenit. quē finis canit
bene isse. ȝ bene uixisse.
BE-
NEDICTVS ab infancia
xpo philosophari cepit. Habens bonū igeniū sacras litteras didi
cit. habens castos mores puericiā feliciter expleuit. kū necdū adult
fuisset. sollicitudo parentū errauit. ȝ dū expectare amantibȝ longū
uidet. qd̄ i sua potestate n̄ erat. ab epo tiȝ pbr ordinat. In q ordinatione cū oblata eēt pecunia. p egruā penitentiā ipse post
satisfecit. q n̄ solū tr̄ canonicē laudabilitr̄ uixit. s. di spū tactȳ
sctm cū suis pōpis dereliqt toto animo. Adhuc i adolescentiē anni
albę ētinentię mari dedit. seruari uirginitate nimio zelo. cui
nouerat eē singulare pmiū cęlo. Sū au do placuit. ut mona-
chus eē deberet. ad monasteriū sci saluatoris i piculo myris
situ̅ regulā matrē iuenit. cui duro ipio ȝ amaro seruicio
eu libens colla subdidit. ȝ hanc nutricē di seruoȝ. magna dul
cedine seȳntre cognouit. Exīde itr̄ monachos admirabili

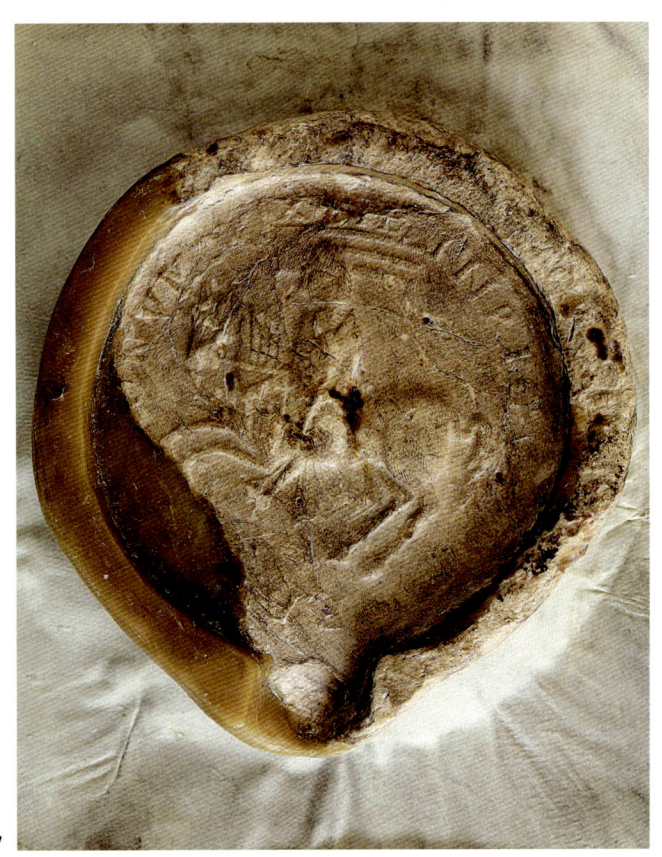

566 Schwert

12. Jahrhundert
Aus der Peene bei Wolkow, Ldkr. Mecklenburgische Seenplatte
Eisen, Messing – organische Handhabe nicht erhalten – L. 101 cm, B. 5,4 cm (Klinge)
Berlin, Stiftung Deutsches Historisches Museum, Inv.Nr. W 882

Der Griff des Schwertes besitzt einen paranussförmigen Knauf und eine gerade sechseckige Parierstange. Beide Seiten der Klinge sind gekehlt. Der Hohlschliff weist Tauschierungen aus Messingeinlagen auf. Die Vorderseite zeigt eine aufwendig verzierte Inschrift aus lateinischen Buchstaben: SOSMENRSOS. In den Schlingen des viermal vorkommenden S befinden sich kleine Kreise. Die beiden O umgeben ein kleineres S. N und R sind in einer Ligatur miteinander verbunden. Die vier Buchstaben in der Mitte sind mit zahlreichen Haken und Kringeln versehen. Auf der Klingenrückseite befindet sich eine Blattranke aus Messing.

Der Breite der Handhabe zufolge wurde das Schwert mit einer Hand geführt. Fraglich ist die Bedeutung der Klingeninschrift. Die Buchstabenfolge „SOS" zu Anfang und Ende tritt an mittelalterlichen Schwertern häufiger auf und dürfte eine Kurzform des Ausrufs *(s)anctus (o) (s)anctus* – „Heilig, o heilig!" darstellen. Der Vorschlag, die mittleren Buchstaben mit der Formel *(m)aria (e)ripe (n)os (c)h(r)istus* – „Maria, errette uns, Christus!" aufzulösen, scheint wenig plausibel, zumal das mutmaßliche C für Christus nur durch einen kleinen Haken in der Ligatur von N und R dargestellt wird.

Das Schwert wurde bei Baggerarbeiten in der Peene gefunden. Da die Inschrift einen christlichen Kontext wahrscheinlich macht, könnte die Waffe mit dem Wendenkreuzzug des Jahres 1147 in Zusammenhang stehen. Im Rahmen der Kampfhandlungen wurde die nahegelegene Stadt Demmin von einem christlichen Heer belagert.

Ulrich Lehmann

| Lit.: Wegeli 1902–1905; Geibig 1991; Kat. Braunschweig 1995, S. 604f., Nr. G 99 (Ulrich Schäfer); Atzbach/Wagner 2009; Kat. Halle/Oldenburg/Mannheim 2005, S. 384, Nr. C.18 (Gerhard Quaas)

567 Siegelurkunde Herzog Heinrichs des Löwen von Sachsen für das Benediktinerkloster Bursfelde

Braunschweig, 1144 Juli 23 und Oberdorla, [1144] Juli 27
Urkunde: Pergament, Einzelblatt – am unteren Rand durch Mäusefraß beschädigt und restauriert – hochrechteckig, H. etwa 63 cm, B. 50 cm – Schrift: diplomatische Minuskel, am Beginn von Zeile 1 das Chrismon (symbolische Anrufung Gottes in Form eines C) sowie verlängerte Schrift (Elongata) bei den ersten sechs Wörtern, ansonsten Verwendung von verlängerten und verschleiften Oberlängen sowie des diplomatischen Kürzungszeichens; unter dem eigentlichen Urkundentext die erzbischöfliche Bestätigung des Inhalts in schlichter Minuskelschrift von anderen Schreibern angefügt – Besiegelung: zwei aufgedrückte Siegel in hellem Wachs; rechts das Reitersiegel Herzog Heinrichs (des Löwen) von Sachsen – am rechten Rand beschädigt und restauriert (Teile der Umschrift und des Siegelbildes fehlen) – Dm. innen etwa 8 cm;

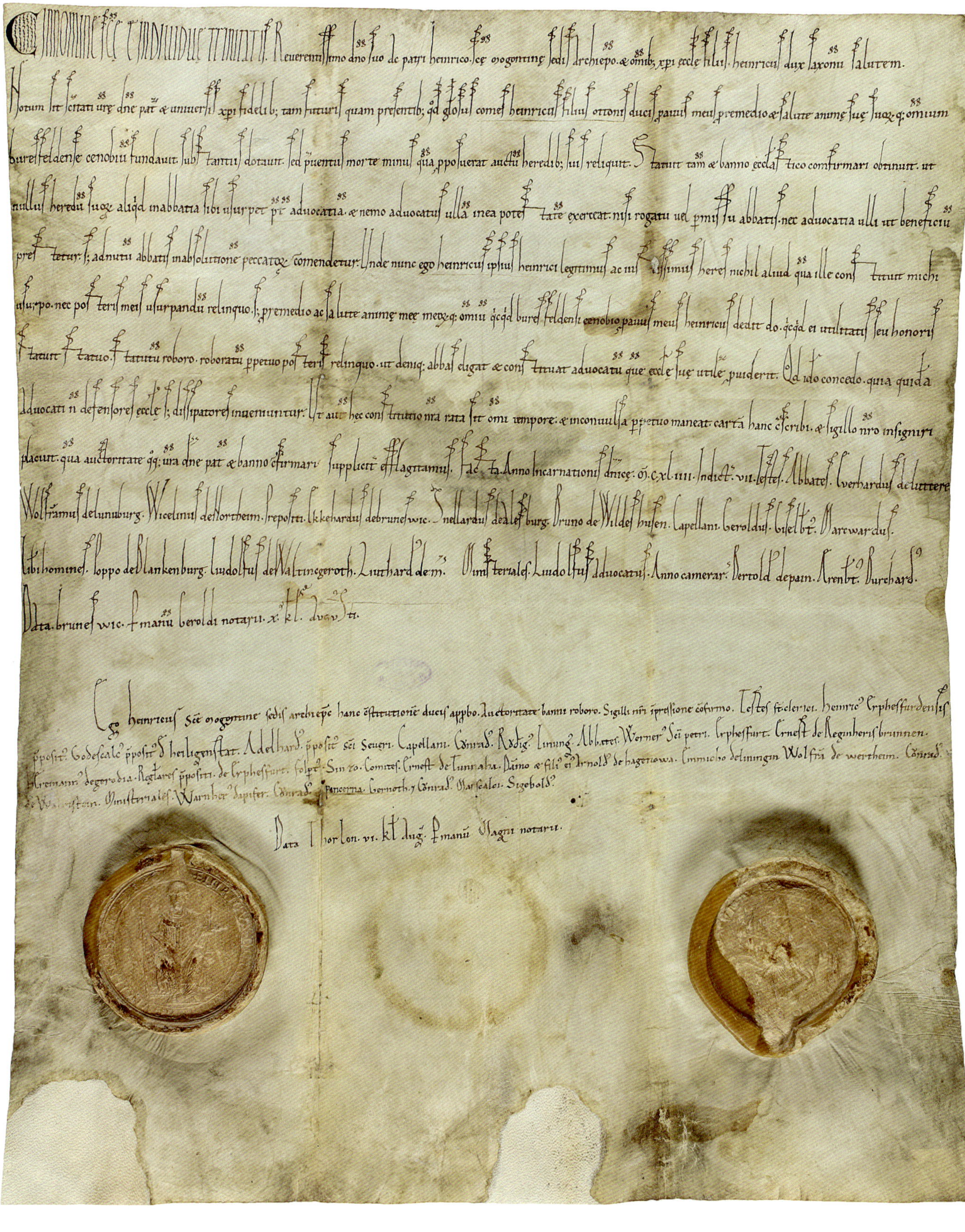

links das Thronsiegel Erzbischof Heinrichs von Mainz – Siegelwulst am oberen linken Rand leicht beschädigt und restauriert – Dm. etwa 8,5 cm
Hannover, Niedersächsisches Landesarchiv – Hauptstaatsarchiv Hannover, Sign. NLA. HStAH Cal. Or. 100 Bursfelde Nr. 6

Heinrich der Löwe wurde vermutlich um 1133/35 geboren, als Sohn des Welfen Heinrichs des Stolzen, Herzog von Bayern und Sachsen sowie Markgraf von Tuszien (*1102 oder 1108, †1139), und der Gertrud von Sachsen (*1115, †1143), einziger Tochter Kaiser Lothars III. (*1075, †1137). Heinrichs Herkunft, seine umfangreichen Erbgüter und eine erfahrene Beratergruppe bildeten die Basis für eine später fast königsgleiche Machtposition im Norden des Reiches, als Herzog von Sachsen (1142–1180) und Bayern (1156–1180). Dabei profitierte er über Jahrzehnte, ebenso wie sein staufischer Vetter Kaiser Friedrich I. Barbarossa (*um 1122, †1190), von ihrer gegenseitigen Unterstützung. Der Bruch mit dem Kaiser 1176 ermöglichte schließlich den von mehreren Reichsfürsten herbeigeführten Sturz Heinrichs des Löwen. Seine Verurteilung auf dem Hoftag in Gelnhausen im März 1180 zog den Verlust der Herzogswürden und das Exil in England nach sich. Die welfischen Eigengüter verblieben ihm, doch seine früheren Würden erlangte Heinrich auch nach der Aussöhnung mit den Staufern nicht zurück. Er starb am 6. August 1195 in Braunschweig.

Einen entscheidenden Schritt für Heinrichs Herrschaftsausbau im Land nördlich der Elbe bildete der sogenannte Wendenkreuzzug des Jahres 1147, der – zeitgleich mit dem Zweiten Kreuzzug ins Heilige Land – von sächsischen, dänischen und polnischen Fürsten gegen slawische Stämme im südlichen Ostseeraum unternommen wurde. Neben dem Askanier Albrecht dem Bären (*um 1100, †1170) dürfte Heinrich der Löwe zu den Hauptinitiatoren des Kreuzzugs gezählt haben. Ganz sicher gehörte er zu den hauptsächlichen Nutznießern, denn der (militärisch und missionarisch wohl recht erfolglose) Kreuzzug schuf die Grundlagen für den Wiederaufbau einer Kirchenorganisation in Transalbingien mit den Bistümern Oldenburg, Mecklenburg und Ratzeburg. Nach Auseinandersetzungen mit Erzbischof Hartwig I. von Hamburg-Bremen (*1118, †1168) gelang es Heinrich 1154 auf dem Goslarer Hoftag, die kaiserliche Verleihung des von ihm beanspruchten Investiturrechts über die genannten Bistümer einzuholen. Heinrichs sächsisches Herzogtum hatte damit eine quasi königliche Qualität erreicht.

Um Heinrichs Herrschaftsansprüche geht es auch in der Urkunde des Löwen vom 23. Juli 1144 für das südniedersächsische Kloster Bursfelde. Heinrich bittet darin den Mainzer Erzbischof um Bestätigung insbesondere des Rechts der freien Vogtwahl, das sein Urgroßvater Heinrich von Northeim (†1101) als Klostergründer dem Abt von Bursfelde verliehen habe und das er selbst nun erneuert. Die betreffende Klostervogtei allerdings war kurz zuvor vom Mainzer Erzbischof zusammen mit weiteren Kirchenlehen an seinen Konkurrenten, den Grafen Hermann II. von Winzenburg (†1152), verliehen worden. Heinrich der Löwe demonstrierte also im vorliegenden Schriftstück seinen Anspruch auf das Erbe der Northeimer Grafen, was der Erzbischof durch seine auf der Urkunde notierte und ebenfalls besiegelte Bestätigung anerkennt.

Das Privileg gilt als älteste Urkunde auf den Namen des hier noch im Kindesalter stehenden Herzogs und bietet gleichzeitig den einzigen Abdruck seines ersten Siegels. Das runde Reitersiegel zeigt auf einem (heraldisch) nach rechts springenden Pferd den Reiter mit spitzem Helm und Nasenschiene, Fahnenlanze, Schwert, Sporen und normannischem Schild. Der Schild bildet möglicherweise einen nach rechts steigenden Löwen ab, was als älteste Darstellung eines Löwen als welfisches Wappen anzusehen wäre. Die Umschrift lautet: + HEINRICVS DEI GRAT[IA SA]XONVM DVX ("Heinrich von Gottes Gnaden Herzog der Sachsen").
Söhnke Thalmann

| Quellen: Datenbank der Welfensiegel, Datensatz Nr. 1220 (Abb. Siegel, abrufbar unter http://www.staatsarchive.niedersachsen.de); DD Heinrich der Löwe, S. 9–11, Nr. 6 (Edition der Urkunde); UB Mainz 2,1, S. 112ff., Nr. 58 (Edition der Urkunde)
| Lit.: HRG 2, Sp. 911f. (Gerd Althoff: Art. Heinrich der Löwe); Hasenritter 1936, Taf. 1 (Abb. des noch unrestaurierten Siegels); Kat. Braunschweig 1995, Katalog S. 154f., Nr. D.1 (Abb. Siegel); Essays S. 201 (Abb. Urkunde); Petersohn 2003; Ehlers 2008; Schneidmüller 2009; Herrmann 2011; Freckmann 2012

568 Löwenanhänger

12. Jahrhundert
Potsdam
Messing(?); gegossen, vergoldet – Anhänger mit Öse mit Löwendarstellung im Flachrelief – Dm. 3,2 cm
Brandenburg, Brandenburgisches Landesamt für Denkmalpflege und Archäologisches Landesmuseum, Inv.Nr. 1001:4331

Das Stück stammt aus dem Grab eines Kindes vom slawischen Gräberfeld bei der Burg in Potsdam, beim späteren Schlossstandort. Der scheibenförmige Anhänger, wahrscheinlich von einem Pferdegeschirr, wohl vom Zaumzeug, zeigt das Wappentier Heinrichs des Löwen, in der gleichen Weise wie es etwa von seinen Siegeln, Münzen bekannt

569

ist. Dieser beteiligte sich 1147 zusammen mit Albrecht dem Bären (Markgraf der späteren Mark Brandenburg), Konrad von Wettin (Markgraf von Meißen und der späteren Niederlausitz) und anderen geistlichen und weltlichen Fürsten an dem von Magdeburg ausgehenden „Wendenkreuzzug" unter Führung des Erzbischofs Anselm von Havelberg. Der Kriegszug führte zur Unterwerfung der slawischen Stämme zwischen Elbe und Oder und sicherte den deutschen Einfluss gegenüber pommerschen und polnischen Fürsten. Mit der endgültigen Eroberung des slawischen Fürstensitzes Brandenburg im Jahr 1157 begründete Albrecht der Bär die gleichnamige Landesherrschaft, deren Ausdehnung durch die Inbesitznahme benachbarter Territorien im Verlaufe des 13. Jahrhunderts durch seine Söhne erfolgte. In diesem Zusammenhang kann das Stück in die Hände von Slawen gelangt sein, vielleicht eines Kriegers, der es dann seinem (?) verstorbenen Kind mit ins Grab gab. Thomas Kersting

| Lit.: Geisler/Grebe 1993, S. 92; Gossler 2011, S. 125

569 Opfergaben für den Gott Swantevit

9.–12. Jahrhundert
Putgarten, Ldkr. Vorpommern-Rügen, Burgwall Arkona
a) Lanzenspitze
Eisen – L. 22,5 cm, B. 5,0 cm
Schwerin, Landesamt für Kultur und Denkmalpflege Mecklenburg-Vorpommern, Inv.Nr. 1994/222,244,1
b) Zwei Messer
Eisen – L. 13,8 cm, B. 2,2 cm und L. 15 cm, B. 1,8 cm
Schwerin, Landesamt für Kultur und Denkmalpflege Mecklenburg-Vorpommern, Inv.Nr. 1994/234,1 und 1994/234,3
c) Drei Pfeilspitzen
Skandinavisch und westslawisch
Eisen – L. 15 cm, B. 2,5 cm; L. 11,5 cm, B. 2,5 cm; L. 10,5 cm; B. 1,8 cm
Schwerin, Landesamt für Kultur und Denkmalpflege Mecklenburg-Vorpommern, Inv.Nr. 1994/222,72,1; 1997/480,2; 1997/480,3
d) Sporen
Eisen – L. 13,0 cm, B. 7,0 cm
Schwerin, Landesamt für Kultur und Denkmalpflege Mecklenburg-Vorpommern, Inv.Nr. 1994/222,234,6
e) Münzen
Orientalische und westliche Prägungen
Silber– ganze Münzen und Fragmente
Schwerin, Landesamt für Kultur und Denkmalpflege Mecklenburg-Vorpommern, ohne Inv.Nr.
f) Zehn Perlen
Orientalisch und andere Herkunftsgebiete
Karneol, Bergkristall, Glas
Schwerin, Landesamt für Kultur und Denkmalpflege Mecklenburg-Vorpommern, ohne Inv.Nr.

Die aus mehreren historischen Quellen bekannte slawische Tempelburg Arkona liegt exponiert auf einem bis 45 Meter über dem Meer gelegenen Kliff im Norden der Ostseeinsel Rügen. Ein neun bis zwölf Meter hoher Erdwall wurde am Ende des 10. Jahrhunderts zum Schutz des schon im 9. Jahrhundert bestehenden Heiligtums angelegt und später mehrfach erneuert. Nach den Beschreibungen des dänischen Chronisten Saxo Grammaticus bestand er in seiner jüngsten Phase aus einem unteren Teil, dem aus älteren Phasen hervorgegangenen Erdwall und einer darüberliegenden Holzmauer. Im Inneren der Burg, hinter einem wohl schon im 9. Jahrhundert angelegten Abschnittsgraben, befand sich ein aus Holz gebauter Tempel, in dem sich die überlebensgroße Statue des Gottes Swantevit („Heiliger Herrscher") befand. Die Burg wurde – spätestens nach dem Niedergang des Tempels von Rethra im 11. Jahrhundert – das zentrale Heiligtum der Ranen.

Die Anlage wurde vor allem während des jährlichen Erntefestes frequentiert. Daneben wird von Opferungen und Orakeln berichtet. Vor der Burg soll sich ein Heringsmarkt befunden haben, der von zahlreichen Fernhändlern aufgesucht wurde. Die Zerstörung des Tempels und des Kultbildes durch die Dänen im Jahr 1168 war der Höhepunkt und das Ende eines über mehrere Jahre währenden Kleinkrieges mit den Ranen und gleichzeitig das Ende der militärischen Auseinandersetzung um die Christianisierung der Elbslawen. Die Rügenfürsten kapitulierten vor König Waldemar I. und die Ranen nahmen auf der Burg Karenz (bei Venz auf dem nordwestlichen Inselkern) den christlichen Glauben an.

Wegen der Gefährdung der Burg durch den zunehmenden Küstenabbruch führte das Landesamt für Kultur und Denkmalpflege seit 1994 mehrere Grabungskampagnen durch. Dabei wurden der dem unlängst verlorenen Tempelbezirk vorgelagerte Kultplatz sowie Teile eines Wirtschaftskomplexes freigelegt. Im Randbereich des Kultplatzes konnten mehrere Gruben mit außergewöhnlich reichem Fundmaterial dokumentiert werden. Die Art der Gegenstände und die Form der Deponierung deuten auf rituelle Niederlegungen hin. Zu den Opfergaben zählen Kriegsbeute und Handelsgüter aus den Regionen zwischen Orient und Britischen Inseln sowie offenbar auch Menschen. Die orientalischen Münzen sowie näher datierbare skandinavische Importe und einige Glasperlen weisen auf einen ersten Höhepunkt der Opferriten in der ersten Hälfte des 9. Jahrhunderts hin. Münzen und andere sicher in das 10. bis 12. Jahrhundert zu datierende Funde sind deutlich unterrepräsentiert. Daneben finden sich auf der Burginnenfläche Hinweise auf Kampfhandlungen, die auf einen skandinavischen Überfall in der Mitte des 11. Jahrhunderts deuten. Mit gewissem Abstand um den Kultplatz herum gruppierten sich Wohnbauten, unmittelbar hinter dem Wall befand sich mindestens eine Zisterne; von einer Quelle unterhalb der Burg wird in den Schriftquellen berichtet. Fred Ruchhöft

| Lit.: Ilisch 2001, S. 19–39; Ruchhöft/Kock 2010

XI Mit Engelszungen
Otto von Bamberg missioniert in Pommern

624 IN HOC SIGNO

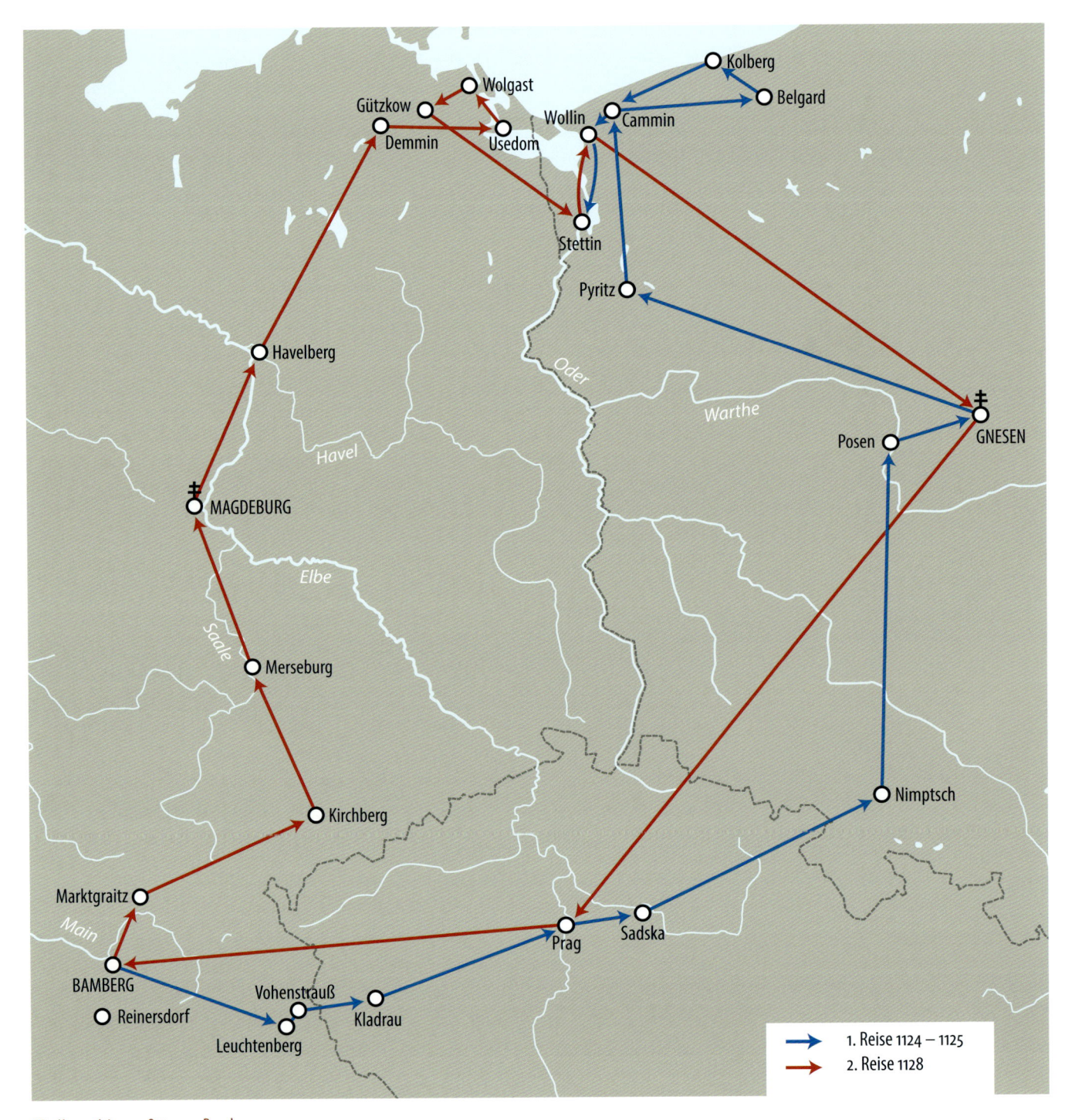

42 Karte: Itinerar Otto von Bamberg

→ 1. Reise 1124 – 1125
→ 2. Reise 1128

funden wurde, wiesen Brandspuren auf. Daraus lässt sich schließen, dass die Bewohner die heilige Figur auf ihrer eiligen Flucht vor dem Feuer zurückließen. Dieses wesentliche Detail weist auf einen wichtigen Aspekt der Religiosität der Slawen hin – Swantevit wurde nicht nur in den zentralen Kultstätten und bei Stammesfeierlichkeiten verehrt. Wahrscheinlich war er auch eine individuell verehrte Gottheit, deren Bild ebenfalls am Körper getragen wurde und der man in der häuslichen Abgeschiedenheit Opfer darbrachte.

Die Wolliner Swantevit-Figur hat eine enorme Bedeutung. Bevor sie aufgefunden wurde, stammten alle Erkenntnisse bezüglich des Swantevit-Kultes aus Schriftquellen des 12. Jahrhunderts. Erst mit dem Fund der Wolliner Figur ließ sich dieser Kult mit größter Sicherheit um über 200 Jahre, das heißt bis weit in das 9. Jahrhundert hinein, zurückdatieren.

Wojciech Filipowiak

| Lit.: Filipowiak 1979; Filipowiak/Gundlach 1992, S. 103–121; Filipowiak/Wojtasik 1975, S. 82–89; Łowmiański 1979, S.190–200

571 Pferdefigur

11. Jahrhundert
Wollin, Polen,
Bronze, vergoldet – H. 2,8 cm, L. 2,8 cm
Stettin, Instytut Archeologii i Etnologii PAN, Inv.Nr. 24/54

Diese kleine aus Bronze gegossene Pferdefigur mit Sattel ist verziert mit einem Muster aus kleinen Ringen mit je einem Punkt in der Mitte und weist Spuren von Vergoldung auf.

Es handelt sich vermutlich um ein Amulett aus einem heidnischen Kultzusammenhang. Das Pferd spielte in den Kulthandlungen der Slawen eine äußerst wichtige Rolle – schriftliche Quellen erwähnen zum Beispiel ein weißes Pferd in der Kultstätte des Swantevit in Arkona auf der Insel Rügen; in der Kultstätte des Triglaw in Stettin und in der Kultstätte des Svarozic in Rethra wurden dagegen schwarze Pferde gehalten.

Dank der Biographen des heiligen Otto von Bamberg, des sogenannten Apostels der Pommern, wissen wir, dass das heilige Pferd in Stettin bei Weissagungen eine Rolle spielte, hauptsächlich um die Er-

570 Swantevit

2. Hälfte 9. Jahrhundert
Wollin, Polen
Holz – H. 9,3 cm, B. 1,2 cm
Stettin, Instytut Archeologii i Etnologii PAN, Inv.Nr. 5193/73

Die kleine Holzfigur hat vier schematisch geschnitzte dreieckige Gesichter mit markant hervorgehobenen Augen, Nasen und Mündern sowie einem jeweils im Profil leicht vorstehenden Kinn, das an einen Bart erinnert. Ein Muster aus eingekerbten schrägen Schraffuren und Ovalen ziert den Griff.

Die Figur wird mit der Verehrung des Swantevit – der heidnischen Gottheit der Slawen – in Verbindung gebracht, deren Hauptzentrum sich in Arkona auf der Insel Rügen befand (Bd. I, Abb. 224). Der Swantevit-Kult war unter den heidnischen Elbslawen und den Pomoranen weit verbreitet. Swantevit war die wohl höchste Gottheit im slawischen Pantheon. Wie die Kultstätte und die Swantevit-Statue in Arkona aussahen, wissen wir aus den Beschreibungen der Quellen des 12. Jahrhunderts, vor allem aus denen des Saxo Grammaticus. Die Wolliner Figur scheint diesen Beschreibungen mit einer einzigen Einschränkung zu entsprechen – sie ist sehr klein.

Das Bildwerk wurde innerhalb eines Wohnhauses entdeckt, das sich in Form und Größe nicht von Nachbarhütten unterschied. Das Anwesen wie auch die gesamte Kulturschicht, in der die Figur aufgefolgsaussichten von Kriegshandlungen zu prophezeien. Das heilige Pferd war außergewöhnlich groß, es wurde nie als Arbeitstier eingesetzt, niemand durfte es besteigen und ein Priester stand in seinen Diensten. Eine ähnliche Situation gab es mit Sicherheit auch in Wollin. Jedenfalls wurden neben der heidnischen Kultstätte Reste eines Pferdestalls im Hofbereich entdeckt.

Das Pferd war im heidnischen Glauben der Slawen zweifellos ein positiv konnotiertes Symboltier, daher wurden in Wollin oft Pferdeschädel als Bauopfer dargebracht und es findet sich nur eine äußerst geringe Menge an Pferdeknochen in den Speiseresten. Vergleichbare Bildwerke lassen sich im gesamten, von den slawischen Völkern besiedelten Gebiet im Nordwesten finden, so zum Beispiel in Brenna (Brandenburg). *Wojciech Filipowiak*

| **Lit.:** Filipowiak 1979; Rosik 2010, S. 268ff.

572 Kopf einer Gottheit

12. Jahrhundert
Wollin, Polen
Bronze – H. 3,2 cm, B. 2,3 cm, T. 1,3 cm
Stettin, Instytut Archeologii i Etnologii PAN, Inv.Nr. 1311/71

Bei dem kleinen Köpfchen aus Bronze mit spitzem Kinn und spitzer Nase, großen Augen sowie langen, nach unten fallenden Haaren ist schwer festzustellen, ob es einen Helm oder einen kegelförmigen Hut trägt. Die Rückseite ist ganz flach gearbeitet und weist keine Spuren eines Befestigungssystems auf. Gefunden wurde es im Zentrum von Wollin (archäologischer Fundplatz 1, Ausgrabung 6). Vergleichbare Funde wurden in Skandinavien in Handwerks- und Handelszentren wie Hedeby oder Ribe gemacht. Es lässt sich eine große Ähnlichkeit mit den sogenannten Odins-Köpfchen konstatieren, diese trugen jedoch darüber hinaus Hörner an ihrem Helm – ein Symbol dieses heidnischen Gottes. Außer in Skandinavien wurden vergleichbare Exemplare auch in von den Slawen besiedelten Gebieten (in Schwedt; Bd. I, Abb. 229) entdeckt. Die Herkunft dieses Bildwerks bleibt daher unklar. Wegen einer vergleichbar hohen Anzahl von Bronzeamuletten, die in Wollin gefunden wurden, ist auch eine lokale Entstehung des Köpfchens nicht ausgeschlossen.

Die Funktion ist ebenfalls unklar – vielleicht handelte es sich um eine Art Amulett oder um ein Beschlagelement. Eine Funktionsbestimmung wird auch dadurch erschwert, dass jegliche Spuren einer Befestigungs- oder Montagevorrichtung fehlen.
Wojciech Filipowiak

| **Lit.:** Filipowiak/Gundlach 1992, S. 62–75; Stanisławski (im Druck)

573 Idol

1. Hälfte 11. Jahrhundert
Wollin, Vorstadt „Ogrody", Polen
Holz – H. 7,3 cm, B. 2,2 cm, T. 1,7 cm
Stettin, Instytut Archeologii i Etnologii PAN, Inv.Nr. 463/00

Die eingesichtige Holzfigur hat einen markanten, überproportional großen Kopf; Augenpartie und Nasenlinie sind kräftig herausgearbeitet. Der Fuß der Figur wurde seitlich durchbohrt, wahrscheinlich um sie mittels eines Bändchens um den Hals tragen zu können. Sie wurde in der nördlichen Vorstadt des frühmittelalterlichen, dicht bebauten und über eine eigene Anlegestelle verfügenden Wollin entdeckt.

Das Bildwerk weist eine Reihe von Ähnlichkeiten mit anderen Funden aus Wollin auf, wo mehrere solcher eingesichtigen Holzfiguren zutage kamen. Häufig werden sie als Bilder einer unbekannten, lokal verehrten heidnischen Gottheit gedeutet, die neben anderen Gottheiten, insbesondere neben dem wichtigsten Gott im slawischen Pantheon – dem Swantevit – verehrt wurde. Alle größeren städtischen Zentren wie Wołogoszcz, Gackowo und Gardziec auf der Insel Rügen hatten eigene Gottheiten, denen Kultstätten gewidmet waren. Schriftquellen bestätigen die Existenz einer heidnischen *kącina* (Kultstätte) auch für Wollin.

Ein anderer Deutungsvorschlag ist, dass diese eingesichtigen Idole mit der Ahnenverehrung in Zusammenhang stehen. Die Darstellung verstorbener Vorfahren in Form kleiner Figuren ist aus vielen heidnischen Kulten bekannt, im Fall der Slawen wird dies auch durch schriftliche Quellen bestätigt. *Wojciech Filipowiak*

| **Lit.:** Filipowiak 1979; Strzelczyk 2008, S. 73, 238; Wawrzeniuk 2004

574 Kleine Holzfigur mit einem Gesicht

11. Jahrhundert
Stettin, Polen
Holz, geschnitzt – H. 16,6 cm, B. max. 3,9 cm, T. max. 2,9 cm; 25 g
Stettin, Muzeum Narodowe w Szczecinie, Inv.Nr. MNS/A/21745

Die Einführung der neuen christlichen Religion in Pommern war vor allem mit der Zerstörung der heidnischen Götterfiguren verbunden: Sie wurden verbrannt und in Seen oder Flüssen ertränkt, nachdem man ihre Gesichter und Extremitäten abgehackt hatte. Die Hagiographen des heiligen Otto von Bamberg weisen auf *idole maiora et minora* hin. Hauptziel war die Vernichtung von Idolen der Hauptgötter. Bis in unsere Zeit hinein überdauerten jedoch einzelne kleinere Figuren von Göttern und Gottheiten niederen Rangs. In diesen Fällen handelt es sich um kleine Statuetten, die nicht zur Ausstattung eines Tempels zählten oder der Verehrung durch eine größere Gemeinschaft dienten, sondern vielmehr als „Hausgottheiten" galten und vermutlich Zeichen einer durch den Hausherren praktizierten Verehrung waren. Der Kult von Gottheiten niedrigeren Ranges war in der Alltagskultur nicht weniger wichtig als der Kult von solchen höheren Ranges; am dauerhaftesten erwies sich der Glaube an Dämonen, dessen Relikte bis in unsere Zeit hinein überdauerten. Insbesondere die volkskundliche Forschung lieferte in den letzen Jahren dazu weitreichende Erkenntnisse. In der slawischen Tradition hielt die häusliche Verehrung von Gottheiten – die sich unter anderem im Darbringen von Opfergaben wie Geflügel, Fleisch, Milchprodukten oder rituellem Brot äußerte – auch nach der Christianisierung Pommerns noch lange an. Anna B. Kowalska

| **Lit.:** Filipowiak 1993; Kowalska 2010

575 Steinkopf

12. Jahrhundert (?)
Danzig, Stadtteil Siedlce
Granit mit Polychromiespuren – guter Zustand – H. 19 cm, B. 15 cm
Danzig, Muzeum Archeologiczne w Gdańsku, Inv.Nr. MAG/ŚR/1961:239/882

Es handelt sich um einen in Stein gemeißelten Kopf mit naturalistischem Gesichtsabbild. Die Skulptur wurde im Jahre 1961 im Danziger Stadtteil Siedlce während der Planierungsarbeiten an einer Böschung für den Bau eines Wohnblocks zufällig entdeckt und dem Archäologischen Museum Danzig als Geschenk übergeben.

Zdzisława Ratajczyk

576 Kleine Hausgottheit

13. Jahrhundert – 1. Hälfte 14. Jahrhundert
Gniew, Pommern, Polen
Holz – die kleine Figur ist deformiert in Folge eines Bruches eines Teils des Gesichts sowie eines Längsbruches am hinteren Teil des Griffes – H. 9,5 cm, Dm. 1,2–2,1 cm
Danzig, Muzeum Archeologiczne w Gdańsku, Inv.Nr. MAG/ŚR/1975:117/454

Das obere Ende dieser aus einem Stück Holz geschnitzten Figur endet in Form eines männlichen Kopfes mit Schnurrbart und kegelförmigem Hut; das untere Ende schließt gerade ab. Sie wurde 1975 während archäologischer Sicherungsarbeiten auf dem Marktplatz der Altstadt in Gniew entdeckt. Zdzisława Ratajczyk

574

577 Kammergrab eines wohlhabenden Slawen

12. Jahrhundert
Usedom, Ldkr. Vorpommern-Greifswald, Gräberfeld am Hain
Schwerin, Landesamt für Kultur und Denkmalpflege Mecklenburg-Vorpommern, Inv.Nr. 2000/1290

a) Schwert vom Typ Petersen X
Eisen – Klinge mit breiter Hohlkehle, darin zwei silbertauschierte, rosettenartige Ornamente. Das Gefäß besitzt eine gerade, vierkantige Parierstange mit runden Enden und einen massiven, einteiligen Knauf – L. 98 cm (gesamt), L. 84 cm (Klinge), L. 9 cm (Griffangel), L. 5,5 cm (Knauf), L. 17 cm (Parierstange)

b) Zwei Stachelsporen
Eisen mit Tauschierung – im Querschnitt halbrund, Stimulus von 3,3 cm Länge bügelseitig mit einer schräg gekerbten Scheibe und zur Spitze hin mit einem durch zwei umlaufende Rillen verzierten Zylinder versehen, Bügel gerade gestreckt – L. 15,2 cm und 13,6 cm

c) Eimer
Holz und Eisen – Bügel aus Eisen, tordiert, an den Enden hakenförmig umgebogen, drei bandförmige Eimerreifen, Eimerattasche mit volutenförmigen Enden und zwei eingeschlagenen Nägeln, Reste hölzerner Dauben – Dm. 13,3 cm

d) Schale mit aufgewölbtem Spiegel
Buntmetall – Im Inneren befindet sich ein mit Schlängel- bzw. Zickzacklinien eingraviertes Ornament: im Spiegel eine achteckige Rosette mit eingeschriebenem Stern, gefasst von einem Doppelkreis, auf der Fahne vier Halbkreise, die von schrägen Kerbenbündeln und Kreisen zwischen und innerhalb der Halbkreise begleitet werden – H. 4,7–5,0 cm, Dm. 21,5 cm

e) Zwei Münzhälften
Unbestimmbar und Sachsenpfennig, Region Oberlausitz-Meißen, um 1030/50 oder 1050/60
Silber

f) Stabdorn
Eisen – vierkantig, spitz zulaufend, im oberen Teil ein aufgeschobener bandförmiger Ring – L. 8,3 cm

576

575

XI MIT ENGELSZUNGEN. OTTO VON BAMBERG MISSIONIERT IN POMMERN   629

g) Messer mit Scheide

Eisen und Holz/Leder, mit Resten eines Buntmetallbeschlages, punzverziert – L. etwa 14,0 cm

h) Zwei Wetzsteine

Blaugrauer Schiefer – Wetzstein mit Ansatz einer Öse, stabförmig und stark abgenutzt – L. 5,8 cm

Blauer Schiefer – Wetzstein mit Öse, stabförmig und stark abgenutzt – L. 7,1 cm

i) Pinzette

Bronze – aus einem zu den Enden leicht konkav zulaufenden, einmal stark umgebogenen Metallband, mit Ring zur Aufhängung – L. 10,7 cm, Dm. 2,2 cm

j) Nägel

Eisen, vierkantig – L. 2,2–5,5 cm

k) Keramik

Spätslawische Scherben

Ton

577

In den Jahren 1997 und 2000 wurden östlich der spätmittelalterlichen Altstadt der Stadt Usedom auf dem Wohngebiet „Am Hain" Teile eines ausgedehnten Gräberfeldes des 12. Jahrhunderts freigelegt. Dieser Friedhof gehörte zum frühstädtischen Herrschafts- und Handelszentrum Usedom, das der Pommernmissionar Otto von Bamberg im Jahr 1128 besucht hatte. Auf dem Gräberfeld wurden unterschiedliche Bestattungs- und Beigabensitten beobachtet. Nachgewiesen wurden Holzkammern, Unterlagen aus Ästen, Baum- und Kastensärge sowie die aus skandinavischer Tradition bekannte Verwendung von Bootsteilen. Besonders hervorzuheben ist ein Kammergrab von 3,1 mal 2,7 Metern Größe bei einer Grundfläche von 8,4 Quadratmetern. Die noch auf 0,2 Metern Tiefe erhaltene Kammer bestand vermutlich aus waagerecht eingebrachten Wandbohlen, die mit eisernen Nägeln zusammengehalten wurden. Die im Zentrum der Kammer beigesetzte Süd-Nord ausgerichtete Bestattung war bis auf einen Backenzahn vergangen; die adulte Person dürfte etwa 1,75 Meter groß gewesen sein. Das Reitergrab mit seiner ungewöhnlich reichen Ausstattung ist das südlichste seiner Art im Ostseeraum. In Dänemark endeten der aufwendige Bau von Kammergräbern und ihre Ausstattung mit Reiterzubehör im Zuge der Christianisierung. Das Usedomer Kammergrab dürfte in der Mitte des 11. Jahrhunderts für die Bestattung eines Wikingers errichtet worden sein.

Fred Ruchhöft

| **Lit.:** Biermann 2009; Fries 2001

578 Bildstein von Altenkirchen

Original vor 1168 (nach Ohle/Baier 1963)

Abguss, Kunststein – H. 111 cm, B. 69 cm, T. 7 cm

Stralsund, Kulturhistorisches Museum der Hansestadt Stralsund, Inv.Nr. 1936:45

Im Museumsinventar als „spätwendischer Grabstein" verzeichnet, wurde der Bildstein 1936 im Römisch-Germanischen Zentralmuseum in Mainz abgeformt. Er zeigt das flache Relief eines kleinen

577a

578

aufrecht stehenden Mannes in langem Mantel und spitzem Hut, mit einem überdimensionalen Horn in den Händen – eines Slawen oder Wenden von Rang.

Sein Original ist an der östlichen Außenwand der Altenkirchener Kirche in Sockelhöhe auf der Seite liegend eingemauert. Die Bezeichnung als „Götzenbild" und „Granitrelief (…) des Swantevit" geht wohl auf eine am Original längst verwitterte Inschrift des 17. oder 18. Jahrhunderts, wohl aber auch auf die Bezeichnung „Swantevit-Stein" zurück, die David Chyträus bereits 1585 in seiner Sachsenchronik einführte.

Allgemein wird dieser Stein für den „Rest eines vermuteten slawischen Begräbnisplatzes", ja sogar für den Grabstein des ersten christlichen Rügenfürsten Tezlaw gehalten.

Ein vergleichbarer Stein findet sich an der Kirche in Bergen auf Rügen. Vergleichbar sind ebenso auch die geritzten Bildsteine in Wolgast und im Peene-Gebiet (Kat.Nr. 580).   Burkhard Kunkel

| **Lit.:** Haselberg 1897, S. 268; Kohte 1922, S. 4; Ohle/Baier 1963, S. 69, Taf. 148; Holtz 1966, S. 10f., 20; Buske/Baier 1984; Buske/Helms 2003, S. 54 (Abb.)

579 Weihwasserstein aus Dersewitz

12. Jahrhundert
Granit – H. 65 cm, B. 42 cm, T. 36 cm; Mulde: oval, H. 21,5 cm, B. 13 cm, T. 5 cm
Stralsund, Kulturhistorisches Museum der Hansestadt Stralsund, Inv.Nr. 1947:231

Der als Weihwasserstein bezeichnete Stein stammt aus dem Gutspark von Dersewitz (Landkreis Vorpommern-Greifswald). Seine Bildfläche enthält als Flachrelief ein griechisches Tragekreuz auf einem Schaft mit zwei Knospenpaaren, daneben ein Hahn, auf der Spitze einer heraldisch ornamentalen Lilie sitzend.

Diese Gegenüberstellung weist Walter Kusch in die frühe Symbolsprache des 12. und 13. Jahrhunderts, nach der die deutliche Inszenierung des Hahns nicht nur auf seine Bedeutung als Sinnbild für Christus, „des Siegers über die Macht der Finsternis", verweise, sondern zugleich slawische Opfer- und Fruchtbarkeitsriten aufrufe, in denen der Hahn eine wichtige Rolle spielt.

Seine gedrungene Form und die Art der Aushöhlung passen zwar in das Konzept eines heidnischen Opfersteins (Joseph Sauer, zitiert nach Kusch 1982, S. 47), möglich sind jedoch auch eine spätere funktionale und gestalterische Korrektur oder die Neugestaltung eines neuen Steins nach traditionellem Muster.

Dass dieser Stein in unmittelbarer Nähe des drei Kilometer entfernten, im Jahr 1153 durch den Pommerschen Herzog Ratibor gegründeten Klosters Stolpe aufgefunden wurde, führte bis heute zu Spekulationen über seine ursprüngliche Herkunft. Denn auch der einzige, in vergleichbarer Weise mit Kreuz, Hahn und Lilie, jedoch umlaufend gestaltete Stein in Krien steht im Verdacht, einst in seiner dortigen Basilika als Weihwasserstein gedient zu haben.

  Burkhard Kunkel

| **Lit.:** Holtz 1966, S. 22, Abb. 14; Kusch 1982, S. 46ff.; Buske/Helms 2003, S. 18f.

580 Slawische Bildsteine

a) „Gerovit-Stein"
Slawisch, 12. Jahrhundert (?)
Wolgast, Stadtkirche St. Petri, südliche Langhauswand innen
Vermutlich Granit – H. etwa 86 cm, B. 46 cm
Wolgast, Stadtgeschichtliches Museum „Kaffeemühle", Inv.Nr. 00010

b) Bildstein
Slawisch, 12. Jahrhundert (?)
Wolgast, Stadtkirche St. Petri, westliche Turmaußenwand, zur Hälfte im Boden
Granit – H. etwa 190 cm, B. 125 cm
Wolgast, Stadtgeschichtliches Museum „Kaffeemühle", Inv.Nr. 00011

In einfacher Ritzdarstellung zeigt der Stein eine in eine Tunika gekleidete Person mit Lanze. Über dem Kopf befindet sich ein Kreuz. Der Stein wurde nach dem Brand von 1920 im Fundament der Südkapelle gefunden und an die heutige Stelle versetzt. Die Bezeichnung „Gerovit-Stein" ist ahistorisch. Sie bezieht sich auf den Schutzgott des slawischen Wolgast, dem in der Stadt ein Tempel geweiht war. Der zweite Stein ist neben dem Turmportal liegend eingemauert und nur zur Hälfte sichtbar. Die kaum noch erkennbare Ritzzeichnung stellt eine stehende (?) männliche Figur vor einem aus einer Doppellinie gebildeten Halbkreis (Weltenrichter?) dar. Über dem Kopf

632 IN HOC SIGNO

befindet sich wiederum ein Kreuz. Die Darstellung wird beidseitig durch Doppellinien begrenzt. Über das Alter und den historischen Hintergrund gibt es keine gesicherten Informationen. Ein weiterer, ähnlicher Bildstein befindet sich bei Stolpe an der Peene. Er wird als Sühnestein für den dort im Jahr 1136 erschlagenen Pommernfürsten Wartislaw I. angesehen. Wartislaw hatte die Christianisierung Pommerns maßgeblich gefördert.

Wolgast hatte sich im 11. Jahrhundert zu einem kleinen Handels- und Hafenplatz entwickelt. Neben der Burgstadt auf der späteren Schlossinsel befand sich im Bereich der heutigen Altstadt eine slawische Siedlung. 1128 gehörte Wolgast zu den Orten, die Otto von Bamberg auf seinen Missionsreisen besuchte und wo er eine Kirche gründete.

Noch im 12. Jahrhundert entwickelte sich Wolgast zu einem der Hauptorte des Fürsten- und späteren Herzogtums Pommern; das Schloss an der Stelle der slawischen Burg wurde mehrfach ausgebaut und diente bis zu deren Aussterben als Residenz der Herzöge von Pommern-Wolgast. Vor der Burg entwickelte sich im Laufe des 13. Jahrhunderts die Stadt Wolgast. Die Pfarrkirche St. Petri ist in ihrem heutigen Erscheinungsbild im Wesentlichen eine Basilika aus dem 14. Jahrhundert.

Fred Ruchhöft

| **Lit.:** Buske/Bock 1995, S. 45; Poggensee 2003

581 Rassel in Form eines sog. Kiewer Eies

10./11. Jahrhundert
Wollin, Młynówka, Polen
Ton, Glasur – H. 4 cm, B. 3 cm
Stettin, Instytut Archeologii i Etnologii PAN, Inv.Nr. 6/58

Diese Rassel wurde in einem Skelettgrab (Nr. 101) wahrscheinlich bei den Überresten einer Frau im Greisenalter gefunden. Sie hat die Form eines Hühnereies, ist farbig glasiert und mit Ornamenten in brauner und gelber Farbe verziert. Neben diesem „Kiewer Ei" befanden sich verbrannte Knochen und eine eiserne, wahrscheinlich ehe-

580a

580b

XI MIT ENGELSZUNGEN. OTTO VON BAMBERG MISSIONIERT IN POMMERN

581

mals versilberte Lunula in dem Grab. Es wurde auf dem Friedhof Młynówka entdeckt, eine der Begräbnisstätten des frühmittelalterlichen Wollin.

Derartige Eier wurden an vielen archäologischen Fundstätten aufgefunden. Es wird angenommen, dass sie zwischen dem 10. und dem 13. Jahrhundert in Kiew hergestellt wurden; von dort aus gelangten sie über Handelswege in verschiedene Teile Europas. Auch das Ei von Wollin kann ein Einfuhrerzeugnis aus dem Osten sein; nicht nur archäologische Funde, sondern auch Schriftquellen bezeugen, dass sich Kaufleute aus der Rus in Wollin aufhielten. Es besteht aber auch die Möglichkeit, dass es ein Werk aus lokaler Herstellung ist, da ein kleines Fragment eines ähnlichen Eies in der auf die erste Hälfte des 10. Jahrhunderts datierten Kulturschicht im Stadtzentrum (archäologischer Fundplatz 1, Ausgrabung 4) entdeckt wurde. Die Kiewer Werkstätten begannen mit der Herstellung höchstwahrscheinlich gegen Ende des 10. Jahrhunderts, die Glasherstellung in Wollin reicht hingegen bis in die erste Hälfte des 10. Jahrhunderts zurück. Die Herkunft des Objektes ist daher nicht eindeutig zu bestimmen. Wojciech Filipowiak

| Lit.: Bukowska 1958; Olczak/Jasiewiczowa 1963, S. 98; Wojtasik 1968, S. 57, 198f.

582 Kreuzförmiger Bernsteinanhänger

1. Hälfte 12. Jahrhundert
Stettin, Polen
Bernstein – Anhänger in Form eines lateinischen Kreuzes mit einem längeren Längsbalken und einem kürzeren Querbalken, sorgfältig geschliffen. Die Kreuzflächen sind mit geschnitzten Doppellinien ornamentiert, zwischen denen Querstriche und Zickzacklinien eingeschnitten wurden. Eine Öffnung zum Aufhängen des Anhängers wurde quer herausgebohrt – H. 3,6 cm, B. 2,7 cm, T. max. 0,9 cm; 4,2 g
Stettin, Muzeum Narodowe w Szczecinie, Inv.Nr. 7559/5/VI/S

Kreuzförmige Anhänger erfüllen eine doppelte Funktion: Sie dienen als Schmuck und als religiöses Symbol. Schmuck konnte – gefertigt aus verschiedenen Rohstoffen wie Metall, Glas, Halbedelsteinen oder Bernstein – den Status des Trägers, sein Vermögen, sein Prestige, seine Vorlieben und seinen gesellschaftlichen Rang nach außen hin deutlich machen. Die Kreuzanhänger sind offensichtlich im Zusammenhang mit der Christianisierung Westpommerns in der ersten Hälfte des 12. Jahrhunderts entstanden. Die erfolgreiche Missionierung der Pommern unternahm auf Gesuch Bolesławs III. Schiefmund (Bolesław Krzywousty) der Bamberger Bischof Otto, der während seiner zwei Missionszüge in den Jahren 1124/25 und 1128 unter anderem Pyrzyce, Kamień, Wollin, Szczecin, Kołobrzeg und Białogard besuchte, überall Taufen spendete und Kirchen gründete (Bd. I, Beitrag Flachenecker, S. 417–426). Kreuzanhänger sind bis jetzt ausschließlich aus Küstensiedlungen frühstädtischen Charakters bekannt, die zu Zentren des Christentums wurden. Die Einfachheit ihrer Fertigung sowie die großen Unterschiede in ihrer Gestaltung lassen vermuten, dass sie möglicherweise von den Trägern selbst angefertigt wurden, als eine Art der Bekundung ihrer Verbundenheit mit der neuen Religion. Anna B. Kowalska

| Lit.: Derwich 2003; Rębkowski 2007

583 Kleines Bernsteinkreuz

12./13. Jahrhundert
Danzig, Altstadt
Bernstein – zahlreiche innere Brüche – H. 2,5 cm, B. 2,2 cm, T. 0,6–1 cm; 2,2 g
Danzig, Muzeum Archeologiczne w Gdańsku, Inv.Nr. MAG/GD/255/005/04/1382

Dieser Bernsteinanhänger in Form eines kleinen, unregelmäßigen Kreuzes wurde wohl in Heimarbeit gefertigt. Die Spuren des Schnitzmessers sowie des Schleifens sind noch sichtbar. Der untere Kreuzarm ist unverhältnismäßig kurz. Durch den oberen Kreuzarm ist ein Loch gebohrt worden, damit das Kreuz als Anhänger getragen werden konnte.

Das kleine Kreuz wurde im Jahre 2001 während der Grabungsarbeiten auf dem Friedhof an der romanischen St. Nikolaikirche in

582

583

Danzig in einem frühmittelalterlichen Grab entdeckt. Es kann als ein Zeugnis der Religiosität der Bewohner des frühmittelalterlichen Danzig gelten. Bogdan Kościński

584 Taufstein aus Morgenitz

12. Jahrhundert
Granit – H. 31 cm, Dm. 43 cm
Morgenitz, Ev. Kirchengemeinde, Pommerscher Evangelischer Kirchenkreis, ohne Inv.Nr.

Der „Taufstein, den der Landmesser Pistorius [in den 1880er-Jahren] von irgendeinem Kirchhof der Insel [Usedom…] rettete", kam Dekaden später als Geschenk nach Morgenitz. Er ist „der einzige dieser Art, der auf der ganzen Insel erhalten geblieben ist" (Wilhelm Hörstel, Aufzeichnungen, MS, Pfarrarchiv Morgenitz/Usedom). Gefertigt wurde er zwar ohne ornamental oder figürlich plastischen oder geritzten Schmuck, seine außergewöhnlich harmonische Kontur und Oberflächenbearbeitung zeugen jedoch von einer handwerklich hoch stehenden Arbeit.

Sein zwanzig Zentimeter tiefes Becken mit einem Innendurchmesser von 31 Zentimetern umgibt ein etwa zwölf Zentimeter breiter Rand.

Vom unteren Scheitel her laufen zwei kreuzförmig angelegte etwa sieben Zentimeter breite streifenartige Vertiefungen zum oberen Rand aus und ergeben somit vier zu kleinen Füßen ausgearbeitete Wülste an der Unterseite. So wurde es möglich, unter den Stein zu fassen, um ihn etwa aufzunehmen und abzustellen. Vielleicht fungierten diese Wülste jedoch auch als eine Art Dübel für einen Trägerstein, auf den er einst montiert war. Allein die Kreuzform dieser Eintiefungen weist auf eine sakrale Funktion. Brigitte Metz vermutete, dass der Morgenitzer Stein wohl auch als Weihwasserbecken angesehen werden könne. Eine Entscheidung ist jedoch vor allem in Ermangelung von in Größe und Form vergleichbaren Stücken schwierig. Ein ähnlich ebenmäßig und schlichter, jedoch erheblich größerer Stein vor der Kirche in Züssow (Landkreis Vorpommern-Greifswald) wird als Taufstein angesprochen. Burkhard Kunkel

| Lit.: Metz 1978, S. 27, 31, Abb. 23; Hinz 1996, S. 234

585 Weihwasserstein aus Krien

12. Jahrhundert
Granit – H. 77 cm, B. 55 cm, T. 36 cm; Mulde (Oberseite): max. Dm. 22 cm, T. 8 cm; Kerbe (Oberseite): L. 8 cm, T. 4 cm
Krien, Ev. Kirchengemeinde, Pommerscher Evangelischer Kirchenkreis, ohne Inv.Nr.

Die Kriener Kirche mit ihrem um 1280 datierten Chor bildete einst das Zentrum des ursprünglich als Runddorf angelegten Ortes. Möglicherweise wurde sie anstelle eines slawischen Heiligtums errichtet. 1936 wurde der aus einem querrechteckigen Granitblock mit abgerundeten Ecken gefertigte, ornamental verzierte Stein während der Einbauarbeiten einer Heizungsanlage in etwa zwei Metern Tiefe aufgefunden. Bei der Bergung wurde der auf der Seite liegende und teilweise unter dem Fundament in Lehm gebettete Granitblock beschädigt. Seit 1966 dient der Stein als Träger der Taufschale.

Alle vier Seiten des Steins sind mit reliefierten Darstellungen versehen. Im Zentrum der Vorderseite steht ein großes lateinisches, Knospen bzw. Blüten treibendes Kreuz; links neben ihm wächst eine Früchte tragende Weinrebe empor. Auf den beiden Schmalseiten sind heraldisch stilisierte Lilien dargestellt, die die gesamte Höhe des Steins einnehmen. Die Lilie auf der linken Schmalseite wird von einem stehenden Hahn bekrönt. Die Rückseite zeigt einen zweiten, größeren Hahn und einen Stern. In die Oberseite des Steins ist eine beinahe kreisrunde Mulde eingelassen, die auf eine Nutzung als Weihwasserstein hinweisen könnte.

Als Sakramentalie besitzt Weihwasser reinigende und heilende Wirkung, zugleich ist das Benetzen mit geweihtem Wasser Erinnerungszeichen und Erneuerung der Taufe. Sowohl das Ranken schlagende, auf den paradiesischen *Arbor vitae* (Gen 2,9) verweisende Lebensbaumkreuz als auch das eucharistische Motiv des Weinstocks sprechen für eine Verwendung des Steins in der christlichen Liturgie; ebenso die Lilien, die bereits im 8. Jahrhundert bei Beda Venerabilis als Zeichen der Seelenreinheit, der Unschuld, aber auch der Auferstehung gedeutet werden. Das Motiv des Hahns, der auch in den Opfer- und Fruchtbarkeitsriten der Slawen eine bedeutende Rolle spielt, gab hingegen – ähnlich wie bei dem Stein aus Dersewitz (Kat.Nr. 579) – in der Forschung Anlass zu der Vermutung, dass es sich bei dem Bildstein aus Krien ursprünglich ebenfalls um einen slawischen Opferstein gehandelt haben könnte, der erst gegen Ende des 12. Jahrhunderts mit christlichen Symbolen versehen wurde. Da der Hahn in der christlichen Allegorese als ein Sinnbild des auferstandenen Christus gilt, fügt er sich – auch als vormals heidnisches Bildzeichen – mühelos in die übrige Ikonographie des Steins ein. Besonders in Verbindung mit dem Stern auf der Steinrückseite erscheint eine christologische Aus- bzw. Umdeutung des Motivs wahrscheinlich: Der Stern ist nicht nur kosmologisches Symbol der göttlichen Schöpfung (Sir 43,9; Ps 8,4) und Zeichen der Epiphanie Christi (Nm 24,17; Mt 2,9; 2 Petr 1,19), er ruft auch die Selbstbezeichnung Christi als Morgenstern in Erinnerung (Apk 22,16). Klara Katharina Petzel

| **Lit.:** Lehmke 1899, S. 205–209; Baier 1982, S. 62; Kusch 1982, S. 45–50; Feldmann u. a. 2000, S. 291; Olschewski 2005, S. 39f.

586 Thronmadonna aus Krien

Lübecker Werkstatt (?), um 1300

Eichenholz, ehemals farbig gefasst – Oberfläche durch Nässeeinfall stark aufgeraut; Plinthe ergänzt; in den späten 1950er-Jahren restauriert – H. 76,5 cm, B. 30 cm, T. 25 cm

Krien, Ev. Kirchengemeinde, Pommerscher Evangelischer Kirchenkreis, ohne Inv.Nr.

Lange galt dieses eindrucksvolle, bisher wenig erforschte Marienbild aus der Pfarrkirche in Krien als verschollen. Erst 1955 wurde es in einer Art Kammer hinter einem vermauerten Spitzbogen über der Nordsakristei der Kirche wieder aufgefunden.

Streng frontal ausgerichtet sitzt Maria auf der Thronbank, gewandet in einen langen, körpernahen Surcot und einen weiten, um die Schultern gelegten Mantel, dessen Stoff sich in feine Falten legt. Ihr Antlitz mit den großen, mandelförmigen Augen ist vollkommen regungslos, ihr Gesichtsausdruck dadurch majestäts- und würdevoll. Unterstützt wird dieser Eindruck durch die breitreifige Krone, die

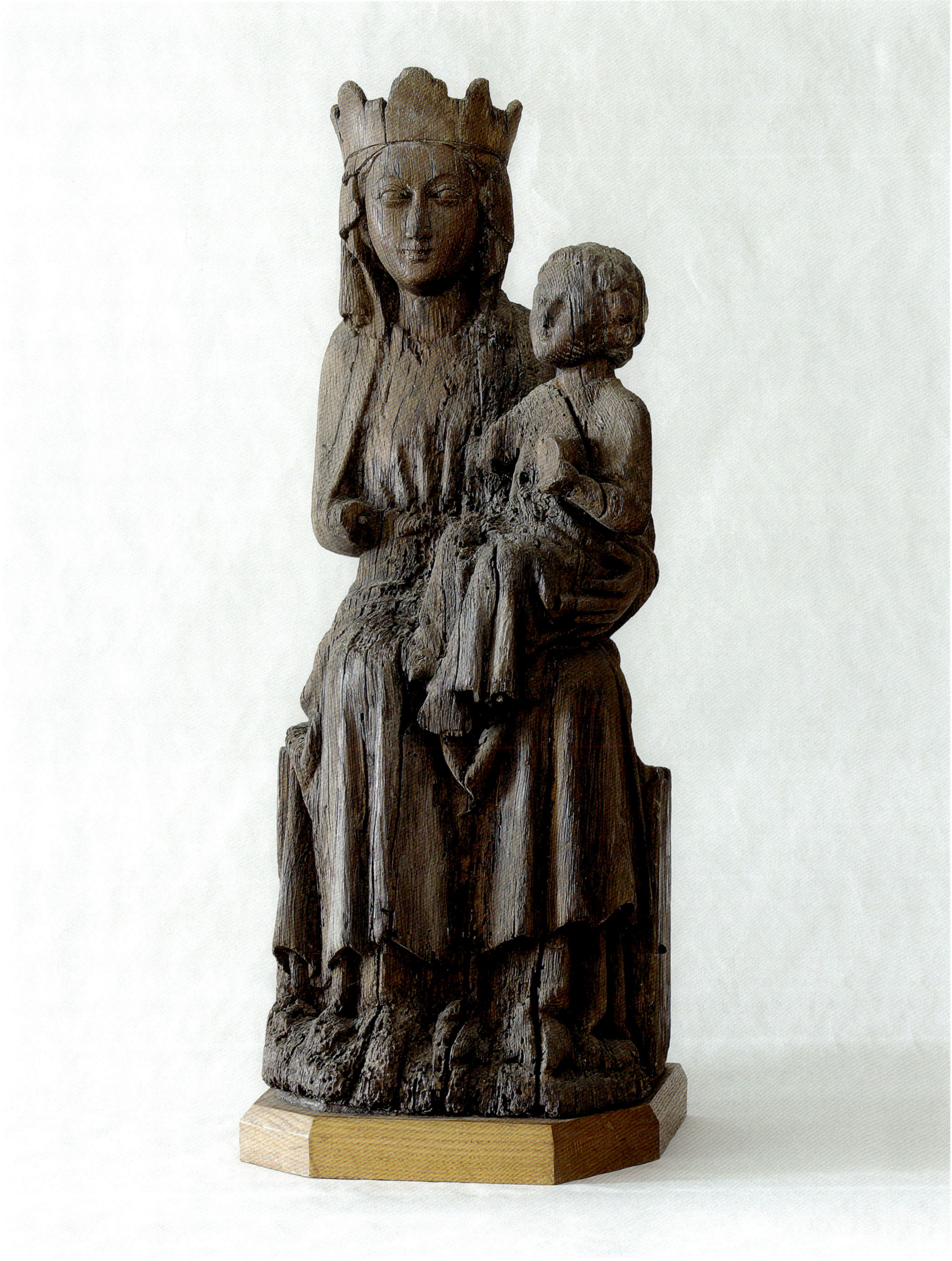

586

sie über dem schulterlangen Kopftuch trägt und die sie als Himmelskönigin (*regina coeli*) auszeichnet. Marias linke Hand umfängt stützend den Körper des Kindes, das diagonal zum Betrachter auf ihrem linken Knie sitzt. In seiner linken Hand hält das Jesuskind die Weltkugel (oder einen Apfel), die rechte war wahrscheinlich zum Segensgestus erhoben.

Vermutlich wurde das überaus qualitätvoll geschnitzte, ursprünglich farbig gefasste Marienbild eigens für die Ende des 13. Jahrhunderts errichtete Kriener Pfarrkirche angefertigt, deren ältester Teil der um 1280 datierte Chor ist. Stilistisch weist es eine große Nähe zur Anna Selbdritt aus der St. Nikolaikirche in Stralsund (um 1290) auf, insbesondere in der Gestaltung der Köpfe. Mit Juliane von Fircks kann deshalb angenommen werden, dass beide Skulpturen höchstwahrscheinlich in derselben Werkstatt entstanden sind, die in Lübeck vermutet werden kann.   Klara Katharina Petzel

| **Lit.:** Baier 1982, S. 62; Dehio, Mecklenburg-Vorpommern 2000, S. 291; von Fircks 2012, S. 111f., S. 119–122

587 Thronende Madonna mit Kind

Hinterpommern?, 1280/90
Eiche, geschnitzt, von der Rückseite ausgehöhlt; geringe Fassungsreste – Maria fehlen der rechte Unterarm und die Kronenzacken, dem Jesuskind beide Arme; Front der rechten Thronwange – abgelaugt – H. 77 cm, B. 24 cm, T. 24 cm
Greifswald, Pommersches Landesmuseum, Inv.Nr. aa1641 (Leihgabe der Ernst-Moritz-Arndt-Universität Greifswald, Victor-Schultze Sammlung)

Die Figur gehört zum seltenen, im 13. Jahrhundert in Frankreich entwickelten Madonnentyp mit stehendem Christuskind. Maria sitzt auf einem Thron, der Jesusknabe steht auf ihrem Schoß. Sie trägt ein langes, gegürtetes Gewand, einen langen Mantel, ein schulterlanges Kopftuch und eine Krone. Mit ihrer Linken umfasst sie stützend das Jesuskind im langen, gegürteten Hemd. Die ungewöhnliche Herstellung aus einem Viertelholz ergibt eine starke Betonung der Vertikalen.

Die Skulptur gehört zu den ältesten Marienfiguren an der südlichen Ostseeküste und ist eines der frühesten christlichen Objekte im noch kaum vom Christentum durchdrungenen östlichen Pommern. Sie ist dendrochronologisch auf kurz nach 1279 datiert. Da schnitztechnische Indizien auf eine rasche Bearbeitung des Holzes nach dem Fällen hinweisen, ist eine Herstellung in den 1280er-Jahren anzunehmen. Das Holz stammt aus der Region. Die Figur wurde also nicht eingeführt, sondern tatsächlich in Hinterpommern angefertigt. Dazu passt die eher schlichte Ausführung; vermutlich ahmte der Künstler ein qualitätsvolleres Vorbild nach. Man hat die Skulptur mit Arbeiten aus gotländischen Werkstätten verglichen – zum Beispiel mit der Madonna von Överselö in Schweden.

Nach der Überlieferung kam die Figur aus der Kirche von Mützenow, ehemals Kreis Stolp (Możdżanowo, pow. Słupski), in die Sammlung des Kirchenhistorikers und christlichen Archäologen

588

Victor Schultze (1851–1937) an der Theologischen Fakultät der Universität Greifswald.

Da in Mützenow wohl frühestens Mitte des 14. Jahrhunderts eine Kirche errichtet wurde, muss die Schnitzarbeit für einen anderen Platz angefertigt worden sein, vielleicht für das Prämonstratenserkloster Belbuck, ehemals Kreis Greifenberg (Białoboki, pow. Gryficki), bzw. dessen Tochtergründung (1281; Nonnenkloster) in Stolp (Słupsk), der der Ort bis zur Reformation unterstand.

Stefan Fassbinder

| Lit.: Krzymuska-Fafius 2001; Kat. Stettin 2002, S. 25; Fassbinder 2005; Schöfbeck/Heußner 2008; Fircks 2012

588 Rheinisches Vortragekreuz

Nördliches Niedersachsen, 12. Jahrhundert
Stralsund
Bronze – H. 24, 5 cm, B. 18 cm
Stralsund, Kulturhistorisches Museum der Hansestadt Stralsund, Inv.Nr. 1987:82

Das im Jahr 1865 bei Bodenarbeiten im Stralsunder Festungsgraben zwischen dem Baden- und dem Semlowertor in der Nähe des Hafens und unweit des Franziskanerklosters St. Johannis gefundene Kreuz gilt als bislang frühester Beleg christlicher Kunst der Stadt (vgl. Schneider 2003). Seine Oberflächenvergoldung ist größtenteils zerstört. Es fehlen das obere Kreuzende, die Schmucksteine mit ihren Fassungen ebenso wie der Fuß oder Stab, an dem es einst befestigt war. Sein keilförmiger Dorn am unteren Schaft als Montagemöglichkeit verweist auf eine Funktion als Altar- und Vortragekreuz. Seine stilistische Nähe zur Gruppe der einfachen niedersächsischen Bronzekreuze kennzeichnet das Stralsunder Exemplar mit Krückenenden, breitem Rand und quadratisch erweiterter Mitte sowie sein grob gearbeiteter Korpus mit strengem Gesicht und hart gescheiteltem Haar, seinen leicht nach oben gebogenen Händen und seinen nebeneinander auf einem Suppedaneum stehenden Füßen. Mit seinem kreuzförmig geknoteten, jedoch ungewöhnlich fein ornamentierten Lendentuch ist dieser Korpus vergleichbar mit den frühen Kreuzen aus Stockholm, Bremen und Lund (vgl. Bloch 1992, Abb. IL 7 Stockholm, S. 43; Abb. IL 9 Bremen, S. 44; Abb. IL 19 Lund, S. 46; ferner S. 125f.). Burkhard Kunkel

| Lit.: Herzberg 1913; Marth 1988; Bloch 1992; Kat. Lübeck/Storstrøms Amt 2003, S. 171f., Nr. 26 (Manfred Schneider)

589 Benediktregel, Lektionar und Nekrolog

Bamberg, Benediktinerabtei Michelsberg, 1122/23, mit Ergänzungen des 12. sowie des 14./15. Jahrhunderts
Pergament – Halbpergamentband, Deckelbezug braunes geädertes Kleisterpapier (Neubindung wohl 1. Hälfte 19. Jahrhundert) – H. 25, B. 18 cm; 113 Bll.
Bamberg, Staatsbibliothek Bamberg, Sign. Msc.Lit.144

Neben der Benediktregel (fol. 1r–32v) und einem Lektionar (fol. 32v–59r) enthält die Handschrift das Michelsberger Nekrolog (fol. 62r–107v), ferner Gebetsanweisungen und Traditionsnotizen sowie Schenker- und Verbrüderungslisten. Sie war ursprünglich mit einem vorangestellten Martyrolog (Msc.Lit.159) vereint und bildete mit diesem ein Kapiteloffiziumsbuch, das möglicherweise durch einen Prachteinband geadelt war. Die zu unbekannter Zeit voneinander getrennten Buchteile wurden im 19. Jahrhundert unterschiedlich neu gebunden.
Im Nekrolog sind in kalendarischer Folge die Sterbedaten von etwa 2300 Personen verzeichnet, derer die Klostergemeinschaft in der Benediktinerabtei St. Michael zu Bamberg bei der täglichen Lesung im Primkapitel liturgisch gedachte. Die einzelnen Seiten, die jeweils vier Tage des Kirchenjahres nach dem römischen Kalender umspannen, sind durch schlicht verzierte Arkadenstellungen gegliedert. Jeweils drei unterschiedlich kolorierte Bögen waren für gesonderte Namenseinträge vorgesehen: In der ersten Kolumne sind Äbte und Mönche des eigenen Konvents verzeichnet, in der zweiten Laienbrüder (*conversi*) des Klosters, Angehörige verbrüderter Gemeinschaften und sonstige Kleriker, in der dritten Nonnen, Laienschwestern (*conversae*) und Wohltäter aus dem Laienstand. Der äußere Blattrand bot Raum für erläuternde Notizen, zumeist Angaben über Schenkungen.

Die Anlage des Totenbuches – mit einem Grundstock von etwa 320 Namen – wird aus paläographischen Gründen auf 1122/23 datiert. Das Verzeichnis wurde bis in die Mitte der 80er-Jahre des 12. Jahrhunderts kontinuierlich fortgeführt; Nachträge kamen noch im 14. und 15. Jahrhundert hinzu.
Aus der Masse der Einträge wird Bischof Otto I. von Bamberg (Bischof 1102, †1139, heiliggesprochen 1189) in einzigartiger Weise herausgehoben: Zum 30. Juni, dem Todestag, ist in der ersten Arkade sein Brustbild eingefügt (fol. 84v). Die Miniatur ist als kolorierte Zeichnung mit Eisengallustinte angelegt. Beigegeben sind unterhalb der Büste ein Schriftband sowie, als Sockel, eine monumentale Inschrifttafel nach Art eines Epitaphs, dazu am Blattrand ein rühmender Begleittext.
Der frontal mit Nimbus dargestellte Bischof trägt die Pontifikalgewänder mit kreuzbesetztem Pallium sowie einer seitlich gehörnten Mitra nebst Behängen an der Rückseite (*fanones*). Lockige Haarpracht und Vollbart rahmen sein Gesicht. Das Gedenkbildnis stilisiert und „vergegenwärtigt" den Dargestellten, an die Wiedergabe individueller Gesichtszüge ist nicht zu denken.
Die rechte Hand Ottos ist zum Gruß erhoben, die linke hält das Schriftband gefasst, das in schwarzen Majuskeln mit einem Psalmwort beschrieben ist (Ps 119 [118],175): *Vivit anima mea | et laudabit te* („Meine Seele lebt und wird dich loben"); in der Vulgata liest man abweichend das Futur *vivet*. Die prunkvolle Tafel darunter trägt schwarz eingefasste Majuskeln in Blattgold auf heute honigfarbenem Grund – wohl zersetztes Auripigment –, der durch vier grüne Streifen durchbrochen wird: *Otto | pius episcopus | Babenbergensis | pater | noster* („Otto, der gottesfürchtige Bischof von Bamberg, unser Vater").
Am äußeren Blattrand ist unter einem rotem Kreuz, das wohl als Verweiszeichen diente, eine Würdigung Ottos eingetragen: *Hic est dominus noster piissimus Otto episcopus, cognomento pater pauperum Christi, apostolus gentis Pomeranorum* (…) („Dies ist unser überaus gottesfürchtiger Herr, Bischof Otto, auch ‚Vater der Armen Christi' genannt, der Apostel der Pommern"). Das berühmte Apostel-Epitheton Ottos ist hier erstmals belegt. Er wird sodann gepriesen als Erneuerer des Klosters auf dem Bamberger Michelsberg und als Gründer von 18 weiteren Klöstern; es folgen das Lob seiner Verdienste als Bischof und eine bündige Anweisung für das Totengedenken an der Tumba: *VII candele* („sieben Kerzen").
Die Datierung des Bildnisses und der Textbeigaben sind strittig. Der zeitliche Ansatz reicht vom Todesjahr 1139 bis zur Kanonisierung 1189. Die Diskussion kreist um die Nimbierung Ottos und seine Bezeichnung als *pius* (statt: *sanctus*). Jürgen Petersohn (1966) ordnet den Randtext um 1139 ein, die Miniatur, die er am Platz eines früheren Eintrags vermutet, um 1189. Gude Suckale-Redlefsen (zuletzt 1995) plädiert aus stilkritischen Erwägungen für die Spätdatierung des Bildes, Caroline Horch (2001) – auch mit Verweis auf Nimben bei nicht kanonisierten Personen – für eine frühere Ansetzung. Elmar Hochholzer (2004) schließt aus dem handschriftlichen Befund annähernd auf die Jahrhundertmitte, Johannes Nospickel (2004) mit zusätzlichen Argumenten auf die erste Hälfte der 60er-Jahre. Dem-

D

Hec ded nob
eo uiro suo
Rauenoldo
...

†
Hic ē dñi nī
pīssim' otto
eps cognomento
pat paupu' q̄ p̄
epīs genuī pomen
...
monasterio...
memoria tenui
...
...
...
...
...
...
...
... nobilītē
G
...
...
...
...
VIT CANDEDE

III
K L V T
III
K L V T II
III
K L V T II
K L V
T

VIVIT ANIMA MA
LAUDABIT TE
OTTO
DVX EPS
ABBAS
PATER
COSTER

Helmboldꝰ m.

s. petri
Egilhardꝰ pr̄.
Pabo abb.
s. Dionisii
Heinric m.
s. Iohīs m.
Marcwrd m.
s. Stephī
Hartmann acolit'o

s. Gingolfi
Reginboto phr
...
Jozwin abb

Autpoldus ēps
Curad abbas
Georio pbr ꝫ
m̄
Henricꝰ pbr

Seb
...
Ortlieb abb
Walfshe
Fridericus phr vm.
Sigeboro pr ꝫ
petri
Heinric acol.

tenking
Willibirc ꝯsa

Burchwind ꝯsa
Willibirc C
spīa sua michs̄

Methildis abbatiss
Adelheit laica

Adelb't

Adelbo
Ekb'tꝰ laicꝰ Berthold t
Wolpant C

fuluctdensis
Waltherus abb

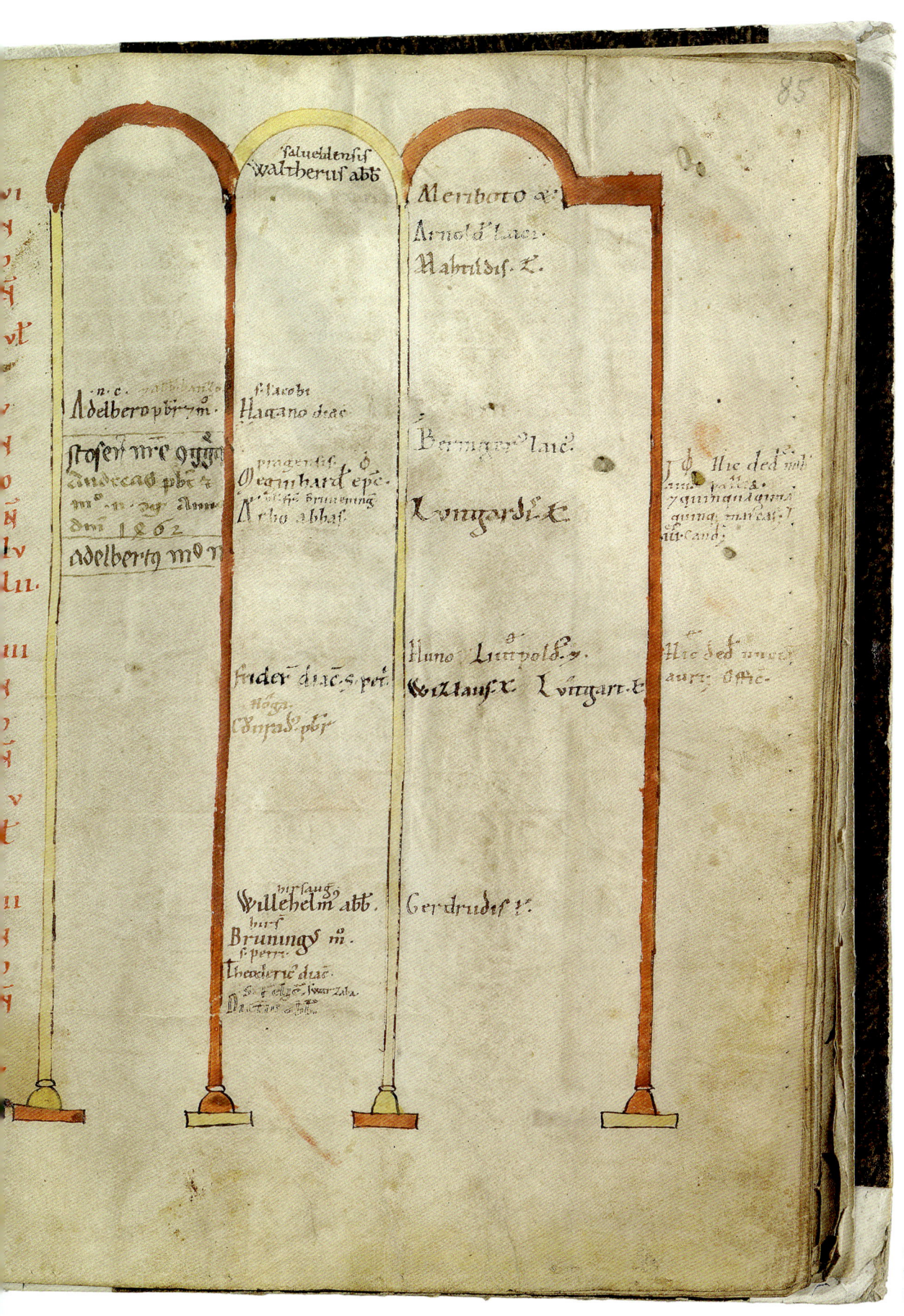

Menboto x
Arnold laic
Mahtildis L

Adelbero pbr m

f Iacobi
Hagano diac

n c

Stofel mc g

Andreas pbr
m o
dni 1262

pragensis
Gebhard epc
brunning
Etho abbas

Beringer laic

Luitgardis L

Hic ded
palla
quinquaginta
quinq̄ mrcas
iii cand

adelberty m

Huno Luitpold
Wizlauf x Lutgart L

Hic ded
aur ofic

frider diac s pet
Onfrid pbr

hirfaug
Willehelm abb
hirs
Bruning m
s petri
Theoderic diac

Gerdrudis L

589
fol.
84v–85r

nach käme dem Nimbus antizipierende bzw. postulierende Bedeutung zu, als sinnhaftes Zeichen der nachdrücklich erstrebten Heiligsprechung des Bischofs.

Eine Untersuchung, die 2013 Robert Fuchs und Doris Oltrogge (Institut für Restaurierungs- und Konservierungswissenschaft an der Fachhochschule Köln) mit modernen Analyseverfahren vorgenommen haben, bestätigt, dass die Vergoldung und die grüne Kolorierung in Miniatur und Epitaph technisch einheitlich und somit zeitgleich sind. Technisch ebenso eng verwandt sind das Schriftmaterial und die Rubrizierung bei den Texten auf dem Schriftband und auf dem Blattrand. Demnach dürfte auch die Randbeschriftung derselben Zeit angehören. Es gibt zumindest oberflächlich kein Indiz für eine umfangreiche vorausgehende Beschriftung an der Stelle der Miniatur. Allerdings könnte dort zunächst ein kurzer (Namens-)Eintrag vorgelegen haben, der vor Anlage des Bildes ausgewaschen wurde.

Dichte Einstichlöcher oberhalb der Miniatur sowie links von Miniatur und Inschrifttafel stammen aus unterschiedlichen Zeiten. Sie weisen auf verschiedene Fixierungen eines (nicht mehr vorhandenen) aufklappbaren Seidentüchleins, das der Abdeckung diente. Die beiden sogenannten Mitren des heiligen Otto, die im Bamberger Diözesanmuseum und in St. Michael gezeigt werden, gehen auf das 12. bzw. 13. Jahrhundert zurück. Sie sind – im Unterschied zur Kopfbedeckung des hier visualisierten Bischofs – frontal, nicht seitlich gehörnt.

Werner Taegert

| **Quellen:** Necrolog des Klosters Michelsberg (MGH Libri mem. N.S. 6) (zur Miniatur Wollasch S. 7f., Hochholzer S. 37–39, Taf. 7, Nospickel S. 98f.; zum Nekrologeintrag für Bischof Otto I. von Bamberg, S. 244, 422f.)

| **Lit.:** Leitschuh/Fischer 1895–1906, S. 297f.; Petersohn 1966, S. 260f.; Suckale-Redlefsen 1989; Kat. Bamberg 1990, S. 92f., Nr. 41; Kat. Braunschweig 1995, S. 138f., Nr. C 10 (Gude Suckale-Redlefsen); Suckale-Redlefsen 1995, S. 12ff., Nr. 10, Abb. S. 116–118; Horch 2001, S. 68–101; Blöcher 2012, S. 38–43, 51f., 144ff., 186–192

XII Papst und Kaiser wollen es
Das Baltikum – Christianisierung mit allen Mitteln

590 Altenberger Abtstafel

Kloster Altenberg, um 1517
Drei Pergamentstreifen auf Holz gespannt, beschrieben und bemalt – H. 65 cm, B. 83 cm
Düsseldorf, Landesarchiv Nordrhein-Westfalen Abteilung Rheinland, Sign. Altenberg, Rep. und HS Nr. 3a

Die Tafel stammt aus dem Zisterzienserkloster Altenberg im Bergischen Land. Den Auftrag dazu gab Abt Heinrich IV. Rouffer van Bruwyler (amt. 1496–1517) um 1517.

Die Tafel hing wahrscheinlich in der Klosterkirche. Sie ist die erste zusammenhängende Chronik der Abtei mit Nachträgen verschiedener Verfasser bis 1739. In der Mitte befinden sich neun Embleme und drei Wappen, die an Stamm und Ästen eines gemalten Baumes angebracht sind. Die Medaillons am Stamm zeigen laut der Umschriften von unten nach oben die Abtei Altenberg, darüber die zugehörigen Pfarrkirchen Bechen (1301) und Solingen (1363). Die Abbildungen links und rechts stellen die Tochtergründungen der Abtei dar. Links sind von unten nach oben Mariental bei Helmstedt (1136) sowie die polnischen Klöster Łekno-Wongrowitz (1143) und Ląd (1175 oder 1186–1195) aufgeführt. Rechts befinden sich St. Bartholomäus in Köln (1298), Kentrop bei Hamm in Westfalen (1298) und Haina in Hessen (1188).

Altenberg wurde 1133 von drei Brüdern aus dem Grafengeschlecht von Berg als Ruhestätte und Memorialkloster für ihre Familie gestiftet. Zwölf Mönche aus der französischen Primarabtei Morimond besiedelten das Kloster. Die Tochtergründung Łekno, das erste Zisterzienserkloster im westlichen Teil Polens, weist auf den generellen Einfluss der „grauen Mönche" östlich der Elbe hin. Klöster als christliche Inseln sollten vorantreiben, was durch politische und militärische Maßnahmen allein zuvor nicht erreicht werden konnte – die Einführung und Etablierung des Christentums. Slawische Fürsten und Fürsten aus dem Reich unterstützten die Neugründungen. Seit den 1170er-Jahren gab es eine Reihe von weiteren Klostergründungen zwischen Elbe und Saale sowie im Gebiet an der Weichsel. Schon bald reichten die Einflüsse der Zisterzienser über Pommern bis in die baltischen Länder hinaus.

Christine Beyer

| Lit.: Mosler 1965; Chłopocka/Schich 1980; Kat. Brauweiler 1980, S. 524–526, Nr. E 20 (Hans Peter Roschinski); Eberl 2002; Link/Bosbach/Link 2006; Hoffmann 2012

591 Darstellung der Ermordung des ersten Lehniner Abtes Sibold

1. Drittel 16. Jahrhundert
Tafelgemälde, Öl auf Holz – H. 180 cm, B. 194 cm
Lehnin, Evangelisches Diakonissenhaus Berlin Teltow Lehnin, Museum im Zisterzienserkloster Lehnin

Im ehemaligen Zisterzienserkloster Lehnin (Brandenburg) haben sich zwei mittelalterliche Darstellungen der sogenannten Sibold-

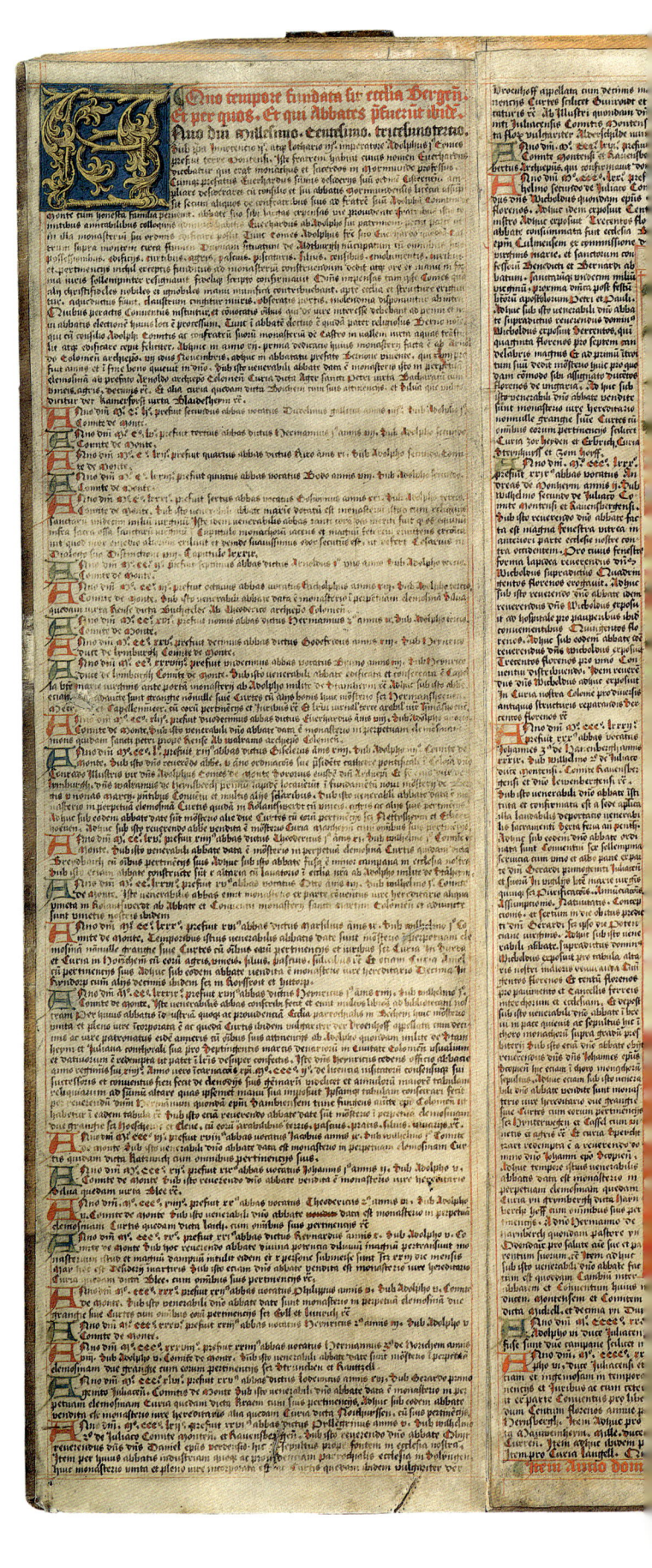

XII PAPST UND KAISER WOLLEN ES. DAS BALTIKUM – CHRISTIANISIERUNG MIT ALLEN MITTELN

591

Legende erhalten. Die dargestellte Geschichte nimmt direkten Bezug zur Gründungsphase des Klosters. Der erste Abt Lehnins, Sibold, ist der Legende nach um 1185 – etwa zwei Jahre nach der Besiedelung des Klosters – bei einer Auseinandersetzung mit der weitgehend slawischen Bevölkerung der umliegenden Dörfer gewaltsam ums Leben gekommen. Anlass für die Streitigkeiten dürften grundherrschaftliche Ansprüche des Klosters gewesen sein. Diese waren in einer Zeit, da sich die christliche Landesherrschaft in der Mark Brandenburg gerade erst etablierte, noch nicht widerspruchsfrei anerkannt.

Links unten im Bild ist Markgraf Otto I. als Stifter der Lehniner Zisterze dargestellt. Über ihm ist die Klosteranlage zu sehen. Diese Ansicht gilt als die älteste exakte Wiedergabe der Anlage mit Klosterkirche und Torhaus. Auf der rechten Bildseite ist die Ermordung dargestellt. Der Legende nach wollten die Mönche nach der Tat das Kloster und damit auch die „unzivilisierte" Mark verlassen und zurück in ihr Mutterkloster Sittichenbach südlich von Eisleben ziehen. Eine Marienerscheinung stimmt den Konvent der Mönche jedoch um: *Redeatis! nichil deerit vobis!* („Kehrt um! Es wird euch an nichts mangeln!").

Auf dem unteren Bildrahmen ist eine Inschrift eingeritzt: *O felix Lenyn et tua filia Chorin: ex te est orta Nova Cella et Coeliporta* („Oh glückliches Lehnin und deine Tochter Chorin: aus dir sind Neuzelle und Himmelpfort hervorgegangen"). Neben den tatsächlichen Tochtergründungen Chorin und Himmelpfort wird hier fälschlicherweise auch Neuzelle als Tochter Lehnins benannt.

Stefan Beier

| **Lit.:** Warnatsch 2000; Buchinger/Cante 2009, S. 339

Bernhard II. zur Lippe und die Rezeption Livlands in den Wundergeschichten des Caesarius von Heisterbach

Livland wird – obwohl es lange heidnisch geblieben ist und erst am Ende des 12. Jahrhunderts missioniert wurde – zu Beginn des 13. Jahrhunderts rasch dem christlichen Europa angegliedert (Abb. 43). Hierbei spielten anfangs besonders die Zisterzienser eine entscheidende Rolle. Gleichzeitig wurde Livland mit der christlich-europäischen Geistestradition verbunden. Der Verlauf der Christianisierung Livlands wurde aufgezeichnet, glorifiziert und für das kollektive Gedächtnis bewahrt. Persönlichkeiten europäischen Rangs, wie Bernhard II. zur Lippe (*um 1140, †1224) – Stadtgründer von Lippstadt und Lemgo – beförderten die Christianisierung Livlands. Durch Bernhard, den Mitbegründer der Zisterzienserabtei Marienfeld, verbreiteten sich auch die Marienfelder Architekturformen im Baltikum, so im Zisterzienserkloster Dünamünde und am Mariendom in Riga/Lettland (Kempkens 2008, S. 120f.). In Livland war Bernhard als Stadt- und Burgenbauer berühmt (Abb. 44). Die estländische Stadt Fellin wurde 1224 zum Beispiel mit der Hilfe Bernhards gegründet. (Hucker 2008, S. 177). Als Abt des Zisterzienserklosters Dünamünde und späterer Bischof von Selonien/Lettland förderte er aktiv die Kreuzverehrung (Hucker 2008, S. 178) und den Marienkult in der später als *Terra Mariana* (Marienland) bezeichneten Region. Die von ihm erbaute Burg in Babath/Lettland (*Babīte*) wurde zum Beispiel als „Burg der heiligen Maria" bezeichnet, lange bevor der Deutsche Orden die Marienburg in Preußen errichtete (Meier 2003, S. 90) (Bd. I, Abb. 244).

Eine breite Wirkung entfaltete auch die Rezeption Bernhards im katholischen Europa. Der Lippstädter Magister Justinus verfasste 1247 das Heldengedicht „Lippiflorium" (Kat.Nr. 592). Aber auch Alberich von Troisfontaines und der anonyme Chronist von Laon widmeten ihm ihre Aufmerksamkeit. Wenn das Kloster Dünamünde mit Bernhards Grablege nicht 1228 von den Heiden zerstört worden wäre, wäre er sicher ein Heiliger der livländischen Kirche geworden (Meier 2003, S. 106).

Eine der interessantesten Quellen für das Wirken und die Bedeutung Bernhards in Livland sind die berühmten Wundergeschichten des Zisterziensermönchs Caesarius von Heisterbach (*um 1180, †um 1240). Livland taucht in den Werken von Caesarius insgesamt dreizehnmal auf: Sieben Erzählungen finden sich im „Dialogus miraculorum" – was als sein Hauptwerk gilt –, viermal kommt es in den „Libri VIII miraculorum" vor und je einmal in seinen übrigen Werken: „Vita sancti Engelberti" und „Homeliae". Die Schrift „Libri VIII miraculorum" ist dabei von besonderem Interesse. Das Kompendium von Wundergeschichten wurde zwischen 1225 und 1227 verfasst. Die Erzählung über den Livenkönig Caupo von Treiden (†1217) stellt Caupo, der sich schon früh taufen ließ und bereits 1203 mit dem Zisterziensermönch Theoderich von Treiden nach Rom pilgerte, um dort Papst Innozenz III. zu treffen, als repräsentativen Herrscher dar. Seine Geschichte habe Caesarius, so schreibt er, von einem gewissen *nobili viro Bernardo, quondam domino Lyppe, tunc abbate in Livonia domo ordinis Cysterciensis* erfahren (Caesarius von Heisterbach, Wundergeschichten, 3. Bd., S. 58). Es ist klar, dass hiermit Bernhard II. zur Lippe gemeint ist. Der Livenkönig Caupo, der auch in der Livländischen Chronik Heinrichs (13. Jahrhundert) oft genannt wird, könnte tatsächlich in enger Verbindung zu Bernhard gestanden haben, da er 1211 im Kampf gegen die heidnischen Esten auch die Burg von Caupo verteidigte. Hier hat Bernhard abermals seine technologischen Kenntnisse demonstriert. Die Chronik Heinrichs berichtet, dass Bernhard II. zur Lippe zusammen mit Caupo 1217 einen Feldzug gegen die Esten führte. In dieser Schlacht wurde Caupo verwundet und starb, was – so die Chronik Heinrichs – Bernhard, der zu dieser Zeit Abt des Zisterzienserklosters Dünamünde

43 Der baltische Raum im 13. Jahrhundert

44 Die Falkenburg bei Detmold-Berlebeck. Diese Burg wurde um 1194 von Bernhard zur Lippe am Nordhang des Teutoburger Waldes errichtet.

war, betrauerte. Im Sterbejahr von Caupo (1217) wird Bernhard zum Bischof von Selonien in Südlettland ernannt.

In seinen Wundergeschichten erzählt Caesarius, wie der Livenherrscher Caupo einem Diener die letzte Beichte abnimmt. Der Diener sieht Visionen unendlicher Pein als Buße für seine Sünden, die er nun bereut. Zum Beispiel hatte er mit einem Nachbarn gemeinsam Bienen gehalten. Um Met zuzubereiten, hatte er den Honig gestohlen. In seinen Visionen sollte er nun zur Buße einen Topf mit kochendem Met austrinken, der ihm von den Dämonen gereicht wird (Caesarius von Heisterbach, Wundergeschichten, Bd.3, S. 57). Wenn man berücksichtigt, welch große Bedeutung der Waldbienenzucht im Baltikum schon vor der Ankunft der Deutschen zukam, kann man dieses „Wunder" ganz anders – nämlich als Zeugnis der livländischen Realität – betrachten. Das Trinken von Met kommt auch in der Chronik Heinrichs von Lettland vor. 1212 waren Bienenstöcke Anlass für einen der schwersten livländischen Konflikte zwischen christianisierten Letten und dem Schwertbrüderorden. Die einheimische Waldbienenzucht wurde auch später vom Deutschen Orden übernommen und fortgesetzt. Diese Schilderung kündet von der einheimischen Lebens- und Wirtschaftsweise, die von Caesarius auf neuartige Weise betrachtet wird.

Die lettische Forschung ist heute der Meinung, dass Bernhard II. zur Lippe die Lebensgeschichte von Caupo an den Chronisten Heinrichs von Lettland weitergeleitet hat (Heinrich von Lettland, Chronicon Livoniae, S. 399). Dass auch Caesarius ihn als Informationsquelle über Caupo bezeichnet, macht diese Vermutung nur wahrscheinlicher. Das heißt, dass Bernhard als Mann der Tat, der selbst an Kriegszügen beteiligt war, Städte einnahm und befestigte und sich an der Gründung der Verwaltungsinstitutionen Livlands beteiligte, auch für das christlich-historische Gedächtnis des Landes sorgte, was ihn zu einem Symbol der europäischen Missionsbewegung seiner Zeit macht. Kaspars Kļaviņš

| **Quellen:** Caesarius von Heisterbach, Wundergeschichten; Heinrich von Lettland, Chronicon Livoniae

| **Lit.:** Meier 2003; Hucker 2008; Kempkens 2008

592 Lateinisches Lobgedicht auf Bernhard II. zur Lippe (sog. Lippiflorium)

Justinus von Lippstadt, Lippiflorium (lat./ndt.)
Westfalen, Sammelhandschrift, 1. Viertel 16. Jahrhundert
Papier – H. 19, 5 cm, B. 16,6 cm; 233 Bll.
Detmold, Lippische Landesbibliothek Detmold, Sign. Mscr. 73

Dem bisherigen Sprachgebrauch folgend, liegt mit dem „Lippiflorium" ein lateinisches Lobgedicht in 513 Distichen – 1026 Versen – auf den Edelherrn Bernhard II. zur Lippe (†1224), dem späteren Abt von Dünamünde und Bischof von Selonien vor; es gilt als die älteste erzählende lippische Geschichtsquelle. Gewidmet ist die Schrift Bernhards Enkel Simon zur Lippe (†1277), Bischof von Paderborn. Der Verfasser nennt sich im Epilog selbst, wo es in den Versen 1020/1021 heißt:

Posthac qui dicet: „Iustini pace quiescat
Spiritus; hic huius carminis autor erat."
(„Wer später einmal sagt: ‚Justinus' Seele ruhe in Frieden; er war der Dichter dieses Liedes.'")

Im Namen des kleinen Werkes spielt der Verfasser auf das lippische Wappenbild, die Rose, an (vor 1017/1018):

Flore metri florem quia Lippensem gerit in se,
Lippifloriger hic dicitur inde liber.
(„In der Blume des Liedes erblüht hier die lippische Rose: Darum hab' ich das Büchlein ‚Lippifloriger' genannt.")

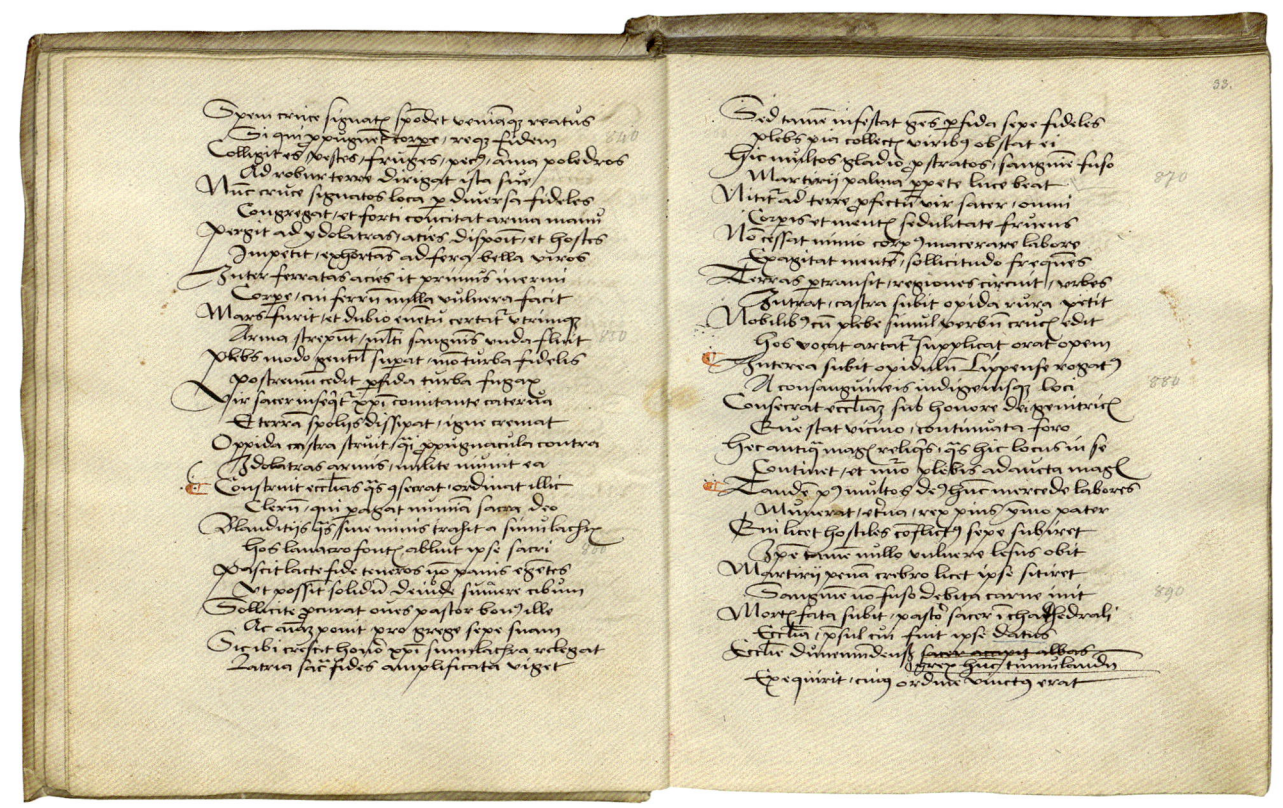

Der gemeinhin als Autor geltende Justinus wird bisher mit dem urkundlich genannten *magister Iustinus rector scolarum in Lippia* des Stifts St. Marien in Lippstadt und dem 1263 erwähnten *familiaris* des Stifts Cappel identifiziert. Die Abfassung wurde bisher meist in die Zeit zwischen 1259 und 1264 gesetzt, doch haben neuere Forschungen auch Datierungsansätze um 1247/48–1254 – also in die Zeit der Erhebung Simons zum Paderborner Bischof und der besonderen Bedrohung der städtischen Freiheit Lippstadts durch den Erzbischof von Köln – mit guten Argumenten vertreten. In unmittelbarem Kontext damit steht zwangsläufig die noch nicht hinreichend geklärte Auftraggeberfrage, hier konkurrieren der Stiftsklerus von St. Marien und städtische Eliten Lippstadts. Mit anregenden Überlegungen wurde kürzlich die These aufgeworfen, die Abfassung des „Lippifloriums" der zweiten Hälfte des 15. Jahrhunderts und damit der Zeit des Frühhumanismus zuzuweisen. Stil und herangezogene literarische Quellen, die späte Überlieferung, deren Zweisprachigkeit, die nur regionale Verbreitung, die wohl bewusste Namensgleichheit der gräflichen Zielpersonen (Bernhard/Simon) sowie besitzrechtliche Fragen des Stifts St. Marien in Lippstadt und anderes mehr scheinen diese These zu stützen. Weitergehende Untersuchungen stehen derzeit noch aus. Unabhängig von dieser Neubewertung des „Lippifloriums" gehört das epische Gedicht in die Gattung der Fürstenlobe, also Schriften, in denen das Musterbild eines Fürsten vorgestellt wird, und zwar als Lebensbeschreibung berühmter Potentaten oder als dichterisches Idealbild historischer Persönlichkeiten; sie enthalten ethische Vorstellungen über Rechte und Pflichten, über Befugnisse oder Begrenzungen fürstlicher Macht. Hagiographische Elemente sind diesem Typus nicht fremd. Das „Lippiflorium" wurde mit historischen Begebenheiten aus dem Leben Bernhards II. angereichert, die dem Verfasser aus mündlicher Tradition bekannt gewesen sein dürften; dazu gehören die Schwertleite mit Turnier, die Gründung Lippstadts, Abkehr vom weltlichen Leben und Heidenmission in Livland. Während der historische Quellenwert als eher bescheiden zu qualifizieren ist, stellt der Autor jedoch eine vorzügliche Belesenheit und umfassende Bildung durch die Benutzung einer ganzen Reihe klassischer und mittelalterlicher Schriftsteller unter Beweis.

Die vorliegende, sehr spät entstandene Handschrift bedeutet die bisher älteste bekannte Redaktion; alle jüngeren Abschriften gehen auf diese zurück. Der Sammelband enthält neben der lateinischen Fassung des „Lippifloriums" (fol. 1–39) noch dessen mittelniederdeutsche gereimte Übersetzung, welche laut Epilog am 6. März 1487 von einem Anonymus im Auftrag der Augustiner-Chorfrauen des Marienstifts in Lippstadt für den lippischen Grafen Bernhard VII. (*1428, †1511) aus Dankbarkeit zur Wahrung von Rechtstiteln vollendet worden ist (fol. 47–110). Darauf folgt die gereimte mittelniederdeutsche Erzählung eines unbekannten Zeitgenossen über die „Soester Fehde" (1444–1449) (fol. 112–229).

Nach ungesicherter Überlieferung rührt die schmale Sammelhandschrift aus dem Besitz des evangelischen Theologen und Geschichtsschreibers Hermann Hamelmann (*1526, †1595), der von 1555–1568 als lutherischer Pfarrer an St. Marien in Lemgo amtierte. Wie der schlichte Pergamenteinband mit (ehemals) hellgrünen Seidenschließen vermuten lässt, gelangte die schmucklose, aber für die Haustradition und das adlige Selbstverständnis der Edelherren zur Lippe so bedeutende Handschrift in die Bibliothek des Grafen Simon VI. zur Lippe (*1563, †1613).

Detlev Hellfaier

| **Quellen:** Justinus von Lippstadt, Lippiflorium; Justinus von Lippstadt, Lippiflorium (Übers. Schölzel)

| **Lit.:** Hucker 1992; Kat. Detmold/Paderborn 1995, S. 63–65 (Detlev Hellfaier); Hucker 1997; Pätzold 1997; Haye 1998; Großevollmer 2009

593 Lippstädter Stadtrechtsurkunde

Ohne Ort und Datum, wohl Lippstadt, um 1220
Pergament – restauriert – Siegel verloren, ursprünglich an Pergamentpressel, nur Reste erhalten – H. 35,5 cm, B. 50,7 cm, Pergamentpressel 3 cm
Detmold, Landesarchiv Nordrhein Westfalen, Abteilung Ostwestfalen-Lippe, L 1 E X/1, Stadtarchiv Lippstadt, Dep. 18

Wohl während seines letzten Aufenthalts in Lippstadt verlieh Bernhard II. zur Lippe (*um 1140, †1224) der Stadt das vorliegende

Stadtrecht. Da er vor seinem ersten Aufbruch zu Missionszwecken nach Livland 1211 die Herrschaft an seinen Sohn Hermann II. (*1175, †1229) übergeben hatte, wurde die Urkunde mit dessen Siegel beglaubigt, aber in Bernhards Namen ausgestellt, der somit als der eigentliche Stadtgründer auftritt. Der Prolog erwähnt die Erlaubnis Kaiser Friedrich Barbarossas (*um 1122, †10. Juni 1190) zur Stadtgründung, den Lehnsauftrag an Köln und die Genehmigung für die Einwohner der Stadt, sich ihr Stadtrecht selbst zu wählen. Die Entscheidung fiel auf das Soester Recht, angepasst an die Gegebenheiten in Lippstadt. 16 Artikel regeln – wie viele Stadtrechte jener Zeit – nicht systematisch alle die Stadt betreffenden Aspekte, sondern ungeordnet konkrete Rechtsfragen wie die Gerichtsbarkeit des Rates in verschiedenen Fällen, vor allem im Zusammenhang mit dem Markt, die Zollfreiheit für Einwohner und Fremde oder die Zeiten des Marktfriedens. Dieses Stadtrecht wurde zum Vorbild vor allem für weitere lippische Gründungen.

Nach dem paläographischen Befund entstand die Urkunde in mehreren Stufen: die Artikel 1 bis 13 sowie 15 mit anderer Feder, aber von derselben Hand; von anderer Hand Artikel 16 und der Siegelvermerk. Rasuren, so in 1, 14 und 16, sind nicht zeitlich einzuordnen. Der genaue Entstehungsprozess ist bislang noch nicht geklärt. Die Stadtrechtsurkunde wurde 1788 vom gräflich-lippischen Archivar Clostermeier zur Vorlage bei seinem fürstlichen Herrn in Detmold und Anfertigung einer Abschrift ausgeliehen, aber trotz schriftlicher Zusage nicht zurückgegeben. Seit 1985 wird das Stück unter Anerkennung der ungeklärten Eigentumsrechte als Depositum des Landesarchivs Nordrhein-Westfalen im Stadtarchiv Lippstadt aufbewahrt.

Claudia Becker

| Lit.: Overmann 1901, S. 1–5, 106*–111*; Walberg 1983; Ehbrecht 1985, S. 51–67; Ehbrecht 2008, S. 70ff.

594 Siegel der Lemgoer Altstadt mit lippischer Rose

Siegel Mitte 14. Jahrhundert – Urkunde Mitte 14. Jahrhundert
Braunes Wachs – an Pergamentstreifen hängend – Dm. 7,6 cm
Detmold, Landesarchiv Nordrhein-Westfalen Abteilung Ostwestfalen-Lippe, Sign. L 1 1280 Okt. 9

Die Förderung von Städten gehörte auch für den Edelherrn Bernhard II. zur Lippe zu den zeittypischen Mitteln des Herrschaftsausbaus. Das Siegel Lemgos verweist auf die herrschaftliche Gründung durch den nachmaligen Livländer Missionar um 1190. Das runde, braunfarbige Wachssiegel an Pergamentstreifen befindet sich an einer Urkunde, die vorgeblich aus dem Jahr 1280 stammt, jedoch in der Mitte des 14. Jahrhunderts in deutscher Sprache neu ausgefertigt

594

595

wurde und vermutlich das in lateinischer Sprache verfasste, verloren gegangene Original ersetzte. Das Siegel trägt die vornehmlich in gotischer Majuskel gehaltene Umschrift: + SIGILLUM BURGENSIUM I[N] LEMEG[O +] („Siegel der Bürger zu Lemgo").

Das Hauptsiegel der späteren Hansestadt entstand spätestens um 1220 und ist erstmalig an einer Urkunde von 1248 belegt. Es ist dem Typus des Stadtporträtsiegels zuzuordnen, mit Elementen des Wappensiegeltypus. Das Siegelbild zeigt idealisiert eine befestigte Stadt mit schräggestellten und mit Knäufen verzierten Stadtmauern, mit einem breit überdachten mächtigen Torturm und zwei kleineren Türmen mit Rechteckfenstern und Spitzdächern. Alle Türme werden von Kreuzen bekrönt; der Torturm zusätzlich von zwei Knäufen. Sowohl im mit acht mächtigen Nägeln versehenen Stadttor, dort in einem sogenannten Normannenschild, als auch im mittleren Geschoss des Turmtors befindet sich die fünfblättrige lippische Rose, das Wappen der Edelherren zur Lippe. Zumindest eine der beiden, wohl erstere, ist als Zeichen des landesherrlichen Gründers, letztere eventuell als das der Stadt zu deuten, da diese schon im 13. Jahrhundert die Rose in ihrem Sekretsiegel führte. Wolfgang Bender

| **Lit.:** Kittel 1952

595 Urkunde Bernhards III. zur Lippe für Marienfeld mit dem ältesten Abdruck des Lippstädter Stadtsiegels

(Lippstadt), datiert 1231
Pergament – H. 21 cm, B. 39 cm, Dm. (Siegel) 7,5 cm
Münster, Landesarchiv Nordrhein-Westfalen Abteilung Westfalen, Sign. A 141 I
Kloster Marienfeld – Urkunden, Nr. 74

Der Edelherr Bernhard III. zur Lippe (reg. 1229–1265) entscheidet einen Rechtsstreit des Boldewin von Hertvelde mit dem Kloster Marienfeld über Güter zu Broke, die das Kloster vom Vater des Klägers erworben hatte. Zeugen sind unter anderem Thegenard, Propst zu Lippstadt, Bernhard von Harehusen, Richter zu Lippstadt, sowie zwei Schöffenrichter und das gesamte Schöffenkolleg. Daher hängt der Urkunde auch das Lippstädter Stadtsiegel an – es handelt sich um den ältesten überlieferten Abdruck. Das Siegelbild zeigt unter einer Rundbogenarkade die lippische Rose, darüber erhebt sich ein zinnenbekrönter Turm mit davon ausgehenden Flügelbauten. Es trägt die Umschrift: + SIGILLVM BVRGIENSIV[M] D(OMIN)I HERMAN[N]I DE LIP(PI)A („Siegel der Bürger des Herrn Hermann zur Lippe"). Es wird also nicht einmal der Name der Stadt genannt, sondern nur die Bürger des Hermann II. zur Lippe (*um 1170/75, reg. 1194/97–1229). Diese Art der Nennung und die beherrschende Darstellung der lippischen Rose bezeugen die damalige Dominanz des lippischen Stadtherrn. Hermann II. war bereits Weihnachten 1229 im Kampf für seinen Bruder Erzbischof Gerhard II. von Bremen gegen die aufständischen Stedinger Bauern gefallen, doch wurde das Siegel mit seinem Namen noch einige Zeit länger verwendet, erst für 1238 ist ein neues Siegel mit dem Namen Bernhards III. belegt.

Lippstadt war als erste planmäßige Gründungsstadt Westfalens um 1184/85 von Bernhard II. zur Lippe gegründet worden, um 1196 folgte die Anlage von Lemgo. Bernhard II. förderte seine erste Stadtgründung sehr: Um 1190/95 gründete er im Hermelinghof, der

Stammburg der Lipper, das Augustinerchorfrauenstift St. Marien, um 1220 stellte er die auf seinen Namen ausgefertigte Beurkundung des am Soester Recht orientierten Stadtrechts für Lippstadt aus, die er mit dem Siegel seines Sohnes Hermann II. beglaubigte. Um 1221/22 schließlich nahm er als Bischof von Selonien eine Teilweihe der ebenfalls von ihm initiierten Stadt- und Marktkirche St. Marien vor.
Holger Kempkens

| **Quellen:** Lipp. Reg. 1, Nr. 197; UB Westfalen 3, Nr. 288

| **Lit.:** Ehbrecht 1985, S. 68ff., Abb. 10; Westfälischer Städteatlas 3,4; Ehbrecht 2008, S. 74

596 Piscina aus der Zisterzienserabteikirche Marienfeld

Marienfeld, um 1220/22
Baumberger Sandstein, Spuren von roter und blaugrauer Farbe – Schaft: H. 71,5 cm, B. 23 cm (oben) – 26 cm (unten); Kapitellblock: H. 30,5 cm (mit Kämpferplatte); Kämpferplatte: H. 32 cm, B. 32 cm
Land Nordrhein Westfalen, vertreten durch die Bezirksregierung Detmold

Zu den wenigen aus der Bauzeit der Abteikirche Marienfeld erhaltenen Ausstattungsstücken gehört die als freistehender Pfeiler konzipierte Piscina. Sie setzt sich aus drei nicht miteinander vermörtelten Werkstücken zusammen: der jüngeren, um 1280/1300 entstandenen Basis aus Osning-Sandstein (nicht ausgestellt) sowie dem Schaft und dem Kapitellblock aus feinem Baumberger Sandstein. Der Schaft lässt die Grundstruktur des Piscinapfeilers deutlich werden: An einen diagonal gestellten quadratischen Pfeiler sind vier dreiviertelrunde Säulen angefügt, ihre Basen und Kapitelle durchdringen sich dabei. Drei der Säulenschäfte sind reich durchgestaltet: Einer ist als linksdrehender Taustab mit gekehlten Kanneluren ausgebildet, der nächste dagegen als rechtsdrehender Taustab mit sich abwechselnden Kanneluren und Wulststrängen. Der dritte Schaft ist von einem Schmuckband umwunden, dessen Dekorationen aus Blüten, Kreisscheiben, fünfzackigen Sternen und paarigen Kugeln wie Stickereimotive erscheinen. Der Kapitellblock setzt sich zusammen aus den miteinander verschmolzenen Kapitellen des Pfeilerkerns und der vier Säulchen. Seine vier Seiten besitzen grundsätzlich denselben Aufbau, zeigen jedoch jeweils gewisse Unterschiede in der Detailgestaltung, wobei sich die West- und die Nordseite sowie die Ost- und die Südseite jeweils in ihrer Motivik gleichen. Das Grundmotiv bilden dabei Blattstengel, die einem Blattansatzkranz entwachsen und in einem geäderten Dreiblatt auslaufen. Auf der abschließenden Abakusplatte liegt die Kämpferplatte auf, die als Röllchenwulst profiliert ist. Die Oberseite nimmt der Ausgusstrichter ein, wobei sich im südlichen Abschnitt eine Aussparung für ein Holzbrettchen findet, auf dem das Gießgefäß – eine Kanne oder ein Aquamanile in Tiergestalt – abgestellt werden konnte.

Eine Piscina diente vornehmlich der rituellen Handwaschung des zelebrierenden Priesters vor und nach der Messfeier, wie sie bereits Papst Leo IV. (amt. 847–855) vorgeschrieben hatte. Diese symbolisch-theologische Handlung diente als Geste der Reinigung vor der Annäherung an das Heilige. Hinzu kommt die liturgische Reinigung der *vasa sacra* – Kelch und Patene – vor und nach der Messzelebration. Solche Piscinen haben ihren Standort für gewöhnlich immer auf der Südseite eines jeden Altares. Die besondere Form der freistehenden Piscinen, sogenannte Säulchen-Piscinen, ist vornehmlich in Zisterzienserkirchen überliefert, unter anderem auch in Amelungsborn, deren Piscinen motivische Anregungen für das Marienfelder Stück geliefert haben könnten. In der Detailausführung bediente sich der Bildhauer jedoch vornehmlich des in der rheinischen Spätromanik üblichen, insbesondere vom „Laacher Samsonmeister" geprägten ornamentalen Formenschatzes, der ihm durch seine Schulung in rheinischen Werkstätten bestens vertraut war. Er wurde offenbar eigens nach Marienfeld und Rheda gerufen, um dort eine Reihe von Bildhauerarbeiten mit hohem Dekoraufwand (Grabtumba Bischof Hermanns II., Vorlagenkonsolen, Stiftermemoriennische, Ostrosette in Rheda) anzufertigen. Alle Arbeiten dieser Werkgruppe sind leider nicht fest datiert, doch kann gerade für die Piscina im Chor der Abteikirche vermutet werden, dass diese anlässlich der Kirchweihe am 4. November 1222 fertiggestellt war, um bei der feierlichen Weihezeremonie ihren liturgischen Zweck zu erfüllen. An dieser nahm auch als einziger noch lebender Gründer aus dem Stifterkreis Bernhard II. zur Lippe als Bischof von Selonien aktiv teil, sodass er dabei auch diese Piscina benutzt haben könnte.

Holger Kempkens

| Lit.: Hölker 1936, S. 235, Abb. 314; Dehio, Westfalen 1969, S. 317; Linke 1994, S. 55f.; Lobbedey 1999, S. 139, Abb. 37; Dehio, Westfalen 2011, S. 404; Kempkens 2011, S. 28

597 Urkunde Bernhards II. zur Lippe für Marienfeld mit seinem Abtssiegel

Bei Stromberg, datiert 1201 (rückdatiert) oder 1211 (?)
Pergament – H. 9 cm, H. (mit Siegel) 21 cm, B. 21,5 cm
Münster, Landesarchiv Nordrhein-Westfalen Abteilung Westfalen, Sign. A 141 I Kloster Marienfeld – Urkunden, Nr. 16

Bernhard II. zur Lippe beurkundet, dass Giselbert von Warendorp die unrechtmäßig angeeignete Vogtei über Häuser in Mellage, die Bernhard noch im weltlichen Stande dem Kloster Marienfeld geschenkt habe, resigniert habe. Als Zeugen werden der Abt von Liesborn und Hermann von Rüdenberg genannt.
Bernhard bezeichnet sich selbst als *Bernhard[us] de Lippia d[e]i gra[tia] dictus abbas* IN LIVONIA („Bernhard von Lippe, von Gottes Gnaden ernannter Abt in Livland") und siegelt mit dem Abtssiegel von Dünamünde, das eine stehende Muttergottes mit Kind als Klosterpatronin zeigt. Die Abtswürde dieses 1205 gegründeten, 1208 besiedelten einzigen Tochterklosters von Marienfeld hatte Bernhard seit Juni 1211 inne. Dies kollidiert mit der Datierung der Urkunde auf 1201 – entweder hat Bernhard die Urkunde nach 1211 ausgestellt und – da einen bereits 1201 vollzogenen Rechtsakt bezeugend –

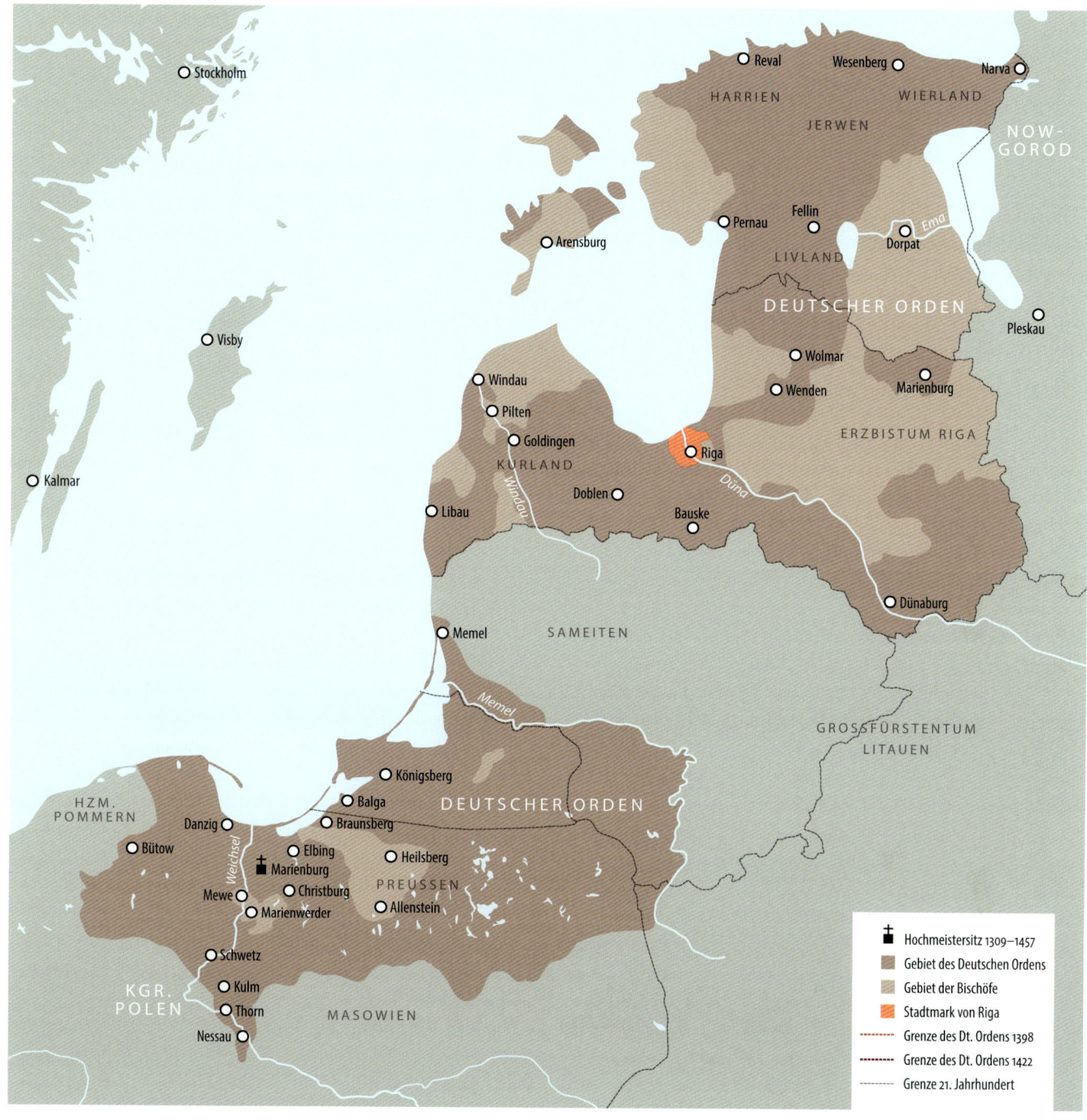

XII PAPST UND KAISER WOLLEN ES. DAS BALTIKUM – CHRISTIANISIERUNG MIT ALLEN MITTELN

- ✝ Hochmeistersitz 1309–1457
- ▓ Gebiet des Deutschen Ordens
- ▓ Gebiet der Bischöfe
- ▨ Stadtmark von Riga
- ┄ Grenze des Dt. Ordens 1398
- ┄ Grenze des Dt. Ordens 1422
- ┄ Grenze 21. Jahrhundert

45 Karte: Verbreitung Deutscher Orden

rückdatiert, oder der Urkundenschreiber hat beim Abfassen der Urkunde die Zehnerstelle vergessen, sodass diese – nun ohne Widersprüche – ins Jahr 1211 zu datieren wäre.

Das Schriftstück gehört zu den wenigen Urkunden aus der Amtszeit Bernhards als Abt (amt. 1211–1218) von Dünamünde (lettisch: Daugavgrīva) und verfügt über einen der seltenen Abdrücke seines Abtssiegels. Die ungewöhnliche Titulatur als „Abt in Livland" erklärt sich leicht dadurch, dass Dünamünde damals das einzige Kloster in Livland war. Es diente dem dritten livländischen Bischof, Albert I. von Buxhövden (*um 1165/99, †1229), neben dem Schwertbrüderorden als zweite Stütze bei der Missionierung Livlands – auch wenn der kontemplativ ausgerichtete Zisterzienserorden grundsätzlich einer Missionstätigkeit eher ablehnend gegenüberstand, doch konnte Bischof Albert hierfür päpstliche Ausnahmeregelungen erwirken.

Die Leitungsübernahme durch Bernhard 1211 wurde in der eigenen Klosterchronik, den „Annales Dunemundense", später bezeichnenderweise als das eigentliche Gründungsdatum angesehen, was darauf schließen lässt, dass zum damaligen Zeitpunkt erst der endgültige Aufbau und die Errichtung der steinernen Klostergebäude begannen. Diese wohl als Wehrkloster angelegten Bauten hatten nicht lange Bestand, da sie bereits 1228 von aufständischen Semgallern und Kuren verwüstet wurden. Unklar ist, ob dabei auch die Grabstätte Bernhards, der sich hier 1224 bestatten ließ, geplündert wurde.

Holger Kempkens

| **Quellen:** Lipp. Reg. 1, Nr. 128; UB Westfalen 3, Nr. 4

| **Lit.:** Benninghoven 1965, S. 33; Poelchau 2004 (zu Dünamünde)

598 Die Goldene Bulle Kaiser Friedrichs II. von Rimini von 1235

1226 März, Rimini

Pergament, nicht restauriert; Bulle: von Goldblech umhülltes Wachssiegel an gelben und roten Seidenfäden – H. 67,5 cm, B. 35,4–36,5 cm, Plica: H. 4,5 cm, Bulle: Dm. 4 cm, St. 0,1 cm

Berlin, Geheimes Staatsarchiv – Preußischer Kulturbesitz, Hist. StA Königsberg, XX. HA. Pergamenturkunden, Schiebl. 20A

Die in den März 1226, Rimini, vordatierte Pergamenturkunde Friedrichs II. trägt als Beglaubigungsmerkmal das mit dünnem Goldblech überzogene Siegel des Kaisers mit thronender Majestät. Von der Urkunde sind zwei Ausfertigungen, die zu den Beständen des Historischen Staatsarchivs Königsberg gehören, überliefert. Das metallene Siegel, auch Bulle genannt, ist nur noch bei der hier ausgestellten Version erhalten geblieben. Die Goldbulle von Rimini gehört – neben der von Papst Gregor IX. am 3. August 1234 zu Rieti mit Blei bullierten Urkunde – zu den beiden rechtlichen Säulen, auf denen der Deutsche Orden seine Herrschaft in Preußen aufbaute. Mit den Urkunden bestätigen Papst und Kaiser dem Orden den uneingeschränkten und ewigen Besitz des Kulmerlandes, das ihm von Herzog Konrad von Masowien geschenkt worden war, sowie der eroberten und noch zu erobernden Teile des Landes der noch heidnischen Prußen. Während der Papst den neuen Ordensbesitz in das Recht und in das Eigentum des heiligen Petrus nimmt, stellt ihn Friedrich II. unter die Alleinherrschaft des Kaisertums (*sub monarchia Imperii*). Das Preußenland unterstand damit beiden abendländischen Universalgewalten. Mit der Impetrierung der Goldenen Bulle von Rimini verfolgte der Hochmeister des Deutschen Ordens, Hermann von Salza, noch weitere Ziele: Mittels ihrer Vordatierung sollte sie einmal das Unrecht der Vertreibung des Deutschen Ordens aus dem Burzenland durch König Andreas II. von Ungarn aus dem Jahr 1225 stets wachhalten. Da andermal die Goldene Bulle eine Fülle von rechts- und bestandsbessernden Bestimmungen wie die Regalien genannten Königsrechte enthält, war von Anfang an eine umfassende, von konkurrierenden Ansprüchen freigehaltene Herrschaftsausübung im Preußenland durch den Deutschen Orden angestrebt. Vermutlich diente die Gleichstellung des Hochmeisters mit einem Reichsfürsten auch dem Zweck, das Ordensoberhaupt besser vor Angriffen aus den eigenen Reihen zu schützen.

Dieter Heckmann

| **Lit.:** Gouguenheim 2005; Zimmermann 2011; Jähnig 2012

599 Investitur des Hochmeisters des Deutschen Ordens Gerhard von Malberg mit dem Preußenland durch Papst Innozenz IV. von 1243 Oktober 1, Anagni

1243 Okt. 1, Anagni

Pergament, nicht restauriert, mit (noch vorhandenen) gelben und roten Seidenfäden; Bleibulle: verloren – H. 37,7 cm, B. 42,8 cm; Plica: H. 3,2 cm

Berlin, Geheimes Staatsarchiv – Preußischer Kulturbesitz, Hist. StA Königsberg, XX. HA. Pergamenturkunden, Schiebl. 3, Nr. 4b

Unter Wiederholung der Papstbulle von Rieti von 1234 August 3 bekleidete Papst Innozenz IV. den Hochmeister des Deutschen Ordens Gerhard von Malberg mit seinem Ring als Zeichen für die Übertragung des Preußenlandes. Dafür musste der Hochmeister dem apostolischen Stuhl Treue geloben und versprechen, die Übertragung niemals unter die Herrschaft einer Gewalt (*dominio potestatis*) zu stellen. Das an die Pergamenturkunde angehängte Papstsiegel ist abgetrennt. Es sind lediglich die Seidenfäden erhalten geblieben, mit denen die Bulle befestigt war. Hauptanliegen der Urkunde ist es sicherlich, jeglichen Territorialanspruch – auch den des Reiches – auf das Preußenland zu unterbinden. Offensichtlich hatte schon damals die Deutung der *sub monarchia Imperii*-Textstelle der Goldenen Bulle von Rimini sowohl dem Urkundenpetenten als auch dem Urkundenaussteller Schwierigkeiten bereitet. Zwei beglaubigte Abschriften, die eine von 1445, die andere von 1506, scheinen zu belegen, dass der Orden die Urkunde von 1243 sowohl gegen den Anspruch auf Mitherrschaft des 1440 gegründeten Preußischen Bundes als auch gegen den der polnischen Krone einsetzte oder einsetzen wollte.

Dieter Heckmann

| **Quelle:** UB Preußen 1,1, Nr. 147

| **Lit.:** Arnold 1998

600 Die Regelhandschrift des Deutschen Ordens von 1264

1264, Koblenz (?)

Pergament; gepresster weißer Ledereinband, zwei Messingschließen – H. 11,5 cm, B. 9 cm; 238 Bll.

Berlin, Staatsbibliothek zu Berlin – Preußischer Kulturbesitz, Sign. Ms. boruss. oct. 79

Der Deutsche Orden, der 1198 aus einer Hospitalgemeinschaft in Akkon hervorging, hatte zunächst keine eigene Regel. Vielmehr sollten die Brüder für den Kriegsdienst der Regel der Templer, für die karitative Tätigkeit der Regel der Johanniter folgen. Bald entstanden daneben eigene Gewohnheiten, die schon in einem Privileg von

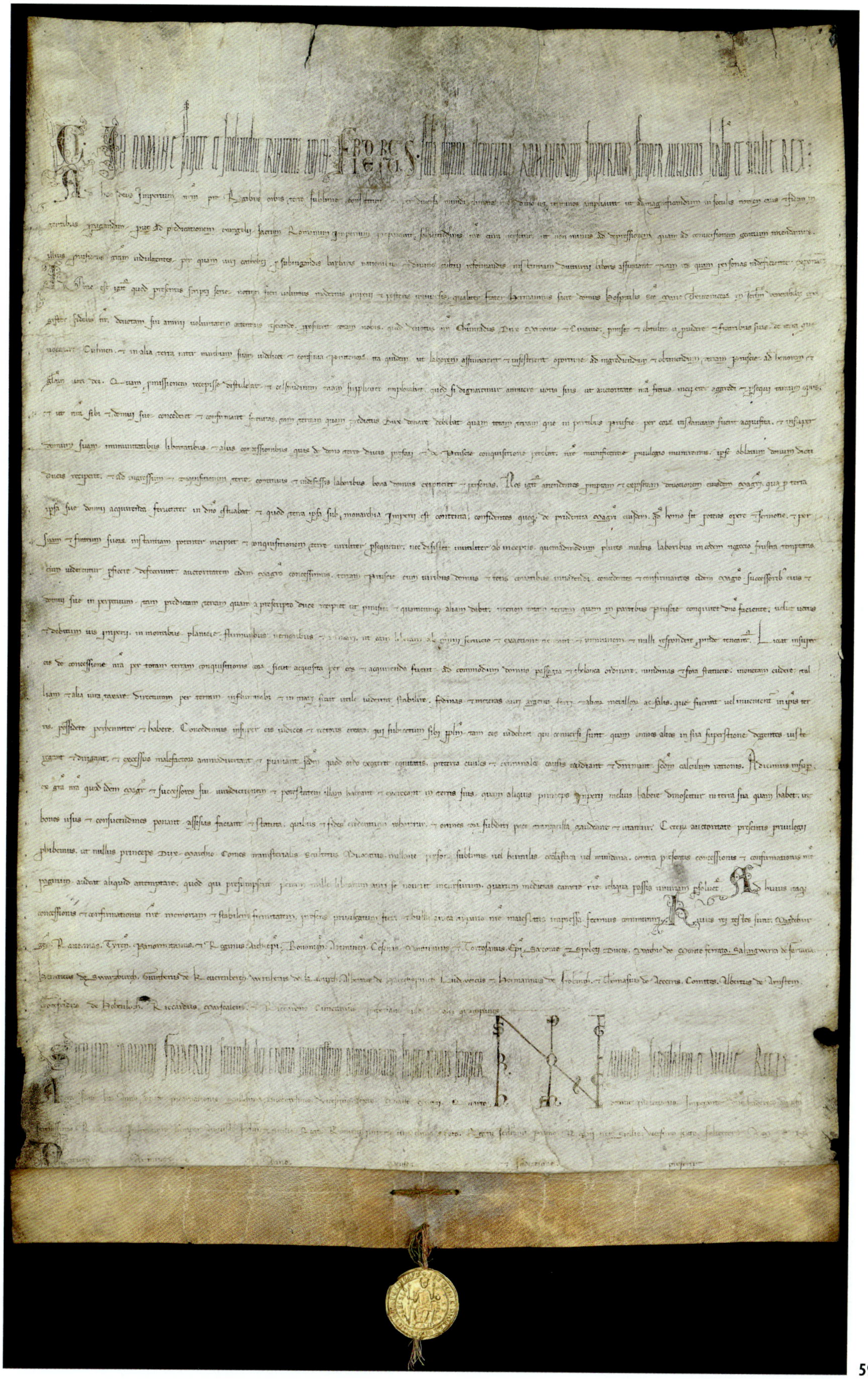

598

1209 erwähnt sind und 1220 von Papst Honorius III. (amt. seit 1216, *um 1148, †18. März 1227) bestätigt wurden. Das Nebeneinander verschiedener Vorschriften dürfte im inzwischen gewachsenen Orden zu Unklarheiten geführt haben, doch konnten die Texte nicht eigenständig verändert werden, da das IV. Laterankonzil die Formulierung neuer Regeln verboten hatte. Im Februar 1244 gestattete Papst Innozenz IV. (amt. seit 1243, *um 1195, †7. Dezember 1254) schließlich, die Statuten den eigenen Bedürfnissen anzupassen. Dies war wohl schon 1249, spätestens 1251 abgeschlossen. Der Text erhielt dabei seine endgültige Struktur, die sich auch in der Handschrift von 1264 wiederfindet. Nach einem Kalender und dem Prolog gliedert sie sich in die 37 Kapitel der grundlegenden Regeln, in 42 Kapitel Gesetze und 66 Kapitel Gewohnheiten; dazu kommen Anweisungen für Gebete. Dies wurde in anderen Handschriften durch Gesetze der Hochmeister ergänzt, von denen hier nur eines Burchards von Schwanden nachgetragen ist. Die Regel hat sich (wenn auch nicht immer vollständig) in fünf Sprachen erhalten, die die Verbreitung des Ordens spiegeln: lateinisch, französisch, mittelniederländisch, mittelniederdeutsch und mitteloberdeutsch. Die Handschrift von 1264 ist die älteste (datierte) Handschrift der im Orden zentralen mitteloberdeutschen Version. Sie wurde offenbar in der Ballei Koblenz geschrieben, wie niederrheinische Formen im Text belegen. Die Bestimmungen verbinden die mönchischen Gelübde Keuschheit, Armut und Gehorsam mit den Stiftungsaufgaben Hospitaldienst und Verteidigung der Christenheit.

Jürgen Sarnowsky

| **Quellen:** Statuten Deutscher Orden
| **Lit.:** Teitge/Stelzer 1986, Nr. 17; Kat. Nürnberg 1990, S. 345f., Nr. VI.1.2 (Udo Arnold)

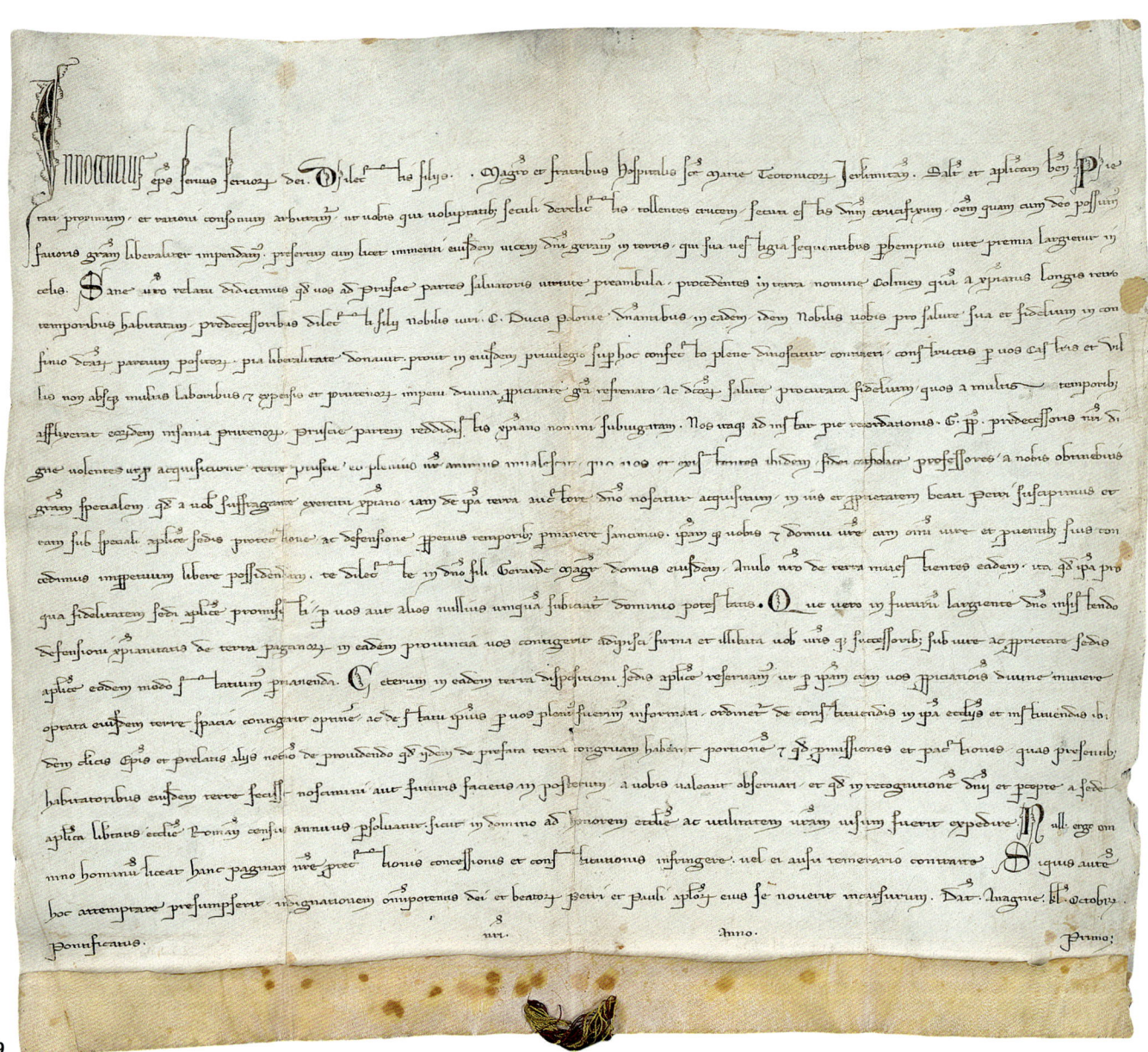

601 Heinrich von Hesler, „Apokalypse"

Deutscher Ordensstaat, zweites Drittel 14. Jahrhundert
Pergament, Temperafarben, Blattgold – ursprünglicher Einband: Eichenbretter, helles Leder (stark abgenutzt), wiederhergestellter Verschluss (erhalten geblieben sind zwei Metallplättchen, die der Befestigung der Riemen im unteren Teil der Umschlagseiten dienten) – H. 30 cm, B. 21,5 cm; 160 Bll.
Toruń, Nicolaus Copernicus University Library in Toruń, Sign. Rps 64/III (ehemals Königsberg, Staats- und Universitätsbibliothek, Hs. 891b)

Das Manuskript entstand im Gebiet des Deutschen Ordensstaates, wahrscheinlich im Skriptorium der Festung in Marienburg: Zur Verstärkung der oberen Teile der Umschlagseiten wurden Manuskripte der in der Kanzlei des Hochmeisters in den Jahren 1330–1333 entstandenen Dokumente verwendet.

Niedergeschrieben in gotischer Schrift, in zwei Spalten, durch zwei Personen: Schreiber 1: fol. 4ra–158rb, Schreiber 2: fol. 158rb–160vb. Die Textfläche beträgt 23 auf 16 Zentimeter. Kalligraphische Initialen der Kapitel in Höhe von zwei Zeilen sind abwechselnd in Rot oder Hellblau gestaltet; fol. 4ra: hellblau-rotes Ornamentinitial H(*ere got*) auf goldenem Hintergrund. Erhalten geblieben sind 35 von 46 Miniaturmalereien, erstellt mit Temperafarben unter Verwendung von Blattgold. Die Miniaturmalereien haben wortwörtlich den Text der Apokalypse illustriert und zugleich – durch die Aufnahme von Ordensbrüdern in einige Szenen – die Christianisierungsmission der Ordensbrüder in Preußen legitimiert. Eine von den erhalten gebliebenen, aktualisierten Miniaturmalereien stellt die von einem Ritter und Geistlichen des Ordens Nichtgläubigen gespendete Taufe und den Tod des Antichristen, der sich der Taufe verwehrt hatte (fol. 137v–138r), dar.

Der Miniaturen-Zyklus ist mit Sicherheit ein Werk desselben, aus Südwestdeutschland stammenden Künstlers, der ebenso Autor der Verzierungen der Stuttgarter Apokalypse ist (Stuttgart, Württembergische Landesbibliothek, Sign. HB XIII 11, fol. 97r–172v). Das zweite Thorner Manuskript (Manuskript mit der Sign. Rps 44/III) – erstellt mit Wasserfarben und ein wenig später als beide zueinander gehörenden Manuskripte der Apokalypse – ist eine originalgetreue Kopie des Manuskriptes 64.

Die erste Erwähnung des Codex stammt aus dem Jahre 1541: Er wurde von Tapiau in die Schlossbibliothek des Fürsten Albrecht Hohenzollern nach Königsberg transportiert. Bis zum Ende des Zweiten Weltkriegs befand er sich in den Sammlungen der Staats- und Universitätsbibliothek in Königsberg. Anfang 1944 wurde er in das Landgut Karwinden bei Pasłęk (deutsch: Preußisch Holland) evakuiert, das sich ab 1945 in den Grenzen des polnischen Staates befand. Im Jahre 1946 wurde er gemäß Beschluss des polnischen Kultusministeriums an die Universitätsbibliothek in Thorn übergeben.

Marta Czyżak

| **Quelle:** Heinrich von Hesler, Apokalypse, S. 12–13, 28–46
| **Lit.:** Frühmorgen-Voss/Ott 1991, S. 238–240, Abb. 122 [fol. 33v], 124 [fol. 87v]; Karłowska-Kamzowa 1991, S. 115–126, Abb. 19 [fol. 85v], 20 [fol. 102r], 21 [fol. 104r],

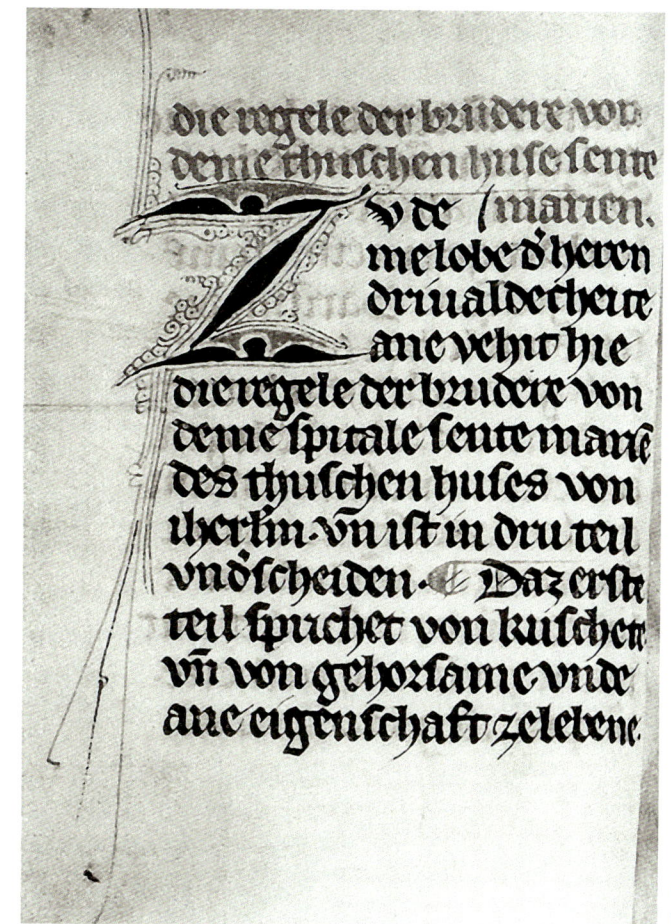

600 fol. 225

22 [fol. 137v], 23 [fol. 138r]; Päsler 2000, S. 85f. (Lit.); Labuda/Secomska 2004, S. 385f., Abb. 1281–1288 (Iwona Błaszczyk); Jagodzinski 2009; Thorn/Toruń, UB, Rps64/IV, R. G. Päsler/M. Bauer http://www.mr1314.de/4070 [08.04.13] (Marburger Repertorium, Deutschsprachige Handschriften des 13. und 14. Jh. (Lit.)

602 Bischöfliche Sammelindulgenz für die Pfarrkirche St. Marien zu Marburg

Avignon, 1356 [vor Dezember 18]
Pergament – siebzehn Siegelabdrücke aus Bienenwachs mit Beimengungen von Zinnober, mit rotgefärbten Wollschnüren angehängt, stark beschädigt, ein Siegelabdruck verloren – H. 41,5 cm, B. 67,0 cm
Marburg, Hessisches Staatsarchiv Marburg, Sign. Urk. 48, Nr. 263 (alte Signatur: Urk. A V, Stadt Marburg, 1356 [vor Dezember 18])

Im Sommer 1228 gründete die heilige Elisabeth von Thüringen in Marburg an der Lahn ein dem heiligen Franz von Assisi geweihtes Hospital. Dieser Institution übertrugen ihre Schwäger, die Landgrafen Heinrich Raspe IV. und Konrad von Thüringen (Hochmeister des Deutschen Ordens 1239/40) ihre gesamten Patronatsrechte an allen Marburger Gotteshäusern, was Papst Gregor IX. 1231 März 11 (StA MR, Urk. 37, Nr. 51) bestätigte. 1232 August 2 (StA MR, Urk.

d az ich von ir niht gezime nu | d och er si dicke laze
so stet doch al min trost an ir | bekorn uf der straze
S lam ob er mich zu tode slet | D az si za vollem lone kume
so bin ich des niht enlet | vn sendet in hie zwene zu vrume
I ch en hab ouch hoffenuge an ir | h elfere di si trosten doch
er hre weiz wol wer ich bin | daz wirt elyas vn enoch
w ender von nihte mich geschuf | V nde als der dinc sich wenden
durch daz so stet druf al min ruf | daz si ez gezug vor enden
D az er hre geschuf mich | E lyas vn enoch
vn selbe ist worden als ich | di kumftic sin noch
V nd gerurchte an der erden | S o vichtet der alde trache
gemartert durch mich widen | ... der uzer helle bache
D a mitte si daz hin getan | D es tiefen abisses vort
alse dan di zit sal ane van | vn al dise werlt vor hert
D az der trugenheite vol | M it in zwen vn urslet sie
antecrist predigen sol | so ligen ir lichamen hie
V n al sin dinc ebene ger | M it blute gar bewollen
vn in dan nyman widerstet | dri tage vn nacht envollen
S o lezet doch min trehten | G eworfen in daz horch gewac
in also swachen ehten | da ihesus an daz cruce trac
S ine uirwelten vallen +nicht | D es virden tages irsten sie
er en helf in dan betallen | schoner dan si geworden ye

V nd zu sime throne | V end si sint ewich vn vol
mit ewiclichem lone | als alle die menschet widen sol

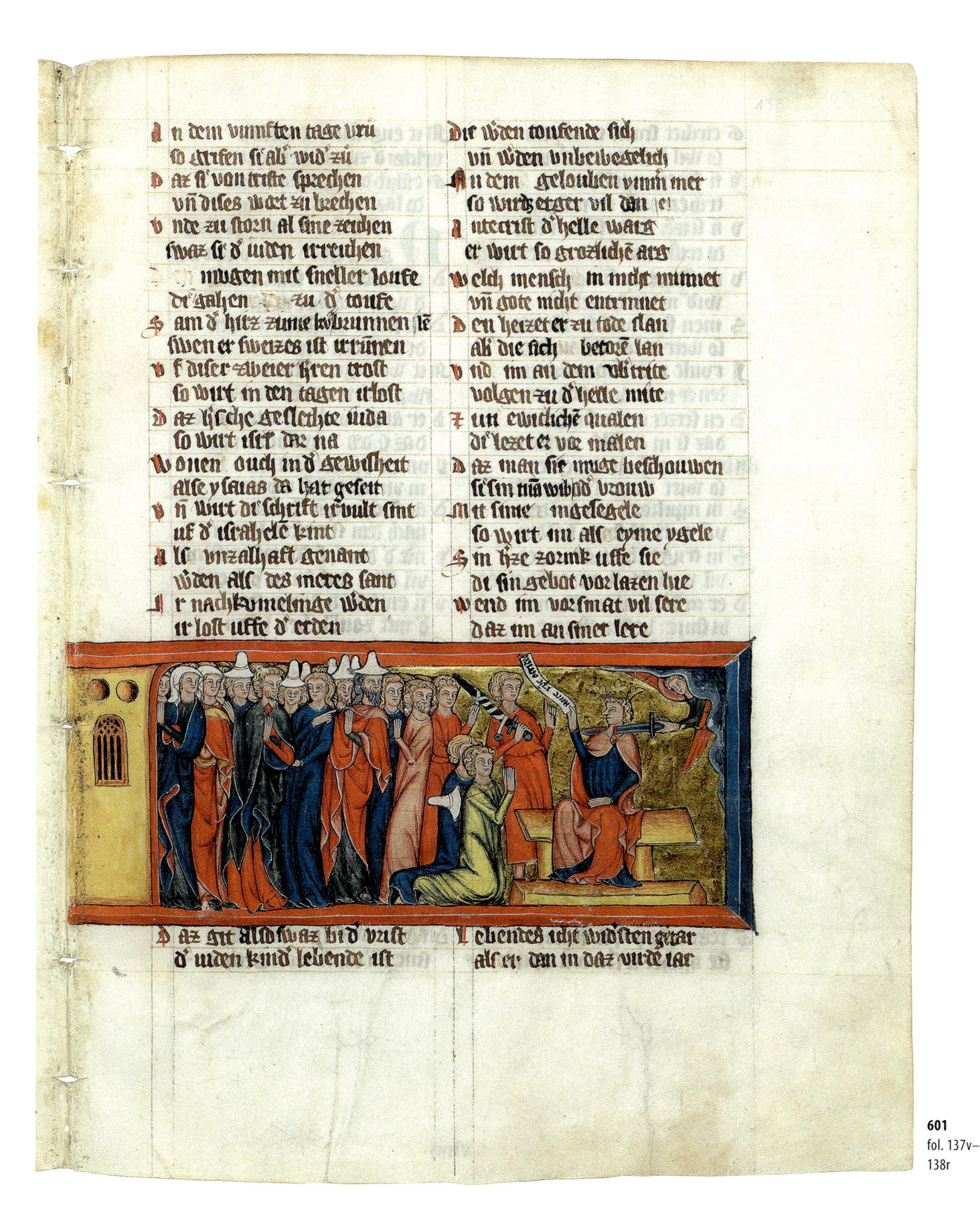

An dem vumften tage vru
so grifen si alś wid' zu
Daz si von trifte spechen
vn diſes wort zu brechen
vnde zu storn al ſine zeichen
swaz si d' uden erreichen
mugen mit sneller loufe
di ſachen zu d' toufe
Sam d' hitz zu me kvbrunnen ſie
ſwen er ſweizes iſt vrunen
Uf diſer zweier iren troſt
ſo wirt in den tagen irloſt
Daz iſche geſlechte iuda
ſo wirt iſt'l die na
Wonen ouch in d' geviſheit
alſe yſaias da hat geſeit
Yn wirt der ſchrift irvult ſint
uf d' iſrahelſche kint
Alſ vnzalhaft genant
wden alſ des meres ſant
Ir nachkumelinge vden
ir loſt uffe d' erden

Die vden tovſende ſich
vn vden vnverweckelich
An dem gelouben vimm mer
ſo wirt erger vil dan [er]
Antecriſt d' helle walt
er wurt ſo grozliche arg
Welch menſch im meſt mimet
vn gote nicht entrinnet
Den herzet er zu tode ſlan
alſ die ſich betorn lan
Vnd im an dem vbirtrite
volgen zu d' helle mite
Zu irn ewicliche qualen
di lezet er vor malen
Daz man ſie muſte beſchouwen
ſeſim man wip vnd vrouw
Mit ſime ingeſegele
ſo wirt im alſ eyme yſele
Sin hze zornk uffe ſie
di ſin gebot vorlazen hie
Wend im vorſmat vil ſere
daz im an ſiner lere

Daz ſit alſo ſwaz bi d' vriſt
d' vden kind lebende iſt
Lebendes icht vnd ſten geſar
alſ er den in daz vunfde iar

662 IN HOC SIGNO

602

37, Nr. 59) und 1234 Juli 1 (StA MR, Urk. 37, Nr. 68f. und Nr. 4612) wurde das Franziskus-Hospital zu Marburg mit allen Besitzungen und Privilegien dem Deutschen Orden übereignet, einschließlich der Patronatsrechte an allen Marburger Gotteshäusern. Von da an übten in der Regel Priester des Deutschen Ordens die Seelsorge in ganz Marburg aus.
Im Jahre 1356 errichteten ein Dietrich Imhof und drei Brüder namens Volpert, Siegfried und Ludwig von Biedenkopf, genannt „die Reichen" (*divites*), an der Pfarrkirche St. Marien zu Marburg eine Stiftung, aus deren Erträgen alljährlich an Gründonnerstag in einer feierlichen Messe Armen die Füße gewaschen und an Bedürftige Weißbrot, Gemüse, Wein und Schuhe verteilt werden sollten. Um die Zahl der Gottesdienstteilnehmer und damit die Einkünfte der Pfarrkirche zu mehren, ließen sich die vier Stifter von achtzehn Erzbischöfen und Bischöfen an der päpstlichen Kurie in Avignon eine farbenprächtige Urkunde in Buchschrift ausstellen, die jedem vierzig Tage Sündenablass gewährt, der an einem der Dutzenden namentlich aufgeführten Feiertage eine Messe in der Pfarrkirche besucht.
In der großen Initiale U, die den Urkundentext einleitet, ist ein Deutschordenspriester (kenntlich an Tonsur und weißem Mantel mit schwarzem Kreuz) zu sehen, wie er nach dem Vorbilde Jesu Christi (Joh 13,1–17) Armen die Füße wäscht.   Wolfhard Vahl

| Quelle: UB Hessen 1,3, S. 297–299, Nr. 1327

| Lit.: Lotz 1871, S. 347–350; Kat. Nürnberg 1990, Nr. I.2.7 (Alois Seiler); Seibold 2010, S. 99f., S. 109, Abb. 5

603 Schwert

Aus dem Pregel bei Königsberg, erste Hälfte 13. Jahrhundert
Eisen; Bronze; Messing – organische Handhabe nicht erhalten – L. 116,5 cm, B. 5,3 cm (Klinge)
Berlin, Stiftung Deutsches Historisches Museum, Zeughaus, Inv.Nr. W 1838

Das Schwert besitzt einen facettierten achteckigen Knauf aus Bronze. Auf dem Mittelfeld befindet sich ein stehender Schild mit einem springenden Löwen. Auf der Rückseite ist an gleicher Stelle ein stehender Schild mit einem steigenden Adler dargestellt. Die Facetten am Rand sind mit eingeschlagenem Blattwerk verziert. Von der Handhabe ist nur die eiserne Griffangel erhalten. Die im Querschnitt hochrechteckige Parierstange ist leicht konkav zur Klinge gebogen. Beide Seiten der Klinge weisen eine deutliche Kehlung auf. Nahe dem Griff sind ein Herz und ein Wolf in Messingtauschierung dargestellt. Auf der anderen Seite befinden sich Messingeinlagen in Form eines griechischen Kreuzes und eines weiteren Wolfes.
Der einst golden glänzende Knauf und die darauf wiedergegebenen Wappen weisen darauf hin, dass das Schwert einer hochstehenden Persönlichkeit gehörte. Aufgrund der tauschierten Wolfsfiguren lässt sich die Klinge Schmiedewerkstätten in Passau zuordnen.
Ehemaliger Besitzer des Schwertes war mit großer Wahrscheinlichkeit Landgraf Konrad von Thüringen. Er trat 1234 dem Deutschen Orden bei und wurde 1239 zum Großmeister gewählt. Ein Jahr später starb er in Rom. Der Schild und ein Reitersiegel sind von Konrad erhalten. Beide Objekte zeigen das Wappen der Landgrafen von Thüringen, den steigenden Löwen, der sich auch auf dem Bronzeknauf des Schwertes befindet. Rätselhaft bleibt allerdings der Fundort der Waffe, die aus einem Fluss in der Nähe von Königsberg (des heutigen Kaliningrad) geborgen wurde, denn Konrad hat sich nachweislich nicht in dieser Region aufgehalten.
  Ulrich Lehmann

| Lit.: LexMA 3, Sp. 768–777 (Hartmut Boockmann: Art. Deutscher Orden); Kat. Nürnberg 1990, S. 24f.; Boockmann 1998; Kat. Halle/Oldenburg/Mannheim 2005, S. 416f.

604 Schwert

Mitteleuropa, 1340–vor 1400
Stahl, Gelbmetall (Inschriften und Ornamente), geschmiedet, ausgeschnitten, graviert, getrieben, geschliffen – L. (gesamt) 125,5 cm, L. (Klinge) 100 cm, L. (Parierstange) 20,5 cm, B. (Klingenwurzel) 5,9 cm, Knauf: H. 4,5 cm, B. 5,7 cm
Marienburg, Muzeum Zamkowe w Malborku, Inv.Nr. MZM/mt/535

Schwert des Typs XIII, I 1a in der Klassifikation nach Oakeshott/Głosek, mit einer sich Richtung Spitze verengenden zweiseitigen Klinge und einer beidseitig der Klinge eingeschmiedeten Hohlkehle, einer schmalen Parierstange mit leicht gekrümmter Unterseite, sich zu den Enden hin verbreiternden Armen und ovalem fünfseitigem Knauf mit zwei Herzschilden in Zwiebelform. Das Zeichen des Schmiedes in Form eines Andreaskreuzes ist auf dem Schaft abgedrückt. Die Inschriften und Verzierungen in den Hohlkehlen und am Knauf waren ursprünglich in Gelbmetall ausgeführt. Die Inschrift auf der einen Seite der Klinge ist in Majuskelschrift ausgeführt; von links nach rechts gelesen ergibt sich I D R S – verziert mit zwei kleinen, gleicharmigen Kreuzen in den Schleifen der Majuskel S –, das sich als I[esus] D[ominus] R[ex] S[alvator] oder als I[esus]

XII PAPST UND KAISER WOLLEN ES. DAS BALTIKUM – CHRISTIANISIERUNG MIT ALLEN MITTELN 663

603

604

D[eus] R[ex] S[alvator] oder als I[nitiatus] O[mnipotens] [Christus] R[ex] S[alvator] oder als I[esus] C[hristus] [Aeterne] [Honestus] R[ex] S[alvator] auflösen lässt. Die Majuskeln auf der anderen Seite der Klinge ergeben von links nach rechts gelesen die von zwei Kreuzen eingefasste Buchstabenfolge + G D A + (+ C[rux] D[ominus] A[eterne] oder + O[mnipotens] D[ominus] A[eterne]), an die die Darstellung eines zurückgewandten Wolfes anschließt. Die Unterscheidung des G von C und O ist in der jüngeren gotischen Majuskelschrift umso schwieriger, weil die Inschrift nur fragmentarisch erhalten ist. Das Motiv eines Wolfes erscheint häufiger auf mittelalterlichen Stahlarbeiten aus der Region Passau und aus Ungarn. Auf der Klinge befindet sich auch ein weiteres, bislang nicht identifiziertes Zeichen in Form eines Herzens oder Lindenblattes.

Das Schwert wurde im Jahre 1994 am Oberlauf des Kanals des Tejna-Flusses an der Grenze zum Dorf Tropy in der Gegend von Elbląg gefunden; es könnte einem Teilnehmer an den Kreuzzügen nach Litauen und Schemaitien, den sogenannten *rejzy*, gedient haben.
                                                   Antoni R. Chodyński

| **Lit.:** Głosek 1984, S. 142, Nr. 58, Taf. XXXI,1; Kat. Malbork 2007, S. 485f., Nr. V.18 (Antoni R. Chodyński); Chodyński/Żabiński 2011, S. 114f., Abb. 1–3

605

wen. Die schräg abgeschnittenen Seitenflächen sind mit einer dezenten Gerte verziert, die jedoch durch die patinierte Oberfläche schlecht zu sehen ist. Die Form des Knaufes gleicht dem eines in Pregola gefundenen Schwertes (Typ XX, I 4), das wahrscheinlich Konrad, dem Landgrafen von Hessen-Thüringen und dem Großmeister des Ritterordens in den Jahren 1239–1241, gehörte (Kat.Nr. 603). Nach Auffassung von Marian Głosek wird ein ähnlicher Knauf aus Bronze mit dem Schwert (nach Oakeshott/Głosek: Typ XII a, I 1, 1a) in Verbindung gebracht, das wahrscheinlich Sigismund von Luxemburg, dem König von Ungarn (*1387, †1437), dem Kaiser des Heiligen Römischen Reiches Deutscher Nation (reg. 1433–1437), oder Jobst von Mähren oder auch dem Fürst Władysław Opolczyk gehörte – das Schwert ist in die zweite Hälfte des 14. bzw. die erste Hälfte des 15. Jahrhunderts datiert.

Antoni R. Chodyński

| Lit.: Głosek 1984, S. 74ff., 152f., Nr. 198; Müller/Kölling 1984, S. 362, Abb. 9, Nr. 9; Oakeshott 2000; Chodyński/Żabiński 2011, S. 131, Abb. 19–20

605 Knauf eines Ritterschwertes

Mitteleuropa, 14. Jahrhundert
Bronze, gegossen, mit Gravur – H. 6,5 cm, B. 4,9 cm
Marienburg, Muzeum Zamkowe w Malborku, Inv.Nr. MZM/mt/561

Der achteckige Knauf mit seinen schräg abgeschnittenen Flächen entspricht dem Typ I 1 (nach Klassifikation Ewart Oakeshott). Auf den beiden Frontflächen befinden sich kleine Wappenschilde: Das eine zeigt einen Adler ohne Krone, das zweite einen erhobenen Lö-

606 Bombarde der Kreuzritter aus Kurzętnik

Deutschordensstaat in Preußen, Kanonengießerei Marienburg (?), 1408–1409
Bronze, gegossen – L. (gesamt) 51 cm, T. (Kammern gesamt) 46 cm, T. (Pulverkammer) 23,5 cm, T. (Druckkammer) 22,45 cm, Dm. (außen) 17,5 cm, Dm. (Mündung) 13 cm
Marienwerder (Kwidzyń), Muzeum Zamkowe, Oddział Muzeum Zamkowego w Malborku, Inv.Nr. MK/M/46

Die Bombarde aus Kurzętnik ist ein recht kleines Feuergeschütz aus der Zeit der frühen mittelalterlichen Artillerie. Die Oberfläche wurde

606

mit Ringspangen in sieben Abschnitte geteilt. Den Zünder im hinteren Teil der Pulverkammer begrenzte man mit einem Bügel in Form eines Zweiges mit einem Dreiblatt im gotischen Stil als Abschluss. Die Oberseite wurde an der Mündung mit einer halbplastischen Darstellung der thronenden Muttergottes mit dem Jesuskind verziert – dem Emblem und apotropäischen Zeichen des Ritterordens. In der Achse zwischen der dargestellten Gottesmutter und dem Zünder brachte man einen Griff an, der wie eine geflochtene Schnur aussieht und an dem ursprünglich ein Stahlkettenglied zur Beförderung der Bombarde befestigt war.

Die Figur der frontal gezeigten, thronenden Muttergottes mit dem Jesuskind knüpft an ähnliche Darstellungen aus der zweiten Hälfte des 14. und dem ersten Viertel des 15. Jahrhunderts an. Diese Art der Muttergottes-Darstellungen findet man auch bereits früher, unter anderem am spätromanischen südlichen Tympanon der Goldenen Pforte (um 1230) des Freiberger Doms (Sachsen). Die Maria auf der Bombarde sitzt auf einer Thronbank ohne Rücken- und Armlehnen. Ihren Kopf ziert eine einfache Krone, deren Konturen und Formen nur undeutlich zu erkennen sind. Das nach einem Obststück greifende Jesuskind, die zweifellos gekonnte Gestaltung der Mantelfalten und die Darstellung der emotionalen Beziehung zwischen Mutter und Kind deuten darauf hin, dass möglicherweise ein Holzschnitt als Muster für den Bildhauer diente, der mit dem Marienburger Gießer zusammengearbeitet hat. Stilistisch sind Verbindungen zu elfenbeinernen und hölzernen Mariendarstellungen aus der zweiten Hälfte des 14. Jahrhunderts zu erkennen.

Die Bombarde wurde durch die Heerestruppen der Kreuzritter während des großen Krieges des Ritterordens gegen das Königreich Polen in den Jahren 1409/10, wahrscheinlich zur Verteidigung des Übergangs am Fluss Drwęca bei Kurzętnik, verwendet. Gefunden wurde sie 1941 (?) in den Kellerruinen des Schlosses von Chełmno in Kurzętnik, 1944 wurde sie im Dorf Różany versteckt, 1950 dort wieder aufgefunden und auf das ehemalige Kapitelsschloss von Pomesanien in Kwidzyń transportiert, in dem sich damals ein Museum befand. Seit 2002 wird sie in der Dauerausstellung im mittleren Schloss in Marienburg gezeigt. Antoni R. Chodyński

| Lit.: Grodzicka 1963; Kat. Schallaburg 1986, Nr. 147; Kat. Nürnberg 1990, S. 70, Nr. II.2.23 (Michał Woźniak); Chodyński 2003, S. 88; Kat. Malbork 2007, S. 388f., Nr. III.2.41 (Antoni R. Chodyński); Kat. Malbork 2010, S. 126f., Nr. I.9.2 (Antoni R. Chodyński)

Das Schloss Marienburg

Das Schloss Marienburg war im Mittelalter das wirtschaftliche, militärische, religiöse und administrative Zentrum des europaweit verzweigten Ritterordens und des durch ihn gegründeten Ordensstaates (Bd. I, Abb. 244). Im Grunde genommen besteht die Anlage aus drei Schlössern, die durch ein ausgebautes Befestigungssystem zu einer Anlage mit vielfältigen Funktionen verbunden waren. Die räumliche Gliederung des Schlosses wurde ein Vorbild für viele spätere Befestigungsgründungen. Diese komplexe Struktur ist jedoch nicht sofort, auf Grundlage eines einheitlich-konzeptionellen Bauvorhabens oder eines planvollen architektonischen Entwurfes entstanden – ihre Errichtung dauerte vielmehr ungefähr 170 Jahre. Das genaue Datum des Baubeginns am Schloss ist unbekannt.

46 Die sogenannte Goldene Pforte der Marienkirche, Ende des 13. Jahrhunderts

Höchstwahrscheinlich war dies jedoch in der zweiten Hälfte der 70er-Jahre des 13. Jahrhunderts, denn bereits um etwa 1280 wurde der Ordenskonvent von der Burg Zantyr nach Marienburg versetzt. Das Konventshaus muss also zum damaligen Zeitpunkt, zumindest in einer provisorischen Form, bereits existiert haben. Errichtet wurde das Schloss am hohen rechten Ufer des Flusses Nogat, am Flussübergang des Handelsweges von Elbing nach Danzig.

Der Bau wurde mit der Festlegung eines viereckigen Karrees mit den Maßen von 51,6 mal 60,7 Metern und der Umschließung mit einer Befestigungsmauer sowie der Umfassung mit einem Wassergraben begonnen. Die Forschungsergebnisse weisen auf die Tatsache hin, dass von Beginn an ein Bau mit vier Flügeln geplant war, obwohl sicherlich außer dem – in der Entwurfsphase – wichtigsten nördlichen Flügel alle übrigen mit einem Pultdach bedeckt werden sollten. Als erster entstand in einigen Etappen der nördliche Flügel, in dem die zwei für die Ordensgemeinschaft wichtigsten Räume beherbergt waren – die Kapelle und der Kapitelsaal. Wie es Tradition bei den Kreuzrittern war, wurden diese in der ersten Etage platziert, die die Rolle des Hauptstockwerkes hatte. Anfangs erfüllte der Kapitelsaal sicherlich auch eine zusätzliche Rolle, und zwar die des Refektoriums. Zwischen dem Kapitelsaal und der Kapelle befand sich ein recht kleiner Raum, der in der Forschung entweder als Archiv oder als Krankenstube interpretiert wird. Das Dormitorium fand vorübergehend seinen Platz unter der Kapelle. Der nördliche Flügel erhielt ein hohes Satteldach, das im Laufe der Jahre auch die übrigen Teile des Schlosses bekrönte.

Bis Ende des 13. Jahrhunderts wurden darüber hinaus westliche und südliche Flügel gebaut; in der Forschung herrscht jedoch Uneinigkeit darüber, in welcher Reihenfolge sie errichtet wurden. Die neu erbauten Flügel übernahmen hauptsächlich die Funktionen der Wohn- und Wirtschaftsräume. Der Westflügel wurde außerdem mit einem massiven Sanitär-Turm – genannt Dansker-Turm – ausgerüstet, der über das Viereck der Schlossmauern in Richtung der Nogat vorgelagert war und bei Bedarf als letzter Verteidigungsturm dienen sollte. Die Kommunikation innerhalb der Bebauung des Vierecks ermöglichten mehrstöckige Kreuzgänge, die unten auf Säulenarkaden gestützt und im ersten Stock anfangs als Holzkonstruktionen angefertigt waren. Die Hauptzufahrt führte durch ein schräg gelegenes Torsystem, das in der nordwestlichen Ecke der Festung platziert worden war.

Gleichzeitig mit den abschließenden Bauarbeiten am Konventshaus wurde auf seiner Nordseite ein breit angelegtes Vorschloss erbaut, das die Rolle eines Wirtschaftshofes erfüllte. Es war ein Karree auf

47 Innenraum des Sommer-
remters im Palast des Hochmeisters,
Ende 14. Jahrhunderts

dem Grundriss eines Rhombus, das von drei Seiten mit einer Verteidigungsmauer mit Türmen an den Ecken umgeben war. Ausschließlich auf der Seite zum Konventshaus hin besaß das Vorschloss keine gemauerten Befestigungsanlagen.

In dieser Gestalt unterschied sich das Schloss zu Beginn des 14. Jahrhunderts noch nicht von anderen Konventsschlössern in Preußen. Es entstand entsprechend dem sich damals festigenden Typ eines Klosters und zugleich eines militärischen Stützpunktes auf dem Grundriss eines regulären Viereckes, das auf allen vier Seiten um den Hauptschlosshof herum nach innen ausgebaut wurde. Ähnlich sahen die in derselben Zeit entstehenden Schlösser Brandenburg und Lochstedt am Frischen Haff aus sowie das auf der anderen Weichsel-Seite gelegene Schloss in Gniew. Auf der Suche nach Vorbildern der regulären Schlösser in Preußen wird auf westeuropäische Beispiele hingewiesen (unter anderem auf französische Schlösser oder Festungen von Friedrich II. in Süditalien) und die schnelle Anpassung ausgerechnet dieses Models der Verteidigungsgründung im Ordensstaat wird mit der Tatsache erklärt, dass es in einer ganz besonderen Art und Weise den Bedürfnissen einer starken Staatsmacht entsprach, die die Eroberung fremder Gebiete und die Festigung der eigenen Herrschaft in diesen Gebieten anstrebte.

Mit der Verlegung des Hauptsitzes des Hochmeisters nach Marienburg im Jahre 1309 war ein umfangreicher Ausbau des Schlosses, das bereits gegen Mitte des 14. Jahrhunderts aus drei jeweils mit einem mehrfachen, massiven Mauerring umgebenen Segmenten bestand, verbunden. Diese Mauern, die insgesamt ein geschlossenes System bildeten, ermöglichten zugleich die selbständige Verteidigung jedes einzelnen Schlosssegmentes.

Über die gesamte Burganlage ragte der älteste Teil hinaus, seit der Neuzeit das Hochschloss genannt. Errichtet wurde es sicherlich nach dem Vorbild des Hauptschlosses in Preußen am Ende des 13. Jahrhunderts, die Burg des Landesmeisters in Elbing. Es wurde sehr schnell selbst zum wichtigsten Entwicklungsglied auf dem Weg der Gestaltung des regulären Typs, des Vierflügel-Ordensritterschlosses, das sowohl architektonisch als auch zu Gebrauchszwecken in einer gelungenen Art und Weise die Funktion eines Klosters und eines Verteidigungsbaus verband. Im Zusammenhang mit der Änderung der Funktion und der anwachsenden Bedeutung des Schlosses als zentraler Sitz der Ordensmachthaber seit dem Jahr 1309 hatte sich endgültig seine innere Bebauung in Form von vier einheitlich gestalteten, um den mit seinem Charakter an ein Klosterviridarium anknüpfenden Innenhof des Schlosses mit im rechten Winkel aneinander angeschlossenen Flügeln herausgebildet. Der den Hof umgebende Kreuzgang wurde mit Ziegeln gemauert und mit einem Kreuzgewölbe gedeckt. Eine besondere Gestalt erhielt das Hauptgeschoss des Kreuzganges, das sich in Richtung des inneren Schlosshofes mit einer Reihe mit Maßwerk ausgefüllter, hohler Spitzbogenfenstern öffnete.

Der älteste Flügel – der nördliche – erhielt zwei wesentlich größer angelegte Räume: den Kapitelsaal und die Schlosskapelle. Die ursprüngliche, nur die Hälfte des Flügels beanspruchende Kapelle wurde verlängert, indem ein polygonaler Altarraum im Osten angebaut wurde. Das aus einem Raum bestehende Innere der wichtigsten Kirche des Ordensstaates wurde mit einem auf der Höhe von 14,4 Metern angebrachten, wunderschönen Sterngewölbe bedeckt und mit vergrößerten Spitzbogenfenstern mit Buntglas beleuchtet. Das Datum für den Abschluss des Baus der prachtvollen Kapelle – das Jahr 1344 – wurde mit einer Inschrift im Innenraum aus Anlass der Kirchweihe verewigt. Die Grundlage für jene Verlängerung schuf die in den Jahren 1335–1340 für die Hochmeister errichtete Grabkapelle der heiligen Anna. Beide Innenräume – sowohl der Kirche als auch der Grabkapelle – schufen ein wertvolles Ensemble der architektonischen und figuralen Plastik und der Wandmalerei. Zu den wertvollsten Beispielen der architektonischen Bildhauerei in Marienburg gehört die sogenannte Goldene Pforte vom Ende des 13. Jahrhunderts, die das Hauptportal der Marienkirche im Hochschloss ist. Das Portal wurde mit einem handlungsreichen Relief im Bereich der Kapitelle und in den spitzbogigen Archivolten verziert, das in einer symbolischen Art und Weise das Thema des Jüngsten Gerichtes, darunter auch das Gleichnis von den klugen und den törichten Jungfrauen, darstellt. (Abb. 46)

Neben der Kirche wurde ein hoher Glockenturm errichtet, der zugleich als Beobachtungspunkt diente. Er war der höchste Punkt der Schlossanlage.

Den zweiten Teil des Burgensembles bildete das auf dem Grundriss eines Rhombus errichtete Mittelschloss. Die auf dem Lageplan sichtbare Einteilung seiner Bauten entsprach den Bedürfnissen der stark entwickelten Verwaltung sowie der Repräsentation des Ordensstaates. In diesem Bereich des Schlosses muss vor allem der Palast des Hochmeisters, der das ganze 14. Jahrhundert lang errichtet und am Beginn des 15. Jahrhunderts vollendet wurde, besonders hervorgehoben werden. Er ist der architektonisch reichste und künstlerisch wertvollste Bau in der gesamten Hinterlassenschaft des Ordens, der sich durch sein Niveau mit den besten Residenzen des hohen Adels im spätmittelalterlichen Europa messen kann. Er ist ebenso ein hervorragendes Werk der mittelalterlichen Ingenieur- und Bautechnik. In diesem einzigartigen Bau fand das Repräsentationsbedürfnis der Würdenträger des Ordensstaates sowohl in originell gestalteten Fassaden als auch in monumental und zugleich funktional geplanten Innenräumen vollständig seinen Ausdruck. Besonders schön ist im Palast das Ensemble der Repräsentationsräume – der Sommer- und der Winterremter sowie die Hohe Diele –, in denen – dank der Einhaltung eines einmaligen Gleichgewichts von Massen und Proportionen, der hervorragenden Beleuchtung sowie der Anwendung einer innovativen Konstruktion der Gewölbe, die lediglich auf einer einzigen, zentral postierten Säule gestützt werden – ein Werk von außergewöhnlich hohem künstlerischem Wert geschaffen wurde (Abb. 47). Sie gehören zu den krönenden architektonischen Errungenschaften im gesamten Gebiet des ehemaligen Ritterordensstaates.

Im weiteren Teil des Westflügels, der direkt an den Turm des Palastes angrenzt, fand einer der prächtigsten repräsentativen Innenräume

48 Innenraum des Großen Remters im Mittelschloss, 30er-Jahre des 14. Jahrhunderts

der gotischen Architektur in Europa Platz – der Große Remter. Dieser in den dreißiger Jahren des 14. Jahrhunderts für das europäische Kreuzrittertum errichtete, aber auch für Versammlungen der Ordenskapitel genutzte Festsaal begeistert bis heute mit großartigen architektonischen Proportionen, mit einer innovativen Lösung der Konstruktion des Gewölbes, das auf drei schlanken Säulen ruht, und mit einem subtilen Maß an Verwendung von Dekorationselementen (Abb. 48).

Der dritte und jüngste Teil des Schlossensembles war das breit angelegte Vorschloss, das im Laufe des ganzen 14. und in der ersten Hälfte des 15. Jahrhunderts ausgebaut wurde. Die Umgestaltung des ursprünglichen Vorschlosses in das repräsentative Mittelschloss hatte zur Folge, dass der Bau eines neuen, größer konzipierten Wirtschaftshofes erforderlich wurde. Dieser wurde im Norden in der direkten Nachbarschaft des Mittelschlosses angelegt und bereits in der ersten Hälfte des 14. Jahrhunderts mit einer Verteidigungsmauer umgeben. Beeindruckend ausgelegt, beherbergte dieser Wirtschaftshof in der Zeit des Ordensstaates Nutzungsobjekte und technische Anlagen. Hier wurden damals viele Werkstatt- und Wirtschaftsgebäude wie Pferdeställe, Scheunen, Viehställe, Zeughäuser, Wagenschuppen, Brauereien, Mälzereien, Bäckereien, Schmieden und Speicher errichtet. Die Befestigungsanlagen des Vorschlosses wurden im dritten Viertel des 14. Jahrhunderts an die Stadtmauern zur Bildung eines Befestigungsringes angekoppelt.

Mariusz Mierzwiński

| Lit.: Arszyński 1995; Mierzwiński 1998; Torbus 1998

607 Haupt des Apostels Jakobus des Älteren

Westpreußen, um 1340
Kunststein, farbige Fassungsreste – H. 29 cm, B. 26 cm, T. 25 cm
Nürnberg, Germanisches Nationalmuseum, Inv.Nr. Pl.O. 2941 (Depositum der Bundesrepublik Deutschland)
Nürnberg, Germanisches Nationalmuseum, Leihgabe der Bundesrepublik Deutschland

Der Kopf gehörte zu einer lebensgroßen Ganzfigur in der 1344 vollendeten Kapelle des Hochschlosses der Marienburg, des 1309 von Venedig an das Ufer der Nogat verlegten Verwaltungszentrums des Deutschen Ordens und seines Staates. Von einem Baldachin beschirmt stand sie nebst den im Zweiten Weltkrieg teilweise zerstörten Bildwerken Christi, Mariens, der zwölf Apostel, weiterer Heiliger sowie den Personifikationen von Ecclesia und Synagoge auf mit den gewölbestützenden Diensten verbundenen Konsolen an den Wänden des Raums. Die massiven, aus gegossenen Blöcken gemeißelten Skulpturen, deren Positionierung an den tragenden Architekturelementen den zeichenhaften Verweis darstellt, dass Christus und seine Heiligen die Grundpfeiler der Kirche bilden, beeindrucken in der Kompaktheit der Körperformung und der dazu in spannungsvollem Kontrast stehenden differenzierten Gestaltung der Köpfe. Das Jakobushaupt, dessen Antlitz von einem stilisierten Kinnbart und lockig unter dem Pilgerhut hervorquellendem, die Ohren sanft umspielenden Haupthaar gerahmt wird, ist sprechender Ausdruck dieses bemerkenswerten Sensualismus. Auch die tektonische Wölbung der Wangenknochen sowie die schwungvolle Anlage der Augenbrauen und Lippen kennzeichnen eine in Westpreußen in jener Zeit sonst kaum anzutreffende skulpturale Qualität. Die Bildhauerwerkstatt, die hier im Zusammenhang mit dem Ausbau der Burg zum Hochmeistersitz wirkte, besaß Kenntnisse der modernen künstlerischen Strömungen in Westeuropa und muss aus Mitteldeutschland gerufen worden sein. Aufgrund der formalen Nähe der Statuen zum bildnerischen Bestand des Lettners in der Marburger St. Elisabethkirche ist zu vermuten, dass der Ritterorden, der jenes Gotteshaus mit den hochverehrten Reliquien der thüringischen Landgräfin betreute, Kräfte aus Hessen kommen ließ. Für die prachtvolle Gestaltung der Burg im Kolonisierungsgebiet orientierte man sich offensichtlich an wichtigen kulturellen Zentren und dem dort herrschenden künstlerischen Niveau. Frank Matthias Kammel

| Lit.: Clasen 1939, Bd. 1, S. 60f.; Schmid 1955, S. 30; Stafski 1965, Nr. 198; Kahsnitz 1984, S. 80; Kat. Nürnberg 1990, S. 102–105; Kammel 2006, S. 229f.

608 Torso des heiligen Jakobus des Älteren aus dem Apostelkollegium der Marienkirche im Hochschloss Marienburg

1340–1343
Kunststein – in einer Form abgegossen und steinmetztechnisch bearbeitet, kleine Spuren der Polychromie in den Falten des Gewandes – H. 61,5 cm, B. 46 cm, T. 25,5 cm
Marienburg, Muzeum Zamkowe w Malborku, Inv.Nr. MZM/DA/135

Als der Kreuzritterorden 1331 mit den Ausbauarbeiten der Marienkapelle im Hochschloss Marienburg begann, war Kunststein ein im Gebiet des Ordensstaates allgemein verwendetes Material zur Herstellung von bauplastischen Elementen. Die Anfänge der Verwendung reichen im Ordensstaat bis etwa 1280 zurück. Seine Blütezeit ist mit Deutschland verbunden. Am Außenportal des Hochschlosses in Marienburg befinden sich zwei bauplastische Elemente aus gegossenem Kunststein. Es handelt sich dabei jedoch nicht um klassischen Kunststein, wie wir ihn von Bauten im Ordensstaat aus der Zeit nach 1310 kennen. Hier dominiert Kalk als Bindemittel, der Estrichgips ist lediglich eine Beigabe, die das Binden beschleunigt. Seit etwa 1310 wurden immer mehr Elemente aus Kunststein mit Estrichgips als Bindemittel hergestellt. Dies war auch der Grundstoff für die bauplastischen und skulpturalen Ausstattungselemente des Schlossausbaus in den Jahren 1330 bis 1350.

Die aus Kunststein hergestellte Figur des heiligen Jakobus des Älteren war Teil des sogenannten Apostelkollegiums in der Marienkirche im Hochschloss Marienburg. Ähnliche Apostelkollegien wurden im Gebiet des Ordensstaates in den Pfarrkirchen von Chełmno (1330/40) und Brodnica (um 1370), in der Kathedrale zu Królewiec sowie in der Schlosskapelle in Brodnica (vor 1339) realisiert, ein weiteres, in Holz gefertigtes Kollegium aus dem 15. Jahrhundert befindet sich an den Langhauspfeilern der Pfarrkirche des heiligen Nikolaus in der Altstadt von Elbing (Elbląg). In Marienburg wurden die Apostelskulpturen als Pfleilerfiguren (ähnlich wie in der Pfarrkirche zu Brodnica) aufgestellt.

Vor der Zerstörung der Kirche in der Endphase des Zweiten Weltkrieges stand die Skulptur des heiligen Jakobus des Älteren – optisch die Funktion eines Pilasters übernehmend – auf einer Konsole unter einem Baldachin. Während der Pfeiler und das Kapitell – den starken Scherungskräften des Gewölbegewichtes ausgesetzt – aus Kalkstein hergestellt waren, wurden der Baldachin, die frei stehende Skulptur und die Konsole aus einem weicheren, aber für die Steinmetzbearbeitung besser geeigneten Kunststein gefertigt. Bis 1945 war die Skulptur an einem Pfeiler in der Mitte der Südwand der Schlosskirche in Marienburg platziert.

Die Skulptur ist nicht ganz lebensgroß (die Höhe der Skulpturen beträgt zwischen 140 und 160 Zentimetern) und von proportionalem Körperbau. Sie war mit der Vorderseite zum Kircheninneren, in leichtem Kontrapost positioniert. Gekleidet ist sie in ein Untergewand, das in der Taille von einem Gürtel gehalten wird und in einfachen, vertikalen Falten hinab bis auf die unter dem Gewand hervorschauenden nackten Füße fällt. Darüber trägt Jakobus einen Mantel, der am Hals zusammengebunden ist und dessen Stoff sich in dynamisch angeordneten Falten um den Körper des Heiligen legt. Der ebenfalls erhaltene Kopf ist mit einem kegelförmigen Pilgerhut bedeckt. In der rechten Hand hält der Heilige ein Buch. Die Haltung der Hände deutet darauf hin, dass sich Jakobus ursprünglich möglicherweise auf einen Pilgerstock gestützt hat; darauf weist auch die Verlagerung des Körperschwerpunktes auf das rechte Bein sowie die natürliche unbelastete Stellung des linken Fußes hin. Ursprünglich

XII PAPST UND KAISER WOLLEN ES. DAS BALTIKUM – CHRISTIANISIERUNG MIT ALLEN MITTELN

608

war die Skulptur farbig gefasst, in Folge der Witterungsverhältnisse, denen die Figur zwischen 1945 und 1955 ausgesetzt war, wurde jedoch sowohl die Polychromie als auch die äußere Steinschicht beschädigt.

Im Februar 1945 stürzte die Skulptur samt der Ostwand und des Gewölbes der Kirche in Folge des Artilleriebeschusses der Roten Armee ein. Sie zerbarst in mehrere Teile, von denen einige nicht wieder aufgefunden werden konnten. Aus den Trümmern konnten der obere Teil des Körpers von den Knien bis zu den Schultern sowie der abgebrochene Kopf geborgen werden. Der letztgenannte Kopf wurde in den 60er-Jahren des 20. Jahrhunderts unter ungeklärten Umständen aus den Sammlungen des Schlossmuseums in Marienburg gestohlen und gelangte in die Sammlung des Germanischen Nationalmuseums in Nürnberg (Kat.Nr. 607). Bernard Jesionowski

| **Lit.**: Żmijewski 1972; Grzimek 1975, S. 73; Jurkowlaniec 1989, S. 79, 136; Kat. Nürnberg 1990; Grzybowski 1997, S. 172; Rogóż/Gryczewski/Stachera 2006

609 Apostelfigur aus dem Apostelkollegium der Marienkirche im Hochschloss Marienburg

1340–1343
Kunststein, in einer Form abgegossen und steinmetztechnisch bearbeitet – Polychromie im Gesicht und in den Falten des Gewandes teilweise erhalten geblieben – H. 131,5 cm, B. 45 cm, T. 25 cm
Marienburg, Muzeum Zamkowe w Malborku, Inv.Nr. MZM/DA/104

Die Apostelfigur gehört – wie der heilige Jakobus (Kat.Nr. 608) – zum sogenannten Apostelkollegium der Marienkirche im Hochschloss Marienburg. Bis 1945 war sie in der Mitte der Südwand der Schlosskirche, östlich von der ebenfalls in der Ausstellung gezeigten Skulptur des heiligen Jakobus des Älteren platziert. Im Februar 1945 stürzte sie in Folge des Artilleriebeschusses der Kirche zusammen mit den Kirchenmauern ein und verblieb bis etwa 1955 in den Trümmern.

Die Skulptur wurde in den Jahren von 1340 bis 1343, also in der Endphase des Ausbaus der Kirche, gefertigt. Sie war mit Blick in Richtung des Kircheninneren angebracht. Der Heilige ist in ein Gewand gekleidet, das in vertikalen Falten auf die nicht sichtbaren Füße hinabfiel. Darüber trägt er einen Mantel, der auf der rechten Seite auf Höhe des Ellenbogens gebunden ist und frei bis unter die Knie in axialen Kaskadenfalten herabfällt. Der Kopf ist unbedeckt, die üppigen Haare legen sich in Wellen, ähnlich bearbeitet ist der Bartwuchs. Mit dem rechten, gebeugten Arm führte der Heilige eine Geste der Segnung oder Belehrung aus, in der linken Hand hält er eine Schriftrolle. Die Skulptur war ursprünglich polychrom gefasst, nachdem sie jedoch etwa zehn Jahre lang den Witterungseinflüssen ausgesetzt war, ist diese Fassung fast vollständig verloren. Lediglich im Gesicht und im oberen Teil des Körpers sind größere Fragmente der Farbfassung erhalten geblieben. Auf der Brust der Heiligenfigur ist ein Zapfen sichtbar, der den mittelalterlichen Eisenhaken zur Befestigung der Skulptur an der Wand bedeckt.

Die Werkstattherkunft der Skulptur ist unbekannt. Es wird angenommen, dass sie ein Erzeugnis derselben Werkstatt ist, die die Figuren für die Pfarrkirche von Chełmno gefertigt hat (Anna Błażejewska). Beachtenswert ist jedoch, dass die Figuren aus der Pfarrkirche von Chełmno besonders schlank sind; die Apostelskulpturen aus Marienburg sind dies nicht (ähnlich wie die Figuren aus der Pfarrkirche von Brodnica). Vielmehr ähneln die Marienburger Figuren in ihren Proportionen dem Apostel-Ensemble aus der Elisabethkirche in Marburg, woher möglicherweise auch die künstlerische Inspiration kam. Darauf deutet auch ein anderer Aspekt hin, nämlich die Tatsache, dass die Marienburger Figuren jeweils Bestandteil eines Pfeilers sind, wodurch sie sich von den freistehenden Skulpturen des Apostelkollegium von Chełmno, Królewiec oder Elbing (Elbląg) unterscheiden und näher an den Figuren aus der Pfarrkirche von Brodnica zu sein scheinen. Die Marienburger Figuren bilden dagegen eine Einheit mit der Konsole, dem Baldachin, dem Dienst und dem Dienstkapitell. Eine solche Komposition mindert die Wichtigkeit der Skulpturen als solche und betonte stattdessen ihre architektonische Einbindung: Die Figuren waren baulicher Bestandteil des Pfeilers und diesem nicht bloß vorgeblendet, wie zum Beipiel in Chełmno. Die Unterschiede in der Bearbeitung der Konsolen und Baldachine sowie stilistische Unterschiede in der Skulpturengestaltung der beiden Gruppen lassen vermuten, dass hier zwei verschiedene Werkstätten am Werk waren. Die stilistischen Abweichungen – außer der oben erwähnten unterschiedlichen Proportionierung der Skulpturen – liegen auch in der größeren Faltentiefe und -dynamik der Gewanddraperie beim Marienburger Ensemble, in der Dynamisierung der Figuren durch Körperdrehungen und Bewegungsmotive sowie in der Individualisierung der einzelnen Figuren durch differenzierte Gesichtsausdrücke, Haar- und Bartgestaltung. Ein unbestrittener Hinweis zur Bestätigung der These einer unterschiedlichen Werkstattherkunft der Marienburger Skulpturen und der Skulpturen von Chełmno sind auch die Materialanalysen (erstellt für das Marienburger Ensemble) sowie der Vergleich der Gusstechniken, die durch eine Betrachtung der Rückseiten der Statuen nachvollziehbar sind. Das Apostelkollegium aus der Marienkirche in Marienburg zählt zu jenen Darstellungen, die – als Gemälde oder Plastik – in den Sakralräumen des Ordensstaates in Preußen häufig zu sehen sind. Außer den erwähnten Ensembles aus Chełmno und Brodnica sind ähnliche Apostelkollegien im Dom zu Królewiec und auch Gemäldezyklen aus den Kirchen in Marianka bei Pasłęk oder Okonin im Gebiet von Chełmno erwähnenswert. Auf die Umarbeitung der Skulpturen- in Bilderzyklen in Dorfkirchen weist Juliusz Raczkowski hin. Clasen sieht die künstlerischen Inspirationen im Südwesten Deutschlands (Rottweil), Jurkowlaniec in Nürnberg. Zweifellos hatte das „Apostelkollegium" aus der Kirche St. Elisabeth in Marburg einen großen Einfluss auf diese Art der skulpturalen Ausschmückung. Das aus der französischen Kathedralarchitektur des 12. und 13. Jahrhunderts bezogene Motiv stieß bei den Stiftern im Ordensstaat auf Verständnis und Akzeptanz. Die genaue Inspirationsquelle ist jedoch bis heute nicht endgültig erforscht.

Im Februar 1945 stürzte die Skulptur samt der Ostwand und des Gewölbes der Kirche in Folge des Artilleriebeschusses der Roten Armee ein. Sie zerbrach in mehrere Teile, von denen einige (der untere Bereich der Figur, der rechte Fuß und auch die rechte Hand) trotz Suchens nicht wieder aufgefunden werden konnten. In den Jahren von 2008 bis 2010 wurde sie in der Restaurierungswerkstatt der Mikołaj-Kopernik-Universität in Toruń restauriert. In Folge dieser Arbeiten wurden die aus den Kirchentrümmern geborgenen Fragmente zusammengefügt, ohne dass die fehlenden Teile ersetzt wurden; auch die Verluststellen an den Gewändern, am Kopf und an den Händen wurden nicht rekonstruiert. Die Restbestände der Farbfassung wurden konserviert, die Struktur der erodierten und angeschlagenen Oberfläche des Kunststeins wurde verstärkt. Bernard Jesionowski

| Lit.: Clasen 1939; Żmijewski 1972; Jurkowlaniec 1989, S. 82ff., 176f.; Rogóż/Gryczewski/Stachera 2006; Kat. Malbork 2010, Nr. 1.2.27 (Anna Błażejewska); Kat. Malbork 2010, Nr. 1.3.4 (Juliusz Raczkowski)

610 Bemalte Konsole für eine Figur des Apostelkollegiums der Marienkirche im Hochschloss Marienburg

1340–1343
Kunststein, in einer Form abgegossen und steinmetztechnisch bearbeitet – Polychromie teilweise erhalten geblieben – H. 46 cm, B. 50 cm, T. 36 cm
Marienburg, Muzeum Zamkowe w Malborku, Inv.Nr. MZM/DA/100

Die Konsole aus Kunststein wurde in den Jahren zwischen 1340 und 1343 in der Endphase des Ausbaus der Marienburger Kirche hergestellt. Bis 1945 war sie im polygonalen Chorschluss der Kirche angebracht. Im Februar 1945 stürzte die Konsole samt der Ostwand und des Gewölbes der Kirche ein. In den 50er-Jahren des 20. Jahrhunderts wurde sie aus den Trümmern geborgen und im Jahre 2005 restauriert, das heißt ihre Oberfläche wurde von Verschmutzungen gereinigt, die Struktur des Kunststeins gefestigt und die Überreste der Farbfassung wurden gesichert.

Es handelt sich um eine Eckkonsole mit einem stumpfen, an die Wände anschließenden Winkel. Auf der von zwei Profilen eingefassten polygonalen Frontfläche befindet sich die Figur eines knienden Mannes (Ordensmann mit Tonsur?), umgeben von zwei menschlich-tierischen Hybriden (menschliche Gestalten mit Löwenköpfen?). Die rechte Hybride beißt in ein ehemals beschriftetes Spruchband.

Die Konsole weist zahlreiche bildhauerische und architektonische Verluststellen auf. In Folge des Sturzes aus einer beträchtlichen Höhe brachen die Profile, die die Frontfläche abschließen, ab und die Oberflächen der reliefierten Figuren wurden beschädigt. Die ursprüngliche Polychromie konnte nach der Reinigung und Stärkung bei den oben genannten konservatorischen Arbeiten teilweise erhalten werden.

Bernard Jesionowski

| Lit.: Żmijewski 1972; Jurkowlaniec 1989, S. 177

611 Kapitell mit Weinlaub aus der Marienkirche im Hochschloss Marienburg

Um 1340
Kalkstein, steinmetztechnisch bearbeitet – Polychromie teilweise erhalten geblieben – H. 50,5 cm, B. 36 cm, T. 32 cm
Marienburg, Muzeum Zamkowe w Malborku, Inv.Nr. MZM/DA/113

Das Kapitell ist konstruktionstechnisch ein äußerst wichtiges Element eines Pfeilers – es übernimmt die Belastungen und Spannungen, die aus dem Gewicht des Gewölbes resultieren, und überträgt sie auf die Dienste und die Wände. In der Marienkirche im Schloss Marienburg wurden diese Konstruktionselemente des um 1340 errichteten Gewölbes – ähnlich wie der untere Teil des Rippengewölbes – aus Kalkstein, die übrigen Elemente der Pilaster aus Kunststein gefertigt. Das Kapitell befand sich an der Nordwand an der Stelle des ersten Bruches des polygonalen Chorschlusses. Es ist samt dieses Teils der Kirche in Folge des Artilleriebeschusses im Februar 1945 eingestürzt. Während der Trümmerbeseitigung jenes Bereichs der Schlossruine um 1955 geborgen, wird es aktuell in der Sammlung des Schlossmuseums Marienburg aufbewahrt. Das Kapitell wurde aus feinkristallinem Kalkstein hergestellt, wegen der Platzierung an der Berührungsstelle zweier Wänden besitzt es einen asymmetrischen Querschnitt, der es an die Form des Winkels anpassen soll. Der hintere Teil hat die Form eines verlängerten Keilsteines, der der Befestigung des Kapitells in der Wand dient. Der polygonale Schaft mit vertikalen Seiten ist mit Rebenzweigen bedeckt – je ein Zweig auf jeder Seitenfläche. Unter den plastisch geformten Blättern mit deutlich markierter Aderung sind Traubendolden versteckt. Die Pflanzenornamente lösen sich stark von der Oberfläche des Kapitells. Nach unten wird diese Komposition durch ein kleines Gesims abgeschlossen, oben wird sie durch ein aus einer Hohlkehle und einem Karnies Sims bestehendes Gesims begrenzt. Das Kapitell ist mit grüner, goldener und gelbbrauner Farbe gefasst. Infolge der Witterung während der Lagerung in den Trümmern ist die Polychromie nur teilweise bewahrt geblieben. Trotz des Sturzes aus erheblicher Höhe ist das Stück relativ gut erhalten geblieben, ein wenig beschädigt sind lediglich die Ränder der Blätter. Das Kapitell wurde im Jahre 2006 restauriert. Dabei wurden die Oberfläche gereinigt, die Struktur des Steins gefestigt und die Überreste der Farbfassung gesichert.

Bernard Jesionowski

| Lit.: Kilarski 1972; Jurkowlaniec 1989, S. 176

612 Baldachin aus der Marienkirche im Hochschloss Marienburg

Um 1340
Kunststein, in einer Form abgegossen und steinmetztechnisch bearbeitet – Polychromie und Goldverzierungen teilweise erhalten geblieben – H. 46 cm, B. 50 cm, T. 40 cm
Marienburg, Muzeum Zamkowe w Malborku, Inv.Nr. MZM/DA/102

Der Baldachin aus Kunststein wurde um 1340 in der Endphase des Ausbaus der Marienburger Kirche hergestellt. Er ist einer der vier Baldachine des polygonalen Chorschlusses; eine genaue Lokalisierung ist wegen der einheitlichen Ornamentierung nicht möglich. Der Baldachin bekrönte eine der Figuren des Apostelkollegiums. Die tetragonale Konstruktion des Baldachins mit einer zur Befestigung in der Mauer dienenden Verankerung ist auf der Frontseite mit einer plastischen Wimperg- und Maßwerkverzierung versehen. Die einzelnen sind mit Krabben besetzt und durch Fialen bekrönt. Zwischen den Wimpergen befinden sich Fialen, die die einzelnen Kompartimente des polygonalen Baldachins markieren. Die Innenseite des Baldachins ist als zehnteiliges Rippengewölbes gestaltet, dessen Rippen auf eine kleine Rosette zulaufen. Der Baldachin ist in den Farben Grün, Rot und Blau polychromiert, auch Spuren von Gold sind erkennbar. Bernard Jesionowski

| **Lit.**: Żmijewski 1972; Jurkowlaniec 1989, S. 177, Abb. 152–155

613 Hand der Marienstatue vom Ostchor der Hauptkirche der Marienburg

Um 1340
Kunststein, in einer Form abgegossen und steinmetztechnisch bearbeitet – ursprünglich polychromiert, später mit Mosaik bedeckt; Tessera des Mosaiks teilweise erhalten – H. etwa 58 cm, B. etwa 30 cm, T. etwa 15 cm
Marienburg, Muzeum Zamkowe w Malborku, Inv.Nr. MZM/DA/1221

In den Jahren 1325 bis 1330 wurden im gesamten Schloss umfangreiche Bauarbeiten vorgenommen, die dem Ausbau des gesamten Gebäudesystems dienten. Sie waren mit neuen Funktionen verbunden, die das Schloss im Zusammenhang mit der Lokalisierung des Sitzes des Großmeisters und der Ordensbehörden in Marienburg erfüllen sollte. Im Jahr 1331 begann der Ausbau der Hauptkirche im Ordensstaat – der Marienkirche im Hochschloss in Marienburg. Um 1340 näherten sich die Arbeiten dem Ende. Die Entscheidung, in der zum Osten hin gelegenen Wand des polygonalen Chorschlusses der Kirche eine überlebensgroße Marienfigur als Schutzpatronin des Ordens aufzustellen, musste spätestens im Laufe der Bauarbeiten gefallen sein, denn die Baumeister haben statt eines zentralen Chorfensters eine weit gelaubte Nische errichtet, die höher ist als die benachbarten Fenster. Die fehlende Profilierung der Nischenlaibung deutet darauf hin, dass dies von Anfang an so konzipiert war.

Die schlanke Figur der in leichtem Kontrapost stehenden, frontal dargestellten Gottesmutter wurde zentral in der Nische der mehreckigen Apsis platziert. Auf ihrem linken Arm trägt sie das Jesuskind, in der rechten Hand hält sie ein (Lilien-)Zepter. Die Skulptur ist auf Untersicht konzipiert, das heißt der Teil von der Taille abwärts ist stark überlängt. Gekleidet ist sie in ein goldenes Untergewand, über dem sie einen roten, mit goldenen Vögeln ornamentierten Mantel mit blauem Futter trägt. Der Mantelstoff fällt von der linken, das Jesuskind haltenden Hand aus kaskadenartig nach unten. Marias Kopf war mit einem ursprünglich weißen – heute nach den Restaurierungsarbeiten des 20. Jahrhunderts hellblauen – Schleier bedeckt. Eine Krone zeichnet Maria als Himmelskönigin aus. Das Jesuskind ist in „Thronhaltung" mit leicht in Richtung des Betrachters gewandtem Kopf dargestellt. In seiner linken Hand hält es die Weltkugel, die Rechte ruht auf der Brust der Mutter. Es fehlt der Blickkontakt oder jegliche andere emotionale Relation zwischen der Mutter und dem Jesuskind. Der Nischenhintergrund im Rücken der Figur ist vergoldet, die Laibungen sind hellblau gefasst und mit goldenen Sternen ausgeschmückt.

Die Figur entstand gleichzeitig mit der Errichtung der Kirchenmauern und war über acht Meter hoch. Sie wurde aus Kunststein hergestellt und mit einer polychromen Fassung auf einem dünnen Putzuntergrund versehen. Maciej Kilarski befasste sich mit der technologischen Herstellung der Figur. Die gesamte Skulptur besteht aus einzelnen, später zusammengefügten Segmenten von je etwa 80 Zentimetern Höhe. Die Gussformen wurden nach Zugabe eines Bindemittels mit Estrichgips gefüllt. Am oberen Ende eines jeden Segmentes befand sich ein eiserner Haken, der von den ausführenden Meistern in der Nischenrückwand verankert wurde. Es verwundert der hervorragende Zustand dieser Eisenanker, die beim Sturz der Statue nach dem Artilleriebeschuss am Kriegsende aus der Wand herausgerissen wurden. Sie sind lediglich an der Oberfläche leicht korrodiert.

Es wurde festgestellt, dass die Statue zu Beginn mit einer Fassung aus Kalkfarben bedeckt war. Wir wissen nicht, ob der Auftraggeber, das heißt der Deutsche Orden, von Beginn an beabsichtigte, die Riesenfigur mit Mosaik auszustatten. Zweifellos hat diese Maßnahme der Skulptur jedoch mehr Würde verliehen, sie gewissermaßen zum plastischen Symbol der Marienburger Festung gemacht und zugleich die starke Verbundenheit des Ordens zur Gottesmutter betont.

Mit ihrer Ausschmückung durch Mosaiksteine waren die Arbeiten an der Skulptur endgültig abgeschlossen. Diese Technik ist in der Kunst des Ordensstaates ansonsten unbekannt. Wir kennen lediglich zwei Werke aus der zweiten Hälfte des 14. Jahrhunderts, die in dieser Technik erstellt wurden und sich im Gebiet des Ordensstaates befinden. Dies sind das Mosaikbild „Martyrium des heiligen Johannes [Apostel]" auf der Südfassade der Kathedrale zu Kwidzyń und eben die Mosaikbeschichtung der Marienburger Skulptur. Beide Werke entstanden zwischen 1370 und 1380 und werden häufig mit einem anderen Werk aus derselben Zeit in Verbindung gebracht – mit dem Mosaik am Veitsdom auf der Prager Burg. Zahlreiche Kontakte der Großmeister mit den Herrscherhöfen des mittelalterlichen Europa, insbesondere mit den Prager Herrschaftskreisen, deuten auf eine mögliche Prager Inspiration hin. Von Bedeutung kann hier auch die Tatsache sein, dass in Venedig, der Heimat der mittelalterlichen Mosaikkunst, ein Ordenshaus der Kreuzritter existierte, in dem sich in den Jahren von 1291 bis 1304 die Großmeister aufhielten.

Der oben erwähnte Mangel an nordeuropäischen Künstlern, die die Mosaiktechnik beherrschten, weist auf die Möglichkeit hin, dass ein venezianischer Künstler in den Ordensstaat gekommen sein und beide Werke angefertigt haben könnte. Zweifellos haben beide Objekte den Glanz und die Bedeutung der Bauwerke als Zentren künstlerischen Schaffens hervorgehoben. Das Schloss Marienburg wurde an der Ostfassade wie eine Reliquie eingefasst. Diese Maßnahme war sowohl für Ordensleute als auch für diesem Milieu fremde Beobachter weithin sichtbar.

Sehr deutlich ist es auf dem um 1480 entstandenen Bild „Die Belagerung der Marienburg" zu sehen, das verschollen ist und sich bis 1945 im Artushof in Danzig befand. Der mittelalterliche Künstler wendet hier einen interessanten ikonographischen Kniff an – er richtet den Altarraum der Schlosskirche nach Norden aus und setzt an die Stelle des Ostabschlusses einen turmähnlichen, verputzten Bau, der sich in vielen Details von der Architektur der Kirche unterscheidet. Er „baut" die künstlerische Vision eines der Muttergottes gewidmeten Reliquiars.

Am 21. April 1903 fiel die rechte, das Zepter haltende Hand der Gottesmutter ab. Eine Nachbildung wurde angefertigt und das Original mit den Mosaikresten wurde der bauplastischen Sammlung des Schlosses Marienburg zur Verwahrung gegeben. Diese Arbeiten hat die Firma Puhl & Wagner aus Nixdorf durchgeführt, sie wurden im Oktober 1903 beendet. Nach Durchführung der konservatorischen Arbeiten ist die mittelalterliche Hand der Statue ihr am besten erhalten gebliebenes Element.
Bernard Jesionowski

| Lit.: Schmid 1925, S. 5–15 (Abb.); Kilarski 1988; Kat. Nürnberg 1990, S. 106f., Nr. II.7.18 (Peter Springer); Kilarski 1993; Grzybkowski 1997, S. 168–184; Pospieszna 2006; Kat. Malbork 2010, S. 57ff., Nr. I.2.29 (Barbara Pospieszna)

614 Vier Segmente von Bodenfliesen aus dem Hochschloss Marienburg

Backstein mit Abdruck eines Holzstempels zum Ornamentabdruck, Abnutzungsspuren – H.11,7 cm, B. 10 cm, T. 4,1 cm; H. 11,4 cm, B. 12,1 cm, T. 4,6 cm; H. 11,6 cm, B. 10,6 cm, T. 4,1 cm; H. 10,8 cm, B. 7,6 cm, T. 3,7 cm
Marienburg, Muzeum Zamkowe w Malborku, Inv.Nr. MZM/DA/408/3; 1218–1220

In der Sammlung des Schlossmuseums in Marienburg befinden sich einige Bodenfliesen, die während der von Conrad Steinbrecht durchgeführten Konservierungsarbeiten gesichert wurden. Wir wissen, dass man einen Teil von ihnen 1888/89 in der Marienkapelle im Schloss Marienburg fand. Im Jahre 1998 wurden während der Restaurierung des Großen Remters und der anliegenden Räume im Mauerwerk der Gewölbebögen der darunterliegenden Kellerräume weitere Fliesen gefunden. Sie wurden zusammen mit Überresten der um 1331 abgerissenen ersten Kapelle entdeckt, weshalb man vermutet, dass sie einst den Boden dieses ersten Kapellenbaus schmückten. Das erste Fliesen-Ensemble besteht aus mit Phantasietieren verzierten Kacheln, deren Ecken halbrund ausgeschnitten sind, sodass jeweils vier Fliesen zusammen mit einem zentralen runden Verbindungselement eine Einheit bilden. Bei dem zweiten Ensemble handelt es sich um Fliesen mit einem Flechtmotiv; auch hier bilden jeweils vier Fliesen einen vollständigen, doppelten Kreis.

Die annähernd quadratischen Fliesen mit trapezförmigem Querschnitt sind aus gebranntem Ton hergestellt. Sie zeigen ein Flechtmuster aus einem doppelten Band, das mit einem Holzstempel in den noch weichen Ton eingedrückt wurde. In den Ecken bilden geflochtene Einzelbänder ein mandelförmiges Muster. In der Mitte jeder Fliese befindet sich eine kleine vierblättrige Rosette. Zusammengesetzt bildet das Doppelbandornament von jeweils vier Fliesen einen geschlossenen Kreis. Auf jeder Fliese befindet sich zugleich ein Segment eines weiteren Kreises. Einige Fliesen weisen auf den seitlichen, angeschrägen Kanten profilierte horizontale Linien auf, mit denen man die Bodenhaftung des Estrichs an die Keramik erhöhen wollte. Die Unterseite der Fliesen ist uneben und zeigt einen Abdruck des Zieglertisches, der großzügig mit Sand bestreut war. Die Fliesen weisen einen hohen Grad an Sintern und eine hohe Festigkeit auf, die größer ist als die von Ziegeln. Außerdem sind Abnutzungsspuren und Estrichreste erkennbar, die von ihrer Einmauerung in den Boden zeugen.

Fliesenböden sind auch aus anderen Gebäuden im Gebiet des Deutschen Ordensstaates bekannt. Einen vergleichbaren Boden gab es zum Beispiel im Thorner Schloss – in der architekturhistorischen Sammlung des Bezirksmuseums in Thorn befinden sich einige Dutzend Exemplare von Bodenfliesen, die während der in der zweiten Hälfte des 20. Jahrhunderts in der Festung Thorn durchgeführten archäologischen Forschungsarbeiten aufgefunden wurden. Die Fliesen aus Thorn unterscheiden sich jedoch von denen aus Marienburg dadurch, dass sie glasiert sind. Bernard Jesionowski

| Lit.: Schmid 1930; Domagała 1966, S. 14, Taf. II, Abb. 24; Żmijewski 1972; Landgraf 1993, S. 72–88; Jesionowski 2006, S. 92, Abb. 53, 54; Kat. Magdeburg 2009, S. 413, Nr. VI. 33c (Bernard Jesionowski); Dembeck/Jesionowski 2001; Kat. Malbork 2010, Nr. 1.2.34 (Barbara Pospieszna)

615 Schwertfragment

9./10. Jahrhundert
Grabfund, Wiskiauten, Ostpreußen (heute Mohovoe, Oblast Kaliningrad, Russland)
Eisen, ursprünglich silbertauschiert – untere Klingenhälfte nicht erhalten, ursprünglich streifenförmige Silbertauschierung auf Parierstange und Knauf – erhaltene L. 30,2 cm, max. B. (Klinge) 6,2 cm
Berlin, Staatliche Museen zu Berlin – Preußischer Kulturbesitz, Museum für Vor- und Frühgeschichte, Inv.Nr. PM III, 260, 2012

Das Schwertfragment stammt aus der sogenannten Kaup, einem Wäldchen bei Wiskiauten im Nordosten der samländischen Halbinsel, in der Nähe zum kurischen Haff. Dort befindet sich ein Gräberfeld mit über 250 Grabhügeln. Das Schwert wurde bei Ausgrabungen im August 1880 entdeckt; die genauen Fundumstände sind leider unbekannt.

Nur die obere Hälfte der Schwertklinge ist auf uns gekommen und weist im Querschnitt eine breite Hohlkehle auf, während der Schwertgriff mit Parierstange, Heft und Knauf fast vollständig erhalten ist. Einzig die Heftumwicklung aus organischen Materialien (Leder?) fehlt heute. Ursprünglich waren der Schwertknauf sowie die Parierstange mit senkrecht angeordneten, streifenförmigen Silber-

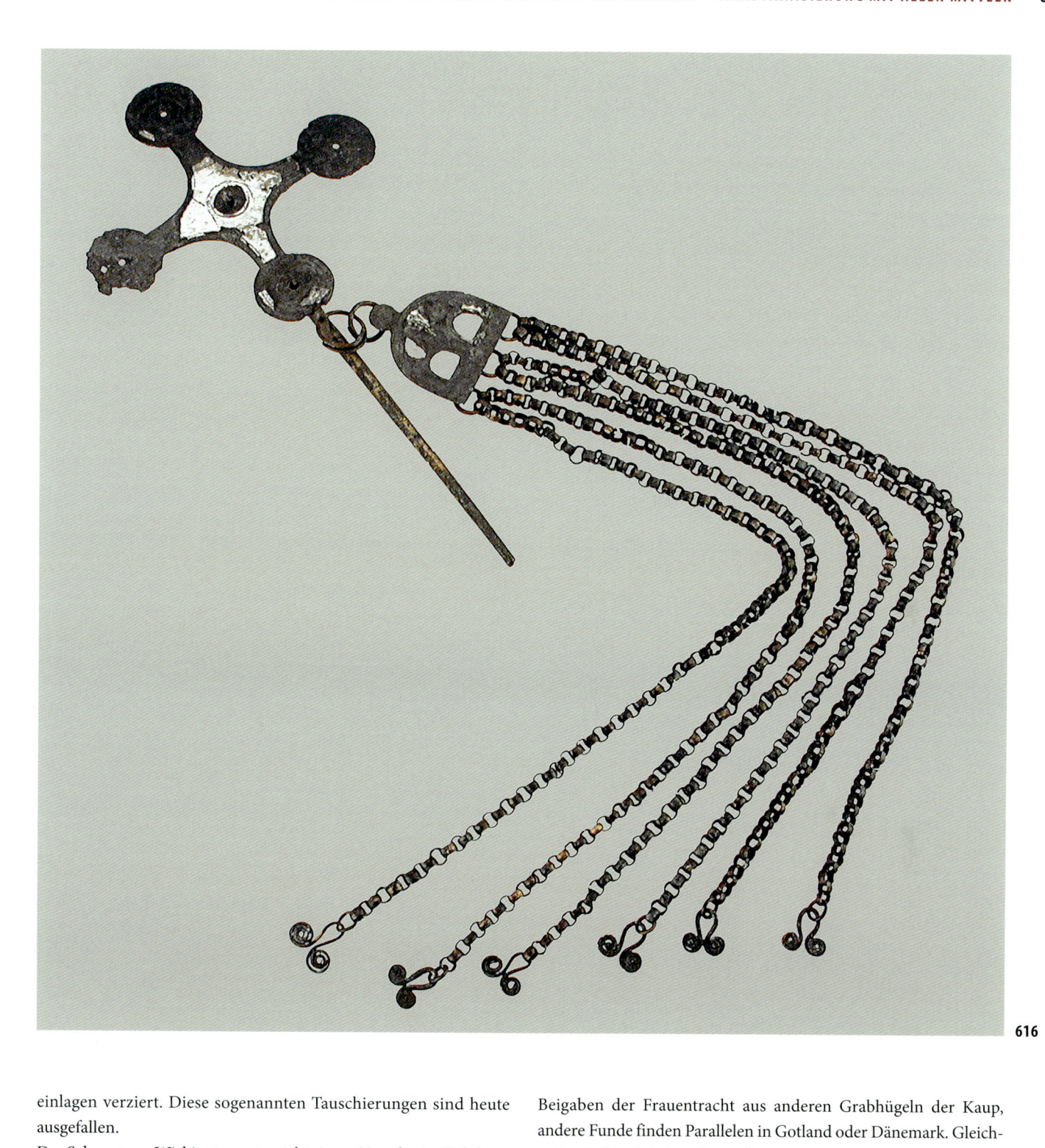

XII PAPST UND KAISER WOLLEN ES. DAS BALTIKUM – CHRISTIANISIERUNG MIT ALLEN MITTELN

616

einlagen verziert. Diese sogenannten Tauschierungen sind heute ausgefallen.

Das Schwert aus Wiskiauten entspricht einem Typ, der im Baltikum im 9. und 10. Jahrhundert in Gebrauch war. Der Herstellungsort der einstmals prächtigen Waffe lässt sich nicht eindeutig bestimmen. Ähnliche Formen stammen neben dem Baltikum auch aus Skandinavien sowie West- und Mitteleuropa. Der Grabbau der Hügelgräber in Wiskiauten sowie die ausgeübte Sitte der Brandbestattung finden aber Parallelen in Mittelschweden, etwa in den Gräberfeldern des wikingerzeitlichen Handelsplatzes von Birka. Dorthin weisen auch Beigaben der Frauentracht aus anderen Grabhügeln der Kaup, andere Funde finden Parallelen in Gotland oder Dänemark. Gleichzeitig sind auch kulturelle Einflüsse der einheimischen Prußen feststellbar.

Möglicherweise hatten sich skandinavische Händler in Wiskiauten niedergelassen, das zur Wikingerzeit wahrscheinlich direkt am kurischen Haff lag und damit über einen Zugang zur Ostsee verfügte. Der ehemalige Schwertträger lebte ohne Zweifel in einer Gemeinschaft aus Angehörigen unterschiedlicher Kulturen.   Norbert Goßler

| Lit.: Zur Mühlen 1975, S. 36, Taf. 36; Kazakevičius 1996; Ibsen 2009

616 Kreuznadel mit Schmuckgehänge

9./10. Jahrhundert
Anduln/Zeipen-Görge, Kr. Memel (heute: Ėgliškiai-Anduliai, Kretingos raj., Litauen)
Bronze; Silber – L. (Nadel) 32 cm, L. (Schmuckgehänge) 53 cm
Berlin, Staatliche Museen zu Berlin – Preußischer Kulturbesitz, Museum für Vor- und Frühgeschichte, Inv.Nr. Ia 545 a

Die prächtige Kreuznadel mit Schmuckgehänge stammt aus Grab 149 des vom 2. bis ins 13. Jahrhundert datierenden Gräberfeldes von Anduln, das 1895 erstmals angeschnitten wurde und insgesamt an die 6000 Funde erbrachte. Archäologisch sind die hier Bestatteten der sogenannten Memelkultur zuzurechnen, deren Schmuckformen sich im Laufe der Jahrhunderte kontinuierlich weiterentwickeln. Die übergroße Nadel, für den alltäglichen Gebrauch eher ungeeignet, ist dabei Ausdruck eines eigenständigen Formenrepertoires, das im europäischen Kontext ohne Parallelen ist. Eine nahezu identische Nadel fand sich in Grab 150 desselben Gräberfeldes. Sie beweist, dass solche Nadeln wohl einzeln getragen wurden.
1897 wurden beide Schmucknadeln zusammen mit weiteren Funden vom Ortsvorsteher Michael Martin Blyze aus Zeipen-Görge erworben.

Heino Neumayer

617–620 Das Gräberfeld von Gerdauen

Das Gräberfeld von Gerdauen (heute Železnodoroznyj, Oblast Kaliningrad, Russland) repräsentiert die einheimische, prußische Bevölkerung aus der Zeit nach der Eroberung Ostpreußens durch den Deutschen Orden am Ende des 13. Jahrhunderts.
Der Friedhof lag in der Nähe einer Burg des Ordens, die während des 1. Viertels des 14. Jahrhunderts an der Stelle einer einheimischen Befestigung errichtet worden war. Auf dem Gräberfeld bestatteten die prußischen Bewohner einer nahe gelegenen Siedlung, die 1398 vom Deutschen Orden zur Stadt erhoben wurde. Der Friedhof wurde seit dem 14. Jahrhundert genutzt und mindestens bis ins 15. Jahrhundert belegt. Die Sitte der Körperbestattung auf dem Gräberfeld zeugt von einem gewissen christlichen Einfluss, doch die reiche Tracht- und Beigabenausstattung der Beigesetzten sowie die Tatsache, dass man weit bis ins 15. Jahrhundert fernab der Pfarrkirche von Gerdauen bestattete, zeugt vom Festhalten der einheimischen Prußen an ihren heidnischen Glaubensvorstellungen. Die Unterwerfung unter die Herrschaft des Deutschen Ordens war im Bezug auf den religiösen Bereich nur oberflächlich geblieben.
Vom Gräberfeld in Gerdauen wurden 1877 und 1878 insgesamt 91 Körperbestattungen freigelegt, einige wenige davon zeigten Spuren

618

von Särgen. 50 Gräber enthielten Beigaben, darunter Halsringe, zahlreiche Fibeln und Schnallen, Amulettschmuck, Fingerringe, Messer und Feuerstähle sowie sogar Sporen und Trensen.

Norbert Goßler

| Lit.: Hennig 1878/79; Hennig 1879; Weise 1981, S. 64f.

617 Spiralhalsring

Prußisch, 14./15. Jahrhundert

Grabfund, Gerdauen, Ostpreußen (heute Železnodoroznyj, Oblast Kaliningrad, Russland)

Bronze – achtfach gewunden, bestehend aus vier miteinander tordierten Einzeldrähten, ein kolbenförmiges Ende, das andere zungenförmig, versehen mit Kreisaugenpunzen – Dm. max. 27,7 cm, H. 4,9 cm

Berlin, Staatliche Museen zu Berlin – Preußischer Kulturbesitz, Museum für Vor- und Frühgeschichte, Inv.Nr. PM IV, 360, 5809

Der achtfach gewundene Spiralhalsring aus einer Körperbestattung der Nekropole in Gerdauen repräsentiert ein typisches Element der prußischen Tracht. In der frühen archäologischen Forschung Ostpreußens wurden vergleichbare Ringe auch als „Totenkronen" bezeichnet, in Analogie zu neuzeitlichem Totenschmuck. Gut dokumentierte Grabfunde lassen aber keinen Zweifel daran, dass es sich um Halsschmuck handelt, der vor allem im 13. bis 15. Jahrhundert getragen wurde.

Tordierte Halsringe waren im Baltikum bereits seit der römischen Kaiserzeit bekannt, das Exemplar aus Gerdauen steht also in einer langen Tradition. Die Kontinuität solcher Schmuckformen von der Eisenzeit bis ins Mittelalter ist charakteristisch für die kulturellen Verhältnisse im Baltikum.

Spiralhalsringe wurden vor allem von Frauen getragen, kommen jedoch auch in Männergräbern vor. Den genauen Fundzusammenhang des vorliegenden Exemplars kennen wir leider nicht. Innerhalb der Sachkultur aus dem Gräberfeld von Gerdauen steht der Halsring für die auch nach der Unterwerfung unter die Herrschaft des Deutschen Ordens fortlebende prußische Identität der Einheimischen.

Mit insgesamt fast 1,7 Kilogramm ist das Gewicht des Halsringes bemerkenswert. Allein die verarbeitete Menge an Bronze dürfte einen Wert an sich dargestellt haben. Manches weibliche Trachtensemble umfasste neben einem Spiralhalsring auch umfangreichen metallenen Brustschmuck aus Fibeln, Nadeln, Amuletten und Anhängern, Gürteln mit Beschlägen sowie Arm- und Fingerringe. Solche Ausstattungen stellten für ihre Trägerinnen wahrscheinlich eine Art „Festtagsgewand" dar, mit dem auch der soziale Status unterstrichen wurde.

Norbert Goßler

| Lit.: Bogucki 2001; Vaškevičiūtė 2004, S. 60–65; Kat. Riga/Vilnius 2005, S. 69–77

618 Amulettanhänger

Prußisch, 14.–16. Jahrhundert

Grabfunde, Gerdauen, Ostpreußen (heute Železnodoroznyj, Oblast Kaliningrad, Russland)

Bronze; Horn – Bärenkralle bzw. deren Reste in einer Bronzefassung mit Aufhängeöse; an die Fassung angehängt sind trapezförmige Klapperbleche – L. 6,6 cm–6,4 cm, B. max. 4,6 cm–7,3 cm

Berlin, Staatliche Museen zu Berlin – Preußischer Kulturbesitz, Museum für Vor- und Frühgeschichte – Inv.Nr. PM IV, 242, 5440 h; PM III, 224, 1100

Die beiden Amulettanhänger aus dem Gräberfeld in Gerdauen legen ein eindrucksvolles Zeugnis von den heidnischen Glaubensvorstellungen der Prußen ab, die auch nach der Unterwerfung durch den Deutschen Orden lebendig waren. Bärenkrallen bzw. Bärenzähne treten schon in germanischen Gräbern der Römischen Kaiserzeit auf; solchen Objekten wurden besondere Kräfte zugeschrieben, als Amulette sollten sie den oder die Trägerin vor schlechten Einflüssen bewahren.

Die Bärenkrallen-Amulette waren möglicherweise Bestandteile eines umfangreicheren Brustschmuckes; auch eine Trageweise am Gürtel ist nicht auszuschließen. Sie treten sowohl in Frauen- als auch Männergräbern auf. Zu den genauen Fundumständen der beiden Amulette aus Gerdauen liegen leider keine Angaben vor.

Im Baltikum sind Bärenzahn-Amulette ab dem 10./11. Jahrhundert von Litauen bis Finnland verbreitet und belegen vergleichbare Glaubensvorstellungen bei den Balten und den Finno-Ugriern. Amulettanhänger mit Bärenkrallen, die mit Klapperblechen und sogar kleinen Glöckchen geschmückt sein können, treten bei den Prußen und ihren nördlichen Nachbarn erst ab dem 13. Jahrhundert auf und werden bis weit ins 16. Jahrhundert mit in die Gräber gegeben.

Ihr verstärktes Vorkommen in Ostpreußen dürfte die Folge der Eroberung durch den Deutschen Orden und der damit einsetzenden christlichen Missionierung sein: Die Prußen waren militärisch vom Orden besiegt und politisch unterworfen, als Rückzugsgebiet der kulturellen Identität blieben allein die althergebrachten Glaubensvorstellungen, die umso beharrlicher bewahrt wurden. Bis ins 16./17. Jahrhundert sind immer wieder Berichte der weltlichen und geistlichen Obrigkeit überliefert, die das zähe Fortleben des alten heidnischen Glaubens bei ihren prußischen Untertanen beklagen.

Norbert Goßler

| Lit.: Kat. Paris/Berlin/Kopenhagen 1992, S. 289ff.; Kat. Riga/Vilnius 2005, S. 110ff.; Nanchen 2009, S. 193–204.; Wadyl 2010; Vercamer 2011

619 Beschlag und Anhänger

a) Kreuzförmiger Beschlag
Prußisch, 14./15. Jahrhundert
Grabfund, Gerdauen, Ostpreußen (heute Železnodoroznyj, Oblast Kaliningrad, Russland)
Bronze – gleicharmiges Kreuz mit je einem Niet an den Enden zur Befestigung auf einer Unterlage – L. 6,4 cm, B. 6 cm
Berlin, Staatliche Museen zu Berlin – Preußischer Kulturbesitz, Museum für Vor- und Frühgeschichte, Inv.Nr. PM IV, 359, 5805

619a

619b

b) Kreuzanhänger
Prußisch (?), 14./15. Jahrhundert
Grabfund, Grab 2, Gerdauen, Ostpreußen (heute Železnodoroznyj, Oblast Kaliningrad, Russland)
Blei – gleicharmiges Kreuz mit Resten der Öse zum Aufhängen, Kreuzbalken als lilienartige Blütenkelche ausgeführt – L. 4 cm, B. max. 2,8 cm
Berlin, Staatliche Museen zu Berlin – Preußischer Kulturbesitz, Museum für Vor- und Frühgeschichte, Inv.Nr. PM III, 221, 1100, 2

In der Sachkultur aus dem Gräberfeld von Gerdauen überschneiden sich heidnische und christliche Einflüsse. Für letztere stehen Beschlag sowie ein Anhänger in Kreuzform. Der Fundzusammenhang des Beschlages ist unbekannt, er könnte auf einem Kästchen befestigt gewesen sein; auch eine Funktion als Zaumzeugbeschlag wäre denkbar. Der Anhänger wurde aus Blei gefertigt; der Bleiguss erlaubte die schnelle Herstellung einer größeren Anzahl von Anhängern.

Zur Beigabenausstattung aus Grab 2 gehörten neben dem Kreuzanhänger auch ein Spiralhalsring, weiterer Tracht- und Amulettschmuck aus Glöckchen und Glasperlen sowie Silbermünzen des Deutschen Ordens. Das Grabinventar enthält damit sowohl christliche Symbole (Kreuzanhänger) als auch Zeugnisse heidnischer Vorstellungen (Münzbeigabe, Amulettschmuck); insgesamt betrachtet überwiegen in der Nekropole allerdings noch die heidnischen Elemente, sodass man nicht von synkretistischen Vorstellungen innerhalb der Bestattungsgemeinschaft, also einer Vermischung verschiedener Glaubenssysteme, ausgehen kann. Im Grabzusammenhang dürfte das Kreuz als christliches Symbol eher die Funktion eines zusätzlichen Amulettes gehabt haben; Gleiches gilt für den kreuzförmigen Beschlag.

Bemerkenswert ist darüber hinaus die Tatsache, dass der Kreuzanhänger mit seinen jeweils dreiblättrigen Enden keine westlichen Vorbilder besitzt, sondern eher an ostslawische Kreuzanhänger aus dem 12./13. Jahrhundert anschließt, die auch in Lettland auftreten. Da die schriftliche Überlieferung keine Hinweise auf eine ostslawische, christliche Missionierung in Ostpreußen enthält, stand für die Prußen bei der Übernahme bzw. Nachahmung solcher Anhänger sicher nicht der Symbolgehalt, sondern ihr ästhetischer Wert im Vordergrund.

Norbert Goßler

| Lit.: Hennig 1879, S. 308; Mugurēvičs 1998; Žulkus 1998

620 Schnallen

a) Ave-Maria-Schnalle
Niederdeutsch (?), 2. Hälfte 15./1. Hälfte 16. Jahrhundert
Grabfund, Gerdauen, Ostpreußen (heute Železnodoroznyj, Oblast Kaliningrad, Russland)
Bronze – flacher Rahmen mit rundstabiger Nadel, auf dem Rahmen niederdeutsche Inschrift: MARIA BEROT X HILF GOT („Maria berate, hilf Gott") – Dm. 2,8 cm
Berlin, Staatliche Museen zu Berlin – Preußischer Kulturbesitz, Museum für Vor- und Frühgeschichte, Inv.Nr. PM III, 224, 1100

620a

b) Schnalle in Sternform
Prußisch (?), 14./15. Jahrhundert
Grabfund, Gerdauen, Ostpreußen (heute Železnodoroznyj, Oblast Kaliningrad, Russland)
Bronze – flacher sternförmiger Rahmen mit rundstabiger Nadel, die Sternspitzen als stilisierte dreiblättrige Blüte, in den Zwickeln jeweils gotischer Majuskel „M" – Dm. 6,4 cm
Berlin, Staatliche Museen zu Berlin – Preußischer Kulturbesitz, Museum für Vor- und Frühgeschichte, Inv.Nr. PM III, 224, 1100

c) Schnalle in Rosettenform
Prußisch (?), 14./15. Jahrhundert
Grabfund, Gerdauen, Ostpreußen (heute Železnodoroznyj, Oblast Kaliningrad, Russland)
Bronze – mit Durchbrüchen profilierter Rahmen in Grundform eines Kreises, mit acht Rundeln blumenförmig ausgestaltet, die Verbindungsstellen der Rosetten zieren vierpassförmige Rosetten, rundstabige Nadel – Dm. 5,9 cm
Berlin, Staatliche Museen zu Berlin – Preußischer Kulturbesitz, Museum für Vor- und Frühgeschichte, Inv.Nr. PM III, 224, 1100

Die Gewandschnallen aus dem Gräberfeld von Gerdauen belegen die westlichen Kultureinflüsse, die nach der Unterwerfung durch den Deutschen Orden auf die prußischen Stämme wirkten. Alle drei Schnallen besitzen Vorbilder in der spätgotischen Mode des 14. und 15. Jahrhunderts in West- und Mitteleuropa.
Die fremden Einflüsse sind an der Schnalle mit der niederdeutschen Inschrift („Maria berate, hilf Gott") am deutlichsten ablesbar: Sie zählt zu den sogenannten Ave-Maria-Schnallen, die im 14. Jahrhundert in Mode kamen und in unterschiedlichsten lateinischen Abkürzungsvarianten den Gruß des Engels Gabriel bei der Verkündigung an Maria wiedergeben. Gerdauen ist eines der wenigen bekannten Beispiele, in der die Anrufung an die Muttergottes ins Niederdeutsche übertragen wurde; die Schnalle wurde sicher nicht in Ostpreußen hergestellt. Die Formel MARIA BEROT HILF GOT findet sich auch auf Glocken aus dem Zeitraum zwischen 1450 und 1550 im niederdeutschen Sprachraum. Es ist jedoch ungewiss, ob der ohne Zweifel prußische Träger dieser Gewandschnalle mit christlichem Sinnspruch seinem heidnischen Glauben bereits vollends abgeschworen hatte.

620b

620c

Ob die gotische Majuskel „M" auf der sternförmigen Schnalle ebenfalls mit Maria in Verbindung zu bringen ist, kann nicht mit Sicherheit gesagt werden. Der einfachen Variante aus Gerdauen liegen formal wertvolle Filigranausführungen mit Edelsteinen der Gotik zugrunde, die etwa aus Schatzfunden in Schweden, Ungarn oder Österreich bekannt sind. Auch auf Grabsteinen aus der 2. Hälfte des 15. Jahrhunderts finden sich die typologischen Vorbilder für das Exemplar aus Gerdauen. Gleiches gilt für den Typus der rosettenförmigen Schnalle, der ebenfalls im Gräberfeld belegt ist. Beide Schnallenfunde stellen wohl lokale Nachahmungen der überregionalen Vorbilder dar.

Norbert Goßler

| **Lit.**: Gaerte 1929, S. 328ff., Abb. 265c; Heindel 1986, S. 68ff., Abb. 4; Heindel 1990, S. 12ff.; Svetikas 2000; Prokisch/Kühtreiber 2004; Kat. Pritzwalk 2006

684 IN HOC SIGNO

621

621 Dreißig Anhänger vom Burgwall bei Jegliniec

12.–13. Jahrhundert
Jegliniec, Kr. Suwałki, Woj. podlaskie, Polen
Bronze, patiniert – guter Erhaltungszustand – H. 1,9–3,2 cm, B. 1,9–2,8 cm, Dm. 1,5–2,2 cm
Warschau, Państwowe Muzeum Archeologiczne, Inv.Nr. PMA/V/8664

Die Anhänger stammen vom Burgwall bei Jegliniec in Nordostpolen, einem im Mittelalter von den Jadwingern besiedelten Gebiet. Die Burg erfüllte wohl eine Schutzfunktion an der Kommunikationsroute vom Ostseeraum nach Russland. Im Burginnern wurden ein Wall vom Ende des 8. oder vom Beginn des 9. Jahrhunderts und Besiedlungsspuren aus der Zeit vom 10. bis zur Mitte des 11. Jahrhunderts sowie aus dem 12./13. Jahrhundert entdeckt. Aus letzterer Phase stammen 765 Bronzegegenstände: kleiner Schmuck, Bruchstücke davon, Drähte und Blechfragmete. Sie lagen innerhalb einer kleinen Fläche von etwa 25 Quadratmetern in einer ein Meter starken Schicht. Es könnte sich um Zahlungsmittel handeln, aber auch um wiederzuverwendenden Rohstoff oder um eine rituelle Niederlegung. Zu diesen Funden gehören 128 runde, kreuzförmige und rhombische Anhänger. Die reich verzierten Stücke bilden ein stilistisch außerordentlich einheitliches Ensemble, was für die Herkunft der Stücke aus nur einer Werkstatt spricht. Alle Anhänger sind aus dünnem Blech geschnitten, mit einer Öse und mit einem gewölbten Knopf versehen. Diese Zierknöpfe wurden sämtlich mit einer Matrize gefertigt. Ein solches Gerät wurde zusammen mit den Anhängern gefunden.

Die Anhänger von Jegliniec sind Beispiel einfachen Schmucks, dessen Fertigung sich aus einer europäischen Tradition speist und dessen Idee von Skandinavien aus in die baltischen Gebiete gelangte.

Grażyna Iwanowska

| Lit.: Iwanowska 1991; Iwanowska/Niemyjska 2004

622 Wappenbuch „Bellenville"

Niederländisch, Ende 14. Jahrhundert
Pergament mit Deckfarbenmalerei (Gouache) – H. max. 24,2 cm, B. max. 15,5 cm; 75 Bll.
Paris, Bibliothèque nationale de France, Sign. Ms. fr. 5230

Das nach seinem ersten bekannten Besitzer benannte Wappenbuch „Bellenville" ist eines der wichtigsten heraldischen Zeugnisse des späten Mittelalters. Wie viele andere Wappenbücher ist auch dieses nicht in seiner originalen Bindung erhalten, sodass weder dessen Vollständigkeit noch dessen originäre Reihenfolge verbürgt sind.

XII PAPST UND KAISER WOLLEN ES. DAS BALTIKUM – CHRISTIANISIERUNG MIT ALLEN MITTELN

Während die Handschrift selbst wohl erst im letzten Viertel des 14. Jahrhunderts entstand, scheinen die im jetzigen Zustand enthaltenen 1740 Wappen zwischen den 1330er- und den 1390er-Jahren sukzessive zusammengetragen worden zu sein. Trotz der Unzulänglichkeiten im heutigen Überlieferungszustand lässt sich dessen Inhalt klar in zwei Teile untergliedern, deren erster (fol. 1–54v) nach Wappenmarken, das heißt nach regionalen Gruppen organisiert ist. Im zweiten Teil (fol. 55–72v) folgt dann eine Reihe sogenannter „Gelegenheitswappenrollen", das heißt Sammlungen der Wappen von Personen, die zu einem bestimmten Ereignis anwesend waren. Zehn der insgesamt elf identifizierbaren Gruppen verweisen dabei auf die jährlichen Preußenreisen – Kreuzzüge, die der europäische Adel im 14. Jahrhundert unternahm, um den Deutschen Orden in seinem Kampf gegen die heidnischen Litauer zu unterstützen. Darauf deuten sowohl die in den Zusammenstellungen genannten Personen als auch die hier abgebildeten Georgs- und Marienbanner hin (beispielsweise fol. 66v, 61v). Das Wappenbuch gibt damit beredte Auskunft zu den „Kriegsgästen" des Deutschen Ordens, wobei es vor allem Niederländer und Deutsche, aber auch Polen und übergelaufene Litauer aufzählt. Die Art der Zusammenstellung wie die zweifache Abbildung eines Herolds (fol. 63r, 70r) macht es denkbar, dass das Wappenbuch von einem der Herolde angelegt wurde, die die Ritter auf ihren Zug nach Preußen begleiteten oder sich zumindest aus deren Wissen speiste.

Torsten Hiltmann

| Quelle: Wappenbuch Bellenville
| Lit.: Jéquier 1983; Paravicini 1987; Paravicini 1989; Paravicini 2005; Hiltmann 2011

623 Steinkopf von Salaspils

Gegend um Salaspils, Lettland, 11. bis 19. Jahrhundert
Skulptur, behauener Granit – H. 93 cm, B. 85,5 cm, T. 65,5 cm; um 780 kg
Riga, Museum of the History of Riga and Navigation, Inv.Nr. VRVM 174230

Ein Bauer aus Salaspils entdeckte diesen Steinkopf im Winter 1851/52 auf einem Feld in der Nähe des Dorfes und übergab ihn einem Steinmetz. Später wurde die Skulptur der Gesellschaft für Geschichte und Altertumskunde der Ostseeprovinzen Russlands übereignet und im Dommuseum Riga ausgestellt.
Gegen Ende des 19. Jahrhunderts wurde sie unter ungewissen Umständen und aus unbekanntem Grund auf dem Kirchhof des Rigaer Doms vergraben und war für über einhundert Jahre Forschern und Besuchern nicht mehr zugänglich. Ihre Wiederentdeckung bei einer archäologischen Ausgrabung auf dem Kirchhof des Rigaer Doms im Jahr 2000 (unter der Leitung von Andris Celmiņš) wurde in der Lokalpresse zu einer viel beachteten Sensation. Der Steinkopf ist heute Teil der Dauerausstellung im Rigaer Museum für Stadtgeschichte und Schifffahrt.
Wissenschaftliche Deutung und genaue Datierung des Steinkopfes – möglicherweise ein heidnischer Kultgegenstand – stehen bislang noch aus, was in erster Linie dem fehlenden historischen Kontext und mangelnden analogen Funden in der näheren und weiteren Umgebung geschuldet ist. Obwohl steinerne Götzenbilder in den baltischen, slawischen, skandinavischen und anderen europäischen Kulturen nicht selten sind, gibt es keine eindeutigen Parallelen zu dem Fund von Salaspils.
Möglicherweise handelt es sich bei dem Steinkopf um die Personifizierung eines heidnischen Gottes der Liven, einer Volksgruppe, die zwischen dem 11. und 13. Jahrhundert an den Ufern des Flusses Daugava heimisch war. Ein späterer Entstehungszeitraum ist ebenfalls möglich. Schriftliche Quellen belegen, dass Götzenverehrung auch nach der Reformation unter livländischen Bauern mehrere Jahrhunderte lang bis ins 18. Jahrhundert weit verbreitet war. Nach einer weiteren Hypothese könnte es sich bei der Skulptur auch um ein Werk des 19. Jahrhunderts handeln.

Ize Reinfelde

| Lit.: Bornhaupt 1876; Celmiņš 2001; Celmiņš 2003

623

QUO VADIS

XIII Europas Blick auf seine
christlichen Wurzeln

Städtische Galerie

Bilder gedeuteter Geschichte

624 „Widukind, letzter König der Sachsen, Herzog von Engern und Erbherr von Iburg"

Andrea Alovisi, 1656
Öl auf Leinwand – H. 112 cm, B. 67 cm (ohne Rahmen)
Iburg, Land Niedersachsen, Schloss Iburg, ohne Inv.Nr.

Die Bischofsgalerie im Rittersaal der fürstbischöflichen Osnabrücker Residenz Iburg ist ein bedeutendes Denkmal der Erinnerung an die Christianisierung Nordwestdeutschlands. Die Galerie entstand kurz nach dem Westfälischen Frieden um 1655 im Auftrag des entschieden katholischen Fürstbischofs Franz Wilhelm von Wartenberg (*1593, †1661), um die Existenz des Fürstbistums Osnabrück als geistlichem Wahlstaat zu behaupten: Im Westfälischen Frieden war bestimmt worden, jeder zweite Bischof solle ein lutherischer Welfenprinz sein.

Die Gründungszeit war für die Legitimationsabsicht wichtig, daher gibt es Bildnisse des Bistumsgründers Kaiser Karls des Großen und sogar zweier Persönlichkeiten der vorchristlichen Iburg: Widukinds und dessen sagenhaften Vaters Wernechinus. Damit veranschaulichte man zugleich die Iburg als den uralten Residenzort der Landesfürsten sogar in vorchristlicher Zeit.

Widukind ist hier dargestellt als letzter – heidnischer – König der Sachsen, mit einer Königskrone im Augenblick seiner Bekehrung, bereits das Kruzifix in der Hand. Er schaut auf zu einer wunderbaren Erscheinung: Die strahlende Hostie, am oberen Bildrand wie zur Wandlung erhoben, enthält das Bild des segnenden Jesuskindes. Der von Heinrich von Herford um 1370 überlieferten Legende nach habe sich Widukind – um die Hintergründe der christlichen Religion zu erkennen – heimlich an den Hof Karls des Großen begeben, wo er bei einer Messfeier in der Hostie den Jesusknaben sah. Seine Bekehrung ist also ein Wunder und letztlich in Gottes Allmacht begründet. Da Widukind bekanntlich ein direkter Vorfahre des Welfenhauses war, wird seinen Nachfahren also gleiche Einsicht nahegelegt! Seit 1661 residierte Herzog Ernst August von Braunschweig-Lüneburg als lutherischer Osnabrücker Fürstbischof auf der Iburg.

Widersprüchlich sind die Informationen der Aufschrift: Widukind habe einen dreißigjährigen Krieg gegen Karl den Großen geführt – wenn der Krieg 772 ausgebrochen war und sich Widukind 785 unterwarf und taufen ließ, ist das falsch. Offensichtlich wird der Glaubenskrieg um das heidnische oder christliche Sachsen in Parallele gesetzt mit dem Dreißigjährigen Krieg, der von 1618 bis 1648 zwischen Protestanten und Katholiken getobt hatte. Der Glaubenskrieg der Karolingerzeit hatte mit der Erkenntnis des rechten Glaubens durch Widukind geendet – das ist aus katholischer Sicht auch die Perspektive für das Ende der konfessionellen Konflikte des 17. Jahrhunderts. Schließlich kann Widukinds Taufe nicht durch den heiligen Bonifatius erfolgt sein, der doch schon 754 in Friesland das Martyrium erlitt; hier wird die Konversion des Sachsenherzogs mit einer anderen Lichtgestalt der Christianisierung verknüpft.

Gerd Dethlefs

| Lit.: Kat. Münster/Cloppenburg/Osnabrück/Iburg 1993, S. 342–345 (Gerd Althoff); Brakensiek/Gorißen/Krull 2002 (Widukind als Heilige/Widukind-Darstellung auf Schloss Iburg); Dethlefs 2007a, S. 280; Dethlefs 2007b, S. 366

625 „Wedekind der Große, König und erster Hertzog zu Sachsen"

Um 1677
Aus: Sigmund von Birken, Chur- und fürstlicher sächsischer Helden-Saal, Nürnberg 1677, bei S. 150
Kupferstich – Blatt: H. 11,7 cm, B. 6,7 cm, beschnitten und eingeklebt in den gestochenen Schmuckrahmen um 1680; Blatt: H. 33,3 cm, B. 20,5 cm, Platte: H. 30,2 cm, B. 19,1 cm
Münster, LWL-Museum für Kunst und Kultur (Westfälisches Landesmuseum)/Porträtarchiv Diepenbroick, Inv.Nr. C-2982 PAD

Der kleine Kupferstich illustrierte ein „Helden-Saal" tituliertes Buch zum Lob des fürstlichen Hauses Wettin, das in Kursachsen und vielen thüringischen Herzogtümern regierte. Widukind ist nach dem Bildnis auf dem Grabmal in Enger mit Lilienzepter und segnend erhobener Hand dargestellt, der Herzogshut als Mitra missverstanden. Die Kenntnis des Grabmals wurde durch den aus Steinheim im Hochstift Paderborn stammenden Gelehrten Reiner Reineccius (*1541, †1595) in einem 1581 erschienenen Buch vermittelt; die anders als auf dem Grabmal hier zum Segensgruß ausgestreckte Hand findet sich auf Bildnisgemälden Widukinds, die schon im 16. Jahrhundert in kursächsischen Repräsentationsräumen gezeigt wurden. Als letzten heidnischen „König" und ersten christlichen Herzog zu Sachsen stellte man ihn so in eine Traditionslinie zu den aktuellen Herrschern, um die seit dem 10./11. Jahrhundert bezeugte wettinische Herrschaft in Meißen und später in Sachsen zu legitimieren. Denn der „Sachsen"-Begriff war erst im Laufe des Mittelalters aus dem altsächsischen Kernland Niedersachsen elbaufwärts bis nach „Obersachsen" gewandert; erst 1423 übernahmen die Wettiner die Kurwürde und den Titel der Herzöge von Sachsen. In der Konkurrenz mit den Ursprungsmythen anderer Dynastien wie der Wittelsbacher, die sich auf Karl den Großen zurückführten, ließen sich uralte Traditionen sächsischer Staatlichkeit konstruieren.
Die Erinnerung an den „Hoch-Stamm-Pflantzer" verband der Autor Sigmund von Birken (*1626, †1681) mit dem „Christ-Pflantzer", also Widukinds Verdienst um die Annahme der christlichen Religion in seinem Herrschaftsgebiet, die Birken ausführlich würdigte. Sein Buch erlebte bis 1755 fünf Auflagen. Gerd Dethlefs

| Lit.: Schirmeister/Specht-Kreusel 1992, S. 12–14, 118, Nr. 28; Brakensiek/Gorißen/Krull 2002

626 „Charlemagne reçoit à Paderborn la soumission de Witikind"

Ferdinand Joubert nach Zeichnung von Léopold Massard, nach dem Gemälde von Ary Scheffer, um 1838
Aus: Galeries Historiques de Versailles Série II Section I (Paris um 1838), No. 283
Stahlstich – Blatt H. 30,9 cm, B. 45,5 cm; Platte B. 36,3 cm, oben und unten beschnitten
Münster, LWL-Museum für Kunst und Kultur (Westfälisches Landesmuseum), Inv.Nr. K 73-452 LM

Die „Unterwerfung Widukinds" des damals hochangesehenen Historienmalers Ary Scheffer (*Dordrecht 1795, †1858 Argenteuil) wurde 1835 als Leinwandbild (465 mal 542 Zentimeter, Inv.Nr. MV 2672) für die „Galerie des Batailles" im französischen Königsschloss Versailles bestellt. Ab 1833 richtete man dort das „Musée de l'Histoire de France", das König Louis Philippe 1837 eröffnete, zur Glorifizierung der nationalen Geschichte ein. Großformatige Gemälde sollten Interpretationen französischer Geschichte seit den Zeiten Chlodwigs (König seit 481) fixieren. Dieses Blatt stammt aus dem Stichwerk „Les Galeries Historiques de Versailles", das diese Gemälde der Öffentlichkeit zugänglich machte, um das Geschichtsbewusstsein der Nation nachhaltig zu formen.
Der offiziellen Interpretation nach verweist Kaiser Karl zu Pferde die Unterworfenen zum Empfang der Taufe an den Bischof in seinem Gefolge. Der greise Widukind, „Nationalheld" der Sachsen, kniet inmitten seiner Getreuen, die ihre Waffen abliefern, Frauen und Kindern. Der Fürst Abbio, dessen Kleidung und Herzogshut den traditionellen Widukind-Bildnissen nachgebildet ist, steht in der zweiten Reihe. „Das Bild betont die Rolle des französischen Souveräns als Garant des unvergesslichen Bandes zwischen dem christlichen Glauben

und der französischen Nation, der «ältesten Tochter der Kirche»". Schon Karl der Große war ein *Rex christianissimus* („allerchristlichster König") – diesen Titel führten die französischen Könige seit etwa 1450. Die Unterwerfung Widukinds bedeutet den Sieg der Franzosen über die Deutschen; ein politischer Akt, bei dem der Übertritt zur christlichen Religion eine erwünschte Nebenwirkung war – und auch den Vorrang des Monarchen gegenüber der Kirche anschaulich machte. Gerd Dethlefs

| **Quelle:** Soulié 1854/55, Bd. 2, S. 281f., Nr. 2582

| **Lit.:** Ewals 1987; Gaethgens 1985, S. 130–134, 247–255; Constans 1995, Bd, 2, S. 817, Nr. 4613; Bähr 2009

627   Modell des „Wittekind- und Kriegerdenkmals"

Heinrich Wefing, Enger, um 1900
Gips, bemalt – H. 70 cm, B. 40 cm, T. 48 cm
Enger, Widukind Museum, Inv.Nr. 2006/1

Das Widukind-Standbild des aus Eickum bei Herford stammenden Bildhauers Heinrich Wefing (*1854, †1920) in Enger war den in den Kriegen 1866 und 1870/71 gefallenen Soldaten gewidmet. Das vaterländisch und lokalpatriotisch gesinnte Bürgertum und die protestantische Kirche hatten sich gemeinsam dafür eingesetzt. Sie führten ihre nationalen Wertvorstellungen unmittelbar auf ihren „Vorfahren" Widukind zurück.

Das 1942 eingeschmolzene Standbild zeigte Widukind als heroischen Kämpfer mit Lanze, Schild, Flügelhelm und Rüstung. Widukinds Blick wies drohend gen Südwesten, zum „Erbfeind" Frankreich. Die feierliche Einweihung erfolgte am 6. August 1903 in Anwesenheit des Amtmanns von Enger und der Landräte von Bielefeld und Herford sowie zahlreicher heimischer und auswärtiger Kriegervereine.

Der Tod der Engeraner Soldaten galt den Initiatoren des Denkmals als offensichtlicher Beweis für die innere Verbundenheit der Engeraner mit ihrem „Vorfahren" Widukind und seinen freiheitsliebenden Sachsen. Die Reichsgründung von 1871 erschien ihnen darin als letzter Rechtsakt einer aus der sächsischen Stammesgeschichte gewachsenen deutschen Nation. Das Denkmal sollte Mahnung und Aufruf sein zur „Treue bis in den Tod gegen das Vaterland und den, welcher das Erbe des Sachsenherzogs Wittekind ist [Kaiser Wilhelm II.]", so Pastor Niemöller in seiner Weiherede zur Grundsteinlegung (Herforder Zeitung für Stadt und Land vom 20.6.1902).

Nach dem Ersten Weltkrieg verlor das Denkmal schnell an Bedeutung. An die Stelle der mittelalterlichen Kriegshelden mit Flügelhelm und Rüstung traten die Helden der Schützengräben, deren Frauen

XIII EUROPAS BLICK AUF SEINE CHRISTLICHEN WURZELN 693

und Kinder. Die politischen Vorbilder des national geprägten Bürgertums entstammten nicht mehr dem Mittelalter. Fast unbemerkt wurde das Wittekind- und Kriegerdenkmal für die „Metallspende" 1942 in Granathülsen umgeschmolzen. Protest gegen den Abbau gab es keinen. Das Denkmal erschien einfach nicht mehr zeitgemäß.

Regine Krull

628 Stammtischmodell des Herforder Wittekindbrunnens

1899
Bronzeguss – H. 60 cm, Dm. 38 cm
Herford, Städtisches Museum Herford, Inv.Nr. 52/1978

Die Plastik wurde nach dem Denkmalentwurf Heinrich Wefings (*1854, †1920) für den 1899 eingeweihten Wittekind-Denkmalbrunnen gegossen. Dieser ist eine künstlerische Umsetzung der Quellwunder-Sage. Zu sehen ist der Moment, in dem Wasser als Beweis für die Überlegenheit des christlichen Gottes unter dem Huf des Pferdes hervorsprudelt. Erst dieses Ereignis überzeugte den Sachsenführer, der angesichts der Siege der Christen unter Karl dem Großen an seinen Göttern zu zweifeln begonnen und ein Zeichen vom Christengott gefordert hatte, sich taufen zu lassen. Der Bildhauer überreichte das Modell 1909 dem „Stammtisch Wittekind", dessen Mitglieder mit ihrem Namen auf dem Sockel verewigt sind.

Der Landrat Georg von Borries (*1857, †1922) und Herfords Erster Bürgermeister Ludwig Quentin (*1847, †1929) betonten auf der Enthüllungsfeier, dass Wittekind Sinnbild für niederdeutsche (synonym mit „westfälisch" gebraucht) Charaktereigenschaften wie „Kraft", „Mut", „Tapferkeit", „Treue" und „Beharrlichkeit" sei. Sie behaupteten damit eine durch besondere Tugenden ausgezeichnete regionale Identität. Der Landrat reihte „Westfalens Söhne" gleichzeitig in die „Stämme" des Deutschen Reiches ein, die die „festesten Stützen des Thrones" seien. Wie Wittekind nach seiner Bekehrung ein treuer Untertan Kaiser Karls gewesen sei, so zeichneten sich jene durch Liebe zum Vaterland und „treue Anhänglichkeit an den Kaiser und König" aus. Niederdeutsche Treue setzte von Borries so mit deutscher Treue gleich.

Die Christianisierung der Sachsen war nach von Borries ein Ergebnis der Gnade Gottes, die sich im Quellwunder offenbarte. Die Schlachten des Sachsenkrieges und auch das grausame Blutbad bei Verden schloss er entschieden als Ursache für die Bekehrung der Sachsen aus. Damit vollzog sich die Christianisierung nach seiner Darstellung aus freien Stücken und konnte als makelloser „Wendepunkt in der deutschen Geschichte" interpretiert werden. Analog dazu beschrieb der Landrat auch das Deutsche Kaiserreich zwar als auf Frankreichs Schlachtfeldern erkämpft, aber in erster Linie als eine Gabe der Gnade Gottes. Der Aufruf, treu zum christlichen Glauben als Fundament des Staates und als Bollwerk gegen Umsturz zu stehen, wird durch die behauptete Kontinuität (nieder)deutscher Tugenden bzw. die Analogien zur Vergangenheit positiv konnotiert.

Auch Quentin verherrlichte die „siegreiche Kraft des jungen Christenglaubens"; den größeren Redeanteil widmete er allerdings der Liebe zu Vaterland und Herrscherhaus, dem „Fels, auf dem sich all' unser politisches Fühlen und Denken aufbaut". Mit Blick auf das Denkmal forderte er: „So rein, lauter und klar wie die Quelle dieses Brunnendenkmals soll die Quelle dieser Liebe in unserem Herzen fließen und nimmer versiegen."

Sonja Langkafel

| **Quelle:** Herforder Kreisblatt 1899, Nr. 149 (Zweites Blatt)

| **Lit.:** Krull/Krogel/Hellriegel 1996; Münt 1997; Bei der Wieden 2005, Bd. 103, S. 7–24

629 „Herzog Wittekind ruft seine Sachsen zum Befreiungskrieg gegen Karl den Großen auf"

Ferdinand Leeke, um 1900
Aquarell auf Karton im Originalrahmen – H. 29,7 cm, B. 48,4 cm; Rahmen H. 42,2 cm, B. 61,2 cm, T. 3,2 cm
Münster, LWL-Museum für Kunst und Kultur (Westfälisches Landesmuseum), Inv.Nr. KdZ 7638 LM

XIII EUROPAS BLICK AUF SEINE CHRISTLICHEN WURZELN   695

629

Ferdinand Leeke (*Burg 1859, †1937 München), der ab 1881 an der Münchner Kunstakademie studiert hatte und dort lebte, spezialisierte sich auf „altgermanische Motive", etwa aus den Opern Richard Wagners. Diese Darstellung zu den Sachsenkriegen Karls des Großen entspricht den Germanenbildern um 1900: Widukind in der Pose des Hermanns-Denkmals mit gerecktem Schwert vor einem uralten Baumriesen zu einer Ansprache erhöht stehend, umringt von zahlreichen Kriegern mit Schilden und Helmkalotten, die ihm mit ebenfalls gereckten Schwertern akklamieren. Die Dramatik der Situation wird durch knorrige Baumäste im Hintergrund unterstrichen.

Religion spielt bei der Szene keine Rolle: Es geht um die Freiheit der Sachsen, die unter den in der Volksversammlung vereinigten bewaffneten Männern Konsens ist – ein Motiv, das Widukind in der historischen Überlieferung mit der ebenso blassen Figur Hermann/Arminius teilt. So ist ein Gemälde von Leeke mit sehr ähnlicher Komposition unter dem Titel „Hermann der Cheruskerfürst versammelt seine Truppen im Wald während der Varusschlacht" (117 mal 164 Zentimeter) bekannt. In der wilhelminischen Gesellschaft konnte man so Identität stiften und anschaulich machen, galt es doch – wie auf den Denkmälern –, „Westfalens größten Helden" zu feiern.

Gerd Dethlefs

| Lit.: Unpubliziert; Schirmeister/Specht-Kreusel 1992, S. 16; Ruef 2012, Nr. 156

630 Werbeplakat für Karl Paetow, „Die Wittekindsage"

Hameln, 1960
Papier, bedruckt, handkoloriert – Ränder geknickt, eingerissen, Spuren einer ehemaligen Befestigung mit Reißzwecken – H. 59 cm, B. 42 cm
Bad Oeynhausen, Deutsches Märchen- und Wesersagenmuseum Bad Oeynhausen, Inv.Nr. M 93/555A

Das Plakat bewirbt das 1960 im Sponholtz Verlag Hannover erschienene Buch „Die Wittekindsage" von Karl Paetow (*1903, †1992), das 45 Sagen um die Gestalt Widukinds enthält, ergänzt um ein Nachwort des Autors. Es zeigt den Schutzumschlag des Buches von Hans Happ (*1899, †1992), fünf Zitate von Rezensenten sowie einen Hinweis auf ein weiteres Buch des Autors: „Die schönsten Wesersagen".

Das Titelbild des Buches ist auf dem Plakat mit Aquarellfarben koloriert worden. Vermutlich handelt es sich um ein Einzelstück, das an exponierter Stelle hing. Das kleine Zeichen in Form einer stilisierten Blume rechts unten, ein Zeichen Karl Paetows, lässt darauf schließen, dass er das Plakat eigenhändig kolorierte.

Der Buchtitel zeigt Widukind auf einem weißen Ross sitzend und sich nach den ihm folgenden Reitern umsehend, die auf dem rückwärtigen Teil des Schutzumschlages zu sehen sind. Autor und Illustrator des Buches waren seit 1924 befreundet. Es kann vermutet werden, dass der Autor wie bei anderen Projekten auch, Einfluss auf die Gestaltung nahm.

Karl Paetow
DIE WITTEKINDSAGE

im Verlag Sponholtz   mit 17 Zeichnungen von H. Happ (Leinen) DM 6.50

Paetows Arbeit, die der eines „Restaurators" gleicht, ist besonders für die Volksbibliotheken und Schulen zu begrüßen...

Westfalenspiegel, März 61

... Das Werk ist ein Schulbuch, ein Jugendbuch und ein Volksbuch ersten Ranges...

Westermanns Pädagog. Beiträge Jan. 61

Da dieses Buch in verständnisvoller, auch für die Jugend geeigneter Sprache geschrieben worden ist, sollte es in keiner Heimat- und Schulbücherei fehlen. Darüber hinaus dürfte es für die Heimatfreunde eine erfreuliche Ergänzung ihrer Bibliothek sein.

Westf. Zeitung, Bielefeld

Dr. Paetow hat die alte Volksüberlieferung zu einem spannenden Lebenslauf zusammengestellt und neu erzählt, ohne den alten Sagenkern zu verfälschen.

Westfalenblatt, Bielefeld

... überzeugend gemeistert.

Manfred Hausmann

Vom gleichen Verfasser im selben Verlag:

Die schönsten Wesersagen

mit 30 Illustrationen v. H. Happ — 260 Seiten, (Leinen) DM 14.80 — Durch alle Buchhandlungen.

631

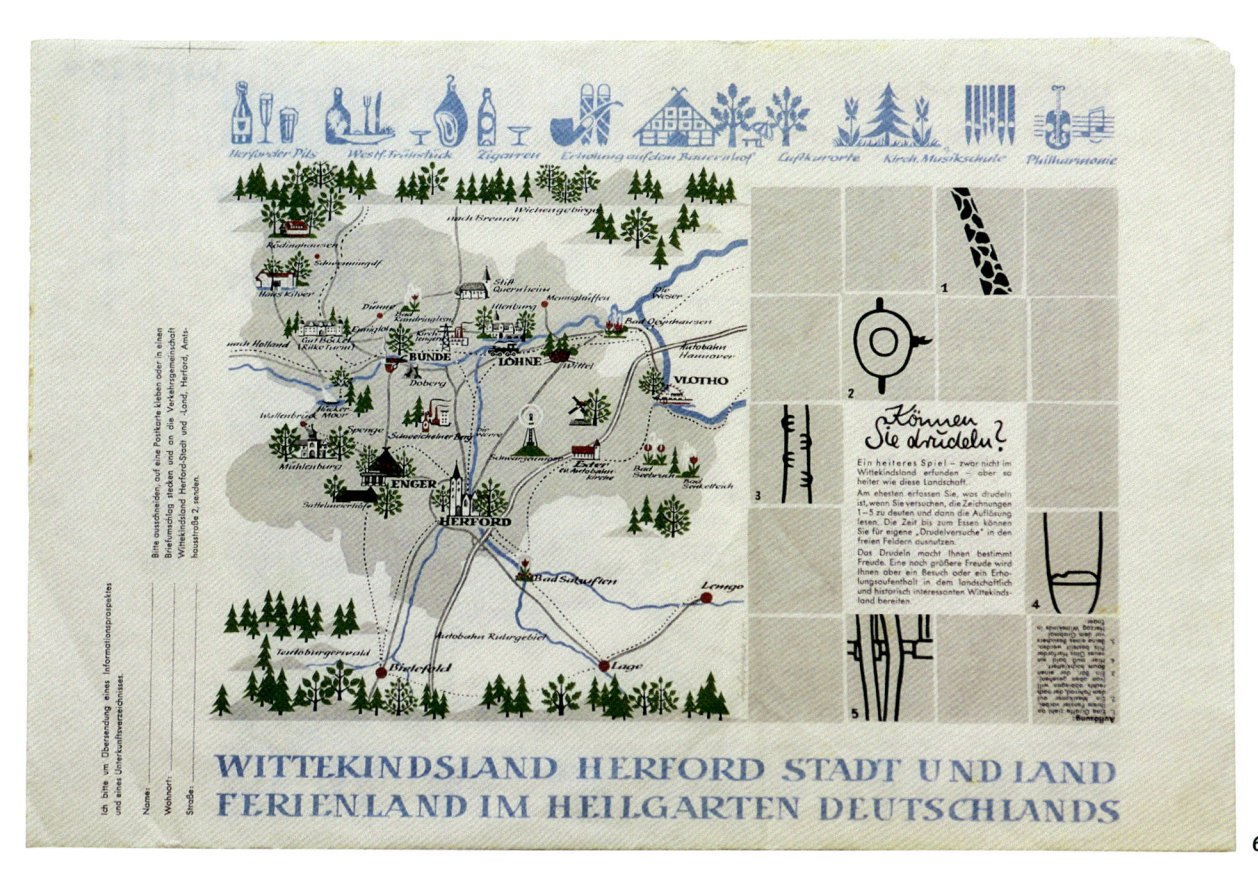

Karl Paetow wollte ein Volksbuch schaffen, keine wissenschaftliche Sagensammlung. Die Geschichten trug er aus älteren Sammlungen zusammen, ergänzt durch eigene Forschungen. Die gedruckten Vorlagen übernahm er nicht wörtlich, sondern überarbeitete sie sprachlich. Wie er im Nachwort formuliert, wählte er einen „Sagenstil in gemäßigt altertümlichem Deutsch." Bei Überlieferung einer Sage für mehrere Orte entschied sich der Autor für den Ort, der ihm am überzeugendsten für seine Gesamtkomposition des Buches erschien, denn sein Ziel war es, einen „richtigen Lebenslauf" zu schaffen. 1994 erschien die vierte und bisher letzte Auflage des Buches. Das Werk hat sicherlich dazu beigetragen, das populäre Bild Widukinds als Helden der Region zu verfestigen. Hanna Dose

| Lit.: Paetow 1960; Seib 1983

631 Tischset Wittekindsland

Herford, um 1965
Papier, farbig bedruckt – H. 28,5 cm, B. 41,7 cm
Bad Oeynhausen, Deutsches Märchen- und Wesersagenmuseum Bad Oeynhausen,
Inv.Nr. M 93/550A

Das von der Verkehrsgemeinschaft Wittekindsland herausgebrachte Tischset aus farbig bedrucktem Papier wirbt für das „Wittekindsland", die Region nördlich von Bielefeld, den Kreis Herford. Das Papierset zeigt auf der linken Seite eine Karte des Kreises Herford mit den größeren Orten zwischen Wiehengebirge und Teutoburger Wald. Unter der Überschrift „Können Sie drudeln?" ist auf der rechten Seite ein Rätselspiel mit fünf durchnummerierten Bildern aufgedruckt. Der Text am unteren Rand des Sets benennt das Wittekindsland als Ferienregion im „Heilgarten Deutschlands", der obere Rand zeigt die werbewirksamen „Insignien" der Region wie zum Beispiel die Zigarrenindustrie oder die Hochschule für Kirchenmusik in Herford. Am linken Rand wird der Betrachter aufgefordert, weitere Informationen für Touristen bei der Verkehrsgemeinschaft Wittekindsland anzufordern.

Während die Gäste im Restaurant auf das Essen warteten, konnten sie sich mit den Vorzügen der Region beschäftigen, sei es mit dem Finger auf der Landkarte oder aber drudelnd. Drudeln ist eine spezielle Art Bilderrätsel, die seit ihrer Erfindung durch den Amerikaner Roger Price 1950 in Mode kam. Dabei müssen kleine Ausschnittzeichnungen erraten werden. Während die ersten drei Drudelbilder auf dem Tischset allgemeiner Art sind, beziehen sich die beiden letzten Bilderrätsel auf Berühmtheiten der Region, nämlich zum einen auf das Herforder Bier und zum andern auf das Grabmal Widukinds in der Stiftskirche in Enger. Die Nummer fünf der Drudelbilder zeigt laut beigefügter Auflösung: „Beine eines Besuchers vor dem Grabmal Herzog Wittekinds in Enger." Das im Chor der Stiftskirche befindliche Grabmal ist so hoch, dass sich die Besucher auf Zehenspitzen stellen müssen, um die liegende Figur auf der Thumba betrachten zu können. Hanna Dose

Frühe Staatswerdung und christliches Bekenntnis –
Rezeption der Christianisierung im konfessionellen Zeitalter

632 Christophorus Cellarius, „Historia universalis"

Christoph Martin Keller (Cellarius), Historia universalis breviter ac perspicue exposita in antiquam et medii aevi ac novam divisa; cum notis perpetuis, Jena 1735
Papier, gebunden – H. 14,5 cm, B. 16,5 cm, T. 6 cm
Paderborn, Ausstellungsgesellschaft Paderborn mbH

Das zunächst in Einzelteilen erschienene, 1697 bzw. 1702/04 dann zu einer universalen Weltgeschichte vereinigte Werk des Gymnasialdirektors und halleschen Universitätsprofessors Christoph Martin Keller (Cellarius; *1638, †1707) beginnt mit dem angeblichen Gründer des assyrischen Ninive, König Ninus, und reicht bis in Kellers eigene Zeit. Es war als Lehrbuch konzipiert und hatte solchen Erfolg, dass bereits 1753 elf Auflagen erschienen waren; insgesamt sollten es nicht weniger als 65 sein – in mehreren Sprachen. Durch die breite Rezeption, die es erfuhr, fand zugleich auch die im Titel vorgenommene Epocheneinteilung in „alte" Geschichte, Mittelalter und „neue" Geschichte Verbreitung. Das „Mittelalter" reicht bei Keller bereits von der Spätantike bis in die Zeit um 1500, wobei die Wende zum 16. Jahrhundert ohne ein bestimmtes Ereignis als Epochenschwelle betrachtet wird. Mit seiner Dreiteilung der Geschichte folgte Cellarius bereits länger etablierten Sichtweisen: Die Humanisten hatten seit dem 15. Jahrhundert häufig abwertend die Begriffe *medium tempus* oder *media aetas* gebraucht, um die eigene Zeit „als einen kulturellen Neuanfang im Rekurs auf die antike Tradition rechtfertigen und plausibel machen zu können" (Jaeger, Die Neuere Geschichte, S. 108). Mit ihrer negativen Sichtweise traf sich jene der Protestanten, die das Mittelalter insbesondere als Zeit der Abweichung vom wahren christlichen Glauben unter dem Papst als Antichristen verstanden, auf die mit der Reformation der Beginn einer neuen, besseren Epoche folgte.

Lukas Wolfinger

| Lit.: Koselleck 1989; Schulze 2007; Jaeger 2009; Kamp 2010, S.89–102; Cobet 2011; Der Neue Pauly, Suppl. Bd. 6, 2012, S. 210-212 (Marcus Beck: Art. Cellarius, Christophorus)

633 Porträt Kaiser Maximilian I.

Unbekannter Künstler, nach 1507
Öl auf Holz – H. 85 cm, B. 52,5 cm
Wien, Kunsthistorisches Museum, Gemäldegalerie, Inv.Nr. GG 4401, Sammlung Schloss Ambras

Maximilian I. (*1459, †1519, seit 1508 Kaiser des Heiligen Römischen Reichs) war bereits zu Lebzeiten in allen traditionellen und neuzeitlichen Medien präsent. Damit sollte die Grundlage für eine Erinnerung geschaffen werden, in der Maximilian als idealer Herrscher in die Tradition der römischen und mittelalterlichen Kaiser gestellt wurde. Das Staatsporträt war zentraler Bestandteil dieses Bildprogramms. Es zeigt Maximilian I. im Profil als römisch-deutschen König mit Bügelkrone, Zepter und Schwert. Der vergoldete Harnisch und der mit Perlen reich bestickte Mantel unterstreichen diese Würde. Mit dem Orden vom Goldenen Vlies wird der Porträtierte als Herzog von Burgund ausgewiesen.
Das Porträt gehört zu einer Gruppe von zumindest 13 Bildnissen, die wohl nach einer unbekannten Vorlage entstanden sind. Das

633

älteste erhaltene Bildnis stammt aus dem Jahr 1496 und ist von Bernhard Strigel (*1460/61, †1528), dem späteren Hofmaler Maximilians, geschaffen worden. Das hier gezeigte Bild unterscheidet sich nur in wenigen Details wie einer fehlenden Widmungsinschrift von dem Strigelschen Porträt. Indem dieser Bildtypus auch in der Münzprägung verwendet wurde, fand er eine weite Verbreitung. Die Staatsporträts belegen damit eindrucksvoll eine frühe Form der medialen Selbstdarstellung, die den Anspruch Maximilians I. untermauerte, für die Habsburgerdynastie eine Führungsrolle innerhalb der europäischen Monarchien zu reklamieren.

Andreas Neuwöhner

| Lit.: Kat. Berlin 1997, S. 73; Kat. Magdeburg 2006, Bd.1, S. 539; Polleroß 2012, S. 100–116

634 Jakob Mennel, „Fürstliche Chronik", genannt Kaiser Maximilians Geburtsspiegel

1518 (5. Buch, Teil 1)
Papier, gebunden – H. 30,2 cm, B. 21 cm, T 4 cm
Wien, Österreichische Nationalbibliothek, Cod. 3076

Der aus Bregenz stammende, humanistisch gebildete Jurist Jakob Mennel (*1460, †1532), der als Stadtschreiber in Freiburg im Breisgau und als Kanzler des Großpriors der Johanniter zu Heitersheim tätig war, wurde von König bzw. Kaiser Maximilian I. seit 1505 mit historischen Forschungen beauftragt und schließlich dessen Hofhistoriograph. Sein bedeutendstes Werk bildet die äußerst umfangreiche – nämlich sechsbändige – und in mehreren Fassungen überlieferte „Fürstliche Chronik". Ebenso wie zahllose andere Werke, die im Auftrag und Umfeld Maximilians entstanden, sollte auch dieses Kompendium zur Geschichte und Genealogie der Habsburger erweisen, dass dieser Dynastie aufgrund ihres Alters, ihres Adels, ihrer Leistungen und Sakralität ein Vorrang vor allen anderen europäischen Geschlechtern zukomme – und demnach auch die Krone des Heiligen Römischen Reiches. Genealogisch-historisch wird dabei dargestellt, dass die habsburgische Familie, in der sich die besten Anlagen der christlichen Welt vereinigt hätten, gerade auch bei der Verbreitung und Verteidigung des christlichen Glaubens in Europa die treibende Kraft gewesen sei, da ihr ein großer Teil all jener Personen angehört habe, die in diesem Zusammenhang von Bedeutung waren. Während in den ersten Büchern nach dem genealogischen Prinzip die Mitglieder und angeheirateten Verwandten der habsburgischen Dynastie vorgestellt werden, die bis auf die frühmittelalterlichen Merowinger und die antiken Trojaner zurückgeführt wird, sind im fünften Buch – geordnet nach dem liturgischen Kalender – die Legenden von nicht weniger als 124 Seligen und Heiligen gesammelt, die zur Dynastie bzw. Verwandtschaft der Habsburger gehört haben sollen und als Ausweis für deren besondere Geblütsheiligkeit dienen.

Lukas Wolfinger

| Lit.: Laschitzer 1886; Althoff 1979; Mertens 1988a; Reinhardt 2002; Kellner/Weber 2007

635 Der Quaternionenadler von Hans Burgkmair

Augsburg, 1510
Papier, Holzschnitt mit Typendruck, teilkoloriert – H. 32 cm, B. 44 cm, eingebunden in eine Nürnberger Geschlechterchronik
Nürnberg, Staatsarchiv, Reichsstadt Nürnberg, Sign. Handschriften 281 Bl. 2/3

Über dem nimbierten, kaiserlichen Doppeladler steht als erklärender Schriftzug zu lesen: *das hailig Römisch reich mit seinen gelidern*. Das Gefieder des Reichsadlers ist in zwölf vertikalen Streifen mit je vier Wappen belegt, von denen sich eine obere, horizontale Reihe von acht Wappen abhebt. Es handelt sich um die Hoheitszeichen der Sieben Kurfürsten zuzüglich des Potestats von Rom. Diese wie alle übrigen 36 Wappen sind jeweils in einer Kopfzeile namentlich benannt. In seitlichen Schriftbändern werden die Vierergruppen von links nach rechts vorgestellt: Bauern, Städte, Edelfreie, Burggrafen, Markgrafen, Herzöge bzw. *seull* (Säulen), Reichsvikare, Landgrafen, Grafen, Ritter, Dörfer, Burgen. Das mittig aufgelegte Kruzifix verweist auf die christliche Grundlage des Deutschen Reichs, das in dieser jüngeren Darstellung mit jeweils vier Vertretern von insgesamt zwölf Ständen repräsentiert ist.

Nach den Ausführungen von Ernst Schubert entstand die älteste bildliche Darstellung der sogenannten Quaternionen 1414 auf Geheiß von König Sigmund (reg. 1410–1437). Unmittelbar vor Beginn

634

XIII EUROPAS BLICK AUF SEINE CHRISTLICHEN WURZELN

635

des wegweisenden Konzils von Konstanz ließ das Reichsoberhaupt im Kaisersaal zu Frankfurt in Vierergruppen die zehn wichtigsten Stände des Reichs heraldisch wiedergeben. Allerdings fehlten seinerzeit bewusst die Wappen der Sieben Kurfürsten, und es wurden auch keine Vertreter der Reichskirche berücksichtigt. In seinem Bestreben nach einer Reichsreform sah König Sigmund die Gesamtheit des Reichs durch 40 Stände repräsentiert, denn eben diese Zahl galt als heilig. Das Fehlen geistlicher Reichsstände war jedoch nicht als Defizit zu interpretieren, da der weltliche Arm den Schutz der Geistlichkeit gewährleistete.

Der seltene Holzschnitt nach der Vorlage des Malers Hans Burgkmair (*1473, †1531) ist wahrscheinlich von dem um 1508 nach Augsburg zugewanderten Formschneider Jost de Negker (†vor 1548) geschaffen worden. Schon einhundert Jahre nach ihrer Konzeption ist die Quaternionenlehre durch Aufnahme der Sieben Kurfürsten sowie von vier Reichsvikaren und vier Burgen verfremdet worden. Besonders im 16. und 17. Jahrhundert erfreute sich die bildliche Wiedergabe der Quaternionen großer Beliebtheit, doch wurde die ursprüngliche Zahl von 40 bis hin zur letzten Variation im Jahr 1762 mehr und mehr angereichert. Die Darstellung Burgkmairs auf den gespreizten Flügeln des Reichsadlers zu Beginn des 16. Jahrhunderts entsprach dem großen Bedürfnis nach einer visuellen Konkretisierung des Reichsgedankens. Dass Lazarus d. Ä. Holzschuher (*1473, †1523), ein angesehener Bürger der Reichsstadt Nürnberg, diesen Holzschnitt gleichsam als Titelblatt seiner Geschlechterchronik vorangestellt hat, ist als Ausdruck besonderer Reichstreue und Verbundenheit zu Kaiser und Reich zu sehen.   Peter Fleischmann

| **Lit.:** Kat. Stuttgart 1973, Nr. 42, Abb. 52; Müller 1987b, Bd.1, S. 78–94; Schubert 1993b

636 Reichsadlerhumpen

Datiert 1660/ um 1700–1740 (?)

Klares bläulich-grünes, leicht blasiges Glas, Emaille-Malerei – Malerei berieben – H. 38 cm, Dm. 16,2 cm

Paderborn, Stadt Paderborn, Sammlung Nachtmann, Inv.Nr. N-646

Der große, aus dickem Glas geblasene Humpen trägt auf der Wandung den deutschen Reichsadler in der Sonderform des „Quaternionenadlers" (Kat.Nr. 635), also den gekrönten Doppeladler mit dem

Reichsapfel vor der Brust und auf den Schwingen die in Vierergruppen zusammengefassten und beschrifteten Wappen deutscher Reichsstände: *Das Heilige Römische Reich mit Sampt seinen Glidern* mit der Jahreszahl 1660.

Derartige Gläser dienten für einen „Umtrunk" zur Begrüßung („Willkomm") oder während eines Trinkspieles, wenn in einer Gesellschaft der „Humpen kreiste". Der Dekor bezieht sich oft auf Trinksprüche: Man trank eben auf das Wohl des Heiligen Römischen Reiches als höchster staatlicher Instanz.

Die Reichsadlerhumpen sind aus der Zeit von 1570 bis 1740 vielfach belegt, nach 1650 seltener und dann oft mit anderem Dekor. Da dieses sehr dicke, ziemlich klare und nur leicht bläulich-grüne Glas im 17. Jahrhundert sonst nicht vorkommt – man findet bei Humpen sonst stets grünliches Waldglas –, dürfte die Jahreszahl nicht die Entstehungszeit meinen. Die starken Gebrauchsspuren sprechen gegen eine historistische Neuschöpfung; Vielmehr könnte das Stück als Ersatz für ein älteres geschaffen worden sein, oder als Meisterstück, um den Zunftvorschriften für Glasmaler zu genügen, wie in Kreibitz (Böhmen) ab 1669. Die Jahreszahl verweise dann auf das Datum der Zunftordnung. Gerd Dethlefs

| **Lit.:** von Saldern 1965, S. 51–67; 258–285; Zoedler 1996, S. 44–46; Dethlefs 2008, S. 194, Nr. 248, Farbtafel 31

637 „Europa prima pars terrae in forma virginis"

Aus: Heinrich Bünting, Itinerarium Sacrae Scripturae: das ist ein Reisebuch, über die gantze heilige Schrift, S. 4–5, Tafel 12, Wittenberg 1588
Holzschnitt, Papier, koloriert (Aquarell/Gouache) – H. 30 cm, B. 38 cm
Berlin, Stiftung Deutsches Historisches Museum, Inv.Nr. Do 2001/49

Die allegorische Landkarte aus dem „Itinerarium Sacrae Scripture", einer berühmten Beschreibung des Heiligen Landes von Heinrich Bünting (*1545, †1606), zeigt Europa entsprechend dem antiken Mythos als weibliche Gestalt, und zwar als Königin. Die Landverbindung zu Asien ist in der Darstellung extrem reduziert, um die Abgrenzung des Kontinents stärker zu betonen. Bünting übernahm hier eine Darstellungsform, die auf Johannes Putsch (*1516, †1542), einen Vertrauten König Ferdinands I. (reg. 1531–1564), zurückging. Dieser hatte seinem Herrn 1537 eine vergleichbare Karte gewidmet und den Interessen der Habsburger gemäß gestaltet: Den von ihnen beherrschten Gebieten wies er die wichtigsten Positionen auf dem Landkörper Europas zu und zeichnete sie durch königliche Insignien aus. Die spanische Halbinsel bildet das Haupt mit der Krone, das vom spanischen Zweig der Dynastie beherrschte Sizilien den Reichsapfel, das Reich mit Österreich und Böhmen stellt gleichsam die Herzregion Europas dar. Die Habsburger sind, so impliziert die Darstellung, gleichsam naturgegeben die Herren Europas. Durch die königlichen Insignien mit dem Kreuz wird der Kontinent zudem in seiner christlichen Qualität von seiner Umgebung abgegrenzt und – in neuem europäischen Selbstbewusstsein – als Herrin der Welt in Szene gesetzt. Nachdem Putschs Darstellung 1587 in einem Kupferstich des Kartographen Matthias Quad (*1557; †1613) publiziert worden war, wurde sie 1588 auch in die zweite Ausgabe von Büntings „Itinerarium" und in Sebastian Münsters „Cosmographia" aufgenommen, wodurch sie in der Folge breite Rezeption erfuhr. Lukas Wolfinger

| **Lit.:** Schmale 2004, S. 244f.; Hirschi 2009, S. 55–60; Werner 2009, S. 243–249; Franken 2011, S. 268–276

636

XIII EUROPAS BLICK AUF SEINE CHRISTLICHEN WURZELN

EVROPA PRIMA PARS TERRÆ IN FORMA VIRGINIS

En tibi, formofæ fub forma Europa puellæ
Viuida fœcundos pandit vtrilla finus.

MERIDIES.
Ridens Italiam dextra Cimbrosq; finiftra
Obtinet Hifpanum fronte fcripſ; folum.

Pectore habet Gallos, Germanos corpore geftat
Ac pedibus Graios, Sauromatasq; fouet.

638 Germania hilft Hungaria

Aus: Wappenbuch des Heiligen Römischen Reichs und allgemainer Christenheit in Europa, München 1581
Papier, kolorierter Holzstich – H. 27,9 cm, B. 37,6 cm (Blatt)
Wien, Österreichisches Staatsarchiv, Bibliothek C 267

Der Augsburger Martin Schrot (†nach 1581) nahm in sein „Wappenbuch des Heiligen Römischen Reichs und allgemainer Christenheit in Europa (...)", das in zweiter Ausgabe 1581 erschien, neben zahllosen anderen Abbildungen, auch einen Holzstich auf, der – so wie viele Publikationen aus dieser Zeit und ganz im Sinne der Habsburger – an die Öffentlichkeit des Reiches appellierte, sich in der Verteidigung der Christenheit bzw. im Kampf gegen die Osmanen in Ungarn zu engangieren. Plakativ wird die Allegorie des ungarischen Königreichs, die durch das Wappen und die Krone kenntlich gemacht ist, als von den Muslimen gequält und verstümmelt dargestellt, wobei ikonographisch die Verspottung Christi zitiert wird. Hunde nagen an den abgeschlagenen Armen der Hungaria, deren im Kampf gegen die Muslime gefallene „Helden" bzw. „Märtyrer" am rechten Bildrand dargestellt und namentlich bezeichnet sind. Damit wird auch das seit dem Spätmittelalter vorhandene Bild von Ungarn als dem Bollwerk der Christenheit gegen die „Ungläubigen" aufgerufen, dem sowohl in der Selbst- als auch der Fremdwahrnehmung Ungarns erhebliche Bedeutung zukam. In den Textzeilen, die das Bild ergänzen, wird einerseits Christus gebeten, dem bedrängten Königreich zu Hilfe zu kommen. Andererseits wird der sicheren Hoffnung Ausdruck verliehen, dass die gesamte „Germania" mit ihren Streitern, die auf der linken Bildseite bereits heldenhaft anreiten, dafür sorgen werde, dass sich die Osmanen ihrer Erfolge nicht lange freuen könnten, sondern für ihre Untaten an der christlichen Hungaria bestraft würden – eine Hoffnung, die wohl auch in dem Aufgang der Sonne im Bildhintergrund symbolisiert ist.

Lukas Wolfinger

| **Lit.**: Kat. Wien 2006, S. 68, Kat.Nr. III/3, Abb. 7

639 Amts- und Zeremonienschwert des St. Georgs Ritterordens mit Schwertscheide

Süddeutsch, 1499
Aus der Stiftskirche in Millstatt
Eisen, Metallteile, Silber, vergoldet, Holz und Leder – Schwert: L. 113,5 cm, B. 21,5 cm;
Schwertscheide: L. 87 cm, B. 5,7 cm
Klagenfurt, Landesmuseum für Kärnten, Inv.Nr. LG 4300 (K 84a, K 84b)

Das Zeremonienschwert des ersten Hochmeisters des Georgsritterordens Johann Siebenhirter (*1420, †1508) zählt zu den bedeutendsten Prunkwaffen der Spätgotik im mitteleuropäischen Alpenraum. Als landesgeschichtlich bedeutendes Sammlungsobjekt kam das Schwert bereits um die Mitte des 19. Jahrhunderts aus der ehemaligen Ordensresidenz in Millstatt in das Museum des Geschichtsvereins für Kärnten (heute Landesmuseum) und wurde 1873 bei der Weltausstellung in Wien und 1966 bei einer Ausstellung über Kaiser Friedrich III. in Wiener Neustadt sowie zuletzt im Jahre 2000 bei einer Sonderschau im Schloss Bruck bei Lienz einer breiten Öffentlichkeit präsentiert. Die außergewöhnlich gut erhalten gebliebene Waffe ziert ein vergoldeter Griff mit Scheibenknauf und eingelassenem, emaillierten Medaillon mit den zwei persönlichen Wappen des Hochmeisters Siebenhirter und einem gravierten Spruchband mit der Datierung 1499 auf der Rückseite. Die Parierstange trägt die Inschrift: AVE MARIA GRACIA PLENA. Den Metallhandgriff mit geschnürltem Nodus, Schwert und Schwertscheide verzieren gravierte Rankenornamente. Die keilförmige Stichklinge ist in italienischer Manier mit hohem Grat und einer Schmiedemarke (Kreuz auf Berg) gearbeitet. Am Klingenansatz befinden sich zum Teil zerstörte Heiligenfiguren in Goldschmelztechnik. Die dazugehörige reich verzierte Schwertscheide aus Holz mit Lederüberzug und mit vergoldetem Silberbeschlag und profilierten Zwingen ist an den Einfassungsrändern mit Kreuzblümchen besetzt, am gravierten Ortband befindet sich eine Darstellung des Ritterheiligen Georg, die stilistisch von graphischen Vorlagen aus dem Umfeld Albrecht Dürers herzuleiten ist. Die feine Gravierung zeigt eine jugendliche Georgsfigur mit Fahne und Schwert unter einem verzweigten Astbaldachin auf einem Drachen stehend, dessen Schweif und Zunge zum siegreichen Märtyrer hinaufzüngeln. Das florale Rankenwerk entwächst einem Halbmond, was als Hinweis auf die Gründung des St. Georgs-Ritterordens durch Kaiser Friedrich III. auf Grund eines Gelübdes im Jahre 1462 zum Zwecke der Türkenabwehr gedeutet werden könnte. Von 1469 bis 1508 stand Johann (Hans) Siebenhirter, kaiserlicher Küchenmeister und eine bedeutende Persönlichkeit seiner Zeit sowie ein großer Kunstmäzen, dem Orden vor. Sein in der Stiftskirche in Millstatt um 1508 errichtetes prächtiges Figurengrabmal aus rotem Marmor zeigt den Hochmeister in voller Lebensgröße mit der Fahnenstange des Ordens in der rechten und mit seinem Zeremonienschwert in der linken Hand.

Robert Wlattnig

| Lit.: Helfert 1889, S. 468, Abb. Fig. 487, S. 467; Winkelbauer 1949, S. 164; Kat. Wiener Neustadt 1966, S. 368f., Nr. 170, Abb. 26 (Ortwin Gamber); Milesi 1970; Kat. Lienz/Brixen/Besenello 2000, S. 127, Kat.Nr. 1-6-13 (Meinrad Pizzinini); Kat. Berlin 2010, Kat.Nr. 6.20 (Robert Wlattnig)

640 Kaiser Maximilian als heiliger Georg

Daniel Hopfer, Augsburg, um 1519
Eisenradierung, Papier – H. 22,4 cm, B. 15,6 cm
Innsbruck, Universitätsbibliothek, Sammlung Roschmann, Sign. Bd. 1, Bl. 100

Die vorliegende Eisenradierung des Augsburger Meisters Daniel Hopfer (*1470, †1536) steht in der Tradition der spätmittelalterlichen „Identifikationsbilder": Durch den Heiligenschein, die Bewaffnung, das Kreuz auf Schild und Banner sowie vor allem den Drachen zu seinen Füßen ist der Dargestellte als heiliger Georg zu erkennen, zugleich trägt er aber eindeutig die Gesichtszüge Kaiser Maximilians I. (reg. 1486 bzw. 1508–1519) und um den Hals die Kette des von Kaiser Friedrich III. (reg. 1440 bzw. 1452–1493) 1467/69 gestifteten St. Georgs-Ritterordens, dem Maximilian seit 1511 selbst angehörte. Das Bild steht damit zum einen für die intensive Georgs-Verehrung des Habsburgers, der unter anderem 1493 eine St.-Georgs-Bruderschaft und 1503 eine St.-Georgs-Gesellschaft errichtet hatte. Zum anderen ist es Teil von Maximilians immer wiederkehrender Selbstinszenierung als Abbild des Ritterheiligen: als Streiter von besonderen christlichen und ritterlichen Qualitäten, dessen Streben speziell dahin ging, die Christenheit gegen den „türkischen Drachen" zu verteidigen und einen Kreuzzug ins Werk zu setzen. Auf ikonographischer Ebene erscheint die Sakralisierung des Habsburgers außerdem dadurch fortgeführt, dass Hopfer noch ein analog gestaltetes Bild des heiligen Burgunderkönigs Sigismund, eines angeblichen Vorfahren Maximilians, anfertigte. Die Darstellungen verweisen damit auch auf die umfangreichen genealogischen Konstruktionen aus dem Umfeld Maximilians, in denen die Verwandtschaft des Kaisers mit unzähligen Heiligen postuliert und propagiert und das Haus Österreich insgesamt als „heilige Sippe" stilisiert wurde.

Lukas Wolfinger

| Lit.: Silver 2008, S. 109–145; Kat. München 2009, S. 164; 377–379

641 Stickereien eines Chormantels

Utrecht (Jacob van Malborch?), um 1510
Stickarbeit mit Goldfäden und Seide auf Leinen, Stickarbeit geringfügig verschlissen; halbrunder Ausschnitt oberhalb des ersten Bildfeldes – Pluvialeschild H. 52 cm, B. 52 cm; Aurifrisiumfelder H. 46 cm, B. 22,5 cm; H. 46 cm, B. 22,5 cm; H. 44 cm, B. 22,5 cm
Utrecht, Museum Catharijneconvent, Inv.Nr. ABM t 2077, 2103, 2104, 2105

XIII EUROPAS BLICK AUF SEINE CHRISTLICHEN WURZELN

641

641

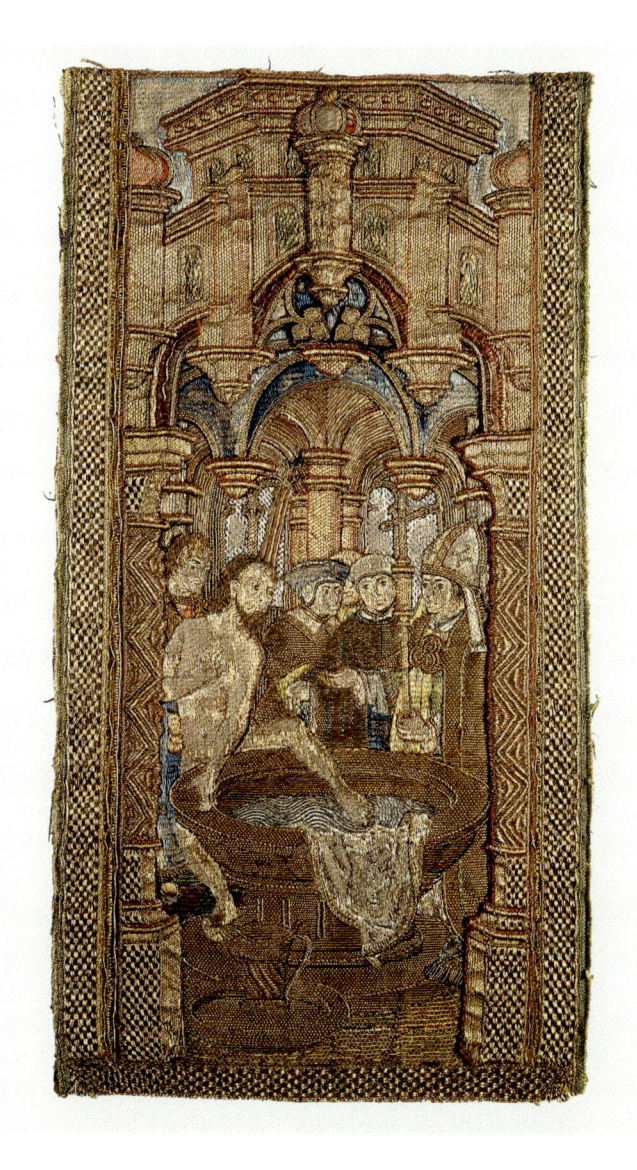

Das Pluvialeschild und die Aurifrisiumfelder stammen von einem Chormantel. Ursprünglich müssen sechs Bildfelder vorhanden gewesen sein, von denen heute noch drei erhalten sind.

Auf dem Pluvialeschild (nicht ausgestellt) ist die Weihe Willibrords zum Bischof dargestellt, während auf den Bildfeldern Szenen aus seinem Leben zu sehen sind: Willibrords Ankunft in den Niederlanden; Radbod, König der Friesen, verweigert die Taufe durch Willibrord; Willibrord auf dem Sterbebett.

Die Darstellung der Weihe Willibrords auf dem Pluvialeschild stimmt nicht mit den historischen Tatsachen überein. Im Jahr 695 sandte der fränkische Hausmeier Pippin II. Willibrord nach Rom, damit dieser dort zum Bischof geweiht würde. Willibrord wurde am 21. November desselben Jahres von Papst Sergius I. im Petersdom zum Erzbischof der Friesen geweiht, wobei der Papst ihn als Zeichen seiner Würde mit dem Pallium bekleidete, einem schmalen Wollband, das mit schwarzen Kreuzen verziert war. Auf dem Schild ist kein Papst abgebildet. In der Mitte des Bildes sitzt Willibrord auf einem Thron und ist von Laien und Geistlichen, unter anderem vier Bischöfen, umgeben. Zwei von ihnen setzen Willibrord eine Mitra auf das Haupt. Rechts im Vordergrund liegt ein Weinfass, das auf das Weinwunder von Echternach verweist. Als Willibrord das dortige Kloster besuchte, fand er im Keller ein Weinfass, in dem nur noch ganz wenig Wein war. Er steckte seinen Stab in das Spundloch, woraufhin der Wein in dem Fass dermaßen anstieg, dass es schließlich überlief und man wieder genug Wein zum Trinken hatte. Auf dem ersten Bildfeld, auf dem Willibrords Ankunft im Land der Franken dargestellt ist, sehen wir den Heiligen ein Schiff verlassen und über eine Laufplanke an Land gehen. Obwohl dieses Ereignis im Jahr 690 stattfand und Willibrord erst 695 geweiht wurde, ist der Heilige hier als Bischof gekleidet. Laut Alkuin ist Willibrord an der Mündung des Rheins gelandet und dann zum Castellum von Utrecht gegangen, um dort Pippin II. zu treffen. Man kann dies jedoch bezweifeln, da sich Utrecht im Jahr 690 noch in der Hand der Friesen befand.

Auf dem zweiten Bildfeld ist zu sehen, wie Radbod, der König der Friesen, im letzten Augenblick die Taufe verweigert. In der Mitte steht ein großes Taufbecken. Der nackte Radbod, steht kurz davor, getauft zu werden und hat bereits einen Fuß ins Becken getaucht. Er zieht ihn jedoch sofort wieder zurück, als er hört, dass er als getaufter Christ später im Himmel seine heidnischen Vorfahren nicht wiedersehen wird, da sie als Ungetaufte verdammt seien. Radbod sagt dann, dass er lieber in der Gesellschaft seiner Vorfahren verweilen möchte als bei einer kleinen Schar Armseliger im Himmelreich. Die Geschichte findet sich weder in der „Historia ecclesiastica gentis Anglorum" von Beda Venerabilis noch in der „Vita Sancti Willibrordi" von Alkuin oder der niederländischen Ausgabe der „Legenda Aurea". Sie stammt aus der Lebensgeschichte des Wulfram von Sens, der ebenfalls um das Jahr 700 den Friesen den Glauben verkündete. Später wurde sie manchmal in die Vita Willibrords aufgenommen. Auf dem dritten Bildfeld ist Willibrords Sterbebett dargestellt. Der sterbende Heilige ist von seinen Getreuen umringt. Im Vordergrund beten zwei Mönche die Sterbegebete, rechts reicht jemand ihm die Totenkerze und links steht ein Diakon mit einem Gebetbuch in der rechten und einem Weihwasserwedel in der linken Hand. Was auf den drei verschollenen Bildfeldern zu sehen war, ist nicht bekannt. Wahrscheinlich waren es Szenen aus dem Kontext der Missionierung der Friesen und der Gründung der Utrechter Kirche.

Die gestickten Darstellungen sind stilistisch mit jenen auf einer Kasel im Museum Schnütgen in Köln verwandt (Inv.Nr. P.218). Auch die Baldachine, die die Darstellungen umrahmen, sind identisch. Auf der Kölner Kasel sind Szenen aus der Kindheit Christi dargestellt, unter anderem die Anbetung der Könige. Diese Darstellung ist identisch mit einer Abbildung auf dem Gabelkreuz einer Kasel im Museum Catharijneconvent in Utrecht (Inv.Nr. ABM t02069). Auch die Darstellungen auf den dazugehörigen Aurifrisiumfragmenten stimmen mit denen auf der Kölner Kasel überein. Das Gabelkreuz in Utrecht trägt die Wappenschilde des Zweder van Voorn (†1473), Besitzer des bei Utrecht gelegenen Ritterguts Voorn, und seiner Gattin Haze van der Mey (†vor 1479), die aus dem ebenfalls bei Utrecht gelegenen Huis Ter Mey stammte. Ihre Tochter Elisabeth trat 1508 in das Zisterzienserkloster Mariendael bei Zuilen ein. Wahrscheinlich hat Elisabeth die Kasel, von der das Gabelkreuz stammt, anfertigen lassen und dem Kloster bei ihrem Eintritt geschenkt. Die Darstellung der Anbetung der Könige auf der Kölner Kasel ist auf 1509 datiert und mit zwei Wappenschilden versehen. Darauf ist ein Beil zu sehen, das Emblem der Utrechter „Bijlhouwersgilde", in der die Zimmerleute zusammengeschlossen waren und die der Heiligen Familie geweiht war. Aufgrund der Verwandtschaft dieser beiden Stücke, die auf 1508 und 1509 zu datieren sind und eindeutig aus Utrecht stammen, mit dem Pluviale und den Aurifrisiumfragmenten mit Willibrord darf man annehmen, dass auch diese auf die Zeit um 1510 datiert werden müssen und in Utrecht entstanden sind. Willibrord war im Mittelalter ein vergleichsweise bedeutungsloser Heiliger, der außer in Echternach nur an bestimmten Orten in der Diözese Utrecht verehrt wurde. In der Stadt selbst waren dies vor allem der Dom und die Salvatorkirche oder Oud-Munsterkerk. In letztgenannter Kirche wurden auch die aus Echternach stammenden Willibrord-Reliquien aufbewahrt, sodass eine Herkunft der Stickereien aus dieser leider gegen Ende des 16. Jahrhunderts abgerissenen Kirche am wahrscheinlichsten ist. Die Kanoniker der Oud-Munsterkerk ließen zu Beginn des 16. Jahrhunderts eine große Zahl an Paramenten anfertigen. Mit den Stickereien beauftragte man vor allem den Utrechter Sticker Jacob van Malborch. Dieser leitete die bedeutendste Stickwerkstatt der Stadt. Er erhielt auch wichtige Aufträge von der Domkirche, der Pieterskerk und der Janskerk und belieferte die Oude Kerk in Delft mit Paramenten. Möglicherweise ist er auch der Schöpfer sowohl der Kasel von Elisabeth van Voorn, des Gabelkreuzes und der dazu gehörenden Aurifrisien der „Bijlhouwersgilde" als auch der Willibrord-Stickereien.

Henri L.M. Defoer

| Lit.: Kiesel 1969, S. 409; Kat. Utrecht 1987; de Bot 1991, S. 12f.; van den Hoven van Genderen 1997, S. 595–599; Kat. Osnabrück 2000, S. 22f.; Halbertsma 2000, S. 244

642 Heiliger Willibrord

Adrian Lommelin, um 1668/69
Aus: Cornelius Hazart S. J.: Kerckelycke Historie van de gheheele werelt, Bd. 3, Antwerpen 1669, vor fol. 1
Kupferstich – Blatt H. 29,8 cm, B. 18,3 cm; Platte H. 28,3 cm, B. 17,7 cm
Münster, LWL-Museum für Kunst und Kultur (Westfälisches Landesmuseum)/Porträtarchiv Diepenbroick, Inv.Nr. C-601024 PAD

Dieser Kupferstich ist der Kirchengeschichte der Niederlande aus der Feder des Jesuiten Cornelius Hazart programmatisch vorangestellt: Es geht um die Geschichte der römisch-katholischen Kirche vor allem in jüngerer Zeit. Als kurzer Vorspann wird die Christianisierung nach der Kirchengeschichte von Heribert Rosweyd (1623) erzählt: 690 begann Willibrord (*um 658, †739), hier „Apostel der Niederlande" genannt, mit elf Missionaren aus seiner angelsächsischen Heimat die Bekehrung in Friesland; zugleich holte er sich dafür die päpstliche Vollmacht (S. 10: *Maer so de authoriteyt ende bevestinghe des Paus van Roomen moest komen, is den H. Willebrordus naer Roomen ghereyst om deselven van den Paus Sergius te verkrijghen.* – „Aber da die Autorität und Bestätigung des Papstes in Rom kommen musste, ist der hl. Willibrord nach Rom gereist, um diese von Papst Sergius zu erhalten."). Sein Ornat ist daher mit den Ganzfiguren des heiligen Petrus und des heiligen Paulus als Symbol für die päpstliche Autorität geschmückt.
Die Predigten des Willibrord bewirkten dann – so der Text weiter –, dass „Holland, Zeeland und Utrecht" christianisiert wurden; alle seine Nachfolger übten ihre Ämter in päpstlichem Auftrage aus.
Das Modell des Domes von Utrecht, der dem damaligen Bischof entfremdet war, zeigt Willibrord als Gründer des Bistums Utrecht. 695 vom Papst zum Erzbischof geweiht, trägt er den – von seinem Kopf halb verdeckten – Kreuzstab. Die Bildunterschrift betont zusätzlich den erneuten Missionsauftrag durch Papst Gregor II. 719, nachdem ab 714 der Aufstand des Radbod sein Wirken unterbrochen hatte. Die Christianisierung wurde von Hazart als Teil der römisch-katholischen Tradition beansprucht – gegen die konkurrierenden Ansprüche der um 1620 als Staatsreligion etablierten reformierten Kirche der Niederlande. Gerd Dethlefs

| Quelle: Hazart 1669, Bd. 3, S. 10
| Lit.: Rosweyde 1623, S. 665–667; Kiesel 1969, S. 377f., Abb. 85; Angenendt 1973

643 Der friesische König Radbod verweigert die Taufe durch Bischof Wulfram von Sens

Nach einer Zeichnung von Louis Fabritius du Bourg (*1693, †1775) gestochen durch Jacob Folkema (*1692, †1768), um 1740
Lithographie, Papier – H. 19,5 cm, B. 15,5 cm
Beverwijk/Niederlande, Museum Kennemerland, Inv.Nr. 18694

Die Weigerung des Königs Radbod, sich taufen zu lassen, gehört zu den bekanntesten friesischen Legenden. Im Mittelalter wurde der heidnische König recht bald umgedeutet in einen Angst verbreitenden und abscheulichen Gegner des Christentums. Die „Taufszene" wird in spätmittelalterlichen historiographischen Werken durchaus erwähnt, aber nicht weiter ausgedeutet. Die Christianisierung insgesamt aber wird geradezu als Voraussetzung der sogenannten „Friesischen Freiheit" gesehen. Im Laufe des 18. Jahrhunderts interessierte man sich dann stärker für die eigene Stammesgeschichte und plötzlich konnte Radbod zu einer Art Held der Frühzeit werden. Diese, gerade auch im deutschen Ostfriesland stark verbreitete, national angehauchte Rezeption, beherrschte dann das 19. und frühe 20. Jahrhundert. Sie war sicherlich auch durch den „Franzosenhass" der Zeit und die allgemein verbreitete Sehnsucht nach einer eigenen „Antike" geprägt.
Entsprechend ist der König auf dem hier gezeigten Blatt wie die Kopie einer antiken Heldenstatue bzw. einer griechischen Götterstatue gezeichnet. Die Darstellung gehört zu zwei weiteren von Folkema und du Bourg, die Szenen des Bataveraufstands 69/70 zeigen. Alle drei Blätter wurden unter anderem im ersten Band von Jan Wage-

643

De Friesche Koning RADBOUD weigert zig door Bisschop WOLFRAN te laaten doopen.

naars populärer „Vaterländischer Geschichte" (Vaderlandsche historie) 1749 veröffentlicht. So wie die Bataver sich der „Fremdherrschaft" der Römer widersetzten, so verweigerte sich König Radbod dem Einfluss der Franken.

In dieser Interpretation konnte die Verweigerung der Taufe zu einem patriotischen Akt werden, weniger in Ablehnung des Christentums als in der Zurückweisung des „Fremden", hier konkret der Franken. Die Taufszene, die in der Legendenbildung zeitweise mit Bischof Willibrord verbunden worden war, wurde deshalb auch wieder historisch korrekt mit dem fränkischen/französischen Bischof von Sens in Verbindung gebracht. 　　　　　　　　　　Frank Huismann

| **Lit.:** Sello 1922; Halbertsma 1970; Halbertsma 1982; Salomon 2000

644 Pilgerring

15./16. Jahrhundert (?)
Ee bei Dokkum (Niederlande)
Bronze – Dm. 2,5 cm
Dokkum/Niederlande, Museum het Admiraliteitshuis, Inv.Nr. AH 1270

Im Alter von über 80 Jahren reiste Bonifatius mit mehr als 50 Begleitern nach Friesland. Bei Dokkum in den heutigen Niederlanden fand seine Reise ein jähes Ende: Räuber erschlugen ihn und seine Gefährten am 5. Juni 754. Wie schon im Mittelalter pilgern auch heute noch Christen im Juni nach Dokkum, um dem Missionar am Ort seines Martyriums zu gedenken. In diesen Kontext ist der bronzene Fingerring mit der Inschrift *S:Bonevasius* zu setzen, den Pilger in Dokkum kauften und als Devotionalie nutzten. Die sogenannten Bonifatiusringe sind seit dem 14. Jahrhundert bekannt und in Friesland weit verbreitet. Der vorliegende Ring stammt aus Ee, einem Dorf etwa acht Kilometer östlich von Dokkum. 　　　Ralf Mahytka

| **Lit.:** Kat. Fulda 2004, S. 143

645 Matthias Flacius Illyricus, „Catalogus testium veritatis"

Basel 1556
Papier, gebunden –H. 18 cm, B. 13 cm, T. 8,5 cm
München, Bayerische Staatsbibliothek München, Sign. Res/P.gr.c. 31

Im Kontext heftiger religiöser Auseinandersetzungen versuchte der in Istrien geborene lutherische Gelehrte Matthias Flacius Illyricus (*1520, †1575) mit seinem „Catalogus testium veritatis" quellenmäßig zu beweisen, dass es auch in der vom richtigen Glaubensweg abgekommenen mittelalterlichen Kirche durchgehend Personen gegeben habe, die „die alte evangelische Wahrheit festgehalten, bezeugt und weiter überliefert" (Schäufele 2007, S. 149) und der antichristlichen päpstlichen Herrschaft widersprochen hätten – eine Anschauung, die in ähnlicher Weise bereits Martin Luther und Philipp Melanchthon vertreten hatten. Um sie zu belegen, führte Flacius im „Catalogus", beginnend bei Petrus selbst, hunderte Textzeugnisse an, wobei er freilich jegliche Form von Kirchen- und Papstkritik für die protestantische Seite vereinnahmte. Nicht wenige mittelalterliche Texte erschienen hier erstmalig im Druck oder zumindest in Paraphrase, andere wurden der Öffentlichkeit durch die Neuedition leichter zugänglich gemacht. Das Werk war zugleich als Vorstudie für eine umfassende Darstellung der Kirchengeschichte aus protestantischer Perspektive gedacht, die von Flacius schließlich in den sogenannten „Magdeburger Zenturien" ins Werk gesetzt wurde. Da sich Flacius in seinem „Catalogus" intensiv um eine historisch-philologische Kritik und Einordnung der von ihm benutzten Quellen bemühte, steht er am „Anfang einer wissenschaftlichen Auseinandersetzung mit der lateinischen Literatur des Mittelalters". (Haye 1992, S. 47). Dies umso mehr, als er damit die wissenschaftliche Gegenreaktion der katholischen Seite provozierte.

Lukas Wolfinger

| Lit.: Frank 1990; Haye 1992; Hartmann 2001; Schmidt-Biggemann 2004; Schäufele 2007, S.148–152; Mentzel-Reuters/Hartmann 2008

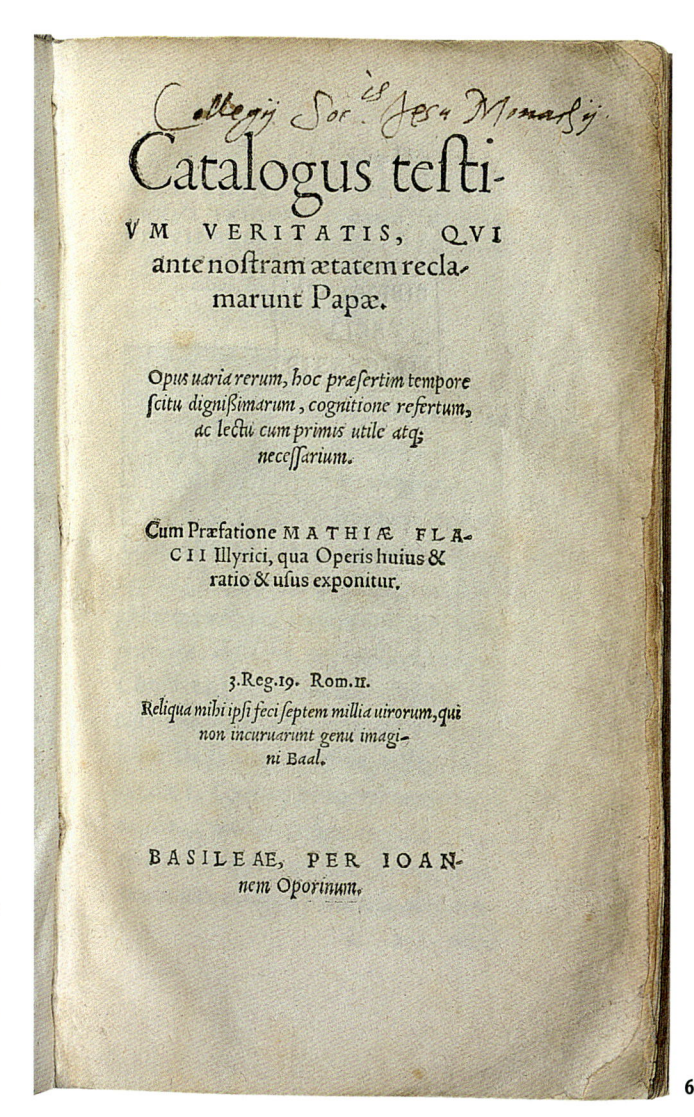

646 Caspar Sagittarius und die Christianisierung Thüringens

Caspar Sagittarius, Antiquitates gentilismi et christianismi Thvringici. Das ist gründlicher und ausführlicher Bericht von dem Heiden- und Christenthum der alten Thüringer, Jena 1685 – H. 20,5 cm, B. 17 cm, T. 4,5 cm
Fulda, Stadtarchiv Fulda, Inv.Nr. Bibliothek F Thu 9

Der Lüneburger Pastorensohn Caspar Sagittarius (*1643, †1694), seit 1674 Professor für Geschichte in Jena, verfasste neben zahlreichen anderen historischen Arbeiten auch eine Darstellung der Christianisierung Thüringens. Das hier gezeigte Werk, auf dessen Titelkupfer zwei Abbildungen des heiligen Bonifatius zu sehen sind, versteht sich als eine Auseinandersetzung mit dessen Missionsleistung, die Sagittarius in Zweifel zieht. Der Autor möchte den Nachweis führen, dass die Thüringer schon längst vor Bonifatius gute Christen gewesen seien. Bereits im 2. Jahrhundert sei Deutschland von christlichen römischen Soldaten bekehrt worden. Der letzte Thüringerkönig Herminafried (†534) und seine ostgotische Gemahlin hätten das Christentum in dieser Gegend noch einmal erneuert. Tatsächlich waren Teile der thüringischen Oberschicht zu dieser Zeit bereits Christen geworden, doch vom Aufbau kirchlicher Strukturen, wie sie Bonifatius 200 Jahre später mit dem allerdings nur kurzfristig bestehenden Bistum Erfurt schuf, war man, was Sagittarius bestreitet, damals noch weit entfernt.

Die in den „Antiquitates" vorgetragene Hauptkritik an Bonifatius, *dass er dem päpstlichen Stuhl gar zu sehr angehangen*, ist Teil einer Traditionslinie protestantischer Geschichtsschreibung seit der zweiten Hälfte des 16. Jahrhunderts. Sagittarius steht damit u. a. in der Nachfolge des lutherischen Theologen Cyriacus Spangenberg (*1528, †1604), in dessen 1603 erschienener Bonifatius-Biographie („Bonifacius oder Kirchen-Historia") dem angelsächsischen Missionar vorgeworfen wurde, er habe in Thüringen ein bereits bestehendes Christentum ausgerottet.

Thomas Heiler

647 Christian von Braunschweig und der heilige Liborius

a) Paderbornischer Wegweisser und angestelter westphalischer Wallfartstag
Frankfurt am Main (?), 1622
Kupferstich – H. 23,7 cm, B. 29,2 cm
Paderborn, Verein für Geschichte und Altertumskunde Westfalens, Abteilung Paderborn, Inv.Nr. 81/866

b) Pfaffenfeind-Taler
Herzogtum Braunschweig und Lüneburg, 1622
Vorderseite: Umschrift GOTTES FREUNDT DER PFAFFEN FEINDT; Rückseite: ein Arm in Rüstung mit Schwert
Silber – Dm. 0,42 cm; 29,90 g
Paderborn, Verein für Geschichte und Altertumskunde Westfalens, Abteilung Paderborn, Inv.Nr. AV-M- 4100

c) Pfaffenfeind-Taler
Herzogtum Braunschweig und Lüneburg, 1622
Vorderseite: Umschrift GOTTES FREUNDT DER PFAFFEN FEINDT; Rückseite: ein Arm in Rüstung mit Schwert und aufgespießter Jesuitenkappe
Silber – Dm. 0,45 cm; 26,85 g
Paderborn, Verein für Geschichte und Altertumskunde Westfalens, Abteilung Paderborn, Inv.Nr. AV-M- 4103

Das Flugblatt zeigt im Mittelteil drei Bildszenen: Herzog Christian von Braunschweig-Wolfenbüttel (*1599, †1626) nähert sich der Statue des heiligen Liborius, umarmt diese und lässt sie von seinen

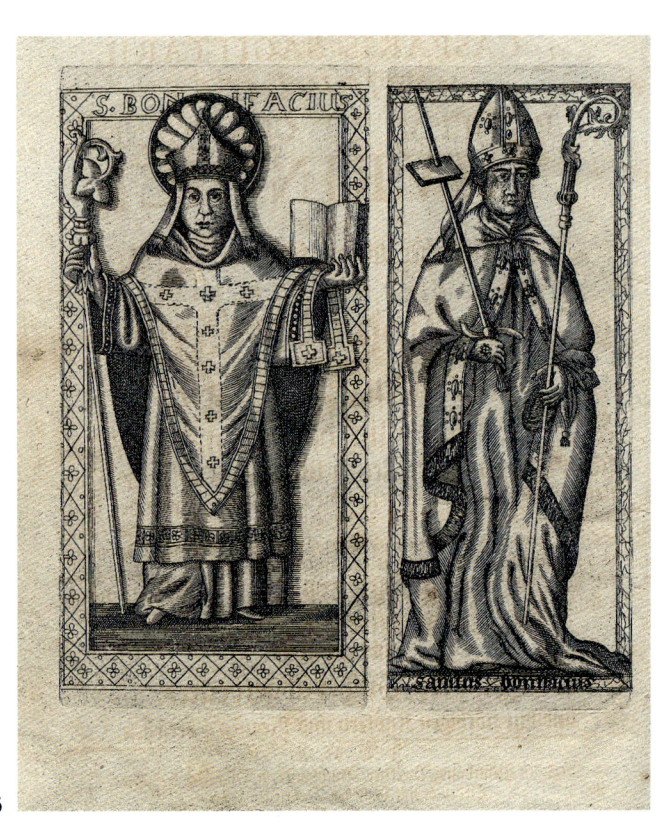

647a

Begleitern in eine offene Kiste verpacken. Ein Dialog zwischen dem Heerführer und dem Schutzpatron des Bistums Paderborn rahmt die Bildszenen ein. In der linken Textspalte berichtet Christian von Braunschweig über seinen missglückten Heerzug und seinen Weg in das Stift Paderborn. Dann spricht er Liborius direkt an: „S(ankt) Libori, du heilig(e)r Mann, Du hast furwar gar wol gethan, Daß du auff mich so lange Zeit, Gewart hast mit Bescheidenheit". In der linken Spalte antwortet die Liboriusfigur, indem sie sich zunächst über den Besuch der Soldaten wundert, ihnen droht und sich dann in ihr Schicksal ergibt: *„Aber was hilft mich vil mein klagen, Man thut mich schon von hinen tragen"*.

Mit der Besetzung des Stifts Paderborn wurde die ganze Region erstmals in die militärischen Auseinandersetzungen des Dreißigjährigen Kriegs (1618–1648) einbezogen. Christian von Braunschweig, der vergeblich versucht hatte, dem sogenannten Winterkönig Friedrich V. von der Pfalz (*1596, †1632) zur Hilfe zu eilen, bezog mit seinen Truppen in Westfalen sein Winterquartier. Die im Flugblatt beschriebene Begebenheit bezieht sich auf die umfangreichen Geldzahlungen, Sachleistungen und Plünderungen, die mit der Besetzung der Stadt einhergingen. Neben dem bischöflichen Tafelsilber fiel auch der vergoldete Silberschrein des heiligen Liborius dem Raubzug zum Opfer. In Lippstadt ließ Christian das Gold- und Silbergerät einschmelzen und den berühmten „Pfaffenfeindtaler"

647b

647c

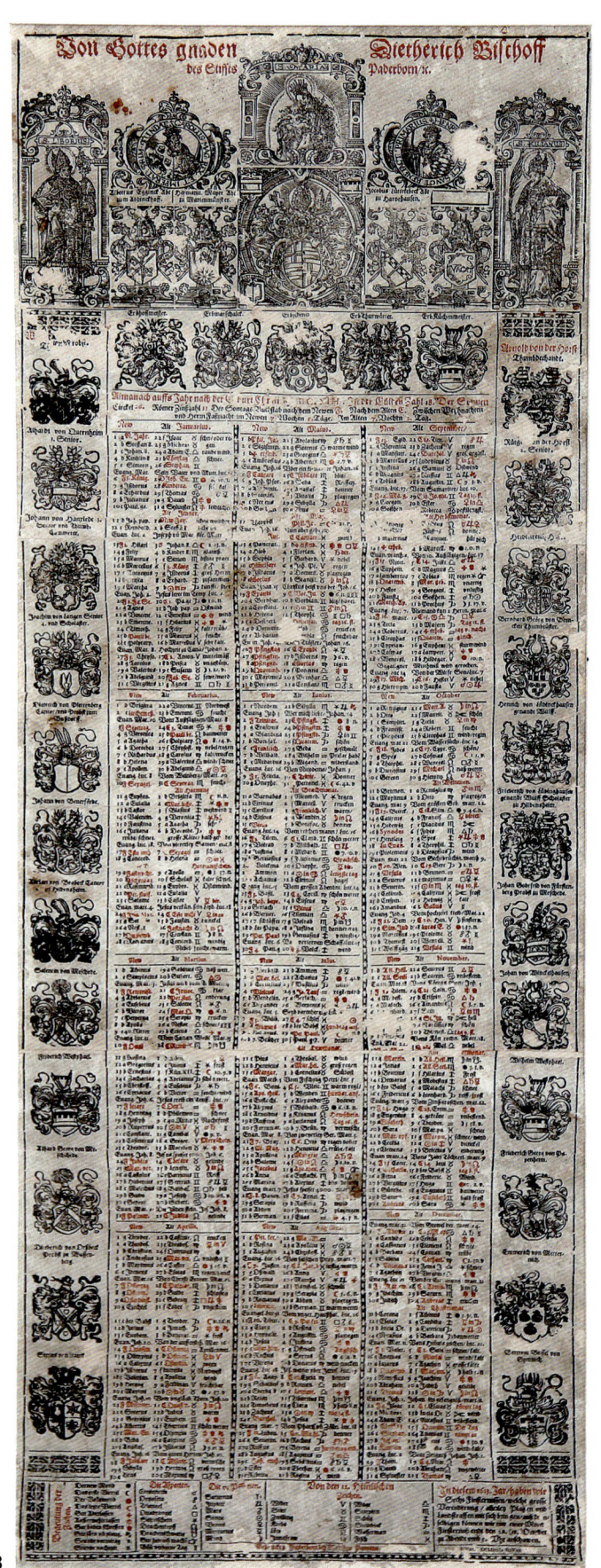

prägen. Die Aufschrift GOTTES FREUNDT DER PFAFFEN FEINDT war nicht nur übermütiger Spott, sondern Programm: Mit den Geldern finanzierte er seinen weiteren Kriegszug gegen die Truppen der katholischen Liga.

Dass Christian von Braunschweig die Reliquien des heiligen Liborius mit sich nahm, sorgte über die Region hinaus für Aufmerksamkeit, die sich in mehreren Flugblättern niederschlug. Aus protestantischer Sicht brandmarken die Flugblätter die Heiligenverehrung als Götzendienst und stellen Christian von Braunschweig als mutigen Heerführer dar, der aus religiösen Motiven handelt. Dabei wird anstelle des mittelalterlichen Schreins eine Statue abgebildet, um die Kritik am Reliquienkult sinnfälliger zu gestalten. Eine andere Interpretation bietet das Flugblatt „Liborius Bedevaert" – ein Gegenstück zum „Paderbornischen Wegweiser" mit identischem Bildprogramm aber abweichendem Text. Hier wird der Empörung über den Raub der Reliquien Ausdruck verliehen und Christan von Braunschweig als Anführer einer plündernden Soldateska vorgestellt.

Im historischen Bewusstsein der Region haben sich Besetzung und Raub der Reliquien tief eingeprägt. Dabei hat sich die katholische Interpretation durchgesetzt: Christian von Braunschweig gilt geradezu als Prototyp des gewissenlosen Heerführers und Symbol für die Schrecken des Dreißigjährigen Kriegs. Mit dem Herbstliborifest wird bis heute die Rückführung der Reliquien im Jahr 1627 gefeiert.

Andreas Neuwöhner/Arnold Schwede

| Lit.: Wertheim 1929; Welter 1971; Kindl 1972; Stiegemann 1986b, S. 193–197; Neuwöhner 1998; Braun 1999; Dethlefs 2000; Kümper 2010

648 Wappenkalender des Paderborner Domkapitels

Matthaeus Pontanus
Paderborn 1613
Holzschnitt und Typendruck in Schwarz und Rot auf Papier, mehrere Blätter, auf Leinwand aufgezogen – H. 102,5 cm, B. 44 cm (im Rahmen)
Westfälischer Privatbesitz

Der großformatige Kalender des Matthaeus Pontanus (*um 1565, †1622) besteht aus einem Kopfstück, dem eigentlichem Kalendarium im Zentrum und den Wappen der Domherren auf der linken und rechten Seite. Damit folgt der Kalender dem charakteristischen Aufbau der „Wappenkalender" der westfälischen Stifte, die seit dem späten 16. Jahrhundert nachweisbar sind. Der Pontanus-Kalender ist die älteste Fassung des Paderborner Stiftskalenders und für das Jahr 1602 durch ein Fragment nachweisbar. Im Jahr 1691 wurde er durch eine Neufassung ersetzt. Den Entwurf lieferte Johann Georg Rudolphi.

Vom Domkapitel Paderborn in Auftrag gegeben, informiert der Kalender über den spezifischen Heiligen- und Festkalender des Paderborner Bistums. Zugleich dokumentiert er den staatlichen Aufbau des Stifts und die aktuelle Besetzung der zentralen Ämter. Indem die Patrone und Gründer des Bistums figürlich bzw. mit ihren Wappen gezeigt werden, präsentiert sich das Domkapitel in seiner historischen und politischen Bedeutung als Repräsentant des Bistums. Die charakteristische Doppelfunktion als geistliche und weltliche Herrschaft offenbart das Bildprogramm: Über dem Wappen des regierenden Fürstbischofs Dietrich von Fürstenberg (reg. 1585–1618) befindet sich die Darstellung der heiligen Gottesmutter Maria. Sie ist die Schutzpatronin des Bistums und der Domkirche. Der heilige Kilian und der heilige Liborius, deren figürliche Darstellungen das Kopfstück einrahmen, wurden ebenfalls als Schutzpatrone verehrt. Dazwischen befinden sich die Darstellungen der Kaiser: Karl der Große und Heinrich II. Sie gelten als die weltlichen Gründer des Stifts. Vielfach gedruckt, wurden die Kalender an die Institutionen des Stifts verteilt sowie an die Verwandten der Domkapitulare versendet. Bei den späteren, deutlich aufwendiger gestalteten Kalendern wurde dann lediglich das Kalendarium ausgetauscht und jährlich neu gedruckt.

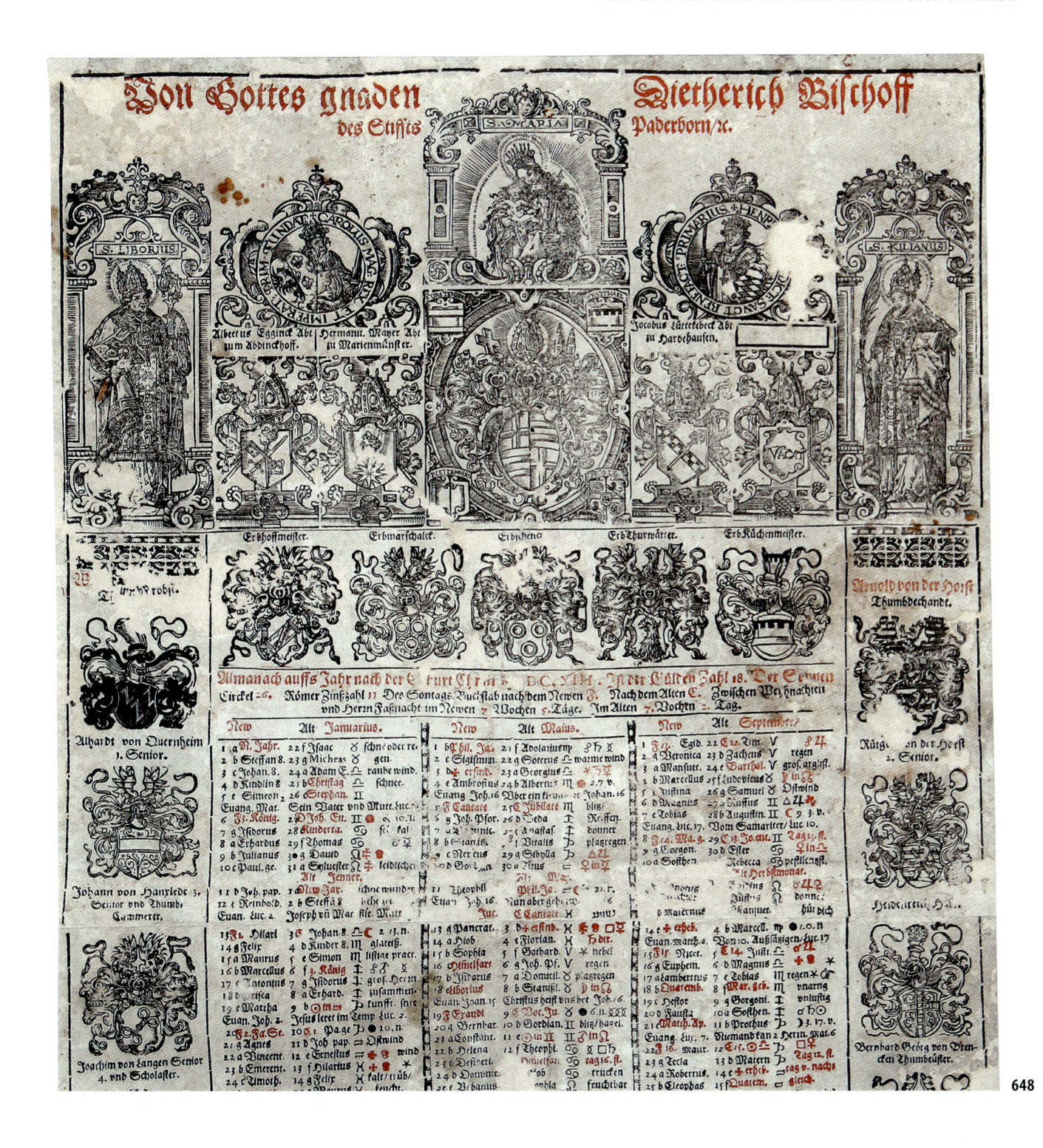

Andreas Neuwöhner

| Lit.: Tack 1955; Stiegemann 1986b, S. 201–204; Koch 1993; Kohle 1997

649 Doppeltaler 1620

Fürstbistum Paderborn, Brakel, 1620
Silber – Vorderseite: der heilige Liborius in Ganzfigur; Rückseite: das Wappen des Fürstbischofs Ferdinand I. von Bayern (reg. 1618–1650) – 57,36 g
Paderborn, Privatbesitz

Ferdinand von Bayern ließ in seiner Münzstätte in Brakel durch den Münzmeister Nikodemus Billerbeck eine Reihe von fürstbischöflichen Münzen schlagen, zu denen auch der vorgestellte Doppeltaler des Jahres 1620 (vom doppelten Gewicht des einfachen Talers) zählt.

Die Prägung dieser nur in wenigen Exemplaren bekannten Münze fällt in die Anfangsjahre des Dreißigjährigen Krieges, als über das Reich in den Jahren 1618 bis 1623 die erste große Inflation, die sogenannte „Kipper- und Wipperzeit", hereinbrach. In dieser Zeit wurden Münzen des täglichen Zahlungsverkehrs in zunehmendem Maße mit schlechter werdenden Silbergehalten geprägt. Die Taler dagegen ließen die Münzstände als korrektes Zahlungsmittel zur Besoldung der Soldaten und wie hier als Repräsentationsmünzen nach den Reichsvorschriften herstellen.

Arnold Schwede

| **Lit.:** Schwede 2004, S. 132–167

650 Sedisvakanztaler 1683

Fürstbistum Paderborn
Silber – Vorderseite: der heilige Liborius in Halbfigur; Rückseite: Kaiser Karl der Große in Halbfigur – 28,93 g
Paderborn, Privatbesitz

Während der kurzen Sedisvakanz, der Zeit zwischen dem Tode des Fürstbischofs und der Wahl eines neuen, übte wieder das Domkapitel des Fürstbistums Paderborn zwischen dem 26. Juni und dem 15. September 1683 die Regierungsgewalt aus. Das Kapitel beschloss, neben Mariengroschen zu seiner Repräsentation auch 500 Reichstaler prägen zu lassen. Den Prägeauftrag erhielt der Herforder Jude Hertz Levi. In welcher Münzstätte die Münzen geprägt wurden, ist unbekannt.   Arnold Schwede

| Lit.: Schwede 2004, S. 294–299

651 „Monumenta Paderbornensia"

Ferdinand von Fürstenberg, Monumenta Paderbornensia, Ex Historia Romana, Francica Saxonica eruta, Et novis inscriptionibus, figuris, tabulis geographicis, & notis illustrata. Accedunt Caroli M. Capitulatio de partibus Saxoniæ, ex antiquissimo MS. Palatino Bibliothecæ Vaticanæ, & Panegyricus Paderbornensis. Editio altera priori auctior. Amstelodami, Apud Danielem Elsevirium, cIↄ Iↄc lxxii., 1672 – [28] Bl., 337 S., [17] Bl., 134 S., [3] Bl., [5] gef. Bl.; Kupferst., Verl.-Sign. (Kupferst.), Ill. (Kupferst.), 3 Kt. (Kupferst.), Ill. (Holzschn.), 1 Portr. (Kupferst.), 2 Ill. (Kupferst.); 4°– H. 21,9 cm, B. ca. 17 cm, T. 4,3 cm
Paderborn, Stadtarchiv, Inv.Nr. 624

Als Verleger für die zweite, erheblich aufwendiger ausgestattete Auflage des erstmals 1669 in Paderborn gedruckten Geschichtswerks wählte Fürstenberg Daniel Elsevier in Amsterdam, der unter Altertumsforschern einen hervorragenden Ruf genoss. Über ihn erreichte die Paderborner Bistumshistorie ein europäisches Publikum von Gelehrten und Amtsträgern. Ihnen präsentierte Fürstenberg – auch mit Hilfe von drei Karten – seine Diözese als Schauplatz von Weltgeschichte: von den Kämpfen zwischen Römern und Germanen in der Antike über die Sachsenmission und das Bündnis zwischen

Papsttum und weltlicher Herrschaft zur Zeit der Franken bis zur Bistumsorganisation und dem Reichskirchensystem unter den Ottonen. Sein innovatives Geschichtskonzept zeigte die Wichtigkeit Paderborns für die Geschichte Europas, rechtfertigte die Wiederherstellung seiner Kirchenherrschaft nach dem Dreißigjährigen Krieg und bekräftigte den Oberhirtenanspruch auch über protestantisch gewordene Gebiete. Johannes Süßmann

| Quelle: Denkmale des Landes Paderborn

| Lit.: Ernesti 2004, S. 174–190

652 „Trinus fidei triumphus"

Titelseite des Programms des Gymnasiums Attendorn zum 28. und 29. September 1721, erstellt von Nicolaus Schatten, ohne Ort

Latein und deutsch – H. 20,5 cm, B. 15,6 cm; 4 Bll.

Herdringen, Archiv des Freiherrn von Fürstenberg-Herdringen, Akte 4567,19

Das ausgestellte Attendorner Gymnasiumsprogramm von 1721 besteht aus vier Blättern zu acht Seiten in Oktav-Format und ist dem Reichsfreiherrn Hugo Franz von Fürstenberg (*1692, †1755), Domherr zu Hildesheim, Paderborn und Münster, gewidmet, dessen Wappen mit Widmungstext die zweite Seite ziert. Er ist damit als „Mäzen" ausgewiesen, denn es war üblich, nach der Aufführung eines Schauspiels Preisbücher zu vergeben, die von einem Gönner zuvor gestiftet wurden.

Das Stück selbst ist mit einem lateinischen Einführungstext versehen. Das eigentliche Schauspiel beginnt mit einer Einleitung. Den folgenden vier Akten des Stückes wurden jeweils ein Sinnbild und ein Sinnspruch vorangestellt. Der erste Triumph des Glaubens besteht in der Christianisierung Westfalens und Engerns durch Karl den Großen, dem sich auch Herzog Widukind nach schwerem Kampf unterwirft und endgültig zum christlichen Glauben bekennt (1. und 2. Akt). Der zweite Triumph im 3. Akt schildert die Abwehr des Reformationsversuchs des Kölner Erzbischofs Gebhard Truchsess von Waldburg-Trauchburg (*1547, †1601, reg. 1577–1583) durch das gemeinsame Handeln des bayrischen Herzogshauses und der Familie von Fürstenberg. Der dritte Triumph schildert die Befestigung und Stärkung der römisch-katholischen Kirche durch das Wirken des Paderborner und Münsteraner Bischofs Ferdinand von Fürstenberg (*1626, †1683). Letzterer förderte u. a. besonders die Franziskaner. Der Orden war von 1638 bis 1804 Träger eben jenes Gymnasium Marianum Seraphicum, dessen Nachfolger heute das Rivius-Gymnasium in Attendorn ist.

Das vorliegende Programm ist in einem Sammelband eingebunden, der mit „Gesammelte Schul=Dramen darunter viele von Wedinghausen. Eins v. 1758 dem Fhr. Clemens Lotha u. S. Charlotte geb. v. Heensbroich gewidmet; deßgl. Von Attendorn." bezeichnet ist. Auf dem Buchrücken ist, nicht mehr vollständig erkennbar, die alte Inventarnummer „Nr. 432"(?) und im Bucheinband „Nr. 194 in poetis" eingetragen. In dem Werk insgesamt 63 Programme unterschiedlicher Herkunft aus dem Zeitraum 1651 bis 1774 chronologisch zusammengefasst. Angesichts von Schrift und Widmung ist der Band vermutlich um 1775 unter Clemens Lothar von Fürstenberg (*1724, †1791) entstanden, der die berühmte Bibliotheca Fürstenbergiana zusammentrug. Wolfgang Blaschke

| Lit.: Lahrkamp 1971; Säger 1973; Säger 1974; Andernach 1979

653 Heiliger Liborius

Paderborn, Antonius Willemssens (?), 1658

Öl auf Leinwand – einige größere Retuschen, im Bildfeld oben rechts datiert: 1658 – H. 106 cm, B. 85 cm

Paderborn, Erzbistum Paderborn, Erzbischöfliches Generalvikariat

Der heilige Liborius erscheint als Halbfigur im prunkvollen Pontifikalornat mit Mitra und Chormantel in Dreiviertelansicht nach rechts hinter einer Brüstung, davor eine schmale knorpelwerkgerahmte Kartusche mit Inschrift: S. LIBORIVS EPISCOPVS CENOMANENSIS IN GAL. Das würdevolle Greisenhaupt rahmt ein langer weißer Bart, die Augen unter buschigen Brauen sind auf den Betrachter gerichtet. In der rechten Armbeuge hält er den Bischofsstab. Die Hände stecken in weißen Pontifikalhandschuhen mit ovalen

S. LIBORIVS EPISCOPVS CENOMANENSIS IN GA.

653

Edelsteinapplikationen und Ringen an den Fingern. Die Rechte weist mit ausgestrecktem Zeigefinger demonstrativ auf sein Attribut, das Buch mit zahlreichen kleinen Steinen, die auf sein Patronat bei Nieren- und Gallensteinleiden hinweisen. Der golden schimmernde Chormantel ist mit breiten figürlichen Stickerei-Besätzen geschmückt. Vorne links ist die Darstellung der Hochzeit zu Kanaa zu erkennen. Die große goldene Chormantelschließe mit den nur angedeuteten, in Säulennischen eingestellten Heiligen zeigt entfernt Ähnlichkeit mit der 1625 geschaffenen Chormantelschließe, die der Dringenberger Goldschmied Hans Krako im Auftrag des Paderborner Domherrn Emmeran von Metternich schuf. Darauf sind ebenfalls in Säulennischen die heiligen Dompatrone Maria, Kilian und Liborius dargestellt. Sie erscheinen im Gemälde ein zweites Mal in der Krümme des Bischofsstabes. Das repräsentative Bild des Bistumspatrons ist ein beredtes Zeugnis der katholischen Reform, die getreu den Bestimmungen des Tridentinischen Konzils die Verehrung der lokalen Heiligen in Bild und Kult nach dem Dreißigjährigen Krieg mit Nachdruck beförderte. Die Glaubensboten der ersten Generation (Kilian und andere), aber auch die frühen Translationsheiligen wie Liborius, dessen Gebeine 836 aus Le Mans in Gallien nach Paderborn überführt worden waren, traten als lokale Identifikationsfiguren auf katholischer Seite gegenüber den überregional wirkenden Missionsheiligen (Bonifatius) in den Vordergrund.

Auch im Hochstift Paderborn erlebte die Heiligen- und Reliquienverehrung unter den Fürstbischöfen Dietrich Adolf von der Recke (reg. 1651–1661) und Ferdinand von Fürstenberg (reg. 1661–1683) einen deutlichen Aufschwung. Auf Veranlassung des Fürstbischofs Dietrich Adolf von der Recke kamen 1655 der Bildhauer Ludovicus Willemssens und der Maler Antonius Willemssens für mehrere Jahre aus Antwerpen nach Paderborn, um an der Barockisierung des Domes mitzuwirken. Antonius Willemssens ist anhand seiner signierten Bilder sicher zwischen 1655 und 1658 in Paderborn fassbar. Er starb 1671/72 in Antwerpen. Mit ihnen hielt der flämisch geprägte Hochbarock Einzug in Westfalen. Eines der wichtigsten Projekte der 1652 begonnenen Neugestaltung des Paderborner Domes war dessen Ausstattung mit drei großen Barockaltären, geschaffen zwischen 1655 und 1661. Dem Dom- und Bistumspatron Liborius war der linke Seitenaltar im Dom geweiht. Das Altarblatt, das Anton Willemssens 1656 schuf, zeigte Liborius kniend vor der Gottesmutter, die ihm das Buch mit den Steinen als Zeichen seines Patronates überreicht. Liborius trägt die Züge des Stifters des Altares, des Osnabrücker Fürstbischofs Franz Wilhelm Graf von Wartenberg (*1593, †1661). Stiftungstat und „Rollenporträt" bezeugen die besondere Verehrung des Paderborner Dompatrons, dem Wartenberg als kurkölnischer Gesandter bei den Friedensverhandlungen zum Ende des Dreißigjährigen Krieges in Münster begegnet war. Dorthin war der Schrein mit den Reliquien 1631 vor den Hessen geflüchtet worden und wurde während der Friedensverhandlungen im Dom zu Münster ausgestellt. 1646 fand in Münster eine große Friedensprozession statt, in der auch der Liboriusschrein mitgeführt wurde.

Das Gemälde, das den Heiligen als repräsentative Einzelfigur zeigt, ist nicht signiert, trägt aber die Jahreszahl 1658 und dürfte nach dem Stilbefund sicher in den Kreis der Werke des Antonius Willemssens zu rechnen sein. Derart repräsentativ gesteigert ist das Heiligenbild Ausdruck der gefestigten fürstbischöflichen Machtstellung, die in der Person des heiligen Bischofs aus Le Mans gleichsam ihre himmlische Legitimation erfuhr.

Christoph Stiegemann

| Lit.: Kat. Paderborn 1986, S. 185, Nr. 109 (Christoph Stiegemann); Stiegemann 1986a; Stiegemann 1997, S. 134f.

654 Heiliger Liborius und Heinrich II.

Peter Grüling (?)

Geseke (?), um 1650

Öl auf Holz, gerahmt – Rahmung großflächig überarbeitet, Entfernung der im 19. Jahrhundert angefügten Gipsornamente, teilweise Freilegung der ursprünglichen Fassung und Vergoldung, teilweise neu bemalt – H. 48 cm, B. 36 cm

Dortmund, Museum für Kunst und Kulturgeschichte Dortmund, Inv.Nr. C 5180 und C 5181

Die beiden Tafelbilder sowie die grün, rot und ocker bemalten und mit goldenen Kugeln verzierten Rahmenwangen bildeten vermutlich ursprünglich Vorder- und Rückseite eines Bretts. Sie wurden nachträglich in zwei eigenständige Tafeln geteilt. Aufgesetzte Ädikularahmen mit kannelierten Pilastern und reicher Vergoldung fassen die Porträts ein.

Der heilige Liborius ist dargestellt als Halbfigur vor dunklem Hintergrund in prachtvoller Bischofstracht. Auf dem Kopf trägt er eine grüne, goldbestickte Mitra. Die ebenfalls bestickte Kasel besteht aus karminrotem Stoff mit golddurchwirkten Ornamenten und einem breiten goldenen Kreuz mit dem Monogramm Christi. Das Untergewand ist weiß mit langen Ärmeln, die in stulpenförmigen, grünen Handschuhen enden. In seiner rechten Hand hält Liborius einen goldenen Bischofsstab mit barocker Krümme und Sudarium, in seiner Linken ein Buch mit schwarzem Einband und drei goldenen Steinen. Nach Rolf Fritz trägt der Heilige vermutlich die Gesichtszüge des Paderborner Fürstbischofs Dietrich Adolf von der Recke (*1601, †1661).

Die zweite Tafel zeigt Kaiser Heinrich II. (*973, †1024), der 1146 heiliggesprochen wurde, als Halbfigur in prächtigem Ornat mit Krone, Zepter und Reichsapfel. Oberhalb des aufgesetzten Rahmens konnte bei der Restaurierung am Giebel die Datierung 165(1) freigelegt werden. Die individuellen Gesichter beider Darstellungen werden durch einen Heiligenschein hervorgehoben.

Die Tafelbilder wurden 1955 in Geseke aus Privatbesitz erworben. Rolf Fritz wies beide 1959 dem 1675 in Geseke verstorbenen Maler Peter Grüling zu, der laut Totenbuch der Geseker Stiftspfarre ein *pictor expertissimus* gewesen war. Nach dem Ende des Dreißigjährigen Krieges setzte in Geseke mit der Grundsteinlegung des Franziskanerklosters eine rege künstlerische Tätigkeit ein.

Manuela Borkenstein Neuhaus

| Lit.: Fritz 1959; Schmitz 1986, S. 180

654a

654b

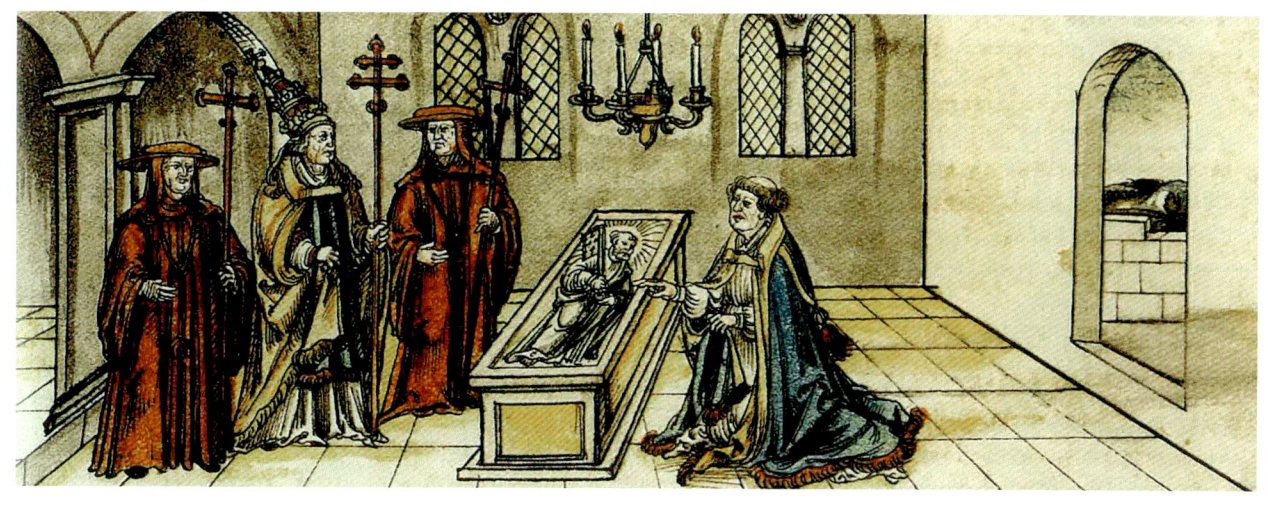

655
fol. 12r

655 Lorenz Fries, Würzburger Bischofschronik

Würzburg, 1546

Papier, Pergament – Einband braunes Leder mit zwei Messingschließen sowie durchbrochenen Messingbeschlägen an den Ecken – H. 40,7 cm, B. 28,0 cm; 354 Papier- und 23 vorgebundene Pergament-Bll.
Würzburg, Stadtarchiv Würzburg, Sign. Ratsbuch 412, fol. 12r: Schwur des Bonifatius am Grab des heiligen Petrus

Die älteste erhaltene Reinschrift der Würzburger Bischofschronik wurde noch vom Verfasser, dem bischöflichen Sekretär Lorenz Fries († 1550), durchgesehen und ist dem regierenden Fürstbischof Melchior Zobel von Giebelstadt (reg. 1544–1558) unter der Jahresangabe 1546 gewidmet. Mit hoher Wahrscheinlichkeit handelt es sich um das Exemplar, das für das Würzburger Domkapitel bestimmt war.
Als Schreiber und Verfasser des Registers wird der bischöfliche Sekretär Johann Schetzler († 1572) genannt. Der Text ist in einer klaren Kurrentschrift geschrieben und nahezu fehlerfrei. Die 60 Lebensbeschreibungen beginnen mit dem irischen Missionar Kilian († 689), der hier als Bischof bezeichnet wird, und enden mit der Beschreibung der Regierungszeit von Bischof Rudolf von Scherenberg († 1495). Die Viten sind parallel gestaltet: Sie schildern die Wahl und den Regierungsantritt, enthalten Angaben zur Herkunft des Bischofs und berichten über herausragende Ereignisse des Pontifikats. Am Ende jeder Vita steht ein „Kuntspruch", in dem Fries die Verdienste bzw. die Versäumnisse des Bischofs in Reimen hervorhebt. Ab fol. 20v sind die Viten mit einer Wappenleiste versehen, die neben dem Familienwappen des Bischofs den Fränkischen Rechen und das Rennfähnlein der Stadt Würzburg enthält.
Ab fol. 9r wurden vom Schreiber auf Anweisung von Lorenz Fries Aussparungen vorgesehen, die von dem Würzburger Maler Martin Seger mit insgesamt 176 farbigen Miniaturen gefüllt wurden. Von ihm stammen auch die 192 Wappenzeichnungen der Bischofschronik.

Renate Schindler

| Quelle: Fries, Bischöfe von Würzburg | Lit.: Wagner 1989; Kummer 1995; Heiler 2001

656 Goldgulden mit der Darstellung des heiligen Kilian

a) Doppelter Goldgulden von 1590 des Fürstbischofs Julius Echter von Mespelbrunn (1573–1617)

Gold, geprägt – Vorderseite: Hüftbild des heiligen Kilian von vorne, in bischöflichem Gewand mit Heiligenschein, in der Rechten das Schwert, in der Linken den Krummstab, zwischen S – K, darunter ein kleiner Schild mit Reichsapfel; Umschrift zwischen Linien- und Riffelkreis: RVDOLPH : II ·D. G. ROM : IMP : SEM : AV : 1590 – Rückseite: dreifach behelmtes, vierfeldiges Wappen (1: fränkischer Rechen; 2 und 3: Echtersches Stammwappen: ein Schrägbalken, belegt mit drei Ringen; 4: Rennfähnlein); Umschrift zwischen Linien- und Riffelkreis: IVLIVS D. G EPS : WIRTZ : FRA : OR : DVX – Dm. 24,61 mm; 6,4 g
Würzburg, Mainfränkisches Museum Würzburg, Inv.Nr. 73052 AB

b) Goldgulden von 1601 des Fürstbischofs Julius Echter von Mespelbrunn (1573–1617)

Gold, geprägt – Vorderseite: Hüftbild des heiligen Kilian von vorne, in bischöflichem Gewand mit Heiligenschein, in der Rechten das Schwert, in der Linken den Krummstab, zwischen S – K, darunter ein kleiner Schild mit Reichsapfel; Umschrift zwischen zwei Perlkreisen: RVDOLPH : II D. G. ROM : IMP : SEM : AV : 1601 – Rückseite: dreifach behelmtes, vierfeldiges Wappen (1: fränkischer Rechen; 2 und 3: Echtersches Stammwappen: ein Schrägbalken, belegt mit drei Ringen; 4: Rennfähnlein); Umschrift zwischen zwei Perlkreisen: IVLIVS D : G · EPIS : – WIRT : FR : O · DVX – Dm. 23,43 mm; 3,251 g
Würzburg, Mainfränkisches Museum Würzburg, Inv.Nr. 73007 AB

Ab 1590 erscheint das Bild des heiligen Kilian auf Münzen des Fürstbischofs Julius Echter von Mespelbrunn mit deutlichen Porträtzügen des Landesherrn. Diese Verschmelzung des regierenden Fürstbischofs mit dem Landespatron Kilian ist in der Zeit der Konfessionalisierung Teil der missionarischen Anstrengungen, um im Land die katholische Konfession durchzusetzen. Das überlang dargestellte Schwert, blank und mit der Spitze nach oben, tritt neben dem anderen Attribut, dem Bischofsstab, in den Vordergrund. Es steht als Symbol für den Kampf um den rechten Glauben, zugleich für die

656a

656b

Herzogswürde der Würzburger Fürstbischöfe und für das Martyrium des heiligen Kilian.   Eva Zahn-Biemüller

| **Lit.**: Helmschrott/Helmschrott 1977, S. 52, Nr. 99; S. 56, Nr. 112; Kat. Würzburg 1989, S. 271f., Nr. 270 c/d (Eva Zahn); Hartinger 1996, S. 238, Nr. 153

657 Zwei Ansichten der Alten Mainbrücke in Würzburg

Johann Salver (*1673, †1738) nach Anton Joseph Högler (*1707, †1786), Würzburg, 1727
Kupferstich – a) H. 33,2 cm, B. 42,8 cm; b) H. 33,2cm, B. 41,4 cm
Würzburg, Mainfränkisches Museum Würzburg, a) Inv.Nr. S. 20490 und b) Inv.Nr. S. 29491

Die Stiche zeigen die Süd- (a) und Nordseite (b) der Alten Mainbrücke in Würzburg mit ihrem barocken Figurenschmuck, der aus jeweils sechs großen Steinskulpturen bestelıt. Über der Brücke wird das Wappen des Fürstbischofs Christoph Franz von Hutten (reg. 1724–1729) von Putti gehalten. Im Vordergrund flankieren jeweils sechs allegorische Figuren die Widmungskartusche. Neben vier Flussgöttern finden sich zwei weitere Allegorien, die auf der Südseite Caritas und Glauben, auf der Nordseite Franconia und Ecclesia darstellen.

Die barocke Ausstattung der Alten Mainbrücke mit zwölf großen Steinfiguren geht auf Fürstbischof Christoph Franz von Hutten zurück. 1725 stand das Programm der Figurenausstattung für die bis dahin nahezu schmucklose Brücke fest. Auf der Südseite wurden 1726 bis 1728 die Schutzpatrone des Landes aufgestellt: (von links nach rechts) die Heiligen Totnan, Kilian, Maria Immaculata als Patrona Franconiae, Kolonat, Burkard und Bruno. Die Nordseite war (von links nach rechts) mit den Figuren des Bischof Arn (reg. 855–892), der Heiligen Karl Borromäus, Johann von Nepomuk, Joseph mit dem Jesusknaben und den Namenspatronen des Fürstbischofs Christophorus und Franz von Sales geplant.

Fürstbischof Friedrich Carl von Schönborn (reg. 1729–1746) nahm nach seinem Regierungsantritt 1729 eine Anpassung der Namenspatrone mit dem heiligen Friedrich vor (Karl Borromäus konnte bleiben, Christophorus und Franz von Sales wurden herausgenommen). Mit der Einführung König Pippins und Kaiser Karls des Großen (an Stelle des Bischofs Arn) wurde die Bistumsgründung stärker betont.

657

657

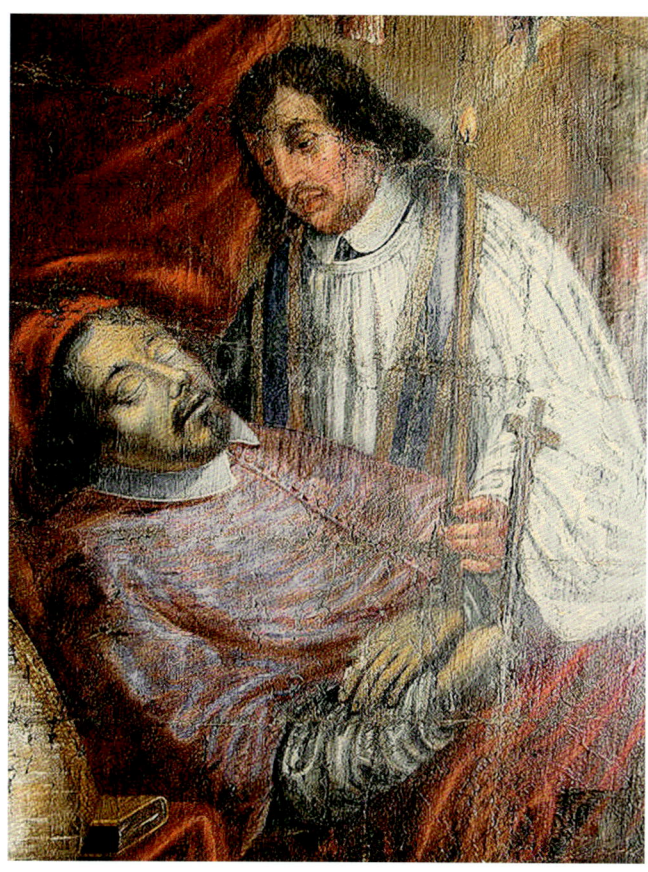

Die beiden Ansichten geben den geplanten Skulpturenschmuck der Alten Mainbrücke zum Zeitpunkt ihrer Drucklegung 1727 wieder. Welche Figuren auf der Südseite bis dahin schon aufgestellt waren, ist nicht bekannt. Im Herbst 1728 waren die Arbeiten an dieser Brückenseite abgeschlossen. Bei Amtsantritt Friedrich Karls 1729 waren die Figuren der Nordseite noch nicht ausgeführt. Die Änderung des Figurenschmucks sowie der Wappen und Inschriften wurde in einer späteren Auflage der Stiche von 1729 berücksichtigt.

Frauke van der Wall

| **Lit.:** Muth 2000, Bd. 3, S. 420–423, Nr. 573, 574

658 Altarbild mit Darstellung des Todes des heiligen Ludger

Heinrich Cronenburg, Münster, 1659
Öl auf Leinwand – Umfassende Restaurierung des stark beschädigten Bildes 2011–2013 – H. 286 cm, B. 204 cm
Billerbeck, Kath. Pfarrgemeinde St. Johannes d. T., ohne Inv.Nr.

Das Gemälde zeigt den heiligen Ludger im Augenblick seines Todes. Er liegt in einem parallel zur Bildebene angeordneten Bett mit Baldachin und einer Decke aus rotem Samt. Der heilige Bischof hat die Augen geschlossen und umfasst mit der Rechten ein Kruzifix. Ein Priester wendet sich dem Sterbenden zu und hält die Sterbekerze. Am Fußende des Bettes drängt sich eine Schar von Anteilnehmenden. Ein Diakon beleuchtet mit einer Fackel die nächtliche Szene. Vom Mund des Bischofs führt ein Lichtstrahl diagonal ins obere Bilddrittel, in dem drei Engel die als verkleinertes figürliches Abbild dargestellte Seele des Heiligen in den Himmel emportragen. Auf einem Tisch im Bildvordergrund sind neben einem Kruzifix und zwei Kerzen Mitra und Stab des Bischofs drapiert, am Boden steht ein Weihwasserkessel. Auf dem Schaft des Bischofsstabes befindet sich die Signatur des Malers: H. V. CROONENBURCH FECIT (*fecit* = „hat es gemacht").

Mit der körperhaften Darstellung der in den Himmel aufsteigenden Seele greift das barocke Gemälde ein mittelalterliches Vorbild auf, nämlich die entsprechende Miniatur zur *Vita secunda* des Heiligen aus einer Bilderhandschrift (Berlin, Staatsbibliothek) vom Ende des 11. Jahrhunderts. Das Altarrelief des Ludgerustodes in der Sterbekapelle der neuen Billerbecker Ludgeruskirche aus dem späten 19. Jahrhundert verzichtet demgegenüber auf die Wiedergabe dieses Details. Weitere Beispiele künstlerischer Umsetzung des Themas sind bisher nicht bekannt. In der Bildkomposition folgt der Maler offenbar einem gängigen Typus, der beispielsweise schon in der Sterbeszene des Halderner Altars des Meisters von Schöppingen (Mitte 15. Jahrhundert), heute im Landesmuseum in Münster, vorgebildet ist.

Ursprünglich war das Leinwandgemälde die Hauptzierde des 1659 von Fürstbischof Christoph Bernhard von Galen (reg. 1650–1678) gestifteten Hochaltars der alten, am Sterbeort des Heiligen errichteten Ludgeruskirche in Billerbeck. Der am flämischen Barock geschulte Maler des Bildes, Heinrich Cronenburg, der zwischen 1659 und 1683 in Münster nachweisbar ist, trug den Titel des fürstbischöflichen Hofmalers. Für die zahlreichen Altarstiftungen des münsterischen Fürstbischofs lieferte er Bilder und besorgte die Farbfassungen.

Das großformatige Billerbecker Altargemälde dokumentiert eindrucksvoll die legitimierende Kraft, die Christoph Bernhard von Galen für die katholische Reform im Fürstbistum Münster aus der Verehrung des heiligen Bistumsgründers Ludger zog.

Nach dem Abbruch der alten Ludgeruskirche 1892 ist die weitere Verwendung des Altarbildes unbekannt. Es wurde zusammengerollt erst 2009 auf dem Dachboden der Propstei in Billerbeck wiederentdeckt.

Dirk Strohmann

| **Lit.:** Brockmann 1883, S. 38; Rensing 1954, S. 235f.; Schrade 1960, S. 30–33; Lahrkamp 1993

659 Heiliger Ludgerus mit dem Modell der Ludgerikirche zu Münster

Jan Boel, um 1620

Kupferstich auf Pergament, koloriert mit Goldhöhungen – Blatt H. 15,5 cm, B. 9,5 cm; Platte H. 13,9 cm, B. 8,3 cm

Münster, LWL-Museum für Kunst und Kultur (Westfälisches Landesmuseum), Inv.Nr. K 65-206 LM

Vor der Stadtansicht Münsters von Osten – eigentlich eine seitenverkehrte Ansicht von Westen, die Ludgerikirche links, die Domtürme und das Fraterhaus rechts – steht der Heilige in Pontifikalgewändern mit Mitra, Hirtenstab und Nimbus, auf der Kasel Heiligenfiguren und unten die Verkörperung der *caritas*, der göttlichen Liebe. Der Bischof wird identifiziert durch das Modell der ihm geweihten romanischen Ludgerikirche in Münster und durch die Gänse zu seinen Füßen – seiner Vita zufolge habe er eine Graugänseplage eingedämmt und bei einer Dürre die Gänse erfolgreich bewogen, nach Wasser zu scharren.

Die Unterschrift verweist darauf, dass Ludgerus der erste Bischof Münsters war und als Gründer des Klosters Werden dort begraben ist. Er wirkte für den Glauben durch Lehre, Predigt und Gebet; „er führte die Hartnäckigen durch seine Lebensweise – also sein Beispiel – die Einsichtsvollen durch seine Rede auf den Weg der Wahrheit". In einer Phase intensiver Gegenreformation im Fürstbistum Münster wurde er damit zum Vorbild.

Die Widmung an den Domdechanten Heidenreich von Letmathe, der 1615 bis 1625 amtierte, macht das kleine, als kolorierter Pergamentdruck kostbare Andachtsbild zu einem Zeugnis dieser Krisenzeit. 1619 verhandelte das von ihm geführte Domkapitel mit Peter Paul Rubens in Antwerpen um die Lieferung eines neuen Hochaltars, doch erhielt aus Kostengründen ein anderer Maler den Auftrag. Immerhin mag so der Kontakt mit dem Antwerpener Kupferstecher Jan Boel (*1592, †1640) entstanden sein; Antwerpen war das wichtigste Zentrum der Kunst der Gegenreformation in Nordwesteuropa.

Gerd Dethlefs

| **Lit.:** Kat. Münster 1993, Bd. 2, S. 596–597 Nr. C 1.55 (Siegfried Kessemeier); Freitag 1995, S. 21–35; Schmitt 2003, Bd. 8, S. 88–89 Nr. 33

S. LVDGERVS Monasteriensis Proto-Episcopus, in Werdenensi Coenobio, quod fundauerat, sepultus. Inter varias occupationes dictando, predicando, orando jugiter occupatus; duriores vita, intelligentiores lingua, ad veritatis viam trahebat.

R.do adm. ac Prænob. Dño   D. HELDENRICO A LETHMATE,
Catheddralis Eccles.   Monasteriensis Decano,
Hildesiensis Canonico.   Ioan. Boel sculptor Antuerp. D.D.

Ioan. Boel excud.

Christianisierung in nationalstaatlicher Perspektive des 19. Jahrhunderts

660 Widmungsblatt an Napoleon zu seiner Kaiserkrönung 1804

Aquarell von Ferdinand Jansen (?) mit einem lateinischen Lobgedicht von Johann Gerhard Joseph von Asten; Druck bei „Typis J.-G. Beaufort" – H. 51 cm, B. 39,4 cm
Aachen, Suermondt-Ludwig-Museum Aachen, Inv.Nr. BK 1287

Auch in Aachen entstand nach seiner Erhebung zur Hauptstadt des neuen Roer-Departements (ab 1798) und der Einführung des *Code civil* eine Begeisterung für Napoleon, die sich unter anderem in zwei handbemalten Widmungsblättern von 1803 und 1804 äußerte. Sie waren seinem Rang als 1. Konsul bzw. seiner Kaiserkrönung gewidmet: Bei letzterer lautet die als Chronogramm gestaltete Überschrift: *Napoleon, dem Kaiser der Franzosen, der am 5. (Tag) vor den Iden des November gekrönt wurde, gratuliert die pflichtgetreue und gehorsame Stadt Aachen.* Genannt ist noch der ursprüngliche Krönungstermin des 9.11., nicht der tatsächliche des 2.12.1804.

In Text und Bild (laut Krüssel wohl vom Aachener Historien- und Vedutenmaler F. Jansen, 1758–1834) wird bei der Verherrlichung Napoleons vor allem auf die Kontinuität zu Karl dem Großen Bezug genommen. Das Aquarell zeigt Karl in einer Wolke mit Aureole, Rüstung und Hermelinmantel, wie er Krone und Zepter seinem „Nachfolger" Napoleon darbietet, dessen Name in einem Lorbeerkranz erscheint. Ergänzt wird das Bild durch das französische Staatswappen mit Krone und durch die aus der Wolke emporsteigende Ansicht des Aachener Domes. Letztere verweist darauf, dass Napoleon seit dem Konkordat von 1801 auch als Beschützer und Erneuerer vor allem der katholischen Kirche gesehen wird. Bereits mit der erstmaligen Errichtung eines Bistums Aachen hatte er 1802 Karls Marienkirche zur Kathedrale erhoben und somit auch kirchenpolitisch eine Ortskontinuität zu seinem großen Vorgänger dokumentiert. Adam C. Oellers

| **Lit.:** Kat. Aachen 1994, S. 471, Nr. D11; Krüssel 2004, S. 399f., Abb. S. 396

661 Napoleons Geschenke an den Bischof von Aachen

Um 1800
Domschatzkammer Aachen
a) Bischofsstab Marc Antoine Berdolets
Messing, versilbert – H. 40 cm, B. 15,5 cm
Aachen, Domschatzkammer, Inv.Nr. G 160
b) Mitra Marc Antoine Berdolets
Seidenstickerei, Goldborte, Seidenfutter – H. 42, 5 cm, H. (inkl. Infuln) 76 cm, B. 36,5 cm
Aachen, Domschatzkammer

Nachdem sich Napoleon 1799 nach einem Staatsstreich zum „Ersten Konsul" hatte ausrufen lassen, ging er daran, die Auseinandersetzungen mit der katholischen Kirche in seinem Sinne zu beenden. Napoleon schwebte eine französische Staatskirche vor, deshalb wollte er die französisch besetzten linksrheinischen Territorien aus ihrer Verflechtung mit rechtsrheinischen Gebieten lösen. Im Jahr 1801 schloss er ein Konkordat mit Papst Pius VII., das unter anderem eine Neuorganisation der Bistümer vorsah. Während die Erzdiözese Köln aufgelöst wurde, Köln sogar als Bistum unterging, wurde Aachen am 10. April 1802 zu einem selbstständigen Bistum erhoben. Unterstellt war es dem Erzbistum Mecheln. Die Stadt eignete sich wie keine zweite für die napoleonische Propaganda. Die Erinnerung an Karl den Großen, mit dem sich Napoleon gleichzusetzen versuchte, sollte herrschaftssichernd wirken.

661a

661b

Erster Bischof der neuen Diözese wurde Marc Antoine Berdolet (*1740, †1809), dem Napoleon wie allen anderen französischen Bischöfen einen Ring, einen Bischofsstab, eine Mitra und ein Brustkreuz schenkte. Napoleon wiederholte damit quasi die mittelalterliche Investitur durch den König und ließ keinen Zweifel daran, dass der neue Bischof vor allem seiner Person verpflichtet sei. Tatsächlich galten alle französischen Bischöfe bis 1815 als „violette Präfekte", also als staatliche Ordnungshüter in kirchlichem Ornat.

Bischofsstab und Mitra sind noch im vorrevolutionären Stil des Louis-seize gearbeitet. Die Krümme des Bischofsstabes zeigt ein filigranes geometrisches Muster, ergänzt durch dezente Blütenblätter. An der Mitra fällt vor allem die schön ausgeführte Seidenstickerei auf.

Frank Huismann

| Lit.: Grimme 1973; Kraus 2007

662 Marc Antoine Berdolet

Johann Peter Joseph Scheuren, 1807
Öl auf Leinwand – H. 169 cm, B. 125 cm
Aachen Domschatzkammer, Inv.Nr. GK 838

Der am 13. September 1740 in Rougemont-le-Château im Elsass geborene Berdolet studierte Theologie, erhielt 1767 die Priesterweihe und begann seine Karriere als Kantor und später Pfarrer. Er sympathisierte mit den Forderungen der Französischen Revolution und stellte sich auf die Seite der sogenannten konstitutionellen Kirche. 1796 wurde er in Colmar/Elsass zum Bischof des Bistums Haut-Rhin geweiht. Dieses Amt gab er 1802 auf, um die neugegründete Diözese Aachen zu übernehmen.

Berdolet war durch und durch ein Mann Napoleons. Er ließ seinen Herrscher bei unterschiedlichen Anlässen feiern. Napoleons Gemahlin Josephine übergab er wertvolle Reliquien aus dem Aachener Domschatz, von denen sich einige bis heute in Frankreich befinden. Entsprechend reserviert begegnete man anfangs Berdolet in Aachen. Allerdings gelang es ihm durch Zugänglichkeit und Liebenswürdigkeit, vor allem aber durch persönliche Bescheidenheit, sein Verhältnis zu Klerus und Gläubigen zu verbessern. Auch im organisatorischen Bereich konnte er durchaus Erfolge vorweisen. Immerhin musste das neue Bistum erst einmal aufgebaut werden, was ihm größtenteils gelang. Auf der anderen Seite irritierte seine übertriebene Napoleon-Verehrung immer wieder. So setzte Berdolet 1807 auch den neuen „Katechismus zum Gebrauche aller Kirchen des

662

französischen Reiches" in Kraft, in dem im Kapitel über das vierte Gebot die besondere Treuepflicht des Gläubigen gegenüber Napoleon festgeschrieben wurde. So erfüllte Berdolet die Vorstellungen Napoleons von einem „staatstragenden Beamten" und genoss dennoch persönlich hohes Ansehen, was seinem Nachfolger Jean Camus nicht gelang. Berdolet starb am 8. August 1809.

Das Gemälde des Aachener Malers Johann Peter Joseph Scheuren (*1774, †1844) zeigt ihn auf der heute noch erhaltenen, 1742 geschaffenen barocken Bischofskathedra, die er aus Köln nach Aachen geholt hatte. Frank Huismann

| Lit.: Grimme 1994; Kraus 2007

663 Allegorie auf das neue Jahrhundert

Charles Dupuis (*um 1752, †1807), 1801
Papier, Kupferstich – H. 36,5 cm, B. 27,5 cm
Köln, Kölnisches Stadtmuseum, Inv.Nr. G 16805

Charles Dupuis, um 1752 in Versailles geboren, stand ursprünglich als Artillerieleutnant in Diensten des Kurfürsten von Köln. Etwa 1780 nahm er seinen Abschied und widmete sich ganz seinem künstlerischen Werk. Mit dem Titel eines kurfürstlichen Kabinettzeichners lebte er in Bonn, später in Köln, wo er 1807 auch starb.

Dupuis' Allegorie ist ein Loblied auf die Errungenschaften der Französischen Revolution. Dem Betrachter soll vermittelt werden, dass jetzt das Jahrhundert von Frieden und Glück anbricht. Obwohl der Ausbruch der Revolution schon länger zurücklag, begann in den linksrheinischen Landen nach den kriegerischen Auseinandersetzungen erst 1798 eine Phase der Integration in den französischen Staat, sodass vor allem das Friedensversprechen eine gewisse Aktualität besaß.

Dupuis erläuterte seine Zeichnung selbst in einem in Deutsch und Französisch beigefügten Text. Aus dunklen Wolken reicht Jupiter dem Gott der Zeit seine Donnerkeile, „um damit alle Irrthümer und Mißbräuche zu vernichten". Gleichzeitig schleudert der Gott der Zeit mit seiner Sense das alte Jahrhundert, dargestellt durch einen Mönch mit geistlichen und weltlichen Herrschaftszeichen, in den Abgrund. Das neue Jahrhundert wird von einem Knaben symbolisiert, der vor einer Säule mit der Aufschrift „Friede" steht. Im Mittelpunkt befindet sich die Weltkugel, über der sich die Fahnen Preußens und Russlands neigen, zum Zeichen, dass auch hier Glück und Friede einkehren werden. Den Hintergrund bildet die Stadt Paris, wo Kirchen und Klöster zusammenbrechen und stattdessen Fabriken, Gasthöfe und Wohnungen entstehen und neuen Wohlstand erkennen lassen. Dupuis ist also noch ganz in der revolutionären Frontstellung gegen die Kirche verfangen, obwohl sich unter Napoleon bereits ein Wechsel in der französischen Kirchenpolitik andeutete. Frank Huismann

| Lit.: Müller 2005; Engelbrecht 2007

664 Allegorie auf das Konkordat 1801: „La Religion Triomphante"

Verlag Delion, Paris, 1802
Kolorierte Radierung auf Papier – an beiden Seiten angeklebter Streifen Karton –
Blatt H. 31,6 cm, B. 28,1 cm; Platte H. 30,8 cm, B. 24,1 cm
Münster, LWL-Museum für Kunst und Kultur (Westfälisches Landesmuseum), Inv.Nr. C-10808 LM

Das Blatt zeigt ein Sinnbild auf das erst im April 1802 veröffentlichte Konkordat zwischen der Republik Frankreich und dem Heiligen Stuhl: Der Erste Konsul Napoleon Bonaparte richtet das Kreuz Christi unter Mithilfe zweier Engel wieder auf. Links oben sitzt auf Wolken die Figur der Kirche mit dem EVANGILE und dem Altarsakrament, oben bezeichnet *La Religion Triomphante*, rechts oben der Erzengel Michael mit Flammenschwert, „foudroyant les méchans" –, er vernichtet mit Blitzen die „Bösen", gehörnte Sansculotten, die rechts unten in einer Flammenhölle versinken. Vorn links befindet sich ein Geistlicher mit gefalteten Händen neben zwei auf die Knie gefallenen Frauen, die eine mit flehend erhobenen Armen und die andere mit gefalteten Händen dem Ersten Konsul dankend, während eine Mutter ihrem Knaben das Geschehen erklärt. Für Menschen aus dem Volk war dieses Blatt gemacht, ist es doch für die Präsentation in einem Guckkasten an den Seiten verstärkt.

la Religion Triomphante. N.S. Jesus-C. prie Dieu son Pere pour ses ennemis. l'Ange foudroyant les méchans.

Pardonnez leur mon Pere, ils ne savent ce qu'ils font.
NAPOLÉON BONAPARTE PREMIER CONSUL.
s'est rendu à Notre Dame pour y entendre la Sainte Messe
célébrée par le Cardinal Caprara, légat a *latere*
près le Gouvernement Français le 18 Avril 1802 An X.

A Paris chez Delion. — Rue Copeaux N.º 499

Die Unterschrift besagt, dass der Erste Konsul am 18. April 1802 die Messe in Notre-Dame in Paris besuchte, die der Kardinallegat Caprara für die französische Regierung feierte. Die mittlere Überschrift *N(otre). S(eigneur) Jesus-C(hrist) prie Dieu son Pere pour ses ennemis* („Unser Herr Jesus Christus bittet Gott, seinen Vater für seine Feinde") und das Bibelzitat unten – *Pardonnez leur mon Pere, ils ne savent ce qu'ils font.* („Vater, vergib ihnen, denn sie wissen nicht, was sie tun."; nach Lk 23,34) – stehen in merkwürdigem Gegensatz zur Militanz des Kampfes gegen diejenigen, die das Kreuz zu stürzen versuchten.

Das Blatt erregte Aufsehen und wurde noch 1802 in der Zeitschrift „London und Paris" in Weimar nachgedruckt, mit einem sehr kritischen Kommentar zur Wiederbelebung der alten kirchlichen Ikonographie. Gerd Dethlefs

| Lit.: Kat. Berlin 2006, S. 458–459, Nr. VI.84 (Nachstich)

665 Skizzen für die Fresken des Karlszyklus im Aachener Rathaus

Alfred Rethel (*Diepenbend bei Aachen 1816, † 1859 Düsseldorf)

a) Otto III. in der Gruft Karls des Großen
Aachen, 1847
Öl auf Leinwand – H. 52,5 cm, B. 82,7 cm
Düsseldorf, Stiftung Museum Kunstpalast, Inv.Nr. M 4457

b) Der Sturz der Irminsul
Frankfurt 1846/48
Öl auf Papier, auf Leinwand aufgezogen – H. 66,3 cm, B. 75,6 cm
Düsseldorf, Stiftung Museum Kunstpalast, Inv.Nr. M 4454

c) Die Schlacht bei Cordoba
Düsseldorf, Mai–Juni 1849
Öl auf Papier, auf Leinwand aufgezogen – H. 61 cm, B. 71 cm
Düsseldorf, Stiftung Museum Kunstpalast, Inv.Nr. 4456

d) Der Einzug Karls des Großen in Pavia
1850
Öl auf Papier, auf Leinwand aufgezogen – H. 64,5 cm, B. 72 cm
Düsseldorf, Stiftung Museum Kunstpalast, Inv.Nr. M 4458

e) Die Taufe Wittekinds
Rom, 1853
Öl auf Papier, auf Leinwand aufgezogen – H. 54 cm, B. 65 cm
Düsseldorf, Stiftung Museum Kunstpalast, Inv.Nr. 4455

Alfred Rethels Freskenzyklus für den Krönungssaal des Aachener Rathauses zählt zu den bedeutendsten Werken der Monumentalmalerei des 19. Jahrhunderts. Ende 1839 hatte der Kunstverein für die Rheinlande und Westfalen einen Wettbewerb zur Ausmalung des zweischiffigen, kreuzrippengewölbten Saals ausgeschrieben und fünf Künstler eingeladen, Entwürfe einzureichen. Die Aufgabe bestand darin, „die bedeutenden Momente aus dem Leben Kaiser Karls des Großen in historischer und symbolischer Auffassung (…) zu schildern". Im Sommer 1840 sandte Rethel seine Entwürfe und eine Erläuterung ein, in der er seine Szenenauswahl folgendermaßen begründete: „In Bezug auf die Wahl der historischen Gegenstände ließ ich mich durch den Grundgedanken bestimmen, der sich in Karls Leben ausspricht und in seiner geschichtlichen, folgenreichen Unternehmung immer wiederkehrt: Durchdringung des Staates mit christlichen Prinzipien, Ausrottung und Umgestaltung der heidnischen Natur und Verhältnisse (...) durch Einführung des Christentums (…). Karl erscheint wie überall als der christliche Held (...)." Kurze Zeit später erhielt Rethel die Nachricht von seinem Sieg beim Wettbewerb. Wegen wiederholter Planänderungen verzögerte sich der Beginn der Arbeiten jedoch noch um sieben Jahre. Die vorliegenden Ölskizzen gehörten zur letzten Stufe der Vorbereitung der Fresken und dienten Rethel zur Überprüfung der farblichen Gestaltung. Sie geben einen guten Eindruck vom ursprünglichen Aussehen der heute nur noch teilweise erhaltenen Fresken.

Rethel begann den Karlszyklus 1847 mit dem Fresko „Otto III. in der Gruft Karls des Großen" an der östlichen Stirnwand des nördlichen Schiffes. Wegen der darunter liegenden Fenster hat es ein kleineres Format als die anderen Bogenfelder. Die Ölstudie entstand kurz zuvor im selben Jahr. Die Szene zeigt Kaiser Otto III. betend in der Gruft Karls des Großen vor dessen unversehrten, in vollem Ornat thronenden Leichnam. Im Jahr 1000 besuchte der Kaiser Aachen und verschaffte sich Zutritt zu der Grabstätte seines Vorgängers. Rethel sah in der Verehrung der Nachwelt eine „geschichtliche Apotheose" Karls des Großen. Die Bildfolge setzt sich an der östlichen Stirnwand des südlichen Schiffes mit dem „Sturz der Irminsul" fort. Da Rethel dieses Fresko ursprünglich als Auftakt des Zyklus' geplant hatte, begann er auch mit der Ölstudie bereits 1846, die er allerdings kurz vor Beginn des Freskos 1848 noch einmal überarbeitete. Die Szene thematisiert den ersten Sieg Karls des Großen gegen die Sachsen 772 bei Paderborn. Er nahm die Eresburg ein und zerstörte die Irminsul, eine hölzerne Säule, die von den Sachsen als das Himmelsgewölbe tragende Weltsäule verehrt wurde. Im Zentrum der Darstellung überragt Karl der Große sein Gefolge aus Geistlichen und Kriegern auf der rechten sowie die besiegten Sachsen auf der linken Seite mit der Adlerfahne in der linken Hand. Mit strenger Geste weist der christliche König die niedergebeugten Sachsen auf die Ohnmacht ihrer Götter hin. Auch das folgende Fresko „Die Schlacht bei Cordoba" im östlichsten Joch der Südwand ist dem Kampf gegen die Ungläubigen gewidmet. 778 gelang es Karl dem Großen durch den Sieg bei Cordoba den Vormarsch der Sarazenen und somit der Islamisierung Spaniens zu stoppen. Rethel wählte den Augenblick, in dem Karl an der Spitze seines Gefolges den feindlichen Bannerwagen angreift. Die Ölskizze ist Ende Mai oder Anfang Juni 1849 in Düsseldorf entstanden und unvollendet geblieben. Die schwarzrotgoldene Fahne des Deutschen Bundes von 1848 links im Hintergrund der Ölstudie änderte Rethel im Fresko in die blauweißrote Einheitsfahne von Schleswig und Holstein, die seit 1843 als inoffizielle Flagge verwendet, und nach ihrem Verbot durch die dänische Regierung 1845 ebenso wie die Bundesflagge als Symbol der nationalen Einheit und der Erhebung

XIII EUROPAS BLICK AUF SEINE CHRISTLICHEN WURZELN   735

665a

665b

665c

gegen Dänemark verstanden wurde. Auf diese Weise werden die Siege Karls des Großen nicht nur als christliche Heldentaten, sondern zudem als Werke der nationalen Einigung verstanden und mit den aktuellen Ereignissen in Verbindung gebracht. Diese Interpretation ist auch für das folgende Fresko, den Einzug Karls des Großen in das zerstörte Pavia nach dem Sieg über den Langobardenkönig Desiderius 774, gültig. Der fränkische König erscheint als siegreicher Herrscher hoch zu Ross mit erhobenem Schwert und der eisernen Krone der Langobarden in der Hand, während sich der gefesselte Desiderius und seine Frau am rechten Bildrand unter dem strengen Blick des Königs verbittert abwenden. Der Sieg über die Langobarden hat die Vereinigung der beiden Reiche zur Folge. Karl war nun Rex Francorum et Langobardum und durch seine Unterstützung Papst Hadrians I. im Kampf gegen die Langobarden auch der römischen Kaiserkrone nähergekommen. Als Bezug auf die zeitgenössischen Ereignisse wird vor Karl dem Großen neben der Kreuzes- und der Adlerfahne auch die deutsche Bundesfahne durch das Stadttor von Pavia getragen. Das 1851 begonnene Fresko ist das letzte, das Rethel eigenhändig ausführte. Ab Mitte 1853 machte ihm eine unheilbare Geisteskrankheit eine Weiterarbeit unmöglich. Die übrigen vier Szenen wurden 1860/61 nach Entwürfen Rethels von seinem Schüler Josef Kehren ausgeführt. Sie zeigen die Taufe Wittekinds, die Krönung Karls des Großen in Rom, den Bau des Aachener Münsters und die Krönung Ludwigs des Frommen. Die Anfang 1853 in Rom entstandene Ölskizze für das fünfte Fresko – Die Taufe Wittekinds – ist die letzte Arbeit Rethels für die Karlsfresken in Aachen. Sie thematisiert die Taufe der sächsischen Anführer Wittekind und Alboin 785, die einen bedeutenden Schritt auf dem Weg der Christianisierung der Sachsen und ihrer Eingliederung in das Frankenreich darstellt. Im Zentrum der Szene kniet Wittekind auf einer Treppenanlage vor Bischof Turpin, der die Taufzeremonie vollzieht. Karl der Große wohnt der Taufe vor seinem leicht erhöhten Thron kniend in vollem Ornat bei. Im Vordergrund wird Alboin von zwei Mönchen auf das Sakrament hingewiesen. Zwei Krieger sind im Begriff die sächsische Fahne von der gesenkten Standarte zu ziehen.

Neben der Verherrlichung Karls des Großen als christlichem Helden und Verteidiger des Glaubens zeigen die Fresken ihn zudem als deutschen Herrscher, der erfolgreich die Einigung im Inneren sowie die Verteidigung nach außen erwirkte. Gerade im Hinblick auf die nationalen Bestrebungen der deutschen Einzelstaaten zur Bildung eines Nationalstaates Mitte des 19. Jahrhunderts, also zur Zeit der Entstehung der Fresken, war diese Bedeutung für den damaligen Betrachter von besonderer Aktualität.

Nicole Roth

| **Lit.:** Hoffmann 1968; Kat. Düsseldorf 1969, S. 250–262, Abb. 188–192; Oellers 1987; Kat. Düsseldorf 1992, S. 150–152; Kat. Düsseldorf 2011, Bd. 2, S. 258, Kat.Nr. 214, 215, Abb. S. 257

XIII EUROPAS BLICK AUF SEINE CHRISTLICHEN WURZELN 737

665d

665e

666 Köln: Ansicht vom Rheinufer

Aus: Karl Simrock, das malerische und romantische Rheinland, S. 453, Leipzig 1838–1840
Zeichnung von Karl Frommelt, Stich von Carl Ludwig Frommelt und Henry Winkles –
H. 32 cm, B. 23,5 cm (aufgeschlagen)
Detmold, Lippische Landesbibliothek Detmold, Sign. K-354-6

Zwei Wanderer machen Rast am Ufer des Rheins. Mit ihnen blickt der Betrachter über den mächtigen Strom auf die Stadtsilhouette von Köln. Sie wird dominiert vom Dom, der alle Gebäude überragt und doch noch immer unvollendet ist. Die Rheinromantik, die hier zum Ausdruck kommt, prägt die Landesbeschreibung von Karl Simrock (*1802, †1876). Der Dichter und Professor für Germanistik widmete sich ausführlich der Geschichte der Stadt Köln, die „(…) das Malerische selbst in seine Landschaft (…)" (S. 481) bringt. Der Dombau erhielt ein eigenes Kapitel, dem programmatisch das Zitat von Max von Schenkendorf vorangestellt ist: „Seh ich immer noch erhoben / Auf dem Dom den alten Krahn, / Denk ich, dass das Werk verschoben / Bis die rechten Meister nahn." (S. 458). Die Fertigstellung der mittelalterlichen Kathedrale stilisiert Simrock zu einer nationalen Aufgabe, die aber erst verwirklich werden kann, „wenn einst Deutschland leiblich und geistig erstarkt (…)" (S. 460). Andreas Neuwöhner

| **Lit.**: NDB 24, S. 447–449 (Johannes Barth: Art. „Simrock, Karl Joseph"); Wolff 1996, S. 113–125

667 Der Kölner Dom von Nordwesten

Samuel Prout, 1824
Papier, Aquarell – H. 27,0 cm, B. 18,5 cm
Köln, Kölnisches Stadtmuseum, Inv.Nr. KSM 2001/868

Der englische Maler Samuel Prout (*1783, †1852), bekannt für seine Stadtansichten, fertigte hier eine eher seltene Ansicht des noch unvollendeten Doms. Im Hintergrund ist der Südturm (ohne den eigentlich darauf befindlichen Baukran) zu sehen, im Vordergrund erkennt man das barocke Portal zu den Stallungen der ehemaligen Dompropstei. Der 1657/58 errichtete Bau mit dem springenden

Pferd auf dem Giebel steht mit seiner repräsentativen Fassade im Zentrum des Bildes.

Der Dom, so vermittelt das Bild, ist zwar unvollendet, aber funktionstüchtig. Jahrhundertelang hatte man sich mit dem Zustand des Bauwerks abgefunden. Statt den Dombau voranzutreiben, errichtete man Nebengebäude im Stil der jeweiligen Zeit. Erste Baumaßnahmen am Dom begannen jedoch schon 1823, auch wenn es sich vorerst nur um Sicherungsarbeiten handelte. Seit 1821 gab Sulpiz Boisserée ein großes Werk mit Stichen vom Dom heraus und erreichte damit eine größere Öffentlichkeit.

Nachdem die französischen Behörden während der Besetzung versucht hatten, die linksrheinischen Gebiete Frankreich einzuverleiben, setzte nach 1815 eine Gegenbewegung ein. Die linksrheinischen Landstriche sollten ganz und gar „deutsch" sein. Die Vollendung des gotischen Doms wurde dabei zu einem nationalen Anliegen. Im 19. Jahrhundert hielt man die Gotik, unabhängig von ihrer tatsächlichen historischen Genese, für den deutschen Baustil des Mittelalters, das allgemein als Vorbild für ein geeintes und starkes Deutschland herangezogen wurde.

Prouts Bild steht somit an einem Wendepunkt, der Maler wusste sicherlich um die Anstrengungen zur Vollendung des Bauwerkes.

Frank Huismann

| Lit.: Beuckers 2004; Kramp/Euler-Schmidt/Schock-Werner 2011

668 Das Kölner Dombaufest am 4. September 1842

Georg Osterwald (*1803, †1884), Köln, 1842
Lithographie – H. 30,5 cm, B. 27 cm
Köln, Kölnisches Stadtmuseum, Graphische Sammlung, Inv.Nr. G 14096 b

Nachdem Friedrich Wilhelm IV. 1840 preußischer König geworden war, ließ er sich von der Begeisterung für eine Fertigstellung des gotischen Doms in Köln anstecken. Erst mit seiner Zusage, erhebliche Mittel für die Vollendung der Kathedrale zur Verfügung zu stellen, konnte der Dom in seiner ursprünglich geplanten mittelalterlichen Form errichtet werden. Der daraufhin gegründete Dombauverein verbreitete sich in ganz Deutschland.

Am 4. September 1842 beging man die Grundsteinlegung für den Weiterbau mit einem großen Volksfest (Kat.Nr. 669).

Festgehalten wurde die Feier in einer Zeichnung von Georg Osterwald. Er begann seine Karriere als technischer Zeichner, studierte dann Malerei in Bonn und München und ließ sich als Maler in Hannover, Dresden und Köln nieder. 1864 wurde er zum Professor ernannt.

Anwesend waren bei der Grundsteinlegung der König und der Koadjutor Johannes von Geissel, der Erzbischof Clemens August II. von Droste zu Vischering vertrat. Clemens August II. hatte sich vor allem in Fragen konfessioneller Mischehen den preußischen Anordnungen widersetzt und lebte im Exil. Dennoch konnten Kirche und König beim Dombaufest gemeinsam auftreten, denn der Dombau galt als überkonfessionelles nationales Anliegen.

Für Friedrich Wilhelm IV. verkörperte die Fertigstellung seine Idee eines christlichen Einheitsstaates unter Führung der deutschen Fürsten. Deshalb erfolgte die eigentliche Grundsteinlegung auch durch den König und nicht durch den Koadjutor. Zu Ehren einer noch gar nicht vorhandenen deutschen Nation und nur sekundär zu Ehren Gottes, wurden die Arbeiten aufgenommen. Aus der katholischen Kathedrale war ein Nationaldenkmal geworden.

Frank Huismann

| Lit.: Nipperdey 1976; Gussone 1992; Pilger 2003

669 Hammer und Kelle für die Grundsteinlegung des Kölner Doms

Köln, 1842

a) Hammer: Silber, getrieben und graviert, Ebenholz, Horn – auf der Unterseite des Hammerkopfes Jahresangabe: 1842; seitlich signiert: W. Pullack fecit – H. 28 cm, B. 17,5 cm
Köln, Metropolitankapitel der Hohen Domkirche Köln, Domschatzkammer, Inv.Nr. L 213 a

b) Kelle: Silber, gegossen und punziert, Ebenholz – Inschrift auf der Oberseite mittig: A^{no} D^i 1842 d. 4 Sept; am Rand signiert: W. Pullack – L. 31 cm, B. 11,1 cm
Köln, Metropolitankapitel der Hohen Domkirche Köln, Domschatzkammer, Inv.Nr. L 213 b

Der Kölner Dom, der an einem der frühesten Orte des Christentums in Deutschland steht, wurde im 19. Jahrhundert zum christlich-nationalen Denkmal. Sulpiz Boisserée (*1783, †1854), der sich seit 1808 um die Vollendung des Kölner Doms engagierte und zu den Initiatoren zur Gründung des Zentral-Dombau-Vereins zu Köln (1842) gehörte, drückt im Vorwort seiner „Geschichte und Beschreibung des Doms von Köln" (2. Aufl. München 1842) seine Gefühle für das bewundernswerte Bauwerk aus, das in ihm jedoch auch „Schmerz" wegen des unfertigen Zustands hervorriefe. Im Folgenden schreibt er, dass er „von diesen Gefühlen [Bewunderung und Schmerz], mit der sich die lebhafte Mahnung an das gleiche Schicksal des deutschen Vaterlands verband, tief ergriffen (...)" sei und vergleicht den unfertigen Dom mit Deutschland, das, nach dem Zusammenbruch des Alten Reiches 1806, die Suche nach Einheit und gemeinsamer Identität ebenfalls noch nicht abgeschlossen hatte. Der Kölner Dom und dessen Vollendung wurde für Boisserée und die Mehrheit seiner Zeitgenossen zum identitätsstiftenden Nationaldenkmal und zum „Symbol des neuen Reiches, das wir bauen wollen." (Joseph Görres, Der Dom in Köln. Rheinischer Merkur, Nr. 151, 1814) erhoben.

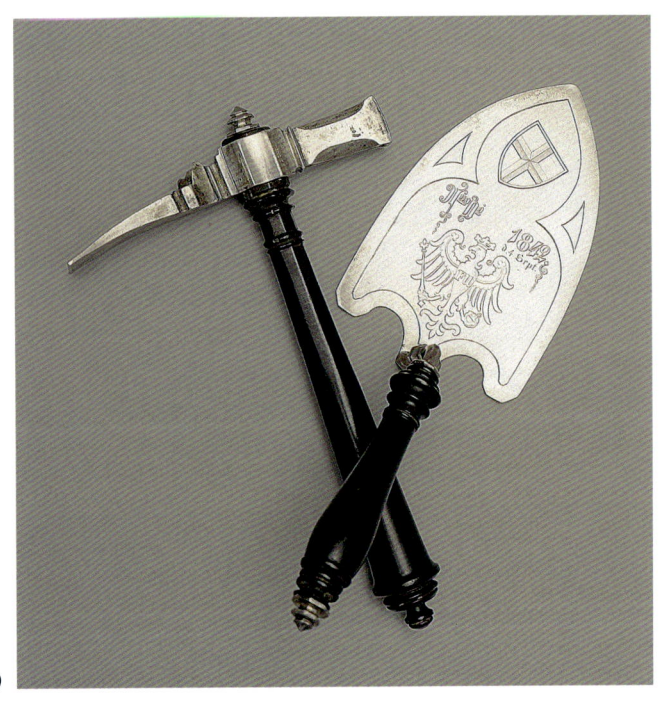

Als 1840 Friedrich Wilhelm IV. (*1796, †1861) den preußischen Königsthron bestieg, gewannen die „Dombaufreunde" nach Jahren der Planungen und Mühen mit dem neuen Regenten einen einflussreichen Förderer. Bereits am 4. September 1842 fand die Grundsteinlegung zur Vollendung des Kölner Doms statt. Für diesen Anlass fertigte der Kölner Goldschmied Wilhelm Pullack (*1776, †1856) die aufwendig verzierten Hammer und Kelle nach spätmittelalterlichem Vorbild. Sie sind in einem historisierenden neugotischen Stil gearbeitet und ein herausragendes Beispiel für den Historismus der kölnischen Goldschmiedekunst. Den Hammer ziert ein gotisches Maßwerkornament, welches das Wappen des Domkapitels umfasst. Die Kelle zeigt in einem genasten Spitzbogen kurz unterhalb der Spitze ebenfalls das Domkapitelwappen und darunter den Preußenadler mit den Initialen Friedrich Wilhelms IV. Beim Dombaufest treten somit Kirche und Staat symbolisch zusammen auf. Nachdem der preußische König dreimal mit dem Hammer auf den Grundstein schlug, wurde dieser auf den unvollendeten Südturm gehoben und eingemauert. Nach über 600 Jahren (Baubeginn des gotischen Doms im April 1248) konnte der Nordturm am 23. Juli 1880 vollendet werden.

Ralf Mahytka

| Quellen: Boisserée, Dom von Köln; Görres, Dom in Köln
| Lit.: Kat. Köln 1980, Bd. I, S. 209, Nr. 14.3 (Werner Schäfke); Wolff 1996

670 „Der heilige Bonifacius"

Alfred Rethel (*Aachen 1816, †1859 Düsseldorf), 1832
Öl auf Leinwand – H. 106,5 cm, B. 67 cm
Berlin, Staatliche Museen zu Berlin – Preußischer Kulturbesitz, Nationalgalerie, Inv.Nr. WS 187

Noch als junger Schüler des Nazareners Wilhelm von Schadow in Düsseldorf malte Rethel sein erstes Erfolgsbild, die Naivität und zeremonielle Feierlichkeit verbindende Darstellung „Der heilige Bonifacius". Die Figur des Bonifatius, der im 8. Jahrhundert durch Papst Gregor III. mit der Mission und kirchlichen Organisation in deutschen Gebieten beauftragt worden war, wurde im frühen 19. Jahrhun-

670

dert zu einem patriotischen Motiv von aktueller Brisanz. Der „Heilige Apostel der Deutschen" stand für eine einige christliche Kulturnation. Auch andere Maler der Zeit wählten ihn zum Protagonisten ihrer Bilder.

Rethel hat die Figur in ihrem landschaftlichen Umfeld in bemerkenswerter Feinmalerei, in fester Körperlichkeit, klarer Kontur, deutlicher Gebärde und mit sprechenden Attributen wiedergegeben. Der halbrunde Abschluss über dem makellos blauen Himmel verstärkt eine feierliche Symbolhaftigkeit, die deutlich dem Stil seines Lehrers geschuldet ist.

Der Berliner Bankier Wagener erwarb das Bild noch im Entstehungsjahr für seine Sammlung zeitgenössischer, zumeist deutscher Kunst, deren öffentliche, kulturpatriotische Wirksamkeit intendiert war und die zum Grundstock der Nationalgalerie werden sollte.

Der Eintrag in Wageners Katalog beschreibt das ikonische Bild erschöpfend: „Auf einer Anhöhe neben der gefällten Wodans-Eiche, welche den Sturz des Heidenthums bezeichnet, steht der Apostel der Deutschen, in der Hand die Axt, die er auf die Erde stützt, mit der Rechten auf das Kreuz deutend, welches er, das Sinnbild des von ihm gegründeten Christenthums, in den Stumpf der Eiche aufgepflanzt hat (…)." Rethel schuf in den folgenden Jahren zwei weitere Bilder zum Motivfeld der Christianisierung durch Bonifatius. Sie sind vielfiguriger und ausgeführter, die schlagende Wirkung des ersten Werkes erreichten sie nicht mehr (Kat.Nr. 671). Zur Meisterschaft gelangte Rethel in den Fresken zum Leben Karls des Großen im Rathaus zu Aachen (Kat.Nr. 665), zu differenzierten, auch resignierten Aussagen in dem faszinierenden Graphikzyklus „Auch ein Totentanz", der nach der Revolution von 1848 entstand.

Angelika Wesenberg

| Lit.: Koetschau 1929, S. 123ff.; Schmidt 1898, S. 9ff.; Kittelmann/Verwiebe/Wesenberg 2011

671 Die Predigt des heiligen Bonifatius

Alfred Rethel (*Aachen 1816, †1859 Düsseldorf), 1835
Öl auf Leinwand – signiert und datiert unten rechts – H. 183 cm, B. 213 cm
Aachen, Suermondt-Ludwig-Museum Aachen, Inv.Nr. GK 423

Die Gemälde und Zeichnungen zum Leben des heiligen Bonifatius sind das erste zyklische Geschichtswerk des jungen Rethel (1833–1836). Beseelt vom Drang zu jugendlich-romantischer Dramatik und geprägt vom christlichen Idealismus der Schadow-Schule legt er bereits 1835 ein monumentales Gemälde vor, das die Übungen in den privaten „Componier-Vereinen" mustergültig umsetzt und auch direkt zur Kunstvereins-Verlosung angekauft wurde. Die leicht versetzte Mittelachse des Bildes wird durch den mit einem dünnen Nimbus versehenen Heiligen gebildet, der auf dem Stumpf der gefällten Donareiche steht und mit der Rechten zum Himmel weist.

Kreisförmig umrahmt wird er von knienden Kriegern, christlichen Begleitern und einer Gruppe andächtig lauschender Heiden, die verschiedene Lebensalter widerspiegeln und unter denen auch ein Selbstbildnis vermutet wurde. Außen erscheinen zwei sich abwendende Männer; der Linke stellt einen alten, nachdenklich wegtretenden Druiden dar. Rethel war von Schadow angehalten worden, möglichst keine historischen Trachten, sondern lange Gewänder aus dem Dekorationsfundus zu verwenden. Die Szene spielt in einer natürlichen, baumbestandenen Landschaft; in der Mitte ist – neben dem Stamm der nach links gefallenen Eiche – ein schmaler Ausblick mit weiteren, sich nähernden Personen frei gelassen. Die klare Komposition der Figuren mittels Axial- und Kreisordnungen findet ihr Pendant in den verschränkten Lanzen und Fahnenstangen. Malerische Atmosphäre vermitteln die detailreichen, zugleich aber gedämpften Farben. Am hohen Pathos der Germanenmission, das sich auch im theatralischen Gesten- und Mienenspiel ausdrückt, meldeten trotz der frühen Anerkennung bereits die Zeitgenossen gewisse Zweifel an – zum Beispiel, dass sich „eine Heidenschaar (…) von verschiedenen Ständen und so verschiedenem Alter (…) wie mit einem Schlage bekehrt dem Heiligen zu Füße wirft" (Quix, 1837).

Adam C. Oellers

| **Quelle:** Quix 1837

| **Lit.:** Müller von Königswinter 1861, S. 8–12; Schoenen 1960/1961, S. 69; Grimme 1963, S. 307, Nr. 179 (weitere Lit.); Oellers 1982, S. 114; Kat. Fulda 2004

672 Die Einführung der Künste in Deutschland durch das Christentum

Philipp Veit (*1793, †1877), um 1835

a) Die Einführung der Künste in Deutschland durch das Christentum
Farbskizze, Öl auf Eichenholz – H. 27,1 cm, B. 61,1 cm
Frankfurt am Main, Städel Museum, Inv.Nr. 966

b) Italia
Farbskizze, Öl auf Pappe – H. 27,1 cm, B. 18,8 cm
Frankfurt am Main, Städel Museum, Inv.Nr. 975

c) Germania
Farbskizze, Öl auf Pappe – H. 27,3 cm, B. 19,1 cm
Frankfurt am Main, Städel Museum, Inv.Nr. 974

Philipp Veits Gemälde „Die Einführung der Künste in Deutschland durch das Christentum" entstand 1834–1836 als Fresko für das

744 QUO VADIS

672a

Kunstinstitut im Frankfurter Städel und ist eines der Hauptwerke der nazarenischen Malerei, einer Richtung der Romantik, die eine Erneuerung der Kunst aus dem Geist des Christentums anstrebte. Wie zuvor schon seine jüdische Mutter und sein protestantischer Stiefvater, der Philosoph Friedrich Schlegel (*1772, †1829), konvertierte Veit 1810 zum Katholizismus. Zu dieser Zeit studierte er bereits Malerei bei Caspar David Friedrich (*1774, †1840) in Dresden. 1815 ging er nach Rom und schloss sich der dortigen deutschen Künstlerkolonie um den ebenfalls konvertierten Friedrich Overbeck (*1789, †1869) an. Die „Lukasbrüder" – die Bezeichnung „Nazarener" wurde erst nachträglich geprägt – orientierten sich an der mittelalterlichen Kunst Roms.

1830 übernahm Veit die Leitung der Malklasse des Städelschen Kunstinstitutes in Frankfurt. Für die Wandgestaltung der Ausstellungsräume entwarf er ein Bildprogramm, das die antike ebenso wie die mittelalterlich-christliche Kunst idealisieren sollte. Bis auf „Die Einführung der Künste" (2,84 mal 6,12 Meter) mit den zwei Seitengemälden „Italia" (2,85 mal 1,91 Meter) und „Germania" (2,85 mal 1,92 Meter), die 1877 von der Wand abgelöst und auf Leinwand übertragen wurden, sind die Fresken im Zweiten Weltkrieg zerstört worden. Das Triptychon wird

673a

heute wieder im Städel ausgestellt, in der Paderborner Ausstellung werden drei kleinere Farbskizzen gezeigt, die Veit im Vorfeld anfertigte. Zentrale Figur der „Einführung der Künste" ist die weibliche Allegorie der Religion. Sie blickt in Richtung der Christianisierungsszene zu ihrer linken Seite. Der mit vollem Bischofsornat dargestellte Bonifatius hat seinen Fuß auf die gefällte Donareiche gesetzt und predigt den Germanen. Im Bildvordergrund hockt ein trauernder heidnischer Barde; die Saiten seiner Harfe sind gerissen. Der Religion folgen die Allegorien von Rittertum, Dichtung und Musik sowie Architektur, Malerei und Skulptur. Sie repräsentieren die christliche Kultur des Mittelalters. In der Ausführung des Freskos rückte Veit die Allegorie der Religion in die Bildmitte, verzichtete auf die Gruppe der Geistlichen und verlieh dafür der Trias von Rittertum, Dichtung und Musik eine der Christianisierungsszene gleichrangige Bedeutung. Auch in anderen Details wich Veit von der Skizze ab. Die Skizzen der Seitengemälde unterscheiden sich dagegen kaum von den Ausführungen und zeigen die Allegorie der Italia mit dem Papstkreuz und der Germania mit den Insignien des Kaisertums und den Wappen der Kurfürsten. Im Bildhintergrund der „Germania" erkennt man den Rhein und den unvollendeten Kölner Dom. Roland Linde

| Lit.: Ziemke 1972; Suhr 1991

673b

673 Das Bonifatius-Denkmal in Fulda

a) Medaille anlässlich der Enthüllung des Bonifatius-Denkmals, 1842
Carl (Heinrich Bernhard) Scheller (1813–nach 1874)
Zinn – Dm. 73 mm; ca. 43 g
A: Bonifatius-Denkmal mit der Umschrift: VERBUM DOMINI MANET IN AETERNUM, am Sockel: ST. BONIFACIUS, zu beiden Seiten des Sockels: W. HENSCHEL FEC: 1839
R: Umschrift: ZUR ERINNERUNG AN DIE ENTHÜLLUNG DES DENKMALS SCT BONIFACIUS AM 17 AUG:1842, unten in kleinerer Schrift die Signatur: C. SCHELLER CASSEL
Fulda, Vonderau Museum Fulda, Inv.Nr. V C 5
b) Modell des Bonifatius-Denkmals
Werner Henschel
Fulda, vor 1905
Zinnguss, Messing, Holz – H. 28 cm, B. 24, T. 25 cm
Fulda, Vonderau Museum Fulda, Inv.Nr. II B 129

Der Entstehung des Denkmals in Fulda ging eine seit 1828 betriebene Initiative von Fuldaer Bürgern voraus, die eine nationale Spendensammlung organisierten. Bonifatius, der Verkünder des christlichen Glaubens in deutschen Landen, wurde im nationalen Kontext als denkmalwürdig angesehen. Nach schnellem Erfolg der Spendensammlung wurde der in Kassel tätige Bildhauer Werner Henschel (*1782, †1850) mit der Ausführung beauftragt. Auseinandersetzungen um den Standort des Denkmals haben dazu geführt, dass es erst am 17. August 1842 in Anwesenheit von mehr als 11 000 Gästen enthüllt wurde. An der Feier beteiligten sich auch die evangelischen Geistlichen und Gläubigen; sie zeigten damit auch die damals überkonfessionelle Bedeutung der Person des Bonifatius.

Zur Erinnerung an das Ereignis fertigte der Kasseler Zinngießer Carl Scheller die große Medaille, die er 1855 in einer leicht abgewandelten Form zum 1100-jährigen Fest erneut auflegte.
Die Popularität des Bonifatius-Denkmals belegen zahlreiche Darstellungen in der zeitgenössischen Druckgraphik und andere Objekte der Andenkenkultur.
Wie bei den weiteren, oft viel bekannteren Monumenten deutscher „Helden", konnten wohl auch kleine Nachbildungen des Bonifatius-Denkmals erfolgreich vertrieben werden, wie die in der Fuldaer Buchhandlung von Aloys Maier zu Preisen von 2,5 bis 15 Mark angebotenen Zinn-Modelle in unterschiedlichen Ausführungen.

Gregor Stasch

674 Das Bonifatius-Denkmal als Andenken

a) Teller mit Vedute des Bonifatiusplatzes in Fulda
Unbekannter Porzellanmaler, nach Stichvorlage
Königliche Porzellanmanufaktur Berlin, blaue Zeptermarke, um 1870, rote KPM-Malermarke und eine unbestimmbare Ligatur
Porzellan – Dm. 24,5 cm
Fulda, Vonderau Museum Fulda, Inv.Nr. IV B 284
b) Andenkenlöffel mit Ansicht des Schlosses zu Fulda (in der Höhlung der Schale) und einer Miniatur des Bonifatius-Denkmals (am Stielende)
Fulda, um 1880/90
Messing und Zinn, teilweise vergoldet und emailliert – H. 12,4 cm
Fulda, Vonderau Museum Fulda, Inv.Nr. IV K 168

Gleichzeitig mit dem Aufkommen des reiselustigen Bürgertums und einem gesteigerten Bedarf an Andenken entwickelten sich völlig neue Geschäftsideen, die eine Andenkenkultur des „Massentourismus" anregten und befriedigten. Seit dieser Zeit ist das Souvenir zu einem unverzichtbaren Requisit der touristischen Kultur geworden. In den Anfängen sind es z. B. eigens für den Reisenden hergestellte Gläser oder Porzellane, die entsprechend mit Ansichten der bedeutendsten Monumente, in Fulda waren das der Dom und das Bonifatius-Denkmal, versehen wurden. Es waren nicht allein die einheimischen Kunsthandwerker, die wahrscheinlich das fein gearbeitete Löffelchen herstellten, sondern, wie der Berliner Teller mit Fuldaer Ansicht zeigt, auch weit entfernte und deutschlandweit agierende Unternehmen, die sich den lukrativen Markt teilten.

Der aus der Königlichen Porzellanmanufaktur Berlin stammende Teller gehört zur Produktion der frühen 1870er-Jahre, als sich aufgrund der großen Konkurrenz und des strukturellen Wandels am damaligen Markt nicht nur die Absatzmöglichkeiten der Manufaktur drastisch verschlechterten, sondern sich auch ein Produktionswandel vom Luxusporzellan zum einfacheren Gebrauchsgeschirr vollzog. Der Teller mit der Fuldaer Vedute steht an der Schwelle dieser Entwicklung, weil er mit seiner Fondmalerei an die hervorragenden Produkte der ersten Hälfte des 19. Jahrhunderts anzuschließen

versucht. Die Malerei entstand wahrscheinlich auf Bestellung nach einem Stahlstich von Johann Poppel und Joh. Friedrich Lange von 1842 (Lange 1842, Bd. 8, fol. 4).

Gregor Stasch

| Lit.: Lange 1842, Bd. 8, fol. 4

675 Deutsche Bischofskonferenz in Fulda, 20. September 1872

Lith. Institut C. F. Calow, Köln, 1873
Lithographie mit Tonplatten – H. 43 cm, B. 49 cm
Fulda, Vonderau Museum Fulda, Inv.Nr. II Ed 37

Um die Mitte des 19. Jahrhunderts gewann die Bonifatiustradition eine neue Bedeutung. Der überkonfessionelle Apostel der Deutschen wandelte sich von einem Tugendlehrer und Nationalhelden zum Bischof und römischen Legat; der Heidenmissionar wurde zum Kirchenreformer, er diente nun zur Begründung der inneren Mission der katholischen Kirche im Deutschen Bund.

Die seit 1867 am Grabe des heiligen Bonifatius installierte deutsche Bischofskonferenz – die erste Tagung fand 1848 in Würzburg statt – betonte durch die Ortswahl eine engere Bindung an Rom und eine Ab-

XIII EUROPAS BLICK AUF SEINE CHRISTLICHEN WURZELN

675

sage an alle nationalkirchlichen Bestrebungen. Die Fuldaer Bischofskonferenz verstand sich als ein mehr freiwilliger Zusammenschluss, deren Beschlüsse für ihre Teilnehmer nicht bindend waren.

Aus Anlass der sechsten Fuldaer Bischofskonferenz erschien die Lithographie, die bezeichnenderweise neben dem Porträt des Papstes Pius IX. (amt. 1846–1878) und aller versammelten Bischöfe auch die damals führenden Persönlichkeiten des politischen Katholizismus, August (*1806, †1895) und Peter Franz Reichensperger (*1810, †1892), Ludwig Johann Ferdinand Gustav Windthorst (*1812, †1891) sowie Hermann Joseph Christian von Mallinckrodt (*1821, †1874), zeigt. Sie alle waren jahrelang Mitglieder der katholischen Fraktion im preußischen Abgeordnetenhaus, anschließend im Deutschen Reichstag und gründeten kurz zuvor 1869/70 die neue Fraktion der Zentrumspartei.

Gregor Stasch

676 Bonifatiusblatt

Paderborn, 1. Jg., 1. Heft (1852)
Paderborn, Erzbischöfliche Akademische Bibliothek Paderborn, Sign. IY 40

Im Zuge der Restaurationsphase nach der gescheiterten Deutschen Revolution (1848/49) erfuhr der Katholizismus in Deutschland eine zunehmend konservativ-ultramontane Ausrichtung. In diesen Trend gehört auch das neue Aufblühen der Bonifatiusverehrung. Dabei bedienten sich die Kultmanager durchaus moderner Organisationsformen und Kommunikationsmittel, wie dem Vereins- und Pressewesen.

Das Bonifatiusblatt ist das Presseorgan des im Jahr 1849 gegründeten Bonifatiusvereins. Der erste Redakteur des Bonifatiusblattes war der Präsident des Vereins Joseph Theodor Graf Stolberg zu Stolberg (*1804, †1859, amt. 1849–1859). Das erste Bonifatiusblatt enthält auf seinen knapp 32 Seiten den „Rechenschaftsbericht des Generalvorstandes über Einnahmen und Ausgaben". Außerdem sind wichtige Dokumente zur Vereinsgründung beigefügt, wie zum Beispiel die Vereinsstatuten und das päpstliche Ablassdekret. Sie heben die enge Rombindung des Vereins hervor. Der Vereinszweck lag in der Unterstützung von Diasporakatholiken im konfessionell gespaltenen Deutschland in den Bereichen Schule und Seelsorge.

Das Emblem auf der Titelseite der Ausgabe spiegelt die mit Beginn des 19. Jahrhunderts zunehmende konfessionelle Polarisierung in Deutschland wider. So wird der heilige Bonifatius nicht mehr, wie vor 1800 noch üblich, im konfessionsübergreifenden Typus eines Predigers, sondern dezidiert als Bischof mit Mitra, Kasel und Krummstab abgebildet.

Bereits die Erstausgabe zielte nicht nur auf die Vereinsleserschaft ab, sondern warb um neue Mitglieder sowie um Unterstützer, die die Vereinstätigkeit mit Almosen und Gebet fördern wollten. So wird auch der Bonifatius-Frauenverein erwähnt, der für die Beschaffung von Kirchenparamenten zuständig war. Den Druck der Zeitschrift übernahm in den ersten Jahren der Paderborner Verlag Ferdinand Schöningh.

Gabriel-David Krebes

| **Lit.**: Nowak 1995; Brandt/Hengst 1997, S. 429–432; Blaschke 2002; Weichlein 2004

677 Sammelhäuschen des Bonifatiuswerkes

Paderborn, ca. 1890
Blech – H. 26,5 cm, B. 16,5 cm, T. 13,0 cm
Paderborn, Bonifatiuswerk der deutschen Katholiken/Diaspora-Kinder- und Jugendhilfe, ohne Inv.Nr.

1879 beschlossen Paderborner Katholiken die Gründung einer Marianischen Kongregation junger Kaufleute, einer Vorläufervereinigung des Katholischen Kaufmännischen Vereins (KKV, heute: Verband der Katholiken in Wirtschaft und Verwaltung). Später, am 21. Februar 1885, trafen sich aus diesem Kreis fünf weitsichtige Paderborner Kaufleute, um über Möglichkeiten der Unterstützung katholischer Waisenhäuser in der Diaspora zu beraten. Als Ergebnis ihrer Konferenz gründeten sie einen „Sammelverein", der später in das heutige Bonifatiuswerk der deutschen Katholiken integriert wurde. Dies war die „Geburtsstunde" der heutigen Diaspora-Kinderhilfe.

Der neue Verein setzte sich zum Ziel, in ganz Deutschland „Kleines zu sammeln, um Großes zu bewirken". Bald standen überall in katholischen Vereinshäusern und in vielen Familien sogenannte „Sammelhäuschen". Nicht um Geld zu sammeln, sondern um verschiedene „Reste" aufzunehmen: Zigarrenspitzen, Stanniolpapier, Briefmarken, Bindfäden, Münzen, Stahlfedern oder Korken. Waren die einzelnen Kammern des Häuschens gefüllt, wurde der Inhalt verkauft und der Erlös der Diaspora-Kinderhilfe übergeben. Mit diesem Geld erhielten Kinder in den großen Diaspora-Gebieten Mittel- und Norddeutschlands Hilfen bei der Anschaffung von Kommunionkleidung, religiösen Büchern oder auch mehrwöchigen Unterricht in sogenannten „Communikanten-Anstalten", bevor sie zur Feier der Erstkommunion wieder in ihre Familien oder in das Waisenhaus fuhren.

Die heutige Förderung umfasst unter anderem religiöse Bildungsmaßnahmen, sozial-caritative Projekte sowie kinder- und jugendpastorale Aktionen. Insgesamt beträgt die jährliche Hilfe rund drei

Millionen Euro. Die früheren Sammelhäuschen gibt es nicht mehr. Das Anliegen des Bonifatiuswerkes ist jedoch aktueller denn je: die missionarisch-diakonische Arbeit für Kinder und Jugendliche in der nord- und ostdeutschen, nordeuropäischen und baltischen Diaspora zu fördern.   Matthias Micheel

678 Reliquienstatue des heiligen Liudger

Rasmus Bruun (*1814, †1889), Münster, 1880
Signiert und datiert auf der rückseitigen Sockelkante: „angefertigt von R. Bruun, Münster i. Westfalen 1880"
Kupferblech, getrieben, versilbert, teilvergoldet; Filigran; Türkise, Amethyste, Rubine, Perlen Bergkristall – nicht erhalten: vergoldeter, emaillierter Sockel (H. ca. 50 cm) – H. 101 cm
Münster, Domkammer der Kathedralkirche St. Paulus

Zum Kirchweihfest am 26. September 1880 vermachte ein unbekannter Stifter diese prachtvolle Statue des heiligen Liudger dem St. Paulus-Dom zu Münster. Vermutlich gab die Translation einer Fingerreliquie des Heiligen im Jahre 1860 – die aus Werden in einer feierlichen Prozession in den Domschatz überführt wurde – den Anlass für die Stiftung. Geborgen hinter einem großen Bergkristall und auf rote Seide gebettet, ruht die kostbare Reliquie gut sichtbar auf der Brust der Heiligenfigur.

Der Goldschmied Rasmus Bruun stellte den ersten Bischof von Münster in vollem liturgischem Ornat und mit zum Segensgestus erhobener linker Hand dar, ausgezeichnet durch die bischöflichen Insignien Stab, Ring und Mitra. Zwei Gänse – Attribute des Heiligen – schmiegen sich an seine Beine. Den strengen, mimetisch unbewegten Gesichtszügen des Heiligen ist der Ausdruck eines würdevollen, tiefen In-sich-Ruhens eingeschrieben. In dem länglich-schmalen Gesicht, dem von einem Haarkranz eingefassten Schädel und dem zweigeteilten, spitz zulaufenden Bart meint man zudem die seit dem 4. Jahrhundert tradierten, charakteristischen physiognomischen Merkmale des Apostelfürsten Paulus aufscheinen zu sehen, dem sich Liudger in besonderer Weise verbunden fühlte und den er zum Patron des Bistums Münster erwählte. Die Goldschmiedearbeit Rasmus Bruuns zeigt den heiligen Liudger in vollkommener sinnlicher Makellosigkeit: Gold, Silber und Edelsteine werden hier zu Kennzeichen der gottverliehenen Unversehrtheit und Unverweslichkeit des heiligen Körpers; sie verweisen auf die Christusähnlichkeit des Missionars, auf seine innere Reinheit und Tugendhaftigkeit sowie auf seine künftige Bekleidung mit dem himmlischen Lichtleib (vgl. HL 5,14–15; Mt 5,16; Mt 13,43; Apk 3,5).

Es ist sicherlich kein Zufall, dass die Translation der Liudger-Reliquie und die Stiftung der Reliquienstatue in die sogenannte Kulturkampfzeit (1872–1884) fallen, in der der Bistumsgründer zur entscheidenden Identifikationsfigur der münsterländischen Katholiken avancierte. Hier handelt es sich nicht nur um einen demonstrativen Akt der (Neu-)Inszenierung der Reliquie, in der der Heilige und seine

Diözese Münster

Münster

heilende Wirkmächtigkeit (*virtus*) als uneingeschränkt gegenwärtig begriffen wurden; vielmehr gleichen Translation und Einbetten der heiligen Gebeine in die silberne Statue einem „Heimholen" des verehrten Bistumsgründers, dessen Schutz und Fürsprache man sich im Kampf gegen die staatlichen Eingriffe erhoffte. Klara Katharina Petzel

| Quellen: Mappen-Nr. 289 (1860-1910) Archiv St. Liudger Essen-Werden; Sonntagsblatt Nr. 22 (1860), S. 348f.; Sonntagsblatt Nr. 40 (3. Oktober 1880), S. 633; Sonntagsblatt 6. Februar 1881
| Lit.: http://www.paulusdom.de/index.php?myELEMENT=133031 (Géza Jászai) [25.06.2013]

679 Bau des Klosters Werden mit einer Ansicht des Münsters von Westen

Hans Koberstein, um 1897
Farbklischeedruck (Zinkographie) nach einem Aquarell – H. 25,5 cm, B. 18,3 cm
Münster, LWL-Museum für Kunst und Kultur (Westfälisches Landesmuseum), Inv.Nr. C-9045 LM

Christianisierung als Bau von Kirchen: Der heilige Ludgerus als weißbärtiger Greis in Kasel mit Pallium und Hirtenstab betrachtet den Bauplan des von ihm um 799 gestifteten Klosters Werden an der Ruhr, der ihm von den Baumeistern rechts präsentiert wird. Der weiß gekleidete junge Geistliche hinten müsste als Benediktiner eigentlich eine schwarze Kutte tragen. Die fortdauernde Bedeutung der Missionszeit bis in die Gegenwart des Bildbetrachters verbildlicht die Stadtansicht des damals modernen Münsters aus dem barocken Schloss heraus: Münster war der Bischofssitz des historischen Liudger gewesen, des Klostergründers (um 793) und (ab 805) ersten Bischofs der Diözese Münster.

Für die münsterländischen Katholiken des ausgehenden 19. Jahrhunderts war der Bistumsgründer mehr noch als der Bistumspatron Paulus eine Identifikationsfigur gegen die staatlichen Anfechtungen der Kulturkampfzeit (1872–1884); am Dom zu Münster entstand als dauerhaftes Denkmal zwischen 1884 und 1889 der Ludgerusbrunnen von Heinrich Fleige. 1893 bis 1898 baute man an seinem Sterbeort Billerbeck den Ludgerusdom als Wallfahrtskirche neu. Oft wurden Ludgerusstatuen mit Figuren des Bonifatius kombiniert aufgestellt. Das „Ludgerus-Blatt" suchte die Bildung eines geschlossenen „katholischen Milieus" zu festigen. Die Popularität des Gründerbischofs wurde zugleich genutzt, um das Vertrauen in seine Nachfolger und die kirchliche Hierarchie zu stärken.

Das Blatt stammt aus einem noch unidentifizierten Buch, das mit Bildern zur Gründungsgeschichte deutscher Bistümer und Kathedralkirchen illustriert war. Gerd Dethlefs

| Lit.: Freitag 1995

680 „St. Ludgerus predigt den die Ufer der Ems bewohnenden Sachsen das Christenthum"

Albert Baur d. Ä. (*1835, †1906), 1901
Öl auf Leinwand – H. 225 cm, B. 405 cm – in vergoldetem Stuckrahmen – rechts unten signiert und datiert: Alb. Baur Ddf. 1901
Rheine, Gymnasium Dionysianum Rheine

Die vielfigurige Szene in der Tradition der Historienmalerei der Düsseldorfer Malerschule vermittelt ein idyllisches Bild der erfolgreichen Missionstätigkeit des heiligen Liudger im Gebiet an der Ems. Zentral im Bild, unter dem ausladenden Ast einer mächtigen Eiche, steht der Heilige in einem Boot und wendet sich mit seiner Predigt den Sachsen am Ufer zu. Männer und Frauen sitzen andächtig lauschend am Fluss, weitere Männer kommen durch den Wald zur Predigtstätte gezogen, bei einigen wird bereits das Sakrament der Taufe vollzogen. Die sorgfältig geschilderten Details und die stimmungsvolle Landschaftsschilderung speisen sich aus heterogenen Quellen; sie zeigen sich weit mehr der zeitgenössischen Vorliebe für eine theatralisch-dekorative Inszenierung und Verlebendigung verpflichtet als den historischen Fakten. Der Düsseldorfer Maler Albert Baur verdankte den Auftrag für dieses Gemälde nicht allein seinen Fähigkeiten als Historienmaler, sondern auch verwandtschaftlichen Beziehungen. Seine Tochter Anna Baur und ihr Ehemann, der Textilfabrikant Alfred Kümpers, unterstützten den Gymnasialdirektor und Theologen Dr. Peter Grosfeld bei der Auftragsvergabe und der Finanzierung. Testamentarisch vermachte Grosfeld, der in der Person des heiligen Liudger porträtiert ist, das Bild dem Gymnasium Dionysianum in Rheine. Noch heute hängt es im Schulgebäude. In Format und Anspruch ist das Gemälde ein besonderes Bildzeugnis der Ludgerusverehrung im Münsterland. Grosfeld bezog damit im katholisch geprägten Rheine – vor dem Hintergrund preußischer Schulpolitik und angesichts der Auseinandersetzungen im erst 1887 endgültig beigelegten Kulturkampf – programmatisch Stellung für die Priorität der christlichen Religion als Fundament schulischer Bildung und Wertevermittlung.

Christiane Kerrutt

| Lit.: Angenendt 2005, S. 8–10; Breuning/Mengels 2007, S. 292; Grave 2009

681 Postkarte „St. Ludgerus – Schutzpatron von Münster i/W."

Hans Deiters (*1868, †1922) im Verlag G. A. Hülswitt, Münster, o. J. [1914]
Rückseite: Aufkleber „Volksbund zum Schutze der deutsch. Kriegs- u. Zivilgefangenen. Provinzialgruppe Westfalen"
Farbklischeedruck – H. 13,9 cm, B. 8,9 cm
Münster, LWL-Museum für Kunst und Kultur (Westfälisches Landesmuseum), Inv.Nr. K 71-133,2 LM

Der 61. Katholikentag – die Generalversammlung der Katholiken Deutschlands – sollte am 9. bis 13. August 1914 nach 1852 und 1885 zum dritten Mal in Münster stattfinden. Alles war vorbereitet, die Marketingprodukte fertig gedruckt – da brach in der ersten Augustwoche der Erste Weltkrieg aus (Kriegserklärungen 1. bis 6. August). Die nicht mehr benötigten Artikel wie diese Postkarte wurden später während des Krieges für andere soziale Zwecke verkauft.
Die Figur des Heiligen steht als „Schutzpatron" in starker Untersicht über der schemenhaften Ansicht Münsters vom Schlossplatz aus auf einem mit dem Stadtwappen geschmückten Sockel. Das Modell der münsterischen Ludgerikirche und die Gänse charakterisieren den Bischof. Dass er der Stadtgründer, Missionar und erste Bischof gewesen war, musste man wissen oder lernen – und glauben, dass er wirklich Schutzpatron sei. Das ist aber historisch falsch: Der historische Liudger, den man von dem „Ludgerus" der späteren Verehrung unterscheiden muss, hatte den Völkerapostel Paulus zum Patron seiner Gründung gemacht – durch Überzeugen, nicht mit Gewalt wollte er die Sachsen bekehren. Auf dieser Postkarte ist die Person des Gründers und seine Stellung in der kirchlichen Hierarchie wichtiger als die Christianisierung nach paulinischem Vorbild.

Gerd Dethlefs

| Lit.: Freitag 1995, S 77–87

682 Giesebrechts „Geschichte der Deutschen Kaiserzeit"

Wilhelm von Giesebrecht, Geschichte der Deutschen Kaiserzeit, 4. Auflage, Braunschweig 1873ff.
H. 22,5 cm, B. 15,5 cm, T. 3,5 cm
Paderborn, Ausstellungsgesellschaft Paderborn mbH

XIII EUROPAS BLICK AUF SEINE CHRISTLICHEN WURZELN

ehrten Kaisern eine vollständige Einheit von Herrschaft, Volk und Kirche. So schrieb er über das neue Kaisertum Karls des Großen: „So ruht denn der neue Kaiserstaat wesentlich auf kirchlichen Grundlagen; sein Ideal ist kein anderes, als das Gottesreich auf Erden, in dem der Kaiser von Gott selbst zu seinem Statthalter eingesetzt ist."

Frank Huismann

| **Lit.:** NDB 6, S. 379–382 (Hermann Heimpel, Art.: Giesebrecht, Friedrich Wilhelm Benjamin von)

683 Johann Friedrich Frick, „Schloss Marienburg in Preussen"

a) Marienburg, „Fassade des Kapitel-Saals", ohne Jahr (um 1799–1803)
Johann Friedrich Frick (*1774, †1850)
Aus: Friedrich Frick: Schloss Marienburg in Preussen, Berlin 1799–1803, Taf. XII
Bezeichnet: „gezeichn. u. geätzt v. FFrick"
Aquatinta-Radierung in Sepiafarben – Blatt H. 57 cm, B. 80 cm
Göttingen, Niedersächsische Staats- und Universitätsbibliothek Göttingen, Inv.Nr. GR 2 H PRUSS 2960:TAF

b) Marienburg, „ Eingang zum Kapitelsaal", ohne Jahr
Johann Friedrich Frick (*1774, †1850)
Aus: Friedrich Frick: Schloss Marienburg in Preussen, Berlin 1799–1803, Taf. XII
Bezeichnet: „gezeichn. u. geätzt v. FFrick"
Aquatinta-Radierung in Sepiafarben – H. 80 cm, B. 57 cm
Göttingen, Niedersächsische Staats- und Universitätsbibliothek Göttingen, Inv.Nr. GR 2 H PRUSS 2960:TAF

c) Marienburg, „Kapitel-Saal im vormaligen Zustande", ohne Jahr (um 1799–1803)
Johann Friedrich Frick (*1774, †1850)/Franz Ludwig Catel (*1778, †1856)
Aus: Friedrich Frick: Schloss Marienburg in Preussen, Berlin 1799–1803, Tafel XI
Bezeichnet „gezeich. u. geätzt von F. Frick, die Prozession nach e. Entwurf des F. Catel"
Aquatinta-Radierung in Sepiafarben – Blatt 37,8 x 53,1 cm, Platte 36,5 x 51,7 cm, Bild 27,9 x 46,0 cm
Münster, LWL-Museum für Kunst und Kultur (Westfälisches Landesmuseum), Inv.Nr. K 69-108 LM

d) Marienburg, „Refectorium in gegenwärtigem Zustande", ohne Jahr (1799)
Friedrich Frick (*1774, †1850) nach Friedrich Gilly (*1772, †1800)
Aus: Friedrich Frick: Schloss Marienburg in Preussen, Berlin 1799–1803, Tafel XIII
Bezeichnet: „gez: v F: Gilly geätzt von FFrick."
Aquatinta-Radierung in Sepiafarben, Blatt 41,8 x 52,8 cm, Platt 40,3 x 51,3 cm, Bild 35,9 x 48,7 cm
Münster, LWL-Museum für Kunst und Kultur (Westfälisches Landesmuseum), Inv.Nr. K 69-107 LM

e) Marienburg, „Schloss-Kirche ", ohne Jahr (1799)
Johann Friedrich Frick (*1774, †1850) nach Friedrich Gilly (*1772, †1800)
Aus: Friedrich Frick: Schloss Marienburg in Preussen, Berlin 1799–1803, Taf. VII
Bezeichnet „gezeichnet von F. Gilly. – geätzt v. F. Frick."
Aquatinta-Radierung in Sepiafarben – H. 80 cm, B. 57 cm
Göttingen, Niedersächsische Staats- und Universitätsbibliothek Göttingen, Inv.Nr. GR 24 PRUSS 2960 TAF, Tf. VII

682

Das Früh- und Hochmittelalter, insbesondere die Zeit von den Karolingern bis zu den Staufern, erfreute sich im 19. Jahrhundert besonderer Beliebtheit. Eines der populärsten Werke über diesen Zeitraum verfasste der Historiker Wilhelm (von) Giesebrecht.
1814 in Berlin geboren, studierte Giesebrecht in seiner Heimatstadt bei Leopold von Ranke Geschichte und wurde Lehrer. 1851 wurde er zum Professor ernannt und erlangte 1857 das Ordinariat in Königsberg. 1861 wurde er schließlich nach München berufen, wo er 1889 starb. 1865 war er vom bayerischen König in den Adelsstand erhoben worden.
Ab 1855 veröffentlichte er seine erfolgreiche „Geschichte der deutschen Kaiserzeit" in Braunschweig.
Giesebrecht und seine Leserschaft stimmten darin überein, dass es im Früh- und Hochmittelalter einen deutschen Staat gegeben habe, der alle anderen Reiche überstrahlt hätte. Die Beschäftigung mit der mittelalterlichen Geschichte insbesondere der Ottonen-, Salier- und Stauferzeit sollte Auskunft darüber geben, wie Deutschland geeint werden könnte, um erneut Weltgeltung zu erlangen. Giesebrechts Darstellung, quellennah und gut lesbar, ist eine personengeschichtliche Abhandlung. Es ist also der starke Herrscher, der das Land eint und zu nationaler Größe führt. Bei diesem Ansatz kann es nicht verwundern, dass Giesebrecht die Revolution von 1848 strikt ablehnte. Auch die Religion spielte für Giesebrecht eine wichtige Rolle. Allerdings stellte er sich eine Staatskirche vor, abhängig allein vom Herrscher. Das Mittelalter, so glaubte er, kannte unter den von ihm ver-

Kapitel-Saal im vormaligen Zustande

683c

Die Marienburg an der Nogat (heute Malbork/Polen), von 1309 bis 1457 Residenz des Hochmeisters des Deutschen Ordens, dann polnischer Verwaltungssitz, nach dem Übergang an Preußen (1773) als Kaserne, Gewerbehaus und Steinbruch genutzt, wurde kurz nach 1800 angesichts drohender Zerstörung als Baudenkmal erkannt und gerettet. Nachdem der König den Erhalt der Anlage befohlen hatte, wurde die Burg zum Ziel von Restaurierungskampagnen und in der Folge zu einer „Inkunabel der deutschen Denkmalpflege" (Hartmut Boockmann), zum Nationaldenkmal und bis 1945 zu einem Symbol für deutsche und preußische Kultur. Nach 1945 hingegen erwuchs die Burg aus polnischer Sicht zum Symbol für deutsche Barbarei und Unkultur. Der Kreuzzug gegen die Prußen, die Unterdrückung der slawischen Bevölkerung, „Kreuzzüge" gegen Litauen als adeliges Freizeitvergnügen der Ordensritter aus ganz Europa haben sich in das Gedächtnis der polnischen Nation als schreiendes Unrecht eingegraben und Vorbehalte gegen „die Deutschen" verstärkt, nicht zuletzt, weil diese das Wirken des Ordens in Preußen als Ruhmesgeschichte wahrnahmen. Das Hochmeisterschloss wurde im 19. Jahrhundert zum Symbol preußisch-deutscher Kultur.

Der Umbruch von einem kaum nutzbaren Profanbau zu einem bewusstseinsbildenden Erinnerungsort ist einer 1799 in Berlin erschienenen Publikation vierer junger Künstler zu verdanken: Friedrich Gilly (*1772, †1800), Johann Friedrich Frick (*1774, †1850), Franz Ludwig Catel (*1778, †1856) und Friedrich Rabe (*1775, †1856). Gilly hatte wegen des geplanten Abrisses mit seinem Vater David Gilly *(1748, †1808) das Schloss besucht und dessen baukünstlerische Qualität entdeckt. Seine Zeichnungen, 1795 in der Berliner Akademie ausgestellt, wurden 1799 von Frick in Aquatinta-Radierungen umgesetzt und durch eigene Bilder und Bauaufnahmen von Rabe ergänzt. Der Druck in Sepiafarben verstärkte die romantische Stimmung ebenso wie die Belebung mit mittelalterlichen Staffagefiguren von Catel.

Ein 1796 publizierter Text von Gilly deutete die Marienburg einerseits als große künstlerische und bautechnische Leistung, andererseits als ein historisches Denkmal sonst kritisierter Kulturleistungen des Deutschen Ordens. Gilly beschrieb die Christianisierung als Zivilisierungsprozess: „In verzweifelter Wuth hatten die Preußen um Glauben, Freiheit und Leben gekämpft, aber nun mußten sie der Vertreibung und Unterjochung unterliegen, als man (…) besonders die Ritter des teutschen Ordens um Hülfe rief (…). Befestigte Schlösser wurden nun [nach 1233] zur Geißel und Bändigung der öfters empörenden Einwohner angelegt. (…) Durch Sorgfalt und Urbarmachungen entwickelte sich die Fruchtbarkeit des Landes, es wurden Kanäle gezogen, die Ströme schiffbahr gemacht, Kolonisten besonders teutsche in die veröderen Gegenden gezogen (…)". Die letzte Tafel des Werkes zeigt eine solche gemauerte Wasserleitung, den „Mühlengraben".

Refectorium im gegenwärtigen Zustande.

683d

„Einige Hochmeister (...) waren ausgezeichnete Liebhaber und Beschützer der Künste und Wissenschaften (...) So befindet man sich mit (...) großen Interesse an diesem Ort, der so nahe mit der Geschichte des Vaterlandes zusammenhängt, von welchem aus sich Bildung und mächtige Herrschaft über diese Provinz verbreitet und welcher als der Grundstein der Rechte angesehen werden kann, welche das brandenburgische Haus auf die Regierung Preußens besitzt."

Die baukünstlerische Leistung verdichtete sich für Gilly im Hochmeisterpalast, vor allem am Dekor des Hauptgeschosses mit dem „Kapitelsaal": „Bewunderungswürdige Kühnheit" der „Baumeister" äußerte sich an der Fassade in den stützenden fragilen „Granit Säulen (...), die kaum einen Fuß dick, und aus mehreren Blöcken zusammengesetzt sind". Der Kapitelsaal erregte große Bewunderung: „In der Mitte desselben steht eine hohe Granit-Säule aus einem Block (...)" – ein Wunder der Statik. Geradezu enthusiastisch schilderte Gilly „die herrlichen Wölbungen des ehemaligen Refektoriensaals der Ritter (...) sein Gewölbe wird auf ähnliche Art, wie im Kapitel-Saal, durch 3 hochstämmige Granit-Säulen, aus einem Block, unterstützt. Seine Länge beträgt 96 und seine Breite 45 Fuß [29,76 mal 13,95 Meter]. Das Gewölbe steigt von jeder Säule gleichsam wie eine Rakete auf, (...), und das Ganze dieses Saals giebt, wie jeder Theil dieses Gebäudes, einen heitern großen Eindruck."

Höhepunkt der Schönheit des Schlosses war für ihn „das kolossale Bild der Maria" auf der Ostseite der Schlosskirche. „Das ganze Bild ist eine Art Mosaik, aus gebrannten Steinen von mittlerer Größe, deren Oberfläche gefärbt und mit einer durchsichtigen glasartigen Substanz überzogen ist. Sehr wahrscheinlich vermuthet man, daß diese Arbeit aus Venedig ist." Auch an anderer Stelle begründete er die Bewunderung mit dem Wirken italienischer Handwerker; Schmuckdetails seien dem Markusdom entlehnt. Italienische Herkunft als Qualitätsmerkmal für Kunst – das entsprach damaligen Vorstellungen.

Nur an einer Stelle wird Frömmigkeit als Motiv für kulturelle Leistungen angeführt: „Die heilige Maria schützt ihre Kirche noch (...)" Die erhaltene gotische Ausstattung der Kirche interessierte ihn dagegen nicht. Religion war ihm ein Ausfluss von Politik, allenfalls Ideengeberin für künstlerische Leistungen. Trotz ihres säkularisierten und patriotischen Weltbildes konnten Gilly und auch Frick das Ordensschloss positiv würdigen: Die Förderung der Künste und Wissenschaften, eine hohe ästhetische Kultur und die technischen Leistungen des Ordens waren ihm für einen preußischen Patriotismus nutzbare Traditionselemente.

Gerd Dethlefs

| **Quelle:** Salewski 1803

| **Lit.:** Schmid 1955, S. 25–42, S. 47–68; Boockmann 1982, S. 9–17, Taf. 5–23, 106–109, 126–130 (Quellenzitate 1796); Lubocka-Hoffmann 2002, S. 154–163

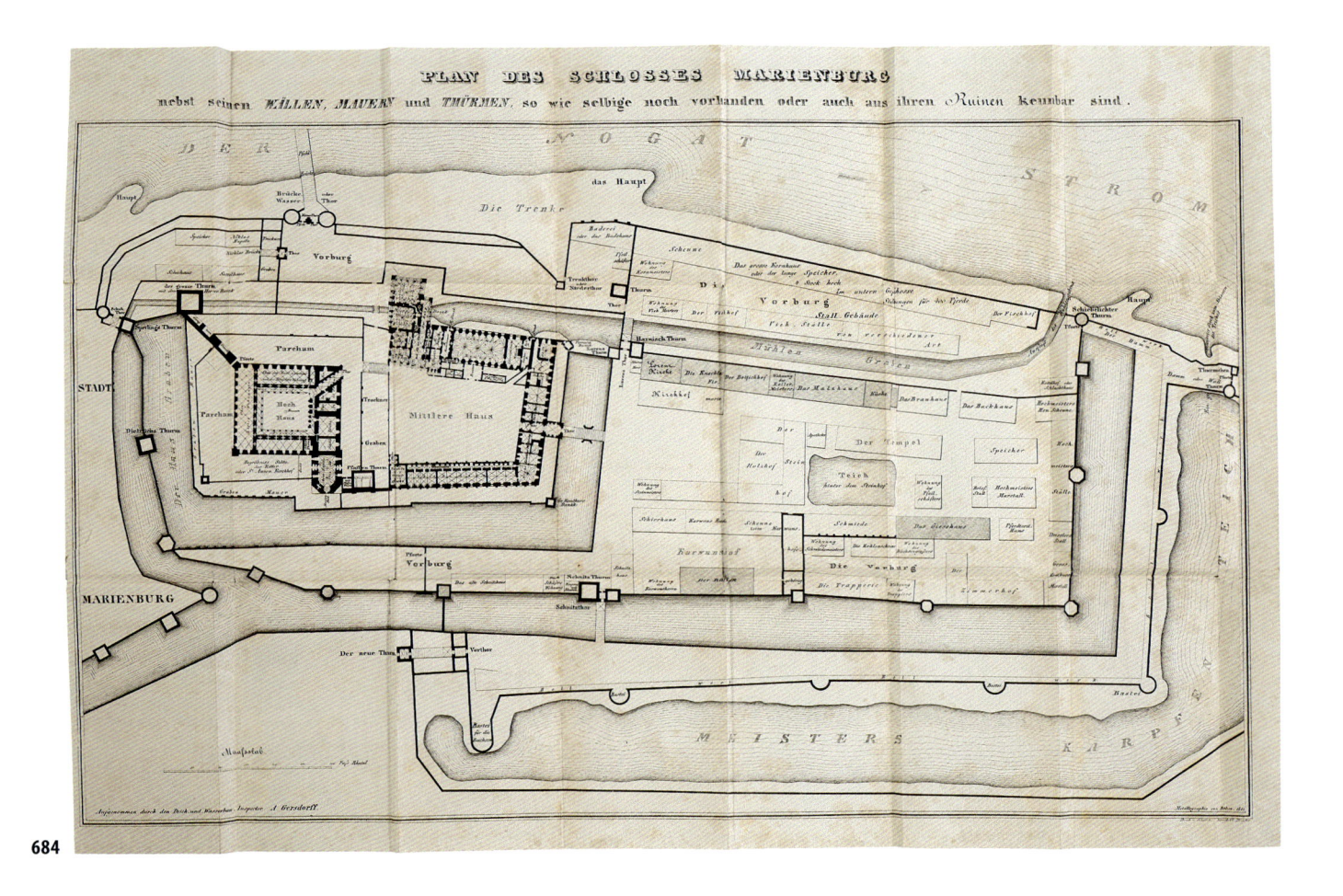

684 Joseph Freiherr von Eichendorff, „Die Wiederherstellung des Schlosses der deutschen Ordensritter zu Marienburg"

Joseph von Eichendorff (*1788, †1857), Berlin, 1844
Papier, gebunden – Buch: H. 21 cm, B. 13,5 cm; Plan: H. 52 cm, B. 788 cm
Paderborn, Ausstellungsgesellschaft Paderborn mbH

Joseph von Eichendorff widmete seine Feder mehrfach der Geschichte des Deutschen Ordens und der Marienburg, mit deren Wiederherstellung er in seiner Funktion als Verwaltungsbeamter in Danzig und Königsberg (1820–1831) vielfach zu tun hatte. Seine ersten diesbezüglichen Werke stellen zwei Gedichte dar, die er zum Besuch des preußischen Kronprinzen und der russischen Zarin in der Marienburg verfasste. Nachdem Eichendorff 1824 Oberpräsidialrat in Königsberg geworden war, arbeitete er 1827–1829 an dem Drama „Der letzte Held von Marienburg", dessen Uraufführung 1831 in Königsberg jedoch wenig erfolgreich war. Einige Jahre nach seinem Theaterstück über den „letzten Helden von Marienburg" verfasste Joseph von Eichendorff dann seine Schrift „Die Wiederherstellung des Schlosses der deutschen Ordensritter zu Marienburg", in der er die Erneuerungsarbeiten an der Marienburg beschreibt und darüber hinaus vor allem auch ein plastisches Bild der mittelalterlichen Verhältnisse zu vermitteln versucht. Die Anregung dazu hatte er wie schon beim vorangegangenen Werk von seinem Vorgesetzten, dem Oberpräsidenten Theodor von Schön, erhalten, der ihn 1843 für die Abfassung dieses Werkes eigens vom Beamtendienst freistellen ließ. Eichendorff stellt hier die endgültige Verlegung des Hochmeistersitzes in die Burg an der Nogat zu Beginn des 14. Jahrhunderts durch Siegfried von Feuchtwangen (reg. 1303–1311) als Schlüsselereignis nicht nur für Preußen dar, da „die abgelegene, unbeachtete Provinz (…) nun wie auf einen Zauberschlag, als ein den anderen Reichen ebenbürtiger Staat in die Weltgeschichte" auftauchte. Vielmehr betont er, geprägt von der „Kulturträgertheorie" die Bedeutung dieses Vorgangs für „den ganzen Norden (…), weil der junge Staat nicht umhin konnte, deutsch wie er war, die Wurzeln deutscher Bildung und Gesittung weit über seine Gränzen hinaus zu verbreiten und Liefland, Esthland und selbst einen Theil Polens Deutschland geistig zu verbinden." (S. 9) Die Marienburg wird bei Eichendorff insgesamt zum Symbol und Bollwerk sowohl der Christianisierung als auch der Ausbreitung deutscher Kultur – eine Bedeutung, die er ihr offenkundig auch für seine eigene Zeit zuschreibt, wenn er Preußen als Ausgangspunkt der Befreiungskriege nennt.

Lukas Wolfinger

| **Lit.:** Riemen 1988; Boockmann 1989; Kat. Nürnberg 1990, S. 425, Nr. VII.2.10; Faber 1995

685 Einzug des Hochmeisters Siegfried von Feuchtwangen mit seinen Rittern in die Marienburg

Carl Wilhelm Kolbe d. J. (*1781, †1853), 1825
Öl auf Leinwand – H. 52,3 cm, B. 39 cm
Berlin, Staatliche Museen zu Berlin – Preußischer Kulturbesitz, Nationalgalerie,
Inv.Nr. WS 117

Mit der überraschten Wahrnehmung der mächtigen Ruinen der alten Marienburg östlich von Danzig erwachte auch in Preußen eine Mittelalterbegeisterung, gefolgt von einem neuen Sinn für Denkmalpflege. Im Jahre 1794 hatten die Architekten David und Friedrich Gilly, Vater und Sohn, den Ort inspiziert. Während der Vater empfahl, große Teile zugunsten eines Militärmagazins abzureißen, fertigte der Sohn Zeichnungen der imposanten Reste an, die er im folgenden Jahr in der Berliner Akademieausstellung der Allgemeinheit vorstellte. Sie zeigten sowohl fiktive Ansichten des unzerstörten Baus als auch Ansichten des Vorgefundenen. Der Kupferstecher Johann Friedrich Frick setzte die Zeichnungen in prächtige Aquatintablätter um und veröffentlichte sie mit einem einführenden Text (Kat.Nr. 683). Die wachsende romantisch-patriotische Begeisterung für dieses Geschichtsdenkmal bewirkte, dass der preußische König den Schutz des Baues anordnete.

1815 dann genehmigte der preußische Staatskanzler Fürst Hardenberg die Pläne zur Restaurierung der Burg. Es war das erste große, patriotische Bauvorhaben nach den Befreiungskriegen gegen die napoleonische Fremdherrschaft. Vor Ort machte sich Theodor zu Schön, der Oberpräsident von Westpreußen, die Wiederherstellung der Burg als ein „Nationalmonument" zu seiner Lebensaufgabe. Schinkel, der bei dem früh verstorbenen Friedrich Gilly gelernt und diesen hoch verehrt hatte, war unterdessen als Geheimer Oberbaurat für die „Erhaltung der öffentlichen Denkmäler und Überreste alter Kunst" in Preußen verantwortlich. 1820 zeichnete er einen Entwurf für das von Hardenberg gestiftete Fenster im Großen Remter. Carl Wilhelm Kolbe und Wilhelm Wach wurden mit Entwürfen zu weiteren Fenstern mit Darstellungen zur Geschichte des Ordens betraut. Wenn Carl Wilhelm Kolbe den „Einzug des Hochmeisters Siegfried von Feuchtwangen mit seinen Rittern in die Marienburg" darstellt, antizipiert er zugleich die wiederhergestellte Burg. Siegfried von Feuchtwangen (amt. 1303–1311) hatte 1309 seinen Hauptsitz auf die Marienburg verlegt und damit deren Blüte bewirkt. Der nationalen Bedeutung der Bauaufgabe entsprechend, führten Kolbe wie Wach ihre Entwürfe dann auch malerisch aus und fanden dafür prominente Käufer. Später wurde diese erste Etappe der Restaurierung der Marienburg als die „romantische Restaurierung" bezeichnet.

Angelika Wesenberg

| Lit.: Dobry 2009; Kat. Berlin 2012, S. 37f.; Kat. Berlin/München 2013, S. 55 ff., Kat. 25–29

686 Zwei bemalte Glasscheiben aus dem Apostelfenster im Chorraum der Marienkirche im Hochschloss in Marienburg

Johannes Baptist Haselberger (*1840, †1900), Marienburg, 1891–1893
Verschiedenfarbiges Glas, Schwarzlot, Bleiruten – dunkelbraune und schwarze Umrisse betonen die Linearpartien der Komposition, die Patina hebt den Hell-Dunkel-Kontrast hervor; einzelne Glaspartien unter Verwendung von Silberverbindungen gelb gefärbt, ein weißes, scheibenförmiges Ornament durch Ätzen des roten Oberflächenglases erzeugt – sehr guter Zustand, nach konservatorischen Arbeiten
a) Heiliger Adalbert
H. 61,5 cm, B. 57 cm
Marienburg, Muzeum Zamkowe w Malborku, Inv.Nr. MZM/W/21
b) Heiliger Bonifatius
H. 60,8 cm, B. 55 cm
Marienburg, Muzeum Zamkowe w Malborku, Inv.Nr. MZM/W/19

Johannes Baptist Haselberger war ein hervorragender deutscher Glasmaler in der zweiten Hälfte des 19. Jahrhunderts. Seine späte Schaffenszeit verbrachte er in Leipzig, wo er als Professor an der Akademie unterrichtete, aber auch neue Glasfenster entwarf und herstellte sowie alte Glasfenster restaurierte. Seine Glasmalereien schmückten die Fenster des Doms zu Meißen, des Dresdener Schlosses und des Landauer Klosters in Nürnberg. Innerhalb des Hochschlosses in Marienburg stellte er Verglasungen für einige wichtige Räume her: für die Marienkirche, die St.-Anna-Kapelle und den Kapitelsaal.

Die erste Scheibe zeigt den heiligen Adalbert (*956, †997) in bischöflichen Gewändern, mit einem Missionskreuz in der Hand auf einem architektonischen Thron sitzend, die rechte Hand zum Segensgestus erhoben. Die Figur wird durch ein Vierpass-Medaillon mit einer diagonal von links unten nach rechts oben verlaufenden Banderole eingefasst, die die Inschrift *Adalbert(us) Nil pulchrius quam pro Iesu fundere Vitam* trägt.

Der heilige Bischof und Märtyrer Adalbert wird in Polen unter dem Namen Wojciech verehrt. Auf Bitten des polnischen Königs Bolesław Chrobry verließ er das Bistum im böhmischen Prag, um im Jahre 997 die Evangelisierungsmission in Preußen aufzunehmen. Er starb den Märtyrertod in der Gegend von Święty Gaj bei Elbląg – daher wird er auch als Apostel der Preußen bezeichnet. Nach seiner baldigen Heiligsprechung wurde er – neben der Gottesmutter Maria und dem heiligen Stanislaus, Bischof von Krakau – einer der drei Schutzpatrone Polens.

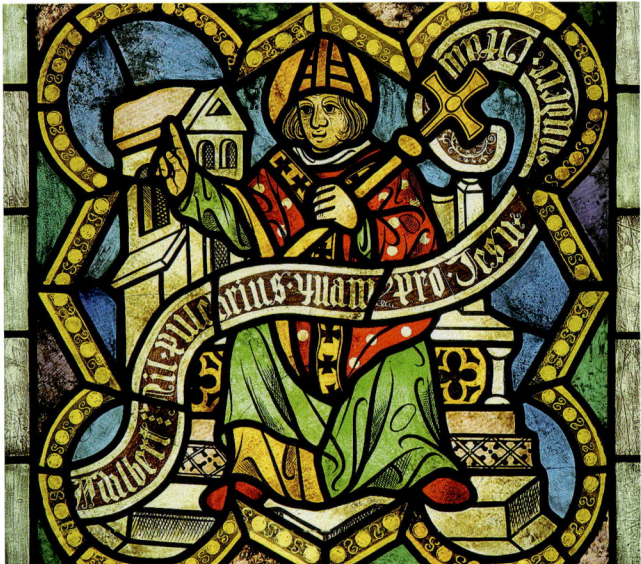

Auf der zweiten Scheibe ist der heilige Märtyrer Bonifatius (*672/75, †754) in erzbischöflichen Gewändern dargestellt: Bekleidet mit Pallium und Mitra, sitzt er frontal auf einem architektonischen Thron. Die rechte Hand hat er im Segensgestus erhoben, in der linken hält er einen goldenen Bischofsstab – das Symbol der geistlichen Macht. Geboren wurde er in Devonshire in England, bei der Taufe erhielt er den Namen Wynfreth. Nachdem er in den Benediktinerorden eingetreten war, nahm er den Namen Bonifatius an. Während der Mission unter den Germanen evangelisierte er die hiesigen Heiden und baute eine Kirchenorganisation auf. Als Anerkennung seiner Verdienste hat ihm Papst Gregor III. das Pallium des Erzbischofs verliehen – eines Metropoliten, der die Macht besaß, Bischöfe östlich des Rheins zu weihen. Zu den größten Errungenschaften dieses Heiligen gehört die Gründung der Abtei in Fulda. Er starb den Märtyrertod in Sachsen. Die Darstellung des „Apostels der Deutschen" wurde in ein Vierpass-Medaillon mit Inschrift-Banderole eingefasst: *Bonifacius Forti estote animo*.

Die beiden Buntglasfenster gehören zu den 66 Glasfenstern, die als Ergänzung der Glasfenster aus Chełmno (14. Jahrhundert) angefertigt und Ende des 19. Jahrhunderts nach Marienburg gebracht wurden.

Ewa Witkowicz-Pałka

| **Lit.**: Thieme/Becker 16, S. 99f.; Witkowicz-Pałka 2009; Witkowicz-Pałka 2010; Kat. Malbork 2013, S. 97f.

687 Kastensitz

Deutschland, 1894
Kopie eines skandinavischen Möbelstücks vom Beginn des 13. Jahrhunderts
Eichenholz, Holzschnitzerei – H. 120 cm, B. 64 cm, T. 74 cm
Marienburg, Muzeum Zamkowe w Malborku, Inv.Nr. MZM/MB/148

Der kastenförmige Sitz steht auf niedrigen, prismenförmigen Füßen, hat eine viereckige Sitzfläche und eine Fußbank. Die Rückenlehne verbreitert sich nach oben und besitzt zwei kleine, viereckige Öffnungen im unteren Teil. Ihre Rückseite ist mit einem flach reliefierten Flechtbandmotiv (auch im unteren Bereich der Vorderseite sichtbar) und einem darüber angeordneten Pflanzenornament vollständig bedeckt. Die beiden oberen Ecken der Rückenlehne sind hochgezogen und enden in Form von zwei nach oben gerichteten Tiermäulern. Die bogenförmig ausgeschnittenen Armlehnen schließen mit Griffen in Form von plastischen Darstellungen mythologischer Tiere ab. Die Füllung der Vorderplatte ziert ein flachreliefiertes Pflanzen- bzw. Baummotiv. Die Füllungen der übrigen drei Seiten

XIII EUROPAS BLICK AUF SEINE CHRISTLICHEN WURZELN

zeigen figürlich-szenische Reliefs, die nach unten durch einen Streifen mit Flechtmotiv abgeschlossen werden: Auf der linken Seite ist ein Mann mit einem Schwert dargestellt, der den Hals eines Drachen durchsticht; auf der rechten Seite sieht man drei kämpfende Ritter und auf der Rückseite zwei weitere kämpfende Reiter.

Bei dem originalen Kastensitz aus Blaker (Region Akershus, Norwegen) – aufbewahrt in der Universitetets Oldsaksamling in Oslo – handelt es sich um einen mit einer aufklappbaren (ursprünglich mit einem Schloss versehenen) Sitzplatte ausgestatteten Bischofsthron. 1894 wurden zwei weitere gleichartige Kopien dieses Sitzes angefertigt (sie unterschieden sich nur durch die szenischen Reliefs voneinander), jedoch ohne die Möglichkeit, die Sitzplatten aufzuklappen. Diese Kastensitze dienten dem Kaiserpaar Wilhelm II. – der ein Liebhaber skandinavischer Kunst war – und Auguste Viktoria als Ruhemöglichkeit während der Hauptfeierlichkeiten der im Ordensschloss Marienburg veranstalteten „Tage der Provinz Westpreußen" (7./8. September 1894). Die Kastensitze wurden später ein Teil des Schlossmobiliars in Marienburg. Bartłomiej Butryn

| Lit.: Encyclopedia of World Art 5, S. 712, Abb. 435; Hinz 1976; Dobry 2012, S. 87

688 Karl Hampe, „Der Zug nach Osten. Die kolonisatorische Großtat des deutschen Volkes im Mittelalter"

Berlin/Leipzig 1921
Papier, gebunden – H. 18,5 cm, B. 12,5 cm
Paderborn, Ausstellungsgesellschaft Paderborn mbH

Das Deutsche Reich hatte durch den Versailler Vertrag gerade weite Gebiete im Osten verloren – die Empörung in allen politischen Lagern Deutschlands darüber war groß – und der Volkstumskampf wurde in aller Schärfe geführt, als der Mediävist Karl Hampe (*1869, †1936) unter dem Obertitel „Der Zug nach Osten" eine kurze Abhandlung über die angebliche „kolonisatorische Großtat des deutschen Volkes im Mittelalter" publizierte. Hampe, der mit seinen immer wieder aufgelegten Arbeiten das deutschen Bild vom hochmittelalterlichen Kaisertum bis in die jüngere Zeit beeinflusst hat, verarbeitete darin mehrere Vorträge, die er 1920 gehalten hatte und argumentierte entsprechend der „Kulturträgertheorie" mit den Leistungen, die die Deutschen schon seit Karl dem Großen für die verlorenen östlichen Gebiete erbracht hätten, um die Ansprüche darauf zu verteidigen. Der Kulturtransfer von West nach Ost wird bei Hampe gleichsam zu einer geographisch vorgegebenen Konstante; quasi alle kulturellen Errungenschaften seien durch die Deutschen an die Völker im Osten vermittelt worden, die von sich aus zu Vergleichbarem gar nicht in der Lage gewesen wären. Diese Lesart der Geschichte ließ sich „je nach Lage revisionistisch als auch imperialistisch (...) verwenden und wurde auch so verwandt. (...) Dennoch ist festzuhalten, dass seit der Arbeit Hampes zwar die Richtung der Argumentation vorgegeben war, diese sich jedoch in Ton und Urteil deutlich von späteren Erzeugnissen abhebt." (Althoff 1992, S. 152).

Der nationalsozialistischen Geschichtsauffassung stand Hampe dann sogar distanziert gegenüber. Lukas Wolfinger

| Lit.: Althoff 1992, S. 149–152; Reichert 2009, S. 208–212

689 Eiserne Kreuze

a) Eisernes Kreuz, 2. Klasse
Königreich Preußen, 1813
Eisen, geschwärzt; Silber; Seidenrips – L. 8,6 cm (3,9 cm ohne Band), B. 3,9 cm
Berlin, Stiftung Deutsches Historisches Museum, Inv.Nr. O 54/301

b) Eisernes Kreuz, 2. Klasse
Königreich Preußen, 1870–1873
Eisen, geschwärzt; Silber; Seidenrips – L. 8,6 cm (4,2 cm ohne Band), B. 4,2 cm
Berlin, Stiftung Deutsches Historisches Museum, Inv.Nr. O 48

c) Eisernes Kreuz, 2. Klasse
Königreich Preußen, 1914–1924
Eisen, geschwärzt; Silber; Seidenrips – L. 10,5 cm (4,3 cm ohne Band), B. 4,3 cm
Berlin, Stiftung Deutsches Historisches Museum, Inv.Nr. O 63

d) Eisernes Kreuz, 1. Klasse, mit Etui und Versandkarton
Deutsches Reich, 1939–1945
Pforzheim, Ordenfabrik C. F. Zimmermann
Eisen, geschwärzt; Silber; Kunststoff; Karton – Kreuz: L. 4,3 cm, B. 4,3 cm; Etui: L. 6,8 cm, B. 6,8 cm, H. 2,0 cm; Versandkarton: L. 7,0 cm, B. 7,5 cm, H. 2,2 cm
Berlin, Stiftung Deutsches Historisches Museum, Inv.Nr. O 94/96

689a

689d

Das Eiserne Kreuz zählt zu den bekanntesten deutschen Ehrenzeichen. Zu dieser im Laufe seiner zweihundertjährigen Geschichte gewonnenen Popularität trug nicht nur bei, dass es sich um eine millionenfach verliehene Auszeichnung für soldatische Tapferkeit handelte. Das „EK" fungierte zudem als Zeichen für Pflichterfüllung, Vaterlandsliebe und Opferbereitschaft, ging aber auch als Symbol für Militarismus in das kollektive Gedächtnis ein.
König Friedrich Wilhelm III. von Preußen (reg. 1797–1840) stiftete das Eiserne Kreuz zu Beginn des Befreiungskrieges, am 10. März 1813. Eine Entwurfszeichnung des Königs arbeitete der Architekt und Gestalter Karl Friedrich Schinkel (*1781, †1841) aus. Das Kreuz nahm auf das sogenannte Tatzenkreuz Bezug, das Ritter des Deutschen Ordens seit dem 14. Jahrhundert als Kennzeichen getragen hatten, doch war diese Verbindung nicht explizit formuliert worden. Bei der Ausführung wurde bewusst auf wertvolle Materialien verzichtet; schwarzes Gusseisen, gefasst von schmalem Silberband, verwies auf Schlichtheit und Härte. Die Verleihung der Auszeichnung erfolgte laut Stiftungsurkunde für Verdienste „im großen Kampf um Freiheit und Selbständigkeit" Preußens gegen die napoleonische Herrschaft. Zur Differenzierung gab es drei Stufen, von denen die Erste und die Zweite Klasse nach den Bestimmungen von adeligen Offizieren ebenso wie von Mannschaften, hohen Staatsbeamten oder Bürgern erworben werden konnten. Dass Rang und Stand an Bedeutung verloren, war im Auszeichnungswesen neu.
Anlässlich militärischer Konflikte stiftete König Wilhelm I. (reg. 1861–1888) im Jahre 1870 das Kreuz wieder, Kaiser Wilhelm II. (reg. 1888–1918) 1914 und 1939 der „Führer und Reichskanzler" Adolf Hitler (reg. 1933–1945), wobei jetzt aus dem preußischen Ehrenzeichen ein Deutscher Orden wurde. Während die äußere Gestalt bei den Neuauflagen fast unverändert blieb, wies die Prägung der Vorderseite auf die jeweils aktuelle Stiftung hin. Von der zunehmenden Popularisierung und Instrumentalisierung des Eisernen Kreuzes zeugen die zahlreicher werdenden Verleihungen: Im Befreiungskrieg waren etwa 1 000 Auszeichnungen verliehen worden, im Deutsch-Französischen Krieg ungefähr 50 000, im Ersten Weltkrieg 5 400 000 und im Zweiten Weltkrieg an die 3 300 000. Um die neuen Kriegseinsätze zu rechtfertigen und historische Kontinuitäten zu suggerieren, riefen propagandistische Veranstaltungen und Publikationen immer wieder den mit dem Befreiungskrieg verbundenen Nationalmythos und die mit der Kreuzgestalt verbundene christliche Missionsidee in Erinnerung. Träger des Eisernen Kreuzes galten so als tapfere Kriegshelden und moderne Kreuzritter.

Thomas Weißbrich

| Lit.: Schneider 1872; Nimmergut 1997; Previtera 1999; Winkle 2007; Schulze-Wegener 2012; Wernitz 2013

690 Max von Schenkendorf, „Sämtliche Gedichte"

Berlin 1837
Papier, gebunden – H. 19,5 cm, B. 12,5 cm
Paderborn, Ausstellungsgesellschaft Paderborn mbH

Der aus dem ostpreußischen Tilsit stammende und bereits mit 34 Jahren verstorbene Dichter Max von Schenkendorf (*1783, †1817) engagierte sich seit der Kriegserklärung Preußens vom Oktober 1806 in den Befreiungskriegen. Da er selbst infolge eines Duells kriegsuntauglich war, konnte er sich jedoch nicht in kämpfender Funktion einbringen. Umso stärker besang er in seinen Gedichten die Erneuerung des ‚deutschen Vaterlandes' und den Kampf gegen den französischen Feind, wobei er sich immer wieder auf das deutsche Mittelalter, speziell auf dessen christliche Qualität und das Rittertum bezog. Nachdem bereits 1815 und 1832 Ausgaben seines dichterischen Werkes gedruckt worden waren, erschien 1837 eine erste Gesamtausgabe – gegliedert in die Abteilungen „Leben und Liebe", „Vaterland" und „Glaube". Bekannt wurden unter anderem gerade auch seine Verse zur 1813 erfolgten Stiftung des Ordens vom Eisernen Kreuz, das an das Deutschordens-Kreuz angelehnt war, durch König Friedrich Wilhelm III. von Preußen. Bei Schenkendorf, der bereits 1803 zur Erhaltung der Marienburg aufgerufen hatte, wird dieser Gründungsakt gleichsam zur Wiedererweckung des Deutschen Ordens in neuem Gewand. So wie einst die „edlen deutschen Herrn" die Heiden von den „Christen-Marken" (S. 134) fernhielten, so sollten die Deutschen nun Glaube und Vaterland verteidigen.

Lukas Wolfinger

| Lit.: Mertens 1988b; Postmann-Tinguely 1989, S. 230–297; Graf 1993, S. 80–93; Thimann 2010

691 Entwurfsskizze zum Gemälde „Die Schlacht bei Tannenberg" („Bitwa pod Grunwaldem")

Jan Matejko(*1838, †1893), Krakau, 1872
Ehemals aus den Sammlungen des Nationalmuseums in Warschau, 1982 dem Schlossmuseum Marienburg übergeben
Öl auf Leinwand – sehr guter Zustand nach Restaurierungsarbeiten – H. 73,4 cm, B. 138,3 cm
Marienburg, Muzeum Zamkowe w Malborku, Inv.Nr. MZM/MRT/142

Jan Matejko gilt als der bedeutendste Schlachten- und Historienmaler Polens der zweiten Hälfte des 19. Jahrhunderts. Geboren und gestorben in Krakau, war er mit dieser Stadt sein ganzes Leben lang verbunden. Die Malereilehre begann er an der Krakauer Akademie der Schönen Künste, das Studium setzte er in München fort, wo er mit den Werken des Historienmalers Paul Delaroche in Berührung kam. Die Geschichte wurde zur Leidenschaft seines Lebens und zum Hauptthema in der Mehrheit seiner Gemälde.

Seine reife Schaffenszeit eröffnen zwei Gemälde: „Stańczyk" (1862) und „Kazanie Skargi" („Skargas Predigt") (1865). Der Maler und aufrichtige Patriot griff Themen aus der Geschichte auf, nicht so sehr um einzelne Tatsachen und Ereignisse darzustellen, sondern um eine Synthese der geschichtlichen Ereignisse und ihren Zusammenhang mit der Gegenwart zu wagen. „Bitwa pod Grunwaldem" („Die Schlacht bei Tannenberg") ist mit Sicherheit das berühmteste Gemälde des Krakauer Malers, aber auch andere große Werke dürfen nicht vergessen werden, wie: „Rejtan", „Hołd Pruski" (dt. „Die Preußische Huldigung"), „Unia Lubelska" („Die Union von Lublin"), für das der Künstler mit dem französischen Verdienstorden der Ehrenlegion ausgezeichnet wurde, und schließlich „Kościuszko pod Racławicami" („Die Schlacht bei Racławice"). Seine Arbeiten stellte er in vielen europäischen Hauptstädten aus und nahm dafür zahlreiche Preise und Auszeichnungen entgegen (goldene Medaillen im Salon de Paris im Jahre 1865 und 1870). Unter seinen zahlreichen Werken befinden sich auch Entwürfe der Buntglasfenster, unter anderem für die St.-Leonhards-Krypta der Wawel-Burg in Krakau, des St.-Veits-Doms in Prag sowie der Erzbischöflichen Kathedrale in Przemyśl.

Den Entwurf von Jan Matejko aus dem Jahre 1872 kann man getrost als die kleine „Bitwa pod Grunwaldem" („Die Schlacht bei Tannenberg") bezeichnen, denn wir finden hier die wichtigsten ikonographischen Motive und Kompositionsanordnungen des Schlusswerkes (aus den Jahren 1875–1878). Das Thema ist der Höhepunkt einer der größten Schlachten des späten Mittelalters, und zwar der Schlacht am 15. Juli 1410 zwischen den Truppen unter der Führung des polnischen Königs Władysław Jagiełło und den vom Hochmeister des Deutschen Ordens Ulrich von Jungingen in die Schlacht geführten Kreuzrittern. An der zentralen Stelle der Komposition platzierte der Künstler den litauischen Großfürsten Witold auf dem aufragenden Pferd, der den zu Boden gestürzten Verbündeten des Deutschen Ordens Konrad Biały (Konrad VII. von Oels) überragte. Das zweite Kompositionsmotiv bildet die Gruppe um den Hochmeister. Der Maler stellte den Moment des unmittelbaren Angriffs eines halbnackten Fußknechtes, höchstwahrscheinlich eines Litauers, gegen den Hochmeister dar, der dem Tod des Hochmeisters unmittelbar vorausging. Mit der rechten Hand holt der Krieger zu einem gewaltigen Stoß mit dem Henkersbeil aus, mit der linken dagegen reißt er von der Brust des Kreuzritters ein wertvolles Reliquiar herunter. Auf der linken Seite skizzierte Matejko die Figur eines polnischen Adligen, Jakub Skarbek aus Góra, der einen anderen Verbündeten des Deutschen Ordens auf einem schwarzen Pferd mit der Lanze trifft. Daneben stößt Zawisza Czarny aus Garbów den Komtur Markward von Salzbach hinunter. Insgesamt hat Matejko bereits in dem Entwurf aus dem Jahre 1872 zwölf ziemlich genau charakterisierte Gestalten im Vordergrund und die Person des Königs Władysław Jagiełło inmitten der Fahnenträger auf Pferden weiter entfernt dargestellt, in der rechten oberen Ecke. Für die Erstellung seines Entwurfs nutzte Matejko die Beschreibung der Schlacht des Chronisten Jan Długosz als Grundlage: „Ein Mann drängte gegen den anderen an, die Waffen knallten aneinander und wurden zerstört, die gegeneinander gerichteten Spitzen trafen die Gesichter. In dieser Verwirrung und in diesem Tumult ließen sich die Tapferen von den Schwächeren, die Mutigen von den Verweiblichten nicht unterscheiden, sie alle schienen in einer Menschenmasse zu schweben". Die symbolische Aussage des finalen, gewaltigen Werkes (Höhe 426 cm, Breite 987 cm), das geschaffen wurde, „um den polnischen und litauischen Kampfgeist aufrechtzuerhalten", verstärkte der Maler, indem er zum einen die Reliquie der Heiligen Lanze aufgriff, mit der der Litauer Ulrich von Jungingen traf, sowie zum anderen die Gestalt des Schutzpatronen Polens – den heiligen Stanislaus– ins Gedächtnis zurückrief. Ewa Witkowicz-Pałka

| Lit.: Michałowski 1979, Nr. 15; Kat. Nürnberg 1990, S. 462–463; Biskup 1993, S. 77–86; Kat. Essen 1997, S. 521, Nr. VII/50; Kat. Kopenhagen 2002, S. 238, Nr. 125; Kat. Münster 2006, S. 22, Nr. 55, Abb. 10; Kat. Wilanów 2010, Bd. 1, S. 18–19; Żygulski 1996, S. 63–66

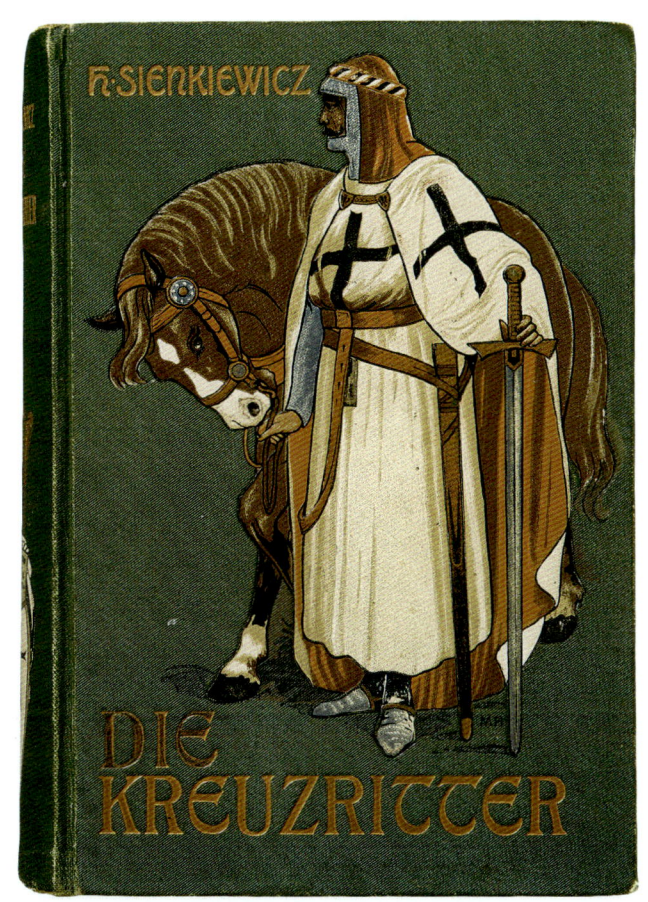

692 Henryk Sienkiewicz, „Die Kreuzritter"

Berlin, ohne Jahr
Papier, gebunden – H. 19 cm, B. 14 cm, T. 3 cm
Paderborn, Ausstellungsgesellschaft Paderborn mbH

Der zuerst in einer Zeitungsausgabe von 1897 bis 1900 erschienene Roman „Krzyżacy" (Die Kreuzritter) ist der letzte große historische Roman des polnischen Nationaldichters und Literaturnobelpreisträgers Henryk Sienkiewicz. Er behandelt die Konflikte, die um 1400 zwischen dem Deutschen Orden und Polen ausgetragen wurden, und endet mit dem Triumph König Jagiellos in der Schlacht bei Tannenberg/Grunwald 1410. Den Hintergrund für diese Themenwahl Sienkiewicz', der mit seinem Buch den nationalen Widerstandsgeist im geteilten Polen stärken wollte, bildeten die speziell seit den 1860er-Jahren stärker werdende politische Polarisierung und die zunehmenden Repressalien gegen die Polen durch die deutsch-preußische Regierung. Analog zur deutschen Stilisierung fand in diesem Werk gleichfalls eine Gleichsetzung der Deutschordensritter mit den Deutschen insgesamt statt – nur diesmal unter umgekehrten Vorzeichen: Während die deutsche Seite die Ritter als christliche Kulturbringer für die unterentwickelte slawische Welt glorifizierte und ihre zivilisatorischen Leistungen für sich reklamierte, wurden die „Kreuzritter" bei Sienkiewicz nun zum Inbegriff der Grausamkeit, Hinterlist und Heuchelei. Immer nach Krieg dürstend, bedrohten sie die friedlichen Polen und stellten geradezu das Hauptproblem für den werdenden polnischen Nationalstaat dar. Durch seine große Popularität prägte der eindrucksvoll geschriebene Roman, der bis Ende des 20. Jahrhunderts zur Pflichtlektüre an polnischen Schulen gehörte, nach dem Krieg 1945 sogar als erstes Buch in Polen neu erschien und 1960 verfilmt wurde, die polnische Wahrnehmung der deutschen Ostpolitik in nicht zu unterschätzendem Maße. Lukas Wolfinger

| Lit.: Arnold 1990, S. 471–473, Nr. VII.3.9.; Tu 2009, S. 154–159; Torbus 2002, S. 233–235

693 Arthur Szyk, „Krauts durch die Jahrhunderte": Die Deutschritter

New York 1944
Aus: Ink & Blood. A Book of Drawings by Arthur Szyk, New York 1946
Berlin, Jüdisches Museum Berlin, Inv.Nr. BIB/139673/0

Die politische Karikatur zeigt zwei Ritter in ihrer vollen Rüstung, die durch das Kreuz auf dem Umhang und dem Schild als Mitglieder des Deutschen Ordens ausgewiesen werden. Totenköpfe und blutige Umhänge charakterisierten die Ritter als Sendboten von Gewalt und

KRAUTS THROUGH THE AGES
The Teutonic Knights
PLATE XVI

693

Tod. Die Namen „Drachendreck" und „Riesenlausen" sowie der Schweinekopf als Helmzier sind sarkastische Kommentare zum adeligen Stand und zur Ritterlichkeit der Ordensmitglieder. Durch die anachronistische Verwendung des Eisernen Kreuzes sowie des Hakenkreuzes stellt der Zeichner einen Bezug der Ordensritter zu seiner politischen Gegenwart her.

Arthur Szyk, 1894 in Lodz geboren, lebte seit den 1920er-Jahren in Paris und emigrierte 1940 in die USA. Dort war er als politischer Karikaturist für auflagenstarke Magazine tätig. Die Politik und die breite Öffentlichkeit auf die Gefahren des Nationalsozialismus und die Ermordung der Juden aufmerksam zu machen, wurde zu seiner Lebensaufgabe.

Das Blatt „Ordensritter" gehört zu einer fünfteiligen Serie mit Darstellungen zur Deutschen Geschichte unter dem abwertenden Titel „Krauts". Im Militarismus erkannte Arthur Szyk die Grundeigenschaft Deutschlands. Das Expansionsstreben gegenüber Polen ist in seinen Zeichnungen eine Konstante, die vom Altertum über den Ordensstaat bis zur Gewaltherrschaft des NS-Deutschlands reicht.

Andreas Neuwöhner

| Lit.: Kat. Berlin 2008b

Kampf um den „arteigenen Glauben":
Völkisch-nationalsozialistische Rezeption der Christianisierung

694 Der „arteigene Glaube" der Völkischen

a) Wilhelm Schwaner, Germanen-Bibel. Aus heiligen Schriften germanischer Völker. Mit Bildern von Hans Volkert
Berlin, Volkserzieher-Verlag, 2. Auflage 1905
Paderborn, Ausstellungsgesellschaft Paderborn mhH
b) Wilhelm Teudt, Gottlieder für Deutsche Menschen. Aus den Psalmen erlesen
Leipzig, Verlag Koehler & Amelang, 1934, 87 S.
Paderborn, Erzbischöfliche Akademische Bibliothek Paderborn, Sign. 50,164

Seit den 1890er-Jahren entwickelte sich in Deutschland die „völkische Bewegung", die die „germanisch-deutsche Rasse" in den Mittelpunkt ihres Denkens und Handelns stellte, allerdings ideologisch und organisatorisch höchst heterogen blieb. Wesentlich war für die Völkischen die Idee eines „arteigenen Glaubens" der Deutschen, der im deutlichen Gegensatz zur universellen Glaubensbotschaft der christlichen Kirchen stand. Zu den einflussreichsten Vordenkern in der Frühphase der völkischen Bewegung zählte der Journalist Wilhelm Schwaner (1863–1944). Sein Hauptwerk ist die 1904 erstmals im eigenen Volkserzieher-Verlag veröffentlichte „Germanen-Bibel"; ein zweiter Band folgte 1910. Anders als der Titel vermuten lässt, enthält es keine Auszüge aus der isländischen Edda, die von den Völkischen als heilige Schrift der Germanen missdeutet wurde, sondern Zitate neuzeitlicher Persönlichkeiten der deutschen Geschichte wie Luther, Goethe, Schiller, Kant, Hegel, Friedrich der Große und Freiherr vom Stein. Schwaner bezeichnete sie als „Propheten" der Deutschen und seine „Germanen-Bibel" als Gegenentwurf zur „Juden- und Christen-Bibel". Die aufwendige Gestaltung der Bände war der damals modernen Formensprache des Jugendstils verpflichtet. Die deutlich schlichtere Gesamtausgabe der beiden Bände wurde bis 1941 mehrfach neu aufgelegt.

Schwaner gehörte ab 1912 zu jenen Völkischen, die sich von neuheidnische Tendenzen innerhalb der Bewegung absetzten und stattdessen ein von „jüdischen und römischen Einflüssen" bereinigtes „deutsches Christentum" propagierten. In diesen Kontext gehört auch der ehemalige evangelische Pfarrer Wilhelm Teudt (1860–1942), der ab 1919 im Freistaat Lippe führende Positionen in mehreren völkischen und antisemitschen Organisationen innehatte. 1934 publizierte er unter dem Titel *Deutsche Gottgesänge* im Sinne der Deutsch-Christen überarbeitete Psalme; in der Einleitung folgte er der völkischen Theorie von der „arischen" Herkunft Jesu. Seit

694a

1926 trat Teudt zudem mit weitreichenden Mutmaßungen über germanische Kultstätten in der Umgebung Detmolds an die Öffentlichkeit (siehe unten). Roland Linde

| Lit.: Hartmann 2010; NDB Bd. 23 2007 (Uwe Puschner, Art.: Schwaner, Christian Louis Wilhelm, S. 783f.); Puschner 2001

695 Der Sieg des Lichtes über die Finsternis

Ludwig Fahrenkrog, undatiert [1896]
Öl auf Leinwand – H. 291 cm, B. 391 cm
Biberach, Museum Biberach

Es ist das zentrale Thema seines künstlerischen Schaffens. Ob in seinen Gemälden, den Dramen oder in den religiösen Schriften, stets herrschen in Ludwig Fahrenkrogs (*Rendsburg 1867, †Biberach 1952) Welt antagonistische Gegensätze. Sie beeinflussen das Schicksal des Einzelnen wie der gesamten Menschheit und wenden das Blatt entweder zum Guten oder zum Bösen.

Auch in diesem monumentalen Gemälde geht es um Leben und Tod. In einem strahlend hellen Lichtball erscheint eine androgyne Figur, die linke Hand wie zum Segen erhoben. Von der Wucht ihrer Erscheinung sind alle zutiefst getroffen. Die Figuren auf der linken Bildseite reagieren voller Entsetzen, manche wirft es zu Boden, andere schleudert es ins Nichts. Die Personen in der Bildmitte antworten mit Abwehr und Festhalten. Selbst Luzifer, der verstoßene Erzengel und Herrscher der Unterwelt, bringt die Erscheinung ins Strauchen. Hingegen wenden sich ihr zwei junge Frauen und ein Greis auf der rechten Seite voller Erwartung zu.

Das Gemälde ist am unteren Rand signiert, aber nicht mit dem Entstehungsjahr versehen. In einem 1898 verfassten autobiographischen Rückblick datiert es Fahrenkrog auf das Jahr 1896 und nennt den Titel „Höllenfahrt Christi". Vermutlich um 1920 übermalt er die Partien um den Kopf, aus dem noch andeutungsweise zu erkennenden Strahlenkranz wird ein heller Lichtball. Und er verändert den Titel in „Der Sieg des Lichtes über die Finsternis" – aus Christus wird der Sonnengott Baldur. Nach der germanischen Mythologie besiegt Baldur in der Nacht der Wintersonnenwende die dunklen Mächte, indem er das Licht in die Welt bringt. Schon seit 1905 schuf Fahrenkrog immer wieder Baldur-Darstellungen, 1907 widmet er ihm ein Schauspiel.

Das Gemälde ist in Gelb-Braun-Tönen gehalten, lediglich Luzifers Haare sind rot, die der sich an ihn klammernden Frau grün gefärbt. Alle Farben sind lasierend aufgetragen, was die Partien mit Übermalungen im Bereich der Lichtaureole gut sichtbar werden lässt. Der Realismus in der Verkürzung der Körper und in der Behandlung der Haut zeugt von hoher malerischer Perfektion. Fahrenkrog beherrscht die großformatige und vielgestaltige Figurenkomposition meisterlich, jedoch ist seine Kunstauffassung rückwärtsgewandt.

Die räumliche Anordnung der Figuren folgt der christlichen Ikonographie: Die Verdammten füllen die linke, die Erlösten die rechte Bildseite, jedoch bildet der bartlose Jüngling eine Neuerung im Christusbild. An ihm hält Fahrenkrog über viele Jahre fest. Als er 1911 im Auftrag einer Langenfelder Industriellenfamilie den Chor der Langenfelder evangelischen Kreuzkirche ausmalt, versieht er das Wandbild „Auferstandener Christus" mit einem bartlosen Jüngling. Dies löst einen weit über die Grenzen der Stadt Barmen vernehmbaren Kunststreit aus.

XIII EUROPAS BLICK AUF SEINE CHRISTLICHEN WURZELN

696

Ludwig Fahrenkrog gründet 1908 die „Deutschreligiöse Glaubensgemeinschaft", die das Christentum als der deutschen Seele artfremd ablehnt und die Selbsterlösung als neue Glaubensrichtung propagiert, eine Art germanisches Neuheidentum. Fahrenkrog zählt zu den frühen und führenden Vertretern völkischer Kreise, die den Boden für den Nationalsozialismus bereiten. Im Dritten Reich werden seine Bilder als herausragendes Beispiel deutsch-nationaler Kunst gewürdigt. Besonders der prophetische Moment der Befreiung wird hervorgehoben. Der Gegensatz zwischen Licht und Finsternis wird als Kampf des Neuen gegen das Alte gedeutet und als zeitgemäß propagiert.

Der Künstler ist von 1898 bis 1931 Professor an der Staatlichen Kunstschule in Barmen und kommt 1932 aus verwandtschaftlichen Gründen nach Biberach. 1943 erwirbt die Stadt Biberach das Gemälde, es hängt bis zum Umbau 1964 im Museum. Uwe Degreif

696 Die Kontroverse um die Externsteine

a) Zwei Details des Kreuzabnahmereliefs der Externsteine (um 1150/70)
Gipsabguss von 1965 – Nikodemus und die von Wilhelm Teudt als „Irminsul" gedeutete Fußstütze (geknickte Palme oder Stuhl) des Nikodemus – H. 175, B. 133, T. 36 cm und H. 127, B. 98, T. 30 cm
Detmold, Denkmal-Stiftung des Landesverbandes Lippe, ohne Inv.Nr.

b) Wilhelm Teudt, Germanische Heiligtümer. Beiträge zur Aufdeckung der Vorgeschichte, ausgehend von den Externsteinen, den Lippe-Quellen und der Teutoburg
Jena, Verlag Eugen Diederichs, 1929
H. 24,3 cm, B. 35 cm (aufgeschlagen); 215 S.
Paderborn, Ausstellungsgesellschaft Paderborn mbH

c) Alois Fuchs, Im Streit um die Externsteine. Ihre Bedeutung als christliche Kultstätte
Paderborn 1934
H. 23 cm, B. 33 cm (aufgeschlagen); 96 S. und 16 Bildtafeln
Paderborn, Ausstellungsgesellschaft Paderborn mbH

d) Julius Andree, Die Externsteine. Eine germanische Kultstätte
Münster, Universitätsbuchhandlung Franz Coppenrath 1936
H. 24 cm, B. 33 cm (aufgeschlagen); 64 S.
Paderborn, Ausstellungsgesellschaft Paderborn mbH

e) Anonym (verm. Joseph Otto Plassmann), Die Externsteine
Berlin, Ahnenerbe Stiftung Verlag, 1939
H. 21 cm, B. 15 cm; 16 S.
Paderborn, Ausstellungsgesellschaft Paderborn mbH

Zu den Stätten, die von der völkischen und nationalsozialistischen Rezeption mit der Unterwerfung und Christianisierung der frühmittelalterlichen Sachsen verknüpft wurden, gehören die Externsteine bei Horn (Stadt Horn-Bad Meinberg, Kreis Lippe). Die fünf bis zu 38 Meter hohen, freistehenden Sandsteinfelsen sind bereits seit dem späten 18. Jahrhundert ein bedeutender touristischer Anziehungspunkt im südlichen Teutoburger Wald. Die von Menschenhand geschaffenen Anlagen an den Felsen bieten Spekulationen und Fantasien eine ideale Spielfläche, da sich in der urkundlichen Überlieferung nur wenige, undeutliche Hinweise auf ihre Entstehung und ursprüngliche Funktion finden. In der wissenschaftlichen Forschung hat sich seit dem 19. Jahrhundert weitgehend die Interpretation durchgesetzt, dass das offene Nischengrab, die Grottenanlage in Felsen I und die Höhenkammer in Felsen II ein hochmittelalterliches Heilig-Grab-Ensemble mit Kreuzauffindungsgrotte und Golgathakapelle bilden. Die Weihinschrift der Hauptgrotte von 1115 (Bischof Heinrich II. von Paderborn) sowie archäologische und archäometrische Befunde bestätigen die zeitliche Einordnung der Anlagen, die wohl in mehreren Phasen zwischen dem 10./11. und späten 12. Jahrhundert entstanden sind.

In die Zeit um 1150/70 datieren Kunsthistoriker das monumentale Kreuzabnahmerelief an der Außenseite des Felsens I, etwa 5,50 Meter hoch und 3,60 Meter breit, ein außergewöhnliches Kunstwerk der Spätromanik. Der unbekannte Künstler hat sowohl Anregungen aus Frankreich und England als auch deutliche byzantinische Einflüsse umgesetzt, kam dabei aber zu einer sehr eigenständigen Konzeption. Mit „großer expressiver Gestaltungskraft" schuf der Künstler „ein Werk von eindringlicher Gefühlsintensität" (Sethe 1997, S. 89). Im Zentrum der nicht mehr vollständig erhaltenen Darstellung steht die Abnahme Christi vom Kreuz: Joseph von Arimathia trägt den leblosen Körper, den Nikodemus vom Kreuz gelöst hat. Maria stützt den Kopf ihres Sohnes, während auf der gegenüberliegenden Seite der Evangelist Johannes klagend die Hand erhebt. Das obere Register des Reliefs zeigt die himmlische Sphäre. Mond und Sonne sind in Trauer verhüllt, Gottvater – in traditioneller Weise mit den Insignien seines Sohnes versehen – segnet das Geschehen mit der einen Hand und hält die kindliche Seele Christi in der anderen. Im stark verwitterten unteren Register werden Adam und Eva von einem Mischwesen, halb Vogel, halb Schlange, umschlungen und recken ihre Hände flehend und betend empor. Dieser Teil des Reliefs zeigt die Freude des Künstlers an spielerischen Schilderungen, die er sich in der konzentrierten Schilderung des mittleren Registers weitgehend versagt, mit Ausnahme des umstrittenen Gebildes, auf dem Nikodemus steht. Die Forschung ist sich uneins, ob es sich dabei um eine geknickte Palme handelt oder um einen fantasievoll ornamentierten Stuhl, jedenfalls fügt sich das Gebilde mit seinen runden Formen in die Konzeption ein, während die üblicherweise dargestellte Leiter die Darstellung gestört hätte.

Für die Ausstellung „Kunst und Kultur im Weserraum" (Corvey 1966) ist 1965 ein Gipsabguss des Reliefs angefertigt worden, der sich heute im Besitz des Landesverbandes Lippe befindet. Gezeigt wird in der Paderborner Ausstellung ein Detail des Abgusses, nämlich Nikodemus und das erwähnte Gebilde, auf dem er steht. Der völkische Laienforscher Wilhelm Teudt (Kat.Nr. 695) hat in seinem Buch „Germanische Heiligtümer" von 1929 dieses Gebilde als umgeknickte Irminsul gedeutet, also als das 772 von den Franken zerstörte sächsische Heiligtum in Gestalt eines säulenartigen Baumstumpfes. Mit dieser Deutung beeinflusste er maßgeblich die rechte und esoterische Ikonographie der Irminsul bis in die Gegenwart. Teudt deutete die Externsteine insgesamt als germanische Kultstätte von überragender Bedeutung, die Karl der Große durch Sprengung des Kopfes von Felsen II entweiht und anschließend christianisiert haben soll. Mit seiner Rekonstruktion einer ganzen Kultlandschaft im östlichen Westfalen setzte Teudt sich betont von der archäologischen Wissenschaft ab und stilisierte sich zum klarsichtigen Außenseiter, der seiner Intuition folgte. Politisches und ideologisches Leitmotiv seines Buches, das bis 1936 drei erweiterte Neuauflagen erlebte, war der Nachweis der Existenz einer germanischen Hochkultur, durch die er die Deutschen von dem vermeintlichen „Alpdruck" befreien wollte, ihre Vorfahren seien erst durch Einflüsse der Römer und „Romfranken" zu einem Kulturvolk geworden.

Nach der Machtübernahme der Nationalsozialisten konnte Teudt Reichsführer SS Heinrich Himmler für seine Theorien gewinnen und wurde in Himmlers 1935 gegründete „Forschungsgemeinschaft Deutsches Ahnenerbe" aufgenommen. Beide saßen auch im Vorstand der 1934 gegründeten Externsteine-Stiftung, die 1934/35 eine großflächige archäologische Untersuchung des Geländes unterhalb der Felsen durchführen ließ. Der verantwortliche Münsteraner Archäologe Julius Andree (*1889, †1942) ließ sich nach anfänglicher Skepsis ganz auf Teudts Deutungen ein und konstruierte, als die erhofften Funde und Befunde ausblieben, methodisch nicht haltbare Beweisstücke wie den „germanischen Steintisch", den „Kultschacht" und das „Standloch der Irminsul". 1936 legte Andree seine Interpretationen in der Schrift „Die Externsteine. Eine germanische Kultstätte" vor.

Nach dem Ende der Grabungen wurde der Bereich unterhalb der Felsen germanisierend hergerichtet und für Propagandaveranstaltungen genutzt. Für eine weitere Verbreitung der Deutungen Teudts und Andrees sollte 1939 die vom „Ahnenerbe" in einer Auflage von 100 000 Stück gedruckte Broschüre „Die Externsteine" sorgen. Ihr Verfasser war vermutlich Joseph Otto Plassmann (*1895, †1964), Schriftleiter der Zeitschrift „Externsteine" und zeitweiliger Leiter der „Ahnenerbe"-Forschungsstätte an den Externsteinen. In der Fachwissenschaft wurden die Externsteineforschungen kritisch gesehen, doch drang davon während der NS-Zeit nur wenig an die Öffentlichkeit. Bereits 1934 wandte sich der Theologe und Kunsthistoriker Alois Fuchs (*1877, †1971) in seiner Schrift „Im Streit um die Externsteine" gegen „nicht genügend gesicherte Annahmen" und betonte die Bedeutung der Externsteine als „christlicher Kultstätte". Fuchs war der damalige Leiter des Diözesanmuseums Paderborn. Eine gründliche und im Ergebnis ablehnende Kritik der offiziellen Deutung der Grabungsergebnisse veröffentlichte 1943 der Tübinger Altphilologe Friedrich Focke unter dem unscheinbaren Titel „Beiträge zur Geschichte der Externsteine".   Roland Linde

| Lit.: Halle 2002; Krüger 2006; Lobbedey 2000; Sethe 1997; Schöning 2012; Treude/Zelle 2011

XIII EUROPAS BLICK AUF SEINE CHRISTLICHEN WURZELN

697 Modell der Irminsul

Enger, um 1948
Holz, lackiert – H. 215 cm, B. 108 cm, T. 43 cm
Enger, Privatbesitz Familie Pohlmann

Die Irminsul ist ein sächsisches Heiligtum, das Karl der Große auf seinem ersten Heereszug gegen die Sachsen im Jahre 772 zerstörte. Dieser Akt gilt als Beginn der Sachsenkriege. Eine zeitgenössische Darstellung ist nicht bekannt. Lediglich Rudolf von Fulda beschrieb Mitte des 9. Jahrhunderts die Irminsul als „einen Baumstumpf von beträchtlicher Größe, der unter dem freien Himmel in die Höhe ragte…, als ob die Säule das All getragen hätte." (Translatio S. Alexandri, S. 425f.; übersetzt nach Springer 2004, S. 163).

Seit dem späten 16. Jahrhundert entwickelte sich ein Streit um den Standort der Irminsul. Dabei wurden neben der Eresburg bei Obermarsberg auch Paderborn und die Externsteine erwähnt. In dem am Fuße der Externsteine eingemeißelten Kreuzabnahmerelief aus dem 12. Jahrhundert steht der heilige Nikodemus auf einer geknickten Palme, die in den 30er-Jahren des 20. Jahrhundert von Wilhelm Teudt als geknickte Irminsul gedeutet wurde.

Anlässlich der 1000-Jahr-Feier der Stadt Enger im Jahre 1948 fertigte der hier ansässige Bildhauer und Möbeltischler Martin Husemann eine aufgerichtete Irminsäule nach dem Vorbild der Darstellung an den Externsteinen. Diese wurde auf dem historischen Umzug im Juni auf einem festlich geschmückten Wagen durch die Straßen geführt. Nach den Feierlichkeiten verblieb sie eine Zeitlang in der Widukind-Gedächtnisstätte bis das nicht ganz standfeste Gebilde mehrmals umkippte und andere Exponate mitriss. Von dort aus gelangte sie in das Engeraner Rathaus, wo sie durch die gerade neue Thermopen-Glasscheibe stieß und daraufhin eigentlich verbrannt werden sollte. Gegen eine Flasche Schnaps wechselte sie schließlich zu einem Mitglied des Rates.
Regine Krull

| Quelle: Translatio S. Alexandri; Springer 2004, S. 163

698 Völkisch-nationalsozialistischer Sachsenkult

a) Hermann Löns, Die rote Beeke. Mit Holzschnitten von Erich Feyerabend
Hannover, Adolf Sponholtz Verlag, 1912
H. 24,5 cm, B. 35 cm (aufgeschlagen); 16 S.
Paderborn, Ausstellungsgesellschaft Paderborn mbH
b) Wilhelm Fronemann, Sachsenherzog Wittekind. Eine Erzählung vom Kampf des Germanenvolkes um Heimat und Volkstum. Mit 25 Bildern nach Federzeichnungen von Willy Planck
Stuttgart, Loewes Verlag Ferdinand Carl, 1935
H. 21 cm, B. 35 cm (aufgeschlagen); 242 S.
Paderborn, Ausstellungsgesellschaft Paderborn mbH
c) Wilhelm Weitz, Vom sächsischen Volksführer Widukind und der Kultstätte Enger. Eine kurzgefaßte, für alle deutschen Volksgenossen verständliche Einführung in die kämpferische Vergangenheit des Widukindlandes
Bielefeld, Verlag Wehling, 1938
H. 21 cm, B. 15 cm; 68 S.
Paderborn, Ausstellungsgesellschaft Paderborn mbH

In der zunehmend von völkischem Gedankengut beeinflussten Heimatbewegung Niedersachsens und Westfalens spielte der Freiheitskampf der heidnischen Sachsen gegen die christlichen Franken unter Karl den Großen seit dem frühen 20. Jahrhundert eine zunehmend große Rolle. Der populäre Heimatdichter Hermann Löns (1866–1914) veröffentlichte 1912 unter dem Titel „Die rote Beeke" eine kurze und eindringliche Erzählung über das „Blutgericht von Verden" im Jahre 783, bei dem 4500 aufständische Sachsen enthauptet worden sein sollen. Er kontrastierte die detailfreudige Schilderung einer jäh vom Unheil bedrohten bäuerlichen Lebenswelt mit der Darstellung des orientalisch anmutenden Gefolges Karls des

Großen, den Löns als dekadenten und grausamen Lüstling schildert. Die atemlose Dynamik der Erzählung, die Hauptfigur des am Geschehen verzweifelnden Spielmannes Renke und die düsteren Holzschnitte von Erich Feyerabend machten auf viele Leser, nicht zuletzt Jugendliche aus der Wandervogelbewegung einen tiefen Eindruck. Der 1935 erschienene Jugendroman „Wittekind" des aus Westfalen stammenden Volksschullehrers Wilhelm Fronemann (1880–1954) war dagegen lebloser Ideologiekitsch, der den heldenhaften Sachsenherzog von Kampf zu Kampf schreiten und zwischendurch über „nordisches Germanentum" und den „volksfremden Geist" der Franken dozieren ließ. Gegen Ende des Buches versuchte sich Fronemann an einer halbherzigen Apologie Karls des Großen, dem es um „nichts als die Einigung des Germanentums" gegangen sei. Dies war offensichtlich der von Hitler vorgegebenen Interpretation geschuldet. Die Einbandgestaltung und die Zeichnungen Willy Plancks verliehen dem Buch eine für die Zeit moderne Anmutung.

Nach der Einweihung des Sachsenhains in Verden 1936 durch Alfred Rosenberg und Heinrich Himmler ließ der Sachsenkult der beiden NS-Größen spürbar nach, nicht zuletzt aufgrund der deutlichen Kritik Hitlers. Die Einrichtung einer Widukind-Gedächtnisstätte in Enger bei Herford 1937 bis 1939 ging auf eine Initiative lokaler Parteigrößen zurück, vor allem des Berufsschullehrers Wilhelm Weitz. Dessen Buch „Vom sächsischen Volksführer Widukind und der Kultstätte Enger" von 1938 entsprach der Konzeption der Ausstellung und verfolgte wie diese den Anspruch, die ideologischen Inhalte auch dem vermeintlich schlichtesten „Volksgenossen" zu vermitteln.

Roland Linde

| Lit.: Griepentrog 1991; Dupke 1993; Ulbricht 1995/1996; Lexikon westfälischer Autoren, http://www.lwl.org/literaturkommission/alex/ (Art.: Wilhelm Fronemann)

699 Der Sachsenhain bei Verden (Aller): Entwurfsskizze

Entstehung vermutlich Verden, vermutlich vor 1935
Papier im Holzrahmen – H. 36 cm, B. 69 cm
Verden, Stadt Verden/Stadtarchiv, Rathaus, 27283 Verden (Aller), ohne Sign.

Die Skizze ist rückwärtig gezeichnet:
Der Bauherr: Reichsführer SS gez. Himmler/Für die Ausführung: Bauleitung Sachsenhain gez. Precht/Für die Planung: Reichsnährstand-Bauabteilung: Hermann Willy, 13.2.36
Die Skizze zeigt diverse translozierte niedersächsische Bauernhäuser und unten links den Beginn des eigentlichen Sachsenhains mit dem aus 4500 Findlingen gerahmten Rundweg. Geplant war offenbar ein Freilichtmuseum niedersächsischer Bauerngehöfte, was nie zur Ausführung kam.
Der Sachsenhain selbst und drei umgesetzte Bauernhäuser – gestaltet nach Plänen Wilhelm Hübotters und Karl Dröges – wurden am 21. Juni 1935 (Sonnwendfeier!) und mit Reden von Heinrich Himmler und Alfred Rosenberg eingeweiht und der 88. SS-Standarte übergeben, die hier ein Schulungslager unterhielt. Durch Umdeutung Karls des Großen vom „Sachsenschlächter" zum „Einiger Europas" durch Adolf Hitler persönlich, stockte der Ausbau der Pläne.
Seit 1945 gehört das Gelände der Evangelischen Landeskirche, welche dort den „Evangelischen Jugendhof Sachsenhain" betreibt und hier Freizeiten und Fortbildungen durchführt.

Björn Emigholz

700 Widukind-Büste

Paula Münter, Herford, um 1935
Ton, gebrannt, unglasiert – H. 54 cm, B. 48,5 cm, T. 28,5 cm
Enger, Widukind Museum, Inv.Nr. 76–55

Die Büste Widukinds wurde um 1935 von der Herforder Heimatkünstlerin Paula Münter gefertigt. Seit Eröffnung der Widukind-Gedächtnisstätte am 8. Juni 1939 schmückte die Plastik den sogenannten „Weiheraum" im Eingang. Die kantig-markanten Gesichtszüge entsprachen der damaligen Vorstellung eines „germanischen Kämpfers" und „Volkshelden", als der Widukind gesehen wurde. Die

698a

Büste erinnert auch an mittelalterliche Roland-Darstellungen. Unter dem Leitspruch „Solange noch ein einziger Deutscher lebt, stirbt Widukind nicht" betraten die Besucher die Einrichtung, die das Widukind-Gedenken auf pseudo-sakrale Art inszenierte. Dabei stellten die Initiatoren der Ausstellung einen unmittelbaren Zusammenhang her zwischen der sächsischen Geschichte des Frühmittelalters und der politischen Gegenwart. Ein kitschig-schwärmerisches Bild vom großen Ahnen und Helden Widukind mobilisierte für den bevorstehenden Krieg. „Der Kampf ist der Vater aller Dinge. Diese Stätte soll künden vom Kampf unseres Niedersachsenvolkes um Freiheit und Ehre. Kampf wird immer sein. Das ist unsere Auffassung, und darum sind wir innerlich mit der vergangenen Zeit verbunden, die uns in der Gedächtnisstätte so lebendig entgegentritt. Wittekind ist auch ein Revolutionär gewesen, ein wahrhaftiger Volksführer, darum stehen wir ihm auch so nahe; denn auch wir sind Revolutionäre gewesen und wollen es weiter sein – an der Spitze unser Führer", so Landrat Hartmann in seiner Rede zur Eröffnung (Herforder Kreisblatt, 9.6.1939). Die Verherrlichung des Krieges, die Verehrung seiner Helden und ein rassistisch begründeter Herrschaftsanspruch machten die Programmatik der „Gedächtnisstätte" aus.

Geistiger Vater und Urheber der Konzeption war der Berufsschullehrer Wilhelm Weitz aus Herford. Dieser galt wegen seiner Ausarbeitung einer Stammtafel Widukinds und seiner Tätigkeit für die NS-„Rassen- und Familienkunde" sowie für die sogenannte „Sippenforschung" bereits 1933 als historisch und ideologisch geeigneter Kandidat zur Ausarbeitung einer Konzeption. Ein 1937 ins Leben gerufener Arbeitskreis verfasste die Themen, deren „Erläuterungen so schlicht, einfach und kurz gehalten sein (müssten), dass der einfache ‚geschichtsunkundige' Volksgenosse den Sinn sofort erfassen kann. Für diesen Volksgenossen soll die Wittekind-Gedächtnisstätte bestimmt sein, nicht für den sogenannten Geschichtsforscher" (Stadtarchiv Enger, B 354).

Bereits vor 1933 deuteten die Nationalsozialisten den Kampf des Sachsen Widukind gegen den Franken Karl rassistisch als einen Kampf um die Reinerhaltung der Erbanlagen. Leicht knüpften die NS-Ideologen an einen bereits im Kaiserreich vorhandenen Germanenkult an und luden ihn mit nationalsozialistischen Deutungen auf. Die SS sah in Widukind den Rebell und Freiheitskämpfer, der von Karl zur Taufe gezwungen worden war. Der „Sachsenführer" Widukind konnte, je nach Bedarf, Idol sein für „Rasseneinheit", Kampfesmut, Heimatverbundenheit und „Volksgemeinschaft". Nach dem Anschluss Österreichs 1938 verlor Widukind allerdings seine hervorgehobene Stellung in der NS-Geschichtsideologie an Karl den Großen, denn als Einiger des Reiches und siegreicher Feldherr war Widukind nicht geeignet.

Die Widukind-Büste präsentiert sich hier nicht mehr in ihrem ursprünglichen Zustand. Nach dem Ende des Zweiten Weltkrieges erfuhr sie eine „Entnazifizierung". Auf der rechten Schulter der Plastik befand sich eine Gewandfibel, die mit einem Hakenkreuz verziert war. Nach 1945 meißelte man diese Fibel ab, bis sie nicht mehr zu erkennen war.

Regine Krull

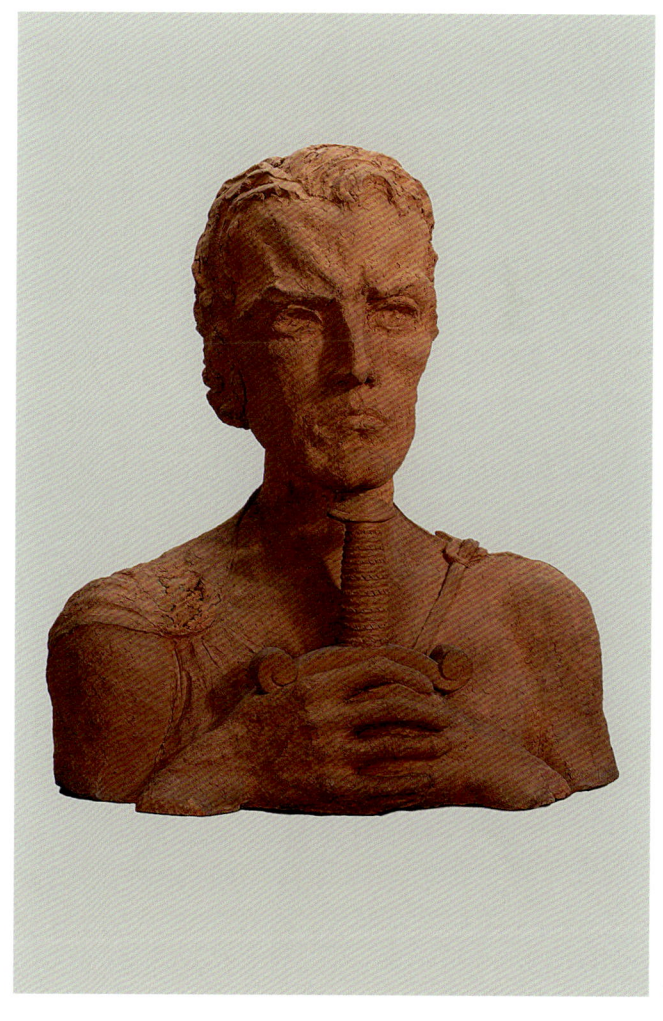

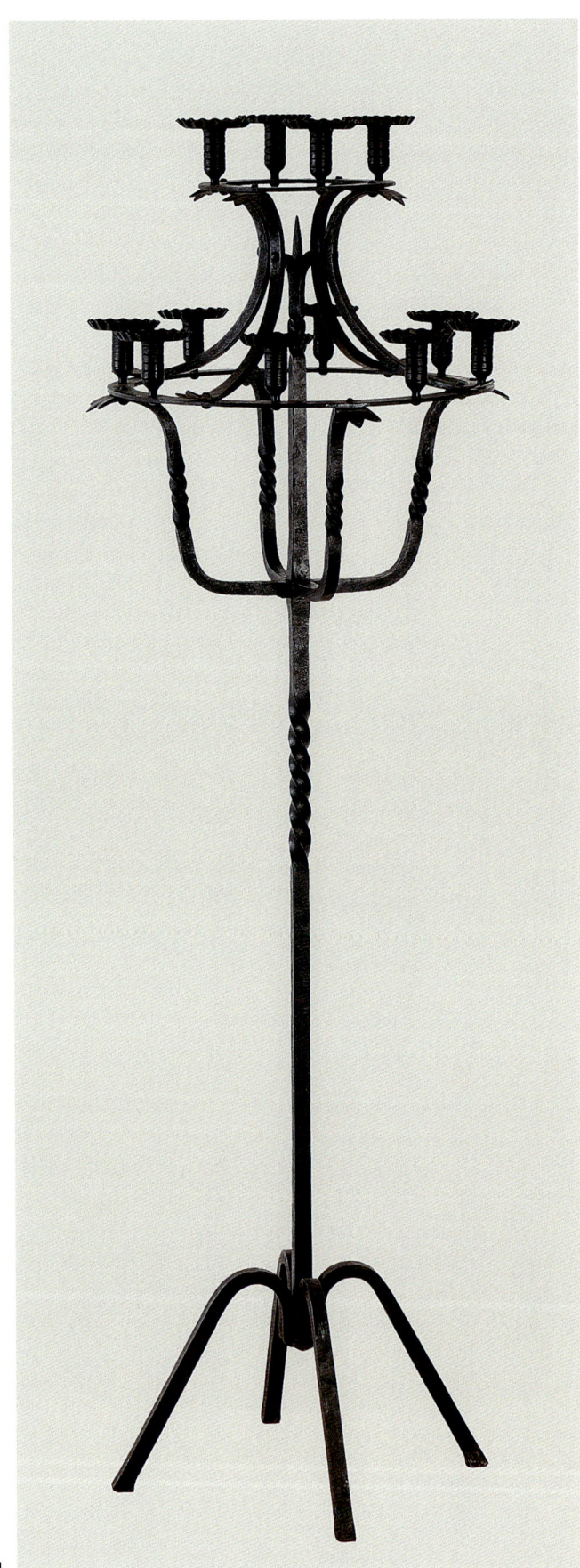

701 Kandelaber

Enger, um 1938
Eisen, geschmiedet – H. 159,5 cm, B. 50 cm
Enger, Widukind Museum, Inv.Nr. 2003/2a

Zwei Kandelaber standen altarähnlich im sogenannten „Heldengedenkraum" der Widukind-Gedächtnisstätte, rechts und links eines Pultes. Darauf lag ein handgeschriebenes Buch mit den Namen der gefallenen Engeraner Soldaten des Ersten Weltkrieges. Über dieser Inszenierung war ein Ausspruch Adolf Hitlers angebracht: „Wer seinem Volke so die Treue hielt, soll selbst in Treue nie vergessen sein". Der Kriegstod der Engeraner Soldaten galt den Initiatoren der Gedächtnisstätte als Beweis für das „Kämpfertum" der Deutschen. „Und diesem Kämpfertum (...) soll die Widukind-Gedächtnisstätte gewidmet sein. Diesem Kämpfertum, das in jedem echten Deutschen weiterlebt und das die für das Vaterland Gefallenen mit ihrem Tode bekräftigt haben", so der geistige Urheber der Konzeption, der Berufsschullehrer Wilhelm Weitz in seiner Eröffnungsrede am 8. Juni 1939 (Herforder Kreisblatt, 9.6.1939). Nach 1945 blieb die Inschrift erhalten. Lediglich der Name „Adolf Hitler" wurde entfernt.

Regine Krull

XIII EUROPAS BLICK AUF SEINE CHRISTLICHEN WURZELN   773

703

702 Lampe

Enger, um 1938
Eisen, Glas – H. 46 cm, Dm. Rosette 48 cm
Enger, Widukind Museum, Inv.Nr. 2003/11a

Zwei Professoren der Bielefelder Kunstgewerbeschule waren mit der Ausgestaltung der Widukind-Gedächtnisstätte beauftragt. Arnold Rickert war in erster Linie für die bildhauerischen Metallarbeiten, Otto Kraft für das gestalterische Layout verantwortlich. Ein solcher Lampenkörper hing zum Beispiel in dem Ausstellungsraum „Widukind im Lichte vergangener Jahrhunderte" vor dem Eingang zum „Heldengedenkraum".

Regine Krull

703 Hinweisschild „Widukind-Gedächtnis-Stätte"

Enger, um 1939
Holz, lackiert – H. 64 cm, B. 79, T. 2,5 cm
Enger, Widukind Museum, Inv.Nr. 2003/8

Viele der hölzernen Einbauten und Elemente der Widukind-Gedächtnisstätte sollen von örtlichen Handwerkern gebaut und der Einrichtung zur Verfügung gestellt worden sein. Dieses Hinweisschild auf die Einrichtung gehörte sicherlich auch dazu. Mit dem Anfertigen solcher und anderer Gegenstände zur Einrichtung beteiligte sich die örtliche Handwerkerschaft an ihrem „Heimatmuseum", was auch zur Identifikation der ortsansässigen Bevölkerung mit „seiner" Gedächtnisstätte beitrug. Das Schild hing bis zur Schließung der Einrichtung Ende der 70er-Jahre an der Nordwestecke des Gebäudes, in Richtung der Kirche.

Regine Krull

Europa und sein christliches Erbe

704 Europäische Erinnerungsorte

Pim den Boer, Heinz Duchhardt, Georg Kreis, Wolfgang Schmale (Hg.), Europäische Erinnerungsorte, 3 Bde., München 2012. Bd. 1: Mythen und Grundbegriffe des europäischen Selbstverständnisses, 333 S.; Bd. 2: Das Haus Europa, 626 S.; Bd. 3: Europa und die Welt, 290 S.
Paderborn, Ausstellungsgesellschaft Paderborn mbH

Das kulturwissenschaftliche Konzept der „Erinnerung" untersucht die kollektiven Erinnerungen und Vergangenheitsentwürfe gesellschaftlicher Gruppen, Nationen und transnationaler Organisationen. Seit der Veröffentlichung von Pierre Nora zu französischen Erinnerungsorten Mitte der 80er-Jahre stößt dieses Konzept auf ein großes Forschungsinteresse. Hintergrund ist die Hinwendung der Historiker zu kulturellen Prozessen der Identitätsbildung und des Mentalitätswandels, der sich in einer Vielzahl von Veröffentlichungen und Forschungsprojekten niederschlägt. Darüber hinaus zeigen museale Präsentationen, Gedenkstätten sowie Mahn- und Erinnerungszeichen, dass die Frage nach den gesellschaftlichen Identitätsprozessen von hoher Aktualität ist.
Das Institut für Europäische Geschichte in Mainz hat das Buchprojekt zu den Europäischen Erinnerungsorten begleitet. Im Zentrum steht die Frage nach symbolischen Orten und Phänomenen, in denen sich Europa konstituiert. Als europäisch wird ein Erinnerungsort charakterisiert, der bereits im Bewusstsein der Zeitgenossen eine europäische Dimension hatte. Das Christentum ist ein solcher „Ort". Sein Erbe prägt das Selbstverständnis und die Identität Europas ganz wesentlich. Allerdings hat die kulturprägende Kraft nachgelassen und die Frage, ob sich Europa ausdrücklich zum christlichen Erbe zum Beispiel in seiner Verfassung bekennen soll, ist bis heute umstritten.
Andreas Neuwöhner

| Lit.: Nora 1986; François/Schulze 2001

705 „Pan-Europa"

Richard Nikolaus Graf Coudenhove-Kalergi: Pan-Europa, Wien 1923
Münster, Universitäts- und Landesbibliothek Münster, Sign. AC 12980

1923 schrieb Richard Coudenhove-Kalergi, Sohn eines böhmischen Grafen und einer Japanerin, auf dem oberösterreichischen Schloss eines Freundes das Buch „Pan-Europa", mit dem er die älteste europäische Einigungsbewegung ins Leben rief. Schon im November 1922 hatte er in der „Neuen Freien Presse" in Wien und der „Vossischen Zeitung" in Berlin, den beiden führenden deutschsprachigen Blättern dieser Zeit, den Aufruf „Paneuropa. Ein Vorschlag" veröffentlicht. Er warnte prophetisch vor einem Zweiten Weltkrieg, an dessen Ende Europa zwischen der Sowjetunion und den USA geteilt werden würde. Deutsche und Franzosen müssten, um dies zu verhindern, ihre angebliche Erbfeindschaft überwinden und gemeinsam mit den anderen europäischen Völkern ein politisch geeintes Europa errichten, mit gemeinsamer Außen- und Verteidigungspolitik, mit einer gemeinsamen Wirtschaft und Währung, einer europäischen Schiedsgerichtsbarkeit und einem friedensstiftenden, grenzüberschreitenden Minderheitenschutz. Grenzen sollten nicht mehr hin- und hergeschoben, sondern vergeistigt werden. Basis Paneuropas sei seine christlich geprägte Kultur. Der Zusammenschluss müsse demokratisch erfolgen, indem ein europäisches Parlament eine europäische Regierung wähle.
Bernd Posselt

706 Zeitschrift „Paneuropa"

Richard Nikolaus Graf Coudenhove-Kalergi (Hg.), Paneuropa, Wien 1924
Münster, Universitäts- und Landesbibliothek Münster, Sign. Z 6136-1

In der Wiener Hofburg, wo ihm die österreichische Regierung Räume zur Verfügung stellte, richtete Coudenhove-Kalergi die europaweit arbeitende Zentrale der Paneuropa-Bewegung ein. Als glänzender Schriftsteller mit großer propagandistischer Begabung setzte er vor allem das geschriebene Wort ein, um für die völlig neuartige Idee eines europäischen demokratischen Zusammenschlusses zu werben. Eines der wichtigsten Instrumente war seine Zeitschrift, deren Artikel in ganz Europa nachgedruckt wurden und heftige politische Debatten auslösten. Sie erschien hauptsächlich in Deutsch, Französisch und Englisch. Zu Coudenhoves Mitstreitern zählten schon in den zwanziger Jahren nicht nur führende Staatsmänner wie der französische Außenminister Aristide Briand und sein deutscher Kollege Gustav Stresemann, sondern auch junge Paneuropäer der ersten Stunde wie Konrad Adenauer und Bruno Kreisky, die nach dem Zweiten Weltkrieg als Regierungschefs ihrer Länder die europäische Einigung weiter vorantreiben sollten. Die Zeitschrift „Paneuropa" wurde in erster Linie von Coudenhove-Kalergi selbst gestaltet, doch beteiligten sich daran auch berühmte Literaten, Wissenschaftler und Publizisten, von Thomas und Heinrich Mann bis hin zu Albert Einstein. Vor allem Coudenhoves Frau und engste Mitarbeiterin, die Burgschauspielerin Ida Roland, gewann herausragende Künstler für die paneuropäische Öffentlichkeitsarbeit. Heute verfügen die nationalen Mitgliedsorganisationen der internationalen Paneuropa-Union über zahlreiche Informationsdienste und Zeitschriften in den verschiedenen Sprachen. In Deutschland sind dies die Vierteljahreszeitschrift „Paneuropa Deutschland" und der zwölfmal im Jahr erscheinende Hintergrunddienst „Paneuropa intern". Bernd Posselt

707 Memorandum an den Völkerbund

Richard Nikolaus Graf Coudenhove-Kalergi, Wien 1925
Münster, Universitäts- und Landesbibliothek Münster, Sign. AC 12594

Der Völkerbund war vom US-Präsidenten Woodrow Wilson nach dem Ersten Weltkrieg initiiert worden, um der Welt eine dauerhafte Friedensordnung zu geben. Bald zeigte sich jedoch, dass er an drei entscheidenden Schwächen litt: der Weigerung des US-Kongresses, dieser vom eigenen Staatsoberhaupt ins Leben gerufenen Gemeinschaft beizutreten; der mangelnden Fähigkeit, Beschlüsse auch durchzusetzen, sowie dem geringen inneren Zusammenhalt. Diesen führte Coudenhove-Kalergi vor allem darauf zurück, dass diese Weltgemeinschaft mit Sitz in Genf nicht in starke kontinentale Zusammenschlüsse untergliedert war. Paneuropa sollte eine Säule sein, auf der ein funktionsfähiger Völkerbund ruht. Das Ehepaar Coudenhove-Kalergi reiste ab 1924 regelmäßig zu dem „Klub von Staatsmännern und Journalisten", um dort für die Paneuropa-Idee zu werben. Schicksalshaft wurde dann die Völkerbundsversammlung im September 1929, bei der Ministerpräsident Aristide Briand, zugleich Ehrenpräsident der Paneuropa-Union, im Namen Frankreichs vorschlug, Europa im Rahmen des Völkerbundes zu einigen. Der Paneuropa-Gründer und seine Frau saßen als besondere Ehrengäste auf der Tribüne, und in ganz Genf wehte, wie Coudenhove in seinen Erinnerungen notiert, „die Flagge Europas: die blaue Fahne mit dem roten Kreuz auf der goldenen Sonne. Der große Versammlungssaal war gefüllt bis auf den letzten Platz. Ein Parkett von Ministerpräsidenten und von Außenministern erwartete gespannt die Geburt Europas." Diese erfolgte dann doch nicht, denn unter der Führung der Briten begannen mehrere Regierungen das Projekt zu zerpflücken, um zu verzögern. Briand wurde lediglich beauftragt, der nächsten Völkerbund-Versammlung im September 1930 konkrete Vorschläge zu unterbreiten. Doch schon nach einem Monat traten zwei verhängnisvolle Ereignisse ein: Briands wichtigster Partner, der deutsche Außenminister Gustav Stresemann, starb an einem Herzinfarkt, und in New York erfolgte der Börsenkrach. Die Weltwirtschaftskrise ermöglichte den Aufstieg Hitlers, der den von Coudenhove prophezeiten Zweiten Weltkrieg entfesselte. Der erste Versuch der europäischen Einigung war gescheitert. Bernd Posselt

708 Die Karlspreismedaille

a) Karlspreismedaille für Graf Coudenhove-Kalergi mit Band und Schatulle
Josef Zaun, 1950
Silber, vergoldet – Dm. 8,5 cm
Genf, Internationale Paneuropa-Union (IPU), ohne Inv.Nr.

708a, b

b) Urkunde zum Karlspreis für Graf Coudenhove-Kalergi
1950
Pergament, Siegel, Einband – H. 47 cm, B. 34 cm, T. 2,5 cm
Genf, Internationale Paneuropa-Union (IPU), ohne Inv.Nr.

1950 wurde Richard Graf Coudenhove-Kalergi mit dem ersten internationalen Karlspreis der Stadt Aachen, der wohl höchsten europäischen Auszeichnung, geehrt. Diese erinnerte an Karl den Großen und damit an die christlichen Wurzeln der europäischen Idee. Die europäische Einigung begann sich im freien Westen des Erdteiles aufgrund des Einsatzes von christlichen Paneuropäern wie Konrad Adenauer, Robert Schuman und Alcide de Gasperi durchzusetzen. Coudenhove war mittlerweile aus dem amerikanischen Exil zurückgekehrt, in das er vor den Nationalsozialisten fliehen musste. Er durfte nicht nur die Entstehung des Europarates sowie der Sechsergemeinschaft, aus der die heutige EU hervorgegangen ist, erleben, sondern dies alles als hochgeehrter Privatmann ohne politisches Amt mitgestalten. Die von Hitler zerschlagene Paneuropa-Union hatte er wiederbelebt; doch auch die Kommunisten hinter dem Eisernen Vorhang unterdrückten und verboten sie. Erst unter seinem Nachfolger Otto von Habsburg gelang es beim Paneuropa-Picknick am 19. August 1989 an der österreichisch-ungarischen Grenze, den Eisernen Vorhang erstmalig zu öffnen und die Entwicklung hin zu einem freien Gesamteuropa einzuleiten, wie es Coudenhove-Kalergi schon ab 1922 angestrebt hatte. Bernd Posselt

709 Einladung zum Europa-Kongress in Den Haag

Joint International Committee of the Movements for European Unity, Niederlande 1947
Papier – H. 21,6 cm, B. 16,2 cm
Bonn, Stiftung Haus der Geschichte der Bundesrepublik Deutschland, Inv.Nr. 1989/1/117.289

Unter dem Vorsitz von Winston S. Churchill trat in Den Haag 1948 der Europa-Kongress zusammen und debattierte über die Grundsätze der europäischen Einigung. Am Kongress nahmen 800 Delegierte aus 16 Ländern teil, darunter Vertreter von Universitäten, Gewerkschaften, Kirchen und Parteien. Papst Pius XII. unterstützte die föderale Bewegung und entsandte einen persönlichen Vertreter. In einer Abschlussresolution forderte der Kongress dazu auf, eine europäische Versammlung aus nationalen Parlamentariern zu bilden. Damit waren erste institutionelle Grundlagen geschaffen, die im Jahr 1949 zur Gründung des Europarates mit Sitz in Straßburg führten. Ein verbindendes Element der Europabewegungen der Nachkriegszeit war der Bezug auf das christliche Erbe. Hintergrund dieser Sichtweise waren die zerstörerischen Erfahrungen mit den totalitären Ideologien des 20. Jahrhunderts. In der Satzung des Europarates selbst ist das christliche Erbe allerdings nicht erwähnt. Dort wird von gemeinsamen Idealen und Grundsätzen gesprochen, die durch den Rat gefördert werden sollen. Führende Politiker der Europabewegungen ließen aber keinen Zweifel daran, dass hiermit christliche Grundsätze gemeint seien.

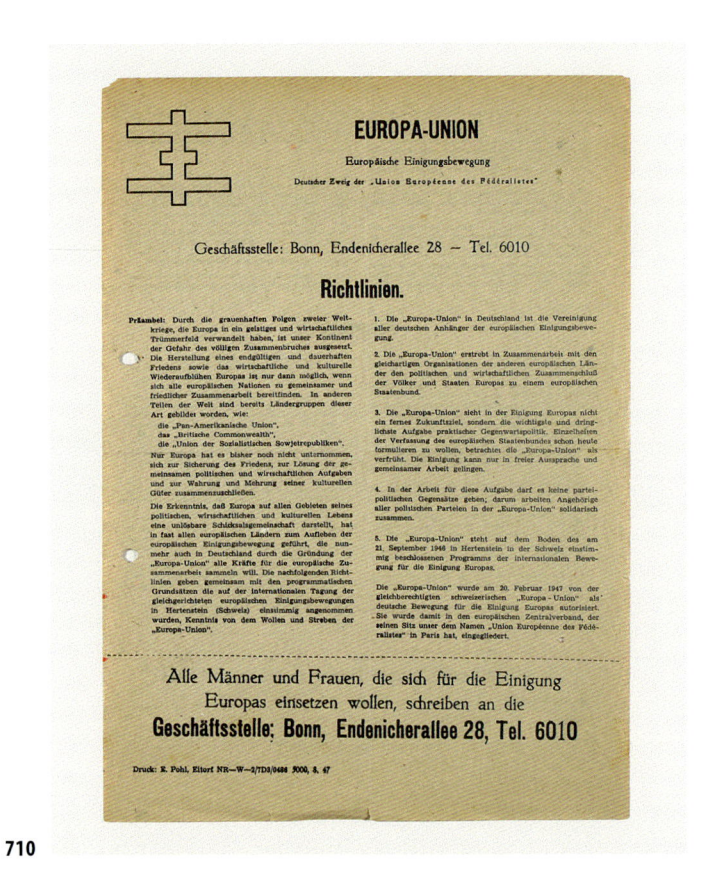

Andreas Neuwöhner

| **Lit.**: Kat. Berlin 2003; Conze 2005

710 Richtlinien für die Europa-Union

Eitorf 1947
Papier, zweiseitig bedruckt – H. 30,4 cm, B. 21,3 cm
Bonn, Stiftung Haus der Geschichte der Bundesrepublik Deutschland, Inv.Nr. 1991/5/504

Das Blatt enthält die Richtlinien, das Programm, eine Einladung zu einem Vortrag und eine Beitrittserklärung zur Europa-Union. Die Wurzeln der europäischen Einigungsbewegung liegen in der Schweiz. Dort wurde 1934 die Europa-Union gegründet. Die deutsche Sektion der Europa-Union fand im Jahr 1946 zusammen und trat ein Jahr später den Europäischen Föderalisten, einem Dachverband der europäischen Bewegungen, bei. Die Europäischen Föderalisten waren maßgeblich an der Vorbereitung des Europa-Kongresses in Den Haag beteiligt.

Andreas Neuwöhner

| **Lit.**: Conze 2005

711 Briefmarkensatz „Zielsetzung Europarat" auf Ersttagsbrief

Großherzogtum Luxemburg, 25.10.1951
Papier – H. 11,5 cm, B. 16,2 cm
Bonn, Stiftung Haus der Geschichte der Bundesrepublik Deutschland, Inv.Nr. 1989/4/852.029

Nach dem Ende des Zweiten Weltkrieges 1945 griffen europäische Politiker die Idee eines vereinten Europas erneut auf. In einer Rede an der Universität Zürich am 19.9.1946 preist Sir Winston S. Churchill Europa als einen herausragenden Kontinent, in dem die „Quellen des christlichen Glaubens und der christlichen Ethik" gründen. Um Europa vor erneuten Kriegen zu bewahren, ruft er schließlich dazu auf, „(…) die europäische Völkerfamilie in einer regionalen Organisation" (zitiert nach Kat. Berlin 2003, S. 300) neu zusammenzufassen und einen Europarat zu bilden. 1949 gründete sich der Europarat mit Sitz in Straßburg, dem auf Initiative Churchills bereits 1951 die Bundesrepublik beitreten durfte. Der Briefmarkensatz „Zielsetzung Europarat" mit sechs Marken erschien 1951, als der Europarat zum dritten Mal tagte.

Ralf Mahytka

| **Lit.**: Kat. Berlin 2003

XIII EUROPAS BLICK AUF SEINE CHRISTLICHEN WURZELN 777

713

712 Gedenkblatt mit Briefmarkenblock „Zum ersten Todestag des Bundeskanzlers Dr. Konrad Adenauer"

Bundesrepublik Deutschland, 19.4.1968
Papier – H. 16,2 cm, B. 23 cm
Paderborn, Privatbesitz

Zum ersten Todestag Konrad Adenauers gab die Deutsche Bundespost am 19.4.1968 einen Briefmarkenblock heraus, der mit Briefmarken von Sir Winston S. Churchill (10 Pf.), Alicide de Gasperi (20 Pf.), Robert Schuman (30 Pf.) und Dr. Konrad Adenauer (50 Pf.) Politiker würdigt, die sich um die europäische Einheit verdient gemacht haben.

Der Briefmarkenblock klebt auf einem Gedenkblatt mit dem Porträt Adenauers über einer Europakarte, den Namen der gewürdigten Politiker und der Bezeichnung „verdiente Europäer". Adenauer, Churchill, de Gasperi und Schuman hoben stets das Christentum als Gemeinsamkeit der europäischen Staaten hervor.   Ralf Mahytka

713 Schlacht von Lepanto

Felix Droese (*19. Februar 1950), 2007
Acryl auf Leinwand – H. 210 cm, B. 195 cm
Besitz des Künstlers

Drei Symbole dominieren die Bildfläche: ein rotes Kreuz, eine grüne Mondsichel und ein Kreis von zwölf gelben Farbflecken. Der Titel „Schlacht von Lepanto" deutet eine imaginäre Situation auf dem Meer an: Vor den Wolken erscheint das christliche Kreuz, während die Mondsichel auf dem Wasser für die Flotte des Osmanischen Reiches steht, die in der Seeschlacht von Lepanto am 7. Oktober 1571 von den christlichen Streitmächten unter Juan de Austria vernichtend geschlagen wurde. Papst Pius V. stiftete zum Dank das Fest „Unsere Liebe Frau vom Sieg", das später in „Rosenkranzfest" umbenannt wurde. In der christlichen Kunst wird die „Maria vom Sieg" oft als die Frau aus der Apokalypse dargestellt, „ein Kranz von zwölf Sternen auf ihrem Haupt" (Apk 12,1), der hier als Kreis von gelben Farbtupfern wiederkehrt.

Das Bild löst die Symbole aus ihrem gewohnten Zusammenhang und fragt damit nach ihrer Bedeutung in Kirche, Politik und Gesellschaft in Vergangenheit und Gegenwart. Das Kreuz, in Form und Farbe dem Tatzenkreuz des Templer-Ordens nachempfunden, ruft den Kampf um Jerusalem und die Kreuzzüge ins Gedächtnis wie auch die Verwendung dieser Kreuzform als „Eisernes Kreuz" in Preußen, im Nationalsozialismus und – stilisiert – in der Bundeswehr. Die leere Kreisform löst diese Bestimmungen auf und scheint neu nach dem Sinn des Kreuzes zu fragen. Die Mondsichel ist vorchristlichen Ursprungs, wurde aber später zu einem Symbol für das Osmanische Reich. Der Sternenkranz schließlich findet sich heute auf der Europaflagge: zwölf Sterne auf blauem Grund. Allerdings scheinen die Sterne hier zu zerfließen, als sei die Frage nach der Identität Europas nicht mehr mit seiner christlichen Geschichte zu beantworten. Droeses Bild erinnert an die Selbstbehauptung des christlichen Europa und verbindet damit die Frage nach seinen geistigen Grundlagen in der Gegenwart.   Josef Meyer zu Schlochtern

| **Quelle:** Droese 2007

| **Lit.:** Lechner 1984, Bd. 2, S.155–157; Demurger 1991; Kat. Randegg/Engen 2010

ANHANG

Abkürzungen

Abb.	Abbildung
ags.	angelsächsisch
amt.	amtiert
Anm.	Anmerkung
Ap.	Apostel
Art.	Artikel
AT	Altes Testament
Aufl.	Auflage/n
av	avers
B.	Breite
Bd./Bde.	Band/Bände
Bf.	Bischof
bibl.	biblisch
Bl./Bll.	Blatt/Blätter
bulg.	bulgarisch
byz.	byzantinisch
Cod.	Codex
D.	Dicke
dän.	dänisch
Ders.	Derselbe
Dies.	Dieselbe
Dm.	Durchmesser
erg.	ergänzt
erl.	erläutert
erw.	erweitert
f.	folgende Seite
fol.	folio
frk.	fränkisch
g	Gramm
germ.	germanisch
gr.	griechisch
H.	Höhe
Hg.	Herausgeber
hg.	herausgegeben
Hs	Handschrift
Inv.Nr.	Inventarnummer
Kat.Nr.	Katalognummer
kg	Kilogramm
Lkr.	Landkreis
mähr.	mährisch
mhd.	mittelhochdeutsch
Ms	Manuskript
ND	Neudruck
ndt.	niederdeutsch
NT	Neues Testament
oström.	oströmisch
pag.	pagina
poln.	polnisch
r	recto
reg.	regiert
rv	revers
S.	Seite
s.	siehe
sächs.	sächsisch
Sp.	Spalte
St.	Stärke
Sign.	Signatur
T.	Tiefe
übers.	übersetzt
ung.	ungarisch
vgl.	vergleiche
v	verso
westfäl.	westfälischer

Quellen

Acta Sanctorum
Acta Sanctorum: quotquot toto urbe coluntur, vel a catholicis scriptoribus celebrantur quae ex Latinis et Graecis, aliarumque gentium antiquis monumentis (…), 68 Bde., Antwerpen/Brüssel/Paris 1643–1925.

Adam von Bremen (AQ 11)
Adam von Bremen: Bischofsgeschichte der Hamburger Kirche, in: Quellen des 9. und 11. Jahrhunderts zur Geschichte der hamburgischen Kirche und des Reiches, hg. von Werner Trillmich/Rudolf Buchner (Ausgewählte Quellen zur deutschen Geschichte des Mittelalters. Freiherr-vom-Stein-Gedächtnisausgabe 11), Darmstadt 1961, S. 137–499.

Adam von Bremen (MGH SSrG 2)
Magistri Adam Bremensis Gesta Hammaburgensis ecclesiae pontificum, hg. von Bernhard Schmeidler (MGH Scriptores rerum Germanicarum in usum scholarum separatim editi 2), Hannover/Leipzig 1917.

Alcuin of York
Alcuin of York, his Life and Letters, hg. von Stephen Allott, York 1974.

Alkuin, Briefe (MGH Epp. 4)
Alkuini epistolae, hg. von Ernst Dümmler, in: MGH Epistolae 4, Berlin 1895, S. 18–481.

Alkuin, Vita S. Willibrordi (MGH SSrM 7)
Vita Willibrordi archiepiscopi Traiectensis auctore Alcvino, hg. von Bruno Krusch/Wilhelm Levison, in: MGH Scriptores rerum Merovingicarum 7, Hannover/Leipzig 1920, S. 81–141.

Alkuin, Vita S. Willibrordi metrica (MGH Poetae 1)
De vita sancti Willibrordi episcopi, Alcuini carmina 3, hg. von Ernst Dümmler, in: MGH Poetae Latini medii aevi 1, Berlin 1881, S. 207–220.

Altbulgarische Inschriften 1
Kazimir Popkonstantinov/Otto Kronsteiner: Altbulgarische Inschriften/Starobălgarski nadpisi 1 (Die Slawischen Sprachen 36), Salzburg 1994.

Ambrosius, Briefe (CSEL 82,3)
Ambrosius: Epistularum liber decimus. Epistulae extra collectionem gesta concili Aquileiensis, hg. von Michaela Zelzer, in: Sancti Ambrosii Opera, Pars decima. Epistula ad acta (Corpus Scriptorum Ecclesiasticorum Latinorum 82,3), Wien 1982.

Ambrosius, De sacramentis (FChr 3)
Ambrosius: De sacramentis. De mysteriis – Über die Sakramente. Über die Mysterien, hg. und übers. von Josef Schmitz (Fontes Christiani 3), Freiburg i. Br. u. a. 1990.

Ambrosius, De sacramentis (SC 25)
Ambroise de Milan: Des sacrements. Des mystères, augmentee de L'explication du symbole, hg. und übers. von Bernard Botte (Sources Chrétiennes 25), Paris 1961.

Ambrosius, Explanatio symboli (CSEL 73)
Ambrosius: Explanatio symboli, in: Sancti Ambrosii Opera, Pars septima. Explanatio symboli, De sacramentis, De mysteriis, De paenitentia, De excessu fratris, De obitu Valentiniani, De obitu Theodosii, hg. von Otto Faller (Corpus Scriptorum Ecclesiasticorum Latinorum 73), Wien 1955, S. 6*–19*, 1–12.

Ambrosius, Opere dogmatiche
Sant'Ambrogio: Opere dogmatiche 3. Spiegazione del credo. I sacramenti. I misteri. La penitenza, bearb. von Gabriele Banterle (Sancti Ambrosii episcopi Mediolanensis opera 17), Mailand/Rom 1982.

Annales Fuldenses (AQ 7)
Jahrbücher von Fulda, in: Quellen zur karolingischen Reichsgeschichte 3: Jahrbücher von Fulda, Reginos Chronik, Notkers Taten Karls, bearb. von Reinhold Rau (Ausgewählte Quellen zur deutschen Geschichte des Mittelalters 7), 4. erw. Aufl., Darmstadt 2002, S. 19–178.

Annales Fuldenses (MGH SSrG 7)
Annales Fuldenses sive Annales regni Francorum orientalis ab Einhardo, Ruodolfo, Meginhardo Fuldensibus Seligenstadi, Fuldae, Mogontiaci conscripti cum continuationibus Ratisbonensi et Altahensibus, hg. von Friedrich Kurze (MGH Scriptores rerum Germanicarum in usum scholarum separatim editi 6), Hannover 1891.

Annales Mosellani (MGH SS 16)
Annales Mosellani, hg. von Johann M. Lappenberg, in: MGH Scriptores 16, Stuttgart 1859, S. 494–499.

Annals of Fulda
The Annals of Fulda, hg. und übers. von Timothy Reuter (Ninth-Century Histories 2; Manchester medieval sources series 2), Manchester/New York 1992.

d'Arbois de Jubainville 1866/67
Henry d'Arbois de Jubainville: Gloses irlandaises du neuvième siècle, extraites d'un manuscrit de la Bibliothèque de la ville de Nancy, in: Bibliothèque de l'école des chartes 27 (1866), S. 509–510; 28 (1867), S. 471–475.

Archiv der Propsteikirche St. Liudger
Essen-Werden, Mappe Nr. 289 (1860-1910), Sonntagsblatt Nr. 22 (1860), S. 348f.; Nr. 40 (3. Oktober 1880), S. 633; 6. Februar 1881; Sonntagsblatt für katholische Christen Jg. 19, Nr. 22 (1860), S. 348f.; Jg. 39, Nr. 40 (3. Oktober 1880), S. 633; Jg. 41 (6. Februar 1881)

Augustinus, Confessiones (CCSL 27)
Sancti Augustini Confessionum libri XIII, hg. von Lucas Verheijen (Aurelii Augustini opera 1,1; Corpus Christianorum Series Latina 27), Turnhout 1981.

Augustinus, De civitate Dei (CCSL 47/48)
Aurelius Augustinus: De civitate Dei libri XXII, hg. von Bernhard Dombart/Alfons Kalb (Aurelii Augustini opera 14,1; Corpus Christianorum Series Latina 47/48), 2 Bde., Turnhout 1955.

Augustinus, Vom Gottesstaat
Aurelius Augustinus: Vom Gottesstaat, übers. von Wilhelm Thimme (Die Bibliothek der Alten Welt. Antike und Christentum 8), 2 Bde., Zürich u. a. 1955.

Avitus von Vienne, Briefe und Prosa
Avitus of Vienne: Selected Letters and Prose, hg. von Danuta Shanzer/Ian Wood (Translated Texts for Historians 38), Liverpool 2002.

Beda, Kirchengeschichte
Beda Venerabilis: Historia Ecclesiastica gentis Anglorum – Beda der Ehrwürdige, Kirchengeschichte des englischen Volkes, hg. von Günter Spitzbart, 2. Aufl., Darmstadt 1997.

Beda, Storia degli Inglesi
Beda Venerabilis: Storia degli Inglesi, hg. von Michael Lapidge, Mailand 2008.

Benedikt von Nursia, Regula
Benedicti Regula. Editio altera emendata, hg. von Rudolf Hanslik (Corpus Scriptorum Ecclesiasticorum Latinorum 75), Wien 1977.

Benedikt von Nursia, Rule
The Rule of St Benedict, hg. von David Farmer (Early English Manuscripts in Facsimile 15), Kopenhagen 1968.

Beowulf, Heldenepos
Beowulf: Das angelsächsische Heldenepos. Neue Prosaübersetzung, Originaltext, versgetreue Stabreimfassung. Zweisprachige Ausgabe, übersetzt, kommentiert und mit Anmerkungen versehen von Hans-Jürgen Hube, 2. Aufl., Wiesbaden 2012.

von Birken 1677
Sigmund von Birken: Chur- und fürstlicher Sächsischer Helden-Saal. Oder Kurze, jedoch ausführliche Beschreibung der Ankunft, Aufnahme, Fortpflanzung und vornemster Geschichten Dieses höchstlöblichen Hauses samt Dessen Genealogie, Wappen und KupferBildnissen, Nürnberg 1677 (online-Ausgabe der Bayerischen Staatsbibliothek: http://www.bsb-muenchen-digital.de/~web/web1001/bsb10018634/images/index.html?digID=bsb10018634&pimage=1&v=pdf&nav=0&l=de, 20.6.2013).

Boisserée, Dom von Köln
Sulpiz Boisserée: Geschichte und Beschreibung des Doms von Köln, 2. Aufl., München 1842.

Bonifatius, Briefe (AQ 4b)
Bonifatii epistolae, in: Briefe des Bonifatius. Willibalds Leben des Bonifatius nebst einigen zeitgenössischen Dokumenten, bearb. von Reinhold Rau (Ausgewählte Quellen zur Deutschen Geschichte des Mittelalters. Freiherr-vom-Stein-Gedächtnisausgabe 4b), 3. Aufl., Darmstadt 2011, S. 3–356.

Bonifatius, Epistolae (MGH Epp. sel. 1)
S. Bonifatii et Lulli epistolae – Die Briefe des heiligen Bonifatius und Lullus, hg. von Michael Tangl (MGH Epistolae selectae 1), Berlin 1916.

Bonifatius und Lullus, Briefe (MHG Epp. 3.1)
S. Bonifatii et Lulli Epistolae, hg. von Ernst Dümmler (MGH Epistolae 3.1), Berlin 1892.

Brun von Querfurt, Passio Adalberti (AQ 23)
Brun von Querfurt: Leidensgeschichte des heiligen Bischofs und Märtyrers Adalbert, in: Heiligenleben zur deutsch-slawischen Geschichte. Adalbert von Prag und Otto von Bamberg, hg. von Lorenz Weinrich unter Mitarbeit von Jerzy Strzelczyk (Ausgewählte Quellen zur deutschen Geschichte des Mittelalters. Frei-

herr-vom-Stein-Gedächtnisausgabe 23), Darmstadt 2005, S. 70–117.
Brun von Querfurt, Vita quinque fratrum
Vita quinque fratrum eremitarum auctore Brunone Querfurtensi, hg. von Jadwiga Karwasińska, in: Monumenta Poloniae Historica N.S. IV,3, Warschau 1973, S. 1–41.
Brun von Querfurt, Vita s. Adalberti
Vitae s. Adalberti episcopi Pragensis recensio II, in: S. Adalberti Pragensis episcopi et martyris vita altera auctore Brunono Querfurtensis, hg. von Jadwiga Karwasińska (Monumenta Poloniae Historica, Series Nova 4,2), Warschau 1969, S. 45–69.
Bulgarische Inschriften
Phaedon Malingoudis: Die mittelalterlichen kyrillischen Inschriften der Hämus-Halbinsel. Teil I: Die bulgarischen Inschriften, Thessaloniki 1979.
Caesarius von Heisterbach, Wundergeschichten
Die Wundergeschichten des Caesarius von Heisterbach, hg. von Alfons Hilka (Publikationen der Gesellschaft für Rheinische Geschichtskunde 43), 3 Bde., Bonn 1933–1937.
Capitulare Saxonicum (MGH Capit. 1)
Capitulare Saxonicum, hg. von Alfred Boretius, in: MGH Capitularia regum Francorum 1, Hannover 1883, Nr. 27, S. 71f.
Capitulare Saxonicum (MGH Fontes iuris 4)
Capitulare Saxonicum, in: Leges Saxonum und Lex Thuringorum, hg. von Claudius Frh. von Schwerin (MGH Fontes iuris Germanici antiqui 4), Hannover/Leipzig 1918, S. 45–49.
Capitularia regum Francorum 1 (MGH Capit. 1)
Capitularia regum Francorum 1, hg. von Alfred Boretius (MGH Legum sectio 2,1), Hannover 1883.
Capitulatio de partibus Saxoniae (MGH Capit. 1)
Capitulatio de partibus Saxoniae 775–790, hg. von Alfred Boretius (MGH Capitularia regum Francorum 1), Hannover 1883, Nr. 26, S. 68–70.
Capitulatio de partibus Saxoniae (MGH Fontes iuris 4)
Capitulatio de partibus Saxoniae, in: Leges Saxonum et Lex Thuringorum, hg. von Claudius Frh. von Schwerin (MGH Fontes iuris Germanici antiqui 4), Hannover/Leipzig 1918, S. 37–44.
Cassiodorus, Expositio psalmorum
Magni Aurelii Cassiodori Expositio psalmorum, hg. von Marc Adriaen (Corpus Christianorum Series Latina 97), 2 Bde., Turnhout 1958.
Chartae antiquissimae Hungariae
Chartae antiquissimae Hungariae. Ab anno 1001 usque ad annum 1196, Faksimile-Ausgabe, hg. von György Györffy (Monumenta Medii Aevi), Budapest 1994.
Chartae latinae antiquiores 18
Hartmut Atsma/Pierre Gasnault/Robert Marichal/Jean Vezin (Hg.): Chartae latinae antiquiores. Facsimile edition of the Latin charters prior to the ninth century, Teil 18: France Bd. 6, Zürich 1985.
Chronographus Anni CCCLIII (MGH Auct. Ant. 9)
Chronographus Anni CCCLIII, hg. von Theodor Mommsen, in: Chronica Minora Saec. IV-VII, Bd. 1 (MGH Auctores antiquissimi 9), Berlin 1892 (ND München 1981), S. 13–148.
Clemens von Rom, Epistola ad Corinthios (FChr 15)
Clemens von Rom: Epistola ad Corinthios – Brief an die Korinther, bearb. von Gerhard Schneider (Fontes Christiani 15), Freiburg i. Br. u. a. 1994.
Codex Aureus
Codex Aureus sive Quattuor Evangelia ante Hieronymum Latine Translata, hg. von Johannes Belsheim, Oslo 1878.
Codex diplomaticus maioris Poloniae 1
Codex diplomaticus maioris Poloniae/ Kodeks dyplomatyczny Wielkopolski 1: Comprehendit numeros 1–616. Annos 984–1287, hg. von Ignacy Zakrzewski, Posen 1877.
Codex Marianus
Quattuor Evangeliorum Versionis palaeoslovenicae Codex Marianus Glagoliticus characteribus cyrillicis transcriptum, hg. von Vatroslav Jagić, Berlin 1883 (ND Graz 1960).
Codex Trecensis
Codex Trecensis. La „Regola Pastorale" di Gregorio Magno in un codice del VI–VII secolo (Troyes Médithèque de l'Agglomération Troyenne 504), hg. von Luigi Ricci/Armando Petrucci, 2 Bde., Florenz 2005.
Codices scriptorium rerum Danicorum 1
Codices scriptorium rerum Danicorum, Bd. 1: Chronica, hg. von Erik Kroman (Corpus codicum Danicorum medii aevi 4), Kopenhagen 1962.
Concilium Aquisgrani (MGH CC 2, Suppl. 2)
Concilium Aquisgrani – Das Konzil von Aachen 809, hg. von Harald Willjung (MGH Concilia 2, Supplement 2), Hannover 1998.
Conversio Bagoariorum et Carantanorum
Conversio Bagoariorum et Carantanorum. Das Weißbuch der Salzburger Kirche über die erfolgreiche Mission in Karantanien und Pannonien, hg. von Herwig Wolfram, Wien/Köln/Graz 1979; 2., überarb. Aufl. mit Zusätzen und Ergänzungen (Zbirka Zgodovinskega casopisa 44), Klagenfurt 2012.
Corpus Inscriptionum Insularum Celticarum
Robert A.S. Macalister: Corpus Inscriptionum Insularum Celticarum, 2 Bde., Dublin 1945/1949.
Corpus Inscriptionum Latinarum XIII
Inscriptiones Trium Galliarum et Germaniarum latinai 1,1: Inscriptiones Aquitaniae et Lugdunensis, hg. von Otto Hirschfeld/Karl F. W. Zangemeister (Corpus Inscriptionum Latinarum 13,1,1), Berlin 1899.
Danmarks runeindskrifter
Lis Jacobsen/Erik Moltke: Danmarks runeindskrifter, Textband, Kopenhagen 1942.
DD Heinrich der Löwe
Die Urkunden Heinrichs des Löwen, Herzogs von Sachsen und Bayern, bearb. von Karl Jordan (MGH Laienfürsten und Dynastenurkunden 1), Leipzig 1941.
DD Konrad I./Heinrich I./Otto I.
Die Urkunden Konrad I., Heinrich I. und Otto I., bearb. von Theodor Sickel (MGH Die Urkunden der deutschen Könige und Kaiser 1), Hannover 1879.
DD Otto II./Otto III.
Die Urkunden Otto II. und Otto III., hg. von Theodor Sickel (MGH Die Urkunden der deutschen Könige und Kaiser 2), Hannover 1888.
Denkmale des Landes Paderborn
Denkmale des Landes Paderborn. Aus dem Lateinischen […] von Franz Joseph Micus, Paderborn 1844.
Die Bibel
Die Bibel. Einheitsübersetzung, hg. im Auftrag der Bischöfe Deutschlands, Österreichs, der Schweiz, des Bischofs von Lüttich, des Bischofs von Bozen-Brixen. Für die Psalmen und das Neue Testament auch im Auftrag des Rates der Evangelischen Kirche in Deutschland und der Deutschen Bibelgesellschaft, Stuttgart 1980 (2001).
Diplomata Hungariae Antiquissima
Diplomata Hungariae Antiquissima, accedunt epistolae et acta ad historiam Hungariae pertinentia 1: Ab anno 1000 usque ad annum 1131, hg. von György Györffy, Budapest 1992.
Droese 2007
Felix Droese: Warum haben wir Europäer eigentlich zwölf Sterne in der Flagge? Vortrag vom 20. Mai 2007 (http://www.felixdroese.de/up_img/eu/felix_droese_europa_flyer, 25.06.13)
Eusebius Hieronymus, De viris illustribus
Sophronius Eusebius Hieronymus: De viris illustribus – Berühmte Männer, mit umfassender Werkstudie hg. und übers. von Claudia Barthold, Mülheim/Mosel 2010.
Eusebius Hieronymus, In Hieremiam prophetam (CSEL 59)
Eusebius Hieronymus: In Hieremiam prophetam libri sex, hg. von Siegfried Reiter (Sancti Eusebii Hieronymi opera 2,1; Corpus Scriptorum Ecclesiasticorum Latinorum 59), Wien 1913.
Fries, Bischöfe von Würzburg
Lorenz Fries: Chronik der Bischöfe von Würzburg 742–1495, hg. von Ulrich Wagner/Walter Ziegler (Fontes Herbipolenses. Editionen aus dem Stadtarchiv Würzburg VI), Würzburg 1996.
Geschichte in Quellen 2
Wolfgang Lautemann (Bearb.): Geschichte in Quellen 2: Mittelalter, 4. Aufl., München 1996.
Görres, Dom in Köln
Joseph Görres: Der Dom in Köln, in: Rheinischer Merkur 151 (1814), online: http://digital.ub.uni-duesseldorf.de/ihd/periodical/pageview/1725155 (26.06.13)
Gregor von Tours, Fränkische Geschichte (MGH SSrM 1,1)
Gregorii episcopi Turonensis, Libri Historiarum decem, hg. von Bruno Krusch/Wilhelm Levison (MGH Scriptorum rerum Merovingicarum 1,1), 2. Aufl., Hannover 1951.
Gregor von Tours, Fränkische Geschichte 1 (AQ 2)
Gregor von Tours: Zehn Bücher Geschichten (Fränkische Geschichte). Buch 1–5, hg. von Rudolf Buchner (Ausgewählte Quellen zur deutschen Geschichte des Mittelalters. Freiherr-vom-Stein-Gedächtnisausgabe 2), 8. Aufl., Darmstadt 2000.
Gregor von Tours, Historia Francorum
Histoire des Francs de Grégoire de Tours, ms. de Beauvais. Reproduction réduite du manuscrit en onciale, latin 17654 de la Bibliothèque nationale, hg. von Henri Omont, Paris 1905.
Gregorius Magnus, Registrum Epistularum
Gregorius Magnus: Registrum Epistularum, hg. von Dag Norberg (Corpus Christianorum. Series Latina 140–140A), Turnhout 1982.
Hartmut Atsma/Albert Bruckner/Robert Marichal/ Guglielmo Cavallo/ Giovanna Nicolaj: Chartae Latinae antiquiores: facsimile-edition of the Latin charters prior to the ninth century, Teil 18: France: 6, Zürich/Olten 1985.
Hazart 1669
Cornelius Hazart S.J.: Kerckelycke Historie van de gheheele werelt, Bd. 3, Antwerpen 1669.
Heinrich von Hesler, Apokalypse
Heinrich von Hesler. Die Apokalypse. Königsberger Apokalypse, Mikrofiche-Edition der Handschriften Toruń, Biblioteka Uniwersytetu Mikołaja Kopernika, ms. Rps. 64 und ms. Rps. 44, hg. von Volker Honemann (Codices illuminati medii aevi 27), München 2000.
Heinrich von Lettland, Chronicon Livoniae
Indriķa hronika – Chronicon Livoniae, übers. von Ābrams Feldhūns, komm. von Ēvalds Mugurēvičs (Bibliotheca Baltica), Riga 1993.
Henricus de Antwerpe, Tractatus (MGH SS 25)
Henrici de Antwerpe Tractatus de Captione Urbis Brandenburg, hg. von Oswald Holder-Egger (MGH Scriptores 25), Hannover 1880, S. 482–484.
Herforder Kreisblatt 1899, Nr. 149
Herforder Kreisblatt 54. Jahrgang, Nr. 149 (Zweites Blatt), 28. Juni 1899.
Justinus von Lippstadt, Lippiflorium
Das Lippiflorium. Ein westfälisches Heldengedicht aus dem 13. Jahrhundert – lateinisch/deutsch, hg. und erl. von Hermann Althof, Leipzig 1900 (ND 2011).
Justinus von Lippstadt, Lippiflorium (Übers. Schölzel)
Magister Justinus, Das Lippiflorium – lateinisch/deutsch, übers. von Jürgen Schölzel, in: Hans Christoph Fennenkötter (Red.): 750 Jahre höhere Schule in Lippstadt. Von der Lateinschule zum Ostendorf-Gymnasium (Lippstädter Spuren 12), Lippstadt 1997, S. 11–53.
Krakauer Pontifikale
Pontyfikał krakowski z XI wieku/Pontificale Cracoviense saeculi XI [Das Krakauer Pontifikale aus dem 11. Jahrhundert] (Biblioteka Jagiellońska Cod. Ms 2057), hg. von Zdzisław Obertyński (Materiały

źródłowe do dziejów kościoła w Polsce 5), Lublin 1977.
Le Liber Pontificalis
Louis Duchesne (Hg.): Le Liber Pontificalis, 3 Bde., Paris 1955.
Liber Sacramentorum Augustodunensis (CCSL 159 B)
Liber Sacramentorum Augustodunensis, hg. von Odilo Heiming (Corpus Christianorum. Series Latina 159 B), Turnhout 1984.
Lipp. Reg. 1
Lippische Regesten, aus gedruckten und ungedruckten Quellen, Bd. 1: Vom J. 783 bis zum J. 1300, bearb. von Otto Preuß/August Falkmann, Lemgo 1860.
Maximus von Turin, Predigten (CCSL 23)
Maximi Episcopi Taurinensis collectionem sermonum antiquam nonullis sermonibus extravagantibus adiectis, hg. von Almut Mutzenbecher (Corpus Christianorum Series Latina 23), Turnhout 1962, S. XLIV–XLVII.
Miracula S. Hilarii
Miracula S. Hilarii, in: Catalogus codicum hagiographicorum latinorum antiquiorum saeculo XVI qui asservantur in bibliotheca Nationali Parisiensi, hg. von Hagiographi Bollandiani (Subsidia hagiographica 2), Bd. 2, Brüssel 1890, S. 116–117.
Necrolog des Klosters Michelsberg (MGH Libri mem. N.S. 6)
Das Necrolog des Klosters Michelsberg in Bamberg, hg. von Johannes Nospickel mit Beiträgen von Dieter Geuenich, Elmar Hochholzer und Joachim Wollasch (MGH Libri memoriales et necrologia, Nova Series 6), Hannover 2004.
Novellae Iustiniani
Corpus Iuris Civilis, hg. von Paul Krueger, Berlin 1877, ND Berlin 1922.
Nouum Testamentum Latine
Nouum Testamentum Latine Secundum Editionem Sancti Hieronymi III: Actus Apostolorum-Epistulae Canonicae, Apocalypsis Iohannis, hg. von John Wordsworth/Henry White/Hedley Sparks/Arthur White, Oxford 1954.
Pactus legis salicae
Die Gesetze des Merowingerreiches 481–714, hg. von Karl August Eckhardt, Bd. 1: Pactus legis salicae. Recensiones Merovingicae, 2. Bearb., Göttingen 1955.
Pactus legis salicae (MGH LL nat. Germ. 4,1)
Pactus legis salicae – Salisches Recht, hg. von Karl August Eckhardt (MGH Leges nationum Germanicarum 4,1), Hannover 1962.
Patrologia Latina
Jacques-Paul Migne (Hg.): Patrologia Latina, 217 Bde., Paris 1844–1855.
Paulinus von Nola, Briefe (CSEL 29)
Sancti Pontii Meropii Paulini Nolani Epistulae, hg. von Wilhelm von Hartel (Corpus Scriptorum Ecclesiasticorum Latinorum 29), Wien 1894.
Paulusakten
Paulusakten, in: Neutestamentliche Apokryphen in deutscher Übersetzung, hg. von Wilhelm Schneemelcher, Bd. 2: Apostolisches. Apokalypsen und Verwandtes, 6. Aufl., Tübingen 1997, S. 214–241.

Petrus der Iberer, Vita
Richard Raabe (Hg.): Petrus der Iberer. Ein Charakterbild der Kirchen- und Sittengeschichte des 5. Jahrhunderts. Syrische Übersetzung einer um das Jahr 500 verfassten griechischen Biographie, Leipzig 1895.
Psalterium Romanum (CBLa 10)
Le Psautier Romain et les autres anciens Psautiers Latins. Psalterium Romanum, Psalteria Latina antiqua, hg. von Robert Weber (Collectanea Biblica Latina 10), Rom 1953.
Psalterium Salabergae
Psalterium Salabergae. Staatsbibliothek zu Berlin – Preussischer Kulturbesitz, Ms. Hamilton 553, Farbmikrofiche-Edition, bearb. von Dáibhí Ó Cróinín (Codices illuminati medii aevi 30), München 1994.
Quix 1837
Christian Quix: Kunstausstellung zu Aachen, in: Wochenblatt für Aachen und Umgebung, Nr. 105, Aachen 28. September 1837.
Reg. Brandenburg 1
Regesten der Urkunden und Aufzeichnungen im Domstiftsarchiv Brandenburg 1: 948–1487, bearb. von Wolfgang Schößler (Veröffentlichungen des Brandenburgischen Landeshauptarchivs 54), Weimar 1998.
Reg. Imp. II,1
Die Regesten des Kaiserreichs unter Heinrich I. und Otto I. 919–973, neubearb. von Emil von Ottenthal (Regesta Imperii II,1), Innsbruck 1893.
Reg. Magdeburg 2
Regesta Episcopatus Magdeburgensis. Sammlung von Auszügen aus Urkunden und Annalisten zur Geschichte des Erzstifts und Herzogthums Magdeburg 2, hg. von George Adalbert von Mülverstedt, Magdeburg 1881.
Reg. Magdeburg 3
Regesta Episcopatus Magdeburgensis. Sammlung von Auszügen aus Urkunden und Annalisten zur Geschichte des Erzstifts und Herzogthums Magdeburg 3, hg. von George Adalbert von Mülverstedt, Magdeburg 1886.
Reg. Slaven 2
Christian Lübke: Regesten zur Geschichte der Slaven an Elbe und Oder 2: Regesten 900–983 (Osteuropastudien der Hochschulen des Landes Hessen 1; Gießener Abhandlungen zur Agrar- und Wirtschaftsforschung des europäischen Ostens 133), Berlin 1985.
Reliquiæ Widekindi Magni
Carl Ludwig Storch: Reliquiæ Widekindi Magni [Verzeichnis vom 9. Oktober 1743], in: Johann Friedrich Falcke (Hg.): Codex traditionum Corbeiensium, Leipzig 1752, S. 200–202.
Responsa Nicolai (MGH Epp. 6)
Responsa Nicolai I. papae ad consulta Bulgarorum, in: Nicolai I. papae epistolae, hg. von Ernst Perels (MGH Epistolae 6), Berlin 1925 (ND 1995), S. 257–690.
Responsa Nicolai (übers. Heiser)
Die deutsche Übersetzung der Responsa, in: Lothar Heiser: Die Responsa ad consulta Bulgarorum des Papstes Nikolaus I. (858–867). Ein Zeugnis päpstlicher Hirtensorge und ein Dokument unterschiedlicher Entwicklungen in den Kirchen von Rom und Konstantinopel (Trierer Theologische Studien 36), Trier 1979, S. 400–488.
Rimbert, Vita Ansgarii (MGH SSrG 55)
Vita Anskarii auctore Rimberto, hg. von Georg Waitz, in: MGH Scriptores rerum Germanicarum in usum scholarum separatim editi 55, Hannover 1884, S. 13–79.
Rosweyde 1623
Heribert Rosweyde S.J.: Generale Kerckelyke Historie, Bd. 1, Antwerpen 1623.
Sacramentarium Veronense
Sacramentarium Veronense (Cod. Bibl. Capit. Veron. LXXXV[80]), hg. von Leo C. Mohlberg (Rerum Ecclesiasticarum Documenta. Series maior, Fontes 1), 3. Aufl., Rom 1978.
Salewski 1803
Wilhelm Salewski (Hg.): Schloss Marienburg in Preussen. Das Ansichtenwerk von Friedrich Gilly und Friedrich Frick. In Lieferungen erschienen von 1799 bis 1803, Düsseldorf 1965 (mit Abdruck des „Vorbericht" von 1803).
Saxo, Gesta Danorum
Saxo Grammaticus: Gesta Danorum – Danmarkshistorien, hg. von Karsten Friis-Jensen, übers. von Peter Zeeberg, 2 Bde., Kopenhagen 2005.
Saxo, Taten der Dänen
Saxonis Gesta Danorum, Bd. 1: Text, hg. von Jørgen Olrik/Hans Ræder, Kopenhagen 1931.
Soulié 1854/55
Eudoxe Soulié: Notice des Peintures et Sculptures composant le Musée Impérial de Versailles, 2 Bde., Versailles 1854/1855.
Statuten Deutscher Orden
Die Statuten des Deutschen Ordens nach den ältesten Handschriften, hg. von Max Perlbach, Halle a. d. S. 1890.
Sulpicius Severus, Libri qui supersunt (CSEL 1)
Sulpicius Severus: Libri qui supersunt, hg. von Karl Halm (Corpus Scriptorum Ecclesiasticorum Latinorum 1), Wien 1866.
Sveriges runinskrifter
Sveriges runinskrifter, hg. von der Kungliga Vitterhets Historie och Antikvitets Akademien, 15 Bde., Stockholm/Uppsala 1900–1981.
Thietmar, Chronik (AQ 9)
Thietmar von Merseburg: Chronicon, neu übertr. und erl. von Werner Trillmich mit einem Nachtrag und einer Bibliographie von Steffen Patzold (Ausgewählte Quellen zur deutschen Geschichte des Mittelalters 9), 9. Aufl., Darmstadt 2011
Translatio S. Alexandri
Bruno Krusch: Die Übertragung des Heiligen Alexander von Rom nach Wildeshausen durch den Enkel Widukinds. Das älteste niedersächsische Geschichtsdenkmal, in: Nachrichten der Akademie der Wissenschaften in Göttingen. Philologisch-historische Klasse 4 (1933), S. 423–436.
UB Hessen 1,3
Hessisches Urkundenbuch. Erste Abteilung, Urkundenbuch der Deutschordens-Ballei Hessen, Bd. 3: von 1360 bis 1399, bearb. von Arthur Wyss (Publicationen aus den Königlich Preussischen Staatsarchiven 73), Leipzig 1899 (ND 1965).

UB Mainz 2,1
Mainzer Urkundenbuch 2: Die Urkunden seit dem Tode Erzbischof Adalberts I. (1137) bis zum Tode Erzbischof Konrads (1200), Teil 1: 1137–1175, bearb. von Peter Acht, Darmstadt 1968.
UB Merseburg 1
Urkundenbuch des Hochstifts Merseburg 1: 962–1357, bearb. von Paul Fridolin Kehr (Geschichtsquellen der Provinz Sachsen und angrenzender Gebiete 36), Halle (Saale) 1899.
UB Naumburg 1
Urkundenbuch des Hochstifts Naumburg 1: 967–1207, bearb. von Felix Rosenfeld (Geschichtsquellen der Provinz Sachsen und des Freistaates Anhalt 1), Köln 1925.
UB Preußen 1,1
Preußisches Urkundenbuch. Politische Abteilung, Bd. 1,1: (1140–1256) Die Bildung des Ordensstaats, erste Hälfte, hg. von Rudolf Philippi/Carl Peter Woelky, Königsberg 1882.
UB Westfalen 3
Westfälisches Urkundenbuch, Teil 3: Die Urkunden des Bistums Münster 1201–1300, bearb. von Roger Wilmans (Veröffentlichungen der Historischen Kommission für Westfalen 1), Münster 1871 (ND 1973).
Upplands runinskrifter
Elias Wessén/Sven Birger Frederik Jansson: Upplands runinskrifter. granskade och tolkade Del. 2, in: Sveriges runinskrifter. Kungliga Vitterhets Historie och Antikvitets Akademien 7, Stockholm 1946.
Urkunden Heinrichs IV. (MGH DD 6.2)
Die Urkunden Heinrichs IV. 1077–1106, bearb. von Dietrich von Gladiss (MGH Diplomata Regum Et Imperatorum Germaniae 6.2), Weimar 1953, S. 515–517.
Venantius Fortunatus, Hymen
Venance Fortunat, Poèmes, hg. und übers. von Marc Reydellet, Bd. 1: Livres 1–4 (Collection des universités de France, Série latine 315), Paris 1994.
Vita Constantini (Kyrilli), Schütz 1985
Die Lehrer der Slawen: Kyrill und Method. Die Lebensbeschreibung zweier Missionare, hg. von Joseph Schütz, St. Ottilien 1985.
Vita Mathildis antiquior (MGH SSrG 66)
Vita Mathildis reginae antiquior, in: Die Lebensbeschreibungen der Königin Mathilde – Vita Mathildis reginae antiquior, Vita Mathildis reginae posterior, hg. von Bernd Schütte (MGH Scriptores rerum Germanicarum in usum scholarum separatim editi 66), Hannover 1994, S. 107–142.
Vita Sanctae Balthildis
Vita Sanctae Balthildis, hg. von Bruno Krusch (MGH Scriptores 2), Hannover 1888.
Wappenbuch Bellenville
Michel Pastoureau/Michel Popoff (Hg.): L'armorial Bellenville. Fac-similé du manuscrit Français 5230 conservé au Département des manuscrits occidentaux de la Bibliothèque nationale de France, Lathuile 2004.
Willibrord, Kalender
The Calendar of St. Willibrord from MS Paris Lat. 10873. A Facsimile with Transcription, Introduction and Notes, hg. von Henry A. Wilson (Henry Bradshaw Society 55), London 1918.

Lexika

CCDL
The Claremont Colleges Digital Library, URL: http://ccdl.libraries.claremont.edu/

Corpus Nummorum Hungariae 1
László Réthy: Corpus Nummorum Hungariae, Bd. 1: Die Münzen der Arpadenkönige, Budapest 1899.

DACL
Dictionnaire d'Archéologie Chrétienne et de Liturgie, hg. von Fernand Chabrol/Henri Leclercq, 15 Bde., Paris 1907–1953.

DECA
Dictionnaire encyclopédique du christianisme ancien, hg. von Angelo di Berardino, 2 Bde., Paris 1990.

Der Neue Pauly, Suppl. Bd. 6, 2012
Peter Kuhlmann/Helmuth Schneider (Hg.): Geschichte der Altertumswissenschaften. Biographisches Lexikon (Der Neue Pauly, Supplemente 6), Stuttgart/Darmstadt 2012.

DESE
Dizionario di erudizione storico-ecclesiastica, hg. von Gaetano Moroni, 103 Bde., Venedig 1840–1861.

Encyclopedia of World Art
Encyclopedia of World Art, hg. von Bernard S. Myers u. a., 16 Bde., New York/Toronto/London 1959–1983.

HRG
Handwörterbuch zur deutschen Rechtsgeschichte, hg. von Albrecht Cordes/Hans-Peter Haverkamp/Heiner Lück/Dieter Werkmüller, 6 Bde., 2. Aufl., Berlin ab 2004.

ICVR
Inscriptiones Christianae Urbis Romae, hg. von I. B. De Rossi, 2 Bde., Rom 1857–1888.

Lexikon der germanischen Mythologie
Rudolf Simek: Lexikon der germanischen Mythologie, 3. Aufl., Stuttgart 2006.

Lexikon westfälischer Autoren
Lexikon westfälischer Autoren, http://www.lwl.org/literaturkommission/alex/index.php (26.06.13)

LMA
Lexikon des Mittelalters, hg. von Norbert Angermann/Robert Auty/Robert-Henri Bautier, 9 Bde., 2. Aufl., München/Zürich 1980–1999.

Münzkatalog Ungarn 1979
Lajos Huszár: Münzkatalog Ungarn von 1000 bis heute, Budapest/München 1979.

NDB
Neue Deutsche Biographie, 25 Bde., Berlin 1953–2013.

RAC
Reallexikon für Antike und Christentum. Sachwörterbuch zur Auseinandersetzung des Christentums mit der antiken Welt, hg. von Georg Schöllgen/Ernst Dassmann/Theodor Klauser/Franz Joseph Dölger, 24 Bde., Stuttgart 1950–2012.

RGA
Reallexikon der Germanischen Altertumskunde, hg. von Herbert Jankuhn/Heinrich Beck, 35 Bde., Berlin u. a., 1968/73–2007.

RIC
The Roman Imperial Coinage, hg. von Harold Mattingly/Edward A. Sydenham, 10 Bde., London 1923–2007.

RPC
The Roman Provincial Coinage, hg. von Andrew Burnett/Michel Amandry/Ian Carradice, 7 Bde., London 1992–2006.

Thieme/Becker
Ulrich Thieme/Felix Becker: Allgemeines Lexikon der Bildenden Künstler von der Antike bis zur Gegenwart, 37 Bde., Leipzig 1908–1950.

TRE
Theologische Realenzyklopädie, hg. von Gerhard Müller, 36 Bde., Berlin/New York 1976–2007.

Verfasserlexikon
Die deutsche Literatur des Mittelalters. Verfasserlexikon, hg. von Kurt Ruh/Burghart Wachinger, 14 Bde., 2. Aufl., Berlin/New York 1977–2008.

Wörterbuch der slawischen Altertümer [Słownik Starożytności Słowiańskich], hg. von Gerard Labuda/Zdzisław Stieber, 7 Bde., Breslau/Warschau/Krakau/Danzig/Łódź 1961–1986.

Sekundärliteratur

Abdy/Williams 2006
Richard Abdy/Gareth Williams: A Catalogue of Hoards and Single Finds from the British Isles c. AD 410–675, in: Barrie Cook/Gareth Williams (Hg.): Coinage and History in the North Sea World. Essays in Honour of Marion Archibald, Leiden 2006, S. 11–74.

Åberg 1945
Nils Åberg: The Occident and the Orient in the Art of the seventh Century, Bd. 2: Lombard Italy, Stockholm 1945.

Acheimastou-Potamianou 1998
Μ. Αχειμάστου-Ποταμιάνου: Εικόνες του Βυζαντινού Μουσείου [Ikonen des Byzantinischen Museums], Athen 1998.

Alberi 1998
Mary Alberi: The Evolution of Alcuin's Concept of the Imperium christianum, in: Joyce Hill/Mary Swan (Hg.): The Community, the Family and the Saint. Patterns of Power in Early Medieval Europe (International Medieval Research 4), Turnhout 1998, S. 3–17.

Alborino 1981
Verena Alborino: Das Silberkästchen von San Nazaro in Mailand (Habelts Dissertationsdrucke, Klassische Archäologie 13), Bonn 1981.

Albrecht 1928
Christoph Albrecht: Slawische Bildwerke, in: Mainzer Zeitschrift 23 (1928), S. 46–52.

Alexander 1978
Jonathan James Graham Alexander: A Survey of manuscripts illuminated in the British Isles, Bd. 1: Insular manuscripts. Sixth to the ninth century, London 1978.

Alfarano 1914
Tiberio Alfarano: De Basilicae vaticanae, antiquissima et nova structura (Documenti e ricerche per la storia dell'antica Basilica Vaticana 1), Rom 1914.

Alföldi 1963
Maria R. Alföldi: Die Constantinische Goldprägung. Untersuchungen zu ihrer Bedeutung für Kaiserpolitik und Hofkunst, Bonn 1963.

Altaner/Stuiber 1980
Berthold Altaner/Alfred Stuiber: Patrologie. Leben, Schriften und Lehre der Kirchenväter, 9. Aufl., Freiburg i. Br./Basel/Wien 1980.

Althoff 1979
Gerd Althoff: Studien zur habsburgischen Merowingersage, in: Mitteilungen des Instituts für Österreichische Geschichtsforschung 87 (1979), S. 71–100.

Althoff 1983
Gerd Althoff: Der Sachsenherzog Widukind als Mönch auf der Reichenau. Ein Beitrag zur Kritik des Widukind-Mythos, in: Frühmittelalterliche Studien 17 (1983), S. 251–279.

Althoff 1992
Gerd Althoff: Die Beurteilung der mittelalterlichen Ostpolitik als Paradigma für zeitgebundene Geschichtsbewertung, in: Ders. (Hg.): Die Deutschen und ihr Mittelalter. Themen und Funktionen moderner Geschichtsbilder vom Mittelalter, Darmstadt 1992, S. 147–164.

Ameisenowa 1958
Zofia Ameisenowa: Rękopisy i pierwodruki iluminowane Biblioteki Jagiellońskiej [Illuminierte Manuskripte und Inkunabeln der Jagiellonen-Bibliothek], Breslau/Krakau 1958.

Amersdorffer 1976
Heinrich Amersdorffer: Antike Münzen aus der Sammlung Amersdorffer (Bilderhefte der Staatlichen Museen Preußischer Kulturbesitz Berlin 28/29), Berlin 1976.

Andaloro 1989
Maria Andaloro: Il mosaico con la testa di Pietro. Dalle Grotte Vaticane all'arco trionfale della Basilica di San Paolo fuori le Mura, in: Dies. (Hg.): Fragmenta Picta. Affreschi e mosaici staccati del Medioevo romano, Kat. Museo Nazionale di Castel Sant'Angelo Rom, Rom 1989, S. 111–118.

Andaloro 1992
Maria Andaloro: Pittura romana e pittura a Roma da Leone Magno a Giovanni VII, in: Committenti e produzione artistico letteraria nell'Alto Medioevo occidentale (Settimana di Studi del Centro di Studi sull'Alto Medioevo 39), Spoleto 1992, S. 567–609.

Andernach 1979
Norbert Andernach (Bearb.): Fürstenbergische Geschichte, Bd. 4, Münster 1979.

Andersen 1992
Michael Andersen: Frådstenskatedralen i Roskilde, in: Frank A. Birkebœk/Ernst Verwohlt/Mette Høj (Hg.): Roskilde bys historie, Tiden indtil 1536, Roskilde 1992, S. 121–136.

Andersen 2008
Merete G. Andersen: Allhelgenklosteret i Lund indtil ca. 1200, in: Scandia 68 (2008), S. 31–38.

Andersson 1966
Aaron Andersson: Medieval Wooden Sculpture in Sweden. Museum of National Antiquities Stockholm, Bd. 2: Romanesque and Gothic Sculpture, Stockholm 1966.

Andersson 1989
Lars Andersson: Pilgrimsmärken och vallfart. Medeltida pilgrimskultur i skandinavien (Lund Studies in Medieval Archaeology 7), Stockholm 1989.

Andersson 2006
Gunnar Andersson: Among Trees, Bones and Stones: The Sacred Grove at Lunda, in: Anders Andrén/Kristina Jennbert/Catharina Raudvere (Hg.): Old Norse Religion in Long-Term Perspectives: Origins, Changes and Interactions, Lund 2006, S. 195–199.

Andersson/Beronius Jörpeland/Dunér 2003
Gunnar Andersson/ Lena Beronius Jörpeland/Jan Dunér: Gudarnas gård. Tre fallosfiguriner från Lunda I Strängnäs socken, Södermanland, in: Fornvännen 98 (2003), S. 124–126.

Andersson-Schmitt 1975/1976
Margarete Andersson-Schmitt: Anmerkungen zur Bedeutung des Haffner-Blattes für die Geschichte des Codex Argenteus, in: Nordisk tidskrift för bok – och biblioteksväsen, 62/63 (1975/1976), S. 16–21.

Andersson-Schmitt/Hedlund 1989
Margarete Andersson-Schmitt/Monica Hedlund: Mittelalterliche Handschriften der Universitätsbibliothek Uppsala. Katalog über die C-Sammlung, Bd. 2: Handschriften C 51–200 (Acta Bibliothecae Universitatis Upsaliensis 26), Uppsala 1989.

Andrałojć/Andrałojć 2006
Małgorzata Andrałojć/Mirosław Andrałojć: Bulla Bolesława księcia Polski/Eine Bulle von Fürst Bolesław von Polen (Prace Komisji Archeologicznej 24), Posen 2006.

Andrałojć/Andrałojć 2009
Małgorzata Andrałojć/Mirosław Andrałojć: Bulle księcia Bolesława Krzywoustego [Die Bullen des Fürsten Bolesław Schiefermund], in: Roczniki Historyczne [Historische Jahrbücher] 75 (2009), S. 25–42.

Andrałojć/Andrałojć/Silska/Szyngiera 2011
Małgorzata Andrałojć/Mirosław Andrałojć/Patrycja Silska/Piotr Szyngiera: Odkrycia skarbów wczesnośredniowiecznych z terenu Wielkopolski. Kontekst archeologiczny znalezisk [Frühmittelalterliche Schatzfunde aus den Gebieten Großpolens. Archäologischer Kontext der Funde], Posen 2011.

Andrén/Carelli 1998
Anders Andrén/Peter Carelli: De anglosaxiska spåren, in: Claes Wahlöö (Hg.): Metropolis Daniae. Ett stycke Europa (Kulturen 1998), Lund 1998, S. 26–35.

Angelidi/Papamastorakis 2005
Christine Angelidi/Titos Papamastorakis: Picturing the Spiritual Protector: from Blachernitissa to Hodegetria, in: Maria Vassilaki (Hg.): Images of the Mother of God. Perceptions of the Theotokos in Byzantium, Aldershot 2005, S. 209–224.

Angenendt 1973
Arnold Angenendt: Willibrord im Dienste der Karolinger, in: Annalen des Historischen Vereins für den Niederrhein 175 (1973), S. 63–113.

Angenendt 1994
Arnold Angenendt: In porticu ecclesiae sepultus. Ein Beispiel von himmlisch-irdischer Spiegelung, in: Hagen Keller/Nikolaus Staubach (Hg.): Iconologia Sacra. Mythos, Bildkunst und Dichtung in der Religions- und Sozialgeschichte Alteuropas. Festschrift für Karl Hauck zum 75. Geburtstag (Arbeiten zur Frühmittelalterforschung 23), Berlin 1994, S. 68–80.

Angenendt 2005
Arnold Angenendt: Liudger. Missionar – Abt – Bischof im frühen Mittelalter, Münster 2005.

Anjou 1928
Sten Anjou: En ljuskrona i Dalby Heligkorskyrka, in: Fornvännen. Tidskrift för svensk antikvarisk forskning 23 (1928), S. 366–371.

Anon 1869
Anon.: Proceedings and Papers. Journal of the Historical and Archaeological Association of Ireland 1 (1869), S. 339–352.

Anon 2002
Anon.: The Hunt Museum Essential Guide, London 2002.

Antonini 2002
Alessandra Antonini: Sion, Sous-le-Scex (VS). I. Ein spätantik-frühmittelalterlicher Bestattungsplatz: Gräber und Bauten (Cahiers d'archéologie romande 89), Lausanne 2002.

Antonova 1995
Вера Антонова: Шумен и Шуменската крепост [Shumen und die Festung von Shumen], Shumen 1995.

Apollonj Ghetti/Ferrua/Josi/Kirschbaum 1951
Bruno M. Apollonj Ghetti/Antonio Ferrua/Enrico Josi/Engelbert Kirschbaum: Esplorazioni sotto la Confessione di San Pietro in Vaticano. Eseguite negli anni 1940–1949, Vatikanstadt 1951.

Arbman 1939
Holger Arbman: Birka Sveriges äldsta handelsstad, Stockholm 1939.

Arbman 1940/1943
Holger Arbman: Birka. Untersuchungen und Studien 1: Die Gräber, 2 Bde., Stockholm 1940/1943.

Archipowa 2004
Е. И. Архипова: Нові знахідки візантійських стеатитових іконок в Україні [Neue Entdeckungen zu byzantinischen Ikonen aus Speckstein in der Ukraine], in: Студії мистецтвознавчі 3 (7) (2004), S. 7–20.

Archipowa 2008
Е. И. Архипова: Церковные осветительные приборы XI–XIII вв. из Переяслава Южного [Kirchliche Beleuchtungskörper des 11.–13. Jahrhunderts aus Perejaslaw-Jushnyj], in: Наукові записки з української історії 20 (2008), S. 244–257.

Archipowa/Pawlowa 2004
Е. И. Архипова/В.В. Павлова: Візантійська срібна чаша з Києва [Byzantinische Silberschale aus Kiew], in: Причерноморье, Крым, Русь в истории и культуре: Материалы II Судакской международной конференции. Ч. III-IV, Kiew 2004, S. 4–11.

Arends 1978
Ulrich Arends: Ausgewählte Gegenstände des Frühmittelalters mit Amulettcharakter, Diss Heidelberg 1978.

Aris 2004
Marc-Aeilko Aris: „Der Trost der Bücher". Bonifatius und seine Bibliothek, in: Michael Imhof/Gregor K. Stasch (Hg.): Bonifatius. Vom angelsächsischen Missionar zum Apostel der Deutschen, Petersberg 2004, S. 95–110.

Aris/Broszinski 1996
Marc-Aeilko Aris/Hartmut Broszinski: Die Glossen zum Jakobusbrief aus dem Viktor-Codex (Bonifatianus 1) in der Hessischen Landesbibliothek zu Fulda (Veröffentlichungen der Hessischen Landesbibliothek Fulda 7), Fulda/Paderborn 1996.

Armstrong 1933
Edmund C. R. Armstrong: Guide to the Collection of Irish Antiquities. Catalogue of Irish Gold Ornaments in the Collection of the Royal Irish Academy, 2. Aufl., Dublin 1933.

Armstrong/Macalister 1920
Edmund C.R. Armstrong/Robert A.S. Macalister: Wooden book with leaves indented and waxed found near Springmount Bog, Co. Antrim, in: Journal of the Royal Society of Antiquaries of Ireland 50 (1920), S. 160–166.

Arneborg 2012
Jette Arneborg: Churches, Christianity and Magnate Farmers in the Norse Eastern Settlement, in: Hans Christian Gulløv/Peter Andreas Toft/Caroline Polke Hansgaard (Hg.): Challenges and Solutions. Northern Worlds – Report from Workshop 2 at the National Museum, Kopenhagen 2012, S. 167–170.

Arneborg/Heinemeier/Lynnerup 2012
Jette Arneborg/Jan Heinemeier/Niels Lynnerup (Hg.): Greenland Isotope Project: Diet in Norse Greenland AD 1000–AD 1450, in: Journal of the North Atlantic, Special volume 3 (2012), S. 1–135.

Arngart 1952
Olof S. Arngart: The Leningrad Bede: an eighth century manuscript of the Venerable Bede's Historia ecclesiastica gentis Anglorum in the Public Library, Leningrad (Early English Manuscripts in Facsimile 2), Kopenhagen 1952.

Arrhenius 1986
Birgit Arrhenius: Einige christliche Paraphrasen aus dem 6. Jahrhundert, in: Helmut Roth (Hg.): Zum Problem der Deutung frühmittelalterlicher Bildinhalte (Veröffentlichungen des Vorgeschichtlichen Seminars der Philipps-Universität Marburg a. d. Lahn, Sonderband 4), Sigmaringen 1986, S. 129–152.

Arrhenius/Freij 1992
Birgit Arrhenius/Henri Freij: „Pressblech"-Fragments from the East Mound in Old Uppsala Analysed with a Laser Scanner, in: Laborativ Arkeologi 6 (1992), S. 75–110.

Atanasov 2001
Г. Атанасов: Инсигниите на средновековните български владетели [Die Insignien der mittelalterlichen bulgarischen Herrscher], Pleven 2001.

Atlas zur Geschichte 1973
Atlas zur Geschichte. Von den Anfängen der menschlichen Gesellschaft bis zum Vorabend der Großen Sozialistischen Oktoberrevolution 1917, Bd. 1, Gotha/Leipzig 1973.

Atzbach/Wagner 2009
Rainer Atzbach/Thomas Wagner: SOS auf der Klinge – das Schwert vom Marburger Biegeneck und die europäischen Inschriftenschwerter des SDX-Typs, in: Hessenarchäologie 2008 (2009), S. 128–131.

Autenrieth 1963
Johanne Autenrieth: Die Handschriften der ehemaligen Königlichen Hofbibliothek, Bd. 3: Codices iuridici et politici (HB VI 1–139). Patres (HB VII 1–71) (Die Handschriften der Württembergischen Landesbibliothek Stuttgart 2,3), Wiesbaden 1963.

Autenrieth 1982
Johanne Autenrieth: Irische Handschriftenüberlieferung auf der Reichenau, in: Heinz Löwe (Hg.): Die Iren und Europa im frühen Mittelalter, 2 Bde., Stuttgart 1982, S. 903–915.

Autze 2012
Tanja Autze: Ergebnisse zur Domplatzgeschichte in Magdeburg. Die Ausgrabungen an und in der alten Möllenvogtei, in: Archäologie in Sachsen-Anhalt 6 (2012), S. 183–203.

Avent 1975
Richard Avent: Anglo-Saxon garnet inlaid disc and composite brooches, Oxford 1975.

Avery 1921
Clara Louise Avery: Early Christian Gold Glass, in: The Metropolitan Museum of Art Bulletin 16,8 (1921), S. 170–175.

Avril/Danz Stirnemann 1987
François Avril/Patricia Danz Stirnemann: Manuscrits enluminés d'origine insulaire, VIIe–XXe siècles (Manuscrits enluminés de la Bibliothèque nationale), Paris 1987.

Axboe/Düwel/Hauck/Padberg/Wypior 1986
Morton Axboe/Klaus Düwel/Karl Hauck/Lutz von Padberg/Cajus Wypior: Die Goldbrakteaten der Völkerwanderungszeit, Bd. 2,1, Ikonographischer Katalog (IK 2, Text) (Münstersche Mittelalterschriften 24/2,1), München 1986.

Axboe/Stoklund 2003
Morten Axboe/Marie Stoklund: En runebrakteat fra Uppåkra, in: Birgitta Hårdh (Hg.): Fler fynd i centrum. Materialstudier i och kring Uppåkra (Acta Archaeologica Lundensia, Series in 8° 45), Stockholm 2003, S. 81–87.

Bæksted 1949
Anders Bæksted: Kareby-fontens runeindskrift, in: Fornvännen, Bd. XLIV (1949), S. 49–53.

Bähr 2009
Astrid Bähr: Repräsentieren, bewahren, belehren: Galeriewerke (1660–1800). Von der Darstellung herrschaftlicher Gemäldesammlungen zum populären Bildband, Hildesheim 2009.

Baier 1982
Gerd Baier (Bearb.): Die Bau- und Kunstdenkmale in der DDR. Bezirk Neubrandenburg, hg. vom Institut für Denkmalpflege, bearbeitet von einem Kollektiv der Arbeitsstelle Schwerin, Berlin 1982.

Bailey 1978
Richard Bailey: The Durham Cassiodorus, Vortrag in Jarrow, Jarrow 1978.

Bailey/Handley 1983
Richard Bailey/Rima Handley: Early English Manuscripts of Cassiodorus' Expositio Psalmorum, in: Classical Philology 78.1 (1983), S. 51–55.

Bakhtine/Dobiaš-Roždestvenskaja 1991
Wsewolod W. Bakhtine/Olga A. Dobiaš-Roždestvenskaja: Les anciens mss latins de la bibliothèque publique Saltykov-Sčedrin de Leningrad, Paris 1991.

Bakka 1983
Egil Bakka: Westeuropäische und nordische Tierornamentik des achten Jahrhunderts in überregionalem Stil III. Ein Beschlagfragment mit Tierornament von der karolingischen Pfalz in Paderborn, in: Studien zur Sachsenforschung 4 (1983), S. 1–56.

Bálint 2010
Csanád Bálint: Der Schatz von Nagyszentmiklós. Archäologische Studien zur frühmittelalterlichen Metallgefäßkunst des Orients, Byzanz' und der Steppe, mit einem Anhang von Pál Sümegi (Varia Archaeologica Hungarica 16b), Budapest 2010.

Baltogianni 1991/1992
Χρ. Μπαλτογιάννη: Η Παναγία Γλυκοφιλούσα και το 'ανακλινόμενον βρέφος' σε εικόνα της συλλογής Λοβέρδου [Die Gottesmutter und der 'sich zurücklehnende Säugling' in einer Ikone der Sammlung Loverdos], in: ΔΧΑΕ ΙΣΤ' (1991/1992), S. 219–238.

Baltogianni 1994
Χρ. Μπαλτογιάννη: Εικόνες Μήτηρ Θεού Βρεφοκρατούσα στην Ενσάρκωση και το Πάθος [Ikonen der Muttergottes mit Kind in der Inkarnation und Passion], Athen 1994.

Balzer 1979
Manfred Balzer: Paderborn als karolingischer Pfalzort, in: Josef Fleckenstein (Hg.): Deutsche Königspfalzen. Beiträge zu ihrer archäologischen und historischen Erforschung, Bd. 3 Veröffentlichungen des Max-Planck-Instituts für Geschichte 11/3), Göttingen 1979, S. 9–85.

Balzer 1999
Manfred Balzer: Paderborn im frühen Mittelalter (776–1050). Sächsische Siedlung – karolingischer Pfalzort – ottonisch-salische Bischofsstadt, in: Jörg Jarnut (Hg.): Paderborn. Geschichte der Stadt in ihrer Region, Bd. 1: Das Mittelalter. Bischofsherrschaft und Stadtgemeinde, Paderborn u. a. 1999, S. 3–118.

Baraka 2009
Josipa Baraka: A proposito dei reliquiari paleocristiana di Pola e di Novalja, in: Emilio Marín/Danilo Mazzoleni (Hg.): Il cristianesimo in Istria fra tarda antichità e alto medioevo. Novità e riflessioni (Sussidi allo studio delle antichità cristiane 20), Vatikanstadt 2009, S. 187–207.

Barber 1981
John W. Barber: Excavations on Iona, 1979, in: Proceedings of the Society of

Antiquaries of Scotland 111 (1981), S. 282–380.

Barham 2007
Elizabeth Barham: Controlled lifting and X-radiography of gold threads from ancient archaeological textiles, in: Sonia O'Connor/Mary Brooks (Hg.): X-radiography of textiles, dress and related objects, Oxford 2007, S. 302–306.

Barral i Altet 1991
Xavier Barral i Altet: La mosaïque, texte et bibliographie, in: Noël Duval (Hg.): Naissance des arts chrétiens. Atlas des monuments paléochrétiens de la France (Atlas archéologiques de France), Paris 1991, S. 238–248.

Barral i Altet/Duval/Papinot 1996
Xavier Barral i Altet/Noël Duval/Jean-Claude Papinot: Poitiers, chapelle funéraire dite „hypogée des Dunes", in: Noël Duval (Hg.): Les premiers monuments chrétiens de la France, Bd. 2: Sud-Ouest et Centre (Atlas archéologiques de la France), Paris 1996, S. 302–309.

Barroccini 1930
Renato Barroccini: Una capsella marmorea cristiana rinvenuta in Ravenna, in: Felix Ravenna 1 (1930), S. 21–33.

Bastien 1983
Pierre Bastien: Le monnayage de Magnence (350–353) (Numismatique romaine 1), 2. Aufl., Wetteren 1983.

Bateson 1973
David J. Bateson: Roman Material from Ireland: A Re-consideration, in: Proceedings of the Royal Irish Academy 73.2C (1973), S. 21–97.

Baudry 2009
Gérard-Henri Baudry: Simboli cristiani delle origini. I-VII secolo, Mailand 2009.

La Baume/Salomonson 1976
Peter La Baume/Jan Willem Salomonson: Römische Kleinkunst. Sammlung Karl Löffler (Wissenschaftliche Kataloge des Römisch-Germanischen Museums Köln 3), Köln 1976.

Baus/Beck/Ewig/Vogt 1975
Karl Baus/Hans-Georg Beck/Eugen Ewig/Hermann Josef Vogt: Handbuch der Kirchengeschichte, Bd. 2: Die Reichskirche nach Konstantin dem Großen, Halbbd. 2: Die Kirche in Ost und West von Chalkedon bis zum Frühmittelalter (451–700), Freiburg i. Br./Basel/Wien 1975.

Baus/Ewig 1973
Karl Baus/Eugen Ewig: Handbuch der Kirchengeschichte, Bd. 2: Die Reichskirche nach Konstantin dem Großen, Halbbd. 1: Die Kirche von Nikaia bis Chalkedon, Freiburg i. Br./Basel/Wien 1973.

Becher 2011
Matthias Becher: Chlodwig I. Der Aufstieg der Merowinger und das Ende der antiken Welt, München 2011.

Beck 1982
Beck, Françoise (Red.): Catalogue sommaire illustré des collections du musée des Antiquités nationales de Saint-Germain-en-Laye, Bd. 1, Archéologie comparée. Teil 1: Afrique, Europe occidentale et centrale, Paris 1982.

Becker/Reed 2003
Adam H. Becker/Annette Y. Reed (Hg.): The Ways that Never Parted. Jews and Christians in Late Antiquity and the Early Middle Ages (Texts and Studies in Ancient Judaism 95), Tübingen 2003.

Behr/Pestell (in Vorbereitung)
Charlotte Behr/Tim Pestell: The Bracteate Hoard from Binham: Ritual, Myth and Belief in Early Anglo-Saxon England, in: Medieval Archaeology (in Vorbereitung).

Bei der Wieden 2005
Helge Bei der Wieden: Die Taufe Widukinds. Ein unbeachteter Aspekt bei der Unterwerfung der Sachsen durch Karl den Großen, in: Jahrbuch der Gesellschaft für niedersächsische Kirchengeschichte 103 (2005), S. 7–24.

Beissel 1895
Stephan Beissel: Stadt und Stift Fritzlar. Eine culturhistorische Studie, in: Stimmen aus Maria Laach 49 (1895), S. 378–395.

Belfort 1893
Auguste de Belfort: Description générale des monnaies mérovingiennes, par ordre alphabétique des ateliers, Bd. 3, P-V, Paris 1893.

Bender 2008
Wolfgang Bender: Bernhard II. zur Lippe und die Mission in Livland, in: Jutta Prieur: Lippe und Livland. Mittelalterliche Herrschaftsbildung im Zeichen der Rose: Ergebnisse der Tagung „Lippe und Livland", Detmold und Lemgo 2006, (Sonderveröffentlichungen des Naturwissenschaftlichem und Historischen Vereins für das Land Lippe e. V. 82), Bielefeld 2008, S. 147–168.

Bentchev 1999
Ivan Bentchev: Engelikonen. Machtvolle Bilder himmlischer Boten, Freiburg i. Br. 1999.

Bérenger 1986
Daniel Bérenger: Das frühmittelalterliche Körpergräberfeld von Fürstenberg im Sintfeld, Stadt Wünnenberg, Kreis Paderborn. Vorbericht über die Grabung 1983–1984, in: Ausgrabungen und Funde in Westfalen-Lippe 4 (1986), S. 139–166.

Bérenger 1990
Daniel Bérenger: Durch einen Schwurring ewig ausgezeichnet. Der Mann aus dem Adelsgrab von Fürstenberg, in: Hansgerd Hellenkemper/Heinz Günter Horn/Harald Koschik/Bendix Trier (Hg.): Archäologie in Nordrhein-Westfalen. Geschichte im Herzen Europas, Kat. Römisch-Germanisches Museum Köln, Mainz 1990, S. 286–289.

Bergendahl Hohler 1999
Erla Bergendahl Hohler: Norwegian Stave Church Sculpture (Medieval Art in Norway), Oslo 1999.

Bergmann 1977
Marianne Bergmann: Studien zum römischen Porträt des 3. Jahrhunderts n. Chr. (Antiquitas, Reihe 3,18), Bonn 1977.

Bergmann 1998
Marianne Bergmann: Die Strahlen der Herrscher. Theomorphes Herrscherbild und politische Symbolik im Hellenismus und in der römischen Kaiserzeit, Mainz 1998.

Bergmann 1999
Rudolf Bergmann: Karolingisch-ottonische Fibeln aus Westfalen. Verbreitung, Typologie und Chronologie im Überblick, in: Christoph Stiegemann/Matthias Wemhoff (Hg): 799 Kunst und Kultur der Karolingerzeit. Karl der Große und Papst Leo III. in Paderborn, Kat. Diözesanmuseum/Museum in der Kaiserpfalz/Städtische Galerie am Abdinghof Paderborn, Bd. 3: Beiträge, Mainz 1999, S. 438–444.

Bergmann 2011
Rudolf Bergmann: Eine Heiligenfibel in Senkschmelztechnik von der Ortswüstung Didingohusen, in: LWL-Archäologie für Westfalen und der Altertumskommission für Westfalen (Hg.): Archäologie in Westfalen-Lippe 2010, Langenweißbach 2011, S. 127–129.

Berschin 1986
Walter Berschin: Biographie und Epochenstil im lateinischen Mittelalter, Bd. 1: Von der „Passio Perpetuae" bis zu den „Dialogi" Gregors des Großen (Quellen und Untersuchungen zur lateinischen Philologie des Mittelalters 10), Stuttgart 1986.

Berschin 1988
Walter Berschin: Biographie und Epochenstil im lateinischen Mittelalter, Bd. 2, Merowingische Biographie. Italien, Spanien und die Inseln im frühen Mittelalter (Quellen und Untersuchungen zur lateinischen Philologie des Mittelalters 9), Stuttgart 1988.

Berschin 1991
Walter Berschin: Biographie und Epochenstil im lateinischen Mittelalter, Bd. 3: Karolingische Biographie 750–920 n. Chr. (Quellen und Untersuchungen zur lateinischen Philologie des Mittelalters 10), Stuttgart 1991.

Berschin 2010
Walter Berschin: Alkuin und die Biographie, in: Ernst Tremp/Karl Schmuki (Hg.): Alkuin von York und die geistige Grundlegung Europas (Monasterium Sancti Galli 5), St. Gallen 2010.

Beševliev 1955
Veselin Beševliev: Neue Fragmente protobulgarischer und anderer mittelalterlicher Inschriften aus Pliska und Silistra, in: Bulletin de l'Institut Archéologique 20 (1955), S. 277–292.

Beševliev 1992
Веселин Бешевлиев: Първобългарски надписи [Protobulgarische Inschriften], Sofia 1992.

Best 1915
R. I. Best: The St. Gall incantation against headache, in: Ériu 8/1 (1915), S. 100.

Best 1952
R. I. Best: „Some Irish charms", in: Ériu 16 (1952), S. 7–32.

Best 1997
Werner Best: Die Ausgrabungen in der frühmittelalterlichen Wallburg Gaulskopf bei Warburg-Ossendorf, Kreis Höxter. Vorbericht, in: Germania 75 (1997), S. 159–192.

Beuckers 1993
Klaus Gereon Beuckers: Die Ezzonen und ihre Stiftungen. Eine Untersuchung zur Stiftungstätigkeit im 11. Jahrhundert (Kunstgeschichte 42), Münster/Hamburg 1993.

Beuckers 2004
Klaus Gereon Beuckers: Der Kölner Dom, Darmstadt 2004.

Bevilacqua 1997
Gabriella Bevilacqua: Le iscrizioni della catacomba di Monteverde nei Musei Vaticani, in: Ivan Di Stefano Manzella (Hg.): Le iscrizioni dei Cristiani in Vaticano. Materiali e contributi scientifici per una mostra epigrafica (Inscriptiones Sanctae Sedis 2), Vatikanstadt 1997, S. 37–43, 185–187.

Bierbrauer 1990
Katharina Bierbrauer: Die vorkarolingischen und karolingischen Handschriften der Bayerischen Staatsbibliothek (Katalog der illuminierten Handschriften der Bayerischen Staatsbibliothek in München 1), Wiesbaden 1990.

Bierbrauer 1999
Katharina Bierbrauer: Der Einfluß insularer Handschriften auf die kontinentale Buchmalerei, in: Christoph Stiegemann/Matthias Wemhoff (Hg.): 799 Kunst und Kultur der Karolingerzeit. Karl der Große und Papst Leo III. in Paderborn, Kat. Diözesanmuseum/Museum in der Kaiserpfalz/Städtische Galerie am Abdinghof Paderborn, Mainz 1999, Bd. 3, S. 465–481.

Biermann 2009
Felix Biermann: Bootsgrab – Brandgrab – Kammergrab. Die slawischen Gräberfelder von Usedom im Kontext der früh- und hochmittelalterlichen Bestattungssitten in Mecklenburg und Pommern (Archäologie und Geschichte im Ostseeraum 7), Rahden/Westf. 2009.

Biermann 2013
Felix Biermann: Die Kleinfunde aus den Grabungen von 2006, in: Felix Biermann/Franz Schopper (Hg.): Ein spätslawischer Friedhof mit Schwertgräbern von Wusterhausen an der Dosse (Arbeitsberichte zur Bodendenkmalpflege in Brandenburg 23), Wünsdorf 2013.

Billig 1989
Gerhard Billig: Die Burgwardorganisation im obersächsisch-meißnischen Raum. Archäologisch-archivalisch vergleichende Untersuchungen (Veröffentlichungen des Landesamtes für Vorgeschichte Dresden 20), Berlin 1989.

Bilousowa 1996
В. Білоусова: Ливарні форми XII–XIII століття з колекції НМІУ [Die Gussformen des 12.–13. Jahrhunderts aus der Sammlung des Nationalmuseums der Geschichte der Ukraine], in: Петро Толочко (Hg.): Церква Богородиці Десятинна в Києві. До 1000-ліття освячення [Die Muttergottes-Desjatinnaja-Kirche in Kiew. Zum 1000-jährigen Weihejubiläum], Kiew 1996, Nr. 21f.

Binsfeld 1960/1961
Wolfgang Binsfeld: Neue Mithraskultgefäße aus Köln, in: Kölner Jahrbuch für Vor- und Frühgeschichte 5 (1960/1961), S. 67–72.

Binsfeld 2006
Andrea Binsfeld: Vivas in Deo. Die Graffiti der frühchristlichen Kirchenanlage in Trier (Die Trierer Domgrabung 5; Kataloge und Schriften des Bischöflichen Dom- und Diözesanmuseums Trier 6), Trier 2006.

Bird 2004
Joanna Bird: Incense in the Mithraic Ritual. The Evidence of the Finds, in: Marleen Martens/Guy De Boe (Hg.): Roman Mithraism. The Evidence of the Small Finds (Archeologie in Vlaanderen, Monografie 4), Brüssel 2004, S. 191–199.

Birkfellner 1975
Gerhard Birkfellner: Glagolitische und kyrillische Handschriften in Österreich (Österreichische Akademie der Wissenschaften, phil.-hist. Klasse, Schriften der Balkankommission, Linguistische Abteilung 22), Wien 1975.

Bisagni/Warntjes 2008
Jacopo Bisagni/Immo Warntjes: The Early Old Irish material in the newly discovered Computus Einsidlensis (c. AD 700), in: Ériu 58 (2008), S. 77–105.

Bischoff 1967
Karl Bischoff: Sprache und Geschichte an der mittleren Elbe und der unteren Saale (Mitteldeutsche Forschungen 52), Köln/Graz 1967.

Bischoff 1979
Bernhard Bischoff: Paläographie des römischen Altertums und des abendländischen Mittelalters, Berlin 1979.

Bischoff 1980
Bernhard Bischoff: Die südostdeutschen Schreibschulen und Bibliotheken in der Karolingerzeit, Teil 2: Die vorwiegend österreichischen Diözesen, Wiesbaden 1980.

Bischoff 1981a
Bernhard Bischoff: Bücher am Hofe Ludwigs des Deutschen und die Privatbibliothek des Kanzlers Grimalt, wieder abgedruckt in: Bernhard Bischoff: Mittelalterliche Studien. Ausgewählte Aufsätze zur Schriftkunde und Literaturgeschichte, Bd. 3, Stuttgart 1981, S. 187–212.

Bischoff 1981b
Bernhard Bischoff: Panorama der Handschriftenüberlieferung aus der Zeit Karls des Großen, wieder abgedruckt in: Bernhard Bischoff: Mittelalterliche Studien. Ausgewählte Aufsätze zur Schriftkunde und Literaturgeschichte, Bd. 3, Stuttgart 1981, Bd. 3, S. 5–38.

Bischoff 1988
Bernhard Bischoff et al.: The Épinal, Erfurt, Werden, and Corpus Glossaries (Early English Manuscripts in Facsimile 22), Kopenhagen 1988.

Bisconti 2001
Fabrizio Bisconti: L'iconografia dei battisteri in Italia, in: L'edificio battesimale in Italia. Aspetti e problemi (Atti dei convegni dell'Istituto Internazionale di Studi Liguri 5), Bordighera 2001, S. 405–440.

Bisconti 2009
Fabrizio Bisconti: Alle origini dell'iconografia battesimale. Tempi, luoghi ed evoluzione, in: Ivan Foletti/Serena Romano (Hg.): Fons vitae. Baptême, Baptistère et Rites d'initiation (IIe–VIe siècle), Rom 2009, S. 89–100.

Biskup 1993
Marian Biskup: Wojny Polski z Zakonem Krzyżackim 1308-1521 [Die Kriege Polens gegen den Deutschen Ritterorden 1308–1521], Danzig 1993.

Blackburn 2008
Mark Blackburn: The Coin-finds, in: Dagfinn Skre (Hg.): Means of Exchange. Dealing with silver in the Viking age (Kaupang Excavation Project Publication Series 2), Århus 2008, S. 29–74.

Blackmore 2008
Lyn Blackmore: Schätze eines angelsächsischen Königs von Essex. Die Funde aus einem Prunkgrab von Prittlewell und ihr Kontext, in: Sebastian Brather (Hg.): Zwischen Spätantike und Frühmittelalter, Archäologie des 4. bis 7. Jahrhunderts im Westen (RGA-E 57), Berlin/New York 2008, S. 323–340.

Blackwell 2012
Alice Blackwell: Individuals, in: David Clarke/Alice Blackwell/Martin Goldberg: Early Medieval Scotland: Individuals, Communities and Ideas, Edinburgh 2012, S. 25.

Blair 2005
John Blair: The Church in Anglo-Saxon Society, Oxford 2005.

Bland 2012
Roger Bland: Gold for the Barbarians? Uniface Gold Medallions of the House of Constantine Found in Britain and Ireland, in: Britannia 43 (2012), S. 217–225.

Blaschke 2002
Olaf Blaschke (Hg.): Konfessionen im Konflikt. Deutschland zwischen 1800 und 1970. Ein zweites konfessionelles Zeitalter, Göttingen 2002.

Bleile 2005
Ralf Bleile: Der slawische Wege- und Brückenbau in Nordostdeutschland (8. -12. Jahrhundert), in: Walter Melzer (Hg.): Mittelalterarchäologie und Bauhandwerk. Beiträge des 8. Kolloquiums des Arbeitskreises zur archäologischen Erforschung des mittelalterlichen Handwerks (Soester Beiträge zur Archäologie 6), Soest 2005, S. 125–148.

Bleile 2011
Ralf Bleile: Slawische Wege und Brücken des 8. bis 12. Jahrhundert in Norddeutschland, in: Bayerische Gesellschaft für Unterwasserarchäologie in Verbindung mit dem Bayerischen Landesamt für Denkmalpflege (Hg.): Archäologie der Brücken. Vorgeschichte, Antike, Mittelalter, Neuzeit, Regensburg 2011, S. 156–160.

Bleskina 2007
Olga N. Bleskina: Ostrovnoye evangeliye VIII veka (RNB, Lat. F.v.I.8): Kodikogicheskiy i paleograficheskiy aspekty, Monfokon: Issledovaniya po paleografii, kodikologii i diplomatike 1. Al'ians-Arkheo, Moskau/St. Petersburg 2007 (digitalisiert unter dem englischen Titel: Eighth-century insular gospel [NLR, Lat. F.v.I.8]: Codicological and palaeographical aspects, http://www.helsinki.fi/varieng/journal/volumes/09/bleskina/, 04.06.2013).

Blindheim 1956/1957
Martin Blindheim: Brukrusifikset. Et tidligmiddelaldersk klenodium, in: Universitetets Oldsaksamling Årbok (1956/1957), S. 151–193.

Blindheim 1969
Charlotte Blindheim: Kaupangundersøkelsen avsluttet. Kort tilbakeblikk på en lang utgravning, in: Viking. Tidsskrift for norrøn arkeologi 33 (1969), S. 5–40.

Blindheim 1972
Martin Blindheim: Middelalderkunst fra Norge i andre lande – Norwegian Medieval Art Abroad, Norge 872–1972. Universitetet Oldsaksamling, Oslo 1972.

Blindheim 1982a
Charlotte Blindheim: Slemmedal-skatten. En liten orientering om et stort funn, in: Viking. Tidsskrift for norrøn arkeologi 45 (1982), S. 5–31.

Blindheim 1982b
Martin Blindheim: De gyldne skipsfløyer fra sen vikingtid. Bruk og teknikk, in: Viking Tidsskrift for norrøn arkeologi 46 (1982), S. 85–111.

Blindheim 1984
Martin Blindheim: A House-shaped Irish-Scots Reliquary in Bologna, and Its Place among the Other Reliquaries, in: Acta Archaeologica 55 (1984), S. 1–53.

Blindheim 1998
Martin Blindheim: Painted Wooden Sculpture in Norway, c. 1100–1250 (Medieval Art in Norway), Oslo 1998.

Bloch 1992
Peter Bloch: Romanische Bronzekruzifixe (Denkmäler deutscher Kunst; Bronzegeräte des Mittelalters 5), Berlin 1992.

Blöcher 2012
Heidi Blöcher: Die Mitren des hohen Mittelalters, Riggisberg 2012.

Blomqvist 1951
Ragnar Blomqvist: Lunds historia, Bd. 1: Medeltiden, Lund 1951.

Blomqvist/Mårtensson 1963
Ragnar Blomqvist/Anders W. Mårtensson: Thulegrävningen 1961. En berättelse om vad grävningarna för Thulehuset i Lund avslöjade (Archaeologica Lundensia 2), Lund 1963.

Blum 1983
Rudolf Blum: Die Literaturverzeichnung im Altertum und Mittelalter. Versuch einer Geschichte der Biobibliographie von den Anfängen bis zum Beginn der Neuzeit, in: Archiv für Geschichte des Buchwesens 24 (1983), Sp. 1–256.

Blumberg 2012
Anselm Blumberg: Accepisti signaculum spiritale. Das geistliche Siegel der Taufe im Spiegel der Werke des Ambrosius von Mailand, Regensburg 2012.

Boardman 2009
John Boardman: The Marlborough Gems formerly at Blenheim Palace, Oxford 2009.

Boas 2012
Niels Axel Boas: Kniven i mosen, in: Skalk. nyt om gammelt – Forhistorik Museum Århus (2012), S. 14–19.

Bocharov 1984
Henrich Bocharov: Chydojestvjennyj metall Drevnjej Rusi [Metallkunst in der Alten Rus], Moskau 1984.

Bocheński 1930
Zbigniew Bocheński: Polskie szyszaki wczesnośredniowieczne [Polnische frühmittelalterliche Spangenhelme] (Prace Komisji antropologji i prehistorji 3), Krakau 1930.

Bock 1901
Waldemar von Bock: Matériaux pour servir à l'archéologie de l'Égypte chrétienne, 2 Bde., St. Petersburg 1901.

Bodarwé 2004
Katrinette Bodarwé: Sanctimoniales litteratae. Schriftlichkeit und Bildung in den ottonischen Frauenkommunitäten Gandersheim, Essen und Quedlinburg (Quellen und Studien. Veröffentlichungen des Instituts für kirchengeschichtliche Forschung des Bistums Essen 10), Münster 2004.

Bogyay 1992
Tamás Bogyay: Történeti forrás- és művészettörténeti stíluskritika Zalavár körül (Megjegyzések Tóth Sándor „A Keszthelyi Balatoni Múzeum középkori kőtára" című tanulmányához) [Probleme historischer Quellenkritik und kunstgeschichtlicher Stilkritik um Zalavár – Bemerkungen zu Sándor Tóths Studie „Das mittelalterliche Lapidarium des Balaton-Museums zu Keszthely"], in: Zalai Múzeum 4 (1992), S. 169–177.

Böhner 1982
Kurt Böhner: Die Reliefplatten von Hornhausen, in: Jahrbuch des Römisch-Germanischen Zentralmuseums Mainz 23/24,1976/1977 (1982), S. 89–138.

Böhner 1989
Kurt Böhner: Die goldene Almandin-Scheibenfibel von Reinstrup/Seeland (Dänemark), in: Jahresschrift für mitteldeutsche Vorgeschichte 72 (1989), S. 161–171.

Boissavit-Camus 1998
Brigitte Boissavit-Camus: Poitiers, in: Louis Maurin/Nancy Gauthier/Jean-Charles Picard (Hg.): Topographie chrétienne des cités de la Gaule des origines au milieu du VIIIe siècle, Bd. 10: Province ecclésiastique de Bordeaux (Aquitania secunda), Paris 1998, S. 65–92.

Boissavit-Camus 2001
Brigitte Boissavit-Camus: Le quartier épiscopal de Poitiers. Essai de topographie historique d'un secteur urbain (IVe–XIIe siècles), Diss. Tours 2001.

Boissavit-Camus 2010
Brigitte Boissavit-Camus: Les édifices cultuels de l'abbaye de Saint-Martin de Ligugé, in: Luc Bourgeois (Hg.): Wisigoths et Francs autour de la bataille de Vouillé (507). Recherches récentes sur le haut Moyen Âge dans le Centre-Ouest de la France (Mémoires Association Française d'Archéologie Mérovingienne 22), Saint-Germain-en-Laye 2010, S. 215–235.

Boissavit-Camus/Palazzo (im Druck)
Brigitte Boissavit-Camus/Bénédicte Palazzo: Civaux, église Saint-Gervais, Saint-Protais et Sanctuaire de la place, in: Archéologie médiévale 42 (2011) (im Druck).

Boldetti 1720
Marco Antonio Boldetti: Osservazioni sopra i Cimiteri de' Santi Martiri ed Antichi Cristiani di Roma, Rom 1720.

Bolsunowskij 1909
К. В. Болсуновский: Писанки, как предмет языческого культа [Pysanky als Bestandteil des heidnischen Kultes], Kiew 1909.

Bóna 1966
István Bóna: „Cundpald fecit". Der Kelch von Petőháza und die Anfänge der bairisch-fränkischen Awarenmission in Pannonien, in: Acta Archaeologia Hungarica 18 (1966), S. 279–325.

Bonde 1993
Niels Bonde: Dendrokronologiske dateringsundersøgelser på Nationalmuseet 1992, in: Arkæologiske udgravninger i Danmark 1992 (1993), S. 305–321.

Bönisch 2007
Eberhard Bönisch: Ein Limosiner Kruzifix aus der Holzkirche des 13. Jahrhunderts in Horno/Niederlausitz, in: Thomas Kersting/Armin Volkmann (Hg.): Kirchen des Mittelalters in Brandenburg und Berlin. Archäologie und Bauforschung (Denkmalpflege in Berlin und Brandenburg 3), Petersberg 2007, S. 156–183.

Boockmann 1982
Hartmut Boockmann: Die Marienburg im 19. Jahrhundert, Frankfurt am Main/Wien 1982.

Bookmann 1989
Hartmut Boockmann: Eichendorff und die Marienburg, in: Aurora 49 (1989), S. 111–133.

Bordi 2006a
Giulia Bordi: I dipinti della navata 2, La serie dei ritratti papali, in: Maria Andaloro (Hg.): La Pittura Medievale a Roma 312–1431. Corpus, Bd. 1, L'orizzonte tardoantico e le nuove immagini 312–468, Mailand 2006, S. 379–395.

Bordi 2006b
Giulia Bordi: Il mosaico dell'Arco Trionfale: La testa di San Pietro, in: Maria Andaloro (Hg.): La Pittura Medievale a Roma 312–1431. Corpus, Bd. 1: L'orizzonte tardoantico e le nuove immagini 312–468, Mailand 2006, S. 403–405.

Borgolte 1985
Michael Borgolte: Stiftergrab und Eigenkirche. Ein Begriffspaar der Mittelalterarchäologie in historischer Kritik, in: Zeitschrift für Archäologie des Mittelalters 13 (1985), S. 27–38.

Bornheim 1998
Bernhard Bornheim: Ikonen. Russische Feinmalerei zwischen Orient und Okzident. Eine Kulturgeschichte in Bildern, Augsburg 1998.

Borst 1998
Arno Borst: Die karolingische Kalenderreform (MGH Schriften 46), Hannover 1998.

Bosio 1632
Antonio Bosio: Roma sotterranea, Rom 1632.

Bosman 2012
Lex Bosman: Bedeutung und Tradition. Über die Spolien im Chorbereich des Magdeburger Domes, in: Wolfgang Schenkluhn/Andreas Waschbüsch (Hg.): Der Magdeburger Dom im europäischen Kontext. Beiträge des internationalen wissenschaftlichen Kolloquiums zum 800-jährigen Domjubiläum in Magdeburg 2009, Regensburg 2012, S. 189–197.

Bosselmann-Ruickbie 2011
Antje Bosselmann-Ruickbie: Byzantinischer Schmuck des 9.bis frühen 13. Jahrhunderts. Untersuchungen zum metallenen dekorativen Körperschmuck der mittelbyzantinischen Zeit anhand datierter Funde (Spätantike – Frühes Christentum – Byzanz, Reihe B: Studien und Perspektiven 28), Wiesbaden 2011.

de Bot 1991
Saskia de Bot: Borduurwerkers aan het werk voor de Utrechtse kapittel – en parochiekerken 1500–1580, in: Oud Holland 195,1 (1991), S. 22–24.

Bouhot 1980
Jean-Paul Bouhot: Alcuin et le „De catechizandis rudibus" de saint Augustin, in: Recherches Augustiniennes 15 (1980), S. 176–240.

Bourgain/Heinzelmann 1997
Pascale Bourgain/Martin Heinzelmann: L'œuvre de Grégoire de Tours. La diffusion des manuscrits, in: Nancy Gauthier/Henri Galinié (Hg.): Grégoire de Tours et l'espace gaulois. Actes du congrès international à Tours, 3–5 novembre 1994 (Supplément à la Revue archéologique du Centre de la France 13), Tours 1997, S. 273–317.

Bourgard 1995
François Bougard: La justice dans le royaume d'Italie de la fin du VIIIe siècle au début du XIe siècle (Bibliothèque des Écoles françaises d'Athènes et de Rome 291), Rom 1995.

Bourgeois/Boissavit-Camus 2005
Luc Bourgeois/Brigitte Boissavit-Camus: Les premières paroisses du Centre-Ouest de la France. Etude de cas et thèmes de recherche, in: Christine Delaplace (Hg.): Aux origines de la paroisse rurale en Gaule méridionale (IVe–IXe siècles), Tagung Toulouse 2003, Paris 2005, S. 159–172.

Bourke 1980
Cormac Bourke: Early Irish Hand-bells, in: Journal of the Royal Society of Antiquaries of Ireland 110 (1980), S. 52–66.

Bourke 1987
Cormac Bourke: Irish Croziers of the Eighth and Ninth Centuries, in: Michael Ryan (Hg.): Ireland and Insular Art AD 500–1200. Proceedings of a conference at University College Cork, 31 October–3 November 1985. Royal Irish Academy, Dublin 1987, S. 166–173.

Bourke 1991
Cormac Bourke: The Blackwater Shrine, in: Dúiche Néill 6 (1991), S. 103–106.

Bourke 1993
Cormac Bourke: Patrick: the Archaeology of a saint, Belfast 1993.

Bourke 1994/95
Cormac Bourke: The Early Irish Reliquary in Bobbio, in: Archivum Bobiense 16–17 (1994/95), S. 287–299.

Bourke 2001/02
Cormac Bourke: Clonmore and Bobbio: Two Seventh-century Shrines, in: Dúiche Néill 14 (2001/02), S. 24–34.

Bourke 2004
Cormac Bourke: On the Ballach Damnatan, in: Peritia 17–18 (2004), S. 503–505.

Bourke 2009
Cormac Bourke: Finding the Clonmore Shrine, in: Joe Fenwick (Hg.): Lost and Found II, Rediscovering Ireland's Past, Dublin 2009, S. 15–22.

Bourke 2010
Cormac Bourke: Antiquities from the River Blackwater IV, early medieval non-ferrous metalwork, in: Ulster Journal of Archaeology 69 (2010), S. 24–133.

Bovini 1950
Giuseppe Bovini: Monumenti figurati paleocristiani conservati a Firenze (Monumenti di Antichità Cristiana, Serie 2,6), Vatikanstadt 1950.

Bovini 1968
Giuseppe Bovini: Edifici cristiani di culto d'età costantiniana a Roma, Bologna 1968.

Bovini/Brandenburg 1967
Giuseppe Bovini/Hugo Brandenburg: Repertorium der christlich-antiken Sarkophage, hg. von Friedrich Wilhelm Deichmann, Bd. 1: Rom und Ostia, Wiesbaden 1967.

Boyarin 2009
Daniel Boyarin: Abgrenzungen. Die Aufspaltung des Judäo-Christentums (Arbeiten zur neutestamentlichen Theologie und Zeitgeschichte 10), Berlin 2009.

Bracker-Wester 1975
Ursula Bracker-Wester: Porphyr aus Kölner Boden, in: Anton Legner/Günther Binding (Hg.): Monumenta Annonis. Köln und Siegburg – Weltbild und Kunst im hohen Mittelalter, Kat. Schnütgen-Museum Köln, Köln 1975, S. 124–126.

Bracker-Wester 1989
Ursula Bracker-Wester: Porphyrfunde aus Haithabu und Schleswig, in: Volker Vogel (Hg.): Das archäologische Fundmaterial I (Ausgrabungen in Schleswig, Berichte und Studien 7), Neumünster 1989, S. 9–18.

Brakensiek/Gorißen/Krull 2002
Stefan Brakensiek/Stefan Gorißen/Regine Krull: Imaginationen eines Mythos. Widukindbilder der Vormoderne, CD-Rom, Bielefeld 2002.

Brandt/Hengst 1997
Hans Jürgen Brandt/Karl Hengst: Geschichte des Erzbistums Paderborn, Bd. 3: Das Bistum Paderborn im Industriezeitalter 1821–1930 (Veröffentlichungen zur Geschichte der Mitteldeutschen Kirchenprovinz 14), Paderborn 1997.

Brather 2001/2008
Sebastian. Brather: Archäologie der westlichen Slawen. Siedlung, Wirtschaft und Gesellschaft im früh- und hochmittelalterlichen Ostmitteleuropa (Reallexikon der germanischen Altertumskunde, Ergänzungsbände 61), Berlin/New York 2001; 2. überarb. und erw. Aufl., Berlin/New York. 2008

Bratož 2011
Rajko Bratož: Die kirchliche Organisation in Westillyricum (vom späten 4. Jahrhundert bis um 600) – Ausgewählte Fragen, in: Orsolya Heinrich-Tamáska (Hg.): Keszthely-Fenékpuszta im Kontext spätantiker Kontinuitätsforschung zwischen Noricum und Moesia (Castellum Pannonicum Pelsonense 2) Rahden/Westf. 2011, S. 211–248.

Braun 1924
Joseph Braun: Der christliche Altar in seiner geschichtlichen Entwicklung, Bd. 1, München 1924.

Braun 1940
Joseph Braun: Die Reliquiare des christlichen Kultes und ihre Entwicklung, Freiburg i. Br. 1940.

Braun 1999
Bettina Braun: Paderborn im Dreißigjährigen Krieg, in: Frank Göttmann u. a. (Hg.): Paderborn. Geschichte einer Stadt in ihrer Region, Bd. 2: Die Frühe Neuzeit: gesellschaftliche Stabilität und politischer Wandel, Paderborn 1999, S. 201–212.

Braun-Niehr 2005
Beate Braun-Niehr: Das Brandenburger Evangelistar (Schriften des Domstifts Brandenburg 2), Regensburg 2005.

Braun-Niehr 2008
Beate Braun-Niehr: Das Brandenburger Evangelistar im Spannungsfeld von Tradition und Innovation, in: Ernst Badstübner u. a. (Hg.): Die Kunst des Mittelalters in der Mark Brandenburg. Tradition – Transformation – Innovation, Berlin 2008, S. 112–141.

Braun-Niehr 2011
Beate Braun-Niehr: Vor neuen Aufgaben: Magdeburger Buchmalerei im 13. Jahrhundert, in: Klaus Gereon Beuckers u. a. (Hg.): Buchschätze des Mittelalters. Forschungsrückblicke – Forschungsperspektiven. Beiträge zum Kolloquium des Kunsthistorischen Instituts der Christian-Albrechts-Universität zu Kiel 2009, Regensburg 2011, S. 165–180.

Bravermanová 2004
Milena Bravermanová: The Oldest Textile items from the Reliquary Tomb of St. Ludmila, in: Jerzy Maik (Hg.): Priceless Invention of Humanity – Textiles (Acta archaeologica Lodziensia 50,1; Northern European Symposium for Archaeological Textiles 8), Łódź 2004, S. 87–95.

Bravermanová/Otavská 2001
Milena Bravermanová/Vendulka Otavská: Nové poznatky o nejstarších textiliích z hrobu sv. Ludmily [Neue Erkenntnisse über die ältesten Textilien aus dem Grab der Heiligen Ludmilla], in: Archaeologia historica 26 (2001), S. 447–486.

Brenk 2000
Beat Brenk: La tecnica dei mosaici paleocristiani di S. Maria Maggiore a Roma, in: Eve Borsook (Hg.): Medieval Mosaics. Light, Color, Materials, Cinisello Balsamo 2000, S. 139–148.

Brenk 2005
Beat Brenk: Architettura e immagini del sacro nella tarda antichità (Studi e Ricerche di Archeologia e Storia dell'Arte 6), Spoleto 2005.

Breuer 2001
Christine Breuer: Antike Skulpturen. Badisches Landesmuseum Karlsruhe, Karlsruhe 2001.

Breuning/Mengels 2007
Rudolf Breuing/Karl-Ludwig Mengels: Die Kunst- und Kulturdenkmäler in Rheine, Teil II, Rheine 2007.

Broccoli 1981
Umberto Broccoli (Bearb.): Corpus della scultura altomedievale, 7,5,1: La diocesi di Roma. Il suburbio, Spoleto 1981.

Brockmann 1883
Heinrich Brockmann: Geschichtliche Mittheilungen über die Stadt Billerbeck, Billerbeck 1883.

Broek 1927
Roelof van den Broek: The Myth of the Phoenix. According to Classical and Early Christian Traditions (Etudes préliminaires aux religions orientales dans l'Empire romain 24), Leiden 1972.

Brøndsted 1936
Johannes Brøndsted: Danish Inhumation Graves of the Viking Age, in: Acta Archaeologica 7 (1936), S. 81–228.

Brouillet 1885
Pierre-Amédée Brouillet: Notice des tableaux, dessins, gravures, statues, objets d'art anciens et modernes, curiosités etc. composant les collections de la Ville de Poitiers, Bd. 2, Poitiers 1885.

Brown (im Druck)
Michelle P. Brown: Mercian Manuscripts: the implications of the Staffordshire Hoard, other recent discoveries, and the „new materiality", Inaugural Lecture to the Chair of Medieval Manuscript Studies, School of Advanced Study, University of London, 22. Juni 2010, in: Erik Kwakkel (Hg.): Writing in Context: Insular Manuscript Culture 500–1200, Amsterdam/Leiden (im Druck).

Brown 1969
Alan Kelsey Brown: The Epinal glossary edited with critical commentary of the vocabulary, Dissertation, Stanford University 1969.

Brown 1981
Peter Robert Lamont Brown: The Cult of the Saints. Its Rise and Function in Latin Christianity (The Haskell Lectures on History of Religions, N.S. 2), Chicago1981.

Brown 1991
Michelle P. Brown: Anglo-Saxon Manuscripts, London 1991.

Brown 2002
Michelle P. Brown: Mercian Manuscripts? The „Tiberius" Group and its Historical Context, in: Michelle P. Brown/Carol A. Farr (Hg.): Mercia: An Anglo-Saxon Kingdom in Europe, Leicester 2002, S. 278–291.

Brown 2003
Michelle P. Brown: The Lindisfarne Gospels: Society, Spirituality and the Scribe, London/Toronto 2003.

Brown 2009
George H. Brown: The St Petersburg Bede, in: Matti Kilpiö (Hg.): Anglo-Saxons and the North, Tempe, Ariz. 2009, S. 120–129.

Bruce-Mitford 1973–1983
Rupert L. S. Bruce-Mitford: The Sutton Hoo Ship burial, 3 Bde., London 1973–1983.

Bruce-Mitford 1974
Rupert L. S. Bruce-Mitford: Aspects of Anglo-Saxon Archaeology. Sutton Hoo and other Discoveries, London 1974.

Bruce-Mitford 1978
Rupert L. S. Bruce-Mitford: The Great Gold Buckle, in: Rupert L. S. Bruce-Mitford: The Sutton Hoo Ship Burial, Bd. 2, London 1978, S. 536–564.

Bruce-Mitford 1983
Rupert L. S. Bruce-Mitford: The Sutton Hoo ship-burial, Bd. 3, Late Roman and Byzantine silver, hanging-bowls, drinking vessels, cauldrons and other containers, textiles, the lyre, pottery bottle and other items, London 1983.

Bruce-Mitford 2005
Rupert L. S. Bruce-Mitford: A Corpus of Late Celtic Hanging-Bowls, Oxford 2005.

Brunius 1840
Carl Georg Brunius: Kort underrättelse om Allhelgonakyrka och kloster wid Lund i anledning af några nyligen funna lemningar derefter, in: Teologisk Qvartalskrift, N.F. 5 (1840), S. 116–118.

Bruyne 1934
Lucien de Bruyne: L'antica serie di ritratti papali della basilica di S. Paolo fuori le mura (Studi di Antichità Cristiana 7), Rom 1934.

Brzostowicz 2005
Michał Brzostowicz: Gród wczesnośredniowieczny w Lądzie nad Wartą w świetle badań archeologicznych [Die fühmittelalterliche Burg in Ląd an der Warthe im Lichte der archäologischen Forschungsarbeiten], in: Michal Brzostowicz/Henryka Mizerska/Jacek Wrzesiński (Hg.): Ląd nad Wartą. Dziedzictwo kultury słowiańskiej i cysterskiej [Ląd an der Warthe. Erbe der Slawen- und Zisterzienserkultur], Posen/Ląd 2005, S. 47–60.

Budak 1994
Neven Budak: Prva stoljeća Hrvatske [Die ersten Jahrhunderte Kroatiens], Zagreb 1994.

Budak 1996
Neven Budak: Pokrštavanje Hrvata i neki problemi crkvene organizacije [Die Christianisierung der Kroaten und Probleme der kirchlichen Organisation], in: Miljenko Jurković (Hg.): Starohrvatska spomenička baština. Rađanje prvog hrvatskog kulturnog pejzaža [Das altkroatische denkmalerische Erbe. Die Geburt der ersten kroatischen Kulturlandschaft] (Exegi monumentum 3), Zagreb 1996, S. 127–136.

Budde 1997
Michael Budde: Altare Portatile. Kompendium der Tragaltäre des Mittelalters 600–1600, ungedr. Diss. Münster 1997.

Bugge/Bernardino 1994
Gunnar Bugge/Mezzanotte Bernardino: Stavkirker, Oslo 1994.

Buhl/Kurras 1969
Maria Sophia Buhl/Lotte Kurras: Die Handschriften der ehemaligen Königlichen Hofbibliothek, Bd. 4: Codices physici, medici, mathematici etc., Teil 2: HB XI, 1–56–XIV, 1–28 (Die Handschriften der Württembergischen Landesbibliothek Stuttgart 2,4), Wiesbaden 1969.

Bühler 2002
Birgit Bühler: Technologische Untersuchungen an awarenzeitlichen Scheibenfibel aus Keszthely (Ungarn), in: Zalai Múzeum 11 (2002), S. 133–144.

Buhlmann 2009
Michael Buhlmann: Liudger und seine Klostergründung Werden, in: Rudolf Ludger (Hg.): St. Liudger 809–2009. Gedenkschrift zum 1200. Todestag, Bochum 2009, S. 162–167.

Bukowska 1958
Janina Bukowska: Pisanki polskie z X–XIII wieku [Polnische Ostereier aus dem 10.–13. Jahrhundert], in: Polska Sztuka Ludowa [Polnische Volkskunst] 12,1 (1958), S. 45–49.

Bulić 1891
F. Bulić: Natpis Trpimira bana hrvatskoga našast u Solinskom polju [Die Inschrift des kroatischen Fürsten Trpimir, Fundstelle in Solinsko polje], in: Bullettino di archeologia e storia dalmata 14 (1891), S. 84–87.

Bulić 1892
F. Bulić: Nadpis Trpimira bana hrvatskoga našast u Solinskom Polju [Die Inschrift des kroatischen Fürsten Trpimir, Fundstelle in Solinsko polje], in: Viestnik Hrvatskoga arkeologičkog družtva 14:2 (1892), S. 54–58.

Bulka 2008
Kai Bulka: Die Grabungen von Warendorf-Neuwarendorf und Warendorf-Velsen. Ein kleinräumiges, mittelalterliches Siedlungsgefüge links und rechts der Ems, 2 Bde., Diss. Münster 2008.

Bullough 2004
Donald A. Bullough: Alcuin. Achievement and Reputation (Education and Society in the Middle Ages and Renaissance 16), Leiden 2004.

Buonarotti 1716
Filippo Buonarroti: Osservazioni sopra alcuni frammenti di vasi antichi di vetro ornati di figure trovati ne' cimiteri di Roma, Florenz 1716.

Burić 1990
Tonči Burić: Ranosrednjovjekovna skulptura s Kapitula kod Knina [Die frühmittelalterliche Skulptur in Kapitul bei Knin], in: Starohrvatska prosvjeta III 18 (1990), S. 91–117.

Burkhart 2013
Peter Burkhart: Katalog der illuminierten Handschriften der Württembergischen Landesbibliothek Stuttgart, Bd. 1: Die vorromanischen Handschriften der Württembergischen Landesbibliothek Stuttgart, Wiesbaden 2013 (im Druck).

Buschhausen 1971
Helmut Buschhausen: Die spätrömischen Metallscrinia und frühchristlichen Reliquiare (Wiener Byzantinische Studien 9), Wien/Köln/Graz 1971.

Buske/Baier 1984
Norbert Buske/Gerd Baier: Dorfkirchen in der Landeskirche Greifswald, Berlin 1984.

Buske/Bock 1995
Norbert Buske/Sabine Bock: Einzelne Ausstattungsstücke der Petrikirche, in: Dies.: Wolgast. Herzogliche Residenz und Schloß, Kirchen und Kapellen, Hafen und Stadt, Schwerin 1995.

Buske/Helms 2003
Norbert Buske/Thomas Helms: Spuren der Ewigkeit. Schätze der Pommerschen Evangelischen Kirche, Schwerin 2003.

Cahier/Martin 1847–1856
Charles Cahier/Arthur Martin: Mélanges d'archéologie, d'histoire et de littérature, 4 Bde., Paris 1847–1856.

Caldelli 1997
Maria Letizia Caldelli: „D(is) M(anibus)" e „D(is) M(anibus) S(acrum)" nelle iscrizioni cristiane di Roma, in: Ivan Di Stefano Manzella (Hg.): Le iscrizioni dei cristiani in Vaticano. Materiali e contributi scientifici per una mostra epigrafica (Inscritiones Sanctae Sedis 2), Vatikanstadt 1997, S. 185–187.

Caliò 2000
Luigi M. Caliò: La collezione Bonifacio Falcioni (Cataloghi Monumenti, Musei e Gallerie Pontificie, Museo Gregoriano Etrusco 6), Bd. 1, Vatikanstadt 2000.

Cameron/Mould 2011
Esther Cameron/Quita Mould: Devil's Crafts and Dragon's Skins? Sheaths, Shoes and Other Leatherwork, in: Maren Clegg Hyer/Gale Owen-Crocker (Hg.): The Material Culture of Daily Living in the Anglo-Saxon World, Exeter 2011, S. 93–115.

Caminada 1945
Christian Caminada: Der Hochaltar der Kathedrale von Chur, in: Zeitschrift für Schweizerische Archäologie und Kunstgeschichte 7 (1945), S. 23–38.

Campbell 1997
Marian Campbell: Middelalderens alterkalker, in: Lilja Árnadóttir/Ketil Kiran (Hg.): Kirkja og Kirkjuskrud – Kirker og kirkekunst på Island og i Norge i middelalderen, Reykjvaik 1997, S. 102–104.

Capelle 1970
Torsten Capelle: Metallschmuck und Gußformen aus Haithabu, in: Kurt Schietzel (Red.): Das archäologische Fundmaterial 1: 1963–1964 (Berichte über die Ausgrabungen in Haithabu 4), Neumünster 1970, S. 9–23.

Capelle 1999
Torsten Capelle: Zwei wikingische Modeln aus Stora Uppåkra, in: Birgitta Hårdh (Hg.): Fynden i centrum. Keramik, glas och metall från Uppåkra (Acta Archaeologica Lundensia, Series in 8° 30), Stockholm 1999, S. 221–224.

Capelle 2005
Torsten Capelle: Heidenchristen im Norden (Schriftenreihe des Landesmuseums für Natur und Mensch 38), Mainz 2005.

Capelle/Vierck/Winkelmann 1975
Torsten Capelle/Hayo Vierck/Wilhelm Winkelmann: Weitere Modeln der Merowinger- und Wikingerzeit (Frühmittelalterliche Studien 9), Berlin 1975, S. 110–142.

Cappalletti 2006
Silvia Cappelletti: The Jewish Community of Rome. From the Second Century B.C. to the Third Century C.E. (Supplements to the Journal for the Study of Judaism 113), Leiden/Boston 2006, S. 162–173.

Carbonell Esteller 2008
Eduard Carbonell Esteller: Frühes Christentum. Kunst und Architektur, Petersberg 2008.

Carletti 1975
Carlo Carletti: I tre giovani ebrei di Babilonia nell'arte cristiana antica (Quaderni di „Vetera Christianorum" 9), Brescia 1975.

Carnap-Bornheim/Krausse/Wesse 2006
Claus von Carnap-Bornheim/Dirk Krausse/Anke Wesse (Hg.): Herrschaft – Tod – Bestattung. Zu den vor- und frühgeschichtlichen Prunkgräbern als archäologisch-historische Quelle, Tagung Kiel 2003 (Universitätsforschungen zur prähistorischen Archäologie 139), Bonn 2006.

Carney/Carney 1961
James Carney/Maura Carney: A collection of Irish charms, in: Saga och sed 1960 (1961), S. 144–152.

Carson/O'Kelly 1977
Robert A.G. Carson/Claire O'Kelly: A Catalogue of the Roman Coins from Newgrange, Co. Meath and Notes on the Coins and Related Finds, in: Proceedings of the Royal Irish Academy, 77C (1977), S. 35–55.

Carver 1998
Martin Carver: Conversion and Politics on the Eastern Seaboard of Britain; some

archaeological indicators, in: Barbara E. Crawford (Hg.): Conversion and Christianity in the North Sea World, St. Andrews 1998, S. 11–40.
Carver 2008
Martin Carver: Portmahomack: Monastery of the Picts, Edinburgh 2008.
Carver 2009
Martin Carver: Early Scottish Monasteries and Prehistory: A Preliminary Dialogue, Scottish Historical Review 88 (2009), S. 332–351.
Cascioli 1924
Giuseppe Cascioli: Guida illustrata al nuovo Museo di San Pietro, Rom 1924.
Castagnoli 1992
Ferdinando Castagnoli: Il Vaticano nell'antichità classica (Studi e documenti per la storia del Palazzo Apostolico Vaticano 6), Vatikanstadt 1992.
Cecchelli 1937
Carlo Cecchelli: Iconografia dei papi, Bd. 1: San Pietro, Rom 1937.
Cehak-Hołubowiczowa 1965
Helena Cehak-Hołubowiczowa: Dwie drewniane maski z grodu – miasta na Ostrówku w Opolu [Zwei Holzmasken aus der Burg Ostrówek auf der Insel in Oppeln], in: Archeologia Polski 10,1 (1965), S. 305–317.
Chadour 1994
Anna Beatriz Chadour: Ringe. Die Alice und Louis Koch Sammlung. Vierzig Jahrhunderte durch vier Generationen gesehen, 2 Bde., Leeds 1994.
Chalkia 1991
Eugenia Chalkia: Le mense paleocristiane. Tipologia e funzioni delle mense secondarie nel culto paleocristiano (Studi di Antichità Cristiana 47), Vatikanstadt 1991.
Charles-Edwards 2002
Gifford Charles-Edwards: The Springmount Bog Tablets: Their Implications for Insular Epigraphy and Palaeography, in: Studia Celtica XXXVI (2002), S. 27–45.
Charles-Edwards 2003
Thomas Charles-Edwards: Conversion to Christianity, in: Thomas Charles-Edwards (Hg.): After Rome, Oxford 2003, S. 103–139.
Chavasse 1984
Antoine Chavasse: Le Sacramentaire dans le groupe dit „Gélasiens du VIIIe siècle". Étude des procédés de confection et synoptique nouveau modèle (Instrumenta patristica 14), 2 Bde., Steenbrugge 1984.
Chorvátová 2007
Hana Chorvátová: Horizonty byzantskoorientalného šperku na tzv. vel'komoravských pohrebiskách [Horizonte des byzantinisch-orientalischen Schmucks auf den sogenannten großmährischen Gräberfeldern], in: Juraj Bartik (Red.): Byzantská kultúra a Slovensko, Zborník štúdií [Byzantinische Kultur und die Slowakei, Studien], Bratislava 2007, S. 83–101.
Christern-Briesnick 2003
Brigitte Christern-Briesnick: Repertorium der christlich-antiken Sarkophage, Bd. 3: Frankreich, Algerien, Tunesien, Mainz 2003.
Christiansen 1968a
Tage E. Christiansen: Tillæg Fyrretyve Aar, in: Poul Nørlund (Hg): Gyldne Altre.

Jysk metalkunst fra Valdemarstiden, 2. Aufl., Århus 1968, S. 29–31.
Christiansen 1968b
Tage E. Christiansen: De gyldne Altre I. Tamdrup-pladerne, in: Aarbøger for Nordisk Oldkyndighed og Historie (1968), S. 153–206.
Chydenius 1965
Johan Chydenius: Medieval Institutions and The Old Testament (Commentationes Humanarum Litterarum 37,2), Helsinki 1965.
Ciampini 1691
Giovanni Ciampini: Sacro-historica disquisitio de duobus emblematibus, quae in cimelio Eminentissimi et Reverendissimi Domini Gasparis Cardinalis Carpinei asservatur, Rom 1691.
Cinthio 1957
Erik Cinthio: Lunds Domkyrka under romansk tid, in: Acta Archaeologica Lundensia, Series in octavo 1 (1957), S. 16–38.
Cinthio 1983
Maria Cinthio: Lampor och ljus i det medeltida Lund, in: Kulturen (1983), S. 135–148.
Cinthio 1989
Erik Cinthio: Benediktiner, augustiner och korherrar, in: Ders. (Hg.): Skånska kloster (Skånes Hembygdsförbunds Årsbok 1987/1988), Lund 1989, S. 18–45.
Cinthio 1997
Maria Cinthio: Trinitatiskyrkan i Lund – med engelsk prägel [Holy Trinity Church in Lund – with an English Stamp], in: Hikuin 24 (1997), S. 113–133.
Cinthio 2002
Maria Cinthio: De första stadsborna, Medeltida gravar och människor i Lund, Stockholm Stehag 2002.
Cinthio 2006
Erik Cinthio: Minnen från Lund och Dalby, hg. von Lone Mogensen, Lund 2006.
Cinthio 2012
Maria Cinthio: Återfunna fynd och andra pusselbitar. Om inventarier, patrociner och patroner, in: Stephan Borgehammar/Jes Wienberg (Hg.): Locus celebris. Dalby kyrka, kloster och gård (Centrum för Danmarksstudier 28), Göteborg 2012, S. 447–460.
Clancy 2008
Thomas Clancy: Deer and the Early Church in North-eastern Scotland, in: Katherine Forsyth (Hg.): Studies on the Book of Deer, Dublin 2008, S. 363–397.
Claude 1972
Dietrich Claude: Geschichte des Erzbistums Magdeburg bis in das 12. Jahrhundert 1: Die Geschichte der Erzbischöfe bis auf Ruotger (1124) (Mitteldeutsche Forschungen 67,1), Köln/Wien 1972.
Clauß 1982
Gisela Clauß: Strumpfbänder. Ein Beitrag zur Frauentracht des 6. und 7. Jahrhunderts n. Chr., in: Jahrbuch des Römisch-Germanischen Zentralmuseums Mainz 23/24,1976/1977 (1982), S. 54–88.
Clauss 2012
Manfred Clauss: Mithras: Kult und Mysterium, Darmstadt 2012.
Claussen/Skriver 2007
Hilde Claussen/Anna Skriver: Die Klosterkirche Corvey, Bd. 2: Wandmalerei und Stuck aus karolingischer Zeit (Denk-

malpflege und Forschung in Westfalen 43,2), Mainz 2007.
Clement 1985
Richard W. Clement: Two Contemporary Gregorian Editions of Pope Gregory the Great's Regula Pastoralis in Troyes 504, in: Scriptorium 39 (1985), S. 89–97.
Cobet 2011
Justus Cobet: Das europäische Narrativ. Ein Althistoriker blickt auf die Ordnung der Zeiten, in: Nicolaus Berg/Omar Kamil/Markus Kirchhoff/Susanne Zepp (Hg.): Konstellationen. Über Geschichte, Erfahrung und Erkenntnis. Festschrift für Dan Diner zum 65. Geburtstag, Göttingen 2011, S. 191–211.
Codices Latini Haunienses
Codices Latini Haunienses, hg. von Erik Petersen, URL: http://www.kb.dk/en/nb/materialer/haandskrifter/HA/e-mss/clh.html (13.12.12)
Coffey 1909
George Coffey: Guide to the Celtic Antiquities of the Christian Period Preserved in the National Museum, Dublin 1909.
Colgrave 1968
Bertram Colgrave: The Earliest Life of Gregory the Great by an Anonymus Monk of Whitby. Text, Translation, & Notes, Kansas 1968.
Colgrave/Mynors 1969
Bertram Colgrave/Roger A. B. Mynors: Bede's Ecclesiastical History of the English People (Oxford Medieval Texts), Oxford 1969.
Colini 1944
Antonio M. Colini: Storia e topografia del celio nell`antichità (Pontificia Accademia Romana di Archeologia, Memorie 7), Rom 1944.
Collis 1983
John Collis: Wigber Low, Derbyshire: A Bronze Age and Anglian Burial Site in the White Peak, Sheffield 1983.
Collot 1980
Gérald Collot: Le Chancel de Saint-Pierre-aux-Nonnains, in: François-Yves Le Moigne (Hg.): Patrimoine et Culture en Lorraine, Metz 1980, S. 133–156.
Condello 1994
Emma Condello: Una scrittura e un territorio. L'onciale dei secoli V–VIII nell'Italia meridionale (Biblioteca di Medioevo latino 12), Spoleto 1994.
Constans 1995
Claire Constans: Musée National du Château de Versailles. Les peintures, 3 Bde., Paris 1995.
Conyngham 1842
Lord Albert Conyngham: Description of Some Gold Ornaments Recently Found in Ireland, in: Archaeologia 30 (1842), S. 137.
Conze 2005
Vanessa Conze: Das Europa der Deutschen. Ideen von Europa in Deutschland zwischen Reichstradition und Westorientierung (1920–1970), München 2005.
Coquet 1980/1981
Jean Coquet: Indentifications proposées. Le cerf baptismal de Poitiers, in: Bulletin de la Société nationale des Antiquaires de France (1980/1981), S. 104–108.

Corning 2006
Caitlin Corning: The Celtic and Roman traditions: conflict and consensus in the early medieval church, New York 2006.
Coroneo 2005
Roberto Coroneo: Scultura altomedievale in Italia. Materiali e tecniche d'esecuzione, tradizioni e metodi di studio, Cagliari 2005.
Cottin 2001
Markus Cottin: Zur Stadtentwicklung im Hochstift Merseburg. Zwenkau und Markranstädt im Mittelalter, in: Lutz Heydick/Uwe Schirmer/Markus Cottin (Hg.): Zur Kirchen- und Siedlungsgeschichte des Leipziger Raumes (Leipziger Land – Jahrbuch für Historische Landeskunde und Kulturraumforschung 2/2001), Beucha 2001, S. 89–124.
Cramp 1957
Rosemary J. Cramp: Beowulf and Archaeology, in: Medieval Archaeology 1 (1957), S. 57–77.
Cramp 1989
Rosemary Cramp: Anglo-Saxon Connections, Durham 1989.
Crawford 1923
Henry S. Crawford: A Descriptive List of Irish Shrines and Reliquaries, in: Journal of the Royal Society of Antiquaries of Ireland 53 (1923), Teil 1: S. 74–93, Teil 2: S. 151–176.
Crawford 2004
Sally Crawford: Votive Deposition, Religion and the Anglo-Saxon Furnished Burial Ritual, in: World Archaeology 36 (2004), S. 87–102.
Crick 1987
Julia Crick: An Anglo-Saxon Fragment of Justinus's Epitome, in: Anglo-Saxon England 16 (1987), S. 181–196.
Cróinín 1994
Dáibhí Ó Cróinín: Psalterium Salabergae: Staatsbibliothek zu Berlin – Preussischer Kulturbesitz, Ms. Hamilt. 553 (Codices illuminati medii aevi 30), München 1994.
Cróinín 1995
Dáibhí Ó Cróinín: Early medieval Ireland 400–1200 (Longman history of Ireland), London 1995.
La Croix 1883
Camille de la Croix: Monographie de l'hypogée-martyrium de Poitiers, Paris 1883.
Crosby 1987
Sumner McKnight Crosby: The royal abbey of Saint-Denis from its beginnings to the death of Suger (475–1151), hg. von Pamela Blum (Yale Publications in the History of Art 37), New Haven 1987.
Crowfoot/Hawkes 1967
Elizabeth Crowfoot/Sonia Chadwick Hawkes: Early Anglo-Saxon gold braids, in: Medieval Archaeology 11 (1967), S. 42–85.
Crowfoot/Pritchard/Staniland 1992
Elisabeth Crowfoot/Frances Pritchard/Kay Staniland: Textiles and Clothing c. 1150–c. 1450 (Medieval Finds from Excavations in London 4), London 1992.
Cuppage 1986
Judith Cuppage: Archaeological survey of the Dingle Peninsula: a description of the field antiquities of the Barony of Corca Dhuibhne from the Mesolithic Pe-

riod to the 17th century A.D = Suirbhé Seandálaíochta Chorca Dhuibhne. Oidhreacht Chorca Dhuibhne, Ballyferriter 1986.

Cüppers 1975
Heinz Cüppers: Die Basilika des Heiligen Willibrord zu Echternach und ihre Vorgängerbauten, in: Hémecht 27 (1975), S. 331–393.

Cuscito 1972/1973
Giuseppe Cuscito: I reliquiari paleocristiani di Pola. Contributo alla storia delle antichità cristiane in Istria, in: Atti e Memorie della Società Istriana di Archeologia e Storia Patria 20/21 (1972/1973), S. 89–126.

Dailey 2010
Erin Thomas A. Dailey: The Vita Gregorii and Ethnogenesis in Anglo-Saxon Britain, in: Northern History 47 (2010), S. 195–207.

Daim 2002
Falko Daim: Pilgeramulette und Frauenschmuck. Zu den Scheibenfibeln der frühen Keszthely-Kultur in: Zalai Múzeum 11 (2002), S. 113–132.

Damjanović 2009
Darija Damjanović: Note e osservazioni sul reliquiario d'oro di Pola, in: Emilio Marín/Danilo Mazzoleni (Hg.): Il cristianesimo in Istria fra tarda antichità e alto medioevo. Novità e riflessioni (Sussidi allo studio delle antichità cristiane 20), Vatikanstadt 2009, S. 233–245.

Darkewitsch 1961
В. П. Даркевич: Топор как символ Перуна в древнерусском язычестве [Die Axt als Symbol des Gottes Perun im altrussischen Heidentum], in: Советская археология 1961:4, S. 91–102.

Darkewitsch 1966
В. П. Даркевич: Произведения западного художественного ремесла в Восточной Европе (X–XIVвв.) [Erzeugnisse des westlichen Kunsthandwerks in Osteuropa (10.–13. Jahrhundert)] (Археология СССР. Свод археологических источников Е1, 57), Moskau 1966.

Darkewitsch 1975
Vladislav P. Darkevich: Svetskoje iskusstvo Vizantii [Profane Kunst in Byzanz], Moskau 1975.

Dassmann 1996
Ernst Dassmann: Kirchengeschichte, Bd. 2,1: Konstantinische Wende und spätantike Reichskirche (Kohlhammer-Studienbücher Theologie 11,1), Stuttgart/Berlin/Köln 1996.

Dassmann 1999
Ernst Dassmann: Kirchengeschichte, Bd. 2,2: Theologie und innerkirchliches Leben bis zum Ausgang der Spätantike (Kohlhammer-Studienbücher Theologie 11,2), Stuttgart/Berlin/Köln 1999.

Davidson 1972
Hilda Roderick Ellis Davidson: The Battle God of the Vikings (University of York Medieval Monograph Series 1), York 1972.

Dębska/Dębski/Sikora 2008
Iwona Dębska/Artur Dębski/Mateusz Sikora: Wczesnośredniowieczna pieczęć ołowiana odkryta na Poznańskim Ostrowie Tumskim [Ein frühmittelalterliches Wachssiegel von der Dominsel Ostrów Tumski in Posen], in: Hanna Kóćka-Krenz (Hg.): Poznań we wczesnym średniowieczu [Posen im Frühmittelalter], Bd. 6, Posen 2008, S. 99–110.

DeGregorio 2010
Scott DeGregorio (Hg.): The Cambridge Companion to Bede, Cambridge 2010.

Deichmann 1969–1974
Friedrich Wilhelm Deichmann: Ravenna. Hauptstadt des spätantiken Abendlandes, 4 Bde., Wiesbaden 1969–1974.

Delbrück 1933
Richard Delbrück: Spätantike Kaiserporträts von Constantinus Magnus bis zum Ende des Westreichs (Studien zur spätantiken Kunstgeschichte 8), Berlin 1933.

Delestre 1988
Xavier Delestre: Lorraine mérovingienne (Ve–VIIIe siècle), Metz 1988.

Delimata 2004
Małgorzata Delimata: Dziecko w Polsce średniowiecznej [Das Kind im frühmittelalterlichen Polen], Posen 2004, S. 95–96.

Délisle 1861–1881
Léopold Delisle: Le cabinet des manuscrits de la Bibliothèque impériale, 4 Bde., Paris 1868–1881.

Delivorrias 1991
Angelos Delivorrias: Interpretatio Christiana. About the Boundaries of the Pagan and Christian Worlds, in: Euphrosynon. Festschrift für Manole Chatzedake, Athen 1991, S. 107–122.

Delonga 1996
Vedrana Delonga: Latinski epigrafički spomenici u ranosrednjovjekovnoj Hrvatskoj [Die lateinischen epigraphischen Denkmäler im frühmittelalterlichen Kroatien], Split 1996.

Demurger 1991
Alain Demurger: Die Templer. Aufstieg und Untergang, München 1991.

Denoël 2004
Charlotte Denoël: Le fonds des manuscrits latins de Notre-Dame de Paris à la Bibliothèque nationale de France, in: Scriptorium 58 (2004), S. 131–173.

Denzinger 2012
Heinrich Denzinger: Enchiridion symbolorum, definitionum et declarationum de rebus fidei et morum. English & Latin, 43. Aufl., San Francisco 2012.

Denzinger/Hünermann 2010
Heinrich Denzinger: Enchiridion symbolorum definitionum et declarationum de rebus fidei et morum. Kompendium der Glaubensbekenntnisse und kirchlichen Lehrentscheidungen, hg. von Peter Hünermann, 43. überarb. Aufl., Freiburg i. Br. u. a. 2010.

Deonna 1944
Waldemar Deonna: Abra, Abraca. La croix talismanique de Lausanne, in: Genava 22 (1944), S. 116–137.

Deproost 2004
Paul-Augustin Deproost: Les métamorphoses du phénix dans le christianisme ancien, in: Folia Electronica Classica 8 (2004), http://bcs.fltr.ucl.ac.be/FE/08/Phenix1.htm (18.03.13).

Derwich 2003
Marek Derwich (Hg.): Polska. Dzieje cywilizacji i narodu [Polen. Die Geschichte der Kultur und der Nation], Bd. 2: Monarchia Piastów (1038–1399) [Die Monarchie der Piasten], Warschau/Breslau 2003.

Desrosiers 2004
Sophie Desrosiers: Soieries et autres textiles de l'Antiquité au XVIe siècle (Catalogue Musée National du Moyen Âge – Thermes de Cluny), Paris 2004.

Dethlefs 2000
Gerd Dethlefs: Die Pfaffenfeindmünzen des Herzogs Christian von Braunschweig 1622, in: Numismatisches Nachrichtenblatt 49 (2000), S. 92–112.

Dethlefs 2007a
Gerd Dethlefs: Die Bildnisgalerie der Osnabrücker Bischöfe im Rittersaal des Schlosses Iburg, in: Susanne Tauss (Hg.): Der Rittersaal der Iburg (Kulturregion Osnabrück 26), Göttingen 2007, S. 269–290.

Dethlefs 2007b
Gerd Dethlefs: Die Bischofsporträts im Rittersaal von Schloss Iburg, Inschriften und Bilder, in: Susanne Tauss (Hg.): Der Rittersaal der Iburg (Kulturregion Osnabrück 26), Göttingen 2007, S. 337–366.

Dethlefs 2008
Gerd Dethlefs: Gläser des Mittelalters und der Neuzeit in der Sammlung Nachtmann, in: Gerd Dethlefs/Norbert Börste (Hg.): Die Sammlung Nachtmann. Antiken – Glas – Keramik (Studien und Quellen zur westfälischen Geschichte 57), Paderborn 2008, S. 181–225.

Dickinson/Fern/Richardson 2011
Tania M. Dickinson/Chris Fern/Andrew Richardson: Early Anglo-Saxon Eastry: Archaeological evidence for the beginnings of a district centre in the kingdom of Kent, in: Anglo-Saxon Studies in Archaeology and History 17 (2011), S. 1–86.

Dickmann 2005
Elisabeth Dickmann: 4000 Jahre Siedlungsgeschichte in Borken-Hovesath. Die archäologische Ausgrabung Borken-Südwest von 1998 bis 2004, in: Unsere Heimat. Jahrbuch des Kreises Borken 2005, S. 91–97.

Diefenbach 2007
Steffen Diefenbach: Römische Erinnerungsräume. Heiligenmemoria und kollektive Identitäten im Rom des 3. bis 5. Jahrhunderts nach Christus (Millenium-Studien 11), Berlin/New York 2007.

Diemer 1977
Dorothea Diemer: Zum sogenannten Reliquiar der Heiligen Quiricus und Julitta in Ravenna, in: Römische Quartalschrift für christliche Altertumskunde und Kirchengeschichte 72 (1977), S. 32–42.

Diemer 2010
Dorothea Diemer: Zur Verwahrgeschichte des Codex Argenteus Upsaliensis im 16. Jahrhundert. Johann Wilhelm von Laubenberg zu Wagegg, in: Zeitschrift für deutsches Altertum und Literatur 139,1 (2010), S. 1–25.

Dierkens 1986
Alain Dierkens: La tombe privilégiée (IVe–VIIIe siècles) d'après les trouvailles de la Belgique actuelle, in: Yvette Duval/Jean-Charles Picard (Hg.): L'inhumation privilégiée du IVe au VIIIe siècle en Occident. Tagung Créteil 1984, Paris 1986, S. 47–56.

Dinkler 1980
Erich Dinkler: Christus und Asklepios. Zum Christustypus der polychromen Platten im Museo Nazionale Romano (Sitzungsberichte der Heidelberger Akademie der Wissenschaften, Philosophisch-historische Klasse, 2,1980), Heidelberg 1980.

Doberer 1965
Erika Doberer: Die ornamentale Steinskulptur an der karolingischen Kirchenausstattung, in: Wolfgang Braunfels/Hermann Schnitzler (Hg.): Karl der Große. Lebenswerk und Nachleben, Bd. 3: Karolingische Kunst, Aachen 1965, S. 203–233.

Dobry 2009
Artur Dobry: Die Marienburg in der Mitte des 19. Jahrhunderts – zwischen Romantismus und Historismus, in: Johann Karl Schultz/Justyna Lijka (Hg.): Johann Carl Schultz (1801–1873) znany i nieznany. Portret artysty na nowo odkryty, Kat. Muzeum Zamkowe Malborku, Malbork 2009, S. 181–190.

Dobry 2012
Artur Dobry: Wyposażenie rezydencji cesarza Wilhelma II na zamku w Malborku [Ausstattung der Residenz des Kaisers Wilhelm II. im Schloss Marienburg], in: Maciej Kluss (Hg.): Kolekcje sztuki i rzemiosła artystycznego w muzeach-rezydencjach. Materiały z konferencji naukowej z okazji 65-lecia Muzeum Zamkowego w Pszczynie [Kunst- und Handwerksammlungen in Residenz-Museen. Materialien der wissenschaftlichen Konferenz aus Anlass des 65. Jubiläums des Schlossmuseums in Pszczyna], Pszczyna 2012, S. 85–96.

Donat/Govedarica 1998
Peter Donat/Blagoje Govedarica: Die jungslawische Siedlung Falkenwalde, Fpl.10, Landkreis Uckermark, in: Veröffentlichungen des Brandenburgischen Landesmuseums für Ur- und Frühgeschichte 32 (1998), S. 141–187.

Döpmann 1991
Hans-Dieter Döpmann: Die Ostkirchen vom Bilderstreit bis zur Kirchenspaltung von 1054 (Kirchengeschichte in Einzeldarstellungen I,8), Leipzig 1991.

Doppelfeld 1980
Otto Doppelfeld: Das fränkische Frauengrab unter dem Chor des Kölner Domes, in: Hansgerd Hellenkemper (Hg): Die Ausgrabungen im Dom zu Köln (Kölner Forschungen 1), Mainz 1980, S. 264–308.

Döring 2006
Thomas Döring: Überlegungen zum neu aufgefundenen Heliandfragment in Leipzig, in: Einbandforschung 19 (Oktober 2006), S. 25f.

Dosch 1988
Luzi Dosch: Das Dommuseum in Chur GR (Schweizerische Kunstführer 422), Bern 1988.

Dostál 1965
Bořivoj Dostál: Das Vordringen der großmährischen materiellen Kultur in die Nachbarländer, in: Josef Macůrek (Red.): Magna Moravia. Sbornik k 1100. výročí příchodu byzantské mise na Moravu, Prag 1965, S. 361–416.

Dostál 1981
Bořivoj Dostál: Duté trojcípé parohové předměty v raném středověku [Hohle Hornbehälter im Frühmittelalter], in: Sbornik prací filozofické fakulty Brněnské University (Studia minora Facultatis Philosophicae Universitatis Brunensis) E, Řada archeologicko-klasická 26 (1981), S. 43–58.

Dowzhenok/Gontscharov/Jura 1966
В.Й. Довженок/В.К. Гончаров/Р.О. Юра: Древньоруське місто Воїнь [Die altrussische Siedlung Woin'], Kiew 1966.

Doyle 2009
Ian W. Doyle: Mediterranean and Frankish Pottery Imports in Early Medieval Ireland, in: Journal of Irish Archaeology 18 (2009), S. 17–62.

Dresken-Weiland 1998
Jutta Dresken-Weiland: Repertorium der christlich-antiken Sarkophage, Bd. 2: Italien mit einem Nachtrag Rom und Ostia, Dalmatien, Museen der Welt, Mainz 1998.

Dresken-Weiland 2010
Jutta Dresken-Weiland: Bild, Grab und Wort. Untersuchungen zu Jenseitsvorstellungen von Christen des 3. und 4. Jahrhunderts, Regensburg 2010.

Dresken-Weiland 2012a
Jutta Dresken-Weiland: Immagine e parola. Alle origini dell'iconografia cristiana, Vatikanstadt 2012.

Dresken-Weiland 2012b
Jutta Dresken-Weiland: Zur Entstehung der frühchristlichen Kunst, in: Das Münster 65 (2012), S. 244–250.

Dressel 1973
Heinrich Dressel: Die römischen Medaillone des Münzkabinetts der Staatlichen Museen zu Berlin, Textband, Berlin 1973.

Drobner 2011
Hubertus R. Drobner: Lehrbuch der Patrologie, 3. korr. und erg. Aufl., Frankfurt am Main u. a. 2011.

Dubois 1978
Jacques Dubois: Les martyrologes du Moyen Âge latin (Typologie des sources du Moyen Âge occidental 26), Turnhout 1978.

Duft/Meyer 1953
Johannes Duft/Peter Meyer (Hg.): Die irischen Miniaturen der Stiftsbibliothek St. Gallen, Olten/Bern/Lausanne 1953.

Dujčev 1968
Ivan Dujčev: I Responsi di papa Niccolò I ai Bulgari neoconvertiti, in: Aevum 42 (1968), S. 403–426.

Dumville 1976
David N. Dumville: The Anglian Collection of Royal Genealogies and Regnal Lists, in: Anglo-Saxon England 5 (1976), S. 23–50.

Dunn 2009
Marilyn Dunn: The Christianization of the Anglo-Saxons c.597–c.700. Discourses of Life, Death and Afterlife, London 2009.

Dupke 1993
Thomas Dupke: Mythos Löns. Heimat, Volk und Natur im Werk von Hermann Löns, Wiesbaden 1993.

Dutton 1992
Paul Edward Dutton: Evidence that Dubthach's Priscian codex once belonged to Eriugena, in: Haijo Jan Westra (Hg.): From Athens to Chartres: Neoplatonism and medieval thought: studies in honour of Édouard Jeauneau, Leiden/New York 1992, S. 15–45.

Düwel 2008
Klaus Düwel: Runenkunde, überarb. und aktualisierte Auflage, Stuttgart ⁴2008.

Ebersperger 1999
Birgit Ebersperger: Die angelsächsischen Handschriften in den Pariser Bibliotheken. Mit einer Edition von Ælfrics Kirchweihhomilie aus der Handschrift Paris, BN, lat. 943 (Anglistische Forschungen 261), Heidelberg 1999.

Edwards 2002
Ben Edwards: A Group of Pre-Conquest Metalwork from Asby Winderwath Common, in: Transactions of the Cumberland and Westmorland Antiquarian and Archaeological Society, 3rd series, 2 (2002), S. 111–143.

Effenberger 2006
Arne Effenberger: Die Reliefikonen der Theotokos und des Erzengels Michael im Museum für Byzantinische Kunst Berlin, in: Jahrbuch der Berliner Museen N.F. 48 (2006), S. 9–45.

Effenberger/Severin 1992
Arne Effenberger/Hans-Georg Severin: Das Museum für Spätantike und Byzantinische Kunst. Staatliche Museen zu Berlin, Mainz 1992.

Egevang/Haastrup 1987
Ulla Haastrup/Robert Egevang (Hg.): Danske kalkmalerier, Bd. 2: Senromansk tid 1175–1275, Kopenhagen 1987.

Eggenberger 1990
Christoph Eggenberger: Die Sankt Galler Buchkunst, in: Werner Vogler (Hg.): Die Kultur der Abtei Sankt Gallen, Zürich/Stuttgart 1990, S. 93–118.

Eggenstein/Westphal 2003
Georg Eggenstein/Herbert H. Westphal: Verwandte in Bronze und Gold. Zwei fast identische Beschläge des 9. Jahrhunderts aus Balhorn bei Paderborn und der Burg auf dem Gaulskopf bei Warburg, in: Archäologie in Ostwestfalen 8 (2003), S. 60–63.

Ehlers 2008
Joachim Ehlers: Heinrich der Löwe. Eine Biographie, München 2008.

Eilbracht 1999
Heidemarie Eilbracht: Filigran- und Granulationsschmuck im wikingischen Norden. Untersuchungen zum Transfer frühmittelalterlicher Gold- und Silberschmiedetechniken zwischen dem Kontinent und Nordeuropa (Zeitschrift für Archäologie des Mittelalters, Beiheft 11), Köln 1999.

Eisler 1907
Robert Eisler: Die illuminierten Handschriften in Kärnten (Beschreibendes Verzeichnis der illuminierten Handschriften in Österreich 3, Publikationen des K.K. Instituts für Österreichische Geschichtsforschung), Leipzig 1907.

Ekström 1985
Per Ekström: Libri antiqviores ecclesiae et capituli Lundensis, Lund 1985.

Elagina 2001
Natalia Elagina u. a. (Hg.): The Insular Gospels of the 8th century in the Collection of the National Library of Russia, Saint Petersburg: Electronic edition of the manuscript Lat. F.v.I.8. CD-ROM, St. Petersburg 2001.

Elbern 1961
Victor H. Elbern: Das Relief des Gekreuzigten in der Mellebaudis-Memoria zu Poitiers. Über eine vorkarolingische Nachbildung des Heiligen Grabes zu Jerusalem, in: Jahrbuch der Berliner Museen 3 (1961), S. 149–189.

Elbern 1962
Victor H. Elbern: Der fränkische Reliquienkasten und Tragaltar von Werden, in: Ders. (Hg.): Das erste Jahrtausend. Kultur und Kunst im werdenden Abendland an Rhein und Ruhr, Bd. 1, Düsseldorf 1962, S. 436–470.

Elbern 1965
Victor H. Elbern: Eine Gruppe insularer Kelche des frühen Mittelalters, in: Ursula Schlegel/Claus Zoege von Manteuffel (Hg.): Festschrift für Peter Metz, Berlin 1965, S. 115–123.

Elbern 1971
Elbern, Viktor H.: Das Engerer Bursenreliquiar und die Zierkunst des Mittelalters, in: Niederdeutsche Beiträge zur Kunstgeschichte 10 (1971), S. 41–102.

Elbern 1986
Victor H. Elbern: La stèle du Christ crucifié à l'hypogée de Poitiers, in: Bulletins de la Société des Antiquaires de l'Ouest et des musées de Poitiers, Serie 4,19 (1986), S. 487–491.

Elbern 2006
Victor H. Elbern: Das Kastenportatile St. Liudgers in Werden. Gestaltliche Tradition und liturgischer Bedeutungskontext an einem frühmittelalterlichen Reliquiar, in: Ikonotheka 19 (2006), S. 33–55.

Elbern 2011
Victor H. Elbern: Chrismale und Tragaltar. Eine neue liturgiegeschichtliche Analyse des Beinkastens St. Liudgers von Werden, in: Das Münster 64 (2011), S. 148–153.

Embach 2010
Michael Embach: Das Ada-Evangeliar (StB Trier, Hs 22). Die karolingische Bilderhandschrift (Kostbarkeiten der Stadtbibliothek Trier 2), Trier 2010.

Endemann 1975
Klaus Endemann: Das Marienbild von Werl, in: Westfalen 53 (1975), S. 53–80.

Engelbert 1969
Pius Engelbert: Paläographische Bemerkungen zur Faksimileausgabe der ältesten Handschrift der Regula Benedicti (Oxford, Bodl. Libr. Hatton 48), in: Revue Bénédictine 79 (1969), S. 399–413.

Engelbrecht 2007
Jörg Engelbrecht: Bevor Napoleon kam. Die ersten Jahre der französischen Herrschaft am Niederrhein, in: Veit Veltzke (Hg.): Napoleon – Trikolore und Kaiseradler über Rhein und Weser, Köln/Weimar/Wien 2007, S. 71–88.

Engemann 1984
Josef Engemann: Eine spätantike Messingkanne mit zwei Darstellungen aus der Magiererzählung im F. J. Dölger-Institut in Bonn, in: Vivarium. Festschrift Theodor Klauser zum 90. Geburtstag (Jahrbuch für Antike und Christentum, Ergänzungsband 11), Münster 1984, S. 115–131.

Engemann 2002
Josef Engemann: Zur Interpretation der Darstellungen der Drei Jünglinge in Babylon in der frühchristlichen Kunst, in: Guntram Koch (Hg.): Akten des Symposiums „Frühchristliche Sarkophage" Marburg 1999, Mainz 2002, S. 81–91.

Entz 1964
Géza Entz: Un chantier du XIe siècle à Zalavár, in: Bulletin du Musée Hongrois des Beaux-Arts 24 (1964), S. 17–46.

Ernesti 2004
Jörg Ernesti: Ferdinand von Fürstenberg (1626–1683). Geistiges Profil eines barocken Fürstbischofs, Paderborn 2004.

Érszegi 1996
Géza Érszegi: Szent István pannonhalmi oklevele (Oklevéltani-filológiai kommentár) [Die Gründungsurkunde St. Stephans (Urkundlich-philologischer Kommentar)], in: Imre Takács (Hg.): Mons Sacer 996–1996. Pannonhalma 1000 éve, Kat. Pannonhalmi Főapátság, Bd. 1, Pannonhalma 1996, S. 47–89.

Esders 2013
Stefan Esders: Verwaltete Treue. Ein oberitalienisches Originalverzeichnis (breve) mit den Namen von 173 vereidigten Personen aus der Zeit um 825, in: Deutsches Archiv 69 (2013) (im Druck).

Evans 1991
Angela Evans: Pair of spoons, in: Leslie E. Webster/Janet Backhouse (Hg.): The Making of England. Anglo-Saxon Art and Culture AD 600–900, London 1991, S. 32.

Evans 2006
Angela Evans, Sword, in: PAS database, 2006 http://finds.org.uk/database/artefacts/record/id/144896 (03.06.2013).

Evison 2008a
Vera I. Evison: Catalogue of Anglo-Saxon glass in the British Museum, London 2008.

Evison 2008b
Vera I. Evison: Glass vessels in England, AD 400–1100, in: Jenny Price (Hg.): Glass in Britain and Ireland AD 350–1100 (British Museum Occasional Papers 127), London 2000, S. 47–104.

Ewals 1987
Leo Ewals: Ary Scheffer. Sa vie et son oeuvre, Nijmegen 1987.

Eygun 1963a
François Eygun: Les fouilles de l'église Sainte-Croix à Poitiers, in: Actes du 87. Congrès national des sociétés savantes, section d'archéologie Poitiers 1962, Paris 1963, S. 217–227.

Eygun 1963b
François Eygun: Informations archéologiques. Circonscription de Poitiers: Poitiers, Sainte-Croix, in: Gallia 21 (1963), S. 433–484.

Eygun 1967
François Eygun: Informations archéologiques. Circonscription de Poitou-Charentes, in: Gallia 25 (1967), S. 239–270.

Eygun/Levillain 1964
François Eygun/Léon Levillain: Hypogée des Dunes à Poitiers. Guide et explication, Poitiers 1964.

Faber 1995
Martin Faber: „Das Kreuz um des Kreuzes willen". Die Sicht der Geschichte des Deutschordensstaates in Eichendorffs Drama „Der letzte Held von Marienburg", in: Aurora 55 (1995), S. 67–103.

Faedo 1978
Lucia Faedo: Per una classificazione preliminare dei vetri dorati tardoromani, in: Annali della Scuola Normale Superiore di Pisa, Classe di Lettere e Filosofia, Serie 3, 8,3 (1978), S. 1025–1070.

Falke 1913
Otto von Falke: Kunstgeschichte der Seidenweberei, 2 Bde., Berlin 1913.

Fanning/Ó hÉailidhe 1980
Thomas Fanning/Pádraig Ó hÉailidhe: Some Cross-inscribed Slabs from the Irish Midlands, in: Harman Murtagh (Hg.): Irish Midland Studies: Essays in Commemoration of N.W. English, Athlone 1980, S. 5–23.

Farago-Szekeres/Hiernard 2012
Bernard Farago-Szekeres/Jean Hiernard: Les Chrétiens d'Anché, in: Dominique Simon-Hiernard (Hg.): Amor, à mort. Tombes remarquables de Centre-Ouest de la Gaule, Kat. Musée Sainte-Croix Poitiers, Poitiers 2012, S. 81–83.

Fasola 1982/1984
Umberto M. Fasola: Scoperta di un probabile santuario di martiri in una regione postcostatiniana della catacomba „Ad Duas Lauros", in: Rendiconti. Pontificia Accademia Romana di Archeologia 55/56 (1982/1984), S. 341–359.

Fassbinder 2005
Stefan Fassbinder: Thronende Madonna mit Kind, in: Horst H. Grimm (Red.): Pommersches Landesmuseum Greifswald (Edition Logika 8), München 2005, S. 28f.

Favreau 2000
Robert Favreau: Mosaïque de pavement de l'abbaye Sainte-Croix, in: Ders. (Hg.): Le Supplice et la Gloire. La Croix en Poitou, Kat. Musée Sainte-Croix Poitiers, Paris 2000, S. 38.

Feder 1927
Alfred Leonhard Feder: Studien zum Schriftstellerkatalog des heiligen Hieronymus, Freiburg i. Br. 1927.

Feldmann u.a. 2000
Hans-Christian Feldmann, Gerd Baier, Dietlinde Brugmann, Antje Heling und Barbara Rimpel Georg Dehio (Bearb.): Handbuch der Deutschen Kunstdenkmäler. Mecklenburg-Vorpommern, Berlin/München 2000.

Felmy 2004
Karl Christian Felmy: Das Buch der Christus-Ikonen, Freiburg 2004.

Felten/Jarnut/Padberg 2007
Franz J. Felten/Jörg Jarnut/Lutz E. von Padberg (Hg.): Bonifatius – Leben und Nachwirken. Die Gestaltung des christlichen Europa im Frühmittelalter (Quellen und Abhandlungen zur mittelrheinischen Kirchengeschichte 121), Mainz 2007.

Fennell 1969
Kenneth R. Fennell: The Loveden Man, in: Frühmittelalterliche Studien 3 (1969), S. 211–215.

Ferrari/Schroeder/Trauffler 1999
Michele Camillo Ferrari/Jean Schroeder/Henri Trauffler (Hg.): Die Abtei Echternach 698–1998 (Publications du CLUDEM 15), Luxemburg 1999.

Ferrua 1942
Antonio Ferrua: Epigrammata Damasiana (Sussidi allo studio delle antichità cristiane 2), Vatikanstadt 1942.

Ferrua 1979
Antonio Ferrua: Corona di osservazioni alle iscrizioni cristiane di Roma incertae originis (Atti della Pontificia Accademia Romana di Archeologia, Memorie in 8° 3), Vatikanstadt 1979.

Fettich 1937
Nándor Fettich: A honfoglaló magyarság fémművessége [Die Metallkunst der landnehmenden Ungarn] (Archaeologia Hungarica 21), 2 Bde., Budapest 1937.

Filipowiak 1979
Władysław Filipowiak : Wolińska kącina [Wolliner „kącina"], in: Z Otchłani Wieków [Aus der Tiefe der Jahrhunderte] 45,2 (1979), S. 109–118.

Filipowiak 1993
Władysław Filipowiak: Słowiańskie wierzenia pogańskie u ujścia Odry [Slawischer heidnischer Glaube an der Oder-Mündung], in: Marian Kwapiński/Henryk Paner (Hg.): Wierzenia przedchrześcijańskie na ziemiach polskich [Vorchristlicher Glaube in polnischen Gebieten], Danzig 1993, S. 19–46.

Filipowiak/Gundlach 1992
Władysław Filipowiak/Heinz Gundlach: Wolin Vineta. Die tatsächliche Legende vom Untergang und Aufstieg der Stadt, Rostock 1992.

Filipowiak/Wojtasik 1975
Władysław Filipowiak/Jerzy Wojtasik: Światowit z Wolina [Svantevit aus Wollin], in: Z Otchłani Wieków [Aus der Tiefe der Jahrhunderte] 41,2 (1975), S. 82–89.

Filippi 1997
Giorgio Filippi: Epitaffio di Iulia Calliste, in: Ivan Di Stefano Manzella (Hg.): Le iscrizioni dei cristiani in Vaticano. Materiali e contributi scientifici per una mostra epigrafica (Inscritiones Sanctae Sedis 2), Vatikanstadt 1997, S. 216–218.

Finger 2003
Heinz Finger: Die Abtei Werden als geistiges und geistliches Zentrum im Grenzraum von Rheinland und Westfalen, Köln 2003.

Fingerlin 1993
Gerhard Fingerlin: Frühe christliche Bilder von der Baar, in: Edward Sangmeister (Hg.): Zeitspuren. Archäologisches aus Baden (Archäologische Nachrichten aus Baden 50), Freiburg i. Br. 1993, S. 168–169.

Fingerlin 2010
Gerhard Fingerlin: Die ältesten christlichen Bilder der Alamannia. Zur Herkunft und Ikonographie der drei silbernen Phalerae aus dem Kammergrab von der „Gierhalde" in Hüfingen, dem Hauptort der frühmittelalterlichen Baar, in: Volkhard Huth/R. Johanna Reginath (Hg.): Die Baar als Königslandschaft (Veröffentlichungen des Alemannischen Instituts Freiburg i. Br. 77), Ostfildern 2010, S. 25–46.

Fingernagel 1991
Andreas Fingernagel (Bearb.): Die illuminierten lateinischen Handschriften deutscher Provenienz der Staatsbibliothek Preußischer Kulturbesitz Berlin. 8. –12. Jahrhundert (Staatsbibliothek Preussischer Kulturbesitz. Kataloge der Handschriftenabteilung, III: Illuminierte Handschriften 1), 2 Bde., Wiesbaden 1991.

Fingernagel 1999
Andreas Fingernagel: Die illuminierten lateinischen Handschriften süd-, westund nordeuropäischer Provenienz der Staatsbibliothek zu Berlin Preussischer Kulturbesitz: 4.–12. Jahrhundert (Kataloge der Handschriftenabteilung, Reihe 3 Illuminierte Handschriften 2), 2 Teile, Wiesbaden 1999.

Finney 1994
Paul C. Finney: The Invisible God. The Earliest Christians on Art, New York/Oxford 1994.

Fiocchi Nicolai 1986
V. Fiocchi Nicolai: La basilica di S. Alessandro „ad Baccanas" al XX miglio della via Cassia: un intervento damasiano?, in: Saecularia Damasiana, Atti del Convegno Internazionale per il XVI centenario della morte di papa Damaso I, 10.–12. Dezember 1984 (Studi di Antichità Cristiana 39), Vatikanstadt 1986, S. 305–322.

von Fircks 2012
Juliane von Fircks: Skulptur im südlichen Ostseeraum. Stile, Werkstätten und Auftraggeber im 13. Jahrhundert (Studien zur internationalen Architektur- und Kunstgeschichte 90), Petersberg 2012.

Fittschen/Zanker 1985
Klaus Fittschen/Paul Zanker: Katalog der römischen Porträts in den Capitolinischen Museen und den anderen kommunalen Sammlungen der Stadt Rom, Bd. 1: Kaiser- und Prinzenbildnisse (Beiträge zur Erschließung hellenistischer und kaiserzeitlicher Skulptur und Architektur 3), Mainz 1985.

FitzPatrick/O'Brian 1998
Elizabeth FitzPatrick/Caimin O'Brien: The Medieval Churches of County Offaly, Dublin 1998.

Flèche-Mourgues/Chevalier/Piteša 1993
M.-P. Flèche-Mourgues/P. Chevalier/A. Piteša: Catalogue des sculptures du haut moyen-age du Musée archéologique de Split I (Vjesnik za arheologiju i historiju dalmatinsku 85), Split 1993.

Fleury/France-Lanord 1998
Michel Fleury/Albert France-Lanord: Les trésors mérovingiens de la basilique de Saint-Denis, Woippy u. a. 1998.

Fliege 1982
Jutta Fliege: Die Handschriften der ehemaligen Stifts- und Gymnasialbibliothek Quedlinburg in Halle (Arbeiten der Universitäts- und Landesbibliothek Sachsen-Anhalt 25), Halle (Saale) 1982.

Fodor 1996
István Fodor: Beregszász-Kishegy, in: István Fodor/László Révész/Mária Wolf/Ibolya M. Nepper (Hg.): The Ancient Hungarians, Kat. Ungarisches Nationalmuseum Budapest, Budapest 1996, S. 132–133.

Formigé 1960
Jules Formigé: L'abbaye royale de Saint-Denis. Recherches nouvelles, Paris 1960.

Forster 1977
Jennifer Foster: A Boar Figurine from Guilden Morden, Cambs, in: Medieval Archaeology 21 (1977), S. 166–167.

Forster 2006
Christian Forster: Der ottonische Vorgängerbau des gotischen Domes nach historischen und archäologischen Quellen, in: Matthias Puhle/Harald Meller (Hg.): Der Magdeburger Domplatz, Archäologie und Geschichte 805–1209 (Magdeburger Museumsschriften 8), Magdeburg 2006, S. 101–126.

Forsyth 1998
Katherine Forsyth: Literacy in Pictland, in: Huw Pryce (Hg.): Literacy in Medieval Celtic Societies, Cambridge 1998, S. 39–61.

Forsyth/Tedeschi 2008
Katherine Forsyth/Carlo Tedeschi: Text-inscribed Slates, in: Christopher Lowe (Hg.): Inchmarnock: An Early Historic Island Monastery in Its Archaeological Landscape, Edinburgh 2008, S. 128–151.

Fóth/Heinrich-Tamaska/Müller/Perémi 2009
Erzsébet Fóth/Orsolya Heinrich-Tamaska/Róbert Müller/Ágota S. Perémi: Möglichkeiten und Grenzen der Radiokarbonanalyse zur Datierung der Keszthely-Kultur, in: Orsolya Heinrich-Tamáska/Niklot Krohn/Sebastian Ristow (Hg.): Dunkle Jahrhunderte in Mitteleuropa? Tagungsbeiträge der Arbeitsgemeinschaft Spätantike und Frühmittelalter 1 und 2 (Studien zu Spätantike und Frühmittelalter 1), Hamburg 2009, S. 307–334.

Fouracre/Gerberding 1996
Paul Fouracre/Richard A. Gerberding: Late Merovingian France History and Hagiography 640–720 (Manchester Medieval Sources), Manchester 1996.

Fourlas (in Vorbereitung)
Benjamin Fourlas: Frühbyzantinische Silberobjekte, in: Falko Daim/Harald Siebenmorgen/Vasiliki Tsamkda (Hg.): Spätantike und Byzanz. Bestandskatalog Badisches Landesmuseum Karlsruhe (in Vorbereitung).

Fourlas 2005/2006
Benjamin Fourlas: Die Statuette des Petrus im Archäologischen Museum der Westfälischen Wilhelms-Universität Münster und ihre Beziehung zur Bronzestatue im Petersdom in Rom, in: Boreas 28/29 (2005/2006), S. 141–168.

Fowden 1999
Elizabeth Key Fowden: The Barbarian Plain: St Sergius between Rome and Iran, Berkeley 1999.

Fraesdorff 2005
David Fraesdorff: Der barbarische Norden. Vorstellungen und Fremdheitskategorien bei Rimbert, Thietmar von Merseburg, Adam von Bremen und Helmold von Bosau (Orbis mediaevalis. Vorstellungswelten des Mittelalters 5), Berlin 2005.

Fragmenta Latina Haunienses
Fragmenta Latina Haunienses, hg. von Erik Petersen, URL: http://www.kb.dk/

en/nb/materialer/haandskrifter/HA/e-mss/flh.html (13.12.12)

France-Lanord 1998
Albert France-Lanord: Les Broderies d'Or, in: Michel Fleury/Albert France-Lanord: Les Trésors Mérovingiens de la Basilique de Saint-Denis, Luxemburg 1998, S. 195–207.

De Francesco 2004
Daniela De Francesco: La proprietà fondiaria nel Lazio secoli IV–VIII. Storia e topografia, Rom 2004.

François/Schulze 2001
Etienne François/Hagen Schulze (Hg.): Deutsche Erinnerungsorte, 3 Bde., München 2001.

Frank 1990
Christina Beatrice Frank: Untersuchungen zum Catalogus testium veritatis des Matthias Flacius Illyricus, Tübingen 1990.

Frank 2002
Karl Suso Frank: Lehrbuch der Geschichte der Alten Kirche, 3. Aufl., Paderborn u. a. 2002.

Frank 2008
Roberta Frank: The Boar on the Helmet, in: Catherine E. Karkov/Helen Damico (Hg.): Aedificia Nova: Studies in Honor of Rosemary Cramp, Kalamazoo, MI, 2008, S. 76–88.

Frankemölle 2006
Hubert Frankemölle: Frühjudentum und Urchristentum. Vorgeschichte, Verlauf, Auswirkungen, 4. Jahrhundert v. Chr. bis 4. Jahrhundert n. Chr. (Kohlhammer-Studienbücher Theologie 5), Stuttgart 2006.

Frankemölle 2009
Hubert Frankemölle: Das jüdische Neue Testament und der christliche Glaube. Grundlagenwissen für den jüdisch-christlichen Dialog, Stuttgart 2009.

Franken 2011
Wiebke Franken: Europa, in: Uwe Fleckner/Martin Warnke/Hendrik Ziegler (Hg.): Handbuch der politischen Ikonographie, Bd. 1, München 2011, S. 268–276.

Freckmann 2012
Anja Freckmann: Art. Bursfelde, in: Josef Dolle (Hg.): Niedersächsisches Klosterbuch. Verzeichnis der Klöster, Stifte, Kommenden und Beginenhäuser in Niedersachsen und Bremen von den Anfängen bis 1810, Teil 1: Abbingwehr bis Gandersheim (Veröffentlichungen des Instituts für Historische Landesforschung der Universität Göttingen 56,1), Bielefeld 2012, S. 280–293.

Freeden 2000
Uta von Freeden: Das Ende engzelligen Cloisonnés und die Eroberung Südarabiens durch die Sasaniden, in: Germania 78 (2000), S. 97–124.

Freeden/Wieczorek 1997
Uta von Freeden/Alfried Wieczorek (Hg.): Perlen. Archäologie, Techniken, Analysen, Tagung Mannheim 1994 (Kolloquien zur Vor- und Frühgeschichte 1), Bonn 1997.

Freestone/Hughes/Stapleton 2008
Ian C. Freestone/Michael J. Hughes/Colleen P. Stapleton: The composition and production of Anglo-Saxon glass, in: Vera I. Evison (Hg.): Catalogue of Anglo-Saxon glass in the British Museum, London 2008, S. 29–46.

Freise 1983
Eckhard Freise: Das Mittelalter bis zum Vertrag von Verdun (843), in: Wilhelm Kohl (Hg.): Westfälische Geschichte, Bd. 1: Von den Anfängen bis zum Endes des alten Reiches (Veröffentlichungen der Historischen Kommission für Westfalen 43), Düsseldorf 1983, S. 275–336.

Freise 2005
Eckhard Freise: Liudger und das Kloster Werden – Gründervater, Gründerjahre und Gründungstradition, in: Gabriele Isenberg/Barbara Rommé (Hg.): 805. Liudger wird Bischof. Spuren eines Heiligen zwischen York, Rom und Münster, Kat. Stadtmuseum Münster, Mainz 2005, S. 133–140.

Freitag 1995
Werner Freitag: Heiliger Bischof und moderne Zeiten. Die Verehrung des heiligen Ludger im Bistum Münster (Schriftenreihe zur religiösen Kultur 4), Münster 1995.

Fremersdorf 1955/56
Fritz Fremersdorf: Zu dem blauen Glasbecher aus dem Reihengräberfeld von Pfahlheim (Kr. Ellwangen) im Germanischen Nationalmuseum Nürnberg, in: Kölner Jahrbuch 1–2 (1955/56), S. 33–35.

Frey 1936
Jean B. Frey: Corpus of Jewish Inscriptions. Corpus inscriptionum Judaicarum (Sussidi allo studio delle antichità cristiane 1,3), Vatikanstadt 1936.

Friedländer/von Sallet 1877
Julius Friedländer/Alfred von Sallet: Das Königliche Münzkabinet. Geschichte und Übersicht der Sammlung, 2. Aufl., Berlin 1877.

Fries 2001
Holger Fries: Das Kammergrab von Usedom, Lkr. Ostvorpommern. Ein Vorbericht, in: Bodendenkmalpflege in Mecklenburg-Vorpommern, Jahrbuch 48,2000 (2001), S. 295–302.

Friggeri/Granino Cecere/Gregori 2012
Rosanna Friggeri/Maria Grazia Granino Cecere/Gian Luca Gregori (Hg.): Terme di Diocleziano. La collezione epigrafica, Mailand 2012.

Fučić 1980
Branko Fučić: Glagoljica i dalmatinski spomenici [Glagolitische Schrift und dalmatinische Denkmäler], in: Prilozi povijesti umjetnosti u Dalmaciji [Beiträge zur Entwicklung der Kunst in Dalmatien] 21 (1980), S. 274–284.

Fritz 1959
Rolf Fritz: Zwei Bildtafeln des 17. Jahrhunderts aus Geseke, in: Alte und neue Kunst im Erzbistum Paderborn 9 (1959), S. 45–48.

Fülep 1984
Ferenc Fülep: Sopianae. The history of Pécs during the Roman era, and the problem of the continuity of the Late Roman population (Archaeologia Hungarica, N.S. 50), Budapest 1984.

Furlan 2002
Italo Furlan: Noterella sull'infisso liturgico del Museo Marciano, in: Tiziana Franco/Giovanna Valenzano (Hg.): De lapidibus sententiae. Scritti di storia dell'arte per Giovanni Lorenzoni, Padua 2002, S. 177–180.

Gaborit-Chopin 2003
Danielle Gaborit-Chopin, Ivoires médiévaux Ve–XVe Siècle. Catalogue Musée du Louvre, Département des Objets d'Art, Paris 2003.

Gabriel 1988a
Ingo Gabriel: Hof- und Sakralkultur sowie Gebrauchs- und Handelsgut im Spiegel der Kleinfunde von Starigard/Oldenburg, in: Bericht der Römisch-Germanischen Kommission 69 (1988), S. 103–291.

Gabriel 1988b
Ingo Gabriel: Zur Innenbebauung von Starigard/Oldenburg, in: Bericht der Römisch-Germanischen Kommission 69 (1988), S. 55–86.

Gabriel 2002
Ingo Gabriel: Starigard/Oldenburg. Die große Landesburg der Wagrier, in: Manfred Gläser/Hans-Joachim Hahn/Ingrid Weibezahn (Hg.): Heiden und Christen. Slawenmission im Mittelalter, Kat. Dom-Museum Bremen (Ausstellungen zur Archäologie in Lübeck 5), Lübeck 2002, S. 29–42.

Gabriel/Kempke 2011
Ingo Gabriel/Torsten Kempke (Hg.): Starigard/Oldenburg. Hauptburg der Slawen in Wagrien 6: Die Grabfunde. Einführung und archäologisches Material. (Offa-Bücher N.F. 85), Neumünster 2011.

Gabriel/Muhl (im Druck)
Ingo Gabriel/Arnold Muhl: Der slawische Trinkhornmann von Seehausen. Präsentation und Interpretation einer frühmittelalterlichen Kleinskulptur, in: Jahresschrift für mitteldeutsche Vorgeschichte 93 (im Druck).

Gaethgens 1985
Thomas W. Gaehtgens: Versailles als Nationaldenkmal. Die Galerie des Batailles im Musée Historique von Louis-Philippe, Berlin 1985.

Gaggetti 2012
Elisabetta Gaggetti: „Sanctum altare tuum, Domine, subnixus honoro". Preziosi vasi eucaristici tra IV e VI secolo d.C., in: Paolo Biscottini/Gemma Sena Chiesa (Hg.): Costantino 313 d.C. L'editto di Milano e il tempo della tolleranza, Kat. Palazzo Reale Mailand/Colosseo e Curia Iulia Rom, Mailand 2012, S. 129–133.

Gai 2001a
Sveva Gai: Die karolingische Pfalzanlage. Von der Dokumentation zur Rekonstruktion, in: Lutz Fenske/Jörg Jarnut/Matthias Wemhoff (Hg.): Deutsche Königspfalzen. Beiträge zu ihrer historischen und archäologischen Erforschung, Bd. 5: Splendor palatii. Neue Forschungen zu Paderborn und anderen Pfalzen der Karolingerzeit (Veröffentlichungen des Max-Planck-Instituts für Geschichte 11/5), Göttingen 2001, S. 71–100.

Gai 2001b
Sveva Gai: Nouvelles données sur le palais de Charlemagne et de ses successeurs à Paderborn (Allemagne), in: Annie Renoux (Hg.): „Aux marches du palais". Qu'est-ce qu'un palais médiéval?, Tagung Le Mans/Mayenne 1999, Le Mans 2001, S. 201–212.

Gai 2003
Sveva Gai: Die karolingische Pfalzanlage in Paderborn (776–1002). Vom militärischen Stützpunkt bis zum Bischofssitz, in: Sulzbach und das Land zwischen Naab und Vils im frühen Mittelalter, Tagung Sulzbach-Rosenberg 2002, Sulzbach-Rosenberg 2003, S. 135–154.

Gai 2008
Sveva Gai: Il complesso palaziale di Paderborn e il formarsi di una vita communis nella sede episcopale di nuova fondazione: Alcune considerazioni alla luce degli scavi del palazzo carolingio (Westfalia), in: Flavia de Rubeis/Federico Murazzi (Hg.): Monasteri in Europa occidentale (secoli VIII–XI). Topografia e strutture, Rom 2008, S. 181–210.

Gai/Krüger/Thier 2012
Sveva Gai/Karl Heinrich Krüger/Bernd Thier: Die Klosterkirche Corvey, Bd. 1: Geschichte und Archäologie (Denkmalpflege und Forschungen in Westfalen 43,1), 2 Bde., Darmstadt 2012.

Gai/Mecke 2004
Sveva Gai/Birgit Mecke: Est locus insignis... Die Pfalz Karls des Großen in Paderborn und ihre bauliche Entwicklung bis zum Jahre 1002. Die Neuauswertung der Grabungen Wilhelm Winkelmanns in den Jahren 1964–1978 (Denkmalpflege und Forschung in Westfalen 40,2), 2 Bde., Mainz 2004.

Gaidoz 1867
Henri Gaidoz: Note on the Irish glosses recently found in the library of Nancy (Read before the Royal Irish Academy, June 10), Dublin 1867.

Gaimster 1992
Märit Gaimster: Scandinavian Gold Bracteates in Britain. Money and Media in the Dark Ages, in: Medieval Archaeology 36 (1992), S. 1–28.

Gallistl 2009
Bernhard Gallistl: Bedeutung und Gebrauch der großen Lichterkrone im Hildesheimer Dom, in: Concilium medii aevi 12 (2009), S. 43–88.

Gallo 1967
Rodolfo Gallo: Il Tesoro di San Marco e la sua storia (Civiltà Veneziana 16), Venedig 1967.

Galster 1950
Georg Galster: Nogle middelalderlige hængesmykker, in: Nationalmuseets Arbejdsmark (1950), S. 43–48.

Galuppo 1994
Martina Galuppo: I calici del Tesoro di San Marco, in: Venezia Arti 8 (1994), S. 144–147.

Gameson 1999
Richard Gameson: The Earliest Books of Christian Kent, in: Richard Gameson (Hg.): St Augustine and the Conversion of England, Stroud 1999, S. 313–373.

Gameson 2001/2002
Richard Gameson (Hg.): The Codex Aureus, an eighth-century gospel book (Early English Manuscripts in Facsimile 28, 29), 2 Bde., Kopenhagen 2001/02.

Gameson 2010
Richard Gameson: Manuscript Treasures of Durham Cathedral, London 2010.

Garam 1993
Éva Garam: Die awarenzeitlichen Scheibenfibeln, in: Communicationes Archaeologicae Hungariae (1993), S. 99–134.

Garam 2001
Éva Garam: Funde byzantinischer Herkunft in der Awarenzeit vom Ende des 6. bis zum Ende des 7. Jahrhunderts (Monumenta Avarorum Archaeologica 5), Budapest 2001.

Gardelin/Goksör/Hervén/Larsson 1997
Gunilla Gardelin/Sebastian Goksör/Conny Johansson Hervén/Stefan Larsson: Askallén, Lundagård. Arkeologisk förundersökning 1996 (Arkeologiska rapporter från Lund 19), Lund 1997.

Gardini/Novara 2011
Giovanni Gardini/Paola Novara: Le collezioni del Museo Arcivescovile di Ravenna, Ravenna 2011.

Garrison 2002
Mary Garrison: Alcuin's World through his Letters and Verse (Cambridge Studies in Medieval Life and Thought), Cambridge 2002.

Garrucci 1872–1881
Raffaele Garrucci: Storia dell'arte cristiana nei primi otto secoli della Chiesa, 6 Bde., Prato 1872–1881.

Gasnault 1970
Pierre Gasnault: Documents financiers de Saint-Martin de Tours de l'époque mérovingienne, in: Journal des Savants (1970), S. 82–93.

Gasnault 1995
Pierre Gasnault: Deux nouveaux feuillets de la comptabilité domaniale de l'abbaye Saint-Martin de Tours à l'époque mérovingienne, in: Journal des Savants (1995), S. 307–321.

Gauthier 1975
Nancy Gauthier: Recueil des inscriptions chrétiennes de la Gaule antérieures à la Renaissance carolingienne, Bd. 1: Première Belgique, Paris 1975.

Geake 1999
Helen Geake: Invisible kingdoms: the use of grave-goods in seventh-century England, in: Anglo-Saxon Studies in Archaeology and History 10 (1999), S. 203–215.

Geary 1988
Patrick J. Geary: Before France and Germany. The Creation and Transformation of the Merovingian World, New York/Oxford 1988.

Gebert 1773
Martin Gerbert: Iter Alemannicum, accedit Italicum et Gallicum, 2. überarb. Aufl., St. Blasien 1773.

Geibig 1991
Alfred Geibig: Beiträge zur morphologischen Entwicklung des Schwertes im Mittelalter. Eine Analyse des Fundmaterials vom ausgehenden 8. bis zum 12. Jahrhundert aus Sammlungen der Bundesrepublik Deutschland (Offa-Bücher 71), Neumünster 1991.

Geisler/Grebe 1993
Horst Geisler/Klaus Grebe: Poztupimi – Potstamp - Potsdam. Ergebnisse archäologischer Forschungen, Potsdam 1993.

Gennaccari 1996
Christina Gennaccari: Museo Pio Cristiano. Documenti inediti di rilavorazioni e restauri settecenteschi sui sarcofagi paleocristiani, in: Bollettino dei Monumenti, Musei e Gallerie Pontificie 16 (1996), S. 153–285.

Gennaccari 1997
Cristina Gennaccari: Museo Pio Cristiano. Documenti inediti del '700 per la storia di alcuni rilievi, in: Bollettino dei Monumenti, Musei e Gallerie Pontificie 17 (1997), S. 29–60.

Genz 1963
Rudolf Genz: Das Opfer des menschlichen Hauptes bei den Westslawen in Ost- und Mitteldeutschland, in: Zeitschrift für Ostforschung. Länder und Völker im östlichen Mitteleuropa 12,3 (1963), S. 531–554.

Gerchow 2002
Jan Gerchow: Geistliche Damen und Herren. Die Benediktinerabtei Werden und das Frauenstift Essen (799–1803), in: Ulrich Borsdorf (Hg.): Essen. Geschichte einer Stadt, Bottrop/Essen 2002, S. 59–167.

Giuntella 1990
Anna Maria Giuntella: Sepoltura e rito. Consuetudini e innovazioni, in: Le Sepolture in Sardegna dal IV al VII secolo. Atti del IV Convegno sull'archeologia tardoromana e medievale (Mediterraneo tardoantico e medievale. Scavi e Ricerche 8), Oristano 1990, S. 215–229.

Gjedssø Bertelsen 1991
Lise Gjedssø Bertelsen: Præsentation af Ålborg-gruppen. En gruppe dyrefibler uden dyreslyng, in: Aarbøger for Nordisk Oldkyndighed og Historie (1991), S. 237–264.

Glaser 2002
Franz Glaser: Die Bildmotive der Scheibenfibeln aus Keszthely, in: Zalai Múzeum 11 (2002), S. 145–152.

Glatthaar 2013
Michael Glatthaar: Subjektiver und indirekter Stil in den Kapitularien Karls des Großen. Ein Beitrag zur Frage ihrer Entstehung, in: Deutsches Archiv 69 (2013) (im Druck).

Glauch 2011
Günter Glauch: Katalog der lateinischen Handschriften der Bayerischen Staatsbibliothek München. Die Pergamenthandschriften aus dem Domkapitel Freising, Bd. 2: Clm 6317–6437 (Catalogus codicum manu scriptorum Bibliothecae Monacensis T. 3, Ser.nov. Ps. 2,2), Wiesbaden 2011.

Glørstad 2013
Ann Zanette Tsigaridas Glørstad: Ringspenner og kapper. Kulturelle møter, politiske symboler og sentraliseringsprosesser i Norge ca. 800–950, Oslo 2010.

Gneuss 2001
Helmut Gneuss: Handlist of Anglo-Saxon Manuscripts. A List of Manuscripts and Manuscript Fragments Written or Owned in England up to 1100 (Medieval and Renaissance Texts and Studies 241), Tempe, Ariz. 2001.

Goldberg 2012
Martin Goldberg: Ideas and Ideologies, in: David Clarke/Alice Blackwell/Martin Goldberg: Early Medieval Scotland: Individuals, Communities and Ideas, Edinburgh 2012.

Göldner 1987
Holger Göldner: Studien zu rhein- und moselfränkischen Bügelfibeln (Marburger Studien zur Vor- und Frühgeschichte 8), 2 Bde., Marburg 1987.

Goldschmidt/Weitzmann 1934
Adolph Goldschmidt/Kurt Weitzmann: Die byzantinischen Elfenbeinskulpturen des X.-XIII. Jahrhunderts, Bd. 2: Reliefs, Berlin 1934.

Goldstein 1995
Ivo Goldstein: Hrvatski rani srednji vijek [Kroatisches Frühmittelalter], Zagreb 1995.

Goodenough 1953–1968
Erwin R. Goodenough: Jewish Symbols in the Greco-Roman Period, 13 Bde., New York 1953–1968.

Górecki 2000
Janusz Górecki: Die Burg Ostrów Lednicki – ein frühstaatliches Zentrum der Piastendynastie, in: Alfred Wieczorek/Hans-Martin Hinz (Hg.): Europas Mitte um 1000. Beiträge zur Geschichte, Kunst und Archäologie, Bd. 1: Handbuch zur Ausstellung, Stuttgart 2000, S. 467–470.

Górecki 2009
Janusz Górecki: U źródeł chrześcijaństwa w Polsce. Relikwiarz Drzewa Świętego Krzyża z Ostrowa Lednickiego [An den Quellen des Christentums in Polen. Das Reliquiar des Heiligen Kreuzes Christi von der Insel Ostrów Lednicki], in: Andrzej M. Wyrwa (Hg.): Stauroteka Lednicka [Staurothek von Lednica]. Materiały, studia i analizy (Biblioteka Studiów Lednickich 16), Lednica/Posen 2009, S. 13–48.

Gorman 1983
Michael M. Gorman: Eugippius and the Origins of the Manuscript Tradition of Saint Augustine's „De Genesi ad litteram", in: Revue Bénédictine 93 (1983), S. 7–30.

Gossler 2011
Norbert Gossler: Reiter und Ritter. Formenkunde, Chronologie, Verwendung und gesellschaftliche Bedeutung des mittelalterlichen Reitzubehörs aus Deutschland (Beiträge zur Ur- und Frühgeschichte Mecklenburg-Vorpommerns 49), Schwerin 2011.

Gounaris 1978
Γ. Γούναρης: Οι τοιχογραφίες των Αγίων Αποστόλων και της Παναγίας Ρασιώτισσας στην Καστοριά [Die Fresken von Hagioi Apostoloi und Panaghia Rassiotissa in Kastoria], Thessaloniki 1978.

Grabar 1971a
André Grabar: Calice di onice-agata, in: Hans Robert Hahnloser (Hg.): Il Tesoro di San Marco 2: Il Tesoro e il Museo, Florenz/Venedig 1971.

Grabar 1971b
André Grabar: Patena di alabastro con Cristo a smalto, in: Hans Robert Hahnloser (Hg): Il Tesoro di San Marco 2: Il Tesoro e il Museo, Florenz/Venedig 1971.

Graf 1993
Gerhard Graf: Gottesbild und Politik. Eine Studie zur Frömmigkeit in Preußen während der Befreiungskriege 1813–1815 (Forschungen zur Kirchen- und Dogmengeschichte 52), Göttingen 1993.

Graf 2008
Gerhard Graf: Wenzelspatrozinien in Mitteldeutschland. Der Wenzelskult als Bestandteil ottonischer Missionspolitik, in: Michael Beyer/Jonas Flöter/Markus Hein (Hg.): Christlicher Glaube und weltliche Herrschaft. Zum Gedenken an Günther Wartenberg (Arbeiten zur Kirchen- und Theologiegeschichte 24), Leipzig 2008, S. 133–153.

Graham-Campbell 1991
James Graham-Campbell: Dinas Powys Metalwork and the Dating of Enamelled Zoomorphic Penannular Brooches, in: Bulletin Board Celtic Studies 38 (1991), S. 220–232.

Graham-Campbell 2010
James Graham-Campbell: Some Viking-Age penannular brooches from Scotland and the origins of the Thistle-Brooch, in: Anne O'Connor/D.V. Clarke (Hg.): From the Stone Age to the 'Forty-Five. Studies presented to Robert B. K. Stevenson, Edinburgh 1983, S. 310–323.

Gräslund 1983
Anne-Sofie Gräslund: Tor eller Vite Krist? Några reflektioner med anledning av Lugnås-hammaren, in: Västergötllands fornminnesförenings tidskrift 1983/1984 (1983), S. 229–235.

Gräslund 2000
Anne-Sofie Gräslund: New Perspectives on an Old Problem. Uppsala and the Christianization of Sweden, in: Guyda Armstrong/Ian N. Wood (Hg.): Christianizing Peoples and Converting Individuals (International Medieval Research 7), Turnhout 2000, S. 61–71.

Gräslund/Lager 2008
Anne-Sofie Gräselund/Linn Lager: Runestones and the Christian Missions, in: Stefan Brink (Hg.): The Viking World (The Routledge Worlds), London 2008, S. 629–644.

Grave 2009
Johannes Grave: Die schwierige Gegenwärtigkeit des Vergangenen. Gedanken zu einigen Kunstwerken des Gymnasium Dionysianum, in: Gymnasium Dionysianum (Hg.): Gymnasium Dionysianum Rheine 1659–2009. Festschrift zum 350-jährigen Jubiläum, Steinfurt 2009, S. 98–115.

Grebe 1991
Klaus Grebe: Die Brandenburg vor 1000 Jahren, Potsdam 1991.

Grebe/Hoffmann 1964
Klaus Grebe/Richard Hoffmann: Slawische Grabfunde von Fahrland, Ketzin und Phöben. Ein Beitrag zur Kenntnis der slawischen Bestattungssitten im Havelland, in: Veröffentlichungen des Museums für Ur- und Frühgeschichte Potsdam 3 (1964), S. 102–151.

Grewe 2004
Klaus Grewe: Die Eifelwasserleitung nach Köln. Vom römischen Aquädukt zum Steinbruch für romanische Bauten, in: Die alte Stadt. Vierteljahreszeitschrift für Stadtgeschichte, Stadtsoziologie, Denkmalpflege und Stadtentwicklung 31,4 (2004), S. 247–258.

Griepentrog 1991
Martin Griepentrog: Die Widukind-Gedächtnisstätte von 1939. Außenseiter oder Prototyp nationalsozialistischer Museumsentwicklung?, in: Stadt Enger – Beiträge zur Stadtgeschichte 7 (1991), S. 119–146.

Grierson 1953
Philip Grierson: The Canterbury (St. Martin's) Hoard of Frankish and Anglo-Saxon

Coin-Ornaments, in: British Numismatic Journal 27 (1953), S. 39–51.
Grierson 1979
Philip Grierson: Addenda and Corrigenda, in: Philip Grierson (hg.): Dark Age Numismatics. Selected Studies, London 1979, S. 1–15.
Grierson/Blackburn 1986
Philip Grierson/Mark Blackburn: Medieval European Coinage, Bd. 1, Cambridge 1986.
Grig 2004
Lucy Grig: Portraits, Pontiffs and the Christianization of Fourth-Century Rome, in: Papers of the British School at Rome 72 (2004), S. 203–220.
Grimaldi 1972
Giacomo Grimaldi: Descrizione della basilica antica di S. Pietro in Vaticano. Codice Barberini Latino 2733 (Codices e Vaticanis selecti, Series maior 32), Vatikanstadt 1972.
Grimme 1963
Ernst Günther Grimme: Das Suermondt-Museum (Aachener Kunstblätter 28), Aachen 1963.
Grimme 1973
Ernst Günther Grimme: Der Aachener Domschatz (Aachener Kunstblätter 42), 2. überarb. Aufl., Düsseldorf 1973.
Grimme 1994
Ernst Günther Grimme: Der Dom zu Aachen. Architektur und Ausstattung, Aachen 1994.
Gringmuth-Dallmer/Hollnagel 1971
Eike Gringmuth-Dallmer/Adolf Hollnagel: Jungslawische Siedlung mit Kultfiguren auf der Fischerinsel bei Neubrandenburg, in: Zeitschrift für Archäologie 5:1 (1971), S. 102–133.
Grisar 1908
Hartmann Grisar: Die römische Kapelle Sancta Sanctorum und ihr Schatz. Meine Entdeckungen und Studien in der Palastkapelle der mittelalterlichen Päpste, Freiburg i. Br. 1908.
Großer Historischer Weltatlas: Mittelalter
Bayerischer Schulbuch-Verlag (Hg.): Großer Historischer Weltatlas 2: Mittelalter, 2. überarb. Aufl., München 1979.
Grünewald 2001
Christoph Grünewald: Frühe Thorshammer-Anhänger aus Warendorf an der Ems, in: Ernst Pohl/Udo Recker/Claudia Theune (Hg.): Archäologisches Zellwerk. Beiträge zur Kulturgeschichte in Europa und Asien. Festschrift für Helmut Roth zum 60. Geburtstag (Studia honoraria 16), Rahden/Westf. 2001, S. 417–423.
Grünewald 2012
Christoph Grünewald: Serie und Einzelstück – spätkarolingische und ottonische Metallobjekte aus Westfalen, in: Archäologie in Westfalen-Lippe 2011 (2012), S. 102–103.
Guild 2004
Rollins Guild: Le chancel de la basilique primitive de Saint-Denis, in: Saint-Denis, de sainte Geneviève à Suger. Les découvertes archéologiques et les témoignages historiques (Les dossiers d'archéologie 297), Dijon 2004, S. 50.

Guj 2007
Melania Guj: Vite, in: Fabrizio Bisconti (Hg.): Temi di iconografia paleocristiana (Sussidi allo studio delle antichità cristiane 13), 2. Aufl., Vatikanstadt 2007, S. 306.
Gülden/Rothe/Opfermann 1961
Josef Gülden/Edith Rothe/Bernhard Opfermann: Das Brandenburger Evangelistar, Leipzig 1961.
Gunjača 1956
Stjepan Gunjača: Ostaci starohrvatske crkve Sv. Cecilije na Stupovima u Biskupiji kod Knina [Reste der altkroatischen Kirche der Heiligen Cäcilia auf den Säulen in Biskupija bei Knin], in: Starohrvatska prosvjeta III 5 (1956), S. 65–127.
Gunjača/Jelovina 1976
Stjepan Gunjača/Dušan Jelovina: Starohrvatska baština [Das altkroatische Erbe], Zagreb 1976.
Gussone 1992
Nikolaus Gussone (Hg.): Das Kölner Dombaufest von 1842. Ernst Friedrich Zwirner und die Vollendung des Kölner Doms. Ausstellungs-Katalog des Oberschlesischen Landesmuseums Ratingen, 6. Dezember 1992 bis 28. Februar 1993, Dülmen 1992.
Gustafsson/Weidhagen 1968
Evald Gustafsson/Margareta Weidhagen: Investigations in Hammarlunda Church, in: Bengt Bengtsson (Hg.): Res Mediaevales. Festskrift till Ragnar Blomqvist (Archaeologica Lundensia 3), Lund 1968, S. 154–168.
Hachlili 1998
Rachel Hachlili: Ancient Jewish Art and Archaeology in the Diaspora (Handbuch der Orientalistik. Der Nahe und Mittlere Osten 35), Leiden/Boston/Köln 1998.
Hachlili 2001
Rachel Hachlili: The Menorah, the Ancient Seven-Armed Candelabrum. Origin, Form and Significance (Supplements to the Journal for the Study of Judaism 68), Leiden/Boston/Köln 2001.
Hacke 2013
Marei Hacke: Technical examination of Anglo-Saxon gold braids from Prittlewell, Taplow and Faversham burials, Science Report PR07504_2, Department of Conservation and Scientific Research, British Museum, London 2013 (unveröffentlicht).
Hackenbroch 1979
Yvonne Hackenbroch: Renaissance Jewellery, London 1979.
Haffner/Scardigli 1973
Franz Haffner/Piergiuseppe Scardigli: Unum redivivum folium, in: Piergiuseppe Scardigli (Hg.): Die Goten. Sprache und Kultur, München 1973, S. 302–380.
Hagenmaier 1980
Winfried Hagenmaier: Die lateinischen mittelalterlichen Handschriften der Universitätsbibliothek Freiburg im Breisgau, Bd. 2: ab Hs. 231 (Kataloge der Universitätsbibliothek Freiburg im Breisgau 1,3), Wiesbaden 1980.
Haines 2008
John Haines: A Musical Fragment from Anglo-Saxon England, in: Early Music 36 (2008), S. 219–229.

Halbertsma 1970
Herre Halbertsma: Friesische Königssagen, in: Philologica Anno 1969, Groningen 1970, S. 76–90.
Halbertsma 1982
Herre Halbertsma: Frieslands Oudheid, Groningen 1982.
Halbertsma 2000
Herre Halbertsma: Het rijk van de Friese koningen, opkomst en ondergang, Utrecht 2000.
Halle 2002
Uta Halle: „Die Externsteine sind bis auf weiteres germanisch!" Prähistorische Archäologie im Dritten Reich, Bielefeld 2002.
Hampel 1905
József Hampel: Alterthümer des frühen Mittelalters in Ungarn, Bd. 2: Fundbeschreibung, Braunschweig 1905.
Hanenko 1899
Б.И. Ханенко: Древности русские. Кресты и образки 1 [Russische Altertümer. Kreuze und Bildnisse 1], Kiew 1899.
Hanenko 1900
Б.И. Ханенко: Древности русские. Кресты и образки 2 [Russische Altertümer. Kreuze und Bildnisse 2], Kiew 1900.
Hanenko 1902
Б. И. Ханенко: Древности Приднепровья [Altertümer des Dneprgebietes], Kiew 1902.
Hannemann 1973
Kurt Hannemann: Die Lösung des Rätsels der Heliandpraefatio (mit Nachtrag 1972), in: Jürgen Eichhoff/Irmengard Rauch (Hg.): Der Heliand (Wege der Forschung 321), Darmstadt 1973, S. 1–13.
Hannemann 1974
Kurt Hannemann: Geschichte der Erschließung der Handschriftenbestände der Reichenau in Karlsruhe, in: Helmut Maurer (Hg.): Die Abtei Reichenau. Neue Beiträge zur Geschichte und Kultur des Inselklosters (Bodensee-Bibliothek 20), Sigmaringen 1974, S. 159–252.
Hannick 1994
Christian Hannick: Die neue Christenheit im Osten: Bulgarien, Rußland, Serbien I: Bulgarien, in: Gilbert Dagron/Pierre Riché/André Vauchez/Egon Boshof (Hg.): Bischöfe, Mönche und Kaiser (624–1054) (Die Geschichte des Christentums. Religion, Politik, Kultur 4), Freiburg/Basel/Wien 1994, S. 921–937.
Hanuliak 2004
Milan Hanuliak: Veľkomoravské pohrebiská pochovávanie v 9.–10. storočí na území Slovenska [Grossmährische Gräberfelder und Bestattung im 9.–10. Jahrhundert auf dem Gebiet der Slowakei] (Archaeologica Slovaca Monographiae, Studia 8), Nitra 2004.
Harbison 1978
Peter Harbison: The Antrim Cross in the Hunt Museum, in: North Munster Antiquarian Journal 20 (1978), S. 17–40.
Harbison 1998
Peter Harbison: Die Kunst des Mittelalters in Irland, Würzburg 1998.
Hårdh 1976
Birgitta Hårdh: Wikingerzeitliche Depotfunde aus Südschweden. Katalog und Ta-

feln (Acta Archarcheologica Lundensia, Series in 4° 9), Lund 1976.
Hårdh 2004
Birgitta Hårdh: The Metal Beaker with Embossed Foil Bands, in: Lars Larsson (Hg.): Continuity for Centuries. A Ceremonial Building and its Context at Uppåkra, Southern Sweden (Acta Archaeologica Lundensia, Series in 8° 48), Stockholm 2004, S. 49–91.
Hårdh 2010a
Birgitta Hårdh: Case study 2: Uppåkra – Lund. A central Place and a Town? Western Scania in the Viking Age, in: Babette Ludowici u. a. (Hg.): Trade and communication networks of the first millennium AD in the northern part of Central Europe: central places, beach markets, landing places and trading centres (Neue Studien zur Sachsenforschung 1), Hannover 2010, S. 101–111.
Hårdh 2010b
Birgitta Hårdh: Viking Age Uppåkra, in: Dies. (Hg.): Från romartida skalpeller till senvikingtaida urnesspännen. Nya materialstudier från Uppåkra (Acta Archaeologica Lundensia, Series in 8° 61), Lund 2010, S. 247–316.
Hårdh/Larsson 2007
Birgitta Hårdh/Lars Larsson: Uppåkra – Lund före Lund (Gamla Lund Förening för bevarande av stadens minnen. Årsskrift 89), Lund 2007.
Harnack 1924
Adolf von Harnack: Die Mission und Ausbreitung des Christentums in den ersten drei Jahrhunderten, 2 Bde., 4. Aufl., Leipzig 1924.
Hartinger 1996
Ludwig Hartinger: Münzgeschichte der Fürstbischöfe von Würzburg, Stuttgart 1996.
Hartmann 2001
Martina Hartmann: Humanismus und Kirchenkritik. Matthias Flacius Illyricus als Erforscher des Mittelalters (Beiträge zur Geschichte und Quellenkunde des Mittelalters 19), Sigmaringen 2001.
Hartmann 2003
Wilfried Hartmann: Bestattungen und Bestattungsrituale nach dem kirchlichen und weltlichen Recht des frühen Mittelalters, in: Jörg Jarnut/Matthias Wemhoff (Hg.): Erinnerungskultur im Bestattungsritual. Archäologisch-Historisches Forum (MittelalterStudien des Instituts zur Interdisziplinären Erforschung des Mittelalters und seines Nachwirkens, Paderborn 3), München 2003, S. 127–143.
Hartmann 2008
Wilfried Hartmann: Kirche und Kirchenrecht um 900. Die Bedeutung der spätkarolingischen Zeit für Tradition und Innovation im kirchlichen Recht (MGH Schriften 58), Hannover 2008.
Hartmann 2010
Jürgen Hartmann: Vom „völkischen Vorkämpfer" zum Nationalsozialisten „bis auf die Knochen". Der politische Werdegang des „Germanenkundlers" Wilhelm Teudt, in: Rosenland. Zeitschrift für lippische Geschichte 11 (2010), S. 23–36.
Hartmann 2012
Martina Hartmann: Die Merowinger (Beck`sche Reihe 2746), München 2012.

Hartung 2009
Claudia Hartung: Drei Magdeburger Dachziegeltypen. Form – Funktion – Bergungstechnik. in: Harald Meller/Wolfgang Schenkluhn/Boje Schmuhl (Hg.): Aufgedeckt II. Forschungsgrabungen am Magdeburger Dom 2006–2009 (Archäologie in Sachsen-Anhalt, Sonderband 13), Halle (Saale) 2009, S.173–180.

Haselberg 1897
Ernst von Haselberg (Bearb.): Die Baudenkmäler des Regierungs-Bezirkes Stralsund, Heft 4: Der Kreis Rügen (Die Baudenkmäler der Provinz Pommern 1), Stettin 1897.

Haseloff 1981
Günther Haseloff: Die germanische Tierornamentik der Völkerwanderungszeit. Studien zu Salin`s Stil I, 3 Bde. (Vorgeschichtliche Forschungen 17), Berlin/New York 1981.

Haseloff 1984
Günther Haseloff: Das Warnebertus-Reliquiar im Stiftsschatz von Beromünster, in: Helvetia Archaeologica 15 (1984), S. 195–218.

Hasenritter 1936
Fritz Hasenritter: Beiträge zum Urkunden- und Kanzleiwesen Heinrichs des Löwen (Greifswalder Abhandlungen zur Geschichte des Mittelalters 6), Greifswald 1936.

Hassenpflug 1999
Eyla Hassenpflug: Das Laienbegräbnis in der Kirche. Historisch-archäologische Studien zu Alemannien im frühen Mittelalter (Freiburger Beiträge zur Archäologie und Geschichte des ersten Jahrtausends 1), Rahden/Westf. 1999.

Hauck 1986
Karl Hauck (Hg.): Die Goldbrakteaten der Völkerwanderungszeit, Bd. 2,2, Ikonographischer Katalog (IK 2, Tafeln), (Münstersche Mittelalterschriften 24/2,2), München 1986.

Hauck 1992
Karl Hauck: Frühmittelalterliche Bildüberlieferung und der organisierte Kult (Zur Ikonologie der Goldbrakteaten XLIV), in: Karl Hauck (Hg.): Der historische Horizont der Götterbild-Amulette aus der Übergangsepoche von der Spätantike zum Frühmittelalter (Abhandlungen der Akademie der Wissenschaften in Göttingen. Philologisch-Historische Klasse. Dritte Folge Nr. 200), Göttingen 1992, S. 433–574.

Hauser 1992
Stefan Hauser: Spätantike und frühbyzantinische Silberlöffel. Bemerkungen zur Produktion von Luxusgütern im 5. bis 7. Jahrhundert (Jahrbuch für Antike und Christentum, Ergänzungsband 19), Münster 1992.

Hausmann 1992
Regina Hausmann (Bearb.): Die theologischen Handschriften der Hessischen Landesbibliothek Fulda bis zum Jahr 1600. Codices Bonifatiani 1–3, Aa 1–145a (Die Handschriften der Hessischen Landesbibliothek Fulda 1), Wiesbaden 1992.

Hausmann 2013
Regina Hausmann: Codices biblici, Bd. 1: Foliohandschriften (Die Handschriften der Württembergischen Landesbibliothek Stuttgart 1,4), Wiesbaden 2013 (im Druck).

Haustein-Bartsch 2008
Eva Haustein-Bartsch: Ikonen. Ikonen-Museum, Recklinghausen, Köln 2008.

Haustein-Bartsch/Bentchev 2008
Eva Haustein-Bartsch/Ivan Bentchev: Ikonen-Museum Recklinghausen, Moskau 2008.

Hawkes 1982
Christopher F. C. Hawkes: The Wearing of the Brooch: Early Iron Age Dress among the Irish, in: Brian G. Scott (Hg.): Studies on Early Ireland. Essays in Honour of M.V. Duignan, Belfast 1982, S. 51–73.

Hawkes 1997
Jane Hawkes: Symbolic lives: the visual evidence, in: John Hines (Hg.): The Anglo-Saxons from the Migration-Period to the Eighth Century: an Ethnographic Perspective, San Marino 1997, S. 311–338.

Hawkes/Davidson/Hawkes 1965
Sonia Chadwick Hawkes/Hilda R. Ellis Davidson/Christopher Hawkes: The Finglesham Man, in: Antiquity 39 (1965), S. 17–32.

Hawkes/Grainger 2006
Sonia Chadwick Hawkes/G. Grainger: The Anglo-Saxon Cemetery at Finglesham, Kent (Oxford University School of Archaeology 64), Oxford 2006.

Hawkes/Merrick/Metcalf 1966
Sonia Chadwick Hawkes/J. M. Merrick/David M. Metcalf: X-Ray Fluorescent Analysis of Some Dark Age Coins and Jewellery, in: Archeometry 9 (1966), S. 98–138.

Haworth 1971
Richard Haworth: The Horse harness of the Irish Early Iron Age, in: Ulster Journal of Archaeology 34 (1971), S. 26–49.

Haye 1992
Thomas Haye: Der Catalogus testium veritatis des Matthias Flacius Illyricus – eine Einführung in die Literatur des Mittelalters?, in: Archiv für Reformationsgeschichte 83 (1992), S. 31–48.

Héber-Suffrin 1977
François Héber-Suffrin: Le chancel de Saint-Pierre-aux-Nonnains à Metz, in: Carol Heitz/François Héber-Suffrin (Hg.): Du VIIIe au XIe siècle. Édifices monastiques et culte en Lorraine et en Bourgogne (Cahiers Centre de Recherches sur l'Antiquité Tardive et le Haut Moyen Âge 2), Nanterre 1977, S. 2–30.

Héber-Suffrin 1995
François Héber-Suffrin: Saint-Pierre-aux-Nonnains, in: Congrès archéologique de France. Les Trois-Évêchés et l'ancien duché de Bar, 149e session 1991, Paris 1995, S. 495–515.

Héber-Suffrin/Trimbur 2009
François Héber-Suffrin/Virginie Trimbur: Aménagements liturgiques des sanctuaires en Haute-Lotharingie VIIIe–XIIe siècle. Données textuelles, architecturales et archéologiques, in: Hortus Artium Medievalium 15 (2009), S. 171–183.

Hedeager 2011
Lotte Hedeager: Iron Age Myth and Materiality: An Archaeology of Scandinavia AD400–1000, London 2011.

Heer 1911
Joseph Michael Heer: Ein Karolingischer Missionskatechismus. Ratio de Cathecizandis Rudibus und die Tauf-Katechesen des Maxentius von Aquileia und eines Anonymus im Kodex Emmeram. XXXIII saec. IX. (Biblische und Patristische Forschungen 1), Freiburg i. Br. 1911.

Heid/Gnilka/Riesner 2010
Stefan Heid/Christian Gnilka/Rainer Riesener (Hg.): Blutzeuge. Tod und Grab des Petrus in Rom, Regensburg 2010, S. 168–171.

Heiler 2001
Thomas Heiler: Die Würzburger Bischofschronik des Lorenz Fries (gest. 1550). Studien zum historiographischen Werk eines fürstbischöflichen Sekretärs und Archivars (Veröffentlichungen des Stadtarchivs Würzburg 9), Würzburg 2001.

Heiming 1980
Odilo Heiming: Die Benedictiones episcopales des Sacramentarium Gelasianum Phillipps (Handschrift Berlin, Deutsche Staatsbibliothek, Cod. Phillipps 1667, Nr. 1314–1341), in: Archiv für Liturgiewissenschaft 22 (1980), S. 118–123.

Heinrich-Tamáska 2008
Orsolya Heinrich-Tamáska: Bemerkungen zur Landschafts- und Raumstruktur auf dem Gebiet der „Keszthely-Kultur", in: Jan Bemmann/Michael Schmauder (Hg.): Kulturwandel in Mitteleuropa. Langobarden – Awaren – Slawen (Tagung Bonn 2008; Kolloquien zur Vor- und Frühgeschichte 11), Bonn 2008, S. 431–447.

Heinrich-Tamáska 2010
Orsolya Heinrich-Tamáska: Sakral- oder Profanbauten? Zur Funktion und Datierung der „Kirchen" von Keszthely-Fenékpuszta (Komitat Zala, Ungarn), in: Niklot Krohn (Hg.): Kirchenarchäologie heute. Fragestellungen – Methoden – Ergebnisse (Veröffentlichungen des Alemannischen Instituts Freiburg i. Br. 76), Darmstadt 2010, S. 91–112.

Heinrich-Tamáska 2011
Orsolya Heinrich-Tamáska: Pannonische Innenbefestigungen und die Kontinuitätsfrage. Forschungsstand und -perspektiven, in: Michaela Konrad/Christian Witschel (Hg.): Römische Legionslager in den Rhein- und Donauprovinzen – Nuclei spätantik-frühmittelalterlichen Lebens? (Abhandlungen der Bayerischen Akademie der Wissenschaften. Philosophisch-Historische Klasse, N.F. 138), München 2011, S. 571–588.

Heinrich-Tamáska 2012
Orsolya Heinrich-Tamáska: Fortleben, Abbruch und Neuanfang. Spuren des Christentums in Pannonien im 4.–9. Jahrhundert, in: Orsolya Heinrich-Tamáska/Niklot Krohn/Sebastian Ristow (Hg.): Christianisierung Europas. Entstehung, Entwicklung und Konsolidierung im archäologischen Befund (Tagung Bergisch-Gladbach 2010), Regensburg 2012, 213–237.

Heiser 1979
Lothar Heiser: Die Responsa ad consulta Bulgarorum des Papstes Nikolaus I. (858–867). Ein Zeugnis päpstlicher Hirtensorge und ein Dokument unterschiedlicher Entwicklungen in den Kirchen von Rom und Konstantinopel (Trierer Theologische Studien 36), Trier 1979.

Heitz 1975
Carol Heitz: Le chancel de Saint-Pierre-aux-Nonnains à Metz, in: Bulletin de la Société nationale des Antiquaires de France (1975), S. 95–114.

Heitz 1986
Carol Heitz: L'hypogée de Mellebaude à Poitiers, in: Yvette Duval/Jean-Charles Picard (Hg.): L'inhumation privilégiée du IVe au VIIIe siècle en Occident. Tagung Créteil 1984, Paris 1986, S. 91–96.

Helbig/Andreae 1963–1972
Wolfgang Helbig/Bernard Andreae (Bearb.): Führer durch die öffentlichen Sammlungen klassischer Altertümer in Rom, hg. von Hermine Speier, 4. Aufl., Tübingen 1963–1972.

Helfert 1889
Joseph Helfert: Kunst-Topographie des Herzogthums Kärnten, hg. von der k.k. Central-Commission zur Erforschung und Erhaltung von Kunst- und Historischen Denkmalen, Wien 1889.

Helgesson 1999
Bertil Helgesson: Helge – ett spår av en tidig kristen mission i Uppåkra?, in: Birgitta Hårdh (Hg.): Fynden i centrum. Keramik, glas och metall från Uppåkra (Acta Archaeologica Lundensia, Series in 8° 30), Stockholm 1999, S. 191–200.

Helgesson 2004
Bertil Helgesson: Tributes to be Spoken of. Sacrifice and Warriors at Uppåkra, in: Lars Larsson (Hg.): Continuity for Centuries. A Ceremonial Building and its Context at Uppåkra, Southern Sweden (Acta Archaeologica Lundensia, Series in 8° 48), Stockholm 2004, S. 223–239.

Helmbrecht 2008
Michaela Helmbrecht: Figures with Horned Headgear: A Case Study of Context Analysis and Social Significance in Pictures of Vendel and Viking Age Scandinavia, in: Lund Archaeological Review 13–14 (2008), S. 31–54.

Helmbrecht 2011
Michaela Helmbrecht: Wirkmächtige Kommunikationsmedien. Menschenbilder der Vendel- und Wikingerzeit und ihre Kontexte (Acta Archaeologica Lundensia, Series in 4° 30), Lund 2011.

Helmbrecht 2012
Michaela Helmbrecht: A winged figure from Uppåkra, in: Fornvännen 107 (2012), S. 171–178.

Helmschrott/Helmschrott 1977
Klaus Helmschrott/Rosemarie Helmschrott: Würzburger Münzen und Medaillen von 1500–1800, Kleinrinderfeld 1977.

Henderson/Henderson 2004
George Henderson/Isabel Henderson: The Art of the Picts: Sculpture and Metalwork in Early Medieval Scotland, London 2004.

Henry 1954
Françoise Henry: Art irlandais, Dublin 1954.

Herity 1967
Michael Herity: From Lhuyd to Coffey: New Information from Unpublished Descriptions of the Boyne Valley Tombs, in: Studia Hibernica 7 (1967), S. 127–145.

Hermann 1989
Rüdiger Hermann: Attos Gabe. Die Inschriften der Runenfibel von Soest und ihre Sprache, in: Jahrbuch des Vereins für Niederdeutsche Sprachforschung 112 (1989), S. 7–19.

Hermann 1997
Joachim Herrmann: Ralswiek auf Rügen. Die slawisch-wikingischen Siedlungen und deren Hinterland (Beiträge zur Ur- und Frühgeschichte Mecklenburg-Vorpommerns 32), Lübstorf 1997.

Hermann 2011
Sonja Hermann (Bearb.): Die Inschriften der Stadt Essen (Die deutschen Inschriften 81, Düsseldorfer Reihe 7), Wiesbaden 2011.

Hermodsson 1987
Lars Hermodsson: Zur Geschichte des Speyerer Blattes der Silberbibel, in: Studia neophilologica 59,2 (1987), S. 231–239.

Herrmann 2011
Jan-Christoph Herrmann: Der Wendenkreuzzug von 1147 (Europäische Hochschulschriften III: Geschichte und ihre Hilfswissenschaften 1085), Frankfurt am Main/Berlin/New York u. a. 2011.

Herzberg 1913
Hans Herzberg: Das Provinzialmuseum für Neuvorpommern und Rügen, in: Heimatkalender für den Kreis Rügen 6 (1913), S. 88f.

Hessen 1968
Otto von Hessen: Die Goldblattscheiben aus Feldkirchen und verwandte Funde, in: Bayerische Vorgeschichtsblätter 33 (1968), S. 110–116.

Hills 1980
Catherine M. Hills: Anglo-Saxon Chairperson, in: Antiquity 54 (1980), Nr. 210, S. 52–54.

Himmelmann 1972
Nikolaus Himmelmann: Das Akademische Kunstmuseum der Universität Bonn, Berlin 1972.

Hinz 1968
Hermann Hinz: Am langen Band getragene Bergkristallanhänger der Merowingerzeit, in: Jahrbuch des Römisch-Germanischen Zentralmuseums Mainz 13,1966 (1968), S. 212–230.

Hinz 1976
Sigismund Hinz: Innenraum und Möbel. Von der Antike bis zur Gegenwart, Berlin 1976.

Hinz 1996
Johannes Hinz: Pommern. Wegweiser durch ein unvergessenes Land, Augsburg 1996.

Hirschi 2009
Caspar Hirschi: Boden der Christenheit und Quelle der Männlichkeit. Humanistische Konstruktionen Europas am Beispiel von Enea Silvio Piccolomini und Sebastian Münster, in: Jürgen Elvert/Jürgen Nielsen-Sikora (Hg.): Leitbild Europa? Europabilder und ihre Wirkungen in der Neuzeit, Stuttgart 2009, S. 46–66.

Hoffmann 1962
Herbert Hoffmann: Erwerbungen der Antikenabteilung 1960–1961 (Jahrbuch der Hamburger Kunstsammlungen 7), Hamburg 1962.

Hoffmann 1968
Detlef Hoffmann: Die Karlsfresken Alfred Rethels, Freiburg 1968.

Hoffmann 1992
Hartmut Hoffmann: Bücher und Urkunden aus Helmarshausen und Corvey (MGH Studien und Texte 4), Hannover 1992.

Hoffmann/Hewicker 1961
Herbert Hoffmann/Friedrich Hewicker: Kunst des Altertums in Hamburg, Mainz 1961.

Holder/Preisendanz 1917
Alfred Holder/Karl Preisendanz: Die Reichenauer Handschriften, Bd. 3,2: Zeugnisse zur Bibliotheksgeschichte (Die Handschriften der Grossherzoglichen Badischen Hof- und Landesbibliothek Karlsruhe 7), Leipzig/Berlin 1917.

Hollnagel 1958
Adolf Hollnagel: Die vor- und frühgeschichtlichen Denkmäler und Funde des Kreises Neustrelitz, Schwerin 1958.

Holmes 1990
P. A. Holmes: Nicholas I's ‚Reply to the Bulgarians' Revisited, in: Ecclesia Orans 7 (1990), S. 131–143.

Holmes 2006
Michael W. Holmes: The Text of P [superscript46]: Evidence of the Earliest „Commentary" on Romans?, in: Thomas J. Kraus/Tobias Nicklas (Hg.): New Testament Manuscripts. Their Texts and their World (Texts and Editions for New Testament Study 2), Leiden 2006. S. 189–206.

Holmqvist 1963
Wilhelm Holmqvist: Övergångstidens Metallkonst (Kungliga Vitterhets. Historie och Antikvitets Akademiens handlingar 11), Stockholm 1963.

Holostenko 1958
Holostenko: Novyj pamiatnik drevnierusskogo prikladnogo iskusstva [Neues Denkmal der altrussischen Kunst], in: Iskusstvo (1958), S. 62–65.

Hölscher 1954
Uvo Hölscher: The Excavation of Madinat Habu, Bd. 5: Post-Ramessid Remains, Chicago 1954.

Holt 2000
Anton Holt: Mynt frá víkingöld og miðöldum fundin á Íslandi á síðari aragum, in: Árbók Hins íslenska fornleifafélags 1998 (2000), S. 85–93.

Holter 1969
Kurt Holter: Die Bibliothek. Handschriften und Inkunabeln, in: Karl Ginhart (Bearb.): Die Kunstdenkmäler des Benediktinerstiftes St. Paul und seiner Filialkirchen (Österreichische Kunsttopographie 37), Wien 1969, S. 340–440.

Holtz 1966
Adalbert Holtz: Die pommerschen Bildsteine. Der Bestand und seine Stellung zu den östlichen Baba-Steinen und den mittelalterlichen Grabplatten und ihre historischen Hintergründe, in: Baltische Studien, N.F. 52 (1966), S. 7–30.

Horch 2001
Caroline Horch: Der Memorialgedanke und das Spektrum seiner Funktionen in der bildenden Kunst des Mittelalters, Königstein/Taunus 2001.

Horn (in Vorbereitung)
Friedrich-Wilhelm Horn (Hg.): Handbuch Paulus, Tübingen (in Vorbereitung).

Houwen/MacDonald 1998
Luuk A. J. R. Houwen/Alasdair A. MacDonald (Hg.): Alcuin of York. Scholar at the Carolingian Court (Mediaevalia Groningana 22: Germania Latina 3), Groningen 1998.

van den Hoven van Genderen 1997
Bram van den Hoven van Genderen: De Heren van de Kerk. De kanunniken van Oudmunster te Utrecht in de late middeleeuwen, Zutphen 1997.

http://www.bmi-epinalgolbey.fr (Rubrik: „Collections numérisées").
Augustinus Homiliae quinquaginta et Glossarium Saint Augustin, Sermons et Glossaire anglo-saxon, dit Glossaire d'Épinal, in: http://www.bmi-epinalgolbey.fr:8080/base_patrimoine/Francais/collection.php?id_col=3&type=glossaire&etat=d (03.06.2013)

Hübener 1980
Wolfgang Hübener: Eine Studie zu den Beilwaffen der Merowingerzeit, in: Zeitschrift für Archäologie des Mittelalters 8 (1980), S. 65–127.

Huguenin/Cassina 2006
Claire Huguenin/Gaëtan Cassina: Destins de pierre. Le patrimoine funéraire de la cathédrale de Lausanne (Cahiers d'archéologie romande 104), Lausanne 2006.

Hülle 1931
Werner Hülle: Eine slawische Schädelbestattung im Burgwall am Kapellenberg bei Landsberg Kreis Delizsch, in: Jahresschrift für die Vorgeschichte der sächsisch-thüringischen Länder 19 (1931), S. 96–104.

Huschner 2003
Wolfgang Huschner: Transalpine Kommunikation im Mittelalter. Diplomatische, kulturelle und politische Wechselwirkungen zwischen Italien und dem nordalpinen Reich (9.–11. Jahrhundert) (MGH Schriften 52), 3 Bde., Hannover 2003.

Ilisch 2001
Lutz Ilisch: Neue Dirhamfunde aus Mecklenburg und Pommern/Pomorze, in: Orientalisches Seminar der Eberhard-Karls-Universität Tübingen, Forschungstelle für islamische Numismatik, Jahresbericht 2000 (2001), S. 19–39.

Immer 2012
Lisbeth Immer: Ave Maria. Religiøs brug af runer i middelalderens Grønland, in: Nationalmuseets Arbejdsmark (2012), S. 60–71.

Inan/Alföldi-Rosenbaum 1979
Jale Inan/Elisabeth Alföldi-Rosenbaum: Römische und frühbyzantinische Porträtplastik aus der Türkei. Neue Funde, Mainz 1979.

Inan/Rosenbaum 1966
Jale Inan/Elisabeth Rosenbaum: Roman and Early Byzantine Portrait sculpture in Asia Minor, London 1966.

Ivanov 2008
Sergej A. Ivanov: Religious Missions, in: Jonathan Shepard (Hg.): The Cambridge History of the Byzantine Empire c. 500–1429, Cambridge 2008, S. 305–332.

Ivanova 1955
В. Иванова: Надписът на Мостич и преславският епиграфски материал [Die Inschrift von Mostič und das Preslawer epigraphische Material], in: Надписът на Чъргубиля Мостич [Die Inschrift von Čărgubilja Mostič], Sofia 1955, S. 43–144.

Iversen 1991
Mette Iversen (Red.): Mammen. Grav, kunst og samfund i vikingetid (Jysk Arkæologisk Selskabs skrifter 28), Århus 1991.

Jacob 1988
Heinz Jacob: Die frühgeschichtlichen Gräber von Sobrigau, in: Heinz-Joachim Vogt (Hg.): Archäologische Feldforschungen in Sachsen (Arbeits- und Forschungsberichte zur Sächsischen Bodendenkmalpflege, Beiheft 18), Berlin 1988, S. 408–411.

Jacobsson 1995
Carina Jacobsson: Höggotisk träskulptur i gamla Linköpings stift, Visby 1995.

Jaeger 2009
Friedrich Jaeger: Die Neuere Geschichte bei Johann Gustav Droysen und das Neuzeitkonzept der historischen Forschung, in: Horst W. Blanke (Hg.): Historie und Historik. 200 Jahre Johann Gustav Droysen. Festschrift für Jörn Rüsen zum 70. Geburtstag, Köln/Weimar/Wien 2009.

Jaguś 2003
Jacek Jaguś: Uwagi na temat wymowy magicznej średniowiecznych amuletów i ozdób na ziemiach polskich [Anmerkungen zum Thema der geheimnisvollen Aussage mittelalterlicher Amulette und Schmuckgegenstände auf polnischem Boden], in: Annales Universitatis Mariae Curie-Skłodowska, Sectio F Historia 58 (2003), S. 7–24.

Jakobi-Mirwald 1993
Christine Jakobi-Mirwald (Bearb.): Die illuminierten Handschriften der Hessischen Landesbibliothek Fulda, Teil 1: Handschriften des 6. bis 13. Jahrhunderts, Textband (Denkmäler der Buchkunst 10), Stuttgart 1993.

Jakšić 1997
Nikola Jakšić: Croatian art in the second half of ninth century, in: Carolingian and ottonian age (Hortus artium medievalium 3), Zagreb-Motovun 1997, S. 41–54.

Jakšić 2000
Nikola Jakšić: Klesarstvo u službi evangelizacije [Steinmetzhandwerk im Dienste der Evangelisierung], in: Ante Milosevic (Hg.): Hrvati i Karolinzi [Kroaten und Karolinger], Kat. Muzej Hrvatskih Arheoloskih Spomenika Split, Bd. 1: Rasprave i vrela [Diskurse und Quellen], Split 2000, S. 192–213.

Janiszweski 2011
Robert Janiszweski: A fragment of a gold bracelet from Newgrange, Co Meath and its late Roman context, in: Journal of Irish Archaeology 20 (2011), S. 53–63.

Janson 2004
Henrik Janson: Konfliktlinjer i tidig nordeuropeisk kyrkoorganisation, in: Niels Lund (Hg.): Kristendommen i Danmark før 1050, Roskilde 2004, S. 215–234.

Jansson 1962
Sven Birger Frederik Jansson: The Runes of Sweden, Stockholm 1962.
Jansson 1987
Sven Birger Frederik Jansson: Runes in Sweden, Stockholm 1987.
Jedin 1969
Hubert Jedin: Kleine Konziliengeschichte. Die zwanzig ökumenischen Konzilien im Rahmen der Kirchengeschichte, 8. Aufl., Freiburg i. Br./Basel/Wien 1969.
Jégouzo/Kacki 2010
Anne Jégouzo/Sacha Kacki: Poitiers. Les premiers chrétiens de Saint-Hilaire, in: Archéologia 483 (2010), S. 44–51.
Jelić 1895/1896
L. Jelić: Izkopine u Kliškom polju u predjelu „Rižinice" [Die Ausgrabungen in Kliško polje in der Nähe von „Rižinice"], in: Bihač hrvatsko društvo za iztraživanje domaće povijesti 2 (Zadar 1895/1896), S. 21–29.
Jensen 2000
Robin Margaret Jensen: Understanding Early Christian Art, London/New York 2000.
Jensen 2011
Robin Margaret Jensen: Living Water. Images, Symbols, and Setting of Early Christian Baptism (Vigiliae christianae, Supplement 105), Leiden/Boston 2011.
Jensen/Bendixen/Liebgott/Lindahl 1992
Jørgen Steen Jensen/Kirsten Bendixen/Niels-Knud Liebgott/Fritze Lindahl: Danmarks middelalderlige skattefund c. 1050–c. 1550 (Nordiske fortidsminder B 12), Bd. 1, Kopenhagen 1992.
Joffroy 1974
René Joffroy: Le cimetière de Lavoye (Meuse). Nécropole mérovingienne, Paris 1974.
Johanek 1992
Peter Johanek: Die Erzbischöfe von Hamburg-Bremen und ihre Kirche im Reich der Salierzeit, in: Stefan Weinfurter (Hg.): Die Salier und das Reich, Bd. 2, Sigmaringen 1991, S. 79–112.
Ficker 1890
Johannes Ficker: Die altchristlichen Bildwerke im Christlichen Museum des Laterans, Leipzig 1890.
Johansen 1912
Karsten Friis Johansen: Sølvskatten fra Terslev, in: Aarbøger for Nordisk Oldkyndighed og Historie, Serie 3,2 (1912), S. 189–263.
Johns 1984
Catherine Johns: A Christian late-Roman gold ring from Suffolk, in: The Antiquaries Journal 64 (1984), S. 393–394.
Johns 1996
Catherine Johns: The Jewellery of Roman Britain. Celtic and Classical Traditions, London 1996.
Johnson 2000
Ruth Johnson: On the Dating of Some Early-medieval Irish Crosiers, in: Medieval Archaeology 44 (2000), S. 115–158.
Jones 1934
Charles W. Jones: The Victorian and Dionysiac paschal tables in the West, in: Speculum 9 (1934), S. 408–421.
Jones 1947
Charles W. Jones: Saints' lives and chronicles in early England. Together with first English translation of „The oldest life of pope St. Gregory the Great" by a monk of Whitby and „The life of St. Guthlac of Crowland" by Felix (Romanesque literature 1), Ithaca, N.Y. 1947.
Jónsson 1924
Finnur Jónsson: Interpretation of the Runic Inscriptions from Herjolfsnes (Meddelelser om Grønland 67,2), Kopenhagen 1924.
Joppien 1980
Rüdiger Joppien: Die Fassung des Divus-Augustus-Kameo, in: Kölner Jahrbuch für Vor- und Frühgeschichte 17 (1980), S. 54–58.
Jörg 1984
Christoph Jörg: Corpus Inscriptionum Medii Aevi Helvetiae, Bd. 2: Die Inschriften der Kantone Freiburg, Genf, Jura, Neuenburg und Waadt (Scrinium Friburgense, Sonderband 2), Freiburg/Schweiz 1984.
Jørgensen 1926
Ellen Jørgensen: Catalogus codicum Latinorum medii aevi Bibliothecae Regiae Hafniensis, Hafniæ 1926.
Jørgensen 2009
Michael Riber Jørgensen: Randersmadonnaen og de gyldne altre, in: Kulturhistorisk Museum Randers Årbog 2009, S. 70–75.
Jorn 2000
Asger Jorn (Hg.): Die goldenen Bilder des Nordens aus dem frühen Mittelalter (1000 Jahre nordische Volkskunst), Köln 2000.
Jucker 1959/60
Hans Jucker: Auf den Schwingen des Göttervogels, in: Jahrbuch des Bernischen Historischen Museums in Bern 39/40 (1959/1960), S. 265–288.
Judic/Rommel/Morel 1992
Bruno Judic/Floribert Rommel/Charles Morel (Hg.): Grégoire le Grand: Règle Pastorale (Sources Chrétiennes 381), 2 Bde., Paris 1992.
Jullien/Perelman 1999
Marie-Hélèn Jullien/Françoise Perelman (Hg.): Clavis scriptorum latinorum medii aevi. Auctores Galliae 735–987, Bd. 2,1: Indices (Corpus Christianorum. Continuatio Mediaevalis), Turnhout 1999.
Jurek 2006
Tomasz Jurek: Bulle polskich książąt [Bullen polnischer Fürsten], in: Roczniki Historyczne [Historische Jahrbücher] 72 (2006), S. 161–165.
Kaczmarek 1998
Jarmila Kaczmarek: Wczesnośredniowieczne przedmioty szkliwione związane z magią z Kruszwicy [Frühmittelalterliche glasierte Magie-Gegenstände aus Kruszwica], in: Hanna Kóčka-Krenz/Władysław Łosiński (Hg.): Kraje słowiańskie w wiekach średnich. Profanum i sacrum [Slawische Länder im Mittelalter. Profanum i sacrum]. Collection of papers dedicated to Professor Zofia Hilczer-Kurnatowska on 45th anniversary of her scientific work, Posen 1998, S. 549–560.
Kahl 1993
Hans-Dietrich Kahl: Das Fürstentum Karantanien und die Anfänge seiner Christianisierung, in: Günter Hödl/Johannes Grabmayer (Hg.): Karantanien und der Alpen-Adria-Raum im Frühmittelalter (St. Veiter Historikergespräche 2), Wien/Köln/Weimar 1993, S. 37–99.

Kahn 1996
David Kahn: The Codebreakers: The Story of Secret Writing, New York 1996.
Kahsnitz 1979
Rainer Kahsnitz: Der Werdener Psalter in Berlin: Ms. theol. lat. fol. 358. Eine Untersuchung zu Problemen mittelalterlicher Psalterillustrationen (Beiträge zu den Bau- und Kunstdenkmälern im Rheinland 24), Düsseldorf 1979.
Kaiser 1964
Wilhelm Bernhard Kaiser: Der Trierer Ada-Kameo, in: Festgabe für Wolfgang Jungandreas zum 70. Geburtstag (Schriftenreihe zur Trierischen Landesgeschichte und Volkskunde 13), Trier 1964, S. 24–35.
Kaiser/Scholz 2012
Reinhold Kaiser/Sebastian Scholz: Quellen zur Geschichte der Franken und der Merowinger. Vom 3. Jahrhundert bis 751, Stuttgart 2012.
Kalavrezou-Maxeiner 1985
Ioli Kalavrezou-Maxeiner: Byzantine Icons in Steatite (Byzantina Vindobonensia 15), 2 Bde. Wien 1985.
Kalinowski 2011
Anja Kalinowski: Frühchristliche Reliquiare im Kontext von Kultstrategien, Heilserwartung und sozialer Selbstdarstellung (Spätantike, frühes Christentum, Byzanz B 32), Wiesbaden 2011.
Kamp 2010
Andreas Kamp: Vom Paläolithikum zur Postmoderne. Die Genese unseres Epochen-Systems, Bd. 1: Von den Anfängen bis zum Ausgang des 17. Jahrhunderts (Bochumer Studien zur Philosophie 50), Amsterdam 2010.
Kara 2000
Michał Kara: Posen (Poznań), in: Alfred Wieczorek/Hans-Martin Hinz (Hg.): Europas Mitte um 1000. Beiträge zur Geschichte, Kunst und Archäologie, Bd. 1: Handbuch zur Ausstellung, Stuttgart 2000, S. 475–478.
Karaman 1942
Ljubo Karaman: O spomenicima VII i VIII stoljeća u Dalmaciji i o pokrštenju Hrvata [Über die Denkmäler des 7. und 8. Jahrhunderts in Dalmatien und über die Christianisierung der Kroaten], in: Vjesnik Hrvatskoga arheološkoga društva, N.S. 22–23 (1942), S. 73–113.
Karger 1958
Michail Konstantinovič Karger: Drevnij Kiew [Das alte Kiew], 2 Bde., Moskau 1958.
Karkov 2011
Catherine E. Karkov: The Art of Anglo-Saxon England, Woodbridge 2011.
Karlsson 1976
Lennart Karlsson: Romansk träornamentik i Sverige / Decorative Romanesque Woodcarving in Sweden (Stockholm Studies in History of Art 27), Stockholm 1976.
Kaspersen 1986
Søren Kaspersen: Majestas Domini og den himmelske lovsang, in: Ulla Haastrup/Robert Egevang (Hg.): Danske kalkmalerier, Bd. 1: Romansk tid 1080–1175, Kopenhagen 1986, S. 96–99.
Kat. Aachen 1965
Wolfgang Braunfels (Bearb.): Karl der Große. Werk und Wirkung, Kat. Stadt Aachen, Aachen 1965.

Kat. Aachen 1994
Thomas R. Kraus (Hg.): Auf dem Weg in die Moderne. Aachen in französischer Zeit, Kat. Aachener Rathaus, 14. Januar bis 5.März 1995, Aachen 1994.
Kat. Amsterdam/Utrecht 2001
Henk van Os (Hg.): Der Weg zum Himmel. Reliquienverehrung im Mittelalter, Kat. Nieuwe Kerk Amsterdam/Museum Catharijneconvent Utrecht, Regensburg 2001.
Kat. Athen 1999
Aimilia Yeroulanou: Diatrita. Gold Pierced-Work Jewellery from the 3rd to the 7th Century, Kat. Benaki Museum Athen, Athen 1999.
Kat. Athen 2000
Maria Vassilaki (Hg.): Mother of God. The Representation of the Virgin in Byzantine Art, Kat. Benaki Museum Athen, Athen 2000.
Kat. Augsburg 2007
Rainhard Riepertinger (Hg.): Bayern – Böhmen: 1500 Jahre Nachbarschaft, Kat. Haus der Bayerischen Geschichte Augsburg, Stuttgart 2007.
Kat. Bamberg 1990
Bernhard Schemmel (Bearb.): Staatsbibliothek Bamberg. Handschriften, Buchdruck um 1500 in Bamberg, E. T. A. Hoffmann, Kat. Staatsbibliothek Bamberg, Bamberg 1990.
Kat. Bamberg 2007
Luitger Göller (Hg.): 1000 Jahre Bistum Bamberg 1007-2007. Unterm Sternenmantel. Kat. Diözesanmuseum Bamberg/Historisches Museum Bamberg/Staatsbibliothek Bamberg, Petersberg 2007.
Kat. Barcelona 2002
Pedro Azara (Red.): Toros. Imagen y culto en el Mediterráneo antiguo [Bulls. Images and cults in the ancient Mediterranean], Kat. Museo de Historia de Ciudad Barcelona, Barcelona 2002.
Kat. Bari/Caen 2000
Marco Bussagli/Mario D'Onofrio (Hg.): Le ali di Dio. Messaggeri e guerrieri alati tra oriente e Occidente, Kat. Castello Svevo Bari/Abbeye-aux-Dames Caen, Cinisello Balsamo 2000.
Kat. Berlin 1997
Deutsches Historisches Museum (Hg.): Bilder und Zeugnisse der Deutschen Geschichte, Bd. 1, Berlin 1997.
Kat. Berlin 2003
Marie-Louise von Plessen (Hg.): Idee Europa. Entwürfe zum „Ewigen Frieden". Ordnungen und Utopien für die Gestaltung Europas von der pax romana zur Europäischen Union, Kat. Deutsches Historisches Museum Berlin, 25. Mai bis 25. August 2003, Berlin 2003.
Kat. Berlin 2006
Hans Ottomeyer (Hg.): Heiliges Römisches Reich Deutscher Nation 962 bis 1806. Altes Reich und neue Staaten 1495 bis 1806, Kat. Deutsches Historisches Museum Berlin, 28. August bis 10. Dezember 2006, Dresden 2006.
Kat. Berlin 2008a
Heidemarie Anderlik/Katja Kaiser (Hg.): Die Sprache Deutsch, Kat. Deutsches Historisches Museum Berlin, Dresden 2008.

Kat. Berlin 2008b
Katja Widmann/Johannes Zechner (Hg.): Arthur Szyk. Bilder gegen Nationalsozialismus und Terror. Kat. Deutsches Historisches Museum Berlin, 20. August 2008 bis 04. Januar 2009, München 2008.

Kat. Berlin 2010
Rainer Atzbach/Sven Lüken/Hans Ottomeyer (Hg.): Burg und Herrschaft. Kat. Deutsches Historisches Museum Berlin, 25. Juni bis 24. Oktober 2010, Dresden 2010.

Kat. Berlin 2011
Malgorzata Omilanowska/Tomasz Torbus (Hg.): Tür an Tür. Polen – Deutschland. 1000 Jahre Kunst und Geschichte, Kat. Martin-Gropius-Bau Berlin, Köln 2011.

Kat. Berlin 2012
Angelika Wesenberg: Romantik und Mittelalter. Architektur und Natur in der Malerei nach Schinkel, Kat. Alte Nationalgalerie Berlin in Zusammenarbeit mit dem Kupferstichkabinett der Staatlichen Museen zu Berlin, 14. September 2012 bis 6. Januar 2013, Berlin 2012.

Kat. Berlin/Mannheim 2000
Alfried Wieczorek/Hans-Martin Hinz (Hg.): Europas Mitte um 1000. Beiträge zur Geschichte, Kunst und Archäologie, Kat. Deutsches Historisches Museum Berlin, Reiss-Museum Mannheim u. a., 3 Bde., Stuttgart 2000.

Kat. Berlin/München 2013
Hein-Thomas Schulze Altcappenberg (Hg.): Karl Friedrich Schinkel. Geschichte und Poesie, Kat. Kupferstichkabinett der Staatlichen Museen Berlin/Kunsthalle der Hypo-Kulturstiftung München, 1. Februar 2013 bis 15. Mai 2013, Berlin/München 2013.

Kat. Bonn 2010
Jutta Frangs (Hg.): Byzanz. Pracht und Alltag, Kat. Kunst- und Ausstellungshalle der Bundesrepublik Deutschland Bonn, München 2010.

Kat. Bonn/Essen 2005
Kunst- und Ausstellungshalle der Bundesrepublik Deutschland Bonn/Ruhrlandmuseum Essen (Hg.): Krone und Schleier. Kunst aus mittelalterlichen Frauenklöstern, Kat. Kunst- und Ausstellungshalle der Bundesrepublik Deutschland Bonn/Ruhrlandmuseum Essen, München 2005.

Kat. Braunschweig 1995
Jochen Luckhardt/Franz Niehoff/Gerd Biegel (Hg.): Heinrich der Löwe und seine Zeit, Herrschaft und Repräsentation der Welfen 1125–1235, Kat. Herzog Anton Ulrich-Museum Braunschweig, 3 Bde., München 1995.

Kat. Bremen/Oldenburg/Lübeck 2002
Manfred Gläser/Hans-Joachim Hahn/Ingrid Weibezahn (Hg.): Heiden und Christen. Slawenmission im Mittelalter, Kat. Dom-Museum Bremen/Wallmuseum Oldenburg/Kulturforum Burgkloster Lübeck (Ausstellungen zur Archäologie in Lübeck 5), Lübeck 2002.

Kat. Brüssel 1999
Sándor Öze (Hg.): Hungaria Regia (1000–1800). Fastes et défis, Kat. Palais des Beaux-Arts Brüssel, Turnhout 1999.

Kat. Budapest 2002
Tiobor Kovács (Red.): Gold der Awaren. Der Goldschatz von Nagyszentmiklós, Kat. Magyar Nemzeti Múzeum Budapest, Budapest 2002.

Kat. Cleveland/Baltimore/London 2011
Martin Bagnoli/Holger A. Klein/C. Griffith Mann/James Robinson (Hg.): Treasures of Heaven. Saints, Relics and Devotion in Medieval Europe, Kat. Cleveland Museum of Art/Walters Art Museum Baltimore/British Museum London, London 2011.

Kat. Corvey 1966
Hans Eichler/Paul Mikat/Heinz Stoob (Hg.): Kunst und Kultur im Weserraum 800–1600, Kat. Kloster Corvey, 2 Bde., Münster 1966.

Kat. Darmstadt/Köln 1997
Markus Miller (Bearb.): Kölner Schatzbaukasten. Die große Kölner Beinschnitzwerkstatt des 12. Jahrhunderts, Kat. Hessisches Landesmuseum Darmstadt/Schnütgen-Museum Köln, Mainz 1997.

Kat. Dublin 1983
Michael Ryan (Hg.): Treasures of Ireland: Irish Art 3000BC–1500AD, Kat. Royal Irish Academy, Dublin 1983.

Kat. Dublin 2002
Patrick F. Wallace/Raghnall Ó Floinn: Treasures of the National Museum of Ireland: Irish Antiquities, Kat. National Museum of Ireland, Dublin 2002.

Kat. Dublin 2011
Eamonn P. Kelly/Maeve Sikora: The Treasury – Celtic and Early Christian Ireland: A Guide to the Exhibition, Kat. National Museum of Ireland, Dublin 2011.

Kat. Dublin/Edinburgh/London 1989
Susan Youngs (Hg.): „The Work of Angels". Masterpieces of Celtic metalwork 6th–9th centuries AD, Kat. National Museum of Ireland Dublin/National Museum of Scotland, Edinburgh/The British Museum, London, London 1989

Kat. Düsseldorf 1969
Irene Markowitz (Bearb.): Die Düsseldorfer Malerschule (Kataloge des Kunstmuseums Düsseldorf IV, 2), Düsseldorf 1969.

Kat. Düsseldorf 1992
Führer durch die Sammlung 1: Alte Kunst, 19. Jahrhundert, Kunstmuseum Düsseldorf im Ehrenhof mit Akademiesammlung und Glasmuseum Hentrich, Düsseldorf 1992.

Kat. Düsseldorf 2011
Bettina Baumgärtel (Hg.): Die Düsseldorfer Malerschule und ihre internationale Ausstrahlung 1819–1918, Kat. Museum Kunstpalast, Düsseldorf, 24. September 2011 bis 22. Januar 2012, 2 Bde., Petersberg 2011.

Kat. Ense-Bremen 2007
Stephan Deiters (Berab.): Das Gräberfeld von Ense-Bremen. Begleitheft zur Ausstellung Gemeinde Ense, Münster 2007.

Kat. Essen 1997
Horst Förster (Hg.): Transit Brügge – Novgorod. Eine Straße durch die europäische Geschichte, Kat. Ruhrlandmuseum Essen, 15. Mai bis 21. September 1997, Essen 1997

Kat. Essen 1999
Jan Gerchow (Hg.): Das Jahrtausend der Mönche. KlosterWelt Werden 799–1803, Kat. Ruhrlandmuseum Essen, Köln 1999.

Kat. Essen 2009
Birgitta Falk (Hg.): Der Essener Domschatz, Kat. Diözese Essen, Essen 2009.

Kat. Fort Worth 2007
Jeffrey Spiers (Hg.): Picturing the Bible. The Earliest Christian Art, Kat. Kimbell Art Museum Fort Worth, New Haven u. a. 2007.

Kat. Frankfurt 1983
Herbert Beck (Hg.): Spätantike und frühes Christentum, Kat. Liebieghaus Museum Alter Plastik Frankfurt, Frankfurt am Main 1983.

Kat. Frankfurt 1994
Johannes Fried (Hg.): 794 – Karl der Große in Frankfurt am Main. Ein König bei der Arbeit, Kat. Historisches Museum Frankfurt, Sigmaringen 1994.

Kat. Frankfurt/Hildesheim 2005
Egon Wamers/Michael Brandt (Hg.): Die Macht des Silbers. Karolingische Schätze im Norden, Kat. Archäologisches Museum Frankfurt, Dom-Museum Hildesheim u. a., Regensburg 2005.

Kat. Fulda 2004
Michael Imhof/Gregor K. Stasch (Hg.): Bonifatius. Vom angelsächsischen Missionar zum Apostel der Deutschen, Kat. Vonderau-Museum Fulda, Petersberg 2004.

Kat. Görlitz 2011
Roland Enke/ Bettina Probst (Hg.): „via regia". 800 Jahre Bewegung und Begegnung, Kat. Staatliche Kunstsammlungen Dresden, Görlitz, Dresden 2011.

Kat. Halle 2001a
Harald Meller (Hg.): Schönheit, Macht und Tod. 120 Funde aus 120 Jahren Landesmuseum für Vorgeschichte Halle, Kat. Landesmuseum für Vorgeschichte Halle, Halle (Saale) 2001.

Kat. Halle 2001b
M. Sailer (Red.)/Arnold Muhl (Text): Andere Zeiten – andere Götter. Relikte des Glaubens früher Völker, Kat. Landesamt für Archäologie Sachsen-Anhalt/Landesmuseum für Vorgeschichte Halle, Halle (Saale) 2001.

Kat. Halle/Oldenburg/Mannheim 2005
Alfried Wieczorek/Mamoun Fansa/Harald Meller (Hg.): Saladin und die Kreuzfahrer, Kat. Landesmuseum für Vorgeschichte Halle/Landesmuseum Natur und Mensch Oldenburg/Reiss-Engelhorn-Museen Mannheim (Publikationen der Reiss-Engelhorn-Museen 17; Schriftenreihe des Landesmuseums für Natur und Mensch Oldenburg 37), Mainz 2005.

Kat. Hamburg 1981
Claus Ahrens (Hg.): Frühe Holzkirchen im nördlichen Europa, Kat. Helms-Museum Hamburg (Veröffentlichungen des Helms-Museums 39), Hamburg 1981.

Kat. Hamburg/Frankfurt 2000
Ralf Busch/Torsten Capelle/Friedrich Laux (Hg.): Opferplatz und Heiligtum. Kult der Vorzeit in Norddeutschland, Kat. Helms-Museum Hamburg, Museum für Vor- und Frühgeschichte Frankfurt (Veröffentlichungen des Helms-Museums, Hamburger Museum für Archäologie und die Geschichte Harburgs 86), Neumünster 2000.

Kat. Hildesheim 1998
Michael Brandt/Arne Effenberger (Hg.): Byzanz. Die Macht der Bilder, Kat. Dom- und Diözesanmuseum Hildesheim, Hildesheim 1998.

Kat. Jelling 2002
Lise Gjedssø Bertelsen (Hg.): Vikingetidens kunst. En udstilling om kunsten i vikingernes verden og efterverden ca. 800–1250, Kat. Kongernes Jelling, 3 Bde., Jelling 2002.

Kat. Jerusalem 1994
Joan Goodnick-Westenholz (Hg.): The Jewish Presence in Ancient Rome, Kat. Bible Lands Museum Jerusalem, Jerusalem 1994.

Kat. Jerusalem 2000
Joan Goodnick-Westenholz (Hg.): Images of Inspiration. The Old Testament in Early Christian Art, Kat. Bible Lands Museum Jerusalem, Jerusalem 2000.

Kat. Karlsruhe 2005
Michaela Geiberger (Hg.): Imperium Romanum. Römer, Christen, Alamannen – Die Spätantike am Oberrhein, Kat. Badisches Landesmuseum Karlsruhe, Stuttgart 2005.

Kat. Kerry 2010
Griffin Murray (Hg.): Medieval Treasures of County Kerry, Kat. Kerry County Museum, Tralee 2010.

Kat. Köln 1963
Konrad Schilling (Hg.): Monumenta Judaica. 2000 Jahre Geschichte und Kultur der Juden am Rhein, Kat. Kölnisches Stadtmuseum, Köln 1963.

Kat. Köln 1980
Hugo Borger: Der Kölner Dom im Jahrhundert seiner Vollendung, 3 Bde., Kat. Historische Museen der Stadt Köln/Joseph-Haubrich-Kunsthalle, Köln 1980.

Kat. Köln 1985
Anton Legner (Hg.): Ornamenta Ecclesiae. Kunst und Künstler der Romanik, Kat. Schnütgen-Museum Köln, 3 Bde., Köln 1985.

Kat. Köln 1998
Joachim M. Plotzek (Hg.): Glaube und Wissen im Mittelalter. Die Kölner Dombibliothek, Kat. Erzbischöfliches Diözesanmuseum Köln, München 1998.

Kat. Köln/Herne 2010
Thomas Otten/Hansgerd Hellenkemper/Jürgen Kunow/Michael M. Rind (Hg.): Fundgeschichten – Archäologie in Nordrhein-Westfalen, Kat. Römisch-Germanisches Museum Köln/LWL-Museum für Archäologie Herne (Schriften zur Bodendenkmalpflege in Nordrhein-Westfalen 9), Köln/Mainz 2010.

Kat. Kopenhagen 1992
Jørgen Steen Jensen/Kirsten Bendixen/Niels-Knud Liebgott/Fritze Lindahl (Hg.): Danmarks middelalderlige skattefund c. 1050–c. 1550 [Denmark's mediaeval treasure-hoards c. 1050–c. 1550] (Nordiske Fortidsminder, Serie B 12), 2 Bde., Kopenhagen 1992.

Kat. Kopenhagen 1996
Jens Fleischer/Øystein Hjort/Michael Bøgh Rasmussen (Hg.): Byzantium. Late Antique and Byzantine Art in Scandinavian Collections, Kat. Ny Carlsberg Glyptotek, Kopenhagen 1996.

Kat. Kopenhagen 2002
Michael Andersen (Hg.): Mare Balticum. Østersøen – myte, historie og kunst i 1000 år, Kat. Nationalmuseet Kopenhagen, Kopenhagen 2002.

Kat. Kopenhagen/Århus 1999
Erik Petersen (Hg.): Living Words & Luminous Pictures. Medieval Book Culture in Denmark, Kat. Det Kongelige Bibliotek Kopenhagen/Moesgård Museum Århus, Kopenhagen 1999.

Kat. Krakau 1976
Agnieszka Mietelska-Ciepierska/Maria Kowalczyk/Zofia Surowiak-Chandra/Ewa Zwinogrodzka (Bearb.): Zabytki polskiej kultury muzycznej od Średniowiecza do Romantyzmu w zbiorach Biblioteki Jagiellońskiej [Kunstwerke der polnischen Musikkultur vom Mittelalter bis zur Romantik in den Sammlungen der Jagiellonen-Bibliothek], Kat. Biblioteka Jagiellońska Krakau, Krakau 1976.

Kat. Lausanne 1975
Gaëtan Cassina (Hg.): Cathédrale de Lausanne: 700e anniversaire de la consécration solennelle, Kat. Musée historique de l'ancien-Evêché Lausanne, Lausanne 1975.

Kat. Leuven 1983
Arnold Provoost/Jan Vaes/Johnny Pelsmaekers (Hg.): De materiële Cultuur van de eerste Christenen, Kat. Faculteit Letteren en Wijsbegerte K. U. Leuven, Leuven 1983.

Kat. Lienz/Brixen/Besenello 2000
Marco Abate (Hg.): Circa 1500. Leonhard und Paola, „Ein ungleiches Paar". De ludo globi, „Vom Spiel der Welt". An der Grenze des Reiches, Kat. Landesausstellung Schloss Bruck, Lienz/Hofburg, Brixen/Castel Beseno, Besenello, 13. Mai bis 31. Oktober 2000, Mailand 2000.

Kat. Ljubljana 2001
Polona Bitenc/Timotej Knific (Hg.): Od Rimljanov do Slovanov. Predmeti [Von den Römern zu den Slawen. Objekte], Kat. Narodni Muzej Slovenije Ljubljana, Ljubljana 2001.

Kat. London 1977
John P.C. Kent/Kenneth S. Painter (Hg.): Wealth of the Roman World AD 300–700, Kat. The British Museum, London 1977.

Kat. London 1991
Leslie E. Webster/Janet Backhouse (Hg.): The Making of England: Anglo-Saxon Art and Culture AD 600–900, Kat. The British Museum, London 1991.

Kat. London 2004
Susan Hirst (Hg.): The Prittlewell Prince. The discovery of a rich Anglo-Saxon burial in Essex, Kat. Museum of London Archaeology Service, London 2004.

Kat. Lübeck/Storstrøms Amt 2003
Manfred Gläser/Doris Mührenberg/Palle Birk Hansen (Hg.): Dänen in Lübeck 1203–2003, Kat. Kulturforum Burgkloster Lübeck/Næstved Museum Storstrøms Amt, Lübeck 2003.

Kat. Lund 2007
Jerry Rosengren (Hg.): Barbaricum. Uppåkra and the Iron Age of Scania, Kat. Lunds Universitets Historiska Museum, Lund 2007.

Kat. Madrid 2007
Fundación Canal (Hg.)/Isabel Rodà de Llanza (Red.): Roma S.P.Q.R.: Senatus Populus que Romanus, Kat. Canal de Isabel II. Madrid, Madrid 2007.

Kat. Magdeburg 2001
Matthias Puhle (Hg.): Otto der Große, Magdeburg und Europa, Kat. Kulturhistorisches Museum Magdeburg, 2 Bde., Mainz 2001.

Kat. Magdeburg 2006
Matthias Puhle/Claus-Peter Hasse (Hg.): Heiliges Römisches Reich Deutscher Nation 962 bis 1806. Von Otto dem Großen bis zum Ausgang des Mittelalters, Kat. Kulturhistorisches Museum Magdeburg, 28. August bis 10. Dezember 2006, 2 Bde., Dresden 2006.

Kat. Magdeburg 2009
Matthias Puhle (Hg.): Aufbruch in die Gotik. Der Magdeburger Dom und die späte Stauferzeit, Kat. Kulturhistorisches Museum Magdeburg, 2 Bde., Mainz 2009.

Kat. Magdeburg 2012
Matthias Puhle/Gabriele Köster (Hg.): Otto der Große und das Römische Reich. Kaisertum von der Antike zum Mittelalter, Kat. Landesausstellung Sachsen-Anhalt, Kunsthistorisches Museum Magdeburg, Regensburg 2012.

Kat. Mailand 2003
Paolo Pasini (Hg.): 387 d.C. Ambrogio e Agostino. Le sorgenti dell'Europa, Kat. Museo Diocesano Mailand, Mailand 2003.

Kat. Mailand/Rom 2012
Paolo Biscottini/Gemma Sena Chiesa (Hg.): Costantino 313 d.C. L'editto di Milano e il tempo della tolleranza, Kat. Palazzo Reale Mailand/Colosseo e Curia Iulia Rom, Mailand 2012.

Kat. Mainz 2009
Claus Hattler (Red.): Königreich der Vandalen. Erben des Imperiums in Nordafrika, Kat. Badisches Landesmuseum Karlsruhe, Mainz 2009.

Kat. Malbork 2013
Ewa Witkowicz-Pałka (Hg.): Witraże w zbiorach Muzeum Zamkowego w Malborku. Katalog [Buntglasfenster in den Sammlungen des Schlossmuseums Marienburg. Katalog], Malbork 2013.

Kat. Malmö 1989
Björn Andersson (Hg.): Vikingarna, Kat. Malmö Stadsmuseum, Florenz/Malmö 1989.

Kat. Mannheim 1996
Alfried Wieczorek (Hg.): Die Franken, Wegbereiter Europas. Vor 1500 Jahren: König Chlodwig und seine Erben, Kat. Reiss-Museum Mannheim, 2 Bde., Mainz 1996.

Kat. Merseburg 2004
Karin Heise/Uwe John (Hg.): Zwischen Kathedrale und Welt. 1000 Jahre Domkapitel Merseburg, Kat. Dom und Schloss Merseburg (Schriftenreihe der Vereinigten Domstifter zu Merseburg und Naumburg und des Kollegiatstifts Zeitz 1), Petersberg 2004.

Kat. München 2004
Ludwig Wamser (Hg.): Die Welt von Byzanz – Europas östliches Erbe. Glanz, Krisen und Fortleben einer tausendjährigen Kultur, Kat. Museum für Vor- und Frühgeschichte München (Schriftenreihe der Archäologischen Staatssammlung 4), Stuttgart 2004.

Kat. München 2009
Christof Metzger (Hg.): Daniel Hopfer. Ein Augsburger Meister der Renaissance. Eisenradierungen – Holzschnitte – Zeichnungen – Waffenätzungen, Kat. Pinakothek der Moderne München, 5. November 2009 – 31. Januar 2010, Berlin/München 2009.

Kat. Münster 1993
Géza Jászai (Hg.): Imagination des Unsichtbaren. 1200 Jahre Bildende Kunst im Bistum Münster, Kat. Westfälisches Landesmuseum für Kunst und Kulturgeschichte, Landschaftsverband Westfalen-Lippe, 13. Juni bis 31. Oktober 1993, 2 Bde., Münster 1993.

Kat. Münster 2005a
Gabriele Isenberg/Barbara Rommé (Hg.): 805: Liudger wird Bischof. Spuren eines Heiligen zwischen York, Rom und Münster, Kat. Stadtmuseum Münster/Westfälisches Museum für Archäologie/Westfälisches Landesmuseum und Amt für Bodendenkmalpflege, Mainz 2005.

Kat. Münster 2005b
KirchenSchätze. 1200 Jahre Bistum Münster, Ausst.-Kat. Domkammer der Kathedralkirche St. Paulus zu Münster, 2 Bde., Münster 2005.

Kat. Münster 2006
Lothar Hyss (Hg.): Fragmente der Vergangenheit. Das Marienburger Schlossmuseum zu Gast in Westfalen und Franken. Kat. Westpreußisches Landesmuseum Münster, 8. April bis 16. Juli 2006, Münster 2006.

Kat. Münster 2012
Olaf Siart (Red.): Goldene Pracht. Mittelalterliche Schatzkunst in Westfalen, Kat. LWL-Landesmuseum für Kunst und Kulturgeschichte Münster/Diözese Münster, München 2012.

Kat. Münster/Cloppenburg/Osnabrück/Iburg 1993
Hans Galen/Helmut Ottenjann (Hg.): Westfalen in Niedersachsen. Begleitband zu den Ausstellungen im Stadtmuseum Münster, Museumsdorf Cloppenburg, Kulturgeschichtlichen Museum Osnabrück und im Schloss Iburg, 6. Juli 1993 bis 21. August 1994, Cloppenburg 1993.

Kat. New York 1979
Kurt Weitzmann (Hg.): Age of Spirituality: Late Antique and Early Christian Art, Third to Seventh Century, Kat. The Metropolitan Museum of Art New York, New York 1979.

Kat. New York 1997
Helen C. Evans/William D. Dixon (Hg.): The Glory of Byzantium. The Art and Culture of the Middle Byzantine Era A.D. 843–1261, Kat. The Metropolitan Museum of Art New York, New York 1997.

Kat. New York 2006
Charles T. Little (Hg.): Set in Stone. The Face in Medieval Sculpture, Kat. The Metropolitan Museum of Art New York, New York u. a. 2006.

Kat. New York 2012
Helen C. Evans/Brandie Ratliff (Hg.): Byzantium and Islam. Age of Transition 7th–9th Century, Kat. The Metropolitan Museum of Art New York, New Haven 2012.

Kat. New York/Chicago/San Francisco 1983
Carlo Pietrangeli/Philippe de Montebello/Olga Raggio/Margaret E. Frazer (Hg.): The Vatican Collections. The Papacy and Art, Kat. The Metropolitan Museum of Art New York/Art Institute Chicago/Fine Arts Museum San Francisco, New York 1983.

Kat. Novalesa/Turin 2007
Gian Pietro Brogiolo (Hg.): I Longobardi. Dalla caduta dell'Impero all'alba dell'Italia, Kat. Palazzo Bricherasio Turin/Abbazia dei Santi Pietro e Andrea Novalesa, Cinisello Balsamo 2007.

Kat. Nürnberg 1990
Udo Arnold (Hg.): 800 Jahre Deutscher Orden. Ausstellung des Germanischen Nationalmuseums Nürnberg in Zusammenarbeit mit der Internationalen Historischen Kommission zur Erforschung des Deutschen Ordens, Gütersloh/München 1990.

Kat. Oslo 1834
Hovedkatalog Kulturhistorisk museum, Oslo 1834.

Kat. Osnabrück 2000
Marie-Luise Schnackenburg (Hg.): Mit Goldfaden und Seide. Kirchliche Stickereien der Spätgotik, Kat. Domschatzkammer und Diözesanmuseum Osnabrück, 19. Dezember 2000 bis 22. April 2001, Osnabrück 2000.

Kat. Paderborn 1986
Christoph Stiegemann (Hg.): Liborius im Hochstift Paderborn. Seine Verehrung in Werken der Architektur und der bildenden Kunst, Kat. Erzdiözese Paderborn/Erzbischöfliches Diözesanmuseum 22. Juli–7. September 1986, Paderborn 1986.

Kat. Paderborn 1996
Christoph Stiegemann (Hg.): Frühchristliche Kunst in Rom und Konstantinopel, Kat. Erzbischöfliches Diözesanmuseum Paderborn, Paderborn 1996.

Kat. Paderborn 1999
Christoph Stiegemann/Matthias Wemhoff (Hg.): 799 Kunst und Kultur der Karolingerzeit. Karl der Große und Papst Leo III. in Paderborn, Kat. Diözesanmuseum/Museum in der Kaiserpfalz/Städtische Galerie am Abdinghof Paderborn, 3 Bde., Mainz 1999.

Kat. Paderborn 2001
Christoph Stiegemann (Hg.): Byzanz. Das Licht aus dem Osten. Kult und Alltag im Byzantinischen Reich vom 4. bis 15. Jahrhundert, Kat. Erzbischöfliches Diözesanmuseum Paderborn, Mainz 2001.

Kat. Paderborn 2006
Christoph Stiegemann/Matthias Wemhoff (Hg.): Canossa 1077 – Erschütterung der Welt. Geschichte, Kunst und Kultur am Aufgang der Romanik, Kat. Erzbischöfliches Diözesanmuseum/Museum in der Kaiserpfalz/Städtische Galerie am Abdinghof Paderborn, 2 Bde., München 2006.

Kat. Paderborn 2009
Christoph Stiegemann/Martin Kroker (Hg.): Für Königtum und Himmelreich. 1000 Jahre Bischof Meinwerk von Paderborn, Kat. Museum in der Kaiserpfalz/Erzbischöfliches Diözesanmuseum Paderborn, München 2009.

Kat. Paderborn/Würzburg 2008
Georg Eggenstein/Norbert Börste/Helge Zöller/Eva Zahn-Biemüller (Hg.): Eine Welt in Bewegung. Unterwegs zu den

Zentren des frühen Mittelalters, Kat. Städtische Museen und Galerien Paderborn/Mainfränkisches Museum Würzburg, München 2008.
Kat. Padua 1985
Rolando Bussi (Red.): I Tesori dell'antica Polonia. Dai Veneti ai Re di Cracovia, Kat. Palazzo della Ragione Padua, Modena 1985.
Kat. Paris 1954
Jean Porcher (Bearb.): Les manuscrits à peintures en France du VIIe au XIIe siècle, Kat. Bibliothèque nationale Paris, Paris 1954.
Kat. Paris 1982
Mary Cahill (Hg.): Trésors d'Irlande, Kat. Galeries Nationales du Grand Palais Paris, Paris 1982.
Kat. Paris 1992
Jannic Durand (Hg.): Byzance. L'art byzantin dans les collections publiques françaises, Kat. Musée du Louvre Paris, Paris 1992.
Kat. Paris 2005
Danielle Gaborit-Chopin (Hg.): La France Romane au temps des premiers Capétiens (987–1152), Kat. Musée du Louvre Paris, Paris 2005.
Kat. Paris 2008
Gunnar Andersson/Laurence Posselle (Hg.): Celtes et Scandinaves. Rencontres artistiques (VIIe–XIIe siècle), Kat. Musée de Cluny/Musée National du Moyen Âge, Paris 2008.
Kat. Paris/Berlin/Kopenhagen 1992
Else Roesdahl (Hg.): Wikinger, Waräger, Normannen. Die Skandinavier und Europa 800–1200, Kat. Grand Palais Paris/Altes Museum Berlin/Nationalmuseet Kopenhagen, Mainz 1992.
Kat. Perugia 1999
Giovanni Morello (Hg.): I doni dei Papi. Ori e argenti della Biblioteca Apostolica Vaticana, Kat. Palazzo Giustiniani Perugia, Rom 1999.
Kat. Poitiers 1989
Brigitte Boissavit-Camus (Hg.): Romains et Barbares entre Loire et Gironde, IVe–Xe siècle, Kat. Musée Sainte-Croix Poitiers, Poitiers 1989.
Kat. Poitiers 2004
Christian Sapin/Dominique Simon-Hiernard (Hg.): Le stuc. Visage oublié de la sculpture médiévale, Kat. Musée Sainte-Croix Poitiers, Paris 2004.
Kat. Poitiers 2011
Céline Peris: Figure de fontaine: cervidé, in: Pascal Brudy/Anne Bénéteau-Péan/Dominique Simon-Hiernard (Hg.): L'âge roman. Arts et culture en Poitou et dans les pays charentais, Xe–XIIe siècles, Kat. Musées de Poitiers u. a., Montreuil 2011, S. 315.
Kat. Portland 2002
Natalie Boymel Kampen/Elizabeth Marlowe/Rebecca M. Molhot (Hg.): What is a Man? Changing Images of Masculinity in Late Antique Art, Kat. Douglas F. Colley Memorial Art Gallery/Reed College Portland (Oregon) 2002, Portland 2002.
Kat. Posen 2009
Michał Brzostowicz/Agnieszka Stempin (Hg.): Tu powstała Polska [Hier ist Polen entstanden], Kat. Archäologisches Museum Posen, Posen 2009.

Kat. Randegg/Engen 2010
Felix Droese: Sprung ins Leere, Kat. Galerie Titus Koch Schloss Randegg, Städtisches Museum Engen, Randegg 2010.
Kat. Recklinghausen 1988
Ferdinand Ullrich/Eva Haustein-Bartsch (Hg.): 1000 Jahre Orthodoxe Kirche in der Rus' 988–1988. Russische Heilige in Ikonen, Kat. Museen der Stadt Recklinghausen, Recklinghausen 1988.
Kat. Recklinghausen 2000
Ivan Bentchev/Eva Haustein-Bartsch (Hg.): Muttergottesikonen, Kat. Museen der Stadt Recklinghausen, Bielefeld 2000.
Kat. Recklinghausen 2010
Eva Haustein-Bartsch/Felix Waechter (Hg.): Mythos Palech. Ikonen und Lackminiaturen, Kat. Städtische Kunsthalle Recklinghausen, Recklinghausen 2010.
Kat. Regensburg 1979
Achim Hubel (Bearb.): Kostbarkeiten aus kirchlichen Schatzkammern. Goldschmiedekunst im Bistum Regensburg, Kat. Diözesanmuseum Regensburg, München/Zürich 1979.
Kat. Rimini 1996
Angela Donati (Hg.): Dalla terra alle genti. La diffusione del christianesimo nei primi secoli, Kat. Palazzi dell'Arengo e del Podestà Rimini, Mailand 1996.
Kat. Rimini 2005
Angela Donati/Giovanni Gentili (Hg.): Costantino il Grande. La civiltà antica al bivio tra Occidente e Oriente, Kat. Castel Sismondo Rimini, Mailand 2005.
Kat. Rom 2000a
Serena Ensoli/Eugenio La Rocca (Hg.): Aurea Roma. Dalla città pagana alla città cristiana, Kat. Palazzo delle Esposizioni Rom, Rom 2000.
Kat. Rom 2000b
Angela Donati (Hg.): Pietro e Paolo. La storia, il culto, la memoria nei primi secoli, Kat. Rom Palazzo della Cancelleria, Mailand 2000.
Kat. Rom 2000/2001
Letizia Pani Ermini (Hg.): Christiana Loca. Lo spazio cristiano nella Roma del primo millennio, Kat. Università degli Studi di Roma Rom, 2 Bde., Rom 2000/2001.
Kat. Rosenheim/Mattsee 1988
Rainer Wilfinger/Hermann Dannheimer (Hg.): Die Bajuwaren. Von Severin bis Tassilo 488–788, Kat. Landesausstellung Freistaat Bayern Rosenheim/Land Salzburg Stift Mattsee, München 1988.
Kat. San Marino 2011
Giovanni Gentili/Antonio Paolucci (Hg.): L'uomo, il volto, il mistero. Capolavori dai Musei Vaticani, Kat. Museo di Stato San Marino, Cinisello Balsamo 2011.
Kat. Saragossa 2008
Santo Gangemi/Gonzalez Ruipérez Aranda (Hg.): Pabellón de la Santa Sede, Kat. Expo Zaragoza 2008, Saragossa 2008.
Kat. Schallaburg 2012
Christian Gastgeber/Dominik Heher (Red.): Das Goldene Byzanz und der Orient, Kat. Kulturbetriebsgesellschaft/Schloss Schallaburg, Schallaburg 2012.
Kat. Singapur 2005
Journey of Faith. Art & History from the Vatican Collections, Kat. Asian Civilisations Museum of Singapore, Singapur 2005.
Kat. Split 2000
Ante Milosevic (Hg.): Hrvati i Karolinzi [Kroaten und Karolinger], Kat. Muzej Hrvatskih Arheoloskih Spomenika Split, 2 Bde., Split 2000.
Kat. St. Gallen 1990
Peter Ochsenbein/Karl Schmuki/Anton von Euw: Irische Buchkunst. Die irischen Handschriften der Stiftsbibliothek St. Gallen und das Faksimile des Book of Kells, Kat. Stiftsbibliothek St. Gallen, St. Gallen 1990.
Kat. St. Paul 1977
Erhard Pascher (Hg.): Handschriftenfragmente von 500 bis 1500, Kat. Benediktinerstift St. Paul (Armarium 1), St. Paul 1977.
Kat. St. Paul 1991
Hartwig Pucker/Johannes Grabmayer (Red.): Schatzhaus Kärntens. 900 Jahre Bendiktinerstift, Kat. Benediktinerstift St. Paul, 2 Bde., Klagenfurt 1991.
Kat. St. Paul/Dalheim 2009
Gerfrid Sitar OSB/Martin Kroker (Hg.): Macht des Wortes. Benediktinisches Mönchtum im Spiegel Europas, Kat. Benediktinerabtei St. Paul im Lavanttal/LWL-Landesmuseum für Klosterkultur, Stiftung Kloster Dalheim, Regensburg 2009.
Kat. Stettin 2002
Zofia Krzymuska-Fafius (Bearb.): Średniowieczna sztuka skandynawska na Pomorzu Zachodnim, Kat. Muzeum Narodowe Stettin, Stettin 2002.
Kat. Stuttgart 1973
Hans Burgkmair: Das graphische Werk 1473–1973, Kat. Graphische Sammlung der Staatsgalerie Stuttgart, Augsburg 1973.
Kat. Stuttgart 1977
Reiner Haussherr (Hg.): Die Zeit der Staufer. Geschichte – Kunst – Kultur, Kat. Württembergisches Landesmuseum, 4 Bde. und 1 Supplementbd., Stuttgart 1977/1979.
Kat. Susa/Novalesa 2006
Fabrizio Crivello/Costanza Segre Montel (Hg.): Carlo Magno e le Alpi. Viaggio al centro del Medioevo, Kat. Museo Diocesano Susa/Abbazia Benedettina SS. Pietro e Andrea Novalesa, Mailand 2006.
Kat. Trier 1984
Franz J. Ronig (Hg.): Schatzkunst Trier, Kat. Diözese Trier (Treveris Sacra 3), Trier 1984.
Kat. Trier 2007
Alexander Demandt/Josef Engemann (Hg.): Konstantin der Große: Imperator Caesar Flavius Constantinus, Kat. Rheinisches Landesmuseum/Bischöfliches Dom- und Diözesanmuseum/Stadtmuseum Simeonstift Trier, Mainz 2007.
Kat. Utrecht 1972
Désiré P. R. A. Bouvy (Hg.): Van Willibrord tot Wereldraad. Enige aspecten van het geestelijke leven in Utrecht door de eeuwen heen, Kat. Aartsbisschoppelijk Museum Utrecht, Utrecht 1972.
Kat. Utrecht 1987
Henri L.M. Defoer: Borduursels op laatmiddeleeuwse kerkgewaden. Schilderen met gouddraad en zijde, Kat. Rijksmuseum Het Catharijneconvent Utrecht, Utrecht 1987.

Kat. Utrecht 1995
Marieke van Vlierden (Bearb.): Willibrord en het begin van Nederland, Kat. Museum Catharijneconvent (Clavis kunsthistorische Monografieën), Utrecht 1995.
Kat. Vatikanstadt 1997
Ivan Di Stefano Manzella (Hg.): Le iscrizioni dei cristiani in Vaticano, Kat. Musei Vaticani Vatikanstadt (Inscriptiones Sanctae Sedis 2), Rom 1997.
Kat. Vatikanstadt 2006a
Francesco Buranelli (Hg.): Habemus Papam. Le elezioni pontificie da S. Pietro a Benedetto XVI. Quinto centenario dei Musei Vaticani 1506–2006, Kat. Palazzo Apostolico Lateranense, Appartamento Pontificio di Rappresentanza Vatikanstadt, Rom 2006.
Kat. Vatikanstadt 2006b
Maria Cristina Carlo-Stella/Paolo Liverani/Maria Luisa Polichetti (Hg.): Petros Eni – Pietro è qui, Kat. Fabbrica di San Pietro Vatikanstadt, Rom 2006.
Kat. Vatikanstadt 2009
Umberto Utro (Hg.): San Paolo in Vaticano. La figura e la parola dell'Apostolo delle Genti nelle raccolte pontificie, Kat. Musei Vaticani Vatikanstadt (Arte e musei 2), Todi 2009.
Kat. Venedig 1986
Renata Cambiaghi (Hg.): Il Tesoro di San Marco, Kat. Basilica di San Marco Venedig, Mailand 1986.
Kat. Vicenza 2004
Carlo Bertelli (Hg.): Restituzioni 2004. Tesori d'arte restaurati, Kat. Gallerie di Palazzo Leoni Montanari Vicenza (Restituzioni 12), Vicenza 2004.
Kat. Vicenza 2007
Fabrizio Bisconti/Giovanni Gentili (Hg.): La rivoluzione dell'immagine. Arte paleocristiana tra Roma e Bisanzio, Kat. Gallerie di Palazzo Leoni Montanari Vicenza, Mailand 2007.
Kat. Vicenza/Mailand/Venedig 2006
Carlo Bertelli (Hg.): Restituzioni 2006. Tesori d'arte restaurati, Kat. Gallerie di Palazzo Leoni Montanari Vicenza/Pinacoteca di Brera Mailand/Gallerie dell'Accademia Venedig (Restituzioni 13), Vicenza 2006.
Kat. Washington 2006
Michelle P. Brown (Hg.): In the Beginning. Bibles before the Year 1000, Kat. Freer Gallery of Art/Arthur M. Sackler Gallery, Smithsonian Institute Washington, Washington (D.C.) 2006.
Kat. Wien 1993
Wilfried Seipel (Hg.): Gold aus Kiew. 170 Meisterwerke aus der Schatzkammer der Ukraine, Kat. Kunsthistorisches Museum Wien, Wien 1993.
Kat. Wien 2006
Leopold Auer/Michaela Follner (Hg.): Österreich und das Heilige Römische Reich, Kat. Österreichisches Staatsarchiv, 25. April bis 22. Oktober 2006, Wien 2006.
Kat. Wiener Neustadt 1966
Amt der Niederösterreichischen Landesregierung (Hg.): Friedrich III. Kaiserresidenz Wiener Neustadt, Kat. St. Peter an der Sperr, Wiener Neustadt, 28. Mai bis 30. Oktober 1966, Wien 1966.

Kat. Wilanów 2010
Ewa Witkowicz-Pałka (Hg.): Amor Polonus czyli miłość Polaków. Katalog wystawy w Muzeum Pałacu w Wilanowie [Amor Polonus – Liebe der Polen. Katalog der Ausstellung im Palastmuseum in Wilanów], 2 Bde., Warschau 2010

Kat. Würzburg 1989
Haus der Bayerischen Geschichte (Hg.): Kilian. Mönch aus Irland – aller Franken Patron, Kat. Festung Marienberg Würzburg, Würzburg 1989.

Kat. York 2006
Elizabeth Hartley/Jane Hawkes/Martin Henig (Hg.): Constantine the Great. York's Roman Emperor, Kat. Yorkshire Museum York, York 2006.

Katić 1932
L. Katić: Saksonac Gottschalk na dvoru kneza Trpimira [Der Sachse Gottschalk auf dem Hof des Fürsten Trpimir], in: Bogoslovska smotra 4 (1932), S. 1–30.

Katić 1939
L. Katić: Vođa po starohrvatskom Solinu [Führung durch das altkroatische Solin], Split 1939.

Katić: 1960
L. Katić: Naseljenje starohrvatske Podmorske župe [Besiedlung der altkroatischen Pfarrei Podmorje], in: Starohrvatska prosvjeta III 7 (1960), S. 159–184.

Katičić 1998
R. Katičić: Litterarum studia, Književnost i naobrazba ranoga hrvatskog srednjovjekovlja [Litterarum studia, Literatur und Bildung des kroatischen Frühmittelalters], Zagreb 1998.

Kavánová 1995
Blanka Kavánová: Knochen und Geweihindustrie in Mikulčice, in: Falko Daim/Lumir Poláček (Hg.): Studien zum Burgwall von Mikulčice, Bd. 1, Brno 1995, S. 113–378.

Kellner/Weber 2007
Beate Kellner/Linda Weber: Genealogische Entwürfe am Hof Kaiser Maximilians I. (am Beispiel von Jakob Mennels Fürstlicher Chronik), in: Zeitschrift für Literaturwissenschaft und Linguistik 37 (2007), S. 122–149.

Kelly 1976
Eamonn P. Kelly: A Future for Our Past, Navan 1976.

Kelly 1986
Eamonn P. Kelly: Ringed pins of County Louth, in: County Louth Archaeological and Historical Journal 21,2 (1986), S. 179–199.

Kelly 2002
Eamonn P. Kelly: Antiquities from Irish Holy Wells and Their Wider Context, in: Archaeology Ireland 16,2 (2002), S. 24–28.

Kelly 2003a
Eamonn P. Kelly: Recovered Celtic Treasure, in: Irish Arts Review, Herbst 2003, S. 108f.

Kelly 2003b
Eamonn P. Kelly: The Tully Lough Cross, in: Archaeology Ireland 17,2 (2003), S. 9f.

Kelly 2008
Eamonn P. Kelly: Cruz de Tully Lough, Dublin. The Tully Lough Cross. Signvm Salvtis, in: César García de Castro Valdés (Hg.): Cruces de Orfebrería de Los Siglos V AL VII, Oviedo 2008, S. 100–103.

Kennecke 2013
Heike Kennecke: Burg Lenzen. Eine frühgeschichtliche Befestigung am westlichen Rand der slawischen Welt (Materialhefte zur Archäologie im Land Brandenburg), Wünsdorf 2013 (im Druck).

Kenney 1929
James F. Kenney: Sources for the early history of Ireland, Bd. 1, New York 1929.

Kenyon 1937
Frederic George Kenyon: The Chester Beatty Biblical Papyri. Descriptions and Texts of twelve Manuscripts on Papyrus of the Greek Bible. Fasciculus III Supplement. Pauline Epistles, London 1937.

Ker 1957
Neil R. Ker: Catalogue of Manuscripts Containing Anglo-Saxon, Oxford 1957.

Kersauson 1996
Kate de Kersauson: Catalogue des portraits romains, Bd. 2: De l'année de la guerre civile (68–69 après J.-C.) à la fin de l'Empire. Musée du Louvre, Paris 1996.

Kersting 2009
Thomas Kersting: Slawen in Brandenburg. Eine archäologische Momentaufnahme, in: Joachim Müller/Klaus Neitmann/Franz Schopper (Hg.): Wie die Mark entstand. 850 Jahre Mark Brandenburg (Forschung zur Archäologie im Land Brandenburg 11), Wünsdorf 2009, S. 15–30.

Kersting 2011
Thomas Kersting: Ein „interkulturelles" Medaillon mit Einflüssen unterschiedlicher Zeiten und Regionen von Plänitz in Brandenburg, in: Felix Biermann/Thomas Kersting/Anne Klammt (Hg.): Der Wandel um 1000. Beiträge der Sektion zur slawischen Frühgeschichte des 18. Jahrestagung des Mittel- und Ostdeutschen Verbandes für Altertumsforschung in Greifswald 2009 (Beiträge zur Ur- und Frühgeschichte Mitteleuropas 60), Langenweißbach 2011, S. 453–461.

Kessler 1979
Herbert L. Kessler: Scenes from the Acts of Apostoles on some Early Christian Ivories, in: Gesta 18 (1979), S. 109–119.

Keynes 2005
Simon Keynes: Between Bede and the Chronicle: London, BL, Cotton Vespasian B. vi, fols. 104–109, in: Katherine O'Brien O'Keeffe/Andy Orchard (Hg.): Latin Learning and English Lore: Studies in Anglo-Saxon Literature for Michael Lapidge, Bd. 1, Toronto 2005, S. 47–67.

Khvoyka 1913
В.В. Хвойка: Древние обитатели Среднего Приднепровья и их культура в доисторические времена [Die Ureinwohner des Mitteldneprgebiets und deren Kultur in der prähistorischen Zeit], Kiew 1913.

Kier 1970
Hiltrud Kier: Der mittelalterliche Schmuckfußboden unter besonderer Berücksichtigung des Rheinlandes (Die Kunstdenkmäler des Rheinlandes, Beiheft 14), Düsseldorf 1970.

Kier/Muller 1981
Jean Krier/Jean-Claude Muller: Die frühchristliche Grabinschrift des Marianus aus Nördingen, in: Hémecht 33 (1981), S. 375–380.

Kiesel 1969
Georg Kiesel: Der heilige Willibrord im Zeugnis der bildenden Kunst: Ikonographie des Apostels der Niederlande mit Beiträgen zu seiner Kultgeschichte, Luxemburg 1969.

Kilbride-Jones 1980
Howard Kilbride-Jones: Zoomorphic Penannular Brooches (Reports of the Research Committee of the Society of Antiquaries of London 39), London 1980.

Kilger 2000
Christoph Kilger: Pfennigmärkte und Währungslandschaften. Monetarisierungen im sächsisch-slawischen Grenzland ca. 965–1120 (Commentationes de nummis saeculorum IX-XI in suecia repertis, N.S. 15), Stockholm 2000.

Kilpiö/Kahlas-Tarkka 2001
Matti Kilpiö/Leena Kahlas-Tarkka (Hg.): Ex insula lux. Manuscripts and Hagiographical Materials Connected with Medieval England, Helsinki 2001.

Kindl 1972
Harald Kindl: Der „Tolle Christian" im Hochstift Paderborn (Heimatkundliche Schriftenreihe der Volksbank Paderborn 3), Paderborn 1972.

Kiss 2008
Gábor Kiss: Der Wandel im archäologischen Nachlass der Keszthely-Kultur im Laufe des 7. und 8. Jahrhunderts. Versuche zur Periodisierung, in: Antaeus 29/30 (2008), S. 265–277.

Kittelmann/Verwiebe/Wesenberg 2011
Udo Kittelmann/Birgit Verwiebe/Angelika Wesenberg (Hg.): Die Sammlung des Bankiers Wagener. Die Gründung der Nationalgalerie, Reprint des Kataloges von 1861 und Aufsatzteil, Leipzig 2011.

Klack-Eitzen 2000
Charlotte Klack-Eitzen: Vor und nach 1200. Thronende Madonnen im Weserraum, in: Norbert Humburg (Hg.): Die Weser. Einfluß in Europa, Bd. 1: Leuchtendes Mittelalter, Kat. Museum Hameln, Holzminden 2000, S. 126–140.

Klack-Eitzen/Haase/Weißgraf 2013
Charlotte Klack-Eitzen/Wiebke Haase/Tanja Weißgraf: Heilige Röcke. Kleider für Skulpturen in Kloster Wienhausen, Regensburg 2013.

Klæsøe 1999
Iben Skibsted Klæsøe: A bronze censer from the early Viking Age, in: Archaeological Notes 2 (1999), S. 1.

Klæsøe 2002
Iben Skibsted Klæsøe: Kar og bæger – to usædvanlige genstande med Jellingstil, in: John Pind/Anne Nørdgård Jørgensen/Lars Jørgensen/Birger Storgård/Per Ole Rindel/Jørgen Ilkjær (Hg.): Drik – og du vil leve skønt. Festskrift til Ulla Lund Hansen på 60-årsdagen, Kopenhagen 2002, S. 103–112.

Klaić 1990
Nada Klaić: Povijest Hrvata u srednjem vijeku [Geschichte der Kroaten im Mittelalter], Zagreb 1990.

Klarić 1929
Mate Klarić: Kako je došlo do otkrića novonađenog spomenika hrvatskog kneza Branimira u Šopotu kod Benkovca [Wie es zur Entdeckung des wiedergefundenen Denkmals des kroatischen Fürsten Branimir in Šopot bei Benkovac kam], in: Obzor 70 (Zagreb 1929).

Klauck 1995/1996
Hans-Josef Klauck: Die religiöse Umwelt des Urchristentums (Kohlhammer-Studienbücher Theologie 9), 2 Bde., Stuttgart 1995/1996.

Kleberg 1976
Tönnes Kleberg: Codex Argenteus. Die Silberbibel von Uppsala, 5. Aufl., Uppsala 1976.

Kleingärtner 2007
Sunhild Kleingärtner: Der Pressmodelfund aus dem Hafen von Haithabu (Die Ausgrabungen in Haithabu 12), Neumünster 2007.

Klöckener 1990
Martin Klöckener: Sakramentarstudien zwischen Fortschritt und Sackgasse. Entschlüsselung und Würdigung des zusammenfassenden Werkes von Antoine Chavasse über die Gelasiana des 8. Jahrhunderts, in: Archiv für Liturgiewissenschaft 32 (1990), S. 207–230.

Knapp 1990
Heinrich Knapp: Das Schloss Marienburg in Preussen. Quellen und Materialien zur Baugeschichte nach 1945, Lüneburg 1990.

Knapp 2005/2006
Herbert Knapp: Der Mönch und der weiße Kätzchen, in: Jahresbericht des Stiftsgymnasiums St. Paul im Lavanttal 2005/2006, S. 30ff.

Knaut 1987
Matthias Knaut: Goldblattkreuze aus Baden-Württemberg, in: Wolfgang Müller/Matthias Knaut: Heiden und Christen. Archäologische Funde zum frühen Christentum in Südwestdeutschland (Kleine Schriften zur Vor- und Frühgeschichte Südwestdeutschlands 2), Stuttgart 1987, S. 33–51.

Knitterschied 1898
Emil Knitterscheid: Die Abteikirche St. Peter auf der Citadelle in Metz, in: Jahrbuch der Gesellschaft für lothringische Geschichte 10 (1898), S. 120–152.

Kobjela 2008
Detlef Kobjela: Sorbische Musikkultur, in: Madlena Norberg/Peter Kosta (Hg.): Sammelband zur sorbischen/wendischen Kultur und Identität, Potsdam 2008, S. 70–80.

Koch 1993
Petra Koch: Stiftskalender des 16. bis 17. Jahrhunderts. Domkapitularische Selbstdarstellung in den Fürstbistümern, in: Siegfried Kessemeier/Petra Koch (Hg.): Bischofsländer. Bilder und Dokumente zur Geschichte der westfälischen Bistümer Münster, Osnabrück, Paderborn, Minden, Münster 1993, S. 15–27.

Koch 1998
Alexander Koch: Bügelfibeln der Merowingerzeit im westlichen Frankenreich (Monographien des Römisch-Germanischen Zentralmuseums Mainz 41), Bonn 1998.

Koch 2000
Guntram Koch: Frühchristliche Sarkophage (Handbuch der Archäologie), München 2000.

Koch 2003
Robert Koch: Eine durchbrochene Scheibenfibel mit Kreuz aus Uppåkra bei Lund, in: Birgitta Hårdh (Hg.): Fler fynd i centrum. Materialstudier i och kring Uppåkra (Acta Archaeologica Lundensia, Series in 8° 45), Stockholm 2003, S. 215–225.

Kóčka-Krenz 1993
Hanna Kóčka-Krenz: Biżuteria północno-zachodnio-słowiańska we wczesnym średniowieczu [Juwelierschmuck der nordwestlichen Slawen im Frühmittelalter] (Seria archeologia 40), Posen 1993.

Kóčka-Krenz 2002
Hanna Kóčka-Krenz: Krzyżyki we wczesnym średniowieczu jako przejaw chrystianizacji ziem polskich [Kleine Kreuze im Frühmittelalter als Ausdruck der Christianisierung der polnischen Gebiete], in: Feliks Lenort (Red.): Scriptura Sacra Posnaniensis. Opuscula Mariano Wolniewicz octogenario dedicata (Opuscula Dedicata 3), Posen 2002, S. 153–161.

Kóčka-Krenz 2012
Hanna Kóčka-Krenz: On Ostrów Island, nearby which today's Poznań is located ..., Posen 2012.

Kockelkorn 2000
René Kockelkorn: Evangeliorum quattuor codex Petropolitanus (Lat. F.v.I.8): das hiberno-sächsische Evangeliar in der Russischen Nationalbibliothek von Sankt Petersburg, Luxemburg 2000.

Koetschau 1929
Karl Koetschau: Alfred Rethels Kunst vor dem Hintergrund der historischen Malerei seiner Zeit, Düsseldorf 1929.

Kohle 1997
Maria Kohle: 400 Jahre Buchdruck in Paderborn. Begleitheft zur Ausstellung der Erzbischöflichen akademischen Bibliothek Paderborn zum Gesamtwerk des ersten Druckers Matthäus Pontanus, 28. April bis 23. Mai 1997, Paderborn 1997.

Kohte 1922
Julius Kohte (Bearb.): Georg Dehio. Handbuch der deutschen Kunstdenkmäler, Bd. 2: Nordostdeutschland, 2. Aufl., Berlin 1922.

Kollandsrud 1994
Katja Kollandsrud: Krusifiks fra Haug kirke. Undersøkelser og behandling (Varia 27), Oslo 1994.

Köllner 1976
Herbert Köllner (Bearb.): Die illuminierten Handschriften der Hessischen Landesbibliothek Fulda, Teil 1: Handschriften des 6. bis 13. Jahrhunderts, Bildband (Denkmäler der Buchkunst 1), Stuttgart 1976.

Korzuchina 1950
Г.Ф. Корзухина: Киевские ювелиры накануне монгольского завоевания [Kiewer Juweliere vor der mongolischen Eroberung], in: Советская археология 14 (1950), S. 217–235.

Korzuchina/Peskowa 2003
Г.Ф. Корзухина/А.А. Пескова: Древнерусские энколпионы. Кресты-реликварии XI–XIII вв. [Altrussische Enkolpien. Kreuze-Reliquiare aus dem 11.–13. Jahrhundert], Sankt Petersburg 2003.

Korzychina
Gali Korzychina: Russkie klady 11–13 vekov [Russische Schatzfunde aus dem 11.–13. Jahrhundert], Moskau 1954.

Koselleck 1989
Reinhart Koselleck: „Neuzeit". Zur Semantik moderner Bewegungsbegriffe, in: Ders. (Hg.): Vergangene Zukunft. Zur Semantik geschichtlicher Zeiten, Frankfurt am Main 1989, S. 300–348.

Košta/Hošek 2008
Jiří Košta /Jiří Hošek: Zbraně z knížecího hrobu z 9. století v Kolíně z pohledu archeologie a metalografie [Waffen aus dem Fürstengrab aus dem 9. Jahrhundert in Kolín aus der Sicht der Archäologie und Metallographie], in: Acta Militaria Mediaevalia 4 (2008), S. 7–37.

Košta/Sedláčková/Hulínský 2011
Jiří Košta/Hedvika Sedláčková/Václav Hulínský: Skleněné předměty z raně středověkého knížecího hrobu v Kolíně [Glasgegenstände aus dem frühmittelalterlichen Fürstengrab in Kolín], in: Časopis Národního muzea, řada historická [Zeitschrift des Nationalmuseums, Historische Reihe] 180,3–4 (2011), S. 51–81.

Kostjuk 1996
І Костюк: Про дзвони Десятинної церкви [Die Glocken der Kirche Desjatinnaja], in: Петро Толочко (Hg.): Церква Богородиці Десятинна в Києві. До 1000-ліття освячення [Die Muttergottes-Desjatinnaja-Kirche in Kiew. Zum 1000-jährigen Weihjubiläum], Kiew 1996, S. 77f.

Kostrzewski 1968
Józef Kostrzewski: Grzechotki wczesnośredniowieczne bez polewy [Frühmittelalterliche nicht glasierte Klappern], in: Archeologia Polski [Archäologie Polens] 13 (1968), S. 211–218.

Kötting 1965
Bernhard Kötting: Der frühchristliche Reliquienkult und die Bestattung im Kirchengebäude (Arbeitsgemeinschaft für Forschungen des Landes Nordrhein-Westfalen, Geisteswissenschaften 123), Köln u. a. 1965.

Kottje 1982
Raymund Kottje: Überlieferung und Rezeption der irischen Bußbücher auf dem Kontinent, in: Heinz Löwe (Hg.): Die Iren und Europa im früheren Mittelalter, Bd. 1, Stuttgart 1982, S. 511–524.

Kötzsche 1983
Dietrich Kötzsche: Der Dionysius-Schatz, in: Stadt Enger, Beiträge zur Stadtgeschichte 2, Enger 1983, S. 41–62.

Kötzsche-Breitenbruch 1979
Lieselotte Kötzsche-Breitenbruch: Das Elfenbeinrelief mit Taufszene aus der Sammlung Maskell im British Museum, in: Jahrbuch für Antike und Christentum 22 (1979), S. 195–208.

Kovács 1974
Éva Kovács: Romanische Goldschmiedekunst in Ungarn, Budapest 1974.

Kovács 2003
László Kovács: Beregszász-Birka. Beiträge zu den Mützen mit Blechspitze des 10. Jahrhundert, in: Acta Archaeologica Academiae Scientiarum Hungaricae 54 (2003), S. 205–241.

Kowalska 2010
Anna B. Kowalska: Źródła materialne o religijności mieszkańców wczesnośredniowiecznego Szczecina [Materielle Quellen über die Religiosität der Einwohner des frühmittelalterlichen Stettin], in: Michał Bogacki/Maciej Franz/Zbigniew Pilarczyk (Hg.): Religia ludów Morza Bałtyckiego. Stosunki polsko-duńskie w dziejach [Religion der Ostseevölker. Polnisch-dänische Beziehungen in der Geschichte], Tagung Wolin 2009 (Mare Integrans. Studia nad dziejami wybrzeży Morza Bałtyckiego), Toruń 2010, S. 163–173.

Kowańska 1999
Magdalena Kowańska: Wczesnośredniowieczny skarb srebrny z Wielonka, pow. Szamotuły, woj. wielkopolskie [Ein frühmittelalterlicher Silberschatz aus Wielonek, Kreis Szamotuły, Woiwodschaft Großpolen], Magisterarbeit Posen 1999.

Krabath 2001
Stefan Krabath: Die hoch- und spätmittelalterlichen Buntmetallfunde nördlich der Alpen. Eine archäologisch-kunsthistorische Untersuchung zu ihrer Herstellungstechnik, funktionalen und zeitlichen Bestimmung (Internationale Archäologie 63), 2 Bde., Rahden/Westf. 2001.

Kramp/Euler-Schmidt/Schock-Werner 2011
Mario Kramp/Michael Euler-Schmidt/Barbara Schock-Werner: Der kolossale Geselle. Ansichten des Kölner Doms vor 1842 aus dem Bestand des Kölnischen Stadtmuseums, Köln 2011.

Kraus 2007
Thomas R. Kraus: Die französische Kirchenpolitik und das katholische Rheinland, in: Veit Veltzke (Hg.): Napoleon – Trikolore und Kaiseradler über Rhein und Weser, Köln/Weimar/Wien 2007, S. 269–290.

Krier 1996
Jean Krier: Echternach und das Kloster des hl. Willibrord, in: Alfried Wieczorek (Hg.): Die Franken, Wegbereiter Europas. Vor 1500 Jahren: König Chlodwig und seine Erben, Kat. Reiss-Museum Mannheim, 2 Bde., Mainz 1996, S. 466–478.

Krier 1999
Jean Krier: Von Epternus zu Willibrord. Die Vor- und Frühgeschichte der Abtei Echternach aus archäologischer Sicht, in: Michele Camillo Ferrari/Jean Schroeder/Henri Trauffler (Hg.): Die Abtei Echternach 698–1998 (Publications du CLUDEM 15), Luxemburg 1999, S. 29–46.

Krimm 1983
Konrad Krimm (Bearb.): Generallandesarchiv Karlsruhe, Repertorium Abt. Q St. Paul. Sanktblasianische Archivalien im Stiftsarchiv St. Paul im Lavanttal sowie im Stiftsarchiv und in der Stiftsbibliothek Einsiedeln, im Staatsarchiv des Kantons Aarau und im Staatsarchiv des Kantons Zürich. Repertorium über die vorhandenen Mikrofilme, Karlsruhe 1983.

Kristensen 2012
Troels Myrup Kristensen: Miraculous Bodies. Christian Viewers and the Transformation of „Pagan" Sculpture in Late Antiquity, in: Stine Birk/Birte Poulsen (Hg.): Patrons and Viewers in Late Antiquity (Aarhus Studies in Mediterranean Antiquity 10), Aarhus 2012, S. 31–66.

Kristjánsdóttir 2004
Steinunn Kristjánsdóttir: The Awakening of Christianity in Iceland. Discovery of a Timber Church and Graveyard at Þórarinsstaðir in Seyðisfjörður (GOTARC. Serie B, Gothenburg archaeological theses 31), Gothenburg 2004.

Kroker 2007
Martin Kroker: Die Domburg. Archäologische Ergebnisse zur Geschichte der Domimmunität vom 8.–18. Jahrhundert. Der Dom zu Münster 3 (Denkmalpflege und Forschung in Westfalen-Lippe 26,3), Mainz 2007, S.159–163, S. 275–276.

Krug 1981
Antje Krug: Antike Gemmen im Römisch-Germanischen Museum Köln. Sonderdruck aus dem Bericht der Römisch-Germanischen Kommission 61 (Wissenschaftliche Kataloge des Römisch-Germanischen Museums Köln 4), S. 151–260, Mainz 1981.

Krüger 1971
Karl Heinrich Krüger: Königsgrabkirchen der Franken, Angelsachsen und Langobarden bis zur Mitte des 8. Jahrhunderts (Münstersche Mittelalter-Schriften 4), München 1971.

Krüger 1972
Ekkehard Krüger: Die Schreib- und Malwerkstatt der Abtei Helmarshausen bis in die Zeit Heinrichs des Löwen (Quellen und Forschung zur hessischen Geschichte 21), 3 Bde., Darmstadt 1972.

Krüger 2006
Jürgen Krüger: Die Grabeskirche in Jerusalem und ihre Nachbauten im 11. und 12. Jahrhundert, in: Christoph Stiegemann (Hg.): Canossa 1077. Erschütterung der Welt. Geschichte, Kunst und Kultur am Aufgang der Romanik, Kat. Erzbischöfliches Diözesanmuseum/Museum in der Kaiserpfalz/Städtische Galerie am Abdinghof Paderborn, 21. Juli bis 5. November 2006, Bd. 1, München 2006, S. 498–512.

Krüger 2012a
Kristina Krüger: Inschriften, in: Sveva Gai/Karl Heinrich Krüger/Bernd Thier: Die Klosterkirche Corvey, Bd. 1: Geschichte und Archäologie (Denkmalpflege und Forschung in Westfalen 43,1.1), 2 Bde., Darmstadt 2012, S. 436–440.

Krüger 2012b
Kristina Krüger: The West End of Corvey. An Architectural Model of Churches in the Central Middle Ages?, in: Stephan Borgehammar/Jes Wienberg (Hg.): Locus celebris. Dalby kyrka, kloster och gård (Centrum för Danmarksstudier 28), Göteborg 2012, S. 197–215.

Krull/Krogel/Hellriegel 1996
Krull/Krogel/Hellriegel: Erinnern und Vergessen. Die Geschichte der Widukind-Denkmäler von Heinrich Wefing 1882 bis heute, Text-Reader zur Ausstellung im Widukind Museum Enger, Enger 1996.

Krusch 1884
Bruno Krusch: Die Einführung des griechischen Paschalritus im Abendlande, in: Neues Archiv der Gesellschaft für ältere deutsche Geschichtskunde 9 (1884), S. 99–169.

Krüssel 2004
Hermann Krüssel: Horatius Aquisgranensis. Aachen im Spiegel des neulateinischen Dichters J. G. J. von Asten (1765–1831), Hildesheim 2004.

Krzymuska-Fafius 2001
Zofia Krzymuska-Fafius: O rzeźbie sakralnej w obrębie zakonu premonstratensów na Pomorzu Zachodnim, in: Wojciech Łysiak (Hg.): Życie dawnych Pomorzan 1, Tagung Bytów 2000, Bytów/Posen 2001, S. 53–70.

Kühn 1974
Herbert Kühn (Hg.): Die germanischen Bügelfibeln der Völkerwanderungszeit, Bd. 2: Die germanischen Bügelfibeln der Völkerwanderungszeit in Süddeutschland, Graz 1974.

Kuhn 2005
Rainer Kuhn: Die ottonische Kirche am Magdeburger Domplatz. Baubefunde und stratigraphischen Verhältnisse der Grabungsergebnisse 2001–2003, in: Harald Meller/Wolfgang Schenkluhn (Hg.): Aufgedeckt. Ein neuer ottonischer Kirchenbau am Magdeburger Domplatz (Archäologie in Sachsen-Anhalt, Sonderband 3), Halle (Saale) 2005, S. 9–49.

Kuhn 2009
Rainer Kuhn: Die Vorgängerbauten unter dem Magdeburger Dom, in: Harald Meller/Wolfgang Schenkluhn/Boje Schmuhl (Hg.): Aufgedeckt II. Forschungsgrabungen am Magdeburger Dom 2006–2009 (Archäologie in Sachsen-Anhalt, Sonderband 13), Halle (Saale) 2009, S. 31–86.

Kuhn 2012
Rainer Kuhn: Magdeburg als Metropolis, in: Matthias Puhle/Gabriele Köster (Hg.): Otto der Große und das Römische Reich. Kaisertum von der Antike zum Mittelalter, Kat. Kulturhistorisches Museum Magdeburg, Regensburg/Magdeburg 2012, S. 577–580.

Kuhn/Ristow 2009
Rainer Kuhn/Sebastian Ristow: Wertvolle Stützen der Kirche. Ottonische Bauausstattung in Magdeburg und Köln, in: Archäologie in Deutschland 6 (2009), S. 6–11.

Kummer 1995
Christiane Kummer: Die Illustration der Würzburger Bischofschronik des Lorenz Fries aus dem Jahre 1546. Ein Hauptwerk Martin Segers und seiner Werkstatt (Veröffentlichungen des Stadtarchivs Würzburg 7), Würzburg 1995.

Kümper 2010
Hiram Kümper: Ein drittes, bisher unbekanntes Liborius-Flugblatt des Jahres 1622 als Beispiel konfessioneller Umdeutung in der Flugblattpropaganda des Dreißigjährigen Krieges, in: Westfälische Zeitschrift 160 (2010), S. 171–187.

Kuniz'kij 1990
В.А. Куницький: Близькосхідні енколпіони на території Південної Русі [Enkolpien aus dem Nahen Osten auf dem Gebiet der südlichen Rus], in: Археологія 1 (1990), S. 106–116.

Kunter/Wittwer-Backofen 1996
Manfred Kunter/Ursula Wittwer-Backofen: Die Franken – Anthropologische Bevölkerungsrekonstruktion im östlichen Siedlungsgebiet, in: Reiss-Museum Mannheim (Hg): Die Franken, Wegbereiter Europas. Vor 1500 Jahren: König Chlodwig und seine Erben, Kat. Reiss-Museum Mannheim, Bd. 1, Mainz 1996, S. 653–661.

Kunz 2007
Tobias Kunz: Skulptur um 1200. Das Kölner Atelier der Viklau-Madonna auf Gotland und der ästhetische Wandel in der 2. Hälfte des 12. Jahrhunderts (Studien zur internationalen Architektur- und Kunstgeschichte 45), Petersberg 2007.

Kunz 2011
Tobias Kunz: Die Werler Madonna im 12. und 13. Jahrhundert. Zur ursprünglichen Funktion und Herkunft des späteren Gnadenbildes, in: Gerhard Best/Michael Feldmann/Ralf Preker (Hg.): 350 Jahre Marienwallfahrt Werl 1661–2011, Paderborn 2011, S. 181–192.

Künzl 2009
Ernst Künzl: Das Herrschergrab im Altertum von Alexander bis Theoderich, in: Uta von Freeden/Herwig Friesinger/Egon Wamers (Hg.): Glaube, Kult und Herrschaft. Phänomene des Religiösen im 1. Jahrtausend n. Chr. in Mittel- und Nordeuropa. Akten des 59. Internationalen Sachsensymposions und der Grundprobleme der Frühgeschichtlichen Entwicklung im Mitteldonauraum (Kolloquien zur Vor- und Frühgeschichte 12), Bonn 2009, S. 1–22.

Kürbis 2000
Brygida Kürbis: Purpureae passionis aureus finis. Brun von Querfurt und die Fünf Märtyrerbrüder, in: Alfried Wieczorek/Hans-Martin Hinz (Hg.): Europas Mitte um 1000. Kat. Martin Gropius-Bau Berlin/Reiss-Museum Mannheim u. a., 3 Bde., Stuttgart 2000, S. 519–526.

Kurze 2011
Dietrich Kurze: Bischof Wilmar und die Gründung des Domkapitels 1161, in: Domstift Brandenburg (Hg.): 850 Jahre Domkapitel Brandenburg (Schriften des Domstifts Brandenburg 5), Regensburg 2011, S. 29–39.

Kusch 1982
Walter Kusch: Ein merkwürdiger Taufstein, in: Baltische Studien, NF 68 (1982), S. 45–50.

Labande-Mailfert 1996
Yvonne Labande-Mailfert: Poitiers. Abbaye Sainte-Croix, in: Les premiers monuments chrétiens de la France, Bd. 2: Sud-Ouest et Centre, Paris 1996, S. 284–289.

Ladner 1941, S. 38–59
Gerhart B. Ladner: Die Papstbildnisse des Altertums und des Mittelalters, Band 1: Bis zum Ende des Investiturstreits (Monumenti di antichità cristiana, Serie 2,4) Vatikanstadt 1941.

Lahrkamp 1971
Helmut Lahrkamp (Bearb.): Fürstenbergsche Geschichte, Bd. III, Münster 1971.

Lahrkamp 1993
Helmut Lahrkamp: Beiträge zur Hofhaltung des Fürstbischofs Christoph Bernhard von Galen – mit einem Exkurs über Peter Pictorius d. Ä., in: Westfalen 71 (1993), S. 36f.

Lampe 1987
Peter Lampe: Die stadtrömischen Christen in den beiden ersten Jahrhunderten. Untersuchungen zur Sozialgeschichte (Wissenschaftliche Untersuchungen zum Neuen Testament, Reihe 2,18), Tübingen 1987.

Lampe 1995
Willi Lampe: Kurze Fundberichte aus Mecklenburg-Vorpommern: Usedom, Landkreis Ostvorpommern, Fpl. 2, in: Jahrbuch für Bodendenkmalpflege in Mecklenburg-Vorpommern 43 (1995), S. 251–393.

Lampen 1999
Angelika Lampen: Sachsenkriege, sächsischer Widerstand und Kooperation, in: Christoph Stiegemann/Matthias Wemhoff (Hg.): 799 Kunst und Kultur der Karolingerzeit. Karl der Große und Papst Leo III. in Paderborn, Kat. Diözesanmuseum/Museum in der Kaiserpfalz/Städtische Galerie am Abdinghof Paderborn, Bd. 1: Katalog, Mainz 1999, S. 264–272.

Langberg 1979
Harald Langberg: Gyldne billeder fra middelalderen, Kopenhagen 1979.

Langberg 1992
Harald Langberg: The Lundø Crucifix. The National Museum of Denmark, Kopenhagen 1992.

Lange 1842
Georg Lange: Original-Ansichten der vornehmsten Städte in Deutschland, Bd. 3, Darmstadt 1842.

Lange 1964
Reinhold Lange: Die byzantinische Reliefikone (Beiträge zur Kunst des christlichen Ostens 1), Recklinghausen 1964.

Lanzani 1999
Vittorio Lanzani: Gloriosa Confessio. Lo splendore del sepolcro di Pietro da Costantino al Rinascimento, in: Alfredo Maria Pergolizzi (Hg.): La Confessione nella basilica di San Pietro in Vaticano, Cinisello Balsamo 1999, S. 11–41.

Lanzani 2010
Vittorio Lanzani: Le Grotte Vaticane. Memorie storiche, devozioni, tombe dei papi, Rom 2010.

Lapidge 2005
Michael Lapidge: The Anglo-Saxon Library, Oxford 2005.

Larsson 2004
Lars Larsson: Neue Untersuchungen auf dem Siedlungsplatz Uppåkra in Schonen, Südschweden, in: Bodendenkmalpflege in Mecklenburg-Vorpommern Jahrbuch 2003, Bd. 51, Schwerin 2004, S. 449–463.

Larsson 2011a
Lars Larsson: A Ceremonial Building as „a Home of the Gods"? Central Buildings in the Central Place of Uppåkra, in: Oliver Grimm/Alexandra Pesch (Hg.): The Gudme-Gudhem phenomenon (Schriften des archäologischen Landesmuseums, Ergänzungsreihe 6), Neumünster 2011, S. 189–206.

Larsson 2011b
Lars Larsson: Power by Fire. Transitions and Continuity during the Migration and Merovingian Periods at Uppåkra, Southernmost Part of Sweden, in: Titus Panhuysen/Babette Ludowici (Hg.): Transformations in North-Western Europe (AD 300–1000) (Neue Studien zur Sachsenforschung 3), Stuttgart 2011, S. 177–184.

Larsson/Lenntorp 2004
Lars Larsson/Karl-Magnus Lenntorp: The enigmatic house, in: Lars Larsson (Hg.): Continuity for Centuries. A Ceremonial Building and its Context at Uppåkra, Southern Sweden (Acta Archaeologica Lundensia, Series in 8° 48), Stockholm 2004, S. 3–48.

Laschitzer 1886
Simon Laschitzer: Die Heiligen der „Sipp-, Mag- und Schwägerschaft" des Kaisers Maximilian I., in: Jahrbuch des kunsthistorischen Sammlungen des allerhöchsten Kaiserhauses 4 (1886), S. 70–287.

László 1944
Gyula László: A honfoglaló magyar nép élete [Das Leben der landnehmenden Ungarn] (Népkönyvtar 4), Budapest 1944.

Laudage 2001
Johannes Laudage: Otto der Große (912–973). Eine Biographie, Regensburg 2001.

Lauer 1906
Philippe Lauer: Le trésor du Sancta Sanctorum, in: Monuments et Mémoires de la Fondation Eugène Piot 15, Paris 1906.

Lazzarini 2006
Lorenzo Lazzarini: Analisi petrografica e provenienza del marmo della cattedra di San Marco e del ciborio di Anastasia, in: Quaderni della Procuratoria. Arte, storia, restauri della basilica di San Marco a Venezia, Bd. 1: La facciata nord, Venedig 2006, S. 93–95.

Lechner 1984
Gregor Martin Lechner: Marienverehrung und Bildende Kunst, in: Handbuch der Marienkunde, hg. von Wolfgang Beinert und Heinrich Petri, Regensburg 1984, 2. Aufl., 1996/1997.

Leciejewicz 1961
Lech Leciejewicz: Ujście we wczesnym średniowieczu [Ujście im Frühmittelalter] (Polski badania archeologiczne 8), Breslau/Warschau/Krakau 1961.

Lecocq 2009
Françoise Lecocq: L'iconographie du phénix à Rome, in: Schedae 6 (2009), S. 73–106.

Lega 2003
Claudia Lega: Il cd. tesoro di argenterie della domus dei Valerii al Museo Sacro Vaticano. Alcune osservazioni critiche, in: Bollettino dei Monumenti, Musei e Gallerie Pontificie 33 (2003), S. 77–105.

Lega 2010
Claudia Lega: La nascita dei Musei Vaticani. Le antichità cristiane e il museo di Benedetto XIV, in: Bollettino dei Monumenti, Musei e Gallerie Pontificie 28 (2010), S. 95–184.

Lega 2012
Claudia Lega: Il corredo epigrafico dei vetri dorati: novità e considerazioni, in: Sylloge Epigraphica Barcinonensis 10 (2012), S. 263–286.

Lehmann (im Druck)
Ulrich Lehmann: Neue Einsichten zur frühmittelalterlichen Spatha in Westfalen. in: Archäologie in Westfalen-Lippe 2012 (im Druck).

Lehmann 1918
Paul Lehmann: Mittelalterliche Bibliothekskataloge Deutschlands und der Schweiz, Bd. 1: Die Bistümer Konstanz und Chur, hg. von der Kgl. Bayer. Akad. der Wissenschaften in München, München 1918.

Lehmann 2010a
Ulrich Lehmann: Eine merowingerzeitliche Spatha mit Scheide aus Bad Wünnenberg im CT-Scan, in: Archäologie in Westfalen-Lippe 2009 (2010), S. 185–188.

Lehmann 2010b
Ulrich Lehmann: Nachbau einer frühmittelalterlichen Schwertscheide nach Originalbefunden aus Bad Wünnenberg-Fürstenberg, in: Thomas Otten (Hg.): Fundgeschichten. Archäologie in Nordrhein-Westfalen, Kat. Römisch-Germanisches Museum Köln/LWL-Museum für Archäologie – Westfälisches Landesmuseum Herne, Mainz 2010, S. 383–385.

Lehmke 1899
Hugo Lehmke: Die Bau- und Kunstdenkmäler des Regierungsbezirks Stettin, Heft 2: Der Kreis Anklam, Stettin 1899, S. 205–209.

Leitschuh/Fischer 1895–1906
Friedrich Leitschuh/Hans Fischer (Bearb.): Katalog der Handschriften der Königlichen Bibliothek zu Bamberg, Bd. 1, Abt. 1: Bibelhandschriften u. a., Bamberg 1895–1906.

Leonardi 1947
Corrado Leonardi: Ampelos. Il simbolo della vite nell'arte pagana e paleocristiana (Ephemerides liturgicae. Bibliotheca Sectio historica 21), Rom 1947.

Liepe/Edehem 1972
Anita Liepe/Ralf Edehem: Löddeköpinge och Högs kyrka, in: Harjagers härad. Skåne Bd. 1,3 (Sveriges kyrkor 148), Stockholm 1972, S. 149–241.

Liestøl 1982
Aslak Liestøl: Runene i Slemmedal-skatten, in: Viking. Tidsskrift for norrøn arkeologi 45 (1982), S. 44–48.

Limone 1978
Oronzo Limone: La vita di Gregorio Magno dell'Anonimo di Whitby, in: Studi Medievali 19 (1978), S. 37–67.

Lindahl 1980
Fritze Lindahl: Middelalderlige gravfund/Finds from Medieval Graves, in: Peter V. Glob (Hg.): Danefæ. Til Hendes Majestæt Dronning Margrethe II, 16. april 1980, Kopenhagen 1980.

Lindahl 1985
Fritze Lindahl: Roskilde-smykker fra omkring 1000 til 1500-årene i Nationalmuseet, in: Historisk Årbog fra Roskilde Amt 1984/1985 (1985), S. 9–33.

Lindsay 1910
Wallace Martin Lindsay: Early Irish Minuscule Script (St. Andrews University publications 6), Oxford 1910.

Lisch 1855
Georg C. F. Lisch: Ueber die Hausmarken und das Losen in Meklenburg, in: Jahrbücher des Vereins für meklenburgische Geschichte und Alterthumskunde 20 (1855), S. 126–139.

Liverani 1999
Paolo Liverani: La topografia antica del Vaticano (Monumenta Sanctae Sedis 2), Vatikanstadt 1999.

Ljungkvist 2000
John Ljungkvist: Den förhistoriska bebyggelsen i Gamla Uppsala. Preliminära tolkningar och omtolkningar av bebygglesutveckling och organisation, in: Fornvännen 95 (2000), S. 145–163.

Lobbedey 1979
Uwe Lobbedey: Vorbericht über die Grabung in der Stiftskirche zu Enger, in: Dietrich Ellger (Hg.): Die Ausgrabungen in der Stiftskirche zu Enger (Denkmalpflege und Forschungen in Westfalen 1), Bonn 1979, S. 9-18.

Lobbedey 1986
Uwe Lobbedey: Die Ausgrabungen im Dom zu Paderborn 1978/80 und 1983 (Denkmalpflege und Forschung in Westfalen 11), 4 Bde., Bonn 1986.

Lobbedey 2000
Uwe Lobbedey: Romanik in Westfalen, Regensburg 2000.

Lobbedey 2002a
Uwe Lobbedey: Der Beitrag von Corvey zur Geschichte der Westbauten und Westwerke, in: Hortus Artium Medievalium 8 (2002), S. 83–98.

Lobbedey 2002b
Uwe Lobbedey: Die Baugestalt des Corveyer Westwerks. Forschungsstand und Aufgaben, in: Joachim Poeschke (Hg.): Sinopien und Stuck im Westwerk der karolingischen Klosterkirche von Corvey, Münster 2002, S. 115–129.

Lobbedey 2003
Uwe Lobbedey: Die Frauenstiftskirche zu Vreden. Bemerkungen zur Architektur und Liturgie, in: Jan Gerchow/Thomas Schilp (Hg.): Essen und die sächsischen Frauenstifte im Frühmittelalter (Essener Forschungen zum Frauenstift 2), Essen 2003, S. 185–213.

Lobbedey 2009
Uwe Lobbedey: Die karolingische Klosterkirche zu Corvey, in: Gerfried Sitar OSB/Martin Kroker (Hg.): Macht des Wortes. Benediktinisches Mönchtum im Spiegel Europas, Kat. St. Paul in Lavanttal/Dalheim, Regensburg 2009, S. 161–169.

Lobbedey/Westphal 1998
Uwe Lobbedey/Herbert Westphal: Beobachtungen zur Herstellung der Monumentalinschrift am Westwerk zu Corvey, in: Hammaburg N. F. 12 (1998) (Festschrift für Hans Drescher), S. 157–164.

Lošek 1997
Fritz Lošek: Die Conversio Bagoariorum et Carantanorum und der Brief des Erzbischofs Theotmar von Salzburg (MGH Studien und Texte 15), Hannover 1997.

Lotter 1997
Friedrich Lotter: Das Bild des hl. Adalbert in der römischen und der sächsischen Vita, in: Hans Hermann Henrix (Hg.): Adalbert von Prag. Brückenbauer zwischen dem Osten und dem Westen Europas (Schriften der Adalbert-Stiftung 4), Baden-Baden 1997, S. 77–107.

Lovag 1999
Szuzsa Lovag: Mittelalterliche Bronzegegenstände des Ungarischen Nationalmuseums (Catalogi Musei Nationalis Hungarici, Series archaeologica 3), Budapest 1999.

Lowe 1931
Elias Avery Lowe: A list of the oldest extant manuscripts of Saint Augustine. With a note on the Codex Bambergensis, in: Miscellanea Agostiniana 2 (1931), S. 235–251.

Lowe 1934–1971
Elias Avery Lowe: Codices Latini Antiquiores. A Palaeographical Guide to Latin Manuscripts prior to the Ninth Century, 11 Bde. und 1 Suppl, Oxford 1934–1971.

Lowe 1935/1972
Elias Avery Lowe (Hg.): Codices Latini Antiquiores. A Paleographical Guide to Latin Manuscripts prior to the Ninth Century, Bd. 2: Great Britain and Ireland, Oxford 1935; 2. Aufl. Oxford 1972.

Lowe 1959
Elias Avery Lowe (Hg.): Codices Latini Antiquiores. A Paleographical Guide to Latin Manuscripts prior to the Ninth Century, Bd. 8: Germany. Altenburg–Leipzig, Oxford 1959.

Lowe 1963
Elias Avery Lowe (Hg.): Codices Latini Antiquiores. A Palaeographical Guide to Latin Manuscripts prior to the Ninth Century, Bd. 10: Austria, Belgium, Czechoslovakia, Denmark, Egypt and Holland, Oxford 1963.

Lowe 2008
Christopher Lowe: Non-text-inscribed Slates, in: Christopher Lowe: Inchmarnock: An Early Historic Island Monastery in Its Archaeological Landscape, Edinburgh 2008, S. 151–175.

Łowmiański 1979
Henryk Łowmiański: Religia Słowian i jej upadek (w. VI–XII) [Die Religion der Slawen und ihr Untergang (6.–12. Jh.)], Warschau 1979.

Lübke 2004
Christian Lübke: Die Deutschen und das europäische Mittelalter. Das östliche Europa, München 2004.

Lübke 2011
Christian Lübke: Deutsche und Polen im frühen und hohen Mittelalter (963–1370), in: Malgorzata Omilanowska/Tomasz Torbus (Hg.): Tür an Tür. Polen – Deutschland. 1000 Jahre Kunst und Geschichte, Kat. Martin-Gropius-Bau Berlin, Köln 2011, S. 26–31.

Lubocka-Hoffmann 2002
Maria Lubocka-Hoffmannn: Die Marienburg. Das Schloss des Deutschen Ordens. Geschichte – Architektur – Denkmalschutz, Bydgosz 2002.

Lucas 1958
Anthony T. Lucas: National Museum of Ireland Archaeological Acquisitions in the Year 1957, in: Journal of the Royal Society of Antiquaries of Ireland 88 (1958), S. 115–152.

Łuczak 1978
Ewa Łuczak: Prapisanki [Urostereier], in: Z Otchłani Wieków [Aus der Tiefe der Jahrhunderte] 44,1 (1978), S. 255–259.

Lutovský 1987
Michal Lutovský: Raně středověký bronzový křížek z Libice nad Cidlinou [Frühmittelalterliches Bronzekreuz aus Libice nad Cidlinou], in: Vlastivědný zpravodaj Polabí 23,1–2 (1987), S. 22–23.

Lutovský 1994
Michal Lutovský: Kolínský knížecí hrob: ad fontes [Das Fürstengrab von Kolín: ad fontes], in: Sborník Národního muzea v Praze [Acta Musei Nationalis Pragae/Sammelband des Nationalmuseums in Prag], Reihe A 48 (1994), Nr. 3–4, S. 37–76.

Lutovský/Pejša 2008
Michal Lutovský/Jaroslav Pejša: Kolínský knížecí hrob na stránkách pamětní knihy města Kolína [Das Fürstengrab von Kolín auf den Seiten des Gedenkbuches der Stadt Kolín], in: Archeologie ve středních Čechách [Archäologie in Mittelböhmen] 12,2 (2008), S. 625–644.

Maaß 1994
Michael Maaß: Badisches Landesmuseum. Neuerwerbungen 1993: Byzanz, in: Jahrbuch der Staatlichen Kunstsammlungen in Baden-Württemberg 31 (1994), S. 192–199.

Maaß 1995a
Michael Maaß: Badisches Landesmuseum. Neuerwerbungen 1994: Byzanz, in: Jahrbuch der Staatlichen Kunstsammlungen in Baden-Württemberg 32 (1995), S. 134–138.

Maaß 1995b
Michael Maaß: Spätantike und Byzanz, in: Michael Maaß/Johanna Fabricius (Bearb.): Antike Kulturen. Orient, Ägypten, Griechenland, Etrurien, Rom und Byzanz. Führer durch die Antikensammlungen, Badisches Landesmuseum, Karlsruhe 1995, S. 155–160.

Maaß/Fabricius 1995
Michael Maaß/Johanna Fabricius (Bearb.): Antike Kulturen. Orient, Ägypten, Griechenland, Etrurien, Rom und Byzanz. Führer durch die Antikensammlung, Badisches Landesmuseum, Karlsruhe 1995.

Mac Carthy 1892
Bartholomew Mac Carthy: The codex Palatino-Vaticanus No. 830, Dublin 1892.

Mac Lean 1999
Douglas Mac Lean: Northumbrian Vinescroll Ornament and the Book of Kells, in: Jane Hawkes/Susan Mills (Hg.): Northumbria's Golden Age, Stroud 1999, S. 178–190.

MacDermott 1957
Máire MacDermott: The Crosiers of St. Dympna and St. Mel and Tenth-century Irish Metal-work, in: Proceedings of the Royal Irish Academy 58C (1957), S. 167–195.

MacGregor 2000
Arthur MacGregor: A Seventh-Century Pectoral Cross from Holderness, East Yorkshire, in: Medieval Archaeology 44 (2000), S. 217–222.

MacGregor/Bolick 1993
Arthur MacGregor/Ellen Bolick: A Summary Catalogue of the Anglo-Saxon Collections (Non-Ferrous Metals), Oxford 1993.

Mackert 2010
Christoph Mackert: „Musica est ars ex septem liberalibus una" – Musiktheoretische Texte in mittelalterlichen Handschriften aus Leipziger Universitätsgebrauch, in: Eszter Fontana u. a. (Hg.): 600 Jahre Musik an der Universität Leipzig, Dössel 2010, S. 21–31.

Mader 1981
Felix Mader (Bearb.): Stadt Regensburg 1: Dom und St. Emmeran (Die Kunstdenkmäler von Bayern 2, Die Kunstdenkmäler der Oberpfalz 22), München 1981.

Mahr 1932
Adolf Mahr: Christian Art in Ancient Ireland: Selected Objects Illustrated and Described, Bd. 1, Dublin 1932.

Di Majo/Federici/Palma 1985
Anna Di Majo/Carlo Federici/Marco Palma: La pergamena dei codici altomedievali italiani. Indagine sulle specie animali utilizzate, in: Scriptorium 39 (1985) S. 3–12.

Makarova 1967
Т. И. Макарова: Поливная посуда. Из истории керамического импорта и производства Древней Руси [Glasiertes Geschirr. Aus der Geschichte des Imports und der Herstellung der Erzeugnisse aus Keramik in der Alten Rus'] (САИ Е 1,38), Moskau 1967.

Makarova 1976
Tatiana Makarova: Peregorodchatye emali Drevniej Rusi [Zellenschmelz in der Alten Rus], Moskau 1976.

Makarova 1986
Tatiana Makarova: Chernievoje dielo Drevniej Rusi [Schwärzung als handwerkliche Technik in der Alten Rus], Moskau 1986.

Makarow 1992
Н. А. Макаров: Древнерусские амулеты – топорики [Altrussische Axtamulette], in: Российская археология 2 (1992), S. 41–57.

Malinowski/Schirren 2004
Heiko Malinowski/Michael Schirren: Adler oder Taube ?, in: Archäologie in Deutschland 2004,1, S. 45–46.

Marangoni 1927
Luigi Marangoni: Un infisso liturgico del tesoro di San Marco, Venedig 1927.

Marasović 2011
T. Marasović: Dalmatia praeromanica, ranosrednjovjekovno graditeljstvo u Dalmaciji 3 [Das vorromanische Dalmatien, Frühmittelalterliche Baukunst in Dalmatien 3], Split/Zagreb 2011.

Marinescu 1996
Constantin A. Marinescu: Transformations. Classical Objects and their Re-Use during Late Antiquity, in: Ralph W. Mathisen/Hagith S. Sivan (Hg.): Shifting Frontiers in Late Antiquity, Aldershot 1996, S. 285–298.

Marocco 2001
Ezio Marocco: Il tesoro del Duomo di Grado, Triest 2001.

Marstrand 1988
Lise Marstrand: Nyt om Randers-madonnaen, in: Hikuin 14 (1988), S. 125–133.

Marstrander 1945
Carl J. S. Marstrander: To islandske runeinnskrifter, in: Norsk tidsskrift for sprogvidenskap, Bd. XIII, S. 295–317 (mit einem Anhang von Oluf Kolsrud: Om rituell jordpåkasting i Norden, S. 317f.).

Mårtensson 1980
Anders W. Mårtensson: S:t Stefan i Lund. Ett monument ur tiden (Gamla Lund Förening för bevarande av stadens minnen. Årsskrift 62), Lund 1980.

Mårtensson/Wahlöö 1970
Anders W. Mårtensson/Claes Wahlöö: Lundafynd. En bilderbok (Archaeologica Lundensia 4), Lund 1970.

Marth 1988
Regine Marth: Untersuchungen zu romanischen Bronzekreuzen. Ikonographie – Funktion – Stil (Europäische Hochschulschriften 28, 87), Frankfurt am Main u. a. 1988.

Marth 2000
Regine Marth (Hg.): Das Gandersheimer Runenkästchen, Internationales Kolloquium Braunschweig 24.–26. März 1999, Braunschweig 2000.

Marth 2013
Regine Marth: Liturgische Geräte aus Gandersheim in Braunschweig, in: Hedwig Röckelein (Hg.): Der Gandersheimer Schatz im Vergleich. Zur Rekonstruktion und Präsentation von Kirchenschätzen, Regensburg 2013, S. 135–146.

Martimort 1992
Aimé G. Martimort: Les lectures liturgiques et leurs livres (Typologie des sources du Moyen Age occidental 64), Turnhout 1992.

Martin 1991
Max Martin: Die beinerne Gürtelschnalle mit Szenen aus der Geschichte des Propheten Jonas, in: Archäologie der Schweiz 14 (1991), S. 279–288.

Martorelli 2001
Rossana Martorelli: Arredi e suppellettile liturgica in metallo, in: L'edificio battesimale in Italia. Aspetti e problemi (Atti dei convegni dell'Istituto Internazionale di Studi Liguri 5), Bordighera 2001, S. 497–519.

Marucchi 1910
Orazio Marucchi: I monumenti del Museo Cristiano Pio Lateranense (Collezioni artistiche, archeologiche e numismatiche dei Palazzi Pontificii), Mailand 1910.

Marzinzik 2003
Sonja Marzinzik: Early Anglo-Saxon Belt Buckles (Late Fifth to Early Eighth Centuries AD): Their Classification and Context (British Archaeological Reports, British Series 357), Oxford 2003.

Marzinzik 2007
Sonja Marzinzik: The Sutton Hoo Helmet, London 2007.

Mather 1923
Frank Jewett Mather: An Unidentified Mosaic Head from Old St. Peter's, in: Heinrich Glück (Hg.): Studien zur Kunst des Ostens. Festschrift für Josef Strzygowski zum sechzigsten Geburtstage von seinen Freunden und Schülern, Wien u. a. 1923, S. 17–18.

Matijević-Sokol 1997
Mirjana Matijević-Sokol: Latinski natpisi [Die lateinischen Inschriften], in: Ivan Supičić (Hg.): Hrvatska i Europa – kultura, znanost i umjetnost 1: Rano doba hrvatske kulture. Srednji vijek (VIII-XII stoljeće) [Kroatien und Europa – Kultur, Wissenschaft und Kunst 1: Frühes Zeitalter der kroatischen Kultur, Mittelalter (8.–12. Jahrhundert)], Zagreb 1997, S. 239–256.

Maul 2002
Birgit Maul: Frühmittelalterliche Gläser des 5.–7./8. Jahrhunderts n. Chr. Sturzbecher, glockenförmige Becher, Tummler und Glockentummler (Universitätsforschungen zur prähistorischen Archäologie 84), 2 Bde., Bonn 2002.

Mayr-Harting 1991
Henry Mayr-Harting: The Coming of Christianity to Anglo-Saxon England, 3. Aufl., London 1991.

Mayr-Harting 2007
Henry Mayr-Harting: Church and cosmos in early Ottonian Germany. The view from Cologne, Oxford 2007, S. 90–96.

Mayr-Harting 2012
Henry Mayr-Harting: Handschriften der Kölner Dombibliothek in der Zeit Erzbischof Hildebalds und die karolingische Renaissance, in: Heinz Finger (Hg.): Mittelalterliche Handschriften der Kölner Dombibliothek. Viertes Symposion der Diözesan- und Dombibliothek zu den Dom-Manuskripten (Libelli Rhenani 38), Köln 2012, S. 21–40.

McKitterick 1977
Rosamond McKitterick: The Frankish Church and the Carolingian Reforms, 789–895 (Royal Historical Society, Studies in History 2), London 1977.

McKitterick 1992
Rosamond McKitterick: Nun's Scriptoria in England and Francia in the Eigth Century, in: Francia 19 (1992), S. 1–36.

McKitterick 2000
Rosamond McKitterick: Le scriptorium d'Echternach aux huitième et neuvième siècles, in: Michel Polfer (Hg.): L'évangélisation des régions entre Meuse et Moselle et la fondation de l'abbaye d'Echternach (Ve–IXe siècle) (Publications de la Section Historique de l'Institut Grand-Ducal de Luxembourg 117; Publications du CLUDEM 16), Luxemburg 2000, S. 499–522.

McNamara/Sheehy 1973
Martin McNamara/Maurice Sheehy: Psalter text and Psalter study in the Early Irish Church (A.D. 600–1200), in: Proceedings of the Royal Irish Academy 73C (1973), S. 201–298.

Meckseper 2001
Cord Meckseper: Magdeburg und die Antike. Zur Spolienverwendung im Magdeburger Dom, in: Matthias Puhle (Hg.): Otto der Große. Magdeburg und Europa, Kat. Kulturhistorisches Museum Magdeburg, Bd.1: Essays, Mainz 2001, S. 367–380.

Medieval Manuscripts in Dutch Collections, http://www.mmdc.nl/static/site/index.html, sv VLF 4.

Medynzeva/Popkonstantinov 1984
А. Медынцева/К. Попконстантинов: Надписи из Круглой церкви в Преславе [Inschriften aus der Runden Kirche in Preslaw], Sofia 1984.

Medynzewa 1997
А. А. Медынцева: Эпиграфика, писала (стили) и церы [Epigraphik, Stili und Wachstafeln], in: Б. А. Колчин (Hg.): Древняя Русь. Быт и культура (Археология), Moskau 1997, S. 150f.

Meehan 1994
Bernard Meehan: The Book of Kells, London 1994.

Meens 1993
Rob Meens: The Penitential of Finnian and the Textual Witness of the Paenitentiale Vindobonense „B", in: Mediaeval Studies 55 (1993), S. 243–255.

Meens 1996
Rob Meens: Kanonisches Recht in Salzburg am Ende des 8. Jahrhunderts. Das Zeugnis des Paenitentiale Vindobonense B, in: Zeitschrift der Savigny-Stiftung für Rechtsgeschichte 113 (1996), Kanonistische Abteilung 82 (1996), S. 13–34.

Meens 2007
Rob Meens: Die Bußbücher und das Recht im 9. und 10. Jahrhundert, in: Wilfried Hartmann (Hg.): Recht und Gericht in Kirche und Welt um 900 (Schriften des Historischen Kollegs. Kolloquien 69), München 2007, S. 217–233.

Megow 1987
Wolf-Rüdiger Megow: Kameen von Augustus bis Alexander Severus (Antike Münzen und Geschnittene Steine 11), Berlin 1987.

Meischner 2001
Jutta Meischner: Bildnisse der Spätantike 193–500: Problemfelder, die Privatporträts, Berlin 2001.

Melzer 1991
Walter Melzer: Das frühmittelalterliche Gräberfeld von Wünnenberg-Fürstenberg (Bodenaltertümer Westfalens 25), Münster 1991.

Melzer 1999
Walter Melzer: Das frühmittelalterliche Gräberfeld Soest – Lübecker Ring, in: Christoph Stiegemann/Matthias Wemhoff (Hg.): 799 Kunst und Kultur der Karolingerzeit. Karl der Große und Papst Leo III. in Paderborn, Kat. Diözesanmuseum/Museum in der Kaiserpfalz/Städtische Galerie am Abdinghof Paderborn, Bd. 3: Beiträge, Mainz 1999, S. 263–267.

Melzer 2010
Walter Melzer: Soest – Von den Anfängen zur mittelalterlichen Großstadt, in: Wilfried Ehbrecht (Hg.): Soest. Geschichte der Stadt, Bd. 1: Der Weg ins städtische Mittelalter. Topographie, Herrschaft, Gesellschaft (Soester Beiträge 52), Soest 2010, S. 39–146.

Menghin 1985
Wilfried Menghin: Die Langobarden. Archäologie und Geschichte, Stuttgart 1985.

Mentzel-Reuters/Hartmann 2008
Arno Mentzel-Reuters/Martina Hartmann (Hg.): Catalogus und Centurien. Interdisziplinäre Studien zu Matthias Flacius und den Magdeburger Centurien (Spätmittelalter, Humanismus, Reformation 45), Tübingen 2008.

Mertens 1988a
Dieter Mertens: Geschichte und Dynastie – zu Methode und Ziel der „Fürstlichen Chronik" Jakob Mennels, in: Kurt Andermann (Hg.): Historiographie am Oberrhein im späten Mittelalter und in der frühen Neuzeit, Sigmaringen 1988, S. 121–153.

Mertens 1988b
Erich Mertens: Neue Beiträge zu Max von Schenkendorfs Leben, Denken und Dichten, Koblenz 1988.

Meshorer 1982
Ya'akov Meshorer: Ancient Jewish Coinage, 2 Bde., New York 1982.

Meshorer 2001
Ya'akov Meshorer: A Treasury of Jewish Coins from the Persian Period to Bar Kokhba, Jerusalem 2001.

Metz 1978
Brigitte Metz: Die Kirchen auf Usedom und ihre Geschichte seit Otto von Bamberg 1128–1978, Anklam 1978.
Metzger 1994
Marcel Metzger: Les sacramentaires (Typologie des sources du moyen âge occidental 70), Turnhout 1994.
Meyer 1915
W. Meyer: Leer i. W. (Amt Horstmar). Gräberfeld karolingischer Zeit, in: Römisch-germanisches Korrespondenzblatt. Nachrichten für römisch-germanische Altertumsforschung 8 (1915), S. 88–92.
Meyer 1963
Ruth Meyer: Karolingische Kapitelle in Westfalen und ihr Verhältnis zur Spätantike. Teil II: Ein unbekannter Kämpfer aus Stuck in Paderborn, in: Westfalen 41, Heft 1-4, Münster 1963, S. 313-334. (Sonderdruck)
Meyer 1997
Ruth Meyer: Frühmittelalterliche Kapitelle und Kämpfer in Deutschland: Typus, Technik, Stil, posthum hg. und erg. von Daniel Hermann (Denkmäler deutscher Kunst), Berlin 1997.
Meyvaert 1959
Paul Meyvaert: Les „Responsiones" de S. Grégoire le Grand à S. Augustin de Cantorbéry, in: Revue d'histoire ecclésiastique 54 (1959), S. 879–894.
Meyvaert 1963
Paul Meyvaert: Towards a History of the Textual Transmission of the Regula S. Benedicti, in: Scriptorium 17 (1963), S. 83–110.
Michałowski 1979
Janusz Maciej Michałowski: Jan Matejko, Warschau 1979.
Michelli 2003
Perette Michelli: Beckwith revisted. Some ivory carvings from Canterbury in: Catherine E. Karkov/George Hardin Brown (Hg.): Anglo-Saxon Styles (SUNY Series in Medieval Studies), Albany, NY 2003, S. 101–113.
Migeon 1909
Gaston Migeon: La collection Victor Gay aux musées nationaux, in: La Gazette des beaux-arts 51 (1909), S. 408–432.
Mijatev 1936
Кр. Миятев: Преславската керамика [Die Preslawer Keramik], Sofia 1936.
Miklas 2000
Heinz Miklas (Hg.): Glagolitica. Zum Ursprung der slavischen Schriftkultur (Österreichische Akademie der Wissenschaften, phil.-hist. Klasse, Schriften der Balkan-Kommission, philologische Abteilung 41), Wien 2000.
Mildenberg 1984
Leo Mildenberg: The Coinage of the Bar Kokhba War (Typos 6), Aarau/Frankfurt am Main/Salzburg 1984.
Milesi 1970
Richard Milesi: Der Millstätter Georgsritterorden und die Kunst, in: Gernot Piccottini (Hg.): Geschichte und Kunst in Millstatt. Beiträge zur 900-Jahr-Feier des Stiftes Millstatt, Klagenfurt 1970, S. 55–66.
Miśkiewiczowa 1973
Maria Miśkiewiczowa: Krzyżyk kamienny z Zabuża Kolonii, pow. Łosice [Ein kleines Steinkreuz aus Zabuże Kolonia, Kreis Łosice], in: Wiadomości Archeologiczne [Archäologische Nachrichten] 38 (1973), S. 110f.
Mitchell 1903
Hugh Parker Mitchell: A Medieval Silver Chalice from Iceland, in: Burlington Magazine 2 (1903), S. 70–74.
Mitchell 2009
John Mitchell: Reperti marmorei e in travertino di età tardoantica, altomedievale e medievale, in: Christoph L. Frommel/Massimo Pentiricci (Hg.): L'antica basilica di San Lorenzo in Damaso. Indagini archeologiche nel Palazzo della Cancelleria (1988–1993) (Monumenta Sanctae Sedis 5,2), Bd. 1: Materiali, Rom 2009, S. 117–142.
Mohlberg 1952
Leo Cunibert Mohlberg: Katalog der Handschriften der Zentralbibliothek Zürich, Bd. 1: Mittelalterliche Handschriften, Zürich 1952.
Molinier 1888
Emile Molinier: Le Trésor de la basilique de Saint Marc à Venise, Venedig 1888.
Möller 2009
Roland Möller: Die im Magdeburger Dom gefundenen Ziegel im Vergleich mit zeitnahen Befunden und in der historischen Überlieferung, in: Harald Meller/Wolfgang Schenkluhn/Boje Schmuhl (Hg.): Aufgedeckt II. Forschungsgrabungen am Magdeburger Dom 2006–2009 (Archäologie in Sachsen-Anhalt, Sonderband 13), Halle (Saale) 2009, S. 181–196.
Monciatti 2000
Alessio Monciatti: Scheda Mosaico/Objektbeschreibung 1739, in: Antonio Pinelli (Hg.): La Basilica di San Pietro in Vaticano (Mirabiliae Italiae 10), Modena 2000, S. 890–891.
Montevecchi/Vasco Rocca 1988
Bendetta Montevecchi/Sandra Vasco Rocca: Dizionari terminologici 4: Suppellettile ecclesiastica, Florenz 1988.
Montfaucon 1739
Bernard de Montfaucon: 35. 1057. Evangelia literis Saxonicis, in: Bernard de Montfaucon: Bibliotheca bibliothecarum manuscriptorum nova, Bd. 2, Paris 1739.
Mordek 1975
Hubert Mordek: Kirchenrecht und Reform im Frankenreich. Die Collectio Vetus Gallica, die älteste systematische Kanonessammlung des fränkischen Gallien (Beiträge zur Geschichte und Quellenkunde des Mittelalters 1), Berlin/New York 1975.
Mordek 1994
Hubert Mordek: Ein Bildnis König Bernhards von Italien? Zum Frontispiz in Cod. St. Paul (Kärnten), Stiftsbibliothek, 411, in: Società, istituzioni, spiritualità. Studi in onore di Cinzio Violante (Centro Italiano di Studi sull`Alto Medioevo, Collectanea 1), Bd. 2, Spoleto 1994, S. 547–555.
Mordek 1995
Hubert Mordek: Bibliotheca capitularium regum Francorum manuscripta. Überlieferung und Traditionszusammenhang der fränkischen Herrschererlasse (MGH Hilfsmittel 15), München 1995.
Morey 1936
Charles Rufus Morey: Gli oggetti di avorio e di osso del Museo Sacro Vaticano (Catologo del Museo Sacro della Biblioteca Vaticana 1), Vatikanstadt 1936.
Morey 1959
Charles Rufus Morey: The Gold-Glass Collection of the Vatican Library (Catalogo del Museo Sacro della Biblioteca Apostolica Vaticana 4), Vatikanstadt 1959.
Mörking 2003
Lennart Mörking: Medeltida skånska processionskors, Lund 2003.
Mouriki 1985/1986
Doula Mouriki: Thirteenth Century Icon Painting in Cyprus, in: The Griffon, N.F. 1-2 (1985/1986), S. 9–112.
Muhl 2009
Arnold Muhl: Slawisches Heidentum in der Heimat des Brun von Querfurt – Fundstücke sakralen Lebens der Elbslawen, in: Johanna Rudolph/Martin Kühnel (Hg.): Der heilige Brun von Querfurt – eine Reise ins Mittelalter. Begleitband zur Sonderausstellung Der heilige Brun von Querfurt – Friedensstifter und Missionar in Europa, 1009–2009, Kat. Museum Burg Querfurt, Querfurt 2009, S. 74–81.
Muhl 2010
Arnold Muhl: Mit offenen Armen und erhobenem Horn. Ein bemerkenswerter Neuzugang im Landesmuseum für Vorgeschichte Halle, in: Museumsjournal. Mitgliederzeitschrift des Vereins zur Förderung des Landesmuseums für Vorgeschichte Halle (Saale) e. V. 2010, S. 17f.
Muhl 2011
Arnold Muhl: Sinnbild en miniature – das „Trinkhornmännchen" von Seehausen, in: Archäologie in Deutschland 2011,2, S. 51.
Muhl (im Druck)
Arnold Muhl: Ein slawischer Götterkopf aus Siegersleben im Bördekreis, in: Jahresschrift für mitteldeutsche Vorgeschichte 93 (im Druck).
Muller 1981
Jean-Claude Muller: Trois manuscrits liturgiques de l'abbaye d'Echternach à Paris, in: Pierre Schritz/Alexis Hoffmann (Hg.): Abteistadt EchternachCité abbatiale Echternach]: Festschrift für Georges Kiesel (Fragmenta Willibrordiana), Luxemburg 1981, S. 202–206.
Müller 1987a
Ludolf Müller: Die Taufe Russlands. Die Frühgeschichte des russischen Christentums bis zum Jahre 988 (Quellen und Studien zur russischen Geistesgeschichte 6), München 1987.
Müller 1987b
Rainer A. Müller: „Quaternionenlehre" und Reichsstädte, in: Ders. (Hg.): Reichsstädte in Franken, Bd. 1 (Veröffentlichungen zur Bayerischen Geschichte und Kultur 15/1), München 1987.
Müller 1992
Róbert Müller: Gräberfeld und Siedlungsreste aus der Karolingerzeit von Zalaszabar-Dezsősziget, in: László Török (Hg.): Die Karolingerzeit im unteren Zalatal. Gräberfelder und Siedlungsreste von Garabonc I-II und Zalaszabar-Dezsősziget (Antaeus 21), Budapest 1992, S. 271–336, 551–572.
Müller 1994
Róbert Müller: Karoling udvarház és temetője Zalaszabar-Borjúállás-szigetről [Ein karolingerzeitlicher Herrenhof und sein Friedhof auf der Insel Zalaszabar-Borjúállás], in: László Kovács (Hg.): Honfoglalás és régészet [Landnahme und Archäologie] (A honfoglalásról sok szemmel 1), Budapest 1994, S. 91–98.
Müller 1995
Róbert Müller: Ein karolingerzeitlicher Herrenhof in Zalaszabar (Ungarn, Komitat Zala), in: Sborník prací filozofické fakulty Brněnské University (Studia minora Facultatis Philosophicae Universitatis Brunensis) E, Řada archeologicko-klasická 40 (1995), S. 91–100.
Müller 1996
Róbert Müller: Über die Herkunft und das Ethnikum der Keszthely-Kultur, in: Darina Bialeková/Jozef Zábojník (Hg.): Ethnische und kulturelle Verhältnisse an der mittleren Donau vom 6. bis zum 11. Jahrhundert (Tagung Nitra 1994), Bratislava 1996, S. 75–82.
Müller 2004
Róbert Müller: Régészeti összefoglaló az Esztergályhorváti-Alsóbárándpusztán feltárt Karoling-kori temetőről [Archäologische Zusammenfassung des karolingerzeitlichen Gräberfeldes von Esztergályhorváti-Alsóbárándpuszta], in: Gábor Tóth (Red.): Karoling-kori emlékek, régészet és antropológia, Szombathely 2004, S. 9–31.
Müller 2005
Klaus Müller: Köln von der französischen zur preußischen Herrschaft 1794-1815 (Geschichte der Stadt Köln 8), Köln 2005.
Müller von Königswinter 1861
Wolfgang Müller von Königswinter: Alfred Rethel, Leipzig 1861.
Müller/Müller-Muči 1987
Adriaan von Müller/Klara von Müller-Muči: Ausgrabungen und Funde auf dem Burgwall in Berlin-Spandau (Archäologisch-historische Forschungen in Spandau 2; Berliner Beiträge zur Vor- und Frühgeschichte N.F. 5), Berlin 1987.
Müller/Rathert 2011
Joachim Müller/Dietmar Rathert: Eine Doppelkapelle in der Burg des Markgrafen? Ergebnisse der Grabungen in der St. Petrikirche 2008–2009, in: Domstift Brandenburg (Hg.): 850 Jahre Domkapitel Brandenburg (Schriften des Domstifts Brandenburg 5), Regensburg 2011, S. 69–92.
Müller-Brauel 1926
Hans Müller-Brauel: Sächsische Friedhöfe bei Stade, in: Praehistorische Zeitschrift 17 (1926), S. 131–159.
Müller-Wiener 1977
Wolfgang Müller-Wiener: Bildlexikon zur Topographie Istanbuls, Tübingen 1977.
Müller-Wille 1991
Michael Müller-Wille (Hg.): Starigard/Oldenburg. Ein slawischer Herrschersitz des frühen Mittelalters in Ostholstein, Neumünster 1991.
Mundell Mango 1986
Marlia Mundell Mango: Silver from Early Byzantium. The Kaper Koraon and Related Treasures, Baltimore 1986.

Mundell Mango 1992
Marlia Mundell Mango: Imperial Art in the Seventh Century, in: Paul Magdalino (Hg.): New Constantines. The Rhythm of Imperial Renewal in Byzantium, 4th–13th Centuries (Society for the Promotion of Byzantine Studies Publications 2), Aldershot 1994, S. 109–138.

Mundell Mango 2001
Marlia Mundell Mango: Beyond the Amphora: non-ceramic evidence for Late Antique industry and trade, in: Sean Kingsley/Michael Decker (Hg.): Economy and Exchange in the East Mediterranean during Late Antiquity. Proceedings of a Conference at Somerville College, Oxford, 29th May, 1999, Oxford 2001, S. 87–106.

Munkhammar 1989
Lars Munkhammar: Codex Argenteus. From Ravenna to Uppsala. The wanderings of a Gothic manuscript from the early sixth century, 1989, URL: http://archive.ifla.org/IV/ifla64/050-132e.htm (31.01.13).

Münt 1997
Bernd Münt: Die zweimalige Errichtung des Wittekind-Denkmals in Herford 1895–99 und 1956–59. Brüche und Kontinuitäten von Denkmalsetzungen zwischen Wilhelminismus und Wirtschaftswunder, Magisterarbeit, Münster 1997.

Murgia 2010
Emanuela Murgia: Iconografia del sacro. Una rilettura del rilievo con divinità Alessandrine da Via della Conciliazione a Roma, in: Archeologia Classica 61, N.S. 11 (2010), S. 309–332.

Murray 2004
Griffin Murray: The „Hidden Power" of the Irish Crosier, in: Archaeology Ireland 18 (2004), S. 24–27.

Murray 2007
Griffin Murray: Insular-type Crosiers: Their Construction and Characteristics, in: Rachel Moss (Hg.): Making and Meaning in Insular Art: Proceedings of the Fifth International Conference on Insular Art, Dublin 2007, S. 79–94.

Musej historychnych koshtovnostej Ukrainy 2004
Musej historychnych koshtovnostej Ukrainy [Museum der historischen Kostbarkeiten der Ukraine], Kiew 2004.

Muth 2000
Hanswernfried Muth: Ansichten aus dem Alten Würzburg 1545–1945: Öffentliche Bauten und Höfe. Aus der Graphischen Sammlung des Mainfränkischen Museums Würzburg, Bd. 3, Würzburg 2000.

Mütherich 1994
Florentine Mütherich: Frühmittelalterliche Rechtshandschriften, in: Aachener Kunstblätter 60 (1994), S. 79–86.

Myres 1977
John N.L. Myres: A Corpus of Anglo-Saxon Pottery of the Pagan Period, Cambridge 1977.

Myres/Green 1973
John N.L. Myres/Barbara Green: The Anglo-Saxon Cemetery of Caistor-by-Norwich and Markshall (Reports of the Research Committee of the Society of Antiquaries of London 30), London 1973.

Nadolski 1960
Andrzej Nadolski: Uwagi o wczesnośredniowiecznych hełmach typu wielkopolskiego [Anmerkungen über frühmittelalterliche Helme des großpolnischen Typs], in: Prace i Materiały Muzeum Archeologicznego i Etnograficznego w Łodzi, Seria Archeologiczna [Arbeiten und Materialien des Archäologischen und Ethnographischen Museums in Łódź, Archäologische Reihe] 5 (1960), S. 99–122.

Nadolski 1994
Andrzej Nadolski: Lądowa technika wojskowa od połowy X do połowy XII wieku [Militärische Landtechnik von der Hälfte des 10. bis zur Hälfte des 12. Jahrhunderts], in: Ders. (Hg.): Polska technika wojskowa do 1500 roku [Polnische Militärtechnik bis 1500], Warschau 1994, S. 31–107.

Nadolski/Abramowicz/Poklewski 1959
Andrzej Nadolski/Andrzej Abramowicz/Tadeusz Poklewski: Cmentarzysko z XI wieku w Lutomiersku pod Łodzią [Ein Friedhof aus dem 11. Jahrhundert in Lutomiersk bei Łódź], (Acta archaeologica Lodziensia 7), Łódź 1959.

Napier 1901
Arthur S. Napier: The Franks Casket, in: William P. Ker/Arthur S. Napier/Walter W. Skeat (Hg.): An English Miscellany presented to Dr. Furnivall in Honour of his Seventy-Fifth Birthday, Oxford 1901, S. 362–381.

Nauerth/Warns 1981
Claudia Nauerth/Rüdiger Warns: Thekla. Ihre Bilder in der frühchristlichen Kunst (Göttinger Orientforschungen. Studien zur spätantiken und frühchristlichen Kunst 3), Wiesbaden 1981.

Naumowiczówna 1963
Eliza Naumowiczówna: Ujście nad Notecią – gród na pograniczu wielkopolsko-pomorskim [Ujście an der Netze – eine Burg an der Grenze Großpolens zu Pommern], in: Fontes Archaeologici Posnanienses 14 (1963), S. 212–217.

Naumowicz-Śmigielska 1974
Eliza Naumowicz-Śmigielska: Dąbrówka, pow. Poznań. Stanowisko 1 i 2, in: Informator Archeologiczny, Badania 7,1973 (1974), S. 171–172.

Neri 2006
Elisabetta Neri: De campanis fundendis. La produzione di campane nel Medioevo tra fonti scritte ed evidenze archeologiche, Mailand 2006, S. 3–26.

Netzer 1989
Nancy Netzer: Willibrord's Scriptorium at Echternach and its Relationship to Ireland and Lindisfarne, in: Gerald Bonner/David W. Rollason/Clare E. Stancliffe (Hg.): St Cuthbert, his Cult and his Community to AD 1200, Woodbridge 1989, S. 203–212.

Netzer 1990
Nancy Netzer: The Early Scriptorium at Echternach. The State of the Question, in: Georges Kiesel/Jean Schroeder (Hg.): Willibrord. Apostel der Niederlande, Gründer der Abtei Echternach, 2. Aufl., Luxemburg 1990, S. 127–134.

Netzer 1994
Nancy Netzer: Cultural interplay in the eighth century. The Trier Gospels and the making of a scriptorium at Echternach (Cambridge studies in palaeography and codicology 3), Cambridge u. a. 1994.

Neuffer-Müller 1972
Christa Neuffer-Müller: Das fränkische Gräberfeld von Iversheim, Kreis Euskirchen (Germanische Denkmäler der Völkerwanderungszeit, Serie B 6) Berlin 1972.

Neumann de Vegvar 2008
Carol Neumann de Vegvar: Reading the Franks Casket: Context and Audiences, in: Virginia Blanton/Helene Scheck (Hg.): Intertexts: Studies in Anglo-Saxon Culture Presented to Paul E. Szarmach, Tempe, Ariz. 2008, S. 141–159.

Neuwöhner 1998
Andreas Neuwöhner: Im Zeichen des Mars. Quellen zur Geschichte des Dreißigjährigen Krieges und Westfälischen Friedens in den Stiften Paderborn und Corvey, Paderborn 1998.

Neyses 2001
Adolf Neyses: Die Baugeschichte der ehemaligen Reichsabtei St. Maximin bei Trier (Kataloge und Schriften des Bischöflichen Dom- und Diözesanmuseums Trier 6), Trier 2001.

Nieddu 2000
Anna Maria Nieddu: Miracolo della fonte, in: Fabrizio Bisconti (Hg.): Temi di iconografia paleocristiana (Sussidi allo studio delle antichità cristiane 13), Vatikanstadt 2000, S. 216–219.

Nikolajewa/Tschernezow 1991
Т. В. Николаева/А. В. Чернецов: Древнерусские амулеты-змеевики [Altrussische Amulette mit Schlangenmotiv], Moskau 1991.

Nikolov 2012
Georgi N. Nikolov: Die Christianisierung der Bulgaren und das Mönchtum in der Familie des Khans Boris I. Michail im 9.–10. Jahrhundert, in: Maceij Salamon/Marcin Woloszyn/Alexander Musin/Perica Špehar, in cooperation with Matthias Hardt/Miroslaw Kruk/Aleksandra Sulikowska-Gaska (Ed.): Rome, Constantinople and Newly-Converted Europe. Archaeological and Historical Evidence, Krakau/Leipzig/Rzesów/Warschau 2012, S. 91–100.

Nimmergut 1997
Jörg Nimmergut: Das Eiserne Kreuz 1813–1957. Geschichte des Auszeichnungswesens, Zweibrücken 1997.

Nipperdey 1976
Thomas Nipperdey: Nationalidee und Nationaldenkmal in Deutschland im 19. Jahrhundert, in: Ders.: Gesellschaft, Kultur, Theorie (Kritische Studien zur Geschichtswissenschaft 18), Göttingen 1976, S. 133–173.

NMIU 1999
Національний музей історії України (1899–1999). Буклет [Nationalmuseum der Geschichte der Ukraine (1899–1999). Faltprospekt], Kiew 1999.

NMIU 2001
Національний музей історії України. Фотоальбом [Nationalmuseum der Geschichte der Ukraine. Fotoalbum], Kiew 2001.

Noelke 2006
Peter Noelke: Bildersturm und Wiederverwendung am Beispiel der Iuppitersäulen in den germanischen Provinzen des Imperium Romanum, in: Bericht der Römisch-Germanischen Kommission 87 (2006), S. 273–386.

Noelke 2010/2011
Peter Noelke: Neufunde von Jupitersäulen und -pfeilern in der Germania inferior seit 1980 nebst Nachträgen zum früheren Bestand, in: Bonner Jahrbücher 210/211 (2010/2011), S. 149–374.

Noll 1972
Rudolf Noll: Ein Reliquiar aus Sanzeno im Nonsberg und das frühe Christentum im Trentino, in: Anzeiger der Österreichischen Akademie der Wissenschaften, phil.-hist. Klasse 109 (1972), S. 320–336.

Nora 1986
Pierre Nora (Hg.): Les lieux de mémoire, 3 Bde., Paris 1986.

Nordby 2013
K. Jonas Nordby, »Ráð þat, if You Can!«, in: Futhark, Bd. III, Bestimmungsjahr 2012, erschienen 2013, S. 81–88

Nordeide 2011
Sæbjørg Walaker Nordeide: Steinkors og korssteiner i nordvestre Europa, in: Collegium Medivale. Tverrfaglig for middelalderforsnkning 24 (2011), S. 127–148.

Nordhagen 1990
Per Jonas Nordhagen: La piu antica Eleousa conosciuta. Una scoperta in S. Maria Antiqua, in: Per Jonas Nordhagen: Studies in Byzantine and Early Medieval Painting, London 1990, XII, S. 312–317.

Nørlund 1924
Poul Nørlund: Buried Norsemen at Herjolfsnes. An Archaeological and Historical Study (Meddelelser om Grønland 67,1), Kopenhagen 1924.

Nørlund 1926
Poul Nørlund: Gyldne Altre. Jysk metalkunst fra Valdemarstiden, Kopenhagen 1926.

Nørlund 1934
Poul Nørlund: To byzantinske elfenbensrelieffer med nordiske runer, Nye vidnesbyrd om Nordens forbindelse med Byzans i den tidlige middelalder, in: Aarbøger for nordisk oldkyndighed og historie 1934, S. 182–194.

Nørlund/Stenberger 1934
Poul Nørlund/Mårten Stenberger: Brattahlid (Meddelelser om Grønland 88,1), Kopenhagen 1934.

Nowak 1995
Kurt Nowak: Geschichte des Christentums in Deutschland. Religion, Politik und Gesellschaft vom Ende der Aufklärung bis zur Mitte des 20. Jahrhunderts, München 1995.

Noy 1995
David Noy: Jewish Inscriptions of Western Europe, Bd. 2: The City of Rome, Cambridge u. a. 1995.

Nürnberger 2004
Gernot Nürnberger: Die frühchristlichen Baureste der Kölner Ursulakirche, in: Sebastian Ristow (Hg.): Neue Forschungen zu den Anfängen des Christentums im Rheinland (Jahrbuch für Antike und Christentum, Ergänzungsband Kleine Reihe 2), Münster 2004, S. 149–172.

Nüsse 2008
Hans-Jörg Nüsse: Römische Goldgläser – alte und neue Ansätze zu Werkstattfragen, in: Prähistorische Zeitschrift 83 (2008), S. 222–256.

Nyborg 1992
Ebbe Nyborg: Goldene Kirchenschätze und Wandschmuck, in: Else Roesdahl (Hg.): Wikinger, Waräger, Normannen. Die Skandinavier und Europa 800–1200, Kat. Grand Palais Paris/Altes Museum Berlin/Nationalmuseet Kopenhagen, Mainz 1992, S. 212–215.

Nyborg/Poulsen 2002
Ebbe Nyborg/Nils Jørgen Poulsen: Århus Amt, Bd. 52: Tamdrup Kirke (Danmarks Kirker 16,9), Kopenhagen 2002.

Nylén 1978
Erik Nylén: Bildstenar med katalog över samtliga på Gotland kända bildstenar samt bibliografi över bildstenslitteratur utarb. av Jan Peder Lamm, Visby 1978.

Ó Floinn 1989/1990
Raghnall Ó Floinn: A fragmentary house-shaped shrine from Clonard, Co. Meath, in: Journal of Irish Archaeology 5 (1989/90), S. 49–55.

Ó Floinn 1994
Raghnall Ó Floinn: Irish Shrines and Reliquaries of the Middle Ages, Dublin 1994.

Ó Floinn/Fanning 1985
Raghnall Ó Floinn/Thomas Fanning: A New Fragment of a Grave-slab from Athlone and Some Additional Cross-inscribed Stones from Athlone and Lemanaghan, in: Journal of the Old Athlone Society, II.6 (1985), S. 116–123.

O'Carroll/Condit 2000
Ellen O'Carroll/Tom Condit: Ireland's Earliest Crozier?, in: Archaeology Ireland 14 (2000), S. 24f.

Ó Cróinín 1995
Dáibhí Ó Cróinín: The Salaberga Psalter, in: Cormac Bourke (Hg.): From the Isles of the North. Early Medieval Art in Ireland and Britain, Belfast 1995, S. 127–135.

O'Donoghue 2011
Neil O'Donoghue: Insular Chrismals and House-shaped Shrines in the Early Middle Ages, in: Colum Hourihane (Hg.): Insular and Anglo-Saxon Art and Thought in the Early Medieval Period, Princeton 2011, S. 79–92.

Ödman 2003
Anders Ödman: Tankar kring två ringhandtag från Uppåkra, in: Birgitta Hårdh (Hg.): Fler fynd i centrum. Materialstudier i och kring Uppåkra (Acta Archaeologica Lundensia, Series in 8° 45), Stockholm 2003, S. 89–96.

Oellers 1982
Adam C. Oellers: Die Gemäldesammlung, in: museum. Suermondt-Ludwig-Museum Aachen, Braunschweig 1982.

Oellers 1987
Adam C. Oellers: Alfred Rethel. Die Karlsfresken im Aachener Rathaus und Ölstudien im Museum Burg Frankenberg, Aachen 1987.

Oepen 2004
Alexis Oepen: Ein silbernes Vortragekreuz aus der Sammlung George Zacos, in: José María Blázquez Martínez/Antonio González Blanco (Hg.): Sacralidad y arqueología. Homenaje al Prof. Thilo Ulbert al cumplir 65 años (Antigüedad y cristianismo 21), Murcia 2004, S. 253–273.

Ohle/Baier 1963
Walter Ohle/Gerd Baier (Bearb.): Die Kunstdenkmale des Kreises Rügen (Die Kunstdenkmale im Bezirk Rostock), Leipzig 1963.

Olczak/Jasiewiczowa 1963
Jerzy Olczak/Elżbieta Jasiewiczowa: Szklarstwo wczesnośredniowiecznego Wolina [Das Glashandwerk im frühmittelalterlichen Wollin], Szczecin 1963.

Olschewski 2005
Jana Olschewski: Krien, ev. Kirche, in: Vom Greifswalder Bodden bis zur Peene. Offene Kirchen II, Schwerin 2005, S. 39–40.

L'Orange 1933
Hans Peter L'Orange: Studien zur Geschichte des Spätantiken Porträts (Instituttet for Sammenlignende Kulturforskning, Skrifter B 22), Oslo 1933.

L'Orange 1984
Hans Peter L'Orange: Das spätantike Herrscherbild von Diokletian bis zu den Konstantin-Söhnen 284–361 n. Chr. (Das römische Herrscherbild 3,4), Berlin 1984.

Orchard 1997
Andy Orchard: Cassell's Dictionary of Norse Myth and Legend, London 1997.

Orluf 1936
Frederik Orluf: Runeindskriften paa elfenbensrelieffet i Berlin, in: Aarbøger for nordisk oldkyndighed og historie (1936), S. 232–237.

Ossel 2004
Paul van Ossel: Les premiers temps de Saint-Denis, in: Saint-Denis, de sainte Geneviève à Suger. Les découvertes archéologiques et les témoignages historiques (Les dossiers d'archéologie 297), Dijon 2004, S. 6–13.

Owen-Crocker 2004
Gale R. Owen-Crocker: Dress in Anglo-Saxon England, Woodbridge 2004.

Owen-Crocker/Coatsworth/Hayward 2012
Gale R. Owen-Crocker/Elizabeth Coatsworth/Maria Hayward (Hg.): Encyclopedia of dress and textiles in the British Isles c. 450–1450, Leiden u. a. 2012.

Owtschinnikowa 2000
Б. Б. Овчинникова: Писала–стилосы Древнего Новгорода X–XV вв. (свод археологического источника) [Stili des Alten Nowgorods im 10.–15. Jahrhundert (nach archäologischen Quellen)], in: Проблемы истории России 3 (2000), S. 45–105.

Ozanne 1962–63
Audrey Ozanne: The Peak Dwellers, in: Medieval Archaeology 6–8 (1962–63), S. 15–52.

von Padberg 2002
Lutz E. von Padberg: Die Diskussion missionarisches Programme zur Zeit Karls des Großen, in: Peter Godman/Jörg Jarnut/Peter Johanek (Hg.): Am Vorabend der Kaiserkrönung: Das Epos „Karolus magnus et Leo papa" und der Papstbesuch in Paderborn, Berlin 2002, S. 125–143.

von Padberg 2003a
Lutz E. von Padberg: Bonifatius. Missionar und Reformer (Beck`sche Reihe 2319), München 2003.

von Padberg 2003b
Lutz E. von Padberg: Die Inszenierung religiöser Konfrontationen. Theorie und Praxis der Missionspredigt im frühen Mittelalter (Monographien zur Geschichte des Mittelalters 51), Stuttgart 2003.

von Padberg 2006
Lutz E. von Padberg: Der Abschluss der Missionsphase in Skandinavien durch die Errichtung der Kirchenprovinzen im 12. Jahrhundert, in: Jörg Jarnut/Matthias Wemhoff (Hg.): Vom Umbruch zur Erneuerung? Das 11. und beginnende 12. Jahrhundert – Positionen der Forschung (MittelalterStudien des Instituts zur Interdisziplinären Erforschung des Mittelalters und seines Nachwirkens, Paderborn 13), München 2006, S. 469–485.

von Padberg 2006/2009
Lutz E. von Padberg: Christianisierung im Mittelalter, Darmstadt 2006, 2. Aufl., 2009.

Paddenberg 2012
Dietlind Paddenberg: Die Funde der jungslawischen Feuchtbodensiedlung von Parchim-Löddigsee, Kr. Parchim, Mecklenburg-Vorpommern (Frühmittelalterliche Archäologie zwischen Ostsee und Mittelmeer 3), Wiesbaden 2012.

Paetow 1960
Karl Paetow: Die Wittekindsage, Hameln 1960.

Page 1994
Raymond Ian Page: Runes in East Anglia, in: James E. Knirk (Hg.): Proceedings of the Third International Symposium on Runes and Runic Inscriptions, Uppsala 1994, S. 105–117.

Page 1999
Raymond I. Page: An Introduction to English Runes, 2. Aufl., Woodbridge 1999.

Painter 1975
Kenneth S. Painter: A Fourth-Century Christian Silver Treasure Found at Water Newton, England, in 1975, in: Rivista di Archeologia Cristiana 51 (1975), S. 333–345.

Painter 1977
Kenneth S. Painter: The Water Newton Early Christian Silver, London 1977.

Painter 1999
Kenneth S. Painter: The Water Newton Silver: Votive or Liturgical?, in: Journal of the British Archaeological Association 152 (1999), S. 1–23.

Palazzo-Bertholon 2009
Bénédicte Palazzo-Bertholon: Étude du bâti de l'abside polygonale. Parois intérieures et extérieures, in: Christian Sapin/Luc Bourgeois (Hg.): Les stucs de l'Antiquité tardive de Vouneuil-sous-Biard, Vienne. Collection des musées de la Ville de Poitiers (Gallia, Supplément 60), Paris 2009, S. 45–61.

Palazzo-Bertholon 2010
Bénédicte Palazzo-Bertholon: Composition des tesselles de mosaïque en verre au VIe siècle en Gaule: Bordeaux, Tours, Nevers et Poitiers, in: Sylvie Balcon-Berry/Françoise Perrot/Christian Sapin (Hg.): Vitrail, verre et archéologie entre le Ve et le XIIe siècle. Tagung Auxerre 2006 (Archéologie et histoire de l`art 31), Paris 2010, S. 27–47.

Palazzo-Bertholon/Treffort 2010
Bénédicte Palazzo-Bertholon/Cécile Treffort: Pour une relecture de l'hypogée des Dunes à Poitiers. Approche méthodologique et interdisciplinaire, in: Luc Bourgeois (Hg.): Wisigoths et Francs autour de la bataille de Vouillé (507). Recherches récentes sur le haut Moyen Âge dans le Centre-Ouest de la France (Mémoires Association Française d`Archéologie Mérovingienne 22), Saint-Germain-en-Laye 2010, S. 151–169.

Pani 2005
Laura Pani: Osservazioni paleografiche e codicologiche sul manoscritto Sankt Paul im Lavanttal, Stiftsbibliothek, 5/1, in: Scriptorium 59 (2005), S. 208–220.

Pani Ermini 1974
Letizia Pani Ermini: Corpus della scultura altomedievale, Bd. 7,1: La diocesi di Roma. La 4. regione ecclesiastica, Spoleto 1974.

Pani Ermini 1988/1989
Letizia Pani Ermini: Un piccolo bronzo da Cornus raffigurante San Paolo, in: Rendiconti della Pontificia Accademia Romana di Archeologia 61 (1988/1989), S. 3–25.

Päpstliche Bibelkommission 2001
Päpstliche Bibelkommission (Hg.): Das jüdische Volk und seine Heilige Schrift in der christlichen Bibel (Verlautbarungen des Apostolischen Stuhls 152), Bonn 2001.

Parkes 1976
Malcolm B. Parkes: The Handwriting of St Boniface. A Reassessment of the Problems, in: Beiträge zur Geschichte der deutschen Sprache und Literatur 98 (1976), S. 161–179.

Parkes 1982
Malcolm B. Parkes: The scriptorium of Wearmouth-Jarrow (Jarrow Lectures), Jarrow 1982.

Paroli/Ricci 2005
Lidia Paroli/Marco Ricci: La necropoli altomedievale di Castel Trosino (Ricerche di Archeologia Altomedievale e Medievale 32/33), Borgo San Lorenzo 2005.

Parsons 1994
David Parsons: Anglo-Saxon Runes in Continental Manuscripts, in: Klaus Düwel/Hannelore Neumann/Sean Nowak (Hg.): Runische Schriftkultur in kontinental-skandinavischer und -angelsächsischer Wechselbeziehung (Ergänzungsbände zum Reallexikon der Germanischen Altertumskunde Band 10), Berlin/New York 1994, S. 195–220.

Pasini 1887
Antonio Pasini: Il Tesoro di San Marco in Venezia, Venedig 1887.

Paulsen 1932
Peter Paulsen: Ein Altargerät aus der Wikingerzeit, in: Acta Archaeologica 3 (1932), S. 266–275.

Paulsen 1956
Peter Paulsen: Axt und Kreuz in Nord- und Osteuropa, 2. Aufl., Bonn 1956.

Pawlowa 2004
В. Павлова: Об одном «ценном приобретении для Киевского музея Древ-

ностей и Искусства» из коллекции графа А. А. Бобринского [Über eine „wertvolle Anschaffung des Kiewer Museums der Altertümer und der Kunst" aus der Sammlung des Grafen A. A. Bobrinskij], in: Киевский альбом 3 (2004), S. 115–122.

Paxton 1990
Frederick S. Paxton: Christianizing death. The creation of a ritual process in early medieval Europe, Ithaca 1990.

Pedersen 1999
Anne Pedersen: Rovfugle eller duer. Fugleformede fibler fra den tidlige middelalder, in: Aarbøger for Nordisk Oldkyndighed og Historie (1999), S. 19–66.

Pedersen 2010
Unn Pedersen: I smeltedigelen. Finsmedene i vikingbyen Kaupang, Diss. Oslo 2010.

Pejaković 1997
M. Pejaković: Znakovi i značenja u hrvatskoj predromanici [Zeichen und Bedeutungen in der kroatischen Vorromanik], in: Hrvatska i Europa 1, Rano doba hrvatske kulture [Kroatien und Europa 1, Frühes Zeitalter der kroatischen Kultur], Zagreb 1997, S. 513–542.

Pekarska 1996
Lyudmila Pekarska, Dorogocinnosti Desiatynnoi cerkvy, Cerkva Bogorodyci Desiatynna v Kyjevi [Kostbarkeiten der Desjatinnaja-Kirche in Kiew], Kiew 1996.

Pensabene 1973
Patrizio Pensabene: Scavi di Ostia, Bd. 7: I capitelli, Rom 1973.

Perémi 1991
Ágota S. Perémi: A Lesencetomaj-Piroskereszti Keszthely-kultúrás temető (Előzetes jelentés) [Ein Gräberfeld der Keszthely-Kultur von Lesencetomaj-Piroskereszt (Vorbericht)], in: A Móra Ferenc Múzeum Évkönyve 1984/1985.2 (1991), S. 155–169.

Perémi 2000
Ágota S. Perémi: A Lesencetomaj-Piroskereszt Keszthely-kultúrás temető fülbevalói [Begräbnisohrringe aus der Keszthely-Kultur von Lesencetomaj-Piroskereszt, in: A Veszprém Megyei Múzeumok Közleményei 21 (2000), S. 41–75.

Perémi 2001
Ágota S. Perémi: A Lesencetomaj-Piroskereszt Keszthely-kultúrás temető korongos fibulái, Veszprém megye [Scheibenfibeln des Friedhofs der Keszthely-Kultur von Lesencetomaj-Piroskereszt], in: Régészeti Kutatások Magyarországon 1998 (2001), S. 107–121.

Perémi 2002
Ágota S. Perémi: A Lesencetomaj-Piroskereszt Keszthely-kultúrás temető övveretes sírjai [Gräber mit Gürtelbeschlägen vom Friedhof der Keszthely-Kultur von Lesencetomaj-Piroskereszt], in: A Veszprém Megyei Múzeumok Közleményei 22 (2002), S. 79–109.

Perémi 2008
Ágota S. Perémi: Lesencetomaj-Piroskereszt, in: Landschaftsverband Rheinland (Hg.)/Morten Hegewisch (Red.): Die Langobarden. Das Ende der Völkerwanderung, Kat. Rheinisches LandesMuseum Bonn, Darmstadt 2008, S. 329–338.

Perémi 2009
Ágota S. Perémi: Das Gräberfeld der Keszthely-Kultur in Lesencetomaj-Piroskereszt, in: Orsolya Heinrich-Tamáska/Péter Straub (Hg.): Keszthely-Fenékpuszta im Spiegel der Jahrtausende/Keszthely-Fenékpuszta az évezredek tükrében, Kat. Balatoni Múzeum Keszthelyen, Leipzig/Zalaegerszeg 2009, S. 84–88, 124–125.

Perémi 2012
Ágota S. Perémi: Keresztmellékletes sírok a Lesencetomaj-Piroskereszt temetőből [Gräber mit Kreuzbeigaben im Gräberfeld von Lesencetomaj-Piroskereszt], in: Tivadar Vida (Hg.): Thesaurus Avarorum. Régészeti tanulmányok Garam Éva tiszteletére [Archaeological Studies in Honour of Éva Garam], Budapest 2012, S. 437–476.

Périn 1991
Patrick Périn: Pour une révision de la datation de la tombe d'Aregonde, épouse de Clotaire 1er, découverte en 1959 dans la basilique de Saint-Denis, in: Archéologie Médiévale 21 (1991), S. 21–50.

Périn 2001
Patrick Périn: L´applique de Limons (Puy-de-Dôme): Un chef d'oeuvre de l'Art mérovingien, in: Ernst Pohl/Udo Recker/Claudia Theune (Hg.): Archäologisches Zellwerk. Beiträge zur Kulturgeschichte in Europa und Asien, Festschrift für Helmut Roth zum 60. Geburtstag (Intertionale Archäologie, Studia honoria 16), Rahden/Westf. 2001, S. 375–396.

Périn 2009
Patrick Périn: Les tombes mérovingiennes de la basilique de St Denis, in: Uta von Frieden/Herwig Friesinger/Egon Wamers (Hg.): Glaube, Kult und Herrschaft. Phänomene des Religiösen im 1. Jahrtausend n. Chr. in Mittel- und Nordeuropa, Akten des 59. Internationalen Sachsensymposions und der Grundprobleme der frühgeschichtlichen Entwicklung im Mitteldonauraum, Bonn 2009, S. 173–183.

Périn u. a. 2012
Patrick Périn und Mitarbeiter: Die Bestattung in Sarkophag 49 unter der Basilika von Saint-Denis, in: Egon Wamers/Patrick Périn (Hg.): Königinnen der Merowinger. Adelsgräber aus den Kirchen von Köln, Saint-Denis, Chelles und Frankfurt am Main, Kat. Archäologisches Museum Frankfurt, Regensburg 2012, S. 100–121.

Périn/Wyss 2004
Patrick Périn/Michaël Wyss: La nécropole du haut Moyen Age du quartier de la basilique et son cadre architectural, in: Saint-Denis, de sainte Geneviève à Suger. Les découvertes archéologiques et les témoignages historiques (Les dossiers d'archéologie 297), Dijon 2004, S. 38–49.

Pesch 2007
Alexandra Pesch: Die Goldbrakteaten der Völkerwanderungszeit – Thema und Variation. (Ergänzungsbände zum Reallexikon der Germanischen Altertumskunde Band 36), Berlin/New York 2007.

Pesch/Spiong 2000
Alexandra Pesch/Sven Spiong: Aus der Heimat für die Heiden ..., in: Archäologie in Deutschland 4 (2000), S. 48.

Peskowa/Strokowa 2010
А.А. Пескова/Л.В. Строкова: Византийские процессионные кресты из коллекции Б.И. и В.Н. Ханенко в собрании Национального музея истории Украины [Byzantinische Prozessionskreuze aus der Sammlung von B. I. und W. N. Hanenko im Nationalmuseum der Geschichte der Ukraine], in: В. Залесская u. a. (Hg.): Византия в контексте мировой культуры [Byzanz im Rahmen der Weltkultur] (Труды Государственного Эрмитажа 51), Sankt Petersburg 2010, S. 166–169.

Pestell 2012a
Tim Pestell: Paganism in Early Anglo-Saxon East Anglia, in: T.A. Heslop/Elizabeth Mellings/Margit Thøfner (Hg.): Art, Faith and Placed in East Anglia From Prehistory to the Present, Woodbridge 2012, S. 66–87.

Pestell 2012b
Tim Pestell: Das Baldehildis-Siegel, in: Egon Wamers/Patrick Périn (Hg.): Königinnen der Merowinger. Adelsgräber aus den Kirchen von Köln, Saint-Denis, Chelles und Frankfurt am Main, Kat. Archäologisches Museum Frankfurt am Main/Domschatzkammer Köln, Regensburg 2012, S. 145–148.

Pestell 2013
Tim Pestell: Imports or Immigrants? Reassessing Scandinavian Metalwork in Late Anglo-Saxon East Anglia, in: David Bates/Robert Liddiard (Hg.): East Anglia in the North Sea World, Woodbridge 2013 (im Druck)

Peters 2011
Daniel Peters: Das frühmittelalterliche Gräberfeld von Soest. Studien zur Gesellschaft in Grenzraum und Epochenumbruch (Veröffentlichungen der Altertumskommission für Westfalen 19), Münster 2011.

Petersen 1919
Jan Petersen: De norske vikingesverd. En typologisk-kronologisk studier over vikingetidens vaaben (Skrifter Videnskapsselskapet i Kristiania, Historisk-Filosofisk Klasse 1919,1), Kristiania 1919.

Petersen 1940
Jan Petersen: British Antiquities of the Viking period, found in Norway (Viking Antiquities in Great Britain and Ireland 5), Oslo 1940.

Petersen 1992
Peter Vang Petersen: Valkyrier i Ribe, in: By, marsk og geest. Kulturhistorisk årbog for Ribe-egnen 5 (1992), S. 41–46.

Petersen 2005
Peter Vang Petersen: Odins fugle, valkyrier og bersærker, in: Torsten Capelle/Christian Fischer (Hg.): Ragnarok. Odins Verden, Silkeborg 2005, S. 57–86.

Petersohn 1966
Jürgen Petersohn: Apostolus Pomeranorum. Studien zur Geschichte und Bedeutung des Apostelepithetons Bischof Ottos I. von Bamberg, in: Historisches Jahrbuch 86 (1966), S. 257–294.

Petersohn 1966a
Jürgen Petersohn: Die Bückeburger Fragmente von Bedas De temporum ratione, in: Deutsches Archiv für Erforschung des Mittelalters 22 (1966), S. 587–597.

Petersohn 1966b
Jürgen Petersohn: Neue Bedafragmente in northumbrischer Unziale saec. VIII, in: Scriptorium 20 (1966), S. 215–247.

Petersohn 2003
Jürgen Petersohn: Friedrich Barbarossa, Heinrich der Löwe und die Kirchenorganisation in Transalbingien, in: Johannes Fried/Otto Gerhard Oexle (Hg.): Heinrich der Löwe. Herrschaft und Repräsentation (Vorträge und Forschungen 57), Ostfildern 2003, S. 239–280.

Petricioli 1980
I. Petricioli: Oko datiranja umjetničkih spomenika ranog srednjeg vijeka, Gunjačin zbornik [Über die Datierung der Kunstdenkmäler des Frühen Mittelalters, Gunjačas Sammelband], Zagreb 1980, S. 113–120.

Petricioli 1984
Ivo Petricioli: Prilog diskusiji o starohrvatskim crkvama s oblim kontraforima [Diskussionsbeitrag über die altkroatischen Kirchen mit runden Strebepfeilern], in: Cetinska krajina od prethistorije do dolaska Turaka [Cetinska krajina von der Prähistorie bis zur Ankunft der Türken] (Hrvatskoga arheološkog društva 8), Split 1984, S. 221–226.

Petrie 1878
George Petrie: Christian Inscriptions in the Irish Language. Chiefly Collected and Drawn by George Petrie, LL.D. and Edited by Margaret Stokes, Bd. 2, Dublin 1878.

Petrucci 1972
Armando Petrucci: L'Onciale Romana, in: Studi medievali 12 (1972), S. 75–131.

Petzel 2009
Klara Katharina Petzel: Art. Kelch und Patene, in: Susanne Wittekind (Hg.): Geschichte der bildenden Kunst in Deutschland, Bd. 2: Romanik, München 2009, S. 215–216, Nr. 7.

Pheifer 1974
Joseph D. Pheifer: Old english glosses in the Epinal-Erfurt glossary, Oxford 1974.

Pianowski 2000
Zbigniew Pianowski: Krakau (Kraków), in: Alfried Wieczorek/Hans-Martin Hinz (Hg.): Europas Mitte um 1000. Beiträge zur Geschichte, Kunst und Archäologie, Bd. 1: Handbuch zur Ausstellung, Stuttgart 2000, S. 479–482.

Piazza 2004
Simone Piazza: La campana di Canino al Museo Pio Cristiano. Cronologia, modalità tecnico-esecutive, provenienza, attribuzione (mit paläographischem Anhang von Carlo Tedeschi), in: Studi Romani 52 (2004), S. 426–439.

Picard 1962
Charles Picard: Le dieu thraco-phrygien Sabazios-Sabazius à Vichy, in: Revue Archéologique du Centre 1 (1962), S. 10–29.

Pietrangeli 1942
Carlo Pietrangeli: Una recente scoperta archeologica. Rilievo votivo con divinità Alessandrine da Via della Conciliazione, in: Capitolium 17 (1942), S. 130–138.

Pietri 1961/1997
Charles Pietri: Concordia apostolorum et renovatio urbis (Culte des martyrs et propagande pontificale), in: Mélanges d'Archeologie et d'Histoire de l'École Française de Rome 73 (1961), S. 275–322 (wiederabgedruckt in: Ders.: Christiana Respublica. Éléments d'une enquête sur le christianisme antique, Bd. 2, Rom u. a. 1997, S. 1085–1133).

Piguet-Panayotova 1998
Dora Piguet-Panayotova: Silver Censers, in: Nenad Cambi/Emilio Marin (Hg.): Radovi XIII. Međunarodnog Kongresa za Starokršćanscu Arheologiju III, Split-Poreč 1994 (Studia di Antichità Cristiana 54), Bd. 3, Vatikanstadt 1998, S. 639–660.

Pilger 2003
Kathrin Pilger: Der Kölner Zentral-Dombauverein im 19. Jahrhundert. Zur Konstituierung des Bürgertums durch formale Organisation (Kölner Schriften zur Geschichte und Kultur 26), Köln 2003.

Piotrowski/Andrzejowski 2005
Andrzej Piotrowski/Jacek Andrzejowski (Hg.): Zabytki z okresu wpływów rzymskich, średniowiecza i czasów nowożytnych z Białorusi w zbiorach Państwowego Muzeum Archeologicznego w Warszawie [Kunstgegenstände aus dem Weißrussland der Zeit der römischen Einflüsse, des Mittelalters und der Neuzeit in den Sammlungen des Staatlichen Archäologischen Museums in Warschau], Warschau 2005.

Pitarakis 2005
Brigitte Pitarakis: Une production caractéristique de cruches en alliage cuivreux (VIe–VIIIe siècles): typologie, techniques et diffusion, in: Antiquité Tardive 13 (2005), S. 11–27.

Pitarakis 2006
Brigitte Pitarakis: Les croix-reliquaires pectorales byzantines en bronze (Bibliothèque des cahiers archéologiques 16), Paris 2006.

Piteša 1992
A. Piteša: Rižinice [Rižinice], in: Starohrvatski Solin [Altkroatisches Solin], Split 1992.

Plahter 1981
Unn Plahter: Noen observasjoner i 1100-talls bemaling sett i relasjon til antemensalemaleriet, in: Congress Nordisk Konservatorforbunds 9 (1981), S. 71–78.

Plahter 1984
Unn Plahter: The Crucifix from Hemse, Analysis of the Painting Technique, in: Maltechnik-Restauro 90 (1984), S. 35–40.

Plunkett 2005
Steven Plunkett: Suffolk in Anglo-Saxon Times, Stroud 2005.

Pluskowski 2010
Aleks Pluskowski: Animal Magic, in: Martin Carver/Alexandra Sanmark/Sarah Semple (Hg.): Signals of Belief in Early England Anglo-Saxon Paganism Revisited, Oxford 2010, S. 103–127.

Pobol 1979
Леонид Д. Поболь: Древности Белоруссии в музеях Польши [Kunstgegenstände aus Weißrussland in den Museen Polens], Minsk 1979.

Podskalsky 2000
Gerhard Podskalsky: Theologische Literatur des Mittelalters in Bulgarien und Serbien, 865–1459, München 2000.

Poeschke 2009
Joachim Poeschke: Mosaiken in Italien 300–1300, München 2009.

Poggensee 2003
Anja Poggensee: Die slawische Vorbesiedlung der Altstadt von Wolgast, Lkr. Ostvorpommern, in: Bodendenkmalpflege in Mecklenburg-Vorpommern, Jahrbuch 50,2002 (2003), S. 35–55.

Polácek 2000
Lumír Polácek: Mikulčice, in: Alfried Wieczorek/Hans-Martin Hinz (Hg.): Europas Mitte um 1000, Kat. Deutsches Historisches Museum/Reiss-Museum Mannheim u. a., Bd. 1, Stuttgart 2000, S. 317–322.

Polácek 2003
Lumír Polácek: Studien zum Burgwall von Mikulčice, Brünn 2003.

Polfer 2000
Michel Polfer (Hg.): L'évangélisation des régions entre Meuse et Moselle et la fondation de l'abbaye d'Echternach (Ve–IXe siècle) (Publications de la Section Historique de l'Institut Grand-Ducal de Luxembourg 117; Publications du CLUDEM 16), Luxemburg 2000.

Polizzotti Greis/Geselowitz 1992
Gloria Polizzotti Greis/Michael N. Geselowitz: Sutton Hoo Art. Two Millenia of History, in: Calvin B. Kendall/Peter S. Wells (Hg.): Voyage to the Other World. The Legacy of Sutton Hoo (Medieval Stidies at Minnesota 5), Minneapolis, MN 1992, S. 29–44.

Polleroß 2012
Friedrich Polleroß: Tradition und Innovation. Kaiser Maximilian I. im Porträt, in: Eva Michel/Maria Luise Sternath (Hg.): Kaiser Maxilian I. und die Kunst der Dürerzeit, München 2012, S. 106–129.

Pollex 2010
Axel Pollex: Glaubensvorstellungen im Wandel. Eine archäologische Analyse der Körpergräber des 10. bis 13. Jahrhunderts im nordwestslawischen Raum (Berliner archäologische Forschungen 6), Rahden/Westf. 2010.

Pollington 2011
Stephen Pollington: The Elder Gods: The Otherworld of Early England, Little Downham 2011.

Pollitt 1923
William Pollitt: The Roman and Saxon settlements at Southend-on-Sea (Transactions of the Southend-on-Sea District Archaeological Society 12), Southend 1923.

Pon 1984
Georges Pon: Le monachisme en Poitou avant l'époque carolingienne, in: Bulletin de la Société des Antiquaires de l'Ouest et des musées de Poitiers, Serie 4,27 (1984), S. 91–130.

Pon 1988a
Georges Pon: Le clergé, les moines et les paysans au haut Moyen Âge, in: Robert Favreau (Hg.): Le diocèse de Poitiers (Histoire des diocèses de France, N.S. 22), Paris 1988, S. 14–33.

Pon 1988b
Georges Pon: Les origines du christianisme, in: Robert Favreau (Hg.): Le diocèse de Poitiers (Histoire des diocèses de France, N.S. 22), Paris 1988, S. 7–13.

Popel'niz'ka 2010
О.О. Попельницька: Хрест давньоруського часу з городища Княжа Гора у зібранні Національного музею історії України [Altrussisches Kreuz aus der Siedlungsstätte Knjasha Gora in der Sammlung des Nationalmuseums der Geschichte der Ukraine], in: Музейні читання 2010, S. 125–129.

Poppe 1982
Andrzej Poppe: The Rise of Christian Russia (Variorum collected studies series 157), London 1982.

Posse 1909–1913
Die Siegel der Deutschen Kaiser und Könige von 751 bis 1806 (1913), hg. von Otto Posse, 4 Tafelbd., 1 Textbd., Dresden 1909–1913 (ND 3 Bde., Leipzig 1981).

Postmann-Tinguely 1989
Albert Portmann-Tinguely: Romantik und Krieg. Eine Untersuchung zum Bild des Krieges bei deutschen Romantikern und „Freiheitssängern". Adam Müller, Joseph Görres, Friedrich Schlegel, Achim von Arnim, Max von Schenkendorf und Theodor Körner (Historische Schriften der Universität Freiburg Schweiz 12), Freiburg 1989.

Pracowni Archeologicznej Zamku Książąt Pomorskich
Archäologische Arbeitsgruppe zur Erforschung des Schlosses der Pommerschen Herzöge: Szczecin, 1. połowa XII wieku. Z nawarstwień kulturowych wczesnośredniowiecznej aglomeracji na terenie szczecińskiego Podzamcza (badania dawnej Pracowni Archeologicznej Zamku Książąt Pomorskich) [1. Hälfte des 12. Jahrhunderts. Aus den Kulturschichten des frühmittelalterlichen Vorschlossgebietes von Stettin].

Prandi 1969
Adriano Prandi: Objektbeschreibung Arzneideckelkästchen, in: Leonard von Matt (Hg.): Die Kunstsammlungen der Biblioteca Apostolica Vaticana Rom, Köln 1969, S. 170, Nr. 64.

Preisendanz 1953
Karl Preisendanz: Reginbert von der Reichenau. Aus Bibliothek und Skriptorium des Inselklosters, in: Neue Heidelberger Jahrbücher N.F. 1952/1953 (1953), S. 1–49.

Preißler 1999
Matthias Preißler: Fragmente einer verlorenen Kunst. Die Paderborner Wandmalerei, in: Christoph Stiegemann/Matthias Wemhoff (Hg.): 799 Kunst und Kultur der Karolingerzeit. Karl der Große und Papst Leo III. in Paderborn, Kat. Diözesanmuseum/Museum in der Kaiserpfalz/Städtische Galerie am Abdinghof Paderborn, Bd. 3., Mainz 1999, S. 196–206.

Preißler 2003
Matthias Preißler: Die karolingischen Malereifragmente aus Paderborn. Zu den Putzfunden aus der Pfalzanlage Karls des Großen. Archäologie und Wandmalerei (Denkmalpflege und Forschung in Westfalen 40,1), Mainz 2003.

Previtera 1999
Stephen Thomas Previtera: The Iron Time: A History of the Iron Cross, Richmond 1999.

Price 2000
Neil S. Price: Shamanism and the Vikings? in: William W. Fitzhugh/Elisabeth I. Ward (Hg.): Vikings. The North Atlantic saga, Washington/London 2000.

Price 2003
Neil S. Price: The Archaeology of Seiðr. Circumpolar Traditions in Viking Pre-Christian Religion, in: Shannon Lewis-Simpson (Hg.): Vínland Revisited. The Norse World at the Turn of the First Millennium, St John's 2003, S. 277–294.

Price 2006
Neil S. Price: What's in a Name? An Archaeological Identity Crisis for the Norse Gods (and Some of their Friends), in: Anders Andrén/Kristina Jennbert/Catharina Raudvere (Hg.): Old Norse Religion in Long-Term Perspectives: Origins, Changes and Interactions, Lund 2006, S. 179–183.

Pritsak 1986
Omeljan Pritsak: Kiev and all of Rus. The Fate of a Sacral Idea, in: Harvard Ukrainian Studies 10 (1986), S. 279–300.

Pritsak/Ševchenko 1988/1989
Omeljan Pritsak/Ihor Ševchenko (Hg.): Proceedings of the International Congress Commemorating the Millennium of Christianity in Rus'-Ukraine (Harvard Ukrainian Studies 12–13), Harvard 1988/1989.

Protokoll Karger 1939
Fond M. K. Kargera: Akt vid 27.08.1939 r. za pidpysamy kerivnyka ekspedycii M. Kargera ta asystenta himichnoi laboratorii Instytutu arheologii Dubyckoi [Protokoll vom 27.08.1939, unterzeichnet vom Grabungsleiter, M. Karger, und der Assistentin des chemischen Labors der Hochschule für Archäologie, Dubyzkaja].

Prou 1982
Maurice Prou: Les monnaies mérovingiennes, Paris 1982.

Puschner 2001
Uwe Puschner: Die völkische Bewegung im wilhelminischen Kaiserreich. Sprache, Rasse, Religion, Darmstadt 2001.

Putzger 2001
Ernst Bruckmüller/Peter Claus Hartmann (Hg.): Putzger Historischer Weltatlas. 103. Auflage, Berlin 2001.

Puzko 1988
В.Г. Пуцко: Киевский крест-энколпион с Княжей Горы [Kiewer Kreuz-Enkolpion aus Knjasha Gora], in: Slavia Antiqua 31 (1988), S. 209–225.

Quast 2012
Dieter Quast: Das merowingerzeitliche Reliquienkästchen aus Ennabeuren. Eine Studie zu den frühmittelalterlichen Reisereliquiaren und Chrismalia (Römisch-Germanisches Zentralmuseum. Kataloge vor- und frühgeschichtlicher Altertümer 43), Mainz 2012.

Quiter 1969
Edmund Quiter: Untersuchungen zur Entstehungsgeschichte der Kirchenprovinz Magdeburg, Paderborn 1969.

Rademacher 1942
Franz Rademacher: Fränkische Gläser aus dem Rheinland, in: Bonner Jahrbücher 147 (1942), S. 285–344.

Raffensperger 2012
Christian Raffensperger: Reimagining Europe. Kievan Rus' in the Medieval World (Harvard Historical Studies 177), Cambridge 2012.

Raftery 1941
Joseph Raftery: Christian Art in Ancient Ireland: Selected Objects Illustrated and Described, Bd. 2, Dublin 1941.

Raftery 1944
Joseph Raftery: A Stone Figure from Co. Mayo, in: Journal of the Royal Society of Antiquaries of Ireland 74 (1944), S. 87–90.

Raftery 1983
Barry Raftery: A Catalogue of Irish Iron Age Antiquities, 2 Bde., Marburg 1983.

Raftery/Tempest 1942
Joseph Raftery/ H.G. Tempest: A burial at Dromiskin, Co. Louth, in: County Louth Archaeological and Historical Journal 10,2 (1942), S. 133–137.

Rajewski 1975
Zdzisław Rajewski: Koń w wierzeniach u Słowian wczesnośredniowiecznych [Das Pferd im Glauben der frühmittelalterlichen Slawen], in: Wiadomości Archeologiczne [Archäologische Nachrichten] 39 (1975), S. 516–521.

Rapanić 1981
Željko Rapanić: Bilješke o četiri Branimirova natpisa [Bemerkungen zu den vier Inschriften des Fürsten Branim, in: Starohrvatska prosvjeta 11 (1981), S. 179–190.

Rapanić 2000
Željko Rapanić: Solin – grad i spomenici [Solin – Stadt und Denkmäler], Solin 2000.

Rauhut 1957
Lechosław Rauhut: Sprawozdanie z badań wczesnośredniowiecznej osady produkcyjnej w wsi Kamionka Nadbużna, pow. Ostrów Mazowiecka, przeprowadzonych w 1956 roku [Bericht über Forschungsarbeiten an der frühmittelalterlichen Handwerkersiedlung im Dorf Kamionka Nadbużna, Kreis Ostrów Mazowiecka, durchgeführt im Jahre 1956], in: Wiadomości Archeologiczne [Archäologische Nachrichten] 24 (1957), S. 324–336.

Rauhut 1960
Lechosław Rauhut: Wczesnośredniowieczne materiały z terenów Ukrainy w Państwowym Muzeum Archeologicznym w Warszawie [Frühmittelalterliche Materialien aus dem Gebiet der Ukraine im Staatlichen Archäologischen Museum in Warschau], in: Materiały Wczesnośredniowieczne 5 (1960), S. 231–260.

Reade 1862
George Reade: Proceedings and Papers, in: Journal of the Royal Society of Antiquaries of Ireland 7 (1862), S. 199–206.

Rębkowski 2007
Marian Rębkowski: Chrystianizacja Pomorza Zachodniego. Studium Archeologiczne [Die Christianisierung Westpommerns. Eine archäologische Studie], Stettin 2007.

Reichert 2009
Folker Reichert: Gelehrtes Leben. Karl Hampe, das Mittelalter und die Geschichte der Deutschen (Schriftenreihe der Historischen Kommission bei der Bayerischen Akademie der Wissenschaften 79), Göttingen 2009.

Reinhardt 2002
Tanja Reinhardt: Die habsburgischen Heiligen des Jakob Mennel, Freiburg i. Br. 2002 (online: http://www.freidok.uni-freiburg.de/volltexte/2438/pdf/Dissertation_Tanja_Reinhardt.pdf, 22.6.2013).

Rejholcová 1995
Mária Rejholcová: Das Gräberfeld von Čakajovce (9.–12. Jahrhundert), Bd. 1: Analyse (Archaeologica Slovaca Monographiae, Fontes 15), Nitra/Budapest 1995.

Renner 1970
Dorothee Renner: Die durchbrochenen Zierscheiben der Merowingerzeit (Kataloge vor- und frühgeschichtlicher Altertümer 18), Mainz 1970.

Rensing 1954
Theodor Rensing: Der Maler Heinrich Cronenburg, in: Westfalen 32 (1954), S. 235f.

Rérolle 1997
Michel Rérolle: Rezension von Laurent Auberson/Max Martin: L'église de Saint-Martin à Vevey au haut Moyen Âge et la découverte d'une garniture de ceinture en os gravé (in: Archéologie der Schweiz 14 (1991), S. 274–292), in: Bulletin de liaison et d'information, Association des archéologues de Poitou-Charentes 26 (1997), S. 65f.

Rérolle 2000
Michel Rérolle: L'hypogée de Mellebaude, Poitiers, in: Robert Favreau (Hg.): Le Supplice et la Gloire. La Croix en Poitou, Kat. Musée Sainte-Croix Poitiers, Paris 2000, S. 57–59.

Reudenbach 2000
Bruno Reudenbach: Reliquiare als Heiligkeitsbeweis und Echtheitszeugnis. Grundzüge einer problematischen Gattung (Vorträge aus dem Warburg-Haus 4), Hamburg 2000.

Révész 1992
László Révész: Die Bereitschafts-Bogenbehälter (Gorythos) in den Gräbern der ungarischen Landnahmezeit, in: Acta Archaeologica Academiae Scientiarum Hungaricae 44 (1992), S. 345–369.

Révész 1993
László Révész: Honfoglalás kori nyeregmaradványok Karosról [Überreste von Sätteln aus der Zeit der Landnahme, gefunden in Karos], in: A Herman Ottó Múzeum Evkönyve 30/31 (1993), S. 105–124.

Révész 1996
László Révész: A karosi honfoglalás kori temetők. Régészeti adatok a Felső-Tiszavidék 10. századi történetéhez [Die Gräberfelder von Karos aus der Landnahmezeit. Archäologische Angaben zur Geschichte des oberen Theißgebietes im 10. Jahrhundert] (Magyarország honfoglalás kori és kora Árpád-kori sírleletei 1), Miskolc 1996.

Révész 2003
László Révész: Das landnahmezeitliche Gräberfeld von Bezdéd. Angaben zur Ausgrabung und zur Auswertung des Fundmaterials, in: Communicationes Archaeologicae Hungariae 2003, S. 137–170.

Rhode 1965
Gotthold Rhode: Kleine Geschichte Polens, Darmstadt 1965.

Richardson 1993
Hilary Richardson: Remarks on the Liturgical Fan, Flabellum or Rhipidion, in: R. Michael Spearman/John Higgitt (Hg.): The Age of Migrating Ideas: Early Medieval Art in Northern Britain and Ireland, Edinburgh 1993, S. 27–34.

Riedinger 1984
Rudolf Riedinger: Kuriale und Unziale in der lateinischen Überlieferung der Akten des VI. Oekumenischen Konzils (680/81), in: Jacques Noret (Hg.): Antidoron. Hulde aan Dr. Maurits Geerard bij de voltooiing van de Clavis Patrum Graecorum, Bd. 1, Wetteren 1984, S. 145–167.

Riemen 1988
Alfred Riemen: Der Deutsche Orden in Eichendorffs Sicht, in: Ders. (Hg.): Ansichten zu Eichendorff. Beiträge der Forschung 1958-1988, Sigmaringen 1988, S. 415–452.

Riemer 1997
Ellen Riemer: Im Zeichen des Kreuzes. Goldblattkreuze und andere Funde mit christlichem Symbolgehalt, in: Karlheinz Fuchs (Hg.): Die Alamannen, Kat. Archäologisches Landesmuseum Baden-Württemberg, Stuttgart 1997, S. 447–454.

Riemer 1999
Ellen Riemer: Zu Vorkommen und Herkunft italischer Folienkreuze, in: Germania 77(2) (1999), S. 609–636.

Rispling/Blackburn/Jonsson 2008
Gert Rispling/Mark Blackburn/Kenneth Jonsson: Catalogue of the Coins, in: Dagfinn Skre (Hg.): Means of Exchange. Dealing with silver in the Viking age (Kaupang Excavation Project Publication Series 2), Århus 2008, S. 75–94.

Ristow 2006a
Sebastian Ristow: Grab und Kirche. Zur funktionalen Bestimmung archäologischer Baubefunde im östlichen Frankenreich, in: Römische Quartalschriften zur christlichen Altertumskunde und Kirchengeschichte, Supplementband 101 (Rom 2006), S. 214–239.

Ristow 2006b
Sebastian Ristow: Zur Gestaltung des Ambo in Gallien, Germanien, Raetien und Noricum im Frühmittelalter, in: Michael Altripp/Claudia Nauerth (Hg.): Architektur und Liturgie, Akten des Kolloquiums vom 25. bis 27. Juli 2003 in Greifswald (Spätantike – Frühes Christentum – Byzanz. Kunst im ersten Jahrtausend B 21), Wiesbaden 2006, S. 223–232.

Ristow 2007
Sebastian Ristow: Frühes Christentum im Rheinland. Die Zeugnisse der archäologischen und historischen Quellen an Rhein, Maas und Mosel (Jahrbuch des Rheinischen Vereins für Denkmalpflege und Landschaftsschutz 2006), Münster 2007.

Ristow 2012
Sebastian Ristow: Gräber der merowingerzeitlichen Elite in und bei Kirchen, in: Egon Wamers/Patrick Périn (Hg.): Königinnen der Merowinger. Adelsgräber aus den Kirchen von Köln, Saint-Denis, Chelles und Frankfurt am Main, Kat. Archäologisches Museum Frankfurt, Regensburg 2012, S. 59–76.

Röber 1991
Ralf Röber: Die Spinnwirtel der spätsächsischen Siedlung Warendorf. Ein Beitrag zur Rolle frühmittelalterlicher Spinnwirtel in der Tracht und im Totenbrauchtum, in: Ausgrabungen und Funde in Westfalen-Lippe 6b (1991), S. 1–21.

Mirabella Roberti 1979/1980
Mario Mirabella Roberti: Indagini nel duomo di Pola, in: Dies.: Scritti di archeologia. Atti e Memorie della Società Istriana e Storia Patria 27/28 (1979/1980), Parenzo 1979/1980, S. 13–31.

Rohland 1977
Johannes Peter Rohland: Der Erzengel Michael. Arzt und Feldherr. Zwei Aspekte des vor- und frühbyzantinischen Michaelskults (Beihefte der Zeitschrift für Religions- und Geistesgeschichte 19), Leiden 1977.

Rose 1893
Valentin Rose: Verzeichniss der lateinischen Handschriften der Königlichen Bibliothek zu Berlin, Bd. 1: Die Meerman-Handschriften des Sir Thomas Phillipps, Berlin 1893.

Rosengren 2010
Jerry Rosengren: Uppåkras ansikte. En komparativ kontextuell analys av Uppåkras maskbilder, in: Birgitta Hårdh (Hg.): Från romartida skalpeller till senvikingatida urnesspännen. Nya materialstudier från Uppåkra (Acta archaeologica Lundensia, Series in 8° 61), Stockholm 2010, S. 213–234.

Rosik 2010
Stanisław Rosik: Conversio Gentis Pomeranorum. Studium świadectwa o wydarzeniu (XII wiek) [Studium des Zeugnisses der Ereignisse (12. Jahrhundert)], Breslau 2010.

Rossi 1867
Giovanni Battista de Rossi: La Roma sotterranea cristiana, Bd. 2, Roma 1867.

Rossi 1870
Giovanni Battista de Rossi: L'antica serie dei papi dipinta sulle pareti della basilica di S. Paolo. Testè riordinata ed affissa alle pareti del monastero attiguo alla basilica, in: Bullettino di Archeologia Cristiana 2,1 (1870), S. 122–124.

Rossi 1872
Giovanni Battista de Rossi: Scoperta di antiche capsellae reliquiarie figurate e scritte di argento e d'oro. Le insigni capsellae reliquiarie scoperte a Grado, in: Bullettino di Archeologia Cristiana 2,3 (1872), S. 41–42, 155–158.

Rossi 1875
Giovanni Battista de Rossi: Baccano (Baccanas) sulla via Cassia. Scoperta del cimitero di S. Alessandro vescovo e martire con parte del suo antico altare, in: Bullettino di Archeologia Cristiana 2,6 (1875), S. 142–152.

Rossi 1882
Giovanni Battista de Rossi: Insigne vetro rappresentante il tempio di Gerusalemme, in: Bullettino di Archeologia Cristiana 4,1 (1882), S. 137–158.

Rossi 1887a
Giovanni Battista de Rossi: Campana con epigrafe dedicatoria del secolo in circa ottavo o nono trovata presso Canino, in: Bullettino di Archeologia Cristiana 4,5 (1887), S. 82–89.

Rossi 1887b
Giovanni Battista de Rossi: Statua del buon pastore scoperta in Roma presso la Via Ostiense, in: Bullettino di Archeologia Cristiana 4,5 (1887), S. 136–149.

Rossi 1889
Giovanni Battista de Rossi: Statua del Buon Pastore, in: Bullettino della Commissione Archeologica Comunale di Roma 17 (1889), S. 131–139.

Rossignol/Bertrand 1889
Charles Rossignol/Alfred Bertrand: Notice sur les découvertes faites à Vichy et en particulier sur des bractéoles votives d'argent, in: Bulletin de la Société d'Émulation de l'Allier 18 (1889), S. 185–232.

Roth 1981
Helmut Roth: Der sogenannte Kamm des Heiligen Bonifatius im Domschatz zu Fritzlar, in: Hessisches Jahrbuch für Landesgeschichte 31 (1981), S. 1–13.

Royse 2008
James R. Royse: Scribal Habits in Early Greek New Testament Papyri (New Testament Tools, Studies and Documents 36), Leiden u. a. 2008.

Ruchhöft/Kock 2010
Fred Ruchhöft/Elke Kock: Die Burg am Kap Arkona. Götter, Macht und Mythos (Archäologie in Mecklenburg-Vorpommern 7), Schwerin 2010.

Ruef 2012
Hugo Ruef: Auktionskatalog München („Hermann der Cheruskerfürst …", ermittelt bei artprice.com, 28.6.2012).

Rüthing 1997
Heinrich Rüthing: Zur Frühgeschichte des Kanonikerstiftes in Enger, in: Stefan Brakensiek (Hg.): Widukind. Forschungen zu einem Mythos (Stadt Enger Beiträge zur Stadtgeschichte 9), Bielefeld 1997, S. 9-20.

Rundnagel 1937
Erwin Rundnagel: Der Mythos vom Herzog Widukind, in: Historische Zeitschrift 155 (1937), S. 233–277, 475–505.

Ryan 1990a
Michael Ryan: Decorated Metalwork in the Museo dell'Abbazia, Bobbio, Italy, in: The Journal of the Royal Society of Antiquaries of Ireland 120 (1990), S. 102–111.

Ryan 1990b
Michael Ryan: The Formal Relationships of Insular Early Medieval Eucharistic Chalices, in: Proceedings of the Royal Irish Academy 90C (1990), S. 281–356.

Ryan 1991
Michael Ryan: From Blackwater to Bobbio – a coincidence of shrines, in: Archaeology Ireland 5.2 (1991), S. 16f.

Rybakow 1948
Б.А. Рыбаков: Ремесло Древней Руси [Handwerk der Alten Rus], Moskau 1948.

Rybakow 1987
Б. А Рыбаков: Язычество Древней Руси [Das Heidentum der Alten Rus], Moskau 1987.

Ryčka 2005
Volodymyr Mychajlovč Ryčka: Kyiv – druhij Jerusalym. Z istoriji polityčnoji dumky ta ideolohiji serednjovičnoji Rusi [Kiew – das zweite Jerusalem. Zur Geschichte des politischen Denkens und politischer Ideologie in der mittelalterlichen Rus], Kiew 2005.

Rydbeck 1933
Monica Rydbeck: Ett nyfunnet 1000-talskapitäl och nischkolonnen i Dalby heligkorskyrka, in: Meddelanden från Lunds Universitets Historiska Museum (1933), S. 1–11, 85–86.

Rydbeck 1936
Monica Rydbeck: Skånes stenmästare före 1200, Diss. Lund 1936.

Rydbeck 1944
Monica Rydbeck: En bildsten, en runsten och en stavkyrkoplanka, in: Meddelanden från Lunds Universitets Historiska Museum (1944), S. 57–67, 155f.

Rydén 1993
Thomas Rydén: Arenakorset. Ett ottonskt guldsmidesarbete från Fulda, Lund 1993.

Säger 1973
Palmatius Säger: Das ehemalige Franziskanerkloster in Attendorn 1637–1822, in: Franziskanische Studien 55,4 (1973), S. 289–329.

Säger 1974
Palmatius Säger: Das ehemalige Franziskanerkloster in Attendorn 1637–1822, in: Franziskanische Studien 56,1 (1974), S. 27–119.

von Saldern 1965
Axel von Saldern: German Enameled Glass. The Edwin J. Beinecke Collection and Related Pieces (The Corning Museum of Glass, Monographs II), New York 1965.

Salminen 2001
Lars Salminen: Bronshantverket i brytningstid – exemplet Lund, in: Birgitta Hårdh (Hg.): Uppåkra. Centrum och sammanhang (Acta Archaeologica Lundensia, Series in 8° 34), Stockholm 2001, S. 259–274.

Salomon 2000
Almuth Salomon: Friesische Geschichtsbilder (Abhandlungen und Vorträge zur Geschichte Ostfrieslands 78), Aurich 2000.

Salzman 1990
Michele Renee Salzman: On Roman Time. The Codex-Calendar of 354 and the Rhythms of Urban Life in Late Antiquity (The transformation of the Classical Heritage 17), Berkeley/Los Angeles/Oxford 1990.

Samaran/Marichal 1974
Charles Samaran/Robert Marichal: Catalogue des manuscrits en écriture latine portant des indications de date, de lieu ou de copiste, Bd. 3: Bibliothéque nationale. Fonds Latin, Paris 1974.

Sande 2009
Siri Sande: Pilegrimssuvenirer, in: Marina Prusac/Mona Bramer Solhaug/Marianne Vedeler (Hg.): På spor av Gud? Pilegrimsreiser i middelalderens kristenhet, Oslo 2009, S. 91–102.

Sapin 2012
Christian Sapin : La crypte entre mausolée et église aux Ve–VIe siècles. Réflexions à partir des sources historiques et archéologiques en particulier sur des cas bourguignons, in: Hortus Artium Medievalium 18 (2012), S. 329–339.

Sarti/Settele 1840
Emiliano Sarti/Giuseppe Settele: Ad Philippi Laurentii Dionysii Opus de Vaticanis Crypis Appendix in Qua Nova Cryptarum Ichnographica Tabula Adiectis Notis Inlustratur (Sacrarum Vaticanae Basilicae Cryptarum Monumenta 2), Rom 1840.

Sauer 1998
Hans Sauer: Art. Genealogie, in: Reallexikon der germanischen Altertumskunde, Bd. 11, 2. Aufl., Berlin/New York 1998, S. 45–53.

Sawicki 1990
Tomasz Sawicki: Wczesnośredniowieczna nakładka głowicy miecza z Gniezna [Frühmittelalterlicher Aufsatz des Schwertknaufes aus Gnesen], in: Gniezno. Studia i Materiały Historyczne [Studien und Historische Materialien] 3 (1990), S. 223–236.

Sawicki 2000
Tomasz Sawicki: Gnesen (Gniezno), in: Alfred Wieczorek/Hans-Martin Hinz (Hg.): Europas Mitte um 1000. Beiträge zur Geschichte, Kunst und Archäologie, Bd. 1: Handbuch zur Ausstellung, Stuttgart 2000, S. 471–474.

Schäferdiek 1982/1996
Knut Schäferdiek: Das Heilige in Laienhand. Zur Entstehungsgeschichte der fränkischen Eigenkirche, in: Henning Schröer/Gerhard Müller (Hg.): Vom Amt des Laien in Kirche und Theologie. Festschrift für Gerhard Krause zum 70. Geburtstag, Berlin 1982, S. 122–140 (wiederabgedruckt in: Knut Schäferdiek: Schwellenzeit. Beiträge zur Geschichte des Christentums in Spätantike und Frühmittelalter, hg. von Winfried Löhr/Hanns Christof Brennecke, Berlin u. a. 1996, S. 247–265).

Schaschkina 1993
Т. Б. Шашкина: Древнерусские колокола домонгольского времени [Altrussische Glocken der vormongolischen Zeit], in: Колокола: история и современность [Glocken. Geschichte und Gegenwart], Moskau 1993, S. 278–282.

Schatz 1997
Klaus Schatz: Allgemeine Konzilien – Brennpunkte der Kirchengeschichte, Paderborn 1997.

Schaub 2006
Andreas Schaub: Bemerkungen zu einer ländlichen Siedlung des 1.–4. Jahrhunderts im südlichen Niedergermanien, in: Gabriele Seitz (Hg.): Im Dienste Roms. Festschrift für Hans Ulrich Nuber, Remshalden 2006, S. 351–358.

Schäufele 2007
Wolf-Friedrich Schäufele: Theologie und Historie. Zur Interferenz zweier Wissensgebiete in Reformationszeit und konfessionellem Zeitalter, in: Irene Dingel/Wolf-Friedrich Schäufele (Hg.): Kommunikation und Transfer im Christentum der Frühen Neuzeit, Mainz 2007, S. 129–156.

Scherrer 1875
Gustav Scherrer (Bearb.): Verzeichniss der Handschriften der Stiftsbibliothek von St. Gallen, Halle (Saale) 1875.

Schiavone 2011
Romina Schiavone: Die Reliefsteine von Hornhausen und Morsleben. Kulturhistorischer Kontext und Deutung, in: Petra Hanauska/Romina Schiavone (Hg.): Iona und Hornhausen. Studien zur frühmittelalterlichen Steinplastik in Europa (Studien zur Archäologie Europas 15), Bonn 2011, S. 143–281.

Schieffer 1980
Theodor Schieffer: Winfrid-Bonifatius und die christliche Grundlegung Europas, Freiburg 1954 (ND Darmstadt 1980).

Schipperges 1996
Stefan Schipperges: Bonifatius ac socii eius. Eine sozialgeschichtliche Untersuchung des Winfrid-Bonifatius und seines Umfeldes (Quellen und Abhandlungen zur mittelrheinischen Kirchengeschichte 79), Mainz 1996.

Schirmeister/Specht-Kreusel 1992
Olaf Schirmeister/Ute Specht-Kreusel: Widukind und Enger. Rezeptionsgeschichte und Bibliographie (Stadt Enger – Beiträge zur Stadtgeschichte 8), Bielefeld 1992.

Schirren 2013
Michael Schirren: Zwei Vögel aus Usedom. Zur christlichen Deutung von Metallschmuck des 12. Jahrhunderts aus Vorpommern, in: Sunhild Kleingärtner/Ulrich Müller/Jonathan Scheskewitsch (Hg.): Kulturwandel im Spannungsfeld von Tradition und Innovation. Festschrift für Michael Müller-Wille zum 75. Geburtstag, Neumünster 2013, S. 301–311.

Schlesinger 1962
Walter Schlesinger: Kirchengeschichte Sachsens im Mittelalter 1: Von den Anfängen kirchlicher Verkündigung bis zum Investiturstreites (Mitteldeutsche Forschungen 27,1), Köln/Graz 1962.

Schlutter 1912
Otto B. Schlutter: Das Epinaler und Erfurter Glossar, Teil 1: Faksimile und Transliteration des Epinaler Glossars, Hamburg 1912.

Schmale 2004
Wolfgang Schmale: Europa – Braut der Fürsten. Die politische Relevanz des Europamythos im 17. Jahrhundert, in: Klaus Bußmann/Elke Anna Werner (Hg.): *Europa* im 17. Jahrhundert: Ein politischer Mythos und seine Bilder, Stuttgart 2004, S. 241–267.

Schmid 1904
Joseph Schmid: Die Osterfestberechnung auf den britischen Inseln vom Anfang des 4. bis zum Ende des 8. Jahrhunderts, Regensburg 1904.

Schmid 1907
Joseph Schmid: Die Osterfestberechnung in der abendländischen Kirche. Vom ersten allgemeinen Konzil zu Nikäa bis zum Ende des VIII. Jahrhunderts, Freiburg i. Br. 1907.

Schmid 1955
Bernhard Schmid: Die Marienburg. Ihre Baugeschichte, Würzburg 1955.

Schmid 2004
Wolfgang Schmid: Die Topographie der Trierer Kirchen und ihrer Heiligen, in: Wolfgang Schmid/Michael Embach (Hg.): Die Medulla Gestorum Treverensium des Johann Enen. Ein Trierer Heiltumsdruck von 1514, Faksimileausgabe und Kommentar (Armarium Trevirense 2), Trier 2004, S. 95–123.

Schmid 2006
Hans Ulrich Schmid: Ein neues „Heliand"-Fragment aus der Universitätsbibliothek Leipzig, in: Zeitschrift für deutsches Altertum 135 (2006), S. 309–323.

Schmid 2007
Hans Ulrich Schmid: Nochmals zum Leipziger „Heliand"-Fragment, in: Zeitschrift für deutsches Altertum 136 (2007), S. 376–378.

Schmidt 1898
Max Schmidt: Rethel, Bielefeld/Leipzig 1898.

Schmidt 1984
Volker Schmidt: Lieps. Eine slawische Siedlungskammer am Südende des Tollensees (Beiträge zur Ur- und Frühgeschichte der Bezirke Rostock, Schwerin und Neubrandenburg 16), Berlin 1984.

Schmidt 1989
Volker Schmidt: Drense. Eine Hauptburg der Ukrane (Beiträge zur Ur- und Frühgeschichte der Bezirke Rostock, Schwerin und Neubrandenburg 22), Berlin 1989.

Schmidt-Biggemann 2004
Wilhelm Schmidt-Biggemann: Flacius Illyricus' „Catalogus testium veritatis" als kontroverstheologische Polemik, in: Günther Frank/Friedrich Niewöhner (Hg.): Reformer als Ketzer. Heterodoxe Bewegungen von Vorreformatoren (Melanchthon-Schriften der Stadt Bretten 8), Stuttgart/Bad Cannstadt 2004, S. 263–291.

Schmieder 2009
Felicitas Schmieder: Grenzerfahrung und Grenzüberschreitung im 13. Jahrhundert, in: Matthias Puhle (Hg.): Aufbruch in die Gotik. Der Magdeburger Dom und die späte Stauferzeit, Kat. Kulturhistorische Museum Magdeburg, Bd. 1: Essays, Mainz 2009, S. 434–445.

Schmitt 2003
Michael Schmitt (Bearb.): Westfalia Picta. Erfassung westfälischer Ortsansichten vor 1900, Bd. VIII: Münster, Münster 2003.

Schmitz 1986
Karl Josef Schmitz: Liborius im Hochstift Paderborn. Seine Verehrung in Werken der Architektur und der bildenden Kunst, Paderborn 1986.

Schneider 1872
Louis Schneider: Das Buch vom Eisernen Kreuze, Berlin 1872.

Schneider 2011
Manfred Schneider: Die Stiftskirche „Alter Dom" – Baubefunde und Baugeschichte auf dem Domherrenfriedhof. Katalog der Baubefunde, in: Manfred Schneider/Claudia Holze-Thier/Bernd Thier: Der Dom zu Münster, Bd. 5: Die Ausgrabungen auf dem Domherrenfriedhof von 1987 bis 1989, die Stiftskirche „Alter Dom" und die Bestattungen im Dombereich, Teil 1 (Denkmalpflege und Forschung in Westfalen 26,5.1), Mainz 2011, S. 1–153.

Schneidmüller 2009
Bernd Schneidmüller: Heinrich der Löwe. Innovationspotentiale eines mittelalterlichen Fürsten, in: Werner Hechberger/Florian Schuller (Hg.): Staufer und Welfen. Zwei rivalisierende Dynastien im Hochmittelalter, Regensburg 2009, S. 50–64.

Schnelle 2003
Udo Schnelle: Paulus. Leben und Denken, Berlin/New York 2003.

Schnitzler 1970
Herrmann Schnitzler: Kästchen oder fünfteiliges Buchdeckelpaar?, in: Horst Keller/Rainer Budde u. Mitarbeiter (Hg.): Festschrift für Gert von der Osten zum 60. Geburtstag, Köln 1970, S. 24–32.

Schnütgen 1889
Alexander Schnütgen: Der Einbanddeckel, in: Karl Menzel/Peter Corssen/Hubert Janitschek/Alexander Schnütgen/Felix Hettner/Karl Lamprecht: Die Trierer Ada-Handschrift (Publikationen der Gesellschaft für Rheinische Geschichtskunde 6), Leipzig 1889, S. 113–116.

Schoenen 1960/61
Paul Schoenen: Alfred Rethel und die romantische Historienmalerei, in: Aachener Kunstblätter 19/20 (1960/1961), S. 67–84.

Schöfbeck/Heußner 2008
Tilo Schöfbeck/Karl-Uwe Heußner: Dendrochronologische Untersuchungen an mittelalterlichen Kunstwerken zwischen Elbe und Oder, in: Ernst Badstübner/Peter Knüvener/Adam S. Labuda/Dirk Schumann (Hrsg.): Die Kunst des Mittelalters in der Mark Brandenburg. Tradition – Transformation – Innovation, Berlin 2008, S. 172–187.

Schoknecht 1963
Ulrich Schoknecht: Einige bemerkenswerte frühgeschichtliche Neufunde aus Görke im Kreis Anklam, in: Bodendenkmalpflege in Mecklenburg, Jahrbuch 1963, S. 263–269.

Schoknecht 1970
Ulrich Schoknecht: Bemerkenswerte mittelalterliche Neufunde aus dem Bezirk Neubrandenburg, in: Bodendenkmalpflege in Mecklenburg, Jahrbuch 1970, S. 273–288.

Schoknecht 1987
Ulrich Schoknecht: Baggerfunde aus der Kuhtränke bei Demmin, in: Jahrbuch Bodendenkmalpflege Mecklenburg 35 (1987), S. 145–184.

Schoknecht 1994
Ulrich Schoknecht: Eine slawische Götterfigur aus Gatschow, Kr. Demmin, und ein Kästchenbeschlag aus Pasewalk, in: Ausgrabungen und Funde 39,3 (1994), S. 129–135.

Schoknecht 2007
Ulrich Schoknecht: Die Kleinfunde aus der jungslawischen Siedlung bei Relzow, Lkr. Ostvorpommern, in: Archäologische Berichte aus Mecklenburg-Vorpommern 14 (2007), S. 22–43.

Scholkmann 2003
Barbara Scholkmann: Die Kirche als Bestattungsplatz. Zur Interpretation von Bestattungen im Kirchenraum, in: Jörg Jarnut/Matthias Wemhoff (Hg.): Erinnerungskultur im Bestattungsritual. Archäologisch-Historisches Forum (MittelalterStudien des Instituts zur Interdisziplinären Erforschung des Mittelalters und seines Nachwirkens, Paderborn 3), München 2003, S. 189–218.

Schöning 2012
Julia Schöning: Die Germanenkunde Wilhelm Teudts. Methodik und Zielsetzung einer ideologisch motivierten Laienwissenschaft, in: Lippische Mitteilungen aus Geschichte und Landeskunde 81 (2012), S. 243–258.

Schrade 1960
Hubert Schrade: Die Vita des heiligen Liudger und ihre Bilder, Münster 1960.

Schramm/Mütherich 1981
Percy Ernst Schramm/Florentine Mütherich: Denkmale der deutschen Könige und Kaiser, Bd. 1: Ein Beitrag zur Herrschergeschichte von Karl dem Großen bis Friedrich II. 768–1250 (Veröffentlichungen des Zentralinstituts für Kunstgeschichte 2), 2. Aufl., München 1981.

Schroeder/Trauffler 1996
Jean Schroeder/Henri Trauffler: Die Anfänge der Abtei Echternach. Von der Villa Epternacus zum frühmittelalterlichen Wallfahrtszentrum (Publications du CLUDEM 9), Luxemburg 1996.

Schubert 1993a
Ernst Schubert: Die Capitulatio de partibus Saxoniae, in: Dieter Brosius/Christine van den Heuvel/Ernst Hinrichs (Hg.): Geschichte in der Region, Festschrift zum 65. Geburtstag von Heinrich Schmidt, Hannover 1993, S. 3–28.

Schubert 1993b
Ernst Schubert: Die Quaternionen. Entstehung, Sinngehalt und Folgen einer spätmittelalterlichen Deutung der Reichsverfassung, in: Zeitschrift für historische Forschung 20 (1993), S. 1–63.

Schuldt 1965
Ewald Schuldt: Behren-Lübchin. Eine spätslawische Burganlage in Mecklenburg (Schriften der Sektion für Vor- und Frühgeschichte. Deutsche Akademie der Wissenschaften zu Berlin 19), Berlin 1965.

Schuldt 1981
Ewald Schuldt: Gross Raden. Die Keramik einer slawischen Siedlung des 9./10. Jahrhunderts (Beiträge zur Ur- und Frühgeschichte der Bezirke Rostock, Schwerin und Neubrandenburg 14), Berlin 1981.

Schuldt 1985
Ewald Schuldt: Groß Raden. Ein slawischer Tempelort des 9./10. Jahrhunderts in Mecklenburg (Schriften zur Ur- und Frühgeschichte 39), Berlin 1985.

Schuldt 1987
Ewald Schuldt: Der eintausendjährige Tempelort Gross Raden. Seine Erforschung, wie es dazu kam und was an ihm werden soll. Der Bericht des Ausgräbers (Bildkataloge des Museums für Ur- und Frühgeschichte Schwerin 24), Schwerin 1987.

Schultz 1953
Carl Georg Schultz: Romersk akvæduktmarmor i Roskilde domkirke, in: Nationalmuseets Arbejdsmark (1953), S. 55–64.

Schulze 1976
Mechthild Schulze: Einflüsse byzantinischer Prunkgewänder auf die fränkische Frauentracht, in: Archäologisches Korrespondenzblatt 6 (1976), S. 149–161.

Schulze 2007
Winfried Schulze: Neuere Geschichte – ein problematisches Fach, in: Hans-Jürgen Goertz (Hg.): Geschichte. Ein Grundkurs, 3. Aufl., Reinbek bei Hamburg 2007, S. 340–369.

Schulze-Dörrlamm 2001
Mechthild Schulze-Dörrlamm: Herkunft und Funktion der dreizipfligen Geweihbehälter des frühen und hohen Mittelalters, in: Jahrbuch des Römisch-Germanischen Zentralmuseums Mainz 48 (2001), S. 529–557.

Schulze-Dörrlamm 2003
Mechthild Schulze-Dörrlamm: Der rekonstruierte Beinkasten von Essen-Werden. Reliquiar und mutmaßlicher Tragaltar des hl. Liudger aus dem späten 8. Jahrhundert, in: Jahrbuch des Römisch-Germanischen Zentralmuseums Mainz 49,2002 (2003), S. 281–363.

Schulze-Wegener 2012
Guntram Schulze-Wegener: Das Eiserne Kreuz in der deutschen Geschichte, Graz 2012.

Schwede 2004
Arnold Schwede: Das Münzwesen im Hochstift Paderborn 1566–1803, Paderborn 2004.

Schwertheim 1974
Elmar Schwertheim: Die Denkmäler orientalischer Gottheiten im römischen Deutschland (Etudes préliminaires aux religions orientales dans l'empire 40), Leiden 1974.

Sedow 1998
В. В. Седов: Писанки [Pysanky], in: Славяне и их соседи (археология, нумизматика, этнология) [Die Slawen und ihre Nachbarn (Archäologie, Numismatik, Ethnologie)], Minsk 1998, S. 81–85.

Seesselberg 1897
Friedrich Seesselberg: Die früh-mittelalterliche Kunst der germanischen Völker unter besonderer Berücksichtigung der skandinavischen Baukunst in ethnologisch-anthropologischer Begründung, Berlin 1897.

Seib 1983
Gerhard Seib (Hg.): Karl Paetow zum 80. Geburtstag, Hameln 1983.

Seibrich 1995
Wolfgang Seibrich: Die Trierer Heiltumsfahrt im Spätmittelalter, in: Archiv für mittelrheinische Kirchengeschichte 47 (1995), S. 45–125.

Sello 1922
Georg Sello: Radbod-Erinnerungen, in: Upstalsboom-Blätter X/XI (1922), S. 1–16.

Selsjord 1993
Marianne Selsjord: The „Golden Madonna" from Dyste, in: Technologia Artis. Yearbook of the Archives of Historical Art Technology Prague 3 (1993), S. 113–116.

Serena Ensoli/Eugenio La Rocca (Hg.): Aurea Roma. Dalla città pagana alla città cristiana, Kat. Palazzo delle Esposizioni Rom, Rom 2000.

Sethe 1997
Regine Sethe: Das Kreuzabnahmerelief an den Externsteinen, Magisterarbeit Westfälische Wilhelms-Universität Münster 1997 (unpubliziert).

Sevrugian 1992
Petra Sevrugian: Liturgisches Gerät aus Byzanz. Die Berliner Patene und ihr Umkreis (Schriften des Museums für Spätantike und Byzantinische Kunst 1), Berlin 1992.

Sheehan 2009
John Sheehan: The Peacock's Tale: Excavations at Caherlehillan, Kerry, Ireland, in: Nancy Edwards (Hg.): The Archaeology of the Celtic Churches (Society for Medieval Archaeology Monograph 21), Leeds 2009, S. 191–206.

Shepard 1995
Jonathan Shepard: Slavs and Bulgars, in: Rosamond McKitterick (Hg.): The New Cambridge Medieval History 2: c. 700–c. 900, Cambridge 1995, S. 228–248.

Sickel 1888
Theodor Sickel: Erläuterungen zu den Diplomen Ottos II., in: Mitteilungen des Instituts für Österreichische Geschichtsforschung, Ergänzungsband 2 (1888), S. 77–190.

Siegmund 1999
Frank Siegmund: Frühmittelalterliche Gräberfelder in Ostwestfalen, in: Christoph Stiegemann/Matthias Wemhoff (Hg.): 799 Kunst und Kultur der Karolingerzeit. Karl der Große und Papst Leo III. in Paderborn, Kat. Diözesanmuseum/Museum in der Kaiserpfalz/Städtische Galerie am Abdinghof Paderborn, Bd. 3., Mainz 1999, S. 256–262.

Silver 2008
Larry Silver: Marketing Maximilian. The visual Ideology of a Holy Roman Emperor, Princeton/Oxford 2008.

Simek 1993
Rudolf Simek: Dictionary of Northern Mythology, Cambridge 1993.

Simek 2000
Rudolf Simek: Rich and Powerful: The Image of the Female Deity in Migration Age Scandinavia, in: Geraldine Barnes/Margaret Clunies Ross (Hg.): Old Norse Myths, Literature and Society. Proceedings of the 11th International Saga Conference 2–7 July 2000, Sydney 2000, S. 468–479.

Sims-Williams 1990
Patrick Sims-Williams: Religion and Literature in Western England 600–800 (Cambridge Studies in Anglo-Saxon England 3), Cambridge 1990.

Sinn 2006
Friederike Sinn: Vatikanische Museen. Museo Gregoriano Profano ex Lateranense, Bd. 3: Reliefgeschmückte Gattungen römischer Kunst. Griechische Originalskulptur. Monumente orientalischer Kulte (Monumenta artis romanae 3), Wiesbaden 2006.

Šišić 1925
Ferdo Šišić: Povijest Hrvata u vrijeme narodnih vladara [Die Geschichte der Kroaten in Zeiten der nationalen Herrscher], Zagreb 1925.

Šišić 1962
Ferdo Šišić: Pregled povijesti hrvatskoga naroda [Überblick über die Geschichte des kroatischen Volkes], Zagreb 1962.

Skaare 1982
Kolbjern Skaare: Myntene i Slemmedalskatten, in: Viking. Tidsskrift for norrøn arkeologi 45 (1982), S. 32–43.

Skorpil 1905
Карел Шкорпилъ: Памятники въ окрестностяхъ Абобской равнины [Denkmäler in der Umgebung der Aboba-Ebene], in: Известия Русскаго Археологическаго Института въ Константинополе [Mitteilungen des Russischen Archäologischen Instituts in Konstantinopel] 10 (1905), S. 385–442.

Skovmand 1942
Roar Skovmand: De danske Skattefund fra Vikingetiden og den ældste Middelalder indtil omkring 1150, in: Aarbøger for nordisk Oldkyndighed og Historie 1942, Kopenhagen 1942, S. 1–275.

Šlusarski 2004
Konrad W. Šlusarski: Wczesnośredniowieczne pisanki i grzechotki gliniane z ziem polskich. Próba typologii [Frühmittelalterliche Ostereier und Tonklappern auf polnischem Boden. Ein typologischer Versuch], in: Zbigniew Kobyliński (Hg.): Hereditatem cognoscere. Studia i szkice dedykowane Profesor Marii Miśkiewicz [Hereditatem cognoscere. Studien und Skizzen zu Ehren von Professor Maria Miśkiewicz], Warschau 2004, S. 79–110.

Small/Thomas/Wilson 1973
Alan Small/Charles Thomas/David Wilson: St Ninian's Isle and Its Treasure, Oxford 1973.

Smith 1845
Charles Roach Smith: Merovingian Coins, etc. Discovered at St. Martins' near Canterbury, in: Numismatic Chronicle 7 (1845), S. 187–191.

Smith 1923
Reginald A. Smith: A Guide to the Anglo-Saxon and Foreign Teutonic Antiquities in the Department of British and Mediaeval Antiquities, London 1923.

Snædal 2000/2001
Þórgunnur Snædal: Rúnaristur á Íslandi, in: Árbók hins íslenzka fornleifafélags 2000/01, S. 5–68.

Solin 2003
Heikki Solin: Die griechischen Personennamen in Rom. Ein Namenbuch (Corpus Inscriptionum Latinarum. Auctarium, Nova Series 2), 3 Bde., 2. Aufl., Berlin/New York 2003.

Sörries 1993
Reiner Sörries: Christlich-antike Buchmalerei im Überblick, 2 Bde., Wiesbaden 1993.

Sós 1973
Ágnes C. Sós: Die slawische Bevölkerung Westungarns im 9. Jahrhundert (Münchner Beiträge zur Vor- und Frühgeschichte 22), München 1973.

Sós/Bökönyi 1963
Ágnes Sós/Sándor Bökönyi: Die Ausgrabungen Géza Fehérs in Zalavár, in: Archaeologia Hungarica, N.S. 41 (1963), S. 58–59.

Sparks (im Druck)
Nicholas A. Sparks: Ex Musæo Petri Dubrowsky: early English manuscripts in Russia, in: The Proceedings of the Third International Conference „Language, Culture and Society in Russian/English Studies", Juli 2012 (im Druck).

Speake 1980
George Speake: Anglo-Saxon Animal Art and its Germanic Background, Oxford 1980.

Spearman 1993
R. Michael Spearman: The Mounts from Crieff, Perthshire, and Their Wider Context, in: R. Michael Spearman/John Higgitt (Hg.): The Age of Migrating Ideas: Early Medieval Art in Northern Britain and Ireland: Proceedings of the Second International Conference on Insular Art Held in the National Museums of Scotland in Edinburgh, 3–6 January 1991, Edinburgh 1993, S. 135–142.

Spehr 1994
Reinhard Spehr: Christianisierung und früheste Kirchenorganisation in der Mark Meißen. Ein Versuch, in: Judith Oexle (Hg.): Frühe Kirchen in Sachsen. Ergebnisse archäologischer und baugeschichtlicher Untersuchungen (Veröffentlichungen des Landesamtes für Archäologie mit Landesmuseum für Vorgeschichte 23), Stuttgart 1994, S. 8–63.

Spera 2000
Lucrezia Spera: Traditio Legis et clavium, in: Fabrizio Bisconti (Hg.): Temi di iconografia paleocristiana (Sussidi allo studio delle antichità cristiane 13), Vatikanstadt 2000, S. 288–293.

Spera 2008
Lucrezia Spera: Elemento architettonico con pastore crioforo, in: Annarena Ambrogi/Daniela Bonanome/Alessandra Bravi (Hg.): Sculture antiche nell'Abbazia di Grottaferrata, Rom 2008, S. 256–258.

Spier 2007
Jeffrey Spier: Late Antique and Early Christian Gems (Spätantike, frühes Christentum, Byzanz B 20), Wiesbaden 2007.

Spier 2010
Jeffrey Spier: Treasures of the Ferrell Collection, Wiesbaden 2010.

Spier 2011
Jeffrey Spier: Late Antique and Early Christian Gems. Some unpublished examples, in: Christopher Entwistle/Noël Adams: Gems of Heaven. Recent Research on Engraved Gemstones in Late Antiquity c. AD 200–600 (British Museum Research Publication 177), London 2011, S. 193–207.

Spilling 1982
Herrad Spilling: Irische Handschriftenüberlieferung in Fulda, Mainz und Würzburg, in: Heinz Löwe (Hg.): Die Iren und Europa im früheren Mittelalter (Veröffentlichungen des Europa-Zentrums Tübingen, Kulturwissenschaftliche Reihe), 2 Bde., Stuttgart 1982, S. 876–907.

Spiong (im Druck)
Sven Spiong: Zu den spätkarolingischen Funden der Siedlungen Wietheim und Dedinghausen bei Bad Lippspringe, in: Archäologie in Ostwestfalen 12 (2013) (im Druck).

Spiong 2000
Sven Spiong: Fibeln und Gewandnadeln des 8. bis 12. Jahrhunderts in Zentraleuropa. Eine archäologische Betrachtung ausgewählter Kleidungsbestandteile als Indikatoren menschlicher Identität (Zeitschrift für Archäologie des Mittelalters, Beiheft 12), Bonn 2000.

Spiong 2008
Sven Spiong: Neuere Untersuchungen der Stadtarchäologie im Paderborner Domstift, in: Alfons Hardt (Hg.): Erzbischöfliches Generalvikariat Paderborn. Dokumentation zum Umbau 2005–2007, Paderborn 2008, S. 60–73.

Spiong 2009
Sven Spiong: Mittelalterliches Credo im Paderborner Land, in: Archäologie in Deutschland 3 (2009), S. 53.

Spiong 2012
Sven Spiong: Karolingische Funde aus zwei Wüstungen bei Bad Lippspringe, in: Archäologie in Westfalen-Lippe 2011 (2012), S. 99–101.

Springer 2004
Matthias Springer: Die Sachsen, Stuttgart 2004.

Staats 2010
Reinhart Staats: Das gotische „Silberevangeliar" von Helmstedt. Eine These zum Melanchthon-Jahr 2010, in: Altstadt-Kurier 15 (2010), S. 15–19.

Staecker 1997
Jörn Staecker: Legends and Mysteries. Reflections on the Evidence for the Early Mission in Scandinavia, in: Hans Andersson/Peter Carelli/Lars Ersgård (Hg.): Visions of the Past. Trends and Traditions in Swedish Medieval Archaeology (Lund Studies in Medieval Archaeology 19; Riksantikvarieämbetet Arkeologiska undersökningar, Skrifter 24), Stockholm 1997, S. 419–454.

Staecker 1998
Jörn Staecker: Mission och tidig kyrkopolitik, in: Claes Wahlöö (Hg.): Metropolis Daniae. Ett stycke Europa (Kulturen 1998), Lund 1998, S. 13–25.

Staecker 1999a
Jörn Staecker: Das Encolpion von Stora Uppåkra, in: Birgitta Hårdh (Hg.): Fynden i centrum. Keramik, glas och metall från Uppåkra (Acta Archaeologica Lundensia, Series in 8° 30), Stockholm 1999, S. 271–286.

Staecker 1999b
Jörn Staecker: Rex regum et dominus dominorum. Die wikingerzeitlichen Kreuz- und Kruzifixanhänger als Ausdruck der Mission in Altdänemark und Schweden (Lund Studies in Medieval Archaelogy 23), Stockholm 1999.

Stam 1991
Tuuk Stam: Relieken van Sint Lebuinus, in: Catharijnebrief 34 (1991), S. 14–16.

Stanisławski (im Druck)
Błażej Stanisławski: „Jómsvikinga saga" w świetle źródeł archeologicznych [Die „Jómsvikinga saga" im Lichte der archäologischen Quellen] (im Druck).

Staub 1983
Kurt Hans Staub: Ein Beda-Fragment des 8. Jahrhunderts in der Hessischen Landes- und Hochschulbibliothek Darmstadt, in: Bibliothek und Wissenschaft 17 (1983), S. 1–7.

Steen Jensen 1995
Jørgen Steen Jensen: Gudslammet og, in: Ders. (Hg.): Tusindtallets Danske Mønter. Fra den Kongelige Mønt- og Medaillesamling [Danish Coins from the 11th Century in the Royal Collection], Kopenhagen 1995, S. 58–60.

Stein 1967
Frauke Stein: Adelsgräber des 8. Jahrhunderts in Deutschland (Germanische Denkmäler der Völkerwanderungszeit, Serie A 9), Berlin 1967.

Stein 1996
Frauke Stein: Die Gräber unter dem Kölner Dom im Vergleich zu anderen Grablegen der Merowingerfamilie, in: Arnold Wolff (Hg.): Die Domgrabung Köln. Altertum – Frühmittelalter – Mittelalter, Tagung Köln 1984 (Studien zum Kölner Dom 2), Köln 1996, S. 99–118.

Steindorff/Mihaljčić 1982
Ludwig Steindorff (Red.)/ Rade Mihaljčić (Bearb.): Namentragende Steininschriften in Jugoslawien vom Ende des 7. bis zur Mitte des 13. Jahrhunderts (Glossar zur

frühmittelalterlichen Geschichte im östlichen Europa, Beiheft 2), Wiesbaden 1982.

Steingräber 1956
Erich Steingräber: Ein merowingisches Taschenreliquiar, in: Münchner Jahrbuch der bildenden Kunst 3.7 (1956), S. 27–31.

Steinmann 2000
Martin Steinmann: Völkerwanderung, Karolinger und das Königreich Hochburgund. Der Bischof etabliert sich: Die Bischöfe der Karolingerzeit, in: Georg Kreis/Beat von Wartburg (Hg.): Basel – Geschichte einer städtischen Gesellschaft, Basel 2000, S. 24.

Stephan 2000
Hans-Georg Stephan: Studien zur Siedlungsentwicklung und -struktur von Stadt und Reichskloster Corvey (800–1670). Eine Gesamtdarstellung auf der Grundlage archäologischer und historischer Quellen. Mit Beiträgen von Jörg Bellstedt u. a., 3 Bde. (Göttinger Schriften zur Vor- und Frühgeschichte 26,1–3), Neumünster 2000.

Stephens 2006
Winifred Stephens: Early medieval glass vessels found in Kent. A catalogue of the glass vessels of European migrants to Kent, from approximately AD 450–700, in museums, archaeological trusts and societies, and private collections (British Archaeological Reports, British Series 424), Oxford 2006.

Stern 1953
Henri Stern: Le Calendrier de 354. Étude sur son texte et sur ses illustrations (Bibliothèque archéologique et historique 55), Paris 1953.

Stern 1962
Henri Stern: Mosaïques de pavement préromanes et romanes en France, in: Cahiers de Civilisation Médiévale 17 (1962), S. 13–32.

Steuer 1982a
Heiko Steuer: Frühgeschichtliche Sozialstrukturen in Mitteleuropa. Eine Analyse der Auswertungsmethoden des archäologischen Quellenmaterials (Abhandlungen der Akademie der Wissenschaften zu Göttingen. Philologisch-Historische Klasse III 128), Göttingen 1982.

Steuer 1982b
Heiko Steuer: Schlüsselpaare in frühgeschichtlichen Gräbern. Zur Deutung einer Amulett-Beigabe, in: Studien zur Sachsenforschung 3 (1982), S. 185–247.

Steuer 1987
Heiko Steuer: Helm und Ringschwert. Prunkbewaffnung und Rangabzeichen germanischer Krieger. Eine Übersicht, in: Studien zur Sachsenforschung 6 (1987), S. 189–236.

Steuer 2004
Heiko Steuer: Adelsgräber, Hofgrablegen und Grabraub um 700 im östlichen Merowingerreich. Widerspiegelung eines gesellschaftlichen Umbruchs, in: Hans Ulrich Nuber/Heiko Steuer/Thomas Zotz (Hg.): Der Südwesten im 8. Jahrhundert aus historischer und archäologischer Sicht (Archäologie und Geschichte 13), Stuttgart 2004, S. 193–217.

Stevens 1985
Wesley M. Stevens: Bede's scientific achievement (Jarrow Lecture 1985), Newcastle 1985, S. 39–40.

Stevens 2009
Paul Stevens: N6 Kinnegad to Kilbeggan Dual Carriageway: Archaeological Resolution (A001/035; E2723; 04R106) Site Clonfad 3, Clonfad Townland, Co. Westmeath, 2 Bde., Final report for Westmeath County Council, (Westmeath) 2009.

Stevens 2010
Paul Stevens: „For whom the bell tolls": The monastic site at Clonfad 3, Co. Westmeath, in: Michael Stanley/Ed Danaher/James Eogan (Hg.): Creative Minds: Production, Manufacturing and Invention in Ancient Ireland. Proceedings of a public seminar on archaeological discoveries on national road schemes, August 2009 (Archaeology and the National Roads Authority Monograph 7), Dublin 2010, S. 85–98.

Stevens/Channing 2012
Paul Stevens/John Channing: Settlement and Community in the Fir Tulach Kingdom. Archaeological excavation on the M6 and N52 road schemes, Dublin 2012.

Stichel 1982
Rudolph H. W. Stichel: Die römische Kaiserstatue am Ausgang der Antike. Untersuchungen zum plastischen Kaiserporträt seit Valentinian I. (364–375 n. Chr.) (Archaeologica 24), Rom 1982.

Stiegemann 1986a
Christoph Stiegemann: Malerei und Graphik, in: Karl Josef Schmitz (Hg.): Liborius im Hochstift Paderborn, Paderborn 1986, S. 179–209.

Stiegemann 1986b
Christoph Stiegemann: Imago Sancti Liborii – Zur Ikonographie des Paderborner Diözesanpatrons, in: Hans Jürgen Brandt/Karl Hengst (Hg.): Felix Paderae civitas. Der heilige Liborius 836–1986, Festschrift zur 1150jährigen Feier der Reliquienübertragung des Patrons von Dom, Stadt und Bistum, Paderborn 1986, S. 266–291.

Stiegemann 1997
Christoph Stiegemann: St. Liborius in der Kunst, in: Günter Beaugrand (Hg.): Sankt Liborius – Schutzpatron im Strom der Zeit, Paderborn 1997, S. 125–137.

Stieren 1930
August Stieren: Ein neuer Friedhof fränkischer Zeit in Soest, in: Germania 14 (1930), S. 166–175.

Stjernquist 2004
Berta Stjernquist: A Magnificent Glass Bowl from Uppåkra, in: Lars Larsson (Hg.): Continuity for Centuries. A Ceremonial Building and its Context at Uppåkra, Southern Sweden (Acta Archaeologica Lundensia, Series in 8° 48), Stockholm 2004, S. 103–151.

Stoclet 1984
Alain J. Stoclet: Le „De civitate Dei" de Saint Augustin. Sa diffusion avant 900 d'après les caractères externes des manuscrits antérieurs à cette date et les catalogues contemporains, in: Recherches Augustiniennes 19 (1984), S. 185–209.

Stokes/Strachan 1903
Whitley Stokes/John Strachan (Hg.): Thesaurus Palaeohibernicus, A Collection of Old-Irish Glosses, Scholia, Prose and Verse, Bd. 2: Non-biblical glosses and scholia, Old-Irish prose, names of persons and places, inscriptions, verse, indexes, Cambridge 1903 (ND Dublin 1975).

Stoklund 1984
Marie Stoklund: Nordbokorsene fra Grønland, in: Nationalmuseets Arbejdsmark (1984), S. 101–113.

Stork 1999
Hans-Walter Stork: Die Sammelhandschrift Zürich, Zentralbibliothek, C 78, in: Wilhelm Hentze (Hg.): De Karolo rege et Leone papa. Der Bericht über die Zusammenkunft Karls des Großen mit Papst Leo III. in Paderborn 799 in einem Epos für Karl den Kaiser. Mit vollständiger Farbreproduktion nach der Handschrift der Zentralbibliothek Zürich, Ms. C 78 (Studien und Quellen zur Westfälischen Geschichte 36), Paderborn 1999, S. 105–118.

Storsletten 1995
Ola Storsletten: Borgund Stave-church, Oslo 1995.

Stroumsa 2011
Guy G. Stroumsa: Das Ende des Opferkults. Die religiösen Mutationen der Spätantike, Berlin 2011.

Strzelczyk 2005
Jerzy Strzelczyk: Einleitung, in: Lorenz Weinrich (Hg.)/ Jerzy Strzelczyk (Mitarb.): Heiligenleben zur deutsch-slawischen Geschichte. Adalbert von Prag und Otto von Bamberg (Ausgewählte Quellen zur deutschen Geschichte des Mittelalters. Freiherr-vom-Stein-Gedächtnisausgabe 23), Darmstadt 2005, S. 3–27.

Strzelczyk 2008
Jerzy Strzelczyk: Mity, podania i wierzenia dawnych Słowian [Mythen, Sagen und Glauben früherer Slawen] (Mity e legendy świata), Posen 2008.

Stutz 1991
Elfriede Stutz: Die noch ungelösten Rätsel des Speyerer Wulfila-Fragments, in: Bibliothek und Wissenschaft 25 (1991), S. 1–14.

Stüwer 1980
Wilhelm Stüwer: Die Reichsabtei Werden an der Ruhr (Die Bistümer der Kirchenprovinz Köln. Das Erzbistum Köln 3) (Germania Sacra N. F. 12), Berlin/New York 1980.

Subotić 1980
Gojko Subotić: Ohridska slikarska škola XV veka / L'ecole de peinture d'Ohrid au XVe siecle, Belgrad 1980.

Suckale-Redlefsen 1989
Gude Suckale-Redlefsen: Überlegungen zu zwei Darstellungen des Hl. Otto in Bamberger Handschriften des 12. Jahrhunderts, in: Berichte des Historischen Vereins Bamberg 125 (1989), S. 481–497.

Suckale-Redlefsen 1995
Gude Suckale-Redlefsen: Katalog der illuminierten Handschriften der Staatsbibliothek Bamberg, Bd. 2: Die Handschriften des 12. Jahrhunderts der Staatsbibliothek Bamberg, Wiesbaden 1995.

Suhr 1991
Norbert Suhr: Philipp Veit (1793–1877). Leben und Werk eines Nazareners. Monographie und Werkverzeichnis, Weinheim 1991.

Swan 1995
Leo Swan: Fine Metalwork from the Early Christian Site at Kilpatrick, Co. Westmeath, in: Cormac Bourke (Hg.): From the Isles of the North. Early Medieval Art in Ireland and Britain, Belfast 1995, S. 75–80.

Swoboda 1890
Heinrich Swoboda: Früh-christliche Reliquiarien des k. k. Münz- und Antiken-Cabinetes, in: Mittheilungen der K. K. Central-Commission zur Erforschung und Erhaltung der Kunst- und Historischen Denkmale. Neue Folge der Mittheilungen der K. K. Central-Commission zur Erforschung und Erhaltung von Baudenkmalen 16 (1890), S. 1–22.

Szőke 1998
Béla Miklós Szőke: A korai középkor hagyatéka a Dunántúlon [Denkmäler des frühen Mittelalters in Transdanubien], in: Ars Hungaria 26,2 (1998), S. 257–319.

Szőke 2002
Béla Miklós Szőke: Mosaburg/Zalavár, in: László Vándor (Red.): Központok a Zala mentén [Zentren entlang des Flusses Zala], Kat. Göcseji Múzeum Zalaegerszeg, Zalaegerszeg 2002, S. 89–124.

Szőke 2008a
Béla Miklós Szőke: Der Cundpald-Kelch. Wege und Umwege in der Forschung, in: Acta Archaeologica Academiae Scientiarum Hungaricae 59 (2008), S. 347–366.

Szőke 2008b
Béla Miklós Szőke: Pannonien in der Karolingerzeit. Bemerkungen zur Chronologie des frühmittelalterlichen Fundmaterials in Westungarn, in: Ulla Steinklauber (Red.): Frühmittelalterarchäologie in der Steiermark. Beiträge eines Fachgesprächs anlässlich des 65. Geburtstags von Diether Kramer (Schild von Steier, Beiheft 4), Graz 2008, S. 41–56.

Szőke 2009
Béla Miklós Szőke: Karolingische Kirchenorganisation in Pannonien, in: Uta von Freeden/Herwig Friesinger/Egon Wamers (Hg.): Glaube, Kult und Herrschaft. Phänomene des Religiösen im 1. Jahrtausend n. Chr. in Mittel- und Nordeuropa (Akten des 59. Internationalen Sachsensymposions und der Grundprobleme der frühgeschichtlichen Entwicklung im Mitteldonauraum. Kolloquien zur Vor- und Frühgeschichte 12), Bonn 2009, S. 395–416.

Szőke 2010a
Béla Miklós Szőke: Eine Kirchenfamilie von Mosapurc/Zalavár (Ungarn). Neue Ergebnisse zur Kirchenarchäologie in Pannonien, in: Niklot Krohn (Hg.): Kirchenarchäologie heute. Fragestellungen – Methoden – Ergebnisse (Veröffentlichung des Alemannischen Instituts Freiburg i. Br. 76), Darmstadt 2010, S. 561–585.

Szőke 2010b
Béla Miklós Szőke: Mosaburg/Zalavár und Pannonien in der Karolingerzeit, in: Antaeus 31/32 (2010), S. 9–52.

Szőke/Wedepohl/Kronz 2004
Béla Miklós Szőke/Karl Hans Wedepohl/Andreas Kronz: Silver-Stained Windows at Carolingian Zalavár, Mosaburg (Southwestern Hungary), in: Journal of Glass Studies 46 (2004), S. 85–104.

Sztyber 1999
Agata Sztyber: Kaptorgi. Przykład kunsztu wczesnośredniowiecznego złotnictwa [Die Kaptorgen. Beispiel der frühmittelalterlichen Goldschmiedekunst], in: Alma Mater. Miesięcznik Uniwersytetu Jagiellońskiego [Alma Mater. Monatszeitschrift der Jagiellonen-Universität] 46 (1999), S. 283–286.

Szymański 1996
Wojciech Szymański: Posąg ze Zbrucza i jego otoczenie. Lata badán, lata wątpliwości [Die Statue aus Zbrucz und ihre Umgebung. Jahre der Untersuchungen, Jahre der Zweifel], in: Przegląd Archeologiczny 44 (1996), S. 75–116.

Tack 1955
Wilhelm Tack: Die Wappenkalender des Paderborner Domkapitels, in: Westfälische Zeitschrift 105 (1955), S. 191–219.

Taeger 2007
Burkhard Taeger: Faksimile und Kommentar zum Berliner „Heliand"-Fragment (Fragm. P) um oder nach 850, Berlin 2007.

Tangl 1916/1917–1919/1966
Michael Tangl: Studien zur Neuausgabe der Bonifatius-Briefe, in: Neues Archiv der Gesellschaft für ältere deutsche Geschichtskunde 40 (1916), S. 639–790; 41 (1917–1919), S. 23–101 (wiederabgedruckt in: Ders.: Das Mittelalter in Quellenkunde und Diplomatik. Ausgewählte Schriften, Bd. 1, Graz 1966, S. 60–240).

Testini 1969
Pasquale Testini: L'iconografia degli apostoli Pietro e Paolo nelle cosiddette „arti minori", in: Bruno M. Apollonj Ghetti (Hg.): Saecularia Petri et Pauli (Studi di Antichità Cristiana 28), Vatikanstadt 1969, S. 241–323.

Theuerkauf 1968
Gerhard Theuerkauf: Lex, speculum, compendium iuris. Rechtsaufzeichnung und Rechtsbewußtsein in Norddeutschland vom 8. bis zum 16. Jahrhundert (Forschungen zur deutschen Rechtsgeschichte 6), Köln/Graz 1968.

Theune-Großkopf 2005
Barbara Theune-Großkopf: Krieger oder Apostel. Bilderwelt im frühen Mittelalter, in: Bernd Päffgen/Ernst Pohl/Michael Schmauder (Hg.): Cum grano salis. Beiträge zur europäischen Vor- und Frühgeschichte. Festschrift für Volker Bierbrauer zum 65. Geburtstag, Friedberg 2005, S. 303–315.

Thieme 1978
Bettina Thieme: Filigranscheibenfibeln der Merowingerzeit aus Deutschland, in: Bericht der Römisch-Germanischen Kommission 59 (1978), S. 381–500.

Thier 2011a
Bernd Thier: Beschlagbleche mittelalterlicher liturgischer Objekte aus dem Kloster Corvey, Stadt und Kreis Höxter, Regierungsbezirk Detmold, in: Archäologie in Westfalen-Lippe 2010 (2011), S. 135–137.

Thier 2011b
Bernd Thier: Das Fundmaterial im Bereich des Domherrenfriedhofs (mit Beiträgen von Claudia Holze-Thier, Peter Ilisch, Uwe Lobbedey und Jürgen Pape), in: Manfred Schneider/Claudia Holze-Thier/Bernd Thier: Der Dom zu Münster, Bd. 5: Die Ausgrabungen auf dem Domherrenfriedhof von 1987 bis 1989, die Stiftskirche „Alter Dom" und die Bestattungen im Dombereich, Teil 3 (Denkmalpflege und Forschung in Westfalen 26,5.3), Mainz 2011, S. 583–697.

Thier 2012a
Bernd Thier: Das Fundmaterial der archäologischen Grabungen, in: Sveva Gai/Karl Heinrich Krüger/Bernd Thier: Die Klosterkirche Corvey, Bd. 1: Geschichte und Archäologie (Denkmalpflege und Forschung in Westfalen 43,1.1), 2 Bde., Darmstadt 2012, S. 395–586.

Thier 2012b
Bernd Thier: Metallbuchstaben, in: Sveva Gai/Karl Heinrich Krüger/Bernd Thier: Die Klosterkirche Corvey, Bd. 1: Geschichte und Archäologie (Denkmalpflege und Forschung in Westfalen 43,1.1), 2 Bde., Darmstadt 2012, S. 438–441.

Thimann 2010
Michael Thimann: Bilder aus eiserner Zeit. Napoleon und die Kunst der Befreiungskriege, in: Bénédicte Savoy (Hg.): Napoleon und Europa. Traum und Trauma, Kat. Kunst- und Ausstellungshalle der Bundesrepublik Deutschland Bonn, 17. Dezember 2010 bis 25. April 2011, München/Berlin/London/New York 2010, S. 117–135.

Thomas 1981
Charles Thomas: Christianity in Roman Britain to AD 500, London 1981.

Thomas 2000
Gabor Thomas: A survey of late Anglo-Saxon and Viking-Age strap-ends from Britain, (unpublizierte Doktorarbeit) University of London 2000.

Thoroczkay 1997
Gábor Thoroczkay: La storiografia del diploma di Pannonhalma di Santo Stefano, in: Mille anni di storia dell'arciabbazia di Pannonhalma, hg. von József Pál/Ádám Somorjai, Roma/Pannonhalma 1997, S. 39–82.

Thoroczkay 2009
Gábor Thoroczkay: Szent István okleleírről [Eine Urkunde des heiligen Stephan], in: Századok 143 (2009) S. 1385–1412.

Thun 1961
Egon Thun: Finds from Lund Cathedral, in: Meddelanden från Lunds Universitets Historiska Museum (1961), S. 207–215.

Tiefenbach 1984
Heinrich Tiefenbach: Xanten – Essen – Köln. Untersuchungen zur Nordgrenze des Althochdeutschen an niederrheinischen Personennamen des neunten bis 11. Jahrhunderts (Studien zum Althochdeutschen), Göttingen 1984.

Tiefenbach 2003
Heinrich Tiefenbach: Frühmittelalterliche Volkssprache im Frauenstift Essen, in: Thomas Schilp/Jan Gerchow (Hg.): Essen und die sächsischen Frauenstifte im Frühmittelalter (Essener Forschungen zum Frauenstift 2), Essen 2003, S. 113–128.

Tjäder 1974
Jan-Olof Tjäder: Studier till Codex Argenteus' historia, in: Nordisk tidskrift för bok- och biblioteksväsen 61 (1974), S. 51–99.

Tkadlčík 2000
Vojtěch Tkadlčík: Über den Ursprung der Glagolica, in: Heinz Miklas (Hg.): Glagolitica. Zum Ursprung der slavischen Schriftkultur (Österreichische Akademie der Wissenschaften, phil.-hist. Klasse, Schriften der Balkan-Kommission, philologische Abteilung 41) Wien 2000, S. 9–32.

Tolotschko 1980
П. Толочко: Киев и Киевская земля в эпоху феодальной раздробленности XII–XIII веков [Kiew und Fürstentum Kiew während der feudalen Zersplitterung im 12.–13. Jahrhundert], Kiew 1980.

Topp 1956
Celia Topp: The Gold Ornaments Reputedly Found Near the Entrance to Newgrange in 1842, in: Institute of Archaeology, 12th Annual Report (1956), S. 53–62.

Torbus 2002
Tomasz Torbus: Deutschordens-Ideologie in der polnischen und deutschen Kunst des 19. und 20. Jahrhunderts, in: Matthias Weber (Hg.): Preußen in Ostmitteleuropa. Geschehensgeschichte und Verstehensgeschichte, (Schriften des Bundesinstitutes für Kultur und Geschichte der Deutschen im östlichen Europa Bd. 21), Oldenburg 2002, S. 209–239.

Totev 1993
Totju Totev: The Preslav Treasure, Shumen 1993.

Totev 2000
Т. Тотев: Преславската култура и изкуство през IX-X в. [Die Preslawer Kultur und Kunst im 9.–10. Jahrhundert], Sofia 2000, S. 150–154.

Tóth 1955
Giovanni B. de Tóth: Grotte Vaticane, Vatikanstadt 1955.

Tóth 1987
Endre Tóth: Bemerkungen zur Kontinuität der römischen Provinzialbevölkerung in Transdanubien (Nordpannonien), in: Bernard Hänsel (Hg.): Die Völker Südosteuropas im 6. bis 8. Jahrhundert (Südosteuropa-Jahrbuch 17), München u. a. 1987, S. 251–264.

Tóth 1990
Sándor Tóth: A keszthelyi Balatoni Múzeum középkori kőtára [Das mittelalterliche Lapidarium des Balaton-Museums zu Keszthely], in: Zalai Múzeum 2 (1990), S. 147–187.

Tóth 1994
Endre Tóth: Das Christentum in Pannonien bis zum 7. Jahrhundert nach den archälogischen Zeugnissen, in: Egon Boshof/Hartmut Wolff (Hg.): Das Christentum im bairischen Raum von den Anfängen bis ins 11. Jahrhundert (Passauer Historische Forschungen 8), Köln/Weimar/Wien 1994, S. 241–272.

Tóth 2005
Endre Tóth: Zur Herkunft und Ikonographie der Scheibenfibeln der Keszthely-Kultur, in: Zalai Múzeum 14 (2005), S. 183–202.

Le Touzé de Longuemar 1857
Alphonse Le Touzé de Longuemar: Essai historique sur l'église royale et collégiale de Saint-Hilaire-le-Grand de Poitiers, Poitiers 1857 (Auszug aus: Mémoires de la Société des Antiquaires de l'Ouest et des musées de Poitiers, Serie 1,23).

Treffort 2002
Cécile Treffort: Vertus prophylactiques et sens eschatologique d'un dépôt funéraire du Haut Moyen Âge. Les plaques boucles rectangulaires burgondes à inscription, in: Archéologie médiévale 32 (2002), S. 31–53.

Třeštík 2000
Dušan Třeštík: Die Gründung des Prager und des mährischen Bistums, in: Alfried Wieczorek/Hans-Martin Hinz (Hg.): Europas Mitte um 1000. Beiträge zur Geschichte, Kunst und Archäologie, Bd. 1: Handbuch zur Ausstellung, Stuttgart 2000, S. 407–410.

Treude/Zelle 2011
Elke Treude/Michael Zelle: Die Externsteine bei Horn, (Lippische Kulturlandschaften 18), Detmold 2011.

Tristram 1999
Hildegard L. C. Tristram: Die irischen Gedichte im Reichenauer Schulheft, in: Peter Anreiter/Erzsébet Jerem (Hg.): Studia Celtica et Indogermanica. Festschrift für Wolfgang Meid zum 70. Geburtstag, Budapest 1999, S. 503–529.

Trosse/Lehmann 2009
Barbara Trosse/Alexander Lehmann: Politik und Praxis frühmittelalterlicher Heidenmission am Beispiel Bruns von Querfurt, in: Johanna Rudolph/Martin Kühnel (Hg.): Der Heilige Brun von Querfurt. Eine Reise ins Mittelalter, Kat. Burg Querfurt, Querfurt 2009, S. 94–106.

Trovabene 2008
Giordana Trovabene: Costantino a Roma. Primitive decorazioni musive degli edifici cristiani e successive trasformazioni, in: Miša Rakocija (Red.): Niš e Vizantija 6 [Niš and Byzantium], Tagung Niš 2007, Niš 2008, S. 75–98.

Tsigaridas 1992
Ε. Τσιγαρίδας: Η χρονολόγηση των τοιχογραφιών του ναού του Αγίου Αλυπίου Καστοριάς [Die Datierung der Fresken der Kirche St. Alypios in Kastoria], in: Euangelia Kypraiu (Hg.): Ευφρόσυνον. Αφιέρωμα Στον Μανόλη Χατζηδάκη [FS Manoles Chatzedakes], Bd. 2, Athen 1992, S. 648–656.

Tu 2009
Tzu-hsin Tu: Die Deutsche Ostsiedlung als Ideologie bis zum Ende des Ersten Weltkriegs, Kassel 2009.

Turek 1976
Rudolf Turek: Libice. Pohřebiště na vnitřním hradisku [Libice. Die Begräbnisstätte in der inneren Burg], in: Sborník Národního muzea v Praze [Acta Musei Nationalis Pragae/Sammelband des Nationalmuseums in Prag] Reihe A 30,5 (1976), S. 249–316.

Turek 1978
Rudolf Turek: Libice. Hroby na libickém vnitřním hradisku [Libice. Gräber in der

inneren Libice-Burg], in: Sborník Národního muzea v Praze [Acta Musei Nationalis Pragae/Sammelband des Nationalmuseums in Prag] Reihe A 32,1–4 (1978), S. 1–152.

Turek 1981
Rudolf Turek: Libice nad Cidlinou. Monumentální stavby vnitřního hradiska [Libice nad Cidlinou. Monumentale Bauten der inneren Burg], in: Sborník Národního muzea v Praze [Acta Musei Nationalis Pragae/Sammelband des Nationalmusems in Prag] Reihe A 35,1 (1981), S. 1–72.

Tveito 2005
Olav Tveito: Ad fines orbis terrae – like til jordens ender. En studie i primær trosformidling i nordisk kristningskontekst (Acta Humaniora 209), Oslo 2005.

Tyler 1988
Susan Tyler: The Anglo-Saxon cemetery at Prittlewell, Essex. An analysis of the grave goods, in: Essex Archaeology and History 19 (1988), S. 91–116.

Ugglas 1915
Carl R. af Ugglas: Gotlands Medeltida träskulptur till och med höggötikens inbrott. Bidrag till känedomen om stilströmningarna i Norden under den äldre medeltiden, Stockholm 1915.

Ugglas 1944
Carl R. af Ugglas: Madonnan från Randers fjord. Till frågan om „das Fortleben der Antike" i nordisk medeltidskonst, in: Fornvännen 39 (1944), S. 193–225.

Ugglas 1945
Carl R. af Ugglas: Randersmadonnans „själ", in: Fornvännen 40 (1945), S. 136–153.

Uhl/Schömann 1975
Bodo Uhl/Hans-Otto Schömann: Das Speyrer Fragment der Ulfilas-Bibel und seine Konservierung, in: Archivalische Zeitschrift 71 (1975), S. 1–11.

Uhlirz 1887
Karl Uhlirz: Geschichte des Erzbistums Magdeburg unter den Kaisern aus sächsischem Hause, Magdeburg 1887.

Ulbricht 1995/1996
Justus H. Ulbricht: „Heil Dir, Wittekinds Stamm". Verden, der „Sachsenhain" und die Geschichte völkischer Religiösität in Deutschland, 2 Teile, in: Heimatkalender für den Landkreis Verden 1995/1996, S. 69–123, S. 224–267.

Ullrich 1969
Herbert Ullrich: Das spätslawische Gräberfeld von Sanzkow, Kr. Demmin (Vorbericht), in: Ausgrabungen und Funde 14,4 (1969), S. 205–212.

Ullrich 2003
Michael Ullrich: Slawenburg Raddusch. Eine Rettungsgrabung im Niederlausitzer Braunkohlenabbaugebiet (Veröffentlichungen zur brandenburgischen Landesarchäologie 34), Wünsdorf 2003.

Ungerman 2011
Šimon Ungerman: Schwertgurte des 9. bis 10. Jahrhunderts in West- und Mitteleuropa, in: Jiří Macháček/Šimon Ungerman (Hg.): Frühgeschichtliche Zentralorte in Mitteleuropa. Tagung Břeclav 2009 (Studien zur Archäologie Europas 14), Bonn 2011, S. 575–608.

Utro 2000
Umberto Utro: Temi biblici nella collezione di medaglioni vitrei con figure in oro del Museo Cristiano, in: Bollettino dei Monumenti, Musei e Gallerie Pontificie 20 (2000), S. 53–84.

Utro 2001
Umberto Utro: Raffigurazioni agiografiche sui vetri dorati paleocristiani, in: Rendiconti della Pontificia Accademia Romana di Archeologia 3.73 (2001), S. 195–219.

Utro 2003
Umberto Utro: Le immagini e il culto dei santi sui vetri dorati romani durante il pontificate di Damaso e Siricio (366–399), in: Paolo Pasini (Hg.): 387 d.C. Ambrogio e Agostino. Le sorgenti dell'Europa, Kat. Museo Diocesano Mailand, Mailand 2003.

Utro 2004
Umberto Utro: Testimonianze inedite dei primi secoli cristiani dai depositi del Museo Cristiano Lambertino, in: Bollettino dei Monumenti, Musei e Gallerie Pontificie 24 (2004), S. 155–185.

Vallet/Périn 2004
Françoise Vallet/Patrick Périn: La nécropole mérovingienne de la basilique de Saint-Denis, in: Saint-Denis, de sainte Geneviève à Suger. Les découvertes archéologiques et les témoignages historiques (Les dossiers d'archéologie 297), Dijon 2004, S. 20–33.

Vasilenko 1977
Viktor Vasilenko: Russkoje prikladnoje iskusstvo [Russische angewandte Kunst], Moskau 1977.

Vedeler 2009
Marianne Vedeler: Helgengraver og relikvier, in: Marina Prusac/Mona Solhaug/Marianne Vedeler (Hg.): På spor av Gud? Pilegrimsreiser i middelalderens kristenhet, Oslo 2009, S. 68–80.

Veludo 1884
Giovanni Veludo: Monumento cristiano antico conservato nella basilica di S. Marco in Venezia, Venedig 1884.

Vergone 2007
Guiseppe Vergone: Le epigrafi lapidarie del Museo paleocristiano di Monastero (Aquileia) (Antichità altoadriatiche. Monografie 3), Triest 2007.

Vermaseren 1956
Maarten Jozef Vermaseren: Corpus Inscriptionum et Monumentorum Religionis Mithriacae, Bd. 1, Den Haag 1956.

Vernadsky 1941
George Vernadsky: Flavius Ardabur Aspar (Südost-Forschung 6), München 1941.

Vida 2002
Tivadar Vida: Heidnische und christliche Elemente der awarenzeitlichen Glaubenswelt. Amulette in der Awarenzeit, in: Róbert Müller (Red.): Christentum in Pannonien im ersten Jahrtausend (Tagung Keszthely 2000; Zalai Múzeum 11), Zalaegerszeg 2002, S. 179–209.

Vida 2011
Tivadar Vida: Das Gräberfeld neben dem Horreum in der Innenbefestigung von Keszthely-Fenékpuszta, in: Orsolya Heinrich-Tamáska (Hg.): Keszthely-Fenékpuszta im Kontext spätantiker Kontinuitätsforschung zwischen Noricum und Moesia (Castellum Pannonicum Pelsonense 2), Rahden/Westf. 2011, S. 397–437.

Vielberg 2006
Meinolf Vielberg: Der Mönchsbischof von Tours im „Martinellus". Zur Form des hagiographischen Dossiers und seines spätantiken Leitbilds (Untersuchungen zur antiken Literatur und Geschichte 79), Berlin/New York 2006.

Vielitz 2003
Kathrin Vielitz: Die Granatscheibenfibeln der Merowingerzeit (Europe médiévale 3), Montagnac 2003.

Vierck 1970
Hayo Vierck: Cortina Tripodis. Zu Aufhängung und Gebrauch subrömischer Hängebecken aus Britannien und Irland, in: Frühmittelalterliche Studien 4 (1970), S. 8–52.

Vierck 1980
Hayo Vierck: Ein Neufund aus dem frühmittelalterlichen Kirchenschatz von Enger in Westfalen, in: Géza Jászai (Hg.): Die Heilige Ida von Herzfeld 980-1980. Festschrift zur tausendjährigen Wiederkehr ihrer Heiligsprechung, Münster 1980, S. 87–108.

Vierck 2002
Hayo Vierck: Zwei Amulettbilder als Zeugnisse des ausgehenden Heidentums in Haithabu, in: Christian Radke (Red.): Das archäologische Fundmaterial 7 (Berichte über die Ausgrabungen in Haithabu 34), Neumünster 2002, S. 9–67.

Vikan 1991/92
Gary Vikan: Two Byzantine amuletic armbands and the group to which they belong, in: The Journal of the Walters Art Gallery 49/50 (1991/92), S. 33–51.

Vinski 1977/78
Zdenko Vinski: Novi ranokarolinški nalazi u Jugoslaviji [Neue frühkarolingische Befunde in Jugoslawien], in: Vjesnik arheološkog muzeja u Zagrebu 10–11 (1977/1978), S. 143–190.

Vinski-Gasparini 1958
Ksenija Vinski-Gasparini: Ranosrednjojekovna kadionica iz Stare Vrlike [Frühmittelalterliches Weihrauchfass aus Stara Vrlika (im Dorf Cetina)], in: Starohrvatska prosvjeta III 6 (1958), S. 93–103.

Visconti 1874
Carlo Lodovico Visconti: Quattro monumenti mitraici rinvenuti sull'Esquilino, in: Bullettino della Commissione Archeologica Comunale di Roma 2 (1874), S. 224–243.

Visser 1935
Wouter J. A. Visser: En reliek De Vestimentis van de H. Lebuinus, in: Het Gildeboek. Tijdschrift voor kerkelijke kunst en oudheidkunde 18 (1935), S. 20–25.

Voetz 1985
Lothar Voetz: Die St. Pauler Lukasglossen. Untersuchungen. Edition. Faksimile. Studien zu den Anfängen althochdeutscher Textglossierung (Studien zum Althochdeutschen 7), Göttingen 1985.

Vogel 1978/1985
Cyrill Vogel: Les „Libri paenitentiales" (Typologie des sources du Moyen Âge occidental 27), Turnhout 1978 (aktualisiert von Allen J. Frantzen, Turnhout 1985).

Volbach 1971
Wolfgang Fritz Volbach: Il Tesoro di San Marco, Bd. 2: Il Tesoro e il Museo, Florenz/Venedig 1971.

Volbach 1976
Wolfgang Fritz Volbach: Elfenbeinarbeiten der Spätantike und des frühen Mittelalters (Kataloge vor- und frühgeschichtlicher Altertümer 7), 3. Aufl., Mainz 1976.

Wachowski 1986/1987
Krzysztof Wachowski: Merowingische und karolingische Sporen auf dem Kontinent, in: Zeitschrift für Archäologie des Mittelalters 14/15 (1986/1987), S. 49–79.

Wächter 1987
Otto Wächter: Die Delaminierung des karolingischen Evangeliars aus dem Essener Domschatz, in: Maltechnik, Restauro 2 (1987), S. 34–38.

Wagner 1989
Ulrich Wagner (Hg.): Lorenz Fries (1489–1550). Fürstbischöflicher Rat und Sekretär. Studien zu einem fränkischen Geschichtsschreiber, (Schriften des Stadtarchivs Würzburg 7), Würzburg 1989.

Wagner 2005
Pierre-Edouard Wagner: Le haut Moyen Âge, in: Pascal Flotté/Michel Provost/Matthieu Fuchs (Hg.): Carte archéologique de la Gaule, Bd. 57,2: Metz, Paris 2005, S. 150–233.

Wagner 2007
Karin Wagner: Fundort Briesnitz: Eine Slawisch-frühdeutsche Anlage im Dresdener Elbtal, in: Acta Praehistoria et Archaeologica 39 (2007), S. 297–329.

Wahlöö 2001
Claes Wahlöö: Metropolis, Ärkebiskoparnas och kungarnas Lund, Lund 2001.

Walanus 2011
Wojciech Walanus: Die Grabplatte des Plocker Suffragans Piotr Lubart in der Marienkirche zu Krakau und die Frage der Bestattungen von Weihbischöfen in: Epigraphica & sepulcralia 3, 2008–2010 (2011), S. 477–500.

Walbaum 1983
Jane C. Walbaum: Metalwork from Sardis, Archaeological Exploration of Sardis, Cambridge, Mass./London 1983, S. 93–97.

Wallis 1999
Faith Wallis: Bede: The Reckoning of Time, Liverpool 1999, S. LXXXV–XCII.

Wamers 1985
Egon Wamers: Insularer Metallschmuck in wikingerzeitlichen Gräbern Nordeuropas. Untersuchungen zur skandinavischen Westexpansion (Offa-Bücher 56), Neumünster 1985.

Wamers 1991a
Egon Wamers: Pyxides imaginatae. Zur Ikonographie und Funktion karolingischer Silberbecher, in: Germania 69 (1991), S. 97–152.

Wamers 1991b
Egon Wamers: Ribes Gral, in: By, marsk og geest. Kulturhistorisk årbog for Ribeegnen 4 (1991), S. 2–13.

Wamers 1994
Egon Wamers: Die frühmittelalterlichen Lesefunde aus der Löhrstraße (Baustelle Hilton II) in Mainz (Mainzer Archäologische Schriften 1), Mainz 1994.

Wamers 1997
Egon Wamers: Hammer und Kreuz. Typologische Aspekte einer nordeuropäischen Amulettsitte aus der Zeit des Glaubenswechsels, in: Michael Müller-Wille (Hg.): Rom und Byzanz im Norden. Mission und Glaubenswechsel im Ostseeraum während des 8.–14. Jahrhundert (Akademie der Wissenschaften Mainz, Abhandlungen der Geistes- und Sozialwissenschaftlichen Klasse 1997,3), Bd. 1, Stuttgart 1997, S. 83–107.

Wamers 2004
Egon Wamers: Kristne gjenstander i tidligvikingtidens Danmark, in: Niels Lund (Hg.): Kristendommen i Danmark før 1050, Roskilde 2004, S. 43–59.

Wamers 2005a
Egon Wamers: Silber für den Gottesdienst, in: Egon Wamers/Michael Brandt (Hg.): Die Macht des Silbers. Karolingische Schätze im Norden, Kat. Archäologisches Museum Frankfurt/Dom-Museum Hildesheim, Regensburg 2005, S. 83–91.

Wamers 2005b
Egon Wamers: Imitatio Imperii – Silber verändert den Norden, in: Egon Wamers/Michael Brandt (Hg.): Die Macht des Silbers. Karolingische Schätze im Norden, Kat. Archäologisches Museum Frankfurt/Dom-Museum Hildesheim, Regensburg 2005, S. 149–182.

Wamers 2008
Egon Wamers: Salins Stil II auf christlichen Gegenständen. Zur Ikonographie merowingerzeitlicher Kunst im 7. Jahrhundert, in: Zeitschrift für Archäologie des Mittelalters 36 (2008), S. 33–72.

Wamers 2011
Egon Wamers: Continental and Insular Metalwork from Kaupang, in: Dagfinn Skre (Hg.): Things from the Town. Artefacts and Inhabitants in Viking-Age Kaupang (Kaupang Excavation Project Publication Series 3), Århus 2011, S. 65–97.

Warnke 1993
Ursula Warnke: Der merowingerzeitliche Töpferofen von Geseke, Krs. Soest, und sein Absatzgebiet, Diss. Münster 1993 [Mikrofiche-Ausgabe].

Warntjes 2005
Immo Warntjes: A newly discovered Irish computus: Computus Einsidlensis, in: Peritia 19 (2005), S. 61–64.

Warntjes 2010
Immo Warntjes: The Munich Computus: text and translation. Irish computistics between Isidore of Seville and the Venerable Bede, Stuttgart 2010.

Warntjes 2011
Immo Warntjes: Irische Komputistik zwischen Isidor von Sevilla und Beda Venerabilis: Ursprung, karolingische Rezeption und Forschungsperspektiven, in: Viator 42 multilingual (2011), S. 1–31.

Warntjes 2012
Immo Warntjes: Köln als naturwissenschaftliches Zentrum in der Karolingerzeit: Die frühmittelalterliche Kölner Schule und der Begin der fränkischen Komputistik, in: Heinz Finger/Harald Horst (Hg.): Mittelalterliche Handschriften der Kölner Dombibliothek. Viertes Symposion, Köln 2012, S. 4–96.

Wasil'jew 1999
М. А. Васильев: Язычество восточных славян накануне крещения Руси [Das Heidentum der Ostslawen vor der Christianisierung der Rus], Moskau 1999.

Watt 2004
Margrethe Watt: The Gold-Figure Foils („Guldgubbar") from Uppåkra, in: Lars Larsson (Hg.): Continuity for Centuries. A Ceremonial Building and its Context at Uppåkra, Southern Sweden (Acta Archaeologica Lundensia, Series in 8° 48), Stockholm 2004, S. 167–221.

Wattenbach/Levison/Löwe 1990
Heinz Löwe (Bearb.): Deutschlands Geschichtsquellen im Mittelalter. Vorzeit und Karolinger, hg. von Wilhelm Wattenbach/Wilhelm Levison, Bd. 6: Die Karolinger vom Vertrag von Verdun bis zum Herrschaftsantritt der Herrscher aus dem sächsischen Hause. Das ostfränkische Reich, Weimar 1990.

Wavra 1991
Brigitte Wavra: Salzburg und Hamburg. Erzbistumsgründung und Missionspolitik in karolingischer Zeit (Gießener Abhandlungen zur Agrar- und Wirtschaftsforschung des europäischen Ostens 179), Berlin 1991.

Wawrzeniuk 2004a
Joanna Wawrzeniuk: Słowiański domowy kult przodków na tle porównawczym [Häusliche Ahnenverehrung der Slawen. Eine Vergleichsstudie], in: Sławomir Moździoch (Hg.): Wędrówki rzeczy i idei w średniowieczu [Wanderungen von Gütern und Ideen im Mittelalter] (Spotkania Bytomskie 5), Breslau 2004, S. 115–133.

Wawrzeniuk 2004b
Joanna Wawrzeniuk: Symbolika jajka w grobie dziecka w okresie wczesnośredniowiecznym [Symbolik des Eies im Grab eines Kindes im Frühmittelalter], in: Wojciech Dzieduszycki/Jacek Wrzesiński (Hg.): Dusza maluczka a strata ogromna [Winzige Seele und riesiger Verlust]. Funeralia Lednickie, Spotkanie 6, Posen 2004, S. 143–154.

Waxenberger 2003
Gaby Waxenberger: The Intriguing Inscription of the Gandersheim Runic Casket Revisited, in: Lucia Kornexl/Ursula Lenker (Hg.): Bookmarks from the Past. Studies in Early English Language and Literature in Honour of Helmut Gneuss, Frankfurt am Main 2003, S. 143–176.

Weber 1953
Robert Weber: Le Psautier Romain et les autres anciens Psautiers latins (Collectanea biblica latina 10), Rom 1953.

Webster 1992
Leslie E. Webster: Death's diplomacy. Sutton Hoo in the light of other male princely burials, in: Robert Farrell/Carol Neuman de Vegvar (Hg.): Sutton Hoo. Fifty years after (American Early Medieval Studies 2), Oxford/Ohio 1992, S. 75–82.

Webster 1999
Leslie E. Webster: The Iconographic Programme of the Franks Casket, in: Jane Hawkes/Susan Mills (Hg.): Northumbria's Golden Age, Stroud 1999, S. 227–246.

Webster 2002
Leslie E. Webster: Carlton Colville, Suffolk: Anglo-Saxon part-gilded silver pendant figure (M&ME 211) (Fig. 62), in: Department for Culture, Media and Sport (Hg.): Treasure Annual Report 2000, London 2002, S. 45–46.

Webster 2003
Leslie E. Webster: Encrypted Visions: Style and Sense in the Anglo-Saxon Minor Arts, A.D. 400–900, in: Catherine E. Karkov/George Hardin Brown (Hg.): Anglo-Saxon Styles, Albany 2003, S. 11–30.

Webster 2007
Leslie E. Webster: Taplow, in: Reallexikon der Germanischen Altertumskunde, Bd. 35, Göttingen 2007, S. 69–72.

Webster 2011
Leslie E. Webster: The Prittlewell (Essex) burial. A comparison with other Anglo-Saxon princely graves, in: Titus A. S. M. Panhuysen/Babette Ludowici (Hg.): Transformations in North-Western Europe (AD 300–1000), Protokolle des 60. Internationalen Sachsensymposions, 19.–23. September 2009, Maastricht (Neue Studien zur Sachsenforschung 3), Stuttgart 2011, S. 266–272.

Webster 2012a
Leslie E. Webster, Anglo-Saxon Art. A New History, London 2012.

Webster 2012b
Leslie E. Webster: The Franks Casket (British Museum Objects in Focus), London 2012.

Wegeli 1902–1905
Rudolf Wegeli: Inschriften auf mittelalterlichen Schwertklingen in: Zeitschrift für historische Waffenkunde und Kostümkunde 3 (1902–1905), S. 29–40; 177–183; 218–225; 261–268; 290–300.

Wegner 1984
Max Wegner: Die Bildnisse der Frauen und des Julian, in: Hans Peter L'Orange: Das spätantike Herrscherbild von Diokletian bis zu den Konstantin-Söhnen 284–361 n. Chr. (Das römische Herrscherbild 3,4), Berlin 1984, S. 137–171.

Weichlein 2004
Siegfried Weichlein: Bonifatius als politischer Heiliger im 19. und 20. Jahrhundert, in: Michael Imhof/Gregor K. Stasch (Hg.): Bonifatius. Vom angelsächsischen Missionar zum Apostel der Deutschen, Kat. Vonderau-Museum Fulda, Petersberg 2004, S. 119–234.

Weidemann 1982
Margarethe Weidemann: Kulturgeschichte der Merowingerzeit nach den Werken Gregors von Tours (Monographien des Römisch-Germanischen Zentralmuseums Mainz 3,2), 2 Bde., Mainz 1982.

Weikmann 2002
Hans Martin Weikmann: Hoheitliche Strafbestimmungen als Instrument fränkischer Eroberungs- und Missionspolitik, in: Jürgen Weitzel (Hg.): Hoheitliches Strafen in der Spätantike und im frühen Mittelalter (Konflikt, Verbrechen und Sanktion in der Gesellschaft Alteuropas, Symposien und Synthesen 7), Köln/Weimar/Wien 2002, S. 153–174.

Weiß 2010
Harald Weiß: Die Baugeschichte von St. Georg zu Vreden, Kr. Borken. Die Ergebnisse der Ausgrabungen von 1949–1951 und 2003–2004, Rahden/Westf. 2010.

Welch 2011
Martin Welch: Pre-Christian Practices in the Anglo-Saxon World, in: Timothy Insoll (Hg.): The Oxford Handbook of the Archaeology of Ritual and Religion, Oxford 2011, S. 863–876.

Weltatlas der Kulturen
Henry Chadwick /G.R. Evans (Hg.): Weltatlas der alten Kulturen – Das Christentum: Geschichte, Kunst, Lebensformen, München 1988.

Welter 1971
Gerhard Welter: Die Münzen der Welfen seit Heinrich dem Löwen, Braunschweig 1971.

Wemhoff 1993
Matthias Wemhoff: Das Damenstift Herford. Die archäologischen Ergebnisse zur Geschichte der Profan- und Sakralbauten seit dem späten 8. Jahrhundert (Denkmalpflege und Forschung in Westfalen 24), 3 Bde., Bonn 1993.

Werner 1935
Joachim Werner: Münzdatierte austrasische Grabfunde (Germanische Denkmäler der Völkerwanderungszeit 3), Berlin/Leipzig 1935.

Werner 1954
Joachim Werner: Zur ornamentgeschichtlichen Einordnung des Reliquiars von Beromünster, in: Linus Birchler/Edgar Pélichet (Hg.): Frühmittelalterliche Kunst in den Alpenländern. Akten zum 3. Internationalen Kongress für Frühmittelalterforschung, Olten/Lausanne 1954, S. 107–110.

Werner 1966
Joachim Werner: Zum Cundpald-Kelch von Petőháza. Mit Beiträgen von H. Fromm und B. Bischoff, in: Jahrbuch des Römisch-Germanischen Zentralmuseums Mainz 13 (1966), S. 265–278.

Werner 1977
Otto Werner: Analysen mittelalterlicher Bronzen und Messinge I, in: Archäologie und Naturwissenschaften 1 (1977), S. 144–220.

Werner 1991
Martin Werner: The Liudhard Medalet, in: Anglo-Saxon England 20 (1991), S. 27–41.

Werner 2009
Elke Anna Werner: Triumphierende Europa – Klagende Europa. Zur visuellen Konstruktion europäischer Selbstbilder in der Frühen Neuzeit, in: Roland Alexander Ißler/Almut-Barbara Renger (Hg.): Europa – Stier und Sternenkranz. Von der Union mit Zeus zum Staatenverbund, (Gründungsmythen Europas in Literatur, Musik und Kunst 1), Göttingen 2009, S. 241–260.

Wernitz 2013
Frank Wernitz: Das Eiserne Kreuz. 1813–1879-1914. Geschichte und Bedeutung einer Auszeichnung, Wien 2013.

Wertheim 1929
Hans Wertheim: Der tolle Halberstädter. Herzog Christian von Braunschweig im

Pfälzischen Krieg 1621–1622, 2 Bde., Berlin 1929.
Westphal 1991
Herbert Westphal: Untersuchungen an Saxklingen des sächsischen Stammesgebietes. Schmiedetechnik, Typologie, Dekoration, in: Studien zur Sachsenforschung 7 (1991), S. 271–365.
Westphal 2002
Herbert Westphal: Franken oder Sachsen? Untersuchungen an frühmittelalterlichen Waffen (Studien zur Sachsenforschung 14), Oldenburg 2002.
Wheeler 1927
R. E. Mortimer Wheeler: London and the Vikings (London Museum Catalogues 1), London 1927.
Whitaker/O'Carroll 2009
Jane Whitaker/Ellen O'Carroll: Peatland Excavations 1999–2000: Lemanaghan Group of Bogs, Co. Offaly, Dublin 2009.
Wiessner 1997/1998
Heinz Wiessner: Das Bistum Naumburg: Die Diözese (Germania Sacra N.F. 35), 2 Bde., Berlin/New York 1997/1998.
Wiik 1981
Svein A. Wiik: On Interpretation of the Original Appearance of Painted Medieval Art, in: Aron Andersson/Peter Tångeberg: Safe Guarding of Medieval Altarpieces and Wood Carvings in Churches and Museums, Stockholm 1981, S. 167–177.
Wilde 1857
William R. Wilde: A Descriptive Catalogue of the Antiquities of Stone, Earthen and Vegetable Materials in the Museum of The Royal Irish Academy, Dublin 1857.
Wilke 2008
Gerald Wilke: Brücken der Nordwestslawen vom 8. bis 10./11. Jahrhundert, in: Lumír Poláček (Hg.): Das wirtschaftliche Hinterland der frühmittelalterlichen Zentren (Internationale Tagungen in Mikulčice 6), Brno 2008, S. 65–89.
Will 2001
Madeleine Will: Die ehemalige Abteikirche St. Peter zu Metz und ihre frühmittelalterlichen Schrankenelemente, Diss. Bonn 2001.
Williams 2010
Gareth Williams: Anglo-Saxon Gold Coinage. Part 1: The Transition from Roman to Anglo-Saxon Coinage, in: British Numismatic Journal 80 (2010), S. 51–75.
Williamson 2010
Paul Williamson: Medieval ivory carvings. Early Christian to Romanesque (Victoria & Albert Museum), New York/London 2010.
Wilmart 1937
André Wilmart: Le lectionnaire d'Alcuin, in: Ephemerides liturgicae 51 (1937), S. 136–197.
Wilpert 1929–1936
Joseph Wilpert: I sarcofagi cristiani antichi (Monumenti dell'antichità cristiana 1), 3 Bde., Rom 1929–1936.
Wilson 1960
David Mackenzie Wilson: The Fejø Cup, in: Acta Archaeologica 31 (1960), S. 147–173.
Wilson 1984
David Marc Wilson: Anglo-Saxon Art from the seventh Century to the Norman Conquest, London 1984.

Winkelbauer 1949
Walter-Franz Winkelbauer: Der St. Georgs-Ritterorden Kaiser Friedrichs III., Wien 1949.
Winkelmann 1966
Wilhelm Winkelmann: Ausgrabungen auf dem Domhof in Münster, in: Alois Schröer (Hg.): Monasterium. Festschrift zum siebenhundertjährigen Weihegedächtnis des Paulus-Domes zu Münster, Münster 1966, S. 37–44.
Winkelmann 1975
Wilhelm Winkelmann: Zu den Bügelfibeln Soest, Grab 106, in: Frühmittelalterliche Studien 9 (1975), S. 137–142.
Winkelmann 1984
Wilhelm Winkelmann: Frethenna praeclara – Berühmtes Vreden. Vorbericht über die Ausgrabungen unter der Pfarrkirche in Vreden (Kr. Ahaus) 1949–1951 (1952), in: Wilhelm Winkelmann: Beiträge zur Frühgeschichte Westfalens. Gesammelte Aufsätze von Wilhelm Winkelmann, hg. von Ph. R. Hömberg (Veröffentlichungen der Altertumskommission im Provinzialinstitut für Westfälische Landes- und Volksforschung, Landschaftsverband Westfalen-Lippe), Münster 1984, S. 12–23.
Winkle 2007
Ralph Winkle: Der Dank des Vaterlandes. Eine Symbolgeschichte des Eisernen Kreuzes 1914–1936, Essen 2007.
Wischmeyer 2006
Oda Wischmeyer (Hg.): Paulus. Leben – Umwelt – Werk – Briefe, Tübingen/Basel 2006.
Wislocki 1881
Władysław Wisłocki: Katalog rękopisów Biblioteki Uniwersytetu Jagiellońskiego [Katalog der Manuskripte der Bibliothek der Jagiellonen-Universität], Teil 2: Rękopisy 1876–4176, Krakau 1881.
Witkowicz-Pałka 2009
Ewa Witkowicz-Pałka: Oszklenia witrażowe w zamku w Malborku z czasów Konrada Steinbrechta. Próba restytucji ducha średniowiecza [Buntverglasung im Schloss Marienburg aus der Zeit von Konrad Steinbrecht. Eine Probe der Wiederherstellung des Zeitgeistes des Mittelalters], in: J. Budyn-Kamykowska (Hg.): Witraże w obiektach zabytkowych. Między konserwacją a sztuką współczesną [Buntglasfenster in sehenswürdigen Bauwerken. Zwischen Konservierungsarbeiten und Gegenwartskunst], Krakau/Malbork 2009, S. 68–79.
Witkowicz-Pałka 2010
Ewa Witkowicz-Pałka: Oszklenia witrażowe kościoła NMP na Zamku Wysokim w Malborku w XIX wieku. Próba systematyzacji zagadnienia [Buntverglasung der Kirche Zu Unserer Lieben Frau im Schloss Marienburg im 19. Jahrhundert. Eine Probe der Problemsystematisierung], in: Artur Dobry (Hg.): Spotkania Malborskie im. Macieja Kilarskiego [Marienburger Begegnungen namens Maciej Kilarski], Teil 1–3, Malbork 2010, S. 81–92.
Witkowska-Zaremba 1999
Elżbieta Witkowska-Zaremba: Notae musicae artis. Notacja muzyczna w źródłach polskich XI–XVI wieku [Notae musicae artis. Notation in polnischen Quellen des 11.–14. Jahrhunderts], Krakau 1999.

Witte-Orr 2010
Johanna Witte-Orr: Kirche und Wandmalereien am Karm Al-Ahbariya (Jahrbuch für Antike und Christentum, Ergänzungsband 36), Münster 2010.
Wojtasik 1968
Jerzy Wojtasik: Cmentarzysko wczesnośredniowieczne na Wzgórzu „Młynówka" w Wolinie [Das frühmittelalterliche Gräberfeld auf der Anhöhe „Młynówka" in Wollin], Stettin 1968.
Wolff 1996
Arnold Wolff: Die Baugeschichte der Vollendung des Kölner Doms, in: Hermann Fillitz (Hg.): Der Traum vom Glück. Die Kunst des Historismus in Europa, Bd. 1, Wien 1996, S. 112–125.
Wolfram 1995
Herwig Wolfram: Salzburg, Bayern, Österreich. Die Conversio Bagoariorum et Carantanorum und die Quellen ihrer Zeit (Mitteilungen des Instituts für Österreichische Geschichtsforschung, Ergänzungsband 31), Wien/München 1995.
Wolter-von dem Knesebeck 2003
Harald Wolter-von dem Knesebeck: Buchkultur im geistlichen Beziehungsnetz. Das Helmarshausener Skriptorium im Hochmittelalter, in: Ingrid Baumgärtner (Hg.): Helmarshausen. Buchkultur und Goldschmiedekunst im Hochmittelalter, Kassel 2003, S. 77–122.
Wrzesiński 2010
Jacek Wrzesiński: Archeologia zabawek – dziecięcy świat miniatur [Spielzeug-Archäologie – die Kinderwelt der Miniaturen], in: Dorota Żołądź-Strzelczyk/Katarzyna Kabacińska (Hg.): Dawne i współczesne zabawki dziecięce [Frühere und gegenwärtige Kinderspielzeuge], Posen 2010, S. 29–39.
Wrzosek 1961
Adam Wrzosek: Zabytki wczesnośredniowieczne z Ostrowa Lednickiego, pow Gniezno [Frühmittelalterliche Sehenswürdigkeiten auf der Insel Ostrów Lednicki, Kreis Gnesen], in: Fontes Archaeologici Posnanienses 12 (1961), S. 242–280.
Wyss 1994
Michaël Wyss: Enduits peints du haut Moyen Age mis au jour à Saint-Denis, in: Christian Sapin (Hg.): Edifices et peintures aux IVe-XIe siècles, Auxerre 1994, S. 63–69.
Wyss 1996
Michaël Wyss (Hg.): Atlas historique de Saint-Denis. Des origines au XVIIIe siècle (Documents d'archéologie française 59), Paris 1996.
Wyss 2004
Michaël Wyss: Le décor des sarcophages de plâtre, in: Saint-Denis, de sainte Geneviève à Suger. Les découvertes archéologiques et les témoignages historiques (Les Dossiers d'archéologie 297), Dijon 2004, S. 51.
Wyss 2005
Michaël Wyss: Les antéfixes de Saint-Denis, in: Bericht der Stiftung Ziegelei-Museum 22 (2005), S. 18–24.
Wyss 2010
Michaël Wyss: Die Klosterpfalz Saint-Denis im Spiegel der Archäologie, in:

Hans Rudolf Sennhauser (Hg.): Pfalz – Kloster – Klosterpfalz St. Johann in Müstair. Historische und archäologische Fragen, Zürich, 2010, S. 147–160.
Yorke 2007
Barbara Yorke: The Insular Background to Boniface's Continental Career, in: Franz J. Felten/Jörg Jarnut/Lutz E. von Padberg (Hg.): Bonifatius – Leben und Nachwirken. Die Gestaltung der christlichen Europa im Frühmittelalter (Quellen und Abhandlungen zur mittelrheinischen Kirchengeschichte 121), Mainz 2007, S. 23–37.
Young 2009
Tim Young: Section 8.1 Metallurgical Residue Analysis, in: Paul Stevens: N6 Kinnegad to Kilbeggan Dual Carriageway: Archaeological Resolution (A001/035; E2723; 04R106) Site Clonfad 3, Clonfad Townland, Co. Westmeath. Final report for Westmeath County Council, 2 Bde., Westmeath 2009, S. 22–28.
Young 2012
Tim Young: Appendix 3: Exploiting the Bog: Iron Production and Metalworking, in: Paul Stevens/John Channing (Hg.): Settlement and Community in the Fir Tulach Kingdom. Archaeological excavation on the M6 and N52 road schemes. NRA with Westmeath County Council, Dublin 2012, S. 34–39.
Youngs 1993
Susan Youngs: The Steeple Bumpstead Boss, in: R. Michael Spearman/John Higgitt (Hg.): The Age of Migrating Ideas. Early Medieval Art in Northern Britain and Ireland, Edinburgh 1993, S. 143–150.
Youngs 1999
Susan Youngs: A Northumbrian Plaque from Asby Winderwath, Cumbria, in: Jane Hawkes/Susan Mills (Hg.): Northumbria's Golden Age, Stroud 1999, S. 281–295.
Zagari 1994
Francesca Zagari: La campana rinvenuta a Canino (Vt). Un'ipotesi di diversa datazione, in: Archivio della Società Romana di Storia Patria 117 (1994), S. 113–117.
Zander 1985
Giuseppe Zander: Antichi mosaici nella Basilica di San Pietro in Vaticano, Vatikanstadt 1985.
Zander 2010
Pietro Zander: La Necropoli sotto la Basilica di San Pietro in Vaticano, 2. Aufl., Rom 2010.
Zander 2012
Pietro Zander: Il monogramma di Cristo in San Pietro nel 17° centenario della battaglia di Ponte Milvio, in: La Basilica di S. Pietro. Notiziario mensile della Fabbrica di San Pietro 24 (2012), S. 2–3.
Zanone 2011
Amanda Zanone: Vetro dorato. Testimonianze archeologiche, centri di produzione e interazione tra Oriente e Occidente nella tarda antichità, in: Maria Grazia Diani/Teresa Medici/Marina Uboldi (Hg.): Produzione e distribuzione del vetro nella storia. Un fenomeno di globalizzazione, Triest 2011, S. 63–72.
Zawadzka-Antosik 1982
Barbara Zawadzka-Antosik: Z problematyki pochówków dziecięcych odkrytych

na cmentarzysku w Czekanowie, woj. siedleckie [Über die Problematik der Kinderbestattungen am Beispiel des Friedhofs in Czekanów, Woiwodschaft Siedlce], in: Wiadomości Archeologiczne [Archäologische Nachrichten] 47 (1982), S. 25–58.
Zechiel-Eckes 2003
Klaus Zechiel-Eckes (Bearb.): Katalog der frühmittelalterlichen Fragmente der Universitäts- und Landesbibliothek Düsseldorf, Wiesbaden 2003.
Zekan 1993
Mate Zekan: Pet natpisa kneza Branimira s posebnim osvrtom na nalaz iz Otresa [Fünf Inschriften des Fürsten Branimir mit besonderer Beachtung des Befundes aus Otres], in: Kačić 25, Split 1993, S. 405–420.
Zeylandowa 1978
Maria Zeylandowa: Wyniki badań archeologicznych w Lądzie (próba interpretacji przynależności plemiennej i funkcji grodu) [Ergebnisse archäologischer Forschungsarbeiten in Ląd (Ein Versuch der Interpretation der Stammeszugehörigkeit und der Funktion einer Burg)], in: Włodzimierz Błaszczyk (Hg.): Gród wczesnośredniowieczny w Lądzie nad środkową Wartą [Frühmittelalterliche Burg in Ląd an der mittleren Warthe] (Biblioteka Fontes Archaeologici Posnanienses 4), Posen 1978, S. 33–44.

Zeylandowa 1979
Maria Zeylandowa: Myśliwski amulet sprzed 1000 lat [Ein Jagdamulett von vor 1000 Jahren], in: Z Otchłani Wieków [Aus der Tiefe der Jahrhunderte] 45,2 (1979), S. 128–131.
Zeylandowa 1983
Maria Zeylandowa: Relikty architektury romańskiej w Lądzie, woj. Konin [Relikte der romanischen Architektur in Ląd, Woiwodschaft Konin], in: Fontes Archaeologici Posnanienses 32 (1983), S. 63–82.
Ziemann 2007
Daniel Ziemann:Vom Wandervolk zur Großmacht. Die Entstehung Bulgariens im frühen Mittelalter (7. bis 9. Jh.) (Kölner Historische Abhandlungen 43), Köln/Weimar/Wien 2007.
Ziemke 1972
Hans-Joachim Ziemke (Bearb.): Die Gemälde des 19. Jahrhunderts. Text- und Bildband (Kataloge der Gemälde im Städelschen Kunstinstitut Frankfurt am Main 1), Frankfurt am Main 1972.
Ziemssen 2011
Hauke Ziemssen: Das Rom des Maxentius. Städtebau und Herrscherbild zu Beginn des 4. Jh. n. Chr., Diss. Hamburg 2011.
Zimmer 1881
Heinrich Zimmer (Hg.): Glossae Hibernicae e codicibus Wirziburgensi Carolisruhensibus aliis adjuvante academiae regiae Berolinensis liberalitate: Accedit specimen scripturae e codice Wirziburgensi, Hauptband, Berlin 1881.
Zimmermann 1916
Ernst Heinrich Zimmermann (Hg.): Vorkarolingische Miniaturen (Denkmäler deutscher Kunst 3.1), Berlin 1916.
Zoedler 1996
Dietmar Zoedler: Schlesisches Glas – Schlesische Gläser, Würzburg 1996.
Żołądź-Strzelczyk 2002
Dorota Żołądź-Strzelczyk: Dziecko w dawnej Polsce [Das Kind im alten Polen], Posen 2002.
Zovatto 1953/1954
Paolo Lino Zovatto: La capsella di Grado con l'immagine di Maria Regina, in: Aquileia Nostra 24/25 (1953/1954), Sp. 119–128.
Zwierlein-Diehl 1980
Erika Zwierlein-Diehl: Der Divus-Augustus-Kameo in Köln, in: Kölner Jahrbuch für Vor- und Frühgeschichte 17 (1980), S. 12–53.
Zwierlein-Diehl 2003
Erika Zwierlein-Diehl: Von der Schatzkammer des Claudius zum Reliquiar des René d'Anjou. Zum Claudius-Kameo der Stiftung Merz, in: Dietrich Willers/Lilian Raselli-Nydegger (Hg.): Im Glanz der Götter und Heroen. Meisterwerke antiker Glyptik aus der Stiftung Leo Merz, Kat. Kunstmuseum Bern, Mainz 2003, S. 35–48.
Zwierlein-Diehl 2007
Erika Zwierlein-Diehl: Antike Gemmen und ihr Nachleben, Berlin/New York 2007.
Zwierlein-Diehl 2008
Erika Zwierlein-Diehl: Magie der Steine. Die antiken Prunkkameen im Kunsthistorischen Museum. Mit Beiträgen von Alfred Bernhard-Walcher und Paulus Rainer, Wien 2008.
Żygulski 1975
Zdzisław Żygulski jun.: Broń w dawnej Polsce na tle uzbrojenia Europy i Bliskiego Wschodu [Waffen im frühen Polen im Vergleich mit der Ausrüstung Europas und des Nahen Ostens], Warszawa 1975.
Żygulski 1996
Zdzisław Żygulski jun.: Sławne bitwy w sztuce [Berühmte Schlachten in der Kunst], Warszawa 1996.

Verzeichnis der Leihgaben nach Aufbewahrungsorten

Aachen, Domschatzkammer
Seidengewebe mit Quadrigadarstellung: 365
Napoleons Geschenke an den Bischof von Aachen: 661a–b
Marc Antoine Berdolet (Porträt): 662
Aachen, Suermondt-Ludwig-Museum Aachen
Widmungsblatt an Napoleon zu seiner Kaiserkrönung 1804: 660
Die Predigt des heiligen Bonifatius: 671
Admont, Benediktinerstift
Brun von Querfurt, Passio des heiligen Adalbert von Prag: 500
Aquileia, Museo Archeologico Nazionale – Museo Paleocristiano
Frühchristliche Grabinschrift mit Darstellung einer Taufe: 2
Athen, The Hellenic Ministry of Education and Religious Affairs, Culture and Sports/Byzantine and Christian Museum
Ikone der Barmherzigen Gottesmutter (Παναγία η Ελεούσα – Panagia i Eleousa): 402
Bad Lippspringe, Sammlung Jens Lütkemeyer
Fibel aus einem Spornende: 375
Bad Oeynhausen, Deutsches Märchen- und Wesersagenmuseum Bad Oeynhausen
Werbeplakat für Karl Paetow, Die Wittekindssage: 630
Tischset Wittekindsland: 631
Bamberg, Staatsbibliothek
Hieronymus und Gennadius, De viris illustribus sowie Traktate des Augustinus: 85
Benediktregel, Lektionar und Nekrolog: 589
Belfast, Courtesy of Board of Trustees of National Museums Northern Ireland
Der Schrein von Clonmore: 182
Querbalken des Kreuzes von Shanmullagh: 184
Kelch: 204
Berlin, Geheimes Staatsarchiv – Preußischer Kulturbesitz
Die Goldene Bulle Kaiser Friedrichs II. von Rimini von 1235: 598
Investitur des Hochmeisters des Deutschen Ordens Gerhard von Malberg mit dem Preußenland durch Papst Innozenz IV. von 1243 Oktober 1, Anagni: 599
Die Regelhandschrift des Deutschen Ordens von 1264: 600
Berlin, Jüdisches Museum Berlin
Krauts durch die Jahrhunderte: Die Deutschritter: 693
Berlin, Staatliche Museen zu Berlin
Kunstgewerbemuseum
Deckel eines Weihrauchfasses (?): 269
Sog. Taufschale Widukinds: 358
Münzkabinett
Sesterz des Tiberius, Rom, 35–36: 7a
Sesterz des Antoninus Pius, Rom, 140–144: 7b
Nummus des Maxentius, Rom, 308–310: 7c
Sesterz des Vespasianus, Rom, 71 n. Chr.:16a
Bronzemünze des Titus Caesar, Caesarea Maritima (Keisarija), 71–73/74 n. Chr.: 16b
1. Aufstand, Schekel aus dem Jahr 2, Jerusalem, 67–68 n. Chr.: 16c
Simon bar Kochba (2. Aufstand), Tetradrachme, 134–135 n. Chr.: 16d
Constantinus I., Nummus: 55a
Constantinus I., Solidus: 55b
Helena, Nummus: 55c
Magnentius, Aes 1: 55d
Theodosius, Solidus: 55e
Theodosius II., Solidus: 55f
Münze des Valens: 278
Museum für Vor- und Frühgeschichte
Gussform für Amulettanhänger: 548
Schwertfragment: 615
Kreuznadel mit Schmuckgehänge: 616
Spiralhalsring: 617
Amulettanhänger: 618
Beschlag und Anhänger: 619a–b
Schnallen: 620a–c
Nationalgalerie
Der heilige Bonifacius : 670
Einzug des Hochmeisters Siegfried von Feuchtwangen mit seinen Rittern in die Marienburg: 685
Skulpturensammlung und Museum für Byzantinische Kunst
Relief mit siebenarmigem Leuchter: 15
Lampe mit Schaftträger und alttestamentlichen Szenen: 39
Elfenbeintafel mit Darstellung des Kindermordes zu Bethlehem, der Taufe Christi und des Weinwunders zu Kanaa: 43
Kleine Petrusfigur: 65
Elfenbeintafel mit Maria Hodegetria und auf der Schmalseite angebrachter Runeninschrift: 339
Reliefikone „Maria Orans": 403
Reliefikone „Michael": 404
Berlin, Staatsbibliothek zu Berlin – Preußischer Kulturbesitz
Sakramentar von Autun: 74
Collectio canonum Remensis: 111
Salaberga-Psalter: 236
Die „Fünf Brüder-Vita": 565
Berlin, Stiftung Deutsches Historisches Museum
„Heliand"-Fragment P: 399a
Schwert: 556
Schwert: 603
„Europa prima pars terrae in forma virginis": 637
Eiserne Kreuze: 689a–d
Beromünster, Chorherrenstift St. Michael Beromünster
Warnebertus-Reliquiar: 103
Beverwijk/Niederlande, Museum Kennemerland
Der friesische König Radbod verweigert die Taufe durch Bischof Wulfram von Sens: 643
Biberach, Museum Biberach
Sieg des Lichts über die Dunkelheit: 695
Billerbeck, Kath. Pfarrgemeinde St. Johannes d. T.
Altarbild mit Darstellung des Todes des heiligen Ludger: 658
Bobbio, Museo dell'Abbazia di San Colombano
Irisches Reliquiar (sog. Schrein von Bobbio): 181
Bologna, Musei Civici d'Arte Antica di Bologna
Hausförmiges Reliquiar, sog. Bologna-Schrein: 235
Bonn, Akademisches Kunstmuseum der Universität Bonn
Fragment einer Terra Sigillata-Schale mit Reliefauflagen: 13
Bonn, LVR-LandesMuseum Bonn
Römische Steindenkmäler aus Rommerskirchen-Evinghoven: 80a–c
Bonn, Stiftung Haus der Geschichte der Bundesrepublik Deutschland
Einladung zum Europa-Kongress in Den Haag: 709
Richtlinien für die Europa-Union: 710
Briefmarkensatz „Zielsetzung Europarat" auf Ersttagsbrief: 711
Brandenburg, Brandenburgisches Landesamt für Denkmalpflege und Archäologisches Landesmuseum
Schädel mit Charonspfennig: 526
Medaillon aus dem slawischen Münzschatz von Plänitz: 527
Pferdefigur aus Bronze: 528
Beigaben einer Mädchenbestattung in Potsdam: 529a–d
Schläfenringe aus Gräbern von Wusterhausen (Dosse): 530
Die Ausrüstung slawischer Krieger: 531a–f
Modell der slawischen Burg Schönfeld: 532
Holztür von Burg Lenzen: 534
Dreilagenkamm, Bernsteinschmuck, Knochenflöte von der Burg Lenzen: 535a–c
Löwenanhänger: 568
Brandenburg, Domstift Brandenburg
Diplom Bischof Wilmars über die Einrichtung eines Prämonstratenserdomkapitels auf der Burg Brandenburg: 560
Brandenburger Evangelistar: 561
Grabstele: 562
Braunschweig, Herzog Anton Ulrich-Museum Braunschweig, Kunstmuseum des Landes Niedersachsen
Gandersheimer Kästchen, sog.
Runenkästchen: 233
Breslau, Instytut Archeologii i Etnologii Polskiej Akademii Nauk
Holzmaske aus Kiefer: 487
Holzmaske aus Kiefer: 488
Kopfplanke: 489
Budapest, Magyar Nemzeti Múzeum
Kreuzanhänger mit Inschrift: 461
Mit Silbergelb bemalte Glasfensterbruchstücke mit Heiligenfiguren und Inschriften: 468
Fußbodenplatte mit Löwendarstellung: 469
Schmuckstücke aus dem Grab 71 in der Marienkirche von Zalavár-Vársziget: 471a–c
Schnallenösensporengarnitur aus dem Grab 269 in der Marienkirche von Zalavár-Vársziget: 472
Hutspitze: 476
Taschenplatte: 477
Brustkreuz: 478
Fragmente eines Enkolpions: 479

Denare König Stephans I. von Ungarn: 480a–b
Corpus eines Kruzifixes: 482
Cagliari, Museo Archeologico Nazionale di Cagliari
Fragment eines zweizonigen Friessarkophags mit der Opferung Isaaks: 21
Kleine Paulusfigur: 66
Cork, University College, Department of Archaeology
Fragmente von Steinplatten mit Kreuzen: 175
Keramikscherben, spätrömische Amphore I: 176
Danzig, Muzeum Archeologiczne w Gdańsku
Steinkopf: 575
Kleine Hausgottheit: 576
Kleines Bernsteinkreuz: 583
Darmstadt, Universitäts- und Landesbibliothek Darmstadt
Beda Venerabilis, „De temporum ratione": 219c
Evangeliar der Königin Richeza: 512
Detmold, Bezirksregierung Detmold
Piscina aus der Zisterzienserabteikirche Marienfeld: 596
Detmold, Denkmal-Stiftung des Landesverbandes Detmold
Zwei Details des Kreuzabnahmereliefs der Externsteine (um 1150/70): 696a
Detmold, Landesarchiv Nordrhein-Westfalen Abteilung Ostwestfalen-Lippe
Siegel der Lemgoer Altstadt mit lippischer Rose: 594
Detmold, Lippische Landesbibliothek Detmold
Lateinisches Lobgedicht auf Bernhard II. zur Lippe (sog. Lippiflorium): 592
Köln: Ansicht vom Rheinufer: 666
Dokkum, Museum het Admiraliteitshuis
Pilgerring: 664
Dortmund, Museum für Kunst und Kulturgeschichte
Heiliger Liborius und Heinrich II.: 645
Dresden, Landesamt für Archäologie
Grabstein von Sobrigau: 563
Kreuzgrabstein von Crostwitz: 564
Dublin, Chester Beatty Library
Brief des Paulus an die Römer: 1
Dublin, The National Museum of Ireland
Römische Münzen: 166a–g
Einseitig geprägtes Goldmedaillon: 167
Goldener Fingerring: 168
Spiralreif: 169
Goldstreifen, möglicherweise Teil eines Schlaucharmbands: 170
Teil des Gebissstücks einer Trense: 171
Fibel: 172
Armreif: 173
Stele mit Ogham-Inschrift und Kreuz: 174
Zoomorphe offene Ringfibel: 177
Zoomorphe offene Ringfibel: 178
Endknauf einer Armspange: 179
Reliquiar: 180
Beschlag vom Endstück einer Krümme (Fragment): 183
Handglocke aus Bronze: 186
Krone eines Glockenschreins: 187
Holzstab (Krummstab?): 188
Krummstab der heiligen Dymphna: 189
Wachstafel: 191
Eiserne Handglocke mit Bronzeüberzug: 196
Verziegelte Fragmente einer Glockenummantelung: 197
Steinfigur eines Geistlichen: 198
Zwei Fragmente einer Steinplatte mit Kreuz und Inschrift: 201
Messkelch: 203
Verzierter Bronzeeimer: 207
Kreuz von Tully Lough: 209
Fragment eines Kreuzbeschlags: 230
Düsseldorf, Nordrhein-Westfalen Landesarchiv Nordrhein-Westfalen Abteilung Rheinland
Gründungsprivileg Karls des Großen für das Kloster Werden (Fälschung): 391
Altenberger Abtstafel: 590
Düsseldorf, Stiftung Museum Kunstpalast
Skizzen für die Fresken des Karlszyklus im Aachener Rathaus: 665a–e
Durham, Chapter of Durham Cathedral
Cassiodorus, „Expositio psalmorum" (gekürzt): 238
Edinburgh, On loan courtesy of the Trustees of the National Museums Scotland
Fragment eines freistehenden angelsächsischen Steinkreuzes aus Morham (East Lothian), Schottland: 164
Gravierter Kieselstein: 192
Tafel mit Inschrift (sog. Adeptus-Tafel): 193
Tafel mit Ritzzeichnungen von Pferden: 194

Funde aus dem Kloster Iona: 195a–d
Fragment eines Kreuzsteins: 199
Kreuzstein von Monifieth (Angus), Schottland: 200
Hängebecken aus Silber aus dem Hort von St. Ninian's Isle (Shetland), Schottland: 205
Zwei Silberschalen aus dem Hort von St. Ninian's Isle: 206a–b
Beschlag aus Crieff (Perthshire), Schottland: 222
Fibel aus Rogart (Sutherland), Schottland: 223
Zoomorpher Firstbalken eines hausförmigen Reliquiars unbekannter Herkunft: 224
Vergoldetes Ortband aus dem Hort von St. Ninian's Isle (Shetland), Schottland: 225
Enger, Familie Pohlmann
Modell der Irminsul: 697
Enger, Widukind Museum
Luna-Fibel: 359
Zierknopf: 360
Modell des „Wittekind- und Kriegerdenkmals": 627
Widukind-Büste: 700
Kandelaber: 701
Lampe: 702
Hinweisschild „Widukind-Gedächtnis-Stätte": 703
Epinal, Bibliothèque multimédia intercommunale d'Epinal
Angelsächsisches Glossar: 136
Essen, Domschatz
Karolingisches Evangeliar: 392
Essen-Werden, Schatzkammer der Propsteikirche St. Ludgerus
Werdener Reliquienkasten: 386
Florenz, Museo Archeologico Nazionale
(Soprintendenza per i Beni Archeologici della Toscana)
Bronzelampe mit dem Quellwunder Petri: 47
Schiffsförmige Lampe mit Petrus und Paulus: 48
Florenz, Polo Museale della Città di Firenze – Museo Nazionale del Bargello
Runenkästchen von Auzon, sog. „Franks Casket" (Tafel von der rechten Schmalseite): 221
Frankfurt am Main, Städel Museum
Die Einführung der Künste in Deutschland durch das Christentum: 672a–c
Freiburg, Universitätsbibliothek Freiburg
Evangeliarfragment 243
Fritzlar, Dommuseum Fritzlar, Kath. Kirchengemeinde St. Petri
Giebelaufsatz eines Reliquiars (sog. Kamm des heiligen Bonifatius): 250
Fulda, Hochschul- und Landesbibliothek Fulda
Victor-Codex: 246
Cadmug-Evangeliar: 247
Fulda, Stadtarchiv Fulda
Caspar Sagittarius und die Christianisierung Thüringens: 646
Fulda, Vonderau Museum Fulda
Medaille anlässlich der Enthüllung des Bonifatius-Denkmals, 1842: 673a
Modell des Bonifatius-Denkmals: 673b
Teller mit Vedute des Bonifatiusplatzes in Fulda: 674a
Andenkenlöffel mit Ansicht des Schlosses zu Fulda (in der Höhlung der Schale) und einer Miniatur des Bonifatiusdenkmals (am Stielende): 674b
Deutsche Bischofskonferenz in Fulda, 20. September 1872: 675
Genf, Internationale Paneuropa Union (IPU)
Karlspreismedaille für Graf Coudenhove-Kalergi mit Band und Schatulle: 708a
Urkunde zum Karlspreis für Graf Coudenhove-Kalergi: 708b
Gnesen, Muzeum Początkyw Państwa Polskiego
Schwertknauf: 501
Ring: 502
Göttingen, Niedersächsische Staats- und Universitätsbibliothek Göttingen
Marienburg, „Fassade des Kapitel-Saals", ohne Jahr (um 1799–1803): 683a
Marienburg, „ Eingang zum Kapitelsaal": 683b
Marienburg, „Schloss-Kirche ", ohne Jahr (1799): 683e
Grado, Tesoro della Basilica Patriarcale di S. Eufemia in Grado,
Arcidiocesi di Gorizia
Reliquiar aus Grado mit Mariendarstellung: 101
Greifswald, Pommersches Landesmuseum
Thronende Madonna mit Kind: 587
Halle, Landesamt für Denkmalpflege und Archäologie – Landesmuseum für Vorgeschichte – Sachsen-Anhalt
Reliefstein mit Reiterbild: 341
Spornfragment mit Zelebrantenfigürchen: 521
Knaufkopf eines Kultgerätes: 523
Steckaufsatz eines slawischen Stabidols: 524
Schädelbestattung: 525
opus sectile aus dem Antikentransport im 10. Jahrhundert: 551
Zwei Bauteile aus Muschelkalk: 552a–b

Ottonische Dachziegel vom Magdeburger Domhügel: 553
Bemalter Wandputz: 554
Glasfragmente: 555
Schlüssel: 556
Schreibgriffel: 557

Halle, Martin-Luther-Universität Halle-Wittenberg, Universitäts- und Landesbibliothek Sachsen-Anhalt in Halle (Saale)
„Martinellus" (Vita sancti Martini, Episotolae, Dialogi): 113

Hamburg, Museum für Kunst und Gewerbe Hamburg
Porträt eines Priester: 6

Hamm, Gustav-Lübcke-Museum
Fibelauswahl der Sammlung Ahlers: 382

Hannover, Niedersächsisches Landesarchiv-Hauptstaatsarchiv Hannover
Siegelurkunde Herzog Heinrichs des Löwen von Sachsen für das Benediktinerkloster Bursfelde: 567

Havelberg, Prignitz-Museum am Dom Havelberg
Eichenpfosten unbekannter Funktion: 533
Romanischer Kruzifixus: 549

Herdringen, Archiv des Freiherrn von Fürstenberg-Herdringen
Trinus fidei triumphus: 652

Herford, Städtisches Museum Herford
Stammtischmodell des Herforder Wittekindbrunnens: 628

Herne, LWL-Museum für Archäologie, Westfälisches Landesmuseum
Cloisonné-Scheibenfibel: 347a
Schilddornschnalle: 347d
Zierscheibe: 347e
Gläserner Trinkbecher (Tummler): 347n
Filigranscheibenfibel aus Soester Grab: 349
Kreuz in Sekundärverwendung: 380
Kreuzdarstellung: 397

Iburg, Land Niedersachsen, Schloss Iburg
Widukind, „letzter König der Sachsen, Herzog von Engern und Erbherr von Iburg": 624

Innsbruck, Tiroler Landesmuseum Ferdinandeum Innsbruck
Zwei Reliquiare aus Sanzeno: 96

Innsbruck, Universitätsbibliothek
Kaiser Maximilian als heiliger Georg: 640

Jedburgh, Jedburgh Abbey – On loan from Historic Scotland
Tafel vom Jedburgh-Schrein: 232

Karlsruhe, Badisches Landesmuseum Karlsruhe
Vortragekreuz: 76
Patene: 77
Weihrauchgefäß oder Lampe: 78
Hermenkopf: 82
Zwei Silberphaleren aus Hüfingen: 102

Keszthely, Balatoni Múzeum
Behälter aus Geweih: 455
Behälter aus Geweih: 456
Anhänger : 457
Bommelohrring: 458
Sporenpaar: 459
Scheibenfibel: 460
Fragmente einer Türrahmung: 467
Fragment einer Steinplatte: 470

Kiew, National Museum of the History of Ukraine
Axtamulett: 420
Zwei sog. Kiewer Eier: 421a–b
Zwei Griffel: 422a–b
Byzantinische Reliquiarkreuze (Enkolpien): 423–429
Gussformen: 430a–c
Kreuz: 431
Medaillon-Amulette: 432a–b
Prozessionskreuz: 433
Altarkreuz: 434
Liturgischer Fächer (Flabellum): 435
Schale: 436
Glocke: 437
Leuchterkrone: 438
Andachtsbild „Christus im Grabe": 439
Patene: 444

Kiew, National Museum of the History of Ukraine, Museum of Historical Treasures of Ukraine
Schale: 441
Brustschmuck („Barmen"): 442
Brustschmuck („Barmen"): 443

Klagenfurt, Landesmuseum für Kärnten
Amts- und Zeremonienschwert des St. Georgs Ritterordens mit Schwertscheide: 639

Köln, Erzbischöfliche Diözesan- und Dombibliothek Köln
Aurelius Augustinus: De civitate Dei (Buch I–X): 84
Gregor der Große: Briefe (Collectio C und P): 130
Kirchenrechtliche Sammelhandschrift: 131

Köln, Kölnisches Stadtmuseum
„Allegorie auf das neue Jahrhundert": 663
Der Kölner Dom von Nordwesten: 667
Das Kölner Dombaufest am 4. September 1842: 668

Köln, Metropolitankapitel der Hohen Domkirche Köln, Domschatzkammer
Hammer und Kelle für die Grundsteinlegung des Kölner Doms: 669a–b

Köln, Römisch-Germanisches Museum der Stadt Köln
Porträt des Divus Augustus im Strahlendiadem: 8
Kultgefäß mit Reliefauflagen: 14
Goldglasbodenfragment mit jüdischen Motiven und Inschrift: 18
Fingerring mit Schaftträger: 35
Model für die Reliefauflage einer Sigillataschale – Opferung Isaaks und „Guter Hirte": 38

Kopenhagen, Nationalmuseum Dänemark
Schatzfund aus Ribe: 263a–b
Zwei Silberanhänger: 264a–b
Fragment eines liturgischen Gefäßes: 265
Axtkopf mit Durchbrucharbeit: 266
Beschlag: 267
Das Bonderup-Kreuz: 268
Goldreliefs aus der Kirche von Tamdrup: 302
Das Kruzifix von Tirstrup: 303
Bronzemadonna von Randers: 304
Durchbrochene Agnus Dei-Fibeln: 318
Fibel mit stilisiertem Agnus Dei-Motiv: 319
Durchbrochene Tiermotivfibeln: 320
Durchbrochene Fibeln mit geflügelten Tieren: 321
Durchbrochene Fibeln mit Engelsmotiv: 322
Runde Fibel mit Christusbild: 323
Runde Fibel mit Kreuzmotiv: 324
Runde Fibel mit Halbfigur: 325
Münz- und Kreuzanhänger: 326
Kelch aus der Kirche von Spitzbergen, Island: 327
Memorialkreuze aus Herjolfsnes, Grönland: 333a–c
Webgewicht mit Thorshammer: 334
Byzantinisches Elfenbeintafel mit Kreuzigung: 338

Kopenhagen, The Royal Library
Evangeliar aus Lund: 297
Evangeliar aus Lund: 299
Fragment einer in Helmarshausen gefertigten Abschrift des Hieronymus-Codex: 300
Das Angers-Fragment aus Saxos Gesta Danorum: 301

Krakau, Biblioteka Jagiellońska
Pontifikale: 506

Krakau, Skarbiec Katedry na Wawelu w Krakowie
Grabbeigaben des Bischofs Maurus von Krakau: 504a–d
Tafel mit Credo-Inschrift aus dem Grab Bischof Maurus : 505

Krien, Ev. Kirchengemeinde
Weihwasserstein aus Krien: 585
Thronmadonna aus Krien: 586

Lambach, Benediktinerstift Lambach, Handschriftensammlung
Klosterregeln und Bußbuch des Columbans: 214

Lausanne, Prêt du Musée cantonal d'archéologie et d'histoire
Amulettkreuz „Abraka": 107

Lednogóra, Museum of the First Piasts at Lednica
Staurothek (Pektorale): 499

Lehnin, Evangelisches Diakonissenhaus Berlin Teltow Lehnin, Museum im Zisterzienserkloster Lehnin
Darstellung der Ermordung des ersten Lehniner Abtes Sibold: 591

Leiden, Leiden University Library
C. Plinii Secundus, Naturalis historia fragmenta: 217
Der Leidener Priscian-Codex: 218
Adamus Bremensis, Gesta Hammaburgensis ecclesiae pontificum: 270

Leipzig, Universitätsbibliothek
„Heliand"-Fragment L: 399b
Historiographische Sammelhandschrift, Haupttext: Annales Fuldenses / Fuldaer Annalen: 445

Limerick, The Hunt Museum
Die Glocke von Cashel: 185
Das Kreuz von Antrim: 211

Lippstadt, Landesarchiv Nordrhein-Westfalen Abteilung Ostwestfalen-Lippe, Stadtarchiv Lippstadt
Lippstädter Stadtrechtsurkunde: 593
Liverpool, The Board of Trustees of National Museums Liverpool, World Museum
Liudhard-Medaille: 129
London, British Library
Anglische Genealogiensammlung (sog. Anglian Collection): 135
Bedas Venerabilis, „Historia ecclesiastica gentis Anglorum" (sog. Tiberius-Beda): 220
Alkuinbriefe: 383
London, The British Museum
Siegelring: 31
Elfenbeintafel mit Darstellung des zwölfjährigen Jesus im Tempel und der Taufe Christi: 42
Drei Elfenbeintafeln von einem Kästchen mit Szenen aus dem Leben des Petrus und Paulus: 44
Weiblicher Kopf (Fragment): 81
Der Water-Newton-Schatz: 89a–d
Frauenfigürchen aus Higham: 137
Eberfigur aus Guilden Morden: 138
Pressblechmodel: 139
Silbernadel aus Wingham: 145
Silbernadel aus Wigber Low: 146
Scheibenfibel und Halskette aus Sarre: 147
Emailleattache: 148
Goldanhänger aus Ash: 149
Kreuzanhänger aus Breach Down: 150
Schreibtafel aus Blythburgh: 151
Silberlöffel aus Sutton Hoo: 152
Hortfund mit römischem Goldschmuck: 165a–e
Weihrauchgefäß aus North Elmham: 208
Beschlag aus Asby Winderwath: 226
Gürtelbeschlag: 227
Kalotte aus Steeple Bumpstead: 231
Stab einer Seherin oder Spieß: 252
Beschlag mit Walküre und Reiter: 253
London, Victoria and Albert Museum
Elfenbein mit Ranken, Flechtband und Tieren: 234
Tafel mit Darstellung der Taufe Christi vom sog. Werden-Casket: 361
Lund, Lund University Historical Museum
Eisenring: 271
Metallbecher: 272
Glasschale: 273
Goldblechfiguren („Goldgubbar"): 274
Augenbrauenförmiger Helmbeschlag: 275
Triúmphus: Waffenbeuteopfer in Uppåkra: 276
Bronzefigur: 277
Brakteat: 279
Beschlag in Form eines geflügelten Menschen: 280
Fantasietier aus Silber: 281
Planke einer Stabkirche: 282
Anhänger mit Pfauendarstellung: 283
Reliquienkreuz: 284
Kreuz-Scheibenfibel: 285
Model von Uppåkra: 286b
Arena-Kreuz: 291
Architekturfragment von einem angelsächsischen Vorgänger des Lunder Domes: 292
Korinthisches Kapitell: 294
Fragment eines Altarsteins: 295
Vergoldeter Bronzebeschlag mit Inschrift: 296
Bildstein aus der Wikingerzeit: 337
Lund, The Museum of Cultural History, Kulturen
Model von Lund: 286a
Beschlag eines Bischofsstabes: 287
Deckel zu einem Federkästchen des Münzers Leofwine von Lincoln: 288
Teil eines romanischen Leuchterfußes: 289
Romanisches Prozessionskreuz: 290
Korinthisches Kapitell: 293
Luxemburg, Musée National d'Histoire et d'Art Luxemburg
Frühchristliche Grabinschrift für Marianus: 92
Ambo aus der Klosterkirche des heiligen Willibrord in Echternach: 242
Magdeburg, Landeshauptarchiv Sachsen-Anhalt
Kaiser Otto I. gibt die Erhebung Magdeburgs zum Erzbistum und die Ernennung des Missionspredigers Adalbert zum dortigen Erzbischof bekannt: 550

Marburg, Hessisches Staatsarchiv Marburg
Bischöfliche Sammelindulgenz für die Pfarrkirche St. Marien zu Marburg: 602
Marienburg, Muzeum Zamkowe w Malborku
Schwert: 604
Knauf eines Ritterschwertes: 605
Bombarde der Kreuzritter aus Kurzętnik: 606
Torso des heiligen Jakobus des Älteren aus dem Apostelkollegium in der Marienkirche im Hochschloss Marienburg: 608
Apostelfigur aus dem Apostelkollegium der Marienkirche auf dem Hochschloss Marienburg: 609
Bemalte Konsole für eine Figur des Apostelkollegiums in der Marienkirche im Hochschloss Marienburg: 610
Kapitell mit Weinlaub aus der Marienkirche im Hochschloss Marienburg: 611
Baldachin aus der Marienkirche im Hochschloss Marienburg: 612
Hand der Marienstatue vom Ostchor der Hauptkirche der Marienburg: 613
Vier Segmente von Bodenfliesen aus dem Hochschloss Marienburg: 614
Zwei bemalte Glasscheiben aus dem Apostelfenster im Chorraum der Marienkirche im Hochschloss in Marienburg: 686a–b
Kastensitz: 687
Entwurfsskizze zum Gemälde „Die Schlacht bei Tannenberg" („Bitwa pod Grunwaldem"): 691
Merseburg, Vereinigte Domstifter zu Merseburg und Naumburg und des Kollegiatsstifts Zeitz, Domstiftsarchiv und -bibliothek Merseburg
Kaiser Otto II. schenkt dem Bistum Merseburg die civitas Zwenkau mit dem Hörigen Nezan: 558
Metelen, Kath. Kirchengemeinde SS. Cornelius und Cyprianus
Bursenreliquiar aus Metelen: 396
Mettmann, Felix Droese
„Schlacht von Lepanto": 713
Metz, Bibliothèque diocésaine de Metz
Adomnán von Iona, „Vita Sancti Colombae": 190
Metz, Musée de La Cour d'Or
Chorschranken aus Saint-Pierre-aux Nonnains in Metz: 112a–c
Miscolc, Herman Ottó Múzeum
Zierbeschläge für einen Bogenköcher: 474
Sattel: 475
Morgenitz, Pfarrkirche Morgenitz
Taufstein aus Morgenitz: 584
München, Bayerische Staatsbibliothek München
Briefe des Bonifatius: 249
Epistelbuch: 408
Ordo de Catechizandis Rudibus: 454
Matthias Flacius Illyricus, „Catalogus testium veritatis": 645
München, Sammlung C.S.
Fingerring mit Fisch und Anker: 24
Siegelring mit Monogramm: 25
Siegelring mit XP-Christogramm: 26
Fingerring mit Goldglas: 27
Kopfplatte eines Fingerrings: 28
Fingerring mit Monogrammkreuz: 29
Fingerring mit IX-Christogramm: 30
Zierstreifen Diadem (?): 32
Zwei Fingerringe: 33
Platte eines Siegelrings: 34
Fingerring – „Guter Hirte" und Daniel: 36
Sarkophagfragment: 54
Henkelkanne: 161
Klappstuhl: 162
Münster, Domschatzkammer der Kathedralkirche St. Paulus
Reliquienstatue des heiligen Liudger: 678
Münster, Landesarchiv Nordrhein-Westfalen, Abteilung Westfalen
Capitulare Saxonicum: 363
Urkunde Bernhards III. zur Lippe für Marienfeld mit dem ältesten Abdruck des Lippstädter Stadtsiegels: 595
Urkunde Bernhards II. zur Lippe für Marienfeld mit seinem Abtssiegel: 597
Münster, LWL-Archäologie für Westfalen
Filigranscheibenanhänger: 347b
Gefasste Augenperle: 347c
Messer: 347f
Stäbchen: 347g
Ankerschlüssel: 347h
Ringe: 347i
Bügelschere: 347j

Spinnwirtel: 347k
Röhrchen: 347l
Wadenbindengarnitur (Riemenzungen mit Beschlag): 347m
Frauengrab von Ense-Bremen: 350a–d
Thorshammer-Anhänger: 351
Orakelstäbchen: 352
Taubenfibel: 378
Kreuzbeschlag: 379
Inschriften aus dem Kloster Corvey an der Weser: 394a–b
Beschlagbleche mittelalterlicher liturgischer Objekte: 395a–d

Münster, LWL-Museum für Kunst und Kultur (Westfälisches Landesmuseum)
„Wedekind der Große, König und erster Hertzog zu Sachsen": 625
„Charlemagne reçoit à Paderborn la soumission de Witikind": 626
„Herzog Wittekind ruft seine Sachsen zum Befreiungskrieg gegen Karl den Großen auf": 629
Heiliger Willibrord: 642
Heiliger Ludgerus mit dem Modell der Ludgerikirche zu Münster: 659
Allegorie auf das Konkordat 1801: „La Religion Triomphante": 664
Bau des Klosters Werden mit einer Ansicht Münsters von Westen: 679
Postkarte „St. Ludgerus – Schutzpatron von Münster i/W.": 681
Marienburg, „Kapitel-Saal im vormaligen Zustande", ohne Jahr (um 1799–1803): 683c
Marienburg, „Refectorium in gegenwärtigem Zustande", o. J. (1799): 683d

Münster, Stadtmuseum Münster
Bemalter Wandputz: 387
Dreieckige Steinfliese: 388
Altarsteinfragment eines mittelalterlichen Tragaltars: 389
Tierbestattung am Domkloster in Münster, ein Sakrileg?: 390

Münster, Universitäts- und Landesbibliothek Münster
„Pan-Europa": 705
Zeitschrift „Paneuropa": 706
Memorandum an den Völkerbund: 707

Nancy, Bibliothèque Municipale
Kameo mit der Apotheose des Kaisers Nero: 9
Fragmentum Nanciacense: 219a

Nancy, Musée Lorrain
Gürtelschnalle mit christlicher Darstellung: 108

Naumburg, Domstiftsarchiv
Urkunde Kaiser Ottos II. für die Zeitzer Bischofskirche: 559

New York, Metropolitan Museum of Art
Kopf des Constans: 51

Norwich, Norfolk Museums and Archaeology Service
Anhänger und Beschlag mit Maskendarstellung: 140a–b
Goldbrakteat von Binham: 141
Anthropomorpher Urnendeckel (sog. Spong Man): 142
Fragment einer Urne mit den eingeritzten Darstellungen eines Hundes bzw. Wolfs und eines Schiffs: 143
Vergoldeter Beschlag im Stil II mit sich gegenüberstehenden Vögeln: 144
Siegelmatrize der Bathilde: 213
Fibel oder Beschlag mit Walküre und Reiter: 254

Nürnberg, Germanisches Nationalmuseum
Haupt des Apostels Jakobus des Älteren: 607

Nürnberg, Staatsarchiv
Der Quaternionenadler von Hans Burgkmair: 635

Ödeshög, The Parish of Ödeshög – Ödeshög församling
Thronende Madonna aus Heda/Östergotland 305

Oslo, Kulturhistorisk museum, Universitetet i Oslo
Beschlag: 210
Beschlag: 229
Kreuzanhänger: 258
Kugelförmiger Nadelkopf und Endknäufe einer offenen Ringfibel: 259
Zwei zu Schmuckanhängern umgearbeitete Beschläge: 260
Gussform aus Speckstein für Kreuze, Gewichte und Barren: 261
Arabische Silbermünze mit Thorshammer-Graffito: 262
Thronende Madonna aus Dyste: 307
Bronzefahne: 308
Altarkreuz: 309
Reliquienkreuz: 310
Holzkruzifix: 311
Löwenkapitell: 312
Deckel eines Taufbeckens: 313
Portalwangen der Stabkirche von Vegusdal: 314
Modell der Stabkirche von Borgund: 315
Pilgerabzeichen: 317
Kruzifix aus Lunder: 340

Oxford, Ashmolean Museum
Kreuzanhänger: 163

Oxford, Bodleian Libraries, University of Oxford
Acta Apostolorum (Apostelgeschichte): 134
Regula S. Benedicti (Die Regel des heiligen Benedikt): 215
Die „Douce-Apokalypse", Primasius, Kommentar zur Offenbarung des Johannes: 248

Paderborn, Ausstellungsgesellschaft Paderborn mbH
Christophorus Cellarius, „Historia universalis": 632
Giesebrechts „Geschichte der Deutschen Kaiserzeit": 682
Joseph Freiherr von Eichendorff, „Die Wiederherstellung des Schlosses der deutschen Ordensritter zu Marienburg": 684
Karl Hampe, „Der Zug nach Osten. Die kolonisatorische Großtat des deutschen Volkes im Mittelalter": 688
Max von Schenkendorf, „Sämtliche Gedichte": 690
Henryk Sienkiewicz, „Die Kreuzritter": 692
Wilhelm Schwaner, „Germanen-Bibel. Aus heiligen Schriften germanischer Völker. Mit Bildern von Hans Volkert": 694a
Wilhelm Teudt, „Germanische Heiligtümer. Beiträge zur Aufdeckung der Vorgeschichte, ausgehend von den Externsteinen, den Lippe-Quellen und der Teutoburg": 696b
Alois Fuchs, „Im Streit um die Externsteine. Ihre Bedeutung als christliche Kultstätte": 696c
Julius Andree, „Die Externsteine. Eine germanische Kultstätte": 696d
NN (verm. Joseph Otto Plassmann), „Die Externsteine": 696e
Hermann Löns, „Die rote Beeke. Mit Holzschnitten von Erich Feyerabend": 698a
Wilhelm Fronemann, „Sachsenherzog Wittekind. Eine Erzählung vom Kampf des Germanenvolkes um Heimat und Volkstum. Mit 25 Bildern nach Federzeichnungen von Willy Planck": 698b
Wilhelm Weitz, „Vom sächsischen Volksführer Widukind und der Kultstätte Enger. Eine kurzgefaßte, für alle deutschen Volksgenossen verständliche Einführung in die kämpfereiche Vergangenheit des Widukindlandes": 698c
„Europäische Erinnerungsorte": 704

Paderborn, Bonifatiuswerk der deutschen Katholiken/Diaspora-Kinder- und Jugendhilfe
Sammelhäuschen des Bonifatiuswerkes: 677

Paderborn, Erzbischöfliche Akademische Bibliothek Paderborn
Bonifatiusblatt: 676
Wilhelm Teudt, „Gottlieder für Deutsche Menschen. Aus den Psalmen erlesen": 694b

Paderborn, Erzbischöfliches Diözesanmuseum und Domschatzkammer
Thronende Madonna aus Fölsen oder Helmern: 306

Paderborn, Erzbistum Paderborn, Erzbischöfliches Generalvikariat
Heiliger Liborius: 653

Paderborn, Museum in der Kaiserpfalz
Das frühmittelalterliche Gräberfeld von Wünnenberg-Fürstenberg: Grab 61 – letzte Ruhestätte eines ranghohen Kriegers: 342a–l
Spatha mit Schwertscheide aus dem Grab von Wünnenberg-Fürstenberg: 343
Knickwandgefäß: 347o
Filigranscheiben-Scheibenfibel aus Soester Grab: 348
Waffen der Sachsenkriege: 353a–d
Zwei Spaten: 354a–b
Zwei Langsaxe: 355a–b
Schädel mit Hiebverletzung: 356
Schädel mit Hiebverletzung: 357
Kämpferplatte: 369
Stuckierter Kämpfer: 370
Das „Draco-Fragment": 371
Kreuzfibel: 372
Kreuzfibel: 373
Riemenbeschlag mit Kreuzdarstellung: 374
Die Pfalz Karls des Großen in Paderborn im Jahre 799: 376
Fibeln vom Gräberfeld Wünnenberg-Fürstenberg: 377a–d
Anhänger mit Kreuzigungsgruppe: 381
Vogelfibel: 398

Paderborn, Stadt Paderborn, Sammlung Nachtmann
Reichsadlerhumpen: 636

Paderborn, Stadtarchiv
„Monumenta Paderbornensia": 651

Paderborn, Verein für Geschichte und Altertumskunde Westfalens, Abt. Paderborn
Paderbornischer Wegweisser und angestellter westphalischer Wallfartstag: 647a
Pfaffenfeind-Taler: 647b
Pfaffenfeind-Taler: 647c

Pannonhalma, Pannonhalmi Föapátság, Föapátsági Levéltár
Privilegienbrief Stephans I. für Pannonhalma: 481

Paris, Bibliothèque nationale de France
Goldscheibe von Limons: 105

VERZEICHNIS DER LEIHGABEN NACH AUFBEWAHRUNGSORT

Gregor von Tours, „Fränkische Geschichte": 110
Buchhaltungsdokumente der Abtei Saint-Martin de Tours: 114
Martyrologium und Kalendarium des hl. Willibrord: 240
Wappenbuch „Bellenville": 622
Paris, Musée du Louvre
Porträt des Theodosius II.: 52
Zwei Elfenbeintafeln mit Heiligen: 94
Paris – Saint Denis, Direction régionale des affaires culturelles d'Ile de France
Pfosten und Plattenfragment von einer Schrankenanlage aus Saint-Denis: 122a–c
Paris – Saint Denis, Unité d'archéologie de la Ville de Saint-Denis
Antefixe aus Saint-Denis: 121a–g
Kompositkapitell aus Saint-Denis: 123
Wandmalereifragmente aus Saint-Denis: 124
Reliefierte Sarkophagplatten aus Saint-Denis: 125a–f
Poitiers, Abbaye de Sainte-Croix
Mosaikfußboden mit Inschrift: 116
Poitiers, Musées de la Ville de Poitiers
Wandmosaik mit Phönix: 115
Monumentale Kreuzigung: 117
Steinplatte mit Engeln: 118
Brunnenfigur in Gestalt eines Hirsches: 119
Gürtelschnalle: 120
Posen, Archeological Museum in Poznań, Muzeum Archeologiczne
Zwei Warzenklappern: 483a–b
Jagdamulett mit der Darstellung eines Wiesels (?): 484
Sog. Kiewer Eier: 491a–b
Zwei Kaptorgen: 492
Kreuz aus Knochen: 493
Kruzifix aus Blei: 494
Bleibulle des Fürsten Bolesław Krzywousty (dt. Bolesław III. Schiefmund): 495
Friesplatte mit Vogeldarstellung: 496
Helm: 497
Prag, Národní museum
Das Fürstengrab in Kolín: 446a–l
Halskette mit einem kleinen Bernsteinkreuz: 447
Kleines Kreuz: 448
Stilus: 449
Prag, Sbírky Pražského hradu, Česká republika
Bestickter Leinenstoff aus dem Schrein der heiligen Ludmilla: 450
Privatbesitz
Wappenkalender des Paderborner Domkapitels: 648
Doppeltaler 1620: 649
Sedisvakanztaler 1683: 650
Gedenkblatt mit Briefmarkenblock „Zum ersten Todestag des Bundeskanzlers Dr. Konrad Adenauer": 712
Ravenna, Museo Arcivescovile
Capsella dei Santi Quirico e Giulitta: 93
Recklinghausen, Ikonen-Museum Recklinghausen
Ikone „Das Nikänische Glaubensbekenntnis": 407
Ikone „Muttergottes vom Kiewer Höhlenkloster mit ausgewählten Heiligen": 440
Regensburg, Katholische Pfarrkirchenstiftung St. Emmeram
So genannter Wolfgangsstab: 452
Reykjavík, National Museum of Iceland
Silberring: 328
Steinkreuz: 329
Altarstein: 330
Kugelzonengewicht: 331
Dänische Münze: 332
Rheine, Gymnasium Dionysianum Rheine
St. Ludgerus predigt den die Ufer der Ems bewohnenden Sachsen das Christenthum: 680
Riga, Museum of the History of Riga and Navigation
Steinkopf von Salaspils: 623
Rom, Musei Capitolini
Relief mit der alexandrinischen Göttertrias: 4
Skulptur mit Stier tötendem Mithras: 12
Schaftträger: 40
Porträt des Konstantin oder eines seiner Söhne (Crispus?): 50
Rom, Museo Nazionale Romano – Terme di Diocleziano (Museo Epigrafico)
Frühchristliche Grabstele der Licinia Amias: 23
Saint Germain-en-Laye, Musée d'Archéologie Nationale
Blattförmige Votivgabe: 90
Votivgabe für Jupiter Sabazios: 91
Das „Grab des Herrn von Lavoye": 106a–g
Teile der Bekrönung eines Reliquienschreins: 228

Schleswig, Stiftung Schleswig-Holsteinische Landesmuseen Schloss Gottorf, Archäologisches Landesmuseum,
Messerscheidenbeschlag mit kosmologischem Bildprogramm (Götterbildbeschlag): 536
Miniatur-Brettidol: 537
Zauberpuppe: 538
Pferdeschädel und Pferdeextremitäten: 539
Kaptorgen oder Amulettkapseln: 543a–b
Brust- oder Pektoralkreuze: 544a–b
Scheiben- und Kreuzfibeln: 545a–c
Reliquienkästchen: 546a–b
Applikations- oder Sargkreuze: 547a–b
Schwerin, Archäologisches Landesmuseum und Landesamt für Bodendenkmalpflege Mecklenburg-Vorpommern
Kopfplanke (Brettidol): 513
Figuralsäule (Kultbild): 514
Weibliches Götteridol: 515
Holzfigur: 516
„Pokal": 517
Götteridol: 518
Zierscheibe mit Tierdarstellung: 519
Zierscheibe mit Vogeldarstellung: 520
Warzenklapper: 522
Tonei: 540
Zierscheibe mit Christusdarstellung: 541
Anhänger mit Kreuzdarstellung: 542
Opfergaben für den Gott Swantevit: 569a–f
Kammergrab eines wohlhabenden Slawen: 577a–k
Shumen, Regional Historical Museum
Altbulgarische kyrillische Inschrift ОСТРО БОГОІN: 415
Sigtuna, Museum
Runenstein: 336
Soest, Burghofmuseum
Cloisonné-Scheibenfibel aus dem Soester Grab 106: 344
Bügelfibelpaar aus dem Soester Grab 106: 345
Goldanhänger aus dem Soester Grab 106: 346
Sopron, Soproni Múzeum
Der Cundpaldkelch: 466
Southend on Sea, Southend Museums Service
Goldkreuze: 153
Goldborte: 154
Goldmünzen: 155a–b
Goldene Gürtelschnalle: 156
Ein Paar Schuh-/Strumpfbandschnallen: 157
Blauer Glasbecher: 158
Grüner Glasbecher: 159
Deckelkanne: 160
Speyer, Domschatzkammer im Historischen Museum der Pfalz
Schlussblatt des Codex Argenteus: 109
Split, Archaeological Museum
Giebelfragment eines Altarretabels: 413
Split, Muzej Hrvatskih Arheoloških Spomenika
Giebel einer Altarschranke: 406
Architrav und Giebel einer Altarschranke: 410
Weihrauchfass: 411
Giebelfragment einer Altarschranke: 412
Stettin, Instytut Archeologii i Etnologii PAN
Swantevit: 570
Pferdefigur: 571
Kopf einer Gottheit: 572
Idol: 573
Rassel in Form eines sog. „Kiewer Eies": 581
Stettin, Muzeum Narodowe w Szczecinie
Kleine Holzfigur mit einem Gesicht: 574
Kreuzförmiger Bernsteinanhänger: 582
St. Gallen, Stiftsbibliothek
Ambrosius, Explanatio symboli und De sacramentis: 88
Die älteste Vita Papst Gregors des Großen: 127
Evangelist Matthäus: 202a
Die St. Gallener Beschwörungen: 202b
Jonas von Bobbio, „Vita Columbani" (in Übersetzung): 212
St. Paul im Lavanttal, Museum im Benediktinerstift St. Paul
Statuta Consiliorum et summorum pontificum: 57
Bibelfragment: 86
St. Pauler Lukasglossen: 87

VERZEICHNIS DER LEIHGABEN NACH AUFBEWAHRUNGSORT

Mainzer Geiselverzeichnis: 364
Rechtshandschrift: 366
Lorscher Annalen: 367
Isidor Hispanus, „De ecclesiasticis officiis", „De differentiis rerum" (II), Karl der Grosse; Texte über die Taufe: 384
Expositio missae – Ratio canonum paenitentiae. De consueto tempore missae: 385
Reichenauer Schulheft: 393

St. Petersburg, National Library of Russia
Historia ecclesiastica (sog. Petersburger Beda): 128
Das Petersburger Evangeliar: 237

Stockholm, National Historical Museum (Statens historiska museum)
Waffentänzer: 255
Thorshammerring: 256
Kreuzanhänger: 257
Statue des heiligen Olaf: 316
Taufbecken: 335

Stockholm, National Library of Sweden
Codex Aureus von Canterbury: 133

Stralsund, Kulturhistorisches Museum der Hansestadt Stralsund
Bildstein von Altenkirchen: 578
Weihwasserstein aus Dersewitz: 579
Rheinisches Vortragekreuz : 588

Stuttgart, Württembergische Landesbibliothek
Augustinus, Confessiones: 83
Alkuin, Vita sancti Willibrordi: 239
Echternacher Psalter: 244
Rimbert, Vita sancti Anskarii: 251

Toruń, Nicolaus Copernicus University Library in Toruń
Heinrich von Hesler, Apokalypse: 601

Trier, Kath. Kirchengemeinde Liebfrauen Trier
Tragaltar des heiligen Willibrord: 241

Trier, Stadtbibliothek Trier
Constantinus I. und seine Familie (sog. Ada-Kameo): 10a
Einband des Ada-Evangeliars, Vorderseite: 10b

Troyes, Médiathèque du Grand Troyes (Troyes-France)
Gregorius Magnus, Regula pastoralis: 132

Uppsala, Uppsala University Library
Evangeliar aus Lund: 298

Utrecht, Museum Catharijneconvent
„Utrechter Reliquiar": 104
Seidengewebe des heiligen Lebuinus: 245
Stickereien eines Chormantels: 641

Vatikanstadt, Arciconfraternita di Santa Maria della Pietà in Campo Santo dei Teutonici e Fiamminghi
Putzfragment: 60

Vatikanstadt, Basilica Papale di San Paolo fuori le mura
Medaillon mit Bildnis des Papstes Siricius: 70
Fragment einer Schrankenplatte mit Peltenverzierungen: 71
Kleines Kapitell mit Chrismon zwischen Alpha und Omega: 72

Vatikanstadt, Biblioteca Apostolica Vaticana
Thronender Kaiser Constantius aus dem Kalender von 354: 56
Capitulatio de partibus Saxoniae: 362
Responsae Nicolai papae ad consulta bulgarorum: 414

Vatikanstadt, Fabbrica di San Pietro in Vaticano
Goldnadel mit Christusmonogramm: 61
Votivplatte mit Augenpaar: 62
Mosaikfragment mit dem Kopf des hl. Petrus: 69

Vatikanstadt, Musei Vaticani
Epitaph des neu getauften Victor: 3
Ara taurobolica (Altar für das Stieropfer): 5
Goldglasbodenfragment mit dem Tempel in Jerusalem: 17
Doppelseitiges Epitaph für Sittia Fortuna sowie Fortounàtos und Eutròpis: 19
Epitaph eines jüdischen Kindes: 20
Goldglasboden mit Darstellung der Opferung des Isaak: 22
Bronzemedaillon mit Gutem Hirten und biblischen Szenen: 37
Sarkophagfront mit Gutem Hirten und Apostelkollegium: 41
Goldglasboden mit dem Quellwunder Petri: 45
Epitaph für Asellus, mit Bildnissen des Petrus und Paulus: 49
Goldglasboden mit Petrus, Paulus, Pastor und Damasus: 58
Zwei Inschriftenfragmente eines Epitaphs: 59
Goldglas mit Petrus und Paulus (Concordia Apostolorum): 63
Ampulle mit Petrus und Paulus im Kreuznimbus: 64
Marmorfragment mit Paulus: 67
Marmorfragment mit lehrendem Christus zwischen Petrus und Paulus: 68
Kleiner Altarpfeiler: 73
Kelch: 79
Schiebedeckel eines Arzneikästchens mit Szene der Blindenheilung: 97
Arznei- oder Kosmetikkästchen mit Fächern: 98
Capsella Vaticana: 100
Die Kirchenglocke „von Canino": 126

Vatikanstadt, Pontificia Commissione di Archeologia Sacra
Fragment eines Sarkophagdeckels mit Anbetungsverweigerung der Jünglinge: 11
Fragment eines Friessarkophags mit Petruszenen und der Brotvermehrung: 46
Marmortondo mit Christogramm: 53

Veliki Preslav, Archaeological Museum Veliki Preslav
Altbulgarische Grabinschrift der Tudora: 416
Altbulgarische Epitaphien des 10. Jahrhunderts aus Preslav: 417
Friesplatten: 418
Doppelreihige Kette aus dem „Schatz von Preslav": 419

Venedig, Procuratoria di San Marco – Tesoro della Basilica di San Marco
Ziborium der Anastasia: 75
Kelch aus Sardonyx mit eucharistischer Inschrift: 400
Patene aus Alabaster mit Emaille-Christus und eucharistischer Inschrift: 401

Verden, Stadt Verden/Stadtarchiv
Der Sachsenhain bei Verden (Aller): Entwurfsskizze: 699

Veszprém, Laczkó Dezső Museum
Kreuze: 462–465

Warschau, Państwowe Muzeum Archeologiczne w Warszawie
Amulett: 485
Amulett: 486
Statue des Swantvit aus dem Fluss Zbrucz (Kopie): 490
Kreuz: 507
Kreuz: 508
Zwei Kreuzanhänger: 509
Reliquiarkreuz (Enkolpion): 510
Reliquiarkreuz (Enkolpion): 511
Dreißig Anhänger vom Burgwall bei Jegliniec: 621

Wien, Kunsthistorisches Museum
Goldkästchen aus Pola: 95
Zwei Schalen aus dem Goldschatz von Nagyszentmiklós: 453
Porträt Kaiser Maximilian I.: 633

Wien, Österreichische Nationalbibliothek
Paenitentiale Vinniani (Bußbuch): 216
Zwei Blätter eines Tetraevangeliums: 405
Conversio Bagoariorum et Carantanorum: 473
Jakob Mennel, Fürstliche Chronik genannt Kaiser Maximilians Geburtsspiegel: 634

Wien, Österreichisches Staatsarchiv
Germania hilft Hungaria: 638

Wolgast, Stadtgeschichtliches Museum „Kaffemühle"
Slawische Bildsteine: 580a–b

Würzburg, Mainfränkische Museum Würzburg
Goldgulden mit der Darstellung des heiligen Kilian: 656a–b
Zwei Ansichten der Alten Mainbrücke in Würzburg: 657

Würzburg, Staatsarchiv Würzburg
Beschreibung der alten Grenzen der Diözese Prag: 451

Würzburg, Stadtarchiv Würzburg
Lorenz Fries, „Würzburger Bischofschronik": 655

Zürich, Zentralbibliothek Zürich
Sammelhandschrift: Alkuin; Theologische Abhandlungen; Sermones; Anthologie: 368

Medienstationen
Medienstation der Burganlage Mikulčice (Modell): 409
Medienstation zur Burganlage in Posen (Rekonstruktion): 498
Medienstation zur Burganlage in Gnesen (Rekonstruktion): 503

Bildnachweis

Aachen, Domschatzkammer: Kat.Nr. 365 (Foto: Ann Münchow); 661, 662 (Foto: Pit Siebigs)
Aachen, Museen der Stadt Aachen, Suermondt-Ludwig Museum Aachen (Foto: Anne Gold, Aachen): Kat.Nr. 660, 671
Admont, Benediktinerstift (Foto: Ernst Reichenfelser): Kat.Nr. 500
Aquileia, Museo Archeologico Nazionale – Museo Paleocristiano, © Soprintendenza per i Beni Archeologici del Friuli Venezia Giulia – Museo Archeologico Nazionale di Aquileia: Kat.Nr. 2
Athen, The Hellenic Ministry of Education and Religious Affairs, Culture and Sports/Byzantine and Christian Museum: Kat.Nr. 402
Bad Lippspringe, Sammlung Jens Lütkemeyer: Kat.Nr. 375
Bad Oeynhausen, Deutsches Märchen- und Wesersagenmuseum Bad Oeynhausen: Kat.Nr. 630, 631
Bamberg, Staatsbibliothek (Foto: Gerald Raab): Kat.Nr. 85, 589
Belfast, National Museums Northern Ireland, Collection Ulster Museum: Kat.Nr. 182, 184, 204
Berlin, Geheimes Staatsarchiv – Preußischer Kulturbesitz 2013: Kat.Nr. 598–600
Berlin, Stiftung Jüdisches Museum Berlin/VG Bild-Kunst (Foto: Jens Ziehe): Kat.Nr. 693
Berlin, Staatliche Museen zu Berlin, Kunstgewerbemuseum: Kat.Nr. 269; 358 (Foto: Saturia Linke)
Berlin, Staatliche Museen zu Berlin, Münzkabinett: Kat.Nr. 7, 16, 55a, 55c–e (Foto: Reinhard Saczewski); 55b (Foto: Dirk Sonnenwald); 55f, 278 (Foto: Lutz Jürgen Lübke)
Berlin, Staatliche Museen zu Berlin, Museum für Vor- und Frühgeschichte (Foto: Claudia Plamp): Kat.Nr. 548, 615–620
Berlin, Staatliche Museen zu Berlin, Nationalgalerie (Foto: Andres Kilger): Kat.Nr. 670, 685
Berlin, Staatliche Museen zu Berlin, Skulpturensammlung und Museum für Byzantinische Kunst: Kat.Nr. 15 (Foto: J. Liepe, Berlin); 39, 43, 339, 403, 404 (Foto: A. Voigt, Berlin); 65 (Foto: H. Weber, Berlin)
Berlin, Staatsbibliothek zu Berlin – Preußischer Kulturbesitz: Kat.Nr. 74, 111, 236, 565
Berlin, Stiftung Deutsches Historisches Museum: Kat.Nr. 399a, 556, 603, 637, 689a,d
Beromünster, Chorherrenstift St. Michael Beromünster, © Stiftsschatz Beromünster: Kat.Nr. 103
Beverwijk/Niederlande, Museum Kennemerland: Kat.Nr. 643
Biberach, Museum Biberach: Kat.Nr. 695
Billerbeck, Kirchengemeinde Billerbeck (Foto: Sybille Kreft, Dresden): Kat.Nr. 658
Bobbio, Museo dell'Abbazia di San Colombano: Kat.Nr. 181
Bologna, Musei Civici d'Arte Antica di Bologna: Kat.Nr. 235
Bonn, Akademisches Kunstmuseum der Universität Bonn (Foto: Jutta Schubert): Kat.Nr. 13
Bonn, LVR-LandesMuseum Bonn (Foto: Carina und Peter Noelke): Kat.Nr. 80
Bonn, Stiftung Haus der Geschichte der Bundesrepublik Deutschland: Kat.Nr. 710, 711
Brandenburg, Brandenburgisches Landesamt für Denkmalpflege und Archäologisches Landesmuseum (Foto: Fritz Faber): Kat.Nr. 526–532, 534, 535, 568
Brandenburg, Domstift Brandenburg (Foto: Foto Salge, Brandenburg): Kat.Nr. 560–562
Braunschweig, Herzog Anton Ulrich-Museum Braunschweig, Kunstmuseum des Landes Niedersachsen (Foto: Museumsfotograf): Kat.Nr. 233
Breslau, Instytut Archeologii i Etnologii Polskiej Akademii Nauk: Kat.Nr. 487–489
Budapest, Hungarian National Comission for Unesco, Ungarn: Abb. 38
Budapest, Magyar Nemzeti Múzeum: Kat.Nr. 461, 468, 469, 471, 472, 476–480, 482
Cagliari, Su Concessopme del Ministero per i Beni e le Attivitá Culturali – Soprintendenza per i Beni Archeologici per le province di Caligari e Oristani: Kat.Nr. 21, 66
Cork, University College, Department of Archaeology: Kat.Nr. 175, 176
Danzig, Muzeum Archeologiczne w Gdańsku (Foto: Beata Müller): Kat.Nr. 575, 576, 583
Darmstadt, Universitäts- und Landesbibliothek Darmstadt: Kat.Nr. 219c, 512
Detmold, Bezirksregierung Detmold (Foto: Holger Kempkens, Bamberg): Kat.Nr. 596
Detmold, Landesarchiv Nordrhein-Westfalen Abteilung Ostwestfalen-Lippe: Kat.Nr. 594
Detmold, Lippische Landesbibliothek Detmold: Kat.Nr. 592, 666
Dokkum, Museum het Admiraliteitshuis (Foto: Frans de Vries): Kat.Nr. 664
Dortmund, Museum für Kunst und Kulturgeschichte (Foto: Madeleine-Annette Albrecht): Kat.Nr. 645
Dresden, Landesamt für Archäologie (Foto: U. Wohmann): Kat.Nr. 563, 564
Dublin, Chester Beatty Library, © The Trustees of the Chester Beatty Library, Dublin: Kat.Nr. 1
Dublin, The National Museum of Ireland, reproduced with the kind permission of the National Museum of Ireland: Kat.Nr. 166–174, 177–180, 183, 186–189, 191, 196–198, 201, 203, 207, 209, 230

Düsseldorf, Eigentum des Landes Nordrhein-Westfalen, Landesarchiv Nordrhein-Westfalen Abteilung Rheinland: Kat.Nr. 391, 590
Düsseldorf, Stiftung Museum Kunstpalast, © Stiftung Museum Kunstpalast – Horst Kolberg – ARTOTHEK: Kat.Nr. 665
Durham, Chapter of Durham Cathedral: Kat.Nr. 238
Edinburgh, National Museums Scotland: Abb. 19; Kat.Nr. 164, 192–195, 199, 200, 205, 206, 222–225
Enger, Privatbesitz Familie Pohlmann (Foto: Klaus Hansen): Kat.Nr. 697
Enger, Widukind Museum (Foto: Klaus Hansen): Kat.Nr. 359, 360, 627, 700–703
Epinal, Bibliothèque multimédia intercommunale d'Epinal, © Collection Bibliothèque Intercommunale Epinal-Golbey (Foto: Stéphane Calmels): Kat.Nr. 136
Essen, Domschatz (Foto: Jens Nober, Essen): Kat.Nr. 392
Essen-Werden, Schatzkammer der Propsteikirche St. Ludgerus (Foto: Jens Nober, Essen): Kat.Nr. 386
Florenz, Museo Archeologico Nazionale (Soprintendenza per i Beni Archeologici della Toscana): Kat.Nr. 47, 48
Florenz, Polo Museale della Città di Firenze – Museo Nazionale del Bargello: Kat.Nr. 221
Frankfurt am Main, Städel Museum, © Städel Museum – ARTOTHEK: Kat.Nr. 672
Freiburg, Universitätsbibliothek Freiburg/Historische Sammlungen: Kat.Nr. 243
Fritzlar, Dommuseum Fritzlar, Kath. Kirchengemeinde St. Petri (Foto: Michael Imhof): Kat.Nr. 250
Fulda, Hochschul- und Landesbibliothek Fulda: Kat.Nr. 246, 247
Fulda, Stadtarchiv Fulda: Kat.Nr. 646
Fulda, Vonderau Museum Fulda: Kat.Nr. 673–675
Genf, Internationale Paneuropa Union (IPU), (Foto: Ansgar Hoffmann, Schlagen): Kat.Nr. 708
Gnesen, Muzeum Początkyw Państwa Polskiego: Kat.Nr. 501, 502
Grado, Tesoro della Basilica Patriarcale di S. Eufemia in Grado, Arcidiocesi di Gorizia, © Tesoro Santa Eufemia, Gardo (Foto: Nicolo Gaddi): Kat.Nr. 101
Greifswald, Pommersches Landesmuseum: Kat.Nr. 587
Halle, Landesamt für Denkmalpflege und Archäologie – Landesmuseum für Vorgeschichte –Sachsen-Anhalt: Kat.Nr. 341, 521–524, 525 (Foto: Juraj Lipták); 551–557 (Foto: Claudia Hartung)
Halle, Martin-Luther-Universität Halle-Wittenberg, Universitäts- und Landesbibliothek Sachsen-Anhalt in Halle (Saale), © Universitäts- und Landesbibliothek Sachsen Anhalt in Halle (Saale): Kat.Nr. 113
Hamburg, Museum für Kunst und Gewerbe Hamburg: Kat.Nr. 6
Hamm, Gustav-Lübcke-Museum (FeußnerFoto Hamm, www. feussner-foto.de): Kat.Nr. 382
Hannover, Niedersächsisches Landesarchiv-Hauptstaatsarchiv Hannover: Kat.Nr. 567
Havelberg, Prignitzmuseum am Dom Havelberg: Kat.Nr. 533, 549
Herdringen, Archiv des Freiherrn von Fürstenberg-Herdringen: Kat.Nr. 652
Herford, Städtisches Museum Herford: Kat.Nr. 628
Herne, LWL-Museum für Archäologie, Westfälisches Landesmuseum: (Foto: Stefan Brentführer, LWL-Archäologie für Westfalen, Münster) Kat.Nr. 347, 349, 380
Iburg, Land Niedersachsen, Schloss Iburg, © Land Niedersachsen, Staatliches Baumanagement Osnabrück-Emsland: Kat.Nr. 624
Innsbruck, Tiroler Landesmuseum Ferdinandeum Innsbruck: Kat.Nr. 96
Innsbruck, Universitäts- und Landesbibliothek Tirol: Kat.Nr. 640
Jedburgh, Jedburgh Abbey – On loan from Historic Scotland, © Crown Copyright Historic Scotland reproduced courtesy of Historic Scotland (www. Historicscotlandimages.gov.uk): Kat.Nr. 232
Karlsruhe, Badisches Landesmuseum Karlsruhe: Kat.Nr. 77 (Foto: R. Müller/RGZM); Kat.Nr. 76, 78, 82, 102 (Foto: Th. Goldschmidt/Badisches Landesmuseum Karlsruhe)
Keszthely, Balatoni Múzeum: Kat.Nr. 455–460, 467, 470
Kiew, National Museum of the History of Ukraine: Kat.Nr. 420–439, 442–444
Klagenfurt, Landesmuseum für Kärnten: Kat.Nr. 639
Köln, Domschatzkammer, © Dombauarchiv Köln, W. Kralisch: Kat.Nr. 669
Köln, Erzbischöfliche Diözesan- und Dombibliothek Köln: Kat.Nr. 84, 130, 131
Köln, Kölnisches Stadtmuseum, © Rheinisches Bildarchiv: Kat.Nr. 663, 667, 668
Köln, Römisch-Germanisches Museum der Stadt Köln/Rheinisches Bildarchiv: Kat.Nr. 8, 14, 18, 35, 38
Kopenhagen, Nationalmuseum Dänemark: Kat.Nr. 265, 268, 302, 304, 303, 334, 338; 263, 266 (Foto: Roberto Fortuna/Kira Ursem); 264, 267, 303 (Detail; Foto: John Lee); Kat.Nr. 318–327, 333 (Foto: Arnold Mikkelsen)
Kopenhagen, The Royal Library/Photographic Studio: Kat.Nr. 297, 299–301
Krakau, Biblioteka Jagiellońska: Kat.Nr. 506
Krakau, Skarbiec Katedry na Wawelu w Krakowie: Kat.Nr. 504, 505
Krien, Ev. Kirchengemeinde (Foto: Detlef Witt): Kat.Nr. 585, 586
Lambach, Benediktinerstift Lambach, Handschriftensammlung: Kat.Nr. 214
Lausanne, Prêt du Musée cantonal d'archéologie et d'histoire (Foto: Fibbi-Aeppli): Kat.Nr. 107

Lednogóra, Museum of the First Piasts at Lednica (Foto: Mariola Jóźwikowska): Kat.Nr. 499
Lehnin, Evangelisches Diakonissenhaus Berlin Teltow Lehnin, Museum im Zisterzienserkloster (Foto: Volkmar Billeb): Kat.Nr. 591
Leiden, Leiden University Library: Kat.Nr. 217, 218, 270
Leipzig, Universitätsbibliothek: Kat.Nr. 399b, 445
Limerick, The Hunt Museum, © Courtesy of The Hunt Museum's Trust: Kat.Nr. 185, 211
Lippstadt, Landesarchiv Nordrhein-Westfalen Abteilung Ostwestfalen-Lippe, Stadtarchiv Lippstadt: Kat.Nr. 593
Liverpool, The Board of Trustees of National Museums Liverpool, World Museum: Courtesy National Museums Liverpool: Kat.Nr. 129
London, British Library, © British Library Board: Kat.Nr. 135, 220, 383
London, The British Museum, © The Trustees of the British Museum: Kat.Nr. 31, 42, 44, 81, 89, 137–139, 145–152, 165, 208, 226, 227, 231, 252, 253
London, Museums of London Archeology (MOLA): Abb. 18
London, Victoria and Albert Museum: Kat.Nr. 234, 361
Lund, Lund University Historical Museum: Abb. 27; Kat.Nr. 271–277, 279–285, 286b, 291, 292, 294–296, 337
Lund, The Museum of Cultural History, Kulturen, © Viveca Ohlsson Kulturen Sweden: Kat.Nr. 286a, 287–290, 293
Luxemburg, Musée National d'Histoire et d'Art Luxemburg: Kat.Nr. 92, 242
Madrid, Biblioteca Nacional, © Seccion de Reprografia: Abb. 33
Mailand, Museo Diocesano: Abb. 7, 8
Magdeburg, Landeshauptarchiv Sachsen-Anhalt: Kat.Nr. 550
Marburg, Hessisches Staatsarchiv Marburg: Kat.Nr. 602
Marienburg, Muzeum Zamkowe w Malborku: Kat.Nr. 604–606, 608–614, 686, 687, 691
Merseburg, Vereinigte Domstifter zu Merseburg und Naumburg und des Kollegiatsstifts Zeitz, Domstiftsarchiv und -bibliothek Merseburg: Kat.Nr. 558
Metelen, Kath. Kirchengemeinde SS. Cornelius und Cyprianus, © Bistum Münster (Foto: Stephan Kube, Greven): Kat.Nr. 396
Mettmann, Felix Droese/VG Bild-Kunst (Foto: Manos Meisen, Düsseldorf, www.manosmeisen.de): Kat.Nr. 713
Metz, Bibliothèque diocésaine de Metz: Kat.Nr. 190
Metz, Musée de La Cour d'Or, © Laurianne Kieffer/Jean Munin – Musée de La Cour d'Or Metz Metropole: Kat.Nr. 112
Miscolc, Herman Ottó Múzeum (Foto: Géza Kulcsár): Kat.Nr. 474, 475
Morgenitz, Pfarrkirche Morgenitz, © Fotoarchiv Landesamt für Kultur und Denkmalpflege, Mecklenburg-Vorpommern: Kat.Nr. 584
Moskau, State Tretyakov Gallery, © www.agefotostock.com – Fine Art Images: Abb. 35
München, Akademie der Wissenschaften München: Kat.Nr. 682
München, Bayerische Staatsbibliothek München: Kat.Nr. 249, 408, 454, 645
München, Sammlung C.S.: Kat.Nr. 24–30, 32–36, 161, 162 (Foto: Christian Schmidt); 54 (Foto: Michael Tasca)
Münster, Domschatzkammer der Kathedralkirche St. Paulus zu Münster, © Bistum Münster (Foto: Stephan Kube, Greven): Kat.Nr. 678
Münster, Landesarchiv Nordrhein-Westfalen, Abteilung Westfalen: Kat.Nr. 363, 595, 597
Münster, LWL-Archäologie für Westfalen: Abb. 44; Kat.Nr. 347b–c, f–m, 350–352, 378, 379, 394, 395 (Foto: Stefan Brentführer)
Münster, LWL-Museum für Kunst und Kultur (Westfälisches Landesmuseum): Kat.Nr. 625, 659, 681 (Foto: Sabine Ahlbrand-Dornseif); 626, 629, 642, 664, 679, 683c, 683d (Foto: Hanna Neander)
Münster, Stadtmuseum Münster, © LWL-Archäologie für Westfalen (Foto: Stefan Brentführer): Kat.Nr. 387–390
Nancy, Bibliothèque Municipale: Kat.Nr. 9, 219a
Nancy, Musée Lorrain (Foto: P. Mignot): Kat.Nr. 108
Naumburg, Domstiftsarchiv, © Bildarchiv der Vereinigten Domstifter zu Merseburg, Naumburg und des Kollegiatsstifts Zeitz: Kat.Nr. 559
New York, Metropolitan Museum of Art, © bpk/The Metropolitain Museum of Art: Kat.Nr. 51
Norwich, Norfolk Museums and Archaeology Service/Norwich Castle Museum and Art Gallery: Kat.Nr. 140–144, 213, 254
Nürnberg, Germanisches Nationalmuseum: Kat.Nr. 607
Nürnberg, Staatsarchiv: Kat.Nr. 635
Ödeshög, The Parish of Ödeshög – Ödeshög församling (Foto: Foto: Jarl Asklund): Kat.Nr. 305
Oslo, Kulturhistorisk museum, Universitetet i Oslo: Abb. 28 (© Mattias Pettersson, Umeå University); Kat.Nr. 307, 308, 311, 340; 229, 258–262, 309, 312 (Foto: Eirik Irgens Johnson); 210, 310, 313, 314, 317 (Foto: Ellen C. Holte); 315 (Foto: Kirsten J. Helgeland)
Oxford, Ashmolean Museum, University of Oxford: Kat.Nr. 163
Oxford, Bodleian Libraries, University of Oxford: Kat.Nr. 134, 215, 248
Paderborn, Ausstellungsgesellschaft Paderborn mbH (Foto: Ansgar Hoffman, Schlangen): Kat.Nr. 632, 684, 692, 694a, 698a

Paderborn, Bonifatiuswerk der deutschen Katholiken/Diaspora-Kinder- und Jugendhilfe (Foto: Alfred Herrmann): Kat.Nr. 677
Paderborn, Erzbischöfliches Diözesanmuseum und Domschatzkammer: (Foto: Ansgar Hoffmann, Schlagen) Kat.Nr. 306
Paderborn, Erzbistum Paderborn, Erzbischöfliches Generalvikariat (Foto: Ansgar Hoffmann, Schlangen): Kat.Nr. 653
Paderborn, Museum in der Kaiserpfalz (Foto: Stefan Brentführer, LWL-Archäologie für Westfalen, Münster): Kat.Nr. 342, 343, 347o, 348, 353–357, 369–374, 376, 377, 381, 398
Paderborn, Stadt Paderborn, Sammlung Nachtmann (Foto: Ansgar Hoffmann, Schlangen): Kat.Nr. 636
Paderborn, Stadtarchiv (Foto: Ansgar Hoffmann, Schlangen): Kat.Nr. 651
Paderborn, Verein für Geschichte und Altertumskunde Westfalens, Abt. Paderborn (Foto: Ansgar Hoffmann, Schlangen): Kat.Nr. 647
Pannonhalma, Pannonhalmi Főapátság, Főapátsági Levéltár: Kat.Nr. 481
Paris, Bibliothèque nationale de France: Abb. 6; Kat.Nr. 105, 110, 114, 240, 622
Paris, Musée du Louvre, © bpk/RMN – Grand Palais: Kat.Nr. 52, 94
Paris – Saint-Denis, Direction régionale des affaires culturelles d'Ile de France: Kat.Nr. 122
Paris – Saint-Denis, Unité d'archéologie de la Ville de Saint-Denis: Kat.Nr. 121a–g, 123–125
Poitiers, Abbaye de Sainte-Croix: Kat.Nr. 116
Poitiers, Musées de la Ville de Poitiers: Kat.Nr. 115, 117–120
Posen, Archeological Museum in Poznań, Muzeum Archeologiczne: Kat.Nr. 483, 484, 491–497
Prag, Národní museum: 446–449
Prag, Sbírky Pražského hradu, Česká republika: Kat.Nr. 450
Privatbesitz: Kat.Nr. 648 (Foto: Archiv des Freiherrn von Fürstenberg-Herdringen); 649, 650 (Foto: Ansgar Hoffmann, Schlangen)
Ravenna, Museo Arcivescovile: Kat.Nr 93
Recklinghausen, Ikonen-Museum Recklinghausen (Foto: Jürgen Spiler, Dortmund): Kat.Nr. 407, 440
Regensburg, Katholische Pfarrkirchenstiftung St. Emmeram: Kat.Nr. 452
Reykjavík, National Museum of Iceland (Foto: Jónas Hallgrímsson): Kat.Nr. 328–332
Rheine, Gymnasium Dionysianum Rheine (Foto: Hermann Willers, Rheine): Kat.Nr. 680
Riga, Museum of the History of Riga and Navigation (Foto: Ilgvars Gradovskis): Kat.Nr. 623
Rom, Musei Capitolini: Kat.Nr. 4, 12, 40, 50
Rom, Museo della Civiltà Romana, © bpk: Abb. 2
Rom, Museo Nazionale Romano – Terme di Diocleziano (Museo Epigrafico): concessione del inistero per i Beni e le Attività Culturali – Soprintendenza Speciale per i Beni Archeologici di Roma: Kat.Nr. 23
Saint-Germain-en-Laye, Musée d'Archéologie Nationale (Foto: Loïc, Hamon): Kat.Nr. 90, 91, 106, 228
Schlangen, Ansgar Hoffman: Kat.Nr. 696
Schleswig, Stiftung Schleswig-Holsteinische Landesmuseen Schloss Gottorf: Kat.Nr. 536–539, 543–547
Schwerin, Landesamt für Kultur und Denkmalpflege Mecklenburg Vorpommern, Landesarchäologie, Domhof 4/5, 19055 Schwerin: Kat.Nr. 513–515, 517–519; 520, 522, 540, 541, 542, 569, 577 (Foto: Sabine Suhr); 516 (Foto: Sebastian Pechtold, Münster, LWL-Archäologie für Westfalen)
Shumen, Regional Historical Museum: Kat.Nr. 415
Sigtuna, Museum: Kat.Nr. 336
Soest, Burghofmuseum, © LWL-Archäologie für Westfalen (Foto: Stefan Brentführer): Kat.Nr. 344–346
Sopron, Soproni Múzeum: Kat.Nr. 466
Southend-on-Sea, Southend Museums Service, © MOLA: Kat.Nr. 153–160
Speyer, Domschatzkammer im Historischen Museum der Pfalz (2013) (Fotograf: Peter Haag-Kirchner): Kat.Nr. 109
Split, Archaeological Museum (Foto: Ante Verzotti): Kat.Nr. 413
Split, Muzej Hrvatskih Arheoloških Spomenika: Abb. 32; Kat.Nr. 406, 410–412 (Foto: Zoran Alajberg)
Stettin, Instytut Archeologii i Etnologii PAN (Foto: Grzegorz Solecki & Arkadiusz Piętak): Kat.Nr. 570–573, 576
Stettin, Muzeum Narodowe w Szczecinie: Kat.Nr. 574, 582
St. Gallen, Stiftsbibliothek: Abb. 4; Kat.Nr. 88, 127, 202a, 202b, 212
St. Paul im Lavanttal, Museum im Benediktinerstift St. Paul (Foto: Gerfried Sitar, Stift St. Paul im Lavanttal): Kat.Nr. 57, 86, 87, 364, 366, 367, 384, 385, 393
St. Petersburg, National Library of Russia, credited by the National Library of Russia, Saint Petersburg: Kat.Nr. 128, 237
Stockholm, National Historical Museum (Statens historiska museum): Abb. 29; Kat.Nr. 255 (Foto: Lotta Fernstål); 256, 257 (Foto: Christer Åhlin); 316 (Foto: Markus Brandefelt), 335 (Foto: Matthias Toplak)

Stockholm, National Library of Sweden: Kat.Nr. 133
Stralsund, Kulturhistorisches Museum: Kat.Nr. 578, 579, 588
Stuttgart, Württembergische Landesbibliothek: Kat.Nr 83, 239, 244, 251
Toruń, Nicolaus Copernicus University Library in Toruń (Foto: Piotr Kurek):
    Kat.Nr. 601
Trier, Kath. Kirchengemeinde Liebfrauen Trier (Foto: Rita Heyen): Kat.Nr. 241
Trier, Rheinisches Landesmuseum Trier (Zeichnung: Lambert Dahm): Abb. 13
Trier, Stadtbibliothek Trier (Foto: Anja Kunkel): Kat.Nr. 10a, 10b
Troyes, Médiathèque du Grand Troyes (Troyes-France): Kat.Nr. 132
Uppsala, Uppsala University Library: Kat.Nr. 298
Utrecht, Museum Catharijneconvent (Foto: Ruben de Heer): Kat.Nr. 104, 245, 641
Vatikanstadt, Arciconfraternita di Santa Maria della Pietà in Campo Santo dei Teuto-
    nici e Fiamminghi: Kat.Nr. 60
Vatikanstadt, Basilica Papale di San Paolo fuori le mura: Kat.Nr. 70–72
Vatikanstadt, Biblioteca Apostolica Vaticana 2013: Kat.Nr. 56, 362, 414
Vatikanstadt, Fabbrica di San Pietro in Vaticano (Foto: M. Andreozzi): Kat.Nr. 61, 62, 69
Vatikanstadt, © Archivoi Fotografico dei Musei Vaticani, Musei Vaticani: Kat.Nr. 3, 5,
    17, 19, 20, 22, 37, 41, 45, 58, 59, 63, 64, 67, 68, 73, 79, 97, 98, 100, 126
Vatikanstadt, Pontificia Commissione di Archeologia Sacra: Kat.Nr. 11, 46, 53
Veliki Preslav, Archaeological Museum Veliki Preslav: Kat.Nr. 416–419
Venedig, Museo Archeologico Nazionale: Abb. 9
Venedig, Procuratoria di San Marco – Tesoro della Basilica di San Marco:
    Kat.Nr. 75, 400, 401
Vercelli, Biblioteca Capitolare: Abb. 5
Verden, Stadt Verden/Stadtarchiv: Kat.Nr. 699
Veszprém, Laczkó Dezső Museum: Kat.Nr. 462–465
Warschau, Państwowe Muzeum Archeologiczne w Warszawie: Kat.Nr. 485, 486, 490,
    507–511, 621
Wien, Kunsthistorisches Museum: Kat.Nr. 95, 453, 633
Wien, Erich Lessing Culture and Fine Arts Archiv: Abb. 34, 37
Wien, Österreichische Nationalbibliothek: Kat.Nr. 216, 405, 473, 634
Wien, Österreichisches Staatsarchiv: Kat.Nr. 638
Wolgast, Stadtgeschichtliches Museum „Kaffemühle": Kat.Nr. 580
Würzburg, Mainfränkisches Museum Würzburg, © Photoarchiv Mainfränkisches
    Museum, Alfred Burkholz: Kat.Nr. 656, 657
Würzburg, Staatsarchiv Würzburg: Kat.Nr. 451
Würzburg, Stadtarchiv Würzburg: Kat.Nr. 655
Zürich, Zentralbibliothek Zürich: Kat.Nr. 368

Medienstationen:
Kat.Nr. 409 entnommen aus: Medienstation zur Burganlage Mikulčice (Modell)
Kat.Nr. 498 entnommen aus: Medienstation zur Burganlage in Posen (Rekonstruktion)
Kat.Nr. 503 entnommen aus: Medienstation zur Burganlage in Gnesen (Rekonstruktion)

Reproduktionen:
Abb. 10, entnommen aus: Kat. Cleveland/Baltimore/London 2011, S. 219
Abb. 25, entnommen aus: Hårdh 2010, S. 103.
Abb. 26, entnommen aus: Hårdh 2010, S. 102.
Kat.Nr. 577 (Abb.) entnommen aus: Biermann 2009, Titelbild
    (Zeichnung: Ottilie Blum)

Verfasservorlagen:
Sebastian Ristow: Abb. 12 (© Sebastian Ristow/Márton Zoltán Thódt/Zsolt Vasáros
    2013); Abb. 13 (unten rechts eingefügtes Foto, © Sebastian Ristow); Abb. 14
    (© Büro H.-J. Lehner/Archäologie Wallis; publiziert in: Antonini 2002)
Michaël Wyss: Abb. 16–17
Jean Krier: Abb. 21–23
Mariusz Mierzwiński: Abb. 46–48

Karten:
Abb. 1: Vorlage aus: Weltatlas der alten Kulturen 1998, S. 16–17
    (graph. überarb. Wolfgang Noltenhans, www.onebreaker.de)
Abb. 3: Vorlage aus: Carbonell Esteller 2008, S. 34, 39
    (graph. überarb. Wolfgang Noltenhans, www.one.breaker.de)
Abb. 11: Vorlage aus: Kat. Mannheim 1996, Bd. 1, S. 14
    (graph. überarb. Wolfgang Noltenhans, www.onebreaker.de)
Abb. 15: Vorlage Robert Favreau/Georges Pon
    (graph. überarb. Wolfgang Noltenhans, www.onebreaker.de)
Abb. 20: Vorlage aus: Kat. Paderborn 1999, Bd. 2, S. 424
    (graph. überarb. Wolfgang Noltenhans, www.onebreaker.de)
Abb. 24: Vorlage aus: Kat. Paris/Berlin/Kopenhagen 1992
    (graph. überarb. Wolfgang Noltenhans, www.onebreaker.de)
Abb. 30: Vorlage aus: Putzger 2001, S. 55
    (graph. überarb. Wolfgang Noltenhans, www.onebreaker.de)
Abb. 31: Entwurf Martin Kroker; Vorlagen aus: Atlas zur Geschichte 1973, S. 23,
    von Padberg 2006, S. 119 (graph. überarb. Wolfgang Noltenhans, www.onebreaker.de)
Abb. 36: Vorlage aus: Putzger 2001, S. 58
    (graph. überarb. Wolfgang Noltenhans, www.onebreaker.de)
Abb. 39, 40: © Orsolya Heinrich-Tamáska
    (graph. überarb. Wolfgang Noltenhans, www.onebreaker.de)
Abb. 41: Vorlage aus: Kat. Magdeburg 2000, Bd. 1, S. 66
    (graph. überarb. Wolfgang Noltenhans, www.onebreaker.de)
Abb. 42: Vorlage aus: Kat. Bamberg 2007, S. 143
    (graph. überarb. Wolfgang Noltenhans, www.onebreaker.de)
Abb. 45: Vorlage aus: Putzger 2001, S. 71
    (graph. überarb. Wolfgang Noltenhans, www.onebreaker.de)

Umschlag Vorderseite:
Goldglas mit Petrus und Paulus (Concordia Apostolorum), © Archivoi Fotografico
dei Musei Vaticani, Musei Vaticani, Vatikanstadt (Kat.Nr. 63)

Umschlag Rückseite:
Patene aus Alabaster, © Procuratoria di San Marco – Tesoro della Basilica di San Marco,
Venedig (Kat.Nr. 401)

Vorsatz:
Vorlage aus: Carbonell Esteller 2008, S. 34, 39 (graph. überarb. Wolfgang Noltenhans,
www.onebreaker.de)

Nachsatz:
© Sebastian Ristow, Köln (graph. überarb. Wolfgang Noltenhans, www.onebreaker.de)

Titelbilder und Trennseiten:
S. 2: Anfang des Lukas-Evangeliums, sog. Petersburger Evangeliar, fol. 119r, credited
by the National Library of Russia, Saint Petersburg (Kat.Nr. 237)

Die Redaktion war bemüht, alle Bildrechte einzuholen. Sollten versehentlich Inhaber
von Rechten nicht berücksichtigt worden sein, werden deren Ansprüche selbstverständlich im Rahmen der üblichen Vereinbahrungen abgegolten.

- Oslo
- Tarbat
- Iona
- Lindisfarne
- Whithorn
- Armagh
- Jarrow
- Monkwearmouth
- Newgrange
- Jellinge
- Lund
- Uppåkra
- York
- Haithabu
- Hamburg
- Bremen
- Sutton Hoo
- Prittlewell
- London
- Paderborn
- Magdeburg
- Canterbury
- Köln
- Fulda
- Prag
- Paris
- Mainz
- Trier
- Passau
- Tours
- Salzburg
- Poitiers
- Oviedo
- Mailand
- Aquileia
- Lyon
- Marseille
- Ravenna
- Toledo
- Rom
- Neapel
- Ceuta
- Syrakus
- Hippo Regius
- Karthago
- Volubis
- Thebessa
- Sbeitla
- Leptis Magna